Kurt Pawlik (Hrsg.)

Handbuch Psychologie

Wissenschaft – Anwendung – Berufsfelder

Kurt Pawlik (Hrsg.)

Handbuch Psychologie

Wissenschaft – Anwendung – Berufsfelder

Mit 250 Abbildungen und 46 Tabellen

 Springer

Prof. Dr. Kurt Pawlik
Universität Hamburg
Fachbereich Psychologie
Von-Melle-Park 11
20146 Hamburg

ISBN-10   3-540-22178-6 Springer Medizin Verlag Heidelberg
ISBN-13   978-3-540-22178-4 Springer Medizin Verlag Heidelberg

Bibliografische Information der Deutschen Bibliothek
Die Deutsche Bibliothek verzeichnet diese Publikation in der Deutschen Nationalbibliografie;
detaillierte bibliografische Daten sind im Internet über http://dnb.ddb.de abrufbar.

Springer Medizin Verlag
springer.com

© Springer Medizin Verlag Heidelberg 2006
Printed in Germany

Planung: Dr. Svenja Wahl
Projektmanagement: Michael Barton
Layout und Einbandgestaltung: deblik Berlin

SPIN 10826123

Satz: Fotosatz-Service Köhler GmbH, Würzburg
Druck und Bindearbeiten: Stürtz GmbH, Würzburg
Gedruckt auf säurefreiem Papier   2126SM – 5 4 3 2 1 0

Vorwort

Psychologie ist heute zu einem geflügelten Wort geworden: Man zeigt *psychologisches* Verständnis für Kollegen und Mitarbeiter, sucht sich in die *Psychologie* eines anderen hineinzudenken oder erwartet von *Psychologen* Hilfe und Ratschlag, wo man selbst nicht weiter weiß. Mag sich darin auch oft ein Sprachgebrauch ausdrücken, der nicht allein auf die Psychologie als Wissenschaft gerichtet ist, so belegt er nichtsdestoweniger eine gewachsene Erwartung, dass menschliches Erleben und Verhalten nicht einfach unbekanntes Terrain, nicht mehr *terra incognita* zu bleiben braucht, sondern – wie andere Naturphänomene auch – der Untersuchung und Analyse zugänglich ist.

Tatsächlich hat die Psychologie, im späteren 19. Jahrhundert eben erst als neue Wissenschaft vom Menschen begründet, schon im 20. Jahrhundert einen Erkenntnisfortschritt genommen, der auch optimistische Erwartungen übertraf. Er ließ neue universitäre Studiengänge und bald auch einen neuen Berufsstand entstehen, der heute in Schule und Klinik, in der Arbeitswelt und im Rechtswesen, neuerdings auch im Umweltsektor, im Straßen- und Luftverkehr, um nur einige Beispiele zu nennen, nicht mehr wegzudenken ist. Mit diesem Fortschritt an Fachwissen ging bald auch eine schnell wachsende Spezialisierung in der Forschung und Berufspraxis einher und, namentlich in den letzten zwanzig-dreißig Jahren, auch eine wachsende Vernetzung der Psychologie mit anderen Natur- und Sozialwissenschaften vom Menschen. Gleichzeitig wurde Psychologie zu einem Pflicht-Nebenfach in vielen Berufsausbildungen: zum Lehrer und Sozialpädagogen, zum Arzt und Krankenpfleger, zum Richter und Anwalt, zum Wirtschaftsmanager, Unternehmens- und Personalberater, oder in der Stadt- und Umweltplanung. Und entsprechend weitläufig wuchs das Angebot an psychologischen Lehr- und Handbüchern zu Teilgebieten des Faches und an wissenschaftlichen Fachzeitschriften, neuerdings auch von Publikumszeitschriften am Kiosk.

Mit diesem Handbuch soll der Versuch unternommen werden, die heutige Breite des Faches und Berufes in einem einzigen Band einzufangen und auf neuestem Stand integriert darzustellen. Das braucht natürlich kein Einzelner mehr im Alleingang zu versuchen – hierzu bedarf es der Zusammenführung von vertieftem Spezialwissen. Dabei mag bisweilen textliche Geschlossenheit gegen eine Variationsbreite in der Herangehensweise eingetauscht werden – dies wird aber mehr als aufgewogen durch den Gewinn an Informationstiefe und Präzision. Und im Übrigen ist solche Variationsbreite im Aufgreifen einer Fragestellung eben charakteristisch (und auch wissenschaftlich ertragreich!) für die Psychologie als Fach, sodass damit der Band nur an Repräsentativität gewinnen kann.

So war es als Herausgeber mein Ziel, für dieses Handbuch ein Team von Spezialisten als Autoren so zusammenzubringen, dass ihre fachliche Breite und Verzweigung voll zum Tragen kommt und dabei unterschiedliche Zugänge zu Psychologie als Wissenschaft (und Beruf) erhalten bleiben: der biologisch-naturwissenschaftliche ebenso wie der sozialwissenschaftliche, der vergleichend-kulturhistorische und der formal-mathematische, ein forschend-beschreibender Zugang ebenso wie ein theoretischer oder ein auf Intervention gerichteter. Durchgehend verbindlich sollte dabei der Anspruch an Psychologie als Erfahrungswissenschaft gewahrt bleiben, nach dem zum Beleg von Aussagen letztlich nur das Kriterium ihrer empirischen Überprüfung leitend bleibt. Ich freue mich, dass es gelungen ist, für dieses Handbuch als Beiträger Kolleginnen und Kollegen zu gewinnen, die bereit waren, an dieser Zielsetzung aus ihren je unterschiedlichen Arbeitsrichtungen mitzuwirken. Nachdem nicht wenige Fragestellungen der Psychologie eine Vorgeschichte in der Philosophie haben, sollte zusätzlich in einem Beitrag (Kapitel 31) exemplarisch auch eine philosophische Sicht auf psychologische Fragen zu Wort kommen.

In der Kapitelgliederung orientiert sich das Handbuch an der geläufigen Fachsystematik, wie sie sich auch in gängigen Studienordnungen wieder findet. Jedes Kapitel sollte seinen Themenbereich möglichst voraussetzungsfrei auf dem Niveau eines Lehrbuchs für den entsprechenden Abschnitt des Psychologiestudiums behandeln. Dabei sollten Querbeziehungen zwischen Themenfeldern nicht verloren gehen (daher die häufigen Kapitelverweise), der Gesamtentwurf am heutigen Wissensstand keine zu großen Lücken lassen und Redundanzen und Überschneidungen, jenen Schwachpunkt mancher Herausgeberbände, tunlich vermeiden.

In der Darstellung waren die Beiträger gebeten, wo immer passend von Übersichten, Kasten, Fallbeispielen und anderen Veranschaulichungen Gebrauch zu machen. Im Literaturverzeichnis jedes Kapitels sollten Einführungs- und Überblicksdarstellungen als Referenzliteratur gesondert herausgestellt werden. Wissenschaftler, die in der Einschätzung eines Beiträgers zum Themenfeld seines Kapitels herausragend beigetragen haben, sollten in Kurzbiographien vorgestellt werden. Jede Persönlichkeit sollte im Handbuch nur einmal zur Vorstellung kommen; daraus erklären sich die Biographieverweise zwischen den Kapiteln. Die Auswahl der Kurzbiographien war im Übrigen freigestellt und darf daher auch nicht überinterpretiert werden. Sie richtet den Blick auf bedeutende Forscher in einem Fachgebiet, denen weitere zur Seite stehen mögen, die hier nicht ebenso herausgestellt werden konnten.

Unter der Zielsetzung des Handbuchs wusste ich als Herausgeber den Rat und Überblick von Fachkollegen zu schätzen. Ich danke den Mitgliedern des Wissenschaftlichen Beirats, den Professoren JOCHEN ECKERT (Hamburg), HEIDI KELLER (Osnabrück), GEROLD MIKULA (Graz) und FRANK RÖSLER (Marburg), für ihre stete Bereitschaft, mit mir – namentlich in Fragen der Autorenwahl, zu thematischen Abgrenzungen und Schwerpunktsetzungen – ihren Sachverstand zu teilen.

Kurz auch einige Worte zur Arbeitsweise an diesem Band: Nach einem ersten Kapitelaufriss und einer Umfangsplanung der Kapitel (in drei Abstufungen) wurden die in Aussicht genommenen Beiträger gebeten, zu den ihnen zugedachten Kapitelthemen Stichwortlisten der Inhalte vorzubereiten, die sie abhandeln würden. (Dabei war ihnen anheim gestellt, in Abstimmung mit dem Herausgeber auch gerne Koautoren einzubeziehen.) Die Stichwortausarbeitungen wurden eingehend zwischen Herausgeber und Autoren abgestimmt und in Folge unter allen Beiträgern zirkuliert, die damit Kenntnis vom Aufriss der anderen Kapitel hatten. Ich danke herzlich meiner vieljährigen früheren Sekretärin Frau GUNDEL GRASEDYCK für ihre Umsicht und Geduld in der Administration dieser Abläufe und in der umfänglichen Akten- und Dateiführung – sie war mir eine große Hilfe.

Nach dieser Vorbereitungsphase waren Erstfassungen der Kapitel erbeten. Ich möchte den Autoren sehr herzlich dafür danken, dass sie danach meine oft sehr ins Einzelne gehenden herausgeberseitigen Rückfragen, Anmerkungen und Überarbeitungsvorschläge so positiv aufnahmen und in der Ausarbeitung ihrer Kapitelendfassungen berücksichtigten. Diese durchliefen noch eine zweistufige Endredaktion, einmal durch den Herausgeber und danach im verlagsseitigen Copy-Editing. Ich kann der Copy-Editorin, Frau Dr. CHRISTIANE GROSSER, nicht genug danken für die Sachkompetenz und Einfühlung gegenüber Autoren, mit der sie diese umfangreiche Arbeit bewältigte. Im Interesse einer sprachlich weniger schwerfälligen Ausdrucksweise wurde im Copy-Editing, auch auf Wunsch des Verlags, für Personen (Versuchspersonen, Patienten usw.) einheitlich die grammatikalisch-männliche als generische Form eingesetzt, wenn Personen beiderlei Geschlechts gemeint sind. Verfasst in der Zeit des Übergangs von der alten zur neuen deutschen Rechtschreibung, wurde das Handbuch bereits einheitlich nach der neuen Orthographie (in der Fassung Sommer 2005) redigiert, auch in den (für das etymologisch geschulte Auge oft noch stark gewöhnungsbedürftigen) neuen Regeln der Silbentrennung. Nachdem die Forschungs-Fachliteratur heute auch in der Psychologie bereits sehr internationalisiert und zum größeren Teil englischsprachig ist, werden neben deutschen vielfach auch die entsprechenden englischen Fachausdrücke mit angeführt.

Ein Werk wie dieses schuldet als erstes den beitragenden Autoren einen besonderen Dank – nicht nur für ihre Kapitelbeiträge, sondern ausdrücklich auch für ihre verständnisvolle Flexibilität, die sie mich in der intensiven Zusammenarbeit erfahren ließen! Dann möchte ich an dieser Stelle nachdrücklich dem Springer Medizin Verlag danken: Frau RENATE SCHEDDIN, Leiterin der Sektion Fachbuch Medizin I/Psychologie, und ganz besonders Frau Dr. SVENJA WAHL, Senior Editor Psychologie, die die Entstehung des Werks von Anfang bis Abschluss mit viel Geduld und verlegerischer Kompetenz unterstützt und mit stetem Verständnis für die Nöte eines Herausgebers wohlwollend begleitet hat! Ganz besondere Anerkennung gebührt Frau Dr. WAHL, dankenswerterweise unterstützt von Frau MEIKE SEEKER, auch für ihre nimmermüde Sorgfalt und Umsicht in den umfangreichen abschließenden Korrekturen. Herrn MICHAEL BARTON im Hause Springer danke ich für die verlagstechnische Betreuung, auch in EDV-Fragen. Tatsächlich hat dieses Buch erst im letzten Schritt, der Einsendung an den Verlag, neben der elektronischen auch eine Papierform gefunden. Davor waren alle Vorbereitungen, alle Manuskriptfassungen (einschließlich Abbildungen und Tabellen) und alle herausgeberseitigen Bearbeitungen und Rückmeldungen ausschließlich elektronisch erstellt und per E-Mail ausgetauscht worden. Auf anderem Wege wäre die Erstellung des fertigen Manuskripts in gerade zwei Jahren ab Vertragsunterfertigung auch nicht denkbar geworden.

Mein besonderer Dank gebührt, und dies nicht zuletzt, meiner Frau DENISE für ihre herzliche Unterstützung, ihren Zuspruch und großzügigen Verzicht auf Zeit der Gemeinsamkeit in diesen zwei Jahren!

Hamburg, im März 2006   Kurt Pawlik

Inhaltsverzeichnis

II Psychologie in der Praxis: Anwendungsfelder, Methoden und Befunde

Psychodiagnostik

Klinische und Gesundheitspsychologie

Pädagogische Psychologie

Arbeits-, Betriebs- und Wirtschaftspsychologie

Weitere Anwendungsfelder

Herausgeber

Prof. Dr. Kurt Pawlik
Universität Hamburg
Fachbereich Psychologie
Von-Melle-Park 11
20146 Hamburg
pawlik@uni-hamburg.de

Wissenschaftlicher Beirat

Prof. Dr. Jochen Eckert
Universität Hamburg
Fachbereich Psychologie
Arbeitsbereich Gesprächspsychotherapie
Von-Melle-Park 5
20146 Hamburg
jeckert@uni-hamburg.de

Prof. Dr. Heidi Keller
Universität Osnabrück
Fachbereich Humanwissenschaften
Fachgebiet Entwicklung & Kultur
Seminarstr. 20
49069 Osnabrück
Heidi.Keller@uos.de

Prof. Dr. Gerold Mikula
Karl-Franzens-Universität Graz
Institut für Psychologie
Abteilung für Sozialpsychologie
Universitätsplatz 2/II
8010 Graz, Österreich
gerold.mikula@uni-graz.at

Prof. Dr. Frank Rösler
Philipps-Universität Marburg
Psychologisches Institut
Arbeitsgruppe Kognitive Psychophysiologie
Gutenbergstr. 18
35032 Marburg
roesler@staff.uni-marburg.de

Autorenverzeichnis

Alfermann, Dorothee, Prof. Dr.
Sportwissenschaftliche Fakultät, Fachgebiet Sportpsychologie,
Universität Leipzig
Jahnallee 59, 04109 Leipzig
alfermann@rz.uni-leipzig.de

Antoni, Conny H., Prof. Dr.
Fachbereich I – Psychologie, ABO-Psychologie,
Universität Trier
Universitätsring 15, 54286 Trier
antoni@uni-trier.de

Bengel, Jürgen, Prof. Dr. Dr.
Institut für Psychologie, Rehabilitationspsychologie,
Universität Freiburg i. Br.
Engelbergerstr. 41, 79106 Freiburg
Juergen.Bengel@psychologie.uni-freiburg.de

Bierhoff, Hans-Werner, Prof. Dr.
Fakultät für Psychologie, AE Sozialpsychologie,
Ruhr-Universität Bochum
Gebäude GAFO 04/918, 44780 Bochum
hans-werner.bierhoff@ruhr-uni-bochum.de

Bliesener, Thomas, Prof. Dr.
Institut für Psychologie, Pädagogische Psychologie und
Entwicklungspsychologie, Universität Kiel
Olshausenstr. 40, 24098 Kiel
bliesener@psychologie.uni-kiel.de

Bodenburg, Sebastian, PD Dr.
Neuropsychologische Praxis
Mönckebergstr. 19, 20095 Hamburg
sb_nph@t-online.de

Brocke, Burkhard, Prof. Dr.
Institut für Klinische, Diagnostische und Differentielle
Psychologie, Technische Universität Dresden
Mommsenstr. 13, 01062 Dresden
brocke@rcs.urz.tu-dresden.de

Brunstein, Joachim C., Prof. Dr.
Fachbereich 06, Psychologie und Sportwissenschaft,
Justus-Liebig-Universität Gießen
Otto-Behaghel-Straße 10F, 35394 Gießen
joachim.c.brunstein@psychol.uni-giessen.de

Chasiotis, Athanasios, Dr.
Fachbereich Humanwissenschaften, LE Psychologie/FB 8,
Universität Osnabrück
Seminarstr. 20, 49069 Osnabrück
Athanasios.Chasiotis@uos.de

Degner, Juliane, Dipl.-Psych.
Philosophische Fakultät III, Fachrichtung 5.3 Psychologie,
Universität des Saarlandes
Postfach 151150, 66041 Saarbrücken
j.degner@mx.uni-saarland.de

Diederich, Adele, Prof. Dr.
School of Humanities and Social Sciences,
International University Bremen
Campus Ring 1, 28759 Bremen
adele.diederich@uni-oldenburg.de

Eggert, Frank, Prof. Dr.
Institut für Psychologie, Psychologische Methodenlehre
und Biopsychologie, Technische Universität Braunschweig
Spielmannstr. 12 A, 38106 Braunschweig
f.eggert@tu-braunschweig.de

Felbrich, Anja
Max-Planck-Institut für Bildungsforschung
Lentzeallee 94, 14195 Berlin
felbrich@mpib-berlin.mpg.de

Fink, Andreas, Dr.
Institut für Psychologie, Differentielle Psychologie,
Karl-Franzens-Universität Graz
Universitätsplatz 2, 8010 Graz, Österreich
andreas.fink@uni-graz.at

Frieling, Ekkehart, Prof. Dr.
Institut für Arbeitswissenschaft, Universität Kassel
Heinrich-Plett-Str. 40, 34132 Kassel
frieling@ifa.uni-kassel.de

Fuiko, Renate, Mag. Dr.
Universitätsklinik für Kinder- und Jugendheilkunde,
Universität Wien
Währinger Gürtel 18–20, 1090 Wien, Österreich
renate@fuiko.at

Gegenfurtner, Karl, Prof. Dr.
Fachbereich 06, Psychologie und Sportwissenschaft,
Abt. Allgemeine Psychologie, Justus-Liebig-Universität Gießen
Otto-Behaghel-Str. 10, 35394 Gießen
gegenfurtner@uni-giessen.de

Goschke, Thomas, Prof. Dr.
Institut für Allgemeine Psychologie, Biopsychologie und
Methoden der Psychologie, Technische Universität Dresden
Zellescher Weg 17, 01062 Dresden
goschke@psychologie.tu-dresden.de

Gschwend, Gaby, Lic. phil.
Kurhausstr. 5, 8032 Zürich, Schweiz
ggschwend@swissonline.ch

Hansen, Hans-Dieter, Dr.
Streitkräfteamt, Gruppe Wehrpsychologie
Postfach 20 50 03, 53109 Bonn
hansdieterhansen@bmvg.bund400.de

Heckhausen, Jutta, Prof. Dr.
Department of Psychology and Social Behavior, School of
Social Ecology, University of California Irvine
Irvine, CA 92697, USA
heckhaus@uci.edu

Helfrich, Hede, Prof. Dr.
Institut für Psychologie, Universität Hildesheim
Marienburger Platz 22, 32241 Hildesheim
mpapen@rz.uni-hildesheim.de

Hesse, Friedrich W., Prof. Dr.
Psychologisches Institut, Abt. Angewandte Kognitionspsychologie und Medienpsychologie, Universität Tübingen
Konrad-Adenauer-Str. 40, 72072 Tübingen
f.hesse@iwm-kmrc.de

Heuer, Herbert, Prof. Dr.
Institut für Arbeitsphysiologie, Universität Dortmund
Ardeystraße 67, 44139 Dortmund
heuer@arb-phys.uni-dortmund.de

Hilke, Reinhard, Prof. Dr.
Psychologischer Dienst, Bundesagentur für Arbeit
Regensburger Str. 104, 90478 Nürnberg
Reinhard.Hilke@arbeitsamt.de

Hodapp, Volker, Prof. Dr.
Institut für Psychologie, Differentielle Psychologie und Psychologische Diagnostik, J. W. Goethe-Universität Frankfurt/M.
Postfach 111932, 60054 Frankfurt/M.
hodapp@psych.uni-frankfurt.de

Holte, Hardy, Dipl.-Psych.
Bundesanstalt für Straßenwesen
Postfach 100150, 51401 Bergisch-Gladbach
holte@bast.de

Horstmann, Gernot, Dr.
Fakultät für Psychologie und Sportwissenschaften,
Abt. für Psychologie, Universität Bielefeld
Postfach 100131, 33619 Bielefeld
gernot.horstmann@uni-bielefeld.de

Hötting, Kirsten, Dr.
Fachbereich Psychologie, Arbeitsbereich Biologische
Psychologie und Neuropsychologie, Universität Hamburg
Von-Melle-Park 11, 20146 Hamburg
Kirsten.Hoetting@uni-hamburg.de

Hoyos, Carl Graf, Prof. Dr.
Anwänden 5, 82067 Ebenhausen
Hoyos@wi.tu-muenchen.de

Hülser, Katja, Dipl.-Psych.
Fakultät für Psychologie, AE Entwicklungspsychologie,
Ruhr-Universität Bochum
Gebäude GAFO 04/918, 44780 Bochum
Katja.Huelser@ruhr-uni-bochum.de

Jescheniak, Jörg D., Prof. Dr.
Institut für Psychologie I, AG Kognitionspsychologie,
Universität Leipzig
Seeburgstr. 14–20, 04103 Leipzig
jdj@rz.uni-leipzig.de

Josephs, Ingrid E., Prof. Dr.
Psychologie des Erwachsenenalters,
Fernuniversität Hagen
Fleyer Str. 204, 58084 Hagen
Ingrid.Josephs@FernUni-Hagen.de

Kaiser, Heinz-Jürgen, Prof. Dr.
Institut für Psychogerontologie,
Friedrich-Alexander-Universität Erlangen-Nürnberg
Nägelsbachstr. 25, 91052 Erlangen
kaiser@geronto.uni-erlangen.de

Kinder, Annette, Dr.
Fachbereich Psychologie, Allgemeine und Biologische
Psychologie, Philipps-Universität Marburg
Gutenbergstr. 18, 35032 Marburg
kinder@staff.uni-marburg.de

Kirchler, Erich, Prof. Dr.
Fakultät für Psychologie, Arbeitsbereich Wirtschaftspsychologie, Universität Wien
Universitätsstr. 7, 1010 Wien, Österreich
erich.kirchler@univie.ac.at

Klatte, Maria, Dr.
Institut für Psychologie, Abt. Umwelt und Kultur,
Universität Oldenburg
Postfach 2503, 26111 Oldenburg
maria.klatte@uni-oldenburg.de

Klinck, Dorothea, Dr.
Psychologischer Dienst, Bundesagentur für Arbeit
Regensburger Str. 104, 90478 Nürnberg
Dorothea.Klinck@arbeitsamt.de

Koch, Uwe, Prof. Dr.
Institut und Poliklinik für Medizinische Psychologie,
Universitätsklinikum Hamburg-Eppendorf
Martinistr. 52, 20251 Hamburg
koch@uke.uni-hamburg.de

Köhnken, Günter, Prof. Dr.
Institut für Psychologie, Psychologische Diagnostik und
Intervention, Rechtspsychologie, Persönlichkeitspsychologie,
Universität Kiel
Olshausenstr. 40, 24098 Kiel
koehnken@psychologie.uni-kiel.de

Kroj, Günter, Prof. Dr.
Manstedtener Weg 4, 50259 Pulheim
gkroj@t-online.de

Lachnit, Harald, Prof. Dr.
Fachbereich Psychologie, Allgemeine und Biologische
Psychologie, Philipps-Universität Marburg
Gutenbergstr. 18, 35032 Marburg
lachnit@staff.uni-marburg.de

Lang, Frieder R., Prof. Dr.
Institut für Psychologie, Abt. Entwicklungspsychologie,
Martin-Luther-Universität Halle-Wittenberg
Brandbergweg 23c, 06099 Halle (Saale)
flang@psych.uni-halle.de

Lange, Elke B.
Center for Health and Behavior,
430 Huntington Hall, Syracuse, NY 13244-2340, USA
eblange@mailbox.syr.edu

Lantermann, Ernst-D., Prof. Dr.
Fachrichtung Psychologie, Universität Kassel
Holländische Str. 36–38, 34109 Kassel
lantermann@uni-kassel.de

Leder, Helmut, Prof. Dr.
Fakultät für Psychologie, Arbeitsbereich Allgemeine
Psychologie, Universität Wien
Liebiggasse 5, 1010 Wien, Österreich
leder@experimental-psychology.de

Leiss, Ulrike, Mag. Dr.
Universitätsklinik für Kinder- und Jugendheilkunde,
Universität Wien
Währinger Gürtel 18–20, 1090 Wien, Österreich
ulrike.leiss@univie.ac.at

Lenk, Hans, Prof. Dr.
Institut für Philosophie, Universität Karlsruhe (TH)
Kaiserstr. 12, 76128 Karlsruhe
ed11@rz.uni-karlsruhe.de

Lieb, Roselind, Prof. Dr.
Universität Basel, Abt. Epidemiologie und
Gesundheitspsychologie,
Birmannsgasse 8, 4009 Basel, Schweiz
roselind.lieb@unibas.ch

Lißmann, Ilka, Dr.
Fachbereich Psychologie, Pädagogische Psychologie und
Entwicklungspsychologie, Philipps-Universität Marburg
Gutenbergstr. 18, 35032 Marburg
lissmann@staff.uni-marburg.de

Linneweber, Volker, Prof. Dr.
Institut für Psychologie, Abt. für Sozialpsychologie,
Differentielle und Persönlichkeitspsychologie,
Otto-von-Guericke-Universität
Postfach 4120, 39016 Magdeburg
Linneweber@gse-w.uni-magdeburg.de

Lohaus, Arnold, Prof. Dr.
Fachbereich Psychologie, Pädagogische Psychologie und
Entwicklungspsychologie, Philipps-Universität Marburg
Gutenbergstr. 18, 35032 Marburg
Arnold.Lohaus@t-online.de

Manzey, Dietrich, Prof. Dr.
Institut für Psychologie und Arbeitswissenschaft, FG Arbeits-
und Organisationspsychologie, Technische Universität Berlin
Marchstr. 12, Sekr. F7, 10587 Berlin
dietrich.manzey@tu-berlin.de

Mehnert, Anja, Dr.
Institut und Poliklinik für Medizinische Psychologie,
Universitätsklinikum Hamburg-Eppendorf
Martinistr. 52, 20251 Hamburg
mehnert@uke.uni-Hamburg.de

Melter, Albert, Dr.
Streitkräfteamt, Gruppe Wehrpsychologie
Postfach 20 50 03, 53109 Bonn
albertmelter@bundeswehr.org

Meier-Pesti, Katja, Dr.
Fakultät für Psychologie, Arbeitsbereich Wirtschaftspsychologie,
Universität Wien
Universitätsstr. 7, 1010 Wien, Österreich
katja.meier@univie.ac.at

Meyer, Wulf-Uwe, Prof. Dr.
Fakultät für Psychologie und Sportwissenschaften,
Abt. für Psychologie, Universität Bielefeld
Postfach 100131, 33501 Bielefeld
wulf-uwe.meyer@uni-bielefeld.de

Müller, Johannes, Dipl.-Psych.
Institut für Klinische, Diagnostische und Differentielle
Psychologie, Technische Universität Dresden
Mommsenstr. 13, 01062 Dresden
mueller@psychomail.tu-dresden.de

Murken, Sebastian, Dr.
Forschungszentrum für Psychobiologie und Psychosomatik
(FPP), AG Religionspsychologie, Universität Trier
Franziska-Puricelli-Str. 3, 55543 Bad Kreuznach
smurken@mainz-online.de

Namini, Sussan, Dipl.-Psych.
Forschungszentrum für Psychobiologie und Psychosomatik
(FPP), AG Religionspsychologie, Universität Trier
Franziska-Puricelli-Str. 3, 55543 Bad Kreuznach
sussan.namini@relpsych.de

Neubauer, Aljoscha, Prof. Dr.
Institut für Psychologie, Differentielle Psychologie,
Karl-Franzens-Universität Graz
Universitätsplatz 2, 8010 Graz, Österreich
aljoscha.neubauer@uni-graz.at

Oberauer, Klaus, Prof. Dr.
Department of Experimental Psychology, University of Bristol,
8, Woodland Road, Bristol BS8 1TN, UK
k.oberauer@bristol.ac.uk

Oswald, Wolf-D., Prof. Dr.
Institut für Psychogerontologie,
Friedrich-Alexander-Universität Erlangen-Nürnberg
Nägelsbachstr. 25, 91052 Erlangen
psycho@geronto.uni-erlangen.de

Panhey, Kerstin, Dr.
Institut für Psychologie, Psychologische Methodenlehre und
Biopsychologie, Technische Universität Braunschweig
Spielmannstr. 12 A, 38106 Braunschweig
k.panhey@tu-braunschweig.de

Pawlik, Kurt, Prof. Dr.
Fachbereich Psychologie, Universität Hamburg
Von-Melle-Park 11, 20146 Hamburg
pawlik@uni-hamburg.de

Pritzel, Monika, Prof. Dr.
Fachbereich Psychologie, Arbeitsbereich Kognitive
Neurowissenschaft, Klinische Psychologie und Intervention,
Universität Koblenz-Landau
Linienstr. 9, 76829 Landau
pritzel@uni-landau.de

Reisel, Barbara, Prof. Dr.
Universitätsklinik für Kinder-und Jugendheilkunde,
Universität Wien
Währinger Gürtel 18–20, 1090 Wien, Österreich
barbara.reisel@chello.at

Reisenzein, Rainer, Prof. Dr.
Institut für Psychologie, Allgemeine Psychologie II,
Ernst-Moritz-Arndt-Universität Greifswald
W.-Rathenau-Str. 48, 17487 Greifswald
rainer.reisenzein@uni-greifswald.de

Röder, Brigitte, Prof. Dr.
Fachbereich Psychologie, Arbeitsbereich Biologische
Psychologie und Neuropsychologie, Universität Hamburg
20146 Hamburg
Brigitte.Roeder@uni-hamburg.de

Rohrmann, Sonja, PD Dr.
Institut für Psychologie, J. W. Goethe-Universität Frankfurt/M.
Postfach 111932, 60054 Frankfurt/M.
rohrmann@psych.uni-frankfurt.de

Rösler, Frank, Prof. Dr.
Fachbereich Psychologie, AG Kognitive Psychophysiologie,
Philipps-Universität Marburg
Gutenbergstr. 18, 35032 Marburg
roesler@staff.uni-marburg.de

Rustenbach, Stephan Jeff, Dr.
Sethweg 11, 22455 Hamburg
sjr@ida-pb.de

Schick, August, Prof. Dr.
Institut für Psychologie, Abt. Umwelt und Kultur,
Universität Oldenburg
Postfach 2503, 26111 Oldenburg
august.schick@uni-oldenburg.de

Schmidt-Atzert, Lothar, Prof. Dr.
Fachbereich Psychologie, Differentielle Psychologie und
Psychologische Diagnostik, Philipps-Universität Marburg
Gutenbergstr. 18, 35032 Marburg
schmidt-atzert@staff.uni-marburg.de

Schölmerich, Axel, Prof. Dr.
Fakultät für Psychologie, AE Allgemeine und Entwicklungspsychologie, Ruhr-Universität Bochum
44780 Bochum
axel.schoelmerich@ruhr-uni-bochum.de

Schüz, Benjamin, Dipl.-Psych.
Fachbereich Erziehungswissenschaft und Psychologie, Arbeitsbereich Gesundheitspsychologie, Freie Universität Berlin
Habelschwerdter Allee 45, 14195 Berlin
schuez@zedat.fu-berlin.de

Schwan, Stephan, Prof. Dr.
Abt. für Sozialpsychologie und Wirtschaftspsychologie,
Johannes Kepler Universität Linz
Altenbergerstraße 69, 4040 Linz, Österreich
stephan.schwan@jku.at

Schwarzer, Ralf, Prof. Dr.
Fachbereich Erziehungswissenschaft und Psychologie, Arbeitsbereich Gesundheitspsychologie, Freie Universität Berlin
Habelschwerdter Allee 45, 14195 Berlin
health@zedat.fu-berlin.de

Spering, Miriam, Dipl.-Psych.
Fachbereich 06, Psychologie und Sportwissenschaft,
Abt. Allgemeine Psychologie, Justus-Liebig-Universität Gießen
Otto-Behaghel-Straße 10F, 35394 Gießen
miriam.spering@psychol.uni-giessen

Spörer, Nadine, Dr.
Fachbereich 06, Psychologie und Sportwissenschaft,
Abt. Pädagogische Psychologie, Justus-Liebig-Universität
Gießen
Otto-Behaghel-Straße 10F, 35394 Gießen
Nadine.Spoerer@psychol.uni-giessen.de

Stellmacher, Jost, Dr.
Fachbereich Psychologie, Philipps-Universität Marburg
Gutenbergstr. 18, 35032 Marburg
stellmac@staff.uni-marburg.de

Stern, Elsbeth, Prof. Dr.
Max-Planck-Institut für Bildungsforschung
Lentzeallee 94, 14195 Berlin
stern@mpib-berlin.mpg.de

Stoll, Oliver, Prof. Dr.
Institut für Sportwissenschaft, Sportpsychologie und Sportpädagogik, Martin-Luther-Universität Halle-Wittenberg
Selkestrasse 9, 06099 Halle (Saale)
stoll@sport.uni-halle.de

Strauß, Bernhard, Prof. Dr.
Institut für Medizinische Psychologie, Universitätsklinikum Jena
Stoystr. 3, 07740 Jena
bernhard.strauss@med.uni-jena.de

Strobel, Alexander, Dipl.-Psych.
Institut für Klinische, Diagnostische und Differentielle
Psychologie, Technische Universität Dresden
Mommsenstr. 13, 01062 Dresden
as34@rcs.urz.tu-dresden.de

Sydow, Momme von, Dr.
Georg-Elias-Müller-Institut für Psychologie, Abt. für Handlungs-
psychologie und Forschungsmethoden, Georg-August-Univer-
sität Göttingen
Gosslerstr. 14, 37073 Göttingen
Momme@von-Sydow.de

Tack, Werner H., Prof. Dr.
Fachbereich Psychologie an der Fakultät für Empirische
Humanwissenschaften, Universität des Saarlandes
Postfach 151150, 66041 Saarbrücken
werner@cops.uni-sb.de

Timpe, Klaus-Peter, Prof. Dr.
Fakultät V, Institut für Psychologie und Arbeitswissenschaften,
Technische Universität Berlin
Jebensstr. 1, 10623 Berlin
timpe@mms.tu-berlin.de

Vitouch, Oliver, Prof. Dr.
Institut für Psychologie, Abt. für Allgemeine Psychologie und
Kognitionsforschung, Universität Klagenfurt
Universitätsstr. 65–67, 9020 Klagenfurt, Österreich
oliver.vitouch@uni-klu.ac.at

Voland, Eckart, Prof. Dr.
Zentrum für Philosophie und Grundlagen der Wissenschaft,
Justus-Liebig-Universität Gießen
Otto-Behaghel-Str. 10C, 35394 Gießen
Eckart.Voland@phil.uni-giessen.de

Wagner, Ulrich, Prof. Dr.
Fachbereich Psychologie, Sozialpsychologie,
Philipps-Universität Marburg
Gutenbergstr. 18, 35032 Marburg
wagner1@staff.uni-marburg.de

Waldmann, Michael R., Prof. Dr.

Georg-Elias-Müller-Institut für Psychologie, Abt. für Handlungs-
psychologie und Forschungsmethoden, Georg-August-Univer-
sität Göttingen
Gosslerstr. 14, 37073 Göttingen
michael.waldmann@bio.uni-goettingen.de

Wentura, Dirk, Prof. Dr.

Philosophische Fakultät III, Fachrichtung 5.3 Psychologie,
Universität des Saarlandes
Postfach 151150, 66041 Saarbrücken
wentura@mx.uni-saarland.de

Westmeyer, Hans, Prof. Dr.

Fachbereich Erziehungswissenschaft und Psychologie,
Arbeitsbereich Differentielle und Persönlichkeitspsychologie,
Freie Universität Berlin
Otto-von Simson-Str. 19, 14195 Berlin
hawest@zedat.fu-berlin.de

Witte, Erich H., Prof. Dr.

Fachbereich Psychologie, Arbeitsbereich Sozialpsychologie,
Universität Hamburg
Von-Melle-Park 5, 20146 Hamburg
witte_e_h@uni-hamburg.de

Wurst, Elisabeth, Prof. Dr.

Universitätsklinik für Kinder-und Jugendheilkunde,
Universität Wien
Währinger Gürtel 18–20, 1090 Wien, Österreich
elisabeth.wurst@meduniwien.ac.at

Ziegelmann, Jochen P., Dipl. Psych.

Fachbereich Erziehungswissenschaft und Psychologie, Arbeitsbereich Gesundheitspsychologie, Freie Universität Berlin
Habelschwerdter Allee 45, 14195 Berlin
jochenzi@zedat.fu-berlin.de

Zuberbühler, Klaus, Dr.

School of Psychology, University of St. Andrews
Fife KY169JU, St.Andrews, Schottland, UK
kz3@st-andrews.ac.uk

Verzeichnis wichtiger Abkürzungen*

5-HT	Serotonin
AC	Assessmentcenter
ACTH	adrenokortikotropes Hormon
ADHS	Aufmerksamkeitsdefizit-/Hyperaktivitätsstörung
APA	American Psychological Association (auch: American Psychiatric Association)
ARAS	aufsteigendes retikuläres Aktivierungssystem
BDP	Berufsverband Deutscher Psychologinnen und Psychologen
CAPS	»cognitive-affective personality system« (kognitiv-affektives Persönlichkeitssystem)
CER	konditionierte emotionale Reaktion
CR	konditionierte (bedingte) Reaktion
CRH	Kortikotropin-releasing-Hormon
CS	konditionierter (bedingter) Reiz
CT	Computertomographie, -gramm
dB	Dezibel
df	»degrees of freedom« (Freiheitsgrade)
DGPs	Deutsche Gesellschaft für Psychologie
DNA, DNS	Desoxyribonukleinsäure
DSM	Diagnostic and Statistical Manual of Mental Disorders (Diagnostisches und Statistisches Manual Psychischer Störungen)
ECA	Epidemiologic Catchment Area Program
EEA	»environment of evolutionary adaptedness«
EEG	Elektroenzephalographie, -gramm
EFPA	European Federation of Psychologists' Associations
EKG	Elektrokardiographie, -gramm
EKP	ereigniskorreliertes Potenzial (im EEG)
fMRT, fMRI	funktionelle Magnetresonanztomographie
GABA	Gamma-Amino-Buttersäure
h	Stunden
HIV	»human immunodeficiency virus«
Hz	Hertz (Schwingungszahl pro Sekunde)
IA	Intelligenzalter
ICD	International Classification of Diseases (Internationale Klassifikation der Krankheiten)
IHDP	International Human Dimensions Programme on Global Environmental Change
IQ	Intelligenzquotient
IUPsyS	International Union of Psychological Science
kHz	Kilohertz (eintausend Hertz)
MEG	Magnetenzephalographie, -gramm
min	Minuten
MPU	medizinisch-psychologische Untersuchung
MRT, MRI	Magnetresonanztomographie, Kernspintomographie
mV	Millivolt (1 Tausendstel Volt)
µm	Mikrometer (1 Millionstel Meter)
µV	Mikrovolt (1 Millionstel Volt)
N	Newton (physikalisches Maß für die Kraft, die der Masse von 1 kg die Beschleunigung von 1 m pro Sekunde erteilt)
NIMH	National Institute of Mental Health
nm	Nanometer (1 Milliardstel Meter = 1 Millionstel Millimeter)
Pa	Pascal (physikalisches Maß für den entstehenden Druck, wenn 1 Newton gleichmäßig verteilt senkrecht auf die Fläche von 1 Meterquadrat wirkt)

* Aufgenommen wurden Abkürzungen, die in mehr als einem Kapitel vorkommen.

PET	Positronenemissionstomographie
PISA	Programme for International Student Assessment
R	Response, Reaktion
S	Stimulus, Reiz
SPECT	Single-Photon-Emissions-Computertomographie
STGB	Strafgesetzbuch
TMS	transkranielle Magnetstimulation
UR	unkonditionierte (unbedingte) Reaktion
US	unkonditionierter (unbedingter) Reiz
VNS	vegetatives Nervensystem
WHO	World Health Organization (Weltgesundheitsorganisation)
ZNS	zentrales Nervensystem, Zentralnervensystem

I Menschliches Verhalten und Erleben: Methoden und Ergebnisse psychologischer Forschung

Differentielle, Entwicklungs- und Sozialpsychologie

Theoretische Psychologie

1 Psychologie als Fach und Wissenschaft

K. Pawlik

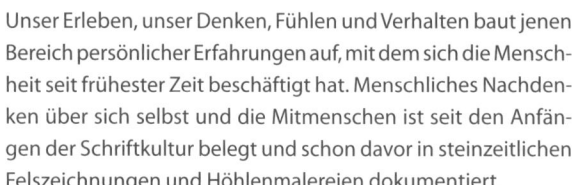

Unser Erleben, unser Denken, Fühlen und Verhalten baut jenen Bereich persönlicher Erfahrungen auf, mit dem sich die Menschheit seit frühester Zeit beschäftigt hat. Menschliches Nachdenken über sich selbst und die Mitmenschen ist seit den Anfängen der Schriftkultur belegt und schon davor in steinzeitlichen Felszeichnungen und Höhlenmalereien dokumentiert.

Kann die Beschäftigung mit dem menschlichen Geist, mit menschlichem Erleben und Verhalten danach auf eine wahrlich lange Vergangenheit zurückblicken, hat dessen ungeachtet die Psychologie als Wissenschaft und gar erst als Beruf nur eine kurze Geschichte von wenig mehr als anderthalb Jahrhunderten. Woher diese scheinbare Paradoxie rühren mag, was Psychologie als Wissenschaft und Beruf heute bedeutet und einschließt, wie sich das Fach entwickelt und in Teilfächer differenziert hat, wird in diesem Einleitungskapitel behandelt.

1.1 Menschliches Erleben und Verhalten als Gegenstand von Wissenschaft

Themen, mit denen sich die Psychologie als Wissenschaft beschäftigt, rühren nicht selten auch an Fragen, die für unser individuelles Leben und unser Zusammenleben große Bedeutung haben. Zum Beispiel: Wie schaffen wir es, so kann man fragen, aus einzelnen Lebenserfahrungen ein allgemeines Verständnis der Welt, in der wir leben, aufzubauen? Woran erkennen wir, was eine andere Person bewegt, woran sie denkt, wie sie sich als nächstes zu uns verhalten wird? Wie kann in der Erziehung die intellektuelle oder moralische Entwicklung eines Kindes gefördert werden? Warum können wir später nicht alles spontan wieder erinnern, was wir einmal wussten? Menschen wirken so verschieden in ihrem Temperament, in ihren Begabungen, ihren Einstellungen; worin liegen diese Unterschiede begründet, woher kommen sie?

So definieren Lehrbücher als Gegenstand der Psychologie das Verhalten (des Menschen, aber vielfach auch das höherer Tiere) und die mentalen (geistigen) Vorgänge im Erleben und Bewusstsein (Atkinson, Atkinson, Smith, Ben & Nolen-Hoeksema, 2001; Zimbardo, 1995). Ziel der Psychologie als Wissenschaft ist die Beschreibung und Erklärung dieser mentalen und Verhaltensvorgänge und ihre Vorhersage. Ziel der Psychologie als Beruf ist die Anwendung solcher Erkenntnisse zur Verbesserung der Lebensqualität des Einzelnen und der Gemeinschaft in allen Lebensbereichen, sei es in Gesundheit und Erziehung, Arbeit und Beruf, bis hin zu Umweltfragen, Verkehr oder Sport.

Lange vor aller wissenschaftlichen Psychologie hat sich freilich zu vielen derartigen Fragen in einzelnen Kulturen bereits ein Alltagsverständnis von der menschlichen Natur entwickelt, geleitet von Intuition und Erfahrungen und oft auch getragen aus dem Bemühen, sich und andere zu verstehen oder Regeln zu »entdecken«, die andere in ihrem Verhalten besser vorhersehbar oder Konflikte leichter bewältigbar machen. Bevor wir uns der Psychologie als Wissenschaft zuwenden, lohnt es sich, einen Blick auf solche »indigenen Wissensbestände« zu werfen.

1.1.1 Indigene Alltagsverständnisse

Sie werden so genannt, weil sie in der Regel eng an die Kultur (und Sprache) gebunden (ihr gleichsam »eingeboren«) sind, in der sie erwachsen sind. Sie gründen sich vielfach auf Intuition und Verallgemeinerung, auf eine allgemeine Vorstellung von der Natur des Menschen (ein »Menschenbild«), nicht selten auch auf übergreifende Überzeugungen, Vorurteile oder gar Ideologie. Will man den menschlichen Geist, unser Erleben und Verhalten wissenschaftlich erforschen, gilt es als Erstes, den Zugang, den die wissenschaftliche Psychologie dazu entwickelt hat, von solchem indigenen Vorwissen abzuheben.

Wir können dieses leicht am Beispiel der in einer Kultur überlieferten Sprichwörter anschaulich machen. In ihnen ist viel an indigenem Alltagsverständnis niedergelegt. (Schon der griechische Philosoph Aristoteles soll vor mehr als 2300 Jahren bereits Sprichwörter studiert haben!) Betrachten wir die folgenden Beispiele:

1. Was Hänschen nicht lernt, lernt Hans nimmermehr.
2. Man wird alt wie eine Kuh, und lernt immer noch dazu.
3. Gegensätze ziehen sich an.
4. Gleich und Gleich gesellt sich gern.
5. Auf einen groben Klotz gehört ein grober Keil.

Die Sprichwörter 1 und 2 widersprechen einander konträr, 3 und 4 zumindest im Kern der Aussage. Solcher Widersprüchlichkeit begegnet man auch in anderen Überzeugungen des indigenen Vorwissens, ohne dass dieses dann Hinweis auf Kriterien anböte, welche Aussage denn nun im Einzelfall gilt oder gar als allgemeine Regel die verlässlichere wäre. Indigene Wissensbestände sind oftmals in sich widersprüchlich.

Dagegen strebt das wissenschaftliche Studium des menschlichen Erlebens und Verhaltens Aussagen an, die in sich widerspruchsfrei und obendrein an Tatsachen belegt sind, also nicht im Widerspruch zueinander und zur beobachtbaren Realität stehen. So hat beispielsweise die sozialpsychologische Forschung den Nachweis erbracht (dazu ausführlich ► Kap. 28), dass von den Behauptungen 3 und 4 in der Regel nur die zweite das Zustandekommen von Sympathie und Zuneigung zu erklären vermag, Behauptung 3 dagegen als weithin widerlegt gelten muss.

Die Redensart 5 illustriert eine andere Eigentümlichkeit indigener Vorverständnisse: ihre häufige Anbindung an Grundüberzeugungen, die ohne weiteren Beleg als handlungsleitend vorausgesetzt werden und nicht selten ihre Wurzel in einem bestimmten Weltbild, einer Weltanschauung oder einer Ideologie haben. So hat Satz 5 eine lange Tradition im Denken »Auge um Auge«, die aber jeglicher Begründung entbehrt, dass aus ihrer fortgesetzten Anwendung je ein Ausweg aus der wachsenden aggressiven Interaktion gefunden werden kann (dazu ► Kap. 28).

Schon diese Beispiele zeigen, dass indigenes Vorwissen keine gesicherte oder auch nur widerspruchsfreie Basis zur Beschreibung und Erklärung menschlichen Verhaltens gewährleistet. Damit soll natürlich nicht ausgeschlossen werden, dass im indigenen Vorverständnis einer Kultur auch Verbindlichkeiten und Verhaltensnormen festgelegt sein können, die das Zusammenleben real erleichtern. Die in Redensarten wie »Lügen haben kurze Beine« oder »Ehrlich währt am längsten« ausgedrückten Ermahnungen mögen das illustrieren. Aber in Vorverständnissen können auch bösartige Vorurteile und in Ideologien verwurzelte Einstellungen eingenistet sein, die weder sachlich fundiert noch sozial verträglich oder gar gerecht sind. Abwertende Einstellungen gegenüber ethnischen Minderheiten und Andersdenkenden haben in der Geschichte des letzten Jahrhunderts dazu grausame Beispielhistorie geschrieben.

Von solchem indigenen Vorverständnis unterscheidet sich die Psychologie 1. durch einen systematisch-rationalen Forschungsansatz und 2. durch die Zielsetzung, zu Aussagen zum menschlichen Erleben und Verhalten zu kommen, die Kriterien der Konsistenz (Widerspruchsfreiheit) und 3. der empirischen (erfahrungswissenschaftlichen) Überprüfung standhalten.

Dabei braucht indigenes Vorverständnis nicht völlig ausgeklammert zu bleiben, dann aber nicht unter der Zielsetzung, daraus Wissen zu deduzieren, sondern mit dem Ziel, das darin niedergelegte vorwissenschaftliche Selbstverständnis in einer Kultur aufzuschlüsseln und den geistigen Boden zu erkunden, in dem auch manche fachpsychologische Begriffsbildung mit eingebunden ist (dazu ausführlich ► Kap. 30). Wie in der (klassischen) Physik (man denke an: Kraft oder Feld) finden sich auch in der Psychologie einzelne Begriffsbezeichnungen (wie: Trieb, Gefühl, Intelligenz), deren Wortbezeichnung bereits in der Alltagssprache konnotiert (mit Bedeutung gefüllt) ist. Ohne sorgfältige Neudefinition würde mit ihnen Bedeutungsgehalt aus dem in der Alltagssprache konnotierten Vorverständnis ungeprüft »importiert«. Darauf ist z. B. in der Sozial- und Motivationspsychologie oder in der Differentiellen Psychologie und Persönlichkeitsforschung (dazu ausführlich ► Kap. 23–29) sehr zu achten.

1.1.2 Psychologie als empirische Wissenschaft – methodische Standards

In einer rationalen empirischen oder **Erfahrungswissenschaft** gelten Aussagen dann und nur dann als gesichert, als Wissensbestand, wenn ihre Gültigkeit durch unabhängige Selbst- oder Fremdbeobachtung belegt ist. Für die Psychologie als Erfahrungswissenschaft des Verhaltens, des Mentalen (der geistigen Vorgänge) und des Bewusstseins folgt daraus, dass solche Beobachtungen an diesem ihrem Gegenstand, also der Verstandestätigkeit, dem bewussten Erleben bzw. dem offen beobachtbaren (overten) Verhalten anzustellen sind.

Dies ist kein leichtes Unterfangen und setzt spezielle Standards voraus, denen solche Beobachtungen genügen müssen, sollen sie wissenschaftlich verwertbar sein. In ► Kap. 2 werden die hauptsächlichen Varianten wissenschaftlich-psychologischer Beobachtung im Überblick erklärt und auch die Methoden, nach denen so gewonnene Beobachtungsergebnisse schlüssig ausgewertet werden können. Daraus abgeleitete spezielle Methoden einzelner psychologischer Teilfächer werden in den jeweiligen Kapiteln vorgestellt.

Wissenschaftlich-psychologische Beobachtungen können unter alltäglichen Bedingungen (Beispiel: Verhalten im Straßenverkehr), in standardisierten Erhebungen (Beispiel: Testuntersuchung zu elterlichen Erziehungsstilen) oder in sog. psychologischen Experimenten gewonnen werden. In diesem Fall werden Beobachtungen unter Bedingungen angestellt, die so hergestellt wurden, dass nur solche Einflussgrößen auf das Beobachtungsergebnis einwirken können, die unter der untersuchten Fragestellung interessieren. Zum Beispiel: Untersuchung der ablenkenden Wirkung von Geräuschen auf einfache und komplexe Denkleistungen in Abhängigkeit vom physikalischen Schalldruck und von der Frequenzzusammensetzung der Störgeräusche.

Weitaus die meisten Erkenntnisse psychologischer Grundlagenforschung (insbesondere ► Kap. 2–18 und 25–29) entstammen solcher **experimenteller Forschung**. Ihr methodischer Vorzug, Ergebnisse eindeutig auf die untersuchten Versuchsbedingungen zurückführen zu können, kann sich in einen Nachteil verkehren, wenn die Experimentalbedingungen nicht auch repräsentativ für die Bedingungen sind, unter denen die untersuchten psychischen Prozesse in Wirklichkeit, d. h. im realen Leben ablaufen. Um im Beispiel zu bleiben: wenn die im Experiment erzeugten Geräusche sich wesentlich von jenen unterscheiden, unter denen die geprüften Denkleistungen von Personen in ihrem realen Lebensumfeld typischerweise erbracht würden. Wie Brunswik (1947) bereits vor mehr als 50 Jahren betonte, bemisst sich die Beweiskraft eines psychologischen Experiments daher nicht nur an seiner systematischen Repräsentativität (in Hinblick auf die geprüfte Fragestellung), sondern auch an der ökologischen Repräsentativität der Versuchsbedingungen (in Hinblick auf die typische Lebensumwelt der untersuchten Personen). Auch aus diesem Grund stützt sich die Forschung speziell in der Entwicklungs-, Persönlichkeits- und Sozialpsychologie vielfach auf Beobachtungsmethoden, die nicht im engeren Sinn experimentell angelegt sind (► Kap. 19–30). Im Übrigen wurden in den letzten 30 Jahren vermehrt auch in der Psychologie Feldforschungsmethoden zur Untersuchung psychischer Phänomene direkt in der realen Lebensumwelt, im Alltagsleben (am Arbeitsplatz, in der Freizeit usw.) entwickelt (Pawlik & Buse, 1996).

In der Planung einer Forschungsuntersuchung folgt die Psychologie, wie andere Erfahrungswissenschaften, in der Regel der in ► Kap. 2 erklärten sog. **deduktiven Heuristik**: Sie geht aus von **Hypothesen**, also Aussagen, deren Gültigkeit noch fraglich ist und empirisch geprüft werden soll. Vielfach leiten sich Hypothesen aus psychologischen **Theorien** her, die in solchen Aussagen Begriffe (»hypothetische Konstrukte«) miteinander verknüpfen. So könnte eine Theorie der Angst die Hypothese enthalten: Ängste können durch wiederholte Konfrontation mit dem die Angst auslösenden Reiz gemindert werden. Sind die hypothetischen Konstrukte (Angst, Konfrontation, auslösender Reiz, Minderung von Angst) durch sog. operationale Definitionen an beobachtbare Merkmale (Variable) gebunden, kann die Hypothese an diesen Beobachtungsmerkmalen empirisch überprüft werden. Eine entsprechende Untersuchung, in Form einer Erhebung oder eines Experiments, liefert als Beobachtungsergebnisse Daten zur Prüfung der Hypothese in einer anschließenden statistischen Auswertung (**Datenanalyse**). ► Kapitel 2 gibt eine Übersicht zu wichtigen dabei eingesetzten Methoden.

Für die schlüssige Prüfung einer Hypothese wird allgemein die Forderung nach **Objektivität** der Datenerhebung und -analyse gestellt. Damit ist der Anspruch gemeint, dass Ergebnisse (der Beobachtung, der Auswertung) von der Person des Untersuchers (Beobachters, Auswerters), seinen persönlichen Eigenschaften, Erwartungen und Vermutungen ebenso unabhängig sein sollen wie auch von allen anderen, im Moment nicht gefragten Untersuchungsumständen (wie der Tages- oder Jahreszeit, zu der ein Experiment durchgeführt wurde, oder den besonderen Bedingungen der Klinik, an der eine psychologische Behandlungsmethode auf Effektivität geprüft wird). Wie in anderen Erfahrungswissenschaften wird deshalb auch in der Psychologie die Forderung nach unabhängiger **Replikation** eines Ergebnisses (durch andere Forscher, an anderen Instituten usw.) gestellt, bevor es in den Kenntnisstand oder in die Berufspraxis des Faches Eingang finden kann.

Hinausgehend über diese allgemeinen methodischen Standards einer Erfahrungswissenschaft wurden **psychologiespezifische Gütekriterien** für Beobachtungsverfahren, namentlich zur psychologischen Diagnostik, und für die psychologische Berufspraxis, hier namentlich für Interventionsverfahren (wie in der psychologischen Therapie) entwickelt, die heute internationaler Standard in der

Forschung und Berufsarbeit sind (dazu speziell ▶ Kap. 2, 39 und 43).

Diese methodische Definition der Psychologie als rationale Erfahrungswissenschaft war nicht allezeit so vertreten worden. Unbeschadet der Tatsache, dass die wissenschaftliche, vornehmlich experimentelle Psychologie in Deutschland begründet wurde (▶ Abschn. 1.2), hat sich gerade im deutschen Sprachraum bis in die 1950er Jahre ein (u. a. auf Wilhelm Dilthey, 1833–1911) zurückgehender Anspruch gehalten, dass dem Gegenstand der Psychologie nicht (natur)wissenschaftliche Erklärung, sondern vielmehr nachvollziehendes, einfühlendes Verstehen angemessen wäre (Dilthey, 1894; dazu auch ▶ Kap. 4). Dieser auch **Hermeneutik** oder geisteswissenschaftlich genannte Zugang ist im Rahmen sog. »postmoderner« Denkrichtungen neu herausgestellt worden. So unzweifelhaft einfühlendes Verstehen maßgeblich sein kann für die Entwicklung neuer Forschungsfragestellungen und Hypothesen, ganz zu schweigen von seiner Bedeutung in der Berufspraxis, so offenkundig ist es, dass der hermeneutische Ansatz sich den Intuitionsvorzug seiner Subjektivität nur um den Preis unbestimmter Objektivität der Ergebnisse bewahren kann. Woran lässt sich abschätzen, ob und inwieweit eine Aussage allein die Sichtweise ihres Autors wiedergibt oder darüber hinaus Gültigkeit beanspruchen kann, wenn allein dieses, sein Verständnis zum Beleg erhoben würde? Auch die Gleichsinnigkeit mehrerer, der bisweilen als Ersatzbeleg zitierte »consensus omnium«, kann in Fragen, die der Empirie zugänglich sind, fehlenden empirischen Beleg nicht ersetzen – wie schon im einfachsten Fall Experimente zu geometrisch-optischen Täuschungen (▶ Kap. 6) oder zu verbreiteten logischen Fehlschlüssen (▶ Kap. 15) eindrucksvoll belegen. Das soll freilich nicht heißen, Tatsachen der auch kulturellen und historischen Einbindung (und Konstituierung) menschlichen Erlebens und Verhaltens auszuklammern. Hier erweist sich einmal mehr die Breite und Komplexität der Psychologie als einer biologischen *und* Sozialwissenschaft, und in vielen Kapiteln (besonders ▶ Kap. 5 und 30) findet sich dafür instruktiver Beleg.

Aus all dem folgt aber auch, dass die Psychologie als Erfahrungswissenschaft ihre wissenschaftliche Grenze an Fragen findet, die der Empirie nicht, noch nicht oder sogar grundsätzlich methodisch nicht zugänglich sind. Als einer von vielen hat bereits William James (1890) diesen (natur-)wissenschaftlichen Charakter der Psychologie schlüssig erklärt und begründet. (Eine wissenschaftstheoretische Einordnung aus neuer Sicht gibt Gadenne, 2004.) Und schon gar nichts hat Psychologie als Wissenschaft mit jenen Formen von Mystizismus und Quacksalberei gemein, wie sie – in den letzten Jahrzehnten sogar vermehrt und dann gerne in Verbindung mit Moden wie »new age« – angeboten und buchstäblich »verkauft« werden, ohne jedweden wissenschaftlichen Nachweis und Beleg und ohne irgendwelchen Bezug auf Psychologie als Wissenschaft. Schon H.J. Eysenck (1956) und später Hofstätter (1984) geben an-

schauliche Beispiele für solche Irrwege, Abwege und Auswüchse.

1.1.3 Berufsethische und rechtliche Standards

In einer psychologischen Untersuchung wird Information über das Verhalten von Einzelpersonen oder Personengruppen erhoben. Die Durchführung der Untersuchung muss daher an die Einhaltung **berufsethischer Standards** gebunden sein, die den Schutz der Privatsphäre und persönlichen Rechte der Untersuchungsteilnehmer (Versuchspersonen oder Probanden, Befragungspersonen, Klienten, Patienten) gewährleisten. Entsprechendes gilt für die psychologische Berufspraxis, namentlich in der psychologischen Diagnostik, Psychotherapie und psychologischen Beratung.

Dazu sind in vielen Staaten von der nationalen psychologischen Fachgesellschaft oder Berufsvereinigung berufsethische Richtlinien für Forschung und Praxis in Psychologie erlassen worden (Leach & Harbin, 2004; Pettifor, 2004; für Deutschland z. B. bereits in den 1970er Jahren, s. Berufsverband deutscher Psychologen, 1986). Sie lassen sich auf drei Grundstandards zusammenfassen:

1. Schutz der Persönlichkeit. Psychologische Untersuchungen und psychologische Berufspraxis dürfen nicht gegen die in einer Verfassung garantierten Grundrechte zum Schutz der Person und von Privatheit verstoßen (Schutz des »allgemeinen Persönlichkeitsrechts«; in Deutschland: Art. 1 in Verbindung mit Art. 2 Abs. 1 Grundgesetz). Dies setzt Forschung und Praxis eine Grenze. So heißt es in der Berufsordnung des Berufsverbandes deutscher Psychologen unter Ziffer I.1, dass Psychologen »die Würde und Integrität des Individuums« achten und »sich für die Erhaltung und den Schutz fundamentaler menschlicher Rechte« einsetzen. Daraus folgern:

2. Grundsatz der informierten Zustimmung. Vor einer psychologische Untersuchung sind die als Teilnehmer vorgesehenen Personen über deren Natur und Zweck in für sie verständlicher Weise zu informieren. Ihre daraufhin (im Zweifelsfall: schriftlich eingeholte) Zustimmung zur Teilnahme ist unabdingbare Voraussetzung für die Durchführung der Untersuchung. Verdeckte Untersuchungen ohne Wissen der Untersuchten (über verborgene Kameras und Mikrophone oder durch sog. Einwegspiegel) verstoßen gegen diesen Standard. Einen Sonderfall können Studien darstellen, deren Fragestellung selbst ethisch unbedenklich ist, deren Durchführung sich aber bei vorheriger Bekanntgabe des Studienziels erübrigen würde – z. B. wenn untersucht werden soll, ob Testpersonen verschiedener ethnischer Herkunft in einem Intelligenztest unterschiedlich abschneiden, je nachdem ob sie von einem Testleiter der eigenen oder einer anderen ethnischen Herkunft getestet werden. Für solche Fälle wird verlangt, dass die Untersuchungsteilnehmer unmittelbar nach Abschluss der Untersuchung über den Untersuchungszweck aufgeklärt werden und ihnen die Möglichkeit der Herausgabe oder Vernichtung ihrer Daten eingeräumt wird. Besondere Regelungen sind in der Forschung oder Berufspraxis mit Personen zu beachten, die grundsätzlich oder vorübergehend über eigene Entscheidungsfähigkeit nicht oder nicht im vollen Rechtssinn verfügen (wie Kinder, Patienten im Wachkoma oder z. B. bei professioneller Sterbebegleitung). In Deutschland bestehen darüber hinaus in den Datenschutzgesetzen des Bundes und der Länder besondere Vorschriften für die Speicherung und Archivierung personenbezogener Daten auf elektronischen Medien, die auch für die psychologische Forschung und Berufspraxis gelten, in der heute vielfach rechnergestützte Verfahren Verwendung finden.

3. Grundsatz der Vertraulichkeit. Sämtliche über eine Person erhobenen Daten und Auswertungsergebnisse unterliegen absoluter Vertraulichkeit, von der im Regelfall nur die betroffene Person selbst den Psychologen entbinden kann. (Das gilt auch für die Weitergabe von Testergebnissen an Dritte, sofern die getestete Person dieser Weitergabe nicht ausdrücklich zustimmt, etwa im Rahmen einer Bewerbertestung, oder die Untersuchung auf richterliche Anordnung erfolgt.) Dieser Grundsatz ist unabdingbare Voraussetzung für das gebotene Vertrauensverhältnis zwischen einer untersuchten Person und dem psychologischen Forscher oder Berufspraktiker. In Deutschland gründet er sich zudem auf § 203 Abs. 1 Nr. 2 STGB (Strafgesetzbuch), der die »Offenbarung« eines »fremden Geheimnisses«, das Psychologen oder den in ihrem Auftrag Handelnden im Zuge ihrer Tätigkeit bekannt wird, unter Strafe stellt. Nach geltender Rechtssprechung ist dabei als »Geheimnis« grundsätzlich jede personbezogene (oder auf eine Person beziehbare) Information zu werten. Psychologische Berufsordnungen formulieren notwendige Konsequenzen, die sich daraus z. B. für die Verwaltung von Patientenakten oder Forschungsunterlagen ergeben.

Die Anwendung dieser Standards kann im Einzelfall diffizil sein. In vielen Staaten wird dazu heute wie in der Medizin auch in der Psychologie die Befassung sog. **Ethikkommissionen** vor Inangriffnahme eines Forschungsprojekts vorgesehen bzw. von Forschungsförderinstitutionen sogar verlangt. Einen Überblick zu Fragen der Ethik und des Berufsrechts in der psychologischen Forschungs- und Berufspraxis geben Schuler (1980) und neuerdings Joussen (2004). Darüber hinaus gelten in vielen Staaten besondere rechtliche Regelungen für Forschung an Versuchstieren.

1.2 Zur Geschichte der Psychologie

In der europäisch-westlichen Denktradition hat die heutige Psychologie eine mehr als zweitausendjährige Vorgeschichte in der abendländischen Philosophie, zurückreichend bis zum klassischen Werk »περὶ τῆς ψυχῆς« (perí thes psychés: »Über die Seele«) des Platon-Schülers Aristoteles (384–322 v. Chr.; ► Kurzbiographie), dessen Denken die philosophische Begriffsbildung über Jahrhunderte prägte (Flashar, 1983; Robinson, 1989). Im Vergleich der Wissenschaften nach ihrem Gegenstand und ihrer »Strenge« sah Aristoteles »die Erforschung der Seele … obenan«, ihre Kenntnis würde »am meisten zum Blick in die Natur« beitragen (Flashar, 1983, S. 5). Für ihn war Psychologie Grundlage aller Biologie und selbst Naturwissenschaft, und er ging davon aus, dass psychische »Vermögen« wie Wahrnehmung keineswegs spezifisch allein für den Menschen sind, sondern bei Mensch und Tier nach vergleichbaren Mechanismen funktionieren. Der Ideenreichtum seines Denkens kann tief beeindrucken. So scheinen seine Vorstellungen beispielsweise vom Zusammenwirken einzelner sensorischer Systeme beim Zustandekommen eines »gemeinsamen Wahrnehmungsgegenstandes« (wie beim Erkennen einer vertrauten Person) oder von Assoziationsgesetzen im Gedächtnis nachgerade heutigen Wissensstand vorauszusehen.

Aristoteles

Geboren 384 v. Chr. als Sohn eines Arztes in Stagira/ Mazedonien, kam Aristoteles mit 18 Jahren nach Athen, wo er Schüler des Philosophen Platon wurde und dessen »Akademie« zunächst als Studierender, dann als selbst Lehrender angehörte. Sich von Platons Denken mehr und mehr absetzend folgte Aristoteles nach dessen Tod (347) und 3 Jahren in Kleinasien 343 einem Ruf Philipp von Mazedoniens als Lehrer seines Sohnes, des späteren Alexanders des Großen. Ab 334 zurück in Athen, gründete er dort seine eigene »Peripatetische Schule« am Lyzeum, an der er 12 Jahre lehrte. In dieser Zeit verfasste er auch den Großteil seiner überlieferten Schriften. Er starb 322 in Chalcis auf Euböa.

War Psychologie bei Aristoteles noch allein gestützt auf philosophische Reflexion, findet sich ein Vorverständnis von Psychologie als Erfahrungswissenschaft dann im 18. Jahrhundert bei Christian Wolff (1679–1754), wenn er zwischen einer empirischen und einer rationalen Psychologie unterscheidet. Noch wenig Vertrauen in die Möglichkeit einer »empirischen Seelenlehre« hatte der große deutsche Philosoph Immanuel Kant (1724–1804), und es blieb dem Göttinger Philosophen Johann Friedrich Herbart (1776–1841) vorbehalten, in seiner Abhandlung »Psychologie als Wissenschaft, neu gegründet auf Erfahrung, Metaphysik und Mathematik« (Herbart, 1824) einen ersten rationalen Gegenbeweis anzutreten. Sein Werk verdient noch heute Beachtung, auch in seiner Entwicklung eines mathematischen Modells der »Vorstellungsmechanik«, das gut 100 Jahre spätere Entwicklungen der mathematischen Lerntheorie bei Hull (Hull et al., 1940; ▶ auch Kap. 32) eindrucksvoll vorwegnimmt.

Erste, im erklärten Sinne wissenschaftlich-psychologische Untersuchungen gehen auf die Mitte des 19. Jahrhunderts zurück. 1834 beschrieb der Anatom und Physiologe Ernst Heinrich Weber (1795–1878) nach umfangreichen Experimenten zum Tastsinn die später Weber'sches Gesetz (▶ Kap. 6) genannte Gesetzmäßigkeit, dass die Intensität eines Reizes um ein festes Verhältnis (und nicht um einen festen Betrag) erhöht werden muss, um einen eben merklichen Zuwachs an Empfindungsstärke auszulösen (Weber, 1834). Eine Weiterführung geht auf den ebenfalls in Leipzig wirkenden Physiker und Philosophen Gustav Theodor Fechner (1881–1887) zurück, der im Jahre 1850 in seiner allgemeinen »Psychophysik« aus einer Generalisierung des Weber'schen Gesetzes die »Maßformel« einer logarithmischen Abhängigkeit erlebter Empfindungsstärken von den sie auslösenden physikalischen Reizstärken entwickelte (Fechner'sches Gesetz; Fechner, 1850; ▶ Kap. 6). Etwa in dieselbe Zeit fallen auch erste experimentelle Untersuchungen z. B. zur Kapazität der Aufmerksamkeit (Aufmerksamkeitsumfang; Hamilton, 1859).

Im Jahre 1879 gründete Wilhelm Wundt (1832–1920; ▶ Kurzbiographie), von Haus aus Mediziner mit Schwerpunkt in Physiologie und zu dieser Zeit Professor für Philosophie an der Universität Leipzig, daselbst ein Laboratorium, das gemeinhin als erstes psychologisches Universitätsinstitut gilt (nachdem zuvor schon William James (1842–1910; ▶ Kurzbiographie ▶ Kap. 64) 1875 an der amerikanischen Harvard Universität ein kleines Labor mit »physiologischen Apparaturen« zu psychologischen Versuchen eingerichtet hatte). Wundt etablierte die experimentelle Psychologie akademisch und international als neues Fach. Er zog Schüler aus aller Welt an, und die Veröffentlichungen seines Leipziger Instituts zur Psychologie der Wahrnehmung und des Reaktionsverhaltens, die ab 1881 in den von ihm begründeten »Philosophischen Studien« (ab 1906: »Psychologische Studien«) publiziert wurden, legten den Grundstock zur ersten wissenschaftlich-psychologi-

schen Fachzeitschrift. Mit der enormen Spannweite seiner Buchveröffentlichungen, die von der »Physiologischen Psychologie« (Wundt, 1873) über die »Allgemeine Psychologie« (Wundt, 1896) bis zu einer zehnbändigen »Völkerpsychologie« (Wundt, 1920) reicht, steckte Wundt auch bereits die heutige Konzeption der Psychologie als einer biologischen und Sozialwissenschaft des menschlichen Geistes, Erlebens und Verhaltens ab (▶ Abschn. 1.3)

Kurz noch einige Marksteine aus der Frühzeit der Psychologie: 1885 veröffentlichte der damals noch in Berlin als Dozent wirkende Hermann Ebbinghaus (1850–1909) seine Habilitationsschrift »Über das Gedächtnis« (Ebbinghaus, 1885), die erste – ausschließlich in aufwendigen Selbstversuchen realisierte – systematische experimentelle Untersuchung der Einprägung, der Behaltens und Wiedererinnerns (bzw. Vergessens) von neuem sprachlichem Gedächtnis-

Wilhelm Wundt

Wilhelm Wundt wurde 1832 in Neckarau bei Mannheim als Sohn eines Pastors geboren. Nach prägenden Studienjahren in Berlin und der Promotion zum Dr. med. 1856 in Heidelberg habilitierte sich Wundt ebenda schon im Jahr darauf in Physiologie und konzentrierte sich in der Folge bereits vornehmlich auf sinnes*psychologische* Fragestellungen. In seinem Buch »Beiträge zur Theorie der Sinneswahrnehmung« (Wundt, 1862) spricht er erstmals von »experimenteller Psychologie«. Nach nur einem Jahr als Professor (für Philosophie) in Zürich erreichte ihn 1875, im Alter von nur 43 Jahren, der Ruf auf den Lehrstuhl für Philosophie an der Universität Leipzig, dem er folgte und wo er 4 Jahre später das erste Psychologische Institut einrichtete. Neben einer hoch innovativen Forschungtätigkeit in Psychologie blieb Wundt auch der Philosophie in bedeutenden Buchveröffentlichungen treu. Nach einem überproduktiven Wissenschaftlerleben verstarb Wundt, kurz nach Fertigstellung seiner Autobiographie, 1920 im Alter von 88 Jahren.

material. Ein Jahr darauf erschien bereits das erste integrierende Werk zur Analyse der Sinnesempfindungen (Mach, 1886) des in Prag wirkenden Wiener Physikers Ernst Mach (1838–1916). Und in den USA gab 4 Jahre später das zweibändige Werk »The principles of psychology« (»Die Prinzipien der Psychologie«) von William James (1890) eine frühe systematische Grundlegung der Psychologie als Naturwissenschaft. Bald darauf finden sich auch bereits erste berufspraktische Anwendungen psychologischer Forschungsergebnisse, zunächst im pädagogischen Bereich und bald darauf als sog. Psychotechnik auch im Wirtschaftsleben (Münsterberg, 1912).

Vor diesem Hintergrund setzte um die Jahrhundertwende eine im Rückblick nur als rasant zu bezeichnende Weiterentwicklung der Psychologie als Wissenschaft ein, gefolgt von einer ersten Aufbaustufe der frühen Professionalisierung. Lagen die frühen europäischen Wurzeln der Psychologie als Wissenschaft in der Philosophie und Humanphysiologie, kamen nun neue Anstöße auch aus der Tierpsychologie (zur experimentellen Lernforschung), aus der Psychiatrie, aus der Vergleichenden Verhaltensforschung und zuvor schon aus der Evolutionsbiologie von Charles Darwin (1809–1882), dann auch aus der Soziologie, der Kulturanthropologie und den alsbald aufstrebenden Neurowissenschaften.

Dieses Einleitungskapitel lässt nicht Raum, die Geschichte der Psychologie im Detail weiter nachzuzeichnen; sie wird in den folgenden Kapiteln für den jeweiligen Bereich behandelt. Dagegen sind hier noch zwei Forschungsparadigmen zu nennen, deren Kenntnis in späteren Kapiteln vorausgesetzt wird. Dabei handelt es sich um den sog. Behaviorismus und die sog. kognitive Wende in der Psychologie.

Behaviorismus bezeichnet einen Forschungsansatz, nach dem sich die Psychologie allein auf objektiv beobachtbares Verhalten zu beschränken und bewusstes Erleben oder mentale Prozesse sowohl als Beobachtungs- wie als Erklärungskategorien völlig auszuklammern habe. Begründet von dem amerikanischen Psychologen John B. Watson (1878–1958; Watson, 1913) ist der Behaviorismus als psychologischer Theorieansatz in den USA sehr viel durchgängiger vertreten worden als je in Europa, so von Clark Hull (1884–1952) und namentlich Burrhus F. Skinner (1904–1991). So berechtigt eine behavioristische Herangehensweise für bestimmte Fragestellungen sein mag, wurde die theoretische Begrenztheit des Behaviorismus doch schon früh erkannt: Bereits Eward C. Tolman (1886–1959) betonte die Notwendigkeit, zur Erklärung von Gesetzmäßigkeiten des Verhaltenslernens die behavioralen Beobachtungsbegriffe durch selbst nicht direkt beobachtbare sog. intervenierende oder Zwischenvariable (wie Erwartungen, Bedeutungen) zu verknüpfen (dazu auch ▶ Kap. 11).

Der theoretische Behaviorismus ist heute weitgehend obsolet. Dazu hat nicht zuletzt auch die sog. **kognitive Wende** in der Psychologie beigetragen. Damit bezeichnet man einen Forschungs- und Theorieansatz, der seinen Schwerpunkt auf die dem Verhalten zugrunde liegenden mentalen Prozesse (vornehmlich in der Informationsverarbeitung; daher die auf »Kognition«, also Erkennen zielende Bezeichnung) sowie auf Bewusstseinsvorgänge schlechthin legt und auch erlebnispsychologische Daten einbezieht. Als ein wichtiger Autor ist hier der Genfer Psychologe Jean Piaget (1896–1980; s. Kurzbiographie ▶ Kap. 21) zu nennen. In den letzten Jahrzehnten haben kognitive Ansätze in verschiedenen Bereichen psychologischer Forschung und selbst in der Berufspraxis (so auch in der Psychotherapie, ▶ Kap. 43) breite Beachtung gefunden. Darauf wird in vielen Kapiteln hingewiesen.

Eine klassische Gesamtdarstellung der Geschichte der Psychologie als Wissenschaft etwa bis zur Mitte des vorigen Jahrhunderts ist bis heute E.G. Borings »A history of experimental psychology« (Boring, 1957). Eine knappe Einführung zum Einstieg gibt Wehner (1990); Quellensammlungen finden sich bei Ash und Geuter (1985), eine eindrucksvoll anschauliche Material- und Dokumentensammlung zur Psychologiegeschichte bei Lück und Miller (1999). Zur internationalen Entwicklung der Psychologie, auch außerhalb des westlichen Kulturraums, kann auf Sexton und Hogan (1992) sowie Pawlik und Rosenzweig (1994) verwiesen werden.

1.3 Psychologie und andere Verhaltenswissenschaften

Die Psychologie ist nicht die einzige Erfahrungswissenschaft, die menschliches Erleben und Verhalten zum Gegenstand hat. Schon in ▶ Abschn. 1.2 wurde das enge Verhältnis zwischen Psychologie und Physiologie (speziell Neurophysiologie) deutlich. Darüber hinaus hat die Psychologie vielfache Verknüpfung auch zur Psychiatrie und Neurologie, zur Humanbiologie und mit Sozialwissenschaften wie der Soziologie und Kulturanthropologie. Worin zeigt sich in diesem Fächernetzwerk die fachliche Besonderheit der Psychologie? Beginnen wir mit den benachbarten biologischen Wissenschaften:

Die **Physiologie** ist jener Teil der Biologie, der von den Lebensfunktionen handelt, den Aktivitäten der Körperorgane und zugrunde liegenden physikalischen und chemischen Vorgängen. In der Forschung setzt sie in der Regel an einzelnen Organfunktionen an und studiert komplexere Körperfunktionen und Verhaltensweisen auf dieser Grundlage. Im Vergleich dazu geht die Psychologie vom Mentalen und vom Verhalten aus und studiert in Folge, wenn es um Erklärung geht, auch zugrunde liegende körperliche Steuerprozesse. So sind beide Zugangswege, der physiologische und der psychologische, je eigenständig, ergänzen einander aber wechselseitig und greifen zum Teil auf gemeinsame Methoden zurück.

Während die Psychologie das ungestörte (gesunde, »normale«) Erleben und Verhalten zum Schwerpunkt hat und davon auch in der Erforschung seelischer Störungen ausgeht, ist die **Psychiatrie** die Teildisziplin der Medizin, die sich direkt mit seelischen Erkrankungen und ihrer Behandlung als solchen beschäftigt. Da es zwischen ungestörtem und gestörtem Erleben und Verhalten fließende Übergänge gibt, ist in der Forschung zwischen Psychologie und Psychiatrie enge Kooperation geboten, die in neuerer Zeit auch für die Zusammenarbeit beider Professionen mehr und mehr zur Regel wird.

Ein vergleichbar enges Kooperationsverhältnis besteht seitens der Psychologie heute zur **Neurologie** und **Neurochirurgie**. Fortschritte der Experimentalpsychologie haben neue Methoden zur psychologischen Diagnostik und Behandlung von Verhaltensdefiziten nach Hirnschädigungen bereitgestellt (▶ Kap. 44). So arbeiten Psychologen und Neurologen z. B. in der Rehabilitation von Schlaganfallpatienten eng zusammen.

Anders stellt sich das Verhältnis zwischen Psychologie und **Psychoanalyse** dar. Von dem Wiener Nervenarzt Sigmund Freud (1856–1939, ▶ Kurzbiographie ▶ Kap. 43) zunächst zur Behandlung psychoneurotischer Störungen entwickelt (Freud, 1917), trat die Psychoanalyse schon bald – und in Abgrenzung von der damaligen Psychiatrie und experimentellen Psychologie – als alternative Methode und mit weiter gestecktem theoretischen Anspruch auf: Ihr Ziel war es, aus der Selbstdarstellung, die Patienten im therapeutischen Gespräch geben, ihren Traumberichten und anderen Quellen Prozesse zu erschließen, die dem Verhalten und Erleben unzugänglich sind, insofern sie diesem unbewusst zugrunde liegen. Obgleich »sich viele der Freud'schen Annahmen und Formulierungen im Rahmen einer empirischen Psychologie als nicht haltbar erwiesen«, namentlich seine Persönlichkeitstheorie (Amelang & Bartussek, 1990, S. 350 ff.), wurden damit jedenfalls neue Fragestellungen auch für die empirische Psychologie aufgeworfen (s. auch Richter, 2004) und Anstöße zur Weiterentwicklung psychotherapeutischer Behandlungstechniken gesetzt. In diesem Sinne ist Psychoanalyse, unbeschadet heutiger Praxis in der Psychotherapie (▶ Kap. 43), in der deutschsprachigen Psychologie in der Regel auch kein eigenes Teilfach.

Sodann ist die Psychologie als Fach und in der Berufspraxis methodisch und theoretisch auch in die Fächergruppe der **Sozialwissenschaften** eingebunden, so etwa in der Erforschung des Einflusses frühkindlicher Sozialisation auf die Entwicklung von Einstellungen oder der Aufdeckung sozialer Lernvorgänge, die der unterschiedlichen Steuerung von Affektausdruck in verschiedenen Kulturen zugrunde liegen. Auch hier besteht die Besonderheit der Psychologie wieder in der Methode und Fragestellung: Geht die Soziologie in der Regel von makrosozialen Einheiten und Prozessen aus, nimmt der psychologische Forschungsansatz seinen Ausgang von der einzelnen Person, vom Individuum. Entsprechendes gilt für den Vergleich mit anderen Sozialwissenschaften wie der Kulturanthropologie, der Demographie (Bevölkerungswissenschaft) oder der Human- und Siedlungsgeographie.

Außer in der Methode, in der Fragestellung und im Gegenstand (Einbeziehung des Mentalen, des Erlebens) ist für die Psychologie als Verhaltenswissenschaft aber noch ein weiterer Aspekt spezifisch: ihre doppelt-interdisziplinäre Vernetzung als biologische *und zugleich* Sozialwissenschaft des Erlebens und Verhaltens. Dies kann selbst innerhalb ein und derselben Studie sichtbar werden, etwa wenn Entwicklungspsychologen die neuronalen Grundlagen für differenzierten Gefühlsausdruck bei Kleinkindern analysieren und gleichzeitig kulturelle Einflüsse auf die Modulation dieses Ausdrucks studieren. Auch in vielen Kapiteln dieses Handbuchs wird diese Multidisziplinarität *innerhalb* der einen Disziplin Psychologie deutlich (s. auch Denis, 2000). Sie begünstigt die Einbeziehung der Psychologie in »Verbundwissenschaften« wie die Kognitionswissenschaften (»cognitive sciences«; ▶ Kap. 34), die Forschung zur künstlichen Intelligenz (»artificial intelligence«; ▶ Kap. 34), die Neurowissenschaften (»neurosciences«; ▶ Kap. 35) oder die Umweltwissenschaften (»environmental sciences«; ▶ Kap. 58) (s. dazu auch Pawlik, 2004).

1.4 Teilfächer und Spezialgebiete der Psychologie

Die neue Experimentalpsychologie (▶ Abschn. 1.2) wurde schon bald, am Übergang vom 19. in das 20. Jahrhundert, in Teilfächer aufgegliedert und um neue Spezialgebiete bereichert. Heute werden in der universitären Ausbildung wie in der wissenschaftlichen und beruflichen Spezialisierung (und somit auch in der Gliederung dieses Handbuchs) mindestens 11 solcher größerer Teilfächer unterschieden (▶ Übersicht).

Als **weitere größere Anwendungsfächer** sind ferner die Gerontopsychologie (▶ Kap. 47), die Wirtschafts- Medien- und Politische Psychologie (▶ Kap. 54–56), die Sportpsychologie (57), die Umweltpsychologie (▶ Kap. 58), die Verkehrspsychologie (▶ Kap. 59), die Rechtspsychologie (▶ Kap. 61) und die Militärpsychologie (▶ Kap. 62) zu nennen, als neuere Fächer außerdem die Luft- und Raumfahrtpsychologie (▶ Kap. 60), die Notfallspsychologie (▶ Kap. 48) und Internationale Psychologie (▶ Kap. 65). Eine Sonderstellung haben Fächer wie Kunst- und Religionspsychologie (▶ Kap. 63, 64), die naturgemäß stark außerpsychologisch vernetzt sind.

Teilfächer der Psychologie

1. Psychologische Methodenlehre (▶ Kap. 2–5; 37): Diese umfasst im engeren Sinn die Methoden der psychologischen Beobachtung und Erhebung, des psychologischen Experiments und der (statistischen) Datenanalyse zur Prüfung der untersuchten Hypothesen. Hinzu kommen Spezialverfahren wie die Metaanalyse (zur objektiven Zusammenfassung der Ergebnisse verschiedener Studien zur selben Fragestellung) oder die Faktorenanalyse zur Strukturanalyse komplexer psychologischer Datensätze.

2. Allgemeine Psychologie (▶ Kap. 6–18; 32,34, 37): Darunter versteht man die (überwiegend experimentell vorgehende) Erforschung von Grundfunktionen der geistigen Leistung, des Erlebens und Verhaltens, also der Wahrnehmung, des Gedächtnisses und Verhaltenslernens, der Wissensbildung und des Denkens, sog. exekutiver Funktionen der Verhaltenssteuerung, von Emotion und Motivation sowie der Sprache – all dies zunächst ohne Berücksichtigung von individuellen, kulturellen oder entwicklungsbedingten Unterschieden. (Abweichend von dieser Definition wird dagegen in den USA mit »general psychology« ein Zugang bezeichnet, der fachübergreifend Grundfragen der Psychologie insgesamt behandelt.)

3. Biologische und Vergleichende Psychologie (▶ Kap. 3, 4, 26, 35, 36): In diesem Teilfach werden die organischen (physiologischen, anatomischen) und allgemein-biologischen (evolutionsbiologischen, stammesgeschichtlichen, genetischen) Grundlagen von Erleben und Verhalten behandelt.

4. Entwicklungspsychologie (▶ Kap. 19–22): Dieses Teilgebiet handelt von der psychologischen Entwicklung über die volle Lebensspanne, angefangen von der vorgeburtlichen Verhaltensentwicklung über Kindheit, Jugend und Erwachsenenalter bis in das hohe Lebensalter.

5. Differentielle Psychologie und Persönlichkeitsforschung (▶ Kap. 23–25): Gegenstand dieses Teilfachs ist die Beschreibung und Erklärung stabiler individueller Unterschiede im Erleben und Verhalten, deren Wechselwirkung mit situativen und anderen Umfeldbedingungen der Person und Fragen der Entwicklung psychologischer Individualität.

6. Sozialpsychologie (▶ Kap. 5, 27–30, 55, 56): Sie studiert Erleben und Verhalten im sozialen Umfeld, das Verhalten von, in und zwischen Gruppen und Phänomene wie soziale Kognitionen, Einstellungen, Normen und Rollen.

Diese sechs werden auch als grundlagenwissenschaftliche Teilfächer der Psychologie verstanden, zum Unterschied von den folgenden stärker anwendungs- oder praxisbezogenen:

7. Psychologische Diagnostik (▶ Kap. 39–41): Dieses Fach umfasst formale Modelle und anwendungsreife Methoden zur Erfassung (Beschreibung, Messung, Registrierung, Auswertung) individueller, situationsgebundener oder entwicklungsbedingter Unterschiede im Erleben oder Verhalten sowie psychophysiologische Messgrößen, die Erleben oder Verhalten mitbedingen. Psychologische Tests sind Kernstück der Methoden zur Psychologischen Diagnostik. Heute werden der Diagnostik auch Methoden zur **Evaluation** (beispielsweise von Ausbildungsgängen oder therapeutischen Behandlungen) zugeordnet.

8. Klinische Psychologie (▶ Kap. 42–44, 46): Gegenstand dieses großen Anwendungsfaches ist die Erforschung der Ursachen und Erscheinungsformen psychischer Störungen und deren (therapeutische oder rehabilitative) Behandlung. Methoden der Psychotherapie und die Überprüfung ihrer Behandlungseffektivität sind ein wichtiges Teilgebiet dieses Faches.

9. Gesundheitspsychologie (▶ Kap. 45): Nach neueren Studien ist menschliches (Fehl-)Verhalten mitverantwortlich für eine Vielzahl von (nicht im engeren Sinne psychischen) Erkrankungen. Dazu zählen nicht nur Freizeitunfälle, die Folgen von Substanzmissbrauch oder Erkrankungen als Folge des eigenen Lebensstils oder verabsäumter Vorsorgeuntersuchung, sondern auch gezielt gesundheitsrelevante Einstellungen und Verhaltensweisen.

10. Pädagogische Psychologie (▶ Kap. 49, 50): Die Untersuchung psychischer Prozesse in Erziehung, Schule und außerschulischer Instruktion, z. B. im Beruf, stecken das Themenfeld dieses Anwendungsfaches ab, dessen Vorgeschichte noch in das ausgehende 19. Jahrhundert zurückreicht.

11. Arbeits-, Betriebs- und Organisationspsychologie (▶ Kap. 51–53, in Teilen auch 60 und 62): Dieses aus der alten Psychotechnik und frühen Wirtschaftspsychologie hervorgegangene große Anwendungsfach bringt Psychologie in die Gestaltung und Evaluation betrieblicher und anderer Arbeitsbedingungen und deren Organisation ein. Mit dazu gehören Berufspsychologie und Berufsberatung sowie die sog. Ingenieurpsychologie.

1

1.5 Ausbildung in Psychologie und Rechtsstellung von Psychologen

Im deutschen Sprachraum ist eine berufsvorbereitende Ausbildung im Fach Psychologie ausschließlich an wissenschaftlichen Hochschulen möglich. War sie ursprünglich (und in Österreich noch bis in die 1960er Jahre) als Spezialisierung mit dem Abschluss eines Doktorats der Philosophie eingerichtet, wurde in Deutschland bereits 1941 ein Diplomstudiengang mit dem akademischen Abschlussgrad »Diplom-Psychologe/Diplom-Psychologin« eingeführt (▶ Kap. 38), der bis vor kurzem noch den Regelstudienabschluss darstellte. Eine von der Kultusministerkonferenz erlassene bundeseinheitliche Rahmenprüfungsordnung sah die in ▶ Abschn. 1.4 genannten Grundlagenfächer als Pflichtfächer vor und eröffnete, je nach Angebot der Hochschule, Spezialisierungsfreiheiten unter den Anwendungsfächern. In Österreich wurde 1973 eine dem damaligen deutschen Diplomstudiengang vergleichbare Diplomstudienordnung mit dem akademischen Abschlussgrad »Magister« eingeführt; in der Schweiz ist die Ausbildung durch kantonale Lizentiatsstudienordnungen geregelt gewesen.

War mit dem Erwerb des Diploms (oder vergleichbarer Abschlussgrade in Österreich und der Schweiz) in der Vergangenheit bereits eine Berufsqualifikation für das gesamte Fach nachgewiesen, hat sich durch Gesetzgebungen in Deutschland und Österreich in den 1990er Jahren, freilich je verschieden, eine neue Situation ergeben: In Deutschland ist nach dem »Gesetz über die Berufe des Psychologischen Psychotherapeuten und des Kinder- und Jugendlichenpsychotherapeuten« aus dem Jahr 1998 für die selbstständige Ausübung von Psychotherapie im Anschluss an das Diplom eine 3- bis 5-jährige postgraduale Ausbildung vorgeschrieben, nach der die entsprechende Approbation erworben werden kann (Joussen, 2004). In Österreich ist durch Bundesgesetze aus dem Jahr 1991 die Ausbildung zum Psychotherapeuten und jene zum Psychologen in getrennten Studiengängen vorgesehen; daneben besteht für Psychologen die Möglichkeit einer eigenen postgradualen Weiterbildung in Klinischer und Gesundheitspsychologie.

Zur Zeit der Abfassung dieses Kapitels (Frühjahr 2005) steht das bisherige Diplom-, Magister- bzw. Lizenziats-Ausbildungskonzept in Psychologie voraussichtlich vor der Ablösung durch ein stärker modulares Bachelor-Master-Studienmodell (gemäß der sog. »Bologna-Deklaration« der Europäischen Kommission, der sich auch die Schweiz anschloss). Noch steht offen, ob und wie sich die Hochschulausbildung in Psychologie in Europa danach oder aber nach einem alternativ von der European Federation of Psychologists' Associations (EFPA) konzipierten Modell eines europaweit einheitlichen Euro-Diploms in Psychologie (Tikkanen, 2003) neu strukturieren wird.

Mit Fragen der Ausbildung in Psychologie eng verknüpft sind solche der Rechtsstellung des psychologischen Berufsstandes. Während diese in den USA schon vor Jahrzehnten durch sog. Lizensierung (»licensing«) auf Bundesstaatsebene (also analog zur Medizin) eingerichtet wurde, lief die Entwicklung dazu in Europa später an. Zurzeit bestehen rechtliche Regelungen zur psychologischen Berufstätigkeit, wenn auch in unterschiedlicher Ausgestaltung, in 23 europäischen Staaten, so auch in Deutschland, in Österreich und – in Vorbereitung – in der Schweiz (Tikkanen, 2003).

1.6 Information über Psychologie

Heute liegen in großer Zahl einführende und Lehrbücher zur Psychologie als Wissenschaft, ihren Teilfächern und den Berufsfeldern von Psychologen vor (Beispiele s. Referenzliteratur). Überblicksdarstellungen geben psychologische Reihenpublikationen wie das zehnbändig angelegte »Handbuch der Psychologie« und die auf 100 Bände konzipierte »Enzyklopädie der Psychologie«, beide veröffentlicht im Hogrefe Verlag, Göttingen (Internetsite: http://www.hogrefe.com). Neue psychologische Forschungsergebnisse werden in ca. 30 deutschsprachigen psychologischen Fachzeitschriften publiziert. Unter ihnen gibt die »Psychologische Rundschau« (http://www.hogrefe.de/zeitschriften/pru) einen Überblick über jeweils aktuelle Themen im Fach.

Für die wissenschaftliche Beschäftigung mit Psychologie ist heute die englische Sprache unverzichtbar geworden. (Selbst deutschsprachige Autoren publizieren ihre Forschungsergebnisse mehr und mehr auf Englisch; dazu auch ▶ Kap. 65). Einen breiten internationalen Überblick über neue Forschungsergebnisse, geordnet nach Fachgebieten, geben die jährlich erscheinenden Bände des »Annual Review of Psychology« (2005 im 56. Band; http://www.annual.reviews.org). Zur Ergänzung kann auch auf die parallelen Reihen »Annual Review of Neuroscience«, »Annual Review of Anthropology« und »Annual Review of Sociology«, alle beim selben Verlag, zurückgegriffen werden.

Mit kurzen Zusammenfassungen (sog. Abstracts) informieren die von der American Psychological Association (APA) herausgegebenen »Psychological Abstracts« über wissenschaftliche Neuerscheinungen in der Psychologie, heute in erweitertem Umfang als PsycINFO auch elektronisch über Internet (http://www.apa.org/psycinfo) zugänglich. PsycINFO erfasst zurzeit (2005) die Veröffentlichungen aus über 19.000 wissenschaftlichen psychologischen Fachzeitschriften (in mehr als 25 Sprachen aus etwa 50 Ländern!). Im Original deutschsprachige Fachpublikationen werden mit Abstracts zudem in der elektronischen Literaturdatei des Zentrums für psychologische Information und Dokumentation (ZPID) an der Universität Trier erfasst (http://www.zpid-psychologie.de). Daneben gibt es eine Vielzahl weiterer elektronischer Online-Literaturdateien für Recherchen auf Spezialgebieten, von denen für Psychologie besonders die Medizinische Literaturdatei PubMed beim amerikanischen National Institute of Health (http://www.ncbi.nlm.nih.gov) ergiebig ist.

Literatur

Referenzliteratur

Atkinson, J.W., Atkinson, R.C., Smith, E.E., Ben, D.J. & Nolen-Hoeksema, S. (2001). *Hilgards Einführung in die Psychologie*. Heidelberg: Spektrum.

Ash, M.G. & Geuter, U. (Hrsg.). (1985). *Geschichte der deutschen Psychologie im 20. Jahrhundert*. Opladen: Westdeutscher Verlag.

Boring, E.G. (1957). *A history of experimental psychology* (2nd ed.). New York: Appleton-Century-Crofts.

Gadenne, V. (2004). *Philosophie der Psychologie*. Bern: Huber.

Lück, H.E. & Miller, R. (Hrsg.). (1999). *Illustrierte Geschichte der Psychologie*. (2. Aufl.). Weinheim: Psychologie Verlags Union.

Pawlik, K. & Rosenzweig, M.R. (Eds.). (2000). *International handbook of psychology*. London: Sage.

Wundt, W. (1896). *Grundriss der Psychologie*. Leipzig: Engelmann.

Sexton, V.S. & Hogan, J. (Eds.). (1992). *International psychology: Views from around the world* (2nd ed.). Lincoln: University of Nebraska Press.

Zimbardo, P.G. (1996). *Psychologie* (6. Aufl.). Heidelberg: Springer.

Zitierte Literatur

Amelang, M. & Bartussek, D. (1990). *Differentielle Psychologie und Persönlichkeitsforschung* (3. Aufl.). Stuttgart: Kohlhammer.

Brunswik E. (1947). *Systematic and experimental design of psychological experiments*. Berkeley, CA: University of California Press.

Berufsverband deutscher Psychologen e.V. (1986). *Berufsordnung für Psychologen*. Bonn: Deutscher Psychologen Verlag.

Denis, M. (2000). Psychological science in cross-disciplinary contexts. In K. Pawlik & M.R. Rosenzweig (Eds.), *The international handbook of psychology* (S. 585–597). London: Sage.

Dilthey, W. (1894). *Ideen über eine beschreibende und zergliedernde Psychologie*. Berlin: Preußische Akademie der Wissenschaften.

Ebbinghaus, H. (1885). *Über das Gedächtnis*. Leipzig: Altenberg.

Eysenck, H.J. (1956). *Wege und Abwege der Psychologie*. Hamburg: Rowohlt.

Flashar, H. (Hrsg.). (1983). *Aristoteles Werke in deutscher Übersetzung. Band 13: Über die Seele*. Darmstadt: Wissenschaftliche Buchgesellschaft.

Freud, S. (1917). *Vorlesungen zur Einführung in die Psychoanalyse*. Frankfurt: Fischer.

Hamilton, W. (1859). Lectures on metaphysics and logic. Edinburgh-London. Zit. n. A. Mager (1920), Die Enge des Bewusstseins. *Münchner Studien zur Psychologie und Philosophie, 5*.

Herbart, J.F. (1824). *Psychologie als Wissenschaft, neu begründet auf Erfahrung, Metaphysik und Mathematik* (Band 1). Königsberg: Unzer.

Hofstätter, P.R. (1984). *Psychologie zwischen Kenntnis und Kult*. München: Oldenbourg.

Hull, C.L., Hovland, C.I., Ross, R.T., Hall, M., Perkins, P.T. & Fitch, F.B. (1940). *A mathematico-deductive theory of rote learning*. New Haven: Yale University Press.

James, W. (1890). *The principles of psychology* (2 Vols.). New York: Holt

Joussen, J. (2004). *Berufs- und Arbeitsrecht für Diplompsychologen*. Göttingen: Hogrefe.

Leach, M.M. & Harbin, J.J. (2004). Psychological ethics codes: a twenty-four countries comparison. In J.B. Overmier & J.A. Overmier (Eds.), *Psychology: IUPsyS Global Resource* (CD). Hove, UK: Psychology Press.

Mach, E. (1886). *Die Analyse der Empfindungen und das Verhältnis des Physischen zum Psychischen*. Jena: Fischer.

Münsterberg, H. (1914). *Psychologie und Wirtschaftsleben. Ein Beitrag zur angewandten Experimentalpsychologie*. Leipzig: Barth.

Pawlik, K. (2004). Was die Psychologie aus ihrer Geschichte lernen kann. In G. Mehta (Hrsg.), *Die Praxis der Psychologie* (S. 51–68). Wien: Springer.

Pawlik, K. & Buse, L. (1996). Verhaltensbeobachtung in Labor und Feld. In K. Pawlik (Hrsg.), *Enzyklopädie der Psychologie: Differentielle Psychologie und Persönlichkeitsforschung, Band I Grundlagen und Methoden der Differentiellen Psychologie* (S. 360–394). Göttingen: Hogrefe.

Pawlik, K. & Rosenzweig, M.R. (Hrsg.). (1994). Special Issue: The origins and development of psychology: Some national and regional perspectives. *International Journal of Psychology, 9*, 665–756.

Pettifor, J.L. (2004). Professional ethics across national boundaries. *European Psychologist, 9*, 264–272.

Richter, R. (2004). Psychoanalytische Konzepte. In K. Pawlik (Hrsg.), *Enzyklopädie der Psychologie: Differentielle Psychologie und Persönlichkeitsforschung, Band V Theorien und Anwendungsfelder der Differentiellen Psychologie* (S. 115–139). Göttingen: Hogrefe.

Robinson, D.N. (1989). *Aristotle's psychology*. New York: Columbia University Press.

Schuler, H. (1980). *Ethische Probleme psychologischer Forschung*. Göttingen: Hogrefe.

Tikkanen, T. (2003). Status, recent developments, and future prospects for psychologists in Europe. *European Psychologist, 8*, 289–291.

Watson, J.B. (1913). Psychology as the behaviorist views it. *Psychological Review, 20*, 158–177.

Weber, E.H. (1834). *De pulsu, resorptione, auditu et tactu: annotationes anatomicae et physiologicae*. Leipzig: Koehler.

Wehner, E.G. (Hrsg.). (1990). *Geschichte der Psychologie*. Darmstadt: Wissenschaftliche Buchgesellschaft.

Wundt, W. (1862). *Beiträge zur Theorie der Sinneswahrnehmung*. Leipzig: Winter.

Wundt, W. (1873). *Grundzüge der Physiologischen Psychologie*. Leipzig: Engelmann.

2 Psychologische Forschungsmethoden

S.J. Rustenbach

Wir lernen durch die Ansammlung von Erfahrungen, indem wir alltäglich Informationen aufnehmen, verarbeiten und in unseren Kenntnisstand einordnen. Als empirische Wissenschaft erreicht die Psychologie ihren Erkenntniszuwachs auf vergleichbare Weise: In wissenschaftlichen Studien werden Informationen zusammengetragen, verarbeitet und die resultierenden Befunde in den Wissensstand integriert. Im Unterschied zum alltäglichen Lernen ist diese Forschung stets intendiert, systematisch, zielgerichtet und transparent. Dazu bedient sich die Psychologie eines breiten Spektrums empirischer Forschungsmethoden. Die bedeutsamsten Verfahren in ihren Grundzügen darzustellen, ist Ziel dieses Kapitels.

Methodischen Standards und Gütekriterien ist in jeder Phase des Forschungsprozesses Rechnung zu tragen: Sie ermöglichen eine angemessene Formulierung empirisch überprüfbarer Fragestellungen, die Auswahl relevanter Informanten und Rahmenbedingungen, die Entwicklung eines schlüssigen Durchführungskonzepts, die effektive Sammlung erforderlicher Informationen sowie ihre angemessene Verarbeitung, Analyse und Interpretation. Erkenntnisfortschritt wird über die Kommunikation der Befunde in einschlägigen Fachorganen angeregt, nachfolgende Forschungszyklen dienen der Befundüberprüfung (Replikation) sowie einer übergreifenden Zusammenfassung (Metaanalyse) der Ergebnisse dieser Wiederholungsstudien.

2.1 Hypothesen

Am Beginn jeder empirischen Studie steht die Entwicklung einer Fragestellung. Zu ihr werden eine oder mehrere Hypothesen aufgestellt. Als Hypothesen bezeichnet man empirisch prüfbare Sachaussagen, deren Zutreffen noch offen steht und eben in dieser Studie geprüft werden soll. In der Psychologie beziehen sich diese Hypothesen auf Merkmale des Erlebens und Verhaltens sowie ihrer Rahmenbedingungen. Ein Beispiel könnte die Hypothese sein, dass Einzelkinder weniger kontaktoffen sind als Kinder mit Geschwistern. Um solche Annahmen einer empirischen Überprüfung zuführen zu können, sind Hypothesen in sich widerspruchsfrei und falsifizierbar (potenziell widerlegbar) zu formulieren und die infrage stehenden Merkmale und Rahmenbedingungen des Erlebens und Verhaltens präzise zu definieren (z. B. was Kontaktoffenheit bedeutet) sowie Regeln ihrer Registrierung (z. B. Selbst- oder Fremdbeurteilung) anzugeben.

2

2.1.1 Merkmale und Rahmenbedingungen menschlichen Erlebens und Verhaltens

In ▶ Kap. 1 wird die Gesamtheit menschlichen Erlebens und Verhaltens als Forschungsgegenstand der Psychologie erklärt. Diese Definition erstreckt sich z. B. auf psychische Fähigkeiten wie Intelligenz, Gedächtnis oder Aufmerksamkeit (Leistungsfunktionen), Merkmale unseres Charakters oder Temperaments (Persönlichkeit), unserer Gefühle, Bedürfnisse, Interessen, Einstellungen und Werthaltungen sowie unserer Gestimmtheit (Emotion, Motivation, Affekt). Einen vollständigeren Überblick vermitteln die nachfolgenden Kapitel.

Erleben und Verhalten kann jedoch keinesfalls isoliert betrachtet werden, es vollzieht sich stets in Raum und Zeit. Wir erleben unsere Umwelt und uns selbst in ihr, unser Verhalten ist Aktion und Reaktion in unserer Lebenswelt. Auch die Merkmale unserer Umwelt sind vielfältig, sie umfassen z. B. unsere Mitmenschen und ihr Erleben und Verhalten, Objekte, Kultur- und Klimabedingungen sowie Organisationsformen. Indem wir in einer Gesellschaft leben, Beziehungen pflegen, Werkzeuge verwenden, unsere Umwelt gestalten und Rollen im Arbeitsprozess übernehmen, treten wir mit unserer Umwelt und unsere Umwelt mit uns erlebend und verhaltend in Interaktion. Jede Situation ergibt sich aus mannigfaltigen Kombinationen dieser Umweltmerkmale oder -bedingungen.

Erleben, Verhalten und die situativen Rahmenbedingungen manifestieren sich zudem in der Zeit. Wechselwirkungen mit Personenmerkmalen äußern sich z. B. unmittelbar im Alter und Entwicklungsstand, die individuelle Biographie ergibt sich durch zusätzliche Wechselwirkungen mit spezifisch erlebten Umweltbedingungen (z. B. Lebensereignissen und -erfahrungen), aber auch durch unsere Interpretation der Zukunft (z. B. als Erleben von Möglichkeiten und Grenzen oder befürchteter/erwünschter Verhaltenskonsequenzen). Veränderungen des Erlebens und Verhaltens in der Umwelt zeigen sich über die gesamte Lebensspanne sowie im Tag-Nacht- und Jahreszeitenwechsel. Sie sind nicht selten an eine Ära und Generation gebunden, aber auch dem Fortschritt, Klimawandel, dem Zeitgeist und Moden unterworfen.

Die Erforschung menschlichen Erlebens und Verhaltens erfordert somit stets die Berücksichtigung einer Vielzahl interagierender Faktoren innerhalb und zwischen den Dimensionen Person, Raum und Zeit. Psychologische Forschung zielt hierbei häufig auf die Identifikation möglichst zeit- und situationsstabiler Personenmerkmale, ihrer Struktur (dem System ihrer Teilkomponenten) und Funktion (ihre Wirkmechanismen und evolutionäre Bedeutsamkeit), aber auch ihrer Veränderlichkeit (ihre Entwicklung und Wandelbarkeit).

Allgemein werden diese Merkmale auch als Variablen und ihre Ausprägungen als Variablenwerte bezeichnet. Ein Vergleich der Merkmalsausprägungen unterschiedlicher Menschen (interindividuell) bzw. Merkmalsveränderungen einzelner Personen (intraindividuell) ermöglicht die Aufdeckung systematischer Merkmalsunterschiede oder -gemeinsamkeiten zwischen Personen und/oder über Situationen bzw. die Zeit hinweg.

2.1.2 Hypothesenkonstruktion

Im einfachsten Fall stellt eine Hypothese die Annahme über eine Beziehung zweier Merkmale dar, sei es zwischen zwei Personenmerkmalen oder einem solchen und einem Umwelt- oder Zeitmerkmal. Diese Beziehung kann als Zusammenhang oder als Unterschied formuliert werden. Als Beispiele für Zusammenhangshypothesen seien angeführt: »Kreativität und Extraversion sind voneinander abhängig«, »Spontane Kreativität im Unterricht hängt von der Klassengröße ab« oder »Kreativität verändert sich über die Lebensspanne«. Unterschiedshypothesen postulieren hingegen unterschiedliche Ausprägung eines Merkmals bei unterschiedlicher Ausprägung eines zweiten Merkmals: z. B. »Extravertierte und Introvertierte unterscheiden sich in ihrer Kreativität«, wobei Extra- und Introversion gegensätzliche Ausprägungen eines Personenmerkmals darstellen (dazu ausführlich ▶ Kap. 24).

Da in den bisherigen Beispielen keine Annahme über die Richtung des Zusammenhangs oder Unterschieds expliziert wurde, werden solche Hypothesen als ungerichtet bezeichnet. Ist eine solche Richtung theoretisch oder empirisch zu begründen, wird diese als Konditionalsatz (z. B. »wenn …, dann …«) formuliert (gerichtete Hypothese): »Je höher die Kreativität, desto höher die Extraversion« (positiver Zusammenhang), »je höher die Kreativität, desto niedriger die Extraversion« (negativer Zusammenhang) oder »Kreativität im Unterricht zeigt sich unabhängig von der Klassengröße« (kein Zusammenhang). Analog gilt für Unterschiedshypothesen: »Extravertierte zeigen höhere Kreativität als Introvertierte« und »Extravertierte unterscheiden sich hinsichtlich der Kreativität nicht von Introvertierten«.

Wird eines der Merkmale theoretisch oder empirisch begründbar als ursächlich für die Ausprägung des anderen Merkmals aufgefasst, ergibt sich eine Kausalhypothese. Da Wirkungen (Folgen) von ihren Ursachen abhängig sind (und nicht umgekehrt), wird das beeinflusste Merkmal als abhängige Variable und das ursächliche Merkmal als unabhängige Variable bezeichnet. Die Hypothese »Extraversion bedingt Kreativität« expliziert, dass Kreativität (abhängige Variable) vom Ausmaß der Extraversion (unabhängige Variable) abhängig sei. Die Unterscheidung zwischen abhängiger und unabhängiger Variable ist darüber hinaus auch zur Beschreibung eher funktionaler, nicht notwendig kausaler, Beziehungen notwendig wie z. B. im Quasi-Experiment (▶ Abschn. 2.3.2) oder in der Regressionsanalyse (▶ Abschn. 2.5.1).

Die Aufnahme weiterer, sog. intervenierender (beeinflussender oder vermittelnder) Merkmale gestattet eine Formulierung komplexerer Hypothesen, die dem Gegenstand psychologischer Fragestellungen oftmals eher gerecht werden. Erst ihre Aufnahme ermöglicht es z. B., die Beziehung zweier Personenmerkmale unter Berücksichtigung potenziell relevanter Umwelt- und Zeitmerkmale zu ermitteln, z. B. »Der Zusammenhang zwischen Extraversion und Kreativität ist abhängig von der Vertrautheit mit einer gegebenen Situation«.

Wird eine Hypothese vor der Datenerhebung formuliert (sog. explanative Hypothese), kann ihr Erklärungswert ermittelt werden; von ihr sind die sog. explorativen Hypothesen abzugrenzen: Sie dienen der Erkundung z. B. relativ junger Wissensgebiete oder bislang unzureichend beforschter Merkmalsbeziehungen. Die Bearbeitung explorativer Fragestellungen ist somit in der Grundlagenforschung

ebenso notwendig wie in den Anwendungsfächern, z. B. zur Evaluation (Wirksamkeitsprüfung) einer psychologischen Behandlung (Intervention). Sie liefern auch wertvolle Impulse zur Weiterentwicklung psychologischer Theorien, z. B. durch Ausweitung ihres Anwendungsbereichs. Aufgrund der noch fehlenden Verankerung im aktuellen Kenntnis- und Befundstand bzw. ihrer Formulierung während oder nach der Datenerhebung kann ihre Prüfung jedoch lediglich Hinweise und Anregungen für zukünftige explanative Hypothesenprüfungen erbringen.

Mit einer Hypothese wird schließlich auch ihr angestrebter Gültigkeitsbereich formuliert, indem weitere relevante Personen-, Umwelt- und Zeitmerkmale, wie z. B. die Zielgruppe (Population; ▶ Abschn. 2.2) und das Setting (Rahmenbedingungen einer Studie) expliziert werden. Ausführlicheres zu Hypothesen berichten Hussy und Möller (1994).

Kreativitätsförderung im Ingenieurstudium – Hypothesenkonstruktion

Ausgehend von einem aktuellen Umfragebefund, dass ca. 75% der Absolventen australischer Ingenieurstudiengänge aufgrund spezifischer Defizite u. a. in ihrer Kreativität für den Arbeitsmarkt ungeeignet seien, führten Cropley und Cropley (2000) eine explorative Seminarstudie zur Kreativitätsförderung an der University of South Australia durch. Wie die Autoren diese Studie konzipierten und zu welchen Ergebnisse sie gelangten, wird zur beispielhaften Illustration der Themen dieses Kapitels im weiteren Verlauf (▶ folgende Kästen) erläutert.

Die Autoren stellten die Hypothese auf, dass eine solche Kreativitätsförderung über spezielle Vorlesungen und eine individuelle, diagnostisch fundierte Kreativitätsberatung der Studierenden möglich sei. Sie formulierten folgende (ungerichtete, da explorative) Unterschiedshypothese: Die Kreativitätsleistung (abhängige Variable) ist nach der Förderung (unabhängige Variable) höher als vorher und auch im Vergleich zu Studierenden ohne individuelle Beratung erhöht. Ziel der Studie war eine Ermutigung, innovative Ideen zu entwickeln und, im Rahmen eines Pflichtseminars des Studiengangs, auch in einer praktischen, benoteten Übung umzusetzen: »Build a wheeled vehicle powered by the energy stored in a mouse trap«.

2.1.3 Operationalisierung

Im vorigen Abschnitt wurden zunächst recht pauschale Begriffe für Personen-, Umwelt- und Zeitmerkmale verwendet. Zwar ist die Bedeutung auch der Personenmerkmale im Alltagsverständnis weitreichend verankert und die Begriffe werden von jedermann wie selbstverständlich benutzt, eine allgemein gültige Definition (Bedeutungsfestlegung) fehlt jedoch häufig. Auch sind viele dieser abstrakten und komplexen Merkmale (z. B. Kreativität) nicht direkt beobachtbar, sondern einzig indirekt aus konkretem und beobachtbarem Verhalten oder berichtetem Erleben zu erschließen (sog. latente Konstrukte).

In der Operationalisierung werden die interessierenden Merkmale nun exakt und objektiv, von den Konnotationen des Alltagsverständnisses befreit, definiert und eindeutige Regeln (Operationen) ihrer Registrierung (Messung) bzw. Verwirklichung festgelegt. Dies setzt zunächst eine systematische Bedeutungsanalyse der Merkmale unter Maßgabe des aktuellen Theorie- und Befundstands voraus. Für identifizierte Merkmalskomponenten sind nachfolgend beobachtbare Indikatoren anzugeben, die einen Rückschluss auf ihre Ausprägung erlauben. Zwar kann dazu heute oftmals auf bereits etablierte Messinstrumente und Erhebungsmethoden zurückgegriffen werden, es kann aber auch erforderlich werden, solche unter einer Fragestellung neu zu entwickeln.

Zur Verdeutlichung der Problematik eindeutiger Operationalisierung selbst relativ simpler Merkmale sei als Beispiel die Gewichtsmessung angeführt: Physikalisch ist die Gewichtskraft als Produkt der schweren Körpermasse und der Schwerebeschleunigung definiert und wird in Newton (N) gemessen. Nach Konvention des internationalen Einheitensystems wird das Gewicht hingegen einfach über die Körpermasse in Kilogramm (kg) operationalisiert, wobei Kilogramm ursprünglich als Masse eines Kubikdezimeters Wasser bei maximaler Dichte definiert war und (bis) heute das Pariser Urkilogramm die Referenzgröße liefert (da es an Masse verloren hat, wird eine stabilere Referenz noch gesucht). Zur Erfassung des Konstrukts »Körpergewicht« im

Rahmen psychologischer Fragestellungen reicht diese Operationalisierung indes nicht hin: Gewicht ist hier nur unter Berücksichtigung der Körpergröße sinnvoll interpretierbar, sodass sich die Operationalisierung über den Body Mass Index (BMI = kg/m²) weitgehend durchgesetzt hat.

Die Operationalisierung ist auch nicht auf die Merkmale des Erlebens und Verhaltens beschränkt: Jedes mit der Hypothese explizierte Personen-, Umwelt- und Zeitmerkmal ist gleichermaßen einer Bedeutungsanalyse zuzuführen, im Sinne intersubjektiver Nachvollziehbarkeit exakt zu definieren und mit beobachtbaren Indikatoren zu versehen.

2.1.4 Messung und Skalenbildung

Die identifizierten Indikatoren werden zur Messung der Merkmalsausprägungen herangezogen, sie werden klassifiziert oder gezählt, in ihrer Intensität (Ausprägung) oder ihren Zeit- (z. B. Dauer oder Latenz) oder Raummerkmalen (z. B. Distanz) bestimmt. Unter **Messung** wird daher die regelhafte und eindeutige Zuordnung von Zahlen zu den Ausprägungen eines beobachtbaren Indikators verstanden. Die Menge der möglichen Indikatorausprägungen wird als empirisches Relativ und die Menge möglicher Zahlen als numerisches Relativ bezeichnet. Die Zuordnung erfolgt mindestens homomorph (strukturerhaltend und eindeutig), d. h. jeder Ausprägung entspricht exakt ein und nur ein Zahlenwert, unterschiedliche Ausprägungen erhalten jeweils eigene Werte. Sie bilden so eine Skala (wie ein Zollstock), deren Stufen die Merkmalsausprägungen zugeordnet sind.

Die Messgüte einer Skala ist von der Art des Verhältnisses der Ausprägungen zueinander bestimmt. Es sind vier aufeinander aufbauende **Skalenniveaus** zunehmender Messgüte oder -präzision zu unterscheiden:

Nominalskala. Auf dem niedrigsten Messniveau finden wir die Nominalskala: Die beobachtbaren Merkmalsausprägungen können einem Oberbegriff (z. B. Geschlechterzugehörigkeit) zugeordnet werden, stehen jedoch in keiner über diese Klassifikation hinausgehenden Beziehung zueinander. Es sind diskrete Kategorien, die sich in ihrer Qualität (nicht Quantität) unterscheiden (wie männlich – weiblich). Die Ausprägungen sind jeweils eindeutig einer und nur einer Kategorie zugeordnet und schließen sich gegenseitig aus (eineindeutige Abbildung). Eine Zuordnung von Zahlen (etwa 1 für männlich, 2 für weiblich) erfolgt allein zur einfacheren Klassenbenennung (daher »Nominalskala«).

Ordinalskala. Sind Merkmalsausprägungen in eine Abfolge nach dem Ausprägungsgrad (Rangreihe) zu ordnen und die Zuordnung der Zahlen entspricht dieser Rangreihe, liegt eine Ordinalskala vor (z. B. Platzierung in einem Wettbewerb, Schulnoten). Die Zuordnung der Zahlen ist dabei beliebig, soweit die Rangfolge der Ausprägungen erhalten bleibt (monotone Abbildung bzw. Transformation). Der Bereich möglicher Aussagen ist gegenüber der Nominalskala durch Vergleiche im Sinne eines »mehr – weniger« bzw. »größere – kleinere« Ausprägung erweitert. Die Abstände im empirischen Relativ (Ausprägungen) bleiben unbekannt (z. B. ist der zeitliche Abstand zwischen Erst- und Zweitplatziertem im Wettlauf unbekannt, obwohl die Zahlen den Eindruck gleichen Abstands vermitteln).

Intervallskala. Eine Gleichheit der Ausprägungsabstände wird hingegen ab dem Niveau der Intervallskala verlangt, womit erstmals Aussagen über Ausprägungsdifferenzen möglich werden (z. B. ist die Temperaturdifferenz zwischen 10 und 20°C identisch zur Differenz zwischen 20 und 30°C). Da die Zuordnung der Zahlen die Ausprägungsabstände stets widerspiegeln muss, sind Intervallskalen lediglich linear transformierbar, d. h. Addition einer Konstanten ändert den Nullpunkt und Multiplikation mit einem Faktor die Einheit der Skala. So transformieren die Konstante 32 und der Faktor 0,4 z. B. Grad Celsius in Grad Fahrenheit. Beides sind Intervallskalen der Temperatur mit gleicher Präzision, aber unterschiedlichem Maßstab und Nullpunkt.

Verhältnisskala. Während der Nullpunkt einer Intervallskala frei, nämlich ohne Bezug zum Nullpunkt des erfassten Merkmals angesetzt ist, fällt er auf dem Niveau der Verhältnisskala mit diesem exakt zusammen (z. B. Zeitmessung in Millisekunden, Gewichtmessung in Gramm, Temperaturmessung in Grad Kelvin). Die Addition einer Konstanten ist hier nicht zulässig, eine multiplikative Transformation verändert nur die Einheit der Skala. Der festliegende Nullpunkt ermöglicht erstmals Verhältnisvergleiche bzw. eine Quotientenbildung (z. B. verhält sich 2 cm zu 1 cm wie 8 cm zu 4 cm).

Bei vielen psychologischen Merkmalen (wie Intelligenz oder Ängstlichkeit) ist ein absoluter Merkmalsnullpunkt grundsätzlich nicht bestimmbar, sodass sie bestenfalls auf Intervallskalen- und nicht selten sogar nur auf Ordinalskalenniveau erfassbar sind. Vertiefte Darstellungen zur Messung und Skalierung sind der »Enzyklopädie der Psychologie«, z. B. Mausfeld (1993) und Orth (1983), zu entnehmen.

Kreativitätsförderung im Ingenieurstudium – Operationalisierung

Die Kreativitätsleistung wurde von den Autoren über ein psychologisches Testverfahren (»Test for Creative Thinking – Drawing Production«; Urban & Jellen, 1996) und eine Fremdbewertung des Fahrzeugs operationalisiert: Der Test erfasst 14 Konstruktkomponenten kreativen Potenzials in der Domäne Bilderproduktion, die Aufgabe fordert eine Ergänzung figuraler Fragmente. Die Testskalen werden jeweils durch Addition der Punktzahlen auf den Dimensionen bestimmt, sodass von einer Intervallskala ausgegangen wurde. Das Fahrzeug wurde von einem Fachbereichsdozenten »blind«, d. h. ohne Kenntnis des Erbauers, auf Effektivität, Neuheit, Eleganz, Nützlichkeit und Gesamteindruck (Skala von 0 bis 5 in 0,25-Intervallen) bewertet. Auch dieses »Rating« wurde von den Autoren als intervallskaliert betrachtet.

Vorlesung und Kreativitätsberatung wurden durch ihren Inhalt und Umfang operationalisiert: Die Vorlesung (2.–4. Woche) umfasste folgende Themen: Kreativität des Ingenieurs, Psychologie der Kreativität, kreative Produkte, kreative Problemlösung, Kreativitätshemmer und Biographien kreativer Ingenieure. Ein Kreativitätsmodell kognitiver, motivationaler, affektiver und sozialer Komponenten wurde vorgestellt. Betont wurden die Bedeutsamkeit der Kreativität für die Ingenieurskarriere, Erfolgsmotivation, Mut, Toleranz des Unerwarteten und Ungewöhnlichen sowie Notwendigkeit der Expertise. Die Kreativitätsberatung erfolgte einmalig für ca. 15 Minuten und zielte auf Innovationsermutigung; geschulte Psychologen erteilten Feedback zum Individualprofil der Testleistungen (Stärken und Schwächen in Produktivität, Originalität und Unkonventionalität).

2.2   Stichproben

Mit einer Hypothese wird in der Regel auch ihr Gültigkeitsbereich expliziert; dieser bezieht sich auf die Gesamtheit der Personen, Umwelten und Zeiten, für welche die in der Hypothese enthaltene Aussage gelten soll. Diese Gesamtheiten werden als Populationen (Grundgesamtheiten) bezeichnet. Eine exakte und fehlerfreie Überprüfung einer Hypothese wäre nur unter Einbeziehung sämtlicher Menschen, Umweltsituationen und Zeiten möglich, auf welche sich die Hypothese bezieht.

Die Unmöglichkeit einer solchen Studie liegt auf der Hand, eine pragmatische Beschränkung der Personen, Umwelten und Zeiten ist notwendig.

Die methodischen Grundlagen dieser Beschränkung liefert die Stichprobentheorie: Statt der Einbeziehung ganzer Populationen (Vollerhebung) wird lediglich auf eine angemessene Teilmenge, eben eine Stichprobe zurückgegriffen. Nachteil dieser Strategie ist eine notwendige Einschränkung der Exaktheit der Hypothesenprüfung, sie ist stets mit einem Fehler (dem kalkulierbaren Stichprobenfehler, ▶ Abschn. 2.5.2) behaftet. Stichprobenbasierte Hypothesenprüfungen führen daher nicht zur Aufdeckung allgemein gültiger Gesetzmäßigkeiten, sondern zu Wahrscheinlichkeitsaussagen (probabilistische Gesetzmäßigkeiten) über die Population aufgrund der Beobachtungen an einer Stichprobe. Der Auswahlsatz bezeichnet das Größenverhältnis zwischen der Population und einer Stichprobe, der optimale Umfang einer Stichprobe ist über die Methode der Teststärkeanalyse statistisch bestimmbar (s. Bortz, 1989; Cohen, 1988).

Formales Kriterium zur Auswahl (Ziehung) einer Stichprobe ist ihre **Repräsentativität**, das Ausmaß, in dem sie die Population in sämtlichen relevanten Merkmalen widerspiegelt. Sie ist als Chancengleichheit sämtlicher Populationsmitglieder zur »Ziehung« definiert und einzig bei strikter Zufallsauswahl gewährleistet. Letzteres setzt indes die Bekanntheit sämtlicher Populationsmitglieder voraus, was in den wenigsten Fällen zu erfüllen ist. Realistischer ist eine Zufallsauswahl in umgrenzten, bestimmbaren Teilpopulationen. Sie garantiert spezifische Repräsentativität (für diese Teilpopulationen) und ist durch Bildung sog. Klumpenstichproben oder geschichteter Stichproben zu erreichen.

Zur Ziehung einer **Klumpenstichprobe** wird die Gesamtpopulation zunächst in inhaltlich angemessene Teilpopulationen aufgeteilt, nachfolgend eine zufällige Auswahl einiger Teilpopulationen getroffen und in diesen Teilpopulationen letztlich voll erhoben. Soll z. B. die Kreativität bundesdeutscher Schüler im Grundschulunterricht erfasst werden, wären somit zunächst sämtliche Grundschulen der Bundesrepublik zu ermitteln (Gesamtpopulation), nachfolgend einige Schulen per Zufall auszuwählen (Teilpopulationen, Klumpen) und hier die Kreativität sämtlicher Schüler zu ermitteln (Vollerhebung). Als zweistufiges Verfahren wären innerhalb der Schulen beispielsweise einige Klassen per Zufall auszuwählen (2. Klumpen) und dort sämtliche Schüler auf ihre Kreativität zu testen.

Die Bildung **geschichteter (stratifizierter) Stichproben** erfolgt hingegen anhand einer intervenierenden Drittvariable: Ihre Ausprägungen dienen wiederum zur Aufteilung der Gesamtpopulation in Teilpopulationen (Schichten), aus denen nachfolgend Zufallsstichproben gezogen werden. Zur Erhebung der Schülerkreativität wäre z. B. eine Berücksichtigung ihres Alters über die Aufteilung der Gesamtpopulation in unterschiedliche Klassenstufen möglich. Nachdem die Klassen aufgeteilt wurden, erfolgt innerhalb dieser Schichten eine Zufallsauswahl der Schüler. Die systematische Kombination mehrerer Drittvariablen führt zu mehrfach geschichteten Stichproben.

Einer gänzlich anderen Strategie folgen **Quotenstichproben**, sie richten sich bei der Ziehung nach Grundraten (Auftretenshäufigkeiten in der Population) relevanter Drittvariablen, z. B. nach der prozentualen Geschlechter- oder Altersverteilung. Die Erfüllung des Quotenkriteriums steht einer strikten Zufallsauswahl jedoch entgegen, die Repräsentativität einer Quotenstichprobe bleibt stets unbestimmt.

In der Psychologie werden formale Repräsentativität und auch Quotierung relativ selten angestrebt, mehrheitlich werden sog. **Ad-hoc-Stichproben** gezogen. Ihre Auswahlstrategie ist allein an der Verfügbarkeit der Teilnehmer ausgerichtet, z. B. konsekutiv aufgenommene Patienten einer Klinik oder Besucher eines Universitätsseminars. Ihnen liegt somit keine formale Population zugrunde, ihre Repräsentativität wird empirisch anhand der Korrespondenz relevanter Stichproben- und theoriegeleitet definierter Populationsmerkmale bestimmt (Patienten entstammen so z. B. der Population, deren Störungsbild bei ihnen diagnostiziert wurde).

Zwar wird die Stichprobentheorie in erster Linie zur Ziehung von Personenstichproben herangezogen, sie ist jedoch nicht auf diese begrenzt. So sind auch räumliche Gegebenheiten oder Situationen, Reizbedingungen und selbst Zeitpunkte als Untersuchungseinheiten denkbar, die über Stichproben erfasst werden. Stichprobenziehungen aus der Umwelt- und Zeitdimension stoßen indes rasch an logische und pragmatische Grenzen: So sind empirische Studien auf einen eher kurzen und konkreten Zeitraum der Gegenwart und (näheren) Zukunft beschränkt und die Fülle möglicher Umweltkonstellationen ist weder als Gesamtpopulation hinreichend beschreibbar, noch ist globale oder spezifische Repräsentativität formal herzustellen. Wird eine Auswahl aus der Umwelt- und Zeitdimension vorgenommen, ist sie zumeist pragmatisch und theoriegeleitet nach Relevanz begrenzt.

2.3   Studiendesign

Im Studiendesign wird die Kombination der abhängigen, unabhängigen und intervenierenden Variablen in der gewählten Personen-, Umwelt- und Zeit-Stichprobenerfassung dargestellt. Dieser Studien- oder Versuchsplan strukturiert zugleich die spätere Datenerhebung und -auswertung. Aus methodischer Perspektive gewährleistet die Aufstellung des Studiendesigns die Interpretierbarkeit einer nachfolgenden Hypothesenprüfung. Die Designkonstruktion muss daher Kriterien methodischer Güte genügen.

2.3.1   Methodische Güte

Sie bestimmt das Ausmaß, in dem Hypothesenprüfungen zu eindeutig interpretierbaren, gültigen (validen) Ergebnissen führen. Studienbefunde variieren im Ausmaß ihrer Validität in vier Hinsichten: der Validität statistischen Schließens, der internen Validität, der Konstruktvalidität und der externen Validität.

In dieser Reihenfolge sind die Validitätsbereiche durch folgende Fragen zu charakterisieren:
1. Wurde die angenommene Merkmalsbeziehung beobachtet?
2. Kann aus dieser Beziehung eine Wirkrichtung abgeleitet werden?
3. Kann von den Beobachtungen auf die Merkmale rückgeschlossen werden?
4. Welchen Gültigkeitsbereich erreicht die beobachtete Merkmalsbeziehung?

Statistische und interne Validität zielen hierbei auf rein methodische Aspekte des Studiendesigns und der Datenanalyse, sie sind frei von den Inhalten der Fragestellung und bemessen gemeinsam den Grad wissenschaftlicher Akzeptanz einer Studie. Die übrigen Validitätsbereiche führen zur Einordnung der Befunde in Theorie und Praxis: Konstruktvalidität erfasst das Ausmaß der Angemessenheit der gewählten Merkmale, ihrer Operationalisierung und Messung, externe Validität das Ausmaß der Befundübertragbarkeit auf Personen-, Umwelt- und Zeitpopulationen. Sie konstituieren gemeinsam das Ausmaß der Relevanz eines Befunds. Zur Vertiefung sei auf Cook und Campbell (1979) verwiesen.

2.3.2   Experiment und Quasi-Experiment

Das **Experiment** ist als das »klassische« Studiendesign der Psychologie dem naturwissenschaftlichen Versuch vergleichbar: Unter kontrollierten Bedingungen erfolgt eine geplante und systematische Variation (willentliche Manipulation) der unabhängigen Variable, um Änderungen in der abhängigen Variable zu beobachten und diese (kausal) auf die Manipulation zurückzuführen.

Abhängige Variable ist gewöhnlich ein Merkmal des Erlebens und Verhaltens, die systematisch variierten Ausprägungen der unabhängigen Variable sind zumeist unterschiedliche Experimentalbedingungen (sog. Treatments). Beispielsweise könnte der Einfluss des Geräuschpegels auf die Lernleistung (abhängige Variable) experimentell geprüft werden, indem Studienteilnehmer einen Text unter Bedingungen mit unterschiedlich starker Lärmbelastung (Treatments) lernen und nachfolgend reproduzieren.

Im Experiment wird entweder jeder Bedingung jeweils eine Personenstichprobe zugeordnet (sog. Querschnittdesign; Versuchsplan für unabhängige Stichproben) oder die Gesamtstichprobe erfährt die Treatments in sequenzieller Abfolge (sog. Längsschnittdesign; Versuchsplan für abhängige Stichproben), spezifische Effekte der Bedingungsreihenfolge werden dann über eine systematische Variation der personenweisen Abfolge ausgeschlossen.

Kontrollierte Bedingungen werden hergestellt, indem potenziell beeinflussende Raum- und Zeitmerkmale ausgeschaltet oder für sämtliche Teilnehmer konstant gehalten werden (z. B. im Labor). Sie sorgen für ein möglichst geschlossenes System, in dem die Beziehung zwischen abhängiger und unabhängiger Variable maximal präzis erfasst wird.

Sämtliche unkontrolliert verbleibende Einflussgrößen werden in ihrer Summe als Störvariablen bezeichnet. Ihnen wird bei Personenmerkmalen über Randomisierung, der zufälligen Zuweisung der Teilnehmer zu den Experimentalbedingungen vor Beginn des Experiments, begegnet. Sie gewährleistet eine Vergleichbarkeit der Teilnehmer unterschiedlicher Experimentalbedingungen in der Gesamtheit ihrer Merkmale. In psychologischen Experimenten ist eine solche Randomisierung jedoch nicht immer möglich, z. B. wenn ein Personenmerkmal, wie Alter, Geschlechterzugehörigkeit, kognitive Fähigkeiten, Persönlichkeitseigenschaften, Wohnort oder sozialer Status (sog. Organismusvariablen), als unabhängige Variable fungiert. Die Bildung der Experimentalgruppen kann dann einzig anhand der Merkmalsausprägungen der Teilnehmer erfolgen, d. h. es wird auf sog. natürliche (bereits bestehende) Gruppen zurückgegriffen.

Wird diese natürliche Merkmalsvariation zur Bildung der Experimentalgruppen herangezogen, ergibt sich ein sog. **Quasi-Experiment**. Auch ethische Vorbehalte oder organisatorische, finanzielle und zeitliche Beschränkungen können der Randomisierung entgegenstehen und ein quasi-experimentelles Vorgehen erfordern. Zwar ist im Quasi-Experiment eine kausale Interpretation aufgrund der nicht zufälligen Teilnehmerzuweisung und der daraus potenziell resultierenden Konfundierung (vermischte Wirkung mehrerer Variablen) generell nicht möglich, kann jedoch über eine systematische Kontrolle potenziell konfundierender Drittvariablen und einen rational argumentativen Ausschluss alternativer Befundinterpretationen (Plausibilitätsanalyse) unter Umständen gerechtfertigt erscheinen.

Intervenierende Drittvariablen werden in ein Experiment aufgenommen, indem sie entweder als zusätzliche unabhängige Variable systematisch variiert oder als (quasi-experimentelle) Kontrollvariablen berücksichtigt werden. Beispielsweise könnte experimentell geprüft werden, ob die Lernleistung zusätzlich von der Tonhöhe der Geräusche abhängt. Die systematische Variation mehrerer unabhängiger Variablen führt dann zu kombinierten Experimentalbedingungen (faktorielle Designs); die unabhängigen Variablen werden hier als Faktoren und die Bedingungskombinationen als Designzellen bezeichnet. Faktorielle Experimente ermöglichen die separate Prüfung jedes Faktors (Haupteffekte) sowie ihrer Kombinationen (Interaktionseffekte). Im Beispiel könnten so die Haupteffekte des Geräuschpegels und der Tonhöhe sowie die Wechselwirkung zwischen beiden (Interaktion ihrer Kombinationen, z. B. laute, hohe Geräusche oder laute, tiefe Geräusche etc.) separat geprüft werden.

Ist eine systematische Variation der Drittvariablen nicht möglich, können diese zumindest kontrolliert werden. Bei der sog. Blockbildung werden die Teilnehmer z. B. anhand ihrer Merkmalsausprägung in homogene Untergruppen bzgl. der Drittvariable aufgeteilt, sodass eine zusätzliche (quasi-experimentelle) unabhängige Variable resultiert. Quasi-experimentelle Formen der Konstanthaltung sind das Matching und die Parallelisierung: Beim Matching erfolgt eine gleichmäßige Verteilung der Teilnehmer identischer Drittvariablenausprägung auf die Experimentalgruppen und es resultiert ihre exakte Vergleichbarkeit bzgl. dieser Drittvariablen, Parallelisierung stellt lediglich durchschnittliche Vergleichbarkeit der Gruppen über einen gezielten Teilnehmeraustausch her. Diese sog. direkten Kontrollverfahren sind integraler Bestandteil des Studiendesigns, während die sog. statistische Kontrolle erst während der Datenanalyse (▶ Abschn. 2.5.2) erfolgt.

Häufig wird auch die Versuchstechnik des **Blindverfahrens** eingesetzt: Im Einfachblindverfahren bleiben entweder die Versuchsteilnehmer oder die durchführenden Versuchsleiter, im Doppelblindverfahren beide Gruppen über relevante Aspekte der Studie uninformiert. Blindverfahren sind geboten, wenn andernfalls nicht auszuschließen ist, dass Ergebniserwartungen, Einstellungen oder andere subjektive Einflussgrößen der Teilnehmer bzw. Versuchsleiter das Versuchsergebnis mit bestimmen. Weitere Informationen zum Experiment und zu Kontrolltechniken bieten z. B. Hager und Westermann (1983) und Rehm und Strack (1994).

2.3.3 Labor- und Feldforschung

Die Settings, in denen psychologische Studien durchgeführt werden können oder von der Fragestellung her müssen, sind nahezu unbegrenzt und reichen vom sog. Laborversuch bis zur Felderhebung. Sowohl Experimente als auch Quasi-Experimente können unter beiden Bedingungen stattfinden. Größtmögliche Kontrolle potenzieller Störvariablen (z. B. von Ablenkung bei Lernversuchen) ist allein im psychologischen Labor zu verwirklichen. Dieses birgt freilich das Risiko mangelnder ökologischer Validität, d. h. einer eingeschränkten Übertragbarkeit der Befunde in den Alltag. Hier setzen Feldstudien an, die als offene Systeme direkt in der Lebenswelt der Teilnehmer durchgeführt werden. Im Feld sind unabhängige Variablen freilich selten zu variieren und einzelne Merkmalsbeziehungen kaum zu isolieren, vielmehr ist stets eine Vielzahl potenziell konfundierender Drittvariablen zu kontrollieren. Über die Besonderheiten der Feldforschung informieren z. B. Cook und Campbell (1979) ausführlich.

Kreativitätsförderung im Ingenieurstudium – Studiendesign

Ein Schema des Versuchplans findet sich in ◘ Tab. 2.1: Zu Seminarbeginn erfolgte eine Kreativitätstestung 37 Freiwilliger mit nachfolgender Beratung (Beratungsgruppe), die übrigen 27 Teilnehmer besuchten lediglich die Vorlesungen (Vorlesungsgruppe). Zeitgleich erfolgte eine Kreativitätstestung 21 Freiwilliger anderer Seminare (Kontrollgruppe). Beratungs- und Kontrollgruppe wurden nach 6 Wochen mit einem gleichwertigen Kreativitätstest konfrontiert, Beratungs- und Vorlesungsgruppe hatten ihre Fahrzeug in der 8. Woche zur Begutachtung einzureichen.

Zusammenfassend wurden 3 angefallene Personenstichproben, eine Zeitstichprobe zur Messung der abhängigen Variable zu 3 Zeitpunkten und eine Umweltstichprobe (Seminar) gezogen. Das naturalistische Feldsetting verhinderte eine Zufallsauswahl und Randomisierung (Quasi-Experiment). Nicht ersichtlich ist, dass die Variable Geschlecht konstant gehalten wurde: Die wenigen Studentinnen wurden nicht in die Studie aufgenommen.

◘ Tabelle 2.1. Studiendesign am Beispiel

Zeitpunkt	Seminarbeginn		2.–4. Woche	> 6. Woche	> 8. Woche
Erhebung	TCT-DP	–	–	TCT-DP	Produktrating
Intervention	–	Beratung	Vorlesung	–	–
Beratungsgruppe	o	x	x	o	o
Vorlesungsgruppe	–	–	x	–	o
Kontrollgruppe	o	–	–	o	–

TCT-DP »Test for Creative Thinking – Drawing Production«; *o* Messung; *x* Intervention

Im Beispiel werden die beiden Faktoren Experimental- bzw. Kontrollgruppe (Querschnitt) und Erhebungszeitpunkt (Längsschnitt) miteinander kombiniert. Dieses in der Interventionsforschung überaus relevante faktorielle Design ermöglicht eine differenzielle Verlaufsanalyse.

Das Beispiel verdeutlicht auch, dass zur Bestimmung der Wirkstärke einer Intervention eine Kontrollbedingung zwingend erforderlich ist: Sie erfasst das unbeeinflusste Verhalten bzw. den natürlichen Verlauf der abhängigen Variable und dient so als Vergleichsbedingung.

2.4   Datenerhebung

In der Datenerhebung werden die zur Überprüfung der Hypothesen benötigten Informationen (Beobachtungen, Messungen etc.) systematisch gesammelt (erhoben). Der folgende Abschnitt informiert über die wichtigsten Erhebungsmethoden in der Psychologie: Beobachtung, Befragung und Testung. Spezielle psychophysiologische, evolutionsbiologische und sozialwissenschaftliche Methoden werden in den ► Kap. 3–5 besprochen. Vor einer Darstellung der Verfahren sind zunächst die grundlegenden Kriterien zur Beurteilung ihrer Güte kurz zu definieren.

2.4.1   Gütekriterien

Das Ausmaß, in dem ein Erhebungsverfahren bei unterschiedlichen Anwendern und Rahmenbedingungen identische Resultate liefert, ist seine **Objektivität**. Sie wird durch Standardisierung des Erhebungsinstruments und seines Einsatzes, d. h. durch präzise und verbindliche Vorgaben zur Durchführung, Auswertung und Interpretation ge-

währleistet. **Reliabilität** bezeichnet die Zuverlässigkeit des Erhebungsverfahrens, hohe Reliabilität garantiert präzise und reproduzierbare Erhebungsergebnisse mit geringem Fehler. **Validität** ist schließlich die Güte, mit der das intendierte Merkmal erfasst wird (zur Präzisierung ► Kap. 39 und Lienert, 1959, ► Kurzbiographie).

2.4.2   Beobachtung

Beobachtung ist wohl die ursprünglichste Form der psychologischen Informationssammlung und ermöglicht eine unmittelbare Registrierung des Verhaltens oder auch des Ausdrucks (Mimik, Gestik). Sie erfolgt zumeist selektiv, d. h. die Aufmerksamkeit wird auf Ausschnitte eines Gesamtgeschehens fokussiert, und potenziell über sämtliche Sinnesmodalitäten (z. B. visuell, auditiv, taktil) oder auch unter Zuhilfenahme aufzeichnender technischer Apparaturen (z. B. Film). Es wird zwischen Selbst- und Fremdbeobachtung unterschieden. Für ausführlichere Darstellungen zur Beobachtung sei auf Feger (1983) und Feger und Graumann (1983) verwiesen.

Gustav A. Lienert

Gustav A. Lienert wurde 1920 in Michelsdorf (heute Tschechische Republik) geboren. Er begann seine akademische Karriere mit dem Studium der Medizin (Dr. med., 1950, Wien) und der Psychologie (Dr. phil., 1952, Wien). Nach seiner Habilitation (Universität Marburg, 1961) nahm er Universitätsprofessuren für Psychologie in Hamburg (1961–64), Düsseldorf (1964–74) und schließlich Nürnberg (Pädagogische Hochschule) wahr, wo er 1986 emeritiert wurde. Ihm wurden zahlreiche Ehren- und Honorarprofessuren (z. B. Colgate University, Hamilton/NY, USA), Ehrenmitgliedschaften und Auszeichnungen zuteil. Von 1976–77 war er Präsident der Internationalen Biometrischen Gesellschaft Deutschland. Lienert starb 2001 in Marburg/Lahn.

Seine wissenschaftlichen Verdienste liegen auf den Gebieten der Differentiellen Pharmakopsychologie, der Testdiagnostik und der Psychologischen Statistik [insbesondere nonparametrische Verfahren, dazu zwei Standardwerke (1959, 1962), und Entwicklung der Konfigurationsfrequenzanalyse, einer nonparametrischen Faktorenanalyse]. Mit über 300 Veröffentlichungen zählt er zu den meistzitierten deutschsprachigen Autoren der Psychologie.

Da Beobachtung nicht auf sprachliche Interaktion zwischen Beobachtetem und Beobachter angewiesen ist, eignet sie sich insbesondere dort, wo diese Kommunikation nicht möglich ist (z. B. bei Kindern, hirngeschädigten Patienten, fremdsprachlichen Studienteilnehmern oder in der tierpsychologischen Forschung) oder verbale Vermittlung (z. B. Befragung) zu verzerrten Ergebnissen führen würde.

Als wissenschaftliches Erhebungsinstrument wird Beobachtung zur systematischen Erfassung konkreten, d. h. direkt beobachtbaren Verhaltens eingesetzt. Methodische Güte wird über die Entwicklung eines Beobachtungsplans gewährleistet, der je nach Studiendesign Instruktionen zum gesamten Erhebungsablauf und zur Protokollierung der Beobachtungsergebnisse vorgibt. Das Ausmaß

solcher Standardisierung ist freilich von der Fragestellung abhängig:

In **freier Beobachtung** werden sämtliche potenziell relevanten Verhaltensweisen, Situationsmerkmale und Rahmenbedingungen unstandardisiert, detailreich und möglichst umfassend erkundet. Der Beobachtungsplan beinhaltet hier kaum Vorgaben und verlangt folglich eine hinreichend ausführliche, stichwortartige Dokumentation des Gesamtgeschehens.

Bei **halbstandardisierter Beobachtung** erstreckt sich die Standardisierung entweder auf das Verhalten, wobei die Auftretenssituationen und -zeiten unstandardisiert registriert werden, oder umgekehrt auf diese Situationen und Zeiten und nicht auf das Verhalten. Halbstandardisiertes Vorgehen dient somit der Erkundung der Auftretensbedingungen definierten Verhaltens oder von Verhaltensvariation in umschriebenen Situationen bzw. Zeiten.

Erst in der **vollstandardisierten Beobachtung** sind präzise Vorgaben zum Zielverhalten und seinen relevanten Auftretensbedingungen und -zeiten im Beobachtungsplan vorgegeben. Das Protokoll ist daher gewöhnlich hoch strukturiert, sodass definierte Verhaltensereignisse in Abhängigkeit von ihren situativen und zeitlichen Auftretensbedingungen unmittelbar numerisch kodiert werden können.

Die Umsetzung des Beobachtungsplans, d. h. das gezielte Herauslösen relevanter Informationen aus komplexen Beobachtungssituationen, und auch die Protokollierung stellen besondere Anforderungen an die Beobachter. Zur Gewährleistung methodischer Güte ist ihre **Schulung** stets erforderlich, sie umfasst sowohl die Darlegung des Studienkonzepts und des theoretischen Hintergrunds als auch die präzise Erläuterung des Beobachtungsplans. Die Protokollierung wird an Beispielen und in Vorstudien trainiert. Der Trainingserfolg ist über eine Ermittlung der Beobachterübereinstimmung (▶ Kap. 39) zu kontrollieren, mangelnde Übereinstimmungen werden diskursiv erörtert und so minimiert (erforderlichenfalls auch durch Überarbeitung des Beobachtungsplans und -protokolls).

Die eigentliche Durchführung der Beobachtung erfolgt dann an repräsentativen Ausschnitten des kontinuierlich verlaufenden Gesamtverhaltens (»Verhaltensstroms«), es werden Ereignis-, Zeit- oder Situationsstichproben in ausreichender Anzahl und Ausdehnung gezogen: Das **Ereignisstichprobenverfahren** beschränkt die Beobachtung auf spezifische Verhaltensäußerungen (ausgewählte Verhaltensereignisse), z. B. Redeunterbrechungen im Gespräch. Ereignisstichproben setzen längere Abschnitte kontinuierlicher Beobachtung voraus und sind insbesondere zur Beobachtung selten auftretenden Verhaltens oder komplexer Verhaltenskombinationen geeignet. Im **Zeitstichprobenverfahren** wird die Beobachtung auf definierte Termine von eher kurzer Dauer beschränkt, z. B. alle 5 Minuten für eine Dauer von 30 Sekunden; die beobachtungsfreien Intervalle können aber auch systematisch oder zufällig variiert werden. Zeitstichproben eignen sich insbesondere zur Erfassung häufig auftretenden bzw. zeit- und situationsstabilen Verhaltens in einem gleichförmigen Gesamtgeschehen (z. B. zur Erfassung des Verkehrsaufkommens an einer Kreuzung). Zur Erfassung der Situationsspezifität oder -stabilität bestimmten Verhaltens werden **Situationsstichproben** gezogen, in denen dann zumeist kontinuierlich beobachtet wird.

Beobachtungen werden auch nach der Rolle und Sichtbarkeit des Beobachters differenziert: Übernimmt der Beobachter eine aktive Rolle in der Situation, wird von **teilnehmender Beobachtung** gesprochen. Führt diese Mitwirkung zu keiner Störung und wird der Beobachter akzeptiert, ermöglicht dies oftmals eine Beobachtung sonst unzugänglichen Verhaltens. Sind die Beobachteten zudem über die Beobachtung informiert (**offen** teilnehmend), können entsprechende Verhaltensänderungen, z. B. vermehrt sozial erwünschtes Verhalten, aber auch Reaktanz, d. h. negative Einstellung und/oder aversives Verhalten gegenüber der Beobachtung, resultieren. Dies wird zwar durch **verdeckte** Teilnahme umgangen, das Unterlassen der Aufklärung ist jedoch zuvor auf ethische Unbedenklichkeit zu prüfen.

Während die Protokollierung bei teilnehmender Beobachtung oftmals erschwert und nur nach Abschluss der Beobachtung möglich ist, erfolgt sie bei **nicht teilnehmender Beobachtung** generell simultan. Bei offenem Vorgehen bewegt sich der Beobachter hier möglichst unauffällig am Rande der Situation, was zwar die Wahrscheinlichkeit einer Situationsbeeinflussung vermindert, jedoch ebenfalls die Wahrscheinlichkeit verringert, ausgeprägt privates Verhalten beobachten zu können. Auch hier ist ein verdecktes Vorgehen freilich auf ethische Verträglichkeit zu beurteilen. Wann immer möglich, trägt eine film- oder videotechnische Aufzeichnung des Gesamtgeschehens wesentlich zur Hebung der Beobachtungsgüte bei, sie ermöglicht eine nachträgliche, auch wiederholte Protokollierung durch mehrere Beobachter.

Im bestmöglichen Fall zählt die Beobachtung zu den **nichtreaktiven Datenerhebungsverfahren**, d. h. sie verlangt den Teilnehmern weder eine Reaktion auf die Erhebung ab (wie z. B. bei Befragung) noch beeinflusst ihre Durchführung das natürliche Geschehen. Sichergestellt ist dies wohl ausschließlich bei nicht teilnehmender, verdeckter Beobachtung, bei teilnehmender oder offener Beobachtung sind Reaktivitätseffekte daher zu minimieren. Auch psychophysiologische Messungen und bildgebende Verfahren werden oftmals hier eingeordnet. Einige nichtreaktive Verfahren verzichten zudem auf jeglichen Kontakt mit den Teilnehmern, z. B. bei einer Informationssammlung über vergangenes oder aktuelles Verhalten in Archiven, Akten oder anderen Aufzeichnungen bzw. anhand beobachtbarer Verhaltensspuren (z. B. geschaffene Produkte oder Gebrauchsabnutzung). Ein weiteres Beispiel sind Sekundäranalysen, wie die Metaanalyse.

2.4.3   Befragung

Befragung dient zur Erhebung des erinnerten oder als wahrscheinlich vermuteten eigenen oder fremden Verhaltens und Erlebens. Die Befragten werden um Angaben zu ihrem Wissenstand, zu Fakten oder zur Abgabe von Einschätzungen bzw. Bewertungen gebeten. Die Befragung erfolgt entweder schriftlich (Fragebogen), mündlich (Interview) bzw. fernschriftlich oder -mündlich (via Brief, Internet, Telefon). Jedes Verfahren ist mit spezifischen Vor- und Nachteilen verbunden, die Wahl der geeigneten Methode ist stets fragestellungsabhängig. Da die (Schrift-)Sprache Grundlage jeder Befragung ist, sind die Fragen dem Sprachvermögen, Bildungsstand und kulturellen Hintergrund der Befragten anzupassen. Vertiefende Ausführungen findet der interessierte Leser z. B. bei Schwarzer (1983) und Tränkle (1983).

Interview

Das Interview erhebt Informationen in direkter Interaktion: Interviewer und Befragter führen ein Gespräch, dessen Führung beim Interviewer liegt. Der Gesprächsstil ist hierbei stark an das Interviewziel gebunden. Ein Informationsinterview verlangt z. B. einen eher neutralen Stil, während im Explorations- und Beratungsinterview eine nahezu entgegengesetzte Haltung vorherrscht: Der Interviewer bietet seine Mithilfe an und versucht, eine Problematik zu explorieren. Er sollte dem Befragten Akzeptanz und Empathie entgegenbringen, der vertrauensbildende Stil fördert die offene Beantwortung auch intimer, privater Fragen. Entscheidender Vorteil des Interviews ist die stets mögliche Nachfrage.

Auch Interviews sind methodisch nach ihrem Standardisierungsgrad zu differenzieren:

Im **offenen, unstandardisierten Interview** ist lediglich das Thema vorgegeben und die Ausgestaltung des Gesprächs ist weitgehend dem Interviewer überlassen. Nachfolgende Fragen ergeben sich hier oftmals erst durch erhaltene Antworten. Das offene Interview ist insbesondere zur Exploration geeignet, es ermöglicht einen einzigartigen Zugang zu hochrelevanten und persönlichen Informationen oder zu individuellen Bedeutungsstrukturen (z. B. in der psychologischen Diagnostik oder Anamnese). Aufgrund der spärlichen Vorgaben sind die Antworten detailreich in Stichworten zu notieren oder besser zur nachherigen Kodierung auf Tonband festzuhalten.

Im **teilstandardisierten Interview** liegt dem Interviewer ein orientierender Leitfaden zum Gesprächsthema und -inhalt vor, die weitere Ausgestaltung und die konkreten Fragen bleiben jedoch in seiner Hand.

Erst im **standardisierten Interview** ist die gesamte Struktur einschließlich Fragenformulierung und -abfolge festgelegt, es wird daher eher unter explanativen Fragestellungen eingesetzt und häufig theoriegeleitet entwickelt: In der Makrostruktur werden die Interviewthemen und -abschnitte (z. B. Kontaktaufbau, Einführung und Abschluss) sowie Anweisungen zum Ablauf und zur Herstellung der Rahmenbedingungen (z. B. Situation, Atmosphäre und Protokollierung) festgelegt. Die Mikrostruktur liefert indes konkret ausformulierte Fragen, ihre Abfolge und oftmals auch Anweisungen zur Verhaltensbeobachtung. Die Fragen sollten konkret, eindeutig, verständlich und kurz formuliert sein, Suggestivfragen sind wie auch verneinende, missverständliche oder gar »brisante« Formulierungen zu vermeiden. Unterschiedliche Fragetypen sorgen für Auflockerung und Abwechslung, themenspezifische Fragen sollten gleich häufig positiv und negativ formuliert sein (ausgewogene Fragepolung).

Mikro- und Makrostruktur gliedern gleichzeitig die Durchführung des Interviews. Um Motivation und Aufmerksamkeit aufrechtzuerhalten, sollte ein Interview generell so kurz wie möglich ausfallen, auch Redundanzen sind zu vermeiden. Spezielle Filterfragen, die in Abhängigkeit von ihrer Beantwortung auf später folgende Fragen verweisen und so ein »Überspringen« unnötiger Fragen ermöglichen, verkürzen die Durchführung ebenfalls.

Eine Dokumentation über Notizen und Stichworte kann zu Beeinträchtigungen und Verzögerung des Interviews führen. Vollstandardisierte Interviews erlauben daher ein simples Ankreuzen der gewählten Antwortalternative oder eine numerische Kodierung der Antworten im Protokollbogen (bei rechnergestützter Interviewführung auch direkt am Computer). Dennoch sollte stets ausreichend Raum zur Protokollierung von Störungen und Besonderheiten verfügbar sein.

Zur Sicherstellung methodischer Güte ist eine Schulung der Interviewdurchführung und -protokollierung sowie des Verhaltens im Interview unumgänglich.

Fragebogen

Die Mehrzahl psychologischer Befragungen erfolgt schriftlich über Fragebögen. Ihre hohe Strukturiertheit und Standardisierung ermöglicht die effiziente Erhebung umfangreicher Stichprobendaten, für viele Fragestellungen kann heute auf bewährte Verfahren zurückgegriffen werden. Fragebögen bestehen aus Fragen mit vorformulierten Antwortalternativen oder aus Feststellungen, die als zutreffend oder nicht zutreffend zu bewerten sind. Einschätzungs- und Beurteilungsitems werden gewöhnlich über sog. Ratingskalen dargeboten, die eine unterschiedliche Ausprägung der Zustimmung bzw. Ablehnung auf einer kontinuierlichen Skala ermöglichen.

Die Fragen können auf den Selbstbericht erinnerten oder vermuteten eigenen Verhaltens oder Erlebens in bestimmten Situationen gerichtet sein, auf Stellungnahmen zu Einstellungen oder Sachverhalten oder – wie in der Persönlichkeitsdiagnostik – einfach das Antwortverhalten des Befragten auf die Fragebogenitems als Teststimuli auswerten. Zur Fragebogenkonstruktion und -anwendung im Rahmen der psychologischen Diagnostik liegt heute umfangreiche Literatur vor (▶ Kap. 40).

In der psychologischen Forschung und Praxis werden Fragebogen heute in wachsendem Umfang rechnergestützt vorgegeben. Die Bearbeitung am Computer bietet gegenüber dem herkömmlichen Papier-Bleistift-Verfahren deutliche Vorteile: Instruktion und Fragenvorgabe erfolgen hier maximal standardisiert und Filter ermöglichen eine hocheffiziente Führung. Auch Inter- oder Intranet-Anwendungen werden in Forschung und Praxis zunehmend eingesetzt.

2.4.4 Verhaltensmessung, psychologische Testung

Psychologische Testverfahren sind standardisierte, häufig theoriegeleitet entwickelte und empirisch erprobte Messinstrumente zur stichprobenartigen Erhebung objektiv registrierbarer Verhaltensmerkmale. Sie können auf globale oder spezifische Personenmerkmale (z. B. Fähigkeiten, Fertigkeiten, Eigenschaften) gerichtet sein oder lediglich dazu dienen, messbare Verhaltenscharakteristika (wie Reaktionszeiten oder Trefferraten in Lern-, Gedächtnis- oder Denkaufgaben) zu erfassen. Während psychologische Testverfahren ausführlich in ▶ Kap. 39–41 und 51–53 behandelt werden, ist hier lediglich kurz auf einige Methoden der objektiven Verhaltensmessung einzugehen, die in psychologischen Experimenten häufig eingesetzt werden.

Als Leistungsindikatoren sind objektive Verhaltensmessungen auf die Erfassung maximalen Verhaltens angelegt, d. h. es wird eine möglichst schnelle und richtige Reaktion auf einen Reiz oder die korrekte Lösung einer anspruchsvollen Aufgabe, und dann zumeist ohne enge Zeitbegrenzung, verlangt. Sie sind objektiv, wenn den Teilnehmern die Reaktionsmessung selbst nicht bewusst bzw. eine direkte Verhaltensvortäuschung unmöglich ist; ihr Aufforderungscharakter wirkt eher motivierend.

> **Beispiel**
>
> **Objektive Verhaltensmessungen in der Psychologie**
> Tests der Einfachreaktionszeit verlangen eine möglichst schnelle Reaktion (z. B. die Betätigung einer Taste) auf einen Testreiz (z. B. einen Ton) und dienen der Ermittlung (tonischer) Aufmerksamkeitsaktivierung. Ein Maß für die phasische (reizbedingte) Aufmerksamkeitsaktivierung ist die Differenz aus der Einfachreaktionszeit und einer, durch vorausgehenden Hinweisreiz (z. B. ein Blinken auf dem Monitor), vorbereiteten Reaktionszeit. Zur Erfassung selektiver Aufmerksamkeit werden im Wahlreaktionsverfahren mehrere unterschiedliche Reize vorgegeben und Reaktionen auf nur einen dieser Reize verlangt. Erfordern verschiedene Reize unterschiedliche Reaktionen dient dies zur Messung geteilter Aufmerksamkeit. Wird zusätzlich
> ▼

eine Ruhebedingung erhoben (z. B. eine Ruhe-Taste), definiert die Zeitspanne zwischen Reizeintritt und Verlassen der Ruhetaste die Entscheidungszeit und die verbleibende Zeit bis zum Betätigen der Reaktionstaste die Bewegungszeit.

Reaktionsaufgaben erlauben auch stets eine Bestimmung der Treffer- oder Lösungsraten, gewöhnlich wird hierbei zwischen richtigen Reaktionen, falschen Reaktionen und Nichtreaktionen (Auslassungen) unterschieden. Während diese Häufigkeiten simpel zu registrieren sind, erfordert die Messung der Reaktionszeiten ein apparatives Vorgehen. Bei computergestützter Testung können diese Messungen heute en passant miterhoben werden.

Weitere Beispiele finden sich auch in Gedächtnisexperimenten, z. B. die Anzahl im Kurzzeitgedächtnis verfügbarer Reize (Merkspanne), die erforderliche Bearbeitungszeit bzw. die notwendigen Bearbeitungsdurchgänge (Lernen oder Problemlösen), die Anzahl wiedererkannter Reize (Behalten) oder die Anzahl frei reproduzierter Reize (Gedächtnisabruf).

Auch psychophysiologische Erhebungsverfahren werden der objektiven Verhaltensmessung zugerechnet. Als Beispiel sei hier das EKG (Elektrokardiogramm) angeführt, es erlaubt eine kontinuierliche Messung der summierten Aktionspotenziale der Herzmuskelzellen. Da die Pumptätigkeit des Herzens periodisch abläuft, ergibt sich pro Herzschlag ein charakteristischer Verlauf der EKG-Kurve in fünf Auslenkungen, die mit den Buchstaben P, Q, R, S, und T bezeichnet werden. Ihr markantester Punkt ist die Spitze der sog. R-Zacke, die zeitlich mit der Systole, der Herzkontraktion (Austrieb des Blutes aus dem Herzen) zusammenfällt. Der Zeitabstand zwischen zwei aufeinander folgenden R-Zacken (z. B. 0,857 Sekunden) wird als Herzperiode bezeichnet. Dementsprechend ergibt 60 (Zahl der Sekunden pro Minute) geteilt durch die Herzperiode die hochgerechnete Herzfrequenz (in Schlägen pro Minute) für jeden einzelnen Herzschlag. Sie dient als Maß der (tonischen) kardiovaskulären Aktivität. Ein Maß für phasische Änderungen der Herzrate ist die sog. Herzratenvariabilität, die Varianz (▶ Abschn. 2.5.1) der Zeitabstände (Herzperiodenwerte) aufeinander folgender R-Zacken.

2.5   Datenanalyse

Die Datenerhebung liefert gewöhnlich Informationsmengen, die wir nicht simultan erfassen und überschauen können. Erstes Ziel der Datenanalyse in der psychologischen Forschung ist daher eine Reduktion der Informationen auf eine überschaubare Anzahl systematischer Charakteristika,

auf statistische Kennwerte (sog. Datenverdichtung). Diese werden zur Beschreibung (Deskription) der Daten ermittelt und anschließend unter der zweiten Zielsetzung der Datenanalyse, der zufallskritischen Schlussfolgerung (Inferenz) von den Ergebnissen aus Zufallsstichproben auf die zugrunde liegende Population, ausgewertet.

2.5.1   Deskriptive Statistik

Die deskriptive Statistik dient zunächst zur Ermittlung der Merkmalsverteilung in der Stichprobe, einer summarischen Darstellung der Häufigkeiten sämtlicher beobachteten Messungen. Dies erfolgt tabellarisch oder graphisch (im sog. Verteilungsdiagramm), indem die beobachteten Messungen entweder separat oder zu Bereichen aufeinander folgender Messungen (sog. Kategorien oder Intervalle) gruppiert gezählt werden. Ein Beispiel für die graphische Darstellung einer Häufigkeitsverteilung gruppierter Merkmalsmessungen zeigt ◘ Abb. 2.1a.

Die summarischen Häufigkeitsdarstellungen werden zur Beurteilung der Verteilungsform herangezogen, wobei dem Vergleich zur Normalverteilung (◘ Abb. 2.1a) herausragende Bedeutung zukommt: Sie wird durch eine mathematische Funktion beschrieben und weist die »idealen« Eigenschaften der Symmetrie, Eingipfligkeit und Glockenform auf. Die herausragende Bedeutung dieser Verteilung wird in ▶ Abschn. 2.5.2 weiter erläutert. Abweichungen von ihr liegen bei asymmetrischen, mehrgipfligen, schmal- und breitgipfligen, links- (rechtschiefen) und rechtssteilen (linksschiefen) sowie U- und J-förmigen bzw. umgekehrt U- und J-förmigen Verteilungen vor (◘ Abb. 2.1b,c). J- und U-Verteilungen ähneln in ihrem Verlauf dem bezeichnenden Buchstaben.

Obwohl viele psychologisch relevante Merkmale zumindest näherungsweise normalverteilt vorliegen, sind auch J- und U-förmige Häufigkeitsverteilungen zu beobachten (z. B. führen Beurteilungen unter normativem Druck zur J-Verteilung und Meinungspolarisierungen zur U-Verteilung). Andererseits kann auch eine unzureichende Messung oder Erhebung zu Abweichungen führen: Mehrgipflige Verteilungen lassen sich z. B. durch mehrere überlappende Normalverteilungen und U- bzw. J-Verteilungen durch unangemessene Beschränkung der Messung auf Teilbereiche möglicher Merkmalsausprägungen erklären.

Zwar ermöglicht die visuelle Beurteilung der Verteilungsform eine unmittelbare Identifikation des Verteilungstyps und die Aufdeckung grober Abweichungen von der Normalverteilung, sie verbleibt jedoch stets subjektiv. Zur objektiven Beschreibung werden daher statistische Kennwerte bestimmt, die numerisch über systematische Verteilungscharakteristika informieren.

Statistische Kennwerte

Die Beschreibung systematischer Verteilungseigenschaften erfolgt in der Regel über Kennwerte der zentralen Tendenz

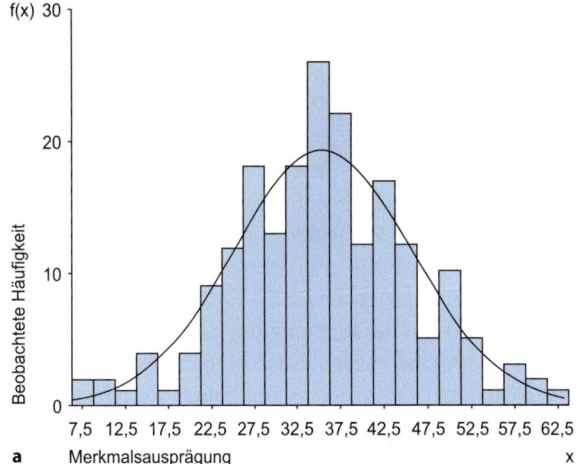

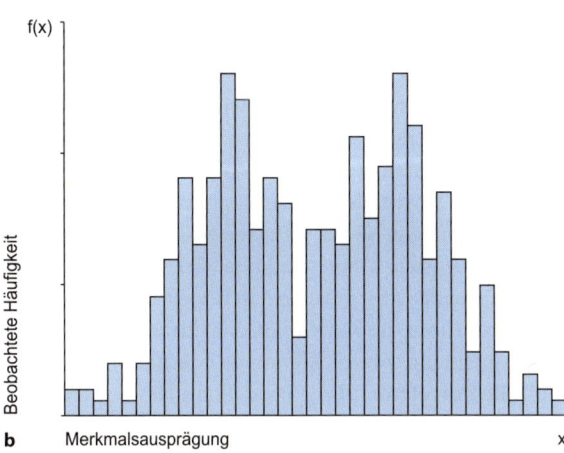

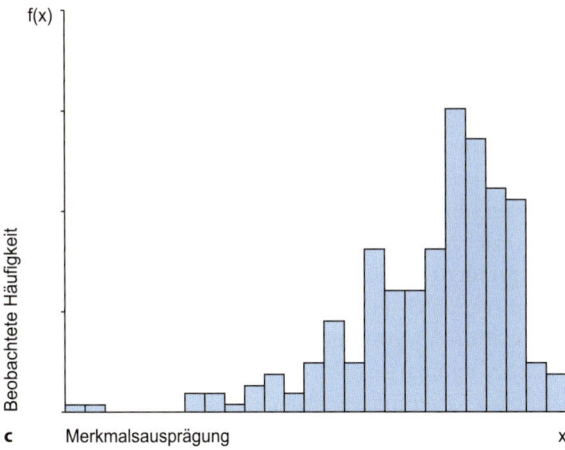

Abb. 2.1a–c. Häufigkeitsdiagramme, Verteilungsformen. Die beobachteten Merkmalsausprägungen sind auf der horizontalen x-Achse (Abszisse) von links nach rechts in aufsteigender Richtung (gruppiert) abgetragen. Die blauen Balken zeigen – je nach Höhe – die Auftretenshäufigkeit der Merkmalsausprägungen in der Stichprobe. Die jeweilige Häufigkeit ist auf der vertikalen y-Achse (Ordinate) abzulesen; **a** beobachtete Häufigkeitsverteilung und theoretische Normalverteilung (schwarze Kurve); **b** bimodale Verteilung; **c** linksschiefe Verteilung

und der Dispersion, die Wahl eines angemessenen Maßes ist vom Skalenniveau und der Fragestellung abhängig. Kennwerte der Schiefe und der Schmal- bzw. Breitgipfligkeit (sog. Exzess) werden seltener bestimmt und können hier vernachlässigt werden (s. Bortz, 1989).

Kennwerte der zentralen Tendenz entsprechen einem typischen, für die Verteilung repräsentativen Wert: Auf Nominalskalenniveau ist dies der am häufigsten beobachtete Wert (Modus), bei Ordinalskalen ist der Median informationsreicher und präziser: Er teilt die Stichprobe anhand der beobachteten Werte in zwei gleichgroße Hälften, ober- und unterhalb des Medians finden sich damit je exakt 50% der Teilnehmer. Ab Intervallskalenniveau wird in der Regel der arithmetische **Mittelwert x̄** (x quer) bestimmt (▶ Gl. 2.1).

$$\bar{x} = \frac{\sum\limits_{i=1}^{n} x_i}{n} \tag{2.1}$$

Der Mittelwert wird durch Addieren (Σ) sämtlicher beobachteten Werte x_i, vom ersten (i=1) bis zum letzten (i=n) Teilnehmer und anschließende Division durch die Teilnehmeranzahl n bestimmt. Bei erheblichen Abweichungen von der Normalverteilung oder unter besonderen Fragestellungen ist auch hier (zumindest zusätzlich) die Ermittlung des Medians und/oder des Modalwerts angemessen.

Neben dem Kennwert der zentralen Tendenz ist zur Beschreibung einer Werteverteilung zumindest ein weiterer Kennwert, ein Maß für die Abweichung (Streuung, Dispersion) der einzelnen Werte um die zentrale Tendenz, wichtig. Ab Ordinalskalenniveau ist z. B. der Interquartilabstand zu bestimmen: Er umfasst die mittleren 50% der beobachteten Messwerte, je 25% ober- bzw. unterhalb des Medians. Ein weiteres Maß ist der Variationsbereich (»range«), der Abstand zwischen dem höchsten und niedrigsten beobachteten Wert. Bei (zumindest angenähert) normalverteilten Merkmalen wird ab Intervallskalenniveau gewöhnlich die **Standardabweichung** s (bzw. ihr Quadrat, die sog. **Varianz** s^2) als Dispersionsmaß verwendet. Die Varianz berechnet sich als die durchschnittliche quadrierte Abweichung der Messungen von ihrem arithmetischen Mittelwert (▶ Gl. 2.2), die Standardabweichung als die (positive) Quadratwurzel aus dieser Varianz.

$$s^2 = \frac{\sum\limits_{i=1}^{n} (x_i - \bar{x})^2}{n} \tag{2.2}$$

Gleichung 2.2 ergibt sich durch Einsetzen der quadrierten Abweichungen für x_i in Gl. 2.1. Ebenso kann hier die Bestimmung eines der Verteilung oder Fragestellung angemesseneren Maßes notwendig erscheinen.

Auch die Beschreibung eines Zusammenhang zwischen zwei Merkmalen bzw. ihren Verteilungen zählt zur deskriptiven Statistik. Diese sog. bivariate Beziehung ist graphisch im Streuungsdiagramm (▶ Abb. 2.2a–c) darstellbar. In Abhängigkeit vom Skalenniveau beider Merkmale kann der

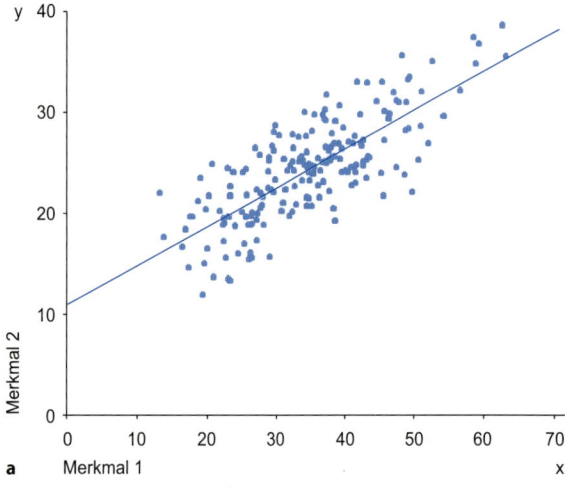

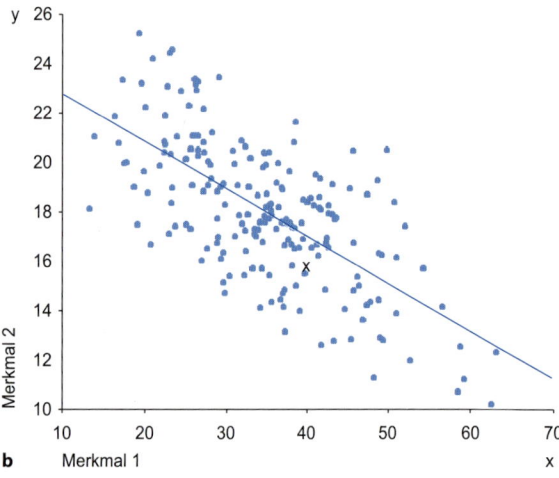

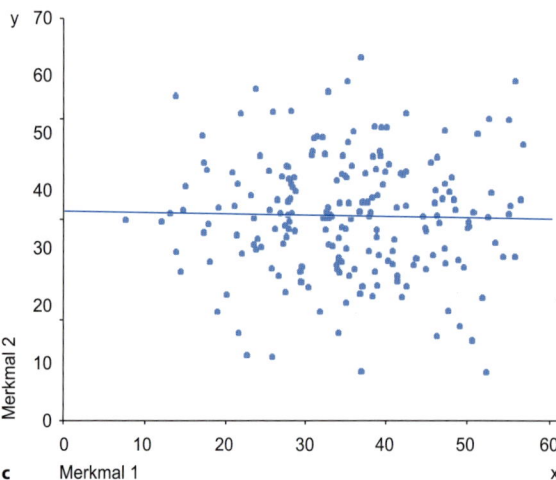

■ **Abb. 2.2a–c.** Streuungsdiagramme. Jeder Punkt steht für einen Teilnehmer, die Messwerte beider Merkmale bestimmen die Punktkoordinaten der Teilnehmer; **a** positiver ($r = 0{,}77$); **b** negativer ($r = -0{,}67$); **c** kein Zusammenhang ($r = -0{,}02$). In die Punktewolken sind zudem die Regressionsgeraden von y auf x eingezeichnet: Auf ihnen liegen die durch die Prädiktorenwerte (x-Achse) vorhersagbaren Ausprägungen im Kriterium (y-Achse)

Zusammenhang durch einen statistischen Kennwert, einen **Korrelationskoeffizienten** beschrieben werden (s. Bortz, 1989). Für intervallskalierte und normalverteilte Merkmale ist dies z. B. die Produkt-Moment-Korrelation r. Sie quantifiziert die Enge und Richtung des linearen Zusammenhang beider Merkmale. Korrelationskoeffizienten variieren zwischen 0 (kein Zusammenhang) und 1 (perfekter Zusammenhang, d. h. die Werte der Teilnehmer im einen Merkmal sind aus Kenntnis ihrer Werte im anderen Merkmal perfekt vorhersagbar). Zusätzlich drückt das Vorzeichen des Koeffizienten die Richtung des Zusammenhangs aus: positiv für gleichsinnigen Zusammenhang (hohe Werte im einen Merkmal »kovariieren« mit hohen Werten auch im anderen Merkmal, und entsprechend für niedrige Werte) und negativ für gegenläufigen Zusammenhang (hohe Werte im einen Merkmal kovariieren mit niedrigen im anderen, und umgekehrt).

Das Quadrat des Korrelationskoeffizienten, der **Determinationskoeffizient r^2**, gibt an, zu wie viel Prozent ihrer Varianz beide Merkmale kovariieren. Diese Kovarianz (gemeinsame Variation beider Variablen) wird bestimmt, indem in Gl. 2.2 statt der Abweichungsquadrate das Produkt der Abweichungen beider Variablen ($x_i - \bar{x}$) ($y_i - \bar{y}$) eingesetzt wird. Sie entspricht somit dem Mittelwert der Produkte korrespondierender Abweichungen in beiden Variablen.

Wie die bivariate Korrelation den linearen statistischen Zusammenhang zweier Merkmale beschreibt, dient die **multiple Korrelation R** zur Darstellung des linearen statistischen Zusammenhangs zwischen einem Merkmal und der optimal gewichteten Summe (Linearkombination) mehrerer anderer Merkmale (sog. Prädiktoren), so etwa zur Vorhersage eines Verhaltenskriteriums (z. B. Schulerfolg) aus mehreren psychologischen Testvariablen (z. B. Ergebnissen verschiedener Intelligenz- und Motivationstests). Diese Vorhersage erfolgt über die sog. (multiple) **Regressionsanalyse**, sie ermittelt die Linearkombination der Prädiktoren, die den Fehler der Vorhersage minimiert. Die vorhersagbaren Kriteriumswerte liegen auf der sog. Regressionsgeraden (■ Abb. 2.2a–c). Werden zudem mehrere Kriteriumsvariablen betrachtet, beschreibt die **kanonische Korrelation** den größtmöglichen linearen Zusammenhang zwischen optimal gewichteten Prädiktoren und optimal gewichteten Kriteriumsvariablen.

2.5.2 Inferenzstatistik

Die Inferenzstatistik zielt auf den Rückschluss von den deskriptiven Kennwerten aus Zufallsstichproben auf ihnen zugrunde liegende Populationskennwerte (Parameter) und die Prüfung statistischer Hypothesen über diese Parameter. Beides kann aufgrund der Beschränkung auf Erhebungen an Zufallsstichproben lediglich zu Wahrscheinlichkeitsaussagen führen und verbleibt somit stets mit dem (allerdings in der Höhe wählbaren) Restrisiko eines Fehlers behaftet.

Nach Konvention werden die tolerierten Grenzen dieses Fehlers mit einer Irrtumswahrscheinlichkeit von 5% oder 1% gewählt.

Zufallsvariablen und ihre Verteilungen

In der Inferenzstatistik werden die Ergebnisse aus Erhebungen an Zufallsstichproben (z. B. Häufigkeiten eines Ereignisses oder statistische Kennwerte) als Realisierungen einer Zufallsvariable aufgefasst: Werden unendlich viele und hinreichend umfangreiche Zufallsstichproben gleicher Größe voneinander unabhängig aus einer Grundgesamtheit (Population) gezogen, unterscheiden sich ihre Ergebnisse einzig aufgrund stichprobenabhängiger, aber im Übrigen unsystematischer (zufälliger) Einflussfaktoren. Die mathematische Statistik lässt die Verteilung solcher Ergebnisse aus Zufallsstichproben und die Wahrscheinlichkeit ihrer Beobachtung voraussagen. Die zugrunde liegende Theorie ist an einem Zufallsexperiment wie dem Würfelspiel zu veranschaulichen: In diesem wird die Wahrscheinlichkeit eines bestimmten Ergebnisses an der relativen Häufigkeit seines Auftretens untersucht. Zum Beispiel ergibt sich die Wahrscheinlichkeit, bei unendlich wiederholtem Würfeln eine Vier zu werfen, als 1 zu 6 (da jede der 6 Flächen eines idealen Würfels eben mit gleicher Wahrscheinlichkeit obenauf zu liegen kommen wird). In (insbesondere kleinen) Zufallsstichproben, wie einer begrenzten Serie von nur 20 Würfen, wird die ermittelte relative Auftretenshäufigkeit davon abweichen. Sie kann nur als Schätzung der Wahrscheinlichkeit (in der Population unbegrenzt vieler Würfe) dienen, ihre Präzision steigt jedoch mit zunehmendem Stichprobenumfang (wachsender Zahl an Würfen).

In Abhängigkeit vom Skalenniveau der Zufallsvariable können die Wahrscheinlichkeiten der Ergebnisse eines Zufallsexperiments dann näherungsweise über mathematische Funktionen beschrieben (approximiert) werden. Die resultierenden sog. Wahrscheinlichkeitsverteilungen beziehen sich zum einen auf die Verteilung der Messwerte (◘ Abb. 2.2) und zum anderen auf die Verteilung (Probenverteilung) der aus ihnen ermittelten Stichprobenkennwerte wie Mittelwert, Standardabweichung oder Korrelationskoeffizient. Standardwerke zur Statistik enthalten jeweils im Anhang Tabellierungen dazu (z. B. Bortz, 1989).

Es ist zwischen Verteilungen für diskrete und stetige Zufallsvariablen zu unterscheiden. Diskreten Zufallsvariablen liegen kategoriale (nominalskalierte) Ergebnisse zugrunde. Ihre Verteilung wird über eine Wahrscheinlichkeitsfunktion beschrieben, die zu jedem möglichen Stichprobenergebnis (im vorigen Beispiel: in 20 Würfen, einmal, 2-mal, …, 19-mal, 20-mal eine Vier zu würfeln) die Auftretenswahrscheinlichkeit ermitteln lässt. Obwohl zuweilen aufwendig, ist auch die Bestimmung der relativen Häufigkeit sämtlicher möglichen Ereigniskombinationen möglich.

Die einfachste Funktion stellt hier die **Binomialverteilung** für zweiklassige diskrete Zufallsvariable dar (z. B. dar-

gebotener Reiz erkannt bzw. nicht erkannt, Test X bestanden bzw. nicht bestanden). Ebenfalls diskret verteilen sich Rangplätze ordinalskalierter Merkmale und aus ihnen abgeleitete Kennwerte. Zu ihrer statistischen Auswertung greift man auf die sog. nichtparametrische Inferenzstatistik zurück (Bortz, Lienert & Boehnke, 2000).

Stetigen (mindestens intervallskalierten) Zufallsvariablen, z. B. den erklärten Herzperiodenwerten, liegt ein Kontinuum von Merkmalsausprägungen in theoretisch unbegrenzt feiner Abstufung zugrunde. Die Probenverteilung der Stichprobenkennwerte wird dann über sog. Wahrscheinlichkeitsdichtefunktionen beschrieben. Aufgrund der unendlich feinen Abstufung stetiger Messwerte können aus den resultierenden Dichteverteilungen keine exakten Punktwahrscheinlichkeiten bestimmt werden, sondern einzig Auftretenswahrscheinlichkeiten für Wertebereiche abgeleitet werden; dabei kann es sich auch um einseitig offene Wertebereiche (Herzperiode 0,800 s oder kleiner, Herzperiode 0,900 s oder größer mit sog. Überschreitungswahrscheinlichkeiten) handeln.

Die zentrale theoretische Verteilung für stetige Zufallsvariablen ist die **Standardnormalverteilung** (◘ Abb. 2.3). Sie ist aus der Binomialverteilung herleitbar, wenn die Zahl der einem Merkmal zugrunde liegenden gleich wahrscheinlichen und unabhängigen binomialverteilten Faktoren gegen unendlich geht. Jede Normalverteilung kann über die sog. z-Transformation (▸ Kap. 39) in diese überführt werden.

Auch aus der Standardnormalverteilung leiten sich weitere wichtige Wahrscheinlichkeitsverteilungen her: Quadrierte z-Werte ergeben eine sog. **Chi-Quadrat-(χ^2-)Verteilung**; die Summe χ^2-verteilter Zufallsvariablen ist ebenfalls χ^2-verteilt. Die Verteilungen unterscheiden sich in der

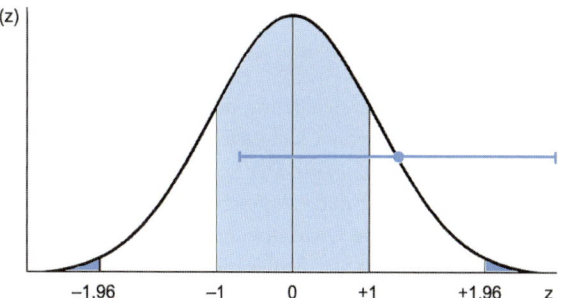

◘ **Abb. 2.3.** Standardnormalverteilung. Ihr Mittelwert ist Null, ihre Standardabweichung 1. Auf der Abszisse sind sämtliche möglichen Werte aufsteigend abgetragen; die Einheit dieser sog. z-Skala ist die Standardabweichung. Aus den Werten der Ordinate bzw. der Verteilungsfläche lassen sich erwartete Häufigkeiten (oder auch Überschreitungswahrscheinlichkeiten) für die z-Werte ableiten: So entspricht die Fläche unter der gesamten Verteilung der Auftretenswahrscheinlichkeit eines beliebigen z-Werts und beträgt somit 1 bzw. 100%. Innerhalb des Bereichs einer Standardabweichung um den Mittelwert (*hellblau*) liegen ca. 68% und innerhalb des z-Bereichs von −1,96 bis +1,96 ca. 95% aller Messwerte; die *dunkelblau markierten* Bereiche umfassen daher jeweils 2,5%. Gezeigt ist zudem ein Vertrauensintervall (*blaue Horizontale*) um einen Stichprobenmittelwert von 1,2 (*blauer Punkt*)

Anzahl der sog. Freiheitsgrade df, der Anzahl der frei wählbaren summierten z^2-Werte.

Werden z-Werte an der Quadratwurzel einer χ^2-verteilten Zufallsvariable relativiert, ergeben sich **t-Verteilungen** mit entsprechenden Freiheitsgraden. Sie geben für kleine Zufallsstichproben eine präzisere Approximation der Probenverteilung als die Standardnormalverteilung.

Wird ein Verhältnis (Quotient) zweier χ^2-verteilter Zufallsvariablen gebildet, resultieren **F-Verteilungen** mit entsprechenden Zähler- und Nenner-Freiheitsgraden; sie beschreiben z. B. die Probenverteilung der Quotienten von Stichprobenvarianzen.

Die genannten Wahrscheinlichkeitsverteilungen für stetige Variablen sind Grundlage der parametrischen Inferenzstatistik, die im Folgenden kurz erläutert wird.

Schätzung von Populationsparametern

Statistische Kennwerte aus Zufallsstichproben sind Punktschätzungen eines zugrunde liegenden Populationsparameters und variieren aufgrund des Stichprobenfehlers um diesen. Sind die Verteilungsfunktion eines Kennwerts und seine Varianz bekannt, kann das sog. **Vertrauensintervall** geschätzt werden, in dem der Populationsparameter mit wählbarer Wahrscheinlichkeit liegen wird.

Nach dem sog. zentralen Grenzwerttheorem verteilen sich z. B. Mittelwerte aus unabhängigen Zufallsstichproben mit wachsender Stichprobengröße approximativ normal und ihre Streuung (der sog. **Standardfehler**) ist über die Stichprobenstreuung und den Stichprobenumfang schätzbar: Dazu ist zunächst die Populationsstreuung $\hat{\sigma}$ (sigma Dach) aus der Varianz der Messwerte in der Stichprobe zu schätzen (▶ Gl. 2.3)

$$\hat{\sigma} = \sqrt{\frac{\sum_{i=1}^{n}(x_i - \bar{x})^2}{n-1}} \tag{2.3}$$

Die erwartungstreue Schätzung der Populationsstreuung unterscheidet sich von s lediglich in der Division durch $n-1$ statt n (s. Bortz, 1989). Der Standardfehler eines Mittelwerts $\hat{\sigma}_{\bar{x}}$ ergibt sich dann als geschätzte Populationsstreuung geteilt durch die Quadratwurzel des Stichprobenumfangs (▶ Gl. 2.4), d. h. der Fehler nimmt mit zunehmender Stichprobengröße n ab:

$$\hat{\sigma}_{\bar{x}} = \frac{\hat{\sigma}}{\sqrt{n}} \tag{2.4}$$

Zur Schätzung des Vertrauensintervalls ist noch die Festlegung einer Irrtumswahrscheinlichkeit α (alpha) nötig, dass der Parameter noch außerhalb des so bestimmten Intervalls liegt. [Entsprechend gibt $(1 - \alpha)$ die Wahrscheinlichkeit dafür an, dass der Parameter noch innerhalb des Intervalls liegt.] Unter der Standardnormalverteilung sind zusammen lediglich 5% aller z-Werte kleiner als −1,96 oder größer als +1,96 (▶ Abb. 2.3). Wird dieser z-Wert in ▶ Gl. 2.5 einge-

setzt, beträgt folglich $\alpha \leq 0{,}05$ (würde z = 2,58 eingesetzt, betrüge $\alpha \leq 0{,}01$):

$$CI_{1-\alpha} = \bar{x} \pm z_{\alpha/2} \cdot \hat{\sigma}_{\bar{x}} \tag{2.5}$$

Das Vertrauensintervall ist der symmetrische Bereich des z-fachen Standardfehlers um den Mittelwert (▶ Abb. 2.3).

Entsprechende Schätzungen des Vertrauensbereichs sind auch für andere Kennwerte möglich, so für den Median, die Korrelation oder die Varianz. Der Berechnung sind jeweils kennwertspezifische Standardfehler und Wahrscheinlichkeitsverteilungen zugrunde zu legen (s. Bortz, 1989).

Hypothesenprüfung

Zur Hypothesenprüfung sind die explizierten Hypothesen in statistische Hypothesen über Populationsparameter zu übersetzen: Bei ungerichteten Unterschiedshypothesen wird z. B. die Ungleichheit zweier Populationsmittelwerte, bei Zusammenhangshypothesen z. B. eine Populationskorrelation ungleich Null formuliert (und entsprechend für gerichtete Hypothesen z. B. ein erhöhter Mittelwert in einer Gruppe bzw. eine Korrelation größer Null). Nachfolgend soll geprüft werden, mit welcher Wahrscheinlichkeit die Kennwerte aus Zufallsstichproben in Populationen mit solchen Parametern zu erwarten sind.

Inferenzstatistisch wird dann gewöhnlich die Abweichung eines Kennwerts aus einer Zufallsstichprobe vom Parameter unter Annahme einer sog. **Nullhypothese** geprüft. Sie steht der sog. Alternativhypothese entgegen und behauptet z. B., dass die vorliegende Stichprobe eine Zufallsstichprobe aus einer Population mit einem Mittelwert oder einer Korrelation von Null ist. Unter Voraussetzung dieser Nullhypothese variieren Kennwerte aus Zufallsstichproben allein nach den beschriebenen Probenverteilungen, d. h. ihre Variation kann über die Wahrscheinlichkeitsverteilungen für stetige Zufallsvariablen approximiert sowie über ihren Standardfehler quantifiziert werden.

Je größer die Abweichung eines Kennwerts aus einer Stichprobe von dem unter der Nullhypothese erwarteten Parameter, desto unwahrscheinlicher wird es, dass es sich bei ihr noch um eine Zufallsstichprobe aus der in der Nullhypothese erklärten Population und nicht aus einer davon abweichenden Population handelt. Eine Abweichung wird als statistisch bedeutsam oder **signifikant** bezeichnet, wenn sie unter Geltung der Nullhypothese nur mehr mit einer wählbar niedrigen Irrtumswahrscheinlichkeit (in der Regel von 5% oder 1%) zu erwarten ist. Ist die Abweichung so groß oder noch größer, wird die Nullhypothese zugunsten der Alternativhypothese verworfen (dass in der Population ein von Null verschiedener Mittelwert vorliegt, die Korrelation in der Population ungleich Null ist usw.).

Die Signifikanz-Konvention birgt ein Restrisiko an Fehlentscheidung: Wird ein Kennwert als unvereinbar mit der Nullhypothese interpretiert, obwohl die Abweichung doch zufällig ist, liegt ein **Fehler erster Art** (eben der α-Fehler) vor. Der entgegengesetzte Fehler, dass ein Ergebnis aus einer Zufallsstichprobe am gewählten α-Niveau noch nicht signifikant ist, in Wahrheit aber doch einer Population mit einem anderen als dem unter der Nullhypothese behaupteten Parameter entstammt, heißt **Fehler zweiter Art** (β-Fehler): Auch dieser ist kalkulierbar (s. Bortz, 1989; Cohen, 1988, auch zur Abwägung tolerierbarer α- und β-Fehler).

Zur näheren Erläuterung der parametrischen Hypothesenprüfung sollen hier drei Anwendungen unterschieden werden: die Prüfung eines Kennwerts, zweier Kennwerte und die Prüfung von mehr als zwei Kennwerten:

Die Prüfung der Abweichung eines Kennwerts von Null erfolgt über seine Relativierung am Standardfehler (▶ Gl. 2.6) und die Bestimmung der Wahrscheinlichkeit dieser Prüfgröße nach der angemessenen Probenverteilung. Ist diese die Standardnormalverteilung, wird

$$z = \frac{\bar{x}}{\hat{\sigma}_{\bar{x}}} \qquad (2.6)$$

bestimmt. Übersteigt z. B. der Kennwert $\bar{x}$ das 1,96-fache (bzw. 2,58-fache) seines Standardfehlers, ist er mit einer Irrtumswahrscheinlichkeit von α ≤ 5% (bzw. 1%) signifikant von Null verschieden (sog. zweiseitige Prüfung). Zur Prüfung gerichteter Hypothesen (sog. einseitige Prüfung, da eine Abweichung begründet nur in eine Richtung, also nur größer oder nur kleiner als Null erwartet wird) reduzieren sich die z-Werte auf 1,65 bzw. 2,33 (nun liegen 5% bzw. 1% so extremer oder noch extremerer Werte auf **einer** Verteilungsseite; ◘ Abb. 2.3).

Das Vorgehen ist als Umkehrung der Bestimmung des Konfidenzintervalls zu verstehen: Hier wird von einer Populationshypothese ausgegangen und diese an der Zufallsstichprobe überprüft, dort wird von der Zufallsstichprobe auf die Population geschlossen. Die Bestimmung des Konfidenzintervalls entspricht dabei einer zweiseitigen Hypothesenprüfung: Jeder Wert außerhalb des Intervalls ist als Parameter mit dem Kennwert auf dem gewählten Signifikanzniveau unvereinbar.

Zur Prüfung der Unterschiedlichkeit zweier Kennwerte, z. B. einem Vergleich zweier Stichprobenmittelwerte, wird eine Wahrscheinlichkeitsverteilung für Kennwertdifferenzen (hier typischerweise die t-Verteilung) gewöhnlich für den Populationsparameter Null (Gleichheit der Mittelwerte in der Population) herangezogen. Die Kennwertdifferenz wird durch ihren Standardfehler dividiert und die Auftretenswahrscheinlichkeit eines so großen oder noch größeren Quotienten bestimmt. Repräsentatives Prüfverfahren ist der **t-Test** zur Prüfung des Unterschieds zweier Mittelwerte (▶ Gl. 2.7).

$$t = \frac{\bar{x}_1 - \bar{x}_2}{\hat{\sigma}_{(\bar{x}_1 - \bar{x}_2)}} \quad \text{mit } df = n_1 + n_2 - 2 \,. \qquad (2.7)$$

(s. die zitierten Lehrbücher zur Tabellierung der t-Verteilung.) Als veränderungsprüfendes Verfahren bei wiederholter Messung (t-Test für abhängige Stichproben) wird, analog zu Gl. 2.6, der Mittelwert personenweiser Messwertdifferenzen auf seinen Standardfehler bezogen.

Kreativitätsförderung im Ingenieurstudium – t-Test und Varianzanalyse

Zur Prüfung des Effekts der Kreativitätsberatung auf die Arbeitsproben wurden die Mittelwerte der Dozentenbewertung für die Beratungs- und Vorlesungsgruppe über t-Tests für unabhängige Stichproben auf Unterschiedlichkeit geprüft. Die Fahrzeuge der Beratungsgruppe wurden signifikant als eleganter und im Gesamteindruck kreativer bewertet (◘ Abb. 2.4a). Für den Gesamteindruck

kann dort entnommen werden, dass die Mittelwertsdifferenz 3,59–3,34 betrug. Die Division mit ihrem Standardfehler (0,12) ergibt einen t-Wert von 2,18, dem bei df = 34 + 27 – 2 = 59 ein α ≤ 0,04 entspricht.

Im Vergleich zur Kontrollgruppe erhöhte das Seminar die Testwerte auf den Dimensionen Neuheit, Grenzen überwinden und Unkonventionalität. Für den Gesamttestwert sind die Mittelwerte der zweifaktoriellen Varianzanalyse mit Messwiederholung in ◘ Abb. 2.4b dargestellt. Für den

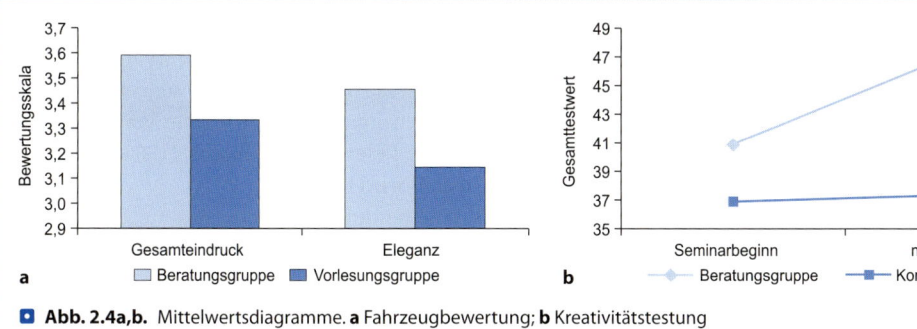

◘ **Abb. 2.4a,b.** Mittelwertsdiagramme. **a** Fahrzeugbewertung; **b** Kreativitätstestung

Faktor Gruppenzugehörigkeit (Beratungs- und Kontrollgruppe) ergaben sich unabhängig vom Zeitfaktor keine
signifikanten Unterschiede, für den Faktor Zeit (Seminarbeginn und nach 6 Wochen) hingegen ein F-Wert von
6,15, dem bei 1 Zähler- und 56 Nennerfreiheitsgraden ein
$\alpha \leq 0{,}02$ entspricht. Insbesondere aber fiel die Wechselwirkung zwischen Gruppenzugehörigkeit und Messzeitpunkt mit F = 4,94 (gleiche Freiheitsgrade) signifikant
($\alpha \leq 0{,}02$) aus. Wenn auch eine signifikante Zunahme der
Kreativitätswerte für beide Gruppen bestand, so zeigte
sich darüber hinaus eine bedeutsame Zunahme des

Gesamtwerts in der Beratungsgruppe bzw. nur eine geringe Änderung in der Kontrollgruppe (◘ Abb. 2.4b). Die
Autoren schlussfolgern, dass die Beratungsgruppe den
Zuwachs ihres Kreativitätspotenzials auf ihre Produkte
transferieren konnte. Dennoch fielen die Produkte insgesamt eher konventionell aus, was die Autoren auf die
geringe Risikobereitschaft (Benotung!) und die sehr kurze
Beratung zurückführen. Als Beispiele unkonventioneller
Fahrzeuge führen sie z. B. ein katapultiertes Flugzeug oder
die Nutzung der Wärmeenergie einer brennenden Mause-
falle an.

Für die Prüfung der Unterschiedlichkeit von mehr als zwei Kennwerten ist eine Erweiterung erforderlich: Hier wird die Stichprobenvarianz in die Varianz *zwischen* p Stichprobenkennwerten und die mittlere Varianz der individuellen Messwerte *innerhalb* der Stichproben aufgeteilt. Beide werden zueinander ins Verhältnis gesetzt (▶ Gl. 2.8) und die Wahrscheinlichkeit dieses Quotienten unter der Nullhypothese an der F-Verteilung bestimmt:

$$F = \frac{\hat{\sigma}^2_{zwischen}}{\hat{\sigma}^2_{innerhalb}} \tag{2.8}$$

mit $df_1 = p - 1$ und $df_2 = p(n-1)$
und p = Anzahl der Kennwerte.

Dieses als **Varianzanalyse** bezeichnete Verfahren kann auf faktorielle Studiendesigns (mehrfaktoriell) und auf Versuchspläne mit Messwiederholung (Veränderungshypothese) erweitert werden. Möglich ist auch eine Berücksichtigung intervenierender Drittvariablen (statistische Kontrolle) als sog. Kovariate (**Kovarianzanalyse**). Eine simultane Prüfung der Kennwerte mehrerer abhängiger Variablen leistet die sog. multivariate Varianzanalyse.

Zwar haben sich die parametrischen Verfahren als robust (unempfindlich) gegenüber Verletzungen ihrer Anwendungsvoraussetzungen, z. B. Abweichung von der Normalverteilung und Varianzhomogenität (vergleichbare Varianz in den Stichproben) erwiesen; treffen Voraussetzungsverletzungen jedoch in Kombination zu, sollte dagegen auf nichtparametrische Verfahren zurückgegriffen werden (Bortz, Lienert & Boehnke, 2000).

2.5.3 Ausgewählte multivariate Verfahren

Nachfolgend seien noch einige Methoden zur simultanen Analyse mehrerer Variablen (multivariate Verfahren) kurz genannt, die spezifisch für psychologische Forschungsfragestellungen entwickelt wurden und für das Verständnis nachfolgender Kapitel Voraussetzung sind.

Wurde an einer Stichprobe eine größere Zahl von Beobachtungsvariablen erhoben, z. B. mehrere Intelligenztests,

kann es Ziel der Untersuchung sein zu prüfen, ob die Variablen sämtlich von einer einzigen oder von mehreren (unabhängigen oder selbst wieder korrelierten) Einflussgrößen (im Beispiel: Komponenten oder »Faktoren« der Begabung, der Vorerfahrung usw.) bestimmt sind. In der sog. **Faktorenanalyse** werden dazu die paarweisen Korrelationen sämtlicher Variablen (ihre sog. Interkorrelationsmatrix) bestimmt und ein mathematisches Verfahren auf diese angewandt, das die Testvariablen möglichst ausschöpfend als Linearkombination zugrunde liegender, selbst nicht beobachteter und voneinander unabhängiger Drittvariablen, eben der Faktoren, darstellen lässt. Geeignete Verfahren lassen abschätzen, welche Anzahl solcher Faktoren zumindest berücksichtigt werden muss, um die an der Stichprobe ermittelten Interkorrelationen mit ihrer Hilfe ausschöpfen zu können.

Ergebnis dieser »Extraktion« zugrunde liegender Faktoren ist die sog. **Ladungsmatrix**. Sie enthält im einfachsten Fall die Korrelationen zwischen den Variablen und den Faktoren. Zur Interpretation wird sie gewöhnlich einer sog. Rotation (Achsendrehung) in eine »Einfachstruktur« genannte transformierte Ladungsmatrix unterzogen, in der jede Variable möglichst mit nur einem Faktor sowie jeder Faktor nur mit wenigen Variablen hoch korreliert und die übrigen Ladungen möglichst gegen Null gehen. Die Interpretation der Faktoren richtet sich dann nach den Variablen, mit denen sie hoch korrelieren (die in ihnen hoch geladen sind).

Dieses explorative Verfahren dient zur Reduktion oder Bündelung der Variablen auf einige wenige Faktoren bzw. zur Bestimmung der den Variablen zugrunde liegenden latenten Dimensionen. Mehr zu diesem Verfahren findet der interessierte Leser z. B. bei Pawlik (1968), Überla (1977) oder auch Bortz (1989).

Ist eine bestimmte Faktorenstruktur bereits als Hypothese vorgegeben, kann in einer sog. konfirmatorischen Faktorenanalyse die Vereinbarkeit der Stichprobendaten mit dieser Strukturhypothese geprüft werden (Bollen, 1989). Werden zwei konfirmative Faktorenanalysen (sog. Messmodelle) regressiv über ein Strukturmodell miteinander verknüpft, resultiert ein sog. **Strukturgleichungsmo-**

dell, in dem die Faktoren des exogenen X-Messmodells zur Vorhersage der Faktoren des endogenen Y-Messmodells dienen (Bollen, 1989). Strukturgleichungsmodelle sind oftmals komplex und werden auch zur sog. **Pfadanalyse** herangezogen, die eine Schätzung der Wirkrichtungen und -stärken zwischen den Modellvariablen erlaubt.

Ein anderes Ziel verfolgen Gruppierungs- oder Klassifikationsverfahren. So ermöglicht die **Clusteranalyse** eine Identifikation homogener Subgruppen z. B. von Personen mit ähnlicher Merkmalsstruktur, indem sie anhand ihrer multivariaten Distanzen (Maße der Unähnlichkeit bzw. Ähnlichkeit) gruppiert werden (Bortz, 1989; Backhaus, Erichson, Plinke & Weiber, 2003). Entweder bildet zunächst jede Person ein Cluster und diese werden iterativ fusioniert (hierarchisches Vorgehen) oder es wird eine plausible Gruppierung vorgegeben und durch iterative Umordnung optimiert (partitionierendes Vorgehen). In der **Diskriminanzanalyse** werden Prädiktoren so linear kombiniert, dass die Trefferquote zur Vorhersage einer (bekannten) Gruppenzugehörigkeit maximal ausfällt (Bortz, 1989; Stevens, 1996).

2.6 Zyklen empirischer Forschung

Schon allein aufgrund von Stichprobenfehlern bleiben einzelne empirische Befunde in ihrer Bedeutsamkeit stets eingeschränkt und sind einem weiteren Forschungskreislauf zu unterwerfen, der **kumulativen Replikation**. Diese erfolgt entweder direkt, als Versuch perfekter Studienwiederholung, oder unter systematischer Variation spezifischer Studieneigenschaften. Hohe Übereinstimmung zwischen Replikationsbefunden ist indes im Regelfall nicht zu erwarten, selbst direkte Replikationen werden zu anderer Zeit, an anderen Stichproben, häufig auch anderen Orten und von unterschiedlichen Untersuchern ausgeführt. Hinzu können Unterschiede in Messinstrumenten, Studienbedingungen und Analyseverfahren treten, und auch Fortschritte innerhalb einer Forschungsdisziplin verändern die Studiendesigns.

So ist Replizierbarkeit eine kontinuierliche Dimension, die auch vom Ausmaß der verwirklichten Studienwiederholung in der Gesamtheit ihrer Merkmale abhängig ist. Oftmals ist ein Replikationserfolg erst über eine sog. Befundkumulation aufzudecken; dies leisten heute **Metaanalysen**. Die Metaanalyse dient der systematischen Zusammenführung (Integration) der Ergebnisse empirischer Einzelstudien zu Gesamtbefunden (Rustenbach, 2003). Der Integrationsprozess stützt sich dabei auf eine Vielzahl unterschiedlicher Forschungsmethoden, wie erschöpfende Literaturrecherchen zur Erhebung relevanter Studien und Verfahren zur Kodierung, Bewertung, Berechnung, Rekonstruktion und Schätzung der Studieneigenschaften und -ergebnisse. Universelle Vergleichbarkeit der Studienbefunde wird über eine Standardisierung der statistischen Resultate in z. B. Effektstärken, Korrelationen oder Chancenver-

hältnisse erreicht. Ihre quantitative Integration resultiert in der Berechnung eines mittleren Effekts (inklusive Varianz, Konfidenzintervall und Signifikanzprüfung), wobei die Studieneffekte anhand ihrer Varianzkehrwerte (als Maß ihrer Präzision) gewichtet werden. Zudem wird die Homogenität (Vergleichbarkeit) der Effekte bestimmt: Während homogene Befunde eine Interpretation des mittleren Effekts erlauben, sind heterogene Befunde varianzanalytisch oder regressionsstatistisch weiter zu analysieren.

Metaanalysen verbleiben jedoch notgedrungen auf dem Niveau quasi-experimenteller, retrospektiver Studien: Ihre Erhebung ist stets der Durchführung und Publikation der Einzelstudien nachgeschaltet, Zufallsauswahl und Randomisierung sind unmöglich. Die Prüfung der Robustheit und Plausibilität integrativer Befunde ist daher unabdingbar und z. B. über Sensitivitätsanalysen und Abschätzung einer potenziellen Publikationsverzerrung (selektive Publikation signifikanter und Nichtpublikation insignifikanter Studienbefunde) möglich. Daher sind Metaanalysen auch niemals Endpunkt wissenschaftlichen Erkenntnisgewinns, erst ein systematischer Interaktionszyklus zwischen Primär- und Integrationsforschung ermöglicht eine effektive und effiziente Evolution von Erkenntnis auch in der Psychologie.

Literatur

Referenzliteratur

Bortz, J. (1989). *Statistik für Sozialwissenschaftler*. Berlin: Springer.
Bortz, J. & Döring, N. (1995). *Forschungsmethoden und Evaluation*. Berlin: Springer.
Bortz, J., Lienert, G.A. & Boehnke, K. (2000). *Verteilungsfreie Methoden in der Biostatistik*. Berlin: Springer.
Cook, T.D. & Campbell, D.T. (1979). *Quasi-experimentation: Design & analysis issues for field settings*. Chicago, IL: Rand McNally.
Winer, B.J., Brown, D.R. & Michels, K.M. (1991). *Statistical principles in experimental designs*. New York: McGraw-Hill.

Zitierte Literatur

Backhaus, K., Erichson, B., Plinke, W. & Weiber, R. (2003). *Multivariate Analysemethoden. Eine anwendungsorientierte Einführung*. Berlin: Springer.
Bollen, K.A. (1989). *Structural equations with latent variables*. New York: Wiley.
Cohen, J. (1988). *Statistical power analysis for the behavioral sciences*. New York, NY: LEA.
Cropley D.H. & Cropley A.J. (2000). Fostering creativity in engineering undergraduates. *High Ability Studies, 11*, 207–219.
Feger, H. (1983). Planung und Bewertung von wissenschaftlichen Beobachtungen. In H. Feger & J. Bredenkamp (Hrsg.), *Enzyklopädie der Psychologie* (Band I/2; S. 1–75). Göttingen: Hogrefe.
Feger, H. & Graumann, C.F. (1983). Beobachtung und Beschreibung von Erleben und Verhalten. In H. Feger & J. Bredenkamp (Hrsg.), *Enzyklopädie der Psychologie* (Band I/2, S. 76–134). Göttingen: Hogrefe.

Hager, W. & Westermann, R. (1983). Planung und Auswertung von Experimenten. In J. Bredenkamp & H. Feger (Hrsg.), *Enzyklopädie der Psychologie* (Band I/5, S. 24–238). Göttingen: Hogrefe.

Hussy, W. & Möller, H. (1994). Hypothesen. In T. Herrmann & W. Tack (Hrsg.), *Enzyklopädie der Psychologie* (Band I/5, S. 475–507). Göttingen: Hogrefe.

Lienert, G.A. (1959). *Testaufbau und Testanalyse* (1. Aufl.). Weinheim: Beltz.

Lienert, G.A. (1962). *Verteilungsfreie Methoden in der Biostatistik* (1. Aufl.). Meisenheim a. Gl.: Hain.

Mausfeld, R. (1993). Von Zahlzeichen zu Skalen. In T. Herrmann & W. Tack (Hrsg.), *Enzyklopädie der Psychologie* (Band I/1, S. 558–603). Göttingen: Hogrefe.

Orth, B. (1983). Grundlagen des Messens. In H. Feger & J. Bredenkamp (Hrsg.), *Enzyklopädie der Psychologie* (Band I/3, S. 136–180). Göttingen: Hogrefe.

Pawlik, K. (1968). *Dimensionen des Verhaltens*. Bern: Huber.

Rehm, J. & Strack, F. (1994). Kontrolltechniken. In T. Herrmann & W. Tack (Hrsg.), *Enzyklopädie der Psychologie* (Band I/1, S. 508–555). Göttingen: Hogrefe.

Rustenbach, S.J. (2003). Metaanalyse: Eine anwendungsorientierte Einführung. In K. Pawlik (Hrsg.), *Methoden der Psychologie*. Bern: Hans Huber

Schwarzer, R. (1983). Befragung. In H. Feger & J. Bredenkamp (Hrsg.), *Enzyklopädie der Psychologie* (Band I/2, S. 302–320). Göttingen: Hogrefe.

Stevens, J. (1996). *Applied multivariate statistics for the social sciences*. Mahwah, NJ: LEA.

Tränkle, U. (1983). Fragebogenkonstruktion. In H. Feger, J. Bredenkamp (Hrsg.), *Enzyklopädie der Psychologie* (Band I/2, S. 222–301). Göttingen: Hogrefe.

Überla, K. (1977). *Faktorenanalyse. Eine systematische Einführung für Psychologen, Mediziner, Wirtschafts- und Sozialwissenschaftler*. Berlin: Springer.

Urban, K.K. & Jellen, H.G. (1996). *Test for creative thinking-drawing production*. Lisse: Swets & Zeitlinger.

3 Biopsychologische Grundlagen und Methoden

M. Pritzel

Der biologische Ansatz der Psychologie entstammt einer medizinisch-naturwissenschaftlichen Denkweise, in der sowohl Beziehungen zwischen Gehirnstrukturen und bestimmten Verhaltensweisen als auch zwischen verschiedenen physiologischen und funktionalen Zuständen bzw. Ausfallerscheinungen (Charney & Nestler, 2004) im Vordergrund stehen. Die darin zum Ausdruck kommende Sichtweise der Gebundenheit jeglichen psychologisch bedeutsamen Verhaltens an definierte Gehirnstrukturen oder physiologische Systeme bildet auch das theoretische Leitgerüst verschiedener mit der Biopsychologie verwandter Forschungsgebiete; so etwa der Neurophysiologie, der Neurochemie oder Neurogenetik (zur Übersicht vgl. Breidbach, 1997; Hagner, 2000; Pauen & Roth, 2001). Seit mehreren Jahren dient der Leitbegriff der Neurowissenschaft (vgl. Kandel, Schwartz & Jessell, 2000) als gemeinsames Dach, unter dem medizinische, biologische und psychologische Teilergebnisse einer Interaktion von Struktur und Verhalten zusammengeführt und gewichtet werden.

3.1 Möglichkeiten und Grenzen biologisch ausgerichteter Ansätze zur Lösung psychologischer Fragestellungen

Die grundlegende, jedem monistisch-materialistischen Ansatz innewohnende Schwierigkeit, die sog. Leib-Seele-Problematik (▶ Kap. 1 und ausführlich ▶ Kap. 31 und 35), welche sich aus der Art der Übertragung von Daten einer Naturwissenschaft in die Beschreibung mentaler Zustände ergibt, wird im Folgenden jedoch nicht vertieft. Es soll zur Charakterisierung der erkenntnistheoretischen Grundposition, die dem biopsychologischen Ansatz zugrunde liegt, hier genügen festzuhalten, dass die Auffassung eines **reduktionistischen Materialismus** (◘ Abb. 3.1), in welchem geistige und materielle Sichtweisen als ineinander überführbar angesehen werden, heute am ehesten geeignet erscheint, die wesentlichen Fragestellungen der Teildisziplin anzugehen.

Psychologische Nachbardisziplinen aus Medizin und Naturwissenschaft, insbesondere die Neurophysiologie und die Neurobiologie, widmen sich der empirischen Erforschung von Struktur und Funktion des Nervensystems bzw. des Gehirns. Im Vordergrund stehen Entwicklung, Aufbau und Funktionsweise von Nerven-, Effektor- und Sinneszellen und Nervenzellverbänden sowie die Untersuchung sog. komplexer Systeme, z. B. der Sinnessysteme, des motori-

3

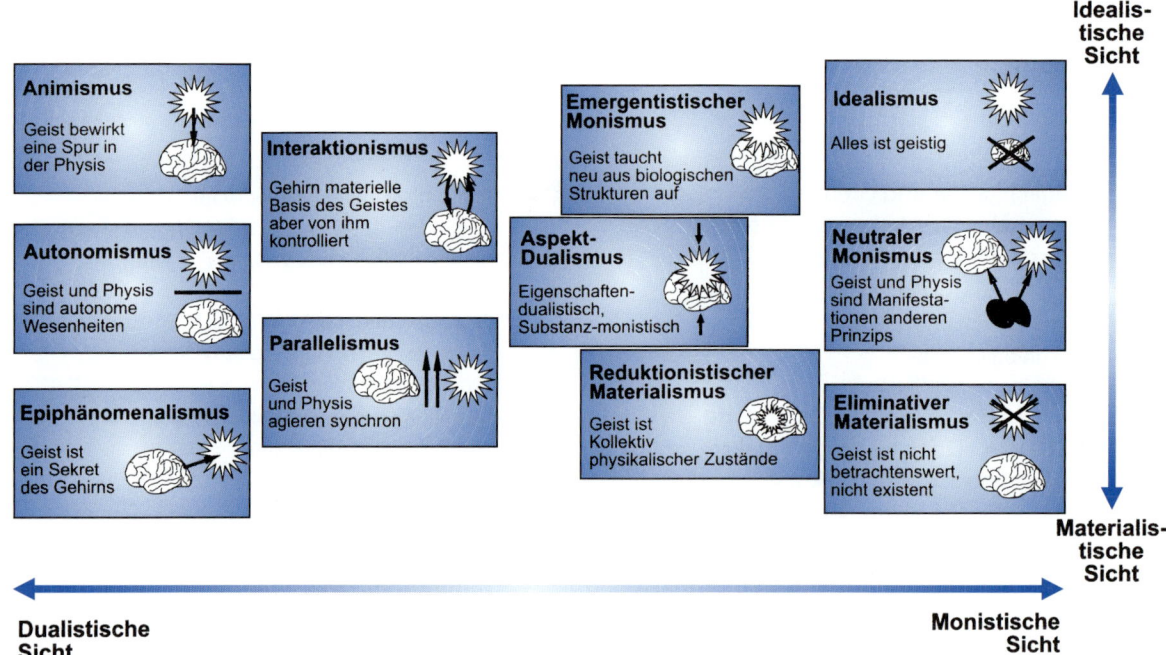

Abb. 3.1. Wissenschaftstheoretische Einordnung des neurobiologischen Ansatzes

schen oder des sog. limbischen Systems (phylogenetisch altes funktionelles System zwischen Hirnstamm und Hirnrinde). Ein übergeordnetes Interesse gilt, wie eingangs angesprochen, der Frage, wie bzw. ob verschiedene, miteinander vernetzte Neuronenverbände oder (Hirn-)Strukturen bestimmte verhaltensrelevante Funktionen »repräsentieren« könnten (Roth, 2001).

Aus diesem Themenkomplex leiten sich naturgemäß zahlreiche Fragen ab, die auch für Psychologen von großer Bedeutung sind. Es ist somit nicht erstaunlich, dass dem sog. biologischen Ansatz in der Psychologie seit vielen Jahrzehnten ein fester Platz im Fächerkanon eingeräumt wurde und die Biopsychologie mit der Lösung von Problemen konfrontiert wird, die psychologischen Sachverstand und biologisch-medizinische Detailkenntnis auf hohem Niveau verbinden. So stehen z. B. seit fast einem halben Jahrhundert physiologisch-anatomische und neurochemische Erklärungen von Lern- und Gedächtnisvorgängen zur Diskussion. Ähnliches gilt für die Einbindung von Phänomenen der Motivation und Emotion in eine neurowissenschaftlich begründete Argumentationskette des Zusammenwirkens von Zentralnervensystem, vegetativem Nervensystem und endokrinem System. Auch sind immer neue Tiermodelle, anhand derer man die Beziehung zwischen funktionaler Erholung und neuronaler Reorganisation nach Gehirnoperationen oder -krankheiten beispielhaft erkunden möchte, auf ihre Tauglichkeit für die psychologische Theoriebildung zu beurteilen. In jüngster Zeit wird der experimentellen Überprüfung sog. dynamischer neurobiologischer Konzepte, welche die Entstehung neuer Verhaltensweisen und Veränderungen von Funktionszuständen

des Gehirns in Relation zueinander setzen, besondere Bedeutung eingeräumt.

3.1.1 Vorgehensweise der Biopsychologie

Zur Bearbeitung dieser sowohl themengebundenen als auch Modell bildenden Themenkomplexe bediente sich die Biopsychologie die längste Zeit ihres Bestehens im Wesentlichen des Tierexperiments, wobei die Auswahl der Spezies im Wesentlichen davon abhängig war, ob als grundlegend apostrophierte Verhaltensweisen, wie z. B. »Lerngesetze«, oder aber menschenähnlich erscheinende Verhaltensweisen, wie z. B. Stressreaktionen, Gegenstand des Interesses waren. Im ersten Fall forschte man eher mit Vögeln oder sog. kleinen Säugern, meistens Ratten, im zweiten mit sog. höheren Säugern.

Angesichts der großen Artenvielfalt und eingedenk der verschiedenen Methoden – zahlreiche Läsionsmethoden, verschiedene histologische biochemische, elektrophysiologische, neurogenetische und nuklearmedizinische Untersuchungstechniken stehen zur Verfügung – eröffnete sich für die biologischen Ansätze in der Psychologie eine große Breite an Untersuchungsmöglichkeiten, die zunehmend auch Untersuchungen am Menschen mit einschloss. Es überrascht somit nicht, dass sich gerade dieses Fachgebiet eine herausragende Position in der psychologischen Grundlagenforschung erwarb.

Der stetig wachsende Einfluss biologisch-medizinisch orientierter Nachbardisziplinen auf die Psychologie (vgl. Roth, 2001; Roth & Prinz, 1996; Spitzer, 2000) kommt aber heute nicht allein dadurch zum Ausdruck, dass die Anwendung moderner naturwissenschaftlicher Methoden der Biopsychologie einen Erkenntniszuwachs ermöglicht hat, der im Vergleich zu dem der Sozialwissenschaften überdurchschnittlich rasch voranschreitet. Mit durch diese Ausrichtung wird auch ein Einstellungswandel in der Psychologie gefördert, in dem ein naturwissenschaftlich orientiertes Menschenbild dominiert (vgl. z. B. Carlson, 2004; Myers, 2005).

Gerade aber wegen der oben angesprochenen Verengung des vom Tierexperiment abgeleiteten Schemas einer Beziehung zwischen Gehirn und Verhalten erfährt die Biopsychologie auch eine von kritischen Geistern als wesentlich bezeichnete Einschränkung. Man spricht hier von einer sog. Erklärungslücke, die entsteht, da auf der einen Seite in der Psychologie bestimmte Verhaltensweisen des Menschen als »besonders« ausgewiesen und mit denen anderer Säuger kaum vergleichbar angesehen werden – etwa Sprache und Kognition –, auf der anderen Seite aber alle biologisch orientierten Erklärungsansätze, auch die für »typisch menschliche Verhaltensweisen«, ganz selbstverständlich aus dem Tierreich stammen. So ergeben sich immer kritische Fragen nach der theoretisch fundierten Berechtigung, wenn vom Tierversuch aus artübergreifende Vorstellungen von Hirnfunktionen entwickelt werden, die den Menschen samt seiner »besonderen geistigen Errungenschaften« mit einschließen. Nicht zuletzt relativieren auch methodische Probleme die psychologische Relevanz der Aussagen neurobiologischer Versuche, denn viele ihrer heute zur Verfügung stehenden Verfahrensweisen weisen dem Verhalten lediglich die Rolle einer von einer strukturellen Größe abhängigen Variablen zu. Die Beantwortung der umgekehrten, für Psychologen interessanten Frage, nämlich wie sich die Aktivität von Gehirnstrukturen als Folge bestimmter Verhaltensmodifikationen ändert, gestaltet sich hingegen weitaus mühsamer und aufwendiger.

Unter welchen Bedingungen darf man folglich einen weiterführenden Beitrag biologischer Ansätze zur Lösung psychologischer Fragestellungen erwarten? Vorausgesetzt man akzeptiert eine Gleichsetzung von bestimmten Verhaltensabläufen und Nervenzellvorgängen (vgl. z. B. Breidbach, 1997; Pauen & Roth, 2001) und teilt die Auffassung, man könne psychologische Fragestellungen in »gehirngerechte« Teilaspekte aufgliedern und deren strukturgebundenes Korrelat daraufhin experimentell isolieren, dann lassen sich durchaus mittels biologischer Methoden einzelne Verhaltensweisen als Funktionen verschiedener Gehirnaktivitäten bzw. Gehirnzustände beschreiben.

3.1.2 Leitwissenschaften der Biopsychologie

Die Wege, die man beschreitet, um zu Erkenntnis erweiternden Aussagen zu gelangen, orientieren sich an den beiden klassischen Leitwissenschaften der Biopsychologie, der (Neuro-)Anatomie und der (Neuro-)Physiologie.

Entsprechend steht deshalb zunächst (▶ Abschn. 3.2) die **anatomische Einteilung des Nervensystems** im Vordergrund, wobei insbesondere das Telencephalon (Endhirn) angesprochen und aufgezeigt wird, welchen Gewinn eine Betrachtung des Zentralnervensystems vom Standpunkt seines Aufbaus betrachtet für die Psychologie erwarten lässt. Um die dabei zum Ausdruck kommende Vielgestaltigkeit (zentral-)nervöser Organisationsprinzipien besser nachvollziehbar zu machen, werden einige davon an ausgewählten Beispielen erläutert. Da das Zentralnervensystem außerdem wichtige Steuerungsfunktionen in Verbindung mit anderen Kontroll- und Regelsystemen ausübt, werden auch einige wesentliche zentralnervöse Verknüpfungen mit dem vegetativen Nervensystem und dem endokrinen System vorgestellt. Durch diese »organübergreifende Ausdehnung« versucht man Struktur-Funktions-Beziehungen in einer Komplexität darzustellen, die durch die Variablen Gehirn auf der einen und Verhalten auf der anderen Seite nicht angemessen abgebildet werden könnten (Übersicht in Herdegen, Tölle & Bähr, 1997). Anhand ausgewählter Darstellungen von methodischen Lösungsansätzen, die mit der Identifikation von Gehirnstrukturen verbunden sind, werden anschließend einige der anatomischen, histochemischen und bildgebenden Verfahren angesprochen, auf deren Ergebnissen die heutige Auffassung über Aufbau und Funktionsweise des Gehirns fußt.

Sie verdeutlichen, dass selbst ein grober Überblick über die **Morphologie und die Aufgabenvielfalt des Gehirns** ohne eine Betrachtung von morphologischen, physiologischen und neurochemischen Einzelheiten nicht möglich ist (▶ Abschn. 3.3). Es stellt sich deshalb die Frage, inwieweit es für Biopsychologen sinnvoll sein kann, sich in der Hoffnung, dass Struktur und Funktion neuronaler Systeme schließlich in Besonderheiten ihrer Mikroorganisation zusammengeführt werden könnten, Details von Nervenzellen zu widmen. Dieser Ansatz, so soll aufgezeigt werden, ist dann zweckmäßig, wenn dadurch überdauernde Änderungen in der neuronalen Kommunikationsstruktur erkennbar werden, die mit psychologisch relevanten Verhaltensmodifikationen in Beziehung stehen. Nicht ohne Grund gilt z. B. die morphologische Plastizität der Synapse als unverzichtbares Element im neurobiologischen Unterbau jeglicher Verhaltensmodifikationen.

Da sich darüber hinaus heute viele gedankliche Entwürfe über die funktionale Bedeutung neuronaler Verbindungen nicht nur auf nutzungsabhängige Umbauprozesse, sondern auch auf sog. **Ordnungsübergänge von Funktionszuständen** des Gehirns konzentrieren (vgl. z. B. Schiepek, 2003), kommt der Darstellung eines Zusammenwirkens von zeitgebundener elektrophysiologischer Erregung und morphologischen Veränderungen des Neurons große Bedeutung zu. Methodisch betrachtet liefert hierbei die Untersuchung der elektrischen Eigenschaften von Neuronen und Neuronenverbänden ein Messinstrument, welches darüber Auskunft gibt, ob eine elektrische Erregung bestimmten Verhaltensreaktionen entweder vorausgeht (wie etwa das sog. Bereitschaftspotenzial) oder sie begleitet (z. B.

ein evoziertes Potenzial). Den Schluss dieses Abschnittes bildet ein kurzer Abriss über Methodenkombinationen.

3.2 Neurobiologische Grundlagen und Methoden: Orientierung an makroskopischen Strukturmerkmalen

3.2.1 Einteilung des Nervensystems

Wie eingangs angesprochen, verbindet sich in der Biopsychologie ein gemeinsames Interesse von Biologie und Psychologie an der Erforschung möglicher Zusammenhänge zwischen Entwicklung und Aufbau des Nervensystems und seiner Arbeitsweise bzw. seinen Aufgaben. Seitens der Psychologie wird dieses Anliegen aus der physiologischen Tradition ihrer naturwissenschaftlich-medizinischen Gründerväter gespeist, seitens der Biologie aus einem evolutionsbiologisch-funktionalistisch orientierten Grundverständnis.

Einer der klassischen Ansätze, um zu wegweisenden Aussagen über die Bedeutung des Nervensystems für ganz umschriebene Verhaltensweisen zu gelangen, besteht darin, Strukturen zu ermitteln, denen eine bestimmte Bedeutung für definierte Verhaltensweisen zugesprochen wird. So etwa, wenn man herausfinden möchte, welche Sinnesorgane und Gehirngebiete daran beteiligt sind, die Form eines Objektes wahrzunehmen oder eine zielgerichtete Bewegungsfolge durchzuführen. Die Meinungen darüber, wie exakt eine solche Struktur-Funktions-Zuordnung sollte oder könnte, gehen allerdings auseinander, seit Lokalisationisten bzw. Holisten ihre konträren Vorstellungen darüber vortrugen – und das war die längste Zeit des 19. und 20. Jahrhunderts der Fall. Beide Auffassungen – es handelt sich um *die* traditionellen neurowissenschaftlichen Grundpositionen – wurden anfänglich auch von der Biopsychologie aufgegriffen. Inzwischen ist hierbei die Diskussion darüber von einem strikten »entweder streng ortsbezogen« oder »ganzheitlich organisiert« in einen »Mehr-oder-weniger«-Disput übergegangen. Maßgeblich geblieben ist allerdings ein ebenfalls klassischer Grundsatz der Evolutionsbiologie, demgemäß der Gehirnaufbau – stammt das Organ nun von basalen Insectivoren, z. B. einem Igel, oder von Hominiden, z. B. einem Menschen – immer als dem gleichen Bauplan folgend betrachtet wird (◘ Abb. 3.2 oben rechts).

Psychologisch relevant wird dieses »Grundgesetz« durch die Annahme, dass mit zunehmender phylogenetischer Entwicklung ein Mehr an Gehirnmasse entstehe (◘ Abb. 3.3), welche nicht durch primäre sensorische oder motorische Aufgaben bzw. triebgeleitete Reaktionen gebunden, sondern komplexen kognitiven Funktionen vorbehalten sei. Dadurch werden Handlungsspielräume für die kognitive Neurowissenschaft und Neuropsychologie eröffnet (► Kap. 34).

Als weiterer, für die Psychologie wesentlicher Aspekt ist in Betracht zu ziehen, dass durch eine auf das Gehirn bezogene Forschung lediglich ein Teil eines weit verzweigten Organsystems herausgehoben wird. Um z. B. mit hoher Verlässlichkeit sowohl systemimmanente Variablen, z. B. Atmung, Herzschlag und Blutdruck abzugleichen, als auch eine erfahrungsgeleitete und vorausschauende Anpassung an verschiedenste Umweltbedingungen zu gewähren, genügt eine Betrachtung des Gehirns allein nicht. Wie ◘ Abb. 3.2 verdeutlicht, wird der Gesamtaufbau des Nervensystems in einen zentralen und einen peripheren Anteil untergliedert. Zu Letzterem gehören alle eintreffenden und abgehenden Hirn- und Rückenmarksnerven sowie ausgelagerte Nervenzellansammlungen, sog. periphere Ganglien. Der als somatisch bezeichnete Teil des peripheren Nervensystems beinhaltet die meisten Sinnesorgane und alle Nerven, welche unsere Haut, unsere Gelenke, Sehnen und Muskeln mit dem Zentralnervensystem in Verbindung bringen. Dadurch kann das Individuum über die Effektoren aktiv mit der Umwelt in Beziehung treten. Der vegetative (autonome) Teil gewährleistet durch die Innervation der glatten Muskulatur der inneren Organe und des Herzmuskels, dass der Organismus dabei sein Fließgleichgewicht (Homöostase) beibehält. Eine weitere Differenzierung des vegetativen Teils in Sympathikus und Parasympathikus spiegelt das synergistische Ineinandergreifen von Subsystemen, die eher Kräfte mobilisieren (Sympathikus) bzw. Reserven bilden (Parasympathikus).

3.2.2 Organisationsprinzipien des Zentralnervensystems

Das Zentralnervensystem (ZNS) wird von Liquor (Zerebrospinalflüssigkeit), Hirnhäuten und teilweise auch von Knochen umhüllt. Es entspricht in seiner Differenzierung in Rückenmark, Hinter-, Mittel- und Vorderhirn in etwa den in ◘ Abb. 3.3 deutlich werdenden entwicklungsbiologischen Gliederungsansätzen in phylogenetisch ältere und jüngere Teilbereiche. Das ZNS besteht aus Abermillionen von Nervenzellen – allein das Gehirn des Menschen umfasst bereits etwa 800 Mrd. informationsweiterleitende Strukturelemente, die Neurone (Nervenzellen). Hinzu kommt noch mindestens ein Zehnfaches an sog. Gliazellen, welche die Aufgaben der Neurone als Stütz- und Nahrungselemente, Ionenpuffer, Permeationsschranken und als Leitstrukturen während der Entwicklung auf vielfältige Art und Weise unterstützen.

Würde nun dieses außerordentlich komplexe, in viele Faserstränge und Nervenzellansammlungen gegliederte Organ des Zentralnervensystems in Aufbau und Funktion nicht einigen erkennbaren Grundsätzen folgen, so wäre es kaum möglich seiner Arbeitsweise auf die Spur zu kommen. Glücklicherweise aber wurden einige verlässliche Regeln herausgefunden, anhand derer man sich einen Überblick über den Hirnaufbau verschaffen kann.

Hierarchische Organisation

Den oben angesprochenen entwicklungsbiologischen Ansatz aufgreifend, lässt sich das Gehirn z. B. unter dem Aspekt einer **hierarchischen Organisation** betrachten. Phylogenetisch jüngere Teile, etwa das bereits genannte Telencephalon, nehmen meist in einer Art **Re-Repräsentation** von Funktionen ähnliche, wenn auch weiter ausdifferenzierte Aufgaben wahr als phylogenetisch ältere, etwa Mes- oder Metencephalon. Diesen höheren Komplexitätsgrad kann man psychologisch als die oben angesprochene überproportionale Zunahme bei der Verarbeitung individueller erfahrungsbedingter Informationen durch telencephale Hirnstrukturen auffassen. Während man z. B. dem Hirnstamm, das sind Mesencephalon, Metencephalon und Myelencephalon zusammen genommen (□ Abb. 3.2), generell Funktionen zuordnet, die primär das **genetische Erbe**

möglicher Verhaltensmuster repräsentieren, verortet man zumindest beim Menschen im Telencephalon eine Repräsentation des **kulturellen Erbes.** So z. B. verschiedene Kulturtechniken des Lesens, Schreibens und der künstlerischen Gestaltung sowie analytische kognitive Fähigkeiten, wie z. B. logisches Schlussfolgern. Diese Vorstellung der Abbildbarkeit von Fähigkeiten auf der Kortexoberfläche ist allerdings nicht unumstritten, denn dadurch überträgt man Befunde, die eine, wenn auch verzerrte zweidimensionale, topographische Repräsentation des (dreidimensionalen) geophysikalischen Raumes in kortikalen Rindenbezirken lokalisieren, sinngemäß auf Strukturen, von denen man annimmt, sie seien der Repräsentation geistiger Inhalte gewidmet.

Neuronale Organisation in Netzwerken

Angesichts der Tatsache, dass sich bereits die neuronalen Projektionsorte der Exterozeptoren, z. B. des visuellen, auditiven oder somatischen Systems, durch eine außerordent-

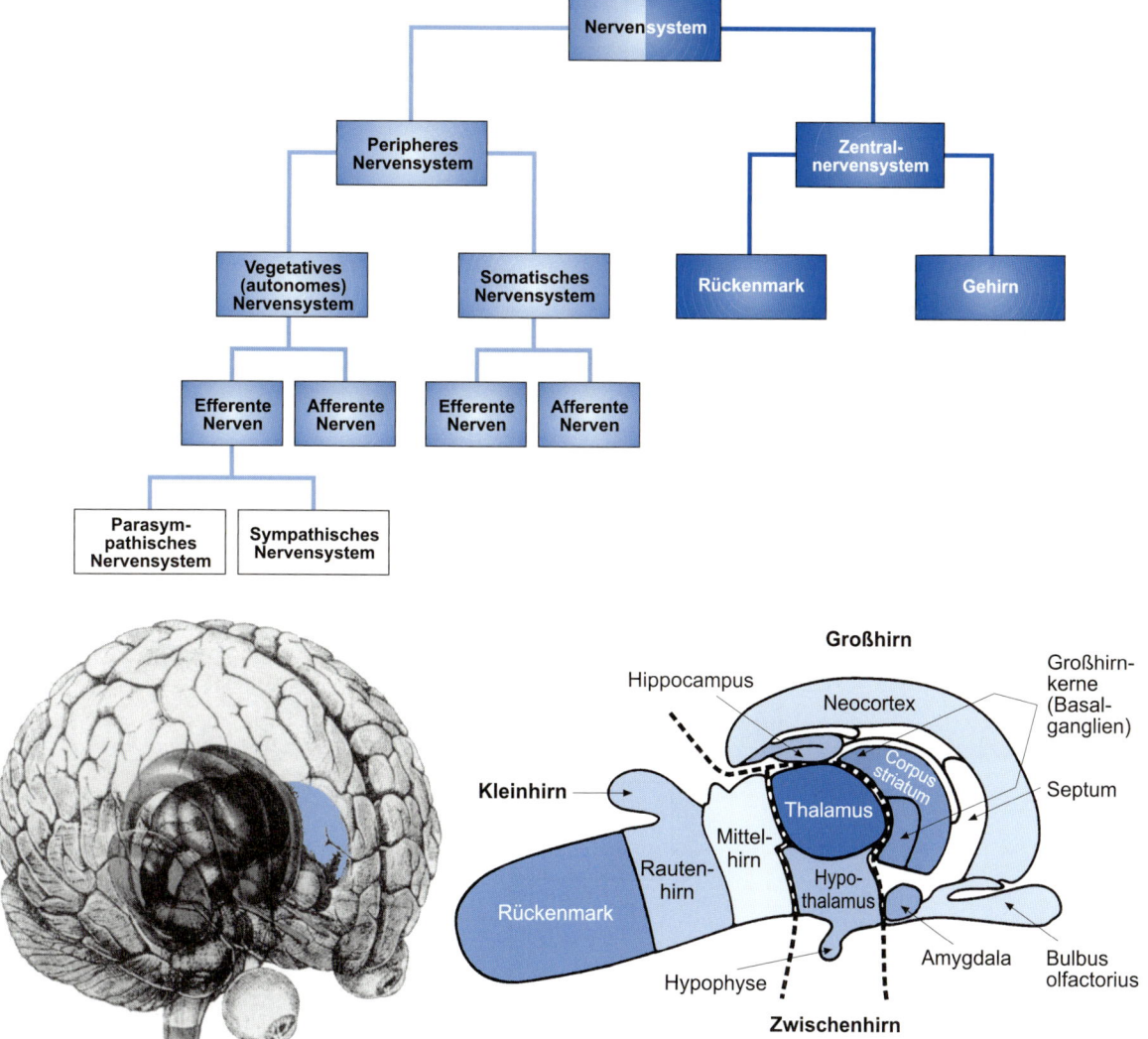

□ **Abb. 3.2.** Systematik des Nervensystem- und Gehirnaufbaus

3

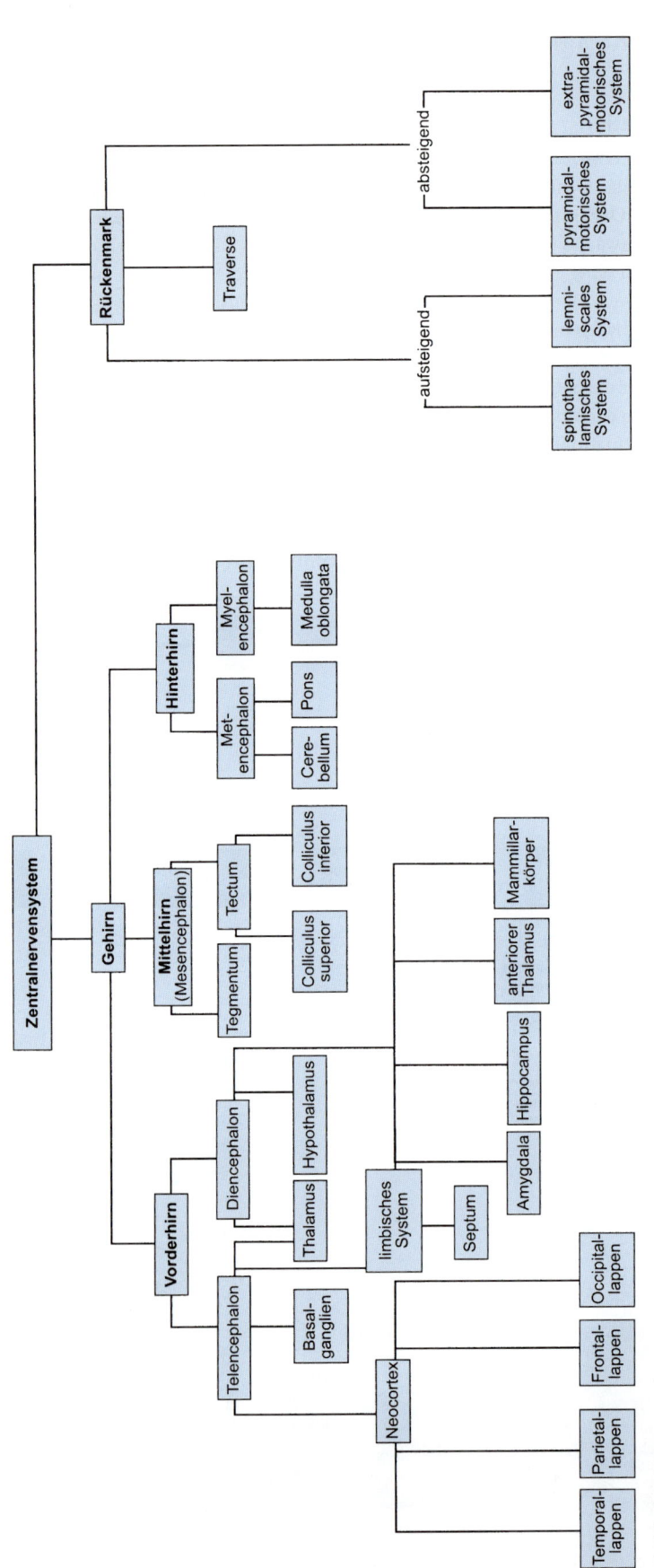

◘ Abb. 3.2 (Fortsetzung)

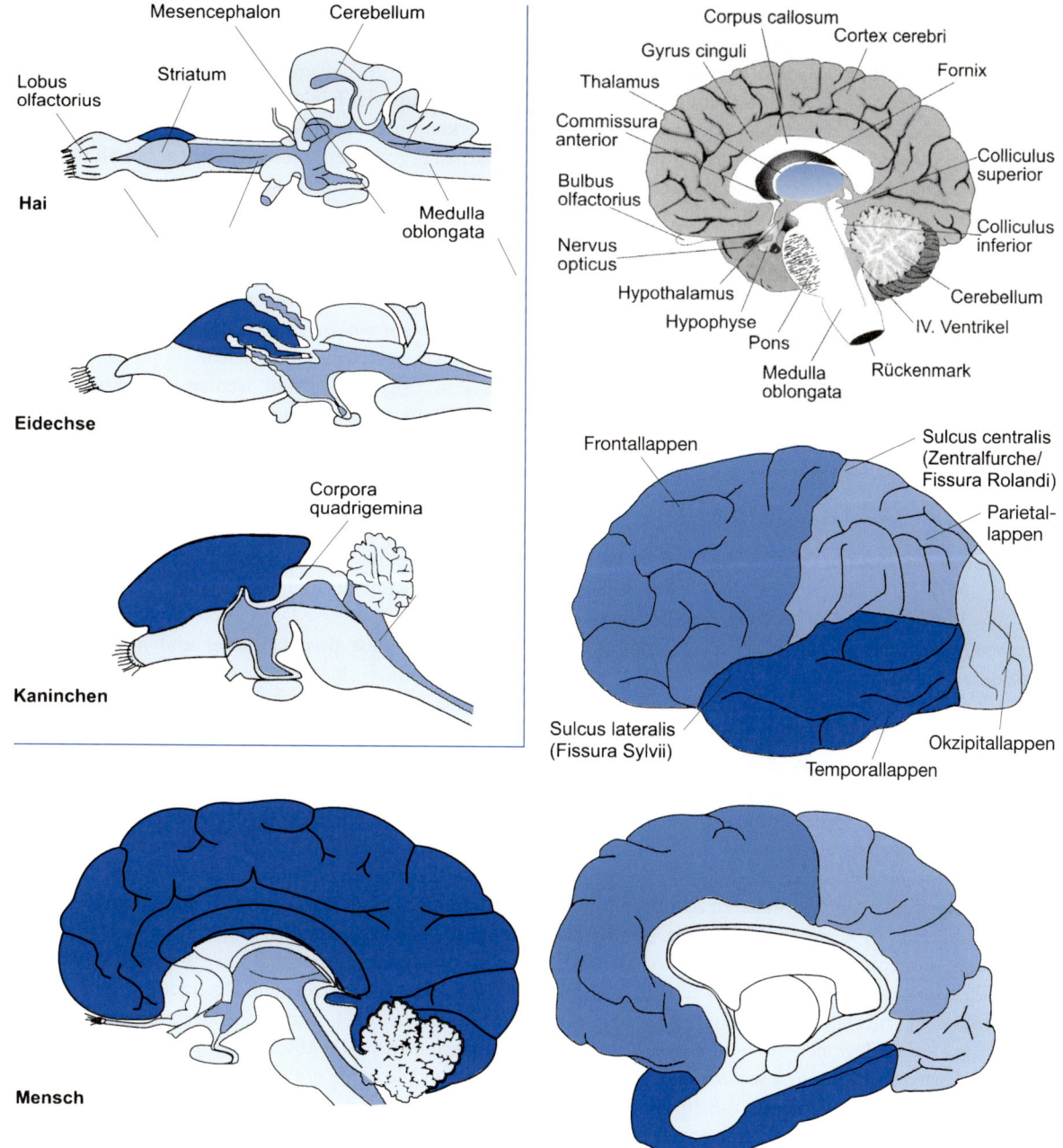

Abb. 3.3. Vergleichende Betrachtung des Gehirns

lich multiple Repräsentation in verschiedenen Gehirnteilen auszeichnen, ist nicht zu erwarten, dass »rein mentale« Abbildungsmuster weniger komplex sein sollten. In der Tat erweisen sich z. B. Abbildungsmuster selektiver Aufmerksamkeitsvorgänge (Übersicht in Mesulam, 2000; auch ▶ Kap. 9) bereits als auf eine Vielzahl miteinander verknüpfter Gehirngebiete in Vorder-, Mittel- und Hinterhirn verteilt. In Anlehnung an diese und ähnliche Befunde ist bezüglich »höherer geistiger Funktionen« deshalb auch oft von einer neuronalen Organisation in Netzwerken, die durch Verbindungen verschiedener Relaisstationen entstehen, die Rede. Man stellt sich dabei vor, dass aus der Peri-

pherie einlaufende Sinnesinformationen (Afferenzen) auf verschiedene »Hierarchieebenen« des Gehirns divergieren und mit bereits bestehenden Netzwerken, z. B. des Gedächtnisses oder bestimmter Emotionen, verknüpft werden, ehe darauf bezogene deszendierende Bewegungsbefehle vom Großhirn zum Rückenmark (Efferenzen) hin konvergieren, um willkürmotorische Anweisungen zur Ausführung an die Effektoren weiterzugeben. In beiden Richtungen verlaufend, also Afferenzen und Efferenzen gleichermaßen betreffend, wird außerdem eine mehrfach parallel und seriell verlaufende Sicherung der Informationswege als gegeben angesehen, wobei phylogenetisch betrachtet sowohl ältere als auch jüngere Pfade benutzt werden. Darüber hinaus sorgen verschiedene Rückmeldesysteme – z. B. der Basalganglien oder des Zerebellums (◘ Abb. 3.2) – dafür, dass Idee, Planung und Durchführung eines motorischen Akts aufeinander abgestimmt werden können. Somit wird die Möglichkeit eines Abgleichs der subjektiv empfundenen und der physikalischen gegebenen Realität geschaffen (Pritzel et al., 2003).

Neuronale Ausdifferenzierung

Über diese häufig genannten Organisationsprinzipien hinaus gibt es weitere, die erst in jüngerer Zeit diskutiert wurden bzw. wieder ins Gespräch kamen. Zum Beispiel erfahren beim Menschen einige Gehirnstrukturen im Diencephalon (Zwischenhirn) und Telencephalon mit Sicherheit eine geschlechtsspezifische Ausdifferenzierung (Le Vay, 1993; Pritzel & Markowitsch, 1997). Auch werden zahlreiche geistige Leistungen, z. B. Sprache, Aufmerksamkeit und Gedächtnis lateralisiert verarbeitet, sind also in der einen stärker als in der anderen Großhirnhemisphäre vernetzt (Pritzel, 1997). Nicht zuletzt weist das Gehirn zeitlebens eine hohe Plastizität auf. Das bedeutet, dass Verbindungen zwischen Nervenzellen in Abhängigkeit von Erfahrung gestärkt oder geschwächt werden.

Auch wird heute beim Menschen die Neubildung von Neuronen nicht mehr als zum Zeitpunkt der Geburt abgeschlossen angesehen (Gross, 2000). Perinatal liegt zwar ein erster »großer Entwurf« vor, der als eine Art funktionsunabhängige Festverdrahtung sicherstellt, dass ein Individuum in jeder beliebigen Umwelt, in die es hineingeboren wird, existieren kann. Auf diese erste Phase der Entwicklung folgen aber Jahre der weiteren zellulären Ausdifferenzierung und vor allem Myelinisierung (Markscheidenbildung, Isolierung). Darüber hinaus besteht auch die Möglichkeit, dass neue Neuronen nachwachsen. Im olfaktorischen System – hier bilden sich primäre Sinneszellen im Zyklus von etwa 60 Tage neu aus – ist dieses Phänomen schon seit langem bekannt. Erst seit wenigen Jahren aber weiß man, dass es auch anderenorts, z. B. im Hippocampus (◘ Abb. 3.2) zur Neubildung von Nervenzellen kommen kann.

Außerdem wird in der Biopsychologie das Gehirn auch hinsichtlich der relativen Größe einzelner Gehirnteile, also Vorder-, Mittel- und Hinterhirn, und im Vergleich zwischen verschiedenen Spezies betrachtet (◘ Abb. 3.3). Gerade beim Menschen beeindrucken hier hohe Werte des sog. Encephalisierungsquotienten (EQ = ein Maß für das Verhältnis von tatsächlichem zu erwartetem Gehirngewicht in Relation zur Körpergröße) und des Kortexquotienten (CQ = Abweichung der tatsächlichen von der erwarteten Volumenzunahme mit zunehmender phylogenetischer Entwicklung) (vgl. auch Buss, 2004).

Transmitterspezifische anatomische Kartierungen

Einen weiteren eher neurochemisch orientierten Zugang zur Erforschung der Funktionsweise des Gehirns eröffnete die Verknüpfung von neurochemischen und neuroanatomischen Ergebnissen. Dieser Ansatz hat sich als funktionelle Chemoarchitektur (◘ Abb. 3.4, ◘ Tab. 3.1) im zweiten Drittel des 20. Jahrhunderts einen festen Platz im Methodenrepertoire der Biopsychologie erobert (Nieuwenhuys, 1985). Aufgrund der Kenntnis darüber, welche Botenstoffe (Transmitter, z. B. zur Erregungsübertragung von einer Nervenzelle auf eine nachfolgende) in welchen Gehirnregionen vorherrschen und in welche »funktionalen Netzwerke« sie eingebunden sind, werden transmitterspezifische anatomische Kartierungen vorgenommen. Von diesen erhofft man sich spezifischere Aufschlüsse über die Funktionsweise des Gehirns, als sie morphologische Untersuchungen für sich genommen zulassen.

Gerade in der Psychologie war die Entdeckung der Chemoarchitektur ausgewählter Transmittersubstanzen Anlass für die Entwicklung verschiedener Krankheitsmodelle, so z. B. für diverse Dopamin- bzw. Serotoninhypothesen zur Genese psychiatrischer und neurologischer Erkrankungen, z. B. der Schizophrenie, Depression (▶ Kap. 35, 42) oder der Parkinson-Krankheit (▶ Kap. 44). Ein vermuteter Mangel bzw. ein Überschuss dieser Transmitter in bestimmten Gehirngebieten galt in der Psychologie über viele Jahre hin als ausreichende Erklärung dafür, warum bestimmte Einbußen der Aufmerksamkeit, des Lernens, des Gedächtnisses, der Motivation oder Bewegungsinitiierung eines Individuums auftraten. Im Laufe der letzten 20 Jahre erweiterte sich dieser Kreis der sog. klassischen Neurotransmitter zunächst um zahlreiche Eiweißverbindungen, später auch um gasförmige Substanzen (◘ Abb. 3.4; ◘ Tab. 3.1), die teils eigenständig, teils als Co-Transmittoren die Informationsübermittlung zwischen Neuronen sichern (▶ Abschn. 3.3). Deshalb wird in der Biopsychologie heute die Funktion einer Gehirnstruktur nicht allein durch das Vorhandensein mehr oder weniger direkter (monosynaptischer) Verbindungswege charakterisiert, sondern auch gemäß der beteiligten Transmittersubstanzen und ihren interagierenden chemoarchitektonischen Netzwerken unterschieden.

3.2.3 Zusammenwirken von Nervensystem und endokrinem System

Die vorausgegangenen Erläuterungen einiger Grundprinzipien über Aufbau und Funktionsweise des Gehirns waren darauf angelegt, die mentale Repräsentation der Umwelt in Zeit und Raum naturwissenschaftlich erklären zu können. Jedoch repräsentieren Erwerb und Anwendung geistiger Inhalte nur einen kleinen Ausschnitt aus dem permanenten »Regelungsbedarf« zur Aufrechterhaltung des oben ge-

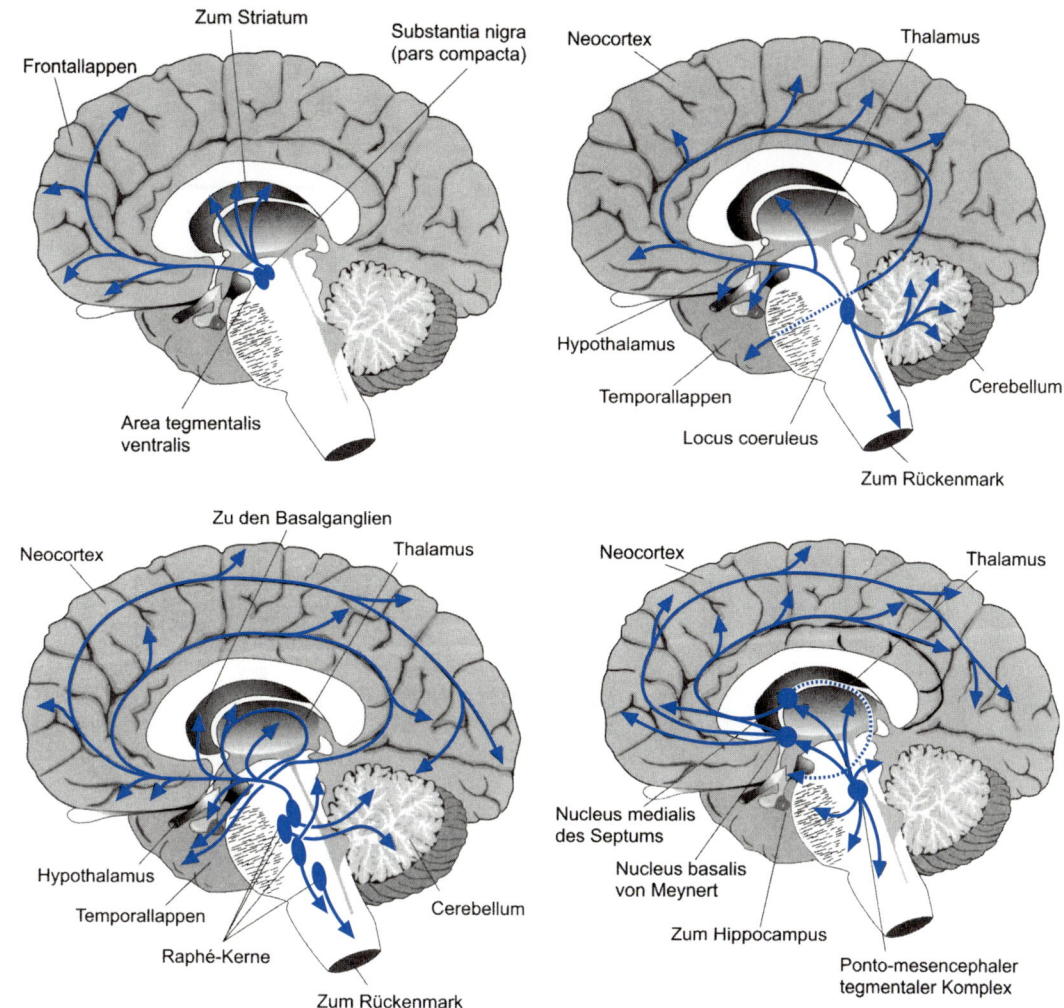

Abb. 3.4. Chemoarchitektur des Gehirns

Tabelle 3.1. Übersicht über einige gängige Botenstoffe. (Nach Pritzel, Brand & Markowitsch, 2003)

Klassische Neurotransmitter		
Biogene Amine	Acetylcholin	
	Adrenalin	(Katecholamin = aromatisches Amin)
	Noradrenalin	(Katecholamin)
	Dopamin	(Katecholamin)
	Serotonin (5-HT)	(Indolamin)
	Histamin	(Imidazol)
Aminosäuren	Glutaminsäure (Glutamat, Aspartat)	
	Gamma-Amino-Buttersäure (GABA)	
	Glycin	
	Asparaginsäure	
Peptidtransmitter		
Peptide	Substanz P	
	Neurotensin	
Unkonventionelle Transmitter		
Nitritoxid (NO)		
Kohlenmonoxid (CO)		

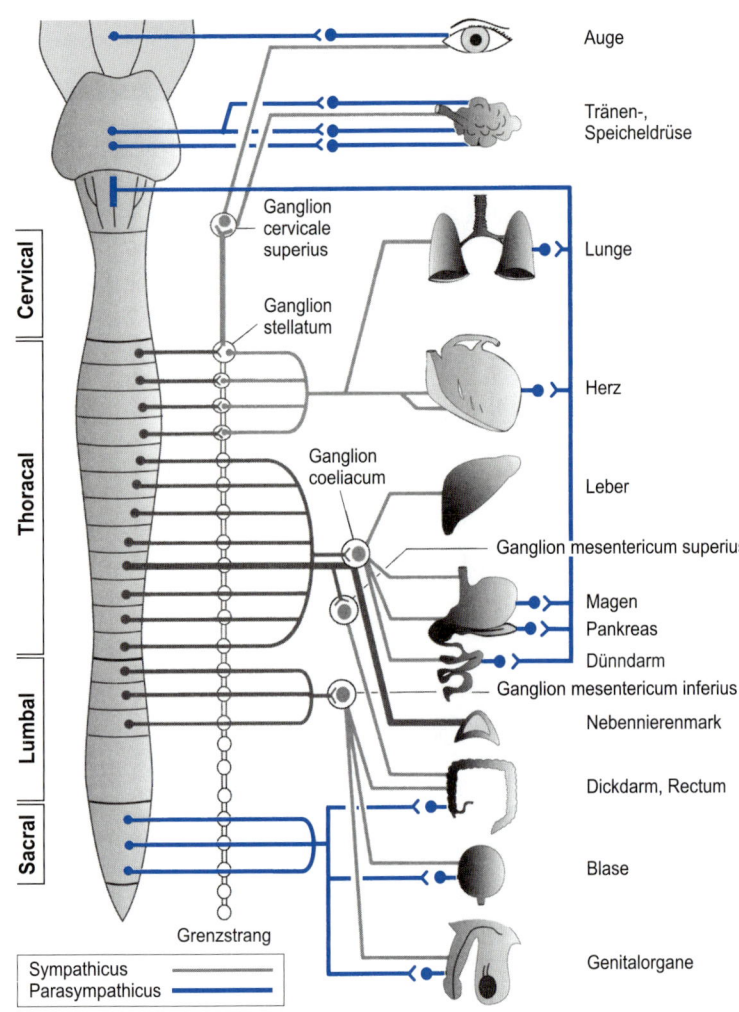

◘ Abb. 3.5. Übersicht über Strukturen des vegetativen Nervensystems

Auge

Tränen-, Speicheldrüse

Ganglion cervicale superius

Lunge

Ganglion stellatum

Herz

Ganglion coeliacum

Leber

Ganglion mesentericum superius

Magen
Pankreas
Dünndarm
Ganglion mesentericum inferius

Nebennierenmark

Dickdarm, Rectum

Blase

Grenzstrang

Genitalorgane

Cervical | Thoracal | Lumbal | Sacral

| Sympathicus | |
| Parasympathicus | |

nannten Fließgleichgewichts an körpereigene und umweltbedingte Vorgaben. Viele der »homöostatischen Kompensationsleistungen« können durch das Wissen über die Funktionsweise der jeweiligen Systeme nicht oder nur begrenzt gesteuert bzw. vergegenwärtigt werden, obwohl sie, wie z. B. die Herzschlagfrequenz, das Verhalten beeinflussen. In ähnlicher Weise entziehen sich hormonelle Regelkreisläufe einer bewussten Beeinflussung, auch wenn diese bekanntermaßen, z. B. durch die Ausschüttung von Sexualhormonen, handlungsleitend sein können. Das Gehirn ist folglich bei der Verhaltenssteuerung auf ein abgestimmtes Ineinandergreifen von Zentralnervensystem (ZNS), vegetativem Nervensystem (VNS) und endokrinem System nachhaltig angewiesen.

Das vegetative Nervensystem (◘ Abb. 3.5) ist mit dem Gehirn im Wesentlichen direkt über den Hirnstamm und indirekt über den Hypothalamus verknüpft und gewährt sowohl eine breit angelegte als auch eine spezifische Regulation emotionaler und motivationaler Zustände. Während im Hirnstamm mehrere speziell viszeroefferente Kerne der sog. Formatio reticularis (Retikulärformation) als zentralnervöse Schaltstation des vegetativen Systems dienen, bietet

sich der Hypothalamus als Verbindungsschleife vom sympathischen zum endokrinen System an.

Die Arbeitsweise des vegetativen Nervensystems ist, verglichen mit der Funktionsweise des Zentralnervensystems, allerdings zeitlich-räumlich weniger genau ausdifferenzierend. Wo vom Gehirn aus z. B. über ein Axon (reizweiterleitender Teil des Neurons), welches das Rückenmark verlässt, das Zielorgan direkt angesteuert werden kann, besteht die Erregungskette im autonomen Nervensystem immer aus zwei Neuronen, dem prä- und dem postganglionären. Diese Zwischenschaltung bedingt im Wesentlichen die angesprochene längere Latenz, wohingegen die geringere räumliche Differenzierung hauptsächlich dadurch zustande kommt, dass präganglionäre Neurone oft weit verzweigte Kontakte mit postganglionären Zellen knüpfen.

Beide Teilsysteme, das parasympathische und das sympathische, wirken auf die Zielorgane sowohl durch Entspannung als auch durch Kontraktion der Muskulatur, wobei zwischen ihnen ein sog. funktioneller Synergismus wirksam wird. Durch das Gehirn wird eine Art Anbindung an »höhere Funktionen« gewährleistet, indem all diejenigen Strukturen, die an einer deszendierenden Kontrolle des VNS, etwa der Retikulärformation teilhaben, auch an einer Modulation bzw. »kognitiven Interpretation« vegetativer Funktionen beteiligt. An erster Stelle ist hier das sog. limbische System (bestehend aus Anteilen des Hypothalamus, Thalamus, Hippocampus und medial gelegenen Kortexregionen) zu nennen. Es gewährleistet durch seine zahlreichen Verbindungen, dass viele Kerngebiete des Telencephalons, Diencephalons, Mes- und Metencephalons in die wechselseitige Interaktion von ZNS und VNS einbezogen werden.

Für die Biopsychologie ist diese weit gefächerte Wechselbeziehung zwischen vegetativem und zentralem Nervensystem nicht zuletzt deshalb von Interesse, weil persönliche Erfahrungen einen anhaltenden modulierenden Einfluss auf dieses Zusammenspiel von Gehirn und vegetativem Nervensystem ausüben können. So werden u. a. in Abhängigkeit von verschiedenen Variablen, etwa des Alters, der Erfahrung und der Reizintensität, individuell unterschiedliche Kontroll- und Rückmeldeschleifen zwischen zentralem und vegetativem Nervensystem verstärkt. Abhängig von der Lerngeschichte eines Individuums, so vermutet man z. B., werden ganz unterschiedliche Zielorgane in der Peripherie (Magen-Darm- bzw. Herz-Kreislauf-System) in Konditionierungsschleifen mit Schaltkreisen im Gehirn eingebunden. Einige dieser zentropetalen bzw. -fugalen Interaktionen kann man anhand physiologischer Messungen auch erfassen, so z. B. Änderungen des Pupillendurchmessers (Pupillometrie), oder der Hautleitfähigkeit (galvanischer Hautreflex).

Ein besonderes Augenmerk bei der Erfassung dieses vielfältigen Zusammenspiels zwischen zentralnervösem und peripherem Nervensystem liegt heute jedoch auf den Transmittersubstanzen, die gleichermaßen als Überträgerstoffe oder Co-Transmittoren sowohl im limbischen System und der Formatio reticularis als auch im vegetativen Nervensystems aktiv sind. Ihnen wird deshalb eine große Bedeutung beim Zustandekommen individueller Erregungsmuster zugeschrieben.

Überträgerstoffe sind es auch, die eine Betrachtung von Nervensystem und endokrinem System, den Hormonen, unter einem gemeinsamen Aspekt gestatten (◘ Abb. 3.6; ◘ Tab. 3.2). Beide Systeme verfügen über gleichartige Trägerstrukturen in Form von membranständigen Rezeptoren und über ähnliche Trägerprozesse in Form von Botenstoffen, wobei das endokrine System in der Regel den Blutkreislauf als Transportmedium benutzt und das Gehirn die chemische Synapse. Fast alle bekannten Hormone wirken auch als Botenstoffe im Nervensystem. Vergleichbare Substanzen entfalten somit ihre Wirkung einmal innerhalb eines sehr schnellen und hochgradig vernetzten Informationsnetzwerkes, dem Nervensystem, und zum anderen im Rahmen eines eher langsamen und dezentralisierten, dafür aber überdauernde Vorgänge steuernden endokrinen Systems.

Naturgemäß sind die Aufgabenprofile beider Systeme jedoch verschieden: Im endokrinen System steht die An-

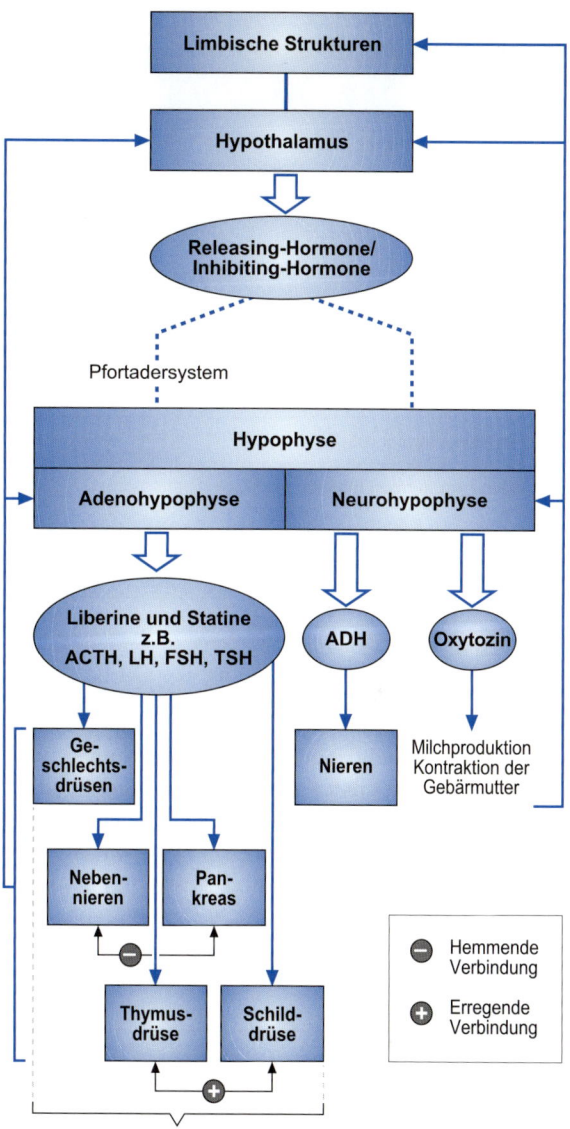

◘ **Abb. 3.6.** Übersicht über die Interaktion der wichtigsten Hormone mit dem Gehirn

passung an eher »milieuinterne« homöostatisch regulierte Prozesse, beim (Zentral-)Nervensystem die an eher erfahrungsbedingte Veränderungen im Vordergrund. Hormone beeinflussen das interne Milieu, indem sie die unterschiedlichsten lebens- bzw. arterhaltenden Vorgänge, z. B. die Ausprägung primärer und sekundärer Geschlechtsmerkmale, organisieren, regulieren und kontrollieren. Aufgrund übergeordneter zentralnervöser Kontrollinstanzen, etwa dem Hypothalamus bzw. der Neurohypophyse und der Adenohypophyse (◘ Abb. 3.6), folgt die Hormonausschüttung jedoch stets in gewisser Abhängigkeit von der neuronalen Aktivität.

Eine biopsychologische, »organübergreifende« Betrachtungsweise eröffnet hier die Möglichkeit, bestimmte Teilstrukturen des Zentralnervensystem, des vegetativen

◘ Tabelle 3.2. Übersicht über die wichtigsten Hormone. (Nach Pritzel, Brand & Markowitsch, 2003)

Name	Abkürzung	Wirkung auf	Abkürzung
Releasing-Hormone (Liberine)			
Kortikotropin-releasing-Faktor	CRF	Adrenokortikotropes Hormon	ACTH
Luteinisierendes Hormon-releasing-Hormon	LHRH	Follikelstimulierendes Hormon und luteinisierendes Hormon	FSH und LH
Thyreotropin-releasing-Hormon (Thyreoliberin)	TRH	Thyreotropin-stimulierendes Hormon	TSH
Wachstumshormon-releasing-Hormon (Somatoliberin)	GHRH	Wachstumshormon (»growth hormone«)	GH
Prolaktin-releasing-Hormon	PRH	Prolaktin	PRL
Inhibiting-Hormone (Statine)			
Wachstumshormon-inhibiting-Hormon (Somatostatin)	GHIH	Wachstumshormon (»growth hormone«)	GH
Prolaktin-inhibiting-Hormon	PIH	Prolaktin	PRL
Weitere Peptide			
Präopiomelanokortine (β-Lipotropin, Endorphine und Enkephaline, Kortikotropine)	POMC	Fettstoffwechsel, endogene Opiatwirkung, Anregung der Nebennierenrinde	

Nervensystems und des endokrinen Systems unter funktionellen Gesichtspunkten als Einheit zu begreifen und dadurch auch der psychologischen Theorienbildung neue Impulse zu geben, z. B. im Rahmen der Psychoneuroendokrinologie (vgl. Holsboer & Künzel, 2004).

3.2.4 Anatomische und histologische Methoden

Wie gelangt man nun zu reliablen Aussagen über die Bedeutung umschriebener psychologisch relevanter Strukturen des Nervensystems, seiner Faserverbindungen und Transmitterssubstanzen? Bei der Beantwortung dieser Frage konzentrieren sich die meisten Antworten, so auch die nachfolgend angebotenen, fast ausschließlich auf das Gehirn. Hierbei haben Versuche, über gezielte Substanzzerstörungen (Läsionen) etwas über dessen Funktionen herauszufinden (Clarke & Dewhurst, 1972), die längste Tradition.

Läsionstechniken

Die klassische Methode der gezielten Substanzzerstörung, die bis heute im Tierversuch Anwendung findet, wird beim Menschen z. B. in besonders schweren Fällen bei der Schmerz-, Epilepsie- oder Parkinson-Therapie angewandt und hat trotz verschiedener Vorbehalte eine gewisse Attraktivität bewahrt. Läsionen werden von Befürwortern methodologisch als »kontrollierte Alternative« zu zufälligen, anatomisch »unsauberen« krankheits- oder unfallbedingten Gehirnzerstörungen geschätzt. Läsionsgegner hingegen beklagen seit jeher die methodische Schwäche des Ansatzes: Gerade der Gehirnteil, dessen Funktion eigentlich Gegen-

stand des Interesses sei, würde entfernt bzw. funktionslos gemacht. Man könne also lediglich Aussagen über die entstehenden defizitären Erscheinungen bei Kompensationsbemühungen mittels der noch verbliebenen Gehirnstrukturen treffen. Außerdem führe jede Abtragung von Gehirnstrukturen nicht nur zum Absterben von Neuronen am Läsionsort, der sog. Traumazone, sondern beziehe auch teilweise die Strukturen mit ein, die zum Läsionsort hin Verbindungen unterhielten (retrograde Degeneration) und solche, die normalerweise vom Läsionsort aus durch Faserverbindungen in Kontakt stünden (anterograde Degeneration). Weitergehende sog. transneuronale Degenerationen könnten ebenfalls nicht ausgeschlossen werden (◘ Abb. 3.7). Und selbst ausgeklügelte Versuchspläne könnten darüber hinaus kaum verhindern, dass läsionsinduzierte Verhaltensänderungen nicht oder nicht nur auf den Eingriff per se, sondern auch auf das sog. »Fibers-of-passage«-Problem zurückzuführen seien. (Damit ist die Gefahr gemeint, durch die Läsion einer Nervenzellansammlung Fasern zu zerstören, welche das zerstörte Areal nur durchqueren, aber der Kommunikation zwischen Gehirngebieten dienen, die weit ab vom Eingriffsort liegen.) Im Extremfall, dann wenn viele solcher durch einen Läsionsort ziehender Nervenfasern beschädigt werden, so z. B. bei großräumigen Hirnverletzungen, bezeichnet man die daraus resultierenden funktionalen Ausfälle sogar mit einem eigenen Begriff als Diskonnektionssyndrom.

Nicht zuletzt dieser immer wieder hervorgebrachten Einwände wegen werden Läsionstechniken bis heute stetig verfeinert. Galt ursprünglich die oben genannte Abtragung (Ablation) von umschriebenen Großhirnbezirken als Methode der Wahl, so wurde im Laufe der Zeit versucht, ohne gravierende Sekundärläsionen an der Oberfläche,

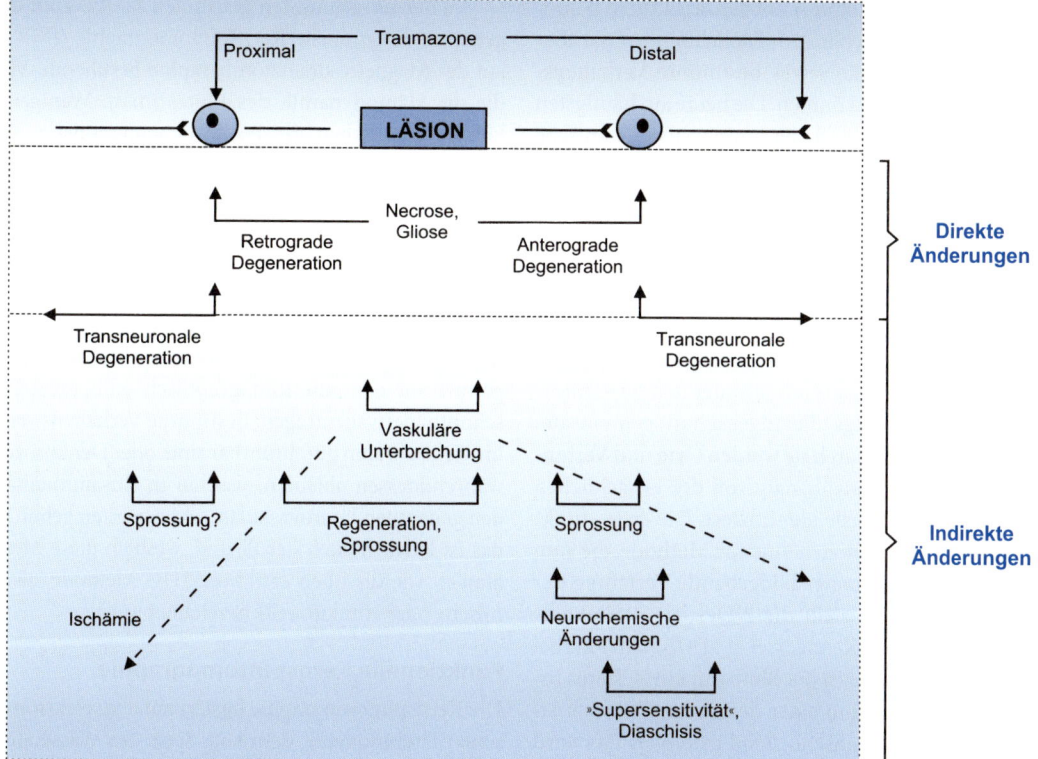

Abb. 3.7. Läsionen und Läsionsfolgen

umschriebene Regionen in der Tiefe des Gehirns zu erreichen. Dies geschieht heute z. B. durch Anwendung von Lasertechniken. Außerdem wurden Techniken reversibler Läsionen entwickelt, um das Problem der Unumkehrbarkeit des Eingriffs zu entschärfen. Schließlich suchte man auch nach Möglichkeiten, Nervenzellen, nicht aber vorbeiziehende Nervenfasern zu zerstören, oder nur Neurone auszuschalten, die einem ausgewählten Transmittersystem angehören.

Heute haben Läsionsstudien in der Grundlagenforschung angesichts der oben genannten Einschränkungen zwar eine eher nachgeordnete Bedeutung, dessen ungeachtet sind jedoch die Befunde, welche durch diese Methode in der Vergangenheit gewonnen wurden, eine ganz wesentliche Grundlage vieler Aussagen über psychologisch relevante Gehirnfunktionen sensorischer, motorischer und motivationsgeleiteter bzw. emotionaler Systeme. Dazu zählen z. B. Erkenntnisse über die neuronale Analyse visueller und auditiver Information, der Wahrnehmung durch die Körpersinne, inklusive der Bewertung von Schmerzreizen, der Planung willkürlicher Bewegungen sowie der Steuerung fortpflanzungs- und nahrungsbezogener Verhaltensweisen einschließlich des Schlafes und anderer biologischer Rhythmen.

Neurohistologische Methoden

Angesichts dieser Fülle psychologisch bedeutsam erscheinender Aussagen von Läsionsstudien fallen mögliche Antworten auf die Frage, wie Läsionseffekte morphologisch überprüft werden, allerdings sehr bescheiden aus: Man kann praktisch nur durch **Post-mortem-Untersuchungen** Erkenntnisse über strukturelle Läsionsfolgen gewinnen. Dazu wird das Gehirn in der Regel histologisch aufbereitet, also dehydriert, fixiert, in dünne Scheiben (im Bereich des Bruchteils eines Millimeters) geschnitten, gefärbt und einer mikroskopischen Inspektion unterzogen. Ziel dieses Vorgehens ist es, entweder Neurone mit all ihren Fortsätzen bzw. nur die Zellkörper oder lediglich die konduktilen Teile, also die Axone und evtl. deren Myelinscheide, voneinander unterscheiden zu können. Durch diese als histologisch oder histochemisch bezeichneten Methoden erhofft man sich Aussagen darüber, wo eine Läsion Strukturen direkt zerstört hat und wo es zu sekundären Degenerationserscheinungen gekommen ist (■ Abb. 3.7). Histologisch verifizierte Ergebnisse, z. B. durch Anwendung sog. klassischer Färbemethoden, sind somit letztlich das eigentliche Datenmaterial für oben genannte durch Läsionsstudien gestützte, biopsychologische Grundaussagen über Beziehungen zwischen Gehirn und Verhalten.

Neuere neurohistologische Methoden sind aber auch für sich genommen, also ohne vorausgehende Läsionen, für biopsychologische Fragestellungen interessant. Im Tierexperiment finden z. B. moderne tracing-Techniken Anwendung, durch welche sich monosynaptische Verbindungen zwischen Hirnorten bestimmen lassen. Solche Daten sind *die* Basis für Aussagen über eine afferente und/oder efferente Verknüpfung einer Struktur A mit den Strukturen B und/ oder C und tragen maßgeblich zur Modellbildung darüber bei, in welche »neuronale Netze« bestimmte Verhaltensmuster eingebunden sein könnten. Die heute am häufigsten angewandten Verfahren sind sog. immunhistochemische Methoden, durch die mittels Antigen-Antikörper-Reaktionen in den untersuchten Nervenzellen bestimmte Faserverbindungen nachgewiesen werden und enzymhistochemische Methoden, die darauf abzielen, ein Reaktionsprodukt zu erhalten, um über Enzymvorkommen in Neuronen Verbindungswege aufzuzeigen.

Allen histologischen Verfahrensweisen, seien es nun klassische Anfärbungen von Gewebe oder neuere »Tracer-Techniken«, ist allerdings die Eigenschaft gemeinsam, »statisch« zu sein, d. h., durch sie werden Orte und Verbindungswege im Gehirn unabhängig von der tatsächlichen Aktivität bestimmter Areale identifiziert. Die erste »funktionell« oder »dynamisch« zu nennende Methode, die zum Wegbereiter für heute gängige bildgebende Verfahren der Nuklearmedizin wurde, stellt die 2-Desoxy-D-Glukose-Technik (2DG-Technik; Kennedy et al., 1975) dar. Hierbei wird radioaktive Glukose in die Blutbahn eines Tieres injiziert und dieses daraufhin einer definierten Versuchssituation ausgesetzt. Vom anschließend getöteten Tier wird das Gehirn zur mikroskopischen Inspektion von radioaktiv markierter Glukose vorbereitet. Hirnregionen, die während des untersuchten Verhaltens besonders aktiv gewesen sind, sollten, so die gängige Meinung, auch einen hohen Bedarf an Zucker haben und deshalb mehr radioaktiv markierte Glukose inkorporieren als Neuronenpopulationen, die am untersuchten Verhalten nicht beteiligt waren. Anhand der Dichte radioaktiv markierter Glukosesubstanzen können somit aktive von inaktiven Hirnregionen unterschieden und eine Art funktionaler Differenzierung erreicht werden.

3.2.5   Neuere bildgebende Verfahren

Während der letzten zwei Jahrzehnte wurden im Humanbereich mehrere räumlich hoch auflösende Verfahren aus dem Überschneidungsbereich von Neurobiologie, Molekularbiologie und Nuklearmedizin eingeführt, die »dynamische Gehirnfunktionen« während des Verhaltens abbilden. Dazu gehören auch die sog. funktionellen bildgebenden Verfahren, welche eine Veränderungsmessung im inneren Milieu des Gehirns erlauben. Da sich der Stoffwechsel am ausgeprägtesten wechselnden Anforderungen anpasst, werden mittels verschiedener Verfahren, z. B. durch SPECT (Single-Photon-Emissions-Computertomographie), PET (Positronenemissionstomographie), fMRT (funktionelle Magnetresonanztomographie bzw. Kerspintomographie; »functional magnetic resonance imaging«), Stoffwechselvariablen ermittelt und mit Verhaltensvariablen korreliert.

Zu den am häufigsten genannten zählt derzeit die oben genannte funktionelle Kernspintomographie (fMRT), eine auf der Magnetresonanztomographie beruhende Methode, die die Hämodynamik des Blutes misst. Weniger häufig kommt inzwischen die Positronenemissionstomographie (PET) zur Anwendung. Beide Messmethoden ermöglichen im Prinzip die Messung von Schwankungen der neurovaskulären Koppelung (das Phänomen der neurovaskulären Koppelung beruht darauf, dass aktivierte Neuronen mehr Sauerstoff und Glukose zum Stoffwechsel benötigen als inaktive), die innerhalb eines vorgegebenen Zeitraumes stattfinden und die gestatten, die Intensität dieser Veränderung farblich gestuft auf computertomographisch aufbereiteten Hirnschnittbildern abzutragen. Bestimmte Verhaltensweisen, die im Messzeitraum durchführbar sind, oder Denkprozesse, die währenddessen ablaufen, werden in Zusammenhang mit den genannten neurovaskulären Messwerten gebracht. Und das ist letztlich auch der Grund, weshalb diese Methoden, ähnlich wie die oben erwähnte 2DG-Methode, als »dynamisch« oder »funktionell« bezeichnet werden.

Funktionelle Kernspintomographie

Die Kernspintomographie basiert auf dem elektromagnetischen Drehmoment, dem sog. Spin, des Wasserstoffs (H) und misst dessen Kernspinresonanz, ohne zu einer bekannten Belastung für den Körper, z. B. in Form von Strahlungen, zu führen. Wasserstoff kommt in festen und flüssigen organischen Substanzen des Gehirns in deutlich unterschiedlicher Dichte vor und eignet sich – sensitive Messmethoden wie das fMRT vorausgesetzt – deshalb dazu, flüssigkeitsgefüllte Räume mit unterschiedlicher Sauerstoffsättigung voneinander abzugrenzen. Funktionell wird ein fMRT also deshalb genannt, weil es Verschiebungen lokaler Magneteigenschaften, sog. Magnetfeldinhomogenitäten misst, welche durch unterschiedliche Konzentrationen von sauerstoffarmem und sauerstoffreichem Blut entstehen. Die Magnetfelderzeugung ist angesichts des starken erdmagnetischen Feldes jedoch technisch aufwendig und – was ihre Bedeutung für psychologische Experimente relativiert – mit einem hohen Lärmpegel verbunden.

Positronenemissionstomographie

Die Positronenemissionstomographie kombiniert im Prinzip die Vorteile tomographischer Schichtaufnahmen mit der selektiven Darstellung radioaktiv sichtbar gemachter Stoffwechselvorgänge und ermöglicht deren Quantifizierung. Dabei macht sich die PET die Gesetzmäßigkeiten des Positronenzerfalls zunutze. Bei einem solch induzierten Zerfall von Positronen wird jeweils ein Positron und ein Neutrino emittiert, und während das Neutrino als masseloses, elektrisch neutrales Teilchen praktisch ungehindert davonfliegt, tritt das elektrisch positiv geladene Positron mit der umgebenden Materie in Wechselwirkung. Es kommt unweigerlich zu einem Zusammenstoß mit einem die Atomhülle umgebenden Elektron, wobei sich beide Teilchen in elektromagnetische Strahlung umwandeln. Diese zerstrahlen unter Entstehung von 2 Photonen, welche, den Gesetzen der Impuls- und Energieerhaltung folgend, unter einem Winkel von 180° zueinander emittieren. Zu einem elektrischen Impuls umgewandelt und unter vielen Winkeln erfasst, wird schließlich ein Gesamtbild der Positronenemission rekonstruiert. Die am häufigsten zur Markierung verwendeten Positronen emittierenden Atomkerne sind Kohlenstoff-11 (^{11}C), Stickstoff-13 (^{13}N), Sauerstoff-15 (^{15}O) und Fluor-18 (^{18}F). Zur Ermittlung dieses Austausches von Radionukliden ist das oben genannte. Desoxyglucose-Modell am besten eingeführt. Es dient routinemäßig dazu, den Glucoseverbrauch in Nervenzellen zu ermitteln und mit bekannten Durchschnittswerten zu vergleichen.

Die entstehende Strahlung begrenzt allerdings die Anwendbarkeit der PET für psychologisch-experimentelle Zwecke, denn Messwiederholungen sind schwierig durchzuführen. Die Strahlenbelastung ist außerdem nicht nur für die Patienten relativ hoch, sondern insbesondere auch für das Personal, das ja immer mit radioaktiven Untersuchungen zu tun hat. Um eine Gefährdung für die Mitarbeiter zu minimieren – der Patient stellt ja nach der Injektion eine nicht abschirmbare Strahlungsquelle dar – werden ferngesteuerte Systeme bevorzugt, was wiederum eine Interaktion mit dem Patienten erschwert.

3.3 Biologische Grundlagen und Modelle: Orientierung an mikroskopischen Strukturmerkmalen

Betrachtet man Gehirnstrukturen insgesamt in einer auf einzelne Elemente reduzierten Kleinteiligkeit, so lassen sie sich als ein weit verzweigtes Geflecht zweier Grundtypen von Zellen ansehen: Einmal gibt es solche, die Informationen weiterleiten – wobei die Anzahl der Verbindungsschritte von einem beliebigen Ort zum anderen auf nicht mehr als sechs begrenzt ist – zum anderen besteht das Gehirn aus Zellen, die, wie erwähnt, unverzichtbare strukturelle und funktionelle Unterstützungsfunktionen ausüben. Die folgende Ausführung konzentriert sich auf die Erstgenannten, die Nervenzellen. Die anderen, die Gliazellen, ebenfalls ausführlich zu beschreiben, würde den Rahmen dieses Kapitels sprengen.

Neuromorphologische Betrachtung des Aufbaus des Gehirns

Der in ◘ Abb. 3.2 dargestellte Aufbau des Gehirns lässt sich, unter neuromorphologischen Gesichtspunkten betrachtet, etwa wie folgt charakterisieren: Vom engen Kanal des Rückenmarks ausgehend sind im Myelencephalon die Somata (Zellkörper) von Neuronen zunächst meist im Innern des Gehirns (»inside«), also um den Zentralkanal bzw. den IV. Ventrikel herum angeordnet (auch ▶ Kap. 19 zur Embryonalentwicklung). Ihre Axone bilden die eher peripheren Faserstränge (»out«). Dieses Bild eines »inside-out« von Somata und ihren Fortsätzen verändert sich aber mit zunehmender Entfernung aus der Enge des Hirnstamms: Die Zahl der Neurone nimmt im sich entwickelnden Prosencephalon (Vorläufer von Telencephalon und Diencephalon) rapide zu, Axone und Zellkörper vermischen sich deshalb zu einer von Faserbündeln und Ansammlungen von Zellkörpern, den Nuklei, durchsetzten Gehirnmasse, so wie sie z. B. typisch für den Aufbau des Diencephalons (Zwischenhirn) ist. Im Rindenbereich des Telencephalons (zerebraler Kortex) und des Zerebellum (zerebellärer Kortex) schließlich kehrt sich die Anordnung von Somata und Axonen zu einem Bild des »outside-in« endgültig um. Jeder der Kortizes enthält – abgesehen von räumlich begrenzten intrakortikalen Verbindungen – nur noch Zellkörper. Deren Faserverbindungen zum und vom Diencephalon, Mesencephalon und Rhombencephalon bündeln sich zu Fastersträngen im Inneren von Telencephalon bzw. Zerebellum. Lokale intrakortikale bzw. intranukleäre Kontakte z. B. des Zerebellum und des Zerebrum oder des Thalamus bleiben indes gewährleistet. Dies geschieht durch sog. Interneurone, die eine jeweils strukturspezifische immanente Vernetzung sicherstellen. Naturgemäß steigt deren Bedeutung mit zunehmender Komplexität der Nervenzellansammlung, da sowohl eng benachbarte als auch weiter auseinander liegende Zellgruppen miteinander vernetzt und gleichzeitig informationswahrend gegeneinander abgeschirmt werden müssen.

Man hat es, so gesehen, im Gehirn im Großen und Ganzen mit reizgebundenen, reizabbildenden und reiztransformierenden Kommunikationsstrukturen zu tun; und zwar unter Bedingungen einer strukturellen Umstrukturierung der »Inside-out«-Organisation einer eher begrenzten Anzahl von Nervenzellen im Hirnstamm zu einer »Outside-in«-Konfiguration einer sprunghaft zunehmenden Nervenzellpopulation im Großhirn. Es stellt sich somit die Frage, inwieweit psychologisch relevante Gehirnfunktionen durch Besonderheiten der Nervenzellen und der Art und Weise, wie sie miteinander interagieren, begründet sein könnten.

Neuromorphologischer Aufbau von Nervenzellen

Nervenzellen sind zunächst einmal nicht, wie Lehrbuchzeichnungen (◘ Abb. 3.8) oft suggerieren, alle von ähnlicher Form und Größe, auch wenn sie, im Gegensatz zu vielen anderen Körperzellen, einen eher kugelförmigen Grundaufbau zugunsten einer räumlichen Vergrößerung ihres reizaufnehmenden Teiles, der Dendriten, und zugunsten einer beträchtlichen Verlängerung ihres reizweiterleitenden Fortsatzes, des Axons, aufgegeben haben. Die meisten Neurone im Gehirn sind außerdem sog. multipolare Zellen, also Nervenzellen mit mehrfachen (multiplen) Fortsätzen, d. h. mehreren dendritischen Fortsätzen und einem Axon.

3

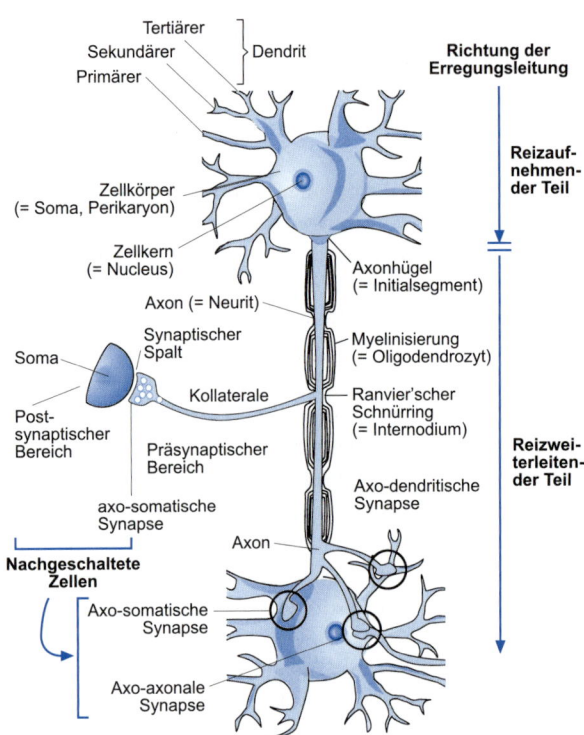

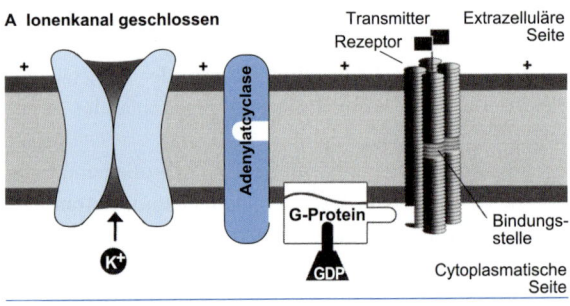

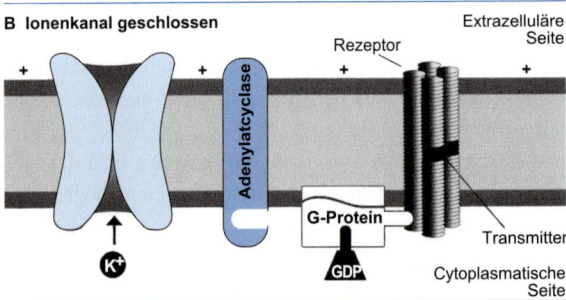

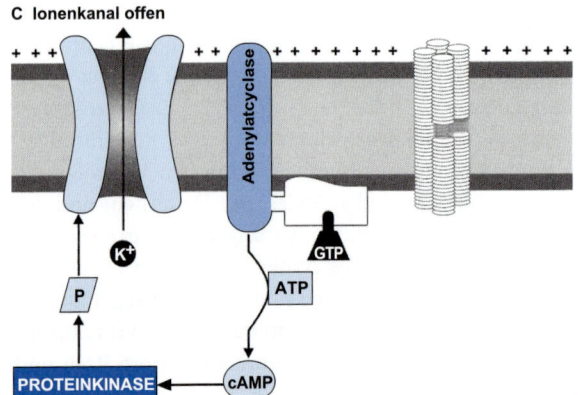

Je nach ihrer Aufgabe im Gesamtsystem haben Neurone z. B. lange oder kurze, dünne oder dicke Axone. Diese können sich auch verzweigen, sog. Kollaterale bilden. Meist sind sie auch gegenüber den Einflüssen des sie umgebenden Interzellulärraumes durch eine Myelinisierung genannte Isolationsschicht von umgebenden Myelinzellen unterschiedlich gut abgeschirmt. Auch der reizaufnehmende Teil, der Dendritenbaum, kann groß und weit verzweigt und mit Zehntausenden von Kontaktstellen zu anderen Neuronen, den Synapsen, besetzt sein oder aber eher kärglich verästelt und klein ausfallen.

Bereits diese eher groben Unterschiede in Länge, Durchmesser und Isolierung einzelner Teile des Neurons lassen Rückschlüsse auf unterschiedliche Aufgaben zu: Je verzweigter z. B. der Dendritenbaum ist, desto bedeutender ist der reizintegrierende Stellenwert des betreffenden Neurons. Je länger das Axon als leitendes Kabel und je besser dessen Isolierung ist, desto wichtiger ist seine Rolle bei der Umsetzung von Entscheidungsprozessen des Gehirns in Bewegungsimpulse. Kurzum: Je größer und vielgestaltiger ein Neuron insgesamt ist (z. B. eine Pyramidenzelle oder eine Purkinje-Zelle), desto bedeutender sind seine integrativen Aufgaben.

3.3.1 Form und Funktion von Nervenzellen

Erlaubt nun das äußere Erscheinungsbild auch Aussagen über psychologisch relevante Funktionen? Bestimmt man das Aussehen von Neuronen anhand der Verzweigung des Dendritenbaumes, so lässt sich diese Frage eindeutig mit »Ja« beantworten. Dendriten, die wie Äste und davon abgehende Zweige eines binären Entscheidungsbaumes vom Soma ausgehen, vergrößern zunächst einmal die reizaufnehmende Oberfläche des Neurons um ein Vielfaches, denn das Soma ist ja aufgrund seines begrenzten Durchmessers, der auch bei großen Neuronen 100 Mikrometer (= 0,1 mm) kaum überschreitet, nur begrenzt zur Informationsaufnahme fähig. Diese dendritische Verzweigung ist für einzelne Neuronenklassen sehr charakteristisch, so haben z. B. Neurone, die viel Information über weite Wege transportieren, etwa Pyramidenzellen im zerebralen Kortex oder Purkinje-Zellen im zerebellären Kortex, einen sehr großen Dendritenbaum, der unter Umständen, etwa bei den genannten Purkinje-Zellen, etwa 90% der gesamten Oberfläche dieser Nervenzellen umfasst.

An der Form eines Dendritenbaumes lassen sich auch meist verschiedene Entwicklungsphasen eines Individuums ablesen: Er wächst hauptsächlich in den ersten Lebensmonaten und -jahren zu einer bestimmten Größe aus und mit dem Alterungsprozess geht ein Schrumpfungsprozess einher, wobei zuletzt entwickelte Verzweigungen am ehesten

◄ ▫ **Abb. 3.8.** Struktur und Funktion von Nervenzellen

auch als erste absterben. Es liegt somit nahe, eine erhöhte bzw. verminderte Kapazität zur Reizaufnahme, z. B. bei besonders jungen oder bei alten Individuen, mit wachsenden bzw. schrumpfenden Dendritenbäumen in bestimmten Hirnregionen in Zusammenhang zu bringen.

Die Größe des reizaufnehmenden Teils eines Neurons bietet aber nicht nur Anhaltspunkte für den Entwicklungsstand eines Individuums. Dendriten können auch zeitlebens ihre Form verändern. Durch die Ausbildung kleiner Ausstülpungen, »spines« (Dornen) genannt, an Dendriten höherer Ordnung passen sie sich den wechselnden Bedingungen einer vermehrten oder verminderten Informationsaufnahme so effizient an, dass dadurch eine Erhöhung der dendritischen Oberfläche bis zu 40% möglich ist. Dadurch entsteht ein beachtlicher »Materialpuffer«, der die inzwischen gut bekannte neurobiologische Ansicht stützt, lernbezogene Verhaltensänderungen stünden mit der Bildung von Dornen im Zusammenhang (vgl. Rosenzweig & Bennett, 1976; Greenough & Bailey, 1988).

Wie die Dendriten als reizaufnehmender Teil des Neurons geht auch der konduktile (reizweiterleitende), das Axon, vom Soma ab. Es leitet die von Dendriten oder dem Perikaryon erhaltenen Botschaften an andere Nervenzellen des Gehirns weiter bzw. schafft Kontakte mit Muskelzellen oder anderen Effektorzellen, z. B. in der Hypophyse. Das Axon ist im Vergleich zur Größe des Zellkörpers ein Ausläufer von außerordentlich geringem Durchmesser, die Reizweiterleitung von Informationen in diesem langen, dünnen Rohr stellt deshalb hohe Anforderungen an die Stabilität dieses »Kabels« und an die zeitliche Präzision, mit welcher der Materialnachschub, z. B. von Transmittersubstanzen, innerhalb des Axons vonstatten gehen muss. Vom Soma geht zwar grundsätzlich nur ein Axon ab, dieses aber kann sich, wie oben angesprochen, verzweigen und Kollaterale ausbilden. Jedes Axon, und ebenso jede Kollaterale, verzweigt sich am Ende und bildet ein sog. Telodendron (End-

baum) (Abb. 3.8), in dessen sog. präsynaptischem Terminal Transmittersubstanzen gespeichert sind. Dieses Terminal ist eines der kritischen Orte für eine psychologische Beeinflussung des Verhaltens, denn alle Substanzen, welche die Speicherung oder Ausschüttung von Transmittersubstanzen verändern, z. B. Pharmaka, wirken sich letztlich auch auf das Verhalten aus (Übersicht in Stahl, 2002).

Das äußere Erscheinungsbild und daraus ableitbare funktionsrelevante Besonderheiten eines Neurons haben für die Biopsychologie auch deshalb eine große Bedeutung, weil (ultra-)strukturelle Umgestaltungen im Bereich der Dendriten oder der axonalen Verzweigung auf der einen und funktionale Veränderungen auf der anderen Seite miteinander in enger Beziehung stehen. Um diesen Zusammenhang genauer zu untersuchen, richtet sich der Blick der Biopsychologen auf die biochemischen und elektrophysiologischen Besonderheiten von Nervenzellen (Abb. 3.9). Diese wirken nämlich, indem sie die Kommunikation zwischen Neuronen sicherstellen, auch auf deren Morphologie zurück. Wo dabei die psychologisch bedeutsamen Schwerpunkte liegen, soll im Folgenden kurz anhand ausgewählter biochemischer und elektrophysiologischer Vorgänge erläutert werden.

3.3.2 »Second Messengers« und Genexpresssion

Jede für psychologische Fragestellungen im weitesten Sinne bedeutsame Nervenzelle überträgt durch die Ausschüttung des Transmitters in den synaptischen Spalt Informationen über ihre eigene elektrische Aktivierung auf die rezeptive Oberfläche (Abb. 3.8) eines anderen Neurons. Dies geschieht zum einen durch ionotrope Rezeptoren, das sind solche, die durch die Bindung des Transmitters nach dem Schlüssel-Schloss-Prinzip ihre Konfiguration ändern, und

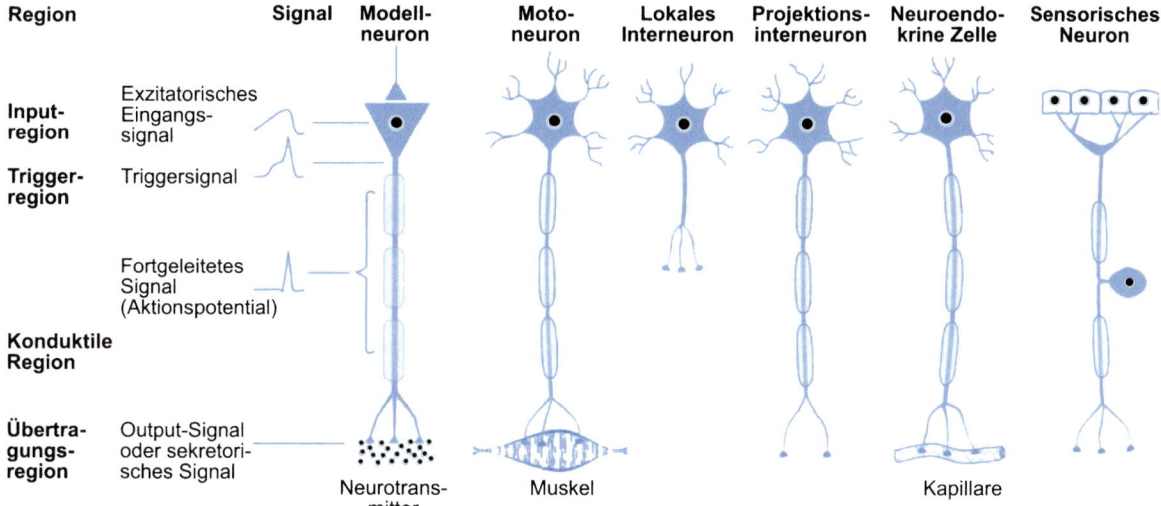

Abb. 3.9. Beispiele für verschiedene Typen von Nervenzellen

durch metabotrope Rezeptoren, die ihre Aufgabe über sog. »zweite Boten« (»second messengers«) wahrnehmen. Unter Letzteren versteht man chemische Umwandlungsprozesse, die als Folge einer Transmitterübertragung am postsynaptischen Rezeptor bzw. im postsynaptischen Neuron eintreten und die für Modifikationen der Proteinsynthese (Bildung von Eiweißmolekülen) dieser Zelle ausschlaggebend sind. Serotonin, Dopamin und eine Reihe von sog. Neuropeptiden gehören zu der Gruppe von Molekülen, die durch die in ◘ Abb. 3.8 dargestellten G-Proteine aktiv werden.

Bedingt durch bestimmte chemische Umwandlungsschritte (◘ Abb. 3.8) beeinflussen Second-Messenger-Vorgänge in der postsynaptischen Zelle die Affinität eines oder mehrere Enzyme zu einem bestimmten »Substrat« innerhalb der Zelle, z. B. indem Proteine synthetisiert werden, die zuvor nicht gebildet wurden. Das Spektrum dieser Beeinflussung reicht von völliger Hemmung ansonsten aktiver synthetischer Vorgänge bis hin zu deren vollständiger Aufhebung. Second Messengers sind darüber hinaus auch Inbegriff chemischer Umwandlungsprozesse, die eine Veränderung der Genexpression einleiten und damit die Synthese von Einweißverbindungen nicht nur beschleunigen oder verhindern, sondern auch Vorschriften zur Bildung einer Eiweißverbindung verändern. Dies geschieht, indem eines oder mehrere sog. transkriptionale Aktivatorproteine aktiviert und dadurch z. B. Eiweißmoleküle hergestellt werden, welche die Eigenschaften von Rezeptoren ändern oder die Bildung von Spines veranlassen und somit ganz konkret auf die neuronale Erregbarkeit des Neurons zurückwirken können. Für psychologische Fragestellungen steht als Transkriptionsfaktor heute das sog. CREB-Protein (»cyclic AMP response element binding protein«; zyklisches AMP-responsives Element-bindendes Protein) im Vordergrund des Interesses. Es gilt z. B. als einer *der* transkriptionalen Mediatoren bei der Konsolidierung des Langzeitgedächtnisses. Zumindest scheint sicher zu sein, dass immer dann, wenn Aktivatorproteine eine Rolle spielen, auch diese CREB-übertragene Kontrolle der Genexpression die Bildung des Langzeitgedächtnisses unterstützen kann. Da in der Psychologie seit nunmehr über 50 Jahren die Meinung vertreten wird (vgl. z. B. Hebb, 1949), Gedächtnisvorgänge könnten durch die »Stärke synaptischer Verbindungen« ausgedrückt werden, liefern Second Messengers und ihr Einfluss auf die Genexpression eine willkommene Antwort darauf, wie das möglicherweise geschehen könnte.

Die Proteinherstellung im Neuron genetisch beeinflussen zu können oder zu wollen, ist somit ein wesentlicher Aspekt in der Argumentationskette, Verhaltensmodifikationen biologisch zu erklären. Die angesprochene Genexpression kann gewissermaßen als *ein* Teil der Plastizität von Nervenzellen aufgefasst werden, die sich in einem bestimmten phylogenetisch und ontogenetisch vorgegebenen Rahmen vollzieht. Gene stehen für uns Psychologen zwar generell in erster Linie für die Stabilität eines Systems, wie man sieht, tragen sie aber auch dazu bei, das Ausmaß an Plastizität zu sichern, das notwendig ist, die geschätzten 10^{11} Neuronen des Gehirns mit ihren Tausenden von Verbindungen in einem angepassten Fließgleichgewicht zu halten. Mögliche Störungen dieses Gleichgewichtes zwischen Stabilität und Plastizität können, wie man heute weiß, nicht nur Folge angeborener Störungen, sondern auch Ergebnis erworbener neuronaler Fehlfunktionen sein (vgl. Grawe, 2004).

3.3.3 Elektrophysiologische Informationsübermittlung

Jegliche Veränderungen einer transkriptionsabhängigen Signalverarbeitung sind jedoch ohne elektrophysiologische Auslöser nicht denkbar, hängt doch eine Modifikation der Antworteigenschaften einer postsynaptischen Nervenzelle auch von der elektrischen Erregbarkeit des vorgeschalteten, präsynaptischen Neurons ab. Dessen Aktivierung bestimmt im Wesentlichen die Menge an postsynaptisch wirksamen Transmittersubstanzen.

Die elektrische Erregbarkeit von Nervenzellen ist darauf zurückzuführen, dass Neuronen entlang ihrer Membran eine schwache elektrische Ladung aufweisen, die durch einen schmalen Bereich positiver und negativer Ionen (Ladungsträger) verursacht wird, welche im Intra- bzw. im Extrazellulärraum in unterschiedlicher Konzentration zu finden sind. Werden keine Impulse weitergeleitet, befindet sich die Zelle im sog. Ruhezustand. Es besteht ein Überhang positiver Ladungsträger an der Außenseite der Membran im Verhältnis zur Anzahl positiver Ladungsträger im Zellinnern, was eine Spannungsdifferenz von −70 mV (Millivolt) verursacht und als Ruhepotenzial bezeichnet wird. Dieses Ladungsgefälle im Ruhezustand einer Membran ist also gleichbedeutend mit ihrer Polarisierung. Jede Reduktion dieses Ungleichgewichts wird entsprechend als Depolarisierung (Erregung), jede weitere Polarisation als Hyperpolarisation (Hemmung) bezeichnet. Verantwortlich für dieses Ladungsgefälle ist im Wesentlichen ein Ungleichgewicht von Kalium-, Natrium-, Chlor- und Kalziumionen zwischen Membranaußenseite und Zytoplasma, dem Zellinneren. Natrium und Chlor (sowie Kalzium) sind an der Außenseite des Neurons, Kalium in der Zelle höher konzentriert. Darüber hinaus gibt es organische Anionen im Zellinneren, welche die Summe der negativ geladenen Aminosäuren und Proteine der Zellorganellen bezeichnen.

Ruhe- und Aktionspotenzial

Bei einer Spannungsdifferenz im Ruhezustand hat man es im Grundsatz mit zwei Kräften zu tun: einem Diffusionsgradienten, durch den Kaliumionen aus der Zelle hinaus befördert werden, und einem elektrostatischen Gradienten, der einem weiteren Entzug positiver Ladungsträger aus dem Zellinneren entgegensteht. Das (Ruhe-)Membranpotenzial pendelt sich auf dem Wert ein, bei dem sich die beiden entgegengesetzt wirkenden Kräfte ausgleichen. Allerdings verändert ein andauernder, wenn auch nur geringer Einstrom von positiv geladenen Natriumionen, der aufgrund der Selektivität einiger weniger Natriumkanäle zustande kommt, allmählich das Membranpotenzial. Deshalb muss der passive Ioneneinstrom von Natrium durch sog. aktive, d. h. Stoffwechselenergie verbrauchende Pumpmechanismen über sog. Transportproteine aus der Zelle transportiert werden. Und selbstverständlich muss auch das ausgeströmte Kalium wieder in die Zelle hinein befördert werden. Beides geschieht durch die sog. Natrium-Kalium-Pumpe, ein Trägermolekül, das Natriumionen aus der und Kaliumionen in die Zelle befördert.

Ein sog. Aktionspotenzial entsteht durch eine vorübergehende Änderung der Membranpermeabilität für Natriumionen, da nur im Ruhezustand einer Zelle der Natriumeinstrom (Influx) gering ist und durch einen Kaliumausstrom (Efflux) ausgeglichen wird. Die Verhältnisse ändern sich aber schnell, wenn die Zelle zwischen Soma und Axon, am Axonhügel durch exzitatorische postsynaptische Potenziale (EPSP, ▶ unten), in bestimmten Maße »vordepolarisiert« wird. Es kommt dadurch zunächst zu einem durch die Spannungsveränderungen hervorgerufenen Natriuminflux, weil sich sog. spannungssensitive Natriumkanäle öffnen. Dieser Vorgang beschleunigt sich gemäß eines sog. regenerativen Kreisprozesses, da jeder weitere Natriuminflux die Membran weiter depolarisiert und die Aktivität der spannungssensitiven Natriumkanäle erhöht. Die Folge dieses rasch ablaufenden Rückkopplungsmechanismus ist ein rasanter Anstieg des Membranpotenzials in Richtung des Natriumgleichgewichtspotenzials von +60 mV, der ein sog. Spitzenpotenzial – einen »Sprung« von etwa –40 mV auf +50 mV – verursacht. Durch die Öffnung der spannungssensitiven Natriumkanäle ist jedoch eine zeitverzögerte, ebenfalls spannungsabhängige Öffnung von Kaliumkanälen bereits vorprogrammiert – ein verstärkter Kaliumausstrom (Efflux) setzt ein, wodurch der Membraninnenseite positive Ladungsträger entzogen werden. Außerdem kommt es mit zunehmender Öffnungsdauer der Natriumkanäle – sie beträgt maximal 1 ms – zu ihrer Inaktivierung. Die Zunahme des Kaliumefflux, zusammen mit der Abnahme des Natriumeinstroms, resultiert schließlich in einem Nettoausstrom positiver Ladungsträger aus der Zelle, der so lange anhält, bis die Zelle wieder polarisiert ist. Nachdem spannungssensitive Natriumkanäle einmal aktiviert wurden, sind sie danach zunächst absolut (absolute Refraktärphase), später relativ (relative Refraktärphase) unerregbar. Während dieser Zeit der Repolarisierung nähert sich das Potenzial dem Gleichgewichtspotenzial für Kalium und bildet ein sog. Nachpotenzial. Die Zelle befindet sich deshalb nach einem Spitzenpotenzial zunächst in ihrer absoluten, danach in einer relativen Refraktärphase.

Das zeitliche Zusammenspiel in der Aktivierung verschiedener Ionenkanäle begründet wichtige Charakteristika von Aktionspotenzialen: das Alles-oder-Nichts-Prinzip, die Frequenzmodulation und die aktive Weiterleitung. Unter dem Begriff des Alles-oder-Nichts-Prinzips fasst man die Tatsache zusammen, dass spannungsgesteuerte Natriumkanäle bei einem vorgegebenen Schwellenpotenzial in der oben beschriebenen typischen Weise des regenerativen Kreisprozesses die Depolarisation in einem Minimum an Zeit bis in die Nähe des Gleichgewichtspotenzials von Natrium ansteigen lassen. Der Begriff der Frequenzmodulation beschreibt den Sachverhalt, dass die Intensität eines Reizes durch die Häufigkeit aufeinander folgender Aktionspotenziale übertragen wird, nicht etwa durch eine unterschiedliche Intensität von Aktionspotenzialen. Diese werden insofern »aktiv« weitergeleitet, als die Spannungsdifferenz immer dann, wenn sie unter eine bestimmte Depolarisationsschwelle zu sinken droht, durch oben beschriebene regenerative Kreisprozesse wieder zu einem Spitzenpotenzial aufgebaut wird. Durch diese drei Variablen werden Reizbeginn, Reizende, Reizdauer und Reizstärke kodiert. Lediglich das oben genannte Nachpotenzial begrenzt die Abbildungsgenauigkeit des Systems.

Postsynaptische Potenziale

Das Aktionspotenzial eignet sich für sich genommen allerdings noch nicht zur Repräsentation morphologischer Plastizität des neuronalen Systems, da im Bereich des Axons keine nennenswerten morphologischen Veränderungen auftreten. Anders ist dies bei postsynaptischen Potenzialen im Bereich der Dendriten einer Nervenzelle. Diese Potenziale sind es, die dafür sorgen, dass Impulse von den Synapsen an Dendriten (oder Somata) bis zum Axonhügel weitergeleitet werden, wo das beschriebene kritische Schwellenpotenzial entsteht. Ihre Größe und Dauer spiegelt die plastischen Eigenschaften eines Neurons wider. Verursacht werden postsynaptische Potenziale durch verschiedene Transmittersubstanzen, die am postsynaptischen Neuron wirksam werden und dort entweder eine sog. erregende (depolarisierende) Wirkung haben, indem sie Kationen passieren lassen, z. B. indem sie Natrium- und Kaliumkanäle öffnen, oder aber indem sie inhibitorisch (hypopolarisierend) wirken, und z. B. Kalium- und/oder Chlorionenkanäle öffnen. Im Falle einer Depolarisierung öffnen sich durch die Bindung der Transmittersubstanz an oben genannte ionotrope bzw. metabotrope Rezeptoren ligandenabhängige Natrium- und Kaliumkanäle. Den damit verbundenen Anstieg der Membranleitfähigkeiten für Natrium- und Kaliumionen bezeichnet man als exzitatorisches postsynaptisches Potenzial (EPSP). Ein EPSP ist ein sog. lokales Potenzial. Es wird elektrotonisch, also passiv, fortgeleitet und nimmt mit der Entfernung zum Reizort ab, d. h. es verläuft graduiert. Gleichzeitig aber ist es amplitudenmoduliert, d. h. es erhöht sich mit der Zahl der aktivierten Synapsen, da die Permeabilität der Membran hier, anders als beim Aktionspotenzial, von der Vorspannung der Membran unabhängig ist. Exzitatorische und inhibitorische Potenziale können sich sowohl räumlich als auch zeitlich gesehen summieren bzw. subtrahieren und dadurch eine überschwellige Ausbreitung des Potenzials beim Axonhügel ermöglichen.

Die Gesetzmäßigkeiten räumlicher und zeitlicher Summation sind für die psychologische Modellbildung von großer Bedeutung. Man vermutet z. B., dass durch Übung bestimmter Verhaltensweisen vermehrt Dornen an den Dendriten gebildet und damit die Chancen für eine zeitlich-räumlich Fazilitierung (erleichterte Erregungsübertragung) erhöht werden. Dadurch, so die Annahme, können Signale mit größerer Wahrscheinlichkeit den Axonhügel überschwellig erreichen, »vordepolarisieren«, und ein Aktionspotenzial auslösen. Somit schließt sich eine wichtige biopsychologische Argumentationskette, welche besagt, dass Verhaltensänderungen mit der Ausbildung zusätzlicher Synapsen bzw. zusätzlicher Spines einhergehen können, die ihrerseits wiederum dazu beitragen, postsynaptische Potenziale so zu verstärken, dass sie den Axonhügel überschwellig erreichen. Ein solches Auf und Ab in der Bildung und Rückbildung synaptischer Kontakte und in den damit einhergehenden Änderungen elektrophysiologischer Antwortbereitschaften von Nervenzellen zählt heute zu den gängigsten dynamischen Modellvorstellungen der Biopsychologie.

3.3.4 Elektrophysiologische Methoden

Biopsychologische Verfahrensweisen, die sich mit Struktur und Funktion einzelner Nervenzellen befassen, haben nicht nur die oben erwähnten histologisch-histochemischen Techniken zum Gegenstand, sondern umfassen auch elektrophysiologische Methoden, also Reiz- und Ableitversuche. Die Möglichkeit, Nervenzellaktivität durch Stromapplikation von außen zu beeinflussen, faszinierte Hirnforscher nicht nur seit jeher, wir verdanken bis heute Hirnreizexperimenten wichtige Einsichten in die Funktionsweise des Gehirns, so etwa den klassischen Selbst-Reizversuchen von James Olds und Mitarbeitern in den 50er Jahren des 20. Jahrhunderts. Sie ermöglichten es, psychologische Belohnungskonzepte in neuroanatomische und neurophysiologische Gedankengebäude zu übertragen (Olds & Milner, 1954). Einer der zukunftsweisenden Aspekte dieser klassischen Reizexperimente liegt darin, dass sie auch Ausgangspunkt für Anwendungsmöglichkeiten beim Menschen waren, so z. B. für die sog. **transkranielle Magnetstimulation** (TMS). Hierbei wird über eine Magnetspule ein Magnetfeld produziert, das sich im Millisekundenbereich ändert und dadurch eine Spannung induziert, die die präsynaptische Endigungen von Nervenzellen erregt. Durch hochfrequente (1–30 Hz) Stimulation kann man so durch den Schädel hindurch bestimmte Hirnareale reizen. Die Methode wird sowohl im experimentellen als auch im klinischen Bereich angewandt. So lassen sich etwa emotionale (z. B. bei einer

Depression) und kognitive Funktionen durch Magnetstimulation beeinflussen.

Elektroden, die man benutzt, um mittels Stromapplikation Nervenzellen zu reizen, können im Prinzip auch dazu verwendet werden, die Aktivität einzelner Nervenzellen zu registieren. Um diese zu messen, bedient man sich in der biopsychologischen Grundlagenforschung seit langem intrazellulärer oder extrazellulärer Einzelzellableitungen. Die Spannungsschwankungen von außen, also extrazellulär abgreifend, kann man Aussagen über die neuronale Kodierung von Ereignissen messen, also z. B. ob bestimmte Zellen phasisch oder tonisch reagieren. Intrazelluläre Ableitungen haben den zusätzlichen Vorteil, dass zusätzlich zum Aktionspotenzial auch das EPSP und IPSP (exzitatorisches und inhibitorisches postsynaptisches Potenzial) gemessen werden kann. Solchen Ableitungen sind jedoch, auch wenn wir ihnen wegweisende Erkenntnisse, z. B. über die Funktionsweise von Sinnessystemen (Hubel, 1989), verdanken, bestimmte Grenzen gesetzt. Die Experimente erfordern meist die Immobilität, oft auch die Betäubung des Versuchstieres und die Aussage ist auf einen winzigen Bruchteil von Gehirnfunktionen beschränkt. Das lässt psychologische Fragestellungen nur dann sinnvoll erscheinen, wenn die Arbeitsweise von Neuronen in prinzipiell bekannten Gehirngebieten auf Reize hin untersucht wird, von denen man bereits annehmen kann, dass sie gerade dort verarbeitet werden. So z. B. für die Erfassung von Phänomenen der Langzeitpotenzierung (LTP) oder Langzeitdepression (LTD) im Hippocampus.

Von der Einzelzellableitung aus lassen sich die elektrophysiologischen Fragestellungen aber ohne weiteres zu solchen erweitern, die über die Ableitung mehrerer Zellen gleichzeitig (sog. Multi-unit-Ableitung) Aussagen über lokale neuronale Netze gewinnen und schließlich über Feld- oder Summenpotenziale auch komplexen Aktivitätsmustern auf die Spur kommen wollen. So genannte langsame Gleichspannungspotenziale, evozierte, ereigniskorrelierte Potenziale (EKP), zählen hier gemeinsam mit dem EEG (Elektroenzephalogramm) zu den häufigsten Massenableitungen von Zellverbänden. Die beiden Letztgenannten, EKP und EEG, sind z. B. seit langem Bestandteil von Routine-Registrierungen der Neurologie, wo sie zusammen z. B. mit EMG (Elektromyogramm) oder EOG (Elektrookulogramm) Anwendung finden.

Elektroenzephalogramm (EEG)

Das EEG versteht man heute als ein noninvasives, genormtes System zur Ableitung von Summenpotenzialen, welches sich, der am häufigsten genannten Hypothese nach, die Dipoleigenschaften des Dendritenbaumes (200–500 μm) von tangential ausgerichteten Pyramidenzellen, hauptsächlich aus Schicht V des zerebralen Kortex, zunutze macht (▶ Kap. 9). Gemessen wird, indem man bei intakter Schädeldecke Elektrodenpaare an die Kopfhaut legt und die zwischen ihnen bestehenden Spannungen über Mehrkanalschreiber registriert. Dadurch wird die Synchronität der Entladung dieser Zellen erfasst, die ihrerseits durch thalamische Schrittmacher ausgelöst wird. Die Methode hat durch den Summencharakter der Ableitung und die Selektivität der dazu beitragenden Pyramidenzellen zwar eine hohe zeitliche, aber nur eine geringe räumliche Auflösung, welche lediglich bedingt Aussagen über die Aktivität in verschiedenen größeren Kortexbereichen zulässt. Aufgrund der komplizierten räumlichen Struktur der leitenden Medien (Hirn, Liquor, Hirnhäute, Knochen, Bindegewebe und Muskeln) sind auch Zuordnungen vom Ort der EEG-Veränderungen und pathologischen Prozessen nur annäherungsweise möglich.

Das EEG ist gleichwohl ein wichtiges diagnostisches Hilfsmittel, da die normale Grundaktivität von einander überlagernden Rhythmen in ihrem Hauptfrequenzbereich verhältnismäßig stabil ist. Charakteristische Veränderungen im EEG, z. B. bei Schlafstörungen, bei Epilepsie oder bei verschiedenen Tumoren, weisen auf Zustandsänderungen hin. Das EEG weist mehrere voneinander abgrenzbare Frequenzbänder auf: Alpha-(α-)Wellen (8–13 Hz), Beta-(β-)Wellen (14–30 Hz), Theta-(θ-)Wellen (4–7 Hz) und Delta-(δ-)Wellen (weniger als 4 Hz). Bei 80% der gesunden Erwachsenen überwiegt im entspannten Wachzustand ein Alpha-Rhythmus, der während Aufmerksamkeitsvorgängen unterdrückt wird (vgl. Pivik et al., 1993).

Konventionelle EEG-Registrierungen werden nach dem sog. 10/20-System vorgenommen, wobei von bestimmten Referenzpunkten auf dem (menschlichen) Kopf ausgehend Elektroden jeweils im Abstand von 10 oder 20% einer definierten Strecke (z. B. zwischen Nasenwurzel und Hinterhaupterhebung; Nasion – Inion) angelegt werden. Neuere Ableitmethoden sehen jedoch ein Vielfaches an Elektroden vor (die Maximalanzahl liegt gegenwärtig bei 256), die mittels computerbasierten Verfahren ausgewertet werden.

Evozierte, ereigniskorrelierte Potenziale (EKP)

Eine psychologisch interessante Anwendungsform des EEG stellt das evozierte, mit einem Ereignis korrelierte Potenzial (EKP) dar. Durch häufige Vorgabe eines bestimmten Reizes definierter Dauer können die vom Betrachter erzeugten EEG-Wellen auf einen Zeitpunkt, z. B. den Reizbeginn, bezogen und einem Mittelungsverfahren zur Herausrechnung des spontanen EEG vom reizausgelösten EEG unterworfen werden. Zufällige, nach Reizbeginn auftretende Aktivitätsänderungen des EEG, so die Annahme, neutralisieren einander, systematische bleiben erhalten. Reizamplitude (positiv/negativ) und Latenz ihres Auftretens (in Millisekunden) nach Reizbeginn (z. B.: P 300 für positiv nach 300 ms) werden mit Erfolg mit kognitiven Erklärungsansätzen der Reizverarbeitung in Zusammenhang gebracht (vgl. z. B. Birbaumer, Elbert, Canavan & Rockstroh, 1990).

Durch Nutzung der Supraleitfähigkeit von Metallen in der Nähe des absoluten Nullpunkts, durch SQUID-Detektoren (SQUID; »superconducting quantum interference device«) kann man auch mittels eines Magnetenzephalogramms (MEG) die vom Gehirn erzeugten schwachen Magnetfelder messen. Diese biomagnetischen Felder sind im Vergleich zum erdmagnetischen Feld außerordentlich klein, weshalb der technische Aufwand, sie »herauszufiltern«, sehr hoch ist (Kühlung der SQUID, Abschirmung magnetischer Nah- und Fernwirkungen). Indem jedoch ein MEG die Magnetfelder misst, die senkrecht auf den elektrischen Feldern und daher parallel zur Schädeloberfläche stehen, hat es eine dem EEG ähnliche, hohe zeitliche Auflösung, aber darüber hinaus eine ungleich höhere räumliche Auflösung (Kischka, Wallesch & Wolf, 1997), was sie sehr vielversprechend macht.

3.3.5 Methodenkombinationen

Heute stehen in der Biopsychologie oft Probleme im Vordergrund, die nicht allein durch die Anwendung einer Methode gelöst werden können. So z. B. die Frage, wie sich Relationen von bestimmten gehirninternen elektrophysiologischen Zuständen zu anderen, ebenfalls internen physiologischen Zuständen ändern, wenn neue Verhaltensmuster abgebildet werden. Eine Erklärungsmöglichkeit dafür wird in einer »nicht linearen Dynamik« von Gehirnzuständen gesehen, wobei man darüber Berechnungen anstellt, ob durch relationale Änderungen von elektrophysiologisch erfassbaren Gehirnzuständen Verhaltensweisen hervorgehen *und* sich stabilisieren können, die weder aus induzierten Anregungszuständen noch aus der Kombination des Zusammenwirkens innerer Teilsysteme allein vorauszusehen sind (Kratky, 1990). Wäre das wirklich so, dann fügten sich die daraus hervorgehenden neuen kohärenten raumzeitlichen Strukturen im Gehirn in ebenfalls bekannte Gedankenmodelle, die nahelegen, dass kleine Schwankungen innerhalb des Systems Gehirn auch bei kontinuierlichem Einfluss durch die Umwelt durchaus zu diskontinuierlichen, dynamischen Änderungen der funktionalen Gesamtorganisation führen können (vgl. z. B. Churchland, 2002; Schiepek, 2003).

Mittels fMRT und PET kann man z. B. zwar herausfinden, welche Bereiche des Gehirns bei bestimmten Aufgabenstellungen aktiv sind, nicht aber, wie lange diese Aktivität in den betreffenden Regionen anhält und in welcher Reihenfolge bestimmte Bereiche aktiv werden. Denn Neuronen kommunizieren im Millisekundenbereich und es dauert ungefähr 40–70 Sekunden, um die zur Erstellung eines PET-Bildes notwendige Durchblutungsmessung durchzuführen. Auch die wesentlich schnelleren fMRT-Messungen können das Problem nicht lösen, Dauer und Reihenfolge einzelner Aktivitäten zu ermitteln. Das wird besonders deutlich, wenn elektrophysiologische Änderungen mit PET bzw. fMRT-Abbildungen verglichen werden. Suggeriert uns das erstgenannte Verfahren innerhalb von

3

60–190 ms eine anhaltende Veränderung in den Aktivitätsschwerpunkten auf der Kortexoberfläche, »temporal evolution« genannt, so erwecken die anderen beiden den Eindruck, etwas vollziehe sich gleichbleibend in einem bestimmten Areal (Pfurtscheller & da Silva, 1988). Vorteile bieten hier Methodenkombinationen: Durch eine Kombination von räumlich hochauflösendem PET–Verfahren und zeitlich hochauflösendem elektrophysiologischem Verfahren, z. B. einem Elektroenzephalogramm (auch ▶ Abschn. 3.3) oder einem Magnetenzephalogramm, versucht man die zeitliche und räumliche Auflösung zu maximieren (Pfurtscheller & da Silva, 1988).

Eine Koppelung etwa von PET und EEG verbindet den Vorteil einer verhältnismäßig guten räumlichen Auflösung mit der Echtzeitdarstellung von Dendritenpotenzialen großer kortikaler Pyramidenzellen. In ein geodätisches Elektrodennetz übertragen, können so Messpunkte und -werte eines nuklearmedizinischen und eines elektrophysiologischen Verfahrens zur Deckung gebracht und der gemessene »Verhaltensauschnitt« zeitlich-räumlich besser eingeordnet werden.

Auch eine Koppelung der oben angesprochenen Läsionsmethode mit bildgebenden Verfahren ist sinnvoll. Diese Verbindung ist besonders unter dem Aspekt der Reorganisationsleistungen interessant, weist doch jede Sprach- oder Bewegungsstörung, jede emotionale oder mnestische Auffälligkeit sowohl Aspekte inadäquater Kompensation als auch einen Mangel an Kompensationsmöglichkeiten auf. Es kann also sehr aufschlussreich sein, durch Koppelung von anatomischen, elektrophysiologischen und neurologischen Untersuchungstechniken mehr über die Plastizität von Gehirnstrukturen und des Verhalten zu erfahren, um über die Dynamik von Erkrankung und Erholung Aussagen machen zu können. Hierbei scheint derzeit Selbstorganisationsmodellen (vgl. Schiepek, 2003; Kischka et al., 1997) der größte theoretische Erklärungswert zuzukommen.

Literatur

Referenzliteratur

Breidbach, O. (1997). *Die Materialisierung des Ichs. Zur Geschichte der Hirnforschung im 19. und 20. Jahrhundert*. Frankfurt am Main: Suhrkamp.

Buss, D. (2004). *Evolutionary psychology. The new science of the mind*. München: Pearson.

Carlson N. (2004). *Physiologische Psychologie*. München: Pearson

Clarke, E. & Dewhurst, K. (1972). *An illustrated history of brain functions*. Berkeley: University of California Press.

Grawe, K. (2004). *Neuropsychotherapie*. Göttingen: Hogrefe.

Hagner, M. (2000). *Homo cerebralis. Der Wandel vom Seelenorgan zum Gehirn*. Frankfurt am Main: Insel Verlag

Hebb, D. (1949). *The organization of behavior*. New York: Wiley.

Herdegen, T., Tölle, T. & Bähr, M. (Hrsg.). (1997). *Klinische Neurobiologie*. Heidelberg: Spektrum.

Hubel, D. (1989). *Auge und Gehirn. Neurobiologie des Sehens*. Heidelberg: Spektrum.

Kandel, E., Schwartz, J. & Jessell, T. (Eds.). (2000). *Principles of neural science*. New York: McGraw-Hill.

Kolb, B. & Whishaw, J. (1996). *Neuropsychologie*. Heidelberg: Spektrum

Mesulam, M. (2000). *Principles of behavioral and cognitive neurology*. Oxford: Oxford University Press.

Myers, D.G. (2005). *Psychologie*. Heidelberg: Springer.

Pauen, M & Roth, G. (Hrsg.). (2001). *Neurowissenschaften und Philosophie*. München: Fink.

Rosenzweig, M. & Bennett, E. (Eds.). (1976). *Neural mechanisms of learning and memory*. Cambridge, MA: MIT Press.

Roth, G. & Prinz, W. (Hrsg.). (1996). *Kopf-Arbeit. Gehirnfunktionen und kognitive Leistungen*. Heidelberg: Springer.

Schiepek, G.(Hrsg.) (2003). *Neurobiologie der Psychotherapie*. Stuttgart. Schattauer.

Spitzer, M. (2000). *Geist im Netz. Modelle für Lernen, Denken und Handeln*. Heidelberg: Spektrum.

Stahl, S. (2002). *Essential psychopharmacology. neuroscientific basis and practical applications*. Cambridge: Cambridge University Press.

Zitierte Literatur

Birbaumer, N., Elbert, T., Canavan, A. & Rockstroh, B. (1990). Slow potentials of the cerebral cortex and behavior. *Physiological Review, 70*, 1–41.

Charney, D. & Nestler, E. (Eds.). (2004). *Neurobiology of mental illness* (2nd ed.). Oxford: Oxford University Press.

Churchland, P.S. (2002). Self-representation in nervous system. *Science, 296*, 308–310.

Greenough, W. & Bailey,C. (1988). The anatomy of memory: convergence of results across a diversity of tests. *Trends in Neuroscience, 11*, 142–146.

Gross, C.G. (2000). Neurogenesis in the adult brain: death of a dogma. Nature *Neuroscience, 1*, 67–73.

Holsboer, F. & Künzel, H. (2004). Clinical neuroendocrinology. In D. Charney & E. Nestler (Eds.), *Neurobiology of mental illness* (2nd ed.), (pp. 155–170). Oxford: Oxford University Press.

Kennedy, C., Des Rosiers, M., Jehle, J., Reivich, M., Sharpe, F. & Sokoloff, L. (1975). Mapping of functional neural pathways by autoradiographic survey of local metabolic rate with (^{14}C)-deoxyglucose. *Science, 187*, 850–853.

Kischka, U., Wallesch, C.-W. & Wolf, G. (Hrsg.). (1997). *Methoden der Hirnforschung*. Heidelberg: Spektrum.

Kratky, K.W. (1990) Der Paradigmenwechsel von der Fremd- zur Selbstorganisation. In K.W. Kratky & F. Wallner (Hrsg.), *Grundprinzipien der Selbstorganisation* (S. 3–17). Darmstadt: Wissenschaftliche Buchgemeinschaft.

Le Vay, S. (1993). *The sexual brain*. Cambridge, MA: MIT Press.

Nieuwenhuys, R. (1985). *Chemoarchitecture of the brain*. Berlin: Springer.

Olds, J. & Milner, P. (1954). Positive reinforcement produced by electrical stimulation of septal area and other regions of the rat brain. *Journal of Comparative Physiological Psychology, 47*, 419–427.

Pfurtscheller, G. & da Silva, L. (Eds.). (1988). *Functional brain imaging*. Toronto: Huber.

Pivik, R., Broughton, R., Coppola, R., Davidson, R., Fox, N. & Nuwer, M. (1993). Guidelines for the recording and quantitative analysis of electroencephalographic activity in research contexts. *Psychophysiology, 30*, 547–558.

Pritzel, M. (1997). Lateralisierung des Zentralnervensystems und Verhalten. In H.J. Markowitsch (Hrsg.), *Enzyklopädie der Psychologie: Band 3 Klinische Neuropsychologie* (S. 155–208). Göttingen: Hogrefe.

Pritzel, M. & Markowitsch, H.H. (1997). Sexueller Dimorphismus: Inwieweit bedingen Unterschiede im Aufbau des Gehirns zwischen Mann und Frau auch Unterschiede im Verhalten? *Psychologische Rundschau*, 48, 16–31.

Pritzel, M., Brand, M. & Markowitsch, H.J. (2003). *Gehirn und Verhalten. Ein Grundkurs der Physiologischen Psychologie*. Heidelberg: Spektrum.

Roth, G. (1994). *Das Gehirn und seine Wirklichkeit: Kognitive Neurobiologie und ihre philosophischen Konsequenzen*. Frankfurt am Main: Suhrkamp.

Roth, G. (2001). *Fühlen, Denken, Handeln. Wie das Gehirn unser Verhalten steuert*. Frankfurt am Main: Suhrkamp.

4 Evolutionsbiologische Grundlagen und Methoden

E. Voland

Evolutionäres Denken ist in Biologie und Psychologie untrennbar mit dem Namen Charles Darwin verbunden (▶ Kurzbiographie). Mit seinem 1859 erschienenen Hauptwerk »The Origin of Species by Means of Natural Selection« leitete er eine wissenschaftliche wie weltanschauliche Revolution ein, deren Konsequenzen für das menschliche Selbstverständnis auch heute, rund 150 Jahre später noch nicht vollständig überblickt werden. Die Anthropologie Darwins, wonach der Mensch ein reines Produkt des natürlichen Geschehens sei, also in allen seinen vielfältigen Facetten und Lebensvollzügen – einschließlich seiner aus dem sonstigen Organismenreich in besonderer Weise herausragenden Merkmale wie Selbstbewusstsein, Symbolsprache, Moral, Kultur – Teil einer monistischen Natur sei, widerspricht der persönlichen Selbstwahrnehmung und ist deshalb kontraintuitiv. Gleichwohl konnte diese konsequent naturalistische Perspektive nach allen wissenschaftlichen Erkenntnissen bis heute nicht ausgeschlossen werden.

4.1 Darwin und die Folgen

4.1.1 Komponenten einer Kausaltheorie der Evolution

Darwins Idee vereinigt zwei Aspekte des Naturgeschehens, nämlich einen historischen und einen kausalen, zu einer Theorie. Die historische Komponente nimmt die Stammesgeschichte der Organismen in den Blick und fragt nach den phylogenetischen Beziehungen der Arten untereinander und nach den Folgen, die aus dem Zusammenspiel von historischer Kontinuität und fortgesetztem Wandel für die biologischen Charakteristika der Organismen entstehen. Mit Bezug auf den Menschen speist die historische Komponente in Darwins Idee Forschungsprogramme, die menschliche Psyche aus den Trends der Primatenevolution verstehen zu wollen, also aus der Biologie unserer nächsten lebenden Verwandten im Tierreich. Die Evolution kennt keine Sprünge, und deshalb kann, was immer den Menschen in besonderer Weise auszeichnen mag, nicht plötzlich »vom Himmel gefallen« sein. Stattdessen sind unsere typisch menschlichen Merkmale Umkonstruktionen und Weiterentwicklungen von ursprünglich Vorhandenem. Darin liegt begründet, dass wir in der menschlichen Psyche Erbe von den Tierprimaten entdecken und aus dem Studium der Tiere ein Verständnis von den Prädispositionen gewinnen, die

4

Charles Darwin

Charles Darwin wurde 1809 in Shrewsbury (nahe Birmingham, England) geboren. Nach einem abgebrochenen Medizinstudium an der Universität Edinburgh nahm er an der Universität Cambridge das Studium der Theologie auf, bevor er in den Jahren 1831–36 an einer Weltreise auf dem Forschungsschiff »Beagle« teilnahm. Inspiriert von den Erfahrungen auf dieser Expedition schrieb er 1842 einen ersten Entwurf seiner Deszendenztheorie nieder. Nach vielfachen Modifikationen trug er seine Theorie schließlich am 1. Juli 1858 unter dem Titel »The Origin of Species by Means of Natural Selection« bei der Königlichen Linné-Gesellschaft vor. Am gleichen Tag legte auch Alfred Russell Wallace, der unabhängig von Darwin zu ähnlichen Einsichten gekommen war, seine Schrift vor. Darwin starb 1882 in Down (Grafschaft Kent). Bestattet wurde er in der Westminster Abbey, London.

die Entwicklung der menschlichen Psyche gebahnt, d. h. sowohl befördert, aber auch begrenzt haben (ausführlich ► Kap. 26).

Interessanterweise war es dieser historische Aspekt, der mit der populär verdichteten Formel »Der Mensch stammt vom Affen ab« als Skandalon in Darwins Werk gesehen wurde. Dabei war Darwin keineswegs der erste Forscher, der die Deszendenz des Menschen aus tierlichen Vorfahren gesehen hat. Andere vor ihm, wie beispielsweise der französische Naturforscher und Philosoph Jean Baptiste Lamarck (1744–1829), hatten ebenfalls das bibelnahe Credo der Artkonstanz in Frage gestellt, aber vermutlich unter zeitgeistlichem Druck und verloren in Selbstzweifel ihre Thesen nur sehr halbherzig vorgebracht. Das originäre Verdienst von Charles Darwin liegt also gar nicht vorrangig in der Entdeckung der stammesgeschichtlichen Tier-Mensch-Kontinuität, obgleich er vor allem dafür wissenschaftlich wie außerwissenschaftlich bekannt wurde. Sein originäres Verdienst liegt vielmehr in der Aufdeckung jener naturgesetzlichen Mechanismen, die für den Artwandel und damit auch für die Entstehung des Menschen und seiner Merkmale verantwortlich zu machen sind (► Abschn. 4.2.1). Eine bis heute

nicht zu widerlegende Kausaltheorie der Evolution geliefert zu haben, ist die große innovative Leistung von Charles Darwin. Ausfluss seiner Theorie von der Evolution durch natürliche Auslese von Varianten ist das »adaptationistische Programm« (Tooby & Cosmides, 1992; Williams, 1966), das als Heuristik auch die moderne Psychologie durchdringt (► Abschn. 4.3).

Aus der Funktionslogik der natürlichen Selektion gewinnen die Merkmale der Lebewesen Qualitäten, die der unbelebten Natur fremd sind, nämlich »Funktionen«. Während man kaum behaupten kann, es gäbe die Sonne, um die Erde zu beleuchten, entspricht es evolutionsbiologischer Einsicht beispielsweise zu behaupten, es gibt das Gehirn, um Information zu verarbeiten. Damit wird der Naturinterpretation eine neuartige, »teleonom« genannte Perspektive zugefügt. Unter Teleonomie versteht man die programmgesteuerte Zweckmäßigkeit von Organismen. Sie ist gemäß Darwin das Ergebnis der Evolution und fehlt der nichtbelebten Natur (Mayr, 1998).

4.1.2 Konsequenzen darwinischen Denkens

Die Sperrigkeit der darwinischen Evolutionstheorie und die Skepsis, die sie bei Anwendung auf psychische Vorgänge häufig hervorruft, liegt nicht zuletzt darin begründet, dass sie der persönlich erfahrenen Welt, die voller Pläne, Ziele, Absichten und Wünsche ist, ganz unvermittelt die teleonome Weltsicht gegenüberstellt, die zwar Zwecke kennt, aber eben gerade nicht Pläne, Ziele, Absichten und Wünsche. Aber genau das suggeriert eine intuitive Alltagspsychologie, die gewöhnlich Entwicklungen als zielgerichtet interpretiert. Entsprechend wird Evolution gemäß einer teleologischen oder finalen Weltanschauung häufig mit Fortschritt gleichgesetzt. Fortschritt aber setzt einen Maßstab voraus, an dem er gemessen werden könnte. Ein solcher Maßstab ist der Evolution fremd, und folglich kennt sie auch keinen Fortschritt. »Die Evolution geht ziemlich langsam nirgendwohin« formulierte Michael Ruse (1995) mit klarer Absage an jegliche finale Interpretationen des Evolutionsgeschehens. Nur am Rande sei erwähnt, dass genau aus diesem Grund der Sozialdarwinismus, der das biologische Evolutionsgeschehen final und normativ interpretiert, keine wissenschaftliche Unterstützung findet.

In diesem Zurückgeworfensein des intentional angelegten und final denkenden Menschen auf pure Determination, Ziellosigkeit und biologische Zwecke liegt die Quelle, die Richard Dawkins (1978) veranlasst hat, in Verlängerung der Freud'schen Formel von den drei Kränkungen der narzistischen Eigenliebe des Menschen von einer vierten Kränkung zu sprechen. Die kopernikanische Wende stellt die erste große Kränkung dar, weil sie mit der Aufgabe des geozentrischen Weltbilds den Menschen aus dem Zentrum des kosmischen Geschehens vertrieb. Darwins Deszendenztheorie war Anlass für die zweite Kränkung, weil sie den Menschen als Krone der Schöpfung in Frage stellt. Die Psychoanalyse mit ihren Einsichten über die irrationalen Anteile in den menschlichen Motivationen ist die dritte große Kränkung, weil sie die Rolle von Bewusstsein und Ratio herunterspielt. Die vierte große Kränkung schließlich, so Dawkins, besteht in der Wahrnehmung von der Programmsteuerung allen Verhaltens. Die zuvor als selbstverständlich angenommene menschliche Handlungssouveränität erscheint in vollkommen neuem Licht. Evolution ist eine nie unterbrochene und potenziell nie endende Replikation von Programmen, nämlich der Erbinformation. Wir Menschen, wie alle Organismen neben uns, sind letztlich nur Vehikel, die die Gene sich geschaffen haben, um in einem ökologisch hostilen und einem sozial kompetitiven »struggle for life« ihre eigene Replikation bestmöglich zu bewerkstelligen. Der einzige Zweck dieser Programme ist ihr eigener Erhalt, und diesem Zweck sind die Phänotypen, die von diesen Programmen konstruiert werden, bedingungslos unterworfen. Es geht in der Evolution nicht um Fortschritt, nicht um Ziele, nicht um die Wohlfahrt der Mitspieler auf der Bühne des Lebens, nicht um die Arten, noch nicht einmal um Individuen, sondern nur um den Ausbreitungserfolg der Programme. Das »Ich« als erlebtes Zentrum von Autonomie, Identität und Intention wird als bloße Strategie der Genprogramme entlarvt.

Diese Konsequenz der darwinischen Idee, einschließlich ihrer weltanschaulichen Implikationen wurde erst lange nach Darwin in ihrer vollen Brisanz verstanden. Erst mit der Entwicklung der Soziobiologie in den 70er Jahren des 20. Jahrhunderts und in Folge davon der Evolutionspsychologie in den 90er Jahren und auch angesichts der einschlägigen Einsichten aus Neurobiologie und Genetik dämmerte die Einsicht durch, dass die teleonome Perspektive ganz entscheidend zum Verständnis psychischer Phänomene beitragen kann, denn natürlich gilt das berühmte Bonmot des Genetikers Dobzhansky auch uneingeschränkt für den Menschen, seinen Geist und dessen Produkte: »Nichts in der Biologie hat Sinn außer im Lichte der Evolution«. Die darwinische Evolutionstheorie hat die Praxis der psychologischen Forschung erreicht (hierzu ausführlich ▶ Kap. 26, 36) und sich auf diesem Weg gegen einige konkurrierende Evolutionstheorien erfolgreich durchgesetzt (▶ Übersicht).

Biologische Evolutionstheorien
- Finalismus: Steuerung der Evolution von einem transzendenten Endziel her (»Teleologie«). Problem: Weder sind ein Zielsetzer noch ein Ziel naturwissenschaftlich verifizierbar.
- Vitalismus: Die Evolution der Organismen wird durch eine innere Lebenskraft (»élan vital«) vorangetrieben. Problem: Vitalistische Faktoren sind naturwissenschaftlich nicht erkennbar.
▼

- Lamarckismus: Evolution durch erworbene Eigenschaften. Problem: Es gibt bisher keinen Beleg für die Fixierung erworbener Eigenschaften in der Keimbahn.
- Darwinismus: Allmählicher Umbau von Populationen durch differenzielle Reproduktion von Varianten

4.2 Die darwinische Theorie

Darwins Theorie setzt an der Beobachtung an, dass die Angehörigen einer Population sich mit unterschiedlicher Nachkommenzahl fortpflanzen. Dies hat weit reichende Konsequenzen, denn es gehört zu den Eigenschaften der biologischen Evolution, dass sich die genetischen Programme der Organismen in dem gleichen Maße in einer Population ausbreiten, wie sie zur erfolgreichen Fortpflanzung ihrer vergänglichen Phänotypen (»Überlebensmaschinen«) beitragen. Die natürliche Selektion bewertet innerhalb der Populationen die von den Individuen verfolgten Lösungen für die biologischen Grundprobleme von Selbsterhaltung und Reproduktion nach Maßgabe ihrer jeweiligen Effizienz: Die biologisch erfolgreicheren Individuen hinterlassen mehr Nachkommen, und entsprechend nehmen mit der Zeit deren genetische Programme in der Population zu.

4.2.1 Natürliche Selektion und Anpassung

Theoretisch verfügt jede Population über ein unbegrenztes Vermehrungspotenzial, und ihre Individuenzahl würde unter beschränkungsfrei gedachten Bedingungen letztlich ins Unendliche ansteigen. Unter natürlichen Verhältnissen ist ein unbegrenztes Populationswachstum freilich nicht möglich, weil die für die Vermehrung notwendigen Ressourcen (wie z. B. Nahrung, Brutplätze, Geschlechtspartner, elterliche Fürsorge, soziale Unterstützung) nicht beliebig verfügbar sind und damit Wachstumsgrenzen abstecken. Es werden immer mehr Nachkommen gezeugt, als sich ihrerseits fortzupflanzen vermögen. Das führt zur Konkurrenz unter den Mitgliedern einer Population um den Zugang und die Nutzung der jeweils begrenzten Lebenschancen. Einige Individuen vermögen aufgrund ihrer Merkmale und Eigenschaften die Ressourcen besser zu erschließen und sie effektiver in Reproduktion umzusetzen als andere. So nimmt der relative Anteil des Erbmaterials dieser überdurchschnittlich erfolgreichen Individuen im Genpool der Population zu, obwohl die Gesamtkopfzahl aller Populationsmitglieder wegen der wachstumsbegrenzenden Faktoren mehr oder weniger stabil bleiben kann.

Besteht der unterschiedliche Reproduktionserfolg der Individuen zumindest zu einem Teil auf genetischen Unterschieden, kommt es zu Verschiebungen von Genfrequenzen, und evolutionärer Wandel findet statt. Auf diese Weise werden die Populationen allmählich umgebaut. Diejenige Erbinformation, deren Trägerindividuen für sich die Wachstumsgrenzen am weitesten hinauszuschieben vermögen, also am effektivsten Nahrung beschaffen, Raubfeinden entgehen, pathogenem Stress widerstehen, sozialer Konkurrenz standhalten, Geschlechtspartner werben, Nachkommen großziehen usw., ist mit der Zeit zunehmend in der Population vertreten. Die Erbinformation mit den besseren Selektionseigenschaften ist vermehrt an der Herausbildung der anatomischen, physiologischen und psychischen Merkmale ihrer Mitglieder beteiligt, während die Erbinformation der Verlierer in der darwinischen Konkurrenz abnimmt und schließlich ganz verschwindet.

Damit ist im Kern die Funktionslogik des darwinischen Prinzips beschrieben und auf drei charakteristische Systemeigenschaften der Lebenswelt zurückgeführt, nämlich auf
- die Begrenztheit von Fortpflanzungsmöglichkeiten wegen Ressourcenknappheit,
- die Verschiedenartigkeit von Individuen und
- genetische Vererbung.

Im Verlauf der Stammesgeschichte sind so die genetischen Dispositionen für alle Aspekte der Lebensgestaltung (seien sie vorrangig körperlicher oder psychischer Art) zwangsläufig und freilich ganz ungeplant auf optimale reproduktive Effizienz gezüchtet worden. Diesen Prozess nennt man in der Evolutionsbiologie »Anpassung«, sein Ergebnis ist die »Angepasstheit« der Organismen und ihrer Merkmale an ihre sozialen und ökologischen Lebensbedingungen.

Begriffe wie »Angepasstheit«, »optimal«, »Fitness« und dergleichen, die im Sprachgebrauch der Evolutionsbiologen eine zentrale Rolle spielen, können vernünftigerweise immer nur unter Bezug auf die je vorherrschenden Lebensbedingungen sinnvoll verwendet werden. Was sich in einem Lebenszusammenhang als angepasst und optimal erweist, kann unter ganz andersartigen Lebensbedingungen unangepasst und suboptimal sein. Es sind die jeweils vorherrschenden ökologischen und soziokulturellen Lebensbedingungen, die über die relative Tauglichkeit der verschiedenen Strategien entscheiden. Aussagen über Zweckdienlichkeit und Optimalität von Verhaltensweisen sind deshalb zuverlässig nur unter Beachtung der Rahmenbedingungen des Lebensmilieus möglich, in dem sich das in Frage stehende Verhalten entwickelt, und deshalb wäre es falsch, Organismen in irgendeinem absoluten Sinn als optimal angepasst zu betrachten. Das biologische Evolutionsgeschehen kennt als ziel- und planloser Vorgang keinen Fortschritt und kann deshalb auch keine im absoluten Sinn beste Lösung für die Lebensbewältigung hervorbringen. Fitness, das Maß für evolutionäre Tauglichkeit, errechnet sich nach Maßgabe der relativen Zunahme von Genreplikaten innerhalb der Population und ist deshalb eine relative Größe. Im absoluten Sinn hingegen ist der Begriff Fitness inhaltsleer.

4.2.2 Verwandtenselektion und Gesamtfitness

Obwohl die natürliche Selektion an der Variabilität der Merkmalsträger (Phänotypen) ansetzt, ist die Ebene biologischer Anpassungsvorgänge die der Gene und nicht etwa die der Individuen oder gar der Populationen oder Arten. Damit stellt sich die Evolution als ein genzentriertes Prinzip dar, ein Umstand, der zu der populären, aber leider missverständlichen Floskel vom »egoistischen Gen« (Dawkins, 1978) geführt hat.

Die »Gen-egoistische« Perspektive der Evolution macht bislang unverstandene Verhaltenstendenzen wie beispielsweise gewisse Erscheinungsformen des phänotypischen Altruismus erklärbar. Gemeint werden damit Verhaltensweisen, die mit Nachteilen für die persönlichen Lebens- und Reproduktionschancen verbunden sind, gleichzeitig aber die Fortpflanzung anderer fördern. Das sind Verhaltensweisen, deren evolutive Entstehung man in der traditionellen Verhaltensforschung mit der Wirkweise einer vermuteten Gruppenselektion erklärt hat. Man nahm an, dass eine persönliche Selbstbeschränkung zugunsten der Population oder der Art in der natürlichen Selektion Bestand hätte, weil es in der Evolution letztlich um den biologischen Erfolg miteinander konkurrierender Gruppen ginge.

Das unwahrscheinliche Konzept der Gruppenselektion wurde aus theoretischen wie aus empirischen Gründen aufgegeben. Auch wenn Gruppen miteinander konkurrieren und in Wettstreit treten, so sind doch die Merkmale, mit denen dieser Wettstreit ausgetragen wird, individualselektiert. Bei genauerer Betrachtung stellt sich nämlich heraus, dass eine Selbstaufopferung zugunsten anderer unter bestimmten verwandtschaftlichen und ökologischen Voraussetzungen durchaus als biologische Angepasstheit im »egoistischen« Vermehrungsinteresse der eigenen Gene verstanden werden kann. Dies ist beispielsweise der Fall, wenn das augenscheinlich altruistische Verhalten im Durchschnitt zur vermehrten Replikation abstammungsgleicher Allele in genealogischen Seitenlinien beiträgt (Hamilton 1964a,b). Den dafür verantwortlichen Evolutionsmechanismus nennt man »Verwandtenselektion« (»kin selection«; Maynard Smith, 1964).

Verwandtenselektion

Verwandtenselektion basiert auf gemeinsamer genetischer Abstammung der sozialen Akteure. Bei uns Menschen, wie bei allen diploiden Organismen besteht eine Wahrscheinlichkeit von 50%, dass irgendein bestimmtes Allel der Zellkern-DNA im Zuge der Reduktionsteilung (Meiose) in eine bestimmte Keimzelle gelangt. Ebenso groß ist die Wahrscheinlichkeit für das alternative Allel auf dem homologen

Chromosom (▶ Kap. 25 für eine genauere Erläuterung der genetischen Begriffe und Konzepte). Wenn nun die Gameten zur Zygote verschmelzen, ist das Erbgut jeweils genau zu 50% von väterlicher und mütterlicher Herkunft. Jedes Allel im Genom der Zygote hat deshalb eine 50%ige Wahrscheinlichkeit, die Kopie des entsprechenden Allels jeweils des einen oder des anderen Elters zu sein, und umgekehrt hat jedes Allel im Genom eines Elternteils eine Wahrscheinlichkeit von 50% in das Erbgut dieser Zygote kopiert worden zu sein. Diese Wahrscheinlichkeit wird durch den Verwandtschaftskoeffizienten r ausgedrückt. Er beträgt – in Populationen ohne Inzucht – zwischen Eltern und ihren Kindern r = 0,5 oder ein Halb – und nimmt wegen der genetischen Ausdünnung aufgrund zweigeschlechtlicher Fortpflanzung mit jeder Generation um die Hälfte ab: Zwischen Großeltern und Enkeln ist r = 0,25 oder ein Viertel, zwischen Urgroßeltern und Urenkeln ist r = 0,125 oder ein Achtel usw. Vollgeschwister haben den Wert r = 0,5, Halbgeschwister r = 0,25, Vettern und Kusinen untereinander r = 0,125 usw. Die genetische Basis eines phänotypisch altruistischen Verhaltens breitet sich dann in der Population aus, wenn die Bedingung der Hamilton-Ungleichung (nach Hamilton, 1964a,b)

$$K < rN$$

erfüllt ist. Dies ist immer dann gegeben, wenn die Kosten K eines Verhaltens für den Altruisten geringer sind als der Nutzen N dieses Verhaltens für den Vorteilsnehmer des altruistischen Akts, und zwar gewichtet mit dem Verwandtschaftskoeffizienten r als Wahrscheinlichkeitsmaß für das Vorhandensein abstammungsidentischer Genreplikate beim Altruisten und beim Nutznießer. Kosten und Nutzen eines Verhaltens werden hinsichtlich ihrer Konsequenzen für den Lebensreproduktionserfolg eines Individuums gemessen. Unter sonst gleichen Bedingungen wird demnach ein phänotypisch altruistisches Verhalten umso wahrscheinlicher auftreten, je geringer seine Nachteile für den Altruisten sind (je »billiger« es ist), je größer seine Vorteile für den Nutznießer sind und je enger Altruist und Nutznießer miteinander genetisch verwandt sind. Mit abnehmendem Verwandtschaftsgrad zwischen zwei Partnern muss also die Nutzen-Kosten-Relation altruistischen Verhaltens zunehmen, wenn sich dieses Verhalten evolutionär durchsetzen soll.

Fitness

Aus dem Prinzip der Verwandtenselektion folgt, dass die Selektion die Individuen nicht nur nach der Anzahl und Tauglichkeit ihrer über die Lebensspanne gezeugten eigenen Nachkommen bewertet, sondern eine andere, eben genzentrierte Beurteilung der biologischen Angepasstheit der Organismen vornimmt. Als Maß dafür dient die »Gesamtfitness« (»inclusive fitness«). Für ein gedachtes Individuum errechnet sie sich aus dessen persönlicher Fortpflan-

zungsleistung plus dem Anteil am Fortpflanzungserfolg seiner genetisch Verwandten, der ursächlich auf seine altruistische Hilfestellung zurückgeht – und dies gewichtet mit dem jeweiligen Verwandtschaftskoeffizienten.

William Hamilton (1964a,b) war der erste, der diesen Aspekt des Evolutionsgeschehens klar erkennen und modellhaft fassen konnte und damit eine Revolution in der theoretischen Biologie einleitete (▶ Kurzbiographie).

Die durch eigene Fortpflanzung erreichte Fitness nennt man »direkte Fitness« (oder »Darwin-Fitness«), die durch Verwandtenunterstützung erreichte »indirekte Fitness«, kurz:

Direkte Fitness + indirekte Fitness = Gesamtfitness

Zur Veranschaulichung ein einfaches und deshalb extremes Beispiel: Ein Gen möge seinen Träger zur Selbstaufgabe veranlassen, um dadurch das Leben von Verwandten zu erhalten. Dieses Gen kann sich trotz seiner Selbstaufopferung in der Population ausbreiten, wenn aufgrund dessen

William Hamilton

William D. Hamilton, zuletzt Professor für Zoologie an der Universität Oxford, wurde am 1936 in Kairo geboren und starb im Jahr 2000 in London an den Folgen einer Tropenkrankheit, die er sich bei einem Forschungsaufenthalt in Afrika zugezogen hatte.

Er gilt Vielen als der bedeutendste Biologe des 20. Jahrhunderts. Seine Arbeit »The Genetical Evolution of Social Behavior«, in der das Konzept der Gesamtfitness (»inclusive fitness«) entwickelt wird, ist zur meistzitierten Arbeit der modernen Biologie avanciert. Daneben hat Hamilton überaus innovative und nachfolgende Forschung nachhaltig stimulierende Theoriearbeiten zu Fragen nach der Rolle von Parasiten in der sexuellen Selektion und nach der Evolution der Geschlechtlichkeit, Kooperation und Seneszenz veröffentlicht. Hamilton hat entscheidend dazu beigetragen, die biologische Evolution als ein genzentriertes Geschehen zu interpretieren.

mehr als zwei Vollgeschwister (r = 0,5) oder mehr als vier Nichten oder Neffen (r = 0,25) überleben und sich erfolgreich fortpflanzen und wenn sie diesen Fortpflanzungserfolg ohne die Unterstützung durch den Altruisten nicht erreicht hätten. Dann ist – aus der Sicht des »egoistischen Gens« – der Nutzen der Selbstaufopferung größer als die entstandenen Kosten und die Bedingung der Hamilton-Ungleichung ist erfüllt. Wohlgemerkt: Kosten und Nutzen beziehen sich im Sprachgebrauch der Evolutionsbiologen nicht auf irgendwelche ganz unmittelbaren materiellen oder psychischen Vor- und Nachteile eines Verhaltens, sondern auf den Beitrag zum Lebensreproduktionserfolg. Was wie kostspieliger Altruismus aussieht, kann sich deshalb durchaus als nutzbringender genetischer »Egoismus« entpuppen. Und damit stellt sich der vermeintliche Altruismus letztlich als eine Form genetischen Eigennutzes dar. Je positiver sich ein Verhalten auf die Gesamtfitness eines Individuums auswirkt, desto erfolgreicher ist dieses Individuum in der darwinischen Konkurrenz. Deshalb hat die Evolution zwangsläufig alle Lebewesen darauf gezüchtet, genau diese Größe zu maximieren. »Reproduktive Gesamtfitnessmaximierung« ist das Lebensprinzip, auf das alle Organismen von Natur aus eingestellt sind.

4.2.3 Gene und Umwelt

Die Theorie vom »egoistischen Gen« wird immer wieder missverstanden, weil man meinen könnte, sie würde kulturelle und gesellschaftliche Gegebenheiten als Bedingung und Ursache menschlichen Erlebens und Verhaltens weitestgehend herunterspielen oder gar ganz ausblenden und dadurch einer biologistischen Auffassung der Verhaltensdetermination das Wort reden, in der soziale Umwelten praktisch keine erklärende Rolle spielen. Hinter diesem Vorwurf steckt ein Irrtum bezüglich der Wirkweise der Gene, von denen irrtümlicherweise angenommen wird, sie würden biologische Merkmale unabhängig von Umwelteinflüssen determinieren. Das ist natürlich nicht der Fall, denn die Phänotypen (einschließlich der Verhaltensmerkmale) entstehen immer aus einer Wechselbeziehung zwischen dem Genom und seiner Umgebung. Dabei definieren die Gene lediglich die Reaktionsnorm auf die äußeren Entwicklungsbedingungen. Die Umwelt entscheidet deshalb mit darüber, zu welchen phänotypischen Ergebnissen die genetisch programmierten Entwicklungsabläufe führen. Der Phänotypus ist die Manifestation eines Genotyps in einem ganz bestimmten Entwicklungszusammenhang. Man spricht in diesem Zusammenhang von »phänotypischer Plastizität« oder auch »adaptiver Modifikabilität« und beschreibt damit die Eigenschaft vieler Veranlagungen, sich je nach Entwicklungskontext unterschiedlich zu manifestieren. Wichtig für das Verständnis der evolutionären Perspektive ist jedoch die Einsicht, dass die Variabilität der Phänotypen selbst eine adaptive Leistung der Evolution und

ihres Substrats der Erbinformation ist, also letztlich wiederum genetischer Determination unterliegt. Phänotypische Plastizität darf keinesfalls dahingehend missverstanden werden, als spielte die Erbinformation keine konstruktive Rolle in der Ontogenese der Merkmale und bei der Entstehung von Variation.

Ontogenese beruht auf Anlage-Umwelt-Interaktionen, und das Produkt – der Phänotypus – kann unmöglich in vermeintlich genetisch- bzw. umweltdeterminierte Anteile zerlegt werden. Es macht deshalb auch absolut keinen Sinn, Verhaltensmerkmale als »angeboren« oder »erworben« unterscheiden zu wollen (Heschl, 1998). Bestenfalls lässt sich ihre Stellung in einem Kontinuum zwischen »relativ stabil« und »relativ sensibel« gegenüber unterschiedlichen Umwelteinflüssen bestimmen.

Selbst wenn die Entwicklung eines verhaltenssteuernden Mechanismus als weitgehend genetisch fixiert in dem Sinne gelten kann, dass unterschiedliche Milieueigenschaften nicht zu nennenswert unterschiedlichen phänotypischen Ausprägungen dieses Mechanismus führen, bleibt in der Regel sehr viel Raum für Umgebungseinflüsse auf das Verhalten, denn Verhaltensvariation kommt vorrangig durch Umgebungsvariation zustande. Evolutionsbiologen begreifen eine Verhaltensstrategie als eine evolvierte Regelsammlung, die festlegt, mit welcher Wahrscheinlichkeit welches Verhalten unter welchen Bedingungen gezeigt wird. Der Wechsel von einem Verhalten zu einem anderen ist dann Ausdruck einer »konditionalen Strategie«. Sie beinhaltet eine Regel zur Übernahme situationsgerechter Verhaltensweisen, etwa nach der Devise: »Bei zunehmender Konkurrenz werde aggressiv, bei nachlassender Konkurrenz kooperativ!« Wir haben es hier mit strategischer Flexibilität zu tun. Ändern sich die Bedingungen, ändert sich das Verhalten.

Mögliche genetische Unterschiede zwischen Individuen einer Population spielen für evolutionäre Verhaltensforscher insgesamt eher eine untergeordnete Rolle ohne freilich negiert zu werden. Konsequenzen genetischer Variation zu studieren, ist vorrangig Angelegenheit der Verhaltensgenetik, die mit ihren Methoden (Züchtungsexperimente mit Tieren bzw. Zwillings- und Adoptionsstudien bei Menschen) die Bedeutung genetischer Unterschiede für die Ausprägung von Verhaltens- und Persönlichkeitsunterschiede zu ermitteln versucht (ausführlich in ▶ Kap. 25). So wichtig genetische Variation für die Entstehung von Verhaltensunterschieden zweifellos sein kann, haben sich doch die meisten Evolutionsbiologen, jedenfalls wenn es um Menschen geht, den Standpunkt zu Eigen gemacht, wonach Verhaltensunterschiede in erster Linie durch flexible Reaktionen ähnlicher Genotypen auf verschiedenartige Lebenskontexte zustande kommen.

4.3 Das darwinische Forschungs- programm in der Psychologie

4.3.1 Das adaptationistische Programm

Es besteht gar kein Zweifel daran, dass auch die Menschheit Produkt der biologischen Evolution ist und während ihrer Stammesgeschichte grundsätzlich denselben formenden Gesetzmäßigkeiten des darwinischen Prinzips unterlag wie alle anderen Arten auch. Dem – und nur dem – verdanken wir alle unsere körperlichen, geistigen und seelischen Eigenarten. Eine darwinische Psychologie ist deshalb durch das Faktische des Lebens gut begründet, und tatsächlich ist darwinisches Denken in praktisch alle wichtigen Bereiche der wissenschaftlichen Psychologie eingedrungen und hat spezifische Forschungsprogramme auf den Weg brachte (Sozialpsychologie: Simpson & Kenrick, 1997; Klinische Psychologie: Wenegrat, 1990; Kognitionspsychologie: Barkow, Cosmides & Tooby, 1992; Entwicklungspsychologie: Björklund & Pellegrini, 2002; Emotionspsychologie: Euler, 2000; Persönlichkeitspsychologie: Buss & Greiling, 1999; Kulturvergleichende Psychologie: Keller, Poortinga & Schölmerich, 2002; ausführlicher ▶ Kap. 36).

Die Evolutionspsychologie gewinnt ihre Inspiration aus der dem evolutionären Denken inhärenten Grundeinsicht, dass biologische Merkmale, einschließlich der von Geist und Gehirn, in der Regel als biologisch-funktionale Antworten auf spezifische Selektionsbedingungen, die sog. »adaptiven Probleme«, zu bewerten sind (Cosmides, Tooby & Barkow, 1992). Adaptive Probleme sind solche, denen unsere Vorfahren während ihrer evolutionären Geschichte wiederholt ausgesetzt waren und deren Lösung mit Konsequenzen für den Lebensreproduktionserfolg verbunden waren. Angepasstheiten, verstanden als durch vergangene Selektion bewährte funktionale Lösungen adaptiver Probleme, sind deshalb notwendigerweise historischen Ursprungs. Sie entstanden im sog. »environment of evolutionary adaptedness (EEA)«, also in den pleistozänen Kontexten des Wildbeuterdaseins, das als vorherrschende Lebensform während 99,5% der Menschheitsgeschichte (von den ersten rund 2 Mio. Jahre alten Vertretern der Gattung Homo bis zur neolithischen Revolution vor rund 10.000 Jahren) das Spektrum der adaptiven Probleme definiert und damit den Kanon der adaptiven Lösungen stimuliert hat, die in ihrer Summe die menschliche Natur ausmachen.

Diese adaptationistische Sichtweise eröffnet der Psychologie zwei heuristische Strategien (◘ Abb. 4.1): Entweder man wählt ein historisches Anpassungsproblem zum Ausgangspunkt der Forschung und sucht nach den adaptiven Lösungen, die sich in der menschlichen Psyche dafür herausgebildet haben, oder aber man entwickelt und testet Hypothesen über mögliche adaptive Funktionen, deretwegen bestimmte beobachtete Merkmale evolviert sind.

So hat beipielsweise die Tatsache, dass sich innerhalb von Familien verschiedenartige genetische Interessen tref-

Biologisches Anpassungsproblem

Theorie über die adaptive Funktion

Hypothese über das evolutive Design

Psychischer Mechanismus

◘ **Abb. 4.1.** Forschungsstrategien einer evolutionär inspirierten Psychologie

fen und gegebenenfalls konfligieren können, den Nachweis inspiriert, dass sich väterliche und mütterliche Großmütter in ihren familiären Strategien unterscheiden (▶ Kasten).

Gleichsam den umgekehrten Weg, nämlich den von einem bekannten Verhaltensmechanismus zum Verständnis seiner adaptiven Funktion, hat beispielsweise Profet (1992) bei ihrer Analyse der Schwangerschaftskrankheit beschritten. Ausgehend von der Beobachtung, dass werdende Mütter im ersten Drittel einer Schwangerschaft Übelkeitssymptome zeigen können, konnte sie die adaptiven Probleme darstellen, an die dieses Phänomen angepasst ist: Durch eine Senkung der Toleranzschwelle gegenüber durch Nahrung aufgenommene Toxine wird die Organdifferenzierung des zu dieser Zeit besonders gefährdeten Embryos geschützt.

Kritik

Das adaptationistische Programm ist häufig mit dem Hinweis kritisiert worden, dass keineswegs alle biologischen Merkmale als selektionsbewährte Angepasstheiten zu bewerten sind und entsprechend eine heuristische Fixierung auf das Aufspüren von evolutionärer Funktion als Schlüssel zur Kausalerklärung eines Merkmals in die Irre führen könne. Außerdem können Merkmale Funktionen aufweisen, deretwegen sie nicht evolviert sind (Gould & Lewontin, 1979). Zur Veranschaulichung dieser Problematik verweisen Kritiker gern auf Voltaires Geschichte von Dr. Pangloss. Dieser hatte behauptet, Nasen seien klugerweise erschaffen worden, um Brillen zu tragen. Wenngleich Dr. Pangloss dies als Beleg der Genialität des Schöpfergotts gemeint hatte, so besteht die Gefahr eines vergleichbaren Fehlschlusses auch in der Evolutionsbiologie. Evolutionsbiologen wissen um dieses Risiko und unterscheiden deshalb analytisch strikt Angepasstheiten beispielsweise von funktionslosen Nebenprodukten, die »zufällig« in der Evolution mitgeschleppt wurden (Buss, Haselton, Shakelford, Bleske & Wakefield, 1998). So ist der Bauchnabel funktionsloses Nebenprodukt der Nabelschnur, und männliche Brustwarzen sind funktionslose Nebenprodukte eines weiblich ausgerichteten Grundbauplans der Säugetiere. Entsprechend sind für diese Merkmale keine funktionalen Erklärungen möglich.

Vertreter des adaptationistischen Programms fühlen sich dem hypothetikodeduktiven Verfahren verpflichtet. Ob man nun von einem psychischen Merkmal ausgehend

4

Schwiegermütter und Totgeburtlichkeit

Aus den Daten der aus den Kirchenbucheinträgen re-konstituierten Krummhörner Familien (Ostfriesland) des 18. und 19. Jahrhunderts wurden 6206 eheliche Geburten extrahiert. Davon waren n = 202 (= 3,3%) Totgeburten. Nach der statistischen Kontrolle des Alters der Mütter und der Kohorteneffekte zeigt sich, dass der Umstand, ob die väterliche Großmutter bei der Geburt des Kindes noch lebte oder nicht einen signifikanten Einfluss auf die Totge-burtlichkeit hatte (◨ Abb. 4.2). Während die Existenz der eigenen Mutter keinen Einfluss auf das Risiko einer Totge-burt ausübte, erhöhte die Existenz der Schwiegermutter das relative Risiko einer Totgeburt je nach Ehedauer um durchschnittlich 34,9% (p = 0,034) gegenüber der Situa-tion, dass die Schwiegermutter nicht mehr lebte.

Der schädliche Einfluss der Schwiegermutter kann auf einen evolvierten innerfamiliären Interessenskonflikt zurückgeführt werden. Während nämlich die reprodukti-ven Interessen von Müttern und ihren erwachsenen Töch-tern sich weitgehend überlappen (und nur höchstens dann konfligieren können, wenn eine Mutter ihre Unter-stützung zwischen mehreren erwachsenen Töchtern auf-teilen will), sind die reproduktiven Interessen von Müttern und den Partnerinnen ihrer erwachsenen Söhne grund-verschieden und laufen nur unter bestimmten Bedingun-gen parallel. Das Interesse der Schwiegermütter an ihren Schwiegertöchtern reicht deshalb nur so weit, wie die Schwiegertöchter den reproduktiven Interessen der Schwiegermütter zuarbeiten. Die davon unterschiedenen Eigeninteressen der Schwiegertöchter finden hingegen

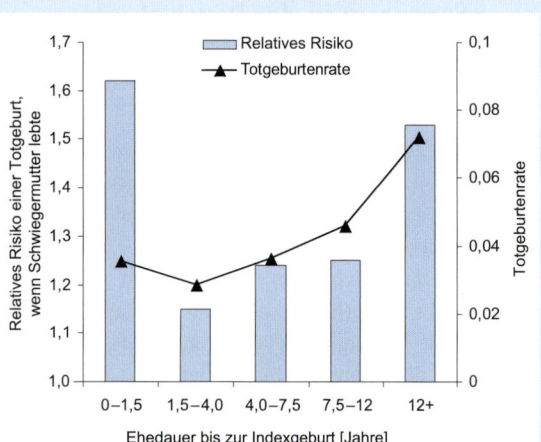

◨ **Abb. 4.2.** Totgeburtenrate nach Ehedauer und das relative Risiko einer lebenden Schwiegermutter auf das Risiko einer Tot-geburt in Abhängigkeit von der Ehedauer (Krummhörn 1750–1874) bei statistischer Kontrolle von Geburtskohorte und Alter der Mutter

keine Unterstützung. So könnten, was für den hier refe-rierten Fall der vormodernen ländlichen Bevölkerung Ost-frieslands wahrscheinlich erscheint, Schwiegermütter mo-tiviert gewesen sein, ihre Schwiegertochter über Gebühr zur Arbeit anzutreiben, um die so erwirtschafteten Über-schüsse in die eigene Deszendenz einfließen zu lassen. Dies könnte konkret bedeutet haben, dass die Schwieger-mütter ihre Schwiegertöchter mehr als die eigenen Töch-ter zur Arbeit in Haus, Garten oder Betrieb angetrieben haben.

das evolutionäre Szenario seiner Entstehung in den Blick nimmt oder aber gleichsam in umgekehrter Blickrichtung die evolutionären Antworten auf adaptive Probleme stu-diert – Forschungsfortschritt wird angestrebt durch den empirischen Ausschluss von Alternativannahmen auf der Suche nach der Hypothese mit der (vorläufig) größeren Er-klärungskraft. Die induktive Methode, d. h. Einzelbeobach-tungen und vermutete Schlüsse, die man daraus ziehen könnte, verallgemeinern zu wollen, ist zu Recht als »story-telling« kritisiert worden (Kitcher, 1985). Damit steht der darwinische Ansatz in der Psychologie fest auf dem wissen-schaftstheoretischen Boden des Falsifikationismus, also jener vor allem auf Karl Popper zurückgehende Position, die fordert, jede Hypothese immer wieder strengen Prüfun-gen zu unterwerfen und im Falle der Widerlegung der Hy-pothese nach verbessertem Ersatz zu suchen, weil nur dies wissenschaftlichen Fortschritt ermöglicht.

Methodische Zugänge

Das adaptationistische Programm einer evolutionär inspi-rierten Psychologie kennt verschiedene methodische Zu-

gänge auf das menschliche Verhalten. Zu aller erst – und der biologischen Herkunft der evolutionären Perspektive ge-schuldet – ist der Tier-Mensch-Vergleich zu nennen. Er ist in der Humanpsychologie durch den einfachen aber folgen-reichen Umstand legitimiert, dass die Evolution keine Sprünge kennt, und wir deshalb in uns Spuren unserer tier-lichen Vorfahren entdecken können. Durch das Studium der Tiere und vor allem der nichtmenschlichen Primaten als unsere nächsten stammesgeschichtlichen Verwandten, lässt sich gleichsam ein »archimedischer Punkt« fixieren, von dem aus der Mensch seine distanzierte Selbsterkennt-nis vermehren kann (Bischof, 1985). Den Lohn der verglei-chenden Perspektive hatte bereits Darwin im Blick, als er 1871 formulierte: »Wer den Pavian verstünde, der täte mehr für die Philosophie als Locke« – gemeint war der englische Philosoph und Staatstheoretiker John Locke (1632–1704) (ausführlicher zum Tier-Mensch-Vergleich ▶ Kap. 26).

Auch der Kulturenvergleich hat gleichsam eine doppel-te epistemische Perspektive. Auf der einen Seite geht es da-rum, unter der ethnohistorischen Vielfalt, mit der die Men-schen in die Welt treten, den Kern ihrer »Natur« zu bestimmen. Humanethologen (Eibl-Eibesfeldt, 1999) und Evolutionspsychologen (Cosmides & Tooby, 1992) verteidigen gleichermaßen die Idee, dass transkulturell vorfindliche Universalien im menschlichen Verhalten mit großer Wahrscheinlichkeit biologische Angepasstheiten darstellen, wie beispielsweise Eifersucht als adaptive Reaktion auf den drohenden Verlust reproduktiver Ressourcen zur evolutionären Mitgift aller Menschen gehört.

Auf der anderen Seite treten eher die kulturellen Unterschiede in den Blickpunkt des Erkenntnisinteresses. Eifersucht mag ja zur Natur des Menschen gehören, aber ihre Ausprägungsstärke ist abhängig u. a. von kulturellen Hintergrundvariablen, wie beispielsweise dem Ausmaß gelebter sexueller Freizügigkeit. Verhaltensstrategien werden am besten als konditionale Strategien verstanden, was bedeutet, dass dieselben psychischen Regulationsmechanismen in je unterschiedlichen Kontexten jeweils unterschiedliches Verhalten hervorbringen, weshalb Gaulin (1997) von »konditionalen Universalien« spricht. Eine im Kern selbe »menschliche Natur« kann sich phänotypisch äußerst variabel präsentieren. Kulturelle Variabilität zu studieren, bedeutet unter evolutionärer Perspektive, die adaptive Funktionslogik der verhaltenssteuernden Prozesse angesichts unterschiedlicher Rahmenbedingungen zu studieren. Im Unterschied zu evolutionär agnostischen Ansätzen, die kulturelle Vielfalt als etwas im Zuge historischer Kontingenzen zufällig Entstandenes interpretieren, verstehen Vertreter des adaptationistischen Programms kulturelle Unterschiede u. a. als entstanden durch adaptive Lösungen des biologisch evolvierten Gehirns im Rahmen ökologisch und historisch besonderer Anpassungsprobleme. Hinter der Idee von der menschlichen Natur steckt zwar letztlich eine genetische Theorie menschlichen Verhaltens, gleichwohl lässt diese viel Raum für die Möglichkeit, kulturelle Unterschiede ohne die Annahme genetischer Unterschiede interpretieren zu können.

Auch der inter- und intraindividuelle Vergleich innerhalb von Kulturen und innerhalb ihrer Subgruppen dient als heuristische Schiene für das adaptationistische Programm. Weil sich die adaptiven Probleme je nach Biographie und Lebenskontext ändern können, ist folgerichtig zu erwarten, dass sich dies in den adaptiven Leistungen der Psyche spiegelt. Die Individuen einer Population werden sich in der Lösung der adaptiven Probleme unterscheiden. Das liegt an ihren individuell unterschiedlichen Möglichkeiten, die aus vielfältigen Gründen (genetischer, ökologischer, sozialer, aber auch zufälliger Art) individuell sehr verschieden sein können. Die natürliche Selektion wird deshalb nicht die beste aller theoretisch denkbaren Antwortstrategien fördern, sondern die beste angesichts der konkreten Rahmenbedingungen auch tatsächlich verfügbare. Innerhalb einer Population kann es deshalb verschiedene Optima geben – eine Folge der genzentrierten Wirkweise der biologischen Evolution und zugleich ein starkes Argument dafür, Verhaltensstrategien nicht nur auf der Ebene ganzer Populationen zu studieren, sondern immer

auch den individuellen Kontext mit seinen individuellen Opportunitätsstrukturen im Blick zu haben.

4.3.2　Die Rolle der Kultur im evolutiven Geschehen

Trotz anfänglich vielfach formulierter Vorbehalte ist zunehmend eine Übernahme evolutionären Denkens auch in die Psychologie und andere Humanwissenschaften hinein zu beobachten (Barrett, Dunbar & Lycett, 2000; Betzig, 1997; Björklund & Pellegrini, 2002; Buss, 1999; Cronk, Chagnon & Irons, 2000; Voland, 2000; Voland, Chasiotis & Schiefenhövel, 2005; Weingart, Mitchell, Richerson & Maasen, 1997). Allerdings erwachsen aus der Anwendung der darwinischen Perspektive auf das menschliche Denken, Erleben und Verhalten einige grundsätzlich neuartige Probleme, die die Tierpsychologie zumindest nicht in vergleichbarer Deutlichkeit berühren. Hierzu gehört nicht zuletzt die Frage nach der Bedeutung der Kultur in evolutionären Analysen (auch ▶ Kap. 26, 36).

Die Natur der Kultur

Dabei ist Kultur keineswegs ein ausschließlich menschliches Merkmal. Benutzt man für eine vorsichtige, eher zurückhaltende Einschätzung des Vorhandenseins von Kultur das Kriterium, ob Unterschiede von erlernten Verhaltensweisen zwischen verschiedenen Populationen derselben Art vorliegen, und ob Erlerntes zur dauernden, über mehrere Generationen anhaltenden und eigenständigen Traditionsbildung geführt hat, dann zeigen viele Arten aus den verschiedensten systematischen Gruppen kulturelles Verhalten. Einige, vor allem Vögel und Primaten und unter diesen vor allem die großen Menschenaffen besitzen sogar recht komplexe Traditionssysteme, z. B. in Bezug auf die unterschiedliche Verwendung von Werkzeugen bei der Nahrungsbeschaffung oder hinsichtlich bemerkenswerter Dialektunterschiede in der vokalen Kommunikation. Wir können deshalb nicht erwarten, bezüglich kultureller Merkmale eine scharfe Trennlinie zwischen Tieren und Menschen ziehen zu können.

Dennoch wurde immer wieder behauptet, dass die Kultur des Menschen seine »angeborene Biologie« überdecke und deshalb evolutionäre Ansätze bestenfalls zur Analyse von Primärbedürfnissen und sehr basalen Verhaltensweisen wie angeborenen Reflexen taugten, keinesfalls aber auf die kulturell entwickelten und ausdifferenzierten Aspekte des menschlichen Lebensvollzugs anzuwenden seien. Beispielsweise erklärt die Biologie des Menschen zwar die Notwendigkeit der Nahrungsaufnahme, nicht aber regionale Nahrungstraditionen, nicht die Haute Cuisine, weder das Gastmahl noch die Speisung der Fünftausend. Kultur – so die in der abendländischen Denktradition fixierte antinaturalistische Sichtweise – sei aufzufassen als über oder jenseits der organismischen Welt schwebend, nicht zu verstehen als Manifestation der Natur,

4

sondern als etwas Freies, davon Unabhängiges, Unbestimmtes, nur durch sich selbst Begrenztes, nur eigenen Regeln und Gesetzen unterworfen, auch nur durch sich selbst Erklärbares, kurz: als Kategorie eigener Art.

Derartige antinaturalistische Auffassungen von der menschlichen Kultur speisen das, was Tooby und Cosmides (1992) als »Standard Social Science Model« bezeichnet haben. Danach ist die biologische Grundlage des menschlichen Verhaltens auf ein paar angeborene Ausstattungen beschränkt, über die alle Menschen gleichermaßen verfügen. Die angeborene Natur des Menschen wird so als Konstante gesehen. Weil aber eine Konstante keine Vielfalt erklären kann, scheint der Schluss verführerisch nahe liegend, dass der menschlichen Natur kein nennenswerter Anteil an dem Zustandekommen kultureller Verhaltensunterschiede zukommen kann. Das »Angeborene« sei marginal und rudimentär, so heißt es, jedenfalls kommen Kinder ohne kulturelle Kompetenzen zur Welt. Diese müssen sie erst mühsam erwerben und zwar notwendigerweise von einer Quelle, die außerhalb ihrer selbst liegt. Es ist die Gesellschaft (bzw. Kultur), in die die Kinder hineingeboren werden, die mit den jeweils vorherrschenden Verhaltensnormen, Glaubenssystemen, Gruppenstrukturen, Einstellungen, Mentalitäten usw. dem als »unbeschriebenes Blatt« (Tabula rasa) zur Welt gekommenen Menschen ihren Stempel aufdrückt und profiliert. Erst während der Sozialisation wird das ursprünglich inhaltsleere Gehirn sinnvoll strukturiert, weshalb der Mensch (fast) unbegrenzt formbar und anpassungsfähig erscheint.

Die Formel von der Tabula rasa ist neuerdings häufig ersetzt durch die Metapher vom Gehirn als eine Art Computer, zwar mit einigen komplizierten Verschaltungen, aber eben doch ohne Software. Wenngleich extreme Versionen der Idee von der Tabula rasa heutzutage kaum mehr vertreten sind, sondern in den modernen Lehrbüchern der Entwicklungspsychologie Platz gemacht haben für »interaktionistische« Entwicklungstheorien, bei denen sehr wohl eine genetisch kodierte Biologie des Gehirns mehr oder weniger in die Verhaltensentwicklung eingreift, hat das wenig an der akademisch und populär weit verbreiteten Vorstellung zu

ändern vermocht, wonach die lebenswichtigen Programme, die das Verhalten steuern, erst installiert werden müssten. Das Gehirn – als eine Art »Allzweckcomputer« gedacht – ist in dieser Sicht trotz (oder gerade wegen) seiner komplizierten Architektur für alles offen.

Die empirischen Ergebnisse der Neurowissenschaften und Kognitionspsychologie sprechen allerdings unmissverständlich gegen die Annahme, dass wir Menschen mit einem inhaltsleeren Gehirn geboren werden, das in gewisser Weise einem Allzweckcomputer gleicht. Statt dessen kommen im Zuge der menschlichen Individualentwicklung, so beim Sehen lernen, Sprechen lernen, Emotionen erkennen lernen usw. hochgradig spezialisierte neuronale Mechanismen zur Anwendung. Lernen ist ein biologisch detailliert geregelter und häufig eng gebahnter Vorgang, und deshalb kann der Mensch auch nicht unbegrenzt formbar sein. Man lernt nur, was man lernen soll (Alexander, 1990; Heschl, 1998; Tooby & Cosmides, 1992). »Soll« ist hier natürlich nicht normativ gemeint, sondern stellt auf den teleonomen Charakter des biologischen Evolutionsgeschehens ab: Man lernt nur das, wozu man in langen Selektionsprozessen eingerichtet worden ist. Wie bereits in ▶ Abschn. 4.2.3. im Zusammenhang mit der Diskussion um die irreführende Unterscheidung von »angeboren« und »erworben« ausgeführt, ist die Umweltsensibilität eines Organismus, also die Frage, von welchen Milieueigenschaften er sich in seiner Entwicklung in welcher Weise beeinflussen lässt, genauso Produkt des evolutionären Erbes wie der Informationsgehalt der Gene selbst. Die Abhängigkeit der menschlichen Verhaltensentwicklung von den je vorherrschenden kulturellen Bedingungen kann deshalb selbst als eine evolutionäre Ausstattung des Homo sapiens gelten. Vor diesem Hintergrund wird das eigentliche Problem der sog. »Nature-nurture-Debatte« sichtbar: Die unter manchen Biologen und Kulturwissenschaftlern gleichermaßen weit verbreitete Auffassung, wonach »Sozialisation« oder »Kultur« Alternativen zur evolutionären Erklärung menschlichen Verhaltens sein sollen, beruht schlichtweg auf einem Kategorienfehler. Die Frage ist nicht, ob ein bestimmtes Verhalten Ergebnis der natürlichen Se-

---

Weshalb ist die typisch menschliche Lern- und Kulturfähigkeit evolviert?

Worin liegt das Geheimnis ihres biologischen Erfolgs? Der ursprüngliche Selektionsvorteil von Kulturfähigkeit könnte in einer Risikoverminderung durch Imitation gelegen haben. Bereits eine einzige Programmanweisung, nämlich »Imitiere die Erfolgreichen!« könnte sehr viele Phänomene der menschlichen Kulturgeschichte zur Folge gehabt haben. Dass offensichtlich ziemlich konsequent (und häufig absolut blind) nach dieser Devise gehandelt wird, belegt die Alltagserfahrung, und die biologische Adaptivität eines solchen Programms liegt auf der Hand: Es erspart

dem Imitator unter Umständen unendlich lange, mühsame und risikoreiche Versuch-und-Irrtum-Prozesse. Er könnte sehr schnell und gefahrlos jene Verhaltensoptionen wählen, von denen er weiß, dass andere damit bereits Erfolg hatten. Freilich sind die Verhältnisse nicht gar so einfach, als dass ein einziger programmierter Imperativ »alles« erklären könnte. Vor allem Boyd und Richerson (1985) und Laland, Odling-Smee und Feldman (2000) haben zu einer differenzierten Sicht auf Traditionsbildung, dem Scharnier zwischen biologischer Evolution und Kulturgeschichte beigetragen. Kulturgeschichte begann, als das »survival of the fittest« ein »imitation of the fittest« ins Schlepptau nahm.

lektion oder eines kulturellen Lernprozesses ist, sondern die Frage ist letztlich, aus welchen Gründen welche Lernprozesse aus der natürlichen Selektion hervorgegangen sind (Tooby & Cosmides, 1992).

Evolutionspsychologische Perspektiven auf Kultur

Für das adaptationistische Programm ergeben sich zwei unterschiedliche Perspektiven, die Psychologie kultureller Phänomene zu studieren: Kultur kann beschrieben und analysiert werden

1. als Antwort auf adaptive Probleme und
2. als vorfindliche Selektionsbedingung.

Die erste Perspektive fragt danach, mit welchen typisch menschlichen, d. h. kulturellen Mitteln adaptive Probleme gelöst werden. Wie organisieren Menschen ihre genegoistischen Interessen und Bedürfnisse? Typische Forschungsprojekte dieser Ausrichtung fragen beispielsweise nach der adaptiven Funktion unterschiedlicher kultureller Auslegungen der Mutterrolle (Hrdy, 2000) oder (erst ansatzweise verstanden) nach der Rolle von Ästhetik (Voland & Grammer, 2002) und Religion (Voland & Söling, 2004) im menschlichen Streben nach Selbsterhaltung und Reproduktion.

Es gehört nun zu den typischen Kennzeichen von Traditionsbildung und Kulturgeschichte, dass die kulturellen Antworten auf adaptive Probleme zu den individuell mehr oder weniger veränderlichen Selektionsbedingungen der nachfolgenden Generationen gehören können (zweite Perspektive). Haben Ackerbau und Viehzucht als die besseren Lösungen für das Lebensproblem erst einmal die jagende und sammelnde Lebensweise abgelöst und sind sie erst einmal kulturell fixiert, ist für die nachfolgenden Generationen diese Subsistenzform verbindlich – und erfordert wiederum adaptive Antworten. So verstanden, sind kulturelle Errungenschaften nicht nur als adaptive Leistungen zu verstehen, sondern zugleich auch als adaptive Probleme, die ihrerseits adaptive Antworten erfordern. Individuelle Anpassungen an diese kulturellen Bedingungen gehorchen nicht selten dem, was man im Englischen »making the best of a bad job« nennt. Damit ist gemeint, dass in der persönlichen Lebensführung keineswegs immer die beste aller denkbaren Lösungen umsetzbar ist, sondern dass durch kulturelle Vorgaben der Opportunitätsraum für die persönliche Lebensmeisterung mehr oder weniger drastisch eingeschränkt sein kann. Forschungsprogramme diesen Zuschnitts sind daran interessiert, wie kulturelle Vorgaben dem Verhalten des einzelnen den Stempel aufdrücken. Wie beeinflussen Kindheitserfahrungen, z. B. Familiengrößen, die persönliche Stellung in der Geschwisterfolge oder die Scheidung der Eltern die soziokulturelle Entwicklung und Lebensstrategie der Kinder (Chasiotis, 1999)?

Diskussionen um die Bedeutung der Kultur in evolutionären Szenarien leiden nicht selten unter dem Defizit,

die Dialektik von Kultur als adaptiver Leistung und adaptivem Problem nicht immer deutlich zu erkennen. Ferner haben sie nicht selten das Problem, dass Zweck und Mittel, also ultimate und proximate Erklärungen menschlicher Lebensbewältigung nicht immer deutlich auseinander gehalten werden (hierzu ▶ Kap. 36).

Darwinische Ansätze in der Erforschung menschlichen Verhaltens haben trotz ihrer erst kurzen Geschichte bereits einige interessante Ausdifferenzierungen erfahren (Laland & Brown, 2002; Smith, 2000). Wenngleich Vertreter der unterschiedlichen Schulen, treten sie nun unter der Bezeichnung Soziobiologen, Evolutionspsychologen, darwinische Anthropologen, Verhaltensökologen oder noch anders auf, ihren jeweiligen Forschungsschwerpunkt etwas unterschiedlich ausrichten, so ist doch unbestreitbar, dass für eine vollständige evolutionäre Analyse der menschlichen Lebensvollzüge Kenntnisse über fünf zusammenhängende Aspekte gewonnen werden müssen (Smith 2000), nämlich zu der Erbinformation, welche die physiologischen und psychischen Steuerungsmechanismen hervorbringt, welche Denken, Erleben und Verhalten hervorbringen, im Kontext von kulturellen und sozioökologischen Rahmenbedingen, mit der Konsequenz von Fitnesseffekten.

Es versteht sich von selbst, dass dieser Anspruch nur in Zusammenarbeit verschiedener Herangehensweisen einzulösen ist.

Literatur

Referenzliteratur

Barkow, J.H., Cosmides, L. & Tooby, J. (Eds.). (1992). *The adapted mind – Evolutionary psychology and the generation of culture.* New York: Oxford University Press.

Barrett, L., Dunbar, R. & Lycett, J. (2002). *Human evolutionary psychology.* Basingstoke: Palgrave.

Betzig, L. (Ed.) (1997). *Human nature – A critical reader.* New York: Oxford University Press.

Buss, D.M. (1999). *Evolutionary psychology – The new science of the mind.* Boston: Allyn & Bacon.

Cronk, L., Chagnon, N. & Irons, W. (Eds.). (2000). *Adaptation and human behavior – An anthropological perspective.* Hawthorne: Aldine De Gruyter.

Darwin, C. (1859). *On the origin of species by means of natural selection.* London: Murray.

Darwin, C. (1871). *The decent of man, and selection in relation to sex.* London: Murray.

Darwin, C. (1872). *The expressions of emotions in man and animals.* London: Murray.

Dawkins, R. (1978). *Das egoistische Gen.* Berlin: Springer.

Hrdy, S. B. (2000). *Mutter Natur – Die weibliche Seite der Evolution.* Berlin: Berlin.

Zitierte Literatur

Alexander, R. (1990). Epigenetic rules and Darwinian algorithms – The adaptive study of learning and development. *Ethology and Sociobiology, 11*, 241–303.

Bischof, N. (1985). *Das Rätsel Ödipus – Die biologischen Wurzeln des Urkonflikts von Intimität und Autonomie.* München: Piper.

Björklund, D.F. & Pellegrini, A.D. (2002). *The origins of human nature – Evolutionary developmental psychology.* Washington, DC: American Psychological Association.

Boyd, R. & Richerson, P.J. (1985). *Culture and the evolutionary process.* Chicago: University of Chicago Press.

Buss, D.M. & Greiling, H. (1999). Adaptive individual differences. *Journal of Personality, 67*, 209–243.

Buss, D.M., Haselton, M.G., Shakelford, T.K., Bleske, A.L. & Wakefield, J.C. (1998). Adaptations, exaptations, and spandrels. *American Psychologist, 53*, 533–548.

Chasiotis, A. (1999). *Kindheit und Lebenslauf – Untersuchungen zur evolutionären Psychologie der Lebensspanne.* Bern: Huber.

Cosmides, L. & Tooby, J. (1992). Cognitive adaptations for social exchange. In J.H. Barkow, L. Cosmides & J. Tooby (Eds.), *The adapted mind – Evolutionary psychology and the generation of culture* (pp. 163–228). New York: Oxford University Press.

Cosmides, L., Tooby, J. & Barkow, J.H. (1992). Evolutionary psychology and conceptual integration. In J.H. Barkow, L. Cosmides & J. Tooby (Eds.), *The adapted mind – Evolutionary psychology and the generation of culture* (pp. 3–15). New York: Oxford University Press.

Eibl-Eibesfeldt, I. (1999). *Grundriss der vergleichenden Verhaltensforschung, Ethologie.* München: Piper.

Euler, H. (2000). Evolutionstheoretische Ansätze. In J.H. Otto, H.A. Euler & H. Mandl (Hrsg.), *Emotionspsychologie – Ein Handbuch* (S. 45–63). Weinheim: Psychologie Verlags Union.

Gaulin, S.J.C. (1997). Cross-cultural patterns and the search for evolved psychological mechanisms. In Ciba Foundation. *Characterizing psychological adaptations* (pp. 195–211). Chichester: Wiley.

Gould, S.J. & Lewontin, R.C. (1979). The spandrels of San Marco and the Panglossian program: A critique of the adaptationist programme. *Proceedings of the Royal Society London B, 250*, 281–288.

Hamilton, D.W. (1964a). The genetical evolution of social behaviour. I. *Journal of Theoretical Biology, 7*, 1–16.

Hamilton, D.W. (1964b). The genetical evolution of social behaviour. II. *Journal of Theoretical Biology, 7*, 17–52.

Heschl, A. (1998). *Das intelligente Genom.* Berlin: Springer.

James, W. (1892). *Principles of psychology.* London: MacMillan.

Keller, H., Poortinga, Y.H. & Schölmerich, A. (Eds.). (2002). *Between culture and biology – Perspectives on ontogenetic development.* Cambridge: Cambridge University Press.

Kitcher, P. (1985). *Vaulting ambition.* Cambridge, MA: MIT Press.

Laland, K.N. & Brown, G.R. (2002). *Sense & nonsense – Evolutionary perspectives on human behaviour.* Oxford: Oxford University Press.

Laland, K.N., Odling-Smee, J. & Feldman, M.W. (2000). Niche construction, biological evolution, and cultural change. *Behavioral and Brain Sciences, 23*, 131–175.

Maynard Smith, J. (1964). Group selection and kin selection. *Nature, 201*, 1145–1147.

Mayr, E. (1998). *Das ist Biologie: Die Wissenschaft des Lebens.* Heidelberg: Spektrum.

Profet, M. (1992). Pregnancy sickness as adaptation – A deterrent maternal ingestion of teratogens. In J.H. Barkow, L. Cosmides & J. Tooby (Eds.), *The adapted mind – Evolutionary psychology and the generation of culture* (pp. 327–365). New York: Oxford University Press.

Ruse, M. (1995). *Evolutionary naturalism – Selected essays.* London: Routledge.

Simpson, J.A. & Kenrick, D.T. (Eds.). (1997). *Evolutionary social psychology.* Mahwah: Erlbaum.

Smith, E.A. (2000). Three styles in the evolutionary analysis of human behavior. In L. Cronk, N. Chagnon & W. Irons (Eds.), *Adaptation and human behavior – An anthropological perspective* (pp. 27–46). Hawthorne: Aldine De Gruyter.

Tooby, J. & Cosmides, L. (1992). The psychological foundations of culture. In J.H. Barkow, L. Cosmides & J. Tooby (Eds.), *The adapted mind – Evolutionary psychology and the generation of culture* (pp. 19–136). New York and Oxford: Oxford University Press.

Voland, E. (2000). *Grundriss der Soziobiologie* (2. Aufl.). Heidelberg: Spektrum.

Voland, E. & Beise, J. (2004). Schwiegermütter und Totgeburten – Eine evolutionspsychologische Analyse von Kirchenbuchdaten aus der ostfriesischen Krummhörn des 18. und 19. Jahrhunderts. *Zeitschrift für Sozialpsychologie, 35*, 171–184.

Voland, E., Chasiotis, A. & Schiefenhövel, W. (Hrsg.). (2005). *Grandmothers – The evolutionary significance of the second half of female life.* New Brunswick: Rutgers University Press.

Voland, E. & Grammer, K. (Eds.). (2002). *Evolutionary aesthetics.* Heidelberg: Springer.

Voland, E. & Söling, C. (2004). Die biologische Basis der Religiosität in Instinkten – Beiträge zu einer evolutionären Religionstheorie. In U. Lüke, J. Schnakenberg & G. Souvignier (Hrsg.), *Darwin und Gott – Das Verhältnis von Evolution und Religion* (S. 47–65) Darmstadt: Wissenschaftliche Buchgesellschaft.

Weingart, P., Mitchell, S.D., Richerson, P.J. & Maasen, S. (Eds.). (1997). *Human by nature – Between biology and the social sciences.* Mahwah: Erlbaum.

Wenegrat, B. (1990). *Sociobiological psychiatry – Normal behavior and psychopathology.* Toronto: Lexington.

Williams, G.C. (1966). *Adaptation and natural selection: a critique of some current evolutionary thought.* Princeton: Princeton University Press.

5 Sozial- und kulturwissenschaftliche Grundlagen und Methoden

I. E. Josephs

Im Zentrum dieses Kapitels steht die Erörterung der sozial- und kulturwissenschaftlichen Grundlagen und Methoden der Psychologie. Dabei wird schnell deutlich, dass sowohl die Sozial-, vor allem aber die Kulturwissenschaften im Hinblick auf Gegenstand und Methoden unscharf definiert sind. Zudem ist von einer expliziten Zugehörigkeit der Psychologie zu den Kulturwissenschaften vergleichsweise selten die Rede, während eine sozialwissenschaftliche Verortung geläufig ist. Nach einer Diskussion dieser Schwierigkeiten wird anhand von Beispielen beschrieben, wie sich die Psychologie dem Menschen in seinem sozialen, gesellschaftlichen, kulturellen und historischen Kontext sowohl theoretisch als auch empirisch nähern kann. Hier werden historisch bedeutsame sowie aktuelle sozialwissenschaftliche, aber auch kulturpsychologische und kulturvergleichende Perspektiven exemplarisch vorgestellt.

5.1 Psychologie als Wissenschaft – aber als welche?

Den Menschen aus kontextualistischer Perspektive als soziales, gesellschaftliches, kulturelles und historisches Wesen zu verstehen, als ein Wesen, das in seinem Verhalten und Erleben von diesen Kontexten bestimmt, jedoch nicht determiniert wird und dabei Letztere gleichzeitig hervorbringt, gestaltet und verändert – dieses Menschenbild beschreibt, so könnte man auf den ersten Blick sagen, eine sozial- und gleichzeitig kulturwissenschaftliche Orientierung der Psychologie. Auf den zweiten Blick ist freilich alles komplizierter, denn so homogen ist das, was als sozial- oder kulturwissenschaftliche Perspektive verstanden wird, keinesfalls.

Zum einen sind sowohl die Sozial- als auch die Kulturwissenschaften unscharf definiert. So ändert sich die Antwort auf die Frage, welche Disziplinen wo einzuordnen sind, im wissenschaftshistorischen Kontext. Gegenstände und Methoden beider Wissenschaftsströmungen sind heterogen, und es entstehen in Abhängigkeit von der jeweiligen Auffassung, was denn nun genau unter Sozial- und Kulturwissenschaften zu verstehen sei, unterschiedlich große Schnittmengen. Hinzu kommt das Problem, dass bei der

Bestimmung der wissenschaftssystematischen Identität der Psychologie zwar die Sozialwissenschaften immer wieder genannt werden, von einer kulturwissenschaftlichen Zugehörigkeit jedoch zumindest explizit lange nichts zu hören war. Man darf daher skeptisch fragen, ob sich die Mehrzahl der Studierenden der Psychologie überhaupt etwas Genaueres unter der Bezeichnung »Kulturwissenschaften« vorstellen kann.

Zum zweiten findet die Erörterung sozial- und kulturwissenschaftlicher Grundlagen und Methoden der Psychologie vor dem Hintergrund anderer möglicher Einordnungsbestimmungen statt, nämlich einer geistes-, vor allem aber einer naturwissenschaftlichen Orientierung. Die Frage, ob die Psychologie Geistes- oder Naturwissenschaft – oder beides in gewissem Sinne – sei, wurde dabei im Laufe der kurzen Psychologiegeschichte immer wieder kontrovers diskutiert (Sewz, 2004). Besonders die naturwissenschaftliche Identität der Psychologie ist der »Grund«, auf dem die »Figur« dieses Beitrages zu betrachten ist. Dies wird auch aus der Tatsache deutlich, dass sich dieses Kapitel als dritter und letzter der mit Grundlagen befassten Beiträge an die neuro- bzw. evolutions*biologischen* Perspektiven (▶ Kap. 3 und 4) anschließt. Gerade biologische Orientierungen stehen im »Jahrzehnt des Gehirns« im Zentrum psychologischer Fachdiskussionen. Auf der einen Seite werden hier Stimmen laut, die eine Redefinition der Allgemeinen Psychologie als Biopsychologie für wünschenswert halten (z. B. Güntürkün, 2003; Birbaumer, 2003) und damit eine Redefinition des Gegenstandes der Psychologie voraussetzen (vom Mentalen zum Physischen). Mentales bzw. Psychisches wird aus dem Physischen erklärt, die eigenständige Existenz des Mentalen bzw. Psychischen als Analyseebene negiert. In letzter Konsequenz scheint eine im eigentlichen Sinne psychologische Perspektive überflüssig zu sein. Eine solch radikale Auffassung ist zwar medienwirksam, sie entbehrt jedoch interessanterweise vor allem einer naturwissenschaftlichen Begründung (Mausfeld, 2003). Eine ausgewogene Positionierung findet sich hingegen in den biologisch orientierten Beiträgen dieses Bandes.

Unabhängig von dieser Debatte lassen sich im Übrigen auch die Grenzen zwischen Sozial- und Naturwissenschaften so eng nicht ziehen, da gerade die quantitativ ausgerichteten Sozialwissenschaften im Hinblick auf ihre Methoden – man denke an den Stellenwert des Experiments und die vielen Varianten »quasi«-experimenteller Verfahren – eine deutliche Nähe zu naturwissenschaftlicher Forschung reklamieren (▶ Kap. 2).

Die Auseinandersetzung mit der geisteswissenschaftlichen Identität der Psychologie gehört offensichtlich nicht zur expliziten Aufgabenstellung des vorliegenden Beitrags. Jedoch tritt die geisteswissenschaftliche Thematik gewissermaßen durch die Hintertür dieses Kapitels ein, nämlich im Rahmen des kulturwissenschaftlichen Diskurses, der in den letzten Jahren zu einer signifikanten perspektivischen Erneuerung und zum Teil zur Redefinition einiger Bereiche

der Geisteswissenschaften als Kulturwissenschaften führte.

Die Diskussion sozial- und kulturwissenschaftlicher Orientierungen der Psychologie bewegt sich schließlich auch in einem methodisch kontroversen Raum: Während eine naturwissenschaftliche bzw. eine an die Naturwissenschaften angelehnte sozialwissenschaftliche Psychologie generell in nomothetischer Manier nach allgemein gültigen Gesetzen zur Erklärung menschlichen Verhaltens und Erlebens sucht, richtet sich gerade eine qualitative sozial- oder kulturwissenschaftliche Psychologie weit mehr in idiographischer Weise auf die beschreibende, interpretative Analyse von Einzelfällen. Auch hier wird generalisiert, doch ist das Verständnis von Generalisierung ein grundsätzlich anderes. So weist Peter Molenaar (2004) methodisch nach, dass in der psychologischen Forschung oft fälschlicherweise von interindividueller Variation auf intraindividuelle Variation, also von Gruppen auf Individuen geschlossen wird (s. auch Lamiell, 1981, 1998; Cairns, Bergman & Kagan, 1998). Jaan Valsiner (2000, S. 77) bezeichnet den Schluss von aggregierten Daten auf Individuen als den »zentralen, systematischen Fehler der Psychologie«. Beide plädieren demzufolge dafür, die Psychologie in erster Linie als idiographische Wissenschaft zu verstehen, in der Gesetze aus Einzelfallanalysen hervorgehen, ein Credo, das schon früh von Kurt Lewin (1927, 1931) vehement vertreten wurde und u. a. vor kurzem zur Neugründung der elektronischen Zeitschrift »International Journal of Idiographic Science« führte (http://www.valsiner.com).

Vor diesem vielschichtigen Hintergrund spannt sich nun die Diskussion nach der psychologischen Umsetzung sozial- und kulturwissenschaftlicher Perspektiven sowohl in theoretischer, methodischer als auch forschungspraktischer Hinsicht auf. Die spannende Frage lautet, wie denn nun genau Mensch, Psyche und »Welt« aufeinander zu beziehen seien: Wirkt das eine auf das andere? Kann das eine aus dem anderen erklärt werden? Lösen sich beide untrennbar ineinander auf? Ko-konstituieren sich beide wechselseitig – und wenn ja, dann wie? Eine kurze Beschreibung sowohl der Sozial- als auch Kulturwissenschaften soll den Rahmen für diese Diskussion bieten.

5.2 Psychologie als Sozial- und Kulturwissenschaft – aber was heißt das?

5.2.1 Eine Kurzdefinition der Sozial- und Kulturwissenschaften

Die Sozialwissenschaften sind eine Sammelbezeichnung für diejenigen Wissenschaften und Forschungszweige, in denen das Sozialwesen Mensch, also die gesellschaftlichen Aspekte menschlichen Verhaltens und Zusammenlebens sowie die Organisationsgrundlagen, -formen und Rahmenbedingungen menschlicher Vergesellschaftung im Zentrum stehen. Den Kern der Sozialwissenschaften bilden Soziolo-

5.2 · Psychologie als Sozial- und Kulturwissenschaft – aber was heißt das?

75   **5**

gie, Politikwissenschaft und auch Teile der Wirtschaftswissenschaften. Diesem Kern am nächsten steht, was die Psychologie anbelangt, die Sozialpsychologie, wobei die Psychologie als Ganzes häufig dem weiteren Bereich der Sozialwissenschaften zugerechnet wird. Durch ihren Fokus auf das oft kontextfrei konzipierte Individuum und die Suche nach ahistorisch gültigen Gesetzen menschlichen Verhaltens und Erlebens tun sich weite Bereiche der Psychologie jedoch schwer, dem Sozialwesen Mensch nachhaltig Rechnung zu tragen. Und dies, so wird gelegentlich konstatiert, gelte gerade auch für die Sozialpsychologie, vor allem im Bereich der sozialen Kognitionsforschung, in der das »Soziale« aus dem Menschen heraus erklärt wird (vgl. Graumann, 1988; Nye & Brower, 1996). Auch die Bestrebungen in der Sozialpsychologie, nach ahistorisch gültigen Gesetzen zu suchen, wurden schon früh kritisiert (Gergen, 1973).

Eine genaue Grenze zwischen Sozial- und Naturwissenschaften lässt sich – vor allem was einen eigenständigen sozialwissenschaftlichen Methodenkanon anbelangt – bis heute nicht ziehen. Gerade die quantitative Sozialforschung lehnt sich an ein naturwissenschaftliches Vorgehen an (▶ Kap. 2). Im Gegensatz dazu bedient sich die qualitative Sozialforschung regelgeleiteter interpretativer, hermeneutisch orientierter Methoden. Einen exzellenten Überblick über die Aktivitäten innerhalb der qualitativen Sozialforschung – besonders aus psychologischer Perspektive – liefert die internationale Internetzeitschrift »Forum Qualitative Sozialforschung« (http://www.qualitative-research.net). Fundierte methodische Einführungen finden sich bei Denzin und Lincoln (2000), Flick, von Kardorff, Keupp, von Rosenstiel und Wolff (1995) sowie Flick, von Kardorff und Steinke (2000).

Kulturwissenschaft(en) – das ist zunächst ein eher unscharfer Begriff, unter dem unterschiedlichste wissenschaftstheoretische und forschungspragmatische Ansätze subsumiert werden (Nünning & Nünning, 2003). Bereits 1899 sprach sich Heinrich Rickert (1986) in seinem Aufsatz »Kulturwissenschaft und Naturwissenschaft« für eine Ersetzung des Begriffes der Geisteswissenschaften durch den der Kulturwissenschaften aus, da nur Letzterer dem Gegenstand – dem Bezogensein von Kultur, Werten und Bedeutung – explizit und unmissverständlich gerecht werde. Heute finden wir Kulturwissenschaft im Singular, gedacht als eigenständige, neue Disziplin mit spezifischem Gegenstandsbereich, aber auch Kulturwissenschaften im Plural als spezifische Perspektive (historisch, vergleichend, selbstreflexiv) an den thematischen Schnittstellen etablierter Disziplinen innerhalb der Geistes-, Literatur-, Geschichts- und Sozialwissenschaften.

Eine kulturwissenschaftliche Perspektive ist bemüht um eine Integration der verschiedenen geistesgeschichtlichen, literaturwissenschaftlichen, kunstphilosophischen, soziologischen, historischen, anthropologischen und psychologischen Betrachtungsweisen, wobei im Zentrum der Mensch als Kultur schaffendes und sich dadurch in seiner jeweiligen historischen, politischen, kulturellen, aber auch geschlechtsspezifischen Form erst hervorbringendes Wesen steht. Dabei werden Gesellschaft, Literatur und Kunst, Ökonomie und Recht als Handlungsfelder und Rahmenbedingungen untersucht. Die Psychologie trifft man sowohl im kulturwissenschaftlichen Diskurs als auch als Disziplin in einer kulturwissenschaftlichen Fakultät ausgesprochen selten an. Ein Grund dafür liegt in ihrer geteilten natur- und geisteswissenschaftlichen Identität – mit einer deutlichen Sympathie für Erstere. Lehrstühle für Kulturpsychologie oder Kulturvergleichende Psychologie, den beiden psychologischen Kandidaten, die einer kulturwissenschaftlichen Orientierung am nächsten stehen, kommen im deutschen Sprachraum so gut wie nicht vor. Exzellente Versuche, die Psychologie innerhalb der Kulturwissenschaften zu positionieren, finden sich jedoch z. B. in den Arbeiten von Jürgen Straub (z. B. 2001, 2003) und Alexander Thomas (z. B. 2003).

5.2.2 Kernannahmen einer sozial- und kulturwissenschaftlich orientierten Psychologie

Ein eindeutiger Kern sozial- und kulturwissenschaftlicher Grundlagen der Psychologie ist in Anbetracht der relativen Heterogenität nicht einfach auffindbar, sondern muss – und dies ist zweifelsohne auch ein selektiver und subjektiver Prozess – erst formuliert werden. Folgender Bestimmungsversuch sei hier unternommen: Die menschliche Psyche ist intrinsisch mit der sozialen, gesellschaftlichen und kulturellen Welt verbunden, wobei die Qualität der Verbundenheit in psychologischer Theorie und Forschung höchst unterschiedlich konzipiert wird.

Eine dualistische Trennung von psychischen Funktionen oder Strukturen einerseits und sozialer, gesellschaftlicher oder kultureller Welt andererseits ist dem Variablenansatz, wie er beispielsweise in der Kulturvergleichenden Psychologie dominiert, forschungslogisch notwendigerweise inhärent, wobei die Bezogenheit von Person und Welt auf dem Umweg der Wirkung (freilich im statistischen Sinne) unabhängiger auf abhängige Variablen wiederhergestellt wird. Andere psychologische Ansätze wiederum »fusionieren« Person und Welt dermaßen, dass sich die Person in ihren individuellen psychischen Funktionen ganz und gar im Sozialen, Gesellschaftlichen, Kulturellen auflöst (z. B. Diskursive Psychologie; ▶ Abschn. 5.5.2). Wiederum andere Ansätze gehen von einer inklusiven (vs. exklusiven) Trennung, einer Dualität von Person und Welt aus, beide »existieren« voneinander unterscheidbar in ihrer wechselseitigen Bezogenheit, in der sie sich gegenseitig konstituieren, jedoch nicht determinieren. Weite Bereiche der Kulturpsychologie sind einer solchen Denkweise verpflichtet, genauso wie historische, heute noch immer hochaktuelle

Ansätze (z. B. Vygotsky, Mead und Simmel; ▶ Abschn. 5.3). Einen exzellenten Über- und Tiefenblick in diese Sichtweise geben Jaan Valsiner und René van der Veer in ihrer Monographie »The Social Mind« (2000).

5.3   Klassiker in Ausschnitten: Vygotsky, Mead und Simmel

Im Folgenden sollen in (unangemessener) Kürze drei Klassiker – Lev Vygotsky, George Herbert Mead und Georg Simmel – exemplarisch vorgestellt werden. Alle drei verpflichten sich in ihren Arbeiten dem entwicklungspsychologischen Denken in Form eines soziogenetischen Ansatzes.

Soziogenese bezeichnet die Entstehung psychischer Qualitäten und Funktionen aus sozialen Erfahrungen heraus. Ein bekanntes Beispiel: Unser Selbstkonzept – die Art und Weise, in der wir über uns denken und empfinden – entsteht genuin dadurch, wie wichtige andere Personen sich uns gegenüber verhalten haben. Das sich entwickelnde Selbst ist jedoch – im Gegensatz zu behavioristischen Konzeptionen – kein Abbild der sozialen Welt. Die Person ist aktiv in diesem Prozess, sie »konstruiert« (bewusst und vor allem unbewusst) die entsprechende psychische Qualität (hier: das Selbstkonzept) unter Einbeziehung sozialer Erfahrungen.

Vygotsky, Mead und Simmel lassen – wie schon das Beispiel zeigt – das Individuum nicht in der sozialen Welt aufgehen: Eine nicht dualistische Trennung von Person und Welt unter gleichzeitiger Bezogenheit gelingt. Alle drei gelten auch als Wegbereiter des heutigen kulturpsychologischen Denkens (▶ Abschn. 5.4.2), sind dabei aber – vor allem was die Theorie anbelangt – noch längst nicht überholt.

5.3.1   Lev Vygotsky – Vom Intermentalen zum Intramentalen und das Konzept der »Zone der nächsten Entwicklung«

Was bedeutet es, den Menschen aus kulturhistorischer Perspektive zu konzipieren? Zum einen werden psychische Funktionen und Qualitäten als Produkte »ihrer Zeit« betrachtet. So wird postuliert, dass Menschen vor Einführung der Schriftsprache, – oder aktueller – vor Einführung des Computers oder gar Internets anders dachten, sich anders erinnerten, anders miteinander kommunizierten und also auch anders »waren«. Menschliches Leben ist untrennbar mit kulturellen »Werkzeugen« (Sprache, Computer etc.) verbunden: Menschen erzeugen diese Werkzeuge, die ihrerseits wiederum den Menschen qualitativ in seinem Verhalten und Erleben verändern.

Dieses Postulat gilt auch für eine kürzere Zeitstrecke, nämlich für den menschlichen Lebenslauf, für den sich

Lev S. Vygotsky

Lev S. Vygotsky wurde 1896 (im selben Jahr wie Jean Piaget) im jetzigen Weißrussland geboren. Vygotsky, der auch Piaget rezipierte und kritisierte, wurde besonders durch seine kulturhistorische Perspektive in der Entwicklungspsychologie bekannt. Anfang der 1930er Jahre wurde er Opfer der Stalin-Ära. Sein einflussreichstes Buch, »Denken und Sprechen«, wurde in seinem Todesjahr 1934 veröffentlicht.

Erst ab den 1960er Jahren wurden die Werke Vygotskys im amerikanischen Sprachraum rezipiert. Einen hervorragender Überblick über Werk und Leben Vygotskys gibt die von René van der Veer und Jaan Valsiner verfasste Monographie: »Understanding Vygotsky: A Quest for Synthesis« (1991). Eine Auswahl von ins Englische übersetzten Originaltexten findet sich in van der Veer und Valsiners »Vygotsky Reader« (1994).

Vygotsky aus entwicklungspsychologischer Perspektive in seiner Forschung interessierte. Im Mittelpunkt seines Denkens steht hier die Grundannahme, dass die ontogenetische Entwicklung vom Intermentalen (Zwischenmenschlichen) zum Intramentalen (Psychischen) verläuft. Das, was zwischen Menschen passiert, in Sprache, Kommunikation und Handlung, wird internalisiert und bildet so die Grundlage höherer (also nicht aller) psychischer Funktionen. Dabei dachte Vygotsky besonders an kognitive Funktionen, wie z. B. Denken und Problemlösen. Hier spielen kulturelle Werkzeuge, vor allem Zeichen wie zuvorderst die Sprache eine wichtige Rolle. Aus sozialer, gesprochener Sprache entsteht in der Ontogenese die innere Sprache, aus der inneren Sprache der Gedanke. Denken ist demnach sozialen Ursprungs, und hier unterscheidet sich Vygotsky signifikant von den Vorstellungen seines Zeitgenossen Jean Piaget (▶ Kap. 21).

Entwicklungsprozesse werden sozial »geleitet«, sind dabei aber kein Abbild der sozialen Welt, sondern werden personseitig konstruiert. Diese Leitidee wird besonders deutlich in Vygotskys Konzept der »Zone der nächsten Entwicklung«. Entwicklung spielt sich in einem Bereich, einer

Zone zwischen Gegenwart – der »Zone der aktuellen Entwicklung« – und Zukunft ab. In dieser Zone der nächsten Entwicklung sind potenzielle Entwicklungspfade nur rudimentär angelegt. Nach Vygotsky enthält die Zone der nächsten Entwicklung Prozesse in der weiteren Entwicklung derjenigen Funktionen, die heute noch nicht ausgebildet sind, aber in der unmittelbaren Zukunft Teil der aktuellen Entwicklung sein werden (Valsiner, 2000).

Wie nun werden diese neuen Entwicklungspfade realisiert und durch wen? Die Komplettierung der Entwicklung psychischer Funktionen kann sich auf zwei Wegen vollziehen: durch individuelle Aktivität (Spiel im Kindesalter, Fantasie im Jugend- und Erwachsenenalter) und durch soziale Leitung, die sich in vielfältigster Form realisieren kann: als Kanalisierung, Unterdrückung, Anweisung etc. Die erste Prämisse – individuelle Aktivität – ist dabei obligatorisch:

»Im Spiel wächst das Kind immer über sein Alter und sein normales Alltagsverhalten hinaus; im Spiel ist das Kind immer einen Kopf größer, als es tatsächlich ist. Wie unter einem Vergrößerungsglas betrachtet, beinhaltet das Spiel alle weiteren Entwicklungstendenzen in kondensierter Form. Es ist, als vollzöge das Kind im Spiel einen Sprung über den Level seines gewöhnlichen Verhaltens hinaus. Die Beziehung zwischen Spiel und Entwicklung sollte mit der zwischen Lehren/Lernen und Entwicklung verglichen werden. Veränderungen von Bedürfnissen und Bewusstsein in einem allgemeineren Sinne kommen dabei im Spiel zustande. Spiel ist die Quelle von Entwicklung, Spiel schafft die Zone der nächsten Entwicklung. Handlungen im Vorstellungsfeld, in der vorgestellten Situation, die Konstruktion willentlicher Intention, der Entwurf des Lebensplanes, Willensmotive – dies alles entsteht im Spiel.« (Vygotsky, 1966, S. 74–75, deutsche Übersetzung in Anlehnung an die englische Übersetzung von Valsiner, 2000, S. 43)

Damit enthält die Idee von Lehren und Lernen sowohl die aktiven Versuche des Lernenden (individuelle Komponente) als auch die Versuche anderer, diesen eine bestimmte Richtung zu geben (die Komponente des Lehrens). Zu jedem Zeitpunkt ist die Entwicklung zukunftsorientiert, d. h. der exakte Weg der Entwicklung einer psychischen Funktion ist offen. Welche Richtung schließlich eingeschlagen wird, hängt sowohl von der Person als auch von den Richtungsdirektiven sozialer anderer ab.

5.3.2 George Herbert Mead und die Soziogenese des Selbst

Die psychologische Rezeption von Meads Werk zentriert sich hauptsächlich auf dessen soziogenetische Gedanken zum Selbst (z. B. 1934; aber auch in einigen Originalarbeiten). Der Begriff der Soziogenese weist, wie oben erläutert, auf den Sachverhalt hin, dass psychische Funktionen ihren Ursprung im Sozialen nehmen. Ähnlich wie bei Vygotsky determiniert jedoch das Soziale nicht den Menschen, er er-

George Herbert Mead

George Herbert Mead wurde 1863 in Massachusetts geboren. Zwischen 1887 und 1888 schloss er sein Philosophiestudium in Harvard ab. 1888 studierte er Physiologische Psychologie in Leipzig bei Wilhelm Wundt, wechselte 1889 an die Universität Berlin und kehrte 1891 in die USA zurück. 1894 folgte Mead John Dewey als Assistenzprofessor an die neu gegründete Universität Chicago, die mit James Hayden Tufts, John Dewey und Mead zum neuen Zentrum des amerikanischen Pragmatismus avancierte. Den Rest seines Lebens verbrachte Mead in Chicago, wo er substanzielle Beiträge zur Sozialpsychologie und Philosophie formulierte. Er starb am 26. April 1931.

Mead publizierte ungeheuer viel, zumeist Artikel und Rezensionen, jedoch kein einziges Buch. Das berühmte »Mind, Self, and Society« (1934) entstand – wie auch drei andere Bücher – posthum aus der Editierung von Vorlesungsskripten und unveröffentlichten Arbeiten durch Meads Studenten.

scheint nicht als Abbild seiner Welt. So auch Meads Überlegungen zum Selbst: Das Selbst entsteht in und durch soziale Austauschprozesse, aber es wird gleichzeitig personseitig konstruiert. In die Psychologie eingegangen ist Meads Unterscheidung zwischen I und ME als unterscheidbare, jedoch aufeinander bezogene Phasen des Selbst. Das ME stellt die strukturelle Komponente des Selbst dar. Es repräsentiert die internalisierten Haltungen sozialer anderer, als »generalized other« letztendlich Gesellschaft an sich. Das ME entsteht durch Rollenübernahme, vorrangig im kindlichen Spiel, durch Kommunikation und andere symbolische Prozesse. Das Individuum antwortet aktiv auf die soziale Welt und gleichzeitig auf das ME. Es entscheidet, was es im Hinblick auf die Haltungen anderer – repräsentiert oder aktuell gegeben – tun will. Diese zweite dynamische Phase bezeichnet Mead als I. Das ME ist konventionell, während das I immer wieder Neuheit generiert. Das I ist dabei reflexiv unmittelbar nicht zugänglich, sondern erst ex post facto, als Teil eines eben durch das I restrukturierten ME. In diesem Sinne repräsentiert das ME die Vergangenheit, das I die irreversible Dynamik der Gegenwart, die zur Restrukturierung des ME in der Zukunft führt. Das I ist dabei nicht vorhersagbar. Das Individuum existiert in einer sozialen Situation und muss auf diese reagieren. Die Situation hat einen bestimmten Charakter, aber dieser Charakter determiniert nicht die Antwort des Individuums, kanalisiert sie jedoch. Das Individuum wählt eine Antwort aus (und auch die Entscheidung nichts zu tun ist eine Antwort) und handelt dementsprechend, wobei die gewählte Handlung nicht von der Situation diktiert wird. Dieser Indeterminismus macht klare Vorsagen unmöglich. Mit anderen Worten: (Mikro-)Entwicklung ist nicht vorhersagbar, eine Aussage, die gerade für die Entwicklungspsychologie entscheidende Implikationen hat. Für Mead sind sowohl I – individuelle Autonomie und Dynamik – wie auch das ME – die aus sozialen Prozessen hervorgegangene Struktur – essenziell für das Verständnis des Selbst. Das I ist ein Prozess, der Strukturen durchbricht und verändert. Das ME ist dabei die symbolische Struktur, die die Operation des I erst möglich macht.

Die Komplexität Mead'scher Annahmen ließ sich bis heute nur schlecht in die psychologische Forschung umsetzen. Es fehlen Methoden, um Strukturen in ihrer sie gleichzeitig verändernden Dynamik zu beschreiben, wie sie beispielsweise in der Physiologie bekannt sind. Als Konsequenz hat sich die psychologische Forschung weitgehend auf die »Erfassung« des ME – verstanden als Selbstkonzept – gerichtet und blieb damit hinter Meads theoretischen Ansprüchen weit zurück.

5.3.3 Georg Simmel und das Kultivationsprinzip

Zeitlich vor der kulturhistorischen Schule um Vygotsky hat sich Georg Simmel intensiv mit der Frage beschäftigt, wie Individuelles Kulturelles und Kulturelles wiederum Individuelles hervorbringen kann. Auch Simmel konzipiert dabei die Bezogenheit von Individuum und Welt in nicht reduktionistischer Form, und auch er befasst sich u. a. mit genuin entwicklungspsychologischen Fragestellungen. Dabei bezieht er allerdings in sein Denken weit mehr die Rolle der materiellen Welt mit ein. Simmel unterscheidet zwischen objektiver und subjektiver Kultur (1908), und diese Unterscheidung ist essenziell. Die objektive Kultur ist für den sich entwickelnden Menschen nur insofern förderlich, als er sie in subjektive Kultur umsetzen kann. Nur dann trägt Kultur zur Vervollständigung der Entwicklung des Menschen bei, wird zu subjektiver Kultur. Ohne Kultur bleibt menschliche Entwicklung »stecken«, kann niemals ihre Potenziale voll ausschöpfen. In einem Prozess der Kultivation jedoch – und Simmel zeigt dies an der Kultivierung eines Obstbaumes – kann der Mensch zu etwas werden, was er allein nicht zu

Georg Simmel

Georg Simmel wurde 1858 in Berlin als Kind jüdischer, jedoch konvertierter Eltern geboren. Er studierte an der Berliner Universität Geschichte und Philosophie. 1881 wurde seine erste Promotionsschrift abgelehnt. Die Fakultät akzeptierte jedoch eine im Rahmen eines Wettbewerbs prämierte Abhandlung als Dissertation. 1884 scheiterte sein erster Habilitationsantrag an der Universität Berlin. 1885 erfolgte die Habilitation mit der Schrift »Kantische Studien« im Fach Philosophie und die Ernennung zum Privatdozenten an der Berliner Universität. 1914 erhielt Simmel einen Lehrstuhl an der Straßburger Universität. Am 26. September 1918 starb er in Straßburg.

Im Gegensatz zur Soziologie wurde Simmel in der Psychologie vergleichsweise wenig rezipiert. Einen fundierten Überblick und eine psychologische Umsetzung von Simmels Denken liefert Urs Fuhrer (2004).

werden vermag. Freilich tragen nicht alle Formen objektiver Kultur zur Kultivation bei: So z. B. ist, sensu Simmel, die Fertigung eines Segelmasts aus dem Holz des Baumes kein Akt, der das Wesen des Obstbaumes kultiviert, da nichts »Segelmastartiges« im Baum angelegt ist. Kultivation ist ein wechselseitiger Prozess: Über die Kultivation der Welt, der Dinge, kultivieren wir uns selbst. In dem Maße beispielsweise, in dem wir unsere Umgebung, unsere Wohnung, unser Äußeres gestalten, gestalten – kultivieren – wir uns selbst. Indem wir Welt herstellen (in Handlung und Werken), komplettieren wir unser Selbst. Purer Konsum von Dingen trägt jedoch nicht zur Kultivation bei, da hier gänzlich die Anbindung an die Person fehlt. Besonders die Erforschung der Rolle der materiellen Welt – beispielsweise in Form »persönlicher Objekte« – hat von Simmels Kultivationsansatz in heutiger Zeit profitiert (z. B. Fuhrer & Josephs, 1999).

5.4 · Was hat die Psychologie bei den Kulturwissenschaften verloren?

79   **5**

Die Bedeutung von Dingen für die Identität Jugendlicher

Wie lässt sich das Kultivationsprinzip empirisch erforschen? Jugendliche Gymnasialschüler und -schülerinnen sollten innerhalb einer Woche mit einer Polaroid-Kamera zwischen 5 und 15 Fotografien von identitätsrelevanten Umweltausschnitten anfertigen. Personen, Dinge und Orte sollten so fotografiert werden, dass sie das Bild, das die Jugendlichen von sich selbst haben, am besten repräsentieren. Damit wurde der Frage nachgegangen, wie Jugendliche ihr Selbst bzw. ihre Identität durch Beziehungen zu ihrer sozialen, räumlichen und materiellen Umwelt kultivieren. Zu jedem Foto sollten die Teilnehmer und Teilnehmerinnen schriftlich zwei offene Fragen beantworten: Warum hast Du dieses Foto gemacht? Was würde es Dir bedeuten, wenn Du Dich von dem, was auf dem Foto zu sehen ist, trennen müsstest? Die Antworten für den Bereich »persönlicher Objekte« wurde bezüglich ihrer Identitätsrelevanz inhaltsanalytisch kategorisiert. Als Kategorien fungierten: Kontinuität (z. B. Erinnerung an Vergangenes, Identitätsentwürfe für die Zukunft), soziale Regulation (z. B. Verbundenheit zu anderen herstellen), Autonomie (z. B. Erprobung der eigenen Handlungskompetenz), Emotionsregulation (z. B. Beeinflussung von Stimmungen und Gefühlen) und Selbstreflexion (Auseinandersetzung mit der eigenen Person). Die Jugendlichen nutzten Dinge vor allem zur identitätsstiftenden Markierung der eigenen Kontinuität: Durch Objekte erinnerten sie sich oder entwarfen ihre eigene Zukunft. Auch Aspekte emotionaler und sozialer Regulation durch Objekte spielten eine wichtige Rolle, während hingegen die Bedeutung von Objekten für die Selbstreflexion eher gering war (Fuhrer & Laser, 1997; Laser, Fuhrer & Josephs, 1999).

5.4 Was hat die Psychologie bei den Kulturwissenschaften verloren?

Die Psychologie hat sich seit jeher mit Kultur ernsthaft, wenn auch nicht kontinuierlich befasst, war also zumindest nie ganz kulturfrei oder kulturblind. Der erste völkerpsychologische Lehrstuhl wurde im Jahre 1860 für Moritz Steinthal eingerichtet, von Wilhelm Wundts opulentem völkerpsychologischem Werk, das er seinem experimentellen, zergliedernden Ansatz zur Seite stellte, ganz zu schweigen. Auch ist auf Georg Simmel, Student von Moritz Lazarus, zu verweisen, der zwar im Kreise gegenwärtiger Kulturpsychologien eher unbekannt, dessen Beitrag zum Kultivationskonzept (s. oben) in diesem Zusammenhang jedoch sehr fruchtbar ist (Fuhrer, 2004).

Und auch gerade in den letzten Dekaden gab es viele Bemühungen, der Kultur in der Psychologie einen angemessenen Stellenwert einzuräumen. Diese Bemühungen variieren dramatisch in ihren konzeptuellen und theoretischen Ausgangspunkten, ihrer Methodologie, ihren Methoden und Zielen. Dabei lassen sich zwei Hauptströmungen, beide auch durchaus variantenreich, ausmachen, die sich etwas unglücklich und für den Laien irreführend als Kulturvergleichende Psychologie und Kulturpsychologie etabliert haben. Während die Kulturvergleichende Psychologie eher nomologisch orientiert ist, charakterisiert die Kulturpsychologie eher eine hermeneutische, »verstehende« Ausrichtung. Ausnahmen gibt es auf beiden Seiten. Unglücklich ist diese Unterscheidung u. a. deshalb, weil der Vergleich von Kulturen auch ein Anliegen der Kulturpsychologie ist oder zumindest sein kann. Im Zentrum des allgemeinen kulturwissenschaftlichen Diskurses steht jedoch weder die Kulturvergleichende Psychologie noch die Kulturpsychologie, obwohl Letztere in einigen ihrer Varianten Berührungspunkte aufweist. Ausgespart werden Themen von Macht und Unterdrückung, von Auseinandersetzung und Konflikt, von postkolonialer Identität – kurzum: Ausgespart im psychologischen Diskurs bleiben zumeist Themen politischer, aber auch emanzipatorischer Natur, die in den Kulturwissenschaften beheimatet sind.

5.4.1 Kulturvergleichende Psychologie

In ► Kap. 30 wird die Kulturvergleichende Psychologie in ihrer Breite dargestellt. Aus diesem Grunde soll an dieser Stelle nur eine kurze, notwendigerweise selektive Einführung gegeben werden. Es ist dabei sicherlich falsch, überhaupt von *der* Kulturvergleichenden Psychologie zu sprechen. *Die* Kulturvergleichende Psychologie gibt es nicht. Unter dem Label lässt sich ein bunter Strauß unterschiedlicher Ansätze vereinigen, deren Ziel es ist, nach Unterschieden und Gemeinsamkeiten (Universalien) psychischer Funktionen zwischen Kulturen zu suchen. Während Differenz nicht nur der Beforschten, sondern gerade auch der Forschenden innerhalb der institutionalisierten Psychologie sicherlich *das* Stichwort der indigenen Psychologien (z. B. Kim & Berry, 1993) ist, die sich gegen den weltweiten Export nostro-und ethnozentrischer nordamerikanischer psychologischer Konzeptualisierungen in den »rest of the world« wehren, stellt die mehr oder weniger kultursensitive, mehr oder weniger behutsame Suche nach psychologischen Universalien – die psychische Zwiebel, die möglicherweise nach dem Abschälen der kulturellen Schalen übrig bleibt – ein wichtiges Anliegen für andere im Kulturvergleich Tätige dar.

Was allerdings in Handbüchern (z. B. Berry et al., 1997), wissenschaftlichen Zeitschriften (»Journal of Cross-Cultural Psychology«) und Gesellschaften (International Association for Cross-Cultural Psychology; IACCP) kulturvergleichende Forschung eint, ist die Wahl des Forschungsparadigmas, nämlich eines nomologischen, weitgehend »etischen« Ansatzes (Pike, 1954; auch ▶ Kap. 30). Pike führte die Unterscheidung zwischen einer emischen (bedeutungsunterscheidenden) und einer etischen (nicht bedeutungsunterscheidenden) Perspektive in Analogie zur linguistischen Abgrenzung zwischen Phon*emik* und Phon*etik* ein. Innerhalb des etischen Ansatzes wird Verhalten objektiv »von außen« beobachtet und beschrieben, während es beim emischen Ansatz um die Rekonstruktion der Innenperspektive der einer bestimmten Kultur angehörigen Personen geht, um das praktische, teilweise in der Alltagswelt bereits sprachlich artikulierte Selbst- und Weltverhältnis kulturell situierter Akteure. In der Kulturvergleichenden Psychologie wird die emische Perspektive häufig, nicht immer, (nur) als Komplement zur etischen betrachtet, was zu kontroversen Diskussionen führte. So wird beispielsweise argumentiert, dass eine emische Perspektive unabdingbar notwendig für das Durchführen kulturvergleichender Studien sei. Letztere haben sich besonders mit dem Äquivalenzproblem zu befassen, d. h. es gilt zu prüfen, ob die Äquivalenz theoretischer und operationaler Begriffe und methodischer Verfahren über verschiedene Kulturen hinweg gegeben ist. Genau dies jedoch setzt die genaue Kenntnis der Lebenspraxis innerhalb einer Kultur – also eine emische Perspektive – voraus.

Was die Forschungslogik des Kulturvergleichs anbelangt, so findet man nur wenige Unterschiede zur etablierten quantitativen psychologischen Forschungspraxis. Zwar gibt es in der Kulturvergleichenden Psychologie viele und auch sehr komplexe Definitionen von Kultur, die an dieser Stelle nicht aufgezählt werden können, in konkreten Forschungsdesigns jedoch erscheint Kultur zumeist als Variable, die Kultur den Kriterien von enger zeitlicher, räumlicher und sprachlicher Kohärenz gemäß als Land oder Nation bestimmt. Daraus folgt zwangsläufig, dass es Kulturen auch im Plural »gibt« – die deutsche, niederländische, vietnamesische –, ein Denken, das unserer Alltagsauffassung sehr ähnlich ist. Toomela (2003) bezeichnet demgemäß weite Bereiche der Kulturvergleichenden Psychologie als »Crosscountry«-Psychologie. Ein solcher Kulturbegriff ist gleichzeitig statisch und reifizierend (Kultur »ist etwas«), auch impliziert er die Annahme, Kultur sei eine homogene Einheit. Dass dies der psychologischen Realität von multikulturellem »moving and mixing«, von Heterogenität, Kontakt, Fremdheit, Konflikt und Auseinandersetzung nicht entspricht, zeigt z. B. der interessante Aufsatz von Hermans und Kempen (1998). Aber auch andere Überlegungen unterstützen dies: Deutschland ist oder hat nicht »eine« Kultur, die sich von anderen Kulturen so einfach abgrenzen ließe. Die Unterschiede zwischen in Berlin und New York lebenden Menschen mögen dabei viel kleiner sein als zwischen den Bewohnern von Berlin und denen eines kleinen bayerischen Dorfs. Ein in Deutschland lebender Russe, Inder oder Türke, ein sich im internationalen Internet-Chat täglich austauschender Jugendlicher, ein mit den Weltstädten vertrauter Manager, ein Wissenschaftler, dessen Kontakt mit intellektuellen Partnern aus allen Teilen der Welt täglich per E-Mail stattfindet, eine nordhessische Bäuerin: Sie alle mögen zwar in Deutschland leben, sie alle sind zutiefst »kulturinfiltriert«, teilen aber nicht »eine« Kultur. Kultur scheint damit nur schwerlich als unabhängige Variable konzipierbar zu sein, die im statistischen Sinne einen Einfluss auf eine abhängige Variable (z. B. eine psychische Funktion) haben mag, die nicht schon an sich ganz und gar infiltriert vom »Wirkstoff Kultur« ist.

Trotz dieser eher kritischen Einschätzung der Kulturvergleichenden Psychologie muss nachdrücklich auf ihren Gewinn für den psychologischen Erkenntnisprozess hingewiesen werden: Die rege Forschungstätigkeit innerhalb der Kulturvergleichenden Psychologie macht uns deutlich, dass es in vielen Bereichen die »nackte«, kulturentkleidete Psyche nicht gibt. Die ansonsten übliche Konzentration psychologischer Forschung auf den nordamerikanischen und westeuropäischen Raum hat damit nicht immer zu repräsentativen Erkenntnissen über Menschen in aller Welt geführt.

5.4.2 Was ist Kulturpsychologie?

Auch *die* Kulturpsychologie gibt es nicht. In Anbetracht der Heterogenität kulturpsychologischer Ansätze fällt es schwer zu definieren, was exakt Kulturpsychologie ist (Shweder, 1990; Shweder & Sullivan, 1993). Zentrales und einendes Anliegen dieser in den 1990er Jahren entstandenen Forschungsperspektiven ist die Fragestellung, *auf welche Weise* die Person in ihrer Konstruktion der Lebenswelt, in ihrem Handeln und in ihrem psychischen Funktionieren ganz allgemein mit Kultur »in Verbindung« steht (z. B. Boesch, 1991; Bruner, 1990; Cole, 1996; Obeyesekere, 1990; Rogoff, 1990; Shweder, 1991; Straub, 1999; Valsiner, 2000; Wertsch, 1991).

Was eint die gegenwärtigen Kulturpsychologien trotz ihrer Unterschiedlichkeit? Zum ersten beschäftigen sich Kulturpsychologen mit Bedeutung und Akten der Bedeutungskonstruktion (»acts of meaning« in den Worten von Jerome Bruner, 1990) als primärem Forschungsfokus. Menschen sind nicht neutrale »Informationsverarbeiter«, sondern *be-deuten* ihre Lebenswelt. Zum zweiten beziehen Kulturpsychologien einen kritischen Standpunkt gegenüber dem statischen Kulturkonzept und der Variablenorientierung ihrer kulturvergleichenden Kollegen. Sie sind einer emischen Perspektive (Pike, 1954) verpflichtet, wobei es unterschiedliche Auffassungen darüber gibt, ob diese auch hinreichend ist. Zum dritten teilen Kulturpsychologen das Interesse, methodologisch neue Wege einzuschlagen und sich dabei nicht aus der »Werkzeugkiste« quantitativ-

5.4 · Was hat die Psychologie bei den Kulturwissenschaften verloren?

81

5

statistischer Methoden zu bedienen. Zum vierten sind Kulturpsychologen nicht notwendigerweise an der Erforschung unterschiedlicher Kulturen im Plural interessiert, sondern generell an der Frage, was Kultur zum Funktionieren der Person beisteuert – sei es in Deutschland, Australien, Japan oder auch einem kleinen Atoll im Pazifischen Ozean.

Niemals ärgerlich – eine ethnographische Analyse der Inuit

Die kanadische Anthropologin Jean Briggs beschreibt ihren Aufenthalt bei einer Inuit-Gruppe, den Utku, die ganz im Gegensatz zu ihr selbst niemals ärgerlich, »never in anger« (1970) sind. Die Unmöglichkeit, ihren eigenen Ärger zu unterdrücken, führt dabei fast zum Ausschluss aus ihrer Utku-Adoptivfamilie. Noch Jahrzehnte später (1998) fragt sich die Forscherin anhand ihrer Aufzeichnungen, auf welche Weise die Absenz negativer Emotionen, zumindest ihres Ausdrucks, sozialisiert wird. Sie macht dabei auf das Phänomen »moralischer Spiele« zwischen Erwachsenen und Kindern aufmerksam, durch die die Kinder in drastischer Weise erfahren, wohin Ärger und Aggression führen können (z. B.: »Welch' schönes neues Hemd du trägst! Warum stirbst du nicht, dann kann ich es für mich haben!«). Diese kleinen »interpersonalen Dramen«, auf die die Kinder äußerst verschreckt und irritiert reagieren, führen laut Briggs seitens der Kinder zu einer internalen Auseinandersetzung mit den Konsequenzen von Aggression und Ärger. Diese trägt dazu bei, eine zu den manifesten Aussagen der »Spiele« gegenteilige Moral zu entwickeln. Bezogen auf obiges Beispiel: Es ist gefährlich, etwas zu besitzen, was andere nicht haben, deshalb sollte man Besitz teilen. Briggs bedient sich in ihrer Forschung der ethnographischen Beschreibung, folgt also keinem im strengen Sinne explizit regelgeleiteten methodischen Verfahren. Dennoch sind die auf diesem Verfahren basierenden Erkenntnisse höchst nützlich für die Kulturpsychologie, machen sie uns doch auf Phänomene aufmerksam, die ansonsten unentdeckt blieben.

Es ist gerade jener Fokus auf Bedeutungs- und Sinnstrukturen in einem mehr oder weniger explizit handlungstheoretischen Rahmen, der die Kulturpsychologie von der Kulturvergleichenden Psychologie unterscheidet. Kultur gilt dabei als integraler Bestandteil psychischer Funktionen und Strukturen (»guided mind« in den Worten Valsiners, 1998), nicht als externer Faktor oder Bündel von Faktoren im Sinne einer unabhängigen Variablen. Kultur und Psyche sind intrinsisch aufeinander bezogen, ko-konstruieren sich wechselseitig. Dieser Prozess lässt sich folgendermaßen beschreiben: Jede Person ist von einer Fülle heterogener, expliziter oder impliziter kultureller Zeichen umgeben, der kollektiven Kultur (Valsiner, 2000; Georg Simmel, 1908, spricht in ähnlicher Weise von objektiver Kultur, Boesch, 1991, von Mythos). Für die Person selbst vollzieht sich der Kontakt mit kollektiver Kultur in konkreten sozialen Interaktionen, symbolischen Interaktionen, durch die Teilnahme an sozialen Praktiken und Diskursen und in der Auseinandersetzung mit mehr oder weniger permanenten Handlungsspuren anderer. Die Person ist damit nicht mit einem homogenen Netzwerk sozialer, materieller und mentaler kollektiver Kultur konfrontiert, sondern mit einer heterogenen (und zum Teil widersprüchlichen) kontextualisierten Vielfalt. Die in diesem Sinne verstandene kollektive Kultur ist gerichtet: Der Person werden in unterschiedlichen Kontexten unterschiedliche Ziele, Inhalte, Denk-, Fühl- und Handlungsweisen, Regeln und Normen nahe gelegt, wohingegen jeweils andere ausgeblendet werden.

Der personenseitige Prozess der Auseinandersetzung mit kollektiver Kultur und gleichzeitig des Partizipierens an der Schaffung kollektiver Kultur wird als persönliche Kultur (Valsiner, 2000) bezeichnet (Georg Simmel, 1908, spricht von subjektiver Kultur, Boesch, 1991, von Fantasma). Persönliche Kultur meint genauer die beiden parallel ablaufenden Prozesse der Internalisierung und Externalisierung. Internalisierung bezeichnet die intramentale Auseinandersetzung mit Aspekten kollektiver Kultur, die nicht einfach ungefiltert übernommen, sondern transformiert, also qualitativ verändert werden. Persönliche Kultur konstituiert sich in Akten der Bedeutungskonstruktion (Bruner, 1990), und damit in semiotischen, also Zeichenprozessen. Externalisierung meint das Entäußern und Sichtbarwerden der persönlichen Kultur in symbolischer, handlungsmäßiger und/oder materieller Form. Damit entsteht kollektive Kultur immer wieder neu durch konstruktive Internalisierung und Externalisierung persönlicher Kultur.

Auch in diesem Ansatz *ist* Kultur *etwas*, aber dieses Etwas ist in erster Linie als fluide, flüchtig, implizit, »tacit«, diskursiv ausgehandelt und lokal gedacht, nicht als fest, stabil, explizit und reifizierend. Und auch das Individuum in seinen psychischen Formen, seiner Subjektivität existiert in dieser Konzeption, löst sich nicht auf in einer alles umspannenden soziokulturellen Praxis, sondern stellt gar in nicht dualistischer Dualität zum Kulturbegriff den Dreh- und Angelpunkt kulturpsychologischer Forschung dar (Boesch, 1991; diametral entgegen hierzu s. jedoch z. B. Carl Ratners Tätigkeitskonzept, z. B. 1997). Die internationale Zeitschrift »Culture & Psychology« gibt einen ausgezeichneten Einblick in theoriegeleitete kulturpsychologische Forschung.

5.4.3 Forschungsansatz und Vorgehensweise der Kulturpsychologie

Kulturinfiltrierte Sinn- und Bedeutungsstrukturen und -prozesse zu erforschen, erfordert notwendigerweise einen interpretativen, qualitativen Ansatz. Interpretation innerhalb einer »verstehenden« Wissenschaft meint nun aber nicht ein methodisch ungeregeltes, intuitives Nachempfinden der Psyche der Forschungsteilnehmer oder eine anekdotische und impressionistische Analyse ihrer Erzählungen, Handlungen oder manifester Handlungsspuren. Gerade in diesem Bereich hat die Weiterentwicklung qualitativer Methoden die Kulturpsychologie methodisch befruchtet (z. B. Greenfield, 1997; Ratner, 1997). Es kann dabei jedoch nicht von einem allgemein gültigen kulturpsychologischen Methodenkanon gesprochen werden, da die Vielfalt theoretischer Ansätze mit einer Vielzahl von Methoden und Verfahren einhergeht.

Im Hinblick auf die Methoden der Datenerhebung greift die Kulturpsychologie auf verfügbare Techniken zurück, muss diese jedoch spezifisch anpassen. So beschreibt Matthes (1985) das Problem, dass beispielsweise narrative Verfahren der Datenerhebung (z. B. offene Interviews, in denen die eigene Lebensgeschichte erzählt wird) keine universell einsetzbaren Methoden sind. Was und wie eine Person einer anderen erzählt, einer anderen Person erzählen darf, soll oder muss, ist auch abhängig von den eigenen, häufig impliziten kulturellen Normen und Werten. Methoden der Datenerhebung sind Beobachtungsverfahren aller Art, aber auch Interviewtechniken, Gruppendiskussionen, Fotografien und Videoaufzeichnungen, wobei Letztere gerade im Rahmen einer »naturalistischen« Empirie (Greenfield, 1997) relevant sind.

Bei der Datenauswertung bedient sich die Kulturpsychologie vorrangig interpretativer Verfahren. Die entsprechende Forschung wird dabei nicht als explorative Heuristik, sondern als eigenständige, sich selbst genügende Form wissenschaftlichen Arbeitens verstanden. Interpretation ist dabei ein regelgeleiteter Prozess, der mit den entsprechenden Methoden intersubjektiv nachvollziehbar bleibt.

Zur Frage, ob Kulturpsychologie generalisierbare psychologische Erkenntnisse produziert oder produzieren soll, sind die Antworten unterschiedlich. Während manche Vertreter dieser Richtung eher an der Beschreibung »lokalen« Wissens interessiert sind, geht es anderen darum, allgemeine psychologische Gesetze zu formulieren, durch die gerade die kulturelle Variabilität beschrieben werden kann (explizit z. B. Valsiner, 2000). Letzteres Ziel setzt ein theoriegeleitetes Vorgehen voraus, das nicht bei der schlichten empirischen Demonstration kultureller Unterschiedlichkeit verharrt.

5.5 Neue sozial- und kulturwissenschaftliche Ansätze

Auf zwei relativ neue psychologische Strömungen soll in der Folge kurz aufmerksam gemacht werden: Die Narrative und die Diskursive Psychologie. Vertreter beider Bereiche argumentieren, und dies zu Recht, gegen die Vernachlässigung zweier wichtiger Formen des Menschseins in der (»Mainstream«-)Psychologie: der Geschichte und des Gesprächs.

5.5.1 Narrative Psychologie

Will man im Alltag wissen, was für ein Mensch jemand ist, dann hört man seiner Geschichte zu. Lange Zeit hat die Psychologie jedoch übersehen, dass Menschen Geschichtenerzähler sind: Wenn wir über Ereignisse und Begebenheiten sprechen, wenn wir über unser Leben berichten, dann tun wir dies in Form einer Erzählung. Der Grund für dieses offensichtliche Übersehen einer Grundform menschlicher Existenz liegt sicherlich auch darin, dass nach der langen Phase des Behaviorismus mit der kognitiven Wende oder auch »Revolution« seit den späten 1950er Jahren eine Redefinition des Menschen als informationsverarbeitendes, nicht als bedeutungskonstruierendes System stattfand. Dabei wurden in der Folge andere Fokusse hintangestellt, die die kognitive Wende mit sich brachte oder aus der Vergangenheit aktualisierte – so z. B. Sir Frederick Bartletts »effort after meaning« (1932) oder Jerome Bruners Leitmotiv »going beyond the information given« (1957). Mit anderen Worten: Die Tatsache, dass Menschen über die Informationsverarbeitung hinaus in ihrem Leben in der Auseinandersetzung mit der Welt und sich selbst Bedeutung konstruieren, dass sie ihrem Leben bedeutungsorientiert begegnen, wurde übersehen. Jerome Bruner (1990), einer der Hauptinitiatoren der kognitiven Wende, stellt demgemäß das ganze Unterfangen eben jener Wende retrospektiv als Fehlschlag dar und läutet gleichzeitig eine zweite, die narrative Wende ein, die vielleicht am besten durch das Motto »going beyond the meaning given« charakterisierbar ist.

Besonders in den 90er Jahren des letzten Jahrhunderts etablierte sich die sog. Narrative Psychologie – nicht als eigene Subdisziplin, sondern vielmehr als eine Perspektive, die die »storied nature of human conduct« (Sarbin, 1986) zum Gegenstand hat. Menschen werden – wie in Bruners »acts of meaning« (1990) – als Bedeutungskonstrukteure, nicht als Informationsverarbeiter gesehen. Geschichten sind das Medium, mit und in dem Bedeutung konstruiert und kommuniziert wird. Dies geschieht nicht im paradigmatischen Modus des rationalen und logischen Denkens, sondern im narrativen Modus des Erzählens, des Konstruierens von Geschichten (Bruner, 1986, 1990). Sarbin (1986) schlug demzufolge die Narration als Leitmetapher der Psychologie vor, besonders in Abgrenzung zu den mechanistischen oder organismischen Alternativen. Polkinghorne (1988) gibt eine breite Einführung in die narrative Perspektive inner- und außerhalb der Psychologie. Schließlich gibt es mit »Narrartive Inquiry« eine internationale Zeitschrift, die sich narrativer Forschung verpflichtet. Einen guten Überblick über die narrative Perspektive mit zahlreichen Literaturangaben findet sich zudem auf der Internet-Seite: http//:www.narrativepsych.com.

Besonders die Identitäts- und Selbstforschung profitiert vom narrativen Ansatz. Es geht nicht mehr darum, was Identität schlusseigentlich ist, sondern wie ein Mensch seine Identität oder Biographie narrativ konstruiert. Dabei ist ein Blick auf das objektiv Gegebene – Daten und Fakten der Biographie – nicht in erster Linie interessant, denn die erzählte Geschichte folgt dem Faktischen nicht oder zumindest nicht notwendigerweise. So werden beispielsweise retrospektiv bestimmte Ereignisse zu erzählten Wendepunkten innerhalb der Logik der Geschichte, Ereignisse, die es *so* nie gegeben haben muss. Das Erzählen von Geschichten vollzieht sich in sozialen Kontexten. Geschichten werden dabei in Abhängigkeit von dem jeweiligen Zuhörer anders erzählt. Die eine und »wirkliche« Geschichte weicht dabei unterschiedlichen Versionen, die alle gleichermaßen, wenn auch in unterschiedlichen Kontexten, gültig sind. Damit verschwindet der Begriff der »einen«, »wirklichen« Identität. Auch variieren die Geschichten in Abhängigkeit davon, von welcher Ich-Position der Erzähler gerade spricht, explizit thematisiert in denjenigen Ansätzen, in denen das »Selbst« als »vielstimmig« definiert wird (z. B. die Theorie des dialogischen Selbst, s. Hermans & Kempen, 1993).

Das dialogische Selbst und seine empirische Erfassung

Menschen erzählen unterschiedliche Geschichten über sich selbst in Abhängigkeit von ihrer gegenwärtigen Perspektive oder Ich-Position. Positionen und Geschichten können dabei kontrovers sein, vor allem dann, wenn sich der Mensch in einem Konflikt befindet. »Ich als Wissenschaftlerin« mag z. B. bestimmte Ausschnitte meiner subjektiven Realität anders konzipieren als »Ich als Tochter« oder »Ich als Mutter« – ein Tatbestand, auf den schon William James (1890) in seinen berühmten »Principles of Psychology« ausführlich hinwies. Hermans und Kempen (1993) sprechen in diesem Zusammenhang vom »dialogischen Selbst«: Die intrapsychische Organisation des Selbst weist unterschiedliche Perspektiven oder Positionen auf, die in einer dynamischen Relation zueinander stehen: in Konflikt oder Übereinstimmung, in Dominanz oder Gleichberechtigung. All diese heterogenen Relationen werden – vielleicht etwas irreführend – unter dem Konzept »Dialog« subsumiert. Aus der Psychotherapieforschung (Hermans & Hermans-Jansen, 1995) resultierte eine sowohl qualitative wie auch quantitative Methode zur Erfassung der unterschiedlichen Ich-Positionen und der daraus erzählten Geschichten.

Unter Rückgriff auf bestimmte Leitfragen wird dabei eine Person von einem Interviewer aufgefordert, aus einer bestimmten Ich-Position heraus über wichtige Ereignisse, Personen und Erfahrungen in Vergangenheit, Gegenwart und erwarteter Zukunft zu erzählen. Der Interviewer leitet dabei immer wieder die Person an, die Bedeutung signifikanter Episoden in möglichst einem »Kernsatz« zusammenzufassen. Am Ende einer solchen Exploration steht eine Reihe von Kernsätzen. Die Person bekommt im Anschluss eine Liste vorgelegt mit 1. positiven (z. B. Freude) und negativen (z. B. Ärger) Emotionsbegriffen und 2. Begriffen, die auf Autonomie (z. B. Stolz) oder auf soziale Verbundenheit (z. B. Vertrauen) verweisen. Hier beginnt die quantitative Analyse. Für jeden Kernsatz wird über Ratingskalen ermittelt, inwieweit die entsprechenden Begriffe angesprochen werden. Durch eine numerische Auswertung wird darauf geschlossen, ob die erzählte Geschichte insgesamt eher positiv oder negativ konnotiert ist und auf welche basalen Motive (Autonomie oder Verbundenheit) sie verweist. Aus einer zweiten Ich-Position heraus kann der Vorgang wiederholt und die Ergebnisse miteinander kontrastiert werden.

Das Verfahren, das hier in unzureichender Kürze dargestellt wurde, hat sich nicht nur für therapeutische Situationen als fruchtbar herausgestellt, sondern z. B. auch für potenzielle Konfliktsituationen, wie etwa der Lebensform und -erfahrung von Migranten, die durch zwei kulturelle Identitäten charakterisiert sind. Eine ausführliche Beschreibung findet sich in Hermans und Hermans-Jansen (1995)

Insgesamt hat die narrative Perspektive unsere Aufmerksamkeit auf eine fundamentale Weise des Menschseins zurückgelenkt. Und mehr: Menschliches Erleben, Subjektivität hat einen neuen Stellenwert innerhalb einer Psychologie bekommen, die gerne als Verhaltens-, nie aber als Erlebenswissenschaft bezeichnet wurde.

5.5.2 Diskursive Psychologie und Diskursanalyse

Was sicherlich auch von der Psychologie weitgehend lange Zeit als genuiner Forschungsgegenstand übersehen wurde, ist die Tatsache, dass Menschen tagein, tagaus miteinander reden, Texte schreiben, Texte lesen, Berichte hören, kurzum: sprachlich handeln. Mit der Analyse von Gesprächen und Texten i. Allg. beschäftigen sich eine Reihe von Disziplinen, aber auch vergleichsweise neuere intra- und interdisziplinäre Richtungen: die Linguistik und die kognitive Psychologie, die Konversationsanalyse (Psathas, 1995; Sacks, 1992) und die Ethnomethodologie (Garfinkel, 1967). Die Bezeichnung Diskursanalyse steht dabei sowohl für die Vielfalt von Ansätzen, die das Gespräch zum Forschungsgegenstand haben, als auch für eine spezifische theoretische und methodische Sichtweise, die in Soziologie, Sozialpsychologie und Kommunikationswissenschaften Eingang fand und auch als (weitgehend aus Großbritannien stammende) Diskursive Psychologie in Abgrenzung zu anderen Varianten bezeichnet wird (Billig, 1992; Edwards & Potter, 1992; Gilbert & Mulkay, 1984; Potter & Wetherell, 1987). Eine fulminante Anzahl von Monographien und Herausgeberbänden erschien dazu im Sage Verlag. In letzterem Sinne wird der Terminus Diskursanalyse folgend verstanden und erläutert.

In Alltagsgesprächen wie auch in Gesprächen in institutionellen Settings (Gericht, Krankenhaus, Schule etc.) wird, so ein Hauptstandpunkt der Diskursiven Psychologie, Wirklichkeit in den Sprechhandlungen der Beteiligten geschaffen. Kleine und sehr unscheinbare Sprechhandlungen können dabei eine große Wirkung zeitigen: Das ärztliche »Sie brauchen keine Angst zu haben«, das »Wie geht es uns denn heute?« der Pflegeschwester, ein lapidares »Das gehört offensichtlich nicht hierher!« eines Vorgesetzten oder ein zum Partner gesagtes »Du bist ja nicht normal!« – dies alles sind Beispiele, deren Konsequenzen wir aus unserem Alltag kennen. Aus ihnen wird deutlich, wie sowohl Versionen der Realität der externen wie auch der psychischen Welt sprachlich hergestellt werden. Sprache, hier verstanden als Tätigkeit des Sprechens, repräsentiert demzufolge nicht (nur) eine außersprachliche Wirklichkeit, sondern bringt diese (auch) hervor. Dieses Phänomen könnte man ganz einfach als gezielte Anwendung einer rhetorischen Technik verstehen. Blicken wir jedoch auf alltägliche Sprechakte, dann sehen wir, dass Menschen auch dort ganz selbstverständlich Fakten (etwas oder jemand ist »normal« oder nicht) sprachlich konstituieren, sich rechtfertigen, Standpunkte verteidigen, andere Standpunkte diskreditieren, Interessen verfolgen und sich und andere auf bestimmte Weise positionieren. Sie gehen dabei nicht rational und logisch vor, sondern – nicht als Technik verstanden – rhetorisch. Der diskursiven Psychologie geht es um die Analyse dieser rhetorischen und argumentativen Organisation von Gesprächen oder Texten. Es wird gefragt, was auf der Mikroebene wie und mit welchen Funktionen und Konsequenzen im Gespräch passiert, wie unterschiedliche Versionen von Welt entworfen, verhandelt oder entkräftet werden (Billig, 1987, 1991).

Vom Gespräch aus wird dabei nicht auf psychische Größen (z. B. kognitive Funktionen) seitens der Sprecher geschlossen (Edwards, 1997). Der Text repräsentiert also weder die Welt »da draußen« noch die Psyche der Sprecher. Die Sprecher bleiben psychisch leer, es geht nicht um ihre »wahren« Gefühle, Intentionen, Dispositionen und deren »Übersetzung« in Sprache. Ein Beispiel: Wenn jemand im Gespräch äußert: »Du liebst mich eben nicht *wirklich*!«, dann fragt die Diskursanalyse nicht danach, ob der Sprecher ein psychisches Problem hat oder ob die empirisch vorgefundene Liebe »tatsächlich« einem normativen Liebeskonzept unangemessen ist. Sie fragt, welche Funktion das Wort »wirklich« exakt an dieser Stelle des Gespräches erfüllt. So soll der Hörer beispielsweise damit konfrontiert werden, dass er hinter Normen, die freilich nicht belegt wurden, zurückfällt (Gergen, 1994). Wie der Hörer selbst damit sprachlich umgeht, zeigt wiederum die Analyse seines Beitrages.

Spezifische Eigenschaften eines institutionellen Settings (z. B. Nachrichteninterview, Arzt-Patient-Gespräch, Gerichtsverhandlung), in dem ein Gespräch stattfindet, werden nicht isoliert analysiert, vielmehr werden die Merkmale sozialer Strukturen als Teil der Interaktion betrachtet, in der sie sprachlich verhandelt, verstärkt oder verändert werden (Potter, 1996).

Typische Diskursstudien richten sich vornehmlich auf die Analyse von Transkripten von Gesprächen in Alltags- oder institutionellen Settings, aber auch andere Dokumente können Forschungsgegenstand sein (Zeitungsbericht, wissenschaftlicher Text etc.). Interviews werden genauso wie andere Diskurse – ein Telefongespräch unter Freunden oder eine Zeugenbefragung vor Gericht – behandelt. Der Interviewer gilt dabei nicht als neutraler Frager, der möglichst valide Daten zu generieren hat, sondern als beteiligter Handelnder im Sprachgeschehen (Wetherell & Potter, 1992). Ein Interview wird also – entgegen dem üblichen Verständnis in der Psychologie – nicht als Methode betrachtet, mit der Informationen »gesammelt« werden können, sondern als Spezialfall von »natürlichen« Gesprächen.

Eine sophistizierte Transkription (mit Markierung von Betonung, Tempo, Lautstärke, Pausen etc.) der jeweiligen Dokumente ist unbedingte Voraussetzung. Die Analyse ist vornehmlich qualitativ orientiert, da eine Quantifizierung (z. B. inhaltsanalytische Kategorienbildung und nachfolgende Quantifizierung der Kategorien) den Blick auf die rhetorische und argumentative Organisation verstellt (Potter & Wetherell, 1987; Psathas, 1995).

Die Diskursanalyse ist regelgeleitet: Es geht nicht um eine anekdotische Zusammenfassung der Inhalte eines Gespräches, die durch selektive Zitate untermauert wird. Vielmehr wird die Funktion bestimmter Äußerungen analysiert. Nehmen wir beispielsweise folgende Äußerung: »Erst war ich skeptisch, aber dann ...« Der erste Teil rekurriert auf eigene Überzeugungen (skeptisch sein), und gerade dadurch wird die Glaubwürdigkeit des Inhaltes des zweiten Teiles erhöht. Mit anderen Worten: Durch diese rhetorische Form gelingt es dem Sprecher, seinen Beitrag Zweifeln gegenüber zu immunisieren. Durch den Verweis auf eigene Überzeugungen (Skepsis) untergräbt der Sprecher mögliche Vorbehalte seitens des Hörers.

Die Diskursanalyse geht eher induktiv als deduktiv vor: Ausgangspunkt ist häufig die Aufmerksamkeit auf ein bestimmtes Phänomen, nicht eine Hypothese im strengen Sinne.

Es ist gerade dieses induktive Vorgehen, das Kritik nach sich gezogen hat. Auch die absolute Ausblendung jeglicher Rückschlüsse auf psychische Dimensionen fand nicht ungeteilte Anerkennung. So wirkt der Mensch in der Diskursanalyse merkwürdig leer und geschichtslos – sie lässt sich demgemäß nicht vollständig in einen kulturpsychologischen Rahmen einordnen. Trotz dieser Kritik leistet die Diskursive Psychologie einen wichtigen und notwendigen Beitrag zum Verständnis menschlichen Verhaltens, so sie ihre Aufmerksamkeit en détail auf die basale Dimension des Sprechens richtet.

5.6   Schlussfolgerungen

Den Menschen aus kontextualistischer Perspektive als soziales, gesellschaftliches, kulturelles und historisches Wesen zu verstehen, als ein Wesen, das in seinem Verhalten und Erleben von diesen Kontexten bestimmt, jedoch nicht determiniert wird und dabei Letztere gleichzeitig hervorbringt, gestaltet und verändert – dieses Menschenbild beschreibt, so könnte man auf den ersten Blick sagen, eine sozial- und gleichzeitig kulturwissenschaftliche Orientierung der Psychologie. Auf den zweiten Blick ist freilich alles komplizierter, denn so homogen ist das, was als sozial- oder kulturwissenschaftliche Perspektiven verstanden wird, keinesfalls, und so homogen ist vor allem auch längst nicht die psychologische Umsetzung dieser Perspektiven sowohl in theoretischer, methodischer als auch forschungspraktischer Hinsicht.

So begann dieses Kapitel, und so soll es – angereichert durch einige Anmerkungen – auch enden. Zum ersten: Heterogenes lässt sich schwerlich zusammenfassen! Aus diesem Grund wurde auch gar nicht der Versuch unternommen, eine Geschichte »rund« zu schreiben. Die sozial- und kulturwissenschaftlichen Grundlagen der Psychologie, die sozial- und kulturwissenschaftlichen Psychologien sprechen mit vielerlei Stimmen und nur des Lesers Mühe bei der weiteren Vertiefung mag dazu beitragen, aus der Kakophonie ein aufeinander abgestimmtes Orchester zu konstruieren. Vieles blieb ausgespart, Namen wurden nicht genannt oder erschienen nur als Referenz in Klammern.

Der Tenor des Kapitels jedoch sollte deutlich geworden sein: Eine Psychologie auf sozial- und kulturwissenschaftlicher Basis, die die menschliche Psyche in Beziehung zur Welt setzt, dies ist ein notwendiges Fundament der Psychologie. Es gilt dabei, auf theoretischer Ebene weder Psyche noch Welt auszuradieren, sondern beide in ein Verhältnis

zueinander zu setzen. Ohne dieses Fundament werden wir keine Antworten auf brennende gesellschaftlich relevante Fragen finden. Wir werden nicht verstehen, wie ein Mensch zum Selbstmordattentäter wird, wir werden nicht verstehen, wie es zu Problemen multikulturellen Zusammenlebens kommt und wie die Probleme zu lösen sind, wir werden nicht verstehen, wie Menschen Antworten auf eine globalisierte Welt finden oder auch nicht finden, wir werden nicht verstehen, wie Menschen auf Grundlage ihrer Interpretationen handeln, wir werden nicht verstehen, warum Kommunikation ge- oder misslingt, wir werden nicht verstehen, wie Religion und Ideologien personseitig wirken, wir werden nicht verstehen, wie unterschiedliche Formen von Gemeinschaft funktionieren. Kurzum: Wir werden basale Formen des Handelns und Erlebens von Menschen nicht verstehen. Dass dies nicht im Sinne einer wissenschaftlichen Psychologie sein kann, liegt auf der Hand.

Literatur

Referenzliteratur

Boesch, E.E. (1991). *Symbolic action theory and cultural psychology*. New York: Springer.
Bruner, J.S. (1990). *Acts of meaning*. Cambridge, MA: Harvard University Press.
Cole, M. (1996). *Cultural psychology*. Cambridge, MA: Harvard University Press.
Shweder, R.A. (1991). *Thinking through cultures*. Cambridge, MA: Harvard University Press.
Valsiner J. & van der Veer, R. (2000). *The social mind*. Cambridge: Cambridge University Press.
Valsiner, J. (1998). *The guided mind. A sociogenetic approach to personality*. Cambridge, MA: Harvard University Press.
Valsiner, J. (2000). *Culture and human development*. London: Sage

Zitierte Literatur

Bartlett, F.C. (1932). *Remembering*. Cambridge: Cambridge University Press.
Berry, J.W., Poortinga, Y.H., Pandey, J., Dasen, P.R., Sarawathi, T.S., Segall, M.H. & Kagitçibasi, Ç. (Eds.). (1997). *Handbook of cross-cultural psychology* (3 Vols., 2nd ed.). Boston: Allyn & Bacon.
Billig, M. (1987). *Arguing and thinking: a rhetorical approach to social psychology*. Cambridge: Cambridge University Press.
Billig, M. (1991). *Ideologies and beliefs*. London: Sage.
Billig, M. (1992). *Talking of the royal family*. London: Routledge.
Birbaumer, N. (2003). Biologische Psychologie 2010 – Visionen der Zukunft des Faches in der Psychologie. *Psychologische Rundschau, 54*, 120–121.
Boesch, E.E. (1991). *Symbolic action theory and cultural psychology*. New York: Springer.
Briggs, J.L. (1970). *Never in anger*. Cambridge, MA: Harvard University Press.
Briggs, J.L. (1998). *Inuit morality play. The emotional education of a three-year-old*. New Heaven: Yale University Press.
Bruner, J.S. (1957). Going beyond the information given. In J.S. Bruner, E. Brunswik, L. Festinger, F. Heider, K.F. Muenzinger, C.E. Osgood &

D. Rapaport (Eds.), *Contemporary approaches to cognition* (pp. 41–69). Cambridge, MA: Harvard University Press.

Bruner, J.S. (1986). *Actual minds, possible worlds*. Cambridge, MA: Harvard University Press.

Bruner, J.S. (1990). *Acts of meaning*. Cambridge, MA: Harvard University Press.

Cairns, R.B., Bergman, L.R. & Kagan, J. (Eds.). (1998). *Methods and models for studying the individual*. Thousand Oaks, CA: Sage.

Cole, M. (1996). *Cultural psychology*. Cambridge, MA: Harvard University Press.

Denzin, N.K. & Lincoln, Y.S. (Eds.). (2000). *Handbook of qualitative research* (2nd ed.). London: Sage.

Edwards, D. (1997). *Discourse and cognition*. London: Sage.

Edwards, D. & Potter, J. (1992). *Discursive psychology*. London: Sage.

Flick, U., Kardorff, E. von & Steinke, I. (2000). *Qualitative Forschung*. Reinbek: Rowohlt.

Flick, U., Kardorff, E. von, Keupp, H., Rosenstiel, L. von & Wolff, S. (Hrsg.). (1995). *Handbuch Qualitative Sozialforschung* (2. Aufl.). München: Psychologie Verlags Union.

Fuhrer, U. (2004). *Cultivating minds*. New York: Routledge.

Fuhrer, U. & Josephs, I.E. (Hrsg.). (1999). *Persönliche Objekte, Identität und Entwicklung*. Göttingen: Vandenhoeck & Ruprecht.

Fuhrer, U. & Laser, S. (1997). Wie Jugendliche sich über ihre soziale und materielle Welt definieren: eine Analyse von Selbstphotographien. *Zeitschrift für Entwicklungspsychologie und Pädagogische Psychologie, 14*, 183–196.

Garfinkel, H. (1967). *Studies in ethnomethodology*. Englewood Cliffs, NJ: Prentice-Hall.

Gergen, K.J. (1973). Social psychology as history. *Journal of Personality and Social Psychology, 26*, 209–320.

Gergen, K.J. (1994). *Realities and relationships: Soundings in social construction*. Cambridge, MA: Harvard University Press.

Gilbert, G.N. & Mulkay, M. (1984). *Opening Pandora's box: A sociological analysis of scientists' discourse*. Cambridge: Cambridge University Press.

Graumann, C.F. (1988). Der Kognitivismus in der Sozialpsychologie – die Kehrseite der "Wende". *Psychologische Rundschau, 39*, 83–90.

Greenfield, P.M. (1997). Culture as process: Empirical methods for cultural psychology. In J.W. Berry, Y.H. Poortinga & J. Pandey (Eds.), *Handbook of cross-cultural psychology, Vol. 1: Theory and method* (2nd ed., pp. 301-346). Boston: Allyn & Bacon.

Güntürkün, O. (2003). Biologische Psychologie 2010 – Visionen der Zukunft des Faches in der Psychologie. *Psychologische Rundschau, 54*, 122.

Hermans, H.J.M. & Hermans-Jansen, E. (1995). *Self-narratives*. New York: Guilford Press.

Hermans, H.J.M. & Kempen, H.J.G. (1993). *The dialogical self: meaning as movement*. San Diego, CA: Academic Press.

Hermans, H.J.M. & Kempen, H.J.G. (1998). Moving cultures: The perilous problems of cultural dichotomies in a globalizing society. *American Psychologist, 53*, 1111–1120.

James, W. (1890). *The principles of psychology*. New York: Henry Holt.

Kim, U. & Berry, J.W. (1993). *Indigenous psychologies*. Newbury Park: Sage

Lamiell, J.T. (1981). Toward an idiothetic psychology of personality. *American Psychologist, 36*, 276–289.

Lamiell, J.T. (1998). "Nomothetic" and "idiographic": contrasting Windelband's understanding with contemporary usage. *Theory and Psychology, 8*, 23–38.

Laser, S., Josephs, I.E. & Fuhrer, U. (1999). Die Bedeutung von Dingen für die Identität Jugendlicher. In U. Fuhrer & I.E. Josephs (Hrsg.), *Persönliche Objekte, Identität und Entwicklung* (S. 134–147). Göttingen: Vandenhoeck & Ruprecht.

Lewin, K. (1927). Gesetz und Experiment in der Psychologie. *Symposion, 1*, 375–421.

Lewin, K. (1931). The conflict between Aristotelian and Galileian modes of thought in contemporary psychology. *Journal of General Psychology, 5*, 141–177.

Matthes, J. (1985). Zur transkulturellen Relativität erzählanalytischer Verfahren in der empirischen Sozialforschung. *Kölner Zeitschrift für Soziologie und Sozialpsychologie, 37*, 310–326.

Mausfeld, R. (2003). No psychology in – no psychology out. Anmerkungen zu den Visionen eines Faches. *Psychologische Rundschau, 54*, 185–191.

Mead, G.H. (1934). *Mind, self, and society*. Chicago: University of Chicago Press.

Molenaar, P.C.M. (2004). A manifesto on psychology as idiographic science: Bringing the person back into scientific psychology, this time forever. *Measurement: Interdisciplinary Research and Perspective, 2*, 201–218.

Nünning, A. & Nünning, V. (Hrsg.). (2003). *Konzepte der Kulturwissenschaften*. Stuttgart: Metzler.

Nye, J.L. & Brower, A.M. (Eds.). (1996). *What's social about social cognition? Research on socially shared cognition in small groups*. Thousand Oaks, CA: Sage.

Obeyesekere, G. (1990). *The work of culture: symbolic transformation in psychoanalysis and anthropology*. Chicago: University of Chicago Press.

Pike, K.L. (1954). Emic and etic standpoints for the description of behavior. In K.L. Pike (Ed.), *Language in relation to a unified theory of the structure of human behavior* (pp. 8–28). Glendale, IL: Summer Institute of Linguistics.

Polkinghorne, D E. (1988). *Narrative knowing and the human sciences*. Albany, NY: State of New York University Press.

Potter, J. (1996). *Representing reality: Discourse, rhetoric and social construction*. London: Sage.

Potter, J. & Wetherell, M. (1987). *Discourse and social psychology: beyond attitudes and behaviour*. London: Sage.

Psathas, G. (1995) *Conversation analysis: the study of talk-in-interaction*. London: Sage.

Ratner, C. (1997). *Cultural psychology and qualitative methodology*. New York: Plenum Press.

Rickert, H. (1899/1986). *Kulturwissenschaft und Naturwissenschaft*. Stuttgart: Reclam.

Rogoff, B. (1990). *Apprenticeship in thinking*. New York: Oxford University Press.

Sacks, H. (1992). *Lectures on conversation*. Oxford: Basil Blackwell.

Sarbin, T.R. (Ed.). (1986). *Narrative psychology: The storied nature of human conduct*. New York: Praeger.

Sewz, G. (2004). *Zum Selbstverständnis der Psychologie als Wissenschaft*. Frankfurt: Peter Lang.

Shweder, R.A. (1990). Cultural psychology – what is it? In J.W. Stigler, R.A. Shweder & G. Herdt (Eds.), *Cultural psychology* (pp. 1-43). Cambridge: Cambridge University Press.

Shweder, R.A. (1991). *Thinking through cultures*. Cambridge, MA: Harvard University Press.

Shweder, R.A. & Sullivan, M.A. (1993). Cultural psychology: Who needs it? *Annual Review of Psychology, 44*, 497–523.

Simmel, G. (1908). Vom Wesen der Kultur. *Österreichische Rundschau, 15*, 36–42.

Straub, J. (1999). *Handlung, Interpretation, Kritik. Grundzüge einer textwissenschaftlichen Handlungs- und Kulturpsychologie*. Berlin: de Gruyter.

Straub, Jürgen (2001). Psychologie und Kultur, Psychologie als Kulturwissenschaft. In H. Appelsmeyer & E. Billmann-Mahecha (Hrsg.), *Kulturwissenschaft* (S. 125–167). Weilerswist: Velbrück.

Straub, J. (2003). Was hat die Psychologie bei den Kulturwissenschaften verloren? In Klaus E. Müller (Hrsg.), *Phänomen Kultur* (S. 131–156). Bielefeld: Transcript Verlag.

Thomas, A. (Hrsg.). (2003). *Kulturvergleichende Psychologie* (2. Aufl.). Göttingen: Hogrefe

Toomela, A. (2003). Culture as a semiosphere: On the role of culture in the culture-individual relationship. In I.E. Josephs (Ed.), *Dialogicality in development* (S. 129–163). Westport: Praeger.

Valsiner, J. (1998). *The guided mind. A sociogenetic approach to personality*. Cambridge, MA: Harvard University Press.

Valsiner, J. (2000). *Culture and human development*. London: Sage

Valsiner J. & van der Veer, R. (2000). *The social mind*. Cambridge: Cambridge University Press.

van der Veer, R. & Valsiner, J. (1991). *Understanding Vygotsky: a quest for synthesis*. Cambridge: Blackwell.

van der Veer, R. & Valsiner, J. (1994). *The Vygotsky reader*. Cambridge: Blackwell.

Wertsch, James V. (1991). *Voices of the mind*. Cambridge, MA: Harvard University Press.

Wetherell, M. & Potter, J. (1992) *Mapping the language of racism: discourse and the legitimation of exploitation*. New York: Columbia University Press.

6 Visuelle Wahrnehmung

K. Gegenfurtner, M. Spering

Visuelle Wahrnehmung spielt eine zentrale Rolle für das Erleben und Agieren in der Welt und damit für das Überleben in unserem Lebensraum. Einzelne Wahrnehmungsleistungen, wie die Wahrnehmung von Bewegung oder Farbe, werden durch spezifische neuronale Verarbeitungsprozesse möglich. Zunächst beruht unser visuelles Erleben auf der Aktivität der uns zur Verfügung stehenden lichtempfindlichen Sinnesrezeptoren. Die Integration der umgewandelten elektrischen Nervenimpulse, das bewusste Erleben und die daraus folgenden Verhaltensentscheidungen können zudem von kognitiven Prozessen beeinflusst werden. Nach einer kurzen Darstellung des methodischen Ansatzes der Psychophysik im ersten Teil beschreiben wir im zweiten Teil die Eigenschaften und die Struktur des visuellen Systems. Der Hauptteil des Kapitels ist ausgewählten Wahrnehmungsleistungen gewidmet.

6.1 Psychophysikalische Ansätze

Unser Verständnis von Wahrnehmungsprozessen basiert auf den Ergebnissen einer Vielzahl von experimentellen und neurowissenschaftlichen Untersuchungen. Die für die heutige Wahrnehmungspsychologie bedeutsamsten Forschungsansätze stammen zum einen aus der Psychophysik,

die sich mit den Gesetzmäßigkeiten der Umsetzung von physischen Reizen in psychisches Erleben befasst, und zum anderen aus der Psychophysiologie, die sich mit den physiologischen Grundlagen des Nervensystems beschäftigt. Der Ansatz der Psychophysik soll hier kurz anhand seiner wichtigsten Methoden und Vertreter dargestellt werden. Nähere Erläuterungen zum physiologischen Ansatz und seinen Methoden finden sich in ▶ Kap. 3.

Die Psychophysik beschäftigt sich u. a. mit den folgenden Fragen:

1. Was ist der adäquate und spezifische Reiz für eine bestimmte Empfindung?
2. Wie hoch ist die minimal notwendige Reizintensität für das Auftreten einer bestimmten Empfindung bzw., damit zwei Reize als verschieden wahrgenommen werden?
3. Wie hängt die Stärke einer Empfindungsgröße von der Ausprägung des Reizes ab?

Mit der Frage, wie stark ein Sinnesreiz sein muss, um überhaupt wahrgenommen zu werden, hat sich Gustav T. Fechner (1860) auseinandergesetzt. Zur Feststellung einer solchen absoluten Wahrnehmungsschwelle können verschiedene Methoden zum Einsatz kommen: die Konstanz-, die Grenz- und die Herstellungsmethode. Bei allen drei Methoden werden dem Beobachter unterschiedlich starke Reize,

z. B. ein Lichtblitz oder ein Ton, dargeboten. Der Beobachter muss angeben, ob er den jeweiligen Reiz wahrgenommen hat oder nicht. Die Verfahren selbst unterscheiden sich lediglich in der Darbietungsart und -reihenfolge (z. B. zufällig, auf- oder absteigend, durch Versuchsleiter oder Beobachter verändert). Reize sind dann optimal detektierbar, wenn sie einzeln dargeboten werden. Muss man hingegen einen Reiz detektieren, der zusätzlich zu einem schon vorhandenen dargeboten wird, ist Unterscheidungsvermögen erforderlich. Je höher die Intensität des schon vorhandenen Reizes, desto schlechter wird die Unterscheidbarkeit der beiden Reize. Ist in einer Tasse Kaffee ein Würfel Zucker enthalten, dann schmeckt dieser nach Zugabe eines weiteren Würfels merklich süßer. Hat man aber bereits zehn Würfel Zucker genommen, wird ein weiterer Würfel keinen merklichen Unterschied erzeugen.

6.1.1 Weber'sches Gesetz

Ernst H. Weber (1846) hat sich systematisch mit der Frage befasst, wie groß der Unterschied zwischen zwei Reizen mindestens sein muss, damit sie nicht als gleich, sondern als voneinander verschieden wahrgenommen werden. Diese Unterschiedsschwelle wird auch als »eben merklicher Unterschied« (»just noticeable difference«; JND) bezeichnet. In Webers klassischem Experiment mussten Probanden zuerst ein Standardgewicht und anschließend ein Vergleichsgewicht heben und beurteilen, welches Gewicht schwerer war. Weber entdeckte dabei, dass die Unterschiedsschwelle zwischen den Gewichten proportional zur Größe des Standardgewichts ist. Aus dieser Erkenntnis leitete er das nach ihm benannte Weber'sche Gesetz ab, das besagt, dass die Unterschiedsschwelle zweier Reize ΔS zur absoluten Größe des Standardreizes S in konstantem Verhältnis steht:

$$\frac{\Delta S}{S} = k,$$

wobei k auch als Weber'sche Konstante bezeichnet wird.

Für jeden Sinnesbereich gibt es eine spezifische Proportionalitätskonstante. Für die Schätzung von Gewichtsunterschieden ist $k = 0{,}05$ ($= 5/100$), das bedeutet, dass die Unterschiedsschwelle von 100 nach 105 g genauso groß ist wie die von 200 nach 210 g. Geschmacksunterschiede für Salz sind z. B. ab 0,08 g ($k = 0{,}08$) wahrnehmbar.

6.1.2 Fechner'sches Gesetz

Gustav T. Fechner (1860) weitete diese Regel zu einem Zusammenhang zwischen Erlebnisstärke und Reizstärke aus. Er nahm an, dass die Unterschiedsschwelle nicht nur ein konstanter Quotient der Stimulusintensität sei, sondern dass die einzelnen Unterschiedsschwellen auch subjektiv als gleich groß erlebt werden und insofern ein Maß der Erlebnisintensität ΔE darstellen könnten. Die erlebte Intensität eines Reizes entspricht dann der Anzahl der Unterschiedsschwellen ΔS oberhalb der absoluten Schwelle. Unter der Annahme, dass ΔE als Konstante über das gesamte Reizspektrum gilt (c ist konstant und entspricht der Weber'schen Konstante k), sieht das Fechner'sche Gesetz die Empfindungsstärke E als logarithmische Funktion der Reizstärke S. Damit lautet das Fechner'sche Gesetz

$$E = c \times \log S.$$

Einem linearen Zuwachs der Empfindungsstärke entspricht also ein logarithmischer Zuwachs der Reizstärke: Bei bereits starken Empfindungen muss der (äußere) Reiz also auch sehr stark vergrößert werden, um eine Zunahme der Empfindung zu bewirken (wie oben anhand des Zuckerbeispiels verdeutlicht). Dies gilt für verschiedene Sinnesmodalitäten, wie z. B. für das Sehen und Hören: Soll beispielsweise die Helligkeit in einem Zimmer vergrößert werden, kann bei dämmriger Beleuchtung eine Kerze schon eine große Wirkung haben; bei gleißend heller Beleuchtung wird der Beleuchtungsanteil einer Kerze dagegen überhaupt nicht bemerkt. Entsprechend werden Änderungen des Lautstärkepegels nicht als gleich empfunden: Eine Zunahme um eine Einheit macht bei großer Amplitude weniger aus als bei kleiner.

Gustav Theodor Fechner

Gustav Theodor Fechner, 1801 in Groß-Särchen (Niederlausitz) geboren und 1887 in Leipzig gestorben, gilt mit seinem Hauptwerk »Elemente der Psychophysik« (1860) als Begründer der Psychophysik. Von Hause aus Mediziner wurde Fechner 1834 auf das Ordinariat für Physik in Leipzig berufen. Später befasste er sich dort vorrangig mit der Philosophie und Physik von Sinnesempfindungen, der Psychophysik, so auch in seinem letzten wissenschaftlichen Werk »Über die psychischen Maßprinzipien und das Webersche Gesetz« (1887).

6.1.3 Signalentdeckungstheorie

Während in den psychophysikalischen Ansätzen klassischer Schwellenmessung lediglich die Eigenschaften des sensorischen Systems eine Rolle spielten, berücksichtigt die Signalentdeckungstheorie (»signal-detection-theory«, SDT; Green & Swets, 1966) auch das Entscheidungsverhalten des Beobachters. Bei dem Urteil einer Person (beispielsweise über das Vorhandensein eines Reizes) wird zwischen einer sensorischen Leistungskomponente und einer Reaktionsneigung (als Oberbegriff für kognitive oder motivationale Faktoren) unterschieden. Die Reiz-Reaktions-Matrix in ◘ Tab. 6.1 verdeutlicht das prinzipielle Vorgehen zur Erfassung der Reaktionsneigung.

In der einen Hälfte der Durchgänge wird ein schwacher Reiz, in der anderen Hälfte der Durchgänge gar kein Reiz (sog. »catch trials«) dargeboten. Wird der Reiz entdeckt, soll mit »Ja«, andernfalls mit »Nein« geantwortet werden. Die Matrix gruppiert die möglichen Antwortergebnisse hinsichtlich ihres Zutreffens. Besonders aufschlussreich bezüglich der Reaktionsneigung bzw. Erwartung einer Person ist ihr Verhalten in Durchgängen, in denen kein Reiz vorhanden ist. Mit Methoden der Signalentdeckungstheorie können so falsche Alarme (Antwort »Ja«, obwohl kein Reiz vorhanden ist) von positiven Reaktionen auf tatsächlich vorliegende Reize unterschieden werden. Neben der Berechnung eines Sensitivitätsindex d' kann man das Antwortverhalten einer Person auch im Rahmen einer sog. ROC-Analyse (»receiver operating characteristic«) darstellen. Falsche Alarme werden auf der Abszisse gegen Treffer auf der Ordinate abgetragen und die resultierende Diagonale entspricht der »Null-Sensitivität«. Je höher die Sensitivität der Person, desto stärker ist die Krümmung der Diagonalen.

◘ **Tabelle 6.1.** Reiz-Reaktions-Matrix zur Signalentdeckungstheorie. Die Matrix gruppiert die möglichen Antwortergebnisse hinsichtlich ihres Zutreffens, wenn ein Proband gefragt wird, ob er einen vorhandenen (oder nicht vorhandenen) Reiz wahrnimmt (ja) oder nicht wahrnimmt (nein)

	Reaktion des Probanden	
	Ja	Nein
Reiz ist vorhanden	Treffer (Hit)	Falsch positiv (Fehler)
Reiz ist nicht vorhanden	Falscher Alarm	Korrekte Ablehnung

6.1.4 Bewertung des psychophysikalischen Ansatzes

Es gehört zu den Errungenschaften der Psychophysik, schon lange vor der Entdeckung physiologischer Mechanismen einzelner Wahrnehmungsleistungen (z. B. des Farbensehens, ► Abschn. 6.3.1) deren Struktur und mechanistische Grundlagen aufgedeckt zu haben. Psychophysikalische Methoden werden in der Wahrnehmungspsychologie immer noch häufig eingesetzt, beispielsweise in Experimenten zur Bewegungswahrnehmung (► Abschn. 6.3.2), insbesondere in Kombination mit anderen Methoden, z. B. bildgebenden Verfahren sowie Blickbewegungsmessungen im Humanbereich und physiologischen Untersuchungen an Primaten.

6.2 Struktur des visuellen Systems

6.2.1 Sensitivität des Auges für Licht

Licht bildet die physikalische Grundlage für die visuelle Wahrnehmung und ist der Teil der elektromagnetischen Strahlung, welche vom menschlichen Auge wahrgenommen werden kann. Das für uns sichtbare Spektrum, elektromagnetische Wellen im Bereich von etwa 350–750 Nanometern (nm; 1 nm entspricht 10^{-9} m), stellt allerdings nur einen Teilbereich der elektromagnetischen Strahlung dar, die auch Röntgenstrahlen, Radar oder Handystrahlung umfasst. Die Sinnesorgane verschiedener Lebewesen haben sich eng an ihre jeweilige Umgebung angepasst (Land & Nilsson, 2002). Während Menschen ultraviolette Strahlung nicht sehen können, gibt es etliche Tierarten – wie die Honigbiene –, die für diesen Wellenlängenbereich (ca. 340 nm) sehr empfindlich sind (Menzel, Ventura, Hertel, deSouza & Greggers, 1986). Die Sehpigmente in den Rezeptoren der Netzhaut unserer Augen hingegen können nur von Strahlung im Wellenlängenbereich von 350–750 nm chemisch verändert werden (► Abschn. 6.2.2). Die Reaktion der Pigmente und damit die Erregung der Rezeptoren im Auge löst einen Umwandlungsprozess der physikalischen Reize in elektrische Impulse aus. Diesen Vorgang nennt man **Transduktion**. Die Impulse werden über Nervenbahnen ins Gehirn weitergeleitet, wo es für jede Wahrnehmungsmodalität einen speziellen Bereich gibt, der die Nervenimpulse des jeweiligen Sinnesorgans empfängt und auswertet (► Kap. 3, 7 und 8). Nachgeschaltete Gehirnareale integrieren dann die Information aus den verschiedenen Modalitäten (► Kap. 9) zu einem kohärenten Ganzen – unserer Sicht der Welt.

Im Folgenden stellen wir die zum visuellen System gehörenden Hauptkomponenten, ihre Funktionsprinzipien und Verbindungen vor: Das Auge und die kortikale Verarbeitung vom Corpus geniculatum laterale zum primären visuellen Kortex (Striatum) und zu den Arealen des extrastriären visuellen Kortex (► Kap. 3 zu neuroanatomischen Details).

6

6.2.2 Das Auge

Anatomischer Aufbau des Auges

Von den am Sehvorgang beteiligten Strukturen ist der dioptrische Apparat des Auges (Hornhaut, Linse, Glaskörper) die notwendige Voraussetzung dafür, dass überhaupt gesehen werden kann. Die Optik des Auges ist mit einer Kamera vergleichbar, die Licht bündelt und ein scharfes Bild von Objekten der Umgebung erzeugt, ähnlich wie das Auge einfallendes Licht auf der Netzhaut fokussiert.

Einfallende Lichtstrahlen passieren Hornhaut (Cornea) und Linse durch die Pupille und treffen auf die lichtempfindliche Netzhaut (Retina) auf der Rückseite des Auges (◘ Abb. 6.1). Damit wir Objekte scharf sehen können, werden Lichtstrahlen hinter der Hornhaut gebündelt und damit fokussiert. Wäre nun die Brechkraft des Auges konstant, dann würde daraus folgen, dass die von nahen Objekten ausgehenden Lichtstrahlen erst hinter der Netzhaut gebündelt würden und somit ein unscharfes Bild dieser Objekte entstünde. Aus eigener Erfahrung wissen wir jedoch, dass dies nicht der Fall ist. Das Auge kann die Brechkraft erhöhen, indem die Form der Linse verändert wird. Dieser Prozess wird **Akkommodation** genannt. Die Linse ist durch die Zonulafasern und die Ziliarmuskeln ringförmig im Augapfel befestigt. Die Zonulafasern üben einen Zug auf die Linse aus, der diese dehnt und abflacht. Werden nun die Ziliarmuskeln kontrahiert, so wird der Zug auf die Linse entlastet und diese durch ihre natürliche Elastizität dicker. Je dicker die Linse ist, desto höher ist ihre Brechkraft. Durch diese Flexibilität können Objekte in nahezu beliebiger Entfernung scharf auf der Retina abgebildet werden. Nur wenn das Objekt zu nahe am Auge ist, stößt die Akkommodationsfähigkeit der Linse an ihre Grenzen. Der Nahpunkt ist definiert als der kleinste Abstand eines Objekts vom Auge, bei dem das Objekt noch scharf gesehen werden kann. Der Nahpunkt ist altersabhängig: Mit dem Alter verliert die Linse zunehmend an Elastizität und kann beim Betrachten naher Objekte nicht mehr rund, und beim Betrachten ferner Objekte nicht mehr flach genug werden. Der Nahpunkt

von gesunden 10-Jährigen liegt bei ca. 10 cm, bei 40-Jährigen sind das schon um die 25 cm, bei 50-Jährigen um die 50 cm und bei 60-Jährigen ca. 100 cm. Diese Tendenz wird **Presbyopie** (Altersweitsichtigkeit) genannt. Andere Fehlsichtigkeiten entstehen zumeist, wenn der Augapfel zu lang oder zu kurz ist. In diesem Fall werden die Strahlen entweder schon vor oder erst hinter der Retina gebündelt. Auf der Retina selbst entsteht ein unscharfes Bild, welches aber durch entsprechende Brillen oder Kontaktlinsen korrigiert werden kann.

Signaltransduktion und -transformation

Der Prozess der Transduktion in der Sinneszelle leistet die Übersetzung physikalischer Reize in elektrische Nervenimpulse. Diese aus verschiedenen Sinnesmodalitäten (z. B. Auge, Ohr, Haut) im Gehirn eintreffenden Nervenimpulse (Aktionspotenziale) sind in ihren Erregungsmerkmalen allerdings nicht unterscheidbar. Der deutsche Physiologe Johannes Müller hat zur Lösung dieses Problems der Zuordnung von Reiz und Empfindung bereits im 19. Jahrhundert das Gesetz der spezifischen Sinnesenergien postuliert: Information aus dem Auge kommt in Form von Aktionspotenzialen nur in einem spezifischen Empfangsgebiet, dem primären visuellen Kortex, an. Das Gehirn führt Erregungen in diesem Areal auf visuelle Reize zurück. Wird ein Aktionspotenzial im Auge oder im visuellen Kortex auf andere Art ausgelöst, dann führt dies trotzdem zu einem visuellen Eindruck. Bei einem Schlag auf das Auge sehen wir sprichwörtlich Sternchen. Diese Art der spezifischen Sinnesenergien ist natürlich nur deswegen sinnvoll, weil die Rezeptoren im Laufe der Evolution so verbessert wurden, dass sie optimal nur von einer bestimmten Art von Reiz, nämlich dem *adäquaten* Reiz, erregt werden können. Wenn die Rezeptoren im Auge z. B. gleichermaßen von Schall und von Licht stimuliert werden könnten, dann wäre eine spätere Trennung dieser Information vollkommen unmöglich.

Die Umsetzung von Licht in ein elektrisches Signal wird **photoelektrische Transduktion** genannt und findet in der Retina statt. Die Retina enthält zwei Typen von Photorezep-

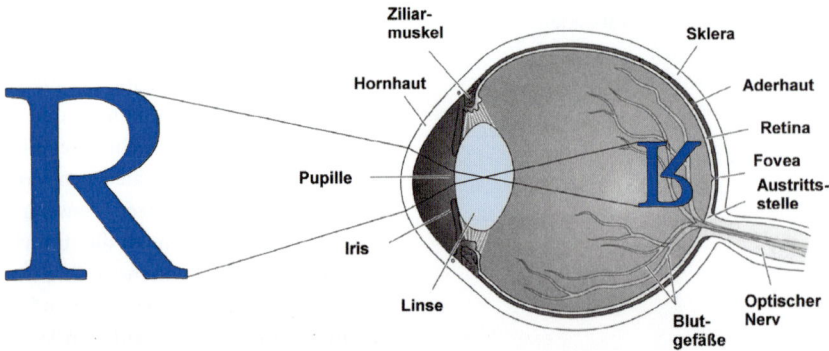

◘ **Abb. 6.1.** Anatomischer Querschnitt durch das menschliche Auge. Eintreffende Lichtstrahlen passieren die lichtbrechenden Elemente Linse und Hornhaut, durchqueren die von den Ziliarmuskeln gehaltene Pupille und

werden auf der Retina gebündelt. Scharfes Sehen ist nur im Bereich der Fovea möglich. Die auf der Retina umgewandelten elektrischen Signale verlassen das Auge über den Sehnerv

toren, Stäbchen und Zapfen. In einem biochemischen Prozess werden dort die kleinsten möglichen Lichtenergieeinheiten (Photonen) von den Sehpigmenten absorbiert. Eine biochemische Kaskade von Prozessen führt schließlich zu einer derartigen Verstärkung des Signals, dass die Absorption eines einzelnen Photons zu einer messbaren Veränderung des Rezeptorpotenzials führen kann (▶ Kasten »Bestimmung von Wahrnehmungsschwellen«).

Bestimmung von Wahrnehmungsschwellen

Hecht, Shlaer und Pirenne waren bereits 1942 auf der Suche nach dem schwächsten physikalischen Lichtreiz, der von einem Probanden gerade eben noch gesehen werden konnte. Dieser Reiz bestand natürlich nicht nur aus einem einzelnen Photon. Mit Hilfe einer genau kalibrierten Lichtquelle ließ sich berechnen, dass der optimale Reiz, ein Lichtblitz von 10 Winkelminuten Durchmesser und 10 ms Dauer, etwa 230.000 Photonen enthielt. Davon treffen aber nur ca. 50 auf die Hornhaut auf und nur etwa 10 davon werden isomerisiert, was bedeutet, dass sich bei Lichteinfall die Struktur des lichtempfindlichen Teils des Sehpigmentmoleküls verändert und dadurch den Rezeptor erregt. Die restlichen Photonen werden entweder von anderen Strukturen im Auge absorbiert oder reflektiert. Unter der stimulierten Fläche befinden sich aber schätzungsweise 400–500 Rezeptoren.

Nach den Berechnungen von Hecht, Shlaer und Pirenne (1942) müssen 7 Sehpigmentmoleküle in den Photorezeptoren auf der Retina getroffen werden, damit eine Person einen Lichtreiz gerade sehen kann. Es ist allerdings unwahrscheinlich, dass alle 7 Sehpigmentmoleküle in demselben Rezeptor liegen: Mit einer Wahrscheinlichkeit von weniger als 10% isomerisiert ein Rezeptor mehr als ein Photon. Es ist also wahrscheinlich, dass bereits ein einzelnes Photon zu einer messbaren Veränderung des Rezeptorpotenzials führt. Für die Wahrnehmung eines Lichtreizes müssen also etwa 7 Rezeptoren stimuliert werden.

Physiologische Messungen an einzelnen Rezeptoren haben inzwischen diese frühen Vermutungen bestätigt. Der Transduktionsprozess ist im visuellen System – wie in anderen Sinnen auch – optimiert und bewegt sich oftmals an den Grenzen des physikalisch Machbaren.

Das Vorhandensein der zwei verschiedenen Photorezeptortypen in der Retina bewirkt, dass unsere Wahrnehmung unter verschiedenen Beleuchtungsbedingungen funktioniert. Stäbchen sind extrem lichtempfindlich und dienen in erster Linie der Wahrnehmung im Dämmerlicht oder bei Dunkelheit, also im Bereich kurzwelligen Lichts. Um bereits sehr schwache Lichtreize detektieren zu können, werden die Signale von vielen benachbarten Stäbchen auf neuronaler Ebene summiert. Dadurch wird eine hohe Empfindlichkeit erreicht, aber gleichzeitig geht die Information über den genauen Ort des Lichtreizes verloren, d. h. bei kurzwelligem Licht ist die Sehschärfe deutlich geringer.

Bei Tageslicht werden die Zapfen aktiv. Sie sind weniger lichtempfindlich und somit deutlich sensitiver für langwelliges Licht. Im Bereich der Fovea, dem sog. Punkt des schärfsten Sehens, ist jeder Zapfen mit einer einzigen nachgeordneten Ganglienzelle verschaltet. Daraus folgt, dass bei langwelligem Licht eine höhere Sehschärfe erreicht wird. In der Mitte der Fovea gibt es sogar einen Bereich, in dem nur Zapfen auftreten und die Stäbchen ausgespart sind. Dies kann man sich leicht veranschaulichen wenn man nachts einen Stern am Himmel fixieren möchte und dieser dann unweigerlich verschwindet, weil er von den weniger lichtempfindlichen Zapfen in der Fovea nicht gesehen werden kann. Zum Rand des Gesichtsfelds hin (in der Peripherie) nimmt aber auch bei den Zapfen die Konvergenz zu, d. h. hier projizieren mehrere 100 Zapfen auf eine Ganglienzelle. Dadurch bedingt ist die Sehschärfe in der Peripherie schlechter.

6.2.3 Kortikale Verarbeitung

Die besondere Bedeutung der visuellen Wahrnehmung für den Menschen und andere Primaten kann man an Größe und Anzahl der an der Bildanalyse beteiligten Gehirnareale abschätzen. Neben dem primären visuellen Kortex (Areal V1), der etwa 15% der gesamten Großhirnrinde ausmacht, wurden bisher mehr als 30 weitere visuelle Areale beschrieben. Insgesamt sind etwa 60% der Großhirnrinde an der Wahrnehmung, Interpretation und Reaktion auf visuelle Reize beteiligt.

Nach der Transduktion von Lichtreizen in den Photorezeptoren auf der Retina werden die elektrischen Signale durch ein retinales Neuronennetzwerk, bestehend aus Bipolar-, Horizontal-, Amakrin- und Ganglienzellen, verarbeitet und weitergeleitet. Über den rückwärtigen Teil des Auges verlassen die elektrischen Signale als Aktionspotenziale das Auge über den Sehnerv (Nervus opticus).

Von dort gelangt die Information über verschiedene Faserverbindungen in den visuellen Kortex. Die wichtigste Sehbahn verläuft über den im Thalamus liegenden seitlichen Kniehöcker, das Corpus geniculatum laterale (CGL), zum primären visuellen Kortex. Die Information wird im Areal V1 im Hinterhauptlappen (Okzipitalkortex) in vielfältiger Weise analysiert. Von V1 ausgehend verläuft die kortikale Verarbeitung der visuellen Information über zwei Hauptpfade (dorsal und ventral) zu den höheren Ebenen des visuellen Systems, zu den visuellen Assoziationskortizes V2 bis V5.

Im Folgenden sollen zunächst die ersten Stufen der visuellen Verarbeitung detaillierter dargestellt werden. Vier Prinzipien sind besonders hervorzuheben:

1. **Retinotope Organisation**: Jeder Ort im CGL entspricht einem Ort auf der Retina, benachbarte Orte im CGL entsprechen benachbarten Orten auf der Retina.
2. **Konvergenz und Effizienz**: Während im Auge die Information von über 100 Mio. Rezeptoren aufgenommen wird, ist für eine naturgetreue Reizweiterleitung ans Gehirn eine viel kleinere Anzahl von Ganglienzellen ausreichend.
3. **Divergenz und Spezialisierung**: Im Gehirn werden die Signale aus einzelnen Ganglienzellen von vielen Gehirnzellen analysiert, die auf verschiedene Reizaspekte ansprechen. Diese Spezialisierung nimmt entlang der Verarbeitungsbahnen zu.
4. **Kortikale Verarbeitungspfade – dorsales und ventrales Projektionssystem:** Objekterkennung und -lokalisation erfolgen im extrastriären Kortex in zwei weitestgehend getrennten, spezialisierten Projektionssystemen, dem ventralen und dem dorsalen Pfad.

Retinotope Organisation

Das visuelle System zeichnet sich in der Repräsentation des Gesichtsfeldes durch eine räumliche, retinotope Ordnung aus. Reize, die in der Umwelt nah beieinander liegen, lösen auch in der Retina Sinneserregungen an nahe beieinander liegenden Stellen aus und die entsprechenden Nervenerregungen werden anschließend auch im Gehirn an benachbarten Stellen verarbeitet. Diese neuronale Topographie kann von den Eingangsrezeptoren in der Retina bis in die höheren Verarbeitungsebenen der primären und sekundären Hirnrindenareale verfolgt werden.

In der Retina wird eine Ganglienzelle immer von denselben Photorezeptoren erregt, welche auf Reize in einem bestimmten Bereich des visuellen Feldes reagieren. Dieser Bereich des Gesichtfeldes, in dem visuelle Reize eine neuronale Antwort hervorrufen, lässt sich relativ genau kartieren und wird als das **rezeptive Feld** des Neurons bezeichnet. Nebeneinander liegende retinale Ganglienzellen besitzen benachbarte, sich überlappende rezeptive Felder und projizieren zu benachbarten Neuronen der nächst höheren Verarbeitungsstufe. Durch die Konvergenz der Eingangssignale auf den verschiedenen Verschaltungsebenen wird die Kartierung des visuellen Raumes allerdings immer gröber und die rezeptiven Felder zunehmend größer, im gleichen Maß wie die Abstraktheit der Reizrepräsentation zunimmt.

Kurz vor Eintritt ins Gehirn verzweigen sich die Sehnerven aus beiden Augen und bilden das Chiasma opticum (Sehnervkreuzung). Dabei kreuzen die Nervenfasern der Ganglienzellen der nasalen (nasenseitigen) Retinahälften. Von dort projizieren fast alle retinalen Ganglienzellen (90%) zum CGL im Thalamus, der wichtigsten subkortikalen Schaltstation zwischen Auge und visuellem Kortex.

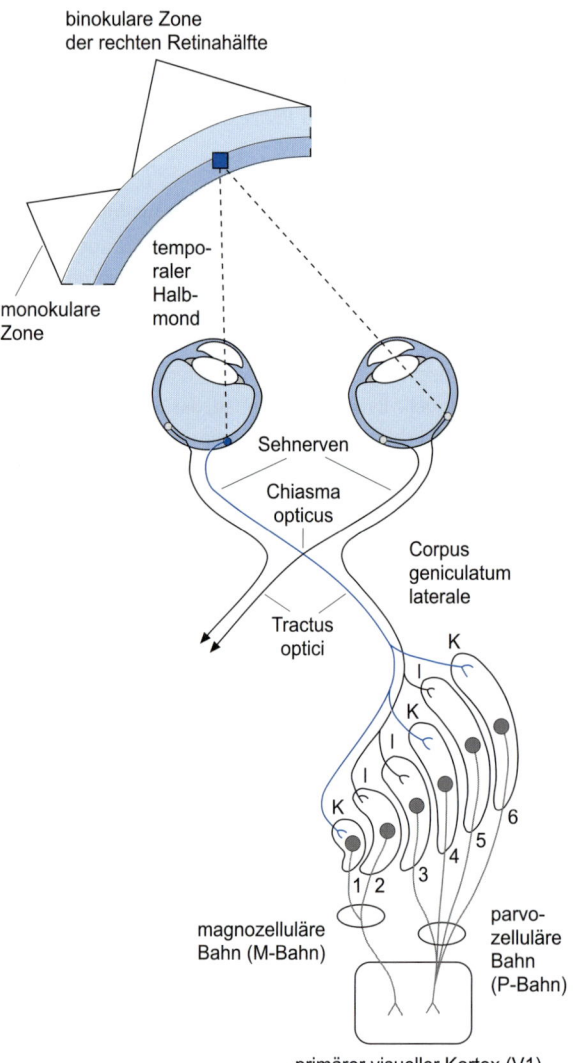

◘ Abb. 6.2. Die Sehbahn. Schematische Darstellung der neuronalen Verschaltung des menschlichen Sehsystems in der Ansicht von unten

Jedes CGL erhält seine Eingänge von den Ganglienzellen, die auf Reize in der gegenüberliegenden Gesichtsfeldhälfte antworten (◘ Abb. 6.2). So erhält beispielsweise das linke CGL seine Eingänge aus der linken Retinahälfte jedes Auges, also der temporalen (schläfenseitigen) Hälfte des linken Auges und der nasalen Hälfte des rechten Auges.

Die Projektion von Signalen verläuft nicht nur vom CGL zu den visuellen Arealen im Okzipitalkortex, sondern es gibt auch Rückprojektionen aus dem visuellen Kortex in den Thalamus. Zusätzlich laufen in den 50 Nuklei des Thalamus Informationen aus Rückenmark, Hirnstamm, Kleinhirn (Zerebellum) und anderen kortikalen Arealen zusammen. Der Thalamus spielt möglicherweise eine wichtige Rolle bei der Aufmerksamkeitsregulierung und der Integration von Informationen aus verschiedenen Sinnesmodalitäten. Die genaue Rolle des CGL ist jedoch noch nicht eindeutig geklärt (Derrington, 2001). Das CGL besteht aus 6 Schichten, die jeweils Signale aus einem Auge erhalten. Die Schichten 1, 4 und 6 erhalten Signale aus dem kontralateralen (gegenseitigen) und Schichten 2, 3 und 5 aus dem ipsilateralen (gleichseitigen) Auge. Dem Gehirn steht folglich Information aus ipsi- und kontralateralem Auge zur Verfügung. Die Bilder im linken und rechten Auge unterscheiden sich aufgrund der unterschiedlichen Augenposition aber geringfügig und sind gegeneinander verschoben (sog. Querdisparation, ▶ Abschn. 6.3.4 zur Tiefenwahrnehmung). Durch den Erhalt der räumlichen Anordnung der retinalen Ganglienzellen bei der Projektion sind auch die Schichten des CGL retinotop organisiert. Die 6 Schichten sind so angeordnet, dass die 6 neuronalen Karten der kontralateralen Gesichtsfeldhälfte genau übereinander liegen und sich daher auch die Zentren der rezeptiven Felder von vertikal übereinander liegenden Neuronen aller Schichten an derselben Stelle befinden. Die beiden ventralen (inneren) Schichten (1, 2) des CGL sind entwicklungsgeschichtlich älter, ihre Neurone haben relativ große rezeptive Felder und werden deshalb auch als magnozellulär bezeichnet. Die 4 dorsalen (äußeren) Schichten weisen Neurone mit kleineren rezeptiven Feldern auf und werden als parvozellulär bezeichnet. Diese Unterscheidung in magno- und parvozelluläre oder M- und P-Neurone findet sich bereits in der Retina. M- und P-Neurone haben unterschiedliche Eigenschaften (Schiller, Logothetis, & Charles, 1990): M-Neurone antworten nicht auf spektrale Unterschiede und sind nahezu vollständig »farbenblind«, sie vermitteln nur Information über die Helligkeit der visuellen Reize. Diese Neurone besitzen große Bedeutung für die Wahrnehmung von schnellen Bildabfolgen. P-Neurone dagegen sind auf das Farbensehen spezialisiert. Folglich führt eine Schädigung der parvozellulären Schichten im CGL unweigerlich zu einem Verlust des Farbensehens und zu einer Beeinträchtigung der Sehschärfe.

Konvergenz und Effizienz

Retinale Ganglienzellen besitzen kreisförmige rezeptive Felder, die eine antagonistisch verschaltete Zentrum-Umfeld-Organisation aufweisen. In der Fovea beträgt der Durchmesser der Feldzentren nur einige Bogenminuten, in der Peripherie dagegen etwa 3–5° Sehwinkel (1° Sehwinkel entspricht ungefähr der Breite des Daumens auf Armlänge). Ganglienzellen sind etwa zur Hälfte On-Zentrum-Zellen, die durch einen auf ihr Zentrum fallenden Lichtreiz erregt und durch Beleuchtung ihres ringförmigen Umfeldes gehemmt werden. Zur anderen Hälfte sind sie Off-Zentrum-Zellen, welche durch einen zentralen Lichtreiz gehemmt und durch eine reine Umfeldbeleuchtung erregt werden. Wird das gesamte rezeptive Feld beider Ganglienzelltypen gleichmäßig beleuchtet, antworten sie nur schwach. Die antagonistische Verschaltung zwischen einem erregenden Zentrum und einem hemmenden Umfeld bedingt die hohe Empfindlichkeit der Ganglienzellen für örtliche Kontraste.

Der Physiker Ernst Mach (▶ Kurzbiographie) entdeckte Mitte des 19. Jahrhunderts, dass es bei der Betrachtung eines rampenförmigen Intensitätsverlaufs, wie in ▫ Abb. 6.3b dargestellt, an den Enden der Rampe zur Wahrnehmung von dunklen und hellen Bändern kommt, die im physikalischen Reiz eigentlich gar nicht vorhanden sind. Mach schloss daraus, dass es im Auge Rezeptoren geben müsse, die sich wechselseitig hemmen. Fällt das rezeptive Feld eines Neurons auf den Übergangsbereich von dunkel nach hell, wird das Neuron stärker gehemmt, als wenn es eine gleichmäßig dunkle Stelle kodieren würde. Daher kommt es am Rand des dunklen Teils zur Wahrnehmung eines dunkleren Streifens. Beim Übergang zum Hellen ist es genau umgekehrt. Diese Neurone werden weniger gehemmt als Nachbarneurone, die zu beiden Seiten helle Stellen haben. Daher tritt dort ein heller Streifen am Rand des hellen

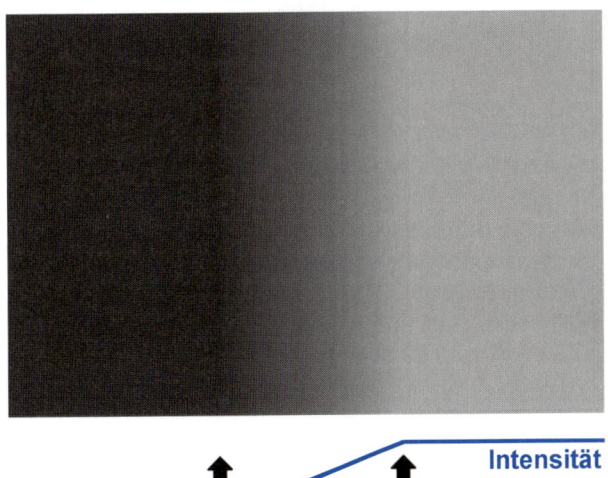

Intensität

▫ **Abb. 6.3. a** Hermann-Gitter: In einem gleichförmigen weißen Gitter sind an den Kreuzungspunkten graue Flecken sichtbar, die bei direkter Fixierung verschwinden. Das Phänomen lässt sich durch wechselseitige Hemmprozesse retinaler Ganglienzellen erklären. **b** Mach-Bänder sind an den Übergängen von hell nach dunkel sichtbar

Teils auf. Mach ging sogar noch weiter und berechnete aus seinen Beobachtungen die Größe der rezeptiven Felder der retinalen Zellen, lange bevor der Begriff des rezeptiven Felds überhaupt eingeführt wurde.

Diese **laterale Inhibition** benachbarter retinaler Zellen führt zu einer Vielzahl weiterer Wahrnehmungstäuschungen. In ▪ Abb. 6.3a ist ein gleichförmig weißes Gitter (ein sog. Hermann-Gitter) dargestellt. An den nicht fixierten Kreuzungspunkten werden dunkle Flecken wahrgenommen, da eine On-Zentrum-Zelle dort doppelt so stark inhibiert wird (von 4 Seiten) wie eine On-Zentrum-Zelle, deren rezeptives Feld durch einen verbindenden Balken beleuchtet wird und so nur von zwei Seiten Hemmung erfährt. Die Feuerungsrate der On-Zentrum-Zelle, deren rezeptives Feld von 4 Seiten gehemmt wird, sinkt somit und der Kreuzungspunkt erscheint dunkler. Die laterale Inhibition sorgt also dafür, dass Signale an Kanten verstärkt und langsame Intensitätsverläufe verwischt werden.

Divergenz und Spezialisierung

Fixieren wir ein Objekt, so wird es im Zentrum der Retina, der Fovea centralis, abgebildet. Die Fovea nimmt ca. 2° des

Ernst Mach

Der 1838 in Turas (Mähren) geborene und 1916 in Vaterstetten bei München gestorbene Physiker Ernst Mach wandte sich früh sinnesphysiologischen Experimenten zu. 1867 wurde Mach dennoch zunächst Professor für Experimentalphysik in Prag. Mit seiner Entdeckung des später als Mach'sche Bänder bezeichneten Phänomens (um 1866) machte sich Mach schließlich auch innerhalb des physiologischen Forscherkreises einen Namen. Mach untersuchte außerdem die Rolle des Gleichgewichtsorgans für die Bewegungswahrnehmung und konstruierte aufwendige Apparaturen, z. B. einen Rotationsapparat und eine Zentrifugalmaschine. Damit identifizierte Mach korrekt das Innenohr als Gleichgewichtsorgan (vor ihm wurden u. a. Auge oder Haut als relevant vermutet).

Gesichtsfelds und 0,01% der gesamten Retina ein. In der Fovea ist die Dichte der Photorezeptoren (vor allem Zapfen) und folglich die Sehschärfe am größten. Nur hier ist Detailsehen mit hoher Auflösung, wie es z. B. zum Lesen dieses Textes nötig ist, möglich. So gibt es in der Fovea etwa 50.000 Ganglienzellen pro Quadratmillimeter, dagegen nur etwa 1000 in der Peripherie. Außerdem ist hier, im Unterschied zu den übrigen Retinabereichen, eine 1:1-Verschaltung von Photorezeptoren, Bipolar- und Ganglienzellen realisiert. Da nur wenige Ganglienzellen auf ein Neuron im CGL des Thalamus projizieren, werden die Fovea und ihre direkte Umgebung durch etwa die Hälfte der Neuronenmasse im CGL repräsentiert, während die gesamte Peripherie durch die andere Hälfte repräsentiert ist. Im primären visuellen Kortex bleibt dieses Verhältnis bestehen: So repräsentieren die Hälfte der Neurone in V1 die Fovea und direkt angrenzende Regionen. Neuere Untersuchungen legen nahe, dass die vergrößerte Repräsentation der Fovea im Kortex nicht nur durch die hohe foveale Ganglienzelldichte pro Flächeneinheit bedingt ist, sondern dass dem fovealen Input zusätzlicher Raum zugewiesen wird. So beansprucht eine Ganglienzelle nahe der Fovea 3- bis 6-mal so viel Kortexgewebe wie eine Ganglienzelle der Retinaperipherie. Trotz begrenzter Ressourcen sind so einerseits eine Wahrnehmung mit einem großen Gesichtsfeld (horizontal ca. 180°) und andererseits ein präzises Erkennen von Details möglich. Die Ausrichtung der Fovea durch Augen- und Kopfbewegungen erlaubt ein Abtasten größerer Objekte nach wichtigen Details.

1959 untersuchten David Hubel und Torsten Wiesel, die 1981 für ihre Arbeit den Nobelpreis erhielten, das Antwortverhalten von V1-Neuronen im Kortex der Katze auf visuelle Reize. Anders als die Neurone in der Retina oder im CGL antworteten V1-Neurone nur schwach oder gar nicht auf punktförmige Lichtreize, aber sehr heftig auf kurze Lichtstreifen. Je nach Art des visuellen Reizes, der die größte Antwort hervorrief, unterschieden Hubel und Wiesel (1959) drei Neuronentypen.

1. **Einfache Zellen** antworten auf Lichtstreifen oder Balken einer bestimmten Orientierung. Die länglichen rezeptiven Felder der einfachen Kortexzellen sind ebenfalls in eine erregende und eine hemmende Zone unterteilt, die aber nebeneinander liegen und jeweils nur in eine Richtung orientiert sind (▪ Abb. 6.4). Entsprechend erfolgt die stärkste Antwort, wenn ein streifenförmiger Reiz in derselben Orientierung und Breite wie die erregende Zone der Zelle dargeboten wird. Die selektive Empfindlichkeit für die Orientierung eines Reizes ergibt sich aus einem Vergleich der Antworten der Zelle bei unterschiedlichen Orientierungen des Reizes (Orientierungstuningkurve).

2. **Komplexe Zellen** zeigen in ihren rezeptiven Feldern keine deutliche Unterteilung in erregende und hemmende Bereiche. Sie antworten ebenfalls selektiv auf die Orientierung streifenförmiger Reize, wobei aber die genaue Position des Reizes innerhalb des rezeptiven Fel-

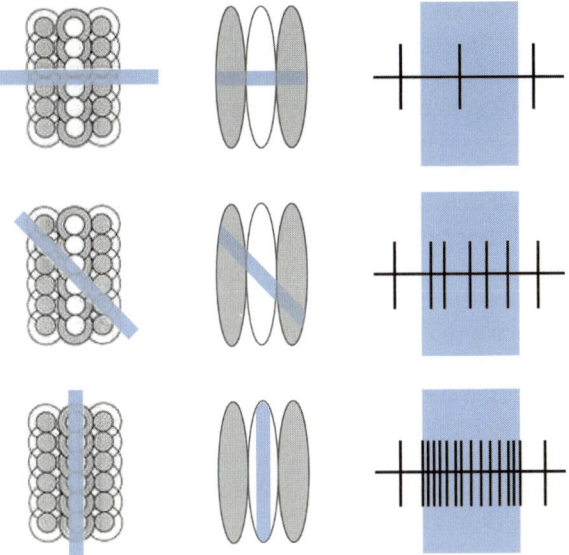

■ **Abb. 6.4.** Orientierungsselektivität von Neuronen im Areal V1. In der Mitte befindet sich das rezeptive Feld (RF) des Neurons. Links ist dargestellt, wie sich das RF aus einfacheren RF zusammensetzt. Rechts ist die Antwort der Zelle auf visuelle Reize unterschiedlicher Orientierung dargestellt. Jeder vertikale Strich entspricht einem Aktionspotenzial. Das Neuron reagiert am besten auf vertikale Balken

mäßige windmühlenartige Anordnung der Orientierungssäulen um ein in der Mitte liegendes Zentrum nachgewiesen werden. In jedem sog. »pinwheel« kommt jede Orientierungssäule nur einmal vor. Neben den Orientierungssäulen wurden auch noch sog. **Augendominanzsäulen** festgestellt. So zeigt etwa die Hälfte der Neurone bei der Reizdarbietung eine deutliche Präferenz für das linke oder rechte Auge. Eine **Positionssäule** wiederum besteht aus je zwei Augendominanzsäulen und zahlreichen Orientierungssäulen und wird auch als **Hyperkolumne** bezeichnet.

Diese Säulensysteme im visuellen Kortex lassen sich durch folgende Organisationskriterien bestimmen:

1. Nach der **Position** des rezeptiven Feldes: Alle Neurone einer etwa 1 mm² großen Positionssäule erhalten ihren Input von derselben Retinastelle.
2. Nach der **Augendominanz**: Innerhalb einer Positionssäule gibt es für jedes Auge eine Augendominanzsäule. Die Säulen des rechten und linken Auges alternieren regelmäßig entlang der Positionssäulen.
3. Nach der **Orientierung**: Jede Augendominanzsäule enthält einen vollständigen Satz von Orientierungssäulen, deren Neurone auf das gesamte Orientierungsspektrum von 360° reagieren.

des keine Rolle spielt. Sie zeigen darüber hinaus eine Bevorzugung einer bestimmten Bewegungsrichtung.

3. Endinhibierte oder **hyperkomplexe Zellen** antworten auf Streifen, Ecken oder Winkel einer bestimmten Länge, die sich in einer bestimmten Richtung über ihr rezeptives Feld bewegen.

Während Zellen in der Eingangsschicht (Schicht 4C) von V1 konzentrische rezeptive Felder besitzen, weisen die einfachen Zellen direkt über und unter der Schicht 4C längliche rezeptive Felder mit Orientierungsachsen auf. Nach Hubel und Wiesel (1959) entstehen diese länglichen erregenden und hemmenden Zonen der rezeptiven Felder einfacher Zellen durch die Konvergenz von mehreren konzentrisch organisierten Zellen (■ Abb. 6.4). Auch die Eigenschaften der rezeptiven Felder komplexer Zellen lassen sich durch konvergente erregende Eingänge einfacher Zellen mit gleich aufgebauten rezeptiven Feldern erklären.

Mit Hilfe von senkrecht in den Kortex der Katze eingeführten Mikroelektroden wurde festgestellt, dass die Zentren der rezeptiven Felder von übereinander liegenden Neuronen sich an derselben Position im Gesichtsfeld befinden und dass diese Neurone auch dieselbe Reizorientierung bevorzugen. Untersucht man die Orientierungspräferenz der Neurone tangential zur Kortexoberfläche, ändert sich die bevorzugte Reizorientierung in kontinuierlichen Schritten. Jede dieser sog. **Orientierungssäulen** ist etwa 30–100 μm breit. Mit Hilfe eines optischen bildgebenden Verfahrens, bei dem ein direktes Abbild der Aktivität der Neurone an der Kortexoberfläche erstellt wird, konnte für V1 eine regel-

David H. Hubel und Torsten N. Wiesel

Die Wege der beiden späteren Nobelpreisträger, des 1926 in Kanada geborenen David H. Hubel (im Bild links) und des 1924 in Schweden geborenen Torsten N. Wiesel, kreuzten sich 1958 im Labor von Stephen Kuffler an der Johns Hopkins Medical School. 1959 zog das Labor an die Harvard Medical School um. Dort begann die intensive Zusammenarbeit der beiden Mediziner zur Untersuchung der Eigenschaften rezeptiver Felder im visuellen System. 1981 erhielten David Hubel und Torsten Wiesel den Nobelpreis für Medizin für ihre Arbeit an den rezeptiven Feldeigenschaften von Neuronen in V1. David Hubel ist Professor emeritus an der Harvard Medical School. Torsten Wiesel ist seit 1983 an der Rockefeller University.

Die Oberfläche des primären visuellen Kortex besteht also aus regelmäßig angeordneten Hyperkolumnen, die als elementare Verarbeitungsmodule zur Analyse der Orientierung und Länge von Linien- und Kantensegmenten eines bestimmten Retinabereiches die notwendige Voraussetzung zur Formanalyse darstellen.

Kortikale Verarbeitungspfade – dorsales und ventrales Projektionssystem

Schon zu Beginn des 20. Jahrhunderts wurde bemerkt, dass Patienten mit Schädigungen im Temporallappen oft Störungen der Objekt- oder Gesichtererkennung aufwiesen. Nach Schädigungen im Parietallappen kam es dagegen häufiger zu Störungen der Orientierung im Raum. Diese grobe Teilung der Aufgaben konnte in psychophysischen und klinischen Untersuchungen an Menschen und physiologischen und anatomischen Experimenten an Affen bestätigt werden (Goodale & Milner, 1992). Auch neuere Befunde der funktionellen Kernspintomographie belegen, dass Aufgaben zur visuell räumlichen Orientierung vermehrt Areale im Parietalkortex, Objekterkennungsaufgaben dagegen eher Areale im Temporalkortex aktivieren (Ungerleider & Haxby, 1994). Ungerleider und Mishkin (1982) postulierten aufgrund der Untersuchungen an läsionierten Affen, die Störungen bei Such- und Erkennungsaufgaben aufwiesen, zwei anatomisch unterschiedliche und funktionell spezialisierte kortikale Projektionssysteme zur Verarbeitung visueller Eindrücke: den dorsalen Pfad im Parietallappen und den ventralen Pfad im Temporallappen. Das dorsale oder **parietale Projektionssystem** (auch »Wo«-Pfad genannt) dient der Steuerung von Handlungen, der Wahrnehmung von Bewegungen und Kör-per- bzw. Objektpositionen im Raum. Das ventrale oder **temporale Projektionssystem** (»Was«-Pfad) dagegen ist für die Farb-, Muster- und Formwahrnehmung und damit für die Objekterkennung von Bedeutung. Eine definitive Zuordnung dieser Funktionen zu spezifischen kortikalen Arealen ist allerdings noch nicht vollständig gelungen.

Auf der Suche nach einem kortikalen Farbzentrum wurde lange angenommen, dass Farbe im Areal V4 verarbeitet wird. Mittlerweile ist aber bekannt, dass Neurone in den Arealen V1 bis V4 fast zu gleichen Anteilen an der Verarbeitung von Farbe beteiligt sind. Dem Areal V4 dagegen wird neben der Farbverarbeitung eine Rolle bei der Integration von visuellen und kognitiven Faktoren sowie der Aufmerksamkeit bei allen Aspekten räumlichen Sehens zugesprochen (Gegenfurtner, 2003). Besser lokalisiert sind beispielsweise die kortikalen Areale für Bewegungswahrnehmung (▶ Abschn. 6.3.2).

Trotz der Kenntnis der Verarbeitungsorte verschiedener Aspekte visueller Reize im Gehirn ist unser Wissen über die Verarbeitungsprozesse selbst relativ bescheiden. Die ersten Stadien der kortikalen Verarbeitung scheinen der Extraktion von einzelnen Merkmalen zu dienen (▶ Abschn. 6.3.3). So antworten Neurone in V1 spezifisch auf die Orientierung von Reizen oder deren Farbe. Über die zugrunde liegenden anatomischen und funktionellen Schaltkreise gibt es empirisch gut belegte Modellvorstellungen. Von den sich anschließenden höheren Verarbeitungsebenen wissen wir zwar zum Teil, auf welche visuellen Reize, wie z. B. Hände, Gesichter oder Bewegungsmuster, einzelne Neurone maximal antworten, aber wie es zu dieser erstaunlichen Selektivität kommt, ist weitgehend unklar.

Kortikale Plastizität

Die Sinnessysteme werden in der Regel als statische Systeme dargestellt, deren Neurone zu Schaltkreisen verbunden sind, die dann die Antworten des Systems determinieren. Langfristig passt sich das Nervensystem (auch das erwachsene Nervensystem) jedoch durchaus seinen Eingangssignalen an, um genau diese optimal verarbeiten zu können. Vor allem während der Entwicklung sind diese Eingangssignale sehr wichtig, um die Verbindungen zwischen den Neuronen und Hirnarealen festzulegen. Bei blind Geborenen wurde z. B. festgestellt, dass der visuelle Kortex, der ja in diesem Fall keine Eingangssignale vom Auge erhält, nicht einfach »abgeschaltet« wird. Stattdessen wird dieser Bereich des Gehirns beim Lesen von Blindenschrift (Braille) aktiviert (Sadato et al., 1996). Das somatosensorische System, welches beim Ertasten der Buchstaben vor besondere Herausforderungen gestellt ist, erweitert sozusagen seine Rechenkapazität, indem es ansonsten unbenutzte Kortexareale in die Analyse mit einbindet. Bei erwachsenen Primaten konnte gezeigt werden, dass nach Amputation eines Fingers anschließend dessen Repräsentation im primären somatosensorischen Areal von den benachbarten Fingern eingenommen wurde (Merzenich et al., 1983).

6.3   Spezielle Formen der Wahrnehmung

6.3.1   Helligkeits- und Farbwahrnehmung

Adaptation bezeichnet generell die Tatsache, dass wiederholte Reizung mit dem gleichen Stimulus zu einer Abnahme der Reizantwort führt. Dieses Phänomen wurde lange Zeit als Evidenz dafür betrachtet, dass Sinneszellen nach längerer Aktivität ermüden. Inzwischen weiß man, dass Adaptation nicht von Nachteil für die Wahrnehmung ist, sondern im Gegenteil die Verschiebung des Messbereichs unserer Sensoren beschreibt, sodass um den neuen Nullpunkt herum die größte mögliche Empfindlichkeit erreicht werden kann. Misst man z. B. die Unterscheidbarkeit von Farben, dann sind Probanden immer dann am genauesten, wenn sie Farben unterscheiden müssen, die von der Hintergrundfarbe möglichst wenig abweichen. Das ist der Grund dafür, warum wir praktisch immer sehen können, wenn an einer Wand der Anstrich an einer Stelle ausgebessert wurde.

Die Erhöhung der Lichtempfindlichkeit beim Betreten eines dunklen Raums nennt man Dunkeladaptation, die Anpassung an Helligkeit Helladaptation. Experimentell lässt sich nachweisen, dass Stäbchen und Zapfen bei der Dunkeladaptation deutliche Unterschiede in der Adaptationsgeschwindigkeit und in der erreichten Empfindlichkeitsstärke aufweisen. Für eine erste, schnelle Dunkeladaptation (gleichzeitig Adaptation der Farbempfindlichkeit) sind die Zapfen verantwortlich (s. Dunkeladaptationskurve in ◘ Abb. 6.5). Nach 7–10 Minuten nimmt die Empfindlichkeit erneut zu und erreicht nach ca. 30 Minuten die dunkeladaptierte Maximalempfindlichkeit. Dieser Teil der Adaptation beruht vor allem auf der Stäbchenadaptation.

Farbe ist eine Sinnesempfindung, die es uns erlaubt, Objekte schnell und effizient unterscheiden zu können. Unser Farbensehen beruht darauf, dass es drei unterschiedliche Typen von Zapfen in der Retina gibt, die nach dem Spektralbereich ihrer höchsten Empfindlichkeit lang- (L), mittel- (M) und kurzwellensensitiv (S für »short«) genannt werden. Die Farbpigmentmoleküle (blau, grün, rot) der drei Zapfenarten sind unterschiedlich sensitiv für Licht verschiedener Wellenlängen: Wie in ◘ Abb. 6.6 dargestellt, absorbieren S-Zapfen in erster Linie Licht im kurzwelligen Bereich zwischen 350 und 450 nm mit einem Maximum bei 420 nm. Da Licht dieser Wellenlänge bei neutraler Betrachtung als blau erscheint, werden diese Rezeptoren auch »Blau-Zapfen« genannt. Dies ist irreführend, da diese Zap-

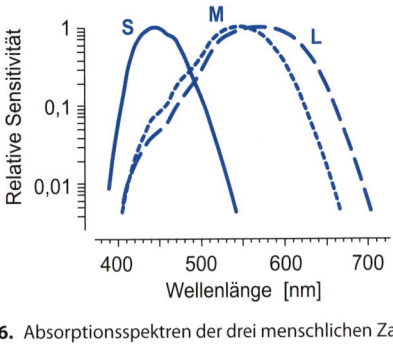

◘ **Abb. 6.6.** Absorptionsspektren der drei menschlichen Zapfentypen. Das Maximum der S-Zapfen liegt bei ca. 420 nm, das der M-Zapfen bei ca. 540 nm und das der L-Zapfen bei 570 nm

fen auch Licht anderer Wellenlängen absorbieren und da die gesehene Farbe auch von anderen Faktoren, z. B. dem Umfeld, abhängt. Die Absorptionskurven der beiden anderen Zapfentypen sind sehr ähnlich, ihre Maxima sind nur ca. 30 nm voneinander verschoben. Der Grund für diese hohe Ähnlichkeit ist, dass sich die M- und L-Zapfen (oder »Grün- und Rot-Zapfen«) vor ca. 35 Mio. Jahren, etwa zum Zeitpunkt der Kontinentalverschiebung, durch genetische Mutation eines gemeinsamen Urzapfens entwickelt haben (s. Gegenfurtner & Kiper, 2003).

Für das Sehen bedeutet dies wiederum, dass die resultierenden Nervenerregungen in benachbarten M- und L-Zapfen sehr ähnlich sind. Diese Redundanzen werden aber bereits in den Ganglienzellen der Retina bereinigt, indem die Signale anders kodiert werden. Zum einen wird dabei die Summe der Signale der M- und L-Zapfen (L+M) berechnet. Dies entspricht der Helligkeit. Zum anderen wird die Differenz der Signale von M- und L-Zapfen (L–M), so-

◘ **Abb. 6.5.** Dunkeladaptationskurve. Die Dunkeladaptationskurve ist zweistufig mit einem Zapfenanteil am Anfang und einem Stäbchenanteil am Ende. Je weiter die Kurven abfallen, desto größer wird die Empfindlichkeit

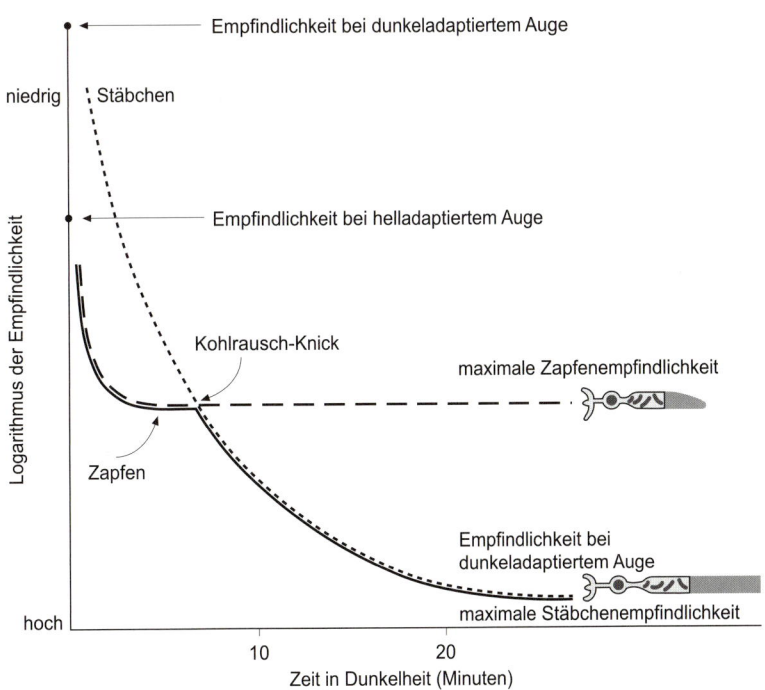

wie die Differenz der Signale der S-Zapfen mit der Summe der M- und L-Zapfen (S–(L+M)) berechnet. Diese drei Differenzmechanismen heißen auch **Gegenfarbmechanismen**. Die Gegenfarbsignale werden dann in anatomisch und funktionell weitgehend unabhängigen Kanälen an das CGL weitergegeben. Die parvozellulären Schichten des CGL erhalten Information über Helligkeit (L+M) und über die spektrale Zusammensetzung des Lichts aus dem (L–M)-Kanal. Die magnozellulären Schichten erhalten nur Information über die Helligkeit. Die erst vor kurzem entdeckten koniozellulären Bereiche des CGL erhalten Inputs aus dem (S–(L+M))-Kanal (s. Hendry & Reid, 2000).

Der Versuch, eine Theorie der Farbwahrnehmung aufzustellen, ist jedoch viel älter als die beschriebenen neurophysiologischen Ansätze. Mit ihren Farbabgleich-Experimenten stellten Thomas Young und Hermann von Helmholtz (▶ Kurzbiographie) in der zweiten Hälfte des 19. Jahrhunderts fest, dass zur Herstellung einer bestimmten Farbe des Spektrums genau drei Wellenlängen nötig sind. Aus dieser Erkenntnis wurde die sog. **Young-Helmholtz'sche Dreifarbentheorie** oder Trichromatizitätstheorie entwickelt, nach der Licht mit einer bestimmten Wellenlänge drei Rezeptorsysteme in unterschiedlichem Maß erregt. Das Aktivitätsmuster in den drei Systemen führt dann zur Wahrnehmung einer Farbe. Die aus diesen psychophysischen Daten abgeleiteten Folgerungen wurden später neurophysiologisch überprüft und belegten tatsächlich die Existenz dreier verschiedener Rezeptor- bzw. Zapfentypen.

Etwa zur gleichen Zeit entwickelte Ewald Hering seine Gegenfarbentheorie (Hering, 1878). Hering postulierte drei Mechanismen, schwarz/weiß, rot/grün, blau/gelb, die jeweils entgegengesetzt auf Licht unterschiedlicher Intensität und Wellenlänge reagieren. Die positiven und negativen Reizantworten entsprächen, so Hering, dem Auf- und Abbau chemischer Substanzen in der Retina. Ein neuronales Korrelat der von Hering postulierten »Urfarben« (Farben, die als reines Rot, Grün, usw. wahrgenommen werden)

Hermann von Helmholtz

Hermann von Helmholtz, 1821 in Potsdam geboren und 1894 in Berlin gestorben, war Anatom, Physiologe und Physiker. Er hat wie kaum ein anderer die Entwicklung der Psychologie als Wissenschaft in der zweiten Hälfte des 19. Jahrhunderts geprägt und ihr ein klares Aufgabengebiet neben der Physiologie und Physik zugewiesen. Neben den oben erwähnten Farbabgleich-Experimenten hat sich Helmholtz mit anderen Phänomenen auseinandergesetzt, u. a. mit der Resonanz, aus deren Untersuchung er eine Theorie zur Zusammensetzung musikalischer Töne ableitete. Nicht zuletzt hat Helmholtz eine Reihe prominenter Schüler hervorgebracht, unter ihnen Wilhelm Wundt.

konnte allerdings noch nicht nachgewiesen werden. Die oben beschriebenen Gegenfarbkanäle (L–M) und (S–(L+M)) entsprechen nämlich genau nicht den Hering'schen Gegenfarben. Die Vielfalt an Farbpräferenzen, die in V1- und V2-Zellen beobachtet werden kann, entspricht unserer Fähigkeit, eine große Anzahl an Farben unterscheiden zu können.

Genetik des Farbensehens

Dem amerikanischen Genetiker Jeremy Nathans und seinen Mitarbeitern ist es gelungen, die Gene zu identifizieren, welche die Ausbildung der Proteine (Aminosäuresequenzen) des Sehfarbstoffs in den Zapfen kodieren (Nathans, Thomas & Hogness, 1986). Nathans konnte zeigen, dass sich die Aminosäuresequenzen für das Rot- und das Grünpigment nur an 15 von 364 Stellen unterscheiden. Das sind weniger als 2%. Daher sind M- und L-Zapfen nicht nur in ihrem Absorptionsspektrum so ähnlich. Auch morphologisch lassen sie sich nicht unterscheiden und lange war nicht bekannt, wie viele M- und wie viele L-Zapfen in der menschlichen Retina vorhanden sind. Erst vor einigen Jahren ist es durch die Kombination

modernster optischer Apparaturen und psychophysischer Methoden gelungen, Bilder vom lebenden Auge zu erstellen, in denen M- und L-Zapfen markiert werden konnten (Roorda & Williams, 1999). Dabei wurde festgestellt, dass der relative Anteil beider Zapfentypen von Person zu Person sehr variabel ist und zwischen 0,5:1 und 10:1 liegt. Unabhängig von diesem relativen Anteil stellten aber alle Personen die gleiche Mischung aus Rot und Grün zu Gelb ein. Der Anteil der M- und L-Zapfen scheint also mehr oder weniger zufällig zu sein, auf den nächsten Verarbeitungsebenen im Kortex werden diese Zufallseinflüsse wieder korrigiert.

Neben solchen zufälligen Schwankungen gibt es auch Menschen, bei denen die M- oder L-Zapfen fehlen oder ei-

▼

nen »falschen« Sehfarbstoff enthalten, der zu nah am Sehfarbstoff des anderen Zapfentyps liegt und somit als Differenzsignal für das Farbensehen nahezu unbrauchbar ist. Kongenitale Farbfehlsichtigkeit tritt besonders häufig bei Männern auf, da sich die Gene für die Rot- und Grün-pigmente auf dem X-Chromosom befinden, von dem Männer im Gegensatz zu Frauen nur eines besitzen (▶ Kap. 25). Circa 2% aller Männer (0,4% aller Frauen) sind rot-grün-blind, und weitere 4–6% weisen eine Rot-Grün-Schwäche auf.

Tatsache ist, dass unter Säugetieren nur die Primaten drei Zapfentypen aufweisen. Andere Säugetiere, wie z. B. Hunde oder Kühe, haben nur zwei Zapfentypen (und können damit nicht zwischen rot und grün unterschei-den). Das gilt übrigens auch für Stiere, die im Stierkampf auf ein helles grünes Tuch ähnlich wie auf ein rotes rea-gieren würden.

6.3.2 Bewegungswahrnehmung

In einer dynamischen Umwelt ist die Fähigkeit, Bewe-gung wahrzunehmen, von immenser Bedeutung und kann überlebenswichtig sein. Zu welchen Schwierigkeiten es bei einer gestörten Bewegungswahrnehmung kommt, zeigen die Fallstudien von Zihl, von Cramon und Mai (1983): Die Patientin L.M. hatte infolge einer bilateralen Schädigung der Okzipitallappen ihre Fähigkeit, Bewegung zu sehen, verloren. Dieser Mangel behinderte sie im Alltag beispiels-weise beim Eingießen von Wasser in ein Glas, beim Über-queren der Straße und bei dem Versuch, der Gestik von Menschen im Gespräch zu folgen. Neben der besonderen Bedeutung des Bewegungssehens wirft diese Studie die Frage auf, wie im Gehirn Bewegungsinformation verarbei-tet wird.

Ungeklärt ist immer noch, welches der relevante Reiz für die Wahrnehmung von Bewegung ist. Die zunächst pos-tulierte Erklärung, dass das retinale Abbild eines sich bewe-genden Objekts der relevante Bewegungsreiz sei, erwies sich schon früh (nämlich 1912 mit Max Wertheimers Expe-rimenten zur stroboskopischen Bewegung oder Scheinbe-wegung) als zu einfach.

Lässt man in einem dunklen Raum dicht nebeneinan-der liegende, unbewegte Lichtstreifen oder -punkte in kur-zem zeitlichen Abstand (Interstimulusintervall ca. 60 ms) abwechselnd aufleuchten, kommt es zur Wahrnehmung einer kontinuierlichen Bewegung. Ebenso lässt sich am Bei-spiel des Bewegungsnacheffektes (vgl. Mather, Verstraten & Anstis, 1998) und der durch die Bewegung des Sehfeldes induzierten Wahrnehmung der Bewegung eines kleineren Objekts zeigen, dass Bewegung wahrgenommen werden kann, auch ohne dass sich das entsprechende Reizbild über die Retina bewegt (z. B. Wahrnehmung vom durch die Wol-ken rasenden Mond).

Wie findet das Wahrnehmungssystem nun heraus, wann und wo es sich um reale Bewegung handelt? Zur Er-kennung bestimmter Bewegungsmuster auf der Retina ver-fügt das visuelle System über eine Reihe von auf Richtung und Geschwindigkeit spezialisierten Bewegungsdetekto-ren, die in tierexperimentellen Studien untersucht wurden

(Newsome & Paré, 1988). Die deutschen Biologen Werner Reichardt und Bernhard Hassenstein (Hassenstein & Reich-ardt, 1953) schlugen einen Schaltkreis für einen Bewe-gungsdetektor vor. Der Detektor basiert auf der einfachen Idee, dass Bewegung eine Positionsänderung vom Ort A zum Ort B darstellt, die innerhalb einer gewissen Zeit t stattfindet. Ein Neuron N_C erhält Eingänge von zwei Neuro-nen N_A und N_B, deren rezeptive Felder an den Orten A und B liegen. Die Leitung von N_B nach N_C ist aber um eine kurze Zeit verzögert, nämlich t, und das Neuron N_C feuert nur dann, wenn auf beiden Leitungen gleichzeitig ein Signal ankommt: Es multipliziert sozusagen die Eingangssignale. Das Neuron N_C wird also immer dann feuern, wenn Neu-ron N_B gereizt wird und kurze Zeit t später auch Neuron N_A. Neuron N_C ist somit ein Detektor für Bewegung von A nach B. Dieser Reichardt-Detektor entstand ursprünglich als ein Modell für das Bewegungssehen von Insekten (Reich-ardt, 1961). Mit einigen Erweiterungen kann dieser einfa-che Detektor aber auch eine Fülle von Daten aus Experi-menten zur menschlichen Bewegungswahrnehmung sehr gut vorhersagen.

Einzelzellableitungen im mediotemporalen Kortex (MT bzw. Areal V5) bei Affen ergaben, dass hier Neurone dominieren, die empfindlich für die Bewegungsrichtung von Reizen sind, ähnlich den modellierten Reichardt-De-tektoren (Maunsell & Van Essen, 1983). Der Fall der Pa-tientin L.M. schien zu belegen, dass das Areal MT auch beim Menschen sehr wichtig für die Bewegungswahrneh-mung ist (vgl. Zihl et al., 1983). Allerdings gab es zunächst dafür bei einem gesunden Sehsystem keinen Beweis. Lä-sionen des Areals MT bei Affen führten zu einer kurzfristi-gen Verschlechterung des Bewegungssehens und zur Be-einträchtigung bei der Unterscheidung von Bewegungs-richtungen.

Bewegungswahrnehmung hat verschiedene Funktio-nen (Nakayama, 1985). Neben der Trennung von Objekt und Hintergrund und der Kontrolle von Augenfolgebewe-gungen liefert die Wahrnehmung von Bewegung auch In-formation über unsere eigene Bewegung im Raum. Es ist wichtig für das visuelle System, Objektbewegung und Ei-genbewegung differenzieren zu können, um in der Lage zu

6

Areal MT und Bewegungswahrnehmung

Der amerikanische Neurobiologe William Newsome und seine Kollegen konnten in Experimenten an wachen Affen zeigen, welche Neurone im Gehirn für die Wahrnehmung der Bewegungsrichtung eines Reizes verantwortlich sind (Newsome, Britten & Movshon, 1989). Dazu wurden Lichtpunkte dargeboten, von denen sich nur ein bestimmter Prozentsatz kohärent in die gleiche Richtung bewegte. Bewegen sich alle Punkte kohärent (100%), dann sieht man eindeutig eine Bewegung in eine bestimmte Richtung. Besteht gar keine Kohärenz (0%), sieht man nur Rauschen. Ab einem Kohärenzgrad von ca. 10% erkennt der Beobachter in 75% der Darbietungen die Bewegungsrichtung. Affen gaben durch Augenbewegungen dem Versuchsleiter die Bewegungsrichtung zu erkennen, während gleichzeitig die elektrische Aktivität von einzelnen Zellen im Areal MT abgeleitet wurde. Aus der Einzelzellaktivität konnte der Kohärenzgrad bestimmt werden, bei dem man nur aufgrund der Antworten der Zelle die richtige Bewegungsrichtung in 75% der Versuchsdurchgänge mathematisch vorhersagen konnte. Die Aktivität der meisten Neurone entsprach der aus dem Antwortverhalten des Versuchstiers abgeleiteten Bewegungsempfindlichkeit. Es gab aber auch Neurone, die schlechter oder besser waren.

Warum geben dann nicht die »besseren« Zellen für die Bewegungseinschätzung des Affen den Ausschlag?

Das Problem ist, dass die dem Areal MT nachgeschaltete Instanz keine Information darüber hat, welche Neurone eine hohe und welche eine niedrige Empfindlichkeit aufweisen. Daher wird über eine größere Anzahl Neurone gemittelt. Der Beobachter erreicht dann eine Empfindlichkeit, die mit der mittleren Empfindlichkeit der einzelnen Neurone übereinstimmt.

Dies ist aber noch immer kein Beweis dafür, dass das Antwortverhalten von Neuronen im Areal MT tatsächlich zur Entscheidung des Affen über die Bewegungsrichtung des Reizes beiträgt. Geht man davon aus, dass die Bewegungsrichtung im Areal MT systematisch angeordnet ist und Neurone, die nebeneinander liegen, meist auch die gleiche Bewegungsrichtung repräsentieren, sollte eine Mikrostimulation in einer solchen Richtungssäule im Areal MT (ähnlich zu den Orientierungssäulen im Areal V1) zu der gleichen neuronalen Aktivität führen, wie wenn ein Reiz mit hohem Kohärenzgrad diese Neurone stimulieren würde. Mikrostimulation führte in der Tat dazu, dass Affen ihre Entscheidungen so trafen, als ob ein dem zugeführten Strom äquivalenter visueller Reiz dargeboten worden wäre (Salzman, Murasugi, Britten & Newsome, 1992). Damit ist eindeutig gezeigt, dass die Neurone im Areal MT für die Wahrnehmung der Bewegungsrichtung von ganz entscheidender Bedeutung sind.

sein, die Umwelt als stabil wahrzunehmen. Im ersten Fall erfolgt lokale Bewegung im Gesichtsfeld, im zweiten tritt ein **optisches Fließen** im gesamten Gesichtsfeld auf. Objektbewegung wird offenbar vor allem foveal wahrgenommen, während für die Wahrnehmung von Eigenbewegung periphere Bereiche des Gesichtsfeldes eine größere Rolle spielen. Durch eigene Fortbewegung in der Umwelt verändert sich das Bild der Umwelt auf der Retina ständig. Nach Gibson (1958) gewinnt unser visuelles System allein aus diesem optischen Fließen Information über Eigenbewegung und Bewegung der Umwelt und dient somit der Propriozeption (Eigenwahrnehmung des Körpers) und der Haltung im Raum. Auf optisches Fließen antworten vor allem Neurone aus dem mediosuperior-temporalen Areal (MST; Graziano, Andersen & Snowden, 1994). Diese Erkenntnisse zur Wahrnehmung von Eigenbewegung und der Bewegung anderer Personen und Objekte haben wichtige Implikationen für das Zusammenwirken von Wahrnehmung und aktiver Motorik (z. B. Vermeidung von Kollisionen, sportliche Fertigkeiten wie Fangen eines Balls oder Greifen eines Objekts).

6.3.3 Objektwahrnehmung

Menschen verfügen über die erstaunliche Fähigkeit, Objekte durch bloßes Anschauen schnell und akkurat erkennen zu können. Dass das Erkennen von Objekten (genauer: die Identifizierung und Kategorisierung) alles andere als ein trivialer Vorgang ist, zeigten die Probleme bei der Entwicklung von Bilderkennungssystemen für Computer. So erfordert die Objekterkennung z. B. die Trennung von Figur und Hintergrund, die Berücksichtigung wechselnder Darbietungs- und Beobachtungsbedingungen (z. B. Beleuchtung, Perspektive, Entfernung), die Organisation von Einzelmerkmalen (z. B. Kontur, Farbe) zu Einheiten und die Ergänzung nicht sichtbarer Objektteile, wenn diese z. B. verdeckt sind.

Mit der Organisation von Objektmerkmalen haben sich Vertreter des **gestaltpsychologischen Ansatzes** (z. B. Max Wertheimer, Kurt Koffka, Wolfgang Köhler) in den 1920er Jahren beschäftigt. Ziel war die Formulierung von Regeln, nach denen Einzelteile zu ganzen Gestalten zusammengefügt werden und die zur Interpretation von Reizmustern (z. B. zur Figur-Grund-Trennung) verwendet werden können. Die sechs wichtigsten Gestaltfaktoren sind Prägnanz, Ähnlichkeit (z. B. der Orientierung), gestaltgerechte Linienfortsetzung, Nähe, gemeinsames Schicksal (z. B. Bewegungsrichtung) und Vertrautheit (Metzger, 1975). Der Erklärungswert des gestaltpsychologischen Ansatzes für wahrnehmungspsychologische Phänomene ist nicht groß, jedoch wurden einige der Gestaltgesetze mittlerweile auf ihre physiologischen und mechanistischen Grundlagen hin untersucht (Kovács, 1996). Im primären visuellen Kortex wurde ein mögliches physiologisches Korrelat von Figur-Grund-Effekten identifiziert: Offenbar verändern schon Neurone in Arealen wie V1 ihr Antwortverhalten in Abhängigkeit vom der globalen Reizstruktur (Lamme, 1994).

Zahlreiche Experimente haben mittlerweile gezeigt, dass die Objekterkennung nicht immer gleich einfach ist und von verschiedenen Objekt-, Personen- und Situationseigenschaften beeinflusst wird. Zu den wichtigsten Objekteigenschaften, welche die Güte der Erkennung beeinflussen, gehört z. B. die Blickrichtung, aus der ein Objekt gesehen wird. Unterschiedliche Perspektiven führen zu verschiedenen Abbildern eines Objekts auf der Netzhaut, trotzdem können wir Objekte in der Regel korrekt erkennen (sog. **Objektkonstanz**). Zwar wird angenommen, dass das visuelle System Objektbeschreibungen für mehrere Perspektiven speichern kann (2D- oder 3D-objektzentrierte Repräsentation), allerdings würde das für alltägliche Objekte zu einer extremen Gedächtnisbelastung führen. Die Objekterkennung gelingt in solchen Fällen, weil sich nicht alle Objekteigenschaften perspektivenabhängig verändern und weil uns zudem unser Vorwissen hilft: Lernen, Gedächtnis und Erfahrung spielen eine wichtige Rolle.

Schließlich ist die Güte der Objekterkennung abhängig vom Aufgabentyp (explizit: ein Objekt soll z. B. nur als bekannt identifiziert werden; oder implizit: ein Objekt soll z. B. benannt werden) und von der Art der Darbietung. Auch eine ultrakurze Darbietungsdauer kann allerdings schon zu höchst erstaunlichen Leistungen führen.

Geschwindigkeit der Sicht

Neurone in V1 zeigen eine hohe Empfindlichkeit für die Orientierung und Länge von Kantensegmenten, also für Bestandteile von Objekten. Diese Neurone müssen so verschaltet werden, dass ganze Objekte erkannt werden können und zwar mit nur wenigen Verschaltungsstufen. Dies wurde eindrucksvoll von Thorpe, Fize und Marlot (1996) nachgewiesen. Sie zeigten Probanden Bilder von natürlichen Szenen, in denen ein Tier enthalten sein konnte. Aufgabe der Probanden war, eine Reaktionstaste gedrückt zu halten und nur dann loszulassen, wenn ein Bild mit einem Tier gezeigt wurde. Nach der Darbietung eines Tierbildes dauerte es in der Regel 300 ms, bis die Taste losgelassen wurde. Dies beinhaltet jedoch auch die Zeit bis der visuelle Reiz überhaupt im Gehirn angelangt ist und die Zeit zur Auslösung der motorischen Reaktion. Um einen besseren Eindruck von den Verarbeitungsprozessen im Gehirn zu erhalten, maßen Thorpe et al. die Hirnströme der Probanden mittels des Elektronenzephalogramms (EEG). Im EEG zeigte sich dann, dass bereits nach 150 ms Unterschiede zwischen den Gehirnströmen bei Bildern mit vs. ohne Tier bestanden. Da es ca. 50–80 ms dauert, bis der visuelle Reiz überhaupt in der primären Sehrinde angelangt ist, bleiben somit nur noch 70–100 ms an kortikaler Verarbeitung für diese doch sehr komplexe Aufgabe. Dieser kurze Zeitraum erlaubt nur etwa 5–10 kortikale Verarbeitungsschritte.

In der Untersuchung der neuronalen Basis der Objekterkennung und Merkmalsverarbeitung lassen sich frühe und späte Stadien unterscheiden. Als frühe (Bottom-up-) Stadien der neuronalen Erkennungsprozesse können Kodierungs- und Verarbeitungsprozesse verstanden werden, die auf Informationsverarbeitungsprozessen in der Retina aufbauen (beispielsweise zur Erkennung von Objektgrenzen, Winkeln, Bewegungsrichtung, ▶ Abschn. 6.2.3). In späteren (Top-down-)Prozessen der Erkennung werden Zuordnungen zu Objektklassen auf Basis von aus dem Gedächtnis abgerufenen Informationen vorgenommen. In den höheren Verarbeitungsebenen wird das Antwortverhalten auf einen Reiz auch durch Faktoren wie Aufmerksamkeit, Motivation, Vertrautheit oder mit dem Reiz verbundene Handlungen beeinflusst.

Aus Läsionsstudien, Patientenuntersuchungen und der Verwendung bildgebender Verfahren ist bekannt, dass Objekterkennung vor allem im ventralen Projektionssystem im Temporalkortex erfolgt (▶ Abschn. 6.2.3). Im temporalen Kortex konnten in jüngeren Untersuchungen Bereiche identifiziert werden, die spezifisch auf bestimmte Objektkategorien antworten. Untersuchungen an Affen und Menschen zeigten, dass einige Zellen des inferotemporalen Kortex (IT) nur auf Hände oder Gesichter reagieren. Unter den gesichtsspezifischen Zellen gibt es solche, die auf verschiedene Betrachtungspositionen von Gesichtern (z. B. Frontal- oder Profilansicht), bestimmte Gesichtselemente oder Gesichtsausdrücke unterschiedlich gut ansprechen. Zum Teil genügen schon Grundelemente wie zwei Punkte und ein Strich um eine Reaktion auszulösen (Perrett et al., 1985). Es scheint eine Aufteilung in Neuronenpopulationen zum Erkennen allgemeiner Eigenschaften von Gesichtern und solcher zum Erkennen individueller Gesichter zu existieren. Für das Erkennen eines Gesichts sind Verbände von Neuronen mit unterschiedlichen Antworteigenschaften notwendig. Die Identifizierung eines individuellen Gesichts geschieht vermutlich aufgrund der spezifischen Aktivitätsmuster solcher Neuronenverbände. Im temporalen Kortex des Menschen scheinen auch für die Repräsentation und Erkennung anderer Objektkategorien solche mehr oder weniger spezialisierten Bereiche zu existieren.

6.3.4 Raum-, Größen- und Tiefenwahrnehmung

In Bezug auf die Wahrnehmung des Raumes steht das visuelle System vor einer neuen Herausforderung: Die dreidimensionale Umgebung wird auf der Retina als zweidimensionales Bild abgebildet. Zur Umwandlung des zweidimensionalen Retinabildes in eine dreidimensionale Wahrnehmung werden Hinweise für die Verarbeitung von räumlicher Tiefe verwendet, die sich danach unterscheiden lassen, ob ein Auge (monokular) oder beide Augen (binokular) erforderlich sind (Tab. 6.2). Die Querdisparation als binokularer Tiefenhinweis ist auch für das Zustandekommen von Stereosehen (3D-Bilder oder Filme) zuständig. Bela Julesz lieferte mit Hilfe von Zufallsstereogrammen den Beleg dafür, dass die Querdisparation allein, ohne monokulare Hinweise, zur Wahrnehmung räumlicher Tiefe führen kann (Julesz, 1971). Etwa zeitgleich fanden

Hubel und Wiesel (1970) im visuellen Kortex (V1) von Affen querdisparationsempfindliche Neurone, deren Degeneration zu einem Verlust des Stereosehens führte (sog. Deprivationsexperimente). Später wurden diese binokularen Neurone auf allen Stufen des visuellen Kortex bis hin zum Areal MT nachgewiesen.

Die Wahrnehmung der Größe von Objekten hängt unmittelbar mit der Tiefenwahrnehmung zusammen. Wenn zwei gleich große Objekte unterschiedlich weit vom Betrachter entfernt sind, unterscheiden sie sich im Sehwinkel (Winkel der Projektionslinien durch den optischen Mittelpunkt des Auges) und damit hinsichtlich der Größe ihres Abbilds auf der Retina. Andersherum können zwei unterschiedlich große Objekte in unterschiedlicher Entfernung den gleichen Sehwinkel haben und somit auf der Retina gleich groß abgebildet werden. Gleichzeitig gilt das Prinzip der Größenkonstanz: Unabhängig davon, wie weit ein Objekt von uns entfernt ist und wie groß der Sehwinkel bzw. das Netzhautbild ist, nehmen wir die physikalische Größe eines Objekts richtig wahr. Dieses Phänomen zeigt, dass neben der Netzhautbildgröße noch eine weitere Komponente bei der Größenwahrnehmung eine Rolle spielen muss: die Objektentfernung. Die wahrgenommene Größe eines Objekts ergibt sich nach dem Emmert'schen Gesetz

Tabelle 6.2. Zusammenfassung monokularer und binokularer Tiefenhinweise

Klassifikation	Tiefenhinweis	Mittel zur Erzeugung des Tiefeneindrucks
Einfache monokulare Tiefenhinweise	Lineare Perspektive	Konvergenz parallel verlaufender Linien in einem Fluchtpunkt am Horizont
	Relative Größe im Blickfeld	Größere Objekte wirken näher, kleinere weiter entfernt
	Verdeckung	Ein verdecktes Objekt wird weiter entfernt gesehen
	Relative Höhe im Blickfeld	Objekte, die sich unterhalb einer Horizontlinie im Blickfeld höher befinden, erscheinen weiter entfernt
	Relative Klarheit	Unscharfe Objekte werden als weiter entfernt interpretiert (atmosphärische Perspektive)
	Texturgradient	Mit zunehmender Entfernung scheinen Strukturen dichter/feiner zu werden
	Gewohnte Größe von Objekten	Erinnerte Größe eines Objekts signalisiert erinnerte Entfernung
Bewegungsinduzierte monokulare Tiefenhinweise	Bewegungsparallaxe	Bei Kopf-/Körperbewegung verschieben sich weite und nahe Objekte unterschiedlich schnell auf der Retina
	Fortschreitendes Zu- und Aufdecken	Relative Bewegung der Kanten von sich überschneidenden Wahrnehmungsbildern bei Bewegungsparallaxe
Binokulare Tiefenhinweise	Konvergenz und Akkomodation	Auswertung der Konvergenzstellung der Augen bei nahen Objekten (bis 3 m entfernt) und der Nah-Akkomodation
	Querdisparation	Abweichung der beiden Retinabilder aufgrund unterschiedlicher Position der Augen; Gegenstände, die nicht auf einem Horopter (gedachter Kreisbogen) liegen, werden auf nicht korrespondierenden Retinastellen abgebildet, erzeugen somit seitlich verschobene Bilder und werden dann hinsichtlich dieser horizontalen Verschiebung überprüft

aus der Multiplikation der Netzhautbildgröße mit der wahrgenommenen Entfernung.

Viele geometrisch-optische Täuschungen lassen sich durch die implizierte Verwendung einer irreführenden Tiefeninformation erklären. Prominente Beispiele sind die Ponzo-Täuschung, Mondtäuschung, Müller-Lyer-Täuschung, der Ames'sche Raum und der Beuchet-Stuhl. Diesen Täuschungen ist gemeinsam, dass durch enthaltene Tiefeninformation (z. B. durch konvergierende Linien) ein Korrekturmechanismus (z. B. die Größen-Distanz-Invarianz) fälschlicherweise hervorgerufen und angewendet wird. Im Fall des Beuchet-Stuhls werden die zwei Teile des Stuhls (Stuhlbeine und Sitzfläche) so hintereinander angeordnet, dass von einem bestimmten Beobachtungspunkt aus beide unter demselben Sehwinkel und als ein zusammenhängendes Objekt erscheinen (◘ Abb. 6.7). Betrachtet man die Anordnung von der Seite, fällt sofort auf, dass die beiden Elemente nicht im selben Maßstab gefertigt wurden – die Stuhlbeine sind kleiner als die Sitzfläche. Außerdem sind die Stuhlbeine unterschiedlich hoch, da man bei einem echten Stuhl infolge der Verdeckung durch die Sitzfläche nicht alle Stuhlbeine in ihrer vollen Größe sehen kann. Die oberen Enden wurden entsprechend den realistischen Verhältnissen abgeändert. Durch die größere Entfernung erscheint die Sitzfläche ebenso groß wie das nahe Grundgestell des Stuhles; setzt sich nun eine Person auf die Sitzfläche, wird sie durch die größere Entfernung ebenfalls kleiner wahrgenommen, während eine Person neben den Stuhlbeinen aufgrund der geringeren Entfernung größer aussieht. Durch das nahe Grundgestell hat der Beobachter den Eindruck, der Stuhl befinde sich in der Nähe. Da durch die sitzende Person ein kleines Netzhautbild entsteht, unsere Wahrnehmung aber eine geringe Entfernung annimmt, folgert das Gehirn daraus: Geringe Entfernung + kleines Bild des Objekts = muss ein kleines Objekt sein!

6.3.5 Bewusste und unbewusste Wahrnehmung

Wir sind bisher implizit davon ausgegangen, dass alle Reize, die von Rezeptoren verarbeitet werden, auch bewusst wahrgenommen werden. Allein die Prozesse der Aufmerksamkeitskontrolle sorgen aber dafür, dass uns manche Reize, die ganz gezielt zu Erregungen in den primären sensorischen Arealen führen, nicht bewusst werden. Experimente haben gezeigt, dass unbewusste Information durchaus unser Handeln, Fühlen und Entscheiden beeinflussen kann. Bei der Untersuchung sog. unbewusster Wahrnehmung ergeben sich allerdings methodische Probleme, so muss ausgeschlossen werden, dass die gefundenen Unterschiede nicht doch durch bewusste Prozesse erklärt werden können. Experimente zum Priming (auch ▶ Kap. 10) haben gezeigt, dass ein kurz dargebotener, vorbereitender Reiz (»Prime«), der von Probanden in seiner Form nicht korrekt identifiziert werden konnte (und daher wohl nicht bewusst verarbeitet wurde), die Reaktionsgeschwindigkeit auf einen Zielreiz beeinflussen kann (Ansorge, Klotz & Neumann, 1998).

◘ **Abb. 6.7a,b.** Beuchet-Stuhl. Untergestell und Sitzfläche des Stuhls sind zwei getrennte Objekte (**b**), erscheinen aber als eines (**a**), da sie nicht im selben Maßstab gefertigt sind. Durch die größere Entfernung erscheint die Sitzfläche ebenso groß wie das nahe Grundgestell des Stuhles; setzt sich nun eine Person auf die Sitzfläche, wird sie durch die größere Entfernung ebenfalls kleiner wahrgenommen, während eine Person neben dem Untergestell aufgrund der geringeren Entfernung größer aussieht

Zur Klärung der Frage, welche verschiedenen kortikalen Regionen an Bewusstseinsprozessen beteiligt sein könnten, hat Nikos Logothetis das Phänomen des binokularen Wettstreits benutzt (Logothetis, Leopold, & Sheinberg, 1996). Dabei werden dem linken und dem rechten Auge zwei verschiedene Bilder dargeboten. Man sieht dann jedoch nicht zwei Bilder simultan, sondern nur eines von beiden. Welches Bild man sieht, wechselt spontan. Auch Affen können trainiert werden, das spontan wechselnde Perzept anzugeben. Logothetis et al. (1996) haben während einer solchen Aufgabe in verschiedenen Arealen des Kortex der Affen neuronale Aktivität aufgezeichnet und untersucht, inwieweit sie mit dem wechselnden Perzept korreliert. Es zeigten sich nur schwache Korrelationen in V1 und V2. Wurden bewegte Reize benutzt, so zeigten sich substanzielle Korrelationen mit Neuronen im Areal MT, bei Mustern unterschiedlicher Orientierung mit Neuronen in V4 und bei Objekten mit IT-Neuronen. Der Schluss, der Sitz des Bewusstsein liege also in jenen Bereichen des Gehirns, die auch die entsprechenden Attribute verarbeiten, ist jedoch unzulässig. Es handelt sich nur um Korrelationen zwischen Gehirnaktivität und bestimmten Kategorien von Wahrnehmungsinhalten. Ob Aktivität in diesen Arealen für den Inhalt unseres Bewusstseins verantwortlich ist bleibt offen. Immerhin ziehen von MT, V4 und IT neuronale Verbindungen in viele Areale des Gehirns. Eine Hypothese ist, dass Verbindungen der visuellen Assoziationsareale im frontalen Kortex die Grundlage unseres Bewusstseins darstellen. Allerdings ist das nur ein erstes Indiz und es gibt eine große Anzahl von heftig umstrittenen Hypothesen darüber, welche Strukturen oder Mechanismen visuelles Bewusstsein ermöglichen.

6.4   Resümee

Die obigen Ausführungen lassen den großen Fortschritt der visuellen Neurowissenschaften in den letzten 40 Jahren seit den bahnbrechenden Arbeiten von Hubel und Wiesel erkennen. Es wird aber auch deutlich, dass die entscheidenden Verarbeitungsprozesse visueller Information im Gehirn immer noch unklar sind. Ehe wir nicht die Frage beantworten können, wie wir Objekte erkennen, wird das visuelle System immer ein Rätsel darstellen. Unklar ist z. B., wie die als isolierte Fragmente verarbeiteten visuellen Informationen zu einem kohärenten und konsistenten Gesamtbild unserer Umwelt zusammengefügt werden. Für dieses sog. »Bindungsproblem« wurde eine theoretische Lösung postuliert, dass nämlich Neurone, die auf gleiche Teile eines Objekts antworten, gleichzeitig feuern, ihre Aktionspotenziale also synchronisieren (s. Usrey & Reid, 1999). Für diese Theorie gibt es aber bislang noch keine eindeutigen experimentellen Belege (vgl. Kiper, Gegenfurtner & Movshon, 1996). Auch die zur Objektwahrnehmung beitragenden Konstanzleistungen stellen die Wissenschaft vor Probleme.

Unabhängig von Entfernung, Beleuchtung, Ansichtswinkel und vielen anderen »störenden« Variablen können wir Objekte mühelos und schnell identifizieren. Die größten Fortschritte sind hier wohl von der Kombination verschiedener Untersuchungsmethoden wie beispielsweise Einzelzellableitung und gleichzeitiger psychophysikalischer Messung zu erwarten.

Literatur

Referenzliteratur

Bruce, V., Green, P.R. & Georgeson, M.A. (2001). *Visual perception* (4th ed.). Hove, UK: Psychology Press.

Gegenfurtner, K.R. (2003). *Gehirn und Wahrnehmung*. Frankfurt am Main: Fischer.

Goldstein, E.B. (2002). *Wahrnehmungspsychologie* (2. Aufl.). Heidelberg: Spektrum.

Gregory, R. (2001). *Auge und Gehirn. Psychologie des Sehens*. Reinbek: Rowohlt.

Rock, I. (1998). *Wahrnehmung: Vom visuellen Reiz zum Sehen und Erkennen*. Heidelberg: Springer.

Zitierte Literatur

Ansorge, U., Klotz, W. & Neumann, O. (1998). Manual and verbal responses to completely masked (unreportable) stimuli: exploring some conditions for the metacontrast dissociation. *Perception, 27,* 1177–1189.

Fechner, G.T. (1860). *Elemente der Psychophysik*. Leipzig: Breitkopf & Härtel.

Derrington, A. (2001). The lateral geniculate nucleus. *Current Biology, 11,* R635–637.

Gegenfurtner, K.R. (2003). Cortical mechanisms of color vision. *Nature Reviews Neuroscience, 4,* 563–572.

Gegenfurtner, K.R. & Kiper, D.C. (2003). Color vision. *Annual Review of Neuroscience, 26,* 181-206

Gibson, J.J. (1958). Visually controlled locomotion and visual orientation in animals. *British Journal of Psychology, 49,* 182–194.

Goodale, M.A. & Milner, A.D. (1992). Separate visual pathways for perception and action. *Trends in Neuroscience, 15,* 20–25.

Graziano, M.S., Andersen, R.A. & Snowden, R.J. (1994). Tuning of MST neurons to spiral motions. *Journal of Neuroscience, 14,* 54–67.

Green, D.M. & Swets, J.A. (1966). *Signal detection theory and psychophysics*. New York: Wiley.

Hassenstein, B. & Reichardt, W.E. (1953). Der Schluss von Reiz-Reaktions-Funktionen auf Systemstrukturen. *Zeitschrift für Naturforschung, 8b,* 518–524.

Hecht, S., Shlaer, S. & Pirenne, M.H. (1942). Energy, quanta, and vision. *Journal of General Physiology, 25,* 819–840.

Helmholtz, H. von (1866). *Handbuch der psychologischen Optik*. Hamburg: Voss.

Hendy, S.H.C. & Reid, R.C. (2000). The koniocellular pathway in primate vision. *Annual Review of Neuroscience, 23,* 127–153.

Hering, E. (1878). *Zur Lehre vom Lichtsinn*. Wien: Gerold.

Hubel, D.H. & Wiesel, T.N. (1959). Receptive fields of single neurones in the cat's striate cortex. *Journal of Physiology, 148,* 574–591.

Hubel, D.H. & Wiesel, T.N. (1970). Stereoscopic vision in macaque monkey. Cells sensitive to binocular depth in area 18 of the macaque monkey cortex. *Nature, 225,* 41–42.

Julesz, B. (1971). *Foundations of cyclopean perception*. Chicago: University of Chicago Press.

Kiper, D.C., Gegenfurtner, K.R. & Movshon, J.A. (1996). Cortical oscillatory responses do not affect visual segmentation. *Vision Research, 36*, 539–544.

Kovács, I. (1996). Gestalten of today: early processing of visual contours and surfaces. *Behavioural Brain Research, 82*, 1–11.

Lamme, V.A.F. (1994). The neurophysiology of figure-ground segregation in primary visual cortex. *Journal of Neuroscience, 15*, 1605–1615.

Land, M.F. & Nilsson, D.-E. (2002). *Animal eyes*. Oxford: Oxford University Press.

Logothetis, N.K., Leopold, D.A. & Sheinberg, D.L. (1996). What is rivaling during binocular rivalry? *Nature, 380*, 621–624.

Mather, G., Verstraten, F.A.J. & Anstis, S. (1998). *The motion aftereffect: a modern perspective*. Cambridge, MA: MIT Press.

Maunsell, J.H. & Van Essen, D.C. (1983). Functional properties of neurons in middle temporal visual area of the macaque monkey. I. Selectivity for stimulus direction, speed, and orientation. *Journal of Neurophysiology, 49*, 1127–1147.

Menzel, R., Ventura, D.F., Hertel, H., deSouza, J. & Greggers, U. (1986). Spectral sensitivity of photoreceptors in insect compound eyes: comparison of species and methods. *Journal of Comparative Physiology, 158A*, 165–177.

Merzenich, M.M., Kaas, J.H., Wall, J., Nelson, R.J., Sur, M. & Felleman, D. (1983). Topographic reorganization of somatosensory cortical areas 3b and 1 in adult monkeys following restricted deafferentation. *Neuroscience, 8*, 33–55.

Metzger, W. (1975). *Gesetze des Sehens. Die Lehre vom Sehen der Formen und Dinge des Raumes und der Bewegung* (3. Aufl.). Frankfurt am Main: Kramer.

Nakayama, K. (1985). Biological image motion processing: a review. *Vision Research, 25*, 625–660.

Nathans, J., Thomas, D. & Hogness, D.S. (1986). Molecular genetics of human color vision: the genes encoding blue, green, and red pigments. *Science, 232*, 193–202.

Newsome, W.T., Britten, K.H. & Movshon, J.A. (1989). Neuronal correlates of a perceptual decision. *Nature, 341*, 52–54.

Newsome, W.T. & Paré, E.B. (1988). A selective impairment of motion perception following lesions of the middle temporal visual area (MT). *Journal of Neuroscience, 8*, 2201–2211.

Perrett, D.I., Smith, P.A., Potter, D.D., Mistlin, A.J., Head, A.S., Milner, A.D. & Jeeves, M.A. (1985). Visual cells in the temporal cortex sensitive to face view and gaze direction. *Proceedings of the Royal Society of London B, 223*, 293–317.

Reichardt, W.E. (1961). Autocorrelation, a principle for the evaluation of sensory information by the central nervous system. In W.A. Rosenblith (Ed.), *Sensory communication* (pp. 303–317). New York: Wiley.

Roorda, A. & Williams, D.R. (1999). The arrangement of the three cone classes in the living human eye. *Nature, 397*, 520–522.

Sadato, N., Pascual-Leone, A., Grafman, J., Ibanez, V., Deiber, M.P., Dold, G. & Hallett, M. (1996). Activation of the primary visual cortex by Braille reading in blind subjects. *Nature, 380*, 526–528.

Salzman, C.D., Murasugi, C.M., Britten, K.H. & Newsome, W.T. (1992). Microstimulation in visual area MT: effects on direction discrimination performance. *Journal of Neuroscience, 12*, 2331–2355.

Schiller, P.H., Logothetis, N.K. & Charles, E.R. (1990). Functions of the colour-opponent and broad-band channels of the visual system. *Nature, 343*, 68–70.

Thorpe, S.J., Fize, D. & Marlot, C. (1996). Speed of processing in the human visual system. *Nature, 381*, 520–522.

Ungerleider, L.G. & Haxby, J.V. (1994). ›What‹ and ›where‹ in the human brain. *Current Opinion in Neurobiology, 4*, 157–165.

Ungerleider, L.G. & Mishkin, M. (1982). Two cortical visual systems. In D.J. Ingle, M.A. Goodale & R.J. Mansfield (Eds.), *Analysis of visual behaviour* (pp. 549–580). Cambridge: MIT Press.

Usrey, W.M. & Reid, R.C. (1999). Synchronous activity in the visual system. *Annual Review of Physiology, 61*, 435–456.

Weber, E.H. (1846). Der Tastsinn und das Gemeingefühl. In R. Wagner (Hrsg.), *Handwörterbuch der Physiologie* (Vol. 3, pp. 481–588). Braunschweig: Vieweg.

Zihl, J., Cramon, D. von & Mai, N. (1983). Selective disturbances of movement vision after bilateral brain damage. *Brain, 106*, 313–340.

7 Auditive Wahrnehmung

M. Klatte, A. Schick

Während beim Sehen die Wahrnehmungen durch das Gesichtsfeld begrenzt sind, nehmen wir akustische Informationen aus allen Richtungen auf. Wir können die Ohren auch nicht wie die Augen verschließen, wenn wir uns vor unerwünschten Reizen schützen wollen, etwa vor dem Lärm der Straße oder der lauten Musik aus der Nachbarwohnung. Selbst im Schlaf registrieren und verarbeiten wir akustische Signale. Dem Hörsinn kommt so seit jeher eine wichtige Warnfunktion zu. Wir spüren dies, wenn wir plötzlich ein Geräusch vernehmen, das sich aus dem akustischen Hintergrund heraushebt, z. B. wenn bei einem Waldspaziergang auf einmal in der Nähe ein Zweig knackt. Solche Hörereignisse signalisieren Veränderungen, die für uns bedeutend, ja lebenswichtig sein können. Meist werden sie durch Bewegungen lebender Objekte ausgelöst. Schalle, die von der unbelebten Umwelt erzeugt werden, wie etwa das Rauschen der Bäume im Wind, bilden den akustischen Hintergrund, vor dem wir weniger vorhersehbare Hörereignisse registrieren. Der Hörsinn informiert uns somit kontinuierlich über Ereignisse, die mit Handlungen und Bewegungen von Personen oder anderen Lebewesen in der näheren Umgebung verbunden sind; hierzu gehört auch die Sprache. Mehr als das Sehen bildet das Hören ein Tor zur sozialen Welt.

In diesem Beitrag geht es um Funktionsprinzipien des Hörens und ihre Verwendung in unterschiedlichsten Lebensbereichen. Wir stellen im ersten Teil die physikalischen und physiologischen Grundlagen des Hörens dar. Im zweiten Teil gehen wir darauf ein, wie es gelang, Hörempfindungen experimentell zu bestimmen und messbar zu machen, d. h. zu physikalischen Reizgrößen in Beziehung zu setzen. Die in der klassischen Psychophysik (▶ Kap. 6) entwickelten Verfahren zur Schwellenmessung spielen in der Hörforschung bis heute eine große Rolle. Durch den technischen Fortschritt konnten sie wesentlich verfeinert werden. Die Beziehungen zwischen physikalisch definierten Reizgrößen und den resultierenden Hörempfindungen können so relativ genau beschrieben werden. Wir werden dies am Beispiel der Lautstärkewahrnehmung betrachten. Mit der Wahrnehmung komplexer akustischer Reize beschäftigen wir uns in den Abschnitten zur Klang-, Sprach- und Gestaltwahrnehmung.

7.1 Physikalische und physiologische Grundlagen

7.1.1 Physikalische Grundlagen

Was ist Schall?

Die Physik versteht unter dem Begriff »Schall« die Ausbreitung von lokalen Druckschwankungen in elastischen Medien wie Luft oder Wasser. Zupft man beispielsweise eine

Gitarrensaite an, so gerät diese in Schwingungen, die sich auf den Gitarrenkorpus übertragen. Durch die Schwingungen des Korpus werden die Moleküle der umgebenden Luft ebenfalls in Schwingungen versetzt. Die maximale Auslenkung der Teilchen von der Ruheposition stellt die Amplitude der Schwingung dar. Sie ist abhängig von der beim Zupfen der Saite einwirkenden Kraft und bestimmt die wahrgenommene Lautstärke. Die Frequenz bezeichnet die Anzahl der Schwingungen pro Sekunde, ihre Einheit ist das Hertz (Hz). Je höher die Frequenz einer Schwingung ist, desto höher ist die wahrgenommene Tonhöhe. Der für den jungen Menschen hörbare Frequenzbereich liegt etwa zwischen 20 und 20.000 Hz. Schwingungen unterhalb oder oberhalb dieses Bereichs bezeichnet man als Infraschall bzw. Ultraschall. In der Tierwelt gibt es viele Arten, die auch diese Frequenzbereiche zur Kommunikation und Orientierung nutzen, beispielsweise Fledermäuse, Delphine und Elefanten.

Töne, Klänge und Geräusche

Der Sinuston, auch reiner Ton genannt, stellt das einfachste Schwingungsmuster dar. Sinustöne entstehen durch periodische Druckschwankungen, deren zeitlicher Verlauf durch die mathematische Sinusfunktion darstellbar ist. Reine Töne kommen in der Umwelt nicht vor. Töne, die von Musikinstrumenten oder menschlichen Stimmen erzeugt werden, bestehen aus einem Grundton und einer Reihe von Obertönen, welche jeweils ganzzahlige Vielfache der Grundfrequenz darstellen. Zur Unterscheidung von den Sinustönen bezeichnen wir sie als Klänge. Der Grundton eines Klanges bestimmt die wahrgenommene Tonhöhe, die Obertöne bestimmen die Wahrnehmung der spezifischen Klangfarbe der Instrumente und Stimmen. Geräusche wie z. B. das Rauschen des Regens oder ein laufender Motor setzen sich aus sehr vielen Einzelfrequenzen zusammen, die resultierenden Schwingungsmuster sind aperiodisch.

Schallwellen, Schalldruck und Schalldruckpegel

Wenn sich die durch eine Schallquelle in Schwingungen versetzten Luftmoleküle aufeinander zu bewegen, wird der lokale Druck verstärkt, wenn sie sich voneinander weg bewegen, wird er verringert. Die sich bewegenden Moleküle stoßen benachbarte Moleküle an und versetzen diese ebenfalls in Schwingungen. Um die Schallquelle herum breiten sich so wellenförmig Zonen von Unter- und Überdruck aus. Diese bezeichnet man als Schallwellen. Die Ausbreitungsgeschwindigkeit der Schallwellen ist von der Art des umgebenden Mediums abhängig, sie beträgt in der Luft etwa 340, im Wasser etwa 1400 m/s.

Der Schalldruck, ausgedrückt in Pascal (Pa), ist ein Maß für die Stärke der Druckschwankungen. Die vom menschlichen Gehör wahrnehmbaren Druckänderungen nehmen von der unteren bis zur oberen Grenze um das Millionenfache zu. Es ist kaum möglich, diese enorme Empfindlichkeit auf einer linearen Skala abzubilden. Man bedient sich daher einer logarithmischen Skala, dem Schalldruckpegel. Seine Einheit ist das Dezibel (dB). Das Dezibel beschreibt den Schalldruck relativ zu einem festgelegten Bezugswert, der in etwa der Hörschwelle im empfindlichsten Frequenzbereich des Ohres entspricht. Dieser Wert bildet den Nullpunkt in der Dezibelskala. Die obere Grenze des Dynamikbereichs ist die Schmerzschwelle, sie liegt bei etwa 130 dB (zum Vergleich: die normale Sprechlautstärke beträgt etwa 60 dB).

In der Audiologie benutzt man eine andere Darstellungsart: Man definiert die Hörschwelle von normal hörenden 18-Jährigen als Bezugsgröße und legt diese als audiometrischen Nullpunkt zugrunde. Das Audiometer (ein Gerät zur Prüfung des Hörvermögens) berechnet die Abweichungen der Hörleistung einer Person von dieser Norm. Die so ermittelten Werte bezeichnen also den relativen Hörverlust in dB, sie werden mit dem Zusatz HL (»hearing level«) versehen.

7.1.2 Anatomie und Physiologie des auditorischen Systems

Mit dem menschlichen Gehör hat die Natur ein Messinstrument geschaffen, dessen Präzision und Leistungsvielfalt von keinem technischen Gerät erreicht wird. Im Folgenden wollen wir versuchen, dies für den Leser nachvollziehbar zu machen. Wir werden uns dabei auf einen kurzen Überblick beschränken, denn gute und umfassende Darstellungen von Aufbau und Funktionsprinzipien des Hörsystems finden sich in zahlreichen Lehrbüchern und Handbuchartikeln (Hellbrück & Ellermeier, 2004; Moore, 2003; Schröger, 2002; Goldstein, 2002).

Aufbau des Hörsystems

Das menschliche Ohr ist aus drei Teilen aufgebaut:
- dem äußeren Ohr,
- dem Mittelohr und
- dem Innenohr mit der Innenohrschnecke (Cochlea).

Das äußere Ohr besteht aus der Ohrmuschel und dem äußeren Gehörgang, der etwa 2,5 cm lang ist. An seinem Ende befindet sich das Trommelfell, welches durch Schallwellen in Schwingungen versetzt wird. Diese Schwingungen werden auf die Gehörknöchelchen im Mittelohr übertragen. Das Mittelohr ist ein luftgefüllter Hohlraum, den man auch als Paukenhöhle bezeichnet. Entzündungen des Mittelohres, wie sie bei Kleinkindern häufig vorkommen, gehen mit einer Flüssigkeitsansammlung (Paukenerguss) einher, hierdurch kommt es zu einer Hörminderung. Treten solche Infekte häufig auf, kann sich dies nachteilig auf die sprachliche Entwicklung des Kindes auswirken – man setzt daher vorübergehend sog. Paukenröhrchen ein, durch welche die Flüssigkeit abgeführt wird. Das Mittelohr ist über die eustachische Röhre mit dem Rachenraum verbunden; dadurch wird die Anpassung des Drucks im Mittelohr an den atmosphärischen Außendruck möglich.

Die Gehörknöchelchen sind die kleinsten Knochen im menschlichen Körper. Die Gehörknöchelchenkette besteht aus dem Hammer, der mit dem Trommelfell verwachsen ist, dem Amboss und dem Steigbügel, dessen Fußplatte mit dem ovalen Fenster, einer Membran vor der Cochlea, verbunden ist. An den Gehörknöchelchen setzen zwei winzige Muskeln an. Einer davon spannt bei sehr hohen Schallintensitäten das Trommelfell an, der andere kippt den Steigbügel etwas weg. Hierdurch kann das empfindliche Innenohr vor Schädigungen geschützt werden. Bei hohen Frequenzen und bei plötzlich eintretenden hohen Schallintensitäten wirkt dieser Schutzmechanismus jedoch nicht; ein lauter Knall kann daher zu irreversiblen Schädigungen des Innenohrs führen.

Die Gehörknöchelchen leiten die Schwingungen des Trommelfells an das flüssigkeitsgefüllte Innenohr weiter. Die Aufgabe der Gehörknöchelchen besteht darin, die Abschwächung der Schwingungen beim Übertritt in das sehr viel dichtere Medium – die Innenohrflüssigkeit – zu verhindern. Dieser Ausgleich (Impedanzanpassung) kommt vor allem dadurch zustande, dass die Schwingungen des Trommelfells auf eine sehr viel kleinere Fläche, die Steigbügelfußplatte, übertragen werden; einen weiteren Beitrag leistet das Hebelprinzip der Gehörknöchelchenkette. Ohne diese Mechanismen würde der weitaus größte Teil der im Mittelohr ankommenden Schallenergie beim Übergang ins Innenohr reflektiert.

Die Cochlea ist ein gewundenes Rohr, welches »aufgerollt« etwa 32 mm lang ist. Im Querschnitt (◘ Abb. 7.1) ist ersichtlich, dass sie in drei Abteilungen unterteilt ist: Die Scala vestibuli, die Scala tympani, und die Scala media. Die Scala media wird begrenzt durch die Reissner'sche Memb-

ran und die Basilarmembran, auf der sich das Corti-Organ mit der Tektorialmembran befindet. Im Corti-Organ befinden sich die eigentlichen Rezeptorzellen, die inneren und äußeren Haarzellen. Oben an den Haarzellen befinden sich die Sinneshärchen (Stereozilien), deren Auslenkung Aktionspotenziale in den Bipolarzellen des Ganglion spirale bewirken. Die afferenten Fasern dieser Ganglienzellen bilden den Hörnerven (Nervus acusticus). Etwa 95% der afferenten Nervenfasern stammen von den inneren, nur etwa 5% von den äußeren Haarzellen.

Die Bewegungen des Steigbügels am ovalen Fenster lösen wellenartige Bewegungen aus, die an der Basilarmembran entlanglaufen. Sie werden als Wanderwellen bezeichnet. Die Bewegung der Basilarmembran führt zu einer Relativbewegung des Corti-Organs und zu einer Auslenkung der Stereozilien. Die Bewegung der Basilarmembran beträgt bei sehr leisen, gerade noch wahrnehmbaren Tönen etwa 1 nm (Nanometer, millionstel Millimeter), dies entspricht dem Durchmesser eines Atoms.

Die entstehenden Signale werden über die verschiedenen Schaltstellen der Hörbahn bis zum primären auditorischen Kortex weitergeleitet (◘ Abb. 7.2). Die erste Stufe bilden die Hörkerne (Nuclei cochlearis). Hier teilt sich die Hörbahn: Der Hauptstrang der Nervenfasern zieht in der lateralen Schleifenbahn (Lemniscus lateralis) auf die dem Ohr gegenüber liegende (kontralaterale) Seite zum Colliculus inferior im Mittelhirn, die anderen zu den Olivenkernen der ipsi- und kontralateralen Seite, die obere Olive erhält so Informationen von beiden Ohren. Sie spielt bei der Lokalisation der Schallquelle eine besondere Rolle. Vom ipsilateralen Olivenkomplex führt ein kleinerer Teil von Nervenfasern zur ipsilateralen Hörrinde. Eine weitere Schaltstelle ist das Corpus geniculatum mediale im Thalamus. Auf den höheren Ebenen der Hörbahn werden zunehmend komple-

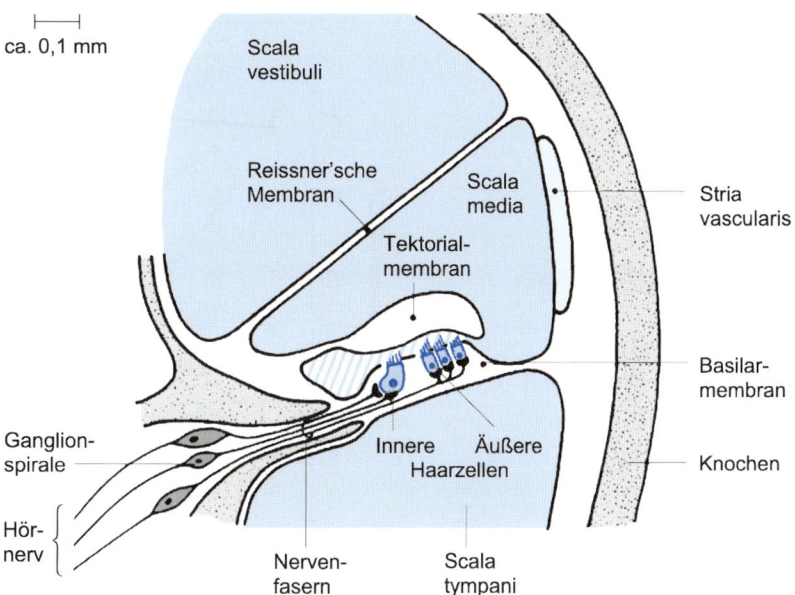

◘ **Abb. 7.1.** Schematische Darstellung eines Querschnitts durch die Cochlea

ca. 0,1 mm

Scala vestibuli

Reissner'sche Membran

Scala media

Stria vascularis

Tektorialmembran

Basilarmembran

Ganglionspirale

Innere   Äußere
Haarzellen

Knochen

Hörnerv

Nervenfasern

Scala tympani

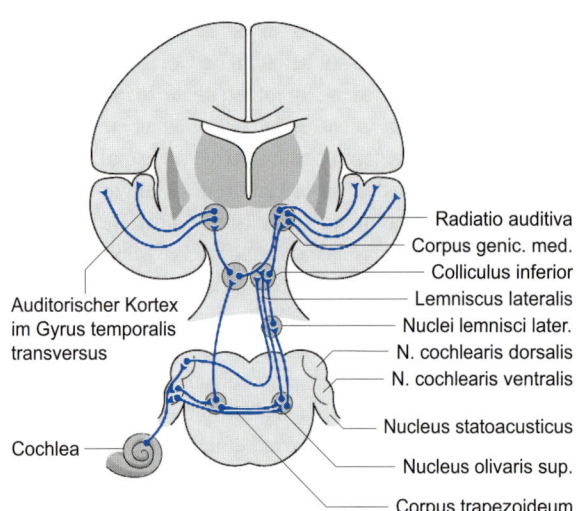

◘ Abb. 7.2. Schematische Darstellung der afferenten Hörbahn. Zur Übersichtlichkeit wurden nur die von einer Seite ausgehenden Bahnen eingezeichnet

noch relativ wenig bekannt, man vermutet jedoch, dass ihr eine entscheidende Rolle beim aufmerksamen Hinhören (Lauschen) und Abschwächen von Störgeräuschen zukommt.

Tonhöhenwahrnehmung

Aufgrund der von der Schneckenbasis zur Schneckenspitze hin variierenden Elastizitätseigenschaften der Basilarmembran liegen die Schwingungsmaxima der Wanderwellen für jede Frequenz an einem anderen Ort. Bei hohen Frequenzen wird das Maximum bereits in der Nähe des ovalen Fensters erreicht, bei tiefen Frequenzen setzen sich die Wellen bis zur Schneckenspitze (Helikotrema) fort. Oszillierende Bewegungen der äußeren Haarzellen – die einzigen Sinneszellen, die zu Eigenbewegungen imstande sind – verstärken die Auslenkung der Basilarmembran am Ort des Schwingungsmaximums und bewirken letztlich die Erregung der inneren Haarzellen. So wird jede Frequenz auf einem eng begrenzten Ort der Basilarmembran abgebildet. Dies ist das **Ortsprinzip**.

Die Genauigkeit dieser Frequenz-Ort-Zuordnung zeigt sich, wenn man die elektrische Aktivität einzelner Fasern des Hörnervs ableitet und dabei die Frequenz des Testtons variiert. Jede Nervenfaser ist für eine bestimmte Frequenz besonders empfindlich. Wird die Faser mit dieser Frequenz, der sog. Bestfrequenz, angeregt, so kommt es schon bei sehr geringer Schallintensität zu einer Erregung. Je weiter man sich von der Bestfrequenz entfernt, desto mehr Schallintensität ist erforderlich, um eine Erregung auszulösen. Wie aus ◘ Abb. 7.3 ersichtlich, verlaufen die so gewonnenen Abstimmkurven der Hörnervenfasern zu den höheren Frequenzen hin wesentlich steiler als zu den tieferen. Dieser Verlauf ist charakteristisch für Filterkurven im höheren Frequenzbereich und bedeutet, dass tiefere Töne mit hohem Schallpegel hohe Töne mit niedrigerem Pegel maskie-

xere und spezifischere Charakteristiken des akustischen Reizes analysiert. Diese Informationen werden an den auditorischen Cortex weitergeleitet, der sich in der Heschl'schen Querwindung des Schläfenlappens befindet. Hier werden die in den unteren Stationen der Hörbahn kodierten Reizparameter in Empfindungen wie Lautheit, Klangfarbe und Richtung umgesetzt und akustische Muster (Melodien, Geräusche, Stimmen, Sprachlaute) erkannt.

Neben der afferenten gibt es eine efferente Hörbahn, die auch als zentrifugale Bahn bezeichnet wird. Sie leitet Signale vom Kortex zur Cochlea. Der größte Teil der efferenten Fasern ist mit den äußeren Haarzellen verbunden, die inneren Haarzellen spielen im efferenten System eine geringere Rolle. Über die Funktionen der efferenten Hörbahn ist

◘ Abb. 7.3. Abstimmkurven von acht Hörnervenfasern eines Meerschweinchens; *SPL* Schalldruckpegel (»sound pressure level«)

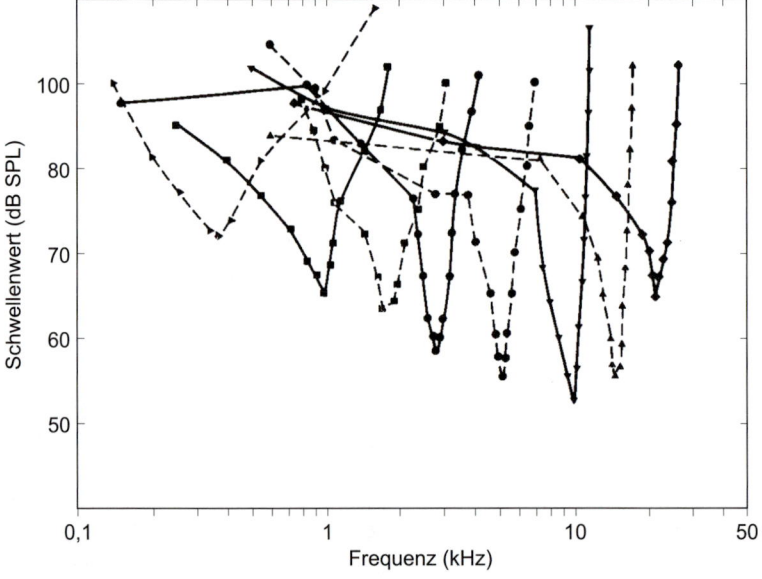

ren (verdecken) können – umgekehrt gilt dies jedoch nicht. Diese »Asymmetrie der Maskierung« spielt z. B. in der Musik eine große Rolle. Eine Flöte, die gleichzeitig mit einer in einer tieferen Lage spielenden Trompete im fortissimo klingt, würde man kaum hören. Beide Instrumente sind aber gut hörbar, wenn die Flöte in einer tieferen Lage als die Trompete spielt.

Charakteristisch für das geschädigte Innenohr ist das Abflachen dieser Abstimmkurven – es wird mehr Schallintensität benötigt, um eine Erregung auszulösen, und die Frequenzselektivität wird eingeschränkt. Dies wird durch das Absterben der äußeren Haarzellen bedingt, die für die Verstärkung der Basilarmembranbewegungen verantwortlich sind. Die Verringerung der Frequenzselektivität beeinträchtigt das Sprachverstehen erheblich. Insbesondere in Störgeräuschsituationen haben schwerhörige Menschen große Schwierigkeiten, einem Gespräch zu folgen.

Das Ortsprinzip alleine ist jedoch zur Erklärung der Tonhöhenwahrnehmung nicht ausreichend. So ist die Auslenkung der Basilarmembran bei tiefen Frequenzen (unter 1000 Hz) nicht scharf genug umgrenzt, um das hohe Frequenzunterscheidungsvermögen normal hörender Menschen erklären zu können. Es muss also noch einen weiteren Mechanismus geben. Dieser besteht darin, dass Tonhöheninformation aus dem zeitlichen Muster der Aktionspotenziale errechnet wird. Die Schwingungen der Basilarmembran verlaufen synchron mit der anregenden Schwingung. Zur Depolarisierung der Stereozilien kommt es nur in einer bestimmten Phase dieser Schwingung, nämlich während der Aufwärtsbewegung der Basilarmembran. Die Zeitstruktur der Aktionspotenziale in den Hörnervenfasern ist somit phasenabhängig, d. h. sie enthält Informationen über die Frequenz der anregenden Schwingung. Man geht davon aus, dass die Tonhöhenwahrnehmung im Frequenzbereich unter 1000 Hz durch die zeitliche Kodierung, bei Frequenzen über 5000 Hz durch das Ortsprinzip determiniert wird. Im Zwischenbereich spielen beide Prozesse eine Rolle.

Durch das Ausnutzen der Orts- und Zeitinformationen ist es dem Gehör sogar möglich, Frequenzen zu »erschließen«, die im Reiz gar nicht vorhanden sind, ihm aber eigentlich angehören. Wie bereits erwähnt, setzen sich Klänge aus einem Grundton und einer Reihe von Obertönen zusammen, wobei der Grundton die wahrgenommene Tonhöhe bestimmt. Entfernt man den Grundton mittels eines akustischen Filters aus dem Klang, so hat dies keinen Einfluss auf die Tonhöhenwahrnehmung, d. h. das Gehör ergänzt den unvollständigen Klang. Aus der Analyse des zeitlichen Musters von Aktionspotenzialen, das sich aus der Obertonreihe ergibt, »erkennt« das Hörsystem quasi den zugehörigen Grundton. Ein vertrautes Beispiel hierfür bietet das Telefon. Wir können die Stimmlagen von Personen am Telefon erkennen, obwohl die Frequenzen, die den Grundtönen menschlicher Stimmen entsprechen, in dem telefonisch übertragenen Signal gar nicht enthalten sind.

Lokalisation

Die Fähigkeit, Schallquellen zu lokalisieren, ist eine wesentliche Voraussetzung für die Orientierung in der akustischen Umwelt. Man erfasst sie anhand des Winkels, um den die Einfallsrichtung des Schalles im Raum verändert werden muss, damit die Änderung gerade eben wahrgenommen werden kann (»minimal audible angle«, MAA). Im Frequenzbereich unter 1500 Hz beträgt dieser Winkel in der Horizontalebene nur etwa 2 Grad. Diese präzise Lokalisationsfähigkeit wird zum einen durch die Form der Ohrmuscheln erreicht, die bestimmte Frequenzbereiche in Abhängigkeit von der Einfallsrichtung des Schalls dämpft oder verstärkt; zum anderen durch die Analyse der Unterschiede zwischen den von beiden Ohren übermittelten Signalen. Wie wichtig das beidohrige (binaurale) Hören für die Lokalisation ist, kann man leicht feststellen, wenn man sich ein Ohr zuhält und dann versucht, eine Schallquelle genau zu orten. Die für die Lokalisation bedeutenden Größen sind interaurale Laufzeit- und Pegeldifferenzen. Mit Laufzeitdifferenz ist gemeint, dass die Schallschwingungen das der Schallquelle zugewandte Ohr etwas früher erreichen als das gegenüberliegende Ohr. Interaurale Pegeldifferenzen treten nur bei hohen Frequenzen auf, da der Kopf für Schwingungen mit kleiner Wellenlänge ein Hindernis darstellt: Es bildet sich ein Schallschatten auf der der Schallquelle gegenüberliegenden Kopfseite. Das auditorische System kann Pegeldifferenzen ab 1 dB und Laufzeitdifferenzen ab 10 Mikrosekunden (millionstel Sekunden!) erkennen und für die Lokalisation ausnutzen. Diese Informationen werden auf äußerst komplexe Weise verrechnet; die genauen Abläufe sind bislang noch nicht geklärt.

Das Orten von Schallquellen in geschlossenen Räumen bereitet uns keine Schwierigkeiten, theoretisch stellt es jedoch ein besonderes Problem dar. Die Schallmuster, die das Ohr erreichen, stammen ja nur teilweise von der Schallquelle selbst. Ein Großteil der Schwingungen resultiert aus Reflexionen von den Wänden und Einrichtungsgegenständen; diese erreichen das Ohr etwas verzögert. Dennoch hören wir keine Echos, sondern nur ein einziges, gut lokalisierbares Schallereignis. Dies liegt daran, dass derjenige Ort, von dem das erste Schallsignal kommt, die Richtungswahrnehmung determiniert.

Bietet man einer Person zwei gleichartige Schallsignale im Abstand von einigen Millisekunden aus unterschiedlichen Richtungen dar, so wird sie die Schallquelle dort lokalisieren, von wo das erste Schallsignal kam. Die Richtungsänderung wird nicht registriert. Dieser Höreindruck ist so eindeutig, dass die Versuchspersonen überrascht sind, wenn sie über die tatsächlichen Verhältnisse aufgeklärt werden. Man nennt dieses Phänomen den **Präzedenzeffekt** oder auch das Gesetz der ersten Wellenfront. Wie bei der subjektiven Grundtonerkennung zeigt sich auch hier ein Grundprinzip des Hörens (und der Wahrnehmung generell): das »Sinnstiften« in einer komplexen Umwelt. Normalerweise ändern Schallquellen ihre Position nicht sprunghaft innerhalb von Millisekunden. Die wahrgenommenen Schallsignale werden so organisiert, dass sich ein sinnvoll strukturierter akustischer Raum ergibt. Wir kommen im Abschnitt über die auditive Szenenanalyse hierauf zurück.

7.2 Psychophysik der Lautstärke- und Klangwahrnehmung

7.2.1 Lautstärkewahrnehmung

Die oben dargestellten Maße des Schalldrucks und des Schalldruckpegels sind physikalisch definiert, sie sagen wenig darüber aus, wie laut wir einen Schall tatsächlich erleben. Bei der Schallmessung und Lärmbewertung ist jedoch gerade dies entscheidend. Für die Konstruktion von Messinstrumenten benötigt man daher eine Funktion, die die Empfindungsgröße »Lautstärke« auf die physikalische Größe »Schalldruckpegel« abbildet.

Kurven gleicher Lautstärke

Um die empfundene Lautstärke zu quantifizieren, lässt man Personen vorgegebene Reize so einstellen, dass sie eine bestimmte Lautstärkeempfindung auslösen. Betrachten wir zunächst den Schalldruckpegel, der benötigt wird, damit

ein Ton gerade eben hörbar wird, die Hörschwelle. Die gestrichelte Linie in ◘ Abb. 7.4 zeigt die Hörschwellen in Abhängigkeit von der Frequenz des Testtons. Wir sehen, dass der Schalldruck, der notwendig ist, um eine eben merkliche Empfindung auszulösen, in hohem Maße von der Frequenz des Testtons abhängig ist. Im Bereich zwischen ca. 300 und 5000 Hz ist das Ohr am empfindlichsten. Dies entspricht dem Hauptfrequenzbereich der Sprache.

Auf der Hörschwellenkurve liegen also alle Töne, welche die gleiche Lautstärkeempfindung auslösen, nämlich die Empfindung des »eben Merklichen«. In ähnlicher Weise kann man die Lautstärke überschwelliger Töne vergleichbar machen. Hierbei gibt man einen 1000-Hz-Ton mit einem bestimmten Schalldruckpegel als Standardreiz vor und lässt einen Ton mit einer anderen Frequenz gleichlaut einstellen. Wenn man dies über den gesamten hörbaren Frequenzbereich durchführt, erhält man Kurven gleicher Lautstärke oder auch Lautstärkepegel; sie sind in ◘ Abb. 7.4 als durchgezogene Linien dargestellt. Bei der Betrachtung der Kurven fällt auf, dass die Frequenzabhängigkeit der Lautstärke im Bereich niedriger Pegel deutlich größer ist als im Bereich höherer Pegel, hier werden die Kurven zunehmend flacher. Die in vielen HiFi-Anlagen enthaltene »Loudness«-Funktion gleicht die frequenzabhängige Lautstärkeempfindung elektronisch so aus, dass die hohen und tiefen Fre-

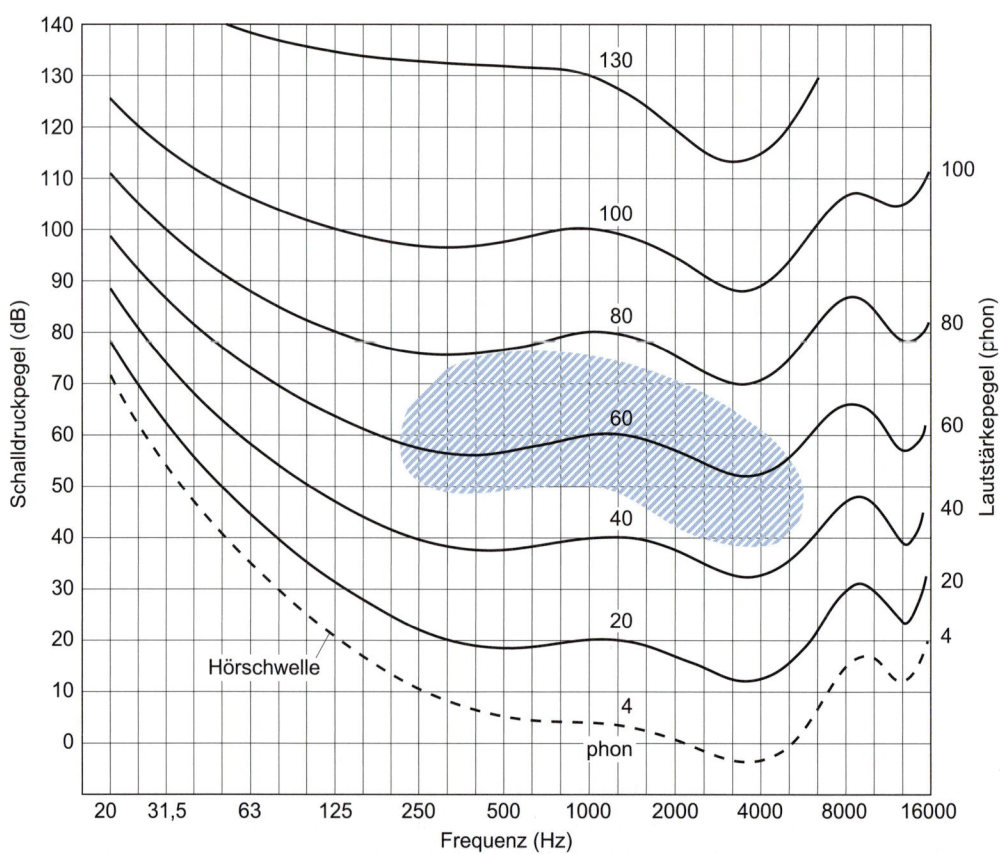

◘ **Abb. 7.4.** Kurven gleicher Lautstärkepegel

quenzen des Orchesterklangs auch bei Zimmerlautstärke gut hörbar sind.

Die Einheit des **Lautstärkepegels** ist das Phon. Bei 1000 Hz sind Dezibel- und Phon-Werte definitionsgemäß identisch. Schalle, die einen Lautstärkepegel von 40 Phon aufweisen, sind also genauso laut wie ein 1000 Hz-Ton von 40 dB.

Auch die Phon-Skala sagt jedoch nur wenig darüber aus, wie laut ein Reiz im Vergleich zu einem anderen empfunden wird. Für solche Lautheitsverhältnisse interessierte sich der Psychologe S.S. Stevens. Er entwickelte eine Skala der Lautheit, indem er seine Versuchspersonen bat, ihre Lautstärkeempfindungen in Zahlenwerten so auszudrücken, dass die Zahlenverhältnisse die Empfindungsverhältnisse wiedergeben. Aus vielen solchen Experimenten wurde eine Funktion berechnet, die den Schalldruckpegel auf die Empfindungsgröße »Lautheit« abbildet. Sie zeigt, dass im Bereich über 40 dB eine Erhöhung des Schalldruckpegels um 10 dB zu einer Verdopplung der Lautheit führt.

Die Einheit der **Lautheit** ist das Sone. Der Lautheit eines 1000 Hz-Tones von 40 dB wurde per Definition der Wert 1 Sone zugeordnet. Alle Töne auf der 40-Phon-Kurve haben folglich die Lautheit 1, die auf der 60-Phon-Kurve die Lautheit 4 etc.

Liegt eine Innenohrschwerhörigkeit vor, so kommt es zu einer Veränderung der Lautheitsfunktion, die in der Audiologie als Rekruitment bezeichnet wird. Die Patienten haben ein stark reduziertes Hörvermögen im niedrigen Pegelbereich, jedoch einen normalen oder sogar stärkeren Anstieg der Lautstärkeempfindung bei zunehmendem Pegel im höheren Bereich. Höhere Pegel werden daher schnell als unangenehm laut empfunden (die Probleme, die sich im Alltag hieraus ergeben, beschrieb der Maler Lehmann (1896) in Bezug auf den bayerischen König Ludwig I folgendermaßen: »Bei seiner Harthörigkeit war es nicht ganz leicht, in der Antwort den rechten Ton zu treffen. War man verlegen und sprach zu leise, so war er geneigt seiner Ungeduld beredten Ausdruck zu geben; sprach man zu laut, so hieß es: ›Schreien Sie nicht so – ich bin nicht taub!‹«). Bei der Anpassung von Hörgeräten versucht man, den »zusammengestauchten« Hörbereich wieder so zu verbreitern, dass ein normales Lautstärkeempfinden möglich wird.

Die Kurven gleicher Lautstärke wurden 1956 von Robinson und Dadson erstellt; sie liefern die Grundlage der frequenzbewerteten Schallmessung und spielen daher eine wichtige Rolle bei der Lärmbewertung. In Schallpegelmessgeräten sind Filter eingebaut, welche die geringe Empfindlichkeit des Ohres für hohe und tiefe Frequenzen berücksichtigen. Das praktisch bedeutsamste davon ist das A-Filter. Es gewichtet die Frequenzen entsprechend der 40-Phon-Kurve. Mit diesem Filter wird heute weltweit sowohl in der Audiotechnik als auch in der Lärmforschung gemessen; man bezeichnet die so berechneten dB-Werte mit dem Zusatz (A). Die Anwendung des dB(A) bei der Lärmmessung ist keineswegs unumstritten, insbesondere weil Lärm

meist höhere Schalldruckpegel aufweist und somit in einem Bereich liegt, in dem die Frequenzabhängigkeit des Ohres wesentlich geringer ist, als es die A-Bewertung zugrunde legt. Außerdem gibt es neuere Untersuchungsbefunde, die die Gültigkeit der von Robinson und Dadson gemessenen Kurven anzweifeln lassen. Letztlich beruhen die Werte auf Untersuchungen mit einfachen Tonreizen. Bei komplexeren Reizen sind Gesetzmäßigkeiten der Lautstärkewahrnehmung bedeutend, die im dB(A) nicht berücksichtigt werden. Bevor wir diese betrachten, sei festgehalten, dass die psychophysische Vorgehensweise bei der Gewinnung der Kurven gleicher Lautstärken als Grundschema vieler weiterer Studien betrachtet werden kann, die darauf zielen, psychologische Wahrnehmungs- und Wirkungsgrößen mit physikalischen Größen zu verbinden. Man kann beispielsweise die wahrgenommene Lautstärke durch die wahrgenommene Lästigkeit, Störung u. a. ersetzen und so die diese Empfindungen auslösenden Reizparameter bestimmen. Damit beschäftigt sich vor allem die derzeitige Lärmforschung.

Lautstärke komplexer Schalle

Wie verhält sich die Lautstärkewahrnehmung bei komplexen Reizen, die sich aus vielen Einzelschwingungen zusammensetzen? Zur Beantwortung dieser Frage müssen wir zunächst den Begriff der »Frequenzgruppe« klären. Wie wir gesehen haben, werden unterschiedliche Frequenzen an unterschiedlichen Orten auf der Basilarmembran abgebildet. Die Frequenzgruppen stellen benachbarte Bereiche auf der Basilarmembran dar. Fallen zwei Töne in eine Frequenzgruppe, so beeinflussen sie sich gegenseitig – es entsteht der Höreindruck der »Rauigkeit«. Fallen die Töne in unterschiedliche Frequenzgruppen, so werden sie als deutlich getrennt wahrgenommen. In diesem Falle entstehen auf der Basilarmembran deutlich voneinander getrennte Schwingungsmaxima.

Die Lautheit komplexer Reize wird maßgeblich durch die Frequenzgruppen beeinflusst. Liegen die Frequenzkomponenten des Reizes in einer Frequenzgruppe, so wird die Lautheit von der Summe der **Intensitäten** der einzelnen Komponenten bestimmt. Fallen die Komponenten jedoch in unterschiedliche Frequenzgruppen, so addieren sich die in den einzelnen Frequenzgruppen registrierten **Lautheiten** zu einer Gesamtlautheit. Ein Geräusch mit großer Bandbreite wird daher als lauter empfunden als ein schmalbandiges Geräusch gleichen Pegels.

Zwicker (1991) entwickelte ein Messverfahren, welches diesen Mechanismen Rechnung trägt und auch die im Zusammenhang mit den Abstimmkurven der Hörnervenfasern beschriebene Asymmetrie der Maskierung berücksichtigt. Dies ist einleuchtend, da Schallkomponenten, die von anderen maskiert werden, zur Lautheit natürlich nichts beitragen. Das Zwicker'sche Verfahren wird deshalb von den Psychoakustikern immer wieder als das »gehörrichtige« bezeichnet. Es ist jedoch sehr aufwendig und hat sich

Eberhard Zwicker

Eberhard Zwicker (1924–1990) war der Begründer der Münchener Schule der Psychoakustik. Zusammen mit seinem Lehrer Richard Feldtkeller veröffentlichte er 1966 das in viele Sprachen übersetzte Grundlagenwerk »Das Ohr als Nachrichtenempfänger«. Prägend für Zwicker waren seine frühen USA-Forschungsaufenthalte im Psychoakustik-Labor von S.S. Stevens und in Bells Laboratories. Unter Mitwirkung von Ernst Terhardt und Hugo Fastl entstanden zahlreiche Publikationen, welche die Psychoakustik weltweit bis heute maßgeblich bestimmen. Die in München entwickelten Theorien und Messmethoden werden in der Lärmbekämpfung, in der neuesten Hörtechnik, Audiologie, Radio- und Telefontechnik, Neurophysiologie, Medizin und Hörpsychologie erfolgreich verwendet.

Besonders bedeutsame Werke aus dieser Gruppe sind »Psychoacoustics. Facts and Models« von Zwicker und Fastl (1990, 2. aktualisierte Auflage 1999) sowie »Akustische Kommunikation. Grundlagen mit Hörbeispielen« von Ernst Terhardt (1998).

bis heute nicht als Standardmessverfahren der Lärmmessung durchsetzen können. In der Forschung spielt es dagegen eine zunehmend wichtige Rolle.

7.2.2 Wahrnehmung von Klangeigenschaften

In der Geschichte der Akustik stand von Anfang an die Musik im Mittelpunkt der Forschung. Insbesondere der Physiker Hermann von Helmholtz und der Psychologe Carl Stumpf widmeten der Musik ihre Aufmerksamkeit; ihnen ging es um die Grundlagen der Klangwahrnehmung, vor allem um die Beschreibung der Klangfarben. In der Psychoakustik lebt diese Forschungstradition weiter. Die Entdeckung der Frequenzgruppen und der Maskierungsgesetze führte nicht nur zu einer verbesserten Lautstärkemessung, sondern auch zur Entwicklung weiterer objektiver Kenn-

größen wahrgenommener Klangeigenschaften, die auch bei der Lärmbewertung bedeutend sind und teilweise als »Zuschläge« in die Schallbeurteilung einfließen. Hierzu gehören die Rauigkeit (z. B. Schweißen und Bohren in Beton), die Schärfe (z. B. das Zischen eines Dampfkessels), die Tonhaltigkeit und die Impulshaltigkeit (z. B. Schmiedehammer, Gewehrschüsse). Zwicker (1991) entwickelte ein Verfahren zur Messung lästiger Geräusche, in das alle Kenngrößen zu einem Gesamtmaß integriert werden. Sein früherer Mitarbeiter Ernst Terhardt schlug einen Bogen zur Musik und formulierte die Grundlagen des sensorischen Wohlklangs.

Die Erforschung der Klangeigenschaften spielt auch in der Industrie eine zunehmende Rolle. Die akustische Qualität ist nicht nur bei Musikanlagen, sondern auch bei Fahrzeugen und Haushaltsgeräten ein für den potenziellen Kunden wesentliches Entscheidungskriterium. Ein Sportwagen muss beispielsweise anders klingen als eine Limousine, und ein laut heulender Staubsauger stellt für den Nutzer und seine Umgebung eine Zumutung dar. Weitere Anwendungsbereiche der Klangwahrnehmungsforschung liegen in der Entwicklung von Telefonen, Hörgeräten, elektronischen Musikinstrumenten und in der Gestaltung der Akustik von Räumen (Konzertsäle, Vortragsräume, Klassenräume).

Innerhalb der Klangwahrnehmungsforschung lassen sich zwei methodische Vorgehensweisen unterscheiden (vgl. »Multidimensionale Skalierung«, ▶ Kap. 2). Beim ähnlichkeitsanalytischen Ansatz bietet man Paare von Geräuschen an und lässt die Hörer auf einer Skala beurteilen, wie ähnlich sie die beiden Geräusche erleben. Wenn man viele Paare beurteilen lässt, ergibt sich zum Schluss eine Ähnlichkeitsstruktur, der man entnehmen kann, welche Geräusche als zusammengehörend wahrgenommen werden. Die Analyse der physikalischen Kenngrößen, die den als ähnlich beurteilten Geräuschen gemeinsam sind, gibt Aufschluss über die bei der Klangwahrnehmung wesentlichen Reizdimensionen. Beim semantischen Ansatz steht dagegen die subjektive Bedeutung des Geräuschs im Vordergrund. Geräusche können anregend, aggressiv, beängstigend oder belästigend sein. Zur Analyse der subjektiven Bedeutung wird häufig das Semantische Differential von Osgood herangezogen (vgl. Osgood, Suci & Tannenbaum, 1957). Dieses Instrument wurde in den 1980er Jahren von japanischen Psychologen zur Erforschung der Klangmerkmale von Automobilgeräuschen adaptiert und in großem Stile eingesetzt, seitdem verwenden es weltweit viele psychoakustische Forschergruppen. Das Semantische Differential besteht aus einem Satz von polaren Eigenschaftspaaren (z. B. hoch–tief, hart–weich), nach denen ein Geräusch beurteilt wird. Auf diese Weise gewinnt man für jedes Geräusch eine Profilstruktur. Aus den Urteilen für die verschiedenen Eigenschaften kann man faktorenanalytisch berechnen, welche Eigenschaften zusammengehören. Man erhält so eine beschränkte Anzahl von Faktoren oder Dimensionen der Bedeutung. So können die bei den Klangeigenschaften von Fahrzeugen, Haushaltsgeräten o. Ä. relevanten Wahrnehmungsdimensionen erfasst und zu physikalischen Größen in Beziehung gesetzt werden. Letztere können dann von den Ingenieuren entsprechend den Hörpräferenzen der Nutzer manipuliert werden.

7.3 Auditives Gedächtnis

Akustische Reize stellen zeitlich-sequenzielle Ereignisse dar. Für ihre Analyse und Identifikation sind Mechanismen notwendig, die es ermöglichen, frühe Reizinformationen so verfügbar zu halten, dass sie mit später eintreffenden zu Einheiten integriert werden können. Auditive Wahrnehmungsfunktionen sind daher besonders eng mit Gedächtnisprozessen verbunden.

Akustische Information wird zunächst in reiznaher, präkategorialer Form im auditiven sensorischen Gedächtnis festgehalten – man kann sich dies wie eine Art Echo vorstellen. Diese Repräsentation wird automatisch, ohne bewusste Aufmerksamkeitszuwendung generiert und aufrechterhalten. Cowan (1984) nimmt zwei Formen des auditiven sensorischen Gedächtnisses an, die sich hinsichtlich ihrer zeitlichen Eigenschaften unterscheiden. Die eine hat eine zeitliche Kapazität von mehreren hundert Millisekunden, die andere eine Dauer von bis zu 20 Sekunden. Die Annahme eines »kurzen« auditiven Gedächtnis resultiert u. a. aus Untersuchungen zur Rückwärtsmaskierung, die zeigten, dass die Identifikation eines kurzen Tones durch einen nachfolgenden Maskierton erheblich erschwert wird, und zwar je mehr, je kürzer das Zeitintervall zwischen den beiden Tönen ist. Ist das Intervall länger als 250 ms, so hat der Maskierton kaum noch Einfluss auf die Identifikation des Testtons.

Diese und weitere Befunde sprechen dafür, dass das auditive System die eintreffende Reizinformation über ein Zeitfenster von 200–300 ms ab Reizbeginn integriert. So können zeitlich benachbarte Merkmale des akustischen Spektrums analysiert und zueinander in Beziehung gesetzt werden – eine Voraussetzung für die Analyse komplexer akustischer Reize, insbesondere der Sprachlaute. Die »Qualität« dieser frühen internen Reizabbildungen kann durch die sog. »Mismatch-Negativität« (MMN) erfasst werden. Hierbei handelt es sich um eine Komponente des akustisch evozierten Potenzials (AEP; zu evozierten Potenzialen ▶ Kap. 3). Das AEP stellt die Hirnpotenzialänderung als Reaktion auf einen akustischen Reiz dar. Die reizbedingte Potenzialänderung kann durch die Mittelung vieler Reizwiederholungen aus dem »Grundrauschen« der Hirnaktivität herausisoliert werden. Zur Messung der Mismatch-Negativität wird dem Probanden ein Standardreiz wiederholt dargeboten (z. B. ein Ton). Dazwischen wird gelegentlich ein vom Standardreiz unterschiedlicher, »devianter« Reiz präsentiert (z. B. ein etwas höherer Ton). Wird die Reizänderung vom Hörsystem detektiert, so zeigt das AEP des devianten Reizes im Latenzbereich zwischen 150 und 250 ms nach Reizbeginn deutlich stärkere Potenzialänderungen als das des Standardreizes. Die MMN wird durch die Subtraktion des AEP auf den Standardreiz vom AEP auf den devianten Reiz berechnet. Sie repräsentiert das Ergebnis eines internen Vergleichs des Standards mit dem devianten Reiz und gibt somit Aufschluss über das Reizdiskriminationsvermögen auf einer sehr frühen, vorbewussten Verarbeitungsstufe. Die MMN ist ein nichtinvasives und von Aufmerksamkeitsprozessen weitgehend unabhängiges Verfahren (die Probanden müssen die Reize nicht beachten). Sie ermöglicht daher auch die Untersuchung von Säuglingen und Kleinkindern und kann somit zur Erforschung von Reifungsprozessen im zentralen auditorischen System herangezogen werden. Wie wir später sehen werden, spielt das Verfahren auch in der Sprachwahrnehmungs- und in der klinischen Forschung eine bedeutende Rolle.

Betrachten wir nun die zweite, zeitlich ausgedehntere Komponente des auditiven sensorischen Gedächtnisses. Präsentiert man einer Person eine Folge von 5–8 Wörtern oder Ziffern entweder mündlich oder schriftlich und bittet sie, diese Liste in der richtigen Reihenfolge wiederzugeben, so wird das letzte Item der akustisch präsentierten Liste deutlich besser reproduziert als das entsprechende Item der visuell präsentierten Liste. Diesen Einfluss der Darbietungsmodalität (»Modalitätseffekt«) erklärt man sich folgendermaßen: Die visuell und die auditiv präsentierten Items werden in Form von modalitätsunabhängigen phonologischen Kodes im sprachlichen Kurzzeitgedächtnis gespeichert und durch innerliches Wiederholen (Rehearsal) aufrechterhalten (▶ Kap. 10). Die akustisch präsentierten Items werden zusätzlich im auditiven sensorischen Gedächtnis repräsentiert, wobei nachfolgende Items vorhergehende überschreiben. Der Abruf des letzten Items der akustischen Liste wird daher durch das auditive sensorische Gedächtnis unterstützt. Der Suffixeffekt besteht darin, dass der Modalitätseffekt aufgehoben wird, wenn im Anschluss an die Liste ein irrelevantes Item, das Suffix, präsentiert wird (z. B. das Wort »Ende«). Die Stärke des Suffixeffekts hängt davon ab, inwieweit das Suffix und die Listenitems als zusammengehörend wahrgenommen werden; dies wird vor allem durch die klangliche Ähnlichkeit und den zeitlichen Abstand zwischen Suffix und Liste determiniert (wir kommen im Abschnitt zur auditiven Szenenanalyse auf die Wahrnehmung von Zusammengehörigkeit zurück). Untersuchungen zum Modalitäts- und Suffixeffekt lassen vermuten, dass diese Form des auditiven Gedächtnisses eine zeitliche Dauer von bis zu 20 s hat; einige Autoren gehen von einer noch längeren Zeitspanne aus (Penney, 1989). Das auditive sensorische Gedächtnis dient als Datengrundlage, aus der Information für die weitere Verarbeitung ausgewählt wird. Sprachliche Informationen haben hierbei besondere Priorität. Selbst nicht beachtete Sprache beeinflusst die Speicherung und Verarbeitung von Information im Arbeitsgedächtnis, wie Befunde zum »irrelevant sound effect«

belegen: Das kurzzeitige Behalten von sprachlicher Information wird massiv beeinträchtigt, wenn während der Aufgabenbearbeitung sprachlicher oder sprachähnlicher Hintergrundschall präsentiert wird. Andere Geräusche gleichen Pegels beeinträchtigen die Behaltensleistung dagegen nicht (Klatte, Lee & Hellbrück, 2002; auch ▶ Kap. 10).

7.4 Auditive Gestaltwahrnehmung

Hören vollzieht sich im Alltag nicht unter so reduzierten Bedingungen, wie sie in psychoakustischen Experimenten geschaffen werden. Versetzen wir uns einmal gedanklich in eine komplexe Klangumwelt, z. B. auf einen Jahrmarkt. Wir sind umgeben von den Stimmen der Schausteller, die lauthals ihre Waren anpreisen, dem Kreischen der Achterbahn-Passagiere und der von den Karussells ertönenden Musik. Vielfältige Schallquellen überlagern sich und versetzen unser Trommelfell in ein überaus komplexes Schwingungsmuster. Dieses enthält – für sich betrachtet – kaum Informationen über die Art und Anzahl der zugrunde liegenden Schallquellen. Wie gelingt es unserem Wahrnehmungssystem trotzdem, hieraus so schnell und scheinbar mühelos eine sinnvoll strukturierte akustische Umwelt zu konstruieren? Oder anders gefragt: Welche Prozesse ermöglichen es, die von einer Schallquelle ausgehenden Schallanteile zu Einheiten zu verbinden (»auditory streaming«) und die von verschiedenen Quellen herrührenden Anteile zu trennen (»auditory segregation«)? Mit diesen Fragen beschäftigt sich die auditive Szenenanalyse. Ihr bedeutendster Vertreter, Albert Bregman (1990), unterscheidet zwei miteinander zusammenhängende Prozesse der **Szenenanalyse**. Der eine besteht in der Aktivierung von Klangmustern oder Schemata, die durch spezifische Hörerfahrungen erworben wurden. Wenn wir z. B. bewusst auf eine vertraute Melodie lauschen, die vom Karussell gegenüber erklingt, so wird diese zur Figur, die sich aus dem akustischen Hintergrund der anderen Geräusche abhebt. Neben den schemabasierten Prozessen beschreibt Bregman allgemeine, nicht an spezifische Erfahrungen gebundene Prinzipien der auditiven Wahrnehmungsorganisation. Wie beim Sehen (▶ Kap. 6), so bestimmen auch beim Hören die Gesetze der Ähnlichkeit und der Nähe die Wahrnehmung von Gestalten. Auditive Gestalten sind einzelne Hörereignisse (z. B. das Bellen eines Hundes) und Ströme, die von Sequenzen zusammengehörender Hörereignisse gebildet werden (z. B. die Rede des Gesprächspartners, die wir aus dem Stimmengewirr der Cocktail-Party herauszuhören versuchen). Nähe ist zeitlich und räumlich definiert, Ähnlichkeit kann durch Merkmale wie Lautstärke, Klangfarbe oder Tonhöhe bestimmt werden. Am Beispiel des Präzedenzeffektes und der subjektiven Grundtonergänzung haben wir bereits gesehen, wie temporale bzw. spektrale Schalleigenschaften die Wahrnehmung von zusammengehörenden Hörereignissen determinieren.

Das zentrale auditorische System analysiert das Schallmuster fortlaufend auf kleinste Regelmäßigkeiten hin und nutzt diese zur Strukturierung der auditiven Szene in sinnvoll geordnete Ereignisse und Ströme. Das Erkennen und Beschreiben dieser Regelmäßigkeiten und ihrer Auswertung und Interpretation durch das auditive System sind Gegenstand der von Bregman initiierten Forschungsrichtung. Zwei Beispiele mögen dies veranschaulichen. Eine Tonfolge, die aus rasch aufeinander folgenden und ähnlich hohen Tönen besteht, wird als zusammengehöriger Strom wahrgenommen. Werden jedoch alternierend hohe und tiefe Töne präsentiert, so sind – je nach Frequenz- und Zeitabstand der Töne – unterschiedliche Wahrnehmungseindrücke möglich. Ist das Tempo langsam, so hört man eine Folge einzelner Töne. Bei raschem Tempo zerfällt die Folge in zwei unterschiedliche Ströme: Es entsteht der Wahrnehmungseindruck zweier gleichzeitig in unterschiedlichen Tonlagen erklingender Melodien (dies machten sich vor allem die Komponisten des Barock zunutze, vgl. z. B. die Solosuiten für Violoncello von J.S. Bach). Liegt das Tempo in einem Zwischenbereich, so können willentlich die Eindrücke der Ein- oder Zweistimmigkeit hervorgerufen werden.

Neben dem Einfluss der Ähnlichkeit und zeitlichen Nähe kommt hier eine weitere, die Wahrnehmungsorganisation beeinflussende Gesetzmäßigkeit zum Tragen: Ein Strom zusammengehöriger Schallereignisse verändert seine akustischen Eigenschaften in der Regel nicht abrupt (hoher Ton – tiefer Ton), sondern kontinuierlich. Kontinuierlich verlaufende Änderungen signalisieren Zusammengehörigkeit, abrupte Änderungen die Trennung in unterschiedliche Ströme. Das Wahrnehmungssystem interpretiert das Schallmuster prinzipiell so, dass sich ein möglichst »guter«, kontinuierlicher Verlauf ergibt. So wird ein unterbrochener Ton sofort als kontinuierlich wahrgenommen, wenn während der Unterbrechungen laute Rauschimpulse präsentiert werden. Man hat den Eindruck, dass der Ton »hinter« dem Rauschen weiter geht, obgleich er physikalisch nicht vorhanden ist.

Die auditive Szenenanalyse hat gestaltpsychologische, wahrnehmungsökologische und kognitive Aspekte in die Psychoakustik eingebracht, die zum Verständnis des Hörens in komplexen Alltagssituationen unerlässlich sind (s. hierzu Schick, 1996). Ihre Ergebnisse haben auch die Sprachwahrnehmungsforschung befruchtet, der wir uns im Folgenden zuwenden.

7.5 Sprachwahrnehmung

»Nicht-sehen-Können heißt, die Menschen von den Dingen trennen. Nicht-hören-Können heißt, die Menschen von den Menschen trennen.« Dieser Ausspruch wird gelegentlich Kant, meist aber der taubblinden Schriftstellerin Helen Keller (1880–1968) zugeschrieben. Die »Trennung der Menschen von den Menschen« geschieht vor allem durch die mit einer Hörschädigung verbundene Einschränkung der Sprache, dem wichtigsten zwischenmenschlichen Kommunikationsmedium.

Die akustische Sprachwahrnehmungsforschung beschäftigt sich mit den Beziehungen zwischen physikalisch-akustischen Sprachsignalmerkmalen (z. B. Frequenzspektrum und Amplitudenverlauf über die Zeit, wenn die Silbe [ba] ausgesprochen wird) und den resultierenden Wahrnehmungsinhalten – den linguistischen Einheiten. Wie wir sehen werden, sind diese Beziehungen keineswegs einfach zu beschreiben.

7.5.1 Phoneme und ihre phonetischen und akustischen Merkmale

Die kleinsten Analyseeinheiten der Sprache sind die Phoneme. Sie stellen die kleinsten bedeutungsunterscheidenden Einheiten dar. Die Phoneme /d/ und /t/ beispielsweise differenzieren die Bedeutung in den Wörtern »Dorf« und »Torf«. Phoneme werden charakterisiert durch ihre phone-tischen Merkmale, d. h. ihre Bildung im Stimmtrakt. Vokale entstehen, wenn der Stimmtrakt relativ weit geöffnet ist, der Luftstrom ungehindert hindurchfließt und die Stimmlippen in Schwingungen versetzt. Im Gegensatz dazu werden die Konsonanten durch einen Verschluss oder eine Verengung im Stimmtrakt gebildet. Bei Plosiven ([p], [d], [t], [k]) wird der Vokaltrakt vollständig geschlossen, bei seiner Öffnung entsteht ein Luftstromimpuls. Bei stimmhaften Konsonanten schwingen die Stimmlippen, wenn der Luftstrom fließt. Stimmlose Konsonanten entstehen ohne Vibration der Stimmlippen.

Die akustisch-physikalische Struktur von Sprachsignalen kann in sog. Spektrogrammen sichtbar gemacht werden. Hierbei werden auf der Abszisse die Zeit aufgetragen, auf der Ordinate die Frequenzen. Die zu einem bestimmten Zeitpunkt in einem bestimmten Frequenzbereich vorhandene Schallenergie wird durch den Grad der Schwärzung dargestellt. Betrachten wir im Folgenden die Spektrogramme in ◘ Abb. 7.5. Die Vokale unterscheiden sich durch Energiekonzentrationen in bestimmten Frequenzbändern. Man

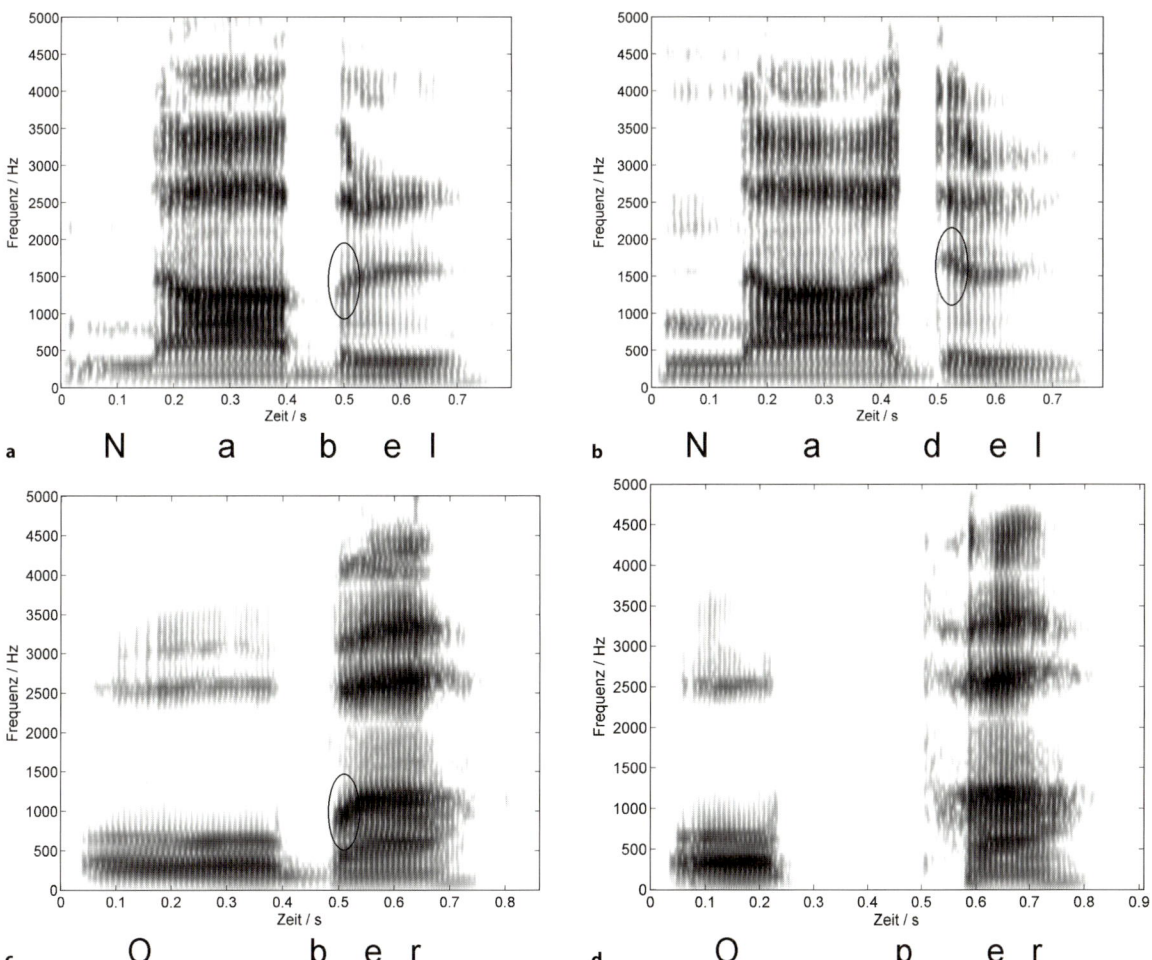

◘ **Abb. 7.5a–d.** Spektrogramme der Wörter »Nabel« (**a**), »Nadel« (**b**), »Ober« (**c**) und »Oper« (**d**). Besonders charakteristische Formantansätze (Transitionen) sind durch Kreise hervorgehoben

erkennt diese an den parallel verlaufenden dunklen »Balken« im Spektrogramm. Diese Frequenzbänder nennt man Formanten. Deutlich zu erkennen sind die unterschiedlichen Formantenstrukturen der Vokale [o:] und [a:]. Die Verschlusslaute [p], [g], [d], und [b] sind gekennzeichnet durch die schnellen Frequenzänderungen zu Beginn der Formanten, die sog. Formantansätze oder Transitionen. Der Verlauf der mit einem solchen Konsonanten verknüpften Formantansätze ist nicht konstant; er wird vielmehr vom nachfolgenden Vokal bestimmt. Die schematischen Spektrogrammen der Silben [di:] und [du:] in ◨ Abb. 7.6 verdeutlichen dies. Die den Laut [d] repräsentierenden Transitionen verlaufen in beiden Spektrogrammen sehr unterschiedlich, dennoch wird derselbe Laut wahrgenommen (Liberman, Cooper, Shankweiler & Studdert-Kennedy, 1967). Man bezeichnet dieses Phänomen als Koartikulation.

Die Artikulation aufeinander folgender Sprachlaute geschieht nicht sequenziell, sondern überlagernd (man kann sich dies veranschaulichen, indem man die Silben [di:] und [du:] deutlich artikuliert und dabei auf die Mund- und Lippenstellung achtet). Es gibt also keine eindeutige Zuordnung zwischen spezifischen Sprachsignalmerkmalen und ihren perzeptuellen Resultaten. Die akustische Sprachwahrnehmungsforschung beschäftigt sich damit, wie sich solche »invarianten«, d. h. bestimmte Laute eindeutig kennzeichnenden Sprachsignalmerkmale aus den Beziehungen zwischen unterschiedlichen Parametern des akustischen Spektrums ableiten lassen (vgl. Diehl & Lindblom 2004).

7.5.2 Kategoriale Wahrnehmung

Zur Unterscheidung zwischen stimmhaften und stimmlosen Plosiven wie [b] und [p] ist die Analyse der Stimmeinsatzzeit (»voice onset time«; VOT) notwendig. Die Stimmeinsatzzeit ist der zeitliche Abstand zwischen dem Luftstromimpuls nach der Öffnung des Stimmtraktes und dem »Einschwingen« in den nachfolgenden Vokal. Wie in den Spektrogrammen der Wörter »Ober« und »Oper« in ◨ Abb. 7.5 ersichtlich, ist dieser Zeitabstand bei stimmlosen Plosiven größer als bei stimmhaften (die dargestellten Wörter wurden sehr deutlich artikuliert; der Unterschied in den Stimmeinsatzzeiten ist daher besonders ausgeprägt). Durch synthetische Sprachsignale ist es möglich, die Stimmeinsatzzeit zwischen Lautkontrasten wie [ba] und [pa] oder [da] und [ta] kontinuierlich zu variieren. In zahlreichen

Experimenten wurden den Probanden solche synthetischen Signale vorgespielt, und sie mussten jeweils angeben, welchen der beiden Laute sie hörten. Wir betrachten ein solches Experiment beispielhaft am Lautkontrast [da]-[ta] (◨ Abb. 7.7). Es zeigt sich, dass die Probanden bis zu einer bestimmten Länge der VOT einhellig ein [da] hören, und dann plötzlich eindeutig ein [ta]. Der Unsicherheitsbereich in solchen Versuchen ist sehr klein. Den Bereich der VOT, bei dem die Wahrnehmung von [da] zu [ta] wechselt, bezeichnet man als phonetische Grenze.

Obwohl viele verschiedene Reize präsentiert werden, scheinen nur zwei »Klassen« wahrgenommen zu werden. Man bezeichnet dieses Phänomen als kategoriale Wahrnehmung. Für die phonetischen Unterschiede, die in unserer Muttersprache bedeutend sind, ist unser Wahrnehmungssystem sehr empfindlich; in akustischer Hinsicht gleich große Unterschiede zwischen Sprachsignalen, die zu einer phonetischen Kategorie gehören, können wir dagegen kaum wahrnehmen. Auch Unterschiede zwischen akustisch ähnlichen Sprachlauten, die in anderen sprachlichen Kulturen unterschiedliche phonetische Kategorien repräsentieren, können wir nur schwer erkennen. So ist es beispielsweise für Japaner sehr schwer, die englischen Phoneme /l/ und /r/ zu unterscheiden, da es im Japanischen hier nur eine Lautkategorie gibt, die quasi »zwischen« diesen beiden englischen Lauten liegt. Kategoriale Wahrnehmung besteht also darin, dass aus dem hochkomplexen Sprachsignal die linguistisch relevanten Merkmale extrahiert werden, während die nicht relevanten unbeachtet bleiben. Dies führt zu einer erheblichen Datenreduktion und ermöglicht eine schnelle und effiziente Verarbeitung.

Die kategoriale Wahrnehmung scheint sich während der ersten Lebensmonate auf der Grundlage des Hörens der Umgebungssprache zu entwickeln. Bereits 1984 zeigten Werker und Tees anhand eines Konditionierungsverfahrens, dass 6–8 Monate alte Kinder ähnlich klingende Sprachlaute aus nicht muttersprachlichen Lautsystemen differenzieren können, im Alter von 10–12 Monaten war diese Fähigkeit jedoch verschwunden. Analoge Befunde

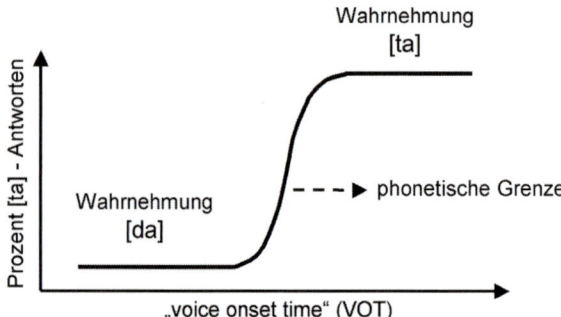

◨ **Abb. 7.7.** Schematische Darstellung eines Versuchs zur kategorialen Wahrnehmung. Liegt die Stimmeinsatzzeit über der phonetischen Grenze, so wird [ta] wahrgenommen, liegt sie darunter, so wird [da] wahrgenommen

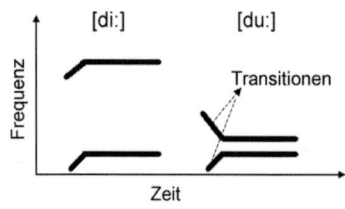

◨ **Abb. 7.6.** Schematische Spektrogramme der Silben [di:] und [du:]

wurden mittels elektrophysiologischer Verfahren gewonnen (Cheour et al., 1998): 6 Monate alten Kindern wurde ein muttersprachlicher Vokal als Standardreiz dargeboten. Als deviante Reize wurden ein ähnlich klingender muttersprachlicher Vokal und ein fremdsprachlicher Vokal eingesetzt. Erfasst wurde die Amplitude der Mismatch-Negativität (MMN), welche – wie oben beschrieben – das elektrophysiologisches Korrelat des Detektierens von Reizunterschieden darstellt. Bei beiden devianten Reizen ließ sich eine deutliche MMN nachweisen. Diese Reaktion war bei dem fremdsprachlichen Vokal sogar noch etwas stärker ausgeprägt. Im Alter von 12 Monaten wurden die Kinder noch einmal untersucht. Diesmal war die MMN auf den fremdsprachlichen Laut deutlich verringert, die auf den muttersprachlichen Laut dagegen signifikant erhöht. Dies zeigt, dass die 6 Monate alten Kinder die Reize vorrangig auf der Grundlage akustisch-physikalischer Kriterien analysierten (der fremdsprachliche Vokal unterschied sich diesbezüglich deutlicher vom Standardreiz), mit 12 Monaten jedoch anhand der phonetischen Kategorien der Muttersprache.

Der Erwerb der muttersprachlichen Lautkategorien ist jedoch nach dem 1. Lebensjahr nicht abgeschlossen; er setzt sich noch bis ins 2. Lebensjahrzehnt hinein fort. Die kategorialen Grenzen verlaufen noch bei 12-jährigen weniger scharf als bei Erwachsenen (Hazan & Barrett 2000). Sind die kategorialen Grenzen unscharf, so wird die Verarbeitung aufwendiger und fehleranfälliger. Robuste sprachliche Muster sind besonders in Hörsituationen wichtig, in denen die Sprache undeutlich, unvollständig oder von Störgeräuschen umgeben ist. So zeigen jüngere Kinder schlechtere Leistungen als ältere Kinder und Erwachsene, wenn es darum geht, ähnlich klingende Laute zu unterscheiden (Hnath-Chisolm, Laipply & Boothroyd, 1998) oder Sprachsignale auf der Grundlage unvollständiger akustischer Information zu identifizieren (Edwards, Fox & Rogers, 2002; Eisenberg, Shannon, Martinez, Wygonski & Boothroyd, 2000). Auch Störgeräusche oder die Halligkeit des Raumes beeinträchtigen die Sprachverstehensleistung von jüngeren Kindern wesentlich stärker als die älterer Kinder und Erwachsener (Neumann & Hochberg, 1983; Johnson 2000). Das verstehende Zuhören unter derart erschwerten Bedingungen stellt hohe Anforderungen nicht nur an die Hör- und Sprachfunktionen, sondern auch an die damit unmittelbar zusammenhängenden Aufmerksamkeits- und Gedächtnisprozesse, deren Entwicklung ebenfalls bis ins 2. Lebensjahrzehnt hinein andauert (Gathercole, Pickering, Ambridge & Wearing, 2004; ▶ Kap. 21). Kinder im Vor- und Grundschulalter sind ganz besonders auf optimale Hörbedingungen angewiesen, um sprachliche Informationen verstehen und verarbeiten zu können. Bei der Gestaltung von Lernumwelten wie Schulen, Horte und Kindertagesstätten sollten daher akustische Faktoren angemessen berücksichtigt werden (Klatte & Janott, 2002; Schick, Klatte, Meis & Nocke, 2003; Berg & Imhof, 2005).

Intakte Sprachwahrnehmungsfunktionen sind auch für den Laut- und Schriftspracherwerb von großer Bedeutung. Leseschwache Kinder und Erwachsene sowie Kinder mit Sprachentwicklungsstörungen zeigen – trotz normaler Tonhörschwellen – häufig subtile, in der alltäglichen Kommunikation nicht merkliche Defizite bei der Diskrimination und Identifikation von Sprachsilben wie ba, da und ga. Die Grenzen zwischen den phonetischen Kategorien scheinen bei leseschwachen Kindern weniger scharf zu verlaufen (Manis et al., 1997; Werker & Tees, 1987; Serniclaes, Sprenger-Charolles, Carré & Demonet, 2001; Serniclaes, Van Heghe, Mousty, Carré & Sprenger-Charolles, 2004; Breier, Fletcher, Denton & Gray, 2004). Auffälligkeiten in der Sprachwahrnehmung zeigten sich auch in Studien, in denen die Mismatch-Negativität auf Sprachreize ermittelt wurde. Die MMN war bei rechtschreibschwachen Kindern (Schulte-Körne, 1998) und bei Kindern mit Sprachentwicklungsstörungen (Uwer, Albrecht & Suchodoletz, 2002) im Vergleich zu Kontrollkindern deutlich reduziert. Solche Auffälligkeiten konnten sogar bei erst 6 Monate alten Kindern festgestellt werden, bei denen aufgrund familiärer Häufung ein erhöhtes Risiko für Lese-Rechtschreib-Störungen bestand (Lyytinen et al., 2001; Leppänen et al., 2002). Sprachentwicklungs- und Lese-Rechtschreib-Störungen sind jedoch nicht immer mit Defiziten in der Sprachwahrnehmung verbunden. Man geht davon aus, dass es bestimmte Untergruppen sprachauffälliger Kinder gibt, in denen auditive Defizite zugrunde liegen (Joanisse, Manis, Keating & Seidenberg, 2000; McArthur & Bishop, 2004).

Literatur

Referenzliteratur

Hellbrück, J. & Ellermeier, W. (2004). *Hören. Physiologie, Psychologie und Pathologie* (2. Aufl.). Göttingen: Hogrefe.

Zwicker, E. & Fastl, H. (1999). *Psychoacoustics: Facts and models*. Berlin: Springer.

Schick, A. (1990). *Schallbewertung. Grundlagen der Lärmforschung*. Berlin: Springer.

Moore, Brian C.J. (2003). *An introduction to the psychology of hearing*. Amsterdam: Academic Press.

Goldstein, E.B. (2002). *Wahrnehmungspsychologie* (2. Aufl.). Heidelberg: Spektrum.

Schröger, E. (2002). Auditive Wahrnehmung und multisensorische Verarbeitung. In J. Müsseler & W. Prinz (Hrsg.), *Allgemeine Psychologie*. Heidelberg: Spektrum.

Zitierte Literatur

Berg, D. & Imhof, M. (2005), Pädagogische Psychologie. In A. Schütz, H. Selg & S. Lautenbacher (Hrsg.), *Psychologie: Eine Einführung in ihrer Grundlagen und Anwendungsfelder* (3. Aufl., S. 376–393). Stuttgart: Kohlhammer.

Bregman, A.S. (1990). *Auditory scene analysis*. Cambridge, MA: MIT Press.

Breier, J.I., Fletcher, J.M., Denton, C. & Gray, L.C. (2004). Categorical perception of speech stimuli in children at risk for reading difficulty. *Journal of Experimental Child Psychology, 88,* 152–170.

Cheour, M., Ceponiene, R., Lehtokoski, A., Luuk, A., Allik, J., Alho, K. & Naatanen, R. (1998). Development of language-specific phoneme representations in the infant brain. *Nature Neuroscience, 1,* 351–353.

Cowan, N. (1984). On long and short auditory stores. *Psychological Bulletin, 96,* 341–370.

Diehl, R.L. & Lindblom, B. (2004). Explaining the structure of feature and phoneme inventories: The role of auditory distinctiveness. In S. Greenberg, W.A.Ainsworth, A.N. Popper & R.R. Fay (Eds.), *Speech processing in the auditory system* (pp. 101–162). New York: Springer.

Edwards, J., Fox, R.A.. & Rogers, C.L. (2002). Final consonant discrimination in children: Effects of phonological disorder, vocabulary size, and articulatory accuracy. *Journal of Speech Language and Hearing Research, 45,* 231–242.

Eisenberg, L.S., Shannon, R.V., Martinez, A.S., Wygonski, J. & Boothroyd, A. (2000). Speech recognition with reduced spectral cues as a function of age. *Journal of the Acoustical Society of America, 107,* 2704–2710.

Evans, E.F. (1983). Pathophysiology of the peripheral hearing mechanism. In M.E. Lutman& M.P. Haggard (Eds.), *Hearing science and hearing disorders* (pp. 61-80). London: Academic Press.

Gathercole, S.E., Pickering, S.J., Ambridge, B. & Wearing, H. (2004). The structure of working memory from 4 to 15 years of age. *Developmental Psychology, 40,* 177–189.

Hazan, V. & Barrett, S. (2000). The development of phonemic categorization in children aged 6–12. *Journal of Phonetics, 28,* 377–396.

Hnath-Chisolm, T.E., Laipply, E. & Boothroyd, A. (1998). Age-related changes on a children's test of sensory-level speech perception capacity. *Journal of Speech Language and Hearing Research, 41,* 94–106.

Joanisse, M.F., Manis, F.R., Keating, P. & Seidenberg, M.S. (2000). Language deficits in dyslexic children: Speech perception, phonology, and morphology. *Journal of Experimental Child Psychology, 77,* 30–60.

Johnson, C.E. Children's phoneme identification in reverberation and noise. (2000). *Journal of Speech, Language, and Hearing Research 43,* 144–157.

Klatte, M. & Janott, C. (2002). Zur Bedeutung der Sprachverständlichkeit in Klassenräumen. In L. Huber, J. Kahlert, & M. Klatte (Hrsg.), *Die akustisch gestaltete Schule. Auf der Suche nach dem guten Ton* (S. 74–86). Göttingen: Vandenhoeck & Ruprecht.

Klatte, M., Lee, N. & Hellbrück, J. (2002). Effects of irrelevant speech and articulatory suppression on serial recall of heard and read materials. *Psychologische Beiträge, 44,* 166–186.

Klinke, R. (1985). Physiologie des Hörens. In R.F. Schmidt (Hrsg.), *Grundriss der Sinnesphysiologie* (5. Aufl.). Heidelberg: Springer.

Lehmann, R. (1896). *Erinnerungen eines Künstlers.* Berlin: Hofmann

Leppänen, P.H., Richardson, U., Pihko, E., Eklund, K., Guttorm, T.K., Aro, M. & Lyytinen, H. (2002). Brain responses to changes in speech sound durations differ between infants with and without familial risk for dyslexia. *Developmental Neuropsychology, 22,* 407–422.

Liberman, A.M., Cooper, F.S., Shankweiler, D.P. & Studdert-Kennedy, M. (1967). Perception of the speech code. *Psychological Review, 74,* 431–461.

Lyytinen, H., Ahonen, T., Eklund, K., Guttorm, T.K., Laakso, M.L., Leinonen, S., Leppänen, P.H., Lyytinen, P., Poikkeus, A.M., Puolakanaho, A., Richardson, U. & Viholainen, H. (2001). Developmental pathways of children with and without familial risk for dyslexia during the first years of life. *Developmental Neuropsychology, 20,* 535-554.

Manis, F.R., McBride Chang, C., Seidenberg, M.S., Keating, P., Doi, L.M., Munson, B. & Petersen, A. (1997). Are speech perception deficits associated with developmental dyslexia? *Journal of Experimental Child Psychology, 66,* 211–235.

McArthur, G.M. & Bishop, D.V.M. (2004). Which people with specific language impairment have auditory processing deficits? *Cognitive Neuropsychology, 21,* 79–94.

Neuman, A.C. & Hochberg, I. (1983). Children's perception of speech in reverberation. *Journal of the Acoustical Society of America 73,* 2145–2149.

Osgood, C.E., Suci, G.J. & Tannenbaum, P.H. (1957). *The measurement of meaning.* Urbana: University of Illinois Press.

Penney, C.G. (1989). Modality effects and the structure of short-term verbal memory. *Memory & Cognition, 17,* 398–422.

Robinson, D.W. & Dadson, R.S. (1956). A re-determination of the equal-loudness relations for pure tones. *British Journal of Applied Physics, 7,* 166–181.

Schick, A. (1996). Von der Psychophysik zum Auditory Stream: Ein Streifzug von Fechner zu Albert Bregman. In Deutsche Gesellschaft für Akustik (DEGA) (Hrsg.), *Fortschritte der Akustik: Plenarvorträge und Fachbeiträge der 22. Deutschen Jahrestagung für Akustik* (S. 22–31). Oldenburg: Deutsche Gesellschaft für Akustik.

Schick, A., Klatte, M., Meis, M. & Nocke, C. (Hrsg.). (2003). *Hören in Schulen. Ergebnisse des 9. Oldenburger Symposiums zur psychologischen Akustik.* Oldenburg: BIS.

Schmidt, R.F. & Thews, G. (Hrsg.). (1977). *Physiologie des Menschen.* (18. Aufl.). Berlin: Springer.

Schmidt, R.F., Thews, G. & Lang, F. (Hrsg.). (2000). *Physiologie des Menschen* (28. Aufl.). Berlin: Springer.

Schulte-Körne, G. (1998). Auditory processing and dyslexia: evidence for a specific speech processing deficit. *NeuroReport, 9,* 337–340.

Serniclaes, W.I., Van Heghe, S., Mousty, P., Carre, R. & Sprenger-Charolles, L. (2004). Allophonic mode of speech perception in dyslexia. *Journal of Experimental Child Psychology, 87,* 336–361.

Serniclaes, W., Sprenger-Charolles, L., Carré, R. & Demonet, J.F. (2001). Perceptual discrimination of speech sounds in developmental dyslexia. *Journal of Speech, Language, and Hearing Research 44,* 384–399.

Uwer, R., Albrecht, R. & Suchodoletz, W. von (2002). Automatic processing of tones and speech stimuli in children with specific language impairment. *Developmental Medicine & Child Neurology 44,* 527–532.

Werker, J.F. & Tees, R.C. (1987). Speech-perception in severely disabled and average reading children. *Canadian Journal of Psychology, 41,* 48–61.

Werker, J.F. & Tees, R.C. (1984). Cross-language speech perception: evidence for perceptual reorganization during the first year of life. *Infant Behavior and Development, 7,* 49–63.

Zwicker, E. (1991). A proposal for defining and calculating the unbiased annoyance. In Schick, A., Hellbrück, J. & Weber, R. (Eds.), *Contributions to psychological acoustics. Results of the 5th Oldenburg symposium on psychological acoustics* (pp. 187–202). Oldenburg: BIS.

8 Somato- und Chemosensorik

F. Eggert, K. Panhey

Seit Aristoteles als Sinne des Menschen Sehen, Hören, Riechen, Schmecken und Tasten aufgezählt hat, sprechen viele Menschen von *den* fünf Sinnen, als ob es nur diese gäbe. Tatsächlich befinden sich aber schon allein innerhalb der Haut verschiedene Sensoren für starken und schwachen Druck, warme und kalte Temperaturen oder Schmerz. Auch die Wahrnehmung von Vorgängen im Inneren des Körpers (Interozeption, z. B. Empfindungen aus den Verdauungsorganen oder Veränderungen des Blutdrucks) sowie verschiedene Aspekte der Wahrnehmung der Körperbewegung (Propriozeption, Vestibularsystem) zählen zu den somatosensorischen Sinneseindrücken. Nach diesen werden im zweiten Abschnitt dieses Kapitels die chemischen Sinne des Riechens (Olfaktorik) und des Schmeckens (Gustatorik) betrachtet (zur visuellen und akustischen Wahrnehmung ▶ Kap. 6 und 7).

Jedes sensorische System erfüllt die Funktion, Reize einer bestimmten physikalischen oder chemischen Qualität (mitunter sogar Reize verschiedener Qualitäten) in für das Zentralnervensystem (ZNS) auswertbare Informationen zu überführen. Aus diesem Grund haben sich im Laufe der Entwicklung spezielle Rezeptoren entwickelt (vermutlich waren freie Nervenendigungen die ersten Sensoren, welche dann zunehmend spezifiziert und differenziert wurden), welche in der Lage sind, schnell und reliabel (d. h. verlässlich) verschiedene Reize in unterschiedlichen Intensitäten zu erkennen und gleichzeitig irrelevante Reize auszublenden. Für jedes System werden relevante Reize und Rezeptoren beschrieben, anschließend werden Fragen der Wahrnehmung des Stimulus sowie funktionale und adaptive Aspekte behandelt. Da dieses Kapitel lediglich einen sehr groben Überblick liefern kann, ist am Ende weiterführende Literatur angegeben.

8.1 Somatosensorik

Somatosensorik bedeutet »Körperempfindung«. Dazu zählen die Wahrnehmung von Reizen an der Körperoberfläche und die Wahrnehmung von dem Körper entstammenden Stimuli, wie z. B. der Haltung und Bewegung des Körpers (Propriozeption und Wahrnehmung durch das Vestibularorgan) oder Reize aus den inneren Organen (Interozeption) (Ellrich, Handwerker & Flor, 2002; Craig & Rollmann, 1999).

8.1.1 Mechanorezeption

Mechanorezeptoren reagieren auf Reize wie z. B. Druck auf die Hautoberfläche, seitliches Ziehen an der Hautoberfläche oder Vibrationen (Druckänderungen in kurzer Abfolge). In der haarlosen Haut wurden vier verschiedene Mechanorezeptoren gefunden, die auf unterschiedliche mechanische Reize reagieren und sich darüber hinaus auch in der Größe ihrer rezeptiven Felder (d. h. der Bereiche, auf deren Stimulation die jeweilige Nervenzelle anspricht) sowie der Schnelligkeit der Adaptation (d. h. der »Gewöhnung« der Rezeptorzelle an einen Reiz) unterscheiden (◘ Abb. 8.1):

1. **Merkel-Tastzellen** sind von hoher Empfindlichkeit für Oberflächenberührungen.
2. **Meissner-Tastkörperchen** befinden sich vor allem an den Innenflächen von Händen und Füßen, auch sie reagieren auf Berührungen.
3. **Vater-Pacini-Lamellenkörperchen** befinden sich tief in der Haut und reagieren ausschließlich auf Änderungen des Drucks auf die Haut (Deformierung, Vibrationen), nicht aber auf konstante oder anhaltende Drucksignale.
4. **Ruffini-Endorgane** sind eine Übergangsform aus ehemals freien Nervenendigungen (vgl. Thermosensorik, Nozizeption) und reagieren auf Dehnung.

Merkel-Zellen und Ruffini-Endigungen zählen zu den Intensitätsdetektoren, welche extrem langsam adaptieren. Die Reizschwelle dieser Zellen ist sehr niedrig, es werden z. B. schon Bruchteile von Millimetern einer Hautverformung wahrgenommen.

Dem gegenüber adaptieren Geschwindigkeitsdetektoren sehr schnell. Diese Sensoren reagieren nur dann, wenn sich die mechanische Hauteinwirkung ändert, bei konstanter Reizintensität erfolgt dagegen keine Reizantwort. Sie reagieren z. B. bei Streichen über die Haut, Bewegung der Haut über einen Gegenstand, Kitzelempfindungen oder bei

niedrig frequenten Vibrationen. In behaarter Haut werden diese Reize über Haarfollikel-Sensoren, in unbehaarter Haut über Meissner-Körperchen wahrgenommen. Die Detektion von Vibrationen geschieht vor allem über Beschleunigungsdetektoren (Pacini-Körperchen), welche nur bei stoßartigen Reizen, nicht aber bei sich langsam aufbauendem Druck reagieren.

In der Regel sind sich verändernde Reize von größerer Bedeutung als konstante, was die schnelle Adaptation an nicht schmerzhafte Reize erklärt.

Mechanorezeptoren spielen eine wichtige Rolle bei der Erkennung von Oberflächenstrukturen (z. B. Materialbeschaffenheit). Bei der Bewegung der Haut über eine raue Oberfläche sind vorrangig Meissner-Körperchen beteiligt, eine glatte Oberfläche wird dagegen durch die Integration von Informationen aus Merkel-Zellen (da der auf die Fingerspitzen ausgeübte Druck konstant bleibt) und fehlender Aktivierung der Meissner-Körperchen wahrgenommen. Auch komplexe Muster (z. B. bei der Braille-Schrift) können so ertastet werden. Ebenso sind Mechanorezeptoren maßgeblich bei der Erkennung von Ort, Umriss, Größe und Textur eines die Haut berührenden Objekts beteiligt.

Beim Halten von Objekten spielen Dehnungssensoren (Ruffini-Körperchen) eine wichtige Rolle, da sie Informationen übermitteln, ob die Haut durch den Griff und die auf das Objekt wirkende Schwerkraft nach unten gezogen wird. Gleitet das Objekt an der Hautoberfläche entlang abwärts (der Griff ist nicht fest genug), wird diese Information vorrangig durch Meissner- bzw. Merkel-Zellen vermittelt. Entsprechendes gilt, wenn Objekte bewegt, z. B. zum Mund geführt werden; stets tragen Informationen der Mechanorezeptoren zusammen mit den Muskeln und den an das ZNS erfolgenden Rückmeldungen über Körperbewegun-

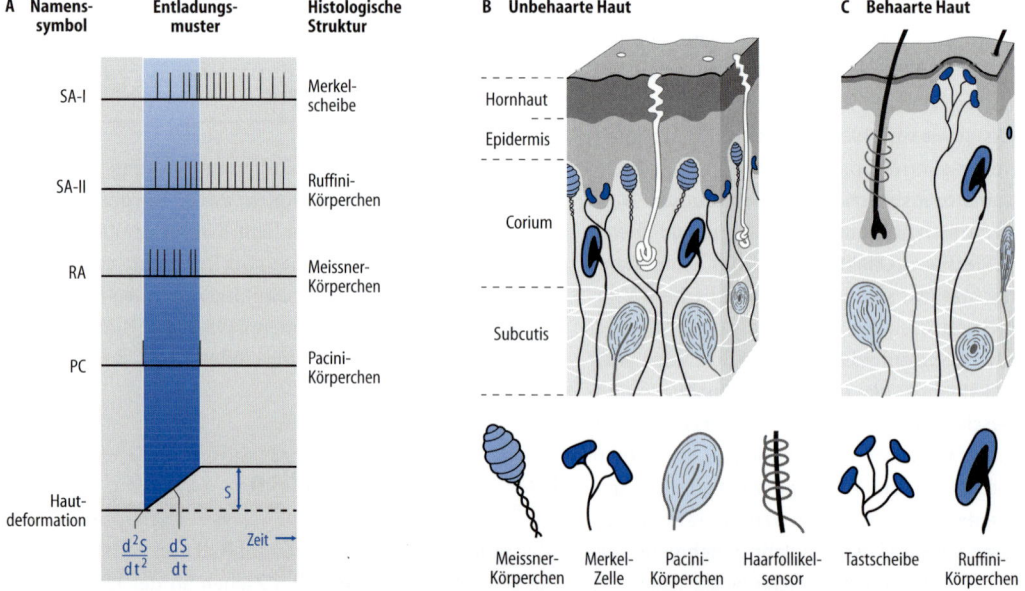

◘ **Abb. 8.1.** Reiz-Antwort-Verhalten und Histologie von Mechanosensoren der Haut von Primaten

gen zur Bewegungssteuerung bei, häufig spielt auch die visuelle Kontrolle eine Rolle, diese ist aber nicht unerlässlich (z. B. bei Dunkelheit).

8.1.2 Thermorezeption

Thermorezeption, d. h. die Wahrnehmung von Wärme und Kälte, spielt an der Körperoberfläche eine große Rolle, Thermorezeptoren kommen aber auch im Körperinneren vor.

Bei der Wahrnehmung von Temperatur sind vor allem Veränderungen relevant, absolute Temperaturen spielen eher in den Extrembereichen eine Rolle. Registriert werden Veränderungen der Temperatur vorrangig über freie Nervenendigungen unter der Hautoberfläche. Dabei gibt es verschiedene Thermorezeptoren für »warm« und »kalt«, deren Sensitivität von der vorausgegangenen Situation abhängig ist. Eine dritte Art thermosensitiver Rezeptoren reagiert auf extreme Wärme (etwa ab 45°C), welche als Schmerz wahrgenommen wird. Daher wird dieser Rezeptortyp in der Regel zu den Schmerzrezeptoren gezählt. Auch sehr niedrige Temperaturen (unter 15°C) werden über Schmerzrezeptoren wahrgenommen und dementsprechend als schmerzhaft empfunden. Die Rezeptoren für »warm« und »kalt« liegen unterschiedlich tief in der Haut, wobei die wärmesensitiven Rezeptoren tiefer im Gewebe liegen, die kältesensitiven näher an der Oberfläche. Kaltsensoren sind mit langsamer Entladungsfrequenz spontan aktiv, diese steigt sprunghaft an, wenn es zu einer – auch nur geringen – Kühlung kommt. Nach einigen Minuten adaptieren die Kaltsensoren nahezu vollständig. Dies gilt jedoch nicht für die Schmerzsensoren, die durch extreme Kälte aktiviert werden. Bei Temperaturen über 40°C gehen die Spontanentladungen der Kaltsensoren auf Null zurück, ihre größte Empfindlichkeit zeigen sie bei ca. 25°C. Warmsensoren sind im Bereich zwischen 30 und 50°C aktiv. Bei Erwärmung der Haut reagieren sie mit einer Zunahme der Entladungsfrequenz, bei Abkühlung entsprechend mit einer Senkung der Frequenz bis auf Null, auch sie sind schnelladaptierend.

Wie Mechanosensoren sind Thermosensoren nicht gleichförmig über die Hautoberfläche verteilt, dabei sind einzelne Warm- bzw. Kaltpunkte identifizierbar, welche jeweils ca. 1 mm groß sind. Viele dieser temperatursensitiven Punkte liegen an den Fingerspitzen und im Gesicht, dabei überwiegt die Zahl der Kaltsensoren die der Warmsensoren um das 3- bis 10-fache.

Abhängig von der vorausgegangenen thermalen Stimulation eines Hautbereichs werden Temperaturen eines bestimmten Bereichs als neutral, warm oder kühl empfunden. Die Wahrnehmungsschwelle einer Temperaturveränderung ist abhängig von der Größe der betroffenen Hautfläche (Summation). Mit der gesamten Körperoberfläche können Temperaturänderungen von 0,01°C wahrgenommen werden, auf einem Quadratzentimeter Hautoberfläche dagegen nur Änderungen von mindestens etwa 1°C.

Die Wahrnehmung verschiedener Temperaturen und Temperaturänderungen erfüllt u. a. eine wichtige Warnfunktionen zum Schutz vor Auskühlung und Überhitzung (Hitzschlag). Dabei ist für homoiotherme Organismen (also gleichwarme Organismen wie z. B. Menschen, im Gegensatz zu poikilothermen, also wechselwarmen) die Gefahr bei Auskühlung Schaden zu nehmen größer, da ihre Temperaturregulationsmechanismen für diesen Fall weniger flexibel sind als bei Überhitzung.

Dementsprechend können bei Homoiothermen in der Regel bereits kleinere Veränderungen in Richtung einer Auskühlung durch die große Anzahl der Kältesensoren und ihre nah an der Oberfläche gelegene Position wahrgenommen werden. Neben der zentralen Rolle im Rahmen der Temperaturregulation kann aber auch die Wahrnehmung der Temperatur von Objekten (z. B. Prüfen der Temperatur von Nahrung) oder der Haut von anderen Lebewesen (z. B. Fieber) von Bedeutung für die eigene Verhaltensregulation sein.

8.1.3 Nozizeption

Die für die Schmerzwahrnehmung (Nozizeption) relevanten Rezeptoren sind Nervenzellen mit freien Nervenendigungen in der Haut bzw. innerhalb des Körpers. Es lassen sich mindestens drei Arten von Schmerzrezeptoren (Nozizeptoren) unterscheiden: Hochschwellige Mechanorezeptoren reagieren auf starken Druck. Ein weiterer Rezeptortyp reagiert auf extreme Wärme, Säuren und die Gegenwart von Capsaicin (der aktive Bestandteil von Chili). Der dritte Typ nozizeptiver Fasern enthält Rezeptoren, welche sensitiv auf Adenosintriphosphat (ATP) reagieren. ATP wird bei unterbrochener Blutzufuhr in ein Gewebe, bei beschädigten Muskeln und von manchen schnell wachsenden Tumoren freigesetzt, somit sind diese Nozizeptoren an Schmerzempfindungen wie bei Angina, Migräne, Muskelverletzungen und Krebs beteiligt.

Ein Teil der Nozizeptoren hat hohe Schwellen für mechanischen Druck und Temperatur und reagiert auf Temperaturen über 50°C (spezifisch für Verbrennungen). Nach einem derartig starken thermischen Reiz sinkt die Schwelle dieser Nozizeptoren deutlich und sie reagieren auch auf wesentlich schwächere Reize (sehr hohe Empfindlichkeit des durch Verbrennung geschädigten Gewebes auf Druck und thermische Reizung, Hyperalgesie).

Schmerzrezeptoren zeigen kaum Adaptation, d. h., bei einem relevanten Reiz gleich bleibender Intensität wird die Reizantwort des Rezeptors nicht schwächer (anders als z. B. bei Berührungsreizen oder thermischen Reizen). Gleichzeitig üben andere als die unmittelbar mit der Nozizeption befassten Bereiche des ZNS einen großen Einfluss auf die Wahrnehmung von Schmerz aus, was sich auch daran erkennen lässt, dass die Wahrnehmung von Schmerz neben sensorischen Aspekten stark durch motivationale und andere kognitive Faktoren beeinflusst wird (Wall & Melzack, 1999).

Die Wahrnehmung von Schmerz hat starke protektive Bedeutung für den Organismus. Schmerzen erlauben, drohenden Schäden für das Gewebe durch äußere Reize wie zu hohe bzw. zu niedrige Temperaturen oder Verletzungen zu entkommen, aber auch, diese in Zukunft schon vorab zu vermeiden. Das gleiche gilt für Schädigungen des Organismus, welche nicht unmittelbar durch äußere Reize verursacht werden, wie z. B. Entzündungen, welche erst durch das Auftreten von Schmerzen bemerkt werden. Der adaptive Wert, solche Reize als Schmerzen und damit als aversiv zu empfinden, ermöglicht dem Organismus potenzielle Schädigungen zu vermeiden. So ist auch neben der rein sensorischen Qualität des Schmerzes (Art und Intensität) die emotionale Qualität des Schmerzes von großer Bedeutung (das Ausmaß der empfundenen Qual bzw. des Leidens) und auch die motivationale Komponente (z. B. die Dringlichkeit, die Schmerzen zu beseitigen bzw. zukünftig zu vermeiden).

8.1.4 Interozeption

Mit dem Begriff »Interozeption« wird die Wahrnehmung von Innenreizen beschrieben, allerdings werden die Begriffe nicht immer einheitlich verwendet. Der Großteil der Steuerung der inneren Organe verläuft allerdings autonom ohne bewusste Wahrnehmung (vgl. Vaitl, 1996).

Verschiedene Reizarten spielen in der Interozeption eine Rolle: Beispielsweise werden Mechanosensoren in den Verdauungsorganen durch Dehnung und Streckung viszeraler Muskeln aktiviert, was die Empfindung von Schmerz auslösen kann. Chemosensorische Nervenendigungen im Verdauungstrakt spielen eine wichtige Rolle in der Überwachung der Verdauungsfunktionen und bei den autonomen Reflexen des Verdauungstraktes.

Die Aktivität des Herzens wird anscheinend vorrangig über Mechanorezeptoren im Brustraum wahrgenommen. Auch Wahrnehmungen bezüglich Blutdruck und Kreislauf, Hyper- bzw. Hypoglykämie, Atmung oder im Beckenbereich werden zur Interozeption gezählt. Ebenso lassen sich Wahrnehmungen im Zusammenhang mit homöostatischer Regulation (wie z. B. bei Hunger oder Durst) zur Interozeption zählen. Häufig handelt es sich bei der Wahrnehmung von inneren Reizen um aversive Empfindungen.

In Abhängigkeit von den beteiligten Rezeptoren, wie z. B. den Mechanosensoren oder Chemorezeptoren unterscheiden sich die Prinzipien der Reizkodierung und die damit einhergehenden Wahrnehmungsphänomene in diesem Bereich sehr stark. Die Aufrechterhaltung der Homöostase im viszeralen Milieu wird dabei weitgehend unabhängig von der bewussten Wahrnehmung durch das auto-

nome Nervensystem geregelt. Entsprechendes gilt für das Herz-Kreislauf-System, die Atmung etc. Dies ist vermutlich ein Grund dafür, dass der Anteil der interozeptiven Wahrnehmung und die Zahl der daran beteiligten Zellen relativ klein ist. Darüber hinaus sind die interozeptiven Reize wenig differenziert.

Interozeptive Reize sind aber eingebunden in verschiedene homöostatische Regulationsprozesse des Organismus. In dieser Regulation spielen sowohl vegetativ physiologische wie auch Verhaltensprozesse eine Rolle. Die jeweils spezifischen verhaltenssteuernden Effekte interozeptiver Reize sind dabei von dem gerade aktuellen Verhaltenssystem abhängig.

8.1.5 Propriozeption

Der Begriff »Propriozeption« leitet sich vom lateinischen »proprio« (zum eigenen selbst gehörig, zu sich selbst gehörig) ab. Damit wird die Eigenwahrnehmung bezeichnet, welche manche Autoren von der Intero- und Exterozeption abgrenzen, andere zählen Propriozeption mit der Viszerozeption zusammen zum Bereich der Interozeption.

Propriozeption umfasst die Wahrnehmung der Stellung und Bewegung des eigenen Körpers (ohne visuelle Informationen), wozu auch die Tiefensensibilität (kinästhetische Sensibilität) gezählt wird. Es lassen sich Stellungs-, Bewegungs-, und Kraftsinn als drei Qualitäten der Propriozeption unterscheiden; nach anderer Klassifikation werden auch stationäre und bewegte (Kinästhesie) Propriozeption unterschieden. Zusammen mit Druck-, Berührungs- und Vibrationsinformationen wird die Stellungsinformation (Propriozeption) auch als epikritische Sensibilität bezeichnet.

Sensoren für die Wahrnehmung aktiver oder passiver Positionsveränderungen der Gelenke liegen in den Muskeln, den Gelenken selbst, den Sehnen, im Vestibularorgan und in der Haut. Diese Sensoren sind auch an der Steuerung der Motorik beteiligt (z. B. liefern sie Rückmeldungen bezüglich des Gleichgewichts und der aufrechten Haltung).

Drei Arten von Mechanorezeptoren in Muskeln und Gelenken übermitteln die stationäre Position der Körperteile und die Geschwindigkeit und Richtung von Körperbewegungen:
1. spezielle Dehnungsrezeptoren in den Muskeln (Muskelspindelrezeptoren),
2. Golgi-Sehnenrezeptoren (Sehnenspindel), welche sich in den Sehnen befinden und die von den Muskelfasern ausgeübte Kontraktionskraft erfassen und übermitteln,
3. Rezeptoren in den Gelenkkapseln, welche die Stauchung oder Dehnung des Gelenks übermitteln.

Auch Informationen von freien Nervenendigungen und Dehnungsrezeptoren in der Haut tragen zur Propriozeption bei, insbesondere im Hinblick auf die Produktion von Gesichtsausdrücken und bei der Kontrolle der Lippenbewegungen beim Sprechen.

Propriozeption ist wichtig für sehr basale Funktionen, wie die Kontrolle der Körperbewegung, das Beibehalten der aufrechten Körperstellung und jede Manipulation, insbesondere das Bewegen von Objekten.

8.1.6 Das Vestibularorgan

Das Vestibularorgan befindet sich beidseitig im Innenohr. Es besteht aus drei senkrecht zueinander stehenden Bogengängen und zwei Makulaorganen, an deren Innenseiten sich Haarzellen befinden (Abb. 8.2).

Bei einer Bewegung des Kopfes bewegt sich eine gallertartige Flüssigkeit in den Organen des Vestibularsystems und damit auch die Zilien der Haarzellen, was durch afferente Nervenfasern als Erregungsmuster an das Zentralnervensystem (ZNS) weitergeleitet wird. Dabei sind verschiedene Populationen (Gruppen) von Zellen sensitiv für verschiedene Bewegungsrichtungen und -arten. Die Rezeptoren in den Makulaorganen reagieren auf Translationsbeschleunigungen, z. B. die Wirkung der Schwerkraft, Bremsen oder Beschleunigungen in der Bewegung. Die Rezeptoren der Bogengänge reagieren auf Winkelbeschleunigungen, d. h. auf Veränderungen in der Rotation des Kopfes, nicht aber auf eine kontinuierliche Rotation.

Neben Bewegungsinformationen werden auch Informationen über die Position des Kopfes im Raum erfasst. Weitere gravitationssensitive Rezeptoren vermutet man in den Nieren und verschiedenen Venen.

Kenntnisse über die Position und Bewegung des Organismus sind als ebenfalls basale funktionale Aspekte in vielerlei Hinsicht wichtig. Zu den Aufgaben des Vestibularsystems gehört Balance, Aufrechterhaltung der aufrechten Stellung des Kopfes und Anpassung der Augenbewegung zur Kompensation der Kopfbewegungen. Informationen werden ebenso für die Anpassung der Motorik wie der des Kreislaufs und der Interpretation visueller Informationen (bewegt sich der Betrachter oder das betrachtete Objekt?) benötigt.

8.2   Chemosensorik

Chemosensoren, d. h. Sensoren, welche sensitiv für die chemische Zusammensetzung von Stoffen sind, zählen zu den phylogenetisch ältesten Rezeptoren. Man unterscheidet Sensoren für die Wahrnehmung von Geruch und Geschmack (obwohl Geruchssensoren auch einen wichtigen Beitrag zur Wahrnehmung von Geschmack leisten) von Sensoren, welche auf noxische chemische Reize oder Pheromone (spezielle chemische Stoffe) reagieren (Bartoshuk & Beauchamp, 1997; Doty, 2003; Finger, Silver & Restrepo, 2000).

8.2.1   Olfaktorik

Wie bei visueller und auditiver Wahrnehmung und im Unterschied zu gustatorischer und somatosensorischer Wahrnehmung liegt die Reizquelle bei der olfaktorischen Wahrnehmung (Riechen) in der Regel in gewisser Entfernung von den Sensoren. Die Reize ähneln den bei der Gustatorik relevanten Reizen, es handelt sich um bestimmte Moleküle mit einem eher geringen Molekulargewicht, da sie notwendigerweise flüchtige Substanzen (d. h. vom Luftstrom tragbar) sind. Viele riechbare Substanzen sind fettlöslich und organischen Ursprungs, andererseits haben viele Substanzen mit diesen Kriterien keinen Geruch. Allein anhand der Struktur eines Moleküls lässt sich nicht vorhersagen, ob der Stoff olfaktorisch wahrnehmbar ist (vgl. Doty, 2001; Hudson & Distel, 2002).

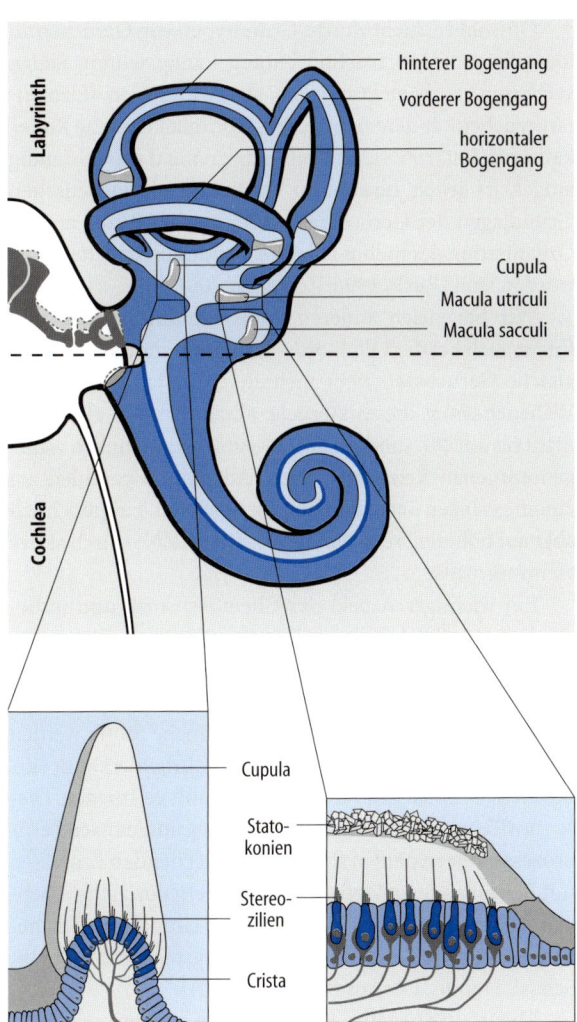

Labyrinth

hinterer Bogengang
vorderer Bogengang
horizontaler Bogengang

Cupula
Macula utriculi
Macula sacculi

Cochlea

Cupula

Stato-konien

Stereo-zilien

Crista

 Abb. 8.2. Das Labyrinth des Innenohrs im Schema

Die für olfaktorische Reize spezifischen Rezeptoren liegen beim Menschen in der Nase, genauer im Riechepithel, einer gelb pigmentierten Schleimhaut. Diese liegt auf beiden Seiten der Nasenhöhle im hinteren oberen Teil und ist jeweils ca. 2,5 cm^2 groß. Außer den olfaktorischen Sensoren (den »Riechzellen«) üben Stützzellen und Drüsenzellen wichtige Funktionen aus. Stützzellen enthalten Enzyme, welche Geruchsmoleküle zerstören, was dazu beiträgt, die Geruchsrezeptorzellen vor Beschädigung zu schützen. Die Aufgabe der Drüsenzellen ist die Sekretproduktion für die Schleimhaut.

Die Rezeptoren, bei Menschen ca. 30–50 Mio., sind lange dünne Zellen, deren eines Ende aus bis zu 20 Zilien besteht, welche in der Riechschleimhaut liegen. Auf den Zilien liegen die Rezeptorproteine, welche über einen mehrstufigen Prozess Aktionspotenziale auslösen können (◘ Abb. 8.3).

Menschen haben nach derzeitigem Erkenntnisstand zwischen 500 und 1000 verschiedene Rezeptortypen, welche jeweils auf unterschiedliche Geruchsmoleküle reagieren.

Beim Einatmen, insbesondere beim forcierten, zieht der Luftstrom an den olfaktorischen Rezeptoren vorbei. Dabei lösen sich einige der in der Luft vorhandenen Geruchsmoleküle in der feuchten Oberfläche der Riechschleimhaut und kommen so in Kontakt mit den olfaktorischen Rezeptoren. Je nach Art von Stimulus und Rezeptor kann – sofern diese spezifisch zueinander passen, wobei die Spezifität aber eher breit zu sein scheint – dies eine Aktivierung des Rezeptors auslösen. Anders als bei der gustatorischen Wahrnehmung kann man nicht nur einige wenige Typen von Wahrnehmungsqualitäten und Rezeptoren identifizieren, es lassen sich im Gegenteil Hunderte unterschiedlicher Rezeptortypen identifizieren, welche jeweils auf eine spezielle olfaktorische Qualität spezialisiert sind.

Menschen verfügen schätzungsweise über ein Unterscheidungsvermögen für ca. 10.000 verschiedene Gerüche, wobei sowohl die Wahrnehmungsschwellen als auch das Unterscheidungsvermögen durch Training steigerbar sind. Viele Gerüche werden als spezifisch zu bestimmten Objekten in der Umwelt gehörig wahrgenommen, z. B. bei Zigarrenrauch, gegrilltem Fleisch oder dem Geruch von Kaffee. Diese Gerüche bestehen aber tatsächlich aus vielen verschiedenen Duftstoffen, welche jeweils einzeln von verschiedenen Rezeptortypen erkannt werden. Erst die Synthese der verschiedenen Informationen im ZNS führt zu der einheitlichen Wahrnehmung. Mischungen aus verschiedenen Gerüchen können nur zum Teil ohne Probleme in ihre Geruchskomponenten (welche tatsächlich ihrerseits in der Regel wieder aus vielen einzelnen chemischen Verbindungen bestehen) zerlegt werden.

Obwohl versucht wurde, Grundtypen von Gerüchen zu identifizieren (z. B. fruchtig, blumig, harzig, würzig, faulig, verbrannt) ist es nicht möglich, aus bestimmten »Elementargerüchen« andere zu mischen. Der »olfaktorische Kode« kann zur Zeit trotz vieler Bemühungen nicht als vollständig aufgeklärt gelten, obwohl im Verständnis der genetischen Grundlagen der Geruchsrezeptoren und in Bezug auf die Organisation des Bulbus bahnbrechende Fortschritte erzielt worden sind (Buck, 1996; Zou et al., 2001).

Wie bei vielen anderen Wahrnehmungsmodalitäten findet auch bei der Olfaktorik Adaptation statt. Besteht der gleiche Geruchsreiz über mehrere Minuten, so sinkt die Wahrnehmung dieses Geruchs allmählich ab, allerdings nicht bis auf 0%, sondern auf 25–40% der anfänglich wahrgenommenen Reizstärke. Diese Adaptation geschieht zu einem geringen Teil auf Ebene der Sensoren, hauptsächlich aber auf höheren Verarbeitungsstufen im ZNS durch aktive Hemmprozesse.

Ein wichtiger Aspekt der Chemosensorik und insbesondere der Olfaktorik ist die Schutzfunktion. Bei vielen Spezies spricht der Geruchssinn stark auf potenziell giftige Substanzen und solche, die in hohen Konzentrationen gewebeschädigend sein könnten, an. Manche Stoffe werden erst nach einem ersten Kontakt als gefährlich erkannt (Erbrechen, Übelkeit) und werden in Zukunft vermieden. Diese zum Teil auch nur durch Beobachtung ausgelösten Lernprozesse unterscheiden sich von entsprechenden Prozessen mit Reizen anderer Modalitäten vor allem durch die erheblich schnellere Akquisition (oft durch einmaliges Geschehen) und durch ihre hohe Löschungsresistenz (Rouby, Schaal, Dubois, Gervais & Holley, 2002).

Ebenso wie negative Konsequenzen werden auch positive oder negative Emotionen schnell mit Gerüchen ver-

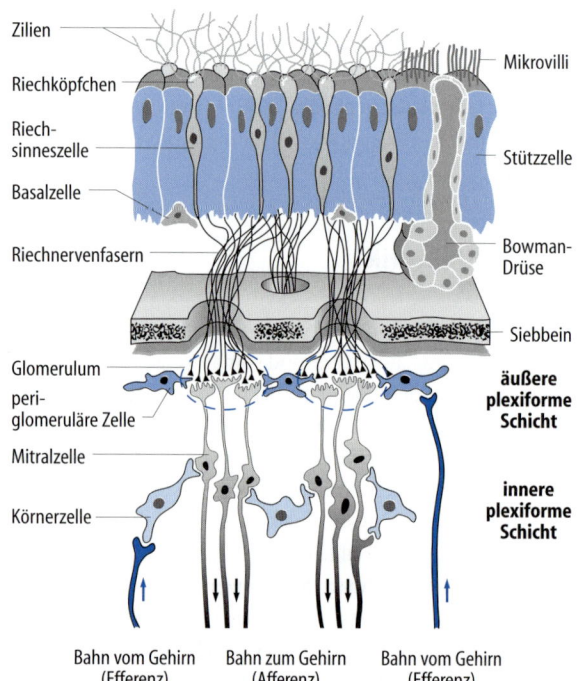

Zilien
Mikrovilli
Riechköpfchen
Riech-sinneszelle
Stützzelle
Basalzelle
Riechnervenfasern
Bowman-Drüse
Siebbein
Glomerulum
peri-glomeruläre Zelle
äußere plexiforme Schicht
Mitralzelle
innere plexiforme Schicht
Körnerzelle
Bahn vom Gehirn (Efferenz)
Bahn zum Gehirn (Afferenz)
Bahn vom Gehirn (Efferenz)

◘ **Abb. 8.3.** Schematischer Aufbau der Riechschleimhaut mit den Verbindungen zum Riechkolben (Bulbus olfactorius)

bunden und diese Reize lösen dann oft ganze Erinnerungssequenzen oder Gefühlskaskaden aus. Dabei sind die mit Gerüchen verbundenen Emotionen und Motivationen nicht starr, sondern flexibel und insbesondere vom physiologischen, motivationalen Zustand des Organismus abhängig.

Neben der Warnfunktion vor giftigen oder schädlichen Substanzen (z. B. bei verdorbener Nahrung) spielen Gerüche bei vielen Spezies eine bedeutsame Rolle im Rahmen der sozialen Kommunikation und Bindung und können in diesem Rahmen etwa den Grad der Verwandtschaft oder andere relevante genetische Unterschiede, etwa im Bereich der Immungenetik, signalisieren (Eggert & Ferstl, 1999). Dabei spielt bei manchen Spezies das vomeronasale System – ein weiteres chemosensorisches System, das auf die Wahrnehmung von Pheromonen spezialisiert ist und hier nicht im Detail behandelt werden kann – eine bedeutende Rolle (Dulac & Torello, 2003; Wyatt, 2003).

8.2.2 Gustatorik

Der Geschmackssinn (Gustatorik) ist ebenfalls sensitiv für chemische Reize. Um eine Substanz schmecken zu können, müssen sich Moleküle dieser Substanz im Speichel lösen und die Geschmacksrezeptoren der Zunge stimulieren. Diese befinden sich in etwa 10.000 Geschmacksknospen in Zunge, Gaumen, Schlund und Kehlkopf. Die meisten dieser rezeptiven Organe sind um Papillae angeordnet, kleine, mit bloßem Auge erkennbare Hervorhebungen auf der Zunge. Papillae in den vorderen zwei Dritteln der Zunge enthalten bis zu 8 Geschmacksknospen sowie Rezeptoren für Druck, Berührung und Temperatur, die neben ihrer Hauptfunktion auch in die Geschmackswahrnehmung involviert sind. Andere Papillae bestehen aus bis zu 8 parallelen Falten im hinteren Teil der Zunge. Eine dritte Art Papillae ist im hinteren Drittel der Zunge in der Art eines umgedrehten »V« angeordnet. Die Geschmacksknospen in den Papillen bestehen aus Gruppen von 20–50 Rezeptorzellen, welche etwa wie die Spalten einer Orange liegen (◘ Abb. 8.4).

Wie bei den olfaktorischen Rezeptorzellen befinden sich am Ende jeder Zelle Zilien und diese ragen durch eine Öffnung der Geschmacksknospe in den Speichel, welcher die Zunge bedeckt. Im Allgemeinen ist nicht ein Rezeptor nur für eine ganz bestimmte chemische Qualität spezifisch, sondern die Rezeptoren jeder Geschmacksknospe und damit das assoziierte Neuron reagieren bis zu einem gewissen Ausmaß auf ein Spektrum chemischer Stoffe, die Reaktionscharakteristik verschiedener Geschmacksknospen ist unterschiedlich. Somit kann in einem einzelnen Neuron nicht unterschieden werden, ob eine geringe Konzentration einer Chemikalie herrscht, auf die der Rezeptor hoch sensitiv ist oder eine höhere Konzentration eines Stoffs, auf welchen der Rezeptor weniger sensitiv reagiert. Erst im Gehirn entsteht durch die Integration der Information aus

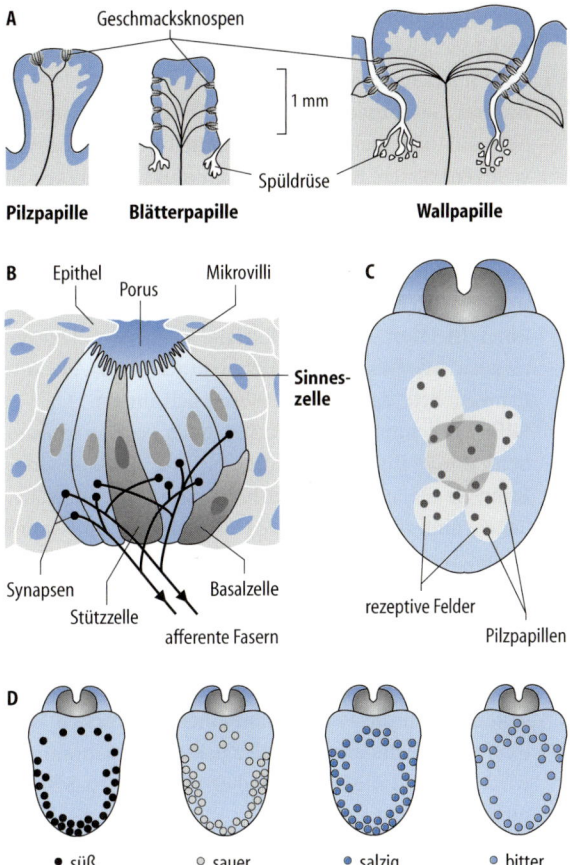

◘ **Abb. 8.4.** Geschmackspapillen, Geschmacksknospen und rezeptive Felder auf der Zunge

allen Rezeptoren der spezifische Geschmackseindruck (Taylor & Roberts, 2004).

Es werden (abhängig von der betrachteten Spezies) mehrere Geschmacks- und Rezeptorarten unterschieden:

1. **Salziger Geschmack** zeigt z. B. die Verfügbarkeit von Natriumchlorid an, das in gewisser Menge für den Elektrolythaushalt des Organismus – insbesondere nach Blutverlust oder starkem Schwitzen – wichtig, in zu großer Konzentration aber schädlich ist. Um salzig zu schmecken, muss eine Substanz in ionisierter Form vorliegen. Der Rezeptor für Salzigkeit scheint ein einfacher Natriumkanal zu sein (Amilorid blockiert Natriumkanäle und verringert den Geschmack von Salzigkeit). Obwohl der beste Stimulus für Salzrezeptoren Natriumchlorid ist, können auch andere Salze mit metallischen Kationen (Na^+, K^+, Li^+) mit kleinen Anionen (Cl^-, Br^-, SO_4^-, NO_3^-) salzig schmecken.

2. **Saurer Geschmack** wird bei der Anwesenheit von Säuren wahrgenommen, diese entstehen u. a. bei der Verwesung bzw. Verfaulung durch bakterielle Aktivität und werden vom Organismus in der Regel vermieden. »Sauer-Rezeptoren« scheinen auf die Wasserstoffionen in sauren Lösungen zu reagieren. Da der saure Geschmack jedoch nicht lediglich eine Funktion der Kon-

zentration dieser Wasserstoffionen ist, scheinen die vorhandenen Anionen ebenfalls einen Einfluss auf die Geschmackswahrnehmung zu haben.

3. **Bitterer Geschmack** wird beispielsweise bei Anwesenheit von Alkaloiden, einem Bestandteil giftiger Pflanzen, wahrgenommen. Ein typischer Stimulus für Bitterkeit ist das Pflanzenalkaloid Chinin. Bittere Stoffe zeigen in der Regel giftige Pflanzenstoffe an und werden daher vermieden. Bitterkeit wird nach neueren Forschungsergebnissen durch eine Familie von mehr als 20 Bitter-Rezeptoren detektiert. Manche Moleküle lösen sowohl bittere als auch süße Geschmackserlebnisse aus, was zu der Annahme führte, dass die Rezeptoren sich ähneln.

4. **Süßer Geschmack** tritt hauptsächlich (und ursprünglich) durch Zuckerverbindungen wie Glukose oder Fruktose auf, welche das Vorhandensein von ungefährlichen und gut verwertbaren Nährstoffen und somit schnell verfügbarer Energie anzeigen. In der Regel werden süße – wie auch salzige – Speisen von den meisten Tierarten aufgenommen (z. B. können aber Katzenartige »süß« nicht schmecken). Künstliche Süßstoffe wie beispielsweise Saccharin »täuschen« das Geschmackssystem durch die Präsentation einer chemischen Verbindung, welche ähnlich wie Zucker wahrgenommen wird, während die Substanz aber für den Organismus nicht nutzbar ist.

5. **Umami** (japanisches Wort für »guter Geschmack«): Diese fünfte Geschmacksqualität kann von manchen Personen differenziert geschmeckt werden und wird z. B. hervorgerufen durch Glutamat, welches (in der asiatischen Küche) häufig als Geschmacksverstärker verwendet wird und auch natürlich in Fleisch, Käse und manchen Gemüsesorten vorkommt.

Die Rezeptoren für die verschiedenen Geschmacksqualitäten sind nicht gleichmäßig über die Zunge verteilt, es finden sich aber auch keine streng voneinander abgegrenzten Bereiche. Wie auch bei den olfaktorischen Zellen haben die gustatorischen Rezeptorzellen nur eine kurze Lebenszeit von ca. 10 Tagen, danach werden sie durch sich neu entwickelnde Zellen ersetzt.

Menschen nehmen somit vier bzw. fünf primäre Geschmacksqualitäten wahr, wobei jedoch in der Regel die eigentliche Wahrnehmung aus einer Komposition von Geschmack und Geruch besteht. Daher ist die Geschmackswahrnehmung (scheinbar) eingeschränkt, wenn die Geruchswahrnehmung (etwa im Rahmen von Atemwegsinfektionen) ausfällt. Eine Besonderheit der Gustatorik ist, dass die Reizquelle – obwohl nicht zum eigenen Organismus gehörig – sich bereits innerhalb des Organismus befindet. Ein wichtiger Aspekt des Geschmackssinns ist somit die Überprüfung, ob die aufgenommene Substanz dem Organismus dienlich ist oder ihm ggf. schaden kann. Die Wahrnehmung des Geschmacks entscheidet über Entfernen (Ausspucken) oder Aufnahme (Schlucken) der

Substanz. Wie bei der Olfaktorik auch, ist kaum ein Geschmackserlebnis als neutral beschreibbar; abhängig von der Situation und dem (Nährstoff-) Status des Organismus wird jede Geschmackswahrnehmung bewertet, was sich deutlich z. B. von vielen »neutralen«, d. h. akut für den Organismus nicht bedeutungsvollen, visuellen oder akustischen Wahrnehmungen unterscheidet.

Literatur

Referenzliteratur

Birbaumer, N. & Schmidt, R.F. (2002). *Biologische Psychologie*. Berlin: Springer.

Carlson, N.R. (2004). *Physiology of Behavior*. Boston: Pearson.

Rosenzweig, M.R., Breedlove, S.M. & Watson, N.V. (2005). *Biological psychology*. Sunderland: Sinauer.

Schandry, R. (2003). *Biologische Psychologie*. Weinheim: Beltz.

Schmidt, R.F., Lang, F. & Thews, G. (2005). *Physiologie des Menschen*. Berlin: Springer.

Toates, F. (2001). *Biological psychology*. Harlow: Pearson.

Zitierte Literatur

Bartoshuk, L.M. & Beauchamp, G.K. (1997). *Tasting and smelling*. New York: Academic Press.

Buck, L.B. (1996) Information coding in the vertebrate olfactory system. *Annual Review of Neuroscience, 19*, 517–545.

Craig, J.C. & Rollmann, G.B. (1999). Somestesis. *Annual Review of Psychology, 50*, 305–331.

Doty, R.L. (2001). Olfaction. *Annual Review of Psychology, 52*, 423–452.

Doty, R.L. (2003). *Handbook of gustation and olfaction*. New York: Dekker.

Dulac, C. & Torello, A.T. (2003). Molecular detection of pheromone signals in mammals, from genes to behaviour. *Nature Reviews Neuroscience, 4*, 551–562.

Eggert, F. & Ferstl, R. (1999). Olfaktorische Expression immungenetischer Unterschiede. In C. Kirschbaum & D. Hellhammer (Hrsg.), *Enzyklopädie der Psychologie: Biologische Psychologie – Psychoendokrinologie und Psychoimmunologie* (S. 653–758). Göttingen: Hogrefe.

Ellrich, J, Handwerker, H.O. & Flor, H. (2002). Somatosensorik, Nozizeption und Schmerz. In T. Elbert & N. Birbaumer (Hrsg.), *Enzyklopädie der Psychologie: Biologische Psychologie – Biologische Grundlagen der Psychologie* (S. 323–368). Göttingen: Hogrefe.

Finger, T.E., Silver, W.L. & Restrepo, D. (Eds.). (2000). *The neurobiology of taste and smell*. New York: Wiley-Liss.

Hudson, R. & Distel, H. (2002). Geruch. In T. Elbert & N. Birbaumer (Hrsg.), *Enzyklopädie der Psychologie: Biologische Psychologie – Biologische Grundlagen der Psychologie* (S. 283–321). Göttingen: Hogrefe.

Rouby, C., Schaal, B. Dubois, D., Gervais, R. & Holley, A. (Eds.). (2002). *Olfaction, taste, and cognition*. Cambridge: Cambridge University Press.

Taylor, A. & Roberts, D. (2004). *Flavour perception*. Oxford: Blackwell.

Vaitl, D. (1996). Interoception. *Biological Psychology, 42*, 1–27.

Wall, P.D. & Melzack, R. (Eds.). (1999). *Textbook of pain*. Edinburgh: Churchill Livingstone.

Wyatt, T.D. (2003). *Pheromones and animal behaviour*. Cambridge: Cambridge University Press.

Zou, Z., Horowitz, L.F., Montmayeur, J.P., Snapper, S. & Buck, L.B. (2001). Genetic tracing reveals a stereotyped sensory map in the olfactory cortex. *Nature, 414*, 173–179.

9 Aufmerksamkeit und multisensorische Wahrnehmung

K. Hötting, B. Röder

Ständig werden wir mit einer Vielzahl von Eindrücken aus unserer Umwelt konfrontiert. Um sich darin zurecht zu finden, ist es unerlässlich, nur die in einem Moment wesentlichen Eindrücke dem Bewusstsein und dem Handeln zugänglich zu machen. Diese Auswahlprozesse werden mit dem Begriff der selektiven Aufmerksamkeit umschrieben. Es gibt verschiedene Modellvorstellungen darüber, wie Aufmerksamkeitsprozesse funktionieren und auf welcher Stufe der Informationsverarbeitung relevante Reize von irrelevanten selektiert werden. Im folgenden Kapitel werden die Hauptannahmen sowie Befunde zu den klassischen Aufmerksamkeitstheorien dargestellt. Diskutiert wird auch, ob wir unsere Aufmerksamkeit selektiv auf bestimmte Orte im Raum richten können (räumliche Aufmerksamkeit) oder auch an einer festen Position selektiv auf bestimmte Objekte fokussieren können (objektbasierte Aufmerksamkeit). Die Aufzeichnung der elektrischen Hirnaktivität (EEG) während eine Person eine Aufgabe zur selektiven Aufmerksamkeit löst, kann im Millisekundenbereich darüber Auskunft geben, wann Aufmerksamkeitsprozesse wirksam werden. Ergebnisse bildgebender Studien zeigen, dass ein Netzwerk verschiedener Hirnregionen an der Steuerung der Aufmerksamkeit beteiligt ist.

Für effektives Wahrnehmen und Handeln ist es nicht nur wichtig, Reize zu selektieren, sondern genauso, Eindrücke, die zu einem Ereignis gehören, als eine Einheit wahrzunehmen. So nehmen wir die Geräusche und den visuellen Eindruck eines herannahenden Autos nicht als zwei Reize wahr, sondern binden sie zu einem Ereignis zusammen. Dieses Zusammenbinden leistet unser Gehirn scheinbar automatisch und erlaubt uns schnelle und angemessene Reaktionen auf die Umwelt. Werden jedoch widersprüchliche Informationen auf zwei Sinneskanälen dargeboten, unterliegen wir manchmal einer Wahrnehmungstäuschung, wie z. B. beim McGurk-Effekt oder der Bauchredner-Illusion. Die multisensorische Forschung untersucht diese Phänomene systematisch, um allgemeine Prinzipien der Interaktion unserer Sinne herauszufinden. Es scheint so zu sein, dass sich die Fähigkeit zur Integration verschiedener Sinneseindrücke erst langsam entwickelt und an sensorische Erfahrungen gebunden ist.

9.1   Aufmerksamkeit

Stellen wir uns eine ganz alltägliche Szene vor: Eine Person geht morgens zur Hauptverkehrszeit durch die Stadt. Sie sieht vorbeifahrende Fahrzeuge und Fußgänger, plötzlich hupt jemand, ein Hund streift im Vorbeilaufen ihr Bein, dort steht eine Gruppe von Personen redend beieinander, die Ampel wird grün, von der nahen Tankstelle kommt der Geruch von Benzin herüber … Eine Vielzahl von Sinneseindrücken strömt auf unsere Person ein: Bilder, Töne, Gerüche, Berührungen. Doch nimmt die Person diese Eindrücke auch alle bewusst wahr? Sicherlich nicht, denn um die Fülle der Informationen bewältigen zu können, wählt unser Gehirn ständig aus, welche Eindrücke genauer verarbeitet werden und welche nicht. Darunter fallen nicht nur Reize aus der Umwelt, sondern auch innere Vorgänge. So nehmen wir z. B. unseren Herzschlag im Alltag überhaupt nicht wahr; aber wenn wir darauf achten, können wir ihn sehr wohl spüren. Oder wir können unsere Wahrnehmung auf innere Vorstellungen und Gedanken fokussieren. Zur Beschreibung und Erklärung dieser Phänomene wird das Konzept der Aufmerksamkeit herangezogen. Schon vor über 100 Jahren schrieb der amerikanische Psychologe William James (1890) eine Definition der Aufmerksamkeit, die als eine erste Annäherung an den Begriff sehr hilfreich ist:

»Jeder weiß, was Aufmerksamkeit ist. Sie ist die geistige Aneignung eines von scheinbar mehreren gleichzeitig möglichen Objekten oder Gedankengängen in klarer und lebendiger Form. Fokussieren und Konzentration des Bewusstseins sind wesentliche Merkmale. Sie impliziert das Absehen von gewissen Dingen, um sich dadurch effektiv mit anderen befassen zu können und ist so eine Bedingung, deren Gegenteil ein konfuser, benommener oder wirrer Zustand ist« (William James, 1890, S. 403f., Übers. v. Verf.). Aufmerksamkeit hat also etwas zu tun mit der Auswahl von Ereignissen, um diese klarer wahrzunehmen und dabei die Wahrnehmung anderer Dinge zurückzustellen.

In den nachfolgenden Jahren haben sich Psychologen systematisch mit der Erforschung der Aufmerksamkeit beschäftigt. Es ging dabei um Fragen, ob die Kapazität unserer Aufmerksamkeit begrenzt ist, wie weit auch unbeachtete Reize verarbeitet werden und ob es verschiedene Formen der Aufmerksamkeit gibt. Mit der Entwicklung von Methoden zur Aufzeichnung der Hirnaktivität konnten neuronale Korrelate der Aufmerksamkeit erforscht werden. Auf diese Fragen soll im ersten Teil dieses Kapitels eingegangen werden.

9.1.1 Klassische Aufmerksamkeitstheorien

Auf ihrem Weg zur Arbeit trifft unsere Person an der Bushaltestelle auf einen alten Bekannten. Sofort sind sie in ein angeregtes Gespräch vertieft. Die Straßengeräusche und Gespräche der umstehenden Wartenden scheinen sie überhaupt nicht wahrzunehmen. Ähnliche Situationen hat der britische Psychologe E.C. Cherry (1953) in Experimenten systematisch untersucht. Er spielte seinen Versuchspersonen über Kopfhörer auf beiden Ohren verschiedene Texte vor. Die Versuchspersonen sollten nur auf ein Ohr achten und den auf diesem Ohr dargebotenen Text wiederholen. Das konnten die Probanden sehr gut leisten. Wurden sie aber anschließend gefragt, was auf dem unbeachteten Ohr erzählt wurde, konnten sie darüber keine Angaben machen.

Allerdings konnten sie sagen, ob sie eine menschliche Stimme oder nur Geräusche auf dem unbeachteten Ohr gehört hatten. Auch nahmen sie wahr, ob es sich um eine männliche oder weibliche Stimme handelte, aber Fragen nach dem Inhalt der Botschaft oder auch in welcher Sprache gesprochen wurde, konnten sie nicht beantworten. Offensichtlich wurden die Signale aus dem unbeachteten Ohr kaum verarbeitet.

Darauf aufbauend stellte Donald Broadbent (1958) eine **Filtertheorie der Aufmerksamkeit** auf. Eine Grundannahme dieser Theorie ist, dass die Kapazität unserer Informationsverarbeitung generell begrenzt ist und deshalb durch Aufmerksamkeitsprozesse eine Auswahl von Reizen getroffen werden muss. Dieser Prozess wird oft mit einem Flaschenhals verglichen: Information gelangt in unser Verarbeitungssystem und wird so weit verarbeitet, bis sie zu einer Stelle kommt, in der der Weiterfluss wie in einem Flaschenhals verengt ist. Der Flaschenhals lässt nur Informationen mit bestimmten Merkmalen durch, alle anderen werden herausgefiltert. Wo im Informationsverarbeitungsprozess ist nun dieser Flaschenhals lokalisiert? Broadbent nimmt an, dass der Filter schon auf der Ebene von physikalischen Merkmalen ansetzt, z. B. wird nur die Information eines Ohres durchgelassen oder nur die einer weiblichen Stimme. Die weitere Verarbeitung komplexerer Reizeigenschaften, wie z. B. die Verarbeitung der Wortbedeutung (Semantik), erfolgt nur für die beachteten Reize. Eine solche Filterung aufgrund physikalischer Eigenschaften wird auch als »frühe Selektion« bezeichnet. Doch einige Beobachtungen passen nicht in das Bild des frühen Flaschenhalses. So können unsere ins Gespräch vertieften Passanten vielleicht nicht den Inhalt eines Gesprächs wiedergeben, das neben ihnen abläuft, aber trotzdem hören sie plötzlich, dass ihr Name genannt wird. Offensichtlich muss das unbeachtete Gespräch doch soweit verarbeitet worden sein, dass der semantische Inhalt extrahiert wurde.

Eine Modifikation des Broadbent Modells kann diesem Phänomen gerecht werden: Anne Treisman (1960, ▶ Kurzbiographie) beschreibt dies in ihrer **Dämpfungstheorie der Aufmerksamkeit**. Sie nimmt an, dass aufgrund physikalischer Eigenschaften die Verarbeitung nicht beachteter Information zwar abgedämpft, aber nicht völlig ausgeschaltet wird. So wird auch die unbeachtete Information abgeschwächt semantisch verarbeitet, ist aber der Wahrnehmung schwerer zugänglich als die beachtete Information. Nur sehr auffällige Reize, wie z. B. unseren Namen, nehmen wir noch bewusst wahr.

Theorien der späten Selektion hingegen nehmen an, dass alle eingehenden Informationen zunächst gleichrangig und parallel hinsichtlich physikalischer und bedeutungshaltiger Merkmale verarbeitet werden (Deutsch & Deutsch, 1963). Die Selektion findet erst vor der Auswahl der Reaktionen statt oder bevor die Information im Gedächtnis gespeichert wird.

Anne Treisman

Anne Treisman wurde 1935 in England geboren. Sie studierte Sprachen und Naturwissenschaften an der Universität Cambridge. Nach ihrer Promotion (1962, Universität Oxford) über selektive Aufmerksamkeit und Sprachwahrnehmung war sie einige Jahre als Wissenschaftlerin und Dozentin in Oxford tätig. Es folgte ein kurzer Aufenthalt an der Stanford-Universität, bevor sie 1978 Professorin an der Universität von British Columbia in Vancouver wurde. Nach Stationen in Toronto, Berkeley und New York ist Anne Treisman seit 1993 Professorin für Psychologie an der Princeton University.

In den 60er Jahren veröffentlichte Anne Treisman einen umfassenden Artikel zu Theorien der Aufmerksamkeit (Treisman, 1969), der großen Einfluss auf die weitere Forschung hatte. In ihrer »Feature Integration Theory« (Treisman & Gelade, 1980) zeigt sie, dass Aufmerksamkeitsprozesse notwendig sind, um einzelne Objektmerkmale wie Farbe, Form, Größe etc. zu einer kohärenten Objektwahrnehmung zusammenzuführen (sog. »binding problem«). Anne Treisman erhebt hauptsächlich Verhaltensdaten und überprüft ihre Thesen auch durch die Untersuchung neurologischer Patienten.

9.1.2 Räumliche Aufmerksamkeit

Wir können unsere Aufmerksamkeit auf einen bestimmten Ort im Raum richten und dadurch erreichen, dass an diesem Ort erscheinende Reize schneller und besser verarbeitet werden als Reize an einem anderen Ort. Diese räumliche Ausrichtung der Aufmerksamkeit kann geschehen, ohne dass wir die Augen oder den Kopf zu diesem Ort hin drehen (verdeckte Aufmerksamkeit).

Eine klassische Versuchsanordnung zur räumlichen Aufmerksamkeit ist das »Cueing-Paradigma« nach Posner (1980) (■ Abb. 9.1). Posner bat seine Versuchspersonen, auf die Mitte eines Bildschirms zu schauen, ihre Augen nicht zu bewegen und so schnell wie möglich zu reagieren, wenn irgendwo auf dem Bildschirm ein Licht aufleuchtete (Zielreiz). Kurz vor dem Aufleuchten des Lichts wurde in der Mitte des Bildschirms ein Hinweisreiz (»cue«) in Form eines Pfeils dargeboten. Mit großer Wahrscheinlichkeit (z. B. in 80% der Fälle) erschien einige hundert Millisekunden danach der Zielreiz auf der Seite, die der Pfeil anzeigte (valide Durchgänge). In seltenen Fällen erschien ein Zielreiz auf der gegenüberliegenden Seite (nicht valide Durchgänge). Zusätzlich gab es eine Bedingung, in der der Hinweisreiz in der Mitte des Bildschirms keine Richtung anzeigte, die Versuchsperson konnte also den Zielreiz nicht auf einer ganz bestimmten Seite erwarten (neutrale Durchgänge). Posner stellte dabei fest, dass die Personen am schnellsten reagierten, wenn die Seite des Zielreizes vorher richtig angezeigt wurde und am langsamsten, wenn die Seite falsch angezeigt wurde. Also führt die verdeckte Ausrichtung der Aufmerksamkeit auf eine Seite des Monitors zu einer schnelleren Verarbeitung der Reize an diesem Ort – ein Beleg für räumliche Aufmerksamkeitsprozesse.

Bei diesen Versuchen wurde den Versuchspersonen gesagt, dass der Pfeil mit großer Wahrscheinlichkeit die richtige Seite des Zielreizes vorhersagt. Die Versuchspersonen konnten also willentlich ihre Aufmerksamkeit auf diesen Ort richten (endogene Aufmerksamkeit). Aufmerksamkeitsprozesse können jedoch auch ganz unwillkürlich ausgelöst werden. In anderen Versuchen ließ Posner kurz vor dem Zielreiz ein Licht auf der linken oder rechten Seite aufleuchten. Anschließend erschien ein Zielreiz an einer dieser beiden Positionen. Doch jetzt war die Wahrscheinlichkeit für jede Seite gleich groß und völlig unabhängig von der Seite des Hinweisreizes. Es brachte der Versuchsperson also keinen Reaktionsvorteil, ihre Aufmerksamkeit willentlich auf eine Seite zu richten. Vergleicht man nun aber die Reaktionszeiten nach einem validen Hinweisreiz mit denen nach

■ **Abb. 9.1a,b.** Typische Versuchsanordnung (**a**) und Ergebnisse (**b**) eines endogenen Cueing-Experiments

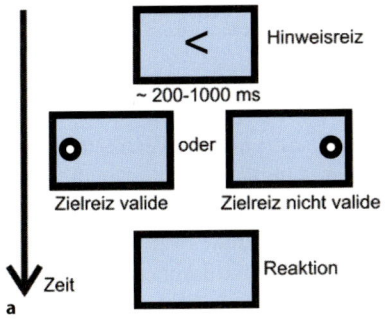

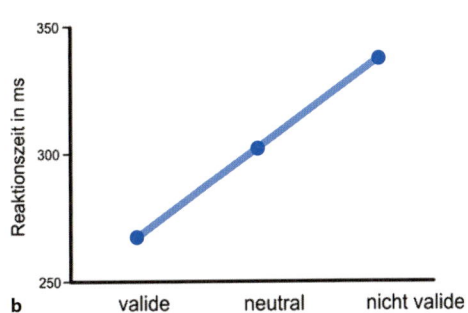

einem nicht validen Reiz, so gibt es trotzdem einen Aufmerksamkeitseffekt: die Versuchspersonen reagieren schneller in validen Durchgängen als in nicht validen Durchgängen. Offensichtlich zieht ein Hinweisreiz an einem Ort automatisch die Aufmerksamkeit auf diese Position. Man spricht hier von exogener Aufmerksamkeit.

Wenn der zeitliche Abstand zwischen exogenem Hinweisreiz und Zielreiz jedoch größer als 300 ms ist, beobachtet man ein gegensätzliches Phänomen: Die Reaktionszeiten in validen Durchgängen sind langsamer als in nicht validen Durchgängen. Dieser Effekt wird als »inhibition of return« bezeichnet und hält ca. 1,5 s an. Es wird vermutet, dass durch diesen Effekt ein effektives Absuchen der Umwelt nach relevanten Reizen sichergestellt ist: Wird durch einen exogenen Reiz die Aufmerksamkeit automatisch auf einen bestimmten Ort gerichtet, erscheint dort jedoch kein relevanter Reiz, ist es sinnvoll, die Aufmerksamkeit in den nächsten Millisekunden schneller auf andere Orte ausrichten zu können als auf diesen bereits abgesuchten Ort.

Mechanismen der räumlichen Aufmerksamkeit werden häufig mit der Funktion eines Scheinwerfers verglichen (»Spotlight«-Metapher der Aufmerksamkeit). Genauso wie ein Scheinwerfer auf verschiedene Punkte im Raum gerichtet werden kann und dann das Erkennen von Reizen an dieser Position erleichtert, so führt die Ausrichtung der Aufmerksamkeit dazu, dass Reize an diesem Ort schneller und besser verarbeitet werden. Die Größe des Aufmerksamkeitsscheinwerfers kann je nach Aufgabenkontext flexibel eingestellt werden (»Zoom-lens«-Metapher; Eriksen & St. James, 1986). Neuere Studien weisen darauf hin, dass die Aufmerksamkeit nicht am Rande des Scheinwerfers abrupt aufhört, sondern dass die räumliche Aufmerksamkeit eher als ein Gradient verstanden werden kann (Mondor & Zatorre, 1995). Wenn wir unsere Aufmerksamkeit auf einen bestimmten Punkt im Raum richten, so wird die Verarbeitung an diesem Punkt besonders gefördert, aber auch Reize in angrenzenden Gebieten werden in ihrer Verarbeitung begünstigt. Dieser Erleichterungseffekt scheint graduell abzunehmen, je weiter sich ein Reiz von dem eigentlichen Fokus der Aufmerksamkeit entfernt befindet.

9.1.3 Objektbasierte Aufmerksamkeit

Ist Aufmerksamkeit immer an einen bestimmten Ort gebunden? Objektbasierte Theorien der Aufmerksamkeit vertreten eine andere Position. Sie gehen davon aus, dass z. B. eine visuelle Szene zunächst in diskrete Objekte eingeteilt wird und dann die Aufmerksamkeit auf eines dieser Objekte gerichtet werden kann. Dabei spielt die Position des Objekts keine Rolle. Ein klassisches Experiment zur objektbasierten Aufmerksamkeit führte Duncan (1984) durch. Er zeigte seinen Versuchspersonen zwei überlappende Objekte (Rechteck und Linie) und ließ sie Urteile über zwei

◘ Abb. 9.2. Beispielreize aus einer Untersuchung zur objektbasierten Aufmerksamkeit. Haus und Gesicht werden übereinander präsentiert, haben also die gleiche räumliche Position. Die Versuchspersonen sollen jedoch nur auf eines der Objekte achten

Merkmale dieser Objekte fällen. Betrafen diese Urteile Merkmale eines einzelnen Objekts, so bereitete dies den Versuchspersonen keine Schwierigkeiten. Sollten Sie jedoch gleichzeitig ein Urteil über ein Merkmal des einen Objektes und ein anderes Merkmal des zweiten Objektes fällen, so wurde ihre Leistung deutlich schlechter. Dies zeigt, dass selbst bei konstantem Ort die Aufmerksamkeit auf nur ein Objekt gerichtet werden kann.

◘ Abbildung 9.2 verdeutlicht sehr anschaulich, was objektbasierte Aufmerksamkeit meint: Das Haus und das Gesicht unterscheiden sich nicht in ihrer räumlichen Position, wir können sie aber eindeutig als zwei getrennte Objekte identifizieren. Ergebnisse einer funktionellen Kernspinstudie von O'Craven, Downing und Kanwisher (1999) belegen, dass tatsächlich die Aufmerksamkeit selektiv auf nur eines dieser beiden Objekte gerichtet werden kann und dass die Ausrichtung von Aufmerksamkeit auf ein Merkmal eines Objektes die neuronale Repräsentation dieses gesamten Objekts verstärkt.

9.1.4 Neuronale Korrelate der Aufmerksamkeit

Verhaltensexperimente haben sehr konsistent gezeigt, dass Aufmerksamkeit die Verarbeitung beachteter Reize verbessert und die Verarbeitung unbeachteter Reize abschwächt. Im Folgenden sollen die Prozesse im zentralen Nervensystem betrachtet werden, die der Aufmerksamkeitssteuerung zugrunde liegen. Die Messung der Hirnaktivität gibt Aufschluss darüber, auf welcher Stufe der Informationsverarbeitung Reize selektiert werden und welche Hirnareale daran beteiligt sind. Hier soll auf Ergebnisse ereigniskorrelierter Potenziale und bildgebender Studien beim Menschen eingegangen werden. Beispielhaft erwähnt werden Befunde bei neurologischen Patienten. Aufmerksamkeitseffekte sind auch schon auf der Ebene einzelner Zellen nachweisbar. Einen kurzen Überblick über diese tierexperimentellen Befunde gibt z. B. Treue (2001).

Ereigniskorrelierte Potenziale

Wie in ▶ Abschn. 9.1.1 dargestellt, gibt es eine Debatte darüber, ob Aufmerksamkeit auf frühen wahrnehmungsbezogenen Verarbeitungsstufen relevante Reize selektiert oder ob erst später, z. B. bei der Auswahl von Handlungen, Irrelevantes herausgefiltert wird. Hier kann die Aufzeichnung ereigniskorrelierter Potenziale (EKP; auch ▶ Kap. 3) wichtige Hinweise liefern. Dazu zeichnet man die elektrische Hirnaktivität der Versuchspersonen auf, während sie eine Aufmerksamkeitsaufgabe bearbeiten. Man schaut sich z. B. die durch einen Ton ausgelöste Veränderung in der Hirnaktivität an und vergleicht diese in einer Bedingung, in der die Versuchsperson auf diesen Reiz achtet, mit einer anderen Bedingung, in der dieser Reiz unbeachtet ist (▶ Kasten »Aufmerksamkeitseffekte in ereigniskorrelierten Potenzialen«). Unterschiede in der Verarbeitung zwischen einem beachteten und unbeachtetem Reiz sind schon ungefähr 100 ms nach der Reizpräsentation zu erkennen. Man geht davon aus, dass in diesem Zeitbereich die Reizverarbeitung in sensorischen Kortexarealen stattfindet. Dies spricht dafür, dass Aufmerksamkeitsprozesse schon relativ früh in der Informationsverarbeitung wirksam werden, jedoch nicht auf der Ebene der Sinnesorgane.

Schaut man sich an, wo an der Kopfoberfläche die EEG-Effekte der Aufmerksamkeit am deutlichsten sind, so stellt man fest, dass dies je nach Reizart unterschiedlich ist: Aufmerksamkeitseffekte auf visuelle Reize sind besonders deutlich über den visuellen Gehirnarealen ausgeprägt, auf Töne über auditiven Arealen und auf taktile Reize über dem somatosensorischen Kortex. Aufgrund der relativ schlechten räumlichen Auflösung der ereigniskorrelierten Potenziale sind jedoch die im folgenden Abschnitt dargestellten bildgebenden Verfahren besser geeignet, die zugrunde liegenden anatomischen Strukturen zu identifizieren.

Aufmerksamkeitseffekte in ereigniskorrelierten Potenzialen

In den 70er Jahren entwickelte Steven A. Hillyard (▶ Kurzbiographie) ein bedeutendes experimentelles Paradigma zur Untersuchung von Aufmerksamkeitseffekten, das bis heute in einer Vielzahl von Studien verwendet wird (Hillyard, Hink, Schwent & Picton, 1973). Er spielte seinen Versuchspersonen über Kopfhörer in zufälliger Reihenfolge Töne auf dem linken oder rechten Ohr vor. Die Frequenz der Töne war fast immer gleich, doch vereinzelt wurden Töne eingestreut, die in der Tonhöhe von den häufigen Tönen abwichen. Die Versuchspersonen wurden instruiert, ihre Aufmerksamkeit nur auf ein Ohr zu richten und schnell mit einem Tastendruck zu reagieren, wenn solch ein abweichender Ton auf dem beachteten Ohr präsentiert wurde. Gleichzeitig wurde mit Hilfe der Elektroenzephalographie die elektrische Aktivität des Gehirns aufgezeichnet. Aus dieser kontinuierlichen Hirnaktivität kann man durch Mittelungstechniken Veränderungen ablesen, die an einen Reiz gekoppelt sind (ereigniskorrelierte Potenziale; zur Methode ▶ Kap. 3). In Experimenten zur räumlichen Aufmerksamkeit interessiert man sich nun dafür, ob die Hirnaktivität auf einen Reiz dadurch verändert wird, dass sein Ort besonders beachtet wird. Dazu schaut man sich z. B. die Potenziale auf einen Ton am linken Ohr an (◘ Abb. 9.3). Der Ton löst ein für auditive Ereignisse typisches Potenzial aus. Die Amplitude des Potenzials ist jedoch abhängig davon, ob die Versuchsperson auf die linke Seite achtet oder nicht: Ungefähr 100 ms nach der Reizdarbietung ist das Potenzial größer, wenn die linke Seite beachtet ist, als wenn die rechte Seite relevant ist. Dies zeigt, dass die Verarbeitung von Reizen an einem beachteten Ort verstärkt wird und dass dieser Effekt schon sehr frühe sensorische Verarbeitungsstufen beeinflusst.

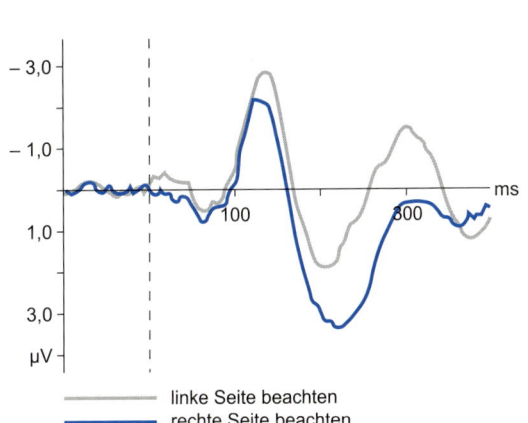

━━ linke Seite beachten
━━ rechte Seite beachten

◘ **Abb. 9.3.** Typisches Ergebnis eines auditiven EKP-Experiments zur selektiven räumlichen Aufmerksamkeit. Die x-Achse verdeutlicht den Zeitverlauf. Durch die *gestrichelte Linie* ist der Zeitpunkt der Reizpräsentation markiert. Die y-Achse gibt die Amplitude des evozierten Potenzials in Mikrovolt (μV) an (in der EKP-Forschung werden konventionell die negativen Werte nach oben aufgetragen). Dargestellt ist das Potenzial, das durch einen Ton auf der linken Seite ausgelöst wird. Die Amplitude dieses Potenzials ist erhöht, wenn die linke Seite beachtet ist (*graue Linie*) im Vergleich zu einer Bedingung, in der die rechte Seite beachtet ist (*blaue Linie*). Der Beginn des Aufmerksamkeitseffekts liegt hier bei ca. 120 ms

Steven A. Hillyard

Steven A. Hillyard wurde 1942 in Kalifornien geboren. Er studierte zunächst Biologie am California Institute of Technology und promovierte anschließend im Fach Psychologie an der Yale-Universität (1968). Danach wechselte er an die Universität von Kalifornien in San Diego, wo er seit 1980 Professor für Neurowissenschaften ist.

Steven A. Hillyard ist vermutlich der international bekannteste Experte für die Elektrophysiologie der Aufmerksamkeit. Sein 1973 in »Science« veröffentlichter Artikel zur selektiven auditiven Aufmerksamkeit (Hillyard et al., 1973) leistete einen entscheidenden Beitrag zur Diskussion, welche Prozesse durch Aufmerksamkeit beeinflussbar sind und zählt zu den meist zitierten Artikeln auf diesem Gebiet. Hillyard befasst sich auch mit der Frage, ob räumliche Aufmerksamkeitsprozesse in unterschiedlichen Sinnessystemen zusammenarbeiten (▶ Abschn. 9.2.2). Neben Studien zur Aufmerksamkeit arbeitet er zu Fragen der Reizerkennung oder Sprachwahrnehmung. Dabei sind ereigniskorrelierte Potenziale seine Hauptmethode, die er in neueren Arbeiten auch mit bildgebenden Verfahren kombiniert.

Bildgebende Verfahren

Die funktionelle Magnetresonanztomographie (fMRT) und Positronenemissionstomographie (PET) messen metabolische Veränderungen des Gehirns, während die Versuchspersonen eine Aufgabe lösen (zur Methode ▶ Kap. 3). Um Rückschlüsse darauf zu ziehen, welche Hirnareale bei einer kognitiven Funktion beteiligt sind, misst man die Aktivität in mindestens zwei experimentellen Bedingungen – in einer Bedingung, unter der die zu untersuchende Funktion gefordert ist (Experimentalbedingung), und in einer anderen Bedingung, die in allen Parametern, z. B. Antwortverhalten, Stimulation etc. vergleichbar ist, nur den interessierenden kognitiven Prozess nicht erfordert (Basisbedingung). Die Hirnareale, die in der Experimentalbedingung, aber nicht in der Basisbedingung Aktivität zeigen, werden als neuronales Korrelat des untersuchten kognitiven Prozesses angesehen. Dies macht deutlich, dass die Ergebnisse

der bildgebenden Verfahren stark von der Aufgabe und den experimentellen Manipulationen abhängig sind.

Wie bisher dargestellt, umfasst der Begriff »Aufmerksamkeit« verschiedene Formen und Funktionen und kann in unterschiedlichen Aufgaben abgebildet werden. Deshalb kann nicht erwartet werden, dass mit Hilfe bildgebender Verfahren »das Aufmerksamkeitsareal« identifiziert wird, sondern je nach Fragestellung können einzelne Aspekte der Aufmerksamkeit erfasst werden. Die Ergebnisse bildgebender Studien sollen hier zu folgenden Fragen dargestellt werden:

- Moduliert Aufmerksamkeit die Aktivität in den Arealen, die für die Wahrnehmung eines Ereignisses zuständig sind?
- Wie wirkt räumliche Aufmerksamkeit auf die Verarbeitung in primären sensorischen Arealen?
- Was sind übergeordnete Netzwerke der Aufmerksamkeit?

Es ist bekannt, dass es im visuellen Kortex spezialisierte Areale für die Verarbeitung von Form, Bewegung, Farbe und Gesichtern gibt. Dies machten sich Corbetta, Miezin, Dobmeyer, Shulman & Petersen (1991) in einer PET-Studie zu Nutze. Sie zeigten ihren Versuchspersonen eine Anordnung von Reizen, die in Farbe, Form und Geschwindigkeit variierten. In verschiedenen experimentellen Durchgängen sollten die Versuchspersonen jeweils nur auf Veränderungen der Farbe, der Form oder der Geschwindigkeit achten. In einer Vergleichsbedingung hingegen achteten die Versuchspersonen auf alle Merkmale gleichzeitig. Es zeigte sich, dass die Versuchspersonen Veränderungen in den Reizen besser wahrnehmen konnten, wenn sie ihre Aufmerksamkeit auf ein spezielles Merkmal richteten. Vergleicht man die Hirnaktivität zwischen verschiedenen beachteten Merkmalen, so kann man feststellen, dass jeweils die für die Verarbeitung des gerade beachteten Merkmals zuständige Region stärker aktiv war als in allen anderen Bedingungen. Dies spricht dafür, dass Aufmerksamkeit schon die Wahrnehmung von Objekten moduliert.

In die gleiche Richtung gehen fMRT-Befunde zur räumlichen Aufmerksamkeit. Im visuellen Kortex findet man eine retinotope Abbildung des Raumes, d. h., Reize die in der Außenwelt nahe beieinander liegen, werden auf der Netzhaut an benachbarten Stellen abgebildet und auch im Gehirn an benachbarten Stellen verarbeitet (▶ Kap. 6). Richtet man nun die Aufmerksamkeit in Erwartung eines Reizes auf eine bestimmte Position im Raum, so reagiert das Areal, das für die Verarbeitung dieser Position zuständig ist, mit verstärkter neuronaler Aktivität (Tootell et al., 1998). Wird jedoch die Aufmerksamkeit auf einen anderen Punkt im Raum gerichtet, so reduziert sich die Aktivität in diesem Areal.

Die bisher dargestellten Befunde sprechen für Aufmerksamkeitseffekte in Arealen, die für elementare Wahrnehmungsprozesse verantwortlich sind. Darüber hinaus findet man jedoch auch unabhängig von dem zu beachteten Ort oder Merkmal Aktivierungen in einem frontoparietalen Netzwerk bei verschiedensten Aufmerksamkeitsaufgaben (Nobre, 2001). Prominente Strukturen sind hier der präfrontale Kortex, frontale Augenfelder, posteriorer Parietallappen und intraparietaler Sulcus. Es wird angenommen, dass in diesen Arealen übergeordnete Kontrollprozesse stattfinden, die einen modulierenden Einfluss auf die Verarbeitung in spezifischen Arealen haben.

Beispielhaft sei hier kurz auf die Beteiligung des rechten Parietallappens an der Steuerung der räumlichen Aufmerksamkeit eingegangen. Belege für die Bedeutung dieser Region bei räumlichen Prozessen sind schon lange aus der Beobachtung neurologischer Patienten bekannt. Schädigungen dieser Region führen zum Krankheitsbild des Neglekts (Leibovitch et al., 1998, s. jedoch auch Karnath, Ferber & Himmelbach, 2001, zur Rolle des superioren Temporallappens beim Neglekt). Neglektpatienten haben Probleme auf Objekte zu reagieren, die sich im linken visuellen Halbfeld (kontralateral zur Läsion) befinden. Sie stoßen z. B. an Gegenstände auf der linken Seite an oder können den linken Teil eines Textes nicht lesen. Dabei sind ihr Sehsystem und die primäre visuelle Verarbeitung nicht gestört. Außerdem betrifft die Neglektsymptomatik häufig nicht nur visuelle Reize, sondern auch auditive und taktile Reize. Ein Erklärungsmodell des Neglekts sieht die Ursache für die Symptomatik in einer Störung der räumlichen Aufmerksamkeitsverschiebung.

9.1.5 Weitere Begriffe in der Aufmerksamkeitsforschung

Bisher wurde Aufmerksamkeit hauptsächlich als »selektive Aufmerksamkeit« dargestellt: als die Fähigkeit, die Verarbeitung oder Repräsentation relevanter Reize zu verstärken und irrelevanter Reize abzuschwächen. Trotzdem ist es uns unter bestimmten Bedingungen möglich, zwei Dinge gleichzeitig zu erledigen, also unsere Aufmerksamkeit auf zwei Aufgaben zu verteilen. Diese Fähigkeit wird mit dem Begriff der »geteilten Aufmerksamkeit« (auch: distributive Aufmerksamkeit) beschrieben. Eine ausführliche Darstellung zu Befunden bei Doppelaufgaben und Theorien der geteilten Aufmerksamkeit findet sich z. B. bei Styles (1997).

Von dem Begriff der »Aufmerksamkeit« abzugrenzen ist der Begriff der »Vigilanz«. Vigilanz bezeichnet den über eine längere Zeit aufrechterhaltenen Zustand, seltene Veränderungen in der Umwelt zu erkennen und darauf zu reagieren. Überwachungstätigkeiten, bei denen sehr selten eine Reaktion erforderlich ist, sind Beispiele für Vigilanzaufgaben. Der Unterschied zur Aufmerksamkeit liegt einmal in der geringeren Selektivität und in der längeren Dauer der Prozesse.

9.2 Multisensorische Wahrnehmung

Wenn wir noch einmal auf die anfangs geschilderte Szene zurückkommen, so ist Aufmerksamkeit für eine Person notwendig, um die Vielzahl der Eindrücke bewältigen zu können. Auf der anderen Seite muss sie jedoch auch Eindrücke verschiedener Sinnessysteme integrieren. Dass dies kein triviales Problem ist, zeigt dieses Beispiel: während unsere Person auf dem Weg zur Arbeit ist, fährt plötzlich ein Motorrad an ihr vorbei und versucht, ihr die Handtasche zu entreißen. Wie wird dieses Ereignis im Gehirn repräsentiert? Die Motorengeräusche werden über spezielle Rezeptoren im Ohr aufgenommen, ins zentrale Nervensystem weitergeleitet und dort zunächst in der primären Hörrinde verarbeitet. Die visuellen Eindrücke erreichen die Netzhaut des Auges und werden von dort aus über andere, spezialisierte Nervenfasern an den visuellen Kortex weitergeleitet. Die Berührung am Arm unserer Person stimuliert wiederum spezifische Rezeptoren in der Haut, deren Aktivität über somatosensorische Bahnen ins Gehirn geleitet und dort im somatosensorischen Kortex verarbeitet wird. Trotz dieser zunächst getrennten Verarbeitungswege nimmt die Person jedoch nicht drei getrennte Ereignisse wahr, sondern erfasst blitzschnell, dass *ein* Motorradfahrer sie berührt hat und reagiert schon im nächsten Moment mit einer Abwehrreaktion. Die verschiedenen Eindrücke werden also im Gehirn zu einer einheitlichen Wahrnehmung integriert, sodass schnell und adäquat reagiert werden kann.

Verschiedene Sinnesreize, die zu einem Ereignis gehören, entstehen an einem gemeinsamen Ort und zur gleichen Zeit – deshalb ist die raum-zeitliche Nähe von Reizen ein Faktor, der für die Interaktion zwischen Sinnessystemen entscheidend ist. Raum und Zeit sind genauso wie Form, Anzahl oder Bewegungen Merkmale, die in unterschiedlichen Sinnessystemen wahrgenommen werden können (im Gegensatz dazu kann z. B. das Merkmal »Farbe« nur in der visuellen Modalität wahrgenommen werden). Die Rolle dieser Merkmale für die Integration über verschiedene Sinnessysteme wird in Studien zur multisensorischen Wahrnehmung untersucht.

Bevor auf diese Studien eingegangen wird, soll kurz die Verwendung einiger Begriffe erklärt werden. Im Folgenden wird der Begriff »multisensorisch« zur Bezeichnung von Prozessen im Nervensystem verwendet, die mehr als eine Sinnesmodalität umfassen. Der Begriff »multimodal« bezieht sich auf Reize aus der Umwelt. Ein unimodaler Reiz ist ein Ereignis, das nur eine Sinnesmodalität anspricht, z. B. ein visueller Reiz. Ein bimodaler Reiz stimuliert zwei Sinnesmodalitäten gleichzeitig, wie z. B. die gleichzeitige Darbietung eines Tones und eines Lichtreizes.

9.2.1 Multisensorische Phänomene – ein Überblick

Schon lange untersuchen Psychologen Wahrnehmungstäuschungen, um etwas über allgemeine Prinzipien unserer Wahrnehmung zu erfahren (▸ Kap. 6). Ein Ansatz in der multisensorischen Forschung geht ähnlich vor: Man untersucht, ob sich durch die Darbietung widersprüchlicher Informationen auf verschiedenen Sinneskanälen Täuschungen auslösen lassen und zieht daraus Rückschlüsse auf die multisensorische Verarbeitung.

Ein sehr beeindruckendes Beispiel für eine Illusion bei der auditiv-visuellen Sprachwahrnehmung ist der **McGurk-Effekt** (McGurk & MacDonald, 1976). Die Forscher zeigten ihren Probanden einen kurzen Film, in dem eine Person einfache Silben sprach. Die Probanden sollten nur wiederholen, was die Person gesagt hatte. Was die Probanden nicht wussten: Die Tonspur und die Lippenbewegungen drückten nicht die gleiche Silbe aus. So wurde z. B. der Ton »ba« abgespielt, gleichzeitig formten die Lippen jedoch die Silbe »ga«. Dies führte dazu, dass sehr viele Versuchspersonen die Silbe »da« wahrnahmen. Offensichtlich kommt es hier zu einer Verschmelzung der auditiven und visuellen Wahrnehmung, ohne dass sich die Versuchspersonen dessen bewusst sind.

Beispiel

Multisensorische Effekte

Auch ein Bauchredner kann uns Hinweise auf multisensorische Effekte geben. Warum erliegen wir dem Eindruck, dass eine Puppe reden kann? Der Bauchredner erzeugt Sprache, ohne seine Lippen zu bewegen. Dafür bewegt seine Puppe die Lippen und wir nehmen die Sprache zu den bewegten Lippen hin verschoben wahr. Systematische Studien zum Lokalisieren von Tönen erklären diesen Effekt: Wenn Versuchspersonen auf den Ort eines Tones zeigen sollten, aber gleichzeitig ein visueller Reiz an einem anderen Ort dargeboten wurde, so nahmen die Versuchspersonen den Ton zu dem visuellen Reiz hin verschoben wahr (Bertelson & Aschersleben, 1998). Die visuelle Information beeinflusst also unser auditives Lokalisieren.

Auch die taktile Wahrnehmung kann durch visuelle Information verändert werden. Rock und Victor (1964) ließen Versuchspersonen die Form eines Objekts beurteilen, das sie fühlen und sehen konnten. Dabei schauten die Probanden jedoch durch Prismen, die die visuelle Wahrnehmung verzerrten. Die Versuchspersonen beschrieben die Form so, wie sie sie sahen, obwohl sie über den taktilen Sinn die korrekte Form wahrnehmen konnten. In einer Konfliktsituation zwischen visueller und taktiler Information scheint also der visuelle Eindruck die Formwahrnehmung zu dominieren. Aufbauend auf den bisher geschilderten Ergeb-

nissen könnte man sogar noch weiter gehen und sagen, das visuelle System dominiert generell unsere Wahrnehmung. Dass dies jedoch nicht so ist, zeigt ein Experiment von Shams, Kamitani und Shimojo (2000). Hier sollten die Versuchspersonen schnell hintereinander dargebotene Lichtblitze zählen. Manchmal wurden zusätzlich Töne dargeboten, doch die Personen wurden instruiert, sich nur auf die visuellen Reize zu konzentrieren und die Töne vollständig zu ignorieren. Dennoch hatten die Töne einen Einfluss auf die Wahrnehmung: Wenn nur ein Lichtblitz gezeigt wurde, dies aber gemeinsam mit zwei Tönen, so berichteten die Versuchspersonen häufig, zwei Lichtblitze gesehen zu haben. Hier beeinflusst also die auditive Information die visuelle Wahrnehmung.

Eine Erklärung für die unterschiedliche Dominanz der Sinnessysteme in diesen Experimenten liefert die **Modalitätseignungshypothese** (»modality appropriateness hypothesis«) der multisensorischen Wahrnehmung (Welch & Warren, 1980). Verschiedene Sinnessysteme sind nicht für alle Aufgaben gleich gut geeignet, so besitzt das Sehsystem die beste räumliche Auflösung, das Hörsystem kann zeitliche Unterschiede am besten erkennen und das somatosensorische System ist besonders geeignet für die Differenzierung von Oberflächenstrukturen. Gemäß der Modalitätseignungshypothese dominiert jeweils die Sinnesmodalität die Wahrnehmung, die für die jeweilige Aufgabe besonders geeignet ist. Bei der Lokalisation von Reizen oder der Formwahrnehmung ist dies das visuelle System, sollen jedoch die schnell hintereinander präsentierten Reize gezählt werden, erfordert das eine gute zeitliche Auflösung – eine Anforderung, die das auditive System am besten leisten kann.

Die Modalitätseignungshypothese kann sehr viele Befunde zur multisensorischen Interaktion erklären, ist jedoch nicht immer in dieser Absolutheit gültig. Das Ausmaß, in dem eine Sinnesmodalität die Wahrnehmung bestimmt, ist abhängig von der Deutlichkeit der einzelnen Reize. Generell ist die Integration verschiedener Sinneseindrücke umso stärker, je schwächer die Wahrnehmung der Einzelreize ist. So dominiert bei der Formwahrnehmung das visuelle System zwar häufig über das taktile System, ist die visuelle Information jedoch undeutlich, steigt der Einfluss der taktilen Information (Ernst & Banks, 2002).

Die bisher dargestellten Phänomene zeigen anhand von Situationen, in denen verschiedenen Sinneskanälen widersprüchliche Informationen dargeboten wurden, dass eine Integration zwischen den Systemen stattfindet. Im Alltag ist es jedoch so, dass verschiedene Sinnessysteme meist kongruente Information liefern und dass dies die Wahrnehmung erleichtert. So reagieren wir generell auf die gleichzeitige Darbietung von Reizen verschiedener Sinnesmodalitäten schneller als auf einen einfachen Reiz (redundanter Zielreizeffekt). Durch die Analyse der Reaktionszeitverteilungen konnte gezeigt werden, dass hier tatsächlich eine Integration der Reize stattfindet und die beschleunigte Reaktion auf multimodale Reize nicht durch die Reaktionszeiten auf die einfachen Reize zu erklären ist (Miller, 1991). Und das ist ein sehr sinnvoller Mechanismus, wie das Eingangsbeispiel zeigt: Die Integration der auditiven, visuellen und taktilen Information erlaubt es unserer Person, durch eine schnelle Reaktion den Diebstahl ihrer Handtasche gerade noch zu vermeiden.

Bei einigen Menschen sind die Verbindungen zwischen verschiedenen Sinnessystemen besonders stark ausgeprägt, sodass ein Reiz in einer Sinnesmodalität automatisch auch eine Empfindung in einer zweiten Sinnesmodalität auslöst. Dieses Phänomen wird »Synästhesie« genannt (▶ Kasten »Eine extreme Form der Interaktion der Sinne: Synästhesie«).

Eine extreme Form der Interaktion der Sinne: Synästhesie

Sehen Sie Farben beim Hören von Musik? Oder löst ein Geruch eine bestimmte Empfindung an Ihren Fingern aus? Wenn dies der Fall ist, gehören Sie zur seltenen Gruppe der Synästhetiker (ca. 1 von 2.000 Menschen; Baron-Cohen, Burt, Smith-Laittan, Harrison & Bolton, 1996). Dies sind Menschen, bei denen Reize einer Sinnesmodalität automatisch Empfindungen in einem anderen Sinn auslösen: Sie hören z. B. Farben oder riechen Buchstaben (Synästhesie von griech. »syn« = zusammen und »aisthesis« = Wahrnehmung). Diese Verknüpfungen zwischen den Sinnessystemen bestehen seit der frühen Kindheit und sind sehr konsistent über die Zeit.

Um zu demonstrieren, dass es sich dabei um eine wirkliche Wahrnehmung handelt und nicht bloß um eine Erinnerung an eine gelernte Assoziation (z. B. weil die Person als Kind immer die Ziffer 1 rot gemalt hat), haben Ramachandran und Hubbard (2001) einen »Pop-out-Test« gemacht: Ihre Versuchspersonen sollten in einer Menge schwarz gedruckter Fünfen eine Form entdecken, die aus schwarzen Zweien zusammengesetzt war. Dies war für die meisten Versuchspersonen nicht so einfach. Druckte man jedoch die Zweien in einer anderen Farbe, so »springt« (»pop-out«) die gesuchte Form sofort ins Auge und wird

schnell entdeckt. Synästhetiker waren jedoch schon bei der Aufgabe mit nur schwarz gedruckten Ziffern genauso gut wie die Vergleichsgruppe in der Bedingung mit den farbigen Zweien. Die schwarzen Zahlen lösten bei ihnen eine Farbempfindung aus und sprangen ihnen deshalb auch bei der rein schwarzen Darstellung ins Auge.

Bei Synästhetikern scheint es ungewöhnliche Verbindungen zwischen Hirnarealen zu geben, die unterschiedliche Sinneseindrücke verarbeiten. Nunn et al. (2002) konnten in einer fMRT-Studie zeigen, dass gesprochene Wörter bei Farbe-Wort-Synästhetikern ein Areal im Gehirn aktivieren, das bei einer Vergleichsgruppe nur durch das Sehen einer Farbe aktiviert wird. Noch ist unklar, worauf diese zusätzlichen Verbindungen zwischen den Hirnarealen beruhen. Jeder Mensch wird mit zahlreichen, überzähligen Verbindungen zwischen Hirnarealen geboren. Diese Verbindungen werden im Laufe der Entwicklung im Zusammenspiel mit Umwelterfahrungen auf die wesentlichen reduziert. Es wird diskutiert, dass dieser Reduktionsprozess bei der Synästhesie für bestimmte Verbindungen ausgeblieben ist. Andere Theorien besagen, dass es bei der Synästhesie zu einem Auswachsen zusätzlicher Verbindungen kommt oder dass Hemmmechanismen zwischen verschiedenen Arealen nicht so ausgeprägt sind wie bei den meisten Menschen.

9.2.2 Multisensorische räumliche Aufmerksamkeit

Die Betrachtung von Aufmerksamkeitsprozessen kann uns Hinweise auf das Zusammenspiel verschiedener Sinnessysteme im Raum liefern. Wenn man noch einmal die Scheinwerfer-Metapher der räumlichen Aufmerksamkeit heranzieht, so stellen sich folgende Fragen:

- Gibt es einen allgemeinen Scheinwerfer für alle Sinnessysteme, der einen Ort im Raum beleuchtet und so die Verarbeitung von allen Reizen innerhalb des Scheinwerfers erleichtert?
- Oder gibt es für jede Sinnesmodalität einen eigenen Scheinwerfer, sodass wir z. B. taktile Reize auf der linken Seite des Raumes beachten können und gleichzeitig auditive Reize auf der rechten Seite?

Zur Beantwortung dieser Frage werden die gleichen experimentellen Paradigmen eingesetzt, die schon im Abschnitt

zur Aufmerksamkeit dargestellt wurden, nur dass man nun Reize verschiedener Sinnesmodalitäten verwendet.

So sieht z. B. ein multimodales Reaktionszeitexperiment zur exogenen Aufmerksamkeit wie folgt aus (Spence, Nicholls, Gillespie & Driver, 1998): Die Versuchsperson soll auf taktile Reize reagieren, die am linken oder rechten Finger dargeboten werden. Kurz vor jedem Zielreiz ertönt ein Ton auf der linken oder rechten Seite. Dieser Ton sagt jedoch nichts darüber aus, an welchem Finger der anschließende taktile Reiz dargeboten wird. Die Reaktionszeit auf einen taktilen Reiz ist beschleunigt, wenn an dessen Position vorher ein Ton dargeboten wurde. Offensichtlich lenkt der auditive Reiz die Aufmerksamkeit auf einen Ort, sodass auch Reize einer anderen Sinnesmodalität an diesem Ort schneller verarbeitet werden. Andersherum fällt es uns schwer, gleichzeitig Reize unterschiedlicher Sinnesmodalitäten an unterschiedlichen Orten zu verarbeiten. Dies kann z. B. beim Autofahren deutlich werden (▶ Kasten »Telefonieren beim Autofahren?«).

9

Telefonieren beim Autofahren?

In Deutschland ist das Telefonieren am Steuer ohne Freisprecheinrichtung verboten, weil das gleichzeitige Bedienen des Telefons und das Fahren zu einer erhöhten Unfallgefahr führt. Die multisensorische Aufmerksamkeitsforschung liefert Hinweise darauf, dass nicht nur das Halten und Bedienen eines Handys während der Fahrt die Fahreigenschaften beeinflusst, sondern dass schon das gleichzeitige Verfolgen einer Sprachbotschaft und das Fahren die Kapazität eines Autofahrers übersteigen kann.

Die englischen Forscher Charles Spence und Liliane Read (2003) ließen ihre Versuchspersonen in einem Fahrsimulator eine bestimmte Straßenstrecke zurücklegen. Gleichzeitig spielten sie unterschiedliche Wörter von zwei Lautsprechern ab. Die Versuchsperson sollte sich auf einen Lautsprecher konzentrieren und die dort genannten Wörter wiederholen. In einer Bedingung kamen die zu beachtenden Wörter aus einem Lautsprecher direkt an der Windschutzscheibe, in einer anderen Bedingung von der Seite. Die Versuchspersonen konnten die Wörter deutlich schlechter wiedergeben, wenn sie gleichzeitig Auto fahren mussten, als wenn sie nur zuhören sollten. Eine direkte Beeinträchtigung der Fahrleistung wurde nicht festgestellt. Wahrscheinlich räumten die Versuchspersonen dem Fahren eine höhere Priorität ein, sodass sie die Wort-

beschattungsaufgabe zugunsten des Fahrens vernachlässigten. Trotzdem zeigen die Ergebnisse deutlich, dass es offensichtlich die Aufmerksamkeitskapazität übersteigt, gleichzeitig die visuellen Eindrücke des Fahrsimulators und die auditive Sprache zu beachten. Die Wiedergabe der Wörter war besonders beeinträchtigt, wenn die Botschaft aus dem seitlichen Lautsprecher kam; weniger, wenn sie aus dem Lautsprecher an der Windschutzscheibe dargeboten wurde.

Dieses Ergebnis steht im Einklang mit den Ergebnissen zur multisensorischen räumlichen Aufmerksamkeit: Die Ausrichtung der Aufmerksamkeit innerhalb einer Sinnesmodalität auf einen Ort im Raum führt dazu, dass sich auch die Aufmerksamkeit für andere Sinne automatisch auf diesen Ort richtet. Wenn wir also die visuelle Aufmerksamkeit auf die Straße richten, können auditive Reize an einem anderen Ort schlechter beachtet werden. Diese Ergebnisse können ganz praktische Implikationen haben. Es erscheint sinnvoll, die Lautsprecher einer Freisprecheinrichtung möglichst frontal anzuordnen. Allgemeiner ergeben sich Hinweise für die Gestaltung von Mensch-Maschine-Schnittstellen: Wann immer Informationen verschiedener Sinneskanäle gleichzeitig verarbeitet werden müssen, erleichtert die Darbietung von einem gemeinsamen Ort die Wahrnehmung und Integration dieser Informationen.

Ereigniskorrelierte Potenziale sprechen ebenfalls für modalitätsübergreifende räumliche Aufmerksamkeitsprozesse. Betrachten wir noch einmal die klassische Versuchsanordnung zur räumlichen Aufmerksamkeit, wie sie im ▶ Kasten »Aufmerksamkeitseffekte in ereigniskorrelierten Potenzialen« bereits für eine Sinnesmodalität dargestellt wurde: Die Versuchspersonen sollen auf abweichende Töne auf einer bestimmten Seite reagieren. In den EKP sieht man eine erhöhte Amplitude für Töne auf der beachteten Seite im Vergleich zur unbeachteten Seite. Wie werden jedoch die Töne verarbeitet, wenn die Versuchsperson ihre räumliche Aufmerksamkeit in einer ganz anderen Sinnesmodalität ausrichtet? Wenn Aufmerksamkeit ein Prozess ist, der unabhängig von einer bestimmten Sinnesmodalität ist, sollten alle Reize unabhängig von ihrer Modalität an einem beachteten Ort stärker verarbeitet werden. Dies scheint tatsächlich der Fall zu sein.

In dem Experiment wurden den Versuchspersonen neben den Tönen auch taktile Reize am linken und rechten Zeigefinger dargeboten und sie werden instruiert, nur die taktilen Reize auf einer bestimmten Seite zu beachten und die Töne vollständig zu ignorieren. Für die Frage, ob die Aufmerksamkeitslenkung auf einen Ort unabhängig von der beachteten Sinnesmodalität die Verarbeitung aller Reize an diesem Ort beeinflusst, waren besonders die Bedingungen interessant, in denen die Versuchspersonen nicht auf die Töne, sondern auf die taktilen Reize achteten. In

▶ Abb. 9.4 sieht man ein Potenzial, das durch einen Ton auf der linken Seite ausgelöst wurde. Im Zeitbereich um 120 ms nach der Reizdarbietung war die Amplitude des auditiv evozierten Potenzials größer, wenn die Versuchspersonen auf die taktilen Reize auf der linken Seite achteten, als wenn sie auf die rechte Seite achteten (hellblaue Linie vs. schwarze Linie, ▶ Pfeil). Obwohl die Versuchspersonen ihre Aufmerksamkeit also für die Töne auf keine bestimmte Seite konzentrieren mussten, wurden die Töne auf der taktil beachteten Seite stärker verarbeitet als auf der unbeachteten Seite (Hötting, Rösler & Röder, 2003; ▶ Abb. 9.4). Zum Vergleich sind in ▶ Abb. 9.4 auch noch einmal die Potenziale in den Bedingungen dargestellt, in denen die Versuchspersonen tatsächlich auf die Töne achteten (graue Linie vs. dunkelblaue Linie). Der Aufmerksamkeitseffekt für die beachtete Modalität und die unbeachtete Modalität begann ungefähr 120 ms nach der Reizpräsentation. Wenn die Töne beachtet wurden, hielt der Effekt jedoch länger an.

Zusammengefasst sprechen sowohl die Reaktionszeitexperimente als auch die EKP-Experimente dafür, dass es tatsächlich einen modalitätsübergreifenden Scheinwerfer der räumlichen Aufmerksamkeit gibt. Betrachtet man die Ergebnisse dieser Studien jedoch genauer, so muss diese Aussage etwas eingeschränkt werden: Aufmerksamkeitseffekte in einer zweiten Sinnesmodalität sind meist nicht genauso groß und lang andauernd wie die Effekte in der aufgabenrelevanten Modalität. Es scheint eher so zu sein,

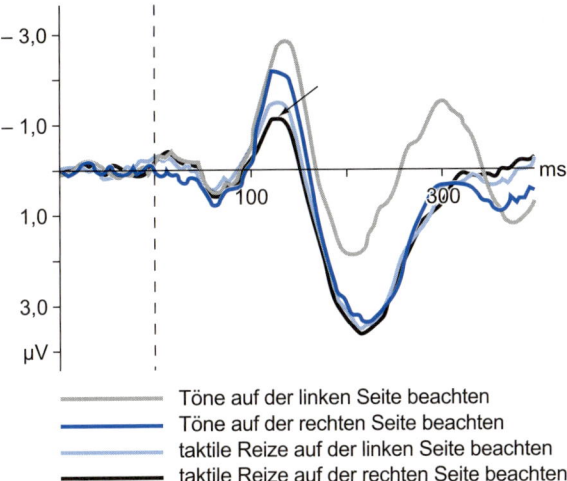

□ **Abb. 9.4.** Ergebnis eines EKP-Experiments zur multisensorischen räumlichen Aufmerksamkeit. Dargestellt ist das Potenzial, das durch einen Ton auf der linken Seite ausgelöst wird

Töne auf der linken Seite beachten
Töne auf der rechten Seite beachten
taktile Reize auf der linken Seite beachten
taktile Reize auf der rechten Seite beachten

dass es ein Zusammenspiel zwischen modalitätsübergreifenden und modalitätsspezifischen Aufmerksamkeitsmechanismen gibt.

9.2.3 Zeit- und Bewegungswahrnehmung

Wie im einleitenden Abschnitt schon erwähnt, ist neben dem Merkmal »Raum« das Merkmal »Zeit« entscheidend für die Integration verschiedener Sinneseindrücke. Bewegung kann als Veränderung des Ortes eines Objektes mit der Zeit aufgefasst werden. Deshalb sollen hier einige Beispiele dargestellt werden, die zeigen, dass auch bei der Wahrnehmung von Zeit und Bewegung modalitätsübergreifende Mechanismen wirksam werden.

Wenn wir die zeitliche Darbietungsrate (z. B. Anzahl der Reize pro Sekunde) eines auditiven oder visuellen Ereignisses beurteilen sollen, so können wir dies besser für Töne als für visuelle Ereignisse. Die Modalitätseignungshypothese der multisensorischen Wahrnehmung würde hier voraussagen, dass deshalb die auditive Wahrnehmung bei einer Aufgabe zur Diskrimination unterschiedlicher Darbietungsraten dominieren sollte. Und das ist auch in Experimenten bestätigt worden: Wenn man visuelle und auditive Reize mit einer unterschiedlichen Frequenz darbietet und Versuchspersonen instruiert, nur auf eine Sinnesmodalität zu achten, so wird die visuelle Wahrnehmung von der auditiven Darbietungsfrequenz beeinflusst (Welch, Dutton Hurt & Warren, 1986). Erstaunlich ist, dass auch Trainingseffekte über Sinnesmodalitäten generalisieren können: Versuchspersonen, die ihre zeitliche Diskriminationsfähigkeit in der taktilen Modalität trainierten, waren anschließend auch bei der Diskrimination von Tönen besser (Nagarajan, Blake, Wright, Byl & Merzenich, 1998).

Die Richtung einer Bewegung können wir sowohl für Töne als auch für visuelle Reize angeben. Die Wahrnehmung einer auditiven Bewegung wird jedoch bei gleichzeitiger gegensätzlicher visueller Bewegung in die Richtung der visuellen Bewegung verzerrt wahrgenommen (Soto-Faraco, Lyons, Gazzaniga, Spence & Kingstone, 2002). Tierexperimentelle Studien und bildgebende Untersuchungen bei Menschen liefern uns Hinweise auf mögliche neuronale Grundlagen dieses Effekts: Im Parietallappen und prämotorischen Kortex hat man Gebiete identifiziert, die auf Bewegungen in unterschiedlichen Sinnesmodalitäten reagieren (Bremmer et al., 2001), also so etwas wie ein modalitätsübergreifendes Bewegungszentrum.

9.2.4 Plastizität multisensorischer Prozesse

Die bisherige Darstellung hat deutlich gemacht, dass unsere Sinnessysteme ständig miteinander interagieren und dieser Austausch für unsere Wahrnehmung und Reaktion auf Umweltereignisse sehr wichtig ist. Nun stellt sich die Frage, ob wir mit diesen Verbindungen zwischen den Sinnessystemen geboren werden oder ob diese erst im Laufe der Entwicklung gebildet werden? Und welche Rolle spielen Erfahrungen bei der Verknüpfung unserer Sinne?

Dazu werden zwei theoretische Positionen vertreten: Der **intersensorische Integrationsansatz** (Piaget, 1952) postuliert eine klare Trennung der Sinneskanäle bei der Geburt. Die Fähigkeit, Informationen verschiedener Sinneskanäle miteinander in Beziehung zu setzen, entwickelt sich nach Piaget erst durch die Erfahrung mit multimodalen Objekten. Eine gegensätzliche Position vertritt der **intersensorische Differenzierungsansatz** (Bower, 1979). Hier wird die These vertreten, dass die Sinnessysteme bei der Geburt kaum differenziert sind, sondern Neugeborene eine synästhetische Wahrnehmung besitzen und sich die Unterscheidung und Spezialisierung der Systeme langsam entwickeln muss. Empirische Studien finden sowohl Ergebnisse, die für den Integrationsansatz sprechen, als auch Belege für den Differenzierungsansatz (Lewkowicz, 2002). Es scheint so zu sein, dass Interaktionen zwischen den Systemen von Geburt an vorhanden sind, diese jedoch wenig spezifisch sind und sich qualitativ von dem Zusammenspiel der Sinnessysteme im Erwachsenenalter unterscheiden.

Tierexperimentelle Studien unterstützen die Idee einer graduellen Entwicklung multisensorischer Fähigkeiten. In einer Struktur im Mittelhirn vieler Säugetiere (Colliculus superior) hat man Neurone identifiziert, die in ganz typischer Weise mit einer Verstärkung ihrer Feuerungsrate reagieren, wenn simultan Reize verschiedener Sinnesmodalitäten vom gleichen Ort dargeboten werden. Das Antwortmuster wird als Zeichen multisensorischer Integrationsprozesse interpretiert. Bei neugeborenen Katzen und Affen ist diese Verstärkung der Reaktion auf multimodale Reize jedoch nicht nachweisbar sondern entwickelt sich erst langsam in den ersten Lebensmonaten. Wenn die Tiere ohne visuelle Erfahrung aufwachsen, bleibt die Entwicklung multisensorischer Funktionen aus (Wallace, 2004).

Finden wir ähnliche Ergebnisse auch beim Menschen? Die Untersuchung geburtsblinder Menschen kann hier Hinweise geben. Blinde Menschen machen in ihrer Entwicklung andere sensorische Erfahrungen als sehende. Wenn sich bei ihnen die Interaktion zwischen den Sinnessystemen von der sehender Menschen unterscheidet, spricht dies dafür, dass sensorische Erfahrungen bei der Ausbildung multisensorischer Funktionen eine Rolle spielen. Und tatsächlich scheinen blinde Menschen die Verarbeitung von Reizen einer irrelevanten Modalität besser unterdrücken zu können als sehende Menschen (Hötting & Röder, 2004). Auch scheint es bei blinden Menschen Reorganisationen in Hirnarealen zu geben, die für die Interaktion der Sinne wichtig sind (Röder et al., 1999).

Die Verbindungen zwischen verschiedenen Sinnessystemen sind also nicht fest verdrahtet, sondern werden im Laufe der Entwicklung, auch in Abhängigkeit von der jeweiligen sensorischen Erfahrung, geformt.

Literatur

Referenzliteratur

Broadbent, D.E. (1958). *Perception and communication*. London, New York: Pergamon.

Calvert, G., Spence, C. & Stein, B.E. (Eds.). (2004). *Handbook of multisensory processes*. Cambridge, MA: MIT Press.

Lewkowicz, D.J. & Lickliter, R. (Eds.). (1994). *The development of intersensory perception*. Hillsdale, NJ: Erlbaum.

Rich, A.N. & Mattingley, J.B. (2002). Anomalous perception in synaesthesia: a cognitive neuroscience perspective. *Nature Reviews Neuroscience, 3* (1), 43–52.

Spence, C. & Driver, J. (Eds.). (2004). *Crossmodal space and crossmodal attention*. Oxford: Oxford University Press.

Treue, S. (2001). Neural correlates of attention in primate visual cortex. *Trends in Neurosciences, 24* (5), 295–300.

Stein, B.E. & Meredith, M.A. (Eds.). (1993). *The merging of the senses*. Cambridge, MA: MIT Press.

Styles, E.A. (1997). *The psychology of attention*. Hove: Psychology Press.

Welch, R.B. & Warren, D.H. (1986). Intersensory interactions. In K.R. Boff, L. Kaufman & J.P. Thomas (Eds.), *Handbook of perception and human performance* (Vol. 1, pp. 25-1–25-36). New York: Wiley.

Zitierte Literatur

Baron-Cohen, S., Burt, L., Smith-Laittan, F., Harrison, J. & Bolton, P. (1996). Synaesthesia: prevalence and familiality. *Perception, 25* (9), 1073–1079.

Bertelson, P. & Aschersleben, G. (1998). Automatic visual bias of perceived auditory location. *Psychonomic Bulletin and Review, 5* (3), 482–489.

Bower, T.G.R. (1979). The origins of meaning in perceptual development. In A.D. Pick (Ed.), *Perception and its development: A tribute to Eleanor J. Gibson* (pp. 183–197). Hillsdale, NJ: Erlbaum.

Bremmer, F., Schlack, A., Shah, N.J., Zafiris, O., Kubischik, M., Hoffmann, K., Zilles, K. & Fink, G.R. (2001). Polymodal motion processing in posterior parietal and premotor cortex: a human fMRI study strongly implies equivalencies between humans and monkeys. *Neuron, 29* (1), 287–296.

Cherry, C.E. (1953). Some experiments on the recognition of speech, with one and with two ears. *The Journal of the Acoustical Society of America, 25* (5), 975–979.

Corbetta, M., Miezin, F.M., Dobmeyer, S., Shulman, G.L. & Petersen, S.E. (1991). Selective and divided attention during visual discriminations of shape, color, and speed: functional anatomy by positron emission tomography. *Journal of Neuroscience, 11*(8), 2383–2402.

Deutsch, J.A. & Deutsch, D. (1963). Some theoretical considerations. *Psychological Review, 70*, 80–90.

Duncan, J. (1984). Selective attention and the organization of visual information. *Journal of Experimental Psychology: General, 113* (4), 501–517.

Eriksen, C.W. & St. James, J.D. (1986). Visual attention within and around the field of focal attention: a zoom lens model. *Perception and Psychophysics, 40* (4), 225–240.

Ernst, M.O. & Banks, M.S. (2002). Humans integrate visual and haptic information in a statistically optimal fashion. *Nature, 415* (6870), 429–433.

Hillyard, S.A., Hink, R.F., Schwent, V.L. & Picton, T.W. (1973). Electrical signs of selective attention in the human brain. *Science, 182* (108), 177–180.

Hötting, K., Rösler, F. & Röder, B. (2003). Crossmodal and intermodal attention modulate event-related brain potentials to tactile and auditory stimuli. *Experimental Brain Research, 148* (1), 26–37.

Hötting, K. & Röder, B. (2004). Hearing cheats touch, but less in congenitally blind than in sighted individuals. *Psychologial Science, 15* (1), 60–64.

James, W. (1890). *The principles of psychology*. New York: Holt.

Karnath, H.O., Ferber, S. & Himmelbach, M. (2001). Spatial awareness is a function of the temporal not the posterior parietal lobe. *Nature, 411* (6840), 950–953.

Leibovitch, F.S., Black, S.E., Caldwell, C.B., Ebert, P.L., Ehrlich, L.E. & Szalai, J.P. (1998). Brain-behavior correlations in hemispatial neglect using CT and SPECT: the Sunnybrook Stroke Study. *Neurology, 50* (4), 901–908.

Lewkowicz, D.J. (2002). Heterogeneity and heterochrony in the development of intersensory perception. *Cognitive Brain Research, 14*(1), 41–63.

McGurk, H. & MacDonald, J. (1976). Hearing lips and seeing voices. *Nature, 264* (5588), 746–8.

Miller, J. (1991). Channel interaction and the redundant-targets effect in bimodal divided attention. *Journal of Experimental Psychology: Human Perception and Performance, 17* (1), 160–169.

Mondor, T.A. & Zatorre, R.J. (1995). Shifting and focusing auditory spatial attention. *Journal of Experimental Psychology: Human Perception and Performance, 21* (2), 387–409.

Nagarajan, S.S., Blake, D.T., Wright, B.A., Byl, N. & Merzenich, M.M. (1998). Practice-related improvements in somatosensory interval discrimination are temporally specific but generalize across skin location, hemisphere, and modality. *Journal of Neuroscience, 18* (4), 1559–1570.

Nobre, A.C. (2001). The attentive homunculus: now you see it, now you don't. *Neuroscience and Biobehavioral Reviews, 25*(6), 477–496.

Nunn, J.A., Gregory, L.J., Brammer, M., Williams, S.C., Parslow, D.M., Morgan, M.J., Morris, R.G., Bullmore, E.T., Baron-Cohen, S. & Gray, J.A. (2002). Functional magnetic resonance imaging of synesthesia: activation of V4/V8 by spoken words. *Nature Neuroscience, 5* (4), 371–375.

O'Craven, K.M., Downing, P.E. & Kanwisher, N. (1999). fMRI evidence for objects as the units of attentional selection. *Nature, 401* (6753), 584–587.

Piaget, J. (Ed.). (1952). *The origins of intelligence in children*. New York: International University Press.

Posner, M.I. (1980). Orienting of attention. *Quarterly Journal of Experimental Psychology, 32* (1), 3–25.

Ramachandran, V.S. & Hubbard, E.M. (2001). Psychophysical investigations into the neural basis of synaesthesia. *Proceedings of the Royal Society of London, Series B: Biological Sciences, 268* (1470), 979–983.

Rock, I. & Victor, J. (1964). Vision and touch: an experimentally created conflict between the two senses. *Science, 143*, 594–596.

Röder, B., Teder-Sälejärvi, W., Sterr, A., Rösler, F., Hillyard, S.A. & Neville, H.J. (1999). Improved auditory spatial tuning in blind humans. *Nature, 400*, 162–166.

Shams, L., Kamitani, Y. & Shimojo, S. (2000). What you see is what you hear. *Nature, 408* (6814), 788.

Soto-Faraco, S., Lyons, J., Gazzaniga, M., Spence, C. & Kingstone, A. (2002). The ventriloquist in motion: illusory capture of dynamic information across sensory modalities. *Cognitive Brain Research, 14* (1), 139–146.

Spence, C., Nicholls, M.E., Gillespie, N. & Driver, J. (1998). Cross-modal links in exogenous covert spatial orienting between touch, audition, and vision. *Perception and Psychophysics, 60* (4), 544–557.

Spence, C. & Read, L. (2003). Speech shadowing while driving: on the difficulty of splitting attention between eye and ear. *Psychological Science, 14* (3), 251–256.

Sumby, W.H. & Pollack, I. (1954). Visual contribution to speech intelligibility in noise. *The Journal of the Acoustical Society of America, 26* (2), 212–215.

Tootell, R.B., Hadjikhani, N., Hall, E.K., Marrett, S., Vanduffel, W., Vaughan, J.T. & Dale, A.M. (1998). The retinotopy of visual spatial attention. *Neuron, 21*(6), 1409–1422.

Treisman, A.M. (1960). Contextual cues in selective listening. *Quarterly Journal of Experimental Psychology, 12*, 242–248.

Treisman, A.M. (1969). Strategies and models of selective attention. *Psychological Review, 76* (3), 282–99.

Treisman, A.M. & Gelade, G. (1980). A feature-integration theory of attention. *Cognitive Psychology, 12* (1), 97–136.

Wallace, M.T. (2004). The development of multisensory processes. *Cognitive Processing, 5* (2), 69–83.

Welch, R.B., Dutton Hurt, L.D. & Warren, D.H. (1986). Contributions of audition and vision to temporal rate perception. *Perception and Psychophysics, 39* (4), 294–300.

Welch, R.B. & Warren, D.H. (1980). Immediate perceptual response to intersensory discrepancy. *Psychological Bulletin, 8* (3), 638–667.

10 Psychologie des Gedächtnisses

K. Oberauer, E.B. Lange

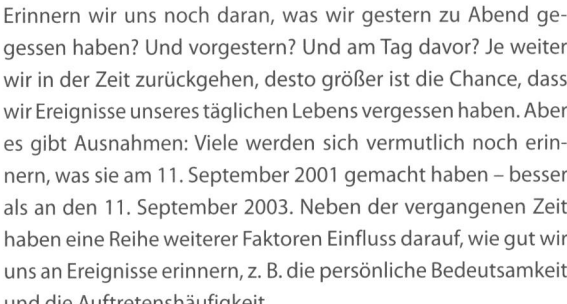

Erinnern wir uns noch daran, was wir gestern zu Abend gegessen haben? Und vorgestern? Und am Tag davor? Je weiter wir in der Zeit zurückgehen, desto größer ist die Chance, dass wir Ereignisse unseres täglichen Lebens vergessen haben. Aber es gibt Ausnahmen: Viele werden sich vermutlich noch erinnern, was sie am 11. September 2001 gemacht haben – besser als an den 11. September 2003. Neben der vergangenen Zeit haben eine Reihe weiterer Faktoren Einfluss darauf, wie gut wir uns an Ereignisse erinnern, z. B. die persönliche Bedeutsamkeit und die Auftretenshäufigkeit.

10.1 Kurzes Gedächtnis, langes Gedächtnis

Um das Vergessen über die Zeit von solchen anderen Einflüssen zu isolieren, hat Hermann Ebbinghaus (▶ Kurzbiographie), ein Pionier der experimentellen Gedächtnisforschung, möglichst bedeutungsfreies, künstliches Material verwendet. Er bildete Trigramme, die jeweils einen Vokal mit zwei Konsonanten einrahmen (KVK), z. B. BEK oder FUL. Ebbinghaus (1885) lernte im Selbstversuch unzählige Listen mit KVK-Trigrammen. Anhand dieser Versuche konnte Ebbinghaus zeigen, dass seine Erinnerungsleistung im Verlauf des ersten Tages stark abnahm, mit zunehmender Zeitspanne sich die Vergessensrate jedoch verlangsamte. Die Vergessenskurve folgt einer exponentiellen Abnahme: Innerhalb der ersten Stunden wird einmal Gelerntes schnell vergessen. Im Verlauf der Zeit wird der Verlust immer geringer. Bereits bei einem geringen Zuwachs der Lernmenge steigt die dafür benötigte Lernzeit stark an. Zudem führt zeitlich verteiltes Lernen zu einer besseren Wiedergabeleistung als massives Lernen zu einem Zeitpunkt. Ebbinghaus zeigte, dass sinnvolles Material sehr viel schneller gelernt werden kann als KVK-Trigramme. Dies belegt den Einfluss langfristig gespeicherten Wissens auf die Gedächtnisleistung. Die Ergebnisse seiner Untersuchungen wurden inzwischen häufig reproduziert.

Ein anderer Vordenker der Psychologie, William James (1890; Kurzbiographie in ▶ Kap. 64), hat vermutet, dass der zeitliche Abstand die Erinnerung an ein Ereignis nicht nur quantitativ beeinflusst, sondern dass ein qualitativer Unterschied besteht zwischen der Erinnerung an die unmittelbare Vergangenheit und der Erinnerung an länger zurückliegende Ereignisse. James unterschied zwischen primärem und sekundärem Gedächtnis. Das primäre Gedächtnis beschreibt er als eine Verlängerung des Bewusstseins. Die unmittelbare Vergangenheit muss nicht erinnert werden, sie ist noch präsent. Erst nach längerer Zeit muss ein Ereignis ausdrücklich aus dem sekundären Gedächtnis abgerufen werden.

Hermann Ebbinghaus

Hermann Ebbinghaus, 1850 in Barmen/Wuppertal geboren und 1909 in Halle gestorben, war der erste Psychologe, der das menschliche Gedächtnis systematisch experimentell untersuchte. Im Selbstversuch lernte er Reihen von sinnlosen Silben, sog. KVK-Trigrammen, die aus zwei Konsonanten und einem Vokal dazwischen gebildet sind. Zahlreiche Untersuchungen mit diesem Material zeigten Gesetzmäßigkeiten unseres Gedächtnisses auf, die von vielen Forschern repliziert werden konnten.

Ebbinghaus lehrte an den Universitäten in Berlin, Breslau und Halle. Er war 1890 Mitbegründer der »Zeitschrift für Psychologie und Physiologie der Sinnesorgane«, der späteren »Zeitschrift für Psychologie«.

bei James, hält Information für einige Sekunden aufrecht und hat nur eine begrenzte Kapazität. Information, die nicht aktiv gehalten wird, zerfällt innerhalb weniger Sekunden. Je länger ein Informationsgehalt im Kurzzeitspeicher erhalten bleibt, desto größer ist seine Chance, in den Langzeitspeicher überführt zu werden. Wenn das gelingt, können die Inhalte im Langzeitspeicher im Prinzip unbegrenzt erhalten bleiben. Für den Langzeitspeicher, das sekundäre Gedächtnis bei James, wird keine begrenzte Kapazität angenommen. Seine Inhalte stehen jedoch nicht unmittelbar zur Verfügung, sie müssen beim Erinnern oft aktiv gesucht werden, und diese Suche ist nicht immer erfolgreich.

Wir werden in diesem Kapitel der Einteilung in Kurzzeit- und Langzeitgedächtnis folgen, weil sie mittlerweile durch eine Vielzahl von Befunden unterstützt wird, vor allem aber, weil ihr zwei Forschungstraditionen entsprechen, die mit unterschiedlichen experimentellen Paradigmen und Konzepten arbeiten. Im folgenden Abschnitt werden wir die Forschung zum Kurzzeit- oder Arbeitsgedächtnis darstellen, um uns danach dem Erinnern und Vergessen im Langzeitgedächtnis zuzuwenden. Eine dritte Kategorie von Gedächtnisleistungen, die sich nicht in die Vergangenheit, sondern in die Zukunft richtet, ist die Fähigkeit, sich zur rechten Zeit an seine Handlungsabsichten zu erinnern (z. B. nach 40 Minuten den Kuchen aus dem Ofen zu nehmen). Auf dieses sog. »prospektive Gedächtnis« können wir hier aus Raumgründen nicht eingehen.

10.2　Kurzzeit- oder Arbeitsgedächtnis

Der Kurzzeitspeicher ist im Modell von Atkinson und Shiffrin das Kernstück der Informationsverarbeitung. Der Kurzzeitspeicher wird auch als Arbeitsgedächtnis bezeichnet, weil Informationen nicht nur kurzfristig gespeichert werden, sondern auch sog. Kontrollprozesse den Inhalt des Kurzzeitspeichers bearbeiten. Einer der am meisten untersuchten Kontrollprozesse ist das Wiederholen des augenblicklichen Inhalts, das »Rehearsal« genannt wird. Wenn man beispielsweise eine Telefonnummer nachgeschlagen hat, wird man die Nummer still vor sich hin sagen, bis man sie eingetippt hat. Mit Hilfe von Rehearsal können Inhalte des Kurzzeitspeichers vor dem Zerfall bewahrt und so längere Zeit aufrechterhalten werden.

Die Idee eines primären und eines sekundären Gedächtnisses haben Atkinson und Shiffrin (1968) in ihr Modell der Informationsverarbeitung aufgenommen, das großen Einfluss auf die weitere Gedächtnisforschung hatte (◘ Abb. 10.1). Atkinson und Shiffrin postulierten drei Arten von Gedächtnisspeichern:

- eine Anzahl sensorischer Register,
- einen Kurzzeit- und
- einen Langzeitspeicher.

Die sensorischen Register sind spezifisch für die einzelnen Sinnesmodalitäten und halten wahrgenommene Information für wenige 100 ms aufrecht. Sie tun das unselektiv, d. h. sie behalten den gesamten Inhalt der Wahrnehmung. Nur ein kleiner Teil davon, nämlich der, auf den wir unsere Aufmerksamkeit richten, wird in den Kurzzeitspeicher übertragen. Der Kurzzeitspeicher, das primäre Gedächtnis

◘ **Abb. 10.1.** Das Multispeichermodell nach Atkinson und Shiffrin (1968)

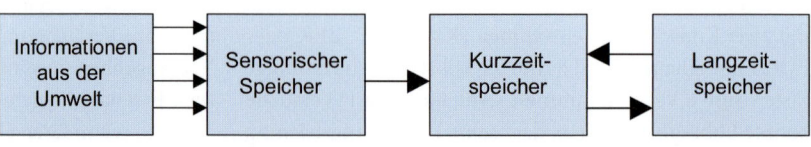

10.2.1 Was spricht für zwei separate Speicher?

Die Dissoziation von Kurzzeit- und Langzeitspeicher wurde durch verschiedene experimentelle Befunde gestützt, wie z. B. Experimente zum Primacy- und Recency-Effekt bei freier Wiedergabe einer Liste von Wörtern. Bei der freien Wiedergabe ist es im Gegensatz zur seriellen Wiedergabe unerheblich, in welcher Reihenfolge die Wörter wiedergegeben werden. Es zeigt sich dabei, dass die ersten und die letzten dargebotenen Elemente recht gut reproduziert werden können, und zwar besser als die übrigen Elemente. Der Wiedergabevorteil der ersten Elemente wird Primacy-Effekt genannt, während sich der Recency-Effekt auf den Vorteil der letzten Elemente bezieht. Im Rahmen des Multispeichermodells wurde der Recency-Effekt dem Kurzzeitspeicher zugeschrieben. Die zuletzt dargebotenen Elemente befinden sich noch im Kurzzeitspeicher, auf den recht unproblematisch zugegriffen werden kann. Der Primacy-Effekt kommt zustande, weil im Kurzzeitspeicher die Wörter durch Rehearsal beständig aktiv gehalten werden. Da diese Auffrischung bei den ersten Elementen einer Liste früher einsetzt als bei den übrigen, werden sie häufiger reaktiviert. Dies hat zur Folge, dass die ersten Listenelemente in den Langzeitspeicher übertragen werden und die Repräsentation robuster ist als bei Elementen der mittleren Listenpositionen. Daher wird der Primacy-Effekt dem Langzeitspeicher zugeschrieben.

Die Dissoziation von Kurzzeit- und Langzeitspeicher zeigt sich auch bei Patienten, die an anterograder (zeitlich vorwärtsgerichteter) Amnesie (▶ Kap. 44) leiden. Diese Störung, die meist durch eine Schädigung des Hippocampus oder der umliegenden Regionen des Gehirns entsteht, verhindert den dauerhaften Erwerb neuer expliziter Gedächtnisinhalte. Patienten mit Amnesie können sich eine kurze Liste von Ziffern oder Wörtern über einige Sekunden genauso gut merken wie Gesunde – ihr Kurzzeitspeicher scheint also unbeeinträchtigt zu sein. Über längere Zeiträume hinweg aber ist ihr Erinnerungsvermögen drastisch reduziert. Bei der freien Wiedergabe einer längeren Liste von Wörtern zeigen sie einen normalen Recency-Effekt, aber die Wiedergabe der Wörter vom Anfang der Liste und damit der Primacy-Effekt ist beeinträchtigt.

10.2.2 Die begrenzte Kapazität des Arbeitsgedächtnisses

Die begrenzte Kapazität des Arbeitsgedächtnisses zeigt sich auch darin, dass wir nur eine recht kleine Anzahl an Elementen kurzfristig behalten und wiedergeben können. Ein häufig verwendetes Maß für diese Anzahl ist die **Gedächtnisspanne**. Für junge Erwachsene beträgt sie laut Miller (1956) etwa 7 Einheiten. Im ▶ Kasten »Experiment zur Gedächtnisspanne« wird gezeigt, wie ein Experiment zur Überprüfung der Gedächtnisspanne aussehen könnte und durch welche Strategien die Gedächtnisspanne vergrößert werden kann.

Experiment zur Gedächtnisspanne

2489
6471
8534
59732
64185
23479
362859
465719
586413
4128769
3264591
8756432
64598723
15346982
65728943
365972148
945381627
743685219

Sie sehen hier verschiedene Ziffernreihen. Gehen Sie zeilenweise vor. Lesen Sie eine Zeile und versuchen Sie die Ziffernreihe sofort in der dargebotenen Reihenfolge wiederzugeben. Sie können sich am besten selbst kontrollieren, wenn Sie die Ziffern aufschreiben.

Wie Sie bemerken, werden die Ziffernreihen immer länger. Wie viele Ziffern enthält die letzte Zeile, die Sie korrekt wiedergeben können? Die Länge der Reihe, die in 50% der Fälle korrekt wiedergegeben wird, ist als Gedächtnisspanne definiert. Wenn Sie statt Ziffern eine Reihe anderer Elemente, wie z. B. Wörter wiedergeben sollen, wird sich Ihre Gedächtnisspanne verändern (Cavanagh, 1972).

Verschiedene Strategien können Ihnen die Wiedergabe erleichtern. Lesen Sie z. B. die Ziffern laut und deutlich vor. In der Regel werden auditiv präsentierte Wörter (in diesem Fall Ziffern) besser erinnert als visuell präsentierte, was als Modalitätseffekt bezeichnet wird. Das laute Vorlesen sollte daher Ihre Leistung verbessern. Oder setzen Sie die Gruppierungsstrategie ein. Lesen Sie die Ziffern rhythmisiert in Zweier- oder Dreiergruppen. Diese Strategie werden Sie sicherlich bereits einmal eingesetzt haben, um z. B. Telefon- oder Kontonummern zu erinnern.

Schon Miller (1956) weist jedoch darauf hin, dass durch verschiedene Strategien nicht die Kapazität erweitert wird, sondern lediglich die Inhalte neu strukturiert werden. So ist es vermutlich schwieriger, die Buchstabenfolge »Z H M R S W T L P« zu erinnern als die Reihe »B M W K G B Z D F«. Hinter der zweite Buchstabenreihe verbergen sich nämlich die drei Akronyme »BMW«, »KGB« und »ZDF«. Ein solches Verschmelzen kleinerer Einheiten zu einer großen Einheit wird »Chunking« genannt. Cowan (2001) geht davon aus, dass unsere Spanne nur ca. 4 Elemente umfasst und bei der Wiedergabe von mehr Elementen Strategien, wie z. B. das Chunking, genutzt werden.

Das Arbeitsgedächtnis ist die Drehscheibe der Informationsverarbeitung, hier kommt Information aus der Umwelt und aus dem Langzeitgedächtnis zusammen, hier werden Repräsentationen mit Hilfe von Kontrollprozessen manipuliert, kurzum: Im Arbeitsgedächtnis findet das Denken statt. Daher sollte die begrenzte Kapazität des Arbeitsgedächtnisses eng zusammenhängen mit der Fähigkeit von Personen, komplexe geistige Tätigkeiten auszuführen. Die traditionelle Gedächtnisspanne hat sich in dieser Hinsicht als unbefriedigendes Maß der Arbeitsgedächtniskapazität erwiesen, weil sie in keinem oder geringem Zusammenhang mit Intelligenztestwerten und Tests des Textverständnisses steht.

Daneman und Carpenter (1980) haben daher ein neues Maß entwickelt, um die Kapazität des Arbeitsgedächtnisses zu bestimmen, die sog. **Lesespanne.** Ähnlich wie bei der Gedächtnisspanne geht es darum, wie viele Wörter man sich merken kann. Jedoch werden diese Wörter nicht unmittelbar hintereinander dargeboten. Die Versuchsperson liest mehrere Sätze und muss das jeweils letzte Wort der Sätze im Anschluss an das Lesen aller Sätze wiedergeben. Die Lesespanne umfasst somit nicht nur die Speicherung von Inhalten, in diesem Fall Wörter, sondern auch die gleichzeitige Verarbeitung von Material, nämlich das kontinuierliche Lesen. Neben Wörtern wird diese Form der Spannenmessung auch mit anderem Material und anderen Aufgaben angewendet, z. B. mit Zahlen und Rechenoperationen oder räumlichen Stimuli. Die so geschätzte Arbeitsgedächtniskapazität ist ein guter Prädiktor für die Leistung bei komplexen Denktätigkeiten, wie z. B. Schlussfolgerungsaufgaben, und steht in engem Zusammenhang mit fluider Intelligenz (Conway, Kane & Engle, 2003; ▶ Kap. 23).

10.2.3 Kritik am Multispeichermodell

Verschiedene Annahmen des Multispeichermodells von Atkinson und Shiffrin (1968) sind mittlerweile modifiziert worden. Besonders die zentrale Bedeutung des Rehearsal erwies sich als fragwürdig. Atkinson und Shiffrin haben Rehearsal als hinreichende und notwendige Bedingung für den Eintrag von Information in den Langzeitspeicher beschrieben: Wenn und nur wenn Information im Kurzzeit-

speicher aktiv gehalten wird, kann sie in den Langzeitspeicher gelangen. Nun zeigen jedoch Experimente, dass einfaches Rehearsal nicht ausreicht, um die spätere Wiedergabeleistung zu verbessern. So kontrollierten Craik und Watkins (1973), wie häufig die Wörter einer Gedächtnisliste beim Rehearsal artikuliert wurden. Zunächst zeigte sich das zu erwartende Ergebnis: Je häufiger ein Wort artikuliert wurde, desto eher wurde es im Anschluss an die Präsentation korrekt wiedergegeben. Nachdem zwölf Gedächtnislisten bearbeitet waren, sollten die Versuchspersonen überraschend die gesamten Wörter des Experiments wiedergeben. Wenn das Rehearsal die Güte der Repräsentation eines Wortes im Langzeitspeicher bestimmt, so sollte auch hier ein Zusammenhang zwischen der Artikulationshäufigkeit und der spontanen Wiedergabeleistung zu finden sein. Dies war jedoch nicht der Fall. Diese und andere Beobachtungen zur Rolle von Rehearsal beim langfristigen Erinnern haben zu einer Unterscheidung zwischen »maintenance rehearsal« und »elaborative rehearsal« geführt. Maintenance Rehearsal bezeichnet die reine Wiederholung von Inhalten des Kurzzeitspeichers und dient dazu, diese vor Zerfall zu bewahren, es trägt aber nichts zur Verankerung im Langzeitspeicher bei. Elaborative Rehearsal dagegen reichert die Inhalte des Kurzzeitspeichers um neue Verknüpfungen und damit zusammenhängendes Wissen an und trägt damit zu längerfristigem Lernen bei (▶ Abschn. 10.3.1).

Rehearsal bzw. die Verweildauer von Information im Kurzzeitspeicher führt also nicht zwangsläufig zu einem robusten Eintrag im Langzeitspeicher. Patientenstudien zeigen außerdem, dass Rehearsal nicht notwendig ist, damit Informationen in den Langzeitspeicher gelangen. So zeigt der hirngeschädigte Patient K.F. ein normales langfristiges Lernverhalten, obwohl seine Kurzzeitgedächtnisspanne nur 2 Buchstaben umfasst – im Gegensatz zu etwa 6 bei Gesunden (Warrington & Shallice, 1969). Daher stellte sich die Frage: Wie kommt Information ohne funktionsfähigen Kurzzeitspeicher in den Langzeitspeicher?

10.2.4 Das Arbeitsgedächtnismodell von Baddeley und Hitch

Wenngleich die Einteilung in Kurz- und Langzeitgedächtnis nach wie vor sinnvoll ist, hat sich gezeigt, dass das undifferenzierte Konzept eines Kurzzeitspeichers als Durchgangsstation zum Langzeitspeicher nicht haltbar ist. Baddeley und Hitch (1974) entwickelten ein Arbeitsgedächtnismodell, bei dem Maintenance Rehearsal von sprachlichen Inhalten einem verbal-auditiven Subsystem zugeordnet wird (▶ Kurzbiographie Baddeley).

Neben diesem Subsystem, der phonologischen Schleife, nahmen Baddeley und Hitch (1974) ein weiteres Subsystem für die Verarbeitung visuell-räumlicher Information an, den visuell-räumlichen Notizblock. Beide Subsysteme sind einer Steuerinstanz untergeordnet, der zentralen Exekutive

Alan Baddeley

Alan Baddeley wurde 1934 in Yorkshire geboren, studierte in England und den USA. Nach Forschungsjahren an verschiedenen Instituten bestimmte er als Direktor der Medical Research Council's Applied Psychology Unit in Cambridge 20 Jahre lang die britische Psychologie. Zur Zeit ist er als Professor an der University of York tätig. Für seine Tätigkeit erhielt er zahlreiche Auszeichnungen. So ernannte ihn z. B. 1999 Queen Elizabeth II zum Commander of the British Empire.

Es gibt nahezu kein Thema der Gedächtnispsychologie, dem Alan D. Baddeley nicht zumindest eine Untersuchung gewidmet hat. In seinen frühen Forscherjahren veröffentlichte er Arbeiten über die phonetische und semantische Kodierung von sprachlicher Information im Kurz- und Langzeitgedächtnis. Außerdem interessierten ihn neuropsychologische Krankheiten und ihre Konsequenzen für kognitive Tätigkeiten. In den letzten Jahrzehnten hat er sich besonders der Untersuchung der Sprache, des Lesens und der Sprachentwicklung bei Kindern gewidmet. Sein bedeutendster Beitrag ist vermutlich die Entwicklung eines Arbeitsgedächtnismodells, das er 1974 zusammen mit Graham Hitch erstmals vorstellte und das die Gedächtnispsychologie nachhaltig beeinflusste.

☐ **Abb. 10.2.** Das Arbeitsgedächtnismodell von Baddeley und Hitch

Phonologische Schleife

Die phonologische Schleife besteht aus zwei Komponenten: einem Speicher und einem artikulatorischen Kontrollprozess, der das Rehearsal übernimmt. Die beiden Komponenten lassen sich analog zu einem »inneren Ohr« und einer »inneren Stimme« (vgl. Baddeley 1986) verstehen. In den Speicher gelangt verbal-auditive Information, die jedoch innerhalb von 2 Sekunden zerfällt, wenn sie nicht durch Rehearsal aufrechterhalten wird. Verbal-visuelle Information gelangt erst durch phonetische Artikulation in den Speicher.

Das Zusammenspiel von Speicher und artikulatorischem Kontrollprozess wird durch folgende Effekte deutlich:

- den phonologischen Ähnlichkeitseffekt,
- den Wortlängeneffekt,
- den Effekt artikulatorischer Unterdrückung sowie
- den Effekt irrelevanter Sprache.

Im ▶ Kasten »Experimente zur phonologischen Schleife« kann die Wirkung dieser Effekte beispielhaft nachvollzogen werden.

Der **phonologische Ähnlichkeitseffekt** bezieht sich auf den Umstand, dass phonetisch ähnliches Material bei serieller Wiedergabe schlechter reproduziert werden kann als phonetisch unähnliches Material (Conrad & Hull, 1964). Der Ähnlichkeitseffekt ist – zumindest bei Erwachsenen – auch dann zu finden, wenn statt Wörtern Bilder von Objekten präsentiert werden. Offenbar merken wir uns nicht die Bilder, sondern die zugehörigen Wörter in phonologischer Form. Die semantische Ähnlichkeit hat hingegen nur einen geringen Effekt. Der phonologische Ähnlichkeitseffekt wird auf Verwechslung zwischen Inhalten der Speicherkomponente der phonologische Schleife zurückgeführt.

Der **Wortlängeneffekt** bezeichnet den Effekt, dass eine Reihe von langen Wörtern schlechter wiedergegeben wird als eine Reihe von kurzen Wörtern. Dies wird dadurch er-

(☐ Abb. 10.2). Die zentrale Exekutive ist auch die Instanz, die elaboratives Rehearsal leistet und dadurch maßgeblich für die Übertragung von Information ins Langzeitgedächtnis verantwortlich ist. So kann das differenzierte Arbeitsgedächtnismodell von Baddeley und Hitch erklären, warum Rehearsal nicht unbedingt zum langfristigen Lernen einer Wortliste beiträgt: Es hält die Wörter nur in der phonologischen Schleife, ohne die zentrale Exekutive zu beteiligen. Das Modell kann auch erklären, warum Patient K.F. keine ernsthaften Lernprobleme hat: Bei ihm ist nur die phonologische Schleife, nicht aber die zentrale Exekutive gestört. Im Folgenden beschreiben wir die drei Subsysteme genauer.

Experimente zur phonologischen Schleife

Lernen Sie zeilenweise die folgenden Wortlisten aus Experiment 2 und 3. Geben Sie die Wörter anschließend in der dargestellten Reihenfolge wieder.

Experiment 2:
1. Kelle Kellner Keller Klempner Kenner Kleber
2. Fliege Flieder Flieger Filter Flitzer Fliese
3. Macht Malz Markt Mast Mal Magd
4. Sense Krümel Ziffer Schach Husten Reh
5. Kunst Schule Darm Vater Siegel Hopfen

Warum sind die Listen 4 und 5 einfacher als die Listen 1–3? Wodurch unterscheiden sich die Listen? Die ersten Listen sind phonetisch äußerst ähnlich. Die verschlechterte Wiedergabeleistung phonetisch ähnlicher Listen im Vergleich zu unähnlichen Listen wird phonologischer Ähnlichkeitseffekt genannt.

Experiment 3:
1. Hugenotte Industrie Ökumene Schokolade Erholung
2. Ökologe Versammlung Zentimeter Einigung Blasinstrument
3. Zertifikat Beerdigung Entlassung Animation Kosmetikerin
4. März Hut Weib Ding Ast
5. Tau Reis Fee Kur Bus

Auch in diesem Experiment ist es einfacher, die Listen 4 und 5 wiederzugeben. Die Wörter in Liste 1–3 sind länger und benötigen bildlich gesprochen »mehr Platz« im artikulatorischen Kontrollprozess, den man sich auch wie ein Tonband einer bestimmten Länge vorstellen kann. Die schlechtere Wiedergabe längerer Wörter im Verhältnis zu kürzeren Wörtern wird Wortlängeneffekt genannt.

Experiment 4:
Nehmen Sie sich noch einmal die Wortlisten aus Experiment 2 und 3 vor. Lesen Sie die Wortlisten zeilenweise und artikulieren Sie währenddessen innerlich oder auch laut beständig das Wort »Coca-Cola«. Sie werden feststellen, dass Sie nun erhebliche Schwierigkeiten haben, die Listen wiederzugeben. Jedoch sollte dieser Effekt artikulatorischer Unterdrückung die beiden Effekt der Ähnlichkeit und der Wortlänge auslöschen, d. h. die Listen 1–5 sollten jeweils gleich schlecht wiedergegeben werden.

klärt, dass beim Rehearsal für die Artikulation längerer Wörter mehr Zeit benötigt wird. Lange Wörter können in einem festgelegten Zeitintervall nicht so häufig artikuliert werden wie kurze Wörter. So konnte ein systematischer Zusammenhang zwischen der Sprechdauer und der Wiedergabeleistung gezeigt werden (Baddeley, Thomson & Buchanan, 1975). Tatsächlich ist auch die individuelle Artikulationsgeschwindigkeit ein guter Prädiktor für die Leistung bei verbalen Gedächtnisaufgaben (Cowan et al., 1998). Der Wortlängeneffekt wird innerhalb der phonologischen Schleife dem artikulatorischen Kontrollprozess zugeschrieben.

Soll man während einer Gedächtnisaufgabe etwas Irrelevantes beständig artikulieren, so wird der artikulatorische Kontrollprozess des relevanten Materials behindert. Die daraus resultierende verschlechterte Wiedergabeleistung wird **Effekt artikulatorischer Unterdrückung** genannt. Die unmittelbare Wiedergabe einer kurzen Liste wird auch behindert, wenn man während des Lesens der Liste gesprochene Sprache hört, die möglichst ignoriert werden soll. Das wird als **Effekt irrelevanter Sprache** bezeichnet. Da irrelevanter Sprachschall automatisch Zugang zum Speicher hat, sollte dies im Speicher zu einer Interferenz mit dem relevanten Material führen. Allerdings führt auch irrelevante Musik oft zu einer Störung des sprachlichen Arbeitsgedächtnisses. Das Ausmaß der Störung durch irrelevante akustische Reize hängt weder von ihrer Lautstärke noch von ihrer Ähnlichkeit mit den zu erinnernden relevanten Inhalten ab, sondern von strukturellen Komponenten: Wechselnde akustische Stimuli stören stärker als gleich bleibende (Tremblay & Jones, 1998).

Visuell-räumlicher Notizblock

Die präzise Formulierung des Modells der phonologischen Schleife ist vor allem darauf zurückzuführen, dass sich die Gedächtnisforschung lange Zeit auf das Gedächtnis für verbale Inhalte konzentriert hat. Jedoch besteht neben dem Subsystem für verbale Inhalte zumindest noch ein weiteres Subsystem für visuell-räumliche Information. Es konnte nämlich gezeigt werden, dass verbale Gedächtnisaufgaben durch zusätzliche verbale Tätigkeiten gestört werden, aber nicht durch visuell-räumliche Prozesse, während es sich bei den visuell-räumlichen Gedächtnisaufgaben umgekehrt verhält (Brooks, 1968). Diese doppelte Dissoziation macht die Annahme zweier unabhängiger Subsysteme plausibel.

Viele Ansätze beschreiben das visuell-räumliche Subsystem in Analogie zum verbalen Subsystem. Logie (1989) nimmt an, dass das visuell-räumliche Subsystem in zwei Komponenten unterteilt ist: einen Speicher und einen Aktivierungsmechanismus, der räumliches Rehearsal leistet. Dieses Rehearsal kann man sich als Reaktivierung okulomotorischer Programme vorstellen, ohne dass tatsächliche Augenbewegungen stattfinden müssen. Eine solche Annahme wird durch neuropsychologische Untersuchungen unterstützt (Curtis & D'Esposito, 2003).

Im visuell-räumlichen Subsystem wird visuelle von räumlicher Information getrennt verarbeitet (Klauer & Zhao, 2004). Rein visuelle Information ist z. B. die vom Raum abstrahierbare Farbe oder ein stationäres Bild, während mit räumlicher Information meist der Ort von Objekten oder die Bewegung im Raum verbunden wird.

Da die beiden Subsystem voneinander unabhängig sind, sodass ihre gleichzeitige Verwendung nicht zu wechselseitiger Störung führt, können sie gezielt genutzt werden, um sich gegenseitig zu unterstützen. Dies geschieht z. B. durch den Einsatz von visuell-räumlichen Mnemotechniken, die zu einer verbesserten Wiedergabeleistung gegenüber einfachem Rehearsal führen. Eine solche Technik ist z. B. die »Methode der Orte«. Dabei stellt man sich einen gut bekannten Weg vor, z. B. den Weg von der U-Bahn-Haltestelle nach Hause. Man sucht sich markante Orte auf diesem Weg heraus, z. B. den Bratwurststand, den Copy-Shop, das Schuhgeschäft usw. und verknüpft mit jedem Ort ein Element der verbalen Gedächtnisliste. Soll man sich z. B. Tomate, Auto, Ohr merken, so stellt man sich die Tomate am Bratwurststand vor und das Auto vor dem Copy-Shop sowie das Ohr vor dem Schuhgeschäft. Beim Abruf der Gedächtnisliste schreitet man in seiner Vorstellung den Weg ab und gelangt so zu den Inhalten, die erinnert werden sollten.

Episodischer Speicher

Baddeley (2000) erweiterte das ursprüngliche Modell um den episodischen Speicher und eine Verbindung der Subsysteme zum Langzeitgedächtnis. Was genau der episodische Speicher ist, ob eigenständiges Subsystem oder Teil der zentralen Exekutive, ist noch unklar. Der episodische Speicher ist eine Integrationsfläche, um Informationen aus verschiedenen Speichern wieder zusammenzufügen. Dazu werden die Informationen aus den Subsystemen und dem Langzeitgedächtnis im episodischen Speicher in einen multidimensionalen Kode übersetzt und dadurch zu Episoden zusammengebunden. Durch die Integration der visuellen Erinnerung an ein Gesicht und der phonologischen Erinnerung an gesprochene Sätze kann man sich beispielsweise merken, wer in einer Gruppe was gesagt hat.

Zentrale Exekutive

Die zentrale Exekutive ist die Kontrollinstanz des Arbeitsgedächtnisses. Sie wird in der Regel dadurch beschrieben, was sie nicht tut: Sie umfasst sämtliche Prozesse, die von den Subsystemen nicht eigenständig ausgeführt werden können. Diese Vorgehensweise einer negativen Definition resultiert daraus, dass die Subsysteme in ihrem verhältnismäßig einfachen Aufbau besser beschreibbar sind. Dennoch sind besonders in den letzten Jahren exekutive Funktionen intensiv erforscht worden. Die zentrale Exekutive wird u. a. benötigt, um zwei Aufgaben zu koordinieren, die gleichzeitig bearbeitet werden sollen. Das ist z. B. der Fall, wenn man während des Autofahrens telefonieren möchte. Sie ist zudem dafür zuständig, die Aufmerksamkeit selektiv auf einen bestimmten Reiz zu lenken und irrelevante Reize auszublenden. Außerdem spielt die zentrale Exekutive bei der Suche von Information im Langzeitgedächtnis eine entscheidende Rolle. Dadurch ist sie auch die zuständige Instanz für Elaborative Rehearsal – die Verknüpfung von In-halten des Arbeitsgedächtnisses mit Wissen aus dem Langzeitgedächtnis (▶ Abschn. 10.3.1).

Ein weiterer Aufgabenbereich der zentralen Exekutive besteht in der kontrollierten Abweichung von Routinen. Was kann man darunter verstehen? Manchmal muss man z. B. den gewohnten Weg zur Arbeit unterbrechen, um eine Besorgung zu machen. Dabei kommt es vor, dass man die Stelle verpasst, an der man von seinem gewohnten Weg abweichen müsste. Jeder kann bei sich selbst ausprobieren, wie schwer es ist, Gewohnheiten zu durchbrechen. So ist es schwierig, eine Ziffernfolge zu generieren, die möglichst zufällig wirkt, d. h., in der möglichst wenig Regelmäßigkeiten zu finden sind. Regelmäßigkeiten wären in diesem Fall das Aufwärts- oder Abwärtszählen bzw. die Ordnung der geraden und ungeraden Zahlen. Eine möglichst zufällige Folge entsteht dann, wenn sehr schnell zwischen verschiedenen Ordnungsprinzipien gewechselt wird.

Können die Komponenten neuroanatomisch lokalisiert werden?

Wie in ▶ Kap. 3 und 35 erläutert wird, gibt es verschiedene Instrumente, um neuroanatomische Bezüge zu angenommenen Funktionen herzustellen, wie z. B. die Untersuchung hirngeschädigter Patienten und verschiedene bildgebende Verfahren. Da diese Instrumente sowie die verwendeten Gedächtnisaufgaben recht unterschiedlich sind, gibt es immer eine gewisse Unschärfe bei der Lokalisierung bestimmter Funktionen. Jedoch wird übereinstimmend berichtet, dass verbales Material eher in der linken Hirnhälfte verarbeitet wird, z. B. im Broca-Areal, im linken posterioren parietalen Kortex sowie im linken prämotorischen Kortex. Dagegen wird bei visuell-räumlicher Informationsverarbeitung mehr die rechte Hirnhälfte aktiviert, wie z. B. der rechte posteriore parietale Kortex und der rechte prämotorische Kortex (Smith & Jonides, 1997). Die jeweiligen prämotorischen Zentren zeigen Aktivierung während des Rehearsals. Die Areale des dorsolateralen präfrontalen Kortex, der ein Teil des Frontalhirns ist, sind an exekutiven Funktionen beteiligt. Dieser Bereich zeigt ebenfalls Aktivierung bei der Aufrechterhaltung von Information, sodass exekutive Funktionen vermutlich beim Auslösen von verbalem und visuell-räumlichem Rehearsal beteiligt sind (Curtis & D'Esposito, 2003).

10.3   Langzeitgedächtnis

Wenn wir von Gedächtnis sprechen, denken wir in erster Linie an unsere Fähigkeit, uns an vergangene Ereignisse zu erinnern – etwa an den ersten Schultag oder den letzten Kinobesuch mit einer guten Freundin. Diese Erinnerungen werden als **episodisches Gedächtnis** bezeichnet. Charakteristisch für das episodische Gedächtnis ist, dass seine Inhalte uns als Erinnerungen an selbst erlebte Episoden ins Bewusstsein treten. Das Erinnern erscheint uns – zu recht oder zu unrecht – als ein Wiedererleben von etwas, was wir früher erlebt haben (Wheeler, Stuss & Tulving, 1997). Dem gegenüber steht das **semantische Gedächtnis**, das all unser Wissen über die Welt umfasst. Das Wissen, wie viele Bundesländer zu Deutschland gehören oder dass Delphine Säugetiere sind, ist für die meisten von uns nicht mit der Erinnerung an ein bestimmtes Ereignis verbunden.

Episodisches und semantisches Gedächtnis sind zwei Formen des **deklarativen** oder **expliziten** Gedächtnisses. Damit ist gemeint, dass wir auf diese Gedächtnisinhalte absichtlich zugreifen können und das Ergebnis dieses Zugriffs uns auch als Erinnerung bewusst wird – oder als die Unfähigkeit, sich zu erinnern. Das ist anders beim **impliziten** Gedächtnis (Schacter, 1996; ► Kap. 6). Als implizit bezeichnet man Gedächtnisinhalte, die sich in unserem Verhalten äußern, ohne dass wir gezielt auf die Spuren vergangener Erfahrung oder vergangenen Lernens zurückgreifen. Ein Beispiel dafür ist die Schreibfertigkeit, die wir einmal in der Grundschule gelernt haben und mittlerweile ganz selbstverständlich beherrschen. Diese und andere erworbenen Fertigkeiten werden als **prozedurales** Wissen bezeichnet, sie bilden die erste von zwei Formen des impliziten Gedächtnisses. Die zweite Form wird oft als **Priming** bezeichnet. Damit ist eine Ausdrucksform des Gedächtnisses gemeint, die so subtil ist, dass sie fast nur im Labor nachweisbar ist, und daher hat es lange gedauert, bis sie überhaupt bemerkt wurde. Jede Verarbeitung von Information, etwa das Lesen eines Worts oder das Betrachten einer Zeichnung, hinterlässt im Gedächtnis eine Spur, die für eine Weile die Verarbeitung derselben Information leichter macht. Beispielsweise werden abstrakte Strichzeichnungen, die eine Versuchsperson zuvor gesehen hat, später im Vergleich zu neuen Strichzeichnungen schneller erkannt. Dieser Effekt hält auch nach mehreren Wochen noch an (Musen & Treisman, 1990).

Wir werden im Folgenden zunächst auf den Erwerb von deklarativen, in erster Linie episodischen, Gedächtnisinhalten eingehen, auf die Frage, warum wir uns an sie oft nicht erinnern können, und auf die Beeinflussbarkeit von episodischen Erinnerungen. Anschließend werden wir uns mit dem impliziten Gedächtnis befassen.

10.3.1 Wie kommt etwas ins Gedächtnis?

Die Analogie zum Computer hat lange die Kognitionspsychologie bestimmt. Sie legt es nahe, Gedächtnis dadurch zu erklären, dass Information in einen Speicher transferiert wird. Diese Vorstellung ist im Modell von Atkinson und Shiffrin (1968) besonders deutlich. Die Theorie der Verarbeitungstiefe, die Craik und Lockhard (1973) als Alternative zum Mehrspeichermodell vorgeschlagen haben, hat eine Welle von Experimenten ausgelöst, die zu einer Abkehr von der Vorstellung eines separaten Speichers geführt haben. Gedächtnisspuren ergeben sich von selbst durch die Verarbeitung von Information, sie entstehen in denselben neuronalen Netzwerken, die auch die ursprüngliche Verarbeitung erledigen. Sie bestehen nicht in einer »Sicherheitskopie« der ursprünglichen Information, sondern in subtilen Veränderungen der Verknüpfungen zwischen Nervenzellen, durch die neue Zusammenhänge zwischen Informationseinheiten hergestellt werden.

Inzidentelles Lernen

Ein wichtiger Schritt zu dieser Erkenntnis waren Experimente zum **inzidentellen Lernen**. Damit bezeichnet man Lernen ohne die Absicht zu lernen. Wir verbringen die meiste Zeit unseres Lebens damit inzidentell zu lernen. Im Labor wird inzidentelles Lernen durch verschiedene Orientierungsaufgaben erzeugt, mittels derer kontrolliert wird, wie die Person die ihr gegebene Information verarbeitet. Die Person erhält beispielsweise eine Liste von Wörtern und soll für jedes Wort beurteilen, wie viele Vokale es enthält oder ob es ein Lebewesen bezeichnet. Anschließend wird die Person überraschend gebeten, möglichst viele Wörter der Liste wiederzugeben. Zwei wichtige Beobachtungen wurden mit dieser Technik gemacht. Zum einen stellte sich heraus, dass die Art der Verarbeitung, die durch die Orientierungsaufgabe bestimmt wird, einen großen Einfluss auf die Wiedergabeleistung hat. Beispielsweise können Versuchspersonen mehr Wörter nach einer Aufgabe erinnern, die sie auf die Bedeutung der Wörter orientiert, als nach einer Aufgabe, die ihre Aufmerksamkeit auf orthographische Merkmale der Wörter lenkt. Dieses Ergebnis war die Grundlage für die Annahme, dass »tiefe« (d. h. bedeutungshaltige) Verarbeitung zu besserem Behalten führt als »oberflächliche«.

Die zweite Entdeckung war, dass die Lernabsicht als solche keinen Einfluss auf den Lernerfolg hat (Hyde & Jenkins, 1969). Wenn zwei Gruppen von Versuchspersonen die gleiche Orientierungsaufgabe mit einer Wortliste bearbeiten und sich gleich lang damit beschäftigen, ist ihre Lernleistung gleich gut, auch wenn eine von ihnen zusätzlich instruiert wird, die Wortliste zu lernen, die andere aber nicht. Das heißt nun nicht, dass es vergeblich wäre, sich beim Lernen Mühe zu geben. Es heißt aber, dass es nicht das Lernen-Wollen ist, das zum Lernerfolg beiträgt, sondern die Verarbeitung des Lernmaterials, die sich daraus ergibt. Absichtliches Lernen kann im Alltag erfolgreicher sein als inzidentelles, wenn man zum Lernen Verarbeitungsformen wählt, die das Gedächtnis fördern.

Kontextabhängigkeit von Lernen und Erinnern

Welche Verarbeitung ist für das Gedächtnis hilfreich? Es ist nicht immer die bedeutungshaltige Verarbeitung, die zu besserem Erinnern führt. Wichtiger als die vermeintliche Tiefe der Verarbeitung ist die Passung zwischen der Verarbeitung beim Erwerb und der Verarbeitung beim Erinnern: Die Gedächtnisleistung ist umso besser, je mehr die kognitiven Prozesse beim Lernen mit denen in der Erinnerungsphase übereinstimmen. Wenn die Versuchsperson beispielsweise beim Lesen einer Wortliste eine Orientierungsaufgabe bekommt, bei der sie auf die Anfangsbuchstaben der Wörter achten soll, dann fällt es ihr später leichter, die Wörter anhand von Anfangsbuchstaben als Hinweisen zu erinnern, etwa: »Geben Sie alle Wörter wieder, die mit G anfangen«. Wenn dagegen die Orientierungsaufgabe beim Lernen die Aufmerksamkeit auf die Bedeutung der Wörter richtet, ist anschließend die Wiedergabe anhand von semantischen Hinweisen leichter, z. B.: »Geben Sie alle Wörter wieder, die Tiere bezeichnen«. Dieses Prinzip wird als **Enkodierspezifität** bezeichnet (Wiseman & Tulving, 1976).

Das Prinzip der Passung gilt aber nicht nur für die Verarbeitungsprozesse, die zur Erledigung einer Aufgabe ablaufen. Sie erstreckt sich auch auf Merkmale des Kontextes, der für die Aufgabe irrelevant ist, beispielsweise die Einrichtung des Raums oder die Stimmung der lernenden Person. Eine bekannte Demonstration der Kontext-Passung stammt von Godden und Baddeley (1975). Sie ließen Taucher Wortlisten an Land oder unter Wasser lernen und fragten sie ebenfalls an Land oder unter Wasser wieder ab. Die Taucher, die an Land gelernt hatten, konnten auch an Land mehr Wörter wiedergeben als unter Wasser. Die Taucher, die unter Wasser gelernt hatten, konnten auch unter Wasser mehr wiedergeben als an Land.

Diese Ergebnisse weisen darauf hin, dass unser Gedächtnis fortlaufend das, was es zeitgleich erlebt – einschließlich irrelevanter Kontextmerkmale – miteinander verknüpft. Bei dem Versuch, etwas zu erinnern, verwendet es wiederum alle augenblicklich vorliegende Information als potenziellen Hinweisreiz, um anhand der bestehenden Verknüpfungen die gesuchte Information wiederherzustellen. Abruf aus dem Gedächtnis ist also der Versuch, ein früher erlebtes Muster anhand von gegenwärtig gegebenen Bruchstücken zu rekonstruieren.

Diese Einsicht hat große praktische Bedeutung: Ein Sachverhalt wird nicht unabhängig vom Kontext erinnert. Beim gezielten Lernen sollten wir daher versuchen, den Verwendungskontext des Lernstoffs vorwegzunehmen. Das heißt aber auch, dass Wissen, welches erfolgreich für den Kontext einer Prüfung gelernt wurde, nicht unbedingt optimal für den späteren Anwendungskontext in der Praxis außerhalb von Schule oder Universität gelernt ist.

Eine weitere Konsequenz von praktischer Bedeutung ist: Je mehr wir beim Lernen die zu lernende Information mit anderen Inhalten verknüpfen, desto dichter wird das Netz der Assoziationen, in das der Lerngegenstand eingewoben ist, und desto größer ist die Chance, die Repräsentation des Gelernten anhand dieser Verknüpfungen wiederherstellen zu können. Dieses Prinzip der **Elaboration** ist auch bereits aus Experimenten zur Untersuchung der Verarbeitungstiefe bekannt. Es hat sich beispielsweise gezeigt, dass Wörter besser erinnert werden, wenn sie (zur Vervollständigung eines Satzes mit Lücke) selbst generiert werden, als wenn sie nur

gelesen werden. Dies liegt vermutlich daran, dass zum Generieren der Satzkontext verwendet werden muss und daher auch intensiv verarbeitet wird. Diese Erkenntnis ist auch die Grundlage für die Unterscheidung von Maintenance Rehearsal und Elaborative Rehearsal, die im Abschnitt über das Arbeitsgedächtnis angesprochen wurde.

Wiederholung

Wenn wir uns bemühen, einen neuen Inhalt im Gedächtnis zu behalten – etwa beim Lernen von Unterrichtsstoff – kommt es nicht nur auf vielfältige Elaboration an, sondern auch auf die zeitliche Verteilung von Wiederholungen des Lerninhalts. Wenn zwischen den Wiederholungen Pausen gemacht werden, bleibt der gelernte Stoff besser und länger im Gedächtnis, als wenn die Wiederholungen unmittelbar aufeinander folgen. Zeitlich verteiltes Lernen ist gegenüber kompakt zusammenliegenden Wiederholungen vor allem beim langfristigen Behalten überlegen. Eine Erklärung für den Effekt der zeitlichen Verteilung beruht auf der Annahme, dass bei jeder Wiederholung das frühere Lernereignis aus dem Gedächtnis abgerufen wird. Das ist bei längeren zeitlichen Abständen schwieriger, sodass die Person dem zu lernenden Inhalt mehr Aufmerksamkeit widmen muss und ihn dadurch besser elaboriert. Bei kurzfristiger Wiederholung dagegen wirkt der Lerngegenstand unmittelbar vertraut. Dadurch ist der Gegenstand einerseits weniger interessant, andererseits entsteht das oft irreführende Gefühl, ihn bereits gut genug gelernt zu haben – beides reduziert die Aufmerksamkeit und dadurch den Lernzuwachs (Dempster, 1996).

Rekonstruktion von Mustern in Netzwerken

Gedächtnisprozesse werden heute häufig mit Hilfe konnektionistischer Modelle (▶ Kap. 32 und 34) untersucht. Diese Modelle eignen sich, die Herstellung vielfältiger Verknüpfungen zwischen Komponenten eines erlebten Ereignisses nachzubilden. Das Gedächtnis wird als ein Netzwerk von »Einheiten« beschrieben, die wie stark vereinfachte Nervenzellen funktionieren und dicht miteinander verknüpft sind. Ein Lerngegenstand, z. B. ein Wort in einer Liste, wird in dem Netzwerk dadurch repräsentiert, dass eine Anzahl von Einheiten aktiviert werden. Die Einheiten stehen z. B. für die Phoneme, aus denen das Wort zusammengesetzt ist, sowie für Komponenten seiner Bedeutung. Zusätzlich werden weitere Einheiten aktiviert, die Merkmale des Kontextes repräsentieren, beispielsweise die Bedeutung vorangegangener Wörter in der Liste, Gedanken, die dem Lernenden beim Lesen des Wortes in den Sinn kommen, oder auch die Farbe der Tapete. Lernen besteht nun darin, dass die Verknüpfungen zwischen allen Einheiten, die gleichzeitig aktiv sind, ein klein wenig verstärkt werden. Beim Abrufen aus dem Gedächtnis ist es erforderlich, dem Netzwerk wenigstens einen Teil des Kontextes als Hinweisreiz wieder zu geben, d. h., einen Teil des Musters aktivierter Einheiten, das beim Lernen bestand, wiederherzustellen. Anhand der verstärkten Verknüpfungen kann das Netz dann das ursprüngliche Muster näherungsweise wiederherstellen und dadurch den gesuchten Lerninhalt reproduzieren.

Die Rekonstruktion eines Musters in einem netzwerkartigen Gedächtnis gelingt aber immer nur näherungsweise, weil die Verbindungsstärken zwischen den Einheiten niemals perfekt widerspiegeln, welche Einheiten in der Lernsituation gleichzeitig aktiv waren. Das liegt daran, dass das Netz nicht nach dem Lernen einer einzigen Situation still abwartet. Stattdessen lernt es von Moment zu Moment weiter. Jedes weitere Lernen verändert die Verbindungsstärken zwischen den Elementen weiter. So stört das Lernen neuer Inhalte das Behalten älterer. Man spricht hier von retroaktiver Interferenz. Die Modellierung von Gedächtnisprozessen in konnektionistischen Netzen zeigt also nicht nur, wie Gedächtnis funktioniert, sondern auch, warum es oft versagt. Dazu kommen wir im folgenden Abschnitt.

10.3.2 Warum können wir uns oft nicht erinnern?

Warum vergessen wir? Eine nahe liegende Antwort ist, dass Gedächtnisspuren mit der Zeit verloren gehen. Allerdings können wir oft Ereignisse oder Wissensbestandteile, die wir vergessen geglaubt haben, wieder erinnern, wenn wir die richtigen Hinweise erhalten. Das zeigt z. B. eine Untersuchung von Wagenaar (1986), der sein eigenes Gedächtnis über einen Zeitraum von 5 Jahren untersuchte (▶ Kasten).

> **Das Gedächtnisexperiment von Wagenaar (1986)**
> Wagenaar schrieb jeden Tag mindestens ein besonders wichtiges Erlebnis auf eine Karteikarte und notierte dazu kurze Antworten auf 4 Fragen: Was, wann, wo und wer war beteiligt? Anschließend versuchte er, sich an die Ereignisse zu erinnern, indem er sich von einer Assistentin die Antworten auf erst eine, dann 2, dann 3, dann alle 4 Fragen als Hinweise geben ließ. Je mehr Hinweise er erhielt, desto größer war die Wahrscheinlichkeit, dass er das ganze Ereignis erinnern konnte. Bei einigen Ereignissen versagte sein Gedächtnis allerdings auch dann noch, als er sich seine komplette Karteikarte ansah – er konnte das Ereignis, das er aufgeschrieben hatte, nicht wiedererkennen. In einigen dieser Fälle konnte er Personen kontaktieren, die an der Episode beteilt waren und ihm weitere Details als Hinweise nannten. Dadurch konnte er sich schließlich viele dieser Ereignisse in Erinnerung rufen, die andernfalls verloren gegangen wären. Wagenaar schloss daraus, dass die meisten, vielleicht sogar alle Erinnerungsspuren in unserem Langzeitgedächtnis erhalten bleiben und wieder abgerufen können, wenn wir nur die richtigen Hinweise bekommen.

Proaktive und retroaktive Interferenz

Auch mit Hilfe vieler Hinweise können wir oft einen bestimmten gesuchten Gedächtnisinhalt nicht erinnern. Das liegt meist daran, dass die Hinweise nicht spezifisch sind: Sie aktivieren mehrere verschiedene Gedächtnisinhalte, die um den Abruf konkurrieren. Das kann dazu führen, dass wir uns an die falsche Information erinnern, etwa wenn wir den Namen eines Bekannten mit dem eines anderen verwechseln. Es kann auch zu einer wechselseitigen Blockade aller Inhalte führen, sodass wir subjektiv unfähig sind, überhaupt etwas zu erinnern. Die wechselseitige Störung von Gedächtnisinhalten, die beim Abruf gleichermaßen aktiviert werden, wird als Interferenz bezeichnet. Von **retroaktiver Interferenz** spricht man, wenn früher erworbene Gedächtnisinhalte von späteren gestört werden. Wenn früher Gelerntes das Wiedergeben von später Erlerntem behindert, nennen wir das **proaktive Interferenz**.

Die Wirkung der proaktiven Interferenz kann anhand eines Experiments von Kliegl und Lindenberger (1993) illustriert werden. Junge und alte Erwachsene versuchten, sich eine Reihe von willkürlich zusammengestellten Wortpaaren zu merken. Das erste Wort war immer eine Ortsbezeichnung (z. B. »Kirche«) und wurde beim Abfragen als Hinweis für das damit verbundene zweite Wort verwendet. Den Versuchspersonen wurde eine Elaborationsstrategie erklärt, die sich in zahlreichen anderen Studien als wirksam erwiesen hatte: Sie sollten sich bildlich vorstellen, wie die von den beiden Wörtern bezeichneten Gegenstände miteinander interagierten. Für das Wortpaar »Kirche – Elefant« sollten sie sich beispielsweise einen Elefanten vorstellen, der in eine Kirche spaziert. Nach Lernen und Abfragen einer ersten Serie von Wortpaaren mussten die Versuchspersonen noch vier weitere Serien durchlaufen. Dabei wurden dieselben Wörter wiederverwendet, aber jedes Mal neu gepaart. In der zweiten Serie konnte also das Wortpaar »Kirche – Lampe« auftauche, während »Elefant« mit einem anderen Ort gepaart wurde, der ebenfalls in der ersten Serie schon verwendet wurde. Diese Technik wird als AB-ABr-Design bezeichnet (das »r« steht für »reordered«). Dabei entsteht besonders viel proaktive Interferenz, weil in späteren Serien dieselben Hinweise verwendet werden wie in früheren. Proaktive Interferenz äußert sich zum einen darin, dass die Gesamtleistung beim Reproduzieren der richtigen Paar-Ergänzungen von Serie zu Serie geringer wird. Zum anderen findet man in den Antworten der Versuchspersonen überzufällig häufig sog. Intrusionen, das sind Wörter, die in einer früheren, aber nicht der aktuellen Serie mit dem gegebenen Hinweiswort verbunden waren. Kliegl und Lindenberger (1993) konnten zeigen, dass die schlechtere Gedächtnisleistung der alten Versuchsteilnehmer im Vergleich zu den jüngeren vor allem auf ihren höheren Anteil an Intrusionen zurückgeht. Das nachlassende Gedächtnis im höheren Alter beruht also nicht auf einem schnelleren Verlust von Gedächtnisspuren. Im Gegenteil: Ältere Gedächtnisspuren, die nicht mehr relevant sind, kommen bei älteren Menschen sogar stärker zum Tragen. Was im Alter nachlässt, ist vor allem die Fähigkeit, zwischen Gedächtnisspuren zu unterscheiden.

Generell ist das Ausmaß an proaktiver und retroaktiver Interferenz umso höher, je ähnlicher sich die Hinweisreize und die Inhalte der gewünschten und der unerwünschten, konkurrierenden Gedächtnisspuren sind. Um Interferenz entgegenzuwirken, ist es daher notwendig, Gedächtnisspuren mit möglichst hoher **Distinktivität** anzulegen, also solche, die sich von anderen, potenziell konkurrierenden Spuren möglichst deutlich unterscheiden. Dazu kann die Elaboration dienen, indem sie den neu zu lernenden Inhalt mit möglichst distinkter Information verknüpft. Eine wirksame Gedächtnisstrategie beim Lernen von Paarassoziationen beispielsweise ist, sich möglichst bizarre Bilder einfallen zu lassen, also etwa den Elefanten in der Kirche die Kerzen auf dem Altar ausblasen lassen.

Arbeitsteilung im Gedächtnis: die Rolle des Hippocampus

Warum kommt es überhaupt zur Interferenz? Könnte unser Gedächtnis nicht so organisiert sein, dass jedes Ereignis getrennt von allen anderen abgelegt wird? Bibliotheken und die Festplatten von Computern sind so aufgebaut. Ein Nachteil dieser Struktur ist, dass es schwierig und langwierig werden kann, einen gesuchten Inhalt zu finden, weil der Inhalt anhand einer willkürlichen Adresse herausgesucht werden muss, z. B. der Signatur in einer Bibliothek. Geht die Verknüpfung zwischen Inhalt und Adresse verloren, ist der Inhalt unwiederbringlich verloren. Unser menschliches Gedächtnis dagegen beruht auf vielfältigen Verknüpfungen von Komponenten eines Erlebnisses zu einem Muster, sodass das Gesamtmuster von unterschiedlichen Teilmustern aus rekonstruiert werden kann. Die »Adresse« für unsere Erinnerungen sind also die Inhalte der Erinnerung selbst sowie ihr Kontext. Jedes Teil des Musters kann als Hinweis für den Rest dienen.

Ein noch wichtigerer Grund aber dafür, dass unser Gedächtnis nicht wie eine Bibliothek organisiert ist, dürfte darin liegen, dass seine Funktion nicht nur darin besteht, uns mit Erinnerungen an einzelne Erlebnisse auszustatten. Das Gedächtnis muss vor allem die verallgemeinerbaren Strukturen und Zusammenhänge in unserer Umwelt registrieren und zur Vorhersage von Ereignissen und Handlungseffekten nutzen. Es muss also die Ähnlichkeit zwischen einzelnen Erfahrungen erkennen und aus ähnlichen Ereignissen das Gemeinsame herausdestillieren. Beispielsweise sind die Erinnerungen einer 10-Jährigen an einzelne Kindergeburtstage, die sie besucht hat, zweifellos eine persönliche Bereicherung. Für ihr erfolgreiches Handeln in der sozialen Umwelt aber ist es wichtiger, die allgemeinen Regeln von Kindergeburtstagen zu lernen – etwa wer wann die Kerzen auf der Torte ausblasen darf. Zwischen dem Erinnern einzelner Episoden und der Abstraktion allgemeiner Schemata besteht daher ein Konflikt: Je mehr das Gedächtnis das Gemeinsame vieler einzelner, ähnlicher Ereignisse und Gegenstände hervorhebt, desto mehr gehen die distinkten Details der einzelnen Episoden verloren, sodass sie nicht mehr voneinander unterschieden werden können. Interferenz ist der Preis, den wir für unsere Fähigkeit zur Generalisierung bezahlen.

Unser Gedächtnis scheint einen Weg gefunden zu haben, der den Konflikt zwischen Generalisierung und Erinnerung an einzelne Episoden durch Arbeitsteilung entschärft. Dabei spielt der Hippocampus, jene Struktur, die bei Amnesiepatienten geschädigt ist, eine wichtige Rolle. Diese Idee haben McClelland, McNaughton und O'Reilly (1995) in einem konnektionistischen Modell des Gedächtnisses umgesetzt, das aus zwei Subsystemen besteht, eins zur Simulation des Lernens im Hippocampus und eins zur Simulation des Lernens im Kortex (◘ Abb. 10.3). Die Autoren nehmen an, dass die Großhirnrinde (Kortex) jedes Ereignis als ein Muster von aktivierten Einheiten in einem eng verknüpften Netzwerk repräsentiert. Jede dieser Einheiten kann an vielen verschiedenen Mustern beteiligt sein. Beim Lernen einer neuen Episode werden die Stärken der Verbindungen zwischen den Einheiten modifiziert. Dadurch werden früher gelernte Muster von später gelernten überlagert. Diese Überlagerung führt dazu, dass die Gemeinsamkeiten der Muster allmählich verstärkt werden und die Unterschiede sich ausmitteln – wie wenn die Negative vieler ähnlicher, aber nicht identischer Photographien übereinander gelegt werden. Auf diese Weise entsteht eine abstrakte Repräsentation im Kortex, die das Gemeinsame der einzelnen Muster betont und die Unterschiede nivelliert. Zusätzlich werden die aktiven Einheiten jedes Musters mit einer

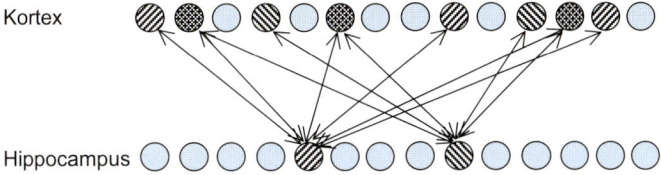

◘ **Abb. 10.3.** Vereinfachte Skizze des Hippocampus-Kortex-Modell. Im Kortexmodul werden zwei Ereignisse als zwei Muster aktivierter Elemente repräsentiert *(links schraffiert vs. rechts schraffiert)*, die sich stark überlappen (Elemente, die zu beiden Mustern gehören, sind *gekreuzt schraffiert)*. Jedes Muster wird mit einer kompakten Repräsentation im Hippocampusmodul verknüpft, die von anderen Repräsentationen weitgehend getrennt ist. Anhand der Hippocampusrepräsentation kann das zugehörige Muster im Kortexmodul separat von anderen, ähnlichen Mustern reproduziert werden

Repräsentation im Hippocampus verknüpft. Die Repräsentationen verschiedener Ereignisse im Hippocampus überlagern einander kaum – sie sind distinkter als die Repräsentationen im Kortex und dienen so dazu, die einzelnen Ereignisse im Gedächtnis auseinander zu halten.

Die Repräsentationen im Hippocampus haben noch eine zweite Funktion im Modell von McClelland et al. (1995). In Simulationen mit konnektionistischen Netzwerken hat sich gezeigt, dass Interferenz zwischen mehreren ähnlichen Wissensinhalten am besten vermieden werden kann, wenn die Inhalte zeitlich verteilt und abwechselnd gelernt werden. In diesen Netzwerksimulationen findet sich also ein ähnlicher Vorteil des verteilten Lernens wie beim Menschen, und das spricht für sie.

Allerdings können Menschen auch vieles erinnern, was sie nur ein einziges Mal erlebt haben. In Netzwerksimulationen tritt dagegen retroaktive Interferenz in einem katastrophalen Ausmaß auf. Wenn ein Netzwerk beispielsweise lernt, dass Paul jetzt mit Marianne zusammen ist, würde es komplett vergessen, dass Paul zuvor mit Julia zusammen war. Nur wenn das Netzwerk abwechselnd die Verbindung Paul–Marianne und Paul–Julia präsentiert bekommt und jedes Mal die Verbindungsstärken zwischen seinen Einheiten ein klein wenig anpasst, kann es einen Zustand erreichen, der beide Verbindungen – getrennt nach den entsprechenden Zeiträumen – repräsentiert.

Die Wirklichkeit liefert uns Erfahrungen nicht immer mit dem Maß an Abwechslung, das katastrophale Interferenzen verhindern hilft. Der Hippocampus aber kann verteiltes Lernen erzeugen, indem er dem Kortex seine Repräsentationen abwechselnd vorspielt. Der Hippocampus wird daher bei McClelland et al. (1995) auch als »Lehrer des Kortex« bezeichnet. Es wird spekuliert, dass der Hippocampus diese Aufgabe hauptsächlich im Schlaf ausführt, wenn der Kortex keine externen Erfahrungen verarbeitet. Das könnte erklären, warum Schlaf für die Konsolidierung von Gedächtnisinhalten von Bedeutung ist (Born & Plihal, 2000).

Richtiges Vergessen, falsches Erinnern

Retroaktive Interferenz ist zweifellos einer der Gründe, warum unsere Erinnerung mit zunehmendem zeitlichen Abstand schlechter wird, wie es in der Vergessenskurve von Ebbinghaus (1885) ausgedrückt wird. Ein weiterer Grund dürfte sein, dass unsere Erinnerungen immer Rekonstruktionen anhand der augenblicklich verfügbaren Information sind. Als Hinweise für die Rekonstruktion werden vielfältige Quellen herangezogen: unsere augenblicklichen Gedanken und Gefühle, die physikalische Umgebung, aber auch – sofern es sich nicht um eine Prüfung handelt – andere Personen. All diese Gegebenheiten aber ändern sich allmählich über die Zeit: Wir ändern kontinuierlich unsere Weltsicht und unsere Interessen, die physikalische wie die soziale Umgebung, und dadurch weicht der Kontext, in dem wir eine Information aus dem Gedächtnis abrufen, mit zunehmendem zeitlichen Abstand zur ursprünglichen Er-

fahrung immer mehr vom Kontext der Enkodierung ab. Die Passung zwischen Enkodier- und Abrufkontext wird daher i. Allg. mit der Zeit geringer. Wenn wir uns als Erwachsene an Erlebnisse aus unseren ersten drei Lebensjahren erinnern wollen, sind diese Kontexte – vor allem die mentalen Zustände – so verschieden, dass wir kaum noch eine Chance haben, aus dieser Zeit Erinnerungen zu produzieren. Dies ist eine von mehreren möglichen Erklärung für die sog. **Kindheitsamnesie**: Fast niemand hat eine episodische Erinnerung an ein Ereignis vor seinem 3. Geburtstag (Kail, 1992).

Unsere Unfähigkeit, Inhalte aus früheren, ganz anderen Kontexten zu erinnern, ist für uns persönlich manchmal traurig, aber in der Regel funktional. Anderson und Schooler (1991) haben argumentiert, dass die Verfügbarkeit von Gedächtnisinhalten recht gut mit deren zu erwartender Relevanz für aktuelle Aufgaben korrespondiert. Inhalte, die aus ganz anderen Kontexten als dem augenblicklichen stammen, werden aller Wahrscheinlichkeit nach im gegenwärtigen Kontext auch nicht benötigt. Die zunehmende Unzugänglichkeit von Erinnerungen über die Zeit könnte ebenfalls eine Anpassung des Gedächtnisses an eine Umwelt sein, in der die Wahrscheinlichkeit, eine Information in naher Zukunft zu benötigen, abnimmt, je länger es her ist, dass wir diese Information in der Vergangenheit benutzt haben. Anderson und Schooler haben das anhand von E-Mail-Adressen demonstriert: Die Wahrscheinlichkeit, von einer bestimmten Person an einem Tag eine E-Mail zu bekommen, verringerte sich mit der Zeit, die seit der letzten E-Mail von dieser Person vergangen ist, und diese Kurve hatte eine Form, die der Vergessenskurve von Ebbinghaus sehr ähnlich ist. Ein Gedächtnis, das umso mehr Information über den Sender einer E-Mail zur Verfügung stellt, je kürzer die letzte Interaktion mit dieser Person zurückliegt, ist daher an den zu erwartenden Informationsbedarf gut angepasst.

Vergessen ist also oft nützlich: Es vermeidet proaktive Interferenz durch Information, die voraussichtlich nicht mehr benötigt wird. Umgekehrt ist Erinnern nicht immer von Vorteil. Erinnerung ist kein Zugriff auf eine getreue Kopie des ursprünglichen Ereignisses, sondern eine Rekonstruktion anhand gegenwärtiger Information und der Spuren früherer Verarbeitungsprozesse. Diese Rekonstruktion wird leicht zur Konstruktion von »Erinnerungen« an etwas, das niemals stattgefunden hat. Dies lässt sich anhand des Experiments von Roediger und McDermott (1995) nachvollziehen (▶ Kasten).

Ein natürliches Experiment, das eine ganz ähnliche Situation herstellt, lieferte die Berichterstattung der Medien über den Irak-Krieg 2003. Lewandowsky, Stritzke, Oberauer und Morales (2005) haben im Mai 2003 Studierende in Deutschland, Australien und den USA über ihre Erinnerungen an den gerade offiziell beendeten Irak-Krieg befragt: 5% der Befragten in Deutschland, 17% der Australier und 34% der Studierenden in den USA glaubten, dass im Irak Massenvernichtungswaffen gefunden worden seien.

Richtiges und falsches Erinnern – das Experiment von Roediger und McDermott (1995)

Die Vorgehensweise von Roediger und McDermott lässt sich an folgendem Beispiel darstellen:

Prägen Sie sich die Liste der Wörter gut ein und decken Sie dann die Wörter ab. Schreiben Sie nun möglichst viele der Listenwörter auf.

- Faden
- Auge
- Spritze
- Nähen
- Schmerz
- Punkt
- Stechen
- Heuhaufen
- Dorn
- Injektion
- Stoff
- Spitze
- Stricken

Haben Sie das Wort »Nadel« wiedergegeben? Wenn ja, wie sicher sind Sie, dass dieses Wort in der Liste war?

»Nadel« stand nicht in der Liste, aber jedes Wort in der Liste hat eine Assoziation mit »Nadel«. All diese Wörter funktionieren also als Hinweise, die uns beim Erinnern zur Konstruktion von »Nadel« drängen.

Tatsächlich fanden Roediger und McDermott (1995), dass etwa die Hälfte der Versuchspersonen bei Listen, die nach diesem Prinzip konstruiert wurden, das fehlende, aber stark assoziierte Wort fälschlich wiedergegeben haben, oft mit großer subjektiver Sicherheit.

10.3.3 Gedächtnis und Suggestion

Unser Gedächtnis lässt uns nicht nur im Stich, indem es manches Wichtige vergisst, sondern auch, indem es Erinnerungen aufgrund späterer Beeinflussung verzerrt. Das wird besonders deutlich bei Studien, die den Effekt von suggestiven Einflüssen auf Erinnerungen untersuchen. Eine Frage wie »Womit hat der Einbrecher das Fenster eingeschlagen?« erhöht beispielsweise die Wahrscheinlichkeit eines Zeugen, sich später daran zu erinnern, dass der Einbrecher das Fenster eingeschlagen hat, auch wenn das gar nicht der Fall war. Besonders Kinder sind anfällig für derartige Suggestionen (für einen Überblick s. Ceci & Bruck, 1993). Die manipulative Wirkung von suggestiven Fragen wird verstärkt durch mehrmaliges Wiederholen derselben Fragen, wie es bei Zeugenbefragungen in polizeilichen Ermittlungen häufig vorkommt. Sie wird auch verstärkt, wenn der suggerierte Sachverhalt mit einem Stereotyp oder Vorurteil übereinstimmt – unsere Erinnerung an persönlich erlebte Ereignisse ist eine Rekonstruktion, die auch unser allgemeines Weltwissen, einschließlich falscher Überzeugungen, zu Hilfe nimmt. Darin zeigt sich auch, dass das episodische Gedächtnis nicht vollständig vom semantischen Gedächtnis getrennt ist.

Die Kraft suggestiver Einflüsse auf episodische Erinnerungen ist bei manchen Menschen so groß, dass sie sich an Ereignisse erinnern, die nie stattgefunden haben. In mehreren Studien ist es mittlerweile gelungen, einem Teil der Versuchspersonen komplett erfundene Erinnerungen einzupflanzen. Beispielsweise haben Loftus und Pickrell (1995) ihren Versuchspersonen vier Geschichten aus ihrer Kindheit erzählt – drei davon waren wahr, die vierte war erfunden (die Versuchsleiter hatten sich zuvor ausführlich bei den Eltern der Versuchspersonen informiert). Die Versuchspersonen wurden zunächst aufgefordert, sich an De-

tails dieser Ereignisse zu erinnern. Anschließend wurden sie noch zweimal zu den vier Ereignissen befragt. Ein Viertel der Versuchspersonen konnte Details zu der erfundenen Episode »erinnern«, und einige von ihnen waren – nach Aufklärung über das experimentelle Design – nicht in der Lage, die erfundene Geschichte unter den vier Ereignissen zu identifizieren.

Eine Studie von Clancy, McNally, Schacter, Lenzenweger und Pitman (2002) spricht dafür, dass die Anfälligkeit für suggestive Einflüsse auch von Personenmerkmalen abhängt. Die Autoren haben über Zeitungsanzeigen Menschen ausfindig gemacht, die sich daran erinnerten, von Außerirdischen entführt worden zu sein, und sie gebeten, die Wortlisten von Roediger und McDermott (1995) zu lernen. Die »Entführten« haben häufiger als eine Kontrollgruppe die kritischen Wörter wiedergegeben, die nicht selbst in der Liste enthalten waren, aber mit den Listenwörtern stark assoziiert waren. Scheinbar sind diese Personen besonders anfällig für suggestive Einflüsse auf ihre Erinnerungen, sowohl durch im Labor gelernte Listen als auch durch Science-Fiction-Literatur und Fernsehdokumentationen über UFO-Sichtungen.

Die Wirkung suggestiver Information auf das episodische Gedächtnis lässt sich mit Hilfe des Konzepts vom **Quellengedächtnis** erklären (Mitchell & Johnson, 2000). Neben der Erinnerung an den informativen Inhalt eines Ereignisses (z. B., dass der Einbrecher das Fenster eingeschlagen hat) erinnern wir in der Regel auch die Quelle dieser Information (z. B., dass wir es gesehen haben oder dass es uns jemand erzählt hat). Wenn wir den Inhalt eines Ereignisses behalten, aber die Quelle vergessen, und zusätzliche Faktoren uns nahe legen, eigenes Erleben für die Quelle einer Information zu halten, die tatsächlich aus einer anderen, weniger zuverlässigen Quelle stammt (beispielsweise den suggestiven Fragen einer Versuchsleiterin oder einer Zeitungsmeldung), entsteht eine Erinnerung an ein Ereignis, das wir niemals erlebt haben.

Ein wichtiger Faktor, der uns hilft, selbst Erlebtes von Informationen aus indirekteren Quellen zu unterscheiden, ist der Detailreichtum unserer Erinnerungen: Erinnerungen an persönliche Erlebnisse sind üblicherweise stärker mit sensorischen Details (z. B. der Stimmlage eines Sprechers, Farben, räumliche Perspektive) verbunden als Erinnerungen an etwas, was wir nur gelesen oder uns ausgedacht haben. Das bedeutet aber auch, dass das Potenzial einer Fehlinformation, sich als falsche Erinnerung festzusetzen, erhöht werden kann, indem man sich das vermeintliche Ereignis (etwa die Entführung in einem UFO) lebhaft vorstellt und dadurch fiktive sensorische Details erzeugt.

Die vermeintliche Fähigkeit, unter Hypnose verschüttete Erinnerungen freizulegen, geht vermutlich darauf zurück, dass wir unter Hypnose besonders empfänglich sind

Elizabeth F. Loftus

Elizabeth F. Loftus wurde 1944 in Los Angeles, Kalifornien, geboren. Sie studierte Mathematik und Psychologie an der University of California, Los Angeles, und promovierte 1970 in kognitiver Psychologie in Stanford. Von 1973 bis 2002 war sie Professorin für Psychologie und Jura an der Universtiy of Washington in Seattle. Zurzeit ist sie als Professorin in den Fachgebieten Psychologie, Kriminologie und Recht, Kognitionswissenschaft und Neurobiologie an der University of California, Irvine, tätig.

In ihrer frühen Forschungstätigkeit beschäftigte sie sich mit dem semantischen Gedächtnis. 1974 stellte sie erstmals eine Untersuchung über die Glaubwürdigkeit von Zeugenaussagen vor – ein Thema, das sie über Jahrzehnte zu ihrem Forschungsschwerpunkt machte. Diese Forschung bildet die wissenschaftliche Grundlage für ihre umfangreiche Tätigkeit als Gutachterin bei Strafprozessen. Sie erhob Bedenken gegen die unbedingte Glaubwürdigkeit von Erinnerungen an traumatische Erlebnisse wie Kindesmissbrauch oder satanische Rituale und setzte sich damit zahlreichen Anfeindungen aus.

für suggestive Information – Hypnose erhöht nicht unsere Fähigkeit, uns zu erinnern, wohl aber unsere Überzeugung, dass ein erinnerter Inhalt tatsächlich auf persönliches Erleben zurückgeht (Loftus, 1993). Auch andere therapeutische Techniken, vermutete verdrängte Erinnerungen ans Licht des Bewusstseins zu bringen, etwa die Aufforderung an die Klienten, sich die vermuteten Ereignisse lebhaft vorzustellen, sind geeignet, falsche Erinnerungen zu erzeugen. Loftus (▶ Kurzbiographie) argumentiert, dass ein substanzieller Anteil der Fälle, in denen Erwachsene im Laufe einer Therapie Erinnerungen an sexuellen Missbrauch in ihrer Kindheit erleben, durch suggestive therapeutische Methoden zustande gekommen ist.

10.3.4 Implizites Gedächtnis

Unter implizitem Gedächtnis oder implizitem Lernen versteht man den Einfluss früherer Erfahrung auf gegenwärtige kognitive Prozesse, ohne dass die Person sich dessen bewusst ist, dass sie auf Gedächtnisspuren zurückgreift. Eine Form von implizitem Wissen ist **prozedurales Wissen**, das sich in einer allmählich zunehmenden Flüssigkeit und Präzision von oft wiederholten Denk- und Handlungsabläufen äußert. Prozedurales Wissen äußert sich in Fertigkeiten wie Klavierspielen, Kartoffelschälen oder dem Lösen mathematischer Gleichungen. Es besteht aus gelernten Assoziationen zwischen Stimuli, den passenden Reaktionen auf sie, und den daraus resultierenden Ergebnissen. Die Bremslichter des voranfahrenden Fahrzeugs beispielsweise lösen beim Autofahrer die Betätigung der Bremsen aus und zugleich erzeugt diese Reaktion die Erwartung, dass das Auto abbremst. Prozedurales Wissen enthält außerdem Assoziationen zwischen aufeinander folgenden Stimuli (etwa zwischen aufeinander folgenden Noten eines gut geübten Klavierstücks) und zwischen aufeinander folgenden Handlungsschritten (z. B. zwischen den Bewegungen für einzelne Tastenanschläge).

Der Erwerb prozeduralen Wissens wurde im Labor vor allem mit der sog. **Sequenzlernaufgabe** untersucht (einen Überblick geben Buchner & Frensch, 2000). Dabei sieht die Versuchsperson üblicherweise eine Reihe von 4 Kästchen auf dem Computerbildschirm, denen je eine von 4 Tasten zugeordnet ist. Wenn eines der Kästchen aufleuchtet, muss die Person möglichst schnell die zugehörige Taste drücken; daraufhin leuchtet nach kurzer Zeit das nächste Kästchen auf. Die Versuchsperson wird nicht darüber informiert, dass die Abfolge der aufleuchtenden Kästchen einer komplexen Regel folgt, beispielsweise 1–4–3–2–4–2–1–3 (die Ziffern stehen für die 4 Kästchen). Über viele Wiederholungen dieser Sequenz wird die Versuchsperson immer schneller. Das allein ist nicht erstaunlich, denn die Übung dieser Aufgabe führt auch dann zu schnelleren Reaktionen, wenn die Reihenfolge der Kästchen zufällig ist. Wenn nach mehreren Blöcken mit der regelmäßigen Sequenz ein Block mit zufälliger Sequenz eingeführt wird, werden die Reaktionszeiten jedoch deutlich langsamer. Das zeigt, dass die Versuchspersonen die Sequenz gelernt haben. Viele von ihnen können aber anschließend nicht sagen, welcher Regel die Sequenz folgte, und manchen ist nicht einmal aufgefallen, dass die Abfolge überhaupt regelhaft war.

Ein starkes Argument dafür, dass es sich hier um implizites Lernen handelt, das unabhängig von explizitem Lernen erfolgt, ist die Beobachtung, dass auch Patienten mit Amnesie diesen Lerneffekt zeigen (Nissen & Bullemer, 1987). Der Erwerb prozeduralen Wissens ist bei amnestischen Patienten offenbar noch möglich, auch wenn sie keine explizite Erinnerung an die Lernepisoden haben. Daraus ergibt sich sogar eine Chance zur partiellen Rehabilitation von Amnesiepatienten. Schacter (1996) berichtet von einer Patientin, die aufgrund einer Hirnhautentzündung die Fähigkeit verloren hatte, neue explizite Erinnerungen zu erwerben. Mit Hilfe einer neuen Trainingsmethode war sie in der Lage, die prozeduralen Fertigkeiten zu erwerben, die sie für die Dateneingabe am Computer benötigte. Bei dieser »Vanishing-cue«-Methode werden zunächst in jeder Situation vollständige Anweisungen als Hinweisreize (»cues«) eingeblendet. Im Laufe des Trainings werden die Anweisungen schrittweise reduziert und schließlich ganz weggelassen. Nachdem sie die Verknüpfung einer Situation mit der zugehörigen Reaktion viele Male wiederholt hatte, konnte die Patientin die passende Reaktion auch ohne explizite Anweisung ausführen und wurde dabei allmählich immer schneller, sodass sie diese Tätigkeit schließlich so gut wie Gesunde ausführen konnte. Allerdings ist ihr Wissen im Gegensatz zum expliziten Wissen gesunder Menschen sehr unflexibel. Eine neue Version des Computerprogramms würde ihr prozedurales Wissen ins Leere laufen lassen, und weil sie die Prinzipien, nach denen das Programm funktioniert, nicht verstanden hat, könnte sie sich an die Veränderung nicht anpassen.

Eine andere Form des impliziten Gedächtnisses, die ebenfalls bei amnestischen Patienten unbeeinträchtigt ist, ist das **Priming**. Darunter versteht man, dass eine Repräsentation besser verfügbar ist, wenn sie kurz zuvor verwendet worden ist. Priming wird häufig anhand der **Wortstammergänzungsaufgabe** nachgewiesen (Schacter, 1996; ► Kap. 6). In der ersten Phase eines solchen Experiments bekommen die Versuchspersonen eine Liste von Wörtern zu lesen, meist im Zusammenhang mit einer Orientierungsaufgabe. Beispielsweise sollen sie die Wörter danach einschätzen, wie angenehm sie sind. In der zweiten Phase erhalten Versuchspersonen Wortstämme, die sie mit dem ersten passenden Wort, das ihnen einfällt, ergänzen sollen. Priming äußert sich darin, dass Versuchspersonen, die ein Wort in der ersten Phase gelesen haben, dieses Wort mit höherer Wahrscheinlichkeit zur Ergänzung eines Wortstamms verwenden als eine Vergleichsgruppe von Personen, die dieses Wort nicht gelesen haben. Das gelesene Wort ist also leichter verfügbar, auch wenn die Wortstamm-Aufgabe gar keinen Zugriff auf das Gedächtnis erfordert. Der Priming-Effekt ist sogar dann nachweisbar, wenn die Versuchspersonen ausdrücklich angewiesen werden, die Wörter aus der zuvor gelesenen Liste *nicht* zu verwenden! Eine mögliche Erklärung dafür ist das Modell von Jacoby (1991), nach dem implizite und explizite Zugriffe auf das Gedächtnis unabhängig voneinander das Verhalten beeinflussen. Der Einfluss des impliziten Gedächtnisses kann sich unserer Kontrolle entziehen, wenn ihm keine explizite Erinnerung gegenübersteht.

Literatur

Referenzliteratur

Atkinson, R.C. & Shiffrin, R.M. (1968). Human memory: A proposed system and its control processes. In K.W. Spence & J.T. Spence (Eds.), *The psychology of learning and motivation: Advances in research and theory* (pp. 89–195). New York: Academic Press.

Baddeley, A.D. (1986). *Working memory*. Oxford: Oxford University Press.

Baddeley, A.D. (1997). *Human memory* (rev. ed.). Hove: Psychology Press.

Baddeley, A.D. & Hitch, G.J. (1974). Working memory. In G.H. Bower (Ed.), *Recent advances in learning and motivation* (pp. 47–90). New York: Academic Press.

Conway, A.R.A., Kane, M.J. & Engle, R.W. (2003). Working memory capacity in its relation to general intellingence. *Trends in Cognitive Sciences, 7*, 547–552.

Miller, G.A. (1956). The magical number seven, plus or minus two: Some limits on our capacity for processing information. *Psychological Review, 63*, 81–97.

Schacter, D.L. (1996). *Searching for memory. The brain, the mind, and the past.* New York: Basic Books.

Zitierte Literatur

Anderson, J.R. & Schooler, L.J. (1991). Reflections of the environment in memory. *Psychological Science, 2*, 396–408.

Baddeley, A.D. (2000). The episodic buffer: a new component of working memory? *Trends in Cognitive Sciences, 4*, 417–423.

Baddeley, A.D., Thomson, N. & Buchanan, M. (1975). Word length and the structure of short-term memory. *Journal of Verbal Learning and Verbal Behavior, 14*, 575–589.

Born, J. & Plihal, W. (2000). Gedächtnisbildung im Schlaf: Die Bedeutung von Schlafstadien und Stresshormonfreisetzung. *Psychologische Rundschau, 51*, 198–208.

Brooks, L.R. (1968). Spatial and verbal components of the act of recall. *Canadian Journal of Psychology, 22*, 349–368.

Buchner, A. & Frensch, P.A. (2000). Wie nützlich sind Sequenzlernaufgaben? Zum theoretischen Status und der empirischen Befundlage eines Forschungsparadigmas. *Psychologische Rundschau, 51*, 10–18.

Cavanagh, J.P. (1972). Relation between the immediate memory span and the memory search rate. *Psychological Review, 79*, 525–530.

Ceci, S.J. & Bruck, M. (1993). Suggestibility of the child witness: a historical review and synthesis. *Psychological Bulletin, 113*, 403–439.

Clancy, S.A., McNally, R.J., Schacter, D.L., Lenzenweger, M.F. & Pitman, R.K. (2002). Memory distortion in people reporting abduction by aliens. *Journal of Abnormal Psychology, 111*, 455–461.

Conrad, R. & Hull, A.J. (1964). Information, acoustic confusion and memory span. *British Journal of Psychology, 55*, 429–432.

Cowan, N. (2001). The magical number 4 in short-term memory: a reconsideration of mental storage capacity. *Behavioral and Brain Sciences, 24*, 87–185.

Cowan, N., Wood, N.L., Wood, P.K., Keller, T.A., Nugent, L.D. & Keller, C.V. (1998). Two separate verbal processing rates contributes to short-term memory span. *Journal of Experimental Psychology: General, 127*, 141–160.

Curtis, C.E. & D'Esposito, M. (2003). Persistent activity in the prefrontal cortex during working memory. *Trends in Cognitive Sciences, 7*, 415–423.

Craik, F.I.M. & Lockhart, R.S. (1972). Levels of processing: a framework for memory research. *Journal of Verbal Learning and Verbal Behavior, 11*, 671–684.

Craik, F.I.M. & Watkins, M.J. (1973). The role of rehearsal in short-term memory. *Journal of Verbal Learning and Verbal Behavior, 12*, 599–607.

Daneman, M. & Carpenter, P.A. (1980). Individual differences in working memory and reading. *Journal of Verbal Learning and Verbal Behavior, 19*, 450–466.

Dempster, F.N. (1996). Distributing and managing the conditions of encoding and practice. In E.L. Bjork & R.A. Bjork (Eds.), *Memory. Handbook of perception and cognition* (2nd ed., pp. 317–344). San Diego, CA: Academic Press.

Ebbinghaus, H. (1885). *Über das Gedächtnis: Untersuchungen zur experimentellen Psychologie*. Leipzig: Duncker und Humboldt.

Godden, D.R. & Baddeley, A.D. (1975). Context-dependent memory in two natural environments: on land and underwater. *British Journal of Psychology, 66*, 325–332.

Hyde, T.S. & Jenkins, J.J. (1969). Differential effects of incidental tasks on the organization of recall of a list of highly associated words. *Journal of Experimental Psychology, 82*, 472–481.

Jacoby, L.L. (1991). A process dissociation framework: separating automatic from intentional uses of memory. *Journal of Memory and Language, 30*, 513–541.

James, W. (1890). *Principles of psychology*. New York: Holt.

Kail, R. (1992). *Gedächtnisentwicklung bei Kindern*. Heidelberg: Spektrum.

Klauer, K.C. & Zhao, Z. (2004). Double dissociations in visual and spatial short-term memory. *Journal of Experimental Psychology: General, 133*, 355–381.

Kliegl, R. & Lindenberger, U. (1993). Modeling intrusions and correct recall in episodic memory: adult age differences in encoding of list context. *Journal of Experimental Psychology: Learning, Memory, and Cognition, 19*, 617–637.

Lewandowsky, S., Stritzke, W.G.K., Oberauer, K. & Morales, M. (2005). Memory for fact, fiction, and misinformation. The Iraq war 2003. *Psychological Science, 16*, 190–195.

Loftus, E.F. (1993). The reality of repressed memories. *American Psychologist, 48*, 518–537.

Loftus, E.F. & Pickrell, J.E. (1995). The formation of false memories. *Psychiatric Annals, 25*, 720–725.

Logie, R.H. (1989). Characteristics of visual short-term memory. *European Journal of Cognitive Psychology, 1*, 275–284.

McClelland, J.L., McNaughton, B.L. & O'Reilly, R.C. (1995). Why there are complementary learning systems in the hippocampus and neocortex: insights from the successes and failures of connectionist models of learning and memory. *Psychological Review, 102*, 419–457.

Mitchell, K.J. & Johnson, M.K. (2000). Source monitoring. Attributing mental experience. In E. Tulving & F.I.M. Craik (Eds.), *The Oxford Handbook of Memory* (pp. 179–195). Oxford: Oxford University Press.

Musen, G. & Treisman, A. (1990). Implicit and explicit memory for visual patterns. *Journal of Experimental Psychology: Learning, Memory, and Cognition, 16*, 127–137.

Nissen, M.J. & Bullemer, P. (1987). Attentional requirements of learning: evidence from performance measures. *Cognitive Psychology, 19*, 1–32.

Roediger III, H.L. & McDermott, K.B. (1995). Creating false memories: remembering words not presented in lists. *Journal of Experimental Psychology: Learning, Memory, and Cognition, 21*, 803–814.

Smith, E.E. & Jonides, J. (1997). Working memory: a view from neuroimaging. *Cognitive Psychology, 33*, 5–42.

Tremblay, S. & Jones, D.M. (1998). Role of habituation in the irrelevant sound effect: evidence from the effects of token set size and rate of transition. *Journal of Experimental Psychology: Learning, Memory, and Cognition, 24*, 659–671.

Wagenaar, W.A. (1986). My memory: a study of autobiographical memory over six years. *Cognitive Psychology, 18*, 225–252.

Warrington, E.K. & Shallice, T. (1969). The selective impariment of auditory verbal short-term memory. *Brain, 92*, 885–896.

Wheeler, M.A., Stuss, D.T. & Tulving, E. (1997). Toward a theory of episodic memory: the frontal lobes and autonoetic consciousness. *Psychological Bulletin, 121*, 331–354.

Wiseman, S. & Tulving, E. (1976). Encoding specificity: relation between recall superiority and recognition failure. *Journal of Experimental Psychology: Human Learning and Memory, 2*, 349–361.

10

11 Elementare Lernprozesse

H. Lachnit

Lernen beeinflusst nahezu alles, was wir fühlen, denken und tun. Mit den Anforderungen unserer Umwelt können wir uns dann besonders erfolgreich auseinander setzen, wenn wir in der Lage sind, unser Verhalten in Abhängigkeit von Erfahrung zu verändern. Damit sind wir schon einer breit geteilten Arbeitsdefinition von Lernen sehr nahe gekommen: Lernen ist die Veränderung von Verhaltensmöglichkeiten, die aus Erfahrung resultiert.

Der springende Punkt dieser Definition liegt darin, dass von einer Veränderung der Verhaltensmöglichkeit oder Verhaltenskapazität und nicht von einer Veränderung des Verhaltens per se die Rede ist. Denn nicht alles, was wir gelernt haben, schlägt sich in einer Veränderung des Verhaltens nieder. Und nicht jede Verhaltensänderung legt zwingend den Schluss nahe, dass Lernen stattgefunden hat. Ein Problem dieser Definition besteht darin, dass Lernen, so gefasst, der unmittelbaren Beobachtung nicht zugänglich ist. Wenn wir uns mit Lernen beschäftigen, dann suchen wir demnach etwas, das sich hinter der Ebene des direkt Beobachtbaren oder hinter den Phänomenen befindet.

11.1 Zur Vorgehensweise in der Lernforschung

Lernforscher gehen davon aus, dass Verhalten bestimmten Gesetzmäßigkeiten folgt. Diese Gesetzmäßigkeiten lassen sich am besten durch kontrollierte Experimente ermitteln. Ein Experiment zeichnet sich dadurch aus, dass die potenziell relevanten Einflussfaktoren manipuliert und alle anderen möglichen Einflussfaktoren konstant gehalten werden. Dies gelingt – wenn überhaupt – nur im Labor unter Verwendung von Experimental- und Kontrollbedingungen, wobei die Zuteilung zu den Bedingungen durch Zufall erfolgen muss. Damit erklärt sich auch schon, warum in der Lernforschung in großem Umfang Tiere untersucht werden: Im Tierexperiment lassen sich die relevanten Einflussfaktoren viel besser kontrollieren als im Humanbereich. Die Idee, dass man Tiere untersuchen kann, um menschliches Lernen zu erforschen, ergibt sich aus der Evolutionstheorie: Menschen sind auch Tiere. Aus vielen Wissenschaftsdisziplinen wissen wir, dass grundlegende biologische Prinzipien über Spezies hinweg überraschend ähnlich sind, auch wenn wir phänotypisch extreme Unterschiede beobachten können. Denken wir in diesem Zusammenhang nur an die auf den Menschen anwendbaren Fortschritte in der Biologie, Physiologie oder Medizin, die wesentlich auf Experimenten basieren, die nicht mit Menschen durchgeführt wurden.

Auch wenn jede Spezies einzigartige Charakteristika aufweist, so haben die verschiedenen Spezies doch Millionen Jahre der Evolution gemeinsam. Es wäre deshalb sehr verwunderlich, wenn deren Fähigkeiten zum Lernen in wichtigen Aspekten keine Gemeinsamkeiten hätten. In der Grundlagenforschung zum Lernen werden deshalb sehr oft Tiere als Modelle menschlichen Verhaltens studiert. Modelle erlauben dann die Untersuchung ausgewählter Aspekte unter einfacheren, kontrollierbareren und kostengünstigeren Bedingungen, wenn die relevanten Eigenschaften von Modell und Wirklichkeit übereinstimmen. Beispielsweise simulieren Konstrukteure auf dem Computer den Windwiderstand von verschiedenen Autokarosserien. Derartige Modelle sind zu einem wirklichen Auto in vielerlei Hinsicht sehr verschieden: sie haben keine Räder, man kann nicht darin sitzen, sie können nicht fahren. Aber, diese Modelle (Berechnungsformeln) liefern bezüglich des Windwiderstands Ergebnisse, die mit dem Widerstand eines realen Autos in realer Luft übereinstimmen. Und nur darauf kommt es in diesem Beispiel an. Der Nutzen von Tiermodellen steigt und fällt demnach mit dem Ausmaß an Übereinstimmung von Modell und Wirklichkeit bezüglich der relevanten Eigenschaften.

Im Folgenden wollen wir einen Blick hinter die »Fassade« des Verhaltens auf einige der elementaren Prozesse oder Mechanismen werfen, die unser Verhalten bestimmen. Zunächst werden wir uns der Habituation und der Sensitivierung zuwenden. Diese beiden Prozesse modifizieren erfahrungsabhängig das Auftreten bzw. die Stärke von angeborenem, reflexhaftem Verhalten. Die darauf folgenden Abschnitte behandeln den Bereich des assoziativen Lernens (klassisches und instrumentelles Konditionieren), bei dem es darum geht, wie Relationen zwischen Ereignissen erkannt und internal repräsentiert werden. Die Untersuchung dieser beiden Arten des Konditionierens verlief historisch gesehen eher getrennt und die Herangehensweisen sind zudem meist sehr verschieden. Dies bedeutet jedoch nicht zwingend, dass klassisches und instrumentelles Konditio-

nieren auf unterschiedlichen Prozessen beruhen müssen. Elementare Lernprozesse werden in diesem Kapitel primär unter dem Fokus der Phänomene und der Untersuchungsprozeduren dargestellt (die dahinter liegenden Mechanismen werden in ◘ Kap. 32 behandelt). Anschließend beschäftigen wir uns damit, wie instrumentelles Verhalten unter die Kontrolle spezieller Reize kommt. Die hier angesprochenen Konzepte sind jedoch in gleicher Weise auch anwendbar auf klassisches Konditionieren. Schließlich werden wir sehen, ob und wie Verhalten, das über klassische oder instrumentelle Konditionierung aufgebaut worden ist, wieder abgebaut oder gelöscht werden kann.

11.2 Habituation und Sensitivierung

11.2.1 Reflexe

Eine Vielzahl von Verhaltensweisen wird durch Veränderungen in der Umwelt (Reize oder Stimuli) ausgelöst. Der Kontakt mit einer heißen Herdplatte beispielsweise veranlasst uns dazu, schnell die Hand zurückzuziehen. Das Lesen der Speisekarte in einem guten Restaurant bringt uns zum Schlucken, weil uns »das Wasser im Mund zusammenläuft«. Das letztgenannte Beispiel beschreibt ein erlerntes Verhalten. Es wäre ohne die Erfahrung nicht denkbar, dass in der Vergangenheit bald nach dem Lesen der Speisekarte eine köstliche Mahlzeit folgte. Mit dieser Form des Lernens werden wir uns in ▶ Abschn. 11.3 eingehender beschäftigen.

Im ersten Beispiel dagegen basiert das Verhalten auf einem Reflex. Reflex bezeichnet eine bestimmte Art der Relation zwischen Stimulus und Reaktion. Reflexe sind angeboren und kommen bei den verschiedensten Spezies vor. Sie müssen nicht durch Erfahrung erworben werden. ◘ Abbildung 11.1 veranschaulicht die wesentlichen Bestimmungsstücke eines Reflexes (bei Wirbeltieren). Der auslösende Stimulus wird von einem Sinnesorgan registriert. Die daraus resultierende neuronale Erregung wird über wenige

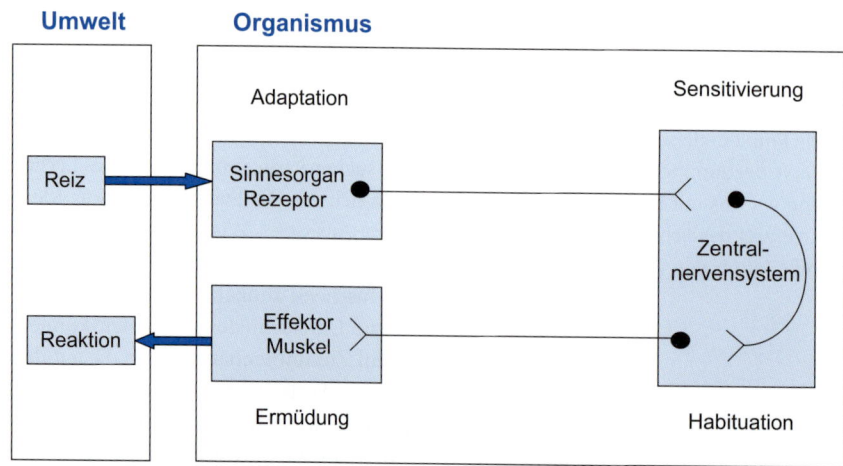

◘ **Abb. 11.1.** Das Schema des Reflexbogens veranschaulicht die Lokalisation von Adaptation, Habituation und Sensitivierung sowie Ermüdung

Schaltstellen im Zentralnervensystem zu einem Effektor oder Muskel geleitet und führt so zur Reaktion. Da auf diese Weise spezifische sensorische und motorische Neurone miteinander verschaltet sind, erfolgt eine spezifische Reflexantwort nur bei einer ganz bestimmten Reizung oder Stimulation.

11.2.2 Habituation und Sensitivierung als Phänomene

Obwohl Reflexe angeboren sind, sind sie keineswegs invariant, sondern vielmehr plastisch. Sie werden durch die Erfahrung wiederholter Reizung modifiziert. Sinkt die Reaktivität in Folge wiederholter Stimulation, dann spricht man von Habituation. Der Begriff Sensitivierung dagegen beschreibt den Anstieg der Reaktivität bei wiederholter Stimulation. Habituation und Sensitivierung sind für die erfolgreiche Anpassung an Umweltgegebenheiten von fundamentaler Bedeutung: Sie helfen bei der Auswahl der relevanten Reize aus einer nahezu unlimitierten Reizflut. Dementsprechend trifft man diese beiden Phänomene bei nahezu allen Spezies in fast allen Reaktionssystemen an.

Aber nicht jede Verringerung der Reaktionsstärke (Amplitude) oder der Reaktionshäufigkeit (Frequenz) in Folge wiederholter Stimulation entspricht einer Habituation. Vergleichbare Effekte können auch zurückzuführen sein auf eine Veränderung der Sensitivität des sensorischen Systems oder der Aktionsfähigkeit des Effektors. Im ersten Fall spricht man von Adaptation, im zweiten Fall von Ermüdung. Habituation ist nicht immer einfach abzugrenzen von Adaptation und Ermüdung. Im Gegensatz zur Adaptation ist die Habituation reaktionsspezifisch. Von Habituation ist also nur eine ganz bestimmte Reaktion betroffen, während Adaptation sich auf mehrere Reaktionen auswirkt. Ermüdung lässt sich von Habituation abgrenzen, indem man einen Reizwechsel durchführt. Bei Habituation stellt sich in diesem Fall die alte Reaktionsstärke sofort wieder ein. Liegt dagegen Ermüdung vor, dann erholt sich die Reaktion nicht. ◘ Abbildung 11.1 lässt sich entnehmen, dass die den Phänomenen Adaptation, Habituation und Ermüdung zugrunde liegenden Mechanismen an unterschiedlichen Orten »wirken«.

11.2.3 Habituation und Sensitivierung als Mechanismen

Wie lassen sich die beobachtbaren Phänomene Habituation und Sensitivierung nun erklären? Wie wir schon gesehen haben, wird Habituation (und auch Sensitivierung) im Zentralnervensystem »gemacht«. Nehmen wir einmal an, dass dort gleichzeitig zwei Prozesse stattfinden, ein Habituationsprozess und ein Sensitivierungsprozess. Wenn wir weiter annehmen, dass diese beiden Prozesse gleichzeitig

stattfinden können und gegenläufig sind, dann ergeben sich die beobachtbaren Phänomene aus der Summe der beiden Prozesse. Immer wenn der Habituationsprozess den Sensitivierungsprozess überwiegt, dann resultiert ein Habituationseffekt. Einen Sensitivierungseffekt dagegen können wir nur dann beobachten, wenn der Sensitivierungsprozess den Habituationsprozess überwiegt. Wenn beide Prozesse gleich stark ausgeprägt sind, dann resultiert keine Veränderung im beobachtbaren Verhalten.

Die bis heute dominierende Theorie in diesem Bereich, die **Zwei-Prozess-Theorie der Habituation und Sensitivierung** von Groves und Thompson (1970), macht genau diese Annahmen. Mit neurophysiologischen Methoden konnten die Autoren zeigen, dass der Habituationsprozess direkt im S-R-System (Reflexsystem) lokalisiert ist (◘ Abb. 11.1). Der Sensitivierungsprozess dagegen wird in einem System lokalisiert, das den Aktivierungszustand und damit die allgemeine Reaktionsbereitschaft regelt. Das S-R-System wird bei jeder Präsentation des entsprechenden Reizes aktiviert und ist damit reizspezifisch. Das Aktivierungssystem dagegen reagiert nicht auf jeden Reiz, sondern bevorzugt auf starke Reize. Außerdem reagiert es wesentlich unspezifischer, z. B. auch auf emotionale Veränderungen oder Pharmaka. Wenn aus einem dieser Gründe das Aktivierungsniveau ansteigt, dann steigt die Reaktivität auf viele verschiedene Reize an.

Als Faustregeln können wir festhalten:

1. Je schwächer ein Reiz, desto wahrscheinlicher sind Habituationseffekte.
2. Bei steigender Frequenz (Anzahl pro Zeiteinheit) schwacher Reize wird der Habituationseffekt stärker.
3. Je intensiver ein Reiz, desto wahrscheinlicher ist ein Sensitivierungseffekt.
4. Bei steigender Frequenz intensiver Reize wird der Sensitivierungseffekt stärker.

Das Zusammenspiel von Habituations- und Sensitivierungsprozess lässt sich gut beim Phänomen der Dishabituation beobachten (z. B. Kaplan, Werner & Rudy, 1990). Präsentiert man beispielsweise menschlichen Säuglingen 8 Durchgänge lang jeweils ein Schachbrettmuster, so kann man über die Durchgänge hinweg ein Absinken der Fixationsdauer beobachten. Dies lässt sich damit erklären, dass nur ein Habituationsprozess, aber kein Sensitivierungsprozess stattfindet. Wird im 9. Durchgang zusätzlich zu dem Schachbrettmuster ein lauter Ton (75 dB, 1000 Hz) präsentiert, so steigt in diesem Durchgang die Fixationsdauer stark an. Dies erklärt sich mit einem Anstieg im Sensitivierungsprozess durch Applikation eines starken Reizes. Präsentiert man dann in weiteren Durchgängen wieder nur das Schachbrettmuster, dann findet man ein erneutes Absinken der Fixationsdauer über Durchgänge hinweg, dieses Absinken startet aber von einem erhöhten Niveau. Hier überlagern sich also ein erhöhter Sensitivierungsprozess und ein fortlaufender Habituationsprozess.

Vermutlich gibt es zwei qualitativ unterschiedliche Habituationseffekte. Zum einen die Kurzzeithabituation, die sich über Sekunden bis Minuten erstreckt und zum anderen die Langzeithabituation mit Effekten über Tage hinweg. Die Theorie von Groves und Thompson gilt allerdings nur für die Kurzzeithabituation.

11.3 Klassisches Konditionieren

11.3.1 Klassisches Konditionieren in der Tradition Pawlows

In vielen Lehrbüchern kann man in etwa die folgende Beschreibung des klassischen Konditionierens finden: Präsentiert man einen Reiz, der ursprünglich nicht zu einer Reaktion führt, in zeitlich-räumlicher Nähe mit einem unbedingten Reiz (US), welcher zuverlässig eine unkonditionierte Reaktion (UR) auslöst, dann löst nach mehrmaliger Paarung der ehemals neutrale Reiz ebenfalls eine Reaktion aus, die konditionierte Reaktion (CR), die der unkonditionierten Reaktion sehr ähnlich ist. Der ehemals neutrale Reiz wird auf diese Weise zum konditionierten Reiz (CS).

Diese Beschreibung deckt sich mit dem heutigen Kenntnisstand aber kaum noch (vgl. Rescorla, 1988). Sie ist zurückzuführen auf die Reflextradition der Physiologie und entspricht der Auffassung Pawlows (z. B. Pawlow, 1927), nach der beim klassischen Konditionieren ein neuer Reiz in ein bereits bestehendes Reflexsystem eingefügt wird (▶ Kurzbiographie Pawlow).

Für den Reflexansatz sind Reaktionen bei der Definition der klassischen Konditionierung von entscheidender Bedeutung. Der unkonditionierte Reiz muss eine Reaktion auslösen. Vor der Konditionierung darf der konditionierte Reiz keine Reaktion (zumindest keine der unkonditionierten Reaktion ähnliche Reaktion) auslösen. Und nach der Konditionierung muss die vom konditionierten Reiz ausgelöste konditionierte Reaktion der unkonditionierten Reaktion möglichst ähnlich sein. Dem entspricht das experimentelle Vorgehen zum Nachweis einer Konditionierung. Man benötigt einen unkonditionierten Reiz, der zuverlässig eine messbare unkonditionierte Reaktion auslöst und einen zu konditionierenden (neutralen) Reiz, für den man nachgewiesen hat, dass er keine der unkonditionierten Reaktion ähnliche Reaktion auslöst. Der neutrale Reiz und der unkonditionierte Reiz werden dann in einer genau festgelegten zeitlichen Abfolge wiederholt dargeboten, woraufhin sich über Durchgänge hinweg eine konditionierte Reaktion ausbildet, die der unkonditionierten Reaktion ähnlich ist. Der neutrale Reiz wird so zum konditionierten Reiz. Eine strikte Unterscheidung von Lernen und Verhalten ist bei einer solchen Konzeption nicht erforderlich

Der zeitliche Abstand vom Beginn des konditionierten Reizes bis zum Beginn des unkonditionierten Reizes heißt Interstimulusintervall (ISI) und der zeitliche Abstand zwi-

Iwan Petrowitsch Pawlow

Iwan Petrowitsch Pawlow, 1849 in Russland geboren, verließ im Alter von 21 Jahren das Priesterseminar von Rjasan, um an der Universität St. Petersburg Tierphysiologie und Chemie zu studieren. Nach einem ersten Abschluss wechselte er 1875 an die dortige Militärärztliche Akademie. Seine Doktorarbeit »Über die zentrifugalen Nerven des Herzens« legte er 1883 vor. Eine Festanstellung und damit ein eigenes Labor erhielt er erst 1890, als er an der Militärärztlichen Akademie mit der Einrichtung einer Abteilung für Physiologie betraut wurde. 1895 wurde er dort zum Professor für Physiologie ernannt. Diesen Lehrstuhl hatte er bis 1924 inne, er arbeitete jedoch bis kurz vor seinem Tod im Jahre 1936 noch nahezu täglich in seinem Labor.

Pawlow widmete sich zunächst der Herz- und Kreislaufphysiologie, danach zwischen 1890 und 1900 der Physiologie der Verdauung. Hier entwickelte er Operationsmethoden zur Implantation von Fisteln, die lang andauernde Sekretionsmessungen unter relativ normalen Bedingungen erlaubten. Als er 1904 den Nobelpreis für seine Arbeiten zur Verdauungsphysiologie erhielt, war er aber schon von einem anderen Phänomen, der »psychischen Sekretion«, gefesselt. Etwa 30 Jahre lang untersuchte er mit einem großen Mitarbeiterstab diese sog. bedingten oder konditionierten Reflexe, die er als elementare psychische und gleichzeitig physische Phänomene auffasste.

schen zwei konditionierten Reizen wird Intertrialintervall (ITI) genannt. Speziell das Interstimulusintervall ist im Reflexansatz von zentraler Bedeutung, denn es definiert das Ausmaß an raum-zeitlicher Nähe (Kontiguität). Kontiguität ist in diesem Ansatz das alles entscheidende Prinzip: Ein neutraler Reiz wird zum konditionierten Reiz dadurch, dass er wiederholt mit dem unkonditionierten Reiz gepaart auftritt, d. h. in zeitlich-räumlicher Nähe. Aber auch das Intertrialintervall (sowie das Verhältnis von ITI und ISI) ist für die Güte der Konditionierung entscheidend (vgl. z. B. Lachnit, Lober, Reinhard & Giurfa, 2002).

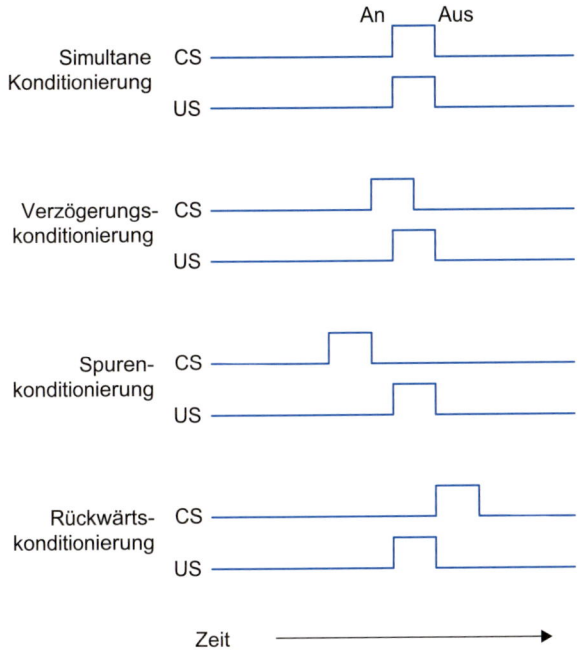

Abb. 11.2. Einige verbreitete Prozeduren des klassischen Konditionierens

Unter Bezugnahme auf das Interstimulusintervall lassen sich einige verbreitete Prozeduren des klassischen Konditionierens bestimmen, die in ▢ Abb. 11.2 veranschaulicht sind.

Bei der simultanen Konditionierung ist das Interstimulusintervall gleich Null, der konditionierte und der unkonditionierte Reiz beginnen und enden gleichzeitig. Ein positives Interstimulusintervall kennzeichnet sowohl die Verzögerungskonditionierung als auch die Spurenkonditionierung, da in beiden Fällen der konditionierte Reiz vor dem unkonditionierten Reiz beginnt. Bei der Verzögerungskonditionierung überlappen sich der konditionierte und der unkonditionierte Reiz (US-Beginn vor CS-Ende) oder der unkonditionierte Reiz beginnt zumindest gleichzeitig mit dem Ende des konditionierten Reizes. Bei der Spurenkonditionierung dagegen endet der konditionierte Reiz noch bevor der unkonditionierte Reiz beginnt. Die Rückwärtskonditionierung ist durch ein negatives Interstimulusintervall gekennzeichnet, der unkonditionierte Reiz beginnt vor dem konditionierten Reiz. Erfasst man, wie beim Reflexansatz üblich, eine spezifische konditionierte Reaktion, dann ergibt sich das folgende Bild. Am effektivsten zur Ausbildung einer (exzitatorischen) Konditionierung ist die Verzögerungskonditionierung, gefolgt von der Spurenkonditionierung. Bei der simultanen Konditionierung finden sich nur sehr geringe konditionierte Reaktionen. Rückwärtskonditionierung schließlich führt zu eher gemischten Ergebnissen, hier gibt es sowohl Befunde, die für exzitatorische Konditionierung sprechen als auch solche, die eine inhibitorische Konditionierung nahe legen. In neuerer Zeit durchgeführte Untersuchungen mit sophistizierten Ver-

suchsplänen und multiplen Messungen zeigen jedoch, dass bei allen diesen Prozeduren Lernen stattfindet und die zeitliche Ordnung der beteiligten Reize internal repräsentiert wird (z. B. Cole, Barnet & Miller, 1995).

Im Unterschied zum instrumentellen Konditionieren (▶ Abschn. 11.3) ist beim klassischen Konditionieren die Darbietung des unkonditionierten Reizes unabhängig vom Auftreten einer konditionierten Reaktion. Die Auswahl der konditionierten Reaktion beschränkt sich – zumindest beim Reflexansatz – auf die Effektorsysteme, in denen bei der Applikation eines unkonditionierten Reizes auch unkonditionierte Reaktionen auftreten. Bevorzugt wurden autonome Reaktionssysteme untersucht, wie Speichelfluss, Herzrate, Blutdruck, Hautleitwertveränderungen (verwandte Begriffe sind PGR, GSR, hautgalvanischer Reflex, Hautwiderstand; ▶ Kap. 3) und Lidschlag. Anstelle des Lidschlages wird in neuerer Zeit im Tierbereich (am Kaninchen) überwiegend die »nictitating membrane response« erfasst, eine Reaktion, die mit dem Lidschlag sehr eng verwandt ist. Im Humanbereich werden bis heute vor allem Lidschlag und Hautleitwertreaktionen (SCR, »skin conductance responses«) konditioniert. Die Abhebung autonomer von willkürlichen Reaktionen war lange Zeit ein Kriterium zur Unterscheidung von klassischem und instrumentellem Lernen. Im Lichte vieler neuerer Befunde kann diese Unterscheidung jedoch nicht länger aufrechterhalten werden.

11.3.2 Klassisches Konditionieren nach der kognitiven Wende

Die heutige Auffassung dagegen steht eher in einer assoziationspsychologischen Tradition. Im Gegensatz zur alten Auffassung wird klassisches Konditionieren nach der kognitiven Wende (▶ Kap. 34) nicht als eigenständige Form des Lernens, sondern als ein generelles Beispiel des assoziativen Lernens betrachtet. Klassisches Konditionieren wird aufgefasst als das Lernen von Relationen zwischen Ereignissen, um einen »Vorhalt in die Zukunft« zu ermöglichen. Vorhersagbarkeit und Erwartung sind zentrale Konzepte. Wie in der Kognitionspsychologie wird zwischen einer Wissensstruktur (bzw. der assoziativen Repräsentation von Relationen) einerseits und Verhalten andererseits unterschieden. Für diese aktuell dominierende Auffassung ist keine der vom Reflexansatz angesprochenen Restriktionen von entscheidender Bedeutung: Das Hauptgewicht liegt auf der Beschreibung der Reizsituation. Hier interessiert, ob sich das Verhalten eines Organismus verändert, wenn man ihn mit bestimmten Relationen zwischen Ereignissen konfrontiert. Ob die Ereignisse selbst dabei ursprünglich Reaktionen auslösen, ist irrelevant und verdient nur unter dem Aspekt Beachtung, ob der Nachweis der Konditionierung dadurch erschwert wird.

Die Restriktion, dass die konditionierte Reaktion nur in Effektorsystemen beobachtet wird, in denen auch eine unkonditionierte Reaktion zu beobachten ist, wird aufgegeben. Stattdessen interessieren antizipatorische Reaktionen, die einen Rückschluss auf Erwartungen erlauben. Diese Entwicklung ist darauf zurückzuführen, dass im Reflexansatz die konditionierte Reaktion per se von zentralem Interesse ist, während in den neueren Konditionierungstheorien die konditionierte Reaktion lediglich ein Indikator für die internale Repräsentation einer Reizrelation ist. Außerdem verwischt die Unterscheidung von klassischem und instrumentellem Konditionieren zunehmend: Klassisches Konditionieren wird nur noch darüber definiert, dass die Reize unabhängig von den konditionierten Reaktionen dargeboten werden.

Veränderungen bei den Erfassungsmethoden

Diese Entwicklung hat Veränderungen bei den Erfassungsmethoden zur Folge, zum einen Modifikationen bei etablierten Paradigmen wie beispielsweise Hautleitwert- und Lidschlagkonditionierung und zum anderen die Entstehung völlig neuer Ansätze wie CER-Paradigma (»conditioned emotional response«) und Autoshaping. In den älteren, etablierten Anordnungen des Reflexansatzes wurde die konditionierte Reaktion meist in dem Zeitfenster erfasst, in dem auch die unkonditionierte Reaktion normalerweise auftreten würde. Um die beiden Reaktionen voneinander trennen zu können, wurden Testdurchgänge eingestreut, bei denen der konditionierte Reiz ohne unkonditionierten Reiz dargeboten wurde. Heutzutage werden antizipatorische Reaktionen während eines ganz normalen Konditionierungsdurchgangs erfasst, und zwar noch bevor der unkonditionierte Reiz beginnt. Dazu werden die Interstimulusintervalle entsprechend angepasst (vgl. Lachnit, 1993).

Betrachten wir uns dies am Beispiel der Hautleitwertkonditionierung etwas genauer (vgl. auch ▪ Abb. 11.3). Das Interstimulusintervall beträgt in diesem Beispiel 8 s. Da die Hautleitwertreaktion eine Latenz von mindestens 1 s hat, können von Sekunde 1 bis Sekunde 9 antizipatorische Reaktionen erfasst werden. Es hat sich eingebürgert, dieses Intervall nochmals in zwei Zeitfenster zu unterteilen, um zwei verschiedene abhängige Variablen, die Reaktion im 1. Intervall (FIR, »first interval response«) und die Reaktion

im 2. Intervall (SIR, »second interval response«), erfassen zu können. Sowohl FIR als auch SIR werden als Indikatoren für die Erwartung des unkonditionierten Reizes verwendet, wobei die FIR durch ihre Konfundierung mit Orientierungsreaktionen stärker Habituationseffekten unterliegt. Die Reaktion im dritten Intervall (TIR, »third interval response«) entspricht der unkonditionierten Reaktion, sofern bei Sekunde 8 ein unkonditionierter Reiz präsentiert wird. In allen drei Fällen wird die Amplitude der Hautleitwertreaktion (Veränderung des Hautleitwertniveaus; SCL) in µSiemens gemessen.

Auch bei der Konditionierung des Lidschlages werden heutzutage Interstimulusintervalle (etwa zwischen 400 und 1200 ms) verwendet, die eine Erfassung antizipatorischer Reaktionen erlauben. Im Fall des Lidschlages wird in einem Zeitfenster beginnend bei etwa 200 ms – um Orientierungsreaktionen (sog. Alphareaktionen) auszuschließen – bis zum Beginn des unkonditionierten Reizes bestimmt, ob ein Lidschluss vorliegt oder nicht. Gemittelt über mehrere Durchgänge ergibt sich so ein relatives Häufigkeitsmaß als Indikator der Erwartung.

Doch wenden wir uns nun zwei Anordnungen zu, die typisch für die klassische Konditionierung nach der kognitiven Wende sind. Im **CER–Paradigma** werden in einer Akquisitionsphase ein konditionierter Reiz und ein biologisch relevanter unkonditionierter Reiz, z. B. ein Elektroschock, gepaart vorgegeben. Daran anschließend wird der konditionierte Reiz präsentiert, während das Tier ein instrumentelles Verhalten (z. B. Hebeldrücken) ausführt. Wenn die Basisrate des instrumentellen Verhaltens bekannt ist, lässt sich feststellen, ob der konditionierte Reiz hemmenden oder fördernden Einfluss auf die Verhaltensrate hat. Wurde der konditionierte Reiz mit einem aversiven unkonditionierten Reiz gepaart, dann kann man eine Verringerung der Verhaltensrate beobachten; ein appetitiver unkonditionierter Reiz dagegen würde zu einer Steigerung der Verhaltensrate führen.

Beim **Autoshaping** (Synonym: »sign tracking«), das bevorzugt bei Tauben eingesetzt wird, wird das Aufleuchten einer Taste (konditionierter Reiz) gepaart mit der Vergabe von Futterkörnern (unkonditionierter Reiz). Innerhalb kurzer Zeit beginnen die Tiere auf die erleuchtete Taste zu picken. Diese Pickreaktion, die keinerlei Einfluss auf die Futtervergabe hat, wird als konditionierte Reaktion betrachtet und als Indikator dafür interpretiert, dass die Tiere die erleuchtete Taste mit Futter assoziiert haben. Autoshaping und CER–Paradigma haben gegenwärtig den größten Verbreitungsgrad als Nachweismethoden des klassischen Konditionierens, viele der neueren Theorien basieren auf so erhobenen Daten.

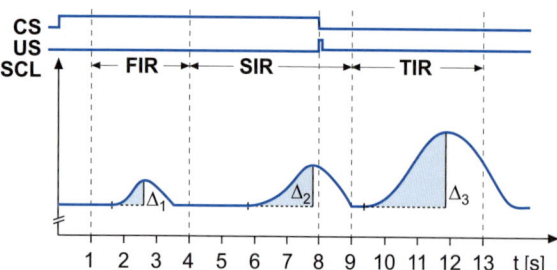

▪ **Abb. 11.3.** Veranschaulichung der Erfassung antizipatorischer Reaktionen bei der Konditionierung des Hautleitwertes. *CS* konditionierter Stimulus, *US* unkonditionierter Stimulus, *SCL* Veränderung des Hautleitwertniveaus, *FIR* Reaktion im 1. Intervall, *SIR* Reaktion im 2. Intervall, *TIR* Reaktion im 3. Intervall, *t* Zeit, *s* Sekunden

Kontiguität und Kontingenz

Das für den Reflexansatz zentrale Interstimulusintervall ist für die neueren Ansätze von vergleichsweise geringer Bedeutung, denn die herausragende Rolle des Kontiguitätsprinzips wird in Frage gestellt. Kontiguität bleibt zwar ein wichtiges Konzept, sie ist in diesem Ansatz aber weder eine notwendige noch eine hinreichende Bedingung für das Lernen von Ereignisrelationen (zu Höhen und Tiefen des Kontiguitätsprinzips vgl. auch Lachnit, 2003). Wichtiger als die Kontiguität ist die Kontingenz, also die Information, die ein Ereignis (der konditionierte Reiz) über das Auftreten eines anderen Ereignisses (des unkonditionierten Reizes) liefert. Normalerweise sind Kontiguität und Kontingenz konfundiert, sie lassen sich jedoch experimentell trennen. Die Kontingenz bestimmt sich über zwei bedingte Wahrscheinlichkeiten, zum einen über die Wahrscheinlichkeit des Auftretens des unkonditionierten Reizes unter der Bedingung, dass ein konditionierter Reiz vorliegt, zum anderen über die Wahrscheinlichkeit des Auftretens des unkonditionierten Reizes unter der Bedingung, dass kein konditionierter Reiz vorliegt. Die Kontingenz ist umso größer, je größer der Betrag der Differenz zwischen den beiden bedingten Wahrscheinlichkeiten ist. Wenn die erste bedingte Wahrscheinlichkeit größer ist als die zweite (die Basisrate), dann findet exzitatorische Konditionierung statt. Wenn die erstgenannte bedingte Wahrscheinlichkeit dagegen kleiner ist als die Basisrate, dann wird inhibitorisch konditioniert. Betrachten wir uns dies an einem Experiment von Rescorla (1968) mit 4 Gruppen von Ratten (▶ Kasten).

Kontingenz und Kontiguität – das Experiment von Rescorla (1968)

Im Experiment von Rescorla erhielten alle 4 Gruppen mit einer bedingten Wahrscheinlichkeit von 0,4 einen Schock als unkonditionierten Reiz, wenn zuvor ein konditionierter Reiz gegeben worden war. Dem konditionierten Reiz folgte demnach in 40% der Fälle ein Schock und in 60% der Fälle folgte ihm kein Schock. Die Kontiguität war damit für alle 4 Gruppen gleich. Die Gruppen unterschieden sich jedoch bezüglich der Basisrate: Die bedingten Wahrscheinlichkeiten für den unkonditionierten Reiz, wenn kein konditionierter Reiz präsentiert wurde, waren 0, 0,1, 0,2 und 0,4. Bei gleicher Kontiguität variierte somit die Kontingenz. Die stärkste Konditionierung fand sich in der Gruppe mit der Basisrate 0. Bei einer Basisrate von 0,1 war die Konditionierung abgeschwächt, aber größer als bei einer Basisrate von 0,2. Bei einer Basisrate von 0,4 schließlich fand sich kein Hinweis auf Konditionierung. In diesem Fall war die Basisrate genauso groß wie die Wahrscheinlichkeit für einen Schock, wenn der konditionierte Reiz vorausgegangen war.

Dieses Experiment veranschaulicht zweierlei. Zum einen findet trotz Kontiguität bei einer Kontingenz von Null (beide bedingten Wahrscheinlichkeiten sind gleich) keine Konditionierung stattfand. Zweitens variiert das Ausmaß an Konditionierung bei gleicher Kontiguität mit dem Ausmaß an Kontingenz.

Fortentwicklungen beim inhibitorischen Konditionieren

Wenn die Kontingenz zwischen einem Signalreiz und einem aversiven Ereignis negativ ist, dann findet inhibitorische Konditionierung statt: Der Signalreiz wird zum Sicherheitssignal. Die Signalisierung von Sicherheit macht allerdings nur Sinn, wenn das aversive Ereignis in der entsprechenden Situation zumindest ab und zu auftritt, wenn es also noch weitere Reize gibt, die Gefahr signalisieren. Zur Ausbildung einer Inhibition muss demnach immer ein exzitatorischer »Kontext« vorliegen.

Gängigerweise werden drei Paradigmen zur Etablierung inhibitorischer Konditionierung unterschieden:
- das Standardparadigma der konditionierten Hemmung
- die differenzielle Konditionierung und
- das Paradigma der negativen CS-US-Kontingenz.

Das **Standardparadigma der konditionierten Hemmung** wurde bereits von Pawlow verwendet. Es gibt hier zwei Arten von Durchgängen. Im einen Fall wird ein Reiz A mit dem unkonditionierten Reiz gepaart (A+), im zweiten Fall wird ein Reizkomplex bestehend aus Reiz A und Reiz B ohne unkonditionierten Reiz vorgegeben (AB–). In diesem Fall ist der exzitatorische Kontext durch Reiz A gegeben: A signalisiert eine Gefahr, die bei Anwesenheit von B nicht eintritt. Die Wirkung von A wird durch B »gebremst«, deshalb wird B inhibitorisch.

Die **differenzielle Konditionierung** ähnelt dem Standardparadigma stark. Der einzige Unterschied besteht darin, dass im zweiten Fall anstelle des Reizkomplexes AB nur der Reiz B alleine ohne unkonditionierten Reiz präsentiert wird (B–). Der für die inhibitorische Konditionierung notwendige exzitatorische Kontext besteht in diesem Fall aus den Umgebungsbedingungen der Versuchssituation, wie z. B. der Wandfarbe, den Apparaturen, der Versuchsleiterin oder Ähnlichem.

Bei dem **Paradigma der negativen CS-US-Kontingenz** gibt es im Gegensatz zu den ersten beiden Paradigmen nur einen nominellen konditionierten Reiz A und einen unkonditionierten Reiz. Die zeitliche Anordnung wird dabei so gewählt, dass kurz nach dem Reiz A die Auftretenswahrscheinlichkeit des unkonditionierten Reizes geringer ist als zu anderen Zeiten im Versuch. Auch bei diesem Paradigma stellen die Umgebungsbedingungen der Versuchssituation den notwendigen exzitatorischen Kontext: In Anwesenheit dieser Reize erfolgt ab und zu ein unkonditionierter Reiz. Die in ▪ Abb. 11.2 veranschaulichte Rückwärtskonditionierung wäre ein mögliches Beispiel für eine negative CS-US-Kontingenz.

Wenn wir nun auf eine der drei skizzierten Arten eine inhibitorische Konditionierung etabliert haben, wie können wir dann diese Inhibition erfassen? Bei der exzitatorischen Konditionierung werden vom konditionierten Reiz Reaktionen ausgelöst, die vor der Konditionierung nicht zu beobachten waren. Dementsprechend einfach ist die Messung von Exzitation. Inhibition dagegen ist auf diesem direkten Weg nur in bidirektionalen Reaktionssystemen, wie dem CER-Paradigma (Verhaltensunterdrückung vs. Verhaltenserleichterung) oder dem Autoshaping (Annäherung vs. Rückzug) zu erfassen.

Schwieriger wird die Situation, wenn sich wie bei Lidschlag oder Hautleitwert das Reaktionssystem nur in eine Richtung verändern kann, denn »weniger als keinen Lidschlag« können wir nicht direkt messen.

Wir können uns das Problem anhand der Wirkung einer Bremse bei einem Auto vor Augen führen. Wenn das Auto steht, können wir nicht feststellen, ob gebremst wird oder nicht. Um die Bremswirkung feststellen zu können, müssen wir die Räder erst einmal in Bewegung setzen. Dies ist genau die Idee, die dem Summationstest zugrunde liegt, der bereits von Pawlow vorgeschlagen wurde. Hierbei wird ein als Inhibitor trainierter Reiz (B–) zusammen mit einem Exzitator (A+) als Reizkomplex präsentiert und die Größe der Reaktion erfasst (AB?). Die inhibitorische Wirkung von B– wird daraus erschlossen, dass die Reaktion auf AB kleiner ist als auf A alleine. Diesem indirekten Nachweis liegt die Idee zugrunde, dass sich Exzitation und Inhibition summieren (deshalb Summationstest).

Eine zweite indirekte Nachweismöglichkeit ist die verzögerte Akquisition. Stellen wir uns vor, wir lassen bei unserem Auto die Bremse durchgetreten und geben jetzt Gas.

Auf diese Weise werden wir bei einem Wettrennen unter sonst gleichen Bedingungen das Ziel später erreichen als unsere Konkurrenten, die ohne angezogene Bremse fahren. Wenn also inhibitorische Prozesse wirken, dann sollte der Erwerb (die Akquisition) exzitatorischer Konditionierung verzögert werden. In diesem Fall werden mehr Durchgänge bis zum Erreichen der Asymptote benötigt als in einer Kontrollbedingung. Dieser Test ist allerdings weniger gut geeignet als der Summationstest, da neben Inhibition viele alternative Einflussfaktoren zur Verzögerung führen können. Deshalb wird die verzögerte Akquisition häufig zusammen mit dem Summationstest verwendet, um konditionierte Inhibition oder Hemmung nachzuweisen.

Relativer Informationswert

Eine Vielzahl von Experimenten mit Ratten, Tauben und Kaninchen unterstützt die Auffassung, dass beim Konditionieren relative Häufigkeiten benutzt werden, und dass im Falle negativer Korrelation nicht etwa nichts gelernt wird, sondern vielmehr genau diese negative Relation. Die Ausbildung von Assoziationen ist sensitiv für Veränderungen der Basisrate. Demnach verarbeiten bereits infrahumane Organismen Korrelationen. Aber nicht nur die Korrelation des konditionierten Reizes mit dem unkonditionierten Reiz beeinflusst die Konditionierung, sondern auch die Korrelationen anderer konditionierter Reize mit dem unkonditionierten Reiz. Infrahumane Organismen sind auch sensitiv für den relativen Informationswert von Reizen.

Was mit dieser Aussage gemeint ist, lässt sich beispielsweise mit dem Blockierungseffekt (»blocking«) veranschaulichen, der in ▶ Kap. 32 näher behandelt wird, aber auch mit dem sog. »relative validity design« (Wagner, Logan, Haberlandt & Price, 1968; für den Humanbereich vgl. auch Melchers, Lachnit & Shanks, 2004; ▶ Kasten).

Zur Vorgehensweise des »Relative-validity«-Designs

Beim »Relative-validity«-Design werden zwei Gruppen untersucht. Beide Gruppen erhalten den unkonditionierten Reiz gleich häufig und sie erhalten die gleichen Anzahlen und Häufigkeiten von konditionierten Reizen. Als konditionierte Reize werden Reizkomplexe verwendet, die aus je zwei Elementen bestehen (AX und BX). Die Basisrate ist in beiden untersuchten Gruppen gleich Null: wenn kein konditionierter Reiz präsentiert wird, gibt es auch keinen unkonditionierten Reiz. In einer Gruppe folgt auf AX immer ein unkonditionierter Reiz (AX+) und BX wird immer alleine (ohne unkonditionierten Reiz) präsentiert (BX–). In dieser Gruppe ist A maximal positiv und B maximal negativ mit dem unkonditionierten Reiz korreliert. Der Reiz X dagegen ist schwach positiv mit dem unkonditionierten Reiz korreliert, da ihm in 50% der Fälle ein unkonditionierter Reiz folgt. Der Reiz X hat in dieser Gruppe relativ zu den Reizen A und B einen niedrigen Informationswert. In

einer zweiten Gruppe folgt der unkonditionierte Reiz den Reizkomplexen AX und BX in jeweils 50% der Fälle, in den verbleibenden 50% werden die beiden Reizkomplexe jeweils ohne unkonditionierten Reiz dargeboten. In dieser Gruppe haben A, B und X den jeweils gleichen Informationswert, alle drei sind gleich hoch mit dem unkonditionierten Reiz korreliert. In beiden Gruppen ist die absolute Höhe der Korrelation zwischen X und dem unkonditionierten Reiz gleich und auch die Kontiguität ist identisch. Relativ zu A und B ist jedoch X in der ersten Gruppe ein schlechterer Prädiktor für den unkonditionierten Reiz als in der zweiten Gruppe.

Im Test, bei dem der Reiz X alleine und ohne unkonditionierten Reiz präsentiert wurde, zeigte sich, dass X in der ersten Gruppe wesentlich schlechter konditioniert worden war als in der zweiten Gruppe. Trotz gleicher Kontiguität wird demnach ein Reiz mit einem relativ niedrigen Informationswert schlechter konditioniert.

An diesen wenigen Beispielen sehen wir bereits, dass das klassische Konditionieren eine wesentlich komplexere Informationsverarbeitung beinhaltet als wir es ihm, vom Reflexansatz kommend, zugestehen würden. Neben Basisraten des unkonditionierten Reizes werden, ähnlich wie bei multiplen Vorhersageproblemen, die relativen Beiträge (Gewichte) einzelner Prädiktoren (konditionierte Reize) ermittelt und bei der Vorhersage des unkonditionierten Reizes verwendet. Ratten, Tauben, Kaninchen, ja sogar Bienen verhalten sich in der Konditionierungssituation demnach ähnlich wie ein Wissenschaftler, der aus beobachteten Ereignisrelationen auf einen kausalen Zusammenhang schließen will, was beispielsweise Shanks und Dickinson (1987) dazu führte, Kausalattributionen beim Menschen auf eine assoziative Erklärung zurückzuführen.

Elementare vs. konfigurale Informationsverarbeitung

In der derzeitigen theoretischen Debatte im Bereich des klassischen Konditionierens spielt eine weitere Unterscheidung eine wichtige Rolle. Werden komplexe Reize analysiert und in ihre elementaren Bestandteile zerlegt oder als Konfigurationen verarbeitet? Hinter dieser Frage steckt die alte Kontroverse um die Beantwortung der Frage, ob das Ganze gleich, mehr oder anders ist als die Summe seiner Teile (vgl. Kinder & Lachnit, 2003; Lachnit, 1993; Lachnit, Giurfa & Menzel, 2004). Lange Zeit behielten elementare Erklärungsansätze wie etwa die Theorie von Rescorla und Wagner (1972) die Oberhand. Diesen Ansätzen zufolge ergibt sich die Gesamtassoziationsstärke eines Reizkomplexes aus der algebraischen Summe der Assoziationsstärken der den Reizkomplex konstituierenden Elemente: Das Ganze ist gleich der Summe seiner Teile. Die empirischen Beobachtungen bei einer Reihe von Diskriminationsproblemen erforderten jedoch eine Modifikation dieser Position. Bei der bikonditionalen Diskrimination beispielsweise werden vier konditionierte Reize (A, X, B, Y) paarweise als Reizkomplexe so trainiert, dass jedem Element, für sich alleine betrachtet, gleichviel exzitatorische (+) und inhibitorische (–) Bedeutung verliehen wird (AX+, BX–, AY-, BY+: jedes Element hat gleich viele »+« und »–«). Bei der Lidschlagkonditionierung mit Kaninchen zeigte sich jedoch, dass die Tiere diese Diskrimination korrekt meistern (Saavedra, 1975). Elementare Theorien können das zunächst nicht erklären.

Auch beim Patterning wird über die Trainingsprozedur ein Konflikt zwischen der Bedeutung von Elementen erzeugt. Beim positiven Patterning wird der Reizkomplex mit dem unkonditionierten Reiz gepaart (AB+) und die Elemente werden ohne unkonditionierten Reiz präsentiert (A–, B–). Beim negativen Patterning wird der Reizkomplex ohne unkonditionierten Reiz vorgegeben (AB–) und die Elemente alleine werden mit dem unkonditionierten Reiz gepaart (A+, B+). Auch diese Differenzierung kann vom Menschen (z. B. Lachnit & Kimmel, 1993) bis zur Biene (z. B. Deisig, Lachnit, Giurfa & Hellstern, 2001) von vielen Spezies erlernt werden.

Diese Leistung wird dann erklärbar, wenn man annimmt, dass die Elemente nicht einfach additiv wirken, sondern vielmehr die resultierenden Reizkomplexe als neue, eigenständige Reize gelernt werden (z. B. Pearce, 1987, 1994). Dieser konfiguralen Theorie zufolge ist das Ganze anders als die Summe seiner Teile. Mit einer derartigen Überlegung verlässt man die elementaren Assoziationstheorien zugunsten konfiguraler Theorien: Beim Training mit Reizkomplexen werden nicht Elemente gelernt, sondern Muster oder Konfigurationen. Es ist jedoch auch noch eine Zwischenposition – das Ganze ist mehr als die Summe seiner Teile – denkbar. Nach Wagner (1971) ergibt sich die assoziative Stärke eines Reizkomplexes aus der Addition der jeweiligen Stärken der einzelnen Elemente plus einem Term (dem sog. »unique cue«), der die assoziative Stärke der Konfiguration von A und B reflektiert. In ▶ Kap. 32 finden sich weitergehende Informationen zu diesen theoretischen Positionen und ihren Implikationen.

11.3.3 Anwendungen des klassischen Konditionierens

Seit Pawlow wird bei der Erforschung des klassischen Konditionierens äußerster Wert darauf gelegt, im Labor experimentell mögliche Einflussfaktoren zu manipulieren und andere strikt zu kontrollieren. Aus diesem Grund wurden und werden bevorzugt Tiere untersucht. Gelten die so gewonnenen Erkenntnisse aber auch für den Menschen, der über Bewusstsein verfügt, und gelten sie für das »wirkliche Leben« außerhalb des Labors, wo dort doch viel mehr mögliche Einflüsse gleichzeitig vorliegen?

In einem sehr einflussreichen Artikel behauptet Brewer (1974), dass es für den erwachsenen Menschen keine überzeugende Evidenz für Konditionierung gäbe. Diese Aussage fußt auf der Prämisse, »echte« klassische Konditionierung laufe autonom und ohne Bewusstsein ab, wobei unter Bewusstheit in diesem Zusammenhang die verbalisierbare Kontingenzerwartung zu verstehen ist. Wie wir jedoch oben bereits gesehen haben, sind Kontingenzerwartungen für modernere Konditionierungsauffassungen alles andere als ein Ausschlusskriterium. Die abgemilderte Frage, ob es beim Menschen Konditionierung ohne Bewusstsein gibt, ist bis heute aktuell (vgl. Lovibond & Shanks, 2002). Dass es klassische Konditionierung beim Menschen jedoch gibt, steht heute außer Frage.

Klassische Konditionierung wird hoch wahrscheinlich immer dann ins Spiel kommen, wenn ein Ereignis kurz vor einem anderen Ereignis auftritt und damit eine Vorhersage auf das nachfolgende Ereignis ermöglicht. Dies geschieht in unserem Leben in den verschiedensten Situationen aufgrund von Ursache-Wirkungs-Beziehungen. So werden beispielsweise durch klassisches Konditionieren eine ganze

Reihe interner, körpereigener Prozesse beeinflusst. Wir wissen heute, dass das Gehirn bei Stress und Schmerz körpereigene, schmerzlindernde Substanzen (Endorphine) freisetzt. Diese Freisetzung von Endorphinen lässt sich klassisch konditionieren (z. B. Fanselow & Baackes, 1982). Gleiches gilt für die Ausschüttung von Insulin aus der Bauchspeicheldrüse, das zur Verstoffwechselung von Zucker benötigt wird (z. B. Siegel, 1975; im Humanbereich: Stockhorst, Steingrüber & Scherbaum, 2000). Und auch die Funktionsweise des Immunsystems, das der Abwehr von Krankheitserregern dient, wird durch klassische Konditionierung modifiziert (z. B. Ader, 2003). Für den Humanbereich wird mittlerweile sogar die klinische Anwendbarkeit dieser Erkenntnisse diskutiert (z. B. Exton et al., 2000). Solche Auswirkungen klassischer Konditionierung beeinflussen unser Leben und Wohlbefinden, auch wenn wir uns dessen nicht bewusst werden.

Bemerkbarer sind da schon eher die Auswirkungen des klassischen Konditionierens auf Sexualverhalten, Nahrungsaversionen, Drogentoleranz bzw. Drogenabhängigkeit und Angst. Speziell bei den drei letztgenannten Bereichen wird dies auch therapeutisch relevant. Wenn wir beispielsweise wissen, dass eine Nahrungsaversion klassisch konditioniert wird, dann können wir dieses Wissen nutzen, um die Ausbildung solcher Aversionen in Folge der Krebsbehandlung durch Chemotherapie oder Bestrahlung abzumildern. Oder wir können die Entwicklung der Drogentoleranz beeinflussen und damit beispielsweise die Steigerung der Dosis von Schmerzmedikamenten deutlich vermindern. Schließlich können sich Psychotherapeuten bei der Behandlung von Ängsten an dem orientieren, was in der Grundlagenforschung an Erkenntnissen über Extinktion gewonnen wird (dazu ausführlich ▶ Kap. 43). Selbst für höhere kognitive Fähigkeiten wie induktives Denken, hier insbesondere das Lernen von Kausalrelationen, und Kategorisieren lässt sich eine Beteiligung des klassischen Konditionierens nachweisen. Näheres hierüber sowie über die theoretische Nähe von klassischem Konditionieren und konnektionistischen Netzwerkmodellen findet sich in ▶ Kap. 32.

11.4 Instrumentelles Konditionieren

In den Untersuchungsanordnungen zu Habituation, Sensitivierung und klassischer Konditionierung hat der Organismus keinen Einfluss auf die Präsentation der Reize. Der Fokus bei der Betrachtung von Reaktionen liegt dort darauf, dass sie von Reizen ausgelöst werden. Beim instrumentellen Konditionieren ist das anders: Die Präsentation der Reize ist abhängig vom Verhalten und die untersuchten Reaktionen sind instrumentell in dem Sinne, dass sie zu bestimmten Konsequenzen führen. Insofern könnten derartige Verhaltensweisen ziel- oder zweckgerichtet sein. Wir arbeiten beispielsweise, um Geld zu verdienen oder wir halten unser Fahrzeug bei Rot an der Ampel an, um nicht in einen Unfall verwickelt zu werden oder um einer Geldstrafe zu entgehen. In all diesen Fällen beeinflussen die Konsequenzen des Verhaltens dessen zukünftiges Auftreten. Damit sind wir bei einem zweiten Unterschied zwischen klassischem und instrumentellem Konditionieren angelangt. Beim klassischen Konditionieren geht ein Reiz (der konditionierte Reiz) der (unkonditionierten bzw. konditionierten) Reaktion voraus. Beim instrumentellen Konditionieren folgt ein Reiz, der Verstärker, der instrumentellen Reaktion. Diese Unterschiede implizieren jedoch nicht zwingend, dass klassisches und instrumentelles Konditionieren auf unterschiedlichen Mechanismen basieren.

11.4.1 Methoden

Für die experimentelle Kontrolle ergeben sich einige Herausforderungen, denn der Organismus kann ein Verhalten zeigen oder auch nicht, und der Experimentator kann den Verstärker erst verabreichen, nachdem das Verhalten tatsächlich aufgetreten ist. Wir müssen deshalb die Laborsituation so gestalten, dass die Wahrscheinlichkeit des Auftretens des Zielverhaltens möglichst hoch ist. Im Wesentlichen werden hierzu zwei Methoden verwendet:

- Methoden mit diskreten Durchgängen und
- Methoden mit freien Operanten.

Bei **Methoden mit diskreten Durchgängen** werden im Tierversuch meist Laufgänge und Labyrinthe mit einer Start- und einer bzw. mehreren Zielboxen eingesetzt. In der Zielbox befindet sich meist eine Belohnung (z. B. Futter oder Wasser). Zu Beginn eines Durchgangs (Trials) wird das deprivierte Tier, dem für einen gewissen Zeitraum vor dem Versuch der Zugang zu Futter oder Wasser verwehrt wurde, in die Startbox gesetzt. Nach einer Weile geht die Tür auf. Gemessen wird entweder die Latenz (also die Zeit vom Öffnen der Box bis zum Loslaufen), die Laufzeit oder die Laufgeschwindigkeit bis zum Erreichen der Zielbox. Bei Labyrinthen kann man zusätzlich richtige und falsche Wahlen unterscheiden. Bei dem sog. T-Labyrinth beispielsweise ist die Startbox im »Fuß« des T, die Zielboxen befinden sich am Ende der »Arme« des T. Der Verstärker wird nur in einer der beiden Zielboxen verabreicht. Am Ende eines Trials wird das Tier aus der Zielbox genommen und erst nach einer Weile wieder in die Starbox gesetzt. Die Verhaltensmöglichkeiten sind bei Methoden mit diskreten Durchgängen stark limitiert.

Um Verhalten kontinuierlich über einen langen Zeitraum hinweg zu untersuchen, entwickelte Skinner die **Methoden mit freien Operanten**. Sie dienen der experimentellen »Portionierung« des Verhaltensstromes. Hierzu führte Skinner den Begriff »Operant« oder »operante Reaktion« ein.

Burrhus Frederic Skinner

Burrhus Frederic Skinner, geboren 1904 in Pennsylvania, USA, studierte zunächst Englische Literatur, um Schriftsteller zu werden. Einige Zeit nach diesem Abschluss schrieb er sich in Experimenteller Psychologie in Harvard ein, wo er 1931 seinen Doktor erhielt. Fünf Jahre später wechselte er an die Universität von Minnesota, 1945 wurde er Leiter der Psychologie an der Indiana Universität, bevor er 1948 ein Angebot von Harvard annahm, wo er bis zu seinem Tod 1990 blieb.

Beeinflusst vom Behaviorismus Watsons wandte sich Skinner äußerst strikt gegen jede Introspektion. Provokant verfocht er die Position, dass Geist und andere subjektive Phänomene nicht real existieren, sondern lediglich Begleiterscheinungen von Sprache sind. Mit der Entwicklung der sog. Skinner-Box legte er eine entscheidende Grundlage für die Erforschung des operanten Konditionierens, dem Studium der Beziehung zwischen beobachtbarem Verhalten und nachfolgender Verstärkung. Damit nahm er entscheidenden Einfluss auf die Klinische Psychologie, der bis heute fortbesteht.

Ein Operant ist bestimmt über seinen Effekt auf die Umwelt. Alle Aktivitäten, die zu diesem Effekt führen, sind Beispiele ein und desselben Operanten.

In der nach B.F. Skinner (▶ Kurzbiographie) benannten Skinner-Box ist es gleichgültig, ob die Ratte einen Hebel mit der Vorder- oder Hinterpfote bearbeitet, ob sie die Schnauze benutzt oder mit dem Körper drückt, entscheidend ist, dass sie den Hebel so weit bewegt, dass ein Kontakt geschlossen wird.

Im Humanbereich werden in neuerer Zeit bevorzugt Anordnungen eingesetzt, die Computerspielen nachempfunden sind.

11.4.2 Paradigmen des instrumentellen Konditionierens

Bei jeder Form des instrumentellen Konditionierens führt der Organismus eine Reaktion aus und »produziert« dabei eine Konsequenz: Ein Kind trocknet ab und erhält dafür Süßigkeiten, ein Autofahrer fährt zu schnell und muss eine Geldbuße bezahlen, wir nehmen einen Regenschirm mit, um nicht nass zu werden, oder der Zeuge einer kriminellen Tat erhält vom Täter ein lukratives Angebot, damit er ihn nicht verrät. In jedem dieser Beispiele besteht ein Zusammenhang oder eine Kontingenz zwischen Reaktion und Konsequenz, wobei die Konsequenzen unterschiedliche Valenzen haben können. Dementsprechend lassen sich diese verschiedenen Beispiele in einer Vierfeldertafel anordnen (◘ Tab. 11.1). In den Zeilen stehen die »Kontingenzen« mit den Abstufungen »positiv« und »negativ«. In den Spalten stehen die »Konsequenzen«, die »angenehm« oder »unangenehm« sein können.

Die Adjektive positiv und angenehm einerseits und negativ und unangenehm andererseits sollten keinesfalls miteinander verwechselt werden, denn sie sind nicht synonym zu gebrauchen. Wenn beispielsweise ein Aids-Test negativ ist, dann ist das durchaus angenehm und ein positiver Schwangerschaftstest kann in manchen Situationen sehr unangenehm, in anderen sehr angenehm sein. Angenehm und unangenehm bezeichnen die Valenz der Konsequenz. Positiv und negativ dagegen sind Eigenschaften des Zusammenhangs (der Korrelation) von Reaktion und Konsequenz. Verstärkung schließlich bezieht sich darauf, dass durch die entsprechende Konsequenz die Auftretenshäufigkeit einer Reaktion größer wird.

Betrachten wir uns zunächst die beiden Fälle, bei denen die Auftretenswahrscheinlichkeit der Reaktion steigt, weshalb auch beide »Verstärkung« heißen. **Positive Verstärkung** liegt dann vor, wenn die Ausführung einer Reaktion zu einer angenehmen Konsequenz führt. Der Zusammenhang von Reaktion und Konsequenz ist positiv. Da die Konsequenz angenehm ist und mehr Reaktion zu mehr angenehmer Konsequenz führt, steigt die Auftretenswahrscheinlichkeit des Verhaltens. »Wenn du dein Zimmer aufräumst, dann darfst du fernsehen«, ist ein Beispiel für positive Verstärkung. Bei der **negativen Verstärkung** dagegen ist die Kontingenz negativ und die Konsequenz unangenehm. Wenn das entsprechende Verhalten gezeigt wird, dann tritt die unangenehme Konsequenz nicht ein. Zu un-

		Konsequenz	
		angenehm	unangenehm
Kontingenz	positiv	Positive Verstärkung	Bestrafung
	negativ	Unterlassungstraining	Negative Verstärkung

◘ **Tabelle 11.1.** Die Paradigmen des instrumentellen Konditionierens als Vierfeldertafel

terscheiden sind hier Flucht und Vermeidung. Bei der Flucht wird eine bestehende unangenehme Konsequenz beendet (die Ratte in einem Käfig mit Strom durchflossenem Fußboden springt in Sicherheit). Bei der Vermeidung dagegen wird reagiert, bevor die unangenehme Konsequenz überhaupt eintritt. Wir ziehen uns beispielsweise im Winter vor dem Verlassen der geheizten Wohnung warm an, um nachher draußen nicht zu frieren. Wir werden also tätig, bevor wir das Haus verlassen und damit bevor wir mit der Kälte konfrontiert wären.

In den nun folgenden zwei Fällen resultiert eine Verringerung der Reaktionswahrscheinlichkeit. Bei der **Bestrafung** ist die Kontingenz positiv und die Konsequenz unangenehm. Wenn wir in einem Geschäft eine Ware einstecken ohne zu bezahlen und wir werden von einem Detektiv dabei beobachtet, dann werden wir sozial stigmatisiert (angezeigt) und müssen eine Bearbeitungsgebühr entrichten. Im Gegensatz dazu ist beim **Unterlassungstraining** die Kontingenz negativ, aber die Konsequenz ist angenehm. Ein gutes Beispiel hierfür ist Schweigegeld.

11.4.3 Verstärkungspläne

In jedem der angesprochenen vier Paradigmen kann die Verstärkung kontinuierlich erfolgen, d. h., auf jede Reaktion erfolgt immer eine Verstärkung. Bei Immerverstärkung resultiert eine nur moderate, aber stetige Verhaltensrate. Zu Beginn eines solchen Trainings wird zunächst sehr häufig reagiert, da jedoch jedes Mal ein Verstärker (z. B. ein Futterkorn) resultiert, sinkt das Bedürfnis und damit die Reaktionsrate.

Neben dieser Immerverstärkung ist aber auch eine partielle oder intermittierende Verstärkung denkbar. Verstärkungspläne regeln, wie und wann ein Verstärker auf eine Reaktion erfolgt. In den sog. einfachen Verstärkerplänen bestimmt ein einziger Faktor, welche Reaktion verstärkt wird. Die vier Grundpläne einfacher intermittierender Verstärkung ergeben sich aus dem Kreuzen von zwei Faktoren mit je zwei Abstufungen (Tab. 11.2).

In Verhältnisplänen (»ratio schedules«) hängt die Verstärkung nur von der Anzahl der Reaktionen ab. Ein Alltagsbeispiel wäre Akkordarbeit. Bei einem FR10-Plan beispielsweise würde die Verstärkung nach jeder 10. Reaktion erfolgen, bei einem FR150-Plan nach jeder 150. Reaktion. Bei **Plänen mit fixem Verhältnis** (FR) ist ein typisches Ver-

haltensmuster zu beobachten. Unmittelbar nach der Verstärkung wird kein Verhalten gezeigt, danach ist eine hohe und stetige Verhaltensrate zu beobachten. Bei einer Erhöhung des Verhältnisses wird die Pause nach der Verstärkung länger, bevor es dann zu einer hohen und stetigen Verhaltensrate (dem »ratio run«) kommt (z. B. Baron & Herpolsheimer, 1999). Für unseren Alltag bedeutet das, dass je höher die Hürde ist, die vor uns liegt, desto schwerer fällt uns das Anfangen. Ist aber der Anfang erst einmal geschafft, dann »läuft es von alleine«. Deshalb ist es nützlich, eine anstehende größere Aufgabe zu portionieren: Man nimmt sich zunächst nur einen kleinen Teil davon vor, damit das Anfangen nicht so weit hinaus geschoben wird, und wenn es dann »läuft«, bearbeitet man die nächsten Portionen.

In **Plänen mit variablem Verhältnis** (VR) ist die Zahl der notwendigen Reaktionen bis zur nächsten Verstärkung nicht sicher vorherzusagen. Bei einem VR10-Plan beispielsweise würde im Mittel nach jeder zehnten Reaktion verstärkt werden (z. B. 7, 13, 11. 9, 8, 12, 10). Ein Alltagsbeispiel für einen VR-Plan ist Spielen am Spielautomaten: Man weiß nie, wie viele Münzen man einwerfen muss, bis man wieder gewinnt . Da bei diesen Plänen sehr hohe und stetige Verhaltensraten resultieren (Ferster & Skinner, 1957), wird Spielen am Spielautomat leicht zur Sucht.

Bei Intervallplänen hängt die Verstärkung in erster Linie davon ab, wie viel Zeit seit der letzten Verstärkung vergangen ist. Bei **fixen Intervallplänen** (FI) wird die erste Reaktion nach Ablauf des Intervalls verstärkt (z. B. FI 4 min: die erste Reaktion nach mindestens 4 min seit der letzten Verstärkung wird verstärkt). Als typisches Verhaltensmuster resultiert bei diesen Plänen eine Girlande: nach der Verstärkung wird zunächst nicht reagiert (»Durchhänger«) und kurz vor Ablauf des Intervalls »überschlagen« sich die Reaktionen (Ferster & Skinner, 1957). Eine Studienorganisation mit Klausuren am Semesterende ist ein gutes Beispiel für einen derartigen Plan. Vermutlich kennt jeder von uns aus eigener Erfahrung die »Nachtschichten« kurz vor dem Prüfungstermin.

Bei **Plänen mit variablem Intervall** (VI) dagegen ist der genaue Ablauf des Intervalls nicht vorhersagbar (z. B. VI 4 min: im Mittel nach 4 min, also nach 4, 2, 6, 3, 5 min). Entsprechend resultieren hier hohe und konstante Verhaltensraten (z. B. Mawhinney, Bostow, Laws, Blumenfeld & Hopkins, 1971). Wieso gibt es dann eigentlich im Studium keine Zwischenklausuren zu schwer vorhersagbaren Zeiten?

Beide fixen Pläne führen zu unstetigem Verhalten, beide variablen Pläne dagegen zu stetigem Verhalten (Abb. 11.4).

Bei Verhältnisplänen determiniert die Zahl der Reaktionen die Verstärkung vollständig, bei Intervallplänen kann das Intervall selbst nicht durch das Verhalten beeinflusst werden. Dementsprechend motivieren Verhältnispläne zu höheren Verhaltensraten als Intervallpläne. Die Auswirkungen dieses Sachverhaltes können wir beispielsweise beim Vergleich der Entlohnung der Ärzte in den Gesund-

Tabelle 11.2. Die vier Grundpläne einfacher intermittierender Verstärkung

	Verhältnis	Intervall
Fix	Fixes Verhältnis (FR)	Fixes Intervall (FI)
Variabel	Variables Verhältnis (VR)	Variables Intervall (VI)

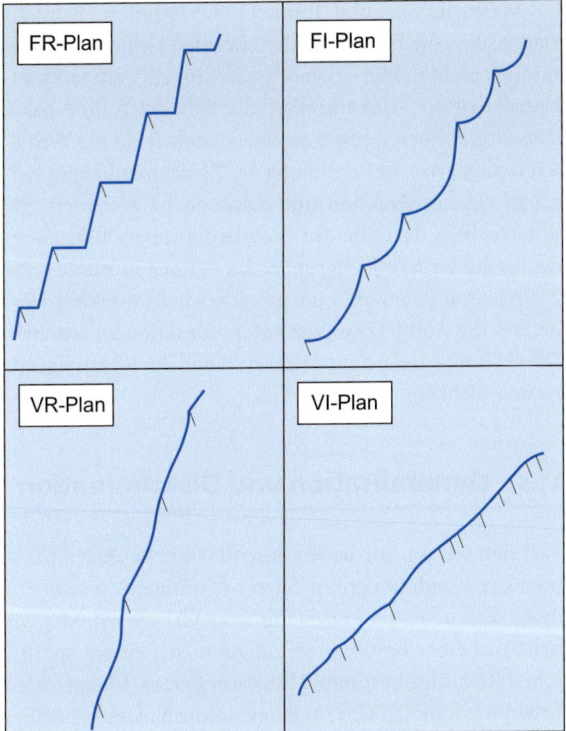

Abb. 11.4. Muster der Verhaltensraten bei intermittierender Verstärkung; X-Koordinate: Zeit; Y-Koordinate: kumulierte Reaktionsrate; Striche kennzeichnen die Verstärkergabe; *FR* fixes Verhältnis, *FI* fixes Intervall, *VR* variables Verhältnis, *VI* variables Intervall

heitssystemen von Deutschland (Bezahlung pro Leistung) und Großbritannien (Bezahlung pro Stunde) beurteilen.

Kommen wir zum Abschluss noch einmal kurz zurück auf die Unterschiede zwischen Immerverstärkung und intermittierender Verstärkung. Sie unterscheiden sich nicht nur in der Erwerbsphase (Akquisition), sondern in ihren Auswirkungen vor allem auch in der Löschungsphase (Extinktion), in der keine Verstärkung mehr erfolgt.

Verhalten, das unter intermittierender Verstärkung erworben wurde, ist deutlich stabiler oder löschungsresistenter als Verhalten, das immer verstärkt wurde. Dies könnte daran liegen, dass in der Akquisition Nichtverstärkung zu Frustration führt. Der Organismus lernt so, unter Frustration zu arbeiten oder anders ausgedrückt, Frustration wird zum Hinweisreiz für zukünftige Belohnung. In der Extinktion wird das Verhalten nicht mehr verstärkt, was zu Frustration führt. Im Falle intermittierender Verstärkung hat man jedoch schon gelernt, Frustration als Hinweis auf zukünftige Verstärkung zu bewerten, was die Extinktion verzögert.

11.4.4 Instrumentelle Verstärker

Neben den bisher besprochenen Einflüssen auf das Verhalten durch bestimmte Verstärkerpläne kommt dem Ergebnis der Reaktion, dem instrumentellen Verstärker, eine sehr wichtige Funktion zu. Als erstes wenden wir uns hierbei den historisch älteren Ansätzen zu, bei denen Reize, die zu einer Bedürfnisbefriedigung führen, als Verstärker betrachtet werden.

Das Effektgesetz von Thorndike

Betrachten wir uns zunächst das Effektgesetz von Thorndike (1911):

- Wenn eine Reaktion R in Gegenwart einer Reizkonstellation S gefolgt wird von einer befriedigenden Konsequenz C, dann wird die S-R-Assoziation gestärkt.
- Wenn eine Reaktion R in Gegenwart einer Reizkonstellation S gefolgt wird von einer lästigen Konsequenz C, dann wird die S-R-Assoziation geschwächt.

Gängigerweise werden im Tierversuch Futter, Wasser oder Zugang zu einem Sexualpartner als Verstärker eingesetzt, wobei das Tier vor dem Experiment entsprechend depriviert wird. Im Fall von Futter bedeutet dies, dass das Tier für einen gewissen Zeitraum vor dem Versuch kein Futter erhält. Oder es wird ein aversiver Reiz verwendet, wobei in diesem Fall keine vorherige Deprivation notwendig ist.

Der Effekt eines solchen Verstärkers hängt ab von seiner Qualität und seiner Quantität. Bei hoher Qualität und hoher Quantität resultieren höhere Verhaltensraten als bei niedriger Qualität und Quantität (z. B. Hutt, 1954).

Der Effekt von Verstärkung hängt aber auch davon ab, welche Vorerfahrung mit Verstärkung vorliegt. Neben der absoluten Höhe der Verstärkung spielen Veränderungen im Ausmaß der Verstärkung eine entscheidende Rolle. Crespi (1942) untersuchte drei Gruppen von Ratten in einem Laufgang mit der Methode diskreter Durchgänge und maß die Laufgeschwindigkeit. In einer ersten Phase wurden die Ratten mit 1, 16, oder 256 Einheiten Futter am Ziel verstärkt. Wie zu erwarten, liefen die Ratten mit 256 Einheiten am schnellsten, die mit 1 Einheit am langsamsten. In einer zweiten Phase erhielten dann alle Gruppen jeweils 16 Einheiten Futter. Die Gruppe, bei der sich die Verstärkermenge von 1 auf 16 erhöhte, zeigte einen positiven Verhaltenskontrast. Sie lief deutlich schneller als vorher und auch schneller als die Gruppe, die in beiden Phasen 16 Einheiten erhielt. Die Gruppe, bei der die Verstärkermenge von 256 auf 16 reduziert wurde, lief dagegen deutlich langsamer als vorher und auch langsamer als die Gruppe, die immer 16 Einheiten erhielt (negativer Verhaltenskontrast).

Nach dem Effektgesetz dürfte es zumindest den negativen Kontrasteffekt nicht geben. Da immer verstärkt wird, sollte die S-R-Assoziation nicht abnehmen. Wenn man jedoch annimmt, dass das Verhalten eine Funktion von Assoziationsstärke und Motivation ist, das Verhalten auch auszuführen, dann werden die Befunde verstehbar. Durch die Veränderung der Verstärkermenge ändert sich der Anreiz der Verstärkung: Gehaltserhöhungen sind eben wesentlich motivierender als Gehaltskürzungen. Oder anders ausgedrückt, je höher der Lebensstandard, desto höher muss eine Belohnung ausfallen, damit sie eine positive Anreizwirkung entfaltet.

Erlernte Hilflosigkeit

Wie beim klassischen Konditionieren spielen auch beim instrumentellen Konditionieren sowohl Kontiguität als auch Kontingenz eine wichtige Rolle, in diesem Fall zwischen Reaktionen und Verstärkern. Verstärker sind dann besonders effizient, wenn sie unmittelbar auf das Verhalten folgen. Dies mag daran liegen, dass eine unmittelbar applizierte Verstärkung hilft, in einem kontinuierlichen Strom verschiedener Aktivitäten die Reaktion zu »markieren«, auf die es ankommt. Man kann zeigen, dass bei verzögerter Verstärkung trotz positiver Kontingenz kaum instrumentelle Konditionierung stattfindet, es sei denn, die Zielreaktion wird in geeigneter Weise markiert (z. B. indem in einem T-Labyrinth unmittelbar nach der korrekten Wahl das Licht kurz ausgeht und das Labyrinth gekippt wird).

Wenn eine hohe positive oder negative Kontingenz zwischen Reaktion und Konsequenz besteht, dann herrscht Kontrollierbarkeit. Seligman (z. B. Seligman & Maier, 1967) untersuchte die Auswirkungen von Unkontrollierbarkeit (Kontingenz = 0) auf Verhalten. Der typische Versuchsplan besteht aus drei Gruppen (triadischer Versuchsplan) und zwei Phasen. In Phase 1 werden alle drei Gruppen in der Apparatur fixiert. Gruppe F (Flucht) kann durch eine Reaktion einen Schock abstellen. Die Tiere in Gruppe J (Jochgruppe) erhalten, genau wie ihre jeweiligen »Partner« in Gruppe F, Schocks (der gleichen Dauer und Stärke), haben selbst jedoch keinerlei Möglichkeiten, den Schock zu beeinflussen. Die Kontrollgruppe ist wie die beiden anderen Gruppen fixiert, erhält aber keine Schocks. In Phase 2 findet dann ein Flucht- bzw. Vermeidungstraining statt. Ein Ton kündigt einen Schock an, dem man durch Wechsel in einen anderen Raum entfliehen oder den man gar durch Wechsel in den anderen Raum vor Applikation des Schocks vermeiden kann. Die Tiere in Gruppe J zeigen kaum adäquates Flucht- oder Vermeidungsverhalten, stattdessen bleiben sie schließlich zusammengekauert in dem gefährlichen Raum sitzen und lassen die Schocks über sich ergehen.

Seligman erklärte diesen Effekt folgendermaßen. Organismen sind sensitiv für Reaktions-Verstärker-Kontingenzen. Die Erfahrung von Unkontrollierbarkeit (mein Verhalten hat keinen Einfluss auf die Konsequenzen) führt zu Hilflosigkeit. Dieser erlernte Zustand erschwert nachfolgendes Lernen und reduziert die Motivation zur Ausübung von Kontrolle. Dieser Erklärungsansatz führte zu zahlreichen Anwendungen des Konzepts der »erlernten Hilflosigkeit« auch im Humanbereich (z. B. Altern, chronische Schmerzen, Kriminalitätsopfer, Opfer von Naturkatastrophen, Studienerfolg, Sport). Klinische Psychologen verwenden ihn auch zur Erklärung der Genese kognitiver und motivationaler Defizite bei bestimmten Formen der Depression.

Maier, Jackson und Tomie (1987) konnten allerdings zeigen, dass die Hypothese der erlernten Hilflosigkeit vermutlich nicht richtig ist, stattdessen liegt ein Aufmerksamkeitsdefizit vor. Unkontrollierbare Schocks führen dazu, dass Organismen weniger Aufmerksamkeit auf ihr Verhalten richten, was die Erkennung des Zusammenhanges zwischen eigener Reaktion und Konsequenz erschwert. Sie untersuchten dazu die drei Standardgruppen, führten jedoch eine weitere Jochgruppe ein, bei der in Phase 2 die Zielreaktion (wie weiter oben beschrieben) markiert wurde, um die Aufmerksamkeit auf die Reaktion zu erhöhen. Diese Gruppe unterschied sich nicht von der Kontrollgruppe und nicht von Gruppe F.

11.5 Generalisation und Diskrimination

Nehmen wir an, wir haben durch klassische oder instrumentelle Konditionierung einen bestimmten Zusammenhang zwischen zwei Reizen (Situationen) gelernt oder wir haben in einer bestimmten Situation (bei einem spezifischen Reiz) eine bestimmte Reaktion gelernt. Im normalen Leben wiederholen sich Situationen jedoch nicht unbedingt identisch, stattdessen tritt eine gewisse Variation auf. Hier ist es sicherlich sinnvoll, wenn wir von einer Situation auf die (geringfügig) andere generalisieren können. Allgemein spricht man von Reizgeneralisation, wenn auf verschiedene Reize vergleichbar reagiert wird, wenn also Reize nicht diskriminiert werden (z. B. Hund: groß – klein, langhaarig – kurzhaarig, hängende – stehende Ohren). Ohne Reizgeneralisation müssten wir für jede Situation, auch wenn sie noch so geringfügig von einer anderen abweicht, erneut angemessene Verhaltensweisen lernen.

Das Ausmaß an Reizgeneralisation wird über den Reizgeneralisationsgradienten bestimmt (Abb. 11.5). Man verstärkt beispielsweise eine Taube nach einem VI-Plan für Picken auf eine farbige Scheibe (z. B. Wellenlänge von 550 nm). Danach erleuchtet man in einer Testphase (ohne weiter zu verstärken) die Scheibe in zufälliger Abfolge mit Licht verschiedener Wellenlängen (also verschiedener Farben, z. B. 500 nm, 560 nm, 530 nm, …) und erfasst die Reaktionsraten bei den verschiedenen Wellenlängen. Der Generalisationsgradient beschreibt die Reaktionsraten als Funktion der Wellenlänge. Am meisten wird auf die Wellenlänge reagiert, die trainiert wurde.

Auf die dieser Wellenlänge unmittelbar benachbarten Wellenlängen wird noch stark reagiert, je weiter die Wellenlänge von der ursprünglich trainierten entfernt ist, desto geringer ist die Reaktionsrate. Je flacher der Gradient verläuft, desto größer ist demnach das Ausmaß an Reizgeneralisation. Eine farbenblinde Taube würde beispielsweise auf alle Wellenlängen gleich stark reagieren.

An diesem Beispiel wird deutlich, dass ein zu hohes Ausmaß an Reizgeneralisation nicht unbedingt ein Segen ist. Sicherlich ist es auch sehr nützlich, bestimmte Situatio-

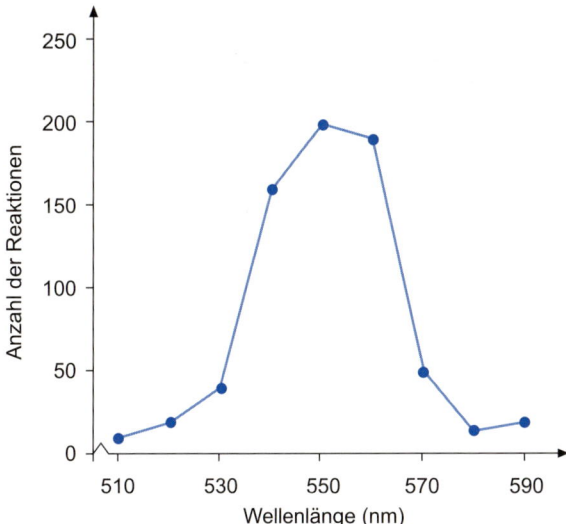

□ **Abb. 11.5.** Fiktiver Reizgeneralisationsgradient für Tauben, die für Picken auf ein Farblicht mit einer Wellenlänge von 550 nm verstärkt wurden

nen voneinander unterscheiden zu können. In derartigen Fällen spricht man von Reizdiskrimination.

Reizgeneralisation und Reizdiskrimination sind demnach zwei Seiten einer Medaille. Um Reize diskriminieren zu können, muss die Generalisation zurückgedrängt werden und umgekehrt.

In unserem Alltag geraten wir ständig von einer Situation in die andere, Reizdiskrimination ist dabei sicherlich hilfreich. Wenn Herr Müller sich ohne jede Bekleidung ein Eis kauft, so wird das am FKK-Strand nicht zum gleichen Menschenauflauf führen wie in der Fußgängerzone. Um uns vor solchen Übergeneralisierungen zu schützen, ist ein Reizdiskriminationstraining nützlich. Beim Reizdiskriminationstraining werden zwei verschiedene Reize verwendet. In Anwesenheit des einen Reizes wird verstärkt (S+) und in Anwesenheit des anderen Reizes wird nicht verstärkt (S–). Wenn S+ und S– Kontrolle über das Verhalten erlangt haben – d. h., in Anwesenheit von S+ wird reagiert und in Anwesenheit von S– nicht – dann werden sie als diskriminative (Hinweis-)Reize bezeichnet. Auch länger andauernde Kontextreize können zu diskriminativen Hinweisreizen werden. Fasst man einen unkonditionierten Reiz als Verstärkung auf, dann kennen wir mit der differenziellen klassischen Konditionierung bereits ein Beispiel für Reizdiskriminationstraining.

Was wird bei einem derartigen Diskriminationstraining gelernt? Lernt man zu reagieren, wenn S+ anwesend ist, und/oder nicht zu reagieren, wenn S– anwesend ist. Die Theorie des Diskriminationslernens von Spence (1936) favorisiert die Variante, dass beides gelernt wird. Sie geht davon aus, dass sich um S+ ein exzitatorischer Generalisationsgradient bildet und um S– ein inhibitorischer Generalisationsgradient. Das beobachtbare Diskriminationsverhalten ergibt sich aus der Summe dieser beiden Gradienten.

Mit Hilfe dieser Theorie lässt sich auch die folgende unerwartete Beobachtung, der sog. »Peak-shift«-Effekt, erklären. Beim intradimensionalen Diskriminationstraining mit zwei Farben (z. B. S+: 550 nm; S–: 540 nm) stellt man fest, dass die maximale Reaktionsrate (der Peak) nicht genau bei der Farbe des S+ liegt, sondern bei einer Farbe etwas oberhalb von 550 nm, also weiter entfernt von S– (z. B. 554 nm).

11.6 Extinktion

Dieser letzte Abschnitt des Kapitels weicht von allen vorhergehenden ab. Wir betrachten hier jetzt, ob und wie Verhalten abgebaut oder gelöscht werden kann. Eine Extinktion ist nur dann möglich, wenn zuvor Assoziationen durch Konditionierung etabliert worden sind (Akquisition). Die Extinktionsprozedur beim klassischen Konditionieren besteht darin, nach der Akquisition den konditionierten Reiz wiederholt alleine (ohne den unkonditionierten Reiz) zu präsentieren. Beim instrumentellen Konditionieren wird bei Ausführung der Reaktion kein Verstärker mehr gegeben. In Folge dieser Prozeduren wird das Verhalten reduziert (R bzw. CR werden weniger/geringer). Der Schluss liegt nahe, dass Extinktion das Gegenteil ist von Akquisition, und viele Lerntheorien sehen das genau so.

Ziel der Extinktion ist es also, die Akquisitionseffekte wieder rückgängig zu machen. Wir wissen heute aber, dass eine wirkliche Aufhebung des Gelernten kaum zu erreichen und vielleicht sogar prinzipiell unmöglich ist. Betrachten wir uns im Folgenden die empirische Evidenz dafür etwas näher. Bereits Pawlow beobachtete ein Phänomen, das er **spontane Erholung** nannte. Der Effekt der Extinktion verschwindet und die Reaktion kehrt zurück, wenn seit der Extinktion einige Zeit vergangen ist. Dieses Phänomen tritt sowohl bei klassischem als auch bei instrumentellem Konditionieren auf.

Bouton und King (1983) beobachteten unter bestimmten Bedingungen ein Wiedererstehen (»renewal«) der ursprünglichen exzitatorischen Konditionierung (▶ Kasten).

Die Wiedererstehung der konditionierten Reaktion bei Veränderung des Extinktionskontextes ist sehr weit verbreitet. Sie findet sich bei exzitatorischem klassischem Konditionieren mit aversiven und appetitiven unkonditionierten Reizen, bei inhibitorischem klassischen Konditionieren und beim instrumentellen Konditionieren. Die Kontextreize können external (Umgebungsbedingungen) oder internal (z. B. Wirkung eines Pharmakons) sein. Während Akquisition leicht über Kontexte hinweg generalisiert, ist Extinktion sehr kontextspezifisch. Dies hat massive Auswirkungen auf die Verhaltenstherapie: In der Therapie gelöschtes Verhalten zeigt im Alltag Wiedererstehung. Die Wiedererstehung lässt sich nur vermindern, wenn die Extinktion in mehreren Kontexten durchgeführt wird (dazu auch ▶ Kap. 43).

Der Wiedererstehungseffekt – das Experiment von Bouton und King (1983)

Bouton und King untersuchten zwei Gruppen von Ratten in einem dreiphasigen Experiment (Gruppe AAA und Gruppe ABA). In Phase 1 wurden beide Gruppen in einer Versuchssituation (Kontext) A mit einem CER-Paradigma trainiert, bei dem ein Ton als Warnsignal gelernt wurde. In Phase 2 fand die Extinktion statt, der Ton wurde wiederholt alleine ohne Schock dargeboten. In Gruppe AAA wurde die Extinktion im gleichen Kontext wie die Akquisition durchgeführt, in der Gruppe ABA dagegen in einem anderen Kontext als dem Akquisitionskontext. Beide Grup-

pen zeigten einen sehr ähnlichen Extinktionsverlauf, die Furcht wurde deutlich geringer. Können wir daraus schließen, dass in beiden Gruppen die Furcht abgebaut worden ist? Um diese Frage zu beantworten wurden in der 3. Phase beide Gruppen wieder in den Akquisitionskontext A verbracht, um noch einige weitere Extinktionsdurchgänge durchzuführen. Wie zu erwarten, zeigte die Gruppe AAA weiterhin stark verringerte Furcht. Die Ratten von Gruppe ABA dagegen zeigten das gleiche Ausmaß an hoher Furcht wie zum Beginn der Phase 2, so als ob bislang überhaupt keine Extinktion stattgefunden hätte.

Der **Wiedererstehungseffekt** basiert auf einem allgemeinen Prinzip. Früher Gelerntes wird reaktiviert, wenn der Kontext präsentiert wird, in dem initial gelernt worden ist. Dieses Prinzip lässt sich auch auf das in der Extinktion Gelernte anwenden und führt zu einer Rückgewinnung (»restoration«) des Löschungsverhaltens. Hinweisreize aus der Extinktion reduzieren das Ausmaß an spontaner Erholung.

Auch die erneute Erfahrung des unkonditionierten Reizes führt dazu, dass exzitatorische Konditionierung eine »Erholung« erfährt (Wiedereinsetzung oder »reinstatement«). Dies erklärt auch, wieso beispielsweise Missbrauchsopfer trotz langer Therapie bei erneutem Missbrauch einen Rückfall erleiden.

Spontane Erholung, Wiedererstehung, Rückgewinnung und Wiedereinsetzen sprechen deutlich gegen die weit verbreitete Position, dass bei der Extinktion die ursprünglich gelernten Assoziationen verlernt werden. Rescorla konnte unter Verwendung sog. Devaluationstechniken zeigen, dass die Extinktion beim klassischen Konditionieren nicht zum Abbau der S-S-Assoziation führt (Rescorla, 1996) und beim instrumentellen Konditionieren bleiben trotz Extinktion die R-O-Assoziation und die S-O-Assoziation intakt (Rescorla, 1993).

Warum wird dann durch Extinktion Verhalten reduziert? Wie können neuere Theorien zum instrumentellen und klassischen Konditionieren mit ihrem Fokus auf S-S-, S-O- und R-O-Assoziationen das erklären? Nachdem in den neueren Ansätzen S-R-Assoziationen ihre Wichtigkeit eingebüßt hatten, führen die oben angeführten Phänomene im Bereich Extinktion zu einer Refokussierung auf S-R-Assoziationen, allerdings keine exzitatorischen, sondern inhibitorischen. Vielleicht basieren konditionierte Inhibition und Extinktion entgegen einer immer noch weit verbreiteten Auffassung auf den gleichen Mechanismen.

Literatur

Referenzliteratur

Domjan, M. (2003). *The principles of learning and behavior* (5th ed.). Belmont, CA: Wadsworth/Thomson Learning.
Lieberman, D.A. (2000). *Learning: behavior and cognition* (3rd ed.). Belmont, CA: Wadsworth/Thomson Learning.
Pearce, J.M. (1997). *Animal learning and cognition*. Hove: Psychology Press.

Zitierte Literatur

Ader, R. (2003). Conditioned immunomodulation: research needs and directions. *Brain, Behavior, and Immunity, 17*, S51–S57.
Baron, A. & Herpolsheimer, L.R. (1999). Averaging effects in the study of fixed-ratio response patterns. *Journal of Behavior, 71*, 145–153.
Bouton, M.E. & King, D A. (1983). Contextual control of the extinction of conditioned fear: test for the associative value of the context. *Journal of Experimental Psychology: Animal Behavior Processes, 9*, 248–265.
Brewer, W.F. (1974). There is no convincing evidence for operant or classical conditioning in adult humans. In W. Weimer & D. Palermo (Eds.), *Cognition and the symbolic processes* (pp. 1–42). Hillsdale, NJ: Erlbaum.
Cole, R.P., Barnet, R.C. & Miller, R.R. (1995). Temporal encoding in trace conditioning. *Animal Learning and Behavior, 23*, 144–153.
Crespi, L.P. (1942). Quantitative variation in incentive and performance in the white rat. *American Journal of Psychology, 55*, 467–517.
Deisig, N., Lachnit, H., Giurfa, M. & Hellstern, F. (2001). Configural olfactory learning in honeybees: positive and negative patterning discrimination. *Learning and Memory, 8*, 70–78.
Exton, M.S., von Auer, A.K., Buske-Kirschbaum, A., Stockhorst, U., Göbel, U. & Schedlowski, M. (2000). Pavlovian conditioning of immune function: animal investigation and the challenge of human application. *Behavioural Brain Research, 110*, 129–141.
Fanselow, M.S. & Baackes, M.P. (1982). Conditioned fear-induced opiate analgesia on the formalin test: evidence for two aversive motivational systems. *Learning and Motivation, 13*, 200–221.
Ferster, C.B. & Skinner, B.F. (1957). *Schedules of reinforcement*. New York: Appleton-Century-Crofts.
Groves, P.M. & Thompson, R.F. (1970). Habituation: a dual-process theory. *Psychological Review, 77*, 419–450.
Hutt, P.J. (1954). Rate of bar pressing as a function of quality and quantity of food reward. *Journal of Comparative and Physiological Psychology, 47*, 235–239.

Kaplan, P.S., Werner, J.S. & Rudy, J.W. (1990). Habituation, sensitization, and infant visual attention. In C. Rovee-Collier & L.P. Lipsitt (Eds.), *Advances in infancy research* (Vol. 6, pp. 61–109). Norwood, NJ: Ablex.

Kinder, A. & Lachnit, H. (2003). Similarity and discrimination in human Pavlovian conditioning. *Psychophysiology, 40,* 226–234.

Lachnit, H. (1993). *Assoziatives Lernen und Kognition: Ein experimenteller Brückenschlag zwischen Hirnforschung und Kognitionswissenschaften.* Heidelberg: Spektrum.

Lachnit, H. (2003). The principle of contiguity. In R.H. Kluwe, G. Lüer & F. Rösler (Eds.), *Principles of learning and memory* (pp. 3–13). Basel: Birkhäuser Verlag.

Lachnit, H., Giurfa, M. & Menzel, R. (in press). Odor processing in honeybees: Is the whole equal to, more than, or different from the sum of its parts? *Advances in the Study of Behavior.*

Lachnit, H. & Kimmel, H.D. (1993). Positive and negative patterning in human classical skin conductance response conditioning. *Animal Learning and Behavior, 21,* 314–326.

Lachnit, H., Lober, K., Reinhard, G. & Giurfa, M. (2002). The impact of reinforcement density on skin conductance response differentiation in configural discrimination problems. *Psychophysiology, 39,* 650–656.

Lovibond, P.F. & Shanks, D.R. (2002). The role of awareness in Pavlovian conditioning: Empirical evidence and theoretical implications. *Journal of Experimental Psychology: Animal Behavior Processes, 28,* 3–26.

Maier, S.F., Jackson, R.L. & Tomie, A. (1987). Potentiation, overshadowing, and prior exposure to inescapable shock. *Journal of Experimental Psychology: Animal Behavior Processes, 13,* 260–270.

Mawhinney, V.T., Bostow, D.E., Laws, D.R., Blumenfeld, G.J. & Hopkins, B.L. (1971). A comparison of students› studying-behavior produced by daily, weekly, and three-week testing schedules. *Journal of Applied Behavior Analysis, 4,* 257–264.

Melchers, K.G., Lachnit, H. & Shanks, D.R. (2004). Within-compound associations in retrospective revaluation and in direct learning: a challenge for comparator theory. *Quarterly Journal of Experimental Psychology, 57B,* 25–53.

Pavlov, I.P. (1927). *Conditioned reflexes.* London: Oxford University Press.

Pearce, J.M. (1987). A model of stimulus generalization in Pavlovian conditioning. *Psychological Review, 94,* 61–73.

Pearce, J.M. (1994). Similarity and discrimination: A selective review and a connectionist model. *Psychological Review, 101,* 587–607.

Rescorla, R.A. (1968). Probability of shock in the presence and absence of CS in fear conditioning. *Journal of Comparative and Physiological Psychology, 66,* 1–5.

Rescorla, R.A. (1993). Preservation of response-outcome associations through extinction. *Animal Learning and Behavior, 21,* 238–245.

Rescorla, R.A. (1996). Preservation of Pavlovian associations through extinction. *Quarterly Journal of Experimental Psychology, 49B,* 245–258.

Rescorla, R.A. (1988). Pavlovian conditioning: it's not what you think it is. *American Psychologist, 43,* 151–160.

Rescorla, R.A. & Wagner, A.R. (1972). A theory of Pavlovian conditioning: variations in the effectiveness of reinforcement and nonreinforcement. In A.H. Black & W.F. Prokasy (Eds.), *Classical conditioning II* (pp. 64–99). New York: Appleton-Century-Crofts.

Saavedra, M.A. (1975). Pavlovian compound conditioning in the rabbit. *Learning and Motovation, 6,* 314–326.

Seligman, M.E.P. & Maier, S.F. (1967). Failure to escape traumatic shock. *Journal of Experimental Psychology, 74,* 1–9.

Shanks, D.R. & Dickinson, A. (1987). Associative accounts of causality judgement. In G.H. Bower (Ed.), The psychology of learning and motivation (Vol. 21, pp. 229–261). New York: Academic Press.

Siegel, S. (1975). Conditioning insulin effects. *Journal of Comparative and Physiological Psychology, 89,* 189–199.

Spence, K.W. (1936). The nature of discrimination learning in animals. *Psychological Review, 43,* 427–449.

Stockhorst, U., Steingrüber, H.-J. & Scherbaum, W.A. (2000). Classically conditioned responses following repeated insulin and glucose administration in humans. *Behavioural Brain Research, 110,* 143–159.

Thorndike, E.L. (1911). *Animal intelligence: Experimental studies.* New York: Macmillan.

Wagner, A.R. (1971). Elementary associations. In H.H. Kendler & J.T. Spence (Eds.), *Essays in neobehaviorism: A memorial volume to Kenneth W. Spence* (pp. 187–213). New York: Appleton Century Crofts.

Wagner, A.R., Logan, F.A., Haberlandt, K. & Price, T. (1968). Stimulus selection in animal discrimination learning. *Journal of Experimental Psychology, 76,* 171–180.

12 Übung

H. Heuer

Durch wiederholte Ausführung einer Tätigkeit kann man die Leistung verbessern. Das gilt für so unterschiedliche Dinge wie das Musizieren, das Autofahren, das Schachspielen, das Tapezieren. Im Englischen kann man all diese Dinge unter dem Begriff »skills« zusammenfassen. Statt von Übung (»practice«) wird auch von »skill acquisition« gesprochen. Ein entsprechender deutscher Begriff, z. B. »Fertigkeiten« oder »Erwerb von Fertigkeiten«, ist allerdings wenig gebräuchlich. Trotzdem werde ich ihn in diesem Kapitel benutzen.

Übung durchzieht in vielfacher Weise unseren Alltag und Übungsfortschritt ist ein nahezu universelles Phänomen. Manchmal ist er abrupt, etwa beim Kind, das nach vielen vergeblichen Versuchen in kurzer Zeit auf einmal allein mit dem Fahrrad fährt und das dann in der Regel für den Rest seines Lebens kann. In anderen Fällen ist der Leistungszuwachs aber auch sehr mühselig und kaum zu erkennen. Beginnt man mit der Übung von etwas Neuem, so ist der Fortschritt in der Regel zunächst schnell, wird aber immer langsamer; manchmal geht die Lust am dann nicht mehr so Neuen verloren. Das Ende der Übung wird wohl nur selten erreicht. Auch dann, wenn kein Leistungsfortschritt mehr zu erkennen ist, kann man nicht sicher sein, dass nach einer Zeit der Stagnation nicht doch noch ein kaum mehr erwarteter Leistungsanstieg folgt.

12.1 Geschichte der Übungsforschung

In der Geschichte der Übungsforschung gibt es nur wenige klassische Arbeiten. Die wohl prominentesten sind die Untersuchungen zum Erlernen des Morsens von Bryan und Harter (1897, 1899). Ihre bekannteste Beobachtung ist das Übungsplateau, ein zeitweilig stagnierender Lernfortschritt, der sich beim Empfang von zusammenhängendem Text fand, aber nicht beim Empfang von zusammenhanglosen Wörtern oder Buchstaben. Bryan und Harter führen das Plateau darauf zurück, dass die Leistung beim Empfang von Wörtern eine Asymptote erreicht. Die Leistung beim Empfang von zusammenhängendem Text steigt erst dann an, wenn größere Einheiten, nämlich Satzteile, genutzt werden können. Das Plateau in der Übungskurve tritt beim Erlernen des Morsens allerdings nicht immer auf. Wahrscheinlich ist es eine Folge schlechter Übungsbedingungen. Der Gedanke der Bildung und Nutzung zunehmend größerer Verhaltenseinheiten im Verlauf der Übung hat seine Bedeutung aber dennoch nie wieder verloren (► Abschn. 12.3.4).

Eine immer wieder beschriebene Phaseneinteilung des Übungsfortschritts geht auf Fitts (1964) zurück. Ihre Grundlage ist eine intuitive Ordnung von Beobachtungen bei experimentellen Untersuchungen der Übung sowie von Gesprächen mit Ausbildern für unterschiedliche Arten von Tätigkeiten. Die Phaseneinteilung beschreibt in erster Linie

Abb. 12.1a,b. Leistung von zwei Versuchspersonen beim Morsen (in Buchstaben/Minute), **b** beim Senden und Empfangen, **a** beim Empfangen von zusammenhanglosen Buchstaben *(untere Kurve)*, zusammenhanglosen Wörtern *(mittlere Kurve)* und sinnvollem Text *(obere Kurve)*

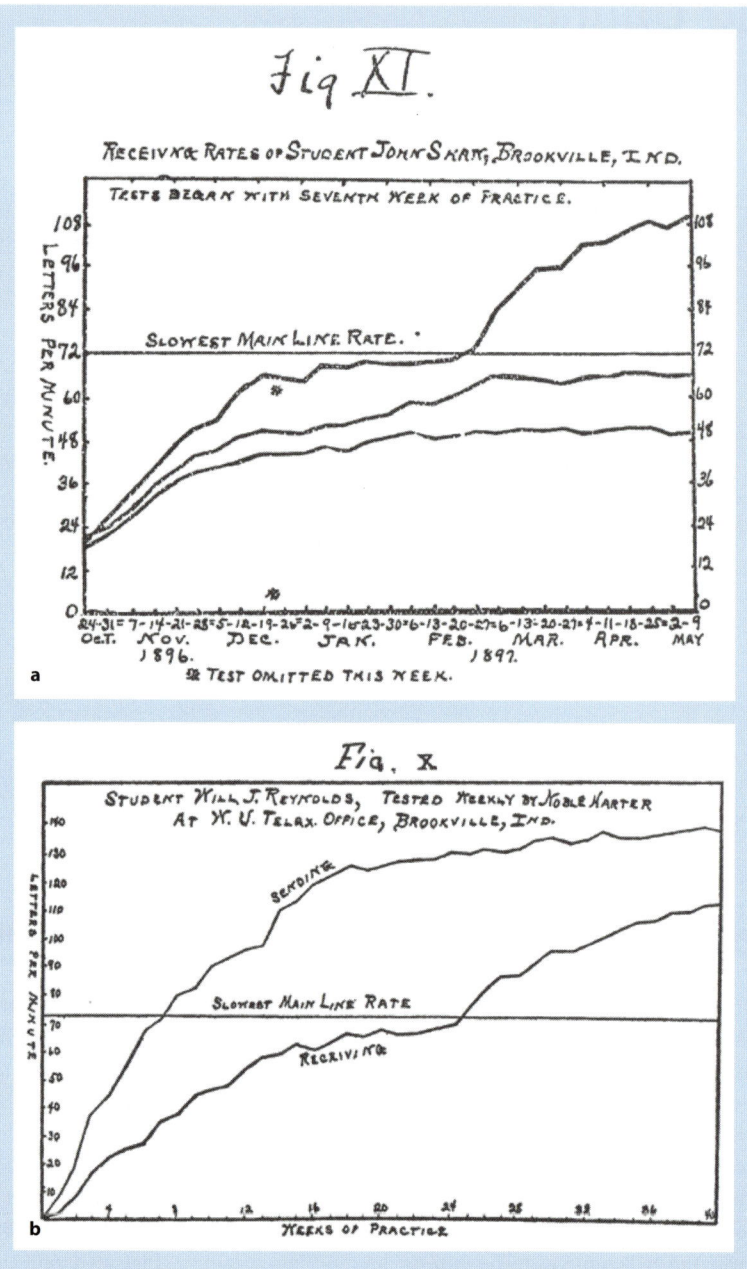

12

den Übergang von einer eher intellektuellen Art der Aufgabenbewältigung hin zur automatischen Ausführung. In der ersten Phase, der **kognitiven Phase**, geht es um das Verständnis der Aufgabe, bei dem Instruktionen und Demonstrationen sehr hilfreich sind. In der zweiten Phase, der **assoziativen Phase**, sind die einzelnen Elemente der Tätigkeit bekannt, aber sie müssen zusammengefügt und zunehmend enger miteinander verknüpft werden. Schließlich wird die **autonome Phase** erreicht. Das Nachdenken bei Ausführung der Tätigkeit fällt weg, und die Interferenz mit gleichzeitig ausgeführten anderen Tätigkeiten wird kleiner.

Die Phaseneinteilung von Fitts (1964) besitzt eine hohe Attraktivität, offenbar weil sie eigenes Erleben vieler Men-

schen wiedergibt. Dennoch kennzeichnet sie nicht die Übung aller Fertigkeiten in treffender Weise. Insbesondere gibt es Beispiele dafür, dass motorische Leistungen auch nach längerer Übung noch sprachliche Komponenten enthalten können. Adams (1981) zeigte z. B., dass eine gut geübte Folge von 12 Schalterbetätigungen dadurch gestört werden kann, dass nach der Methode des Paarassoziationslernens Position-Schalterstellung-Beziehungen gelernt wurden, die teilweise von denen bei der geübten Aufgabe abwichen. Umgekehrt kann aber auch das Auswendiglernen einer Folge von einfachen Aufgaben wirkungslos sein, wenn es darum geht, diese Aufgaben in der gelernten Reihenfolge jeweils möglichst schnell zu bearbeiten (Kleinsor-

Eine der wenigen klassischen Arbeiten zur Übung ist die Untersuchung des Morsens von Bryan und Harter (1897, 1899). Ihre Ergebnisse sind spezifisch für eher schlechte Übungsbedingungen ihrer Zeit, aber der von ihnen formulierte Gedanke der Übung auf unterschiedlichen Ebenen einer Verhaltenshierarchie hat überdauert. ◘ Abbildung 12.1 zeigt die Übungskurve eines 18-Jährigen. An jedem Samstag wurden über 40 Wochen Tests durchgeführt. Dabei wurden jeweils neue Sätze mit möglichst gleichartiger Schwierigkeit verwendet. Zur Bestimmung der Sendegeschwindigkeit telegrafierte der Lernende möglichst schnell, während ein Empfänger die Wörter als Test für die Genauigkeit mitschrieb. Zur Bestimmung der Empfangsgeschwindigkeit variierte der Untersucher die Sendegeschwindigkeit so lange, bis der Text richtig empfangen wurde. Zu Beginn des Lernens sollte der Lernende die Buchstaben benennen, später die Wörter, noch später sollte er die Wörter direkt aufschreiben. Die Übungskurve für das Senden stieg schneller an als die für das Empfangen. Letztere wies Unregelmäßigkeiten im Verlauf auf, speziell auch Übungsplateaus. Das sind Perioden ohne sichtbaren Leistungsfortschritt, denen aber Perioden mit deutlichem Leistungsfortschritt folgen.

◘ Abbildung 12.1 zeigt auch Lernkurven für den Empfang unterschiedlichen Materials. Nach Bryan and Harter findet das Erlernen des Morsens gleichzeitig auf verschiedenen Ebenen statt – Buchstaben, Wörter, Phrasen –, aber mit unterschiedlicher Geschwindigkeit. Wenn auf niederen Ebenen eine Leistungsgrenze erreicht ist, kommt es erst dann zu einem weiteren Übungsfortschritt, wenn die Übungswirkung auf höheren Ebenen der Verhaltenshierarchie die Übungswirkung auf niederen Ebenen gewissermaßen überholt. Bei der Übungskurve für das Senden ist der Fortschritt auf allen Ebenen der Hierarchie schneller, aber es gibt kein Lernplateau, da die Leistung durch die maximale Geschwindigkeit bei der Betätigung der Morsetasten begrenzt wird.

ge, Schmidtke, Gajewski & Heuer, 2003). Die Beziehung zwischen bewussten Denkprozessen und Leistungen im Verlauf der Übung ist also offenbar aufgabenabhängig und komplizierter als in der Phaseneinteilung von Fitts (1964) postuliert.

12.2 Wirkungen der Übung

Zur Untersuchung der Übung werden sehr unterschiedliche Aufgaben verwendet. Das hat zur Folge, dass auch die verwendeten Leistungsmaße sehr unterschiedlich sind. Dennoch erfassen sie zumeist einen von zwei Aspekten, die Geschwindigkeit oder die Genauigkeit. Innerhalb der Geschwindigkeits- und vor allem der Genauigkeitsmaße aber gibt es eine gewisse Beliebigkeit. Beispielsweise kann die Geschwindigkeit durch die benötigte Zeit erfasst werden; das ist üblich. Es ist aber auch ein Frequenzmaß möglich, etwa die Zahl der in einer gegebenen Zeit bearbeiteten Aufgaben. Wichtig ist, dass die Beziehungen zwischen unterschiedlichen Leistungsmaßen nicht linear sind. Die exakte Form der Übungskurve, die die Leistung in Abhängigkeit von der Anzahl der Wiederholungen beschreibt, ist daher vom verwendeten Leistungsmaß abhängig. Die grobe Form der Übungskurve ist dennoch typisch: Erst ist die Leistungsänderung schnell, dann wird sie langsamer, egal, welches Maß benutzt wird, und egal, ob die zunehmende Leistung durch einen Anstieg (z. B. der Genauigkeit) oder durch ein Sinken (z. B. der Dauer der Bearbeitung) angezeigt wird. Eine Abweichung von dieser Regel lässt die Existenz von Unregelmäßigkeiten oder sonstigen besonderen Umständen vermuten. Das gilt nicht nur für mittlere Übungskurven, sondern auch für individuelle.

12.2.1 Genauigkeit und die Kenntnis des Resultats

Nach der Ausführung mancher Aufgaben bleibt es unklar, wie gut sie bewältigt wurden. Bei anderen Aufgaben dagegen kann die Information über die Güte drastische Formen annehmen, etwa beim Autofahren. Im Prinzip handelt es sich dabei um Rückmeldungen, die zur Abgrenzung gegen andere Formen von Rückmeldungen, die nicht unmittelbar Information über die Leistung geben, als Kenntnis des Resultats (KR) bezeichnet werden (die Abkürzung KR ist auch im Englischen geläufig, wo diese Art von Rückmeldung als »knowledge of results« bezeichnet wird). Welche Wirkungen hat die Kenntnis des Resultats auf die Leistung? (Einen Überblick geben z. B. Schmidt & Lee, 1999, S. 336–355.)

Zur Untersuchung der Wirkungen der Kenntnis des Resultats werden Aufgaben verwendet, denen die Kenntnis des Resultats nicht inhärent ist – sonst könnte man sie nur schlecht experimentell variieren. ◘ Abbildung 12.2 zeigt Ergebnisse von Trowbridge und Cason (1932). Die Aufgabe der Versuchspersonen war es, bei geschlossenen Augen eine Linie von 3 inch (76 mm) Länge zu zeichnen. Das kann nur gelingen, wenn man weiß, wie sich eine Bewegung der gewünschten Länge anfühlt. Ohne Kenntnis des Resultats lag der Fehler über 100 Versuchsdurchgänge hinweg ziemlich gleichförmig bei 19–22 mm. Wurde nach jeder Bewegung eine sinnlose Silbe genannt, war die Genauigkeit geringer

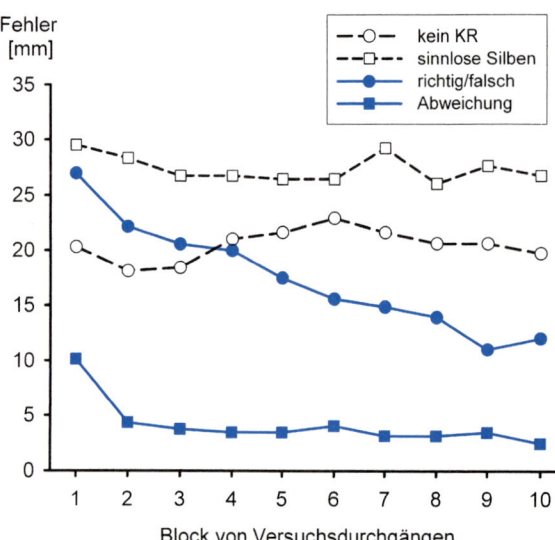

◨ Abb. 12.2. Wirkung der Kenntnis des Resultats auf das Erlernen von Bewegungen; *KR* Kenntnis des Resultats

und wurde im Verlauf der Übung ebenfalls nicht größer. Eine allmähliche Zunahme der Genauigkeit zeigte sich aber, wenn nach jeder Bewegung mitgeteilt wurde, ob die Bewegung richtig oder falsch war (»richtig« war eine Bewegung mit einem Fehler von 0 oder $^1/_8$ inch, wobei $^1/_8$ inch die Einheit der Messung war). Eine sehr schnelle Verbesserung der Genauigkeit zeigte sich schließlich, wenn der Fehler genau mitgeteilt wurde (z. B. »eine Einheit zu weit«).

Ohne Information kann die Genauigkeit nicht verbessert werden – das ist ein vielfach bestätigtes Ergebnis. Information über die Genauigkeit ist oft in den Verhaltenskonsequenzen enthalten. Wenn die Verhaltenskonsequenzen keinen Bezug zum Tun haben, wie die sinnlosen Silben in der Untersuchung von Trowbridge und Cason (1932), können sie sogar zu einer Leistungsminderung beitragen. Sobald sie aber Information über die Güte der Leistung und die Möglichkeit, sie zu verbessern, enthalten, wird diese Information genutzt, und sie wirkt umso schneller, je genauer sie ist. Wichtig ist, dass nicht nur über den Fehler informiert wird, sondern dass die Information auch für die Korrektur genutzt werden kann. Die Bewertung, die natürlich auch in der Kenntnis des Resultats enthalten ist, spielt im Vergleich zu der Information eine untergeordnete oder gar keine Rolle. Das unterscheidet die Kenntnis des Resultats von Verstärkern, bei denen die Bewertung im Vordergrund steht (▶ Kap. 11). Eine Rückmeldung »falsch« beispielsweise enthält eine Bewertung, gibt aber keine Information über die erforderliche Korrektur. Für die Korrektur bleibt dann nur eine Strategie, die immer dann angewendet werden kann, wenn etwa systematisch beeinflusst werden soll, ohne dass man weiß, wie das geschehen kann: Versuch und Irrtum. Im Beispiel des Zeichnens der Linien wird die nächste Linie also mehr oder weniger zufällig länger oder kürzer gezogen, bis es zur Rückmeldung »richtig« kommt.

Bei der Untersuchung der Übung ist es wichtig, zwei Arten von Einflussfaktoren zu unterscheiden. Die einen führen in überdauernder Weise zu Leistungsverbesserungen (Lernvariablen), die anderen verbessern die Leistung nur, solange sie wirksam sind (Leistungsvariablen). Kenntnis des Resultats beeinflusst sowohl das Lernen wie auch die aktuelle Leistung. Das zeigt sich, wenn sie nach unterschiedlich langer Übung weggelassen wird. Dann sinkt die Leistung in wenigen Versuchsdurchgängen ab, wird aber nicht so schlecht wie bei einer Kontrollgruppe, die niemals Kenntnis des Resultats erhalten hat. Das Sinken der Leistung ist umso weniger ausgeprägt, je länger vorher mit Kenntnis des Resultats geübt wurde. Die Wirkung auf die aktuelle Leistung nimmt also in dem Maße ab, in dem die Lernwirkung im Verlauf der Übung stärker geworden ist. Im Fall der einfachen Bewegungen kommt die Lernwirkung der Kenntnis des Resultats dadurch zustande, dass sie die richtige Bewegung spezifiziert, und die Leistungswirkung dadurch, dass sie die jeweils für die nächste Bewegung nötige Korrektur der eben ausgeführten Bewegung angibt.

12.2.2 Geschwindigkeit und das Potenzgesetz der Übung

Da man für ein und dieselbe Aufgabe unterschiedliche Leistungsmaße definieren kann, die untereinander nichtlineare Beziehungen aufweisen, ist klar, dass es für Übungskurven nicht nur eine einzige Gleichung geben kann. Für die Zeit aber, die für die Ausführung einer Aufgabe benötigt wird, gibt es eine Gleichung, die die Übungskurve bei vielen Aufgaben gut beschreibt. Das ist die Potenzfunktion, die für eine so große Spanne von Aufgaben gilt, dass auch vom »Potenzgesetz der Übung« gesprochen wird (Newell & Rosenbloom, 1981):

$$T = BN^{-\alpha}$$

mit T als Zeit für die Ausführung der Aufgabe, N als Zahl der Wiederholungen und B und α als zwei Parameter. In doppelt logarithmischer Darstellung erhält man eine Gerade,

$$\log T = \log B - \alpha \log N \, .$$

Der Parameter B ist die zu Beginn der Übung benötigte Zeit, und der Parameter α kennzeichnet die Geschwindigkeit des Übungsfortschritts bzw. die Form der Übungskurve. Weitere Parameter können eingeführt werden, um zu berücksichtigen, dass es möglicherweise Vorübung gibt und dass die Asymptote größer als Null ist.

◨ Abbildung 12.3 zeigt eine klassische Übungskurve: Die Zeit für das Drehen einer Zigarre in Abhängigkeit von der geschätzten Zahl der insgesamt gedrehten Zigarren. Selbst bei so grob erfassten Daten wird der Übungsverlauf in guter Näherung durch die Potenzfunktion beschrieben.

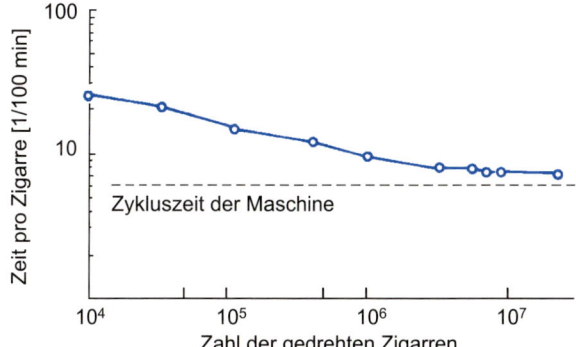

Abb. 12.3. Zeit für das Drehen einer Zigarre in Abhängigkeit von der (geschätzten) Zahl gedrehter Zigarren in logarithmischen Koordinaten

Eine Leistungsgrenze wird durch die minimale Taktzeit der Maschine gesetzt. Die kontinuierliche Zunahme der Geschwindigkeit über viele Tausend Wiederholungen hinweg ist ein typisches Merkmal der Übung. Der Leistungszuwachs wird zwar immer kleiner und unmerklicher, sodass man für alle praktischen Zwecke von einer Leistungsasymptote ausgehen kann. Wahrscheinlich werden Leistungsgrenzen im strengen Sinne aber nicht erreicht, sondern die Leistungszunahme wird nur so gering, dass sie hinter den normalen Schwankungen der Leistung gut verborgen ist. Selbst scheinbare »physiologische Grenzen« bei einfachen Reaktionszeitaufgaben sind nicht starr. (Überspitzt könnte man auch sagen, dass die Geschwindigkeit erst dann nicht mehr zunimmt, wenn der Übungsfortschritt durch die Altersverlangsamung eingeholt und überholt wird.)

Die Zunahme der Geschwindigkeit im Verlauf der Übung findet sich nicht nur bei sensumotorischen Aufgaben (wie dem Drehen von Zigarren), sondern auch bei rein kognitiven Aufgaben (z. B. Kopfrechnen). Auch bei sehr einfachen Reaktionszeitaufgaben sinkt die Reaktionszeit im Verlauf der Übung, allerdings umso weniger, je höher die Reiz-Reaktions-Kompatibilität ist. Eine hohe Kompatibilität ist z. B. gegeben, wenn die Reize und die Reaktionen eine gemeinsame Dimension haben (z. B. räumlich angeordnete Reize und Reaktionen, numerische Reize und Nennung von Ziffern als Reaktionen) und entsprechende Werte einander zugeordnet sind; eine geringe Kompatibilität ist gegeben, wenn nicht entsprechende Werte einander zugeordnet sind (z. B. auf linken Reiz mit rechter Hand reagieren) oder eine gemeinsame Dimension fehlt (z. B. räumlich angeordnete Reaktionen bei unterschiedlich farbigen Reizen).

12.2.3 Vorhersagbarkeit individueller Unterschiede

Sowohl aus praktischen wie auch aus theoretischen Gründen liegt die Frage nahe, wie man die Leistungen in verschiedenen Übungsphasen vorhersagen kann. Kann man die individuelle Leistung am Ende der Übung aus der individuellen Leistung zu Beginn der Übung vorhersagen? Kann man die Leistung bei einer Aufgabe zu Beginn der Übung mit denselben Leistungstests vorhersagen wie die Leistung am Ende der Übung?

In Tab. 12.1 ist ein typisches Muster von Interkorrelationen zwischen Leistungen in aufeinander folgenden Übungsdurchgängen dargestellt (Jones, 1962). Die Aufgabe bestand darin, mit Hilfe von zwei Kurbeln einen Stift entlang einer kleeblattförmigen Bahn zu führen. Die wesentlichen Merkmale der Korrelationsmatrix sind allerdings weitestgehend unabhängig von der Art der Aufgabe, ebenso vom verwendeten Leistungsmaß. In jeder Zeile werden die Korrelationen von links nach rechts kleiner, d. h., aus der Anfangsleistung lässt sich die spätere Leistung umso schlechter vorhersagen, je länger die Übung dauert. In jeder Spalte werden die Korrelationen von unten nach oben kleiner, d. h., die Leistung in einem bestimmten Abschnitt der Übung lässt sich umso schlechter vorhersagen, je weiter man zurückgeht. In jeder Parallelen zur Diagonalen schließlich steigen die Korrelationen von links oben nach rechts unten, d. h., bei gegebenem Abstand zwischen den beiden betrachteten Lerndurchgängen steigt die Vorhersagbarkeit mit der Dauer der Übung an.

Dem typischen Muster der Interkorrelationen nach werden individuelle Unterschiede im Verlauf der Übung stabilisiert. Betrachtet man die Korrelationen zwischen den

Tabelle 12.1. Interkorrelationen zwischen den Leistungen in aufeinander folgenden Übungsdurchgängen. Das Muster ist typisch für unterschiedliche Aufgaben. (Nach Jones, 1962)

Durchgang	1	2	3	4	5	6	7	8
1	–	0,79	0,77	0,74	0,73	0,71	0,71	0,70
2		–	0,87	0,87	0,84	0,82	0,82	0,82
3			–	0,91	0,89	0,87	0,85	0,86
4				–	0,91	0,88	0,86	0,88
5					–	0,89	0,90	0,90
6						–	0,93	0,93
7							–	0,94
8								–

Leistungen in aufeinander folgenden Lerndurchgängen als Reliabilitätskoeffizienten (▶ Kap. 39), so wird die individuelle Leistung immer zuverlässiger erfasst, zeigt also weniger Schwankungen über die Zeit. Möglicherweise werden immer weniger und speziellere Fähigkeiten gefordert, sodass Unterschiede in der Art der Aufgabenausführung geringer werden. Bevor es zu dieser Stabilisierung kommt, werden im Verlauf der Übung die individuellen Unterschiede in gewissem Maße umgeordnet: eine gute Anfangsleistung hat nicht notwendigerweise eine gute Endleistung zur Folge. Möglicherweise also werden andere Fähigkeiten in fortgeschrittenen Übungsabschnitten gefordert als in früheren.

Formale Analysen machen deutlich, dass das typische Muster der Interkorrelationen als Ergebnis einer zunehmend geringer werdenden Zahl beteiligter Fähigkeiten oder als Ergebnis von zunehmender und abnehmender Bedeutung unterschiedlicher Fähigkeiten erklärt werden kann. Die Korrelationen lassen sich nämlich mit Hilfe spezieller faktorenanalytischer Modelle, die entsprechende Annahmen enthalten, reproduzieren. Im einen Typ von Modell, dem Simplex, nimmt die Zahl der an der Leistung beteiligten Faktoren von Übungsdurchgang zu Übungsdurchgang ab. Das entspricht einer Einschränkung auf immer weniger beteiligte Fähigkeiten. In einem zweiten Typ von Modell werden für zwei Faktoren im Verlauf der Übung steigende bzw. fallende Faktorladungen angenommen. Das entspricht der Zunahme der Bedeutung bestimmter Fähigkeiten und der Abnahme der Bedeutung anderer Fähigkeiten.

Der Gedanke, dass sich die relevanten Fähigkeiten im Verlauf der Übung verändern, wird durch die Korrelationen zwischen den Leistungen in verschiedenen Übungsphasen und den Leistungen in Tests unterschiedlicher Fähigkeiten unterstützt. ▪ Abbildung 12.4 zeigt zwei Ergebnisse, nach denen sich im Verlauf der Übung die Korrelationen der Leistung bei der geübten Aufgabe mit der Leistung in Tests verschiedener Fähigkeiten in unterschiedlicher Weise verändern. Bei ▪ Abb. 12.4a handelt es sich um die Ergebnisse einer Untersuchung von Fleishman und Rich (1963). Die Kriteriumsaufgabe (Zweihandprüfer) bestand darin, einen unregelmäßig bewegten Zielpunkt mit einem Folgepunkt zu verfolgen, dessen Position über zwei mit beiden Händen bediente Kurbeln gesteuert wurde. Das Leistungsmaß war die Dauer (in jedem 1-minütigen Lerndurchgang), die der Folgepunkt mit dem Zielpunkt in Kontakt war. Die beiden Fähigkeitsmaße waren kinästhetische Empfindlichkeit und räumliche Orientierung. Das Maß für die kinästhetische Empfindlichkeit war die Unterschiedsschwelle beim aktiven Heben von Gewichten (Grenzmethode beim sukzessiven Heben, Standardgewicht von 106 g; ▶ Kap. 6). Der Test für die räumliche Orientierung (▶ Kap. 40) erforderte die Zuordnung von Flugzeugorientierungen zu Ansichten des Horizonts aus dem Cockpit des Flugzeugs. In ▪ Abb. 12.4a sind die Korrelationen für Blöcke von jeweils

vier aufeinander folgenden Lerndurchgängen gezeigt. Während die Korrelation mit der Fähigkeit zur räumlichen Orientierung zu Beginn der Übung relativ hoch war und dann absank, war es bei der Korrelation mit der kinästhetischen Empfindlichkeit umgekehrt. Im Verlauf der Übung scheinen sich die für die Leistung am Zweihandprüfer maßgeblichen Fähigkeiten also zu verändern.

In ▪ Abb. 12.4b finden sich neuere Ergebnisse von Ackerman und Cianciolo (2000). Die geübte Aufgabe war hier nicht eine einfache motorische Aufgabe, sondern eine kompliziertere simulierte Fluglotsenaufgabe, bei der zahlreiche Regeln einzuhalten waren. Die Aufgabe wurde für insgesamt 6 Stunden geübt. Als Leistungsmaß wurde die Zahl der in einem Übungsdurchgang gelandeten Flugzeuge

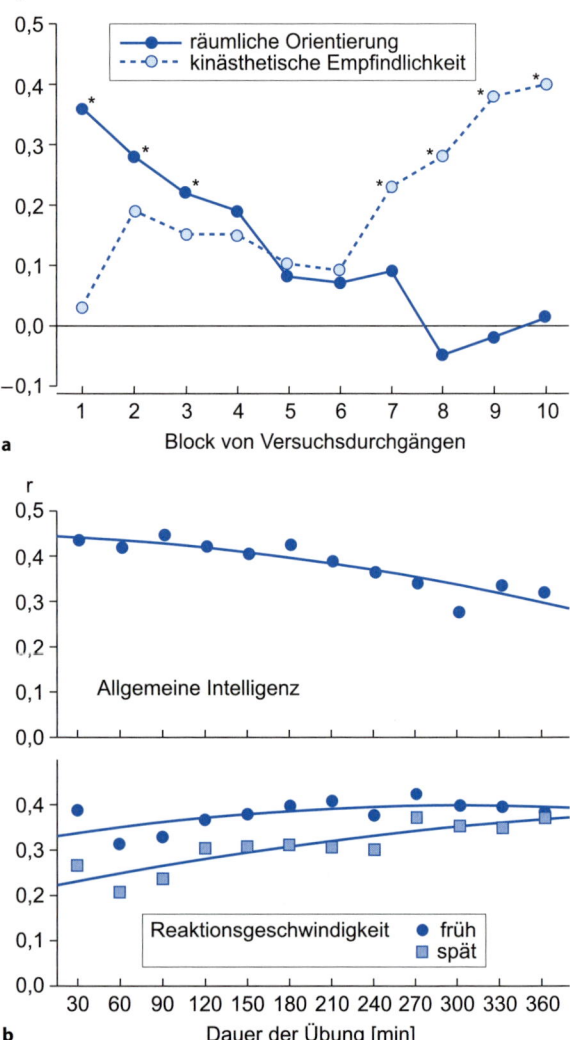

▪ **Abb. 12.4a,b.** Änderungen von Korrelationen mit Leistungstests im Verlauf der Übung; **a** bei Übung einer motorischen Aufgabe, *Sternchen* markieren statistisch signifikante Korrelationen; **b** bei Übung einer simulierten Fluglotsenaufgabe, die Reaktionsgeschwindigkeit wurde in unterschiedlichen Phasen der Übung erfasst und war selbst schlechter bzw. besser geübt

verwendet. Die Korrelation der Leistung bei der Luftraum-
überwachungsaufgabe mit allgemeiner Intelligenz nahm
im Verlauf der Übung ab (das Maß für die allgemeine Intelligenz war ein Mittelwert von z-transformierten Leistungen
in Tests verbaler, räumlicher und mathematischer Fähigkeiten), die Korrelation mit der Leistung bei Reaktionszeitaufgaben dagegen zu (das Maß waren gemittelte Leistungen in
Reaktionszeitaufgaben mit unterschiedlich vielen Reak-
tionsalternativen vor Beginn der Übung und nach zwei
Drittel der Übung; im späten Test waren auch die Reaktionszeitaufgaben einige Zeit geübt worden).

Gibt es für die Änderungen der Korrelationen, wie sie
in ◘ Abb. 12.4 illustriert sind, allgemein gültige Regeln?
Eine Reihe früher Arbeiten von Fleishman und Mitarbeitern legen den Gedanken nahe, dass die individuellen Unterschiede im Verlauf der Übung immer schlechter aus allgemeinen Leistungstests vorhersagbar sind, die Leistungs-
variabilität also immer aufgabenspezifischer wird. Vor allem die Zusammenhänge mit sehr breiten Fähigkeiten, wie
sie etwa mit Intelligenztests erfasst werden, sollten im Verlauf der Übung abnehmen. Ein solches Bild entspricht der

Phaseneinteilung von Fitts (1964), aber es trifft nicht zu.
Wie ◘ Abb. 12.4 zeigt, steigen manche Korrelationen im
Verlauf der Übung nämlich auch an. Die Vorhersage der
Leistungen am Ende der Übung ist also nicht prinzipiell
unmöglich, aber sie erfordert die Auswahl geeigneter Testverfahren. Bei manchen Aufgaben steigt im Verlauf der
Übung sogar die Korrelation mit Intelligenztests; mit einer
anderen geübten Fluglotsenaufgabe fanden Ackerman und
Cianciolo (2000) beispielsweise nicht das in ◘ Abb. 12.4b
gezeigte Sinken, sondern einen Anstieg. Welche spezifischen Änderungen von Korrelationen mit Leistungstests
im Verlauf der Übung auftreten, hängt also letztlich von der
geübten Aufgabe ab und den im Verlauf der Übung sich
entwickelnden Veränderungen bei ihrer Bearbeitung.

12.2.4 Interferenz mit Zusatztätigkeiten

Die Alltagserfahrung zeigt, dass man sich bei der Ausführung neuer Aufgaben meist sehr konzentrieren muss und
kaum Dinge nebenbei erledigen kann. Nach hinreichend

**Untersuchung komplexer Fertigkeiten –
das Computerspiel »Space Fortress«**
Übungsuntersuchungen werden mit sehr unterschiedlichen Aufgaben durchgeführt. Manchmal handelt es sich
um einfache Aufgaben, manche Aufgaben aber, wie die
Fluglotsenaufgabe (◘ Abb. 12.4b) oder das Computerspiel »Space Fortress« (◘ Abb. 12.5), sind nur so umständ-
lich zu beschreiben, dass sie meist gar nicht genauer beschrieben werden. Das soll hier aber für das Computerspiel geschehen, das speziell für die Untersuchung
komplexer Fertigkeiten entwickelt wurde.

Die Elemente des Bildschirms illustriert ◘ Abb. 12.5.
Ziel ist es, mit dem Raumschiff die Festung im Zentrum
des Schirms zu zerstören und gleichzeitig das Raumschiff vor Schäden zu bewahren. Das Raumschiff wird
mit einem Joystick gesteuert, dessen Trigger für das Ab-
schießen von Raketen verwendet werden kann. Über

Kopfhörer sind Abschüsse und ggf. Explosionen zu hören.
Zunächst muss die Festung durch 10 Schüsse mit Pausen
von mehr als 250 ms »verwundbar« geschossen werden;
die »Verwundbarkeit« wird durch die Zahl der erzielten
Treffer angezeigt. Wenn sie schließlich verwundbar ist, kann
sie durch 2 Schüsse im Abstand von weniger als 250 ms
zerstört werden. Eine Vorwärtsbewegung des Joystick
beschleunigt das Raumschiff, eine Seitwärtsbewegung
dreht es.

Die Festung kann sich drehen und Granaten auf das
Raumschiff abfeuern; durch 4 Treffer wird das Raumschiff
zerstört. Außerdem verteidigt sich die Festung mit Hilfe von
Minen, die in Abständen erscheinen. Während eine Mine
vorhanden ist, kann nicht auf die Festung geschossen werden. Ist die Mine durch eine bestimmte Markierung als
»feindlich« ausgewiesen, muss das Raumschiff durch einen
doppelten Tastendruck (Intervall zwischen 250 und 400 ms)
die Bewaffnung wechseln und die Mine zerstören; ist die
Mine aber als »freundlich« ausgewiesen, muss sie ohne
Wechsel der Bewaffnung getroffen werden, woraufhin sie
die Festung angreift und trifft.

Der Score ergibt sich als Summe von Punkten, die für
Treffer addiert bzw. für Schäden am Raumschiff subtrahiert
werden. Unterhalb der Festung wird eine Folge wechselnder Symbole dargeboten. Wenn ein Dollar-Zeichen zum
zweiten Mal dargeboten wird, können Bonuspunkte durch
das Drücken einer Taste erworben werden. Neben dem Ge-
samtscore können eine Vielzahl von einzelnen Merkmalen
der Aufgabenbearbeitung analysiert werden. Die Einzelheiten des Spiels können über eine Anzahl von Parametern
verändert werden.

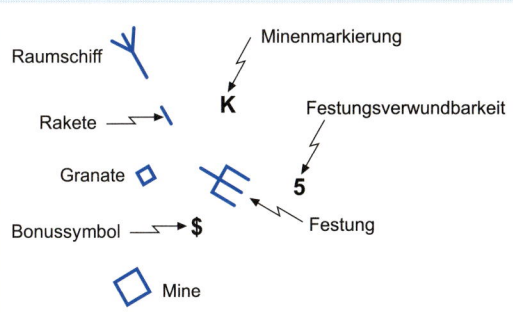

◘ **Abb. 12.5.** Der Bildschirm beim Computerspiel »Space
Fortress«

langer Übung dagegen wird die Aufgabe mehr oder weniger automatisch erledigt, und zusätzliche Aufgaben können nebenbei bewältigt werden. Das Autofahren ist ein Beispiel. Eine der frühesten systematischen Untersuchungen wird von Mohnkopf (1933) berichtet. Die geübte Erstaufgabe war eine komplizierte Wahlreaktionsaufgabe, bei der auf Kombinationen von Reizen hin jeweils möglichst schnell mehrere Bewegungen ausgeführt werden mussten. Die Zusatzaufgabe erforderte das Erkennen und die Lokalisation visueller Reize. Die Reize für beide Aufgaben wurden etwa gleichzeitig dargeboten. Während es zu Beginn der Übung nicht gelang, beide Aufgaben gleichzeitig auszuführen, gelang das zum Ende der Übung in fast allen Versuchsdurchgängen.

Die im Verlauf der Übung abnehmende Interferenz mit Zusatztätigkeiten ist ein relativ typisches Ergebnis, aber kein universelles. Beispielsweise berichtete Bornemann (1942) Veränderungen der Doppeltätigkeitsinterferenz, die nach den Erfahrungen des Alltags eher unerwartet sind. Er untersuchte bei Lehrlingen im 1., 2. und 3. Lehrjahr die Leistung beim Feilen (horizontales Abfeilen der Stirnfläche eines Flacheisens). Die Leistung stieg über die Lehrjahre an – in gegebener Zeit feilten die fortgeschrittenen Lehrlinge das ca. 1,5-fache dessen ab, was die Anfänger abfeilten. Die Zusatzaufgabe bestand aus der Addition gehörter Zahlen. Die Interferenz zwischen dem Feilen und dem Kopfrechnen nahm nun im Laufe der Lehrzeit nicht ab, sondern zu. Solche Befunde einer im Übungsverlauf zunehmenden Doppeltätigkeitsinterferenz sind zwar eher selten, stehen aber nicht allein da.

Prinzipiell kann Übung sowohl mit zunehmender wie auch mit abnehmender Doppeltätigkeitsinterferenz einhergehen. ◘ Abbildung 12.6 zeigt beide Arten von Veränderungen, abhängig jeweils von der Art der Zusatztätigkeit (Logie, Baddeley, Mané, Donchin & Sheptak, 1989). Die geübte Aufgabe war ein für experimentelle Zwecke entwickeltes Computerspiel (»Space Fortress«, ► Kasten); nach 3 Stunden sowie nach 8 Stunden Übung wurde es gleichzeitig mit verschiedenen Zusatzaufgaben ausgeführt. In ◘ Abb. 12.6 ist jeweils für beide gleichzeitig bearbeiteten Aufgaben die bei Doppeltätigkeit im Vergleich zur Einzeltätigkeit beobachtete Leistungseinbuße (Doppeltätigkeitsinterferenz) gezeigt. Der Pfeil gibt die Richtung der Veränderung im Verlauf der Übung an. Zeigt er schräg nach links unten, so wird die Doppeltätigkeitsinterferenz bei beiden Aufgaben größer (bei den Zusatzaufgaben 1 und 2); zeigt er schräg nach rechts oben, so wird die Doppeltätigkeitsinterferenz bei beiden Aufgaben kleiner (bei den Zusatzaufgaben 3, 5 und 6). Bei Aufgabe 4 ist die Veränderung der Doppeltätigkeitsinterferenz nicht völlig eindeutig, da sich in der Leistung bei der einen Aufgabe eine (deutliche) Abnahme findet, in der Leistung bei der anderen Aufgabe aber eine (leichte) Zunahme.

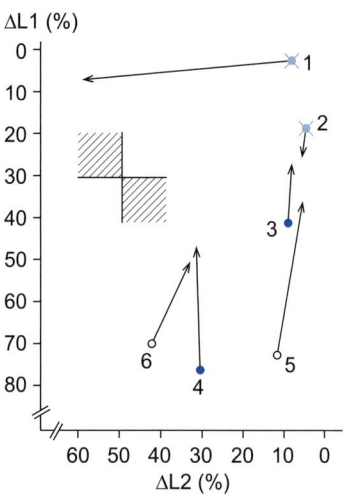

◘ **Abb. 12.6.** Änderungen von Doppeltätigkeitsinterferenzen im Verlauf der Übung. Gezeigt ist die Leistungseinbuße bei der Erstaufgabe gegenüber Einzeltätigkeit *(ΔL1)* in Abhängigkeit von der Leistungseinbuße bei verschiedenen Zweitaufgaben *(1–6)* gegenüber entsprechenden Einzeltätigkeitstests *(ΔL2)*. Der Anfang jedes Pfeils zeigt die Interferenz zu Beginn der Übung, die Spitze die Interferenz am Ende der Übung

Die Aufgaben 3, 5 und 6, bei denen die Doppeltätigkeitsinterferenz im Verlauf der Übung abnahm, waren eine visuell-räumliche Gedächtnisaufgabe (6) bzw. Aufgaben, bei denen Fragen zur Lage von Orten auf einer Karte (5) bzw. von Wörtern in einem Limerick (3) beantwortet werden mussten; Aufgabe 4 war eine verbale Gedächtnisaufgabe. Die Aufgaben 1 und 2 dagegen, bei denen die Doppeltätigkeitsinterferenz im Verlauf der Übung zunahm, hatten einen deutlich motorischen Charakter. Es handelte sich um die Leistung bei der möglichst schnellen Wiederholung gehörter Tage (1) bzw. beim schnellen abwechselnden Drücken zweier Fußpedale (2). In den Veränderungen der Doppeltätigkeitsinterferenz zeigen sich also gewisse Parallelen zu den in ◘ Abb. 12.4b gezeigten Änderungen von Interkorrelationen: Interferenzen mit stärker kognitiven Aufgaben nehmen eher ab, Interferenzen mit eher motorischen Aufgaben nehmen dagegen eher zu. Auch im Fall der Doppeltätigkeitsinterferenzen ist aber zu erwarten, dass die Veränderungen im Verlauf der Übung nicht nur von der Art der Zusatztätigkeit abhängen, sondern ganz wesentlich auch von der Art der geübten Aufgabe.

12.2.5 Übungsspezifität

Bei der Übung von Fertigkeiten findet sich ein Phänomen, das sich auch in Untersuchungen des Gedächtnisses zeigt (► Kap. 10): Die Übung ist in gewissem Maße für die Übungsbedingungen spezifisch, und der Transfer auf die Testbedingungen, unter denen die Fertigkeit schließlich genutzt werden soll, kann kleiner oder größer sein. Unterschiede zwischen Übungs- und Testsituation finden sich typischerweise dann, wenn die Übung unter Realbedingungen zu gefährlich oder zu teuer ist und deshalb spezielle Übungssituationen entwickelt werden, z. B. Simulationen von Fahrzeugen oder Flugzeugen. In grober Weise kann man erwarten, dass der Transfer wesentlich davon abhängt, wieweit in der Testsituation die beim Üben genutzten Prozesse beansprucht werden, und zwar in möglichst gleichartiger Weise. Eine Konsequenz aus dieser schlichten Regel ist es, dass die Übungsbedingungen zu gut sein können.

»Überoptimierung« von Übungsbedingungen lässt sich am Beispiel der Kenntnis des Resultats illustrieren. Zumindest bei einfachen Bewegungsaufgaben lässt sich der schnellste Übungsfortschritt dann erzielen, wenn eine genaue Kenntnis des Resultats nach jeder einzelnen Bewegung gegeben wird (Abb. 12.2). Wenn aber in der Testsituation die Bewegungen ohne Kenntnis des Resultats ausgeführt werden müssen, ist die Genauigkeit größer, wenn bei der Übung nicht nach jeder Bewegung Kenntnis des Resultats gegeben wurde. Weitere Beispiele dieser Art werden von Salmoni, Schmidt und Walter (1984) beschrieben. Zusätzliche Kenntnis des Resultats kann dazu führen, dass aufgabeninhärente Information über die Leistungsgüte nicht genutzt wird, also so etwas wie die Vernachlässigung bestimmter Arten von Information gelernt wird. Umgekehrt kann die Leistung auch von zusätzlicher Information abhängig werden, sodass es in der Testsituation, in der die zusätzliche Information nicht vorhanden ist, zu Leistungseinbußen kommt.

12.3   Grundlagen der Übungswirkung

Nach dem kurzen Überblick über die verschiedenen Wirkungen der Übung sollen nun theoretische Konzepte in den Vordergrund gerückt werden, die die Wirkungen erklären können. Es gibt keine umfassende Theorie der Übung, geschweige denn eine allgemein akzeptierte umfassende Theorie. Wenn man es recht bedenkt, kann eine solche Theorie auch gar nicht erwartet werden. Übungswirkungen sind unterschiedliche Arten von Veränderungen, die sich bei extrem unterschiedlichen Arten von Aufgaben finden und die vielfach aufgabenspezifisch sind, wie etwa die Änderungen von Korrelationen mit Leistungstests oder von Interferenzen mit Zusatztätigkeiten. Gleichförmig ist allein der Leistungszuwachs im Verlauf der Übung, aber der kann prinzipiell unterschiedliche Ursachen haben. Zunehmende Leistungen etwa bei einer einfachen Reaktionszeitaufgabe und bei der Nutzung eines Textverarbeitungsprogramms dürften kaum in gleicher Weise zu erklären sein. Im Folgenden werde ich daher keine einheitliche Theorie beschreiben, sondern eine Reihe von mehr oder weniger gut bestätigten Hypothesen, die eine oder mehrere Übungswirkungen bei zumindest bestimmten Arten von Aufgaben erklären können.

12.3.1 Selektion von Methoden

Übungswirkungen können Ergebnis eines Lernprozesses nach dem Prinzip von Versuch und Irrtum sein. Für manche Aufgaben ist das offensichtlich, etwa wenn die Weite einer einfachen Bewegung gelernt werden soll und nur Information darüber gegeben wird, ob sie »richtig« oder »falsch« ist. Auch bei komplizierteren Aufgaben können im Prinzip aus einem Inventar von verschiedenen Methoden der Aufgabenbearbeitung die erfolgreichen (oder erfolgreicheren) ausgewählt werden. Das ist der Grundgedanke für einen einfachen Mechanismus des Fertigkeitenerwerbs, der von Crossman (1959) zur (angenäherten) Modellierung des Potenzgesetzes der Übung genutzt wird.

Das Prinzip der Selektion von Methoden der Aufgabenbearbeitung setzt voraus, dass ein Inventar unterschiedlicher Methoden existiert. Dieses Inventar soll sich im Verlauf der Übung nicht ändern, denn solche Änderungen sind durch Selektionsprozesse nicht zu erklären. Eine zweite wichtige Voraussetzung für Methodenselektion ist die Existenz eines Selektionskriteriums. Ein solches Kriterium ist immer dann vorhanden, wenn eine explizite Kenntnis des Resultats gegeben wird. Gerade im Hinblick auf die Geschwindigkeit der Bearbeitung einer Aufgabe ist eine solche explizite Rückmeldung aber meist nicht vorhanden. Wenn also die zunehmende Geschwindigkeit durch das Prinzip der Methodenselektion erklärt werden soll, muss man davon ausgehen, dass die verschiedenen Geschwindigkeiten bei der Anwendung unterschiedlicher Methoden recht genau registriert werden können. Crossman (1959) weist darauf hin, dass statt eines zeitlichen Kriteriums natürlich auch ein anderes Kostenkriterium herangezogen werden kann, das mit der Zeit für die Bearbeitung der Aufgabe korreliert ist.

12.3.2 Allgemeine und spezielle Lösungswege

Die im Verlauf der Übung ausgewählten optimalen Methoden für die Bearbeitung einer Aufgabe können in hohem Maße für die spezielle Aufgabenvariante spezifisch werden. Je höher die Spezifität der Methode wird, desto geringer wird der Transfer der Übung auf andere Aufgabenvarianten bzw. ähnliche Aufgaben. Der Übergang von eher allgemein anwendbaren zu zunehmend speziellen Methoden wird schon bei Crossman (1959) erwähnt. Bei Logan (1988) wird er zum Kerngedanken einer Theorie der Übung (vgl. auch Logan, 2002), aus der sich u. a. das Potenzgesetz der Übung ableiten lässt. Im Gegensatz zu Crossmans Theorie entwickeln sich nach der Theorie von Logan die speziellen Methoden aber im Verlauf der Übung und gehören nicht zu einem von vornherein vorhandenen Inventar.

Bei vielen Aufgaben gibt es allgemeine Lösungsmethoden und spezifisches Wissen. Die Aufgabe 5 × 6 etwa kann dadurch gelöst werden, dass man 6+6+6+6+6 rechnet; im Fall der Aufgabe x × y wird also die Zahl y x-mal als Summand eingesetzt. Wenn die Aufgabe aber zum zweiten Mal gestellt wird, kann man die Lösung auch aus dem Gedächtnis abrufen. Die Möglichkeit, im Verlauf der Übung die Nutzung allgemein anwendbarer Methoden durch den Abruf spezieller Gedächtnisinhalte zu ersetzen, gibt es bei vielen Aufgabenstellungen. Logan (1988) kennzeichnet diese Veränderung in der Art und Weise, auf die eine Leistung erbracht wird, als »Automatisierung«. Im Kern handelt es sich um den Übergang von einer algorithmusbasierten zu einer gedächtnisbasierten Leistung. Dieser Übergang erfolgt mehr oder weniger zwangsläufig, da die algorithmusbasierten Lösungen behalten werden.

Für die formelle Ableitung des Potenzgesetzes der Übung nimmt Logan (1988) an, dass bei der Bearbeitung einer Aufgabe prinzipiell mehrere Lösungswege gleichzeitig eingeschlagen werden. Dabei findet ein Wettlauf statt, sodass die Lösung durch denjenigen der Wege bestimmt wird, der als erster zum Ziel führt. Wie viel Zeit die einzelnen Wege benötigen, ist zufallsabhängig. Bei zwei Lösungswegen wird also zufällig der eine oder andere eher zum Ziel führen. Wenn die Lösungszeiten auf beiden Wegen gleiche Verteilungen haben, werden sie mit gleichen relativen Häufigkeiten die Lösung bestimmen. Wenn aber z. B. der algorithmische Weg mehr Zeit in Anspruch nimmt als der Gedächtnisabruf, wird er seltener die Lösung bestimmen als der Abruf des Wissens. Logan nimmt nun an, dass mit jeder Bearbeitung der Aufgabe eine neue Gedächtnisspur angelegt wird. Der algorithmischen Lösung stehen also zunehmend mehr Möglichkeiten des Gedächtnisabrufs gegenüber. Die Zahl der Wettläufer nimmt gewissermaßen zu. Dadurch wird nicht nur die erwartete Dauer bis zum Erreichen der ersten Lösung immer kürzer, sondern nach der Theorie ist auch zu erwarten, dass die intraindividuelle Variabilität der Bearbeitungsdauern von Versuchsdurchgang zu Versuchsdurchgang im Verlauf der Übung kleiner wird. Diese Abnahme der Variabilität ist bei vielen Aufgaben zu beobachten.

12.3.3 Bahnung

In den Theorien von Crossman (1959) und Logan (1988) nimmt im Verlauf der Übung die Geschwindigkeit der Aufgabenbearbeitung als Folge der Selektion von Bearbeitungsmethoden bzw. des Wettlaufs zwischen immer mehr Gedächtnisabrufmöglichkeiten zu, nicht aber dadurch, dass die Geschwindigkeit einer ansonsten gleich bleibenden Art der Aufgabenbearbeitung erhöht wird. Eine einfache Geschwindigkeitserhöhung, beispielsweise als Ergebnis von Bahnungsprozessen, dürfte aber ebenfalls in vielen Fällen einen Beitrag zum Übungsfortschritt leisten. Formell spielen Bahnungsprozesse eine wichtige Rolle in einer Theorie von MacKay (1982, 1987).

Das zentrale Konzept in der Theorie MacKays ist das des Knotens, der eine Verhaltenseinheit repräsentiert. Zu offenem oder verdecktem Verhalten kommt es, wenn Knoten aktiviert werden. Aktivierte Knoten führen in den Knoten, mit denen sie verbunden sind, zu einer Mitaktivierung (»Priming«). Die Mitaktivierung eines Knotens steigt mit der Zahl der verbundenen aktivierten Knoten und mit der Dauer von deren Aktivierung. Sie steigt auch mit der Häufigkeit, mit der ein bestimmter Knoten über eine bestimmte Verbindung mit einem aktivierten Knoten mitaktiviert wurde. Die Stärke einer Verbindung wächst also mit der Häufigkeit ihrer Nutzung, die Verbindung wird im Verlauf der Übung gebahnt. Als Folge der Bahnung und der im Verlauf der Übung zunehmenden Mitaktivierung sollte die Geschwindigkeit bei der Ausführung zunehmen.

Knoten können Verhaltenseinheiten auf unterschiedlichen Ebenen repräsentieren. Folglich kann auch Übungsfortschritt auf unterschiedlichen Ebenen stattfinden. Dieser Gedanke, dass Leistungsgrenzen ihren Ursprung auf unterschiedlichen Ebenen einer Hierarchie von Verhaltenseinheiten haben können und folglich durch Übungswirkungen auf unterschiedlichen Ebenen verändert werden, entspricht im Prinzip den Thesen von Bryan und Harter (1899). Am offensichtlichsten ist die Hierarchie von Verhaltenseinheiten beim Sprechen, und Beobachtungen zum Sprechen sind auch der Ausgangspunkt für die Theorie von MacKay (1982, 1987).

Sprechen ist eine hochgeübte Fertigkeit. Dennoch findet sich beim wiederholten möglichst schnellen Aussprechen eines Satzes ein Übungsfortschritt: Die Zeit für das Aussprechen wird entsprechend dem Potenzgesetz der Übung kürzer. Dieser Übungsfortschritt lässt sich auf höhere Verhaltenseinheiten zurückführen, also nicht auf das eigentliche Sprechen. Er findet sich nämlich nicht nur nach wiederholtem lautem Lesen eines Satzes, sondern auch nach wiederholtem leisem Lesen, und er findet sich auch in einem Transfertest, in dem (bei zweisprachigen Versuchspersonen) die Sätze in einer anderen Sprache zu sprechen sind als bei der Übung (MacKay, 1981).

Bahnungsprozesse auf höheren Ebenen einer Hierarchie von Verhaltenseinheiten bieten eine Möglichkeit, Wirkungen mentaler Übung zu verstehen. Das sind die Wirkungen von wiederholt vorgestellten Tätigkeiten oder Bewegungen auf die Leistung bei der tatsächlichen Ausführung. Vorgestellte und ausgeführte Tätigkeiten haben nämlich gemeinsame Anteile. In der Theorie von MacKay sind das Knoten höherer Ebenen. Aber auch ohne eine solche Theorie lässt sich feststellen, dass vorgestellte und ausgeführte Bewegungsmuster mit der Aktivierung weitgehend identischer Hirnareale einhergehen (vgl. Jeannerod, 1994).

12.3.4 Antizipation und die Bildung größerer Verhaltenseinheiten

Bei vielen Aufgaben können Veränderungen in der Umwelt vorhergesagt werden und damit auch die nächsten Handlungsschritte. Das betrifft komplexe Leistungen wie das Führen von Fahrzeugen oder die Nutzung bestimmter Computersoftware, aber auch ganz einfache Leistungen wie das Maschineschreiben. Prinzipiell gilt, dass Möglichkeiten der Vorhersage gelernt und zur Beschleunigung der Aufgabenbearbeitung genutzt werden. Besonders deutlich zeigt sich das in einfachen Wahlreaktionszeitversuchen, in denen die Reaktionszeit bei zufälliger Folge der Reaktionssignale verglichen wird mit der Reaktionszeit bei einer wiederholten Folge von Reaktionssignalen, die beispielsweise eine

Länge von 6 oder 12 aufeinander folgenden Signalen hat. Nach hinreichender Übung kann man bei den wiederholten Signalsequenzen kürzere Reaktionszeiten als bei den zufälligen Folgen beobachten. Dieser Unterschied weist darauf hin, dass die Sequenzen gelernt werden (Nissen & Bullemer, 1987). Der Reaktionszeitvorteil durch das Lernen der Sequenz lässt sich auch dann beobachten, wenn die Sequenz nicht verbal berichtet werden kann. Das wird als Hinweis auf implizites Lernen betrachtet, ein Lernen ohne Lernintention und ohne Beteiligung des Bewusstseins. Ob es sich allerdings wirklich um Lernen ohne Beteiligung des Bewusstseins handelt oder aber ob die Reaktionszeitvorteile durch ein doch rudimentär bewusstes Lernen entstehen, ist kaum oder gar nicht zu entscheiden.

Zwei Systeme beim Lernen einfacher Sequenzen
Eine Reihe von Ergebnissen mit der seriellen Reaktionszeitaufgabe führte zu einer Zwei-System-Theorie des Lernens von Sequenzen (Keele, Ivry, Mayr, Hazeltine & Heuer, 2003). ▪ Abbildung 12.7 zeigt eines der Ausgangsergebnisse (Curran & Keele, 1993). Nach zwei Blöcken von Versuchsdurchgängen mit zufälliger Folge wurde die wiederholte Sequenz eingeführt und die Reaktionszeit wurde schnell kürzer. In einem Testblock wurde wieder eine Zufallsfolge verwendet. Die Differenz zwischen diesem Zufallsblock und den benachbarten Testblöcken wird als Maß für implizites Lernen verwendet, das also bei Personen mit Bewusstsein der Sequenz stärker war als bei Personen ohne explizites Lernen. Ein zweiter Test, in dem die Differenz zwischen den Reaktionszeiten bei wiederholter Sequenz zu den Reaktionszeiten in den benachbarten Zufallsblöcken als Maß diente, wurde unter Doppeltätigkeitsbedingungen durchgeführt. Mit Zusatztätigkeit war das Maß für implizites Lernen kleiner als ohne Zusatztätigkeit, und die Unterschiede zwischen Personen mit und ohne explizites Wissen der Sequenz traten nicht mehr auf. Eine Komponente des Sequenzlernens scheint durch die Zusatztätigkeit ausgeschaltet zu werden.

Die Zusatztätigkeit, die bei seriellen Reaktionszeitaufgaben typischerweise verwendet wird, erfordert die Klassifikation von Tönen als hoch oder tief. Die Töne werden im

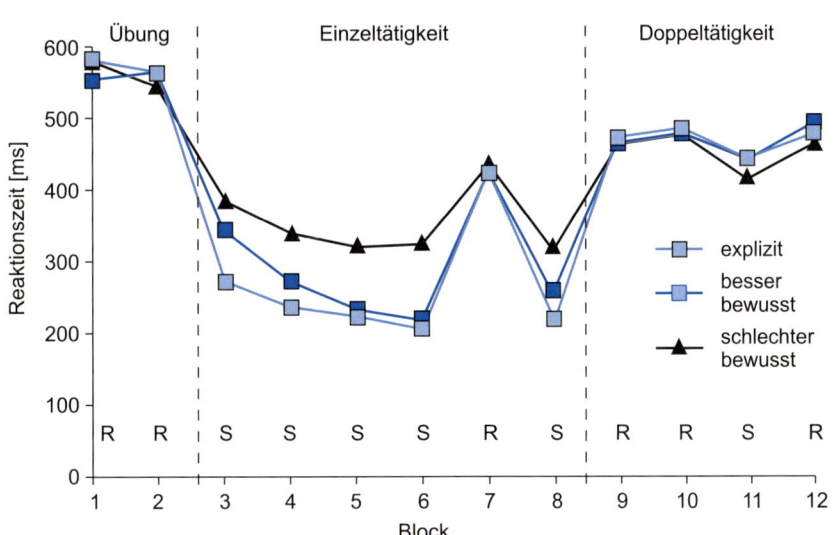

▪ **Abb. 12.7.** Übung bei der seriellen Reaktionszeitaufgabe. *R* bezeichnet Blöcke mit zufälliger Folge von Reaktionssignalen, *S* Blöcke mit einer wiederholten Sequenz. Versuchspersonen der mit explizit bezeichneten Gruppe lernten die Sequenz explizit, die anderen Versuchspersonen implizit. Letztere sind danach unterteilt, ob sie sich der Sequenz mehr oder weniger bewusst waren

Intervall zwischen Reaktion und nächstem Reiz (meist 200–500 ms Dauer) dargeboten. Diese Zusatztätigkeit stört das eigentliche Sequenzlernen, wenn die Folge der Töne zufällig ist. Bilden die Töne dagegen eine wiederholte Sequenz mit derselben Länge wie die Sequenz der visuellen Signale der Hauptaufgabe, wird das Sequenzlernen nicht beeinträchtigt. Die akustischen und visuellen Signale bilden dann nämlich eine gemeinsame Sequenz. Die gemeinsame Sequenz wird zerstört, wenn die wiederholten Sequenzen visueller und akustischer Signale unterschiedliche Längen haben. Dann ist auch das Sequenzlernen wieder gestört. Entscheidend für die Störung oder Nichtstörung des Sequenzlernens durch die Zusatzaufgabe ist also, ob die Reize beider Aufgaben eine gemeinsame lernbare Folge bilden oder nicht (Schmidtke & Heuer, 1997).

Die Konsequenz aus diesen und weiteren Befunden ist eine Theorie, nach der es zwei Systeme des Sequenzlernens gibt. Ein multimodales System kann Sequenzen von Ereignissen aus einer oder mehreren Modalitäten lernen, vorausgesetzt, diese Ereignisse werden beachtet (weil sie beispielsweise für die Bearbeitung einer Aufgabe wichtig sind). Das, was das multidimensionale System lernt, kann bewusst werden. Unidimensionale Systeme dagegen lernen nur Regelhaftigkeiten von Ereignissen in einer Modalität. Der Zugang zu diesen Systemen ist nur durch die Modalität kontrolliert, nicht durch Aufmerksamkeitsprozesse.

Wenn die Umwelt vorhersagbar ist und diese Vorhersagbarkeit gelernt wurde, können größere Einheiten in der Wahrnehmung und/oder in der Motorik entstehen, die als »chunks« bezeichnet werden. Bekannt geworden ist dieser Gedanke vor allem durch Untersuchungen bei Schachspielern (Chase & Simon, 1973). Die Stellung von Figuren auf einem Schachbrett kann man als Positionen einzelner Figuren wahrnehmen. Normalerweise aber stehen die Figuren nicht in zufälliger Anordnung, sondern in bestimmten Konstellationen. Statt einzelner Figuren können dann sinnvoll organisierte Gruppen von Figuren wahrgenommen werden. Das erlaubt erfahrenen Schachspielern beispielsweise ein besseres Behalten (natürlich nur dann, wenn die Anordnung der Figuren nicht zufällig ist). In ähnlicher Weise können geübte Personen Schaltpläne oder Notenschrift in anderer Weise wahrnehmen als ungeübte Personen. Die Bildung perzeptiver Chunks, also größerer Einheiten der Wahrnehmung, erlaubt es, das Potenzgesetz der Übung abzuleiten (Newell & Rosenbloom, 1981).

Eine Bildung größerer Verhaltenseinheiten lässt sich auch auf der motorischen Seite beobachten. Wird beispielsweise eine Folge von 6 aufeinander folgenden Tastenbetätigungen geübt, so werden die Zeitintervalle zwischen den sukzessiven Tasten sehr kurz, oft kleiner als 100 ms. Einige Zeitintervalle werden aber nicht so stark verkürzt, sondern bleiben etwas länger. Bei der Folge aus 6 Elementen ist das beispielsweise das Zeitintervall zwischen der 3. und 4. Taste (vgl. Verwey, Lammens & van Honk, 2002). Ergebnisse dieser Art weisen darauf hin, dass kurze Folgen von Tastenbetätigungen als Einheiten kontrolliert werden und längere Folgen aus mehreren solchen Einheiten (Chunks) bestehen. Die Verschmelzung mehrerer ursprünglicher Einzelbewegungen zu einer einzelnen, umfassenderen Bewegungseinheit findet sich nicht nur bei der Bedienung von Tasten. Im Alltag lässt sie sich beispielsweise beim Erlernen des Autofahrens beobachten, speziell beim Schalten.

Größere Verhaltenseinheiten auf der motorischen Seite und auf der perzeptiven Seite können gleichzeitig gebildet werden und auf diese Weise im Verlauf der Übung zu veränderter visumotorischer Koordination führen. Das illustriert eine Untersuchung von Pew (1966). Die Versuchspersonen mussten einen Cursor zur Mitte eines Bildschirms bringen und dort zentriert halten. Dazu mussten sie zwei Tasten bedienen. Nach dem Drücken der linken Taste war eine konstante Beschleunigung des Cursors nach links eingeschaltet, nach dem Drücken der rechten Taste eine konstante Beschleunigung nach rechts. Zu Beginn der Übung wurden die Tasten in langsamer Folge gedrückt, so, als ob nach dem Drücken einer Taste erst eine gewisse Wirkung auf die Position des Cursors abgewartet wird. Als Einheit des Verhaltens erscheinen der einzelne Tastendruck und seine Wirkung auf die Position des Cursors. Nach etlichen Stunden Übung wurden die Intervalle zwischen den Tastenbetätigungen sehr kurz (200 ms und kürzer). Als Einheit erscheinen dann die Folge von Tastenbetätigungen und die Drift der Cursorposition im Verlauf mehrerer Oszillationen. ◘ Abbildung 12.8 illustriert diese Änderung für zwei Versuchspersonen, die unterschiedlich gute Endleistungen erreichten.

Jeder Graph in ◘ Abb. 12.8 zeigt unten den Fehler, die Abweichung von der Bildschirmmitte, und oben seine erste Ableitung nach der Zeit. Die Zeitintervalle zwischen den Umkehrpunkten der Ableitung sind identisch mit den Zeitintervallen zwischen den Tastenbetätigungen. Zu Beginn der Übung zeigt der Cursor große Schwankungen um die Zielposition. Gegen Ende der Übung sind die Oszillationen der Zielpunktpositionen sehr klein geworden, aber sie weisen eine Drift auf. Bei Versuchsperson HN kommt es zu diskreten Korrekturen, wenn die Drift zu weit von der Zielposition wegführt. Bei Versuchsperson RU wird dagegen die Richtung der Drift moduliert. Das wird dadurch erreicht, dass das Verhältnis der Zeitintervalle zwischen den Tastenbetätigungen verändert wird. (Wenn das Zeitintervall zwischen Betätigungen der rechten und linken Taste länger ist als das Zeitintervall zwischen Betätigungen der linken und rechten Taste, resultiert eine Drift nach rechts, bei umgekehrtem Verhältnis der Zeitintervalle nach links.) Statt einzelne Zeitintervalle zwischen Tastenbetätigungen

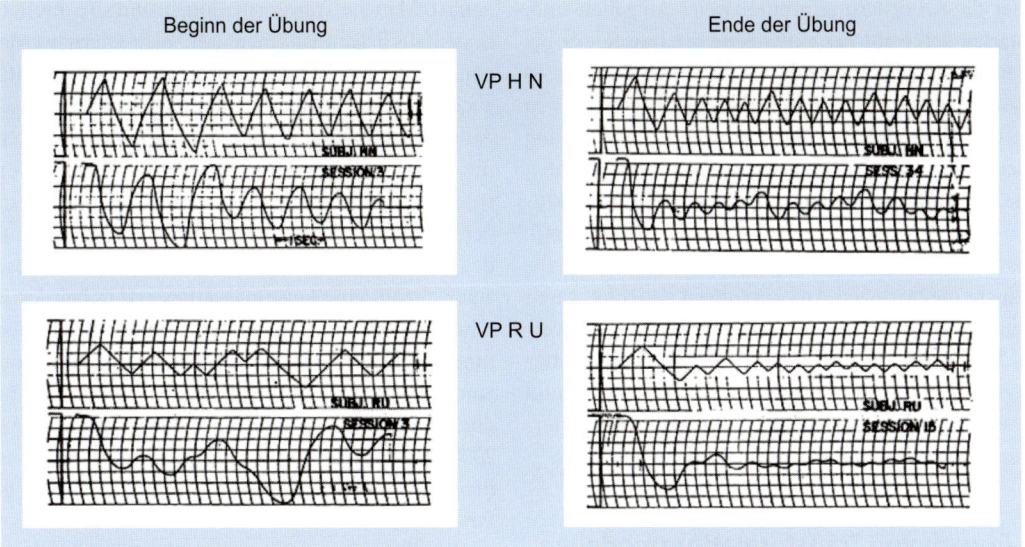

□ Abb. 12.8. Fehler *(untere Kurve)* und erste Ableitung des Fehlers nach der Zeit *(obere Kurve)* bei zwei Versuchspersonen (*HN* und *RU*) zu Beginn und am Ende der Übung einer speziellen Tracking-Aufgabe

an die Position des Cursors anzupassen, werden jetzt also Verhältnisse von Zeitintervallen an mittlere Cursorpositionen (Drift) angepasst.

Die Bildung größerer Verhaltenseinheiten lässt sich nicht nur auf der eher elementaren Ebene von Wahrnehmung und Bewegung beobachten, sondern auch auf der im engeren Sinne kognitiven Ebene. Im Alltag finden sich Beispiele bei der Computernutzung. Will man beispielsweise eine Datei löschen, so folgt typischerweise eine Sicherheitsabfrage, die durch Anklicken des Ja-Button beantwortet wird. Die Sicherheitsabfrage ist vorhersagbar, sodass die Verhaltenseinheit <Anklicken der gewünschten Datei> – <Anklicken des Ja-Button> entstehen kann. In diesem Fall verliert also die Sicherheitsabfrage ihre Funktion. Derartige Änderungen im Verlauf der Übung lassen sich im Rahmen von Produktionssystemen formal beschreiben, speziell als Zusammensetzung (»composition«) von Produktionen (z. B. Anderson, 1982, 1987).

Produktionen sind die Einheiten des prozeduralen Gedächtnisses eines Produktionssystems. Sie bestehen aus einem Bedingungsteil (IF …) und einem Ausführungsteil (THEN …). Bei der Zusammensetzung können beispielsweise die Ausführungsteile ursprünglich mehrerer Produktionen zusammengefasst werden und an eine einzelne Bedingung gebunden. Das entspricht dem Übergehen der Sicherheitsabfrage im Beispiel und einer Bildung von Chunks auf der Handlungsseite. Es können aber auch die Bedingungen mehrerer Produktionen zusammengefasst werden, was einer Bildung von Chunks auf der Wahrnehmungsseite entspricht. Die Zusammensetzung von Produktionen führt zu einer Vereinfachung und Beschleunigung der Aufgabenbearbeitung. Sie kann aber auch Risiken einschließen, die dann manifest werden, wenn die normaler-weise in der Umwelt existierenden Vorhersagbarkeiten ausnahmsweise nicht vorhanden sind (beispielsweise weil versehentlich eine Datei ausgewählt wurde, die gar nicht gelöscht werden soll).

12.3.5 Strukturelle Einschränkung und Verlagerung

Wenn sich die Methoden der Aufgabenbearbeitung im Verlauf der Übung verändern, sollten die aktiven Strukturen des Gehirns sich in vielen Fällen verlagern. Wenn die Methoden der Aufgabenbearbeitung im Verlauf der Übung spezifischer werden, sollten die aktiven Strukturen des Gehirns in vielen Fällen eingeschränkt werden. Hypothesen dieser Art müssen sich nicht zwangsläufig auf anatomisch definierte Strukturen beziehen (vgl. Heuer, 1984), aber mit der Entwicklung bildgebender Verfahren (▶ Kap. 3) liegt der Bezug zu anatomischen Strukturen natürlich nahe. Sinken und Steigen von Aktivität in verschiedenen Hirnregionen ist ein typisches Ergebnis in Übungsuntersuchungen, selbst bei so einfachen Aufgaben wie der seriellen Reaktionszeitaufgabe, die kaum Freiraum für unterschiedliche Methoden der Aufgabenbearbeitung lässt.

Die Hypothese struktureller Einschränkung und Verlagerung hat wenig oder gar nichts mit der Leistungsverbesserung durch Übung zu tun, aber sie erklärt zumindest in grober Weise, dass sich Korrelationsmuster sowie Muster der Doppeltätigkeitsinterferenz im Verlauf der Übung verändern. Die Grundlage dafür ist folgende Überlegung: Für jede Aufgabe kann man im Prinzip ein Anforderungsprofil definieren, also ein Profil, das für eine Menge von beispielsweise Hirnarealen die jeweiligen Anforderungen angibt. Je ähnlicher die Anforderungsprofile zweier Aufgaben sind, desto stärker sollte auf der einen Seite die Interferenz bei gleichzeitiger Ausführung beider Aufgaben sein, und desto höher sollten auf der anderen Seite die Leistungen in beiden Aufgaben miteinander korrelieren. Im Verlauf der Übung verändert sich nun das Anforderungsprofil der geübten Aufgabe. Die Anforderungen werden auf weniger strukturelle Einheiten konzentriert (strukturelle Einschränkung), und das dürften in vielen Fällen Einheiten sein, auf die zunächst nicht die höchsten Anforderungen gerichtet waren (strukturelle Verlagerung). Als Folge ändern sich im Verlauf der Übung die Aufgaben, mit denen die Doppeltätigkeitsinterferenz groß ist bzw. die Korrelationen hoch, und für die meisten Aufgaben werden Doppeltätigkeitsinterferenz und Korrelationen im Verlauf der Übung kleiner.

12.3.6 Erwerb von Transformationsmodellen

Bei vielen Fertigkeiten kommt es weniger auf eigene Bewegungen an als auf die Wirkungen dieser Bewegungen in der Umwelt. Beim Werfen beispielsweise ist die Bewegung des Arms und des eigenen Körpers von untergeordneter Bedeutung. Was zählt, ist, ob der Ball das Ziel erreicht oder nicht. Beim Üben kommt es also ganz wesentlich darauf an, die Transformation der Eigenbewegung in die Bewegung des Balls möglichst präzise zu erlernen. Das Lernen solcher Transformationen steht im Zentrum der Schematheorie von Schmidt (1975), und eine zentrale Folgerung aus dieser Theorie ist es, dass variable Übung in der Regel von höherem Nutzen ist als konstante Übung. Beim Lernen von Transformationen müssen nämlich Beziehungen zwischen Variablen gelernt werden, und selbst für das Lernen linearer Beziehungen müssen zumindest zwei Paare von Variablenwerten erfahren werden.

Manche Transformationen werden sehr schnell gelernt. Mit der Beziehung zwischen der Bewegung einer Computermaus und der Bewegung des Cursors auf dem Bildschirm haben die wenigsten Menschen Schwierigkeiten; eine Anpassung an eine veränderte visumotorische Verstärkung (Verhältnis von Weite der Cursorbewegung und Weite der Mausbewegung) erfolgt sehr schnell. Weniger einfach ist die Anpassung an eine Rotation. Das kann man leicht im Selbstversuch erkunden, indem man mit einer um ca. 45° gedrehten Maus den Cursor zu steuern versucht. Eine Anpassung an eine mit einer bestimmten Bewegungsweite und -richtung gelernte Verstärkung generalisiert mehr oder weniger vollständig auf andere Weiten und andere Richtungen der Bewegung; eine Anpassung an eine mit bestimmter Bewegungsweite und -richtung gelernte Rotation generalisiert ebenfalls sehr breit auf andere Weiten, aber nur auf eng benachbarte Bewegungsrichtungen (Krakauer, Pine, Ghilardi & Ghez, 2000).

Die Beherrschung einer Transformation impliziert nicht, dass ein inneres Modell der Transformation erworben ist. Manche Transformationen sind so schwer, dass sie bestenfalls in ganz rudimentärer Form gelernt werden können. Ein Beispiel ist die Steuerung eines Modellschiffs (oder auch eines Baukrans) mit Hilfe einer Fernsteuerung. Solche Aufgaben können nur mit kontinuierlicher visueller Rückmeldung bewältigt werden. Sie werden auch notwendigerweise langsam ausgeführt, weil der Regelkreis sonst wegen der inhärenten Zeitverzögerung instabil werden kann. Um den Erwerb innerer Modelle zu belegen, ist es also nicht ausreichend, eine Leistungsverbesserung bei der Beherrschung einer Transformation zu zeigen, sondern diese Leistungsverbesserung muss sich auch unter Bedingungen mit zumindest zeitweilig ausgeblendeter visueller Rückmeldung finden (vgl. Davidson, Jones, Sirisena & Andreae, 2000). Ferner sollte die Leistungsverbesserung Transfer auf neue Bewegungen zeigen und nicht nur auf die geübten Bewegungen beschränkt sein.

Der Erwerb von Transformationsmodellen spielt eine wichtige Rolle bei der Übung vieler motorischer Aufgaben. Transformationen kommen nämlich nicht nur dann ins Spiel, wenn Werkzeuge benutzt werden, sodass Körperbewegungen transformiert werden oder zusätzliche äußere Kräfte auf das bewegte Körperglied einwirken, sondern sie entstehen schon durch die mechanischen Eigenschaften der Muskel-Knochen-Systeme von Lebewesen. Es ist nicht selbstverständlich, dass die Muskeln eines Arms so innerviert werden können, dass nach einer Reihe von Transformationen die Hand tatsächlich die Tasse erreicht. (Offensichtlicher ist die fehlende Selbstverständlichkeit, wenn man als Ergebnis der Muskelaktivität nicht das Erreichen einer Tasse nimmt, sondern den gewünschten Klang eines Musikstückes.) Die Beherrschung von Transformationen muss letzten Endes wohl bei nahezu allen motorischen Fertigkeiten erlernt werden.

Beim Erwerb von Transformationsmodellen geht es im Kern um das Erlernen von Relationen, speziell um das Erlernen von Relationen zwischen Eigenaktivität und Konsequenzen in der Umwelt. Solche Relationen müssen immer dann gelernt werden, wenn es um die Bedienung von Maschinen geht, und zwar auch dann, wenn das motorische Lernen dabei kaum von Bedeutung ist, wie beim Erlernen des Umgangs mit bestimmter Software. »Innere Modelle« spielen dabei eine wichtige Rolle, also die vereinfachten Modelle, die die Benutzer beispielsweise von der inneren Struktur einer Software besitzen. Sie erlauben im Übrigen Vorhersagen und können so die Voraussetzung für die Bildung größerer Verhaltenseinheiten sein, wie in ▶ Abschn. 12.3.4 beschrieben. Formelle Untersuchungen zur Entwicklung innerer Modelle komplexer Maschinen sind sehr selten. Das dürfte damit zusammenhängen, dass solche Modelle nur schwer zu beschreiben sind und interindividuell sehr variabel.

Literatur

Referenzliteratur

Anderson, J.R. (Ed.). (1981). *Cognitive skills and their acquisition.* Hillsdale, NJ: Erlbaum.

Colley, A.M. & Beech, J.R. (Eds.). (1989). *Acquisition and performance of cognitive skills.* Chichester: Wiley.

Morrison, J.E. (Ed.). (1991). *Training for performance. Principles of applied human learning.* Chichester: Wiley.

Proctor, R.W. & Dutta, A. (1995). *Skill acquisition and human performance.* Thousand Oaks: Sage.

Schmidt, R.A. & Lee, T. (1999). *Motor control and learning: a behavioral emphasis* (3rd ed.). Champaign, IL: Human Kinetics Publishers.

Zitierte Literatur

Ackerman, P.L. & Cianciolo, A.T. (2000). Cognitive, perceptual-speed, and psychomotor determinants of individual differences during skill acquisition. *Journal of Experimental Psychology: Applied, 6,* 259–290.

Adams, J.A. (1981). Do cognitive factors in motor performance become nonfunctional with practice? *Journal of Motor Behavior, 13,* 262–273.

Anderson, J.R. (1982). Acquisition of cognitive skill. *Psychological Review, 89,* 369–406.

Anderson, J.R. (1987). Skill acquisition: compilation of weak-method problem solutions. *Psychological Review, 94,* 192–210.

Bornemann, E. (1942). Untersuchungen über den Grad der geistigen Beanspruchung. II. Teil: Praktische Ergebnisse. *Arbeitsphysiologie, 12,* 173–191.

Bryan, W.L. & Harter, N. (1897). Studies in the physiology and psychology of the telegraphic language. *Psychological Review, 4,* 27–53.

Bryan, W.L. & Harter, N. (1899). Studies on the telegraphic language. The acquisition of a hierarchy of habits. *Psychological Review, 6,* 345–375.

Chase, W.G. & Simon, H.A. (1973). Perception in chess. *Cognitive Psychology, 4,* 55–81.

Crossman, E.R.F.W. (1959). A theory of the acquisition of speed-skill. *Ergonomics, 2,* 153–166.

Curran, T. & Keele, S.W. (1993). Attentional and nonattentional forms of sequence learning. *Journal of Experimental Psychology: Learning, Memory, and Cognition, 19,* 189–202.

Davidson, P.R., Jones, R.D., Sirisena, H.R. & Andreae, J.H. (2000). Detection of adaptive inverse models in the human motor system. *Human Movement Science, 19,* 761–795.

Fitts, P.M. (1964). Perceptual-motor skill learning. In A.W. Melton (Eds.), *Categories of human learning* (pp. 243–285). New York: Academic Press.

Fleishman, E.A. & Rich, S. (1963). Role of kinesthetic and spatial-visual abilities in perceptual-motor learning. *Journal of Experimental Psychology, 66,* 6–11.

Heuer, H. (1984). Motor learning as a process of structural constriction and displacement. In W. Prinz & A.F. Sanders (Eds.), *Cognition and motor processes* (pp. 295–305). Heidelberg: Springer.

Jeannerod, M. (1994). The representing brain: neural correlates of motor intention and imagery. *The Behavioral and Brain Sciences, 17,* 187–245.

Jones, M.B. (1962). Practice as a process of simplification. *Psychological Review, 69,* 274–294.

Keele, S.W., Ivry, R.B., Mayr, U., Hazeltine, E. & Heuer, H. (2003). The cognitive and neural architecture of sequence representation. *Psychological Review, 110,* 316–339.

Kleinsorge, T., Schmidtke, V., Gajewski, P.D. & Heuer, H. (2003). The futility of explicit knowledge of a sequence of tasks. *European Journal of Cognitive Psychology, 15,* 455–469.

Krakauer, J.W., Pine, Z.M., Ghilardi, M.F. & Ghez, C. (2000). Learning of visuomotor transformations for vectorial planning of reaching trajectories. *The Journal of Neuroscience, 20,* 8916–8924.

Logan, G.D. (1988). Toward an instance theory of automatization. *Psychological Review, 95,* 492–527.

Logan, G.D. (2002). An instance theory of attention and memory. *Psychological Review, 109,* 376–400.

Logie, R., Baddeley, A.D., Mané, A., Donchin, E. & Sheptak, R. (1989). Working memory in the acquisition of complex cognitive skills. *Acta Psychologica, 71,* 53–87.

MacKay, D.G. (1981). The problem of rehearsal or mental practice. *Journal of Motor Behavior, 13,* 274–285.

MacKay, D.G. (1982). The problems of flexibility, fluency, and speed-accuracy tradeoff in skilled behavior. *Psychological Review, 89,* 483–506.

MacKay, D.G. (1987). *The organization of perception and action: A theory for language and other cognitive skills.* Berlin: Springer.

Mané, A. & Donchin, E. (1989). The space fortress game. *Acta Psychologica, 71,* 17–22.

Mohnkopf, W. (1933). Zur Automatisierung willkürlicher Bewegungen (Zugleich ein Beitrag zur Lehre von der Frage des Bewusstseins). *Zeitschrift für Psychologie, 130,* 235–299.

Newell, A. & Rosenbloom, P.S. (1981). Mechanisms of skill acquisition and the law of practice. In J.R. Anderson (Ed.), *Cognitive skills and their acquisition* (pp. 1–55). Hillsdale, NJ: Erlbaum.

Nissen, M.J. & Bullemer, P. (1987). Attentional requirements for learning: Evidence from performance measures. *Cognitive Psychology, 19,* 1–32.

Pew, R.W. (1966). Acquisition of hierarchical control over the temporal organization of skill. *Journal of Experimental Psychology, 71,* 764–771.

Salmoni, A.W., Schmidt, R.A. & Walter, C.B. (1984). Knowledge of results and motor learning: A review and critical appraisal. *Psychological Bulletin, 95,* 355–386.

Schmidt, R.A. (1975). A schema theory of discrete motor skill learning. *Psychological Review, 82,* 225–260.

Schmidtke, V. & Heuer, H. (1997). Task integration as a factor in secondary-task effects on sequence learning. *Psychological Research, 60,* 53–71.

Trowbridge, M.H. & Cason, H. (1932). An experimental study of Thorndike's theory of learning. *Journal of General Psychology, 7,* 245–258.

Verwey, W.B., Lammens, R. & van Honk, J. (2002). On the role of the SMA in the discrete sequence production task: a TMS study. *Neuropsychologia, 40,* 1268–1276.

13 Soziales Lernen

H. Westmeyer

Eine Grundfrage der Psychologie war und ist: Wie lernen wir? Wie lernen wir, am sozialen Leben einer Gemeinschaft, einer Gesellschaft, einer Kultur teilzunehmen? Wie lernen wir die Sprache, die in der Gemeinschaft, in der wir leben, gesprochen wird? Wie lernen wir die Verhaltensregeln, die das soziale Leben in einer Gemeinschaft bestimmen? Wie lernen wir, was geboten und was verboten ist? Wie lernen wir zu singen, zu spielen, zu tanzen? Wie lernen wir uns künstlerisch auszudrücken – ein Bild zu malen, ein Instrument zu beherrschen? Wie lernen wir ein Handwerk, einen Beruf?

Skinner (1953) hatte schon vor 50 Jahren auf alle diese Fragen ein und dieselbe Antwort gegeben: durch respondente (klassische) und vor allem operante (instrumentelle) Konditionierung (▶ Kap. 11). Und er hatte auch in den nachfolgenden Jahrzehnten keinen Grund gesehen, diese Antwort zu revidieren. Die Mehrheit der Forscher in der Psychologie hat sich von dieser Antwort nicht überzeugen lassen, zumal die Zahl einschlägiger empirischer Untersuchungen zum sozialen Lernen innerhalb des Skinner'schen Ansatzes sehr bescheiden geblieben ist. Bei der Erforschung des sozialen Lernens spielt dieser Ansatz heute keine große Rolle mehr. Andere Ansätze sind an seine Stelle getreten. Um sie wird es vorrangig in diesem Beitrag gehen. Doch zunächst einmal ist der Begriff des sozialen Lernens genauer zu betrachten.

13.1 Bedeutung und historische Einordnung

13.1.1 Zur Bedeutung des Ausdrucks »soziales Lernen«

Der Ausdruck »soziales Lernen« hat in der Psychologie keine einheitliche Bedeutung. In seiner weitesten Verwendung bezieht er sich auf alle Lernvorgänge, an denen neben der lernenden Person wenigstens eine weitere Person beteiligt ist. Eigentlich müsste es sogar heißen »an denen neben dem lernenden Organismus wenigstens ein weiterer Organismus beteiligt ist«, da soziales Lernen auch innerhalb der Tierpsychologie intensiv erforscht wird (vgl. z. B. Zentall & Galef, 1988). In einer deutlich eingeschränkteren Verwendung bezieht er sich auf bestimmte Arten des Lernens. Ausdrücke, die in diesem Zusammenhang häufig mit »sozialem Lernen« in Verbindung gebracht werden, sind unter anderen »Lernen durch Imitation«, »Lernen durch Identifikation«, »Lernen durch Beobachtung«, »Lernen am Modell« oder »stellvertretendes Lernen«. Dabei besteht keine Einigkeit in der Frage, ob beim sozialen Lernen eigenständige Lernprozesse involviert sind oder ob eine Rückführung des sozialen Lernens auf grundlegendere Lernprozesse wie die der klassischen (respondenten) und/oder instrumentellen (operanten) Konditionierung möglich ist.

Soziales Lernen und die mit ihm in Verbindung stehenden Prozesse des Imitationslernens oder Beobachtungslernens werden in vielen Teildisziplinen der Psychologie thematisiert. Insbesondere in der Entwicklungspsychologie, der Erziehungs- und Schulpsychologie, der Sozialpsychologie und der Klinischen Psychologie spielen sie eine wichtige Rolle. Der Ausdruck »soziales Lernen« wird aber darüber hinaus auch zur Kennzeichnung eines bestimmten Ansatzes in der Persönlichkeitspsychologie verwendet, in dem sozialen Lernprozessen eine entscheidende Bedeutung für die Entwicklung der Persönlichkeit beigemessen wird. Diesem Ansatz werden unter anderen Rotter, Bandura und Mischel zugerechnet (vgl. z. B. Smith & Vetter, 1982). Der **soziale Lernansatz** (»social learning approach«) wird im Mittelpunkt der Darstellung in diesem Beitrag stehen, zumal Bandura als einer seiner profiliertesten Vertreter zugleich auch derjenige ist, der sich am intensivsten und differenziertesten mit dem sozialen Lernen in Theorie und Forschung beschäftigt hat.

13.1.2 Zur historischen Einordnung

Zimmerman (2001, S. 14342) führt die Anfänge der Forschung zum sozialen Lernen auf ein Seminar zurück, das Hull Ende der 1930er Jahre an der Yale Universität abgehalten hatte. Teilnehmer dieses Seminars waren unter anderen Dollard, Miller und Sears. Im Seminar sollten lerntheoretische Erklärungen für von Freud diskutierte wichtige Aspekte kindlicher Persönlichkeitsentwicklung wie Abhängigkeit, Aggression, Identifikation, Gewissensbildung und Abwehrmechanismen gefunden werden. Miller und Dollard konzentrierten sich in ihren Forschungen auf die Identifikation und stellten in einer Reihe experimenteller Studien zum Imitationslernen fest, dass eine allgemeine Tendenz zu imitieren durch Verstärkung gelernt werden kann. Ihre Schlussfolgerung war, dass es sich bei Imitation um eine durch Lernen erworbene Klasse instrumentellen Verhaltens handelt (▶ Kap. 11) und nicht um einen eigenständigen Lernvorgang.

Ihr Buch »Social Learning and Imitation« (Miller & Dollard, 1941) wurde sehr bald zu einem Standardwerk zum Thema »soziales Lernen«. Im Anhang 2 ihres Buches machten die Autoren im Übrigen deutlich, dass die Geschichte der Imitationsforschung bis in die zweiten Hälfte des 19. Jahrhunderts zurückreicht. Sears kam zu ganz ähnlichen Schlussfolgerungen wie Miller und Dollard. Er untersuchte Sozialisationsprozesse um zu erklären, wie Kinder Werte, Einstellungen und Verhaltensgewohnheiten der Kultur, in der sie aufwachsen, internalisieren. Seine Identifikationstheorie geht davon aus, dass soziale Lernerfahrungen zur Bildung erworbener Triebe, Eltern und andere Erwachsene nachzuahmen, führen (vgl. Sears, 1951). Aufgrund dieser Überlegungen erschien eine Erweiterung der damaligen Lerntheorien überflüssig. Es konnte bei den Prinzipien der klassischen (respondenten) und der instrumentellen (operanten) Konditionierung bleiben.

Diese Auffassung findet sich noch heute, wie bereits anfangs erwähnt, bei den Vertretern des Skinner'schen Ansatzes. In Skinner'scher Terminologie ist das beobachtete Verhalten der imitierten Person als diskriminativer Reiz für das imitierende Verhalten der beobachtenden Person zu sehen. Diese Beziehung wird durch kontingente Verstärkung des imitierenden Verhaltens aufgebaut. Wie bei anderen reizkontrollierten operanten Verhaltensweisen auch, kommt es zu Generalisierungen auf der Reiz- und der Verhaltensseite, sodass sich mit der Zeit ein generalisiertes Imitationsverhalten – Skinner (1953, S. 10) sprach von einem »Imitationsrepertoire« – ausbildet, das nach Übergang von einer kontinuierlichen zu einer intermittierenden Verstärkung auch dann aufrecht erhalten bleibt, wenn es nicht mehr bei jedem Auftreten verstärkt wird. Die Imitation von Verhalten, das eine Person so, wie es bei der beobachteten Person auftritt, noch nie gezeigt hat und für dessen Imitation die Person auch nicht verstärkt wird, ist deshalb mit dieser Sichtweise durchaus kompatibel.

Das Imitationsrepertoire eines Durchschnittsmenschen, so meinte Skinner damals, sei so weit entwickelt, dass seine Ursprünge in Vergessenheit geraten seien und es gern als Teil seiner angeborenen Verhaltensausstattung betrachtet werde. In der Tat konnten Miller und Dollard (1941, S. 290 ff.) in ihrem Buch eine Reihe früherer Forscher benennen, die Imitationsverhalten als angeboren und instinktgesteuert konstruiert hatten. Anstoß für diese These gab die Beobachtung, dass Kinder Sprache und Gesten von Erwachsenen nachmachen können. McDougall (1908) berichtete über seinen eigenen 4 Monate alten Sohn, der die Zunge herausstreckte, wenn dies ein Erwachsener ihm vormachte. Schon William James (1890, S. 408) ging davon aus, dass Menschen und Tiere über einen Nachahmungsinstinkt verfügen. Thorndike (1911) war im Hinblick auf Tiere anderer Auffassung. Er ließ Katzen andere Katzen beobachten, die durch instrumentelle Konditionierung lernten, sich aus einem Käfig zu befreien. Als sie selbst in den Käfig hineingesetzt wurden, zeigten sich keine Lerneffekte durch die Beobachtung. Andere Tierforscher waren beim Nachweis von Imitationslernen erfolgreicher (vgl. Galef, 1988).

In etwa zeitgleich mit Skinner (1953) veröffentlichte Rotter (1954) sein Buch »Social Learning and Clinical Psychology«, in dem er eine soziale Lerntheorie der Persönlichkeit vorstellte, die noch den damals vorherrschenden behavioristischen Lerntheorien (Hull, Skinner, Tolman) verpflichtet war, aber auch Vorstellungen anderer theoretischer Ansätze (vor allem die von Lewin) mit einbezog.

13.2 Theoretische Ansätze

13.2.1 Die soziale Lerntheorie von Julian B. Rotter

Rotter bezeichnete seine Theorie als *soziale* Lerntheorie, weil sie davon ausgeht, dass die wesentlichen oder grundlegenden Arten des Verhaltens in sozialen Situationen gelernt werden und unauflösbar mit Bedürfnissen verbunden sind, deren Befriedigung auf die Beteiligung anderer Personen angewiesen ist (1954, S. 84). Einen eigenen sozialen Lernprozess machte Rotter nicht geltend.

Rotter (1954) formulierte sieben Postulate und eine Reihe von Korollarien, die die Postulate jeweils ergänzen bzw. erläutern sollten (▶ Übersicht). Er sah in diesen Annahmen, die sich unverändert auch in neueren Veröffentlichungen finden, allgemeine Prinzipien für die Konstruktion einer sozialen Lerntheorie der Persönlichkeit. In der folgenden Übersicht sind die Postulate und Korollarien, die sich mit den unterschiedlichen Formen der Beschreibung von Verhalten und ihren Bezügen zueinander befassen (P2–P4), nicht mit aufgeführt. Die Zugehörigkeit der Korollarien zu den jeweiligen Postulaten kommt in der Art ihrer Nummerierung zum Ausdruck; im Original geht sie nur aus der Positionierung der Korollarien im Text hervor.

Typisch für diese Theorie ist, dass sie an vielen Stellen die Bedeutung des Lernens betont, aber keine neuen Vorstellungen zum Prozess des Lernens entwickelt. Lernen ist vor allem Lernen aufgrund von Erfahrungen, zu denen wesentlich Verstärkungserfahrungen gehören. Lernen bei

Julian B. Rotter

Julian B. Rotter wurde 1916 in Brooklyn, New York, geboren. Er studierte am Brooklyn College, an der Universität von Iowa (u. a. bei Kurt Lewin) und erwarb seinen Doktor in Klinischer Psychologie 1941 an der Universität von Indiana. Er lehrte zunächst an der Staatsuniversität von Ohio, wo er seine soziale Lerntheorie entwickelte und 1954 in seinem wohl bekanntesten Buch »Social Learning and Clinical Psychology« der Fachöffentlichkeit präsentierte, später an der Universität von Connecticut; inzwischen ist er emeritiert.

Rotter hatte großen Einfluss in der Persönlichkeitspsychologie und der klinischen Psychologie. Er erhielt zahlreiche Ehrungen und Preise, so 1989 den Preis für hervorragende wissenschaftliche Beiträge zur Psychologie von der American Psychological Association.

Zentrale Postulate und Korollarien der Theorie von Rotter (1954)

P1 Die Untersuchungseinheit in der Persönlichkeitsforschung ist die Interaktion zwischen dem Individuum und seiner bedeutungshaltigen Umwelt. (S. 85)

C1.1 Das Studium der Persönlichkeit besteht in der Untersuchung gelernten Verhaltens. Gelerntes Verhalten ist Verhalten, das modifizierbar ist, das sich durch Erfahrung ändert. (S. 86)

C1.2 Die Untersuchung der Persönlichkeit erfordert das Studium von Erfahrungen oder Ereignisfolgen. Ihre Methode ist historischer Natur, da eine Analyse jedes Verhaltens die Untersuchung der Bedingungen einschließt, die seinem Auftreten vorangehen. (S. 87)

P5 Die Erfahrungen einer Person (oder ihre Interaktionen mit ihrer bedeutungshaltigen Umwelt) beeinflussen einander wechselseitig. Anders formuliert: Persönlichkeit bildet eine Einheit. Neue Erfahrungen sind eine partielle Funktion erwor-

▼

bener Bedeutungen, und alte erworbene Bedeutungen oder Lerninhalte werden durch neue Erfahrungen geändert. Eine perfekte Vorhersage erworbenen Verhaltens würde im Idealfall nur auf der Grundlage einer vollständigen Kenntnis vorheriger Erfahrungen möglich sein. (S. 94)

C5.1 Man kann nicht wirklich von der »Ursache« oder »Verursachung« des Verhaltens, wie es mit Persönlichkeitskonstrukten beschrieben wird, sprechen, sondern nur von den gegenwärtigen und früheren Bedingungen, die für das Auftreten des Verhaltens notwendig sind. Derartige Beschreibungen sind niemals »endgültig« oder unumstößlich. (S. 96)

P6 Verhalten, wie es mit Persönlichkeitskonstrukten beschrieben wird, weist einen Richtungsaspekt auf. Es kann als zielgerichtet bezeichnet werden. Der Richtungsaspekt von Verhalten wird erschlossen aus der Wirkung von Verstärkungsbedingungen. (S. 97)

C6.1 Die Bedürfnisse einer Person, wie sie mit Persönlichkeitskonstrukten beschrieben werden, sind gelernt oder erworben. Frühe Ziele oder Bedürfnisse (und einige spätere) können als Ergebnis der Verknüpfung neuer Bedingungen mit der Verstärkung physiologisch beschriebener homöostatischer Bewegungen betrachtet werden; und die meisten späteren Ziele und Bedürfnisse entstehen als Mittel zur Befriedigung früher gelernter Ziele. (S. 100)

C6.2 Früh erworbene Ziele beim Menschen (die eine große Rolle bei der Festlegung späterer Ziele spielen) treten auf als Resultat von Befriedigungen und Frustrationen, die in den meisten Fällen gänzlich durch andere Personen kontrolliert werden. (S. 100 f.)

C6.3 Damit ein Verhalten in einer gegebenen Situation – oder in Situationen – regelmäßig auftritt, muss es für die Person, die es verwendet, dadurch ver-

fügbar gemacht worden sein, dass es in früheren Lernerfahrungen zu einiger Verstärkung oder einigen Verstärkungen geführt hat. (S. 101)

C6.4 Die Verhaltensweisen, Bedürfnisse und Ziele einer Person sind nicht unabhängig voneinander, sondern gehören zu funktional miteinander in Beziehung stehenden Systemen. Die Eigenart dieser Beziehungen wird durch vorherige Erfahrungen bestimmt. (S. 101)

P7 Ob ein bestimmtes Verhalten bei einer Person auftritt, hängt nicht nur von der Art oder Bedeutung der Ziele oder Verstärkungen ab, sondern auch von der Antizipation oder Erwartung der Person, dass diese Ziele eintreten werden. Derartige Erwartungen werden durch frühere Erfahrungen bestimmt und können quantifiziert werden. (S. 102 f.)

Rotter folgt also vorrangig den Prinzipien der operanten Konditionierung. Da die Darbietung bzw. der Entzug positiver bzw. negativer Verstärker in vielen Fällen von anderen Personen kontrolliert wird (vgl. C6.2), also die Verstärkung eine soziale ist, bezeichnete Rotter das so erfolgende Lernen als soziales Lernen. Der Ausdruck »Imitation« findet sich nicht einmal im Sachwortverzeichnis des Buches, obwohl das Buch von Miller und Dollard (1941) im Literaturverzeichnis aufgeführt wird.

Ein Grund für diese »Vernachlässigung« des Lernens im engeren Sinne mag darin zu suchen sein, dass es Rotter primär um die Erklärung, Vorhersage und Veränderung von menschlichem Verhalten unter dem Performanzaspekt ging. Die Frage »Wie wählt das Individuum zwischen verschiedenen in Frage kommenden Verhaltensweisen, die sich in seinem Verhaltensrepertoire befinden, in der jeweiligen Situation aus?« stand im Zentrum des Interesses, nicht die Frage »Wie hat das Individuum diese Verhaltensweisen erworben?« (Rotter, 1954). Diese Frage wurde zwar in den Postulaten und Korollarien behandelt, aber nicht zum Gegenstand systematischer empirischer Untersuchungen gemacht.

Ausgehend von seinen Postulaten und Korollarien entwickelte Rotter vielmehr eine Grundformel, die sich auf die Vorhersage einzelner zielgerichteter Verhaltensweisen in einer bestimmten Situation unter einer bestimmten Verstärkungsbedingung bezieht. Jedes in der Situation in Frage kommende Verhalten besitzt ein bestimmtes **Verhaltenspotenzial**. Dieser Begriff verweist auf die Lerntheorie von Hull. Das Verhalten mit dem größten Verhaltenspotenzial ist zugleich dasjenige, das aller Voraussicht nach in der Situation auftreten wird. Das Verhaltenspotenzial ergibt sich aus der Kombination der im 7. Postulat angesprochenen Variablen »Erwartung« und »Verstärkungswert«. Hier ist der Bezug zur Lerntheorie von Tolman unverkennbar. Die

Situation selbst wird als ein komplexes Muster von Hinweisreizen konstruiert und als »psychologische Situation« bezeichnet. Damit ist auch die Theorie von Lewin einbezogen.

Der in dieser Grundformel enthaltene spezifische Erwartungsbegriff wurde von Rotter zum Begriff der **generalisierten Erwartung**, der sich auf funktional zusammengehörige Klassen von Verhaltensweisen, Situationen und Verstärkungsbedingungen bezieht, erweitert (Rotter, 1954, S. 108 ff.; vgl. Rotter & Hochreich, 1979, S. 111 f.) und in Gestalt von zwei generalisierten Erwartungen intensiver untersucht: die generalisierte Erwartung der **internalen vs. externalen Kontrolle der Verstärkung** und die generalisierte Erwartung des **zwischenmenschlichen Vertrauens** (Rotter, 1982). Wie schon Tolman ging Rotter davon aus, dass Erwartungen und damit auch generalisierte Erwartungen sich im Zuge der Erfahrungen, die eine Person macht, bilden. Aber für ihn war auch hier der Performanzaspekt wichtiger als der Entstehungsaspekt. Deshalb untersuchte er generalisierte Erwartungen eher aus einer differentiellpsychologischen Perspektive als aus einer lernpsychologischen.

Die Betonung des Performanzaspekts durch Rotter hatte sicher auch forschungspragmatische Gründe. Die Untersuchung der Entstehung eines Verhaltens stellt, das geht aus Postulat P5 unmissverständlich hervor, außerordentlich hohe Ansprüche: »Eine perfekte Vorhersage erworbenen Verhaltens würde im Idealfall nur auf der Grundlage einer vollständigen Kenntnis vorheriger Erfahrungen möglich sein.« Und das gilt ebenso für eine »perfekte« Erklärung erworbenen Verhaltens. Die Anwendung der von Rotter geforderten »historischen Methode« (vgl. C1.2) stößt bei menschlichem Verhalten sehr schnell auf enge Grenzen. Die detaillierte Rekonstruktion der Verhaltensgeschichte einer Person, die nicht in einer vollständig kontrollierten

Umgebung aufgewachsen ist, ist einfach nicht machbar. Eine adäquate Erklärung menschlichen Verhaltens innerhalb eines theoretischen Rahmens, der als Verhaltensursachen primär auf die aktuelle Situation, in der sich eine Person befindet, ihre genetische Ausstattung und ihre Verhaltensgeschichte Bezug nimmt, sieht sich deshalb mit grundsätzlichen methodischen Schwierigkeiten konfrontiert (vgl. Westmeyer, 1973). Diese Einsicht hat sich in vielen behavioristischen Ansätzen erst sehr viel später durchgesetzt als bei Rotter. In diesem Punkt war er seiner Zeit voraus.

13.2.2 Die soziale Lerntheorie von Albert Bandura

Im Unterschied zu Rotter hat sich Bandura von Anfang an nicht auf den Performanzaspekt von Verhalten beschränkt, sondern den Erwerb von Verhalten explizit zum Gegenstand seiner empirischen Untersuchungen gemacht. Und im Unterschied zu Rotter hat er den Ausdruck »soziales Lernen« nicht in seinem weitesten Sinne verstanden, son-

dern auf eine Klasse spezifischer Lernprozesse bezogen, die er als **Beobachtungslernen** (»observational learning«) oder **Lernen am Modell** (»modeling«) bezeichnet hat und zu der nach seiner Auffassung auch die sog. Imitations- und Identifikationsprozesse gehören (Bandura, 1971). Bandura ist zudem der Ansicht, dass sich soziales Lernen im Sinne des Beobachtungslernens nicht allein auf Prozesse der respondenten und operanten Konditionierung zurückführen lässt, sondern eigenen Regeln und Gesetzmäßigkeiten folgt. Seine soziale Lerntheorie hat sich deshalb zunächst vor allem mit der Untersuchung dieser Regeln und Gesetzmäßigkeiten befasst und inzwischen sehr detaillierte und vielfältig überprüfte Vorstellungen über den Prozess der Nachahmung bzw. Nachbildung beobachteten Verhaltens entwickelt (z. B. Bandura, 1977, 1986, ▶ Übersicht).

Albert Bandura

Albert Bandura wurde 1925 in Mundare, einem kleinen Ort in der kanadischen Provinz Alberta, geboren. Er studierte an der Universität von British Columbia, promovierte an der Universität von Iowa und lehrt seit 1953 an der Stanford Universität.

Albert Bandura gehört zu den renommiertesten und meistzitierten Psychologen der Gegenwart. Er war 1973 Präsident der American Psychological Association und erhielt 1980 den Preis für hervorragende wissenschaftliche Beiträge zur Psychologie. Viele Universitäten verliehen ihm die Ehrendoktorwürde; im Jahre 1990 wurde er Ehrendoktor der Freien Universität Berlin. Mit seiner sozial-kognitiven Sichtweise des Menschen hat er mehrere Generationen von Forschern ebenso wie Praktikern in Psychologie und benachbarten Disziplinen in ihrem Handeln nachhaltig beeinflusst.

Zentrale Annahmen der sozialen Lerntheorie von Bandura (nach Madsen, 1988, S. 482 f.)

1. Menschliches Verhalten ist zu einem großen Teil kognitiver Natur.
2. Eine zentrale Ursache für menschliches Lernen ist in den Konsequenzen, die Verhalten hat, zu sehen. Drei Arten von Konsequenzen werden unterschieden: 1. Information, 2. Motivation und 3. Verstärkung.
3. Eine weitere zentrale Ursache für Lernen ist die Beobachtung. Beim Beobachtungslernen lassen sich vier verschiedene Prozesse unterscheiden.
4. Der Aufmerksamkeitsprozess wird durch das Modell, den Beobachter und die Anreizbedingungen beeinflusst.
5. Der Behaltensprozess wird durch Kodierung und Durchspielen (Erprobung) unterstützt.
6. Der motorische Reproduktionsprozess schließt Vorstellungen und Gedanken, die offenes Verhalten anleiten, ein.
7. Der Motivationsprozess wird durch 1. äußere Verstärkung, 2. stellvertretende Verstärkung und/oder 3. Selbstverstärkung beeinflusst.
8. Verhaltensbezogene Information beim Beobachtungslernen wird durch physische Demonstration, Worte oder Bilder vermittelt.
9. Beobachtung eines Modells kann verschiedene Auswirkungen haben, u. a.:
   a) Auftreten einer neuen Reaktion, unter Umständen in Verbindung mit bereits vorher gelernten Komponenten;
   b) Hemmung oder Enthemmung bereits gelernter Verhaltensweisen; diese entgegengesetzten Auswirkungen sind insbesondere bei Bestrafungen bzw. Belohnungen des Modells festzustellen;

▼

> c) soziale Erleichterung im Sinne einer Zunahme der Auftrittswahrscheinlichkeit einer bereits gelernten, im Repertoire befindlichen Verhaltensweise, ohne dass, im Unterschied zur Enthemmung, irgendwelche Befürchtungen beim Beobachter zu zerstreuen sind.
> 10. Beobachtungslernen ist eine zentrale Ursache für den Erwerb von Regeln oder Prinzipien.
> 11. Beobachtungslernen ist eine zentrale Ursache für kreatives Verhalten.

Es gibt zahlreiche Unterschiede zwischen Beobachtungslernen einerseits und Lernen aufgrund respondenter und operanter Konditionierung andererseits. So ist für Beobachtungslernen charakteristisch, dass es auftritt, ohne dass der Lernende extern verstärkt werden *muss*. Es kann sogar auftreten, ohne dass das gelernte Verhalten überhaupt gezeigt wird. Durch die Betrachtung von Gewaltdarstellungen in Film und Fernsehen lernen wir eine Vielfalt von Methoden, andere Menschen ums Leben zu bringen. Die wenigsten von uns kommen in die Situation oder nutzen die Gelegenheit, das so Gelernte in die Tat umzusetzen. Beobachtungslernen erfolgt zudem oft indirekt. Wir beobachten bestimmte Ereignisse gar nicht selbst, sondern lesen darüber oder hören davon. Und doch lernen wir auf diese Weise Vieles über unsere materielle und soziale Umgebung.

Bandura (1973) hat z. B. auf die Rolle des Modelllernens bei Flugzeugentführungen aufmerksam gemacht. Bis 1961 waren Flugzeugentführungen in den USA weitgehend unbekannt. Dann kam es zu einigen erfolgreichen Entführungen von kubanischen Flugzeugen nach Miami. Darauf erlebten die USA eine ganze Welle von Flugzeugentführungen, die 1969 mit 87 Entführungen ihren Höhepunkt erreichte.

Beobachtungen können auch das, was wir fühlen, beeinflussen. Berger (1962) ließ Erwachsene eine Person beobachten, die Angst- und Schmerzreaktionen zeigte, wenn ein Summer ertönte und (in diesem Glauben wurden die beobachtenden Personen gelassen, obwohl die Modellperson ein Vertrauter des Versuchsleiters war und Angst und Schmerz nur vortäuschte) das Einsetzen eines elektrischen Schocks ankündigte. Nach einigen beobachteten Paarungen von Geräusch des Summers und Angst- und Schmerzverhalten der Modellperson reagierten die beobachtenden Personen selbst mit messbaren physiologischen Angstreaktionen, wenn lediglich das Geräusch des Summers ertönte.

Teilprozesse des Beobachtungslernens

Vor dem Hintergrund dieser Überlegungen wird deutlich, dass Bandura die zu Anfang dieses Beitrags aufgeworfenen Fragen ganz anders als Skinner beantworten würde. Er würde auf die zentrale Bedeutung des Beobachtungslernens beim Erwerb der betreffenden Verhaltensweisen und Kom-

petenzen verweisen und hat dies auch in seinen Veröffentlichungen getan (s. z. B. Bandura, 1986). Weitere Details zu den Subprozessen des Beobachtungslernens gehen aus ▪ Abb. 13.1 hervor.

Die Abbildung macht deutlich, dass das Beobachtungslernen in wesentlichen Teilen kognitiver Natur ist. Zunächst muss sich die Aufmerksamkeit auf die modellierten Ereignisse richten – und richten können. Ereignisse, die nicht zugänglich und deutlich wahrnehmbar oder zu komplex sind, werden schwerlich nachgebildet werden können. Das Wahrgenommene muss behalten werden. Das geschieht nach den Vorstellungen von Bandura über kognitive Konstruktionsprozesse, indem z. B. das Wahrgenommene aufgeschrieben oder aufgezeichnet wird. Unterstützend wirkt zudem ein Durchspielen des Nachzubildenden in der Vorstellung oder ein Probehandeln. Von kognitiven Repräsentationen bzw. Handlungsentwürfen gesteuert erfolgt dann der Versuch einer Nachbildungsreaktion, die bei Misslingen sukzessive an den Handlungsentwurf angepasst werden kann.

Die Annahme dieser Subprozesse des Beobachtungslernens wird durch die Ergebnisse zahlreicher empirischer Studien, über die Bandura (1986) berichtet, gestützt: Personen, die in der Ausführung des beobachteten Verhaltens angeleitet werden, schneiden bei der Nachbildung besser ab als Personen ohne eine solche Anleitung; Personen, die bei der Ausführung Feedback erhalten, zeigen bessere Nachbildungsleistungen als Personen ohne Feedback; Personen, die sich bei ihren Ausführungsversuchen per Video selbst beobachten können, weisen bessere Nachbildungsleistungen auf als Personen ohne ein solches Monitoring; Personen, die sich während oder nach der Beobachtung Notizen machen dürfen, sind zu besseren Nachbildungsleistungen in der Lage als solche, die daran gehindert werden; etc. (▶ Kasten »Banduras klassische Untersuchung zum Erwerb von Nachahmungsreaktionen«).

Auf dem Hintergrund von ▪ Abb. 13.1 wird verständlich, dass Bandura seine Theorie in neueren Veröffentlichungen nicht mehr als soziale Lerntheorie, sondern als **kognitiv-soziale Theorie** bezeichnet (vgl. Bandura 1986, 1999). Dazu passt, dass er bei den Motivationsprozessen im Unterschied zu früheren Darstellungen (z. B. Bandura, 1971, S. 24) nicht mehr explizit von Verstärkungen spricht, sondern von **Anreizen**. An die Stelle der stellvertretenden Verstärkung sind jetzt die stellvertretenden Anreize getreten; statt von beobachteter Belohnung und Bestrafung spricht Bandura nun von beobachtetem Nutzen und beobachteten Kosten. Damit trennt er sich vollends von seinen behavioristischen Ursprüngen.

Aus ▪ Abb. 13.1 geht zudem hervor, dass die Nachbildungsleistungen entscheidend von Merkmalen der beobachtenden Personen abhängen. Auch hier liegen zu allen aufgeführten Merkmalen empirische Untersuchungen vor (s. dazu Bandura, 1986), die Banduras Annahmen stützen: Nachbildungsleistungen werden z. B. umso besser ausfal-

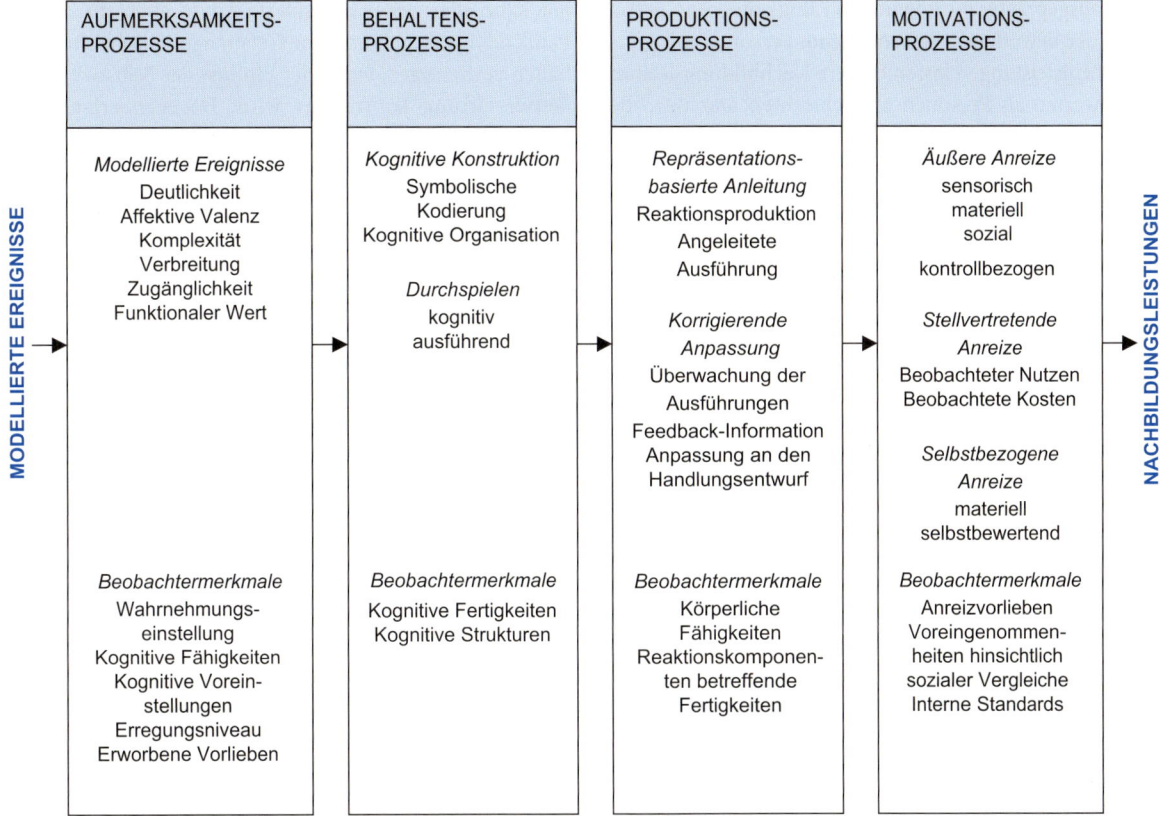

Abb. 13.1. Teilprozesse beim Beobachtungslernen

Eine Untersuchung Banduras zum Erwerb von Nachahmungsreaktionen

Der Einfluss stellvertretender Anreize auf den Erwerb von Nachahmungsreaktionen wurde von Bandura (1965) u. a. in der folgenden Studie untersucht:

33 Mädchen und 33 Jungen im Alter zwischen 42 und 71 Monaten wurden zufällig auf 3 Versuchsgruppen verteilt, sodass in jeder 11 Mädchen und 11 Jungen waren. Zwei erwachsene Männer fungierten als Modelle, eine weibliche Person leitete das Experiment. Die Kinder wurden einzeln in einen Raum geführt und vor einen Fernsehschirm gesetzt. Es wurde ein Film von etwa 5-minütiger Dauer präsentiert, den sich die Kinder allein anschauten. Der Film zeigte für die Kinder neuartige – das war zumindest die Annahme von Bandura – aggressive verbale und nonverbale Verhaltensweisen des erwachsenen männlichen Modells im Umgang mit einer Plastikpuppe von der Größe eines Erwachsenen. Das Ende des Films war für die drei Untersuchungsgruppen jeweils unterschiedlich gestaltet: In dem Film für die 1. Gruppe trat ein zweiter Erwachsener auf, der das Modell materiell und verbal belohnte; in dem Film für die 2. Gruppe wurde das Modell physisch und verbal bestraft; in dem Film für die 3. Gruppe hatte das aggressive Verhalten keine Konsequenzen.

Unmittelbar nach der Darbietung wurden die Kinder, wieder je für sich, in einen Versuchsraum geführt, der die Puppe und alle die Gegenstände enthielt, die das Modell bei seinen aggressiven Handlungen benutzt hatte. Darüber hinaus standen zahlreiche weitere Objekte zur Verfügung, die auch ganz andere Verhaltensweisen als die beobachteten ermöglichten. Während der 10 Minuten, die jedes Kind im Versuchsraum blieb, wurde sein Verhalten beobachtet und aufgezeichnet, sodass die Nachbildungsleistungen jedes einzelnen Kindes ermittelt werden konnten.

Bandura konnte feststellen, dass Kinder aus der 1. Gruppe, die das belohnte Modell beobachtet hatten, mehr Nachahmungsreaktionen zeigten als die Kinder aus der 2. Gruppe, die das bestrafte Modell beobachtet hatten. Andererseits fand er keine Unterschiede zwischen den Kindern aus der 1. und der 3. Gruppe, aber deutliche Unterschiede in allen Gruppen zwischen Mädchen und Jungen: Mädchen zeigten deutlich weniger Nachahmungsreaktionen als Jungen.

len, je ausgeprägter die kognitiven Fähigkeiten und Fertigkeiten der betroffenen Personen sind; Personen mit guten Gedächtnisleistungen lassen bessere Nachbildungsleistungen erwarten als Personen mit schlechten; nur wer über entsprechende physische Fähigkeiten und Fertigkeiten verfügt, wird komplexe Handlungsabläufe nachbilden können; und nur wer mit seinen Nachbildungsleistungen seine internen Standards erfüllt oder übertrifft, wird seine Leistungen selbst positiv bewerten. All dies ist empirisch gut belegt, auch wenn sich in einigen Fällen die Frage stellt, ob es sich hier überhaupt um empirische Aussagen handelt, die bei einer Überprüfung scheitern können (s. dazu Westmeyer, 1996).

Das Konzept der Selbstwirksamkeitserwartung

Ob eine Person das Verhalten eines Modells nachbildet, hängt – insbesondere wenn die Nachbildung erhöhte Anforderungen stellt – auch davon ab, ob sich die Person zutraut, das betreffende Verhalten zu zeigen. Bandura (1977) spricht in diesem Zusammenhang nicht von Zutrauen, sondern von **Selbstwirksamkeitserwartung** – eine begriffliche Neuschöpfung, die sich bis in die jüngste Gegenwart als außerordentlich anregend und fruchtbar erwiesen hat (vgl. Bandura, 1997).

Rotter hatte nur **Ergebniserwartungen**, d. h. Erwartungen, dass ein bestimmtes Verhalten zu einem bestimmten Ergebnis (z. B. der Darbietung eines positiven Verstärkers) führt, in seiner Theorie behandelt. Bandura verdanken wir den Hinweis, dass es noch eine ganz andere Art von Erwartungen gibt, die Selbstwirksamkeitserwartungen. Das sind die Erwartungen einer Person, dass sie das in einer Situation angemessene (Erfolg versprechende) Verhalten auch zeigen kann. Ergebnis- und Selbstwirksamkeitserwartungen sind logisch unabhängig voneinander und können wie in ◘ Abb. 13.2 dargestellt aufeinander bezogen werden.

Die überragende Bedeutung der Selbstwirksamkeitserwartungen wird an einem Beispiel aus der Klinischen Psychologie deutlich. Warum schränken Agoraphobiker, also Personen, für die die Angst vor Plätzen oder Situationen charakteristisch ist, in denen beim Auftreten körperlicher Symptome (z. B. einer Panikattacke) eine Flucht schwer möglich oder keine Hilfe zu erwarten ist, ihr Leben so ein? Die übliche Antwort lautet: Sie befürchten, dass sie von Angst bzw. einer Panikattacke überwältigt werden oder ihnen ganz Schreckliches zustößt, und vermeiden deshalb entsprechende Situationen. Wie Williams (1992) gezeigt

hat, kann aber weder antizipierte Angst, noch antizipierte Panik oder wahrgenommene Gefahr agoraphobisches Verhalten vorhersagen, wenn der Einfluss der Selbstwirksamkeitserwartung kontrolliert wird. Dagegen erlaubt die Selbstwirksamkeitserwartung eine gute Vorhersage agoraphobischen Verhaltens auch bei Kontrolle des Einflusses antizipierter Angst, antizipierter Panik und wahrgenommener Gefahr.

Durch Lernen am Modell kann nicht nur offenes Verhalten gelernt werden. Auch verdeckte Denkprozesse und Strategien können durch Beobachtungslernen erworben werden. Dazu ist es erforderlich, dass kompetente Modelle ihre Gedanken und Erwägungen bei der Bewältigung von Problemen verbalisieren. Durch diese verbale Modellierung von Denkprozessen können kognitive Fertigkeiten vermittelt werden, die die Ausführung komplexer Handlungsvollzüge wesentlich erleichtern (s. z. B. Schunk, 1989).

Eine interessante Variante des Beobachtungslernens stammt von Dowrick (1983). Das Verhalten einer Person wurde auf Video aufgenommen; der Videofilm wurde zunächst so bearbeitet, dass die Person im Film kompetenter bzw. geschickter wirkte als in ihrem tatsächlichen Verhalten, und dann der Person vorgeführt. Personen, die sich selbst effektiv handelnd beobachteten, zeigten deutliche Leistungsverbesserungen in ihrem Verhalten im Vergleich zu Personen, die zwar auch gefilmt wurden, sich aber den entsprechend bearbeiteten Film nicht ansahen. Dowrick spricht hier von **Selbst-Modellierung**, also von einem Lernen, bei dem die Person selbst ihr eigenes Modell ist. Auch die Selbst-Modellierung kann in Form einer kognitiven Selbst-Modellierung erfolgen, bei der sich die Person wiederholt beim erfolgreichen Bewältigen zunehmend anspruchsvollerer Aufgaben und Probleme visualisiert. Diese kognitiven Simulationen wirken sich positiv auf nachfolgende Leistungen aus. Bandura (1986) nimmt an, dass die Wirkung beider Formen der Selbst-Modellierung von einer Zunahme der Selbstwirksamkeitserwartung vermittelt wird.

Bewertung

Banduras wissenschaftliche Konstruktionen sind in vielen Bereichen der Psychologie aufgegriffen und zum Ausgangspunkt eigener Forschungsbemühungen gemacht worden. Seine Thesen zum Beobachtungslernen sind u. a. für die Erziehungs- und Schulpsychologie, die Medienpsychologie und die Klinische Psychologie von großer Bedeutung; sein Konstrukt der Selbstwirksamkeitserwartung spielt z. B. in der Gesundheitspsychologie eine wichtige Rolle. Das Beobachtungslernen hat sich als ein eigenständiger dritter Lernprozess neben dem respondenten und operanten Konditionieren fest etabliert und wird heute oft mit sozialem Lernen gleichgesetzt, auch wenn es nicht an Versuchen aus behavioristischer Richtung gefehlt hat, die Eigenständigkeit des Beobachtungslernens grundsätzlich in Frage zu stellen (z. B. Staats, 1975; ► Kap. 6). Wesentliche Unterstützung

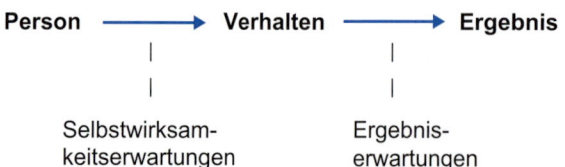

◘ Abb. 13.2. Zur Beziehung zwischen Selbstwirksamkeits- und Ergebniserwartungen

haben die Konstruktionen von Bandura durch Walter Mischel erfahren, der sie schon früh in seine eigenen Konstruktionen einbezogen und beim Entwurf seiner Vorstellungen von der Persönlichkeit des Menschen produktiv genutzt hat.

13.2.3 Der kognitiv-soziale Lernansatz von Walter Mischel

Bandura hat sich nie auf einen Teilbereich der Psychologie festlegen lassen, Mischel dagegen sieht sich selbst primär als Persönlichkeitsforscher mit ausgeprägt differentiell-psychologischem Interesse. Er ist der einzige von allen in diesem Kapitel behandelten Personen, der eine sehr erfolgreiche, in vielen Auflagen erschienene Einführung in die Persönlichkeitspsychologie in Lehrbuchqualität vorgelegt hat (Mischel, Shoda & Smith, 2004).

Kern seiner Konstruktionen sind fünf Klassen von Personvariablen, die er nicht als Persönlichkeitsdispositionen im Sinne von Persönlichkeitseigenschaften (Traits) verstanden wissen will (▶ Übersicht). Seine Personvariablen beziehen sich in ihrem **funktionalen** Aspekt gerade auf die **Prozesse**, die die Beeinflussung des Verhaltens, durch das sich eine Disposition manifestiert, durch die Umgebungsbedingungen, unter denen sich die Disposition manifestiert, vermitteln. Darüber hinaus haben diese Variablen als **Produkte** der sozial-kognitiven Entwicklung der Person auch einen **strukturellen** Aspekt, der sie für eine differentielle Psychologie interessant macht (vgl. Mischel & Shoda, 1995)

Fünf Typen von Personvariablen (nach Mischel & Shoda, 1995)

- **Enkodierungen (Konstruktionen)**: Kategorien (Konstrukte) für das Selbst, andere Personen, Ereignisse und Situationen.
- **Erwartungen und Überzeugungen**: im Hinblick auf die soziale Welt, auf Ergebnisse von Verhalten in bestimmten Situationen, auf Selbstwirksamkeit und auf das Selbst.
- **Affekte**: Emotionen und affektive Reaktionen einschließlich physiologischer Reaktionen.
- **Ziele und Werte**: erwünschte Ergebnisse und affektive Zustände; aversive Ergebnisse und affektive Zustände; Ziele, Werte und Lebensprojekte.
- **Kompetenzen und selbstregulatorische Pläne**: potenzielle Verhaltensweisen und Skripte darüber, wozu man in der Lage ist; Pläne und Strategien für die Handlungsorganisation und die Beeinflussung von Ergebnissen, eigenem Verhalten und internen Zuständen.

Walter Mischel

Walter Mischel wurde 1930 in Wien geboren. Im Alter von 9 Jahren kam er mit seinen Eltern auf der Flucht vor den Nazis nach New York. Er studierte zunächst in New York und promovierte 1956 an der Staatsuniversität von Ohio, wo er von George A. Kelly und Julian B. Rotter nachhaltig beeinflusst wurde. Nach Tätigkeiten an der Universität von Colorado, der Harvard Universität und der Stanford Universität (dort enger Kontakt mit Albert Bandura) wechselte Mischel 1983 an die Columbia Universität in New York, an der er bis heute lehrt.

Walter Mischel ist einer der führenden Persönlichkeitsforscher der Gegenwart. Er hat viele Preise und Ehrungen erhalten, darunter den Preis für hervorragende wissenschaftliche Beiträge zur Psychologie der American Psychological Association. 2004 wurde er in die Nationale Akademie der Wissenschaften der USA aufgenommen.

Mischel hat die Variablenklassen so konzipiert, dass sie zentrale Konstrukte und Vorstellungen aus der aktuellen Persönlichkeitspsychologie, insbesondere solche aus der sozialen Lerntheorie bzw. dem kognitiv-sozialen Ansatz berücksichtigen und integrieren. Mit den Enkodierungen (Konstrukten) bezieht sich Mischel auf seinen Lehrer Kelly, mit den Ergebniserwartungen und Zielen auf seinen Lehrer Rotter, mit den Selbstwirksamkeitserwartungen und den selbstregulatorischen Plänen auf seinen Kollegen Bandura. Mit den Affekten werden neuere Entwicklungen der Emotionspsychologie, mit den Zielen und Werten solche der Motivationspsychologie einbezogen. Der Kompetenzbegriff wird von Mischel sehr weit gefasst und bezieht auch intellektuelle Fähigkeiten und Fertigkeiten mit ein.

Die komplexe Interaktion dieser Variablen bei einer Person vollzieht sich innerhalb des kognitiv-affektiven Persönlichkeitssystems, des CAPS (»cognitive-affective personality system«), das in ◘ Abb. 13.3 durch den großen Kreis veranschaulicht wird. Die kleinen Kreise stehen für die Personvariablen, die als Mediatoren zwischen den Situationsmerkmalen auf der linken Seite und den Verhaltensweisen auf der rechten Seite vermitteln. Warum eine Person in einer bestimmten Situation ein bestimmtes Verhalten zeigt, wird durch die Art der Enkodierung der Situationsmerkmale und der Interaktionen zwischen den Personvariablen, die schließlich zum Auftreten bestimmter Verhaltensweisen führen, erklärt.

Diese Veranschaulichung macht deutlich, dass es sich bei Mischel und Shodas CAPS-Theorie vorrangig um eine Performanztheorie handelt. Wie es bei einer Person zur feststellbaren Ausprägung der Personvariablen gekommen ist, wie sich die für eine Person charakteristischen dynamischen Verbindungen zwischen den einzelnen Personvariablen ergeben haben, ist nicht zentraler Gegenstand der Theorie. Natürlich kann Mischel in diesem Kontext auf die Lernprinzipien der klassischen und instrumentellen Konditionierung und des Beobachtungslernens verweisen und tut dies auch. Darüber hinaus bleiben Mischel und Shoda sehr allgemein: Das CAPS und die psychologischen Situationsmerkmale, wie sie sich in ◘ Abb. 13.3 dargestellt finden, sind Produkte der Entwicklungsgeschichte der Person. Diese wiederum besteht aus der Interaktion von biologi-

scher Geschichte und kognitiv-sozialer Lerngeschichte der Person, wobei ihre biologische Geschichte durch den genetischen Hintergrund und ihre kognitiv-soziale Lerngeschichte durch Kultur und Gesellschaft, in denen sie lebt, beeinflusst werden (vgl. Mischel & Shoda, 1995).

Diese Vorstellungen bieten allerdings wenig Neues und sind zu allgemein, um als ein theoretischer Beitrag zur Entwicklung des CAPS verstanden werden zu können. Als ein Rahmen für die Planung und Durchführung empirischer Untersuchungen zur Überprüfung konkreterer Hypothesen mögen sie genügen. Über interessante Weiterentwicklungen in diesem Bereich, der inzwischen von seinen Protagonisten auch als **Persönlichkeitswissenschaft** bezeichnet wird, informieren die Arbeiten in Cervone und Mischel (2002; s. auch Mischel, 2004).

Mischel hat sich, wie schon erwähnt, auch von seinem Lehrer George Kelly inspirieren lassen, der mit seiner Psychologie der persönlichen Konstrukte (Kelly, 1955) in die Psychologiegeschichte eingegangen ist und als Begründer eines individuumbezogenen Konstruktivismus gilt. Mischel selbst hat sich mehrfach zu dieser metatheoretischen Position bekannt. Konstruktivistische Positionen in der Psycho-

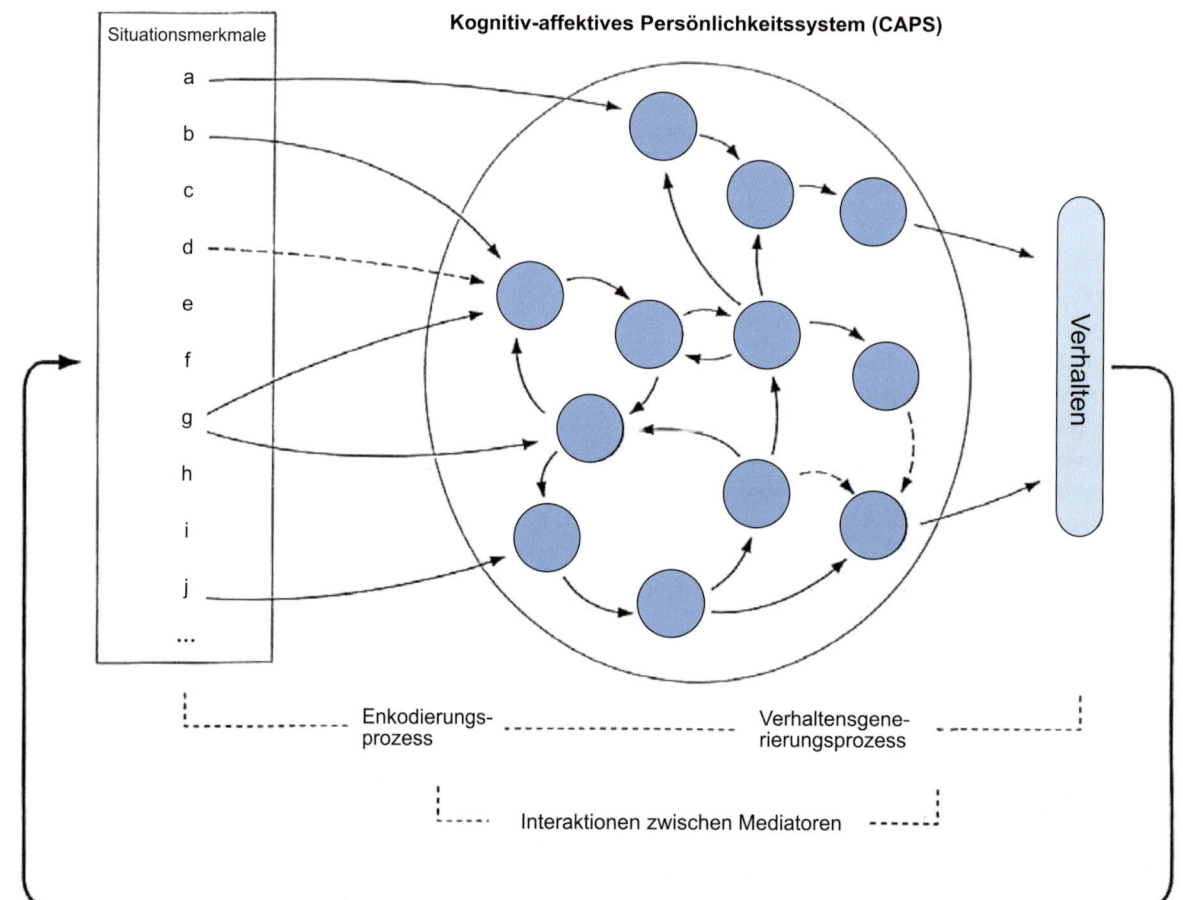

◘ **Abb. 13.3.** Veranschaulichung der kognitiv-affektiven Vermittlungsprozesse, die zu charakteristischen Verhaltensmustern bei einer Person führen

Belohnungsaufschub – eine Untersuchung zur CAPS-Theorie

Mischel hat seine Theorie vor allem am Beispiel des **Belohnungsaufschubs** untersucht. Kinder, zumeist im Vorschulalter, werden einzeln in eine Wartesituation versetzt. Der Versuchsleiter, der zunächst kurz mit dem jeweiligen Kind spielt, zeigt dem Kind zwei Objekte, die sich in ihrer Attraktivität unterscheiden, aber beide für das Kind Verstärkerqualität haben, z. B. eine kleinere und eine größere Süßigkeit. Er fragt dann das Kind, welches Objekt es vorzieht, und verlässt den Raum, nachdem er dem Kind die folgenden Kontingenzen erklärt hat: Wenn das Kind wartet, bis er von sich aus zurückkommt, erhält das Kind das präferierte Objekt. Wenn es nicht (mehr) warten will, kann es eine im Raum befindliche Glocke läuten und der Versuchsleiter kommt vorzeitig zurück. Allerdings erhält das Kind dann nur das weniger präferierte Objekt. In der Regel kommt der Versuchsleiter von sich aus nach 15–20 Minuten zurück. Die meisten Kinder warten allerdings nicht so lange.

Mischel, Shoda und Peake (1988) interessierten sich für den Zusammenhang zwischen der Dauer des selbst auferlegten Belohnungsaufschubs bei Kindern im Vorschulalter und einer Reihe von Personmerkmalen derselben Personen, die allerdings 10 Jahre später über eine Befragung ihrer Eltern erfasst wurden. Es zeigte sich, dass – im Mittel – Personen, die im Vorschulalter zu längerem Belohnungsaufschub in der Lage waren, 10 Jahre später als Jugendliche von ihren Eltern im akademischen Bereich, im sozialen Bereich und bei der Bewältigung von Problemen als kompetenter eingeschätzt wurden. Ihre Eltern waren der Auffassung, dass diese Jugendlichen – im Mittel – sich besser sprachlich ausdrücken können, vernünftiger, aufmerksamer und konzentrierter sind und besser planen und vorausdenken können, um nur einige wichtige Befunde zu erwähnen.

logie, die den Menschen in erster Linie als ein konstruierendes Wesen sehen und bei der Analyse zentraler Aktivitäten wie Wahrnehmen, Erinnern, Denken, Fühlen etc. die konstruktiven Aspekte betonen, finden sich nicht nur in der von Kelly vertretenen Variante, sondern in vielen anderen Spielarten (vgl. Westmeyer, 1999). Einige davon sind auch für die Betrachtung des sozialen Lernens von Interesse und sollen hier zusammen mit einigen anderen, bisher noch nicht zur Sprache gekommenen Ansätzen zum sozialen Lernen zumindest eine kurze Erwähnung finden.

13.2.4 Einige weitere Ansätze

Soziales Lernen im Sinne von Imitation wurde schon sehr früh in der **Entwicklungspsychologie** untersucht. 1951 veröffentlichte Piaget (1962 in englischer Übersetzung), der in der Psychologie übrigens auch für eine Spielart des Konstruktivismus steht, seine Theorie über die sechs Stadien der Entwicklung der Fähigkeit zur Imitation im Zeitraum zwischen der Geburt und einem Alter von 2 Jahren. Piaget nahm an, dass eine Fähigkeit zur Imitation zum Zeitpunkt der Geburt nur sehr eingeschränkt vorhanden ist und sich erst in den darauf folgenden 24 Monaten sukzessive entwickelt. Diese Theorie wurde in zahlreichen Untersuchungen überprüft und z. B. von Meltzoff (1988), der in sorgfältig geplanten und durchgeführten Laboruntersuchungen feststellte, dass Kleinkinder schon wesentlich früher, als von Piaget aufgrund von Feldbeobachtungen angenommen, beeindruckende Imitationsleistungen erbringen können, in entscheidenden Punkten revidiert (vgl. Yando, Seitz & Zigler, 1978). So untersuchten Meltzoff und Moore (1983), ob 12–21 Tage alte Babys vier Gesten imitieren können, die ihnen von einer erwachsenen Person vorgemacht werden:

Vorstülpen der Lippen, Öffnen des Mundes, Vorstrecken der Zunge und aufeinander folgende Fingerbewegungen. Diese Gesten wurden jeweils einzeln vorgemacht, und es wurde dann untersucht, ob die Babys sie nachbilden. Das Verhalten der Babys wurde auf Video aufgenommen und von Personen kodiert, die nicht wussten, welche der vier Gesten jeweils vorgeführt worden war. Meltzoff und Moore konnten nachweisen, dass Babys bereits in so frühem Alter dazu neigen, spezifische Verhaltensweisen, die sie beobachten, nachzubilden.

In der **Erziehungs- und Schulpsychologie** geht es primär um soziales Lernen. Hier sind Prozesse wie das genaue Beobachten, was andere tun, das Zuhören, was andere sagen, ohne selbst am Gespräch beteiligt zu sein, das aufmerksame Teilnehmen an Aktivitäten der Gemeinschaft und die Auswirkungen dieser Prozesse auf das Lernen Gegenstände der Untersuchung (vgl. Rogoff, Goodman Turkanis & Bartlett, 2003; Rogoff, Paradise, Mejia Arauz, Correa-Chavez & Angelillo, 2003). Für Bandura (1997, S. 174 ff.) ist die Schule eine Agentur für die Kultivierung von Selbstwirksamkeitserwartungen. Er und seine Mitarbeiter konnten nachweisen, dass eine hohe Selbstwirksamkeitserwartung sich günstig auf die Leistungsmotivation, das Erreichen von Ausbildungszielen und die Entwicklung intrinsischer Interessen am Ausbildungsgegenstand auswirkt. Schule sollte deshalb positive Selbstwirksamkeitserwartungen und effektive selbstregulierende Fähigkeiten der Schüler fördern und so die Grundlage für ein erfolgreiches lebenslanges Lernen legen. Vieles, was eine Person lernen muss, wird außerhalb der Schule gelernt. Je mehr eine Person auf ihre Fähigkeiten zur Selbstregulation und damit auch zur Selbstinstruktion vertraut, desto mehr wird sie sich auch außerhalb der Schule Lernerfahrungen aussetzen bzw. sie aktiv herbeizuführen suchen. Für Personen mit geringer Selbstwirksamkeitserwartung kann Schule dagegen zum Problem werden. Wenn Personen aufgrund ihrer Leistung schon früh in Leistungsgruppen eingeteilt werden, wird die negative Selbstwirksamkeitserwartung in den unteren Leistungsgruppen stabilisiert. Auch die Lehrpersonen erwarten und verlangen von den Angehörigen dieser Leistungsgruppen weniger, sodass diese im Vergleich zu den Angehörigen der oberen Leistungsgruppen weiter zurück fallen. Die sich so ergebenden geringen Fortschritte in den unteren Leistungsgruppen unterminieren letztlich auch die Selbstwirksamkeitserwartungen des Lehrpersonals (Bandura, 1993).

Aus **sozial-konstruktivistischer Sicht**, in der die soziale Bedingtheit menschlicher Konstruktionsprozesse und damit menschlichen Verhaltens und Erlebens ganz allgemein betont wird, ist Lernen grundsätzlich eine in einen sozialen Kontext eingebettete Aktivität und stellt eine Form der Konstruktion dar. Die lernende Person erwirbt nicht ein bestimmtes Wissen, das unabhängig von Personen irgendwo »existiert«, sondern konstruiert ihr Wissen von sich und ihrer Welt in je spezifischer Weise. Entscheidend ist dabei, dass dies innerhalb eines sozialen Kontextes geschieht, durch den u. a. die Sprache vorgegeben ist, die als das zentrale, selbst sozial konstruierte Medium für unsere Konstruktionen gilt (vgl. Gergen, 2002). In diesem Ansatz wird die Sprache zur Grundlage des Denkens. Kognitives Lernen ist also per se soziales Lernen. Auf die Konsequenzen z. B. für die schulische Praxis sind Oldfather, West, White und Wilmarth (1999; s. auch Kumpulainen & Wray, 2002) eingegangen.

13.3   Anwendungen

Nach Auffassung der in diesem Beitrag behandelten Lerntheoretiker ist das soziale Lernen die im täglichen Leben am häufigsten auftretende Form des Lernens. Diese These ist nicht das Resultat empirischer Untersuchungen, sondern gewinnt ihre Plausibilität aus dem Verweis auf die soziale und kulturelle Einbettung allen menschlichen Verhaltens. Die hier vorgestellten Theorien und Ansätze sind, wird diese These zugrunde gelegt, für viele Bereichen der Psychologie von zentraler Bedeutung.

Auf die Bedeutung des Beobachtungslernens für die Erziehungs- und Schulpsychologie wurde schon eingegangen. Zwangsläufig haben Lehrende für Lernende Modellfunktion. Auch Lernende untereinander können als Modelle füreinander fungieren. Eltern sind Modelle für ihre Kinder, ältere Geschwister für die jüngeren. Personen, die in den Medien präsent sind, haben für diejenigen, die sie bewundern und ihnen nacheifern, Modellfunktion. Eine Schlüsselrolle im sozialen Leben fällt der Sprache zu. Soziale Interaktion ist zu einem großen Teil verbale Interaktion. Während Skinner (1957) versuchte, Spracherwerb mit den Prinzipien der respondenten und operanten Konditio-

nierung zu erklären, wurde die Tragfähigkeit dieser Erklärungsmöglichkeit von linguistischer Seite grundsätzlich in Frage gestellt. Chomsky (1966) postulierte statt dessen einen angeborenen Spracherwerbsmechanismus, dem Lernen räumte er nur eine untergeordnete Rolle ein. Mit der Einführung des Konzepts des Beobachtungslernens stellt sich nach Auffassung von Bandura (1986) die Situation anders da: Lernen am Modell kommt, so meint er, eine wichtige Funktion beim Spracherwerb zu. Dabei geht es nicht nur um die Nachbildung vorgesprochener Lautsequenzen, sondern ebenso um das Erlernen von grammatikalischen Regeln, die der Sprache unterliegen. Moerk und Moerk (1979) konnten in Längsschnittstudien des Einflusses elterlicher Sprachmodelle zeigen, dass Lernen am Modell den Spracherwerb wesentlich befördert. So besteht die beste Methode, fehlerhaftes Sprechen zu korrigieren, darin, die korrekten Sprachformen durch ein Modell vorführen zu lassen.

In der **Klinischen Psychologie** wird das Lernen am Modell gezielt in die Konstruktion therapeutischer Techniken einbezogen (s. dazu Margraf, 2000). Wenn Ängste und Phobien behandelt werden, kann die Beobachtung eines Modells, das mit den gefürchteten Objekten oder Situationen angstfrei umgeht, sehr hilfreich sein. Wenn im Rahmen eines Selbstbehauptungstrainings oder eines Kommunikationstrainings soziale Kompetenzen vermittelt werden, wird das sozial angemessene Verhalten zunächst von einem Modell (z. B. Trainer, Therapeut) vorgeführt. In Rollenspielen, die Bestandteil unterschiedlicher therapeutischer Verfahren sein können, ist das Lernen am Modell eine wichtige Komponente. In Gruppentherapien wird der Umstand systematisch berücksichtigt und genutzt, dass die Gruppenmitglieder einander beobachten und füreinander Modellstatus haben können. Alle diese Beispiele beziehen sich auf ein Lernen an einem physisch präsenten Modell (»live modeling«). Das Modellverhalten kann aber auch in anderer Form dargeboten werden: in einem Film, in einem Video oder lediglich in der Vorstellung. In diesen Fällen wird von Lernen an einem symbolischen Modell (»symbolic modeling«) gesprochen. In der Regel übt ein physisch präsentes Modell einen größeren Einfluss auf das Verhalten der beobachtenden Personen aus als ein symbolisches Modell, aber dafür ist das symbolische Modell leichter verfügbar und kann auch außerhalb der Behandlungssituation betrachtet werden. Eine Videokassette, auf der das Modellverhalten vorgeführt wird, kann zu Hause angesehen, ein Buch, das zur lebhaften Vorstellung des Modellverhaltens anleitet, kann zu Hause gelesen werden.

Auf andere Anwendungen, z. B. in den Bereichen der Gesundheitspsychologie oder der Arbeits- und Organisationspsychologie, sei hier zumindest hingewiesen. **Präventionsprogramme**, die zu einer gesunden Lebensführung anleiten sollen, können vom Einbezug des Lernens am Modell, d. h. von der Beteiligung von Personen, die bereits ein gesundes Leben führen und dabei sehr zu-

Modelllernen im Rahmen der kognitiven Verhaltenstherapie

Im Rahmen der kognitiven Verhaltenstherapie (▶ Kap. 43) haben Meichenbaum und Goodman (1971) schon früh Elemente des Lernens am Modell in ihr Selbstinstruktionstraining einbezogen, das insbesondere bei Kindern mit Lern- und Verhaltensproblemen (z. B. sehr impulsiven, hyperaktiven Kindern) zur Anwendung kommt. Die Autoren bezogen sich zwar stärker auf Luria als auf Bandura, ihr Vorgehen lässt sich aber problemlos innerhalb der sozial-kognitiven Theorie von Bandura rekonstruieren.

Meichenbaum und Goodman schlugen die folgende Trainingssequenz vor, um Kindern die Kompetenz zur Selbstinstruktion und damit zur Selbstkontrolle zu vermitteln:

1. Die erwachsene Person führt eine Lösung des Problems vor und verbalisiert sie laut, während das Kind zusieht. Das Kind hat dann die Aufgabe, das vorgeführte Verhalten selbst zu zeigen.
2. Das Kind erledigt die Aufgabe, während die erwachsene Person laut Instruktionen gibt.
3. Das Kind erledigt die Aufgabe, während es sich laut selbst instruiert.
4. Das Kind erledigt die Aufgabe, während es sich flüsternd selbst instruiert.
5. Das Kind erledigt die Aufgabe, während es sich verdeckt (entlautet) selbst instruiert.

Dieses Training ist ein ausgezeichnetes Beispiel für ein von außen unterstütztes Lernen am Modell, durch das der beobachtenden Person insbesondere die innerhalb der Behaltens- und Produktionsprozesse (◨ Abb. 13.1) relevanten Kompetenzen zur kognitiven Konstruktion, repräsentationsbasierten Anleitung und korrigierenden Anpassung vermittelt werden. Auf diese Weise wird die Person anschließend über ein größeres Ausmaß an Selbstkontrolle verfügen und damit einhergehend über ausgeprägtere Fähigkeiten und Fertigkeiten zu eigenständigem Lernen am Modell.

---

frieden sind, nur profitieren. Personen, die bereits erfolgreich schwere Krankheiten bewältigt haben, können neu erkrankten Personen Vorbild sein und ihnen Mut machen. Untersuchungen darüber, wie Kampagnen in den Massenmedien das Gesundheitsverhalten verändern, zeigen, dass die ursprünglichen und die geänderten Selbstwirksamkeitserwartungen eine einflussreiche Rolle bei der Übernahme und Verbreitung von Gesundheitspraktiken spielen. Je stärker die ursprünglichen Selbstwirksamkeitserwartungen und je mehr die Medienkampagnen den Glauben der Personen in ihre selbstregulatorischen Fähigkeiten stärken, desto wahrscheinlicher ist es, dass die Personen die empfohlenen Praktiken übernehmen (Maibach, Flora & Nass, 1991).

Ein Vorgesetzter wird mit seinem Verhalten Modell für seine Untergebenen sein; erfolgreiche Unternehmen können eine ganze Branche prägen; erfolgreiche Unternehmer durch ihre Vorbildfunktion weit über ihr Unternehmen hinaus Wirkung ausüben. Das Auftreten von Politikern, der in politischen Auseinandersetzungen gepflegte Stil wirken sich nachhaltig auf die Atmosphäre in einem ganzen Land aus.

All dies und vieles mehr wird auf dem Hintergrund der in diesem Beitrag behandelten Theorien und Ansätze verständlich. Überhaupt eignen sich diese Ansätze in besonderem Maße für die Interpretation von Ereignissen. So spielen Interpretationen im Rahmen dieser Theorien eine wenigstens so große Rolle wie empirische Untersuchungen, in denen die Annahmen der Theorien einer strengen Überprüfung unterzogen werden.

Literatur

Referenzliteratur

Bandura, A. (1986). *Social foundations of thought and action: a social cognitive theory*. Englewood Cliffs, NJ: Prentice-Hall.

Bandura, A. (1997). Self-*efficacy: The exercise of control*. New York: Freeman.

Cervone, M. & Mischel, W. (Eds.). (2002). *Advances in personality science*. New York: Guilford Press.

Miller, N. & Dollard, J. (1941). *Social learning and imitation*. New Haven, CT: Yale University Press.

Rotter, J.B. (1954). *Social learning and clinical psychology*. Englewood Cliffs, NJ: Prentice-Hall.

Mischel, W., Shoda, Y. & Smith, R.E. (2004). *Introduction to personality: Toward an integration* (7th ed.). New York: Wiley.

Westmeyer, H. (1996). Lerntheoretische Persönlichkeitsforschung. In K. Pawlik (Hrsg.), *Enzyklopädie der Psychologie: Differentielle Psychologie und Persönlichkeitsforschung, Band 1 Grundlagen und Methoden der Differentiellen Psychologie* (S. 205–239). Göttingen: Hogrefe.

Zentall, T.R. & Galef, B.G.Jr. (Eds.). (1988). *Social learning: psychological and biological perspectives*. Hillsdale, NJ: Erlbaum.

Zitierte Literatur

Bandura, A. (1965). Influence of models' reinforcement contingencies on the acquisition of imitative responses. *Journal of Personality and Social Psychology, 1*, 589–595.

Bandura, A. (1971). Analysis of modelling processes. In A. Bandura (Ed.), *Psychological modeling: conflicting theories* (pp. 1–62). New York: Aldine Atherton.

Bandura, A. (1977). *Social learning theory*. Englewood Cliffs, NJ: Prentice-Hall.

Bandura, A. (1973). *Aggression: A social learning analysis*. Englewood Cliffs, NJ: Prentice-Hall.

Bandura, A. (1993). Perceived self-efficacy in cognitive development and functioning. *Educational Psychologist, 28*, 117–148.

Bandura, A. (1999). Social cognitive theory of personality. In D. Cervone & Y. Shoda (Eds.), *The coherence of personality: social-cognitive bases of consistency, variability, and organization* (pp. 185–241). New York: Guilford Press.

Berger, S.M. (1962). Conditioning through vicarious instigation. *Psychological Review, 69*, 450–466.

Chomsky, N. (1966) *Cartesian linguistics*. New York: Harper & Row.

Dowrick, P.W. (1983). Self modelling. In P.W. Dowrick & S.J. Biggs (Eds.), *Using video: psychological and social applications* (pp. 105–124). London: Wiley.

Galef, B.G.Jr. (1988). Imitation in animals: history, definition, and interpretation of data from psychological laboratory. In T.R. Zentall & B.G. Galef Jr. (Eds.), *Social learning: psychological and biological perspectives* (pp. 3–28). Hillsdale, NJ: Erlbaum.

Gergen, K.J. (2002). *Konstruierte Wirklichkeiten: Eine Hinführung zum Sozialen Konstruktionismus*. Stuttgart: Kohlhammer.

James, W. (1890). *The principles of psychology*. New York: Holt, Rinehart & Winston.

Kelly, G.A. (1955). *The psychology of personal constructs* (Vol. 1 and 2). New York: Norton.

Kumpulainen, K. & Wray, D. (2002). *Classroom interaction and social learning: from theory to practice*. London: Routledge Falmer.

Madsen, K.B. (1988). *A history of psychology in metascientific perspective*. Amsterdam: North-Holland.

Maibach, E., Flora, J. & Nass, C. (1991). Changes in self-efficacy and health behavior in response to a minimal contact community health campaign. *Health Communications, 3*, 1–15.

Margraf, J. (Hrsg.). (2000). *Lehrbuch der Verhaltenstherapie* (2. Aufl.). Berlin: Springer.

McDougall, W. (1908). *An introduction to social psychology*. London: Methuen.

Meichenbaum, D.M. & Goodman, J. (1971). Training impulsive children to talk to themselves: a means of developing self-control. *Journal of Abnormal Psychology, 77*, 115–126.

Meltzoff, A.N. (1988). The human infant as Homo imitans. In Zentall, T.R. & B.G. Galef Jr. (Eds.), *Social learning: Psychological and biological perspectives* (pp. 319–341). Hillsdale, NJ: Erlbaum.

Meltzoff, A.N. & Moore, M.K. (1983). Newborn infants imitate adult facial gestures. *Child Development, 54*, 702–709.

Mischel, W. (2004). Toward an integrative science of the person. *Annual Review of Psychology, 55*, 1–22.

Mischel, W. & Shoda, Y. (1995). A cognitive-affective system theory of personality: reconceptualizing situations, dispositions, dynamics, and invariance in personality structure. *Psychological Review, 102*, 246–268.

Mischel, W., Shoda, Y. & Peake, P.K. (1988). The nature of adolescent competencies predicted by preschool delay of gratification. *Journal of Personality and Social Psychology, 54*, 687–696.

Moerk, E.L. & Moerk, C. (1979). Quotations, imitations, and generalizations. Factual and methodological analyses. *International Journal of Behavioral Development, 2*, 43–72.

Oldfather, P., West, J., White, J. & Wilmarth, J. (1999). *Learning through children's eyes: social constructivism and the desire to learn*. Washington, DC: American Psychological Association.

Piaget, J. (1962). *Play, dreams and imitation in childhood*. New York: Norton. (Übersetzung der 1951 in französischer Sprache erschienenen Originalausgabe)

Rogoff, B., Goodman Turkanis, C. & Bartlett, L. (Eds.).(2001). *Learning together: children and adults in a school community*. New York: Oxford University Press.

Rogoff, B., Paradise, R., Mejia Arauz, R., Correa-Chavez, M. & Angelillo, C. (2003). Firsthand learning through intent participation. *Annual Review of Psychology, 54*, 175–203.

Rotter, J.B. (1982). *The development and application of social learning theory*. New York: Praeger.

Rotter, J.B. & Hochreich, D.J. (1979). *Persönlichkeit. Theorien – Messung – Forschung*. Berlin: Springer.

Schunk, D.H. (1989). Self-efficacy and cognitive skill learning. In C. Ames & R. Ames (Eds.), *Research on motivation in education, Vol. 3 Goals and cognition* (pp. 13–44). San Diego, CA: Academic Press.

Sears, R.R. (1951). A theoretical framework for personality and social behavior. *American Psychologist, 6*, 476–483.

Skinner, B.F. (1953). *Science and human behavior*. New York: Free Press.

Skinner, B.F. (1957). *Verbal behavior*. New York: Appleton-Century-Crofts.

Smith, B.D. & Vetter, H.J. (1982). *Theoretical approaches to personality*. Englewood Cliffs, NJ: Prentice-Hall.

Staats, A.W. (1975). *Social behaviorism*. Homewood, IL: Dorsey Press.

Westmeyer, H. (1973). *Kritik der psychologischen Unvernunft: Probleme der Psychologie als Wissenschaft*. Stuttgart: Kohlhammer.

Westmeyer, H. (1999). Konstruktivismus und Psychologie. *Zeitschrift für Erziehungswissenschaft, 2*, 507–525.

Williams, S.L. (1992). Perceived self-efficacy and phobic disability. In R. Schwarzer (Ed.), *Self-efficacy: thought control of action* (pp. 149–176). Washington, DC: Hemisphere.

Yando, R., Seitz, V. & Zigler, E. (1978). *Imitation*. Hillsdale, NJ: Erlbaum.

Zimmerman, B.J. (2001). Social learning, cognition, and personality development. *International Encyclopedia of the Social and Behavioral Sciences, 21*, 14341–14345.

13

14 Sprachpsychologie/Psycholinguistik

J.D. Jescheniak

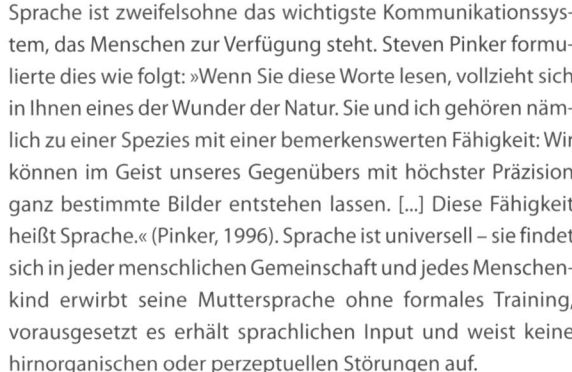

Sprache ist zweifelsohne das wichtigste Kommunikationssystem, das Menschen zur Verfügung steht. Steven Pinker formulierte dies wie folgt: »Wenn Sie diese Worte lesen, vollzieht sich in Ihnen eines der Wunder der Natur. Sie und ich gehören nämlich zu einer Spezies mit einer bemerkenswerten Fähigkeit: Wir können im Geist unseres Gegenübers mit höchster Präzision ganz bestimmte Bilder entstehen lassen. [...] Diese Fähigkeit heißt Sprache.« (Pinker, 1996). Sprache ist universell – sie findet sich in jeder menschlichen Gemeinschaft und jedes Menschenkind erwirbt seine Muttersprache ohne formales Training, vorausgesetzt es erhält sprachlichen Input und weist keine hirnorganischen oder perzeptuellen Störungen auf.

Kommunikationssysteme im Tierreich unterscheiden sich in vielerlei Hinsicht von der menschlichen Sprache (Deacon, 1997). Jedoch wird immer wieder die Frage aufgeworfen, inwieweit es möglich sei, anderen Spezies menschliche Sprache beizubringen. Entsprechende Studien, insbesondere mit Schimpansen, haben einerseits erstaunliche Fähigkeiten dieser Tiere nachgewiesen, zugleich aber auch ihre Grenzen aufgezeigt. Zwar erlernten einige der untersuchten Tiere die Bedeutungen einer überraschend großen Anzahl von Wörtern bzw. Symbolen, jedoch fanden sich klare Beschränkungen beim Erwerb von grammatischen Strukturen, wie sie für menschliche Sprachen charakteristisch sind. Weiterhin ist umstritten, inwie-

weit die beobachtete Sprachverwendung der Tiere tatsächlich auf eine genuine Sprachfähigkeit zurückgeführt werden kann oder durch eine ausgeprägte Fähigkeit zur Imitation erklärbar ist.

14.1 Skinner, Chomsky und die Folgen

In der ersten Hälfte des 20. Jahrhunderts war die wissenschaftliche Psychologie vom Behaviorismus dominiert, der Konzepte wie mentale Repräsentationen und Prozesse als Gegenstand wissenschaftlicher Fragestellungen zurückwies. Einer der exponiertesten Vertreter dieses Ansatzes, B.F. Skinner, publizierte 1957 die Monographie »Verbal Behavior«. Darin stellte er die Theorie auf, dass das Kind ohne jegliches linguistisches Wissen ausgestattet ist und allein durch einfache Lernprinzipien seine Sprachfähigkeit erwirbt. Aus Sicht des Behaviorismus folgen Spracherwerb und Sprachbenutzung den gleichen Prinzipien wie der Erwerb und die Ausführung anderer Verhaltensweisen auch.

Kurze Zeit später (1959) publizierte der Linguist Noam Chomsky (▶ Kurzbiographie) eine scharfe Kritik dieses Buches, die als Meilenstein auf dem Weg zur heutigen Psycholinguistik gilt. Er stellte u. a. heraus, dass die Lerntheorie weder die Produktivität noch die Regularität von Sprache erklären könne. Der sprachliche Input des Kindes sei viel zu

»arm«, als dass es die Strukturen der Sprache allein durch Erfahrung lernen könne. Zudem produziere es Äußerungen, die nicht als Imitationen wahrgenommener Sprachäußerungen erklärbar sind. Skinners Konzeption stellte er einen Ansatz entgehen, nach dem das Kind mit dem impliziten Wissen einer Universalgrammatik auf die Welt kommt und im Verlauf des Spracherwerbs diese Universalgrammatik an die Merkmale seiner Muttersprache anpasst. Chomsky entwickelte zeitgleich ein formales linguistisches Modell, die sog. Transformationsgrammatik, die zentraler Bezugspunkt der psycholinguistischen Forschung werden sollte, da Chomsky die Deckungsgleichheit der in der Theorie angenommenen Strukturen und Transformationen einerseits und der mentalen Prozesse und Repräsentationen der menschlichen Sprachverarbeitung andererseits postulierte (Chomsky, 1957).

Dieser Vorschlag wurde von einer Gruppe junger Psychologen, darunter George A. Miller, aufgegriffen, die be-

gann, die psychologische Realität der linguistischen Annahmen zu prüfen. Entsprechend war die erste Phase der modernen psycholinguistischen Forschung dominiert von Studien zur syntaktischen Verarbeitung. Rückblickend ist allerdings festzuhalten, dass sich nur wenig Evidenz für eine Korrespondenz zwischen linguistischen Transformationen und psychologischen Prozessen ergab, sodass dieser Ansatz Anfang der 80er Jahre weitgehend aufgegeben wurde und andere Fragestellungen in den Mittelpunkt der Forschung rückten.

Die Tatsache, dass Sprechen, Schreiben, Hören und Lesen Verhaltensweisen sind, die wir mit hoher Geschwindigkeit scheinbar mühelos und relativ fehlerfrei durchführen, täuscht leicht über die Komplexität der zugrunde liegenden mentalen Prozesse und Repräsentationen hinweg. Die Erforschung dieser Prozesse und Repräsentationen ist Gegenstand der Sprachpsychologie bzw. Psycholinguistik (diese beiden Bezeichnungen werden in der Regel synonym verwendet). Traditionell werden in der Psycholinguistik vier Gebiete voneinander unterschieden: Sprachverstehen, Sprachproduktion, Spracherwerb und Sprachstörungen. Sprachverstehen und Sprachproduktion finden jeweils in verschiedenen Modalitäten statt: hören, lesen, Gebärden interpretieren auf der einen Seite und sprechen, schreiben, Gebärden produzieren auf der anderen. Die Probleme und Fragestellungen, die sich in den beiden Domänen jeweils ergeben, werden in der vorliegenden Darstellung an den Beispielen des auditiven Sprachverstehens und der vokalen Produktion illustriert. Für den Bereich des Lesens sei auf Rayner und Pollatsek (1989) verwiesen, für den Bereich der Gebärdensprache auf Emmorey und Lane (2002).

Noam Chomsky

Noam Chomsky, geboren 1928 in Philadelphia, studierte an der University of Pennsylvania und promovierte dort im Fach Linguistik im Jahre 1955. Die theoretischen Kernaussagen seiner Dissertationsschrift fanden Eingang in die 1957 erschienene Monographie »Syntactic structures«. Er wechselte 1955 an das Massachusetts Institute of Technology (MIT) und wurde dort 1961 zum Full Professor im heutigen Department of Linguistics and Philosophy ernannt.

Noam Chomsky gilt als der am häufigsten zitierte lebende Intellektuelle. Neben seinen umfangreichen und äußerst einflussreichen Arbeiten zur Linguistik publizierte er auch eine Vielzahl von Arbeiten zur Philosophie, Geistesgeschichte und internationalen Politik. Seine Rezension von B.F. Skinners Monographie »Verbal Behavior« von 1959 und die Vorstellung der Transformationsgrammatik als theoretischer Gegenentwurf bilden einen Meilenstein auf dem Weg zur modernen Psycholinguistik.

14.2 Sprachverstehen

14.2.1 Identifikation von Lauten und Wörtern

Bei normaler Sprechgeschwindigkeit verstehen wir pro Sekunde 2–3 gesprochene Wörter. Dabei leistet unser kognitives System Erhebliches. Zwei der zunächst zu lösenden fundamentalen Probleme sind das Segmentationsproblem und das Variabilitätsproblem.

Das **Segmentationsproblem** bezeichnet die Tatsache, dass wir phänomenal eine Sequenz einzelner Wörter wahrnehmen, das akustische Sprachsignal jedoch aus einem mehr oder weniger kontinuierlichen Strom von Lauten besteht. Weder findet sich an den Wortgrenzen stets ein deutlicher Übergang im Signal noch stimmen umgekehrt deutliche Übergänge im Signal stets mit Wortgrenzen überein. Die psycholinguistische Forschung hat gezeigt, dass bei der automatischen Segmentation des Sprachstroms eine Vielzahl von Hinweisreizen herangezogen werden, z. B. Beschränkungen bezüglich möglicher Lautsequenzen am Beginn und Ende von Wörtern. Solche Hin-

14

weisreize sind je nach Sprache unterschiedlich zuverlässig. Entsprechend sind Hörer für die Hinweisreize, die in ihrer Muttersprache Segmentationsgrenzen signalisieren, besonders sensitiv.

Das zweite Hauptproblem beim auditiven Sprachverstehen ist das sog. **Variabilitätsproblem**. Einzelne Laute können in Abhängigkeit davon, welche Laute ihnen vorangehen bzw. nachfolgen, akustisch anders realisiert sein (Koartikulationseffekt). Zudem variiert die akustische Realisation zwischen Sprechenden – wesentliche akustische Parameter sind bei Männer-, Frauen- und Kinderstimmen unterschiedlich realisiert. Die akustische Variabilität des Sprachsignals wird teilweise dadurch kompensiert, dass wir Sprachlaute automatisch verschiedenen Wahrnehmungskategorien zuordnen. Beispielsweise unterscheiden sich Silben wie »ba« und »pa« nur hinsichtlich des Stimmeinsatzes relativ zum Aufheben der Blockade des Luftstroms (bei »ba« erfolgt der Stimmeinsatz vor oder unmittelbar nach Aufheben der Blockade, bei »pa« etwas später). Bei Variation dieses physikalischen Parameters findet sich zu einem bestimmten Punkt ein scharfer, diskontinuierlicher Übergang in der Wahrnehmung von »ba« nach »pa« und der Umschlagpunkt ist über Personen hinweg recht konstant. Dieses Prinzip der kategorialen Lautwahrnehmung lässt sich bereits bei 1 Monate alten Säuglingen nachweisen (Eimas, Siqueland, Jusczyk & Vigorito, 1971; ▶ Kap. 7)

Nach Identifikation einzelner Laute kann der Kontakt zum mentalen Lexikon hergestellt werden. Darunter verstehen wir ein deklaratives Gedächtnissystem, in dem das Wissen eines Sprachbenutzers über die lautliche und orthographische Form von Wörtern, ihre syntaktischen Merkmale und Bedeutung gespeichert ist. Bei der Worterkennung werden verschiedene lexikalische Einträge gleichzeitig aktiviert und auf ihre Übereinstimmung mit dem auditiven Input geprüft. Existierende Theorien unterscheiden sich jedoch hinsichtlich ihrer Annahmen darüber, ob die Übereinstimmung strikt sequenziell von links nach rechts geprüft wird (z. B. das Kohortenmodell von Marslen-Wilson, 1993) oder ob auch Kandidaten geprüft werden, die zwar mit dem Input überlappen, aber eine Abweichung am Wortbeginn enthalten (z. B. das TRACE-Modell, McClelland & Elman, 1986).

14.2.2 Integration identifizierter Wörter und Auflösung von Ambiguität

Sobald ein Wort identifiziert ist, werden seine syntaktischen und semantischen Eigenschaften genutzt, um es in den Äußerungskontext zu integrieren. Diese Integration geschieht rasch und unmittelbar, nachdem die betreffende lexikalische Information aktiviert ist. Die Analyse evozierter Potenziale im Elektroenzephalogramm hat gezeigt, dass semantische Unstimmigkeiten (z. B. bei Verletzung

der semantischen Erwartungen des vorangehenden Kontextes – »Er bestrich das warme Brot mit SOCKEN« (Großschreibung markiert das unpassende Wort) – bereits 400 ms nach Wortbeginn registriert werden (N400, Kutas & Hillyard, 1980). Syntaktische Probleme – wenn z. B. ein Wort nur schwer in die aufgebaute Struktur integriert werden kann (»The broker persuaded TO sell the stock was sent to jail«) oder die erwartete syntaktische Wortkategorie verletzt (»Die Gans wurde im GEFÜTTERT«) – werden nach ca. 600 ms bzw. bereits nach weniger als 200 ms registriert [P600 bzw. ELAN (»early left anterior negativity«); Osterhout & Holcomb, 1992; Hahne & Friederici, 1999].

Ein weiteres Problem beim Sprachverstehen ist die **Mehrdeutigkeit** (Ambiguität) vieler Wörter. Das Wort »Ball« z. B. kann entweder ein rundes Spielobjekt oder ein Tanzereignis bezeichnen. Für beide Bedeutungen sind in unserem mentalen Lexikon separate Einträge vorhanden. Experimentelle Studien haben gezeigt, dass wir für den Bruchteil einer Sekunde zunächst beide möglichen Bedeutungen aktivieren, aber kurz darauf Kontextinformation nutzen, die passende Bedeutung auszuwählen und die unpassende auszublenden. Dies scheint selbst dann der Fall zu sein, wenn im vorangehenden Kontext nur eine der Bedeutungsalternativen plausibel erscheint (z. B. in »Wenn ich mit meinen Töchtern auf den Spielplatz gehe, ist der BALL …«; Swinney, 1979).

Eine andere Debatte beschäftigt sich mit der Frage, wie strukturelle Ambiguitäten verarbeitet werden. Oft ist es möglich, ein neues Wort auf unterschiedliche Weise in die aufgebaute Struktur zu integrieren (z. B. in dem Satz »auf dem Spielplatz sahen wir den Jungen mit dem Fernglas« kann »mit dem Fernglas« sowohl eine Eigenschaft des Jungen als auch das Instrument des Sehens bezeichnen). Die meisten Theorien nehmen an, dass bei der strukturellen Analyse (dem sog. Parsing) ambiger Strukturen unmittelbar eine Interpretation bevorzugt und weiterverfolgt wird. Allerdings ist umstritten, auf Grundlage welcher Information diese Entscheidung erfolgt. Manche Theorien gehen davon aus, dass zunächst nur syntaktische Information verwendet wird (modulare oder autonome Theorien, z. B. die Holzwegtheorie von Frazier & Rayner, 1982). Andere Theorien postulieren, dass auch weitere Informationsquellen unmittelbar genutzt werden, sobald sie verfügbar sind (interaktive Modelle, z. B. Crain & Steedman, 1985), und statistische Regularitäten berücksichtigt werden (»Constraint«-basierte Modelle, z. B. MacDonald, Perlmutter & Seidenberg, 1994). Jedoch nehmen alle Modelle an, dass letztlich alle verfügbaren Informationsquellen bei der Erstellung einer kognitiven Repräsentation des Satzes Berücksichtigung finden.

14.2.3 Propositionale Repräsentation, Inferenzen und Bildung eines Situationsmodells

Die beschriebenen Analyseschritte liefern als Ergebnis des Verstehensprozesses eine Menge miteinander vernetzter **Propositionen** (Kintsch, 1998). Propositionen sind abstrakte bedeutungsbezogene Einheiten, die einfachen Aussagen entsprechen. Beispielsweise wäre DABEI-SEIN (BALL) die formale Schreibweise für eine Proposition, die einen Teil des Satzgefüges »Wenn ich mit meinen Töchtern auf den Spielplatz gehe, ist der Ball immer mit dabei« repräsentiert. Belege für eine propositionale Repräsentation stammen aus Experimenten, die gezeigt haben, dass Wörter, die gemeinsam in einer Proposition enthalten sind, stärker miteinander im Gedächtnis verknüpft sind, als Wörter, die zwar im Satz dicht aufeinander folgten, aber zu unterschiedlichen Propositionen gehören (Ratcliff & McKoon, 1978).

Verstehen geht über die Verarbeitung der vorgegebenen Information hinaus. Bereits bei kurzen Äußerungen müssen die aus dem Text abgeleiteten Propositionen in der Gedächtnisstruktur ergänzt werden, um Lücken zu schließen und Kohärenz zu stiften. Wenn in unserem Beispiel der nächste Satz lautet »Mit dem spielen Friederike und Katharina am liebsten« können die enthaltenen Aussagen nur sinnvoll miteinander verknüpft werden, wenn erkannt ist, dass sich das Demonstrativpronomen »dem« auf Ball und die Nominalphrase »Friederike und Katharina« auf die Töchter bezieht. Das Sprachverarbeitungssystem geht recht sparsam mit solchen Inferenzen um. Es scheint, als werden nur diejenigen Inferenzen unmittelbar gezogen, die notwendig sind, um eine kohärente Repräsentation herzustellen. Plausible, aber nicht zur Kohärenz beitragende Inferenzen [z. B. SICH-FREUEN (KINDER)], werden vermutlich nicht automatisch generiert (McKoon & Ratcliff, 1992).

In einem abschließenden Schritt kann die propositionale Struktur genutzt werden, um ein Situationsmodell zu erstellen. So legt z. B. die Beschreibung des Spielplatzes nahe, ein räumliches Situationsmodell zu erstellen, in dem z. B. die Anordnung der Spielgeräte und die herumtollenden Kinder explizit repräsentiert sind. In welchem Ausmaß solche Situationsmodelle erstellt werden, hängt von verschiedenen Faktoren ab, nicht zuletzt vom Inhalt der verarbeiteten sprachlichen Information.

14.3 Sprachproduktion

14.3.1 Konzeptualisierung, Formulierung und Artikulation

Während der Sprachproduktion durchläuft ein Sprecher grob gesprochen die entgegen gesetzten Schritte wie ein Hörer: von einer abstrakten konzeptuell-semantischen Repräsentation zu einer Lautrepräsentation. Modelle der Sprachproduktion unterscheiden dabei drei große Teilschritte: Konzeptualisierung, Formulierung und Artikulation (Levelt, 1989).

Während der Konzeptualisierung wird eine vorsprachliche Botschaft erstellt, in der spezifiziert ist, worüber ein Sprecher in welcher Form und in welcher Reihenfolge sprechen möchte. Dabei spielt u. a. der Hörerbezug (»audience design«; Clark, 1996) eine wesentliche Rolle. Effektive Sprecher orientieren ihre Äußerungen an Merkmalen ihrer Adressaten, deren Vorwissen und Erwartungen, sowie allgemeinen Situationscharakteristika. Während der Formulierung wird die vorsprachliche Botschaft auf eine semantisch, syntaktisch und phonologisch wohlgeformte sprachliche Struktur abgebildet. Die dabei resultierende phonetische Repräsentation wird während der Artikulation in eine Sequenz artikulatorischer Motorkommandos umgesetzt, die die Bewegungen des artikulatorischen Apparats steuern.

Im Mittelpunkt der aktuellen Forschung stehen Prozesse der Formulierung. Die meisten Theorien unterscheiden dabei eine syntaktische und eine phonologische Planungsebene. Parallel zu diesen beiden Planungsebenen wird angenommen, dass in einem zweistufigen Prozess jeweils unterschiedliche lexikalische Informationen abgerufen werden. Wenn ein Sprecher auf einen Ball verweisen will, ist es zunächst notwendig, die mit diesem Begriff assoziierten semantischen und syntaktischen Informationen abzurufen (u. a. Wortkategorie: Nomen, grammatisches Geschlecht: maskulinum) und anschließend die zugehörigen phonologischen Informationen (einsilbig, bestehend aus den Lauten /b/, /a/ und /l/). Diese Annahme eines zweistufigen Zugriffs erklärt z. B., warum uns manchmal ein Wort »auf der Zunge liegt«. Untersuchungen haben gezeigt, dass wir in solchen Fällen den ersten Abrufprozess erfolgreich abgeschlossen haben, uns jedoch der nachfolgende zweite Abrufprozess nicht vollständig gelingt (Vigliocco, Antonini & Garrett, 1997).

Wie weit planen Sprecher ihre Äußerungen voraus? Vieles spricht dafür, dass Sprecher inkrementell planen, die Größe der Planungseinheiten auf den unterschiedlichen Planungsebenen aber variiert. Während auf der syntaktischen Planungsebene die Einheit ein ganzer Satz sein kann, ist auf der phonologischen Ebene die Planungseinheit deutlich kleiner. Diese Annahme wird u. a. durch die Analyse von Vertauschungsfehlern und die Distanz, über die solche Fehler auftreten, gestützt. Wortvertauschungsfehler (z. B. »Ich kann nur über die Teile kennen, die ich spreche«) entstehen während der syntaktischen Planung. Da die vertauschten Elemente oftmals weit voneinander entfernt sind, scheint die syntaktische Ebene mit relativ großen Planungseinheiten zu arbeiten. Lautvertauschungsfehler (z. B. »eine Sorte von Tacher«) entstehen während der phonologischen Planung. Da sie in der Regel zwischen benachbarten Wörtern stattfinden, spricht dies für relativ kleine Planungseinheiten auf der phonologischen Ebene.

14.3.2 Methoden der Sprachproduktionsforschung

Sprechfehler waren lange Zeit primäre Datenbasis der Sprachproduktionsforschung. Dieser Ansatz lässt sich zurückverfolgen bis ins 19. Jahrhundert, als Rudolf Meringer begann, systematisch Sprechfehler zu sammeln. Während sein Zeitgenosse Sigmund Freud davon ausging, dass solche sprachlichen Fehlleistungen vor allem Zugang zu unbewussten Motiven einer Person vermittelten, standen für Meringer linguistische Aspekte solcher Fehler im Zentrum des Interesses. Dieser Ansatz wurde in den 60er Jahren des 20. Jahrhunderts von Victoria Fromkin und Merrill Garrett aufgegriffen. Garrett schlug auf Basis der systematischen Analyse solcher Fehler ein erstes Prozessmodell der Sprachproduktion vor, dessen Grundannahme eines zweistufigen Formulierungsprozesses bis heute akzeptiert ist (Garrett, 1988).

Anfang der 90er Jahre des 20. Jahrhunderts kamen chronometrische Techniken auf, die es erlaubten, Aussagen über den Zeitverlauf einzelner Planungsprozesse zu treffen. Zur wichtigsten Methode wurde dabei das Bild-Wort-Interferenz-Paradigma in einer Vielzahl von Varianten (Schriefers, Meyer & Levelt, 1990). Bei diesen Verfahren benennen Probanden Objekte, während sie eingeblendete Störwörter ignorieren. Durch die systematische Variation von zeitlichem Verhältnis von Zielbild und Störwort und deren inhaltlicher Relation konnte nachgewiesen werden, dass bei der Sprechplanung zu einem frühen Zeitpunkt ausschließlich semantische und syntaktische Informationen aktiviert sind und zu einem späten Zeitpunkt ausschließlich phonologische Informationen. Dies deckt sich mit der Annahme, dass der Formulierungsprozess mit der syntaktischen Kodierung beginnt und mit der phonologischen Kodierung endet. Ob es sich jedoch um zwei seriell-diskrete Stufen handelt (d. h. keine zeitliche Überschneidung der beiden Planungsphasen vorliegt) oder ob die Stufen miteinander interagieren, ist umstritten (vgl. Levelt, 1999).

Erst in jüngster Zeit sind neurophysiologische Ansätze entwickelt worden, um die Dynamik von Sprechplanungsprozessen mit noch höherer zeitlicher Auflösung zu untersuchen. Mittels eines Verfahrens auf der Grundlage des lateralisierten Bereitschaftspotenzials gelang van Turennout, Hagoort und Brown (1998) u. a. der Nachweis, dass bereits ca. 40 ms nach Beginn der syntaktischen Planung die phonologische Planung initiiert wird.

14.4   Spracherwerb

Im Alter von 4 bis 6 Monaten beginnen Säuglinge erste sprachähnliche Laute zu produzieren, zwischen 6 und 9 Monaten brabbeln sie, mit 10–11 Monaten produzieren sie ihre ersten Wörter, ab ca. 18 Monaten sind ein explosionsartiger Anstieg des Vokabulars und die ersten Zwei-wortäußerungen zu beobachten, ab etwa 2 Jahren zeigt sich ein weiterer Anstieg der syntaktischen Komplexität der Äußerungen. Die gesamte Kindheit ist durch weitere grammatische Entwicklungsprozesse charakterisiert und zu faktisch keinem Zeitpunkt endet der Erwerb neuer Wörter. Die Spracherwerbsforschung will aufklären, wie Kinder diese Fähigkeit, Sprache zu verstehen und zu produzieren, erwerben und wie sie diese Fähigkeit später auf weitere Sprachen ausdehnen.

Eine elementare Frage bezieht sich auf die Frage, wodurch der Spracherwerb angetrieben wird. Basiert Spracherwerb allein auf Erfahrung, d. h. Lernen und Imitation, wie von Vertretern einer rationalistischen Position postuliert? Oder ist der menschliche Spracherwerb weitgehend biologisch vorprogrammiert, wie von Vertretern nativistischer Positionen angenommen? Der prominenteste Vertreter der nativistischen Position, der Linguist Noam Chomsky, vermutete, dass Menschenkinder mit einer angeborenen Struktur, dem »language acquisition device« (LAD) auf die Welt kommen. Später ersetzte er dieses Konzept durch das der angeborenen Universalgrammatik, einer Menge von Prinzipien und Parametern, die beschränken, welche Form mögliche zu erwerbende Sprachen annehmen können. Spracherwerb besteht aus dieser Sicht vor allem daraus, den sprachlichen Input zu nutzen, um die Parameter an die betreffende Muttersprache anzupassen (Chomsky, 1965).

Eine allgemeinere nativistische Position wurde von Slobin (1973) vertreten, der postulierte, dass nicht strukturelle Beschränkungen, sondern allgemeine Verarbeitungsstrategien angeboren seien, die in enger Verbindung mit der allgemeinen kognitiven Entwicklung stehen. Heutzutage steht im Mittelpunkt jedoch weniger die Frage, ob Erfahrung oder biologische Grundausstattung der wichtigste Faktor ist, sondern eine präzise Analyse der Mechanismen, die die phonologische Entwicklung (Erwerb des Lautinventars einer Sprache), die semantische Entwicklung (Erwerb von Wortbedeutungen) und die syntaktische Entwicklung (Fähigkeit zur Verarbeitung komplexer Äußerungen) steuern.

Eine zentrale Idee stellt das **Konzept einer frühen kritischen Periode** dar (Lenneberg, 1967). Dieses besagt, dass bestimmte biologische sprachrelevante Veränderungen, insbesondere die hemisphärische Spezialisierung, nur in frühen Lebensjahren stattfinden können und dass in dieser Phase linguistische Erfahrungen stattfinden müssen, damit sich die Sprachentwicklung normal vollziehen könne. Insbesondere müsse das Kind in dieser Phase sprachlichem Input ausgesetzt sein. In der Literatur sind eine Reihe von Fällen dokumentiert, in denen Kinder über Jahre hinweg in sprachlicher Deprivation aufgewachsen sind, bevor sie aufgefunden wurden. Einer der spektakulärsten und am besten dokumentierten Fälle ist der des Mädchens Genie, die die ersten 13 Jahre ihres Lebens angekettet an einen Stuhl in einer Kammer verbrachte, ohne jemals menschliche Sprache gehört zu haben. Als sie aufgefunden wurde, besaß sie

– wenig überraschend – keinerlei sprachliche Fähigkeiten. Sie wies jedoch normale Intelligenz auf und erwarb durch intensives Training nachfolgend bis zu einem gewissen Ausmaß Sprachfähigkeiten. Allerdings zeigte sie eine auffällig geringe syntaktische Kompetenz. Anders als bei den meisten rechtshändigen Personen, schien Sprache bei Genie zudem vor allem rechtshemisphärisch verarbeitet zu werden. Dieses Muster und Beobachtungen bei ähnlichen Fällen stützen die Annahme, dass früher sprachlicher Input für eine normale Sprachentwicklung unerlässlich ist, zeigen aber zugleich, dass der Erwerb rudimentärer Sprachfähigkeiten auch jenseits einer kritischen Periode möglich ist (Fromkin, Krashen, Curtiss, Rigler & Rigler, 1974).

Zentrale Forschungsfragen im Bereich des **Zweitspracherwerbs** sind u. a., wie das sprachspezifische Wissen mental repräsentiert ist, wie die beiden Sprachen auseinander gehalten werden und wie der Zugriff auf die Zweitsprache erfolgt. Eine wesentliche Erkenntnis dieser Forschung ist, dass der Zeitpunkt des Erwerbs der Zweitsprache und die Kompetenz in der Zweitsprache eine wichtige Rolle spielen. Es wurde gezeigt, dass bei einem Erwerb der Zweitsprache (L2) nach Erwerb der Muttersprache (L1) zunächst die Wortformen miteinander verbunden werden. Das heißt, wenn ein deutschsprachiges Kind das englische Wort »dog« lernt, wird diese L2-Wortform »dog« mit der L1-Wortform »Hund« assoziiert. Verstehen und Produzieren des L2-Wortes verlaufen in dieser frühen Phase über die Aktivierung der entsprechenden L1-Wortform. Mit zunehmender Sprachkompetenz werden direkte Verbindungen zwischen L2-Wortform und Konzept etabliert, sodass diese direkte Verbindung unter Umgehung der L1-Wortform genutzt werden kann (Kroll & Steward, 1994).

Mittels bildgebender Verfahren wurde unlängst gezeigt, dass der Zeitpunkt des Erwerbs einer Zweitsprache auch Konsequenzen für die Repräsentation der Sprachen im Gehirn hat. Bei Bilingualen, die zwei Sprachen bereits in der frühen Kindheit erworben haben, werden diese Sprachen auch in denselben Hirnregionen verarbeitet. Wenn die Zweitsprache jedoch erst später erlernt wurde, sind die Verarbeitungsorte für beide Sprachen im Gehirn räumlich stärker voneinander getrennt (Perani et al., 1998).

14.5 Sprachstörungen

Im 19. Jahrhundert stellte Paul Broca einen Patienten vor, der seine Fähigkeit zu sprechen verloren hatte. Dieser Patient, bekannt als Monsieur Tan, war nur noch in der Lage, eine einzige Silbe – »tan« – zu produzieren. Nach dem Tode des Patienten untersuchte Broca das Gehirn dieses Patienten und fand eine massive Läsion in einem Bereich des linken Frontallappens, der heutzutage als Broca-Areal bezeichnet wird. Carl Wernicke beobachtete ungefähr um die gleiche Zeit, dass Läsionen jenseits der Sylvischen Furche, im hinteren Teil der ersten Windung des linken Temporal-

lappens, zu einer deutlich anderen Form der Sprachstörung führten, bei der der Fluss der Spontansprache weitgehend erhalten ist, die Äußerungen jedoch in wesentlichen Teilen unverständlich sind, und die Patienten massive Defizite beim Sprachverständnis aufweisen (Abb. 14.1).

Derartige spezifische Sprachstörungen infolge von Hirnläsionen werden als Aphasien bezeichnet. Die beiden für die Theoriebildung wichtigsten Syndrome werden nach ihren Entdeckern heutzutage als Broca-Aphasie und Wernicke-Aphasie bezeichnet. Bei der Broca-Aphasie (auch als Agrammatismus bezeichnet) geht man von einem syntaktischen Defizit aus. Zwar scheint syntaktisches Wissen prinzipiell vorhanden zu sein, kann aber nicht mit entsprechender zeitlicher Präzision abgerufen werden, um die sprachliche Information effizient zu strukturieren. Da Äußerungen von Patienten mit Wernicke-Aphasie (auch als Paragrammatismus bezeichnet) hochkomplex, wenn auch durchsetzt mit einer Vielzahl syntaktischer Fehler und durch massive Wortfindestörungen charakterisiert sind, wird vermutet, dass neben einer Störung der lexikalischen Verarbeitung vor allem Kontrollprozesse, die den sprachlichen Output kontinuierlich auf Korrektheit überwachen, geschädigt sind. Diese Hypothese stützt sich auf die Beobachtung, dass sich die Fehlermuster bei der Sprachproduktion von Wernicke-Patienten und hirngesunden Personen zwar quantitativ unterscheiden – die Patienten machen deutlich mehr Fehler –, nicht aber qualitativ – die auftretenden Fehler sind in wesentlichen Aspekten vergleichbar.

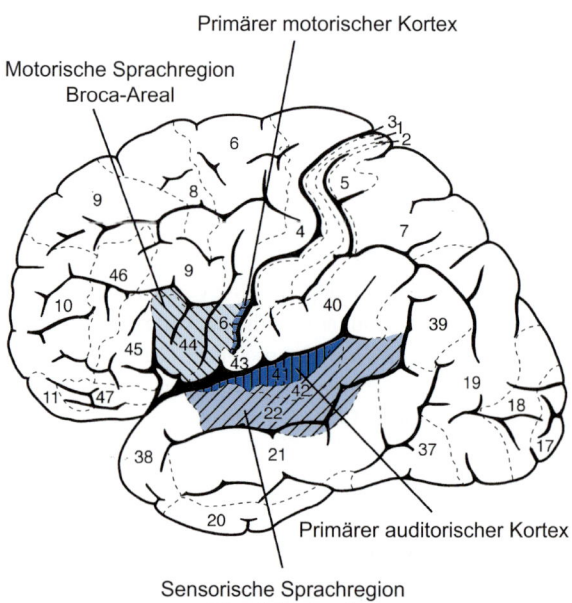

Primärer motorischer Kortex
Motorische Sprachregion
Broca-Areal
Primärer auditorischer Kortex
Sensorische Sprachregion
Wernicke-Areal

 Abb. 14.1. Broca- und Wernicke-Areal in der linken Hemisphäre

Aphasien – Wenn die Sprachverarbeitung nicht mehr funktioniert

Ausschnitt aus einem klinischen Interview mit einem Broca-Patienten (aus Huber, Poeck & Weniger, 1989)

Untersucher: Wie hat es mit Ihrer Krankheit angefangen?

Patient: Ein, zwei, drei, vier Tage … eh … Flugzeug … Sonne scheint und so … vier Tage und zwei Tage … eh … bewusstlos und umfallen und später eine Woche … Hubschrauber … zu Hause bleiben und Böblingen Krankenwagen … Stuttgart Böblingen und später eins zwei Monate … eh … hier Böblingen … eh …

Charakteristisch sind der erheblich verlangsamte Sprachfluss und die große Sprachanstrengung. Die sprachlichen Äußerungen sind sehr stark vereinfacht und bestehen oftmals nur aus einer Aneinanderreihung von Inhaltswörtern, während Funktionswörter und grammatische Morpheme fehlen; diese Form der Sprache wird auch als Telegrammstil bezeichnet. Die Kommunikationsfähigkeit des Patienten ist aufgrund der expressiven Sprachstörung stark eingeschränkt.

Auszug aus einem klinischen Interview mit einem Wernicke-Patienten (aus Huber, Poeck & Weniger, 1989)

Untersucher: Können Sie mal erzählen, wie es Ihnen jetzt so geht und ob Sie noch Beschwerden haben?

Patient: Ja das kann ich Ihnen sagen, dass ich Beschwerden habe. Na ich muss mal anders … ich glaube man sollte bei Null beginnen und nicht bei oben. Es ist so: gegenüber früher möcht ich erst einmal sagen über den ganz großen Beginn erst mal als ich ankam ist es natürlich ganz entschieden … eh …ein Unterschied … heute besser als früher wollen gar nicht drüber debattieren

Im Gegensatz zur Broca-Aphasie ist der Sprachfluss relativ gut erhalten, im vorliegenden Fall sogar »überschießend«; dieses Phänomen wird als Logorrhoe bezeichnet. Die sprachlichen Äußerungen erscheinen zwar äußerst komplex, weisen jedoch eine Vielzahl syntaktischer Fehler auf. Typisch ist die Vielzahl von Paraphasien (Wörter bzw. wortartige Einheiten, die stark vom Zielwort abweichen). Die Kommunikationsfähigkeit des Patienten ist im rezeptiven wie im produktiven Bereich sehr stark eingeschränkt.

Literatur

Referenzliteratur

Clark, H.H. (1996). *Using language*. Cambridge: Cambridge University Press.

Chomsky, N. (1959). Review of "Verbal behavior" by B.F. Skinner. *Language, 35*, 26–58.

Crystal, D. (1997). *The Cambridge encyclopaedia of language*. Cambridge: Cambridge University Press.

Deacon, T. (1997). *The symbolic species*. Harmondsworth: Penguin Books.

Emmorey, K. & Lane, H.L. (2000). *The signs of language revisited*. Mahwah, NJ: Erlbaum.

Fromkin, V.A., Krashen, S., Curtiss, S., Rigler, D. & Rigler, M. (1974). The development of language in Genie: A case of language acquisition beyond the »critical period«. *Brain and Language, 1*, 81–107.

Garrett, M.F. (1988). Processes in language production. In F.J. Newmeyer (Ed.), *Linguistics: The Cambridge survey (Vol. 3, pp. 69–96)*. Cambridge: Cambridge University Press.

Gernsbacher, M.A. (1994). *Handbook of psycholinguistics*. New York: Academic Press.

Harley, T.A. (2001). *The psychology of language. From data to theory*. Hove: Psychology Press.

Huber, W., Poeck, K. & Weniger, D. (1989). Aphasie. In K. Poeck (Hrsg.), *Klinische Neuropsychologie* (S. 89–136). Stuttgart: Thieme.

Jescheniak, J.D. (2002). *Sprachproduktion: Der Zugriff auf das lexikale Gedächtnis beim Sprechen*. Göttingen: Hogrefe.

Kintsch, W. (1998). *Comprehension. A paradigm for cognition*. Cambridge: Cambridge University Press.

Levelt, W.J.M. (1989). *Speaking. From intention to articulation*. Cambridge, MA: MIT Press.

Pinker, S. (1996). *Der Sprachinstinkt: Wie der Geist die Sprache bildet*. München: Kindler.

Rayner, K. & Pollatsek, A. (1989). *The psychology of reading*. Englewood Cliffs, NJ: Prentice Hall.

Zitierte Literatur

Chomsky, N. (1957). *Syntactic structures*. The Hague: Mouton.

Chomsky, N. (1965). *Aspects of the theory of syntax*. Cambridge, MA: MIT Press.

Crain, S. & Steedman, M. (1985). On not being led up the garden path: the use of context by the psychological parser. In D.R. Dowty, L. Karttunen & A. Zwicky (Eds.), *Natural language parsing: Psychological, computational, and theoretical perspectives (pp. 320–358)*. Cambridge: Cambridge University Press.

Eimas, P.D., Siqueland, E.R., Jusczyk, P.W. & Vigorito, J. (1971). Speech perception in infants. *Science, 171*, 303–306.

Frazier, L. & Rayner, K. (1982). Making and correcting errors during sentence comprehension. Eye movements in the analysis of structurally ambiguous sentences. *Cognitive Psychology, 14*, 178–210.

Hahne, A. & Friederici, A.D. (1999). Electrophysiological evidence for two steps in syntactic analysis: early automatic and late controlled processes. *Journal of Cognitive Neuroscience, 11*, 194–205.

Kroll, J.F. & Steward, E. (1994). Category interference in translation and picture naming: Evidence for asymmetric connections between bilingual memory representations. *Journal of Memory and Language, 33*, 149–174.

Kutas, M. & Hillyard, S.A.(1980). Reading senseless sentences: Brain potentials reflect semantic incongruity. *Science, 207,* 95–115.

Lenneberg, E.H. (1967). *The biological foundations of language.* New York: Wiley.

Levelt, W.J.M. (1999). Models of word production. *Trends in Cognitive Science, 3,* 223–232.

MacDonald, M., Perlmutter, N. & Seidenberg, M. (1994). The lexical nature of syntactic ambiguity resolution. *Psychological Review, 101,* 676–703.

Marslen-Wilson, W.D. (1993). Issues of process and representation in lexical access. In G. Altman & R. Shillcock (Eds.), *Cognitive models of speech processing. The second Sperlonga meeting* (pp. 187–210). Hove: Erlbaum.

McCelland, J.L. & Elman, J.L. (1986). The TRACE model of speech perception. *Cognitive Psychology, 18,* 1–86.

McKoon, G. & Ratcliff, R. (1992). Inference during reading. *Psychological Review, 99,* 440–466.

Osterhout, L. & Holcomb, P.J. (1992). Event-related potentials and syntactic anomaly. *Journal of Memory and Language, 31,* 785–804.

Perani, D.E., Paulesu, N., Sebastian Galles, N., Dupoux, E., Dehaene, S., Bettinardi, V., Cappa, S.F., Fazio & F. Mehler, J. (1998). The bilingual brain: proficiency and age of acquisition of the second language. *Brain, 121,* 1841–1852.

Ratcliff, R. & McKoon, G. (1978). Priming in item recognition. *Journal of Verbal Learning and Verbal Behavior, 17,* 403–417.

Schriefers, H. Meyer, A.S. & Levelt, W.J.M. (1990). Exploring the time course of lexical access in production: Picture-word interference studies. *Journal of Memory and Language, 29,* 86–102.

Skinner, B.F. (1957). *Verbal behavior.* New York: Appleton-Centrury-Crofts.

Slobin, D.I. (1973). Cognitive prerequisites for the development of grammar. In C.A. Ferguson & D.I. Slobin (Eds.), *Studies of child language development* (pp. 175–208). New York: Holt, Rhinehart & Winston.

Swinney, D.A. (1979). Lexical access during sentence comprehension: (Re)consideration of context effects. *Journal of Verbal Learning and Verbal Behavior, 18,* 545–569.

van Turennout, M., Hagoort, P. & Brown, C.M. (1998). Brain activity during speaking: From syntax to phonology in 40 milliseconds. *Science, 280,* 572–574.

Vigliocco, G., Antonini, T. & Garrett, M.F. (1997). Grammatical gender is on the tip of Italian tongues. *Psychological Science, 8,* 314–317.

14

15 Wissensbildung, Problemlösen und Denken

M.R. Waldmann, M. von Sydow

Das Thema Denken hat Philosophen und Psychologen lange Zeit beschäftigt. Bereits Aristoteles (384–322 v. Chr.) charakterisierte den Menschen als »animal rationale« (»zoon logon echon«), als vernünftiges Tier. Wissenschaftliche und kulturelle Errungenschaften hängen von unserer Fähigkeit zu denken ab. Denkprozesse haben aber auch im Alltag eine große Bedeutung. Es gibt nur wenige psychologische Bereiche, bei denen Denken keine zentrale Rolle spielt.

Allgemein versteht man unter Denken alle mentalen Vorgänge, bei denen Begriffe, Ideen, Vorstellungen und andere Formen der mentalen Repräsentation mental verändert, neu kombiniert und umgestaltet werden. Dabei ist ein wesentliches Merkmal des Denkens, dass hierbei geistige Produkte unabhängig von der aktuellen Wahrnehmungssituation gebildet werden können. Dies erlaubt es uns, Handlungsmöglichkeiten, Problemlösungen und Hypothesen mental durchzuspielen, die in der Realität oft nur mit großem Aufwand oder Risiko ausgetestet werden können. Denken gibt uns mithin ein gewisses Maß an Freiheit von den aktuellen situativen Gegebenheiten.

15.1 Denken als psychologisches Forschungsthema

Denken, ein Thema, das Philosophen über 2000 Jahre beschäftigt hat, wurde auch früh in der Psychologie zu einem wichtigen Forschungsthema. Während der Begründer der experimentellen Psychologie, Wilhelm Wundt, höhere Prozesse, wie das Denken, zumindest als Gegenstand der empirischen Psychologie ausklammerte, gehörte die Denkpsychologie zu den zentralen Themen der von Oswald Külpe begründeten Würzburger Schule. Zunächst hat man sich diesem Phänomen mit der Methode der Introspektion genähert. Diese Methode ergab erste wichtige Erkenntnisse, wurde aber zunehmend wegen des Mangels an Kontrolle und wegen der Schwierigkeiten, die postulierten Theorien empirisch zu überprüfen, in Frage gestellt. Die nicht introspektive, experimentelle Untersuchung von Denkprozessen begann mit den Untersuchungen der Gestaltpsychologie und wurde nach einer längeren, durch die Dominanz des Behaviorismus begründeten Pause zu einem zentralen Thema der aktuellen Kognitions- und Informationsverarbeitungspsychologie.

Während die im Titel dieses Kapitels angedeutete Verknüpfung von Problemlösen, Denken und Wissen heute selbstverständlich erscheint, wurden diese Bereiche zu Beginn der »kognitiven Wende« der Psychologie am Ende der

50er Jahre des letzten Jahrhunderts zunächst getrennt untersucht. Ursprünglich hatte man gehofft, allgemeine bereichsübergreifende Prozeduren des Problemlösens und des Denkens zu entdecken, die auf beliebige Bereiche angewendet werden können. Zunehmend wurde aber klar, dass Problemlösen und Denken nicht hinreichend verstanden werden können, wenn man sie nicht im Zusammenhang mit dem Bereichswissen untersucht, das wir mitbringen. Die Vorstellung, dass wir abstrakte Denkprozeduren völlig unabhängig von Weltwissen nutzen, hat sich als illusionär erwiesen. Viele Jahre stand deshalb die Untersuchung von Problemlösen und Denken in Bereichen im Vordergrund, in denen die Versuchsteilnehmer sehr spezifisches Bereichswissen haben.

In den letzten Jahren zeichnet sich aber eine Trendwende ab. Auch wenn nach wie vor ein großes Interesse an spezifischem Weltwissen (z. B. Schachexperten; Expertensysteme) besteht, ist man zunehmend mehr daran interessiert, ob wir beim Problemlösen und Denken nicht auch abstraktere Formen von Vorwissen nutzen. Diese Wissensformen sind einerseits nicht so spezifisch wie konkretes Bereichswissen, auf der anderen Seite aber auch nicht so abstrakt wie logische Schlussschemata oder abstrakte Problemlösealgorithmen. Im Folgenden werden wir versuchen, die genannten Trends in den Bereichen des Problemlösens und des deduktiven sowie induktiven Denkens nachzuzeichnen.

15.2   Problemlösen

Was versteht man in der Psychologie unter einem »Problem«? Allgemein stehen Personen vor einem Problem, wenn sie ein Ziel erreichen wollen, die dafür benötigten Mittel aber noch nicht kennen. Im Allgemeinen unterscheidet man bei der Analyse von Problemsituationen Ziele, Situationsbedingungen, Mittel oder Operationen und Hindernisse. Probleme können in ganz unterschiedlichen Bereichen entstehen. Bei einem mathematischen Problem sind Ausgangs- und Zielzustand und die mathematischen Operationen bekannt, unbekannt ist aber die Verkettung der Operationen (für einen ausführlicheren Überblick zur Problemlöseforschung vgl. Funke, 2003; Knoblich, 2002; Medin, Ross & Markman, 2004).

Es wurde häufig versucht, Probleme nach Typen zu klassifizieren. Eine beliebte Unterscheidung ist die zwischen gut definierten (geschlossenen) und schlecht definierten (offenen) Problemen. Bei gut definierten Problemen sind der Ausgangszustand, die Operationen und der Zielzustand klar vorgegeben. Viele Spiele und Puzzles haben eine solche Struktur. Die meisten Probleme im Alltag sind aber eher schlecht definiert. Bei Fragen, wie man eine glückliche Beziehung führen soll, den Wohlstand der Gesellschaft steigert oder das Design eines Produkts verbessern kann, besteht der wichtigste und häufig schwierigste Teil der Problemlösung in der präzisen Charakterisierung

des Zielzustands. Herbert A. Simon (Kurzbiographie in ▶ Kap. 34) hat dazu gesagt, dass es beim Problemlösen häufig darum geht, schlecht definierte in gut definierte Probleme umzuwandeln.

15.2.1 Problemlösen in wissensarmen Domänen

Die Analysen von Newell und Simon (1972), die Ende der 50er Jahre des letzten Jahrhunderts begonnen haben, sind ein Meilenstein in der formalen Analyse von Problemlöseprozessen. Newell und Simon waren Pioniere der Computermodellierung von kognitiven Prozessen. Ihre Modelle wurden vorwiegend mit der Methode des lauten Denkens (verbale Protokolle) empirisch gestützt, bei der Versuchsteilnehmer veranlasst wurden, ihren eigenen Problemlöseprozess zu protokollieren. Um die Komplexität des Forschungsgegenstands zu reduzieren, haben sich Newell und Simon zunächst mit vergleichsweise einfachen, gut definierten Problemen befasst. Sie hofften, durch die Ausblendung von Wissen einen besseren Blick auf die Problemlösungsprozeduren zu erlangen. Ein häufig untersuchtes Beispiel (»Turm von Hanoi«) zeigt ◘ Abb. 15.1. Die Aufgabe besteht darin, den Anfangs- in den Zielzustand zu überführen, indem man die Scheiben einzeln auf einen der Stäbe legt. Dabei darf sich nie eine größere Scheibe über einer kleineren befinden.

Zentral für Newell und Simons Theorie ist das Konzept des **Problemraumes**. Darunter versteht man die objektive Problemsituation, welche die Menge möglicher Zustände und Operatoren beinhaltet. Bei einfachen Spielen ist dieser Raum überschaubar, aber üblicherweise kann der Problemraum enorm groß sein. Der objektive Problemraum eines Schachspiels umfasst bereits 401 Zustände, wenn man nur den ersten Zug jedes Spielers betrachtet. Man geht deshalb davon aus, dass sich Problemlöser in einem eingeschränkten subjektiven Problemraum bewegen, der ihrem Vorwissen und ihrer Informationsverarbeitungskapazität angemessen ist.

Problemlösen als Suche in einem Problemraum

Die zentrale Komponente der Theorie von Newell und Simon besteht nun darin, Methoden zu analysieren, wie man in diesem enormen Problemraum zum Ziel gelangt. Ideal wäre es, wenn wir über **Algorithmen** verfügten, die automatisch zum Ziel führen. Solche Algorithmen gibt es aber für viele Probleme nicht, und selbst wenn es sie gäbe, würde

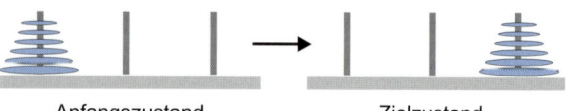

Anfangszustand   Zielzustand

◘ **Abb. 15.1.** Anfangs- und Zielzustand im »Turm-von-Hanoi«-Problem

ihre Anwendung die Speicher- und Verarbeitungskapazität unseres Gehirns bei weitem übersteigen. Beim Problemlösen müssen wir deshalb in der Regel auf **Heuristiken** (Daumenregeln) zurückgreifen, die zwar keine Problemlösung garantieren, aber in den meisten Umständen bei der Lösung hilfreich sind.

In der Forschung zum Problemlösen wurde eine Reihe von Heuristiken untersucht. Eine einfache Heuristik ist etwa die **Methode der Unterschiedsreduktion** (»hill climbing«). Die Methode besteht darin, dass man Operatoren anwendet, die uns dem Ziel einen Schritt näher bringen und nicht davon entfernen. Wollen wir etwa eine Prüfung bestehen, dann ist es sinnvoll, die Kapitel in einem Lehrbuch sukzessive zu lernen. Wie alle Heuristiken führt aber auch diese Methode nicht immer zum Erfolg. Beispielsweise kann es für unseren Lernerfolg sinnvoll sein, ein paar Tage Urlaub zu nehmen, um dann mit neuer Motivation lernen zu können. Um mit solchen Situationen umgehen zu können, muss man eine Methode einsetzen, die mehrere Schritte im Voraus plant.

Ein Beispiel dafür ist die **Mittel-Ziel-Analyse** (»means-end-analysis«). Hierbei betrachtet man zunächst Ausgangs- und Zielzustand und bildet ein Teilziel, das die Differenz zwischen den beiden Zuständen möglichst stark reduziert. In einem nächsten Schritt wendet man sich dann dem Teilziel zu und versucht ein Mittel zu finden, mit dem man dieses Ziel erreichen kann. Diese Methode kann man über mehrere Schritte durchführen. Will man beispielsweise von Passau nach London gelangen, könnte man als ersten Schritt auf die Idee kommen, ein Flugzeug aus München zu nutzen. Im nächsten Schritt muss man dann das Problem lösen, von Passau nach München zu gelangen.

Eine weitere Heuristik ist die **Rückwärtssuche**. Dabei geht man vom Ziel aus und bewegt sich im Geiste rückwärts auf den Ausgangszustand zu. Diese Methode wird häufig bei mathematischen Beweisen oder bei Programmierproblemen eingesetzt, bei denen die Zahl der Alternativen vom Ziel aus gesehen gering ist im Vergleich zur Zahl der Alternativen, die man vom Ausgangszustand aus gewärtigt. Diese und andere Heuristiken werden nicht nur von Computerprogrammen eingesetzt, sondern man konnte sie auch in den Protokollen von Problemlösern wiederfinden.

Die Rolle der Repräsentation

Newell und Simon plädierten für eine Theorie, die Problemlösen als Funktion der Repräsentation des Problemraums und der Suche beschreibt. Wenngleich anfangs Suchheuristiken im Mittelpunkt des Interesses standen, wurde zunehmend klar, dass die Art und Weise, wie die Probleme repräsentiert werden, mindestens ebenso wichtig ist (Simon, 1978).

Die große Bedeutung der Repräsentation wurde viele Jahre zuvor bereits von Gestaltpsychologen erkannt, die Problemlösen nicht wie die Behavioristen als Prozess des Versuchs und Irrtums auffassten, sondern als Ergebnis pro-

Wolfgang Köhler

Wolfgang Köhler, 1887 in Reval (heute Estland) geboren, wurde 1913 Direktor der Anthropoidenstation der Preußischen Akademie der Wissenschaften auf Teneriffa. Seine dort durchgeführten und berühmt gewordenen Untersuchungen mit Affen zeigten, dass deren Problemlöseverhalten durch Einsicht und nicht durch blinden »Trial and Error« gekennzeichnet ist. Zurück in Deutschland wurde er Professor in Göttingen und dann in Berlin, wo er 1933 öffentlich gegen die Rassenpolitik der Nationalsozialisten protestierte. 1935 emigrierte er in die USA. Köhler wurde 1958 Präsident der American Psychological Association und starb 1967 in Enfield, New Hampshire. Wolfgang Köhler gilt zusammen mit Max Wertheimer und Kurt Koffka als einer der Begründer der Gestaltpsychologie.

duktiven Denkens (Wertheimer, 1964). Die Gestaltpsychologen Wolfgang Köhler und Karl Bühler analysierten Problemlösen als **Umstrukturierungsprozess**, der zu einer plötzlichen Einsicht oder einem Aha-Erlebnis führen kann (▶ Kurzbiographie).

Die Rolle der Umstrukturierung kann man gut anhand des 9-Punkte-Problems erkennen (◘ Abb. 15.2). Die Aufgabe besteht darin, die 9 Punkte mit 4 Geraden zu verbinden, ohne dabei den Stift vom Papier zu heben, wenn man die 4 Geraden zeichnet. Die Lösung (◘ Abb. 15.2) wird oft dadurch blockiert, dass man die 9 Punkte als Grenzen auffasst, die man nicht überschreiten darf. Kaplan und Simon (1990) gehen davon aus, dass Lösungen solcher Probleme dadurch ermöglicht werden, dass Problemlöser die Repräsentation der Aufgabe verändern. Eine Reihe von Studien der letzten Jahre hat gezeigt, dass Einsichtsprozesse weitgehend unbewusst ablaufen, was erklärt, wieso wir den Eindruck eines Aha-Erlebnisses haben (vgl. Metcalfe & Wiebe, 1987).

Die große Bedeutung der Problemrepräsentation lässt sich auch zeigen, wenn man unterschiedliche Varianten des gleichen Problems (Problemisomorphe) vergleicht. So haben Kotovsky, Hayes und Simon (1985) eine Variante des

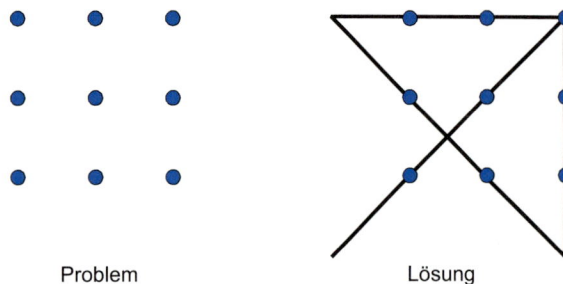

Problem   Lösung

□ **Abb. 15.2.** Das 9-Punkte-Problem von Scheerer (mit Lösung)

»Turm-von-Hanoi«-Problems (□ Abb. 15.1) entwickelt, in der Monster verschieden große Kugeln verschieben. Diese Variante des Problems, dessen Regeln ansonsten gleich waren, konnte 8-mal so schnell gelöst werden wie die Standardversion. Kotovsky et al. (1985) vermuten, dass die geringere Abstraktheit der Monsterversion, die bessere Vorstellbarkeit und die Ähnlichkeit zu bereits vertrauten Problemsituationen Faktoren sind, die die Leichtigkeit formal isomorpher Probleme determinieren.

15.2.2 Problemlösen von Experten

Die bisherigen Studien beschäftigten sich mit Problemen, die vergleichsweise wenig inhaltliches Vorwissen erforderten. Man hoffte, mit solchen Untersuchungen die bereichsübergreifenden Strategien zu isolieren, mit denen wir auch Probleme in komplexeren Domänen bearbeiten. Im Grunde erwartete man zunächst, dass sich zeigen würde, dass Experten diese abstrakten Problemlöseprozeduren nur schneller und effizienter nutzen. Diese Erwartung wurde allerdings enttäuscht (vgl. Ericsson, 1996; Knoblich, 2002; Medin et al., 2004; Waldmann & Weinert, 1990).

Die ersten Studien zur Expertise befassten sich mit Laien und Experten im Bereich Schach. Dabei zeigte sich, dass es keineswegs so ist, dass Weltklassespieler allgemein bessere Denker sind. De Groot (1965) fand vielmehr, dass diese Spieler Schachstellungen besser erinnern konnten. Im Anschluss hieran zeigten Chase und Simon (1973), dass Schachexperten nicht ein generell besseres Gedächtnis haben, da ihre überlegenen Leistungen nicht mit Gedächtnismaterial außerhalb der Schachdomäne nachweisbar sind. Ihrer Ansicht zufolge verfügen Schachexperten über ein reichhaltiges Vorwissen, das sie in jahrelanger Auseinandersetzung mit Schach erworben haben. Ähnliche Phänomene wurden auch in anderen Gebieten wie z. B. Sport, Computerprogrammieren oder Medizin belegt.

Man widmete sich in der Expertiseforschung auch der Frage, ob es allgemeine Vorlieben von Experten für bestimmte **Problemlösestrategien** gibt. Erneut zeigte sich dabei aber, dass eine Analyse der Denkstrategien unabhängig von der Wissensbasis wenig zielführend ist. Während beispielsweise bei Physikexperten eine Tendenz zur Vor-

wärtssuche ausgehend von einer elaborierten Repräsentation des Problemraumes nachgewiesen wurde, tendieren Programmierexperten zur zielorientierten Rückwärtssuche. Im Grunde wählen Experten die Problemlösestrategie, die dem Problemtyp angemessen ist (vgl. Waldmann & Weinert, 1990).

Komplexes Problemlösen

Ein in Deutschland vielfach untersuchter Bereich befasst sich mit Problemlösen in komplexen Umwelten (vgl. Funke, 2003). Dabei werden typische Problemlösestrategien von Laien und Experten untersucht. Das übliche Vorgehen in diesem Forschungsbereich besteht darin, Probanden mit computersimulierten hochkomplexen Domänen zu konfrontieren. Diese Simulationen bilden die Komplexität der Realität nach, indem sie eine Vielzahl von dynamisch sich verändernden Variablen miteinander vernetzen. So sollten etwa Probanden als Bürgermeister einer Stadt fungieren (Dörner, 1981) oder die Geschäftsleitung einer Fabrik übernehmen. Schwerpunkt dieser Forschung war die Untersuchung des Einflusses von Personenmerkmalen (Intelligenz, Übung, Expertise), Situationsmerkmalen (Stress, Transparenz, Art der Informationsdarbietung) und Systemmerkmalen (Eigendynamik, Art der Rückmeldungen, Inhaltsbereich).

Insgesamt konnte die Forschung zu Expertise und komplexem Problemlösen keine einheitliche kognitive Kompetenz finden, die den überlegenen Leistungen zugrunde liegt. Es zeigte sich vielmehr, dass sich Experten den unterschiedlichen Eigenarten ihrer Domäne anpassen und Problemlösestrategien entwickeln, die dem Bereich optimal angemessen sind. Bereichsspezifisches Wissen und bereichsangemessene Problemlösestrategien sind mithin die Grundvoraussetzung für hohe Leistung. Von einer präzisen Theorie, wie Laien zu Experten werden, sind wir noch weit entfernt, wenngleich es einige vielversprechende Ansätze gibt (Anderson, 1993).

15.2.3 Die Nutzung von spezifischem Vorwissen

Die Expertiseforschung hat die bedeutende Rolle von Bereichswissen bei der Lösung von Problemen belegt, auf die Experten spezialisiert sind. Vorwissen kann aber auch einen Einfluss auf die Lösung neuartiger Probleme haben. In den letzten Jahrzehnten gab es deshalb in der Forschung ein starkes Interesse daran, den Einfluss von Wissen aus analogen Bereichen sowie die Nutzung abstrakterer, bereichsübergreifender Wissensformen zu untersuchen.

Wie bereits bei den Einsichtsproblemen waren auch hier Gestaltpsychologen Vorreiter (vgl. Funke, 2003; Knoblich, 2002). Im Gegensatz zur aktuellen Forschung zum positiven Nutzen von Analogien standen zunächst allerdings eher Wissenseinflüsse im Mittelpunkt des Interesses, die das Finden einer Problemlösung erschweren. Duncker

(1935) untersuchte beispielsweise das Phänomen der **funktionalen Gebundenheit**. Er vermutete, dass der gewohnte Gebrauch von Objekten Problemlöser davon abhält, sie in einer neuen Funktion zu benutzen. In einer klassischen, von Duncker untersuchten Aufgabe sollten Probanden eine Kerze aufrecht an der Wand befestigen und sie anzünden, wobei ihnen eine Schachtel mit Reißnägeln und eine mit Zündhölzern zur Verfügung standen. Die Lösung der Aufgabe bestand darin, eine der Schachteln als Stütze zu verwenden und an der Wand zu fixieren. Da Schachteln aber üblicherweise die Funktion von Behältern haben, kamen viele Versuchsteilnehmer nicht auf diese Idee.

Einstellungseffekte sind ein weiteres Beispiel für den negativen Einfluss früherer Erfahrung. In einer Reihe klassischer Studien haben Luchins und Luchins (1959) dieses Phänomen empirisch untersucht. Die Aufgabe bestand darin, unterschiedlich große Krüge (z. B. 29 l, 3 l) mit Wasser zu füllen und die Menge so umzufüllen, dass ein vorgegebenes Zielvolumen entsteht (z. B. 20 l). Das gegebene Beispiel ist leicht. Man muss lediglich mit dem großen Krug drei Mal den kleinen füllen, um am Ende 20 l übrig zu haben. Luchins und Luchins konnten allerdings zeigen, dass man durch die Art der gestellten Probleme die Lösung bei später gestellten Problemen beeinflussen kann. Versuchsteilnehmer, die häufig eine bestimmte Lösungsstrategie eingesetzt haben (z. B. wiederholtes Umfüllen des großen in den kleinen Krug), werden daran festhalten, auch wenn es eine effektivere, andere Lösung geben sollte.

Vorwissen hat nicht nur einen negativen Effekt auf Problemlösen. Es gibt viele Beispiele in der Wissenschaftsgeschichte, die zeigen, dass eine Reihe bedeutender wissenschaftlicher Entdeckungen durch Analogien aus anderen Bereichen inspiriert war (vgl. Holyoak & Thagard, 1995). Ein Beispiel dafür ist Ernest Rutherfords Atommodell. In Analogie zum oberflächlich gänzlich anderen Objektbereich des Sonnensystems propagierte Rutherford ein Atommodell, in dem Elektronen – wie Planeten – aufgrund ihrer eigenen Fliehkraft in ihrer Bahn gehalten werden und nicht in die sie anziehenden Protonen im Kern fallen. Analogien werden nicht nur beim Problemlösen, sondern auch bei Entscheidungsprozessen, Sprachverstehen (Metaphern) und induktiven Denkprozessen genutzt (Holyoak & Thagard, 1995).

Beim Transfer von analogem Wissen unterscheidet man eine vertraute **Quelldomäne** (z. B. Sonnensystem) und die **Zieldomäne** (Atommodell). Beide Domänen beinhalten bestimmte **Elemente** (z. B. Planeten oder Elektronen) und **Relationen** zwischen diesen Elementen (umkreisen; anziehen). Wie in diesem Beispiel sind die Elemente häufig sehr verschieden (geringe Oberflächenähnlichkeit), die Übereinstimmung besteht eher auf der Ebene von ähnlichen Relationen (hohe Strukturähnlichkeit). Psychologisch unterscheidet man **Abruf, Abbildung** und **Inferenzen** beim Transfer. Die Zieldomäne (z. B. Atommodell) fungiert zunächst als Hinweisreiz für den Gedächtnisabruf potenziell relevanter Analogien (z. B. Sonnensystem). Danach geht es darum, die beiden Analogien aufeinander abzubilden, also die korrespondierenden Elemente und Relationen zu finden. Schließlich kann man die Quelldomäne dafür nutzen, um neue induktive Schlüsse in der Zieldomäne zu ziehen oder abstrakte Schemata für diese Art von Problemsituationen zu bilden. Bereits die wissenschaftshistorische Erfahrung belegt die Nützlichkeit von Analogien für das Problemlösen.

Die psychologischen Unterschiede von Abruf und Abbildung beim Problemlösen wurden erstmals in einer einflussreichen Studie von Gick und Holyoak (1980) untersucht (▶ Kasten).

Psychologische Unterschiede von Abruf und Abbildung beim Problemlösen – die Untersuchung von Gick und Holyoak (1980)

Gick und Holoyak präsentierten ihren Probanden zunächst eine Quelldomäne unter dem Vorwand, es ginge um eine Gedächtnisstudie. Später sollten sie ein Problem in einer anderen Domäne lösen, das analog zu dem früher präsentierten Quellproblem war. Als Quellproblem wurde eine Geschichte über einen General verwendet, der eine Festung einnehmen möchte. Er muss dazu seine ganze Armee einsetzen. Da die gesamte Armee nicht auf einem einzelnen Weg zur Festung gelangen kann, teilt der General seine Truppen auf und schickt sie auf mehreren Wegen gleichzeitig in Richtung Festung.

Einige Minuten später erhielten die Versuchsteilnehmer ein Problem, das von Karl Duncker entwickelt wurde. Dabei geht es darum, einen Tumor durch Bestrahlung zu zerstören, ohne den Patienten dabei zu verletzen. Nutzen die Probanden das Quellproblem, dann würde die sog. Konvergenzlösung nahe liegen, derzufolge es am günstigsten ist, die Strahlen in schwächerer Intensität aus verschiedenen Richtungen auf den Tumor zu richten. Auf diese Weise würden sie den Tumor in gebündelter Intensität treffen, ohne das Gewebe und die Organe zu zerstören, die sich auf dem Weg befinden.

Ohne die zuvor präsentierte Analogie lösen nur etwa 10% der Probanden dieses Problem mit der Konvergenzlösung. Aber auch wenn zuvor das Generalproblem studiert wurde, fanden Gick und Holyoak interessanterweise nur ein Ansteigen der Lösungsrate auf 20%. Wurde allerdings zudem ein Hinweis auf den Zusammenhang beider Probleme gegeben, stieg die Nutzung der Konvergenzlösung auf 75%. Die Probanden hatten also wenig Schwierigkeiten damit, die beiden Probleme aufeinander abzubilden. Das größte Problem bestand darin, spontan die Relevanz der Analogie zu erkennen (Abruf).

Die Befunde von Gick und Holoyak (1980) haben zu einer großen Zahl von Folgeuntersuchungen geführt, die die Einflussfaktoren von Abruf und Abbildung untersucht haben (vgl. Holyoak & Thagard, 1995; Medin et al., 2004). Generell konnte für den Abruf von Analogien aus dem Gedächtnis gezeigt werden, dass er erheblich erleichtert wird, wenn die Analogien aus der gleichen oder einer sehr ähnlichen Domäne kommen. Hier scheint also vor allem die Oberflächenähnlichkeit der Elemente wichtig zu sein. Die Nutzung von Analogien beim Problemlösen ist sehr effektiv, wenn konkrete Beispiele aus dem gleichen Bereich gegeben werden. Man konnte allerdings auch eine Verbesserung der Leistung finden, wenn mehrere gleichartige Analogien gegeben wurden, die dazu führten, dass die Probanden selbst ein abstraktes Problemschema bildeten. Im Unterschied dazu sind beim Abbildungsprozess Strukturähnlichkeiten von größerer Bedeutung. Abbildung ist ein kognitiv aufwendiger Prozess, der hohe Anforderungen an das Arbeitsgedächtnis stellt und von den Probanden erfordert, von Oberflächenmerkmalen abzusehen.

Die Übersicht über die Problemlöseforschung hat deutlich gemacht, dass Vorwissen, Repräsentation und heuristische Strategien eng zusammenhängen und nicht isoliert voneinander gesehen werden können. Zunehmend wird klar, dass Wissen auf verschiedenen Abstraktionsstufen beim Problemlösen genutzt wird.

15.3   Deduktives und induktives Denken

Denkformen werden herkömmlich in **deduktive** und **induktive** Schlüsse unterteilt. Dabei gibt es mehrere Begriffe von Deduktion und Induktion: Deduktion wird traditionell als Schließen von Allgemeinem auf Besonderes verstanden, Induktion hingegen als Schließen von Besonderem auf Allgemeines. Das lässt sich mit einer **Wissenspyramide** veranschaulichen (◘ Abb. 15.3). Deduktiv kann aus einer Theorie eine spezifischere Hypothese und daraus eine Beobachtungsvorhersage abgeleitet werden. Induktiv können Beobachtungen zu Hypothesen- oder Theoriebildung führen.

Deduktion wird in einer zweiten heute dominierenden Bedeutung auch als sicherer, logisch zwingender Schluss verstanden; Induktion im Kontrast dazu als unsicherer, also gewissermaßen »unlogischer Schluss«, der qualitativer Art ist oder auf Wahrscheinlichkeiten beruht. Auch wenn beide Bedeutungen von Deduktion und Induktion meist zusammenfallen, tun sie das nicht immer. So gibt es auch unsichere Schlüsse von Allgemeinem auf Besonderes. Im Folgenden diskutieren wir psychologische Theorien und empirische Studien zum deduktiven und induktiven Denken (vgl. die Übersichten in Knoblich, 2002; Medin et al., 2004).

15.3.1 Deduktives Denken: Logik und Wissen

Um richtige von falschen deduktiven Schlüssen unterscheiden zu können, orientiert sich die Denkpsychologie an der **formalen Logik.** Die formale Logik wird traditionell als Norm für richtiges menschliches Denken betrachtet. Sie geht auf Aristoteles' »Organon« zurück und ist von Mathematikern und Philosophen verstärkt ab der zweiten Hälfte des 19. Jahrhunderts in ihre moderne Form gebracht worden. Die Logik heißt formal, weil allein aufgrund der Form bzw. der Syntax von Schlussfiguren die Richtigkeit oder Falschheit eines Schlusses bewertet wird, ganz ohne Berücksichtigung ihres Inhaltes bzw. ihrer Semantik. Gerade deshalb kann sie bereichsübergreifend, d. h. unabhängig vom jeweiligen Inhalt, angewendet werden.

Die **Aussagenlogik**, ein Teilbereich der formalen Logik, befasst sich mit der Verknüpfung von elementaren Aussagen durch sog. Junktoren wie NICHT, UND, ODER, WENN-DANN oder GENAU-DANN-WENN. Die Junktoren werden, teilweise auch abweichend vom alltagssprachlichen Gebrauch, vollständig durch ihre Wahrheitswerte definiert (◘ Tab. 15.1).

Aufgrund der Wahrheitswerte zweier durch Junktoren verknüpfter Aussagen p und q ergibt sich automatisch der Wahrheitswert der Gesamtaussage. Etwa die komplexe Aussage »Das Dreieck ist schwarz oder der Kreis ist weiß« ist logisch genau dann wahr, wenn die Elementaraussage »Das Dreieck ist schwarz« wahr ist oder wenn die Elementaraussage »Der Kreis ist weiß« wahr ist oder wenn beide wahr sind. Dies lässt sich in der Wahrheitswerttafel des Junktors (einschließendes) ODER ablesen (Adjunktion). Nur die Wahrheit oder Falschheit der Elementaraussage p und die der Elementaraussage q ist für die Wahrheit oder Falschheit der Verknüpfung relevant, nicht deren Bedeutung. Eine grundlegende Frage der Denkpsychologie ist nun, ob menschliches Denken im Alltag eine Art formaler Aussagenlogik verwendet oder auf anderen Prinzipien beruht.

Wason Selection Task

Die von Peter Wason eingeführte, später nach ihm benannte »Wason Selection Task« (WST) ist die wohl meist untersuchte Aufgabe der Denkpsychologie (Wason, 1966). Bei der WST müssen Versuchspersonen anhand von 4 Karten eine Wenn-dann-Hypothese prüfen (◘ Abb. 15.4). In der ursprünglichen abstrakten Version der WST lautete die zu

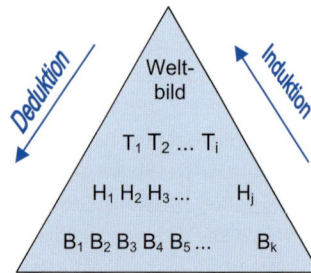

◘ **Abb. 15.3.** Wissenspyramide aus Theorien (T), Hypothesen (H) und Beobachtungsaussagen (B)

Tabelle 15.1. Wahrheitstafeln der fünf wichtigsten Junktoren. Die Elementaraussagen p und q repräsentieren Aussagen beliebigen Inhalts. Die Tafel zeigt, wann durch Junktoren verbundene Aussagen wahr oder falsch sind

Logisch mögliche Fälle		Negation NICHT p ¬p	Konjunktion p UND q p∧q	Adjunktion p ODER q p∨q	Subjunktion (Implikation) WENN p DANN q p→q	Bijunktion (Äquivalenz) p GENAU DANN WENN q p↔q
p	q					
wahr	wahr	falsch	wahr	wahr	wahr	wahr
wahr	falsch	falsch	falsch	wahr	falsch	falsch
falsch	wahr	wahr	falsch	wahr	wahr	falsch
falsch	falsch	wahr	falsch	falsch	wahr	wahr

prüfende Hypothese etwa: »Wenn eine Karte ein A auf einer Seite hat, dann hat sie eine 4 auf der anderen Seite.« Auf einer Seite der Karten befinden sich Buchstaben, auf der anderen Zahlen. Die Hypothese sollte als die Behauptung interpretiert werden, dass die logische Implikation A→4 immer gelte (■ Tab. 15.1).

Die Aufgabe der Versuchspersonen besteht nun darin, genau diejenigen Karten umzudrehen, mit denen sie die Gültigkeit der Wenn-dann-Hypothese prüfen können. Die 4 sichtbaren Kartenseiten repräsentieren die 4 logisch möglichen Fälle: A (p), D (non-p), 4 (q), 7 (non-q).

Welche Karten sollten richtigerweise umgedreht werden? Nach der üblichen falsifikationistischen Deutung der WST kommt es darauf an, die Fälle auszuwählen, in denen die Hypothese falsifiziert werden kann. ■ Tabelle 15.1 zeigt, dass eine Wenn-dann-Aussage dann falsch ist, wenn gleichzeitig p wahr ist und q falsch. In der WST bedeutet dies, dass die aufgestellte Regel dann nicht gilt, wenn bei einer A-Karte auf der Rückseite keine 4 ist, oder bei einer 7-Karte auf der Rückseite (fälschlicherweise) ein A ist. Deshalb gelten normativ die p-Karte *und* die non-q-Karte (hier also die A-Karte und 7-Karte) als die richtige Antwort.

Bereits in frühen Untersuchungen zeigten sich bei dieser Aufgabe aber nur 4% richtige Antwortmuster. Solch desaströse Ergebnisse stellten das Konzept des »animal rationale« in Frage und regten stark zur psychologischen Theorienbildung an.

Konditionales und syllogistisches Schließen

Die WST untersucht, ob Menschen Aussagen logisch verstehen und die Richtigkeit einer Aussage falsifikationistisch

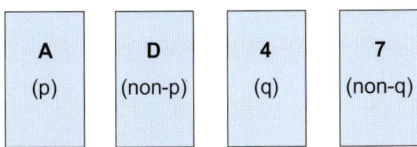

Abb. 15.4. Karten der ursprünglichen Wason-Selection-Aufgabe (WST) mit Buchstaben und Zahlen. Die logischen Klassen (*p, q, non-p, non-q*) dienen der Erläuterung. Sie werden in den Experimenten den Versuchsteilnehmern nicht gezeigt

prüfen. Beim **konditionalen Schließen** werden hingegen zwei Prämissen, nämlich eine Wenn-dann-Aussage und eine Einzelfallaussage, vorausgesetzt und daraus ein Schluss gezogen (Konklusion). Die Wenn-dann-Aussage könnte lauten: »Wenn ein Vogel ein Rabe ist, dann ist er schwarz.« Als Einzelaussage kommen die 4 logischen Fälle Rabe (p), Taube (non-p), schwarz (q) oder weiß (non-q) in Frage. In ■ Tab. 15.2 werden gültige und ungültige Schlussformen dargestellt. Beim **Modus Ponens** wird neben der Gültigkeit des Wenn-dann-Satzes die Gültigkeit des Vordersatz vorausgesetzt: Es sei nun ein Rabe (p). Daraus folgt, dass er schwarz ist (q). Logische Schlussformen gelten unabhängig von der Wahrheit der Prämissen P1 und P2. P1 könnte etwa lauten: »Wenn ich mich verliebe, bin ich der Kaiser von China« und P2 »Ich verliebe mich.« Logisch folgt daraus die Konklusion »Ich bin der Kaiser von China«. Eine andere Schlussform, der **Modus Tollens**, ist anwendbar bei Annahme der obigen Wenn-dann-Aussage, diesmal kombiniert mit der Setzung von non-q (»X sei nicht schwarz«). Aus diesen beiden Prämissen kann man auf non-p (»X ist kein Rabe«) schließen.

Wie bei der WST zeigten bereits frühe Studien zum konditionalen Schließen deutliche empirische Abweichun-

Tabelle 15.2. Gültige und ungültige konditionale Schlussformen

Schlussbezeichnungen	Abstraktes Schema
Modus ponens (logisch gültig)	P1: Wenn p dann q P2: p K: q
Modus tollens (logisch gültig)	P1: Wenn p dann q P2: non-q K: non-p
Bestätigung des Hinterglieds (logisch ungültig)	P1: Wenn p dann q P2: q K: p
Verneinung des Vorderglieds (logisch ungültig)	P1: Wenn p dann q P2: non-p K: non-q

gen von den normativen Regeln der Aussagenlogik. So konnte gezeigt werden, dass mehr Personen den **Modus Ponens** (fast 100%) als den **Modus Tollens** (etwa 50 %) beherrschen (vgl. Rips, 1994). Auch ungültige Schlüsse wurden fälschlicherweise immerhin von einem Drittel bzw. einem Fünftel der Personen für gültig gehalten.

Das **syllogistische Schließen** wurde bereits von Aristoteles behandelt und wird heute als ein Teil der Prädikatenlogik verstanden. Ein syllogistischer Schluss besteht aus zwei Prämissen (etwa P1: »Einige p sind q«; P2: »Alle q sind r«) und einer Konklusion (»Einige p sind r«). Anders als beim konditionalen Schließen wird in der Konklusion nun eine komplexe Aussage erschlossen. Sowohl Prämissen als auch Konklusion beinhalten Quantoren (ALLE, EINIGE, KEINE, EINIGE NICHT).

In Studien zu syllogistischen Schlüssen wurde ebenfalls eine Reihe häufiger Fehlertypen gefunden. Ein Fehler, der an die Fehler bei der WST und beim konditionalen Schließen erinnert, ist der sog. Konversionsfehler. Dabei wird aus »Alle p sind q« und aus »Alle q sind r« nicht nur »Alle p sind r« gefolgert, sondern fälschlicherweise auch die Umkehrung »Alle r sind p«. Andere typische Fehler treten auf, wenn Versuchsteilnehmer die Konklusion aufgrund der Übereinstimmung mit ihrem Vorwissen bejahen, obwohl sie logisch falsch ist (»belief bias«), oder wenn sie die Konklusion bejahen, weil sie die gleichen Quantoren enthält wie die Prämissen (»Atmosphärentheorie«; vgl. Knoblich, 2002).

Bei allen drei skizzierten Forschungsbereichen, der WST, dem konditionalen Schließen und dem syllogistischen Schließen, zeigen Menschen also systematische Abweichungen vom normativen Modell der formalen Logik. Psychologen haben sich deshalb bemüht, psychologisch plausible Theorien des logischen Schließens im Alltag zu finden, die besser in der Lage sind, die Denkprozesse von nicht in formaler Logik geschulten Probanden zu erklären.

Die Theorien der mentalen Logik und der mentalen Modelle

Die Theorien der mentalen Logik (z. B. Rips, 1994) und die der mentalen Modelle (z. B. Johnson-Laird & Byrne, 2002) sind zwei bereits länger diskutierte konkurrierende Ansätze, die versuchen, logisches Denken im Alltag zu erklären. Die Ansätze einer **mentalen Logik** nehmen an, dass Menschen Schlussfolgerungen aufgrund von abstrakten logikähnlichen Regeln oder Schemata ziehen, dabei aber nur einen im Vergleich zur formalen Logik reduzierten Regelsatz verwenden. Zu diesem Regelsatz gehöre etwa der Modus Ponens, nicht aber der Modus Tollens. Die schlechten Ergebnisse beim Modus Tollens würden sich daraus ergeben, dass dieser Schluss erst aufgrund mehrerer Regeln nachgebildet werden müsse. Je länger eine solche nachgebildete Schlusskette sei, desto höher sei die Fehlerwahrscheinlichkeit.

Die Theorien der **mentalen Modelle** (vgl. z. B. Johnson-Laird & Byrne, 2002) stellen nicht abstrakte Schlussregeln wie den Modus Ponens, sondern die Repräsentation der Bedeutung der Prämissen (mentale Modelle) in den Mittelpunkt ihrer Analyse. Hören wir beispielsweise die Aussage »Alle Künstler sind kreativ«, dann stellen wir uns gemäß der Theorie mentaler Modelle eine Menge von kreativen Künstlern vor. Alle weiteren Schlüsse vollziehen wir dann auf der Basis dieses mentalen Modells.

Das Schließen basiert der Theorie der mentalen Modelle zufolge auf der mentalen Repräsentation der **wahren Fälle** einer logischen Wahrheitstafel (■ Tab. 15.1) als einzelne Teile eines mentalen Modells. Während in der Theorie der mentalen Logik Schlussfehler durch einen reduzierten logischen Regelsatz erklärt werden, erklärt die Theorie der mentalen Modelle Schlussfehler durch unvollständige mentale Repräsentationen der Möglichkeiten, die durch die Prämissen beschrieben werden. Um die kognitive Verarbeitungslast zu reduzieren, repräsentieren Menschen so wenig Information wie möglich.

Die Aussage »Wenn hier ein Kreis ist, dann ist dort ein Viereck« wird etwa zunächst durch ein reduziertes Teilmodell eines Kreises und eines Viereckes mental repräsentiert (■ Abb. 15.5, links). Die eckigen Klammern um den Kreis in der graphischen Darstellung zeigen an, dass der Fall vollständig repräsentiert wird: Bei gegebenem Kreis gibt es immer ein Viereck. Die Punkte indizieren, dass das Modell als Ganzes aber noch nicht vollständig ist. Erst wenn das Modell vervollständigt wird (■ Abb. 15.5, rechts), würden in ihm alle wahren Fälle als Möglichkeiten mental dargestellt. Im Vergleich mit der logischen Wenn-dann-Wahrheitstafel (■ Tab. 15.1) werden gewissermaßen im unvollständigen Modell zunächst die erste Zeile, im vollständigen Modell dann alle Zeilen durch ihre wahren (erlaubten) Fälle repräsentiert.

Beim **Modus Ponens** (■ Tab. 15.2), bei dem gemäß der zweiten Prämisse ein Kreis vorgegeben wäre, wird gemäß der Theorie der mentalen Modelle zusätzlich ein Kreis mental repräsentiert und dieser dann mit dem unvollständigen oder vollständigen Modell kombiniert. Sowohl aufgrund des vollständigen als auch aufgrund des unvollständigen Modells folgt, dass auch ein Viereck vorliegen müsste. Beim **Modus Tollens** müsste eigentlich aus der Abwesenheit des Viereckes □ die Abwesenheit des Kreises ○ gefolgert werden. Nach der Theorie der mentalen Modelle erklären sich die Schwierigkeiten hierbei dadurch, dass der kor-

Unvollständiges Modell von ○→□		Vollständiges Modell von ○→□	
[○]	□	○	□
...		¬○	□
		¬○	¬□

■ **Abb. 15.5.** Vollständiges und unvollständiges mentales Modell einer Wenn-dann-Aussage

rekte Schluss erst bei einem vervollständigten Modell gezogen werden kann. Operieren die Versuchsteilnehmer aber mit dem unvollständigen Modell, wäre der Schluss überhaupt nicht möglich. Die Theorie der mentalen Modelle erklärt auch das Vorherrschen von p- und q-Wahlen in der WST dadurch, dass in einem unvollständigen Modell nur diese bestätigenden Fälle repräsentiert würden.

Effekte von spezifischem Vorwissen

Theorien, die sich an abstrakten logischen Schlüssen orientieren, haben Probleme mit Befunden, die zeigen, dass logische Kompetenzen abhängig vom Inhaltsbereich sind (**Inhaltseffekte**). Ein klassischer Befund stammt von Johnson-Laird, Legrenzi und Legrenzi (1972), die gezeigt haben, dass in vertrauten Domänen durchaus gute Leistungen bei der WST nachgewiesen werden können. In dem Experiment sollten sich Versuchspersonen vorstellen, sie sollten in einem Postamt folgende Regel prüfen: »Wenn ein Brief versiegelt ist, dann muss auf der anderen Seite der Brief mit einer 50-Lira-Marke frankiert sein.« Die Regel konnte anhand von 4 Briefen geprüft werden: ein versiegelter Umschlag, ein unversiegelter Umschlag, ein Umschlag mit 50-Lira-Frankierung und einer mit 40-Lira-Frankierung. Die jeweiligen Rückseiten waren unbekannt. Richtigerweise wurden überwiegend der versiegelte Umschlag (p) und der Umschlag mit 40-Lira-Frankierung (non-q) umgedreht. Die bessere Leistung schien im Vergleich zu abstrakten Aufgaben dadurch zustande zu kommen, dass die Versuchspersonen mit der postalischen Regel vertraut waren.

Abstraktes Domänenwissen

Die **Theorie der pragmatischen Denkschemata** von Cheng und Holyoak (1985) und die evolutionsbiologisch inspirierte **Theorie sozialer Kontrakte** von Cosmides (1989) brechen gänzlich mit dem normativen Ansatz der formalen Aussagenlogik. Sie gehen ebenfalls von Inhaltseffekten aus. Sie interessieren sich aber für Fälle, bei denen Inhaltseffekte nicht auf eine spezifische Vertrautheit mit einer konkreten Situation zurückgehen, sondern vergleichsweise abstraktes Wissen aktiviert wird. Beide Theorien nehmen domänenspezifische (bereichsspezifische) Schemata von mittlerer Abstraktheit an.

Cheng und Holyoak (1985) zeigten in einer Studie zunächst, dass der Vereinfachungseffekt der Postregel nur bei Studierenden aus Hongkong – wo eine solche Regel bekannt war –, nicht aber bei Studierenden aus den USA auftrat, die eine solche Regel nicht kannten. Zusätzlich zeigten sie aber auch, dass bei einer kurzen Erklärung des Sinns der Regel die amerikanischen Studenten gleichermaßen richtige Antwortmuster zeigten. Ihnen wurde erklärt, dass das Zukleben des Briefes bedeutet, dass es sich um einen teureren persönlichen Brief handelt. Nach Cheng und Holyoak ist weniger die spezifische Vorerfahrung für die Verbesserung der Leistung verantwortlich, sondern die Aktivierung eines pragmatischen Erlaubnis- oder Verpflichtungssche-

mas. Das Erlaubnisschema besagt beispielsweise »Wenn eine Handlung X durchgeführt werden soll, dann muss die Bedingung Y erfüllt sein.« Situationen, die dieses Schema aktivieren, veranlassen die Probanden, zu überprüfen, ob die Handlung durchgeführt wurde (p) oder die Bedingung Y verletzt wurde (non-q; also ob Eilbriefe nicht fälschlicherweise mit zu wenig Porto frankiert wurden). Pragmatische Schemata sind nicht so allgemein wie logische Schlussschemata, aber sie sind abstrakter als spezifisches Wissen (etwa über Briefe), weil sie die große Klasse von Situationen umfassen, die mit Erlaubnis oder Verpflichtung zu tun haben.

Cosmides (1989) vertritt einen ähnlichen domänenspezifischen Ansatz, den sie aus evolutionspsychologischen Annahmen ableitet. Cosmides hat sich intensiv mit Aufgaben befasst, die soziale Vertragssituationen beschreiben (»Wenn Du die Kosten zahlst, dann wirst Du einen Vorteil erhalten«). Sie geht davon aus, dass uns die Evolution mit kognitiven Modulen ausgestattet hat, die uns in die Lage versetzen, betrügerische Handlungen effektiv zu erkennen (»cheater detection«). In einer Serie von Experimenten (Varianten der WST) lieferte Cosmides Belege dafür, dass Probanden statt der logisch erwarteten p- und non-q-Karten die unlogischen non-p- und q-Karten wählten. Sie würden, so Cosmides, ihr domänenspezifisches Regelwissen über mögliche Verletzungen sozialer Vertragssituationen einsetzen.

Die Bayesianische Theorie von Oaksford und Chater (1994) ist ein ganz anderes Beispiel für eine vorwissensbasierte abstrakte Theorie. Diese Theorie geht ebenfalls davon aus, dass logisches Schließen Vorwissen über die Domäne nutzt, in diesem Fall statistische Vorannahmen über Häufigkeiten von Ereignissen. Welche Informationen für eine Falsifikation oder Bestätigung einer Wenn-dann-Aussage besonders informativ sind, hängt bei einem Urteil unter Unsicherheit nicht nur von der logischen Struktur der Aussage ab, sondern auch davon, wie wahrscheinlich unterschiedliche Sachverhalte sind, die man zur Überprüfung der Hypothese heranziehen kann. Chater und Oaksford konnten zeigen, dass bei plausiblen Annahmen über die Auftretenswahrscheinlichkeiten von p und q in der WST das Verhalten der Probanden im Sinne eines Bayesianischen Ansatzes als rational beschrieben werden kann.

In den letzten Jahren ist auch das Interesse an konditionalem Schließen mit **kausalen Prämissen** gestiegen (für einen Überblick vgl. Hagmayer & Waldmann, im Druck). In einer der ersten Studien aus diesem Bereich hat Cummins (1995) Schlüsse aus Prämissen wie »Wenn die Bremse getreten wird, stoppt das Auto« untersucht. Sie konnte zeigen, dass die Schlüsse in kausalen Szenarios sensibel waren für Annahmen über alternative Ursachen (z. B. des Stoppens von Autos) und für Faktoren, die die Wirksamkeit des Kausalzusammenhangs außer Kraft setzen können. Wissen über Ursache-Effekt-Zusammenhänge kann sehr spezifisch sein, wie in diesem Beispiel. Kausale Strukturen haben aber auch allgemeine Merkmale, die alle Bereiche betreffen, in denen Kausalität eine Rolle spielt. So gibt es beispielsweise, unabhängig von der Domäne, allgemeine Unterschiede zwischen Ursachen und Wirkungen, die beim Denken genutzt werden (Hagmayer & Waldmann, im Druck).

15.3.2 Induktives Denken: Hypothesen-bildung und Generalisierung

Beim induktiven Denken geht es um unsichere verallgemeinernde Schlüsse, die aus einzelnen Beobachtungen oder Prämissen gezogen werden. Induktive Prozesse gibt es in vielen Bereichen der Psychologie. Konzepterwerb, Lernen, analoger Transfer oder wissenschaftliche Hypothesenbildung sind alles Phänomene, bei denen wir aus einer endlichen Menge von Beobachtungen zumindest tentativ auf allgemeine Zusammenhänge schließen. Die Wahrheit der verallgemeinernden Hypothese kann niemals als sicher angenommen werden, da es jederzeit denkbar ist, dass weitere Erfahrungen die aufgestellte Hypothese in Frage stellen.

Hypothesentesten, Bestätigungsfehler und positive Teststrategie

Die 2-4-6-Aufgabe von Wason (1960) ist eine klassische Aufgabe zur Untersuchung induktiven Schließens. Dabei werden die Teilnehmer aufgefordert, eine Regel herauszufinden, die vorgegebenen Zahlenfolgen zugrunde liegt. Die Regel, die der Versuchsleiter im Kopf hat, lautet: »Alle Dreierfolgen mit aufsteigenden Zahlen.« Den Versuchsteilnehmern wird anfangs aber nur ein Beispiel vorgelegt, das der Regel entspricht, nämlich die Folge 2–4–6. Danach werden die Teilnehmer aufgefordert, selbst Zahlentripel zu nennen, mit denen sie ihre Hypothesen prüfen wollen und einen Grund für ihre Wahl anzugeben. Der Versuchsleiter gibt nur an, ob eine Folge seiner Regel entspricht oder nicht, die Regel nennt er nicht. Am Ende werden die Teilnehmer gefragt, welche Regel sie vermuten.

Wason (1960) fand nun, dass Versuchspersonen überwiegend bestätigende statt falsifizierende Tripel erzeugen. Die Versuchspersonen nahmen etwa häufig die Regel »um 2 ansteigende Zahlen« an und prüften sie mit Reihen wie »5–7–9« oder »26–28–30«, nicht aber mit Tripeln wie »6–7–8«. Mit dieser Strategie können Versuchspersonen nie erkennen, dass ihre Hypothese falsch ist. Wason nannte dieses Phänomen **Bestätigungsfehler** (»confirmation bias«).

Nicht alle Forscher stimmten mit der Deutung überein, dass der Bestätigungsfehler ein genereller Fehler ist. Klayman und Ha (1987) argumentierten, dass die Bestätigungstendenz kein Fehler, sondern eine sog. **positive Teststrategie** sei, die rational sei, wenn man die plausible Annahme macht, dass bestätigende Informationen seltener sind als falsifizierende. Da Wason eine Hypothese gewählt hat, bei der dies nicht der Fall ist, scheitere diese Heuristik, generell führe sie aber in den meisten Fällen zu der richtigen Antwort.

Wissenseinflüsse und kategorienbasierte Induktion

Induktive Schlüsse hängen nicht nur von den beobachteten Sachverhalten ab, sondern auch von Vorwissen über die Lerndomäne. Probanden, die einige Exemplare einer unbekannten Spezies beobachtet haben, erwarten eher, dass weitere Tiere, die zu dieser Spezies gehören, die gleiche Fellfarbe haben als das gleiche Gewicht (vgl. Holland, Holyoak, Nisbett & Thagard, 1986). Dies hängt damit zusammen, dass die meisten Personen eine kausale Theorie haben, die davon ausgeht, dass die Farbe durch stabile Merkmale der Genetik bestimmt wird, während das Gewicht stärker von variablen Umweltgegebenheiten determiniert wird.

Der enge Zusammenhang von begrifflichem Wissen und induktivem Schließen wird auch in Untersuchungen zum kategorienbasierten induktiven Schließen untersucht. Begriffliches Wissen ist häufig in Form von Taxonomien organisiert, wobei die Begriffsforschung zeigte, dass es sich hier nicht nur um logische Einschlussbeziehungen handelt, sondern dass wir auch Ähnlichkeitsbeziehungen annehmen (z. B. Rotkehlchen werden als typischer für die übergeordnete Kategorie Vögel gesehen als Straußenvögel) (für Zusammenfassungen der Begriffsforschung vgl. Murphy, 2002; Waldmann, 2002). Ein Beispiel für einen Schluss, der taxonomisches Wissen und die darin enthaltenen Ähnlichkeitsbeziehungen nutzt, ist ein Argument mit der Prämisse »Rotkehlchen haben die Eigenschaft X« und entweder der Konklusion »Straußenvögel haben die Eigenschaft X« oder der Konklusion »Alle Vögel haben die Eigenschaft X«. Für X werden Eigenschaften gewählt, bei denen die Probanden nicht wissen, ob sie auf die Aussagen zutreffen oder nicht (z. B. »haben eine hohe Konzentration von Kalium im Blut«). Die Aufgabe besteht darin zu entscheiden, welches Argument stärker ist. In dem Beispiel finden Versuchsteilnehmer interessanterweise den Schluss auf Straußenvögel schwächer als den Schluss auf alle Vögel, obwohl Straußenvögel eine Teilmenge der Menge der Vögel sind.

Osherson, Smith, Wilkie, Lopez und Shafir (1990) haben ein einflussreiches Modell der kategorienbasierten Induktion (»similarity-coverage model«) entwickelt. Die Stärke eines Arguments wird in diesem Modell von zwei Faktoren beeinflusst: der Ähnlichkeit zwischen der Kategorie in der Prämisse und der Kategorie in der Konklusion und der Ähnlichkeit der Kategorie in der Prämisse zur niedrigsten taxonomischen Kategorie, die noch die Kategorien in Prämisse und Konklusion umspannt. So wird die Argumentstärke zwischen der Prämisse über Rotkehlchen und der Konklusion über Vögel so bestimmt, dass man zunächst die Ähnlichkeit von Rotkehlchen zu Vogel bestimmt (die perfekt ist, weil Rotkehlchen Vögel sind). Dann wird die Ähnlichkeit zu anderen Exemplaren der Kategorie Vogel abgeschätzt. (Vogel ist die niedrigste Kategorie, die »Rotkehlchen« und »Vogel« umspannt.) Daraus folgt, dass ein Argument von Rotkehlchen auf Vögel als stärker empfunden wird als ein Argument von Straußenvögeln auf Vögel, weil Rotkehlchen typischere Vögel sind und damit eine höhere Ähnlichkeit zu anderen Exemplaren haben. Das Modell macht eine Reihe intuitiv plausibler, aber auch überraschende Vorhersagen zum wissensbasierten induktiven Schließen.

15.3.3 Induktives Denken mit Wahrscheinlichkeiten

Induktives Denken nutzt häufig Informationen über Wahrscheinlichkeiten. Ein Arzt, der nach der Durchführung von Tests ein hohes Risiko für eine SARS-Erkrankung diagnostiziert, wird Quarantänemaßnahmen einleiten, selbst wenn die Diagnose nicht vollkommen sicher ist. Wahrscheinlichkeitsschlüsse sind also ebenfalls Schlüsse unter Unsicherheit und fallen deshalb in die Klasse induktiven Denkens. Psychologische Untersuchungen der letzten Jahrzehnte haben gezeigt, dass das Denken mit Wahrscheinlichkeiten, gemessen an den normativen Vorgaben der seit dem 17. Jahrhundert entwickelten Wahrscheinlichkeitstheorie, systematischen Verzerrungen unterliegt. Damit ergibt sich ein ähnliches Bild wie beim deduktiven Denken, das ebenfalls nicht den Vorgaben der formalen Logik entspricht (für eine Zusammenfassung der Forschung vgl. Baron, 2000).

Basisraten-Vernachlässigung

Untersuchungen zur Berücksichtigung von Basisraten gehören zu den klassischen Beispielen für die Defizite des menschlichen Denkens mit Wahrscheinlichkeiten. In einer einflussreichen Studie haben Tversky und Kahneman (1980) dieses Phänomen untersucht. In einem Experiment wurde Versuchspersonen gesagt, dass ein Augenzeuge bei einem Unfall ein am Unfall beteiligtes Taxi als blau identifiziert hat. In dieser Stadt gebe es blaue und grüne Taxis, wobei grüne häufiger (85%) seien als blaue (15%). Dies ist die Basisrateninformation. Des Weiteren erhielten die Probanden die Information, dass Untersuchungen ergeben haben, dass Augenzeugen die beiden Farben in 80% der Fälle richtig und in 20% der Fälle falsch identifizieren. Die Aufgabe bestand nun darin, die Wahrscheinlichkeit einzuschätzen, dass das Taxi tatsächlich blau war.

Die Wahrscheinlichkeitseinschätzungen der Versuchsteilnehmer zeigten, dass die Information über die Basisraten von blauen und grünen Taxis faktisch vernachlässigt wurde. Richtig wäre es, diese Information mit der Information über die Zuverlässigkeit des Urteils des Augenzeugen zu verknüpfen. Während die Wahrscheinlichkeit für ein blaues Taxi in diesem Fall gemäß der Wahrscheinlichkeitstheorie (Bayes-Theorem) nur 0,41 beträgt, nannten die meisten Probanden Werte über 0,5, viele gar 0,8. Tversky

und Kahneman nannten dieses Phänomen Basisraten-Vernachlässigung (»base rate neglect«).

Die Allgemeinheit dieses Phänomens wird in den letzten Jahren in Frage gestellt. Es zeigte sich, dass es nur gemildert oder gar nicht auftritt, wenn die Probanden nicht Zusammenfassungen der Daten sehen, sondern die Informationen in einzelnen Lerndurchgängen präsentiert bekommen. Schwierigkeiten haben die Probanden vorwiegend mit den Wahrscheinlichkeitsaussagen. Erhalten sie die relevanten Informationen stattdessen in Form von Häufigkeitsinformationen (z. B. »80 Taxis sind blau, 20 grün«), verbessern sich die Leistungen deutlich (vgl. Gigerenzer & Hoffrage, 1995).

Konjunktionsfehler

Der Konjunktionsfehler ist ein weiteres Beispiel für fehlerhaftes Denken mit Wahrscheinlichkeiten. Ein typisches Beispiel ist das »Linda-Problem« (Tversky & Kahneman, 1983), bei dem Versuchspersonen eine Beschreibung der fiktiven 31-jährigen Linda gegeben wurde. Sie sei ein Single, sehr intelligent, direkt und habe einen Abschluss in Philosophie. Linda engagiere sich persönlich bei Themen der Diskriminierung und der sozialen Gerechtigkeit. Sie nehme häufig an Anti-Atomkraft-Demonstrationen teil. Die Versuchspersonen sollten daraufhin die Wahrscheinlichkeitsränge der folgenden Sätze zusammen mit anderen Aussagen einschätzen: 1. Linda ist Bankkassiererin. 2. Linda ist Bankkassiererin und aktiv in der Frauenbewegung.

Die zweite Aussage enthält eine zusätzlich zu erfüllende Bedingung gegenüber der ersten und kann somit nicht wahrscheinlicher sein (alle in der Frauenbewegung aktiven Bankkassiererinnen sind notwendigerweise eine Teilmenge der Menge der Bankkassiererinnen). Dennoch schätzten 85% der Probanden die Konjunktion (Aussage 2) als wahrscheinlicher ein als die Einzelaussage.

Der Konjunktionsfehler hat ebenso wie die Basisraten-Vernachlässigung eine Vielzahl von Folgestudien motiviert, die einige Randbedingungen für den Befund aufgeklärt haben. Bereits Tversky und Kahneman (1983) konnten zeigen, dass der Fehler nur reduziert auftritt, wenn man Häufigkeitsinformationen vorgibt. Eine weitere Erklärung für den Befund stellt in Frage, dass die Versuchsteilnehmer das »und« im Sinne eines logischen Junktors verstehen.

Theoretische Erklärungsansätze: Heuristiken und Fehler vs. ökologische Rationalität

Kahneman und Tversky sind die Begründer des bis heute einflussreichen **Heuristiken-und-Fehler-Forschungsprogramms** (»heuristics and biases«) (Kurzbiographien von Kahneman und Tversky ► Kap. 60). Die Grundannahme dieses Programms ist, dass in formaler Logik oder Wahrscheinlichkeitstheorie ungeschulte Probanden beim induktiven Schließen auf Heuristiken zurückgreifen, die nichts mit formaler Logik oder mit dem normativen Wahrscheinlichkeitskalkül zu tun haben. Diese Heuristiken führen oft zu richtigen Antworten, in manchen Situationen aber auch zu systematischen Fehlern. Menschen werden in dem Heuristiken-und-Fehler-Forschungsprogramm als in vielen Bereichen irrationale Wesen gesehen.

Ein Beispiel für eine Heuristik ist die **Repräsentativitätsheuristik** (für eine Diskussion anderer Heuristiken vgl. Baron, 2000). Gemäß dieser Heuristik verwenden Menschen die Ähnlichkeit zwischen der spezifischen Beobachtung und der allgemeinen Kategorie als Maß für die Wahrscheinlichkeit. Die Aussage, man habe ein blaues Taxi gesehen, ist typischer bzw. repräsentativer, wenn man Taxis aus der blauen Gruppe vor sich hat, als grüne. Deshalb wird die Wahrscheinlichkeit, ein blaues Taxi gesehen zu haben, hoch eingeschätzt. Ähnlich ist die beschriebene Linda typischer für eine feministische Bankkassiererin als für Bankkassiererinnen i. Allg. Dies ist der Grund für die höhere Wahrscheinlichkeitseinschätzung für die Kategorie feministische Bankkassiererin.

Gerd Gigerenzer und seine Forschungsgruppe haben aus einer evolutionspsychologischen Perspektive diesen Heuristiken-und-Fehler-Ansatz kritisiert und stattdessen einen **ökologischen Rationalitätsansatz** propagiert, der u. a. auf Überlegungen von H.A. Simon aufbaut (Kurzbiographie in ▶ Kap. 34; vgl. Gigerenzer, Todd & the ABC Research Group, 1999). Ein zentraler Kritikpunkt ist, dass der Heuristiken-und-Fehler-Ansatz weiterhin Logik und Wahrscheinlichkeitstheorie als normative Maßstäbe für rationales Denken unterstellt. Dem ökologischen Ansatz zufolge sollte Rationalität hingegen als biologische oder auch gelernte Anpassung an eine Umwelt verstanden werden. Scheinbare Fehler können adaptiv in einer bestimmten Umwelt sein, sodass man nicht allgemein von Fehlern sprechen sollte.

Ein weiterer Kritikpunkt betrifft die ökologische Repräsentativität der Laborexperimente von Tversky und Kahneman. Gigerenzer und Mitarbeiter werfen dem Heuristiken-und-Fehler-Ansatz vor, die Umwelt nicht genügend analysiert zu haben, in der bestimmte Aufgaben auftreten. Die Überlegenheit von Häufigkeitsinformationen, auf die bei der Diskussion der Basisraten-Vernachlässigung und des Konjunktionsfehlers hingewiesen wurde, erklärt sich dem ökologischen Rationalitätsansatz zufolge daraus, dass unsere Spezies in der Evolutionsgeschichte viel mit Häufigkeitsinformationen zu tun hatte, während der Wahrscheinlichkeitsbegriff erst vergleichsweise spät von Philosophen und Mathematikern entwickelt wurde.

Gigerenzer und Kollegen folgen Simons Konzept der »bounded rationality«, indem sie die Analyse der Umweltstruktur mit Annahmen über menschliche Kapazitätsgrenzen verknüpfen. Menschen haben nicht, wie etwa der Laplace'sche Dämon, unendlich viel Zeit und Kapazität, um einzelne Probleme zu lösen. Ein Rationalitätskonzept, das unrealistische Annahmen macht, sei wenig produktiv. Gigerenzer und Mitarbeiter postulieren deshalb eine »adaptive Werkzeugkiste«, die einfache Heuristiken (»fast and frugal«) enthält, die bereichsspezifisch eingesetzt werden.

Auch dieser Ansatz wurde in den letzten Jahren kritisiert. So ist umstritten, ob menschliches Denken und Handeln tatsächlich immer rational im Sinne einer fitnessoptimierenden Umweltanpassung ist und ob unser Denken tatsächlich die von Gigerenzer und Kollegen postulierte »adaptive Werkzeugkiste« nutzt.

15.4   Resümee

Die Diskussion der Bereiche Problemlösen und Denken hat eine Reihe paralleler Entwicklungen deutlich gemacht. Die aus traditionellen Ansätzen abgeleitete Vorstellung, das menschliche Denken und Problemlösen sei ausschließlich durch abstrakte, bereichsunabhängige Prozesse bestimmt, hat sich als problematisch erwiesen. Sowohl beim Problemlösen als auch beim Denken stellte sich heraus, dass ungeschulte Probanden nur selten auf abstrakte Algorithmen oder formale Kalküle zurückgreifen, sondern eher wissens- und bereichsabhängige Heuristiken und Schemata einsetzen.

Deutlich wurde die große Rolle des Wissens sowohl beim Problemlösen als auch beim Denken. Die Dichotomie von Denkprozess und Denkergebnis, von Wissen und Schließen ist aus psychologischer Sicht fragwürdig. Verfügen Personen über spezifisches Wissen, wird dieses Wissen genutzt und verändert. Problemlösen kann aber auch von Analogien aus vollkommen verschiedenen Bereichen profitieren. Denken nutzt häufig allgemeine Schemata mittleren Abstraktionsgrades (z. B. Erlaubnisschema) oder höchst allgemeine Vorannahmen über statistische Eigenschaften der Domäne (z. B. Häufigkeit von Ereignissen).

Wir sind derzeit noch weit von einer einheitlichen Theorie entfernt, die Problemlösen und Denken erklärt. Die Zusammenfassung aktueller Forschung hat aber deutlich gemacht, dass eine solche Theorie nur möglich ist, wenn Wissen, Denken und Problemlösen als Einheit gesehen werden.

Literatur

Referenzliteratur

Baron, J. (2000). *Thinking and deciding* (3rd ed.). Cambridge: Cambridge University Press.

Funke, J. (2003). *Problemlösendes Denken*. Stuttgart: Kohlhammer.

Holyoak, K.J. & Thagard, P.R. (1995). *Mental leaps*. Cambridge, MA: MIT Press.

Knoblich, G. (2002). Problemlösen und logisches Schließen. In J. Müsseler & W. Prinz (Hrsg.), *Allgemeine Psychologie* (S. 645–699). Heidelberg: Spektrum.

Medin, D.L., Ross, B.H. & Markman, A.B. (2004). *Cognitive psychology* (4th ed.). Fort Worth: Harcourt College Publishers.

Waldmann, M.R. (2002). Kategorisierung und Wissenserwerb. In J. Müsseler & W. Prinz (Hrsg.), *Allgemeine Psychologie* (S. 432–491). Heidelberg: Spektrum.

Zitierte Literatur

Anderson, J.R. (1993). *Rules of the mind*. Hillsdale, NJ: Erlbaum.

Chase, W.G. & Simon, H.A. (1973). The mind's eye in chess. In W.C. Chase (Ed.), *Visual information processing*. New York: Academic Press.

Cheng, P.W. & Holyoak, K.J. (1985). Pragmatic reasoning schemas. *Cognitive Psychology, 17,* 391–416.

Cosmides, L. (1989). The logic of social exchange: Has natural selection shaped how humans reason? *Cognition, 31,* 187–276.

Cummins, D.D. (1995). Naïve theories and causal deduction. *Memory and Cognition, 23,* 646–658.

De Groot, A.D. (1965). *Thought and choice in chess*. The Hague: Mouton.

Dörner, D. (1981). Über die Schwierigkeit menschlichen Umgangs mit Komplexität. *Psychologische Rundschau, 32,* 163–179.

Duncker, K. (1935). *Zur Psychologie des produktiven Denkens*. Heidelberg: Springer.

Ericsson, K.A. (1996). *The road to excellence: the acquisition of expert performance in the arts and sciences, sports, and games*. Mahwah, NJ: Erlbaum.

Gick, M.L. & Holyoak, K.J. (1980). Analogical problem solving. *Cognitive Psychology, 12,* 306–355.

Gigerenzer, G. & Hoffrage, U. (1995). How to improve Bayesian reasoning without instruction: Frequency formats. *Psychological Review, 102,* 684–704.

Gigerenzer, G., Todd, P.M. & ABC Research Group (1999). *Simple heuristics that make us smart*. Oxford: Oxford University Press.

Hagmayer, Y. & Waldmann, M.R. (in Druck). Kausales Denken. In J. Funke (Hrsg.), *Enzyklopädie der Psychologie: Denken und Problemlösen* (Band C/II/8). Göttingen: Hogrefe.

Holland, J.H., Holyoak, K. ., Nisbett, R.E. & Thagard, P.R. (1986). *Induction. Processes of inference, learning, and discovery*. Cambridge, MA: MIT Press.

Johnson-Laird, P.N. & Byrne, R.M.J. (2002). Conditionals: a theory of meaning, pragmatics and inference. *Psychological Review, 109,* 646–678.

Johnson-Laird, P.N., Legrenzi, P. & Legrenzi, M. (1972). Reasoning and a sense of reality. *British Journal of Psychology, 63,* 395–400.

Kaplan, C.A. & Simon, H.A. (1990). In search of insight. *Cognitive Psychology, 22,* 374–419.

Klayman, J. & Ha, Y.-W. (1987). Confirmation, disconfirmation, and information in hypothesis testing. *Psychological Review, 94,* 211–228.

Kotovsky, K., Hayes, J.R. & Simon, H.A. (1985). Why are some problems hard? Evidence from Tower of Hanoi. *Cognitive Psychology, 17,* 248–294.

Luchins, A.S. & Luchins, E.H. (1959). *Rigidity of behavior: A variational approach to the effect of Einstellung*. Eugene, OR: University of Oregon Press.

Metcalfe, J. & Wiebe, D. (1987). Intuition in insight and noninsight problem solving. *Memory & Cognition, 15,* 238–246.

Murphy, G.L. (2002). *The big book of concepts*. Cambridge, MA: MIT Press.

Newell, A. & Simon, H.A. (1972*). Human problem solving*. Englewood Cliffs, NJ: Prentice-Hall.

Oaksford, M. & Chater, N. (1994). A rational analysis of the selection task as optimal data selection. *Psychological Review, 101,* 608–631.

Osherson, D.N., Smith, E.E., Wilkie, O., López, A. & Shafir, E. (1990). Category-based induction. *Psychological Review, 97,* 185–200.

Rips, L.J. (1994). *The psychology of proof*. Cambridge, MA: MIT Press.

Simon, H.A. (1978). Information processing theory of human problem solving. In W.K. Estes (Ed.), *Handbook of learning and cognitive processes* (Vol. 5). Hillsdale, NJ: Erlbaum.

Tversky, A. & Kahneman, D. (1980). Causal schemas in judgments under uncertainty. In M. Fishbein (Ed.), *Progress in social psychology* (pp. 49–72). Hillsdale, NJ: Erlbaum.

Tversky, A. & Kahneman, D. (1983). Extensional versus intuitive reasoning: the conjunction fallacy in probability judgment. *Psychological Review, 90,* 293–315.

Waldmann, M.R. & Weinert, F.E. (1990). *Intelligenz und Denken. Perspektiven der Hochbegabungsforschung*. Göttingen: Hogrefe.

Wason, P.C. (1960). On the failure to eliminate hypotheses in a conceptual task. *Quarterly Journal of Experimental Psychology, 12,* 129–140.

Wason, P.C. (1966). Reasoning. In B.M. Foss (Ed.), *New horizons in psychology*. Harmondsworth: Penguin.

Wertheimer, M. (1964). *Produktives Denken*. Frankfurt am Main: Kramer.

16 Emotion

W.-U. Meyer, G. Horstmann

Emotionen sind aus mehreren Gründen zentrale Phänomene unseres Lebens: Erstens sind Emotionen häufig vorkommende Phänomene. Es vergeht wohl kaum ein Tag, an dem wir keine Emotion erleben. Wir freuen uns über ein Geschenk, empfinden Mitleid mit einer anderen Person oder haben Angst vor einer Prüfung. Zweitens sind Emotionen bzw. besonders intensive Emotionen typischerweise mit Ereignissen verbunden, die wir als persönlich bedeutsam erachten, weil sie in engem Zusammenhang mit dem Verfolgen von wichtigen Anliegen oder Zielen stehen. Wir freuen uns z. B. mehr über einen Erfolg, der für unsere weitere Lebensplanung zentral ist, als über einen vergleichsweise unwichtigen Erfolg. Drittens scheinen Emotionen mit unserem »normalen« Handeln oder zumindest mit unseren Impulsen zu handeln in enger Beziehung zu stehen. Mitleid geht beispielsweise oft mit hilfreichem Verhalten einher. Und charakteristisch für Furcht ist der Drang, eine als bedrohlich wahrgenommene Situation zu verlassen oder zu vermeiden. Viertens können bestimmte Emotionen (und emotionsnahe Phänomene) unsere Funktionsfähigkeit erheblich einschränken. So kann Prüfungsangst die Leistung beeinträchtigen, und anhaltende Traurigkeit und Depression können zu sozialer Isolierung und in extremen Fällen zu Selbstmord führen. Tatsächlich stellen emotionale Störungen wie Depression, Prüfungsangst, Panikanfälle oder Phobien die bei weitem häufigsten Anlässe dafür dar, dass Personen sich in eine psychotherapeutische Behandlung begeben.

16.1 Was ist eine Emotion?

Im Lauf der Geschichte der Emotionspsychologie wurden auf die Frage, was denn eine Emotion genau ist, teils sehr unterschiedliche Antworten gegeben:

Emotionen als Bewusstseinszustände (Gefühle). Die meisten älteren und zahlreiche neuere Autoren definieren Emotionen als eine bestimmte Art von Bewusstseinszuständen, die gewöhnlich als Gefühle bezeichnet werden, wie z. B. das Gefühl von Ärger, Freude oder Mitleid. Diese Auffassung (Emotion = Gefühl) entspricht wohl am ehesten dem Alltagsverständnis von Emotionen. Allerdings besteht keineswegs Einigkeit darüber, was den Gefühlen ihre jeweils spezifische Qualität (z. B. die der Furcht) verleiht. Einige Theoretiker haben behauptet, dass Gefühle im Erleben von Handlungsimpulsen bestehen, z. B. das Gefühl der Wut in dem Drang anzugreifen (z. B. Arnold, 1960). Andere nehmen an, dass Gefühle nichts anderes als Empfindungen von körperlichen (insbesondere physiologischen) Veränderungen sind (z. B. James, 1884). Und wiederum andere

Autoren sind der Meinung, dass Gefühle in dem bewussten Gewahrsein bestimmter Situationseinschätzungen bestehen, z. B. bei Furcht der Einschätzung »diese Situation ist gefährlich« (z. B. Mees, 1991).

Emotionen als intersubjektiv beobachtbare Reaktionsmuster.

Nach Ansicht der behavioristisch (von »behavior« = Verhalten) orientierten Emotionstheoretiker können dagegen Gefühle nicht Bestandteil einer wissenschaftlichen Emotionsdefinition sein, und zwar deshalb, weil sie subjektiver Natur sind. Das heißt, sie sind immer nur der erlebenden Person selbst unmittelbar zugänglich, nicht aber außen stehenden Beobachtern. Im Gegensatz zu den Gefühlen ist Verhalten »öffentlich« oder intersubjektiv, nämlich insofern, als es allen Beobachtern prinzipiell in gleicher Weise zugänglich ist. Nach Auffassung der Behavioristen ist der legitime Forschungsgegenstand der Psychologie jedoch ausschließlich das intersubjektiv beobachtbare Verhalten sowie die beobachtbaren Umweltgegebenheiten, die das Verhalten beeinflussen. In Übereinstimmung mit diesem Postulat definieren diese Theoretiker Emotionen als intersubjektiv beobachtbare Reaktionsmuster. Watson (1930) zufolge soll z. B. die Emotion Furcht bei Neugeborenen in Anhalten des Atems, Schreien, Auffahren des ganzen Körpers und weiteren intersubjektiv beobachtbaren Reaktionen bestehen. Die behavioristischen Emotionstheorien spielen in der gegenwärtigen Emotionspsychologie zwar nur noch eine untergeordnete Rolle; jedoch hat der Behaviorismus die methodische Grundhaltung und das Vorgehen zahlreicher heutiger Emotionsforscher beeinflusst.

Emotionen als Reaktionssyndrome.

Zahlreiche neuere Emotionstheoretiker vertreten die Auffassung, dass Emotionen am besten als Reaktionssyndrome definiert werden sollten. Gemäß dieser Definition ist der subjektive Aspekt (das Gefühl) nur *ein* Bestandteil von Emotionen. Emotionen umfassen darüber hinaus als weitere Bestandteile einen physiologischen Aspekt und einen Verhaltensaspekt (Näheres dazu ▶ unten).

Zusammenfassend gibt es also keine allgemein geteilte Antwort auf die Frage: »Was ist eine Emotion?« Über diesen Sachverhalt wird in der Literatur häufig mit dem Hinweis darauf Klage geführt, dass jede wissenschaftliche Tätigkeit mit einer exakten Definition des Forschungsgegenstandes beginnen müsse. Diese Auffassung ist jedoch nichts weiter als ein weit verbreitetes Missverständnis. Denn eine exakte Definition des Forschungsgegenstandes (hier: Emotion) ist nicht die Voraussetzung, sondern vielmehr das Resultat einer wissenschaftlichen Analyse. Um Emotionen sinnvoll untersuchen zu können, ist eine **Arbeitsdefinition von Emotionen** hinreichend. Sie besteht in einer ungefähren Charakterisierung von Emotionen, die es erlaubt, den Forschungsgegenstand der Emotionspsychologie grob abzugrenzen und sich mit anderen darüber zu verständigen, was untersucht wird. Eine solche Definition, die für die meisten heutigen Emotionspsychologen mit unterschiedlichen theoretischen Überzeugungen akzeptabel sein dürfte (mit Ausnahme der behavioristisch orientierten), haben Meyer, Schützwohl und Reisenzein (2001) vorgeschlagen. Sie bezieht sich auf die Emotionen beim Menschen und umfasst die in der folgenden ▶ Übersicht aufgeführten Bestandteile.

Bestandteile einer Arbeitsdefinition von Emotionen (nach Meyer, Schützwohl & Reisenzein, 2001)

1. **Emotionen sind psychische Zustände von Personen**, wie z. B. Freude, Traurigkeit, Ärger, Angst, Eifersucht, Stolz, Überraschung, Mitleid, Scham, Schuld, Ekel, Neid sowie weitere Arten von psychischen Zuständen, die den genannten genügend ähnlich sind. Diese Phänomene haben die folgenden Merkmale gemeinsam:

2. **Emotionen sind aktuelle, kurzfristige psychische Zustände.** Die Definition von Emotionen als »aktuelle« Zustände soll dazu dienen, sie von emotionalen Dispositionen abzugrenzen, d. h. von mehr oder weniger überdauernden latenten Bereitschaften oder Neigungen zu bestimmten emotionalen Zuständen. Die Definition als »kurzfristige« Zustände soll dazu dienen, Emotionen von vergleichsweise länger andauernden Stimmungen abzugrenzen.

3. **Emotionen sind normalerweise bewusste Zustände.** Als bewusste Zustände haben sie eine bestimmte Erlebensqualität und Erlebensintensität. Die Definition von Emotionen als »normalerweise« bewussten Zuständen soll der Auffassung einiger Autoren Rechnung tragen, dass emotionale Zustände gelegentlich auch unbewusst sein können. Was die Erlebensqualität von Emotionen betrifft, so unterscheidet sie sich von der anderer bewusster Zustände wie Wahrnehmungen oder Vorstellungen. Dies wird häufig so umschrieben, dass emotionales Erleben »heiß«, nichtemotionales Erleben dagegen »kalt« ist. Namen für Qualitätstypen von Emotionen sind z. B. »Ärger«, »Angst« oder »Freude«. Diese Gefühlsqualitäten können in unterschiedlichen Intensitätsgraden auftreten (z. B. starker oder schwacher Ärger).

4. **Emotionen sind typischerweise objektgerichtet.** Wenn man stolz ist, traurig ist oder Angst hat, dann ist man in der Regel stolz auf etwas, traurig über etwas oder hat Angst vor etwas. Dieses »Etwas« ist das Objekt der Emotionen. Für das Auftreten von Emotionen ist im Übrigen nicht die reale Existenz von Objekten (Gegenstand, Ereignis, Person) entscheidend, sondern vielmehr die Überzeugung der Person, dass sie existieren, statt-

▼

gefunden haben oder zumindest möglich sind. »Objektgerichtetheit« wird häufig als ein Kriterium zur Abgrenzung der Emotionen von Stimmungen herangezogen, weil bei Stimmungen bestimmte Objekte, auf die sie sich beziehen, häufig zu fehlen scheinen.

5. **Emotionen haben neben dem subjektiven Aspekt auch einen physiologischen Aspekt und einen Verhaltensaspekt**, und zwar insofern, als mit dem (subjektiv) erlebten Gefühl bestimmte physiologische Veränderungen und Verhaltensweisen einhergehen können. Der physiologische Aspekt umfasst peripherphysiologische Veränderungen (z. B. Veränderungen der Atmung und/oder der Herzrate, Schwitzen, Erröten) sowie physiologische Vorgänge im zentralen Nervensystem (Gehirn). Der Verhaltensaspekt umfasst zwei Teilaspekte: (a) den expressiven oder Ausdrucksaspekt und (b) den instrumentellen oder Handlungsaspekt. Ersterer beinhaltet verschiedene Arten von meist unwillkürlichem Ausdrucksverhalten, nämlich den Gesichtsausdruck (mimischen Ausdruck), die Gestik und Körperhaltung, unwillkürliche Körperbewegungen sowie bestimmte Merkmale der Sprechstimme. Von diesen Komponenten findet der mimische Ausdruck in der gegenwärtigen Emotionspsychologie die größte Beachtung. Der Handlungsaspekt umfasst zielgerichtete Handlungen, z. B. Angriffsverhalten bei Wut oder Fluchtverhalten bei Furcht, sowie den Impuls oder die Tendenz zu zielgerichteten Handlungen.

16.2 Fragestellungen der Emotionspsychologie

Eine wichtige Frage der Emotionspsychologie lautet: Welche Art von Zuständen sind Emotionen? Auf Teilaspekte dieser Frage sind wir bereits im ▶ Abschn. 16.1 eingegangen. Einige weitere Teilfragen in diesem Zusammenhang lauten: Wie viele verschiedene Emotionsqualitäten gibt es und wie unterscheiden sie sich in Bezug auf den subjektiven (Erlebens-), Verhaltens- und physiologischen Aspekt? Lassen sich bestimmte Emotionen auf einige wenige grundlegende Emotionen (sog. Basisemotionen) zurückführen? In welcher Hinsicht unterscheiden sich Emotionen von intuitiv verwandten Phänomenen wie z. B. Stimmungen? Ein weiteres zentrales Thema der Emotionsforschung ist die Frage: Welche Bedeutung haben Emotionen für andere psychologische Prozesse wie z. B. Wahrnehmung, Aufmerksamkeit, Gedächtnis, Entscheiden, Motivation und Handeln, soziale Kommunikation und Interaktion? Auf Teilaspekte dieser Frage kommen wir bei der Behandlung der Funktion von Emotionen zurück.

Die meisten heutigen Emotionstheoretiker beschäftigen sich (im weitesten Sinn) mit einem dritten Fragenkomplex, nämlich mit Fragen nach der Verursachung (Entstehung) von Emotionen bzw. emotionalen Mechanismen. Diese Fragen lassen sich in Anlehnung an Tinbergen (1963) in solche nach der Aktualgenese von Emotionen sowie nach der Ontogenese und der Phylogenese (und der biologischen Funktion) der den Emotionen zugrunde liegenden Mechanismen untergliedern.

Aktualgenese von Emotionen. Emotionen als aktuelle Zustände setzen wie jeder andere körperliche oder psychische Prozess eine physische Grundlage voraus, die ihren Ablauf ermöglicht. Diese besteht insbesondere in bestimmten neuralen Strukturen des Gehirns, die wir als Emotionsmechanismen bezeichnen. Die Frage nach der Aktualgenese von Emotionen lautet allgemein formuliert: Auf welche Weise werden Emotionen in einer konkreten Situation erzeugt? In diesem Zusammenhang stellen sich u. a. folgende Teilfragen: Wie sind die Mechanismen beschaffen, die den aktuellen Emotionen zugrunde liegen? Welcher Art sind die beteiligten körperlichen, d. h. zentralnervösen und peripherphysiologischen Prozesse? Durch welche Reize bzw. Auslöser wird ein Emotionsmechanismus aktiviert und eine Emotion ausgelöst?

Phylogenese und biologische Funktion von Emotionsmechanismen. Schon im ausgehenden 19. und beginnenden 20. Jahrhundert haben sich einige Emotionstheoretiker – unter dem Einfluss der Evolutionstheorie Darwins (▶ Kap. 4) – mit der Frage befasst, wie sich die Emotionsmechanismen in der stammesgeschichtlichen Entwicklung (Phylogenese) herausgebildet haben (z. B. McDougall, 1908/1960; ▶ Kurzbiographie). Danach ist die Behandlung dieser Frage weitgehend vernachlässigt worden, bis sie dann in den 70er und 80er Jahren des letzten Jahrhunderts bei zahlreichen Emotionspsychologen wieder auf Interesse stieß. Mit der Frage nach der stammesgeschichtlichen Entwicklung ist aufs Engste die Frage nach der biologischen Funktion der ererbten Emotionsmechanismen verknüpft, d.h. die Frage, zu welchem biologischen Zweck sich die Emotionsmechanismen in der Phylogenese herausgebildet haben (Näheres dazu ▶ unten).

Ontogenese von Emotionsmechanismen. Die Frage nach der Ontogenese der Emotionsmechanismen bezieht sich darauf, inwieweit sie durch Ereignisse und Vorgänge modifiziert werden, die während der individuellen Entwicklung (Ontogenese) des Organismus auftreten. Die ererbten Emotionsmechanismen lassen sich, wie die meisten ererbten psychischen Mechanismen des Menschen, als sog. »offene Verhaltensprogramme« beschreiben, die insofern eine plastische (= offene) neuronale Struktur aufweisen, als sie

William McDougall

William McDougall wurde 1871 in Chadderton (England) geboren. Nach dem Besuch einer englischen Privatschule und des Realgymnasiums in Weimar schrieb er sich im Alter von 15 Jahren an der Universität Manchester ein, wo sein besonderes Interesse der Biologie galt. Später studierte er in Cambridge und London Medizin. Nach Abschluss des Studiums lehrte er experimentelle Psychologie am University College in London und Philosophie an der Universität Oxford. 1920 folgte McDougall einem Ruf auf den prestigereichen Lehrstuhl für Psychologie an der Universität Harvard (USA); 1927 wechselte er an die Duke-Universität. McDougall starb 1938.

McDougall forderte bereits in der Anfangszeit der institutionalisierten Psychologie (ca. 1870–1920) die Schaffung einer auf den Erkenntnissen Darwins aufbauenden »evolutionären Psychologie«, welche die einzig tragfähige Grundlage der Sozialwissenschaften sei. In seinem bekanntesten Werk, der 1908 erschienenen »Introduction to Social Psychology«, wandte er diese Sichtweise auf die Motivations- und Emotionspsychologie an. Er entwickelte dort eine Emotionstheorie, die fast alle zentralen Annahmen der neueren evolutionspsychologischen Emotionstheorien vorweggenommen hat.

durch individuelle Lernerfahrungen modifiziert werden können. Durch Lernen können z. B. erworbene Informationen über bestimmte bedrohliche Reize strukturelle Veränderungen im Emotionsmechanismus hervorrufen, sodass diese Reize (ebenfalls) Furcht auslösen. Neben einer Veränderung dieser Mechanismen durch Lernen spielt in der Ontogenese jedoch auch Reifung eine Rolle. Zum Beispiel bildet sich in der Mitte des 2. Lebensjahrs das Ich-Bewusstsein aus, was eine (allerdings nicht die einzige) Voraussetzung dafür ist, dass differenzierte Emotionen wie Verlegenheit, Stolz und Scham auftreten. So ist die Emotion Freude über ein selbst verursachtes Ereignis bereits bei Säuglingen zu beobachten (Watson & Ramey, 1972), während die Emotion Stolz über solch ein Ereignis erst im Alter

von ungefähr 3 Jahren auftreten soll (vgl. Geppert & Heckhausen, 1990).

16.3   Emotionstheorien

Die zahlreichen bislang vorgeschlagenen Emotionstheorien lassen sich anhand unterschiedlicher Gesichtspunkte klassifizieren. Ein brauchbarer Gesichtspunkt ist, welche der drei oben genannten zentralen Fragen (Phylogenese, Ontogenese, Aktualgenese) die jeweilige Theorie in erster Linie beantworten will. Unter diesem Gesichtspunkt lassen sich evolutionspsychologische, lerntheoretische, kognitive sowie neuro- und psychophysiologische Emotionstheorien unterscheiden. Dabei ist allerdings zu betonen, dass zwischen diesen Theorien keine scharfen Abgrenzungen bestehen.

16.3.1   Evolutionspsychologische Emotionstheorien

Die evolutionspsychologischen Emotionstheorien beschäftigen sich in zentraler Weise mit der Frage nach der stammesgeschichtlichen Entwicklung (**Phylogenese**) und der **biologischen Funktion** der Emotionsmechanismen (vgl. Meyer, Schützwohl & Reisenzein, 2003). Das zentrale Postulat dieser Theorien lautet: Die grundlegenden Emotionsmechanismen sind in der stammesgeschichtlichen Entwicklung durch den Vorgang der natürlichen Selektion entstanden, und zwar deshalb, weil diese Mechanismen eine bestimmte adaptive Funktion oder einen bestimmten adaptiven Zweck erfüllten (▶ Kap. 4). Dieser Zweck bestand in der evolutionären Vergangenheit (und besteht überwiegend heute noch) darin, bestimmte immer wieder auftretende Anpassungsprobleme zu lösen, wie z. B. »Zurückweisen von schädlichen Substanzen« (Emotion: Ekel), »Untreue der Partnerin oder des Partners« (Eifersucht) oder »Bedrohung durch Feinde« (Furcht).

Zahlreiche evolutionspsychologische Emotionstheoretiker postulieren eine begrenzte Anzahl grundlegender, angeborener und bereichsspezifischer Emotionsmechanismen bzw. Emotionen wie Freude, Ärger, Furcht, Trauer, Ekel und Überraschung. Diese sog. Basisemotionen sollen die Grundlage für die übrigen Emotionen bilden. Als Argument für die Annahme der stammesgeschichtlichen Entwicklung der Basisemotionen wird häufig angeführt, dass für diese Emotionen jeweils universelle (transkulturell nachweisbare) Gesichtsausdrücke charakteristisch sind (z. B. Ekman, 1972, 2003). Die erste, auch heute noch viel beachtete evolutionspsychologische Emotionstheorie stammt von Charles Darwin, der sich speziell mit der stammesgeschichtlichen Entstehung des (mimischen) Ausdrucks von Emotionen beschäftigte (Darwin, 1872/1965). Neuere evolutionspsychologische Emotionstheorien wurden z. B. von Ekman (1972, 2003) und Plutchik (1993) entwickelt. Darüber hinaus bilden evolutionspsychologische Überlegungen die Grundlage neuerer theoretischer und empirischer Arbeiten, in denen einzelne Emotionen untersucht werden, wie z. B. Furcht (z. B. Öhman, 2000) oder Eifersucht (z. B. Buss, 2000).

16.3.2 Lernpsychologische Emotionstheorien

Die lernpsychologischen Emotionstheorien beschäftigen sich in erster Linie mit der **Ontogenese** von Emotionsdispositionen. Deren zentrale Frage lautet, wie die Emotionsmechanismen durch Erfahrungen, die eine Person im Lauf ihrer Lebensgeschichte macht, entstehen bzw. modifiziert werden. Wie die evolutionspsychologischen Emotionstheorien, so beschäftigen sich also auch diese Theorien mit der Frage nach der Herkunft der Emotionsmechanismen, wobei das Schwergewicht jedoch auf Lernen statt auf Evolution liegt. Zwar betonen beide Gruppen von Theorien in aller Regel die Bedeutung von Anlage (Evolution) *und* Umwelt (Lernen bzw. Sozialisation); im Unterschied zu den evolutionspsychologisch orientierten Emotionstheoretikern postulieren die meisten lernpsychologisch orientierten Emotionstheoretiker jedoch, dass die angeborene Ausstattung des Menschen (einschließlich der Emotionsmechanismen) sehr begrenzt ist und dass die zentralen psychischen Mechanismen, die dem Erleben und Verhalten zugrunde liegen, durch Lernen bzw. Sozialisation entstanden sind oder dadurch zumindest entscheidend geformt wurden.

Die frühen, im engeren Sinn lernpsychologisch orientierten Emotionstheoretiker untersuchten insbesondere zwei Fragen:

1. Wie können Emotionsmechanismen durch Konditionierung (▶ Kap. 11) so verändert werden, dass bestimmte emotionale Reaktionen (z. B. Furcht) außer durch angeborene Reize (z. B. den plötzlichen Verlust von Halt) auch durch zahlreiche andere, sog. konditionierte Reize (z. B. ein Kaninchen) ausgelöst werden?
2. Wie können unerwünschte emotionale Reaktionen (insbesondere Furchtreaktionen) durch Konditionieren beseitigt, d. h. »therapiert« werden?

Neuere lernpsychologische Emotionstheorien postulieren, dass die an der Emotionsentstehung beteiligten Lernprozesse nicht auf Konditionierungsprozesse reduziert werden können, sondern vielmehr komplexer Natur sind. Diese Theorien betonen vor allem die Rolle des **sozialen Lernens**. So nehmen beispielsweise die sog. **sozial-konstruktivistischen Emotionstheorien** (Zusammenfassung bei Weber, 2000) an, dass Emotionen und die ihnen zugrunde liegenden psychischen Mechanismen weitgehend durch gruppen- bzw. kulturspezifische Sozialisationsprozesse geformt sind, d. h., »sozial konstruiert« sind. Diese Mechanismen umfassen z. B. gelernte Verhaltensvorschriften, Überzeu-

gungen und Werte. Da sich Letztere zwischen verschiedenen Kulturen unterscheiden, ist zu erwarten, dass z. B. im Hinblick auf die auslösenden Bedingungen oder den Ausdruck von Emotionen eine kulturabhängige Varianz besteht.

16.3.3 Kognitive Emotionstheorien

Anders als die evolutions- und lernpsychologischen Emotionstheorien beschäftigen sich die kognitiven Emotionstheorien in zentraler Weise mit der **Aktualgenese** von Emotionen, insbesondere mit der Frage, durch welche Reize und Prozesse ein Emotionsmechanismus in einer konkreten Situation aktiviert und eine aktuelle Emotion erzeugt wird (Zusammenfassung bei Reisenzein, Meyer & Schützwohl, 2003; s. auch Reisenzein, 2000). Das zentrale Postulat dieser Theorien lautet, dass das Auftreten von Emotionen gegenüber einem Objekt ebenso wie deren Qualität und Intensität von dem Resultat bestimmter kognitiver Prozesse abhängt (lat. »cognoscere« = wahrnehmen, erkennen, beurteilen, wissen). Diese Prozesse bestehen in **Bewertungen** oder **Einschätzungen** dieses Objekts durch die erlebende Person. Unterschiedliche Emotionen sollen typischerweise mit unterschiedlichen Mustern von Einschätzungen verknüpft sein.

Laut der kognitiven Emotionstheorie von Lazarus (1991) umfassen diese Einschätzungen u. a. eine Überprüfung der **Relevanz** des Objekts (einer Person-Umwelt-Beziehung) für die eigenen Ziele und Wünsche sowie der **Kongruenz** mit den Zielen und Wünschen. Eine Emotion entsteht nach Lazarus nur dann, wenn ein Objekt als »relevant« für die eigenen Ziele und Wünsche eingeschätzt wird. Die Bewertung der Zielkongruenz entscheidet darüber, ob die Emotion positiv (kongruent) oder negativ (inkongruent) ist. Welche positive oder negative Emotion dann im Einzelnen entsteht, hängt von dem Ergebnis weiterer Einschätzungen ab. So setzt die Emotion »Traurigkeit« (z. B. über den Verlust einer geliebten Person) – außer einer Einschätzung der Zielrelevanz und Zielkongruenz – die Einschätzung voraus, einen Sachverhalt nicht bewältigen zu können (z. B. den Verlust nicht rückgängig machen zu können).

16.3.4 Neuro- und psychophysiologische Emotionstheorien

Diese Theorien beschäftigen sich ebenfalls in erster Linie mit der **Aktualgenese** von Emotionen. Deren zentrale Frage lautet, wie die Struktur des Emotionsmechanismus und wie die **körperlichen Prozesse** beschaffen sind, die den Emotionen zugrunde liegen bzw. diese begleiten. Psychophysiologische Emotionstheorien beschäftigen sich insbesondere mit der Frage, ob unterschiedliche Emotionen mit spezifischen peripher-physiologischen Veränderungen

(z. B. der Herzrate oder des Blutdrucks) einhergehen. Neurophysiologische Emotionstheorien versuchen zu erklären, welche Strukturen und physiologischen Prozesse im zentralen Nervensystem (Gehirn) an der Entstehung von Emotionen beteiligt sind.

Ein prominentes Beispiel für eine neurophysiologische Emotionstheorie stammt von LeDoux (1998), der vor allem die neuralen Grundlagen der Entstehung von Furchtreaktionen erklären will. Nach LeDoux ist die zentrale neurale Schaltstelle für Furcht die Amygdala (Mandelkern; ▶ Kap. 3), ein subkortikales Kerngebiet im Großhirn, das er auch als die »Nabe im Rad der Furcht« bezeichnet. LeDoux postuliert zwei teilweise voneinander unabhängige Pfade, über die die Amygdala aktiviert wird und – damit verbunden – Furchtreaktionen ausgelöst werden können. Beide Pfade beginnen mit der Reizung eines Sinnesorgans (z. B. des Ohrs), von dem aus Nervenimpulse zum sensorischen Thalamus geleitet werden. Auf dem sog. **subkortikalen Pfad** gelangen sehr einfache Reizinformationen vom sensorischen Thalamus ohne Beteiligung des Kortexes – d. h., ohne dass eine vollständige und daher zeitaufwändige Analyse des Reizes erfolgt – direkt zur Amygdala. Dieser »kurze« Pfad erlaubt es der Amygdala, potenziell bedrohliche Reize in der Umgebung sehr schnell zu entdecken und darauf zunächst einmal mit einfachen angeborenen Defensivreaktionen (z. B. Erstarren) in automatischer Weise zu antworten. Der **kortikale Pfad** führt vom sensorischen Thalamus zum sensorischen Kortex und zu weiteren Hirnarealen, wo die Reizinformationen unter Berücksichtigung der Gesamtsituation einer differenzierten Analyse unterzogen wird. Über diesen Pfad werden insbesondere bewusste Wahrnehmungen und Interpretationen des Reizes an die Amygdala übermittelt und als bedrohlich oder harmlos bewertet.

Unabhängig davon, ob eine Reizinformation über den kortikalen oder den subkortikalen Pfad zur Amygdala gelangt, löst ihre Bewertung als bedrohlich absteigende und aufsteigende Aktivierungen aus. Absteigend werden weitere subkortikale Strukturen aktiviert, die die bereits erwähnten automatischen Defensivreaktionen einleiten. Aufsteigende Aktivierung zum Kortex führt u. a. zum bewussten Erleben von Furcht. Letzteres ist ein wichtiger Ausgangspunkt für willentliche Handlungen in Bezug auf den bedrohlichen Reiz (▶ Abschn. 16.4), die – im Vergleich mit den einfachen Defensivreaktionen – differenziertere Verhaltensantworten darstellen.

16.4   Funktionen von Emotionen

Die Funktion von Emotionen kann aus unterschiedlichen Perspektiven betrachtet werden (◘ Abb. 16.1).

16.4.1 Biologische Funktionen

Aus der evolutionären Perspektive stellt sich die Frage nach der biologischen Funktion von Emotionen; dabei ist zunächst zwischen deren ultimater und proximater Funktion zu unterscheiden. Aus evolutionärer Sicht sind Emotionen – genauer: die den Emotionen zugrunde liegenden Mechanismen – sog. Anpassungen. Anpassungen sind ererbte, körperliche oder psychische Merkmale, die sich, wie schon erwähnt, in der stammesgeschichtlichen Entwicklung durch natürliche Selektion deshalb herausgebildet haben, weil sie bestimmte Anpassungsprobleme lösten und auf diese Weise die inklusive Fitness der Träger dieser Anpassungen erhöhten (▶ Kap. 36). Die **ultimate (letztendliche) Funktion** jeder körperlichen oder psychischen Anpassung, also auch der emotionalen Mechanismen, besteht in der Erhöhung der inklusiven Fitness, d. h. in der Erhöhung der Fortpflanzungschancen des Trägers der Anpassung und seiner genetischen Verwandten.

Während die ultimate Funktion aller Emotionen demnach identisch ist, unterscheiden sich einzelne Emotionen in ihrer proximaten Funktion. Die **proximate (unmittelbare) Funktion** einer Emotion ist diejenige unmittelbare Auswirkung der Emotion, mit deren Hilfe die Erhöhung der Fitness bei der Lösung eines Anpassungsproblems erreicht wird. So besteht im Fall der Emotion »Furcht« das Anpassungsproblem in einer Gefahr, und die proximate oder unmittelbare Funktion von Furcht besteht im Verringern der Gefährdung (z. B. durch »flüchten« oder »sich verstecken«), was letztendlich eine Erhöhung der inklusiven Fitness bewirkt.

Auf welche Weise werden aber, genauer gefragt, die jeweiligen Fitness-erhöhenden Auswirkungen erreicht, die die proximate Funktion einer Emotion darstellen – also im Fall von Furcht z. B. die Verringerung einer Gefährdung? Sie werden dadurch erreicht, dass die einzelnen Aspekte einer Emotion diesbezüglich spezielle Subfunktionen übernehmen: eine disponierende und motivierende Funktion sowie eine Selbstwahrnehmungsfunktion und eine sozial-kommunikative Funktion. Die beiden erstgenannten Funktionen werden in der Literatur auch als **organismische Funktionen** bezeichnet, die beiden letztgenannten als **informationale (bzw. kommunikative) Funktionen** (◘ Abb. 16.1).

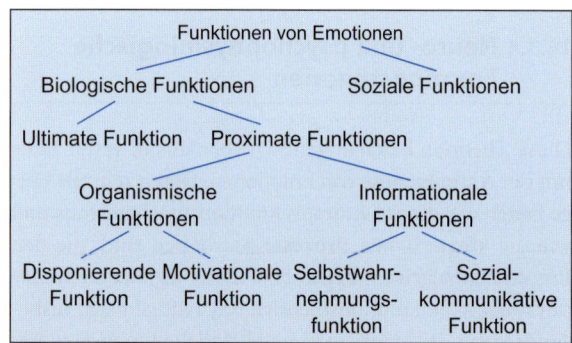

◘ Abb. 16.1. Die Funktionen von Emotionen

Die **disponierende Funktion** eines Emotionsaspekts befähigt bzw. unterstützt den Organismus, ein Anpassungsproblem zu bewältigen. Eine disponierende Funktion hat etwa im Fall der Emotion »Furcht« ihr physiologischer Aspekt, indem z. B. die Ausschüttung von Stresshormonen wie Kortisol und Adrenalin den Organismus optimal auf die körperliche Anstrengung vorbereitet (ihn dazu disponiert), die etwa für die Abwehr eines Angriffs bzw. eine Flucht aufgewendet werden muss.

Um ein Anpassungsproblem zu bewältigen, muss ein Organismus jedoch nicht nur entsprechend disponiert sein, er muss zur Bewältigung auch motiviert sein. Die **motivationale Funktion** von Emotionen, die von einigen Autoren als deren zentrale Funktion betrachtet wird, betrifft in erster Linie den Handlungsaspekt. Zahlreiche Autoren haben postuliert, dass zumindest einige Emotionen (die Basisemotionen) mehr oder weniger regelmäßig mit einer Tendenz oder Bereitschaft (Motivation) zu bestimmten Handlungen verbunden sind. Diese emotionsspezifischen Tendenzen verschaffen solchem Verhalten Priorität, das geeignet ist, ein momentan vorhandenes Anpassungsproblem zu lösen. Beispielsweise tritt bei Furcht häufig die Tendenz auf zu flüchten oder sich zu verstecken, und für Ekel ist die Tendenz charakteristisch, das diese Emotion auslösende Objekt zurückzuweisen oder zu vermeiden, z. B. indem man es ausspeit oder sich von ihm entfernt.

Die informationale Funktion von Emotionen umfasst, ebenso wie die organismische Funktion, zwei Aspekte (◘ Abb. 16.1). Den ersten dieser Aspekte bezeichnen wir als die **Selbstwahrnehmungsfunktion** von Emotionen. Unter diesem Begriff fassen wir das von zahlreichen älteren und neueren Autoren aufgestellte Postulat zusammen, dass der subjektive Aspekt einer Emotion – d. h. das Gefühl von z. B. Freude, Ärger oder Furcht – der erlebenden Person bestimmte Informationen liefert, die für ihre weitere Handlungsplanung von Bedeutung sind. McDougall (1908/1960) zufolge machen Gefühle der erlebenden Person bewusst, von welchen Handlungstendenzen sie momentan angetrieben ist. Diese Information soll die Voraussetzung für eine bewusste Handlungsregulation schaffen, indem die emotionsspezifischen Handlungstendenzen bzw. die durch sie ausgelösten Handlungen in situationsangemessener Weise ergänzt oder modifiziert werden. So schafft etwa das Gefühl des Ärgers die Voraussetzung dafür, einen aggressiven Handlungsimpuls zu bremsen und das Ärgernis auf eine sozial akzeptablere Weise zu beseitigen. Andere Autoren nehmen an, dass positive und negative Gefühle die erlebende Person nicht in erster Linie über ihre Handlungstendenzen informieren, sondern vielmehr darüber, dass eine Situation oder ein Objekt ihren Wünschen und ihrem Wohlergehen zuträglich bzw. abträglich ist bzw. darüber, wie ihre meist nicht bewussten Bewertungen, Wünsche und Motive beschaffen sind, die dem momentanen Handeln zugrunde liegen. Wird im Handlungsverlauf durch ein Ereignis oder Objekt ein Gefühl ausgelöst, so wird der Person dadurch ins Bewusstsein gerufen, dass die Situation für ihre Wünsche und Motive von Bedeutung ist und daher möglicherweise, wie Plutchik (1993) es nennt, »Handlungsbedarf« besteht. Diese Information kann für die weitere intentionale Handlungsplanung von zentraler Bedeutung sein.

Der zweite Aspekt der informationalen Funktion von Emotionen, die **sozial-kommunikative Funktion**, betrifft nicht den subjektiven Aspekt von Emotionen, sondern den Ausdrucksaspekt – insbesondere den mimischen Ausdruck. Der mimische Ausdruck hat, so wird angenommen, insofern eine sozial-kommunikative Funktion, als er anderen Personen Informationen insbesondere über die Gefühle der ausdrückenden Person liefert, aber auch über andere mit Gefühlen verbundene psychische Zustände wie Handlungsabsichten und Situationseinschätzungen. Der bekannteste Verfechter dieser Position ist Ekman (1972, 2003). Ekman zufolge sind die sog. Basisemotionen durch spezifische mimische Ausdrücke charakterisiert. Zu diesen Emotionen gehören Freude, Traurigkeit, Ärger, Ekel, Furcht und Überraschung. Zum Beispiel besteht der für Überraschung charakteristische mimische Ausdruck im idealtypischen Fall in einem Weiten der Augen (durch Heben des Oberlids) und dem Hochziehen der Augenbrauen, was Querfalten auf der Stirn erzeugt und den Augen ein großes und rundes Aussehen verleiht, sowie im Öffnen des Mundes zu einer ovalen Form. Dagegen besteht der mimische Ausdruck von Traurigkeit u. a. darin, dass die inneren Enden der Augenbrauen zusammen gezogen und nach oben gerichtet sind, die oberen Augenlider gesenkt und die Mundwinkel nach unten gerichtet sind. Tritt bei einer Person während der Emotionsepisode der charakteristische mimische Ausdruck auf, so liefert dieser einem Beobachter Informationen über das Gefühl der Person (und mit dem Gefühl verbundene psychische Zustände); diese Information kann das Verhalten des Beobachters beeinflussen. Der Ausdruck von Traurigkeit etwa kann einen Beobachter veranlassen, die Person zu trösten oder die emotionsauslösende Situation zu verändern.

Es ist allerdings zu betonen, dass keine Notwendigkeit besteht, die Funktion von Emotionen ausschließlich von einem evolutionspsychologischen Standpunkt zu betrachten.

16.4.2 Soziale Funktionen

Vor allem wenn von der sozialen Funktion von Emotionen (◘ Abb. 16.1) die Rede ist, bezeichnet der Funktionsbegriff weniger die selektionswirksamen Auswirkungen von Emotionen in der Evolution als vielmehr deren Auswirkungen in der Gesellschaft bzw. die gesellschaftliche Bedeutung von Emotionen. Die sozialen Funktionen einer Emotion können mit ihren biologischen Funktionen überlappen, aber auch von diesen unabhängig sein.

Die sozialen Funktionen von Emotionen sind vielfältig und lassen sich nach solchen auf der dyadischen Ebene sowie der Gruppen- und der kulturellen Ebene unterscheiden (vgl. Keltner & Haidt, 1999). Auf der **dyadischen** Ebene, d. h. der Ebene der Interaktion von zwei Personen, bestimmen Emotionen das Grundthema der Interaktion (etwa als freundlich oder feindlich) und sind Gegenstand nonverbaler Kommunikation (etwa durch den mimischen Ausdruck von Freude oder Ärger); sie erwecken gleichgerichtete oder komplementäre Emotionen im Interaktionspartner (etwa gemeinsame Freude oder Furcht als Antwort auf eine ärgerliche Person); und sie sind positive oder negative Anreize für das Verhalten anderer (man unterlässt etwas, um den anderen nicht zu verletzen).

Was die Ebene der **Gruppe** betrifft, wird vermutet, dass kollektive (gemeinsame) Emotionen – etwa bei einer Feier, im Gottesdienst oder bei einem Fußballspiel – die Funktion haben, den Gruppenzusammenhalt zu stärken und Gruppengrenzen zu markieren. Ein Beispiel: Wer sich über den Treffer der Heimmannschaft freut, gehört zu uns; wer sich darüber ärgert, gehört zur gegnerischen Gruppe. Unterschiedliche Emotionen von Personen innerhalb einer Gruppe können dagegen die Funktion haben, unterschiedliche Rollen und Statusebenen in der Gruppe anzuzeigen. So kann etwa die Emotion Beschämung einen Statusverlust der erlebenden Person innerhalb der Gruppe signalisieren oder Verachtung einen herausgehobenen Status.

Für die **kulturelle** Ebene muss zunächst festgestellt werden, dass die Kultur insofern einen maßgeblichen Einfluss auf emotionales Verhalten und Erleben hat, als sie emotionsrelevante Werte, Überzeugungen und Verhaltensvorschriften weitgehend mitbestimmt. So wird etwa in Japan das Erleben und der Ausdruck von Ärger gegenüber Verwandten oder Kollegen als unangemessen betrachtet (Markus & Kitayama, 1991), während in den USA Ärger gegenüber gut bekannten oder geliebten Personen häufig auftritt und akzeptiert wird und dort als ein Mittel betrachtet wird, die eigene Autorität und Unabhängigkeit zu bewahren (Averill, 1982). Weiterhin können Emotionen bedeutende Elemente der Selbstwahrnehmung einer Kultur sein, indem sie sich z. B. als freundlich, feindlich, aggressiv oder kühl einschätzt. Darüber hinaus erfüllen Emotionen eine wichtige Funktion für die Vermittlung kultureller Wertvorstellungen in der kindlichen Entwicklung, etwa die Emotion Ekel in der kindlichen Sauberkeitserziehung.

Literatur

Referenzliteratur

Dalgleish, T. & Power, M.J. (Eds.). (1999). *Handbook of cognition and emotion*. Chichester: Wiley.

Davidson, R.J., Scherer, K.R. & Goldsmith, H.H. (Eds.). (2003). *Handbook of affective sciences*. New York: Oxford University Press.

Lewis, M. & Haviland, J.M. (Eds.). (2000). *Handbook of emotions* (2nd ed.). New York: Guilford.

Meyer, W.-U., Schützwohl, A. & Reisenzein, R. (2001). *Einführung in die Emotionspsychologie* (Band I, 2. überarbeitete Aufl.). Bern: Huber.

Meyer, W.-U., Schützwohl, A. & Reisenzein, R. (2003). *Einführung in die Emotionspsychologie* (Band II, 3. korrigierte Aufl.). Bern: Huber.

Otto, J.H., Euler, H.A. & Mandl, H. (Hrsg.). (2000). *Emotionspsychologie. Ein Handbuch*. Weinheim: Psychologie Verlags Union.

Reisenzein, R. & Horstmann, G. (2005). Emotion. In H. Spada (Hrsg.), *Lehrbuch Allgemeine Psychologie* (3. Aufl.), (S. 435–500). Bern: Huber.

Reisenzein, R., Meyer, W.-U. & Schützwohl, A. (2003). *Einführung in die Emotionspsychologie* (Band III). Bern: Huber.

Schmidt-Atzert, L. (1996). *Lehrbuch der Emotionspsychologie*. Stuttgart: Kohlhammer.

Zitierte Literatur

Arnold, M. (1960). *Emotion and personality* (Vol. 1). New York: Columbia University Press.

Averill, J.R. (1982). *Anger and aggression. An essay on emotion*. New York: Springer.

Buss, D.M. (2000). *The dangerous passion: When jealousy is as necessary as love and sex*. New York: Free Press.

Darwin, C. (1965). *The expression of the emotions in man and animals*. Chicago: Chicago University Press (Original erschienen 1872).

Ekman, P. (1972). Universals and cultural differences in facial expressions of emotion. In J.K. Cole (Ed.), *Nebraska symposium on motivation* (Vol. 19, pp. 207–283). Lincoln, NE: University of Nebraska Press.

Ekman, P. (2003). *Emotions revealed*. New York: Times Books.

Geppert, U. & Heckhausen, H. (1990). Ontogenese der Emotionen. In K.R. Scherer (Hrsg.), *Enzyklopädie der Psychologie: Band C/IV/3 Psychologie der Emotionen* (S. 115–213). Göttingen: Hogrefe.

James, W. (1884). What is an emotion? *Mind, 9*, 77–97.

Keltner, D. & Haidt, J. (1999). Social functions of emotions at four levels of analysis. *Cognition and Emotion, 13*, 505–521.

Lazarus, R.S. (1991). *Emotion and adaptation*. New York: Oxford University Press.

LeDoux, J.E. (1998). *The emotional brain: the mysterious underpinnings of emotional life*. New York: Simon & Schuster.

Markus, H.R. & Kitayama, S. (1991). Culture and the self: Implications for cognition, emotion, and motivation. *Psychological Review, 98*, 224–253.

McDougall, W. (1960). *An introduction to social psychology* (31st ed.). London: Methuen (Erstausgabe erschienen 1908).

Mees, U. (1991). *Die Struktur der Emotionen*. Göttingen: Hogrefe.

Öhman, A. (2000). Fear and anxiety: evolutionary, cognitive and clinical perspectives. In M. Lewis & J.M. Haviland (Eds.), *Handbook of emotions* (2nd ed., pp. 573–593). New York: Guilford.

Plutchik, R. (1993). Emotions and their vicissitudes: emotions and psychopathology. In M. Lewis & J.M. Haviland (Eds.), *Handbook of emotions* (pp. 53–66). New York: Guilford.

Reisenzein, R. (2000). Einschätzungstheoretische Ansätze. In J.H. Otto, H.A. Euler & H. Mandl (Hrsg.), *Emotionspsychologie. Ein Handbuch* (S. 117–138). Weinheim: Psychologie Verlags Union.

Tinbergen, N. (1963). On aims and methods of ethology. *Zeitschrift für Tierpsychologie, 20*, 410–433.

Watson, J.B. (1930). *Behaviorism*. New York: Norton.

Watson, J.S. & Ramey, C.T. (1972). Reactions to response-contingent stimulation in early infancy. *Merrill-Palmer Quarterly, 18*, 219–227.

Weber, H. (2000). Sozial-konstruktivistische Ansätze. In J.H. Otto, H.A. Euler & H. Mandl (Hrsg.), *Emotionspsychologie. Ein Handbuch* (S. 139–150). Weinheim: Psychologie Verlags Union.

17 Motivation

R. Reisenzein

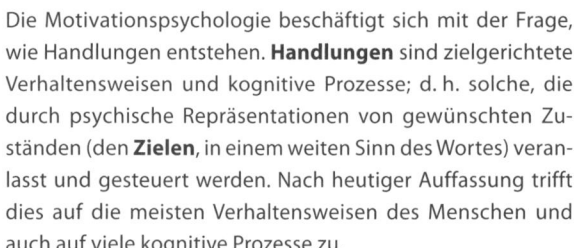

Die Motivationspsychologie beschäftigt sich mit der Frage, wie Handlungen entstehen. **Handlungen** sind zielgerichtete Verhaltensweisen und kognitive Prozesse; d. h. solche, die durch psychische Repräsentationen von gewünschten Zuständen (den **Zielen**, in einem weiten Sinn des Wortes) veranlasst und gesteuert werden. Nach heutiger Auffassung trifft dies auf die meisten Verhaltensweisen des Menschen und auch auf viele kognitive Prozesse zu.

Ziele sind, wie gesagt, gewünschte Zustände; ein Ziel zu haben heißt daher, sich einen Zustand zu wünschen. Der Fachausdruck **Motiv** wird häufig – so auch in diesem Kapitel – als Bezeichnung für diese handlungsverursachenden Wünsche verwendet. Jedoch finden sich in der Literatur sowohl engere als auch weitere Begriffsverwendungen. So reservieren einige Motivationstheoretiker den Terminus Motiv für eine Untergruppe von Wünschen, nämlich für solche, die relativ situationsübergreifend und zeitlich stabil und/oder grundlegend sind (z. B. »Leistungsmotiv«, »hedonistisches Motiv«; ▶ Abschn. 17.3). Andere Motivationstheoretiker meinen mit Motiven dagegen sämtliche psychischen Ursachen oder »Beweggründe« des Handelns, insbesondere also auch Mittel-Ziel-Überzeugungen (▶ Abschn. 17.1). Uneinheitlich ist auch die Verwendung des Begriffs **Motivation**. Viele Autoren verwenden ihn synonym mit Motiv, insbesondere im genannten weiten Wortsinn. In einer anderen, damit jedoch eng verwandten Bedeutung meint Motivation die Gesamtheit der psychischen Prozesse – die zeitliche und kausale Abfolge von psychischen Zuständen – die Handlungen anregen und bis zu ihrem Abschluss aufrechterhalten; die Betrachtungsweise liegt bei dieser Begriffsverwendung also auf dem dynamischen Aspekt der Handlungsentstehung.

17.1 Die Glauben-Wunsch-Theorie der Entstehung von Handlungen

Die Grundannahme der heute dominierenden Motivationstheorien findet sich schon in der impliziten Alltagspsychologie. Sie lautet, dass man eine Handlung H deshalb ausführt, weil man
1. sich **wünscht**, dass ein bestimmter Zustand Z bestehen möge und
2. **glaubt**, dass H unter den gegebenen Umständen ein geeignetes Mittel ist, diesen Wunsch zu erfüllen bzw. das Ziel Z zu erreichen.

Beispielsweise nimmt Anna einen Regenschirm mit, als sie bei Regenwetter aus dem Haus geht, weil sie 1. nicht nass werden möchte und 2. glaubt, dass die Mitnahme des Regenschirms ein geeignetes Mittel ist, das Nasswerden zu verhindern.

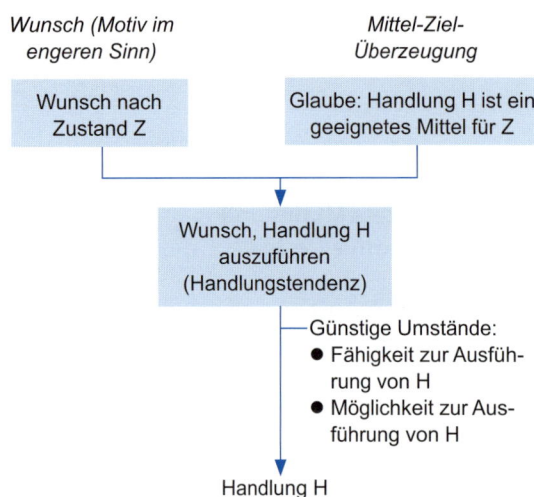

Wunsch (Motiv im engeren Sinn)

Mittel-Ziel-Überzeugung

Wunsch nach Zustand Z

Glaube: Handlung H ist ein geeignetes Mittel für Z

Wunsch, Handlung H auszuführen (Handlungstendenz)

Günstige Umstände:
- Fähigkeit zur Ausführung von H
- Möglichkeit zur Ausführung von H

Handlung H

◘ Abb. 17.1. Die Glauben-Wunsch-Theorie der Handlungsentstehung

Nach dieser Glauben-Wunsch-Theorie der Handlungsentstehung (◘ Abb. 17.1) werden Handlungen also durch zwei Arten von psychischen Zuständen verursacht: **Wünschen** (Motiven im engeren Sinn) und **Mittel-Ziel-Überzeugungen**. Beide diese psychischen Zustände sind für die Entstehung von Handlungen notwendig: Ohne Mittel-Ziel-Überzeugungen wäre das Handeln blind; ohne Wünsche wäre es antriebslos. Wünsche und Mittel-Ziel-Überzeugungen sind jedoch für Handlungen nicht hinreichend, sondern höchstens für das Entstehen des Wunsches, eine Handlung auszuführen; dieser letztere Wunsch wird oft als **Handlungstendenz** oder als Handlungsabsicht bezeichnet.

Genauer gesagt, sind Wünsche und Mittel-Ziel-Überzeugungen nach folgendem Prinzip mit Handlungstendenzen verbunden: Personen haben die Tendenz bzw. den Wunsch, dasjenige zu tun, von dem sie glauben, dass es zu dem führt, was sie sich wünschen. Tatsächlich ausgeführt wird die betreffende Handlung jedoch nur unter »günstigen Umständen«, d. h. dann, wenn sowohl die Fähigkeit als auch die Möglichkeit zur Ausführung der Handlung besteht.

17.2 Die Erwartung-Wert-Theorie der Handlungsentstehung

17.2.1 Die allgemeine Erwartung-Wert-Theorie

Die Glauben-Wunsch-Theorie kann die Entstehung von Handlungen allerdings nur in sehr einfachen Entscheidungssituationen erklären:

- Man verfolgt nur ein einziges Ziel bzw. möchte sich nur einen einzigen Wunsch erfüllen;
- es steht nur eine einzige zur Zielerreichung geeignete Handlung (bzw. deren Ausführung oder Nichtausführung) zur Wahl;

- Abstufungen oder Grade des Wunsches ebenso wie der Mittel-Ziel-Überzeugungen können vernachlässigt werden.

Tatsächlich haben Personen aber meistens mehrere handlungsrelevante Wünsche (die nicht selten miteinander in Konflikt stehen). Häufig können oder müssen sie zwischen mehreren zur Zielerreichung geeigneten Handlungsalternativen wählen. Und schließlich können ihre Wünsche, ebenso wie die betreffenden Mittel-Ziel-Überzeugungen, im Ausprägungsgrad variieren: Ein Ziel kann mehr oder weniger stark gewünscht werden und man kann sich mehr oder weniger sicher sein, dass eine Handlung zur Erreichung des Ziels geeignet ist.

Diesen komplizierteren Fällen trägt die sog. Erwartung-Wert-Theorie der Motivation Rechnung (z. B. Feather, 1982), die man als eine Erweiterung und Präzisierung der Glauben-Wunsch-Theorie auffassen kann. (Eine der ersten Erwartung-Wert-Theorien in der neueren Psychologie wurde übrigens von dem deutschen Psychologen Kurt Lewin formuliert; s. Lewin, Dembo, Festinger & Sears, 1944). Die wichtigste Erweiterung der Glauben-Wunsch-Theorie besteht in der Einführung des Begriffs der (wahrgenommenen) **Handlungsfolgen**, worunter sowohl das oder die zentral angestrebten Ziele fallen als auch erwünschte und unerwünschte Nebeneffekte (inklusive Aufwand und Kosten) der Handlung. Damit können im Prinzip sämtliche handlungsrelevanten Wünsche der Person berücksichtigt werden.

Die wichtigsten Präzisierungen der Glauben-Wunsch-Theorie durch die Erwartung-Wert-Theorie sind die beiden Folgenden:

1. Quantifizierung

Wünsche und Mittel-Ziel-Überzeugungen werden als quantitative (im Grad variierende) Größen behandelt. Die Stärke des Glaubens, dass eine Handlung H zu einer Handlungsfolge F führt, wird als **Erwartung** oder als subjektive Wahrscheinlichkeit bezeichnet und oft auf einer numerischen Skala von 0 (die Person ist sich sicher, dass H *nicht* zu F führt) bis 1 (die Person ist sich sicher, dass H zu F führt) dargestellt. Die Stärke des Wunsches nach einer Handlungsfolge F bzw. der Aversion gegen F spiegelt sich in der Erwartung-Wert-Theorie im Konzept des **subjektiven Wertes** von F (auch: subjektiver Nutzen; Wünschbarkeit von F) wider, der oft auf einer bipolaren numerischen Skala von –x (F ist extrem negativ bzw. unerwünscht) über 0 (Indifferenz) zu +x (F ist extrem positiv bzw. erwünscht) dargestellt wird. Nach dem Verständnis der meisten Erwartung-Wert-Theoretiker repräsentiert der Wertbegriff allerdings nicht (zumindest nicht direkt) die Wünsche bzw. Motive der Person, sondern ihre **Wertüberzeugungen**; d. h. Überzeugungen der Art, dass eine Handlungsfolge mehr oder weniger gut oder schlecht für sie ist. Implizit wird dabei aber meistens angenommen:

a) Diese Wertüberzeugungen hängen primär von den Wünschen der Person ab: F hat positiven Wert, wenn man sich das Bestehen oder Eintreten von F wünscht; F hat negativen Wert, wenn man gegen das Eintreten von F aversiv ist bzw. sich wünscht, dass F *nicht* eintritt.

b) Die Stärke des Wunsches, eine bestimmte Handlung auszuführen (die Stärke der Handlungstendenz) ist proportional zu dem nach dem Erwartung-Wert-Prinzip berechneten Wert der Handlung (vgl. dazu den folgenden Punkt 2).

Auf der Basis dieser Annahmen kann man den Wertbegriff vereinfachend mit dem der Wunschstärke gleichsetzen. Einige Erwartung-Wert-Theoretiker sind sogar der Ansicht, dass Wünsche bzw. Motive (die psychischen Repräsentationen von Zielen) tatsächlich nichts anderes *sind* als Wertüberzeugungen (»ich wünsche F« wird also gedeutet als »ich glaube, dass F gut für mich wäre«) und verzichten deshalb von vorne herein auf ein separates Wunschkonzept (vgl. Heckhausen, 1989).

2. Erwartung-Wert-Prinzip

Das in der Glauben-Wunsch-Theorie formulierte Handlungsprinzip – Menschen versuchen so zu handeln, dass sie das erreichen, was sie sich wünschen – wird zum sog. Erwartung-Wert-Prinzip präzisiert. Die Grundidee dieses Prinzips ist, dass Personen dazu tendieren, von mehreren möglichen Handlungsalternativen diejenige auszuführen, die das zentrale Ziel ihrer Meinung nach möglichst effektiv (mit hoher subjektiver Wahrscheinlichkeit) und gleichzeitig kostenminimal (mit möglichst geringem Aufwand und unerwünschten Nebeneffekten) herbeiführt. Präzise formuliert besagt das Erwartung-Wert-Prinzip: Personen haben die Tendenz, diejenige Handlung auszuführen (und führen sie unter günstigen Umständen auch aus), die den höchsten **Erwartungswert** (oder erwarteten Wert) hat, wobei dieser sich wie folgt berechnet:

$$W(H) = \Sigma W(F_i) \times SW(H \rightarrow F_i); \quad i = 1 \ldots n$$

In dieser Gleichung ist $SW(H \rightarrow F_i)$ die subjektive Wahrscheinlichkeit oder Erwartung, dass H die Konsequenz F_i hat; $W(F_i)$ ist der Wert der Handlungsfolge F_i; und $W(H)$ ist der Wert der Handlung bzw. die Stärke der Handlungstendenz zur Ausführung von H. Der Erwartungswert der Handlung H ist also die Summe der Werte der von der Person berücksichtigten Folgen F_i von H, jeder davon gewichtet (= multipliziert) mit der subjektiven Wahrscheinlichkeit $SW(H \rightarrow F_i)$. Der Wert einer Handlungsfolge wirkt sich demnach umso stärker auf den Wert der Handlung bzw. auf die Stärke der Handlungstendenz aus, je sicherer sich die Person ist, dass die Handlung diese Konsequenz herbeiführen wird.

Die Erwartung-Wert-Theorie in der soeben beschriebenen allgemeinen Form bildet den Kern fast aller neueren Motivationstheorien der Psychologie (von denen es sehr viele gibt). Das heißt, diese Theorien können zumeist als Ausarbeitungen dieser Grundversion der Erwartung-Wert-Theorie betrachtet werden – entweder für Handlungen i. Allg. (z. B. die im folgenden Abschnitt beschriebenen Theorien des überlegten Handelns und geplanten Verhaltens) oder für bestimmte Handlungstypen, wie beispielsweise Leistungshandeln oder Hilfehandeln (vgl. Feather, 1982; Heckhausen, 1989). Auch die ursprünglich in anderen wissenschaftlichen Disziplinen wie der Philosophie oder den Wirtschaftswissenschaften entwickelten quantitativen Entscheidungstheorien können zum größten Teil entweder als speziellere Formen der allgemeinen Erwartung-Wert-Theorie verstanden werden (z. B. die Theorie des subjektiven erwarteten Nutzens) oder aber als Modifikationen dieser Theorie (z. B. die Prospekt-Theorie) (s. dazu Jungermann, Pfister & Fischer, 1998).

17.2.2 Die Theorien des überlegten Handelns und des geplanten Verhaltens

Zur Illustration der Erwartung-Wert-Theorien der Motivation sollen im Folgenden die sog. Theorie des überlegten Handelns (Fishbein & Ajzen, 1975) und ihre Erweiterung, die Theorie des geplanten Verhaltens (Ajzen, 1985; 1991) etwas näher beschrieben werden. Diese Theorien gehören zu den meistuntersuchten Erwartung-Wert-Theorien der Psychologie.

Die Theorie des überlegten Handelns

Die Theorie des überlegten Handelns fügt zur allgemeinen Erwartung-Wert-Theorie keine grundsätzlich neuen Annahmen hinzu, sondern arbeitet sie nur in bestimmten Aspekten aus. Der wichtigste dieser Aspekte betrifft die Spezifizierung der Art der Handlungsfolgen, die Personen bei ihren Entscheidungen berücksichtigen. Als Sozialpsychologen sind Fishbein und Ajzen (1975) besonders sensibel für die Tatsache, dass wir bei Entscheidungen neben rein persönlichen häufig auch die sozialen Konsequenzen unserer Handlungen berücksichtigen. Das heißt, bei einer Entscheidung bedenken wir häufig nicht nur, welche Vor- und Nachteile die möglichen Handlungen für uns selbst haben würden, sondern überlegen auch, ob sie den Wünschen anderer Personen oder Gruppen entsprechen oder widersprechen (ob wir dies letztlich ebenfalls nur aus egoistischen Motiven tun, bleibt dabei dahingestellt). Zum Beispiel überlegt sich Anna, ob sie Psychologie oder Medizin studieren soll. Wäre Anna von dieser Entscheidung nur selbst betroffen, dann würde sie die Psychologie wählen, da dieses Fach sie deutlich stärker interessiert als die Medizin. Anna weiß jedoch, dass ihre Eltern es gerne sähen, wenn sie Medizin studieren würde. Da Anna die Wünsche ihrer Eltern sehr wichtig sind, entscheidet sie sich schließlich vielleicht für das Medizinstudium, obwohl dieses Studium ihren persönlichen Präferenzen nicht optimal entspricht.

Annahmen der Theorie der überlegten Handelns (Fishbein & Ajzen, 1975)

1. Unmittelbare Ursache einer Handlung ist die Absicht (Intention) der Person, die Handlung auszuführen. Diese Größe entspricht der Handlungstendenz bzw. der Gesamtbewertung der Handlung W(H) in der allgemeinen Erwartung-Wert Theorie. Wie in dieser Theorie wird angenommen, dass von den möglichen Handlungsalternativen diejenige ausgeführt wird (oder zumindest der Versuch dazu unternommen wird), für die die Absichtsstärke bzw. die Stärke der Handlungstendenz am größten ist.

2. Unmittelbare Ursachen der Absicht, eine Handlung auszuführen, sind die Einstellung der Person zur Handlung und ihre subjektive Norm bzgl. der Handlung. Die Einstellung repräsentiert die Stärke des Wunsches, die Handlung wegen ihrer rein persönlichen (d. h. nichtsozialen) Konsequenzen auszuführen bzw. – wenn die Einstellung negativ ist – nicht auszuführen. Die subjektive Norm reflektiert dagegen die Stärke des Wunsches, die Handlung wegen ihrer sozialen Folgen auszuführen oder nicht; d. h., weil man glaubt, dass wichtige andere Personen wünschen bzw. nicht wünschen, dass man die Handlung ausführt. Zum Beispiel hat Anna im oben beschriebenen Beispiel eine sehr positive Einstellung zum Psychologiestudium und eine mäßig positive Einstellung zum Medizinstudium. Gleichzeitig erlebt Anna einen sozialen Druck (subjektive Norm) hin zum Medizinstudium und weg vom Psychologiestudium.

3. Die unmittelbaren Ursachen der Einstellung zur Handlung sind (a) die Erwartungen der Person über die rein persönlichen (nichtsozialen) Handlungsfolgen und (b) ihre Bewertung dieser Handlungsfolgen. Diese Größen entsprechen der subjektiven Wahrscheinlichkeit $SW(H \rightarrow F_i)$ und dem Wert $W(F_i)$ in der allgemeinen Erwartung-Wert-Theorie; allerdings mit der Einschränkung, dass es jetzt nur um die nichtsozialen Handlungskonsequenzen geht. Beispielsweise ist sich Anna ziemlich sicher (hohe Erwartung), dass sie das Psychologiestudium und die nachfolgende Berufstätigkeit als Psychologin sehr befriedigend finden wird (hoher positiver Wert). Die Einstellung ergibt sich daraus nach dem Erwartung-Wert-Prinzip; sie entspricht somit (mit der genannten Einschränkung) dem Erwartungswert der Handlung der allgemeinen Erwartung-Wert-Theorie, W(H).

4. Die unmittelbare Ursachen der subjektiven Norm betreffend die Handlung sind (a) die Überzeugungen der Person über die Wünsche bzw. Einstellungen anderer ihr wichtiger Personen oder Gruppen zur Handlung und (b) die Stärke ihres Motivs, die Wünsche dieser Bezugspersonen zu erfüllen. In unserem Beispiel weiß Anna, dass ihre Eltern es als sehr positiv bewerten würden, wenn sie Medizin studieren würde, und ist stark motiviert, die Wünsche ihrer Eltern zu erfüllen. Die subjektive Norm ist die Summe der Produkte dieser beiden Größen. Diese Produktsumme lässt sich ebenfalls als ein Erwartungswert interpretieren, nämlich als der Erwartungswert der Handlung, der sich aus den wahrgenommenen sozialen Handlungsfolgen ergibt.

In der Theorie des überlegten Handelns werden die zwei genannten unterschiedlichen Determinanten von Handlungen (persönliche Interessen und »sozialer Druck«) explizit gemacht. Dazu wird die in der allgemeinen Erwartung-Wert-Theorie postulierte unmittelbare Handlungsdeterminante – die Handlungstendenz bzw. die Gesamtbewertung der Handlung – in zwei Komponenten aufgespalten: eine persönliche Handlungstendenz, die sog. **Einstellung** zur Handlung, und eine soziale Handlungstendenz, die als **subjektive Norm** bezüglich der Handlung bezeichnet wird. Beide diese Handlungstendenzen ergeben sich nach dem Erwartung-Wert-Prinzip aus den wahrgenommenen persönlichen bzw. sozialen Folgen der Handlung. Genauer gesagt, macht die Theorie des überlegten Handelns die im obigen ▶ Kasten zusammengestellten Annahmen (◘ Abb. 17.2).

Die Theorie des geplanten Verhaltens

Wie schon erwähnt (▶ Abschn. 17.1), werden auch dominante Handlungstendenzen nicht notwendigerweise ausgeführt. Dies geschieht vielmehr nur unter »günstigen Umständen«: Nämlich dann, wenn die Fähigkeit und Möglichkeit zur Ausführung der Handlung besteht. In diesem – und nur in diesem – Fall kann man die Handlung aus der Kenntnis der Absicht oder der ihr zugrunde liegenden Faktoren (Einstellung und subjektive Norm) vorhersagen. Für viele Handlungen ist die Fähigkeit und Möglichkeit zur Handlungsausführung jedoch nicht oder nur in eingeschränktem Maße gegeben. Beispiele sind Leistungshandlungen (z. B. das Erreichen eines schwierigen Leistungsstandards im Sport) oder Handlungen, deren erfolgreiche Ausführung die Kontrolle von starken Emotionen oder biologischen Impulsen erfordert (z. B. der Versuch, seine Furcht zu überwinden oder Gewicht abzunehmen).

Um auch solche schwierig ausführbaren bzw. nur bedingt unter willentlicher Kontrolle stehenden Handlungen vorhersagen zu können, wurde die Theorie des überlegten Handelns von Ajzen (1985; 1991) zur Theorie des geplanten Verhaltens erweitert. In dieser Theorie wird

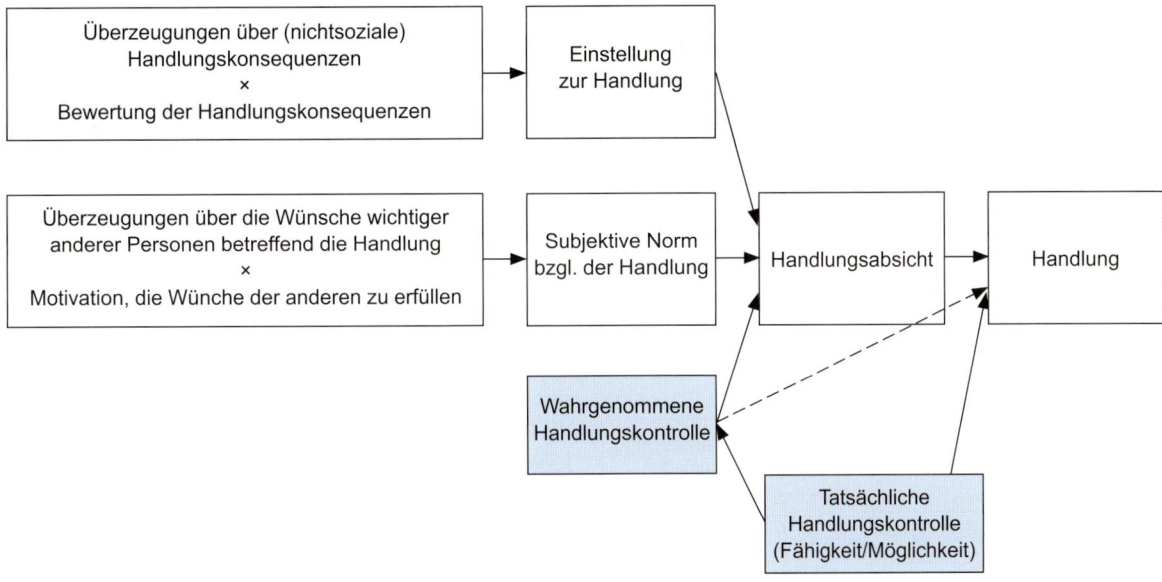

Abb. 17.2. Die Theorie des überlegten Handelns (*weiße Kästchen*) und des geplanten Verhaltens (*weiße plus graue Kästchen*)

neben den bereits genannten noch eine weitere psychische Handlungsdeterminante postuliert, die sog. **wahrgenommene Verhaltenskontrolle**. Damit ist die Überzeugung der Person gemeint, eine Handlung erfolgreich ausführen zu können. Die wahrgenommene Verhaltenskontrolle ist nach Ajzen zum einen eine weitere, direkte Ursache der Handlungsabsicht (Abb. 17.2): Die durch eine Einstellung und/ oder soziale Norm hervorgerufene Handlungsabsicht wird in dem Maße abgeschwächt, in dem man sich unsicher ist, die Handlung durchführen zu können. Zum anderen führt, wie aus Abb. 17.2 ersichtlich ist, auch ein direkter Pfad von der wahrgenommenen Kontrolle zur Handlung. Dieser (aus diesem Grund gestrichelt gezeichnete) Pfad repräsentiert allerdings nicht einen kausalen Einfluss der wahrgenommenen Kontrolle auf die Handlung, sondern soll symbolisieren, dass die Kenntnis der wahrgenommenen Kontrolle die Vorhersage der Handlung gegenüber der bloßen Kenntnis der Absicht zusätzlich verbessern kann. Der Grund dafür ist, dass die wahrgenommene Verhaltenskontrolle oft die tatsächliche Kontrollierbarkeit der Handlung recht gut widerspiegelt (Abb. 17.2). Deshalb kann die Messung der wahrgenommenen Kontrolle oft als Ersatz für die meist schwierige, direkte Messung der tatsächlichen Kontrollierbarkeit der Handlung dienen (Ajzen, 1991).

Die Theorie des überlegten Handelns und insbesondere ihre Erweiterung, die Theorie des geplanten Verhaltens, haben eine große Anzahl von empirischen Untersuchungen angeregt (vgl. Ajzen, 2001; Armitage & Conner, 2001; Francis et al., 2004). Allein zur Theorie des geplanten Verhaltens lagen im Jahre 2004 mehrere hundert empirische Untersuchungen vor (Francis et al. 2004). Dabei kam die Theorie in den unterschiedlichsten Handlungsbereichen zur Anwendung: Wahl der Berufslaufbahn, Gesundheitsvorsorge, Sport- und Freizeitaktivitäten, Umweltschutzverhalten,

Verhalten im Straßenverkehr, Empfängnisverhütung, Drogenkonsum, politisches Wahlverhalten und anderes mehr. Von Interesse war in diesen Untersuchungen insbesondere die Fähigkeit der Theorie, **Handlungen** aus Handlungsabsichten und den ihnen zugrunde liegenden Faktoren (Einstellung, subjektive Norm, wahrgenommene Verhaltenskontrolle) vorherzusagen. In vielen Fällen fand sich eine gute bis sehr gute Vorhersageleistung der Theorie; allerdings gibt es auch systematische Ausnahmen. Vergleichsweise schlecht vorhergesagt werden können insbesondere Gewohnheitshandlungen – Handlungen, die man regelmäßig in derselben Form ausführt – wie z. B. die Benutzung eines bestimmten Verkehrsmittels für den Weg zur Arbeit (Ouellette & Wood, 1998). Auf Gewohnheitshandlungen gehen wir im ► Abschn. 17.4 näher ein.

17.3 Abgeleitete Motive und Grundmotive

Handlungen werden unternommen, um Ziele zu erreichen bzw. um Wünsche zu erfüllen. Wo stammen aber diese Ziele bzw. Wünsche ihrerseits her? Beim Nachdenken über diese Frage wird schnell klar, dass die unmittelbaren Handlungsziele in der Regel nicht um ihrer selbst willen angestrebt werden, sondern deshalb, weil man glaubt, dass sie andere, gewünschte Zustände herbeiführen oder zumindest die Wahrscheinlichkeit ihres Eintretens erhöhen. Die Ziele, die man mit Handlungen unmittelbar anstrebt, sind also typischerweise wiederum nur Mittel zum Zweck; oder anders formuliert: Die Wünsche bzw. Motive, die Handlungen unmittelbar zugrunde liegen, sind typischerweise aus anderen, grundlegenderen Wünschen bzw. Motiven abgeleitet. Zum Beispiel ist der Wunsch nach Geld abgeleitet; denn Geld

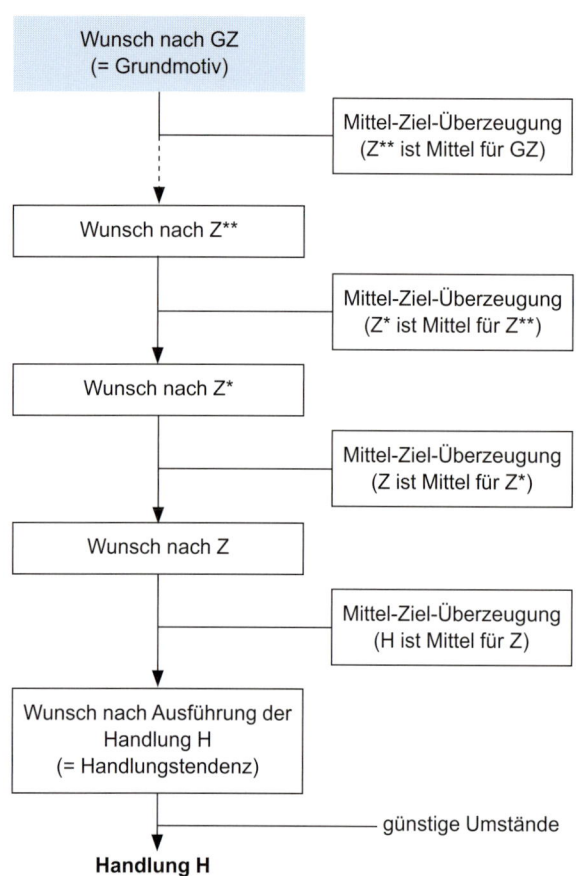

Abb. 17.3. Abgeleitete Motive und Grundmotive; *H* Handlung; *Z* Ziel; *Z** 1. Folgeziel; *Z*** 2. Folgeziel; *GZ* Endziel bzw. grundlegendes Ziel

besitzen (Ziel Z) will man, weil man glaubt oder weiß, dass man sich damit verschiedene andere Wünsche erfüllen kann wie z. B. den Wunsch, einen Wagen zu besitzen (Z*). Und diese letzteren Wünsche sind meist ihrerseits wieder aus Wünschen nach weiteren Zielen Z** abgeleitet. Zum Beispiel will man den Wagen besitzen, um bequemer zur Arbeit fahren zu können, Einkäufe leichter erledigen zu können und insgesamt mobiler zu sein. ▸ Abbildung 17.3 zeigt diesen Prozess der Motivableitung in vereinfachter Form.

Nach der allgemeinen Erwartung-Wert-Theorie erfolgt die Ableitung von Motiven aus anderen Motiven ebenfalls nach dem Erwartung-Wert-Prinzip: Der Wert (bzw. die Stärke des Wunsches nach) einer Handlungsfolge F ist die Summe der Werte ihrer weiteren Konsequenzen F*, jeder davon gewichtet mit der subjektiven Wahrscheinlichkeit, dass F zu F* führt (vgl. Fishbein & Ajzen, 1975). Analoges gilt für den Wert der Handlungsfolge F*: Dieser wird nach dem Erwartung-Wert-Prinzip aus dem Wert ihrer weiteren Konsequenzen F** abgeleitet, usw. Somit kann die Erwartung-Wert-Theorie nicht nur die Entstehung von Handlungstendenzen erklären, sondern auch – durch Iteration ihres Grundprinzips – die Entstehung abgeleiteter Wünsche. Tatsächlich sind ja auch Handlungstendenzen bloß

eine spezielle Art von abgeleiteten Wünschen, nämlich Wünsche, etwas zu **tun** (eine bestimmte Handlung auszuführen; vgl. ▸ Abschn. 17.1).

Der beschriebene Prozess der Ableitung von Motiven setzt sich allerdings nicht unbegrenzt fort. Vielmehr muss man – schon um einen unendlichen Regress zu vermeiden – annehmen, dass man in diesem Ableitungsprozess früher oder später zu Wünschen gelangt, die nicht mehr aus anderen Wünschen ableitbar sind. Diese Wünsche sind die **Grundwünsche** oder **Basismotive** (◘ Abb. 17.3; vgl. dazu auch die Unterscheidung zwischen primären und gelernten »Trieben« in der behavioristischen Lerntheorie; Heckhausen, 1989). Zusammen bilden die abgeleiteten Motive und die Grundmotive eine – zumindest in Bezug auf die abgeleiteten Motive bei jeder Person mehr oder weniger unterschiedliche – **Motivhierarchie**, an deren Spitze die Grundmotive stehen, während alle weiteren Motive daraus abgeleitet sind.

Wieviele und welche Grundmotive es beim Menschen gibt, ist allerdings umstritten. Die sparsamste Theorie der Grundmotive führt alles Handeln auf ein einziges Motiv zurück. Die klassische – und nach wie vor plausibelste – Version dieser **monistischen Theorie** der Grundmotive ist der **universelle Hedonismus** (von griech. »hedoné« = Lust, Vergnügen, Freude), der als einziges Grundmotiv das Streben nach »Lust« (angenehmen Gefühlen) und das Vermeiden von »Unlust« (unangenehmen Gefühlen) postuliert (z. B. Bentham, 1789; für eine gegenwärtige Version s. Cox & Klinger, 2004). Der universelle Hedonismus wird in der heutigen Psychologie – zumindest in expliziter Form – allerdings selten vertreten. Die Mehrheit der heutigen Psychologen scheint vielmehr der Ansicht zu sein, dass das hedonistische Motiv nur eines von mehreren Grundmotiven des Menschen ist. Einige klassische Motivationstheoretiker, wie z. B. McDougall (1932) oder Murray (1938), waren sogar der Ansicht, dass es eine große Anzahl von Grundmotiven gibt. Diese sollen neben dem hedonistischen Motiv beispielsweise noch die Grundmotive nach Nahrung, Sex, Macht, sozialem Anschluss, Leistung und Erkenntnisgewinn umfassen.

Eine solche **pluralististische Theorie** der Grundmotive wird auch von einer Reihe neuerer Autoren vertreten, u. a. von Reiss (2000; 2004). Reiss hat den Versuch unternommen, die Grundmotive des Menschen empirisch zu ermitteln, indem er Tausende von Personen danach befragte, welche Ziele sie im Leben anstreben bzw. welche Dinge ihnen wichtig sind. Dazu wurde den Befragten eine große Anzahl denkbarer Grundziele vorgelegt, die sie auf Skalen nach Wichtigkeit beurteilen sollten. Die so erhaltenen Daten wurden anschließend mit Hilfe des statistischen Verfahrens der Faktorenanalyse (▸ Kap. 2) ausgewertet. Die Ergebnisse dieser Auswertungen führten Reiss zum Schluss, dass es mindestens 16 Grundmotive gibt (die zum Teil genau genommen sogar Gruppen von Grundmotiven sind). Diese 16 Grundmotive sind in ◘ Tab. 17.1 zusammengefasst.

Tabelle 17.1. Die 16 Grundmotive nach Reiss (2004)

Bezeichnung	Beschreibung
Nahrung	Wunsch nach Nahrung
Körperliche Aktivität	Wunsch nach körperlicher Bewegung
Eros	Wunsch nach Sex, Erotik
Familie	Wunsch nach Erziehung eigener Kinder, Familienleben
Ruhe	Wunsch nach Freiheit von Angst und Schmerz
Neugier	Wunsch nach Erkenntnis, Exploration
Unabhängigkeit	Wunsch nach Selbstständigkeit, Unabhängigkeit
Sparen	Wunsch nach Erwerb materieller Güter, Eigentum
Ordnung	Wunsch nach Ordnung, Genauigkeit, Sauberkeit
Sozialer Kontakt	Wunsch nach Gesellschaft, Kameradschaft, Spaß
Anerkennung	Wunsch nach sozialer Akzeptanz, Zugehörigkeit
Vergeltung	Wunsch nach Vergeltung (schließt Wunsch nach Wettbewerb ein)
Macht	Wunsch nach Einfluss, Führung, Dominanz
Status	Wunsch nach Prestige, öffentlicher Aufmerksamkeit
Ehre	Wunsch nach Loyalität gegenüber seiner Bezugsgruppe; Wunsch nach moralischer Integrität
Idealismus	Wunsch nach Verbesserung der Gesellschaft (schließt Wunsch nach sozialer Gerechtigkeit und Altruismus mit ein)

Die **abgeleiteten Motive** bzw. Wünsche sind ferner erlernt – und zwar werden sie dadurch erlernt, dass man auf die eine oder andere Weise Mittel-Ziel-Überzeugungen erwirbt, die sie mit den Grundmotiven oder mit anderen, schon vorhandenen abgeleiteten Motiven verknüpfen. So erwirbt man beipielsweise den Wunsch nach Geld, indem man lernt, dass man sich damit andere Wünsche erfüllen kann. In vielen Fällen werden diese Mittel-Ziel-Überzeugungen und damit die abgeleiteten Motive durch persönliche Erfahrungen mit Handlungen und deren unmittelbaren und mittelbaren Folgen erworben; diese Lernform ist unter dem Begriff des instrumentellen oder operanten Konditionierens intensiv untersucht worden (▶ Kap. 12). Eine mindestens ebenso wichtige Rolle für den Erwerb von Mittel-Ziel-Überzeugungen spielt jedoch das soziale Lernen – das Lernen durch die Beobachtung anderer Personen und durch verbale Kommunikation (▶ Kap. 13).

Grundmotive können dagegen per Definition nicht (jedenfalls nicht auf diese Weise) erlernt worden sein. Deshalb wird gewöhnlich angenommen, dass die Grundmotive zur angeborenen Grundausstattung der Psyche gehören. Das heißt, die Grundmotive bzw. die ihnen zugrunde liegenden psychischen Mechanismen sind im Laufe der biologischen Evolution (durch den Prozess der natürlichen Selektion) entstanden. Für einige Grundmotive, wie z. B. das Bedürfnis nach Nahrung oder Schlaf, wird diese Annahme durch die Ergebnisse der neuropsychologischen Forschung belegt, welche spezifische, angeborene neurale »Schaltkreise« im Gehirn identifiziert hat, die für die genannten Motive unerlässlich sind (vgl. dazu Birbaumer & Schmidt, 2005; Pinel, 2001). Aber auch für einige der »höheren« Grundmotive des Menschen sind angeborene neurale Systeme nachgewiesen worden oder zumindest wahrscheinlich (z. B. für das hedonistische Motiv; vgl. Berridge, 2003).

17.4 Entscheidungsheuristiken und die Automatisierung motivationaler Prozesse

Die Grundannahme der Erwartung-Wert-Theorien – Handlungstendenzen beruhen auf Erwartungen über Handlungsfolgen und auf der Erwünschtheit dieser Folgen – ist sicherlich plausibel. Wie sonst sollte man sich auch verhalten, wenn man seine Ziele möglichst gut erreichen will? Jedoch darf man die Erwartung-Wert-Theorien nicht so verstehen, dass die dort postulierten psychischen Prozesse – die Antizipation der möglichen Folgen der unterschiedlichen Handlungsalternativen, die »Berechnung« des Werts und der Wahrscheinlichkeit der Handlungsfolgen und die Integration dieser Größen in einen Erwartungswert für jede Handlungsalternative – bei jeder Entscheidung in aller Ausführlichkeit ablaufen. Das würde die informationsverarbeitende Kapazität des Menschen mit Sicherheit überfordern. Eine ausführliche Analyse von Entscheidungssituationen scheint vielmehr nur in speziellen Fällen stattzufinden; nämlich dann, wenn es sich um neuartige oder wichtige Entscheidungen handelt und wenn zudem die Fähigkeit und Möglichkeit zu einer solchen Analyse besteht.

Damit stellt sich die Frage, wie Handlungen in den übrigen Fällen zustande kommen; also in Routinesituationen, bei weniger wichtigen Entscheidungen oder wenn eine ausführliche Situationsanalyse beispielsweise aufgrund von Zeitmangel nicht möglich ist. Auf diese Frage sind zwei hauptsächliche Antworten vorgeschlagen worden.

Die erste Antwort lautet, dass motivationale Prozesse in solchen Situationen durch die Anwendung von **Entscheidungsheuristiken** (»Daumenregeln der Entscheidung«) vereinfacht und abgekürzt werden (vgl. Huber, 1982; Gigerenzer, Todd & the ABC Research Group, 1999). Zum Beispiel kann man sich, anstatt eine ausführliche Analyse der verschiedenen Handlungsfolgen durchzuführen, auf die subjektiv wichtigste Art von Handlungsfolgen beschränken (z. B. beim Kauf eines bestimmten Produkts auf den Preis) und dann diejenige Alternative wählen, die dabei am besten abschneidet (im Beispiel das billigste Produkt).

Die zweite Antwort besagt, dass ursprünglich ausführliche, analytische Entscheidungsprozesse durch ihre wiederholte Durchführung in ähnlichen Situationen mehr oder weniger stark automatisiert werden. Für diesen **Automatisierungsprozess** scheinen wenigstens zwei (einander nicht ausschließende) Prozesse verantwortlich zu sein. Zum einen gibt es einen Übungseffekt: Wiederholt durchgeführte, ähnliche Entscheidungsprozesse werden zunehmend schneller und weniger fehleranfällig (vgl. Anderson, 1987). Zum anderen können Ergebnisse oder Teilergebnisse von früheren Entscheidungsprozessen im Gedächtnis gespeichert und in späteren, vergleichbaren Situationen wieder abgerufen und genutzt werden. Im Extremfall kann dann in einer Routinesituation einfach die für diese Situation früher »berechnete« optimale Handlung aus dem Gedächtnis abgerufen und ausgeführt werden (z. B. für die Situation »ich benötige Papier für den Drucker« die Handlung »ich hole Papier aus dem Schrank«). Zumindest der Gedächtnisabruf scheint dabei weitgehend automatisch zu erfolgen. Das heißt, wenn die betreffende Entscheidungssituation eintritt, wird automatisch das Gedächtnisschema für diese Situation inklusive der darin enthaltenen Handlungsabsicht aktiviert. Und häufig wird diese Handlungsabsicht dann auch relativ »gedankenlos« ausgeführt (vgl. dazu Chartrand & Bargh, 2002; Wheeler & Petty, 2001).

17.5   Motivation und Emotion

Nach der Alltagspsychologie wird unser Handeln zumindest manchmal, möglicherweise aber sogar recht häufig, durch momentan erlebte oder antizipierte Emotionen – Gefühle wie Freude, Furcht, Hoffnung, Ärger oder Mitleid – beeinflusst. Dagegen macht die Glauben-Wunsch-Theorie und die darauf beruhende allgemeine Erwartung-Wert-Theorie der Motivation keine expliziten Annahmen über Emotionen und ihre Rolle im Prozess der Handlungsentstehung. Auch in vielen Ausformulierungen der Erwartung-Wert-Theorie, wie in der Theorie des überlegten Handelns und des geplanten Verhaltens, wird auf Emotionen nicht explizit eingegangen. Daraus kann man jedoch nicht schließen, dass diese Theorien die Bedeutung von Emotionen für die Handlungsmotivation leugnen würden. Vielmehr wurde bereits im ▶ Abschn. 17.3 ein Weg aufgezeigt, wie Gefühle in diesen Theorien berücksichtigt werden können: Nämlich als Handlungsfolgen, die einem erwünscht oder unerwünscht sind. Ein Weg, auf dem Gefühle das Handeln beeinflussen können, besteht demnach darin, dass sie – genauer gesagt ihre Regulierung – zum Ziel von Handlun-

gen bzw. zum Gegenstand von handlungsverursachenden Wünschen werden. Nach dem universellen Hedonismus (▶ Abschn. 17.3) ist die »Optimierung« der eigenen Gefühle sogar das letztendliche Ziel aller Handlungen. Obwohl der universelle Hedonismus von den meisten heutigen Motivationstheoretikern abgelehnt wird, kann kaum bezweifelt werden, dass die Regulation der eigenen Gefühlszustände zumindest manchmal das Ziel von Handlungen ist. Diese letztere Annahme wird nicht nur durch die Alltagserfahrung belegt, sondern auch durch zahlreiche systematische Untersuchungen. Und in einigen weiteren (hier nicht besprochenen) Varianten der Erwartung-Wert-Theorie wird diese Annahme ganz explizit gemacht und ausgearbeitet (vgl. dazu Reisenzein, 2001; Reisenzein & Horstmann, 2005).

Der beschriebene »hedonistische« Weg ist jedoch nach Ansicht vieler Emotions- und Motivationstheoretiker nicht der einzige Weg, auf dem Emotionen die Motivation beeinflussen; und zwar aus mindestens zwei Gründen:

Zum einen rufen nach Ansicht einiger Theoretiker – insbesondere evolutionspsychologisch orientierter – bestimmte Emotionen direkte, d. h. nicht hedonistisch vermittelte Handlungswünsche zur Änderung der sie auslösenden Situation hervor (vgl. Reisenzein & Horstmann, 2005; ▶ Kap. 16). Zum Beispiel soll Furcht den Wunsch zur Flucht oder zur Vermeidung der gefürchteten Situation hervorrufen, Ärger den Wunsch zur Aggression gegen die Quelle des Ärgers und Mitleid den Wunsch, der bemitleideten Person zu helfen. Auch für diese Theorie gibt es empirische Belege (vgl. Reisenzein & Horstmann, 2005).

Zum anderen haben Emotionen nach Ansicht einiger Theoretiker neben den geschilderten (unmittelbar) **motivationalen Effekten** auch **informationale Effekte**: Das Gefühl informiert die erlebende Person über die – nach Ansicht der Vertreter dieser Hypothese meist unbewussten – Bewertungen der auslösenden Situation; d. h. darüber, dass eine Situation oder ein Ereignis die eigenen Wünsche erfüllt oder frustriert. Gefühle sind nach dieser Ansicht also ein präverbaler Indikator der Valenz der Situation (s. dazu Reisenzein & Horstmann, 2005; ▶ Kap. 16). Diese informationalen Effekte von Emotionen sind für die Motivation jedoch ebenfalls relevant. Denn die aus Gefühlen erschlossenen Informationen über den Wert von Objekten und Sachverhalten können in die bei Entscheidungen stattfindenden Erwartung-Wert-»Berechnungen« einfließen.

In diesem kurzen Kapitel konnte zwangsläufig nur eine stark verkürzte und allgemein gehaltene Einführung in die Motivationspsychologie gegeben werden. Viele der traditionellen, ebenso wie der gegenwärtig aktuellen Fragestellungen, Theorien und Befunde des Gebiets mussten vernachlässigt werden. Mehr dazu findet sich in der angegebenen Literatur.

Literatur

Referenzliteratur

Birbaumer, N. & Schmidt, R.F. (2005). *Biologische Psychologie* (5. Aufl.). Berlin: Springer.

Cox, W.M. & Klinger, E. (2004). *Handbook of motivational counseling.* Chichester: Wiley.

Feather, N.T. (1982). *Expectations and actions: expectancy-value models in psychology.* Hillsdale, NJ: Erlbaum.

Heckhausen, H. (1989). *Motivation und Handeln.* Berlin: Springer.

Higgins, E.T. & Sorrentino, R.M. (Eds.). (1986/1996). *Handbook of motivation and cognition* (Vol. 1: 1986; Vol. 2: 1990; Vol. 3: 1996). London: Guilford Press.

Jungermann, H., Pfister, H.-R. & Fischer, K. (1998). *Die Psychologie der Entscheidung. Eine Einführung.* Heidelberg: Spektrum.

Mook, D.G. (1996). *Motivation: The organization of action.* New York: Norton & Company.

Pinel, J.P.J. (2001). *Biopsychologie* (2. Aufl.). Heidelberg: Spektrum.

Rheinberg, F. (2002). *Motivation* (4. Aufl.). Stuttgart: Kohlhammer.

Weiner, B. (1984). *Motivationspsychologie.* Weinheim: Beltz.

Zitierte Literatur

Ajzen, I. (1985). From intentions to actions: A theory of planned behavior. In J. Kuhl & J. Beckmann (Eds.), *Action control: From cognition to behavior* (pp. 11–39). Berlin: Springer.

Ajzen, I. (1991). The theory of planned behavior. *Organizational Behavior and Human Decision Processes, 50*, 179–211.

Ajzen, I. (2001). Nature and operation of attitudes. *Annual Review of Psychology, 52*, 27–58.

Anderson, J.R. (1987). Skill acquisition: Compilation of weak-method problem solutions. *Psychological Review, 94*, 192–210.

Armitage, C.J. & Conner, M. (2001). Efficacy of the theory of planned behavior: a meta-analytic review. *British Journal of Social Psychology, 40*, 471–499.

Bentham, J. (1970). *An introduction to the principles of morals and legislation.* London: Athlone Press. (Original erschienen 1789).

Berridge, K.C. (2003). Pleasures of the brain. *Brain and Cognition, 52*, 106–128.

Chartrand, T.L. & Bargh, J.A. (2002). Nonconscious motivations: their activation, operation, and consequences. In A. Tesser, D. Stapel & J. Wood (Eds.), *Self and motivation: Emerging psychological perspectives* (pp. 13–41). Washington, DC: APA Press.

Francis, J.J., Eccles, M.P., Johnston, M., Walker, A., Grimshaw, J., Foy, R., Kaner, E.F.S., Smith, L. & Bonetti, D. (2004). *Constructing questionnaires based on the theory of planned behavior: a manual for health services researchers.* Newcastle: Centre for Health Services Research, University of Newcastle.

Fishbein, M. & Ajzen, I. (1975). *Belief, attitude, intention, and behavior.* Reading, MA: Addison-Wesley.

Gigerenzer, G., Todd, P.M. & the ABC Research Group. (1999). *Simple heuristics that make us smart.* Oxford: Oxford University Press.

Huber, O. (1982). *Entscheiden als Problemlösen.* Bern: Huber.

Lewin, K., Dembo, T., Festinger, L. & Sears, P.S. (1944). Level of aspiration. In J. McV. Hunt (Ed.), *Personality and the behavioral disorders* (Vol. 1, pp. 333–378). New York: Ronald Press.

McDougall, W. (1932). *The energies of men.* London: Methuen.

Murray, H.A. (1938). *Explorations in personality.* New York: Oxford University Press.

Ouellette, J.A. & Wood, W. (1998). Habit and intention in everyday life: The multiple processes by which past behavior predicts future behavior. *Psychological Bulletin, 124*, 54–74.

Reisenzein, R. (2001). Die Allgemeine Hedonistische Motivationstheorie der Sozialpsychologie. In R.K. Silbereisen & M. Reitzle (Hrsg.), *Bericht über den 42. Kongress der Deutschen Gesellschaft für Psychologie in Jena 2000* (S. 649–661). Lengerich: Pabst Science Publishers.

Reisenzein, R. & Horstmann, G. (2005). Emotion. In H. Spada (Hrsg.), *Lehrbuch Allgemeine Psychologie* (3. Aufl.). Bern: Huber.

Reiss, S. (2000). *Who am I: The 16 basic desires that motivate our actions and define our personality.* New York: Tarcher Putnam.

Reiss, S. (2004). The sixteen strivings for god. *Zygon, 39*, 303–320.

Wheeler, S.C. & Petty, R.E. (2001). The effects of stereotype activation on behavior: a review of possible mechanisms. *Psychological Bulletin, 127*, 797–826.

18 Exekutive Funktionen: Kognitive Kontrolle intentionaler Handlungen

T. Goschke

Während die kognitive Psychologie in den letzten 50 Jahren mit großem Erfolg einzelne kognitive Funktionen wie Wahrnehmung, Gedächtnis oder Problemlösen untersucht hat, verstehen wir nach wie vor nur ansatzweise, wie diese Teilfunktionen in der Handlungssteuerung zielgerichtet koordiniert und kontrolliert werden. Oft wurde diese Frage lediglich damit beantwortet, dass in Modellen der menschlichen Informationsverarbeitung eine »zentrale Exekutive« postuliert wurde, also eine Steuerinstanz, die untergeordnete kognitive Systeme kontrollieren und überwachen soll. Allerdings wurde zumeist nicht näher spezifiziert, *wie* diese Steuerinstanz diese Funktionen erfüllt, sodass zu Recht kritisiert wurde, dass es sich bei diesem Konstrukt lediglich um einen »Homunkulus« handelt, gleichsam einen intelligenten Agenten im Gehirn der Person, der nichts erklärt, sondern lediglich eine andere Bezeichnung für das zu Erklärende ist.

In den letzten zwei Jahrzehnten sind nun allerdings sog. **exekutive Funktionen** und **kognitive Kontrollprozesse**, die der intentionalen Handlungssteuerung und der flexiblen Anpassung von Reaktionsdispositionen an wechselnde Ziele und Kontextbedingungen zugrunde liegen, in den Kognitions- und Neurowissenschaften ebenso wie in der Handlungs- und Volitionspsychologie (▶ Kap. 17) zu einem zentralen Forschungsthema geworden (für Übersichten s. Goschke, 1996, 2002, 2003;

Kuhl, 1996; Kluwe, 1997; Miller & Cohen, 2001; Monsell, 1996; Monsell & Driver, 2000; Ullsperger & von Cramon, 2003). Bei der Erforschung dieser Kontrollprozesse kommen neben Methoden der experimentellen Kognitionspsychologie zunehmend bildgebende Verfahren wie die Positronenemissionstomographie (PET) und die funktionelle Magnetresonanztomographie (fMRT; ▶ Kap. 3) zum Einsatz, mit denen metabolische Korrelate der Hirnaktivität (z. B. die regionale Hirndurchblutung oder die Sauerstoffversorgung in bestimmten Teilen des Gehirns) gemessen werden können. Die so gewonnenen Erkenntnisse sind nicht nur grundlagenwissenschaftlich interessant, sondern auch von Relevanz für diverse Anwendungsfelder. So spielen Beeinträchtigungen exekutiver Kontrollprozesse beispielsweise bei den Verhaltensproblemen lerngestörter oder hyperaktiver Kinder (Barkley, 1997), aber auch bei psychischen Störungen wie etwa der Depression oder der Schizophrenie eine wichtige Rolle.

18.1 Intentionale Handlungen, kognitive Kontrolle und exekutive Funktionen

Menschliches Handeln zeichnet sich durch eine bemerkenswerte Flexibilität aus: je nachdem welches Ziel wir verfolgen, können wir auf ein und denselben Reiz sehr verschieden reagieren (beispielsweise könnten wir uns vornehmen, das nächste Mal, wenn das Telefon klingelt, mit den Augen zu zwinkern, den Kopf zu schütteln oder einen Waldlauf zu machen, obwohl in diesem Fall das Abnehmen des Hörers die sehr viel häufiger ausgeführte und in gewissen Sinn »stärkere« Reaktionstendenz ist). Im Unterschied zu unwillkürlichen Reflexen, die in starrer Weise durch Reize ausgelöst werden, werden intentionale Handlungen durch intern repräsentierte Ziele und Absichten moduliert und können in flexibler Weise an wechselnde reizseitige Auslösebedingungen geknüpft werden. Dass uns dies die meiste Zeit über ganz selbstverständlich erscheint, sollte nicht darüber hinwegtäuschen, dass zielgerichtetes Handeln auf einem komplexen Zusammenspiel sensorischer, kognitiver und motorischer Verarbeitungssysteme beruht, die immer wieder auf neue Weise im Sinn wechselnder Ziele konfiguriert werden müssen. Wie fragil dieses Zusammenspiel ist und welche dramatischen Folgen Beeinträchtigungen kognitiver Kontrollprozesse haben können, wird weiter unter bei der Beschreibung von Patienten mit Verletzungen des präfrontalen Kortex (▶ Kap. 3) deutlich werden.

18.1.1 Antizipation und Zielgerichtetheit

William James (1890) und andere Psychologen des 19. Jahrhunderts sahen in der Fähigkeit, zukünftige Effekte und Folgen der eigenen Handlungen zu antizipieren, das entscheidende Merkmal willentlicher, intentional kontrollierter Handlungen. In der Tat beginnen wir praktisch von Geburt an, die eigenen Bewegungen mit den durch sie ausgelösten wahrnehmbaren Effekten zu assoziieren. Ausgehend von zunächst sehr einfachen Bewegung-Effekt-Assoziationen (z. B. zwischen einer Armbewegung und dem visuellen Eindruck, den ein dadurch in Schwingung versetztes Mobile erzeugt) erwerben wir ein zunehmend komplexeres Wissen darüber, welche Konsequenzen unsere Handlungen unter

bestimmten Bedingungen haben. Dieses Wissen bildet die Grundlage für die zielgerichtete Auswahl von Handlungen, bei der eine Zielrepräsentation – also die Antizipation eines angestrebten Handlungseffekts – solche Handlungsprogramme in Bereitschaft versetzt, von denen man gelernt hat, dass sie den Zielzustand herbeiführen (Dörner, 1999; Elsner & Hommel, 2001; Goschke, 1996; Hoffmann, 1993; Hommel, 2000; Prinz, 2000; ▶ Kap. 17). Handlungsrelevantes Wissen ist dabei **hierarchisch und sequenziell** organisiert (Hacker, 1998), d. h. Oberziele (z. B. ein gutes Leben führen) werden in Teilziele (z. B. für andere sorgen, erfolgreich sein) dekomponiert, die ihrerseits in noch spezifischere Unterziele zerlegt werden (z. B. einen Beruf erlernen), bis schließlich die Ebene einfacher motorischer Programme (z. B. ein Buch aus dem Regal nehmen) erreicht ist.

Während auch viele Tierarten in der Lage sind, Effekte ihres Verhaltens zu lernen (eben dies geschieht beim instrumentellen Konditionieren; ▶ Kap. 11), zeichnet sich die menschliche Antizipationsfähigkeit durch einige Besonderheiten aus (▶ Kasten).

Im Zuge der Evolution dieser kognitiven Fähigkeiten ist es zu einer zunehmenden Abkoppelung der Reaktionsselektion von der unmittelbaren Reizsituation und einem immensen Zuwachs an Freiheitsgraden bei der Verhaltenssteuerung gekommen. Dass wir in Abhängigkeit von mental repräsentierten Zielen sehr unterschiedlich auf ein und dieselbe Situation reagieren können, dürfte ein Grund für das subjektive Gefühl sein, dass wir uns – sofern kein äußerer Zwang ausgeübt wird – frei entscheiden können, was wir tun oder lassen wollen. Allerdings folgt daraus nicht, dass intentionale Handlungen nicht ebenso kausal determiniert sind wie beispielsweise Reflexe; was intentionale Handlungen gegenüber Reflexen auszeichnet ist vielmehr, dass sie auf besondere Weise determiniert sind: nämlich durch Antizipationen und Zielrepräsentationen, die natürlich ihrerseits von Lernerfahrungen und anderen kausalen Vorbedingungen abhängen. Die Erforschung kognitiver Kontroll-

---

Besonderheiten der menschlichen Antizipationsfähigkeit

1. Wir können im Prinzip beliebig weit in der Zukunft liegende Konsequenzen unserer Handlungen mental vorwegnehmen (z. B. dass das Zigarettenrauchen hier und jetzt das Risiko erhöht, in einigen Jahrzehnten an Lungenkrebs zu erkranken). Insbesondere können wir neben Effekten unserer Handlungen auch zukünftige Motivations- und Bedürfniszustände antizipieren und unser Verhalten an mental vorweggenommenen Bedürfnissen ausrichten, die aktuell noch gar nicht bestehen (Bischof, 1989; Goschke, 2004). Intentionale Handlungen können in diesem Sinn als eine genuin **zukunftsorientierte** Form der Verhaltenssteuerung betrachtet werden.

2. Menschen verfügen über eine hoch entwickelte Fähigkeit zum **Planen**, d. h. sie können neue Handlungssequenzen vor ihrer tatsächlichen Ausführung versuchsweise »mental simulieren«.

3. Wir verfügen mit der Sprache über ein **generatives** und **produktives** Repräsentationssystem, das es uns erlaubt, eine praktisch unbegrenzte Zahl von arbiträren Instruktionen, Zielen oder Verhaltensregeln zu kodieren. Die Möglichkeit, sich durch inneres Sprechen gleichsam selbst zu instruieren, trägt entscheidend dazu bei, dass wir unsere Reaktionsdispositionen in nahezu beliebiger Weise von einem Moment zum nächsten »umkonfigurieren« können (Goschke, 2003; Vygotsky, 1962).

prozesse berührt insofern altehrwürdige philosophische Fragen nach der menschlichen Willens- und Handlungsfreiheit, auf die in diesem Kapitel allerdings nicht eingegangen werden kann (für einige aktuelle Standpunkte s. z. B. Bieri, 2001; Dennett, 2003; Goschke, 2004; Kane, 2002; Prinz, 2004; Walter, 2004).

18.1.2 Konflikt, kognitive Kontrolle und exekutive Funktionen

Intentionale Handlungen erfordern in sehr unterschiedlichem Ausmaß den Einsatz kognitiver Kontrolle. Lewin (1926) wies darauf hin, dass gewohnheitsmäßige oder hoch geübte Handlungen oftmals weitgehend automatisch initiiert und ausgeführt werden, wenn geeignete Reizbedingungen vorliegen (man denke beispielsweise daran, wie man über längere Strecken ein Auto steuert, ohne dabei jeden einzelnen Handlungsschritt bewusst zu kontrollieren). Allerdings ist eine solche automatische Verhaltenssteuerung nur dann möglich, wenn alle erforderlichen Handlungsroutinen im Gedächtnis gespeichert sind und die aktuell verfügbare Reizinformation (in Verbindung mit dem jeweils dominanten Ziel) eindeutig festlegt, welche Handlung auf welche Weise auszuführen ist, sodass keine weiteren Entscheidungs- oder Planungsprozesse notwendig sind (Neumann, 1984).

Dagegen stößt die automatische Steuerung an ihre Grenzen, wenn man mit Situationen konfrontiert ist, in denen

1. neue, wenig geübte oder schwierige Handlungen ausgeführt werden müssen,
2. flexibel zwischen verschiedenen Zielen und Reiz-Reaktions-Regeln gewechselt werden muss,
3. Planungs-, Entscheidungs- oder Problemlöseprozesse notwendig sind, um die korrekte Reaktion auszuwählen oder
4. Absichten in Konflikt mit starken Gewohnheiten oder konkurrierenden Motivationstendenzen stehen.

Einer weit verbreiteten Annahme zufolge sind in solchen Situationen besondere exekutive Kontrollprozesse notwendig, die sich dadurch auszeichnen, dass sie nicht unmittelbar an der Reizwahrnehmung oder der Steuerung einzelner Bewegungen beteiligt sind, sondern die Funktion haben, sensorische, kognitive und motorische Prozesse im Sinne übergeordneter Ziele zu koordinieren und starke, aber inadäquate Reaktionen, Motivationstendenzen oder emotionale Impulse zugunsten langfristiger Ziele zu unterdrücken (Goschke, 2002; Kuhl, 1985, 1996; Monsell, 1996; Monsell & Driver, 2000; Miller & Cohen, 2001; Ullsperger & von Cramon, 2003). Unter dem Begriff der »exekutiven Funktionen« bzw. der »kognitiven Kontrolle« werden dabei recht heterogene Prozesse zusammengefasst, wie etwa die Konfiguration von Verarbeitungsmodulen, die Koordination multipler Ziele, die Planung neuer Handlungssequenzen,

das prospektive Gedächtnis für auszuführende Absichten, die aktive Aufrechterhaltung aufgabenrelevanter Informationen, die Inhibition impulsiver Reaktionen, die Überwachung von Reaktionskonflikten und Fehlern und die Bewertung von Handlungsergebnissen. Bislang ist ungeklärt, ob es sich dabei um separate Mechanismen handelt oder ob sich alle diese Funktionen auf eine kleine Zahl kognitiver Grundfunktionen reduzieren lassen (s. dazu Miyake, Friedman, Emerson, Witzki & Howerter, 2000).

18.1.3 Einteilung von Kontrollprozessen

Im Folgenden wird eine grobe Einteilung von Kontrollprozessen in fünf Kategorien vorgeschlagen (s. auch Ullsperger & von Cramon, 2003):

1. Flexible (Um-)Konfigurierung von Verhaltensdispositionen und Planen neuer Handlungssequenzen,
2. Aufrechterhaltung und Abschirmung von Zielen und Kontextinformationen,
3. Unterdrückung automatisierter Reaktionen,
4. Bedürfnisantizipation und Unterdrückung konkurrierender Motivationstendenzen und
5. Fehler- und Konfliktüberwachung.

Flexible (Um-)Konfigurierung von Verhaltensdispositionen und Planen neuer Handlungssequenzen

Nicht automatisierte Handlungen erfordern es, dass sensorische, kognitive und motorische Systeme auf neue Weise konfiguriert oder an wechselnde Aufgabenanforderungen angepasst werden. Selbst eine so einfache Aufgabe wie z. B. auf hohe und tiefe Töne mit dem Drücken einer linken und rechten Taste zu antworten, erfordert es, dass für die Dauer der Aufgabe die Aufmerksamkeit auf bestimmte Reizaspekte fokussiert wird, bestimmte Reaktionsprogramme selektiv in Bereitschaft versetzt und an spezifische Auslösebedingungen geknüpft werden. Bei komplexeren Aufgaben (z. B. eine Urlaubsreise planen) ist es darüber hinaus oft erforderlich, neue Handlungssequenzen zu generieren und Teilziele und -handlungen zeitlich zu koordinieren.

Aufrechterhaltung und Abschirmung von Zielen und Kontextinformationen

Situationen, in denen automatisierte Reaktionen nicht hinreichen, um ein Ziel zu erreichen, sind häufig dadurch charakterisiert, dass die aktuell verfügbare Reizinformation nicht eindeutig festlegt, welches die korrekte Reaktion ist, weil zusätzliche Kontextinformationen (z. B. zuvor dargebotene Hinweisreize, Zielrepräsentationen, Instruktionen oder Aufgabenregeln) berücksichtigt werden müssen. In solchen Fällen müssen ziel- und aufgabenrelevante Kontextinformationen aktiv aufrechterhalten und unter Umständen gegen störende Reize abgeschirmt werden, was gemeinhin als Arbeitsgedächtnis bezeichnet wird (Baddeley, 1986). Darüber hinaus gibt es Belege dafür, dass Repräsentationen unerledigter Absichten und Ziele auch über längere Zeit im Langzeitgedächtnis dauerhaft erhöht aktiviert sind. So fanden Goschke und Kuhl (1993, 1996), dass Probanden, die sich vornehmen sollten, eine Handlung (z. B. einen Schreibtisch aufräumen) zu einem späteren Zeitpunkt auszuführen, absichtsbezogene Informationen vor der Ausführung der Handlung schneller aus dem Gedächtnis abrufen konnten als gleich gut gelernte neutrale Inhalte.

Unterdrückung automatisierter Reaktionen

Bei der Ausführung zielgerichteter Handlungen müssen häufig starke gewohnheitsmäßige, aber nicht intendierte Reaktionen unterdrückt werden. Während die Automatisierung häufig ausgeführter Reaktionen den Vorteil hat, dass man in vertrauten Situationen schnell und mit geringem kognitiven Aufwand angemessen reagieren kann, können automatisierte Reaktionen auch in Konflikt zu einem aktuellen Ziel treten. Ein klassisches Beispiel dafür ist die Farbbenennungsaufgabe von Stroop (1935), bei der die Versuchspersonen die Druckfarbe von Worten benennen sollen, die ihrerseits inkongruente Farben bezeichnen (z. B. das Wort »grün«, gedruckt in roter Farbe). Um die eigentlich »schwächere«, aber intentionsgemäße Reaktion (Druckfarbe benennen) auszuführen, muss die Verarbeitung des aufgabenrelevanten Reizmerkmals (Druckfarbe) selektiv verstärkt bzw. die hoch automatisierte Verarbeitung der irrelevanten Reizdimension (Wortbedeutung) gehemmt oder von der Reaktionsselektion abgekoppelt werden.

Bedürfnisantizipation und Unterdrückung konkurrierender Motivationstendenzen

Kognitive Kontrolle ist ferner erforderlich, wenn es zu Konflikten zwischen langfristigen Zielen und aktuellen Motivationstendenzen kommt. Solche Konflikte können entstehen, wenn ein Ziel, das durch ein antizipiertes zukünftiges Bedürfnis motiviert ist (z. B. auch in 10 Jahren noch schlank zu sein) in Widerspruch zu einem aktuell angeregten Bedürfnis- oder Motivationszustand (z. B. dem Verlangen nach einem weiteren Stück Torte) steht. Aktuell angeregte Bedürfnisse oder emotionale Impulse haben dabei zunächst einen direkteren Einfluss auf die Reaktionsaktivierung als kognitive antizipierte zukünftige Bedürfnisse (Kuhl & Goschke, 1994; Metcalfe & Mischel, 1999). So haben Untersuchungen mit bildgebenden Verfahren gezeigt, dass sowohl emotional bedrohliche Reize als auch positive motivationale Anreize und Belohnungssignale subkortikale Hirnregionen (u. a. die Amygdala, den Nucleus accumbens und Teile des ventralen Striatums; ▶ Kap. 3) aktivieren und entsprechende Vermeidungs- oder Annäherungsreaktionen auslösen können, selbst wenn die Reize nur minimal oder gar nicht bewusst verarbeitet werden (z. B. Berridge & Robertson, 2004; Whalen et al., 1998). Dies erscheint aus einer evolutionären Perspektive durchaus adaptiv, da so motivational bedeutsamen Reizen hohe Priorität zugewiesen wird (LeDoux, 1996).

Allerdings können solche automatischen affektiven Reaktionen mitunter auch im Widerspruch zur bewussten kognitiven Bewertung einer Situation stehen (z. B. wenn man unwillkürlich vor einer Schlange zurückschreckt, obwohl man weiß, dass sie sicher in einem Terrarium gefangen ist) und die Verfolgung langfristiger Ziele erschweren (z. B. wenn das aktuelle Verlangen nach einer Zigarette über das Wissen um die langfristigen negativen Folgen des Rauchens obsiegt).

Dass Menschen dennoch in der Lage sind, langfristige Ziele gegen konkurrierende emotionale oder motivationale Impulse durchzusetzen, wird in volitionspsychologischen Theorien durch die Annahme sog. **Handlungskontrollstrategien** erklärt, die die Abschirmung langfristiger Absichten gegen konkurrierende Motivationstendenzen unterstützen (Kuhl, 1985, 1996; s.a. Gollwitzer, 1999). Handlungskontrollstrategien beruhen darauf, dass man aufgrund von Lernerfahrungen metakognitives Wissen darüber erwirbt, wie man die eigenen kognitiven, emotionalen und motivationalen Prozesse so beeinflussen kann, dass die Verwirklichung langfristiger Absichten gefördert wird. Beispielsweise gelingt es Vorschulkindern besser, auf eine attraktive, erst später verfügbare Belohnung (z. B. ein Spielzeugauto) zu warten und dabei der Versuchung zu widerstehen, eine sofort verfügbare, aber weniger attraktive Belohnung (z. B. eine Süßigkeit) vorzuziehen, wenn sie gelernt haben, dass es dazu hilfreich sein kann, die Aufmerksamkeit vom Versuchsobjekt wegzurichten (Metcalfe & Mischel, 1999).

Weitere Beispiele für die von Kuhl (1985) beschriebenen Handlungskontrollstrategien sind die **Motivationskontrolle**, die darin besteht, sich die positiven Anreize eines Ziels möglichst anschaulich vorzustellen oder die **Umweltkontrolle**, die darauf beruht, dass man Umweltbedingungen so arrangiert, dass die Wahrscheinlichkeit verringert wird, zu einem späteren Zeitpunkt durch eine emotionale Versuchung von der ursprünglichen Absicht abgebracht zu werden (z. B. indem man potenzielle Ablenkungs- oder Versuchungsquellen beseitigt). In welchem Maß Personen über solche Handlungskontrollstrategien verfügen und sie effizient einsetzen, hängt von individuellen Lernerfahrungen sowie von bestimmten Persönlichkeitsdispositionen ab (s. dazu Kuhl & Beckmann, 1994; Kuhl, 2000).

Fehler- und Konfliktüberwachung

Die erfolgreiche Ausführung zielgerichteter Handlungen erfordert Überwachungs- und Vergleichsprozesse (»monitoring«) auf verschiedenen Ebenen der Verarbeitung. So müssen an kritischen Punkten im Handlungsablauf die tatsächlich eingetretenen Handlungseffekte mit Repräsentationen der intendierten Zielzustände verglichen werden und eventuelle Fehler behoben werden. Darüber hinaus kommt der Überwachung von Reaktionskonflikten eine wichtige Rolle zu, da das Vorliegen eines Konflikts signalisiert, dass die Zielverfolgung gefährdet ist und daher vermehrt kognitive Kontrolle mobilisiert werden sollte (Botvinick, Braver, Carter, Barch & Cohen, 2001; Goschke, 2000; Kuhl, 1985; Ullsperger & von Cramon, 2001).

18.2 Kognitive Neurowissenschaft exekutiver Funktionen

In den letzten Jahren wurden große Fortschritte in der Erforschung der neuronalen Korrelate kognitiver Kontrollprozesse gemacht, indem Methoden der experimentellen Psychologie für die Untersuchung von hirngeschädigten Patienten und den Einsatz von bildgebenden Verfahren nutzbar gemacht wurden. Im Fokus des Interesses stehen dabei insbesondere Regionen des präfrontalen Kortex, die seit langem mit exekutiven Kontrollprozessen in Verbindung gebracht werden (Stuss & Knight, 2002; Ullsperger & von Cramon, 2003).

18.2.1 Frontalhirn und exekutive Funktionen

Das Frontalhirn umfasst beim Menschen etwa ein Drittel der gesamten Großhirnrinde, wobei für kognitive Kontrollfunktionen insbesondere der anterior gelegene präfrontale

Kortex von Bedeutung ist, der im Verlauf der Gehirnevolution besonders stark an Größe zugenommen hat (▶ Kap. 3; auch ▶ Kap. 35). Der präfrontale Kortex kann grob in eine dorsolaterale, eine ventrolaterale und eine ventromediale bzw. orbitofrontale Region unterteilt werden. Ebenfalls für kognitive Kontrollfunktionen relevant ist der anteriore cinguläre Kortex auf der medialen Oberfläche des präfrontalen Kortex (◘ Abb. 18.1).

Der präfrontale Kortex ist massiv mit anderen Hirnregionen vernetzt und erhält afferente Projektionen von den meisten Assoziationsfeldern des Parietal- und Temporalkortex sowie von subkortikalen Regionen wie dem Thalamus, den Basalganglien, dem Zerebellum, der Amygdala, dem Hippocampus sowie Kernen des Stammhirns (◘ Abb. 18.2). Die überwiegende Zahl dieser Verbindungen ist reziprok, d. h. vom Frontalhirn führen efferente Verbindungen in die meisten Regionen, aus denen es afferente Projektionen erhält. Der orbitofrontale Kortex besitzt ferner starke reziproke Verbindungen zu limbischen Regionen wie der Amygdala, die an der Emotionsverarbeitung beteiligt sind. Aufgrund dieser Vernetzung mit sensorischen, gedächtnisbezogenen und motorischen Regionen sowie mit Strukturen, die an Gedächtnisfunktionen, Emotionen und Belohnungswirkungen beteiligt sind, befindet sich der präfrontale Kortex in einer ausgezeichneten anatomischen

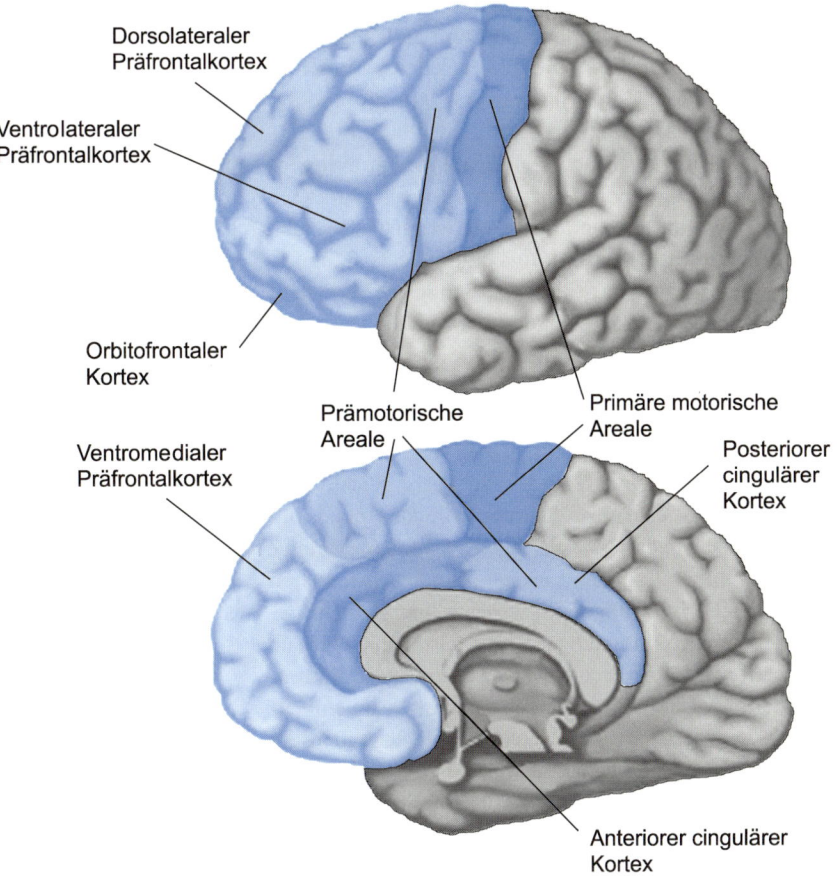

◘ **Abb. 18.1.** Teilregionen des Frontalhirns, laterale Ansicht (*oben*) und mediale Ansicht (*unten*)

Dorsolateraler Präfrontalkortex

Ventrolateraler Präfrontalkortex

Orbitofrontaler Kortex

Ventromedialer Präfrontalkortex

Prämotorische Areale

Primäre motorische Areale

Posteriorer cingulärer Kortex

Anteriorer cingulärer Kortex

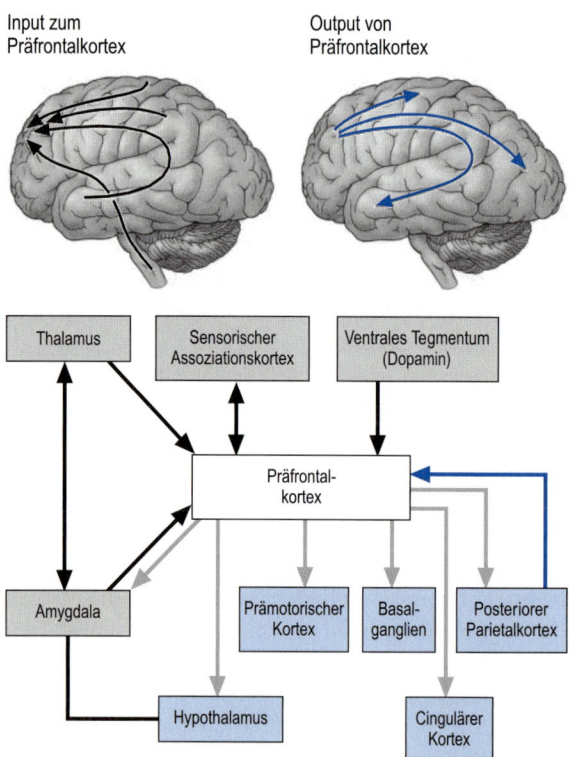

Input zum
Präfrontalkortex

Output von
Präfrontalkortex

Abb. 18.2. Afferente und efferente Verbindungen des präfrontalen Kortex

Position, um einerseits Informationen über innere Zustände und äußere Reize zu integrieren und andererseits die Verarbeitung in kortikalen und subkortikalen Systemen zu modulieren, die an Wahrnehmungs-, Gedächtnis- und Reaktionsprozessen beteiligt sind.

Nach Schädigungen des Frontalhirns sind grundlegende sensorische und motorische Leistungen sowie die Ausführung von Routinehandlungen oft weitgehend intakt, wohingegen die Planung und Organisation nicht automatisierter Handlungen, die flexible Anpassung des Verhaltens an wechselnde Kontextbedingungen sowie die Unterdrückung automatisierter Reaktionen mehr oder weniger stark beeinträchtigt sein kann (Luria, 1973; Stuss & Knight, 2002). Baddeley (1986) hat die Bezeichnung »dysexekutives Syndrom« für diese Beeinträchtigungen vorgeschlagen, was allerdings aus mehreren Gründen nicht ganz glücklich ist. Erstens können exekutive Funktionen nicht einfach mit »präfrontalen« Funktionen gleichgesetzt werden, da einige Patienten mit präfrontalen Läsionen keine nachweisbaren exekutiven Beeinträchtigungen zeigen, während solche Beeinträchtigungen mitunter auch nach Läsionen außerhalb des präfrontalen Kortex auftreten. Zweitens ist der präfrontale Kortex weder funktional noch anatomisch ein einheitliches System, sondern separate präfrontale Regionen sind an unterschiedlichen Funktionen beteiligt. Drittens ist es eine zu einfache Vorstellung, in dieser Hirnregion eine Kontrollzentrale oder »zentrale Exekutive« an der Spitze einer Hierarchie untergeordneter Systeme zu sehen. Ob-

wohl der präfrontale Kortex zweifellos von großer Bedeutung für exekutive Kontrollprozesse ist, ist er doch seinerseits Teil eines komplexen Netzwerkes kortikaler und subkortikaler Hirnstrukturen und wird in seiner Funktion ebenso durch andere Hirnsysteme beeinflusst, wie er diese seinerseits moduliert (Ullsperger & von Cramon, 2003).

18.2.2 Kognitive Flexibilität und Aufgabenwechsel

Frontalhirnverletzungen führen häufig zu einer beeinträchtigten kognitiven Flexibilität, die sich in der unzureichenden Anpassung des Verhaltens an wechselnde Aufgabenanforderungen manifestiert. Dies ist beispielsweise mit dem **Wisconsin-Kartensortiertest** demonstriert worden, bei dem die Probanden Karten mit verschiedenen Symbolen (z. B. einem roten Dreieck oder zwei grünen Sternen oder drei blauen Kreuzen) nach einem bestimmten Kriterium sortieren sollen (z. B. Farbe, Form oder Anzahl) (◘ Abb. 18.3). Den Probanden ist das Sortierkriterium zunächst nicht bekannt, aber sie erhalten nach jeder Zuordnung eine Rückmeldung darüber, ob die Karte korrekt sortiert wurde. Wird nach einer festgelegten Zahl von korrekten Reaktionen ohne Ankündigung das Kriterium gewechselt, zeigen Patienten mit Läsionen im (dorsolateralen) präfrontalen Kortex mitunter gehäuft **Perseverationsfehler**, d. h. sie halten am alten Sortierkriterium fest, obwohl dies zu Fehlerrückmeldungen führt (z. B. Milner, 1963). Da die Kartensortieraufgabe neben dem Wechseln des Sortierkriteriums noch weitere kognitive Anforderungen beinhaltet (z. B. das Lernen einer Kategorisierungsregel, die Inhibition einer vormals relevanten Regel, die Verarbeitung von Fehlerrückmeldungen), erlaubt sie allerdings nur begrenzt Rückschlüsse darauf, welche spezifischen kognitiven Funktionen beeinträchtigt sind.

Genauere Aufschlüsse über die Teilprozesse bei der Umkonfigurierung von Verhaltensdispositionen wurden in den letzten Jahren mit der Methode des Aufgabenwechsels (»task-set switching«) gewonnen (Überblick bei Monsell, 2003). Die Grundidee besteht darin, Probanden zwischen zwei oder mehreren Aufgaben wechseln zu lassen (z. B. auf die Farbe vs. die Form von Reizen zu reagieren) und die

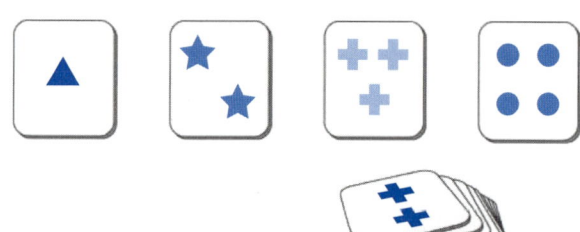

Abb. 18.3. Die Wisconsin-Kartensortieraufgabe (Farbunterschiede abweichend vom Original durch unterschiedliche Blautöne angedeutet)

18

Leistung mit einer Kontrollbedingung zu vergleichen, in der wiederholt die gleiche Aufgabe auszuführen ist. Dabei kann ein Aufgabenwechsel nach einer festgelegten Zahl von Durchgängen erfolgen (z. B. AABBAABB; sog. »Alternating-runs«-Paradigma; Rogers & Monsell, 1995), oder die Aufgaben sind in zufälliger Abfolge auszuführen, wobei ein Hinweis (»cue«) vor jedem imperativen Reiz die nächste Aufgabe ankündigt (»Task-cueing«-Paradigma; Meiran, 1996). Ein Aufgabenwechsel führt im Vergleich zu einer Aufgabenwiederholung meist zu verlängerten Reaktionszeiten, insbesondere wenn in den verschiedenen Aufgaben jeweils auf unterschiedliche Merkmale der gleichen Reize reagiert werden muss (z. B. Allport, Styles & Hsieh, 1994; Meiran, 1996; Rogers & Monsell, 1995).

Inzwischen liegen zahlreiche Belege dafür vor, dass sich in diesen »Wechselkosten« mehrere Teilprozesse spiegeln. Zum einen sind dies Prozesse, die der Umkonfigurierung von Reaktionsdispositionen zugrunde liegen, was man daraus geschlossen hat, dass die Wechselkosten oft signifikant kleiner ausfallen, wenn die Probanden vor dem imperativen Reiz genügend Zeit haben, um sich auf die nächste Aufgabe vorzubereiten und einen Teil der Umkonfigurierungsprozesse bereits vor dem Reiz ausführen können (Goschke, 2000; Meiran, 1996; Rogers & Monsell, 1995). Insbesondere scheinen Probanden das Vorbereitungsintervall zu nutzen, um eine sprachliche Repräsentation der neuen Aufgabe aus dem Gedächtnis abzurufen und sich gleichsam selbst zu instruieren. Unterbindet man solche Selbstinstruktionen, indem die Probanden während des Vorbereitungsintervalls eine verbale Störaufgabe ausführen müssen (z. B. Wochentage aufsagen), verschwindet der Vorteil eines langen Vorbereitungsintervalls (Goschke, 2000), was zeigt, dass verbale Selbstinstruktionen eine funktionale Rolle beim Aufgabenwechsel spielen (s. auch Emerson & Miyake, 2003; Vygotsky, 1962). Solche Umkonfigurierungsprozesse können allerdings die Wechselkosten nicht vollständig erklären, da meist auch dann noch signifikante »residuale« Wechselkosten auftreten, wenn die Probanden an sich genügend Zeit haben, sich auf die Aufgabe vorzubereiten (Allport et al., 1994; Goschke, 2000; Rogers & Monsell, 1995). Vieles spricht dafür, dass diese residualen Wechselkosten auf unwillkürliche Nachwirkungen zuvor ausgeführter Aufgaben zurückzuführen sind. So kann es nach einem Aufgabenwechsel zu Interferenz bei der Reaktionsauswahl kommen, weil die Reiz-Reaktions-Regeln der zuvor ausgeführten Aufgabe nicht vollständig deaktiviert wurden (Allport et al., 1994; Goschke, 2000; Wylie & Allport, 2000) oder weil der imperative Reiz konkurrierende Reiz-Reaktions-Regeln aktiviert, mit denen er in einer zuvor ausgeführten Aufgabe assoziiert wurde (Waszak, Hommel & Allport, 2003).

Bereits die hier nur sehr selektiv dargestellten Befunde machen deutlich, dass das Wechseln zwischen Aufgaben mehrere Teilprozesse beinhaltet (Gruber & Goschke, 2004). Es erstaunt daher nicht, dass sich in Bildgebungsstudien gezeigt hat, dass am Aufgabenwechsel ein Netzwerk unter-schiedlicher Hirnregionen beteiligt ist, das u. a. den dorsolateralen präfrontalen Kortex, Regionen im medialen Frontalhirn (den anterioren cingulären Kortex und das präsupplementärmotorische Areal) sowie Regionen des Parietalkortex umfasst (Brass & von Cramon, 2002; Dove, Pollmann, Schubert, Wiggins & von Cramon, 2000; MacDonald, Cohen, Stenger & Carter, 2000; Rushworth, Hadland & Paus, 2002; Sohn, Ursu, Anderson, Stenger & Carter, 2000). Ein Ziel der aktuellen Forschung besteht darin, die funktionale Rolle dieser Regionen beim Aufgabenwechsel aufzuklären, wobei einiges dafür spricht, dass der dorsolaterale Präfrontalkortex an der aktiven Umkonfigurierung von Aufgabenregeln und der »Top-down«-Modulation aufgabenrelevanter Verarbeitungssysteme beteiligt ist (Gruber & Goschke, 2004; Miller & Cohen, 2001), während mediale frontale Regionen an der Überwachung von Reaktionskonflikten beteiligt zu sein scheinen (Botvinick et al., 2001).

18.2.3 Unterdrückung automatisierter Reaktionen

Nach Frontalhirnschädigungen ist häufig die Fähigkeit zur Inhibition inadäquater Reaktionen oder störender Reize beeinträchtigt. Ein recht spektakuläres, wenngleich eher seltenes Beispiel dafür ist das von Lhermitte (1983) beschriebene »Benutzungsverhalten« (»utilisation behavior«), das darin besteht, dass einige Frontalhirnpatienten beim Anblick alltäglicher Objekte automatisch Routinehandlungen mit den Gegenständen ausführen (z. B. Brille aufsetzen, Zigarette anzünden), obwohl sie keine entsprechende Absicht zu haben scheinen oder sogar instruiert werden, die Handlungen zu unterlassen. Anscheinend sind die Patienten nicht länger in der Lage, die mit den Objekten assoziierten Routinehandlungen zu unterdrücken.

Konvergierende Evidenz für die Rolle des präfrontalen Kortex bei der Reaktionsunterdrückung stammt aus Bildgebungsstudien mit sog. »Go-/No-go«-Aufgaben, bei denen Versuchspersonen so schnell wie möglich auf bestimmte Reize reagieren sollen (z. B. auf die Buchstaben Q, P, T; »Go«-Durchgänge), aber auf einen selten dargebotenen Reiz (z. B. ein X) nicht reagieren sollen (»No-go«-Durchgänge). Die Reaktionsunterdrückung geht dabei recht konsistent mit erhöhten Aktivierungen im rechten inferioren Frontalkortex einher (für einen Überblick s. Aron, Robbins & Poldrack, 2004). Neben der Unterdrückung motorischer Reaktionen scheinen frontale Hirnregionen auch an der Inhibition emotionaler Impulse beteiligt zu sein. Sollten männliche Versuchspersonen beim Anschauen erotischer Filme jegliche sexuelle Erregung unterdrücken, so führte dies im Vergleich zu einer Bedingung ohne Unterdrückungsinstruktion zu einer deutlich verminderten Aktivierung in limbischen Hirnregionen (u. a. der Amygdala und dem Hypothalamus), die an emotionalen Reaktionen beteiligt sind, während sich gleichzeitig eine erhöhte Aktivierung im rechten superioren Frontalhirn und Gyrus cinguli zeigte (Beauregard, Lévesque & Bourgouin, 2001). Dies legt nahe, dass die willentliche Kontrolle emotionaler Reaktionen auf der Modulation limbischer Strukturen durch frontale Hirnregionen beruht.

18.2.4 Aufrechterhaltung und Abschirmung von Ziel- und Kontextrepräsentationen

Die Flexibilität intentionaler Handlungen beruht darauf, dass Reaktionen nicht allein aufgrund der aktuellen Reizinformation, sondern unter Berücksichtigung von intern repräsentierten Kontextinformationen (z. B. Instruktionen, Aufgabenregeln oder Zielen) ausgewählt werden. Die aktive Aufrechterhaltung von Informationen wird als Arbeitsgedächtnis bezeichnet. Neben modalitätsspezifischen Systemen für die Aufrechterhaltung sprachlich-phonologischer und räumlich-visueller Information (Baddeley, 1986) scheinen insbesondere Regionen des (lateralen) präfrontalen Kortex an der aktiven Aufrechterhaltung und Manipulation von Informationen im Arbeitsgedächtnis beteiligt zu sein. Dafür sprechen beispielsweise Untersuchungen mit der sog. »N-zurück-Aufgabe« (»N-back task«), bei der den Probanden eine Serie von Reizen (z. B. Buchstaben) dargeboten wird und sie immer dann auf einen Reiz reagieren sollen, wenn dieser identisch mit dem Reiz ist, der entweder 1, 2 oder 3 Durchgänge zuvor dargeboten wurde. Die Probanden müssen also die zuletzt dargebotenen Reize aktiv aufrechterhalten und gleichzeitig den Inhalt des Arbeitsgedächtnisses kontinuierlich aktualisieren. In fMRT-Studien wurde gefunden, dass die Belastung des Arbeitsgedächtnisses in dieser Aufgabe mit dem Anstieg der Aktivierung im lateralen präfrontalen Kortex korreliert war (Braver et al., 1997).

Neuropsychologische Studien haben gezeigt, dass Patienten mit Läsionen im dorsolateralen Präfrontalhirn bei der Aufrechterhaltung von Kontextinformation besonders stark beeinträchtigt sind, wenn diese Information gegen Störreize abgeschirmt werden muss. In einer Studie von Chao und Knight (1998) wurde Patienten mit Läsionen im dorsolateralen Präfrontalkortex und Kontrollprobanden zu Beginn jedes Versuchsdurchgangs ein alltägliches Geräusch dargeboten (z. B. ein Hundebellen). Nach 5 s wurde ein Vergleichsgeräusch dargeboten und die Probanden sollten entscheiden, ob die beiden Geräusche gleich oder verschieden waren. In der Hälfte der Durchgänge wurden während des 5-s-Intervalls irrelevante Töne als Störreize dargeboten. Während sich die Leistung der Frontalhirnpatienten in der Bedingung ohne Störreize nicht von der der Kontrollpersonen unterschied, machten die Patienten deutlich mehr Fehler, wenn Störreize dargeboten wurden (Abb. 18.4).

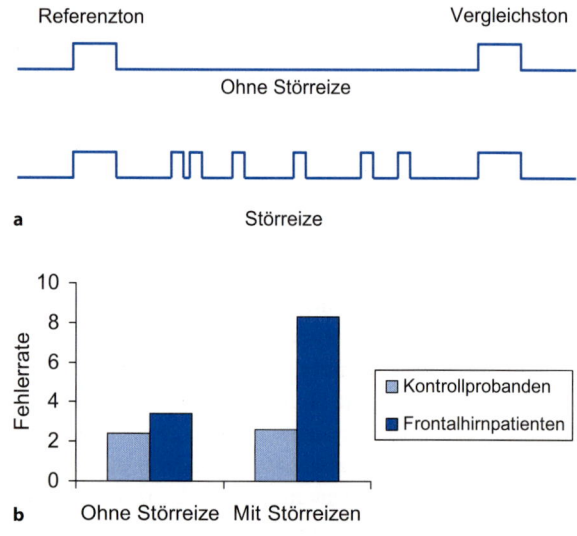

Abb. 18.4. **a** Ablauf eines Durchgangs der zeitverzögerten Vergleichsaufgabe im Experiment von Chao und Knight (1998). **b** Fehlerraten für Patienten mit Läsionen des dorsolateralen Präfrontalkortex und Kontrollpersonen

18.2.5 Handlungsplanung

Eine weitere Exekutivfunktion, die durch Frontalverletzungen beeinträchtigt wird, ist das Planen, also das Generieren und geistige Durchspielen neuer Handlungssequenzen im Sinne eines mentalen Probehandelns. Eine Aufgabe zur Untersuchung von Planungsprozessen ist der von Shallice (1982) entwickelte »**Turm von London**«, bei dem es 3 Stäbe gibt, auf denen 1, 2 oder 3 Kugeln aufgereiht sein können (Abb. 18.5 und ► Kap. 15). Die Probanden sollen die Kugeln ausgehend von einer Ausgangskonfiguration schrittweise so verschieben, dass eine vorgegebene Zielkonfiguration hergestellt wird, wobei eine Anzahl von Regeln zu beachten ist (z. B. darf nur eine Kugel zu einer Zeit bewegt werden). Diese Aufgabe verlangt es, Handlungssequenzen mental durchzuspielen und deren Ergebnis zu antizipieren sowie einzelne Teilschritte und Unterziele zu koordinieren. Frontalhirnpatienten zeigten besonders bei hohem Planungsaufwand längere Lösungszeiten, benötigten mehr Züge bis zur Lösung und verstießen häufiger gegen die Regeln (z. B. Carlin et al., 2000; Shallice, 1982). Darüber hinaus haben fMRT-Studien gezeigt, dass die Planungsschwierigkeit (also die minimal erforderliche Zahl von Zügen bis zur Zielerreichung) mit der Aktivität im dorsolateralen und anterioren präfrontalen Kortex korreliert ist (van den Heuvel et al., 2003; Abb. 18.5).

Erhöhte Aktivierung im am weitesten anterior gelegenen »frontopolaren« Kortex wurde auch in anderen Studien in Aufgaben gefunden, in denen ein Oberziel aktiv gehalten werden musste, während gleichzeitig Unterziele abgearbeitet und Zwischenergebnisse integriert werden mussten (Braver & Bongiolatti, 2002). In einer rezenten Übersicht kommen Ramnani und Owen (2004) zum Schluss, dass der

□ **Abb. 18.5.** Die »Turm-von-London«-Aufgabe

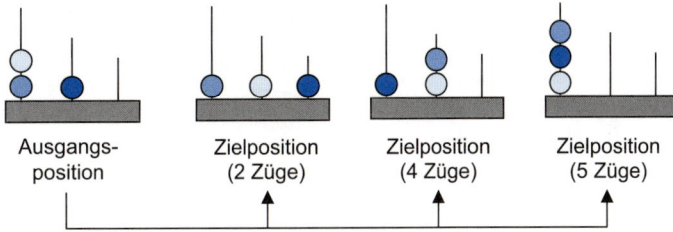

Ausgangs-position   Zielposition (2 Züge)   Zielposition (4 Züge)   Zielposition (5 Züge)

frontopolare Kortex an der Koordination und Integration von multiplen Zielen, Operationen, Regeln oder Relationen im Rahmen der Verfolgung eines übergeordneten Ziels beteiligt ist. Ullsperger und von Cramon (2003) vermuten, dass an der Handlungsplanung umso weiter anterior gelegene Regionen des Frontalhirns beteiligt werden, je mehr Freiheitsgrade eine Aufgabe beinhaltet und je abstrakter die aufgabenrelevanten Repräsentationen werden.

18.3 Ein neurokognitives Modell der kognitiven Kontrolle

Während vieles dafür spricht, dass der präfrontale Kortex an der zielgerichteten Planung und Kontrolle von Handlungen beteiligt ist, verstehen wir bislang nur ansatzweise, *wie* dies genau geschieht. So wertvoll und faszinierend die Einblicke in die Gehirnaktivität sind, die durch bildgebende Verfahren möglich sind, so unabdingbar sind für ein Verständnis kognitiver Kontrollprozesse Modelle der zugrunde liegenden Mechanismen der Informationsverarbeitung. Dabei hilft es wie gesagt wenig, den präfrontalen Kortex pauschal als eine »zentrale Exekutive« zu betrachten. Abgesehen davon, dass damit nichts erklärt wird, sprechen empirische Befunde dafür, dass das Frontalhirn kein funktional homogenes System ist, sondern dass Exekutivfunktionen durch Netzwerke von miteinander interagierenden Hirnstrukturen vermittelt werden (Goschke, 2002; Gruber & Goschke, 2004; Shallice, 2002; Ullsperger & von Cramon, 2003).

In den letzten Jahren wurde eine Reihe von Theorien entwickelt, die auf der Annahme beruhen, dass (insbesondere laterale) Regionen des präfrontalen Kortex die Funktion eines **globalen Arbeits- oder Kontextgedächtnisses** haben (Goschke, 1996, 2002, 2003; Gruber & Goschke, 2004; Miller & Cohen, 2001). Die funktionale Besonderheit dieses Systems wird darin gesehen, dass es

1. neuronale Aktivierungsmuster, die Ziele, Aufgabenregeln und andere Kontextinformationen repräsentieren, in Abwesenheit sensorischer Reize **aktiv aufrechterhalten** und gegen Störungen **abschirmen** kann,
2. diese Repräsentationen **schnell und flexibel aktualisieren** kann und
3. die Prozesse in spezialisierten (sensorischen, gedächtnisbezogenen und motorischen) Verarbeitungssystemen »**top-down**« **modulieren** kann.

Diese funktionale Charakterisierung steht in Einklang mit Befunden aus neurophysiologischen Experimenten, in denen die Aktivität von Nervenzellen im Gehirn von Affen abgeleitet wurde. Mussten sich die Tiere beispielsweise ein Objekt für eine gewisse Zeit merken, während der das Objekt nicht länger sichtbar war, um eine Belohnung zu erlangen, so zeigten im Warteintervall Neurone im lateralen präfrontalen Kortex eine andauernde Aktivität, was vermutlich das neuronale Substrat der aktiven Aufrechterhaltung von Kontextinformationen darstellt (Fuster & Alexander, 1971). Zweitens scheinen bestimmte präfrontale Neurone spezifische Reiz-Reaktions-Regeln zu kodieren. Wurden Affen trainiert, verschiedene Aufgaben auszuführen, wobei Reize und Reaktionen nach jeweils anderen Regeln verknüpft werden mussten, reagierten mehr als die Hälfte der abgeleiteten Neuronen nur dann mit erhöhter Aktivität auf einen Hinweisreiz, wenn eine ganz bestimmte Aufgabe auszuführen war (Asaad, Rainer & Miller, 2000). Schließlich gibt es Hinweise darauf, dass präfrontale Neurone die Aktivität in anderen kortikalen Regionen »top-down« dahingehend modulieren, dass aufgabenrelevante Reize bevorzugt verarbeitet werden (zur Übersicht s. Miller & Cohen, 2001).

Auf dem Hintergrund dieser Ergebnisse zeichnet sich ein vorläufiges Bild der Rolle des präfrontalen Kortex bei der kognitiven Kontrolle ab. Zielrepräsentationen, die im präfrontalen Kortex aktiv gehalten werden, lösen normalerweise nicht direkt ein bestimmtes Verhalten aus, sondern **modulieren**, welche von den in jedem Moment miteinander konkurrierenden Repräsentationen in sensorischen, gedächtnisbezogenen und motorischen Systemen dominant werden. Neuronale Aktivitätsmuster im präfrontalen Kortex können dabei als sog. »Bias-Signale« interpretiert werden, die an andere Verarbeitungssysteme weitergeleitet werden und solche Repräsentationen selektiv verstärken, die in Einklang mit dem jeweils aktiv gehaltenen Ziel stehen (Miller & Cohen, 2001).

Betrachten wir zur Illustration nochmals die **Stroop-Aufgabe**, in der man die Druckfarbe von Worten benennen soll, die eine inkongruente Farbe bezeichnet (z. B. »grün« in roter Farbe; □ Abb. 18.6). Da das Lesen automatisierter ist als das Farbbenennen, ist davon auszugehen, dass die assoziativen Verknüpfungen zwischen den Wortrepräsentationen und den entsprechenden phonologischen Repräsentationen und Sprechprogrammen stärker sind als die Verknüpfungen zwischen Farbrepräsentationen und

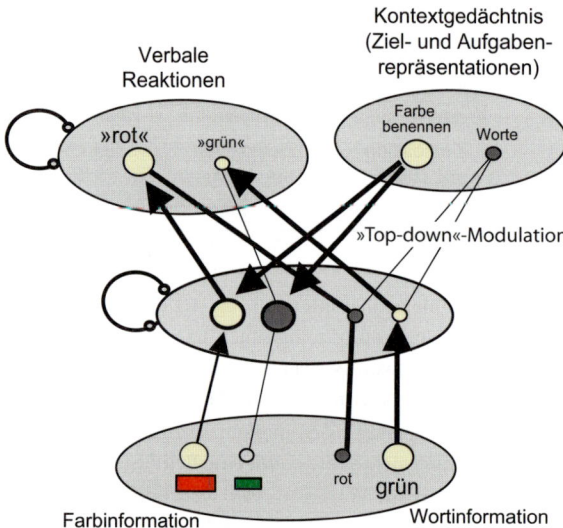

Konfliktreiz: GRÜN

◘ Abb. 18.6. Schematische Darstellung des Modells der Stroop-Aufgabe von Cohen, Dunbar und McClelland (1990). *Kreise* stehen für quasi-neuronale Verarbeitungseinheiten; die *Größe der Kreise* repräsentiert die momentane Aktivierungsstärke der Verarbeitungseinheiten; *unterschiedlich dicke Pfeile* stellen unterschiedliche starke assoziative Verknüpfungen dar. Verbindungen zwischen Verarbeitungseinheiten für die Wortinformation sind stärker, was den höheren Automatisierungsgrad des Lesens im Vergleich zur Farbbenennung repräsentiert. Kognitive Kontrolle beruht auf der »Top-down«-Modulation der Verarbeitungseinheiten für die Farbinformation durch aktiv gehaltene Aufgabenrepräsentationen im Kontextgedächtnis

Sprechprogrammen. Dass wir dennoch in der Lage sind, auch bei inkongruenten Stroop-Reizen die Farbe zu benennen statt das Wort zu lesen, kann dadurch erklärt werden, dass die aktiv gehaltene Aufgabenrepräsentation im präfrontalen Kortex die Aktivität der Neuronen, die an der Repräsentation von Farben bzw. Worten beteiligt sind, »top-down« dahingehend moduliert, dass die Farbinformation einen stärkeren Einfluss auf die Reaktionsaktivierung erhält. Da die Wortinformation allerdings nicht vollständig unterdrückt wird, kann sie zumindest partiell konkurrierende Reaktionen aktivieren, was erklärt, warum inkongruente Reize längere Reaktionszeiten produzieren als kongruente Reize (für ein konkretes Modell auf der Grundlage dieser Prinzipien s. Cohen, Dunbar & McClelland, 1990).

Kognitive Kontrolle beruht also nach dieser Modellvorstellung darauf, dass neuronale Aktivierungsmuster, die Ziele, Aufgabenregeln und Kontextinformationen repräsentieren, den Wettstreit zwischen konkurrierenden Repräsentationen in aufgabenrelevanten Verarbeitungssystemen modulieren. Sind diese Funktionen als Folge einer Frontalhirnschädigung beeinträchtigt, so werden Verarbeitungsprozesse nur noch unzureichend durch Ziele moduliert und das Verhalten wird primär durch erlernte Reiz-Reaktions-Verknüpfungen bestimmt, was erklärt, warum Frontalhirnpatienten oft eine erhöhte Reizabhängigkeit, eine

mangelnde Unterdrückung automatisierter Reaktionen und eine beeinträchtigte Flexibilität beim Aufgabenwechsel zeigen. Obwohl der präfrontale Kortex insofern eine funktionale Sonderstellung in Bezug auf kognitive Kontrollprozesse einnimmt, handelt es sich allerdings nicht um eine oberste zentrale Steuerinstanz, die »entscheidet«, welche Ziele zu verfolgen oder welche Handlungen auszuführen sind. Welche Zielrepräsentationen Zugang zum präfrontalen Kontextgedächtnis erhalten, hängt vielmehr von einer Vielzahl innerer und äußerer Einflüsse ab (u. a. davon wie stark die aktuelle Reizsituation aufgrund von Lernerfahrungen mit bestimmten Zielen assoziiert ist, ob die Situation Gelegenheiten zur Ausführung zieldienlicher Handlungen beinhaltet und wie stark konkurrierende Ziele mit aktuell angeregten oder antizipierten Motivationszuständen assoziiert sind; s. auch Dörner, 1999).

Während die in diesem Abschnitt skizzierte Theorie ein viel versprechender Ansatz zur Erklärung der Funktion des präfrontalen Kortex darstellt, bleiben derzeit allerdings noch viele Fragen offen. So ist u. a. ungeklärt, wie komplexere Aufgaben mit hierarchischen Oberziel-Unterziel-Strukturen repräsentiert werden, wie man sich die zeitliche Sequenzierung von längeren Handlungsplänen auf neuronaler Ebene vorstellen soll und welche neurokognitiven Mechanismen metakognitiven Handlungskontrollstrategien zugrunde liegen, wie sie in Volitionstheorien (Kuhl, 1985, 2000) postuliert werden.

18.4 Kontrolldilemmata und die dynamische Regulation kognitiver Kontrolle

Abschließend soll eine weitere zentrale, bislang aber weitgehend vernachlässigte Frage angesprochen werden: Wie werden kognitive Kontrollprozesse ihrerseits kontrolliert, d. h. wovon hängt es ab, ob und in welchem Ausmaß kognitive Kontrolle mobilisiert wird, um beispielsweise ein Ziel gegen ablenkende Reize abzuschirmen? Im Zusammenhang mit dieser Frage ist es wichtig, sich vor Augen zu führen, dass Lebewesen bei der zielgerichteten Handlungssteuerung vor einer Reihe von antagonistischen Anforderungen stehen. So adaptiv es einerseits ist, Verhalten an langfristigen Zielen ausrichten zu können, so wenig sinnvoll wäre es, emotionale Impulse oder momentane Bedürfnisse unter allen Umständen zu unterdrücken. Dass trotz der Evolution »höherer« kognitiver Kontrollprozesse grundlegende emotionale und motivationale Verhaltensdeterminanten nach wie vor einen Einfluss auf das Verhalten haben, spiegelt die Tatsache, dass wir nicht überlebensfähig wären, wenn wir Gefahrenreize oder vitale Bedürfnisse in beliebigem Maß willentlich ignorieren könnten (LeDoux, 1996; Kuhl & Goschke, 1994; Roth, 2001). Man kann dabei in zugespitzter Form von einem **Bedürfnis-Antizipations-Dilemma** sprechen, d. h. es muss entschieden werden, bis zu welchem Grad eine momentane Verschlechterung der aktuellen Bedürfnislage zugunsten eines langfristigen Ziels in Kauf genommen werden sollte und ab wann einem aktuellen Bedürfnis nachgegeben werden sollte.

Darüber hinaus gibt es eine ganze Reihe weiterer grundlegender **Kontrolldilemmata** (Goschke, 1996, 1997, 2002, 2003). So muss entschieden werden,

- ob ein momentan verfolgtes Ziel gegen konkurrierende Ziele abgeschirmt werden sollte oder ob eine günstige Gelegenheit zur Realisierung eines alternativen Ziels wahrgenommen werden sollte (**Abschirmungs-Unterbrechungs-Dilemma**);
- ob die Aufmerksamkeit selektiv auf zielrelevante Informationen fokussiert werden sollte oder die Umwelt möglichst umfassend auf potenziell bedeutsame, aber möglicherweise auch störende oder ablenkende Reize überwacht werden sollte (**Selektions-Überwachungs-Dilemma**);
- ob man sich auf bewährte gewohnheitsmäßige Reaktionen verlassen oder neue und potenziell riskante Möglichkeiten explorieren sollte (**Explorations-Exploitations-Dilemma**);
- ob die Kosten eines weiteren Abwägens alternativer Ziele oder das Risiko voreiligen Handelns in Kauf genommen werden sollte (**Abwägungs-Initiierungs-Dilemma**).

Die Pole dieser Dilemmata sind jeweils mit komplementären Kosten und Nutzen verbunden. Beispielsweise reduziert eine starke Zielabschirmung Störungen durch irrelevante Reize oder konkurrierende Reaktionen, kann aber auch zu Perseveration und rigidem Verhalten führen. Umgekehrt erleichtert eine geringe Zielabschirmung das flexible Wechseln zwischen Aufgaben, birgt aber zugleich das Risiko erhöhter Ablenkbarkeit (Dreisbach & Goschke, 2004).

Dies wirft für die zukünftige Forschung die Frage auf, wie die Balance zwischen diesen antagonistischen Anforderungen dynamisch und kontextabhängig reguliert wird. Es ist davon auszugehen, dass es auf diese Frage nicht eine Antwort gibt, sondern dass verschiedene Einflussfaktoren von Bedeutung sind. So dürfte der Einsatz kognitiver Kontrollprozesse zumindest in manchen Situationen auf einer expliziten Einschätzung und Abwägung der damit verbundenen Vorteile und Kosten beruhen. Abgesehen davon dürften Lernerfahrungen und Persönlichkeitsdispositionen einen Einfluss darauf haben, ob und in welchem Maß kognitive Kontrollprozesse mobilisiert werden (Kuhl & Beckmann, 1994; Kuhl, 2000). Beispielsweise dürften Personen, die die Erfahrung gemacht haben, dass sie in einer vorhersagbaren Umwelt leben, in der sich weitsichtiges Planen auszahlt, eher zur Abschirmung langfristiger Ziele neigen als Personen, die in einer wenig vorhersagbaren Umwelt aufgewachsen sind.

Auf einer sehr viel kürzeren Zeitskala hängt die Mobilisierung kognitiver Kontrollprozesse eng mit Prozessen der **Konfliktüberwachung** zusammen. So gibt es Belege dafür, dass Reaktionskonflikte in einer Aufgabe automatisch eine verstärkte Zielabschirmung und Inhibition störender Reizmerkmale auslösen (z. B. Goschke, 2000; s. auch Ach, 1935). Neuere Bildgebungsstudien sprechen dafür, dass an der Überwachung von Reaktionskonflikten insbesondere Regionen im medialen Frontalhirn (z. B. der anteriore cinguläre Kortex und das präsupplementärmotorische Areal) beteiligt sind (z. B. McDonald et al., 2000; Ullsperger & von Cramon, 2001). Diese Regionen könnten die Funktion haben, im Falle eines Reaktionskonflikts zu signalisieren, dass zusätzliche Kontrolle erforderlich ist, um das Risiko eines Fehlers zu vermeiden (Botvinick et al., 2001).

Abschließend seien neuere Ergebnisse erwähnt, die dafür sprechen, dass neben Reaktionskonflikten auch **emotionale Prozesse** einen modulierenden Einfluss auf kognitive Kontrollprozesse ausüben. So fanden Dreisbach und Goschke (2004) in einem Experiment zum Aufgabenwechsel, dass eine durch emotionale Bilder induzierte kurzzeitige Erhöhung positiven Affekts zu einer momentanen Lockerung der Zielabschirmung führte. Positiver Affekt führte einerseits zu einer deutlich reduzierten Perseverationstendenz, d. h. den Probanden fiel es sehr viel leichter, ihre Aufmerksamkeit von einer vormals relevanten Reizkategorie auf neue Reize zu richten. Andererseits ging diese Lockerung der Zielabschirmung aber auch mit Kosten in Form von erhöhter Ablenkbarkeit durch irrelevante Störreize einher. Diese Befunde stehen in Einklang mit – allerdings noch vorläufigen – Belegen dafür, dass präfrontale Kontrollprozesse, die die Balance von Zielabschirmung und Zielaktualisierung regulieren, ihrerseits durch subkortikale (insbesondere dopaminerge) Systeme moduliert werden, die an der Verarbeitung von affektiven Belohnungssignalen beteiligt sind (Cohen, Braver & Brown, 2002; Dreisbach et al., im Druck).

Die exemplarische Diskussion der Forschung zur kognitiven Kontrolle in diesem Kapitel dürfte deutlich gemacht haben, dass in den letzten Jahren zwar große Fortschritte bei dem Versuch gemacht wurden, den »Homunkulus« aus Theorien der kognitiven Kontrolle zu vertreiben, dass zukünftig aber eine noch stärkere Kooperation verschiedener Disziplinen und die Integration unterschiedlicher Analyseebenen erforderlich sein wird, um die neurokognitiven Mechanismen der intentionalen Handlungssteuerung zu entschlüsseln.

Literatur

Referenzliteratur

Goschke, T. (2002). Volition und kognitive Kontrolle. In J. Müsseler & W. Prinz (Hrsg.), *Allgemeine Psychologie* (S. 271–335). Heidelberg: Spektrum.

Heckhausen, H., Gollwitzer, P.M. & Weinert, F.E. (Hrsg.). (1987). *Jenseits des Rubikon. Der Wille in den Humanwissenschaften.* Berlin: Springer.

Hommel, B. (2002). Planung und exekutive Kontrolle von Handlungen. In J. Müsseler & W. Prinz (Hrsg.), *Allgemeine Psychologie* (S. 795–863). Heidelberg: Spektrum.

Kluwe, R. (1997). Intentionale Steuerung kognitiver Prozesse. *Kognitionswissenschaft, 6,* 1–17.

Kuhl, J. (1985). Volitional mediators of cognitive-behavior consistency: Self-regulatory processes and actions versus state orientation. In J. Kuhl & J. Beckmann (Eds.), *Action control: from cognition to behavior* (pp. 101–128). Berlin: Springer.

Kuhl, J. & Heckhausen, H. (Hrsg.). (1996). *Enzyklopädie der Psychologie, Serie IV, Band 4 Motivation, Volition und Handeln.* Göttingen: Hogrefe.

Maasen, S., Prinz, W. & Roth, G. (Eds.). (2002). *Voluntary action. An issue at the interface of nature and culture.* Oxford: Oxford University Press.

Miller, E. & Cohen, J. (2001). An integrative theory of prefrontal cortex function. *Annual Review of Neuroscience, 24,* 167–202.

Monsell, S. (1996). Control of mental processes. In V. Bruce (Ed.), *Unsolved mysteries of the mind* (pp. 93–148). Hove: Erlbaum.

Monsell, S. & Driver, J. (Eds.). (2000). *Attention and performance XVIII: control of cognitive processes.* Cambridge, MA: MIT Press.

Prinz, W. (2000). Kognitionspsychologische Handlungsforschung. *Zeitschrift für Psychologie, 208,* 32–54.

Rabbitt, P. (Eds.). (1997). *Methodology of frontal and executive functions.* Hove: Psychology Press.

Stuss, D.T. & Knight, R.T. (2002). *Frontal lobe function.* Oxford: Oxford University Press.

Ullsperger, M. & von Cramon, D.Y. (2003). Funktionen frontaler Strukturen. In H.-O. Karnath & P. Thier (Hrsg.), *Neuropsychologie* (S. 505–514). Berlin: Springer.

Zitierte Literatur

Ach, N. (1935). Analyse des Willens. In E. Abderhalden (Hrsg.), *Handbuch der biologischen Arbeitsmethoden* (Bd. 6). Berlin: Urban & Schwarzenberg.

Allport, D.A., Styles, E. & Hsieh, S. (1994). Shifting intentional set: exploring the dynamic control of tasks. In C. Umilta & M. Moscovitch (Eds.), *Attention and performance XV: Conscious and nonconscious information processing* (pp. 421–452). Cambridge, MA: MIT Press.

Aron, A.R., Robbins, T.W. & Poldrack, R.A. (2004). Inhibition and the right inferior frontal cortex. *Trends in Cognitive Sciences, 8,* 170–177.

Asaad W.F., Rainer G. & Miller E.K. (2000). Task-specific neural activity in the primate pre-frontal cortex. *Journal of Neurophysiology, 84,* 451–459.

Baddeley, A. (1986). *Working memory.* Oxford: Clarendon Press.

Barkley, R.A. (1997). Behavioral inhibition, sustained attention, and executive functions: constructing a unifying theory of ADHD. *Psychological Bulletin, 121,* 65–94.

Beauregard, M., Lévesque, J. & Bourgouin, P. (2001). Neural correlates of conscious self-regulation of emotion. *Journal of Neuroscience, 21: RC165,* 1–6.

Berridge, K.C. & Robertson, T.E. (2004). Parsing reward. *Trends in Neurosciences, 26,* 507–513.

Bieri, P. (2001). *Das Handwerk der Freiheit.* München: Carl Hanser Verlag.

Bischof, N. (1989). Emotionale Verwirrungen Oder: Von den Schwierigkeiten im Umgang mit der Biologie. *Psychologische Rundschau, 46,* 77–90.

Botvinick, M.M., Braver, T.S., Carter, C.S., Barch, D.M. & Cohen, J.C. (2001). Conflict monitoring and cognitive control. *Psychological Review, 108,* 624–652.

Brass, M. & von Cramon, D.Y. (2002). The role of the frontal cortex in task preparation. *Cerebral Cortex. 12,* 908–914.

Braver, T. & Bongiolatti, S.R. (2002). The role of frontopolar cortex in subgoal processing during working memory. *Neuroimage, 15,* 523–536.

Braver, T.S., Cohen, J.D., Nystrom, L.E., Jonides, J., Smith, E.E. & Noll, D.C. (1997). A parametric study of prefrontal cortex involvement in human working memory. *Neuroimage, 5,* 49–62.

Carlin, D., Bonerba, J., Phipps, M., Alexander, G., Shapiro, M. & Grafman, J. (2000). Planning impairments in frontal lobe dementia and frontal lobe lesion patients. *Neuropsychologia, 38,* 655–665.

Chao, L.L. & Knight, R.T. (1998). Contribution of human prefrontal cortex to delay performance. *Journal of Cognitive Neuroscience, 10,* 167–177.

Cohen, J.D., Dunbar, K. & McClelland, J.L. (1990). On the control of automatic processes: a parallel distributed processing account to the Stroop effect. *Psychological Review, 97,* 332–361.

Cohen, J.D., Braver, T.S. & Brown, J.W. (2002). Computational perspectives on dopamine function in prefrontal cortex. *Current Opinion in Neurobiology, 12,* 223–229.

Dennett, D.C. (2003). *Freedom evolves.* New York: Penguin.

Dörner, D. (1999). *Bauplan für eine Seele.* Reinbek: Rowohlt.

Dove, A., Pollmann, S., Schubert, T., Wiggins, C.J. & von Cramon, D.Y. (2000). Prefrontal cortex activation in task switching: an event-related fMRI study. *Cognitive Brain Research, 9,* 103–109.

Dreisbach, G. & Goschke, T. (2004). How positive affect modulates cognitive control: Reduced perseveration at the cost of increased distractibility. *Journal of Experimental Psychology: Learning, Memory, and Cognition, 30,* 343–353.

Dreisbach, G. Müller, J., Goschke, T. Strobel, A. Schulze, K., Lesch, K.P. & Brocke, B. (im Druck). Dopamine and Cognitive Control: the influence of spontaneous eye-blink rate and dopamine gene polymorphisms on perseveration and distractibility. *Behavioral Neuroscience.*

Elsner, B. & Hommel, B. (2001). Effect anticipation and action control. *Journal of Experimental Psychology: Human Perception and Performance, 27* (1), 229–240.

Emerson, M.J. & Miyake, A. (2003). The role of inner speech in task switching: a dual-task investigation. *Journal of Memory and Language, 48,* 148–168.

Fuster, J.M. & Alexander, G.E. (1971). Neuron activity related to short-term memory. *Science, 173,* 652–54.

Gazzaniga, M., Ivry, R. & Mangun, R. (2002). *Cognitive neuroscience. The biology of the mind* (2nd ed.). New York: Norton.

Gollwitzer, P.M. (1999). Implementation intentions: the strategic preparation of automatic goal pursuit. *American Psychologist, 54,* 493–503.

Goschke, T. (1996). Wille und Kognition. Zur funktionalen Architektur der intentionalen Handlungssteuerung. In J. Kuhl & H. Heckhausen (Hrsg.), *Enzyklopädie der Psychologie* (Band IV/4, S. 583–663). Göttingen: Hogrefe.

Goschke, T. (1997). Zur Funktionsanalyse des Willens: Integration kognitions-, motivations- und neuropsychologischer Perspektiven. *Psychologische Beiträge, 39,* 375–412.

Goschke, T. (2000). Involuntary persistence and intentional reconfiguration in task-set switching. In S. Monsell & J. Driver (Eds.), *Attention and Performance XVIII: Control of Cognitive Processes* (pp. 331–356). Cambridge, MA: MIT Press.

Goschke, T. (2003). Voluntary action and cognitive control from a cognitive neuroscience perspective. In S. Maasen, W. Prinz & G. Roth (Eds.), *Voluntary action. An issue at the interface of nature and culture* (pp. 49–85). Oxford: Oxford University Press.

Goschke, T. (2004). Vom freien Willen zur Selbstdetermination. Kognitive und volitionale Mechanismen der intentionalen Handlungssteuerung. *Psychologische Rundschau, 55,* 186–197.

Goschke, T. & Kuhl, J. (1993). The representation of intentions: Persisting activation in memory. *Journal of Experimental Psychology: Learning, Memory, and Cognition, 19,* 1211–1226.

Goschke, T. & Kuhl, J. (1996). Remembering what to do: explicit and implicit memory for intentions. In M. Brandimonte, G. Einstein & M. McDaniel (Eds.), *Prospective memory: theory and applications* (pp. 53–91). Hillsdale, NJ: Erlbaum.

Gruber, O. & Goschke, T. (2004). Executive control emerging from dynamic interactions between brain systems mediating language, working memory and attentional processes. *Acta Psychologica, 115*, 105–121.

Hacker, W. (1998). *Allgemeine Arbeitspsychologie. Psychische Struktur und Regulation von Arbeitstätigkeiten*. Bern: Huber.

Hoffmann, J. (1993). *Vorhersage und Erkenntnis*. Göttingen: Hogrefe.

Hommel, B. (2000). The prepared reflex: automaticity and control in stimulus-response translation. In S. Monsell & J. Driver (Eds.), *Control of cognitive processes: Attention and Performance XVIII* (pp. 247–273). Cambridge, MA: MIT Press.

James, W. (1890). *Principles of psychology*. New York: Holt.

Kane, R. (Hrsg.). (2002). *The Oxford handbook of free will*. Oxford: Oxford University Press.

Kolb, BN. & Wishaw, I.Q. (2001). *An introduction to brain and behaviour*. New York: Worth.

Kuhl, J. (1996). *Wille und Freiheitserleben. Formen der Selbststeuerung*. In J. Kuhl & H. Heckhausen (Hrsg.), *Enzyklopädie der Psychologie* (Band IV/4, S. 665–765). Göttingen: Hogrefe.

Kuhl, J. (2000). A functional-design approach to motivation and self-regulation: The dynamics of personality systems interactions. In M. Boekaerts, P.R. Pintrich & M. Zeidner (Eds.), *Handbook of self-regulation* (pp. 111–169). San Diego: Academic Press.

Kuhl, J. & Beckmann, J. (Eds.). (1994). *Volition and personality: Action versus state orientation*. Göttingen: Hogrefe.

Kuhl, J. & Goschke, T. (1994). A theory of action control: mental subsystems, modes of control, and volitional conflict-resolution strategies. In J. Kuhl & J. Beckmann (Eds.), *Volition and personality: action versus state orientation* (pp. 93–124). Göttingen: Hogrefe.

LeDoux, J.E. (1996). *The emotional brain*. New York: Simon & Schuster.

Leung, H.-C., Skudlarski, P., Gatenby, J.C., Peterson, B.S. & Gore, J.C. (2000). An event-related functional MRI study of the Stroop color word interference task. *Cerebral Cortex, 10*, 552–560.

Lewin, K. (1926). Vorsatz, Wille und Bedürfnis. *Psychologische Forschung, 7*, 330–385.

Lhermitte, F. (1983). »Utilization behavior« and its relation to lesions of the frontal lobes. *Brain, 106*, 237–255.

Luria, A.R. (1973). *The working brain*. London: Penguin Books.

MacDonald, A.W., Cohen, J.D., Stenger, V.A. & Carter, C.S. (2000). Dissociating the role of the dorsolateral prefrontal and anterior cingulate cortex in cognitive control. *Science, 288*, 1835–1838.

Meiran, N. (1996). Reconfiguration of processing mode prior to task performance. *Journal of Experimental Psychology: Learning, Memory, and Cognition, 22*, 1423–1442.

Metcalfe, J. & Mischel, W. (1999). A hot/cool-system analysis of delay of gratification: dynamics of willpower. *Psychological Review, 106*, 3–19.

Milner, B. (1963). Effects of different brain lesions on card-sorting. *Archives of Neurology, 9*, 90–100.

Miyake, A., Friedman, N.P., Emerson, M.J. Witzki, A.H., Howerter, A. & Wager, T.P. (2000). The unity and diversity of executive functions and their contributions to complex »frontal lobe« tasks: a latent variable analysis. *Cognitive Psychology, 41*, 49–100.

Monsell, S. (2003). Task switching. *Trends in Cognitive Sciences, 7*, 134–140.

Neumann, O. (1984). Automatic processing: a review of recent findings and a plea for an old theory. In W. Prinz & A.F. Sanders (Eds.), *Cognition and motor processes* (pp. 255–294). Berlin: Springer.

Norman, D.A. & Shallice, T. (1986). Attention to action: willed and automatic control of behavior. In R.J. Davidson, G.E. Schwartz & D. Shapiro (Eds.), *Consciousness and self-regulation: Advances in research* (Vol. 4, pp. 1-18). New York: Plenum Press.

Prinz, W. (2004). Kritik des freien Willens: Bemerkungen über eine soziale Institution. *Psychologische Rundschau, 55*, 198–206.

Ramnani, N. & Owen, A.M. (2004). Anterior prefrontal cortex: insights into function from anatomy and neuroimaging. *Nature Reviews Neuroscience, 5*, 184–194.

Rogers, R.D. & Monsell, S. (1995). Costs of a predictable switch between simple cognitive tasks. *Journal of Experimental Psychology: General, 124*, 207–221.

Roth, G. (2001). *Fühlen, Denken, Handeln*. Frankfurt am Main: Suhrkamp.

Rushworth, M.F.S., Hadland, K.A. & Paus, T. (2002). Role of the human medial frontal cortex in task switching: a combined fMRI and TMS study. *Journal of Neurophysiology, 87*, 2577–2592.

Shallice, T. (1982). Specific impairments of planning. *Philosophical Transactions of the Royal Society London B, 298*, 199–209.

Shallice, T. (2002). Fractionation of the supervisory system. In D.T. Stuss & R.T. Knight (Eds.), *Frontal lobe function* (pp. 261–277). Oxford: Oxford University Press.

Sohn, M.-H., Ursu, S., Anderson, J.R., Stenger, V.A. & Carter, C.S. (2000). The role of prefrontal cortex and posterior parietal cortex in task switching. *Proceedings of the National Academy of Sciences USA, 97*, 13448–13453.

Stroop, J.R. (1935). Studies of interference in serial verbal reactions. *Journal of Experimental Psychology, 18*, 643–662.

Ullsperger, M. & von Cramon, D.Y. (2001). Subprocesses of performance monitoring: a dissociation of error processing and response competition revealed by event-related fMRI and ERPs. *Neuroimage, 14*, 1387–1401.

Ullsperger, M. & von Cramon, D.Y. (2003). Funktionen frontaler Strukturen. In H.-O. Karnath & P. Thier (Hrsg.), *Neuropsychologie* (S. 505–514). Berlin: Springer.

van den Heuvel, O.A., Groenewegen, H.J., Barkhof, F. Lazeron, R.H.C., van Dyck, R. & Veltmana, D.J. (2003). Frontostriatal system in planning complexity: a parametric functional magnetic resonance version of Tower of London task. *Neuroimage, 18*, 367–374

Vygotski, L.S. (1962). *Thought and language*. Cambridge, MA: MIT Press.

Walter, H. (2004). Willensfreiheit, Verantwortlichkeit und Neurowissenschaft. *Psychologische Rundschau, 55*, 169–177.

Waszak, F., Hommel, B. & Allport, A. (2003). Task-switching and long-term priming: role of episodic stimulus-task bindings in task-shift costs. *Cognitive Psychology, 46*, 361–413.

Whalen, P.J., Rauch, S.L., Etcoff, N.L., McInerney, S.C., Lee, M.B. & Jenike, M.A. (1998). Masked presentations of emotional facial expressions modulate amygdala activity without explicit knowledge. *Journal of Neuroscience, 18*, 411–418.

Wylie, G. & Allport, D.A. (2000). Task switching and the measurement of »switch costs«. *Psychological Research, 63*, 212–233.

19 Prä- und perinatale Entwicklung

A. Schölmerich

Im Embryo liegt das Versprechen eines Menschen. In vielen Aspekten hat er menschliche Züge, gleichzeitig ist die Ähnlichkeit zum hoch entwickelten Tier eindrucksvoll. Die embryonale und fötale Entwicklung ist durch ihre radikale Veränderung und dramatische Geschwindigkeit ausgezeichnet. Damit geht auch eine besondere Vulnerabilität einher, die zum besonders vorsichtigen Umgang mit Risikofaktoren Anlass gibt. Nicht nur in diesem Bereich ist es wesentlich, die besondere Beziehung zwischen Mutter und werdendem Kind mit zu beachten und psychologische Konsequenzen von Ereignissen oder Zuständen vor dem Hintergrund eines sozialen Umfeldes zu bedenken. Die Vorstellung, dass ein Fötus bereits multiple Beziehungen unterhält, ist der psychologischen Literatur noch spürbar fremd.

Die Betrachtung der Entwicklung des zentralen Nervensystems zeigt ein komplexes Ineinandergreifen unterschiedlicher Entwicklungsprozesse und die Passung zwischen Struktureigenschaften und zu erwartender Umwelt, als höchste Form einer sich selbst organisierenden und doch vorhersagbaren Entwicklung. Den Abschluss der pränatalen Entwicklung bildet die Geburt, die auf höchst unterschiedliche Weise stattfinden kann und ebenso unterschiedlich erlebt wird. Die Betrachtung der pränatalen Entwicklung zeigt auf besondere Weise die eindrucksvolle Resilienz und Plastizität des Menschen.

19.1 Überblick über die pränatale Entwicklung

Die Vereinigung einer Eizelle mit einer Samenzelle setzt eine Serie von Ereignissen in Gang, die die Voraussetzung für die Entwicklung eines Menschen sind. Diese Vereinigung von Ei und Samen ist unter natürlichen Umständen nur in einem relativ schmalen Zeitfenster in der Mitte des Zyklus der Frau möglich, und von der Befruchtung bis zu der Geburt eines Säuglings vergehen etwa 9 Monate. In dieser Zeitspanne müssen alle wesentlichen Differenzierungs- und Vermehrungsprozesse ablaufen, um einen extrauterin funktionsfähigen Organismus herzustellen und um ein reaktions- und lernbereites Zentralnervensystem zu erzeugen. Die Frage, ab wann der sich entwickelnde Organismus ein Mensch ist, wird durch die Aussage, dass die Entwicklung des Menschen die Befruchtung einer Eizelle voraussetzt, nicht wirklich beantwortet, und die gegenwärtige Diskussion um die ethische Zulässigkeit der Stammzellenforschung hat diese Problematik in das öffentliche Bewusstsein gehoben. Aus psychologischer Sicht fehlen dem ungeborenen Wesen einige der Definitionsmerkmale des Menschen, die teilweise aus der Anthropologie und Philosophie her stammen, andererseits weist der Embryo auch schon einige menschentypische Merkmale auf. Wir erkennen auf Ultraschallbildern ohne weiteres kleine Menschen, und für

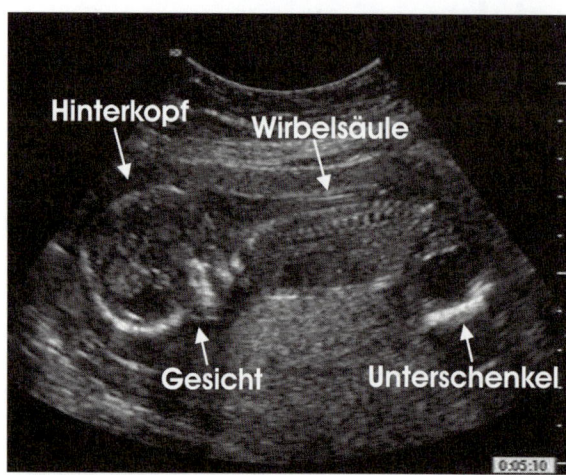

Abb. 19.1. Ultraschallaufnahme eines 16 Wochen alten Fötus

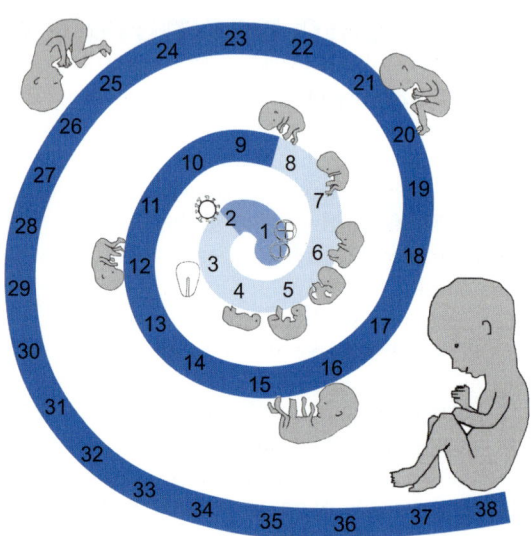

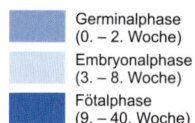

Germinalphase (0.–2. Woche)	Die Größenverhältnisse sind nicht maßstabsgerecht. Die befruchtete Eizelle in
Embryonalphase (3.–8. Woche)	der Germinalphase misst 0,1 mm, mit 4 Wochen etwa 5 mm, am Ende der Embryonalphase etwa 25 mm. Das reife Neugeborene ist 52 cm lang.
Fötalphase (9.–40. Woche)	

Abb. 19.2. Verlauf der pränatalen Entwicklung

viele Eltern heute markieren solche Bilder den Beginn einer besonderen personalen Beziehung (◘ Abb. 19.1).

Alltagspsychologische Theorien in verschiedenen Kulturen setzen den Beginn des Lebens als Mensch zu sehr unterschiedlichen Zeitpunkten an (Cole & Cole, 1996). Nur eine deutliche Minderheit aller natürlich befruchteten Eizellen führt zu der Geburt eines Kindes, die Mehrzahl geht zu unterschiedlichen Zeitpunkten teilweise unbemerkt verloren.

Die Befruchtung erfolgt im Eileiter, und die befruchtete Eizelle (Zygote) beginnt sich wieder und wieder zu teilen. Dabei ändert sich nur die Zahl der Zellen, nicht jedoch das Gesamtgewicht, woraus sich ergibt, dass die Zellen immer kleiner werden. Innerhalb von 4 Tagen wandert der Zellhaufen in den Uterus, wo zwischen dem 4. und 8. Tag die Einnistung beginnt, die am 13. Tag abgeschlossen ist. Damit ist das Ende der Germinalphase erreicht, und die Embryonalphase beginnt. Die Entwicklung der Plazenta erlaubt einen ersten Stoffwechsel mit der Umgebung und damit ein Wachstum der Zellen sowie eine rapide Differenzierung. Schon zwischen dem 21. und 28. Tag kann man die Augen identifizieren, das Adernsystem vervollständigt sich und das Herz beginnt zu schlagen. In der 5. Woche bilden sich die Arm- und Beinknospen, in der 7. Woche formt sich das Gesicht heraus, und in der 8. Woche sind alle wesentlichen Organe vorhanden. Mit der 8. Woche beginnt die Fötalphase, in der nun Arm- und Beinbewegungen, der Saugreflex und Grundformen des Gesichtsausdrucks beobachtbar sind. Ab diesem Zeitpunkt hat der Fötus eine menschliche Gestalt, auch wenn für das ungeschulte Auge die Verwechslung mit anderen Säugetierföten noch durchaus wahrscheinlich ist.

In der 13. bis 16. Woche bilden sich Haut und Haar, und die Knochen werden härter. Mit der 17. Woche schließlich werden die Bewegungen für die Mutter spürbar, und der Herzton ist hörbar. Ab der 25. Woche wird die Fettschicht angelegt, und bald danach besteht eine Überlebenschance

bei Frühgeburt auch ohne sehr invasive technische Hilfsmittel. In der 38. Woche ist die Entwicklung des Fötus abgeschlossen, und spätestens in der 42. Woche findet die termingerechte Geburt statt (◘ Abb. 19.2).

Für verschiedene Komponenten gibt es unterschiedliche Entwicklungsphasen, die für die gesunde Entwicklung besonders kritisch sind. Man unterscheidet dabei grobe Anomalien, die meist zum Abort führen, und kleinere Fehlentwicklungen, die Funktionsbeeinträchtigungen bedingen. Das Zentralnervensystem hat seine vulnerable Phase bis in die 6. Woche, danach bleibt ein Risiko für kleinere Fehlentwicklungen bis zur Geburt bestehen. Das Kreislaufsystem ist von der 3. bis zur 7. Woche besonders empfindlich, nach der 8. Woche sind auch kleinere Fehlentwicklungen eher selten. Die kritische Phase für das Gehör liegt zwischen der 4. und 10. Woche, ähnlich wie die des Auges, das allerdings für kleinere Anomalien bis zur Geburt empfindlich bleibt.

19.2 Entwicklungsprinzipien der Embryonalentwicklung

Genetische Steuerung und Stimulation

Für die pränatale Entwicklung sind sowohl genetische Steuerung als auch Stimulationseinflüsse notwendig. Der plangemäße Verlauf, die enge zeitliche Vorhersehbarkeit und die offensichtliche Ähnlichkeit innerhalb der Spezies sowie mit anderen Säugetieren legen die Vermutung nahe, dass es sich hier um ein typisches Beispiel eines genetisch

19

kodierten »Entwicklungsplans« handelt. Verschiedene Aspekte der embryonalen Entwicklung sind durch den Ablauf genetischer Programme recht gut beschreibbar, so die Formung der Neuralplatte, die Organdifferenzierung, die Herausbildung der Extremitäten und die Proliferation der neuronalen Zellen. Die elektrische Aktivität der Neurone ist eine entscheidende Voraussetzung für die Entwicklung der typischen Funktionskreise, und so feuern Neurone, die später einen Muskel ansprechen, schon lange bevor kontraktionsfähige Muskelfasern vorhanden sind, auch ohne jede externe Stimulation. Selbst ein vom ZNS getrenntes Rückenmark generiert systematische Erregungsmuster.

Gleichzeitig ist eine gewisse Umweltstimulation Voraussetzung, um neuronale und zytoarchitektonische Prozesse zu steuern. Fehlende sensorische Eingänge führen zu deutlichen Veränderungen der Zell- oder Synapsendichte und der Größe der entsprechenden Felder, zusätzliche Stimulation ist ebenfalls wirksam, wie sich in tierexperimentellen Studien zeigen lässt. Auch die regressiven Prozesse (synaptische Selektion, Zelltod) sind allein durch genetische Programme nicht zu steuern. Stimulation spielt also in der neuronalen Entwicklung eine zentrale Rolle.

Hemmung vorhandener Regelkreise

Neuropsychologisch betrachtet besteht Entwicklungsfortschritt häufig in der effektiven Hemmung vorhandener Aktivität. Die spontane motorische Aktivität des Fötus erreicht in der 12. Woche ein Maximum, dabei sind alle später zu beobachtenden Bewegungsmuster vorhanden. Danach nimmt die Bewegungsaktivität wieder ab, weil die motorischen Zentren zunehmend unter die Kontrolle übergeordneter Instanzen geraten. Die Hemmung einer generalisierten Reaktion ist in Neugeborenentests ein Reifekriterium für das ZNS (▶ unten).

Ontogenetische Adaptation

Das wichtigste Entwicklungsprinzip bei der Betrachtung der Fötalzeit ist das der »ontogenetischen Adaptation« (Oppenheim, 1981). Nicht nur die psychischen Funktionen des Erwachsenen, sondern der ganze Entwicklungsplan eines Lebewesens ist durch evolutionäre Prozesse geformt worden, daher werden spezifische Kompetenzen und die Verhaltensorganisation des Fötus als Anpassung an jeweils spezifische Umweltgegebenheiten und nicht unbedingt als Vorläufer der erwachsenen Formen dieses Verhaltens betrachtet. Folglich wird die Beschreibung der konkreten Umwelt des Fötus wesentlich. Oppenheim schreibt, dass frühe Stadien der Entwicklung, die in vorhersagbarer Weise in anderen Umwelten stattfinden als das restliche Leben, spezifische morphologische, biochemische, physiologische und verhaltensorganisierende Mechanismen enthalten, die vor Erreichung der adulten Form geändert, unterdrückt oder sogar zerstört werden müssen (vgl. Hofer, 1988, S. 5).

Sinnesleistungen und Verhaltensorganisation des Fötus

Einer der Gründerväter der Entwicklungspsychologie, William Preyer (1841–1897), war ein Embryologe, der die Bedeutung der pränatalen Verhaltensorganisation gegenüber den häufiger betrachteten strukturellen Veränderungen betont hat. Mit anderen Säugetieren teilt der menschliche Fötus das relativ frühe Einsetzen eigener Motorik und das ebenfalls erstaunlich frühe Funktionieren der wichtigsten Sinnesorgane im mittleren Drittel der Schwangerschaft. Alle Säugetiere und Vögel zeigen die gleiche Entwicklungssequenz der Sinnesorgane, nämlich vestibulär (Bewegung/Gleichgewicht), Hautsinn, Geruch/Geschmack, auditiv und schließlich visuell (Gottlieb, 1983).

Das vestibuläre und auditive System erlaubt es, bei 6 Monate alten Föten Bewegungen und Herzratenveränderungen durch akustische Stimulation zu provozieren (Lecanuet, Fifer, Krasnegor & Smotherman, 1995). Auf vibroakustische Stimuli habituieren Föten schnell, auf stimmähnliche Reize nicht (Kisilevsky, Fearon & Muir, 1998). Die Bevorzugung des Geruchs des eigenen Fruchtwassers über das anderer Babys ist nachgeburtlich nachweisbar (Marlier, Schaal & Soussignan, 1998). Die Nahrungszusammensetzung der Mutter beeinflusst Geschmackskomponenten der amniotischen Flüssigkeit und hat Auswirkungen auf nachgeburtliche Akzeptanz dieser Substanzen, was nicht nur die Funktionsfähigkeit des Geschmackssystems beweist, sondern auch vorgeburtliches Lernen solcher Präferenzen (Mennella, Jagnow & Beauchamp, 2001). Das Auge und das visuelle System reagieren ebenfalls auf Stimulation, allerdings eingeschränkter als die anderen Sinnessysteme.

Als komplexere Bewegungsmuster sind der Schluckauf, das fötale Atmen sowie Extremitätenbewegungen beschrieben. Bei Rattenföten lässt sich durch sauren Geschmack ein organisiertes Verhaltensmuster provozieren, das als »facial wiping« bekannt ist und aus deutlichen wechselseitigen Wischbewegungen mit den Vorderpfoten besteht. Menschliche Föten lutschen am Daumen.

19.3 Entwicklung des zentralen Nervensystems

Die wichtigste Entwicklungsaufgabe der Pränatalzeit ist die Herstellung des zentralen Nervensystems. Das geschieht in erstaunlich kurzer Zeit. Im Gehirn des Neugeborenen finden sich ca. 100 Mrd. Nervenzellen, im wesentlichen alle Neurone, die im Verlauf des Lebens zur Verfügung stehen. Zwar gibt es durchaus postnatale Neurogenese, also Entstehung neuronaler Zellen, aber im Vergleich der Größenordnungen ist dies ein vernachlässigbarer Anteil, der gleichwohl in bestimmten Zusammenhängen (Reparatur) von großer Bedeutung sein kann.

Neurulation

Neurulation bezeichnet den Prozess in der Wirbeltierentwicklung, bei dem sich das Neuralrohr herausbildet, aus dem Gehirn und Rückenmark gebildet wird. Schon bei der Neuralplatte sind damit Festlegungen hinsichtlich der Körperachsen (Anterior-posterior-, Dorsal-ventral- und Rechts-links-Achse) bereits erfolgt, da sich die Organanlage nach diesen Achsen orientiert.

Im ersten Stadium der Entwicklung des Nervensystems faltet sich das Neuroektoderm an den Rändern auf und die Platte sinkt ein. Die gegenüberliegenden Ränder verbinden sich, und das so gebildete Neuralrohr trennt sich von der Platte. Ab der 4. Woche ist das Neuralrohr untergliedert und unterschiedliche Zellaktivitäten finden in den einzelnen Abschnitten statt. Im vorderen Teil entstehen Vorder-, Mittel- und Rautenhirn, in der 5. Woche untergliedert sich das Vorderhirn in Telencephalon (Kortex, Basalganglien, Hippocampus, Amygdala, Bulbus olfactorius) und posteriores Diencephalon (Thalamus, Hypothalamus) (Abb. 19.3; ► Kap. 3 zur Erklärung dieser Hirnregionen beim Erwachsenen). Das Rautenhirn bildet die Anlage für das Metencephalon (Pons, Zerebellum) und das Myelencephalon (Medulla oblongata). Schon bei einem 6 Wochen alten menschlichen Embryo sind die Grundstrukturen des Nervensystems ausgebildet und miteinander verschaltet. Im Rückenmark findet man Motoneuronen in der ventralen Region und sensorische Neuronen in der dorsalen Region. Die Differenzierung entlang der radialen Dimension (also der »Dicke« der Wände des Neuralrohrs) entspricht der Schichtenstruktur des Erwachsenenkortex. Aus der radialen Dimension kommt auch das eigentliche Wachstum der einzelnen Hirnteile.

Neurogenese

Das Neuralrohr ist innen mit der Epithelschicht ausgekleidet, aus der durch mitotische Proliferation sämtliche Neuronen und Gliazellen hervorgehen. Die ventrikulare Proliferationszone bedient vorwiegend die phylogenetisch älteren Hirnteile, wohingegen die subventrikulare Proliferationszone eher den Neokortex bildet. Zum Zeitpunkt maximaler Produktion in diesem Entwicklungsstadium liegt die Zahl der neuen Zellen bei 250.000 pro Minute. Die Zellen, die Neurone produzieren, werden Neuroblasten genannt, die Gliablasten produzieren entsprechend Gliazellen. Die Neuroblasten können sich symmetrisch und asymmetrisch teilen, wobei das Erstere zur Verdopplung des Neuroblasten führt, was insbesondere in früheren Entwicklungsstadien stattfindet. Bei der asymmetrischen Teilung verbleibt der Neuroblast am Ursprungsort, während die Tochterzelle als Neuron abwandert. Dieses Neuron wird sich nie wieder teilen. Auch Proliferationszellen können schon spezifiziert sein, alle Purkinje-Zellen stammen von nur etwa einem Dutzend Proliferationszellen ab, von denen jede ca. 10.000 Tochterzellen erzeugt.

Erst am Zielort bilden sich Axone und Dendriten aus. Diese finden sich zu Bündeln in der sich entwickelnden weißen Substanz zusammen. In der 6.–8. Gestationswoche zeigt das Zentralnervensystem grob drei Schichten: die Ventrikularzone, die Intermediärzone und die Marginalzone. Die kortikalen Neuronen beim Menschen werden etwa vom 40. bis zum 125. Tag generiert, damit wird die kortikale Neurogenese in der ersten Hälfte der Gestationszeit abgeschlossen (Rakic, 1978) und es verbleibt ein langer pränataler Zeitraum für den Aufbau funktioneller Verbindungen.

Migration

Die notwendige Feinstruktur des Gehirns kann nur durch Wanderung der Neurone entstehen. Dabei dienen Gliazellen als Leitbahnen, sodass alle Zellen, die von einer Proliferationszelle abstammen, mit einer gewissen Wahrscheinlichkeit übereinander angeordnet werden, wobei die jüngeren Zellen an den älteren vorbeiwandern (»inside-out pattern«). Dadurch entsteht von der 11. bis zur 18. Gestationswoche die Schichtung und eine Kolumnenorganisation des ZNS (»Radial-unit«-Hypothese). Die horizontale Position des Neurons ist durch die Position ihrer Proliferationszelle und die vertikale Position in einer bestimmten Schicht durch den »Geburtszeitpunkt« festgelegt. Die Wanderung ist für die funktionellen Eigenschaften und Verschaltungen von Bedeutung. Ein »Verdrängungsmuster«, bei dem die neuen Zellen in der Nähe der Proliferationszellen verbleiben und die älteren nach außen disloziert werden, ist typisch für phylogenetisch ältere Hirnteile wie Thalamus und Stammhirn.

Nachdem die Neurone ihre endgültige Position eingenommen haben, bilden sie synaptische Verbindungen sowohl mit in der Nähe befindlichen als auch weiter entfernten Neuronen in assoziierten Regionen des Gehirns. Störungen der neuronalen Migration zeigen sich in verschiedenen Krankheitsbildern, z. B. Lissenzephalie, Epilepsie und Bewegungsstörungen. Bislang sind mehr als 25 auf Migrationsdefizite zurückzuführende Syndrome bekannt.

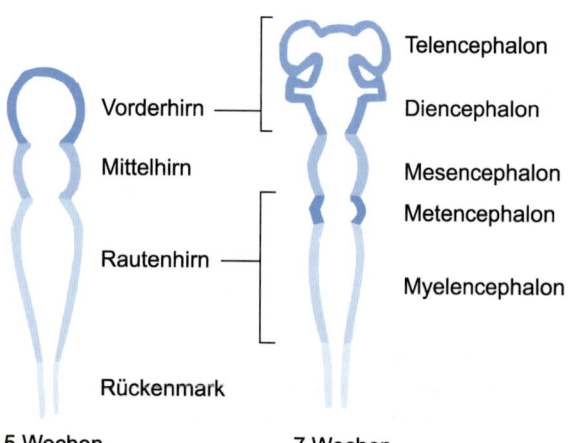

5 Wochen   7 Wochen

 Abb. 19.3. Schematische Darstellung der Entwicklung der wesentlichen Gehirnteile

Darüber hinaus wird eine Beteiligung subtilerer Störungen der Migration und der Entwicklung der synaptischen Verbindungen an komplexen Syndromen wie Dyslexie und Psychose vermutet.

Entwicklung neuronaler Verbindungen

Für ein funktionales System sind die Verbindungen der Neurone der entscheidende Aspekt. Dazu muss ein gerichtetes Auswachsen der Axone zu den jeweiligen Zielzellen entstehen. Das Axonwachstum wird durch einen Wachstumskegel geleitet, wobei elektrische und chemische Gradienten als Leitsignale wirken.

Die Synaptogenese beginnt im 2. Gestationstrimester, nachdem die neuronale Migration weitgehend abgeschlossen ist. Der größte Teil der Entwicklung synaptischer Verbindungen findet postnatal (Huttenlocher, 1990) und aktivitätsgetrieben (Hubel & Wiesel, 1970) statt. Bestehende synaptische Verbindungen können erfahrungsabhängig verstärkt, geschwächt oder eliminiert werden oder ganz neu entstehen. Lernvorgänge benötigen daher »synaptischen Raum« (Güntürkün, 1995), und Prozesse synaptischer Veränderung bieten lebenslange Entwicklungsplastizität.

Apoptose (Zelltod)

Nur etwa die Hälfte der generierten Neuronen und Gliazellen überlebt im Laufe der Entwicklung des ZNS. Die Struktur des ZNS ist das Ergebnis sowohl additiver (Neurogenese) als auch regressiver Prozesse (Zelltod), deren Bedeutung mit der Komplexität des Nervensystems im Speziesvergleich abzunehmen scheint. Dagegen nimmt die Bedeutung der Eliminierung synaptischer Verbindungen zu. Die Funktion der Apoptose wird in einem »fine-tuning« des neuronalen Netzes vermutet. »Erfolgreiche« Verbindungen werden so stabilisiert. Die Apoptose ist als ein regressiver Mechanismus in der differenziellen Entwicklung des Individuums von großer Bedeutung.

Myelogenese

Die Myelogenese bezeichnet die Bildung der fettreichen isolierenden Markscheide um die Verbindungen zwischen Neuronen. Schon seit Beginn des letzten Jahrhunderts wurden »myelogenetische Felder« entsprechend der Reihenfolge ihrer Myelinisierung differenziert. Grob unterschieden werden die primordiale (ab 21. Gestationswoche, vorwiegend sensorische Felder), intermediale (in den ersten 3 Monaten postnatal, vorwiegend motorische Areale) und die terminale Phase (zwischen dem 4. Lebensmonat und 14. Lebensjahr, sekundäre Assoziationsareale und der Rest). Die Myelinisierung verbessert vor allen Dingen die Effizienz der Erregungsausbreitung, sie ist für die Funktion an sich nicht unbedingt erforderlich. Daher erscheint die kausale Bedeutung für bestimmte kognitive Leistungen (formale Operationen!) weniger nahe liegend, als es der Entwicklungsverlauf bis in das 2. Lebensjahrzehnt zunächst vermuten ließ.

19.4 Angewandte Aspekte der pränatalen und perinatalen Psychologie

Im Bereich der pränatalen und perinatalen Psychologie stellen sich unterschiedliche Aufgaben. Der unbefriedigte Kinderwunsch ist eine zeitgemäße Erscheinung, die zu erheblichen Investitionen im Gesundheitswesen führt. Im Rahmen assistierter Reproduktion besteht ein bislang nicht hinreichend versorgter Bedarf an Beratung und Betreuung, der insbesondere die Vorbereitung auf künstliche Befruchtungsmethoden und die Verarbeitung dadurch bedingter Stimmungslagen zum Gegenstand haben. Traditionell gibt es das Arbeitsgebiet der Risikoprävention, für das Kenntnisse der wichtigsten pränatalen Risikofaktoren notwendig sind. Schließlich können Psychologen bei der Vorbereitung auf die Geburt und der nachgeburtlichen Betreuung eingesetzt werden.

19.4.1 Betreuungsbedarf im Zusammenhang mit künstlicher Befruchtung

Künstliche Befruchtungsverfahren bringen auch eine gewisse psychische Belastung mit sich. Die Entnahme von Eizellen ist ein invasiver Eingriff, und die hormonelle Behandlung zur Unterstützung der Annahme der befruchteten Zelle ist als Ursache von Stimmungsschwankungen bekannt.

Am schwierigsten ist allerdings das häufige Scheitern aller Bemühungen zu verarbeiten. Selbst bei technisch guten Institutionen liegt die »Take-home«-Rate noch immer unter 30%, d. h. 70 von 100 Paaren, die sich einer In-vitro-Fertilisation (IVF) unterziehen, brechen diese, nach in der Regel mehreren Versuchen, erfolglos ab. Edelmann und Connolly (1987) berichten immerhin von einem Drittel von über 800 Befragten, die mehr psychologische Betreuung im Zusammenhang mit der Vorbereitung und Durchführung künstlicher Befruchtungsmaßnahmen wünschen.

Aufgrund der Verbindungen von Fruchtbarkeit und Zyklusregularität mit Befindlichkeitsmaßen ist auch an eine begleitende Betreuung von prospektiven Eltern zu denken. Weiterhin ist die Beratung solcher Personen im Vorfeld der Entscheidung für den Einsatz künstlicher Befruchtungsmethoden zu empfehlen, wobei auch diagnostische Aufgaben hinsichtlich der Erfolgsaussichten entwickelt werden können.

19.4.2 Wirkung pränataler Risiken

Über die Wirkung vorgeburtlicher Erlebnisse gibt es eine ganze Reihe von Spekulationen. Die negative Wirkung von Stress und die positive von Entspannung wird in Ratgebern gerne zitiert, obwohl die empirisch begründete Forschung hier noch aufklärungsbedürftige Widersprüche enthält. Für

Kognitive und soziale Entwicklung von IVF-Kindern

Die inzwischen recht häufige In-vitro-Befruchtung mit ihren technischen Varianten wirft die Frage nach entwicklungspsychologischen Konsequenzen solcher Eingriffe auf. Eine umfangreiche Studie, in der die kognitive und soziale Entwicklung von 314 »Retortenbabys« untersucht wurde, berichtet von keinerlei Auffälligkeiten (Saunders, Spensley, Munro & Halasz, 1996). Die Autoren verweisen selbst auf mögliche Einflüsse der Erziehungsumgebung und der sozioökonomischen Besonderheiten der Stichprobe. Künstliche Befruchtungsmethoden werden eher bei Personen mit höherem Durchschnittsalter, besseren Bildungsabschlüssen und höherer Schichtzugehörigkeit eingesetzt.

Eine andere Studie berichtet von signifikant niedrigeren Werten in einem häufig eingesetzten Entwicklungstest für das Säuglings- und Kleinkindalter (»Bayley«) und einer erhöhten Rate von Entwicklungsverzögerungen bei Kindern, die mit Hilfe der Mikroinjektionsmethode (ICSI), die mehrfaches Einfrieren des Materials mit sich bringt, gezeugt worden waren (Bowen, Gibson, Leslie & Saunders, 1998). Gleichwohl sind die Effekte eher mild und bislang nicht für praktische Empfehlungen verwertbar, der Bedarf an weiteren und gut kontrollierten Studien ist offenkundig.

eine Reihe von Teratogenen gibt es deutliche Hinweise bezüglich ihrer Wirkung auf den sich entwickelnden Organismus, für psychologische Faktoren ist die Befundlage weniger klar. Bei der Betrachtung solcher Faktoren sollte allerdings gegenwärtig sein, dass der Mensch wie jedes andere Lebewesen auch grundsätzlich eine hohe Resilienz aufweist, und auch widrige Lebensumstände zu den natürlich auftretenden Entwicklungsbedingungen der Spezies gehört haben. Es ist schwierig, eine Mangelernährung aufgrund einer Hungersnot mit den psychischen Rollenkonfusionen einer neuzeitlichen Doppelverdienerfamilie hinsichtlich ihrer Wirkung auf einen entstehenden Organismus zu vergleichen.

Kritische Phasen der Embryonalentwicklung

Für die Entwicklung einzelner Organe und Funktionsbereiche gibt es unterschiedliche kritische Phasen, in denen sich Abnormitäten herausbilden. Wesentliche Anomalien führen meist zum Absterben des Embryos und zum spontanen Abort. Die kritische Phase des zentralen Nervensystems liegt in der 2. bis zur 6. Woche, die für das Herz reicht von der 3. bis zur 7. Woche und die der Gaumenplatte reicht von der 6. bis zur 12. Woche. Die späteste kritische Phase betrifft die externen Genitalien und erstreckt sich auf die 7. bis 14. Gestationswoche. Diese zeitliche Zuordnung ist für die Ursachenforschung bei Anomalien von großer Bedeutung.

Nahrungsangebot

Die Reichhaltigkeit und Zusammensetzung der Nahrung der Mutter variiert mit den Lebensbedingungen. Wenn sich der Metabolismus des Fötus diesen unterschiedlichen Bedingungen anpasst, dann könnte das Neugeborene und danach das Kind auf die »zu erwartende Welt« besser vorbereitet sein. In der Einstellung auf die Ressourcenlage besteht die Wahl zwischen dem Aufbau notwendiger Funktionen und deren Optimierung (»metabolic imprinting«). Die Gehirnentwicklung wird von grober Mangelernährung als »letztes Organ« betroffen, andere Organsysteme werden daher leichter geschädigt, was in dem Begriff des »fetal programming« für bestimmte Krankheiten zum Ausdruck kommt (Nathanielsz, 1999). Aber auch im Gehirn ergeben sich Veränderungen in Neurotransmittern, die wiederum Verhaltensweisen begünstigen, die in Umgebungen mit Ressourcenmangel Überlebenswert haben, sich aber in ressourcenreichen Umgebungen negativ auswirken. Mangelversorgung durch Plazentainsuffizienz zeigt Effekte bei kognitiven Tests (Tomaselli, 1999), sozial-emotionale Auffälligkeiten werden sehr selten berichtet.

Stresserleben der Mutter

Stress der Mutter ist eine nahe liegende Einflussgröße auf die fötale Entwicklung. Eine Vielzahl von tierexperimentellen Studien mit Nagetieren und Primaten zeigt Veränderungen in Glukokortikoiden, Serotoninaktivität, Dopaminaktivität, Hypophysen-Nebennierenrinden-Aktivität (HPA; Stresshormon Kortisol) sowie morphologische Veränderungen im Hippocampus und anderen Hirnregionen. Die weite Verbreitung von kulturellen Regeln für die Schwangerschaft mit häufigen Hinweisen auf besondere Schonung oder Schutzbedürftigkeit scheint eine Volksweisheit zum Ausdruck zu bringen, die vermutlich auch eine gewisse erfahrungsbasierte Grundlage hat. Im Tierversuch zeigen die Nachkommen der unter Stress gesetzten Mütter vor allem verzögerte motorische Entwicklung, veränderte Aufmerksamkeitsregulation und abnorme Reaktionen auf Belastungen. Beim Menschen wird die Möglichkeit einer Veränderung des Risikos psychopathologischer Erkrankung diskutiert (Huizink, Mulder & Buitelaar, 2004). Experimentell kann man Reaktionen im autonomen Nervensystem des Fötus durch Induktion von Emotionen bei der Mutter demonstrieren.

Chronischer Stress der Mutter während der Schwangerschaft hat allerdings Konsequenzen für das sich entwickelnde Kind. Nachgewiesen sind Effekte auf Geburtsgewicht, Kopfumfang und neurologischen Status der Neugeborenen, allerdings ist chronischer Stress mit anderen Risikofaktoren wie Rauchen (▶ unten) konfundiert. DiPietro (2004) diskutiert den objektiven Befundstand hinsichtlich des Effekts von Stress auf das ungeborene Kind zurückhaltend und erwägt die Möglichkeit, dass milder Stress sogar eine Bedingung optimaler Entwicklung sein könnte. Sicher ist die Definition von chronischem und mildem Stress hier ein Schlüsselproblem.

19.4.3 Teratogene Noxen als Risikofaktoren in der Schwangerschaft

Neben Nahrungsmangel und Stress wirken während der Schwangerschaft eine Vielzahl von Risikofaktoren auf die Mutter und den Fötus ein, die in komplexen Interaktionsbeziehungen stehen können. Bei der Untersuchung von Dosis-Response-Beziehungen ergeben sich teilweise unerwartete Effekte. Risiken in einem Bereich können durch positive Umstände in anderen Bereichen kompensiert werden, besonders gefährlich ist die Akkumulation von Risiken aus verschiedenen Bereichen. Insofern ist bei der Untersuchung solcher Risiken das soziale Umfeld des ungeborenen und später des geborenen Kindes mit zu berücksichtigen.

Unter dem Begriff der teratogenen Noxen fasst man alle Einflüsse zusammen, die auf das ungeborene Kind negative Wirkung haben können. Die Wirkungen reichen von vorübergehenden Erscheinungen wie geringes Geburtsgewicht über neurologische Auffälligkeiten bis zum Abort. Die wichtigsten dieser Noxen werden im Folgenden kurz vorgestellt, wobei Krankheiten von Umweltgiften und lebensstilbedingten Noxen unterschieden werden.

Krankheiten

Infektionskrankheiten

Eine Reihe von Erkrankungen der Mutter während der Schwangerschaft sind für den Fötus gefährlich. Die wichtigsten werden als »STORCH«-Krankheiten (Syphillis, Toxoplasmose, Röteln, Cytomegalovirus und das Herpesvirus) bezeichnet. Vermutlich ist ein nicht unerheblicher Teil geistiger Behinderungen durch Virusinfektionen in der Schwangerschaft verursacht (neben Röteln auch Toxoplasmose). Eine Nachuntersuchung von Personen, die in utero von der Rötelepidemie von 1964 betroffen waren, ergab im Erwachsenenalter einen Anstieg des Risikos an psychotischen Erkrankungen um den Faktor 5,2 (Brown, Cohen, Greenwald & Susser, 2000). Die Zahl der durch Röteln bedingten Embryopathien liegt inzwischen in Deutschland auf sehr niedrigem Niveau, beispielsweise gab es in Niedersachsen in den Jahren 1983–1999 im Durchschnitt nur jeweils einen Fall. Allerdings liegt der Anteil der Schwangeren, die nicht immun gegen Röteln sind, zwischen 3% und 8%, sodass Vorsorgemaßnahmen begründet sind.

HIV-Infektionen

Bei HIV-infizierten Müttern ist unter der Geburt die Infektion des Kindes möglich (perinatale HIV-Übertragung), dies kann aber durch Medikamente und Kaiserschnittgeburt sowie Verzicht auf das Stillen verhindert werden. Drei Übertragungswege sind bekannt (Plazenta, Geburtsvorgang und Stillen). Aufgrund der mit der HIV-Infektion korrelierten sozialen Risikofaktoren sind Kinder von HIV-positiven Müttern anfällig für eine Vielzahl von Entwicklungsrisiken, die aber keine direkten Auswirkungen der HIV-Erkrankung der Mutter sind. Bei einer Spontangeburt wird das Infektionsrisiko für das Neugeborene auf etwa 25% geschätzt. Auswirkungen einer intrauterinen HIV-Infektion auf die kognitive Entwicklung sind bislang nicht nachgewiesen.

Diabetes, Eisenmangel und Ernährungsdefizite

Der mütterliche Diabetes beeinflusst den Zucker- und Fettmetabolismus des Fötus. Aufgrund von negativen Korrelationen zwischen verfügbaren Nährstoffen und einer Reihe intellektueller Leistungsmaße werden in solchen Fällen Ernährungsergänzungen mit hohem Proteingehalt und vielen Kalorien insbesondere in Familien aus benachteiligten sozialen Schichten auch in der pränatalen Phase empfohlen (Keen, Bendich & Willhite, 1993). Eisenmangel während der Schwangerschaft ist ein lange bekannter Risikofaktor mit Konsequenzen für die kognitive Entwicklung der Kinder. Hinsichtlich der Prophylaxe wird auf die Bedeutung der Betreuung und Überwachung der angebotenen Supplemente bei anämischen Müttern hingewiesen. Ernährungsdefizite sind häufig mit anderen Risikofaktoren (Rauchen, Alkoholgebrauch) verbunden.

Strahlung und Umweltgifte

Strahlung

Die Kenntnisse über kognitive Beeinträchtigungen aufgrund radioaktiver Strahlung in utero stammen aus der Tschernobyl-Katastrophe. Im Alter von 10–12 Jahren nachuntersuchte Kinder, die exponiert waren und nach dem Unglück evakuiert wurden, zeigen hinsichtlich Aufmerksamkeit, Gedächtnis und schulischen Leistungen keine statistisch zu sichernden Auffälligkeiten (Litcher et al., 2000). In zwei weiteren Studien wurden Beeinträchtigungen in der Sprachentwicklung sowie der Testintelligenz gefunden. Bei allen drei Studien ist ein Zusammenhang der Schwere der Störungsbilder mit dem Ausmaß der elterlichen Besorgnis stärker als der mit der geschätzten Expositionsdosis.

Blei

Blei ist ein bekanntes teratogenes Risiko. Die Hintergrundexposition stammt zum Großteil aus der Kraftstoffverbrennung im Autoverkehr (bis 1980), weshalb es entlang viel befahrener Verkehrswege in besonders hohen Konzentrationen vorgefunden wurde. Akute Vergiftungen finden sich in Ländern mit mangelhafter Überwachung in der Nähe industrieller Anlagen. Die neurobehavioralen Effekte sind dauerhaft, typisch ist ein mit dem Alter kumulativer Effekt der Verringerung von kognitiven Leistungen. Welcher Anteil auf die Exposition während der Schwangerschaft zurückgeht, ist allerdings häufig nicht zu klären, insbesondere die kumulative Verschlechterung in den Testleistungen kommt möglicherweise auch durch die fortdauernde Exposition zustande (Wasserman et al., 2000). In Langzeitstudien zeigten sich deutliche Zusammenhänge früher Bleiexposition mit Delinquenz und Drogengebrauch, wobei die Interpretation aufgrund konfundierter sozioökonomischer Variablen immer problematisch ist.

Polychlorierte Biphenyle

Diese Stoffe sind lipophile (fettlösliche) Substanzen, für die seit Ende der 70er Jahre ein Produktionsverbot gilt. Aufgrund der chemischen Stabilität gibt es eine Anreicherung in der Umwelt. Im Gegensatz zur Bleiexposition, die von soziodemographischen Merkmalen abhängt, ist die Belastung mit polychlorierten Biphenylen (PCB) von diesen relativ unabhängig. Die Substanzen finden sich inzwischen in allen fetthaltigen Geweben des Menschen. Die Aufnahme erfolgt vorwiegend durch Nahrung. Die Plazenta ist keine wirksame Schranke gegen solche Stoffe, sodass es eine pränatale Belastung in Abhängigkeit von der Belastung der Mutter gibt. Relativ hohe Konzentrationen fanden sich auch in der Muttermilch, wobei sich erfreulicherweise hier in der letzten Dekade rückläufige Mengen nachweisen lassen.

Die wichtigsten Defizite aufgrund von akuten Vergiftungen konzentrieren sich auf höhere kognitive Funktionen und sind – wieder im Gegensatz zur Bleiwirkung – entwicklungsstabil, d. h. ohne kumulative Effekte. In diesen Untersuchungen wird eher die pränatale Exposition als die Aufnahme des Wirkstoffes durch die Muttermilch für die Defizite verantwortlich gemacht. Die Wirkung der Hintergrundexposition ist schwieriger zu quantifizieren, eine deutliche Moderation der Konsequenzen der Exposition durch ein kognitiv stimulierendes Erziehungsumfeld nach der Geburt scheint möglich (Walkowiak et al., 2001).

Lebensstilbedingte Noxen

Alkohol

Bei schwerem Alkoholmissbrauch während der Schwangerschaft kommt es zum fötalen Alkoholsyndrom (FAS), einer schweren Missbildung, die mit erheblicher geistiger Behinderung einhergeht. Kinder mit diesem Syndrom zeigen charakteristische Veränderungen des Gesichtes, mit gelockerten Gesichtszügen und einem insgesamt flachen Ausdrucksverhalten. Neben dem fötalen Alkoholsyndrom gibt es die fötalen Alkoholeffekte (FAE), die ohne die typischen Gesichtsveränderungen auftreten und schwerer diagnostizierbar sind (National Institute on Alcohol Abuse and Alcoholism, 2000).

Beim fötalen Alkoholsyndrom liegt eine kaum beeinflussbare Schädigung im Zentralnervensystem vor, die insbesondere den Hippocampus und das visuelle System betrifft. Neben einer generellen geistigen Behinderung sind funktionell insbesondere exekutive Funktionen und räumliches Denken betroffen. Das Risiko des FAS ist durch Screenings im 5. Schwangerschaftsmonat relativ gut abzu-

schätzen, fraglich ist allerdings der praktische Nutzen dieser Information.

Die Wirkung moderaten Konsums von Alkohol während der Schwangerschaft ist dagegen umstritten. Viele Empfehlungen laufen darauf hinaus, während einer Schwangerschaft auf Alkohol gänzlich zu verzichten. Die Toleranz scheint in Europa größer zu sein als in anderen Ländern. Relativ gesichert scheint zu sein, dass eine seltene, aber intensive Exposition (»binge-drinking«) besonders negative Konsequenzen hat.

Nikotin

Frauen, die während der Schwangerschaft Nikotin konsumieren, haben Kinder mit durchschnittlich niedrigerem Geburtsgewicht als Nichtraucherinnen. Verhaltensrelevante Effekte des Rauchens in der Schwangerschaft (also bei statistischer Kontrolle des weiteren Rauchens der Mutter nach der Geburt) sind relativ ausgeprägt. Das Risiko der Entwicklung abweichenden Verhaltens steigt um den Faktor 4 und das des adoleszenten Drogengebrauchs um den Faktor 5. Wie bei allen lebensstilbedingten Noxen ist die Konfundierung mit sozialen Schichtmerkmalen zu beachten. Trotz der Bemühungen um eine Verringerung des Rauchens bei Schwangeren liegt ihr Anteil bei etwa 20%, wobei allerdings nur knapp 7% mehr als 10 Zigaretten pro Tag angeben (Niedersächsisches Ministerium für Frauen, Arbeit und Soziales, 2001). Die Quote ist für das Jahr 1999 praktisch identisch mit der für 1990, wobei Mitte der 90er Jahre der Anteil der Raucherinnen etwas zurückgegangen war.

Marihuana (THC)

Über Konsequenzen leichteren Drogengebrauchs (z. B. Marihuana) auf den Fötus ist derzeit nicht viel bekannt. In einer dänischen Studie konnten keine reinen Effekte des Marihuanagebrauchs festgestellt werden, die beobachtete Verringerung des Geburtsgewichts konnte durch das Tabakrauchen erklärt werden. Die Prävalenz in Kopenhagen in den Jahren 1992–1995 betrug 0,8%. Es gibt keine globalen Intelligenzdefizite, eher werden Defizite in exekutiven Funktionen und Aufmerksamkeitssteuerung sowie Temperamentsveränderungen und Mängel in der Selbstorganisation des Spielverhaltens vermutet. Von positiven Wirkungen des Marihuanagebrauchs berichten Dreher, Nugent und Hudgins (1994) hinsichtlich der »Brazelton Neonatal Assessment Scale«, führen diese Effekte allerdings auf sozioökonomische Konfundierungen in der Stichprobe aus einer ländlichen Region Jamaicas zurück.

Kokain und Derivate, Heroin und Opiate

»Crack-Babys« sind Kinder, die in utero mit einer wirkungssteigernden Aufbereitung von Kokain in Kontakt gekommen sind. Die Prävalenz ist in manchen Populationen erschreckend hoch und von soziodemographischen Faktoren abhängig. Diese Psychostimulanzien passieren die Plazenta, sodass die Föten regelmäßig exponiert werden und eine Substanzabhängigkeit entwickeln. Die nach der Geburt notwendige Entgiftung mit den üblichen Entzugserscheinungen machen in der Regel eine institutionelle Betreuung notwendig. Kinder drogenabhängiger Mütter stellen einen gewissen Anteil der in der Bundesrepublik zur Adoption gelangenden Personen dar.

Als Konsequenzen der pränatalen Exposition gelten motorische und sensorische Entwicklungsverzögerungen, geringeres Geburtsgewicht und geringeren Kopfumfang, Defizite der autonomen und Verhaltensregulation sowie Aggressivität, darüber hinaus werden gelegentlich Missbildungen berichtet. Zusammenfassende Übersichten sind heute hinsichtlich der dauerhaften Effekte zurückhaltender als das erste Studien waren. Gleichwohl sind die Befunde, die bei Neugeborenen erhoben wurden, in der Regel recht deutlich.

Die pränatale Heroinexposition zeigt insgesamt ähnliche Effekte wie bei Kokain. Postnatale Betreuung und Verbesserungen des sozialen Umfeldes haben ebenso wie pränatale Intervention positive Wirkungen, die Methadonbehandlung heroinsüchtiger Mütter gilt als Mittel der Wahl.

Psychopharmaka

Hinsichtlich des Medikamentengebrauchs in der Schwangerschaft ist seit den 60er Jahren, als Extremitätenmissbildungen auf ein als harmlos eingeschätztes Medikament gegen morgendliches Unwohlsein namens Contergan (Thalidomid) zurückgeführt wurden, besondere Vorsicht üblich. Heute wird die mögliche Medikamentenwirkung auf den Fötus bei Psychopharmaka, die die Plazenta passieren können, diskutiert. Das grundsätzliche Erkrankungsrisiko an psychiatrischen Krankheitsbildern ist während der Schwangerschaft eher reduziert, trotzdem sind antenatale Depressionen epidemiologisch nicht selten. Es werden trizyklische Antidepressiva und selektive Serotoninwiederaufnahmehemmer verwendet, die zwar sowohl im fötalen Blut als auch später der Muttermilch nachweisbar sind, aber keine bis milde Effekte auf kognitive, motorische und soziale Entwick-

lungsparameter zeigen. Die Wirkungen einer unbehandelten Depression (Suizidrisiko!) auf den sich entwickelnden Fötus können schwerwiegender sein als die pharmakologischen Nebenwirkungen. Die Besorgtheit über die Medikamentenwirkung bei der werdenden Mutter sollte in die psychologische Betreuung mit einbezogen werden.

Perinatale Medikation

Manche Schmerzmedikamente zur Kontrolle der Schmerzen unter der Geburt haben Auswirkungen auf das Verhalten der Neugeborenen in den ersten Tagen nach der Geburt. Die Befunde sind insgesamt allerdings uneinheitlich und häufig nicht repliziert. Typischerweise halten Effekte von Schmerzmedikamenten auf das Neugeborene nur kurzfristig an, gleichwohl ist sparsamster Umgang angezeigt und die Möglichkeiten der psychologischen Unterstützung bei der Schmerzkontrolle sollten ausgenutzt werden.

19.4.4 Perinatalpsychologie: Geburt, Vorbereitung und nachgeburtliche Betreuung

Zeitpunkt, Größe und Gewichtsnormen

Die zeitgerechte Geburt (»Reifgeborene«) erfolgt zwischen der 37. und 43. Gestationswoche. Vor der 37. Woche handelt es sich um Frühgeborene; Spätgeborene sind bei der üblichen medizinischen Versorgung sehr selten, weil die Geburt mit Hilfe verschiedener Verfahren eingeleitet wird. Ein gesundes Neugeborenes wiegt zwischen 2700 g und 4700 g, mit 3000–3500 g als Mittelwerte bei 51–54 cm Länge. Kinder mit einem Geburtsgewicht von unter 2500 g gelten als untergewichtig (»low birthweight infant«, LBW), solche unter 1200 g werden als sehr untergewichtig (»very low birthweight«, VLBW) und Kinder unter 1000 g als extrem untergewichtig (»extremly low birthweight«, ELBW) bezeichnet. Zur Bestimmung des Risikos bei einer Frühgeburt ist weder der Zeitpunkt noch das Geburtsgewicht alleine ausreichend. Kinder, die im Verhältnis zu ihrer Reife-

---

Erleben des Geburtsvorgangs durch das Kind

Das Erleben des Geburtsvorgangs ist ein altes Thema der Psychologie, insbesondere psychoanalytisch orientierte Autoren haben sich hierüber geäußert (»Geburtstrauma«). Das tatsächliche kindliche Erleben entzieht sich nicht nur unserer Kenntnis, sondern auch der prinzipiellen Ergründbarkeit. Wir wissen einiges über die Reaktionen des autonomen Nervensystems, die Sauerstoffversorgung und die körperliche Beanspruchung des oder der zu Gebärenden, aber jeder Schluss auf psychische Erlebnisqualitäten ist wissenschaftlich unbegründet. Ebenso unsinnig ist es, von dem zweifelsfrei gegebenen erheblichem Schmerzerleben der Gebärenden auf ein vergleich-

bares Trauma aufseiten des Kindes zu schließen. Während bei der Gebärenden unter der Geburt eine schmerzhafte Dehnung der Haut stattfindet, tritt durch die Kompression kein vergleichbares Empfinden auf, obwohl die Druckkräfte erheblich sind. Aus dem Druck erwachsen für das Kind positive Konsequenzen, weil dadurch die Reste amniotischer Flüssigkeit aus der Lunge gedrückt werden. Auch ist umfassendes Halten oder stützendes Wickeln offensichtlich keine aversive Behandlung. Neugeborene sind schon Minuten nach der Geburt völlig entspannt, was tatsächlich erstaunlich erscheint, wenn man sich das Ausmaß der Umgebungsveränderung und der physiologischen Umstellung vor Augen hält.

zeit besonders leicht sind, werden als »small for gestation« bezeichnet. Zu den Risiken und der Prognose bei Frühgeburtlichkeit gibt es zahlreiche Studien, die im Rahmen dieses Beitrages nicht aufgearbeitet werden können. Neuere Analysen zeigen bei der überwiegenden Mehrheit extrem unreif geborener Kinder deutliche Beeinträchtigungen in fast allen Gebieten der Entwicklung (Wolke & Meyer, 2000), wohingegen milde Frühgeburtlichkeit an sich kein spezifisches Entwicklungsrisiko darstellt.

Die spontane vaginale Geburt

Zweifelsfrei stellt die Geburt für das Kind ein erhebliches Risiko dar. Zahlreiche Entwicklungsanomalien gehen auf Insulte durch mangelnde Sauerstoffversorgung zurück. Bei etwa der Hälfte aller Fälle neuropsychologischer Anomalien bei Säuglingen wird eine Beteiligung von perinatalen Ereignissen vermutet. Die Verbesserung funktionaler bildgebender Verfahren spielt hier in der Ursachenforschung eine wesentliche Rolle.

Die spontane Geburt ist ein natürlicher Vorgang, der in unserem Kulturkreis allerdings intensiv medizinisch betreut wird. Bei keiner anderen Spezies ist der Geburtskanal im Verhältnis zum Kopfumfang vergleichbar eng, was natürlich ein spezielles Risiko darstellt. Die Geburt wird von der Mutter sehr unterschiedlich erlebt, was Spielräume für psychologische Vorbereitung andeutet. Für eine solche Vorbereitung ist auch die Beschäftigung mit den Veränderungen, die diese Geburt für die betroffenen Personen mit sich bringt, bedeutsam. Auch das soziale Umfeld, insbesondere der Vater, sollte hier mit einbezogen werden. Insgesamt haben sich die deutschen Krankenhäuser, die Spontangeburten durchführen, hinsichtlich Einrichtung, Personaleinsatz und Möglichkeiten der Nutzung verschiedener Hilfsmittel weitgehend den Wünschen der Gebärenden angepasst, folglich ist die Zufriedenheit mit der Betreuung während der Geburt insgesamt erfreulich. Weniger positiv ist die Einschätzung der Betreuung nach der Geburt, bei der mehr Frauen über zu wenig Aufmerksamkeit des medizinischen Personals klagen. In einer Nachbefragung in englischen Krankenhäusern berichteten 53% der befragten Frauen, dass sie sich durch das Verhalten des Personals »gehetzt« fühlten, und immerhin 9% beklagten unhöfliches Verhalten (Redshaw, 2001). Inzwischen werden auch Konflikte sichtbar, die aus unterschiedlichen kulturellen Erwartungen stammen und zu Problemen mit dem etablierten Krankenhausbetrieb führen.

Geburtseinleitung

Eingeleitete Geburten stellen mit ca. 15% aller Nichtrisikogeburten einen erheblichen Prozentsatz dar. Darunter fallen verschiedene Interventionen, beispielsweise die Sprengung der Fruchtblase durch eine Hebamme, aber vor allen Dingen die Verwendung eines künstlich erzeugten und intravenös verabreichten Hormons. Oxytozin ist ein Neuropeptid, das im Zusammenhang mit unterschiedlichen Verhaltensweisen aus dem sozial-affiliativen Bereich relevant ist. Perinatal steuert Oxytozin die Wehentätigkeit, und routinemäßig wird das Ausstoßen der Nachgeburt durch eine entsprechende Dosis unterstützt. Die zur Einleitung einer Geburt benötigte Plasmakonzentration beträgt ein Vielfaches des natürlich vorkommenden Spiegels im Blut. Neben der Wehentätigkeit ist Oxytozin auch für das Einsetzen der Laktation bedeutsam. Intravenös verabreichtes Oxytozin passiert die Blut-Hirn-Schranke nicht, sodass keine neurobehavioralen Wirkungen zu erwarten sind.

Hormonell eingeleitete Geburten werden als »härter« beschrieben, die Wehen kommen typischerweise schneller und die Gebärende hat weniger Zeit, sich im Anstieg einer Wehe auf diese einzustellen. Gleichzeitig ist die Geburt insgesamt in der Tendenz kürzer.

Kontrolle der Schmerzen während der Geburt

Das Schmerzerlebnis während der Geburt ist wesentlich durch die Vorbereitung mitbestimmt. Wichtige Variablen sind die subjektive Wahrnehmung der Kontrolle und der sozialen Unterstützung. In Geburtsvorbereitungskursen werden häufig Techniken vermittelt, die z. B. durch kontrollierte Atmung eine gewisse Kontrolle der Schmerzen zulassen (»Hechelatmung«). Insbesondere Erstgebärende profitieren von einer psychologischen Vorbereitung auf die Geburt. Viele Krankenhäuser bieten neben den Orientierungsabenden, in denen praktische Aspekte besprochen und die Räumlichkeiten besichtigt werden, solche Kurse an, ansonsten gibt es sie in kommunaler und kirchlicher Trägerschaft sowie als Angebote freiberuflicher Hebammen. In praktisch allen Geburtskliniken Deutschlands kann die Gebärende eine Vertrauensperson mitbringen, und es bietet sich an, mit dieser zusammen einen entsprechenden Geburtsvorbereitungskurs zu besuchen, weil die Vertrauensperson im Rahmen der sozialen Unterstützung zur subjektiven Kontrolle der Situation beiträgt. Bei der Auswahl der Vorbereitung sind auch weltanschauliche Aspekte mit zu berücksichtigen.

Neben der Schmerzkontrolle durch weiche Techniken kommt eine Reihe von Schmerzhemmern in Betracht. Der Einsatz solcher Mittel sollte vor der Geburt mit dem Arzt oder der Hebamme besprochen werden, um in der Situation keine langen Diskussionen führen zu müssen. Nachhaltige Wirkungen von Schmerzmitteln in üblichen Dosen auf die Verhaltensregulation des Säuglings sind nicht zu erwarten (▶ oben).

Die Periduralanästhesie (PDA) ist eine Technik, bei der durch medikamentöse Reduzierung der Nervenleitfähigkeit unterhalb der Lendenwirbel selektiv die Schmerzempfindlichkeit des Geburtskanals herabgesetzt wird. Die Injektion wird rückenmarksnahe gesetzt. Durch diese Technik bleibt die mit anderen Schmerzmitteln einhergehende allgemeine Betäubung aus, und das Geburtserleben ist weniger beeinträchtigt. Ebenso ist durch den Verzicht auf das Einbringen hoher Dosen in den Blutkreislauf der Gebärenden die Gefahr der Betäubung des Neugeborenen geringer. Insbesondere im Zusammenhang mit der hormonell eingeleiteten Geburt ist die Periduralanästhesie häufig. Inzwischen wird die PDA bei etwa einem Viertel bis fast der Hälfte aller Geburten eingesetzt.

> ### Risikogeburten
> Zur Einschätzung des Risikos einer Geburt wird ein Katalog von Faktoren benutzt, zu denen Allergien, zurückliegende schwerwiegende Krankheiten, familiäre Belastungen, Alter der Mutter von unter 18 oder über 35 Jahren, zurückliegende Fehlgeburten, soziale oder psychologische Belastungen, Terminunklarheit und rasche Schwangerschaftsfolge gehören. Nach diesem breit angelegten Katalog waren im Jahr 1999 73,4% aller Geburten mit einem Risiko behaftet, nach 65% im Jahr 1990 (Niedersächsisches Ministerium für Frauen, Arbeit und Soziales, 2001). Eine solche Klassifikation sagt entsprechend wenig über die Schwere des Risikos aus. Bei der Betreuung und Beratung kommt es daher darauf an, zu einer realistischen Einschätzung der Situation beizutragen und die heimlichen Befürchtungen und Ängste anzusprechen.

Kaiserschnittgeburten

Geburten durch Kaiserschnitt haben in den letzten Jahrzehnten stark zugenommen. Inzwischen liegt die Quote in westlichen Industrieländern zwischen 10 und 20% aller Geburten. Dabei gibt es erhebliche regionale Schwankungen und auch drastische Differenzen zwischen einzelnen Kliniken. Der Grund für diese Unterschiede liegt zum Teil auch darin begründet, dass Risikogeburten eher in größere Krankenhäuser eingewiesen werden. Die generelle Zunahme von Kaiserschnittgeburten ist mit einer stärkeren Frühdiagnostik eventueller Risiken, vor allem aber einer wesentlich verbesserten operativen Technik begründbar. Der fakultative Kaiserschnitt ist in bestimmten Bevölkerungsgruppen auch in Ländern mit einer eher unterdurchschnittlichen generellen medizinischen Versorgung praktisch die Norm.

Bei der Geburt durch Kaiserschnitt erleben Mutter und Kind keinen eigentlichen Geburtsvorgang. Die für den Eingriff notwendige Anästhesie wird zwar inzwischen spezifisch minimal dosiert, trotzdem ergibt sich eine erhebliche Einschränkung der psychischen Ansprechbarkeit der Mutter unmittelbar nach dem Eingriff.

Die psychologische Problematik von Geburten durch Kaiserschnitt liegt eher in dem Umgang mit den enttäuschten Erwartungen in die eigene Fähigkeit, einen möglichst natürlichen Geburtsverlauf zu gestalten. Die Bewegung zur natürlichen Geburt, die in der letzten Generation recht einflussreich gewesen, aber auch heute noch bedeutsam ist, hat eine gewisse Leistungshaltung hinsichtlich der Gestaltung des Geburtsvorgangs als Spontangeburt hervorgebracht.

Die Überzeugung, dass der Geburtsvorgang selbst eine wesentliche Determinante des weiteren Entwicklungsgangs sei, ist allerdings durch keine empirische Forschung gestützt. Dasselbe gilt für die Diskussion um das Rooming-in im Gefolge der Theorie des Bonding (Klaus & Kennell, 1976), das auch keine messbaren Unterschiede bei den Kindern hervorbringt (Lamb, 1983), trotzdem aber Reformen eines übermäßig technisierten Medizinbetriebes eingeleitet hat, die sicher ihre Berechtigung und Verdienste haben. Insofern sollte mit Frauen, die sich auf eine Geburt vorbereiten, auch die Option Kaiserschnitt mit angesprochen werden, und die Information über das Fehlen von Unterschieden zwischen spontan geborenen und durch Kaiserschnitt auf die Welt gekommenen Kindern kann als eine präventive Maßnahme angesehen werden.

Fehlgeburten und Totgeburten

Die Fehlgeburt ist ein recht häufiges Ereignis, und für die psychische Verarbeitung sind vor allem Kontextbedingungen wesentlich. In einer Untersuchung mit dem »Adult Attachment Interview« berichteten immerhin 30 von 85 Frauen von einer Fehlgeburt (Bakermans Kranenburg, Schuengel & van IJzendoorn, 1999). Man rechnet mit etwa 50% unbemerkter Verluste von befruchteten Eizellen, weitere 15% gehen mit einem Maximum zwischen der 10. und der 15. Schwangerschaftswoche verloren. Häufige Konsequenz einer Fehlgeburt ist eine erhöhte Besorgnis während einer folgenden Schwangerschaft. Schwieriger scheint die Bewältigung während der Erstschwangerschaft oder nach künstlichen Befruchtungsversuchen zu sein. Hier gibt es kumulative Wirkungen anderer Risikofaktoren, wie vorausgegangene Depressionen oder fehlende soziale Unterstützung.

Wesentlich erscheint hier die Unterscheidung der reaktiven Trauer von anderen Zuständen. Dauert die Trauer länger als 8 Monate, ist dies ein Anzeichen einer klinisch relevanten Chronifizierung. Die große Mehrzahl von Frauen verarbeitet die Belastung selbstständig, wobei keine Effekte der Ursachenerklärung oder der Bewältigungsstrategien (z. B. Betrachten oder Halten des toten Kindes, um die Trauerarbeit zu unterstützen) gefunden wurden. Neben depressiven Reaktionen werden auch Zwangsstörungen oder Angstreaktionen berichtet. Die Reaktionen von Männern, die von einer Fehlgeburt ihrer Partnerin betroffen sind, werden als weniger intensiv und kürzer dargestellt. Möglicherweise sehen Männer in der Unterstützung ihrer Partnerinnen einen Ausweg aus der eigenen Hilflosigkeit. Die Wirksamkeit von Selbsthilfegruppen ist nicht wissenschaftlich belegt, Betroffene beziehen ihre soziale Unterstützung vor allem aus dem Familien- und Bekanntenkreis.

Nach zwei Frühaborten oder einem Spätabort oder einer Totgeburt ist eine besondere Beratung indiziert. Besonders die wiederholte Fehlgeburt (rezidivierender Spontanabort) ist ein bedeutsames Risiko für die seelische Gesundheit.

Determinanten und Konsequenzen des Stillens

Die Unterstützung der Bereitschaft zum Stillen ist ein wesentliches Anliegen der Betreuung während der Schwangerschaft und nach der Geburt. Vorrangig werden gesundheitliche Überlegungen aus der Perspektive des Kindes genannt. Die grundsätzliche Überlegenheit menschlicher Milch für den Säugling in ernährungsphysiologischer und immunologischer Sicht steht außer Frage. Allerdings sind schon aus der Antike neben dem Ammenwesen auch Praktiken der Fütterung bekannt, die nichtmenschliche Milch oder andere Nahrungszubereitungen benutzen, was eine der Ursachen der hohen Säuglingssterblichkeit war (Alt, 2002). In der aktuellen empirischen Forschung sind die Entwicklungskonsequenzen schwer abschätzbar, weil hier Variablen wie soziale Schicht, Bildungsgrad und Alter mit der Wahrscheinlichkeit des Stillens konfundiert sind. Einige Studien dokumentieren einen positiven Einfluss des Stillens auf die kognitive Entwicklung, aber der Effekt ist recht mild und wird regelhaft durch die Einbeziehung soziodemographischer Merkmale geringer oder verschwindet ganz. Positiver fällt das Ergebnis bei frühgeborenen Kindern und anderen Risikogruppen aus.

Stillen

In der Bundesrepublik ist das Stillen die Norm, unterschiedliche Studien aus der letzten Dekade kommen zu einem Anteil gestillter Neugeborener zwischen 85% und 92% (Schücking, 2003). Die Autorin weist allerdings darauf hin, dass hier in der Regel Fragebogendaten zugrunde liegen, und in der Antwortpopulation ältere, gebildete und aktiv stillende Mütter überrepräsentiert sind. Der Anteil stillender Mütter sinkt zum 3. Monat auf um 60 %, im 6. Monat stillen noch ca. 40 %. Eine repräsentative Befragung in den USA ergab ein exklusives Stillen im Alter von 7 Tagen bei 47 % der Frauen, mit einer entsprechenden Abnahme im weiteren Zeitverlauf (I i, Ogden, Ballew, Gillespie & Grummer Strawn, 2002). Die Neigung zum Aufrechterhalten des Stillens wird durch die Weiterbetreuung durch Hebammen gefördert. Im europäischen Vergleich sind die nordeuropäischen Länder führend, Italien weist lediglich eine Stillquote von ca. 30% auf.

Neuerdings werden auch die Konsequenzen des Stillens für die Mutter hervorgehoben. Diese beziehen sich in erster Linie auf eine deutlich erhöhte Stressresistenz, die auf das während des Stillens vermehrt ausgeschüttete Oxytozin zurückzuführen ist, wodurch Stressreaktionen, wie sie sich in Kortisolausschüttungen manifestieren, moduliert oder unterdrückt werden (Carter & DeVries, 1999).

Ein interessantes Experiment zeigt die deutlich verringerte Reaktionen auf einen massiven sozialen Stressreiz bei stillenden Müttern (Heinrichs, Neumann & Ehlert, 2002).

Der »Trierer Soziale Stress Test« besteht aus einem in kurzer Zeit vorzutragenden Bewerbungsvortrag und dem Lösen serieller Subtraktionsaufgaben vor Publikum. In einem Zeitfenster von 30–60 Minuten nach dem Stillen ergibt diese Prozedur bei nicht stillenden Frauen einen deutlichen Anstieg des Stresshormons Kortisol, wohingegen bei stillenden Frauen kein solcher Anstieg beobachtet wird. Alternative Manipulationen wie Halten des Kindes erbringen keine stressdämpfende Wirkung.

Eine Unterstützung des Stillens scheint somit sowohl für die Mutter als auch für das Kind positive Konsequenzen zu haben.

Literatur

Referenzliteratur

Lecanuet, J.P., Fifer, W.P., Krasnegor, N.A. & Smotherman, W.P. (Eds.). (1995). *Fetal development: a psychobiological perspective*. Hillsdale, NJ: Lawrence Erlbaum.
Smotherman, W.P. & Robinson, S.R. (Eds.). (1988). *Behavior of the fetus*. Caldwell, NJ: Telford.

Zitierte Literatur

Alt, K.W. (2002). Die Übersterblichkeit der Säuglinge und Kleinkinder in der frühen Neuzeit. In K.W. Alt & A. Kemkes-Grottenthaler (Hrsg.), *Kinderwelten. Anthropologie – Geschichte – Kulturvergleich* (S. 223–245). Köln: Böhlau.
Bakermans Kranenburg, M.J., Schuengel, C. & van IJzendoorn, M.H. (1999). Unresolved loss due to miscarriage: An addition to the Adult Attachment Interview. *Attachment and Human Development, 1* (2), 157–170.
Bowen, J.R., Gibson, F.L., Leslie, G.I. & Saunders, D.M. (1998). Medical and developmental outcome at 1 year for children conceived by intracytoplasmic sperm injection. *Lancet, 351* (9115), 1529–1534.
Brown, A.S., Cohen, P., Greenwald, S. & Susser, E. (2000). Nonaffective psychosis after prenatal exposure to rubella. *American Journal of Psychiatry, 157* (3), 438–443.
Carter, C.S. & DeVries, A.C. (1999). Stress and soothing: An endocrine perspective. In M. Lewis & D. Ramsay (Eds.), *Soothing and stress* (pp. 3–18). Mahwah, NJ: Erlbaum.
Cole, M. & Cole, S.R. (1996). *The development of children*. New York: Freeman.
DiPietro, J.A. (2004). The role of prenatal maternal stress in child development. *Current Directions in Psychological Science, 13* (2), 71–74.
Dreher, M.C., Nugent, K. & Hudgins, R. (1994). Prenatal marijuana exposure and neonatal outcomes in Jamaica: an ethnographic study. *Pediatrics, 93* (2), 254–260.
Edelmann, R.J. & Connolly, K.J. (1987). The counselling needs of infertile couples. *Journal of Reproductive and Infant Psychology, 5* (2), 63–70.
Gottlieb, G. (1983). The psychobiological approach to developmental Issues. In M.M. Haith & J.J. Campos (Eds.), *Infants and developmental psychobiology* (Vol. 2). New York: Wiley.
Güntürkün, O. (1995). Über die Universalität und die Diversität der Lerngesetze: Eine synaptische Hypothese. In K. Pawlik (Hrsg.), *Bericht über den 39. Kongress der Deutschen Gesellschaft für Psychologie in Hamburg 1994* (S. 593–598). Göttingen: Hogrefe.

19

Heinrichs, M., Neumann, I. & Ehlert, U. (2002). Lactation and stress: Protective effects of breast-feeding in humans. *Stress, 5* (3), 195–203.

Hofer, M.A. (1988). On the nature and function of prenatal behavior. In W.P. Smotherman & S.R. Robinson (Eds.), *Behavior of the fetus* (pp. 3–18). Caldwell, NJ: Telford.

Hubel, D.H. & Wiesel, T.N. (1970). The period of susceptibility to the physiological effects of unilateral eye closure in kittens. *Journal of Physiology, 206*, 419–436.

Huizink, A.C., Mulder, E.J.H. & Buitelaar, J.K. (2004). Prenatal stress and risk for psychopathology: specific effects or induction of general susceptibility? *Psychological Bulletin, 130* (1), 115–142.

Huttenlocher, P. R. (1990). Morphometric study of human cerebral cortext development. *Neuropsychologia, 28*, 517–527.

Keen, C.L., Bendich, A. & Willhite, C.C. (Eds.). (1993). *Maternal nutrition and pregnancy outcome*. New York: New York Academy of Sciences.

Kisilevsky, B., Fearon, I. & Muir, D.W. (1998). Fetuses differentiate vibroacoustic stimuli. *Infant Behavior and Development, 21* (1), 25–45.

Klaus, M.H. & Kennell, J.H. (1976). *Parent-infant bonding*. St. Louis, MI: Mosby.

Lamb, M.E. (1983). Early mother-neonate contact and the mother-child relationship. *Journal of Child Psychology and Psychiatry and Allied Disciplines, 24* (3), 487–494.

Li, R., Ogden, C., Ballew, C., Gillespie, C & Grummer Strawn, L. (2002). Prevalence of exclusive breastfeeding among US infants: The third national health and nutrition examination survey (phase II, 1991–1994). *American Journal of Public Health, 92* (7), 1107–1110.

Litcher, L., Bromet, E.J., Carlson, G., Squires, N., Goldgaber, D., Panina, N., Golovakha, E. & Gluzman, S. (2000). School and neuropsychological performance of evacuated children in Kyiv 11 years after the Chornobyl disaster. *Journal of Child Psychology and Psychiatry and Allied Disciplines, 41* (3), 291–299.

Marlier, L., Schaal, B. & Soussignan, R. (1998). Neonatal responsiveness to the odor of amniotic and lacteal fluids: a test of perinatal chemosensory continuity. *Child Development, 69* (3), 611–623.

Mennella, J.A., Jagnow, C P. & Beauchamp, G.K. (2001). Prenatal and postnatal flavor learning by human infants. *Pediatrics, 107* (6), E88.

Nathanielsz, P.W. (1999). *Life in the womb, the origin of health and disease*. New York: Promethan.

National Institute on Alcohol Abuse and Alcoholism. (2000). Prenatal exposure to alcohol. *Alcohol Research and Health, 24* (1), 32–41.

Niedersächsisches Ministerium für Frauen, Arbeit und Soziales (Hrsg.). (2001). *Niedersächsischer Kinder- und Jugendgesundheitsbericht 2001*. Hannover: Niedersächsisches Ministerium für Frauen, Arbeit und Soziales.

Oppenheim, R.W. (1981). Ontogenetic adaptation and retrogressive processes in the development of the nervous system and behavior: a neuroembriological perspective. In K.J. Connolly & H.F.R. Prechtl (Eds.), *Maturation and development: Biological and psychological perspectives* (pp. 73–109). Philadelphia, PA: Lippincott.

Rakic, P. (1978). Neuronal migration and contact guidance in the primate telencephalon. *Postgraduate Medical Journal, 54*, 25–40.

Redshaw, M. (2001). *Mother's perceptions of maternity care*. (Paper presented at the Society for Reproductive and Infant Psychology, Oxford, UK).

Saunders, K., Spensley, J., Munro, J. & Halasz, G. (1996). Growth and physical outcome of children conceived by in vitro fertilization. *Pediatrics, 97* (5), 688–692.

Schücking, B. (2003). Schwangerschaft, Geburt und Wochenbett als Grundlagen der Mutter-Kind-Beziehung. In H. Keller (Hrsg.), *Handbuch der Kleinkindforschung* (3. Aufl., S. 1023–1046). Bern: Huber.

Tomaselli, J. (1999). *Langfristige Auswirkungen einer intrauterinen Minderversorgung auf die intellektuelle, neurologische und soziale Entwicklung*. Unveröfffentlichte Dissertation, Universität Salzburg.

Walkowiak, J., Wiener, J.-A., Fastabend, A., Heinzow, B., Krämer, U., Schmidt, E., Steingrüber, H.J., Wundram, S. & Winneke, G. (2001). Environmental exposure to polychlorinated biphenyls and quality of the home environment: Effects on psychodevelopment in early childhood. *The Lancet, 358*, 1602–1607.

Wasserman, G.A., Liu, X., Popovac, D., Factor Litvak, P., Kline, J., Waternaux, C., Lolacono, N. & Graziano, J.H. (2000). The Yugoslavia Prospective Lead Study: Contributions of prenatal and postnatal lead exposure to early intelligence. *Neurotoxicology and Teratology, 22*(6), 811–818.

Wolke, D. & Meyer, R. (2000). Ergebnisse der Bayrischen Entwicklungsstudie an neonatalen Risikokindern: Implikationen für Theorie und Praxis. In F. Petermann & H. Scheithauer (Hrsg.), *Risiken in der frühkindlichen Entwicklung* (S. 114–138). Göttingen: Hogrefe.

20 Allgemeine Entwicklungspsychologie der Lebensspanne: Begriffe, Theorien und Befunde

F.R. Lang, J. Heckhausen

Die Entwicklungspsychologie der Lebensspanne beschäftigt sich mit der Entwicklung des Menschen von der Fertilisation bis zum Tod (Baltes, Lindenberger & Staudinger, 1998; Bühler, 1933/1959; Heckhausen, 1999). Alle Abschnitte des menschlichen Lebenslaufs werden in ihrer Bedeutung für die Entwicklung des Individuums als gleichwertig angesehen. Gleichwohl ist jede Lebensphase des Menschen durch besondere Entwicklungsphänomene gekennzeichnet, die von Bedeutung für die lebenslange Entwicklung sind. Mit der Lebensspannenperspektive in der Psychologie verbindet sich das vordringliche Interesse an den inneren Zusammenhängen zwischen verschiedenen Entwicklungsphänomenen im Lebenslauf sowie an den Strukturen, Mechanismen und Prozessen, die solche Zusammenhänge begründen. Es steht nicht im Widerspruch, wenn sich Vertreter der Psychologie der Lebensspanne in ihren Arbeiten mit nur einem Lebensabschnitt (z. B. der frühen Kindheit, der Adoleszenz oder dem Alter) beschäftigen. Entscheidend ist vielmehr die den Lebensspannenpsychologen gemeinsame Orientierung an Grundfragen der lebenslangen Entwicklung.

Es ist aber zweckmäßig, in diesem Zusammenhang zwischen einer auf bestimmte Entwicklungsabschnitte (z. B. frühe Kindheit) bzw. auf bestimmte Phänomen- und Funktionsbereiche (z. B. kognitive Entwicklung) abzielenden **speziellen** Entwicklungspsychologie der Lebensspanne und einer auf Grundprinzipien der lebenslangen Entwicklung gerichteten **allgemeinen** Entwicklungspsychologie der Lebensspanne zu unterscheiden. In diesem Kapitel behandeln wir die zentralen Annahmen und methodischen Überlegungen der die gesamte Lebensspanne umfassenden allgemeinen Entwicklungspsychologie und illustrieren diese an exemplarischen Befunden.

20.1 Entwicklungsbegriff, historische Aspekte und methodische Herausforderungen der Entwicklungspsychologie der Lebensspanne

Seit ihren Anfängen beschäftigt sich die Psychologie mit der Entstehung und Veränderung, den Potenzialen und Grenzen menschlichen Verhaltens und Erlebens. Schon zu Beginn des 19. Jahrhunderts bestand dabei ein über die kindliche Entwicklung hinausreichendes Interesse an Prozessen der lebenslangen Entwicklung (z. B. Bühler, 1933). Erst im Zuge der Etablierung und Expansion der Entwicklungspsychologie im Verlauf des 20. Jahrhunderts setzte sich dann ein verändertes begriffliches Verständnis von Entwicklung durch (Baltes et al., 1998; Thomae, 1959), welches biologistische Wachstumskonzepte mit evolutionären, historischen und kulturellen Perspektiven verband und damit den ge-

20

samten menschlichen Lebenslauf zum Gegenstand des Faches machte.

20.1.1 Der Entwicklungsbegriff der Lebensspannenpsychologie

Wie Entwicklungspsychologen den Begriff der Entwicklung definieren, prägt maßgeblich deren inhaltliche, methodische und empirische Ausrichtung in Forschung, Lehre und Anwendungsfeldern. Eine die gesamte Lebensspanne umfassende Entwicklungspsychologie ist mit besonderen Herausforderungen konfrontiert, da ein an den Kriterien von Universalität, Irreversibilität und Unidirektionalität orientierter Entwicklungsbegriff zu kurz greift (Brandtstädter, 2001). So war es zunächst erforderlich den Begriff der Entwicklung so zu definieren, dass damit keine inhaltlichen Vorannahmen verbunden waren und zugleich alle relevanten Phänomenbereiche umspannt wurden. Als einer der Vorreiter der Lebensspannenperspektive schlug Hans Thomae (▶ Kap. 47) in diesem Sinn vor, Entwicklung zu definieren als »Reihe von miteinander zusammenhängenden Veränderungen, die bestimmten Orten des zeitlichen Kontinuums eines individuellen Lebenslaufs zuzuordnen sind« (1959). Obgleich diese Definition mit dem modernen Verständnis von Entwicklung gut vereinbar ist, bleibt kritisch anzumerken, dass der sehr allgemeine Entwicklungsbegriff nur einen kleinsten gemeinsamen Nenner darstellt und im Hinblick auf wichtige Fragen und Konzepte der Entwicklungspsychologie der Lebensspanne nur wenig Aussagekraft hat.

Die Lebensspannenperspektive berücksichtigt beispielsweise nicht nur psychische Entwicklungsphänomene, sondern betrachtet diese als eingebettet in biologische und historisch-kulturelle Veränderungsprozesse. Die Entwicklungspsychologie der Lebensspanne bemüht sich um eine alle Lebens- und Humanwissenschaften (»life sciences«) umfassende Perspektive auf die menschliche Entwicklung (Baltes et al., 1998). Ein solcher Anspruch setzt voraus, dass der verwendete Begriff von Entwicklung voreilige Festlegungen auf bestimmte Entwicklungsmodelle vermeidet und in Einklang steht mit dem theoretischen und empirischen Wissen. Jede Entwicklungsveränderung kann neben Gewinn und Wachstum immer auch Verlust und Abbau bedeuten (Heckhausen, Dixon & Baltes, 1989). Im Lebenslauf können generative und degenerative Prozesse der Veränderung im Prinzip in beliebiger Abfolge auftreten und teilweise auch parallel in unterschiedlichen Funktions- oder Verhaltensbereichen. Viele Entwicklungsphänomene sind zudem nicht an das Lebensalter gebunden. Eine umfassende Definition von Entwicklung muss daher der teilweise offenen zeitlichen Abfolge (**Multidirektionalität**), der Bereichsspezifität (**Multidimensionalität**), den Möglichkeiten und Grenzen der Plastizität, dem Zusammenspiel von biologischen und kulturellen Einflusssystemen, der individuellen Unterschiede in Entwicklungsverläufen und der

evolutionären Eingebettetheit der menschlichen Entwicklung gerecht werden.

20.1.2 Historische Aspekte

Die Beschäftigung mit Fragen der lebenslangen Entwicklung der Menschen ist im Prinzip so alt wie die Auseinandersetzung mit den Grundfragen der menschlichen Existenz und keineswegs eine Errungenschaft der modernen Psychologie. Allerdings wurde die Entwicklungspsychologie während der ersten Jahrzehnte der Etablierung der Psychologie als eigenständiger wissenschaftlicher Disziplin häufig auf eine stark an biologischen Reifungsmodellen orientierte Kinderpsychologie beschränkt. Erst in der Folge der Arbeiten von Charlotte Bühler (1933, ▶ Kurzbiographie)

Charlotte Bühler

Charlotte Bühler wurde 1893 in Berlin geboren und verstarb 1974 in Stuttgart. Die längste Zeit ihres Lebens hatte sie allerdings außerhalb Deutschlands verbracht. Ab 1915 studierte sie Psychologie an der Universität München bei Oswald Külpe, dessen Assistenten Karl Bühler sie 1916 heiratete. Nach ihrer Heirat folgte Charlotte Bühler ihrem Mann an dessen jeweilige Arbeitsorte nach Dresden, Wien, Norwegen und schließlich in die USA (Kalifornien).

Mit ihrem 1921 erschienenen Buch »Das Seelenleben des Jugendlichen« trug sie wesentlichen zur Entwicklungspsychologie der Jugend bei. Mit ihrem 1933 erschienenen Hauptwerk »Der menschliche Lebenslauf als psychologisches Problem« wurde erstmals eine einheitliche, empirisch begründete Konzeption einer lebenslangen Entwicklungspsychologie vorgelegt.

Ihre Überlegungen beruhten auf der Idee einer lebenslangen Selbstgestaltung des Individuums. In der 1959 erschienen überarbeiteten Auflage des Werks heißt es, durchaus in Einklang mit modernen Lebensspannentheorien: »Der Mensch als ganzer ... lebt sein Leben in teilweise unbewusster, teilweise bewusster Regulierung seines Systems« (ebd., S. 15).

und anderer Wissenschaftler (z. B. Hollingworth, 1927; Werner, 1926) kam es in der zweiten Hälfte des 20. Jahrhunderts zur Expansion einer die Lebensspanne umfassenden Entwicklungswissenschaft, die biologische, individuelle wie kulturelle Aspekte gleichermaßen berücksichtigt.

Die historische Entstehung einer das gesamte Leben des Menschen umfassenden Entwicklungswissenschaft kann grob in vier Phasen eingeteilt werden, in denen unterschiedliche Aspekte in den Vordergrund gestellt wurden:

1. Werden und Vergehen des Menschen. In einer erkenntnisphilosophischen Phase, seit der griechischen Antike bis etwa zur Renaissance des 16. Jahrhunderts, wurde vor allem das Werden und Vergehen des Menschen thematisiert. So stellte beispielsweise Aristoteles (384–322 v. Chr.) in seinen Schriften die Lebensphasen der Jugend und des Alters als einander entgegengesetzte Pole dar, in deren Mitte er die höhere Vernunft des mittleren Erwachsenenalters sah. Bis in das 16. Jahrhundert finden sich zahlreiche philosophische, belletristische wie künstlerische Darstellungen des Lebenslaufes, welche im Tenor das Alter in Verbindung mit der Vergängnis menschlichen Lebens bringen (z. B. die »Confessiones«, Augustinus 354–430; »De vita propria«, H. Cardanus 1501–1576), wobei sich auch hier schon Abhandlungen finden, welche die durch geistige Leistungskraft, Erfahrung und Abgeklärtheit bedingten »Vorteile« des Alters betonten (z. B. »Cato maior de senectute«, Cicero 106–43 v. Chr.).

2. Besonderheiten einzelner Lebensphasen. Im Zuge der Aufklärung und zeitgleich mit der Entstehung moderner Erziehungslehren häuften sich ab dem 18. Jahrhundert zunehmend Darstellungen und Konzeptionen des Lebenslaufes, in denen die Besonderheiten einzelner Lebensphasen herausgestellt wurden. Einen ersten Höhepunkt fand dies in dem 1777 erschienenen Werk von Johann Nikolaus Tetens über die »Menschliche Natur und ihre Entwicklung«, welches bereits wesentliche Grundlegungen und Überlegungen der modernen Lebensspannenpsychologie vorwegnahm (Baltes et al., 1998). Bedeutsam war auch das 1835 erschienene Werk von A. Quetelet »Sur l'homme et le développement de ses facultés« (»Über den Menschen und die Entwicklung seiner Fähigkeiten«).

3. Biologistische Vorstellungen der Entwicklung. Etwa ab dem Ende des 19. Jahrhunderts, zu einem Zeitpunkt der Entstehung der Psychologie als eigenständiger Disziplin, überwogen vor allem am »Naturalismus« jener Zeit orientierte biologistische Vorstellungen der Entwicklung. Die schon zu jener Zeit wirkenden visionären Vertreter einer das ganze Leben umfassenden Psychologie (z. B. Bühler, 1933; Werner, 1926) wurden zwar ausführlich rezipiert, konnten aber nur wenig daran ändern, dass die Wissenschaft der menschlichen Entwicklung praktisch mit der Kinderpsychologie gleichgesetzt wurde.

4. Expansion, Institutionalisierung und Ausdifferenzierung der Lebensspannenpsychologie. Vor allem in der zweiten Hälfte des 20. Jahrhunderts und mit der Rezeption der Arbeiten herausragender Forscherpersönlichkeiten wie Hans Thomae (▶ Kap. 47) und Paul B. Baltes (▶ Kurzbiographie) kam es schließlich zu einer Expansion, Institutionalisierung und seit den 1980er Jahren auch zu einer Ausdifferenzierung der Lebensspannenpsychologie. Eine maßgebliche Rolle spielte hierbei auch die Gründung der Sektion 20

Margret M. Baltes und Paul B. Baltes

Margret M. Baltes wurde 1939 in Dillingen geboren und verstarb unerwartet 1999 in Berlin. Paul B. Baltes wurde 1939 in Saarlouis geboren. Paul und Margret Baltes studierten gemeinsam in Saarbrücken, wo sie nach Abschluss des Studiums heirateten.

Im Anschluss an seine Promotion erhielt Paul Baltes 1967 eine Professur an der West Virginia Universität, bis er 1972 an die Pennsylvania State University (PSU) berufen wurde. Im Jahr 1980 wurde er zum Direktor des Berliner Max-Planck-Instituts für Bildungsforschung berufen.

Margret M. Baltes lehrte von 1973 bis 1980 an der Penn State University und wurde 1982 als Professorin für Psychologische Gerontologie an die Freie Universität Berlin berufen.

Paul und Margret Baltes haben entscheidend dazu beigetragen die Entwicklungspsychologie der Lebensspanne in Deutschland und in den USA zu etablieren. Margret Baltes wurde durch ihre Arbeiten zur Selbstständigkeit in Altenheimkontexten bekannt sowie durch das gemeinsam mit Paul Baltes entwickelte »Metamodell der Selektion, Optimierung und Kompensation«. Das Modell umfasst drei Mechanismen der Entwicklung. **Selektion** als Grundprozess menschlicher Entwicklung bezeichnet die Setzung, Strukturierung oder Aufgabe von Zielen. **Optimierung** ist die Investition und Verfeinerung von Ressourcen in der Zielverfolgung. **Kompensation** bezieht sich auf die Investition *neuer* Ressourcen nach einem Verlust. Das orchestrierte Zusammenspiel aller drei Prozesse führt zu erfolgreicher Entwicklung.

20

der American Psychological Association (APA), die neben der Sektion 7 »Developmental Psychology« zunächst als »Maturity and Old Age« und ab 1970 dann als »Adult Development and Aging« ein institutionelles Forum für Vertreter der Lebensspannenpsychologie schuf. Zur Institutionalisierung entscheidend beigetragen haben die »West Virginia Conferences«, die daraus hervorgegangene, lange von Paul Baltes mit herausgegebene Buchreihe zu »Lifespan development and behavior« sowie auch die Gründung der International Society for the Study of Behavioral Development (ISSBD) im Jahr 1973. Nach einer Phase, in der allgemeine Grundthemen der Lebensspannenpsychologie (▶ Abschn. 20.3) im Vordergrund der Forschung standen, wurden ab den 1990er Jahren zahlreiche Theorien und empirische Forschungsprogramme zu konkreten Phänomenbereichen der lebenslangen Entwicklung vorgelegt (▶ Abschn. 20.4).

20.1.3 Methodische Herausforderungen und Lösungen

Zur Etablierung der Entwicklungspsychologie der Lebensspanne hat auch bedeutsam beigetragen, dass neue methodische Ansätze entwickelt wurden, mit denen viele der Herausforderungen und Probleme der Erforschung lebenslanger Entwicklungsprozesse behandelt oder sogar gelöst wurden. Hierzu zählen beispielsweise Überlegungen zum methodologischen Umgang mit der Altersvariable als »Trägervariable« entwicklungsrelevanter Information (Baltes, Reese & Nesselroade, 1988; Wohlwill, 1973) oder auch methodische Beiträge zu Problemen der Erfassung und Analyse der Kontinuität, Kohärenz und Vorhersage von lebenslangen Entwicklungsprozessen (Nesselroade, 1991).

Von besonderer Wichtigkeit für die lebensspannenpsychologische Perspektive ist die Frage, in welcher Weise die auf Alterseffekte zurückführbaren Veränderungen im Zusammenspiel mit anderen möglichen Einflussfaktoren, wie etwa dem Zeitwandel oder den Besonderheiten einzelner Geburtsjahrgänge (Kohorten) identifiziert und analysiert werden können. Die meist üblichen Querschnitt- und Längsschnittstudien bieten hier keine befriedigende Lösung an. So ist schon lange bekannt, dass die in Querschnittstudien beobachteten Altersunterschiede der Intelligenz zu einem Teil darauf zurückgeführt werden können, dass sich im Verlauf des vergangenen Jahrhunderts die Durchschnittsleistungen in Intelligenztests von Jahr zu Jahr verbessert haben (Flynn, 1984). Das schlechtere Abschneiden älterer Personen ist daher nicht allein auf Altersabbau, sondern auch auf den sog. »Flynn-Effekt« zurückzuführen.

Auch Längsschnittstudien können verzerrte oder falsche Rückschlüsse über Entwicklungsveränderung bedingen. Beispielsweise kann Testwiederholung zu Übungseffekten führen. Längsschnittstudien können auch zu verzerrten Ergebnissen führen, wenn Teilnehmer aus Gründen aus der Studie ausscheiden, die mit der Fragestellung der Studie zusammenhängen. Da man beispielsweise weiß, dass Gesundheit und Wohlbefinden eng zusammen hängen, könnte eine Längsschnittstudie zu den altersabhängigen Einflüssen auf das Wohlbefinden zu falschen Schlussfolgerungen kommen, wenn aus gesundheitlichen Gründen ausgeschiedene Personen am Ende der Studie nicht mehr berücksichtigt werden. Nicht immer lässt sich dabei nachweisen, ob und in welchem Umfang ein Entwicklungsphänomen durch Testungseffekte und durch selektive Mortalität beeinflusst wurde. Bei der Interpretation von im Längsschnitt gewonnenen Befunden muss auch immer berücksichtigt werden, dass ein im Zeitraum der Untersuchung stattgefundener Zeitwandel (z. B. wirtschaftlicher Abschwung, technische Neuerungen etc.) zu Veränderungen geführt haben kann, die nicht auf allgemeine Entwicklungsveränderungen zurückzuführen sind. Längsschnittstudien sind daher nicht gut geeignet, um zwischen möglichen Einflüssen der Entwicklung (bzw. des Alters) und Einflüssen sozialen Wandels zu unterscheiden.

Die Probleme von Quer- und Längsschnittstudien lassen sich reduzieren, wenn die von Schaie (1965; Baltes et al., 1988) entwickelten **Sequenzstichprobenpläne** eingesetzt werden. So können beispielsweise unterschiedliche Kohorten von 10-, 15- und 20-jährigen Personen über mehrere Erhebungen (z. B. nach 5 und 10 Jahren) hinweg wiederholt betrachtet werden (querschnittliche Sequenz), oder aber bei einer längsschnittlichen Untersuchung von 10-jährigen Jugendlichen wird bei jeder weiteren Erhebung (z. B. nach 5 und 10 Jahren) eine neue Kohorte von 10-jährigen Kindern in die Untersuchung aufgenommen und über den gleichen Alterszeitraum untersucht (längsschnittliche Sequenz). Durch eine Kombination beider Designs ist es möglich, die Effekte von Alter, Kohorte und Periodeneinflüsse (Zeitwandel, Testung) varianzanalytisch zu zerlegen. Allerdings sind solche Studien aufgrund des hohen Aufwands, den ein Sequenzdesign mit sich bringt, bislang noch immer die Ausnahme. Gleichwohl haben die methodologischen Überlegungen zu den Sequenzdesigns wesentlich dazu beigetragen, dass die Vor- und Nachteile von Quer- und Längsschnittanalysen in altersvergleichenden Studien heute präziser berücksichtigt und abgewogen werden können.

20.2 Leitthemen der allgemeinen Entwicklungspsychologie der Lebensspanne

Die enorme Expansion der lebensspannenpsychologischen Forschung in den vergangenen drei Jahrzehnten gründete zunächst auf der Formulierung einiger Leitsätze, welche bis heute die am menschlichen Lebenslauf interessierte Entwicklungsforschung prägt und zu einer Vielzahl weitergehender Überlegungen und Befunde geführt hat (Baltes et al., 1998). Obgleich diese frühen zentralen Leitthemen teilweise noch unspezifisch und empirisch zunächst lange Zeit unbelegt waren, haben sie doch wesentlich zur Ausbildung spezifischer und detaillierter theoretischer Modelle und empirischer Befunde beigetragen. Die im Folgenden dargestellten fünf Grundthemen bilden einen gemeinsamen Bezugsrahmen, der die meisten an der Lebensspanne orientierten Entwicklungspsychologen eint und die Grundlage vieler spezifischer Entwicklungstheorien der Lebensspanne bildet (Baltes et al., 1998; Brandtstädter, 2001; Carstensen, Isaacowitz & Charles, 1999; Heckhausen, 1999; Lerner, 1998).

20.2.1 Multidirektionalität und -dimensionalität der Entwicklung

Die Entwicklungspsychologie der Lebensspanne betrachtet Entwicklung als lebenslange Dynamik von Gewinnen und Verlusten. Dies bedeutet, dass Entwicklung nicht allein in eine Richtung der Veränderung, nämlich Wachstum, voranschreitet, vielmehr ist in jedem Entwicklungsprozess immer auch Abbau und Verlust involviert. Entwicklung verläuft somit multidirektional, wobei das Verhältnis von Gewinnen und Verlusten altersabhängig variiert. Zwar überwiegen in der Kindheit und Adoleszenz oft die Gewinne, aber selbst in der Kindheit setzt bereits ein Abbau bestimmter Fähigkeiten ein (z. B. abnehmende Adaptivität der Pupillen an verändertes Licht) und es zeigen sich teilweise sogar Verluste (z. B. kindliche Amnesie). Ab etwa der Lebensmitte überwiegen in der Regel Verluste und Abbau vor Gewinnen und Wachstum, aber selbst im höchsten Alter lassen sich noch bedeutsame Entwicklungsgewinne beobachten (z. B. eine verbesserte Immunabwehr bei alten Menschen in Folge der generellen Verlangsamung). Die Multidirektionalität von Entwicklungsprozessen spiegelt sich auch in normativen und laienhaften Vorstellungen über die lebenslange Entwicklung wider (Heckhausen et al., 1989, Lang et al., 1992; ▶ Kasten).

Subjektive Vorstellungen über Entwicklungsverläufe verschiedener Entwicklungsthemen im jungen und älteren Erwachsenalter

Lang, Görlitz und Seiwert (1992) baten junge, mittelalte und ältere Erwachsene jeweils aus 12 schematischen Kurvenverläufen (Illustration, ◘ Abb. 20.1) diejenige auszuwählen, die den idealen oder den wirklichen Verlauf von Entwicklungsthemen wie Weisheit, Intelligenz, Lebensfreude, Selbstständigkeit oder Kooperationsfähigkeit am besten wiedergaben. Die Kurven waren so gewählt, dass etwa die Hälfte der Entwicklungskurven zunächst einen Anstieg, einen Höhepunkt und dann einen Abstieg darstellten (AHA-Kurven: ◘ Abb. 20.1c,d). Die andere Hälfte der Kurven stellten andere Verläufe (◘ Abb. 20.1a,b) dar. Junge wie alte Menschen bevorzugten zwar generell Kurven mit einem AHA-Verlauf, allerdings waren die Präferenzen für solche Verläufe bei älteren Menschen sehr viel häufiger. Ein weiterer Befund war, dass ältere Befragte bei der Frage nach »idealen« und nach »tatsächlichen« Entwicklungskurven häufiger ähnliche Kurven wählten. Positive Darstellungen des Alterns werden i. Allg., aber am stärksten von älteren Menschen abgelehnt.

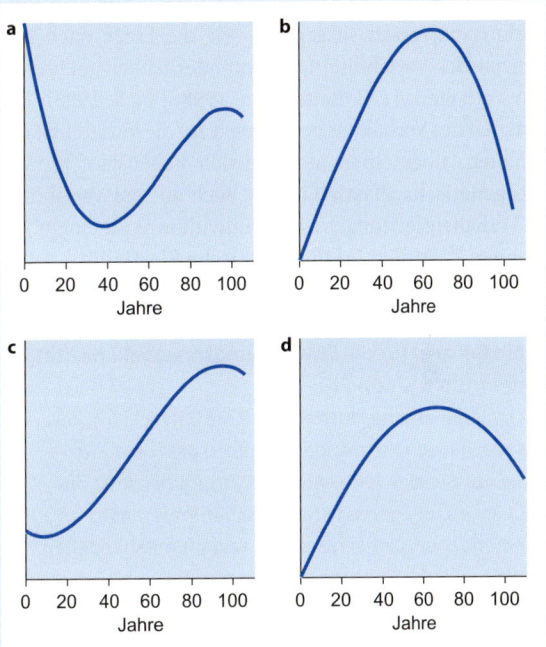

◘ **Abb. 20.1a–d.** Vier beispielhafte Kurvenverläufe, wie sie den befragten Erwachsenen vorgelegt wurden. c und d zeigen Kurven des AHA-Typs, a und b Kurven, die eher positive Entwicklungsverläufe für die zweite Lebenshälfte andeuten

In allen Abschnitten des menschlichen Lebenslaufs treten Gewinne und Verluste gleichzeitig auf und können dabei einander teilweise wechselseitig bedingen (Baltes et al., 1998). Dies hat mit der Vielfalt unterschiedlicher Funktions- und Verhaltensbereiche zu tun, in denen Entwicklungsprozesse geschehen (**Multidimensionalität der Entwicklung**), die zudem nicht unabhängig voneinander sind.

Wann immer eine Fähigkeit oder Fertigkeit in einem bestimmten Bereich intensiv gefördert oder ausgebildet wird, bringt dies mit sich, dass andere Entwicklungsbereiche aufgegeben oder zurückgestellt werden müssen.

Die Beispiele für solche »selektiven Investitionen« sind zahlreich, wobei direkte und indirekte (optionale) Selektionsverluste unterschieden werden. Direkte Selektionsverluste bedeuten, das aufgrund der Investition in einem Bereich andere Verhaltens- oder Funktionsbereiche abnehmen. Im Übergang zum Schulalter beginnen Kinder beispielsweise oft neue Freundschaften, während gleichzeitig die Kontakthäufigkeit mit Verwandten bis zum Alter von 10 Jahren abnimmt (Lewis & Feiring, 1991). Indirekte Selektionsverluste bedeuten, dass Investitionen in einem Bereich die Möglichkeit anderer Investitionen verringern, da jede Investition zu einem Zeitpunkt nur einmal getätigt werden kann. Die Entscheidung für eine bestimmte berufliche Ausbildung in der Adoleszenz bringt mit sich, dass andere nicht gewählte Ausbildungsgänge danach nicht mehr ohne weiteres gewählt werden können. Selektion ist ein Kernprinzip lebenslanger Entwicklungsprozesse und spielt in den meisten Theorien der Lebensspannenpsychologie eine zentrale Rolle (▶ Abschn. 4.3).

20.2.2 Plastizität und ihre Grenzen im Lebenslauf

Kaum ein Thema hat das moderne Verständnis von Entwicklungsprozessen so geprägt, wie die Frage nach den Grenzen der Variabilität und Veränderlichkeit menschlichen Verhaltens (z. B. Baltes et al. 1998; Finch, 1996). Die Plastizität des Verhaltens bezieht sich auf die Variabilität des Verhaltens über einen individuellen Lebenslauf hinweg (**ontogenetische Plastizität**) wie auch auf die Variabilität der Verhaltensleistungen eines Individuums zu einem bestimmten Zeitpunkt (**aktualgenetische Plastizität**).

Allgemein betrachtet hat die menschliche Verhaltensplastizität ihre Wurzeln in der Evolution der Säugetiere, deren meist offene Verhaltensprogramme (im Gegensatz zu »instinktiven Verhaltensmustern«) es ihnen ermöglichten, sich in sehr unterschiedlichen und widrigen Umwelten noch erfolgreich fortzupflanzen (Mayr, 1974). Tatsächlich ist das menschliche Verhalten oft nicht durch festgelegte Reaktionsmuster vorprogrammiert. Menschen haben ein enormes Potenzial sich an unterschiedliche Ökologien und Lernbedingungen anzupassen und dabei neue Verhaltensmuster zu erwerben. Vor allem die Fähigkeit des Menschen, andere zu instruieren und selbst von den Instruktionen anderer zu lernen und somit kulturelle Güter herzustellen und weiterzugeben, veranschaulicht am deutlichsten die herausragende Bedeutung menschlicher Entwicklungspotenziale (Tomasello, Kruger & Ratner, 1993).

Die psychische Plastizität des Menschen zeigt sich in allen Abschnitten des Lebenslaufs, etwa in der Kapazität zu lernen, in der Möglichkeit das eigene Erleben und Verhalten zu steuern und in den Bestrebungen des Individuums vorhandene Fähigkeiten auszubauen oder verlorene Fähigkeiten wiederherzustellen. Insbesondere im Bereich der intellektuellen Entwicklung wurde das Phänomen der Plastizität gründlich erforscht. Einen entscheidenden Beitrag zum Verständnis der Plastizität lieferte das Konzept der **Entwicklungsreservekapazität** (Kliegl & Baltes, 1987), welches die altersbezogenen Grenzen der Erweiterbarkeit funktioneller Kapazitäten berücksichtigt (▶ Kasten »Ein Beispiel für die Entwicklungsreservekapazität in der frühen Kindheit«).

Ein Beispiel für die Entwicklungsreservekapazität in der frühen Kindheit

Eine dramatische Illustration für die Entwicklungsreservekapazität von Kleinkindern ergeben die Folgeuntersuchungen der 1989 nach dem Zusammensturz des Ceausescu-Regimes in rumänischen Waisenhäusern aufgefundenen, vernachlässigten und oft misshandelten Waisenkinder. Die Kinder waren zum Teil unter elenden Bedingungen ohne Licht oder Heizung eingesperrt, an ihr Bett oder ihren Topf gefesselt, fast verhungert oder ohne ausreichende Nahrung. Die Kinder zeigten sich teilweise apathisch und emotionslos, viele waren kaum in der Lage zu gehen oder zu sprechen. Trotz der extrem deprivierten Entwicklungsbedingungen und ihrer enormen Entwicklungsretardation holten die meisten dieser Kinder, nach-

dem sie von kanadischen und englischen Familien adoptiert worden waren, innerhalb kürzester Zeit auf. Allerdings gab es auch deutliche Grenzen: Wurden die Kinder noch vor ihrem 6. Lebensmonat adoptiert, hatten sie ihre Retardierung meist schon im Alter von 4 Jahren komplett ausgeglichen. Dagegen konnten später adoptierte Kinder nicht mehr entsprechend aufholen (Rutter et al., 1998).

Diese Befunde zeigen auch, dass Entwicklungsreserven der frühen und mittleren Kindheit sehr stark vom Anregungsgehalt der sozialen Umwelt abhängen, wie dies exemplarisch im Konzept der »Zone proximaler Entwicklung« schon von Vygotsky (1987) dargestellt wurde: Unter Anleitung und in einer Umwelt mit optimalem Anregungsgehalt können Kinder teilweise Leistungen zeigen, die auf zukünftige Entwicklungsschritte und -gewinne hinweisen.

Möglichkeiten und Grenzen der Verhaltensplastizität wurden auch im Kontext kognitiver Trainingsstudien bei Erwachsenen und älteren Menschen experimentell belegt (Baltes & Kliegl, 1992). In einer Trainingsstudie wurden junge und alte Erwachsene ausgiebig in einer Erinnerungstechnik (»Methode der Orte«, ▶ Kap. 10) trainiert und zwar

über mehrere Sitzungsperioden hinweg. Schon nach wenigen Sitzungen lagen die Gedächtnisleistungen der älteren Studienteilnehmer deutlich über denen der untrainierten jungen Erwachsenen. Allerdings war der Trainingsgewinn bei den jüngeren Erwachsenen nach den ersten Sitzungen deutlich höher als bei den älteren Erwachsenen. Auch nach einem mehrwöchigen intensiven Training konnten die Leistungen der jüngeren und älteren Erwachsenen nicht weiter gesteigert werden. In beiden Altersgruppen näherten sich die Leistungskurven einer asymptotischen Leistungsgrenze.

Auch in Bereichen der Entwicklung des Selbst und der Handlungsregulation wurden zahlreiche Belege für die Verhaltensplastizität des Menschen gefunden, etwa im Hinblick auf Anpassungsleistungen bei altersbezogenen Verlusten (Brandtstädter, 2001), der psychologischen Widerstandsfähigkeit (Staudinger, Marsiske & Baltes, 1995) oder im Umgang mit belastenden Lebensereignissen (Schulz & Rau, 1985). Selbstregulative und motivationale Prozesse der entwicklungsbezogenen Handlungssteuerung im Lebenslauf werden i. Allg. unter dem Begriff der **Entwicklungsregulation** zusammengefasst (Heckhausen, 1999). Entwicklungsregulation beschreibt die in den Grenzen individueller Verhaltensplastizität mögliche Gestaltung des eigenen Lebenslaufs.

20.2.3 Individuelle Unterschiede der Entwicklung

Die Frage nach den **interindividuellen Unterschieden in den intraindividuellen Veränderungen** gehört zu den Grundfragen der Psychologie und der Entwicklungswissenschaft (Nesselroade, 1991; Lerner, 1998). Von Interesse ist hierbei, inwieweit an der Entstehung und Entwicklung individueller Unterschiede und deren Wandel im Lebenslauf je Individuum unterschiedliche Entwicklungsprozesse beteiligt sind (Thomae, 1996). Hinweise hierauf geben Befunde, wonach sich die Stabilität individueller Unterschiede im Laufe des Lebens verändert (vgl. Lang & Heckhausen, 2005). So fanden beispielsweise Helson und Srivastava (2001) in einer Längsschnittuntersuchung mit 20-jährigen Frauen, dass sich deren – anfangs relativ ähnliche – Fähigkeiten zur Selbstkontrolle nach 27 Jahren deutlich auseinander entwickelten, je nachdem, inwieweit sich die jungen Frauen anfangs selbst als kompetent und lernorientiert beschrieben hatten. Zeigten die jungen Frauen ein starkes Kompetenzgefühl und eine hohe Bereitschaft zu persönlichem Wachstum, so ging dies mit einem relativ starken Anstieg ihrer Selbstkontrolle bis zum Alter von 50 Jahren einher. Frauen, die sich als wenig kompetent und wenig lernbegierig darstellten, entwickelten hingegen verstärkt Verhaltensmerkmale einer geringen Selbstkontrolle (z. B. Impulsivität, geringe Selbstdisziplin).

Während individuelle Unterschiede in manchen Aspekten des Verhaltens (z. B. der Persönlichkeit; Roberts & DelVecchio, 2001) im Laufe des Lebens abnehmen, kommt es in anderen Bereichen (z. B. selbstregulativen Fähigkeiten; Helson & Srivastava, 2001) zu einer Zunahme von Unterschieden. Dabei können an der Stabilisierung (bzw. Destabilisierung) der Persönlichkeit je nach Lebensphase unter-

schiedliche entwicklungsregulative Mechanismen beteiligt sein. Im Allgemeinen werden individuelle Unterschiede in Entwicklungsverläufen auf drei verschiedene Arten betrachtet und thematisiert:

a) als Unterschiede in Veränderungen eines Merkmals,
b) als Unterschiede in der Abfolge oder Geschwindigkeit von Veränderungen und
c) als Unterschiede in Ursachen intraindividueller Veränderung.

Individuell unterschiedliche Entwicklungsverläufe können sich aber auch auf Unterschiede in der intraindividuellen Regelmäßigkeit (Kontinuität) und in der Vorhersagbarkeit des Verhaltens und Erlebens (Kagan, 1980; Wohlwill, 1973) beziehen. Schließlich können sich individuelle Unterschiede in intraindividuellen Funktionen eines bestimmten Verhaltens zeigen. So kann es vorkommen, dass es trotz individuell unterschiedlicher Entwicklungsfunktionen (verschiedener Abfolgen eines Lernprozesses) zu gleichen Entwicklungsresultaten (z. B. Kompetenz) kommt. Ein solches Phänomen wird als Äquifinalität der Entwicklung bezeichnet (Bertalanffy, 1940). Individuell unterschiedliche Entwicklungsverläufe können auch die Stabilität eines Phänomens erklären: beispielsweise wenn im jungen und höheren Erwachsenenalter unterschiedliche Attributionsprozesse zu einem hohen Wohlbefinden beitragen, obwohl insgesamt eine relativ hohe Stabilität des subjektiven Wohlbefindens im Lebenslauf besteht (Lang & Heckhausen, 2001).

Die Berücksichtigung individuell unterschiedlicher Entwicklungsverläufe stellt allerdings hohe theoretische wie methodische Anforderungen. Zum einen ist es erforderlich, diejenigen Risikomerkmale (z. B. Persönlichkeitseigenschaften) zu identifizieren, die differenzielle Entwicklungsprozesse in Gang setzen oder an deren Ausgangspunkt stehen. Zum zweiten erfordert der Nachweis differenzieller Entwicklungsverläufe den Einsatz entsprechender methodischer Verfahren, die individuelle Unterschiede intraindividueller Fluktuation im Verhalten oder auch Veränderungen in der Heterogenität von Verhaltensausprägungen sensitiv erfassen und nicht etwa wie Störeinflüsse behandeln (Nesselroade, 1991). Zum dritten schließlich erfordert ein Verständnis individuell unterschiedlicher Entwicklungsverläufe eine umfassende Berücksichtigung des dynamischen Zusammenspiels unterschiedlicher Einflussquellen auf lebenslange Entwicklungsprozesse.

20.2.4 Wandel und Dynamik von Entwicklungseinflüssen

Zahlreiche lebensspannenpsychologische Ansätze und Theorien betrachten die Einflüsse und Ursachen von Entwicklung in aller Regel als ein dynamisches System, wodurch überkommene Dualismen wie »Anlage vs. Umwelt« oder »Individuum vs. Gesellschaft« überwunden werden

20

konnten (Lerner, 1998; Heckhausen, im Druck). Richtung wie Verlauf der lebenslangen Entwicklung sind immer zugleich ein Ergebnis des evolutionären Erbes der Menschheit, von universalen biologischen Prozessen, von genetischen Veranlagungen, von kulturellen, gesellschaftlichen und sozialen Kontexten, der Aktivität wie auch der Selbstregulation und -gestaltung des Individuums (▶ Kap. 4).

Alle diese Einflüsse lassen sich grob in drei allgemeine Gruppen klassifizieren: biologische, kulturelle und individuelle Systeme des Einflusses. Aus dem dynamischen Wechselspiel dieser Einflüsse ergeben sich schließlich unterschiedliche Zeitebenen, auf denen das Gefüge der verschiedenen Einflusssysteme auf die individuelle Entwicklung dargestellt werden kann. Dies sind:
1. altersgradierte Einflüsse,
2. historisch vermittelte Einflüsse und
3. individualtypische Einflüsse.

Altersgradierte Einflüsse

Altersgradierte Einflüsse beziehen sich auf biologische und kulturelle Einflusssysteme, die einen engen Zusammenhang mit dem Alter aufweisen. Die biologisch-genetische Altersgradierung umfasst Entwicklungsprozesse der physiologischen Reifung, degenerative Alterungsprozesse oder auch evolutionär bedingte Entwicklungsstrategien, welche in Abhängigkeit von bestimmten Umweltmerkmalen (z. B. Abwesenheit des biologischen Vaters in der Kindheit) zu einem früheren Einsetzen bestimmter (z. B. reproduktiver) Verhaltensweisen oder biologischer Prozesse (z. B. Menarche) führen (Ellis, McFadyen-Ketchum, Dodge, Pettit & Bates, 1999). Die kulturelle Altersgradierung ergibt sich zum einen aus der Altersstratifizierung der Institutionen einer Gesellschaft (Riley, 1985) und dann aus den von Individuen im Laufe ihres Lebens internalisierten sozialen Altersnormen und normativen Entwicklungsvorstellungen einer Gesellschaft (Heckhausen, 1999).

In diesem Zusammenhang ist zu unterscheiden zwischen dem Konzept der Entwicklungsaufgaben und dem Konzept der kritischen Entwicklungsübergänge. **Entwicklungsaufgaben** beschreiben die in verschiedenen Lebensphasen kulturell erwarteten und biologisch bedingten Anforderungen an individuelle Entwicklungsfortschritte (Havighurst, 1952). Mit den jeweiligen Entwicklungsaufgaben verbinden sich sowohl Erwartungen darüber, in welchem Alter ein erhöhtes Engagement für Entwicklungsziele zu erwarten ist, als auch normative Vorstellungen darüber, wann Individuen sich von Entwicklungszielen ablösen sollen (Heckhausen, 1999; Freund, 2004).

Das Konzept der kritischen Entwicklungsübergänge oder **kritischen Lebensereignisse** (Brim & Ryff, 1980; Filipp, 1981; Lang, Reschke & Neyer, im Druck) bezeichnet hingegen Veränderungen in der konkreten Entwicklungsumwelt des Individuums, die mehr oder weniger häufig, mehr oder wenig wahrscheinlich und mehr oder wenig erwartbar sind, eine relativ große Belastung darstellen

können und geeignete Bewältigungsreaktionen und Regulationsleistungen erforderlich machen. Kritische Übergänge können krisenhafte Veränderungen in Gang setzen und damit auch die Entwicklungsmöglichkeiten des Individuums bedrohen. Lebensübergänge setzen aber auch entwicklungsregulative Mechanismen in Gang, mit denen Individuen ihre Umwelten stabilisieren und adaptiv gestalten (Lang, Reschke & Neyer, im Druck). Zahlreiche Entwicklungsübergänge im Lebenslauf sind eng an das Lebensalter geknüpft, etwa die Einschulung oder die Verrentung. Am anderen Ende stehen individualtypische Lebensereignisse, die im Prinzip in jedem Alter auftreten können (z. B. ein schwerer Unfall oder ein Lottogewinn).

Individualtypische Einflüsse

Individualtypische Einflüsse auf die lebenslange Entwicklung beziehen sich auf Ereignisse oder Veränderungen, die unerwartet eintreten, nicht altersabhängig sind und nur wenigen Menschen widerfahren (Brim & Ryff, 1980). Zumeist lassen sich solche Einflüsse auf Besonderheiten eines individuellen Lebenslaufs zurückführen, durch die sich zugleich die Wahrscheinlichkeiten bestimmter positiver oder negativer Ereignisse oder Lebensveränderungen verändern. So sind beispielsweise Extremsportler einem höheren Unfallrisiko ausgesetzt, und nur wer Lotto spielt, hat eine Chance auf einen Lottogewinn. Individualtypische Einflüsse auf die Entwicklung ergeben sich auch aus biologischen Einflussquellen, etwa bei erblich gehäuft auftretenden Erkrankungsrisiken (z. B. Schlaganfall, Krebs). Charakteristisch für individualtypische Einflüsse ist auch, dass diese für den Einzelnen eine besondere Belastung darstellen können, da es oftmals kaum normative oder auch nur modellhafte Skripte des Umgangs mit solchen Ereignissen gibt, die deren Bewältigung erleichtern könnten. Aus diesen Gründen haben individualtypische Lebensereignisse meist nachhaltigere Auswirkungen auf die weitere Entwicklung des Individuums (Lang, Reschke & Neyer, im Druck; Neyer, 2004).

Historisch vermittelte Entwicklungseinflüsse

Viele historische Ereignisse und Veränderungen betreffen und verändern die Lebenssituationen aller zu einem bestimmten Zeitpunkt lebenden Menschen in gleicher Weise (z. B. die deutsche Wiedervereinigung, wirtschaftliche Krisen). Allerdings sind oft nicht alle Menschen jeden Alters in gleicher Weise von einem historischen oder sozialen Wandel betroffen (z. B. Kleinkinder und alte Menschen). Solche Einflüsse werden dann i. Allg. als **Kohorteneffekt** bezeichnet und unterschieden von **Zeitwandeleffekten**. Historische Einflüsse sind in ihrer Ausprägung und Wirkung meist vielfältig. Sie beziehen sich auf plötzliche und kaum vorhersagbare Ereignisse (z. B. Naturkatastrophen, wirtschaftliche Krisen) genauso wie auf schleichend eintretende gesellschaftliche Veränderungen oder technische Neuerungen.

Historisch vermittelte Einflüsse können auch das System altersgradierter Entwicklungsnormen verändern und sogar das Auftreten individualtypischer Lebensereignisse beeinflussen. Je nachdem in welchem Alter oder Lebensabschnitt ein sozialer oder historischer Wandel auf das Individuum einwirkt, kann dies den weiteren Verlauf und die Richtung der Entwicklung auf unterschiedliche Weise beeinflussen. Ein bekanntes Beispiel sind die Studien zu den unterschiedlichen Auswirkungen der Weltwirtschaftskrise 1929 in den USA, die sich bei Frauen des Geburtsjahrganges 1900 langfristig positiv auf deren Lebenszufriedenheit im Alter von 70 Jahren auswirkten, wenn sie aus der Mittelschicht kamen, nicht aber wenn sie der Unterschicht angehörten (Caspi & Elder, 1986). Eine mögliche Erklärung ist, dass die Frauen der Mittelschicht die Folgen der Wirtschaftskrise mit Hilfe ihrer höheren Bildungsressourcen langfristig bewältigten, während Frauen der Unterschicht ihre Ressourcenverluste in Folge der Krise nicht ohne weiteres durch Einsatz anderer personaler oder sozialer Ressourcen kompensieren konnten.

20.2.5 Kriterien »gelungener« Entwicklung: Subjektiv, objektiv und tradiert

Wenn man die lebenslange Entwicklung des Menschen als facettenreichen, in unterschiedliche Richtungen verlaufenden, durch vielfältige biologische und kulturelle Einflüsse begrenzten, gleichwohl individuell gestaltbaren Prozess nachhaltiger Veränderungen betrachtet, wirft dies auch die Frage auf, wie denn entschieden werden kann, ob und wann eine Entwicklungsveränderung »gelungen« ist. Diese Frage ist besonders dann wichtig, wenn auch Verluste und Abbauprozesse als Aspekt der normalen Entwicklung aufgefasst werden. Wie können die vielfältigen Kränkungen des Alterns, die zum Teil unvermeidlichen Verluste im Lebenslauf oder auch ganz selbstverständliche Beschränkungen des Lebens, die sich aus der generellen Selektivität des Lebenslaufs ergeben, als Aspekte einer normalen oder sogar gelungenen Entwicklung verstanden werden?

Margret M. Baltes (▶ Kurzbiographie) und Laura Carstensen (1996) haben diesbezüglich eine Systematik von Kriterien der »guten« oder gelungenen Entwicklung vorgeschlagen, die unterschiedliche Quellen und Bezugsnormen der Bewertung von Entwicklungsverläufen unterscheidet. So werden Kriterien einer guten Entwicklung vom Individuum selbst, dessen sozialer Umwelt, von der Politik (d. h. dem Gesetzgeber), von Medienvertretern oder Wissenschaftlern festgelegt. Entwicklungskriterien werden auch bestimmt von gesellschaftlichen Gruppierungen (z. B. Lehrerverbände, Sportvereine) wie sozialen Institutionen (z. B. Schule).

Die Quellen der Bewertung lassen sich in drei Klassen aufteilen (◘ Tab. 20.1): subjektive, objektive und tradierte Kriterien. Jedes Kriterium kann anhand dreier Maßstäbe bewertet werden: statistischen, funktionalen oder auch idealen Bezugsnormen. **Subjektive Kriterien guter Entwicklung** beziehen sich auf individuelle Vorstellungen einzelner Individuen, die ihre Entwicklungsleistungen an ihren Erwartungen, Kenntnissen oder Vorstellungen der Auftretenshäufigkeit solcher Leistungen (subjektive statistische Norm), ihren impliziten Vorstellungen über die Funktionalität dieser Leistungen (subjektive funktionale Norm) oder auch an ihren subjektiven Idealvorstellungen messen können. **Objektivierende Kriterien** beruhen auf empirisch ermittelten Tatsachen, die i. Allg. leicht überprüfbar sind und entweder an statistischen Normen in der Bevölkerung, Funktionstests oder auch objektiven Extremleistungen gemessen werden können. **Tradierte Entwicklungskriterien** ergeben sich aus historisch überlieferten Ritualen und Gewohnheiten, und entziehen sich meist der empirischen Objektivierung. Auch tradierte Kriterien werden anhand statistischer, funktionaler oder idealer Bezugsnormen bewertet. Ein Beispiel für eine tradierte statistische Bezugsnorm, bei der Aufgaben anhand einer bestimmten Altersverteilung in einer Gruppe (z. B. dem Parlament) verteilt werden, ist das Prinzip der Seniorität (z. B. »das Recht des Erstgeborenen«). Ein tradiertes funktionales Entwicklungskriterium ist die »Mündigkeit«, mit der die Selbstverantwortlichkeit bestimmt wird. Beispiele für tradierte Idealnormen gelun-

---

◘ **Tabelle 20.1.** Klassifikation und Beispiele der Quellen und Bezugsnormen von Kriterien gelungener Entwicklung. (Mod. nach Baltes & Carstensen, 1996).

Quellen der Bewertung	Bewertungsmaßstäbe (Bezugsnorm)		
	Statistische Norm	**Funktionale Norm**	**Idealnorm**
Subjektiv (Individuum, Bezugspersonen, »Peers«)	Vergleich mit perzipierter Auftretenshäufigkeit eines Verhaltens	Implizite Leistungstheorie (z. B. »Anstrengung führt zum Erfolg«)	Wunschvorstellungen, Lebensziele, »Lebensträume«
Objektiv (evidenzbasiert)	Position im Vergleich zur Merkmalsverteilung in der Population	Neurologische Funktionstests	Maximale Lebenserwartung
Tradition (historische Überlieferung)	Seniorität (z. B. Alterspräsident eröffnet den Bundestag)	Mündigkeit, Übergangsrituale (z. B. Firmung, Konfirmation)	Meisterschaft (Verein, Beruf, Nobelpreis)

20

gener Entwicklung sind der Gewinn einer nationalen Meisterschaften oder Ordensverleihungen, bei denen nicht immer eindeutig objektivierbare Entwicklungsleistungen eines Einzelnen (z. B. Nobelpreis) bewertet werden.

Diese neun Entwicklungskriterien sind zwar empirisch selten trennbar, gleichwohl ist die analytische Unterscheidung vor allem im Hinblick auf die Einordnung und Bewertung konkreter theoretischer Modelle der lebenslangen Entwicklung bedeutsam.

20.3 Theorien und Befunde der Entwicklungspsychologie der Lebensspanne

Die theoretischen und empirischen Beiträge und Befunde zu spezifischen Prozessen, Mechanismen und Strukturen der Entwicklung über die Lebensspanne sind in den vergangenen Jahrzehnten stark angewachsen und haben in einigen Themenbereichen durchaus enzyklopädischen Umfang erreicht. Im Folgenden gehen wir lediglich auf exemplarische Theorien und empirische Befunde aus drei zentralen Forschungsgebieten der lebenslangen Entwicklung ein:

1. der intellektuellen Entwicklung (auch ► Kap. 21),
2. der Entwicklung der Persönlichkeit im sozialen Kontext (auch ► Kap. 22) und
3. der Entwicklung von Motivation und Handlungskontrolle im Lebenslauf.

Für einige andere, gleichermaßen bedeutsamen Themen verweisen wir auf Überblicksarbeiten von Filipp und Mayer (im Druck) zum Thema der Entwicklung von Selbst und Selbstkonzept sowie von Salisch und Kunzmann (im Druck) zum Thema der emotionalen Entwicklung über die Lebensspanne.

20.3.1 Intellektuelle Entwicklung im Lebenslauf

Die Erforschung der intellektuellen Entwicklung bildete über viele Jahrzehnte einen hervorgehobenen Kern der lebensspannenpsychologisch orientierten Perspektive in der Entwicklungspsychologie (Baltes et al., 1988, 1998). Ausgangspunkt war hierbei das **Zweikomponentenmodell der kognitiven Entwicklung** (Baltes, 1997; Lindenberger, 2002), welches zwischen einer durch biologische Prozesse geformten **Mechanik** kognitiver Leistungen und einer von kulturellen Bedingungen abhängigen **Pragmatik** der Kognition unterscheidet. Die Zweikomponententheorie erhebt den Anspruch einer umfassenden Theorie der intellektuellen Entwicklung im dynamischen Wechselspiel kultureller und biologischer Einflüsse. Ausgangspunkt ist dabei die Überlegung, dass sich Verlauf, Richtung und Determinanten der Entwicklung der Mechanik des Denkens über die Lebens-

spanne im Gegensatz zur lebenslangen Entwicklung der Pragmatik unterschiedlich darstellt.

Die Entwicklung der Mechanik des Denkens – elementare kognitive Prozesse

Die Mechanik des Denkens bezieht sich auf Parameter der Geschwindigkeit, Genauigkeit, Aufnahmekapazität, Koordination und Inhibition elementarer Grundprozesse des Denkens. Beispiele hierfür sind die Wahrnehmungsgeschwindigkeit, die Kapazität des Arbeitsgedächtnisses, Raumkognitionen oder die Fähigkeit zum schlussfolgernden Denken. Der Entwicklungsverlauf mechanischer Komponenten folgt in der Regel einem Anstieg bis zum frühen Erwachsenenalter, auf den ein langsamer, kontinuierlicher Abfall folgt, der sich im höheren Alter in einigen Bereichen weiter beschleunigen kann.

In aller Regel kommt es somit bei älteren Menschen zu einem Abbau in elementaren kognitiven Funktionen, der im Prinzip nicht umkehrbar ist (Baltes et al., 1998). In zahlreichen kognitiven Trainingsstudien konnten bei älteren Personen zwar starke Übungsgewinne erzielt werden, wobei allerdings klare Grenzen der Trainierbarkeit (Plastizität) bestanden, in denen sich wiederum deutliche Altersunterschiede zeigten, welche auch durch intensive Intervention nicht weiter reduziert werden konnten (Lindenberger, 2002). Weiterhin blieben die durch Interventionsmaßnahmen erzielten Übungsgewinne meist auf die jeweils trainierten spezifischen Aufgaben (z. B. Wortfindung, Gedächtnistest) begrenzt und wurden nicht auf andere Aufgaben übertragen (kein positiver Transfer). Lindenberger (2002) kommt zu der Schlussfolgerung, dass Trainingsgewinne in Fähigkeiten der kognitiven Mechanik vor allem auf die dadurch zugleich erzielten Verbesserungen der pragmatischen Aspekte des Denkens zurückführbar sind.

Die Entwicklung der Pragmatik des Denkens – wissensbasierte, komplexe Denkprozesse

Die Pragmatik des Denkens bezieht sich auf die prozeduralen und deklarativen Wissensbestände, die über Prozesse des lebenslangen Lernens akquiriert werden. Die Ausbildung pragmatischer Ressourcen ist dabei meist auch ein Ergebnis ontogenetisch früherer »Investitionen« von mechanischen kognitiven Fähigkeiten. Der Entwicklungsverlauf der Pragmatik des Denkens zeigt somit einen relativ kontinuierlichen Anstieg über die Lebensspanne, der relativ spät einen Höhepunkt erzielt und dann einen geringfügigen oder in manchen Bereichen sogar keinen Altersabbau zeigt. Darüber zeigt sich, dass die auf pragmatischen Fähigkeiten beruhenden kognitiven Leistungen bis ins hohe Alter vor allem mit Unterschieden in sozioökonomischen Ressourcen wie Bildung, Einkommen oder Berufsprestige zusammenhängen, während die elementaren kognitiven Prozesse vor allem durch Unterschiede der sensorischen Fähigkeiten vorhergesagt werden (Baltes et al., 1998; Lindenberger, 2002). Ein paradigmatisches Beispiel für die Pragmatik des

Denkens stellen weisheitsbezogene Leistungen dar, in denen sich bis ins hohe Alter keine bedeutsamen Altersunterschiede zeigen (Baltes et al., 1998).

Von besonderer Bedeutung ist schließlich die Beziehung zwischen der mechanischen und der pragmatischen Komponente intellektueller Fähigkeiten, die sich vor allem am Beispiel der Expertiseforschung verdeutlichen lässt. Alternde Experten (z. B. Schachspieler) können ihre hohen Leistungen in den von ihnen jahrelang ausgeübten Verhaltensbereichen meist auch dann noch erhalten, wenn sich bei ihnen in anderen kognitiven Grundfunktionen ein Abbau oder Einbußen einstellen. Dies können sie beispielsweise dadurch erreichen, dass sie ihr erworbenes (deklaratives wie prozedurales) Wissen dazu nutzen, die Verluste in elementaren kognitiven Prozessen auszugleichen (Charness, 2000). Allerdings können sich auch in solchen pragmatischen Aspekten des Denkens Leistungsverluste einstellen, wenn kognitive Einbußen nicht mehr angemessen ausgeglichen werden können (Baltes et al., 1998). Im Allgemeinen ist davon auszugehen, dass die meisten der im Alltag anfallenden Anforderungen und Aufgaben sowohl elementare, mechanische wie wissensbasierte, pragmatische Fähigkeitskomponenten erfordern. Verluste in elementaren kognitiven Fertigkeiten können aber durch die Pragmatik bis ins hohe Alter ausgeglichen werden und so ein Leben in relativer Selbstständigkeit ermöglichen (Baltes & Silverberg, 1994).

20.3.2 Entwicklung von Persönlichkeit und sozialen Beziehungen

Die Persönlichkeit umfasst die Gesamtheit aller in der Zeit überdauernden Verhaltens- und Erlebensweisen eines Menschen, die diesen von anderen Personen unterscheiden (Asendorpf, 2004; ▶ Kap. 24). Da Persönlichkeit vor allem auf die stabilen und kontinuierlichen Merkmale des individuellen Verhaltens und Erlebens bezogen wird, richtet sich das Interesse der Entwicklungspsychologie der Lebensspanne in besonderem Maße auf die Entstehung, Stabilität und Kontinuität solcher stabilen individuellen Unterschiede sowie auf die Mechanismen der Stabilisierung (Lang & Heckhausen, 2005). Eine weitere Themenstellung der lebenslangen Persönlichkeitsentwicklung zielt auf das Wechselspiel zwischen Beziehungsgestaltung und Persönlichkeit im Lebenslauf (vgl. Lang, Neyer & Asendorpf, 2005).

Kontinuität, Stabilität und Stabilisierung von Persönlichkeit

Stabilität und Kontinuität sind Kernbegriffe der Entwicklungspsychologie der Lebensspanne (Kagan, 1980; Lang & Heckhausen, im Druck). **Stabilität** bezieht sich darauf, dass Strukturen individuellen Verhaltens und Erlebens über die Zeit konsistent erhalten bleiben. Es können vier Bedeutungen von Stabilität unterschieden werden:

1. die absolute Stabilität (bei der sich die absoluten Ausprägungen eines Verhaltens nicht ändern),
2. die normative oder Positionsstabilität (bei der sich die Unterschiede zwischen Individuen nicht verändern),
3. die ipsative Stabilität (bei der das Verhältnis zweier Merkmale zueinander unverändert bleibt) und
4. die differenzielle Stabilität (bei der die absolute, normative oder ipsative Stabilität als ein kontinuierliches zwischen Individuen oder Gruppen unterscheidendes Merkmal angesehen wird).

Kontinuität beschreibt die überdauernden und gleich bleibenden Funktionen und Prozesse des Verhaltens und Erlebens. So kann es vorkommen, dass einander ähnliche Entwicklungsergebnisse oder -ziele aufgrund sehr unterschiedlicher Mechanismen oder Prozesse eintreten. Die Kontinuität der Entwicklung ergibt sich durch die konstant bleibende Wirkung solcher Entwicklungsfunktionen. Die Stabilisierung bezieht sich nun darauf, in welcher Weise die Stabilität (von Strukturen) oder die Kontinuität (von Funktionen) in der lebenslangen Entwicklung hergestellt oder bewahrt werden.

In der Persönlichkeitsforschung hat sich in den vergangenen Jahrzehnten vor allem die Theorie der »Big Five« durchgesetzt, welche fünf der bedeutsamsten Persönlichkeitseigenschaften (Extraversion, emotionale Stabilität, Verträglichkeit, Gewissenhaftigkeit und Offenheit für Erfahrungen) in einer einheitlichen, auf der lexikalischen Tradition der Persönlichkeitsforschung beruhenden Begrifflichkeit zusammenfasst (▶ Kap. 24).

Zahlreiche Befunde weisen darauf hin, dass die normative Stabilität solcher Persönlichkeitseigenschaften im Laufe des Lebens kontinuierlich zunimmt. Roberts und DelVecchio (2000) haben in einer Metaanalyse von 152 Längsschnittstudien mit insgesamt mehr als 50.000 Personen gezeigt, dass die Koeffizienten der Positionsstabilität (Retest-Intervalle von durchschnittlich 6,8 Jahren) mit dem Alter zunahmen und erst im Alter von rund 55 Jahren ihr höchstes Niveau bei rund 0,70 erreichten. In der ersten Lebenshälfte und insbesondere in den ersten drei Lebensdekaden zeigt sich eine geringere Stabilität der Persönlichkeitsunterschiede. Solchen Veränderungen der Positionsstabilität stehen Befunde gegenüber, die darauf hinweisen, dass es bei den meisten Menschen zu einer Zunahme positiver Persönlichkeitsmerkmale und -eigenschaften im Laufe des Lebens kommt, was durchaus auch im Sinne einer Zunahme der »persönlichen Reife« im Laufe des Lebens interpretiert wird (Glück & Heckhausen, im Druck). Beispielsweise wurde in zahlreichen Studien aus unterschiedlichen Kulturen wie China, den USA oder auch der Türkei belegt belegt, dass ältere Menschen verträglicher, extravertierter, emotional stabiler und gewissenhafter sind als jüngere Menschen (McCrae et al., 1999).

Aus Sicht der Entwicklungspsychologie der Lebensspanne ist dabei von Bedeutung, dass Kernmerkmale der

20

Persönlichkeit (z. B. »Traits«; ▶ Kap. 24) meist eine höhere Stabilität zeigen als eher periphere Persönlichkeitsprozesse (z. B. Selbstkonzepte). In Analogie zum Bereich der intellektuellen Entwicklung können hierbei auf biologische Einflüsse zurückführbare und vergleichsweise stabile (»mechanische«) Persönlichkeitsmerkmale von lebenspragmatischen, kulturell beeinflussten instabilen Oberflächenmerkmalen der Persönlichkeit (z. B. Selbstkonzept) unterschieden werden (Asendorpf, 2004; Baltes et al., 1998). Die zunehmende Stabilisierung von Kernaspekten der Persönlichkeit im Laufe des Lebens kann somit zu einem wesentlichen Teil auf die adaptive Variabilität und Plastizität peripherer Persönlichkeitsprozesse (z. B. der Anpassung von Kontrollüberzeugungen, sozialen Vergleichsprozessen) zurückgeführt werden (Lang & Heckhausen, 2005) und damit auch auf Veränderungen in der lebenslangen Beziehungsgestaltung (Lang, 2004).

Beziehungsgestaltung im Lebenslauf

Die Lebensspannenperspektive hat auch den Blickwinkel auf Prozesse und Mechanismen der lebenslangen sozialen Entwicklung erweitert, wobei das Zusammenspiel zwischen Persönlichkeitsprozessen und der Entwicklung der lebenslangen Beziehungsgestaltung im Vordergrund der Betrachtung steht (Lang, 2004; Lang, Neyer & Asendorpf, 2005). Der Begriff der **Beziehungsgestaltung** bezeichnet alle sozialen Verhaltensweisen und Kognitionen des Individuums, die auf die Auswahl, Aktivierung oder Fortführung, Veränderung und Beendigung spezifischer sozialer Beziehungen gerichtet sind (Lang, Neyer & Asendorpf, 2005). Aus lebensspannenpsychologischer Perspektive sind hierbei drei einander ergänzende theoretische Bezugsrahmen bedeutsam:

1. Dynamisch-interaktionistische Theorien

Dynamisch-interaktionistische Theorien heben Mechanismen hervor, durch die Wechselwirkungen zwischen Persönlichkeit und sozialen Beziehungen zu stabilen Person-Umwelt-Passungen führen. In diesem Zusammenhang

werden beispielsweise unmittelbare und kumulierende Effekte bestimmter Persönlichkeitseigenschaften auf die soziale Umwelt des Menschen angenommen, durch die Individuen dann stabile Umwelten erzeugen, die eine hohe Kohärenz und Kongruenz mit der eigenen Persönlichkeit gewährleisten (Caspi & Roberts, 1999). Dementsprechend korrespondieren viele Altersunterschiede in der Persönlichkeit auch mit Unterschieden in den sozialen Beziehungen und im Sozialverhalten, beispielsweise geht die im Alter zunehmende Verträglichkeit mit einer Abnahme von peripheren, meist unwichtig erlebten Sozialbeziehungen einher (Lang, 2004).

2. Evolutionspsychologische Ansätze

Evolutionspsychologische Ansätze wie die Theorie der Lebensgeschichte (»life-history theory«; Voland, 2000) betrachten den Lebenslauf als eine Abfolge von Konflikten der Ressourcenallokation, bei denen es jeweils um Entscheidungen zwischen alternativen Fitness-maximierenden Strategien geht, etwa die Entscheidung zwischen direkter Reproduktion durch Investment in eigene Nachkommen oder indirekte Reproduktion durch Investment in die Nachkommen von Verwandten. In diesem Zusammenhang wird auch vermutet, dass die lange postreproduktive Phase des Menschen insofern einen Selektionsvorteil in der Menschheitsgeschichte besaß, als sie die Überlebenschancen des eigenen Nachwuchs (d. h. der Enkel) erhöhte, insbesondere in instabilen Umwelten, etwa bei Naturkatastrophen oder Hungersnöten, wenn die allgemeine Reproduktionsrate gering war.

3. Handlungstheorien

Handlungstheorien der lebenslangen sozialen Entwicklung heben die adaptiven Prozesse hervor, mit denen Individuen ihre Ziele, Einstellungen und Verhaltensweisen an altersbezogene Anforderungen und Aufgaben anpassen (Baltes & Carstensen, 1996; Carstensen et al., 1999; Lang, Neyer & Asendorpf, 2005; Lang, Reschke & Neyer, im Druck). Einen wichtigen Beitrag zum Verständnis motivationaler

---

Studien zur Veränderung von sozialen Beziehungen im Alter

Lang (2000) untersuchte in einer 4-Jahres-Längsschnittstudie mit Erwachsenen im Alter von 70 bis 103 Jahren den Zusammenhang zwischen subjektiver Nähe zum Tod und durch eigene Initiative herbeigeführten Veränderungen in den sozialen Beziehungen. Es zeigte sich, dass ältere Menschen, die sich ihrem Tod nahe fühlten, häufiger Beziehungen zu anderen Menschen beendeten. Zugleich investierten sie vermehrt emotional in Beziehungen zu nahen Familienangehörigen als andere Personen, die sich ihrem Lebensende noch weit entfernt fühlten. Dabei gibt es Hinweise darauf, dass ältere Menschen sich

auch in der Gestaltung ihrer engen Beziehungen selektiver verhalten und beispielsweise Konfliktsituationen vermeiden oder ignorieren. Wurden ältere, langjährig verheiratete Ehepartner in konfliktträchtige Situationen gebracht, zeigten sie weniger Ärger über den jeweils anderen und gingen insgesamt sogar deutlich fürsorglicher und positiver miteinander um (Carstensen et al., 1999).

Eine Erklärung hierfür ist darin zu sehen, dass Menschen im Laufe des Lebens immer angemessenere Handlungsstrategien einsetzen, mit denen sie unveränderliche Verluste und Misserfolge hinnehmen, ohne dabei aber ihre Handlungsfähigkeit zu verlieren

Ursachen der lebenslangen Veränderung in sozialen Beziehungen leistet die Theorie der sozioemotionalen Selektivität (Carstensen et al., 1999). Diese geht von der These aus, dass in der zweiten Lebenshälfte emotional relevante Erfahrungen und Themen generell bevorzugt werden, weil sich Menschen im Laufe des Lebens und mit steigendem Alter immer stärker der Begrenztheit ihrer weiteren Lebenszeit anpassen. So wurde in zahlreichen Untersuchungen belegt, dass in Abhängigkeit davon, ob Menschen ihre eigene Lebenszeit als zeitlich relativ begrenzt oder unbegrenzt erlebten, sie eine unterschiedlich starke Präferenz für emotional nahe stehende Personen zeigten (Carstensen et al., 1999). Dabei konnten Altersunterschiede zwischen älteren und jüngeren Personen auf Unterschiede der subjektiven zeitlichen Zukunftsperspektive zurückgeführt werden (Carstensen & Lang, im Druck; dazu auch der ▶ Kasten »Studien zur Veränderung von sozialen Beziehungen im Alter«).

20.3.3 Handlungs- und Motivationstheorien der Entwicklung

Die Entwicklungspsychologie der Lebensspanne betont die aktive Rolle des Individuums in der Auseinandersetzung mit den in der Umwelt gegebenen Bedingungen (Baltes & Carstensen, 1996; Brandtstädter, 2001; Heckhausen, 1999; Lerner, 1998). Die stark zugespitzte These des Individuums als **Produzenten der eigenen Entwicklung** beruht auf der Überlegung, dass das handelnde Individuum aktiv den Verlauf und die Richtung der eigenen Entwicklung beeinflusst. Auf dieser Überlegung gründet auch das besondere Interesse der Lebensspannenpsychologie an der Entwicklung und Veränderung von Motivation und Handlungssteuerung im Lebenslauf. Im Allgemeinen werden hierbei zwei Grundtendenzen der Handlungssteuerung unterschieden: Zum einen bemühen sich Menschen darum, ihre Umwelt in Einklang mit ihren Zielen und Fähigkeiten zu gestalten. Zum anderen passen Menschen ihr Verhalten und Erleben auch ihrer Umwelt an. Verschiedene theoretische Modelle haben sich mit der Frage beschäftigt, welche Prozesse und Mechanismen das Wechselspiel zwischen Individuum und Umwelt am besten charakterisieren und zu einer besseren Anpassung des Individuums an entwicklungsbezogene Anforderungen im Lebenslauf beitragen (Baltes & Baltes, 1990; Brandtstädter, 2001; Carstensen et al., 1999; Heckhausen & Schulz, 1995). Im Folgenden stellen wir zwei bedeutsame theoretische Modelle der Entwicklungsregulation über die Lebensspanne dar: das Drei-Prozess-Modell der Bewältigung von Jochen Brandtstädter und die Lebenslauftheorie der Kontrolle von Jutta Heckhausen.

Das Drei-Prozess-Modell der Bewältigung

Aus einer handlungstheoretischen Perspektive hat Brandtstädter (2001) ein Modell der selbstregulatorischen Entwicklung vorgeschlagen, wonach Individuen im Umgang mit Krisensituationen und Belastungen drei Bewältigungstendenzen aktivieren, die darauf zielen Diskrepanzen zwischen entwicklungsbedingten Belastungen und persönlichen Zielen aufzulösen (»Ist-Soll-Diskrepanzen«):

1. die assimilative Tendenz bezieht sich darauf, die Lebensumstände an persönliche Präferenzen anzugleichen (»Anpassung der Ist-Zustände«, Brandtstädter, 2001),
2. die akkommodative Tendenz bezieht sich auf die Angleichung von Präferenzen und Aspirationen an gegebene Umweltbeschränkungen (»Modifikation der Soll-Komponente«, Brandtstädter, 2001, S. 144) und
3. immunisierende Prozesse beziehen sich auf Mechanismen der Informationsverarbeitung, die das Erkennen von Ist-Soll-Diskrepanzen be- oder verhindern.

Eine Prämisse dabei ist, dass Menschen grundsätzlich danach streben, zwischen ihren Entwicklungszielen und ihrem tatsächlichen Entwicklungsverlauf eine möglichst hohe Konsistenz herzustellen (Brandtstädter & Renner, 1990).

Allerdings sind die meisten Menschen mit zunehmendem Alter immer öfter unkontrollierbaren Verlusten oder Belastungen ausgesetzt, die ihre Möglichkeiten mindern, wichtige Entwicklungsziele zu erreichen. Es wird nun angenommen, dass dies zur Folge hat, dass Menschen mit zunehmendem Alter einem erhöhten Depressionsrisiko ausgesetzt sind, wenn es ihnen nicht gelingt, persönliche Ziele und Erwartungen so anzupassen, dass sie im Einklang mit der jeweiligen Lebenssituation stehen. Tatsächlich wurde in vielen empirischen Studien belegt, dass Erwachsene mit zunehmendem Alter bevorzugt akkommodative Bewältigungsstrategien einsetzen und davon im Hinblick auf ihr subjektives Wohlbefinden profitieren (Brandtstädter, 2001).

Die Lebenslauftheorie der Kontrolle

Eine Kernannahme der Lebenslauftheorie der Kontrolle von Heckhausen und Schulz (1995; Heckhausen, 1999) besagt, dass Individuen während ihres gesamten Lebens danach streben, ihre Entwicklungsumwelt zu kontrollieren. Um ihr Handlungspotenzial zu sichern oder zu erhöhen, passen Menschen ihr Verhalten fortwährend den im Lebenslauf veränderten Entwicklungskontexten an. Die Strategien dieser Handlungskontrolle lassen sich je nach ihrer Wirkungsrichtung in zwei Gruppen differenzieren:

- Strategien der primären Kontrolle, mit denen Individuen ihre äußeren Umweltbedingungen beeinflussen und gestalten, und
- Strategien der sekundären Kontrolle, mit denen Individuen ihre eigenen Ziele und Einstellungen so anpassen, dass sich daraus für sie neue Möglichkeiten der primären Kontrolle ergeben.

Das menschliche Streben nach Kontrolle über die Umwelt bringt zwangsläufig Misserfolgserfahrungen mit sich. Menschen sind deswegen ein Leben lang darum bemüht, Misserfolgs- oder Verlusterfahrungen aktiv vorzubeugen oder deren Konsequenzen internal zu bewältigen. Dies erfordert den Einsatz kompensatorischer Verhaltensstrategien. Sofern Menschen aber keinen Misserfolg antizipieren oder erfahren, investieren sie ihre Fähigkeiten und Ressourcen so, dass diese mit möglichst geringen Kosten verbunden sind (etwa aufgrund einseitiger Spezialisierungen), und dass sie möglichst langfristig davon profitieren. Solche Investments in Fähigkeiten und Ziele werden als Selektion bezeichnet. Selektion und Kompensation spiegeln sich jeweils in den Strategien der primären (selektiven oder kompensatorischen) und der sekundären (selektiven oder kompensatorischen) Kontrolle wider. Angenommen wird, dass der Einsatz aller vier Strategien in einem übergeordneten Prozess der Optimierung aktiv koordiniert und vorausschauend gestaltet wird. Eine zentrale theoretische Aussage ist, dass primäre und sekundäre Kontrollstrategien nur dann funktional sind, wenn sie dazu führen, dass Individuen weiterhin Kontrolle über ihre Umwelt ausüben können. Würden sekundäre Kontrollstrategien nicht mehr dazu beitragen, dass Individuen in ihrer Umwelt wirksam sind, zöge dies den Zusammenbruch des Handlungssystems und damit die Destabilisierung der Persönlichkeit nach sich.

Schulz und Heckhausen (1996) argumentieren nun, dass die Fähigkeit des Menschen, primäre Kontrolle auszuüben, im Lebenslauf einem umgekehrt U-förmigen Verlauf folgt. Bis zum frühen Erwachsenenalter steigt das primäre Kontrollpotenzial rapide und schnell an, um ein Plateau zu erreichen und schließlich gegen Ende des Lebens wieder deutlich abzufallen. Sekundäre Kontrollstrategien ermöglichen es, Misserfolgs- und Verlusterfahrungen in der zweiten Lebenshälfte zu bewältigen. Dies kann beispielsweise geschehen, indem alte Ziele aufgegeben und neue Ziele mit veränderten Anspruchsniveaus und Erwartungen gewählt werden. Heckhausen (1997) fand in einer Querschnittstudie bei älteren Erwachsenen im Vergleich zu jüngeren Erwachsenen höhere Ausprägungen in Bezug auf Verhaltensindikatoren sekundärer Kontrollstrategien (z. B. flexible Zielanpassung, kompensatorische Anpassungen). In Einklang damit stehen Befunde der Studie von Lang, Görlitz und Seiwert (1992; ► Kasten »Subjektive Vorstellungen über Entwicklungsverläufe verschiedener Entwicklungsthemen im jungen und älteren Erwachsenalter«), wonach die Ideal- und die Realvorstellungen von hypothetischen Entwicklungsverläufen bei älteren Personen näher beieinander lagen als bei jungen Erwachsenen.

Der Verlauf der beiden Kontrollstrategien über die Lebensspanne wird evolutionstheoretisch damit begründet, dass das Kontrollsystem des Individuums und das Primat der primären Kontrolle auf das junge Erwachsenenalter und damit auf die Phase der höchsten Reproduktivitätsfähigkeit adaptiert sein dürfte (Schulz & Heckhausen, 1996). Die Fähigkeit des Menschen, Misserfolgserfahrungen auch internal auszugleichen und sich auf neue Ziele und Invest-

ments einzustellen, verweist auf eine stabile Strategie, welche sich in der Evolution der menschlichen Spezies als vorteilhaft erwiesen hat. Eine Zunahme sekundärer Kontrollstrategien nach der Phase der Fertilität kann somit als ein Nebenprodukt der Evolution aufgefasst werden, das zu der lebenslangen Stabilisierung der Persönlichkeit und damit zu einer weit über die Fertilität hinaus ausgedehnten Lebenserwartung der menschlichen Spezies beiträgt. Die hohe Lebenserwartung maximiert zugleich auch die inklusive Fitness, etwa indem ältere Menschen sich beispielsweise um die Betreuung und Versorgung ihrer jüngeren Verwandten kümmern.

20.4 Resümee und Ausblick

Die Entwicklungspsychologie der Lebensspanne hat sich im Verlauf der zweiten Hälfte des 20. Jahrhunderts zu einer eigenständigen und interdisziplinären Ausrichtung innerhalb der »life sciences« entwickelt. Sie betrachtet die menschliche Entwicklung als Ergebnis eines dynamischen Wechselspiels von Kultur und Biologie, wobei auch die verschiedenen Zeitebenen der menschlichen Entwicklung von der Phylogenese über die Ontogenese bis zu aktualgenetischen Prozessen berücksichtigt und kombiniert werden. Die zahlreichen empirischen Befunde zu den zentralen Leitthemen der Lebensspannenperspektive haben in jüngster Zeit eine Vielzahl von Theorien hervorgebracht, die sich mit spezifischen Phänomenen der allgemeinen Entwicklungspsychologie der Lebensspanne beschäftigten. So gibt es aus heutiger Sicht keine einzelne Theorie der Lebensspannenpsychologie, sondern es ist vielmehr von einer Familie von Lebensspannentheorien zu sprechen, die einander ergänzen (Baltes et al., 1998).

Eine zentrale Herausforderung für die Zukunft der Lebensspannenpsychologie wird sein, dass diese sich auch bei der Übertragung spezifischer Erkenntnisse in unterschiedliche Praxisfelder der Entwicklungsberatung und Intervention bewährt. Von vordringlicher Wichtigkeit ist hierbei der Beitrag der Lebensspannenpsychologie für die Entstehung und Etablierung einer **Psychologie des lebenslangen Lernens**, mit der wichtige Themen, Theorien und Befunde der Lebensspannenpsychologie für die angewandte Psychologie nutzbar gemacht werden können.

Literatur

Referenzliteratur

Glück, J. & Heckhausen, J. (im Druck). Entwicklungspsychologie der Lebensspanne: Allgemeine Prinzipien und aktuelle Theorien. In W. Schneider & F. Wilkening (Hrsg.), *Enzyklopädie der Psychologie: Serie Entwicklungspsychologie, Band 1 Theorie, Modelle und Methoden der Entwicklungspsychologie.* Göttingen: Hogrefe.

Lang, F.R. & Heckhausen, J. (2005). Stabilisierung und Kontinuität der Persönlichkeit im Lebenslauf. In J.B. Asendorpf (Hrsg.), *Enzyklopädie* der Psychologie: Band C/V/3 Soziale, emotionale und Persönlichkeits-entwicklung (S. 525–562). Göttingen: Hogrefe.

Lindenberger, U. (2002). Erwachsenenalter und Alter. In R. Oerter & L. Montada (Hrsg.), Entwicklungspsychologie (5. Aufl., S. 350–391). Weinheim: Beltz PVU.

Zitierte Literatur

Asendorpf, J. (2004). Psychologie der Persönlichkeit (3. Aufl.). Berlin: Springer.

Baltes, M.M. & Carstensen, L.L. (1996). The process of successful aging. Ageing and Society, 16, 397–422.

Baltes, M.M. & Silverberg, S.B. (1994). The dynamics between dependency and autonomy: Illustrations across the life-span. In D.L. Featherman, R.M. Lerner & M. Perlmutter (Eds.), Life-span development and behavior (Vol. 12, pp. 41–90). Hillsdale, NJ: Erlbaum.

Baltes, P.B. & Kliegl, R. (1992). Further testing of limits of cognitive plasticity: negative age differences in a mnemonic skill are robust. Developmental Psychology, 28, 121–125.

Baltes, P.B. & Baltes, M.M. (1990). Psychological perspectives on successful aging: the model of selective optimization with compensation. In P.B. Baltes & M.M. Baltes (Eds.), Successful aging: Perspectives from the behavioral sciences (pp. 1–34). New York: Cambridge University Press.

Baltes, P.B., Lindenberger, U. & Staudinger, U.M. (1998). Life-span theory in developmental psychology. In R.M. Lerner (Ed.), Handbook of child psychology (5th ed., Vol. 1, pp. 1029–1143). New York: Wiley.

Baltes, P.B., Reese, H.W. & Nesselroade, J.R. (1988). Life-span developmental psychology: an introduction to research methods. Hillsdale, NJ: Erlbaum.

Bertalanffy, L. von (1940). Der Organismus als physikalisches System betrachtet. Die Naturwissenschaften, 28, 521–531.

Brandtstädter, J. (2001). Entwicklung – Intentionalität – Handeln. Stuttgart: Kohlhammer.

Brandtstädter, J. & Renner, G. (1990). Tenacious goal pursuit and flexible goal adjustment: explication and age-related analysis of assimilative and accomodative strategies of coping. Psychology and Aging, 5, 58–67.

Brim, O.G.Jr. & Ryff, C.D. (1980). On the properties of life events. In P.B. Baltes & O.G. Brim, Jr. (Eds.), Life-span development and behavior (Vol. 3, pp. 367–388). New York: Academic Press.

Bühler, C. (1933). Der menschliche Lebenslauf als psychologisches Problem. Göttingen: Hogrefe (2. überarbeitete Aufl. erschienen 1959).

Carstensen, L.L. & Lang, F.R. (im Druck). Sozioemotionale Selektivität über die Lebensspanne. Grundlagen und empirische Befunde. In J. Brandstätter & U. Lindenberger (Hrsg.), Entwicklungspsychologie der Lebensspanne. Stuttgart: Kohlhammer.

Carstensen, L.L., Isaacowitz, D.M. & Charles, S.T. (1999). Taking time seriously: a theory of socioemotional selectivity. American Psychologist, 54, 165–181.

Caspi, A. & Elder, G.H.Jr. (1986). Life satisfaction in old age: linking social psychology and history. Psychology and Aging, 1, 18–26.

Charness, N. (2000). Can acquired knowledge compensate for age-related declines in cognitive efficiency. In S.H. Qualls & R. Abeles (Eds.). Psychology and the aging revolution (pp. 99–117). Washington, DC: American Psychological Association.

Ellis, B.J., McFadyen-Ketchum, S., Dodge, K.A., Pettit, G.S. & Bates, J.E. (1999). Quality of early family relationships and individual differences in the timing of pubertal maturation in girls: a longitudinal test of an evolutionary model. Journal of Personality and Social Psychology, 77, 387–401.

Feiring, C. & Lewis, M. (1991). The development of social networks from early to middle childhood: Sex differences in the social network and perceived self-competence. Sex Roles, 25, 237–253.

Filipp, S.-H. (1981). Kritische Lebensereignisse. München: Urban & Schwarzenberg.

Filipp, S.-H. & Mayer, A-K. (im Druck). Selbstkonzept-Entwicklung. In J.B. Asendorpf (Hrsg.). Enzyklopädie der Psychologie, Band C/V/3 Soziale, emotionale und Persönlichkeitsentwicklung. Göttingen: Hogrefe.

Finch, C.E. (1996). Biological bases for plasticity during ageing of individual life histories. In D. Magnusson (Ed.), The life-span development of individuals: behavioral, neurobiological and psychosocial perspective (pp. 488–511). Cambridge: Cambridge University Press.

Flynn, J.R. (1984). The mean IQ of Americans: Massive gains 1932 to 1978. Psychological Bulletin, 95, 29–51.

Freund, A.M. (2004). Entwicklungsaufgaben. In A. Kruse & M. Martin (Hrsg.), Enzyklopädie der Gerontologie (S. 304–313). Bern: Huber.

Havighurst, R.J. (1952). Developmental tasks and education. New York: MacKay.

Heckhausen, J. (1997). Developmental regulation across adulthood: primary and secondary control of age-related challenges. Developmental Psychology, 33, 176–187.

Heckhausen, J. (1999). Developmental regulation in adulthood. New York: Cambridge University Press.

Heckhausen, J. (im Druck). Psychological approaches to human development. In M. Johnson & V.L. Bengtson (Eds.), The Cambridge handbook on age and ageing. Cambridge: Cambridge University Press.

Heckhausen, J. & Schulz, R. (1995). A life span theory of control. Psychological Review, 102, 284–302.

Heckhausen, J., Dixon, R.A. & Baltes, P.B. (1989). Gains and losses in development throughout adulthood as perceived by different adult age groups. Developmental Psychology, 25, 109–121.

Hollingworth, H.L. (1927). Mental growth and decline: A survey of developmental psychology. New York: Appleton.

Helson, R. & Srivastava, S. (2001). Three paths of adult development: conservers, seekers, and achievers. Journal of Personality and Social Psychology, 80, 995–1010.

Kagan, J. (1980). Perspectives on continuity. In O.G. Brim & J. Kagan (Eds.), Constancy and change in human development (pp. 26–74). Cambridge, MA: Harvard University Press.

Kliegl, R. & Baltes, P.B. (1987). Theory-guided analysis of mechanisms of development and aging through testing-the-limits and research on expertise. In C. Schooler & K.W. Schaie (Eds.), Cognitive functioning and social structure over the life course (pp. 95–119). Norwood, NJ: Ablex.

Lang, F.R. (2000). Endings and continuity of social relationships: Maximizing intrinsic benefits within personal networks when feeling near to death? Journal of Social and Personal Relationships, 17, 157–184.

Lang, F.R., Görlitz, D. & Seiwert, M. (1992). Altersposition und Beurteilungsperspektive als Faktoren laienpsychologischer Urteile über Entwicklung. Zeitschrift für Entwicklungspsychologie und Pädagogische Psychologie, 14, 298–316.

Lang, F.R. & Heckhausen, J. (2001). Perceived control over development and subjective well-being: differential benefits across adulthood. Journal of Personality and Social Psychology, 81, 509–523.

Lang, F.R., Neyer, F.J. & Asendorpf, J.B. (2005). Entwicklung und Gestaltung sozialer Beziehungen. In S.-H. Filipp & U.M. Staudinger (Hrsg.), Enzyklopädie der Psychologie. Band C/V/6. Entwicklungspsychologie des mittleren und höheren Erwachsenenalters (S. 377–416). Göttingen: Hogrefe.

Lang, F.R., Reschke, F.S. & Neyer, F.J. (im Druck). Social relationships, transitions and personality development across the life span. In D.K. Mroczek & T.D. Little (Eds.), Handbook of Personality Development. Mahwah, NJ: Lawrence Erlbaum.

Lerner, R.M. (1998). Theories of human development: Contemporary perspectives. In R.M. Lerner (Ed.), Handbook of child psychology (5th ed., Vol. 1, pp. 1–24). New York: Wiley.

Mayr, E. (1974). Behavior programs and evolutionary strategies. American Scientist, 62, 650–659.

20

McCrae, R.R., Costa, P.T.Jr., de Lima, M.P., Simoes, A., Ostendorf, F., Angleitner, A., Marusic, I., Bratko, D., Caprara, G.V., Barbaranelli, C. & Piedmont, R. (1999). Age differences in personality across the adult life span: Parallels in five cultures. *Developmental Psychology, 35,* 466-477.

Nesselroade, J.R. (1991). Interindividual differences in intraindividual change. In L.M. Collins & J.L. Horn (Eds.), *Best methods for the analysis of change* (pp. 92–105). Washington, DC: American Psychological Association.

Neyer, F.J. (2004). Dyadic fits and transactions in personal relationships. In F.R. Lang & K.L. Fingerman (Eds.), *Growing together: Personal relationships across the lifespan* (pp. 290–316). New York: Cambridge University Press.

Riley, M.W. (1985). Age strata in social systems. In R.H. Binstock & E. Shanas (Eds.), *Handbook of aging and the social sciences* (2nd ed., pp. 369–411). New York: Van Nostrand Reinhold.

Roberts, B.W. & DelVecchio, W.F. (2000). The rank-order consistency of personality traits from childhood to old age: A quantitative review of longitudinal studies. *Psychological Bulletin, 126,* 3–25.

Rutter, M. & the English and Romanian Adoptees (ERA) study team (1998). Developmental Catch-up, and deficit, following adoption after severe global early privation. *Journal of Child Psychology and Psychiatry, 39,* 465–476.

Salisch, M. von & Kunzmann, U. (im Druck). Emotionale Entwicklung über die Lebensspanne. In J.B. Asendorpf (Hrsg.). *Enzyklopädie der Psychologie. Band C/V/3: Soziale, emotionale und Persönlichkeitsentwicklung.* Göttingen: Hogrefe.

Schaie, K.W. (1965). A general model for the study of developmental problems. *Psychological Bulletin, 64,* 92–107.

Schulz, R. & Heckhausen, J. (1996). A life-span model of successful aging. *American Psychologist, 51,* 702–714.

Schulz, R. & Rau, M.T. (1985). Social support through the life course. In S. Cohen & L. Syme (Eds.), *Social support and health* (pp. 129–149). New York: Academic Press.

Staudinger, U.M., Marsiske, M. & Baltes, P.B. (1995). Resilience and reserve capacity in later adulthood: Potentials and limits of development across the life span. In D. Cicchetti & D. Cohen (Eds.), *Developmental psychopathology* (Vol. 2, pp. 801–847). New York: Wiley.

Thomae, H. (1959). Entwicklungsbegriff und Entwicklungstheorie. In H. Thomae (Hrsg.), *Handbuch der Psychologie: Band 3 Entwicklungspsychologie* (S. 3–20). Göttingen: Hogrefe.

Thomae, H. (1996). *Das Individuum und seine Welt.* Göttingen: Hogrefe (erstmals ersch. 1968).

Tomasello, M., Kruger, A.C. & Ratner, H.H. (1993). Cultural learning. *Behavioral and Brain Sciences, 16,* 495–552.

Voland, E. (2000). *Grundriss der Soziobiologie* (2. überarb. Aufl.). Berlin: Spektrum.

Vygotski, L.S. (1987). *Ausgewählte Schriften. Arbeiten zur psychischen Entwicklung der Persönlichkeit* (Band 2). Köln: Pahl-Rugenstein.

Werner, H. (1926). *Einführung in die Entwicklungspsychologie.* Leipzig: Barth.

Wohlwill, J. (1973). *The study of behavioral development.* Academic Press: New York. [Deutsche Übersetzung: ders. (1977). *Strategien entwicklungspsychologischer Forschung.* Stuttgart: Klett-Cotta].

21 Spezielle Entwicklungspsychologie: Kognition und Kompetenzen

A. Lohaus, I. Lißmann

Der Schwerpunkt dieses Kapitels liegt auf der kognitiven Entwicklung im Kindesalter, da hier in den vergangenen Jahren eine Vielzahl neuer Erkenntnisse gewonnen wurde. Vor allem bei den kognitiven Kompetenzen in der frühen Kindheit (insbesondere im Säuglingsalter) hat sich gezeigt, dass die Denkfähigkeiten in der Vergangenheit eher unterschätzt wurden und dass schon früh wesentlich umfangreichere Kompetenzen vorliegen, als in früheren Jahren angenommen wurde. Am Ende des Kapitels wird kurz auf die Entwicklung im Jugend- und Erwachsenenalter eingegangen, da auch in den höheren Altersabschnitten noch kognitive Veränderungen stattfinden und vor allem zu der Entwicklung im höheren Erwachsenenalter in den vergangenen Jahre umfangreiche Forschungsarbeit stattgefunden hat. Wegen der Fülle der Forschungsbefunde, mit denen mühelos eine eigene Monographie gefüllt werden könnte, musste bei der Darstellung eine Auswahl getroffen werden.

21.1 Die kognitive Entwicklungstheorie von Jean Piaget

Jean Piaget (▶ Kurzbiographie) hat sicherlich wie kein anderer die kognitive Entwicklungspsychologie geprägt. Dies kommt nicht nur darin zum Ausdruck, dass seine Theorie von vielen Seiten aufgegriffen wurde (nicht nur in der Psychologie, sondern vor allem auch in der Pädagogik). Es kommt weiterhin darin zum Ausdruck, dass die von ihm entwickelten Aufgaben zur Analyse des kindlichen Denkens zu einer mittlerweile unüberschaubar großen Anzahl von Folgestudien geführt haben.

21.1.1 Entwicklungsstufen

Betrachtet man die Theorie etwas genauer, so geht Piaget von einem Stufenmodell der Entwicklung aus (s. u. a. Piaget, 1969). Er unterscheidet vier große Entwicklungsstufen, die teilweise noch weiter untergliedert werden. Bei den vier Entwicklungsstufen handelt es sich um
1. die sensumotorische Phase,
2. die präoperationale Phase,
3. die konkret-operationale Phase und
4. die formal-operationale Phase.

Die Übergänge zwischen den Phasen sind durch qualitative Änderungen des Denkens charakterisiert. Die einzelnen Phasen und die qualitativen Übergänge zwischen den Phasen sollen im Folgenden kurz erläutert werden. Die Altersangaben sind dabei nur als Anhaltspunkte zu verstehen, da

21

Jean Piaget

Jean Piaget wurde 1896 in Neuchâtel (Schweiz) geboren und starb1980 in Genf. Nach einem Studium der
Naturwissenschaften trat er 1921 die Position eines For-
schungsleiters an der Universität Genf an und hatte von
1925 bis 1929 eine Professur für Psychologie, Soziologie
und Philosophie an der Universität Neuchâtel inne. In
den Folgejahren übernahm er Professuren in Genf, Lau-
sanne und an der Sorbonne in Paris. 1955 gründete er
das Centre International d'Epistémologie Génétique in
Genf, das er bis zu seinem Tod leitete.

Das zentrale Forschungsinteresse Piagets richtete
sich auf die Entwicklung und den Aufbau der Erkenntnis. Er konnte zeigen, dass sich die kognitive Entwicklung des Kindes in definierten Entwicklungsstufen
vollzieht und dass sich das kindliche Denken in charakteristischer Weise von dem Denken Erwachsener unterscheidet.

in vielen Studien gezeigt werden konnte, dass deutliche Verschiebungen durch individuelle Unterschiede zwischen
Kindern, aber auch durch die Art der Aufgabenstellung auftreten können.

Sensumotorische Phase (Geburt bis 24 Monate)

Wie aus der Begriffswahl schon hervorgeht, steht in dieser
Phase die Frühentwicklung von Sensorik und Motorik sowie ihre Integration im Vordergrund. Obwohl von der Geburt an alle Sinnesorgane prinzipiell funktionsfähig sind,
finden teilweise noch Reifungsprozesse statt, durch die die
volle Funktionstüchtigkeit ausgebildet wird (dazu ausführlich ▶ Kap. 19).

So wird beispielsweise im Bereich der optischen Wahrnehmung sowohl beim visuellen Auflösungsvermögen als
auch bei der Kontrolle der Linsenkontraktion zunächst
noch nicht die volle Leistungsfähigkeit erreicht. Hinzu
kommt, dass noch keine Schemata für das Verständnis der
Informationen vorhanden sind, die über die Sinnesorgane
eintreffen. Solange Schemata fehlen, die die eintreffende
Information einordnen können und ihr Sinn geben, tritt

zusätzlich das Problem auf, dass die Information nicht über
längere Zeit behalten werden kann. Piaget spricht in diesem
Zusammenhang von fehlender Objektpermanenz und
meint damit, dass für Säuglinge in den ersten Lebensmonaten Objekte verschwunden sind, wenn sie sich nicht mehr
in ihrem Wahrnehmungsfeld befinden. Tatsächlich lässt
sich zeigen, dass Säuglinge in den ersten Lebensmonaten
(bis zu einem Alter von etwa 6–8 Monaten) kaum Suchver-
halten zeigen, wenn ein Objekt (wie beispielsweise ein
Spielzeugelefant) vor ihren Augen mit einem Tuch abgedeckt wird.

Betrachtet man die frühe Motorikentwicklung, so
nimmt Piaget mehrere Unterstufen an, die von den frühen
Reflexen über die Ausbildung von ersten Handlungsge-
wohnheiten bis zum aktiven Experimentieren mit Handlungsabfolgen reichen. In der letzten Stufe kommt es dabei
zu einer zunehmenden Verinnerlichung von Handlungsabfolgen. Der Übergang zur Symbolfunktion und zur symbolischen Repräsentation der Realität durch Sprache markiert
nach Piaget die entscheidende Denkveränderung in der
sensumotorischen Entwicklungsphase, die ein qualitativ
anderes Umgehen mit der Realität erlaubt.

Präoperationale Phase (2 bis 6 Jahre)

In dieser Entwicklungsphase finden sich bei den Kindern
noch vielfältige Denkbegrenztheiten, die im Wesentlichen
durch eine geringe Flexibilität des Denkens zustande kommen. So fällt es Vorschulkindern vielfach schwer, Denkprozesse gedanklich rückgängig zu machen, wie sich an Men-
generhaltungsaufgaben zeigen lässt. Bei Aufgaben dieser
Art wird Kindern beispielsweise eine Kugel aus Knetgummi
gezeigt, die dann vor den Augen der Kinder wurstförmig
ausgerollt wird. Die Frage, ob nun noch gleich viel Knetgummi vorhanden ist, wird von den meisten Kindern dieser
Altersgruppe verneint. Es wird vielmehr angenommen,
dass im kugelförmigen Zustand weniger Knetgummi vorhanden ist als im gerollten Zustand. Es fällt den Kindern
schwer, den Prozess, durch den sich die Zustandsverände-
rung ergeben hat, gedanklich rückgängig zu machen und
dadurch zu dem Schluss zu gelangen, dass die Knetgummi-
menge gleich geblieben sein muss.

In dieser Phase zeigen sich weiterhin eine mangelnde
Fähigkeit, mehrere Zustände und Dimensionen gleichzeitig
zu beachten, sowie ein Egozentrismus des Denkens (bei
dem der eigene Blickwinkel im Mittelpunkt steht und es
schwer fällt, sich in die Perspektiven anderer hineinzuversetzen). Das entscheidende Charakteristikum, das hier die
qualitative Veränderung des Denkens beim Übergang in
die nächste Entwicklungsstufe charakterisiert, ist in der zunehmenden Flexibilität beim Umgang mit Informationen
zu sehen. Während in frühen Entwicklungsstadien eine
Zentrierung auf einzelne oder wenige Aspekte stattfindet,
werden in späteren Abschnitten zunehmend mehr Aspekte
berücksichtigt. Das Denken wird mehrdimensional und
prozessorientiert.

Konkret-operationale Phase (7 bis 11 Jahre)

Durch die zunehmende Mehrdimensionalität des Denkens fällt es Kindern dieses Entwicklungsabschnittes leichter, Klassifikationsaufgaben zu lösen, die die Berücksichtigung mehrerer Dimensionen verlangen. Dazu gehören Aufgaben zur multiplen Klassifikation, bei denen beispielsweise Legosteine nach Form und Größe zu sortieren sind. Jüngere Kinder neigen bei derartigen Aufgaben zu einer Zentrierung auf nur eine Dimension, während die zweite vernachlässigt wird. Ähnliches gilt für Aufgaben zur Klasseninklusion, mit denen das Verständnis von Teil-Ganzes-Relationen geprüft wird. Während jüngere Kinder bei Mengenaufgaben entweder auf Teilmengen oder auf die Gesamtmenge zentrieren, können Kinder der konkret-operationalen Entwicklungsstufe verschiedene Mengenaufteilungen gleichzeitig im Blick haben.

Auch der Egozentrismus des Denkens wird weitgehend überwunden: Die Kinder werden zunehmend fähig, neben der eigenen Perspektive auch andere Perspektiven zu sehen und zu berücksichtigen. Dadurch nimmt gleichzeitig die Fähigkeit zu, sich auf andere Personen und ihre Bedürfnisse einzustellen. Ein besonderes Charakteristikum dieser Entwicklungsstufe besteht jedoch darin, dass das Denken noch stark an der konkret wahrnehmbaren Realität orientiert und wenig abstrakt ist. Die zunehmende Abstraktionsfähigkeit und die abnehmende Gebundenheit des Denkens an die konkrete Realität markieren hier den qualitativen Übergang in die nächste Entwicklungsphase.

Formal-operationale Phase (ab 12 Jahren)

Die zunehmende Abstraktionsfähigkeit des Denkens äußert sich beispielsweise darin, dass aus konkret-beobachteten Abläufen in der Realität abstrakte Prinzipien abgeleitet werden können. So kann durch die Analyse des Blutkreislaufes ein Verständnis für das Regelkreismodell gewonnen werden, das dann wiederum auf andere Sachverhalte (wie beispielsweise die Regelung der Körpertemperatur) übertragen werden kann. Dazu können u. a. die Denkprinzipien der Induktion und der Deduktion genutzt werden. Auffällig ist dabei eine Zunahme der Systematik des Denkens. Wenn beispielsweise der Frage nachgegangen werden soll, welche Einflussparameter die Frequenz eines Pendels bestimmen, werden die Parameter Pendellänge und Pendelgewicht systematisch variiert, um zu prüfen, welche Einzelparameter und welche Parameterkombination wirksam sind. Auf der konkret-operationalen Entwicklungsstufe wäre hier eher eine unsystematische Herangehensweise charakteristisch. Die Abstraktionsfähigkeit zusammen mit der zunehmenden Denksystematik erlaubt es weiterhin, verschiedene Handlungsvarianten mit ihren Vor- und Nachteilen nebeneinander zu stellen und im Hinblick auf ihren größtmöglichen Nutzen systematisch zu vergleichen. Es wird zunehmend deutlich, dass es viele Handlungsmöglichkeiten gibt, von denen letztlich nur eine zur Realität wird.

21.1.2 Entwicklungsmechanismen

Vorangetrieben wird die kognitive Entwicklung nach der Theorie Piagets durch den **Äquilibrationsprozess** und das Verhältnis von **Assimilation** und **Akkommodation**. Wenn man beispielsweise mit einem neuen Objekt konfrontiert wird, so wird man zunächst versuchen, es mit den bereits vorhandenen kognitiven Schemata einzuordnen (Assimilation). Misslingt jedoch die Assimilation, so wird man die vorhandenen Schemata umorganisieren oder neue Schemata bilden, um das Objekt einordnen und damit umgehen zu können. Es setzt ein Akkommodationsprozess ein, der schließlich zur Wiederherstellung des kognitiven Gleichgewichts (Äquilibration) führt, das durch die Unfähigkeit zur Assimilation des Objektes entstanden war. Im Umgang mit der Realität finden bei jedem Kind, Jugendlichen und Erwachsenen beständig Assimilations- und Akkommodationsprozesse statt, die zu kontinuierlichen Entwicklungsprozessen führen. Dennoch wird die kognitive Entwicklung nicht nur als kontinuierlicher quantitativer Veränderungsprozess gesehen, sondern es werden auch qualitative Veränderungen angenommen, wenn Wandlungen bei zentralen Denkstrukturen einsetzen, die die gesamte weitere kognitive Entwicklung beeinflussen (z. B. durch die Nutzung der Symbolfunktion am Ende der sensumotorischen Entwicklungsphase).

Die Tradition Piagets wird von den Neopiagetianern fortgesetzt, die die ursprüngliche Theorie weiterentwickeln und modifizieren und dabei versuchen, die kognitive Theorie Piagets mit Konzepten aus Informationsverarbeitungstheorien zu verbinden (s. Case, 1992). Eine wichtige Rolle spielt dabei das Konstrukt der Gedächtniskapazität, das definiert wird als die maximale Anzahl unabhängiger Schemata, die ein Kind zu einem gegebenen Zeitpunkt aktivieren kann. Nach dieser Auffassung ist nicht der Äquilibrationsprozess, sondern die zunehmende Effizienz bei der Ausnutzung von vorhandenen Kapazitäten der Hauptmechanismus der Entwicklung. Die Ursache einer zunehmenden Effizienz wird dabei u. a. in Automatisierungsprozessen, einer Steigerung der Verarbeitungsgeschwindigkeit, einer Zunahme paralleler Informationsverarbeitung und neuronalen Reifungsprozessen gesehen. Von Case werden beispielsweise ähnliche Entwicklungsstufen wie von Piaget postuliert, die jedoch eine stärkere Betonung auf die Denkschemata legen, die vor dem Hintergrund der vorhandenen Gedächtniskapazitäten aktiviert werden können.

21.2 Informationsverarbeitungstheorien

Neben der Theorie Piagets haben vor allem die Informationsverarbeitungstheorien entscheidenden Einfluss auf die Forschung zur kognitiven Entwicklung genommen. Vorauszuschicken ist zunächst, dass es sich bei den Informa-

21

tionsverarbeitungstheorien nicht um eine einheitliche theoretische Konzeption handelt, sondern dass unter diesem Sammelbegriff Konzeptionen zusammengefasst werden, deren Anliegen darin besteht, den Informationsfluss durch das kognitive System des Menschen zu analysieren. Entwicklungspsychologisch von Bedeutung sind dabei die Veränderungen, die sich im Laufe des Lebens bei der Informationsverarbeitung ergeben. Einen großen Einfluss auf die entwicklungspsychologische Forschung haben dabei Mehrspeichermodelle, auf die im Folgenden kurz eingegangen werden soll, bevor Entwicklungsveränderungen beschrieben werden.

21.2.1 Mehrspeichermodelle

In Mehrspeichermodellen (auch ▶ Kap. 10) werden mindestens drei Formen von Gedächtnisspeichern unterschieden, die bei der Informationsverarbeitung eine Rolle spielen. Es handelt sich um
- sensorische Register,
- Arbeitsspeicher und
- Langzeitspeicher.

In den **sensorischen Registern** wird die von den Sinnesorganen aufgenommene Information zunächst in unanalysierter Form kurz gespeichert. Es werden Register für verschiedene Sinnesmodalitäten unterschieden (z. B. für visuelle, auditive oder taktile Information), wobei die registrierte Information in einem Zeitraum von maximal wenigen Sekunden zerfällt, wenn keine Aufmerksamkeit darauf gerichtet wird.

Im **Arbeitsspeicher** erfolgt eine Weiterverarbeitung von Informationen aus den sensorischen Registern. Die eintreffenden Informationen werden mit Informationen aus dem Langzeitspeicher verknüpft und gegebenenfalls an den Langzeitspeicher weitergegeben. Es wird davon ausgegangen, dass die Speicherkapazität des Arbeitsspeichers begrenzt ist. Dies folgt insbesondere aus Studien, bei denen die Anzahl der Objekte (z. B. Buchstaben oder Zahlen) geprüft wurde, die nach einer kurzen Lernphase unmittelbar reproduziert werden kann. In der Regel finden sich hier etwa 7 Einheiten mit einer Schwankungsbreite von plus oder minus 2 Einheiten. Wenn jedoch die Einheiten durch die Verbindung von Einzeleinheiten (Chunk-Bildung) vergrößert werden, kann die Informationsmenge, die im Kurzzeitspeicher behalten wird, erhöht werden (z. B. durch Verbindung der Buchstaben R, A und D zu dem Wort Rad). In modernen Arbeitsspeichermodellen werden weiterhin visuell-räumliche und phonologische Arbeitsspeicheranteile unterschieden, die für die Weiterverarbeitung von visueller und sprachlicher Information zuständig sind.

Betrachtet man den **Langzeitspeicher**, so lassen sich verschiedene Gedächtnisanteile voneinander abgrenzen (s. hierzu ausführlicher Schneider & Büttner, 1995). Eine wichtige Unterscheidung bezieht sich auf die Differenzierung zwischen **deklarativen** und **nondeklarativen** Anteilen des Langzeitgedächtnisses. Das deklarative Gedächtnis enthält Inhalte, die prinzipiell bewusst erinnert werden können. Dazu gehören insbesondere die **semantischen Wissensbestände** (das »Weltwissen«) einer Person, von denen angenommen wird, dass sie in semantischen Netzwerken organisiert sind, sowie die **episodischen Wissensbestände**, die sich auf die Erinnerung zeitlich organisierter Episoden im Leben einer Person beziehen. Das semantische und das episodische Gedächtnis bilden zusammen das deklarative Gedächtnis. Das nondeklarative Gedächtnis arbeitet demgegenüber eher unbewusst und bezieht sich im Wesentlichen auf **implizite Lernvorgänge**, die nicht bewusst stattfinden, sowie auf **prozedurale Fertigkeiten** (z. B. automatisierte Prozeduren im Bereich von Kognition, Motorik oder Wahrnehmung). Prozedurale Fertigkeiten beziehen sich beispielsweise auf automatisierte Handlungsabläufe (wie Fahrrad fahren, Schreiben auf einer Tastatur etc.).

Neben den drei Speicherformen werden weiterhin Kontrollprozesse angenommen, die den Prozess der Informationsaufnahme durch Aufmerksamkeitslenkung steuern, die für die Auswahl geeigneter Gedächtnisstrategien zum Speichern und zum Abruf von Informationen zuständig sind und die den Erfolg des Strategieeinsatzes und das Erreichen der gewünschten Ziele überwachen.

21.2.2 Entwicklung der Informationsverarbeitungsfähigkeit

Die Grundstrukturen der Informationsverarbeitung dürften von der Geburt an vorhanden sein. Für die weitere Entwicklung des Gedächtnisses und der Informationsverarbeitungsfähigkeit sind nach Schneider (2001) vor allem vier Faktoren verantwortlich:
1. die Gedächtniskapazität,
2. die Gedächtnisstrategien,
3. das Metagedächtnis und
4. das bereichsspezifische Wissen.

Betrachtet man zunächst die **Gedächtniskapazität**, so ist hier – zumindest bezogen auf den Arbeitsspeicher – eine Zunahme im Laufe der Entwicklung zu konstatieren. Dies geht einerseits auf eine Erhöhung der Verarbeitungsgeschwindigkeit, die rascher Platz für die Verarbeitung weiterer Informationen schafft, und andererseits auf eine effektivere Nutzung durch Bildung von Informationseinheiten (Chunking) zurück. So müssen Kinder im Vorschulalter, wenn sie mit Buchstaben noch nicht vertraut sind, sich jede einzelne Linie merken, um einen Buchstaben zeitversetzt reproduzieren zu können. Dazu wird relativ viel Speicherplatz benötigt im Vergleich zu einem Kind, das mit Buchstaben vertraut ist und sich daher nur den Buchstaben merken muss und nicht mehr jede einzelne Linie.

Bei den **Gedächtnisstrategien** werden neben der Chunk-Bildung weiterhin Repetier-, Organisations- und Elaborationsstrategien unterschieden. Mit Repetierstrategien (»rehearsal«) ist gemeint, dass beispielsweise Worte im Arbeitsspeicher durch beständiges Wiederholen festgehalten werden (z. B. Zahlenfolgen, um sich eine Telefonnummer zu merken). Mit Organisationsstrategien wird versucht, Ordnung in die zu behaltende Information zu bringen, um sie dadurch leichter behalten zu können (z. B. durch Kategorienbildung). Mit Elaborationsstrategien werden Assoziationen zwischen Informationseinheiten hergestellt, um sie leichter speichern und wieder abrufen zu können. Bei der Nutzung von Gedächtnisstrategien wurden deutliche Entwicklungsveränderungen nachgewiesen, wobei sich vielfach zeigte, dass jüngere Kinder Gedächtnisstrategien nicht spontan nutzen, obwohl sie prinzipiell aus ihrer Verwendung Nutzen ziehen könnten. So ließ sich zeigen, dass Kinder, die spontan keine Repetierstrategie nutzten, um sich Abbildungen von Objekten zu merken, nach kurzer Unterweisung in der Lage waren, nicht nur die Strategie einzusetzen, sondern auch die Gedächtnisleistung dadurch zu steigern.

Das **Metagedächtnis** bezieht sich auf das eigene explizite und implizite Wissen über das Gedächtnis und seine Funktionsweise. Hier geht es beispielsweise um das Wissen über Gedächtnisstrategien und seine Einsatzmöglichkeiten (explizites Wissen) und um die Frage, ob das Lernverhalten in Abhängigkeit von der Fragestellung variiert wird (implizites Wissen). Wie Metaanalysen zeigen, findet sich für Grundschüler eine mittlere Korrelation von $r = 0,41$ zwischen dem metakognitiven Wissen (Wissen über das Gedächtnis) und der Gedächtnisleistung (Schneider & Pressley, 1997). Dies weist auf die Bedeutung des Wissens über das Gedächtnis für die Leistungsfähigkeit des Gedächtnisses hin. Es konnte weiterhin gezeigt werden, dass auch das bereits vorhandene **bereichsspezifische Wissen** die Gedächtnisleistung beeinflusst. So konnte beispielsweise demonstriert werden, dass schacherfahrene Kinder sich Schachpositionen besser merken konnten als schachunerfahrene Erwachsene. Obwohl die Gedächtnisleistungen von Kindern in der Regel denen von Erwachsenen unterlegen sind, wurde so deutlich, dass diese Unterlegenheit bei hinreichendem Vorwissen kompensiert werden kann. Da Erwachsene aufgrund ihrer Erfahrung in vielen Inhaltsbereichen über ein umfangreicheres semantisches Netzwerk verfügen, gelangen sie dadurch in der Regel zu besseren Gedächtnisleistungen als Kinder.

21.3 Frühkindliche kognitive Entwicklung

Nachdem die theoretische Basis dargestellt wurde, auf der der überwiegende Teil der entwicklungspsychologischen Kognitionsforschung beruht, soll im Folgenden auf einige Entwicklungsstränge genauer eingegangen werden. Im Fokus stehen dabei zunächst die Anfänge der kognitiven Entwicklung und die Erkenntnisse, die dazu in der jüngeren Vergangenheit gewonnen wurden.

21.3.1 Frühe Grundlagen der kognitiven Entwicklung

Zu den frühesten Lernleistungen, die bereits Säuglinge im Alter von wenigen Tagen zeigen, gehören Habituationsleistungen, die darauf hinweisen, dass Säuglinge bereits Bekanntes als bekannt registrieren können und Neues von dem bereits Bekannten differenzieren (auch ▸ Kap. 19).

Säuglinge können nicht nur Habituationsleistungen zeigen, sondern sind bereits frühzeitig auch dazu in der Lage, Assoziationen zwischen Reizen herzustellen. Die Fähigkeit zur Assoziationsbildung ließ sich in einer Vielzahl von Studien nachweisen. So können Säuglinge Assoziationen zwischen Bildern erkennen, die ihnen sukzessive dargeboten werden. Wenn beispielsweise auf eine Leinwandhälfte einfache Bildmuster projiziert werden und nach einem spezifischen Bildmuster (Ankündigungsreiz) jeweils kontingent ein weiteres Bild auf die andere Leinwandhälfte projiziert wird, so lernen Säuglinge in der Regel bereits in den ersten Lebensmonaten, den Blick antizipativ auf die zweite Leinwandhälfte zu richten, wenn der Ankündi-

---

Die Untersuchung der Habituationsleistung bei Säuglingen

Dazu wird zunächst ein Objekt (bzw. eine Objektklasse) so lange präsentiert, bis eine Gewöhnung (Habituation) stattgefunden hat. Wird nun ein zweites Objekt dargeboten, das von dem Säugling als verschieden von dem zunächst dargebotenen Objekten erkannt wird, so folgt eine Orientierungsreaktion, die sich in Verhaltensänderungen (z. B. einer längeren Betrachtungsdauer des neuen Reizes) oder in physiologischen Änderungen (z. B. einer veränderten Herzrate) dokumentiert. Mit dem Auftreten einer Orientierungsreaktion kann entschieden werden, ob der Säugling das zweite Objekt als neues Objekt identifiziert oder ob er es als nicht diskrepant zu der bisherigen Objektserie bzw. Objektklasse wahrnimmt. Die Habituationsfähigkeit von Säuglingen macht man sich zunutze, um ihre kognitiven Fähigkeiten zu analysieren, da dadurch nicht nur Aufschlüsse über die Habituationsgeschwindigkeit zu erhalten sind, sondern auch über die Kompetenz von Säuglingen, zwischen Objekten bzw. Objektklassen zu differenzieren.

gungsreiz erscheint (zum »Visual-expectation«-Paradigma s. auch Haith, Hazan & Goodman, 1988; Haith & McCarty, 1990). Säuglinge dieses Alters sind weiterhin auch dazu in der Lage, einen Zusammenhang zwischen der eigenen Beinbewegung und einer daraufhin einsetzenden Mobilebewegung zu erkennen, wenn ein Mobile mit einem Band an ihrem Bein befestigt wird (Rovee-Collier, 2001; Gross, Hayne, Herbert & Sowerby, 2002). Säuglinge können also sowohl Assoziationen zwischen Reizen erkennen, die unabhängig von ihren eigenen Handlungen auftreten, als auch zwischen eigenen Handlungen und nachfolgenden Konsequenzen. Die beschriebenen Paradigmen erinnern an das klassische und operante Konditionieren, die ebenfalls als Lernmechanismen im frühen Säuglingsalter bereits zur Verfügung stehen.

Die frühkindlichen Lernleistungen im Säuglingsalter wurden in verschiedenen Studien zur späteren Intelligenz (gemessen mit Intelligenztests) in Beziehung gesetzt. In einer Metaanalyse von McCall und Carriger (1993), in der 23 Studien zu dieser Thematik zusammengefasst wurden, zeigte sich beispielsweise eine mittlere Korrelation von $r = 0,41$ zwischen der frühkindlichen Habituationsgeschwindigkeit und der späteren Intelligenz gemessen im Alter von 1–8 Jahren, wobei die Korrelation sich nicht mit dem Alter, in dem die Intelligenz gemessen wurde, vergrößerte. Frühkindliche Parameter der kognitiven Leistungsfähigkeit wie die Habituationsgeschwindigkeit erweisen sich damit als die bisher besten Prädiktoren für die spätere Intelligenz.

21.3.2 Frühkindliche Verknüpfungen von Informationen aus unterschiedlichen Sinneskanälen

Säuglinge müssen nicht nur lernen, Kontingenzen in ihrer Umgebung zu erkennen, um durch das Erkennen von Zusammenhängen nach und nach Kontrolle über ihre Umgebung gewinnen zu können. Es ist weiterhin auch notwendig, die vielfältigen Informationen, die über die Sinneskanäle eintreffen, voneinander zu differenzieren bzw. miteinander in Einklang zu bringen. Schon Neugeborene scheinen zur Integration der Information aus verschiedenen Sinneskanälen in der Lage zu sein. Beispielsweise wenden sie sich einer Lautquelle zu und versuchen danach zu greifen. Es gibt eine Reihe von Untersuchungen, die zeigen, dass Säuglinge schon früh Informationen aus verschiedenen Sinnesquellen integrieren können.

Ein Beispiel zur Integration von visueller und haptischer Information stammt aus einer Studie von Streri und Spelke (1988). In dieser Untersuchung konnten Säuglinge im Alter von 4 Monaten mit zwei Ringen spielen, die entweder flexibel (mit einem Band) oder starr (mit einer Stange) miteinander verbunden waren. Die Säuglinge konnten die Ringe nicht sehen, da sie mit einem Tuch verdeckt wa-

ren. Nach ausführlichem Spiel mit den Ringen (Habituation) wurden den Säuglingen beide Paare von Ringen gezeigt. Das Ergebnis war, dass eine eindeutige Präferenz für das Ringpaar bestand, mit dem die Säuglinge zuvor nicht gespielt hatten. Sie hatten demnach die Ringe, mit denen sie sich zuvor verdeckt und lediglich tastend beschäftigt hatten, visuell wiedererkannt und dann das neue Objektpaar, das ihnen nun interessanter vorkam, präferiert. Dieser Nachweis gelang unabhängig davon, ob die Säuglinge zunächst mit den flexibel oder starr verbundenen Ringen gespielt hatten.

Es zeigt sich also, dass Säuglinge schon frühzeitig zur Verknüpfung von Informationen aus unterschiedlichen Sinneskanälen in der Lage sind, obwohl die Frage offen bleiben muss, ob dies schon unmittelbar nach der Geburt gelingt oder ob hierfür erste Lernerfahrungen erforderlich sind. Es ist allerdings zu vermuten, dass für die frühen Integrationsleistungen auch erste Erfahrungsbildungen mit Assoziationen zwischen Informationen aus verschiedenen Sinnesquellen eine Rolle spielen.

21.3.3 Frühe Wissensbestände

Die frühen Lernkompetenzen und die Fähigkeit zur Informationsintegration bieten eine entscheidende Grundlage für das schnell anwachsende Weltwissen im Kindesalter. Im Folgenden soll das frühe Wissen in drei Inhaltsbereichen (Physik, Biologie und Psychologie) herausgearbeitet werden, um zu zeigen, welche Wissensbestände schon frühzeitig vorhanden sind und auf welchen Wissensbeständen demnach bei der weiteren Wissensentwicklung aufgebaut wird.

Intuitive Physik

Schon Säuglinge haben in den ersten Lebensmonaten ein intuitives Verständnis für eine Reihe physikalischer Prinzipien. Hierzu gehört insbesondere das Verständnis von Objekteigenschaften wie Solidität und Kontinuität (Sodian, 2002). Damit ist gemeint, dass ein solides Objekt ein anderes solides Objekt nicht durchdringen kann und dass Bewegungen von Objekten kontinuierlich und nicht abrupt erfolgen. Die Kenntnis dieser Prinzipien wurde durch mehrere Studien nachgewiesen. In einer Studie von Baillargeon, Spelke und Wasserman (1985) wurde beispielsweise 5 Monate alten Säuglingen ein rotierender Schirm gezeigt, der kontinuierlich in einem Winkel von 180° hin- und herschwingen konnte. An dieses Ereignis wurden die Kinder habituiert, bis sie das Interesse daran verloren. Danach wurde entweder ein mögliches oder ein unmögliches Ereignis gezeigt. Bei dem möglichen Ereignis wurde ein Gegenstand in den Schwingbereich des Schirmes gestellt und der Schirm hielt an, wenn er den Gegenstand erreichte. Bei dem unmöglichen Ereignis setzte der Schirm dagegen seine Bewegung fort, offenbar ohne durch den Gegenstand aufgehalten zu werden. Als Ergebnis zeigte sich, dass die Säuglinge das unmögliche Ereignis länger betrachteten als das mögliche Ereignis, was darauf hinweist, dass sie die Verletzung physikalischer Gesetzmäßigkeiten bei dem unmöglichen Ereignis erkannten.

Intuitive Biologie

In den Bereichen des biologischen und psychologischen Wissens lassen sich Habituationsmethoden sehr viel schwerer einsetzen. Viele der Studien zu diesen Inhaltsbereichen basieren auf Befragungen von Kindern und setzen dementsprechend sprachliche Kompetenzen voraus. Daher liegen hier die wesentlichen Befunde erst zu späteren Altersabschnitten vor. So ließ sich für den Bereich der intuitiven Biologie beispielsweise zeigen, dass Kinder spätestens in einem Alter von etwa 3–4 Jahren zwischen Lebewesen und unbelebten Gegenständen differenzieren können (Massey & Gelman, 1988). Sie wissen, dass Tiere mit dem Alter wachsen, während unbelebte Gegenstände über die Zeit hinweg allenfalls Abnutzungserscheinungen aufweisen, aber nicht größer werden (Rosengren, Gelman, Kalish & McCormick, 1991). In einer Studie von Simons und Keil (1995) ließ sich weiterhin zeigen, dass Vorschulkinder erste Vorstellungen über die inneren Strukturen von Lebewesen im Unterschied zu unbelebten Maschinen haben. Dazu wurden ihnen beispielsweise Abbildungen von Tieren (wie Bären) und Maschinen (wie Autos) vorgelegt und sie sollten entscheiden, ob das Innere der Tiere und Maschinen korrekt eingezeichnet war. Den Kindern wurden neun Paare von Tieren und Maschinen gezeigt und sie sollten jeweils angeben, welche der beiden Zeichnungen eine korrekte Wiedergabe der Realität sein könnte. Die Ergebnisse zeigen, dass es den jüngeren Kindern unter 4 Jahren deutlich schwerer fiel als den 4- und 5-Jährigen, das Innere eines Lebewesens bzw. eines Objektes korrekt anzugeben.

Intuitive Psychologie

Einen Sonderfall des Wissens über Lebewesen stellt die intuitive Psychologie dar. Hier geht es nicht so sehr um die Abgrenzung zwischen Belebtem und Unbelebtem, sondern um die Kenntnis der mentalen Welt von Lebewesen (insbesondere von Menschen). Es geht dabei beispielsweise um die Frage, ob Kinder wissen, dass Menschen Wünsche und Intentionen haben, die hinter ihren Handlungen stehen und die sie mit ihren Handlungen verfolgen. Es geht weiterhin um das Verständnis des Wissens und der Überzeugungen, nach denen Menschen ihr Handeln ausrichten (dazu auch ▶ Kap. 26). So kann beispielsweise eine Intention vor dem Hintergrund einer falschen Überzeugung verfolgt werden. Auch das Verständnis von Lüge und Täuschung, mit denen eigene Intentionen verschleiert werden oder bei anderen eine falsche Überzeugung hervorgerufen wird, gehört in diesen Bereich. Auf die einzelnen Fragestellungen soll im Folgenden kurz eingegangen werden.

Dass bereits 3-Jährige verstehen, dass Menschen **Wünsche und Intentionen** mit ihrem Handeln verfolgen, zeigt eine Studie von Wellman und Woolley (1990). Vorschulkindern wurde eine Geschichte erzählt, in der ein Akteur eine bestimmte Absicht verfolgt (sein Kaninchen mit in den Kindergarten nehmen). Der Akteur weiß, dass das Kaninchen entweder in der Garage oder im Vorgarten sein kann. Er sucht in der Garage und findet je nach Versuchsbedingung entweder (a) das Kaninchen, oder (b) nichts oder (c) einen Hund (nach dem er allerdings nicht gesucht hatte). Das Kind wird nun gefragt, was der Akteur tun wird, wenn er das Kaninchen nicht findet. Schon 3-jährige Kinder sagen bei dieser Geschichte weit überwiegend, dass der Akteur nun im Vorgarten suchen wird, nachdem das Kaninchen nicht in der Garage war. Die Kinder haben demnach verstanden, dass der Akteur einen Wunsch bzw. eine Absicht hatte, die er nun weiterverfolgt.

Bei der Vorhersage des Verhaltens anderer Personen spielt nicht nur eine Rolle, was sie wollen (also ihre Wünsche und Absichten), sondern auch was sie wissen bzw. glauben (also ihre Überzeugungen). Wenn das Handeln auf falschen Überzeugungen basiert, folgt daraus, dass sie möglicherweise durch falsche Überzeugungen irregeleitet werden. Mit dem **Verständnis falscher Überzeugungen** im Kindesalter haben sich mehrere Studien befasst. Besonders bekannt geworden ist dabei die Studie von Wimmer und Perner (1983). Vorschulkindern wurde eine Geschichte erzählt, in der ein Kind namens Maxi eine Schokolade in einen grünen Schrank legt und dann zum Spielplatz geht. In seiner Abwesenheit kommt seine Mutter und legt die Schokolade von dem grünen Schrank in einen anderen (blauen) Schrank. Die Vorschulkinder werden nun gefragt, wo Maxi nach der Schokolade suchen wird, wenn er wieder nach Hause kommt. Kinder, die wissen, dass Maxi eine falsche Überzeugung hat, müssten zu der Schlussfolgerung gelangen, dass Maxi in dem grünen Schrank sucht, wo er die Schokolade hingelegt hatte. Umgekehrt sollten Kinder, die lediglich von ihrem eigenen Wissen ausgehen und die falsche Überzeugung nicht berücksichtigen, annehmen, dass er in dem blauen Schrank suchen wird. Die Ergebnisse zeigen, dass 3-jährige Kinder weit überwiegend davon ausgehen, dass Maxi in dem blauen Schrank suchen wird. Erst im Alter von 4–5 Jahren geht der größte Teil der Kinder davon aus, dass er im grünen Schrank sucht. Die Berücksichtigung des falschen Glaubens gelingt also erst den älteren Vorschulkindern (auch ▶ Kap. 22).

In dem Altersabschnitt zwischen 3 und 4 Jahren scheinen sich wesentliche Entwicklungsfortschritte zu ergeben, die das intuitive psychologische Verständnis verbessern. Da hier deutliche Unterschiede zur Entwicklung der Grundlagen der intuitiven Physik bestehen, die bereits wesentlich früher erkennbar sind, bleibt die Frage offen, ob hier die methodischen Unterschiede in den eingesetzten Erhebungsverfahren eine mögliche Erklärung bieten. Es ist nicht auszuschließen, dass manche der Kompetenzen, die in den

21

Bereichen der intuitiven Biologie und Psychologie erkennbar werden, möglicherweise schon früher nachgewiesen werden können, wenn geeignete Erhebungsverfahren zum Einsatz gelangen.

21.3.4 Elaboration von Wissensbeständen durch Kategorisierungs- und Konzeptbildungsprozesse

Die Wissensbestände, die im Laufe der Entwicklung generiert werden, können nicht allein durch Informationsaufnahme und Informationsverknüpfung entstehen. Eine wesentliche Bedeutung kommt zusätzlich Kategorisierungsprozessen zu, die Ordnung in die Vielfalt der Informationen bringen, die im Organismus eintreffen. Ohne die Fähigkeit, Informationen zu kategorisieren, wäre jede Information einzigartig und es müsste jedes Mal neu entschieden werden, wie auf die Information zu reagieren ist. Kategorisierungen erleichtern also das Verständnis der Umgebung und dadurch gleichzeitig die Reaktionsbildung. Vor diesem Hintergrund ist zu erwarten, dass erste Kategorisierungsleistungen bereits früh im Leben eines Kindes nachweisbar sind.

Ein Beispiel für frühkindliche Kategorisierungsleistungen zeigt eine Studie von Quinn und Eimas (1996), in der 3 und 4 Monate alten Säuglingen Fotografien von Tierpaaren gezeigt wurden, die jeweils einer bestimmten Tierart zugehörten (z. B. über mehrere Durchgänge hinweg Fotografien von zwei Katzen). Bei jeder Präsentation wurden zwei neue Katzen gezeigt. Nachdem die Säuglinge habituiert waren, wurde ihnen ein Bildpaar gezeigt, das neben einem Katzenfoto ein Hundefoto zeigte. Interessanterweise wurde nun die neue Tierart länger betrachtet als die bereits bekannte Tierart. Die Kinder hatten also offenbar eine Kategorie für Katzen gebildet und unterschieden diese Kategorie von Hunden. Wie eine Studie von Behl-Chadha (1996) zeigt, gehen die frühkindlichen Kategorisierungsleistungen noch weiter: Kinder können nicht nur Kategorien für eine spezifische Tierart bilden, sondern auch mehrere Tierarten zu einer Kategorie zusammenfassen. In dieser Studie erkannten 6 Monate alte Kinder die gemeinsamen Merkmale von Säugetieren und differenzierten sie von anderen Tierarten.

Die Ergebnisse dieser und ähnlicher Studien sind mit den Annahmen der Prototyptheorie (Rosch, Mervis, Gray, Johnson & Boyes-Braem, 1976; ▶ Kasten) kompatibel.

Die gemäß Prototyptheorie gebildeten Kategorien stellen gleichzeitig eine bedeutende Basis für die Sprachentwicklung dar. Die vielfach zunächst vorsprachlich gebildeten Kategorien werden mit sprachlichen Begriffen belegt. Als Folge ergibt sich ein effektiverer Umgang mit Kategorien und Kategoriemerkmalen. Durch die fortschreitenden sprachlichen Kompetenzen ist es möglich, auch die definierenden Bestandteile von Kategorien zu explizieren. Dementsprechend wird angenommen, dass sich im Laufe der

---

Die Prototyptheorie von Rosch et al. (1976)

Gemäß der Prototyptheorie von Rosch, Mervis, Gray, Johnson und Boyes-Braem (1976) werden Kategorisierungen auf der Basis der korrelativen Struktur der konstituierenden Merkmale einer Kategorie gebildet (s. hierzu auch Goswami, 2001). Da Merkmale vielfach gemeinsam auftreten, kommt es bei der Kategorienbildung darauf an, die gemeinsam variierenden Merkmale zu identifizieren. Exemplare einer Kategorie, die besonders viele der gemeinsam variierenden Merkmale auf sich vereinigen, bilden dabei den Prototyp einer Kategorie. Weniger prototypische bzw. eher periphere Exemplare einer Kategorie weisen dementsprechend wenige der gemeinsam variierenden Merkmale auf. So ist beispielsweise ein Rotkehlchen ein besonders typisches Exemplar der Kategorie »Vogel«, während ein Strauß ein eher peripheres Exemplar ist, da die kovariierenden Merkmale mit der Kategorie »Vogel« hier weniger evident sind.

Entwicklung die Grundlage der Kategorisierung ändert, indem zunächst die leicht zugänglichen typischen Merkmale auf einer Kovariationsbasis zur Kategorienbildung genutzt werden und später verstärkt die definierenden Merkmale, die eine Kategorie konstituieren. Die intuitive Kategorienbildung wird zunehmend um eine explizite Kategorienbildung ergänzt, die darum bemüht ist, die Kategoriengrenzen eindeutig zu definieren. So wird es beispielsweise möglich zu definieren, welche Merkmale die Kategorie »Lebewesen« konstituieren (z. B. das Vorhandensein einer DNA), während die Kategorienbildung zuvor lediglich auf einer intuitiven Basis erfolgte.

21.3.5 Logische Schlussfolgerungen

Es bestehen enge Beziehungen zwischen der Fähigkeit zur Kategorienbildung und der Fähigkeit, logische Schlussfolgerungen zu ziehen. Dies lässt sich besonders deutlich an deduktiven Schlussfolgerungen erkennen. Lautet beispielsweise die Prämisse, dass alle Wugs scharfe Klauen haben, so folgt aus der Tatsache, dass Igor ein Wug ist, logisch, dass er auch scharfe Klauen haben muss. Aus der Kategorie und ihren definierenden Merkmalen lassen sich also Schlussfolgerungen über die Kategoriemitglieder ableiten.

Umgekehrt kann die induktive Logik als ein Prozess zur Kategorienbildung gesehen werden. Aus der Beobachtung, dass Igor ein Wug ist und dass Igor scharfe Klauen hat, folgt induktiv die Schlussfolgerung, dass möglicherweise alle Wugs scharfe Klauen haben (die durch die Beobachtung weiterer Kategorieexemplare weiter zu untermauern ist). In verschiedenen Studien konnte gezeigt werden, dass schon

Vorschulkinder in der Lage sind, aus vorgegebenen Prämissen die korrekten Schlussfolgerungen zu ziehen. Besonders interessant sind dabei Syllogismen, bei denen der Obersatz nicht den Tatsachen entspricht (s. Dias und Harris, 1988). So ist beispielsweise der Obersatz »Alle Katzen bellen« offensichtlich unwahr. Folgt nun jedoch der Satz »Hasso ist eine Katze«, so folgt daraus logisch, dass sie bellt. Es konnte gezeigt werden, dass 5–6 Jahre alte Kinder Aufgaben dieses Typs lösen konnten, wenn ihnen die Aufgaben auf spielerische Weise vorgeführt wurden (z. B. indem ihnen zunächst bellende Katzen vorgespielt wurden). Wurde die Aufgabe jedoch ausschließlich verbal präsentiert, konnten die Kinder weit überwiegend nur Aufgaben lösen, bei denen die Prämissen den Tatsachen entsprachen (wenn sie also auf ihr Wissen über die Wirklichkeit zurückgreifen konnten und nicht nur auf logische Schlussfolgerungen angewiesen waren). Daraus folgt, dass schon Kindergartenkinder zu deduktiven Schlussfolgerungen unabhängig vom Wahrheitsgehalt der Prämissen fähig sind, sofern die Aufgaben geeignet präsentiert werden (Goswami, 2001).

Ein weiterer Weg, zu Schlussfolgerungen aus der vorhandenen Wissensbasis zu gelangen, besteht in der Bildung von Analogien. Hier geht es darum, aus dem Vergleich von Kategorien vergleichbare Relationen herauszuarbeiten. Dass dies schon sehr jungen Kindern gelingen kann, zeigt eine Studie von Chen, Sanchez und Campbell (1997), in der 10 und 13 Monate alte Kinder, um an ein Spielzeug zu gelangen, zunächst eine Barriere entfernen und dann an einem Tuch ziehen mussten, das mit dem Spielzeug verbunden war (und nicht an einem zweiten Tuch, das nicht mit dem Spielzeug verbunden war). Die Kinder versuchten das Problem zunächst selbst zu lösen und hatten danach Gelegenheit, ihre Eltern bei der Problemlösung zu beobachten. Danach wurde die Problemstellung verändert, indem beispielsweise das Aussehen des Tuches geändert wurde. Es zeigte sich, dass die Kinder die ursprünglich gelernten Relationen auch bei Änderung der Aufgabe umsetzen konnten. Die Komplexität der Analogien, die bewältigt werden können, steigt mit dem Alter, was bedeutet, dass zunehmend komplexere Relationen herausgearbeitet und auf neue Sachverhalte übertragen werden können. Unabhängig vom Alter steigt die Lösungswahrscheinlichkeit, wenn schon zuvor ähnliche Analogien zu bearbeiten waren und wenn die für die Aufgabenlösung relevanten Aufgabenmerkmale explizit und vollständig enkodiert wurden (Siegler, 1998).

Deutliche Entwicklungsfortschritte gibt es auch bei Aufgabentypen, die eine systematische Hypothesenprüfung implizieren. Hier geht es einerseits um Kombinatorik, indem Hypothesen systematisch geprüft werden, und andererseits um die Frage, welche Evidenz als hinreichend betrachtet wird, um eine Hypothese aufrechtzuerhalten oder zu verwerfen. Hierzu lässt sich zeigen, dass Kinder bei der Prüfung von Hypothesen in geringerem Maße als Erwachsene dazu neigen, alle Variablen außer der Variablen, deren Auswirkung geprüft werden soll, konstant zu halten. Die Systematik des Experimentierens steigt also mit dem Alter an.

Zusammenfassend lässt sich festhalten, dass es durch Assoziationsbildung und Kategorisierung mit der entsprechenden sprachlichen Überformung im Laufe der Entwicklung gelingt, eine zunehmend differenziertere Wissensbasis aufzubauen, die wiederum Schlussfolgerungen erlaubt, die bei der Handlungssteuerung genutzt werden können. Die Fähigkeit, Schlussfolgerungen zu ziehen, trägt wiederum zu einer weiteren Elaboration der Wissensbasis bei, wobei hierzu verschiedene Techniken wie Induktion, Deduktion, Analogienbildung oder systematisches Experimentieren nach den Regeln der Kombinatorik eingesetzt werden können.

Allgemein hat sich in den vergangenen Jahren gezeigt, dass viele der Kompetenzen, die für die kognitive Entwicklung von Bedeutung sind, schon früher nachgewiesen werden können als noch vor wenigen Jahren angenommen wurde. Die Altersangaben, die sich beispielsweise bei Piaget finden, sind im Lichte der neueren Forschung, die sich veränderter Forschungsparadigmen (wie beispielsweise des Habituations-Dishabituations-Paradigmas) bedient, zu relativieren. Es zeigt sich also, dass viele Basiskompetenzen schon frühzeitig vorhanden sind und dann im Laufe der Entwicklung differenziert und verfeinert werden. Die Geschichte der kognitiven Entwicklungspsychologie der vergangenen Jahre zeigt damit deutlich die Abhängigkeit des Erkenntnisgewinns von den methodischen Möglichkeiten, die dazu zur Verfügung stehen.

21.4 Kognitive Entwicklung im Jugend- und Erwachsenalter

Betrachtet man die weitere Entwicklung im Jugend- und Erwachsenenalter, so konstatierte schon Piaget eine zunehmende Abstraktionsfähigkeit des Denkens. Das Denken wird zunehmend hypothetisch und ist weniger stark an die konkrete Realität gebunden. Betrachtet man die Informationsverarbeitungsfähigkeiten, so zeigt sich vor allem im Jugendalter eine verbesserte Fähigkeit zur Aufmerksamkeitssteuerung auf relevante Informationen, zum effektiveren Einsatz von Lern- und Gedächtnisstrategien und zur Metakognition (Fähigkeit zur Reflexion über das eigene Denken; ▶ Kasten). Aufgrund dieser Kompetenzen kommt es zu einer zunehmenden Ausweitung der Wissensbasis, auf die bei der Einordnung von Informationen zurückgegriffen werden kann. Durch die Fähigkeit, Informationen schnell einzuordnen, erfolgt insgesamt eine Erhöhung der Denkgeschwindigkeit, die auch dadurch bedingt ist, dass der Arbeitsspeicher durch die zunehmend effektivere Informationskodierung entlastet wird und dadurch mehr Informationen verarbeiten kann.

Jugendegozentrismus

Die zunehmenden kognitiven Kompetenzen werden gerade im Jugendalter verstärkt auch dazu eingesetzt, das eigene Selbst in den Mittelpunkt des Denkens zu rücken. Der verstärkte Fokus auf die eigene Person wird für das ursprünglich von Elkind (1967) beschriebene Phänomen des Jugendegozentrismus verantwortlich gemacht, das bei Jugendlichen vielfach zu beobachten ist: Viele Jugendliche sehen sich als Mittelpunkt der Welt und erleben sich dabei als einzigartig in ihrem Denken und Fühlen (»personal faible«). Damit verbunden ist die Annahme, unverwundbar zu sein und nicht das erleiden zu können, was andere erlitten haben (»invincibility faible«), wodurch sich eine mögliche Erklärung für das vielfach erhöhte Risikoverhalten im Jugendalter ergibt. Hinzu kommt die Annahme, nicht nur im Mittelpunkt des eigenen Interesses, sondern auch des Interesses anderer zu stehen. Daraus folgt, dass Jugendliche sich oft so verhalten, als ob sie auf einer Bühne agieren würden, auf der sie von anderen beobachtet werden (s. zusammenfassend Flammer & Alsaker, 2002).

Obwohl es auch schon im Kindes- und Jugendalter zu Wissensspezialisierungen kommen kann, ist es vor allem ein Kennzeichen des Erwachsenenalters, dass besondere Expertisen in speziellen Wissensbereichen aufgebaut werden (Horn & Masunaga, 2000). Vielfach im beruflichen Bereich werden umfangreiche Wissensbestände erworben, die eine wesentlich effektivere Informationsverarbeitung erlauben. Bereichsspezifische Konzeptbildungen implizieren ein differenziertes semantisches Netzwerk, das einerseits ein schnelles und automatisiertes Agieren ermöglicht, andererseits jedoch in Problemsituationen ebenso die Generierung von problemangemessenen Lösungen durch differenziertes Reflektieren. Auch wenn im mittleren Erwachsenenalter erste Anzeichen von kognitiven Einbußen zu erkennen sind (wie beispielsweise im Bereich der Reaktionsgeschwindigkeit), kann dies im Alltag vielfach durch das umfangreichere bereichsspezifische Wissen kompensiert werden, auf das Erwachsene im Verhältnis zu Kindern und Jugendlichen zurückgreifen können.

Die zunehmende Spezialisierung kognitiver Fähigkeiten im Laufe der Entwicklung zeigt sich auch bei der psychometrischen Intelligenz, die vielfach als Indikator für die kognitive Leistungsfähigkeit genutzt wird. Bei der mit Testverfahren erhobenen Intelligenz werden in der Regel mehrere Teilfähigkeiten erfasst, die in einem mehr oder minder engen Zusammenhang zueinander stehen. In der Vergangenheit konnte vielfach repliziert werden, dass die Zusammenhänge zwischen den Teilfähigkeiten über das Alter hinweg abnehmen, was darauf hinweist, dass die Intelligenz am Anfang der Entwicklung relativ homogen ist, dann aber eine zunehmende Spezialisierung eintritt, die in einer erhöhten Differenziertheit der Intelligenz zum Ausdruck kommt. Es sollte allerdings nicht unerwähnt bleiben, dass dieser Befund kontrovers diskutiert wird, da unklar ist, inwieweit methodische Probleme zu diesem Befundmuster beitragen (s. zusammenfassend Flammer, 1975).

21.5 Alter und Altern: Grenzen der kognitiven Entwicklung?

Betrachtet man die kognitive Entwicklung in späteren Altersabschnitten, so lassen sich auch hier in jüngster Zeit deutliche Erkenntnisfortschritte aufweisen. Ein entscheidendes Forschungsthema, das hier im Mittelpunkt des Interesses steht, bezieht sich auf die Frage nach einem möglichen Abbau der kognitiven Fähigkeiten in höheren Altersabschnitten. Als eine der umfangreichsten und methodisch differenziertesten neueren Studien zu dieser Thematik kann die Berliner Altersstudie gelten (Baltes & Mayer, 1999; Mayer & Baltes, 1996). Auf diese Studie soll im Folgenden vorrangig Bezug genommen werden. Zunächst soll es dabei um die Frage gehen, ob sich ein Intelligenzabbau in höheren Altersabschnitten finden lässt.

Im Zweikomponentenmodell der intellektuellen Entwicklung (Baltes, 1987) wird (in Anlehnung an die Differenzierung zwischen fluider und kristalliner Intelligenz von Cattell, 1971, und Horn, 1982; ▶ Kap. 23) zwischen Mechanik und Pragmatik der Kognition unterschieden (dazu auch ▶ Kap. 20). Die **Mechanik der Kognition** (fluide Intelligenz) bezieht sich auf die biologische Komponente der kognitiven Entwicklung. Hierzu gehören Ressourcen wie Denkfähigkeit, Verarbeitungsgeschwindigkeit und Merkfähigkeit. Mit der **Pragmatik der Kognition** (kristalline Intelligenz) ist die kulturelle Dimension der kognitiven Entwicklung gemeint. Hierzu gehört als Ressource insbesondere das Wissen, das im Laufe der Entwicklung erworben wurde. Lindenberger und Baltes (1997) konnten auf der Datenbasis der Berliner Altersstudie zeigen, dass es Divergenzen zwischen fluiden und kristallinen intellektuellen Fähigkeiten im hohen Alter gibt. Ein Abbau findet sich vor allem im Bereich der Mechanik, nicht aber im Bereich der Pragmatik der Kognition. Negative Altersveränderungen der Mechanikkomponente werden dabei als Folge biologischer Abbauprozesse gesehen. Salthouse (1994, 1996, Salthouse & Meinz, 1995) geht in seiner »Cognitive-slowing«-Hypothese davon aus, dass diese Altersveränderungen auf eine Verlangsamung der mentalen Prozesse zurückgehen.

Diese begrenzen den Umfang der Informationen, die behalten bzw. verarbeitet werden können. Neurophysiologische Untersuchungen (s. auch Raz, 2000) geben Hinweise auf Zusammenhänge zwischen der altersbedingten Verlangsamung der mentalen Prozesse und dem Rückgang bzw. der Verminderung der weißen Gehirnmasse aufgrund von Demyelisierung und vaskulären Läsionen.

Mittels erworbenem Wissen, insbesondere aufgrund von Expertisen, können Individuen die Auswirkungen einer altersbedingten Abnahme der Mechanik der Kognition ausgleichen bzw. abschwächen (Gobet & Simon, 1996). Erfahrungswissen und **Weisheit** sind ebenfalls Beispiele für pragmatisches Wissen. Unter Weisheit wird das Wissen und die Fähigkeit, schwierige Lebensprobleme zu meistern, verstanden. Sie weist im Gegensatz zur Mechanik der Kognition keine altersbedingte Beeinträchtigung, sondern Stabilität und unter bestimmten Bedingungen sogar eine Leistungsüberlegenheit im Alter auf (s. Staudinger & Baltes, 1996). Weiterhin konnte in den Studien zu weisheitsbezogenem Wissen und Können die Bedeutung von individuellen Erfahrungsgeschichten (z. B. die Rolle der Bewältigung von kritischen Lebensereignissen) herausgearbeitet werden (s. Staudinger & Schindler, 2002). Neben erfahrungsbezogenen Wissen wird Weisheit auch von bestimmten Charakteristika einer Person – wie beispielsweise Persönlichkeitseigenschaften – bestimmt (Staudinger, 1999).

Wenn sich tatsächlich ein Altersabbau zumindest im Bereich der Intelligenzmechanik zeigt, dann geht damit die Frage einher, ob es im Alter zu einer **Homogenisierung der intellektuellen Fähigkeiten** kommt. Da mögliche Abbauprozesse verschiedene Ressourcen gleichermaßen betreffen würden, könnte man zu der Vermutung gelangen, dass es zu einer Homogenisierung bzw. abnehmenden Differenzierung intellektueller Fähigkeiten kommt, was im Gegensatz zu der Annahme einer zunehmenden Differenzierung in früheren Altersabschnitten steht.

Auch dieser Frage wurde in der Berliner Alterstudie nachgegangen. Die querschnittlichen Befunde der Berliner Alterstudie (Baltes & Lindenberger, 1997; Lindenberger & Baltes, 1994, 1997) konnten für das hohe Alter in der Tat Tendenzen zu einer abnehmenden Differenzierung der kognitiven Fähigkeiten nachweisen (s. auch Lindenberger, 2002), die sich u. a. in höheren Interkorrelationen verschiedener kognitiver Fähigkeiten im hohen Alter dokumentieren.

Wenn in der Tat zumindest im Bereich der Intelligenzmechanik Hinweise auf biologisch bedingte Abbauprozesse bestehen, dann stellt sich abschließend die Frage, wie sich die **Lernfähigkeit** im hohen Alter darstellt. Hierzu lässt sich konstatieren, dass gesunde ältere Erwachsene ein beträchtliches Ausmaß an kognitiver Plastizität aufweisen. Dies gilt u. a. für den Erwerb und die Nutzung von Gedächtnisstrategien (Verhaeghen, Marcoen & Goossens, 1992). Im hohen Alter von Individuen fallen die Trainingsgewinne allerdings im Vergleich zu jüngeren Erwachsenen niedriger aus

(Singer & Lindenberger, 2000). Es lässt sich die Schlussfolgerung ziehen, dass auch im höheren Alter noch eine große Lernfähigkeit besteht, die jedoch geringer ist als in jüngeren Altersgruppen.

Zusammenfassend lässt sich festhalten, dass zwischen der Mechanik der Intelligenz, die alterungsanfällig ist, und der Pragmatik, die alterungsresistent ist, unterschieden werden muss. Im hohen Alter scheint es zu einer abnehmenden Differenzierung bzw. Homogenisierung kognitiver Fähigkeiten zu kommen. Es bleibt jedoch gleichzeitig eine große Lernfähigkeit bestehen, wenn auch hierbei nicht die Leistungsfähigkeit jüngerer Altersgruppen erreicht wird. Abschließend lässt sich konstatieren, dass kognitive Entwicklung ein lebenslanger Prozess ist, der offenbar nicht am Ende des Kindes- und Jugendalters abgeschlossen ist.

Literatur

Referenzliteratur

Flavell, J.H., Miller, P.H. & Miller, S.A. (2001). *Cognitive development* (4th ed.). Saddle River, NJ: Prentice Hall.

Goswami, U. (2001). *So denken Kinder. Einführung in die Psychologie der kognitiven Entwicklung.* Bern: Huber.

Lindenberger, U. (2002). Erwachsenenalter und Alter. In R. Oerter & L. Montada (Hrsg.), *Entwicklungspsychologie* (5. Aufl., S. 350–391). Weinheim: Beltz PVU.

Montada, L. (2002). Die geistige Entwicklung aus der Sicht Jean Piagets. In R. Oerter & L. Montada (Hrsg.), *Entwicklungspsychologie* (5. Aufl., S. 418–442). Weinheim: Beltz PVU.

Siegler, R.S. (2004). *Children's thinking* (4th ed.). Upper Saddle River, NJ: Prentice Hall.

Zitierte Literatur

Baillargeon, R., Spelke, E.S. & Wasserman, S. (1985). Object permanence in 5-month-old infants. *Cognition, 20,* 191–208.

Baltes, P.B. (1987). Theoretical propositions of life-span developmental psychology: On the dynamics between growth and decline. *Developmental Psychology, 23,* 611–626.

Baltes, P.B. & Lindenberger, U. (1997). Emergence of a powerful connection between sensory and cognitive function across the adult life span: A new window to the study of cognitive aging? *Psychology and Ageing, 12,* 12–21.

Baltes, P.B. & Mayer, K.U. (1999). *The Berlin Ageing Study: Ageing from 70 to 100.* Cambridge: Cambridge University Press.

Behl-Chadha, G. (1996). Basic-level and superordinate-like categorical representations in early infancy. *Cognition, 60,* 105–141.

Case, R. (1992). *The mind's staircase. Exploring the conceptual underpinnings of children's thought and knowledge.* Hillsdale, NJ: Erlbaum.

Cattell, R.B. (1971). *Abilities: Their structure, growth, and action.* Boston, MA: Houghton Mifflin.

Chen, Z., Sanchez, R.P. & Campbell, T. (1997). From beyond to within their grasp: The rudiments of analogical problem solving in 10- and 13-month olds. *Developmental Psychology, 33,* 790–801.

Dias, M.G. & Harris, P.L. (1988). The effect of make-believe play on deductive reasoning. *British Journal of Developmental Psychology, 8,* 305–318.

Elkind, D. (1967). Egocentrism in adolescence. *Child Development, 38,* 1025–1034.

21

Flammer, A. (1975). *Individuelle Unterschiede im Lernen*. Weinheim: Beltz.

Flammer, A. & Alsaker, F.D. (2002). *Entwicklungspsychologie der Adoleszenz*. Bern: Huber.

Gobet, F. & Simon, H.A. (1996). The roles of recognition processes and look-ahead search in time-constrained expert problem solving: Evidence from grand-master-level chess. *Psychological Science, 7*, 52–55.

Goswami, U. (2001). *So denken Kinder. Einführung in die Psychologie der kognitiven Entwicklung*. Bern: Huber.

Gross, J., Hayne, H., Herbert, J. & Sowerby, P. (2002). Measuring infant memory: Does the ruler matter? *Developmental Psychobiology, 40*, 183–192.

Haith, M.M., Hazan, C. & Goodman, G.S. (1988). Expectations and anticipation of dynamic visual events by 3.5 months old babies. *Child Development, 59*, 467–479.

Haith, M.M. & McCarty, M.E. (1990). Stability of visual expectations at 3.0 months of age. *Developmental Psychology, 26*, 68–74.

Horn, J.L. (1982). The theory of fluid and crystallized intelligence in relation to concepts of cognitive psychology and aging in adulthood. In F.I.M. Craik & G.E. Trehun (Eds.), *Ageing and cognitive processes: Advances in the study of communication and affect* (Vol. 8, pp. 237–278). New York: Plenum Press.

Horn, J.L. & Masunaga, H. (2000). New directions for research into aging and intelligence: The development of expertise. In T.J. Parry & A.S. Ryan (Eds.), *A cross-cultural look at death, dying, and religion* (pp. 117–130). Chicago: Nelson-Hall.

Lindenberger, U. (2002). Erwachsenenalter und Alter. In R. Oerter & L. Montada (Hrsg.), *Entwicklungspsychologie* (5. Aufl., S. 350–391). Weinheim: Beltz PVU.

Lindenberger, U. & Baltes, P.B. (1994). Sensory functioning and intelligence in old age: A strong connection. *Psychology and Ageing, 9*, 339–355.

Lindenberger, U. & Baltes, P. B. (1997). Intellectual functioning in old and very old age: Cross-sectional results from the Berlin Ageing Study. *Psychology and Ageing, 9*, 339–355.

Massey, C. & Gelman, R. (1988). Preschoolers' ability to decide whether a photographed unfamiliar object can move itself. *Developmental Psychology, 24*, 307–317.

Mayer, K.U. & Baltes, P.B. (1996). *Die Berliner Altersstudie*. Berlin: Akademie.

McCall, R.B. & Carriger, M.S. (1993). A meta-analysis of infant habituation and recognition memory performance as predictors of later IQ. *Child Development, 64*, 57–79.

Piaget, J. (1969). *Das Erwachen der Intelligenz beim Kinde*. Stuttgart: Klett.

Quinn, P.C. & Eimas, P.D. (1996). Perceptual organization and categorization. In C. Rovee-Collier & L.P. Lipsitt (Eds.), *Advances in infancy research* (Vol. 10, pp. 297–310). Hillsdale, NJ: Erlbaum.

Raz, N. (2000). Aging of the Brain and Its Impact on Cognitive Performance: Integration of Structural and Functional Findings. In F.I.M. Craik & T.A. Salthouse (Eds.), *The Handbook od Ageing and Cognition* (pp. 1–90). Mahwah, NJ: Erlbaum.

Rosch, E., Mervis, C.B., Gray, W.D., Johnson, D.M. & Boyes-Braem, P. (1976). Basic objects in natural categories. *Cognitive Psychology, 8*, 382–439.

Rosengren, K.S., Gelman, S.A., Kalish, C.W. & McCormick, M. (1991). As time goes by: Children's early understanding of growth in animals. *Child Development, 62*, 1302–1320.

Rovee-Collier, C. (2001). Information pick-up by infants: What is it, and how can we tell? *Journal of Experimental Child Psychology, 78*, 35–49.

Salthouse, T.A. (1994). The aging of Working memory. *Neuropsychology, 8*, 535–543.

Salthouse, T.A. (1996). The processing speed theory of adult age differences in cognition. *Psychological Review, 103*, 403–428.

Salthouse, T.A. & Meinz, E.J. (1995). Aging, inhibition, working memeory, and speed. *Journal of Gerontology: Psychological Sciences, 50B*, P297–P306.

Schneider, W. & Büttner, G. (1995). Entwicklung des Gedächtnisses. In R. Oerter & L. Mondata (Hrsg.), *Entwicklungspsychologie* (3. Aufl.). Weinheim: Beltz

Schneider, W. (2001). Gedächtnisentwicklung. In D.H. Rost (Hrsg.), *Handwörterbuch Pädagogische Psychologie* (2. Aufl.). Weinheim: Psychologie Verlags Union.

Schneider, W. & Pressley, M. (1997). *Memory development between two and twenty*. Mahwah, NJ: Erlbaum.

Siegler, R.S. (1998). *Children's thinking*. Upper Saddle River, NJ: Prentice Hall.

Simons, D.J. & Keil, F.C. (1995). An abstract to concrete shift in the development of biological thought: The insides story. *Cognition, 56*, 129–163.

Singer, T. & Lindenberger, U. (2000). Plastizität. In H.-W. Wahl & C. Tesch-Römer (Hrsg.), *Angewandte Gerontologie in Schlüsselbegriffen* (S. 39–43). Stuttgart: Kohlhammer.

Sodian, B. (2002). Entwicklung begrifflichen Wissens. In R. Oerter & L. Mondata (Hrsg.), *Entwicklungspsychologie* (5. Aufl.). Weinheim: Beltz PVU.

Staudinger, U.M. (1999). Psychologische Produktivität und Selbstentfaltung im Alter. In M.M. Baltes & L. Montada (Hrsg.), *Produktives Leben im Alter* (S. 344–373). Frankfurt am Main: Campus.

Staudinger, U.M. & Baltes, P.B. (1996). Weisheit als Gegenstand psychologischer Forschung. *Psychologische Rundschau, 47*, 57–77.

Staudinger, U.M. & Schindler, I. (2002). Produktives Leben im Alter I: Aufgaben, Funktionen und Kompetenzen. In R. Oerter & L. Montada (Hrsg.), *Entwicklungspsychologie* (5. Aufl., S. 955–982). Weinheim: Beltz PVU.

Streri, A. & Spelke, E.S. (1988). Haptic perception of objects in infancy. *Cognitive Psychology, 26*, 1–23.

Verhaeghen, P., Marcoen, A. & Goossens, L. (1992). Improving memory performance in the aged through mnemonic training: A meta-analytic study. *Psychology and Ageing, 7*, 242–251.

Wellman, H.M. & Woolley, J.D. (1990). From simple desires to ordinary beliefs: The early development of everyday psychology. *Cognition, 35*, 245–275.

Wimmer, H. & Perner, J. (1983). Beliefs about beliefs: Representation and constraining function of wrong beliefs in young children's understanding of deception. *Cognition, 13*, 103–128.

22 Spezielle Entwicklungspsychologie: Emotionale, soziale und Persönlichkeitsentwicklung

A. Schölmerich, K. Hülser

Als Teildisziplin der Psychologie beschäftigt sich die Entwicklungspsychologie mit den Veränderungen, die im Verlauf des Lebens auf der physischen, kognitiven und sozial-emotionalen Ebene auftreten. Die emotionale und soziale Entwicklung im Kindes- und Jugendalter ist innerhalb der Entwicklungspsychologie in langer Tradition untersucht worden, die großen Fragen der Forschung in diesem Bereich sind immer noch aktuell: Welchen Einfluss haben unsere Dispositionen, unsere genetische Anlage und wie wirken sich unsere Erfahrungen, unsere Sozialisation auf die Entwicklung aus? Neuere Forschungslinien beziehen verstärkt die neurobiologischen Grundlagen mit ein, gleichzeitig spielen Erfahrungen sozialer Interaktion und Kontextbedingungen eine unbestreitbar wichtige Rolle: Determinieren die ersten Jahre die künftige Entwicklung eines Kindes, sind unsere Persönlichkeitseigenschaften festgelegt? Die Frage nach Stabilität versus Veränderung im Lebensverlauf, die eng mit der Frage nach Anlage versus Umwelt zusammen hängt, steht in Zusammenhang mit den Konzepten Temperament und Persönlichkeit. Auf der Grundlage der Untersuchung abweichender Entwicklung ergeben sich Möglichkeiten der Intervention, die zum Ziel haben, Entwicklungsprozesse zu optimieren und Fehlentwicklungen zu vermeiden.

22.1 Begriffe, Konzepte und Mechanismen

22.1.1 Einheit der emotionalen und sozialen Entwicklung

Aus entwicklungspsychologischer Sicht stellen die soziale und die emotionale Entwicklung eine Einheit dar. Im Säuglings- und Kindesalter gibt es praktisch keine soziale Beziehung, die nicht emotional gefärbt ist, und nur wenige emotionale Prozesse sind kontextfrei vorstellbar. Interindividuelle Unterschiede in der Reaktivität und den Selbstregulationsfähigkeiten wirken im Konzert der sozial-emotionalen Entwicklung mit, um als längerfristige Resultante die Persönlichkeit des Menschen hervorzubringen.

Wir werden in diesem Kapitel die sozialen und emotionalen Grundlagen der Entwicklung schwerpunktmäßig behandeln und die aus unserer Sicht wesentlichen Markierungspunkte im Verlauf des Kindes – und Jugendalters darstellen. Die an sich interessanten sozialen und emotionalen Veränderungen im Erwachsenenalter und im hohen Alter können hier nicht den Raum bekommen, den sie verdienen (▶ Kap. 20).

Die sozialen wie auch die emotionalen Funktionen und ihre Entwicklung haben neuropsychologische Grundlagen.

22

Die basalen Systeme, die für die Regulation von Emotionen und soziale Regulationen als Steuerungssysteme fungieren, sind durch die Evolution geformt und wechselseitig aufeinander bezogen. Gleichzeitig spielen in der sozialen und emotionalen Entwicklung kulturelle Normen, Erziehungsvorstellungen und Bräuche eine besondere Rolle, sodass dieser Entwicklungsbereich die gleichzeitige Berücksichtigung von Universalien und Spezifika notwendig macht.

22.1.2 Grundlagen emotionaler Entwicklung

Neurobiologie emotionaler und sozialer Regulation

Emotionen und ihre regulativen Komponenten sind, wie der Artenvergleich zeigt, ein Produkt der Evolution. Zwar sind Emotionen auch im nichtsozialen Kontext verhaltenssteuernd, aber ihre grundsätzliche Funktionsweise, Phylogenese und ontogenetische Organisation liegt im sozialen Kontext (▶ Kap. 16). Das vagale System, ein Zweig des parasympathischen Nervensystems, stellt die zentrale und übergreifende Regulationseinheit für emotionale Prozesse dar (zu den anatomischen Grundlagen ▶ Kap. 3). Alle emotionalen Kommunikationssysteme mit Ausnahme der Gestik (Gesichtsausdruck, Stimme, Kopfhaltung, Differenzierungsfähigkeit des Ohrs für menschliche Stimme) werden von diesem System mit beeinflusst (Porges, 2001). Die Stressreaktivität, die sich in der Hypothalamus-Hypophysen-Nebennieren-Achse (Hormon Kortisol) abbildet (Gunnar et al., 1995) und der vagale Tonus stellen die zwei wesentlichen neurobiologischen Komponenten der emotionalen Reaktivität dar.

Schon bei Neugeborenen sind Reaktivitätsunterschiede auffällig. Im Wesentlichen ist ein höherer vagaler Tonus und eine angemessene vagale Reaktivität (Veränderung des Tonus aufgrund von Stimulation) sowie eine deutliche Kortisolausschüttung aufgrund aversiver Stimulation ein Hinweis auf ein neurobiologisch gut funktionierendes System. Beide Komponenten erlauben schwache bis moderate Vorhersagen von sich später entwickelnden Regulationsfähigkeiten. Sowohl der vagale Tonus als auch die Kortisolreaktivität sind empfindlich für den sozialen Kontext, und insbesondere im Verlauf des 1. Lebensjahres noch sehr plastisch. Insofern ergibt sich hier eine Möglichkeit, die Wirkung früher Erfahrungen auf die Entwicklung psychophysiologischer Systeme zu untersuchen.

Auch das menschliche Gehirn zeigt Spezialisierungen auf sozial-emotionale Informationsverarbeitung. Panksepp's (1998) »Familie der sozialen Emotionen« ergibt eine Ordnung, der neuropsychologische Annahmen zugrunde liegen. Weniger direkt, aber aus unserer Sicht hier relevant ist eine Unterscheidung der Verarbeitung kontextbezogener, auch räumlicher Information von kategorialem Wissen (Tucker, Derryberry & Luu, 2000). Erstere werden über einen dorsalen Pfad dem Thalamus, Hippocampus und Cingulum zugerechnet und Letztere einem ventralen Pfad, der die mediodorsalen Kerne des Thalamus, die Amygdala und ventromediale Teile des Frontallappens einschließt. Schon Papez (1937) hatte das Cingulum als »soziales Gehirn« bezeichnet. Über die grobe Zuordnung von lateralisierter Aktivation im Zusammenhang mit emotionalen Zuständen bei Kleinkindern (Davidson, 1985) hinaus ist der Wissensstand über die Zusammenhänge allerdings noch recht lückenhaft.

Emotionstheorien

Emotionen werden in der aktuellen Forschung als ein komplexes Muster von Veränderungen auf körperlicher und psychischer Ebene gesehen. Diese Veränderungen vollziehen sich im subjektiven Empfinden, im physiologischen Erregungsniveau, innerhalb kognitiver Bewertungsprozesse oder im Verhalten. Allen diesen Veränderungen ist gemein, dass sie als Reaktionen auf eine persönlich bedeutsame Situation verstanden werden.

Entwicklungsmodelle, die die biologischen Wurzeln von Emotionen betonen, gehören zu den einflussreichsten Theorien der Emotionspsychologie. Sie verstehen Emotionen als angeborene, neuromuskuläre Prozesse, die während der Ontogenese im Grundsatz stabil bleiben. Izard und Malatesta (1987) gehen davon aus, dass schon Säuglinge mit einem angeborenen Set von diskreten, unterscheidbaren Emotionen auf die Welt kommen. Wie schon alte Quellen (die sog. »Kindertagebücher« von Darwin, Preyer, Shinn, Lowden, Tiedemann und anderen, s. Magai & McFadden, 1995) belegen, treten Interesse, Freude, Trauer, Angst und Ärger schon in den ersten Lebenswochen und Monaten auf. Diese Emotionen sind durch den für sie spezifischen Gesichtsausdruck identifizierbar und unabhängig von kognitiver Entwicklung, sie haben jeweils eine spezifische adaptive Funktion. Interesse regt die Exploration an, Ärger motiviert zur Beseitigung eines Hindernisses und Angst zur Vermeidung. Das Auftreten dieser Emotionen wird primär als eine Funktion biologischer Reifung gesehen. Erst durch Interaktionen im Laufe der Entwicklung werden Emotionen mit Kognitionen und Verhaltenssystemen verknüpft.

Nach Izard gründen Emotionen auf neurochemischen Prozessen, die die internen und externen Stimuli auf ihre Bedeutung hin überprüfen. Das führt dann zu expressiven Verhaltensmustern und zum subjektiven Erleben eines Gefühls. Damit entsteht ein subjektiv erlebtes Gefühl durch die zugrunde liegenden neurochemischen Prozesse und die sensorische Rückkoppelung des Emotionsausdrucks. Dieser ist als diskretes expressives Verhaltensmuster angeboren und hat neben dem sensorischen Feedback noch eine Funktion als Signal für andere im Rahmen sozialer Situationen.

Campos, Campos & Barrett (1989) weisen darauf hin, dass die adaptive Funktion von Emotionen als regulierter psychischer Zustand und auch als regulierender Prozess verstanden werden muss. Folglich sind Emotionen nicht nur psychische Zustände, sondern auch Prozesse zur Herstellung, Aufrechterhaltung oder Unterbrechung von Beziehungen zwischen der Person und der internen und externen Umgebung, wenn diese Beziehungen für die Person bedeutsam sind. Emotionen haben regulierende Funktionen auf internaler, Verhaltens- und interpersoneller Ebene. In dieser Sichtweise wird nicht bestritten, dass einige Emotionen bereits im Säuglingsalter existieren (»basale Emotionen«), für andere jedoch (»komplexe Emotionen«) sind Erfahrung, kognitive Entwicklung und Sozialisation grundlegende Voraussetzungen. Die Situationseinschätzungen werden differenzierter und es entstehen neue Emotionen wie Angst vor Misserfolg. Durch das Lernen von »display rules« verändert sich der emotionale Ausdruck und Kinder erlangen Kontrolle über ihre Emotionen, ferner können sie den emotionalen Ausdruck anderer differenzierter wahrnehmen und es ändern sich ihre Bewältigungsstrategien im Umgang mit Emotionen.

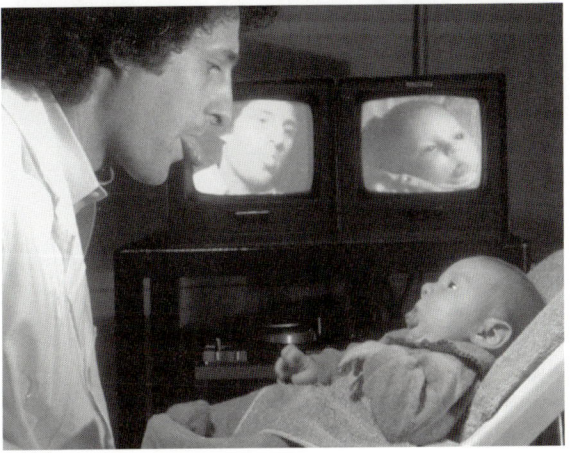

◘ **Abb. 22.1.** Das Foto zeigt ein 20 Tage altes Baby beim Imitieren des Herausstreckens der Zunge, vorgemacht von Dr. Andrew N. Meltzoff, Universität Washington, Seattle, USA

22.1.3 Grundprozesse sozialer Interaktion

Die Kennzeichnung des Menschen als ein soziales Wesens bezieht sich auf Verhaltensdispositionen, die auch bei anderen Säugetieren vorhanden sind. Aber selbst unter diesen nimmt der Mensch eine besondere Stellung ein, weil ein großer Teil seiner Verhaltenssysteme der sozialen Abstimmung und Kommunikation dient. Das geht von der reichhaltigen Ausstattung mit emotionalen Ausdrucksmöglichkeiten, der sensiblen Verarbeitung emotionalen Ausdrucks anderer bis hin zu einer tiefen Empathiefähigkeit, gekrönt vom mächtigsten aller Kommunikationsmittel, der Sprache. Alle diese Verhaltensweisen unterliegen einem Entwicklungsprozess, und ihr Ursprung liegt in den Formen der sozialen Interaktion, die in der frühesten Kindheit beobachtbar sind.

Neugeborenenimitation

Bei der sozialen Entwicklung kann man beim lange Zeit »existenzstrittigen« Phänomen der angeborenen Neugeborenenimitation beginnen, einer Leistung, die vor allem deshalb existenzstrittig war, weil keine theoretisch plausible Grundlage für das Vollbringen dieser Leistung bekannt war. Kurz zusammengefasst besteht das Phänomen darin, dass wenige Tage alte Säuglinge bestimmte Ausdruckshaltungen überzufällig häufig nachzumachen scheinen (Meltzoff & Moore, 1977; ◘ Abb. 22.1). Diese Leistung ist allerdings auf wenige Verhaltensweisen beschränkt, am besten scheint das Herausstrecken der Zunge zu funktionieren. Macht man sich klar, was alles erforderlich ist, um eine solche Leistung zu vollbringen, versteht man die Zögerlichkeit, mit der dieses Phänomen betrachtet worden ist. Man sagt Piaget nach, einer Doktorandin die Beschreibung des Phänomens mit den Worten »comme dégoutant« quittiert und so die weitere Untersuchung verhindert zu haben. Nicht nur ist die deutlich eingeschränkte Wahrnehmungsfähigkeit ein kriti-

scher Faktor, sondern die Vorstellung, das Gesicht des Gegenüber auf ein eigenes Körperschema zu projizieren und dann eine motorische Stelloperation ausführen zu können, die dem Modellgesicht entspricht, erscheint als eine für Neugeborene zu komplexe Leistung.

Inzwischen geben »Mirror«-Neurone, also solche Nervenzellen im motorischen Kortex, die sowohl bei Ausführung als auch bei Beobachtung einer Bewegung Aktivität zeigen (Gallese, Fadiga, Fogassi & Rizzolatti, 1996), zumindest hypothetisch eine Grundlage für dieses Phänomen, was dann mit der noch unreifen Hemmung der Areale, die die Bewegung steuern, ausreicht, um die Imitation auszulösen. Zu späteren Entwicklungszeitpunkten dienen die Mirror-Neurone eher der schnellen und verlässlichen Wahrnehmung von Bewegungsinformationen, im Entwicklungsverlauf geben sie ein prinzipiell plausibles, wenn auch bislang empirisch nicht substanziertes Modell der Grundlagen von Empathie und sozialer Motivation ab (Rizzolatti, Fadiga, Fogassi & Gallese, 2002). Allerdings muss einschränkend hinzugefügt werden, dass die Mirror-Neurone nicht bei neugeborenen Affen untersucht wurden und die Frage des Angeborenseins ungeklärt bleibt. Außerdem gibt es unseres Wissens keine Untersuchungen zur neuronalen Grundlage des Phänomens bei menschlichen Neugeborenen (Meltzoff & Decety, 2003).

Präferenz für Gesichter

Schon Neugeborene zeigen eine deutliche Bevorzugung für Reize, die einem menschlichen Gesicht ähneln. Dies wird experimentell demonstriert, indem gesichtsähnliche Reize im optimalen Sehschärfenabstand zunächst zentral dargeboten und dann nach rechts oder links bewegt werden. Dabei kann man den Winkel bestimmen, bis zu dem diese Reize von Neugeborenen fixiert werden (Goren, Sarty & Wu, 1975). Schon Variationen der inneren Bestandteile des Gesichts (Position von Augen, Nase, Mund zueinander;

22

◼ **Abb. 22.2.** Stimuli zur Untersuchung des Blickverhaltens auf gesichtsähnliche Reize

◼ Abb. 22.2) unter Beibehaltung der Kontrastfunktionen
verschlechtern diese Leistungen deutlich (Morton & Johnson, 1991). Schon nach kurzer Lernzeit können Säuglinge
das Gesicht der Mutter von anderen unterscheiden, allerdings vorwiegend an äußeren Merkmalen wie etwa der
Haarlinie (Pascalis, de Schonen, Morton, Deruelle et al.,
1995).

Dieser hohen Sensitivität für das menschliche Gesicht
als Reiz entspricht die Aufmerksamkeit, die Babygesichter
bei Erwachsenen auslösen. Dies ist in der Regel mit einer
Interaktionsbereitschaft verbunden; wir neigen also dazu,
auch mit fremden Kindern Kontakt aufzunehmen, diese
anzulächeln oder anzusprechen.

Sozialverhalten zwischen Erwachsenen und Säuglingen

Der Umgang von Erwachsenen mit Säuglingen ist ein vielschichtiger und komplexer Prozess, der eine Vielzahl von
Verhaltensweisen beinhaltet. Diese Verhaltensweisen lassen
sich vier verschiedenen Systemen zuordnen (Keller, Lohaus,
Völker, Cappenberg & Chasiotis, 1999; ▶ Übersicht).

Das vierte System ist vor allem in der westlichen Welt
und unter den höheren sozialen Schichten anderer Kulturen
verbreitet (Keller, 2000). Die Face-to-Face-Interaktionen
zwischen Mutter und Säugling sind in der Entwicklungspsychologie relativ gut untersucht und werden in den meisten
Lehrbüchern gemeinhin als die »typischen« Verhaltensweisen
zwischen Eltern und Säuglingen geschildert.

Zwei Organisationsprinzipien dieser »Face-to-Face«-
Interaktionen können unterschieden werden, nämlich die
gemeinsame Orientierung und die **dialogische Struktur**.

Beim Ausdruck positiver Emotionen finden wir häufig
zeitsynchrone Abläufe, und im Entwicklungsverlauf spielt
die gemeinsame Aufmerksamkeit eine große Rolle. Die Fähigkeit zur Koordination der eigenen Aufmerksamkeit mit
der eines Partners gilt als Vorläufer der »Theory-of-Mind«-
Fähigkeiten (dazu auch ▶ Kap. 26). Bei vokal-verbalem Austausch ist das dialogische Organisationsmuster, bei dem die
Partner abwechselnd aktiv sind, eher zu beobachten, auch in

> **Interaktionssysteme zwischen Erwachsenen und Säuglingen**
>
> 1. Das **primäre Versorgungsystem** ist in allen Kultu-
>   ren beobachtbar; hierunter fallen Verhaltensweisen
>   wie Füttern und Pflegehandlungen.
> 2. Das **Körperkontaktsystem** spielt besonders in
>   »back and hip cultures« eine große Rolle, in denen
>   die Säuglinge und Kleinkinder über einen längeren
>   Zeitraum am Körper getragen werden. Dieses Ver-
>   halten bringt es mit sich, dass die Kinder die Ar-
>   beitsaktivitäten – meist der Mütter – schon früh
>   relativ direkt miterleben.
> 3. Das **Körperstimulationssystem** beinhaltet dya-
>   disch organisierte motorische Aktivitäten, die die
>   frühe Entwicklung körperlicher Fähigkeiten und ei-
>   nes entsprechenden Körperschemas begünstigen.
> 4. Das **»Face-to-Face«-System** besteht ebenfalls aus
>   dyadischen Interaktionen, allerdings mit einem
>   Fokus auf expressiver und distaler Kommunikation
>   mit Hilfe von emotionalem Ausdruck und vokal/
>   verbalen Modalitäten.

der Handlungsorganisation sind solche »turn-taking-bouts«
prominent. In der Verhaltensorganisation ist eine deutliche
Asymmetrie zu beobachten: Die Erwachsenen stellen sich in
weit größerem Umfang auf das Kind ein als umgekehrt. Im
Entwicklungsverlauf erlernen Kinder durch die gemeinsame
Regulation in der Eltern-Kind-Interaktion Strategien zur
Emotionsregulation, die sie sich zu Eigen machen und zur
intrapsychischen Regulation nutzen können.

In Untersuchungen zur Dynamik und Steuerung solcher
kommunikativer Verhaltensweisen wurden neben den bemerkenswerten kognitiven Fähigkeiten von Säuglingen auch
deren »soziale Kompetenzen« dokumentiert. Ein Beispiel
solcher Kompetenzen stellt das »social referencing« dar. Darunter versteht man die Benutzung von Informationen aus
der sozialen Umgebung: Beispielsweise beeinflusst der Gesichtsausdruck der Mutter (je nach Instruktion freundlich
oder ängstlich) die Bereitschaft von Kleinkindern, Risiken
auf sich zu nehmen oder unangenehme Dinge zu tun.

Experimentell kann man das Social Referencing am
Versuchsparadigma der »visuellen Klippe« (»visual cliff«)
untersuchen, einer Anordnung, die zunächst entwickelt
worden war, um die Tiefenwahrnehmung von Säuglingen
zu untersuchen. Dabei überbrückt eine stabile Glasplatte
einen graphisch deutlich ausgestalteten »Abgrund«, typischerweise die Kante des Untersuchungstisches. Die Bereitschaft eines Babys, diesen Abgrund zu überqueren hängt
von dem emotionalen Ausdruck der Mutter auf der anderen Seite ab. Schaut diese freundlich aufmunternd, so ist die
Wahrscheinlichkeit, dass das Kind über die Glasplatte krab-
belt, höher, als wenn die Mutter einen Ausdruck der Angst
und Besorgnis zeigt.

22.2 Meilensteine der sozial-emotionalen Entwicklung

22.2.1 Bindung

In der Entwicklungspsychologie nimmt die Untersuchung der Ursachen und Konsequenzen der Bindung eines Säuglings an seine Bezugspersonen einen sehr breiten Raum ein. Die Arbeiten gehen wesentlich auf Mary Salter Ainsworth (▶ Kurzbiographie) zurück, die Überlegungen von John Bowlby aufgenommen und einer psychologisch-empirischen Analyse zugänglich gemacht hat.

In der Bindungstheorie geht man davon aus, dass komplementäre Verhaltenssysteme von Kind und Bezugspersonen evolutionär herausgebildet worden sind, und das Kind aufgrund seiner frühen Erfahrungen bestimmte Erwartungen über die Umwelt formt. Die Entwicklung ist besonders in der zweiten Hälfte des 1. Lebensjahres intensiv. Sensitiver und responsiver Umgang mit dem Kind trägt zu einer »sicheren Bindung« bei, also einer Beziehungsqualität, die es dem Kind erlaubt, bei jeder gefühlten Bedrohung oder Unsicherheit (beispielsweise durch Annäherung einer unbekannten Person) bei der Bezugsperson Zuflucht zu suchen und Sicherheit zu finden. Beobachtbar ist diese Verhaltensregulation in der von Ainsworth konzipierten »Fremden Situation« (▶ Kasten).

Mary D. Salter Ainsworth

Mary Ainsworth (geb. Salter) wurde 1913 in Ohio geboren. Sie studierte an der Universität von Toronto und schloss 1939 mit ihrer Dissertation über das Konzept der Sicherheit ihren Ph.D. in Entwicklungspsychologie ab. 1950 ging sie mit ihrem Mann nach London zu John Bowlby. Mit ihm verband Mary Ainsworth eine lebenslange partnerschaftliche Zusammenarbeit. Während eines Aufenthalts in Uganda untersuchte sie die Mutter-Kind-Interaktion im 1. Lebensjahr und beschrieb die Bindungs-Explorations-Balance. 1955 entwickelten sie an der Johns Hopkins Universität in Baltimore das Paradigma der »Fremden Situation«. Von 1974 bis zu ihrem Tode 1999 lehrte und forschte sie an der Universität von Virgina.

Das Paradigma der »Fremden Situation«

Die von Ainsworth und Wittig (1969) entwickelte »Fremde Situation« besteht aus einer Reihe von Episoden, die jeweils 3 Minuten dauern. In der Regel findet die »Fremde Situation« in einem Raum statt, der für die Aufnahme des Verhaltens mit Videotechnik ausgerüstet ist.

Episode 1: Die Mutter wird mit ihrem Kind in einen Raum geführt, in dem attraktives Spielzeug auf dem Boden ausgebreitet ist und in dem sich neben dem Spielzeug noch zwei Sessel befinden. Die Mutter ist instruiert, sich hinzusetzen und ihrerseits keine besonderen auf das Kind gerichteten Aktivitäten zu beginnen.

Episode 2: Die Mutter setzt sich in einen Sessel und das Kind wird in der Regel nach einer kurzen Orientierung auf dem Boden krabbeln und die Objekte explorieren.

Episode 3: Eine fremde weibliche Person kommt in den Raum und setzt sich zunächst auf den zweiten Stuhl. Typisch sind hier eine Verringerung des Spielverhaltens und prüfende Blicke zwischen fremder Person und Mutter. Gegen Ende der Episode versucht die Fremde, das Kind zum gemeinsamen Spiel zu ermuntern.

Episode 4: Es kommt zu einer ersten Trennung von der Mutter, die aufsteht und den Raum verlässt. Häufig ist hier bereits eine deutliche Irritation des kindlichen Verhaltens beobachtbar.

Episode 5: Die Mutter kommt zurück, und die Fremde verlässt den Raum. Diese Episode ist für die Klassifizierung der Bindungsqualität als »erste Wiedervereinigungsphase« wesentlich.

Episode 6: Nachdem das Kind sein Spiel mit den Objekten wieder aufgenommen hat, verlässt die Mutter erneut den Raum. Das Kind ist nun zum ersten Mal allein. Häufig sind hier Weinen und Verzweiflung zu beobachten.

Episode 7: Die fremde Person kommt herein und versucht das Kind zu beruhigen oder mit ihm zu spielen.

Episode 8: Schließlich kommt die Mutter zum zweiten Mal wieder, die Fremde verlässt den Raum, und man kann beobachten, wie lange es dauert bis das Kind sein Spiel mit den Objekten wieder aufnimmt.

Aus den Reaktionen des Kindes auf die »Wiedervereinigung« mit der Mutter wird auf die Bindungsqualität geschlossen. Dabei werden vier verschiedene Grundmuster unterschieden:

Sichere Bindung. Als normativ gilt die sichere Bindung (B-Klassifikation), die durch eine deutliche Kontaktaufnahme durch das Kind in der Wiedervereinigungsphase charakterisiert ist. Dabei lässt sich das Kind trösten, wenn es durch die Trennung belastet war, und nimmt schließlich sein Spiel wieder auf. Die B-Klassifikation ist wahrscheinlich, wenn der Interaktionsstil mit der Mutter im 1. Lebensjahr als sensitiv, responsiv und einfühlsam beurteilt worden war. Über zahlreiche Studien hinweg werden etwa 65% aller Dyaden als sicher klassifiziert.

Unsicher-vermeidende Bindung. Als »unsicher-vermeidend« (A) wird eine Bindung qualifiziert, wenn das Kind auf die Trennung von der Mutter nicht sonderlich reagiert, sondern sich mit den angebotenen Spielobjekten beschäftigt. In der Wiedervereinigung scheinen diese Kinder wenig Notiz von der Mutter zu nehmen. Die A-Klassifikation wird in ungefähr 20% aller Fälle vergeben.

Unsicher-ambivalente Bindung. Eine dritte Gruppe sind »unsicher-ambivalente« (C) Bindungen, die zwar auf die Trennung deutlich reagieren, aber in der Wiedervereinigung gleichzeitig Bedürfnis nach Nähe und Abwehr zum Ausdruck bringen, meist kombiniert mit heftigem Weinen. Dieses Bindungsmuster tritt in etwa 10% aller Fälle auf. In Ainsworth' berühmter Baltimore-Studie (Ainsworth, Blehar, Waters & Wall, 1978) trat diese Klassifikation besonders bei Mutter-Kind-Dyaden auf, die einen uneinheitlichen und aus der Sicht des Kindes unvorhersehbaren Interaktionsstil hatten.

Desorganisation. Neben diesen Klassifikationen, die ihrerseits noch mehrfach untergliedert werden, gibt es eine dazu orthogonale Klassifizierung der Desorganisation (D), d. h., die D-Klassifikation kann zusätzlich zur A-, B- oder C-Klassifikation vergeben werden. In unausgelesenen Stichproben werden etwa 15% aller Kinder so bezeichnet, in Stichproben mit hohem Risiko (insbesondere Misshandlung) erreicht diese Quote bis zu 80%. Bei desorganisierten Kindern aus unauffälligem Milieu liegt möglicherweise eine genetische Besonderheit der D4-Rezeptoren vor.

Über die entwicklungspsychologische Bedeutung der verschiedenen Bindungsqualitäten besteht nicht völlige Einigkeit. Nur die Klassifikation als desorganisiert hat deutlichen Prädiktorwert für die Entwicklung psychopathologischer Symptome, allerdings häufen sich auch bei C-Kindern und in manchen Studien auch bei A-Kindern negative Entwicklungsverläufe, allerdings in der Regel im Bereich der Normalentwicklung. Belsky und seine Kollegen haben auf den möglichen adaptiven Wert einer unsicheren Bindung unter bestimmten Lebensumständen hingewiesen (Belsky, Steinberg & Draper, 1991). Klar scheint ein gewisser Bezug von Bindungssicherheit zu anderen Aspekten des sozialen

Lebens zu sein, hinsichtlich längerfristiger individueller Prognosen sollte Vorsicht walten.

Die Entwicklung der Bindungsqualität ist ein vorwiegend innerfamiliärer Prozess, obwohl sich auch hier Kontextvariablen (soziale Netzwerkbeziehungen der Eltern, Stressniveau und auch ökonomische Faktoren) in systematischer Weise auswirken. In jedem Falle hat die unmittelbare Familie bei Kleinkindern noch wesentlichen Einfluss, was sich erst im Zusammenhang mit sich erweiternden sozialen Beziehungen unter Einschluss der Gleichaltrigengruppen relativiert. Aber auch danach, bis jenseits des Jugendalters, bleibt die primäre Bezugsgruppe mit ihrer Beziehungsgeschichte eine wesentliche Referenzgröße.

22.2.2 Veränderungen der sozialen Welt des Kindes

Entwicklung der »Theory of Mind«

Der Begriff der »Theory of Mind« bezeichnet Vorstellungen, die das Wirken mentaler Prozesse bei anderen Menschen betreffen. Mit etwa 4–5 Jahren wird es Kindern möglich, zu verstehen, dass andere Personen eine von ihrer eigenen abweichende Vorstellung von der Wirklichkeit haben.

Dies wird u. a. mit »location change tasks« untersucht. Prototypisch dafür ist die Maxi-Aufgabe von Wimmer und Perner (1983; ▪ Abb. 22.3): In der Maxi-Aufgabe legt ein Kind Schokolade in einer Schublade ab, diese wird dann aber in seiner Abwesenheit von der Mutter in einen anderen Schrank verlegt. Danach werden die Versuchsteilnehmer gefragt, wo das Kind die Schokolade suchen wird. Jüngere Kinder geben stets an, dass Maxi die Schokolade da suchen wird, wo sie tatsächlich ist, und erst älteren Kindern gelingt es, mit in Betracht zu ziehen, dass Maxi das ja gar nicht wissen kann, und daher in der ersten Schublade suchen wird, wo es die Schokolade ursprünglich abgelegt hatte.

Die wesentlichen Fortschritte treten bei Theory-of-Mind-Aufgaben in einem relativ (etwa zur Sprachentwicklung) schmalen Zeitfenster auf, was für einen wesentlichen Reifungsaspekt in der Entwicklungsdynamik spricht, trotzdem haben Faktoren wie Geschwisterstatus, formale Erziehung und mütterliche Referenzen auf mentale Zustände in der frühen Kindheit (alle in Richtung auf Beschleunigung der Entwicklung) einen Einfluss.

Theory-of-Mind-Fähigkeiten haben offensichtliche Implikationen für die Beziehungen zu anderen Personen. Sie eröffnen die Möglichkeiten zur Entschlüsselung der Intentionen anderer sowie zum Erkennen von Täuschung und Fehlinformation.

Organisation der Beziehung zu Gleichaltrigen

Obwohl schon in der zweiten Hälfte des 1. Lebensjahres Interesse an Kontakt mit Gleichaltrigen besteht, werden die »Peers« erst in der mittleren Kindheit zum wichtigen Ent-

□ **Abb. 22.3a–c.** »Maxi und die Schokolade« nach Wimmer und Perner (1983). **a** Maxi versteckt die Schokolade im kleinen Schrank und geht dann spielen. **b** Nach dem Backen legt die Mutter die Schokolade in den großen Schrank. **c** Wo wird Maxi die Schokolade nach dem Spielen suchen?

wicklungskontext. Die Zeit, die in Interaktion mit Gleichaltrigen verbracht wird, steigt deutlich an. Gleichaltrigengruppen unterscheiden sich in verschiedenen Kulturen danach, welche Rolle Verwandtschaftsbeziehungen in der Zusammensetzung der Gruppen spielen. In der westlichen Welt handelt es sich stärker um Gruppen, die sich aus Interessenlage, Nachbarschaft oder Gelegenheit zusammenfinden, in anderen Kulturen sind beispielsweise die Kinder der Geschwister der Eltern typische Bezugsgruppen.

Peer-Interaktionen fördern die Entwicklung sozialer Kompetenz, also der Fähigkeit, sich wirkungsvoll und in sozial akzeptierter Weise mit der sozialen Umwelt auseinandersetzen zu können. Der sozialisatorische Druck von Peer-Beziehungen ist zweifelsfrei erheblich. Kinder essen in Gegenwart anderer Speisen, die sie sonst verweigern, Verhaltensnormen, die innerhalb der Familie eher liberal gehandhabt werden, können in entsprechendem Kontext von Gleichaltrigen zu ehernen Gesetzen werden. Ob es ge-

rechtfertigt ist, den sozialisatorischen Einfluss von Eltern auf die Wahl der Peergroup für ihre Kinder zu beschränken (Harris, 1998) scheint uns nicht überzeugend bewiesen zu sein.

Geschwisterbeziehungen stellen einen Sonderfall von Gleichaltrigenbeziehungen dar, obwohl hier in der Regel ein deutliches Kompetenzgefälle zuungunsten der jüngeren Geschwister gegeben ist. Ähnlich wie in anderen Peer-Beziehungen kommt es in Geschwisterbeziehungen häufig zu Konflikten, und erst das Erreichen einer relativen Gleichheit im späten Jugendalter löst viele dieser Probleme. Aber auch unter erwachsenen Geschwistern ist eine deutliche Rivalität kein seltenes Ereignis. Im Gegensatz zu anderen Gleichaltrigenbeziehungen sind die zu Geschwistern nicht einfach kündbar oder auflösbar, wenn auch die tatsächliche Kontakthäufigkeit im Erwachsenenalter sehr unterschiedlich ausfallen kann.

Kinder sind für andere Kinder unterschiedlich attraktiv, manche sind hilfsbereiter oder haben größere Ressourcen zur Strukturierung gemeinsamen Spiels als andere, deutliche Unterschiede in Aggressivität und sozialer Kompetenz sind in der mittleren Kindheit kaum zu übersehen. Die Unterschiede zwischen Kindern lassen sich in bestimmtem Umfang familiären Unterschieden zuordnen. Die soziale Schicht der Eltern, die Divergenz kultureller Normen und Werte innerhalb der Familie und die mögliche Erfahrung von Misshandlung oder Missbrauch wirken sich auf die soziale Kompetenz und Attraktivität von Kindern im Urteil ihrer Altersgenossen aus.

Geschlechtsunterschiede

Ein ganz wesentlicher Unterschied geht vom Geschlecht der Kinder aus. In der mittleren Kindheit sind die Gleichaltrigengruppen deutlich segregiert, und im Spiel von Jungen ist mehr Wettkampf, Einsatz physischer Stärke und auch Aggression zu beobachten. Gruppen von Jungen sind in der Tendenz größer und beinhalten nicht das gleiche Ausmaß von Verbindlichkeit der Zusammensetzung, während Mädchengruppen aus wenigen Teilnehmern mit mehr Exklusivität in den Beziehungen (»beste Freundin«) bestehen. Auch wird in Gleichaltrigengruppen bei Mädchen häufiger der Fokus der gemeinsamen Aktivität auf familiale und beziehungsorientierte Themen des Spiels gelegt. Die Vermutung kulturell vermittelter Standards liegt hier sehr nahe, obwohl die empirischen Daten vergleichbare Unterschiede aus vielen Kulturen berichten und diese Spielpräferenzen pädagogischen Bemühungen bemerkenswerten Widerstand entgegensetzen.

Die Tatsache der Geschlechtssegregation sollte aber nicht darüber hinwegtäuschen, dass es durchaus auch gegengeschlechtliche Freundschaften und Spielkameradschaften gibt, die sich durch die ganze Kindheit hindurchziehen. Allerdings werden diese nur selten in Gruppen, auf die sich ja das Konzept der Peers bezieht, hineingenommen, sondern behalten einen dyadischen Status.

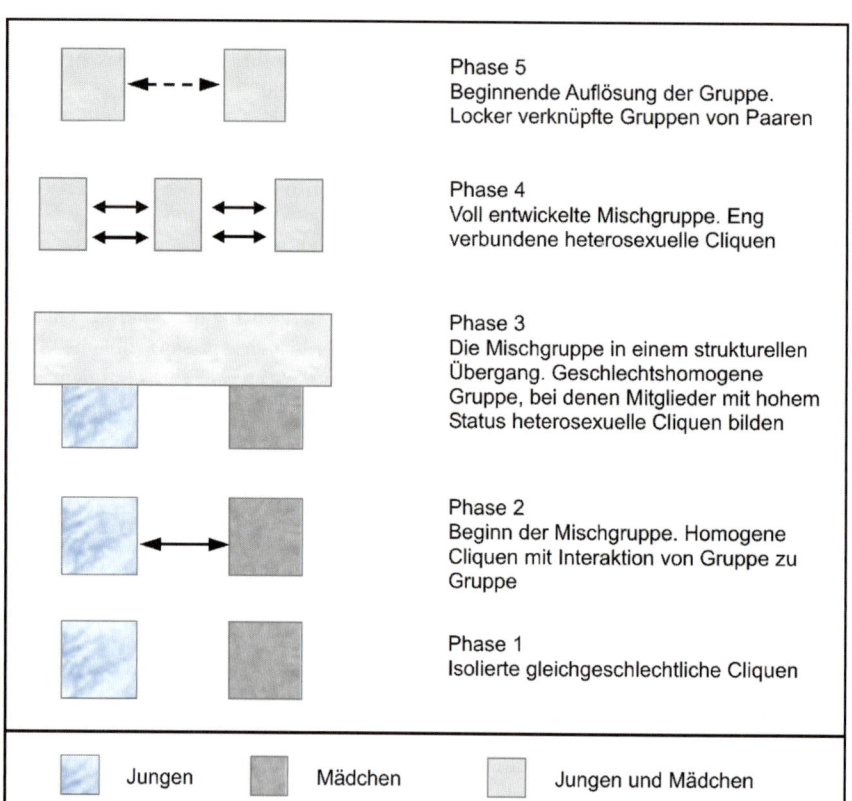

□ **Abb. 22.4.** Stufen der Gruppenentwicklung in der Adoleszenz nach Dunphy

Phase 5
Beginnende Auflösung der Gruppe. Locker verknüpfte Gruppen von Paaren

Phase 4
Voll entwickelte Mischgruppe. Eng verbundene heterosexuelle Cliquen

Phase 3
Die Mischgruppe in einem strukturellen Übergang. Geschlechtshomogene Gruppe, bei denen Mitglieder mit hohem Status heterosexuelle Cliquen bilden

Phase 2
Beginn der Mischgruppe. Homogene Cliquen mit Interaktion von Gruppe zu Gruppe

Phase 1
Isolierte gleichgeschlechtliche Cliquen

Jungen   Mädchen   Jungen und Mädchen

Ein älteres Modell von Dunphy (1963; zit. nach Cole & Cole, 1996; □ Abb. 22.4) beschreibt den Veränderungsprozess von segregierten Gruppen von Jungen und Mädchen während der frühen Adoleszenz, die zunächst als Gruppen interagieren. Danach bilden die Individuen mit höherem Sozialstatus unter Beibehaltung ihrer Stellung in der gleichgeschlechtlichen Gruppe eine heterosexuell zusammengesetzte Clique, aus der schließlich heterosexuelle Gruppen werden, die sich gegen Ende der Adoleszenz zunehmend in lockere Gruppen verbundener Pärchen verwandeln. Sicher ist dies ein Modell, das nicht in allen Kulturen und Zeiten Gültigkeit beanspruchen kann, aber die Wichtigkeit der Gruppe nimmt im Entwicklungsverlauf zugunsten der Paarbildung ab.

22.3 Temperament und Persönlichkeit in entwicklungspsychologischer Perspektive

Schon früh in der individuellen Entwicklung von Kindern treten Eigenarten und Besonderheiten deutlich hervor, sodass man von einer »kleinen Persönlichkeit« spricht, wenn man Verhaltenseigentümlichkeiten eines Kleinkindes bezeichnen will.

Psychologen definieren Persönlichkeit als die individuellen psychologischen Eigenschaften eines Individuums, die über den Lauf der Zeit und über verschiedene Situationen hinweg relativ stabil sind (dazu auch ▶ Kap. 24). Sie zeigen sich z. B. in Fähigkeiten, Gewohnheiten, Werten, Einstellungen, im Selbstbild oder auch in Beziehungen zu anderen Menschen. Diese individuelle Art auf bestimmte Weise zu handeln, zu denken und zu fühlen, beruht auf einem einmaligen Muster von Temperament, Emotionen und kognitiven Fähigkeiten (als angeborenen Dispositionen), welches sich im Laufe der Zeit beeinflusst und modifiziert durch soziale Interaktionen und Prozesse weiterentwickelt. Unter Persönlichkeitsentwicklung wird in diesem Sinne die differenzielle Veränderung von Personen im intraindividuellen und interindividuellen Vergleich verstanden.

Bei der Persönlichkeitsentwicklung handelt es sich um ein typisches emergentes Phänomen, jeglicher Determinismus scheitert an der Entwicklungsdynamik. Viele Persönlichkeitsvariablen weisen in Kindheit und Jugend nur eine kurz- bis mittelfristige Stabilität und Kontinuität auf (für eine Darstellung der Stabilität im Lebensverlauf ▶ Kap. 20). Trotzdem kann man die angeborenen Dispositionen (Temperament, physiologische Reaktivität, Regulationskapazitäten) in ihrer interindividuellen Variabilität als Faktoren in der Entwicklung der Persönlichkeit betrachten, genauso wie bestimmte Erfahrungen geeignet sind, überzufällig häufig dazu passende Entwicklungsergebnisse hervorzubringen.

22.3.1 Temperament und Reaktivität

Temperament – als Sammelbegriff für die Besonderheiten in emotionalen und formalen Aspekten des Verhaltens – ist ein Teil der Persönlichkeit, der biologisch bedingt ist, sich schon im Säuglingsalter manifestiert, eine hohe Kontinuität über die Lebensspanne und eine enge Beziehung zu physiologischen Prozessen aufweist (auch ▶ Kap. 24). Der Begriff des Temperaments hat eine alltagssprachliche Bedeutung, die nicht ohne Wertung ist. Daher ziehen wir zur Definition die Orientierung an der Reaktivität vor, die Rothbart und Derryberry (1981) beschreiben: Beim Temperament handelt es sich um genetisch bedingte individuelle Unterschiede in der »Reaktivität und Selbstregulation«.

Die physiologische Reaktivität zeigt sich in der Schwelle der Erregbarkeit (Sensitivität des Kindes für Stimulation) und in der Intensität emotionaler Erregung. Kinder mit einer hohen Reaktivität sind empfänglicher für emotionale Erregung und erleben Emotionen sehr intensiv. Unter Selbstregulation verstehen die Autoren einen Prozess, der die Reaktivität modulieren kann und sich in individuellen Verhaltens- und Aufmerksamkeitsmustern von Annäherung und Vermeidung widerspiegelt.

Hoch reaktive Säuglinge sind für negative Emotionen anfälliger, was verdeutlicht, warum eine hohe physiologische Reaktivität häufig mit einer ausgeprägten negativen Emotionalität einhergeht. Die Emotionalität wirkt sich ebenso wie die Emotionsregulation auf soziale Informationsverarbeitungsprozesse aus, die für soziale Kontakte und Fertigkeiten als auch für Aufmerksamkeitsleistungen von Bedeutung sind. Die Schlussfolgerung, dass ein schwieriges Temperament des Säuglings oder Kindes unweigerlich zu Fehlentwicklungen und zur Ausbildung einer psychischen Störung führt, ist jedoch nicht gerechtfertigt.

22.3.2 Stabilität von Persönlichkeitsmerkmalen und Persönlichkeitstypen in Kindheit und Jugend

Persönlichkeitsmerkmale sind durch eine gewisse Stabilität gekennzeichnet, Entwicklung ist ein Prozess der Veränderung. Aus diesem Grunde ist die Definition der Persönlichkeitsentwicklung problematisch. Unter entwicklungspsychologischer Perspektive kann es also nicht um einzelne Merkmale gehen, die sich als stabil erweisen müssen.

Im Verlauf des Erwachsenenalters erweist sich empirisch die Intelligenz als relativ stabil, mittlere Stabilitäten im Lebensverlauf werden für fremdbeurteilte Temperamentseigenschaften berichtet, und Selbstwertgefühl sowie Lebenszufriedenheit zeigen die niedrigsten Stabilitätswerte. Je länger die Zeit zwischen beiden Tests, desto niedriger die Stabilitätswerte, und – in unserem Zusammenhang besonders wichtig – je früher der erste Messzeitpunkt, desto niedriger die Stabilität (Asendorpf, 2004).

Insbesondere im Jugendalter werden häufig Destabilisierungen beobachtet, gleichzeitig kann man Stabilität auch selbst als Eigenschaft der Person betrachten, d. h., es gibt Individuen mit hoher und solche mit niedriger Stabilität. Daher betrachtet man in der Persönlichkeitsentwicklung eher Typen, die Unterschiede auf möglichst hohem Niveau bündeln.

Zumindest drei verschiedene Typen der Persönlichkeit gelten in Kindheit und Jugend als replizierbar (Asendorpf, Borkenau, Ostendorf & van Aken, 2001; ▶ Übersicht). Diese Typisierung beruht auf Block und Block's »California Child Q-Set« und lässt sich auch mit den »Big Five« der Persönlichkeitspsychologie in Beziehung setzten, also den Dimensionen der emotionalen Instabilität, Extraversion, Liebenswürdigkeit, Gewissenhaftigkeit und Offenheit (ausführlich ▶ Kap. 24).

> **Replizierbare Persönlichkeitstypen (Asendorpf et al., 2001)**
> - Der **resiliente Typus** zeichnet sich durch eine hohe Ego-Resilienz (hohe emotionale Stabilität und kognitive sowie soziale Kompetenz) und mittlere Selbstkontrolle aus. Kinder dieses Typus haben hohe Werte auf allen Dimensionen der Big Five.
> - Der **überkontrollierte Typus** hat eine niedrige Ego-Resilienz und eine sehr ausgeprägte Selbstkontrolle, mit niedrigen Werten der Extraversion, mittlerer Offenheit, aber hohen Werten auf den anderen Dimensionen der Big Five.
> - Der **unterkontrollierte Typus** kombiniert niedrige Ego-Resilienz mit niedriger Selbstkontrolle, entsprechend sind die Werte auf Extraversion mittel bis hoch, Werte für Offenheit, Liebenswürdigkeit und Gewissenhaftigkeit niedrig, und es zeigen sich mittlere bis hohe Werte bei emotionaler Instabilität.

Diese Persönlichkeitstypen erlauben eine gewisse Vorhersage des psychosozialen Funktionierens, wobei die wahrgenommene soziale Unterstützung durch Familie und Peergroup einen moderierenden Einfluss ausübt (van Aken & Semon Dubas, 2004). Allgemein haben die Resilienten die wenigsten emotionalen oder schulischen Probleme, sie berichten befriedigende Beziehungen zu Eltern und Gleichaltrigen. Unterkontrollierte zeigen insbesondere Devianz, Aggressivität und antisoziales Verhalten. Gleichzeitig wird weniger elterliche oder Peer-Unterstützung berichtet. Gleichfalls geringe Unterstützung berichten Überkontrollierte, aber ihre hauptsächlichen Problemverhaltensweisen sind internalisierender Art, wie sozialer Rückzug, Isolation und ein geringes Selbstwertgefühl.

Eine deutlich höhere interindividuelle Stabilität von Persönlichkeitsdimensionen auf der Ebene von Variablen wird erst jenseits von 30 Jahren gefunden (McCrae & Costa,

1994). Die Typisierung, die hier geschildert wurde, weist immerhin bereits im Jugendalter eine gewisse Stabilität auf. Bei einem lockeren Kriterium sind etwa die Hälfte aller Jugendlichen über einen Dreijahreszeitraum als stabil zu klassifizieren (van Aken & Semon Dubas, 2004).

22.4 Fehlentwicklungen und Störungen emotionaler Regulation

Emotionen spielen auch bei psychischen Störungen eine wichtige Rolle. Ein langfristiges Ziel ist deshalb die Erforschung der Voraussetzungen und Folgen der emotionalen Dysregulation. Die empirischen Belege für spezifische Veränderungen der emotionalen Regulation bei emotionalen Störungen sind bis heute jedoch begrenzt. Emotionale Regulation sollte in dynamischer Sicht als ein permanent anhaltender Prozess auf einem Kontinuum von Regulation und Organisation konzeptualisiert werden (Walden & Smith, 1997).

Wenn Kinder in emotionsauslösenden Situationen ihre Reaktionen häufig nicht kontrollieren können, liegt eine emotionale Dysregulation vor, die aufgrund schlecht angepasster Verhaltensweisen Probleme nach sich ziehen kann.

Im Folgenden soll der Stand der Forschung zur Emotionsregulation in drei Bereichen psychischer Auffälligkeiten im Kindesalter dargestellt werden.

22.4.1 Schüchternheit

Gehemmtheit und Schüchternheit ist ein relativ häufiges Merkmal in der Kindheit. Schüchternheit wird in der Literatur gelegentlich als Temperamentsmerkmal bezeichnet, womit insbesondere die genetisch bedingten Komponenten betont werden sollen. Entsprechend hat Jerome Kagan kindliche Schüchternheit zu einem der stabilsten Merkmale erklärt (Kagan, Reznick & Snidman, 1987).

Schüchternheit zeigt sich insbesondere in Kontakt mit unbekannten Personen und sozialen Bewertungssituationen. Asendorpf (1989) hat allerdings darauf aufmerksam gemacht, dass zwei unterschiedliche Faktoren zur Schüchternheit beitragen können: neben dem Verhaltenshemmungssystem auch die häufige Erfahrung sozialer Ablehnung. Dementsprechend werden auch positive Effekte guter Tagesbetreuungseinrichtungen auf den Entwicklungsverlauf der Schüchternheit berichtet.

22.4.2 Fehlende Impulskontrolle und Hyperaktivität

Ärger, Wut und Verlust der Impulskontrolle treten bei Kindern im Rahmen von hyperkinetischen Störungen und Störungen des Sozialverhaltens auf, die beide den emotionalen Störungen untergeordnet sind.

Hyperkinetische Störungen müssen nach der DSM-IV Klassifikation (▶ Kap. 42) für die **Aufmerksamkeitsdefizit-/Hyperaktivitätsstörung** (ADHS) bereits vor dem Alter von 7 Jahren in mindestens zwei Bereichen (Schule, Familie) auftreten und klinisch bedeutsame Beeinträchtigungen mit sich bringen (dazu ein Diagnosebeispiel in ▶ Kap. 41). Nach dem DSM-IV werden drei Typen je nach Hauptsymptom der Störung unterschieden:

1. vorwiegend unaufmerksamer Typus,
2. vorwiegend hyperaktiv-impulsiver Typus und
3. ADHS-Mischtypus.

Die Angaben zur Prävalenz (Häufigkeit einer Störung) bei Kindern und Jugendlichen reichen von 2,6–5%, wobei Jungen deutlich häufiger betroffen sind. Durch die Symptome führt ADHS häufig zu weit reichenden Problemen in Schule, Familie und Gleichaltrigengruppen. Daneben weisen Kinder mit ADHS häufig noch weitere z. B. aggressive Verhaltensauffälligkeiten und Störungen des Sozialverhaltens (zwischen 13 und 60% je nach Kriterium) oder emotionale Störungen (z. B. Angststörungen) auf (▶ Übersicht).

Mögliche Begleit- und Folgesymptomatik bei Kindern mit ADHS

- Aggressiv-dissoziale Verhaltensauffälligkeiten
- Entwicklungsrückstände, Leistungsprobleme in der Schule, Schulverweigerung
- Beziehungsprobleme mit Erwachsenen, Ablehnung durch Gleichaltrige
- Emotionale Auffälligkeiten: depressive Befindlichkeit, Unsicherheit, mangelndes Selbstvertrauen

---

In Studien zu kognitiven Funktionen konnte gezeigt werden, dass Kinder mit ADHS im Vergleich zu einer Kontrollgruppe ohne ADHS deutliche Defizite bei den exekutiven Funktionen, insbesondere bei der Verhaltenshemmung (Inhibition) haben, die sich z. B. in Go-/No-Go-Aufgaben zeigen (Nigg, 2003). Eine weitere aktuelle Frage ist die nach komorbiden (gleichzeitig bestehenden anderen) Störungen. Defizite der exekutiven Funktionen bei Kindern mit ADHS scheinen unabhängig zu sein von komorbiden Störungen und von anderen Problemen der emotionalen Regulation. In Studien hatte nur eine kleine Untergruppe von Kindern mit ADHS, die zusätzlich aggressives Verhalten zeigte, auch Probleme in der emotionalen Regulation (Melnick & Hinshaw, 2000; Nigg, Hinshaw, Carte & Treuting, 1998). Die Vermutungen gehen dahin, dass bestimmte neuronale Strukturen und Neurotransmitter für die unterschiedlichen Defizite bei ADHS und ADHS mit zusätzlicher aggressiver Verhaltensauffälligkeit verantwortlich sind (Hinshaw, 2003).

Ein Zusammenhang mit negativer Emotionalität ist naheliegend; Kinder, die selbst mehr negative Emotionen erleben, können größere Schwierigkeiten haben, auf die Bedürfnisse anderer zu achten und ihre Aufmerksamkeit dementsprechend zu regulieren. Jungen mit ADHS im Vergleich zu Jungen ohne ADHS waren weniger einfühlsam und zeigten mehr negative Emotionen im Elternurteil (Braaten & Rosen, 2000). Insbesondere in Kombination mit Störungen des Sozialverhaltens erweisen sich Hyperaktivitätsstörungen als recht persistent und erfordern oft eine Fortsetzung der Behandlung bis ins Erwachsenenalter.

22.4.3 Angst und Ängstlichkeit

In der Psychologie wird unterschieden zwischen Angst als einem unangenehm erlebten, akuten Gefühlszustand, der meist als Reaktion auf eine komplexe Gefahrensituation auftritt, und Ängstlichkeit als Persönlichkeitseigenschaft, welche als Disposition angeboren oder durch die Sozialisation erworben (z. B. harte Bestrafungen, autoritärer elterlicher Erziehungsstil, elterliche Inkonsequenz etc.) sein kann. Ein gewisses Maß an Angst und Ängstlichkeit (»gesundes Misstrauen«) wird dabei als normal und sogar funktional für die Entwicklung und Lernfähigkeit insbesondere des Kindes angesehen.

Altersabhängig haben Kinder vor bestimmten Dingen Angst z. B. am Ende des 1. Lebensjahres die Angst vor Fremden (Fremdeln), im 2.–4. Lebensjahr die Angst vor Tieren und vor der Dunkelheit (Kinder trauen sich nicht, alleine ins Bett zu gehen) und im 4.–6. Lebensjahr haben Kinder oft Angst vor Fantasiegestalten (Monster, Gespenster). Im 7.–10. Lebensjahr beziehen sich die Ängste der Kinder auf die Schule, das eigene Versagen oder die Bewertung durch andere.

Eine gewisse Sonderstellung nimmt der **Pavor nocturnus** ein, ein nächtliches angsterfülltes Aufschrecken, das von bizarrem Verhalten begleitet ist und oft minutenlang andauert. Die betroffenen Kinder halluzinieren und scheinen in großer Not zu sein. Diese Erscheinung ist auch für die Erwachsenen belastend, die Kinder erinnern die Episode typischerweise am nächsten Morgen nicht. Der Pavor nocturnus tritt bei Kindern im Alter zwischen 4 und 12 Jahren auf, verschwindet in der Regel spontan wieder und zeigt im Auftreten eine leichte Beziehung zu allgemeinen Stressfaktoren aus Schule oder sozialem Umfeld.

Für die Diagnose einer **Angststörung** müssen Kinder über einen längeren Zeitraum und in starkem Ausmaß unter Angst leiden und z. B. durch Vermeidungs- und Fluchtverhalten in ihrem Alltag in Familie, Kindergarten bzw. Schule oder Freizeit beeinträchtigt sein. Die Prävalenz von Angststörungen allgemein beträgt im Kindesalter ungefähr 15%. Am häufigsten treten neben der Trennungsangst die generalisierte Angststörung und spezifische phobische Ängste, z. B. soziale Ängste, auf. Differenzialdiagnostisch muss die Trennungsangst gut von der Schulangst unterschieden werden; Letztere muss sich auf eine »erlebte Gefahr« in der Schule beziehen, z. B. Hänseln durch Mitschüler, Angst vor dem Lehrer oder Formen von Leistungsangst.

Generell ist die Prognose bei Ängstlichkeit im Kindesalter eher gut, wenn es gelingt, sekundäre Konsequenzen insbesondere der Schulangst zu vermeiden.

22.5 Intervention und Prävention: Trainingsprogramme zur Förderung der emotionalen Kompetenz

Im Hinblick auf die enorme Bedeutung der »emotionalen Kompetenz« für die psychische Gesundheit, das Sozialverhalten und den Schulerfolg von Kindern (Izard, 2002) erscheint die Unterstützung und Förderung der Entwicklung emotionaler Fertigkeiten (Wahrnehmung und Ausdruck von Emotionen, Emotionswissen, -verständnis und -regulation) durch gezielte präventive Interventionsmaßnahmen notwendig. Die in den letzten Jahren entwickelten Trainingsprogramme zielen vor allem auf Kindergarten- und Grundschulkinder ab, die in Institutionen dieser Art an entsprechenden Trainingsprogrammen teilnehmen können. Die meisten Trainingsprogramme zur Förderung emotionaler Kompetenzen im Vorschul- und Grundschulalter verfolgen Ziele wie z. B. ein offener Umgang mit Emotionen, eine differenzierte Wahrnehmung eigener Gefühle und der Gefühle anderer, verbessertes Emotionsvokabular, Emotionsverständnis und -wissen, eigenständige Emotionsregulation und Förderung von Einfühlungsvermögen (Überblick s. Petermann & Wiedebusch, 2003). Die Unterschiede zwischen verschiedenen Trainingsprogrammen bestehen einerseits hinsichtlich formaler Aspekte (z. B. Dauer, Häufigkeit und Intensität des Trainings sowie Strukturierungsgrad) und andererseits hinsichtlich vorliegender Evaluationsstudien.

Im deutschsprachigen Raum gibt es bislang keine Intervention, die ausschließlich die emotionale Kompetenz von Kindern fördert. Eine Reihe von Interventionen berücksichtigt jedoch die Förderung von emotionalen Fertigkeiten neben anderen z. B. sozialen Kompetenzen. An dieser Stelle sind auch Programme zu nennen, die sich an Kinder wenden, die ein erhöhtes Risiko für eine gestörte emotionale Entwicklung aufweisen, wie z. B. Trainings für aggressive Kinder, für sozialunsichere und ängstliche Kinder oder für Kinder mit Aufmerksamkeitsstörungen. Im Folgenden soll als Beispiel für eine spezialisierte Interventionsmaßnahme das Programm »Faustlos« vorgestellt werden (► Kasten).

22

»Faustlos« – ein Programm zur Förderung sozial-emotionaler Kompetenzen bei Kindern

»Faustlos« (Cierpka, 2003) ist ein Programm, das durch die Förderung sozial-emotionaler Kompetenzen bei Kindern zur Stärkung ihrer Konfliktfähigkeit beiträgt und als ein elementarer Bestandteil in der Gewalt- und psychosozialen Prävention gilt. Es hat sich herausgestellt, dass Kinder mit guten Fähigkeiten in der Konfliktlösung in heftigen Auseinandersetzungen mit größerer Wahrscheinlichkeit nicht zur Gewalt greifen. Von daher sieht das Curriculum »Faustlos« für Kinder von 4–12 Jahren die altersadäquate Förderung von Einfühlungsvermögen und Impulskontrolle vor sowie die Vermittlung von altersangemessenen Fä-

higkeiten im Umgang mit negativen Emotionen wie Ärger und Wut. Diese drei Bereiche sind in Lektionen unterteilt, die im Kindergarten (28 Lektionen) und in der Grundschule (51 Lektionen) von den Lehrkräften unterrichtet werden.

Die Evaluation von »Faustlos« (Schick & Cierpka, 2003) hat gezeigt, dass neben den Effekten auf der Verhaltensebene vor allem auf der emotionalen Ebene positive Entwicklungen von Kindern angestoßen werden können. Durch die »Faustlos«-Lektionen wurde die Ängstlichkeit und die Internalisierungstendenz der unterrichteten Grundschulkinder deutlich reduziert. Die Einschätzung des außerschulischen Verhaltens durch die Eltern belegt einen Transfereffekt auf außerschulische Kontexte.

Literatur

Referenzliteratur

Ahnert, L. (Hrsg.). (2004). *Frühe Bindung: Entstehung und Entwicklung*. München: Reinhardt.

Asendorpf, J.B. (2004). *Psychologie der Persönlichkeit* (3. Aufl.). Berlin: Springer.

Damon, W. (1984). *Die soziale Welt des Kindes*. Frankfurt, Suhrkamp.

Friedlmeier, W. & Holodynski, M. (Hrsg.). (1999). *Emotionale Entwicklung*. Heidelberg: Spektrum.

Keller, H. (Hrsg.). (1998). *Lehrbuch Entwicklungspsychologie*. Bern, Huber.

Zitierte Literatur

Ainsworth, M.D.S. & Wittig, B.A. (1969). Attachment and exploration behavior of one-year-olds in a strange situation. In B.M. Foss (Ed.), *Determinants of infant behavior* (Vol. IV, pp. 111–136). London: Methuen.

Ainsworth, M.D.S., Blehar, M.C., Waters, E. & Wall, S. (1978). *Patterns of attachment: a study of the strange situation*. Hillsdale, NJ: Erlbaum.

Asendorpf, J.B. (1989). Shyness as a final common pathway for two different kinds of inhibition. *Journal of Personality and Social Psychology, 57*, 481–492.

Asendorpf, J.B. (2004). *Psychologie der Persönlichkeit* (3. Aufl.). Berlin: Springer.

Asendorpf, J.B., Borkenau, P., Ostendorf, F. & Van Aken, M.A.G. (2001). Carving personality description at its joints: confirmation of three replicable personality prototypes for both children and adults. *European Journal of Personality, 15* (3), 169–198.

Belsky, J., Steinberg, L. & Draper, P. (1991). Childhood experience, interpersonal development, and reproductive strategy: an evolutionary theory of socialization. *Child Development, 62* (4), 647–670.

Braaten, E.B. & Rosen, L.A. (2000). Self-regulation of affect in attention deficit-hyperactivity disorder (ADHD) and non-ADHD boys: differences in empathic responding. *Journal of Consulting and Clinical Psychology, 68* (2), 313–321.

Campos, J.J., Campos, R.G. & Barrett, K. (1989). Emergent themes in the study of emotional development and emotion regulation. *Developmental Psychology, 25*, 394–402.

Cierpka, M. (2003). Sozial-emotionales Lernen mit FAUSTLOS. *Psychotherapeut, 48*, 247–254.

Cole, M. & Cole, S.R. (1996). *The development of children* (3rd ed.). New York: Freeman.

Davidson, R.J. (1985). Affect, cognition, and hemispheric specialization. In C.E. Izard, J. Kagan & R.B. Zajonc (Eds.), *Emotion, cognition and behavior* (pp. 320–365). Cambridge, MA: Cambridge University Press.

Gallese, V., Fadiga, L., Fogassi, L. & Rizzolatti, G. (1996). Action recognition in the premotor cortex. *Brain, 119*, 593–609.

Goren, C.C., Sarty, M. & Wu, P.Y. (1975). Visual following and pattern discrimination of face-like stimuli by newborn infants. *Pediatrics, 56* (4), 544–549.

Gunnar, M.R., Porter, F.L., Wolf, C.M., Rigatuso, J. & Larson, M.C. (1995). Neonatal stress reactivity: Predictions to later emotional temperament. *Child Development, 66* (1), 1–13.

Harris, J.R. (1998). *The nurture assumption: Why children turn out the way they do*. New York: Free Press.

Hinshaw, S.P. (2003). Impulsivity, emotion regulation, and developmental psychopathology: specifity versus generality of linkages. *Annals of the New York Academy of Sciences, 1008*, 149–159.

Izard, C.E. (2002). Translating emotion theory and research into preventive interventions. *Psychological Bulletin, 128* (5), 796–824.

Izard, C.E. & Malatesta, C.Z. (1987). Emotional development in infancy. In J. Osofsky (Ed.), *Handbook of infant development* (2nd ed., pp. 494–554). New York: Wiley.

Kagan, J., Reznick, J.S. & Snidman, N. (1987). The physiology and psychology of behavioral inhibition in children. *Child Development, 58* (6), 1459–1473.

Keller, H. (2000). Developmental Psychology I: Prenatal to adolescence. In K. Pawlik & M. Rosenzweig (Eds.), *International Handbook of Psychology* (pp. 235–260). London: Sage.

Keller, H., Lohaus, A., Völker, S., Cappenberg, M. & Chasiotis, A. (1999). Temporal contingency as an independent component of parenting behavior. *Child Development, 70* (2), 474–485.

Magai, C. & McFadden, S.H. (1995). *The role of emotions in social and personality development: History, theory, and research*: New York: Plenum Press.

McCrae, R.R. & Costa, P.T. (1994). The stability of personality: Observations and evaluations. *Current Directions in Psychological Science, 3*, 173–175.

Melnick, S.M. & Hinshaw, S.P. (2000). Emotion regulation and parenting in AD/HD and comparison boys: Linkages with social behaviors and peer preference. *Journal of Abnormal Psychology, 28*, 73–86.

Meltzoff, A.N. (1999). Born to learn: What infants learn from watching us. In N.A. Fox, L.A. Leavitt & J.G. Warhol (Eds.), *The role of early experience in infant development*. Skillman, NJ: Pediatric Institute Publication.

Meltzoff, A.N. & Decety M. J. (2003). What imitation tells us about social cognition: a rapprochement between developmental psychology and cognitive neuroscience. *Philosophical transactions of the Royal Society of London. Series B, Biological Sciences, 358*, 491–500.

Meltzoff, A.N. & Moore, M. (1977). Imitation of facial and manual gestures by human neonates. *Science, 198* (4312), 75–78.

Morton, J. & Johnson, M.H. (1991). Conspec and Conlearn: a two-process theroy of face recognition. *Psychological Review, 89*, 164–181.

Nigg, J.T. (2003). Response inhibition and disruptive behaviors: toward a multiprocess conception of etiological heterogeneity for ADHD combined type and conduct disorder early-onset type. *Annals of the New York Academy of Sciences, 1008*, 170–182.

Nigg, J.T., Hinshaw, S.P., Carte, E.T. & Treuting, J. (1998). Neuropsychological correlates of childhood attention-deficit/hyperactivity disorder: explainable by comorbid disruptive behavior or reading problems? *Journal of Abnormal Psychology, 107*(3), 468–480.

Panksepp, J. (1998). *Affective neuroscience*. New York: Oxford University Press.

Papez, J.W. (1937). A proposed mechanism of emotion. *Archives of Neurology and Psychiatry, 38*, 725–743.

Pascalis, O., de Schonen, S., Morton, J., Deruelle, C. & Fabre, G.M. (1995). Mother's face recognition by neonates: A replication and an extension. *Infant Behavior and Development, 18* (1), 79–85.

Petermann, F. & Wiedebusch, S. (2003). *Emotionale Kompetenz bei Kindern* (Bd. 7). Göttingen: Hogrefe.

Porges, S.W. (2001). The polyvagal theory: phylogenetic substrates of a social nervous system. *International Journal of Psychophysiology, 42*, 123–145.

Rizzolatti, G., Fadiga, L., Fogassi, L. & Gallese, V. (2002). From mirror neurons to imitation: facts and speculations. In W. Prinz, A.N. Meltzoff & Andrew N. (Eds.), *The imitative mind: Development, evolution, and brain bases*. (pp. 247–266). New York: Cambridge University Press.

Rothbart, M.K. & Derryberry, D. (1981). Development of individual differences in temperament. In M.E. Lamb & A.L. Brown (Eds.), *Advances in developmental psychology* (Vol. 1, pp. 37–86). Hillsdale, NJ: Erlbaum.

Schick, A. & Cierpka, M. (2003). Faustlos: Evaluation eines Curriculums zur Förderung sozial-emotionaler Kompetenzen und zur Gewaltprävention in der Grundschule. *Kindheit und Entwicklung, 12*(2), 100–110.

Tucker, D.M., Derryberry, D. & Luu, P. (2000). Anatomy and physiology of human emotion: vertical integration of brain stem, limbic, and cortical systems. In J.C. Borod (Ed.), *The neuropsychology of emotion* (pp. 57–79). Oxford: Oxford University Press.

van Aken, M.A.G. & Semon Dubas, J. (2004). Personality type, social relationships, and problem behavior in adolescence. *European Journal of Developmental Psychology, 1* (4), 331–348.

Walden, T.A. & Smith, M.C. (1997). Emotion regulation. *Motivation and Emotion, 21* (1), 7–25.

Wimmer, H. & Perner, J. (1983). Beliefs about beliefs: representation and constraining function of wrong beliefs in young children's understanding of deception. *Cognition, 13* (1), 103–128.

23 Differentielle Psychologie: Leistungsfunktionen

A. Neubauer, A. Fink

Seit jeher schon war die Erfassung psychischer Leistungsfunktionen, etwa der menschlichen Intelligenz, ein zentrales Thema innerhalb der empirisch-wissenschaftlichen Psychologie. So kann es vermutlich wohl als *die* Errungenschaft der Pioniere der Intelligenzforschung angesehen werden, interindividuelle Unterschiede in psychischen Funktionen überhaupt erst messbar, erfassbar und somit auch der Forschung zugänglich gemacht zu haben. Die Analyse kognitiver Leistungsfunktionen – insbesondere der menschlichen Intelligenz – zählt seit den Forschungsarbeiten von Francis Galton, der sich bereits in der Mitte des 19. Jahrhunderts in seinem eigens dafür gegründeten »anthropometrischen Laboratorium« über die Analyse von Reaktionszeiten in einfachen sensorischen und kognitiven Aufgaben Aufschlüsse über interindividuelle Unterschiede in der Intelligenz erhoffte, nach wie vor zu den prominentesten Forschungsgegenständen innerhalb der modernen Differentiellen Psychologie. Mittlerweile ist – wie in diesem Kapitel gezeigt werden soll – von sehr unterschiedlichen psychischen Leistungsfunktionen die Rede. Von sozial-emotionalen Fähigkeiten über praktisches Verständnis bis hin zu divergent-assoziativen (kreativen) Fähigkeiten reicht hier das Spektrum. Im vorliegenden Kapitel soll auf die vielfältige und unterschiedliche Natur dieser Leistungsfunktionen eingegangen werden.

23.1 Intelligenz

»Die allgemeine Intelligenz g stellt unbestritten die wichtigste Determinante zur Vorhersage der Fähigkeit, sich in verschiedensten wichtigen sozialen Rollen unserer Gesellschaft erfolgreich zu verhalten, dar« (Brody, 1999, S. 24, Übers. v. Verf.).

Auch wenn die herausragende Bedeutung der Intelligenz für den privaten sowie beruflichen Erfolg eines Menschen unumstritten scheint, so bestehen dennoch Unklarheiten darüber, worin genau intelligentes Verhalten besteht. Was verbirgt sich hinter dem Intelligenzquotienten (IQ) einer Person? Ist Intelligenz gleichzusetzen mit Klugheit, Weisheit, Begabung oder Wissen?

Fest steht, dass Intelligenz ein theoretisches, nicht direkt beobachtbares Konstrukt ist. Somit scheint der Operationalisierung bzw. Messung der menschlichen Intelligenz nicht nur im Hinblick auf die Bestimmung der individuellen Merkmalsausprägung, sondern insbesondere auch im Hinblick auf die Definition von Intelligenz eine entscheidende Bedeutung zuzukommen.

23.1.1 Messung von Intelligenz

Die Anfänge einer systematischen Messung der menschlichen Intelligenz werden sehr häufig mit den Arbeiten der französischen Psychologen Alfred Binet, Victor Henri und Theodore Simon zu Beginn des letzten Jahrhunderts in Verbindung gebracht. Mit unterschiedlichen Testaufgaben, etwa Aufgaben zum Gedächtnis, zur Vorstellungskraft, Aufmerksamkeit, Willensstärke oder zu motorischen Fähigkeitsbereichen versuchten Simon und Binet, zwecks Feststellung eines allfälligen sonderpädagogischen Förderbedarfs (Einweisung in eine Sonderschule), normal begabte von minder begabten bzw. retardierten Kindern zu unterscheiden. Als Maß für die Intelligenz wurde hierbei das sog. Intelligenzalter (IA) definiert, welches mit dem Lebensalter (LA) der getesteten Kinder in Beziehung gesetzt wurde. Dabei wurden für jede Altersstufe Aufgaben ausgewählt, die von der Mehrzahl der getesteten Personen der jeweiligen Altersstufe gelöst wurden. Kinder, die weniger Aufgaben lösten, hätten demnach ein niedrigeres Intelligenzalter, Kinder, die Aufgaben höherer Altersstufen lösten, ein höheres.

Angesichts der starken Sprach- bzw. Bildungsabhängigkeit der von Binet und Simon entwickelten Testaufgaben blieb diese Methode der Intelligenzmessung nicht unumstritten. Auch der Umstand, dass eine bestimmte Differenz zwischen Intelligenz- und Lebensalter auf unterschiedlichen Altersstufen etwas völlig anderes bedeuten kann, etwa die unterschiedliche Bedeutung eines Rückstandes von einer IA-Einheit bei einem 12-Jährigen gegenüber einem 5-Jährigen, zeigt sehr deutlich die Grenzen diesen Ansatzes auf.

Um die Weiterentwicklung dieser Methode hat sich schließlich der Hamburger Psychologe William Stern (▶ Kurzbiographie), der auch den noch heute gebräuchlichen Terminus **Intelligenzquotient** (IQ) geprägt hat, verdient gemacht.

William Stern prägte mit seiner **Personalistischen Psychologie** wie kaum ein anderer die moderne Differentielle Psychologie. Unterschiede zwischen Personen, die gelegentlich in Studien auftraten, wurden vielfach als »Fehlervarianz« interpretiert und stellten sich im Hinblick auf die Formulierung allgemein gültiger Gesetzmäßigkeiten über das menschliche Verhalten eher als hinderlich heraus. Die Erforschung individueller Unterschiede erhielt durch Stern den Status einer eigenen, unabhängigen psychologischen Disziplin, zudem charakterisierte er **Individualität** als *das* psychologische Problem des 20. Jahrhunderts. Sterns weit über das Fach hinaus bekannt gewordener Beitrag zur wissenschaftlichen Psychologie besteht in der Prägung des noch heute üblichen Begriffes des **Intelligenzquotienten**. So kam in seinem 1912 erschienenen Buch »The Psychological Methods of Intelligence Testing« erstmals die Idee zum Ausdruck, die Ergebnisse aus Intelligenztests in Form einer einzigen Zahl – dem Intelligenzquotienten (IQ) – auszudrücken.

William Stern

William Stern wurde 1871 in Berlin geboren. Sein Studium der Psychologie an der Universität Berlin schloss er 1893 ab (Promotion). Im Jahr 1904 war er Gründungsmitglied der »Deutschen Gesellschaft für Psychologie«. Von 1897 bis 1916 hatte er an der Universität Breslau einen Lehrstuhl für Pädagogik inne. Danach wechselte er an das Allgemeine Vorlesungswesen Hamburg, wo er von 1916 bis 1933 den Lehrstuhl für Psychologie bekleidete und ab 1919 die Leitung des Psychologischen Instituts der neu gegründeten Universität Hamburg übernahm. 1933 von den Nationalsozialisten entlassen, emigrierte er in die Niederlande und später in die USA; dort war er bis zu seinem Tod im Jahre 1938 Professor an der Duke University in Durham (North Carolina).

Sterns zentrale Bedeutung innerhalb der Psychologie besteht darin, die Differentielle Psychologie als wissenschaftliche Disziplin gegründet zu haben.

Stern warnte allerdings schon damals, dass ein im Test erhaltener Wert nicht als absolute, eindeutige Bestimmung der »wahren« Intelligenz einer Person zu interpretieren sei, sondern vielmehr als grobe quantitative Abschätzung derselben. Außerdem betonte er, dass es keine absolute phänomenologische Äquivalenz zweier Testwerte geben könne; auch wenn sich zwei Personen in der Fähigkeit, sich neuen Situationen oder Bedingungen des Lebens anzupassen (Sterns Sichtweise von Intelligenz), nicht unterscheiden (teleologische Äquivalenz ihrer Intelligenzen), so können sie sich aber sehr wohl in ihren Zugängen, sich diesen neuen Situationen anpassen, unterscheiden (phänomenologische Disäquivalenz ihrer Intelligenzen).

Mit der Einführung des IQ brach zweifelsohne ein neues Zeitalter in der Intelligenzforschung an. Nicht nur dass mit dem IQ nun ein Maß für Spearmans »g« (▶ unten) zur Verfügung stand, Intelligenztestergebnisse konnten von nun an auch umfangreichen statistischen Analysen (Korrelationsanalysen) zugeführt werden. Seit diesem Zeitpunkt – »…for better or for worse, the IQ was here to stay« (Fancher, 1985, S. 104) – ist die IQ-Testung zum großen Geschäft sowie zum fixen Bestandteil des öffentlichen Bewusstseins geworden.

Stern definiert den IQ als den Quotienten aus Intelligenzalter und Lebensalter, wobei dieser Quotient mit 100 multipliziert wird:

IQ = (Intelligenzalter/Lebensalter) × 100

Das Konzept des Intelligenzalters bzw. die damit verbundene Form der Intelligenzbestimmung konnte sich allerdings nicht durchsetzen, da sie eine lineare Zunahme der Intelligenztestleistungen mit wachsendem Lebensalter voraussetzt, eine Annahme, die angesichts aktueller Befunde zu altersbedingten Veränderungen intellektueller Leistungen nicht mehr zu halten war. Heutzutage wird der IQ einer Person über einen Vergleich der individuellen Intelligenztestleistung (individueller Rohwert bzw. x) mit den Leistungen einer altersgleichen Stichprobe (Rohwerteverteilung der Normstichprobe) geschätzt:

IQ = 100 + 15 [(x – M)/s] ,

wobei M und s den Mittelwert sowie die Standardabweichung der empirisch ermittelten Rohwerte in der altersgleichen Normstichprobe repräsentieren.

23.1.2 Struktur der Intelligenz

Unterschiedliche Konzeptionen zur Intelligenz unterscheiden sich vor allem im Ausmaß, inwieweit Intelligenz als einheitliches, in sich geschlossenes Merkmal (allgemeine Intelligenz) oder als Sammelbegriff für eine Reihe von Teilfähigkeiten bzw. Teilbegabungen, die teils einzeln, teils in Kombination mit anderen Teilleistungen für die zahlreichen interindividuellen Leistungsunterschiede im kognitiven Bereich verantwortlich sind, interpretiert wird.

Spearmans Zwei-Faktoren-Theorie
Die Anfänge der psychometrisch orientierten Intelligenzforschung sind untrennbar mit dem Namen Charles Spearman (▶ Kurzbiographie) verbunden.

Spearmans Interesse an der menschlichen Intelligenz geht vor allem auf den Einfluss von Francis Galton zurück. Vor allem Galtons Ansicht, dass sich interindividuelle Unterschiede in der Intelligenz auch in Unterschieden in sensorischen Fähigkeiten widerspiegeln sollten, übte starken Einfluss auf Spearman aus. Er experimentierte in einer kleinen Dorfschule, erhob unterschiedlichste Maße für die Intelligenz (teils sensorische Diskriminationsaufgaben, teils Lehrer- sowie Gleichaltrigeneinschätzungen) und kam zu dem Schluss, dass diese »intellektuellen Variablen« stets positiv interkorrelierten.

Mit seiner 1904 in der Zeitschrift »American Journal of Psychology« veröffentlichten Zwei-Faktoren-Theorie der Intelligenz übte er schließlich einen außerordentlich nachhaltigen und lang andauernden Einfluss auf die gesamte

Charles Spearman

Charles Spearman wurde 1863 in London geboren. Nachdem er 15 Jahre als Offizier in der britischen Armee diente, entschloss sich Spearman im Alter von 34 Jahren, seine Laufbahn bei der Armee zugunsten eines Studiums bei Wilhelm Wundt (Leipzig) aufzugeben, der mit seiner »voluntaristischen Psychologie« eine eher antiassoziationistisch orientierte Psychologie vertrat, in der vor allem auch internale Merkmale der Person (Intentionen, Motive) betont wurden. Nachdem er 1906 sein Studium abschloss, wurde er Nachfolger von William McDougall am University College London. Als 1928 die Abteilung für Psychologie gegründet wurde, wurde Spearman zum Professor der Psychologie ernannt. Spearman blieb am University College London bis zu seiner Pensionierung im Jahr 1931. 1945 starb Spearman 82-jährig in London.

Spearman wurde vor allem durch seine im Jahre 1904 veröffentlichten Zwei-Faktoren-Theorie der Intelligenz bekannt.

Intelligenzforschung aus. Nicht nur, dass der überwiegende Anteil der Forschung zur menschlichen Intelligenz direkt oder indirekt auf Spearmans g Bezug nimmt, mit seiner Interpretation von g als »brain power«, als generellem Ausmaß an mentaler Energie, die für die interindividuellen Leistungsunterschiede in allen möglichen intellektuellen Leistungen verantwortlich gemacht wird, skizzierte er schon zu seiner Zeit, was heute – ein Jahrhundert später – mit modernen psychophysiologischen Messmethoden untersucht wird, nämlich die physiologische Basis der Intelligenz.

Im Rahmen seiner Zwei-Faktoren-Theorie der Intelligenz formalisierte Charles Spearman (1904) seine Vorstellungen im Hinblick auf die Struktur der Intelligenz. Spearman ging davon aus, dass jede Intelligenztestleistung (d. h. Leistung in unterschiedlichen Tests oder Aufgaben, $T_1 \ldots T_n$ in ▪ Abb. 23.1a) jeweils immer auf zwei Faktoren beruhe:
a) einem Anteil, der auf die »general mental ability« (g) zurückzuführen ist sowie
b) einem spezifischen Anteil (s) des jeweiligen Tests.

Spearmans Ansatz (g) liegt hierbei das empirische Faktum zugrunde, dass zwischen unterschiedlichen intellektuellen

Teilfähigkeiten oder -leistungen statistisch gesehen immer moderate positive Zusammenhänge bestehen (»positive manifold«), d. h., wer in einer bestimmten kognitiven Domäne über hohe Fähigkeiten verfügt (z. B. hohe sprachliche Fähigkeiten), ist zumeist auch in anderen kognitiven Bereichen (z. B. visuell-räumlich) gut.

Die Faktorenanalyse als methodischer Zugang

Für Spearman sowie für die nachfolgend vorgestellten Proponenten einer empirisch begründeten Persönlichkeitsforschung stellte die Faktorenanalyse die zentrale Forschungsmethode dar. Die Faktorenanalyse ist ein mathematisch-statistisches Verfahren, bei dem ausgehend von den Interkorrelationen mehrerer Merkmale oder Variablen die minimale Anzahl an (untereinander möglichst gering korrelierenden) Faktoren ermittelt wird, die notwendig ist, um den gleichen Sachverhalt kürzer, ökonomischer bzw. prägnanter darzustellen (s. dazu ausführlicher Pawlik, 1968).

Auch wenn der Einsatz faktorenanalytischer Techniken maßgeblich zum Output der Persönlichkeitsforschung des letzten Jahrhunderts beigetragen hat, so stellt die Vielzahl der unterschiedlichen Techniken gleichzeitig auch ein Hindernis im Hinblick auf die Vergleich- bzw. Interpretierbarkeit vorliegender empirischer Befunde dar. Vor allem die Frage nach der Generalität vs. Spezifität eines Persönlichkeitskonstrukts, wie hier am Beispiel der Intelligenz sehr deutlich wird, dürfte je nach Einsatz unterschiedlicher Techniken, etwa orthogonaler (bei der Unkorreliertheit der ermittelten Faktoren angestrebt wird) vs. schiefwinkeliger Rotationen der Faktoren, bei der die Korreliertheit der ermittelten Faktoren in Kauf genommen wird, ganz unterschiedlich beantwortet werden.

Thurstones Modell gemeinsamer Primärfaktoren

Vor diesem Hintergrund ist auch Thurstones (1938) Modell mehrerer gemeinsamer Faktoren zu sehen. Zentrale Annahme von Thurstones Modell ist, dass die erfolgreiche Bewältigung von Intelligenztestaufgaben nicht – und damit nimmt er eine Gegenposition zu Spearman ein – von einem Generalfaktor, sondern, wie Thurstone mit dem Verfahren der multiplen Faktorenanalyse zeigen konnte, von mehreren, sog. »primären« Intelligenzfaktoren abhängig ist (◘ Abb. 23.1b). Hierzu zählen:

1. verbales Verständnis, etwa das Erfassen von Wortbedeutungen (v, »verbal comprehension«),
2. Wortflüssigkeit oder die Leichtigkeit der Wortfindung (w, »word fluency«),
3. Rechenfähigkeit (n, »number«),
4. räumliches Vorstellungsvermögen (s, »space«),
5. Merkfähigkeit (m, »memory«),
6. Wahrnehmungs- und Auffassungsgeschwindigkeit (p, »perceptual speed, «) sowie
7. schlussfolgerndes Denken (r, »reasoning«).

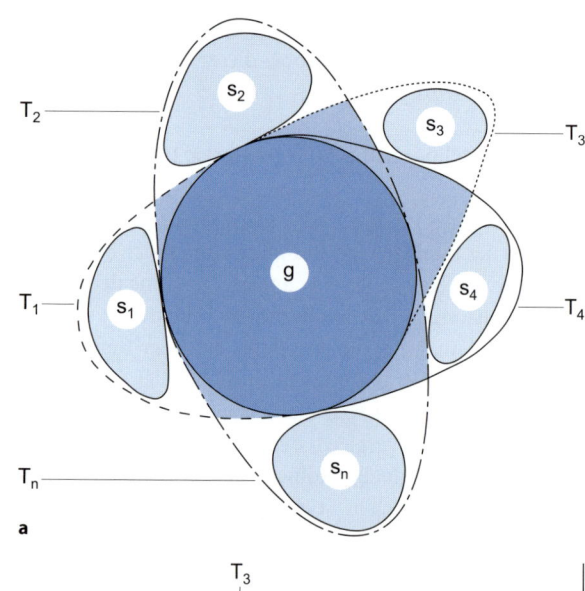

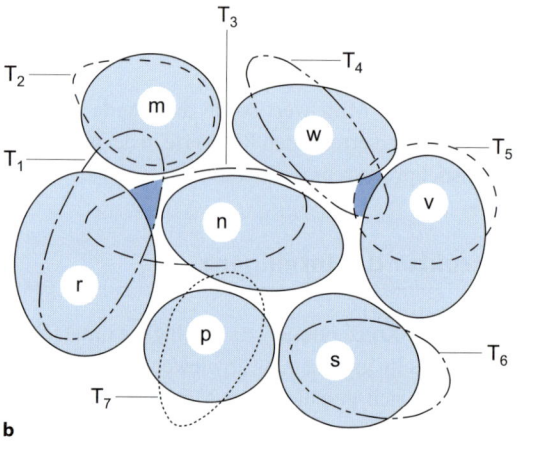

◘ **Abb. 23.1a,b.** Schematische Darstellung von Spearmans Zwei-Faktoren-Theorie (**a**) und Thurstones Modell gemeinsamer Primärfaktoren (**b**); *T* Test, *g* »general mental ability«, *s* spezifischer Testanteil; *v* verbales Verständnis, *w* Wortflüssigkeit, *n* Rechenfähigkeit, *s* räumliches Vorstellungsvermögen, *m* Merkfähigkeit, *p* Wahrnehmungs- und Auffassungsgeschwindigkeit, *r* schlussfolgerndes Denken

Tests, die sich (partiell) an Thurstones Modell orientieren sind im deutschen Sprachraum das »Leistungsprüfsystem« (LPS) von Horn (1983) oder der »Intelligenzstrukturtest« (IST 2000-R) von Amthauer, Brocke, Liepmann und Beauducel (2001).

Cattells Modell der fluiden und kristallisierten Intelligenz

Eine Synthese aus Spearmans Zwei-Faktoren-Theorie und Thurstones Modell mehrerer gemeinsamer Primärfaktoren stellt Cattells (1963) Modell der fluiden und kristallisierten Intelligenz dar, welches er auf der empirischen Grundlage von Sekundäranalysen (d. h. Faktorenanalysen höherer Ordnung) unterschiedlicher Primärfaktoren (oder Faktoren 1. Ordnung) der Intelligenz entwickelte. Ausgangspunkt hierfür war der Umstand, dass bedingt durch die schiefwinkelige Rotation der Faktoren Korrelationen zwischen denselben zugelassen wurden, wodurch sich Faktoren höherer Ordnung gewinnen ließen, die breitere, abstraktere Persönlichkeitseigenschaften repräsentieren.

Als **kristallisierte Intelligenz** wird hierbei die Fähigkeit angesehen, erworbenes (kristallisiertes) Wissen auf unterschiedliche Problemlösungen anzuwenden, d. h. kristalline Intelligenztestleistungen sind somit abhängig von der Sozialisation (Erziehung, Bildung) der getesteten Personen. Im Gegensatz dazu sind fluide Intelligenzaspekte verhältnismäßig erziehungs- bzw. bildungsunabhängig. **Fluide Intelligenz** bezieht sich auf die Fähigkeit, neuartige Probleme zu lösen, ohne dabei auf besonderes Wissen zurückzugreifen. Die beiden Intelligenzfaktoren werden mit unterschiedlichen Tests erfasst: Fluide Intelligenz häufig mit eher sprach- bzw. bildungsunabhängigen – also im weitesten Sinne »kulturfairen« Intelligenztests (z. B. »Matrizentest« von Raven; »Culture Free Test« bzw. »Culture Fair Test« von Cattell), kristallisierte Intelligenz hingegen zumeist mit sprachgebundenen Tests (einen Zugang, der diese »Konfundierung« aufzulösen versucht, stellt der IST-2000-R, ► oben, dar).

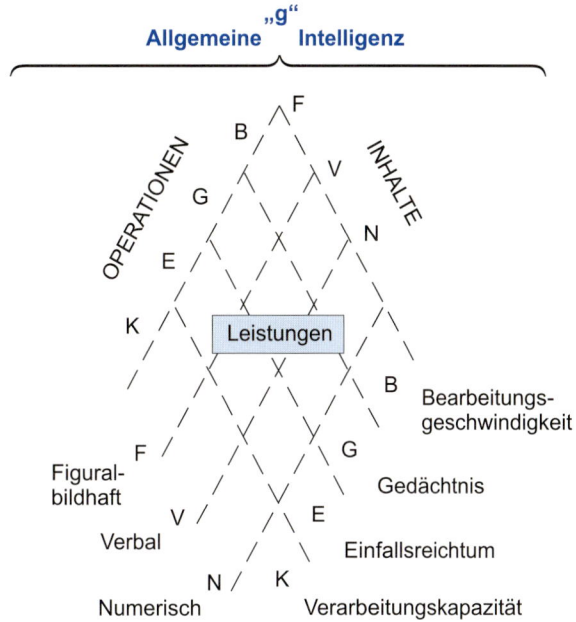

□ **Abb. 23.2.** Berliner Intelligenzstrukturmodell

Guilfords Intelligenzstrukturmodell

Das Bemühen, die Vielzahl der in der faktorenanalytisch begründeten Persönlichkeitsforschung vorgestellten Einzelfaktoren systematisch zu ordnen, kann Guilford (1967) zugeschrieben werden. Im Rahmen seines Intelligenzstrukturmodells unterscheidet er – in Analogie zum herkömmlichen Stimulus-Organismus-Response Paradigma – zwischen Input- (Inhalts-), Operations- und Outputvariablen. Inhalte werden in Guilfords Modell in figurale, symbolische, semantische sowie verhaltensmäßige untergliedert. Auf der Seite der Produkte (Output) differenziert er Einheiten, Klassen, Beziehungen, Systeme, Transformationen und Implikationen. Als Operationsprozesse, die gleichsam zwischen Input- und Outputvariablen vermitteln, führt Guilford schließlich Kognition, Gedächtnis, Evaluation, divergente Produktion und konvergente Produktion an. Durch die Kombination von 4 Inhalten mit 5 Operationen und 6 Produkten ergeben sich schließlich 120 unterschiedliche Intelligenzfaktoren, die eine große Bandbreite kognitiver Leistungsfunktionen abdecken.

Jägers Berliner Intelligenzstrukturmodell

Im deutschsprachigen Raum hat sich vor allem Jäger (1984) um die faktorenanalytische Differenzierung intellektueller Fähigkeiten verdient gemacht. Im Rahmen seines Berliner Intelligenzstrukturmodells (BIS) schlug er eine Differenzierung intellektueller Fähigkeitsbereiche entlang einer **operativen** sowie einer **inhaltsgebundenen** Facette vor (□ Abb. 23.2).

Zu den operativen Fähigkeiten zählen Verarbeitungskapazität, d. h. Kapazität der Verarbeitung komplexer Informationen bei Aufgaben, die nicht auf Anhieb zu lösen sind, des

weiteren Einfallsreichtum (flexible Ideenproduktion), Gedächtnis (Merkfähigkeit, kurzfristiges Einprägen von Information) sowie Bearbeitungsgeschwindigkeit (Arbeitstempo, Auffassungsleichtigkeit). Inhaltsgebundene Fähigkeiten werden in sprachgebundenes (verbales), zahlengebundenes (numerisches) sowie anschauungsgebundenes (figural-bildhaftes) Denken untergliedert. Diese Bereiche können mit dem von Jäger, Süß und Beauducel, (1997) konstruierten »Berliner Intelligenzstrukturtest-4« (BIS-4) erfasst werden.

Carrolls »Three-stratum«-Theorie der Intelligenz

Das bislang auf der größten Datenbasis beruhende Intelligenzmodell wird von John B. Carroll (1993) vorgestellt. Ausgangspunkt für Carrolls sog. »Three-stratum«-Theorie zur Intelligenz bildeten gemeinsame Re-Analysen (Faktorenanalysen) von knapp über 450 einschlägigen Datensätzen aus der Intelligenzforschung. In □ Abb. 23.3 sind Carrolls wichtigste Ergebnisse dargestellt.

Unter einem g-Faktor an der Spitze liegen auf der zweiten Ebene Faktoren wie fluide und kristalline Intelligenz, Lernen/Gedächtnis, visuelle Wahrnehmung, akustische Wahrnehmung, Einfallsreichtum und Verarbeitungsgeschwindigkeit, die sich auf der untersten Ebene noch in spezifische Teilfähigkeiten untergliedern lassen (was in der Abbildung nur angedeutet wird).

23.1.3 Entwicklung der Intelligenz

Die ontogenetische oder Altersentwicklung der Intelligenz stellt vermutlich eines der interessantesten Beispiele dafür

23

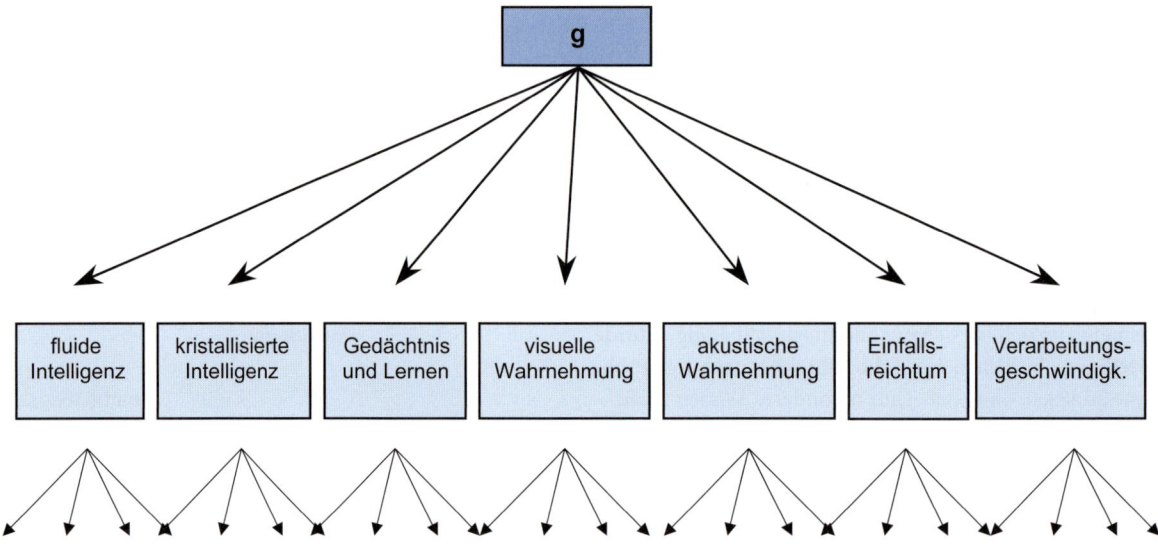

☐ **Abb. 23.3.** Carrolls »Three-stratum«-Modell zur Intelligenz

dar, wie die Wahl der Untersuchungsmethode Ergebnisse beeinflussen kann. Während man auf der Basis früherer Untersuchungen zu dieser Frage zu der Einschätzung gelangte, dass die Intelligenz bis zum 20. Lebensjahr zunimmt, dann bestenfalls bis 30 konstant bleibt und anschließend einem Abbau unterworfen ist, stellte sich dieser Befund in den vergangenen Jahrzehnten als Artefakt aufgrund des ausschließlich querschnittlichen Zugangs dar. Die Tatsache, dass bei diesem Untersuchungsdesign Angehörige verschiedener Alterskohorten bzw. Generationen untersucht werden, hat wahrscheinlich dazu geführt, dass die jüngeren Personen im Vergleich zu älteren einfach deutlich besseren Anregungsbedingungen seitens der Umwelt ausgesetzt waren, was zu deren höheren IQ-Werten geführt haben dürfte. Die älteren Personen der querschnittlichen Studien waren zur Zeit der Weltkriege oder dazwischen geboren worden und hatten – neben vielen anderen Nachteilen – auch schlechtere Anregungsbedingungen für ihre kognitive Entwicklung (▶ Kap. 20).

Diese Erklärung scheint vor allem deshalb plausibel, da die wenigen Längsschnittuntersuchungen (▶ Kap. 21) auf diesem Gebiet kaum Abnahmen des IQ vor dem 60. Lebensjahr nachweisen können, weshalb heute die Annahme einer weitgehenden Konstanz intellektueller Leistungsfähigkeit zwischen 20 und 60 Jahren vertreten wird. Etwas differenzierter fällt allerdings die Betrachtung nach Intelligenzkomponenten aus: Diese Konstanz dürfte Resultat dessen sein, dass die Abnahme der fluiden Intelligenz durch eine Zunahme kristallisierter Intelligenz (also auch des Wissens!) fast vollständig kompensiert wird. Wie Salthouse (1996) gezeigt hat, lässt sich sowohl die Zunahme kognitiver Leistungsfähigkeit bis ca. 20 Jahre als auch der Abbau ab 60 bis 70 Jahren größtenteils durch einen analog verlaufenden Anstieg und Abfall der zentralnervösen Informationsverarbeitungsgeschwindigkeit erklären. Verarbeitungsge-

schwindigkeit (operationalisiert über relativ einfache Reaktionszeittests) wäre danach die zentrale Variable zur Erklärung der Altersentwicklung der Intelligenz. Die Frage nach einer (möglicherweise differenziellen) Aufklärung von individuellen Differenzen innerhalb einer Kohorte vs. der Erklärung einer altersbedingten Entwicklung stellt mit Sicherheit eine spannende Zukunftsfrage der Differentiellen Psychologie dar.

23.1.4 Intelligenz, Wissen und Expertise

Während mit dem Konzept der Intelligenz angestrebt wird, Fähigkeiten zu identifizieren, die einer Vielzahl unterschiedlicher Tests zugrunde liegen, werden kognitive Leistungen in der Expertiseforschung aus einer inhaltlichen Perspektive beleuchtet. Als **Experten** werden hierbei Personen bezeichnet, die **in ihrer Domäne** dauerhaft herausragende Leistungen erbringen. Dieser domänenspezifische Leitungsvorteil der Experten basiere – so der weitgehende Konsens – auf einer elaborierten und hochstrukturierten Wissensbasis, welche im Laufe jahrelanger Übung und Erfahrung erworben wurde.

Der Expertisegrad einer Person, oftmals operationalisiert über das Ausmaß an Vorwissen, hat sich in mehreren Studien als gewichtiger Prädiktor für kognitive Leistungen innerhalb der Expertisedomäne herausgestellt (vgl. Ericsson & Smith, 1991). Im Vergleich von Experten und Nichtexperten (sog. Novizen), jeweils höherer und niedrigerer Intelligenz, konnte gezeigt werden, dass Experten unabhängig von ihrem Intelligenzniveau bessere Leistungen erbringen als Novizen.

Obwohl derartige Untersuchungen den Schluss erlauben, Intelligenz stelle keine *hinreichende* Voraussetzung für überdurchschnittliche Leistungen (in einer Domäne) dar, bleibt die Frage offen, welche Bedeutung Intelligenz als *notwendige* Ingredienz für bereichsspezifische kognitive Fähigkeiten zukommt. In diesem Zusammenhang werden Schwellenmodelle diskutiert, wonach jede Person bei Überschreiten eines bestimmten Intelligenzniveaus – dessen Höhe natürlich von der Expertisedomäne abhängt – die kognitiven Voraussetzungen für den Erwerb von Expertise erfüllt hat. Über diesem Schwellenwert entscheiden Faktoren wie Engagement, Ausdauer oder Motivation darüber, ob und bis zu welchem Grad jemand den Expertenstatus erreicht.

Neben der Bedeutung von Intelligenz als Grundstein für Expertenleistungen kann angenommen werden, dass auch der Erwerb von Expertise selbst (beispielsweise hinsichtlich der dafür erforderlichen Zeitdauer) vom individuellen Intelligenzniveau beeinflusst wird, obgleich hierfür aus Mangel an Längsschnittstudien keine empirische Fundierung vorliegt.

23.1.5 Elementar-kognitive Grundlagen der Intelligenz: Verarbeitungsgeschwindigkeit und Arbeitsgedächtnis

Erst relativ spät (in der zweiten Hälfte des 20. Jahrhunderts) hat man sich der Frage nach den der Intelligenz zugrunde liegenden Prozessen zugewandt. Aus dieser Suche nach »kognitiven Korrelaten« der Intelligenz haben sich bislang zwei Basiskomponenten der menschlichen Intelligenz herauskristallisiert, die wesentlich zur Erklärung interindividueller Intelligenzunterschiede beitragen können (▶ Kasten »Aktuelle Trends der kognitiven Intelligenzforschung«).

Zum einen scheint in der (zentralnervös bedingten) Geschwindigkeit, mit der Informationen aufgenommen und verarbeitet werden können, eine wesentliche Grundlage intelligenten Verhaltens zu bestehen. Zahlreiche Vertreter dieses sog. »Mental-speed«-Ansatzes (Überblick s. Neubauer, 1995) haben Versuche unternommen, die grundlegende Bedeutung der **Informationsverarbeitungsgeschwindigkeit** für die menschliche Intelligenz über die Erforschung korrelativer Zusammenhänge zwischen den Leistungen in einfachen und somit weitestgehend vorwissens- sowie bildungsunabhängigen Reaktionszeittests (sog. »elementary cognitive tasks«) und psychometrisch erfasster Intelligenz nachzuweisen. Tatsächlich konnten in einer Vielzahl derartiger Studien bedeutsame negative Intelligenz-Reaktionszeit-Zusammenhänge beobachtet werden, d. h. eine hohe Intelligenz geht mit kurzen Reaktionszeiten, eine niedrige Intelligenz hingegen mit hohen Reaktionszeiten einher.

Zum anderen häufen sich in der neueren empirisch-experimentellen Literatur zur Intelligenzforschung auch Hinweise, dass interindividuelle Unterschiede in intellektuellen Fähigkeiten auch mit interindividuellen Unterschieden in der **Kapazität des Arbeitsgedächtnisses** in Verbindung gebracht werden können. Das Arbeitsgedächtnis wird

---

Aktuelle Trends der kognitiven Intelligenzforschung

Komplexes Problemlösen. Aufgaben zum komplexen Problemlösen unterscheiden sich von herkömmlichen Intelligenztestaufgaben dadurch, dass hier nicht *eine* korrekte Lösung auf *eine* klar abgegrenzte Problem- bzw. Aufgabenstellung aufgefunden werden muss. Vielmehr zeichnen sich komplexe Probleme dadurch aus, dass Personen mit einem System komplexer und teils nicht linear verknüpfter Variablen konfrontiert werden und dieses in Richtung eines bestimmten Ziels steuern müssen. Ein Beispiel hierfür ist eine Computersimulation von Dörner (1993), in der Probanden als Bürgermeister die fiktive Stadt Lohhausen regieren sollen. Eingriffe in einzelne Systemvariablen – z. B. die Industrie auf Kosten des Fremdenverkehrs oder eher die Umweltqualität zu fördern – haben (oft vielfältige und auch nichtlineare) Auswirkungen auf eine größere Zahl anderer Systemvariablen und sollen so vorgenommen werden, dass nicht nur die Zufriedenheit der Bürger, sondern vor allem auch die Funktionstüchtigkeit dieses Systems über einen längeren Zeitraum aufrecht erhalten bleibt. Nach anfänglichen Schwierigkeiten, sinnvolle Indikatoren für die Fähigkeit zum komplexen Problemlösen bzw. zum vernetzten Denken zu finden, stellen Ergebnisse aus neueren komplexen Problemlöse-szenarien (wie beispielsweise die »Schneiderwerkstatt« von Joachim Funke) eine Bereicherung der klassischen Intelligenzforschung in Aussicht.

Lernfähigkeit. Die Intelligenzforschung wird durch das Lernfähigkeitskonzept insofern bereichert, als hier Intelligenz nicht aus einer statischen (IST-Zustand), sondern vielmehr aus einer dynamischen Perspektive (Betonung des intellektuellen Potenzials einer Person) betrachtet wird. Wie in einem klassischen Intelligenztest wird auch hier zunächst der aktuelle Fähigkeitsstatus einer Person durch Vorgabe bestimmter Aufgaben erhoben (Prätest); anschließend werden in einer Trainings- bzw. Übungsphase die im Hinblick auf eine erfolgreiche Bewältigung dieser Aufgaben maßgeblichen Regeln vermittelt; schließlich werden die Personen in einem Posttest mit anderen Aufgaben des gleichen Typs wie beim Prätest konfrontiert (Paralleltest), wobei hier das Ausmaß der Leistungsverbesserung von Prä- zu Posttest (Lernpotenzial) von Interesse ist. Ob und inwieweit auf Basis der Diagnostik des Lernpotenzials bessere Vorhersagen des Erfolgs in Schule, (Berufs-)Ausbildung und Beruf möglich sind, ist Gegenstand aktueller Forschungsbemühungen.

23

Francis Galton

Sir Francis Galton wurde 1822 in Birmingham geboren. Als Geograph, Meteorologe, Genetiker, Statistiker und Psychologe zeichnete sich Galton durch seine Vielseitigkeit sowie Interdisziplinärität aus. Er wurde 1909 zum Ritter geschlagen und starb zwei Jahre darauf in Surrey (England).

Als Psychologe beschäftigte er sich mit Hochbegabung und Vererbung, außerdem zählt er zu den Pionieren der statistischen Korrelations- und Regressionsanalyse. Galton bahnte den Weg für die Methoden der Zwillings- und Adoptionsstudien, weshalb er vielfach auch als »Vater der Verhaltensgenetik« bezeichnet wird. Sein herausragender Beitrag zur Differentiellen Psychologie kann wohl in der Konzeption der allerersten Intelligenztests gesehen werden. Er entwickelte eine umfangreiche Testbatterie zur Erfassung von Reaktionzeiten und sensorischer Genauigkeit – eine Testbatterie die ihm Aufschluss über interindividuelle Unterschiede in bestimmten Eigenschaften des menschlichen Nervensystems und somit der Intelligenz geben sollte. Mit dem erneuten Aufleben des »Mental-speed«-Ansatzes der Intelligenzforschung in der Mitte des 20. Jahrhunderts wird Galtons nachhaltiger Einfluss auf die Psychologie kognitiver Leistungsfunktionen deutlich.

der Arbeitsgedächtniskapazität und Intelligenz und berichteten erstaunlich hohe Zusammenhänge zwischen Scores aus einer Arbeitsgedächtnistestbatterie und dem Intelligenzkonstrukt »reasoning« (zwischen 0,80 und 0,90). Auch wenn die von Kyllonen und Christal (1990) vorgestellte Studie mehrfach aufgrund der großen Nähe der darin verwendeten Arbeitsgedächtnisaufgaben zu Intelligenztestaufgaben kritisiert wurde (vgl. z. B. Süß, Oberauer, Wittmann, Wilhelm & Schulze, 2002), so liegt die herausragende Bedeutung dieser Arbeit vor allem darin, einen äußerst erfolgreichen und – nach derzeitigem Wissensstand – besonders vielversprechenden Forschungsansatz innerhalb der Differentiellen Psychologie stimuliert zu haben.

Schließlich wird in neueren Arbeiten auch das Konstrukt der **Aufmerksamkeit** als eine elementar-kognitive Basisressource für höhere kognitive Prozesse wie zentrale Exekutivfunktionen des Arbeitsgedächtnisses diskutiert (vgl. Schweizer & Moosbrugger, 2004).

23.1.6 Physiologische Grundlagen der Intelligenz

Ausgehend vom »Mental-speed«-Ansatz der modernen Intelligenzforschung, der in der elementaren Informationsverarbeitungsgeschwindigkeit eine wesentliche Grundlage intelligenten Verhaltens vermutet, wurden auch Versuche unternommen, die Bedeutung der Informationsverarbeitungsgeschwindigkeit für die menschliche Intelligenz auf der Ebene des physiologischen Substrats nachzuweisen. Entscheidend war hierbei vor allem der Umstand, dass die im bislang ausschließlich behavioral orientierten »Mental-speed«-Ansatz vorgefundenen negativen Reaktionszeit-Intelligenz-Zusammenhänge weder durch den Einsatz differenzieller Strategien noch durch die Beteiligung höherer kognitiver Prozesse (z. B. Aufmerksamkeit, Motivation) hinreichend erklärt werden konnten. Vielmehr schienen sog. »Bottom-up«-Ansätze, die im Hinblick auf das Zustandekommen der Reaktionszeit-Intelligenz-Beziehung Eigenschaften in physiologischen Systemen (z. B. Eigenschaften des Zentralen Nervensystems, ZNS) vermuteten, erfolgsversprechender.

So konzentrierte sich diese Forschungsrichtung zunächst – ganz in der Tradition des »Mental-speed«-Ansatzes der Intelligenzforschung – auf »Speed«-Parameter des menschlichen Nervensystems. Diesbezügliche Versuche, etwa Intelligenz mit Latenzparametern aus evozierten Potenzialen (Latenzen von EEG-Reaktionen auf akustische, visuelle oder sensorische Reize; ▶ Kap. 3 und 9) oder mit der »nerve conduction velocity«, bei der die Übertragungsgeschwindigkeit elektrischer Impulse entlang einzelner Nervenfasern erfasst wird, in Beziehung zu setzen, lieferten insgesamt ein eher enttäuschendes Bild (s. Neubauer, 1995). Vielversprechende empirische Evidenz zu biologischen bzw. physiologischen Korrelaten der menschlichen Intelli-

dabei als begrenzte kognitive Ressource verstanden, welche – so der kleinste gemeinsame Nenner vieler vorgeschlagener Begriffsdefinitionen – für das gleichzeitige Speichern und Verarbeiten von Informationen zuständig ist. Ausgehend von Studien, in denen das Arbeitsgedächtnis zur Erklärung von interindividuellen Leistungsunterschieden in bestimmten kognitiven Domänen (z. B. Lese- oder Sprachverständnis) verwendet wurde, begannen auch Versuche, interindividuelle Unterschiede in der Kapazität des Arbeitsgedächtnisses mit interindividuellen Unterschieden in umfassenderen Konstrukten aus der Intelligenzstrukturforschung in Beziehung zu setzen. So beschäftigten sich etwa Kyllonen und Christal (1990) in einer ersten systematischen Untersuchungsreihe mit dem Zusammenhang zwischen

genz kommt allerdings von bildgebenden Messverfahren, mit denen die Aktivität unterschiedlicher Bereiche des Gehirns während der Bearbeitung von kognitiven Aufgaben gemessen wird. Studien, in denen etwa der Glukosemetabolismus des Gehirns oder die regionale Hirndurchblutung (quantifiziert über Positronenemissionstomographie, PET; ▶ Kap. 3) gemessen wird, oder auch EEG-Studien, in denen das Ausmaß der ereignisbezogenen Desynchronisation (ERD) im EEG erfasst wird, lassen insgesamt eine bei höher intelligenten Personen (im Vergleich zu weniger intelligenten Personen) niedrigere Aktivierung des Kortex während kognitiver Aktivität vermuten, die in der Regel auf jene kortikalen Areale beschränkt ist, die auch tatsächlich zur kognitiven Aufgabenbearbeitung benötigt werden. Dieses als **neurale Effizienz** bezeichnete Phänomen, scheint somit ein Korrelat intelligenten Verhaltens auf der Ebene des physiologischen Substrats darzustellen.

Die Frage, ob die beobachteten interindividuellen Unterschiede in der menschlichen Intelligenz mit individuellen Unterschieden im Myelinisierungsgrad des Nervensystems in Verbindung gebracht werden können, Ausdruck von Unterschieden in einer Art neuraler Bereinigungsprozesse sind, bei denen überflüssige bzw. redundante synaptische Verbindungen abgebaut werden (»neural pruning«), oder sogar auf Unterschiede in der selektiven Reaktivität axonaler sowie dendritischer Verzweigungen auf Umweltreize (neuronale Plastizität) zurückzuführen sind, lässt sich derzeit nicht eindeutig zugunsten des einen oder anderen Ansatzes beantworten. Die empirisch-experimentelle Fundierung dieser Modelle zur Erklärung von individuellen Intelligenzunterschieden steht noch aus (Überblick bei Neubauer & Fink, 2005).

23.2 Erweiterte Intelligenzbegriffe und -modelle

In Untersuchungen zu impliziten Intelligenztheorien (Sichtweisen von Laien über Intelligenz bzw. intelligentes Verhalten) finden sich häufig auch Begriffe, die die Fähigkeit von Menschen beschreiben, effizient oder erfolgreich im Umgang mit anderen Menschen agieren zu können. Offensichtlich unterscheiden sich Menschen dahingehend, wie »geschickt« sie in sozialen, zwischenmenschlichen Situationen interagieren, wie schnell sie Gefühle, Motive, Intentionen anderer Menschen wahrnehmen und interpretieren können und darauf basierend selber soziale Signale sprachlicher oder nonverbaler Natur setzen können, die bei anderen wiederum seitens des Senders erwünschte oder eher unerwünschte Reaktionen auslösen können.

Derartige Fähigkeiten wurden bereits von Thorndike (1920) postuliert und damals als »soziale Kompetenz« bezeichnet. Seitdem wurde diese Forschung immer wieder aufgegriffen, unter wechselnden Termini, wie z. B. »social skills« (Riggio, 1986), personale Intelligenzen (Gardner,

1993) oder zuletzt als emotionale Intelligenz (Salovey & Mayer, 1990).

Obgleich leichte Differenzierungen zwischen den eher sozialen und den emotionalen Kompetenzmerkmalen auszumachen sind (s. unten), erscheint die entscheidende (und heute viel diskutierte) Frage vielmehr die zu sein, ob es sich bei diesen Fähigkeiten um alternative Formen der Intelligenz bzw. um die Anwendung von Intelligenz in der Domäne interpersonalen Verhaltens oder um (von Intelligenz völlig unabhängige) Kompetenzen handelt.

23.2.1 Soziale Kompetenz

Definition und Komponenten der sozialen Kompetenz

Zurückgehend auf Thorndike (1920) wurden in der einschlägigen Forschung immer wieder zwei Aspekte sozialer Kompetenz postuliert:
- soziale Sensitivität (das »Verstehen« anderer Menschen) und
- soziale Handlungskompetenz (wie geschickt agiert man in sozialen Situationen).

Dass man Emotionen, Motive, Intentionen, Handlungen anderer Menschen gut einschätzen kann, ist vermutlich eine notwendige, aber nicht hinreichende Voraussetzung für eine hohe soziale Handlungskompetenz. Letztere Kompetenz umfasst wiederum zwei Subkomponenten, nämlich Durchsetzungsfähigkeit einerseits und Beziehungsfähigkeit andererseits. Nur wer beide Komponenten in Balance zu halten versteht, also weder sein Sozialleben durch rücksichtslose Durchsetzung eigener Interessen ruiniert noch sich in Beziehungen nur nach Interessen anderer richtet, wird auf Dauer ein erfülltes Leben führen können.

Erfassung der sozialen Kompetenz

Versuche, soziale Sensitivität zu erfassen, bedienten sich verschiedenster Präsentationsmodi wie z. B. Darbietung von Zeichnungen, Fotografien, verbalen Situationsbeschreibungen bis hin zu kurzen Videoclips, die Interaktionssituationen darstellen (Überblick bei Asendorpf, 2004). Die Aufgabe besteht zumeist darin, Gedanken, Gefühle, Absichten anderer Menschen in sozialen Situationen korrekt zu erschließen.

Empirische Analysen derartiger Tests lieferten allerdings kaum ermutigende Resultate:
1. Derartige Tests sind untereinander kaum korreliert, was an der Homogenität des untersuchten Merkmals zweifeln lässt.
2. Es bestehen Mängel in der externen Validität, da Zusammenhänge mit unabhängigen Einschätzungen sozialer Kompetenz gering ausfallen.
3. Die diskriminante Validität ist aufgrund hoher Zusammenhänge mit dem IQ eher fraglich.

23

Mit demselben Problem sind auch manche der Methoden zur Erfassung sozialer Handlungskompetenz konfrontiert. Tests, in denen soziale Situationen verbal oder videogestützt dargeboten und Lösungsvorschläge der Versuchspersonen erfragt werden, sind oft so hoch mit kognitiver Intelligenz korreliert, dass fraglich ist, ob tatsächlich soziales oder nicht eher formal-abstraktes Problemlösen erfasst wird.

Versuche, soziale Handlungskompetenz über Selbstbeurteilung sozialer Fertigkeiten (Fragebogenverfahren) zu erfassen (s. z. B. Riemann & Allgöwer, 1993), zeigen zwar zumeist die erwarteten konvergenten und diskriminanten Zusammenhänge mit anderen (ebenfalls über Selbstbeurteilung erfassten) Persönlichkeitsmerkmalen, korrelieren aber nur gering mit Verhalten in realen sozialen Situationen.

Als einen dritten Zugang berichtet Asendorpf (2004) schließlich noch eher klinisch orientierte Studien zum Aufbau fehlender sozialer Fertigkeiten in inszenierten Situationen im Labor oder Feld (z. B.: Wie spreche ich eine fremde Person des anderen Geschlechts an?). Obgleich diese Zugänge in Stichproben mit Defiziten in sozialer Kompetenz durchaus erfolgreich sein können, differenzieren diese Methoden nur im unterdurchschnittlichen Bereich sozialer Fertigkeiten, aber nicht hinreichend im (über-)durchschnittlichen Bereich.

Nahezu populär sind heute solche Zugänge, wie sie aus dem Bereich der Personalauswahl und -entwicklung kommen und vor allem im Rahmen sog. **Assessmentcenter** (▶ Kap. 52) eingesetzt werden: Personen, deren soziale Kompetenzen beurteilt werden sollen, werden von geschulten Assessoren dabei beobachtet wie sie in Gruppendiskussionen agieren, solche anleiten, wie sie in Rollenspielen (z. B. Verkaufsgespräch) agieren etc. Zwar stimmen verschiedene Beurteiler zumeist recht hoch überein in der Beurteilung von Aspekten sozialer Kompetenz, allerdings ist die Konsistenz über verschiedene Situationen hinweg oft nur gering (transsituative Inkonsistenz), was wiederum Zweifel an der Eignung dieser Methode zur Erfassung eines (homogenen) Konstruktes »soziale Kompetenz« entstehen lässt. Fraglich ist, ob diese Methoden bei strengerer theoriegeleiteter Konstruktion von sozialen Situationen zur gezielten Evokation relevanter Verhaltensweisen ein Potenzial als Diagnostikum für soziale Kompetenzen in sich bergen könnten. Einschlägige Forschungsbemühungen in diese Richtung sind bislang nicht bekannt geworden, vermutlich wohl deshalb, weil auch dieser Zugang keine wirklich einfach administrierbare, also ökonomische Diagnostik in Aussicht stellt.

Eine solche erwarten sich seit einigen Jahren viele von der Etablierung des zur sozialen Kompetenz sehr ähnlichen Konstrukts der emotionalen Intelligenz.

23.2.2 Emotionale Intelligenz

Im Jahre 1995 publizierte der amerikanische Wissenschaftsjournalist Daniel Goleman sein Buch »Emotional Intelligence: Why it can matter more than IQ«. In den Vereinigten Staaten und vielen anderen Ländern zum Bestseller avanciert, hatte dieses Werk auch beträchtliche Auswirkungen auf die wissenschaftliche Beschäftigung mit diesem Konzept, welches erstmalig von Salovey und Mayer im Jahre 1990 vorgeschlagen und wie folgt beschrieben wurde: »die Fähigkeit eigene Gefühle und Emotionen wie auch die anderer Personen zu überwachen, zwischen Emotionen zu unterscheiden und diese Information dahingehend zu verwenden, das eigene Denken und Handeln zu leiten« (ebd., S. 189, Übers. v. Verf.).

Im Verlauf der jüngst sehr forschungsaktiven Entwicklungsgeschichte zu diesem Konzept wurden – analog zur Vorgangsweise in der kognitiven Intelligenzstrukturforschung – zwischenzeitlich verschiedene Modelle vorgeschlagen, welche Teilfähigkeiten von emotionaler Intelligenz umfassen. Diese Modelle werden grob einer von zwei großen Kategorien zugeordnet, die sich grundlegend einerseits in der Breite des Ansatzes und andererseits hinsichtlich der Messmethoden unterscheiden. Während die »**Ability**«-Modelle emotionale Intelligenz eben als Fähigkeit betrachten, für deren Erfassung Leistungstests entwickelt werden müssen, sehen Proponenten der »**mixed models**« emotionale Intelligenz eher als eine günstige Kombination von (überwiegend traditionellen) Persönlichkeitsmerkmalen, die es den Merkmalsträgern erlaubt, im (privaten wie im Berufs-) Leben eben emotional besonders intelligent zu agieren. Dementsprechend werden für die gemischten Modelle auch bevorzugt klassische Persönlichkeitsfragebögen, also Selbsteinschätzungsmethoden zur Erfassung von emotionaler Intelligenz propagiert.

Ability- bzw. Fähigkeitsmodelle der emotionalen Intelligenz

Fähigkeitsmodelle der emotionalen Intelligenz wurden bislang ausschließlich von den »Erfindern« des Konstrukts, Salovey und Mayer, vorgestellt. In der ursprünglichen Formulierung ihres Modells (Salovey & Mayer, 1990) unterschieden sie grob drei Dimensionen: Erkennen und Ausdrücken von Emotionen (bei sich selbst und bei anderen), Regulation von Emotionen (ebenso mit der Unterscheidung selbst vs. andere) und adaptive Nutzbarmachung von Emotionen, wobei gerade der letztgenannte Teilbereich auch in der Beschreibung genauso vage blieb, wie es schon die Benennung vermuten lässt.

Besser nachvollziehbar erschien dann die 1997 vorgeschlagene Reformulierung des Modells. Nun werden vier Komponenten unterschieden, wobei die Emotionswahrnehmung und emotionale Expressivität als erste (und als basal angenommene Komponente) und als höchste (auch ontogenetisch zuletzt entwickelte) Komponente die Emotionsregulation vom ursprünglichen Modell übernommen wurden. Zwischen diesen beiden Komponenten werden zwei weitere Subfaktoren der emotionalen Intelligenz »eingeschoben«, nämlich die Förderung des Denkens durch Emotionen und das Verstehen und Analysieren von Emotionen (▶ Kasten »Charakteristika emotional intelligenter Personen nach dem Fähigkeitsmodell«).

Charakteristika emotional intelligenter Personen nach dem Fähigkeitsmodell

Nach diesem Modell ist eine emotional intelligente Person dadurch charakterisiert, dass sie
- Emotionen bei sich selbst und bei anderen schnell erkennt und adäquat darauf reagiert,
- in der Lage ist, eigene Emotionen gezielt für bestimmte Denkprozesse (bspw. konvergentes vs. divergentes Denken) einzusetzen,
- Bezeichnungen von Emotionen und Emotionsmischungen gut kennt und die Entwicklung von Emotionen vorhersagen kann,
- (negative) Emotionen bei sich selbst und bei anderen Menschen effizient in eine positive Richtung beeinflussen kann.

Zur Messung der emotionalen Intelligenz auf Basis dieses Modells haben die Autoren zunächst die sog. »Multifactor Emotional Intelligence Scale« (MEIS; Mayer, Caruso & Salovey, 1999) vorgeschlagen, die sie anschließend in einer modifizierten Variante veröffentlicht haben (MSCEIT; Mayer, Salovey & Caruso, 2002).

Zwischenzeitlich existiert eine Reihe von empirischen Untersuchungen zu psychometrischen Qualitäten vor allem der MEIS. Dabei liefern die Berichte der Testentwickler allerdings zumeist ein etwas günstigeres Bild als unabhängige empirische Überprüfungen, die z. T. erhebliche Zweifel aufkommen lassen an der Reliabilität mancher Subtests, an der Faktorenstruktur, vor allem aber an den unklaren und teils nicht korrespondierenden Kriterien für richtige bzw. Ideallösungen bei MEIS-Aufgaben.

Gemischte bzw. Trait-Modelle der emotionalen Intelligenz

Wird emotionale Intelligenz bei Salovey und Mayer noch als eine relativ kohärente Leistungsdomäne definiert, betrachten nachfolgende Konzeptionen der emotionalen Intelligenz diese eher als ein Konglomerat aus (überwiegend bereits bekannten und etablierten) Persönlichkeitsmerkmalen, die – wie bei »traits« üblich – eher im Sinne von Verhaltenspräferenzen definiert und daher mittels Fragebogenverfahren operationalisiert werden. Emotional intelligente Personen sollten auf diesen Traits eine günstige Konstellation aufweisen, die nicht nur im Berufsleben, sondern auch im Privaten einen überdurchschnittlichen Lebenserfolg ermöglichen sollte.

In dem bislang populärsten und meistzitierten Modell dieser Prägung betrachtet Bar-On (1997) emotionale Intelligenz als »eine Reihe nicht kognitiver Fähigkeiten, Kompetenzen und Fertigkeiten, die das Vermögen einer Person beeinflussen, mit Anforderungen und Belastungen der Umwelt erfolgreich umzugehen« (ebd., S. 14, Übers. d. Verf.). Ausgehend von ursprünglich 15 Persönlichkeitsmerkmalen, die mit dem von ihm entwickelten »Emotional Quotient Inventory« (EQ-i) erfasst wurden, haben Bar-On, Brown, Kirkcaldy & Thomé (2000) zwischenzeitlich eine revidierte Fassung mit 10 für die emotionale Intelligenz essenziellen Traits vorgelegt. Diese umfassen Selbstachtung, emotionales Selbstbewusstsein, Assertivität, Empathie, Interpersonale Beziehungen, Stresstoleranz, Impulskontrolle, Realitätsbezug, Flexibilität and soziales Problemlösen. Die ursprünglich enthaltenen weiteren 5 Subkomponenten (Selbstaktualisierung, Unabhängigkeit, Soziales Verantwortungsgefühl, Optimismus und Glück) werden nun als »facilitators«, nicht als konstituierende Komponenten der emotionalen Intelligenz betrachtet.

Für den von Bar-On entwickelten EQ-i gilt ähnliches wie für die MEIS: Ergebnisse von Bar-On (z. B. bedeutsame Zusammenhänge mit – allerdings selbsteingeschätzter – beruflicher Leistung und Arbeitszufriedenheit) legen eine hohe Brauchbarkeit des Instruments nahe. Untersuchungen anderer Autoren zeigen (teils sehr) hohe Zusammenhänge mit etablierten Persönlichkeitsmerkmalen (vor allem mit niedriger Ängstlichkeit bzw. Neurotizismus), was Zweifel an der Eigenständigkeit der so definierten emotionalen Intelligenz und in Folge davon an der inkrementellen Validität gegenüber etablierten Traits aufkommen lässt (Überblick bei Neubauer & Freudenthaler, in Druck).

Kritik und Zukunft des Konzepts

Neben der bislang eher schwachen empirischen Befundlage zu einem (wie auch immer definierten) Konzept der emotionalen Intelligenz, müssen aus theoretischer Perspektive vor allem die sog. gemischten Modelle kritisch hinterfragt werden: Die bei Bar-On (und anderen, s. Neubauer & Freudenthaler, in Druck) vorgeschlagenen Subkomponenten der emotionalen Intelligenz haben teils nur wenig mit emotionalen Prozessen (z. B. Problemlösen oder Realitätsbezug), teils kaum etwas mit einer Fähigkeit (wie es der Terminus Intelligenz implizieren würde) zu tun. So stellt sich die Frage: Wenn sowohl Fähigkeiten als auch Traits dem Konstrukt »emotionale Intelligenz« zuzurechnen sind, wenn sowohl emotionale als auch nichtemotionale Prozesse Gegenstand der emotionalen Intelligenz sind, wo liegen dann die Grenzen dieses Konstrukts? Ist nicht fast alles, was die Persönlichkeitspsychologie an Konstrukten hervorgebracht hat, der emotionalen Intelligenz zuzurechnen?

Erscheinen die gemischten Modelle schon aus konzeptueller Sicht nicht unproblematisch, so liegt mit Salovey

23

und Mayers Fähigkeitsmodell doch ein Konzept vor, das zumindest das Potenzial für ein neues psychologisches Konstrukt in sich birgt (obgleich die Neuheit im Blick auf frühere Ansätze zur sozialen Kompetenz, ▶ oben, auch hinterfragt werden kann). Wenn für dieses ein etabliertes, psychometrisch ansprechendes Instrument bereitstünde (MEIS oder MSCEIT benötigen wohl noch einige Entwicklungsjahre bis zur »Serienreife«), könnten die wichtigsten Fragen zur Sinnhaftigkeit der Etablierung einer emotionalen Intelligenz beantwortet werden:

— die konvergente vs. diskriminante Validität:
Wie ist emotionale Intelligenz im »Gesamtkanon« der Persönlichkeitspsychologie einzuordnen, d. h. in Bezug auf kognitive Intelligenz, soziale Kompetenz, Weisheit, praktische Intelligenz, Neurotizismus, Extraversion usw.?
— die inkrementelle Validität von Performanztests der emotionalen Intelligenz:
Können diese nach statistischer Kontrolle der oben genannten und anderer Persönlichkeitsmerkmale einen zusätzlichen Beitrag zur Vorhersage von (beruflichem oder privatem) Lebenserfolg leisten? Gibt es soziologisch betrachtet gesellschaftliche Korrelate emotionaler Intelligenz?

Neben diesen eher aus angewandt-psychologischer Perspektive relevanten Themen sind aber auch folgende zentrale Grundfragen offen (Matthews, Zeidner & Roberts , 2002; vgl. auch Weber & Westmeyer, 2001):
— Wie entwickeln sich emotionale Intelligenz bzw. ihre Teilkomponenten im Laufe des Lebens?
— Welchen Einfluss haben Anlage und Umwelt bzw. welche Umwelteinflüsse sind förderlich, welche hinderlich?
— Gibt es biopsychologische Korrelate bzw. Grundlagen der emotionalen Intelligenz?
— Wie kann emotionale Intelligenz in Konzepte der Emotionspsychologie integriert bzw. auf diesem verwandten Gebiet eingeordnet werden?
— Lässt sich emotionale Intelligenz überhaupt kulturübergreifend definieren oder nur für die jeweilige Kultur?

Die (empirische) Untersuchung dieser Fragen sollte nach Matthews et al. (2002) letztlich helfen, die finale und wichtigste zu beantworten: Ist emotionale Intelligenz ein neues, eigenständiges Konstrukt oder nur »alter Wein in neuen Schläuchen«? Und wenn emotionale Intelligenz einen Status als neues Konstrukt beanspruchen darf: Ist sie eher eine grundlegende Basiskompetenz oder eher Ergebnis einer Reihe von basalen Faktoren?

23.2.3 Gardners Theorie der multiplen Intelligenzen

Ein weiterer sehr populär gewordener Versuch der Erweiterung des klassischen Intelligenzbegriffs wurde bereits in den 80er Jahren des 20. Jahrhunderts vorgestellt: Die Theorie der multiplen Intelligenzen von Howard Gardner (1993). Er postulierte ursprünglich 6 (bzw. 7) verschiedene (multiple) »Intelligenzen«:
— linguistische Intelligenz,
— musikalische Intelligenz,
— logisch-mathematische Intelligenz,
— visuell-räumliche Intelligenz,
— körperlich-kinästhetische Intelligenz,
— interpersonale und intrapersonale Intelligenz (diese werden gelegentlich auch getrennt angegeben).

In jüngerer Zeit hat Gardner diese Liste noch durch eine spirituelle/existenzielle Intelligenz und eine ökologische/Naturintelligenz erweitert. Prinzipiell hält er die Liste aber für völlig offen.

Kennzeichnend für Gardner ist die Ablehnung eines Konzeptes der allgemeinen Intelligenz. So populär Gardners Konzept im Bereich der Erziehungswissenschaften auch geworden ist, in der Psychologie hat es sich bis heute nicht durchsetzen können, vor allem da Gardner bis heute sowohl empirische bzw. experimentelle Untersuchungen als auch Intelligenztests zur Erfassung der multiplen Intelligenzen schuldig geblieben ist. Eine detaillierte kritische Auseinandersetzung mit der Theorie der multiplen Intelligenzen ist dem Lehrbuch »Intelligence« von Nathan Brody (1992) zu entnehmen.

23.2.4 Praktische Intelligenz

Neben Komponenten kognitiver und sozialer »Intelligenzen« werden in Untersuchungen zu impliziten Intelligenztheorien von befragten Laien häufig auch praktische, alltagsnahe Fähigkeiten genannt. Jeder vermeint Menschen benennen zu können, die im akademischen Sinne bestenfalls durchschnittlich begabt sind und die sich im alltäglichen Leben durchaus geschickt verhalten (und natürlich auch das Gegenteil), weshalb diesen Personen eine hohe »praktische Intelligenz« zugeschrieben wird. Laut Neisser (1976) könnte ein solches Konstrukt als »intelligent performance in natural settings« beschrieben werden. Eine praktisch intelligente Person würde beschrieben werden als: »jemand, der angemessen reagiert hinsichtlich seiner kurzzeitigen und langzeitigen Ziele, unter Berücksichtigung der eben entdeckten Umstände der Situation « (ebd., S. 137, Übers. v. Verf.).

Wie man praktische Intelligenz adäquat erfasst, darüber herrscht noch wenig Einigkeit. Neben lediglich historisch relevanten Zugängen (mittels projektiver Verfahren oder »Critical Incident Technique«; vgl. Amelang & Bartussek,

2001) wird praktische Intelligenz heutzutage zumeist im Kontext von **Sternbergs triarchischer Intelligenztheorie** (1985) genannt. Praktische Intelligenz wird dort als Fähigkeit betrachtet, Probleme in alltäglichen und außergewöhnlichen Situationen zu meistern. Zur praktischen Intelligenz werden daher auch Erfahrungen und Schlüsselqualifikationen wie beispielsweise soziale Kompetenz gerechnet. Wagner und Sternberg (1985) führten als wesentlichen Bestandteil der praktischen Intelligenz den Begriff des »tacit knowledge« (»**stilles Wissen**«) ein, das folgendermaßen definiert wird:

- es ist eher praktisch als akademisch,
- mehr informell als formell und wird
- gewöhnlich nicht direkt gelehrt.

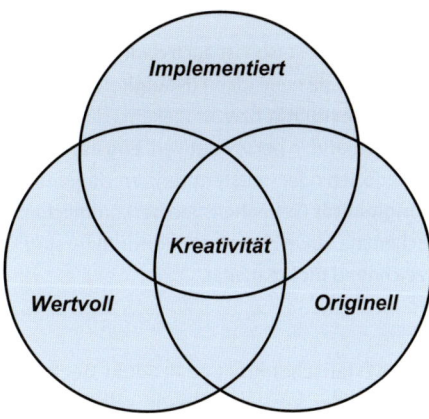

◘ **Abb. 23.4.** Definition von Kreativität

Diese Konzeption der praktischen Intelligenz hat allerdings seit der Vorstellung durch Sternberg im Jahre 1985 in der internationalen Forschung vergleichsweise wenig Resonanz hervorgerufen; der Großteil der diesbezüglichen Publikationen ist in (Ko-)Autorenschaft von Sternberg entstanden (s. Sternberg & Hedlund, 2002, für einen Überblick); in unabhängigen Publikationen wurde das Konzept teils aus theoretischer (Gottfredson, 2003) teils aus empirischer Perspektive (z. B. Taub, Hayes, Cunningham & Sivo, 2001) eher kritisch beurteilt.

Eine gänzlich andere Definition der praktischen Intelligenz, die mehr auf praktisch-handwerkliche bzw. technische Kompetenzen abzielt, findet sich bei Sperber (1994) und wurde jüngst von Mariacher und Neubauer (2005) aufgegriffen. Mit dem von ihnen vorgestellten »Test für praktische Alltagsintelligenz« soll die Fähigkeit zum Auffinden von praktischen Problemlösungen, bezogen auf materielle Gegebenheiten gemessen werden, wie sie sich beispielsweise in Situationen wie der Bedienung einer Waschmaschine, eines Kopierers oder beim Aufstellen eines Zeltes zeigt.

23.3 Kreativität

23.3.1 Definitionen und Zugangsweisen zur Kreativität

Wie in den vorangegangenen Abschnitten gezeigt wurde, lässt sich in jüngster Zeit zunehmend auch der Ruf nach einem breiteren Begabungsbegriff ausmachen, der neben »klassischen« kognitiven Fähigkeiten auch sozial-emotionale (Fähigkeiten im zwischenmenschlichen Umgang), praktische sowie divergent-assoziative Fähigkeiten (also im weitesten Sinne kreative Leistungen) inkludiert. Ein diesbezüglicher Bedarf ergibt sich aus ganz unterschiedlichen Bereichen unserer Gesellschaft: Nicht nur in der Wirtschaft, in der neben kognitiven und sozialen Kernkompetenzen von Mitarbeitern zunehmend auch kreative Fähigkeiten (z. B. Ideenflexibilität, Innovationsfähigkeit,

Verlassen perseverativer, gewohnter Denkschemata) gefragt sind. Auch in unterschiedlichen Anwendungsfeldern der Pädagogischen Psychologie (Schule und Erziehung) wird das individuelle kreative Potenzial zunehmend als bedeutsame Quelle interindividueller Unterschiede erkannt, auch mit der damit verbundenen humanistischen Intention, das individuelle kreative Potenzial bestmöglich zu fördern. Doch worin besteht nun genau kreatives Verhalten oder Kreativität?

Kreativität wird sehr oft als Fähigkeit definiert, etwas Neues zu produzieren. Gleichzeitig wird aber auch betont, dass ein kreatives Produkt oder eine kreative Idee nicht nur bloß »neu« und originell, sondern auch wertvoll, brauchbar und realisierbar sein muss (◘ Abb. 23.4).

Guilford, der 1950 als Präsident der American Psychological Association (APA) mit seinem Vortrag zum Thema Kreativität einen nachhaltigen Einfluss auf die Kreativitätsforschung ausübte, stellt in seiner Kreativitätsdefinition Charakteristika der Person in den Vordergrund. Nach Guilford, der mit seinem Konzept des divergenten Denkens einen wesentlichen Grundstein für die Kreativitätsforschung gelegt hat, sind kreative Personen durch bestimmte Merkmale zu kennzeichnen (▶ Übersicht).

Charakteristika kreativer Personen

1. Kreative Personen neigen zu einer höheren Sensitivität gegenüber Problemstellungen (**Problemsensitivität**), d. h. sie sehen in bestimmten Situationen eher erklärungs- oder änderungsbedürftige Sachverhalte als weniger kreative Personen.
2. Kreatives Talent kann auch durch (Ideen-)**Flüssigkeit** charakterisiert werden. Kreative, die bei sonst gleichen Bedingungen mehr produzieren als weniger Kreative, sollten demnach auch eine höhere Wahrscheinlichkeit haben, bedeutsame Ergebnisse hervorzubringen.

▼

3. Eine kreative Person ist auch dadurch charakterisiert, dass sie neue Ideen (**Neuigkeit**) produziert.
4. Auch **Flexibilität** bzw. umgekehrt das Ausmaß, in dem jemand in perseverativen, engstirnigen Denkkategorien oder -mustern verharrt (Rigidität) sowie
5. **Originalität** (Seltenheit, von herkömmlichen Denkschemata abweichende Denkprodukte) sind kennzeichnend für Kreativität.

Weniger das (statische) kreative Produkt noch bestimmte Charakteristika der kreativen Person selbst, sondern vielmehr der dynamische Gesichtspunkt kreativen Verhaltens wird in **prozessorientierten Zugängen zur Kreativität** betont. Diese Ansätze gehen von der Annahme aus, dass sich kreative Produktion in unterschiedliche Stufen oder Phasen untergliedern lässt.

So unterscheiden etwa Cropley und Urban (2002) in ihrem »**Phasenmodell zur Kreativität**« 7 Phasen des kreativen Prozesses. In einer Vorbereitungsphase werden zunächst Problem- bzw. Fragestellungen identifiziert (Phase 1), gleichzeitig mögliche Ziele definiert (im Sinne des konvergenten Denkens); die anschließende »Informationsphase« (Phase 2) steht ganz im Zeichen der (problemzentrierten) Informationsbeschaffung (Wahrnehmung, Lernen, Erinnern, konvergentes Denken). In der Phase der »Inkubation« (Phase 3) werden divergente Denkprozesse wirksam, Assoziationen werden geknüpft sowie Netzwerke aufgebaut bis schließlich in der »Illumination« oder »Erleuchtung« (Phase 4) ein (vorläufig) erfolgsversprechender Lösungsansatz zum eingangs definierten Problemkomplex gefunden wird. Dieses vorläufige kreative Produkt wird in der Phase der Verifikation (Phase 5) im Hinblick auf seine Relevanz sowie Effektivität geprüft, wobei (Phase 6) hier auch die Beteiligung kommunikativer Elemente (»Kommunikation«, z. B. Erhalten von Feedback) angenommen wird. In einer abschließenden Phase der Validierung (Phase 7) wird schließlich die Relevanz sowie die Effektivität des kreativen Produktes bewertet.

23.3.2 Erfassung von Kreativität

Zur Erfassung von Kreativität existiert eine Vielzahl unterschiedlicher Verfahren, die sich grob in folgende drei Bereiche gliedern lassen:

1. **Psychometrische Verfahren**, die nicht nur aus Testverfahren zum kreativen Denken, sondern auch aus Einstellungs-, Interessens- oder Persönlichkeitstests bestehen,
2. **biographische Methoden** (Historiometrik, Einzelfallstudien) sowie
3. **experimentelle Studien** zur Kreativität.

Psychometrische Zugänge: Kreativitätstests

Psychometrische Ansätze in der Kreativitätsforschung wurzeln in der Annahme, dass sich kreatives Verhalten mittels psychologischer Testverfahren erfassen ließe. Nicht nur die Erfassung assoziativ-divergenter – also im weitesten Sinne kreativer – Denkprozesse, sondern vor allem auch die Erfassung bestimmter Einstellungen und Interessen, die mit Kreativität einhergehen, sollen mögliche Rückschlüsse (bzw. Vorhersagen) auf Kreativität erlauben. Ähnliche Annahmen liegen auch persönlichkeitsorientierten Ansätzen der Kreativitätsforschung zugrunde, die in der Kreativität weniger ein Bündel von kognitiven Traits vermuten, sondern vielmehr ein Bündel von Persönlichkeitsvariablen oder -merkmalen, etwa Variablen wie intrinsische Motivation, Unabhängigkeit, Nonkonformismus, Unkonventionalität, Offenheit für neue Erfahrungen oder Risikobereitschaft.

Ziel des psychometrischen Ansatzes ist es somit, mittels Testverfahren unterschiedliche Facetten der Kreativität (bzw. mit Kreativität assoziierte Phänomene) möglichst genau und valide zu erfassen. Im Vordergrund stehen insbesondere Aspekte der diskriminanten (Abgrenzung der Kreativität zu anderen psychologischen Konstrukten) sowie prädiktiven Validität (prognostische Qualität) der Testverfahren. Ausgehend von Guilfords (1967) Intelligenzstrukturmodell wurden zahlreiche Versuche unternommen, Kreativität mittels Tests zur Erfassung divergenter Denkprozesse zu messen.

Die Abgrenzung zu traditionellen Intelligenztests soll hierbei über die von Guilford vorgeschlagene Abgrenzung konvergenter von divergenten Denkprozessen vollzogen werden: Während etwa bei Tests zum schlussfolgernden Denken (z. B. Fortsetzen von Buchstabenreihen: »a b c ?«) die einzig richtige Lösung (= »d«) erkannt werden muss, so sind beispielsweise im Test »Alternative Verwendungsmöglichkeiten« – dem vermutlich am häufigsten verwendeten Test zur Erfassung divergenter (kreativer) Denkprozesse – möglichst viele und vor allem originelle Verwendungsarten für einen herkömmlichen Alltagsgegenstand (z. B. Ziegel, Bleistift, Schnur oder Konservendose) zu nennen. Sehr häufig werden in Kreativitätstests auch utopische, ungewöhnliche oder erklärungsbedürftige Situationen oder Sachverhalte vorgegeben, zu denen mögliche Erklärungen, Ursachen oder Konsequenzen genannt werden müssen (z. B.: Was würde alles passieren, wenn plötzlich eine Eiszeit hereinbrechen würde?; s. dazu auch »Verbaler Kreativitätstest«, VKT; Schoppe, 1975). Auch figural-bildhafte Testaufgaben, in denen unvollständige Zeichen, Figuren oder Symbole fortgesetzt oder ergänzt werden müssen, zählen zum fixen Bestandteil gebräuchlicher Inventare zur Erfassung von Kreativität (vgl. »Torrance Test of Creative Thinking«, TTCT; Torrance, 1966; Aufgaben zum Einfallsreichtum aus dem BIS von Jäger et al., 1997).

Experimentelle Studien

Die komplexe Natur der Kreativität, welche durch eine Vielzahl unterschiedlicher Variablen beeinflusst wird, lässt sich vornehmlich auch durch experimentelles Vorgehen reduzieren. Experimentelle Designs in der Kreativitätsforschung schränken die Komplexität dieses heterogenen Themenkomplexes insofern ein, als sie bei gleichzeitiger Kontrolle potenziell relevanter (konfundierender) Variablen systematisch eine Reihe von alternativen, unerwünschten Einflüssen auf kreative Leistungen ausschließen und somit Schritt für Schritt die prinzipiell denkbare Anzahl an Einflussvariablen auf eine überschaubare Anzahl von Variablen reduzieren.

Experimentelle Studien zur Kreativität decken eine beachtliche Bandbreite von Variablen ab: Das Spektrum reicht hier von experimentellen Studien, in denen bestimmte Merkmale der zu bearbeitenden Aufgabe selbst manipuliert werden (z. B. Manipulation des inhaltlichen Aufbaus oder der Struktur der Aufgabe), über Studien, in denen experimentell (differenzielles) Wissen oder Strategien induziert werden (mit dem Ziel, das Auftreten bestimmter kreativer Prozesse zu beeinflussen), bis hin zu Studien, in denen der Themenkomplex Kreativität auch vor dem Hintergrund anderer »Umgebungsvariablen«, etwa in Abhängigkeit von Affektzuständen, Erregungs- bzw. Aufmerksamkeitsprozessen oder Persönlichkeitsvariablen (etwa intrinsische Motivation) untersucht wird.

Historiometrische Zugänge

In ähnlicher Weise konzentrieren sich auch historiometrische Zugänge zur Kreativität auf individuelle kreative Persönlichkeiten, deren Status als kreative Persönlichkeit angesichts herausragender Beiträge zur Menschheitsgeschichte unumstritten ist.

Zum fixen Bestandteil historiometrischer Ansätze zählen quantitative Methoden: Ausgegangen wird dabei vorwiegend von qualitativem, biographischem Datenmaterial (z. B. Herkunft, bedeutsame Lebensereignisse, Altersbereich der höchsten wissenschaftlichen oder künstlerischen Produktivität, Bekanntschaft mit Mentoren etc.). Diese Daten werden in quantitatives, numerisches Datenmaterial transformiert, das schließlich in mathematisch-statistischen Analysen im Hinblick auf Annahme oder Verwerfung von spezifischen statistischen Hypothesen entscheidet.

Mit der historiometrischen Methode sollen nomothetische Hypothesen über menschliches Verhalten getestet werden. Ziel ist es daher, aus biographischen Aufzeichnungen von kreativen Persönlichkeiten (z. B. Komponisten wie Beethoven, Mozart, Offenbach oder Verdi) allgemein gültige Gesetzmäßigkeiten über entwicklungsgeschichtliche, persönlichkeitsbezogene oder umweltbedingte Variablen abzuleiten, die zu dem herausragenden und in der Gesellschaft unumstrittenen kreativen Output dieser Personen beigetragen haben könnten.

Diese Methode (s. dazu ausführlicher Simonton, 1999) ist streng von idiographischen Ansätzen abzugrenzen, die sich ausschließlich auf idiosynkratische Merkmale von bestimmten Personen konzentrieren, ohne dabei den Anspruch zu erheben, diese individuellen Charakteristika auf andere Personen oder Gruppen zu generalisieren.

23.3.3 Psychophysiologische Korrelate der Kreativität

Die noch vergleichsweise junge Forschungstradition, kreatives Verhalten auf der Ebene des physiologischen Substrats zu untersuchen, wurde vor allem durch die Beiträge von Colin Martindale (1999) belebt. Sein Verdienst besteht darin, dass er in seinem psychophysiologischen Ansatz eine Reihe von früheren Ansätzen aus der Kreativitätsforschung integriert und daraus eine Theorie gestaltet, aus der auch spezifische psychophysiologische Hypothesen abgeleitet werden können. Frühere Annahmen, wonach Kreative im Vergleich zu weniger Kreativen besser in der Lage sein sollen zwischen primären (frei-assoziativen, traumähnlichen) und sekundären (abstrakten, logischen, kognitiven) Bewusstseinszuständen zu wechseln, oder die Vorstellung vom Vorherrschen defokussierter Aufmerksamkeitsprozesse bei Kreativen vs. weniger Kreativen werden ebenso berücksichtigt wie Vermutungen bezüglich individueller Unterschiede in der Hierarchie von Assoziationen, die bei weniger Kreativen eher starr (Tendenz zu nahe liegenden Assoziationen) und bei Kreativen eher flach (Assoziationen zu weiter entfernten Bereichen) ausgeprägt sein soll.

Unter Berücksichtigung dieser Ansätze soll nun etwa bei frei-assoziativen, divergenten Problemstellungen, bei denen möglichst vielfältige oder ungewöhnliche (also im weitesten Sinne kreative) Lösungen gefunden werden müssen, eine schwache, aber gleichmäßige (d. h. nicht fokussierte) Aktivität mehrerer Areale des Kortex (daher »Low-arousal«-Hypothese) dazu beitragen, leichter die für kreatives Denken erforderlichen, (kortikal) entfernten Assoziationen zu entdecken.

Auch wenn sich Colin Martindale im Rahmen seines Ansatzes insbesondere um die Integration früherer Ansätze verdient gemacht hat, so liegen auf der anderen Seite kaum empirische Befunde vor, anhand derer die Gültigkeit seines Ansatzes umfassend beurteilt werden kann. Insgesamt lassen die wenigen bislang vorliegenden Befunde (s. dazu Martindale, 1999) allerdings vermuten, dass mit der Bearbeitung von konvergenten Anforderungen (im weitesten Sinne also Intelligenztestaufgaben) vs. divergenten Aufgabenstellungen (im weitesten Sinne also Kreativitätsaufgaben) auch deutliche Unterschiede in der kortikalen Aktivität (erfasst mittels EEG) einhergehen. Zum anderen legen bisher vorgestellte Studien auch nahe, dass unterschiedlich kreative Menschen qualitativ unterschiedliche Muster der Gehirnaktivierung aufweisen – ein viel versprechender Befund, der auch auf der Ebene des physiologischen Substrats zum besseren Verständnis von Kreativität beitragen kann.

23.3.4 Kreativität und Wissen (Expertise)

Kreativität bzw. herausragende kreative Leistungen werden vielfach auch mit Wissen bzw. langjähriger Erfahrung in einer bestimmten Domäne (Expertise) in Verbindung gebracht, d. h. das Ausmaß an Wissen, Erfahrung oder Expertise in einer bestimmten Domäne soll demnach zumindest eine notwendige (wenn auch nicht hinreichende) Ursache kreativer Leistungen in derselben (Domäne) sein. Simonton (2000) nennt allerdings wesentliche Einschränkungen dieser Kreativitäts-Expertise-Hypothese, d. h., herausragende Kreativität sei nicht bloß das kumulierte Endprodukt langjährigen Lernens oder Erfahrung in einer bestimmten Domäne. Einerseits scheint im Hinblick auf das Zustandekommen herausragender kreativer Leistungen zusätzlich auch die Beteiligung bestimmter anderer Variablen (z. B. Einstellungen, Persönlichkeitsvariablen) ausschlaggebend zu sein. Ein weiterer wichtiger Unterschied dürfte im zeitlichen Verlauf des Erwerbs von Wissen bzw. Expertise bestehen. Während domänenspezifisches Wissen bzw. Expertise in der Regel mit zunehmender Auseinandersetzung, Erfahrung oder Training in einem bestimmten Gebiet stetig zunimmt (z. B. in Domänen wie Sport oder Schach), so werden kreative Errungenschaften gelegentlich auch als kurvilineare, umgekehrt U-förmige Funktionen von Bildung bzw. Training interpretiert, d. h. sowohl zu wenig als auch zu viel Wissen in einer Domäne würden sich nachteilig auf kreative Leistungen auswirken.

Darüber hinaus gleichen die Charakteristika kreativer Karrieren im Erwachsenenalter nicht denen, die man auf der Basis einer einfachen (linearen) Expertise-Kreativitäts-Beziehung erwarten könnte (Simonton, 2000).

Demnach scheint – zumindest in naturwissenschaftlichen Domänen – kreative Produktivität von Beginn einer Karriere an stark anzusteigen bzw. ihr Maximum schon in jüngeren bis mittleren Jahren zu erreichen, während der kreative Output mit zunehmendem Alter gelegentlich auch geringer wird – ein Effekt, der nicht einfach mit »Veralterung« domänenspezifischen Wissens oder mit altersbedingten Veränderungen in kognitiven sowie physiologischen Funktionen in Verbindung gebracht werden kann (etwa in der Domäne des Sports). Außerdem dürften kreative Karrieren auch durch unvorhersagbare, unerwartete Sequenzen von Erfolgen und Misserfolgen beeinflusst werden.

23.3.5 Kreativität und Intelligenz

Auch zur Frage nach der Beziehung zwischen Kreativität und der klassischen, kognitiven Intelligenz lässt sich keine eindeutige Antwort ableiten. Frühere Ansätze gehen von Schwellenmodellen aus, nach denen ein gewisses (Mindest-)Ausmaß an Intelligenz zur Manifestation kreativer Leistungen notwendig sei; jenseits dieser Schwelle sollte Intelligenz allerdings nur mehr minimal bzw. gar nicht mit kreativem Verhalten kovariieren (s. z. B. Barron & Harrington, 1981). Insgesamt ist zur Intelligenz-Kreativitäts-Beziehung allerdings die Meinung vorherrschend, dass Kreativität (bzw. bestimmte Facetten von Kreativität) eine **Teilmenge** des (umfassenderen) Intelligenzkonstrukts darstelle (vgl. die oben genannten Intelligenzmodelle von Guilford, 1967; Jäger, 1984; Sternberg, 1985).

23.4 Resümee und Ausblick

Das Kapitel zeigt, dass psychologische Leistungsfunktionen beim Menschen vielfältig und sehr unterschiedlicher Natur sein können. Auch sollte deutlich geworden sein, dass es für manche Leistungsbereiche (z. B. kognitive Intelligenz) inzwischen eine sehr solide Befundlage aus der empirischen Psychologie gibt, während für (vermeintlich?) neuere Konzeptionen wie emotionale Intelligenz die wissenschaftliche Psychologie noch fast am Anfang steht. Eine Zwischenposition zwischen diesen beiden Extremen nimmt die Kreativität ein. Gerade die beiden letztgenannten Bereiche sind jene, bei denen die eindeutige Zuordnung zum Leistungsbereich auch hinterfragt werden kann. Sind Kreativität und soziale bzw. emotionale Intelligenz nicht eher dem Schnittstellenbereich zwischen Fähigkeit und Persönlichkeit zuzuordnen (»personality-ability interface«)?

Darüber hinaus ist zu erwähnen, dass vereinzelt auch individuelle Differenzen in anderen Funktionsbereichen wie z. B. Aufmerksamkeit (vgl. Westhoff, 1995), Psychomotorik (vgl. Heuer & Keele, 1994) oder wahrnehmungsbezogenen Leistungen (s. Stoffer, 1995) untersucht wurden, die hier aber – aufgrund derzeit noch nicht weit gediehener Theorienbildung in der Differentiellen Psychologie – nicht behandelt werden.

Die Abgrenzung unterschiedlicher Leistungsfunktionen ist nur eine von vielen Fragen, die (empirisch und konzeptuell) zu klären sind, bevor die Psychologie eine umfassende Theorie individueller (Leistungs-)Unterschiede entwickeln kann, eine Theorie, die nicht nur in der Lage sein sollte, individuelle Unterschiede auf der Ebene einzelner Leistungskonstrukte zu beschreiben und zu erklären, sondern die es auch erlauben sollte, das komplexe und vielschichtige **Zusammenwirken** unterschiedlicher Fähigkeits- oder Leistungsbereiche sowie ihre Interaktion mit Persönlichkeitsmerkmalen im engeren Sinne darzustellen. Eine solche umfassende Theorie sollte aber nicht auf behavioralen Daten alleine fußen, sondern sollte nach Ansicht der Verfasser im Hinblick auf die zunehmende Bedeutung von Kognitions- und Neurowissenschaften auch gehirnphysiologische Befunde aufgreifen und in die Theoriebildung integrieren.

Literatur

Referenzliteratur

Deary, I.J. (2000). *Looking down on human intelligence: from psychometrics to the brain*. New York: Oxford University Press.

Gray, J.R. & Thompson, P.M. (2004). Neurobiology of intelligence: science and ethics. *Nature Reviews Neuroscience, 5*, 471–482.

Matthews, G., Zeidner, M. & Roberts, R.D. (2002). *Emotional intelligence: science and myth*. Cambridge, MA: MIT Press.

Runco, M.A. (2004). Creativity. *Annual Review of Psychology, 55*, 657–687.

Schulze, R. & Roberts, R.D. (in press). *Emotional Intelligence. an international handbook*. Göttingen: Hogrefe.

Stern, E. & Guthke, J. (2001). *Perspektiven der Intelligenzforschung*. Lengerich: Pabst.

Zitierte Literatur

Amelang, M. & Bartussek, D. (2001). *Differentielle Psychologie und Persönlichkeitsforschung* (5. Aufl.). Stuttgart: Kohlhammer.

Amthauer, R., Brocke, B., Liepmann, D. & Beaducel, A. (2001). *Intelligenz-Struktur-Test 2000 R*. Göttingen: Hogrefe.

Asendorpf, J.B. (2004). *Psychologie der Persönlichkeit* (3. Aufl.). Berlin: Springer.

Bar-On, R. (1997). *The emotional quotient inventory (EQ-I): A test of emotional intelligence*. Toronto: Multihealth Systems.

Bar-On, R., Brown, J.M., Kirkcaldy, B.D. & Thomé, E.P. (2000). Emotional expression and implications for occupational stress; an application of the Emotional Quotient Inventory (EQ-i). *Personality and Individual Differences, 28*, 1107–1118.

Barron, F. & Harrington, D.M. (1981). Creativity, intelligence, and personality. *Annual Review of Psychology, 32*, 439–476.

Brody, N. (1992). *Intelligence*. London: Academic Press.

Brody, N. (1999). What is intelligence? *International Review of Psychiatry, 11*, 19–25.

Carroll, J.B. (1993). *Human cognitive abilities: a survey of factor analytic studies*. Cambridge: Cambridge University Press.

Cattell, R.B. (1963). Theory of fluid and crystallized intelligence: a critical experiment. *Journal of Educational Psychology, 54*, 1–22.

Csikszentmihalyi, M. & Wolfe, R. (2002). New conceptions and research approaches to creativity: implications of a systems perspective for creativity in education. In K.A. Heller, F.J. Mönks, R.J. Sternberg & R.F. Subotnik (Eds.), *International handbook of talent and giftedness* (pp. 81–93). Oxford: Elsevier Science.

Cropley, A.J. & Urban, K.K. (2002). Programs and strategies for nurturing creativity. In K.A. Heller, F.J. Mönks, R.J. Sternberg & R.F. Subotnik (Eds.), *International handbook of talent and giftedness* (pp. 485–498). Oxford: Elsevier Science.

Dörner, D., Kreuzig, H.W., Reither, F. & Stäudel, T. (1983). *Lohausen – Vom Umgang mit Unbestimmtheit und Komplexität*. Bern: Huber.

Ericsson, K.A. & Smith, J. (1991). Prospects and limits of the empirical study of expertise: an introduction. In K.A. Ericsson & J. Smith (Eds.), *Toward a general theory of expertise: prospects and limits* (pp. 1–38). Cambridge: Cambridge University Press.

Fancher, R.E. (1985). *The intelligence men: makers of the IQ controversy*. New York: Norton.

Gardner, H. (1993). *Multiple intelligences: the theory in practice*. New York: Basic Books.

Goleman, D. (1995). *Emotional intelligence: Why it can matter more than IQ*. New York: Bantam Books.

Gottfredson, L.S. (2003). Dissecting practical intelligence theory: its claims and evidence. *Intelligence, 31*, 343–397.

Guilford, J.P. (1950). Creativity. *American Psychologist, 5*, 444–454.

Guilford, J.P. (1967). *The nature of human intelligence*. New York: McGraw-Hill.

Heuer, H. & Keele, S.W. (Hrsg.). (1994). *Enzyklopädie der Psychologie: Kognition, Band 3 Psychomotorik*. Göttingen: Hogrefe.

Horn, W. (1983). *Leistungsprüfsystem L-P-S* (2. erweiterte Aufl.). Göttingen: Hogrefe.

Jäger, A.O. (1984). Intelligenzstrukturforschung: Konkurrierende Modelle, neue Entwicklungen, Perspektiven. *Psychologische Rundschau, 35*, 21–35

Jäger, A.O., Süß, H.-M. & Beaducel, A. (1997). *Berliner Intelligenzstruktur-Test*. Göttingen: Hogrefe.

Kyllonen, P.C. & Christal, R.E. (1990). Reasoning ability is (little more than) working memory capacity?! *Intelligence, 14*, 389–433.

Mariacher, H. &, Neubauer, A.C. (2005). *Der Test für Praktische Alltagsintelligenz (PAI30)*. Göttingen: Hogrefe.

Martindale, C. (1999). Biological bases of creativity. In R. Sternberg (Ed.), *Handbook of creativity* (pp. 137–152). Cambridge: Cambridge University Press.

Matthews, G., Zeidner, M. & Roberts, R.D. (2002). *Emotional intelligence: science and myth*. Cambridge, MA: MIT Press.

Mayer, J.D., Caruso, D.R. & Salovey, P. (1999). Emotional intelligence meets traditional standards for an intelligence. *Intelligence, 27*, 267–298.

Mayer, J.D. & Salovey, P. (1997). What is emotional intelligence? In P. Salovey & D. Sluyter (Eds.), *Emotional development and emotional intelligence: implications for educators* (pp. 3–31). New York: Basic Books.

Mayer, J.D., Salovey, P. & Caruso, D.R. (2002). *Mayer-Salovey-Caruso Emotional Intelligence Test (MSCEIT): user's manual*. Toronto: Multi-Health Systems.

Neisser, U. (1976). General, academic, and artificial intelligence. In L. Resnick (Ed.), *The nature of intelligence* (pp. 135–144). Hillsdale, NJ: Erlbaum.

Neubauer, A.C. (1995). *Intelligenz und Geschwindigkeit der Informationsverarbeitung*. Wien: Springer.

Neubauer, AC. & Fink, A. (2005). Basic information processing and the psychophysiology of intelligence. In R.J. Sternberg (Ed.), *Cognition and intelligence*. Cambridge: Cambridge University Press.

Neubauer, A.C. & Freudenthaler, H.H. (in press). Models of emotional intelligence. In R.D. Schulze & R. Roberts (Eds.), *International handbook of emotional intelligence*. Göttingen: Hogrefe.

Pawlik, K. (1968). *Dimensionen des Verhaltens*. Bern: Huber.

Riemann, R. & Allgöwer, A. (1993). Eine deutschsprachige Fassung des »Interpersonal Competence Questionnaire« (ICQ). *Zeitschrift für Differentielle und Diagnostische Psychologie, 14*, 153–163.

Riggio, R.E. (1986). Assessment of basic social skills. *Journal of Personality and Social Psychology, 51*, 649–660.

Salovey, P., Mayer, J.D. (1990). Emotional intelligence. *Imagination, Cognition and Personality, 9*, 185–211.

Salthouse, T.A. (1996). The processing-speed theory of adult age differences in cognition. *Psychological Review, 103*, 403–428.

Schoppe, K.-J. (1975). *Verbaler Kreativitäts-Test (V-K-T)*. Göttingen: Hogrefe.

Schweizer, K. & Moosbrugger, H. (2004). Attention and working memory as predictors of intelligence. *Intelligence, 32*, 329–347.

Simonton, D.K. (1999). Creativity from a historiometric perspective. In R. Sternberg (Ed.), *Handbook of creativity* (pp. 116–133). Cambridge: Cambridge University Press.

Simonton, D.K. (2000). Creative development as acquired expertise: theoretical issues and an empirical test. *Developmental Review, 20*, 283–318.

Spearman, C. (1904). »General intelligence« objectively determined and measured. *American Journal of Psychology, 15*, 201–293.

Sperber, W. (1994). *Was ist Praktische Intelligenz? Theoretische und empirische Untersuchung eines Fähigkeitsbereiches als impliziter Theorie psychologischer Experten*. Frankfurt am Main: Lang.

23

Sternberg, R.J. (1985). *Beyond IQ: a triarchic theory of human intelligence.* Cambridge: Cambridge University Press.

Sternberg, R.J. & Hedlund, J. (2002). Practical intelligence, g, and work psychology. *Human Performance, 15*, 143–160.

Stoffer, T.H. (1995). Individuelle Unterschiede in der Wahrnehmung. In M. Amelang (Hrsg.), *Enzyklopädie der Psychologie: Differentielle Psychologie und Persönlichkeitsforschung, Band 2 Verhaltens und Leistungsunterschiede* (S. 195–243). Göttingen: Hogrefe.

Süß, H.-M., Oberauer, K., Wittmann, W.W., Wilhelm, O. & Schulze, R. (2002). Working-memory capacity explains reasoning ability – and a little bit more. *Intelligence, 30*, 261–288.

Taub, G.E., Hayes, B.G., Cunningham, W.R. & Sivo, S.A. (2001). Relative roles of cognitive ability and practical intelligence in the prediction of success. *Psychological Reports, 88*, 931–942.

Thorndike, E.L. (1920). Intelligence and its uses. *Harper's Magazine, 140*, 227–235.

Thurstone, L.L. (1938). *Primary mental abilities.* Chicago: The University of Chicago Press.

Torrance, E.P. (1966). *Torrance Tests of Creative Thinking.* Bensenville, IL: Scholastic Testing Service.

Wagner, R.K. & Sternberg, R.J. (1985). Practical intelligence in real-world pursuits: the role of tacit knowledge. *Journal of Personality and Social Psychology, 49*, 436–458.

Weber, H. & Westmeyer, H. (2001). Die Inflation der Intelligenzen. In E. Stern & J. Guthke (Hrsg.), *Perspektiven der Intelligenzforschung* (S. 251–266). Lengerich: Papst.

Westhoff, K. (1995). Aufmerksamkeit und Konzentration. In M. Amelang (Hrsg.), *Enzyklopädie der Psychologie: Differentielle Psychologie und Persönlichkeitsforschung, Band 2 Verhaltens und Leistungsunterschiede* (S. 375–402). Göttingen: Hogrefe.

24 Differentielle Psychologie: Persönlichkeitsforschung

V. Hodapp, S. Rohrmann

Die Frage nach der Persönlichkeit des Menschen ist eine der grundlegendsten Fragen der Psychologie. Was macht die Individualität eines Menschen aus? Sind verschiedene Menschen in ihrem Verhalten tatsächlich einzigartig oder können wir nicht auch Ähnlichkeiten im Verhalten und in Lebensgeschichten beobachten? Was haben Menschen dann gemeinsam? Wie können wir Personen miteinander vergleichen? Welche Merkmale sollen wir heranziehen, um sowohl Ähnlichkeiten als auch Unterschiede zwischen Personen festzustellen? Was sind letztlich die Ursachen für Konstanz und Variabilität im Verhalten des Menschen? Eine Antwort auf diese Fragen versucht die Differentielle Psychologie und Persönlichkeitsforschung zu geben.

24.1 Begriffsbestimmung

Der Begriff »Differentielle Psychologie« geht auf Stern (1911) zurück, der als erster darauf hinwies, dass Persönlichkeit nur durch den Vergleich mit anderen Personen bestimmt werden kann. Die Differentielle Psychologie versucht Gesetzmäßigkeiten zu bestimmen, die sich auf Unterschiede zwischen einzelnen Personen oder Gruppen von Personen (z. B. Geschlecht) beziehen. Persönlichkeit wäre in diesem Sinne die Gesamtheit aller Merkmale einer Person, in denen sie sich von anderen unterscheidet. Die Aufgabe der Differentiellen Psychologie ist dann die Beschreibung und Erklärung jener Wesenszüge und Eigenschaften, in denen sich die Persönlichkeit eines einzelnen als seine ihn spezifisch charakterisierende Kombination bzw. Struktur von Eigenschaften darstellen lässt (Guilford, 1959; Pawlik, 1996). Dabei beschäftigt sich die Differentielle Psychologie nicht nur mit interindividuellen Unterschieden, sondern auch mit intraindividuellen Veränderungen, also Unterschieden im Erleben und Verhalten einer Person über die Zeit bzw. in unterschiedlichen Situationen. Die Perspektive interindividueller Differenzen wird ergänzt durch die Perspektive der intraindividuellen Entwicklung von Persönlichkeit.

Es sollte betont werden, dass Persönlichkeit nicht mit dem konkreten Verhalten in einer spezifischen Situation gleichgesetzt werden darf, sondern sich auf die Organisation und Struktur des Verhaltens bezieht, also dasjenige, was dem Verhalten Konsistenz und Stabilität verleiht. Pervin (1996) beschreibt Persönlichkeit als »komplexe Organisation von Kognitionen, Emotionen und Verhalten, die dem Leben der Person Richtung und Zusammenhang gibt« (ebd., S. 414). Da sehr unterschiedliche Vorstellungen darüber existieren, welche Faktoren die Organisation und Struktur des Verhaltens bestimmen, und welche Ursachen und Wirkungen individueller Unterschiede von Bedeutung

24

sind, wurden auch sehr verschiedene Theorien entwickelt, um Persönlichkeitsunterschiede zu erklären. In diesem Kapitel wird es nicht möglich sein, einen umfassenden Überblick über Persönlichkeitstheorien darzustellen. Stattdessen beschränken wir uns auf die hauptsächlichen Konzepte und Fragestellungen sowie ausgewählte Forschungsgebiete und Befunde der Differentiellen Psychologie und Persönlichkeitsforschung.

Neben der hier skizzierten hauptsächlichen Bedeutung des Begriffs der Persönlichkeit gibt es noch eine engere Verwendung des Begriffs, die forschungsgeschichtlich entstanden ist und Persönlichkeitsmerkmale auf solche Merkmale und Eigenschaften eingrenzt, die nicht dem Leistungs- und Intelligenzbereich zugeordnet werden. Persönlichkeit im engeren Sinne umfasst Temperament, Emotionalität, soziales Verhalten, Motivation und Interessen. Dieser Konvention wird in diesem Handbuch Rechnung getragen, indem zwei getrennte Kapitel über Intelligenz- (▶ Kap. 23) und Persönlichkeitsforschung im engeren Sinne vorliegen. Mit dieser Konvention ging z. T. auch eine begriffliche Unterscheidung zwischen Differentieller Psychologie und Persönlichkeitspsychologie einher, wobei beide Termini heute mehr und mehr synonym verwendet werden.

24.2   Konzepte und Fragestellungen

Versuche, Persönlichkeitsunterschiede zu erkennen und zu klassifizieren, reichen weit in die Vergangenheit zurück. Nach Hippokrates (460–377 v. Chr.) müssen sich die vier **Körpersäfte** Blut, Schleim, gelbe und schwarze Galle im Gleichgewicht befinden, da ansonsten Krankheiten entstehen. Galen (129–199) erweiterte diese Ansicht und gruppierte individuelle Varianten nach dem Vorherrschen einer der vier Körpersäfte in Temperamentstypen (▶ Abschn. 24.2.2). Unterschiede im Verhalten und Erleben werden also einander ausschließenden Kategorien (Typen) zugeordnet.

Fast ebenso alt wie die Beschäftigung mit Persönlichkeits- und Verhaltensunterschieden ist der Versuch, diese auf körperliche Merkmale zu beziehen. Aristoteles (384–322 v. Chr.) wird die griechische Sammlung »Physiognomica« zugeschrieben, in der sich Zuordnungen von bestimmten Gesichtsformen zu Charaktertypen finden. Der französische Arzt Franz Josef Gall (1758–1828) entwickelte die **Phrenologie**, wonach unterschiedliche psychische Merkmale unterschiedlichen Hirnregionen zugeordnet sein sollen. Zu den bekanntesten **Konstitutionstypologien** gehört die Typologie von Kretschmer, der Körperbautypen beschrieb und diese sowohl Persönlichkeitsmerkmalen als auch psychiatrischen Krankheiten zuordnete (Kretschmer, 1921). Solche Typologien mögen Alltagswissen widerspiegeln, wissenschaftlich sind sie überholt und aus der modernen Persönlichkeitsforschung nahezu verschwunden.

24.2.1   Typen und Traits: Die Beiträge von William Stern und Gordon W. Allport

Der Vergleich von Personen hinsichtlich ihrer Erlebnis- und Verhaltensmerkmale wurde zum ersten Mal von Stern (1911) systematisch behandelt. Er unterschied zwischen einem merkmals- und einem personenorientierten Ansatz. Ein merkmalsorientierter Ansatz ist dadurch gekennzeichnet, dass Personen nach einzelnen Merkmalen unterschieden werden, z. B. niedrig vs. hoch intelligent, ängstlich vs. wenig ängstlich oder misstrauisch vs. vertrauensvoll. Im Mittelpunkt stehen nicht einzelne Personen, sondern Variablen, etwa Intelligenz, die mit einem Intelligenztest gemessen wird, oder der Grad der Ängstlichkeit, festgestellt mit Hilfe eines Ängstlichkeitsfragebogens. Die Diskussion, nach welchen, möglichst generalisierten Merkmalen Personen zweckmäßig zu unterscheiden sind, ist eine Kernfrage der empirischen Persönlichkeitspsychologie.

Stern schlug jedoch auch einen personenbezogenen Ansatz vor, der auf die Beschreibung der gesamten Persönlichkeit eines Individuums abzielte. Dazu werden Personen in mehreren Merkmalen miteinander verglichen. Bezieht sich die Analyse auf eine Person, erhält man ein **Persönlichkeitsprofil**, der Vergleich von Persönlichkeitsprofilen mehrerer Personen führt über die Zusammenfassung von Personen nach ähnlichen Profilen zu **Persönlichkeitstypen** (Asendorpf, 2004). Obwohl der personenbezogene Ansatz eher dem typologischen Denken entspricht, überwiegen in der Persönlichkeitspsychologie heute merkmalszentrierte Ansätze, wenn z. B. aus Korrelationen von Einzelmerkmalen auf statistischem Wege Grunddimensionen der Persönlichkeit herausgearbeitet werden.

Als der eigentliche Begründer der Trait-Theorien gilt Gordon W. Allport (▶ Kurzbiographie). Für Allport war die **Individualität** das hervorstechende Kennzeichen des Menschen. Angesichts der immer wieder betonten Einzigartigkeit des Individuums stellte er infrage, ob es sinnvoll sei, Personen mit Hilfe von allgemeinen Eigenschaften zu beschreiben. Nach Allport (1959) sollte unterschieden werden zwischen **allgemeinen Eigenschaften**, die jedes Individuum in unterschiedlicher Ausprägung besitzt, und **persönlichen Dispositionen**, die eine bestimmte Person charakterisieren und für diese einzigartig sein sollen. In seinem Hauptwerk »Personality: A psychological interpretation« (1937; dtsch. 1959) stellt er die Eigenart, Eigenwelt und Einmaligkeit der Persönlichkeit heraus.

Allport griff damit die auf Windelband, einen Philosophen des 19. Jahrhunderts, zurückgehende Unterscheidung von idiographischer und nomothetischer Methode auf. Die **idiographische Methode** postuliert qualitative Unterschiede zwischen Personen. Hiernach sind Personen aufgrund ihrer Einzigartigkeit unvergleichbar. Eine Erfassung der Persönlichkeit bedarf sehr detaillierter Informationen über das Verhalten und die Biographie des Einzelnen. Die **nomothetische Methode** hingegen sieht von der Einmaligkeit

Gordon W. Allport

Gordon W. Allport wurde 1897 in Montezuma (Indiana, USA) geboren. Er begann 1915 sein Psychologiestudium an der Harvard-Universität. Nach seiner Promotion verbrachte er ein Jahr in Berlin und Hamburg, wo er gemeinsam mit Wertheimer, Köhler, Spranger, Stern und Werner forschte. Ab 1937 lehrte er wiederum an der Harvard-Universität. Er starb 1967 in Cambridge (Massachusetts, USA).

Allport ist vor allem wegen der Themen, die er anregte, und der von ihm betonten Prinzipien von großer Bedeutung für die Persönlichkeitspsychologie. Er legte Wert auf die menschlichen, gesunden und organisierten Aspekte des Verhaltens.

des Individuums ab und sucht nach allgemeinen Gesetzen und Merkmalen, die für alle Personen gelten und in Bezug auf die sie verglichen werden können. Aufgabe der nomothetischen Persönlichkeitspsychologie ist es, zunächst Beschreibungssysteme zu entwickeln, mit denen Personen erfasst und kategorisiert werden können. Anschließend wird versucht, die mit Hilfe der Beschreibungsdimensionen erfassten Unterschiede in Form allgemeiner Gesetze theoretisch zu erklären.

Allports Interesse galt der Eigenart der Einzelpersönlichkeit. Er beschäftigte sich vor allem mit Motiven, die die Besonderheit der einzelnen menschlichen Persönlichkeit bestimmen. Allport (1959) betrachtete Traits nicht nur als gedankliche, abstrakte Konstruktionen; für ihn handelt es sich hierbei um reale Strukturen von biophysischer Existenz. Durch diese Strukturen bzw. Traits wird die Beständigkeit des Verhaltens vermittelt, sie steuern die Wahrnehmung von Reizen und entsprechende Reaktionen hierauf.

24.2.2 Der eigenschaftspsychologische Ansatz: faktorenanalytische Systeme

Im Rahmen eigenschaftspsychologischer Ansätze müssen zunächst über Erhebungen Daten zur Beschreibung indivi-

dueller Differenzen gewonnen werden. In der eigenschaftspsychologischen Persönlichkeitsforschung werden dann verschiedene Verhaltensweisen aufgrund von theoretischen oder messmethodischen Annahmen zu Klassen (= Eigenschaften, »Traits«) zusammengefasst, innerhalb derer eine Quantifizierung nach der relativen Ausprägung des Merkmals angestrebt wird.

Persönlichkeitsforscher wie J.P. Guilford (1959), R.B. Cattell (1966) und H.J. Eysenck (s. Eysenck & Eysenck, 1969) verfolgten das Ziel, die Persönlichkeit in ihrer Gesamtheit zu erfassen. Dabei verwendeten sie die statistische Technik der Faktorenanalyse (▶ Kap. 2) als Instrument zum Auffinden der grundlegenden Beschreibungsdimensionen für die Persönlichkeit. Die zunächst kaum überschaubare Vielfalt von Beobachtungsmerkmalen soll als Funktion relativ weniger, replizierbarer Grundfunktionen des Verhaltens dargestellt werden (Pawlik, 1976). Die einzelnen Ansätze unterscheiden sich deutlich in der Fragestellung, in der Gewinnung von Einzelmerkmalen als Basis für die empirischen Analysen und in den zugrunde liegenden faktorenanalytischen Modellen. Darüber hinaus existieren unterschiedliche Vorstellungen, inwiefern Eigenschaften Beziehungen zu neurophysiologischen Strukturen und Erbfaktoren aufweisen. Trotz der Verschiedenartigkeit der Systeme führten jedoch Untersuchungen, die sich um eine Integration der verschiedenen Modelle bemühten, zu der Erkenntnis, dass eine Einigkeit über die wesentlichen Teilbereiche der Persönlichkeit zu erzielen ist (Pawlik, 1977).

Das Persönlichkeitsmodell von R.B. Cattell

Eines der umfassendsten Persönlichkeitssysteme stammt von Cattell (1973; ▶ Kurzbiographie). Für ihn sind Eigenschaften grundlegende Einheiten, mentale Strukturen der Persönlichkeit, die aus dem Verhalten erschlossen werden und Regelmäßigkeit und Konsistenz des Verhaltens erklären. Die Persönlichkeit wird vorab in verschiedene Bereiche wie Fähigkeiten, Temperament und Motivation oder Dynamik eingeteilt. Innerhalb jeder dieser Kategorien wird eine Fülle von Beschreibungsdimensionen benötigt, um der Variabilität des Verhaltens gerecht zu werden.

Ein besonderes Verdienst Cattells bestand darin, dass er sich nicht mit Informationen aus einer Datenquelle begnügte, sondern versuchte, seine Faktoren anhand mehrerer Datenquellen nachzuweisen. Er unterschied **L-Daten** (»life record«), **Q-Daten** (»questionnaire data«) und **T-Daten** (»test data«). L-Daten resultieren vornehmlich aus Fremdbeurteilungen (z. B. durch Vorgesetzte), während Q-Daten auf Selbstbeurteilungen, meist erfasst mit Hilfe von Fragebögen, beruhen. T-Daten sind schließlich Daten objektiver Tests (Leistungsprüfverfahren, physiologische Messungen). Cattell war der Meinung, dass Faktoren im Sinne von grundlegenden Persönlichkeitsdimensionen zwischen den Quellen hoch korrelieren sollten.

Cattell griff bei der Entwicklung seines Systems (zusammenfassend Amelang & Bartussek, 2001) zunächst auf

Raymond B. Cattell

Raymond B. Cattell wurde 1905 in Staffordshire in England geboren. Nach seinem Chemiestudium an der Universität von London wandte er sich der Psychologie zu. 1938 siedelte Cattell in die USA über, wo er zunächst Mitarbeiter von Thorndike an der Columbia Universität war und anschließend eine Professur für Genetische Psychologie an der Clark Universität inne hatte. Während seiner Zeit in Harvard arbeitete Cattell eng mit Murray, White und Allport zusammen. Von 1946 bis 1973 hatte er eine Forschungsprofessur für Psychologie an der Universität von Illinois inne und gründete in dieser Zeit das »Labor für Persönlichkeitsmessung und Gruppenverhalten«, wo er elaborierte statistische Methoden zur Messung der Intelligenz und Persönlichkeit entwickelte. Cattell starb 1998 in Honolulu, Hawaii.

Vorarbeiten von Allport und Odbert (1936) zurück, die in einem sog. lexikalischen Ansatz »Webster's New International Dictionary« nach Wörtern durchsuchten, die Eigenschaften sowie in kleinerer Zahl Aktivitäten und temporäre Zustände beschreiben sollten. An dieser Liste von etwa 18.000 Worten setzten verschiedene Reduktionsverfahren zur Gewinnung von Eingangsdaten für Faktorenanalysen an, um Grunddimensionen der Persönlichkeit zu ermitteln.

Cattell reduzierte diesen großen Variablensatz, bis er schließlich 35 Cluster von zusammenhängenden Variablen erhielt. Diese dienten ihm als empirische Variablen zur Fremdbeurteilung (100 Personen wurden durch je zwei Bekannte eingeschätzt), was schließlich zu 12 Faktoren der Persönlichkeit führte. Cattell verstand diese Faktoren als grundlegende Eigenschaften, als sog. »Source-Traits«, die aus verschiedenen, jedoch miteinander korrelierten Einflüssen auf die weniger abstrakten »Surface-Traits« (Verhaltenstendenzen) bestehen. Die Surface-Traits sind beobachtbare, korrelierte Verhaltensweisen, z. B. die erwähnten Variablencluster, die die Grundlage für die Erschließung der dispositionellen Source-Traits liefern.

Um das Ergebnis dieser ersten faktorenanalytischen Studie, in die eine Reihe subjektiver Entscheidungen einfloss, abzusichern, wurden mehrere nachfolgende Studien durchgeführt, die die gefundenen Faktoren teilweise replizierten und darüber hinaus auch weitere Faktoren auf der Basis von L-Daten erbrachten. Kritiker dieser frühen Arbeiten sind sich jedoch aufgrund von Reanalysen und eigenen Untersuchungen mit dem Cattell'schen Satz von 35 Variablen einig, dass Cattell zu viele Faktoren extrahierte und im L-Datenbereich 5 bis höchstens 7 Faktoren als gesichert gelten können (Digman & Takemoto-Chock, 1981; Tupes & Christal, 1961; vgl. auch das Fünf-Faktoren-Modell der Persönlichkeit ► Abschn. 24.3.1).

Cattell versuchte, die Faktoren der Persönlichkeit aus L-Daten auch mit Hilfe von Fragebögen (Q-Daten) zu erfassen. Das Ergebnis war der »16-Persönlichkeits-Faktoren-Test« (16 PF-Test), der inzwischen mehrfach überarbeitet wurde. Grundlage des 16 PF ist das Ergebnis, dass 12 Faktoren aus dem L-Daten-Bereich in Q-Daten wiedergefunden werden konnten und darüber hinaus 4 weitere Faktoren nur in Q-Daten auftauchten. Die Beschreibung der 16 Primärskalen der deutschen aktualisierten Version (16 PF-R; Schneewind & Graf, 1998) ist in ⬛ Tab. 24.1 aufgeführt. Wie bei Cattell sind die Faktoren mit Buchstaben (A, B usw. bis Q_4) bezeichnet, wobei Q_1 bis Q_4 fragebogenspezifische Dimensionen darstellen.

Da die Primärdimensionen des 16 PF-R korrelieren, eröffnet sich die Möglichkeit, über eine Faktorenanalyse dieser Skalen zu Globalfaktoren zu gelangen, die breitere Persönlichkeitsbereiche repräsentieren. Die Globalfaktoren des 16 PF-R sind **Extraversion**, **Ängstlichkeit**, **Selbstkontrolle**, **Unabhängigkeit** und **Unnachgiebigkeit**.

Das Verfahren kann in einer Vielzahl von Anwendungsfeldern eingesetzt werden. Typische Anwendungen sind die Bereiche Berufsberatung, Mitarbeiterberatung und Personalplatzierung im Bereich der Arbeits- und Organisationspsychologie oder die Abklärung unterschiedlicher psychischer Störungen und die Evaluation therapeutischer Maßnahmen im Bereich der Klinischen Psychologie. Im Testmanual sind beispielsweise die Persönlichkeitsprofile unterschiedlicher Berufs- bzw. Studiengruppen einander exemplarisch gegenübergestellt, sodass individuelle Profile mit den Mittelwertsprofilen verglichen werden können und als Grundlage für ein Beratungsgespräch dienen können.

Der 16 PF und die Replizierbarkeit der Faktoren des Cattell'schen Gesamtsystems sind wiederholt kritisiert worden (vgl. Bartussek, 1996). Dies betrifft insbesondere auch die Faktoren, die Cattell versuchte, aus objektiven Tests zu bestimmen. Cattell und seine Mitarbeiter beschrieben 21 Persönlichkeitsfaktoren aus objektiven Tests. Inwieweit die Faktoren unterschiedlicher Datenquellen jedoch ineinander überführbar sind, ist eine noch offene Frage. Dies schmälert jedoch nicht das Verdienst Cattells, dessen Gesamtsystem sich für die Persönlichkeitsforschung als außerordentlich fruchtbar erwiesen hat.

Tabelle 24.1. Beschreibung der Primärskalen des 16 PF-R

Faktoren	Merkmale
Skala A (Wärme)	Warmherzig, aufmerksam für die Gefühle und Bedürfnisse anderer vs. reserviert, unpersönlich, distanziert
Skala B (Logisches Schlussfolgern)	Hoch vs. niedrig
Skala C (Emotionale Stabilität)	Emotional stabil, ausgeglichen vs. stimmungslabil
Skala E (Dominanz)	Dominant, durchsetzungsfähig, sich selbst behauptend vs. nachgiebig, kooperativ, konfliktvermeidend
Skala F (Lebhaftigkeit)	Lebhaft, spontan, gesellig vs. ernst, zurückhaltend, bedacht
Skala G (Regelbewusstsein)	Regelbewusst, pflichtbewusst vs. unangepasst, nonkonformistisch
Skala H (Soziale Kompetenz)	Sozial kompetent, kontaktstark vs. scheu, schüchtern
Skala I (Empfindsamkeit)	Empfindsam, gefühlvoll, sentimental vs. sachlich, unsentimental, robust
Skala L (Wachsamkeit)	Wachsam, misstrauisch, skeptisch vs. vertrauensvoll, arglos
Skala M (Abgehobenheit)	Abgehoben, träumerisch, fantasievoll, ideenreich vs. lösungsorientiert, praktisch, auf dem Boden der Tatsachen stehend
Skala N (Privatheit)	Verschlossen, diskret vs. offen, geradeheraus, natürlich
Skala O (Besorgtheit)	Besorgt, selbstzweifelnd, verletzlich vs. selbstsicher, selbstzufrieden, selbstbejahend
Skala Q_1 (Offenheit für Veränderung)	Offen für Veränderung, experimentierfreudig, aufgeschlossen für Neues vs. am Gewohnten haftend, traditionalistisch
Skala Q_2 (Selbstgenügsamkeit)	Selbstgenügsam, einzelgängerisch, zurückgezogen vs. sozial orientiert, anschlussfreudig
Skala Q_3 (Perfektionismus)	Perfektionistisch, planvoll, selbstdiszipliniert, ordentlich vs. flexibel, wenig Wert auf Ordnung/Perfektion/Disziplin legend
Skala Q_4 (Anspannung)	Angespannt, reizbar, nervös, getrieben vs. entspannt, ruhig, gelassen, geduldig

Das Persönlichkeitsmodell von H.-J. Eysenck

Auch bei Hans-Jürgen Eysenck (► Kurzbiographie) stellt die Faktorenanalyse ein wichtiges Instrument zum Auffinden der Beschreibungsdimensionen der Persönlichkeit dar. Im Gegensatz zu Cattell und Guilford unterwirft Eysenck seine Versuchspersonen auch experimentellen Versuchsanordnungen zur Überprüfung aufgefundener Gesetzmäßigkeiten und gelangt damit zu Aussagen, die über das mittels L-, Q- und T-Daten Erfassbare hinausgehen (Amelang & Bartussek, 2001). Eysenck suchte aber nicht nur Beschreibungsdimensionen, sondern forschte auch nach Ursachen für Unterschiede in diesen Beschreibungsdimensionen.

Eysencks Temperamentstheorie (Eysenck, 1990; Eysenck & Eysenck, 1985) postuliert zum einen, dass alle wesentlichen Temperamentseigenschaften auf zwei unabhängigen Dimensionen, **Extraversion** (mit den Polen extravertiert und introvertiert) und **Neurotizismus** (mit den Polen labil und stabil), variieren, und zum anderen, dass diese Temperamentseigenschaften biologisch determiniert sind (die später von Eysenck zusätzlich noch eingeführte dritte Persönlichkeitsdimension Psychotizismus war weniger einflussreich und wird hier nicht weiter ausgeführt).

Historische Vorläufer seiner Theorie sind die bereits erwähnten, auf Hippokrates bzw. Galen zurückgehenden Temperamentstypen (Sanguiniker, Phlegmatiker, Choleriker und Melancholiker), die Erweiterung dieser Typenlehre durch Wundt (1903) zu dem zweidimensionalen Modell mit den Dimensionen »Stärke der Gemütsbewegungen« (entsprechend der Dimension Extraversion) und »Schnelligkeit des Wechsels der Gemütsbewegungen« (entsprechend der Dimension Neurotizismus) und schließlich das Typenkonzept C.G. Jungs (1921) von Introversion (nach innen gekehrt sein) und Extraversion (nach außen gekehrt sein). ☐ Abbildung 24.1 zeigt das darauf basierende zweidimensionale Temperamentssystem von Eysenck.

Wurden Extraversion–Introversion und Neurotizismus zunächst mit Hilfe von Beurteilungsskalen und objektiven Tests identifiziert, entwickelten Eysenck und seine Mitarbeiter später verschiedene Fragebögen zur Erfassung von Extraversion und Neurotizismus. Die breiteste Anwendung fand das »Eysenck Personality Inventory« (EPI, deutsche Version von Eggert, 1974). Beispielitems zur Erfassung von Extraversion wären etwa: »Gehen Sie gern viel aus?«, »Halten andere Leute Sie für sehr lebhaft?« Typische Neurotizis-

24

Hans-Jürgen Eysenck

Hans-Jürgen Eysenck wurde 1916 in Berlin geboren. 1934 floh Eysenck zunächst nach Frankreich und siedelte dann nach England über, wo er von 1936 bis 1938 in London Psychologie studierte. Nach seiner Promotion in Psychologie arbeitete Eysenck als Forschungsassistent am »Mill Hill Hospital« in London. Von 1946 bis 1950 war er als Psychologe am Maudsley-Hospital tätig. 1947 begann er an der Londoner Universität Psychologie zu lehren, wo er 1955 Professor wurde. Eysenck starb 1997 in London.

Im Laufe seiner wissenschaftlichen Karriere schrieb er 75 Bücher und ca. 700 Artikel und gilt damit als einer der produktivsten psychologischen Wissenschaftler. Wichtigste grundlegende Werke Eysencks sind: »The Biological Basis of Personality« (1967) und »Personality, Structure and Measurement« (1969).

mus-Items wären etwa: »Wechselt Ihre Stimmung häufig?«, »Machen Sie sich Sorgen um Ihre Gesundheit?« Zusammenfassend lässt sich festhalten, dass selbstbeurteilter Neurotizismus negativen Affekt und subjektive, psychische und somatische Beschwerden vorhersagt, Extraversion hingegen positiven Affekt und geselliges Verhalten (vgl. Asendorpf, 2004, S. 171).

Temperamentsunterschiede in diesen beiden Persönlichkeitsdimensionen gehen nach Eysenck auf interindividuelle Unterschiede in neurophysiologischen Erregungs- und Hemmungsprozessen zurück, womit genetische Komponenten akzentuiert werden. Eine zentrale Rolle spielen der Theorie zufolge das aufsteigende retikuläre Aktivierungssystem (ARAS), das die Schlaf-Wach-Regulation und Aufmerksamkeitsprozesse beeinflusst, sowie das limbische System, das emotionale Vorgänge reguliert (▶ Kap. 3). Während Unterschiede in Extraversion–Introversion nach Eysenck mit Unterschieden in Funktionen des ARAS zusammenhängen, soll nach dieser Theorie das limbische System die Ausprägung von Neurotizismus beeinflussen. Eysenck zufolge hätten Introvertierte in Situationen mit niedrigem bis hohem Aktivierungspotenzial eine niedrigere Schwelle für retikuläre Aktivierung als Extravertierte. In besonders stark aktivierenden Situationen hingegen setze ein Schutzmechanismus ein, der zu einer niedrigeren retikulären Aktivierung bei Introvertierten im Vergleich zu Extravertierten führe. Emotional labile Personen hingegen wären durch eine niedrige Erregungsschwelle im limbischen System gekennzeichnet und zeigten damit bereits bei niedriger Reizintensität eine autonome physiologische Erregung, während bei emotional stabilen Personen von einer

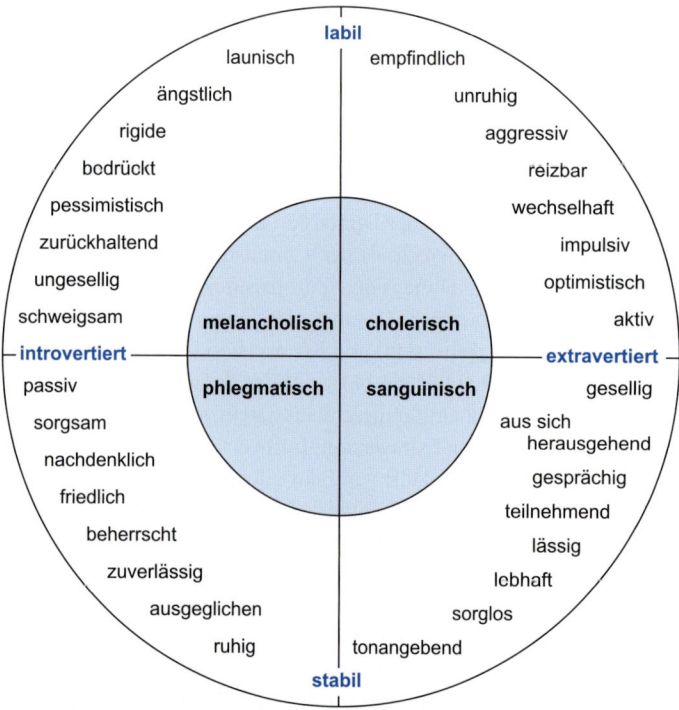

■ **Abb. 24.1.** Das zweidimensionale Temperamentssystem von Eysenck

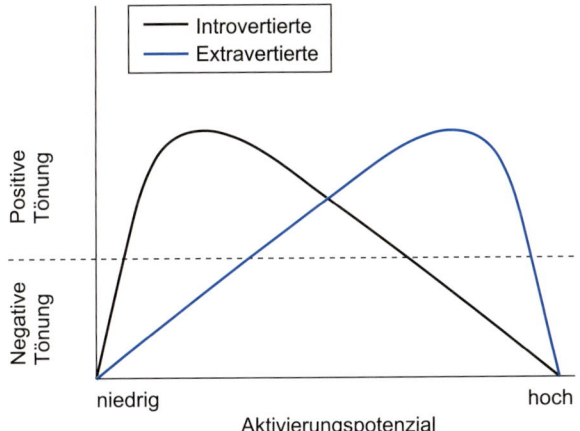

Abb. 24.2. Aktivierungpotenzial und hedonischer Tonus in Abhängigkeit von Extraversion–Introversion

hohen Erregungsschwelle ausgegangen wird. Neurotische Personen sollten also leichter auslösbare, stärkere und länger anhaltende autonom-physiologische Erregung in belastenden Situationen aufweisen als emotional Stabile.

Aufgrund der habituell niedrigen retikulären Aktivierung bedürfen Extravertierte eines höheren Grades an Stimulation, um ein optimales Erregungsniveau zu erhalten, im Vergleich zu Introvertierten, die einen geringen Grad an Stimulation als angenehm empfinden (◘ Abb. 24.2).

Einige empirische Befunde scheinen diese Theorie zu untermauern. So konnte nachgewiesen werden, dass Extravertierte im Vergleich zu Introvertierten mehr Stimulation bevorzugen, sich in größeren Gruppen wohler fühlen, einen höheren Geräuschpegel während geistig beanspruchender Tätigkeiten bevorzugen und höhere Schmerzreize tolerieren (zusammenfassend Amelang & Bartussek, 2001; Asendorpf, 2004).

Die biologische Theorie für Extraversion–Introversion hat eine Fülle von experimentellen Untersuchungen angeregt, um Verhaltenskorrelate dieser Temperamentsmerkmale zu sichern, z. B. in Unterschieden im Gedächtnis, in sozialen und politischen Einstellungen, in der Konditionierbarkeit, in der Bearbeitung motorischer Aufgaben und in der psychotherapeutischen und pharmakologischen Reagibiliät (s. Amelang & Bartussek, 2001). Besonders viel Forschung regte das Drogenpostulat Eysencks an (▸ Kasten).

Drogenpostulat

Es entspricht dem herkömmlichen Denken, dass Personen durch stimulierende Substanzen wie Koffein und Amphetamin extravertierter werden und durch sedierende wie Barbiturate und Hypnotika introvertierter. Gemäß Eysencks Drogenpostulat hingegen verschieben stimulierende Substanzen durch Erhöhung des retikulären und damit kortikalen Arousals das Erregungs-Hemmungs-Gleichgewicht in Richtung Introversion, während ruhig stellende Substanzen Hemmungsprozesse erhöhen und damit das Erregungs-Hemmungs-Gleichgewicht in Richtung Extraversion verschieben. Diese Theorie wird durch verschiedene empirische Befunde gestützt, die z. B. zeigen, dass Extravertierte im Vergleich zu Introvertierten eine geringere Sedationsschwelle (Punkt, an dem sedierende Substanzen Wirkung zeigen) aufweisen oder eine schlechtere Leistung in Daueraufmerksamkeitsversuchen zeigen (Amelang & Bartussek, 2001).

Die zweidimensionale Klassifikation der Persönlichkeit nach Eysenck erwies sich für die Persönlichkeitspsychologie als außerordentlich einflussreich. Die beiden Persönlichkeitsdimensionen Extraversion und Neurotizismus finden sich in praktisch allen faktorenanalytisch begründeten Persönlichkeitssystemen. Sie bilden auch zwei Faktoren des Fünf-Faktoren-Modells der Persönlichkeit, welches ebenfalls ein faktorenanalytisch begründetes Gesamtsystem der Persönlichkeit darstellt (▸ Abschn. 24.3.1).

24.2.3 Krise der Eigenschaftstheorien und die Position des Interaktionismus

Walter Mischel löste mit seinem Buch »Personality and Assessment« (1968) eine jahrzehntelange Debatte in der Persönlichkeitspsychologie aus, die nicht nur zu einer grundlegenden Diskussion der Annahmen der Eigenschaftstheorien führte, sondern darüber hinaus auch neue Untersuchungsansätze stimulierte und zur Entwicklung einer persönlichkeitspsychologischen »kognitiven sozialen Verhaltenstheorie« führte (Buse & Pawlik, 1996; ▸ Kap. 13). In seinem Buch kritisierte Mischel die damals vorherrschenden eigenschaftsorientierten Persönlichkeitstheorien und forderte eine stärkere Berücksichtigung von Situationen als Auslöser von Verhalten. Sein hauptsächliches Argument war, dass Persönlichkeitseigenschaften, wie sie z. B. in den Eigenschaftstheorien beschrieben werden, konkretes Verhalten nur unzureichend vorhersagen können.

Mischels Betonung der Bedeutung situativer Variablen

Die nach der Auffassung Mischels unzureichende Vorhersage bezieht sich auf zwei Aspekte, die als Konsistenzproblem und Validitätsproblem diskutiert wurden. Das **Konsistenzproblem** betrifft die Frage, ob ein für eine bestimmte Eigenschaft typisches Verhalten in einer Situation A mit dem für dieselbe Eigenschaft typischen Verhalten in einer anderen Situation B korreliert. Mischel behauptete, dass es kaum Hinweise dafür gebe, dass Verhalten über unter-

24

schiedliche Situationen hinweg konstant sei. Tatsächlich konnte sich Mischel auf eine Reihe von Befunden stützen, die die **transsituative Konsistenz** von Verhaltensunterschieden scheinbar infrage stellten. Hierzu gehört die klassische Studie von Hartshorne und May (1928, ▶ Kasten), in der die Ehrlichkeit von Schulkindern auf die Probe gestellt wurde. Andere Studien überprüften Merkmale wie Gewissenhaftigkeit, Freundlichkeit, Dominanz/Selbstbehauptung, Unselbstständigkeit, Submissivität, Aggressivität oder Ängstlichkeit auf Konsistenz (zusammenfassend Buse & Pawlik, 1996). Nur einige dieser Merkmale sind in den faktorenanalytischen Gesamtsystemen als Persönlichkeitsfaktoren gesichert.

> **Zur transsituativen Konsistenz von Verhalten**
> In der klassischen Studie von Hartshorne und May (1928) wurde an 850 Kindern erfasst, ob unehrliches Verhalten, wenn den Kindern dazu ohne ihr Wissen Gelegenheit geboten wurde, über eine Reihe verschiedener Situationen (z. B. in der Schule, Zuhause, beim Sport) sich als konstant oder eher als variabel und situationsabhängig erweisen würde. Die interindividuelle Konsistenz des Verhaltens über unterschiedliche Situationen hinweg war sehr gering, sodass die Autoren das Verhalten primär als situationsbedingt betrachteten und eine allgemeine Eigenschaft der Ehrlichkeit infrage stellten.

Während das Konsistenzproblem die Frage von Generalisierungen des Verhaltens über verschiedene Situationen aufwirft, betrifft das **Validitätsproblem** die Frage nach möglichen Verhaltensvorhersagen aufgrund von diagnostischen Verfahren (▶ Kap. 39). Lässt sich mit Verfahren wie z. B. Persönlichkeitsfragebogen, die sich auf Eigenschaftstheorien stützen, Verhalten in zuverlässiger Weise vorhersagen? Wenn Werte aus Fragebogenverfahren mit Kriterien korreliert werden, die aus einer anderen Datenquelle stammen (z. B. Verhaltensbeurteilungen durch externe Beobachter), ergeben sich Korrelationen in der Höhe von etwa 0,20–0,30. Solche Korrelationen – »Persönlichkeitskoeffizienten«, wie sie Mischel abschätzig nannte – sind zu schwach, um eine Vorhersage individuellen Verhaltens zu ermöglichen. Allerdings muss hier zwischen dem Leistungsbereich und Persönlichkeitsmerkmalen im engeren Sinne differenziert werden. Befunde zur Intelligenz (▶ Kap. 23) lassen substanzielle Korrelationen zwischen Intelligenztestwerten und externen Kriterien wie Schulleistung, Bildungsgrad oder Berufserfolg erkennen. Die niedrige Vorhersagevalidität persönlichkeitsdiagnostischer Verfahren wurde jedoch zum Anlass genommen, den Wert von Persönlichkeitseigenschaften bisweilen generell infrage zu stellen.

Eine Reihe methodischer und theoretischer Argumente spricht jedoch dagegen, die niedrigen Koeffizienten zur Konsistenz und Validität als Widerlegung eigenschaftsorientierter Konzepte zu betrachten. Kritisch muss zu den frühen Untersuchungen vor allem angemerkt werden, dass die realisierten Verhaltensstichproben teilweise von fragwürdiger Reliabilität waren, was von vornherein die Aussicht, nennenswerte Korrelationen mit anderen Maßen zu erhalten, reduzieren musste. In einer Reanalyse der Daten von Hartshorne und May griff Burton (1963) nur jene Tests heraus, deren Reliabilität mindestens bei 0,70 lag. Eine Faktorenanalyse der neu zusammengestellten Tests erbrachte einen »Ehrlichkeitsfaktor«, der bis zu 43% der Gesamtvarianz erklärte – ein Resultat, das die Annahme einer Eigenschaft nicht widerlegt. Vor allem Epstein (1979) konnte zeigen, dass, wenn zur Vorhersage von Verhalten aus Testwerten nur singuläre und punktuelle Verhaltensweisen zugrunde gelegt werden, die notwendigerweise mit hohen Fehlervarianzen behaftet sind, zwangsläufig niedrige Zusammenhänge auftreten müssen. In mehreren Studien konnte er zeigen, dass durch wiederholte Messungen die Stabilität des gemittelten selbst- wie fremdbeobachteten und auch objektiv registrierten Verhaltens deutlich zunimmt und in Verbindung damit die Vorhersagbarkeit ansteigt.

Interaktionismus – die Wechselwirkung von Person und Situation

Die Kritik Mischels am Konzept der Eigenschaften regte zahlreiche Untersuchungen an, die sich zum Ziel setzten, die Bedeutung der situativen Faktoren für die Determination des Verhaltens zu klären. In diesen Untersuchungen sollten sich die Personen gedanklich in verschiedene Situationen hineinversetzen und ihr so imaginiertes Verhalten beschreiben, z. B. ihre Angst vor einer Prüfung, die Angst vor einem Besuch des Zahnarztes, vor einer Geburtstagsparty u. Ä. (Endler & Hunt, 1969). Mit Hilfe von Varianzanalysen wurden die Angaben dann in eine Person- und Situationskomponente zerlegt. Für die Situationskomponente ergaben sich zumeist höhere Varianzanteile, was eine »situationistische« Position stützen würde, wonach Verhalten stärker von den Bedingungen der Situation als von inneren Eigenschaften der Person abhängen würde. Überraschenderweise erwies sich jedoch die statistische Interaktion zwischen Person und Situation als die stärkste Varianzquelle (Bowers, 1973), was zur Proklamation eines Interaktionismus führte.

Die Position des Interaktionismus (Magnusson & Endler, 1977) besagt, dass weder die Persönlichkeitsfaktoren noch die Situationsparameter allein, sondern das Zusammenspiel zwischen diesen beiden Größen über die Verhaltensdifferenzierung entscheidet. Je nach Spezifität vorliegender Kontextbedingungen erweist sich der Einfluss von Persönlichkeitsmerkmalen als mehr oder weniger stark. Umgekehrt ist die individuelle Ausprägung eines Persönlichkeitsmerkmals dafür maßgeblich, ob situative Charakteristika einen starken oder weniger starken Einfluss auf das Verhalten ausüben.

Magnusson und Endler (1977) unterschieden zwischen einer mechanistischen und einer dynamischen Form des Interaktionismus. Der **mechanistische Interaktionismus** bezieht sich auf die statistische Wechselwirkung zwischen Person- und Situationsfaktoren. Es handelt sich hier um eine Form von Verhaltensinkonsistenz, da der Effekt einer Persönlichkeitsvariablen auf bestimmtes Verhalten in Abhängigkeit der situativen Variablen variiert. Dass ein modifizierender Einfluss der Situation bestehen muss, ist von Trait-Theoretikern allerdings nie geleugnet worden. Betrachtet man z. B. die Vorhersagen Eysencks bezüglich der Intro-/Extraversions-Dimension (◘ Abb. 24.2), ist sofort zu sehen, dass, um eine Vorhaltensvorhersage treffen zu können, das Aktivierungspotenzial der Situation berücksichtigt werden muss.

Im **dynamischen Interaktionismus** wird noch deutlicher, dass Verhalten nicht losgelöst von der Situation gesehen werden kann. In dieser Form des Interaktionismus wird die Beziehung zwischen Person und Situation als ein Prozess wechselseitiger Beeinflussung konzipiert. Das Individuum ist nicht passiv einer statischen Umwelt ausgesetzt, sondern wählt diese aktiv aus und gestaltet sie, so wie die Erfahrungen in einer spezifischen Situation das spätere Verhalten prägen. Verhalten unabhängig von der Situation zu beschreiben, war nie Ziel der Differentiellen Psychologie (Herrmann, 1980; Pawlik, 1982). Insofern trifft die Kritik des Interaktionismus an den Eigenschaftstheorien ins Leere.

Einen Gesichtspunkt ließ die Diskussion um Situationismus und Interaktionismus freilich erkennen, den Gesichtspunkt, dass die Analyse *inter*individueller Variation des Verhaltens durch die Analyse *intra*individueller Variation ergänzt werden muss. Bereits Cattell (1950) unterschied zwischen **Traits** und **States**. Während Traits aus generellen, situationsübergreifenden und relativ stabilen Verhaltenstendenzen abgeleitet werden, erfassen States aktuelles Verhalten. States sind temporäre Zustände, z. B. Aktivation, Entspannung, eine bestimmte Stimmung, oder Affekte wie Angst und Ärger, die intraindividuell variieren und situations- oder zeitbedingte Unterschiede im Verhalten erfassen. Häufig wird versucht, beobachtete intraindividuelle Unterschiede auf interindividuelle Differenzen zurückzuführen. So wird z. B. im Trait-State-Angstmodell von Spielberger (1972) zwischen einer Zustandsangst (State-Angst) und Angst als Eigenschaft oder Ängstlichkeit (Trait-Angst) unterschieden. Ängstlichkeit bezieht sich auf relativ stabile interindividuelle Unterschiede in der Neigung, Situationen als bedrohlich zu bewerten und hierauf mit einem Anstieg der Zustandsangst zu reagieren. Es bedarf also einer der Angstdisposition entsprechenden Situation, um Zustandsangst hervorzurufen.

24.2.4 Persönlichkeitskohärenz

Während im Trait-State-Angstmodell Veränderungen der Zustandsangst in Abhängigkeit von der Disposition und der Situation untersucht wurden, überprüften Mischel und seine Arbeitsgruppe Verknüpfungen zwischen psychologischen Situationen und individuellen Verhaltensweisen. Das dabei entwickelte Konzept der Persönlichkeitskohärenz kann anhand einer zentralen Untersuchung von Mischel und Mitarbeitern erklärt werden (▶ Kasten).

Die Ergebnisse der Studie von Shoda et al. (1994) haben bedeutsame Konsequenzen für die Person-Situations-Debatte. So wiesen Shoda et al. nach, dass im Falle *intra*individueller Kohärenz für viele Personen das Ausmaß *inter*individueller Konsistenz für die Gesamtgruppe der Personen niedrig sein muss. Das unterschiedliche Muster von »Wenn-dann-Beziehungen« in vielen Einzelfällen verhindert das Auftreten einer hohen Korrelation zwischen Verhalten in

---

**Das Konzept der Persönlichkeitskohärenz –
eine Studie**

Shoda, Mischel und Wright (1994) ließen 84 Kinder im Alter von 6 bis 13 Jahren in einem Ferienlager intensiv beobachten. Die durchschnittliche Beobachtungszeit pro Kind betrug 167 Stunden! Es wurde für jedes Kind registriert, in welchen Situationen welche Verhaltensweisen auftraten, wobei fünf Arten von Situationen wie z. B. »Kontakt mit Gleichaltrigen«, »Lob von Erwachsenen« u.Ä. unterschieden wurden. Das resultierende Verhalten bestand aus verbalen und körperlichen Aggressionen, Wimmern bzw. babyhaftem Verhalten, Sichfügen oder prosozialen Äußerungen. Für jedes Kind wurde ein »Wenn-dann-Profil«, eine Verknüpfung von Situationen und individuellen Verhaltensweisen erstellt.

Ein wesentliches Ergebnis der Studie von Shoda et al. (1994) war, dass die Kinder sehr unterschiedliche Situations-Verhaltens-Profile aufwiesen und die Profile unterschiedliche Stabilitäten zeigten. Ein Kind reagierte z. B. zu beiden Zeitpunkten mit starker verbaler Aggression auf die Bestrafung durch Erwachsene, während die anderen Werte wie verbale Aggression bei der Kontaktaufnahme oder Hänseln durch ein anderes Kind eher unterdurchschnittlich ausfielen. Ein solches Muster konnte sich in einer anderen Situation wiederholen oder in einer ganz anderen Konstellation auftreten. Insgesamt lagen jedoch die Stabilitäten bei einer Wiederholung der Beobachtung in einem mittleren Bereich, sodass sich die intraindividuelle Variation über die Situationen hinweg als ein ausreichend verlässliches Merkmal erwies, um Vorhersagen des individuellen Verhaltens zu ermöglichen. In diesem Falle sprachen Shoda et al. (1994) von »Persönlichkeitskohärenz«. Das Verhalten variiert in systematischer und damit vorhersagbarer Weise über Situationen hinweg.

unterschiedlichen Situationen für die Gesamtgruppe. Dabei muss sich die Persönlichkeitspsychologie keineswegs nur noch Einzelfällen zuwenden. Stabile »Wenn-dann-Profile« eröffnen die Möglichkeit, Personen entsprechend ihrer Ähnlichkeiten oder Unterschiede in den Profilen zu Kategorien oder »Typen« zusammenzufassen. Es ließen sich möglicherweise Typen von Kindern identifizieren, die sich in der auf bestimmte Situationen beschränkten verbalen Aggressivität unterscheiden (Laux, 2003).

Mischel rückt in neueren Arbeiten von der Einseitigkeit einer situationistischen Betrachtungsweise ab, indem er in seinem **Ansatz eines kognitiv-affektiven Persönlichkeitssystems** versucht, eigenschaftsorientierte Ansätze mit dynamischen Ansätzen, die die Situationsabhängigkeit und Variabilität von Verhalten betonen, zu verbinden (Mischel, 2004). Die Einheiten des Systems bilden kognitiv-affektive Strukturen, die die Beziehung zwischen Person, Situation und Verhalten steuern und Konsistenz im Verhalten bewirken. Personen werden nicht durch Eigenschaften, sondern durch vermittelnde kognitiv-affektive Strukturen charakterisiert. Solche kognitiv-affektiven Strukturen sind Kodierungsstrategien und persönliche Konstrukte (also die Art und Weise, wie Menschen Informationen über sich selbst, andere Personen oder Ereignisse zusammenfassen und kategorisieren), Erwartungen und Überzeugungen, Affekte, Ziele und subjektive Werte sowie Kompetenzen und selbststeuernde Pläne. Obwohl sich Kognitionen und Affekte, die in einer bestimmten Situation aktiviert werden, ändern, soll die Art und Weise, *wie* sie sich verändern, stabil bleiben. Dies stellt die stabile Struktur der Organisation in einem kognitiv-affektiven Persönlichkeitssystem dar. Das Ergebnis sind unterschiedliche Muster von »Wenn-dann-Beziehungen«, die sich bei einer Person in verschiedenen Situationen manifestieren.

24.3   Forschungsgebiete und Befunde

24.3.1 Big Five

Die empirische Persönlichkeitspsychologie führte Ende des 20. Jahrhunderts zu einer Konvergenz verschiedener faktorenanalytisch begründeter Gesamtsysteme der Persönlichkeit in Form der Entwicklung eines Modells aus fünf breiten Persönlichkeitsfaktoren (Bartussek, 1996):

- Extraversion,
- Verträglichkeit,
- Gewissenhaftigkeit,
- emotionale Stabilität vs. Neurotizismus und
- Offenheit für Erfahrungen.

Die Hauptannahme der Big-Five-Theorie, nach der alle existierenden Persönlichkeitsmaße Teile oder Kombinationen derselben fünf Dimensionen darstellen, wird heute von den meisten Persönlichkeitspsychologen geteilt. Diese

Fünf-Dimensionalität wurde allerdings – nur in Fragebogendaten – bereits in den 1960er Jahren in Studien zum Vergleich faktorenanalytischer Ergebnisse deutlich und diskutiert (Amelang & Bartussek, 2001; Pawlik, 1976).

Die Entwicklung dieses Modells wird als substanzielle wissenschaftliche Leistung anerkannt, da damit eine nützliche Taxonomie von Persönlichkeitsmerkmalen vorliegt. Ausgangspunkt hierfür war der »lexikalische Ansatz«. Hierbei wird das gesamte Lexikon einer Sprache schrittweise reduziert zu einem überschaubaren Satz von Eigenschaftsbezeichnungen, welcher anschließend vielen Personen zur Selbst- und Fremdeinschätzung vorgelegt wird. Die resultierende korrelative Ähnlichkeitsstruktur wird dann durch Faktorenanalysen zu möglichst wenigen unabhängigen Faktoren verdichtet. Später wurden auch Fragebogen zu den mit Hilfe des lexikalischen Ansatzes gewonnenen fünf Faktoren konstruiert, da es sowohl für die Forschung als auch für die Praxis von großer Bedeutung ist, dass Persönlichkeitsfragebogen zur Erfassung wichtiger Merkmale zur Verfügung stehen. Costa und McCrae entwickelten 1980 das NEO-Persönlichkeitsinventar (NEO abgeleitet aus **N**eurotizismus, **E**xtraversion und **O**ffenheit), das sie 1992 nochmals revidierten (◘ Tab. 24.2).

Die grundlegenden Faktoren zur Erfassung der Persönlichkeit stellen fünf breite Merkmalsbereiche (»domains«) auf einer hohen Abstraktionsebene dar, denen hierarchisch jeweils sechs Unterskalen (Facetten) zugeordnet sind, die eine differenziertere Beschreibung der Persönlichkeit ermöglichen. Eine Domäne stellt z. B. Neurotizismus dar, Facetten des Neurotizismus bilden Ängstlichkeit, Reizbarkeit, Depression, soziale Befangenheit, Impulsivität und Verletzlichkeit. Die Beschreibung der Persönlichkeit kann sowohl auf der Ebene der fünf breiten Faktoren höherer Ordnung erfolgen als auch auf der spezifischeren Ebene der Facetten. Das NEO-PI-R wurde in eine Vielzahl von Sprachen übersetzt und gilt als internationales Messinstrument grundlegender Persönlichkeitsmerkmale.

Costa und McCrae (1992) wiesen die Konstruktvalidität der mit dem NEO-PI-R gemessenen Merkmalsbereiche nach. Es ließen sich z.T. recht gute Vorhersagen anderer psychologischer Kriterien durch die fünf grundlegenden Persönlichkeitsmerkmale treffen. So zeigen sich z. B. Zusammenhänge zwischen den Big Five und Maßen des psychischen Wohlbefindens, Bewältigung, Motivation und Kreativität. Nach Costa und McCrae eignet sich das NEO-PI-R zum Einsatz bei psychologischer Beratung, in der Klinischen Psychologie sowie für die psychiatrische Diagnostik. Einzelne Skalen liefern nützliche Informationen und Vorhersagen im Bereich der Verhaltensmedizin, Gesundheitspsychologie, Berufs- und Erziehungsberatung. Aber auch im Bereich der Personalauswahl findet das NEO-PI-R Anwendung. In den frühen 1990er Jahren konnten Forscher aus den Vereinigten Staaten und Europa mit Hilfe von Metaanalysen nachweisen, dass bestimmte Persönlichkeitsmerkmale Vorhersagen über die Leistung im Beruf ermög-

◻ Tabelle 24.2. Haupt- und Unterfaktoren des NEO-PI-R. (Nach Costa & McCrae, 1992)

Neurotizismus	Extraversion	Offenheit für Erfahrungen	Verträglichkeit	Gewissenhaftigkeit
Ängstlichkeit	Herzlichkeit	Offenheit für Fantasie	Vertrauen	Kompetenz
Reizbarkeit	Geselligkeit	Offenheit für Ästhetik	Freimütigkeit	Ordnungsliebe
Depression	Durchsetzungsfähigkeit	Offenheit für Gefühle	Altruismus	Pflichtbewusstsein
Soziale Befangenheit	Aktivität	Offenheit für Handlungen	Entgegenkommen	Leistungsstreben
Impulsivität	Erlebnishunger	Offenheit für Ideen	Bescheidenheit	Selbstdisziplin
Verletzlichkeit	Frohsinn	Offenheit des Normen- und Wertesystems	Gutherzigkeit	Besonnenheit

lichen, die über den Beitrag von kognitiven Variablen hinausgehen. Hierbei sind bestimmte Dimensionen der Persönlichkeit wie Gewissenhaftigkeit für einige Berufserfolgskriterien von größerer Relevanz als andere (Roberts & Hogan, 2001).

24.3.2 Temperament

Der Begriff des Temperaments bezieht sich in der griechisch-römischen Medizin ursprünglich auf das richtige Verhältnis gemischter Stoffe. Obwohl die Grundlage dieser Lehre heutzutage natürlich nicht mehr vertreten wird, ist der Begriff zur Kennzeichnung vornehmlich vererrbter konstitutioneller Merkmale in Gebrauch. Dabei werden häufig grundlegende Merkmale wie Antrieb, Emotionalität oder Stimmungen herangezogen, um zu beschreiben, wie sich jemand verhält.

Im Kern bezieht sich der Temperamentsbegriff auf stabile individuelle Differenzen, die sehr früh im Leben auftauchen. Deswegen werden häufig als **Temperamentsmerkmale** solche Merkmale bezeichnet, die
a) schon im 1. Lebensjahr beobachtbar sind,
b) stark genetisch bedingt sind und
c) eine hohe langfristige Stabilität aufweisen.

Diese von Buss und Plomin (1984) genannten Kriterien werfen jedoch eine Reihe von Fragen auf, insbesondere die Frage, wie Temperament von Persönlichkeit abgegrenzt werden kann, wie stark tatsächlich genetische Einflüsse auf das Verhalten sind und welche Stabilität Temperaments- und Persönlichkeitsmerkmale aufweisen.

Strelau (1987) versucht, Temperament und Persönlichkeit zu unterscheiden, indem er argumentiert, dass Temperament durch biologische Faktoren bestimmt ist, während Persönlichkeit sozialen Einflüssen unterliegt. Temperament soll sich bereits in frühen Jahren zeigen, während sich die Persönlichkeit erst später entwickelt. Temperament äußert sich auch bei anderen Spezies als beim Menschen, während dies bei Persönlichkeit nicht der Fall ist. Temperament drückt sich im Stil, nicht so sehr im Inhalt des Verhaltens aus und schließlich ist Persönlichkeit, aber nicht Temperament, durch höhere kognitive Prozesse charakterisiert.

Nach dieser Auffassung entsteht Persönlichkeit auf der Grundlage des Temperaments. Persönlichkeit beinhaltet jedoch mehr als Temperament, z. B. Selbstkonzept, spezifische Erwartungen und Einstellungen, die dazu führen können, dass negative Erfahrungen, treten sie gehäuft auf, in Stress münden, obwohl die Person aufgrund ihres Temperaments nicht dazu disponiert ist. Persönlichkeit schließt Prozesse der Wahrnehmung und des Erkennens ein, die zwischen der biologischen Ausstattung eines Individuums, den kognitiven Strukturen und den Anforderungen bzw. Möglichkeiten der Umwelt vermitteln. Temperament und Persönlichkeit scheinen sich in hohem Ausmaß zu überlappen, wobei das Temperament die primäre biologische Basis für die sich entwickelnde Persönlichkeit bildet.

Wenn sich Temperament in ersten, sehr früh auftretenden individuellen Differenzen zeigen soll, ist es wichtig zu wissen, in welchen Dimensionen sich Temperamentsunterschiede widerspiegeln. Es gibt bis heute keine allgemein anerkannte Klassifikation von Temperamentsmerkmalen. Eine Übereinkunft besteht lediglich darin, dass der Merkmalsbereich der Intelligenz ausgeschlossen sein soll, obwohl dies aus den eingangs erwähnten Kriterien nicht automatisch folgt (auch ▸ Kap. 23). Die meisten Temperamentsklassifikationen basieren auf sog. Basisemotionen (▸ Kap. 16) wie Trauer, Freude, Ärger, Furcht oder Ekel. Dabei gibt es bemerkenswerte Übereinstimmungen in den Merkmalen, die vor allem für das frühkindliche Temperament als wesentlich erachtet werden. Faktoren, die nicht nur über Elternfragebogen, sondern auch in Beobachtungs- und Laborstudien gefunden wurden, waren Furcht, Ärger oder Frustration und positiver Affekt bzw. Annäherung. Lächeln und Lachen stellen Indikatoren eines positiven Affekts dar (Rothbart, Ahadi & Evans, 2000). Freilich scheinen Emotionsdispositionen, also die Tendenzen, bestimmte Emotionen besonders häufig oder intensiv zu erleben, zur Kennzeichnung des Temperaments als zu eng. Wesentlich sind auch Merkmale der Regulation nichtemotionaler Zustände wie etwa Hyperaktivität, Ablenkbarkeit oder Ausdauer.

Genetische Einflüsse auf Temperamentsmerkmale

Ein genetischer Einfluss auf Temperamentsmerkmale im Kindesalter lässt sich durch zahlreiche Zwillings- und Adoptionsstudien belegen. Vor allem Buss und Plomin (1984) fassten die Ergebnisse mehrerer Studien zusammen, wobei sie sich auf vier, mittels Elternfragebogen gewonnene Temperamentsfaktoren stützten: Aktivität, Geselligkeit, Emotionalität und Impulsivität. Weil Impulsivität eine geringere Erblichkeit aufwies, schlossen sie Impulsivität aus dem Kreis der Temperamentsfaktoren aus. Die Korrelationen eineiiger Zwillinge (zur Methode ▶ Kap. 25) in den Faktoren Aktivität, Geselligkeit und Emotionalität betrugen zwischen 0,53 und 0,63. Im Mittel kann etwa 51% der Varianz auf genetische Einflüsse zurückgeführt werden. Insgesamt sind die Schlussfolgerungen aus Studien mit unterschiedlichen Merkmalen und Methoden sehr ähnlich. Etwa ein Drittel bis die Hälfte der Variabilität individueller Differenzen von Temperamentsmerkmalen im Kindesalter geht auf den Einfluss genetischer Faktoren zurück.

Studien über Temperamentsfaktoren im Erwachsenenalter beziehen sich meist auf Selbstbeurteilungen. Dabei versuchen biopsychologisch orientierte Persönlichkeitstheorien, wie die von Eysenck, Gray, Strelau oder Zuckerman, Persönlichkeitsdimensionen zu erklären, die wegen ihrer Nähe zu den vermuteten zugrunde liegenden neurophysiologischen Strukturen auch als Temperamentsdimensionen bezeichnet werden können. Rothbart et al. (2000) wählten einen etwas anderen Weg. Sie entwickelten Skalen, die Temperamentsaspekte erfassen sollten. Drei Faktoren (Extraversion, Aufmerksamkeitssteuerung und negativer Affekt) entsprechen sehr gut den breiten Temperamentsfaktoren, die bereits für Kinder gefunden wurden. Außerdem bestehen enge Beziehungen zu den Big Five, für die Schätzungen zum genetischen Einfluss nach den Ergebnissen mehrerer Studien sowohl für Selbstbeurteilungen als auch für Verhaltensbeobachtungen bei knapp über 40% liegen (Asendorpf, 2004). Grundlegende Temperamentsmerkmale, die bereits in der frühen Kindheit beobachtet werden können, weisen anscheinend eine Kontinuität über die Lebensspanne auf und beeinflussen sowohl die soziale Entwicklung als auch die soziale Umwelt.

Kontinuität und Veränderung über die Lebensspanne

Wenn das Temperament bereits früh sichtbar ist und die Entwicklung nachhaltig beeinflusst, kann man dann von einer langfristigen Stabilität der Persönlichkeit ausgehen

oder sind Veränderungen so auffällig, dass von einer Stabilität der Persönlichkeit gar nicht gesprochen werden kann? Diese Frage bewegt uns nicht nur im Alltag, sondern birgt auch wichtige soziale und politische Implikationen.

Die Stabilität von Merkmalen wird normalerweise in der Korrelation von Test- oder Fragebogenergebnissen über unterschiedlich weit auseinander liegende Zeiträume erfasst, wobei die Merkmale zu zwei oder mehr Messzeitpunkten an denselben Personen erhoben werden und die Messzeitpunkte miteinander korreliert werden. Die Stabilität sinkt, wenn das Zeitintervall größer wird. Für unterschiedliche Persönlichkeitsbereiche wurden jedoch auch unterschiedliche Stabilitäten ermittelt. Am stabilsten ist Intelligenz, mittelhoch stabil sind selbst- und fremdbeurteilte Temperamentseigenschaften und am wenigsten stabil sind Merkmale wie das Selbstwertgefühl oder die Lebenszufriedenheit (Asendorpf, 2004).

Nach den Ergebnissen vieler Studien lässt sich eine zunehmende Stabilisierung im Verlauf der Kindheit feststellen. Die Stabilität ist sehr niedrig im frühen Kindesalter und nimmt dann zu, bis sie im Erwachsenenalter ein über viele Jahre konstantes Niveau erreicht (Roberts & DelVecchio, 2000). Da eine hohe Stabilität von Persönlichkeitsmerkmalen erst im höheren Alter erreicht wird und im Kindes- und Jugendalter, sogar im jüngeren Erwachsenenalter, deutliche Persönlichkeitsveränderungen stattfinden können, lässt sich die insbesondere von der Psychoanalyse beeinflusste Auffassung, dass die Persönlichkeit vor allem in der frühen Kindheit geformt werde, nicht länger aufrechterhalten.

24.3.3 Motive und Bedürfnisse

Im Gegensatz zu Temperamentsmerkmalen, die sich besonders auf die Form des Verhaltens beziehen, bestimmen Bedürfnisse und Motive die Richtung und die Ziele des Verhaltens. Die klassische Psychoanalyse und die ältere Motivationspsychologie versuchten, aus der Stärke verschiedener Bedürfnisse auf die Persönlichkeit eines Menschen zu schließen und individuelle Unterschiede in den Handlungszielen einer Person zu erklären. Dabei betonte die Psychoanalyse immer wieder, dass das Verhalten nur als ein Zusammenwirken von Motiven, Trieben und Bedürfnissen verstanden werden kann (vgl. Richter, 2004).

Erfassung von Motiven

Die systematische Erfassung menschlicher Bedürfnisse wurde vor allem durch Murray (1938) angeregt. Man spricht heute von Motiven, da sich Bedürfnisse auf physiologische Ungleichgewichte beziehen und Motive eher gelernte Dispositionen darstellen, die mit der Bewertung von Handlungszielen verbunden sind. Murray beschrieb grundlegende Motive wie das Leistungsmotiv, das Gesellichkeitsmotiv, das Machtmotiv oder das Motiv nach Beachtung, betonte jedoch, dass Motive häufig unbewusst seien. Um latente

Motive zu erfassen, sind besondere Methoden wie **projektive Verfahren** (dazu auch ▶ Kap. 39 und 40) notwendig.

So brachte Murray 1943 den »Thematischen Apperzeptionstest« (TAT) heraus. Dieser besteht aus 20 Bildtafeln mit schemenhafter Schwarz-Weiß-Darstellung meist sozialer menschlicher Situationen sowie einer Leertafel. Den Probanden werden diese Tafeln mit der Aufforderung vorgelegt, zu jeder Tafel eine spannende Geschichte zu erzählen. Dem Verfahren liegt die Hypothese zugrunde, dass ein Proband in Fantasiegeschichten zu **mehrdeutigem Bildmaterial** persönlichkeitsrelevante Motive, Bedürfnisse, Einstellungen, Konflikte usw. äußert. ◘ Abbildung 24.3 zeigt die erste Tafel des TAT, die der Erfassung des Leistungsmotivs dienen soll. Die Vorlage zu dieser Tafel war wohl ein Foto des Violinvirtuosen Yehudi Menuhin in jungen Jahren (Jahnke, 1993).

Das projektiven Verfahren zugrunde liegende Prinzip besteht darin, dass Personen ihre (unter Umständen uneingestandenen) Motive auf eine Testvorlage richten (»projizieren«), indem sie diese wahrnehmen und interpretieren, ohne gewahr zu werden, dass sie über sich selbst sprechen. Im Gegensatz zu Fragebogen, die offen nach Einstellungen, Verhaltensweisen oder Emotionen und Motiven fragen, handelt es sich hier um eine indirekte Erfassung. Wenn eine Person eine Geschichte erfindet, stellt sie ihre eigenen Gefühle und Bedürfnisse dar und »projiziert« diese in eine Szenerie und auf andere Personen. Dadurch soll mögliche Abwehr gegenüber unerwünschten Bedürfnissen, die der Person vielleicht gar nicht bewusst sind, umgangen werden. Ausgewertet werden projektive Verfahren zur Motiverfassung durch eine inhaltsanalytische Kodierung: Die Bildbeschreibung einer Person wird nach bestimmten Inhalten durchsucht; werden sie gefunden, erhält die Person einen entsprechenden Punktwert. Abschließend werden alle Punkte pro Motiv summiert und zu einem Gesamtwert zusammengefasst.

Projektive Verfahren werden zum Teil heftig kritisiert. Dabei spielen sowohl messtheoretische als auch inhaltliche

Gesichtspunkte eine Rolle. Es ist unbestritten, dass die Reliabilität des TAT recht gering ist und lediglich etwa 0,50 beträgt. Hinzu kommt eine mangelnde Auswertungsobjektivität, was dafür spricht, dass die Diagnose vom Diagnostiker nicht gänzlich unabhängig ist. Der vielleicht noch schwerwiegendere Einwand besteht darin, dass die Interpretation der Testergebnisse, also ihre Validität (▶ Kap. 39) nicht unstrittig ist. Der TAT geht von einer engen Beziehung zwischen der Fantasiegeschichte und der zugrunde liegenden Motivationsstruktur wie auch von einem Zusammenhang zwischen der Fantasiegeschichte und dem Verhalten aus. Stellt das Thema einer erzählten Geschichte aber tatsächlich immer ein projiziertes eigenes Motiv des Erzählers dar?

Nach einer Studie von Asendorpf, Weber und Burkhardt (1994) zur Aggressivität von Kindern ist dies nicht notwendigerweise der Fall. In dieser Studie wurde nicht nur das Erzieherurteil über Aggressivität und die Erinnerungsgüte für aggressionsrelevante Reize durch einen Wiedererkennungstest erhoben, sondern auch der Aggressionsgehalt der Geschichten in einem projektiven, TAT-ähnlichen Test. Hohe Werte in dem projektiven Verfahren erzielten solche Kinder, die von einer Erzieherin als hoch aggressiv beurteilt wurden, andererseits auch Kinder, die zwar als nicht aggressiv beurteilt wurden, die aber eine gute Erinnerung an die aggressionsbezogenen Objekte aufwiesen. Solche Kinder sind sensibel gegenüber dem Thema Aggressivität, evtl. verursacht durch ein traumatisches Erlebnis, zeigen aber keine offene Aggressivität.

Bewältigungsstile

Die Freud'sche Sichtweise des Menschen wird durch ein ständiges Wechselspiel zwischen Triebäußerung und Triebabwehr geprägt. Die psychischen Mechanismen, die eine Person einsetzt, um sich vor Angst, Bestrafung und anderen unangenehmen Erfahrungen zu schützen, sind bisweilen recht offensichtlich. Etwas Unangenehmes wird weggeschoben, man vermeidet, über ein bedrohliches Ereignis überhaupt nachzudenken, oder man beendet abrupt ein peinliches Gespräch. Solche Bewältigungsprozesse können auch subtiler ablaufen, indem Personen komplexe Strategien einsetzen, um Bedrohungen zu mindern und die Quellen von Ängsten und Konflikten zu kontrollieren. Treten solche Prozesse relativ stabil und konsistent in verschiedenen Situationen auf, spricht man von Bewältigungsstilen.

Bewältigungsstile lassen sich auf unterschiedliche Arten der Bewältigung beziehen. So lassen sich intrapsychische Bewältigungsstile von problemorientierten Bewältigungsstilen unterscheiden. Bei der **intrapsychischen Bewältigung** wird vor allem die Aufmerksamkeit gegenüber den bedrohlichen Aspekten der Situation vermindert oder erhöht (Krohne, 1996). Starke Aufmerksamkeitszuwendung ist mit Vigilanz, Aufmerksamkeitsabwendung mit Vermeidung verknüpft. Intrapsychische Bewältigung kann auch in einer Neubewertung der Situation (z. B. man ge-

◘ **Abb. 24.3.** Das Bild 1 des TAT nach Murray

winnt einer an und für sich unangenehmen Situation auch positive Seiten ab) oder einer Kontrolle der durch die Bewertung ausgelösten Gefühle (z. B. Dämpfung einer Erregung durch Gedanken oder Medikamente) resultieren. **Problemorientierte Bewältigungsstile** zielen darauf ab, die Situation direkt zu beeinflussen, z. B. durch Flucht, Umgestaltung oder der Suche nach sozialer Unterstützung. Ausdruckskontrollstile schließlich sind Tendenzen, nicht die Emotion als Gefühl, sondern ihren Ausdruck im Verhalten zu beeinflussen (Asendorpf, 2004).

Ein besonders strittiges Thema der Bewältigungsforschung ist die Frage nach der Angemessenheit von Bewältigungsstilen. Ist es günstiger oder »gesünder«, Belastungen intrapsychisch oder problemorientiert zu bewältigen? Besonders defensive intrapsychische Bewältigung (Affektvermeidung, Verleugnung, Verdrängung) gilt als problematisch, weil sie eine echte Auseinandersetzung mit der Emotion und dem durch die Emotion signalisierten Problem verhindert. Dass die Unterdrückung von Gefühlen den Verlauf von Krankheiten negativ beeinflussen kann, wurde wiederholt gezeigt (Pennebaker, 1985).

Besonders Untersuchungen im Zusammenhang mit Ärger haben ergeben, dass die Frage der Angemessenheit von Bewältigungsstilen nicht so einfach beantwortet werden kann. Üblicherweise werden hier zwei Ärgerausdrucksformen unterschieden: die Tendenz, Ärger im offenen Verhalten auszudrücken (»Anger-out«) und die Tendenz, den Ärger »in sich hineinzufressen« und zu unterdrücken (»Anger-in«). Der unterschiedliche Ärgerausdruck kann z. B. mit Hilfe des »State-Trait-Ärgerausdrucks-Inventars« (STAXI; Schwenkmezger, Hodapp & Spielberger, 1992) erfasst werden. ◘ Tabelle 24.3 zeigt einige Beispiele für Items, die Anger-in bzw. Anger-out beschreiben.

Eine Vielzahl neuer Befunde zeigt, dass sowohl ungebremstes Ausagieren als auch Unterdrücken des Ärgerausdrucks problematisch ist und Krankheitsrisiken birgt. Am besten haben es anscheinend solche Personen, die es verstehen, ihren Ärger konstruktiv auszudrücken, indem sie anderen gegenüber das Problem benennen, ohne diese Person zu verletzen. Somit werden Wege eröffnet, die Ursache des Ärgers offen anzugehen (Hodapp, im Druck).

24.3.4 Kognitionen

Persönlichkeitstheorien enthalten immer implizite Annahmen über die Natur des Menschen. Der kognitive Persönlichkeitstheoretiker George A. Kelly (1955) vergleicht den Menschen mit einem Wissenschaftler (▶ Kap. 13). Ähnlich wie Wissenschaftler versuchen, Phänomene vorherzusagen und zu kontrollieren, trachten Menschen im Alltag danach, ihre Erfahrungen zu ordnen, Schlüsse zu ziehen und kommende Ereignisse zu antizipieren. Eine wichtige Rolle dabei spielt, dass Personen im Verhalten anderer Personen Ähnlichkeiten und Unterschiede entdecken und Konzepte (Kelly spricht von »Konstrukten«) bilden, um Ereignisse und Personen einordnen zu können. Alle Menschen gleichen sich darin, dass sie Konstrukte verwenden, allerdings sind die Konstrukte unterschiedlicher Personen auch verschieden, da jede Person einen einzigartigen Erfahrungshintergrund besitzt. Das Konstruktsystem einer Person gleicht einem Begriffs- und Kategoriensystem, mit dem sie ihre Umwelt repräsentiert.

Die Bedeutung individueller Konstruktsysteme

Es kann sehr aufschlussreich sein zu beobachten, welche Konstrukte Menschen benutzen. Mit welchen Begriffen oder Charakteristika beschreibt eine Person andere? Sind es ähnliche Begriffe, beinhalten die Begriffe auch Gegensätze, ermöglichen sie es überhaupt, ein einigermaßen differenziertes Bild einer anderen Person zu entwerfen? Die Persönlichkeit eines Individuums ist nach der Auffassung Kellys letztlich sein Konstruktsystem. Die Konstrukte, die jemand benutzt, definieren seine Welt. Menschen sind sich ähnlich, wenn sie ähnliche Konstruktsysteme benutzen. Dies heißt natürlich auch, dass, wenn man jemanden verstehen will, man sein Konstruktsystem kennen muss und wissen sollte, wie diese Konstrukte funktionieren und wie sie in seinem Konstruktsystem organisiert sind.

Kelly entwickelte eine eigene Technik, das individuelle Konstruktsystem einer Person zu erfassen, den sog. »Rollen-Konstrukt-Repertoire-Test«. Das Prinzip dieser Technik besteht darin, eine Serie von Unterscheidungen zwischen solchen Personen vorzunehmen, die bestimmte Rollen im Leben eines Menschen spielen oder gespielt haben, z. B. Vater, Mutter oder ein Lehrer, den man besonders gern mochte. Jeweils drei dieser Personen werden mit der Auf-

---

◘ **Tabelle 24.3.** Beispielitems für »Anger-in« und »Anger-out«

Anger-in	Anger-out
»Ich fresse Dinge in mich hinein«	»Ich mache Dinge wie Türen zuschlagen«
»Ich könnte platzen, aber ich lasse es niemanden merken«	»Ich platze heraus, sodass andere meinen Ärger zu spüren bekommen«
»Ich ziehe mich von anderen Menschen zurück«	»Ich verliere die Fassung«

forderung vorgegeben, zwei zu benennen, die etwas Wichtiges gemeinsam haben, das sie gleichzeitig von der dritten Person unterscheidet. Das Ergebnis ist eine Reihe begrifflicher Unterscheidungen, wobei die Personen des sozialen Bezugssystems nach ihrer Ähnlichkeit und Gegensätzlichkeit beschrieben werden. Wichtig ist, dass die Person völlig frei ist in der Kennzeichnung der Personen, d. h. sie verwendet eigene Begriffe und Kategorien zur Konstruktion der Welt. Bei der Interpretation des Verfahrens werden üblicherweise qualitative Kriterien wie die Anzahl der Konstrukte, die Art, in der sich die verschiedenen Rollenpersonen aufeinander und auf die Konstrukte beziehen sowie die Eigenschaften der Konstrukte herangezogen. Kelly verwandte dieses Verfahren im Rahmen der Behandlung psychischer Störungen, die er in seinem System als rigide und invalide Anwendung eines Konstruktsystems auf bestimmte Ereignisse betrachtete.

Selbstkonzept und Selbstwertgefühl

Kellys Theorie ist eine typische kognitive Theorie, da sie ihren Schwerpunkt auf die Art und Weise legt, in der Individuen Informationen über ihre Umgebung aufnehmen und verarbeiten. Nach dem kognitiven Ansatz ist der Kern der Persönlichkeit in der Denkweise des Menschen begründet – wie wir die Ereignisse in unserer Welt verstehen, wie wir andere Personen und ihre Handlungen verstehen, wie wir unsere soziale Umgebung verstehen und wie wir unsere eigenen Verhaltensweisen kontrollieren und verstehen. Ein sehr interessanter Aspekt solcher Auffassungen besteht darin, dass wir letztlich auch uns selbst als Objekt unseres eigenen Wissens betrachten können. Wir haben ein subjektives Bild von uns selbst als eigene Person (das Selbstkonzept) und wir bewerten uns als eigene Person (das Selbstwertgefühl).

Während das Selbstkonzept lediglich das Wissen einer Person über sich selbst umfasst, beinhaltet das Selbstwertgefühl die subjektive Bewertung der eigenen Persönlichkeit, die Zufriedenheit mit sich selbst (Schütz, 2000). Frühe Ansätze konzipierten das Selbstwertgefühl als ein eindimensionales Merkmal. Skalen wie die »Rosenberg Self-Esteem Skala« enthalten Items wie (»Alles in allem bin ich mit mir selbst zufrieden« oder »Ich besitze eine Reihe guter Eigenschaften«). Die Bedeutung dieses bereichsunspezifisch erfassten Selbstwertgefühls besteht vor allem darin, dass es eine zentrale Komponente der allgemeinen Lebenszufriedenheit ist und einen wichtigen Indikator für psychische Gesundheit darstellt. Die Annahme eines eindimensionalen Selbstwertgefühls wurde allerdings auch infrage gestellt. So lassen sich unterschiedliche Faktoren des Selbstwertgefühls unterscheiden, die vermutlich eine Eigenschaftshierarchie bilden. Einem allgemeinen Selbstwertgefühl sind spezifischere Selbstwertgefühle wie intellektuelles, soziales, emotionales und physisches Selbstwertgefühl untergeordnet, wobei die intellektuellen Selbstwertgefühle wieder in einzelne Fächer zerfallen können. Das allgemeine Selbstwertgefühl scheint weniger stabil als spezifische Selbstwertgefühle zu sein. Urteile über die allgemeine Lebenszufriedenheit sind stärker von Stimmungsschwankungen und anderen Faktoren beeinflusst als Urteile über die Zufriedenheit in bestimmten Lebensbereichen wie soziale Beziehungen, Beruf oder die finanzielle Situation (Schwarz & Strack, 1991).

Kognitive Komplexität

Eine interessante Anwendung der Theorie der persönlichen Konstrukte besteht in dem Versuch, Personen nach dem Differenzierungsgrad ihres Konstruktsystems zu charakterisieren. Ein kognitiv komplexes System weist viele Konstrukte auf und ermöglicht eine beträchtliche Differenzierung bei der Wahrnehmung von Phänomenen. Dagegen umfasst ein kognitiv einfaches System nur wenige Konstrukte und führt zu einer eher undifferenzierten Wahrnehmung von Ereignissen. Dies lässt sich übertragen. Eine Person ist kognitiv umso komplexer, je mehr persönliche Konstrukte sie zur Kategorisierung und begrifflichen Unterscheidung ihrer sozialen Umwelt benutzt. Kognitive Komplexität als Gegenpol zur Einfachheit entspricht also dem Differenzierungsgrad bei der Verwendung von Beurteilungsdimensionen. Zur Erfassung des Merkmals »kognitive Komplexität« kann der »Rollen-Konstrukt-Repertoire-Test« eingesetzt werden. Kognitiv komplexe Personen können beispielsweise das Verhalten ihnen bekannter Personen besser vorhersagen als kognitiv einfache Personen, ferner können kognitiv komplexe Personen besser mit inkonsistenten Informationen umgehen. Sie verwenden inkonsistente Informationen, wenn sie einen Eindruck von einer Person bekommen möchten, während kognitiv einfache Personen sich einmal ein Urteil bilden und alle inkonsistenten Informationen zurückweisen (zusammenfassend Mandl & Huber, 1978). In neueren Studien wurde z. B. überprüft, inwieweit kognitive Komplexität Auswirkungen auf den Umgang mit schwierigen Situationen zeigt. Es besteht eine Beziehung zwischen kognitiver Komplexität und Bewältigung, indem kognitiv komplexe Personen eine flexible, realitätsorientierte und kompetente Bewältigung aufweisen, während weniger kognitiv komplexe Personen rigides, unangepasstes und wenig kompetentes Verhalten zeigen (Labouvie-Vief & Diehl, 2000).

Kognitive Komplexität kann in vielen Lebensbereichen entscheidende Auswirkungen haben. So könnte kognitive Komplexität bei der Leitung großer Unternehmen eine Rolle spielen. Eine erfolgreiche Unternehmensführung sollte in der Lage sein, flexible Pläne zu erstellen, eine Vielzahl von Informationen in Entscheidungen einfließen zu lassen und Verknüpfungen zwischen Entscheidungen herzustellen. Vernetztes Denken ist eine Schlüsselqualifikation für Leitungspositionen in Industrie und Verwaltung geworden. Sogar internationale Beziehungen wurden unter dem Gesichtspunkt der kognitiven Komplexität analysiert. In Zeiten internationaler Spannungen verändert sich das Komplexitätsniveau der Aufnahme und Verarbeitung von Informationen. Die Verständigung zwischen Staaten in Krisen, die zu einem Krieg führten, war durch geringere kognitive Komplexität gekennzeichnet als in solchen, die nicht zu einem Krieg führten (Suedfeld & Tetlock, 1977).

24.4   Resümee

Die Differentielle Psychologie versucht, die grundsätzliche Frage nach der Variabilität und Individualität des Verhaltens zu beantworten. Wie deutlich wurde, gibt es keine einfachen Antworten, vor allem auch deswegen, weil unterschiedliche Vorstellungen über die Natur des Menschen existieren und Erleben und Verhalten aus jeweils unterschiedlichen Perspektiven betrachtet wird. Keine Perspektive kann für sich in Anspruch nehmen, individuelle Unterschiede und Persönlichkeit vollständig zu beschreiben und zu erklären. Jede Perspektive besitzt Stärken und Schwächen. Darüber hinaus scheinen sich die Modelle auch in einem gewissen Maße zu überschneiden. Überraschend ist dies nicht, da alle Modelle sich ja letztlich auf ein Phänomen beziehen – das Phänomen der Persönlichkeit. Wir stehen erst am Anfang der Erforschung von Ursachen und Wirkungen individueller Unterschiede. Es ist zu vermuten und zu hoffen, dass dieses Gebiet auch in Zukunft seine Faszination behalten wird.

Literatur

Referenzliteratur

Amelang, M. & Bartussek, D. (2001). *Differentielle Psychologie und Persönlichkeitsforschung* (5. Aufl.). Stuttgart: Kohlhammer.
Asendorpf, J.B. (2004). *Psychologie der Persönlichkeit* (3. Aufl.). Berlin: Springer.
Laux, L. (2003). *Persönlichkeitspsychologie*. Stuttgart: Kohlhammer.
Pawlik, K. (Hrsg.) (1996). *Enzyklopädie der Psychologie: Differentielle Psychologie und Persönlichkeitsforschung, Band 1 Grundlagen und Methoden der Differentiellen Psychologie*. Göttingen: Hogrefe.
Pervin, L.A. (2000). *Persönlichkeitstheorien* (4. Aufl.). München: Reinhardt.
Pervin, L.A. & John, O.P. (Eds.) (1999). *Handbook of personality. Theory and research* (2nd ed.). New York: Guilford Press.
Weber, H. & Rammsayer, T. (Hrsg.). (im Druck). *Handbuch der Persönlichkeitspsychologie und Differentiellen Psychologie*. Göttingen: Hogrefe.

Zitierte Literatur

Allport, G.W. (1959). *Persönlichkeit. Struktur, Entwicklung und Erfassung der menschlichen Eigenart* (2. Aufl.). Meisenheim: Hain.
Allport, G.W. & Odbert, H.S. (1936). Trait-names: a psychological study. *Psychological Monographs, 47*, Whole No. 211.
Amelang, M. & Bartussek, D. (2001). *Differentielle Psychologie und Persönlichkeitsforschung* (5. Aufl.). Stuttgart: Kohlhammer.
Asendorpf, J.B. (2004). *Psychologie der Persönlichkeit* (3. Aufl.). Berlin: Springer.

Asendorpf, J.B., Weber, A. & Burkhardt, K. (1994). Zur Mehrdeutigkeit projektiver Testergebnisse: Motiv-Projektion oder Thema-Sensitivität? *Zeitschrift für Differentielle und Diagnostische Psychologie, 15*, 155–165.
Bartussek, D. (1996). Faktorenanalytische Gesamtsysteme der Persönlichkeit. In M. Amelang (Hrsg.), *Enzyklopädie der Psychologie: Differentielle Psychologie und Persönlichkeitsforschung, Band 3 Temperaments- und Persönlichkeitsunterschiede* (S. 51–105). Göttingen: Hogrefe.
Bowers, K.S. (1973). Situationism in psychology: an analysis and a critique. *Psychological Review, 80*, 307–330.
Burton, R.V. (1963). Generality of honesty reconsidered. *Psychological Review, 70*, 481–499.
Buse, L. & Pawlik, K. (1996). Konsistenz, Kohärenz und Situationsspezifität individueller Unterschiede. In K. Pawlik (Hrsg.), *Enzyklopädie der Psychologie: Grundlagen und Methoden der Differentiellen Psychologie* (S. 269–300). Göttingen: Hogrefe.
Buss, A.H. & Plomin, R. (1984). *Temperament: early developing personality traits*. Hillsdale, NJ: Erlbaum.
Cattell, R.B. (1950). *Personality: a systematical theoretical and factual study*. New York: McGraw Hill.
Cattell, R.B. (Ed.) (1966). *Handbook of multivariate experimental psychology*. Chicago: Rand McNally.
Cattell, R.B. (1973). *Die empirische Erforschung der Persönlichkeit*. Weinheim: Beltz.
Costa, P.T.Jr. & McCrae, R.R. (1992). *Revised NEO Personality Inventory and NEO Five Factor Inventory Professional Manual*. Odessa, FL: Psychological Assessment Resources.
Digman, J.M. & Takemoto-Chock, N.K. (1981). Factors in the natural language of personality. *Journal of Personality and Social Psychology, 50*, 116–123.
Eggert, D. (1974). *Eysencks-Persönlichkeits-Inventar E-P-I*. Göttingen: Hogrefe.
Endler, N.S. & Hunt, J.McV. (1969). Generalizability of contributions from sources of variance in the S-R-inventories of anxiousness. *Journal of Personality, 37*, 1–24.
Endler, N.S. & Magnusson, D. (1976). Toward an interactional psychology of personality. *Psychological Bulletin, 83*, 956–974.
Epstein, S. (1979). The stability of behavior: I. On predicting most of the people much of the time. *Journal of Personality and Social Psychology, 37*, 1097–1126.
Eysenck, H.J. & Eysenck, S.B.G. (1969). *Personality structure and measurement*. London: Routledge & Keagan Paul.
Eysenck, H.J. & Eysenck, S.B.G. (1985). *Personality and individual differences*. New York: Plenum.
Eysenck, H.J. (1965). Persönlichkeitstheorie und psychodiagnostische Tests. *Diagnostica, 11*, 3–27.
Eysenck, H.J. (1990). Biological dimensions of personality. In L.A. Pervin (Ed.), *Handbook of personality theory and research* (pp. 244–276). New York: Guilford.
Guilford, J.P. (1959). *Personality*. New York: McGraw Hill. [Dtsch.: ders. (1964). Persönlichkeit. Weinheim: Beltz.]
Hartshorne, H. & May, M.A. (1928). *Studies in the nature of character. Vol. 1: Studies in deceit*. New York: MacMillan.
Herrmann, T. (1980). Die Eigenschaftskonzeption als Heterostereotyp. Kritik eines persönlichkeitspsychologischen Geschichtsklischees. *Zeitschrift für Differentielle und Diagnostische Psychologie, 1*, 7–16.
Hodapp, V. (im Druck). Ärgerneigung. In H. Weber & T. Rammsayer (Hrsg.), *Handbuch der Persönlichkeitspsychologie und Differentiellen Psychologie*. Göttingen: Hogrefe.
Jahnke, J. (1993). Eine wahre TAT-Geschichte. In H.E. Lück & R. Miller (Hrsg.), *Illustrierte Geschichte der Psychologie* (S. 314–316). Weinheim: Beltz.
Jung, C.G. (1921). *Psychologische Typen*. Zürich: Rascher.
Kelly, G.A. (1955). *The psychology of personal constructs*. New York: Norton.

Kretschmer, E. (1921). *Körperbau und Charakter* (23. Aufl. 1961). Berlin: Springer.

Krohne, H.W. (1996). *Angst und Angstbewältigung*. Stuttgart: Kohlhammer.

Labouvie-Vief, G. & Diehl, M. (2000). Cognitive complexity and cognitive-affective integration: related or separate domains of adult development? *Psychology and Ageing, 15*, 490–504.

Laux, L. (2003). *Persönlichkeitspsychologie*. Stuttgart: Kohlhammer.

Magnusson, D. & Endler, N.S. (1977). *Personality at the crossroads: current issues in interactional psychology*. New York: Wiley.

Mandl, H. & Huber, G.L. (Hrsg.). (1978). *Kognitive Komplexität*. Göttingen: Hogrefe.

Mischel, W. (1968). *Personality and assessment*. New York: Wiley.

Mischel, W. (2004). Toward an integrative science of the person. *Annual Review of Psychology, 55*, 1–22.

Murray, H.A. (1938). *Explorations in personality*. New York: Oxford University Press.

Murray, H.A. (1943). *Thematic Apperception Test manual*. Cambridge, MA: Harvard University Press.

Pawlik, K. (1976). *Dimensionen des Verhaltens* (3. Aufl.) Bern: Huber.

Pawlik, K. (1977). Faktorenanalytische Persönlichkeitsforschung. In G. Strube (Hrsg.), *Die Psychologie des 20. Jahrhunderts* (Band 5, S. 617–712). Zürich: Kindler.

Pawlik, K. (1982). Der differentiell-psychologische »Interaktionismus« aus verhaltenswissenschaftlicher Sicht. In E.D. Lantermann (Hrsg.), *Wechselwirkungen – psychologische Analysen der Mensch-Umwelt-Beziehungen* (S. 55–59). Göttingen: Hogrefe.

Pawlik, K. (1996). Differentielle Psychologie und Persönlichkeitsforschung: Grundbegriffe, Fragestellungen, Systematik. In K. Pawlik (Hrsg.), *Enzyklopädie der Psychologie: Differentielle Psychologie und Persönlichkeitsforschung, Band 1 Grundlagen und Methoden der Differentiellen Psychologie* (S. 3–30). Göttingen: Hogrefe.

Pennebaker, J.W. (1985). Traumatic experience and psychosomatic disease: exploring the roles of behavioral inhibition, obsession, and confiding. *Canadian Psychology, 26*, 82–95.

Pervin, L.A. (1996). The science of personality. New York: Wiley.

Richter, R. (2004). Psychoanalytische Konzepte. In K. Pawlik (Hrsg.), *Enzyklopädie der Psychologie: Differentielle Psychologie und Persönlichkeisforschung, Band 5 Theorien und Anwendungsfelder der Differentiellen Psychologie* (S. 115–139). Göttingen: Hogrefe.

Roberts, B.W. & DelVecchio, W.F. (2000). The rank-order consistency of personality traits from childhood to old age: a quantitative review of longitudinal studies. *Psychological Bulletin, 126*, 3–25.

Roberts, B.W. & Hogan, R. (Eds.). (2001). *Personality psychology in the workplace*. Washington, DC: American Psychological Association.

Rothbart, M.K., Ahadi, S.A. & Evans, D.E. (2000). Temperament and personality: origins and outcomes. *Journal of Personality and Social Psychology, 78*, 122–135.

Schneewind, K.A. & Graf, J. (1998). *Der 16-Persönlichkeits-Faktoren-Test. Revidierte Fassung (16 PF-R)*. Bern: Hans Huber.

Schütz, A. (2000). *Psychologie des Selbstwertgefühls. Von Selbstakzeptanz bis Arroganz*. Stuttgart: Kohlhammer.

Schwarz, N. & Strack, F. (1991). Evaluating one's life: a judgment model of well-being. In F. Strack, M. Argyle & N. Schwarz (Eds.), *Subjective well-being* (pp. 27–47). Oxford: Pergamon.

Schwenkmezger, P., Hodapp, V. & Spielberger, C.D. (1992). *Das State-Trait-Ärgerausdrucks-Inventar (STAXI)*. Bern: Huber.

Shoda, Y., Mischel, W. & Wright, J.C. (1994). Intraindividual stability in the organization and pattering of behavior: incorporating psychological situations into idiographic analysis of personality. *Journal of Personality and Social Psychology, 67*, 674–688.

Spielberger, C.D. (1972). *Anxiety: Current trends in theory and research*. New York: Academic Press.

Stern, W. (1911). *Die Differentielle Psychologie in ihren methodischen Grundlagen* (2. Aufl.). Leipzig: Barth.

Strelau, J. (1987). The concept of temperament in personality research. *European Journal of Personality, 1*, 107–117.

Suedfeld, P. & Tetlock, P. (1977). Integrative complexity of communications in international crises. *Journal of Conflict Resolution, 21*, 169–184.

Tupes, E.C. & Christal, R.C. (1961). *Recurrent personality factors based on trait ratings* (Tech. Rep. No. ASD-TR-61–97). Lackland Air Force Base, TX: U.S. Air Force.

Wundt, W. (1903). *Grundzüge der physiologischen Psychologie* (Band 3, 5. Aufl.). Leipzig: Barth.

25 Verhaltensgenetik

B. Brocke, J. Müller, A. Strobel

Die Verhaltensgenetik, also diejenige Disziplin, die Methoden und Ergebnisse der Genetik auf die Erforschung des Verhaltens anwendet, hat in den letzten Jahren eine außerordentlich rasante Entwicklung erlebt. Nach der weitgehenden Entschlüsselung des Genoms (Venter et al., 2001; Lander et al., 2001) befindet sie sich gegenwärtig in einer Phase neuer Herausforderungen, vielversprechender Neuentwicklungen und Neuorientierungen. Viele ihrer Entdeckungen sind für die Neurowissenschaften und die Humanwissenschaften insgesamt von großer Bedeutung.

25.1 Entwicklung und aktuelle Fragestellungen

Wichtige Grundlagen in der Genetik und der Verhaltensgenetik wurden bereits in der Mitte des vorletzten Jahrhunderts gelegt (Galton, Mendel). Ihre weitere Entwicklung verlief lange Zeit in überschaubaren Bahnen. Am Beginn des 20. Jahrhunderts stand die Wiederentdeckung der Mendel'schen Gesetze, in den 20er Jahren wurden Zwillings- und Adoptionsmethoden entwickelt, und mit Fisher (1918) begann die Ausdehnung der (monogenen) Mendel'schen Genetik auf komplexe Merkmale mit multiplen genetischen und Umwelteinflüssen. In der zweiten Hälfte des vorigen Jahrhunderts waren die Entdeckung der Doppelhelixstruktur der DNA und die Entdeckung des genetischen Kodes bahnbrechende Entwicklungen. Die weitgehende Entschlüsselung des menschlichen Genoms Anfang dieses Jahrhunderts bildet den bisherigen Höhepunkt.

Mit der nachhaltigen Etablierung des differentiell-psychologischen Ansatzes Anfang des vorigen Jahrhunderts (Binet, Henri, Stern; ▶ Kap. 23, 24) konstituierte sich frühzeitig der engste Verwandte der Verhaltensgenetik. Denn die Untersuchung vorgefundener interindividueller Variabilität ist ein gemeinsames Grundthema von Verhaltensgenetik und Differentieller Psychologie. Die Genetik (und Verhaltensgenetik) impliziert aber auch die Zielsetzung, genetische Faktoren und Mechanismen zu entdecken und experimentell zu manipulieren, die Merkmale *aller* Individuen einer Art beeinflussen (z. B. durch »Reinzüchtung« eines Merkmals im Tierexperiment).

Die moderne Verhaltensgenetik ist vor allem durch drei grundlegende Fragestellungen gekennzeichnet:
1. Für welche Verhaltensweisen spielen genetische Faktoren und Umweltfaktoren in welchem Umfang eine Rolle? (**quantitative Verhaltensgenetik**; Bestimmung der Erblichkeit von Verhaltensdispositionen oder allgemeiner gesagt Merkmalen)
2. Welche Gene sind für die Erblichkeit bestimmter Verhaltensweisen und Merkmale von Bedeutung? (**mole-**

kulare Verhaltensgenetik; Lokalisation von spezifischen verhaltensrelevanten Genen)

3. Wie und mit welchen Mechanismen üben Gene ihre Wirkung auf Verhalten aus? Welche »biologischen Pfade« verbinden Gene und Verhalten? (**funktionelle Genomik** und **Verhaltensgenomik**)

Die neuesten Entwicklungen der Verhaltensgenetik lassen eine deutliche Zunahme der Forschungsdynamik bei der zweiten Frage erkennen. Der dritten Frage wird ebenfalls zunehmende Aufmerksamkeit gewidmet, allerdings sind hier noch in größerem Umfang methodische Probleme zu lösen.

Im Folgenden soll schwerpunktmäßig ein Überblick über die grundlegenden ersten beiden Teile der Verhaltensgenetik gegeben werden, über die quantitative und die molekulare Verhaltensgenetik. Dabei werden zwangsläufig Fragen des dritten Gebiets der Verhaltensgenetik (funktionelle Genomik und Verhaltensgenomik) an verschiedenen Stellen aufgegriffen, sie werden aber nicht systematisch dargestellt. Zunächst werden einige allgemeine biologische Grundlagen zusammengefasst. Anschließend werden jeweils für die quantitative und die molekulare Verhaltensgenetik einschlägige Grundlagen und die wichtigsten Befunde dargestellt. Es folgen ein Resümee und Ausblick.

25.2 Biologische Grundlagen

Die Erbinformation des Menschen ist in 23 überwiegend identischen Chromosomenpaaren organisiert. In jedem Chromosomenpaar stammt ein Chromosom von der Mutter und eines vom Vater. Die Chromosomen enthalten **Desoxyribonukleinsäure (DNA)**. Sie hat die Struktur einer spiralförmigen Kette (Doppelhelix), deren Kettenglieder aus den Basenpaaren Adenin/Thymin und Guanin/Cytosin bestehen. Auf der Grundlage der Abfolge dieser sog. Nukleotid-Basenpaare (insgesamt 3 Mrd.) in der DNA werden Proteine synthetisiert, die ihrerseits das Wachstum und Funktionieren des Organismus bestimmen. Dabei wird jede der Aminosäuren, aus denen sich ein Protein zusammensetzt, durch eine Abfolge dreier Nukleotidbasen – ein sog. Triplett – kodiert.

Ein **Gen** ist ein Abschnitt auf der DNA, der für die Synthetisierung eines bestimmten Proteins zuständig ist. Je Chromosomenpaar existiert für jedes Gen ein korrespondierendes Gen auf dem Partnerchromosom, das für die Synthese des gleichen Proteins zuständig ist. Eine Ausnahme bilden die Geschlechtschromosomen von Männern. Sie bestehen aus zwei verschiedenen Chromosomen (X- und Y-Chromosom), die kaum korrespondierende Gene enthalten. Den Ort, auf dem zwei korrespondierende Gene auf den Partnerchromosomen liegen, bezeichnet man als **Genort** (Genlocus). Existieren an einem Genort unterschiedliche Ausprägungen der DNA, nennt man diesen Abschnitt

Polymorphismus, die unterschiedlichen Ausprägungen **Allele.** Polymorphismen (beim Menschen ca. 3 Mio.) stellen Mutationen dar, also Veränderungen im Erbgut eines Organismus, die etwa durch Fehler bei der Verdopplung der DNA während der Zellteilung entstehen können. Polymorphismen bilden die Basis für Unterschiede zwischen Organismen und so letztendlich für die Evolution. Besitzt eine Person an einem bestimmten Genort zwei identische Allele, spricht man von einem **homozygoten** Genotyp, bei zwei verschiedenen Allelausprägungen von einem **heterozygoten** Genotyp.

25.3 Grundlagen der quantitativen Verhaltensgenetik

25.3.1 Genotyp, Phänotyp und Heritabilität

Die quantitative und die molekulare Verhaltensgenetik befassen sich mit dem Einfluss genetischer Faktoren auf Verhaltensdispositionen und Merkmale. Dabei sind Verhaltensdispositionen Tendenzen, in bestimmten Situationen ein bestimmtes Verhalten zu zeigen. Die Ausprägung einer Verhaltensdisposition oder eines Merkmals wird in diesem Zusammenhang als **Phänotyp** bezeichnet, die genetische Ausprägung einer Person als **Genotyp**.

Ist ein bestimmter Phänotyp auf ein einzelnes Gen zurückzuführen, spricht man von einer **monogenen** Vererbung des Merkmals. So werden einige körperliche Krankheiten monogen vererbt, wie etwa Huntington-Chorea oder bestimmte Formen des Parkinson-Syndroms. Der individuelle Krankheitsverlauf wird dann von Umwelteinflüssen modifiziert. Bei der **polygenen** Vererbung sind dagegen neben mehreren Umwelteinflüssen auch mehrere verschiedene Gene an der Ausprägung des Phänotyps beteiligt. Durch diesen multifaktoriellen Einfluss entstehen in aller Regel kontinuierliche Phänotypen, d. h. Dimensionen mit einem Kontinuum oder zumindest feinen Abstufungen zwischen zwei Extrempolen (z. B. Intelligenz oder Ängstlichkeit).

In der quantitativen Genetik wird der multifaktorielle Einfluss auf diese kontinuierlichen Merkmale analysiert. Es wird genauer gesagt quantifiziert, mit welchen Anteilen Erbe und Umwelt zu der Unterschiedlichkeit eines Merkmals beitragen. Der Anteil dieser sog. **phänotypischen Varianz** (V_P), der in einer bestimmten Population durch genetische Unterschiede verursacht wird, heißt Erblichkeit oder auch **Heritabilität**.

25.3.2 Varianzquellen individueller Unterschiede

Neben dem reinen Einfluss von Genen kann eine Reihe weiterer Varianzquellen auf die phänotypische Varianz ein-

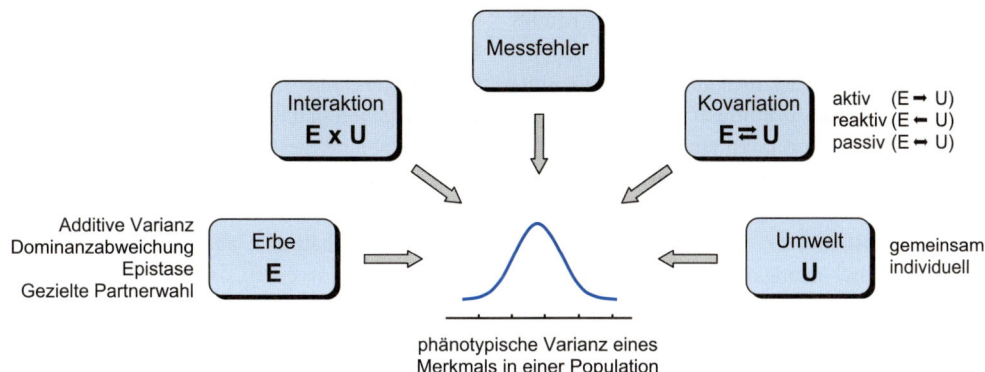

Abb. 25.1. Komponenten der phänotypischen Varianz eines Merkmals in einer Population

wirken. Abb. 25.1 zeigt diese weiteren Einflüsse sowie eine genauere Unterscheidung verschiedener genetischer Varianzanteile.

Nach Jensen (1969) setzt sich die **phänotypische Varianz** additiv aus den einzelnen Varianzkomponenten zusammen. Bezüglich des Erbanteils werden vier Varianzanteile unterschieden:

Die **additive Varianz** (V_A) entsteht durch unabhängiges Wirken verschiedener Allele, wobei sich die Effekte der einzelnen Allele zu einem Gesamteffekt addieren. Würde ein Merkmal ausschließlich durch additive Genwirkung vererbt, läge der Phänotyp eines Kindes immer zwischen dem Phänotyp von Mutter und Vater. Die additive Genwirkung ist somit die Hauptquelle für die Ähnlichkeit zwischen Eltern und ihren Kindern. Sie ist allerdings nicht die einzige Form der Vererbung.

Bei der **Dominanzabweichung** (V_D) entsteht die Genwirkung durch die Interaktionen der beiden Allele eines Genorts (Allel-Allel-Interaktion). Ein einfaches Beispiel der Dominanzabweichung ist die (komplett) rezessive Vererbung bei einem monogen vererbten Merkmal. Hier tritt eine bestimmte Wirkung nur dann ein, wenn beide Allele eines Genorts die erforderliche Ausprägung aufweisen. So erkrankt eine Person beispielsweise nur genau dann an der Stoffwechselstörung Mukoviszidose, wenn an beiden Allelen eines bestimmten Genortes auf Chromosom 7 eine Genmutation vorliegt.

Die **epistatische Varianz** (V_{EP}) entsteht durch Interaktion zwischen den Genotypen an zwei oder mehreren Genorten (Gen-Gen-Interaktion). Ein Beispiel für einen epistatischen Effekt ist der in ▶ Abschn. 25.6.1 dargestellte Befund: Nur bei einer ganz bestimmten Kombination der Genotypen dreier die Botenstoffaktivität beeinflussenden Gene fanden sich erhöhte Werte in der Persönlichkeitseigenschaft »novelty seeking« (Benjamin, Patterson, Greenberg, Murphy & Hamer, 2000).

Die letzte genetische Varianzquelle, die **Varianz aufgrund gezielter Partnerwahl** (»assortative mating«, V_{AM}), ist auf Korrelationen zwischen phänotypischen Merkmalen von Ehepartnern zurückzuführen. Plomin, DeFries, Craig und McGuffin (2001) berichten beispielsweise im Intelligenzbereich über Korrelationen zwischen Ehepartnern von $r = 0,40$. Die systematische Häufung von Phänotypen impliziert eine Häufung bestimmter Genotypen, vorausgesetzt die Erblichkeit ist größer Null. Diese Häufung wiederum wirkt sich auf die genetische Ähnlichkeit der Nachkommen aus.

Selbst bei einem relativ offensichtlich durch Erbe beeinflussten Merkmal wie der Körpergröße sind nicht ausschließlich Gene für die letztendliche Größe von Bedeutung. Die genetische Ausstattung bestimmt nur einen begrenzten Bereich, innerhalb dessen sich der Phänotyp befinden wird, die sog. **Reaktionsnorm** (auch ▶ Kap. 36). Die genaue Ausprägung hängt zusätzlich noch von Umwelteinflüssen ab, im Beispiel der Körpergröße etwa von der Menge und Qualität der Nahrung. Bezüglich der **Umweltvarianz** (V_U) unterscheidet man diejenigen Einflüsse, die Phänotypen einander ähnlicher machen (gemeinsame Umwelt), von denen, die Phänotypen einander unähnlicher machen (individuelle Umwelt).

Ein weiterer Varianzanteil ergibt sich, wenn zusätzlich zu den Haupteffekten von Erbe und Umwelt durch ganz bestimmte Kombinationen von Erbe und Umwelt ein zusätzlicher Effekt wirksam wird. Es tritt also eine **Erbe-Umwelt-Interaktion** ein. So könnte sich der genetisch bedingte Unterschied zweier Hauttypen beispielsweise erst durch intensive Sonnenbestrahlung als phänotypischer Unterschied (rote vs. braune Haut) äußern.

Hiervon abzugrenzen ist die Varianz durch **Erbe-Umwelt-Kovariation**, die sich durch Korrelationen zwischen bestimmten Ausprägungen von Erbe- und Umweltmerkmalen ergibt. Im Gegensatz zur statischen Erbe-Umwelt-Interaktion handelt es sich hier um eine sog. dynamische Interaktion, d. h. eine wechselseitige Beeinflussung von Erbe und Umwelt. In Abb. 25.1 sind die möglichen Richtungen dieser Dynamik durch Pfeile angedeutet. So könnte etwa ein Kind mit einer geerbten musikalischen Begabung aktiv nach Gelegenheiten in seiner Umwelt suchen, diese Begabung auszuleben (aktive Erbe-Umwelt-Kovariation). Ebenso könnten Personen aus dem Umfeld des Kindes in

Reaktion auf dessen Begabung die Musikalität des Kindes besonders fördern (reaktive Erbe-Umwelt-Kovariation). Schließlich könnte es sein, dass auch andere Familienmitglieder über eine genetisch beeinflusst hohe Musikalität verfügen und das Kind somit quasi automatisch in einer musikalischen Atmosphäre aufwächst (passive Erbe-Umwelt Kovariation). Schließlich fließt in die phänotypische Varianz noch der **Messfehler** ein.

Die empirische Abschätzung der prozentualen Anteile, mit der die beschriebenen Komponenten in die phänotypische Varianz eingehen, gestaltet sich als äußerst schwierig. Innerhalb der nachfolgend erläuterten quantitativ genetischen Designs können jeweils nur einige der beschriebenen Varianzanteile voneinander getrennt werden.

25.4 Befunde der quantitativen Verhaltensgenetik

25.4.1 Vergleich getrennt aufgewachsener eineiiger Zwillinge

Grundprinzip

Ein direkter Weg zur Abschätzung der Heritabilität besteht im Vergleich eineiiger Zwillinge, die direkt nach der Geburt getrennt wurden und in verschiedenen Umwelten aufwachsen. Eineiige Zwillinge entwickeln sich aus einem einzigen befruchteten Ei, zweieiige Zwillinge dagegen aus zwei verschiedenen befruchteten Eiern. Das Erbmaterial eineiiger Zwillinge stimmt zu 100% überein, die vier genetischen Varianzanteile sind hier also je Zwillingspaar identisch. Kann nun gewährleistet werden, dass die Merkmale der Umwelten, in denen die einzelnen Zwillinge aufwachsen, zufällig verteilt sind, bleiben als einzige Quelle für Ähnlichkeiten zwischen den Zwillingspaaren die genetischen Varianzanteile. Die Korrelation zwischen den Zwillingspaaren kann dann direkt als Schätzung der Heritabilität eingesetzt werden. Die (unquadrierte) Korrelation kann hier als Varianzaufklärung interpretiert werden, da zweimal das gleiche Merkmal in die Korrelation eingeht. Die Heritabilität, bei der sowohl additive, dominanzabweichende, epistatische als auch Genwirkungen durch gezielte Partnerwahl einbezogen werden, nennt man Heritabilität im weiten Sinn (H^2):

$$H^2 = (V_A + V_D + V_{EP} + V_{AM}) / V_p.$$

Befunde

Bezüglich des Intelligenzbereichs liegen laut Amelang (2000) bislang lediglich fünf Studien mit insgesamt N=162 getrennt aufgewachsenen Zwillingspaaren vor. Die Studien wurden zwischen 1937 und 1992 in den USA, Großbritannien, Dänemark und Schweden durchgeführt. Das mittlere Alter der Teilnehmer lag zwischen 26 und 65 Jahren, die Stichprobengrößen zwischen 12 und 48 Zwillingspaaren

und das mittlere Alter bei der Trennung lag zwischen 4 und 19 Monaten. Für die jeweils erfassten Intelligenzbereiche (überwiegend mit IQ-Tests erfasste »akademische Intelligenz«) ergaben sich Korrelationen zwischen 0,69 und 0,78. Die Heritabilität dieser Intelligenzbereiche im weiten Sinn kann man also auf Grundlage der mit dem vorliegenden Design durchgeführten Studien auf den Bereich zwischen 69 und 78% schätzen. Dabei soll hier und im Folgenden davon abgesehen werden, dass zwischen verschiedenen Bereichen und Subaspekten der Intelligenz noch differenziert werden müsste.

Die Darstellung der Befunde zum Persönlichkeitsbereich (Temperamentsbereich) stützt sich ebenfalls auf Amelang (2000). Die meisten Daten liegen hier zu den Dimensionen Extraversion (N = 209) und Neurotizismus (N = 228) vor. Es ergaben sich Korrelationen zwischen 0,30 und 0,85 für Extraversion (4 Studien) und Koeffizienten zwischen 0,25 und 0,58 für Neurotizismus (5 Studien). Die großen Unterschiede zwischen den Studien lassen keine einheitliche Schätzung von H^2 zu. Mögliche Gründe für die Unterschiede sind u. a. die Heterogenität der eingesetzten Fragebögen, unterschiedliche (wahre) Heritabilitäten in den jeweiligen Populationen und die teilweise unzuverlässige Bestimmung der Eineiigkeit (**Zygositätsbestimmung**). Letzteres kann dazu führen, dass fälschlicherweise zweieiige Zwillinge in die Untersuchung aufgenommen werden, die dann die Korrelationen nach unten verzerren können.

Probleme

Eine Zusammenfassung der Heritabilitäten je Verhaltensdisposition zu jeweils einem (allgemein gültigen) Wert erscheint angesichts der großen Schwankungen problematisch. Eine solche Aggregierung der Korrelationen über mehrere Studien aus teilweise sehr unterschiedlichen Populationen wäre allerdings auch theoretisch schwierig. Wie oben ausgeführt hängt die Heritabilität direkt von der phänotypischen Varianz ab. In zwei unterschiedlichen Stichproben (wie beispielsweise aus Schweden und den USA) sind neben genetischen Unterschieden auch unterschiedliche Umweltbedingungen zu erwarten. Dieser Aspekt muss beim Vergleich von Heritabilitäten und insbesondere bei der Interpretation von über mehrere Studien gemittelten Heritabilitäten und Korrelationen einbezogen werden. Dies gilt auch für die Schätzung der Heritabilität auf Grundlage anderer Designs.

Das Hauptproblem des vorliegenden Designs sind die geringen Stichprobengrößen, die sich aus der geringen Anzahl nach der Geburt getrennter eineiiger Zwillinge in der Bevölkerung ergeben. Außerdem können gemeinsame Umwelteinflüsse fast nie komplett ausgeschlossen werden. Sie entstehen durch die gemeinsame Zeit vor und nach der Trennung, durch gelegentliche Kontakte während der Trennung und durch die Tatsache, dass Adoptivfamilien häufig ähnliche soziodemografische Gegebenheiten aufweisen (selektive Platzierung; Borkenau, 1993). Tragen gemeinsame Umwelteinflüsse zur Ähnlichkeit der eineiigen Zwillinge bei, wird die Heritabilität durch die Korrelationen überschätzt. Eine zusätzliche Quelle der Ähnlichkeit können Teile der aktiven und reaktiven Erbe-Umwelt-Kovariation darstellen, die in dem beschrieben Design nicht ausgeschlossen werden können. Der zu erwartende Messfehler führt dagegen zu einer Unterschätzung der Heritabilität, da er die Korrelationen vermindert. Ob sich die beschriebenen Unter- und Überschätzungen der Heritabilität gegenseitig ausgleichen, kann nur spekuliert werden. Als letztes Problem des Designs stellt sich die Frage, inwieweit an Zwillingen erhobene Daten auf den Rest der Bevölkerung generalisiert werden können (vgl. Borkenau, 1993).

25.4.2 Vergleich gemeinsam aufgewachsener eineiiger und zweieiiger Zwillinge

Grundprinzip

Ein sehr häufig eingesetztes Paradigma ist der Vergleich der Korrelationen eineiiger mit den Korrelationen zweieiiger Zwillinge. Als einschränkende Vorannahme wird hier häufig davon ausgegangen, dass sich die phänotypische Varianz summativ aus (nur) drei Varianzanteilen zusammensetzt:

$$V_p = h^2 + c^2 + e^2 .$$

Dabei steht h^2 für die Heritabilität im engen Sinn, in die von den vier genetischen Varianzanteilen lediglich der additive Anteil einbezogen wird:

$$h^2 = V_A / V_P .$$

Während eineiige Zwillinge 100% der additiven Varianz gemein haben, stimmen bei zweieiigen Zwillingen ebenso wie bei gewöhnlichen Geschwistern nur ca. 50% der additiven Varianz überein. Letzteres ergibt sich, vereinfacht gesagt, dadurch dass von den Chromosomenpaaren der Eltern jeweils ein Chromosom weitergegeben wird. Des Weiteren geht man bezüglich des gemeinsamen Umwelteinflusses c^2 davon aus, dass eineiige Zwillinge und zweieiige Zwillinge im gleichen Ausmaß einer gemeinsamen, Ähnlichkeit stiftenden, Umwelt ausgesetzt sind. Im Anteil der individuellen Umwelt e^2 ist auch der Fehleranteil enthalten. Der Einfluss der übrigen Varianzanteile (▶ oben) wird in diesem Modell zwangsläufig als unwesentlich eingeschätzt. Da bei den Korrelationen von eineiigen und zweieiigen Zwillingen jeweils das gleiche Merkmal zweimal in die Korrelation eingeht, kann man die Korrelation in einzelne (den Zusammenhang bildende) Varianzanteile zerlegen. Die Korrelation zwischen eineiigen Zwillingen (EZ) ergibt sich durch Summation der Varianzanteile h^2 und c^2: $r_{EZ} = h^2 + c^2$. In die Korrelation der zweieiige Zwillinge (ZZ) gehen nur 50% des gemeinsamen (additiven) genetischen Anteils ein, also $r_{ZZ} = \frac{1}{2} h^2 + c^2$. Löst man beide Gleichungen nach c^2 auf,

setzt die eine Gleichung in die andere ein und löst diese Gleichung nach h^2 auf, ergibt sich mit

$$h^2 = 2 \times (r_{EZ} - r_{ZZ})$$

eine Formel zur Schätzung von h^2 (Falconer, 1960). Umgekehrt ergibt sich

$$c^2 = 2 \times r_{ZZ} - r_{EZ} .$$

Befunde

Die Darstellung der Befunde stützt sich auf Borkenau (1993). Zum Intelligenzbereich wurden die ersten und insgesamt wohl auch die meisten Untersuchungen der quantitativen Genetik durchgeführt. Bereits 1978 erschien ein Überblick über 30 Studien. Es zeigten sich breit streuende Korrelationen zwischen 0,22 und 0,96 bei eineiigen Zwillingen und zwischen 0,14 und 0,77 bei zweieiigen Zwillingen. Die mit großem Vorbehalt (▶ oben) zu interpretierende mittlere Heritabilität lag bei 50%. In einer amerikanischen Studie mit über 3000 Zwillingen ergaben sich Schätzungen der Heritabilität von 48%, die gemeinsame Umwelt wurde auf 38% geschätzt.

Bezüglich des Persönlichkeitsbereichs berichtet Borkenau (1993) von drei großen Zwillingsstudien, die in den Jahren 1980–1988 in Schweden, Australien und Finnland durchgeführt wurden. Bei den insgesamt 23.000 Zwillingspaaren ergaben sich h^2-Schätzungen zwischen 47 und 72% für Extraversion und zwischen 38 und 54% für Neurotizismus. Trotz der großen Stichproben ist also auch hier eine große Streuung der Schätzungen zu beobachten. Die möglichen Gründe hierfür entsprechen den in ▶ Abschn. 25.4.1 erwähnten.

Bezüglich der Schätzung der gemeinsamen Umweltvarianz zeigten sich überraschende Ergebnisse. Die Korrelationen der eineiigen Zwillinge überstiegen die Korrelationen der zweieiigen Zwillinge in allen Fällen um mehr als das Doppelte. Folglich ergaben sich für die Schätzungen von c^2 negative Werte (zwischen –2 und –20%). Dieser Befund wurde dahingehend interpretiert, dass die gemeinsame Umwelt keinen Einfluss auf die Persönlichkeitsentwicklung habe oder Zwillinge sogar einander unähnlicher mache. Alternativ könnten die hohen Korrelationen der eineiigen Zwillinge beispielsweise auch auf Dominanzabweichungen und Epistasen zurückgeführt werden. Diese Genwirkungen stimmen bei eineiigen Zwillingen zu 100% überein, bei zweieiigen Zwillingen dagegen – insbesondere was die Epistase betrifft – nur zu einem geringen Prozentsatz. Sie tragen also deutlich mehr zur Ähnlichkeit eineiiger als zur Ähnlichkeit zweieiiger Zwillinge bei.

Probleme

Ein Problem dieses Designs ergibt sich durch die notwendige Annahme, die Effekte von Dominanzabweichung, Epistase und gezielter Partnerwahl seien unerheblich. Die ersten beiden Effekte erhöhen die genetische Korrelation eineiiger Zwillinge. Der gegenteilige Effekt würde im Fall von gezielter Partnerwahl eintreten. Hier trägt die Korrelation zwischen Partnern nur zu der Ähnlichkeit des Genoms von zweieiigen Zwillingen bei, da das Genom eineiiger Zwillinge bereits maximale Ähnlichkeit aufweist. Gezielte Partnerwahl ist vermutlich insbesondere im Intelligenzbereich nicht zu vernachlässigen, wie die oben erwähnte Korrelation der IQ-Werte ($r = 0{,}40$) von Ehepaaren impliziert. Die Korrelationen im Persönlichkeitsbereich sind dagegen zumeist unwesentlich. Ein weiterer Schwachpunkt des Designs ist die Annahme, die gemeinsame Umwelt eineiiger und zweieiiger Zwillinge produziere in gleichem Maße Ähnlichkeit. Die Befundlage zu dieser Annahme und möglichen Auswirkungen ihrer Verletzung ist allerdings sehr uneinheitlich. Ein weiteres Problem stellen die unsicheren Zygositätsbestimmungen dar. Teilweise wurden deshalb Zwillingspaare unklarer Zygosität aus den Analysen ausgeschlossen. Hierdurch ergibt sich jedoch eine systematische Überschätzung der Unterschiede zwischen eineiigen und zweieiigen Zwillinge, da die Zygosität insbesondere bei sehr ähnlichen zweieiigen Zwillingen und bei sehr unähnlichen eineiigen Zwillingen unsicher ist. Beide ausgeschlossenen Subgruppen würden bei Einschluss die Unterschiede zwischen eineiigen und zweieiigen Zwillingen verringern.

25.4.3 Multivariate Ansätze

Grundprinzip

Einige der oben beschriebenen Probleme können im Rahmen multivariater Ansätze gelöst werden (einführend s. Purcell, 2001). In Form von Strukturgleichungsmodellen werden Zusammenhänge zwischen beobachteten Variablen (z. B. IQ-Werten) und **latenten**, d. h. nicht beobachteten, Variablen (z. B. c^2) postuliert. ◘ Abb. 25.2 stellt das oben bereits beschriebene Design für die Schätzung von h^2, c^2 und e^2 anhand der Korrelationen von eineiigen und zweieiigen Zwillingen als Strukturgleichungsmodell dar.

In diesem sog. ACE-Modell wird der additiv genetische Effekt mit A bzw. a^2 abgekürzt. Einfache Pfeile stehen für

gerichtete kausale Einflüsse. So bedeutet der linke Pfeil, dass der IQ-Wert von Zwilling 1 (u. a.) von seiner individuellen Umwelt abhängt. Doppelpfeile stehen für Korrelationen. So kann in dem Modell beispielsweise spezifiziert werden, dass die Korrelation zwischen den beiden Genwirkungen A für eineiige Zwillinge $r = 1$ und für zweieiige Zwillinge $r = 0{,}5$ beträgt (▶ Abschn. 25.4.2). Dieser Parameter ist damit theoretisch festgelegt. Andere Parameter (a^2, c^2, e^2) sind dagegen unbekannt und werden vom Modell geschätzt. Über Kennwerte der Modellgüte kann dann bestimmt werden, wie gut die beobachteten Werte durch das Modell vorhergesagt werden können. Eine hohe Modellgüte spricht für die Gültigkeit der Modellannahmen.

Da die mögliche Anzahl der vom Modell zu schätzenden freien Parameter begrenzt ist, können auch im Rahmen von Strukturgleichungsmodellen nur einige Varianzanteile gleichzeitig geschätzt werden. Allerdings ist es möglich, die Güte verschiedener Modelle zu vergleichen. Zum Beispiel kann man das ACE-Modell mit einem AE-Modell (»c^2 unwichtig«) vergleichen. Ist die Modellgüte des Letzteren nicht deutlich geringer, spricht dies gegen einen Einfluss der gemeinsamen Umwelt. Ebenso kann die Annahme, der Anteil gemeinsamer Umwelt für eineiige und zweieiige Zwillinge stimme überein, geprüft werden, indem man in einem Modell zwei getrennte Parameter für c^2 schätzen lässt und die Modellgüte dieses Modells mit dem obigen ACE-Modell vergleicht. Bezüglich der Analyse nicht additiver Genwirkung kann man das ACE- beispielsweise mit einem ADE-Modell vergleichen, wobei D hier für die Dominanzabweichung steht. Des Weiteren können mehrere Merkmale gleichzeitig analysiert und dabei der Anteil der diesen Merkmalen gemeinsam zugrunde liegenden Genwirkungen (**genetische Korrelation**) abgeschätzt werden.

Eine Erhöhung der Reliabilität und Validität der Schätzungen kann durch die Integration mehrerer verschiedener Datenquellen erreicht werden. So können beispielsweise Zwillings-, Adoptions- und Familienkorrelationen simultan analysiert werden, ebenso Daten aus Längsschnittstudien oder auch über verschiedene Methoden erhobene Daten (z. B. Selbsteinschätzung, Fremdeinschätzung, Verhaltensbeobachtung).

Befunde

Plomin et al. (2001, s. Plomin et al., 2003) fassen die Ergebnisse zum Intelligenzbereich zusammen. Bei einer integrierten Betrachtung von Zwillings-, Adoptions- und Familienkorrelationen von insgesamt mehr als 48.000 Probanden aus mehreren Studien ergaben sich Schätzungen der Heritabilität zwischen 40 und 80%. Die gemeinsame Umweltvarianz wurde insgesamt auf ca. 20% für Eltern und ihre Kinder, auf 25% für Geschwister und auf 40% für Zwillinge geschätzt. Bezüglich des Persönlichkeitsbereichs sind in einer Übersichtsarbeit von Bouchard und Loehlin (2001) vier neuere Studien aus Kanada, USA und Deutschland mit insgesamt 1586 eineiigen und 839 zweieiigen Zwillingspaa-

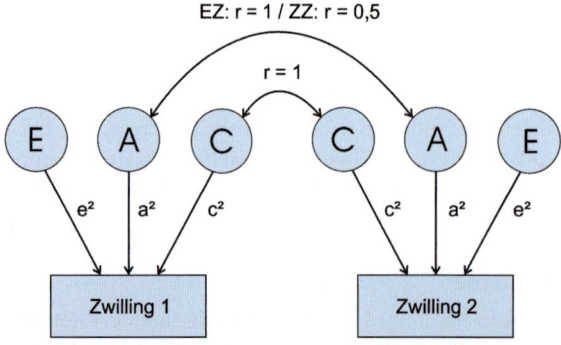

◘ Abb. 25.2. Strukturgleichungsmodell zur Darstellung des ACE-Modells: Einfluss der additiven Varianz (*A*), gemeinsamer (*C*) und individueller Umweltvarianz (*E*) auf individuelle Unterschiede von eineiigen (*EZ*) und zweieiigen Zwillingen (*ZZ*)

ren dargestellt. Die Schätzungen für die Heritabilität von Extraversion reichen von 49 bis 57%, die für Neurotizismus von 41 bis 58%. Für weitere untersuchte Persönlichkeitseigenschaften ergaben sich ähnliche Werte. Die gemeinsame Umweltvarianz wurde in den Studien auf Werte nahe Null geschätzt. Der Anteil der individuellen Umwelt inklusive Fehleranteil machte also ca. 40–60% der Varianz aus. Bezüglich einiger Persönlichkeitseigenschaften zeigten sich Hinweise auf hohe genetische Korrelationen, auf nicht additive genetische Effekte sowie teilweise auch auf Einflüsse der gemeinsamen Umwelt (zusammenfassend bei Brocke, Spinath & Strobel, 2004).

Probleme

Viele der in den übrigen Designs auftauchenden Probleme gelten potenziell auch in multivariaten Ansätzen. Zu ihnen gehören die zwangsläufige Nichtbeachtung von Erbe-Umwelt-Interaktionen und -Kovariationen sowie nichtadditiver Genwirkungen, die Zuverlässigkeit der Zygositätsbestimmung und die selektive Platzierung. Im Rahmen der multivariaten Betrachtung können allerdings jeweils einzelne dieser Aspekte integriert und deren Auswirkung quantifiziert werden. Trotzdem bleibt die Anzahl der gleichzeitig analysierbaren Wirkungen durch die limitierte Anzahl zu schätzender Parameter beschränkt. Ein weiteres Problem ergibt sich durch die Komplexität des statistischen Verfahrens und die große Vielfalt an verschiedenen Maßen der Modellgüte. Hierdurch ist die Nachvollziehbarkeit und Vergleichbarkeit der entsprechenden Studien beeinträchtigt. Zudem sind die erforderlichen Stichprobengrößen bei einer Auswertung mittels Pfadmodellen größer als bei herkömmlichen Korrelationsstudien. Eine Aggregierung von Daten verschiedener Studien und Populationen zieht die oben beschriebenen Interpretationsprobleme nach sich.

Inhaltliche Gründe erlauben zusammenfassende Schätzungen der Erblichkeit nur selten und nur unter sehr restriktiven Bedingungen. Je nach Art der geschätzten Heritabilität, Untersuchungsdesign und Randbedingungen einer Studie können sich sehr unterschiedliche Werte ergeben. Außerdem treten bei den einzelnen Designs viele methodische Probleme auf, die allerdings innerhalb multivariater Ansätze teilweise gelöst werden können. Bei Letzteren liegen die He-

ritabilitätsschätzungen im Intelligenzbereich meistens zwischen 40 und 80%, die der genannten Persönlichkeitseigenschaften meistens zwischen 40 und 60%. Insgesamt kann also sowohl für den Intelligenzbereich als auch für viele Basisdimensionen des Temperamentsbereichs von einem deutlichen genetischen Einfluss ausgegangen werden.

25.5 Grundlagen der molekularen Verhaltensgenetik

25.5.1 Verhaltensgenetische Pfade

Die Frage, wie Gene ihre Wirkung auf Verhalten ausüben, also die dritte der eingangs aufgeführten Fragen der Verhaltensgenetik, ist vielfach auch eine Grundlage und Ausgangspunkt für die Bearbeitung der zweiten Frage: die Entdeckung spezifischer Gene, die für bestimmte Verhaltensweisen oder Merkmale mit nachgewiesener bedeutsamer Heritabilität relevant sind, also für die molekulare Verhaltensgenetik. Wenn Befunde der quantitativen Genetik für einen bedeutsamen Erblichkeitseinfluss bei einem bestimmten Verhalten oder Merkmal sprechen, ist gleichzeitig die Voraussetzung impliziert, dass zwischen der genetischen Besonderheit und der Verhaltensbesonderheit ein **verhaltensgenetischer Pfad** besteht, der die genetische Information mit der Verhaltensebene in Verbindung bringt. Ein Endpunkt dieses Pfades ist eine Verhaltensdisposition. Gesucht sind die spezifischen genetischen Faktoren am anderen Ende des verhaltensgenetischen Pfades, d. h., die genetischen Faktoren, auf die ein Teil der Heritabilität der Verhaltensdisposition zurückgeht. Dabei fokussiert man gegenwärtig vor allem auf genetische Polymorphismen, die aufgrund einer bekannten Eigenschaft wie Funktion oder Expressionsmuster zur Erblichkeit der Verhaltensdisposition beitragen. Diese sog. **Kandidatengene** können aus den Befunden der **funktionellen Genomik** gewonnen werden: Hier werden in funktionellen Analysen die Effekte einzelner Polymorphismen oder auch komplexer Interaktionen genetischer Faktoren auf ihre Produkte, Proteinstrukturen und -funktionen in Zellen und Zellverbänden untersucht.

Molekulargenetik individueller Unterschiede und modaler Merkmale

Diese Zielsetzung, also die Ermittlung von Kandidatengenen und ihrer Wirkmechanismen, gilt grundsätzlich für beide Ansätze der molekularen Verhaltensgenetik: für die Molekulargenetik individueller Unterschiede und die Molekulargenetik modaler Verhaltensmerkmale aller Individuen einer Art. Bei Letzterer wird erzeugte interindividuelle Variabilität, z. B. durch Reinzüchtung oder Blockade der Transkription (»Knock-out«-Techniken), zumeist aber auch vorgefundene interindividuelle Variabilität als Grundlage einer Generalisierung auf die intraindividuelle Variabilität eines modalen Merkmals herangezogen. Weil somit zumeist die Vorgehensweise der Molekulargenetik individueller Unterschiede auch Ausgangspunkt und Grundlage für die Molekulargenetik modaler Merkmale ist, soll im Folgenden dieser Teil der molekularen Verhaltensgenetik, also die Molekulargenetik individueller Unterschiede, im Vordergrund stehen.

In der Molekulargenetik individueller Unterschiede wird überprüft, ob Kandidatengene jeweils auch tatsächlich relevante Gene bzw. Polymorphismen für die fragliche Verhaltensdisposition darstellen. Anders formuliert: Es wird überprüft, ob der molekulargenetische und der phänotypische »Endpunkt« eines verhaltensgenetischen Pfades bedeutsam assoziiert sind. Strategien der **Neurogenetik** und der **Verhaltensgenomik** (Plomin, DeFries, Craig & McGuffin, 2003) können dann sukzessive weitere Elemente dieses verhaltensgenetischen Pfades (Missing Links) erschließen.

Dabei kann man zwei Vorgehensweisen unterscheiden. Geht man vom phänotypischen Endpunkt eines verhaltensgenetischen Pfades aus (wie in der Verhaltensgenomik), spricht man auch von »**forward genetics**« (vgl. Seyffert, 1998). Plomin et al. (2003) bezeichnen diese Vorgehensweise als Top-down-Strategie. Umgekehrt können zunächst aber auch Kenntnisse der Funktionen verschiedener Polymorphismen und evtl. weitere Elemente des verhaltensgenetischen Pfades bekannt sein und Verhaltensdispositionen gesucht werden, die dadurch beeinflusst werden (»**reverse genetics**« bzw. »Bottom-up«-Strategie). In der Neurogenetik liegt dabei der Fokus auf Zusammenhängen zwischen dem genetischen Ausgangspunkt und Vorgängen im Gehirn. In der verhaltensgenetischen Forschungspraxis sind beide Vorgehensweisen nicht streng voneinander zu trennen und auch stark exploratorische Vorgehensweisen zu beobachten.

Wie lassen sich diese Vorgehensweisen möglichst systematisch umsetzen? Für die Molekulargenetik individueller Unterschiede ist es naheliegend, biopsychologische Persönlichkeitstheorien, vor allem mit spezifizierter neurochemischer Grundlage (Brocke, Hennig & Netter, 2004), als Ausgangspunkt für Top-down-Strategien zu wählen. Sie ermöglichen, zusammen mit Befunden aus funktionellen Analysen zu Polymorphismen, die Generierung von Hypothesen zu Gen-Merkmal-Assoziationen. Nimmt man umgekehrt die Befunde zur Funktion von Genen bzw. Polymorphismen zum Ausgangspunkt und sucht systematisch nach potenziell beeinflussten Verhaltensweisen, entstehen unter Umständen neue potenziell relevante Phänotypen (»Kandidatenphänotypen«). Insofern unterscheiden sich diese Ansätze vor allem durch die jeweiligen Ausgangspunkte und die Schwerpunkte ihres Vorgehens. Annahmen zu möglichen Gen-Merkmal-Assoziationen sind also das Ergebnis sowohl von stärker Top-down-orientierten Vorgehensweisen als auch von Bottom-up-orientierten Strategien. Sie sind das Ausgangsmaterial für die Assoziationsstudien der Molekulargenetik individueller Unterschiede.

25.5.2 Formen genetischer Polymorphismen

Genetische Polymorphismen, die für die Erblichkeit eine besondere Rolle spielen, finden sich an vielen Stellen der DNA. Sie stellen im Laufe der Stammesgeschichte entstandene Mutationen dar, die bis heute erhalten geblieben sind, weil sie keinen evolutionären Nachteil bedeuteten. Die Polymorphismen können zum einen hinsichtlich ihrer Lage und zum anderen hinsichtlich ihrer Form unterschieden werden. Die erste Unterscheidung bezieht sich darauf, dass Polymorphismen je nach ihrer Lokalisation auf einem Gen unterschiedlich bedeutsam für eventuelle Veränderungen in der Struktur und Funktion von Genprodukten – also von Proteinen, z. B. von Enzymen – sind.

Gene können dabei grob in drei Regionen unterteilt werden. Dem Gen vorgeschaltet sind regulatorische Regionen, die das Ablesen (die Transkription) des Gens kontrollieren. Innerhalb eines Gens unterscheidet man kodierende Regionen (**Exons**), deren Information für den Aufbau eines Genprodukts verwendet wird, von nichtkodierenden Regionen (**Introns**), deren Information nicht für den Aufbau eines Genprodukts verwendet wird. Besonders interessant für molekulargenetische Analysen sind Polymorphismen in regulatorischen Regionen und solche in den Exons. Im ersten Fall kann die Funktion des Genproduktes durch eine unterschiedliche Effizienz des Ablesens des Gens verändert sein, im zweiten Fall durch die Veränderung der Abfolge kodierender Elemente. Hierbei muss berücksichtigt werden, um welche Form von Polymorphismus es sich handelt.

Als die wichtigsten Polymorphismen können einfache Mutationen und repetetive Polymorphismen angesehen werden. Zu den einfachen Mutationen zählen **Basensubstitutionen** (Punktmutationen, »single nucleotide polymorphisms«, SNP), bei denen eine einzelne Nukleotidbase durch eine andere ersetzt wird. Da der genetische Kode wie eingangs erwähnt aus Basentripletts besteht, also aus Abfolgen dreier Nukleotidbasen, die für eine bestimmte Aminosäure stehen, kann ein Basenaustausch in einem kodierenden DNA-Bereich zu einem Austausch der Aminosäure führen, die durch das betreffende Basentriplett kodiert wird (nichtsynonyme oder »Missense«-Mutation). Solche Mutationen sind für die molekulargenetische Analyse individueller Unterschiede besonders interessant, da sich durch einen Aminosäurenaustausch die Funktionalität des Genprodukts ändern kann. Da viele Aminosäuren jedoch durch mehrere Tripletts kodiert sind, bleibt der Kode für eine Aminosäure oft trotz eines Basenaustauschs gleich (synonyme oder stille Mutation).

Zu den einfachen Mutationen zählen ferner die sog. **Deletionen** und **Insertionen**, bei denen eine oder einige wenige Nukleotidbasen entweder aus einer Sequenz entfernt oder in eine Sequenz eingefügt wurden. Repetetive Sequenzen oder »Variable-number-of-tandem-repeat«-(VNTR-)Polymorphismen umfassen demgegenüber größere DNA-Bereiche und bestehen aus Sequenzen, die unterschiedlich oft wiederholt werden.

25.5.3 Methoden der molekularen Verhaltensgenetik

In Bezug auf die Frage, welchen Beitrag solche Polymorphismen zur Erklärung von individuellen Unterschieden in Merkmalen oder Eigenschaften leisten, lassen sich zwei Ansätze unterscheiden (Plomin, 1995). Im Rahmen des »**Onegene-one-disorder«-Ansatzes** (OGOD) wird davon ausgegangen, dass eine bestimmte genetische Variation die notwendige und hinreichende Bedingung für das Auftreten oder Nichtauftreten einer Eigenschaft ist. Ein Beispiel wäre die oben erwähnte Mukoviszidose. Die OGOD-Hypothese ist für kontinuierliche Merkmale ungeeignet.

Beim »**Quantitative-trait-loci«-Ansatz** (QTL) geht man entsprechend davon aus, dass die Ausprägung eines kontinuierlich verteilten Merkmals (»quantitative trait«) von Variationen in sehr vielen Genen an unterschiedlichen Genorten (bzw. Loci) beeinflusst wird. Solche QTL-Effekte wirken additiv und austauschbar, haben jeweils nur einen geringen Effekt und müssen auch weder notwendig noch hinreichend für eine bestimmte Merkmalsausprägung sein. Sie erhöhen lediglich die Wahrscheinlichkeit für eine bestimmte Ausprägung, ohne eine determinierende Wirkung zu haben.

Wie lassen sich nun aber die Beiträge einzelner genetischer Polymorphismen konkret identifizieren? Hierzu stehen zwei Methoden zur Verfügung: die Kopplungs- oder Linkage-Analyse und die Assoziationsmethode. Ziel von **Linkage-Analysen** ist die Suche nach gemeinsamer Vererbung eines genetischen Polymorphismus mit einem bestimmten Merkmal (meist einer Krankheit) anhand der genetischen Analyse von Familienstammbäumen. Wenn ein Polymorphismus und ein Merkmal überzufällig häufig gemeinsam vererbt werden, liegt Kopplung vor, d. h., der Polymorphismus und die krankheitsbestimmende Muta-

tion liegen nahe beieinander auf dem gleichen Chromosom oder sind sogar identisch. Welche von beiden Möglichkeiten zutrifft, kann mit Linkage-Studien jedoch nicht zweifelsfrei beantwortet werden. Dazu sind weitere Analysen erforderlich, die beispielsweise in Assoziationsuntersuchungen bestehen können.

Bei **Assoziationsuntersuchungen** zu dichotomen Merkmalen (z. B. krank vs. gesund) vergleicht man die Häufigkeiten von Varianten eines Polymorphismus bei Merkmalsträgern (Erkrankten) mit Nichtträgern dieses Merkmals (Gesunden). Bei kontinuierlich verteilten Merkmalen (z. B. Intelligenz) vergleicht man die Merkmalsverteilung bei Trägern einer Variante eines Polymorphismus mit der bei Trägern einer anderen Variante. ◘ Abb. 25.3 veranschaulicht exemplarische Ergebnisse von Assoziationsuntersuchungen dichotomer und quantitativ verteilter Merkmale. Dabei wird ersichtlich, dass Variante B des Polymorphismus zwar häufiger bei Kranken, aber auch bei Gesunden vorkommt (◘ Abb. 25.3a) bzw. dass Variante B zwar mit einer tendenziell höheren Merkmalsausprägung einhergeht, Träger der Variante B aber auch eine niedrige Merkmalsausprägung aufweisen können (◘ Abb. 25.3b).

25.5.4 Assoziationsstudien: Probleme und Lösungsmöglichkeiten

Assoziationsuntersuchungen können auch mit unverwandten Personen und entsprechend mit sehr großen Stichproben durchgeführt werden und weisen damit eine höhere Teststärke als Linkage-Studien auf. Anhand der Ergebnisse von Assoziationsstudien kann allerdings ebenfalls nicht zweifelsfrei ermittelt werden, ob ein Polymorphismus selbst ein Merkmal beeinflusst oder aber nahe einem beeinflussenden Polymorphismus liegt oder aber nur durch Zufall

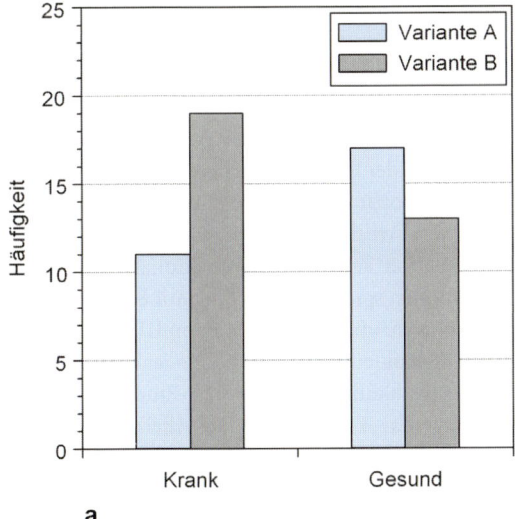

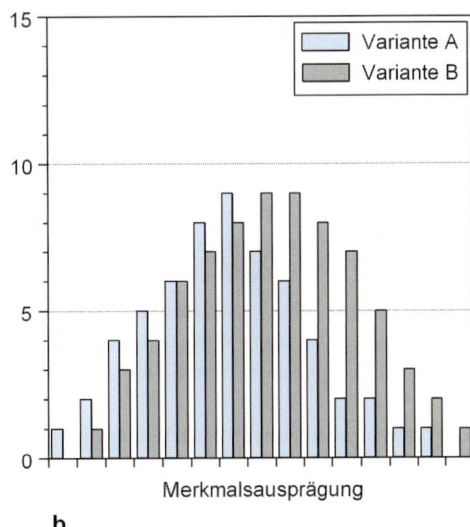

a b

◘ **Abb. 25.3a,b.** Veranschaulichung potenzieller Ergebnisse von Assoziationsstudien bei (**a**) dichotomen und (**b**) quantitativ verteilten Merkmalen

mit dem Merkmal assoziiert ist. Im Hinblick auf eine eindeutige Interpretierbarkeit muss bei Assoziationsstudien eine Reihe von Punkten beachtet werden.

Ein erster wichtiger Schritt ist die bereits angesprochene **Auswahl eines geeigneten Kandidatengens** bzw. Kandidatenpolymorphismus. Zwar kann man prinzipiell sehr viele beliebige Polymorphismen im Hinblick auf ihre Assoziation mit einem interessierenden Merkmal untersuchen und dabei auch statistisch bedeutsame Resultate erhalten, es steigt jedoch auch die Wahrscheinlichkeit von Zufallsbefunden. Daher ist es erforderlich, im Vorfeld von Assoziationsuntersuchungen weitgehend sicherzustellen, dass die untersuchten Polymorphismen funktionelle Relevanz besitzen (also eine Auswirkung auf das Genprodukt haben) und anhand neurowissenschaftlicher oder klinischer Befunde mit dem infrage stehenden Merkmal und den dem Merkmal zugrunde liegenden biologischen Systemen plausibel in Zusammenhang gebracht werden können.

Besondere Sorgfalt ist auch auf die **Zusammensetzung der Stichprobe** zu verwenden. Idealerweise sollten sich die untersuchten Personen nur in dem interessierenden Polymorphismus und der infrage stehenden Eigenschaft unterscheiden. Eine Annäherung an diese Forderung ermöglichen Familienstudien. So sind die genetischen und die Umwelteinflüsse bei zweieiigen Zwillingen recht ähnlich, ein Teil der zweieiigen Zwillinge weist jedoch hinsichtlich des interessierenden Polymorphismus unterschiedliche Varianten auf. Man spricht dabei von Diskordanz. Unterscheiden sich nun diskordante zweieiige Zwillinge in ihrer Merkmalsausprägung, ist dies ein starker Hinweis darauf, dass der interessierende Polymorphismus einen Einfluss auf die Merkmalsausprägung hat und die Unterschiede nicht durch andere Einflussfaktoren zustande gekommen sind. Die Untersuchung von Familienstichproben ist jedoch relativ aufwendig, weshalb oft Stichproben unverwandter Personen untersucht werden. Diese sollten aber homogen gestaltet werden.

Weitere zu beachtende Punkte betreffen: ausreichende Stichprobengrößen, da potenzielle Effekte genetischer Polymorphismen eher gering sind; eine angemessene Korrektur für multiple Testung, wenn mehrere Polymorphismen und/oder Merkmale simultan untersucht werden; sowie die objektive, reliable und valide Erfassung der Merkmalsausprägung, die im Falle von Replikationsuntersuchungen mit den gleichen Instrumenten wie in den Originalstudien gemessen werden sollte. Eine angemessene Berücksichtigung der genannten Punkte kann helfen, bisherige Inkonsistenzen in der Befundlage zu Assoziationen von Polymorphismen mit Verhaltensdispositionen (▶ Abschn. 25.6) zu verringern.

Darüber hinaus wird zunehmend dazu übergegangen, das **Zusammenspiel genetischer Effekte** miteinander (Epistase) und mit weiteren endogenen Einflussfaktoren und Umwelteinflüssen zu betrachten, da ein einzelner Polymorphismus nur einen unter vielen Einflussfaktoren auf

Merkmalsunterschiede darstellt. Zum einen kann ein Polymorphismus in Abhängigkeit von der Wirkung anderer Polymorphismen und weiterer endogener Faktoren unterschiedliche Effekte haben. Zum anderen ist es möglich, dass ein Polymorphismus in bestimmten Umwelten andere Wirkungen entfaltet oder aber Umwelteinflüsse auf Verhaltensunterschiede je nach genetischem Hintergrund unterschiedlich wirksam sind.

25.6 Befunde der Molekulargenetik individueller Unterschiede

Im Folgenden sollen einige wichtige Befunde der Molekulargenetik individueller Unterschiede zum Persönlichkeitsbereich dargestellt werden (für den Bereich kognitiver Fähigkeiten sei verwiesen auf Plomin et al., 2003). Dabei kann dieses sich kontinuierlich fortentwickelnde Forschungsfeld freilich nur ausschnitthaft und exemplarisch behandelt werden: Der Fokus liegt auf drei bisher sehr eingehend untersuchten Polymorphismen: einem Polymorphismus im 3. Exon des Dopamin-D4-Rezeptor-Gens (DRD4 Exon III), einem Polymorphismus in der regulatorischen Region des Serotonintransportergens (die »serotonin-transporter-linked polymorphic region«, 5-HTTLPR) und einem Polymorphismus im Gen für das Dopamin-abbauende Enzym Catechol-O-Methyltransferase (COMT).

25.6.1 DRD4 Exon III

Im Jahr 1996 erschienen zwei der ersten Arbeiten zu einer Assoziation eines Polymorphismus mit einer Persönlichkeitseigenschaft (Ebstein et al., 1996; Benjamin et al., 1996): beide Gruppen berichteten eine Assoziation des DRD4-Exon-III-Polymorphismus mit **Novelty Seeking**. Diese Persönlichkeitseigenschaft ist charakterisiert als Tendenz zu Erkundung, Annäherung und aktiver Vermeidung, jeweils in Antwort auf Hinweisreize für Neuheit, potenzielle Belohnung oder Beendigung von Monotonie oder Bestrafung (Cloninger, 1987). Nach Cloninger lässt sich individuelle Variation in Novelty Seeking primär auf Unterschiede in der Funktion des Botenstoffes Dopamin zurückführen. Dopamin-D4-Rezeptoren kommen besonders in frontalen Arealen des Gehirns vor, die eine Rolle bei der Modulation kognitiver, motivationaler und emotionaler Reaktionen spielen (Oak, Oldenhof & Van Tol, 2000). Der Polymorphismus in DRD4 Exon III ist ein VNTR, bei dem 48 Nukleotidbasen 2- bis 10-fach wiederholt werden, wobei die häufigsten Allele die 4- und die 7-fache Wiederholung (das 4- bzw. 7-Repeat-Allel) und die häufigsten Genotypen 4/4- und 4/7-Genotyp sind. Dopamin-D4-Rezeptoren weisen bei Vorliegen des 7-Repeat-Allels verglichen mit dem 4-Repeat-Allel eine eingeschränkte Funktionalität auf (Oak et al., 2000). Der DRD4-Exon-III-Polymorphismus stellt somit einen geeigneten Kandidatenpolymorphismus dar.

Ebstein et al. (1996) stellten in einer Stichprobe von 124 israelischen Personen signifikant höhere Werte in Novelty Seeking bei Trägern des 7-Repeat-Allels bzw. bei Personen mit dem 4/7-Genotyp fest als bei Nichtträgern des 7-Repeat-Allels bzw. bei Personen mit 4/4-Genotyp. Benjamin et al. (1996) beobachteten in ihrer Stichprobe von 315 US-amerikanischen Personen eine vergleichbare Assoziation bei Extraversion und mit umgekehrtem Vorzeichen bei Gewissenhaftigkeit, zwei Dimensionen des Fünf-Faktoren-Modells der Persönlichkeit nach Costa und McCrae (1992), die hoch positiv bzw. negativ mit Novelty Seeking korrelieren (▶ Kap. 24). Darüber hinaus ermittelten sie auch für geschätzte Novelty-Seeking-Werte eine Assoziation mit dem Polymorphismus.

Diese Befunde konnten mehrfach repliziert werden, eine Reihe von Untersuchungen fand jedoch keine Assoziation von DRD4 Exon III mit Novelty Seeking oder verwandten Eigenschaften (Oak, Oldenhof & Van Tol, 2000). Anhand von Metaanalysen muss inzwischen davon ausgegangen werden, dass der DRD4-Exon-III-Polymorphismus alleine keinen oder allenfalls einen sehr geringen Effekt auf Novelty Seeking hat (z. B. Munafò et al., 2003). Die Metaanalysen deuten allerdings auf die mögliche Wirkung von Moderatorvariablen hin. Solche Einflüsse können u. a. auf weitere Polymorphismen zurückgehen. Benjamin et al. (2000) untersuchten in einer Stichprobe von 455 Personen Interaktionseffekte der drei Polymorphismen DRD4 Exon III, 5-HTTLPR und COMT. Sie fanden u. a., dass signifikant höhere Werte in Novelty Seeking bei Trägern des DRD4-Exon-III-7-Repeat-Allels nur innerhalb einer Gruppe mit einem jeweils bestimmten 5-HTTLPR- und COMT-Genotyp beobachtbar waren. Dieser inzwischen replizierte Befund (Strobel, Lesch, Jatzke, Paetzold & Brocke, 2003) unterstreicht die Bedeutung der erst ansatzweise genutzten Analyse von genetischen Interaktionseffekten.

Eine weitere Möglichkeit, die Rolle des DRD4 Exon III bei der Verhaltensmodulation klarer einzugrenzen, bietet sich in der Analyse sog. **Endophänotypen.** Unter Endophänotypen werden im Vergleich zu »offenen« Phänotypen (wie sie die relativ breit gefassten und mittels Fragebögen gemessenen Persönlichkeitseigenschaften darstellen) enger definierte, basalere und »biologienähere« Merkmale verstanden, die etwa mit psychophysiologischen oder bildgebenden Verfahren erhoben werden können. So deuten neuere Untersuchungen darauf hin, dass der DRD4-Exon-III-Polymorphismus unter bestimmten Bedingungen die mittels EEG erfasste hirnelektrische Antwort auf neue Reize sowie die über Reaktionszeiten gemessene Fähigkeit beeinflusst, sich auf neue Anforderungen umzustellen (Strobel et al., 2004; Dreisbach et al., 2005).

25.6.2 5-HTTLPR

Der zweite Polymorphismus, der seit 1996 besondere Aufmerksamkeit erfährt, ist der Serotonintransporterpolymorphismus 5-HTTLPR. Der Serotonintransporter bewirkt die Wiederaufnahme des Botenstoffs Serotonin aus dem synaptischen Spalt zurück in die Zelle. Eine Dysfunktion dieser Transporter wird mit Depression und Angststörungen in Verbindung gebracht, da wirkungsvolle Medikamente gegen diese Störungen u. a. an Serotonintransportern angreifen. Das Serotonintransportergen ist daher ein sinnvolles Kandidatengen für die Analyse genetischer Einflüsse auf die Entwicklung von affektiven und Angststörungen. 5-HTTLPR ist ein Deletionspolymorphismus in der regulatorischen Region des Serotonintransportergens, bei dem eine Sequenz von 44 Basenpaaren bei etwa 40% der untersuchten Personen fehlt. Diese kurze Variante von 5-HTTLPR, die als s-Allel bezeichnet wird, bewirkt über eine Reduktion der Effizienz der Transkription des Serotonintransportergens eine verringerte Serotonintransporterfunktion (Lesch et al., 1996).

Lesch et al. (1996) beobachteten bei Personen mit dem 5-HTTLPR-s-Allel bedeutsam erhöhte Werte in **Neurotizismus** (Costa & McCrae, 1992) und geschätztem **Harm Avoidance** (Cloninger, 1987), zwei Persönlichkeitseigenschaften, die u. a. durch negative Emotionalität, Ängstlichkeit, depressive Stimmung und Verletzlichkeit charakterisiert sind. Replikationsstudien erbrachten jedoch auch hier inkonsistente Resultate. In einer Metaanalyse konnte, allerdings mit Einschränkungen, ein Effekt von 5-HTTLPR auf Neurotizismus und verwandte Eigenschaften festgestellt werden (Munafò et al., 2003). Neuere Metaanalysen sprechen für einen eindeutigen Zusammenhang mit kleiner Effektgröße von 5-HTTLPR und Neurotizismus (Sen, Burmeister & Ghosch, 2004; Schinka, Busch & Robichaux-Keene, 2004). Die Bedeutung von 5-HTTLPR als Vulnerabilitätsfaktor für affektive und Angststörungen wird auch von Ergebnissen aus Studien zu Erbe-Umwelt-Interaktionen unterstrichen, die zeigen, dass der Einfluss belastender Lebensereignisse auf die Entwicklung einer Depression durch das 5-HTTLPR-s-Allel moderiert wird (Caspi et al., 2003).

Neben der erwähnten Interaktion von 5-HTTLPR mit DRD4 Exon III und COMT zeigte sich auch in entwicklungsgenetischen Studien eine Interaktion von DRD4 Exon III mit 5-HTTLPR bei der Verhaltensmodulation von Neugeborenen und Kleinkindern. So wiesen 2 Monate alte Kinder mit dem 5-HTTLPR-s/s-Genotyp höhere Werte in negativer Emotionalität auf als Kinder mit dem langen l-Allel (l/s- und l/l-Genotyp), wobei die stärksten Effekte bei denjenigen Kindern auftraten, die jeweils auch kurze Varianten von DRD4 Exon III aufwiesen (Auerbach et al., 1999). Darüber hinaus ist eine fMRT-Studie von Hariri et al. (2002) zu erwähnen, in welcher der Einfluss von 5-HTTLPR auf die durch furchtassoziierte Bilder vermittelte Aktivierung der Amygdala untersucht wurde. Personen mit dem 5-HTTLPR-s-Allel zeigten eine stärkere Amygdalaaktivierung, was darauf hindeutet, dass der Einfluss von 5-HTTLPR auf negative Emotionalität zum Teil durch genetisch vermittelte Veränderungen in der Informationsverarbeitung in der Amygdala erklärt werden kann.

25.6.3 COMT

Bei dem Polymorphismus im COMT-Gen handelt es sich um eine Basensubstitution, durch die es an einer bestimmten Stelle des COMT-Enzyms zu einem Aminosäurenaustausch kommt, welcher die Aktivität des Enzyms und damit den Abbau von Dopamin beeinflusst (Lachman et al., 1996). Ein Einfluss des COMT-Polymorphismus auf Persönlichkeitsunterschiede wurde bisher nur vereinzelt berichtet, u. a. in den erwähnten Studien von Benjamin et al. (2000) und Strobel et al. (2003). In beiden Studien ließ sich jedoch kein COMT-Haupteffekt feststellen. Ebenso fanden auch Eley et al. (2003) keinen Effekt auf Persönlichkeitsunterschiede; bei getrennter Betrachtung von Frauen und Männern zeigten sich jedoch bei Eley et al. (2003) u. a. Zusammenhänge mit Neurotizismus. Hinweise auf Geschlechtsunterschiede in den Effekten des COMT-Polymorphismus ergaben sich auch in weiteren Studien (z. B. Qian et al., 2003). Besonderes Interesse erregten in den vergangenen Jahren auch Ergebnisse von neurogenetischen Studien zum Einfluss des COMT-Polymorphismus auf kognitive Funktionen. So zeigten sich etwa in Abhängigkeit vom COMT-Genotyp Unterschiede in Maßen exekutiver Kontrolle (z. B. Malhotra et al., 2002).

25.7 Resümee und Ausblick

Die quantitative Verhaltensgenetik hat gegenüber ihren Anfängen inzwischen eine wesentlich verbesserte methodische Grundlage erreicht, die allgemeinen psychologischen Methodenstandards entspricht. Die Designs der quantitativen Verhaltensgenetik weisen zwar auch gegenwärtig noch Probleme auf. Die Möglichkeit der differenzierten Schätzung der Heritabilitäten von Verhaltensdispositionen ist inzwischen jedoch unbestritten. Die Entwicklung multivariater Verfahren hat darüber hinaus die Lösung einiger der ursprünglichen Probleme quantitativer Verhaltensgenetik ermöglicht (z. B. differenzierte Abschätzung unterschiedlicher Varianzanteile). Des weiteren bietet die quantitative Verhaltensgenetik Potenziale zur Aufklärung von Fragen, die auch für die molekulargenetische Forschung von Bedeutung sind.

Für die Molekulargenetik individueller Unterschiede kann anhand der drei eingehender beleuchteten Polymorphismen festgehalten werden, dass die bisher untersuchten einfachen Effekte genetischer Variation, also ohne Berück-

sichtigung von Interaktionseffekten, von relativ geringer Größe sind und daher von methodischen und demographischen Unterschieden leicht überdeckt werden können. Das entspricht auch den grundlegenden Annahmen des QTL-Ansatzes. Die Kombination aus Familiendesigns und stringenter Replikation von Assoziationsbefunden kann helfen, Inkonsistenzen in der aktuellen Befundlage zu einfachen Effekten zu reduzieren. Besonders vielversprechend erscheint die Strategie, multiple genetische Effekte in ihrem Zusammenspiel miteinander und mit weiteren endogenen, exogenen und entwicklungsgenetischen Einflussfaktoren zu betrachten. Neurowissenschaftlich fundierte basale Maße (Endophänotypen) und Polymorphismen mit gut belegter funktioneller Relevanz als Endpunkte verhaltensgenetischer Pfade lassen ebenfalls relativ stärkere Effekte erwarten.

Literatur

Referenzliteratur

Amelang, M. (2000). Anlage- (und Umwelt-)Faktoren bei Intelligenz- und Persönlichkeitsmerkmalen. In M. Amelang (Hrsg.), *Enzyklopädie der Psychologie: Differentielle Psychologie und Persönlichkeitsforschung, Band 4 Determinanten individueller Unterschiede*. Göttingen: Hogrefe.

Borkenau, P. (1993). *Anlage und Umwelt. Eine Einführung in die Verhaltensgenetik*. Göttingen: Hogrefe.

Plomin, R., DeFries, J.C., McClearn, G.E. & McGuffin, P. (2001). *Behavioral genetics* (4th ed.). New York: Freeman.

Plomin, R., DeFries, J.C., Craig, I.W. & McGuffin, P. (Hrsg.). (2003). *Behavioral genetics in the postgenomic era*. Washington, DC: APA Books.

Seyffert, W. (1998). *Lehrbuch der Genetik*. Stuttgart: Gustav Fischer.

Zitierte Literatur

Auerbach, J., Geller, V., Lezer, S., Shinwell, E., Belmaker, R.H., Levine, J. & Ebstein, R.P. (1999). Dopamine D4 receptor (D4DR) and serotonin transporter promoter (5-HTTLPR) polymorphisms in the determination of temperament in 2-month-old infants. *Molecular Psychiatry, 4*, 369–373.

Benjamin, J., Li, L., Patterson, C., Greenberg, B.D., Murphy, D.L. & Hamer, D.H. (1996). Population and familiar association between the D4 dopamine receptor gene and measures of Novelty Seeking. *Nature Genetics, 12*, 81–84.

Benjamin, J., Osher, Y., Kotler, M., Gritsenko, I., Nemanov, L., Belmaker, R.H. & Ebstein, R.P. (2000). Association between tridimensional personality questionnaire (TPQ) traits and three functional polymorphisms: dopamine receptor D4 (DRD4), serotonin transporter promotor regions (5-HTTLPR) and catechol O-methyltransferase (COMT). *Molecular Psychiatry, 5*, 96–100.

Bouchard, T.J.J. & Loehlin, J.C. (2001). Genes, evolution, and personality. *Behavior Genetics, 31* (3), 243–272.

Brocke, B., Hennig, J. & Netter, P. (2004). Biopsychologische Theorien der Persönlichkeit. In K. Pawlik (Hrsg.), *Enzyklopädie der Psychologie: Differentielle Psychologie und Persönlichkeitsforschung, Band 5 Theorien und Anwendungsfelder der differenziellen Psychologie* (S. 365–430). Göttingen: Hogrefe.

Brocke, B., Spinath, F. M. & Strobel, A. (2004). Verhaltensgenetische Ansätze und Theorien der Persönlichkeitsforschung. In K. Pawlik

(Hrsg.), *Enzyklopädie der Psychologie: Differentielle Psychologie und Persönlichkeitsforschung, Band 5 Theorien und Anwendungsfelder der differenziellen Psychologie* (S. 431–486). Göttingen: Hogrefe.

Caspi, A., Sugden, K., Moffitt, T.E., Taylor, A., Craig, I.W., Harrington, H., McClay, J., Mill, J., Martin, J., Braithwaite, A. & Poulton, R. (2003). Influence of life stress on depression: moderation by a polymorphism in the 5-HTT gene. *Science, 301*, 386–389.

Cloninger, C.R. (1987). A systematic method for clinical description and classification of personality variants. a proposal. *Archives of General Psychiatry, 44*, 573–588.

Costa, P.T.Jr. & McCrae, R.R. (1992). *Revised NEO Personality Inventory (NEO PI-R) and NEO Five-Factor Inventory (NEO-FFI). Professional manual.* Odessa, FL: Psychological Assessment Ressources.

Dreisbach, G., Müller, J., Goschke, T., Strobel, A., Schulze, K., Lesch, K.-P. & Brocke, B. (2005). Dopamine and Cognitive Control: the influence of spontaneous eye-blink rate and dopamine gene polymorphisms on perseveration and distractibility. *Behavioral Neuroscience, 119*, 483–490.

Ebstein, R.P., Novick, O., Umansky, R., Priel, B., Osher, Y., Blaine, D., Bennett, E.R., Nemanov, L., Katz, M. & Belmaker, R.H. (1996). Dopamine D4 receptor (D4DR) exon III polymorphism associated with the personality trait of Novelty Seeking. *Nature Genetics, 12*, 78–80.

Eley, T.C., Tahir, E., Angleitner, A., Harriss, K., McClay, J., Plomin, R., Riemann, R., Spinath, F.M., Craig, I.W. (2003). Association analysis of MAOA and COMT with neuroticism assessed by peers. *American Journal of Medical Genetics, 120B*, 90–96.

Falconer, D.S. (1960). *Introduction to quantitative genetics.* Edinburgh: Oliver & Boyd.

Fisher, R.A. (1918). The correlation between relatives on the supposition of Mendelian inheritance. *Transactions of the Royal Society of Edinburgh, 52*, 399–433.

Hariri, A.R., Mattay, V.S., Tessitore, A., Kolachana, B., Fera, F., Goldman, D., Egan, M.F. & Weinberger, D.R. (2002). Serotonin transporter genetic variation and the response of the human amygdala. *Science, 297*, 400–403.

Jensen, A.R. (1969), How much can we boost IQ and scholastic achievement? *Harvard Educational Review, 39*, 1–123.

Lachman, H.M., Papolos, D.F., Saito, T., Yu, Y.M., Szumlanski, C.L. & Weinshilboum, R.M. (1996). Human catechol-O-methyltransferase pharmacogenetics: description of a functional polymorphism and its potential application to neuropsychiatric disorders. *Pharmacogenetics, 6*, 243–250.

Lander, E.S., Linton, L.M., Birren, B., Nusbaum, C., Zody, M.C., Baldwin, J. et al.; The International Human Genome Sequencing Consortium (2001). Initial sequencing and analysis of the human genome. *Nature, 409*, 860–921.

Lesch, K.-P., Bengel, D., Heils, A., Sabol, S.Z., Greenberg, B.J., Petri, S., Benjamin, J., Müller, C.R., Hamer, D.H. & Murphy, D.L. (1996). Association of anxiety-related traits with a polymorphism in the serotonin transporter gene regulatory region. *Science, 274*, 1527–1531.

Malhotra, A.K., Kestler, L.J., Mazzanti, C., Bates, J.A., Goldberg, T. & Goldman, D. (2002). A functional polymorphism in the COMT gene and performance on a test of prefrontal cognition. *American Journal of Psychiatry, 159*, 652–654.

Munafò, M.R., Clark, T.G., Moore, L.R., Payne, E., Walton, R. &, Flint, J. (2003). Genetic polymorphisms and personality in healthy adults: a systematic review and meta-analysis. *Molecular Psychiatry, 8*, 471–484.

Oak, J.N., Oldenhof, J. & Van Tol, H.H.M. (2000). The dopamine D(4) receptor: one decade of research. *European Journal of Pharmacology, 405*, 303–327.

Plomin, R. (1995). Molecular genetics and psychology. *Current Directions in Psychological Science, 4*, 114–117.

Plomin, R. (2002). Individual differences research in a postgenomic era. *Personaltiy and Individual Differences, 33*, 909–920.

Purcell, S. (2001). Statistical Methods in Behavioral Genetics. In R. Plomin, J.C. DeFries, G.E. McClearn & M. Rutter (Eds.), *Behavioral genetics* (pp. 327–371). New York: Freeman.

Qian, Q., Wang, Y., Zhou, R., Li, J., Wang, B., Glatt, S. & Faraone, S.V. (2003). Family-based and case-control association studies of catechol-O-methyltransferase in attention deficit hyperactivity disorder suggest genetic sexual dimorphism. *American Journal of Medical Genetics, 118B*, 103–109.

Schinka, J.A., Busch, R.M. & Robichaux-Keene, N. (2004). A meta-analysis of the association between the serotonin transporter gene polymorphism (5-HTTLPR) and trait anxiety. *Molecular Psychiatry, 9*, 197–202.

Sen, S., Burmeister, M. & Ghosch, D. (2004). Meta-analysis of the association between a serotonin transporter promoter polymorphism (5-HTTLPR) and anxiety-related personality traits. *American Journal of Medical Genetics: B Neuropsychiatric Genetics, 127*, 85–89.

Strobel, A., Lesch, K.-P., Jatzke, S., Paetzold, F. & Brocke, B. (2003). Further evidence for a modulation of Novelty Seeking by DRD4 exon III, 5-HTTLPR, and COMT val/met variants. *Molecular Psychiatry, 8*, 371–372.

Strobel, A., Debener, S., Anacker, A., Müller, J., Lesch, K.-P. & Brocke, B. (2004). DRD4 exon III genotype influence on the auditory evoked novelty P3. *NeuroReport, 15*, 2411–1415.

Venter, J.C., Adams, M.D., Myers, E.W., Li, P.W., Mural, R.J., Sutton, G.G. et al. (2001). The sequence of the human genome. *Science, 291*, 1304–1351.

26 Vergleichende Psychologie

K. Zuberbühler

Die vergleichende Psychologie interessiert sich für Verhalten und Denkprozesse bei verschiedenen Tierarten. Sie sucht nach Gemeinsamkeiten und Unterschieden, in der Absicht, menschliches Verhalten und Denken ultimativ besser verstehen zu können. Ihr theoretischer Mörtel ist die Evolutionslehre von Charles Darwin (1859; Kurzbiographie in ▶ Kap. 4), ihr empirischer Ansatz ist weit gefächert. Er umfasst verhaltensökologisch ausgerichtete Forschung, z. B., wie Tiere ihre Ressourcen nutzen und verteidigen, sich gegen Fressfeinde schützen und zu ihrem Futter kommen. Fragen zu Fortpflanzungsstrategien bilden einen weiteren Schwerpunkt, etwa wie und warum sich die Geschlechter in ihrem Reproduktionsverhalten unterscheiden, nach welchen Regeln die Jungenaufzucht geschieht, warum Infantizid vorkommt oder welche Paarungssysteme zu beobachten sind. Dazu kommt Forschung mit einem stärker psychologisch ausgerichteten Schwerpunkt, wie etwa Fragen zu Sozialverhalten, Kommunikation und Intelligenz bei Tieren.

Durch das Studium des Tierverhaltens versucht die vergleichende Psychologie die Psyche des Menschen und seine Evolution besser zu verstehen. Sie will wissen, wo menschliches Verhalten und Kognition evolutionsgeschichtlich wurzeln, ob und inwiefern Menschen einzigartig sind und in welcher Hinsicht sie typische Primaten, Säugetiere oder ganz einfach Wirbeltiere sind.

Aus offensichtlichen Gründen ist es nicht möglich, dieses weite Gebiet im vorliegenden Kapitel gleichmäßig und vollständig abzudecken; der Schwerpunkt soll deshalb hier auf den stärker psychologisch ausgerichteten Ansatz gelegt werden.

26.1 Vergleichende Psychologie im wissenschaftlichen Umfeld

Die vergleichende Psychologie grenzt an verschiedenen Stellen an zahlreiche andere wissenschaftliche Disziplinen. Die Verhaltensökologie ist dabei besonders wichtig und wurde bereits erwähnt. Doch es bestehen auch wichtige Berührungspunkte mit der Evolutionslehre, der Ethologie, Philosophie und der evolutionären Psychologie.

26.1.1 Evolutionslehre

Darwins Theorie der natürlichen Selektion besagt u. a., dass Leben auf der Erde nur einmal entstanden ist und dass alle heute existierenden Lebewesen von diesem Ereignis abstammen. Ähnlich einem Familienstammbaum sind demzufolge gewisse Arten näher miteinander verwandt als andere, doch sind sie alle über gemeinsame Vorfahren miteinander verbunden. So sind sich z. B. Menschen und

Schimpansen morphologisch sehr ähnlich. Es erstaunt dementsprechend wenig, dass die zwei Arten einen gemeinsamen Vorfahren hatten, der vor lediglich 6 Mio. Jahren lebte, ein evolutionsgeschichtlich sehr kurzer Zeitraum. Menschen und Schimpansen gleichen sich aber nicht nur äußerlich, sie weisen auch zahlreiche Ähnlichkeiten im Verhalten und Denken auf. Da genau beginnt das Forschungsgebiet der vergleichenden Psychologie. Viele Unterschiede zwischen Mensch und Tier sind nur gradueller Art. Für die vergleichende Psychologie ist der Mensch dementsprechend nichts anderes als ein etwas sonderlicher Affe, speziell angepasst an ein Jäger- und Sammlerdasein in größeren sozialen Gruppen in der afrikanischen Savanne. Er ist nicht mehr verschieden von den Schimpansen und Bonobos, seinen nächsten noch lebenden Verwandten, als etwa ein Kapuzineraffe verschieden ist von einem Mantelpavian.

26.1.2 Ethologie

Lernpsychologen, wie etwa Pawlow oder Skinner, waren der Auffassung, dass das gründliche Studium von Ratten oder Tauben genüge, um generelle und allgemein gültige Lernmechanismen zu erkennen, da diese bei allen Tieren, inklusive Mensch, zugegen sind (Skinner, 1957). Die Ethologie ist nicht vollständig dieser Überzeugung. Nahe verwandte Tierarten unterscheiden sich manchmal beträchtlich in ihrem artspezifischen Verhalten, was wiederum ihre Lernfähigkeit und Lernbereitschaft beträchtlich beeinflussen kann. Diese Erkenntnisse stammen von den Pionierarbeiten der Ethologen Konrad Lorenz, Niko Tinbergen (▶ Kurzbiographie) und Karl von Frisch. Sie alle haben versucht, Tiere in ihrer natürlichen Umgebung zu studieren, in der Absicht, die Funktion eines Verhaltens und damit dessen evolutionäre Vergangenheit besser verstehen zu können.

Niko Tinbergen

Niko Tinbergen wurde 1907 in Den Haag, Niederlande, geboren. 1925 begann er Biologie an der Universität Leiden zu studieren, wo er sich für Tierverhalten zu interessieren begann. Seine Doktorarbeit bestand aus mageren 32 Seiten und die Fakultät war sich nicht sicher, ob man ihn nicht besser durchfallen lassen sollte. 1935 unterrichtete er an der Universität Leiden, wo er 1936 bei einem Symposium Konrad Lorenz kennenlernte. Die zwei verstanden sich ausgezeichnet, und Lorenz lud Tinbergen nach Wien ein, wo er dessen Schüler wurde und seine Karriere als Verhaltensforscher begann. Nach dem Krieg folgten Einladungen in die Vereinigten Staaten und Großbritannien, wo seine Arbeiten weltweite Anerkennung erhielten. 1962 wurde er zum Fellow der Royal Society gewählt, gefolgt von einer Reihe von anderen Ehrungen. 1973 erhielt er den Nobelpreises für Medizin. Tinbergen starb im Jahr 1994 in Den Haag.

Artspezifische Lernfähigkeit am Beispiel

Ein besonders schönes Beispiel aus neuerer Zeit für eine artspezifische Lernfähigkeit ist bei Buschblauhähern (Aphelocoma coerulescens) beschrieben worden. Wie viele Tierarten verstecken auch Buschblauhäher Futter, um dies dann während der harten Wintermonate wiederaufzusuchen. Die Vögel verstecken allerhand Futterobjekte und können sich eine große Anzahl von Versteckorten über längere Zeit merken. Die Vögel haben Futterpräferenzen, bevorzugen z. B. Wachsmotten über Erdnüsse, und wissen, wo welches Futter versteckt liegt. Experimen-

te haben gezeigt, dass Wachsmotten nur dann wieder ausgegraben werden, wenn das Zeitintervall zwischen dem Verstecken und dem Wiederausgraben kurz ist, d. h., wenn die Motten noch nicht vergammelt sind. Ist das Zeitintervall jedoch lang, dann ignorieren sie diese Futterorte und suchen stattdessen an Orten, wo sie Erdnüsse versteckt haben (Clayton & Dickinson, 1998). Es scheint also, dass die Vögel mühelose eine große Menge von spezifischen Ereignissen lernen können mit Information über den Ort, die Futterart und die zeitliche Dimension.

26.1.3 Soziobiologie und evolutionäre Psychologie

Die Soziobiologie ist seit E.O. Wilsons Buch »Sociobiology: The New Synthesis« (Wilson, 1975) eine eigene Disziplin und wird heute oft mit der evolutionären Psychologie gleichgesetzt. Ein Hauptanliegen der Soziobiologie, wie auch der evolutionären Psychologie, ist das systematische Studium von allen Formen des Sozialverhaltens einschließlich das des Menschen. Da das Verhalten eines Individuums seinen Fortpflanzungserfolg bestimmt und weil viele Verhaltensmuster genetische Grundlagen haben, muss auch das menschliche Sozialverhalten von der natürlichen Selektion geprägt sein. Wilson wurde für seine Arbeiten zu Unrecht in der Öffentlichkeit stark kritisiert und als Verbreiter einer gefährlichen Denkform angeprangert, welche Eugenik, Rassismus oder Sexismus schürt. Das war natürlich nie seine Absicht.

26.1.4 Philosophie

Da sie sich für das Denken von anderen Arten interessiert, hat sich die vergleichende Psychologie ein empirisch und philosophisch nicht triviales Problem geschaffen (Nagel, 1974). Obwohl die Sinnes- und Kognitionsleistungen einer Fledermaus natürlich ziemlich genau studiert werden können, bleiben Aussagen über ihr Denken letztlich immer anthropomorphisch gefärbte Spekulation. Wie es ist, eine Fledermaus zu sein, kann nie wirklich beantwortet werden. Das liegt aber nicht nur daran, dass Fledermäuse keine Sprache besitzen und so nicht zu ihrem Dasein befragt werden können. Auch sprachtrainierte Menschenaffen haben in dieser Hinsicht keine nennenswerten Fortschritte gebracht (▶ unten). Zum andern werfen manche empirischen Befunde der vergleichenden Psychologie moralisch brisante Fragen auf. Eine weit verbreitete Haltung in der Öffentlichkeit ist z. B., dass Tiere im Gegensatz zum Menschen grundsätzlich gut sind. Nun haben aber über die Jahre zahlreiche Feldstudien gezeigt, dass Menschenaffen allerhand Atrozitäten begehen können, welche von einem menschlichen Standpunkt her höchst verwerflich sind. Wie soll man Beobachtungen bewerten, die belegen, dass ein männlicher Orang-Utan ein Weibchen vergewaltigt oder dass eine Schimpansengruppe einen Vernichtungskrieg gegen eine Nachbargruppe führt oder ein Beutetier bis in den Tod quält? Heißt das, dass solches Verhalten »natürlich« ist, auch so beim Menschen? Die vergleichende Psychologie liefert keine ethischen Empfehlungen, sondern versucht aufzuzeigen, welche Umstände bei einem Lebewesen zu welchem Verhalten führen. Da das Ergebnis bei verschiedenen Arten oft ähnlich ist, kann die vergleichende Psychologie helfen, menschliches Verhalten besser verstehen zu lernen und bis zu einem gewissen Grad vorauszusagen. Wie jede andere wissenschaftliche Disziplin interessiert sie sich aber nur für wissenschaftlich prüfbare Fakten.

26.2 Der evolutionäre Ansatz in der Psychologie

Wie viel Variabilität im Verhalten einer Art mit genetischen Faktoren erklärt werden kann und wie viel das Resultat der Umwelt ist, ist ein altes und oft diskutiertes Problem in Biologie und Psychologie. Dass dazu kaum Antworten gefunden worden sind, liegt wohl daran, dass wohl die meisten Verhaltensweisen genetische Grundlagen haben und so auch vererbt werden, sich aber nur unter gewissen Umweltbedingungen entwickeln können. Das Hauptinteresse der vergleichenden Psychologie gilt dem vererbtem Teil, d. h. denjenigen Komponenten, die durch den Evolutionsprozess geformt worden sind und werden. Es ist deshalb von besonderer Wichtigkeit, dass die Grundpfeiler der Evolutionstheorie richtig wahrgenommen werden.

26.2.1 Entstehung neuer Arten

Das Hauptanliegen der Evolutionstheorie (▶ auch Kap. 4, 36) ist es zu erklären, wie genau die heutige Vielfalt an Leben zustande gekommen ist. Sie tut das auf bestechend einfache Weise. Ausgangspunkt ist, dass alle Individuen einer Art ähnliche Bedürfnisse und Ansprüche an ihre Umwelt haben und so gezwungenermaßen miteinander in Konkurrenz geraten. Das kann auf verschiedenen Ebenen geschehen, z. B. um Zugang zu Futter oder Geschlechtspartnern, bei der Jungenaufzucht oder bei der Vermeidung von Krankheiten und Fressfeinden. Individuen, die sich in diesem Kampf besser behaupten, werden im Durchschnitt länger leben und mehr Nachkommen haben als andere, weniger erfolgreiche Artgenossen. Nun ist es gleichzeitig so, dass viele der Eigenschaften, die zu längerem Leben und mehr Nachkommen führen, eine genetische Basis haben. Bei der Resistenz gegen Krankheiten ist das besonders leicht einzusehen, doch gilt das gleiche Prinzip auch für Verhaltens- und Denkunterschiede. Vorteilhafte Eigenschaften führen also nicht nur zu größerer Fitness, sie werden auch mit einer gewissen Wahrscheinlichkeit an die nächste Generation weitervererbt. Kurzum, die Besitzer von vorteilhaften Genen pflanzen sich im Durchschnitt erfolgreicher fort als der Rest der Population, und die vorteilhaften Eigenschaften breiten sich deswegen langsam in der Population aus. Die Folge ist, dass sich eine Art über die Generationen ständig leicht verändert und sich so der ebenfalls sich ändernden Umwelt ständig anpasst. Dieser Prozess kann für morphologische Merkmale leicht anhand von Fossilien dokumentiert werden. Verhalten fossilisiert zwar nicht, doch es gelten die gleichen Prinzipien.

26.2.2 Ursachen genetischer Variation

Lebewesen sind das Produkt ihres genetischen Kodes, gewissermaßen ihrer Bauanleitung, welche, als DNS-Strang verkörpert, im Kern der Körperzellen sitzt. Jedes Individuum besitzt einen einzigartigen Kode, mit der Ausnahme etwa von eineiigen Zwillingen. Er bestimmt seine Entwicklung, seine Form, sein Nerven- und Hormonsystem und somit das Verhalten. Die genetische Information wird durch Fortpflanzung von einer Generation zur nächsten weitergegeben. Bei den meisten Arten geschieht das mittels sexueller Fortpflanzung, wobei die genetische Information der beiden Eltern gewissermaßen gemischt wird und jeder Elternteil hälftig zur neuen Kombination beiträgt. Dies erklärt, dass Kinder ihren Eltern ähnlich sind und zwar oft auch im Verhalten und in der Kognition. Eineiige Zwillinge sind sich in der Regel ähnlicher bezüglich des Intelligenzquotienten als zweieiige, und zwar unabhängig davon, ob sie miteinander oder getrennt aufgewachsen sind (Bouchard & McGue, 1981; ▶ Kap. 25).

Nun ist es aber so, dass das elterliche Erbgut nicht immer mit absoluter Genauigkeit an die Kinder weitergegeben wird. Ab und zu treten Kopierfehler auf, sog. Mutationen. Die meisten dieser Mutationen sind für den Organismus wirkungslos, sie versinken stumm im genetischen Kode. In seltenen Fällen können sie aber dem Träger Nachteile bringen. Dies kann dann dazu führen, dass der Träger weniger oder keinen eigenen Nachwuchs haben kann. In anderen Fällen können Mutationen auch das Gegenteil bewirken; sie bringen dem Träger Vorteile. Wenn dieses Ereignis zusätzlich zu erfolgreicherer Fortpflanzung führt, dann wird sich die Mutation als erfolgreiche Neuerfindung langsam in der Population ausbreiten.

26.2.3 Evolution von Verhalten

Der Mechanismus der natürlichen Selektion ist das Resultat der unterschiedlichen Fortpflanzungserfolge der Individuen. Elterntiere, die ihre Nachkommen gegen Fressfeinde verteidigen, werden im Durchschnitt mehr Nachkommen hinterlassen als solche, welche das nicht tun. Kurzum, das Verhalten eines Individuums ist den Kräften der Evolution genauso ausgesetzt, wie etwa seine Anatomie und Physiologie. Grundsätzlich erscheinen neue Verhaltensmuster nicht plötzlich, sondern machen sich langsam und stückweise als kleine, aber vorteilhafte Modifikationen in einer Population breit. Oft entstehen neue Verhaltensmuster dadurch, dass bestehende ältere Verhaltenseinheiten einfach neu kombiniert werden.

Nun wurde bereits erwähnt, dass zumindest bei höheren Tieren Verhalten zu einem großen Teil auch gelernt werden muss. Tierarten unterscheiden sich aber im Ausmaß, in dem Lernen eine Rolle spielt. Grundsätzlich ist bei Tierarten mit kurzer Lebensspanne Verhalten stärker genetisch vorprogrammiert als bei langlebigen Arten, die in komplizierten Sozialverbänden leben. Im letzteren Fall wäre es ganz einfach unökonomisch und ineffizient, das ganze Verhaltensprogramm genetisch festzulegen.

Lernfähigkeit gibt Tieren die Möglichkeit, sich der andauernd wechselnden sozialen und ökologischen Umwelt anzupassen.

Tiere sind aber biologisch vorprogrammiert, gewisse Dinge leichter zu lernen als andere. Bei Ratten reicht ein einmaliger Genuss von verdorbenem Futter, um dasselbe Futter für immer zu vermeiden (Garcia & Koelling, 1966). Es gibt aber auch zahlreiche Beispiele dafür, dass manche Tiere bestimmte Assoziationen nur mit sehr großer Mühe oder gar nicht lernen können. Kapuzineraffen z. B. können nur nach Hunderten von Versuchen allmählich lernen, ein Futterstück mittels eines Stockes so durch eine Plexiglasröhre zu schieben, dass es dabei nicht in die Vertiefung fällt (◨ Abb. 26.1, Visalberghi & Limongelli, 1994), ein für Kleinkinder triviales Problem.

Wie bereits erwähnt, sind direkte Nachweise von Verhaltensevolution nicht einfach zu erhalten. Im Gegensatz zum Skelett fossiliert Verhalten nicht und hinterlässt keine direkten archäologischen Spuren. In seltenen Fällen können Verhaltensmerkmale von Vorgängerarten anhand von bestimmten anatomischen Merkmalen abgeleitet werden, doch einen tiefen Einblick in deren Kognition verschafft das natürlich nicht. Ein häufiger begangener und erfolgreicherer Weg ist der sog. vergleichende Ansatz (»comparative approach«). Hier geht es darum, die Evolution von Verhalten anhand des phylogenetischen Stammbaums zu rekonstruieren. Wenn z. B. eine Reihe von nahe verwandten Arten ein bestimmtes Verhalten zeigt, so muss ihr gemeinsamer Vorfahre das Verhalten auch schon gezeigt haben. So ist beispielsweise bekannt, dass praktisch alle bis jetzt untersuchten Primatenarten nach einer Auseinandersetzung Versöhnungsverhalten zeigen (Aureli, Cords & VanSchaik, 2002). Es ist also wahrscheinlich, dass sich Versöhnungsverhalten schon früh in der Primatenlinie evolutionär entwickelt hat, ein Beispiel von evolutionärer Homologie.

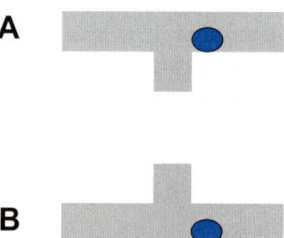

◨ **Abb. 26.1.** Kapuzineraffen lernen nur sehr mühsam, von welcher Seite sie einen Stock in eine Plexiglasröhre einführen müssen, sodass die Frucht nicht in die Senke fällt (*A*). Wenn die Senke nach oben gedreht wird (*B*), wenden sie weiterhin die gelernte und jetzt nutzlose Technik blind an. Schimpansen lösen dieses Problem auch nur sehr schlecht

26.2.4 Natürliche und sexuelle Selektion

Darwins Evolutionstheorie kann leicht erklären, warum gewisse Arten die eine oder andere Eigenschaft im Laufe der Evolution entwickelt haben, die ihnen etwa die Nahrungssuche erleichtert oder ihre Abwehr vor Raubfeinden verbessert. Solche Eigenschaften sind auch meistens bei allen Individuen einer Population ähnlich stark ausgeprägt. Nun gibt es aber bei den verschiedensten Arten immer wieder Verhaltens- und Körpermerkmale, die sich geschlechtsabhängig und erst nach der Geschlechtsreife ausbilden. Bei Säugetieren z. B. sind die Männchen in der Regel größer als die Weibchen. Bei vielen Vögeln sind die Männchen bunter und auffälliger gefiedert als die Weibchen. Diese Phänomene sind mit Darwins Theorie der natürlichen Selektion nur schlecht zu erklären. Wie kann es sein, dass Pfauenmännchen unsinnig lange Schwanzfedern entwickelt haben, welche beim Fliegen hinderlich sind und den Träger zudem auffälliger machen für Fressfeinde (Abb. 26.2)? Wieso bilden nur erwachsene Männchen, nicht aber Weibchen oder Jungtiere, diese Merkmale aus?

In einem zweiten Buch liefert Darwin eine überzeugende Antwort für diese scheinbar paradoxen Phänomene (Darwin, 1871). Es ist nämlich so, dass innerhalb einer Art Individuen nicht nur um Futter, sondern auch um Geschlechtspartner konkurrieren. Männchen geraten dabei oft in erbitterten Streit mit anderen Männchen und haben allerhand Verhalten und Körpermerkmale entwickelt, die ihnen bei diesem Unterfangen helfen. Bei Weibchen ist die Konkurrenz um Geschlechtspartner bei vielen Arten weniger stark. Weibchen sind oft in der Situation, das beste von mehreren Männchen auswählen zu müssen. Diese zwei Prinzipien, Männchenkonkurrenz und Weibchenwahl, entpuppen sich als ubiquitäre Kräfte in der Evolution, und die Theorie, welche dieses Kräftespiel beschreibt, heißt sexuelle Selektion.

Warum aber sind die Rollen bei den meisten Tierarten so ungleich verteilt? Eine Antwort darauf stammt von Bateman (1948) aufgrund seiner Arbeiten an Fruchtfliegen. Die beiden Geschlechter betreiben das Fortpflanzungsspiel mit verschiedenen Voraussetzungen. Bei den meisten Arten produzieren Männchen eine Unmenge von energetisch billigen Geschlechtszellen, die Spermien. Dies führt dazu, dass ein einzelnes Männchen prinzipiell Hunderte von Weibchen befruchten kann. Weibchen produzieren im Gegensatz im Laufe ihres Lebens nur eine beschränkte Anzahl von qualitativ hochwertigen Gameten, die Eizellen. Der fundamentale physiologische Unterschied zwischen den Geschlechtern hat eine Reihe von Konsequenzen: Das Geschlecht mit den Geschlechtszellen im Überfluss gerät automatisch in Konkurrenz bezüglich des Zugangs zum Geschlecht mit den wertvollen Geschlechtszellen. Spermien sind im Übermaß vorhanden, Eizellen sind gefragt. Dieses Kraftfeld von Angebot und Nachfrage bei den Geschlechtszellen hat zur Folge, dass Männchen stärker um Zugang zu Geschlechtspartner konkurrieren müssen als Weibchen. Dies ist insbesondere der Fall, wenn eine Art in einem Sozialsystem lebt, in dem ein erwachsenes Männchen mehrere Weibchen monopolisieren kann, was bei vielen Primaten der Fall ist. Für Männchen gibt es dann grundsätzlich zwei

Abb. 26.2. Die erwachsenen Männchen des Ährenträgerpfaus haben äußerst auffällige Schwanzfedern, die sie bei der Fortbewegung hindern und für Fressfeinde anfällig machen. Das Merkmal hat sich mittels sexueller Selektion trotzdem evolutionär entwickelt und gehalten, weil Weibchen bei der Partnerwahl auf die Ästhetik des Rades achten, um daran die Krankheitsresistenz des Männchens abzulesen

Möglichkeiten, erfolgreich zu Fortpflanzungserfolg zu kommen. Entweder sie versuchen aktiv, andere Männchen an der Fortpflanzung zu hindern, oder sie versuchen, sich direkt bei den Weibchen attraktiv zu machen. Große Geschlechtsdimorphismen, wie etwa bei Gorillas, oder Waffen, wie etwa das Geweih des Rothirsches, sind solche evolutionären Anpassungen an den Kampf um Zugang zu den Weibchen.

Eine zweite Möglichkeit besteht darin, dass Männchen versuchen, von möglichst vielen Weibchen für die Paarung ausgewählt zu werden. Dies ist bei Vögeln zu beobachten, vor allem dann, wenn das Männchen bei der Jungenaufzucht keinen eigenen Beitrag leistet. Männchen sind dann weniger dafür ausgerüstet, sich gegenseitig zu bekämpfen, sondern sie versuchen, die Weibchen zu beeindrucken und zur Paarung zu verleiten. Dies geschieht durch auffälligen Federnschmuck, durch Gesänge oder durch aufwändige Balzrituale. Warum aber wählen die Weibchen die auffälliger gefärbten und gefiederten Männchen? Diese nicht triviale Frage hat sich als eines der größten Probleme der Evolutionstheorie herausgestellt. Dies ist insbesondere der Fall, weil die auffälligeren Männchen nicht nur in den Augen der Weibchen auffälliger sind, sondern auch bei den Fressfeinden. Forschung zu diesem Thema hat zu ein paar interessanten Ergebnissen geführt. Zum einen hat sich gezeigt, dass die auffälligeren Männchen oft resistenter gegen Krankheiten sind, ein Merkmal, das bei Weibchen hoch geschätzt wird. Nicht nur bedeutet das eine geringere Ansteckungsgefahr für sie selbst, es heißt auch, dass sie die erhöhte Krankheitsresistenz des Männchen direkt an ihren künftigen Nachwuchs weitergeben können. Die sexuelle Selektion hat somit dazu geführt, dass Weibchen, welche die auffälligeren Männchen bevorzugen, mehr überlebenden Nachwuchs produzieren als weniger wählerische Geschlechtsgenossinnen. Zudem werden die Töchter der wählerischen Mütter mit einiger Wahrscheinlichkeit die ästhetischen Vorlieben der Mütter erben. Eine zweite Begründung ist, dass Weibchen, die sich mit auffälligeren Männchen paaren, selber auch auffälligere Söhne haben werden. Da diese dann in der nächsten Generation wiederum von den Weibchen für die Fortpflanzung bevorzugt werden, lohnt es sich für die Weibchen auch aus diesem Grund, die attraktiven Männchen zu bevorzugen, auch wenn dies nicht direkt zu genetischen Vorteilen führt (die sog. »Sexy-son«-Hypothese).

26.2.5 Sexuelle Selektion beim Menschen

Inwiefern sind diese Ergebnisse nun tatsächlich auch auf den Menschen anwendbar? Niemand wird abstreiten, dass sich Männer und Frauen im Sexualverhalten in einigen Punkten unterscheiden. Eine wichtige Frage ist aber, bis zu welchem Grad die Verhaltensunterschiede kultureller oder eben biologischer Natur sind. Endgültige Antworten sind

nicht leicht zu erhalten, ein paar Fakten sind trotzdem interessant.

Einen verlässlichen Geschlechtsunterschied findet man z. B. bei der Partnerwahl. Männer neigen dazu, potenzielle Partnerinnen stärker nach dem Aussehen zu beurteilen als Frauen. Frauen hingegen achten mehr auf sozialen Status und Erwerbstätigkeit. Diese Tatsache kann leicht am Inhalt von Kontaktanzeigen überprüft werden (Waynforth & Dunbar, 1995). Männer sind meist auf der Suche nach einer attraktiven jüngeren Partnerin und tun das, indem sie ihre soziale Stellung, nicht aber unbedingt ihr Aussehen, anpreisen. (»Erwerbstätiger Mann in gehobener Stellung sucht attraktive Partnerin, 25–30 Jahre, für gemeinsame Wochenenden«). Bei Frauen ist das oft umgekehrt. Diese geschlechtsspezifischen Unterschiede findet man in den meisten Kulturen, ein starker Hinweis auf eine biologische Grundlage.

Wie können diese unterschiedlichen Partnerpräferenzen erklärt werden? Wiederum liefert die Forschung aus dem Tierreich ein paar interessante Erklärungsansätze. Generell können männliche Individuen ihren Reproduktionserfolg vor allem dadurch steigern, indem sie mit möglichst vielen verschiedenen Partnerinnen Nachwuchs haben. Eine Alternativstrategie beruht darauf, eine besonders fruchtbare Partnerin und gute Mutter zu finden. Da bei Frauen Fruchtbarkeit altersabhängig ist, sollten Männer bei der Partnerwahl besonders auf das Alter achten. Gewisse äußerliche Merkmale, wie etwa Hautbeschaffenheit, sind relativ verlässliche Altersindikatoren, und interessanterweise neigen Frauen eher dazu, diese künstlich zu beeinflussen als Männer. Frauen haben nur eine beschränkte Anzahl Gameten zur Verfügung und sollten so bei der Partnerwahl wählerischer sein. Dies vermag zu erklären, warum Männer mit hohem sozialen Status meistens die attraktiveren Partner darstellen. Diese Präferenzen sind höchstwahrscheinlich das Resultat von Jahrmillionen von sexueller Selektion. Wären sie lediglich das Ergebnis von bewussten Entscheidungen oder ein ausschließlich kulturelles Phänomen, dann würde man mehr Variation zwischen Individuen und Kulturen erwarten.

26.3 Sozialverhalten

26.3.1 Sozialität und soziale Organisation

Warum leben gewisse Tierarten in sozialen Gruppen, andere aber als Einzelgänger? Die Regeln der natürlichen Selektion besagen, dass sich Sozialität und Sozialverhalten nur dann entwickeln kann, wenn das Kosten-Nutzen-Verhältnis beim Leben in der Gruppe günstiger ausfällt als das beim solitären Leben. Diese Kosten-Nutzen-Bilanz kann von Art zu Art verschieden sein und ist abhängig von der Lebensweise und Umwelt. Das Leben in der sozialen Gruppe hat viele Vorteile, insbesondere bietet es den Mitgliedern erhöhten Schutz gegen Prädation und erleichtert den Nahrungserwerb. Doch das Leben in der Gruppe hat auch handfeste Nachteile, z. B. sind andere Artgenossen meist auch die stärksten Konkurrenten.

Tierarten unterscheiden sich im Grad ihrer Sozialität, d. h. in der Tendenz, soziale Beziehungen zu formen. Bei solitären Arten ist das Sozialleben beschränkt auf den Paarungsakt. Bei sozialen Arten findet man die unterschiedlichsten Formen von sozialer Organisation. Gewisse Arten formen temporäre soziale Beziehungen nur während der Jungenaufzucht, z. B. als Brutpaare oder als Teil einer Brutkolonie. Andere Arten formen permanente soziale Gruppen, die entweder offen sind (z. B. Gazellenherden) oder geschlossen und individualisiert sind (z. B. Primaten). Allen gemeinsam ist, dass eine gewisse Anziehungskraft besteht zwischen den Individuen, wie etwa bei Fisch- oder Vogelschwärmen oder Zebraherden.

Ein besonderer Fall sind die eusozialen Arten, wie etwa die Honigbienen. Hier ist die soziale Organisation besonders hoch entwickelt. Bei eusozialen Arten leben mehrere Generationen beisammen, aber nur bestimmte Individuen pflanzen sich fort. Die Nachkommen werden aber von allen Gruppenmitgliedern kooperativ hochgezogen. Bei Honigbienen ist die soziale Rolle eines Individuums vom Alter abhängig. Jüngere Bienen beschäftigen sich vor allem mit verschiedenen Aspekten der Brutpflege, ältere Tiere übernehmen Funktionen bei der Instandhaltung und Verteidigung des Bienenstocks. Die Futterbeschaffung schließlich wird lediglich von den ältesten Tieren unternommen (von Frisch, 1927).

26.3.2 Vor- und Nachteile der Sozialität

Bei gewissen Arten wurde gezeigt, dass Nahrungssuche in der Gruppe erfolgreicher verläuft als alleine, speziell wenn die Nahrung unregelmäßig verteilt ist. Viele Arten produzieren beim Auffinden von Nahrung spezielle Futterrufe und anderes Verhalten, welches anderen Gruppenmitgliedern bei der Nahrungssuche hilft. Bei kooperativen Jägern, wie etwa Löwen oder Hyänen, bestehen die Vorteile der Sozialität in der Möglichkeit größere und mehr Beute zu erlegen. Die Hauptevidenz für die Evolution von Gruppenleben kommt aber von der Fressfeindvermeidung (z. B. Zuberbühler & Jenny, 2002; Shultz, Noë, McGraw & Dunbar, 2004). Die Vermeidung von Fressfeinden ist vor allem auch während der Aufzucht von Jungen von ungemeiner Bedeutung. Bei vielen Arten ist das einfacher in der Gegenwart von anderen Artgenossen als alleine. In Brutkolonien genießen Jungtiere Schutz durch den sog. »Verdünnungseffekt«: Je größer die Gruppe, desto geringer die Chance des Einzelnen, bei einem Räuberangriff getötet zu werden. Zudem haben Elterntiere die Möglichkeit, ihre Jungen kooperativ gegen Fressfeinde zu verteidigen. Die gleichen Mechanismen gelten auch für erwachsene Tiere. Je größer die Gruppe, desto größer das überwachte Gebiet, desto schwieriger ein unbemerkter Angriff für einen Fressfeind. Gruppenmitglieder alarmieren sich dann gegenseitig durch ihr Feindvermeidungsverhalten. Viele soziale Tierarten besitzen zudem spezielle Alarmsignale, welche beim Entdecken von Fressfeinden abgegeben werden und so andere Gruppenmitglieder innerhalb von Sekunden warnen, was gleichzeitig die Wachkosten für andere drastisch reduziert.

Trotz aller erwähnten Vorteile leben jedoch nicht alle Arten in sozialen Gruppen. Dies bedeutet, dass Sozialleben auch bedeutende Kosten verursachen muss. Wie bereits erwähnt, sind andere Artgenossen meist auch die stärksten Konkurrenten bei der Nahrungsbeschaffung. Erhöhte Konkurrenz um Futter und andere Ressourcen kann indirekt zu erhöhter Aggression und Stress führen. Die Folge sind erhöhte Verletzungsgefahr durch eskalierte Konflikte, Fortpflanzungsstörungen durch physiologische Effekte von Stress oder Vernachlässigungen bei der Jungenaufzucht. Weitere wichtige Nachteile von Gruppenleben betreffen die erhöhten Raten von Parasiten und Krankheiten, deren Ausbreitung vom engen Kontakt zwischen Individuen abhängt.

Zusammenfassend kann gesagt werden, dass Sozialität den Individuen eine Reihe von Vorteilen bringt, welche ihren Reproduktionserfolg erhöhen, dass Sozialität aber auch mit einer Reihe von Nachteilen verbunden ist, welche den Tieren Kosten verursachen. Ob Tiere soziale Gruppen bilden und in welcher Form sie das tun, ist in vielerlei Hinsicht das Resultat dieses Kosten-Nutzen-Verhältnisses.

26.3.3 Evolution von Sozialverhalten

Wenn bei einer Art die Bilanz zugunsten von Gruppenleben ausfällt, geht es für die Mitglieder vor allem darum, die Kosten des Soziallebens so weit wie möglich zu minimieren. Im Gegensatz zum Einzelgängertum schafft die permanente Präsenz von Artgenossen eine neue Umwelt, ein konstantes Spannungsfeld von Kooperation und Konkurrenz. Die Auswirkungen dieser Kräfte sind vielfältig. Ein illustratives Beispiel stammt von einer Untersuchung an Spatzen (Passer domesticus). Wenn ein Spatz Futter findet, das leicht geteilt werden kann (z. B. ein Berg Brotkrümel), dann produziert er »Chirrup«-Rufe, welche sofort andere Gruppenmitglieder anlocken. Derselbe Vogel bleibt aber stumm, wenn die Nahrung nicht geteilt werden kann (z. B. eine Brotscheibe) und somit eine Gefahr besteht, dass das Futter an ein anderes Tier verloren gehen könnte (Elgar, 1986). Soziale Tiere haben diverse Verhaltensanpassungen evoluiert, welche es ihnen ermöglichen, in sozialen Gruppen erfolgreich zu bestehen. Felduntersuchungen haben gezeigt, dass dieselben Prinzipien auch beim Zusammenleben von verschiedenen Arten gelten. Waldaffen tendieren dazu, in großen polyspezifischen Gruppen zu leben. Dies ermöglicht es ihnen, die Kosten der innerartlichen Konkurrenz niedrig zu halten, und trotzdem maximal von der Präsenz anderer Individuen bei der Fressfeindvermeidung zu profitieren (Wolters & Zuberbühler, 2003).

Kooperation und Konkurrenz bei Waldaffen

Die Große Weißnasenmeerkatze (Cercopithecus nictitans stampflii) ist ein Vertreter einer weit verbreiteten Primatenordnung in Afrika, der Meerkatzenartigen. Diese Affen bevorzugen das Übergangsgebiet zwischen Savanne und Regenwald, sind aber auch schon in Regenwäldern beobachtet worden, so z. B. im Taï Nationalpark der Elfenbeinküste. Dort benötigen sie eine ökologische Nische, die fast identisch ist zu derjenigen der Dianameerkatze (Cercopithecus diana diana), einer typischen und etablierten Waldaffenart des oberen Kronendachs. Feldbeobachtungen haben gezeigt, dass trotz der starken Nischenüber-

lappung sich diese zwei Arten im Taïwald aber nicht etwa vermeiden, sondern in gemischten Gruppen leben. Eine Reihe von Beobachtungen deuteten darauf hin, dass die Dianameerkatzen die immigrierenden Weißnasen vor allem auch deshalb tolerierten, weil diese äußerst aktiv sind in der Verteidigung gegen Kronenadler, einen gefährlichen Fressfeind der Waldaffen. Es wurde aber auch beobachtet, dass in Zeiten von Futterknappheit die Dianameerkatzen plötzlich sehr aggressiv wurden gegen die Weißnasen, sodass die gemischten Gruppen für einige Zeit auseinanderbrachen und die zwei Arten sich gegenseitig vermieden (Eckardt & Zuberbühler, 2004).

26.3.4 Altruistisches Verhalten

Ein besonders faszinierendes Problem in der vergleichenden Psychologie betrifft die Frage, ob und in welcher Hinsicht Tiere sich altruistisch verhalten können. Altruismus ist wohl die höchst entwickelte Form von Sozialverhalten und ein fester Bestandteil des menschlichen Verhaltensrepertoires. Definitionsgemäß spricht man von altruistischem Verhalten, wenn einem Empfänger von Verhalten Vorteile erwachsen, dem Produzenten aber gleichzeitig Kosten entstehen. Alarmrufe sind ein oft zitiertes Beispiel. Wie ist es möglich, dass eine Amsel beim Entdecken einer Katze auffällige Alarmrufe gibt, anstatt sich einfach still zu verstecken? Auf den ersten Blick scheinen dieses und ähnliche Beispiele im Widerspruch zur Evolutionstheorie zu stehen, weil sich Individuen ja nicht zum Nutzen anderer in Gefahr bringen sollten.

Die Lösung für dieses Paradoxon ist bereits in den 60er Jahren gefunden worden (Maynard-Smith, 1964): die Theorie der Verwandtenselektion. Sie besagt, dass sich Altruismus evolutionär entwickeln kann, solange der altruistische Akt vor allem verwandte Individuen begünstigt. Eltern teilen etwa 50% ihrer Gene mit ihren Kindern, Großeltern etwa 25% mit ihren Enkeln und Geschwister 50% miteinander. Die Idee der Verwandtenselektion ist, dass ein Individuum kostspieliges Verhalten zeigen soll, wenn dadurch die Überlebenschancen seiner Gene erhöht werden, auch wenn diese Gene in einem anderen Individuen sitzen. Dementsprechend sollten altruistische Akte vor allem zwischen nahe verwandten Individuen zu beobachten sein, nie aber zwischen unverwandten Individuen (▶ Kap. 4).

Altruistisches Verhalten am Beispiel

Das Wachverhalten der Erdmännchen (Suricata suricatta) ist ein gutes Beispiel für altruistisches Verhalten (☐ Abb. 26.3; Manser 1999). Bei dieser kooperativ brütenden Mangustenart übernimmt jeweils ein Individuum die Rolle des Wächters, während der Rest der Gruppe ungestört Nahrung suchen kann. Die Wächter produzieren während dieser altruistischen Tätigkeit spezielle Vokalisationen und informieren so andere Gruppenmitglieder über ihre Wachtätigkeit. Die Tiere können so ihre Wächtertätigkeit optimal koordinieren. Dieses System konnte sich deshalb evolutionär herausbilden, weil alle Individuen innerhalb einer Gruppe zu einem hohen Grad miteinander verwandt sind.

Das gleiche Prinzip gilt für das altruistische Leben der Honigbienen, wo Tiere ebenfalls zu einem hohen Masse miteinander verwandt sind: Der Verwandtschaftsgrad zwischen Arbeiterinnen und zukünftigen weiblichen Nachkommen ist ungefähr 75%. Dies kann gut erklären, warum Arbeiterinnen durchaus bereit sind, ihr Leben zu

opfern, wenn das Nest bedroht ist, etwa wenn ein Räuber versucht, Honig aus dem Stock zu stehlen. Durch ihr Selbstmordattentat schützt sie das Leben von tausenden von Gensätzen mit 75% Ähnlichkeit.

☐ **Abb. 26.3.** Erdmännchen sind eine hochsoziale Mangustenart, welche in kleinen Familiengruppen leben. Gruppenmitglieder sind stark altruistisch und wechseln sich beim Aufpassen auf Fressfeinde ab

Altruistisches Verhalten tritt aber manchmal auch zwischen nicht verwandten Individuen auf. Verwandtenselektion kann dann nichts erklären, außer man ist gewillt anzunehmen, dass Tiere Fehler begehen bei der Einschätzung des Verwandtschaftsgrades. Eine mögliche Erklärung ist die Idee des **reziproken Altruismus**. Der Altruist hilft einem Artgenossen und erfährt dadurch Nachteile, damit ihm dann zu einem späteren Zeitpunkt selbst geholfen wird (Trivers, 1971). Obwohl beiden Individuen kurzfristig Kosten entstehen, profitieren beide schließlich auch. Das bekannteste Beispiel stammt vom Gemeinen Vampir (Desmodus rotundus; Wilkinson, 1984). Diese Fledermäuse können nur etwa 2 Tage ohne Nahrung leben. Wenn ein Tier erfolglos von der Nahrungssuche zurückkommt, versucht es, von einem anderen Koloniebewohner Nahrung zu erbetteln. Anscheinend wissen die Tiere, von wem sie selber bereits Nahrung erhalten haben, und erwidern so gezielt den Gefallen.

Zusammenfassend kann gesagt werden, dass altruistisches Verhalten in den meisten Fällen mit Verwandtenselektion erklärt werden kann. Es sind aber einige wenige Beispiele von reziprokem Altruismus bekannt. Viele Fälle, die beim ersten Hinblick altruistisch erscheinen, sind aber tatsächlich egoistisch motiviert. Besonders bei Alarmrufen ist inzwischen gezeigt worden, dass Tiere oft direkt von diesen Vokalisationen profitieren können, so z. B., weil viele Räuber für eine erfolgreiche Jagd auf unvorbereitete Beutetiere angewiesen sind und die Alarmrufe ihnen signalisieren, dass die Beute sie bereits entdeckt hat (Zuberbühler, 2005).

26.4 Kommunikation

26.4.1 Kommunikationssysteme

Ein weiteres Kernforschungsgebiet der vergleichenden Psychologie interessiert sich für die Kommunikation bei Tieren. Kommunikation findet statt, wenn die Botschaft eines Individuums bei einem anderen eine Veränderung verursacht. Veränderungen können im Verhalten, in der Physiologie, der Motivation oder Kognition stattfinden. Verhaltensänderungen allein belegen aber nicht, dass Kommunikation stattgefunden hat. Maßgebend ist, ob beim Sender eine Art Absicht bestanden hat, Verhalten zu verändern. Absicht ist hier aber nicht mit Bewusstsein gleichzusetzen. Farbige Blüten »wollen« auch von Insekten besucht werden und tun das, indem sie durch ihre Farben und Düfte die Lokomotion von Insekten beeinflussen, das Resultat einer Anpassung über Millionen von Jahren. Der Mensch ist vielleicht das einzige Lebewesen, bei dem Kommunikation das Resultat von *bewusster* Absicht seitens des Senders sein kann. Botschaften können entweder als Signale oder als Zeichen übermittelt werden. Zeichen sind nicht modifizierbar. Sie sind, wie die weißen Blüten eines Kirschbaums, ständig angeschaltet. Bei Signalen hat der Produzent eine

gewisse Kontrolle darüber, wann und wie stark die Botschaft gesendet werden sollen.

Kommunikationssysteme entwickeln sich nur, wenn sie Sender und Empfänger Vorteile bringen. Dabei sollen die Botschaften möglichst effizient übermittelt werden, d. h., vom Empfänger leicht entdeckt, unterschieden und gelernt werden (Guilford & Dawkins, 1991). Tiere leben aber normalerweise in komplexen Ökosystemen, mit zahlreichen ungewollten und mitlauschenden Empfängern. Ein klassisches Beispiel sind die Paarungsrufe des männlichen Tungara-Frosches (Physalaemus pustulosus), die mit hoher Verlässlichkeit nicht nur Weibchen, sondern auch räuberische Fledermäuse anlocken (Ryan, 1985). In solchen Fällen erwachsen den Sendern Kosten durch die parasitierenden Mitlauscher (»eavesdropping«). Der umgekehrte Fall ist auch bekannt: Sender produzieren Botschaften, die dem Empfänger nicht nützen, sondern ihm direkt schaden. Dies wird oft bei Räubern beobachtet, die aktiv versuchen, ihre Beute zu täuschen. Ein klassisches Beispiel sind die Leuchtkäferweibchen der Gattung Photuris, welche die Blinksignale von anderen Leuchtkäferarten nachahmen, und so deren Männchen anlocken, um sie dann zu verspeisen (Lloyd, 1986).

26.4.2 Evolution der menschlichen Sprache

Die menschliche Sprache ist vielleicht das komplexeste und komplizierteste aller bisher bekannten Kommunikationssysteme. Das Spezielle an der Sprache ist die Grenzenlosigkeit, mit der Botschaften ver- und entschlüsselt werden können. Dies wird durch eine relativ geringe Anzahl von phonetischen und syntaktischen Regeln ermöglicht, mittels deren Phoneme zu Silben, Silben zu Wörtern und Wörter zu Sätzen verknüpft werden. Von einer evolutionären Perspektive her sind diese Eigenschaften von großem Interesse. Wie ist es möglich, dass Menschen ein so komplexes Kommunikationssystem entwickelt haben? Wo liegen ihre phylogenetischen Wurzeln? Findet man Vorstufen in der Tier- und speziell Primatenkommunikation (▶ auch Kap. 14)?

Die menschliche Sprachfähigkeit ist wahrscheinlich eine relativ junge Erfindung. Sprache, so wie sie heute in etwa 6000 verschiedenen Varianten erscheint, ist wahrscheinlich erst seit ein paar Tausend Generationen präsent, etwa 200.000 Jahre insgesamt. Genetische Arbeiten haben gezeigt, dass wir uns von unseren Vorfahren in ein paar wenigen, aber für die Sprachproduktion wichtigen Genen unterscheiden (Enard et al., 2002). Gleichzeitig ist es natürlich so, dass 200.000 Jahre phylogenetisch gesehen eine äußerst kurze Zeit sind, in der keine nennenswerten Veränderungen im Körperbau oder in den kognitiven Fähigkeiten stattfinden können. Eine logische Schlussfolgerung ist, dass viele der kognitiven Leistungen, welche dem menschlichen Sprachvermögen zugrunde liegen, phylogenetisch schon viel älter sind. Die Frage ist nun, welche für Sprache nötigen kognitiven Fähigkeiten bei Tierprimaten und anderen Tiergruppen bereits vorhanden sind und welche erst beim Menschen neu dazugekommen sind.

26.4.3 Haben Tiere Sprache?

Die Antwort auf die Frage hängt davon ab, wie man Sprache definiert. Meint man damit die Möglichkeit, sich mit begrenzten Möglichkeiten unbegrenzt ausdrücken zu können, dann haben Tiere keine Sprache (von Humboldt, 1836). Meint man aber die Fähigkeit, sich gegenseitig und mit Symbolen über Ereignisse in der Außenwelt zu informieren, dann haben sogar Honigbienen Sprache (von Frisch, 1950). Wie auch immer, menschliche Sprache ist zweifellos ungemein komplexer als jede bis heute bekannte Art von Tierkommunikation. Warum ist das so? Eine Erklärung stammt von dem amerikanischen Linguisten Noam Chomsky (auch ▶ Kap. 14). Chomsky war beeindruckt, mit welcher Leichtigkeit Kleinkinder ihre Muttersprache lernen, obwohl sie Unmengen von Information bewältigen müssen und dabei keine wirklichen Lernhilfen bekommen. Niemand führt dem Kind 20-mal einen Bordercollie vor und sagt dabei »Hund«. Irgendwie schaffen es Kinder aber trotzdem, dem unablässigen Sprachstrom allmählich Sinn zuzuordnen. Chomskys Lösung war, dass Kinder beim Spracherwerb auf ein angeborenes Wissen zurückgreifen können. Seiner Ansicht nach lernen Kinder Sprache nicht einfach via Versuch und Irrtum (etwa wie eine Ratte lernt, eine Futtermaschine zu bedienen), sondern sie besitzen ein angeborenes Wissen über die Struktur der Sprache, eine Art Universalgrammatik. Dies ermöglicht ihnen, Sprache nicht einfach als linearen Strom von akustischer Information wahrzunehmen, sondern als hierarchisch strukturiertes Regelwerk. Gemäß dieser Idee besitzen Menschen im Gehirn eine Art Sprachorgan, das ihnen erlaubt, als Kinder Sprache schnell und anstrengungslos zu lernen. Da dieses Sprachorgan nur bei Menschen vorhanden ist, können Tiere nie wirklich eine menschliche Sprache lernen.

So einflussreich Chomskys Ideen immer noch sind, in neuerer Zeit haben sich vielerorts Zweifel breit gemacht. Vielleicht am interessantesten sind die Arbeiten des Psychologen Michael Tomasello am Max-Planck-Institut für evolutionäre Anthropologie in Leipzig. Tomasello sagt, dass Sprache wie jedes andere kulturelle Artefakt von einer Generation zur nächsten überliefert wird. Kinder lernen Sprache so leicht, nicht etwa, weil sie ein spezielles Sprachorgan besitzen, sondern weil sie ganz einfach aktiv zu verstehen versuchen, was Erwachsene sich gegenseitig mitzuteilen haben. Im Gegensatz zu Tieren haben Kinder spezielle sozial-kognitive Fähigkeiten, die sie aber nicht nur für linguistische Probleme einsetzen. Tomasello leitet somit die Diskussion weg von der Linguistik und gibt sie in die Hände der Entwicklungspsychologie und der vergleichenden Psychologie.

Die Tiersprachenforschung selbst hat traditionell zwei grundsätzlich verschiedene Richtungen verfolgt. Zum einen wurde versucht, Individuen verschiedener Arten im Labor von Menschen entwickelte Sprachsysteme beizubringen. Bei Menschenaffen waren die Ergebnisse diesbezüglich relativ enttäuschend. Es wurde bald deutlich, dass Schimpansen kaum willkürliche Kontrolle über ihren Vokaltrakt haben, und deswegen auch nach intensivem Training nicht in der Lage sind, menschliche Silben oder Worte zu erzeugen. Allerdings hat sich gezeigt, dass Affen unter geeigneten Umständen lernen können, sich in einer visuellen Symbolsprache auszudrücken. Am eindrücklichsten ist dies bei dem Bonobo Kanzi demonstriert worden (Savage-Rumbaugh & Lewin, 1994). Unbefriedigend bei diesen Arbeiten ist allerdings, dass die Tiere auch nach jahrelanger Beobachtung nicht viel Interessantes geäußert haben, außer dass sie von ihren Pflegern gefüttert oder unterhalten werden möchten.

Beim Sprachverständnis sind die Leistungen bei Tieren allerdings merklich besser. Von Menschen aufgezogene Delphine, Sattelrobben, Papageien, Hunde und Affen haben gezeigt, dass Individuen bei geeignetem Training eine Vielzahl von menschlichen Begriffen beherrschen lernen und sich oftmals hier nicht merklich von den Leistungen von Kleinkindern unterscheiden (◻ Abb. 26.4; Pepperberg, 1999).

So interessant diese Befunde auch sind, ein Makel haftet ihnen allen an: Können wir sicher sein, dass diese Leistungen im natürlichen Verhalten dieser Arten und insbesondere auch bei der Kommunikation tatsächlich eine Rolle spielen? Bedeutet die Tatsache, dass ein Hund 200 Wörter unterscheidet und mit relativer Leichtigkeit neue dazulernen kann (Kaminski et al., 2004), dass die menschlichen Anla-

◻ **Abb. 26.4.** Afrikanische Graupapageien besitzen eine Reihe von kognitiven Fähigkeiten, die auch bei Kleinkindern während des Spracherwerbs beobachtet werden

gen für den Spracherwerb auch bei Hunden zu finden sind? Diese Arbeiten liefern hier keine Antworten. Es kann nie wirklich überzeugend ausgeschlossen werden, dass die Tiere ihre Laboraufgaben einfach mit einem generellen Lernapparat bewältigen, oft um dafür reichlich mit Futter belohnt zu werden. Die Tatsache, dass Menschen in der Lage sind, Telefonbücher auswendig zu lernen, sagt über die Evolution der Sprache genauso wenig aus. In dieser Hinsicht interessanter sind Studien aus dem Freiland, bei denen die natürlichen kognitiven und kommunikativen Leistungen und insbesondere die soziale Dimension der Kommunikation untersucht werden.

26.4.4 Kommunikation bei frei lebenden Affen

Die meisten bisher untersuchten Primatenarten besitzen ein relativ reichhaltiges Repertoire an Gesten und Rufen. Diese Signale werden oft bei evolutionär wichtigen Ereignissen eingesetzt, etwa der Vermeidung von Fressfeinden, bei der Koordination einer Progression oder beim Auffinden von Nahrung. Die verschiedenen Arten unterscheiden sich in ihren Lautrepertoires, wobei sich nahe verwandte Arten oft ähnlicher sind als weiter entferntere Arten. Die phonetische Struktur der meisten Rufe scheint genetisch relativ stark verankert zu sein. Im Unterschied etwa zu Delphinen haben Primaten kaum die Möglichkeit, die Struktur ihrer Laute groß zu verändern oder etwa neue Rufe in ihr Repertoire aufzunehmen. Das Lautrepertoire einer Affenart ist so vielleicht am ehesten zu vergleichen mit der Ebene der Phonetik der menschlichen Sprachen.

Beim Gebrauch ihrer Laute sind Primaten in ihrer Flexibilität ebenfalls relativ eingeschränkt. Grüne Meerkatzen (Cercopithecus aethiops) besitzen akustisch unterschiedliche Alarmrufe für verschiedene Fressfeinde wie z. B. Leoparden, Adler oder Pythons (Cheney & Seyfarth, 1990). Junge Meerkatzen machen oft Fehler und geben z. B. Adleralarmrufe gegen vorbei fliegende Störche. Erst mit der Zeit und mit genügender Erfahrung lernen sie, Adleralarmrufe bloß für die zwei oder drei Raubvogelarten anzuwenden, die ihnen tatsächlich gefährlich werden können. Die kognitiven Prozesse, welche die Lautproduktion bei Primaten steuern sind noch wenig verstanden. Ein Vergleich mit nichtlinguistischen Lauten beim Menschen wie etwa Lachen, Weinen oder Seufzen, ist wohl am zutreffendsten. Gleichzeitig können nur bestimmte Ereignisse oder Gedanken Menschen zum Lachen bringen. Ähnlich wie bei den Meerkatzen spielt das Lernen bei der Bewertung der Ereignisse eine wichtige Rolle.

Primaten zeigen zweifellos am meisten kognitive Flexibilität in ihrer Fähigkeit, Laute zu interpretieren. Campbells

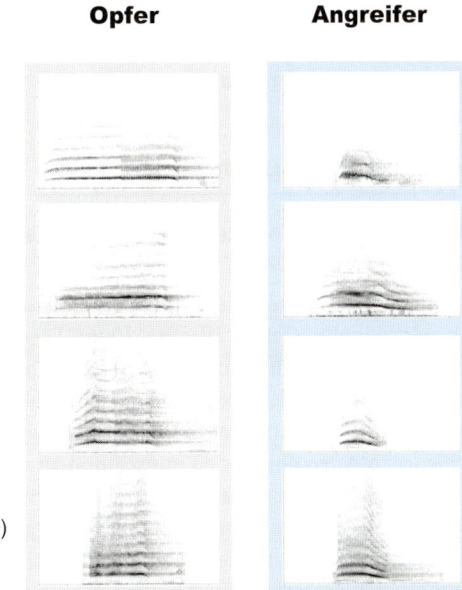

**Soziale Rolle
während Konflikt**

Opfer   Angreifer

Männchen

Bwoba (16)

Bob (13)

Weibchen

Jamie (~20)

Kewaya (~20)

Abb. 26.5. Frei lebende Schimpansen im Budongo Wald (Uganda) signalisieren ihre soziale Rolle während eines Konfliktes mit akustisch unterschiedlichen Vokalisationen

Meerkatzen (Cercopithecus campbelli) produzieren akustisch verschiedene Alarmrufe gegen Leoparden und Kronenadler. Dianameerkatzen verstehen die Bedeutung dieser Rufe und antworten mit ihren eigenen Adler- oder Leopardenalarmrufen (Zuberbühler, 2000a). Weitere Studien haben gezeigt, dass Affen eine mentale Repräsentation des Fressfeindes bilden, wenn sie einen Alarmruf hören. Dianameerkatzen reagieren normalerweise stark auf die Vokalisationen ihrer Fressfeinde, etwa das dumpfe Brüllen eines Leoparden oder das hohe Pfeifen eines Kronenadlers. Wenn die Tiere aber bereits über die Gegenwart dieser Prädatoren informiert sind, geben sie nur wenige oder keine Alarmrufe. Feldexperimente haben gezeigt, dass Dianameerkatzen kaum noch auf das Brüllen eines Leoparden reagieren, wenn sie vorher bereits Leopardenalarmrufe gehört haben, und so bereits über die Präsenz des Leoparden informiert worden sind (Zuberbühler, Cheney & Seyfarth, 1999).

Andere Studien haben gezeigt, dass Dianameerkatzen Rufkombinationen der nahe verwandten Campbells Meerkatze eine andere Bedeutung zuordnen, als wenn dieselben Rufe einzeln präsentiert werden, also ein primitives syntaktisches Verständnis haben (Zuberbühler, 2002). Ferner berücksichtigen Primaten bei der Interpretation von Alarmrufen anderer Arten regelmäßig pragmatische Informationen, insbesondere die wahrscheinliche Ursache, die eine andere Art zum Geben von Alarmrufen bewegt hat (Zuberbühler, 2000b,c).

Forschung an frei lebenden Schimpansen in Uganda hat nun auch gezeigt, dass Schimpansen in der Lage sind, mittels Vokalisationen Informationen über ihre soziale Rolle während eines Konflikts zu verbreiten. Die Rufstruktur von angegriffenen Tieren ist leicht anders als die der Rufe von Angreifern (◘ Abb. 26.5; Slocombe & Zuberbühler, 2005). Dies kann für entfernte Gruppenmitgliedern die Entscheidungsbasis liefern, ob sie in einen gegenwärtigen Konflikt eingreifen sollen oder nicht.

26.5   Intelligenz und Kultur

26.5.1 Die soziale Intelligenzhypothese

Im Verhältnis zu ihrem Körpergewicht besitzen Primaten ein relativ großes Gehirn (Barton, 1996). Dies deckt sich auch mit unserer Intuition, dass Affen und Menschenaffen intelligenter sind als z. B. Schafe oder Hühner, obwohl keine empirischen Möglichkeiten bestehen, Intelligenz in verschiedenen Arten objektiv zu messen und zu vergleichen. Eine Idee, welche vor allem bei Primatologen besonders beliebt ist, erklärt die vermuteten höheren kognitiven Kapazitäten bei Affen und Menschen als Produkt von sozialer Komplexität: die soziale Intelligenzhypothese. Gemäß dieser Hypothese sind die höheren intellektuellen Fähigkeiten der Primaten eine Anpassung an die Komplexitäten des Soziallebens. Denkprozesse bei Primaten sind speziell angepasst, um soziale Probleme zu lösen, was sich tagtäglich in ihrem Verhalten äußert, auch in der Auseinandersetzung mit der unbelebten Umwelt (Humphrey, 1976). So überzeugend dieses Argument auch sein mag, ganz ohne Probleme ist es nicht. Zum einen wurde bereits erwähnt, dass objektive Intelligenzkriterien kaum je zu definieren sind und die Hypothese so schwierig zu testen ist. Zum andern haftet ihr ein Geruch von Zirkularität und Elitedenken an. Ist komplexes Sozialleben mit niedriger Intelligenz, gewissermaßen der Startpunkt für die Evolution von Primatenintelligenz, tatsächlich unvorstellbar? Zahlreiche Säugetierarten leben in Sozialsystemen, welche nicht mehr oder weniger komplex sind als diejenigen der Primaten. Man stellt sich somit die Frage, warum waren gerade die Primaten die Auserwählten sein sollten.

Als Arbeitshypothese jedoch hat die soziale Intelligenzhypothese eine Reihe von wichtiger Forschung hervorgebracht. Besonders erwähnenswert sind einige Arbeiten, die von Hans Kummer und seiner Arbeitsgruppe durchgeführt worden sind. Kummer hat selbst Feldforschung an Mantelpavianen (Papio hamadryas) in Äthiopien durchgeführt. Diese Affen leben in großen Herden, die mehrere Banden umfassen. Banden sind oft miteinander unterwegs und bestehen aus verschiedenen Klans mit nahe verwandten Männchen. Ein Klan wiederum umfasst mehrere Familien, die jeweils aus einem erwachsenen Männchen und mehreren Weibchen mit ihren Nachkommen zusammengesetzt sind (Kummer, 1984). Kummer hat sich nun dafür interessiert, warum innerhalb der Herde die stärkeren Männchen nicht einfach die schwächeren Männchen vertreiben und deren Weibchen stehlen. Mittels eines Feldexperimentes konnte er zeigen, dass Rivalen beim Anblick eines bestehenden Paares eine Art soziale Inhibition empfinden, welche sie daran hindert, in eine bestehende Paarbeziehung einzugreifen (Kummer, Gotz & Angst, 1974). Wenn aber ein unbekanntes Weibchen zu zwei Männchen gelassen wurde, dann hat das stärkere Männchen regelmäßig und sofort vom Weibchen Besitz ergriffen. Dies war aber nicht der Fall, wenn das stärkere Männchen das Weibchen mit dem Konkurrenten interagieren sah.

Eine weitere Studie konnte zeigen, dass Javaneraffen (Macaca fascicularis) ein abstraktes Verwandtschaftskonzept besitzen, welches sie benutzen, um andere Gruppenmitglieder zu kategorisieren (Dasser, 1988). Die komplexe Sozialstruktur bei Primaten könnte also darauf beruhen, dass Tiere in der Lage sind, andere Gruppenmitglieder aufgrund solcher abstrakten Eigenschaften zu kategorisieren.

Ähnliches wurde kürzlich auch bei frei lebenden Pavianen im Okavango Delta von Botswana gefunden. Mit Playback-Experimenten, bei denen verschiedene Laute von Gruppenmitgliedern über einen Lautsprecher abgespielt werden, konnte gezeigt werden, dass diese Affen nicht nur die Dominanzhierarchie innerhalb ihrer Gruppe kennen,

Abb. 26.6. Gelbrückenpaviane verstehen sich und andere Gruppenmitglieder als Teil einer hierarchischen Sozialstruktur

sondern auch wissen, dass diese Hierarchie in Familiengruppen unterteilt werden kann. Wenn ein Rangwechsel innerhalb einer Familie simuliert wurde, kümmerte das andere Tiere viel weniger, als wenn der Rangwechsel zwischen Familien stattfand (■ Abb. 26.6; Bergman, Beehner, Cheney & Seyfarth, 2003).

26.5.2 Theorie des Geistes (»Theory of Mind«)

Tiere können durchaus das Verhalten von anderen Individuen richtig deuten und darauf basierend korrekte Voraussagen machen. Menschen tun das auch, sind aber zusätzlich in der Lage, das Verhalten anderer als Produkt von unsichtbaren psychologischen Zuständen zu interpretieren. Wenn z. B. Frau X unseren Gruß auf dem Korridor nicht erwidert, interpretieren wir dieses Verhalten als Ergebnis eines psychologischen Zustands: Ist Frau X uns böse gesinnt oder ist sie bloß schlecht gelaunt? Als Oberbegriff für diese Fähigkeit hat sich der Ausdruck »Theory of Mind« durchgesetzt, im Deutschen etwa mit »Theorie des Geistes« zu übersetzen. Wir haben eine Theorie, welche psychologischen Zustände dem Verhalten zugrunde liegen. Angst, Unwissen, Boshaftigkeit oder Hunger sind Beispiele solcher unsichtbaren Kräfte, die Verhalten auslösen und steuern. Ein wichtiges Problem der vergleichenden Psychologie betrifft die Frage, ob Tiere das Verhalten anderer auch als Resultat von psychologischen Zustände interpretieren. Das Thema hat großes Interesse und viel Forschungsaktivität ausgelöst, jedoch mit relativ bescheidenen Resultaten. Bald schon lag

der Schluss nahe, dass Tiere in dieser Hinsicht sogar einem 4-jährigen Kind kognitiv unterlegen sind (Tomasello & Call, 1997).

Neuere Forschungsarbeiten von Michael Tomasello und seinen Mitarbeitern haben nun aber gezeigt, dass Schimpansen durchaus verstehen, was ein Rivale in der unmittelbaren Vergangenheit gesehen oder nicht gesehen haben kann, sie können sich sozusagen die visuelle Perspektive von Rivalen ausdenken. In mehreren Experimenten standen sich zwei Tiere gegenüber, um an Futterstücke zu gelangen. Das dominante Tier ergatterte typischerweise alle Futterstücke, die es von seiner Position aus gut sehen konnte. Subordinate Tiere waren aber auch manchmal erfolgreich, vor allem dann, wenn sie Futterstücke sehen konnten, die der Dominante selber nicht sehen konnte. Schimpansen scheinen also zu wissen, was andere sehen und nicht sehen können und benutzen dieses Wissen, um effiziente sozialkognitive Strategien zu verfolgen (Hare, Call, Agnetta & Tomasello, 2000).

Obwohl diese Experimente zeigen, dass Schimpansen anderen Gruppenmitgliedern einfache psychologische Zustände zuordnen können, heißt das nicht, dass die Theorie des Geistes bei Schimpansen gleich gut entwickelt ist wie bei Menschen. Die Frage ist somit, in welchen Aspekten die soziale Kognition bei Menschenaffen und Menschen gleich und wo sie verschieden ist (Tomasello, Call & Hare, 2003).

Die Theorie des Geistes ist beim Menschen das Resultat von mindestens zwei Entwicklungsschritten: 12-monatige Kinder sind bereits in der Lage, andere Personen als Besitzer von Intentionen zu verstehen. Diese wichtige Fähigkeit ist die Basis dafür, dass Kinder fortan an kulturellen Aktivitäten teilnehmen können, inklusive der verbalen Kommunikation. Dadurch erhalten Kinder eine Unmenge von Gelegenheiten zu erfahren, dass dem Verhalten anderer mentale Zustände zugrunde liegen (Tomasello & Rakoczy, 2003). Mit etwa 4 Jahren, d. h. nach 3-jährigem Training, besitzen Kinder schließlich eine funktionsfähige Theorie des Geistes, die der eines Erwachsenen gleicht.

26.5.3 Kulturelle Evolution und Tierkulturen

Kulturelle Evolution ist in mancherlei Hinsicht der genetischen Evolution ähnlich. Bei der kulturellen Evolution wird sozial gelerntes Verhalten von einer Generation zur nächsten überliefert, was zu einem Prozess des kulturellen Wandels führt. Erfolgreicheres Verhalten wird sich dabei eher durchsetzen und innerhalb einer Population ausbreiten als weniger erfolgreiches Verhalten. Im Unterschied zur genetischen Evolution ist die kulturelle Evolution aber viel schneller.

Beispiele von kultureller Evolution existieren nicht nur beim Menschen, sondern sind auch aus der Tierwelt bekannt. Das klassische Beispiel ist das Kartoffelwaschen bei einer Gruppe von Japanmakaken (Macaca fuscata) auf der

Insel Koshima. In den 50er Jahren begann ein Individuum spontan Kartoffeln am Strand zu waschen und so vom Sand zu befreien. Bald danach zeigten andere Individuen das Verhalten ebenso, und Kartoffelwaschen breitete sich in der Gruppe aus (Kawamura, 1959). In der Zwischenzeit sind eine beträchtliche Menge von ähnlichen Beispielen von Tierkulturen bekannt, meistens aber nur in einem einzigen Verhalten, wie etwa dem ebenso bekannten Milchflaschenöffnen bei Blaumeisen (Parus caeruleus; Sherry & Galef, 1984).

Ein neueres und komplexeres Beispiel von Tierkultur stammt von einem Vergleich von Schimpansenverhalten in Langzeitfeldstudien an sieben verschiedenen Orten in Afrika. Bei Schimpansen sind diese kulturellen Variationen vielschichtiger und vielfältiger. Bei einem Vergleich zeigten sich beträchtliche Verhaltensunterschiede zwischen den sieben Studiengruppen. Unterschiede wurden in über drei Dutzend Verhaltensmustern gefunden, die nicht auf ökologische Unterschiede zurückgeführt werden konnten, inklusive Werkzeuggebrauch, soziale Interaktionen und Paarungsverhalten. Ähnlich wie Menschen besitzen die verschiedenen Schimpansenpopulation einzigartige Kombinationen von spezifischen kulturell unterschiedlichen Verhaltensmustern, welche sie kulturell charakterisieren.

Über die zugrunde liegenden sozialen Lernmechanismen, welche bei Tieren zu verschiedenen Kulturen führen, ist viel debattiert worden. Ursprünglich wurde angenommen, dass bei den Japanmakaken Imitation zur Ausbreitung des Kartoffelwaschen in der Gruppe geführt hat. Bei echter Imitation beobachtet ein noch naives Individuum das Verhalten eines Models genau und versucht dann das Bewegungsmuster topographisch genau zu wiederholen. Bei Primaten haben zahlreiche Untersuchungen aber gezeigt, dass Individuen das nicht tun, sondern dass einfachere Formen von sozialem Lernen zu kulturellen Phänomenen führen können. So z. B. wurde bei einer Kolonie von Javaneraffen ein Fall von spontanem Werkzeuggebrauch beobachtet (Zuberbühler, Gygax, Harley & Kummer, 1996). Eine erwachsenes Männchen begann plötzlich, mit einem Stock von einem nahen Baum gefallene Äpfel ins Gehege hereinzuangeln. Ähnlich wie bei den Koshimaaffen wurde auch hier das neue Verhalten bald schon bei anderen Tieren beobachtet. Dies war aber nicht das Resultat von Imitation. Es hat sich nämlich gezeigt, dass während ein Tier mit einem Stock Äpfel angelte, andere Tiere überzufällig häufig auch mit Stöcken zu hantieren begannen (im Gegensatz etwa zu Steinen), ein Fall einer relativ einfachen Form von sozialem Lernen, der sog. Reizverstärkung (»stimulus enhancement«). Sie taten dies aber nicht am richtigen Platz, d. h. am Gehegerand, in der Nähe von Äpfeln, sondern überall im Gehege. Auch übernahmen die Nachahmer keine von den geschulten Bewegungen des Vorbilds, sondern hantierten die Stöcke unkoordiniert und ungerichtet. Die Tiere hatten also lediglich gelernt, dass für das neue Verhal-

ten richtige Material zu benutzen. Wie und wo dies aber anzuwenden ist, mussten sie schließlich einzeln erlernen und üben. Interessant war, dass Individuen, welche am stärksten von der Reizverstärkung betroffen waren, die neue Technik nachher am schnellsten selber gelernt haben. Es ist sehr wahrscheinlich, dass Imitation bei Primaten keine große Rolle spielt, sondern dass einfachere soziale Lernmechanismus wie etwa die Reizverstärkung genügen, um Tierkulturen hervorzubringen. Die Behauptung, dass Affen »nachäffen«, ist also nicht wirklich zutreffend.

26.6 Schlussbemerkung

Der Forschungsansatz der vergleichenden Psychologie ermöglicht es, den evolutionären Anteil menschlichen Verhaltens besser zu verstehen. Ausgangspunkt des Ansatzes ist die Annahme, dass viele der Unterschiede zwischen Tier und Mensch lediglich quantitativer Art sind, und dass Verhalten genauso vererbt wird wie morphologische Merkmale. Trotzdem ist oft nicht klar, bis zu welchem Ausmaß Ergebnisse von Tierforschung auch auf Menschen anwendbar sind. Verhalten ist immer das Resultat einer Interaktion zwischen Genen und der Umwelt. Je komplexer ein Lebewesen, desto stärker spielt Erfahrung und kultureller Hintergrund mit. Menschen besitzen im Unterschied zu Tieren einen freien Willen, der es ihnen erlaubt, ihr Verhalten zu beeinflussen. So überzeugend und hilfreich der evolutionäre Ansatz ist für das Studium von Verhalten, ganz ohne Grenzen ist er nicht. Die vergleichende Psychologie ist aber in der Lage, mit ihren Erkenntnissen aus der Tierwelt testbare Hypothesen zu formulieren, mit welchen in der Folge das menschliche Verhalten und Denken wissenschaftlich untersucht werden kann.

Literatur

Referenzliteratur

Cheney, D.L. & Seyfarth, R.M. (1990). *How monkeys see the world: inside the mind of another species.* Chicago: Chicago University Press.

Darwin, C. (1859/1993). *The origin of species.* New York: Random House.

Darwin, C. (1871/1936). *The descent of man; and selection in relation to sex.* London: Murrey/Random House.

Nagel, T. (1974). What is it like to be a bat? *Philosophical Review, 83,* 435–450.

Savage-Rumbaugh, S. & Lewin, R. (1994). *Kanzi. The ape at the brink of the human mind.* New York: Wiley.

Tomasello, M. & Call, J. (1997). *Primate cognition.* New York: Oxford University Press.

Zitierte Literatur

Aureli, F., Cords, M. & Van Schaik, C.P. (2002). Conflict resolution following aggression in gregarious animals: a predictive framework. *Animal Behaviour, 64,* 325–343.

Barton, R.A. (1996). Neocortex size and behavioral ecology in primates. *Proceedings of the Royal Society of London, Series B Biological Science, 263,* 173–177.

Bateman, A.J. (1948). Intra-sexual selection in Drosophila. *Heredity, 2,* 349–368.

Bergman, T.J., Beehner, J.C., Cheney, D.L. & Seyfarth, R.M. (2003). Hierarchical classification by rank and kinship in baboons. *Science, 302,* 1234–1236.

Bouchard, TJ. & McGue, M. (1981). Familial studies of intelligence: a review. *Science, 212,* 1055–1059.

Clayton, N.S. & Dickinson, A. (1998). Episodic-like memory during cache recovery by scrub jays. *Nature, 395,* 272–274.

Dasser, V. (1988). A social concept in Java monkeys. *Animal Behaviour, 36,* 225–230.

Eckardt, W. & Zuberbühler, K. (2004). Cooperation and competition in two forest monkeys. *Behavioral Ecology, 15,* 400–411.

Elgar, M.A. (1986). House sparrows establish foraging flocks by giving chirrup calls if the resources are divisible. *Animal Behaviour, 34,* 169–174.

Enard, W., Przeworski, M., Fisher, S.E., Lai, C.S.L., Wiebe, V., Kitano, T., Monaco, A. P. & Pääbo, S. (2002). Molecular evolution of FOXP2, a gene involved in speech and language. *Nature, 418,* 869–872.

Enard, W., Przeworski, M., Fisher, S.E., Lai, C.S.L., Wiebe, V., Kitano, T., Monaco, A.P. & Pääbo, S. (2002). Molecular evolution of FOXP2, a gene involved in speech and language. *Nature, 418,* 869–872.

Frisch, K. von (1927/1993). *Aus dem Leben der Bienen.* Berlin: Springer.

Frisch, K. von (1950). *Bees: Their vision, chemical sense, and language.* Oxford: Oxford University Press.

Garcia, J. & Koelling, R.A. (1966). Relation of cue to consequence in avoidance learning. *Psychonomic Science, 4,* 123–124.

Guilford, T. & Dawkins, M.S. (1991). Receiver psychology and the evolution of animal signals. *Animal Behaviour, 42,* 1–14.

Hare, B., Brown, M., Williamson, C. & Tomasello, M. (2002). The domestication of social cognition in dogs. *Science, 298,* 1634–1636.

Hare, B., Call, J., Agnetta, B. & Tomasello, M. (2000). Chimpanzees know what conspecifics do and do not see. *Animal Behaviour, 59,* 771–785.

Humboldt, W. von (1836). *Über die Verschiedenheit des menschlichen Sprachbaues.* Berlin.

Humphrey, N.K. (1976). The social function of intellect. In P.P.G. Bateson & R.A. Hinde (Eds.), *Growing points in ethology* (pp. 303–317). Cambridge: Cambridge University Press.

Kaminski, J., Call, J. & Fischer, J. (2004). Word learning in a domestic dog: Evidence for »fast mapping«. *Science, 304,* 1682–1683.

Kawamura, S. (1959). The process of sub-culture propagation among Japanese macaques. *Primates, 2,* 43–60.

Kummer, H. (1984). From laboratory to desert and back: a social system of hamadryas baboons. *Animal Behavior, 32,* 965–971.

Kummer, H., Gotz, W. & Angst, W. (1974). Triadic differentiation: an inhibitory process protecting pair bonds in baboons. *Behaviour, 49,* 62–87.

Lloyd, J.E. (1986). Firefly communication and deception: »Oh, what a tangled web«. In R.W. Mitchell & N.S. Thompson (Eds.), *Deception. Perspectives on human and nonhuman deceit.* Albany: State University of New York Press.

Manser, M. (1999). Response of foraging group members to sentinel calls in suricates, Suricata suricatta. *Proceedings of the Royal Society of London, Series B Biological Sciences, 266,* 1013–1019.

Maynard-Smith, J. (1964). Group selection and kin selection. *Nature, 201,* 1145–1147.

Pepperberg, I.M. (1999). *The Alex studies.* Cambridge, MA: Harvard University Press.

Ryan, M.J. (1985). *The Tungara frog: a study in sexual selection and communication.* Chicago: University of Chicago Press.

Sherry, D.F. & Galef, B.G. (1984). Cultural transmission without imitation: milk bottle opening by birds. *Animal Behaviour, 32,* 937–938.

Shultz, S., Noe, R., McGraw, W.S. & Dunbar, R.I.M. (2004). A community-level evaluation of the impact of prey behavioral and ecological characteristics on predator diet composition. *Proceedings of the Royal Society of London, Series B Biological Sciences, 271,* 725–732.

Skinner, B.F. (1957). *Verbal behavior.* Upper Saddle River, NJ: Prentice Hall.

Slocombe, K. & Zuberbühler, K. (2005). Agonistic screams in wild chimpanzees vary as a function of social role. *Journal of Comparative Psychology, 119,* 67–77.

Tomasello, M., Call, J. & Hare, B. (2003). Chimpanzees understand psychological states – the question is which ones and to what extent. *Trends in Cognitive Sciences, 7,* 153–156.

Tomasello, M. & Rakoczy, H. (2003). What makes human cognition unique? From individual to shared to collective intentionality. *Mind and Language, 18,* 121–147.

Trivers, R.L. (1971). The evolution of reciprocal altruism. *Quarterly Review of Biology,* 35–57.

Visalberghi, E. & Limongelli, L. (1994). Lack of comprehension of cause-effect relations in tool-using capuchin monkeys (Cebus apella). *Journal of Comparative Psychology, 108,* 15–22.

Waynforth, D. & Dunbar, R.I.M. (1995). Conditional mate choice strategies in humans: evidence from lonely hearts advertisements. *Behaviour, 132,* 735–779.

Wilkinson, G.S. (1984). Reciprocal food sharing in the vampire bat. *Nature, 308,* 181–184.

Wilson, E.O. (1975). *Sociobiology.* Cambridge, MA: Harvard University Press.

Wolters, S. & Zuberbühler, K. (2003). Mixed-species associations of Diana and Campbell›s monkeys: The costs and benefits of a forest phenomenon. *Behaviour, 140,* 371–385.

Zuberbühler, K. (2000a). Interspecies semantic communication in two forest primates. *Proceedings of the Royal Society of London, Series B Biological Sciences, 267,* 713–718.

Zuberbühler, K. (2000b). Causal knowledge of predators' behavior in wild Diana monkeys. *Animal Behavior, 59,* 209–220.

Zuberbühler, K. (2000c). Causal cognition in a non-human primate: field playback experiments with Diana monkeys. *Cognition, 76,* 195–207.

Zuberbühler, K. (2002). A syntactic rule in forest monkey communication. *Animal Behaviour, 63,* 293–299.

Zuberbühler, K. (2005). Alarm calls – Evolutionary and cognitive mechanisms. In M. Naguib (Ed.), *Encyclopedia of Linguistics and Languages.* Oxford: Elsevier.

Zuberbühler, K., Cheney, D.L. & Seyfarth, R.M. (1999). Conceptual semantics in a nonhuman primate. *Journal of Comparative Psychology, 113,* 33–42.

Zuberbühler, K., Gygax, L., Harley, N. & Kummer, H. (1996). Stimulus enhancement and spread of a spontaneous tool use in a colony of long-tailed macaques. *Primates, 37,* 1–12.

Zuberbühler, K. & Jenny, D. (2002). Leopard predation and primate evolution. *Journal of Human Evolution, 43,* 873–886.

27 Sozialpsychologie kognitiver Prozesse

D. Wentura, J. Degner

In den 1990er-Jahren gab es eine heftige Diskussion um das Buch »The Bell Curve« von Herrnstein und Murray (1994). Die Autoren provozierten mit der These, dass das schlechtere Abschneiden von Afroamerikanern in Intelligenztests mit genetischen Unterschieden zu erklären sei. Diese Hypothese hat großen Widerspruch hervorgerufen. Allerdings: Es ist ein typischer Befund, dass Stichproben afroamerikanischer und weißer Teilnehmer sich in den Testergebnissen unterscheiden.

Zumindest teilweise konnte diese Diskrepanz im Bereich der »Sozialpsychologie kognitiver Prozesse« – international »social cognition« genannt – als Resultat der Bedrohung durch Stereotypen (»stereotype threat«) erklärt werden. So konnten Steele und Aronson (1995) in einer beeindruckenden Reihe von Experimenten zeigen, dass Probanden afroamerikanischer Herkunft nur dann geringere Werte in einem Leistungstest erzielten, wenn ihnen dieser Test als aussagekräftig für geistige Leistungsfähigkeit dargestellt worden war. Dies war jedoch nur ein Zwischenresultat: Sie konnten weiterhin zeigen, dass der vermittelnde Mechanismus war, dass bei den Teilnehmern die in den USA gängige Überzeugung (das Stereotyp), dass Menschen afroamerikanischer Herkunft weniger klug seien, im Gedächtnis zugänglich gemacht wurde. Dazu wurde dem eigentlichen Test (der in diesem Folgeexperiment als *nicht* besonders aussagekräftig angekündigt wurde) ein Fragebogen zu persönlichen Angaben vorausgeschickt, der mit der Frage nach der ethnischen Zugehörigkeit endete. Eine derartige Manipulation bezeichnet man als (Situations-)Priming: Durch die Frage wird das Stereotyp im Gedächtnis aktiviert und damit zugänglich, sodass nun wieder Leistungseinbußen bei den afroamerikanischen Teilnehmern erwartet und tatsächlich auch gefunden wurden.

27.1 Was ist Social-Cognition-Forschung?

Die einleitend angeführten Studien eignen sich sehr gut, um zu verdeutlichen, was Social-Cognition-Forschung ist, womit sie sich beschäftigt und wie sie vorgeht. In erster Näherung lässt sich diese Forschung als Anwendung kognitionspsychologischer Theorien und Methoden auf sozialpsychologische Phänomene bezeichnen. Die Inhalte und Fragestellungen stammen also aus der Sozialpsychologie, die Art und Weise, wie Theorien gebildet werden und wie diese geprüft werden, sind der Kognitiven Psychologie entlehnt. So ist seit etwa der zweiten Hälfte der 70er Jahre des letzten Jahrhunderts ein fruchtbares Forschungsfeld entstanden, das recht gut durch seine typischen Themen und Vorgehensweisen, aber natürlich auch durch eine entsprechende »scientific community« identifizierbar ist.

Die Grenzen an der Schnittstelle der traditionelleren Gebiete (also: Sozialpsychologie und Kognitive Psychologie bzw. – in der deutschsprachigen Psychologie – Allgemeine Psychologie) sind allerdings unscharf. Die Forschung ist experimentalpsychologisch ausgerichtet und zunehmend an Verhaltensmaßen, wie sie in der kognitionspsychologischen Laborforschung genutzt werden (d. h. Reaktionszeiten und Fehlerraten), orientiert, ohne dabei dogmatisch die Selbstauskünfte von Probanden (z. B. in Fragebögen) auszuschließen. Aus der traditionellen Sozialpsychologie wurde aber die Liebe zur kreativ arrangierten Erhebungssituation übernommen, die die Probanden verführen soll, bestimmte Annahmen über die Situation zu machen, sodass untersucht werden kann, welche Auswirkungen genau dies für das Verhalten hat. Auch in anderer Hinsicht bietet das Einstiegsbeispiel die Möglichkeit, typische Themen und Methoden der Social-Cognition-Forschung einzuführen: Während seit jeher Stereotype über soziale Gruppen – d. h. generalisierende Überzeugungen über die Merkmale der Gruppenmitglieder – Thema der Sozialpsychologie sind, wurde nun die Frage aufgeworfen, wie diese in unserem Gedächtnis repräsentiert sind, unter welchen Umständen diese Repräsentationen abgerufen werden und welche nicht absichtsvollen automatischen Begleiterscheinungen dieser Abruf hat (im Beispielfall: die Leistungsminderung).

Im Folgenden sollen nun Kernannahmen, Theorien und Befunde der Social-Cognition-Forschung systematischer vorgestellt werden. Im Zentrum stehen dabei Annahmen darüber, wie wir und die anderen im Gedächtnis repräsentiert sind (Strukturannahmen) und welche Prozesse diese Strukturen »zum Leben erwecken« (Prozessannahmen). Diese Denkweise in »Datenstrukturen« und Prozessen teilt die Social-Cognition-Forschung mit der Kognitiven Psychologie und der Computerwissenschaft. Es bietet sich an, komplexe Systeme zunächst dadurch zu verstehen, dass man abstrakte strukturelle Einheiten und ihnen zugeordnete regelhafte Prozesse formuliert. Erst im zweiten Schritt fragt man, welche Entsprechung diese Strukturen und Prozesse auf der Ebene des Gehirns (oder eben: des Computers) haben. Dieser zweite Schritt ist für die Kognitive Psychologie seit einiger Zeit ein großes Thema; in jüngster Zeit ist es auch von der Social-Cognition-Forschung aufgenommen worden.

27.2 Die mentale Repräsentation von Personen und sozialen Kategorien

Ein Beispiel: In einer Diskussionsrunde zu einem aktuellen politischen Thema geben alle Teilnehmer ein knappes Eingangsstatement ab. Werden die Zuhörer nun gebeten, diese Statements (jetzt in schriftlicher Form) den einzelnen Teilnehmern zuzuordnen, werden ihnen dabei, je nachdem wie viel Zeit vergangen ist und wie verwechselbar die Aussagen

waren, recht viele Fehler unterlaufen. Das ist nicht überraschend. Interessant ist aber, *welche* Fehler das sind.

Dieses Beispiel beschreibt einen Untersuchungsansatz, der als sog. »Who-said-what?«-Paradigma in der Social-Cognition-Forschung bekannt geworden ist (Taylor, Fiske, Etcoff & Ruderman, 1978). Es werden dabei Aussagen einer fiktiven Gruppendiskussion jeweils zusammen mit dem Bild des entsprechenden Diskussionsteilnehmers präsentiert. Die Gruppe besteht dabei z. B. zur Hälfte aus Männern und zur Hälfte aus Frauen (ohne dass dies in irgendeiner Weise eine Rolle in der Diskussion spielt). In einem anschließenden unangekündigten Gedächtnistest ordnen die Versuchsteilnehmer die Aussagen den Bildern zu. Es zeigt sich nun bei den Fehlzuordnungen, dass die Wahrscheinlichkeit höher ist, eine Aussage, die z. B. von einer Frau gemacht wurde, einer anderen Frau zuzuordnen als einem Mann (und vice versa). Offenbar wurden die Personen unabsichtlich nach ihrem Geschlecht kategorisiert. Man könnte etwas pointiert sagen: Wir können gar nicht anders, als unsere Welt – die dingliche wie die soziale – kategorial wahrzunehmen. (Beim Lesen dieses Satzes sollte kein »leider« mitschwingen: Kategorisierung ist ein Basisprozess menschlichen Denkens und dementsprechend als menschliche Leistung seit jeher ein wichtiges Forschungsthema in der Kognitiven Psychologie.)

Soziale Kategorien sind nach der Auffassung der Social-Cognition-Forschung nicht von anderen natürlichen Kategorien zu unterscheiden. Erkenntnisse, die anhand der kognitionspsychologischen Untersuchung einfacherer Kategorien gewonnen wurden (▶ Kap. 15), sollten sich daher im Prinzip auch auf soziale Kategorien anwenden lassen (Kunda, 1999). Dies betrifft insbesondere die Frage, in welcher Form Kategorien im Gedächtnis repräsentiert sind (dazu Smith & Queller, 2001).

27.2.1 Prototyp- vs. Exemplarrepräsentation

Diskutiert wird, ob vom Einzelfall abstrahierende Kategorienrepräsentationen etwa in Form von **Prototypen** (d. h. der Repräsentation eines in der Regel fiktiven Exemplars, das durch die charakteristischen Merkmale der tatsächlichen Exemplare beschrieben wird) im Gedächtnis gespeichert sind oder ob erst im Fall eines Abrufreizes sozusagen online (d. h. im Moment, da sie benötigt wird) eine Abstraktion aus den in diesem Moment zugänglichen Einzelexemplaren der Kategorie gebildet wird. Was bedeutet diese Frage für soziale Zusammenhänge?

Wir können uns dies an einer Studie von Bless und Schwarz (1998) verdeutlichen, in der Teilnehmer um eine Beurteilung des »typischen CDU-Politikers« gebeten wurden. Wie gelangen Personen zu einer solchen Bewertung? Eine Möglichkeit wäre, dass im Gedächtnis eine starre, sich höchstens langfristig verändernde Repräsentation des prototypischen CDU-Politikers abgerufen wird, die sich im

Laufe der Zeit durch vielfältige (Medien-)Erfahrungen und andere Einflüsse gebildet hat. Die Beurteilung im Fragebogen würde dann etwa auf dem Abruf einer generellen Bewertung, die mit diesem »Prototyp« abgespeichert ist, oder auf dem Durchschnitt der Bewertungen der einzelnen Prototyp-Eigenschaften basieren. Wäre dies aber so, könnten wir uns das folgende Ergebnis schlecht erklären. Die Teilnehmer wurden durch eine vorherige Frage unaufdringlich entweder daran erinnert, dass der damalige Bundespräsident Weizsäcker (der damals wie heute über Parteigrenzen hinweg eine hohe Reputation genießt) CDU-Mitglied ist oder aber dass dieser sich wegen seines Amtes jeder Parteipolitik zu enthalten habe. Im ersten Fall (Hervorhebung eines positiven Exemplars der Kategorie) war die Beurteilung des »typischen CDU-Politikers« positiver als in einer Kontrollbedingung (ohne eine vorherige Erwähnung Weizsäckers), im zweiten Fall (explizite Herausnahme dieses Exemplars aus der Kategorie) aber niedriger. Eine theoretische Interpretation ist, dass eine soziale Kategorie eine Art »Durchschnittsbildung« der momentan zugänglichen Exemplare ist. Werden einzelne Exemplare vorher durch Priming zugänglich gemacht, gehen sie dementsprechend mit höherem Gewicht ein.

Zurück zu der Repräsentation von sozialen Kategorien. Die kognitionspsychologische Gedächtnispsychologie hat inzwischen Modelle vorgeschlagen, die die etwas seltsame Annahme vermeiden, dass tatsächlich viele einzelne Mitglieder der sozialen Kategorie getrennt voneinander abgespeichert sind und eine Abstraktion stets nur bei Bedarf entsteht. Ohne dass wir hier näher darauf eingehen können, wurden sog. parallel verteilte bzw. konnektionistische Gedächtnissysteme vorgeschlagen, die den strengen Gegensatz von Prototyp- und Exemplartheorie aufheben. Die Social-Cognition-Forschung hat in den letzten Jahren ebenfalls diese Entwicklung nachvollzogen (vgl. z. B. Smith & Queller, 2001).

27.2.2 Schemata

Ein anderer häufig benutzter Begriff zur Kennzeichnung von sozial relevanten Repräsentationen ist der des Schemas. Wird er benutzt, so werden in der Regel bestimmte Eigenarten des Kategorisierungsprozesses hervorgehoben. Kategorisieren heißt letztendlich, eine Stimulussituation einzuordnen unter Ergänzung, Hervorhebung und Vernachlässigung von Informationen.

Nehmen wir das Beispiel einer alten Frau, die allein auf einer Parkbank sitzt. Es mag sein, dass sich dem Beobachter dieser Situation das Schema des »einsamen Alterns« aufdrängt. Damit wurde die Situation eingeordnet (»alte, einsame Frau«); es wurden Merkmale ergänzt bzw. hervorgehoben, die nicht direkt gegeben waren (»einsam«) und andere vernachlässigt (z. B. die Art der Parkbank). Kennzeichen eines Schemas ist es, dass es Eigenschafts-»Leerstellen«

(»slots«) enthält, die entweder durch die gegebene Information oder aber durch Voreinstellungswerte (»defaults«) gefüllt werden. Wird die alte Frau wahrgenommen, so werden Merkmale ihres Äußeren (Haarfarbe, Frisur, Kleidung) Teil der internen Repräsentation. Das »innere Bild« einer alten Frau wird vermutlich auch dann bestimmte Merkmale tragen, wenn sie nicht selbst wahrgenommen wurde – eben Voreinstellungswerte, wie z. B. die in bestimmten Generationen beliebten Dauerwellfrisuren. Für einen Slot kann es einen ganzen Bereich möglicher Werte geben, die wiederum von anderen gegebenen Elementen abhängen: Man vergleiche z. B. die Frisur der alten Dame, »die auf der Parkbank sitzt und Brot an Tauben füttert« mit der Frisur der alten Dame, »die auf der Parkbank sitzt und ›Anna Karenina‹ liest«! Es gibt aber eindeutig nicht zu den Voreinstellungswerten zählende Merkmale. Hat die alte Dame ihr Haar in Pink gefärbt, würde man sicherlich von schemainkonsistenter Information sprechen.

Eine andere Eigenart eines Schemas ist seine theorieartige Struktur. Es enthält Abstraktionen, Generalisierungen und Verknüpfungen von Aussagen. So wird möglicherweise die Beobachtung der alten Dame auf der Parkbank nicht nur zur Unterstellung von Einsamkeit führen, sondern könnte gleichzeitig Schlüsse auf eine besonders hoffnungslose Art von Einsamkeit enthalten (»Der Einsamkeit im Alter ist nur schwer zu begegnen, da sich nicht mehr viele Gelegenheiten zum Kennenlernen neuer Bekannter auftun …«).

Innerhalb der Social-Cognition-Forschung ist der Begriff des Schemas nicht nur im Bereich sozialer Stereotype, sondern vor allem auch bei der theoretischen Beschreibung des Selbstkonzeptes genutzt worden. Als eine der wegweisenden Arbeiten der aktuellen Selbstkonzeptforschung wird häufig die Arbeit von Markus (1977) genannt, mit der sie den Begriff des Selbstschemas etablierte. Selbstschemata sind »kognitive Generalisierungen über das Selbst …, die die Verarbeitung selbstbezogener Informationen in den individuellen sozialen Erfahrungen ordnen und leiten« (Markus, 1977, p. 64; Übersetzung DW). Wir neigen dazu, unser eigenes Verhalten und die Reaktionen anderer auf uns im Sinne dieser Selbstschemata zu interpretieren. So kann man unter den Zuschauern der derzeit beliebten Quizsendungen im Fernsehen sehr schnell vorhersagen, wer von diesen ein Selbstschema einer »Person mit großer Allgemeinbildung« hat: Es sind diejenigen mit hoher emotionaler Beteiligung, die sich dann, wenn sie selbst die Antwort wissen, spöttelnd über das Zögern der Kandidaten auslassen, sich aber dann, wenn sie mal danebenliegen, lange darüber auslassen, warum ihre falsche Antwort letztendlich doch auf einem klugen Gedankengang beruhte. Für diese Personen ist also die Situation in hohem Maße selbstrelevant, da eine zentrale Eigenschaft »auf dem Spiel steht«. Wir werden in ▶ Abschn. 27.3.2 zu automatischen Prozessen noch einmal auf Selbstschemata in ihrer wahrnehmungsleitenden Funktion zurückkommen.

27.2.3 Einstellung

Ein weiterer wichtiger sozialpsychologischer Begriff, der sozial-kognitiv neu interpretiert wurde, ist der der Einstellung. Traditionell werden Einstellungen als Bewertung eines Einstellungsobjektes (z. B. eines bestimmten Politikers) in affektiven (»Ich mag X«), kognitiven (»X ist ein verantwortungsvoller Politiker«) und verhaltensrelevanten (»Ich würde X wählen, wenn er direkt zur Wahl stünde«) Aspekten gesehen (z. B. Eagly & Chaiken, 1993). Dementsprechend werden sie in der Regel mit Fragebogenverfahren erfasst.

Es ist ein »Dauerbrenner«-Thema der Sozialpsychologie, dass tatsächliches Verhalten sich allerdings nur schlecht aus solcherart erfassten Einstellungen vorhersagen lässt. Daher wurde innerhalb der Social-Cognition-Forschung vorgeschlagen, zwischen »schwachen« und »starken« Einstellungen zu unterscheiden (Fazio, 1986). »Starke« Einstellungen sind danach durch eine direkte und starke Assoziation zwischen dem Einstellungsobjekt und einer positiven oder negativen Bewertung gekennzeichnet. Nach dieser Auffassung wird die Bewertung automatisch aktiviert, wenn Hinweise auf das Einstellungsobjekt präsentiert werden, mit entsprechenden Folgen für das Verhalten (► Abschn. 27.4). Vorurteile gegenüber einer sozialen Gruppe sind in diesem Sinne negative Bewertungsassoziationen mit der Gedächtnisrepräsentation der sozialen Gruppe.

Verschiedentlich wurde in den letzten Jahren für eine derartige Fassung des Einstellungsbegriffs die Bezeichnung **implizite Einstellung** gewählt (z. B. Greenwald & Banaji, 1995), um mehrerlei deutlich zu machen: Es gehört nicht zum Begriff der impliziten Einstellung, dass sie der Person bewusst sein müssen; daher ist ihre Erfassung per definitionem an sog. indirekte Verfahren (► Abschn. 27.4) gekoppelt. Es ist somit denkbar, dass es Dissoziationen zwischen impliziten und explizit geäußerten Einstellungen gibt, selbst dann, wenn explizite Einstellungen valide (d. h. weitgehend frei von Selbstpräsentations- und sozialen Erwünschtheitstendenzen) erfasst werden (z. B. Brauer, Wasel & Niedenthal, 2000; Devine, 1989).

27.3 Prozesse

Welche Prozesse greifen nun auf diese Repräsentationen zu, bestimmen somit Denken, Urteile und damit letztlich auch das Verhalten? Welche Prozesse verändern diese Strukturen? Auch hier gilt wieder, dass die entsprechenden Annahmen der Kognitiven Psychologie z. B. zur Einspeicherung und zum Abruf von Informationen übernommen werden (► Kap. 10). Die Social-Cognition-Forschung hat aber bestimmte Basisprozesse besonders hervorgehoben und diese an verschiedenen Stellen fruchtbar in Theorien integriert, um so zu genuin neuen und teilweise verblüffenden Einsichten zu gelangen.

27.3.1 Verfügbarkeit, Zugänglichkeit, Anwendbarkeit

Die Gedächtnispsychologen Tulving und Pearlstone (1966) machten die viel beachtete Unterscheidung zwischen **Verfügbarkeit** (»availability«) und **Zugänglichkeit** (»accessibility«): Es können mentale Repräsentationen von Begriffen und Kategorien im Gedächtnis angelegt sein (Verfügbarkeit), aber momentan nur schlecht oder gar nicht zugänglich sein. Ein Alltagsbeispiel ist das »auf der Zunge liegen« eines Wortes. In diesem Fall ist die gesuchte Information vorhanden (d. h. verfügbar), wir kommen aber im Moment nicht darauf (d. h. sie ist nicht zugänglich). Generell gilt, dass Informationen, die wir häufig nutzen oder die wir gerade vor kurzem genutzt haben, besonders zugänglich sind.

Was bedeutet diese Unterscheidung? Wenn wir unterstellen, dass besonders zugängliche Information bevorzugt in unser Denken, Urteilen und damit auch in unser Verhalten einfließt, so kann man vermuten, dass situative Einflüsse in einem deutlicheren und vorhersagbaren Maß Einfluss nehmen, als wir das naiverweise vermuten würden.

In einer berühmten Studie (Higgins, Rholes & Jones, 1977) wurden Probanden gebeten, an zwei scheinbar unabhängigen Experimenten teilzunehmen. Zunächst bearbeiteten sie Wortlisten in einem typischen Lernexperiment. Im zweiten Experiment wurde ihnen dann eine Beschreibung einer Person namens Donald vorgelegt. Donald wurde durch verschiedene Verhaltensweisen charakterisiert, die positiv (z. B. »mutig«) oder aber negativ (z. B. »leichtsinnig«) gedeutet werden konnten. Die Wortlisten im ersten Teil waren genau so gewählt, dass sie entweder zu den positiven oder aber zu den negativen Deutungen passten. Tatsächlich waren die Einschätzungen, die Versuchsteilnehmer über Donald abgaben, im ersten Fall positiver als im zweiten.

Bemerkenswert ist aber auch Folgendes: Andere Personen erhielten im ersten Teil positive bzw. negative Wörter, die nicht für die Interpretation nutzbar waren. Bei diesen Probanden zeigte sich kein Unterschied in der Einschätzung. Das heißt, zugängliche Information wird nur dann integriert, wenn sie anwendbar (»applicable«) ist (Higgins, 1996).

In einer Folgestudie (Lombardi, Higgins & Bargh, 1987) konnte gezeigt werden, dass es zudem darauf ankam, ob die Teilnehmer sich des Zusammenhangs zwischen den scheinbar unabhängigen Experimenten bewusst waren: Diejenigen, die registrierten, dass die Wörter des ersten Experimentes zu der Beschreibung von Donald passten, versuchten, diesen Einfluss bei der Beurteilung herauszuhalten. Wenn uns also die Ursache einer erhöhten Zugänglichkeit bewusst ist, wird die Information nur dann in die laufende Informationsverarbeitung integriert, wenn uns dies angemessen erscheint.

27.3.2 Automatische Prozesse

Ein ganz wesentliches Augenmerk wird in der Social-Cognition-Forschung auf Automatismen in der Informationsverarbeitung gelegt. Gerade die Betrachtung automatischer – d. h. hier in erster Annäherung: unreflektierter, nicht absichtsvoller, häufig nicht bewusster, in der Regel als Reaktion auf bestimmte Reize unbeeinflussbar ablaufender –

Prozesse liefert im Vergleich zum absichtsvollen Handeln überraschende Ergebnisse.

Eine frühe Studie von Bargh (1982) macht z. B. Automatismen in der Verarbeitung selbstrelevanter Informationen deutlich, indem die aufmerksamkeitsleitende Funktion von Selbstschemata aufgezeigt wird (▶ Kasten »Automatismen in der Verarbeitung selbstrelevanter Informationen«).

Automatismen in der Verarbeitung selbstrelevanter Informationen

Bargh identifizierte zunächst anhand von Fragebogenitems Probanden, bei denen laut Selbstauskunft die persönliche Unabhängigkeit sehr ausgeprägt war und denen dies zudem sehr wichtig war. Von diesen Personen wurde angenommen, dass sie ein Selbstschema (s. oben) der Unabhängigkeit besitzen. Den Probanden wurde dann eine typische Aufgabe der frühen Aufmerksamkeitsforschung gegeben, die darin bestand, Wörter, die via Kopfhörer auf ein Ohr eingespielt wurden, laut nachzusprechen und gleichzeitig Wörter auf dem anderen Ohr zu ignorieren (dazu auch ▶ Kap. 9). Auf diesem anderen Kanal wurden Adjektive eingespielt, von denen manche zu einem Unab

hängigkeitsselbstkonzept passten (z. B. unabhängig, nonkonform). Die Hypothese war nun, dass die Aufmerksamkeit der Probanden automatisch auf diese Wörter gelenkt wird. Um dies festzustellen, wurde den Teilnehmern noch eine zweite Aufgabe gegeben: Ab und zu leuchtete eine Lampe auf; dieses Ereignis war so schnell wie möglich durch einen Tastendruck zu quittieren. Bargh argumentierte, dass Probanden dann langsamer reagieren, wenn ihre Aufmerksamkeit automatisch auf die eigentlich zu ignorierende selbstrelevante Information gerichtet wird. In der Tat waren die Reaktionszeiten für diese Probanden höher, wenn die Lampe genau parallel zu einem selbstrelevanten Adjektiv aufleuchtete, als wenn gerade ein Kontrollwort zu ignorieren war. Dieses Muster trat bei Kontrollpersonen nicht auf.

Am Beispiel der Studie von Bargh (1982) wird deutlich, dass es ein Erkennungsmerkmal automatischer Prozesse ist, dass sie keiner geistigen Anstrengung bedürfen; sie benötigen keine Aufmerksamkeitskapazität. Dieses Merkmal wird gern genutzt, um Automatismen und kontrollierte Prozesse gegeneinander zu stellen. In verschiedenen inhaltlichen Feldern wird aufgezeigt, dass unter der Bedingung geringer Aufmerksamkeitskapazität (z. B. dadurch realisiert, dass eine Zusatzaufgabe bearbeitet werden muss), eine andere »Route« der Informationsverarbeitung angesprochen wird als diejenige, die man einer rational denkenden Person unterstellen würde. So wurde etwa in der Überredungs-/Überzeugungsforschung gezeigt, dass unter der Bedingung geringer mentaler Kapazität die Meinungsbildung oder -änderung eher von »peripheren« Merkmalen der Situation (wie z. B. der Attraktivität des Sprechers) beeinflusst wird anstatt von zentralen Merkmalen wie der Stärke der Argumente (vgl. Eagly & Chaiken, 1993).

27.3.3 Positives Testen

Darley und Gross (1983) zeigten Versuchsteilnehmern ein Video über ein Mädchen, die 9-jährige Hannah; danach sollen die Teilnehmer eine Einschätzung der schulischen Leistung von Hannah abgeben. Tatsächlich existierten zwei verschiedene Videos: Der Hälfte der Teilnehmer wurde Hannah als ein Kind aus dem Arbeitermilieu gezeigt; der Rest der Teilnehmer sah Hannah als Mitglied des Bildungs

bürgertums. Nichts in den beiden Videos ist im Sinne der persönlichen Leistungsfähigkeit von Hannah deutbar. Zeigten sich trotzdem Unterschiede in den Einschätzungen? Nein, derart simpel funktionieren wir nicht!

Die Studie war aber komplexer. Nur die Hälfte der Teilnehmer aus beiden Videogruppen wurde direkt befragt; die andere Hälfte sah ein zweites Video, das nun für alle verbliebenen Teilnehmer identisch war. In diesem Video bearbeitete Hannah einen Schulleistungstest. Es war so gestaltet, dass Hannah bei einigen Aufgaben besonders pfiffig, bei anderen etwas begriffsstutzig erschien. Bat man nun die Teilnehmer um eine Einschätzung der schulischen Leistungen von Hannah, so wurde die Hannah aus dem Bildungsbürgertum signifikant besser beurteilt als die Arbeitermilieu-Hannah. Wie lässt sich dieses Ergebnis erklären? Aufgrund des ersten Videos wird, da durch die Kennzeichnung des Milieus jeweils ein schulleistungsrelevantes Stereotyp bzw. Schema (▶ oben) aktiviert wird, eine Hypothese über die Leistung von Hannah gebildet, und zwar eine positivere bei der Hannah aus dem Bildungsbürgertum. Wird nun direkt danach eine Einschätzung erbeten, bleibt die Hypothese reine Vermutung und die Teilnehmer verhalten sich entsprechend, in dem sie – unbeeinflusst durch das Video – eine mittlere Einschätzung abgeben. Sehen sie dagegen ein weiteres Video, das zum Testen der Hypothese Material liefert, so neigen sie dazu, die hypothesen-konformen Informationen bevorzugt zu verarbeiten.

Generell neigen Personen dazu, Hypothesen nicht im Sinne einer Falsifikationsstrategie (»Was könnte dagegen sprechen, dass meine Hypothese richtig ist?«) zu überprüfen, sondern sie mit der Strategie des »positiven Testens« zu bestätigen (z. B. Klayman & Ha, 1987). Hypothesenkonforme Information wird somit in mehrdeutigen Situationen bevorzugt zugänglich. Obschon es gute Argumente gibt, das »positive Testen« nicht einfach als Fehler unserer Informationsverarbeitung anzusehen (Klayman & Ha, 1987), so

ist doch durch das Beispiel offenkundig, welche Auswirkungen diese Eigenart im Bereich sozialer Informationsverarbeitung hat.

Abschließend wollen wir das Zusammenspiel verschiedener hier erläuterter Prozesse in folgendem ▶ Kasten am Beispiel des sog. Ankereffektes erläutern, das sich zu diesem Zweck besonders anbietet.

Der Ankereffekt

Stellen Sie sich vor, dass Sie einen Autounfall hatten. Sie selbst haben keinen Schaden erlitten, aber der Wagen ist hin. Ein befreundeter Experte hat Ihnen schon gesagt, dass Sie mit etwa 6000 € Erstattung rechnen können. Ist es klug, den unabhängigen Gutachter zu fragen, nachdem er sich den Wagen angesehen hat, aber bevor er einen Wert nennt: »War der Wert des Wagens höher oder niedriger als 8.000 €?« Vermutlich ja! Diese Vermutung stützt sich auf Studien zum sog. Ankereffekt.

Tversky und Kahneman (1974) haben Personen zunächst danach gefragt, ob *mehr oder weniger* als 10 (für die eine Hälfte der Stichprobe) bzw. 65 (für die andere) afrikanische Staaten in der UN sind. Danach sollten die Personen eine Schätzung darüber angeben, wie viele afrikanische Staaten in der UN sind. Diejenigen Personen, bei denen in der »Mehr-oder-weniger«-Frage die Zahl 65 genannt wurden, gaben hierbei im Durchschnitt einen höheren Wert an als diejenigen, bei denen der »Anker« 10 war. Dieses Phänomen wird als Ankereffekt bezeichnet. Besonders bemerkenswert dabei war, dass der Anker vor den Augen der Personen mit einem »Glücksrad« ausgelost wurde. Das heißt, die Teilnehmer an dieser Studie hatten keinen Anlass zu der durchaus vernünftigen, aber das

Ergebnis der Studie trivial erscheinen lassenden Überlegung, dass der Ankerwert nicht willkürlich gewählt sei und somit die wahre Anzahl irgendwo in der Nähe liege. So aber bleibt der Eindruck eines überraschenden Phänomens: Die nahe liegende Annahme ist doch, dass die Frage nach der Anzahl der afrikanischen Staaten nur aufgrund des persönlichen Wissens – so bruchstückhaft es auch sein mag – beantwortet wird.

Strack und Mussweiler (1997) haben dazu folgenden plausiblen Theorievorschlag gemacht: Zur Beantwortung der »Mehr-oder-weniger«-Frage rufen Personen insbesondere die Überzeugungen über das fragliche Objekt aus ihrem Gedächtnis ab, die mit einer Antwort in Höhe des Ankers am besten vereinbar sind (positives Testen). Man mag sich das so vorstellen, dass bei einem hohen Anker z. B. bevorzugt die Information abgerufen wird, dass im Westen Afrikas sehr viele kleine Staaten liegen, bei einem niedrigen Anker aber, dass in den meisten Regionen Afrikas die Staaten recht groß (und damit nicht sehr zahlreich) sind. Wird nun die Frage nach dem exakten Wert gestellt, sind diese Informationen besonders gut zugänglich. Da die Probanden sich nicht über diese Prozesse bewusst sind, werden ihre Antworten in Richtung des Ankers verzerrt sein.

27.4 Methoden

Man kann aus Annahmen über Strukturen und Prozesse erfolgreich Vorhersagen über einfache Verhaltensindikatoren – Reaktionszeiten, Fehler, Erinnerungsleistungen etc. – ableiten, was auch den hohen Stellenwert computerunterstützter Experimentalanordnungen in der Kognitiven Psychologie begründet. Eine herausgehobene Rolle spielen dabei **Reaktionszeitstudien**, mit denen die momentan oder chronisch erhöhte Zugänglichkeit von im Gedächtnis repräsentierten Inhalten untersucht wird (▶ oben). Insbesondere verknüpft sich mit diesen Studien die Untersuchung von Automatismen des kognitiven Systems. Über derartige Prozesse etwas durch Selbstauskünfte der Personen zu erfahren, ist schwer möglich. Auch in der Social-Cognition-Forschung wird diese Art des Zugangs zunehmend genutzt, obwohl hier Fragebogenverfahren noch eine größere Rolle spielen als in der Kognitiven Psychologie.

Die Logik dieser indirekten, oft auch »implizit« genannten Verfahren soll am Beispiel des **affektiven Priming** (Fazio, Sanbonmatsu, Powell & Kardes, 1986) verdeutlicht werden. Hierbei haben Versuchsteilnehmer die Aufgabe, positive und negative Zielwörter möglichst schnell per Tastendruck als positiv oder negativ zu klassifizieren. Kurz zuvor (z. B. 300 ms) wird ein sog. Prime eingeblendet. Ist dieser Prime ebenfalls deutlich positiv oder negativ, so wird er – obwohl er irrelevant ist für die Aufgabenbearbeitung – die Reaktion des Teilnehmers beeinflussen: Die Reaktionen sind schneller, wenn Prime und Zielwort in ihrer Bewertung übereinstimmen, als wenn dies nicht der Fall ist. Dieser Effekt zeigt zweierlei: Erstens aktivieren die Primes – zumindest im Kontext dieser Aufgabenstellung – automatisch ihre Bewertung, ganz im Sinne der Theorie von Fazio (1986) zu »starken« Einstellungen (▶ oben). Zweitens scheint die Prime-Bewertung automatisch eine entsprechende Reaktionstendenz anzuregen, die dann eine hierzu passende Zielwort-Reaktion befördert, eine unpassende behindert. Dieser Effekt zeigt sich im Übrigen sogar, wenn der Prime so kurz dargeboten wird, dass er nicht bewusst wahrnehmbar ist.

Man kann nun daran denken, als Primes einstellungsrelevante Begriffe oder Bilder zu zeigen, um festzustellen, ob sich hierbei automatische Bewertungstendenzen zeigen. So haben Fazio, Jackson, Dunton und Williams (1995) Bilder von Personen kaukasischer oder afroamerikanischer Herkunft als Primes genutzt (im Folgenden als K-und A-Bilder bezeichnet). Es zeigten sich mehrere bemerkenswerte Ergebnisse. Zum einen deuteten die Reaktionszeiten auf die positiven und negativen Zielwörter daraufhin, dass für den durchschnittlichen weißen Teilnehmer die A-Bilder (relativ zu den K-Bildern) negativ besetzt waren; d. h., die Teilnehmer reagierten im Mittel schneller bei Kombinationen A-Bild/negatives Zielwort und K-Bild/positives Zielwort im Vergleich zu den verbleibenden Kombinationen. Zum anderen war diese Reaktionszeitdifferenz aber bei den (weißen) Teilnehmern nicht gleich hoch ausgeprägt. Bemerkenswerterweise konnten Fazio und Kollegen zeigen, dass diese Variable tatsächliches Verhalten gegenüber einer Person afroamerikanischer Herkunft vorhersagen konnte: Nach dem Experiment wurden die Teilnehmer durch einen afroamerikanischen Versuchsleiter über die vermeintlichen Ziele des Experimentes aufgeklärt. Die Freundlichkeit und das Interesse, mit der die Teilnehmer in dieser Interaktion reagierten, konnten in gewissem Maße durch das Reaktionszeitmaß vorhergesagt werden. Dies ist umso interessanter, da ein Fragebogenmaß zur Erfassung von Vorurteilen in dieser Hinsicht versagte.

Vorteil derartiger Verfahren ist, dass der Prozess der Messung für die Versuchsperson wenig transparent ist und somit kaum Gelegenheit für bewusste Einflussnahme (motiviert durch soziale Erwünschtheitstendenzen, Selbstdarstellung etc.) auf das Messresultat besteht. Auch können so Bewertungen erfasst werden, auf die die Versuchspersonen evtl. wenig bewussten Zugriff haben. Des Weiteren können diese Methoden den automatischen Einfluss von im Gedächtnis gespeicherten Einstellungen und Kognitionen auf Verhalten vorhersagen (zum Überblick vgl. Fazio & Olson, 2003) und werden darum als Alternativen bzw. Erweiterungen zu herkömmlichen Messverfahren vor allem zur Erfassung von Stereotypen, Vorurteilen, Selbstkonzept oder Selbstwert genutzt. Auch in der Persönlichkeitspsychologie, der klinischen und Gesundheitspsychologie und der Marketingforschung werden diese zunehmend eingesetzt. Im ▶ Kasten »Implicit Association Test« wird das zurzeit populärste Verfahren vorgestellt.

Der »Implicit Association Test« (IAT)

Der größten Popularität als indirektes oder »implizites« Verfahren erfreut sich in den letzten Jahren vor allem der sog. »Implizite Assoziationstest« (IAT; Greenwald, McGee & Schwartz, 1998). Während eines typischen IAT, z. B. zu Vorurteilen gegenüber türkischen Männern (vgl. Neumann & Seibt, 2001), werden positive und negative Wörter gemischt mit deutschen und türkischen Vornamen am Bildschirm präsentiert. Die Versuchspersonen reagieren auf jede Darbietung durch das Drücken einer von zwei Antworttasten. Zum Beispiel müssen sie zunächst immer die linke Taste drücken, wenn ein positives Wort *oder* ein deutscher Vorname, die rechte Taste, wenn ein negatives Wort *oder* ein türkischer Vorname präsentiert wird. In einem zweiten Block wird eine der Zuordnungen geändert, sodass nun auf positive *oder* türkische bzw. negative *oder* deutsche Stimuli mit derselben Taste zu reagieren ist. Typischerweise reagieren (deutsche) Versuchspersonen bei der zweiten Zuordnung langsamer als bei der ersten, was als Indikator (relativer) Vorurteile gegenüber Türken im Vergleich zu Deutschen interpretiert wird.

Inzwischen gibt es eine fast unübersehbare Anzahl von Studien in allen möglichen Inhaltsbereichen, die entweder »augenscheinvalide« mittlere Differenzen (wie im Beispiel) oder ebensolche interindividuelle Unterschiede zeigen (die Differenz pro Versuchsteilnehmer korrelierte mit einem Vorurteilsfragebogen). Tatsächlich weist dieses Verfahren auch vergleichsweise zufriedenstellende Reliabilitätskennwerte auf. Allerdings: Eine ebenso einfache Herleitung des Effektes aus bekannten Theorien wie etwa beim affektiven Priming (▶ oben) ist nur schwer möglich. Man kann durchaus Erklärungen von IAT-Effekten finden, die keinen Bezug zu Assoziationen nehmen und daher die übliche Interpretation im Sinne von z. B. Vorurteilen in Frage stellen (z. B. Rothermund & Wentura, 2004). Zu kritisieren ist also, dass ein hoch interessanter Untersuchungsansatz nicht theorieneutral benannt wurde: Dies war zwar unter »Marketing«-Gesichtspunkten hoch wirksam; es bleibt aber wissenschaftlich fragwürdig.

27.5 Ein exemplarisches Thema: Entstehung, Aufrechterhaltung und Anwendung von Stereotypen

Die Sozialpsychologie kognitiver Prozesse ist (auch) charakterisiert durch bestimmte Forschungsthemen. In diesem Kapitel wurden schon mehrere angesprochen: Die Studie von Bless und Schwarz zum prototypischen CDU-Politiker ist ein Beispiel für ein sehr wichtiges Anwendungsfeld sozial-kognitiver Forschung: In unserer Gesellschaft nehmen Meinungsumfragen einen immer größeren Stellenwert ein. Aus der kognitiven Perspektive ist die simple Beantwortung einer einfachen Frage aber ein durchaus komplexer Prozess von Verstehen, Abrufen, Vergleichen etc. Zerlegt man also diesen Prozess in seine Komponenten, können viel genauer Einflüsse und Verzerrungen aufgezeigt werden (vgl. dazu Schwarz & Strack, 1991). Ebenso ist der Ankereffekt (▶ Kasten) ein Beispiel für das große Gebiet der Urteilsheuristiken, das recht häufig unter dem Thema »Soziale Kognition« aufgeführt wird. Allerdings sind Urteilsheuristiken auch Gegenstand der Denkpsychologie (▶ Kap. 15), weshalb wir hier auf eine nähere Erörterung dieses Themas verzichtet haben. Ein drittes großes Thema, das wir kurz gestreift haben, ist die Verarbeitung selbstrelevanter Informationen, d. h. das Thema Selbstkonzept.

Wir möchten im Folgenden ein Thema herausgreifen, das uns besonders prototypisch erscheint: die Stereotypenforschung. Welchen Beitrag leisten Theorien und Untersuchungsansätze der Social-Cognition-Forschung zum besseren Verständnis der Entstehung, Veränderung und Wirkung von Stereotypen im alltäglichen Denken und Handeln?

Die kognitionspsychologische Sozialpsychologie betrachtet Stereotype als mentale Repräsentationen, die Wissen, Überzeugungen, Erwartungen, Einstellungen und Gefühle bezüglich sozialer Kategorien beinhalten (vgl. z. B. Hamilton & Sherman, 1994; Kunda, 1999). Sie können in vielfältiger Weise objektive Gegebenheiten widerspiegeln, jedoch ebenso verzerrende Annahmen enthalten. In der aktuellen Stereotypenforschung werden kognitive Prozesse betont, die zur Bildung von Stereotypen, zu ihrer Nutzung und zu ihrer Veränderung führen (z. B. Bodenhausen & Macrae, 1998). Dabei wird auf die Überlegungen zur Repräsentation sozialer Kategorien (s. oben) Bezug genommen. Pointiert kann man sagen, dass ein Stereotyp aus der Sicht der Social-Cognition-Forschung die Repräsentation der jeweiligen sozialen Kategorie ist. Alle Überlegungen etwa zu Prototyp- und Exemplarrepräsentationen oder zum Schemabegriff sind hier relevant. Allerdings muss man feststellen, dass sehr viele Untersuchungen zum Einfluss von sozialen Kategorien auf unser Denken und Verhalten mit der einfachen Annahme arbeiten, dass Stereotype (zumindest auch) aus Assoziationen von sozialer Gruppe und typischen Eigenschaften bestehen (vgl. z. B. Bargh, Chen & Burrows, 1996; Devine, 1989).

27.5.1 Entstehung von Stereotypen

Die Stereotypenbildung basiert auf der Fähigkeit zur Kategorisierung. Wir nutzen dies in unserem sozialen Miteinander sehr bewusst und positiv aus. Um nur ein sehr triviales und unproblematisches Beispiel zu nennen: Wir sind immer sehr dankbar, dass die Mitarbeiter des örtlichen Baumarktes anhand ihrer Kleidung einfach zu kategorisieren sind, da wir so sofort wissen, wem wir die Frage nach dem Ort der Holzdübel, Bohrer etc. stellen können. In diesem Beispiel geht es um eine Kategorie, die künstlich **salient** (d. h. im gegeben Kontext herausgehoben) gemacht wurde. Basierend auf natürlich salienten Merkmalen, wahrgenommenen Ähnlichkeiten und Unterschieden, werden Personen generell in sozial bedeutsame Kategorien gruppiert (z. B. nach Alter, Geschlecht, ethnischer Zugehörigkeit, Berufsgruppe etc.). Stereotype werden ausgebildet, indem Wissen über diese Gruppen gesammelt und gespeichert wird und Überzeugungen darüber, welche Eigenschaften, Merkmale, Verhaltensweisen, soziale Rollen etc. die Gruppe charakterisieren, entstehen. Die Bildung und Nutzung von Stereotypen ist nicht irrational, sondern dient der Vereinfachung der Wahrnehmung und des Handelns in einer ansonsten überkomplexen sozialen Welt. Der Prozess des Wissenserwerbs bezüglich sozialer Gruppen ist allerdings insofern problematisch, als er Verzerrungstendenzen unterliegen kann, von denen zwei breit erforschte hier vorgestellt werden sollen: die Korrespondenzverzerrung und die Bildung illusorischer Korrelationen.

Korrespondenzverzerrung

In zahlreichen Studien wurde dokumentiert, dass Menschen häufigen Fehlschlüssen unterliegen, wenn sie aus dem beobachteten Verhalten von Personen auf innere Dispositionen bzw. Persönlichkeitseigenschaften schließen und situative Faktoren dabei weitgehend außer Acht lassen (»Correspondence bias«; Gilbert & Malone, 1995). Diese spontanen Eigenschaftszuschreibungen spielen vor allem dann eine wichtige Rolle bei der Entstehung von Stereotypen, wenn die Person weniger als Individuum und mehr als Repräsentant einer sozialen Gruppe wahrgenommen wird. Hilft uns also der Baumarktmitarbeiter aus dem obigen Beispiel nicht dabei, die gesuchten Holzdübel zu finden, so nehmen wir ihn als unfreundliche oder gar inkompetente Person wahr, ohne mögliche situative Erklärungen für sein Verhalten zu beachten. Mit gewisser Wahrscheinlichkeit werden wir dieses Urteil auf die gesamte Gruppe der Mitarbeiter übertragen und Baumarkt X zukünftig meiden, weil die dortigen Mitarbeiter als unfreundlich und inkompetent erlebt wurden.

Illusorische Korrelation

Eine weitere wichtige Verzerrungstendenz ist die sog. illusorische Korrelation, die Wahrnehmung eines fälschlichen Zusammenhangs zwischen sozialer Gruppenzugehörigkeit und häufigen Verhaltensweisen bzw. Eigenschaften (Hamilton & Gifford, 1976). In Studien hierzu lesen Probanden kurze Aussagen zu Mitgliedern zweier Gruppen A und B, die jeweils erwünschtes oder unerwünschtes Verhalten beschreiben (z. B. »Michael, ein Mitglied der Gruppe A, besuchte den kranken Nachbarn im Krankenhaus.«). Dabei enthält die Gruppe A doppelt so viele Mitglieder wie die Gruppe B, auch werden erwünschte Verhaltensweisen insgesamt doppelt so häufig genannt wie unerwünschte. Das Verhältnis von erwünschten zu unerwünschten Verhaltensweisen ist jedoch für beide Gruppen gleich. Man kann also aus dem Wissen über die Gruppenmitgliedschaft keine Vermutungen darüber ableiten, wie wahrscheinlich unerwünschtes Verhalten bei Mitgliedern einer Gruppe ist. Folglich sollten die Gruppen bei späteren Einschätzungen auch gleich beurteilt werden. Tatsächlich findet man jedoch, dass der Gruppe B ein zu hoher Anteil negativer Verhaltensweisen zugeschrieben wird, was zwangsläufig dazu führt, dass eine Beurteilung für die Gruppe B negativer ausfällt als für die Gruppe A. In technischen Begriffen: Die Teilnehmer nehmen eine Korrelation zwischen Gruppenmitgliedschaft und Erwünschtheit des Verhaltens war, die faktisch nicht gegeben ist.

Eine Erklärung dafür ist, dass Personen ihre Aufmerksamkeit stärker auf distinkte, seltene Informationen lenken. Da Mitglieder der Gruppe B seltener auftreten, negative Verhaltensweisen seltener genannt werden und die beiden Merkmale unkorreliert sind, tritt besonders selten der Fall ein, dass Mitglieder der kleineren Gruppe negative Verhaltensweisen ausüben. Damit wird diese Information besonders auffällig, sie wird besser verarbeitet, ist zu einem späteren Zeitpunkt leichter abrufbar und bekommt einen überproportional großen Einfluss auf die Urteilsbildung.

Eine andere Erklärung ist noch sparsamer in ihren Annahmen (und damit »eleganter«): Fiedler (1991) argumentiert mit verschiedenen Prinzipien der Statistik bzw. Wahrscheinlichkeitstheorie. Ein Beispiel: Dadurch dass für Gruppe A eine größere Stichprobe präsentiert wurde, kann beim Gedächtnisabruf das asymmetrische Verhältnis von positiven zu negativen Verhaltensweisen zuverlässiger geschätzt werden als bei B.

27.5.2 Aufrechterhaltung von Stereotypen

Ein großer Teil unserer sozialen Informationsverarbeitung wird von automatischen Prozessen gesteuert (Bargh, 1994) und so werden in aktuellen Theorien auch automatische und kontrollierte Komponenten der Stereotypenaktivierung und -wirkung (z. B. Brewer, 1988; Devine, 1989; Gaertner & Dovidio, 1986) unterschieden. Die Kategorisierung nach sozial relevanten Merkmalen findet in den ersten Zehntelsekunden der Wahrnehmung statt, ohne dass ein expliziter Vorsatz zur Eindrucksbildung bestehen muss. Durch die Aktivierung einer Kategorie werden assoziierte stereotype Gedächtnisinhalte abgerufen, die Einflüsse auf Wahrnehmungs-, Inferenz-

und Beurteilungsprozesse und das Verhalten gegenüber Mitgliedern stereotypisierter sozialer Gruppen haben (können), wie mit Hilfe vielgestaltiger Experimente (z. B. Blair & Banaji, 1996; Banaji & Hardin, 1996) nachgewiesen werden konnte. Die Effekte von Stereotypen auf Wahrnehmungs- und Verarbeitungsprozesse treten mit höherer Wahrscheinlichkeit auf, wenn es sich um stark ausgeprägte Stereotype handelt (z. B. Geschlecht, Alter, Hautfarbe) und wenn, wie in der alltäglichen Interaktion, die zu verarbeitenden Informationen sehr komplex sind und die Verarbeitungszeit limitiert ist. Diese Einflüsse resultieren oft in einer Bestätigung und langfristigen Festschreibung von Stereotypen, wie im Folgenden erläutert wird.

Stereotype schränken die Aufmerksamkeit auf ein relativ geringes Maß an Informationen ein. Stereotypkonsistenter Information wird übermäßig viel Aufmerksamkeit gewidmet, während neutrale oder inkonsistente Information weniger beachtet wird (Macrae, Milne & Bodenhausen, 1994), bzw. neutrale bzw. mehrdeutige Informationen als stereotypkonsistent interpretiert wird. Zusätzlich nutzen Menschen bei der Suche nach Informationen über andere Personen vornehmlich hypothesenbestätigende Strategien (»positives Testen«; ▶ oben) und suchen mehr nach stereotypkonsistenten statt inkonsistenten Informationen (Macrae et al., 1993). Konsequenz ist, dass stereotypkonsistente Informationen besser erinnert werden, als inkonsistente oder neutrale Informationen (Johnston & Macrae, 1994). Stereotype wirken jedoch nicht nur als Filter, die den Verlust stereotypinkonsistenter Informationen verursachen, sondern rufen auch falsche bzw. unechte Erinnerungen hervor (Lenton, Blair & Hastie, 2000). Beunruhigenderweise lassen sich beim Abruf falsche kaum von richtigen Erinnerungen unterscheiden. Sie erweisen sich als ebenso überzeugend und stabil und bestätigen dadurch wiederum stereotype Überzeugungen.

Stereotype beeinflussen die **Ursachenzuschreibungen** für beobachtetes Verhalten (vgl. Jackson, Hansen, Hansen & Sullivan, 1993). Verhalten, das stereotypbasierten Erwartungen entspricht, werden interne, stabile Ursachen zugeschrieben, während stereotypinkonsistentes Verhalten mit externen bzw. internen, aber instabilen Ursachen erklärt wird. Selbst wenn also stereotypinkonsistente Informationen wahrgenommen werden, wird durch diese Erklärungsmuster und die einhergehende Bildung neuer Subtypen eine Veränderung stereotyper Überzeugungen meist vermieden.

Die Tendenz, dass stereotype Erwartungen zur sozialen Realität werden, wird nicht allein durch Verzerrungen in den internen, kognitiven Strukturen der Wahrnehmung, Kodierung, Erinnerung und Beurteilung hervorgerufen. Es ist vielmehr die Art und Weise, wie soziale Stereotype auf soziale Interaktionen Einfluss nehmen, die stereotype Überzeugungen Wirklichkeit werden lassen. Als prominentes Experiment zur Wirkung von Stereotypen und Einstellungen auf Beurteiler und Interaktionspartner siehe den ▶ Kasten »Stereotype: selbsterfüllende Prophezeiungen«.

27

Stereotype: selbsterfüllende Prophezeiungen

In den Studien von Word, Zanna und Cooper (1974) wird besonders deutlich, wie Stereotype in einem Prozess der »selbsterfüllenden Prophezeiung« aufrechterhalten werden. Weiße Versuchsteilnehmer führten (vermeintlich als Teil ihrer Ausbildung) Einstellungsgespräche mit Bewerbern für studentische Jobs durch. Die Bewerber waren aber »Verbündete« der Autoren und instruiert, sich standardisiert zu verhalten. Trotzdem war das Verhalten der Interviewer von der ethnischen Zugehörigkeit der Bewerber abhängig, als Folge der automatischen sozialen Kategorisierung. Zu afroamerikanischen Personen zeigten sie mehr Distanz, ihnen unterliefen mehr sprachliche Fehler und sie beendeten das Interview eher (Verhalten A) im

Vergleich zu kaukasischen Bewerbern (Verhalten B). Im zweiten Schritt wurden neue Interviewer in diesen Verhaltensweisen trainiert. Sie interviewten nun ausschließlich weiße Bewerber, nach Zufall entweder im Verhaltensmuster A oder B. Da Menschen dazu neigen, ihr Kommunikationsverhalten subtil und unabsichtlich auf den Gesprächspartner einzustellen (Reziprozität des Verhaltens), verhielten sich auch die »A-Bewerber« distanzierter als die »B-Bewerber«. Da wir nun wiederum dazu neigen, Verhalten ursächlich auf Eigenschaften der Person und nicht der Situation zu attribuieren (Korrespondenzfehler; siehe Text), wurden die »A-Bewerber« von uneingeweihten Beobachtern als unfreundlicher und inkompetenter eingeschätzt.

Stereotype beeinflussen somit Menschen auf vielfältige Weise und haben dabei häufig eine Anpassung des offen gezeigten Verhaltens an stereotype Erwartungen zur Folge. Stereotype provozieren und produzieren Verhalten, das sie bestätigt. Personen kommunizieren ihre Erwartungen verbal und durch offenes, aber auch subtiles nonverbales Verhalten. Sie reagieren positiv, wenn ihre Erwartungen erfüllt, und negativ, wenn sie nicht erfüllt werden. All dies sind seit langem Themen der Sozialpsychologie. Die Social-Cognition-Perspektive hat sie aber um zahlreiche Nuancen bereichert.

So haben wir schon als Eingangsbeispiel den Prozess des »Stereotype Threat« beschrieben. Stereotype Threat bezeichnet die subjektiv wahrgenommene Bedrohung und Befürchtung, in Leistungssituationen anhand eines negativen Gruppenstereotypes charakterisiert zu werden (Steele, 1997; Steele & Aronson, 1995). Dieser Prozess hat eine hohe Bedeutung für den Bildungsbereich. So kann beispielsweise die stereotype Überzeugung, dass Frauen Männern in Mathematik unterlegen seien, durch die Mechanismen des Stereotype Threat dazu führen, dass Frauen tatsächlich schlechter abschneiden, als es ihrem Leistungspotenzial entspräche. Langfristig kann dies zu einem Rückzug aus der bedrohenden Leistungsdomäne führen. Diese Zurücknahme der Identifikation mit der Domäne dient dem Schutz des Selbstwertgefühls. Sie fördert jedoch die Bestätigung negativer Stereotype, verhindert zumindest deren Widerlegung, indem Menschen davon abgehalten werden, sich für geschlechteruntypische Gebiete zu interessieren bzw. dort Leistungen zu erbringen.

27.6   Abschließende Bemerkungen

Vieles von dem, was derzeit in der Social-Cognition-Forschung diskutiert wird, konnten wir aus Gründen der Seitenbeschränkung nicht aufnehmen bzw. nur anreißen. So hätte es z. B. das Thema »Selbstkonzept« verdient, ebenso

wie die Stereotype als eigener Anwendungsabschnitt herausgehoben zu werden. Wir haben auch darauf hingewiesen, dass Urteilsprozesse ein überaus wichtiges Forschungsgebiet im Bereich der Social Cognition sind. Hier gilt allerdings, ebenso wie z. B. für das Thema Emotion und Stimmung, dass es nicht exklusiv unter der Social-Cognition-Perspektive behandelt wird. Wie schon eingangs erwähnt, ist dieses Gebiet eines mit unscharfen Rändern. Wir haben aber versucht, an möglichst vielen Beispielen das Typische der Social-Cognition-Forschung herauszustellen.

Um es noch einmal zu pointieren: Auch die Kognitive Psychologie untersucht Kategorisierungsprozesse. Sie wird immer aber die einfachst möglichen Materialbeispiele (z. B. Früchte, Möbel etc.) für ihre Experimente heranziehen. Das ist aus methodischen Gründen auch sehr sinnvoll. Insofern ist Social Cognition die Anwendung von Kognitiver Psychologie auf sozialpsychologische Fragestellungen. Hierbei ergibt sich zweierlei. Zum einen: Diese Art der Anwendung von ganz grundlegenden Erkenntnissen der Kognitiven Psychologie bietet sich auch für andere Teildisziplinen der Psychologie an, z. B. für die Persönlichkeitspsychologie oder die Entwicklungspsychologie. Zum anderen: Durch die anderen Fragestellungen ergeben sich Rückbezüge. Zum Beispiel begann die Kognitive Psychologie als eine Psychologie über die Erkenntnisfähigkeit des Menschen. Zumindest auch durch die Fragestellungen der Social-Cognition-Forschung gerät aber zunehmend in den Blick, dass möglicherweise das Erkennen dem Handeln untergeordnet ist. Wie passen sich Menschen handelnd einer komplexen, sozialen Umgebung an und welche Rolle spielen dabei Wahrnehmung, Aufmerksamkeit, Gedächtnis, Denken und Urteilen? Derartige Fragen führen dann zwangsläufig dazu, dass emotionale und motivationale Prozesse mit in die Überlegungen einbezogen werden und nicht – wie es die Kognitive Psychologie zunächst tat – ausgeklammert werden. Insofern ist die Social-Cognition-Perspektive möglicherweise nur ein Hinweis darauf, dass die Psychologie zu einem einheitlichen theoretischen Rahmen gefunden hat.

Literatur

Referenzliteratur

Bless, H., Fiedler, K. & Strack, F. (2004). *Social cognition. How individuals construct social reality.* Hove, UK: Psychology Press.

Kunda, Z. (1999). *Social cognition. Making sense of people.* Cambridge, MA: MIT Press.

Stangor, C. (Ed.). (2000). *Stereotypes and prejudice: essential readings.* Philadelphia, PA: Psychology Press.

Brewer, M.B. & Hewstone, M. (Eds.). (2004). *Social cognition.* Malden, MA: Blackwell.

Zitierte Literatur

Banaji, M. & Hardin, C. (1996). Automatic stereotyping. *Psychological Science, 7,* 136–141.

Bargh, J.A. (1982). Attention and automaticity in the processing of self-relevant information. *Journal of Personality and Social Psychology, 43,* 425–436.

Bargh, J.A. (1994). The four horsemen of automaticity: awareness, intention, efficiency, and control in social cognition. In R.S. Wyer & T.K. Srull (Eds.), *Handbook of social cognition* (2nd ed., Vol. 1, pp. 1–40). Hillsdale, NJ: Erlbaum.

Bargh, J.A., Chen, M. & Burrows, L. (1996). Automaticity of social behavior: direct effects of trait construct and stereotype activation on action. *Journal of Personality and Social Psychology, 71,* 230–244.

Blair, I.V. & Banaji, M.R. (1996). Automatic and controlled processes in stereotype priming. *Journal of Personality and Social Psychology, 70,* 1142–1163.

Bless, H. & Schwarz, N. (1998). Context effects in political judgement: assimilation and contrast as a function of categorization processes. *European Journal of Social Psychology, 28,* 159–172.

Bodenhausen, G.V. & Macrae, C.N. (1998). Stereotype activation and inhibition. In R.S. Wyer jr. (Ed.), *Advances in Social Cognition* (Vol. XI, pp. 1–52). Mahwah, NJ: Erlbaum.

Brauer, M., Wasel, W. & Niedenthal, P. (2000). Implicit and explicit components of prejudice. *Review of General Psychology, 4,* 1–22.

Brewer, M.B. (1988). A dual process model of impression formation. *Advances in Social Cognition, 1,* 1–36.

Darley, J.M. & Gross, P H. (1983). A hypothesis-confirming bias in labeling effects. *Journal of Personality and Social Psychology, 44,* 20–33.

Devine, P.G. (1989). Stereotypes and prejudice: their automatic and controlled components. *Journal of Personality and Social Psychology, 56,* 5–18.

Eagly, A.H. & Chaiken, S. (1993). *The psychology of attitudes.* San Diego, CA: Harcout Brace.

Fazio, R. H. (1986). How do attitudes guide behavior? In R.M. Sorrentino & E.T. Higgins (Eds.), *The handbook of motivation and cognition: foundations of social behavior* (pp. 204–243). New York: Guilford.

Fazio, R H., Jackson, J.R., Dunton, B.C. & Williams, C.J. (1995). Variability in automatic activation as an unobtrusive measure of racial attitudes: a bona fide pipeline? *Journal of Personality and Social Psychology, 69,* 1013–1027.

Fazio, R.H. & Olson, M.A. (2003). Implicit measures in social cognition research: their meaning and uses. *Annual Review of Psychology, 54,* 297–327.

Fazio, R.H., Sanbonmatsu, D.M., Powell, M.C. & Kardes, F.R. (1986). On the automatic activation of attitudes. *Journal of Personality and Social Psychology, 50,* 229–238.

Fiedler, K. (1991). The tricky nature of skewed frequency tables: an information loss account of distinctiveness-based illusory correlations. *Journal of Personality and Social Psychology, 60,* 24–36.

Gaertner, S.L. & Dovidio, J.F. (1986). The aversive form of racism. In J.F. Dovidio & S.L. Gaertner (Eds.), *Prejudice, discrimination, and racism* (S. 61–89). San Diego, CA: Academic Press.

Gilbert, D.T. & Malone, P.S. (1995). The correspondence bias. *Psychological Bulletin, 117,* 21–38.

Greenwald, A.G. & Banaji, M.R. (1995). Implicit social cognition: attitudes, self-esteem, and stereotypes. *Psychological Review, 102,* 4–27.

Greenwald, A.G., McGhee, D.E. & Schwartz, J.L.K. (1998). Measuring individual differences in implicit cognition: the implicit association test. *Journal of Personality and Social Psychology, 74,* 1464–1480.

Hamilton, D. & Gifford, R. (1976). Illusory correlation in interpersonal perception: a cognitive basis of stereotype judgments. *Journal of Experimental Social Psychology, 12,* 392–407.

Hamilton, D.L. & Sherman, J.W. (1994). Stereotypes. In R.S. Wyer & T.K. Srull (Eds.), *Handbook of social cognition* (2nd ed., Vol. 2, pp. 1–68). Hillsdale, NJ: Erlbaum.

Herrnstein, R.J. & Murray, C. (1994). *The bell curve: intelligence and class structure in American life.* New York: Free Press.

Higgins, E.T. (1996). Knowledge activation: accessibility, applicability, and salience. In E.T. Higgins & A.W. Kruglanski (Eds.), *Social psychology: Handbook of basic principles* (pp. 133–168). New York: Guilford.

Higgins, E.T., Rholes, W.S. & Jones, C.R. (1977). Category accessibility and impression formation. *Journal of Experimental Social Psychology, 13,* 141–154.

Jackson, L.A, Hansen, C.H., Hansen, R.D. & Sullivan, L.A. (1993). The effects of stereotype consistency and consensus information on predictions of performance. *Journal of Social Psychology, 133,* 293–306.

Johnston, L.C. & Macrae, C.N. (1994). Changing social stereotypes: The case of the information seeker. *European Journal of Social Psychology, 24,* 581–592.

Klayman, J. & Ha, Y. (1987). Confirmation, disconfirmation, and information in hypothesis testing. *Psychological Review, 94,* 211–228.

Kunda, Z. (1999). *Social cognition. Making sense of people.* Cambridge, MA: MIT Press.

Lenton, A.P., Blair, I.V. & Hastie, R. (2000). Illusions of gender: stereotypes evoke false memories. *Journal of Experimental Social Psychology, 37,* 3–14.

Lombardi, W.J., Higgins, E.T. & Bargh, J.A. (1987). The role of consciousness in priming effects on categorization: assimilation versus contrast as a function of awareness of the priming task. *Personality and Social Psychology Bulletin, 13,* 411–429.

Macrae, C.N., Milne, A.B. & Bodenhausen, G.V. (1994). Stereotypes as energy-saving devices: a peek inside the cognitive toolbox. *Journal of Personality and Social Psychology, 66,* 37–47.

Markus, H. (1977). Self-schemata and processing information about the self. *Journal of Personality and Social Psychology, 35,* 63–78.

Neumann, R. & Seibt, B. (2001). The structure of prejudice: associative strength as a determinant of stereotype endorsement. *European Journal of Social Psychology, 31,* 609–620.

Rothermund, K. & Wentura, D. (2004). Underlying processes in the Implicit Association Test (IAT): dissociating salience from associations. *Journal of Experimental Psychology: General, 133,* 139–165.

Schwarz, N. & Strack, F. (1991). Context effects in attitude surveys: applying cognitive theory to social research. In W. Stroebe & M. Hewstone (Eds.), *European Review of Social Psychology* (Vol. 2., pp. 31–50). Chichester: Wiley.

Smith, E.R. & Queller, S. (2001). Mental representations. In A. Tesser & N. Schwarz (Eds.), *Blackwell Handbook of Social Psychology: Intraindividual Processes* (pp. 391–445). Oxford: Blackwell.

Steele, C.M. (1997). A threat in the air. How stereotypes shape intellectual identity and performance. *American Psychologist, 52,* 613–629.

Steele, C.M. & Aronson, J. (1995). Stereotype threat and the intellectual test performance of African Americans. *Journal of Personality and Social Psychology, 69,* 797–811.

Strack, F. & Mussweiler, T. (1997). Explaining the enigmatic anchoring effect: mechanisms of selective accessibility. *Journal of Personality and Social Psychology, 73,* 437–446.

Taylor, S.E., Fiske, S.T., Etcoff, N.L. & Ruderman, A.J. (1978). Categorical and contextual bases of person memory and stereotyping. *Journal of Personality and Social Psychology, 36,* 778–793.

Tulving, E. & Pearlstone, Z. (1966). Availability versus accessibility of information in memory for words. *Journal of Verbal Learning and Verbal Behavior, 5,* 381–391.

Tversky, A. & Kahneman, D. (1974). Judgment under uncertainty: heuristics and biases, *Science, 185,* 1124–1131.

Word, C.O., Zanna, M.P. & Cooper, J. (1974). The nonverbal mediation of self-fulfilling prophecies in interracial interaction. *Journal of Experimental Social Psychology, 10,* 109–120.

27

28 Sozialpsychologie zwischenmenschlichen Verhaltens

H.-W. Bierhoff

Zwischenmenschliches Verhalten ist so allgegenwärtig, dass Beobachter vielfach die soziale Bedingtheit menschlichen Verhaltens übersehen. Prosoziales Verhalten erscheint z. B. als Ausdruck einer entsprechenden Disposition, der prosozialen Persönlichkeit. Damit macht der Beobachter den Fehler der Unterschätzung des sozialen Einflusses, der auch als Laiendispositionismus bezeichnet wird (Ross & Nisbett, 1991). Darunter versteht man die Tendenz, dass Menschen in der westlichen Kultur dazu neigen, dispositionale Erklärungen anstelle situationaler Erklärungen für das Verhalten anderer zu bevorzugen (dazu auch ▶ Kap. 24). Wenn hier die Einschränkung gemacht wird, dass dieser Irrtum auf die westliche Kultur beschränkt ist, wird damit gleichzeitig auf einen Faktor verwiesen, der für die Erklärung zwischenmenschlichen Verhaltens bedeutsam ist: kulturspezifische Normen, Regeln und Rollen. Gesellschaftliche Erwartungen im Hinblick auf angemessenes soziales Verhalten sind durch die Besonderheiten einer Gesellschaft geprägt, die von Kultur zu Kultur variieren.

Aus diesen Überlegungen lassen sich zwei Folgerungen ableiten: Zum einen liegt zwar eine Gefahr darin, dispositionale Ursachen anstelle von situativen Ursachen zu verabsolutieren (das Argument von Ross & Nisbett, 1991), aber umgekehrt muss auch berücksichtigt werden, dass Situationen alleine auch nur unzureichend zwischenmenschliches Verhalten erklären können. In Übereinstimmung mit Lewin (1951) lässt sich konstatieren, dass das Verhalten der Person eine Funktion von Persönlichkeit und Umwelt darstellt. Die dispositionale Perspektive lässt sich nicht gegen die soziale Perspektive ausspielen.

Die zweite Schlussfolgerung bezieht sich darauf, dass die Inhalte von Normen und Rollen, die in unterschiedlichen Gesellschaften vorzufinden sind, variieren, während gleichzeitig vermutet werden kann, dass bestimmte soziale Strukturen in menschlichen Gesellschaften allgegenwärtig sind. Das lässt sich auch damit begründen, dass das zwischenmenschliche Verhalten eine evolutionsbiologische Grundlage besitzt, wie Fetchenhauer und Bierhoff (2004) am Beispiel des prosozialen Verhaltens zeigen (auch ▶ Kap. 26 und 36). Die Evolution des Menschen hat nicht zuletzt auch seine interpersonellen Kompetenzen und Strategien beeinflusst, die zu Erfolgen im Sinne der Fortpflanzung bzw. der Weitergabe der eigenen Gene in die nächste Generation beitragen.

28.1 Interpersonelle Attraktion

Interpersonelle Attraktion fasst das Mögen und die emotionale Bewertung einer anderen Person zusammen. Wenn man die beurteilte Person mag, bewertet man sie i. Allg. positiv. Wenn man sie nicht mag, ist die Bewertung eher negativ.

28.1.1 Ähnlichkeit als Determinante inter- personeller Attraktion

Eine der verlässlichsten Vorhersagen hinsichtlich der interpersonellen Attraktion ergibt sich auf der Grundlage der Ähnlichkeit zwischen Beurteiler und beurteilter Person. Wenn z. B. jemand die gleiche Einstellung zum zweiten Irak-Krieg hat wie man selbst, wird dadurch die Wahrscheinlichkeit erhöht, dass man diese Person mag. Das ist ein Beispiel für Einstellungsähnlichkeit. Daneben kann aber auch die Ähnlichkeit in soziodemographischen Daten wie Alter, ethnische Gruppe, soziale Schicht und Ähnlichkeit im Selbstkonzept für die interpersonelle Attraktion bedeutsam sein.

Welche Ergebnisse hat die Forschung zum Zusammenhang zwischen Ähnlichkeit und Attraktion erbracht? Bevor wir diese Frage im Einzelnen beantworten, ist zunächst darauf hinzuweisen, wie in vielen Untersuchungen vorgegangen wurde: Beurteiler erhielten Informationen über Einstellungen oder relevante Personenmerkmale einer Zielperson, für die sie angeben sollten, wie gerne sie sie mochten und wie gerne sie mit ihr zusammenarbeiten würden. Außerdem war zu einem früheren Zeitpunkt eine Selbsteinschätzung der Beurteiler vorgenommen worden, sodass ihre Einstellung mit der Einstellung der Zielperson verglichen werden konnte (▶ Kasten »Experimente nach dem Paradigma des anonymen Fremden«).

Experimente nach dem Paradigma des anonymen Fremden

In Experimenten zur Untersuchung des Zusammenhangs von Ähnlichkeit und Attraktion variierte Donn Byrne die Ähnlichkeit des Probanden und der von ihm zu beurteilenden Person systematisch. Den Teilnehmern wird mitgeteilt, dass sie an einer Untersuchung zur interpersonellen Beurteilung teilnehmen. Im Rahmen dieser Untersuchungen wird ihnen ein Einstellungsfragebogen, der angeblich von dem anonymen Fremden ausgefüllt wurde, vorgelegt. Es sind dieselben Fragen, die die Versuchsperson einige Zeit vorher selbst beantwortet hatte, sodass der Versuchsleiter nun in der Lage ist, ein Antwortprofil des anonymen Fremden zusammenzustellen, das entweder Identität oder Spiegelung der Antworten beinhaltet. In diesen experimentellen Ansätzen existiert die andere Person nicht wirklich, sondern sie wird simuliert. Daher spricht man von dem Paradigma des anonymen Fremden.

Die interpersonelle Attraktion wird durch zwei Fragen nach dem persönlichen Mögen und der Bereitschaft zur

Zusammenarbeit gemessen, die jeweils auf 7-stufigen Skalen beantwortet werden. Die interpersonelle Attraktion ergibt sich dann als Summe dieser beiden Antworten, die zwischen 2 und 14 variieren kann.

Die Ergebnisse deuten darauf hin, dass der Anteil ähnlicher Einstellungen die zentrale Größe ist, die die interpersonelle Attraktion beeinflusst. Je größer der Anteil übereinstimmender Antworten ausfällt, desto mehr wird der anonyme Fremde gemocht. Über die ganze Skala findet sich ein linearer Zusammenhang, sodass bei einer Vergrößerung des Anteils ähnlicher Einstellungen die Attraktion zunimmt. Der Zusammenhang wird durch eine Regressionsgleichung beschrieben:

Attraktion = 5,44 x Anteil ähnlicher Einstellungen + 6,62.

Diese Ergebnisse wurden wiederholt repliziert, wobei in unterschiedlichen Ländern wie USA, Mexiko, Indien und Japan Stichproben gezogen wurden (Byrne et al., 1971).

Ähnlichkeit als positive Verstärkung

Die im ▶ Kasten dargestellten Ergebnisse zum Paradigma des anonymen Fremden, sind eindeutig. Sie lassen die Frage allerdings offen, wie man den Zusammenhang zwischen Ähnlichkeit und Attraktion erklären kann. Eine nahe liegende Erklärung besteht darin, dass Ähnlichkeit als positive Verstärkung und Unähnlichkeit als negative Verstärkung (▶ Kap. 11) interpretiert werden kann. Dann wird die Attraktion in der theoretischen Betrachtung als abhängig von der Größe der wahrgenommenen Verstärkung aufgefasst. Diese Verstärkungstheorie (Byrne, 1971) stellt die interpersonelle Attraktion gegenüber einer anderen Person als eine positive lineare Funktion des Ausmaßes positiver Verstärkungen dar, die man von der anderen Person erhält. Solche Verstärkungen können etwa Feststellungen sein, die die eigene Meinung bestätigen, oder Bewertungen der eigenen Person, die das eigene Selbstbild aufwerten.

Zur Erklärung wird das Modell der klassischen Konditionierung (▶ Kap. 11) verwendet. Ähnlichkeit wird wie ein unkonditionierter Reiz aufgefasst, der eine implizite affektive Reaktion auf der Dimension angenehm–unangenehm auslöst. Belohnungen verstärken gegebene Reaktionen, während Strafen sie abschwächen. Wenn eine Person mit einem solchen unkonditionierten Reiz assoziiert ist, kann ein bedingter Reiz für affektive Reaktionen entstehen. Nun ist die implizite affektive Reaktion der Vermittler zwischen dem bedingten Reiz und der bewertenden Reaktion, die in der Einschätzung des Mögens zum Ausdruck kommt.

Dieses Modell beinhaltet also, dass die Attraktion gegenüber einer Person aus ihrer zeitlichen Assoziation mit dem Auftreten von unkonditionierten Reizen entsteht, die implizite affektive Reaktionen auslösen. Solche unkonditionierten Reize sind die Bestätigung der eigenen Weltsicht oder des eigenen Selbstbildes. Dem liegt das Streben zu-

Donn Byrne

Donn Byrne, geb. 1931, der Wegbereiter der experimentellen Erforschung der interpersonellen Attraktion, promovierte 1958 in Stanford und war dann an der California State University – San Francisco, der Universtiy of Texas und der Purdue University, Indiana, tätig. Zuletzt lehrte er an der University of Albany, State University of New York, und ist dort inzwischen Professor emeritus.

Einen Großteil seiner Experimente führte er in seiner Zeit an der Purdue University durch. In dieser Zeit erschien auch seine Monographie »The Attraction Paradigm«. Seine Forschungsinteressen umfassen Liebesbeziehungen, Sexualität und Fragen der Differentiellen Psychologie, die Byrne schon in den 60er Jahren des vorigen Jahrhunderts durch einen Fragebogen zur Messung von »repression-sensitization« bereichert hat.

chungen zur Überprüfung des Verstärkungsmodells eingegangen.

Erweitertes Modell interpersoneller Attraktion

Die Erkenntnisse aus den Untersuchungen zur Überprüfung des Verstärkungsmodells führen zu einem erweiterten Modell interpersoneller Attraktion, in dem sowohl die affektive als auch die informative Komponente enthalten ist (Clore, 1975). Neben der rationalen Informationsverarbeitung, die auf Rückschlüssen über faktische Meinungsgleichheit beruht, ist auch ein Einfluss der persönlichen Bewertung auf die Attraktion festzustellen, der vermutlich durch positive und negative Gefühle vermittelt wird, wie es im Verstärkungsmodell der Attraktion zum Ausdruck kommt. Allerdings ist der gefühlsmäßig vermittelte Effekt schwächer als der Effekt, der durch Information zustande kommt.

Trotzdem spielt der Bewertungseffekt eine wichtige Rolle im Alltag. Als Beispiel kann man das Sichbeliebtmachen nennen. Wer sich beliebt machen will, schmeichelt der Zielperson, indem er ihre Meinung bestätigt. Das bedeutet, dass Einstellungsähnlichkeit hergestellt wird, auch wenn die Zielperson weiß, dass die Übereinstimmung im Dienste des Sichbeliebtmachens steht. Trotzdem sind Schmeicheleien in ihrer Wirkung erfolgreich, sodass man vermuten kann, dass darin ein Verstärkungseffekt zum Ausdruck kommt, der auf positiven Gefühlen beruht, die durch die erlebte Übereinstimmung ausgelöst werden.

28.1.2 Anwendungsfelder

Die Forschung zur interpersonellen Attraktion ist in verschiedenen Anwendungsbereichen bedeutsam. Dazu zählt die Frage, wie sich ein politischer Kandidat bei seinen Wählern darstellen sollte, um möglichst viel Zustimmung zu finden. Die Studien deuten darauf hin, dass Kandidaten

grunde, die Welt bedeutungsvoll zu erleben und die eigenen Meinungen über politische, soziale und persönliche Sachverhalte positiv zu bewerten. Dieses sog. »effectance motive« wird durch Bestätigung befriedigt, während Unähnlichkeit frustrierend wirkt. Im ▶ Kasten wird auf Untersu-

eher bevorzugt werden, die die Mehrheitsmeinung in relevanten Themen vertreten. Das lässt es sinnvoll erscheinen, als Politiker, der gewählt werden möchte, die Ergebnisse von Meinungsumfragen zu berücksichtigen, bevor der eigene Standpunkt formuliert wird.

Weiterhin ist darauf hinzuweisen, dass der Zusammenhang zwischen Ähnlichkeit und Attraktion der Annahme widerspricht, dass Gegensätze sich anziehen. Tatsächlich sind in der Forschung keine Belege für die Gültigkeit dieser Alternativhypothese gefunden worden. Die Befragung von Partnern in romantischen Beziehungen zeigt, dass stabile Partnerschaften durch Ähnlichkeit der Einstellungen gekennzeichnet sind (Levinger & Breedlove, 1966). Diese Tendenz scheint in den letzten Jahrzehnten des vorigen Jahrhunderts eher noch zugenommen zu haben.

28.2 Physische Attraktivität

Das Thema der physischen Attraktivität wird im Folgenden unter besonderer Beachtung der Gesichtsattraktivität dargestellt. Die Frage lautet: Welche Merkmale des Gesichts tragen zur Attraktivität bei. Außerdem gehen wir der Frage nach, warum Durchschnittsgesichter besonders attraktiv sind und wie der Zusammenhang zwischen Attraktivität und Persönlichkeit ausfällt.

28.2.1 Gesichtsattraktivität

Untersuchungen über die Merkmale von Gesichtsattraktivität haben eine Liste von Merkmalen ergeben, die in unterschiedlichen Kulturen gleichermaßen die Einschätzung der Schönheit bestimmen. Diese Merkmale lassen sich in drei Gruppen unterteilen. Die Merkmale, die Schönheit in den Augen der Betrachter auslösen, sind solche,

- die mit dem Kindchenschema zusammenhängen,
- die als Reifemerkmale bezeichnet werden, und
- expressive Merkmale.

Im ▶ Kasten wird das Kindchenschema ausführlicher behandelt. Seine psychobiologische Bedeutung liegt darin, dass es als Schlüsselreiz für das protektive Verhalten Erwachsener gegenüber Kleinkindern dient.

Die Bedeutung des Kindchenschemas

Bei Frauen gilt, dass sich das Kindchenschema durch eine kleine Nase, große Augen und ein kleines Kinn ausdrückt. Bei Männern ist es ein großer Augenbereich, weit auseinander liegende Augen und ein kleiner Nasenbereich. In den Gesichtern Erwachsener sind Anteile des Kindchenschemas unterschiedlich stark enthalten. Wenn die Anteile größer sind, erscheint das Gesicht attraktiver, als wenn das Kindchenschema nur wenig repräsentiert ist.

Die Bedeutung des Kindchenschemas für die Attraktivitätseinschätzung des Gesichts wurde schon von Ethologen wie Konrad Lorenz (s. Eibl-Eibesfeldt, 1984) erkannt. Umfangreiche Forschungen bestätigen seine Bedeutung für die Eindrucksbildung (z. B. Zebrowitz & Montepare, 1992).

Das Kindchenschema ruft über die Attraktivitätsurteile hinaus auch weitere Eindrücke hervor. Erwachsene, die das Kindchenschema in ihrem Gesicht stärker repräsentieren, erscheinen als sozial abhängig, intellektuell naiv, phy-

sisch schwach, ehrlich und warm. Das Kindchenschema ist über den gesamten Lebenslauf ein wahrnehmbares Merkmal, das die Eindrucksbildung in ähnlicher Weise bei Männern und Frauen bestimmt. Man kann daher von einer Übergeneralisierung des Kindchenschemas sprechen.

Ein Kindchenschema kann – wie die Gesichtsattraktivität insgesamt – als Erwartungseffekt wirksam werden. In diesem Zusammenhang wurde z. B. gezeigt, dass Mütter Kindern, die stärker ein Kindchenschema in ihrem Gesicht zum Ausdruck brachten, weniger fordernde Aufgaben zuwiesen (Zebrowitz, Kendall-Tackett & Fafel, 1991). Bei Angeklagten wurde ein mildernder Einfluss des Kindchenschemas in ihrem Gesichtsausdruck auf die Strafzumessung nach Vergehen festgestellt (Zebrowitz & McDonald, 1991). Auf die Rolle von Erwartungseffekten als Ergebnis der physischen Attraktivität wurde wiederholt hingewiesen. Tatsächlich lässt sich zeigen, dass eine Tendenz zu selbsterfüllenden Prophezeiungen besteht.

Die zweite Merkmalsgruppe der Gesichtsattraktivität lässt sich mit dem Begriff der Reifemerkmale umschreiben (Cunningham, 1986; Cunningham, Barbee & Pike, 1990). Darunter fallen bei Frauen deutliche Wangenknochen und schmale Wangen, bei Männern ein großer Kinnbereich und ebenfalls deutliche Wangenknochen. Die dritte Merkmalsgruppe sind die expressiven Merkmale, wie sie in einem ausdrucksvollen Lächeln enthalten sind. Expressive Merkmale sind durch hohe Augenbrauen, große Pupillen und breites Lächeln gekennzeichnet. Was die

Wirkung des Lächelns angeht, so ist es bei Männern und Frauen gleichermaßen für die Eindrucksbildung wirksam.

Die Gesichtsattraktivität lässt sich durch die Herstellung von Durchschnittsbildern steigern (Langlois & Roggman, 1990). Dabei handelt es sich um ein computergestütztes Verfahren, mit dessen Hilfe Einzelbilder zu einem Durchschnittsbild integriert werden. Dieses Verfahren geht bis auf Francis Galton zurück, der es schon in der zweiten Hälfte des 19. Jahrhunderts nach den damaligen technischen Möglichkeiten verwendete. Es wurde auch in der Folgezeit wiederholt eingesetzt.

Die Ergebnisse verweisen auf die Tendenz, dass durch die Integration mehrerer Einzelgesichter ein attraktives Durchschnittsgesicht erzeugt wird. Dieses Resultat hat für weibliche Gesichter allgemeine Gültigkeit, während es bei männlichen Gesichtern umstritten ist. Bei Frauen gilt jedenfalls, dass der Eindruck hoher Attraktivität erzeugt wird, indem die individuellen Besonderheiten der einzelnen Gesichter verloren gehen und ein prototypisches Gesicht entsteht. Dieser Effekt lässt sich schon beobachten, wenn 2 oder 4 Einzelgesichter integriert werden. Er wird sehr stabil, wenn 16 Einzelgesichter dem Durchschnittsgesicht zugrunde gelegt werden. Der Begriff »Durchschnitt« ist nicht mit »Mittelmäßigkeit« gleichzusetzen. Denn das Gesicht, das durch die Durchschnittsbildung erzeugt wird, ist ungewöhnlich und nicht alltäglich, da es besonders auffällt (Henss, 1998).

28.2.2 Physische Attraktivität und Persönlichkeit

Viele Untersuchungen haben sich mit der Frage beschäftigt, ob physisch attraktive Menschen tatsächlich sozial kompetenter sind als weniger attraktive Personen oder ob es sich um ein reines Stereotyp handelt, dem keine echte Basis zugrunde liegt. Eine Metaanalyse zu diesem Thema, die von Feingold (1992) durchgeführt wurde, erbrachte nur wenige Hinweise auf einen echten Zusammenhang zwischen physischer Attraktivität und Persönlichkeit. Allerdings fand sich, dass soziale Fertigkeiten bei attraktiven Personen in der Tendenz höher ausgeprägt sind. Eine weitere Auswertung ergab, dass die selbst eingeschätzte Attraktivität in der Tendenz höher mit Persönlichkeitsmerkmalen zusammen-

hing als die fremd eingeschätzte Attraktivität. Der bedeutsamste Zusammenhang wurde mit dem Selbstwertgefühl festgestellt: Wer sich selbst attraktiver einschätzt, hat auch ein höheres Selbstwertgefühl.

In zwei Studien, die von Greitemeyer und Brodbeck (2000) berichtet wurden, wurde gefunden, dass der Zusammenhang zwischen **fremd eingeschätzter Attraktivität** und Persönlichkeit geringer ist als der zwischen **selbst eingeschätzter Attraktivität** und Persönlichkeit. Dazu wurde das Freiburger Persönlichkeitsinventar (Fahrenberg, Hampel & Selg, 1994) eingesetzt, um Merkmale wie Gehemmtheit, soziale Orientierung und Gesundheitssorgen zu erfassen. Außerdem wurden Skalen zur Erfassung des emotionalen Wohlbefindens, des Selbstwertgefühls und der personalen Kontrolle verwendet.

Die geringen Zusammenhänge zwischen Attraktivitätsurteilen und Persönlichkeitsmerkmalen könnten darauf zurückgeführt werden, dass selbst eingeschätzte und fremd eingeschätzte Attraktivität nur relativ niedrig zusammenhängen. Tatsächlich sind die korrelativen Zusammenhänge zwar positiv, aber niedrig und bewegen sich im Bereich von $r = 0{,}2$ bis $r = 0{,}3$. Daher könnte es sein, dass sich die Effekte von selbst und fremd eingeschätzter Attraktivität auf die Persönlichkeit teilweise neutralisieren. Umgekehrt kann man annehmen, dass dann, wenn hohe Korrespondenz besteht, wenn also die selbst eingeschätzte und die fremd eingeschätzte Attraktivität übereinstimmen, stärkere Effekte auf die Persönlichkeit zu erwarten sind. Bei hoher Korrespondenz sollte z. B. physische Attraktivität mit dem Selbstwertgefühl systematisch variieren. Diese Zusammenhänge sollten bei mittlerer oder geringer Korrespondenz zwischen Selbst- und Fremdeinschätzung weniger oder überhaupt nicht zu finden sein (entsprechende Untersuchungen sind im ▶ Kasten dargestellt).

Untersuchungen zur Auswirkung der Korrespondenz zwischen Selbst- und Fremdeinschätzung auf die Persönlichkeit

Die Korrespondenzhypothese wurde von Greitemeyer und Brodbeck (2000) überprüft: Porträtfotos von 122 Stimuluspersonen wurden durch 10 Beurteiler (5 Frauen und 5 Männer) eingeschätzt. Die Stimuluspersonen setzten sich ebenfalls etwa zur Hälfte aus Frauen und Männern zusammen und variierten im Alter zwischen 20 und 48 Jahren. Jede Stimulusperson wurde zweimal fotografiert, und zwar von vorne und von der Seite im Profil. Die selbst eingeschätzte Attraktivität wurde mit 8 Items gemessen. Die fremd eingeschätzte Attraktivität wurde durch ein einzelnes Urteil erfasst, nachdem ein Überblick über die zu beurteilenden Bilder vermittelt worden war. Beide Fotos der zu beurteilenden Person wurden jeweils

gleichzeitig vorgelegt und ein Urteil auf einer 9-stufigen Urteilsskala mit den Endpunkten »1 = sehr unattraktiv« und »9 = sehr attraktiv« erbeten. Zusätzlich wurde das Attraktivitätsstereotyp erfasst, indem die Beurteiler 5 vorgegebene Persönlichkeitsmerkmale der Stimulusperson einstuften (Extraversion, Selbstwertgefühl, Zufriedenheit mit dem persönlichen Leben, personale Kontrolle und soziale Orientierung).

Generell variierten sowohl die selbst eingeschätzte als auch die fremd eingeschätzte Attraktivität über die Stimuluspersonen in hohem Maße. Frauen schätzten ihre Attraktivität ungünstiger ein als Männer. Die selbst und fremd eingeschätzte Attraktivität korrelierte mit $r = 0{,}23$. Die Ergebnisse zeigten, dass ein Attraktivitätsstereotyp wirksam war, da sich positive Korrelationen zwischen der Einschätzung der Attraktivität und der Einschätzung der Persönlichkeit der Stimuluspersonen ergaben. Wenn jemand als attraktiv eingeschätzt wurde, schrieb man dieser Person mehr Extraversion, höheres Selbstwertgefühl, mehr Zufriedenheit mit dem persönlichen Leben und mehr persönliche Kontrolle zu.

Die selbst eingeschätzte Attraktivität hing positiv mit dem Selbstwertgefühl (r = 0,27) und negativ mit Gehemmtheit (r = –0,24) zusammen. Hingegen ergaben sich für die fremd eingeschätzte Attraktivität keine signifikanten Merkmalskorrelationen mit der (selbst eingeschätzten) Persönlichkeit.

Bei hoher Korrespondenz zwischen Selbst- und Fremdeinschätzung fanden sich allerdings höhere Zusammenhänge. Das galt sowohl für die fremd eingeschätzte als auch für die selbst eingeschätzte Attraktivität. So war die Lebenszufriedenheit mit r = 0,39 bzw. r = 0,37 mit der Attraktivität korreliert. Das Selbstwertgefühl hing mit r = 0,37 mit der Attraktivität zusammen, sei sie nun fremd eingeschätzt oder selbst eingeschätzt. Das Ergebnismuster spricht dafür, dass der Zusammenhang zwischen Attraktivität und Persönlichkeit auf die Personen eingeschränkt ist, bei denen die Selbsteinschätzung mit der Fremdeinschätzung übereinstimmt.

Die im ▶ Kasten dargestellten Ergebnisse zeigen, dass physische Attraktivität, wie sie durch das Gesicht zum Ausdruck gebracht wird, mit der Persönlichkeit unter bestimmten Bedingungen zusammenhängt. Attraktivität muss aber nicht als Schicksal aufgefasst werden. Zwar gibt es offensichtlich Tendenzen zu selbsterfüllenden Prophezeiungen, aber diese können durch Gegeneffekte gebremst werden. Dazu zählt das Bemühen, ungünstige Erwartungen zu widerlegen und das eigene Selbstkonzept zu bestätigen. So kann es z. B. sein, dass kompensatorische Effekte auftreten, sodass Frauen, die gut aussehen, sich hauptsächlich auf ihr Aussehen verlassen, während Frauen, deren physische Attraktivität im mittleren Bereich liegt, stärker auf ihre Durchsetzungsfähigkeit setzen.

Darüber hinaus ist zu berücksichtigen, dass persönliche Bekannte und Ehepartner eine großzügigere Beurteilung der Attraktivität des jeweils anderen durchführen als fremde Personen. Daher besteht die Möglichkeit, dass Menschen sich ihr persönliches soziales Umfeld schaffen, in dem sie besonders gut abschneiden, sodass sie sich zumindest teilweise von allgemeinen Urteilstendenzen unabhängig machen können.

28.3 Prosoziales Verhalten

28.3.1 Begriffsklärungen und Beispiele

»Hilfreiches Verhalten« ist ein sehr weit gefasster Begriff, der z. B. auch umfasst, wenn ein Arzt einem Patienten einen Ratschlag gibt, wie er sich gesünder ernähren kann. Deshalb ist es sinnvoll, weitere Eingrenzungen vorzunehmen, um einen wissenschaftlich sinnvollen Begriff zu entwickeln, der Hilfeleistung im engeren Sinne beschreibt. Der Begriff »prosoziales Verhalten« umfasst solche Handlungen, die freiwillig entweder aus egoistischen oder aus altruistischen Gründen zum Wohle einer anderen Person ausgeführt werden. Ein Beispiel ist ein Studierender, der während einer Vorlesung eine Mitschrift macht, damit ein fehlender Kommilitone die Veranstaltung nacharbeiten kann, wobei er schon weiß, dass er zu einem späteren Zeitpunkt selbst fehlen wird, sodass er dann von den Mitschriften des Kommilitonen profitieren kann.

Hilfe, die der Erwartung der Gegenseitigkeit unterliegt, fällt unter die Definition **prosozialen Verhaltens**, das dann gegeben ist, wenn die Absicht besteht, einer konkreten Person eine Wohltat zu erweisen und wenn die Handlung freiwillig ist. **Altruismus** schließlich ist ein Spezialfall prosozialen Verhaltens, der dadurch gekennzeichnet ist, dass das Endziel der Handlung darin besteht, das Wohlergehen der anderen Person zu steigern. Ein bekanntes Beispiel aus dem Neuen Testament ist die Parabel des guten Samariters. Aber auch viele alltägliche Beispiele fallen unter Altruismus. Wenn z. B. jemand für einen anderen eine unangenehme Aufgabe übernimmt, die mit einer psychischen oder physischen Belastung verbunden ist, handelt es sich um »Opferbereitschaft«, die dem Altruismus zuzuordnen ist.

Beispiele prosozialen Verhaltens

Alltägliche Beispiele sind geeignet, die Verbreitung prosozialen Verhaltens zu kennzeichnen. Nehmen wir zwei häufig untersuchte Episoden:

— Verlust eines Füllers: Eine Person verliert ihren Füller auf der Straße vor einem Passanten.
— Verletztes Bein: Ein Verletzter, der am Bein bandagiert ist, verliert auf dem Bürgersteig vor einem Passanten einen Stapel Blätter.

Wie groß ist der Prozentsatz der Episoden, in denen eine Hilfeleistung zustande kommt? Tatsächlich ist es so, dass die Bereitschaft zur Hilfeleistung in den genannten Episoden überall in der Welt relativ hoch ist. Die Prozentsätze liegen bei über 50% (Levine, Norenzayan & Philbrick, 2001).

Die Beispiele lassen erkennen, dass prosoziales Verhalten keine Ausnahme darstellt, die nur unter besonderen Bedingungen eintritt. Die Sichtweise, dass prosoziales Verhalten problematisch ist, wurde durch Freud nahe gelegt, der Hilfeleistung nicht als spontane Handlung begriff, sondern stattdessen dahinter die Auswirkung der Verdrängung bestimmter Triebe oder eine Reaktionsbildung darauf sehen wollte. Mit dieser psychoanalytischen Sichtweise, die die westliche Kultur geprägt hat, ist eine Hinwendung zu den Defiziten der Menschen verbunden. Denn der Psychoanalytiker fragt nach den Schwächen und Traumata, die auf die Kindheit zurückgehen.

Prosoziales Verhalten lässt sich hingegen besser verstehen, wenn man von dem Bild der Positiven Psychologie ausgeht, die ihren Ausgangspunkt darin nimmt, die Stärken und Tugenden eines Menschen zu fördern. Eine Förderung der Tugenden des Menschen erhöht vermutlich seine Fähigkeit, authentisches Glück zu erleben (Seligman, 2002).

28.3.2 Grundlagen prosozialen Verhaltens

Im Wesentlichen lassen sich drei Grundlagen des prosozialen Verhaltens nennen (Bierhoff, 2002). Das ist zum einen der Prozess der Verstärkung und Konditionierung, der die soziale Billigung von guten Taten und die Missbilligung von unterlassener Hilfeleistung umfasst. Zum zweiten ist auf die Bedeutung des Modelllernens zu verweisen, das die Nachahmung von Vorbildern, die Hilfeleistung vorleben, kennzeichnet. Die dritte Grundlage ist die altruistische Persönlichkeit als Ausdruck der Internalisierung von sozialen Normen in der Sozialisation, wobei Temperamentsfaktoren

eine modifizierende Rolle spielen. Die altruistische Persönlichkeit ist das Ergebnis der Interaktion von Temperament und Lerngeschichte. Das impliziert auch, dass die Internalisierung von prosozialen Werten nicht bei allen Kindern auf demselben Weg erfolgen muss. Vielmehr kann je nach Temperament der eine oder der andere Weg zur Bildung einer altruistischen Persönlichkeit führen (▶ unten).

Es ist irreführend, ausschließlich darauf zu setzen, dass prosoziales Verhalten durch die Situation kontrolliert wird. Vielmehr ist der Einfluss der Persönlichkeit zu berücksichtigen, um ein umfassendes Verständnis von prosozialem Verhalten zu erreichen. Im Folgenden sollen Situationseinflüsse am Beispiel von sozialen Hemmungsprozessen dargestellt werden.

28.3.3 Soziale Hemmung

Lange Zeit wurde der Einfluss der Situation auf das prosoziale Verhalten betont. Diese Betonung ist auch durchaus berechtigt, weil man zeigen kann, dass situative Einflussfaktoren einen erheblichen Unterschied im prosozialen Verhalten auslösen können. Das beste Beispiel ist die Beeinflussung der Bereitschaft zum Eingreifen in akuten Notsituationen in Abhängigkeit von der Anzahl der anwesenden Zeugen (▶ Kasten »Diffusion der Verantwortung«).

Diffusion der Verantwortung

In einem Versuch von Latané und Rodin (1969) wurde das Phänomen der Diffusion der Verantwortung unter Beweis gestellt. Versuchsteilnehmer arbeiteten in ihrem Raum an Versuchsmaterial, während der Versuchsleiter in einem Nachbarraum mit seinen Unterlagen beschäftigt war. Die beiden Räume waren nur durch einen Vorhang getrennt, der sich auseinanderschieben ließ. Nach einigen Minuten aktivierte der Versuchsleiter eine Tonbandaufnahme, die einen Unfall simulierte. Darauf war zu hören, wie jemand von einem Stuhl fiel und sich wehtat. Der ganze Vorgang wurde laut und deutlich eingespielt, sodass er nicht zu überhören war. Als Hilfeleistung wurde erfasst, wenn die Versuchsteilnehmer in den Nachbarraum hinüber gingen, um nachzusehen, was geschehen war, oder um sich zu erkundigen, was vorgefallen war. Beide Formen des Eingreifens wurden als direkte Hilfe gewertet. Wenn die Versuchsteilnehmer allein in ihrem Raum arbeiteten, ergab sich eine hohe Interventionsbereitschaft, die bei 70% lag (◘ Abb. 28.1). Wenn die Versuchsperson mit einem Verbündeten im Raum war, der instruiert war, sich völlig passiv zu verhalten und mit Pokerface auf den Unfall zu reagieren, trat eine dramatische Reduktion der Hilfeleistung ein, die auf unter 10% sank.

▼

Der hohe Wert in der Allein-Bedingung entspricht in etwa den Prozentwerten, die im Hinblick auf die Häufigkeit alltäglicher Hilfeleistungen gefunden wurden. Er ist ein Beweis dafür, dass Hilfeleistung auch in experimentellen Situationen hoch ausgeprägt sein kann. Das gilt allerdings nicht für die Bedingung mit dem passiven Verbündeten. In ◘ Abb. 28.1 sind außerdem die Ergebnisse für zwei weitere Bedingungen dargestellt, in denen zwei Fremde oder zwei Freunde gemeinsam in dem Raum saßen, der neben dem

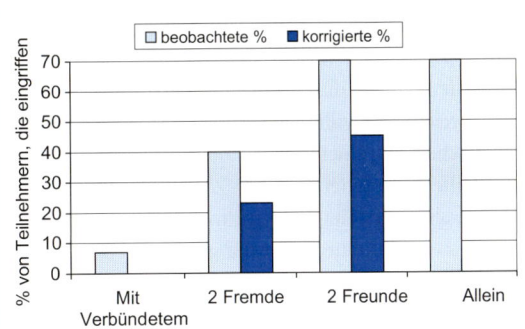

◘ **Abb. 28.1.** Hilfeleistung als Funktion der Diffusion der Verantwortung

Zimmer des Versuchsleiters lag. Wenn potenziell zwei Personen eingreifen können, ist eine technische Komplikation zu berücksichtigen, die darin besteht, dass jeder einzelne helfen kann, sodass eine Korrektur durchgeführt werden muss, um einen Vergleich mit der Allein-Bedingung zu ermöglichen. Daher sind in den Bedingungen, in denen zwei Personen eingreifen können, korrigierte Wahrscheinlichkeiten der Intervention, die auf Individuen heruntergerechnet sind, zusätzlich dargestellt.

Es wird deutlich, dass die Wahrscheinlichkeit von zwei Fremden einzugreifen mit 40% oberhalb der Bedingung des Verbündeten liegt, der mit seinem Pokerface ein ausgeprägtes Beispiel für Passivität gab, und unterhalb der Alleinbedingung, in der keine soziale Hemmung wirksam wurde. Allerdings rechnet sich die Wahrscheinlichkeit der Zweipersonengruppe auf eine individuelle Wahrscheinlichkeit des Eingreifens von etwas über 20% herunter. Diese ist deutlich niedriger als die Interventionsbereitschaft in der Allein-Bedingung.

Zusammenfassend kann festgestellt werden, dass eine deutliche Reduktion der Hilfeleistung zu erwarten ist, wenn mehrere Zeugen einen Unfall beobachten (im Vergleich zu einer Allein-Bedingung). Das Phänomen der Gaffer, die bei einem Unglück zusammenstehen und zuschauen, lässt sich so zumindest teilweise erklären. Die soziale Hemmung wird abgeschwächt, wenn mehrere Freunde die potenziellen Helfer darstellen (◘ Abb. 28.1). Gegen das Phänomen der Diffusion der Verantwortung kann Aufklärung eingesetzt werden, wie sie z. B. in Erste-Hilfe-Kursen gegeben wird.

28.3.4 Sozialer vs. genetischer Einfluss auf prosoziales Verhalten

Aufschlussreich für ein Verständnis von prosozialem Verhalten sind auch Studien, die sich mit der Hilfsbereitschaft von Kindern befassen. Tatsächlich finden sich schon bei 2-jährigen Kindern Hinweise auf prosoziales Verhalten (Zahn-Waxler, Robinson & Emde, 1992). Um diese zu erfassen, simulierte der Versuchsleiter, dass er sich einen Finger eingeklemmt hatte, oder die Mutter des Kindes tat so, als ob sie sich am Knie gestoßen hätte. In diesen Situationen zeigte sich, dass das Mitgefühl, wie es aus Gesten, Gesichtsausdruck und stimmlichem Ausdruck des Kindes abgeleitet wurde, mit prosozialem Verhalten positiv zusammenhing. Mitgefühl ist also schon relativ frühzeitig eine Begleiterscheinung prosozialen Verhaltens.

Außerdem wurde durch die Untersuchung von eineiigen und zweieiigen Zwillingen gezeigt, dass in diesem Alter die genetische Komponente relativ hoch ist, da die Ähnlichkeit der Hilfeleistung bei eineiigen Zwillingen deutlich höher ausfiel als bei zweieiigen Zwillingen. Allerdings ergab sich auch, dass 6 Monate später der genetische Einfluss geringer ausfiel, während umgekehrt der Sozialisationseinfluss größer wurde. Das lässt vermuten, dass in den ersten Lebensjahren ein breit gefächerter Sozialisationseinfluss auf die Entwicklung prosozialer Tendenzen zustande kommt, der die genetische Ausstattung in ihren Auswirkungen einschränkt. Im Endeffekt nimmt der soziale Einfluss zu, während der genetische Einfluss abnimmt.

Sozialer Einfluss – die Entwicklung des Gewissens

Der soziale Einfluss äußert sich in der Entwicklung des Gewissens (Kochanska & Thompson, 1997). Darunter versteht man ein System internaler Verhaltensstandards für das eigene Handeln. Dieses System bezieht die Befolgung der sozialen Spielregeln ein, wie sie in der Sozialisation vermittelt wird. Außerdem umfasst dieses System die moralische Selbstregulation, die es dem Kind ermöglicht, autonom ohne Kontrolle durch Dritte sein moralisches Verhalten zu gewährleisten. Das Gewissen weist vier Komponenten auf, die sich voneinander unterscheiden lassen:

1. **Moralische Emotionen**, die den Stolz über die Erfüllung der sozialen Spielregeln und das Bedauern wegen Fehlverhaltens umfassen. Auch Empathie und persönliche Irritation, die durch das Leiden anderer ausgelöst werden kann, fallen unter die moralischen Emotionen.
2. **Selbstkontrolle**, die die Unterdrückung unerwünschter Verhaltensweisen (»Don'ts«) und die Ausführung sozial erwünschter Verhaltensweisen (»Dos«) umfasst. Erfolgreiche Selbstkontrolle bedeutet, dass die »Don'ts« und »Dos« der Bezugsgruppe durch das Kind verhaltenswirksam übernommen werden.
3. **Moralische Prozesse**, die die Aufnahmebereitschaft des Kindes für elterliche Verhaltensstandards und prosoziale Werte bestimmen. Auf der einen Seite besteht Akzeptanzbereitschaft, wenn die Beziehung zu den Eltern positiv ist, auf der anderen Seite entsteht eine Verweigerungshaltung, wenn Hassgefühle und Ablehnung gegenüber den Eltern dominieren.
4. **Verstehen der Verhaltensstandards**: Es fällt natürlich leichter, die »Dos« und »Don'ts« einzuhalten, wenn man ihren Sinn versteht und ihre gesellschaftliche Bedeutung erkennen kann.

Was bestimmt nun über den Erfolg der Internalisierung von sozialen Normen und prosozialen Werten? Die Entwicklung des Gewissens hängt vom Lernen der Selbstwahrnehmung eines autonomen Individuums unter Berücksichtigung elterlicher Vorgaben ab. Das umfasst entsprechende Gedächtnisleistungen, die dadurch gefördert werden, dass prosoziale Normen im semantischen Gedächtnis gespeichert werden. Wenn hingegen prosoziale Episoden im episodischen Gedächtnis gespeichert werden, besteht die Gefahr, dass anstelle von allgemeinen Handlungsintentionen äußere Bedingungen abgespeichert werden, unter denen eine prosoziale Handlungsweise als nützlich erscheint. Dann wird eine externe Kontrolle prosozialen Verhaltens und damit die Verhinderung einer Internalisierung entsprechender Normen und Werte wahrscheinlich.

Genetischer Einfluss – Temperaments-unterschiede

Nun hatten wir schon darauf hingewiesen, dass prosoziale Werte nicht von allen Kindern in der gleichen Weise erworben werden. Wichtig sind hier die gegebenen Temperamentsunterschiede, die sich auf die Angstdimension beziehen. Manche Kinder sind ängstlich, risikoscheu und durch die Suche nach der Nähe ihrer Eltern in neuen Situationen gekennzeichnet. Andere Kinder zeigen wenig Angst, sind risikobewusst und gehen neue Situationen unbekümmert an. Es besteht Einigkeit darüber, dass eine gewisse Ängstlichkeit das Lernen prosozialer Werte und Normen fördert. Eysenck und Eysenck (1985) verweisen in diesem Zusammenhang auf eine bessere Konditionierbarkeit bei hoher Ängstlichkeit. Das kann damit zusammenhängen, dass ein gewisses Erregungsniveau die Aufmerksamkeit und die Aufnahmebereitschaft für entsprechende Kommunikationen erhöht (Hoffman, 1983).

Was ist aber mit den Kindern, die nicht ängstlich sind? Wie können sie moralische Werte lernen? Für diese Kinder lässt sich feststellen, dass eine positive Eltern-Kind-Beziehung die Internalisierung moralischer Werte fördert. Sowohl in Querschnitt- als auch in Längsschnittanalysen konnte belegt werden, dass eine gegenseitige Aufnahmebereitschaft zwischen Mutter und Kind die Internalisierung prosozialer Werte erleichtert. Das Kind übernimmt die mütterlichen Werte und Ziele als eigene Verpflichtungen auf der Grundlage der harmonischen Beziehung mit der Mutter. Diese Aussage ist von besonderer Relevanz in Bezug auf wenig ängstliche Kinder, da die sichere Bindung in dieser Gruppe den Königsweg der Internalisierung darzustellen scheint. Der förderliche Einfluss einer sicheren Bindung gilt aber vermutlich auch für ängstliche Kinder, die aber aufgrund der weiter oben dargestellten Zusammenhänge nicht darauf angewiesen sind, dass eine sichere Bindung hergestellt wird, um die Übernahme moralischer Werte zu garantieren.

28.3.5 Prosoziales Verhalten als Selbstverstärkung

Das Ergebnis dieser Prozesse der Norminternalisierung besteht aber auch in der Entwicklung eines Selbstverstärkungssystems, in dem prosoziales Verhalten als selbstbelohnend erlebt wird und aufgrund dessen als Selbstverstär-

ker dienen kann (Cialdini, Kenrick & Baumann, 1982). Voraussetzung dafür ist, dass prosoziale Normen vermittelt worden sind und zu einer Internalisierung als persönliche Überzeugungen über das angemessene Verhalten geführt haben. Dann lernt das Kind aufgrund seiner eigenen Erfahrungen, dass prosoziales Verhalten eine gute Sache ist. Damit wird eine Selbstbestätigung durch gute Taten ermöglicht, aufgrund derer sich das Kind selbst dafür gratulieren kann, ein guter Mensch zu sein.

Die Etablierung dieses Selbstverstärkungssystems trägt dazu bei, dass prosoziales Verhalten die Stimmung verbessert. Untersuchungen zeigen, dass Personen, die sich in schlechter Stimmung befinden, durch prosoziales Verhalten ihre Stimmung aufhellen können. Die Hilfe ist also nicht nur für den Hilfeempfänger, sondern auch für den Geber förderlich. In diesem Zusammenhang weist Seligman (2002) zu Recht darauf hin, dass prosoziales Verhalten authentische Glücksgefühle auslösen kann. Denn das Selbstverstärkungssystem, das nach entsprechenden Sozialisationsprozessen entstanden ist, stellt ein Mittel dar, die eigene gute Stimmung aufzubauen. Das ist insofern hervorzuheben, als diese Glücksquelle unabhängig von den Aktionen anderer Personen ist, von denen man normalerweise abhängig ist, um positive Rückmeldung zu erhalten. Vielmehr gelingt es dem Individuum durch das Selbstverstärkungssystem für gute Taten, seine eigenen positiven Konsequenzen zu erzeugen (Luks & Payne, 1991).

28.3.6 Empathie-Altruismus-Hypothese

Daher spricht auch einiges dafür, dass die Evolution des Menschen dadurch gekennzeichnet ist, prosoziale Verhaltenstendenzen, die sich in der altruistischen Persönlichkeit bündeln lassen, zu fördern (Fetchenhauer & Bierhoff, 2004; auch ▶ Kap. 36). Würde ein Therapeut oder Berater anstreben, diese altruistischen Tendenzen zu mindern, würde er dem Klienten eine wichtige Ressource entziehen, die wesentlich zum Erfolg seines zwischenmenschlichen Verhaltens beiträgt.

Im Idealfall lernt das Kind eine kognitive Regel, die lautet: »Wenn du jemandem hilfst, der in Not ist, wirst du dich wohl fühlen.« Ein solches kognitives Skript kann auf der Grundlage der Maxime, dass man anderen hilft, um ihre Not zu lindern, entwickelt werden. Hingegen arbeitet eine kognitive Maxime, die Helfen abhängig macht von egoistischen Bestrebungen und spezifischen Umständen (z. B. von der Erwartung sozialer Billigung), der Entwicklung einer solchen kognitiven Regel entgegen. Daher kommt der Attribution, die das Kind aus seinen prosozialen Erfahrungen ableitet, eine besondere Bedeutung zu. Wenn Hilfeleistung external attribuiert wird, kann das genannte Selbstverstärkungssystem weniger erfolgreich aufgebaut werden, als wenn die Intention zur Hilfeleistung internal wahrgenommen wird. Die Kommunikation »Du hilfst, weil es mir gefällt« im Vergleich zu der Kommunikation »Du hilfst, weil du helfen willst« macht also einen großen Unterschied (Grusec & Redler, 1980).

Damit ist schon eine Grundlage für die Empathie-Altruismus-Hypothese angesprochen, die von Batson (1991; ► Kurzbiographie) formuliert wurde. Sie beinhaltet die Trennung zwischen einer altruistischen und einer egoistischen Motivation für prosoziales Verhalten. Der experimentelle Schlüssel zur erfolgreichen Trennung zwischen diesen beiden Motivationen liegt darin, dass den Versuchsteilnehmern eine Fluchtmöglichkeit gegeben wird, bei deren Nutzung sie dem Opfer nicht helfen und keine weiteren Eindrücke von der Notlage empfangen. Eine Person, die altruistisch motiviert ist, versetzt sich in die Notlage des Opfers, sodass für diese Person ein Verlassen der Situation nicht dazu beitragen kann, die prosoziale Motivation zu befriedigen. Denn aufgrund ihres Mitgefühls leidet sie weiter darunter, dass das Opfer in einer Notlage verharrt. Dem gegenüber ist eine egoistisch motivierte Person in der Lage, durch das Verlassen der Notlage das weitere Leiden des Opfers auszublenden, da ihr Mitgefühl niedrig ausgeprägt ist.

C. Daniel Batson

C. Daniel Batson, geboren 1943, promovierte 1972 an der Princeton University. Seine Forschungen führte er im Wesentlichen an der University of Kansas durch, an der er bis heute als Professor für Psychologie im Bereich Experimentelle Psychologie (soziales Verhalten und prosoziale Motivation) tätig ist.

Sein besonderer Schwerpunkt liegt auf der Empathie-Altruismus-Hypothese, die er selbst aufgestellt hat. In diesem Zusammenhang befasste er sich mit der Messung von Mitgefühl als Zustand (im Unterschied zu Eigenschaften). Ein weiterer wichtiger Bereich seiner Arbeit liegt in der Psychologie der Religion, die er durch die Entwicklung der »Quest«-Dimension als suchende Einstellung bereichert hat. Weitere Forschungsfelder sind Ursachenzuschreibungen für Probleme, wie sie z. B. durch Berater oder Richter durchgeführt werden.

Daher werden egoistisch motivierte Personen vor allem dann helfen, wenn sie die Notlage des Opfers nicht verlassen können, also dann, wenn sie ihre persönliche Irritation nur dadurch abbauen können, dass dem Opfer geholfen wird. Hingegen werden altruistisch motivierte Personen sowohl dann, wenn sie die Situation nicht verlassen können, als auch dann, wenn sie leicht das Schicksal des Opfers ausblenden könnten, indem sie sich abwenden, gleichermaßen Hilfe leisten. Egoistische Motivation gibt sich also dadurch zu erkennen, dass das Opfer seinem Schicksal überlassen wird, wenn das unauffällig möglich ist. Das entspricht dem Beobachter eines Verkehrsunfalls, der sich schnell verdrückt, um nicht eingreifen zu müssen. Hingegen wird ein altruistisch motivierter Beobachter nicht weiter darüber nachdenken, ob er oder sie die Situation verlassen könnte, weil sein empathisches Mitleiden einzig und allein durch eine Beendigung der Notlage des Opfers besänftigt werden kann.

Es sei noch erwähnt, dass Mitgefühl sowohl als Persönlichkeitsmerkmal aufgefasst werden kann als auch als ein Merkmal, das durch die Situation induziert wird. Hohe Einstellungsähnlichkeit oder die Instruktion, sich in das Opfer hineinzuversetzen, tragen dazu bei, dass eine hohe empathische Emotion in einer gegebenen Situation ausgelöst wird. Hingegen führt eine Unähnlichkeit der Einstellung oder die Instruktion, das Opfer sorgfältig zu beobachten, dazu, dass das Mitgefühl gering ausgeprägt ist, sodass als Folge eine egoistische Motivation dominiert.

28.4   Aggression

Das Thema der Aggression ist so vielfältig, dass sich verschiedene Buchautoren um eine umfassende Analyse bemüht haben (z. B. Berkowitz, 1993; Krahé, 2001). Wir können bei den gegebenen Umfangsbeschränkungen nur einen kurzen Überblick über wichtige Grundlagen und Erkenntnisse der Aggressionsforschung geben.

28.4.1   Definition von Aggression und Unterscheidung verschiedener ihrer Formen

Was ist unter Aggression und Gewalt zu verstehen? Eine der bekanntesten und frühesten Definitionen stammt aus der behavioristischen Forschungstradition der ersten Hälfte des letzten Jahrhunderts. Dollard, Doob, Miller, Mowrer und Sears (1939) definierten Aggression als »eine Verhaltenssequenz, deren Zielreaktion die Verletzung einer Person ist, gegen die sie gerichtet ist« (Übersetzung von Selg, 1982). Während in dieser klassischen Definition noch darauf verzichtet wird, explizit auf die Absicht hinter der Handlung zu verweisen, haben spätere Autoren die Notwendigkeit erkannt, die Intention der Handelnden in die Begriffsbestimmung einzubeziehen.

Nach Berkowitz (1993, S. 11) bezieht sich »Aggression …auf eine bestimmte Art des Verhaltens, entweder physisch oder symbolisch, das mit der Intention ausgeführt wird, jemanden zu verletzen.« Zillmann (1979) hat zusätzlich noch die Absicht des Opfers der Aggression thematisiert und die Folgen der aggressiven Handlung eingeschränkt. »Aggression« ist »jede Aktivität, durch die versucht wird, körperlichen Schaden oder physischen Schmerz einer anderen Person zuzufügen, die danach strebt, eine solche Zufügung zu vermeiden«. Die Einschränkung von Aggression auf die Verursachung körperlichen Schadens oder physischen Schmerzes hat sich aber nicht bewährt, weil z. B. auch der Ausschluss einer Person aus einer Gruppe mit der Absicht, sie zu schädigen, sinnvollerweise unter dem Begriff der Aggression abgehandelt wird. Man spricht in diesem Fall von »relationaler Aggression«. Gewalt ist demgegenüber eine »extreme Form der Aggression, ein bedachter Versuch, ernsthafte physische Verletzungen zu verursachen« (Berkowitz, 1993, S. 11). Da Aggression im Alltag viele Gesichter zeigt, ist eine weitere Unterscheidung verschiedener Formen der Aggression notwendig. Nach Petermann und Petermann (1993) sowie Zillmann (1979) werden folgende Formen der Aggression unterschieden:

Offen gezeigte vs. verdeckt hinterhältige Aggression. Mit offen gezeigter Aggression bezeichnet man jede offen und erkennbar ausgetragene Aggression. Die verdeckt hinterhältige Aggression kennzeichnet gezielte Aggression, die vom Gegenüber nicht erkannt bzw. nicht unmittelbar erkannt wird und den Gegner in einer ungünstigen Situation trifft. Beispiele für die letztgenannte Form der Aggression sind Angriffe aus dem Hinterhalt oder das In-die-Welt-Setzen von Gerüchten, wie es bei relationalen Aggressionen häufig auftritt.

Körperliche vs. verbale Aggression. Unter körperlicher Aggression versteht man Handlungen, bei denen ein Objekt oder eine Person attackiert wird, z. B. durch Boxen oder Schlagen. Erfolgt der Angriff dagegen nur in symbolischer Form, spricht man von verbaler Aggression, die in Beleidigungen, Herabsetzungen oder Verhöhnungen zum Ausdruck kommt. Verbale und körperliche Aggression unterliegen den gleichen funktionalen Abhängigkeiten; z. B. werden sie jeweils durch Provokationen hervorgerufen. Es bestehen aber auch Unterschiede: Körperliche Aggression wird weniger sozial gebilligt als verbale Aggression und lässt sich nicht zurücknehmen. Außerdem bestehen Geschlechtsunterschiede, da Jungen stärker der körperlichen Aggression zuneigen, während Mädchen eher verbal aggressiv sind.

Direkte vs. indirekte Aggression. Direkte Aggression richtet sich unmittelbar gegen eine Person, z. B. durch Boxen oder Beschimpfen. Möchte man eine Person dadurch schädigen, dass man die Gegenstände aus ihrem Besitz verun-

glimpft, zerstört oder stiehlt, dann spricht man von indirekter Aggression.

Nach außen gewandte vs. nach innen gewandte Aggression. Aggression gegen eine andere Person nennt man nach außen gewandte Aggression. Bilden sich dagegen Aggressionen gegen die eigene Person, so spricht man von nach innen gewandter Aggression (Autoaggression). Nach innen gewandte Aggression kann verschiedene Formen annehmen: Nägel kauen, an den eigenen Haaren ziehen, extreme Schaukelbewegungen des Körpers usw.

Offensive und defensive Aggression. Eine Aggression ist offensiv, wenn der Angriff ohne einen erkennbaren Anlass im Verhalten der Zielperson auftritt. Sie ist defensiv, wenn sie der Abwehr eines aktuellen oder eines früheren Angriffs dient.

Instrumentelle und emotionale Aggression. Instrumentelle Aggression dient dazu, bestimmte Ziele durchzusetzen, die nichts mit Aggression zu tun haben (z. B. sich bereichern). Es geht darum, eigene Interessen durch Drohungen, körperliche Angriffe oder Strafen durchzusetzen. Dahinter steht oft die Motivation, Dominanz zu erreichen oder sozialen Einfluss auszuüben. Es kann aber auch der Wunsch ausreichen, das Eigeninteresse ohne Rücksicht auf andere zu verwirklichen. Emotionale Aggression beruht auf dem primären Ziel, die andere Person zu verletzen. Man spricht auch von Ärgeraggression, weil die Emotionen, die diese Aggression bestimmen, unter dem Begriff des Ärgers zusammengefasst werden können. Es kann sich z. B. um Wut, Verdruss oder Enttäuschung handeln. Generell hat emotionale Aggression als Grundlage, dass sich der Aggressor schlecht fühlt, weil in ihm negative Emotionen wachgerufen wurden.

28.4.2 Aggression als Teufelskreis

Aggression beruht oft auf verschiedenen Teufelskreisen, die sie immer weiter aufrechterhalten und hochschaukeln. Dafür werden im Folgenden drei Beispiele genannt. Das erste Beispiel betrifft Aggression, die durch **Unsicherheit und Angst** motiviert ist (vgl. Petermann & Petermann, 1993). Verunsicherte Kinder – vor allem Jungen –, die in der Grundschule durch ihr aggressives Verhalten auffallen, leiden häufig unter einer einseitigen Wahrnehmung ihrer sozialen Umwelt, die ihnen feindlicher erscheint, als es bei Kindern der Fall ist, die nicht aggressiv sind. Diese einseitige Sichtweise (vgl. Crick & Dodge, 1994) kann dadurch verstärkt werden, dass übermäßige Erwartungen im Hinblick auf soziale Anerkennung bestehen, die häufig enttäuscht werden. In diesem Kontext wird Aggression eingesetzt, um sich Respekt zu verschaffen. Die Folge der Aggressionsausübung ist eine emotionale Erleichterung, die durch eine Verringerung der Verunsicherung zustande kommt. Die Sequenz »soziale Unsicherheit → Aggression → emotionale Erleichterung« tritt wiederholt auf, da eine positive Verstärkung das Reaktionsmuster aufrechterhält. Das Problem des Kindes wird aber nicht bewältigt, da sein aggressives Auftreten soziale Zurückweisung und Gegenaggressionen der Gleichaltrigen sowie Bestrafungen durch Autoritätspersonen zur Folge hat.

Ein anderes Beispiel für einen Teufelskreis der Aggression liegt vor, wenn impulsive Kinder, die eine **unzureichende Selbstkontrolle** aufweisen, Bestrafungsreaktionen der Eltern hervorrufen, die wiederum das Ausmaß der Selbstkontrolle verringern und das Ausmaß antisozialen Verhaltens erhöhen (Siegler, DeLoache & Eisenberg, 2003). Eltern können durch ihr übertriebenes Bestrafungsverhalten bedeutsam zur Entwicklung der Aggressivität ihrer Kinder beitragen. Darüber hinaus wird eine Vielzahl anderer Probleme der Kinder durch strenge Eltern ausgelöst, darunter eine unsichere Bindung, die soziale Kontakte erschwert.

Ein drittes Beispiel findet sich im Zusammenhang mit der **Darstellung von Aggression** im Fernsehen: Kinder, die häufig Fernsehsendungen mit aggressivem Inhalt sehen und entsprechende Videospiele bevorzugen, verhalten sich aggressiver als andere Kinder. Gleichzeitig ist es aber so, dass aggressivere Kinder eine stärkere Präferenz für Fernsehsendungen und Videospiele haben, die aggressive Inhalte transportieren, als andere Kinder (Huston & Wright, 1998). In ◘ Abb. 28.2 sind zwei typische Beispiele für einen Teufelskreis der Aggression dargestellt.

Diese Beispiele zeigen, dass Aggression, wenn sie einmal entstanden ist, dazu tendiert, eine Eigendynamik zu entwickeln, die zu ihrer Aufrechterhaltung beiträgt. Daher kann es nicht verwundern, dass aggressive Tendenzen, die in der Kindheit auftreten, bis in die Erwachsenenzeit relativ stabil bleiben. Eine Längsschnittstudie, die Aggression im Alter von 8 und 30 Jahren erfasste, verwies auf eine hohe Konsistenz aggressiver Tendenzen über mehr als 20 Jahre. Das galt sowohl für Jungen als auch – in abgeschwächter

Form – für Mädchen (Huesmann, Eron, Lefkowitz & Walder, 1984). Allerdings fallen in der Jugend- und Erwachsenenzeit zusätzlich noch andere Jugendliche auf, die ebenfalls aggressive Tendenzen entwickeln, obwohl sie als Kinder nicht aggressiv waren. Das kann damit zusammenhängen, dass sie sich einer Gang anschließen, unter deren Einfluss sie kriminelle Handlungen begehen (Siegler, Deloache & Eisenberg, 2003).

28.4.3 Theorien der Aggression

Im Folgenden werden die wichtigsten Theorien der Aggression beschrieben:
- die Frustrations-Aggressions-Theorie,
- die Erregungstransfertheorie,
- die Attributionstheorie und
- die Lerntheorie.

Frustrations-Aggressions-Theorie

Nach der Frustrations-Aggressions-Theorie stellt Frustration eine unerwartete Blockierung der antizipierten Zielerreichung dar. Aggression wird durch Frustration ausgelöst, die ein Spezialfall eines aversiven Ereignisses ist. Nach Berkowitz (1993) rufen aversive Ereignisse einen negativen Affekt hervor, der assoziativ mit Ärger, Beunruhigung oder Irritation verbunden ist sowie mit expressiv-motorischen Reaktionen, die zu Aggression oder zu Fluchtverhalten (»Fight-Flight«-Reaktion) führen können.

Das folgende Beispiel zum Zusammenhang zwischen heißen Temperaturen einerseits und Gewaltverbrechen andererseits veranschaulicht die Annahmen der Frustrations-Aggressions-Theorie (Anderson, 1989): In wärmeren Jahreszeiten finden mehr Gewaltverbrechen statt als in kälteren Jahreszeiten. Außerdem wurde festgestellt, dass in Jahren, in denen es besonders heiß wurde, eine höhere Verbrechensrate auftrat als in Jahren, die weniger heiß verliefen (und zwar nur bezogen auf Gewaltverbrechen). Schließlich fanden sich in Städten, die höhere Durch-

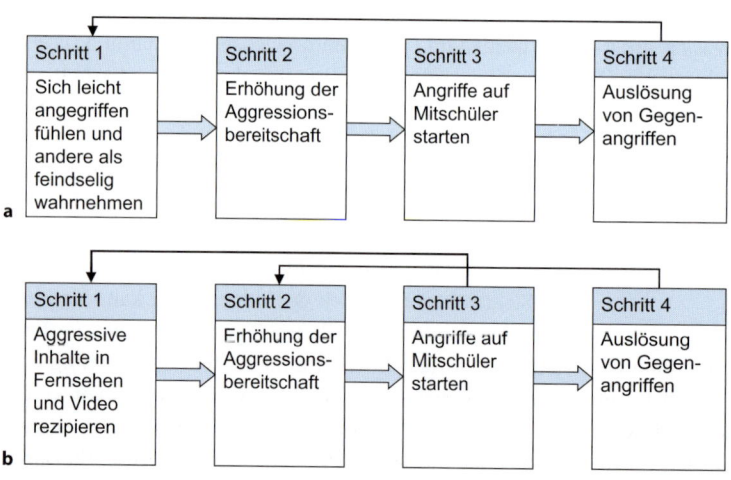

◘ **Abb. 28.2a,b.** Teufelskreis der Aggression bei Kindern: zwei Beispiele

schnittstemperaturen aufwiesen, relativ mehr Gewaltverbrechen als in Städten, die in kühleren geographischen Lagen lokalisiert waren.

Im Rahmen der Frustrations-Aggressions-Theorie ist abschließend zu beachten, dass es zum »Priming« von Aggression durch aggressive Hinweisreize kommen kann (Berkowitz, 1993). Unter »Priming« versteht man, dass anfänglich Gedanken ausgelöst werden, durch die im Gedächtnis weitere, damit zusammenhängende Vorstellungen aktiviert werden, die dann für den Urteilsprozess der Person leicht verfügbar sind. Daher werden diese Gedankeninhalte mit großer Wahrscheinlichkeit verwendet, wenn sie in der Situation anwendbar sind. So erinnert das »Priming« durch Waffen die Person an Ärger über Provokationen, der dann durch eine neue Provokation leichter und intensiver ausgelöst werden kann als ohne vorheriges »Priming«. Daher kann durch sichtbare Waffen eine Steigerung der Aggressionsbereitschaft bewirkt werden. Das »Priming« kann auch bewirken, dass ein Schema aggressiver Gedanken angeregt wird, das die weitere Interpretation der Situation durch die Person beeinflusst. Ein solches Schema kann etwa beinhalten, dass Frustration mit Aggressionsbereitschaft verbunden wird. Tritt nun eine Frustration auf, so wird aufgrund des Schemas, das in Gedanken zur Verfügung steht, eine Verbindung zu Aggression geschaffen, wodurch die Aggressionsneigung erhöht wird. Wäre das aggressive Schema nicht voraktiviert gewesen, hätte die Person möglicherweise mit Rückzug reagiert oder sie hätte versucht, die Ursachen der Frustration in konstruktiver Weise abzustellen.

Erregungstransfertheorie

Die Erregungstransfertheorie geht davon aus, dass emotionale Zustände häufig sequenziell auftreten. So kann man zu einem gegebenen Zeitpunkt unterschiedliche Quellen für physiologische Erregung miteinander verknüpfen, ohne dass einem das notwendigerweise bewusst ist (Zillmann, 1979). Das ist vor allem dann der Fall, wenn eine Resterregung aus einer früheren Erregungssituation, an die man nicht mehr denkt, noch nicht abgeklungen ist und zu einer neu ausgelösten Erregung hinzuaddiert wird. Dadurch kommt es zum Erregungstransfer. Zum Beispiel reagiert eine Person nach einer Beleidigung aggressiver, wenn sie zuvor durch eine sportliche Aktivität »in Schwung gekommen ist«.

Eine Voraussetzung für den Erregungstransfer ist, dass Erregungsreaktionen unspezifisch wahrgenommen werden. Eine physiologische Erregung wird vielfach der Quelle zugeschrieben, die unmittelbar damit verbunden zu sein scheint. Dabei wird im Bewusstsein häufig keine Differenzierung nach mehreren Quellen vorgenommen.

Residuen der Erregung entstehen dadurch, dass physiologische Erregung nicht abrupt beendet wird, sondern kontinuierlich über einen bestimmten Zeitraum abgebaut wird. Residuen von Erregung können in spätere Erfahrungen, die ebenfalls physiologische Erregung erzeugen, »eingewebt« sein. Sie können so zu einer Intensivierung der Erfahrung nach einer Provokation beitragen und das daraus resultierende aggressive Verhalten vergrößern.

Das Phänomen des Erregungstransfers ist nicht auf Aggression beschränkt. Ein anderes Beispiel ist sexuelle Erregung aufgrund erotischer Filme: Die berichtete sexuelle Erregung von männlichen Studierenden nach dem Ansehen von erotischen Filmausschnitten stieg nach einer vorherigen sportlichen Aktivität an. Der erotische Inhalt erschien diesen Studierenden also erregender im Vergleich zu den Reaktionen von Studierenden, die sich nur die Filmausschnitte angesehen hatten.

Der Erregungstransfer hängt von verschiedenen Faktoren ab, z. B. von der Größe der ersten Erregung und der Schnelligkeit, mit der die erste Erregung abgebaut wird. Individuelle Unterschiede im Ausmaß des Erregungstransfers hängen damit zusammen, dass Menschen sich in ihrer Neigung, mit physiologischer Erregung zu reagieren, unterscheiden. Wenn die Emotionalität stärker ausgeprägt ist, wird auf eine Beleidigung eher mit physiologischer Erregung reagiert als wenn das Temperament der Person ruhiger ist. Andererseits trägt sportliche Fitness dazu bei, dass die physiologische Erregung weniger stark aufgebaut und schneller wieder abgebaut wird. Daher sollten Personen, die eine große sportliche Fitness besitzen, weniger Erregungstransfer zeigen als untrainierte Personen (Zillmann, 1979).

Attributionstheorie

Eine gut gesicherte Erkenntnis der Aggressionsforschung besteht darin, dass ein Angriff auf eine Person dazu führt, dass sie Vergeltung übt (Berkowitz, 1993). Die Vergeltung wird allerdings nicht »blind« ausgeführt. Die Attributionstheorie befasst sich mit den wahrgenommenen Ursachen eines Verhaltens und den Konsequenzen, die damit verbunden sind. Wenn jemand verbal angegriffen wird, kann er den Angriff unterschiedlich interpretieren. Besonders bedeutsam ist die Frage, ob dem Angreifer die Intention zu einem Angriff unterstellt wird oder nicht. Nach der Attributionstheorie beeinflusst die wahrgenommene Intention des Angreifers die Neigung, Vergeltung zu üben: Je mehr dem Angreifer eine bösartige Absicht unterstellt wird, desto größer ist der Wunsch zur Vergeltung. Eine Entschuldigung seitens des Angreifers kann die Vergeltung mildern. Entschuldigende Umstände, die vor der Provokation bekannt sind, führen zu einer Attribution auf andere Gründe als auf die bösartige Absicht des Angreifers. Während einer Theaterprobe wird sich z. B. kein Schauspieler ernsthaft durch einen Angriff, der im Drehbuch steht, provozieren lassen. Dadurch entsteht eine Interpretation des Angriffs als minimale Gefährdung, die eine geringe physiologische Erregung erzeugt, wenig erlebten Ärger und keine Neigung zur Vergeltung (es sei denn, sie wird im Drehbuch angeordnet). Eine nach einer Provokation gegebene Entschuldigung führt zu einem weniger günstigen Ergebnis als eine entlastende Erklärung, die vorher bekannt ist. Da schon eine hohe

Erregung ausgelöst worden ist und starker Ärger erlebt wurde, kann die Neuinterpretation aufgrund der nachträglichen Entschuldigung häufig nur teilweise zu einer Entspannung der Situation beitragen.

Die Unterscheidung zwischen dem Zeitpunkt der Entschuldigung verweist schon darauf, dass sich Attributionen nicht immer gleichermaßen auswirken. Das gilt auch in Abhängigkeit vom Niveau der physiologischen Erregung. Bei niedriger und mittlerer physiologischer Erregung wird aggressives Verhalten durch Attributionen stärker gesteuert als bei extremer physiologischer Erregung, die zu einer Einschränkung der kognitiven Kontrolle der Aggression führt. Die angegriffene Person ist dann außerstande, entlastende Informationen zu berücksichtigen, und lässt sich in ihrer Vergeltungsbereitschaft nicht bremsen (Zillmann, 1979).

Lerntheorie

Die Lerntheorie ist besonders für den Erwerb von aggressiven Handlungsmustern in der Kindheit von Bedeutung. Generell lassen sich zwei Ansätze unterscheiden: Verstärkungslernen und Modelllernen.

Eine positive **Verstärkung** aggressiven Verhaltens liegt vor, wenn das Kind mit Aggression ein Ziel erreicht, z. B. einen gewünschten Gegenstand erhält. Eine zusätzliche positive Verstärkung ergibt sich möglicherweise aus der Anerkennung in der Kindergruppe, in der der Aggressor besonderes Ansehen und Vorrechte genießt. In vielen Fällen ist die unmittelbare soziale Anerkennung in der Gruppe der Gleichaltrigen effektvoller als die nachfolgende Strafe des Lehrers oder der Eltern für aggressives Verhalten.

Wenn ein Kind ein bedrohliches Ereignis oder einen unangenehmen Zustand erfolgreich durch aggressives Verhalten verringern oder beseitigen kann, liegt auch eine Verstärkung aggressiven Verhaltens vor. Das bedeutet beispielsweise, dass ein Kind durch Zurückschlagen den Angriff eines anderen Kindes beendet, sodass es sich besser fühlt, weil die Bedrohung beseitigt wurde. Ein ähnlicher Verstärkungsvorgang liegt vor, wenn das Kind einen unangenehmen Spannungszustand wie Schmerz, Furcht oder Ärger durch Aggression abbauen kann.

Die Duldung aggressiven Verhaltens durch Eltern, Lehrer und andere Erwachsene wirkt auf Kinder ebenfalls verstärkend, da sie daraus eine stillschweigende Zustimmung gegenüber Aggression ableiten können. Duldung äußert sich z. B. darin, dass Eltern dem aggressiven Verhalten ihrer Kinder tatenlos zuschauen oder sich heimlich darüber freuen, wie »durchsetzungsfähig« ihr Kind auftritt. Solche problematischen Erziehungshaltungen sind eher bei den Eltern von Jungen als bei den Eltern von Mädchen zu erwarten.

Die Theorie des **Modelllernens** (Bandura, 1986) fasst Bezeichnungen wie Nachahmungslernen, Imitation und Identifikation zusammen. Es geht um die Wirkung von Vorbildern auf Beobachter, vor allem auf Kinder. Vorbilder können aggressives Verhalten der Beobachter hervorrufen. Entweder tragen sie zum Erwerb neuer Verhaltensmuster bei. Oder sie bewirken eine Enthemmung aggressiver Verhaltenstendenzen, die schon im Verhaltensrepertoire vorhanden sind. Oder sie stellen Informationen darüber bereit, was in einer bestimmten Situation (z. B. wenn einem etwas weggenommen wird) angemessen ist. Empirische Untersuchungen zeigen, dass Modelleinflüsse auf aggressives Verhalten eine große Wirkung ausüben. Das zeigt sich auch im Zusammenhang mit der Gewaltdarstellung im Fernsehen und in Computerspielen (Krahé, 2001; Lefkowitz, Eron, Walder & Huesmann, 1977).

28.5   Soziale Rollen

Herr Müller ist Studienrat an einem Gymnasium. Er hat eine Studienkollegin geheiratet, mit der er einen gemeinsamen Sohn hat. In der Kreisstadt, in der er wohnt und arbeitet, wurde er zum Vereinsvorsitzenden im Tennisclub gewählt.

Wie dieses Beispiel, das den Homo sociologicus nach Dahrendorf (1969) kennzeichnet, zeigt, hat der typische Bürger, für den Herr Müller steht, mehrere soziale Rollen inne, von denen einige genannt sind: die als Studienrat, als Ehemann, als Vater und als Vereinsvorsitzender. Mit jeder dieser Rollen sind bestimmte Rollenerwartungen verbunden, durch die ein Konformitätsdruck auf Herrn Müller ausgeübt wird. Als Studienrat wird z. B. von ihm erwartet, dass er sich um die Leistung schlechter Schüler kümmert, damit sie besser mitkommen. Als Ehepartner wird von ihm erwartet, dass er sich an der Hausarbeit beteiligt. Als Vater besteht die Erwartung, dass er seinem Sohn bei den Hausaufgaben hilft. Als Vereinsvorsitzender besteht der Anspruch, dass er regelmäßig zu Sitzungen einlädt und die Belange des Vereins gegenüber der Kreisverwaltung vertritt.

28.5.1 Begriffsklärungen

Soziale Rollen bezeichnen die Gesamtheit an Erwartungen der Bezugsgruppe bezüglich des Inhabers einer Position (Bierhoff & Herner, 2002). Bezugsgruppen üben einen großen Einfluss auf die Einstellungen einer Person aus, der auch langfristig nachwirkt, wie Newcomb (1961) in seiner Bennington-Studie gezeigt hat. Allerdings hat eine Bezugsgruppe i. Allg. kein Meinungsmonopol. Eine Person wechselt in der Regel zwischen verschiedenen sozialen Rollen. So ist Herr Müller morgens in der Rolle des Lehrers, während er nachmittags in der Rolle des Vaters und in der Rolle des Ehemanns auftritt und abends in der Rolle des Vereinsvorsitzenden.

Jede der genannten Rollen lässt sich weiter in Segmente differenzieren. So ist die Rolle des Studienrates weiter zu differenzieren nach der Interaktion mit Schülern, Kollegen und Eltern.

28.5.2 Funktion der sozialen Rolle

Durch soziale Rollen werden Positionen in der Gesellschaft festgelegt. Mit **Position** bezeichnet man einen Ort in einem Feld sozialer Beziehungen. Das Begriffspaar »Position–Soziale Rolle« kennzeichnet den Homo sociologicus (Dahrendorf, 1969), der ein Grundelement der Soziologie ist. Durch die soziale Rolle wird die Verbindung des Einzelnen mit den »Dos« und »Don'ts« der Gesellschaft hergestellt.

In der Sozialisation der Kinder geht es darum, dass die Erwartungen von Bezugsgruppen und von der Gesellschaft als Ganze internalisiert werden, sodass sie für die Selbststeuerung des sozialen Verhaltens zur Verfügung stehen. Erfolgreiche Sozialisation bedeutet, dass die »Dos« und »Don'ts« in das Selbstkonzept übernommen werden. Wenn die Internalisierung sozialer Erwartungen erfolgreich verläuft, wird die Befolgung gesellschaftlicher Regeln, die sich aus sozialen Rollen ergeben, ein sich selbst verstärkendes System.

Nur im Ausnahmefall wird die Befolgung sozialer Rollen durch Sanktionen erzwungen, die von außen angedroht werden, wenn es zu Abweichungen von den Rollenerwartungen kommt. Im Allgemeinen sind nur größere oder wiederholte soziale Abweichungen geeignet, solche Sanktionen hervorzurufen. Sanktionen sind für die Bezugsgruppe das letzte Mittel, um gegen gravierende soziale Abweichungen eines Rolleninhabers vorzugehen. In der Regel wird die Befolgung von Rollen durch Selbstkontrolle der Akteure gewährleistet. Das zu erreichen ist zumindest das Ziel der Gesellschaft: Internalisierung von Normen und Werten, die den Einzelnen zu einem autonomen und selbstgesteuerten Mitglied der Gesellschaft formt.

Rollenerwartungen bringen Verbindlichkeiten zum Ausdruck, die unabhängig von einzelnen Meinungen bestehen. In jeder Bezugsgruppe existieren Regeln, die den Ursprung der Rollenerwartungen und ihrer Verbindlichkeit darstellen. Die Verbindlichkeit der Rollenerwartungen wird durch Sanktionen verstärkt. Soziale Rollen lassen sich aus ihren Bezugsgruppen und deren Normen ableiten. Auf gesellschaftlicher Ebene werden solche Erwartungen, die eine hohe Verbindlichkeit haben (sog. Muss-Erwartungen), durch Gesetze und Verordnungen festgelegt. Das Rechtssystem der ganzen Gesellschaft lässt sich als kodifiziertes Erwartungssystem auffassen. Darin sind explizite Gebote und Verbote enthalten. Daneben werden aber auch latente Ge- und Verbote vermittelt, die in Bezugsgruppen gelten. Diese lassen sich als Soll-Erwartungen charakterisieren, denen bestimmte Sitten und Gebräuche entsprechen.

28.5.3 Rollendiskordanzen

Die Gesellschaft insgesamt lässt sich als ein Konglomerat von Gruppennormen auffassen, die mit unterschiedlichen Bezugsgruppen verbunden sein können. Daher ist es nicht verwunderlich, dass Gruppennormen widersprüchlich sein können. So kann das Erwartungsbündel, das an Herrn Müller als Studienrat, Ehemann, Vater und Vereinsvorsitzender gerichtet ist, Konflikte hervorrufen. Diese können schon deshalb entstehen, da jede Bezugsgruppe einen möglichst großen Anteil der Zeit von Herrn Müller in Anspruch nehmen möchte. Dadurch können z. B. Konflikte zwischen Privatsphäre und Berufssphäre oder zwischen Berufssphäre und ehrenamtlicher Sphäre auftreten.

Erwartungen schreiben eine Spielbreite des Verhaltens vor. Damit sind Toleranzgrenzen vorgegeben, innerhalb derer der Rolleninhaber sein Verhalten abstufen kann. Zwar werden viele Erwartungen durch Bezugsgruppen definiert; aber es kann auch sein, dass der Inhaber einer Position die Erwartungen selbst definiert, zumindest teilweise. So kann ein Vereinsvorsitzender seine Rolle teilweise selbst bestimmen, indem er das Aufgabenspektrum eingrenzt oder ausdehnt, für das er sich für zuständig hält. Allerdings sind bestimmte Aufgaben unvermeidbar, wie die Leitung der Vorstandssitzungen.

Unvereinbare Rollenerwartungen lassen sich als Rollendiskordanzen bezeichnen, die Konflikte hervorrufen können. Die faktische Vereinbarkeit von Rollenerwartungen ist weniger bedeutsam als die subjektive Wahrnehmung der Vereinbarkeit. Klare Rollenwidersprüche treten seltener auf als unklare Beziehungen zwischen verschiedenen Rollensektoren, die der subjektiven Interpretation bedürfen. Häufig entsteht eine Unvereinbarkeit der Rollen durch Überforderung. Jede einzelne Bezugsgruppe stellt ihre Anforderung ohne Rücksicht auf andere Bezugsgruppen, sodass mehr als 100% der zur Verfügung stehenden Zeit oder Ressourcen in Anspruch genommen werden, wenn alle Rollenerwartungen berücksichtigt werden. Eine subjektive Entlastung des Einzelnen im Angesicht von Rollendiskordanzen ergibt sich dann, wenn er die Rollenerwartungen infrage stellt und darauf überprüft, welche berechtigt und welche übertrieben sind. Dadurch gewinnt der Akteur eine gewisse Distanz gegenüber überbordenden Rollenerwartungen unterschiedlicher Bezugsgruppen.

28.5.4 Soziale Rollen und Stereotype

Wir hatten schon darauf hingewiesen, dass mit sozialen Rollen Interpretationen subjektiver Art verbunden sind. Das wird auch in der sozialen Strukturanalyse deutlich, die Rollen mit Stereotypen in Verbindung bringt (Eagly, 1987). Eine gute Illustration stellen Geschlechterstereotype dar. Nach der sozialen Strukturanalyse sind die Inhalte von Geschlechterstereotypen das Ergebnis unterschiedlicher Rollenanforderungen, die typischerweise an Männer und Frauen gestellt werden. Die Stereotype von Frauen lassen sich in unserer westlichen Kultur als fürsorglich, verständnisvoll, bereit sich anderen zuzuwenden und gefühlsbetont kennzeichnen. Die Stereotype von Männern umfassen die

Eigenschaften aktiv, aggressiv, unabhängig, dominant und selbstbewusst. Diese Stereotype reflektieren das, was die Menschen beobachten im Hinblick auf das, was Männer und Frauen im Alltag tun. Denn Männer sind überwiegend berufstätig und karriereorientiert, während Frauen überzufällig häufig Kinder großziehen und den Haushalt führen. Merkmale, die mit diesen Tätigkeiten zu tun haben, sind typisch für Männer und Frauen. Da tatsächlich Frauen häufiger als Männer den Haushalt führen und Männer tatsächlich im Berufsbereich dominieren, lassen sich entsprechende Stereotype aus der Rollenverteilung in der Gesellschaft ableiten.

Untersuchungen zeigen, dass diese Stereotype durch die Tätigkeit (als Berufstätiger und als jemand, der die Hausarbeit ausführt) bestimmt werden und nicht durch das Geschlecht. Wenn nämlich ein Mann als Hausmann beschrieben wird, werden ihm typische weibliche Merkmale zugeschrieben, während einer Frau, die als Karrierefrau dargestellt wird, typische männliche Eigenschaften beigemessen werden. Es findet also eine Angleichung der Stereotype statt, die gegenüber Männern und Frauen bestehen, wenn ihre soziale Rolle Berufstätigkeit oder Haushaltstätigkeit spezifiziert wird (Eagly & Steffen, 1984). Diese und weiterführende Ergebnisse (Bless et al., 1992) legen die Schlussfolgerung nahe, dass Geschlechterstereotype nur dann zum Verschwinden zu bringen sind, wenn die Rollenverteilung in der Gesellschaft von Männern und Frauen gleich ist. Sozialer Wandel ist eine wesentliche Voraussetzung dafür, dass Stereotype sich auflösen.

Die tatsächliche Korrelation zwischen dem Geschlecht und der Wahrscheinlichkeit der Berufstätigkeit wird durch den Alltagsmenschen kausal interpretiert, obwohl sie das Ergebnis gesellschaftlicher Festlegungen ist. Eine weitere Implikation der sozialen Strukturanalyse von Stereotypen besteht darin, dass Stereotype häufig einen Wahrheitskern beinhalten. Dieser entsteht dadurch, dass Stereotype eine Abstraktion aus tatsächlich vorfindbaren gesellschaftlichen Rollen darstellen. Die Rollen sind zwar willkürlich auf bestimmte Personengruppen zugeordnet bzw. das Ergebnis gesellschaftlicher Erwartungen an bestimmte Personengruppen, aber sie werden als ursächliches System interpretiert, sodass z. B. einer Frau jene Eigenschaften zugeschrieben werden, die erforderlich sind, um die Rolle zu erfüllen, die typischerweise von Frauen eingenommen wird.

Abschließend sei noch erwähnt, dass Karrierefrauen zwar dem Stereotyp von Frauen entgehen, aber nicht unbedingt dazu beitragen, dass das Stereotyp von Frauen insgesamt gemildert wird (Wänke, Bless & Wortberg, 2003). Denn es besteht eine starke Tendenz unter Beurteilern, ein »Subtyping« durchzuführen, indem z. B. zwischen dem Eindruck unterschieden wird, den »Karrierefrauen« erzeugen, und dem, den »Hausfrauen« hervorrufen. Nur wenn eine Karrierefrau wie Angela Merkel als typische Frau kategorisiert wird, kann sie dazu beitragen, das Stereotyp von Frauen zu verändern.

Literatur

Referenzliteratur

Batson, C.D. (1991). *The altruism question: toward a social-psychological answer*. Hillsdale, NJ: Erlbaum.

Bierhoff, H.W. (2002). *Prosocial behavior*. Hove: Psychology Press.

Bierhoff, H.W. & Wagner, U. (Hrsg.). (1998). *Aggression und Gewalt*. Stuttgart: Kohlhammer.

Eagly, A.H. (1987). *Sex differences in social behavior. A social-role interpretation*. Hillsdale, NJ: Erlbaum.

Henss, R. (1998). *Gesicht und Persönlichkeitseindruck*. Göttingen: Hogrefe.

Krahé, B. & Scheinberger-Olwig, R. (2002). *Sexuelle Aggression. Verbreitungsgrad und Risikofaktoren bei Jugendlichen und jungen Erwachsenen*. Göttingen: Hogrefe.

Lösel, F. & Bliesener, T. (2003). *Aggression und Delinquenz unter Jugendlichen*. Neuwied: Luchterhand.

Snyder, M., Tanke, E.D. & Berscheid, E. (1977). Social perception and interpersonal behavior: on the self-fulfilling nature of social stereotypes. *Journal of Personality and Social Psychology, 35*, 656–666.

Zitierte Literatur

Anderson, C.A. (1989). Temperature and aggression: ubiquitous effects of heat on occurrence of human violence. *Psychological Bulletin, 106*, 74–96.

Bandura, A. (1986). *Social foundations of thought and action*. Englewood Cliffs, NJ: Prentice Hall.

Batson, C.D. (1991). *The altruism question: toward a social-psychological answer*. Hillsdale, NJ: Erlbaum.

Berkowitz, L. (1993). *Aggression: Its causes, consequences and control*. New York: McGraw-Hill.

Bierhoff, H.W. & Herner, J.M. (2002). *Begriffswörterbuch Sozialpsychologie*. Stuttgart: Kohlhammer.

Bierhoff, H.W. (2002). *Prosocial behavior*. Hove: Psychology Press.

Bless, H., Bohner, G., Chassein, B., Kittel, C., Kohlhoff, A., Nathusius, K., Schüssler, G. & Schwarz, N. (1992). Hausmann und Abteilungsleiterin: Die Auswirkungen von Geschlechtsrollenerwartungen und rollendiskrepantem Verhalten auf die Zuschreibung von Persönlichkeitseigenschaften. *Zeitschrift für Sozialpsychologie, 23*, 16–24.

Byrne, D. (1971). *The attraction paradigm*. New York: Academic Press.

Byrne, D., Gouaux, C., Griffitt, W., Lamberth, J., Murakawa, N., Prasad, M., Prasad, A. & Ramirez, M. (1971). The ubiquitous relationship: attitude similarity and attraction. A cross-cultural study. *Human Relations, 24*, 201–207.

Cialdini, R.B., Kenrick, D.T. & Baumann, D.J. (1982). Effects of mood on prosocial behavior in children and adults. In N. Eisenberg (Ed.), *The development of prosocial behavior* (pp. 339–359). New York: Academic Press.

Clore, G.L. (1975). *Interpersonal attraction: an overview*. Morristown, NJ: General Learning Press.

Crick, N.R. & Dodge, K.A. (1994). A review and reformulation of social-information-processing mechanisms in children's social adjustment. *Psychological Bulletin, 115*, 74–101.

Cunningham, M.R. (1986). Measuring the physical in physical attractiveness: quasi-experiments on the sociobiology of female facial beauty. *Journal of Personality and Social Psychology, 50*, 925–935.

Cunningham, M.R., Barbee, A.P. & Pike, C.L. (1990). What do women want? Facialmetric assessment of multiple motives in the perception of male facial physical attractiveness. *Journal of Personality and Social Psychology, 59*, 61–72.

28

Dahrendorf, R. (1969). *Homo sociologicus: Ein Versuch zur Geschichte, Bedeutung und Kritik der Kategorie der sozialen Rolle* (8. Aufl.). Opladen: Westdeutscher Verlag.

Dollard, J., Doob, L.W., Miller, N.E., Mowrer, O.H. & Sears, R.R. (1939). *Frustration and aggression*. New Haven, CT: Yale University Press.

Eagly, A.H. & Steffen, V.J. (1984). Gender stereotypes stem from the distribution of women and men into social roles. *Journal of Personality and Social Psychology. 46*, 735–754.

Eagly, A.H. (1987). *Sex differences in social behavior: a social-role interpretation*. Hillsdale, NJ: Erlbaum.

Eibl-Eibesfeldt, I. (1984). *Die Biologie des menschlichen Verhaltens*. München: Piper.

Eysenck, H.J. & Eysenck, M.W. (1985). *Personality and individual differences*. New York: Plenum.

Fahrenberg, J., Hampel, R. & Selg, H. (1994). *Das Freiburger Persönlichkeitsinventar FPI* (6. Aufl.). Göttingen: Hogrefe.

Feingold, A. (1992). Good-looking people are not what we think. *Psychological Bulletin, 111*, 304–341.

Fetchenhauer, D. & Bierhoff, H.W. (2004). Altruismus aus evolutionstheoretischer Perspektive. *Zeitschrift für Sozialpsychologie, 35*, 131–141.

Greitemeyer, T. & Brodbeck, F.C. (2000). Wer »schön« ist, wird auch »gut«. Über den Zusammenhang zwischen selbst- und fremd eingeschätzter physischer Attraktivität und selbst- und fremd eingeschätzter Persönlichkeitsmerkmale. *Zeitschrift für Sozialpsychologie, 31*, 73–86.

Grusec, J.E. & Redler, E. (1980). Attribution, reinforcement and altruism: a developmental analysis. *Developmental Psychology, 16*, 525–534.

Henss, R. (1998). *Gesicht und Persönlichkeitseindruck*. Göttingen: Hogrefe.

Hoffman, M.L. (1983). Affective and cognitive processes in moral internalization. In E.T. Higgins, D. Ruble & W. Hartup (Eds.), *Social cognition and social development: a social-cultural perspective* (pp. 236–274). New York: Cambridge University Press.

Huesmann, L.R., Eron, L.D., Lefkowitz, M.M. & Walder, L.O. (1984). Stability of aggression over time and generations. *Developmental Psychology, 20*, 1120–1134.

Huston, A.C. & Wright, J.C. (1998). Mass media and children's development. In W. Damon (Series Ed.) and I.E. Sigel & K.A. Renninger (Vol. Eds.), *Handbook of child psychology: Vol. 4 Child psychology in practice* (5th ed., pp. 999–1058). New York: Wiley.

Kochanska, G. & Thompson, R.A. (1997). The emergence and development of conscience in toddlerhood and early childhood. In J.E. Grusec & L. Kuczynski (Eds.), *Parenting and children's internalization of values* (pp. 53–77). New York: Wiley.

Krahé, B. (2001). *The social psychology of aggression*. Hove: Psychology Press.

Langlois, J.H. & Roggman, L.A. (1990). Attractive faces are only average. *Psychological Science, 1*, 115–121.

Latané, B. & Rodin, J. (1969). A lady in distress. Inhibiting effects of friends and strangers on bystander intervention. *Journal of Experimental Social Psychology, 5*, 189–202.

Lefkowitz, M.M., Eron, L.D., Walder, L.O. & Huesmann, L.R. (1977). *Growing up to be violent*. New York: Pergamon.

Levine, R.V., Norenzayan, A. & Philbrick, K. (2001). Cross-cultural differences in helping strangers. *Journal of Cross-Cultural Psychology, 32*, 543–560.

Levinger, G. & Breedlove, J. (1966). Interpersonal attraction and agreement: a study of marriage partners. *Journal of Personality and Social Psychology, 3*, 367–372.

Lewin, K. (1951). *Field theory in social science*. New York: Harper.

Lott, A.J, Lott, B.E. & Walsh, M.L. (1970). Learning of paired associates relevant to differentially liked persons. *Journal of Personality and Social Psychology, 16*, 274–283.

Luks, A. & Payne, P. (1991). *The healing power of doing good: the health and spiritual benefits of helping others*. New York: Ballantine.

Newcomb, T.M. (1961). *The acquaintance process*. New York: Holt.

Petermann, F. & Petermann, U. (1993). *Training mit aggressiven Kindern* (6. Aufl.). Weinheim: Psychologie Verlags Union.

Ross, L. & Nisbett, R.E. (1991). *The person and the situation. Perspectives of social psychology*. New York: McGraw-Hill.

Selg, H. (1982). Aggressionsdefinitionen – und kein Ende? In R. Hilke & W. Kempf (Hrsg.), *Aggression* (S. 351–360). Bern: Huber.

Seligman, M.E.P. (2002). *Authentic happiness*. London: Nicklas Brealey.

Siegler, R., DeLoache, J. & Eisenberg, N. (2003). *How children develop*. New York: Worth Publishers.

Wänke, M., Bless, L.H. & Wortberg, S. (2003). Der Einfluss von »Karrierefrauen« auf das Frauenstereotyp. Die Auswirkungen von Inklusion und Exklusion. *Zeitschrift für Sozialpsychologie, 34*, 187–196.

Zahn-Waxler, C., Robinson, J.L. & Emde, R.N. (1992). The development of empathy in twins. *Developmental Psychology, 28*, 1038–1047.

Zebrowitz, L.A. & McDonald, S. (1991). The impact of litigants' babyfacedness and attractiveness on adjudications in small claims courts. *Law and Human Behavior, 15*, 603–623.

Zebrowitz, L.A. & Montepare, J.M. (1992). Impressions of baby-faced individuals across the lifespan. *Developmental Psychology, 28*, 1143–1152.

Zebrowitz, L.A., Kendall-Tackett, K. & Fafel, J. (1991). The impact of children's facial maturity on parental expectations and punishments. *Journal of Experimental Child Psychology, 52*, 221–238.

Zillmann, D. (1979). *Hostility and aggression*. Hillsdale, NJ: Erlbaum.

29 Soziale Beziehungen, Gruppen- und Intergruppenprozesse

E.H. Witte

Das menschliche Leben ist ohne Gruppenbildung nicht vorstellbar. Wir wachsen in der Familie auf, wir haben Freunde, wir bilden eine Paarbeziehung und gründen eine Familie, wir arbeiten in Gruppen, verbringen unsere Freizeit in Gruppen, bilden Gruppen, um schwierige politische Entscheidungen zu fällen (Kabinett), und selbst wenn wir allein sind, berücksichtigen wir, was andere über uns denken können.

29.1 Begriffsbestimmungen

Die unterschiedlichen Begriffsbildungen zum Terminus »Gruppe« lassen sich auf zwei typische Formen reduzieren, wobei die eine in der soziologischen Tradition steht und Verbindungen zur Kulturanthropologie aufweist, und die andere in der psychologischen mit Verknüpfungen zur Sozialarbeit als Veränderung des Einzelnen in der Gruppe.

Die **soziologische** Perspektive einer Explikation von Gruppe lässt sich gut in der Darstellung von Neidhardt (1979) erkennen: »Gruppe ist ein soziales System, dessen Sinnzusammenhang durch unmittelbare und diffuse Mitgliederbeziehungen sowie durch relative Dauerhaftigkeit bestimmt ist« (ebd., S. 642). Mit dem Begriff »Sinnzusammenhang« ist die symbolische Abgrenzung der Gruppe nach außen gemeint, wie gemeinsame Bezeichnungen, gemeinsame Ziele etc. Durch die Charakterisierung »unmittelbar« wird auf die Face-to-Face-Kommunikation hingewiesen, und »diffus« bedeutet, dass die Mitglieder Beziehungen auf sehr verschiedenen Ebenen haben, z. B. über gemeinsame Interessen, emotionale Bindungen, Zielsetzungen. Inhaltlich ist eine solche Explikation deutlich auf natürliche Kleingruppen wie Ehe, Familie, Arbeitsgruppe etc. abgestellt.

Wenn ich dieser soziologischen Variante meine eigene Explikation gegenüberstelle, so wird die andere Extremposition aus **psychologischer** Sicht deutlich: »Gruppensituation = eine Situation, in der man als Einzelperson veranlasst wird, das eigene Urteil (Reaktion) in Beziehung zu anderen Urteilen (Reaktionen) zu setzen« (Witte, 1979, S. 125). Hier kommt die Gruppe nur als Umgebungsvariable vor, die Einfluss auf das individuelle Handeln nimmt.

Man untersucht einerseits **natürliche Gruppen** mit längerer Dauer und mehr oder weniger heterogenen Aufgaben (Ehe, Arbeitsgruppe); andererseits kurzfristig **zusammengestellte Gruppen** mit spezifischen Aufgaben (z. B. Trainingsgruppen, Ad-hoc-Laborgruppen, Flugzeug-Crews, Operationsteams, Projektgruppen) und schließlich **Quasi-Gruppen** mit sehr eingeschränkter Kommunikation und Interaktion (Video-Konferenzen, Talk-Runden, Wettbewerb unter Beobachtung z. B. beim Schach) (Arrow, Mc-Grath & Berdahl, 2000).

Als Untersuchungseinheit kann man sich folglich auf die Gruppe als Gesamtheit oder auf die einzelnen Personen in der Gruppe beziehen. Über die Anzahl der Personen, die eine Gruppe ausmachen, gibt es unterschiedliche Vorstellungen: Man kann bei zwei Personen beginnen, dann fehlt das Moment der Koalitionsbildung und der Mehrheit. Üblicherweise spricht man von Kleingruppen, wenn die Anzahl der Mitglieder zwischen drei und neun liegt. Bei größeren Gruppen, z. B. Schulklassen oder Sportmannschaften, kann diese Grenze überschritten werden. In diesem Fall spielt die Dauer der Bekanntschaft und die gemeinsam verbrachte Zeit eine wichtige Rolle. Je intensiver der Kontakt, desto größer kann die Anzahl sein, um noch von einer Kleingruppe zu sprechen.

29.2 Wichtige Aspekte sozialer Beziehungen

Zwei der wichtigsten diffusen sozialen Beziehungen mit vielfältigen Zielen sind Freundschaften und Paarbeziehungen. Diese beiden für unser gesamtes Leben wichtigen Bindungen sollen hier exemplarisch genauer betrachtet werden. Diese beiden Beziehungsformen beruhen auf Freiwilligkeit und basieren auf emotionaler Anziehung (Mögen). Diese Formen des Mögens können weiter differenziert werden in drei Komponenten:

- der Aspekt des Helfens (»care«),
- der Aspekt des Vertrauens (»trust«) und
- der Aspekt der Zugehörigkeit (»need«).

In diesen intimen Sozialbeziehungen haben wir die Möglichkeit, uns so zu zeigen, wie wir sind, und erwarten nicht nur eine positive Einschätzung, sondern eine eher realistische mit negativen Anteilen, ohne dass wir uns verletzt fühlen und verunsichert sind.

In diesen Beziehungen wird der Systemcharakter besonders deutlich, weil sie auf Dauer angelegt sind. In diesem Zusammenhang spielen drei Variablen eine wichtige Rolle:

- die Systemtransparenz,
- die Strukturflexibilität und
- die Umweltoffenheit.

Die erste Variable erfasst das Wissen des Systems über sich selbst und stellt die Grundlage zur Selbststeuerung dar. Die zweite Variable beinhaltet die Anpassung der internen Struktur an die Veränderung der Ziele. Schließlich erfasst die dritte Variable das Ausmaß des Einflusses von außen und nach außen auf andere Systeme oder generell die Umwelt.

29.2.1 Freundschaften

Was sind die bestimmenden Merkmale von Freundschaft aus der Alltagssicht? Auf diese Frage hat Auhagen (1991) eine Antwort durch eine empirische Untersuchung gegeben: Sie ist freiwillig, persönlich, informell, beruht auf Gegenseitigkeit, ist zeitlich ausgedehnt, wird als positiv erlebt und ist nicht sexuell. Dabei sind die typischen Aktivitäten von Freundschaften: Essen, Trinken, Reden und Freizeitaktivitäten wie Sport oder Spiel. Es finden sich die bekannten Unterschiede zwischen Männer- und Frauen-Freundschaften: Erstere sind weniger intim und konzentrieren sich auf eine gemeinsame Aktivität, Letztere haben vor allem intime Gespräche und persönliche Unterstützung als Ziel.

Vergleicht man Freundschaften in den USA und in Deutschland, dann gibt es klassische Bemerkungen von Kurt Lewin (1953), die besagen, dass in den USA relativ enge Beziehungen ohne Freundschaft möglich sind, wohingegen in Deutschland der Kontakt eher oberflächlich bleibt, bei größerer Intimität dann aber auch eine Freundschaft entsteht. In den USA kann man sich duzen, wenig formell miteinander umgehen, sich gegenseitig einladen, aber trotzdem nicht die enge emotionale Bindung empfinden, wie es bei gleichen Handlungen in Deutschland der Fall ist. Vergleichbares gilt bis heute (Fehr, 2004).

Freundschaftsbeziehungen werden in allen Altersstufen als wichtig angesehen.

29.2.2 Paarbeziehungen – Lebenspartner

Die Themen Partnerwahl und Partnerschaften gehören zu einem beliebten und umfangreichen Forschungsgebiet der Psychologie, Soziologie und Anthropologie.

Homogenität zwischen den Partnern und Beziehungsqualität stehen in positivem Zusammenhang. Sie gilt als ein Prädiktor von Beziehungsqualität, trotzdem wird die Wirkung von Homogenität selten theoretisch begründet, vielleicht mit Ausnahme der Verstärkungstheorie der Ähnlichkeit von Byrne und Clore (1970). Eine solche Begründung lässt sich auch aus einer systemtheoretischen Konzeption ableiten. In diesem Sinne dient Homogenität zwischen den Partnern der individuellen Komplexitätsreduktion und damit der individuellen Entlastung bei der Stabilisierung der Beziehung. Ähnlichkeiten sind daher ressourcenschonend bzw. stellen gleichzeitig Ressourcen zur Beziehungsentwicklung zur Verfügung. Homogenität wird damit zu einer Voraussetzung für die Beziehungsentwicklung und Stabilität (Gray & Silver, 1990). In einer Kultur der freien Partnerwahl und romantischen Liebe wird die aktive Entwicklung einer Beziehung durch Individuen vorausgesetzt. Die Betrachtung der Entwicklung von Partnerschaften und deren Stabilität verlangt nach einer systemtheoretischen Konzeption, sich von einer molekularen (Einzelelementen) zu einer molaren Beschreibung hinzuwenden, also nicht nur Perso-

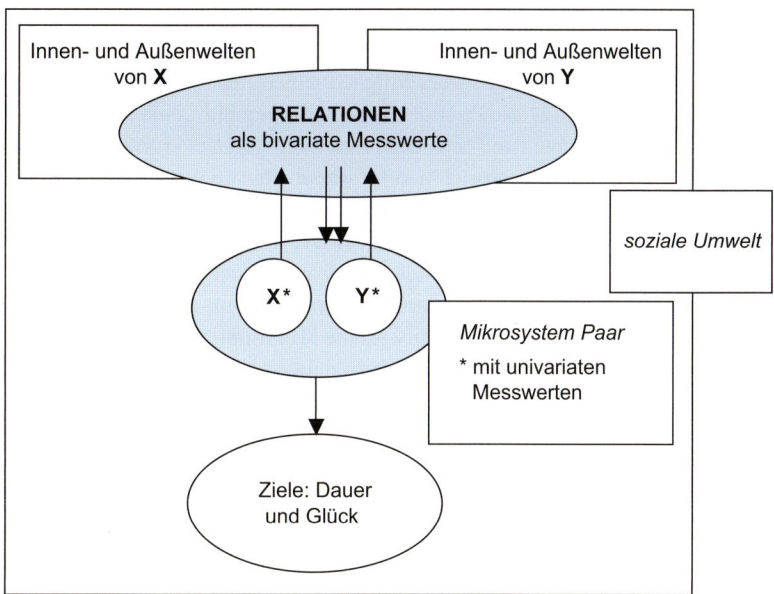

Abb. 29.1. Relationen als Voraussetzung für die Entwicklung der Partnerschaft im Sinne der Zielerreichung; *X* und *Y* symbolisieren die beiden Partner und Messwerte beziehen sich auf erhobene Eigenschaften wie Einstellungen, Persönlichkeitsmerkmale, Bindungsstile etc.

nen in bestimmten Beziehungen, sondern Mikrosysteme (z. B. Paare) miteinander zu vergleichen (■ Abb. 29.1).

Eine größere **Ähnlichkeit** in den Entscheidungskriterien für den Partner beim Verlieben scheint die Zielerreichung zu fördern. Wenn die Zielerreichung schon beim Schritt des Verliebens an individuelle emotionale und kognitive Prozesse geknüpft ist, also an Bedingungen, die für die Partner nicht sichtbar sind, weil sie als Personen nicht wissen können, ob sie vergleichbar mit anderen Paaren sich ähnlich genug sind, ist die Partnerwahl eine Entscheidung, deren langfristiger Erfolg zu einem großen Teil vom Zufall (oder Schicksal) abhängt, wenn man einmal Persönlichkeitsstörungen außer Acht lässt. Scheidungsraten von 50% sind damit leicht erklärbar, wenn es keine stabilisierenden Wirkungen von außen gibt. Bei uns liegen die Raten um 33% und in den USA um 50%.

29.2.3 Strukturen in Gruppen

Kleine Gruppen sind keine amorphen Gebilde, sondern weisen Strukturen auf. Abhängig von diesen Strukturen werden die Interaktionsprozesse gesteuert. Eine wichtige Unterscheidung zwischen den Mitgliedern ist der **Status**. Dieser Status kann formal gegeben sein, z. B. Flugkapitän und Kopilot, oder aber informell erworben werden, indem Gruppenmitglieder sich besonders engagieren oder für ein positives Klima sorgen. Man unterscheidet einen Status nach Beliebtheit (sozioemotionale Seite) und nach Ansehen (Leistung). Diese beiden Funktionen werden häufig von zwei Personen eingenommen, obwohl bei besonders gut funktionierenden Gruppen sie von einer Person ausgefüllt werden können (Wilke, 1996). Erkennbar werden diese Strukturen durch die direkte oder indirekte (per Video-) Beobachtung mit anschließender Klassifikation. Dabei hat

sich als ein Beobachtungssystem das sog. SYMLOG-(»system for the multiple observation of groups«-)Verfahren etabliert (Bales, Cohen & Williamson, 1979; ▶ Kasten).

Das durch die im ▶ Kasten dargestellte Formel ausgedrückte **Gesetz des geringsten Aufwandes** (»least effort«) besagt für den Erhalt der Gruppe, dass jedes Mitglied seinen Aufwand minimiert: Wenn es also Personen in der Gruppe gibt, die besonders viel reden, dann setzt man sich nicht gegen diese zur Wehr, sondern passt sich den Gegebenheiten an und kommuniziert nur so viel, wie es unter den gegebenen Umständen opportun ist. Kommunikationsnetze, wer mit wem redet, werden an die Aufgabe angepasst. Je komplexer die Aufgaben sind, desto dezentralisierter werden die Kommunikationsnetze, d. h. desto weniger wird die Kommunikation zwischen den Mitgliedern eingeschränkt: Jeder redet mit jedem (Brauner, 1998).

29.3 Theorien und Befunde zu Leistungen von Gruppen

Wir verlassen den Bereich der natürlichen und länger bestehenden Gruppen und konzentrieren uns auf Gruppen, die für spezifische Aufgaben gebildet worden sind. Unsere soziale Praxis fordert in vielen Bereichen Gruppen mit der Vorstellung, dass dadurch Fehler vermieden und Leistungen qualitativ oder quantitativ verbessert werden, z. B. Kabinettsbeschlüsse, das Schöffengericht im Vergleich zum Einzelrichter, Prüfungsbeisitzer, Kommissionen oder Ethikräte.

29.3.1 Erwartungen und Einschätzungen

Wenn wir uns in Arbeitsgruppen befinden, dann haben wir gewisse Erwartungen an die Form der Interaktion und des Miteinander-Umgehens (Engelhardt & Witte, 1998; Witte & Engelhardt, 1998). Hier sind vor allem folgende Aspekte von Wichtigkeit:

- hohe Solidarität untereinander,
- viel Rücksicht aufeinander,
- keine großen Machtunterschiede,
- freie Äußerung der Meinung ohne negative Konsequenzen,
- Anregungen durch die Gruppe.

Schließlich kann man die Erwartungen auch noch dadurch erfassen, indem man Personen danach fragt, auf welche Prozesse man als Gruppenleiter von Problemlösegruppen achten würde. Hier werden folgende genannt:

- Gleichheit,
- emotionale Akzeptanz,
- Kohäsion und
- Aufgabenorientierung.

Offensichtlich sind die Erwartungen an Gruppen so ausgerichtet, dass diese normativen Einflüsse (Deutsch & Gerard, 1955) ein positives emotionales Klima erzeugen, Konflikte und Auseinandersetzungen möglichst verhindern und erst dann eine Aufgabenorientierung fordern. Üblicherweise ist eine Balance zwischen den beiden Teilaufgaben, vor denen eine Gruppe immer steht, vorzunehmen, nämlich der Steuerung der Interaktion nach sozioemotionalen Bedürfnissen als normative Leistung und der Bearbeitung der konkreten Anforderung durch Kombination der individuellen Ressourcen als informationelle Leistung (Witte & Lecher, 1998).

Übliche Gruppenarbeit führt zu einer verbesserten Stimmung im Vergleich zur Einzelarbeit, und diese verbesserte Stimmung überträgt sich dann auch auf die Einschätzung der Leistung, sodass Gruppen die Qualität ihrer Leistung systematisch überschätzen (Heath & Jourdan, 1997). Generell gilt aber, dass diese sozioemotionale Komponente faktisch nichts mit der Leistungsgüte der Gruppe zu tun hat (Mullen & Copper, 1994). Aber nicht nur die Gruppenmitglieder, sondern auch Versuchsleiter sagen die Leistungsqualität vorwiegend über die Gruppenatmosphäre vorher (Badke-Schaub, 1994).

29.3.2 Leistungen beim Lösen von Problemen

Ausgangspunkt der Betrachtung sind Probleme, die eine eindeutig richtige Lösung haben, die bekannt ist. Dabei wird gefragt, ob Gruppen in der Lage sind, die richtige Lösung eher zu finden als Einzelpersonen bzw. synthetische Gruppen als quantitative Modelle.

Man kann sehr unterschiedliche Aufgaben verwenden. Wir wollen uns hier insbesondere drei konkreten Aufgaben zuwenden:

1. das Problemlösen bei Denksport- oder Rechenaufgaben mit einer richtigen Antwort,
2. das Herausfinden einer Regel über mehrere Schritte, indem jeweils bekannt ist, was eine richtige oder falsche Reaktion für die verdeckte Regel darstellt, und
3. die richtige Auswahl eines Bewerbers anhand von vorgegebenen Informationen.

Problemlösen bei Denksport- oder Rechenaufgaben

Im ersten Fall hat man häufig »Maiers Pferdeverkaufsproblem« verwendet (▶ Kasten).

Betrachten wir jetzt eine zusammengesetzte Denksportaufgabe, die darin besteht, einen Anagrammsatz zu entschlüsseln, d. h., es werden jeweils pro Wort zufällig angeordnete Buchstaben vorgegeben für Sätze, die aus 7 oder 8 Wörtern bestehen. Es soll jetzt der richtige Satz entschlüsselt werden (Beispiel: se losl zejt red chirgeit zats tsenslücehlst drenew. Lösung: Es soll jetzt der richtige Satz entschlüsselt werden.).

In diesem Falle erweisen sich 4-Personen-Gruppen den besten Einzelpersonen überlegen (Faust, 1959). Bei diesen

Maiers Pferdeverkaufsproblem

»Ein Mann kauft ein Pferd für 60 Dollar und verkauft es für 70 Dollar. Eine Woche später kauft er es für 80 Dollar zurück und verkauft es wieder für 90 Dollar. Wie viel Dollar Gewinn hat er gemacht?« (Richtig: 20 Dollar).

Dieses Problem wird von Anfänger-Studenten in den USA nur in 48% der Fälle individuell richtig gelöst. Die individuelle Lösung musste innerhalb 1 Minute abgegeben werden. Gruppen unterschiedlicher Größe (2, 3, 4, 5 Personen) haben dieses Problem parallel diskutiert und hatten hierfür 2 Minuten Zeit. Die erste Frage lautet, ob die Gruppe eine höhere Lösungswahrscheinlichkeit besitzt als die Einzelpersonen. Das ist nicht der Fall. Die Lösewahrscheinlichkeit der Gruppen und der Einzelpersonen entspricht sich vollständig (48%).

Betrachtet man diejenigen Gruppen, in denen es nur eine Person mit der richtigen Antwort gab, so hat sich nur bei einem Drittel (6 von 18 Gruppen) die richtige Antwort durchgesetzt. Diese Antwort hat sich deshalb durchgesetzt, weil die Person mit der richtigen Antwort auch am meisten geredet hat. 81% der Gruppenmitglieder fühlten einen gewissen Druck, sich einigen zu müssen. Als Gruppenlösung setzt sich sehr häufig die Majorität durch bzw., wenn bereits zu Beginn alle Gruppenmitglieder eine bestimmte Alternative gewählt haben, dann wird nicht mehr diskutiert und diese Alternative als Einheitsmeinung vertreten (Thomas & Fink, 1961).

Anagrammen muss beachtet werden, dass sie einen Heureka-Effekt beinhalten, d. h., eine richtige Lösung ist leicht erkennbar, zweitens besteht die Gesamtlösung aus 7 Teillösungen. Diese Teillösungen konnten von unterschiedlichen Personen erbracht werden. Daraus ergibt sich, dass die Gesamtlösung besser ist als die der besten Person, wenn die beste Person nicht alle Teilprobleme gleich gut lösen kann.

Herausfinden einer Regel über mehrere Schritte

Gehen wir zu einem außerordentlich umfangreichen Forschungsprogramm über (zusammenfassend s. Laughlin, 1996). Die Aufgabenstellung besteht darin, über mehrere Schritte eine Regel zu entdecken. Die Regeln hat sich der Experimentator ausgedacht, indem er die 52 Spielkarten systematisch in eine Reihe gelegt wissen möchte. Eine Regel könnte lauten: Erst zwei Karo, dann zwei Herz, oder aber alle vier Farben abwechselnd etc. Begonnen wird damit, dass die erste Karte vom Experimentator aufgelegt wird, die der Regel entspricht. Es soll dann in der Gruppe diskutiert werden, welche Regel es sein könnte. Um die Richtigkeit der Regel zu testen, soll dann eine nächste Karte vorgeschlagen werden. Wenn die Karte der Regel entspricht, dann wird die Karte neben die erste gelegt; ist sie aber falsch, wird sie darunter gelegt. Dieses Vorgehen wird 10-mal gespielt, dann muss die Regel festgelegt werden.

Wenn man von 4-Personen-Gruppen ausgeht, so müssen mindestens 2 Mitglieder die richtige Hypothese vorschlagen, damit sie sich durchsetzt. Die Qualität der Gruppenleistung entspricht damit dem zweitbesten Individuum in der Gruppe. Sollte sich eine Majorität ergeben, so setzt sich diese durch, gleichgültig, ob sie richtig oder falsch ist.

Auswahl eines Bewerbers anhand von vorgegebenen Informationen

Im Zusammenhang mit diesem Ergebnis, aber auch generell in Verbindung mit der Gruppendiskussion allgemein, stellt sich die Frage, wie gut Gruppen in der Lage sind, die Informationen der einzelnen Mitglieder zu bündeln, um so die richtige Alternative zu wählen. Empirisch untersucht wird diese Frage, indem man drei Gruppenmitgliedern die Aufgabe gibt, von zwei Bewerbern den besten auszusuchen. Jedes Gruppenmitglied erhält dabei Informationen über beide Kandidaten. Über Kandidat B erhalten alle drei Gruppenmitglieder dieselben Informationen, über Kandidat A aber gibt es Informationen, die jeweils nur einer erhält. Dabei ist eindeutig der Kandidat A der bessere, d. h., die Auswahl von A ist die »richtige« Wahl. Wenn man 3-Personen-Gruppen zusammenstellt und ihnen allen die gesamten Informationen gibt, so wird auch in 83% der Fälle Kandidat A gewählt. Wird dagegen die Information über den Kandidaten A auf die drei Gruppenmitglieder verteilt, dann wird dieser Kandidat nur in 67% der Fälle gewählt. Das liegt vor allem an der Tatsache, dass die gemeinsame Information in der Diskussion ausgetauscht wird, die nicht geteilte Information wird vernachlässigt, wenn Gruppen ohne weitere Instruktion eine übliche Diskussion führen (zusammenfassend s. Stasser, 1992; Schulz-Hardt, 2002).

Obwohl bei häufig eingerichteten Projektgruppen in der Praxis gerade durch die Kombination von nicht geteiltem Wissen von unterschiedlichen Experten die richtige Lösung eines komplexen Problems gefunden werden soll, gibt es erhebliche Probleme gerade beim Austausch dieses Wissens, sodass die Problemlösegüte von Gruppen reduziert ist.

Ein Modell zur Beurteilung der Gruppenleistung

Wenn man die Qualität von Gruppenleistungen mit der von Einzelpersonen vergleicht, dann muss man triviale Effekte der Anzahl ausschalten. So kann man einfache Effekte der Mitteilung einer richtigen Lösung an andere Personen kaum als Gruppenleistung ansehen. Man kann diesen **Mitteilungseffekt** als Beurteilungsgrundlage für die Leistungsgüte von Gruppen heranziehen, wobei man erwarten würde, dass Gruppen letztlich besser sind, als durch solche einfachen Mitteilungen der Wahrheit zu erwarten wäre.

Um solche Effekte in Abhängigkeit von der Gruppengröße erfassen zu können, hat man ein einfaches Modell entwickelt (Ekman, 1955; Lorge & Solomon, 1955; Hofstätter, 1956). Die Annahmen sind folgende:

1. Die einzelnen Mitglieder suchen unabhängig voneinander.
2. Wenn ein Mitglied die richtige Lösung weiß, dann teilt es diese den anderen mit und diese akzeptieren sie.

Formal gilt dann Folgendes:

$$P_N = 1 - (1 - P_i)^N ,$$

wobei P_i die durchschnittliche individuelle Lösungswahrscheinlichkeit ist, $1 - P_i$ die durchschnittliche Wahrscheinlichkeit, dass ein Gruppenmitglied die Aufgabe *nicht* löst, und P_N die Wahrscheinlichkeit, dass die Gruppe aus N Mitgliedern die Aufgabe löst.

Die Lösungswahrscheinlichkeit von 1 wird um genau die Wahrscheinlichkeit reduziert, die sich ergibt, wenn *alle* Gruppenmitglieder die Aufgabe *nicht* lösen. Wenn eine Person die richtige Lösung kennt, dann beträgt die Wahrscheinlichkeit 1, dass die Aufgabe gelöst wird.

Ein Beispiel: Man nehme an, dass die individuelle Lösungswahrscheinlichkeit 0,50 beträgt und man 4-Personen-Gruppen zusammengestellt hat, um die komplexe Aufgabe zu bearbeiten. Die beobachtete Wahrscheinlichkeit der Gruppenlösung beträgt 0,80. Ist dieser Zuwachs größer als ein einfacher Mitteilungseffekt? Die individuellen Lösungswahrscheinlichkeiten mögen 0,60, 0,60, 0,40 und 0,40 betragen.

Daraus ergibt sich:

$$P_N = 1 - (1 - 0,50)^4 = 0,94 .$$

Bei einem einfachen Mitteilungseffekt sollte die Lösungswahrscheinlichkeit einer 4-Personen-Gruppe bei 0,94 liegen. Dieser einfache Mechanismus der Mitteilung der richtigen Lösung führt bereits zu einer erheblich höheren Lösungswahrscheinlichkeit der Gruppe als mit 0,80 beobachtet wurde. Letztere Wahrscheinlichkeit wiederum ist erheblich besser als die Lösungswahrscheinlichkeit des besten Individuums von 0,60.

Wissensverbreitung vs. Wissensschöpfung

Ob man diesen Zuwachs als einen »assembly bonus effect« (Gruppengewinn) bezeichnen kann, bleibt sehr umstritten (Tindale & Larson, 1992). Generell ist der Vergleich von Einzelpersonen mit Gruppen sehr fragwürdig, weil eine simple Mitteilung an andere noch keine Gruppenleistung darstellt, höchstens einen Effekt der **Wissensverbreitung**, aber keinen Effekt der **Wissensschöpfung**. Man müsste also nicht einmal reale Gruppen zusammenstellen, um die-

sen Effekt zu erzielen. Er ist also nicht an eine Gruppe mit ihren spezifischen Charakteristika der gemeinsamen Zielsetzung, internen Strukturierung nach Rollen, Normen der Interaktion, gewisser Kohäsion etc. gebunden. Trotzdem liegt die Lösungswahrscheinlichkeit weit höher als bei realen Gruppen beobachtet wird (0,94 zu 0,80). Dieses liegt daran, dass nicht bereits dann eine Lösung als richtig akzeptiert wird, wenn eine Person sie vorschlägt, sondern häufig muss eine Majorität sich für diese Lösung entscheiden.

Wenn man als Beispiel 4-Personen-Gruppen betrachtet, dann müssen mindestens 3 Personen die richtige Alternative vorschlagen, damit sie als richtig von allen akzeptiert wird. Folglich wächst die von der Gruppe akzeptierte Lösungswahrscheinlichkeit sehr viel langsamer:

$$P_N = \sum_{h-m}^{N} \binom{N}{h} \cdot P_i^h \cdot (1 - P_i)^{N-h} ,$$

wobei es sich bei P_N um die Wahrscheinlichkeit, dass eine Gruppe der Größe N die richtige Lösung wählt, wenn die Majorität zustimmt, handelt; h umfasst 1, 2, …, N; m bezeichnet die Anzahl der Mitglieder, die eine Majorität bilden, und P_i die individuelle Lösungswahrscheinlichkeit.

Für das obige Beispiel mit N = 4 und P_i = 0,50 gilt Folgendes:

$$P_N = \binom{4}{3} 0,50^3 \times (1 - 0,50)^1 + \binom{4}{4} 0,50^4 \times (1 - 0,50)^0$$
$$= 4 \times 0,125 \times 0,50 + 1 \times 0,06 \times 1$$
$$= 0,25 + 0,06 = 0,31$$

Dieser Wert ist mit dem nach dem Mitteilungsmodell ermittelten zu vergleichen, der 0,94 beträgt. Ferner ergibt sich formal für die in der Praxis häufigen Gruppengrößen von 3 bis 7 Mitgliedern, dass die Majoritätslösung dann deutlich besser ist als die durchschnittliche Einzellösung, wenn die individuelle Lösungswahrscheinlichkeit zwischen P_i = 0,66 und P_i = 0,87 liegt. Unter P_i = 0,66 ist der Zuwachs gering, weil die Majorität sich häufig auf falsche Lösungen einigt, über P_i = 0,87 ist generell eine Gruppenentscheidung nicht nötig.

Damit ist der sinnvolle Einsatz von Gruppen auf einen engen Schwierigkeitsbereich beschränkt, wobei es immer Experten sein müssen, die besser als der Zufall (P_i > 0,50) eine richtige Lösung finden können, sofern man eine Majoritätsregel unterstellt.

Empirisch lassen sich viele Gruppenlösungen durch ein Modell beschreiben, das mindestens zwei Gruppenmitglieder erfordert, die die richtige Lösung vorschlagen. Für 4-Personen-Gruppen mit der individuellen Lösungswahrscheinlichkeit von P_i = 0,50 ergibt sich für genau zwei richtige Lösungsvorschläge P_2 = 0,38. Das bringt einen erheblichen Gewinn von 0,31 bei einer Majoritätsentscheidung von 3 Mitgliedern auf 0,69. Ferner ist P_N = 0,69 größer als P_i = 0,50, d. h., es gibt einen Gewinn zum Lösungsbeitrag des Durchschnittsindividuums. Gleichzeitig bleibt aber die Gruppenleistung weit hinter dem einfachen Mitteilungseffekt mit P_N = 0,94.

Betrachten wir als einen angewandten Bereich Unfälle in der Schifffahrt und der Fliegerei, die nicht nur Sachschaden verursacht, sondern viele Menschenleben gekostet haben (▶ Kasten »Zur Güte von Gruppenlösungen – Schiffs- und Flugzeugunfälle«). Auch in diesen Fällen handelt es sich meistens um Gruppenproblemlösen, da zuerst einmal die richtige Diagnose gefällt werden muss, um die richtige Handlung auszuführen. Diese Diagnosen aber werden sehr häufig in Gruppen gefällt. Man muss davon ausgehen, dass ca. 95% der Unfälle in der Schifffahrt auf menschliches Versagen zurückzuführen sind und nur 5% auf technische Fehler. Das menschliche Versagen beruht nun aber in den meisten Fällen auf dem Versagen von Gruppen bei der Diagnose der Ist-Situation (Helfrich, 1996).

Zur Güte von Gruppenlösungen – Schiffs- und Flugzeugunfälle

Wenn man **Schiffsunfälle** genauer betrachtet, so stellt man fest, dass Unfälle nicht reduziert werden, wenn man die Zahl der an der Problemlösung beteiligten Personen von 1 auf 2 erhöht. Es wurde sogar beobachtet, dass die Zahl der Fehler erheblich zunimmt. Eine Abnahme der Unfälle ist erst dann zu beobachten, wenn 3 Personen beteiligt sind. Die Unfallhäufigkeit sinkt bei 4 Personen nicht weiter bedeutsam ab. Dabei ist zu erkennen, dass zwar bedrohliche Ereignisse bemerkt, aber durch geteilte Hypothesen »wegerklärt« werden. Hier setzt die soziale Normierung ein, wobei der informationelle Einfluss als Hinweis auf eine Gefahr nicht geteilt und »wegerklärt« wird aufgrund von bekanntem und geteiltem Wissen. Es wird einfach eine falsche Regel angenommen. Dabei wird nicht selten gerade aufgrund der klaren hierarchischen Ordnung der Einfluss der Person mit niedrigerem Status klein bleiben. Hier muss dann schon eine Mehrheit bei 3-Personen-Gruppen auftreten, um sich durchzusetzen. Das aus der Statistik abgeleitete Modell, das oft auch als Begründung für die Organisationsform und die Sicherheitsvorschriften herangezogen wird, ist empirisch nicht haltbar. Hier müssen offensichtlich weitere Trainingsmaßnahmen ergriffen werden, um die theoretisch erwartete Fehlerkorrektur zu erreichen.

Bei **Flugzeugunfällen** geht man davon aus, dass 65–70% auf menschliches Versagen zurückzuführen sind (Foushee, 1984; Milanovich, Driskell, Stout & Salas, 1998), wobei das menschliche Versagen vor allem in der Interaktion zwischen den Cockpit-Mitgliedern oder auch mit dem Tower besteht. Dabei spielt wiederum das Statusgefälle eine Rolle, aber auch die Genauigkeit der Mitteilungen, damit sie zu einer richtigen Entscheidung führen, denn teilweise ist der Flugkapitän so dominant, dass er die Mitteilungen seines Kopiloten nicht wahrnimmt bzw. der Kopilot nicht insistiert. Ungeteilte Information wird eliminiert (Milanovich et al. 1998).

Auch in diesem Bereich der Interaktion in Gruppen muss entsprechend investiert werden, wie es bereits bei den technischen Sicherheitssystemen der Fall ist. Man denke hierbei auch an Operationsteams im Krankenhaus (Kee, Owen & Leathem, 2004).

29.3.3 Leistungen bei Kreativitätsaufgaben

Generell lässt sich die Aufgabenstellung dadurch charakterisieren, dass möglichst originelle Vorschläge zu machen sind, die bisher noch nicht aufgetaucht waren. Die Bewertungsdimension ist aber nicht »richtig« oder »falsch«, sondern »neuartig« oder »bekannt«. Darüber hinaus versucht man, die Vorschläge auch noch nach dem Aspekt der Umsetzbarkeit zu beurteilen, weil man die erarbeiteten Vorschläge in eine Strategie einfließen lassen möchte. Beispiele für Aufgabenstellungen sind Vorschläge für Werbekampagnen im wirtschaftlichen, sozialen und politischen Bereich, aber auch Vorschläge für neue Strategien der Organisationsentwicklung, der Produktentwicklung oder der Personalentwicklung. Immer wenn es darum geht, etwas Neues auszuprobieren, sind Aufgaben der Kreativität zu bearbeiten.

Diese Problemstellungen lassen sich häufig als **additive Aufgaben** identifizieren, weil aus einer hohen Quantität auch eine hohe Qualität folgt, wie man häufig empirisch gefunden hat (Stroebe & Diehl, 1994). Die Hauptaufgabe besteht in der Produktion möglichst vieler Ideen und Vorschläge, aus denen dann einzelne als die besten ausgewählt werden. Die Vorstellung ist dabei, dass durch gegenseitige Stimulation in der Gruppe deren Anzahl wächst und letztlich dadurch auch die Qualität zunimmt.

Die gegenseitige Anregung wird noch verstärkt, so die Erwartung, wenn man unter einer **Brainstorming**-Instruktion arbeitet (Osborn, 1957). Diese Instruktion besagt vor allem, dass man zuerst einmal alle Ideen äußern soll, die einem in den Sinn kommen, ohne Kritik durch andere und ohne auf die Durchführbarkeit oder den Realismus zu achten. Nach der Sammlung der Ideen werden dann die Vorschläge nach ihrer Qualität ausgewählt. Diese Vorgehensweise wird häufig in der Praxis angewandt und macht den Beteiligten Spaß. Wie sieht es aber mit der Leistung aus, wenn man sie unabhängig von der Einschätzung der Teilnehmer misst?

In mehreren Überblicken über die empirische Forschung (z. B. Mullen, Johnson & Salas, 1991; Bond & van Leeuwen, 1991; Stroebe & Diehl, 1994) wird deutlich gezeigt, dass Brainstorming-Gruppen eindeutig schlechter abschneiden als die gleiche Anzahl an Personen, die individuell arbeiten. Der behauptete und erwartete Synergie-Effekt durch die Gruppeninteraktion ist nicht zu beobachten.

In einer Versuchsreihe mit der Variation der Anzahl der Gruppenmitglieder von 2 bis 12 zeigt sich ein deutlicher Abfall der Brainstorming-Gruppen mit der Anzahl der Mitglieder, verglichen jeweils mit derselben Anzahl von Einzelpersonen (Zysno, 1998). Dieser Effekt ist auch in den Literaturübersichten klar zu erkennen. Die Effizienz der Brainstorming-Gruppe fällt von 75% bei 2 Personen auf 40% bei 12 Personen (Zysno, 1998).

> ### Spezielle Aspekte elektronischer Interaktionen
> In Zukunft werden wegen der technischen Möglichkeiten die Interaktionen zwischen Gruppenmitgliedern verstärkt elektronisch über Computer geführt. Zu klären ist dabei, ob dieses elektronische Brainstorming nicht sogar einen positiven Effekt hat. Dieser Frage sind z. B. Gallupe et al. (1992) nachgegangen. Sie fanden, dass die elektronisch unterstützten Gruppen besser waren als die natürlichen Gruppen. Ferner zeigte sich sogar, dass die elektronisch unterstützten Gruppen zufriedener mit dem Ablauf waren als natürliche.

Versucht man der Illusion der Brainstorming-Effektivität empirisch nachzugehen, so kann man feststellen, dass 53% der Ideen in synthetischen Gruppen definitiv anderen Personen zugeschrieben wurden, aber nur 39% in realen Gruppen. Gleichzeitig wird deutlich, dass man in synthetischen Gruppen realistischer diejenigen Ideen einschätzt, die man selber hätte vorbringen können, aber andere tatsächlich genannt haben. In realen Gruppen vermuten die Teilnehmer, dass 33% der Ideen auch von ihnen hätten genannt werden können, im Vergleich zu 13% bei Teilnehmern in synthetischen Gruppen. Die richtige Identifikation der vorgebrachten Ideen unterscheidet sich ebenfalls, in synthetischen Gruppen werden 76%, in realen Gruppen 57% der Ideen durch ihre Teilnehmer richtig identifiziert. Die Gruppensituation im Vergleich zur Individualsituation lässt eine eher unrealistisch positive Sichtweise aller Teilnehmer erkennen. Diese verzerrte Sichtweise als auch die wichtige Spaßkomponente lassen die Brainstorming-Bedingungen so positiv erscheinen (Stroebe, Diehl & Abakoumkin, 1992).

Die **Verluste beim Brainstorming** werden durch drei Mechanismen zu erklären versucht:

1. Motivationsverluste;
2. soziale Bewertung;
3. Produktionsblockierung.

Der erste Mechanismus bezieht sich auf die individuelle Seite der **Motivation**. Dieser Einfluss erklärt jedoch nur

einen geringen Prozentsatz an Varianz, ca. 8% der aufgeklärten Varianz von 80% (Stroebe & Diehl, 1994).

Ein wesentlicher Punkt für den Erfolg der Brainstorming-Instruktion liegt in der Vermutung, dass die **soziale Bewertung** als »Schere im Kopf« ausgeschaltet wird, sodass auch sehr ungewöhnliche Vorstellungen vorgebracht werden können. Dieser Einfluss scheint kaum vorhanden zu sein. Offensichtlich lassen sich Gruppenmitglieder durch die Brainstorming-Instruktion wenig beeinflussen. Die durchschnittliche Originalität der Ideen ist in beiden Bedingungen gleich, wenn man Brainstorming-Gruppen mit synthetischen Gruppen vergleicht, aber die Anzahl guter Ideen wächst in synthetischen Gruppen deutlich an. Daraus kann man schließen, dass die Instruktion zur Vermeidung der sozialen Bewertung nicht funktioniert.

Als dritter Effekt ist die **Produktionsblockierung** identifiziert worden. Dieser Mechanismus besagt, dass man nicht gleichzeitig zuhören, das Gesagte speichern und neue Ideen produzieren kann. Diese Prozesse stören sich gegenseitig, sodass individuelles Arbeiten von Vorteil ist. Dieser Mechanismus erklärt ca. 70% der Varianz, sodass gerade der informationelle Einfluss als Hauptidee für die Produktivitätserhöhung in Brainstorming-Gruppen in sein Gegenteil umschlägt. Die Komplexität der Brainstorming-Bedingungen in Gruppen überfordert die individuellen Kapazitäten, obwohl die Teilnehmer dieses kaum so empfinden, weil es ihnen Spaß macht.

In einem neueren Buch über die Entwicklung der Kreativität in Organisationen empfiehlt West (1997), sich vor allem auf die direkte Kommunikation zwischen den Gruppenmitgliedern zu stützen, weil sie die »reichste« Form der Informationsübertragung ist. Diese und vergleichbare Aussagen findet man in der Literatur für die Praxis durchgehend. Es ist auch außerordentlich schwierig, diese Einschränkungen zu erkennen, wenn man aus der guten Gruppenatmosphäre auf die Kreativität schließt, ohne dass die Möglichkeit der objektiven Beurteilung der Kreativität überhaupt besteht.

Trotzdem bleibt unbestritten, dass das Potenzial für kreative Lösungen in Gruppen sehr hoch sein kann, wenn man es richtig nutzt, wobei immer der individuelle Beitrag höchst bedeutsam ist. Er wird in der Gruppe verfeinert und ergänzt, leider auch manchmal »verwässert«.

Als generelles Fazit zur Gruppenleistung lässt sich Folgendes festhalten: Da für die Leistung von Gruppen keine objektiven Maßstäbe existieren, ziehen wir die Gruppenatmosphäre als Beurteilungsmaßstab heran. Das führt zu Fehleinschätzungen und einer generellen Überschätzung der Leistungsgüte von Gruppen.

29.4 Verbesserung der Gruppenleistung durch Anleitung

Wie in den bisher behandelten Punkten zur Gruppenleistung ist bei natürlich interagierenden Gruppen, aber teilweise auch bei Gruppen, die nach einer bestimmten Instruktion (z. B. Brainstorming) arbeiten, mit erheblichen Verlusten der Leistungsfähigkeit zu rechnen, wenn man diese zu einer potenziellen Leistungsfähigkeit in Beziehung setzt. Gleichzeitig ist für alle deutlich, dass nur zu Gruppen zusammengestellte Experten komplexe Probleme angemessen bewältigen können.

In dieser Situation müssen wir Gruppen anleiten, damit sie ihre Leistungsfähigkeit optimieren können. Die Art der Optimierung hängt dabei von der Zielsetzung ab, die jedoch nicht allein auf Leistung im engeren Sinne bezogen sein muss. Gerade die Balance zwischen emotionaler Beziehung in der Gruppe und konkreter Bearbeitung einer Aufgabe ist häufig herzustellen. Manchmal wird sogar vorwiegend die sozioemotionale Beziehung gefördert, ohne letztlich auf die Leistung zu achten, obwohl man der Gruppe eine Aufgabe stellt. Die vor allem auf die Beziehung orientierten Ansätze der frühen Gruppendynamik (Rechtien, 1992) werden nur noch selten angewandt, um Leistungsverbesserungen zu erreichen.

Dass Gruppen in ihrer Arbeit einer gewissen Anleitung bedürfen, ist ein Wissen, das lange bekannt ist. Man hat hierzu Geschäftsordnungen und Routinen zur Durchführung von Sitzungen, Gerichtsverhandlungen etc. entwickelt. Das sind traditionelle Anleitungen für Gruppen zur Verbesserung ihrer Leistung.

Daneben haben sich auch sozialpsychologische Formen entwickelt, die sich wie folgt unterteilen lassen in:

1. **Moderationstechniken**, die den gesamten Ablauf der Gruppenarbeit von außen steuern;
2. **Diskurstechniken**, die die Interaktion in der Gruppe festlegen, z. B. Brainstorming, Teufelsanwalt (Advocatus diaboli) und dialektische Auseinandersetzung (dialectical inquiry);
3. **Gruppenentwicklungstechniken**, die vor allem die sozioemotionalen Beziehungen der Gruppenmitglieder verbessern, z. B. Encounter-Gruppen, themenzentrierte Interaktion (TZI), Sensitivity-Training.

Wir werden nur die Moderationstechniken im engeren Sinne behandeln.

29.4.1 Delphi-Methode

Wenn wir zuerst die Delphi-Methode wählen, dann liegt das daran, dass hier das geringste Ausmaß an Interaktion vorliegt. Diese Technik wird von einem Moderatorenteam durchgeführt, das gemäß der Idee des Fehlerausgleichs bei Schätzaufgaben mehrere Experten schriftlich befragt und die Antworten zusammenfasst (Häder & Häder, 2000).

Diese Moderationstechnik reduziert die Gruppenlösung auf das Sammeln von Informationen, die dann von dem Moderatorenteam integriert werden. Damit sind die normativen Einflüsse ausgeschaltet. Es bleibt aber unklar, auf welche Weise die individuellen Antworten entstanden sind und wie sie zu einer gemeinsamen Lösung verarbeitet wurden.

Wenn man die empirische Prüfung dieser Technik im Vergleich zu synthetischen Gruppen und zu normal interagierenden heranzieht, so ist keineswegs die Überlegenheit dieser Moderationstechnik gezeigt worden. Die Ergebnisse sind sehr unterschiedlich (Wendt, 1980; Häder & Häder, 2000). Jedenfalls kann diese Technik nicht eindeutig als überlegen, verglichen mit normal interagierenden Gruppen, angesehen werden.

29.4.2 Nominale Gruppentechnik (NGT)

Betrachtet man jetzt die nominale Gruppentechnik als zweite Moderationsart, so ist in diesem Fall eine stärkere Interaktion zwischen den Gruppenmitgliedern möglich.

Die Technik setzt voraus, dass

- eine klare Fragestellung existiert,
- eine Gruppe von Experten herangezogen wird,
- ein Moderator sich auf den Ablauf konzentriert und keine inhaltlichen Beiträge liefert.

Üblicherweise besteht die Durchführung dieser Technik aus vier Schritten:

1. individuelle Produktion von Lösungen in der Anwesenheit der anderen Mitglieder,
2. individuelles Vortragen der Ideen, die an einem Flipchart visualisiert werden können,
3. Diskussion der Vorschläge, insbesondere um ein besseres Verständnis zu bekommen,
4. Auswahl der Vorschläge durch ein Abstimmungsverfahren.

Die Gruppengröße sollte dabei zwischen 5 und 9 Mitgliedern betragen, und der Gruppenleiter sollte ausgebildet sein. Seine Aufgabe beschränkt sich auf die Organisation des Gruppenprozesses. Man kann diese Technik für alle Fragestellungen anwenden.

Bei der empirischen Prüfung zeigt sich, dass die nominale Gruppentechnik (NGT) gewisse Leistungsverbesserungen gegenüber normal interagierenden Gruppen aufweist (Herbert & Yost, 1979; Rohrbaugh, 1981). Sie sind aber nicht so eindeutig auf die Technik zurückzuführen, sondern können auch mit der Neuartigkeit der Interaktionsform zu tun haben (Moore, 1987), die kurzfristig einen Motivationsschub erzeugt.

29.4.3 Trittleitertechnik

In der dritten Moderationstechnik – der Trittleitermethode (Rogelberg, Barnes-Farrell & Lowe, 1992) – wird der Informationsaustausch systematisch erweitert. Zuerst werden zwei Personen gebeten, ihre Ideen zu entwickeln und festzuhalten, dann kommt eine dritte Person hinzu. Sie hat vorher individuell ihre eigenen Vorstellungen und Überlegungen festgehalten. Sie bringt ihre Ideen in die ursprüngliche Dyade ein. Man versucht dann, sich auf eine gemeinsame Sicht zu einigen. Jetzt wird eine vierte Person gebeten, ihre vorher individuell erarbeiteten Vorstellungen der Gruppe, die jetzt aus 3 Personen besteht, zu unterbreiten. Auf diese Weise werden unabhängig entwickelte Informationen eingebracht und das Problem der Diskussion vorwiegend geteilter Argumente angegangen.

In einer experimentellen Studie zeigt sich, dass diese Technik gegenüber normal interagierenden Gruppen eine Verbesserung bringt, wenn man Aufgaben lösen lässt, die das Auffinden einer richtigen Rangfolge von Gegenständen beinhaltet (Rogelberg et al., 1992).

29.4.4 Prozedurale Moderation (PROMOD)

Wenn man davon ausgeht, dass wir bei den komplexen Problemen, die in unserer Gesellschaft auf uns zukommen, immer einer Gruppe von unterschiedlichen Experten bedürfen, dann müssen wir uns überlegen, wie man die Leistungsqualität dieser Projektgruppen maximiert. Von den Entscheidungen solcher Projektgruppen hängen in vielfältiger Weise unsere Lebensqualität und unsere wirtschaftliche und politische Entwicklung ab. Man kann den Einfluss dieser Entscheidungen kaum überschätzen. Sie werden jedoch selten als Gruppenentscheidungen identifiziert bzw. hervorgehoben. Wenn es um Planen, Entscheiden, Problemlösen, Ideenentwicklungen und gerichtliche Beratungen geht, so ist der Gruppencharakter meistens hinter anderen Bezeichnungen verborgen wie Kommission, Gremium, Ausschuss, Kammer, Senat, Kabinett etc.

In einer größeren experimentellen Studie zur Entwicklung einer Moderationstechnik haben wir die prozedurale Moderation (PROMOD) entwickelt und überprüft (Lecher & Witte, 2003; Witte & Sack, 1999; Witte, 2001). Diese PROMOD-Technik setzt Folgendes voraus:
- Es gibt mehrere Experten, die nur gemeinsam ein hoch komplexes Problem lösen können.
- Eine Lösung in einer natürlich interagierenden Gruppe ist vergleichsweise schlecht.
- Eine gezielte Unterstützung solcher Expertengruppen führt zu einer erheblichen Leistungsverbesserung.
- Die Qualität der individuellen Beiträge muss verbessert werden.
- Der Informationsaustausch muss optimiert werden.
- Die normativen Einflüsse müssen reduziert werden.

Von diesen Ausgangspunkten herkommend haben wir PROMOD entwickelt; die Vorgehensweise wird im ▶ Kasten »Prozedurale Moderation (PROMOD) – Vorgehensweise« im Detail beschrieben.

Prozedurale Moderation (PROMOD) – Vorgehensweise

1. Der erste Schritt ist die grobe Zerlegung der gestellten Aufgaben in Unteraufgaben nach folgendem Muster:
   - Was ist der Ist-Zustand (Diagnose)?
   - Was ist der Ziel-Zustand (Prognose)?
   - Welche Maßnahmen führen vom Ist-Zustand zum Ziel-Zustand (Intervention)?
   - Welche Nebeneffekte sind zu erwarten (Störgrößen)?

2. Mit Hilfe dieses Schemas werden die Mitglieder der Expertengruppe getrennt von allen anderen Mitgliedern und angeleitet von einem Moderator gebeten, ein entsprechendes Schaubild zu entwerfen. Dieses Schaubild besteht aus Karteikarten und Pfeilen, angeordnet auf einem Flipchart-Bogen.

3. Der Moderator unterstützt den Experten, indem er ihn durch Nachfragen **motiviert** (»Sind das alle Ausgangspunkte?«; »Gibt es weitere Maßnahmen?« etc.), dieses Schaubild als Nichtexperte auf **Verständlichkeit** prüft (»Diesen Ausdruck habe ich nicht verstanden.«; »Können Sie diesen Pfeil erläutern?«) und damit das vorhandene Wissen beim Experten möglichst vollständig herausarbeitet.

4. Wenn jeder Experte individuell seine »subjektive Theorie« über das Problem dargelegt hat, dann werden diese Schaubilder ausgetauscht, sodass jeder Experte von allen anderen weiß, wie diese das Problem angegangen sind.

5. Entscheidend für die Bearbeitung des Problems sind die Maßnahmen (Interventionen). Welche Maßnahmen schließlich ergriffen werden sollen, bestimmt die Majorität durch eine einfache Abstimmung über die Maßnahmen.

6. Die Mitglieder der Projektgruppe treffen nie persönlich zusammen, sondern haben nur Kontakt über den Moderator zu den anderen Personen.

Eine solche Konstellation ermöglicht es, Koordinationsprobleme zu lösen, indem nicht mehr alle Experten zur gleichen Zeit am gleichen Ort sein müssen. Die verbrachte Zeit für die Bearbeitung eines Problems ist von der Einzelperson abhängig. Sie wird nicht gestört (Blocking-Effekt), lernt aber in verständlicher Weise von anderen Experten. Gleichzeitig geht vieles von dem verloren, was Spaß macht. Deshalb muss man sich genau überlegen, unter welchen Umständen PROMOD in der Praxis eingesetzt werden kann, wobei die Aufgabe des Moderators teilweise auch die ist, diese Spaß-Komponente zu erhalten, indem er den Experten bestätigt, ermuntert etc.

Bei PROMOD werden Inhalt- und Prozesssteuerung, soweit es geht, auseinandergehalten. Es geschieht eine Konzentration auf die Aufgabe, so wie es bei Projektgruppen eigentlich gewünscht, aber meistens doch nicht vollzogen wird, weil solche Gruppen eben auch noch andere Funktionen übernehmen, wie die Stützung der Macht, die Entwicklung persönlicher Beziehungen für spätere Kontakte, die Kontrolle der Ergebnisse in die gewünschte Richtung etc.

Bei einer experimentellen Prüfung anhand eines sehr komplexen Problems, der Ausbreitung von Aids in einer Großstadt, das auf dem Computer simuliert wurde und an dem 3-Personen-Gruppen 5 Stunden gearbeitet haben, konnte die hohe Wirksamkeit dieser PROMOD-Technik im Vergleich zur nominalen Gruppentechnik und zu natürlich interagierenden Gruppen nachgewiesen werden (Witte & Sack, 1999).

Damit liegt ein Verfahren vor, das sich experimentell bewährt hat. Gleichzeitig konnte dieses Verfahren auch im Bereich von Technologiefolgenabschätzungen seinen großen Wert empirisch nachweisen (Scherm, 1996).

29.5 Intergruppenbeziehungen

29.5.1 Entstehung von Gruppenbindungen

Zunächst kann man sich mit der Frage beschäftigen, welche Voraussetzungen erfüllt sein müssen, damit ein Individualsystem in seinen drei Subsystemen so beeinflusst wird, dass es die Zugehörigkeit zu einer Gruppe berücksichtigt (Gruppensituation).

Eine erste Möglichkeit besteht darin, über das kognitive Subsystem in Form von vorgegebenen Klassifikationsmerkmalen Einfluss zu nehmen.

In einem Experiment von Rabbie und Horwitz (1969) wurden fremde Personen zu 4-Personen-Gruppen zusammengefasst, deren Gruppencharakterisierung allein in der Benutzung von grünem gegenüber blauem Briefpapier und entsprechend farbigen Kugelschreibern bestand (die »Grünen« und die »Blauen«). Diese Einteilung allein hatte noch keinen Effekt. Wurde aber eine Entlohnung durch Münzwurf eingeführt und wurden damit je nach Ergebnis die »Grünen« oder die »Blauen« bevorzugt, dann entstand bereits eine Gruppensituation. Als Minimalvoraussetzung scheint also neben einem Klassifikationsmerkmal ein gemeinsames Schicksal notwendig zu sein (s. auch Billig & Tajfel, 1973). Das Klassifikationsmerkmal als Grenzziehung nach außen und das gemeinsame Schicksal erzeugen eine einheitliche Orientierung nach innen. Liegen beide Anteile vor, so entsteht eine Gruppensituation, in der man sich nach außen abgrenzt und nach innen eine gewisse Einheitlichkeit anerkennt (siehe zusammenfassend Tajfel 1982a, S. 69 ff.).

Als **Konsequenzen** aus dieser Gruppenbildung lassen sich folgende Merkmale erkennen:

1. eine generelle Abwertung der Außengruppe und/oder eine Aufwertung der Binnengruppe,
2. die Wahrnehmung weiterer überakzentuierter Unterschiede in anderen Merkmalen zwischen Binnen- und Außengruppe sowie
3. Handlungen, die die Binnengruppe relativ bevorzugen, z. B. die Wahl von Entlohnungsmöglichkeiten.

Die Ergebnisse zeigen, dass relativ schnell ein Mikrosystem erzeugt werden kann und dass eine Überakzentuierung im affektiven, kognitiven und konativen Bereich die Folge ist (Abrams & Hogg, 1999).

29.5.2 Konflikte zwischen Gruppen

Die **Theorie realer Gruppenkonflikte** beschäftigt sich mit realen (materiellen) Konflikten zwischen zwei Gruppen als Ausgangspunkt für die Vorurteilsbildung und lässt sich in Anlehnung an LeVine und Campbell (1972, S. 29 ff.) durch folgende Postulate zusammenfassen.

1. **Verbindung von kognitiven und affektiven Anteilen:** Wenn ein realer Konflikt zwischen Gruppen vorliegt und dieser kollektiv als solcher erkannt wird, dann wird eine Bedrohung der eigenen sozialen Gruppe durch eine (oder mehrere) andere Gruppe(n) empfunden.
2. **Konsequenzen der affektiven Seite:** Wenn eine Bedrohung durch eine andere Gruppe empfunden wird,
   a) dann entsteht gegenüber dieser Gruppe ein Gefühl der Feindseligkeit,
   b) dann entsteht interne Gruppensolidarität,
   c) dann nimmt die Bedeutung der Gruppe für ihre Mitglieder zu,
   d) dann nimmt die Abgrenzung nach außen zu,
   e) dann werden Abweichler mit harten Sanktionen belegt.
3. **Ausmaß der Ablehnung von Außengruppen:** Die Ablehnung der Außengruppe ist umso stärker,
   a) je ähnlicher die ökonomischen Systeme beider Gruppen sind,
   b) je lebensnotwendiger die konfliktträchtigen Ressourcen sind,
   c) je leichter die Ressourcen transportiert werden können,
   d) je dichter die Gruppen zusammenleben,
   e) je bedrohlicher die Gruppe empfunden wird.
4. **Erhaltung und Beseitigung von negativen Vorurteilen:**
   a) Je größer die Ablehnung der Außengruppe, desto bedrohlicher wird diese empfunden.
   b) Wenn ein übergeordnetes Ziel für beide Gruppen existiert, verringert sich die Ablehnung der Außengruppe.

Henri Tajfel

Henri Tajfel wurde 1919 als Sohn polnischer Juden in Wloclawek geboren. Bei Ausbruch des Zweiten Weltkrieges studierte er Chemie an der Sorbonne in Paris. Tajfel wurde in die französische Armee einberufen und geriet ein Jahr später in deutsche Gefangenschaft. Es blieb unentdeckt, dass er Jude war, und so überlebte Tajfel den Krieg in mehreren Kriegsgefangenlagern. Nach dem Zweiten Weltkrieg arbeitete Tajfel für eine Reihe von Organisationen, einschließlich der UN-Flüchtlingsorganisation. 1946 begann er Psychologie zu studieren und schloss 1954 das Studium in Großbritannien mit Auszeichnung ab. 1967 übernahm Tajfel den Lehrstuhl für Sozialpsychologie an der Bristol University, den er bis zu seinem Tod 1982 innehatte.

Bereits kurz nach seiner Ankunft in Bristol führte er die berühmten »Minimale-Gruppen-Experimente« durch. Diese Studien waren ursprünglich als Grundlage dafür gedacht, die Bedingungen für kollektive Vorurteile bestimmen zu können. Sie zeigten aber auch, dass bloße Kategorisierung eine Intergruppendifferenzierung produziert. Diese Ergebnisse führten Henri Tajfel, zusammen mit John Turner, zur Entwicklung der Sozialen Identitätstheorie.

1. Individuen streben danach, ein möglichst positives Selbstbild zu erreichen.
2. Das Selbstbild von Individuen wird teilweise durch die Gruppenzugehörigkeit bestimmt.
3. Wenn Individuen sich als Mitglieder einer sozialen Gruppe fühlen, dann versuchen sie sich als Binnengruppe gegen eine Außengruppe positiv abzugrenzen.
4. Wenn diese positive Abgrenzung nicht gelungen ist, dann verlassen die Mitglieder die Gruppe, um eine positivere aufzusuchen, oder sie versuchen, auf einem anderen Weg die positive Abgrenzung zu erreichen. Diese anderen Wege der positiven Abgrenzung sind folgende:
   a) der Vergleich zwischen den Gruppen auf anderen Dimensionen, z. B. »die Naturwissenschaftler mögen in gewisser Form intelligenter sein, aber wir als Sozialwissenschaftler überblicken die sozialen Probleme besser«;
   b) die Veränderung der Bewertungen, sodass ein positiver Vergleich resultiert, z. B. »black is beautiful«;
   c) ein Wechsel der zum Vergleich herangezogenen Außengruppe, z. B. mögen sich Deutsche mit geringem Einkommen mit Türken vergleichen, nicht aber mit anderen Deutschen, deren Einkommen noch geringer ist.

Gelingt keine diese Strategien, so müssen sich die Mitglieder einer sozialen Gruppe mit einem verringerten Selbstbild zufrieden geben oder aber es gibt einen ernsten sozialen Konflikt (Hogg & Abrams, 2003).

29.5.3 Intergruppenverhalten

Eine wichtige Konsequenz aus dieser Abgrenzung zwischen Gruppen ist die Unterscheidung zwischen interpersonellem und intergruppalem Verhalten. Bei intergruppalem Verhalten sind moralische Maßstäbe für die Bewertung dieses Verhaltens reduziert. Das führt dazu, dass man höchst aggressive Verhaltensweisen für sich leichter rechtfertigen kann und diese folglich leichter ausgelöst werden können (Wagner, 1994; Witte, 2003). Die andere Person ist dann nur noch das Mitglied einer verhassten Gruppe, die man aus ideologischen Gründen bekämpft. Besonders deutlich treten solche Verhaltensweisen im Zusammenhang mit Krieg und Terrorismus auf, wo nicht die einzelnen Personen im Zentrum stehen, sondern nur die Tatsache, dass sie Mitglieder einer Gruppe sind. Manchmal können sich die beteiligten Personen die unvorstellbaren Aggressionen selbst kaum erklären.

Diese Theorie ist im Wesentlichen durch Arbeiten von Henri Tajfel (▶ Kurzbiographie; Tajfel, 1978, 1982a, 1982b; Tajfel & Turner, 1979; Hogg, 2001) erweitert worden. Der daraus hervorgegangene Ansatz – die Theorie der sozialen Identität – stellt eine Ergänzung gegenüber der Theorie realer Gruppenkonflikte in zweifacher Hinsicht dar: Zum einen werden auch soziale Inhalte als Konflikte eingeführt, wie z. B. die Einstellung gegenüber Kernkraftwerksgegnern, und zum anderen liegt der Schwerpunkt auf der Binnengruppen-Identifikation, die in der Theorie realer Gruppenkonflikte vor allem als eine Konsequenz aus dem Intergruppenkonflikt behandelt wird; in dieser Theorie ist sie dagegen der Ausgangspunkt.

Das theoretische Konzept der **Theorie der sozialen Identität** lässt sich dann wie folgt in Postulaten zusammenfassen (Tajfel & Turner, 1979; auch ▶ Kap. 56):

Literatur

Referenzliteratur

Ardelt-Gattinger, E., Lechner, H. & Schlögel, W.F (Hrsg.). (1998). *Gruppendynamik: Anspruch und Wirklichkeit der Arbeit in Gruppen.* Göttingen: Verlag für Angewandte Psychologie.

Arrow, H., McGrath, J.E. & Berdahl, J.L. (2000). *Small groups as complex systems.* Thousand Oaks: Sage.

Forsyth, D.R. (1998). *Group dynamics.* Belmont: Wadsworth.

Witte, E.H. (Hrsg.). (1998). *Sozialpsychologie der Gruppenleistung.* Lengerich: Pabst.

Witte, E.H. & Davis, J.H. (Eds.). (1996). *Understanding group behavior* (Vol. 1 and 2). Mahwah, NJ: Erlbaum.

Zitierte Literatur

Abrams, A. & Hogg, M.A. (Eds.). (1999). *Social identity and social cognition.* Oxford: Blackwell.

Arrow, H., McGrath, J.E. & Berdahl, J.L. (2000). *Small groups as complex systems.* Thousand Oaks: Sage.

Auhagen, A.E. (1991). *Freundschaft im Alltag.* Bern: Huber.

Badke-Schaub, P. (1994). *Gruppen und komplexe Probleme: Strategien von Kleingruppen bei der Bearbeitung einer simulierten AIDS-Ausbreitung.* Frankfurt a.M.: Lang.

Bales, R.F., Cohen, S.P. & Williamson, S.A. (1979). *SYMLOG: a system for the multiple level of observation of groups.* New York: Free Press.

Billig, M. & Tajfel, H. (1973). Social categorization and similarity in intergroup behavior. *European Journal of Social Psychology, 3,* 27–52.

Bond, C.F. & van Leeuwen, M.D. (1991). Can a part be greater than a whole? On the relationship between primary and meta-analytic evidence. *Basic and Applied Social Psychology, 12,* 33–40.

Brauner, E. (1998). Die Qual der Wahl am Methodenbuffet oder wie der Gegenstand nach der passenden Methode sucht. In E. Ardelt-Gattinger, H. Lechner & W.F. Schlögel (Hrsg.), *Gruppendynamik: Anspruch und Wirklichkeit der Arbeit in Gruppen* (S. 176–193). Göttingen: Verlag für Angewandte Psychologie.

Byrne, D. & Clore, G.L. (1970). Effectance arousal and attraction. *Journal of Personality, 2,* 103–128.

Deutsch, M. & Gerard, H.B. (1955). A study of normative and informational social influences upon individual judgement. *Journal of Abnormal and Social Psychology, 51,* 629–636.

Ekman, G. (1955). The four effects of cooperation. *Journal of Social Psychology, 41,* 149–162.

Engelhardt, G. & Witte, E.H. (1998). Soziale Repräsentationen von Gruppen. In E.H. Witte (Hrsg.), *Sozialpsychologie der Gruppenleistung* (S. 229–250). Lengerich: Pabst.

Faust, W.L. (1959). Group versus individual problem-solving. *Journal of Abnormal and Social Psychology, 59,* 68–72.

Fehr, B. (2004). Intimacy expectations in same-sex friendships: a prototype interaction-pattern model. *Journal of Personality & Social Psychology, 86,* 265–284.

Foushee, H.C. (1984). Dyads and triads at 25,000 feet: factors affecting group process and aircrew performance. *American Psychologist, 39,* 885–993.

Gallupe, R.B., Dennis, A.R., Cooper, W.H., Valacich, J.S., Bastianutti, L. & Nunamaker, J. (1992). Electronic brainstorming and group size. *Academy of Management Journal, 35,* 350–369.

Gray, J.D., Silver, R.C. (1990). Opposite sides of the same coin: former spouses' divergent perspectives in coping with their divorce. *Journal of Personality & Social Psychology, 59,* 1180–1191.

Häder, M. & Häder, S. (2000). *Die Delphi-Technik in den Sozialwissenschaften. Methodische Forschungen und innovative Anwendungen.* Wiesbaden: Westdeutscher Verlag.

Heath, C. & Jourdan, E.B. (1997). Illusion, disillusion and the buffering effects of groups. *Organization Behavior and Human Decision Processes, 69,* 103–116.

Helfrich, H. (1996). Menschliche Zuverlässigkeit aus psychologischer Sicht. *Zeitschrift für Psychologie, 204,* 75–96.

Herbert, T.T. & Yost, E.B. (1979). A comparison of decision quality under nomial and interacting consensus group formats: the case of structure problem. *Decision Sciences, 10,* 358–370.

Hofstätter, P.R. (1956). Zur Dialektik der Gruppenleistung. *Kölner Zeitschrift für Soziologie und Sozialpsychologie, 8,* 608–622.

Kee, F. Owen, T. & Leathem, R. (2004). Decision making in a multidisciplinary cancer team: Does team discussion result in better quality decisions? *Medical Decision Making, 24,* 602–613.

Lecher, S. & Witte, E.H. (2003). FORMOD und PROMOD. Zwei Moderationstechniken zur Verbesserung von Entscheidungen in Gruppen. *Zeitschrift für Arbeits- und Organisationspsychologie, 47,* 73–86.

Lewin, K. (1953). *Die Lösung sozialer Konflikte.* Bad Nauheim: Christian.

Laughlin, P.R. (1996). Group decision making and collectiv induction. In E.H. Witte & H.J. Davis, (Eds.), *Understanding group behavior* (Vol. 1, pp. 61–80). Mahwah, NJ: Erlbaum.

LeVine, R.A. & Campbell, D.D. (1972). *Ethnocentrism.* New York: Wiley.

Littlepage, G.E., Schmidt, G.W., Whisler, E.W. & Frost, A.G. (1995). An input-process-output analysis of influence and performance in problem-solving groups. *Journal of Personality and Social Psychology, 69* (5), 877–889.

Lorge, J. & Solomon, H. (1955). Two models of group behavior in the solution of Heureka-type problems. *Psychometrica, 20,* 139–148.

Macrae C.N., Hewstone, M. & Stangor, C. (Eds.). (1996). *Stereotypes and stereotyping.* New York: Guilford Press.

Milanovich, D., Driskell, J.E., Stout, R.S. & Salas, E. (1998). Status and cockpit dynamics: a review and empirical study. *Group Dynamics, 2,* 155–167.

Moore, C.M. (1987). *Group techniques for idea building.* Beverly Hills: Sage.

Mullen, B. & Copper, C. (1994). The relation between group cohesiveness and performance: an integration. *Psychological Bulletin, 115,* 210–227.

Mullen, B., Johnson, C. & Salas, E. (1991). Productivity loss in brainstorming group: a meta-analytic integration. *Basic and Applied Social Psychology, 12,* 3–24.

Neidhardt, F. (1979). Das innere System sozialer Gruppen. *Kölner Zeitschrift für Soziologie und Sozialpsychologie, 31,* 639–660.

Osborn, A.F. (1957). *Applied imagination.* New York: Scribner's.

Rabbie, J.M. & Horwitz, M. (1969). Arousal of ingroup-outgroup bias by a chance win or loss. *Journal of Personality and Social Psychology, 13,* 269–277.

Rechtien, W. (1992). *Angewandte Gruppendynamik.* München: Quintessenz.

Rogelberg, S.G., Barnes-Farrell, J.L. & Lowe, C.A. (1992). The stepladder technique: an alternative group structure facilitating effective group decision making. *Journal of Applied Psychology, 77,* 730–737.

Rohrbaugh, J.W. (1981). Improving the quality of group judgement: social judgement analysis and delphi technique. *Organizational Behavior and Human Performance, 28,* 272–288.

Scherm, M. (1996). *Technologiefolgeabschätzung als Gruppenleistung. Zur Wirksamkeit einer neu entwickelten Moderationsmethode.* Münster: Waxmann.

Schulz-Hardt, S. (2002). Entscheidungsprozesse in Gruppen: Warum der Wissensvorteil von Gruppen oft ungenutzt bleibt und wie Meinungsvielfat diese Nutzung fördern kann. In E.H. Witte (Hrsg.), *Sozialpsychologie wirtschaftlicher Prozesse* (S. 226–255). Lengerich: Pabst.

Stasser, G. (1992). Pooling of unshared information during group discussions. In S. Worchel, W. Wood & J.A. Simpson (Eds.), *Group process and productivity* (pp. 48–67). Newbury Park: Sage.

Stasser, G. & Titus, W. (1985). Pooling of unshared information in group decision making: biased information sampling during discussion. *Journal of Personality and Social Psychology, 48,* 1467–1478.

Stroebe, W. & Diehl, M. (1994). Why groups are less effective than their members: on productivity losses in idea-generating groups. *European Review of Social Psychology, 5,* 271–303.

Stroebe, W., Diehl, M. & Abakoumkin, G. (1992). The illussion of group effectivity. *Personality and Social Psycholgy Bulletin, 18,* 643–650.

Tajfel, H. (1978). *Differentiation between social groups.* London: Academic Press.

Tajfel, H. (Ed.). (1982a). *Social identity and intergroup relations.* Cambridge: Cambridge University Press.

Tajfel, H. (1982b). Social psychology of intergroup relations. *Annual Review of Psychology, 33,* 1–39.

Tajfel, H. & Turner, J. (1979). An integrative theory of intergroup conflict. In W.G. Austin & S. Worchel (Eds.), *The social psychology of intergroup relations.* Monterey: Brooks/Cole.

Thomas, E.J. & Fink, C.F. (1961). Models of group problem solving. *Journal of Abnormal and Social Psychology, 63,* 53–63.

Tindale, R.S. & Larson, J.R. (1992). It's not how you frame the question, it's how you interpret the result. *Journal of Applied Psychology, 9,* 507–533.

Wagner, U. (1994). *Sozialpsychologie der Intergruppenbeziehungen.* Göttingen: Hogrefe.

Wendt, D. (1980). Entscheidungsverhalten in Gruppen. In E.H. Witte (Hrsg.), *Beiträge zur Sozialpsychologie. Festschrift für Peter R. Hofstätter.* Weinheim: Beltz.

West, M.A. (1997). (Ed.). *Handbook of work group psychology* London: Wiley.

Wilke, H.A.M. (1996). Status congruence in small groups. In E.H. Witte & J.H. Davis (Eds.), *Understanding group behavior. Vol. 2: Small group processes and interpersonal relations.* Mahwah, NJ: Erlbaum.

Witte, E.H. (1979). *Das Verhalten in Gruppensituationen. Ein theoretisches Konzept.* Göttingen: Hogrefe.

Witte, E.H. (2001). Das Ausschöpfen der Leistungsvorteile von Gruppen: Wie kann man es besser machen? In R. Fisch, D. Beck & B. Englich (Hrsg.). *Projektgruppen in Organisationen* (S. 307–322). Göttingen: VAP.

Witte, E.H. (2003). Wirtschaftspsychologische Ursachen politischer Prozesse: Empirische Belege und ein theoretisches Konzept. In E.H. Witte (Hrsg.), *Sozialpsychologie politischer Prozesse* (S. 85–117). Lengerich: Pabst.

Witte, E.H. & Engelhardt, G. (1998). Zur sozialen Repräsentation der (Arbeits-)Gruppe. In E. Ardelt-Gattinger, H. Lechner & W. Schlögel (Hrsg.), *Gruppendynamik. Anspruch und Wirklichkeit der Arbeit in Gruppen* (S. 25–29). Göttingen: Verlag für Angewandte Psychologie.

Witte, E.H. & Lecher, S. (1998) Beurteilungskriterien für aufgabenorientierte Gruppen. *Gruppendynamik, 29,* 313–325.

Witte, E.H. & Sack, P.-M. (1999). Die Entwicklung der Gruppenmoderation PROMOD zur Lösung komplexer Probleme in Projektteams. *Psychologische Beiträge, 41,* 113–213.

Zysno, P. (1998). Von Seilzug bis Brainstorming: Die Effizienz der Gruppe. In E.H. Witte (Hrsg.), *Sozialpsychologie der Gruppenleistung* (S. 184–210). Lengerich: Pabst.

29

30 Kulturvergleichende Psychologie

H. Helfrich

Menschen anderer Kulturen verhalten sich in vielen Lebensbereichen anders als wir. *Sind* sie deswegen auch anders oder lassen sich trotz der manifesten Vielfalt unter der Oberfläche des jeweils Andersartigen ähnliche Prinzipien des Denkens, Fühlens und Handelns entdecken? Oder lassen sich die Menschen verschiedener Kulturen gar nicht vergleichen, weil jede Kultur einzigartig ist?

Solchen Fragen versucht die Kulturvergleichende Psychologie nachzugehen. Zwei Ziele werden dabei verfolgt: Zum einen wird gefragt nach dem für die Menschen in allen Kulturen bestehenden Gemeinsamen im Handeln und Denken, zum anderen nach der Abhängigkeit individuellen Handelns und Denkens vom kulturellen Umfeld. Die Beantwortung dieser Fragen findet ihren Anwendungsbezug in der »Interkulturellen Psychologie« oder der »Psychologie interkulturellen Handelns« (vgl. Thomas, 2003), die im Dienst der praktischen Problemlösung bei der Begegnung zwischen Angehörigen verschiedener, einander fremder Kulturen steht.

30.1   Methodologische Überlegungen

30.1.1 Forschungsrichtungen

Innerhalb der Kulturvergleichenden Psychologie lassen sich verschiedene Forschungsrichtungen unterscheiden:

So untersucht die **Kulturvergleichende Psychologie im engeren Sinne** (»cross-cultural psychology«) die Beziehung zwischen psychologischen Variablen einerseits und soziokulturellen, ökologischen und biologischen Variablen andererseits (Berry, Poortinga, Segall & Dasen, 2003). Impliziert ist die Annahme, dass es universelle psychische Strukturen und Prozesse gibt, die aber kulturspezifische Modifikationen aufweisen können (vgl. Eckensberger & Plath, 2002).

Die **Kulturpsychologie** (»cultural psychology«) beschäftigt sich mit der Art und Weise, wie kulturelle Traditionen und soziale Praktiken sich im psychischen Geschehen ausdrücken. Impliziert ist die Annahme einer grundlegenden kulturbedingten Divergenz psychischer Strukturen und Prozesse (Shweder & Sullivan, 1990).

Ziel der **Indigenen Psychologie** (»indigenous psychology« oder »einheimische« Psychologie) ist die Untersuchung psychischen Geschehens mit auf der Basis der je eigenen kulturellen Tradition entwickelten Prämissen, Theorien und Methoden (vgl. Straub & Thomas, 2003).

Unter **Interkultureller Psychologie** (Psychologie interkulturellen Handelns oder »intercultural psychology«) wird schließlich die anwendungsorientierte Untersuchung von Begegnungen zwischen Angehörigen unterschiedlicher kultureller Herkunft im Dienste der praktischen Bewältigung von Kommunikations- und Interaktionsproblemen verstanden (vgl. Thomas, 2003).

30.1.2 Kulturbegriff

Im Alltagsverständnis wird »Kultur« häufig im humanistisch-klassischen Sinne als eine mit bildender Kunst, Literatur und aufklärerischem Denken angereicherte höhere Lebensart aufgefasst. In der Kulturvergleichenden Psychologie wird dagegen »Kultur« in dem ursprünglich auf Herder (1887) zurückgehenden anthropologischen Sinn verstanden. Danach bildet »Kultur« keinen Gegensatz zu »Natur«, sondern gehört zur »natürlichen« Ausstattung des Menschen (auch ▶ Kap. 36). Entsprechend verfügt jede Gesellschaft über eine Kultur, variieren können jedoch deren verschiedene Ausprägungsformen. Die in diesem Sinne verstandene Kultur bezieht sich auf ein durch Tradition gewachsenes Orientierungssystem, das mit bestimmten Mustern des Denkens, Fühlens und Handelns einhergeht (vgl. Straub & Thomas, 2003). Für die Angehörigen einer Kultur sind diese Muster häufig nicht explizit abrufbar, implizit bilden sie aber die Grundlage für ein sinnhaftes, plausibles und weitgehend routinemäßiges Handeln.

Im Laufe seiner individuellen Entwicklung, der sog. Ontogenese, wächst der Mensch durch Lernen und Erziehung in das jeweilige Orientierungssystem hinein. Kultur und Individuum stehen dabei in Wechselwirkung: Einerseits trifft das Individuum die Kultur in Gestalt von Institutionen und Instanzen wie etwa Schule, Eltern, Lehrer und Gleichaltrige an, andererseits wird es selbst Teil dieser Kultur.

30.1.3 »Etische« und »emische« Perspektive der Kulturbetrachtung

Zwei Sichtweisen lassen sich unterscheiden: eine kulturübergreifende Außensicht oder »etische« Perspektive und eine kulturangepasste Innensicht oder »emische« Perspektive (Berry, 1999). Die Unterscheidung stammt ursprünglich aus der Linguistik: Die **Phonetik** richtet ihr Augenmerk auf Lautmerkmale, mit Hilfe derer sich der Lautbestand aller Sprachen beschreiben lässt, während die **Phonemik** diejenigen Lautmerkmale identifiziert, die innerhalb der untersuchten Sprache zur Bedeutungsdifferenzierung beitragen (Pike, 1967). Teilweise korrespondiert die Unterscheidung mit der aus der Persönlichkeitspsychologie bekannten

Dichotomie zwischen dem »nomothetischen« und dem »idiographischen« Ansatz (vgl. Helfrich, 1999, S. 132). Der nomothetische Ansatz beschreibt die Unterschiede zwischen Individuen als unterschiedliche Ausprägungen genereller Merkmale, während der idiographische Ansatz die Einzigartigkeit jedes Individuums betont.

Das Ziel des Kulturvergleichs aus **etischer** Perspektive besteht darin, die Empfänglichkeit bzw. Resistenz individuellen Handelns und Denkens gegenüber kulturellen Einflüssen zu prüfen. Meist wird hierbei der Faktor »Kultur« in Form bestimmter kultureller Merkmale wie etwa Erziehungsstilen oder sozialen Wertorientierungen operationalisiert. Kultur wird damit als ein Satz von außerhalb der Person liegenden »unabhängigen« Variablen betrachtet, deren Auswirkung auf individuelle Merkmale in Form von »abhängigen« Variablen untersucht wird.

»Auswirkung« muss hier in einem doppelten Sinne verstanden werden: Zum einen als die substanzielle Wirkung systematischer Bedingungsfaktoren und zum anderen als die auszuschaltende Wirkung von Störfaktoren. Im ersten Fall sollen in sog. Differenzierungsstudien kulturelle Faktoren als Einflussgrößen oder **Antezedenzien** für individuelles Verhalten gefunden werden, d. h. Unterschiede im individuellen Verhalten sollen auf kulturelle Unterschiede zurückgeführt werden. Ein Beispiel wäre das unterschiedliche Ausmaß an jugendlicher Aggression in Abhängigkeit vom kulturell geprägten Erziehungsstil. Im zweiten Fall strebt der Kulturvergleich in sog. Generalisierungsstudien eine **Validierung** oder Verallgemeinerbarkeit psychologischer Gesetzmäßigkeiten an, die ursprünglich in einem bestimmten kulturellen Umfeld gefunden wurden. Kulturvergleichende Studien sollen hier die Möglichkeit einer Entflechtung von vermeintlichen und tatsächlichen Einflussgrößen bieten, indem Versuchsanordnungen an ein neues Umfeld adaptiert werden. Ein Beispiel ist die veränderte Deutung des Ödipus-Komplexes durch den Kulturanthropologen Malinowski (1927) aufgrund der Betrachtung der matrilinearen Gesellschaft der Trobriander, eines Inselvolkes nahe Papua-Neuguinea. Malinowski stellte fest, dass die aggressiven Vernichtungsträume der Trobriander-Jungen sich nicht auf den Vater als den Liebespartner der Mutter, sondern auf den Bruder der Mutter, also den Onkel, als die den Jungen strafende Autorität richteten. Durch den Kulturvergleich wurden also in diesem Falle die unabhängigen Variablen »Liebespartner« und »Autoritätsperson« entflochten.

Gemäß dem **emischen** Ansatz ist »Kultur« kein außerhalb des Individuums liegender Faktor, sondern integraler Bestandteil des menschlichen Denkens und Handelns (Shweder & Sullivan, 1990). Schon Wilhelm Wundt, der Begründer der experimentellen Psychologie, hat in seiner »Völkerpsychologie« darauf hingewiesen, dass die »höheren geistigen Vorgänge« nicht ohne Berücksichtigung ihres kulturellen Kontextes angemessen erklärt werden können (Wundt, 1912). In der **Kulturpsychologie** wird diese Auf-

Tabelle 30.1. Untersuchungsansätze innerhalb der Kulturvergleichenden Psychologie

Ansatz	Vorgehen	Ziel
Psychometrischer Ansatz	Vergleich von Individuen unterschiedlicher Kulturzugehörigkeit hinsichtlich bestimmter Merkmale bzw. Merkmalszusammenhänge mithilfe von Testverfahren	Prüfung der Universalität von Strukturen (Generalisierungsstudien) sowie Ermittlung von kulturellen Unterschieden in der Ausprägung einzelner Merkmale (Differenzierungsstudien)
Quasi-experimenteller Ansatz	Systematische Untersuchung kultureller Faktoren als »unabhängige Variablen« in ihrer Auswirkung auf bestimmte Merkmale als »abhängige Variablen«. Die Bezeichnung »quasi-experimentell« ergibt sich daraus, dass im Unterschied zu einem echten Experiment die Individuen den einzelnen Faktorstufen nicht nach Zufall zugeordnet, sondern lediglich nach ihrer – unabhängig von der Untersuchung bestehenden – »natürlichen« Zugehörigkeit zu einer bestimmten Faktorstufe ausgewählt werden.	Ermittlung kultureller Antezedenzien für die Ausprägung individueller Merkmale
Ex-post-facto-Untersuchungen	Analyse des Zusammenhanges zwischen kulturellen Variablen und individuellen Merkmalen mit Hilfe bereits vorliegender Daten, z. B. der Datenbank HRAF (Human Relation Areas Files)	Ermittlung kultureller Antezedenzien für die Ausprägung individueller Merkmale
Mehrebenenanalysen	Verknüpfung von kulturellen und individuellen Merkmalen mithilfe hierarchischer linearer Modelle	Systematische Abschätzung von Antezedenzien unterschiedlicher Ebenen hinsichtlich ihres jeweiligen Beitrages zur Gesamtvariation eines Merkmals
Ethologischer Ansatz	Analyse des menschlichen Verhaltens mit den Methoden und Axiomen der Evolutionsbiologie	Erklärung menschlicher Verhaltensweisen als stammesgeschichtliche (universelle) oder kulturspezifische Anpassungsleistungen
Kulturvergleichende Entwicklungsstudien	Untersuchung der kognitiven, emotionalen und sozialen Ontogenese in unterschiedlichen Kulturen	Prüfung der universellen Gültigkeit von Entwicklungsmodellen
Ethnographische oder anthropologische Feldstudien	Beschreibung der besonderen Eigenart im Denken, Fühlen und Handeln einer bestimmten Kultur »von innen heraus«	Ermittlung der kulturspezifischen Bedeutung von Denk- und Verhaltensweisen
Klinischer Ansatz (»Ethnopsychiatrie«)	Untersuchung von Individuen, die sich entweder aus Eigeninitiative oder vermittelt durch Angehörige einer ärztlichen oder psychologischen Beratung unterziehen	Prüfung der Universalität bzw. Kulturspezifität von Diagnose-, Beratungs- und Behandlungsmodellen
Analyse kritischer Interaktionssituationen	Auswertung von Berichten über Konfliktsituationen in Begegnungen zwischen Angehörigen unterschiedlicher Kulturen	Ermittlung zentraler Kulturstandards als verhaltenswirksame Orientierungsmaßstäbe

fassung dahingehend radikalisiert, dass alle psychischen Phänomene nur in ihrer kulturellen Bedeutung verstehbar sind. Die Kulturabhängigkeit betrifft nicht nur die Gegenstände und Methoden der Forschung, sondern auch die zugrunde liegenden Prämissen, die häufig vom technisch-naturwissenschaftlichen Weltbild des westlichen Menschen geprägt sind. Die indigene (»indigenous«) oder einheimische Psychologie (Kim, 2000) bemüht sich daher, »westliche« Begriffe, Theorien und Forschungsmethoden nicht unbesehen zu importieren und statt dessen auf dem Boden des je eigenen kulturellen Erbes Perspektiven und Instrumente zu entwickeln (vgl. Straub & Thomas, 2003).

Die in der Kulturvergleichenden Psychologie vorherrschenden Untersuchungsansätze (■ Tab. 30.1) nehmen in unterschiedlichem Ausmaß die etische bzw. die emische Sichtweise ein. Am einen Extrem sind die quasi-experimentellen sowie die psychometrischen Verfahren anzusiedeln, die auf der Suche nach allgemeinen Gesetzmäßigkeiten ein möglichst universelles Beschreibungssystem anstreben. Das andere Extrem bilden die ethnographischen Feldstudien, in denen die emische Perspektive dominiert und ein Vergleich mitunter gänzlich abgelehnt wird.

30.1.4 Beschreibung von Kulturen

Wird Kultur als Antezedens für individuelle Merkmalsausprägungen untersucht, werden nicht einzelne Kulturen betrachtet, sondern man versucht, kulturelle Merkmale zu bestimmen, die sich sowohl zur Charakterisierung als auch zur Unterscheidung einzelner Kulturen eignen. Solche Unterscheidungsmerkmale können auf ökologischen Gegebenheiten, auf der Art der Sprache sowie auf den mit einer Kultur verbundenen Wertsystemen basieren. Im Idealfall versucht man sie als Dimensionen zu konzipieren, auf denen sich jede Kultur als spezifische Ausprägungskombination repräsentieren lässt.

Prototypisch sind die von Hofstede (1980) aus einer Befragung in über 50 Ländern mittels einer Faktorenanalyse identifizierten Wert-Dimensionen:

1. Individualismus–Kollektivismus,
2. Machtdistanz,
3. Femininität–Maskulinität und
4. Unsicherheitsvermeidung.

Später wurden sie durch eine 5. Dimension ergänzt, die als »konfuzianische Dynamik« bezeichnet wird (vgl. Hofstede, 2001, S. 234 ff.). Jede Dimension bildet eine bipolare Skala, deren Pole die jeweiligen Extremausprägungen repräsentieren.

In der Kulturvergleichenden Psychologie wurde vor allem die Dimension **Individualismus–Kollektivismus** untersucht (vgl. Kagitçibasi, 1997). In kollektivistischen Kulturen ist man im Vergleich zu individualistischen Kulturen stärker personen- als aufgabenzentriert, und die Aufrechterhaltung sozialer Harmonie wird den eigenen Bedürfnissen vorangestellt.

Der Faktor »Kollektivismus« ist nicht völlig unabhängig vom Faktor **Machtdistanz**: Kollektivistische Kulturen neigen eher zu hoher und individualistische Kulturen eher zu geringer Machtdistanz. In Kulturen mit hoher Machtdistanz sind vertikale, also hierarchisch strukturierte Beziehungen wichtiger als horizontale, also Beziehungen unter gleichrangigen Partnern, während in Kulturen mit geringer Machtdistanz Hierarchieunterschiede eine geringere Rolle spielen.

Als Länder mit vertikal-kollektivistischer Orientierung gelten die ostasiatischen, die meisten lateinamerikanischen und die arabischen Länder. Die Gruppe der horizontal-individualistischen Länder wird vor allem durch die »germanisch« geprägten Länder Nord- und Mitteleuropas sowie die angloamerikanischen Länder (USA und Kanada) und Australien gebildet, während die »romanisch« geprägten Länder Europas, also Frankreich, Italien und Spanien, den vertikal-individualistischen Kulturen zugerechnet werden (vgl. Hofstede, 2001).

Neben den »kulturunterscheidenden« Faktoren, die eine Kultur in ihrer Gesamtheit charakterisieren, müssen auch »Abgrenzungsfaktoren« berücksichtigt werden, die zur Unterscheidung von Untergruppen oder **Subkulturen** innerhalb einer Kultur herangezogen werden können. Zu ihnen gehören neben anderen das Ausmaß der **Integration** in die dominante Kultur, die **Schulbildung** und das Phänomen der **Armut**.

Der Einfluss sowohl von kulturunterscheidenden als auch von abgrenzenden Faktoren auf individuelles Verhalten ist in der Regel von Moderatorvariablen (▶ Kap. 2) auf individueller Ebene überlagert. Solche Moderatorvariablen ergeben sich zum einen durch biologische Merkmale wie beispielsweise das Geschlecht, zum anderen dadurch, dass der Durchdringungsgrad kultureller Werte und Normen bei den einzelnen Individuen einer Kultur verschieden ausfällt. Einen Versuch, den jeweiligen Beitrag von kulturunterscheidenden, abgrenzenden und individuellen Faktoren hinsichtlich des Gesamteffektes auf individuelles Verhalten quantitativ abzuschätzen, stellt die sog. Mehrebenenanalyse dar (◨ Tab. 30.1).

30.1.5 Vergleichbarkeit der Untersuchungsgegenstände

Die Analyse der Beziehung zwischen Kultur und Individuum beinhaltet immer einen Vergleich. Selbst eine radikal emische Position impliziert einen solchen: Eine »Andersartigkeit« oder gar »Einzigartigkeit« kann nur durch Abgrenzung von zumindest in mancher Hinsicht vergleichbaren Gegebenheiten begründet werden. Der Vergleich setzt einen Vergleichsgegenstand und einen Vergleichsmaßstab voraus. Ersterer bezieht sich auf das, was verglichen werden soll, Letzterer auf die gemeinsame Skala, auf der sich die Unterschiede abbilden lassen. Vergleichsgegenstand und Vergleichsmaßstab müssen bestimmte Gemeinsamkeiten oder Äquivalenzen aufweisen, die sich als Postulate formulieren lassen (vgl. Helfrich, 2003).

Das Postulat der **konzeptuellen Äquivalenz** verlangt, dass der Inhalt des zu untersuchenden Gegenstandes in allen untersuchten Kulturen vergleichbar ist. Hierbei ist der Inhaltsaspekt vom Wertaspekt zu trennen. So erfahren beispielsweise Begriffe wie »Konformität« oder »Gehorsam« in den ostasiatischen Gesellschaften sicherlich eine höhere Wertschätzung als in den westlichen, was aber nicht ausschließt, dass hinsichtlich ihres Inhaltes eine Übereinstimmung zu erzielen ist.

Eine **materiale Äquivalenz** ist gegeben, wenn es sich um physikalisch oder wahrnehmungsmäßig ähnliche Phänomene handelt, beispielsweise um die Lautstärke der Stimme oder die räumliche Distanz zwischen Mutter und Kind. Nur wenn diese über ihre materiale Vergleichbarkeit hinaus auch in jeder der verglichenen Kulturen als Indikatoren für dieselben zugrunde liegenden Prozesse oder Merkmale gelten können, ist eine **operationale Äquivalenz** gegeben. In obigem Beispiel der räumlichen Distanz zwischen Mutter und Kind wäre dieses Postulat dann erfüllt, wenn die räumliche Distanz kulturübergreifend als Indikator für die Bindungsqualität der Mutter-Kind-Beziehung dienen könnte.

Eine **funktionale Äquivalenz** ist gegeben, wenn für ein zugrunde liegendes psychologisches Konstrukt in den verglichenen Kulturen gleichwertige Indikatoren gefunden werden können. Im Unterschied zur operationalen Äquivalenz ist also nur die Gleichwertigkeit, nicht die Gleichheit der Indikatoren gefordert. Funktionale und materiale Äquivalenz brauchen sich nicht zu entsprechen, so können äußerlich unterschiedliche Verhaltensweisen Manifestationen desselben psychologischen Konstrukts sein, und physikalisch gleiche Phänomene können unterschiedliche Konstrukte indizieren. Beispielsweise könnte sich dieselbe intellektuelle Fähigkeit in der Bewältigung ganz unterschiedlicher Aufgaben äußern oder einem Lächeln könnte sowohl freundliche Zuwendung als auch Feindseligkeit gegenüber einer anderen Person zugrunde liegen.

Oft werden die zu untersuchenden Phänomene erst durch eine Situation mit Aufforderungscharakter – typisch hierfür ist eine Testsituation – hervorgerufen. Nur wenn der Erhebungsvorgang den Individuen in jeder der untersuchten Kulturen dieselbe Chance einräumt, ist die Vergleichbarkeit der erhobenen Daten und damit die **Erhebungsäquivalenz** gewährleistet. Die Chancengleichheit wird vor allem durch einen unterschiedlichen Grad der Vertrautheit mit der Testsituation beeinträchtigt.

Die Bewertung der Unterschiede in den betreffenden Phänomenen oder Konstrukten erfordert einen Vergleichsmaßstab, der es erlaubt, die unterschiedlichen Grade oder Arten der Ausprägung in jeder der verglichenen Kulturen auf derselben oder einer gleichwertigen Skala abzubilden. Diese **Skalenäquivalenz** kann – wie generell in der psychologischen Forschung – auf Nominal-, Ordinal-, Intervall- oder Verhältnisniveau gegeben sein (▶ Kap. 2).

Besonders schwer zu erzielen ist eine Äquivalenz auf Intervall- oder gar Verhältnisskalenniveau, insbesondere dann, wenn ein psychologisches Konstrukt (ein Beispiel wäre etwa »Intelligenz«) durch mehrere Variablen repräsentiert wird, die mit unterschiedlicher Gewichtung in die gemeinsame Skala eingehen. Daraus ergibt sich die Forderung, dass die Gewichtung in allen verglichenen Kulturen gleich sein muss.

Bei der Erfüllung der Äquivalenzpostulate müssen sich etische und emische Betrachtung ergänzen. Ob ein bestimmtes Phänomen als Indikator für ein zugrunde liegendes Konstrukt dienen kann und welche anderen Phänomene gegebenenfalls als Indikatoren herangezogen werden müssen, lässt sich sicherlich nur unter Einbeziehung der emischen Perspektive entscheiden. Auch die Sicherung der Erhebungsäquivalenz muss aus emischer Sicht erfolgen. Sollen kulturelle Unterschiede in den erhobenen Phänomenen oder den erschlossenen Konstrukten jedoch auf einer gemeinsamen Skala dargestellt werden, erfordert dies eine etische Perspektive.

30.2 Anlage-Umwelt-Kontroverse aus kulturvergleichender Sicht

30.2.1 Universelle und differenzielle »Natur«

Die innerhalb der Differentiellen Psychologie kontrovers geführte Diskussion über »Anlage« und »Umwelt« bzw. »nature« und »nurture« (▶ Kap. 23–25 und 36), also die Frage nach dem, was durch das genetische Erbe vorbestimmt, und dem, was durch umweltbedingtes Lernen erworben ist, wird in der Kulturvergleichenden Psychologie als Auseinandersetzung zwischen »Natur« und »Kultur« aufgegriffen. Der Begriff »Natur« nimmt hierbei unterschiedliche Bedeutungen an. Die eine Bedeutung bezieht sich auf die der Menschheit als Gattung gemeinsame genetische Ausstattung. Die zweite Bedeutung konzentriert sich auf den differenziellen Aspekt der genetischen Ausstattung. Ähnlich wie in der Differentiellen Psychologie fragt man nach dem relativen Beitrag von spezifischer genetischer Ausstattung (»Anlage«) und spezifischen soziokulturellen Bedingungen (»Umwelt«) für das Zustandekommen von Unterschieden in der Ausprägung von individuellen Merkmalen. Während sich innerhalb der Differentiellen Psychologie das Augenmerk auf die Unterschiede zwischen den Individuen innerhalb einer Kultur richtet, betrachtet die Kulturvergleichende Psychologie Unterschiede zwischen verschiedenen Kulturen.

30.2.2 Genetische Ausstattung und kultureller Einfluss

Innerhalb der Differentiellen Psychologie wurde zur Abschätzung des relativen Beitrags von Anlage und Umwelt für das Zustandekommen einer Merkmalsausprägung, vor allem der Intelligenz, lange Zeit die sog. Zwillingsmethode angewandt (▶ Kap. 25). Überträgt man die Logik dieser Methode auf den Kulturvergleich, müsste man zur Abschätzung des Beitrags der Kultur im Sinne von »Umwelt« verschiedene Stichproben von genetisch ähnlichen Individuen, die in derselben Kultur aufwachsen, mit solchen vergleichen, die in unterschiedlichen Kulturen aufwachsen. Zur Abschätzung des Beitrages der »Anlage« müssten innerhalb ein und derselben Kultur genetisch ähnliche mit genetisch unähnlichen Individuen verglichen werden. Da es sich aber sowohl bei der Kulturzugehörigkeit als auch bei der genetischen Ausstattung um »organismische Variablen« (Edwards, 1971) handelt, die nicht isoliert, sondern immer nur »gebündelt« mit anderen Variablen auftreten, ist dieses Vorgehen starken naturgegebenen Einschränkungen unterworfen und setzt der Interpretation der gewonnenen Ergebnisse beträchtliche Grenzen. Studien dieser Art – wie etwa die von Herrnstein und Murray (1994), die die intellektuelle Unterlegenheit von schwarzen gegenüber weißen Amerikanern (also von genetisch unähnlichen Individuen im selben kulturellen Umfeld) nachzuweisen glaubten – wurden daher mit Recht kritisiert (vgl. z. B. Ogbu, 2002; Reifman, 2000).

Zudem unterstellt ein solcher Ansatz ein additives Modell des Beitrags von Anlage und Umwelt, d. h. es wird inneren und äußeren Kräften eine jeweils unabhängig voneinander bestehende kausale Wirkung bei der Formung des Individuums zugeschrieben. Genetische Basis und kulturelle Regeln sind jedoch keine voneinander unabhängigen Größen, sondern bedingen sich gegenseitig (auch ▶ Kap. 36).

30.3 Universelle Gültigkeit kognitiver Entwicklungsmodelle

Eine wichtige Frage innerhalb der Entwicklungspsychologie ist die, ob es universelle Entwicklungsprinzipien gibt oder ob die Entwicklung in Abhängigkeit vom kulturellen Umfeld jeweils qualitativ unterschiedlich verläuft. In der Kulturvergleichenden Psychologie wurde vor allem das von Jean Piaget aufgestellte Modell der Entwicklung kindlichen Denkens (Piaget, 2000; ▶ Kap. 21) untersucht. Nach Piaget entwickelt sich das Denken in Form einer Wechselbeziehung zwischen biologischer Reifung und äußerer Umwelt und schreitet in Stufen voran. Die Stufen folgen einer inneren, »epistemischen« Gesetzmäßigkeit und sollten daher in ihrer Abfolge invariant und irreversibel sein. Der Kulturvergleich soll die Universalität dieser Annahme prüfen (▶ Kasten »Forschungen zur Universalität des Piaget'schen Stufenmodells«). Inkompatibel mit dem Modell sind zum einen Verletzungen der Reihenfolge der einzelnen Stufen, also etwa die Regression in eine frühere Stufe oder das Überspringen einer Stufe, und zum anderen ein frühes Abbrechen der Entwicklung, also ein Nichterreichen der höheren Stufen.

Forschungen zur Universalität des Piaget'schen Stufenmodells

Die meisten Untersuchungen haben sich auf den Übergang von der präoperativen zur konkret-operativen Stufe, die die Invarianz von Volumen, Gewicht und Menge beinhaltet, konzentriert. Welcher Stufe ein Kind zugeordnet wird, hängt von der Art der Beantwortung entsprechender Testaufgaben ab (▶ Kap. 21). Das Alter der Kinder dient als unabhängige Variable, der Prozentsatz der Kinder einer Altersstufe, die die entsprechenden Aufgaben richtig lösen, bildet die abhängige Variable. Entsprechend dem Modell muss sich als Funktion des Alters ein monoton steigender Verlauf des Prozentsatzes richtiger Lösungen ergeben. Tatsächlich war in allen untersuchten Kulturen innerhalb einer bestimmten Altersspanne – deren

Grenzen von Kultur zu Kultur variierten – der hypostasierte Verlauf zu beobachten. Allerdings gab es Kulturen, wo selbst bei Einbeziehung höherer Altersstufen bis hin zum Erwachsenenalter nicht mehr als die Hälfte der Testpersonen die konkret-operative Stufe erreichte (vgl. Helfrich, 2003).

Das Ergebnis ist am ehesten dadurch zu erklären, dass die Kinder aus traditionellen Kulturen mit der Art der Testaufgaben weit weniger vertraut sind als Kinder aus den westlichen Industrienationen, d. h., dass das Postulat der Erhebungsäquivalenz nicht erfüllt ist. Hierfür spricht vor allem, dass ein beachtlicher Trainingserfolg zu verzeichnen war, wenn die Aufgaben in leicht abgewandelter Form mehrmals durchgeführt wurden.

Zusammengenommen lassen die kulturvergleichenden Untersuchungen den Schluss zu, dass die Entwicklung der Kompetenz im Piaget'schen Sinne universell ist, wenn auch die tatsächlich gezeigte Leistung (die sog. Performanz) kulturspezifisch überformt ist (vgl. Dasen & de Ribaupierre, 1988).

Dennoch kann aus den vorliegenden Studien nicht auf die gänzliche Kontextunabhängigkeit der kindlichen Denkentwicklung geschlossen werden. Nach Piaget sollte der gesetzmäßige Ablauf der strukturellen Veränderungen des Denkens sich gleichermaßen auf alle kognitiven Phänomene und Funktionen erstrecken. Beispielsweise sollte auf der konkret-operativen Stufe die Invarianz von Mengen, Volumen und Gewichten zu etwa derselben Zeit als »structure d'ensemble« (vgl. Piaget, 2000) auftreten. In empirischen Untersuchungen fand man jedoch häufig ein großes zeitliches Auseinanderklaffen zwischen den einzelnen Teilbereichen einer Stufe, ein sog. »horizontal décalage«. Dabei konnte die Geschwindigkeit und die Reihenfolge des Erwerbs der einzelnen Teilbereiche häufig mit den Erfahrungen in der kulturellen Lebensumwelt des Kindes in Zusammenhang gebracht werden (vgl. Berry et al., 2003).

30.4 Wahrnehmung im Kulturvergleich

30.4.1 Brunswiks Theorie des transaktionalen Funktionalismus

Eine der ältesten Kontroversen in der experimentellen Psychologie betrifft die Frage, ob die Wahrnehmung vorwiegend von der biologisch-physiologischen Ausstattung des Menschen abhängt (nativistische Position) oder ob sie das Resultat einer aktiven Auseinandersetzung mit der Umwelt darstellt (empiristische bzw. interaktionistische Position).

Nach der Theorie des »transaktionalen Funktionalismus« von Egon Brunswik (1956) lernt der Mensch durch Erfahrung, die sensorisch eingehenden Reize so zu strukturieren, dass sie der konkreten Lebensbewältigung dienen. Demnach müssten identische Reizmuster in Abhängigkeit von der jeweiligen ökologischen Umwelt – die sowohl die geographischen Gegebenheiten als auch deren kulturelle Überformungen umfasst – unterschiedliche Wahrnehmungsprodukte hervorrufen, da die verschiedenen Umwelten unterschiedliche Anpassungsleistungen erfordern. Damit bietet sich der Kulturvergleich als eine Möglichkeit zur Überprüfung der theoretischen Überlegungen an.

Als Vergleichsgegenstand dienten die aus der Wahrnehmungspsychologie als »optische Täuschungen« bekannten Phänomene (▶ Kap. 6). Sie stellen entsprechend der Brunswik'schen Theorie ökologisch sinnvolle wahrnehmungsmäßige »Korrekturen« einer atypischen Reiz- und Aufgabenkonfiguration dar. Atypisch ist diese Konfiguration insofern, als eine zweidimensionale Reizvorlage, die normalerweise – unter Zuhilfenahme zentral gespeicherter Erfahrungen – als Abbildung einer räumlichen Konfiguration dreidimensional wahrgenommen wird, zur Bewältigung der experimentell vorgegebenen Aufgabenstellung (z. B. Schätzung der Länge der Linien) zweidimensional interpretiert werden muss. Das Ausmaß der Täuschung sollte jedoch in Abhängigkeit von der Erfahrung mit den jeweiligen dreidimensionalen Gebilden unterschiedlich ausfallen. Ausgehend von diesen Überlegungen prüften Segall, Campbell und Herskovits (1966) in einer quasi-experimentellen Untersuchung (vgl. Eckensberger & Plath, 2002) die aus der Theorie ableitbare Hypothese, dass ein Individuum in Abhängigkeit von seinem ökologisch-kulturellen Umfeld für bestimmte Arten von optischen Täuschungen besonders stark und für andere kaum anfällig

sein sollte. So sollten Probanden, in deren Umgebung viele rechte Winkel auftreten (»carpentered world«), für Winkeltäuschungen wie die Müller-Lyer-Täuschung besonders anfällig sein, und Probanden, deren Umfeld viel Erfahrung mit Raumtiefe zulässt, sollten besonders leicht der Horizontal-vertikal-Täuschung erliegen (◻ Abb. 30.1).

Insgesamt wurde die Untersuchungshypothese der differenziellen Täuschungsanfälligkeit eindrucksvoll gestützt. Für die Einschätzung der Validität der Untersuchung ist entscheidend, dass es nicht einzelne »Kulturen« waren, die die Stufen der »quasi-experimentellen« Faktoren bildeten, sondern Ausprägungen bestimmter kultureller Variablen, wobei gleiche Ausprägungsstufen durch jeweils ganz unterschiedliche Kulturen aus unterschiedlichen geographischen Regionen repräsentiert wurden. Damit wurden Alternativerklärungen (z. B. durch physiologische Faktoren wie den Grad der Retinapigmentierung) zwar nicht ganz ausgeschlossen, aber dennoch in erheblichem Maße unwahrscheinlich (vgl. Thomas & Helfrich, 2003).

30.4.2 Whorfs Prinzip der linguistischen Relativität

Eine wichtige kulturelle Manifestation ist die Sprache. Die einzelnen Sprachen unterscheiden sich u. a. darin, welche Bezeichnungen sie zur Strukturierung der sinnlich erfahrbaren Welt zur Verfügung stellen. Nach Sapir (1933) und Whorf (1956) betrifft diese von der jeweiligen Sprache auferlegte Kategorisierung nicht nur den Ausdruck von zuvor unabhängig gebildeten Vorstellungen und Gedanken, son-

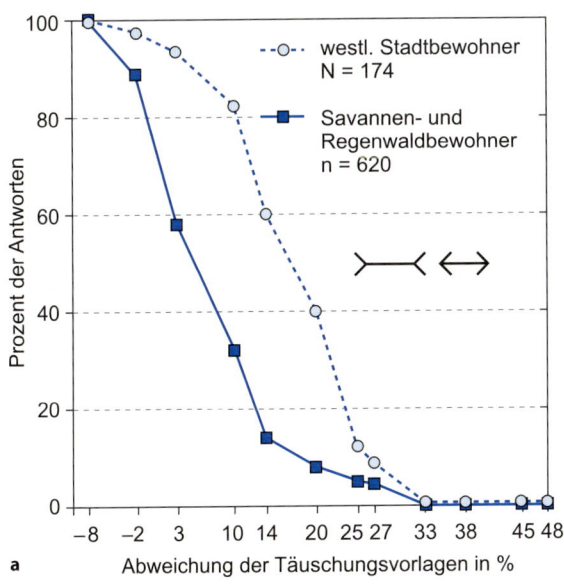

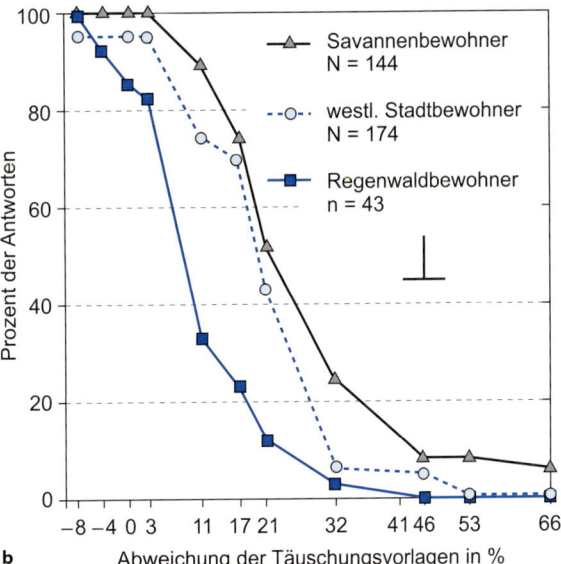

◻ **Abb. 30.1a,b.** Täuschungsanfälligkeit von Probanden aus Kulturen mit unterschiedlicher Winkel- und Raumtiefenerfahrung in der Unter-

suchung von Segall, Campbell und Herskovits (1966); **a** Müller-Lyer-Täuschung, **b** Horizontal-vertikal-Täuschung

dern wirkt sich bereits auf die Wahrnehmung der Objektwelt aus (»Sapir-Whorf-Hypothese« oder »linguistische Relativität«). Im Gegensatz zu dieser sprachrelativistischen bzw. empiristischen Position steht eine in der kognitiven Psychologie entwickelte sprachuniversalistische bzw. nativistische Auffassung (Mervis & Rosch, 1981), nach der es allen Kulturen gemeinsame Grundkategorien der Wahrnehmung gibt, die unabhängig von ihrer sprachlichen Bezeichnung sind.

Zur empirischen Prüfung der Kontroverse bietet sich die Farbwahrnehmung an, da die Farbbezeichnungen interkulturell stark variieren und sich Farben auf physikalisch messbare Außenqualitäten beziehen. Während frühe Untersuchungen (z. B. Brown & Lenneberg, 1954) die sprachrelativistische Position zu unterstützen schienen, wurde später geltend gemacht, dass die sprachgeschichtliche Entwicklung der Farbbezeichnungen nicht willkürlich verläuft, sondern einer universell gültigen Hierarchie folgt (Berlin & Kay, 1969; Kay, Berlin, Maffi & Merrifield, 1997). Unterschiede ergeben sich lediglich im Hinblick darauf, auf welcher Stufe der Hierarchie das Farbvokabular angesiedelt ist

– ein Standpunkt, der gegen Ende des 19. Jahrhunderts im Zuge darwinistischen Gedankengutes schon einmal von Magnus (1877) vertreten wurde (vgl. Bornstein, 1975; S. 778 f.).

Damit lässt sich die Sapir-Whorf-Hypothese dahingehend präzisieren, ob Unterschiede in der Hierarchiestufe einer Sprache mit Unterschieden in Wahrnehmungs- und Gedächtnisleistungen verknüpft sind. Eine Kompromissantwort schlägt MacLaury (1997) mit seiner »Vantage«-Theorie (»Blickwinkel«-Theorie) vor: Er unterscheidet zwischen einer universellen »Wahrnehmung« der sechs grundlegenden Farbtöne (weiß, schwarz, rot, gelb, grün und blau) und einer der Wahrnehmung nachgeschalteten »Kognition«, die eine kulturabhängige selektive Betonung von Ähnlichkeiten und Differenzen in den einzelnen Farbtönen beinhaltet und sich auch in der sprachlichen Bezeichnung niederschlägt.

Der Grundgedanke der Vantage-Theorie scheint sich in einer beispielhaften Untersuchung von Kay und Kempton (1984) zu bestätigen (▶ Kasten).

Untersuchungen zur Vantage-Theorie

Kay und Kempton (1984) verwandten in ihrer Untersuchung als Reizmaterial Farbtöne in Form von Farbplättchen aus dem Blau-Grün-Bereich. Probanden waren zum einen US-Amerikaner und zum anderen Angehörige der Tarahumara, eines mexikanischen Indianerstammes, deren Sprache für den Blau-Grün-Bereich eine einzige Bezeichnung aufweist. Die Hypothese war, dass die subjektive Distanz zwischen zwei einander ähnlichen Farbtönen größer ist, wenn der eine Reiz als »blau« und der andere als »grün« bezeichnet wird, als wenn beide Reize mit derselben Bezeichnung belegt werden. Diese Hypothese konnten Kay und Kempton bestätigen: Während bei den Tarahumara die subjektiven Distanzen zwischen den auf dem Wellenlängenkontinuum benachbarten Reizen im

Wesentlichen gleich waren, waren sie für die US-Amerikaner größer, wenn sie unterschiedlich bezeichnet wurden. Diese subjektive »Dehnung« wird nach Kay und Kempton durch eine »Benennungsstrategie« hervorgerufen. Sind zwei Reize sensorisch nur sehr schwer unterscheidbar, wird der Name als zusätzliches Unterscheidungskriterium herangezogen.

In einem zweiten Experiment suchten Kay und Kempton die Benennungsstrategie mittels einer veränderten Aufgabenstellung auszuschalten: Die Reize mussten jetzt hinsichtlich ihrer »Grünheit« und »Blauheit« verglichen werden. Das Ergebnis war, dass die nun ermittelten Diskriminationsabstände zwischen zwei Reizen »schrumpften« und genau denen bei den Tarahumara aufgetretenen entsprachen.

Aus den Untersuchungen von Kay und Kempton (1984) lässt sich schließen, dass die Sprache die basale Unterscheidungsfähigkeit unbeeinflusst lässt, aber vermag, sinnlich wahrgenommene Unterschiede entweder zu akzentuieren oder zu nivellieren. Die sensorischen Eindrücke selber werden also nicht von der Sprache affiziert, wohl aber deren Bewertung und kognitive Organisation.

30.5 Kulturelle Unterschiede in kognitiven Fähigkeiten und Leistungen

30.5.1 Defizit- vs. Differenzmodell

Kulturvergleichenden Untersuchungen im kognitiven Bereich liegt häufig eine von zwei Prämissen zugrunde, die sich als »Modell des Defizits« und als »Modell der Differenz« kennzeichnen lassen (vgl. Lynn, 1995). Beim **Defizitmodell** geht man implizit von unterschiedlichen Entwicklungsstufen kognitiver Kompetenzen aus, wobei die einzelnen »Stufen« nicht selten im Sinne eines Sozialevolutionismus (Spencer, 1876; Tylor, 1865) verstanden werden. Das **Differenzmodell** betont demgegenüber die »Andersartigkeit« fremden Denkens, ohne damit eine Wertung vornehmen zu wollen.

In gewisser Weise entsprechen die beiden Denkmodelle der Unterscheidung zwischen der etischen und der emischen Perspektive: Erstere möchte Lageunterschiede auf universell gültigen Dimensionen kognitiver Fähigkeiten und Leistungen ermitteln, Letztere betont die Notwendigkeit einer kontextgebundenen oder »einheimischen« Betrachtungsweise. Selbstverständlich schließen sich Differenzmodell und Defizitmodell ebenso wenig gegenseitig aus wie die emische und die etische Perspektive. So ist denkbar, dass durch eine emische Betrachtungsweise bislang unbekannte kognitive Dimensionen (»Differenzen«) aufgedeckt werden, die in einem späteren Schritt quantitativen Vergleichen (mit der Möglichkeit der Feststellung von »Defiziten«) zugänglich gemacht werden.

30.5.2 Allgemeine Intelligenz vs. spezifische Fähigkeiten und Leistungen

Verschiedentlich wurde versucht, unter Anwendung des psychometrischen Ansatzes kulturelle Unterschiede in der Ausprägung der allgemeinen Intelligenz, des sog. g-Faktors, festzustellen (vgl. Lynn & Vanhanen, 2002). Die allgemeine Intelligenz wird hierbei entweder im Sinne des Generalfaktormodells von Spearman (1904) als gemeinsame Basis vieler verschiedener Testaufgaben oder als kontextfreie Grundbefähigung zur Informationsaufnahme und -verarbeitung (Jensen, 1998) konzipiert (▶ Kap. 23).

Im Sinne der Generalfaktorkonzeption operationalisieren verschiedenartige Testaufgaben in ihrer Gesamtheit das Konstrukt »Intelligenz« und bilden es auf einer gemeinsamen Skala ab. Maßgeblich ist nicht der Inhalt der einzelnen Aufgaben, sondern deren Repräsentativität und Gesamtstruktur. Für den Kulturvergleich ergibt sich daraus die Forderung, dass sowohl die Struktur als auch die Auswahl der Testaufgaben vergleichbar sein muss. Die Strukturgleichheit gilt als gegeben, wenn die Korrelationen zwischen den Einzelaufgaben in allen untersuchten kulturellen Grup-

pen vergleichbar sind. Empirische Untersuchungen haben aber gezeigt, dass diese Vergleichbarkeit nur unter Inkaufnahme einer unterschiedlichen Repräsentativität der Einzelaufgaben herstellbar ist. Somit kann bei gleicher beobachteter Leistung nicht mehr auf eine vergleichbare Kompetenzstruktur geschlossen werden (vgl. Helfrich, 1999).

Theoretisch ist allerdings auch gar nicht zu erwarten, dass eine konkrete Aufgabenauswahl gleichermaßen repräsentativ für alle Kulturen ist, denn die Definition dessen, was insgesamt als »intelligentes« Verhalten gilt, ist immer kulturell vermittelt, nämlich als die Bewältigung der in der jeweiligen Kultur bedeutsamen kognitiven Leistungen. Da manche Leistungen innerhalb der einen Kultur hoch geschätzt werden, innerhalb einer anderen aber wenig Beachtung erfahren, muss die Definition einer allgemeinen Intelligenz per se kulturspezifisch sein. Selbst innerhalb der westlichen Welt hat die Definition dessen, was alles zur Intelligenz gerechnet wird, im Laufe der letzten Jahrzehnte eine Erweiterung durch Fähigkeiten wie »Kreativität« (Sternberg, 2000), »emotionale Intelligenz« (Goleman, 1998) und sogar »kinästhetisch-motorische Intelligenz« (Gardner, 1991) erfahren. Daraus ergibt sich, dass es so gut wie nicht möglich ist, einen Vergleich in der quantitativen Ausprägung einer so definierten allgemeinen Intelligenz zwischen verschiedenen Kulturen durchzuführen.

Ein Vergleich scheint eher möglich, wenn die allgemeine Intelligenz als erfahrungsunabhängige Grundbefähigung (als »flüssige« Intelligenz, ▶ Kap. 23) aufgefasst wird, die sowohl die Ausbildung spezifischer Fähigkeiten als auch den Wissenserwerb steuert.

Als prototypisches Messverfahren hierfür galt lange Zeit der »Progressive Matrices«-Test (Raven, 1987; ▶ Kap. 40), in dem elementare Prinzipien der Musterbildung erkannt werden müssen. Durch einen Generationenvergleich in mehreren Industrienationen konnte allerdings Flynn (1987) nachweisen, dass der Test keinesfalls resistent gegenüber kulturellen Veränderungen ist: Das mittlere Gesamtniveau der gemessenen Intelligenz ist über den Untersuchungszeitraum von 30 Jahren massiv angestiegen. Die am meisten einleuchtende Erklärung für diesen als »Flynn-

---

Beispiele kulturvergleichender Studien – TIMSS und PISA

Als prototypisch für die Realisation eines psychometrischen Vergleichs können zwei neuere Studien gelten: die sog. TIMSS-Studie (»Third International Mathematics and Science Study«; vgl. Baumert et al., 2000a,b) und die sog. PISA-Studie (»Programme for International Student Assessment«; vgl. Artelt et al., 2001). In ihnen werden die mathematischen Fähigkeiten gegen Ende der Pflichtschulzeit in verschiedenen Ländern miteinander verglichen. In beiden Studien ging man davon aus, dass die mathematische Bildung in allen Teilnehmerstaaten (mehr-

heitlich OECD-Länder) gleich hoch bewertet wird. Die Testaufgaben wurden so ausgewählt, dass eine für alle Teilnehmerstaaten vergleichbare Faktorstruktur resultierte, die die Abbildung der Fähigkeitsausprägung auf einer gemeinsamen Intervallskala erlaubt.

Gemäß den Ergebnissen lagen die Leistungen der deutschen Schülerinnen und Schüler zusammen mit den USA im unteren Mittelfeld. Die Spitzengruppe bildeten die ostasiatischen Länder Japan, Korea und Singapur. Die Leistungsunterschiede sind möglicherweise durch eine kulturell unterschiedliche Wertschätzung von Übung und Lernen zu erklären (▶ Abschn. 30.5.3).

Effekt« (Neisser, 1998) bezeichneten »Intelligenzanstieg« scheint die mit der Industrialisierung einhergehende zunehmende Vertrautheit mit abstrakten visuellen Mustern zu sein (Dickens & Flynn, 2001).

Während also die Definition der allgemeinen Intelligenz in hohem Maße kulturabhängig ist, lässt sich eine kulturübergreifende konzeptuelle Äquivalenz bei der Definition spezifischer Fähigkeiten eher herstellen, unabhängig davon, ob man sie wie Thurstone (1947) als »primary mental abilities« oder wie Gardner (1991) als »multiple Intelligenzen« versteht. Kulturvergleiche wurden vor allem zum räumlichen Vorstellungsvermögen, zur Gedächtniskapazität, zum mathematischen Verständnis (▶ Kasten »Beispiele kulturvergleichender Studien – TIMSS und PISA«), zum schlussfolgernden Denken und zur Objektkategorisierung durchgeführt (vgl. Segall et al., 1999).

30.5.3 Antezedenzien für kognitive Unterschiede

Individualistischer vs. kollektivistischer Denkmodus

Aus »einheimischer« Sicht kollektivistisch orientierter Kulturen wurde vor allem auf den westlichen »Bias« der Kognitionsforschung hingewiesen, der sich vorwiegend auf das analytische, schlussfolgernde Denken konzentriere und seinen prototypischen Niederschlag im westlichen Wissenschaftsverständnis finde. Andere Formen der Erkenntnis seien dabei fast völlig ausgeblendet. Nisbett und seine Kollegen (vgl. Nisbett et al., 2001) unterscheiden zwischen zwei Modi des Denkens: einem analytisch separierenden und einem holistisch verbindenden. Die analytische Denkweise sei kontingent zu den individualistisch orientierten Kulturen, während die holistische Denkweise eher den kollektivistisch orientierten Kulturen entspreche.

In individualistischen Kulturen grenze sich das Individuum von seiner Umwelt ab, bevorzugt werde daher eine Denkweise, die Gegensätze konstruiert. Demgegenüber sehe sich in einer kollektivistischen Kultur das Individuum als Teil seiner Umwelt (vgl. Markus & Kitayama, 1998) und tendiere von daher eher dazu, Sachverhalte in ein Netzwerk einzubetten und Gegensätze zu harmonisieren. Nisbett und seine Kollegen weisen darauf hin, dass möglicherweise beide Denkweisen universell sind, dass sie jedoch entsprechend der Wertschätzung in der jeweils eigenen Kultur in ihrer Intensität und Häufigkeit unterschiedlich stark ausgeprägt sind (vgl. Nisbett et al., 2001, S. 306).

Konfuzianische Dynamik

Die durch die TIMSS- sowie die PISA-Studie nachgewiesene Überlegenheit der ostasiatischen Länder Japan, Korea und Singapur in den Mathematikleistungen gegenüber den USA und Deutschland lassen allerdings die Charakterisierung der ostasiatischen Denkweise als »holistisch« in Kont-

rast zu einer westlich geprägten »analytischen« Denkweise fragwürdig erscheinen, verbindet man doch gemeinhin die Lösung mathematischer Aufgaben mit einer analytischen Denkweise. Die Leistungsüberlegenheit der ostasiatischen Länder lässt sich eher mit dem von Hofstede als fünfte Kulturdimension identifizierten Faktor der »konfuzianischen Dynamik« in Zusammenhang bringen. Bei den von Hofstede untersuchten 23 Ländern sind Japan, Korea und Singapur deutlich näher als Deutschland und USA an demjenigen Pol der Dimension lokalisiert, der sich durch Beharrlichkeit und Ausdauer charakterisieren lässt (vgl. Hofstede, 2001). Die damit verbundene Wertschätzung von Lernen und Übung könnte eine Erklärung für das bessere Abschneiden der ostasiatischen Länder in den Leistungstests liefern (vgl. Trommsdorff & Mayer, im Druck).

Muttersprache

Alle uns bekannten Gesellschaften verfügen über eine voll entwickelte Lautsprache (Cavalli-Sforza, 1995), doch unterscheiden sich die einzelnen Sprachen beträchtlich hinsichtlich ihrer Lautstruktur und ihrer Verkettungsregeln. Ausgehend von dieser unterschiedlichen »Oberflächenstruktur« (Chomsky, 1965; ▶ Kap. 14) interessiert aus psychologischer Sicht, inwieweit die jeweilige Muttersprache kognitive Operationen fördert oder hemmt. Oben wurde diese Frage bereits als sog. Sapir-Whorf-Hypothese diskutiert. Diese hat bezogen auf die Wahrnehmung in ihrer strengen Form einer empirischen Prüfung nicht standgehalten. Bezogen auf Gedächtnisleistungen wird sie jedoch in neueren Untersuchungen wieder aufgegriffen.

Ausgangspunkt ist das Gedächtnismodell von Baddeley (1997), nach dem das Arbeitsgedächtnis eine »phonologische Schleife« für verbale Informationen beinhaltet. Konstitutiv ist eine Art innerer Artikulation, die die Überführung der verbalen Inhalte in das Langzeitgedächtnis unterstützt. Auf dieser Basis wird geprüft, inwieweit die phonologische Struktur der Muttersprache die Kapazität der phonologischen Schleife und damit die Gedächtnisspanne modifiziert. Verglichen wurden die Gedächtnisleistungen von Probanden mit Chinesisch als Muttersprache und Probanden mit einer indoeuropäischen Muttersprache (Englisch oder Deutsch). Die Wahl gerade dieser Sprachen ist durch den Unterschied in ihrer phonologischen Struktur begründet: Chinesische Wörter können einzeln schneller artikuliert und aufeinander folgend schneller verkettet werden als ihre englischen bzw. deutschen Pendants. Postuliert wurde, dass die mit der chinesischen Sprache verbundenen kürzeren Artikulationszeiten die Gesamtkapazität des (zeitlich begrenzten) Arbeitsgedächtnisses erhöhen, da bei fixierter Gesamtzeit mehr Einzelelemente aufgenommen werden können. Die Ergebnisse belegen, dass sich die chinesischen Probanden signifikant mehr Items (Wörter, geometrische Figuren und Zahlen) merken konnten als die deutschen (Lüer et al., 1998) bzw. die amerikanischen Probanden (Hedden et al., 2002). Dies galt selbst dann, wenn die Antwort nicht verbal, sondern durch Zeigen auf die entsprechende geometrische Figur gegeben werden musste (Lüer et al., 1998).

Der Leistungsvorteil der Probanden mit Chinesisch als Muttersprache zeigt sich bereits im Kindergartenalter (Hedden et al., 2002), also in einem Alter, in dem die Sprache noch nicht geschrieben werden kann. Er verschwindet jedoch, wenn sinnfreie Zufallsfiguren zu behalten sind und somit keine Verbalisierungsmöglichkeit besteht (Lüer et al., 1998). Beide Befunde sprechen dafür, dass er tatsächlich durch die phonologische Struktur der Sprache und nicht durch den Unterschied in der Vertrautheit mit visuellen Mustern (bedingt etwa durch das piktographische Schriftsystem im Gegensatz zum Lautschriftsystem der indoeuropäischen Sprachen) zustande kommt.

Schulbildung

Als kultureller Einflussfaktor mit potenziell förderlicher Wirkung gilt die Schulbildung. Oft wurde der Zusammenhang zwischen Schulbildung und schlussfolgerndem Denken untersucht. Schlussfolgerndes Denken gilt als Grundlage für wissenschaftliches Denken und wird als intellektuelle Fähigkeit in westlichen Kulturen sicher besonders geschätzt. Trotzdem lässt sich fragen, inwieweit die zugrunde liegende Basisbefähigung universell ausgeprägt und auch unabhängig von regulärer Schulbildung zu beobachten ist.

Zumindest nach Piaget (1966) tendieren alle Menschen dazu, formal-logische Fähigkeiten auszubilden. Die häufige Beobachtung, dass Aufgaben zum schlussfolgernden Denken bei Angehörigen traditioneller Kulturen ohne formale Schulbildung in einen sinnvollen Kontext eingebettet sein müssen, damit sie lösbar sind, brachte einige Forscher – darunter den russischen Neuropsychologen Luria und den russischen Soziohistoriker Vygotsky – zu der Auffassung, dass abstraktes Denken seinen Ursprung in der griechischen Antike habe und von dort über den Weg der zunehmenden Verbreitung der regulären Schulbildung in unterschiedliche Kulturen eingedrungen sei und das Bewusstsein der Menschen verändert habe. Unterstützung erfährt diese Auffassung dadurch, dass in Gegenden, wo der Schulbesuch nicht selbstverständlich ist, die Probanden mit Schulbildung deutlich besser bei der Lösung logischer Probleme abschneiden als diejenigen ohne Schulbildung (vgl. Segal, Dasen, Berry & Poortinga, 1999, S. 116 f.).

Darüber hinaus kann der Schulbildung eine Vermittlungsfunktion für die Kompetenzförderung zukommen: Durch den Erwerb neuer Symbolsysteme sowie die Ablösung der Lerninhalte vom situativen Kontext wird der Zugang zu neuem Wissen in erheblichem Maße erleichtert (vgl. Ogbu, 2002, S. 247 f.).

Minoritätenstatus

Als ein wichtiger kultureller Abgrenzungsfaktor gilt der Minoritätenstatus (vgl. Ogbu, 2002; Ryan, 2001). Allerdings ist es nicht der Minoritätenstatus per se, der als leistungshemmend zu betrachten ist, sondern eher die jeweils mit ihm verbundene Einstellung zur dominanten Kultur. Ogbu (2002) unterscheidet »freiwillige« von »unfreiwilligen« Minoritäten. Bezogen auf die USA handelt es sich bei Ersteren um Immigranten (Afrokaribianer, Asiaten, Juden und Latinos), bei Letzteren um Nichtimmigranten (schwarze Amerikaner, Indianer und Hawaianer). Unfreiwillige Minoritäten unterscheiden sich von freiwilligen hinsichtlich mehrerer Variablen, die einen entscheidenden Einfluss auf die kognitive Kompetenz bzw. deren Manifestation in Intelligenztests haben, vor allem hinsichtlich »Kontakt-Akkulturation« und »Test-Akkulturation« (Mishra, Sinha & Berry, 1996). »Kontakt-Akkulturation« bezieht sich auf das Ausmaß der Integration in die dominante Kultur, die sich auch in einer adäquaten Beherrschung der Verkehrssprache äußert (vgl. auch Baumert et al., 2002, S. 52). Eine stärkere Integration bringt einerseits aufseiten des Individuums eine höhere Motivation zur Ausbildung der in der dominanten Kultur hoch geschätzten Kompetenzen mit sich und führt andererseits aufseiten der Gesellschaft zu einer stärkeren Öffnung von Wegen zum Erwerb der entsprechenden Kompetenzen. »Test-Akkulturation« bezieht sich auf die Vertrautheit mit der Testsituation, die Erwartung hinsichtlich der Testleistung (»self-efficacy« im Sinne von Bandura, 1997; ▶ Kap. 13) und die daraus erwachsende »Belohnung« sowie die damit verbundene Bereitschaft, den Test zu absolvieren. Nach Ogbu sind bei unfreiwilligen Minoritäten beide Variablen gering ausgeprägt, mit der Konsequenz sowohl verminderter Kompetenzen als auch von Testleistungen unterhalb des Kompetenzniveaus.

Armut

Gemessen an einem universellen Maßstab, ist Armut (gekennzeichnet durch niedriges Haushaltseinkommen, niedrigen Sozialstatus, beengte Wohnverhältnisse und Mangelernährung) sicherlich nicht unabhängig von der jeweiligen Kultur (vgl. Lynn & Vanhanen, 2002) – dafür spricht ihre ungleichmäßige Verteilung über die einzelnen Länder. Dennoch muss die mit ihr verbundene Lebenswelt eher als Subkultur betrachtet werden, bei der die normativen Muster der Gesamtkultur durch das aufgezwungene Muster defizitärer Umweltbedingungen überlagert werden.

Wie Studien aus Indien, Lateinamerika und anderen Teilen der Welt zeigen, beeinträchtigt die mit Armut verbundene Mangelernährung nicht nur das körperliche Wachstum, sondern auch die Entwicklung kognitiver, sprachlicher und sogar sozialer Fähigkeiten (vgl. Sinha, 1990). Werden die Mangelbedingungen nicht beseitigt, kann es im Laufe der Jahre zum »kumulativen Defizitsyndrom« kommen (vgl. Sinha, 1990). Bei geeigneten Gegenmaßnahmen können aber die Defizite auch aufgehoben werden. So wiesen koreanische Waisenkinder, die nach Mangelernährung in der frühen Kindheit durch Adoption in günstigere Umgebungen kamen, in späteren Jahren deutlich bessere Intelligenz- und Schulleistungen auf als vergleichbare Kinder, die in ihrer alten Umgebung verblieben (Lien, Meyer & Winick, 1977).

Es wäre voreilig, zu vermuten, dass allein die materielle Armut der kausale Faktor für kognitive Defizite wäre. Eine vermittelnde Rolle scheinen die Einstellungen und Verhaltensweisen der Mütter zu spielen. So konnte in mehreren Studien gezeigt werden, dass Kinder aus ärmlichen Verhältnissen, deren Mütter ein Training in Kindererziehung und Gesundheitsverhalten absolvierten, nach dieser Maßnahme deutliche Leistungsverbesserungen im Vergleich zu Kindern untrainierter Mütter erzielten (vgl. Sinha, 1990).

30.6 Kultur und Persönlichkeit

30.6.1 Die »Kultur-und-Persönlichkeits-Schule«

Bereits im Altertum beschäftigte chinesische, griechische und römische Gelehrte die Frage nach dem Zusammenhang zwischen Kultur und Persönlichkeit (vgl. Marsella, Dubanoski, Hamada & Morse, 2000). Einen historischen Höhepunkt erreichte das Studium dieses Zusammenhangs in der »Kultur-und-Persönlichkeits-Schule«, als deren Be-

gründerinnen Ruth Benedict (1887–1948) und Margaret Mead (1901–1978) gelten. Ihre Kernthese war, dass mit einer spezifischen Kultur auch eine kulturtypische Persönlichkeit verbunden sei, die später als »basale Persönlichkeit« (Kardiner, 1939), als »modale Persönlichkeit« (DuBois, 1944) oder als »nationaler Charakter« (vgl. Kluckhohn, 1951) bezeichnet wurde.

30.6.2 Kultur und Persönlichkeit aus psychoanalytischer Sicht

Während in der Tradition der Kultur-und-Persönlichkeits-Schule das Verhältnis von Kultur und Persönlichkeit psychoanalytisch gedeutet und damit der universelle Geltungsanspruch der psychoanalytischen Theorie untermauert werden sollte, gibt es auch Versuche, diesen Geltungsanspruch zu untergraben und die Kulturbedingtheit der Freud'schen Theoriebildung zu belegen. Historisch bekannt wurde die veränderte Deutung des Ödipus-Komplexes (▶ Kap. 24) durch den Kulturanthropologen Malinowski (1927; ▶ Abschn. 30.1.3). Aus japanischer Sicht wurde nicht nur seine Deutung, sondern generell seine universelle Existenz in Frage gestellt (▶ Kasten »Ödipus- und Ajase-Komplex«).

Ödipus- und Ajase-Komplex

Ausgangspunkt ist das für Japaner oft als »typisch« erachtete Bedürfnis nach Anlehnung (»amae«; vgl. Doi, 1996). Für dessen Ausprägung sei der »Ajase-Komplex« verantwortlich, der dem Freud'schen Ödipus-Komplex entgegengesetzt wird (Okonogi, 1990).

Ebenso wie Ödipus ist Ajase (ein indischer Prinz aus königlichem Haus) eine mythische Figur, die Hass und Liebe gegenüber den Eltern symbolisiert. Während aber beim Ödipus-Komplex Hass und Liebe zwischen Vater und Mutter aufgeteilt sind und ihren Ausdruck in dem vorgeblichen Wunsch finden, sexuelle Beziehungen zur Mutter einzugehen und den Vater zu töten, richten sich beim Ajase-Komplex Hass und Liebe zugleich auf die Mutter. Beide Komplexe sollen ihren Ursprung in der als

universell angenommenen Sehnsucht nach der Mutter haben. Diese Sehnsucht wird aber bei Ajase im Unterschied zu Ödipus nicht durch den Vater, sondern durch die Mutter selbst blockiert, indem diese die Illusion des Einsseins zerstört. Die Folge ist ein Groll gegen die Mutter, der aber im komplizierten Wechselspiel zwischen Schuldgefühl, Reue und gegenseitiger Vergebung aufgehoben wird.

Während das im Ödipus-Komplex verkörperte paternelle Prinzip, nach dem der Vater die unangefochtene Autorität verkörpert, zu einer Internalisierung strikter moralischer Normen führe, zeitige das im Ajase-Komplex verkörperte maternelle Prinzip das Gefühl der Gegenseitigkeit, bei dem Normen an Zeit, Ort und Atmosphäre flexibel angepasst werden.

Die Beschreibung des Ajase-Komplexes sollte allerdings nicht in Richtung eines extremen Kulturrelativismus gedeutet werden. Zum einen fallen starke Berührungspunkte zur Archetypenlehre von C.G. Jung (1975–1961) auf (vgl. Heise, 1990), und zum anderen weisen Doi und Okonogi selbst darauf hin, dass ohne die aus dem Westen importierte Methode der Psychoanalyse die Kulturspezifität des Ajase-Komplexes gar nicht hätte erkannt werden können (vgl. Doi & Okonogi, 1990).

30.6.3 Dimensionale Beschreibung der Persönlichkeit

Kulturübergreifende Gültigkeit von Persönlichkeitsfaktorenmodellen

Mithilfe des psychometrischen Ansatzes versucht ein Großteil der an der Differentiellen Psychologie orientierten kulturvergleichenden Forschung den Nachweis zu erbringen, dass die zur Beschreibung der Gesamtpersönlichkeit erforderlichen Dimensionen universell sind. Grundlegend ist hierbei die Annahme, dass es eine begrenzte Anzahl von Persönlichkeitsmerkmalen (»traits«) gibt, die sich über Situationen hinweg als konsistente und über die Zeitdauer hinweg als stabile Verhaltensdispositionen erweisen (▶ Kap. 24). Zur Gewinnung dieser Persönlichkeitsmerkmale dienen faktoranalytische Verfahren (Pawlik, 1971), die auf die meist in Fragebogen erhobenen Selbsteinschätzungsdaten angewandt werden.

Im Kulturvergleich wurden vor allem das **Persönlichkeitsmodell von Eysenck** (vgl. Eysenck & Eysenck, 1987) mit den Faktoren »Extraversion«, »emotionale Stabilität« und »Psychotizismus« und das **Fünf-Faktoren-Modell** (»Big Five«) von McCrae und Costa (1997) mit den Faktoren »Extraversion«, »Gewissenhaftigkeit«, »Verträglichkeit«, »emotionale Stabilität« und »Offenheit für Erfahrungen« untersucht. Als bevorzugte Prüfmethode gilt hierbei die »konfirmatorische Faktorenanalyse« (vgl. Amelang & Bartussek, 2001). Damit wird explizit die Übertragbarkeit der westlichen Standardstruktur getestet, indem die relative Güte der Anpassung im Vergleich zu konkurrierenden Strukturen quantifiziert wird.

Tatsächlich ließen sich die im westlichen Kulturkreis identifizierten Faktorenstrukturen in sehr vielen außerwestlichen Ländern reproduzieren. Selbst dann, wenn als Ausgangsbasis der den Fragebogen konstituierenden Items das Vokabular einer vom Englischen verschiedenen Sprache gewählt wurde, konnten ähnliche Faktoren extrahiert werden (vgl. Poortinga & van Hemert, 2001).

Ein **westlicher Bias** ist dennoch nicht auszuschließen. Er bezieht sich vor allem auf die transkulturelle Äquivalenz des Konstruktes eines stabilen Persönlichkeitsmerkmals. So wurde geltend gemacht, dass die Suche nach Persönlichkeitseigenschaften eine typisch »individualistische« Sichtweise der Person mit dem Bemühen nach Unterscheidbarkeit der Individuen reflektiere, der aus »kollektivistischer« Sicht die Eingebundenheit des Selbst in einen sozialen Kontext gegenüberstehe (Markus & Kitayama, 1998). Entsprechend könnten Persönlichkeitseigenschaften in kollektivistischen Kulturen nur begrenzt zur Verhaltensvorhersage dienen, da das Verhalten stärker durch soziale Rollen und situative Normen als durch interne Dispositionen bestimmt sei (vgl. Church, 2000). Damit verschärft sich die bereits im westlichen Kulturkreis im Rahmen der Interaktionismusdebatte (Mischel & Shoda, 1995) vorgetragene Kritik am Dispositionskonzept, gemäß der das beobachtbare Verhalten einer Person weniger durch Persönlichkeitseigenschaften als durch den Druck der Situation bestimmt wird (vgl. Laux, 2003).

Unterschiede in der Ausprägung einzelner Persönlichkeitsfaktoren

Geht man von einer universell ähnlichen Faktorenstruktur der Persönlichkeit aus, so stellt sich die Frage nach kulturellen Unterschieden in der Ausprägung der einzelnen Dimensionen. Unterschiede sind vor allem dann zu erwarten, wenn die konzeptuelle Definition eines Persönlichkeitsfaktors Ähnlichkeiten mit der konzeptuellen Definition einer kulturellen Wertdimension aufweist. Wie aus ◘ Tab. 30.2 hervorgeht, in der die postulierten Verhaltensmerkmale von Angehörigen individualistischer versus kollektivistischer Kulturen aufgeführt sind, sind Ähnlichkeiten mit den Beschreibungen von vier der fünf Faktoren des Big-Five-Modells nicht zu übersehen. In Übereinstimmung mit diesen konzeptuellen Überlappungen stellte sich empirisch tatsächlich eine kollektivistische Orientierung als positiv korreliert mit »Verträglichkeit« und negativ korreliert mit »Offenheit für Erfahrung« sowie mit »Extraversion« heraus (vgl. Church & Lonner, 1998; Trull & Geary, 1997).

30.7 Interkulturelle Zusammenarbeit

Die Begegnung mit Menschen anderer Kulturen gehört zunehmend mehr zu unserem Alltag – sei es im Rahmen von Auslandsreisen zu touristischen oder geschäftlichen Zwecken, im eigenen Lande im Umgang mit Migranten oder angesichts globaler Krisensituationen. Die Interkulturelle Psychologie (Hofstede, 2001) oder Psychologie interkulturellen Denkens und Handelns (Thomas, 2003) möchte als anwendungsorientierte Disziplin verdeutlichen, dass solche

---

Tab. 30.2. Typische Verhaltensmerkmale von Angehörigen individualistischer vs. kollektivistischer Kulturen und verwandte Persönlichkeitsdimensionen

Individualismus-Kollektivismus-Dimension	Persönlichkeitsdimension
Selbstbehauptung vs. Unterordnung	Extraversion
Aus-sich-Herausgehen vs. Zurückhaltung	Extraversion
Hedonismus vs. Betonung sozialer Pflichten	Gewissenhaftigkeit
Selbstbezogenheit vs. Gruppenbezogenheit	Verträglichkeit
Wettbewerborientierung vs. Kooperation	Verträglichkeit
Utilitarismus vs. Personenorientierung	Verträglichkeit
Eigenständigkeit vs. Konformität	Offenheit für Erfahrungen

Anmerkung: Die Aufstellung der Merkmale der Individualismus-Kollektivismus-Dimension beruht auf einer Zusammenfassung der in Kagitçibasi (1997) aus verschiedenen Studien zusammengestellten Merkmale

interkulturellen Begegnungen weder automatisch zu einem besseren gegenseitigen Verständnis noch automatisch zu einem »Kampf der Kulturen« (Huntington, 2002) führen. Ausgangspunkt ist die aus der Kulturvergleichenden Psychologie gewonnene Erkenntnis, dass es sicherlich universelle Leistungs- und Verhaltensanforderungen gibt, für deren Bewältigung sich jedoch in den einzelnen Kulturen unterschiedliche Denk- und Verhaltensmuster herausgebildet haben. Sie sind verbunden mit Orientierungsmaßstäben, sog. Kulturstandards, die im normalen Alltagsleben den Akteuren nicht bewusst zugänglich sind, die aber zutage treten, sobald ein Handelnder in einer Interaktionssituation steht, in der die eigenen kulturellen Regeln verletzt werden.

Im Rahmen der Interkulturellen Psychologie wurden spezielle Trainingsprogramme (»culture assimilators«) entwickelt, um sich die eigenen und die fremden Kulturstandards bewusst zu machen und eine wechselseitige Anpassung im Denken und Verhalten zu ermöglichen (vgl. Thomas, 2003). Trainingsziel ist, die eigene Perspektive zu transzendieren und auftretende Konfliktsituationen aus unterschiedlichen Perspektiven zu betrachten. Das Training kann allgemein erfolgen, d. h. unabhängig von der jeweiligen Zielkultur, oder auch im Hinblick auf spezifische kulturelle Differenzen wie etwa denen zwischen Angehörigen individualistischer und Angehörigen kollektivistischer Kulturen.

30.8 Schlussbetrachtung

Die grundlegende Frage der Kulturvergleichenden Psychologie ist die, inwieweit psychische Prozesse und Strukturen universell sind und inwieweit sie kulturspezifische Modifikationen erfahren. Die Antwort auf diese Frage hat Konsequenzen auch für die Zukunft der Psychologie schlechthin. Der Kulturvergleich dient als Prüfstein für bestehende psychologische Modelle und Theorien, indem deren Kernaussagen in sog. Generalisierungsstudien in einem neuen Umfeld auf ihre Gültigkeit hin untersucht werden. Bildet hierbei »Kultur« den Kontext, innerhalb dessen sich individuelles Verhalten ereignet (Munroe & Munroe, 1997, S. 173), so wird in sog. Differenzierungsstudien »Kultur« gezielt als Antezedens für individuelles Verhalten (Lonner & Adamopoulos, 1997) betrachtet, indem bestimmte kulturelle Faktoren als »unabhängige Variablen« in ihrer »Auswirkung« auf bestimmte abhängige Variablen – wie etwa Denk-, Wahrnehmungs- oder Gedächtnisleistungen, Einstellungen oder soziale Handlungen – geprüft werden. Besonders häufig wurde die Dimension Individualismus–Kollektivismus als unabhängige Variable in ihrem Zusammenhang mit bestimmten Formen des Denkens und Handelns als abhängigen Variablen untersucht.

Gegen den »variablenorientierten« Kulturvergleich (Eckensberger & Plath, 2002) wurde von verschiedenen Seiten Kritik erhoben (vgl. z. B. Oyserman, Coon & Kem-

melmeier, 2002). In ihrer milderen Form richtet sie sich gegen die Definition von Hofstedes kulturellen Wertdimensionen, die in einer vom westlichen Denken geprägten säkularisierten Arbeitswelt gewonnen wurden und damit wichtige kulturelle Komponenten, wie z. B. religiöse Aspekte, völlig ausblenden (vgl. z. B. van Ess, 2003). In einer stärkeren Form der Kritik wird geltend gemacht, dass der Faktor »Kultur« keine schicksalhafte Beeinflussung darstellt, sondern eher einen Rahmen von Handlungsmöglichkeiten absteckt (vgl. Boesch, 1980), der durch die individuelle Selbststeuerung des kulturellen Angebots gestaltet wird. Dies gilt umso mehr, als es zunehmend weniger homogene Kulturgemeinschaften gibt und die gegenwärtige Welt manchmal stärker von kulturellem Wandel als von kultureller Tradition beherrscht scheint.

In ihrer radikalsten Form richtet sich aus »emischer« Perspektive die Kritik gegen die Aufspaltung in »unabhängige« und »abhängige« Variablen, wie sie beim »etischen« Ansatz vorgenommen wird. Nach dieser Auffassung sind psychische Phänomene außerhalb ihres kulturellen Kontextes und ihrer kulturellen Bedeutung gar nicht verstehbar, sodass jede Psychologie ausnahmslos Kulturpsychologie ist (vgl. Keller & Eckensberger, 1998).

Es sollte aber deutlich geworden sein, dass »etische« und »emische« Betrachtungsweise keine absoluten Gegensätze darstellen, sondern sich ergänzen. Zur Überwindung des Gegensatzes scheint eine wechselseitige Perspektivenübernahme (vgl. Serpell, 1990) unumgänglich. Sie kann nur durch eine verstärkte Zusammenarbeit von Forschern aus unterschiedlichen Kulturen realisiert werden, die eine Ergänzung der bisherigen Forschungsstrategien durch eine »transkulturelle konsensuelle Validierung« (Shweder & Sullivan, 1990) impliziert, d. h. durch einen Forschungsprozess, der in allen Untersuchungsphasen – von der Entwicklung der Fragestellung bis zur Interpretation der Befunde – kooperativ von Forschern aus jeder der betroffenen Kulturen realisiert wird (vgl. Eckensberger & Plath, 2002). Durch die Einbeziehung der Perspektive von »einheimischen« Forschern (Serpell, 1990) bietet sich vielleicht sogar die Chance eines »Paradigmenwechsels« (Kuhn, 1981; auch Hong, 2001).

Literatur

Referenzliteratur

Berry, J.W., Poortinga, Y.H., Segall, M.H. & Dasen, P.R. (2003). *Cross-cultural psychology* (2nd ed.). Cambridge: Cambridge University Press.

Helfrich, H. (1999). Beyond the dilemma of cross-cultural psychology: Resolving the tension between etic and emic approaches. *Culture and Psychology*, 5, 131–153.

Segall, M.H., Dasen, P.R., Berry, J.W. & Poortinga, Y.H. (1999). *Human behavior in global perspective*. Boston: Allyn & Bacon.

Thomas, A. (Hrsg.) (2003). *Kulturvergleichende Psychologie*. Göttingen: Hogrefe.

Zitierte Literatur

Amelang, M. & Bartussek, D. (2001). *Differentielle Psychologie und Persönlichkeitsforschung* (5. Aufl.). Stuttgart: Kohlhammer.

Artelt, C., Baumert, J., Klieme, E., Neubrand, M., Prenzel, M., Schiefele, U., Schneider, W., Schümer, G., Stanat, P., Tillmann, K.-J. & Weiß, M. (2001). *Pisa 2000. Zusammenfassung zentraler Befunde.* Berlin: Max-Planck-Institut für Bildungsforschung.

Baddeley, A. (1997). *Human memory: theory and practice.* Hove: Psychology Press.

Bandura, A. (1997). *Self-efficacy: The exercise of control.* New York: Freeman.

Baumert, J., Artelt, C., Klieme, E., Neubrand, M., Prenzel, M., Schiefele, U., Schneider, W., Tillmann, K.-J. & Weiß, M. (2002). *Pisa 2000. Die Länder der Bundesrepublik Deutschland im Vergleich.* Opladen: Leske & Budrich.

Baumert, J., Bos, W. & Lehmann, R. (Hrsg.). (2000a). *TIMSS/III. Dritte Internationale Mathematik- und Naturwissenschaftsstudie – Mathematische und naturwissenschaftliche Bildung am Ende der Schullaufbahn. Band 1: Mathematische und naturwissenschaftliche Grundbildung am Ende der Pflichtschulzeit.* Opladen: Leske & Budrich.

Baumert, J., Bos, W. & Lehmann, R. (Hrsg.). (2000b). *TIMSS/III. Dritte Internationale Mathematik- und Naturwissenschaftsstudie – Mathematische und naturwissenschaftliche Bildung am Ende der Schullaufbahn. Band 2: Mathematische und naturwissenschaftliche Grundbildung am Ende der gymnasialen Oberstufe.* Opladen: Leske & Budrich.

Berry, J.W. (1999). Emics and etics: A symbiotic conception. *Culture and Psychology, 5,* 165–172.

Berry, J.W., Poortinga, Y.H., Segall, M.H. & Dasen, P.R. (2003). *Cross-cultural psychology* (2nd ed.). Cambridge: Cambridge University Press.

Boesch, E.E. (1980). *Kultur und Handlung: Einführung in die Kulturpsychologie.* Bern: Huber.

Bornstein, M.H. (1975). The influence of visual perception on culture. *American Anthropologist, 77,* 774-798.

Brown, R.W. & Lenneberg, E.H. (1954). A study in language and cognition. *Journal of Abnormal and Social Psychology, 49,* 454–462.

Brunswik, E. (1956). *Perception and the representative design of psychological experiments.* Berkeley: University of California Press.

Cavalli-Sforza, L.L. (1995). Stammbäume von Völkern und Sprachen. In B. Streit (Hrsg.), *Evolution des Menschen* (S. 118–125). Heidelberg: Spektrum.

Chomsky, N. (1965). *Aspects of the theory of syntax.* Cambridge, MA: MIT Press.

Church, A.T. (2000). Culture and personality: Toward an integrated cultural trait psychology. *Journal of Personality, 68,* 651–703.

Church, A.T. & Lonner, W.J. (1998). The cross-cultural perspective in the study of personality: Rationale and current research. *Journal of Cross-Cultural Psychology, 29,* 32–62.

Dasen, P.R. & de Ribaupierre, A. (1988). Neo-Piagetian theories: Cross-cultural and differential perspectives. In A. Demetrion (Ed.), *The Neo-Piagetian theories of cognitive development: Toward an integration* (pp. 287–326). Amsterdam: North Holland.

Dickens, W.T. & Flynn, J.R. (2001). Heritability estimates versus large environmental effects: The IQ paradox resolved. *Psychological Review, 108,* 346–369.

Doi, T. (1996). *Amae: Freiheit in Geborgenheit* (5. Aufl.). Frankfurt am Main: Suhrkamp.

Doi, T. & Okonogi, K. (1990). »Anlehnung« und »Moratorium«. Ein Gespräch. In J. Heise (Hrsg.), *Die kühle Seele. Selbstinterpretationen der japanischen Kultur* (S. 80–87). Frankfurt am Main: Fischer Taschenbuch Verlag.

DuBois, C. (1944). *The people of Alor.* New York: Harper & Row.

Eckensberger, L.H. & Plath, I. (2002). Möglichkeiten und Grenzen des »variablenorientierten« Kulturvergleichs. In H. Kaelble & J. Schriewer (Hrsg.), *Vergleich und Transfer-Komparatistik in den Sozial-, Geschichts- und Kulturwissenschaften.* Frankfurt am Main: Campus.

Edwards, A.L. (1971). *Versuchsplanung in der psychologischen Forschung.* Weinheim: Beltz.

Eysenck, H.J. & Eysenck, M.W. (1987). *Persönlichkeit und Individualität.* Munchen: Psychologie Verlags Union.

Flynn, J.R. (1987). Massive IQ gains in 14 nations: What IQ tests really measure. *Psychological Bulletin, 101,* 171–191.

Gardner, H. (1991). *Abschied vom IQ.* Stuttgart: Klett-Cotta.

Goleman, D. (1998). *Emotionale Intelligenz* (7. Aufl.). München: Deutscher Taschenbuch Verlag.

Hedden, T., Park, D.C., Nisbett, R., Ji, L.-J.,Jing, Q. & Jiao, S. (2002). Cultural variation in verbal versus spatial neuropsychological function across the life span. *Neuropsychology, 16,* 65–80.

Heise, J. (1990). Einleitung. In J. Heise (Hrsg.), *Die kühle Seele. Selbstinterpretationen der japanischen Kultur* (S. 7-19). Frankfurt a.M.: Fischer Taschenbuch Verlag.

Helfrich, H. (1999). Beyond the dilemma of cross-cultural psychology: Resolving the tension between etic and emic approaches. *Culture & Psychology, 5,* 131–153.

Helfrich, H. (2003). Methodologie kulturvergleichender Forschung. In A. Thomas (Hrsg.), *Kulturvergleichende Psychologie* (2. Aufl., S. 111–138). Göttingen: Hogrefe.

Herder, J.G. (1887). In B. Suphan (Hrsg.), *Herders Sämtliche Werke.* Berlin: Deutsche Buch-Gemeinschaft.

Herrnstein, R. & Murray, C. (1994). *The bell curve.* New York: Free Press.

Hofstede, G. (1980). *Culture's consequences: International differences in work-related values.* Beverly Hills, CA: Sage.

Hofstede, G. (2001). *Lokales Denken, globales Handeln: Interkulturelle Zusammenarbeit und globales Management* (2. Aufl.). München: Deutscher Taschenbuch-Verlag.

Hong, Y. (2001). Toward a paradigm shift: From cross-cultural differences in social cogntion to social-cognitive mediation of cultural differences. *Social Cognition, 19,* 181–196.

Huntington, S.P. (2002). *Kampf der Kulturen.* München: Goldmann.

Jensen, A.R. (1998). *The g factor: The science of mental ability.* Westport, CT: Praeger.

Kagitçibasi, C. (1997). Individualism and collectivism. In J.W. Berry, M.H. Segall & C. Kagitçibasi (Eds.), *Handbook of cross-cultural psychology: Vol. 3 Social behavior and applications* (2nd ed., pp. 1–49). Boston: Allyn & Bacon.

Kardiner, A. (1939). *The individual and his society.* New York: Columbia University Press.

Kay, P., Berlin, B., Maffi, L. & Merrifield, W. (1997). Color naming across languages. In C.L. Hardin & L. Maffi (Eds.), *Color categories in thought and language* (pp. 21–56). Cambridge: Cambridge University Press.

Kay, P. & Kempton, W. (1984). What is the Sapir-Whorf hypothesis? *American Anthropologist, 86,* 65–79.

Keller, H. & Eckensberger, L.H. (1998). Kultur und Entwicklung. In H. Keller (Hrsg.), *Lehrbuch Entwicklungspsychologie* (S. 57–96). Bern: Huber.

Kim, U. (2000). Indigenous, cultural, and cross-cultural psychology: a theoretical, conceptual, and epistemological analysis. *Asian Journal of Social Psychology, 3,* 265–287.

Kluckhohn, C. (1951). *Spiegel der Menschheit.* Zürich: Pan-Verlag.

Kuhn, T.S. (1981). *Die Struktur wissenschaftlicher Revolutionen.* Frankfurt am Main: Fischer.

Lass, U., Lüer, G., Becker, D., Fang, Y., Chen, G. & Wang, Z. (2000). Kurzzeitgedächtnisleistungen deutscher und chinesischer Probanden mit verbalen und figuralen Items: Zur Funktion von Phonologischer Schleife und visuell-räumlichen Notizblock. *Zeitschrift für Experimentelle Psychologie, 47,* 77–88.

Laux, L. (2003). *Persönlichkeitspsychologie.* Stuttgart: Kohlhammer.

Lien, N.M., Meyer, K. & Winick, M. (1977). Early malnutrition and later adoption into American families. *American Journal of Clinical Nutrition, 30,* 1734–1739.

Lonner, W.J. & Adamopoulos, J. (1997). Culture as antecedent to behavior. In W. Berry, Y.H. Poortinga & J. Pandey (Eds.), *Handbook of cross-cultural psychology: Vol. 1 Theory and method* (2nd ed., pp. 43–83). Boston: Allyn & Bacon.

Lüer, G., Becker, D., Lass, U., Yunqiu, F., Guopeng, C. & Zhongming, W. (1998). Memory span in German and Chinese: Evidence for the phonological loop. *European Psychologist, 3*, 102–112.

Lynn, R. (1995). Cross-cultural differences in intelligence and personality. In D.H. Saklofske & M. Zeidner (Eds.), *International handbook of personality and intelligence* (pp. 107–121). New York: Plenum.

Lynn, R. & Vanhanen, T. (2002). *IQ and the wealth of nations.* Westport, CT: Praeger.

MacLaury, R.E. (1997). Skewing and darkening: dynamics of the cool category. In C.L. Hardin & L. Maffi (Eds.), *Color categories in thought and language* (pp. 261–282). Cambridge: Cambridge University Press

Magnus, H. (1877). *Die geschichtliche Entwicklung des Farbensinnes.* Leipzig: Viet.

Malinowski, B. (1927). *Sex and repression in savage society.* London: Routledge.

Markus, H.R. & Kitayama, S. (1998). The cultural psychology of personality. *Journal of Cross-Cultural Psychology, 29*, 63–87.

Marsella, A.J., Dubanoski, J., Hamada, W.C. & Morse, H. (2000). The measurement of personality across cultures. *American Behavioral Scientist, 44*, 41–62.

McCrae, R. & Costa, P T.Jr. (1997). Personality trait structure as a human universal. *American Psychologist, 52*, 509–516.

Mervis, C.B. & Rosch, E. (1981). Categorization of natural objects. Annual Review of Psychology, 32, 89-115.

Mischel, W. & Shoda, Y. (1995). A cognitive-affect system theory of personality: reconceptualizing situations, dispositions, dynamics, and invariance in personality structure. *Psychological Review, 102*, 246–268

Mishra, R.C., Sinha, D. & Berry, J.W. (1996). Cognitive functioning in relation to some eco-cultural and acculturational features of tribal groups of Bihar. In H. Grad, A. Blanco & J. Georgas (Eds.), *Key issues in cross-cultural psychology* (pp. 89–101). Lisse: Swets & Zeitlinger.

Munroe, R.L. & Munroe, R.H. (1997). A comparative anthropological perspective. In W. Berry, Y.H. Poortinga & J. Pandey (Eds.), *Handbook of cross-cultural psychology: Vol. 1 Theory and method* (2nd ed., pp. 171–213). Boston: Allyn & Bacon.

Neisser, U. (1998). *The rising curve: long-term gains in IQ and related measures.* Washington, DC: American Psychological Association.

Nisbett, R.E., Peng, K., Choi, I. & Norenzayan, A. (2001). Culture and systems of thought: holistic versus analytic cognition. *Psychological Review, 108*, 291–310

Ogbu, J.U. (2002). Cultural amplifiers of intelligence: IQ and minority status in cross-cultural perspective. In J.M. Fish (Ed.), *Race and intelligence: Separating science from myth* (pp. 241–278). Mahwah, NJ: Erlbaum.

Okonogi, K. (1990). Der Ajase-Komplex des Japaners. In J. Heise (Hrsg.), *Die kühle Seele. Selbstinterpretationen der japanischen Kultur* (S. 30–79). Frankfurt am Main: Fischer Taschenbuch Verlag

Oyserman, D., Coon, H.M. & Kemmelmeier, M. (2002). Rethinking individualism and collectivism: evaluation of theoretical assumptions and meta-analyses. *Psychological Bulletin, 128*, 3–72.

Pawlik, K. (1971). *Dimensionen des Verhaltens.* Bern: Huber.

Piaget, J. (1966). Nécessité et signification des recherches comparatives en psychologie génétique. *Journal International de Psychologie, 1*, 3–13.

Piaget, J. (2000). *Psychologie der Intelligenz* (10. Aufl.). Stuttgart: Kohlhammer.

Pike, K.L. (1967). *Language in relation to a unified theory of the structure of human behavior.* Den Haag: Mouton.

Poortinga, Y.H. & van Hemert, D.A. (2001). Personality and culture: Demarcating between the common and the unique. *Journal of Personality, 69*, 1033–1060.

Raven, J. (1987). *Manual for the Raven's Progressive Matrices and Vocabulary Scales.* London: Lewis.

Reifman, A. (2000). Revisiting the bell curve. *Psycoloquy, 11*, 1–13.

Ryan, A.M. (2001). Explaining the black-white test score gap: The role of test perceptions. *Human Performance, 14*, 45–76.

Sapir, E. (1933). *Language.* New York: Macmillan.

Segall, M.H., Campbell, D.T. & Herskovits, M.J. (1966). *The influence of culture on visual perception.* Indianapolis: Bobbs-Merrill.

Segall, M.H., Dasen, P.R., Berry, J.W. & Poortinga, Y.H. (1999). *Human behavior in global perspective.* Boston: Allyn & Bacon.

Serpell, R. (1990). Audience, culture and psychological explanation. *The Quarterly Newsletter of the Laboratory of Comparative Human Cognition, 12*, 99–132.

Shweder, R.A. & Sullivan, M.A. (1990). The semiotic subject of cultural psychology. In L.A. Pervin (Ed.), *Handbook of personality theory and research* (pp. 399–416). New York: Guilford.

Sinha, D. (1990). Interventions for development out of poverty. In R.W. Brislin (Ed.), *Applied cross-cultural psychology* (pp. 77–97). Newbury Park: Sage.

Spearman, C. (1904). »General intelligence«, objectively determined and measured. *American Journal of Psychology, 15*, 201–293.

Spencer, H. (1876). *Principles of sociology.* New York: Appleton.

Sternberg, R.J. (2000). Wie intelligent sind Intelligenztests? *Spektrum der Wissenschaft Spezial: Intelligenz*, 12–17.

Straub, J. & Thomas, A. (2003). Positionen, Ziele und Entwicklungslinien der kulturvergleichenden Psychologie. In A. Thomas (Hrsg.), *Kulturvergleichende Psychologie* (2. Aufl., S. 29–80). Göttingen: Hogrefe.

Thomas, A. (2003). Psychologie interkulturellen Lernens und Handelns. In A. Thomas (Hrsg.), *Kulturvergleichende Psychologie* (2. Aufl., S. 433–485). Göttingen: Hogrefe.

Thomas, A. & Helfrich, H. (2003). Wahrnehmungspsychologische Aspekte im Kulturvergleich. In A. Thomas (Hrsg.), *Kulturvergleichende Psychologie* (2. Aufl., S. 207–243). Göttingen: Hogrefe.

Thurstone, L.L. (1947). *Multiple factor analysis.* Chicago: University of Chicago Press.

Trommsdorff, G. & Mayer, B. (im Druck). Kulturvergleichende Ansätze. In H. Weber & T. Rammsayer (Hrsg.), *Handbuch der Persönlichkeitspsychologie und Differentiellen Psychologie.* Göttingen: Hogrefe.

Trull, T.J. & Geary, D.C. (1997). Comparison of the Big-Five factor structure across samples of Chinese and American Adults. *Journal of Personality Assessment, 69*, 324–341.

Tylor, E.B. (1865). *Researches into the early history of mankind and development of civilization.* London: John Murray.

van Ess, H. (2003). *Der Konfuzianismus.* München: Beck.

Vogel, C. & Eckensberger, L. (1988). Arten und Kulturen – Der vergleichende Ansatz. In K. Immelmann, K.R. Scherer, C. Vogel & P. Schmook (Hrsg.), *Psychobiologie* (S. 563–606). Stuttgart: Gustav Fischer/Psychologie Verlags Union.

Whorf, B.L. (1956). *Language, thought and reality.* Cambridge, MA: MIT Press.

Wundt, W. (1912). *Elemente der Völkerpsychologie.* Leipzig: Kröner.

31 Zur Wissenschaftstheorie der Psychologie und Philosophie des Mentalen

H. Lenk

Die Psychologie in ihrer Zwischenstellung zwischen Naturwissenschaften, Geisteswissenschaften und Sozialwissenschaften ist schon deshalb, aber auch durch ihr besonderes Verhältnis zur Alltagsreflexion über Mentales und Seelisches stets in einer besonders prekären methodologischen Situation gewesen. Dies macht sie jedoch besonders interessant für Wissenschafts- und Erkenntnistheorie.

Ein weiterer Grund für die prekäre Stellung der Psychologie und ihres herkömmlichen, auch bei Psychologen selbst umkämpften Wissenschaftsverständnisses dürfte disziplinpolitische Profilierungsgründe haben. Relativ »neue« wissenschaftliche Disziplinen wie die Psychologie streben, ihre wissenschaftliche Respektabilität durch besondere Seriosität, Solidität, Exaktheit und Methodenorientiertheit nicht nur aufrecht zu erhalten und zu fördern, sondern auch nach außen hin demonstrativ nachzuweisen. Immer in der Geschichte der Entwicklung dieser Disziplin nahm man sich die besonders im Zentrum der Aufmerksamkeit stehenden und über hohes Prestige verfügenden anderen Wissenschaften – zumal Naturwissenschaften – zum Vorbild, um durch die Orientierung an deren Kriterien, Methoden und Anforderungen, Theoriekonzepten usw. die wissenschaftliche Respektabilität der eigenen Disziplin besonders herausstellen zu können. So war offensichtlich für die Psychologie das Vorbild jeweils anderer reputationsstarker Wissenschaften gleichsam verbindlich gemacht worden: Man folgte den entsprechenden zentralen Wissenschaften der jeweiligen Epoche nach, war vielleicht ein wenig zu servil auf Anpassung, »Bravheit« der Methoden und Systematiken sowie Theorienbildungen ausgerichtet, um die Psychologie eben als eine respektable, »normale« Wissenschaft erweisen zu können. Dies erwies sich aber zugleich auch als einengend – was bestimmte Phänomene (man denke nur an das Schicksal der »Seele« in der Psychologie!), interdisziplinär zu erschließende Problemstellungen, eine gewisse Einseitigkeit bzw. gar Monofaktorialität der Konzepte und Theorien angeht. Vielleicht kann man den Psychologen über die Anpassung und Normalitätsorientierung hinaus wieder mehr Mut machen – nicht nur zu eigendisziplinären, sondern gerade auch zu multidisziplinär verankerten und eingebetteten Fortentwicklungen.

31.1 Konstrukte, Modelle und Schemainterpretationen

In der traditionellen Orientierung seit Beginn des neuzeitlichen Philosophierens richtete sich die Psychologie natürlich im Banne des cartesischen Geist-Körper-Dualismus auf Bewusstsein und Denken aus, stand also unter dem Signum der Paradewissenschaft Philosophie, und zwar der Subjektivitäts- und Bewusstseinsphilosophie, da offensichtlich, cartesisch verstanden, die Seele eben nichtmateriell sein und somit nichtmaterialistisch erklärt werden musste. Im Zuge des triumphalen Erfolges der Newton'schen Naturwissenschaft, zumal der Mechanik, begab man sich später – besonders im letzten Jahrhundert – unter das Diktat der mechanistischen Physik und versuchte die Physik zur Leitwissenschaft der Psychologie zu machen. Dies führte zur beachtlichen Entwicklung der experimentellen Methoden, insbesondere in der Wahrnehmungspsychologie und zur Kooperation mit der Physiologie und wissenschaftlichen medizinischen Disziplinen wie der Anatomie und wohl auch der frühen Neurophysiologie (man denke nur an Helmholtz, Weber, Fechner u. a.).

Wiederum etwas später wurde das Modell eines im Zuge der philosophischen Positivismusfundierung angelegten und auf die zoologischen und verhaltenswissenschaftlichen Experimente eines Pawlow bezogenen behavioristischen Konditionierens einschlägig. Man kann freilich sagen, dass der ausdrückliche Behaviorismus eine zwar durch die zoologischen Disziplinen angeregte, jedoch eigenständige Entwicklung der Verhaltenstheorie innerhalb der Psychologie gewesen ist – übrigens vom klassischen bis hin zu Skinners neobehavioristischem »operanten« Konditionierungsansatz. Dieser Letztere hatte bis vor kurzem noch einen besonderen Einfluss.

Die philosophischen und bewusstseinsphilosophischen Restorientierungen im Gebiete der eher »geisttheoretisch« orientierten Psychologie entwickelten sich in Abhängigkeit von der nach 1900 reüssierenden phänomenologischen Philosophie zur Psychologie der Gestalttheorie und der Intentionalität (man denke nur an Brentano, Husserl und die späteren geisteswissenschaftlichen Gestaltpsychologen). Demgegenüber gab es natürlich auch experimentelle kritisch-realistisch ausgerichtete Gestaltpsychologen wie die einflussreiche sowohl psychologisch als auch philosophisch interessante Würzburger Schule von Külpe u. a., die sich auf den kritischen Realismus in der Philosophie berief und auswirkte, wie auch Wundts experimentelle Psychologie.

Ferner dürfte die geisteswissenschaftliche Psychologie, insbesondere die Gestaltpsychologie der späteren Jahrzehnte – u. a. Lersch, Metzger – von der im Anschluss an die philosophische Phänomenologie sich entwickelnden Hermeneutik stark beeinflusst gewesen sein. Dabei spielte natürlich nach wie vor noch die Bewusstseinsthematik (▶ unten) eine große Rolle – etwa auch bei Ansätzen von William James u. a.

Auf dem Höhepunkt der allgemeinen Akzeptanz der Wissenschaftstheorie als einer methodologischen Leitdisziplin neigte man dazu, die Wissenschaftstheorie als eine Art von Superkanon der Methoden – nicht nur der reflektierenden Methodologie – aufzufassen und gleichsam den Wissenschaften vorzuordnen und zu verordnen! Die »wissenschaftstheoretische« Hochphase der Theoriediskussion ist freilich vorbei, was deren Wichtigkeit nicht beschränkt, sondern eher auf Normalzuschnitt zurückführt. Der Wissenschaftstheoretiker ist kein Oberpapst für die Einzelwissenschaftler, der deren Methoden unter Kuratel stellen oder als letzte Instanz zensieren dürfte, sondern er kann meist nur methodologische Reflexionen anstellen – oft im Nachhinein und unter Berücksichtigung der geschichtlichen Entwicklung der Theorien.

Besonders derzeit noch image- und konzeptmodenbildend in der Psychologie – und nicht einmal nur dort! – dürften freilich die Entwicklungen der Computerwissenschaft, der empirischen Kognitionswissenschaften, der teleonom- und teleologisch-funktionalistischen Biowissenschaften (einschließlich der Ethologie und Soziobiologie) sowie neuerdings die neurowissenschaftlichen Ansätze der Gehirnforschung sein.

Wenn beispielsweise ein prominenter deutscher Psychologe einmal bei einer interdisziplinären Tagung die Psychologie als »die Wissenschaft von der Informationsverarbeitung in lebenden Organismen und sonst nichts« definierte, so zeigt dies, dass entweder das disziplinäre Konzept der Informationswissenschaften einseitig als Leitfaktor hergenommen wurde oder das Informationsverarbeitungsmodell derart umfassend ausgedeutet wurde, dass praktisch alle wissenschaftlichen Disziplinen darunter fallen würden. Eine besondere Rolle spielte hierbei das sog. Computermodell des Geistes, das mentale Prozesse und nicht nur die intelligente Verarbeitung von Problemlösungsstrategien nach dem Modell der seriell arbeitenden Computer mit von-Neumann-Architektur vorsah und neuerdings mit erhöhter Plausibilität auf das »parallel distributed processing«, die Parallelverarbeitung vieler gleichzeitig wirkender Zentren und Netze, ausgeweitet wurde. Stellt man sich bei dem klassischen Computermodell serieller Art noch das Mentale sozusagen als Softwareprogramm zur Neurohardware vor, wobei der Psychologie die Aufgabe dieser Softwareanalyse zufiel, so ist heute beispielsweise bei den Neurobiologen die funktionale netzwerkartige Zusammenschaltung der entsprechenden Zentren zum Leitmodell avanciert (Lenk, 2004).

Eine Zeit lang hatte man den Eindruck, dass das Informationsverarbeitungsmodell und das Computermodell die Leitorientierung für die Psychologie abgeben würden, neuerdings scheinen sich die Gehirnforscher – z. T. in Verbindung mit der Informationswissenschaft – in die Bresche zu drängen und die neue Leitorientierung für die Psychologie vorzugeben. Parallel dazu und z. T. in Verbindung damit sind teleologisch-funktionalistische oder teleonom orientierte verhaltenswissenschaftliche Ansätze der Ethologie und neueren Biologie (sowohl in evolutionärer wie besonders auch in soziobiologischer Sicht) einschlägige Leitdisziplinen – jedenfalls für die Behandlung traditioneller psychologisch philosophischer Probleme wie derjenigen der Intentionalität, des Bewusstseins, des »Gehalts« von Vorstellungen, von mentalen Repräsentationen usw.

Insgesamt scheint die Szene insofern viel interessanter geworden zu sein, als der Absolutheits- und Einseitigkeitsanspruch der jeweiligen in den Vordergrund gestellten Einzeldisziplinen sich im Konzert unterschiedlicher konkurrierender Ansätze relativiert. In der Tat bleiben einseitige und dogmatische Ausrichtungen monofaktorieller und monodisziplinärer Orientierung unnötig eingeschränkt, erweisen sich als falsch oder zumindest unfruchtbar. Die pseudosklavische Abhängigkeit von *einer einzigen* vorgegebenen Leitdisziplin zeigt sich immer deutlicher als nur beschränkt fruchtbar.

Die Kluft zwischen Natur- und Sozial- sowie Geisteswissenschaften ist ein künstlich geschaffenes abstraktes Konzept, das im Lichte der methodologischen Debatten heute zunehmend obsolet erscheint, weil gerade die interessanten Phänomene sich im Grenzbereich stellen und alle einschlägigen Disziplinen auf den unterschiedlichen Seiten von theoretischen Konstruktbildungen »leben«. Das gilt natürlich besonders für die Psychologie. Sowohl von Seiten der Erkenntnistheorie als auch von Seiten der Hirnforschung und der Biologie lassen sich die traditionellen Schemata der Psychologie heute »operationaler« verorten und verfolgen und auf Grundstrukturen beziehen. Von Interesse ist dies ebenfalls für die Erkenntnistheorie, die Philosophie des Geistes und des Handelns sowie die Anthropologie, z. B. für die zentralen philosophischen Probleme von Gehalt, Referenz, Intentionalität, Realität usw. Hier eine Kooperation zu installieren, das könnte die große und lohnende methodologische Herausforderung der nächsten Zeit sein.

Die Einseitigkeit der Orientierung an monodisziplinären Vorbildern ist aufzugeben. In der Tat könnte ein solches Vorgehen relevant werden für die Einstellung zu neueren Methodologie- und Theoriediskussionen in der Psychologie. So sollte auch die Psychologie in der Tat zu ihren eigenen Interpretationskonstrukten und Theoriebildungen stehen, sich nicht in pseudosklavische Abhängigkeit von den Naturwissenschaften oder auch von dem derzeit modischen eliminativen Materialismus begeben, sondern bewusst im Sinne der Einsicht, dass Wissenschaftsfortbildung auch hier Menschenwerk ist, noch mehr Mut zu eigenen Konstruktionen entwickeln, aber zugleich in Verbindung mit fachübergreifenden Ausblicken und Anbindungen wieder erhöhte Bereitschaft zu bi- und multilateralen Kooperationen zeigen.

31.1.1 (Quasi-)Erklärung und (Quasi-) Gesetzesartigkeit

Traditionellerweise unterschied man in Philosophie und Wissenschaftstheorie – in unterschiedlicher Terminologie – zwischen Begründungs- und Erklärungsfragen: So wird eine »echte« Erklärung normalerweise eine kausale Ereigniserklärung sein. Epistemische Erklärungen rechtfertigen im Unterschied dazu nur, dass man einen eine Eigenschaft oder ein Ereignis beschreibenden Satz annehmen, glauben,

erwarten darf: Neuere, sog. »pragmatisch-epistemische« Ansätze in der Erklärungstheorie geben diese Unterscheidung einfach auf. Zum Teil zeigt sich eine extreme, m. E. überzogene Reaktion, die echte Ursachenerklärungen völlig aus der Erklärungsdebatte ausschließt.

Die traditionelle deduktiv-nomologische (DN-)Erklärung nach Hempel-Oppenheim leitet strikt logisch aus den Prämissen (dem Explanans, das die »Anfangs-« oder »Randbedingungen« kennzeichnet) und der Gesetzes- oder Quasigesetzes-Hypothese die jeweilige Konklusion (oder Vorhersage) ab. Die »induktiv-statistische« Erklärung leistet dies nur mit einer bestimmten Wahrscheinlichkeit, die dem Bewährungsgrad der (Quasi)-Hypothese entspricht (vgl. Hempel, 1965; Lenk, 1972; Stegmüller, 1983).

Die Wissenschaftstheorie hat sich traditionell zweifellos zu stark am Vorgehen der Metamathematik ausgerichtet und dementsprechend die induktiv-statistischen Begründungen (das »statistische Erklären«) als Erweiterungsfall der rein logisch-syntaktischen Grundstruktur der deduktiv-nomologischen Erklärung aufgefasst. Durch seine Entdeckung der Mehrdeutigkeit der statistischen Ereigniserklärung, die als solche schon nur **Begründungen** liefert, ist es Hempel selber gewesen, der die epistemische Relativierung leistete, also die Unmöglichkeit aufwies, von pragmatischen Einbettungen zu abstrahieren.

Die Berücksichtigung pragmatischer Komponenten in der Wissenschaftstheorie ist anzuerkennen und wurde gefordert (Lenk, 1975), lange bevor die sog. »pragmatisch-epistemische Wende« eingeläutet worden ist (Stegmüller 1983). Dies besagt aber nicht, dass logisch-semantische idealisierende Rekonstruktionen und Analysen der kausalen Erklärung nutzlos seien.

Der Bereich der Voraussageargumente ist viel größer als derjenige der strikten Gesetzeserklärungen: Wissenschaftliche Voraussagen sind auch aufgrund von Vernunftgründen, Überzeugungssubstanziierungen und mittels empirischer Regelmäßigkeiten wie etwa Trends möglich, wenn keine genuine Warum-geschieht-Erklärung durch solche Argumente geliefert werden kann. Deshalb beschränkte Hempel später die Strukturgleichheitsthese auf die Teilthese, jede »adäquate Erklärung« sei »potenziell eine Voraussage«.

In einer ersten Kritik der Strukturgleichheitsthese wies ich (Lenk, 1972, 1986) darauf hin, dass wissenschaftliche Voraussagen auch möglich und gängig sind (etwa aufgrund von epistemischen Argumenten), wenn genuine Erklärungen nicht gerechtfertigt wären, dass also der Bereich der Prognosen auch strukturell viel weiter ist als jener der Erklärungen, zumal der strikt kausalen oder genuinen. Ferner gibt es **bedingte** (hypothetische) **Prognosen** oder **Projektionen**, »bei denen das Eintreten des vorausgesagten Ereignisses von dem noch offenen Eintreten (wenigstens eines Teils) der Antezedensbedingungen abhängt«. Insbesondere beziehen sich die sog. »technologischen Prognosen« (Brocke, 1978) auf Bedingungen, die durch den Handelnden beeinflusst werden können. Ihre Erfüllung ist also letztlich von Handlungen und geplanten Entscheidungen (d. h. nicht nur noch vom bloßen Eintreten, sondern u. U. vom Herstellen bzw. Wahrmachen der Bedingungsereignisse und der ursprünglich noch offenen Antezedensbedingungen) abhängig. Dies ist bei genuinen Kausalerklärungen des traditionellen Typs nicht möglich. Man verwendet z. T. auch unorthodoxe Techniken wie Trendextrapolationen oder Hüllkurvenverfahren (die allenfalls epistemische Überzeugungsgründe, jedoch keine Ursachenbegründung geben).

Insgesamt scheint es daher interessanter zu sein, nicht nur »Erklärung« und »Voraussage« einander gegenüberzustellen, sondern auch andere Systematisierungsargumente als gleichwertige Typen zu behandeln.

Schon im Alltagsleben versuchen wir mit Konstrukten Ordnung in unsere Wahrnehmungen, Beschreibungen, Dispositionen, Entscheidungen, Rechtfertigungen usw. zu bringen (▶ unten). Das Verstehen, Erklären, Begründen und Rechtfertigen von Handlungen geschieht mittels solcher Konstrukte, zu denen auch überindividuelle Werte und Normen gehören (s. Lenk, 1977ff.). Regelgeleitetes und davon abweichendes Handeln überformt die naturwissenschaftlich beschreibbaren Verhaltensweisen. Interpretationsleistungen und -prozesse und die dazu gehörigen Deutungsmuster und Interpretationskonstrukte sind also (gegenstands)konstituierender und konstitutiver Bestandteil der Psychologie und der Sozialwissenschaften.

31.1.2 Gesetze und Quasigesetze

Wissenschaftliche »Gesetze« (Gesetzeshypothesen) lassen sich meist auf die allgemeine Form einer Wenn-dann-Hypothese bringen – im einfachsten Fall von folgender Gestalt: Für alle x gilt: Wenn x P ist, dann ist x auch Q (dabei bezeichnen P und Q sog. Prädikatkonstanten).

»Aussagensysteme, in denen an irgendeiner Stelle allgemeine Hypothesen von raum-zeitlich beschränkter Gültigkeit auftreten«, bezeichnet Albert (1976, S. 132) »als Quasitheorien, die betreffenden allgemeinen Hypothesen selbst« als »Quasigesetze und die in diesen auftretenden Faktoren von relativer Invarianz [als] Quasikonstante«. So beziehen sich Gesetze »auf offene Klassen« und Quasigesetze »auf geschlossene Klassen « (z. B. »deutsche Psychologen in den 30er Jahren«). Es gibt »prinzipiell drei Möglichkeiten« der Behandlung von Quasigesetzen: »historische Relativierung (Historisierung)«, »analytische Relativierung (Tautologisierung bzw. triviale Konditionalisierung oder Theorie->Immunisierung‹)« und »strukturelle Relativierung (Nomologisierung)«. Nur Letztere bezieht »die betreffenden quasitheoretischen Aussagen auf empirische Bedingungen und führt nicht zu einer ›Verzichtlösung‹ bzw. ›Scheinlösung der Probleme‹«.

All das bedeutet aber nicht, dass es in den Sozialwissenschaften und zumal in der Psychologie nicht auch echte Gesetze oder nomologische Aussagen (sog. nomologische Hypothesen) geben kann. Würde man diese Wissenschaften jedoch strikt auf solche allgemeinen Wenn-dann-Hypothesen beschränken, so müsste man wohl den größten Teil der allgemeineren ihrer Theorien wegstreichen und hätte eigentlich nur noch einen uninteressanten Torso zur Verfügung.

Sollte sich das Konzept »Leistungsmotiv(ation)«, nicht als universell zutreffend herausstellen, sondern nur unter den historisch besonderen Bedingungen der uns bekannten Leistungsgesellschaften gelten, so bliebe die Fruchtbarkeit der Quasierklärung durchaus erhalten.

Man sollte Quasierklärungen als wissenschaftliche Begründungen zulassen. Ein liberaler Standpunkt in der Wissenschaftstheorie der Sozialwissenschaft empfiehlt sich (oft) deshalb, weil man zumal im Anwendungskontext nicht alle interessanten Quasierklärungen, historisch-genetische Begründungen, Erklärungsskizzen und historisch-situationsgebundenen Voraussagen weglassen könnte.

Manche, z. B. Helmer und Rescher (1969, S. 181ff.), meinen, dass die interessanten methodologisch-wissenschaftstheoretischen Unterscheidungen nicht so sehr zwischen Natur- und Sozialwissenschaften zu verorten sind, als vielmehr quer zu dieser Trennung verlaufen. So gebe es auch relativ exakte Teile der Sozialwissenschaften. Unexaktheit sei kein generelles Kennzeichen der Sozialwissenschaften, obwohl deren Allaussagen oft unexakt sind, weil sie etwa Ausnahmen zulassen.

Offensichtlich gibt es mehrere Stufen der Verallgemeinerung und neben echten Gesetzeserklärungen schwächere Quasierklärungen oder auch die Möglichkeit, bloß empirische Verallgemeinerungen für bestimmte Trendprognosen oder Simulationen (z. B. Delphi-Technik) vorzunehmen. Es gibt Teildisziplinen – auch in der z. T. eher naturwissenschaftlich verfahrenden Psychologie, z. B. der Sinnespsychologie, welche die Formulierung von echten allgemeinen (Gesetzes-)Aussagen erlauben. Interessant wäre zu diskutieren, ob in der neu erstarkten Differentiellen Psychologie (Brocke, 2000) die theoretischen Trait-Konzepte und -Komplexe (z. B. »Big-Five«-Kombinationen der Persönlichkeitsmerkmale: Neurotizismus, Extraversion–Introversion, Offenheit und Neugier, Verträglichkeit, Gewissenhaftigkeit und Leistungsmotiv) quasitheoretisch sind und (nur) zu Quasierklärungen führen. Generell kann man also weder allgemein auf jegliche systematisierende Verallgemeinerung und Gesetzesbildung verzichten, noch sich bloß auf die wenigen wirklich allgemeinen Gesetze beschränken. In den Sozialwissenschaften ist also die Verwendung von Quasigesetzen für (Quasi-)Erklärungen offensichtlich unvermeidbar, wenn man nicht den gesamten kulturhistorischen Hintergrund vernachlässigen will.

31.1.3 Handlungen und Handlungserklärungen

Die analytische Philosophie und Wissenschaftstheorie hat sich seit längerem vermehrt den Problemen des Handelns, genauer der explikativen Analyse von Handlungsbegriffen, der Rekonstruktion von Handlungsbeschreibungen und Handlungserklärungen sowie den Versuchen zur Ausbildung einer philosophischen bzw. einer interdisziplinär integrierten **Handlungstheorie** zugewandt. Die wissenschaftstheoretische Analyse hat sich dabei vor allem an Behaviorismusproblemen der Psychologie entwickelt, d. h. an der Frage, ob das menschliche Handeln objektiv behavioristisch vom Beobachterstandpunkt aus als äußerlich beschreibbares Verhalten hinreichend gekennzeichnet und erklärt werden kann. Als Ergebnis scheint sich herauszukristallisieren, dass rein behavioristische Ansätze nicht genügen, einmal eine voll entwickelte analytisch-philosophische Erfassung und eine sozialwissenschaftliche Analyse absichts-, bedeutungs- und sinnvoller Handlungen zu liefern, die von Normen, Werten, Konventionen, Symbolen usw. geleitet werden und unter Umständen einem Rationalitätsprinzip oder Rationalitätsmodell unterliegen.

Handlungen weisen mindestens einen doppelten, wenn nicht einen drei- oder vierfachen Deutungsspielraum auf. Der Mensch nimmt seine Handlungen nämlich nicht nur wahr wie einen außerhalb von ihm ablaufenden Bewegungsprozess, wie eine objektiv feststellbare und intersubjektiv nachprüfbare Ereignisfolge, sondern er erlebt und gestaltet sein Handeln auch (und dies ist ein Charakteristikum des Handelns gegenüber bloßem Sichverhalten bzw. gegenüber objektiv beschreibbaren Bewegungen). Er erlebt sein Handeln als von ihm gesetzte, gewollte und zumeist bewusst initiierte zielorientierte Tätigkeit.

Dieser Doppelaspekt des Handelns, der zum Teil dem objektivierenden Zugriff einer nur an äußerlichen Verhaltenskennzeichen und -merkmalen orientierten Verhaltenswissenschaft entgeht, weil Zielbeschreibungen, deren Verständnis und Dekodierung eine Rolle spielen, spiegelt sich auch in den wissenschaftstheoretisch-methodologischen Diskussionen wider. Die Erklärung des menschlichen Handelns etwa durch offensichtlich zunächst nur intern zugäng-

liche Motive, Absichten, Beweggründe und normengeleitete Entschlüsse führt zu dem methodologischen Problem, wie das menschliche Handeln im Lichte seiner Gründe und eventueller Ursachen überhaupt in wissenschaftlichen und philosophischen Kategorien sprachlich und theoretisch erfasst werden kann, wie die teleologisch-intentionalen Erklärungsansätze sich gegenüber kausalen Erklärungsversuchen mit Hilfe von Gesetzesschemata verhalten, wie praktische Begründungen, normative Orientierungen sich rational rekonstruieren und evtl. handlungstheoretisch objektivieren oder gar wissenschaftlich erklären und überprüfen lassen.

Wenn auch noch keine überzeugende interdisziplinär integrierte Handlungstheorie existiert, so muss für die notwendige interdisziplinäre Zusammenarbeit bei der Bearbeitung handlungstheoretischer Ansätze, für die Sammlung, Konfrontation und Integration von Methoden und Ergebnissen aus unterschiedlichen Disziplinen der relevanten Formal-, Verhaltens- und Handlungswissenschaften eine methodologische Grundlage geschaffen werden, die wenigstens die Vorbedingungen für die Entwicklung einer solchen Theorie verbessert.

Von besonderer Bedeutung für die Wissenschaftstheorie ist die Problematik der (sozial)**wissenschaftlichen Handlungserklärungen**. Die wissenschaftliche Erklärung von Handlungen wurde vorrangig unter den Gesichtspunkten behandelt, ob Handlungen sich nomologisch-naturalistisch, d. h. unter Verwendung von generellen Gesetzen erklären lassen, und ob hierzu ein besonderes Rationalitätsmodell, ein Rationalitätsprinzip erforderlich ist, das jedes Handeln einer Person als entscheidungstheoretisch rationales, aufgrund methodisch systematischer Einschätzung und Bewertung der Situation und der Problemlösungsprozesse auffasst. Im Zusammenhang damit wurden Modelle des intentionalen Handelns der analytischen Handlungsphilosophie für eine intentionale oder teleologische Handlungserklärung etwa unter Verwendung des sog. »**praktischen Syllogismus**« (von Wright nach Aristoteles) in die Methodologie der Handlungserklärungen übernommen.

Paul Churchland versuchte 1970 ein »**allgemeines Handlungsgesetz**« für Handlungserklärungen (besser: eine Gesetzesaussageform für Sätze über Handlungsinitiierungen) zu skizzieren (▶ Kasten).

Churchlands allgemeines Handlungsgesetz

Für alle Personen (Handlungssubjekte) x, für alle Einsetzungsinstanzen in Handlungsnamenvariablen A und für alle Zielzustände c gilt:

Wenn 1. x c wünscht und

wenn 2. x glaubt, dass A tun einen Weg für ihn darstellt, unter den obwaltenden Bedingungen c herbeizuführen, und

wenn 3. es keine Handlung gibt, die x für einen gleichermaßen geeigneten oder vorzuziehenden Weg

zur Realisierung von c unter den gegebenen Umständen hält, und

wenn 4. x keine anderen Wünsche hat, die den Wunsch nach c übergreifen, verdrängen oder ausschalten, und

wenn 5. x weiß, dass er A tun kann, und

wenn 6. x in der Lage ist, A zu tun,

---

dann tut x A (wird x A tun).

Kritisch ist allerdings zu bemerken: Churchland hat Quasigesetze nicht berücksichtigt, ebenso nicht statistische Regelmäßigkeiten oder Wahrscheinlichkeitsaussagen.

Für die nicht bewusst rational deutbaren Handlungen, etwa für unüberlegte Spontanhandlungen oder Routinehandlungen, muss dieses Handlungserklärungsschema noch genauer analysiert und variiert werden.

Eine Handlung ist überdies nicht eine rein ontologische Entität, sondern – zumindest hinsichtlich der Erfassung, Identifizierung und Abgrenzung – ein interpretatorisches Konstrukt, etwas **semantisch Gedeutetes**: Handlungen sind nur als semantisch geladene zu (er)fassen. Sie können begrifflich nur auf einer semantischen Ebene analysiert werden, sie sind nicht einfach Begriffe der Objektsprache, sondern gleichsam theoretische Begriffe, die sich wesentlich auch auf Interpretationen, Perspektiven, Konzepte beziehen. Handlungen stellen sich als Interpretationskonstrukte von beobachtbaren Bewegungen dar. Erst die Interpretation beschreibt, eine einfache physische Bewegung als Handlung. Die rein physische (beobachtbare) Bewegungsform könnte bei verschiedenen Handlungen durchaus dieselbe sein (etwa ein Speerwurf als Kriegs- oder Jagd- oder Kultritual- oder Sporthandlung). Die Unterschiede und verschiedenen Möglichkeiten, die Handlung zu einem besonderen Handlungsbereich zuzuordnen, hängt von der u. a. sozial beeinflussten Definition der Situation, vom sozialen Kontext und der Umgebung mit allen ihren Normen, Regeln, Traditionen, Werten, Bezugsrahmen, Bezugsgruppen ab, die eine entscheidende Rolle spielen – schon bei der Wahrnehmung und umso mehr beim aktiven Sichorientieren, Reagieren und Handeln. Handlungsbegriffe sind theoretische Begriffe mit interpretatorischem Charakter. Alle Handlungen im engeren Sinne sind nur als Interpretationskonstrukte erfassbar, perspektivisch, kontext- und begriffsabhängig.

Noch umfassender gilt: Alles, was wir als erkennende und handelnde Wesen erfassen und darstellen können, ist von Schemaaktivierungen und zumal Deutungen von Gehalten, also von Deutungen (Interpretationsprozessen und -konstrukten) abhängig, ist nur in solchen erstellbar und darstellbar. Jede Erkenntnis und Darstellung dieser, die von Handlungen eingeschlossen, ist interpretationsfähig, aber auch deutungsgeprägt bzw. (unter Beteiligung externer »Weltfaktoren«) hinsichtlich der Erfassung prinzipiell interpretations-»imprägniert« (Lenk, 1995, 2000). Ein solcher (Schema-)Interpretationismus kann auch Ausgangspunkt und Grundlage für interdisziplinär-integrative Ansätze bilden und insofern eine gewisse Einheit der disparaten Human- und Handlungswissenschaften fördern helfen (▶ unten).

31.1.4 Handlungs- und Strukturaspekt

Besonders in Sozialwissenschaften im engeren Sinne wie in der Soziologie, aber auch etwa in der Gruppen-, Organisations-, Motivations- und Arbeitspsychologie sowie anderen angewandten Feldern hat sich seit längerem der Gegensatz zwischen zwei gänzlich verschiedenen, anscheinend einander ausschließenden Auffassungen zugespitzt: der Gegensatz zwischen Handlungswissenschaft und Strukturwissenschaft.

Es scheint richtig, dass eine ausschließliche Beschränkung auf *einen* dieser beiden idealtypisch einander gegenübergestellten Ansätze die soziale Wirklichkeit prinzipiell nicht treffen kann, verzerrt darstellen muss. Beide Ansätze müssen sich ergänzen. Ein Sozialpsychologe z. B. kann häufig nicht gänzlich auf Strukturbegriffe verzichten. In der Kleingruppenpsychologie hat man u. U. Handlungen und Motivationen einzelner zu untersuchen. Handlungs- und Strukturaspekt ergänzen sich in unverzichtbarer Weise.

An Strukturierungen lassen sich unterscheiden (Lenk, 1975, S. 203ff):

1. das Handlungsgefüge oder die Regelkonstellation in der sozialen »Realität«;
2. das Strukturimage oder das »Bild« des Handlungsgefüges, das sich die Akteure als Leitbilder, als Orientierungshilfe von den Gefügen und »Strukturen« unter 1. (zumal von den institutionellen) machen;
3. die Struktur des Modells oder das soziale System als idealtypische Faktorenkonstellation des sozialwissenschaftlichen Modells. (Charakteristischerweise breiten sich solche Konstrukte oft später auch in der Gesellschaft selber aus; man denke nur z. B. an »Leistungsmotivation« oder das »Unbewusste«.)

Zwischen diesen Ebenen bestehen wechselseitige Bezüge und Beeinflussungsmöglichkeiten.

31.1.5 Zur Reflexivität sozialwissenschaftlicher Aussagen und Prognosen

Eine (weitere) Besonderheit im Unterschied zu den Naturwissenschaften liegt in der semantischen Mehrstufigkeit der Sozialwissenschaften und den Rückwirkungsmöglichkeiten von reflexiven Prognosen wie den sich selbst erfüllenden oder lancierenden Voraussagen; z. B. entwickelt eine einmal veröffentlichte sozialwissenschaftliche Aussage u. U. eine gewisse soziale Eigendynamik, ein »Eigenleben«:

Beispiele für Rückkopplungsprozesse im Bereich des Sozialen sind die »self-fulfilling predictions « und die »selfdestroying prophecy«, die im Zusammenhang mit dem Thomas-Theorem (»Wenn Menschen Situationen als real definieren, sind diese real in ihren Konsequenzen«; R.K. Merton) zu untersuchen sind. Beispielhafte Fälle der Selffulfilling Prophecy sind: das Illiquidwerden einer Bank infolge der Aussage, sie sei illiquide; der Ausverkauf von bestimmten Waren infolge des Gerüchts, es gäbe kaum noch solche.

Die Prozesse, die entsprechend dem Thomas-Theorem ablaufen, lassen sich nicht völlig auf naturgesetzliche Zusammenhänge allein reduzieren, vielmehr sind Modelle der zweiten Ebene (Interpretationen) einzubeziehen. Soziale und soziopsychische Wirkungen als solche entstehen erst durch diese. Naturgesetzliche Wirkungen sind dann nicht hinreichend zur Beschreibung und Erklärung.

Doch auch reflexive Prognosen lassen sich auf ein (stark vereinfachtes) Hempel-Oppenheim-Schema der deduktiven bzw. induktiv-statistischen Erklärung beziehen.

31.1.6 Zum Szientismusproblem

Eine pragmatische Wissenschaftstheorie darf die besonderen Probleme der internen und der externen Verantwortung, die (auch) aus der jeweiligen Besonderheit des Objektbereichs folgen, nicht unterschlagen. So wird etwa im »moralischen Szientismus« behauptet, dass nicht nur physikalische und chemische Systeme einem verobjektivierenden, erklärenden und strikt experimentalwissenschaftlichen Zugriff unterworfen werden können und dürfen, sondern auch Menschen, Gruppen, Institutionen und Gesellschaften. Eine **strikte und restlose Unterwerfung** der Menschen unter die »Erfordernisse« von Experimenten lässt sich ethisch nicht rechtfertigen: Menschen müssen für den Forscher immer *auch* humane Handlungspartner sein, sie dürfen nicht auf einen bloßen Fall reduziert und damit völlig »verdinglicht« oder »verobjektiviert« werden. Dennoch darf und sollte man nicht alle Humanexperimente verbieten. Eine gewisse »Quasiverdinglichung« ist z. B. in Humanexperimenten methodisch zur Vermeidung von verzerrten Ergebnissen unerlässlich, dies erfordert schon das wissenschaftliche Postulat größtmöglicher Objektivität. Daneben ist aber immer auch die soziale und ethische Dimension zu berücksichtigen.

Ein weiteres Problem für die Sozialwissenschaften war und bleibt das ebenso alte wie notorisch oft missverstandene) Wertfreiheitsproblem: Generell kann man nicht aus der Einsicht, dass auch die Wissenschaft von Werten und Normen geleitet ist, ableiten, dass wissenschaftliche Aussagen nie ohne Wertungscharakter, nie als wertfrei zu deuten seien. Diese **funktionale, relative Wertungsfreiheit** von objektsprachlichen Sätzen lässt sich auch sinnvoll begründen (bei der Forderung selbst handelt es sich um eine methodologische Norm): So lassen sich normative Aussagen nicht empirisch überprüfen; die empirische Überprüfbarkeit objektsprachlicher Aussagen würde durch den Einschluss von Wertaussagen in die Theorie selbst vermindert, unter Umständen ganz aufgehoben. Als eine ideale Leitorientierung dient die Beachtung und Einhaltung dieser relativen und funktionalen Wertungsfreiheit objektsprachlicher wissenschaftlicher Aussagen.

31.2　Zur methodologischen Auffassung theoretischer Konstrukte und grundlegender Schematisierungen

Seit drei Jahrzehnten vertrete ich die These, dass wir in der Erkenntnistheorie Konstruktmodelle benutzen – ähnlich den hypothetischen Konstrukten in der Psychologie. So habe ich versucht, diese Idee auf andere Begriffe anzuwenden – wie z. B. auf »Wert« (»Wertung«), »Motivation«, »Verantwortung«, »Gewissen« u. Ä. bis hin schließlich zum »Subjekt«, zum »Ich«, zum »Selbst«. Alle diese Konzepte sind im Grunde Konstrukte, die wir uns machen. Wissenschaftler versuchen diese in ihren **Rekonstruktionen** nachzuzeichnen, d. h., es gibt einen Bezug zwischen diesen und den Alltagskonstrukten. Der Psychologe muss sich z. T. auch an solchen orientieren. Dabei spielt die Konstruktbildung eine Rolle. Man kann also die entsprechenden Konstruktbildungen, sog. »Interpretationskonstrukte«, »Schemata« oder Modellbildungen, auch im Alltag vorfinden – und zwar in der Regel geschichtet.

Grundlegend für den Ansatz, den man einen methodologischen Interpretationismus oder einen (Schema-)Interpretationskonstruktionismus nennen kann, ist die Idee, dass wir konstruktartige Modelle oder Gebilde, hypothesenartige Konstrukte entwickeln oder übernehmen und die Wirklichkeit, insbesondere auch die psychosoziale Wirklichkeit, danach auffassen, ja, geradezu strukturieren. Es gilt, dass wir alle unsere Weltzugriffe nur in Abhängigkeit von solchen Konstruktionsbildungen, von solchen Mustern vornehmen können, dass wir grundsätzlich aus unseren Schematisierungen, Interpretationen, Interpretationskonstrukten, Interpretaten nicht »aussteigen« können: Die Welt ist nur im Lichte unserer Interpretationen erfassbar und zugänglich.

Diese Idee der speziellen Schemainterpretation ist der Schemavorstellung in der kognitiven Psychologie ganz ähnlich, die Otto Selz bereits 1913 skizzierte und Frederic C. Bartlett 1932 entwickelte und die insbesondere dann auch von Jerome Bruner u. a. bis hin zu David Rumelhart weiterentwickelt wurde. Rumelhart (1980) etwa fasst die Analyse der Schemata, der Schemabildungen, Musterbildungen, als ein Grundkonzept der Psychologie auf. Die (kognitive) Psychologie ist demzufolge die Wissenschaft, die in Menschen und erkennenden sowie evtl. anderen sich verhaltenden Organismen »realisierte« Schemata analysiert – insbesondere im kognitiven Bereich, aber das gilt sicherlich auch für das Strukturieren von Handlungen. Die Schemata, welche die Psychologen als theoretische Entitäten oder hypothetische Konstrukte für Musterdarstellungen benutzen, sind gleichsam die »Bausteine« der Kognitionen generell.

Philip N. Johnson-Laird (1983) meint, dass wir bei der Auffassung und Bearbeitung von bestimmten Problemsituationen kognitiver Art stets besondere Strukturmodelle (»mentale Modell«) benutzen, darüber mehr oder minder »schlagartig« verfügen und diese in Prozeduren einpassen, um Probleme, z. B. Folgerungsaufgaben wie etwa Probleme des logischen Schießens sowie Einbettungs- und Kategorisierungsfragen, zu lösen. So ist die Wichtigkeit oder Fähigkeit, überhaupt etwas zu repräsentieren oder sich etwas vorzustellen, hinsichtlich des Überlebenswertes auch evolutionär sehr plausibel. George Herbert Mead hat beispielsweise das virtuelle, am Modell aufzuführende Handeln als Denken nach »innen« verlagert, und auch Freud fasste das Denken als »Probehandeln« auf. Das Operieren mit internen Modellen ist ja sehr viel risikoärmer als das jeweilige Austesten eines möglicherweise folgenreichen »ernstlichen« Lösungsversuchs, eines Trial-and-Error-Verfahrens in der Realität. (Der neuere Neurokonnektionismus widmet sich heute zunehmend erfolgreich diesen Problemen.)

Die mentalen Modelle sind m. E. spezielle (Komplexe von) Schemata der kognitiven Verarbeitung von Erkenntnissituationen, die aber ebenso auch bei der Strukturierung von Handlungen eine Rolle spielen, bei der Auffassung von Erkenntnis-Handlungs-Komplexen und beim Verstehen von Sprache. Mit anderen Worten: es handelt sich um ein ganz allgemeines Modell, das Modell der Anwendung von Schemata: Wir interpretieren im Grunde Situationen immer unter Anwendung von solchen Schemata. Interpretieren ist, nach Rumelhart, sogar als das Auslösen oder Auswählen von Schemata zu definieren, übrigens wohl auch als das Bilden und Instanziieren von kognitiven Konstrukten und als deren versuchsweise Anwendung auf Sinnesdaten oder auf Folgen von Wahrnehmungserlebnissen und auch auf abstraktere inhaltliche Datengegebenheiten oder Gefüge von Daten, Datenkomplexen. Dazu gehört auch die rückkoppelnde Überprüfung der Stimmigkeit bei der Anwendung des jeweiligen Konstrukts. Dies ist freilich auf die gestaltend-strukturierende und konstituierende Formierung von Handlungen und normativen Setzungen und Komplexbildungen zu erweitern.

Solche Schemata spielen ersichtlich auch im Alltagsleben bei der Einordnung in bekannte Situationen eine große Rolle: Wenn man z. B. das Schema KAUFEN hat, dann weiß man auch gleich, dass Subschemata aktualisiert werden wie KÄUFER oder ANBIETER, WARE, GELD, und dass ein Gefüge von Schemata in hierarchischer Weise gegeben ist, dass dieses geeignet ist, von vornherein bestimmte Situationswahrnehmungen in einen bestimmten Kontext einzubetten. Entsprechendes gilt dann auch für Handlungsschemata; insbesondere das Rollenhandeln ist in dieser Weise strukturiert: »Scripts« (Schank & Abelson, 1977) funktionieren im Grunde wie Drehbücher oder Handlungsanweisungen schematischer Art, d. h., sie sind Schemata für die Handlungsstrukturierung und Handlungserfassung.

Wir haben also gewisse schematische Orientierungen sowohl beim Erkennen als auch beim Handeln, denen wir folgen; und diese spielen ersichtlich auch beim Psychologen eine große Rolle, wenn dieser versucht, das Sichorientieren nachzuzeichnen. Der »subjektiv gemeinte Sinn« beim Han-

deln (etwa im Sinne Max Webers) ist durchaus in dieser Weise als eine Art von Interpretation, als eine Anwendung von zumeist sozial etablierten Schemata, zu verstehen. Das Auslösen oder Auswählen von Schemata und u. U. auch das Bilden, das Konstituieren von Schemata kann man in einem weiteren Sinne als eine interpretatorisch-schematisierende Aktivität auffassen.

Die Stabilisierung solcher Schemata erfolgt neuropsychologisch und -biologisch nach den Hebb'schen Regeln, also durch eine »Einspielung« von Synapsenüberbrückungen aufgrund wiederholter Aktivierung.

Unter den sekundär verbal erfassbaren Arten der schematisierend-interpretatorischen Aktivitäten oder (Schema-) Interpretationen unterscheiden wir zunächst die allgemeineren interpretatorisch-schematisierenden, die eher unterbewusst und konstitutiv ablaufen können, und dann andere, die eher bewusst konstruktiv ablaufen, und schließlich solche, die rekonstruktiv etwas *wieder* zu erkennen gestatten: Die konstituierenden Interpretationskonstrukte gegenüber den vorwiegend konstruierenden im engeren Sinne, und den wiederaktivierenden rekonstruierenden, z. B. beim Sichwiedervergegenwärtigen einer Erinnerung oder beim Lesen eines Textes.

Das Wiedererkennen von Texten im Sinne des hermeneutischen »Leseparadigmas« bezieht sich auf diese Weise auf ein Vorgegebenes (Zeichengefüge), das man durch eine nachträgliche Schematisierung (re)instanziierend, reaktivierend in einen bestimmten sprachkulturellen Zusammenhang bzw. Verstehenskontext bringt und auf diese Weise versteht bzw. zu verstehen versucht.

Wir können die in der folgenden ▶ Übersicht dargestellten Ebenen und (Meta-)Stufen der Schemainterpretation analytisch unterscheiden.

Ebenen und (Meta-)Stufen der Schemainterpretation

IS1 Praktisch unveränderliche **produktive Urinterpretation** (primäre Konstitution bzw. Schematisierung)

IS2 Gewohnheitsmäßige, Gleichförmigkeit bildende **Musterinterpretation** (habituelle Form- und Schemakategorisierung und vorsprachliche »Begriffsbildung«)

IS3 Sozial tradierte, übernommene konventionelle **Begriffsbildung**

　IS3a durch **vorsprachliche** Regel(unge)n und kulturelle Formen

　IS3b durch repräsentierende **sprachliche** Formen

IS4 Anwendende, aneignende eher bewusst geformte **Einordnungsinterpretation** (Klassifikation, Subsumierung, Beschreibung, Artenbildung und -einordnung; gezielte Begriffsbildung)

▼

IS5 Erklärende, (im engeren Sinne) »verstehende«, rechtfertigende, (theoretische) begründende Interpretation (**Rechtfertigungsinterpretation**)

IS6 Erkenntnistheoretische (methodologische) **Metainterpretation** der Interpretationskonstruktmethode

In der Tat nehmen wir manche Interpretationen *notwendigerweise* vor, wir müssen bestimmte Schemata bilden und anwenden, z. B. etwa zur Unterscheidung von aversiven und nichtaversiven Wärmereizen und zur Unterscheidung von »Hell« und »Dunkel«. Es gibt praktisch unveränderliche reaktive Urinterpretationen, die durch unsere biologische Ausstattung mit Erkenntnisapparaturen vorgegeben sind.

Die zweite Stufe ist die der »gleichförmigen« Musterinterpretationen, die durch habituelle Formierung und Schematisierung oder vorsprachliche Begriffsbildungen zustande gekommen sind.

Sozial tradierte, überkommene Begriffsbildung wird konventionell übernommen – z. B. aus einer bestimmten kulturellen Tradition, evtl. vorsprachlich (IS3a) oder sprachgebunden (IS3b).

Ebene IS5 ist die der argumentativen und im weiteren Sinne erklärenden (Schema-)Deutungen, z. B. Angabe von Gründen.

Die oberste Stufe IS6 ist jene der erkenntnistheoretischen Konzepte, Modelle und Aussagen über die Interpretationskonstrukte selber, nach oben kumulierend aufsteigend, da man die hier skizzierte Methodologie auch als ein interpretatorisches Modell ansehen muss.

Auf diese Weise erzeugt man also eine ganze Hierarchie und Typologie der Interpretationen, Interpretationsmuster, Interpretationskonstrukte in Abhängigkeit von der möglichen Variabilität bzw. den entsprechenden biologischen Festgelegtheiten, der Fixierung und Variabilisierung von Schematisierungen. Solcherart kann man gewisse Unterscheidungen vornehmen, die z. B. auch für die psychologische Handlungstheorie interessant sind.

31.3 Naiv-theoretische Alltagskonstrukte

Die angewandte Psychologie (Laucken, 1974) hat gezeigt, dass wir alle auch im Alltagsleben mit bestimmten theoretischen oder quasitheoretischen Konstrukten versuchen, Ordnung in unseren psychischen Haushalt von Wahrnehmungen, Emotionen, Dispositionen, Motiven, Entschlüssen und Entscheidungen sowie Rechtfertigungen zu bringen. Wir gehen auf Erklärungen durch Motivdispositionen oder Gefühle, Affekterregungen oder Vernunftbegründungen zurück, um bestimmte Voraussagen, Orientierungen

und Begründungen einzusehen, plausibel zu machen oder im Strikteren als unumgänglich zu rechtfertigen. Dispositionen wie Wille und Ehrgeiz, Emotionen wie Angst, psychophysische Bedürfnisse wie Hunger, aber auch »Verantwortlichkeit«, »Gewissenhaftigkeit« usw. werden von uns, als »Alltagspsychologen«, zur Begründung, Erklärung, Rechtfertigung, ja, schon zur Beschreibung und Erfassung von Vorgängen und zu Voraussagen verwendet. Unser gesamtes Wissen und psychisches Leben ist abhängig von Prozessen der Wahrnehmung und Kognition, der Motivation, der Gefühle – und die entsprechenden Verweise und Rückgriffe auf solche Prozesse sind in relativ gleichartigen und von vielen geteilten quasi- oder naiv-theoretischen Grundüberzeugungen kondensiert, die gleichsam als theoretische Konstrukte zur Rechtfertigung, Erklärung, Beschreibung, Voraussage, nachträglichen Begründung usw. von Verhaltensweisen und Handlungen dienen.

Derartige naiv-theoretische Unterstellungen führen dazu, dass entsprechende Dispositionskonstrukte – etwa nach Charakteren usw. differenziert – den Menschen zugeschrieben (»attribuiert«) werden. Auf solche Interpretationskonstrukte ist nicht zu verzichten, zumal auch eine wissenschaftliche Psychologie nicht in der Lage wäre, diese rasche, unkomplizierte situationale Orientierung und Informationsverarbeitung zu leisten.

Andererseits weisen auch wissenschaftlich-psychologische Theorien Konstruktcharakter auf – wie alle Theorien der Wissenschaft. Sie können sogar in einem bestimmten Zusammenhang mit Alltagstheorien der skizzierten Art stehen, insofern sie auf bestimmte Begriffsbildungen des Alltags (wie z. B. »Antriebe«, »Motive«) oder Emotionen (»Angst«) usw. zurückgreifen, diese allerdings dann in einer wesentlich komplizierteren Faktorenkombination in die Theorie einbauen. Es handelt sich – technisch gesehen – eigentlich um neue Begriffsbildungen, die in der Angewandten und der Differentiellen bzw. Klinischen Psychologie wie auch im alltäglichen Zusammenhang erst inhaltlich mit »Fleisch« zu füllen sind.

Die Übergänge von Schematisierungen und Interpretationskonstrukten im Alltag zu solchen in alltagsnahen wissenschaftlichen Disziplinen wie den Sozialwissenschaften und der Sozialphilosophie bzw. der Erkenntnistheorie und der Philosophie sind fließend. Interpretationskonstrukte werden theorieanalog und in hypothesenartigen Komplexzusammenhängen überall verwendet, sei es explizit oder wie im Alltag eher implizit. Der Grundcharakter der Interpretationskonstrukte greift über die Differenzierungen verschiedener Phänomenbereiche hinweg, ist grundsätzlich generell erkenntnistheoretischer Art, ist übrigens auch im Handeln des Menschen in Wechselwirkung mit der Welt (die ihrerseits von ihm nur interpretationsimprägniert erfasst werden kann) zu finden und fundiert. Handeln und Erkennen sind wechselseitig aufeinander verwiesen, sind beide interpretationsimprägniert und ihrerseits konstitutiv für das Interpretieren selbst, das im Anwenden von bestimmten Interpretationschemata besteht, also selbst ein Handeln ist. Auf Interpretationskonstrukte (Lenk, 1993) können wir in keinem Lebensbereich verzichten. Schematisierung durchwirkt, durchwaltet, prägt unserer gesamtes Handeln und Erkennen. Die Fähigkeit zu und die Angewiesenheit auf Interpretieren auf unterschiedlichen Stufen und Metastufen ist ein fundamentales Anthropologikum. Wir können nicht *nicht* interpretieren. Wir sind zutiefst interpretierende, auf Interpretation verwiesene, von Interpretationen abhängige Wesen. Und wir können uns selbst wiederum nur als solche interpretierend interpretieren. Wir sind die **schema- und metainterpretierenden Wesen** (Lenk, 1995).

Als ein Beispiel kognitiver Rekonstruktion von Personen- und Handlungserfassungen und zugleich kognitiv-psychologischer Theoriebildungen interpretationistischer Provenienz möchte ich die »Psychologie der persönlichen Konstrukte« nennen (Kelly, 1955). Diese Konstrukte bilden sich u. a. in einer besonderen persönlichen Vernetzung aus; es gibt also – so die Modellinterpretation – Konstruktnetze, in denen solche Konstrukte gleichsam die »Welt« einer persönlichen Psyche bzw. die »subjektive Theorie« (Groeben, Wahl, Schlee & Scheele, 1988) einer Person, aufspannen. Auch jeglicher Umgang mit »Realitäten« ist konstruktgeladen.

Jegliche schematisierende Integration von Kognitionen und Aktionen ist als ein Prozess zu verstehen, bei dem ähnlich wie bei der Anwendung von Theorien unsere ebenfalls interpretativ erfasste Umwelt geordnet, strukturiert, ja, verstanden wird. Man erkennt auch, dass bestimmte Voreinstellungen und Emotionen die Schemata beherrschen, diese mitbedingen oder sich in ihnen ausdrücken können. Die Schemata sind an vielerlei Bewertungsprozesse gebunden. Ohne Schematisierung kein strukturiertes Erkennen, Handeln und Erleben!

31.4 Zur gegenwärtigen Philosophie des Mentalen und Bewusstseins

31.4.1 Bewusstsein – Bewussthaben

Aristoteles sah in der »Seele« die »Form«, das Formprinzip des Wahrnehmens, vernünftigen Denkens und Strebens, innerhalb eines materiellen organischen belebten und selbst beweglichen »Körpers« (»De Anima« 415b ff., 429a, 431b, 433b); heute würden wir eher von der Funktion oder Funktionalität des »Bewusstseins«, besser: der »Bewusstheit« oder der bewusstseinsfähigen Prozesse und Gehalte sprechen. Doch ansonsten ist der eher empiriefähige Ansatz dieses ersten wissenschaftlichen Psychologen dem ontologischen Dualismus seines Lehrers Platon durchaus vorzuziehen – jedenfalls von einer methodisch orientierten Psychologie aus gesehen.

Was meinen wir, wenn wir von »Bewusstsein« reden? Insbesondere auch der Umstand, dass die Bewusstheit substantiviert wird zu einem Etwas, »dem Bewusstsein«, ist und bleibt ontologisch wie methodologisch bzw. sprachanalytisch sehr fragwürdig. Das Wort, wohl von Christian Wolff eingeführt, ist erst seit rund 300 Jahren im Schwange. Die sog. »transitive« Bedeutung, dass wir überhaupt bewusste Vorstellungen von etwas Anderem haben, dass ein Etwas uns bewusst wird bzw. ist, gibt es seit Urzeiten. Viele höhere Tiere – z. B. wohl alle Säuger – weisen diese Bewusstseinsart auch auf. Zumal ist der sog. intransitive Gebrauch des individualistischen Bewusstseins, »bewusst« als Eigenschaft, eine relativ neue Weise des Gebrauchs.

Wir beziehen uns dabei auf Organismen, Personen, Zustände, Prozesse, Verhaltensweisen, Absichten, Pläne oder Handlungen. Vielfach werden (nur) bewusste Verhaltensweisen oder bewusstes Verhalten per se als »Handlung« interpretiert. Das ist eine Mehrdeutigkeit, die u. a. in dem alltagssprachlichen Begriff vorhanden ist und mit der man sinnvoll umgehen muss, die man freilich in der philosophischen Analyse zu klären und zu differenzieren hat.

Man kann sicherlich nicht sagen, wie Franz Brentano und Edmund Husserl, dass das Bewusstsein *immer* »bewusst *von Etwas*« bedeutet, Bewusstheit von einem Etwas (einem vorgestellten, bezeichneten, ausgewählten Gegenstand): Solche »intentionalen Objekte« sind zwar in vielen bewussten Zuständen involviert, aber bei weitem nicht bei allen! Das heißt, das transitive Bewusstsein von etwas kann nicht das einzige charakteristische Merkmal von allen bewussten Phänomen sein. Zumindest wenn man die erwähnte Mehrdeutigkeit der Anwendung in Bezug auf die Relata (die Bezugsglieder) einbezieht, muss man die Ausdrücke »bewusst«, »Bewusstsein«, »Bewusstheit« u. Ä. auf bestimmte Zustände oder Prozesse einschränken, die Bewusstsein *von* etwas sein können. Es sei denn, man bliebe noch ungenauer und differenzierte nicht einmal zwischen dem Genitivus objectivus und dem Genitivus subjectivus: Das Bewusstsein in letzterem Sinne ist Personen zugeschrieben, das einer Sache oder Gegenstandes durch einen Genitivus objectivus ausgedrückt. Beides muss man deutlich unterscheiden.

Deshalb ist es sicherlich sinnvoll und richtig, wenn auch nicht ganz hinreichend, wenn Jaegwon Kim (1998, S. 175 f.) zwischen »Subjektbewusstsein« einerseits und »Zustandsbewusstsein« andererseits unterscheidet. Wichtig sei es besonders, die Beziehungen herauszuarbeiten, die zwischen beiden bestehen. Er fragt z. B., ob der Zustand »von etwas« »bewusst« ist oder ein Zustand generell genau bewusst ist, wenn eine Person diesen Zustand des »Bewusstseins *von*« oder Gewahrseins aufweist, ihr dieser Zustand »gewahr« wird oder ist. Wenn ein solcher Zustand der Person bewusst ist, »hätte« sie »Bewusstsein«: Doch das sind bereits Qualifizierungen, die m. E. problematisch sind. Denn zunächst muss man überlegen, dass es durchaus auch etwas gibt, was nicht völlig, nicht *ganz* bewusst ist, nicht explizit im Zentrum (Fokus) des Bewusstseins steht, sondern gleichsam in dem Gewahrsein als am Rande befindlich, abgeschattet oder als halb bewusst, halb unbewusst mit auftritt. Das alles sind bekannte Phänomene. Es wäre die Frage, ob man für diese halbbewussten Erscheinungen das Wort »Bewusstsein« (von Zuständen) ablehnen oder »abschaffen« oder abwandeln bzw. abschwächen müsste.

Oft sind propriozeptive »Gewahrsamkeiten«, kinästhetische Gefühle über die innere Befindlichkeit, über Muskelstellungen u. Ä. keineswegs bewusst, obwohl sie uns irgendwie im Gewahrsein oder im Mit-Gewahrsein (zumindest potenziell) »gegeben« sind. Sie sind allerdings – wenigstens teilweise – »bewusstwerdungsfähig«, so könnte man sprachlich etwas unschön sagen, oder »bewusstseinsfähig« bzw. »bewusstheitsfähig«: Wir haben z. B. einen besonderen Muskeltonus bei einer besonderen Stellung etwa eines Gliedes. Wenn wir auf jenen bzw. diese besonders achten, kann die Haltung einer Extremität ins **fokussierte Bewusstsein** kommen, ins Zentrum dessen, wovon man explizit weiß. Das heißt, man weiß um einen Sachverhalt, dessen man gewahr wird. Dabei gibt es in gewisser Weise ein unter Umständen eher unterbewusstes oder halb- bzw. teilbewusstes Wissen, das eher als eine Art von Disposition zur Bewusstwerdung zu beschreiben wäre. Doch dies macht insbesondere den vor- oder halbbewussten Sachverhalt, wenn es sich denn um eine solche intentionale Bewusstheit von bestimmten Sachverhalten handelt, noch nicht automatisch zu einem bewussten Zustand. Das heißt, man sollte sich vielleicht differenzierend beziehen auf bestimmte *Arten* des Bewusstwerdens, des Bewusst-Seins und des »Bewussthabens«.

Wenn wir uns eines Sachverhalts graduell bewusst werden, dann verweist das eher auf den vorbewussten Zustand, ohne das »Bewusstsein« schon irgendwie zu substantivieren, zu substanzialisieren oder gar zu reifizieren, wie es die Tradition etwas naiv immer wieder getan hat. Die neuzeitliche Bewusstseinsphilosophie war dazu geführt, »verführt« worden, das »Bewusstsein« als grundlegende Wesenheit, geradezu als Grund«substanz« insbesondere des Geistigen, z. B. bei Descartes, aufzufassen: Der Mensch, das Vernunftwesen par excellence, bestehe wirklich nur in Gestalt des Bewusstseins bzw. des bewussten Erlebens, mit dem wir uns als Subjekte bzw. Personen identifizieren. Das Bewusstsein ist hiernach etwas völlig anderes als die materielle Substanz oder, wie es bei Descartes heißt, die »ausgedehnte Realität/Sache oder Welt« (»res extensa«): Beides müsse so grundsätzlich unterschieden werden, dass man als Mensch gleichsam in zwei »Welten« lebt, zum einen in der materiellen und zum anderen in der vom Bewusstsein aufgespannten bzw. ausgestalteten – geistigen – Welt (»res cogitata sive cogitationum«), deren mentale Sachverhalte wir selber als »res cogitantes« (als denkende Wesen) erfassen.

31.4.2 Qualia und Anfühlungsqualitäten

Qualitative Empfindungszustände sind (oder präsentieren sich, so könnte man sagen), (als) von einer bestimmten Art

– wie es in der neueren analytischen Philosophie immer wieder diskutiert wurde, insbesondere seit 1974, als Thomas Nagels berühmter Aufsatz »Wie es ist, eine Fledermaus zu sein« erschien: Er versuchte darin (nach Farrell), in gewissem Sinne eine – man könnte vielleicht sagen – quasi cartesianische Trennung in Bezug auf Erlebnisweisen hinsichtlich der phänomenalen bzw. der Eigenschaftszuschreibungen weiterzuführen. Das geschah im Gegenzug zur monistischen naturalistischen und physikalistischen Auffassung, die die gängige These oder Theorie in den angelsächsischen Kreisen der analytischen Philosophie ist. Nagel versuchte, das bewusste Erleben bzw. bewusste Organismen oder Träger von Bewusstsein zu kennzeichnen durch eine bestimmte, zugegebenermaßen eher vage Umschreibung, »wie es ist, etwas zu sein«. Zum Beispiel denken/unterstellen wir, dass es (für die Fledermaus) »irgendwie ist«, eine Fledermaus zu sein. Es geht darum, dass eine gewisse **Anfühlungsqualität** erlebt wird, eine »Anfühlungsgegebenheitsweise«, d. h., es sind spezifische »anfühlungs«- oder empfindungsgetönte Qualia-Erlebnisse. Das Qualia-Erleben ist typisch nicht nur für sinnliche (phänomenale) Empfindungen, Sinneswahrnehmungen, sondern auch für viele andere Empfindungen, zumal für Stimmungen, Gefühle, Emotionen, Affekte usw. Diese haben unbezweifelbar eine gewisse distinktive Anfühlungsqualität. Man kann sie unterscheiden: wenn es sich nicht um eine Sachverhalte repräsentierende Empfindung handelt wie beispielsweise bei sinnlichen Wahrnehmungen eines Gegenstandes, der äußeren Welt oder der Beziehungen von Gegenständen, des Ablaufs von Prozessen usw. Wir sind z. B. in der Lage, Ärger und Freude zu unterscheiden. Wenn man aber objektiv (ierend) z. B. Neid und Eifersucht unterscheiden will, z. B. in deren Erinnerung, so ist das zumeist recht schwierig.

Wie steht es mit den »Sachverhalte repräsentierenden« Empfindungen, den »propositionalen Einstellungen«? Diese spielen eine prominente Rolle in der modernen analytischen Philosophie, schon seit Russell, Frege, Moore u. a. Der Ausdruck bezeichnet diejenigen Einstellungen, die eine Art von Sachverhalt »meinen« und unter Umständen auf ein reales oder vorgestelltes Faktum »referieren« und auch auf mögliche Wahrheit oder Falschheit bezogen sind, wenn es sich beispielsweise um Überzeugungen handelt. Überzeugungen und Meinungen sind wahrheits- und »bewahrheitungsfähig« bzw. falsifizierbar oder falschheitsfähig. (Anders ist das bei Wünschen, Bitten, Hoffnungen.) Diese propositionalen Einstellungen sind in gewissem Sinne von mentaler Qualität. Sie sind mentale Einstellungen, was immer man mit dem Ausdruck »mental« auch meinen mag. So weisen auch propositionale Einstellungen u. U., wenn sie momentan aktiviert sind und erlebt, »empfunden« werden, doch so etwas auf wie ein Empfundenwerden oder gar eine »Anfühlungsqualität«. Es »ist« schon »irgendwie«, in einem Zustand des Hoffens oder Wünschens o. Ä. zu sein.

Mentale Zustände, Prozesse, Phänomene können »bewusstheitsfähig« sein; es gibt aber auch eine Reihe von mentalen Zuständen, Prozessen, Phänomenen, die halb oder kaum oder gar un(ter)bewusst, jedenfalls nicht (im engeren Sinne) bewusst ablaufen, daher nicht bewusstseinspflichtig oder -fähig sind. »Bewusstseinsfähig« heißt dabei »momentan als im Sinne der ›Anfühlungsgegebenheitsweise‹ erfahrbar oder aktivierbar«. Das sind nur alle diejenigen Phänomene, deren man (explizit) »gewahr« werden kann, die in diesem engeren oder strengeren Sinne »bewusst« sind; aber selbst diese kann man wieder unterteilen in die phänomenal »quali(a)fizierten oder »qualiafixierten« und die nicht phänomenal-«qualiafixierten«, wie z. B. manche qualiahaften propositionalen Einstellungen.

Bei den intentionalen Aussagen kann es sich durchaus auch gelegentlich um phänomenal-qualiafixierte handeln,

wie Husserl und Brentano auch bereits gesehen haben – und nur, leider, viel zu allgemein mit dem Mentalen und dem Bewussten überhaupt identifizierten. Alles Bewusstsein ist für Brentano und Husserl intentional: *Alles* Bewusstsein sei Bewusstsein »*von* etwas«, transitives Bewusstsein: Das ist, z. B. angesichts der Stimmungen, viel zu eng gesehen. Diese sind u. U. viel weiter als das »Bewusstsein von«. Das gilt selbst auch für manches Repräsentationsfähige, z. B. vorbewusst inhaltlich Fixierbare. Wir wissen, dass das Meiste im Gehirn unterbewusst abläuft. Nur ein minimaler Bruchteil dessen, was im Hirn geschieht, gelangt auf die »Bühne des Bewusstseins«.

Kennzeichnung der Bewusstheit von erkenntnistheoretischer Zugangsweise

»Das Subjektive« des Bewusstseins ist nach Kim (1998) durch besondere Bedingungen gekennzeichnet:

1. Es existiert ein spezifischer und **unmittelbarer Zugang** zu den eigenen Bewusstseinsgehalten, das ist die traditionelle Überzeugung – schon bei Descartes: Alles was »clare et distincte« gewärtig (»evident«), sei sogar »wahr«. Diese direkte Evidenz ist das Kennzeichen der »privaten« Zugangsweise.

2. Unser gegenwärtiges mentales Erleben, das im Augenblick aktivierte Erfahren, Empfinden mentaler Zustände kann **nicht bezweifelt** werden. Deswegen gilt es als grundsätzlich **unkorrigierbar**. Der Gehalt kann

unter Umständen zweifelhaft sein, aber nicht, *dass* wir das Bewusstsein haben!

3. Es gibt eine fundamentale Art von **Asymmetrie zwischen** der **ersten und dritten Person**, der Perspektive bzw. dem Wissen in der ersten und in der dritten grammatischen Person. Wissen aus der Beobachterperspektive. Dieses letztere, »drittpersonale« Wissen ist immer nur indirekt zu erschließen, über bestimmte Interpretationen, Deutungen, Verständnisweisen, Analogien und Überzeugungen.

4. Bewusstseinszustände werden »**gehaltsadressierbar**« identifiziert. Wir unterscheiden und differenzieren sie nach deren Gehalten.

Der philosophisch-technische Ausdruck für eine bestimmte Anfühlungsqualität, die Qualität, die man wahrnimmt, ist das »Quale«. (Das Wort stammt von Clarence I. Lewis aus den 20er Jahren.) Die Mehrzahl ist »**Qualia**«, das bedeutet die phänomenalen Qualitäten, die Anfühlungsqualitäten, die man im phänomenalen Erleben aktual wahrnimmt. Deswegen kann man auch von qualifiziertem Erleben im phänomenalen Sinne sprechen als »qualiafiziert«.

Eine einflussreiche und systematisch ausgeführte und begründete, heutzutage bereits die »neuklassische« Version gegen die klassische philosophische Auffassung der phänomenalen Qualitäten und gegen die Existenz der Qualia überhaupt hat Daniel Dennett (1994) entwickelt. Dennett geht von einem objektivistisch-szientistischen Ansatz hinsichtlich der Existenz von Entitäten aus, der sich einem naturwissenschaftlichen Ansatz aus der Beobachterposition unter Bedingungen der Kontrollierbarkeit in der dritten grammatischen Person verdankt, geradezu einem »**ontologischen Verifikationismus**« (Heckmann & Walter, 2001) gleichkommt. Dennett möchte nicht nur die Ungreifbarkeit, Unaussagbarkeit, Privatheit und unmittelbare Erfassbarkeit der phänomenalen bewussten Erlebnisgehalte widerlegen, so unabweisbar sie uns und auch ihm selber »scheinen«: Er

möchte die Qualia in der wissenschaftlichen und erkenntnisphilosophischen Sicht deswegen eliminieren, vertritt einen eliminativen Qualia-Irrealismus. Entgegen aller scheinbaren Unvermeidlichkeit, Eindrücklichkeit und Unausweichlichkeit im Erleben und Erscheinen seien Qualia nichts Reales, keine ontologisch oder wissenschaftstheoretisch bzw. wissenschaftsphilosophisch ernstzunehmenden Entitäten, sondern Pseudoentitäten – trotz aller unserer gegenläufigen »Qualia-Intuitionen«. Die Intuitionen und speziellen Farberlebnisse *scheinen* uns Qualia nahe zu legen. Sie seien aber keine realen Entitäten, also nicht existent.

Ganz abgesehen davon, dass hier ein zu enger verifikationistischer Ansatz eines eliminativen Materialismus oder Physikalismus undiskutiert, dogmatisch, vorausgesetzt wird, gibt es noch andere Argumente, die diese Folgerung als zu schnell oder kurzschlüssig erweisen.

Wenn Dennett schließlich seine Ausgangsmerkmale der Qualia Revue passieren lässt, so stellt er fest, dass es nichts gibt, das die Erwartungen erfüllt (»there's nothing to fill the bill«). Dies ist sicherlich hinsichtlich der Konjunktion aller dieser entsprechenden absoluten Merkmale richtig, reicht aber in keiner Weise hin, qualitatives Erleben als völlig unrealistisch oder auch nur als unkontrollierbar einzuordnen. Es könnte sein, dass lediglich das eine oder das andere Merkmal wie beschrieben zum Teil nicht erfüllt ist (z. B. die Nichtaussprechbarkeit bzw. Nichtmitteilbarkeit, Privatheit im Zugangssinne und die Direktheit der bewussten phänomenalen Gehalte). Dennetts (zu) scharfer Schuss beruht allerdings auf der Konjunktion aller dieser absoluten Merkmale und ist insofern nicht geeignet, die Unmöglichkeit aller qualitativen Erfassungs- und Erlebnisweisen nachzuweisen: Es könnte sein, dass nicht alle oder nur zwei der Merkmale nicht erfüllt werden können. Dennett schließt aus der Tatsache, dass sie nicht alle zusammen unter objektivistischen Gesichtspunkten erfüllt werden können, dass Qualia überhaupt nicht möglich seien (im Gegensatz übrigens selbst zu seiner eigenen Intuition). Dies ist sicherlich ein unzulässiger Schluss, der zu einer viel zu scharfen epistemologischen und ontologischen Folgerung führt.

Ein zweites Argument, das schon von Locke und Hume diskutiert und oben erwähnt worden ist, ist das Argument der sog. **invertierten Qualia**. Die Grundsituation ist: Man kann unter Umständen durchaus bei gleicher Verhaltensweise die Qualia-Empfindungen unterschiedlicher Personen verändern, und dies ist vorstellbar, ohne dass sich letztlich deren Verhalten ändert. Rot-Grün-Blinde können sich an der Straßenkreuzung noch »normal« orientieren; sie können beispielsweise an den Ampeln feststellen, wann die obere (rote) Lampe beleuchtet ist.

Es gibt noch eine Reihe von Autoren, die zu diesem Problem Stellung genommen haben, beispielsweise auch Chalmers (1995, 1996). Dieser schließt aufgrund der Problematik der »invertierten Qualia«, die er noch ergänzt durch wechselnde, entweder schwindende oder gar hin und her »tanzende Qualia«, es sei unwahrscheinlich, dass solche fehlenden und invertierten Qualia physikalistisch-funktionalistisch möglich sind. Man habe gute Gründe für die Annahme, dass ein »**Prinzip der strukturellen Invarianz**« zutrifft, d. h., wenn die Feinstrukturen von zwei empfindenden Organismen genau übereinstimmten, gelte das auch für die funktionale Organisation des bewussten Erlebens; diese würde auch hinsichtlich der Empfindungen notwendigerweise übereinstimmen. Chalmers vertritt wie van Gulick einen »**nichtreduktiven Funktionalismus**« welcher behauptet, das bewusste Erleben werde durch die funktionale Organisation determiniert, ohne notwendigerweise auf die funktionale Organisation reduzierbar zu sein. Diese Ansicht hat viel für sich. Nur ist sie durchaus auch vereinbar mit einer funktionalistischen Auffassung, auch mit seiner physikalistischen Variante der Emergenzansätze (Stephan, 1999). Man muss nicht ein Hardcore-Physikalist sein, um einen Funktionalismus vertreten zu können, insbesondere einen Teleofunktionalismus, wie es beispielsweise bestimmte Theoretiker im Anschluss an Ruth Garrett Millikan tun, z. B. Colin McGinn.

Ein neues Argument dazu hat Peter Lanz (1996) eingebracht: Er zeigte, dass für einzelne Sinnesqualitäten – z. B. im Visuellen beim Farbkreis – bestimmte physikalische Reizanordnungen nicht dem gleichen, was den phänomenalen Strukturen entspricht. Beim Farbkreis ist das offensichtlich. Dieser »geht« »zyklisch« wieder in sich über, während die physikalischen Frequenzen nicht in sich zurücklaufen. Dies zeigt, dass offensichtlich die phänomenalen Erlebnisqualitäten, die Qualia, doch eine eigene Struktur mit Eigenidentifizierbarkeit aufweisen, trotz ihrer Supervenienz (▶ unten) über Physischem.

Sind Qualia, wenn sie eine eigene Struktur haben, »intrinsisch« in dem Sinne, dass sie eine eigene interne Existenz haben, obwohl sie unter Umständen nur extrinsisch, durch Bezug auf äußere Gegebenheiten, gekennzeichnet, spezifiziert oder qualifiziert werden können? Das ist eine Frage, die sich im Zusammenhang mit dem allgemeinen Qualia-Problem auch Kim stellt. Er meint (Kim, 1998, S. 195 f.), dass es hier durchaus (nomologische), gesetzesartige, naturgesetzesartige Verknüpfungen gibt, die für einen Zusammenhang zwischen dem Physischen, der neurologischen Grundlage einerseits und dem Mental-Psychischen andererseits sprechen. Dass es ein »**Supervenieren**« der Qualia auf den physisch-neurologischen Grundlagen gibt, ist wohl nicht zu bezweifeln. Es ist freilich ein nichtmetaphysisches, nichtlogisches, »abgeschwächtes« Supervenieren in einem nomologischen Sinne, aber doch in der Art, dass Unterschiede in der Empfindung (natur)notwendig auf Unterschieden auch in physiologischen oder physiologisch fassbaren Trägerprozessen beruhen. Das ist die Grundidee bei der »Supervenienz«: Wenn das Physiologisch-Neuronale identisch ist, müssen auch die Empfindungen identisch sein. (Zur Supervenienz differenzierter vgl. Kim, 1993.)

Physikalisten und Vertreter des eliminativen Materialismus neigen dazu, den scheinbaren »Entitätscharakter« von bestimmten interpretatorischen Erscheinungen höherer Stufe allzu einfach in die entsprechende Dingebene zu projizieren, einen **Fehlschluss voreiliger Entitätisierung** vorzunehmen – oder einen solchen dem Gegner zu unterstellen. Der methodologische Schemainterpretationismus (▶ oben) ist an derartige entitätisierende Fehlschlüsse und ontologisierende Herabprojektionen nicht gebunden, dürfte sich auch aus methodologischen Gründen als ein flexiblerer, offener und wegen der Höherstufigkeit der Deutungen genereller anwendbarer Ansatz empfehlen.

Er hat den Vorteil, dass er – aufgrund seiner methodologisch veranlassten Stufenbildung der Schematisierungen und Interpretationen – unterschiedliche Erfassungsweisen aus verschiedenen Disziplinen (etwa naturwissenschaftlicher oder eher subjektpsychologischer Art) unter dem Gesichtspunkt des Perspektivismus jeweils als Deutungsweisen »eigenen Rechts« zulässt, ohne dogmatisch einen Alleinvertretungs- oder absoluten Einzigkeitserklärungsanspruch erheben zu müssen. Die Frage nach der Existenz der Qualia an sich ist damit (nur) epistemologisch-methodologisch aufgelöst: Es gibt keine eigene ont(olog)ische Ebene, auf der Qualia existieren – jedenfalls nicht im traditionellen ontologischen Sinne. Qualia-Erlebnisse stehen eher unter dem Signum von perspektivisch und interpretatorisch zu verstehenden Erfassungsweisen. Ihr Vorhandensein kann zwar bioteleofunktionalistisch verstanden werden (z. B. evolutionsbiologisch erklärt werden), aber man kann sie auch als feiner zu unterscheidende Bewusstseinsgehalte im Sinne des phänomenalen differenzierten Erfassens verstehen oder als differenzierende Interpretationskonstrukte von entsprechenden Wahrnehmungs- und zugeordneten Deutungsprozessen.

31.4.3 »Leichte« und »harte« Probleme: psychologisch-funktionale vs. phänomenale Aspekte

David Chalmers (1996) gibt eine der m. E. auch besten Darstellungen des Bewusstseinsproblems. Er unterscheidet zwischen dem **phänomenalen Zugang** und dem **psychologischen Zugang** und entsprechend auch einem »phänomenalen« und einem psychologischen Begriff des Bewusstseins. Seine Idee ist, dass die Arten der psychologischen Behandlung sich immer auf innere Informationsverarbeitung beziehen und dass solche Eigenschaften wie beispielsweise Wachheit, Introspektion, Berichtbarkeit, Mitteilbarkeit, Selbstbewusstheit, Aufmerksamkeit, willkürliche Steuerung des Bewusstseins und entsprechend auch Kontrolle sowie Wissen und Lernen, Wissenserwerb, hauptsächlich unter dem diesem intern-»psychologischen Gesichtspunkt« diskutiert werden.

Alle kognitiven Ansätze, insbesondere die Informatiksätze der sog. »starken« (voll reduzierbaren) Künstlichen Intelligenz, gestützt auf die Computermetapher des Geistes usw., sind diesem Erklärungsansatz verpflichtet. Dieser umfasst nach Chalmers (nur) *eine* Art: das »psychologische Bewusstsein«. Es leistet eine erklärende Analyse von bestimmten kognitiven Eigenschaften, Fähigkeiten, Ereignissen usw. Wie kommen Lernen, Wissen, Bewusstsein zustande – z.B. bezüglich des Formats, der kognitiven Verarbeitung. Die Analyse von funktionalen Rollen, insbesondere beispielsweise auch des kausalen Zustandekommens von Bewusstseinserlebnissen, sind unter diesem Gesichtspunkt auch solche Spezialfälle des psychologischen Ansatzes der Bewusstseinsanalyse. Diese Erklärungsvorhaben wird man sicherlich in der nächsten Zeit lösen oder wenigstens erfolgreich analysieren – insbesondere unter Einbeziehung vieler künftig verfügbarer, z. T. nichtinvasiver Methoden, samt des »cross checking« mit kognitiven Verfahren.

Doch die »harte« Problematik des **phänomenalen Bewusstseins**, des Qualia-Bewusstseins, wird dadurch nach Chalmers gar nicht gelöst, nicht einmal berührt. Das kann man schon daran sehen, dass immer noch ein »Zombie-Argument« angeführt werden kann – und das ist ein beliebtes Argument. Es kann stets einen funktional-äquivalenten »Zombie« geben, ohne Bewusstsein. Weder die psychologi-

schen Theorien noch die neurobiologischen, noch die evolutionären können diese beiden Fälle (mit bzw. ohne Qualia-Bewusstsein) unterscheiden. Auch ein Funktionalismus, der immer nur bis auf Funktionsäquivalenz definiert ist, kann nicht unterscheiden zwischen einem wirklich phänomenal *erlebten* Bewusstsein und der gleichen funktionalen Organisation des Systems, in der kein Bewusstsein herrscht.

Chalmers' Idee ist, dass die »schwierigen« Fragen sich immer wieder stellen, notorisch gerade angesichts der Phänomenalität. Was heißt dieses Erleben des Qualitativen, das Bewusstsein im engeren Sinne – im Gegensatz beispielsweise zu der bloßen Verarbeitungsqualität der kognitiv-psychologischen und sonstigen neurobiologisch physiologischen Modelle? Das Entscheidende sind die phänomenalen Qualia-Eigenschaften oder das, was man normalerweise »das phänomenale Bewusstsein« nennt.

Bewusstsein ist offensichtlich subjektiv etwas Qualitatives; verbunden mit diesem subjektiven Erleben ist es »occurrent«, d. h., es ist präsent: Es entsteht im Augenblick oder ist (nur) jeweils in der Gegenwart vorhanden; es wird im Augenblick erlebt, ist ein mentales Erleben, das in gewissem Sinne perspektivisch ist, das zudem in spezifischer Weise qualitativ gefärbt ist (»qualia-fiziert«).

Chalmers versucht zu widerlegen, dass es eine rein logische Supervenienz des phänomenalen Bewusstseins auf dem Physischen gibt. Statt dessen könn(t)e er allenfalls eine naturale oder eine bloß **nomische Supervenienz** vertreten, d. h. eine Gesetzesartigkeit nach bestimmten, in *unserer* Welt kontingent gültigen Naturgesetzen. Diese können für Chalmers aber auch psychophysische Gesetze umfassen, die nicht voll auf physikalische Gesetze reduziert werden können. »Natürliche Supervenienz« (ebd., S. 88 f., 161, 299) besagt, dass dieselbe physische Basis natural notwendig auch dieselbe mentale Erlebnishaftigkeit ergibt. Diese natürliche Supervenienz ist keine rein logische Beziehung, aber **naturgesetzlich** i.w.S.: Es gebe entsprechende »Supervenienzgesetze« (ebd., S. 127).

Chalmers meint, es bleibe nur noch der »**naturalistische Dualismus**« übrig, den er auch als Eigenschaftsdualismus (Chalmers, 1996, S. 125, 168) bzw. Perspektivendualismus auffasst. Sein naturalistischer Dualismus ist im Grunde so etwas wie ein »nichtreduktiver Funktionalismus« (Chalmers, 1995).

Chalmers zufolge muss man damit »leben«, dass man die beiden Zugänge – den »psychologischen« und den phänomenalen – zulässt. Der wissenschaftliche Zugang ist physikalisch und z. T. (kognitiv-)psychologisch, bezieht sich auf psychologisch oder wissenschaftlich erfassbares Bewusstsein. Damit werde aber das phänomenale Bewusstsein im engeren Sinne nicht erfasst.

Chalmers' Ansatz stellt zumindest eine beachtliche Provokation für viele der gängigen, eher materialistischen Ansätze dar, insbesondere auch für einen nichtreduktiven Physikalismus oder eliminativen Materialismus, aber erst recht für einen doch letztlich reduktiven Physikalismus wie denjenigen Kims. Sein Eigenschaftsdualismus ist letztlich jedoch kein wirklicher Dualismus, sondern eher als ein Perspektivismus der beiden interpretatorischen Zugänge zu verstehen. Wenn ich rein kognitiv-psychologisch erklären will, gewinne ich Varianten des kognitiv-psychologischen Bewussthabens oder des Abarbeitens von Informationen im System. Wenn wir ein Erlebnis im Sinne der phänomenalen Qualiahaftigkeit beschreiben, so haben wir bereits eine andere Perspektive, eine phänomenologisch bzw. phänomenalistisch orientierte Zugangsweise. Diese jedoch gestattet keine direkt »erklärende« Einbettung in naturwissenschaftliche Zusammenhänge.

Chalmers' Ansatz steht an der Schwelle zum Perspektivismus, ist mit dem methodologischen Schemainterpretationismus vereinbar. Dennoch geht selbst Chalmers nicht konsequent genug auf die methodologisch höhere Ebene der perspektivischen Interpretationen über: Er verbleibt noch bei einer Quasiontologisierung des »Natürlichen«, kann aber dessen Status über das Physikalische hinaus nicht klären, wenn er seinen Ansatz nicht konsequent auf eine methodologisch-erkenntnistheoretische Sicht – oder Konditionalisierung – hin »trimmt«.

Eine der gegenwärtigen Hauptfragen der Philosophie des Geistes und Bewusstseins lautet: Wie und wodurch, durch welche verschiedenen Gehirnmodule kommt so etwas wie Bewusstsein zustande? Was ist die Funktion von bewussten mentalen Vorgängen, die weitgehend auf Gehirnprozessen »beruhen« und was meint dieses »Beruhen« genauer? So ist der somatosensorische, aber auch der motorische Assoziationskortex in allen Prozessen involviert, die mit dem Bewusstsein zusammenhängen. Gerhard Roth (1994) bezeichnete zunächst den Assoziationskortex als den »Ort des Bewusstseins«, wenn er auch »nicht … der alleinige Produzent« sei. Er hat dies inzwischen eingeschränkt (s. Lenk, 2001b). Die z. T. vom Stammhirn geleistete Versorgung des Bewusstseinsprozesses bzw. der neuronalen Vorgänge des bewussten (oder bewusst werdenden) Geschehens mit einer Art von Aktivierungsenergie, auch die quasi »wertende« Beteiligung der limbischen Strukturen unterhalb des Großhirns sind notwendig, damit Bewusstsein überhaupt zustande kommt. Das bedeutet aber, es gibt nicht *den einen* Ort, an dem allein Bewusstsein im Gehirn realisiert ist. Ist Bewusstsein ein Phänomen, das auf einem sehr komplexen dynamischen Zusammenhang aufruht – eher ein Aspektphänomen (Young, 1989), ein Dispositionenkomplex sowie ein Systemphänomen bzw. -resultat des Zusammenwirkens vieler Gehirnzentren, insbesondere der Neokortexzentren im Scheitellappen und auch im temporalen und präfrontalen Assoziationskortex? Aber das gilt auch für die Bereiche des Gehirns, die zur Vorbereitung der Handlungen und Entscheidungen dienen. Doch auch ohne die aus dem limbischen System stammende Innervierung des Affektiven und Emotionalen ist kein Bewusstsein möglich. Wenn man mit John Zachary Young (1989, S. 27) sagt, Bewusstsein sei »ein Aspekt der Funktionsweise des Gehirns«, so ist das sehr oberflächlich formuliert; es handelt sich nicht *nur* um einen »Aspekt«, sondern um das Prozessgeschehen und Ergebnis einer dynamischen Gesamtreaktion, die eine übergeordnete Systemeigenschaft darstellt. Auf jeden Fall lässt sich auch von einer auf der höheren Ebene »auftauchenden« Eigenschaft, einer »**Emergenz**«, sprechen, die erst entsteht aufgrund des sehr komplexen, differenzierten und nach Modulen (Funktionseinheiten) strukturierten Zusammenwirkens der entsprechenden neuronalen Prozesse und »Bauteile« – und zwar im engeren Sinne in der Großhirnrinde, im Neokortex, doch unter der Beteiligung des Mittelhirns und sogar des Stammhirns. Alle diese müssen beitragen, um Bewusstsein, Wachbewusstsein möglich zu machen – zumal auch die limbischen Formationen, welche die Energie, Vigilanz, Affektion, Emotivität »liefern«. Und ist dazu auch das Gedächtnis, das weitgehend im Bezug auf entsprechende Unterteilungen (deklaratives oder prozedurales Gedächtnis im Hippocampus und Parahippocampus) zu »verorten« ist, von Wichtigkeit.

Dennett vertritt die Theorie, dass es so etwas gibt wie eine Föderation der entsprechenden Entwürfe von Bewusstsein (»multiple-draft theory of consciousness«). Es konkurrieren evtl. viele unterbewusste mentale Prozesse, die eine Art von Vielfalt (»multiple drafts«) entwerfen, erzeugen und die in einer inneren quasi darwinistischen Konkurrenzentscheidung – wenn auch in einer sehr schnell, in Sekundenbruchteilen ablaufenden Konkurrenz und (quasiautomatischen) »Selektion«! – um den Eintritt auf die »Bühne des Bewusstseins« kämpfen [Dennett kritisiert allerdings explizit die cartesische Bühnenmetapher (»cartesisches Theater«)]: Es ist ein »Überlebenswettstreit« oder Vormachtskampf zwischen neuronalen Aktivitäten bzw. den entsprechenden Gehaltsentwürfen im Schnellverfahren: »Survival of the fittest«-Dynamik auch hier (freilich ohne Vererbung auf die nächste Generation). Und nur Weniges (ein »siegender« Entwurf) erreicht, metaphorisch gesprochen, die »Bühne des Bewusstseins«, während im »Untergrund« sehr viel mehr abläuft. Der Großteil unserer mentalen Prozesse und Aktivitäten verläuft unterbewusst; nur ein winziger Bruchteil erlangt Bewusstseinsreife und gelangt gleichsam auf die »Bühne«.

Was ist die Funktion oder was ist die wesentlich(st)e ermöglichende Eigenschaft, die dazu beiträgt, dass Bewusstsein eine »Notwendigkeit« biologischer Art ist? Da sind sich auch die Wissenschaftler uneinig. Ernst Pöppel (1994) meint z. B. das, was **mitteilungswert** ist, was der Mitteilung bedarf, das, was »notwendig« kommuniziert werden muss, das gerät ins Bewusstsein. Andere meinen eher, die biologische **Überlebensfunktion** (für Individuum und Genpool) stehe im Zentrum: Für Gerhard Roth (1994, S. 209, 213) z. B. sind – wie früher z. B. für Hans Sachsse (1968) – **Neuigkeit** und Überlebenswichtigkeit das Entscheidende, was zur Verknüpfung von Neuronen zu neuen Neuronenverbänden, zu neuen Nervennetzen führt, die die

Grundlage des Lernens sind. Je mehr Verknüpfungsaufwand wir treiben müssen angesichts von neu zu bewältigenden Problemen, desto »bewusster« (oder intensiver bewusst) wird ein Vorgang sein. Und je mehr vorgefertigte Netzwerke für ein bestimmtes Problem, z. B. eine kognitive oder eine motorische Aufgabe, in Anspruch genommen werden, desto »automatisierter«, desto »unterbewusster« oder »unbewusster« erledigen wir diese Aufgabe. (Man kennt das Phänomen der Automatisierung von Bewegungsfolgen beim Klavierspielen oder auch im Sport.)

Andere Gehirnforscher meinen, die biologische Organisation werde weitgehend auch durch Bewusstsein integriert, etwa organisiert. Die **Informationskontrolle** geschieht unter Feedback, und auf diese Weise kann die Information mit Rückblick auf bestimmte vergangene Stadien verbessert werden; kurz: eine ständige Revidierbarkeit allen mentalen Operierens sei im Grunde nur möglich durch solches bewusstes Repräsentieren. Dazu brauche man so etwas wie ein Arbeitszentrum, einen Arbeitsspeicher, in dem entsprechende Signale, Reize, Informationsvorgaben abgeglichen, verglichen, bearbeitet und weitergegeben werden. Es gibt einen Psychologen (Baars, 1988), der von einer »Global Workspace Theory«, einer allgemeinen **Arbeitsspeicher**-Theorie des Bewusstseins redet. Ferner gibt es die Psychologen, die sich mit **mentalen Modellen** befassen – wie z. B. Johnson-Laird (1983). Aber auch weitere Philosophen des Geistes oder Neurologen wie Morris, Kinsbourne u. a. meinen, dass Bewusstsein eine Integrationsfunktion dieser entsprechenden Informationsverarbeitungsnotwendigkeiten und der entsprechenden Prozesse »ist« bzw. dadurch leistet, dass auf höherer Ebene die entsprechenden Prozesse überformt, strukturiert oder organisiert werden. Die meisten dieser Autoren behaupten, dass jeweils der von ihnen in den Vordergrund gestellte eine Merkmalszug das Entscheidende sei, dasjenige, was das Bewusstsein gleichsam definiert. Das erscheint mir zu einseitig. Warum sollen nicht mehrere dieser Züge gleich wichtig sein und zugleich auftreten. Je komplexer die Musterbildung dieser entsprechenden Funktionen des Bewusstseins ist, desto besser die Realitätsnähe eines solchen Modells.

Michael S. Gazzaniga (z. B. 1989) fordert sogar einen »Interpreten« als einzigartiges Modul, einen inneren Akteur oder »Agenten« (bei Rechtshändern normalerweise in der linken Hirnhälfte verortet), der fähig ist, entsprechende sprachliche, verbale, reihende, sukzessive Operationen anzuordnen. Es handelt sich um eine konstruktive, schematisierende und interpretatorische Aktivität, die sich im Konzert der entsprechenden Gehirnmodule, der Netzwerke, der Neuronenensembles entwickelt und zu einer Kategorisierung, Einordnung in bestimmte Formen, Gestalten, Arten und zur Integration führt. Schematisierung und Integration sind gewisse Hauptfunktionen des Bewusstseins. Hierzu müssen die Bedingungen im Gehirn gegeben sein, damit eine in Modulen, Funktionseinheiten ablaufende dynamische Strukturierung und Integration zustande kommt,

die z. B. äußeres Geschehen irgendwie repräsentieren, wiedergeben, aber auch inneres Handeln und inneres Vorstellen strukturieren, planen, vorausentwerfen kann.

31.4.4 Bewusstseinsarten und -typen

Ich möchte im Folgenden darauf aufbauend eine erste Übersicht von unterschiedlichen Bewusstseinsarten bzw. -typen entwerfen, welche die zuvor, etwa bei Chalmers, genannten Gesichtspunkte aufnehmen, aber sich insbesondere auch auf Autoren wie Michael Tye, Ned Block und David Rosenthal berufen.

Hier kann man sich zunächst Block (1990, insbesondere 1995) anschließen. Dieser meint, man müsse mindestens zwei funktionale Bewusstseinsbegriffe unterscheiden, einmal das, was er »das **phänomenale Bewusstsein**«, das Bewusstsein im engeren Sinne, nennen will, und zum anderen das »**Zugriffsbewusstsein**« (»access consciousness«), das den inneren »Zugang« modelliert, z. B. das Abrufen aus der Erinnerung. Das Zugriffsbewusstsein wäre im Sinne von Chalmers als funktional-psychologisch einzuordnen.

In ◘ Abb. 31.1 findet sich noch ein **Zwischenbereich** (▶ unten) derjenigen Fähigkeiten, durch die wir in unser bewusstes inneres Erleben und somit »in uns selbst«, in unseren »Geist« »hineinsehen«: Introspektion, Sicheinfühlen, aber auch Sichhineindenken, Sichhineinversetzen in andere usw. Das Erfassen des eigenen inneren mentalen Zustandes ist sicherlich nicht nur rein funktional zu erledigen; es ist aber z. T. strukturiert, sodass es auch nicht *bloß* phänomenal ist, sondern es liegt in gewissem Sinne *zwischen* beiden Bereichen. Deswegen ist das Introspektive oder das Sich-selbst-Erkennen durch Rückerinnerung (z. B. an Schmerz«tönungen«), durch »innere« Erfassung usw. gesondert aufgeführt. Diese Selbstkognition ist nicht nur funktional und sie ist auch nicht bloß phänomenal. Das lässt sich bis hin zu dem eigentlichen Selbstbewusstsein fortführen, dem Bewusstsein, *dass* man ein eigenes Selbst, ein Subjekt, ein Organismus mit einem Personcharakter ist. Dieses ist nicht, wie in der traditionellen idealistischen Philosophie gesehen, als *das* (einzige) Grundphänomen des bewussten Erlebens generell aufzufassen.

Tye unterscheidet mehrere Bewusstseinsarten, Reaktionsbewusstsein, Kontrollbewusstsein, höherstufiges Bewusstsein, phänomenales Bewusstsein. (Das ist m. E. noch ein wenig zu undifferenziert, wenn man eingehend an Unterscheidungen zwischen Bewusstseinsarten und -typen arbeitet.)

Morgens beim Aufwachen noch ist das Reaktionsbewusstsein u. U. eingeschränkt. Es steht in Zusammenhang mit dem **Diskriminationsbewusstsein**. Neben dem normalen phänomenalen Qualitäten- oder Qualia-Bewusstsein (P-Bewusstsein wie bei Block) hebt Tye noch das »Bewusstsein höherer Ordnung« (H-Bewusstsein) hervor. Tye

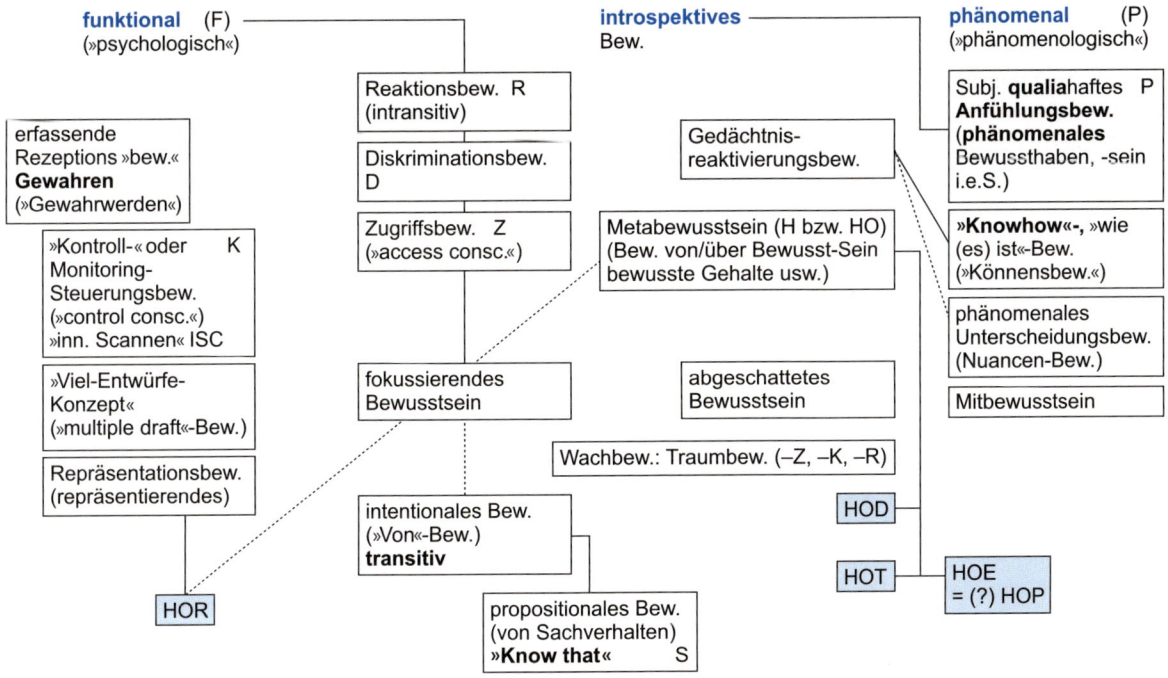

Selbstbewusstsein

■ **Abb. 31.1.** Arten und Typen von Bewusstsein. *F* funktional; *P* phänomenal; *R* Reaktionsbewusstsein; *D* Diskriminationsbewusstsein; *K* Kontroll- oder Steuerungsbewusstsein; *Z* Zugriffsbewusstsein (»access consciousness«); *H* höherstufiges (Meta-)Bewusstsein; *HO* »Higher-order-Bewusstsein«; *HOD* »higher order linguistic description theories«; *HOR* »higher order representational theories«; *HOT* »higher order thought theories«; *HOE* »higher-order experience theories«; *HOP* »higher-order perception theories«; S = propositionales oder Sachverhaltsbewusstsein. (Aus Lenk, 2004, S. 352)

(1995, S. 106 ff) unterscheidet von dem prototypischen phänomenalen Bewusstsein (»P-Bewusstsein«), das Reaktionsbewusstsein (»R-Bewusstsein«), das Diskriminationsbewusstsein (»D-Bewusstsein«) und das höherstufige Bewusstsein [»H-Bewusstsein« nach Rosenthal: Bewusstwerden eines Bewusstseins(zustandes)].

Es kann vorkommen, dass ein P-Bewusstsein ohne diskriminatorisches (D-) oder Reaktions-(R-) bzw. Zugriffsbewusstsein vorhanden ist, wie der »absent-minded driver« (ohne H-), zeitweilige Schmerzverdrängung, Nichtwahrnehmung von tatsächlich gesehenen Details (P- ohne D- und H-), Traumbewusstsein (ohne R- und evtl. H-) usw. Es gibt auch untergründige, nicht direkt bewusste Wahrnehmung, sog. unterschwellige Wahrnehmung; man denke an die Glockenschläge, die man aus der Rückerinnerung noch abzählen kann.

Das **Kontroll-** und **Steuerungsbewusstsein** ist an die Locke'sche Idee gebunden, dass wir eine »innere Wahrnehmung« unseres eigenen Bewusstseins haben. Diese ist häufig mechanistisch (miss)verstanden worden, wird neuerdings aber verbunden mit dem Prozess des sog. »inneren Monitoring« (Young) oder Scannens von Autoren wie etwa David Armstrong, Paul Churchland (z. B. 1997) oder William G. Lycan (1996) oder, in Bezug auf das Visuelle, Steven M. Kosslyn (1994).

Man könnte ferner vom »**propositionalen Bewusstsein**« sprechen, von dem Bewusstsein, *dass* etwas sich so und so verhält. Man kann dabei und allgemeiner ein **höherstufiges Bewusstsein** (»higher-order consciousness«) von einem niederstufigen Bewusstsein haben. Ich bin mir jetzt dessen bewusst, dass ich daran denken sollte, die getroffene Verabredung einzuhalten. Das ist eine höherstufige Repräsentation (▶ unten).

Auf der linken Seite von ■ Abb. 31.1. finden sich die »psychologischen« oder funktional zu erfassenden Verfahren der Bewusstseinsaktivierung (nach Chalmers, 1996), Modalitäten des psychologischen Bewusstsein in diesem kognitiven Verfahrenssinne.

Generell gilt jedenfalls: Durch und in Schemata sind Erlebnisgehalte auf wesentliche Merkmale zusammengestutzt, strukturiert, in Beziehung gesetzt, gespeichert und (wieder-)abrufbar; die Gedächtnisinhalte sind unter einer solchen Selektion oder Konzentration als merkmalsidentifizierbare abgespeichert. Das scheint die bisherige Wissens- und Gedächtnisforschung noch zu wenig diskutiert zu haben. Erst neuerdings, im Zusammenhang mit konnektionistischen Modellen, kommt man darauf zurück. Offensichtlich zeigt das Wiederabgreifen des Gedächtnisses beim Menschen eine Zugreifbarkeit, die man in der Computerwissenschaft »Inhaltsadressierbarkeit« nennt. Diese Fähigkeit scheint generell für unser Bewusstsein charakteristisch zu sein: Wir denken in Inhalten oder Gehalten. Das berührt auch die traditionelle Phänomenologie der Bewusstseinsakte mit ihren intentionalen Gegenständen (nach Brentano und Husserl), die »im« Bewusstsein »enthalten« oder unmittelbar (mit-)gemeint sind und als Gehalt gespeichert und abgerufen werden. Wir haben auch für (bloß) phänomenale Bewusstseinsgehalte ein Gedächtnis und eines für Bewusstseinserlebnisse.

31.4.5 Phänomenales Bewusstsein als höherstufige Schematisierung

Auf der rechten Seite von ▫ Abb. 31.1. finden wir das charakteristische phänomenale (Qualia-)Bewusstsein. Dazwischen liegt die Haupttrennungslinie. In der Mitte sehen wir aber einige eher »psychologische« Typen, die zum Teil auch phänomenal (gleichsam funktional und phänomenal zugleich) sind oder sein können, – wie überhaupt manche der psychologisch-mentalen Zugriffsweisen auch »phänomenalisiert« werden können.

Ferner haben wir noch die Formen höherstufiger Bewusstheiten (H- oder HO-). Das sind z. B. die höheren Ordnungen der Gedanken (HOT, »higher-order thought«). Charakteristisch hierfür nach Rosenthal (1986, S. 329ff.), dass zu bestimmten Bewusstseinserlebnissen ein bestimmter höherstufiger Gedanke, der Gedanke, *dass* ich dieses Erlebnis habe, hinzukommen muss, damit dieses Erlebnis überhaupt als bewusstes relevant, präsent (»occurrent«) wird.

Höhere Ordnungen, Repräsentationsschichten oder Bezugnahmeschichten dürften zweifellos in unserem Bewusstseinserleben auftreten. Zumindest kann man sie methodologisch nach Schichthöhe differenzieren. Dabei ist die Frage, ob diese höheren Repräsentationen wirklich gedankenartig sind (HOT), oder ob es sich um höhere Stufen in der Wahrnehmung (»higher-order perception theories«, HOP) handelt oder – allgemeiner und oft als damit identisch angesehen – »higher-order experience theories« (HOE).

Andere (z. B. auch Lycan, Paul Churchland) haben eine jeweilige Instanz dieser Art von Bewusstsein nicht als einen höherstufigen Gedanken (HOT-Bewusstsein) der niederstufigen Bewusstseinserlebnisse aufgefasst, sondern eben als eine höherstufige Wahrnehmung oder Erfahrung, als eine innere Empfindung oder Wahrnehmung (HOP-These) bzw. als höherstufige Erfahrung (HOE-These), als ein mentales »Erleben«, wodurch nach »innen« verlagert der Bewusstseinsgehalt quasi »wahrgenommen« bzw. »erfahren« wird. Neuerdings hat besonders Peter Carruthers (2000) eindrucksvoll und ausführlich die Theorie des Bewusstseins als das »Haben« (genauer: als dispositionales Verfügenkönnen) höherer Gedanken bzw. als gedankenförmige Metabewusstheit gegenüber den Thesen – etwa Lycans (1996) – verteidigt, Bewusstheit gründe sich eher auf höherstufige Vorstellungen bzw. innere Erfahrungen.

Höhere Kognitionen sind offensichtlich den Wahrnehmungserlebnissen in gewisser Weise ähnlich (s. a. Hernegger, 1995). Sie sind funktional einmal durch Wahrnehmungen eingespielt worden, lassen sich aber auch unabhängig vom Vorliegen eines Wahrnehmungsgegenstandes (re)aktivieren und evtl. in Grenzen modifizieren. Sie werden in jenen Gehirnzentren integriert, die Repräsentationen verschiedener Sinnesmodalitäten zusammenfassen: Das ist z. B. bei der Gegenstandswahrnehmung der Fall, wo u. U. beispielsweise taktile und visuelle Verarbeitungen schließlich in einem polymodalen Zentrum zusammengefasst werden und in einem supramodalen Interpretations- oder Synthesezentrum integriert werden zu einer Gesamtauffassung des Gegenstandes. Die **Handlungsgebundenheit** muss hinzukommen. Mit anderen Worten: Aus verschiedenen Einzelbahnen der sensuellen Übertragung (Reizung und Übertragung) wird so etwas wie ein einheitliches Bild **integriert** und im weiteren Sinne (nicht bewusstseinspflichtig) **konstruiert**. Wahrnehmen ist ein konstruktiver Prozess (Neisser, 1974). Doch das gilt auch insbesondere für Erinnerungsbilder, mentale Modelle usw.

Die höheren Kognitionen und Bewusstseinsprozesse sowie -gehalte sind genauso zu verstehen, was die Integrationsabhängigkeit angeht; auch sie sind im weiteren Sinne Konstrukte, die in bestimmten Zentren des Gehirns teils aus Wahrnehmungen, teils aus Erinnerungsbildern, teils durch mentale Modelle entstehen. Es handelt sich auch hier um eine Strukturierungsaktivität, die wir als die Stabilisierung von z. T. kognitiven Schemata bzw. als Einspielungen von Schemastrukturierungen verstehen: Neurobiologen versuchen, das Stabilisieren solcher »Konstrukte« im weiteren Sinne schließlich auf bestimmte Häufigkeits- und Kontiguitätsstabilisierungen beim synaptischen Spalt (nach Hebb) oder auf eine gefügeartige Zusammenschaltung von vielen Einspielungen von entsprechend verstärkten synaptischen Übertragungen in kohärent oszillierenden plastischen Neuronenassemblies (nach von der Malsburg) oder »flexiblen oder dynamischen Kerngefügen« (Edelman & Tononi, 2002) zurückzuführen. Zum anderen kann man die interne Stabilisierung von sehr vielen solcher Schemata (ab IS3) auch durch externe **soziale** Stabilisierung, durch Regeln, durch Normen, durch »Einspielungen« und soziale Kontrollen »**verstehen**«. Beides muss stattfinden, zumal bei höherstufigem Bewusstwerden, metastufigen Erfassungen. So ist diese Stabilisierung weitgehend in Abhängigkeit von sozialen Standardisierungen, Sprachkonventionen und sozialen Kontrollen zu verstehen. Es geht um die Verflochtenheit dieser verschiedenen Schemaeinspielungen mit äußeren Handlungen und den (Wahrnehmungs-)Reizen aus den Situationen und den Kontrollen.

Wir haben es mit solchen Interpretationskonstrukten zu tun, die dynamisch eingespielte kognitive bzw. normierende Schemata sind, sie werden stabilisiert sowohl durch interne als auch durch externe, durch natürliche **und** soziale Bedingungen und Kontrollen. Man braucht auch eine

31

(funktionalistische) Gebrauchs- bzw. Aktivierungstheorie für Schematisierungen (Lenk, 2001a-c): Repräsentationen, und zwar sowohl interne (»mentale«) als auch externe, **fungieren** als »gehaltvoll« oder »bedeutungsvoll«, als bewusste oder bewusstwerdende.

31.4.6 Schluss

Bewusstseinsprozesse können nur von verschiedenen Fachdisziplinen gemeinsam gänzlich erfasst werden. Das gilt insbesondere für die höherstufigen Formen, die sich dem bloß Physiologisch-Physikalischen schon durch die Höherstufigkeit der Interpretationen und durch die Bedeutung der Gehalte verwehren. Gehalt, Semantik, Bewusstseinsqualitäten und -färbungen in ihrer Bedeutsamkeit entziehen sich schon methodologisch, aber auch semantisch-symboltheoretisch sowie erkenntnistheoretisch dem bloß physikalistischen Zugriff, obwohl Bewusstheit ein Differenzierungsprodukt auf physisch-natürlicher Basis ist, aber erst durch höherstufige Symbolisierung, Repräsentation und innere Verarbeitung differenziert werden kann und muss. Der strikte methodologisch-erkenntnistheoretische Physikalismus muss entsprechend methodisch liberalisiert und methodologisiert werden (vgl. Lenk, 1998, 2000, 2003, 2004).

Andererseits ist auch ein totaler reduktiver Kulturalismus oder Lingualismus der entsprechenden Prozesse (wenn auch nicht der soziokulturell differenzierten Gehalte) ebenso abzulehnen. Man sollte also auch nicht einem ebenso dogmatischen Fachimperialismus geistes- und sozialwissenschaftlicher Provenienz huldigen, ohne auf die neurobiologischen Grundprozesse einzugehen. Insofern ist Bewusstsein in allen seinen Verzweigungen (zumal den höherstufigen) ein nur **interdisziplinär** zu analysierendes **Prozessphänomen.** Der methodologische Schemainterpretationismus liefert dafür eine methodische erkenntnistheoretische Basis, die einen nichtdualistischen indirekten Realismus mit den kulturellen Strukturierungen verbindet. Der Vorteil ist u. a., dass nicht nur die Beschreibbarkeit und der wissenschaftskonforme Erklärungsaspekt im Mittelpunkt stehen, sondern dass auch die innere Erlebnisstrukturierung durch Variation der Dispositionen, Prozesselemente und Inhalte differenzierend zu erfassen ist. Das gilt nicht nur für das Erkennen, sondern auch für die Strukturierung des Planens, z. B. des Handlungsvorsatzes, der Willensbildung. Im Schemainterpretationismus wird ein methodologisch höherstufiger Integrationsgesichtspunkt gewonnen, der zu einer abstrakteren Vereinheitlichung und Systematisierung der entsprechenden disziplinären Ansätze und Beschreibungen bzw. Erklärungen führt und das Erkennen, Handeln, Denken mit dem entsprechenden physiologischen Grundgeschehen in einem relativ konsistenten Funktionseinheitszusammenhang bündelt. Die überfällige Vereinheitlichung von Handeln und Erkennen selber (Lenk, 1998) ist auf diese Weise eine geradezu zwingende Konsequenz eines solchen perspektivischen gestuften Schema-interpretationismus.

Literatur

Referenzliteratur

Bennett, M.R. & Hacker, P.M.S. (2003). *Philosophical foundations of neuroscience*. Oxford: Blackwell.

Balmer, H. (Hrsg.). (1976–1981). *Die Psychologie des 20. Jahrhunderts* (15 Bände). Zürich: Kindler.

Block, N. (Hrsg.). (1981). *Readings in the philosophy of psychology* (2nd ed.). Cambridge, MA: Harvard University Press.

Heckmann, H.D., Walter, S. (Hrsg.). (2001). *Qualia*. Paderborn: Mentis.

Krimerman, L.I. (Ed.). (1969). *The nature and scope of social science*. New York: Appleton-Century-Crofts.

Lenk, H. (Hrsg.). (1977ff.). *Handlungstheorien – interdisziplinär* (4 Bände). München: Fink.

Lenk, H. (Hrsg.). (1985). *Humane Experimente? Genbiologie und Psychologie*. München: Fink.

Metzinger, Th. (Hrsg.). (1995). *Bewusstsein* (2. Aufl.). Paderborn: Schöningh.

Pauen, M. & Stephan, A (Hrsg.). (2002). *Phänomenales Bewusstsein – Rückkehr zur Identitätstheorie?* Paderborn: Mentis.

Topitsch, E. (Hrsg.). (1976). *Logik der Sozialwissenschaften* (9. Aufl.). Köln: Kiepenheuer & Witsch (Erstausgabe 1971).

Zitierte Literatur

Albert, H. (1976). Theorie und Prognose in den Sozialwissenschaften. In E. Topitsch, E. (Hrsg.), *Logik der Sozialwissenschaften* (9. Aufl., S. 126–143). Köln: Kiepenheuer & Witsch.

Anderson, J.R. (1988). *Kognitive Psychologie*. Heidelberg: Spektrum.

Baars, B.J. (1988). *A cognitive theory of consciousness*. Cambridge: Cambridge University Press.

Bartlett, F.C. (1932). *Remembering*. Cambridge: Cambridge University Press.

Block, N. (1995). Eine Verwirrung über eine Funktion des Bewusstseins. In Th. Metzinger (Hrsg.), *Bewusstsein* (2. Aufl., S. 523–581). Paderborn: Schöningh.

Brocke, B. (1978). *Technologische Prognosen. Elemente einer Methodologie der angewandten Sozialwissenschaften*. Freiburg: Alber.

Brocke, B. (2000). Das bemerkenswerte Comeback der Differentiellen Psychologie. *Zeitschrift für Differentielle und Diagnostische Psychologie, 21*, 5–30.

Carruthers, P. (2000). *Phenomenal consciousness: a naturalistic theory*. Cambridge: Cambridge University Press.

Chalmers, D. (1996). *The conscious mind: in search of a fundamental theory*. Oxford: Oxford University Press.

Chalmers, D.J. (1995). Fehlende Qualia, schwindende Qualia, tanzende Qualia. In Th. Metzinger (Hrsg.), *Bewusstsein* (2. Aufl., S. 367–389). Paderborn: Schöningh.

Chalmers, D.J. (1998). Das schwierige Problem des Bewusstseins. In F. Esken & D. Heckmann (Hrsg.), *Bewusstsein und Repräsentation* (S. 221–253). Paderborn: Schöningh.

Churchland, P. (1970). The logical character of action-explanations. *The Philosophical Review, 79*, 214–236.

Churchland, P.M. (1995). *Die Seelenmaschine*. Heidelberg: Spektrum.

Dennett, D.C. (1991). *Consciousness explained*. Boston: Back Bay Books. [Dtsch. Ausgabe: ders. (1994). *Philosophie des menschlichen Bewusstseins*. Hamburg: Hoffmann & Campe].

Edelman, G. M. & Tononi, G. (2002). *Gehirn und Geist*. München: Beck.

Gazzaniga, M.S. (1989). *Das erkennende Gehirn*. Paderborn: Jungfermann.

Groeben, N., Wahl, D., Schlee, Z. & Scheele, B. (1988). *Das Forschungsprogramm Subjektive Theorien: eine Einführung in die Psychologie des reflexiven Subjekts*. Tübingen: Francke.

Helmer, O. & Rescher, N. (1969). Exact vs. inexact sciences: a more instructive dichotomy? In L.I. Krimerman (Ed.), *The nature and scope of social science* (pp. 181–203). New York: Appleton-Century-Crofts.

Hempel, C.G. (1965). *Aspects of scientific explanation (and other essays)*. New York: The Free Press. [Dt. Ausgabe: ders. (1977) Aspekte wissenschaftlicher Erklärung. Berlin: de Gruyter].

Hernegger, R. (1995). *Wahrnehmung und Bewusstsein. Ein Diskussionsbeitrag zur Neuropsychologie*. Heidelberg: Spektrum.

Johnson-Laird, P.N. (1983). *Mental models*. Cambridge: Cambridge University Press.

Kelly, G.H. (1955). *The psychology of personal constructs*. New York: Norton.

Kim, J. (1993). *Supervenience and mind*. Cambridge: Cambridge University Press.

Kim, J. (1998). *Philosophie des Geistes*. Wien: Springer.

Kosslyn, S.M. (1994). *Image and brain*. Cambridge, MA: MIT Press.

Lanz, P. (1996). *Das phänomenale Bewusstsein*. Frankfurt am Main: Klostermann.

Laucken, U. (1974). *Naive Verhaltenstheorie*. Stuttgart: Klett.

Lenk, H. (1972). *Erklärung – Prognose – Planung*. Freiburg: Rombach.

Lenk, H. (1975). *Pragmatische Philosophie*. Hamburg: Hoffmann & Campe.

Lenk, H. (1986). *Zwischen Wissenschaftstheorie und Sozialwissenschaft*. Frankfurt am Main: Suhrkamp.

Lenk, H. (1987). *Zwischen Sozialpsychologie und Sozialphilosophie*. Frankfurt am Main: Suhrkamp.

Lenk, H. (1993). *Interpretationskonstrukte*. Frankfurt am Main: Suhrkamp.

Lenk, H. (1995). Das metainterpretierende Wesen. *Allgemeine Zeitschrift für Philosophie, 20*, 39–47.

Lenk, H. (1995). *Schemaspiele*. Frankfurt am Main: Suhrkamp.

Lenk, H. (1998). *Einführung in die Erkenntnistheorie*. München: UTB Fink.

Lenk, H. (2000). *Erfassung der Wirklichkeit. Eine interpretationsrealistische Erkenntnistheorie*. Würzburg: Königshausen & Neumann.

Lenk, H. (2001a). *Das Denken und sein Gehalt*. München: Oldenbourg.

Lenk, H. (2001b). *Kleine Philosophie des Gehirns*. Darmstadt: Wissenschaftliche Buchgesellschaft.

Lenk, H. (2001c). *Denken und Handlungsbindung*. Freiburg: Alber.

Lenk, H. (2004). *Bewusstsein als Schemainterpretation*. Paderborn: Mentis.

Lycan, W.G. (1996). *Consciousness and experience*. Cambridge, MA: MIT Press.

Malsburg, C. von der (1986). Am I thinking assemblies? In G. Palm & A. Aertson (Eds.), *Brain theory* (pp. 161–176). Berlin: Springer.

McGinn, C. (1989). *Mental content*. Oxford: Blackwell.

Merton, R. K. (1976). Die Eigendynamik gesellschaftlicher Voraussagen. In E. Topitsch (Hrsg.), *Logik der Sozialwissenschaften* (9. Aufl., S. 144–161). Köln: Kiepenheuer & Witsch.

Nagel, Th. (1974). What is it like to be a bat? *The Philosophical Review, 83*, 435–450.

Neisser, U. (1974). *Kognitive Psychologie*. Stuttgart: Klett.

Pöppel, E. & Edingshaus, A.-L. (1994). *Geheimnisvoller Kosmos Gehirn*. München: Bertelsmann.

Rosenthal, D.M. (1986). Two concepts of consciousness. *Philosophical Studies, 49*, 329–359.

Roth, G. (1994). *Das Gehirn und seine Wirklichkeit*. Frankfurt am Main: Suhrkamp.

Rumelhart, D. (1980). Schemata. The building blocks of cognition. In R.J. Spiro, B.C. Bertram & W.F. Brewer (Eds.), *Theoretical issues in reading comprehension*. Hillsdale, NJ: Erlbaum.

Sachsse, H. (1968). *Die Erkenntnis des Lebendigen*. Braunschweig: Vieweg.

Schank, R. & Abelson, R. (1977). *Scripts, plans, goals and understanding: an enquiry into human knowledge structures*. Hillsdale, NJ: Erlbaum.

Selz, O. (1913). *Über die Gesetze des geordneten Denkverlaufs*. Stuttgart: Spemann.

Springer, S.P. & Deutsch, G. (1998). *Linkes Gehirn, rechtes Gehirn* (2. Aufl.). Heidelberg: Spektrum.

Stegmüller, W. (1983). *Erklärung – Begründung – Kausalität*. Berlin: Springer.

Stephan, A. (1999). *Emergenz*. Dresden: Dresden Univ. Press.

Tye, M. (1995). Das brennende Haus. In Th. Metzinger (Hrsg.), *Bewusstsein* (2. Aufl., S. 103–112). Paderborn: Schöningh.

Tye, M. (1995). *Ten problems of consciousness*. Cambridge, MA: MIT Press.

Young, J.Z. (1989). *Philosophie und das Gehirn*. Basel: Birkhäuser.

31

32 Lerntheorien

A. Kinder

Die erste psychologische Lerntheorie wurde vor mehr als einem Jahrhundert von Thorndike (1998) formuliert. In seinem »law of effect« postulierte Thorndike, dass beim Lernen eine Verbindung zwischen einem Reiz und einer Reaktion gebildet wird, und zwar immer dann, wenn der Reaktion eine Belohnung folgt. Während Thorndike mit seiner Theorie die instrumentelle Konditionierung erklären wollte, suchte Pawlow (1927) nach einer Erklärung für das von ihm entdeckte Phänomen der klassischen Konditionierung. Weil in Pawlows Experimenten ein konditionierter und ein unkonditionierter Reiz in zeitlicher Nähe zueinander auftraten, lag die Annahme nahe, dass diese beiden Reize eine Assoziation eingehen. Pawlow vermutete, dass die neuronalen Zentren, die für die Verarbeitung beider Reize zuständig sind, im Verlauf des Lernens miteinander verbunden werden. Im Gegensatz zu Thorndike, der von Reiz-Reaktions-Verbindungen ausging, nahm Pawlow also Reiz-Reiz-Verbindungen an.

Noch heute dominieren in der Lernforschung Theorien, denen zufolge Lernen in der Ausbildung von Reiz-Reiz-Verbindungen besteht. Die bekannteste stammt von Rescorla und Wagner (1972) und hat die Lernforschung sowohl in theoretischer als auch in empirischer Hinsicht revolutioniert. Während frühere Theorien, wie z. B. die Theorie Pawlows, die zeitliche Nähe zwischen zwei Reizen als Voraussetzung für das Lernen betonten, ist laut Rescorla und Wagner entscheidend, ob das Auftreten des konditionierten Reizes eine **Vorhersage** über das Auftreten des unkonditionierten Reizes erlaubt. Dies kann auch dann der Fall sein, wenn beide niemals in zeitlicher Nähe zueinander auftreten. Ursprünglich wurde die Rescorla-Wagner-Theorie zur Erklärung klassischer Konditionierung bei Tieren konzipiert, sie kann aber auch auf andere Bereiche des Lernens angewendet werden. Hierzu zählen nicht nur die operante Konditionierung, sondern auch menschliches Lernen wie Kausallernen und Kategorienlernen.

32.1 Die Triebreduktionstheorie Hulls

Die Theorie Hulls ist vor allem deshalb bedeutsam, da sie zu ihrer Zeit das umfassendste wissenschaftliche System in der Psychologie war und als erste Lerntheorie den Anspruch erhob, Verhalten quantitativ vorherzusagen. Mit seiner Forschung verfolgte Hull (▶ Kurzbiographie) kein geringeres Ziel, als die allgemeinen Gesetze des Lernens und Verhaltens bei Mensch und Tier zu finden (s. z. B. Hull, 1934). Sein Vorbild waren die Arbeiten Newtons und die von diesem formulierten Gesetze der Physik. Wie Newton wollte er ein widerspruchsfreies, auf Axiomen beruhendes System schaffen, aus dem sich experimentell prüfbare Vorhersagen ableiten lassen. Inhaltlich knüpfte er an die Arbei-

Clark L. Hull

Clark L. Hull wurde 1884 bei Akron, New York, geboren. Ursprünglich wollte er Ingenieur werden, wechselte aber bald zur Psychologie. Wegen einer schweren Erkrankung, und weil er sein Studium durch Arbeit selbst finanzieren musste, machte er erst mit 29 Jahren einen Abschluss an der Michigan Universität. Mit 34 Jahren promovierte er an der Universität von Wisconsin, wo er noch weitere 10 Jahre arbeitete. 1929 wechselte er zur Yale Universität und lehrte dort bis zu seinem Tode 1952.

Sein Interesse für die Lernforschung begann 1927 als er die englische Übersetzung von Pawlows Werk »Konditionierte Reflexe« las. 1943 veröffentlichte er sein berühmtes Buch »The Principles of Behavior«. In den Jahren danach wurde er einer der einflussreichsten Vertreter der experimentellen Psychologie.

ten Thorndikes und dessen »law of effect« an. So nahm auch Hull an, dass beim Lernen Assoziationen zwischen Reizen und Reaktionen ausgebildet werden, und zwar immer dann, wenn die Reaktionen verstärkt werden.

32.1.1 Zentrale Konzepte

Im Gegensatz zu Thorndike bemühte sich Hull um eine biologische Erklärung von Verstärkung und postulierte, dass solche Reize verstärkend wirken, die die Intensität eines Triebes reduzieren. Triebe, die eine zentrale Rolle in Hulls theoretischem System spielen, haben die Ursache in einem physiologischen Bedürfnis oder in einem schmerzhaften Reiz. Sie sind unspezifisch, d. h., sie versorgen das Verhalten ganz allgemein mit Energie. Ohne Vorhandensein eines Triebes findet weder Lernen statt, noch wird gelerntes Verhalten ausgeführt. Eine weiteres zentrales Konzept Hulls sind die sog. »habits« (Gewohnheiten). Hierbei handelt es sich um permanente Verbindungen zwischen Reizen und Reaktionen, sie repräsentieren die vorangegangene Erfahrung des Organismus. Die Stärke eines Habits nimmt zu,

wenn Reiz und Reaktion in zeitlicher Nähe auftreten und die Reaktion anschließend verstärkt wird. Wie schnell die Zunahme erfolgt, hängt von verschiedenen Faktoren ab, wie der Zahl der verstärkten Lerndurchgänge, der Größe der Belohnung, und davon, wie schnell die Verstärkung erfolgt.

Triebstärke und Habitstärke bestimmen das sog. Reaktionspotenzial sEr. Von diesem Reaktionspotenzial hängt es ab, welches Verhalten r ein Organismus in Anwesenheit eines Reizes s zeigt. In seinem 1943 veröffentlichten Buch »Principles of Behavior« postulierte Hull, dass sich das Reaktionspotenzial nach der folgenden (hier etwas vereinfachten) Formel berechnen lässt:

$$sEr = (sHr \times D) - I,$$

wobei sHr die Habitstärke ist, D die Triebstärke und I alle das Verhalten hemmenden Faktoren wie z. B. Ermüdung einschließt.

In seinem 1952 erschienenen Werk »A Behavior System« revidierte Hull die Verhaltensformel, indem er sie um den Faktor des »Anreizes« erweiterte. Anlass für diese Veränderung waren die Experimente von Crespi (1942). Crespi erfasste die Laufgeschwindigkeit von drei Gruppen von Ratten, die unterschiedlich viele Futterpillen als Verstärkung erhielten. Es zeigte sich, dass die Ratten umso schneller liefen, je mehr Futterpillen sie als Belohnung erhielten. Dieses Ergebnis allein ließe sich mit der obigen Formel vereinbaren, denn laut Hull nimmt die Habitstärke umso stärker zu, je größer die Verstärkermenge ist. In Crespis Experiment gab es jedoch noch eine zweite Phase, in der allen Gruppen von Ratten die gleiche (mittlere) Verstärkermenge gegeben wurde. Eine Gruppe von Ratten erhielt also plötzlich eine größere Anzahl an Futterpillen, die zweite Gruppe eine kleinere Anzahl, und für die dritte Gruppe veränderte sich nichts. In der Gruppe, in der die Futtermenge zunahm, erhöhte sich die Laufgeschwindigkeit deutlich, in der Gruppe, in der die Futtermenge abnahm, verringerte sie sich. Diese Veränderungen passierten zu schnell, als dass sie auf eine Veränderung der Habitstärke hätten zurückgeführt werden können. Dieses Ergebnis veranlasste Crespi zu der Annahme, dass es außer den beiden Faktoren Triebstärke und Habitstärke noch einen Motivationsfaktor geben müsse. Hull kürzte diesen als Anreiz bezeichneten Faktor nach seinem Kollegen Kenneth Spence mit dem Buchstaben K ab und fügte ihn seiner Formel hinzu:

$$sEr = (sHr \times D \times K) - I.$$

32.1.2 Bedeutung und Grenzen des theoretischen Ansatzes

In den 50er Jahren des 20. Jahrhunderts beeinflusste Hull die Lernforschung wie kein anderer. Hillgard und Bower (1975) berichteten, dass im »Journal of Experimental Psychology« und im »Journal of Comparative and Physiological Psychology« in den Jahren zwischen 1941 und 1950 70% der Artikel, die sich mit Lernen und Motivation beschäftigten, auf Hulls Arbeiten Bezug nahmen. In der Lernforschung der Gegenwart ist Hulls Theorie jedoch (abgesehen von einzelnen Konzepten) nur noch von historischem Interesse.

Ein entscheidender Kritikpunkt an der Theorie war, dass die hypothetischen Konstrukte, welche Hull einführte, wie z. B. Habit und Trieb, zu wenig empirisch abgesichert waren (MacCorquodale & Meehl, 1948). Problematisch war insbesondere die starke Betonung des Triebkonzeptes. Ohne dass ein Trieb vorhanden ist, kann laut Verhaltensformel kein Verhalten stattfinden und die Verminderung des Triebes ist die Ursache jeden Lernens. Diese Postulate erschienen bald nicht nur in Bezug auf menschliches Lernen, sondern auch im Tierbereich zweifelhaft. So fanden Sheffield und Roby (1950), dass Ratten auch dann Verhalten ausführten, wenn sie nur mit künstlichem Süßstoff, welcher den Hungertrieb naturgemäß nicht reduziert, belohnt wurden. In der Folge gab es weitere Befunde, die das Triebkonzept fraglich erscheinen ließen: So wurde gezeigt, dass die sog. sensorische Verstärkung nicht nur beim Menschen, sondern auch bei Tieren funktioniert: Es kann schon belohnend sein, wenn ein Licht angeschaltet wird oder wenn einem Tier die Möglichkeit zur Erkundung eines Raumes gegeben wird (s. z. B. Reed, Mitchell & Nokes, 1996).

Ein grundlegendes Umdenken in Bezug auf das Prinzip der Verstärkung leitete Premack in den 60er Jahren ein (Premack, 1965). Er postulierte, dass solche Reaktionen, die ein Mensch oder ein Tier mit großer Wahrscheinlichkeit ausführt, andere Reaktionen verstärken können, deren Ausführung unwahrscheinlicher ist. Dieses Prinzip erklärte das Lernen in einer instrumentellen Konditionierungsanordnung auf vollkommen neue Art und Weise: Fressen oder Trinken kann Hebeldrücken verstärken, weil die erste Art von Verhalten mit hoher Wahrscheinlichkeit gezeigt wird, während die zweite Art sehr unwahrscheinlich ist.

Wenn auch auf der Ebene der konkreten Inhalte Hulls Arbeiten für die heutige Lernforschung nur noch von geringer Bedeutung sind, so hat er doch die wissenschaftliche Psychologie nachhaltig beeinflusst: Neben anderen Pionieren der experimentellen Psychologie haben wir es auch ihm zu verdanken, dass heute die Überzeugung so verbreitet ist, dass sich aus psychologischen Theorien experimentell prüfbare Vorhersagen ableiten lassen müssen.

32.2 Das Zwei-Prozess-Modell des Vermeidungslernens

Lange standen die Theoretiker des Lernens vor dem Problem zu erklären, wie Vermeidungslernen funktioniert. Wie kann ein Verhalten durch das Ausbleiben eines Ereignisses verstärkt werden? Dass die Pioniere der Lernforschung

Schwierigkeiten hatten, diese Frage zu beantworten, wird nachvollziehbar, wenn man bedenkt, dass ihr Denken vom Behaviorismus geprägt war. Konzepte wie Erwartungen oder mentale Repräsentationen galten als unwissenschaftlich und konnten daher nicht zur Erklärung des Vermeidungslernens herangezogen werden. Die erste Erklärung des Phänomens, das Zwei-Prozess-Modell des Vermeidungslernens, stammt von Mowrer (1947) und wurde von Miller (z. B. 1951) und anderen spezifiziert. Jahrzehntelang war es die dominierende Theorie in diesem Bereich und ist auch heute noch der Maßstab, an dem sich jeder alternative Erklärungsansatz messen lassen muss (s. Domjan, 2003).

32.2.1 Beschreibung des Modells

Um das Zwei-Prozess-Modell zu beschreiben, stellt man am besten zunächst ein Standardexperiment zum Vermeidungslernen dar. In einem solchen Experiment befindet sich ein Versuchstier in einer von zwei Kammern eines Versuchskäfigs. Ein Lerndurchgang in einem solchen Experiment beginnt immer mit einem Warnreiz, auf den ein Elektroschock folgt. Das Vermeidungsverhalten besteht darin, dass das Tier, schon bevor der Elektroschock beginnt, in die andere Kammer des Käfigs läuft. In diesem Fall wird der Warnreiz beendet und der Elektroschock bleibt aus. Wie erklärt das Zwei-Prozess-Modell, dass das Tier lernt, den Elektroschock zu vermeiden? Wie der Name schon sagt, nimmt das Modell an, dass dem Vermeidungsverhalten zwei unterschiedliche Lernprozesse zugrunde liegen. Solange noch kein erfolgreiches Vermeidungsverhalten gezeigt wird, das Tier also dem Elektroschock ausgesetzt wird, findet ein klassischer Konditionierungsprozess statt: Der Warnreiz fungiert als konditionierter Stimulus (CS) und wird mit dem unkonditionierten Stimulus (US), dem Elektroschock, assoziiert. Mowrer nahm an, dass durch diesen Konditionierungsprozess der CS zum Auslöser von Furcht wird. Da Furcht ein unangenehmer Zustand ist, ist die Beendigung dieses Zustandes verstärkend (negative Verstärkung, ▶ Kap. 11). Hier kommt der zweite Prozess, die instrumentelle Konditionierung ins Spiel: Das Vermeidungsverhalten beendet den CS und dies führt zu einer Verminderung von Furcht, wodurch das Vermeidungsverhalten verstärkt wird. Laut Zwei-Prozess-Modell wirkt also nicht das Ausbleiben des US als Verstärker für das Vermeidungsverhalten, sondern die Verminderung von Furcht durch die Beendigung des CS.

Bestätigung fand das Modell u. a. in Experimenten, in denen klassische und instrumentelle Konditionierung experimentell getrennt wurden (z. B. McAllister & McAllister, 1971). In diesen Experimenten erhielt eine Gruppe von Ratten in einer klassischen Konditionierungsphase zunächst CS-Schock-Paarungen, ohne dass der Schock vermieden werden konnte. Die zweite Gruppe von Ratten erhielt keine CS-Schock-Paarungen. In der instrumentellen

Phase wurden die Ratten in einen Versuchskäfig mit zwei Kammern gesetzt und es erfolgte der CS aus der ersten Phase des Experiments. Wenn die Ratten in die andere Kammer des Käfigs liefen, wurde der CS beendet. Ein US erfolgte in der zweiten Phase des Experiments nicht mehr. Es zeigte sich, dass die Versuchstiere, welche in der ersten Phase des Experiments CS-Schock-Paarungen erhalten hatten, schneller in die andere Kammer des Käfigs liefen als Kontrolltiere, die kein Vortraining erhalten hatten. Die Beendigung des CS wirkte also als Verstärker, obwohl gar kein US mehr erfolgte. Diese Experimente zeigen, dass die Beendigung des CS ausreicht, um das Vermeidungsverhalten zu verstärken, und bestätigen damit eine wichtige Annahme des Zwei-Prozess-Modells.

32.2.2 Grenzen des Modells und alternative Erklärungsansätze

Andere empirische Phänomene sind dagegen nur schwer in Einklang mit dem Zwei-Prozess-Modell zu bringen. So wurde das Ausmaß an Furcht nach erfolgreichem Vermeidungslernen mit Hilfe des CER-Paradigmas (▶ Kap. 11) gemessen. Hier zeigte sich, dass die Furcht umso geringer war, je häufiger das Vermeidungsverhalten gezeigt worden war (Kamin, Brimer & Black, 1963). Die Ergebnisse widersprechen dem Zwei-Prozess-Modell, weil das Vermeidungsverhalten durch die verringerte Furcht nicht in seiner Häufigkeit abgenommen hatte. Generell ist die hohe Löschungsresistenz von Vermeidungsverhalten ein Problem für die Theorie. Wenn der US sicher vermieden wird und deswegen der CS nur noch alleine präsentiert wird, sollte es nämlich zur Löschung der Furchtreaktion kommen. Dadurch sollte das Vermeidungsverhalten nicht mehr verstärkt werden und daher in seiner Intensität und Häufigkeit abnehmen.

Die hohe Löschungsresistenz kann besser durch solche Ansätze erklärt werden, die annehmen, dass beim Vermeidungsverhalten Sicherheitssignale eine Rolle spielen (s. Domjan, 2003). Solche Signale können z. B. die Reize sein, die das Tier beim Wechseln von einer Versuchskammer in die andere wahrnimmt. Es wird angenommen, dass diese Reize die durch den CS ausgelöste Furcht aktiv hemmen und so zum Verstärker werden. Dem unten dargestellten Rescorla-Wagner-Modell zufolge ist eine Situation, in der ein erregender Reiz (der CS) zusammen mit einem hemmenden Reiz (einem Sicherheitssignal) auftritt, und kein US erfolgt, stabil, d. h., es findet keine Löschung statt.

Ein weiteres Problem des Zwei-Prozess-Modells hängt damit zusammen, dass es Vermeidungsverhalten nur in einer Situation erklärt, in der jeder Lerndurchgang mit einem CS beginnt. Eine andere Möglichkeit, Vermeidungsverhalten zu untersuchen, besteht darin, ohne Warnsignal immer dann einen Schock zu geben, wenn in einem bestimmten Zeitintervall keine Vermeidungsreaktion, z. B. kein Hebel-

drücken, erfolgte (Sidman, 1953). Vermeidungsverhalten in dieser Situation lässt sich am besten durch einen Ansatz erklären, demzufolge die Verringerung der Häufigkeit von Schocks verstärkend auf die Vermeidungsreaktion wirkt. Diese Erklärung setzt natürlich voraus, dass die Schockhäufigkeit in irgendeiner Weise im Organismus repräsentiert ist, eine Annahme, welche die vom Behaviorismus geprägten Väter des Zwei-Prozess-Modells nicht gemacht hätten.

32.3 Die Reiz-Stichproben-Theorie von Estes

Die Reiz-Stichproben-Theorie (im Original »stimulus sampling theory«) wurde in den 50er Jahren des 20. Jahrhunderts von William Estes (▶ Kurzbiographie) und seinen Kollegen entwickelt (s. z. B. Estes, 1950; Niemark & Estes, 1967) und bildet den Übergang zur modernen Lerntheorie. Sie war die erste Lerntheorie, mit deren Hilfe exakte quantitative Vorhersagen für die Wahrscheinlichkeit einer Reaktion gemacht werden konnten. Im Gegensatz zu früheren (und späteren) Lerntheorien wurde die Reiz-Stichproben-

William K. Estes

William K. Estes wurde 1919 in Minneapolis, Minnesota, USA, geboren. Er absolvierte sein Studium und schrieb seine Doktorarbeit an der Universität von Minnesota. In der Folge war er Professor an der Universität von Indiana, in Stanford, an der Rockefeller Universität und in Harvard. 1999 kehrte er an die Universität von Indiana zurück.

In Minnesota arbeitete er zunächst bei B.F. Skinner und studierte die konditionierte emotionale Reaktion (CER) an Tieren. Ende der 40er Jahren wandte er sich verstärkt dem menschlichen Lernen zu und entwickelte die Reiz-Stichproben-Theorie. Bis heute beschäftigt er sich mit mathematischen Modellen des menschlichen Lernens und Gedächtnisses. Er ist einer der Begründer der modernen mathematischen Psychologie und der quantitativen Modellierung kognitiver Prozesse.

32

Theorie nicht hauptsächlich im Tierbereich überprüft, sondern in erster Linie in Experimenten mit Menschen. Grundsätzlich kann sie auf alle Situationen angewendet werden, in denen gelernt wird, auf bestimmte Reize bestimmte Reaktionen zu zeigen. Hierbei kann es sich z. B. um klassisches Konditionieren handeln, bei dem auf einen CS im Verlauf des Lernens mit immer größerer Wahrscheinlichkeit eine CR ausgeführt wird. Ebenso kann die Theorie aber auch das Erlernen von Kategorien erklären, bei dem auf verschiedene Reize verschiedene Reaktionen gezeigt werden (z. B. die Bezeichnung zweibeiniger, gefiederter Tiere als Vögel und die Bezeichnung vierbeiniger, bellender Tiere als Hund).

32.3.1 Beschreibung der Theorie

Die Grundidee der Reiz-Stichproben-Theorie ist, dass jeder Reiz aus einer Menge von Elementen besteht. Wird ein Reiz präsentiert, werden nicht alle seine Elemente wahrgenommen, sondern nur eine Untermenge, d. h. eine »Stichprobe«. Auf diese Annahme geht der Name der Theorie zurück. Die Reizelemente der Stichprobe gehen mit einer bestimmten Wahrscheinlichkeit eine Assoziation mit der korrekten Reaktion ein. Die Wahrscheinlichkeit einer korrekten Reaktion hängt davon ab, wie viele der ausgewählten Elemente eines Reizes mit dieser Reaktion verknüpft sind.

Innerhalb der Theorie lassen sich verschiedenen Annahmen darüber machen, wie die Reizauswahl funktioniert. Die einfachste mögliche Annahme ist, dass jedes Reizelement, unabhängig von den anderen Reizelementen, mit einer bestimmten Wahrscheinlichkeit wahrgenommen wird. Eine zweite Möglichkeit besteht darin, dass in jedem Lerndurchgang immer eine bestimmte Anzahl von Elementen ausgewählt wird. Eine Vorhersage, die sich aus beiden Annahmen ableiten lässt, ist, dass die Lernkurve, auf der die Wahrscheinlichkeit einer korrekten Reaktion im Verlauf des Lernens abgebildet ist, negativ beschleunigt sein sollte. Dies liegt daran, dass es im Verlauf des Lernens immer unwahrscheinlicher wird, dass Reizelemente ausgewählt werden, die noch nicht mit einer korrekten Reaktion verknüpft sind.

32.3.2 Vorhersagen und Grenzen der Theorie

Die Theorie kann nicht nur den Verlauf von Lernkurven erklären, sondern auch weitere Phänomene, die beim Lernen beobachtet werden. Generalisierung wird z. B. wie folgt erklärt: Nehmen wir an, dass gelernt wurde, auf einen Reiz, der aus den Elementen a, b, c, d, e und f besteht, eine bestimmte Reaktion zu zeigen. Wenn die Wahrscheinlichkeit einer korrekten Reaktion 1 ist, bedeutet das, dass alle Reizelemente mit der korrekten Reaktion assoziiert sind. Nun

wird ein anderer Reiz dargeboten, der aus den Elementen d, e, f, g, h und i besteht, der also neben einigen neuen Reizelementen auch solche enthält, die Teil des ersten Reizes sind. In diesem Fall erfolgt mit einer bestimmten Wahrscheinlichkeit auch auf den zweiten Reiz die auf den ersten Reiz gelernte Reaktion. Die Höhe dieser Wahrscheinlichkeit, d. h. die Stärke der Generalisierung, hängt von der Zahl der gemeinsamen Elemente ab.

Eine weitere korrekte Vorhersage der Theorie ist das sog. »probability matching«. Dieser Effekt tritt z. B. in Experimenten auf, in denen Versuchspersonen die Aufgabe haben, auf der Basis von verschiedenen Reizen eines von zwei Ereignissen vorherzusagen. Tatsächlich treten die beiden Ereignisse aber zufällig auf, d. h., es besteht kein Zusammenhang zwischen den Reizen und dem eintretenden Ereignis. Die Antworten der Versuchspersonen orientieren sich daran, wie wahrscheinlich die beiden Ereignisse sind: Tritt das erste Ereignis mit der Wahrscheinlichkeit p ein und das zweite Ereignis mit der Wahrscheinlichkeit 1–p, so sagen Versuchspersonen die beiden Ereignisse genau mit diesen Wahrscheinlichkeiten vorher.

Trotz der Erfolge der Reiz-Stichproben-Theorie kann sie dennoch das Reiz-Reaktions-Lernen nicht vollständig erklären. An Grenzen stößt sie nicht nur bei der Erklärung »höherer« kognitiver Prozesse wie dem Hypothesentesten, welches zu diskontinuierlichen Lernverläufen führt, sondern auch angesichts einiger Befunde, die aus der Lernforschung mit Tieren bekannt sind. Der Theorie zufolge sollte es z. B. nicht möglich sein, dass zwei Reize, die einander sehr ähnlich sind, dennoch perfekt diskriminiert werden können (Gluck, 1992). Ein weiteres Problem für die Theorie stellt der Blockierungseffekt dar, der Ende der 60er Jahre entdeckt wurde (Kamin, 1969). Dieser Effekt führte (neben anderen Beobachtungen) zur Entwicklung der Rescorla-Wagner-Theorie, welche im nächsten Abschnitt dargestellt wird.

32.4 Das Modell von Rescorla und Wagner

Im Jahr 1972 veröffentlichten Rescorla und Wagner ihr Modell des assoziativen Lernens und leiteten damit eine entscheidende Wende in der Lernforschung ein.

Während vor der Veröffentlichung der Theorie die Lernforschung vom Behaviorismus geprägt war, nahmen Rescorla und Wagner erstmals an, dass Reize im Organismus repräsentiert werden und dass Erwartungen eine Rolle beim Lernen spielen. Auslöser für die Konzeption der Theorie waren Experimente mit Tieren, die zeigten, dass die zeitliche Nähe zwischen Ereignissen weder eine notwendige noch eine hinreichende Bedingung für Lernen ist. Eines der bekanntesten Phänomene in diesem Zusammenhang ist der sog. Blockierungseffekt, der erstmals von Kamin (1969) beschrieben wurde (► Kasten).

Der Blockierungseffekt

Stellen Sie sich folgendes Szenario vor: Schon von Kindesbeinen an reagieren Sie mit Hautausschlag, wenn Sie Mangos essen. Eines Tages probieren Sie auf einer Party eine Nachspeise mit Früchten, die Sie nicht genau identifizieren können. Auf Nachfrage erfahren Sie, dass die Nachspeise Mangos und Papayas enthielt, wobei Sie noch nie zuvor Papayas gegessen haben. Wenn Sie am nächsten Tag Hautausschlag bekommen, werden Sie vermutlich davon ausgehen, dass die Mangos und nicht die Papayas den Ausschlag verursacht haben. Hätten Sie dagegen keine Mangoallergie, würde Ihr Verdacht vermutlich auf die Papayas fallen. Das heißt, der bereits gelernte Zusammenhang zwischen Mango und Hautausschlag »blockiert« das Lernen eines neuen Zusammenhangs zwischen Papaya und Hautausschlag.

Im Experiment kann man den Blockierungseffekt folgendermaßen demonstrieren. Zuerst muss ein CS, nennen wir ihn A, solange von einem US gefolgt werden, bis eine Asymptote erreicht ist, d. h., bis nichts mehr gelernt wird. In einer zweiten Phase wird zusammen mit A ein neuer Reiz B dargeboten, woraufhin ebenfalls ein US erfolgt. Eine Kontrollgruppe durchläuft nur die zweite Phase des Experiments. Als Test wird nun in beiden Gruppen B alleine dargeboten. Schematisch sieht das Experiment folgendermaßen aus:

	1. Phase	2. Phase	Test
Experimentalgruppe	A → US	A + B → US	B?
Kontrollgruppe	–	A + B → US	B?

Von Blockierung spricht man, wenn im Test die Mitglieder der Experimentalgruppe schwächer oder weniger häufig auf B reagieren als die Mitglieder der Kontrollgruppe.

Die Entdeckung des Blockierungseffekts war bahnbrechend, weil er nicht durch Theorien erklärt werden konnte, in denen die zeitliche Nähe (die Kontiguität) von CS und US entscheidend ist. Da in der Experimentalgruppe der CS B genauso häufig zusammen mit dem US dargeboten wird wie in der Kontrollgruppe, sollte laut Kontiguitätstheorien in beiden Gruppen eine gleich starke Assoziation zwischen CS und US entstehen. Es gibt also keinen Grund dafür, dass in der Experimentalgruppe seltener oder weniger häufig reagiert wird als in der Kontrollgruppe.

Der Blockierungseffekt zeigt, dass die zeitliche Nähe (Kontiguität) von CS und US nicht ausreichend ist, um eine Assoziation zwischen den beiden Reizen herzustellen.

32.4.1 Erklärung des Blockierungseffekts

Wie erklärt nun die Theorie von Rescorla und Wagner den Blockierungseffekt? Laut dieser Theorie ist es entscheidend für das Lernen, ob der US überraschend auftritt oder ob er bereits anhand der dargebotenen konditionierten Reize erwartet wurde. Es geht also um die Diskrepanz zwischen dem vorhergesagten und dem tatsächlichen Ereignis, je größer diese Diskrepanz ist, desto mehr wird gelernt. Wovon das Ausmaß des Lernens oder, mit anderen Worten, die Veränderung der Assoziationsstärke genau abhängt, lässt sich am klarsten mit Hilfe einer Formel darstellen (▶ Kasten).

Die Rescorla-Wagner-Formel

Das Ausmaß der Veränderung der Assoziationsstärke für den Reiz A berechnet sich folgendermaßen:

$$\Delta VA = \alpha \times \beta \times (\lambda - \Sigma V)$$

Die Termini in der Formel bedeuten Folgendes:

α: Konstante, deren Höhe von der Art und Stärke des CS abhängt. Diese Konstante hat z. B. bei einem auffälligen CS einen höheren Wert als bei einem unauffälligen CS. Je größer diese Konstante ist, desto schneller wird gelernt.

β: Konstante, deren Höhe von der Art und Stärke des US abhängt.

ΣV: Summe der Assoziationsstärken aller in dem aktuellen Lerndurchgang anwesenden CS, also nicht nur von A, sondern auch von B, C oder D, wenn diese ebenfalls dargeboten werden. Dieser Term spiegelt das Ausmaß der Erwartung des US wider. Das heißt, je stärker alle dargebotenen CS mit dem US assoziiert sind, desto größer ist die Erwartung, dass der US eintritt.

λ: Dieser Term entspricht dem tatsächlich dargebotenen US. Erfolgt ein US, erhält λ einen positiven Wert, erfolgt kein US, erhält λ den Wert 0. Die Differenz $\lambda - \Sigma V$ entspricht also der Diskrepanz zwischen dem tatsächlich eingetretenen US und dem erwarteten US. Je größer diese Diskrepanz ist, desto mehr wird gelernt.

Die geniale Idee von Rescorla und Wagner war, dass die Erwartung des US von *allen* in einem Lerndurchgang dargebotenen konditionierten Reize abhängt. Dies erklärt auch den Blockierungseffekt: Für die Teilnehmer in der Experimentalgruppe wird in der zweiten Phase des Experiments der US schon durch die Darbietung des CS A vorhergesagt.

Folglich kann der CS B auch keine Assoziationsstärke mehr erwerben: Das Lernen ist »blockiert«.

32.4.2 Erklärung von inhibitorischer Konditionierung

Das Rescorla-Wagner-Modell liefert auch eine elegante Erklärung für inhibitorische Konditionierung (▶ Kap. 11). In der Standardanordnung zur inhibitorischen Konditionierung gibt es zwei Arten von Lerndurchgängen. Die erste Art besteht aus einem einzigen CS, z. B. einem Lichtreiz, der von einem US, z. B. einer Futterpille, gefolgt wird, also Licht→Futterpille. In der zweiten Art von Lerndurchgang wird das Licht zusammen mit einem zweiten CS, z. B. einem Ton, dargeboten, und in diesem Fall wird keine Futterpille gegeben, also Licht+Ton→keine Futterpille. Die beiden Arten von Lerndurchgängen werden in zufälliger Folge wiederholt dargeboten. Wenn anfangs das Licht zusammen mit der Futterpille präsentiert wird, erwirbt es assoziative Stärke, denn es besteht eine positive Differenz zwischen dem eingetretenen Ereignis (Futterpille) und dem, was erwartet wird, nämlich zunächst nichts. Was passiert nun in den »Licht+Ton«-Lerndurchgängen? Da das Licht mit der Gabe einer Futterpille assoziiert wurde, wird auch bei der gemeinsamen Darbietung von Licht und Ton Futter erwartet. Dieses bleibt jedoch aus. Setzt man entsprechende Werte in die oben stehende Formel ein (Für λ den Wert 0 und für ΣV einen positiven Wert) ergibt sich eine Abnahme der Assoziationsstärke sowohl für das Licht als auch den Ton. Im Falle des Lichts wird dieser Verlust in den »Nur-Licht«-Lerndurchgängen wieder ausgeglichen. Dies gilt jedoch nicht für den Ton: Im Verlauf des Lernens wird er in immer stärkerem Maße negativ mit der Futterpille assoziiert. Mit anderen Worten, er signalisiert, dass die Futterpille ausbleibt, und wird somit zum »Inhibitor«.

32.4.3 Bedeutung und Grenzen des Rescorla-Wagner-Modells

Das Rescorla-Wagner-Modell hat über Jahrzehnte hinweg bis zum heutigen Tag die Forschung im Bereich des Lernens ganz außerordentlich befruchtet. Sie kann die Ergebnisse zahlloser Lernexperimente erklären (s. Miller, Barnet & Grahame, 1995). Sie macht auch kontraintuitive Vorhersagen, welche empirisch bestätigt wurden, wie z. B. dass die Assoziationsstärke eines CS abnehmen kann, obwohl seine Präsentation weiterhin vom US gefolgt wird (z. B. Khallad & Moore, 1996). Die Theorie lässt sich nicht nur auf das Lernen bei Tieren, sondern auch auf bestimmte Formen des menschlichen Lernens wie z. B. Kategorienlernen oder Kausallernen anwenden (s. Pearce & Bouton, 2001).

Auf der anderen Seite gibt es eine Reihe von Phänomenen, die das Modell nicht erklären kann (s. z. B. Miller et al., 1995). Zu diesen zählen auch bekannte Konditionierungseffekte wie latente Inhibition oder sensorische Vorkonditionierung (▶ Kap. 11). Auch Phänomene, die beim sog. »occasion setting« (z. B. Holland, 1983, ▶ Kap. 11) beobachtet werden, sind nicht mit der Theorie vereinbar. Das Gleiche gilt für Experimente, die zeigen, dass Organismen auch etwas über abwesende Reize lernen können. Die Annahme des Modells, dass Kontextreize in derselben Weise wie konditionierte Reize Assoziationen mit dem US eingehen, scheint ebenfalls nicht korrekt zu sein (zu den letzten drei Punkten s. Pearce & Bouton, 2001). Probleme bringt auch die Annahme mit sich, dass sich bei der Reizdarbietung die Assoziationsstärken der dargebotenen Elemente einfach addieren (in der Formel: ΣV). Aufgrund dieser Annahme kann das Modell nicht erklären, wie Organismen Aufgaben lösen, die nicht linear separierbar sind. Eine solche Aufgabe ist z. B. das negative Patterning (Lachnit & Kimmel, 1993), bei dem zwei Reizelemente jeweils mit einem US gepaart werden, wenn sie alleine darboten wurden, nicht aber bei der gemeinsamen Darbietung. Tiere (und natürlich auch Menschen) können lernen, auf die einzelne Darbietung stärker zu reagieren als auf die gemeinsame. Dies sollte jedoch laut Rescorla-Wagner-Modell unmöglich sein: Durch die Summation der Assoziationsstärken sollte die Reaktion auf die gemeinsame Darbietung immer stärker sein. Eine einfache Zusatzannahme kann jedoch dieses Problem lösen: Man muss annehmen, dass »das Ganze mehr ist als die Summe seiner Teile«. Ein aus A und B bestehender Reizkomplex setzt sich demnach nicht nur aus A und B zusammen, sondern enthält zusätzlich einen weiteren Reizaspekt, der für die Kombination von A und B spezifisch ist. Dieser sog. »unique cue« (z. B. Rescorla, 1973) kann ebenfalls Assoziationsstärke erwerben. Um perfekte Diskrimination beim negativen Patterning zu erklären, muss es sich um einen negativen Wert handeln, sodass sich dieser Wert und die beiden positiven Assoziationen der Einzelreize zu Null addieren. Aber auch mit dieser Zusatzannahme kann das Rescorla-Wagner-Modell nicht alle empirischen Ergebnisse erklären, die bei der Konditionierung mit Reizkomplexen beobachtet werden. Diese Probleme führten zur Entwicklung der Theorie des konfiguralen Lernens (Pearce, 1987, 1994; ▶ Abschn. 32.6).

Weitere Beobachtungen, die außerhalb des Erklärungsbereiches des Rescorla-Wagner-Modells liegen, sind die Auswirkungen des zeitlichen Abstands von CS und US sowie die Tatsache, dass in manchen Fällen konditionierte und unkonditionierte Reaktion einander entgegengesetzt sind. Diese Phänomene führten zur Entwicklung des SOP-Modells, welches im folgenden Abschnitt dargestellt wird.

32.5 Ein Echtzeitmodell klassischer Konditionierung: Das SOP-Modell

Die Theorien, die bisher in diesem Kapitel beschrieben wurden, können eine Vielzahl von Beobachtungen erklären, die in Konditionierungsexperimenten gemacht wurden. Dies gilt jedoch ausschließlich für Phänomene, die über mehrere Lerndurchgänge hinweg beobachtet werden. Im Gegensatz dazu beschäftigt sich das SOP-Modell (Wagner, 1981, s. auch die Erweiterung des SOP-Modells von Wagner & Brandon, 1989) auch damit, was in einem Konditionierungsexperiment innerhalb der Lerndurchgänge geschieht. SOP steht für »sometimes opponent processes« oder für »standard operating procedures«. Weil im SOP-Modell der Zeitverlauf innerhalb der Lerndurchgänge 1:1 abgebildet wird, gehört es zu den Echtzeitmodellen der klassischen Konditionierung.

32.5.1 Beschreibung des Modells

Das Modell nimmt an, dass jeder Reiz, also auch CS und US, im zentralen Nervensystem zwei verschiedene Zustände auslöst, einen unmittelbaren Zustand A1 und einen verzögerten Zustand A2. Im A1-Zustand befindet sich der Reiz im Zentrum der Aufmerksamkeit, im A2-Zustand ist er nur noch am Rande interessant. Konditionierung findet dann statt, wenn sich der A1-Zustand des CS und der A1-Zustand des US überlagern. Beide Reize müssen sich also im Zentrum der Aufmerksamkeit befinden. Je stärker beide Zustände sind, desto stärker nimmt die Assoziation zwischen beiden zu. Durch diese Assoziation löst schließlich der CS nicht nur seinen eigenen A1- und A2-Zustand aus, sondern auch den A2-Zustand des US. Dies führt dazu, dass eine konditionierte Reaktion erfolgt.

Was bedeutet die Abkürzung »sometimes opponent processes«? Der A1- und der A2-Zustand können unterschiedlicher Art sein. Zum Beispiel führt Morphium zunächst zu Müdigkeit (A1) und anschließend zu erhöhter Wachheit (A2). Erfolgt die Morphiumgabe immer zusammen mit einem bestimmten CS (z. B. einer bestimmten Krankenschwester, welche die Spritze verabreicht), führt schließlich der CS alleine schon zum Auslösen des A2-Zustandes, d. h. zu erhöhter Wachheit. Hier handelt es sich also um eine Situation, in welcher der CS und der US entgegengesetzte Prozesse (»opponent processes«) auslösen.

32.5.2 Erklärung empirischer Phänomene

Wie kann das Modell erklären, dass der zeitliche Abstand zwischen CS und US-Beginn weder zu kurz noch zu lang sein darf, es also ein optimales CS-US-Intervall gibt? Dies hat damit zu tun, dass der A1-Zustand nach Beginn der Präsentation eines Reizes zunächst zunimmt, um dann wie-

der abzunehmen. Folgt der CS zu kurz vor dem US, hat der A1-Zustand des CS noch nicht seine volle Intensität erreicht. Ist der CS bei US-Beginn schon einige Zeit vorhanden, hat die Intensität seines A1-Zustandes schon wieder abgenommen. In beiden Fällen gilt, dass CS und US nicht maximal miteinander assoziiert werden.

Neben solchen Echtzeitaspekten ist das SOP-Modell noch auf andere Phänomene anwendbar, die durch das Rescorla-Wagner-Modell nicht korrekt vorhergesagt werden. So wird der CS-Präexpositionseffekt bzw. die latente Inhibition (▶ Kap. 11) dadurch erklärt, dass der CS, wenn er zunächst ohne den US dargeboten wird, bereits mit dem Kontext Assoziationen eingegangen ist. Wird die CS-US-Paarung im selben Kontext präsentiert, ist der A1-Zustand des CS in seiner Intensität und damit seine Assoziierbarkeit gemindert. Die aus dieser Erklärung abzuleitende Vorhersage, dass die latente Inhibition kontextspezifisch ist, konnte in vielen Experimenten experimentell bestätigt werden (z. B. Lovibond, Preston & Mackintosh, 1984).

32.6 Das Modell des konfiguralen Lernens

Pearce (1987, 1994) entwickelte ein Modell, dessen Annahmen darüber, wie konditionierte Reize verarbeitet werden, sich vollkommen von denen des Rescorla-Wagner-Modells unterscheiden. Beim Rescorla-Wagner-Modell handelt es sich um einen »elementaren« Ansatz: Dem Modell zufolge gehen die einzelnen Elemente eines CS Assoziationen mit dem US ein. Dagegen ist im Modell des konfiguralen Lernens jeder CS als unverwechselbare Einheit repräsentiert, und diese Einheit, und nicht die einzelnen Elemente, gehen eine Assoziation mit dem US ein. Ein Reiz, der aus den Elementen A und B besteht, erhält demnach eine andere Repräsentation als ein Reiz, der aus den Elementen A und C besteht.

Bei Darbietung eines Reizes wird allerdings nicht nur seine eigene Repräsentation aktiviert, sondern auch weitere

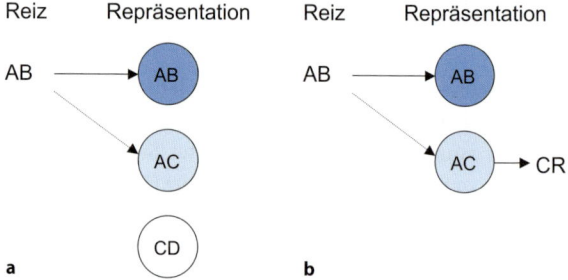

Abb. 32.1. a Reizrepräsentationen im Modell von Pearce: Der Reizkomplex *AB* aktiviert die Repräsentation von *AB* maximal, die Repräsentation von *AC* weniger als maximal und die Repräsentation von *CD* überhaupt nicht. **b** Erklärung von Generalisierung im Modell des konfiguralen Lernens. Wenn gelernt wurde, auf den Reiz *AC* eine konditionierte Reaktion *CR* zu zeigen, wird diese *CR* (etwas schwächer bzw. weniger häufig) auch auf *AB* gezeigt

Repräsentationen, welche ähnlichen Reizen entsprechen, AB aktiviert zu einem gewissen Ausmaß also auch die Repräsentation von AC (◘ Abb. 32.1a). Auf diese Weise erklärt das Modell Generalisierung. Wenn gelernt wurde, auf AC eine konditionierte Reaktion zu zeigen, löst anschließend auch AB eine Reaktion aus, wobei diese Reaktion schwächer ist und/oder weniger häufig auftritt (◘ Abb. 32.1b).

Pearce und Mitarbeiter führten zahlreiche Experimente mit Tauben unter Verwendung von Autoshaping durch (zum Paradigma ▸ Kap. 11), bei denen die Vorhersagen des konfiguralen Lernmodells, nicht aber die des Rescorla-Wagner-Modells bestätigt wurden (z. B. Pearce & Redhead, 1993; Redhead & Pearce, 1995). Eines der Experimente sei hier exemplarisch dargestellt (▸ Kasten).

Experimentelle Überprüfung des konfiguralen Lernmodells

Redhead und Pearce (1995) boten Tauben in einem Autoshaping-Experiment drei verschiedene Reize in allen möglichen Kombinationen dar: Die Einzelreize (A, B und C) setzten sich aus Punkten einer einzigen Farbe zusammen, die Zweierkombinationen (AB, AC und BC) enthielten zwei Farben und die Dreierkombination (ABC) enthielten drei Farben. Bei Darbietung sämtlicher Reize folgte Futter (der US), außer bei Darbietung von ABC. Diese 7 verschiedenen Arten von Lerndurchgängen wurden in zufälliger Reihenfolge hunderte von Malen präsentiert. Schematisch lässt sich das Experiment folgendermaßen darstellen:

- A → Futter, B → Futter, C → Futter,
- AB → Futter, AC → Futter, BC → Futter,
- ABC → kein Futter

Beiden Modellen zufolge sollte auf die Dreierkombination am seltensten reagiert werden. Für das Rescorla-Wagner-Modell muss man hierfür allerdings zusätzlich annehmen, dass bei der Darbietung der Zweier- und Dreierreize Unique Cues entstehen, da es sich um eine nicht linear separierbare Aufgabe handelt (▸ Abschn. 4.4).

Welche Vorhersagen machen die beiden Modelle für die Reaktionen auf die Einzelreize und die Zweierkombinationen? Laut Rescorla-Wagner-Modell sollten sich bei Darbietung der Zweierkombinationen die Einzelassoziationsstärken addieren, was dazu führen sollte, dass *häufiger* auf sie reagiert wird als auf die Einzelreize. Der Theorie des konfiguralen Lernens zufolge gibt es hingegen keine Summation, stattdessen spielt Generalisierung eine wichtige Rolle. Je ähnlicher sich zwei Reize sind (d. h., je mehr Elemente sie gemeinsam haben), desto stärker ist die Generalisierung. Die Zweierkombinationen haben jeweils zwei Elemente mit der Dreierkombination gemeinsam, während die Einzelreize nur ein Element mit der Dreierkombination gemeinsam haben. Daher gibt es laut Modell zwischen Zweierkombinationen und der Dreierkombination mehr Generalisierung als zwischen den Einzelreizen und der Dreierkombination. Demnach sollte auf die Zweierkombinationen *weniger häufig* reagiert werden als auf die Einzelreize.

Die empirischen Befunde von Redhead und Pearce stimmten mit den Vorhersagen des konfiguralen Lernmodells überein und bestätigen damit die Annahme, dass die Reize in diesem Experiment konfigural repräsentiert werden.

Die Befunde von Redhead und Pearce blieben allerdings nicht unwidersprochen. Myers, Vogel, Shin und Wagner (2000) realisierten den gleichen Versuchsplan wie Redhead und Pearce, wobei sie allerdings als Methode Lidschlagkonditionierung bei Kaninchen verwendeten. Anstatt farbige Punkte auf einem Display zu präsentieren, boten sie Reize aus drei verschiedenen Sinnesmodalitäten dar. Im Gegensatz zu den Resultaten von Redhead und Pearce zeigte sich exakt das vom Rescorla-Wagner-Modell vorhergesagte Ergebnis.

Diese und andere Ergebnisse (z. B. Rescorla & Coldwell, 1995) zeigen, dass es von der Art der dargebotenen Reize abhängt, ob beim assoziativen Lernen elementare oder konfigurale Repräsentationen gebildet werden. Bei Reizen einer Sinnesmodalität handelt es sich eher um konfigurale Repräsentationen, bei Reizen verschiedener Sinnesmodalitäten eher um elementare Repräsentationen.

32.7 Konnektionistische Lernmodelle

Nach der kognitiven Wende Ende der 1950er Jahre waren die Vorstellungen darüber, wie Lernprozesse bei Tieren ablaufen und wie Lernen und Gedächtnis beim Menschen funktioniert, jahrzehntelang vollkommen unterschiedlich. Während in der Lernpsychologie assoziative Modelle eine zentrale Rolle spielten, dominierten in der kognitiven Psychologie Modelle, die Informationsverarbeitung beim Menschen als Manipulation von Symbolen beschrieben. Erst mit der Veröffentlichung des von Rumelhart und McClelland herausgegebenen Werkes »Parallel Distributed Processing« im Jahr 1986 zeichnete sich eine erneute theoretische Wende ab. Den Autoren gelang es zu zeigen, dass auch komplexe kognitive Prozesse durch einfache Modelle erklärt werden können, die auf ähnlichen Prinzipien basieren, wie die aus dem Tierbereich stammenden Lernmodelle. Solche konnektionistischen Modelle dienen heute zur Erklärung einer Vielzahl kognitiver Prozesse. Während auf der einen Seite der Konnektionismus explizit oder implizit auf Konzepte zurückgreift, die aus der Lerntheorie bekannt sind (s. z. B. Gluck & Bower, 1988a), nutzt auf der anderen Seite die moderne Lerntheorie Konzepte des Konnektionismus (z. B. Pearce, 1994). Im Folgenden sollen kurz die Grundlagen des Konnektionismus und seine Beziehung zur assoziativen Lerntheorie dargestellt werden.

32.7.1 Grundlagen des Konnektionismus

Konnektionistische Modelle bzw. künstliche neuronale Netze bestehen aus miteinander verbundenen Einheiten, die sich gegenseitig aktivieren oder hemmen. Die ursprüngliche Idee war, dass diese Einheiten Neuronen im Gehirn entsprechen. Heute unterscheidet man neuropsychologische Modelle, die explizit auf neuronale Strukturen Bezug nehmen, und rein funktionale Modelle, bei denen dies nicht der Fall ist.

Konnektionistische Modelle bestehen aus Inputeinheiten, die Umweltreize oder Eigenschaften dieser Reize repräsentieren, Outputeinheiten, die das Verhalten steuern, und verdeckten Einheiten, die keinen direkten Kontakt zur Umwelt haben. Die Verbindungen zwischen diesen Einheiten haben Gewichte, die entweder feste Werte annehmen, oder durch eine **Lernregel** modifiziert werden können. Der Input einer Einheit i besteht entweder aus Umweltreizen oder stammt von anderen Einheiten. Im letzteren Fall errechnet er sich mit Hilfe einer **Inputfunktion** aus dem gewichteten Output aller Einheiten, die mit dieser Einheit verbunden sind. Die Aktivierung einer Einheit zum Zeitpunkt t wird unter Verwendung einer **Aktivierungsfunktion** aus ihrem aktuellen Input und ihrer Aktivierung zum Zeitpunkt t–1 berechnet. Der Output berechnet sich wiederum mit Hilfe der **Outputfunktion** aus der Aktivierung (◘ Abb. 32.2).

Die bekannteste Lernregel ist die sog. Delta-Lernregel. Die Veränderung eines Gewichts zwischen der Einheit j und der Einheit i erfolgt bei dieser Regel proportional zur Differenz zwischen einem Zielzustand und dem tatsächlichen Aktivierungszustand der Einheit i (d. h. dem Fehler). Gewichtet wird diese Differenz mit dem Output der Einheit i und einem Lernratenparameter α. Wir erhalten also:

$$\Delta w_{ji} = \alpha \, (t_i - a_i) \, o_j \, .$$

Ein Problem, das diese Lernregel aufweist, ist, dass Netze, welche mit dieser Regel lernen, nur Aufgaben lösen können, die linear separierbar sind (s. hierzu Rumelhart & McClelland, 1986). Eine nicht linear separierbare Kategorisierungsaufgabe, der das sog. »exklusive Oder« zugrunde liegt, ist z. B. die Folgende: Objekte sollen immer nur dann einer bestimmten Kategorie zugeordnet werden, wenn sie *entweder* die Eigenschaft A *oder* die Eigenschaft B haben, nicht aber wenn sie beide Eigenschaften haben. Es gibt zwei mögliche Lösungen für das Problem nicht linear separierbarer Aufgaben. Die erste Lösung besteht in der Konzeption mehrschichtiger Netze, welche mit Hilfe einer erweiterten Delta-Regel lernen. Diese erweiterte Lernregel erlaubt es, für jede Verbindung im Netz den Anteil zu berechnen, den sie am Fehler einer Outputeinheit hat, auch wenn es sich nicht um eine direkte Verbindung zu dieser Outputeinheit handelt. Der Fehler wird hierbei sozusagen rückwärts durch das Netz transportiert, was den Begriff »error backpropagation« begründet.

Die zweite Lösung besteht darin, dass Eingabeeinheiten hinzugefügt werden, die verbundene Merkmale repräsentieren, d. h. Einheiten, die nur dann aktiviert werden, wenn zwei Merkmale zugleich auftreten (Kinder & Lachnit, 2002).

32.7.2 Konnektionismus und »klassische« Lernmodelle

Dem Leser sind möglicherweise bei der oben stehenden Beschreibung schon Parallelen zum Rescorla-Wagner-Modell aufgefallen. Repräsentationen der konditionierten Reize entsprechen den Inputeinheiten, die Assoziationsstärken den Gewichten der Verbindungen. Setzt man außerdem den Zieloutput (den Ausdruck t_i) mit dem US gleich, so besteht eine formale Äquivalenz zwischen der Lernregel im Rescorla-Wagner-Modell und der Delta-Lernregel (s. z. B. Gluck & Bower, 1988a). So ist es auch nicht verwunderlich, dass Delta-Regel-Netzwerke und Rescorla-Wagner-Modell das gleiche Problem aufweisen, nämlich die Lösung nicht linear separierbarer Aufgaben. Interessanterweise entspricht die Einführung verbundener Merkmalsrepräsentationen der im Rahmen des Rescorla-Wagner-Modells gemachten Zusatzannahme eines Unique Cue.

Die erste explizite Umsetzung des Rescorla-Wagner-Modells als konnektionistisches Modell stammt von Gluck und Bower (1988a). Diese Forscher wendeten das Modell auf eine Kategorisierungsaufgabe an, in der Versuchspersonen lernen sollten, anhand bestimmter Symptome (entsprechen den CS) eine von zwei Krankheiten (entsprechen

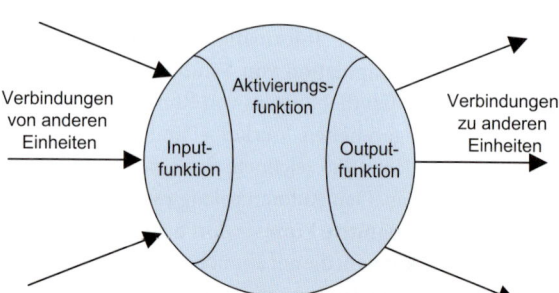

◘ **Abb. 32.2.** Eine (verdeckte) Einheit in einem konnektionistischen Netzwerk

den US) vorherzusagen. Eine dieser Krankheiten kam häufig, die andere selten vor. Eines der Symptome (Symptom A) kam in 60% der Fälle bei der seltenen Krankheit vor und nur in 40% bei der häufigen Krankheit. Nach Abschluss des Lernens mussten die Versuchspersonen angeben, mit welcher Wahrscheinlichkeit sie bei Vorhandensein von Symptom A die seltene Krankheit vermuten würden. Es zeigte sich, dass diese Wahrscheinlichkeit deutlich überschätzt wurde. Diesen Effekt bezeichnet man auch als Basisraten-Vernachlässigung, da bei der Einschätzung der Wahrscheinlichkeit nicht beachtet wird, wie häufig die Krankheit überhaupt vorkommt (Basisrate). Das Rescorla-Wagner-Modell erklärt diesen Effekt dadurch, dass die verschiedenen Symptome um Assoziationsstärke konkurrieren. In der Konkurrenz um die Assoziationsstärke der häufigen Krankheit schneidet Symptom A nicht sehr gut ab, da bei Vorhandensein der Krankheit andere Symptome häufiger sind. Bei der Konkurrenz um die Assoziationsstärke der seltenen Krankheit sind dagegen andere Symptome nicht häufiger und somit kann A hier mehr Assoziationsstärke erwerben. Diese Erklärung kann natürlich genauso gut in der Terminologie des Konnektionismus ausgedrückt werden, anstatt von Assoziationsstärken wäre lediglich von Gewichten die Rede. Auch Estes, Campbell, Hatsopoulos und Hurwitz (1998) fanden, dass Basisrateneffekte durch Modelle, die dem Rescorla-Wagner-Modell entsprechen, erklärt werden können. Sie demonstrierten außerdem, dass solche Modelle sog. Exemplarmodellen des Kategorienlernens bei der Erklärung von Basisrateneffekten überlegen sind. Gluck und Bower (1988b) zeigten, dass einfache Erweiterungen des Rescorla-Wagner-Modells weitere Phänomene erklären können, die aus dem Bereich des Kategorienlernens bekannt sind, wie z. B. Effekte der selektiven Aufmerksamkeit für bestimmte Reizdimensionen.

Zuletzt sei noch auf eine interessante Parallele zwischen dem Modell des konfiguralen Lernens von Pearce (1994, ▶ oben) und dem Kategorisierungsmodell ALCOVE von Kruschke (1992), einem weiteren konnektionistischen Modell, hingewiesen. Das ALCOVE-Modell geht davon aus, dass nicht die einzelnen Eigenschaften der Reize, sondern ganze Exemplare Assoziationen mit den Kategorien eingehen. Dies entspricht genau der Annahme des konfiguralen Lernmodells, nämlich dass ganze Reizkonfigurationen Assoziationen mit dem US eingehen.

Die Parallelen zwischen Lernmodellen und konnektionistischen Modellen weisen darauf hin, dass die Kluft zwischen »einfachem« assoziativen Lernen und »höheren« kognitiven Prozessen kleiner sein könnte als meistens angenommen.

Literatur

Referenzliteratur

Domjan, M. (2003). *Principles of learning and behavior* (5th ed.). Belmont, CA: Thomson/Wadsworth.
Estes, W.K. (1950). Toward a statistical theory of learning. *Psychological Review, 57,* 94–107.
Hull, C. (1943). *Principles of behavior.* New York: Appleton-Century-Crofts.
Pearce, J.M. & Bouton, M.E. (2001). Theories of associative learning in animals. *Annual Review of Psychology, 52,* 111–139.
Rescorla, R.A. & Wagner, A.R. (1972). A theory of Pavlovian conditioning: variations in the effectiveness of reinforcement and nonreinforcement. In A.H. Black & W.F. Prokasy (Eds.), *Classical conditioning II* (pp. 64–99). New York: Appleton-Century-Crofts.
Rumelhart, D.E. & McClelland, J.L. (1986). *Parallel distributed processing: explorations in the microstructure of cognition: Vol. 1 Foundations.* Cambridge, MA: MIT Press.

Zitierte Literatur

Crespi, L.P. (1942). Quantitative variation in incentive and performance in the white rat. *American Journal of Psychology, 55,* 467–517.
Estes, W.K., Campbell, J.A., Hatsopoulos, N.G. & Hurwitz, J.B. (1989). Base-rate effects in category learning: a comparison of parallel network and memory storage-retrieval models. *Journal of Experimental Psychology: Learning, Memory, and Cognition, 15,* 556–571.
Gluck, M.A., (1992). Stimulus sampling and distributed representations in adaptive network theories of learning. In A. Healy, S. Kosslyn & R. Shiffrin (Eds.), *From learning theory to connectionist theory: essays in honor of William K. Estes* (pp. 169–199). Hillsdale, NJ: Erlbaum.
Gluck, M.A. & Bower, G.H. (1988a). From conditioning to category learning: an adaptive network model. *Journal of Experimental Psychology: General, 117,* 227–247.
Gluck, M.A. & Bower, G.H. (1988b). Evaluating an adaptive network model of human learning. *Journal of Memory and Language, 27,* 166–195.
Hillgard, E.R. & Bower, G.H. (1975). *Theories of learning* (4th ed.). Englewood Cliffs, NJ: Prentice-Hall.
Holland, P.C. (1983). Occasion-setting in Pavlovian feature positive discriminations. In M.L. Commons, R.J. Herrnstein & A.R. Wagner (Eds.), *Quantitative analyses of behavior: discrimination processes* (Vol. 4, pp. 183–206). New York: Ballinger.
Hull, C. (1935). The conflicting psychologies of learning – a way out. *Psychological Review, 42,* 491–516.
Hull, C.L. (1952). *A behavior system.* New Haven: Yale University Press.
Kamin, L.J. (1969). Predictability, surprise, attention, and conditioning. In B.A. Campbell & R.M. Church (Eds.), *Punishment and aversive behavior* (pp. 279–296). New York: Appleton-Century-Crofts.
Kamin, L.J., Brimer, C.J. & Black, A.H. (1963). Conditioned suppression as a monitor of fear of the CS in the course of avoidance training. *Journal of Comparative and Physiological Psychology, 56,* 497–501.
Khallad, Y. & Moore, J. (1996). Blocking, unblocking, and overexpectation in autoshaping with pigeons. *Journal of the Experimental Analysis of Behavior, 65,* 575–591.
Kinder, A. & Lachnit, H. (2002). Responding under time pressure: testing an animal learning model and a model of visual categorization. *Quarterly Journal of Experimental Psychology, 55A,* 173–193.
Kruschke, J.K. (1992). ALCOVE: An exemplar based connectionist model of category learning. *Psychological Review, 99,* 22–44.
Lachnit, H. & Kimmel, H.D. (1993). Positive and negative patterning in human classical skin conductance response conditioning. *Animal Learning and Behavior, 21,* 314–326.

Lovibond, P.F., Preston, G.C. & Mackintosh, N.J. (1984). Context specifity of conditioning and latent inhibition. *Journal of Experimental Psychology: Animal Behavior Processes, 10*, 360–375.

McAllister, D.E. & McAllister, W.R. (1971). Behavioral measurement of fear. In F.R. Brush (Ed.), *Aversive conditioning and learning* (pp. 105–179). New York: Academic Press.

MacCorquodale, K. & Meehl, P.E. (1948). On a distinction between hypothetical constructs and intervening variables. *Psychological Review, 55*, 95–107.

Miller, N.E. (1951). Learnable drives and rewards. In S.S. Stevens (Ed.), *Handbook of Experimental Psychology*. New York: Wiley.

Miller, R.R., Barnet, C. & Grahame, N.J. (1995). Assessment of the Rescorla-Wagner model. *Psychological Bulletin, 117*, 363–386.

Mowrer, O.H. (1947). On the dual nature of learning, a reinterpretation of conditioning and problem-solving. *Harvard Educational Review, 17*, 192–148.

Myers, K.M, Vogel, E.H., Shin, J. & Wagner, A.R. (2001). A comparison of the Rescorla-Wagner and Pearce models in a negative patterning and a summation problem. *Animal Learning & Behavior, 29*, 36–45.

Niemark, E.D. & Estes, W.K. (1967). *Stimulus sampling theory*. San Francisco: Holden Day.

Pavlov, I.P. (1927). *Conditioned reflexes*. London: Oxford University Press.

Pearce, J.M. (1987). A model for stimulus generalization in Pavlovian conditioning. *Psychological Review, 94*, 61–73.

Pearce, J.M. (1994). Similarity and discrimination: a selective review and a connectionist model. *Psychological Review, 101*, 587–607.

Pearce, J.M. & Redhead E.S. (1993). The influence of an irrelevant stimulus on two discriminations. *Journal of Experimental Psychology: Animal Behavior Processes, 19,* 180–190.

Premack, D. (1965). Reinforcement Theory. In D. Levine (Ed.), *Nebraska symposium on motivation* (Vol. 13). Lincoln, NE: University of Nebraska Press.

Redhead, E.S. & Pearce, J.M. (1995). Similarity and discrimination learning. *The Quarterly Journal of Experimental Psychology, 48B*, 46–66.

Reed, P., Mitchell, C. & Nokes, T. (1996). Intrinsic reinforcing properties of putatively neutral stimuli in an instrumental two-lever discrimination task. *Animal Learning and Behavior, 24*, 38–45.

Rescorla, R.A. (1973). Evidence for a »unique stimulus« account of configural conditioning. *Journal of Comparative and Physiological Psychology, 85*, 331–338.

Rescorla, R.A. & Coldwell, S.E. (1995). Summation in autoshaping. *Animal Learning and Behavior, 23*, 314–326.

Shanks, D.R. (1985). Forward and backward blocking in human contingency judgement. *The Quarterly Journal of Experimental Psychology, 37B*, 1–21.

Shanks, D.R. & Darby, R.J. (1998). Feature- and rule-based generalization in human associative learning. *Journal of Experimental Psychology: Animal Behavior Processes, 24*, 405–415.

Shanks, D.R., Darby, R.J. & Charles, D. (1998). Resistance to interference in human associative learning: evidence of configural processing. *Journal of Experimental Psychology: Animal Behavior Processes, 24*, 136–150.

Sheffield, F.D. & Roby, T.B. (1950). Reward value of a non-nutritive sweet taste. *Journal of Comparative and Physiological Psychology*, 43, 471–481.

Sidman, M. (1953). Avoidance conditioning with brief shock and no exteroceptive warning signal. *Science, 118*, 157–158.

Thorndike, E.L. (1898). *Animal intelligence: an experimental study of the associative processes in animals*. New York: Macmillan. (Psychological Review, Monograph Supplements, No. 8).

Wagner, A.R. (1981). SOP: A model of automatic memory processing in animal behavior. In N.E. Spear & R.R. Miller (Eds.), *Information processing in animals: memory mechanisms* (pp. 5–47). Hillsdale, NJ: Erlbaum.

Wagner, A.R. & Brandon, S.E. (1989). Evolution of a structured connectionist model of Pavlovian Conditioning (AESOP). In S.B. Klein & R.R. Mowrer (Eds.), *Contemporary learning theories: Pavlovian conditioning and the status of learning theory* (pp. 149–189). Hillsdale, NJ: Erlbaum.

33 Sozialisationstheorien

E.H. Witte

Die besondere Anpassungsfähigkeit des Menschen basiert auf seinem Vermögen während seiner individuellen Entwicklung Neues zu lernen. Erst dieses Lernen macht ihn zu einem gesellschaftsfähigen Wesen. Wie dieses vor sich geht, soll hier skizziert werden.

33.1 Begriffsklärungen

Zum besseren Verständnis des Begriffs »Sozialisation« wollen wir zuerst einige klassische Explikationen derjenigen Disziplinen betrachten, von denen Ergebnisse in die Sozialisationsforschung eingebracht werden:

Aus **pädagogischer** Perspektive wird die Vorbereitung auf eine Rolle betont: »Der Prozess der Vorbereitung einer Person auf eine Rolle in einer Gesellschaft wird als Sozialisation bezeichnet« (Cronbach, 1963, S. 32, Übers. v. Verf.).

Aus **ethologischer** Sicht wird in Anlehnung an den Kulturbegriff und darauf übertragene Konzepte aus der Vererbungslehre Folgendes formuliert: »Sozialisation ist das gesamte menschliche Verhaltensmuster und dessen Produkte, verkörpert in Denken, Sprache, Handeln und Kunst, und hängt ab von der menschlichen Fähigkeit zu lernen und das Wissen an folgende Generationen weiterzugeben« (Cavalli-Sforza & Feldman, 1981, S. 3, Übers. v. Verf.).

Aus **kultur-anthropologischer (ethnologischer)** Perspektive wird vor allem die Handlungsfähigkeit des Individuums hervorgehoben: »In jeder Gesellschaft oder jedem Subsystem einer Gesellschaft besteht Sozialisation aus den Handlungsmustern oder Aspekten des Handelns, die den Individuen die Fertigkeiten (einschließlich Wissen), Motive und Einstellungen einprägen, die für das Ausfüllen einer gegebenen oder antizipierten Rolle notwendig sind« (Aberle, 1961, S. 387, Übers. v. Verf.).

Aus **psychologischer** Perspektive wird die Entwicklung der Persönlichkeit betont: »Sozialisation [wird] als Prozess der Persönlichkeitsentwicklung in dialektischer Beziehung mit der gesellschaftlich vermittelten Umwelt aufgefasst« (Schmerl, 1978, S. 3).

Die **soziologische** Sicht kombiniert den Aspekt der »Vergesellschaftung« und den der »Individuierung«: »Aus der Perspektive der Gesellschaft ist Sozialisation die Art und Weise wie Kultur übertragen und das Individuum in ein organisiertes Leben eingepasst wird. Aus der Perspektive des Individuums ist Sozialisation die Erfüllung seiner Möglichkeiten in Hinblick auf persönliche Entfaltung und Entwicklung« (Broom & Selznick, 1963, S. 93, Übers. v. Verf.).

Die **sozialpsychologische** Sicht im engeren Sinne betont die Komplexitätsreduktion mit der Übernahme der

Weltsicht aus der eigenen Gruppe: »Sozialisation bezieht sich auf die individuelle Übernahme und Internalisierung von Werten, Überzeugungen und Wahrnehmungsweisen, die von einer Gruppe geteilt werden« (Jones & Gerard, 1967, S. 76, Übers. v. Verf.).

Die **neuere soziologische** Sicht betont stärker die aktive Konstruktion und steht in einem engen Zusammenhang mit der hier entwickelten sozialpsychologischen Position (Hurrelmann, 2002, S. 20): »In diesem Buch wird von der Modellvorstellung ausgegangen, Sozialisation sei ein lebenslanger Vorgang der Verarbeitung von inneren und äußeren Anforderungen an die Persönlichkeitsentwicklung.«

Diese sieben Perspektiven zum Begriff der Sozialisation erfassen in etwa den Spielraum in der Literatur (Hurrelmann & Ulich, 1998). Die Einflüsse zielen in allen Fällen auf das Individualsystem. Dieses wird schon bei dem griechischen Philosophen Platon unterteilt in drei Bereiche: den kognitiven Anteil, den affektiven Anteil und den konativen (verhaltensbezogenen) Anteil. Eine Alltagsbenennung lautet hierfür: Kopf, Herz und Hand. Der Ausgangspunkt für diese Sozialisationseinflüsse ist dabei unterschiedlich, aber nicht systematisch gegliedert. Wir wollen deshalb Einflüsse aus dem Individual- (Person), dem Mikro- (Kleingruppe), Meso- (Organisation) und Makrobereich (gesellschaftlicher Kontext) unterstellen. Die Funktion der Sozialisation ist dabei nicht eindeutig: Es können Aspekte der Anpassung an die einwirkenden Systeme, die »Vergesellschaftung«, von individuellen Entfaltungsprozessen, der »Individuierung«, getrennt werden. Wie das Verhältnis dieser beiden Anteile an den Sozialisationseffekten ist, hängt von dem Bereich, der Kultur und der individuellen Bereitschaft ab:

Die Sozialisation ist ein lebenslanger Vergesellschaftungs- und Individuierungsprozess zur Entwicklung und Veränderung des Individualsystems mit seinen Subsystemen durch Einflüsse der Subsysteme selber wie auch der übergeordneten Mikro-, Meso- und Makrosysteme, um deren variierenden Anforderungen unter Wahrung der Identität zu genügen.

33.2 Theorien und Ergebnisse der Sozialisationsforschung

An dieser Explikation ist zu erkennen, dass eine *aktive* Teilnahme des Sozialisanden – der zu sozialisierenden Person – an seiner Sozialisation erfolgt, indem die Subsysteme selber auf die Einflüsse zurückwirken. So wird nicht von einem Prozess ausgegangen, der allein auf Anpassung hinausläuft, wenngleich dieses eine wichtige Seite der Sozialisation ist, ja überhaupt erst das gemeinsame Zusammenleben von Menschen ermöglicht. Dabei ist aber weder etwas über die Art der Anlagen des Menschen ausgesagt noch darüber, ob diese besser unterdrückt oder gefördert werden sollten.

Wenden wir uns nun einigen theoretischen Konzepten zu, die die Prozesse der Sozialisation beschreiben und er-

klären. Wir können dabei nur sehr selektiv vorgehen und wollen uns auf Ansätze konzentrieren, die sich auf verschiedene Systemumfänge beziehen. Als Auswahlkriterium dienen die Merkmale »historische Bedeutung«, »Prägnanz« und »Fruchtbarkeit«, d. h., es handelt sich entweder um klassische Ansätze oder möglichst formalisierte Modelle, aber auch um vernachlässigte Überlegungen, die wichtige Gesichtspunkte hinzufügen.

33.2.1 Sozialisation auf dem Individualsystemniveau: soziales Lernen

Beginnen wir mit der Theorie sozialen Lernens von Rotter (1954, 1966, 1982). Darin hat Rotter als zentrale Variable den Erwartungsbegriff verwendet, wie er in der Tradition der Lerntheorie von Tolman (1932) eingeführt worden ist. Nach diesem Konzept wird das Verhalten in einer spezifischen Situation durch folgende Komponenten erfasst:

- generalisierte Erwartung,
- situationsspezifische Erwartung und
- Belohnungswert.

Als spezifisches Verhalten wird dann dasjenige mit dem größten Verhaltenspotenzial ausgewählt.

Dann ergibt sich nach Rotter (1954) folgende Explikation:

$$BP = f\,(GE \wedge E \wedge RV)\,,$$

wobei BP das Verhaltenspotenzial (»behavior potential«) ist, GE die generalisierte Erwartung, E die situationsspezifische Erwartung, RV der Belohnungswert, f eine beliebige Funktion und $\wedge$ eine logische Und-Verbindung.

Danach ist das Verhaltenspotenzial, die verschiedenen möglichen Verhaltensweisen, durch eine generelle Erwartung GE, eine situationsspezifische Erwartung E und den Belohnungswert der Handlungen RV festgelegt. Aus diesem Verhaltenspotenzial wird dann diejenige konkrete Handlung ausgewählt, die den größten Wert erhält.

Die größte Forschungsaktivität zur Theorie sozialen Lernens hat die Komponente der generalisierten Erwartung (GE) auf sich gezogen. Sie erfasst eine allgemeine individuelle Haltung, die in ganzen Situationsklassen relevant ist und im Laufe der Sozialisation erworben wird (zusammenfassend Frey & Jonas, 2002).

33.2.2 Sozialisation auf dem Mikrosystemniveau: primäre Sozialisation

Die erste natürliche Sozialisationsbedingung ist die Mutter-Kind-Dyade. In diesem Kontext wird sehr frühzeitig auf das Verhalten des Kindes Einfluss genommen. Das geschieht bewusst und gezielt, aber auch sehr häufig automatisch durch die Art des Kontaktes.

Zwei Bereiche sollen uns hier besonders interessieren, nämlich die eher automatische Entwicklung eines Bildes von der eigenen Person in Verbindung mit dem Bild über die wichtigste Beziehungsperson, was im Rahmen der Bindungstheorie erörtert wird, sowie die gezielte Anregung des Kindes durch einen bestimmten Erziehungsstil, um seine Fähigkeiten effektiv zu fördern.

Bindung

Im Rahmen eines komplexen Sozialisationsgeschehens macht die primäre Sozialisation in der Mutter-Kind-Interaktion mit ihrer psychoanalytischen Deutung und dem Schwerpunkt auf emotionalen Prozessen nur einen gewissen Anteil in der lebenslangen Entwicklung aus. Kulturelle bzw. subkulturelle Rahmenbedingungen mit Werten, Normen, Zielen und sich herausbildenden Erwartungen sind die ebenfalls wirkenden Einflussquellen in der Sozialisation. Trotzdem ist der sehr frühe und intensive Einfluss in dieser Dyade, wobei in letzter Zeit auch häufiger Väter während der Elternzeit die Verantwortung übernehmen, bei dem Sozialisationsgeschehen von großer Bedeutung.

Ein erster Ausgangspunkt für theoretische Konzepte ist die Bildung von Typen. Anfänglich gab es in der Forschung drei Bindungsstile: sicher, vermeidend, ängstlich-ambivalent. Diese Dreiteilung ist wahrscheinlich auch bedingt durch die Klassifikation von außen durch Beobachter, die selten mehr als diese drei Kategorien reliabel verarbeiten können.

Der nächste Schritt in der Forschung ist dann eine analytische Differenzierung in eine Innen- und Außenperspektive mit einer Positiv-negativ-Abstufung (Bartholomew, 1990), wie sie in einer Vier-Felder-Darstellung der Bindungsstile (◘ Tab. 33.1) deutlich wird.

Anschließend kann man übergehen zu empirischen Unterscheidungen, indem man Fragebögen zur Selbstbeschreibung einsetzt und die unabhängigen Dimensionen zu ermitteln versucht (Bierhoff & Grau, 1999). Man findet dann eine Dimension, die **Sichere** von **Ängstlichen** trennt, und eine zweite Dimension, die **Ablehnende** von **Besitzergreifenden** unterscheidet. Die Ausprägungen auf diesen beiden Dimensionen sind nicht normalverteilt, weil die

Häufigkeiten sehr verschieden sind: Es dominiert immer der sichere Bindungsstil vor dem ängstlichen; der ablehnende Bindungsstil macht häufig nur um 10% der Stichprobe aus (Doll, Mentz & Witte, 1995), wodurch sich teilweise die beobachteten Abhängigkeiten zwischen den einzelnen Stilen (Asendorpf & Banse, 2000) ergeben.

Wenn man jetzt die Bindungsstile durch Selbstkategorisierung erhebt und gleichzeitig ein Rating-Verfahren einsetzt, das die jeweilige Nähe zu den **vier** Bindungsstilen erfasst, dann kann man feststellen, dass beide Verfahren zu sehr ähnlichen Ergebnissen führen (Doll, Mentz & Witte, 1995). Erhebt man ferner zusätzlich zu den Bindungsstilen noch die Hilfeorientierung und die Sexualorientierung in vergleichbarer Weise, dann kann man feststellen, dass auch diese Orientierungen sich recht gut mit dem Bindungsstil zu einem gemeinsamen Muster vereinigen lassen. Es ist also so, dass Liebesbeziehungen, Freundschaftsbeziehungen und Sexualbeziehungen zu ähnlichen Bindungsformen führen, wenn man die Selbsteinschätzungen verwendet. Theoretisch müssten jetzt die Sozialisationsbedingungen in der frühen Kindheit mit diesen Bindungsstilen in Verbindung gebracht werden können. Leider sind hier die Zusammenhänge nur recht gering. Die kanonische Korrelation (▶ Kap. 2) beträgt R = 0,26 (Doll, Mentz & Witte, 1995).

Für viele Anwendungsfragen ist weniger die Entstehung des Bindungsstils von Bedeutung als vielmehr das augenblickliche Arbeitsmodell zur individuellen Bestimmung von Beziehungen, das Personen für sich gefunden haben. Diese Arbeitsmodelle thematisieren in Paarbeziehungen vor allem die Frage nach Distanz und Nähe, also die **Art der emotionalen Beziehung** (Witte & Lehmann, 1992; Witte & Wallschlag, 2000).

Man hat oft den Eindruck in der Literatur, als sei ganz eindeutig festgelegt, dass es gute und schlechte, gesunde und kranke Bindungsstile gibt. Diese Zuordnung ist im Erwachsenenalter sicherlich nicht so eindeutig möglich, aber die Verschiedenheit in den Bindungsstilen von Partnern führt oft zu einer Auseinandersetzung über das Thema Nähe und Distanz. Mit allen vier Bindungsstilen sind letztlich Chancen und Risiken für eine glückliche Partnerschaft verbunden. So kann man bei sicher gebundenen Partnern feststellen, dass sie nicht rechtzeitig merken und korrigierend einwirken, wenn sie in einer Partnerschaft diejenigen

◘ Tabelle 33.1. Vier-Felder-Darstellung der Bindungsstile

		Selbstkonzept (Abhängigkeit)	
		Positiv (gering)	**Negativ (hoch)**
Bild von anderen (Ablehnung)	**Positiv (gering)**	**sicher** (»secure«) sich wohl fühlen mit Intimität und Autonomie	**ängstlich-ambivalent** (»preoccupied«) in Beziehungen ganz verstrickt sein
	Negativ (hoch)	**gleichgültig-vermeidend** (»dismissing«) Intimität und Abhängigkeit ablehnen	**ängstlich-vermeidend** (»fearful«) Angst vor Intimität Beziehungen vermeiden

◘ Tabelle 33.2. Klassifikation von Erziehungsstilen anhand der Merkmale »Lenkung« und »emotionale Beziehung«

		Emotionale Beziehung	
		Hoch	Gering
Lenkung	Hoch	Autoritative Erziehung Angemessene Anforderungen Aktives Kümmern	Autoritäre Erziehung Hohe Anforderungen Fehlendes Kümmern
	Gering	Laissez-faire Geringe Anforderung Passives Beschützen	Gleichgültige Erziehung Geringe Anforderungen Fehlendes Beschützen

sind, die ausgenutzt werden, was dann wiederum zu schwierigen Auseinandersetzungen in der Partnerschaft führt, weil sich ein bestimmter Interaktionsstil herausgebildet hat. Ansonsten ist es vergleichsweise einfach, mit diesen Personen zusammenzuleben. Ängstlich-ambivalente Personen bemühen sich jedoch noch intensiver um die Partnerschaft und schaffen eine große Nähe. Schließlich sind die gleichgültig-vermeidenden Partner diejenigen, die dem anderen große Freiheiten zur Selbstentfaltung ermöglichen. Sie versuchen, eine größere Distanz in der Partnerschaft zu leben und dem Partner größere Freiräume zu gestatten. Sicherlich ist es schwierig, mit ängstlich-vermeidenden Partnern umzugehen und längere Beziehungen zu erhalten. Bei diesem Bindungsstil sind die größten Risiken zu erwarten. Alle anderen haben auch ihre Chancen. So investieren die sicher gebundenen Personen mehr in die Partnerschaft, führen eher eine positive Kommunikation und lassen eher Zärtlichkeit zu. Vielleicht wird dann eine solche Partnerschaft eher zu einer auf Gewohnheit basierenden Gemeinschaft im Laufe der Beziehung, weil man sich auch des Partners und seiner Liebe sicher ist. Demgegenüber sind die ängstlich-ambivalenten viel stärker mit der Partnerschaft beschäftigt, idealisieren den Partner und zeigen ein viel größeres Maß an Eifersucht. Diese Lebensform verändert sicherlich manche Routine. Die gleichgültig-vermeidenden Partner können Stress in der Partnerschaft, der auch von außen herangetragen werden kann, besser kompensieren und bleiben bei der Thematik der Machtbalance, die ein weiteres wichtiges Thema in Beziehungen ist, davon weniger berührt, wobei sie dem Partner auch ein gleiches Ausmaß an Macht zugestehen (Grau, 2002).

Leistung

Das erzieherische Ziel vieler Eltern ist, die Kinder zu selbstständigen, verantwortungsbewussten und leistungsbereiten Persönlichkeiten zu erziehen. Betrachtet man dabei das Vorgehen der Eltern, so lassen sich Erziehungsstile anhand von zwei Merkmalen unterscheiden:
1. dem Ausmaß an Lenkung und
2. dem Ausmaß an emotionaler Beziehung.

Noch immer ist bei jungen Eltern die Vorstellung vorhanden, eine stärkere Lenkung sollte vermieden werden, wie es in den 1968er Jahren propagiert wurde. Die Idee, das Kind würde durch interne Reifungsprozesse schon die optimale Wahl für die eigene Entwicklung treffen, ist sicherlich viel zu einfach. Eltern sind gefordert, dem Kind aktiv Angebote zu machen, um es zu fördern. Dabei muss die emotionale Beziehung zu dem Kind positiv sein, sodass die Eltern das Kind nicht überfordern, weil ihre Beziehung sie für diese emotionalen Zustände beim Kind sensibel macht. Gleichzeitig erfordert das aktive Angebot von den Eltern eine Menge Energie und Einsatz, die eine freie Gestaltung des eigenen Lebens eingrenzen. Ein Erziehungsstil, der ebenfalls besonders abträglich ist und zu unangepasstem Verhalten führt, ist der Wechsel zwischen verschiedenen Stilen, weil die Kinder dann erheblich verunsichert werden (Zinnecker & Silbereisen, 1996). Eine Klassifikation von Erziehungsstilen anhand der Merkmale »Lenkung« und »emotionale Beziehung« findet sich in ◘ Tab. 33.2.

33.2.3 Sozialisation auf dem Mesosystemniveau: sekundäre Sozialisation

Unsere Gesellschaft hat Institutionen geschaffen, die professionell an der Sozialisation beteiligt sind: vor allem Kindergärten, Schulen, Hochschulen und Einrichtungen der Erwachsenenbildung. In diesen Bereichen lassen sich trotz der Kritik an den Einrichtungen z. B. durch die PISA-Studie und andere Untersuchungen wichtige Einflüsse beim Aufbau unserer Gesellschaft erkennen.

Da diese Leistung auch erwartet wird und in einem gewissen Umfang zum Erfolg führt, soll uns im Folgenden vor allem eine Instanz interessieren, die zwar gut gemeint ist, aber auch zu negativen Effekten führen kann, die so nicht erwartet werden: die Sozialarbeit. Dabei ist ein spezifischer Aspekt von Interesse, und zwar die Sozialisation zu einer kriminellen Karriere durch Instanzen der Sozialarbeit selbst (Schur, 1973; auch ► Kap. 61), der mit Hilfe des »Labeling«-Ansatzes genauer beleuchtet werden kann.

Dieser **Labeling-Ansatz** geht davon aus, dass durch die Reaktionen der Institutionen auf delinquentes Verhalten –

33

im Speziellen geht es hier um die Bezeichnung bzw. Etikettierung (»labeling«) eines Jugendlichen als »Kriminellen« – genau dieses Verhalten verstärkt wird, was schließlich zu einer kriminellen Karriere führt (Rubington & Weinberg, 1996). Geht man nach Dunkelfelduntersuchungen davon aus, dass im Jugendalter kleine kriminelle Handlungen normal sind (Kaiser, 1977; Lösel & Bliesener, 2003), dann stellt sich die Frage, von welchen Faktoren die kriminellen Karrieren bestimmter Jugendlicher abhängig sind. Gemäß dem Labeling-Ansatz kann das im ▶ Kasten dargestellte Verlaufsmodell angenommen werden.

Verlauf krimineller Karrieren Jugendlicher gemäß Labeling-Ansatz

1. Gewisse Jugendliche werden für die Sozialbehörde auffällig.
2. Diese auffälligen Jugendlichen werden daraufhin betreut.
3. Die Betreuung führt zu Änderungen in der Sicht der Jugendlichen durch Dritte (Schule, Freunde, Behörden, Eltern).
4. Diese veränderte Sicht führt zur Stigmatisierung.
5. Die Stigmatisierung verändert den Kontakt und die Erwartungshaltungen gegenüber den Jugendlichen, indem Eltern ihren Kindern den Umgang mit solchen Jugendlichen verbieten oder Lehrer schlechte Leistungen erwarten.
6. Solche Reaktionen der Erzieher haben den Effekt einer Veränderung der ursprünglichen Identität.
7. Die veränderte Identität lässt den Kontakt zu kriminellen Gruppen wachsen, zumal andere Kontaktchancen reduziert sind.
8. Das führt zur Anpassung an kriminelle Rollenerwartungen.
9. Das kriminelle Rollenverhalten wird dann wegen der vorhandenen Stigmatisierung auch häufiger entdeckt.
10. Die Konsequenz ist häufig eine kriminelle Karriere.

Der Labeling-Ansatz, der abweichende Sozialisation beschreibt, ist vielfach kritisiert worden (z. B. Opp, 1974). Sicherlich ist richtig, dass keine Theorie im engeren Sinne vorliegt; trotzdem scheint diese Perspektive gewisse Prozesse gut erfassen zu können, wie bei einer Untersuchung an Einfach- und Mehrfachtätern festgestellt werden konnte (Reinhardt & Staudt, 1979).

Zugrunde lagen Daten für alle Jugendlichen (N = 164), die als 14-Jährige in einer Großstadt der Bundesrepublik das erste Mal vor Gericht standen. Diese Jugendlichen wurden über 7 Jahre in ihrer weiteren Entwicklung bezüglich Delinquenz begleitet. Als Ergebnis zeigte sich, dass Mehrfachtäter im Vergleich zu Einfachtätern überwiegend aus schwierigen Familienverhältnissen stammten und vorwie-

gend die Sonderschule besuchten; beides erleichtert die Stigmatisierung. Wichtig erscheint aber, dass die behördlichen Maßnahmen der Betreuung unter Konstanthaltung der Familienverhältnisse die kriminelle Karriere eher gefördert als reduziert haben (s. a. Jonson-Reid, 2002). Da es sich um korrelative Studien handelt, bleibt die genaue Ursache-Wirkungs-Relation ungeklärt. Nimmt man nun aber eine feldexperimentelle Studie hinzu, die die Effektivität einer verhaltenstherapeutischen Behandlung überprüft hat (Fo & O'Donnell, 1975), dann stellt sich bei leichten Fällen heraus, dass das Behandlungsprogramm die Rückfälligkeit, verglichen mit einer Kontrollgruppe, verdoppelt hat. Allerdings konnte in schweren Fällen (Einbruch, Raub) die Rückfallquote durch das Programm beinahe halbiert werden.

Um diesen Daten zu entsprechen, ist der Labeling-Ansatz zu differenzieren. Schwere Abweichungen weisen wohl auch auf Persönlichkeitsstörungen bei den Jugendlichen hin, die unter den günstigen Bedingungen des Programms besser therapierbar waren. Leichtere Verfehlungen, die offenbar normal sind, werden selbst durch hervorragend konzipierte Programme eher verstärkt als verringert (McGuire, 1995).

33.2.4 Sozialisation auf dem Makrosystemniveau: tertiäre Sozialisation

Wenden wir uns einem Ansatz mit dem Schwerpunkt auf dem Makrosystemniveau zu, der aber auch auf das Mikrosystem als Zwischenschritt angewendet werden kann. Er benutzt Konzepte aus der biologischen Evolutionstheorie und überträgt diese auf die kulturelle Entwicklung (Cavalli-Sforza & Feldman, 1981). Die in dem Buch von Cavalli-Sforza und Feldman dargestellten Modelle sind quantitativ formuliert und würden es verdienen, in aller Ausführlichkeit behandelt zu werden. Leider ist das in dem vorliegenden Rahmen nicht möglich.

Die kulturelle Übertragung als Weitergabe von Werten, Normen, Inhalten, Verhaltensweisen an die nachfolgende Generation ist dabei gemäß diesem Modell immer ein zweistufiger Prozess: Die erste Stufe erfordert die Wahrnehmung eines Hinweisreizes (»Anregung«) und die zweite die Übernahme der mit ihm verbundenen Information (»Ausnutzung«). (Die Autoren bezeichnen die beiden Stufen als »awareness« und »acceptance«.)

Betrachten wir als Beispiel zur quantitativen Modellbildung von Sozialisationsprozessen die vertikale Transmission von einer Generation zur folgenden. Als inhaltliches Beispiel wählen wir die politische Sozialisation und ziehen den Einfluss der Eltern auf die Parteianhängerschaft ihrer Kinder heran (s. Cavalli-Sforza & Feldman, 1981). Wir betrachten dazu eine dichotome abhängige Variable, nämlich die spätere Anhängerschaft eines Kindes im wahlfähigen Alter zu einer Partei in Abhängigkeit von der Anhängerschaft von Vater und Mutter, nicht bezogen auf eine bestimmte Partei, sondern nur als Hinweis auf die generelle politische Aktivität in einer Gesellschaft als ein makrosystemischer Sozialisationseffekt.

Wir machen folgende Annahmen:

1. Die Sozialisationswirkung hängt von beiden Eltern ab.
2. Der Einfluss der Eltern auf die Kinder lässt sich als additiver Effekt aus beiden Einflüssen erklären.
3. Die Heirat der Eltern hat eine gewisse Ähnlichkeit auch im politischen Bereich zur Voraussetzung, d. h. eine positive Korrelation bezüglich des politischen Engagements in Form einer Parteianhängerschaft zwischen den Ehepartnern.

Wir haben es hier mit einem Modell auf dem Gebiet der familiären Sozialisation als Zwischenschritt zu tun, wobei der Schwerpunkt der Betrachtung nicht auf der Familie liegt, sondern auf der Entwicklung politischer Aktivitäten im Makrosystem. Deutlich wird an dieser Modellierung aber, dass die unterschiedlichen Systemumfänge miteinander verbunden sind. Diese Verschachtelung wird uns theoretisch unter dem nächsten Punkt beschäftigen.

Der Ausgangspunkt ist eine einfache Vier-Felder-Tafel mit den in einer empirischen Studie gefundenen Häufigkeiten der Paarkombinationen in den Zellen (Cavalli-Sforza & Feldman, 1981; ◘ Tab. 33.3)

Man trifft also in der Elterngeneration 75% Anhänger von Parteien: $(148 + 155) / 402 = 0{,}75$. Bei der Kindergeneration ist dieser Prozentsatz auf 59% gesunken.

Die Frage ist nun, wie man sich diese Veränderung erklären kann, wenn die obigen drei Annahmen eingeführt werden. Außerdem ist es wissenswert, ob es einen Gleichgewichtszustand gibt, auf den dieser Trend hinstrebt. Zur Erklärung wird die familiäre Sozialisation gewählt, weil angenommen wird, dass die politische Sozialisation der Parteianhängerschaft im Makrosystem »Gesellschaft« im Wesentlichen in diesem Mikrosystem stattfindet. Die ersten beiden Annahmen führen zu dem in ◘ Tab. 33.4 dargestellten Modell.

Will man ferner die Entwicklung der Parteianhängerschaft über die Generationen betrachten und nimmt man an, dass eine positive Korrelation r zwischen den Eltern bezüglich der Parteianhängerschaft besteht, so beeinflusst dieser Korrelationseffekt die **Entwicklung** der Parteianhängerschaft in Richtung auf einen Gleichgewichtszustand (◘ Tab. 33.5).

Berechnet man nun die Entwicklung der Parteianhängerschaft für die Kinder, so gelten folgende Gleichungen für den Entwicklungsprozess in der nächsten Generation mit dem Einfluss von Vater und Mutter:

$$u_{+1} = u^2 B + uC + b_0 + ruvB$$
$$B = (b_0 + a_1 + a_2) + (b_0) - (b_0 + a_1) - (b_0 + a_2) = 0$$

unter der speziellen Annahme linearer Effekte sowie

$$C = (b_0 + a_1) + (b_0 + a_2) - 2b_0 = a_1 + a_2 .$$

◘ **Tabelle 33.3.** Empirische Ergebnisse des politischen Verhaltens

		Vater		H + h
		H	h	
Mutter	H	130	25	155
	h	18	28	46
	H + h	148	53	201

H Parteianhänger, *h* kein Parteianhänger

◘ **Tabelle 33.4.** Erwartete Häufigkeiten (oder Prozentsätze) von Parteianhängern, die bei den Kindern aus einer bestimmten Paarkombination zu erwarten sind

		Vater	
		H	h
Mutter	H	$b_0 + a_1 + a_2$	$b_0 + a_2$
	h	$b_0 + a_1$	b_0

a_1, a_2 Einfluss von Vater bzw. Mutter; b_0 unspezifischer, nicht näher differenzierbarer Einfluss

□ Tabelle 33.5. Zeitliche Entwicklung der Parteianhängerschaft

		Vater		
		H	h	
Mutter	H	$u^2 + ruv$	$uv(1-r)$	u
	h	$uv(1-r)$	$v^2 + ruv$	v
		u	v	1

u relative Häufigkeit der Parteianhängerschaft bei Männern *und* Frauen; *v* keine Parteianhängerschaft; *r* Korrelation zwischen Männern und Frauen

Daraus folgt dann eine relative Häufigkeit der Parteianhängerschaft in der nachfolgenden Generation (u_{+1}):

$$u_{+1} = u(a_1 + a_2) + b_0 .$$

Das Ergebnis besagt,
1. dass die Korrelation zwischen den Eltern keinen Effekt auf die Anhängerschaft in der nachfolgenden Generation hat,
2. dass es einen unspezifischen Einfluss b_0 gibt und
3. dass die Effekte der Eltern additiv bleiben.

Was nun den Gleichgewichtszustand (G), dem dieses System zustrebt, angeht, so ist:

$$G = \frac{b_0}{1 - (a_1 + a_2)} .$$

Schätzt man schließlich die Werte aus den Daten, so ergibt sich:

$$\frac{0{,}23}{1 - (0{,}27 + 0{,}21)} = 0{,}44$$

Interessant ist die Entwicklung der Prozentsätze. In der Elterngeneration gab es 75% Parteianhänger, in der auf sie folgenden Kindergeneration 59%. Zu erwarten ist, dass dieser Prozentsatz weiter abnimmt und dass sich schließlich weniger als die Hälfte der Bevölkerung einer Partei zugehörig fühlt, und zwar nur 44%.

Will man jetzt die Brauchbarkeit dieses Modells an der Realität prüfen, dann kann man das Wahlverhalten als einen einschlägigen Sozialisationseffekt heranziehen. Wertet man z. B. die offiziellen Statistiken aus, die jeweils trennen zwischen der Wahlbeteiligung bei den Präsidentschaftswahlen in den USA und den Gouverneurswahlen in den Bundesstaaten, dann unterscheiden sich diese Prozentsätze erheblich. Bildet man einen Mittelwert aus der Beteiligung in den zwei folgenden Wahlen, dann erhält man für 1960 (Präsidentschaftswahl) einen Prozentsatz von 63,1% und bei der Wahl zu den Bundesstaaten 1962 einen Prozentsatz von 47,3%. Im Mittel ergibt das 55,2%. Das entspricht quantitativ dem politischen Engagement der Kindergeneration, wie es die Daten bei der obigen Untersuchung repräsentieren als eine undifferenzierte Betrachtung politischen Verhaltens. Dieser Prozentsatz sollte nun auf den Gleichgewichtszustand von ca. 44% sinken. Die letzten Daten zur Wahlbeteiligung in den USA, die es gibt, erfassen die Präsidentschaftswahl von 2000 mit einem Prozentsatz von 51,3% und die Wahl in den Bundesstaaten 1998 mit 36,4%. Im Mittel liegt dann der Prozentsatz nach etwa 40 Jahren (von 1960 auf 2000 bei der Präsidentschaftswahl und von 1962 auf 1998 bei der Gouverneurswahl) bei ca. 44%. Diese Asymptote ist bereits um 1980 mit 45% gemittelter Wahlbeteiligung erreicht. Sie bleibt auch um 1990 mit knapp 46% recht stabil um diesen theoretischen Wert (http://www.voteutah.org/learning/elections/voting.html).

Wir haben es hier also mit einem Gleichgewichtszustand zu tun, der eine hohe Stabilität erreicht, wenn man berücksichtigt, dass es immer einen Unterschied zwischen den beiden Arten der Wahl gibt. Dieser Unterschied war in den empirischen Ausgangsdaten von Cavalli-Sforza und Feldman (1981) nicht weiter berücksichtigt worden, sodass der Mittelwert eine gute Vergleichsgröße für die ursprüngliche Empirie darstellt. Das Modell führt zu einer erstaunlich guten quantitativen Prognose, wenn man den Unterschied in der Wahlbeteiligung der zwei Arten von Wahlen vernachlässigt und eine generelle politische Sozialisation betrachtet, die in einer Gesellschaft, vermittelt durch die Eltern, erfolgt. Dabei gibt es natürlich auch übergeordnete Einflüsse aus der Gesellschaft (b_0), die das Wahlverhalten als allgemeine politische Aktivität fördern, wie das Modell behauptet.

Mit diesem einfachen Beispiel sollte die Fruchtbarkeit quantitativer Modelle für die Entwicklung der Sozialisationsforschung mit systemischem Hintergrund exemplarisch aufgezeigt werden (s. zusammenfassend Witte, 2004).

33.2.5 Ein Rahmenkonzept für Sozialisationsprozesse

Diese sehr fruchtbare und präzise Herangehensweise an Sozialisationsprozesse wäre bereits heute auch bei anderen vorliegenden Konzepten möglich und kann nur als Ansporn für die zukünftige Entwicklung verstanden werden. Im Augenblick müssen wir uns damit begnügen, ein Rahmenkonzept für Sozialisationsprozesse auf unterschiedlichen Systemumfängen zu entwickeln. Wir können dann exemplarisch Daten re-analysieren, um die Erkenntnisleistung des Ansatzes zu prüfen.

Als Ausgangspunkt für ein solches Rahmenkonzept wählen wir die Kombination der drei Qualitäten der Subsysteme mit den Systemumfängen auf dem Mikro-, Meso- und Makrobereich.

Auf der kognitiven Seite kann man davon ausgehen, dass jedes System eine allgemeine »Orientierung« besitzt. Ein solches **kognitives** Teilsystem im Rahmen des Sozialisationseinflusses beinhaltet die Vorstellungen über Ziele, Normen, Regeln etc. Abhängig von diesen Vorstellungen wird Einfluss auf den Sozialisanden genommen.

Als zweites ist die **affektive** Seite zu berücksichtigen. Sie interessiert uns vor allem aus der Sicht des Sozialisanden als Individualsystem, das von Außen mit unterschiedlichen Inhalten konfrontiert wird. Der Sozialisand nimmt an der angebotenen Information eine aktive Transformation vor, wobei diese vor allem auf (affektiven) Bewertungen der Inhalte basiert. Im Rahmen der Sozialisation sollen die zwei Elemente dieses Ansatzes als »Anregung« und als »Ausnutzung« bezeichnet werden. Man nehme als ein Beispiel die musikalische Früherziehung und stelle sich vor, Eltern bringen ihr Kind in einen Kursus, in dem das Kind verschiedene Schlaginstrumente ausprobieren kann. Diese Anregung in dem Kurs kann das Kind nun für sich nutzen und lernen, gezielte Rhythmen zu erzeugen. Das könnte dann generalisieren und später zu dem Wunsch führen, selbst Musik machen zu wollen. Ebenso ist denkbar, dass das Kind in diesem Kurs lernt, Musik sei langweilig und mache keinen Spaß. Folglich kann die »Ausnutzung« einer »Anregung« auch negativ sein, d. h., der Sozialisand entfernt sich von den angebotenen Inhalten und verwendet für sich das Gegenteil der angebotenen Information. Voraussetzung für die Messbarkeit einer solchen multiplikativen Verknüpfung ist jedoch, dass mindestens die Variable »Ausnutzung« auf Verhältnisskalenniveau, also mit natürlichem Nullpunkt (▶ Kap. 2), gemessen werden kann, wenn die Ergebnisse des Produktes auf Intervallskalenniveau betrachtet werden sollen. Eine derart weitgehende Annahme ist dadurch zu rechtfertigen, dass man negative und positive Bewertungen unterstellt, zwischen denen ein natürlicher Nullpunkt liegt.

Als dritten Aspekt haben wir schließlich den **konativen** Anteil. Er beschreibt den durch das System und seine Umgebung vorgegebenen Handlungsspielraum des Sozialisanden. Diese Einbettung des Systems in einen Lebensraum kann man allgemein als »Lage« bezeichnen, in der sich der Sozialisand durch seine Zugehörigkeit zu einem System befindet. Beispiele hierfür sind, ob der Sozialisand in einer Großstadt oder auf dem Lande lebt, in einem Quartier mit hohem Ausländeranteil, in einer Region mit hoher Arbeitslosigkeit o. Ä.

Bei der Beschreibung der **Sozialisationseffekte** anhand der Rahmenbedingungen und bei ihrer Rekonstruktion an Daten mit Hilfe des Rahmenkonzeptes werden wir feststellen, dass Datensätze, die die drei Teilsysteme als Elemente des sozialisierenden Gesamtsystems gemeinsam erfassen, sehr selten sind. Um überhaupt die Zusammensetzung der drei Teilsysteme als Elemente des sozialisierenden Gesamtsystems spezifizieren und quantitative Rekonstruktionen vornehmen zu können, lassen wir uns daher wesentlich von der Idee parallel geschalteter Elemente (Treuheit, 1978) leiten und sagen Sozialisationseffekte in folgender Weise vorher:

$$SE = L + O + AR \times AN$$
Sozialisationseffekt = »Lage« + »Orientierung« + »Anregung« × »Ausnutzung«.

Sozialisation auf der Mikrosystemebene

Bei dem Versuch, die familiäre Sozialisation komplexer zu erfassen, gehen wir wieder von der Idee aus, dass die drei Subsysteme auch im Sozialisationsprozess von Bedeutung sind. Mit dem konativen Subsystem ist **die Lage der Familie** verbunden. Sie legt den möglichen Handlungsspielraum fest. Darunter sind sowohl ökologische Anteile, wie z. B. Stadt–Land, Nachbarschaft, Wohnung, Familiengröße etc., zu verstehen als auch z. T. damit gekoppelte ökonomische Bedingungen. Hierdurch wird der »objektive« Handlungsrahmen der Familie bestimmt (Kuczynski, Marshall & Schell, 1997).

Als nächstes kommt **die Erziehungsorientierung** zum Tragen. Sie erfasst die kognitive Repräsentation der familiären Vorstellungen über Erziehungsziele und Erziehungsmittel.

Schließlich erfasst drittens das affektive Subsystem **die Beziehung zwischen Eltern und Kindern**. Es wird entsprechend der sozialen Motivation in zwei Unteraspekte aufgeteilt: die »Anregung« durch die Eltern und die »Ausnutzung« durch die Kinder. Diese beiden Binnenstrukturvariablen stellen den aktiven Teil des Sozialisationsgeschehens dar, der wesentlich durch emotionale Inhalte als »Ausnutzung« bestimmt wird. Dabei hängt die aktive Übernahme im Sozialisationsprozess von der Grenzziehung des Sozialisanden als Individualsystem ab. Die Grenzziehung wiederum wird wesentlich über die Theorie der sozialen Motivation erfasst. Im Rahmen dieser Theorie spielt die Wechselwirkung zwischen situativem Anreiz (»Anregung«) als individuell kognitiver Anteil und internem Zustand (»Ausnutzung«) als individuell affektiver Anteil die wesentliche Rolle, wobei vor allem die Wechselwirkung zwischen affektivem und kognitivem Subsystem steuernd Einfluss nimmt (Grusec & Goodnow, 1994).

Damit wird der familiäre Sozialisationsprozess als Zusammenspiel der drei Teilsysteme als Elemente des Mikrosystems begriffen. Zudem übernehmen wir die Vorstellung parallel geschalteter Teilsysteme (Treuheit, 1978), sodass sich folgende Vorhersage für einen Sozialisationseffekt ergibt:

Primärer Sozialisationseffekt = Familienlage + Familienorientierung + Anregung × Ausnutzung

Das ist erst ein sehr grobes Raster, und doch gibt es kaum Daten, anhand derer sich eine derartige Verknüpfung überprüfen lässt (Vaskovics, 1997). Wir werden deshalb exemplarisch Studien betrachten, die die einzelnen Teilsysteme und deren Wirkung näher beschreiben.

Beginnen wir mit der **Familienlage** als erstem Element des sozialisierenden Mikrosystems. In einer Studie von Strohmeier und Herlth (1981) geht es um sozialökologische Faktoren und deren Wirkung auf die sprachliche Förderung von Kindern (▶ Kasten).

Sozialökologische Faktoren und deren Wirkung auf die sprachliche Förderung von Kindern – eine Studie von Strohmeier und Herlth (1981)

Ausgangspunkt für die Ermittlung von Handlungsspielräumen in 18 Wohnquartieren waren 31 Merkmale, z. B. der Prozentsatz an Kindern unter 5 Jahren, der an Arbeitern unter den Erwerbstätigen, der erwerbstätiger Frauen etc. Diese Quartiermerkmale führten zu zwei Faktoren: der »sozioökonomischen Lage« und dem »Familienstatus«. Die erste Dimension erfasst die Schul- und Berufsbildung in den Wohnquartieren; es handelt sich hier um die klassische Unterteilung in Mittel- und Unterschichtmilieu als Extrempunkte. Die zweite Dimension erfasst die Anzahl der kinderreichen Familien gegenüber dem Anteil alter Menschen und beschreibt die Altershomogenisierung von Quartieren; einerseits gibt es Neubaugebiete mit jungen Familien und andererseits Altbaustadtteile mit entsprechend überalterter Bevölkerung. Mit diesen beiden Dimensionen lassen sich die Quartiere – Wohnviertel in Bielefeld, Münster und Gelsenkirchen – gut charakterisieren.

In diesem Zusammenhang sind folgende Einzelergebnisse bezüglich der Lesefrequenz interessant:

1. Die Mittelschichtfamilien in vorwiegend Unterschichtquartieren lesen weniger als Unterschichtangehörige in »besseren« Quartieren.

2. Der Unterschied zwischen den Schichten in unterschiedlich zusammengesetzten Quartieren bleibt in der Lesefrequenz beinahe konstant.

3. Die Mittelschicht zeigt einen Deckeneffekt (eine obere Grenze), wenn sie nicht mehr in der Minderheit ist.

4. Die Unterschicht reduziert ihre Lesefrequenz wieder, wenn die Mittelschicht in der Mehrheit ist.

Hieran wird die Normierung des Handlungsspielraumes durch die sozialökologische Umwelt erkennbar. Wichtig ist auch die Erkenntnis, dass Unterschichtfamilien dann, wenn sie in ihrem Quartier in der Minderheit sind, ein gewisses Ausmaß an Ablehnung gegenüber der Majoritätsnorm der Mittelschicht erkennen lassen. Sie folgen der Mittelschichtsnorm weniger als Unterschichtfamilien, die in einem gemischten Quartier mit gleicher Anzahl von Unter- und Mittelschichtfamilien leben. In diesen Fällen wird eine verstärkte Grenzziehung vorgenommen, weil die Mittelschichtfamilien die Identität der Mitglieder von Unterschichtfamilien bedrohen.

Auch für den Besitz von Kinderbüchern gibt es ähnliche Effekte.

Die **Familienlage**, die den Handlungsspielraum in gewissem Ausmaß festlegt, ist also für die Beschreibung der Sozialisationseffekte wichtig. An Einflussgrößen sind die in der Lebenswelt herrschenden Durchschnittsnormen aus der Makrostruktur der Schichtzugehörigkeit und der Mesostruktur des Wohnquartiers festzuhalten. Vor diesem Hintergrund entwickeln dann die einzelnen Familien ihre eigenen Handlungsweisen, die sich aber immer an der Durchschnittsnorm – gebildet aus Schicht und nachbarschaftlicher Lebenswelt – orientieren (Bornstein, 1995).

Als nächstes Teilsystem ist die **Familienorientierung** als kognitive Repräsentation von Erziehungszielen zu untersuchen. Es zeigt sich tatsächlich, dass in der Kindererziehung zumindest in den letzten Jahrzehnten ein Orientierungswandel stattgefunden hat (Bronfenbrenner, 1965, 1995; Hoff & Grüneisen, 1978). Im Vergleich zur Zeit am Ende des Zweiten Weltkrieges hat die individuelle Autonomie des Kindes in kognitiver Hinsicht erheblich, wenngleich in den einzelnen Schichten unterschiedlich zugenommen (Schendl-Mayrhuber, 1978). Übereinstimmung zwischen früher und heute herrscht vor allem in den drei bedeutendsten Zielen: berufliche Tüchtigkeit, Selbstständigkeit und Intelligenz (Adams, 1998).

Versucht man jetzt, die Wichtigkeit der Erziehungsorientierung differenzierter zu erfassen und ihre Umsetzung in **Konfliktsituationen** am Erziehungshandeln zu messen, dann kann man die Frage beantworten, ob sich nur ein kognitiver Wandel vollzogen oder aber dieser Wandel bereits zu einer Veränderung im Erziehungsgeschehen geführt hat (Schneewind, 1994). Zur Überprüfung dieses Zusammenhanges wurden 33 Erziehungsorientierungen in ihrer allgemeinen Wichtigkeit beurteilt. Als wichtigste erschienen, dass »Kinder ehrlich sind« (1. Rangplatz), »gehorchen« (2. Rangplatz), »sich selbst beherrschen«

(3. Rangplatz). Korreliert man die beiden Rangreihen aus der kognitiven Wichtigkeit und der Häufigkeit der Nennung in Konfliktsituationen, so ergibt sich eine Rangkorrelation von r = 0,21. Die Orientierung ist also nicht immer verhaltensrelevant.

Im Hinblick auf das jetzt zu besprechende kognitiv-affektive Teilsystem mit den Komponenten »Anregung« und »Ausnutzung« haben wir bereits angemerkt, dass die Forschung über den Erziehungsstil im Wesentlichen diese beiden Komponenten erfasst. Betrachten wir in diesem Zusammenhang die Verbindung von »Anregung« und »Ausnutzung« durch das Verhalten der beiden Eltern mit den Leistungen der Kinder in **Intelligenztests**, so zeigt sich, dass vor allem die Seite der »Anregung« für die Kinder bedeutsam ist (Lohmann, 1978). Werden als Sozialisationseffekte komplexe **emotionale Variablen** wie »Schulangst«, »Unselbstständigkeit«, »Unterrichtsstörung« und »Aggression« herangezogen, dann gibt es bei den Sozialisanden nur bei einem gemeinsamen Einfluss der beiden Variablen »Anregung« (Strenge) und »Ausnutzung« (Unterstützung) eine klare Unterscheidung zwischen den Effekten (Tiedemann, Langer, Schmidt & Timm, 1981). Diese negativen Auswirkungen sind insbesondere bei hoher Strenge und geringer Unterstützung zu beobachten. Hier liegen nach unserer Vorstellung eine Überforderung der Kinder und eine geringe Ausnutzung der Sozialisationsangebote durch die Kinder vor.

Wie den verschiedenen Untersuchungen zu entnehmen ist, üben alle drei Teilsysteme Einfluss auf die Sozialisation der Kinder aus. Ihre spezifische Kombination ist jedoch nur durch komplexere Daten zu erfassen. Hier kann ein solches Rahmenkonzept eine gewisse Anleitung zur Erhebung dieser Daten geben.

Sozialisation auf der Mesosystemebene

Die theoretische Differenzierung in die drei Teilsysteme als Elemente auf dem Mesosystemniveau sollte nun auch eine gewisse empirische Entsprechung besitzen, um den gewählten Ansatz plausibler machen zu können. Es liegt eine umfangreiche und schon klassische Studie von Fend (1977; 1997) vor, die sich mit der allgemeinen Schulbedingung befasst. Besonders interessant sind Angaben darüber, wie die Schüler, die im Zentrum der Sozialisationsbemühungen stehen, das Mesosystem einschätzen. Eine Faktorenanalyse dieser Einschätzungen erbrachte überindividuelle Strukturelemente aus der Sicht der Schüler (N = 3750). Insgesamt gesehen, wurden sechs Faktoren extrahiert und schiefwinkelig rotiert (Promax). Die Korrelation zwischen zwei der Faktoren betrug dabei r = 0,62, sodass diese zu einer Dimension zusammengefasst werden können. Einer der beiden Faktoren wird folgendermaßen beschrieben: »Es wird von Schülern eine Umwelt geschildert, auf die sie kaum Einfluss haben und die ihnen kalt und gleichgültig gegenübersteht« (Fend, 1977, S. 256). Der andere, mit diesem hoch korrelierende Faktor erfasst die Einschränkung des

Handlungsspektrums durch Strafen der Lehrer. Diese beiden inhaltlichen Komponenten können als Maß für die **Schullage** bzw. Schulsituation interpretiert werden, zumindest aus der Sicht der Schüler.

Ein dritter Faktor erfasst den Leistungsdruck. Inhaltlich beschreibt er die kognitiven Anforderungen der Schule und deren Bewältigung durch die kognitiven Leistungen der Schüler. Im Zentrum steht das Lernen, sodass dieser Faktor als **Schulorientierung** interpretiert werden kann. [Sicherlich werden hier auch das affektive und das konative Teilsystem berührt, im Zentrum steht aber die Orientierung an der Lernleistung (s. a. Fend, 1977).]

Was nun das affektive Teilsystem angeht, so ist ein wichtiger Punkt der **Anregung** das Engagement des Lehrers, der – auch nach den Vorstellungen von Fend (1977) – den emotionalen Beziehungsaspekt erfassen soll. So können die Schüler z. B. das Gefühl haben, dass »Lehrer eher resignativ bezüglich der Lernerfolge ihrer Schüler eingestellt« und wenig daran interessiert sind, ob die Schüler wirklich etwas lernen (vierter Faktor). Sie sind dann wenig anregend.

Bei der zweiten Komponente, der **Ausnutzung**, geht es wesentlich darum, wieweit die Schule auf die Schüler eingeht. Immer dann, wenn auf die Motivation der Schüler Rücksicht genommen wird, indem sie mitbestimmen dürfen, und die Lehrer sich in Diskussionen über Lerninhalte auf die Schüler einstellen, ist die Schule so organisiert, dass die Schüler die Angebote auch nutzen können (fünfter Faktor).

Ein sechster Faktor erfasst den Disziplindruck. Er korreliert ebenfalls mit den beiden Faktoren der Schullage, sodass er unter dieses Konzept subsumiert werden soll.

In gewissem Umfang sind damit die theoretischen Begriffe im Zusammenhang mit dem Mesosystem Schule empirisch konkretisiert worden. Als nächstes müssen wir uns darüber Gedanken machen, wie die Teilsysteme als Elemente der Schulsozialisation als Effekt zusammenwirken. Hier wählen wir wieder das Rahmenkonzept und konkretisieren es auf die Schule:

> **Schulsozialisation** = Schullage +
> Schulorientierung + Anregung × Ausnutzung.

Wir können diesen komplexen Ansatz zwar nicht genau so überprüfen; es liegen aber einige Daten vor, die seine Plausibilität stützen (Fend, 1977; ► Kasten).

Zentrale Postulate

Diese theoretischen Annahmen sollen jetzt auf der Grundlage einer Konzeption der Person als Individualsystem mit dem Ziel des Erhalts seiner Identität zu wenigen Postulaten zusammengefasst werden:

Postulat 1:

Jedes Individuum muss zur Aufrechterhaltung seiner Identität eine willentliche Steuerung der Grenzziehung nach Außen vornehmen können.

Schulsozialisation – eine Studie von Fend (1977)

Fend (1977) berechnete Korrelationen zwischen Indikatoren der drei Teilsysteme als Elemente des sozialisierenden Mesosystems und Sozialisationseffekten. Für die »Schullage« verwendete er die integrierte Dimension »Anpassungsdruck«, für die »Schulorientierung« die Dimension »Leistungsdruck« und für »Anregung × Ausnutzung« die zusammengefasste Dimension »Sozialbeziehungen«. Die gewählten Dimensionen erfassen in ihrer Kombination aus mehreren Faktoren recht gut die drei Teilsysteme. Die Sozialisationseffekte als abhängige Variablen können wie folgt gemessen werden:

a) Schulinvolvement als affektive Größe;
b) Hausaufgabenzeit als konative Größe;
c) Leistungsbereitschaft als kognitiv-affektive Größe;
d) Selbstbewusstsein als komplexe Größe, die Teile des Identitätskonzeptes erfasst, soweit es um die Schule geht.

Es ergeben sich dann für über 135 Schulklassen als Einheit die in ◘ Tab. 33.6 dargestellten Korrelationen.

Die Korrelationen entsprechen in etwa den erwarteten Richtungen. Schulinvolvement korreliert negativ mit dem Anpassungsdruck (Schullage) und positiv mit den Sozialbeziehungen (Anregung × Ausnutzung), aber nicht mit dem Leistungsdruck (Schulorientierung). Die Hausaufgabenzeit wird durch den Anpassungsdruck (Schullage) und den Leistungsdruck (Schulorientierung) festgelegt, aber nicht durch die Sozialbeziehungen (Anregung × Ausnutzung). Hier erkennt man die Schwierigkeit, beide Effekte erzeugen zu wollen. Leistungsbereitschaft scheint allein über die Schule insgesamt schwer erreichbar zu sein. Schließlich scheint das Selbstbewusstsein mit allen drei Teilsystemen verbunden zu sein, erwartungsgemäß negativ mit Anpassungsdruck und Leistungsdruck und positiv mit Sozialbeziehungen.

Die Schule ist also ein wichtiger Faktor bei der Entwicklung eines positiven Selbstbewusstseins.

◘ **Tabelle 33.6.** Korrelationen zwischen den Indikatoren der Teilsysteme und Sozialisationseffekten auf dem Niveau von Schulklassen

Effekte	Teilsysteme		
	Anpassungsdruck (Schullage)	Leistungsdruck (Schulorientierung)	Sozialbeziehungen (Anregung × Ausnutzung)
Schulinvolvement	–0,49	(–0,15)	0,64
Hausaufgabenzeit	0,38	0,62	(–0,11)
Leistungsbereitschaft	(0,06)	(0,16)	0,22
Selbstbewusstsein	–0,36	–0,36	0,27

Die in Klammern gesetzten Korrelationen sind auf dem 5%-Niveau *nicht* signifikant.

Auf der Ebene der Sozialisation bedeutet diese Annahme, dass einerseits ein Sozialisand theoretisch so eingeführt werden muss, dass er Sozialisationsangebote auch ablehnen kann, und dass andererseits die empfundene Freiwilligkeit bei der Übernahme der Angebote eine große Rolle spielt. Darüber hinaus werden die Angebote nicht starr übernommen, sondern individuell modifiziert.

Postulat 2:

Wenn ein Sozialisationseffekt beobachtet wird, dann ist er von den »Lage«- und »Orientierungs«-Parametern als den allgemeinen äußeren Bedingungen sowie von der konkreten »Anregung« und der spezifischen »Ausnutzung« des Sozialisanden abhängig.

Postulat 3:

Die Verbindung der strukturellen Parameter zur Beschreibung des Sozialisationseffektes wird als gemeinsame Wirkung parallel geschalteter Systeme (additiv) konzipiert, wobei das Individualsystem des Sozialisanden aus zwei Parametern besteht, die hintereinander geschaltet (multiplikativ) sind.

Postulat 4:

Die Sozialisation ist ein lebenslanger Prozess, der nur über eine Veränderung in der Zeit angemessen erfasst werden kann.

Mit diesem Postulat soll eindringlich auf die Notwendigkeit hingewiesen werden, dass in Zukunft die zeitlichen Abläufe intensiv in die theoretische Entwicklung einbezogen werden müssen.

Diese vier Postulate geben einen theoretischen Rahmen ab für die beobachtbaren Sozialisationseffekte. Sie differenzieren die Komponenten des Einflusses nach ökologischen Anteilen (Lage), angestrebten Zielen (Orientierung) und den individuellen Umsetzungen (Anregung mal Ausnutzung).

33.3 Resümee

Das Gebiet der Sozialisation und seine theoretischen Grundlagen sind bisher nur in Ansätzen aufgearbeitet worden. Das ist bei der Komplexität dieses Gebietes, bei der Verschiedenheit der Disziplinen, die sich damit beschäftigen, und den methodischen Schwierigkeiten nicht verwunderlich. Das Ziel dieses Beitrages konnte deshalb vor allem nur darin liegen,

1. einen komplexen Begriff zu erarbeiten,
2. ausgewählte Ansätze darzustellen,
3. ein theoretisches Rahmenkonzept zu entwickeln und
4. dieses exemplarisch auf komplexere Daten anzuwenden.

Über diese erweiterte Sichtweise kann man sich jetzt soziale Prozesse auf diesem Gebiet verständlich machen. Ebenso kann man sich seine eigenen Entwicklungen zu erklären versuchen, wenn man das Rahmenkonzept auf sich selber anwendet. Wichtig sind auch die Grenzen und Möglichkeiten bei der Sozialisation zu erkennen, wenn man das Zusammenspiel zwischen Evolution und Kultur betrachtet. Aber auch der Anteil an Individuierung ist nicht zu unterschätzen. Wir sind nicht nur Opfer unserer Sozialisationsagenten, sondern wir können in einem gewissen Umfang Angebote ignorieren oder ein gegenteiliges Verhalten zeigen. Welche sozialen Systeme letztlich für beobachtbare Sozialisationseffekte verantwortlich sind, hängt von dem konkreten Verhalten ab, das betrachtet wird.

Deutlich geworden ist aber, dass nur auf dem Hintergrund komplexer Datensätze, die auch eine zeitliche Entwicklung erfassen, ein theoretisches Modell der Sozialisation überprüft werden kann. Hieran mangelt es bisher noch, auch weil ein entsprechendes Rahmenkonzept bisher nicht den Anspruch an solche Daten erzeugt hat. Wir haben viele Einzelkenntnisse erworben, die manche Prozesse durchschaubarer machen, aber, wie in vielen Bereichen, steht die umfassendere Theoriebildung erst am Anfang.

Literatur

Referenzliteratur

Grundmann, M. & Lüscher, K. (Hrsg.). (2000). *Sozialökologische Sozialisationsforschung.* Konstanz: UVK.

Hurrelmann, K. (2002). *Einführung in die Sozialisationstheorie.* Weinheim: Beltz.

Hurrelmann, K. & Ulich, D. (Hrsg.). (1991). *Neues Handbuch der Sozialisationsforschung.* Weinheim: Beltz.

Schneewind, K.A. (Hrsg.). (1994). *Enzyklopädie der Psychologie: Band DI/1 Psychologie der Erziehung und Sozialisation.* Göttingen: Hogrefe.

Witte, E.H. (1994). *Lehrbuch Sozialpsychologie.* Weinheim: PVU-Beltz. (Neuauflage in Vorbereitung).

Zitierte Literatur

Aberle, D.F. (1961). Culture and socialisation. In F.L.K. Hsu (Ed.), *Psychological anthropology.* Homewood: Dorsey.

Adams, B.N. (1998). *The family: a sociological interpretation.* New York: Harcourt Brace.

Asendorpf, J.B. & Banse, R. (2000). *Psychologie der Beziehung.* Bern: Huber.

Bartholomew, D.J. (1990). Avoidance of intimacy: an attachment perspective. *Journal of Social and Personal Relationships, 7,* 147–178.

Bierhoff, H.W. & Grau, I. (1999). *Romantische Beziehungen – Bindung, Liebe, Partnerschaft.* Bern: Huber.

Bornstein, M.H. (Ed.). (1995). *Handbook of parenting.* Mawah: Erlbaum.

Bronfenbrenner, U. (1965). Wandel der amerikanischen Kindererziehung. In L. von Friedeburg (Hrsg.), *Jugend in der modernen Gesellschaft.* Köln: Kiepenheuer.

Bronfenbrenner, U. (1995). Developmental ecology through space and time: a future perspective. In P. Moen et al. (Eds.), *Examining lives in context* (pp. 619–648). Washington, DC: America Psychological Association.

Broom, L. & Selznick, P. (1963). *Sociology.* New York: Harper.

Cavalli-Sforza, L.L. & Feldman, M.W. (1981). *Cultural transmission and evolution: a quantitative approach.* Princeton: Princeton University Press.

Cronbach, L.J. (1963). *Educational psychology* (3rd ed.). New York: Harcourt.

Doll, J., Mentz, M. & Witte, E.H. (1995). Zur Theorie der vier Bindungsstile: Messprobleme und Korrelate dreier integrierter Verhaltenssysteme. *Zeitschrift für Sozialpsychologie, 26,* 148–159.

Fend, H. (1977). *Schulklima: Soziale Einflüsse in der Schule.* Weinheim: Beltz.

Fend, H. (1997). *Der Umgang mit Schule in der Adoleszenz.* Bern: Huber.

Fo, W.S.O. & O'Donnell, C.R. (1975). The buddy system: effect of community intervention an delinquent offenses. *Behavior Therapy, 6,* 522–524.

Frey, D. & Jonas, E. (2002). Die Theorie der kognizierten Kontrolle. In D. Frey & M. Irle (Hrsg.), *Theorien der Sozialpsychologie* (Band III, S. 13–50). Bern: Huber.

Grau, I. (2002). *Nähe, Distanz und deren Regulierung in dyadischen sozialen Beziehungen.* Unveröffentlichte Habilitationsschrift, Universität Bielefeld, Fakultät für Soziologie.

Grusec, J.E. & Goodnow, J.J. (1994). Impact of parental discipline methods on the child's internalization of values: A reconceptualization of current points of view. *Developmental Psychology, 30,* 4–19.

Hoff, E.-H. & Grüneisen, V. (1978). Arbeitserfahrungen, Erziehungseinstellungen und Erziehungsverhalten von Eltern. In K.A. Schneewind & H. Lukesch (Hrsg.), *Familiäre Sozialisation.* Stuttgart: Klett-Cotta.

Hofstätter, P.R. (1963). *Einführung in die Sozialpsychologie.* Stuttgart: Kröner.

Hurrelmann, K. (2002). *Einführung in die Sozialisationstheorie.* Weinheim: Beltz.

Hurrelmann, K. & Ulich, D. (Hrsg.). (1998). *Neues Handbuch der Sozialisationsforschung.* Weinheim: Beltz.

Jones, E.E. & Gerard, H.B. (1967). *Foundations of social psychology.* New York: Wiley.

Jonson-Reid, M. (2002). Exploring the relationship between child welfare intervention and juvenile corrections involvement. *American Journal of Orthopsychiatry, 72,* 559–576.

Kaiser, G. (1977). *Jugendkriminalität.* Weinheim: Beltz.

Kuczynski, L., Marshall, S. & Schell, K. (1997). Value socialization in a bidirectional context. In J.E. Grucec & L. Kuczynski (Eds.), *Parenting and children's internalization of values* (pp. 23–50). New York: Wiley.

Lohmann, J. (1977). Kreativität, Intelligenz und perzipiertes Elternverhalten. In K.A. Schneewind & H. Lukesch (Hrsg.), *Familiäre Sozialisation.* Stuttgart: Klett-Cotta.

Lösel, F. & Bliesener, T. (2003). *Aggression und Delinquenz unter Jugendlichen – Untersuchungen von kognitiven und sozialen Bedingungen.* Neuwied: Luchterhand.

McGuire, J. (Ed.). (1995). *What works: reducing reoffending.* Chichester: Wiley.

Opp, K.-D. (1974). *Abweichendes Verhalten und Gesellschaftsstruktur.* Neuwied: Luchterhand.

Reinhardt, A. & Staudt, K. (1979). *Frühkriminalität und Persönlichkeitsstruktur.* Unveröffentlichte Diplomarbeit, Hamburg.

Rotter, J.B. (1954). *Social learning and clinical psychology.* Englewood Cliffs: Prentice-Hall.

Rotter, J.B. (1966). Generalized expectancies for internal versus external control of reinforcement. *Psychological Monographs, 80,* Whole No. 609.

Rotter, J.B. (1982). *The development and application of social learning theory.* New York: Holt, Rinehart & Winston.

Rubington, E. & Weinberg, M.(1996). *The study of social problems – seven perspectives.* Oxford: Oxford University Press.

Schendl-Mayrhuber, M. (1978). Der Einfluss der Schichtzugehörigkeit auf die Bildung von Erziehungseinstellungen und Erziehungszielen. In K.A. Schneewind & H. Lukesch (Hrsg.), *Familiäre Sozialisation.* Stuttgart: Klett-Cotta.

Schmerl, C. (1978). *Sozialisation und Persönlichkeit.* Stuttgart: Enke.

Schur, E.M. (1973). *Labeling deviant behavior: its sociological implications.* New York: Harper.

Strohmeier, K.P. & Herlth, A. (1981). Sozialräumliche Bedingungen familialer Sozialisation. Eine vergleichende Untersuchung von Wohnquartieren in Bielefeld, Gelsenkirchen und Münster. In H. Walter (Hrsg.), *Region und Sozialisation.* Stuttgart: Frommann-Holzboog.

Tiedemann, J., Langer, M., Schmidt, R. & Timm, T. (1981). Sozial-emotionales Schülerverhalten und elterliche Erziehungsmuster. *Zeitschrift für Entwicklungspsychologie und Pädagogische: Psychologie, 13,* 331–340.

Tolman, E.C. (1932). *Purposive behavior in animals and men.* New York: The Century.

Treuheit, L.J. (1978). Mathematische Systemtheorie für Sozialwissenschaftler. *Zeitschrift für Sozialpsychologie, 9,* 19–36.

Vaskovics, L.A. (1997). *Familienleitbilder und Familienrealitäten.* Opladen: Leske & Budrich.

Witte, E.H. (Hrsg.). (2004). *Methodologische, methodische und historische Entwicklungen in der Sozialpsychologie.* Lengerich: Pabst.

Witte, E.H. & Lehmann, W. (1992). Ein Funktionsmodell von Ehe und Partnerschaft. *Gruppendynamik, 23,* 59–76.

Witte, E.H. & Wallschlag, H. (2000). *Die fünf Säulen der Liebe.* Freiburg: Herder.

Zinnecker, J. & Silbereisen, R. (1996). *Kindheit in Deutschland.* Weinheim: Juventa.

34 Kognitionswissenschaftliche Konzepte und Theorien

W.H. Tack

Aufbauend auf früheren Traditionen entwickelte sich etwa ab 1960 in verschiedenen Disziplinen unter der Bezeichnung »Kognitionswissenschaft« ein interdisziplinärer Ansatz zur Untersuchung kognitiver Leistungen und Prozesse unabhängig vom jeweiligen Träger. Dabei spielten Kooperationen zwischen Psychologie und Künstlicher Intelligenz eine zentrale Rolle. Als gemeinsamer Nenner dient die Vorstellung vom informationsverarbeitenden System, auf der aufbauend sowohl Leistungen und Prozesse natürlicher wie auch künstlicher Intelligenz dargestellt und analysiert werden können. Für die Psychologie ist dabei von Belang, dass zur Erklärung empirischer Phänomene Systeme herangezogen werden, auf denen Phänomen-generierende Prozesse laufen, und dass so Prozessbetrachtungen gegenüber Erklärungen durch Angabe von Auftretensbedingungen an Bedeutung gewinnen.

34.1 Begriffsklärung

Was ist Kognitionswissenschaft? In der Literatur findet man hierzu eine Vielzahl von Antworten. Der Bericht einer Kommission, die vom Wissenschaftsberater des Präsidenten der USA und den Leitern mehrerer Einrichtungen der Forschungsförderung zur Klärung dieser Frage eingesetzt wurde und hochrangig besetzt war, spricht von der Erforschung intelligenter Leistungen und Prozesse mit dem Ziel einer allgemeinen Theorie der Intelligenz (The National Academies, 1983). Im gleichen Sinne konstatiert Luger (1994) im Titel eines Lehrbuchs: »Cognitive Science: The Science of Intelligent Systems«. Collins und Smith (1988) reden von einem interdisziplinären Studium von Wissenserwerb und Wissensnutzung, und Bly und Rumelhart (1999) vom Studium mentaler Repräsentationen und Berechnungen sowie jener physikalischen Systeme, die solche Prozesse realisieren. Wie passt das alles zusammen?

Die erwähnten Aussagen sind Explikationen, die verschiedene durchaus miteinander vereinbare Eigenschaften der Kognitionswissenschaft konstatieren. Eine integrierende Explikation kann von drei Fragen ausgehen:

- Womit beschäftigt sich Kognitionswissenschaft?
- Welche der etablierten Wissenschaften sind daran beteiligt?
- Was sind die zentralen gemeinsamen Konzepte und Annahmen?

34.1.1 Forschungsthemen

Der erwähnte Kommissionsbericht (The National Academies, 1983) zeigt an Beispielen die Vielfalt von Forschungsthemen, die unter dem Label »Kognitionswissenschaft« bearbeitet werden. Da gibt es formale Analysen der Eigenschaften abstrakter Systeme ebenso wie empirische Untersuchungen zu menschlichen Leistungen bei der Bearbeitung von Wahrnehmungs- und Denkaufgaben oder theoretische Erklärungen bekannter Phänomene durch Konstruktion von Regelsystemen, die eben diese Phänomene generieren. Diese Vielfalt zeigt auch die von Osherson mit anderen herausgegebene Reihe der »Invitation to Cognitive Science« (Osherson, Kosslyn & Hollerbach, 1990; Osherson & Lasnick, 1990; Osherson & Smith, 1990; Scarborough & Sternberg, 1998) sowie das von Bechtel und Graham (1998) edierte »Companion to Cognitive Science«.

Osherson und Lasnik (1990) weisen darauf hin, dass das Erkennen der Stimme eines Freundes am Telefon ebenso zum Gegenstand kognitionswissenschaftlicher Forschung werden kann wie das Lesen einer Novelle, das Hüpfen von Stein zu Stein über einen Bach, die Erklärung eines Sachverhalts, die Erinnerung an den Weg nach Hause oder die Wahl eines Berufes. Alle diese Tätigkeiten erfordern Prozesse, zu denen Ziele existieren, die mehr oder weniger gut, schneller oder langsamer oder auch überhaupt nicht erreicht werden. Damit ist das resultierende Verhalten in Bezug auf die jeweilige Zielsetzung bewertbar. Bewertbare Leistungen sind aber intelligente Leistungen.

Intelligenz und intelligentes Verhalten grenzen den Bereich der Phänomene ab, mit denen sich Kognitionswissenschaft beschäftigt.

Damit allein ist die Klasse kognitionswissenschaftlicher Arbeiten jedoch noch nicht hinreichend spezifiziert. Der bereits erwähnte Kommissionsbericht (The National Academies, 1983) besagt, letztendliches Ziel sei eine *allgemeine* Theorie der Intelligenz. Damit ist eine Theorie gemeint, deren Aussagen von den Spezifika des jeweiligen Trägers der Intelligenz abstrahieren. Angestrebt wird eine Ebene der Darstellung und Analyse intelligenter Leistungen und Prozesse, die für natürliche Intelligenz (von Menschen und anderen Lebewesen) und für künstliche Intelligenz (von Rechnern und anderen Maschinen) gleichermaßen geeignet ist.

Damit wird Kooperation über die Grenzen herkömmlicher Disziplinen hinweg möglich. Soweit es gelingt, dabei auch ein System gemeinsamer Basiskonzepte zu entwickeln, wird Kognitionswissenschaft über ein Label für interdisziplinäre Kooperation hinaus zu einer eigenen Art von Wissenschaft, deren Forschungsfragen zugleich auch in unterschiedlichen Partnerwissenschaften ihren Platz haben. Aus diesem Grunde bezeichnet man Kognitionswissenschaft auch als eine »Interdisziplin« (Tack, 1997).

34.1.2 Partnerwissenschaften

Welches sind nun die Partner dieser Interdisziplin? Das Logo der Cognitive Science Society nennt in einer Umschrift: Anthropologie, Künstliche Intelligenz, Erziehungswissenschaft, Linguistik, Neurowissenschaft, Philosophie und Psychologie. Dabei dominiert die Zusammenarbeit zwischen Psychologie und Informatik. 1972 veröffentlichten Allen Newell (Informatik) und Herbert A. Simon (Informatik und Psychologie) ihr einflussreiches Buch »Human Problem Solving« (Newell & Simon, 1972), dem bereits 1957 und 1959 thematisch entsprechende Kongressbeiträge (Newell, Shaw & Simon, 1959; Newell, Shaw & Simon, 1957) vorausgegangen waren. Hunts und Hovlands erste Veröffentlichung eines kognitiven Modells menschlichen Begriffserwerbs datiert aus dem Jahre 1960 (Hunt & Hovland, 1960). Die Arbeit von Hunt (1962) ist ein gutes Beispiel für kognitionswissenschaftliche Denk- und Arbeitsweise (▶ Kasten).

Kognitionswissenschaftliches Denken und Arbeiten – eine Studie von Hunt (1962)

Bei Hunt (1962) geht es um Begriffslernen. Gegeben ist ein Universum von Reizen, die auf bestimmten Attributvariablen mit jeweils einem von endlich vielen Werten beschrieben werden können. In seinen Untersuchungen benutzt Hunt Karten, auf denen in zwei übereinander angeordneten Reihen eine oder mehrere einfache Figuren zu sehen sind. In jeder Reihe sind alle Figuren von gleicher Art und Farbe. Das Kartenuniversum besteht aus den 4096 Kombinationen der folgenden Merkmale:

Farbe der oberen Reihe: rot, schwarz, grün, braun
Art der oberen Figuren: Stern, Kreuz, Dreieck, Lilie
Anzahl der oberen Figuren: 1, 2, 3, 4
Farbe der unteren Reihe: rot, schwarz, grün, braun

Art der unteren Figuren: Stern, Kreuz, Dreieck, Lilie
Anzahl der unteren Figuren: 1, 2, 3, 4

Es lassen sich nun Klassen von Karten definieren wie etwa: »Eine Karte gehört genau dann zu den Pimus, wenn oben grüne Kreuze oder Dreiecke und unten rote Sterne oder Dreiecke beliebiger Farbe oder 3 Figuren beliebiger Art und Farbe sind«. Anhand von Beispielen lernt eine Versuchsperson, Pimus zu erkennen und richtig zu benennen. Dazu gibt es verschiedene experimentelle Anordnungen und eine Fülle von Befunden über die Verteilungen der benötigten Anzahlen von Beispielen bis zum Erreichen eines festgelegten Leistungskriteriums in Abhängigkeit von allen möglichen Variablen, insbesondere der formalen Struktur der zugrunde liegenden Definition.

Zur Erklärung der Befunde wird ein künstliches System konstruiert, das als Eingabe Beschreibungen von Karten erhält und Angaben darüber, ob eine Karte zur gesuchten Klasse gehört oder nicht. Als formale Repräsentation des Wissens, das eine richtige oder falsche Zuordnung gestattet, dient ein Entscheidungsbaum. Hinzu kommt ein Algorithmus, der aus Beschreibungen gegebener Beispiele für und gegen die jeweils gesuchte Kategorie einen auf der Basis dieser Daten zulässigen Entscheidungsbaum generiert. Diese theoretische Konstruktion wird als Rechnerprogramm implementiert. Programmläufe liefern Daten, die mit denen menschlicher Versuchspersonen verglichen werden.

Dabei fällt auf, dass Menschen bei rein konjunktiv definierten Konzepten, die also nur durch Und-Verbindung mehrerer Merkmale definiert sind, wesentlich bessere Leistungen zeigen als bei komplexer beschriebenen Klassen, und dass das artifizielle System diesen Effekt nicht generiert. Daraufhin wird die theoretische Konzeption so abgewandelt, dass das künstliche System zunächst prüft, ob die vorliegenden Daten mit einer rein konjunktiven

Beschreibung des gesuchten Konzeptes vereinbar sind. Ist dies nicht der Fall, wird geprüft, ob die Klasse der Gegenbeispiele konjunktiv beschreibbar ist, und nur wenn auch dies nicht gelingt, greift das System auf den Standardalgorithmus zur Konstruktion eines Entscheidungsbaums zurück. Jetzt zeigt auch das so veränderte künstliche System eine deutliche Überlegenheit bei der Konfrontation mit konjunktiven Konzepten.

Als Nächstes wird die Zusammensetzung des Datensatzes variiert, auf dem das System operiert. Waren es zunächst die Daten aller bis zum jeweiligen Zeitpunkt vorgegebenen Beispiele, so werden nun zur Berücksichtigung menschlichen Vergessens Wahrscheinlichkeiten eingebaut, mit denen Daten zeitlich weiter zurückliegender Beispiele nicht mehr zugänglich sind.

So entsteht eine ganze Serie künstlicher Systeme, deren Verhalten dem menschlichen Verhalten zunehmend besser entspricht, und die mehr und mehr Aspekte menschlichen Denkens berücksichtigen.

Das Beispiel zeigt, wie die Verwendung einer Betrachtungsebene, die natürlich und künstlich intelligente Prozesse darzustellen und zu analysieren gestattet, dem Psychologen neue Erklärungs- und Interpretationsmöglichkeiten eröffnet und dem Informatiker Ideen für neue Systemkonstruktionen geben kann.

34.1.3 Basiskonzepte

Was sind nun Kandidaten für gemeinsame Basiskonzepte? Aus dem Anspruch, vom Träger intelligenter Leistungen zu abstrahieren, folgt die Notwendigkeit einer Konzeption der betrachteten Systeme, die auf Menschen und Maschinen gleichermaßen anwendbar ist. Dies leistet die Vorstellung vom »informationsverarbeitenden System«, die auch schon bei Newell und Simon (1963, 1972; ► Kurzbiographien) zu finden ist.

Ein informationsverarbeitendes System steht über Rezeptoren und Effektoren mit einer Umwelt in Verbindung, aus der es Informationen erhält und an die es Informationen abgibt. Es besitzt ein Gedächtnis; sein Verhalten hängt daher nicht nur von aktuellen, sondern auch von früheren Informationen ab. Zur Informationsverarbeitung verfügt es über einen Vorrat an »elementaren informationsverarbeitenden Prozessen (EIP)«, die aktuell rezipierte und gespeicherte Informationen kombinieren und modifizieren können, und deren Ergebnisse dem Gedächtnis und/oder dem Effektorsystem zur Verfügung stehen.

Nun sind Informationen abstrakte Gegebenheiten. Informationsverarbeitende Systeme hingegen sind physisch existent und können somit auch nur auf physisch existenten

Allan Newell

Allan Newell wurde 1927 in San Francisco geboren. Er studierte in Stanford Physik und in Princeton Mathematik; anschließend ging er zur RAND Corporation. Dort publizierte er zusammen mit J.B. Kruskal Arbeiten, die den Beginn seiner Beschäftigung mit Fragen der Anwendung formaler Systeme auf komplexe empirische Gegebenheiten dokumentieren. In Pittsburgh entstand aus der Zusammenarbeit mit Herbert Simon der »General Problem Solver«, ein Rechnerprogramm zur Lösung von Umformungsaufgaben mit dem Anspruch, dabei menschliches Denken zu simulieren. 1972 erschien das für die Anfänge der Kognitionswissenschaft in der Psychologie wichtige Buch »Human Problem Solving«. Newell blieb zeitlebens ein Informatiker, für den menschliches Denken und dessen symbolorientierte Analyse das zentrale Thema war. Allen Newell starb 1992.

Herbert A. Simon

Herbert A. Simon wurde 1916 in Milwaukee, Wisconsin, geboren. Er studierte Politikwissenschaft an der University of Chicago und ging dann zur University of California in Berkeley, zum Illinois Institute of Technology und schließlich zur Carnegie-Mellon-University nach Pittsburgh. Seine Arbeiten beschäftigen sich mit Entscheidungsverhalten und mit menschlichem Denken. Dabei spielt eine zentrale Rolle, dass jegliches Denken ein Prozess ist, der nur durch Prozessmodelle adäquat dargestellt werden kann. In der Entscheidungsforschung führt das zu einer Abkehr vom traditionellen Rationalitätskonzept hin zu einer prozeduralen Rationalität, die einen Suchprozess abbricht, sobald eine akzeptable Alternative gefunden ist. Beim Problemlösen führt dies zu kognitiven Systemen, deren Verhalten ebenfalls als Prozessresultat aufgefasst wird. Hier trifft sich seine Vorstellung mit der von Allen Newell, mit dem zusammen er als einer der Väter der Kognitionswissenschaft anzusehen ist. Simon erhielt 1978 den Nobelpreis in Ökonomie. Er starb 2001.

Gegebenheiten operieren. Es muss also real vorhandene Dinge geben, die Informationen repräsentieren. Kurz gesagt: Informationsverarbeitende Systeme operieren auf **Repräsentationen**.

Wie diese Repräsentationen beschaffen sind, dazu gibt es zwei große Gruppen unterschiedlicher Sichtweisen. In der **symbolorientierten Kognitionswissenschaft** (Fodor, 1975; Newell, 1980) werden die Inhalte von Informationen durch Symbole und aus diesen gebildeten Symbolstrukturen dargestellt. Das ähnelt einer Sprache, in der Wörter als Symbole etwas repräsentieren, während gleichzeitig auch Sätze oder ganze Geschichten Repräsentate von Sachverhalten sein können. Die **konnektionistische Kognitionswissenschaft** hingegen (Rumelhart & McClelland, 1986; Rumelhart, McClelland & PDP Group, 1986) repräsentiert aktuelle Informationen als Muster von Aktivierungen auf einer Menge von Netzknoten und überdauernd verfügbare Informationen, also Gedächtnisinhalte, als Muster von

Stärken der Netzkanten, das sind die Verbindungen zwischen den einzelnen Knoten.

Damit Informationsverarbeitung stattfinden kann, muss das System über einen Mechanismus verfügen, der regelt, welche elementaren informationsverarbeitenden Prozesse in welcher Folge ablaufen. Dieser Mechanismus berücksichtigt die jeweils aktuelle Zielsetzung des Systems. Kognitionswissenschaft betrachtet informationsverarbeitende Systeme, die zielgerichtet auf Repräsentationen von Informationen operieren.

Ein System von Regeln zur Abarbeitung einer Folge von Operationen, die lediglich von einer gegebenen Startrepräsentation und von den Ergebnissen der zuvor ausgeführten Operationen abhängen, nennt man einen **Algorithmus**. Die Abarbeitung eines Algorithmus ist eine Berechnung. Informationsverarbeitende Systeme werden als Systeme aufgefasst, die Berechnungen durchführen, sie sind komputationale Systeme.

Die Repräsentationen, über die ein informationsverarbeitendes System verfügt, repräsentieren nicht alle in der Systemumgebung gegebenen Sachverhalte, sondern nur jene, die dem System über sein Rezeptorsystem und/oder als Ergebnisse der von ihm durchgeführten Prozesse zugänglich wurden. Dies bezeichnet man als das Wissen des Systems. Damit sind seine Repräsentationen Wissensrepräsentationen. Die Fragen, was Wissen ist, wie es repräsentiert wird, und wie man sich den Aufbau eines wissensbasierten informationsverarbeitenden Systems vorstellen kann, hängen eng zusammen. Wir werden im weiteren Verlauf zunächst die Frage nach der Repräsentation menschlichen Wissens betrachten und anschließend einige Ideen zur Struktur informationsverarbeitender Systeme vorstellen.

34.2   Wissen und Wissensrepräsentation

34.2.1 Menschliches Wissen

Wenn kognitive Systeme wissensbasierte informationsverarbeitende Systeme sind, dann stellt sich die Frage nach dem zugrunde liegenden Wissenskonzept und den daraus resultierenden Anforderungen an die benutzten Repräsentationen.

Ein weit verbreitetes Wissenskonzept basiert auf Arbeiten zur epistemischen Logik (van Wright, 1951) und wurde von Hintikka (1962) ausgearbeitet und vorgestellt. Gegeben sei die Menge möglicher Welten. Ein kognitives System kann bestimmte Welten voneinander unterscheiden und andere nicht. Das System weiß um einen Sachverhalt p genau dann, wenn p in allen Welten gilt, die das System von der gegebenen nicht unterscheiden kann. Nehmen wir an, Sie befinden sich beim Lesen dieses Buches nicht in der Nähe des Rathauses von Wellington (Neuseeland). Dann können Sie eine denkbare Welt, in der es in diesem Augenblick vor dem Rathaus von Wellington regnet, nicht von einer solchen unterscheiden, in der dies nicht der Fall ist. Sie wissen nicht, ob es jetzt dort regnet oder nicht. Sie können aber sehr wohl unterscheiden zwischen einer Welt, in der dieser Text auf weißem Papier gedruckt ist, und einer, in der dieses Papier grün ist. Sie wissen also, dass dieses Papier weiß ist.

Diese Vorstellung vom Wissen mag noch so plausibel sein, sie ist eine Idealisierung, die für real existierendes Wissen realer Menschen nicht ohne weiteres brauchbar ist. Da man nur Sachen weiß, die in allen von der gegebenen Welt nicht unterscheidbaren Welten gelten, gelten die Inhalte auch in der gegebenen Welt selbst. Alles, was man weiß, ist damit faktisch wahr (Veridikalität). Da Tautologien in allen möglichen Welten gelten, weiß man alle Tautologien, mögen sie noch so schwer zu durchschauen sein (logische Allwissenheit). Mit jedem Wissen weiß man auch alles, was daraus logisch gefolgert werden kann (induktive Abgeschlossenheit). Die in der Wochenzeitung »Die Zeit« veröffentlichen »Logeleien« sind bei idealisiertem Wissen trivial lösbar. Man weiß, was man alles weiß (positive Introspektion) und was man alles nicht weiß (negative Introspektion). Darüber hinaus folgen auch noch Konsequenzen für Wissen über das Wissen anderer.

Es gibt zahlreiche Versuche, andere Wissenskonzepte mit schwächeren Eigenschaften zu etablieren (Rescher, 2005). Weitgehend durchgesetzt hat sich eine Sichtweise, die menschliches Wissen als System von Überzeugungen behandelt. Zugegeben, hier herrscht einige sprachliche Verwirrung.

Wenn innerhalb der kognitionswissenschaftlichen Literatur von **Wissen** oder von Wissensrepräsentation die Rede ist, dann ist – vornehmlich bei psychologischen Autoren – oft das gemeint, was Philosophen als **Überzeugungen** und deren Repräsentationen bezeichnen. Grund dafür ist, dass real existierendes menschliches Wissen nie den strengen Anforderungen idealisierten Wissens genügt, und dass man kaum davon ausgehen kann, dass Menschen mit ihrem Wissen (im strengen Sinne) anders umgehen als mit ihrem vermeintlichen Wissen (von dem sie lediglich überzeugt sind). Was ist nun als System von Überzeugungen verstandenes menschliches Wissen?

Ein solches System verfügt über eine Basismenge Δ explizit gegebener Überzeugungen, deren Inhalte geschlossene Sätze und nicht Propositionen sind (Genesereth & Nilsson, 1987). Propositionen können als Funktionen aufgefasst werden, die für jede mögliche Welt den Wert »wahr« oder »falsch« annehmen. Der Satz »Saturn ist der Vater des Jupiter« ist in genau den möglichen Welten wahr, in denen auch der Satz »Chronos ist der Vater des Zeus« wahr ist, denn »Saturn« und »Chronos« sowie »Jupiter« und »Zeus« bezeichnen jeweils den gleichen Gott, sind also Synonyma. Damit repräsentieren beide Sätze die gleiche Proposition. Es ist aber durchaus denkbar, dass jemand den Inhalt des einen Satzes weiß, den des anderen aber nicht.

Außer der Menge Δ explizit gegebener Überzeugungen gehört zum Überzeugungssystem eine Menge ρ von Regeln, mit denen sich aus Überzeugungen oder Kombinationen davon neue Überzeugungen bilden lassen. Sie repräsentieren gewissermaßen den Vorrat möglicher Denkschritte, über die das System verfügt. Es ist nun üblich, solche Systeme von Überzeugungen als Konzepte realen menschlichen Wissens zu benutzen und entsprechend statt von Überzeugungen in Anlehnung an die in der Psychologie übliche Terminologie einfach von Wissen zu reden.

Reales menschliches **Wissen** umfasst eine Menge Δ explizit gegebener Wissensinhalte und eine Menge ρ von Regeln, das sind Funktionen $\rho_i: T^n \rightarrow T$, wobei $T \supset \Delta$ die Menge der insgesamt verfügbaren Wissensinhalte bezeichnet. Dazu enthält ρ auch die Identitätsfunktion. Man bezeichnet T als deklaratives Wissen und ρ als prozedurales Wissen.

34.2.2 Symbolorientierte Wissensrepräsentation

Da Kognitionswissenschaft vom jeweiligen Träger intelligenter Prozesse abstrahiert, muss es möglich sein, das beim Menschen unterstellte Wissen in einer Art darzustellen, auf der auch ein Rechnersystem operieren kann. Solche Darstellungen sind die Wissensrepräsentationen. Leider wird der Ausdruck »Wissensrepräsentation« in zwei verschiedenen Bedeutungen gebraucht, nämlich einmal für die Repräsentation äußerer Gegebenheiten im menschlichen Wissen und zum anderen für die formale Repräsentation menschlichen Wissens. Den letztgenannten Fall kann man auch als »Rerepräsentation« bezeichnen, da hier eine Repräsentation (im menschlichen Wissen) selbst zum Repräsentandum wird (Silvers, 1989; Tack, 1987). Hiervon soll nun die Rede sein.

Es gibt eine Vielzahl von Techniken der Wissensrepräsentation (Bench-Capon, 1990; Bobrow & Winograd, 1985; Davis, Shrobe & Szolovits, 1993; Dix, Pereira & Przymusinski, 1998; Sowa, 2000), die für jeweils unterschiedliche Ziele und Zwecke geeignet sind.

Deklarative Repräsentationen

Die ersten kognitionswissenschaftlichen Versuche (Hunt, 1962; Newell & Simon, 1972) bedienten sich eines recht einfachen Formalismus zur Darstellung des Wissens über Objekte. Einem Objektnamen folgte eine Folge von Attribut-Wert-Kombinationen. Eine der ersten Weiterentwicklungen war die Einführung semantischer Netze (Quillian, 1968). Sie berücksichtigen, dass man Eigenschaften von Objekten oder Objektklassen oft deshalb weiß, weil sie einer Oberklasse angehören, der die entsprechende Eigenschaft zukommt. Um dies zu nutzen wurde die Relation ISA (ist ein) eingeführt, die einem Objekt die nächste Klasse oder einer Klasse die nächste Oberklasse zuordnet. Zu dieser Relation gehört ein Vererbungsmechanismus für Attribut-Wert-Zuordnungen. Seit Quillian (1968) ist es auch üblich, das Wissen um Ereignisse in gleicher Art darzustellen wie das um Objekte. Am besten gewöhnt man sich an die Vorstellung, dass »Objekte des Wissens« repräsentiert werden, und ein Ereignis kann schließlich auch Objekt des Wissens sein. Zusätzlich wird bei vielen Repräsentationssystemen unterstellt, dass die Werte von Attributen selbst wieder Objekte des Wissens sind.

Damit ist bei allen Unterschieden zwischen einzelnen Repräsentationsformaten eine Stufe erreicht, auf der das Wissen eines kognitiven Systems keine Sammlung isoliert nebeneinander stehender Wissensinhalte ist, sondern vielmehr die Darstellung eines Gesamtwissensstandes, dessen Komponenten vielfältig miteinander verknüpft sind.

Eine nahe liegende Idee ist, den Bereich möglicher Attributwerte zu erweitern, indem man auch Wertebereiche, Wertrestriktionen, Programme, die bei Bedarf den zugehörigen Wert aus anderen Informationen berechnen, Default-Werte, die bis zum Eingang anders lautender Information nur vorläufig gelten, und ähnliche Dinge mehr einführt. Derart erweiterte Repräsentationen nennt man »Frames« (Minsky, 1981).

Zwei weitere Aspekte moderner Repräsentationformate sind noch zu nennen. Der aus den semantischen Netzwerken stammende Vererbungsmechanismus wird heute kaum noch benutzt. Man unterstellt nicht mehr, dass der Zugriff auf Eigenschaften, die aus Klassenzugehörigkeiten folgen, direkte Konsequenz der Wissensorganisation ist, sondern vielmehr das Ergebnis eines Inferenzprozesses, der bei der Theorie- und Modellbildung explizit zu berücksichtigen ist. Stattdessen benutzt man typisierte Repräsentationen. Es gibt also ein – oft als eine »Ontologie« bezeichnetes – System von Typen von Objekten des Wissens. Mit dem Typ ist festgelegt, welche Attribute bei allen Wissensinhalten dieses Typs existieren. Formal wird dabei die Bezeichnung »ISA« in diesem Kontext für ein Attribut eines Wissensobjektes benutzt, dessen Wert der jeweilige Typ ist. Gibt man zu einem dieser Attribute bei der Repräsentation eines Wissensinhaltes keinen Wert an, so stellt man damit dar, dass dem System dieser Wert unbekannt ist. Damit ist zumindest auch eine Variante von Nichtwissen repräsentierbar.

Prozedurale Repräsentationen

Deklarative Repräsentationen haben einen statischen Charakter, sie stellen dar, welches Wissen einem System zur Verfügung steht, sagen aber nichts darüber aus, was das System damit anfängt. Informationsverarbeitende Systeme tun aber etwas, und das, was sie tun, hängt davon ab, was sie wissen. Damit wird eine zweite Art der Wissensrepräsentation erforderlich, bei der die Repräsentationen als eine Art von Anweisungen zur Durchführung von Operationen interpretiert werden können.

Theorien und Modelle zur Erledigung bestimmter spezifischer kognitiver Aufgaben können so konstruiert sein, dass das operativ interpretierbare Wissen in Programmen versteckt und nicht explizit repräsentiert ist. Betrachten wir das bereits erwähnte System zur Erklärung von Phänomenen des Begriffserwerbs (Hunt, 1962). Es enthält eine deklarative Repräsentation des Wissens über gesehene und noch erinnerte Karten und eine Repräsentation des auf der Basis dieses Wissens konstruierten Entscheidungsbaumes. Das Wissen, das notwendig ist um vom Kartenwissen zum Wissen um den Entscheidungsbaum zu kommen, steckt implizit im Programm.

Geht man nun zu Theorien und Modellen über, die Leistungen bei der Erledigung verschiedener Aufgaben zu erklären beanspruchen, so wird es notwendig, auch operatives Wissen explizit zu repräsentieren. Das leisten prozedurale Repräsentationen. In ihrer einfachsten Form sind das Regeln, die immer dann, wenn in einem als »Kontext« bezeichneten Bereich deklarativer Repräsentationen bestimmte Einträge vorliegen, neue Einträge generieren. Da sie somit neues Wissen produzieren, werden sie »Produktionen« genannt. Sie haben stets einen Bedingungsteil, der die Anwendungsvoraussetzungen spezifiziert, und einen Handlungsteil, der die zugeordneten Operationen beschreibt.

Die Formulierung von Bedingungen durch Muster, denen vorliegende deklarative Repräsentationen genügen müssen, unterliegt je nach System unterschiedlichen Anforderungen. In vielen Fällen sind außer Mustern auch noch andere Bedingungsangaben möglich. Oft wird nicht nur *eine* neue deklarative Repräsentation generiert, sondern deren mehrere, und häufig sind auch andere Aktionen, wie etwa der Start einer externen Handlung oder die Veränderung der Aufmerksamkeitsausrichtung eines perzeptuellen Systems, möglich.

Aus dem Verhalten eines Systems kann nicht erschlossen werden, welche seiner Wissensinhalte deklarativ und welche prozedural repräsentiert sind (▶ Kasten).

Die empirische Unentscheidbarkeit der Repräsentationsformate

Man kann sich diese Unentscheidbarkeit am Beispiel eines recht dummen Systems veranschaulichen, das lediglich auf die Frage nach der Farbe von Schnee mit »weiß«, nach der Farbe von Gras mit »grün« und nach der Farbe von Blut mit »rot« zu antworten vermag. Eine mögliche Realisie-

▼

rung dieses Systems kennt nur *eine* deklarative Repräsentation der jeweiligen Frage und vier Regeln, die in der angegebenen Reihenfolge auf Anwendbarkeit geprüft werden:

```
((farbe_von schnee) → (antwort »weiss«))
((farbe_von gras)   → (antwort »gruen«))
((farbe_von blut)   → (antwort »rot«))
((farbe_von X)      → (antwort »keine Ahnung«))
```

Eine andere Möglichkeit ist, das Wissen um die Gegenstand-Farb-Zuordnungen deklarativ zu repräsentieren und mit zwei Regeln auszukommen. Deklarativ repräsentiert wäre dann

```
((schnee ist »weiss«) (gras ist »grün«)
(blut ist »rot«))
```

und prozedural:

```
((farbe_von X) (X ist Y) → (antwort Y))
((farbe_von X) → (antwort »keine Ah-
nung«))
```

Beide Systeme leisten offensichtlich das Gleiche. Der praktische Unterschied wird deutlich, wenn wir das System so erweitern, dass es nun auch die Frage »Was ist weiß?« mit »Schnee«, »Was ist grün?« mit »Gras« und »Was ist rot?« mit »Blut« beantworten kann. Im ersten Fall müssen wir dazu den gesamten dauerhaften Wissensbestand verdoppeln; im zweiten Fall können wir die bereits vorhandenen deklarativen Repräsentationen nutzen und benötigen nur die zusätzlichen Regeln

```
((was_ist X) (Y ist X) → (antwort Y))
((was_ist X) → (antwort »keine Ahnung«))
```

Deklarative Repräsentationen können flexibel genutzt werden, während prozedurale Repräsentationen nutzungsspezifisch sind.

Das Beispiel zeigt auch, dass deklaratives Faktenwissen (um Farben von Objekten) wie bei der ersten Realisierung durchaus prozedural repräsentiert werden kann. Kurz gesagt: Die Deklarativ-prozedural-Unterscheidung bezüglich des Wissens und jene bezüglich der Repräsentation müssen einander nicht entsprechen.

34.3 Modelle und Architekturen

34.3.1 Kognitive Modellierung

Der einheitliche konzeptuelle Rahmen zur Darstellung natürlicher und künstlicher Systeme ist Grundlage der kognitiven Modellierung. Sie versucht empirisch gefundene Phänomene natürlicher Intelligenz dadurch zu erklären, dass sie künstliche Systeme konstruiert, deren Verhalten Eigenschaften zeigt, die den zu erklärenden Phänomenen analog sind.

Kognitive Modelle sind abstrakte Systeme, auf denen Prozesse ablaufen, die ein Analogon des jeweils zu erklärenden Phänomens generieren (Tack & Wallach, 1999).

Strube (2000) bezeichnet sie deshalb als »generative Theorien«. Das Explikandum wird nicht durch Angabe der Bedingungen seines Auftretens erklärt, sondern durch Angabe eines Prozesses, der es erzeugt. Das kognitive Modell ist die Beschreibung eines Systems, auf dem dieser Prozess möglich ist. ◘ Abbildung 34.1 verdeutlicht diesen Zusammenhang.

Da die Darstellung des kognitiven Modells vom Träger des untersuchten Prozesses abstrahiert, lässt sich das Modell auch auf einem Rechner mit entsprechender Programmierumgebung realisieren; man spricht dann von der »Implementation« des Modells.

Wenn wir ein System als »Modell« bezeichnen, so meinen wir damit, es werde von einem Subjekt in einer bestimmten Absicht als Modell für ein bestimmtes anderes

System, dem zugehörigen Prototypen, benutzt (Apostel, 1961). Dabei wird gefordert, dass zwischen Modell und Prototyp mindestens ein partieller Homomorphismus existiert, dass also Teile und Eigenschaften des einen im anderen abgebildet sind, wobei diese Abbildung weder vollständig noch umkehrbar eindeutig sein muss. In jedem Einzelfall ist deshalb zu spezifizieren, welche Aspekte und Attribute des natürlichen kognitiven Prozesses und des resultierenden menschlichen Verhaltens beobachtet, als Daten registriert und durch entsprechende Modelldaten modelliert werden sollen. Anders ausgedrückt: Die Kriterien für empirische Adäquatheit eines Modells müssen spezifiziert werden.

Simon und Wallach (1999) listen sechs derartige Kriterien auf. Ihre Liste lässt sich sicherlich verfeinern, abändern oder durch eine andere Klassifikation geforderter Entsprechungen ersetzen. Wichtig ist zweierlei: Kognitive Modellierung erfordert jeweils eine Spezifikation der angestrebten Entsprechungen, und die Menge der Möglichkeiten hängt von Eigenschaften des jeweiligen Modells ab. So kann man beispielsweise keine Entsprechung des Zeitbedarfs für Teilprozesse fordern, wenn das Modell keine Zeitberechnungen durchführt, und keine Entsprechung zwischen bestimmten Modelloperationen und fMRT-Daten, wenn dem Modell keine Annahmen über die Hirnlokalisation bestimmter Operationen zugrunde liegen.

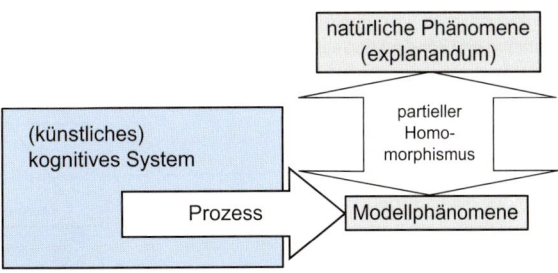

◘ **Abb. 34.1.** Kognitive Modellierung als generative Theorie. Das Modellsystem ermöglicht Prozesse, die Analoga der zu erklärenden Phänomene generieren

34.3.2 Modellarten

Der Unterscheidung zwischen einer symbolorientierten und einer konnektionistischen Kognitionswissenschaft entspricht die Unterscheidung zwischen symbolorientierten und konnektionistischen Modellen.

Symbolorientierte Modelle folgen weitgehend dem allgemeinen Konzept eines »physikalischen Symbolsystems« (Newell, 1980; Newell & Simon, 1976). Wissen ist durch Symbolstrukturen repräsentiert. Interpretation vorhandener Symbolstrukturen realisiert Operationen, die Teile der vorhandenen Strukturen neu konstruieren. Dieser Wechsel von Interpretation und Konstruktion wiederholt sich immer wieder, und so wird vom Modellsystem der Modellprozess generiert (Abb. 34.2).

Durch Rückgriff auf verschiedene spezifische Techniken lässt sich so eine große Vielfalt von Modellen konstruieren, die unterschiedlichen Klassen von Explikanda und variierenden Fragestellungen mehr oder weniger gut angepasst sind (Opwis, 1992; Schmid & Kindsmüller, 1996).

Von anderer Art sind die konnektionistischen Modelle (Bechtel & Abrahamsen, 1991; Hecht-Nielsen, 1990; Pospeschill, 2004; Rumelhart & McClelland, 1986; Rumelhart et al., 1986). Während die symbolischen Modelle unschwer die Analogie zu einem symbolverarbeitenden Rechnerprogramm erkennen lassen, folgen konnektionistische Modelle der Analogie zum neuronalen System.

Ein **konnektionistisches Modell** ist eine Ansammlung einfacher Einheiten (manchmal auch »Modellneuronen« genannt), die unterschiedliche Aktivierungszustände annehmen können. Die Einheiten sind untereinander verbunden; die Verbindungen sind mit Gewichten (in den meisten Fällen: reelle Zahlen) versehen. Über diese Verbindungen gibt jede Einheit Information über ihren Aktivierungszustand an andere Einheiten weiter. Jede Einheit berechnet die mit den Verbindungsgewichten gewichtete Summe der Aktivierungen ihrer Nachbarn, von denen sie Informationen erhält. Sie verfügt über eine Funktion, mit der sie in Abhängigkeit von ihrer aktuellen Aktivierung und der gewichteten Summe der Aktivierungen ihrer Nachbarn ihre neue

Aktivierung oder eine Zufallsverteilung auf der Menge ihrer möglichen neuen Aktivierungen berechnet.

Das alles ist ein Spezialfall einer »multiple instruction multiple data« (MIMD) parallel verarbeitenden Rechnerarchitektur (Hecht-Nielsen, 1990), bei der jede Einheit an alle Nachbarn die gleiche Information gibt. Statt reeller Zahlen können in bestimmten Modellen auch andere mathematische Objekte weitergeleitet werden. Zusätzlich ist möglich, dass die Einheiten über eigene Speicher für frühere Aktivationen und Eingangswerte verfügen. Auf jeden Fall sind aber alle Berechnungen streng lokal; das Ergebnis hängt nur von den aktuellen Eingangswerten und Inhalten des eigenen Gedächtnisses einer Einheit ab.

In einem solchen Modell läuft Informationsverarbeitung so ab, dass die Eingangsinformation durch ein Aktivierungsmuster auf einer Teilmenge der insgesamt verfügbaren Einheiten repräsentiert wird. Entsprechend den gegebenen Verbindungen und Verbindungsstärken ändert sich das Gesamtmuster der Aktivationen. In bestimmten Systemen resultiert schließlich ein Aktivierungsmuster auf einer anderen Teilmenge, das das Ergebnis der Verarbeitung darstellt. Daneben gibt es auch Systeme, bei denen der durch eine Eingabe angestoßene Prozess schließlich zu einem stabilen Zustand des Gesamtsystems führt, der für das Ergebnis steht.

Da von den Verbindungsstärken abhängt, welche Eingangsinformationen zu welchen Ergebnissen der Informationsverarbeitung führen, kann man das Muster aller Verbindungsstärken auch als Repräsentation jenes Wissens ansehen, das das System zur Erledigung seiner Aufgaben einsetzt. Lernende Systeme können diese Verbindungsstärken ändern. Auch dafür gibt es wieder verschiedene Möglichkeiten. Einige Systeme werden nach Abschluss eines Verarbeitungsprozesses mit einem »richtigen« Muster von Aktivationen konfrontiert. Die Unterschiede zwischen dem generierten Muster und diesem Vergleichsmuster sind dann Ausgangspunkt eines »Backpropagation« genannten Prozesses zur Änderung von Verbindungsgewichten. Eine andere Möglichkeit ist das »Hebb'sche Lernen«, bei dem sich das Gewicht einer Verbindung als Funktion der Akti-

Abb. 34.2. Kognitiver Prozess im physikalischen Symbolsystem als wiederholter Wechsel von Interpretation und Konstruktion auf der Menge repräsentierender Symbolstrukturen

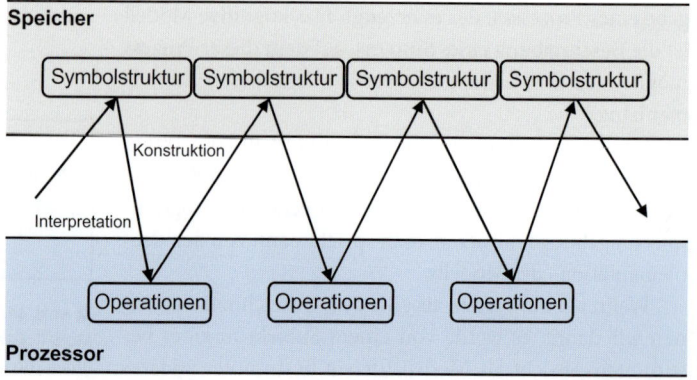

vationen seiner Sendeeinheit und seiner Empfangseinheit ändert. Alle diese Möglichkeiten schaffen Raum für eine Vielzahl sehr unterschiedlich konstruierter konnektionistischer Modelle. Es gibt mehrere Bücher, die einen guten Eindruck von der Vielfalt konnektionistischer Modelle vermitteln (Anderson & Rosenfeld, 1988; Bechtel & Abrahamsen, 1991; McClelland, Rumelhart & PDP Group, 1987; Rumelhart et al., 1986).

Was sind nun die **Vor- und Nachteile** der beiden Arten kognitiver Modellierung? Eine Liste mit den Nachteilen konnektionistischer Modellierung (Rumelhart & McClelland, 1986), die ursprünglich mit der Argumentation verknüpft war, diese sog. Nachteile seien entweder gar keine Nachteile oder überhaupt nicht vorhanden, wurde oft wieder aufgegriffen und neu diskutiert. Inzwischen dürfte aber sicher sein, dass die Suche nach unterschiedlichen Grenzen der Modellierbarkeit fruchtlos geworden ist. Insbesondere seit dem Aufkommen stochastischer Zwei-Ebenen-Modelle, die symbolische Komponenten mit einem subsymbolischen System numerischer Funktionen verknüpfen (An-

derson, 1990; Anderson & Lebiere, 1998) dürfte sicher sein, dass jedes symbolische Modell durch ein konnektionistisches emuliert werden kann und umgekehrt. Einer der bekanntesten Rahmen für die Entwicklung von Zwei-Ebenen-Modellen ist das von John R. Anderson (▶ Kurzbiographie) und seinen Mitarbeitern entwickelte System Act-R.

Vielleicht ist der zentrale Unterschied, dass symbolische und konnektionistische Modelle unterschiedliche Arten von Erklärungen der jeweils modellierten Phänomene geben. Symbolische Modelle beschreiben Teile des Geistes, in denen mentale Gegebenheiten und insbesondere intentionale Zustände zu finden sind. Der Wechsel von symbolischer zu konnektionistischer Modellierung bedeutet den Verzicht auf Erklärungen, die auf der Idee basieren, dass der Geist ein Mittel zur Repräsentation der äußeren Welt ist, das zu diesem Zweck mit intentionalen Zuständen ausgestattet ist. Auf der anderen Seite gewinnt man Beschreibungen der Funktionen von Teilen des Gehirns mit idealisierten Neuronen und Aktivierungen sowie mit Verbindungen und deren Gewichten. Ein Netzmodell deckt keineswegs die Komplexität des Gehirns ab und die Struktur eines symbolischen Modells ist keineswegs ein optimal differenziertes Abbild des menschlichen Geistes. Man sollte daher beim Übergang von symbolischer zu konnektionistischer Modellierung nicht vom Verlust des Geistes und dem Gewinn des Gehirns reden, sondern besser vom Verlust Geist-artiger Erklärungen und dem Gewinn Hirn-artiger.

34.3.3 Kognitive Architekturen

Während die ersten kognitiven Modelle für jeweils *ein* zu erklärendes Phänomen konstruiert wurden, setzte sich im Laufe der Entwicklung mehr und mehr die Tendenz durch, universell einsetzbare Systeme zu entwickeln, die mit jeweils aufgabenspezifischem Wissen ausgestattet Befunde aus unterschiedlichen Arten von Situationen erklären können. Solche Systeme bezeichnet man als »kognitive Architekturen« (Sloman, 1999; Tack & Wallach, 1999). Ein »kognitives Modell« ist dann die Kombination aus einer Architektur und einem Wissensbestand.

Die am besten bekannten **symbolischen Architekturen** sind wohl »Soar« (Lehman, Laird & Rosenbloom, 1998), »3Caps« (Carpenter & Just, 1995; Just & Carpenter, 1992), »Epic« (Meyer & Kieras, 1997) und »Act-R« (Anderson, 1990; Anderson et al., 2004; Anderson & Lebiere, 1998). In allen Fällen handelt es sich um **Produktionssysteme**. Ein Produktionssystem verfügt sowohl über deklarativ als auch über prozedural repräsentiertes Wissen, über einen Bereich deklarativer Repräsentationen, auf dem die Bedingungen für die Anwendbarkeit einer Regel geprüft werden, und über Mechanismen der Konfliktlösung, die bestimmen, welche Regel mit welcher Belegung ihrer Variablen im Bedingungsteil die jeweils nächste Operation bestimmt, sofern es hierfür mehrere Möglichkeiten gibt. Epic und die aktuelle Version

John R. Anderson

John R. Anderson wurde 1947 in Vancouver, New England, geboren. Er promovierte in Stanford bei Gordon Bower, mit dem er 1973 das Buch »Human Associative Memory« publizierte. Darin wird die Idee entwickelt, ein Inhalt des menschlichen Gedächtnisses sei darstellbar als Instanz einer Relation zwischen anderen Gedächtnisinhalten. Nach der Promotion ging Anderson zunächst nach Yale, dann zur University of Michigan und wieder nach Yale. 1978 landete er zuerst als Professor der Psychologie und später zusätzlich der Informatik an der Carnegie-Mellon-University in Pittsburgh.

Die in Stanford begonnene Arbeit wuchs weiter. Dabei wurde aus dem assoziativen Gedächtnis die kognitive Architektur Act-R, die Grundlage der meisten aktuellen kognitiven Modellierungen in der Psychologie ist. 2004 erhielt Anderson den David-E.-Rumelhart-Preis für seine Beiträge zur formalen Analyse menschlicher Kognition.

von Act-R verfügen darüber hinaus über ein perzeptuelles und ein motorisches System, die zeitlich parallel zum zentralen kognitiven System operieren können.

Act-R besitzt eine reichhaltige subsymbolische Komponente, die eine wichtige Rolle spielt, wenn es darum geht, im Verlauf eines kognitiven Prozesses zwischen verschiedenen verfügbaren Möglichkeiten zu entscheiden. Sie ermöglicht die Berechnung des Zeitbedarfs einzelner Operationen und Teilprozesse, und sie generiert stochastisches Modellverhalten. Vornehmlich diese subsymbolische Komponente ist so gestaltet, dass sie Newells Traum einer »unified theory of cognition« (Newell, 1990) möglichst nahe kommt. Dahinter steht die Idee, Theorien und darauf basierende Architekturen so zu konstruieren, dass möglichst viele Phänomene, die gut bekannt und empirisch hinreichend gestützt sind, in die Theorie eingebaut werden. Am Beispiel von Act-R soll verdeutlicht werden, wie so etwas möglich ist.

Die symbolische Komponente von Act-R verfügt über deklarative Wissensrepräsentationen, die »Chunks« genannt werden, und über prozedurale Regeln, die »Produktionen«. Chunks bestehen aus einem Namen und einer Liste von Attribut-Wert-Paaren. Die Werte sind ihrerseits wieder Chunks, die durch ihren jeweiligen Namen bezeichnet sind. Chunks sind typisiert; der Typ eines Chunks legt fest, auf welchen Attributen ein Wert gegeben sein kann. Ist kein Wert angegeben, so repräsentiert dies die Tatsache, dass der Wert dem System unbekannt ist.

Act-R – Beispiel der Modellierung einer Rechenaufgabe

In einem System, das das kleine Einmaleins kennt, könnte das Wissen darum, dass 3 × 4 = 12 ist, repräsentiert sein als:

```
(fact-3×4    isa        arithmetic-fact
             first      three
             operation  multiplication
             second     four
             result     twelve)
```

Das Pseudoattribut »isa« hat als Wert den Namen des Typs, zu dem der Chunk gehört. Wissen um die **Aufgabe**, drei und vier zu multiplizieren, ist entsprechend darstellbar, wobei jetzt allerdings das Ergebnis noch unbekannt ist.

```
(task        isa        arithmetic-fact
             first      three
             operation  multiplication
             second     four)
```

Um die Arbeitsweise von Regeln erklären zu können, ist einiges Wissen um die Grobstruktur von Act-R erforderlich, die in ◘ Abb. 34.3 skizziert ist.

Im Zentrum steht ein System von Puffern, die Chunks enthalten. Ein Zielpuffer enthält eine Repräsentation des Wissens darüber, was im Augenblick zu erledigen ist. Ein Abrufpuffer kommuniziert mit dem deklarativen Gedächtnis und enthält entweder eine Gedächtnisabfrage oder eine aus dem Gedächtnis abgerufene Repräsentation, die aktuell zur weiteren Verarbeitung verfügbar ist. Perzeptueller und motorischer Puffer sind jeweils Teilsysteme mit mehreren Komponenten. So gibt es im perzeptuellen Puffer sowohl eine visuelle als auch eine auditive Komponente und es kann beispielsweise zur gleichen Zeit Wissen um den Ort und den Inhalt eines wahrgenommenen Reizes vorliegen. Der motorische Puffer enthält neben Wissen über die Art einer anstehenden Bewegung auch eine Repräsentation über den Status der Abarbeitung (Vorbereitung, Initiierung,

34

◘ **Abb. 34.3.** Strukturkomponenten der kognitiven Architektur Act-R

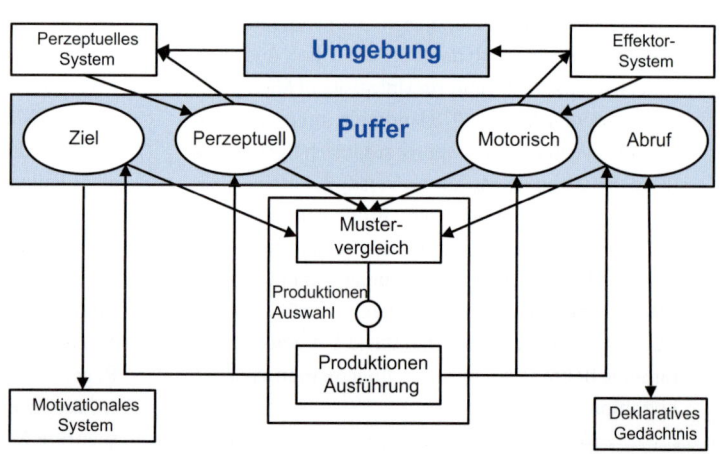

Ausführung). Das Gesamt aller Inhalte des Puffersystems steht für das, was dem kognitiven System jeweils gegenwärtig ist und bearbeitet werden kann.

Alle Produktionen können in ihrem Bedingungsteil nur Muster angeben, denen der Inhalt von Puffern entspricht, und sie können im Aktionsteil ebenfalls nur Pufferinhalte modifizieren oder neue setzen. Jede Produktion besteht aus einem Namen, der Angabe von Mustern für die Inhalte ein oder mehrerer Puffer, einem Trennzeichen ==>, das den Beginn des Aktionsteils markiert, und einer oder mehreren Aktionen, die Pufferinhalte verändern oder neu setzen. Variablennamen beginnen mit einem =. Wird eine Pufferbezeichnung mit = begonnen, dann wird im Bedingungsteil der Inhalt abgefragt und im Aktionsteil modifiziert. Puffernamen mit vorgestelltem + starten die Beschreibung eines neu in den Puffer einzusetzenden Chunks. Ein kleines Beispiel auch hierfür (▶ Kasten).

Act-R – Beispiel einer Produktion im Modell einer Multiplikation

Die oben angegebene Beschreibung des Wissens um die Aufgabe, 3 und 4 miteinander zu multiplizieren, sei Inhalt des Zielpuffers. Dann könnte eine Produktion greifen, die wie folgt aussieht:

```
(P start-memory-retrieval
    =goal>
        ISA         arithmetic-fact
        first       =erste-zahl
        operation   multiplication
        second      =zweite-zahl
        result      nil

==>
        +retrieval>
        ISA         arithmetic-fact
        first       =erste-zahl
        operation   multiplication
        second      =zweite-zahl)
```

Die Regel prüft, ob eine einfache Rechnung gefragt ist, bei der die anstehende Operation eine Multiplikation ist, die beiden zu multiplizierenden Zahlen bekannt sind und das Ergebnis nicht bekannt ist. Im Aktionsteil wird dann eine Anfrage ans deklarative Gedächtnis gestartet, in dem ein Wissensinhalt über die Multiplikation dieser beiden Zahlen gesucht wird.

Anhand des nun im deklarativen Gedächtnis ablaufenden Suchprozesses lassen sich zumindest einige der subsymbolischen Prozesse von Act-R skizzieren. Welcher Gedächtnisinhalt gefunden wird, hängt nicht nur von der jeweiligen Anfrage ab, sondern auch von den Aktivationen der Inhalte. Jede deklarative Repräsentation besitzt zu jedem Zeitpunkt einen numerischen Aktivationswert, der sich additiv aus zwei Komponenten zusammensetzt. Seine **Basisaktivation** ist eine numerische Funktion einer Schätzung der Wahrscheinlichkeit dafür, dass dieser Chunk vom System gebraucht wird. Diese Schätzung basiert auf der bisherigen Nutzungshäufigkeit des Chunks und der Zeit seiner letzten Verwendung. Damit sind die üblichen Frequenz- und Rezenzeffekte des menschlichen Gedächtnisses, also die Wirkungen der Häufigkeit und der zeitlichen Nähe früherer Verwendung des gleichen Wissensinhaltes, im System eingebaut. Zu dieser Basisaktivation wird nun eine **Kontextaktivation** addiert. Sie ist eine Funktion des Verhältnisses zwischen geschätzter Nutzungswahrscheinlichkeit und einer Schätzung der bedingten Nutzungswahrscheinlichkeit gegeben das aktuelle Ziel. Die im Chunk des Zielpuffers als Attributwerte genannten Chunks bilden den aktuellen Zielkontext. In unserem Beispiel gehören dazu die Repräsentationen des Wissens um die Zahl 3, um die Zahl 4 und um die Multiplikation. Zwischen diesen Chunks und allen anderen bestehen Stärken der assoziativen Verknüpfung, die in die Berechnung der Kontextaktivationen eingehen. Im Beispielfall profitieren davon außer dem gesuchten richtigen Chunk vor allem jene Komponenten des Wissens um das kleine Einmaleins, bei denen einer der Faktoren eine 3 oder eine 4 ist und der jeweils andere dem gefragten Wert sehr nahe liegt.

Das System berücksichtigt nun auch noch, wie gut eine deklarative Gedächtnisrepräsentation zur jeweiligen Anfrage passt. Es gibt eine Struktur von Ähnlichkeiten, die es auch einer nicht ganz passenden Wissensrepräsentation gestattet, bei einer Anfrage gefunden zu werden, wenn ihre Attributwerte nur den gesuchten möglichst nahe kommen. Je geringer die Ähnlichkeiten, desto größer ein Wert der von der Gesamtaktivation abgezogen wird. Hinzu kommt noch eine Zufallskomponente, und dann wird jener Chunk als Antwort auf die Gedächtnisabfrage geliefert, für den das Resultat dieser Berechnungen maximal ist, sofern es eine ebenfalls mit einer Zufallskomponente versehene Schwelle überschreitet. Aus der Gesamtaktivation des gefundenen Chunks ergibt sich auch der Zeitbedarf für den Gedächtnisabruf.

Was resultiert daraus für unser Beispiel? Wenn beim Abfragen des kleinen Einmaleins überhaupt Fehler gemacht werden (was vor allem unter Zeitdruck passiert), dann sind es meistens Antworten auf eine andere Aufgabe, die mit der gegebenen einen Faktor gemeinsam hat und bei der sich der jeweils andere Faktor vom gegebenen nur um einen geringen Betrag (1 oder 2) unterscheidet. Das ist aber genau das Fehlermuster, das wir aus empirischen Untersuchungen kennen (Graham, 1987).

Anderson (1998) hat gezeigt, dass man die gleichen Befunde auch mit einem konnektionistischen Modell reproduzieren kann. Er benutzt dazu ein System, bei dem die Ähnlichkeit zwischen Zahlen durch Überlappungsbereiche der jeweils aktivierten Eingabeeinheiten repräsentiert wird. In diesem Modell sind also keine Chunk-Aktivationen, Assoziationswerte und Ähnlichkeiten numerisch gegeben; die Modellphänomene sind hier Konsequenz der Netzarchitektur und der Festlegungen über Eingabemuster. Was ist der Unterschied zwischen beiden Modellen? Das Act-R-Modell kann leicht in ein größeres Modell eingebaut werden, das alle möglichen Formen des Umgangs mit einfachen Rechenaufgaben abdeckt (Lebiere, 1998). Das Netzwerkmodell hingegen liefert eine differenziertere Darstellung der Mechanismen, die die hier angesprochenen Effekte generieren. Das Netzwerk erklärt, wie das Gedächtnis Wissen speichert und abruft, das symbolorientierte System zeigt, wie solches Wissen zustande kommt und wie es genutzt wird um eine gegebene Aufgabe zu erledigen.

34.3.4 Anwendungen

In der angewandten Kognitionswissenschaft spielen kognitive Modellierungen eine wichtige Rolle. Dabei werden Modellimplementationen oft direkt praktisch nutzbar gemacht. Ein Beispiel hierfür sind **intelligente tutorielle Systeme**. Sie erheben den Anspruch, verschiedenen Lernenden unterschiedliche und jeweils individuell angepasste Aufgaben und Informationen vorzugeben (Anderson, 2001; Specht & Weber, 1997). Ein kognitives Modell kann eingesetzt werden, um zu dem registrierten Verhalten eines Lerners einen passenden Modellprozess zu generieren. Treten Fehler auf, dann kann auf diese Weise eine begründete Vermutung darüber abgeleitet werden, welche Regel oder welches deklarative Wissen der Lerner nicht eingesetzt hat. So lassen sich Fehlerursachen im Wissen und Können genauer lokalisieren und darauf aufbauend angepasste Hilfen und Aufgaben einsetzen. Darüber hinaus gibt es Systeme, die nicht nur Abweichungen von einem idealisierenden Modellprozess feststellen, sondern mögliches Fehlwissen in ihren Repräsentationen vorhalten, um noch spezifischere Hilfen anbieten zu können (Weber & Brusilovsky, 2001).

Einen weiteren großen Anwendungsbereich stellen Arbeiten zur **Mensch-Rechner-Interaktion** dar. Hier kann man drei verschiedene Einsatzmöglichkeiten für kognitive Modelle unterscheiden. Zum ersten lassen sich Modelle benutzen, um für verschieden gestaltete Rechnersysteme bei gleicher Aufgabenstellung den Zeitbedarf bei der Aufgabenerledigung abzuschätzen. Es gibt eine Vielzahl von Beispielen, in denen für diese Art von Fragestellung die auf der Architektur »Epic« basierenden GOMS-Techniken (Card, Moran & Newell, 1983; John & Kieras, 1996) mit teilweise beeindruckendem Erfolg eingesetzt wurden. Die Bezeichnung GOMS steht dabei für die berücksichtigten Komponenten des erfassten kognitiven Prozesses, nämlich »goals, operators, methods, selection rules«. John und Kieras (1996) berichten u. a. von einer Studie, die dem Vernehmen nach dazu beitrug mehrere Millionen Dollar einzusparen, indem sie den Verzicht auf eine vermeintlich positive Veränderung nahe legte (▶ Kasten).

Eine zweite Möglichkeit besteht darin, die Interaktion zwischen Benutzer und Rechner dadurch zu verändern, dass man ein Modell als »**elektronischen Assistenten**« einschaltet. Das Modell verarbeitet vom Rechner gegebene Information und unterstützt mit seinen Ergebnissen den Benutzer. Ein Beispiel hierfür findet sich in einem intelligenten Tutor (Anderson, Corbett, Koedinger & Pelletier,

---

Berechnung des Zeitbedarfs für Arbeitsabläufe – ein Anwendungsbeispiel für GOMS-Techniken

In der von John und Kieras (1996) berichteten Studie ging es um die Neugestaltung der Arbeitsplätze von Operateuren einer in New York und New England operierenden Telefongesellschaft (NYNEX). Zu den Aufgaben der Operateure gehörten der Aufbau von Konferenzschaltungen, Person-zu-Person-Verbindungen u. Ä. Die vorgesehene Neugestaltung versprach eine raschere Abwicklung der anfallenden Aufgaben. Dies wurde durch schnellere Rechner, veränderte Tastaturen, die die Eingabe häufiger Zeichenfolgen beschleunigen, sowie durch verbesserte rechnerinterne Abläufe erreicht. Dabei spielten auch kleine Zeitgewinne eine große Rolle, da unter Berücksichtigung des anfallenden Arbeitsaufwandes die mittlere Verringerung der Arbeitszeit pro Auftrag um eine Sekunde einer jährlichen Einsparung von etwa 3 Mio. Dollar entspricht. Entwickelt man nun ein kognitives Modell der beim Ope-

rateur ablaufenden Prozesse, so kann man das Zeitverhalten der Maschine mit dem des bedienenden Menschen kombiniert betrachten. Dabei zeigte sich, dass ein Teil der rascheren Maschinenprozesse und auch der beschleunigten motorischen Abläufe parallel zu kognitiven Teilprozessen lief, die ohnehin eine längere Zeit in Anspruch nahmen. Hinzu kam, dass die mit der Umstellung verbundene Neuorganisation der Arbeitsabläufe sogar einen zusätzlichen Zeitbedarf für Denk- und Entscheidungsvorgänge mit sich brachte, sodass letztendlich eine Verlängerung der mittleren Arbeitszeit pro Auftrag um 0,63 s zu erwarten ist. Dieses Beispiel zeigt die Vorteile einer Analyse der vielfältigen Zusammenhänge zwischen maschinellen und menschlich-kognitiven Prozesse bei der Mensch-Maschine- Interaktion. Andere der von John und Kieras (1996) geschilderten Fallstudien belegen die Bedeutung kognitiver Modelle für Entscheidungen zur Gestaltung von Benutzeroberflächen und zur Aufteilung von Aufgaben auf Mensch und Maschine.

1995). Dabei ist die Bearbeitung von Rechenaufgaben einer bestimmten Art zu lernen. Der Tutor verfügt über das Modell des Wissensbestandes eines perfekten Lerners, der alle diese Aufgaben lösen kann. Löst ein realer Lerner eine bestimmte Einzelaufgabe, dann steigt die Wahrscheinlichkeit dafür, dass er die hierfür vorauszusetzenden Wissensinhalte beherrscht. Auf der anderen Seite sinken die entsprechenden Wahrscheinlichkeiten, wenn Fehler gemacht werden. Der Tutor hält so eine dynamische Repräsentation des beim Lerner vermuteten Wissensbestandes, die er nutzen kann, um bei Fehlern gezielte Hinweise auf die mit hoher Wahrscheinlichkeit fehlenden Wissenskomponenten zu geben oder entsprechend angepasste neue Aufgaben vorzuschlagen.

Die dritte Möglichkeit setzt **kognitive Modelle** an die Stelle von Benutzern. Dies kann etwa geschehen, um eine virtuelle Umgebung mit Bewohnern auszustatten (Pew & Mavor, 1998) oder um eine Benutzeroberfläche zu bewerten (Ritter, Baxter, Jones & Young, 2001; West & Emond, 2001). Existiert ein Modell für den Umgang eines Benutzers mit einer bestimmten Klasse von Aufgaben bei der Interaktion mit einem Rechner, dann ist es nahe liegend, ein Interface bereitzustellen, das auch dem Modell die Arbeit mit einer bestimmten Oberfläche gestattet. Unter der Annahme, dass elementare Teilprozesse menschlichen Verhaltens durch unterschiedliche Gestaltungen der Oberfläche nicht affiziert werden, lassen sich dann anhand von Interaktionen eines Modells mit verschiedenen Oberflächen Daten gewinnen, die Auskunft über Vor- und Nachteile der untersuchten Varianten geben. Voraussetzung dafür ist, dass das Modell eine perzeptuelle Komponente besitzt, die die Aufnahme von Bildschirminformationen modelliert, und eine motorische Komponente, die als Modell der Bedienung von Maus und Tastatur brauchbar ist. Beides ist bei Modellen auf der Grundlage von Act-R gegeben.

Nun muss es keineswegs immer ein Rechner sein, mit dem ein kognitives Modell interagiert. Es kann sich auch um ein anderes Gerät handeln, das einem Benutzer Informationen zur Verfügung stellt und von ihm bedient wird. In solchen Fällen wird entweder ein Rechnermodell des zu bedienenden Gerätes benötigt oder ein »cognitive model interface management system (CMIMS)«, das die Interaktion zwischen Gerät und Modell ermöglicht. Damit können beispielsweise auch Arbeiten zur Regelung eines Kraftwerks (Wallach, 1998; Wallach & Tack, 1998), zur Tätigkeit der Flugsicherung (Bass, Baxter & Ritter, 1995) oder zum Verhalten eines Autofahrers an Kreuzungen (Aasman & Michon, 1992) Methoden der kognitiven Modellierung nutzen.

Natürlich sind die hier gegebenen Beispiele nur eine kleine und recht willkürliche Auswahl aus den vielfältigen Möglichkeiten der Anwendung kognitionswissenschaftlicher Konzepte und Theorien und insbesondere kognitiver Modelle für praktische Anwendungen. Sie können aber einen Eindruck davon vermitteln, dass sich Kognitionswissenschaft keinesfalls ausschließlich mit den Grundlagen kognitiver Prozesse beschäftigt, sondern auch über einen breiten Anwendungsbereich verfügt.

Literatur

Referenzliteratur

Anderson, J.R. (1990). *The adaptive character of thought.* Hillsdale, NJ: Erlbaum.
Anderson, J.R. & Lebiere, C. (1998). *The atomic components of thought.* Mahwah, NJ: Erlbaum.
Bechtel, W. & Graham, G. (Eds.). (1998). *A companion to cognitive science.* Malden, MA: Blackwell.
Opwis, K. (1992). *Kognitive Modellierung: Zur Verwendung wissensbasierter Systeme in der psychologischen Theoriebildung.* Bern: Huber.
Scarborough, D. & Sternberg, S. (Eds.). (1998). *Methods, models, and conceptual issues* (Vol. 4). Cambridge, MA: MIT Press.
Schmid, U. & Kindsmüller, M.C. (1996). *Kognitive Modellierung: Eine Einführung in die logischen und algorithmischen Grundlagen.* Heidelberg: Spektrum.
Strube, G. (Ed.). (1996). *Wörterbuch der Kognitionswissenschaft.* Stuttgart: Klett-Cotta.
Wilson, R.A. & Keil, F.C. (Eds.). (1999). The MIT encyclopedia of the cognitive sciences. Cambridge, MA: MIT Press.

Zitierte Literatur

Aasman, J. & Michon, J.A. (1992). Multitasking in driving. In J. Michon & A. Akyürek (Eds.), *Soar: a cognitive architecture in perspective.* Dordrecht: Kluwer.
Anderson, J.A. (1998). Learning arithmetic with a neural network: seven times seven is about fifty. In D. Scarborough & S. Sternberg (Eds.), *Methods, models, and conceptual issues* (pp. 255–299). Cambridge, MA.: MIT Press.
Anderson, J.A. & Rosenfeld, E. (Eds.). (1988). *Neurocomputing: foundations of research.* Cambridge, MA: MIT Press.
Anderson, J.R. (2001). What role do cognitive architectures play in intelligent tutoring systems? In D. Klahr & S.M. Carver (Eds.), *Cognition and instruction: Twenty-five years of progress* (pp. 227–262). Hillsdale, NJ: Erlbaum.
Anderson, J.R., Bothell, D., Byrne, M.D., Douglass, S., Lebiere, C. & Qin, Y. (2004). *An integrated theory of mind.* Verfügbar unter: http://act-r.psy.cmu.edu/papers/403/IntegratedTheory.pdf.
Anderson, J.R., Corbett, A.T., Koedinger, K.R. & Pelletier, R. (1995). Cognitive tutors: lessons learned. *Journal of the Learning Sciences, 4,* 167–207.
Apostel, L. (1961). Towards the formal study of models in the non-formal sciences. In B.H. Kazemier & D. Vuysje (Eds.), *The concept and the role of the model in mathematics and natural and social sciences* (pp. 1–38). Dordrecht: Kluwer.
Bass, E.J., Baxter, G.D. & Ritter, F.E. (1995). Creating cognitive models to control simulations of complex systems. *AISB Quarterly, 93,* 18–25.
Bechtel, W. & Abrahamsen, A. (1991). *Connectionism and the mind.* Malden, MA: Blackwell.
Bench-Capon, T.J.M. (1990). *Knowledge representation: an approach to artificial intelligence.* New York: Academic Press.
Bly, B.M. & Rumelhart, D.E. (Eds.). (1999). *Cognitive science.* San Diego, CA: Academic Press.
Bobrow, D. & Winograd, T. (1985). An overview of KRL, a knowledge representation language. In R.J. Brachman & H.J. Levesque (Eds.), *Readings in knowledge representation.* Los Altos, CA: Morgan Kaufmann.

Card, S., Moran, T. & Newell, A. (1983). *The psychology of human-computer-interaction.* Hillsdale, NJ: Erlbaum.

Carpenter, P.A. & Just, M.A. (1995). *3Caps: Simulation systems for modeling a limited-capacity working memory.* Paper presented at the 17th Annual Conference of the Cognitive Science Society.

Collins, A. & Smith, E.S. (Eds.). (1988). *Cognitive science: a perspective from psychology and artificial intelligence.* San Mateo, CA: Morgan Kaufmann.

Davis, R., Shrobe, H. & Szolovits, P. (1993). What is a knowledge representation? *AI Magazine, 14,* 17–33.

Dix, J., Pereira, L.M. & Przymusinski, T. (Eds.). (1998). *Logic programming and knowledge representation.* Berlin: Springer.

Fodor, J. (1975). *The language of thought.* New York, NY: Thomas Y. Crowell.

Genesereth, M.R. & Nilsson, N.J. (1987). *Logical foundations of artificial intelligence.* Palo Alto, CA: Morgan Kaufmann.

Graham, D.J. (1987). An associative retrieval model of arithmetic memory: How children learn to multiply. In J.A. Sloboda & D. Rogers (Eds.), *Cognitive processes in mathematics.* Oxford: Oxford University Press.

Hecht-Nielsen, R. (1990). *Neurocomputing.* Reading, MA: Addison-Wesley.

Hintikka, J. (1962). *Knowledge and belief.* Ithaca, NY: Cornell University Press.

Hunt, E.B. (1962). *Concept learning: An information processing problem.* New York: Wiley.

Hunt, E.B. & Hovland, C.I. (1960). Programming a model of human concept formation. In Western Joint Computer Conference (Ed.), *Proceedings of the Western Joint Computer Conference* (pp. 145–155). San Francisco, CA: Western Joint Computer Conference.

John, B. & Kieras, D.E. (1996). Using GOMS for user interface design and evaluation: Which technique? *ACM Transactions on Computer-Human Interaction, 3,* 287–319.

Just, M.A. & Carpenter, P.A. (1992). A capacity theory of comprehension: Individual differences in working memory. *Psychological Review, 99,* 122–149.

Lebiere, C. (1998). *The dynamics of cognition: An Act-R model of cognitive arithmetic.* Pittsburgh, PA: Carnegie Mellon University

Lehman, J.F., Laird, J.E. & Rosenbloom, P. (1998). A gentle introduction to Soar: an architecture for human cognition. In D. Scarborough & S. Sternberg (Eds.), *Methods, models and conceptual issues.* Cambridge, MA: MIT Press.

Luger, G.F. (1994). *Cognitive science: The science of intelligent systems.* San Diego, CA: Academic Press.

McClelland, J.L., Rumelhart, D.E. & PDP Group (Eds.). (1987). *Parallel distributed processing.* Cambridge, MA: MIT Press.

Meyer, D.E. & Kieras, D.E. (1997). Epic: A computational theory of executive cognitive processes and multiple task performance. *Psychological Review, 104,* 3–65.

Minsky, M. (1981). A framework for representing knowledge. In J. Haugeland (Ed.), *Mind design* (pp. 95–128). Cambridge, MA: MIT Press.

Newell, A. (1980). Physical symbol systems. *Cognitive Science, 4,* 135–183.

Newell, A. (1990). *Unified theories of cognition.* Cambridge, MA: Harvard University Press.

Newell, A., Shaw, J.C. & Simon, D. (1959). Report on a general problem solving program. In *Proceedings of the International Conference on Information Processing* (pp. 256–264). Paris: UNESCO.

Newell, A., Shaw, J.C. & Simon, H.A. (1957). Empirical explorations of the logic theory machine. *Proceedings of the Joint Computer Conference,* 218–230.

Newell, A. & Simon, H.A. (1963). GPS: A program that simulates human thought. In E.A. Feigenbaum & J. Feldman (Eds.), *Computers and thought.* (pp. 279–293). New York: McGraw-Hill.

Newell, A. & Simon, H.A. (1972). *Human problem solving.* Englewood Cliffs, NJ: Prentice-Hall.

Newell, A. & Simon, H.A. (1976). Computer science as an empirical inquiry: symbols and search. *Communications of the ACM, 19,* 113–126.

Osherson, D.N., Kosslyn, S.M. & Hollerbach, J.M. (Eds.). (1990). *Visual cognition and action (An invitation to cognitive science, vol. 2).* Cambridge, MA: MIT Press.

Osherson, D.N. & Lasnick, H. (Eds.). (1990). *Language (An invitation to cognitive science, vol. 1).* Cambridge, MA: MIT Press.

Osherson, D.N. & Smith, E.E. (Eds.). (1990). *Thinking (An invitation to cognitive science, vol. 3).* Cambridge, MA: MIT Press.

Pew, R.W. & Mavor, A.S. (Eds.). (1998). *Modeling human and organizational behavior: Application to military simulations.* Washington, DC: National Academy Press.

Pospeschill, M. (2004). *Konnektionismus und Kognition: Eine Einführung.* Stuttgart: Kohlhammer.

Quillian, M.R. (1968). Semantic Memory. In M.L. Minsky (Ed.), *Semantic information processing* (pp. 216–270). Cambridge, MA: MIT Press.

Rescher, N. (2005). *Epistemic logic: A survey of the logic of knowledge.* Pittsburgh, PA: Pittsburgh University Press.

Ritter, F.E., Baxter, G.D., Jones, G. & Young, R.M. (2001). User interface evaluation: How cognitive models can help. In J. Carroll (Ed.), *Human-computer interaction in the new millenium* (pp. 125–147). Reading, MA: Addison-Wesley.

Rumelhart, D.E. & McClelland, J.L. (1986). PDP models and general issues in cognitive science. In D.E. Rumelhart, J.L. McClelland & PDP Group (Eds.), *Parallel distributed processing* (Vol. 1, pp. 110–146). Cambridge, MA: MIT Press.

Rumelhart, D.E., McClelland, J.L. & PDP Group (1986). *Parallel distributed processing* (Vol. 1). Cambridge, MA: MIT Press.

Silvers, S. (Ed.). (1989). *Rerepresentation: Readings in the philosophy of mental representation.* Dordrecht: Kluwer.

Simon, H.A. & Wallach, D.P. (1999). Cognitive modeling in perspective. *Kognitionswissenschaft, 8,* 1–4.

Sloman, S. (1999). Cognitive architecture. In R.A. Wilson & F.C. Keil (Eds.), *The MIT encyclopedia of the cognitive sciences* (pp. 124–126). Cambridge, MA: MIT Press.

Sowa, J.F. (2000). *Knowledge representation: Logical, philosophical, and computational foundations.* Pacific Grove: Brooks Cole.

Specht, M. & Weber, G. (1997). Kognitive Lernermodellierung. *Kognitionswissenschaft, 6,* 165–176.

Strube, G. (2000). Generative theories in cognitive psychology. *Theory and Psychology, 10,* 117–125.

Tack, W.H. (1987). Ziele und Methoden der Wissensrepräsentation. *Sprache und Kognition, 6,* 150–163.

Tack, W.H. (1997). Kognitionswissenschaft: Eine Interdisziplin. *Kognitionswissenschaft, 6,* 2–8.

Tack, W.H. & Wallach, D.P. (1999). Möglichkeiten kognitiver Architekturen. In W. Hacker & M. Rinck (Hrsg.), *Zukunft gestalten: Bericht über den 41. Kongress der Deutschen Gesellschaft für Psychologie 1998 in Dresden* (S. 558–570). Lengerich: Pabst.

The National Academies: Advisors to the Nation on Science, Engineering and Medicine (1983). *Research briefings.* Washington, DC: National Academy Press.

van Wright, G.H. (1951). *An essay in modal logic.* Amsterdam: North Holland.

Wallach, D.P. (1998). *Komplexe Regelungsprozesse: Eine kognitionswissenschaftliche Analyse.* Wiesbaden: Deutscher Universitäts-Verlag.

Wallach, D.P. & Tack, W.H. (1998). Wissenserwerb und Performanz bei der Regelung komplexer Systeme. *Kognitionswissenschaft, 7,* 118–123.

Weber, G. & Brusilovsky, P. (2001). ELM-ART: An adaptive versatile system for web-based instruction. *International Journal of Artificial Intelligence in Education, 12,* 351–384.

West, R.L. & Emond, B. (2001). Can cognitive modeling improve usability testing and rapid prototyping? In *Proceedings of the 4th International Conference on Cognitive Modeling* (pp. 271–273). Mahwah, NJ: Erlbaum.

34

35 Neurowissenschaftliche Theorien in der Psychologie

F. Rösler

Welche Beziehungen existieren zwischen Erleben und Verhalten einerseits und Physiologie und Anatomie andererseits? Kann man z. B. psychologische Phänomene wie Angst vor einer Prüfungssituation oder die Erinnerung an einen vertrauten Menschen, die sich eindrucksvoll im subjektiven Erleben oder in der objektiven Analyse des Verhaltens zeigen, direkt mit elektrischen und biochemischen Veränderungen im Nervensystem in Verbindung bringen? Dies sind die Fragen, die man in neurowissenschaftlichen Theorien der Psychologie zu beantworten versucht. Die Beziehungen, die dabei zwischen psychologisch und neurobiologisch definierten Variablen untersucht und theoretisch miteinander verknüpft werden, sind vielfältig. Auf beiden Seiten können sie sich auf ganz unterschiedliche Betrachtungsebenen beziehen, die sich in der räumlichen und zeitlichen Auflösung unterscheiden. In diesem Kapitel werden die Randbedingungen und Grenzen neurowissenschaftlicher Theorien dargestellt – also inwieweit solche Zuordnungen zwischen Psychologie und Biologie überhaupt möglich sind –, und es werden an Beispielen die unterschiedlichen Möglichkeiten einer Verknüpfung von Psychologie und Biologie erläutert – im Sinne korrelativer, psychophysiologisch kausaler und physio-psychologisch kausaler Aussagen sowie mittels analoger, neuronaler Netzwerkmodellierungen.

35.1 Begriffsbestimmungen

Psychologische Theorien haben das Ziel, Erleben und Verhalten aus den situativen (externen) und personenimmanenten (internen) Gegebenheiten zu erklären und vorherzusagen. In genuin psychologischen Theorien geschieht dies ohne jeden Bezug auf die biologischen Randbedingungen des Organismus (seine Anatomie, Physiologie oder Molekularbiologie), d. h., es werden deskriptive und funktionale Zusammenhänge zwischen Variablen der Eingangsseite, intervenierenden Variablen des Organismus und den Verhaltensindikatoren der Ausgangsseite hergestellt (Mac-Corquodale & Meehl, 1948). Wir beobachten z. B. eine Person in einem Buchladen vor einem Regal mit Literatur zur Psychologie. Eine gute psychologische Theorie sollte in der Lage sein vorherzusagen, ob unser Kunde überhaupt ein Buch kaufen wird und wenn ja, welches. So trivial das Beispiel ist – man sieht sofort, dass eine solche Vorhersage aufgrund unseres gegenwärtigen Wissens und aufgrund der begrenzten Beobachtbarkeit aller relevanten Variablen kaum geleistet werden kann.

Zugleich erkennt man, dass eine Erklärung und Vorhersage des Verhaltens auf sehr unterschiedlichen Ebenen mit unterschiedlichen Fragen und unter Bezug auf unterschiedliche Konstrukte und intervenierende Variablen möglich ist, z. B. mit Bezug zu folgenden Bereichen:

- **Wahrnehmungspsychologie**
  Fragen: Wie unterscheidet unser Kunde Figur und Grund (Buch und Regal), wie dekodiert er Buchstaben? Konstrukte: Konturdetektoren, hierarchische Buchstaben-Wort-Analyseprozesse
- **Aufmerksamkeitspsychologie**
  Fragen: Wieso beachtet er das Buch mit dem roten Rücken und den fetten Buchstaben, nicht aber das mit dem grauen Rücken, und warum lässt er sich nicht von dem Gespräch anderer Kunden ablenken? Konstrukte: automatische Aktivierung aufgrund großer Kontrastunterschiede, Selektionsmechanismen zur Kontrastverstärkung
- **Motivationspsychologie**
  Frage: Warum steht er überhaupt vor dem Regal mit Psychologieliteratur? Konstrukte: Interessen aufgrund unterschiedlicher Entwicklungsverläufe
- **Psychomotorik**
  Fragen: Wie greift er ein Buch, wie blättert er darin, ohne dass es herunterfällt? Konstrukte: Programme zur Steuerung von Bewegungstrajektorie und Kraftentfaltung
- **Persönlichkeitspsychologie**
  Warum blättert er eher scheu und verstohlen und nicht frei und offen in einem Buch über Sexualstörungen? Konstrukte: Unterschiede in Intelligenz, Selbstaufmerksamkeit oder Extraversion

Im Vergleich dazu beschränken sich **neurowissenschaftliche Theorien** in der Psychologie nicht auf die Formulierung rein abstrakter, funktionaler Beziehungen, bei denen intervenierende Variablen dem gleichen Beschreibungsniveau zuzuordnen sind wie die beobachteten Eingangs- und die gemessenen Ausgangsvariablen. Vielmehr ist es das Ziel dieser Theorien, die intervenierenden Variablen und Konstrukte explizit auf die physiologisch-funktionalen und die anatomisch-strukturellen Gegebenheiten des Organismus zu beziehen (Churchland & Sejnowski, 1991). Gibt es z. B. ein physiologisches Substrat, das die Konturdetektion leistet, gibt es Neuronenverbände, die im Sinne einer hierarchischen Analysekaskade zunächst elementare graphische Merkmale, dann Buchstaben und schließlich ganze Wörter detektieren? Und wenn es solche Einheiten gibt, wo sind diese im Gehirn verortet, wie sieht die Verschaltungsphysiologie aus, damit solche informationsverarbeitenden Leistungen möglich sind?

Für solche psychobiologischen Beziehungen gilt, dass die Verknüpfungen zwischen den psychologischen und den biologischen Begriffen auf unterschiedlichen Analyseebenen hergestellt werden können. Für den Bereich der **visuellen Wahrnehmung** sind u. a. Aussagen auf folgenden Ebenen möglich:

- **Systemkomponenten:**
  Visuelle Wahrnehmung setzt einen intakten Okzipitalkortex voraus.

- **Strukturen innerhalb von Systemkomponenten:**
  Konturdetektoren findet man in der Area 17 des Okzipitalkortex und dort in den Kortexschichten II–IV.
- **Zellen und Zellverbände:**
  Durch die Verschaltung einfacher Zellen im Corpus geniculatum laterale ergeben sich auf der nächsten Ebene in der Area striata Zellen, die auf bewegte Kanten ansprechen, also im Sinne von Merkmalsfiltern funktionieren (Kandel, Schwartz & Jessell, 1996).
- **subzelluläre Einheiten:**
  Die Übertragung zwischen den an einem Merkmalsfilter beteiligten Neuronen ist an das Vorhandensein des Transmitters Acetylcholin gebunden (Gu, 2003), oder bei wiederholter Stimulation verändert sich die synaptische Verknüpfung der beteiligten Neurone durch Zunahme synaptischer Endknöpfchen unter dem Einfluss glutamanerger NMDA-Rezeptoren (Rivadulla, Sharma & Sur, 2001).

35.2 Randbedingungen und Grenzen neurowissenschaftlicher Theorien in der Psychologie

Nahe liegend ist die Vermutung, dass eine biologische Verankerung psychologischer Begriffe und Konstrukte mit dem Ziel einer vollständigen Reduktion betrieben wird, d. h., dass man die psychologische Beschreibungsebene vollständig durch Rekursion auf die elementarere physiologische Beschreibungsebene ersetzen will. Zum Beispiel soll die Beobachtung, dass jemand in einer bestimmten Situation Angst hat, durch die ebenfalls in dieser Situation beobachtbaren physiologischen Änderungen »erklärt« werden, etwa aus Änderungen in der peripheren Physiologie (Muskeltonus, Blutdruck, Herzfrequenz, Hautleitfähigkeit), der Biochemie (Ausschüttung von Kortikotropin [ACTH], Adrenalin) oder der zentralen Physiologie (Durchblutungsänderung in der Amygdala). Zweifellos kann man mit einer solchen Rekursion auf physiologische Veränderungen die biologischen Randbedingungen des Zustandes Angst erfassen und beschreiben, ob man damit aber den Zustand in seiner vollen Qualität, wie er sich introspektiv erlebnismäßig und objektiv verhaltensmäßig darstellt, abbildet, ist zweifelhaft. Gegen die Möglichkeit einer vollständigen Rekursion sprechen mehrere Argumente:

- mangelnde Eineindeutigkeit psychophysiologischer Zuordnungen,
- Unvollständigkeit bzw. prinzipielle Begrenztheit psychophysiologischer Zuordnungen sowie
- Emergenz von Eigenschaften auf unterschiedlichen Komplexitätsebenen der Beschreibung.

35.2.1 Mangelnde Eineindeutigkeit

Wollte man eine vollständige Reduktion leisten, so müsste man eine eineindeutige Zuordnung zwischen dem psychologischen Phänomen und den gleichzeitig erfassbaren physiologischen Gegebenheiten herstellen können: Also der psychologische Zustand ψ_1 muss mit dem n-dimensionalen physiologischen Erregungsmuster ϕ_1, im Sinne einer eineindeutigen Zuordnung gleichgesetzt werden können, d. h., immer wenn ψ_1, dann ϕ_1, und umgekehrt, immer wenn ϕ_1, dann ψ_1. Alle bisherigen Bemühungen haben allerdings gezeigt, dass solche eineindeutigen Zuordnungen im Rahmen der derzeitigen Messmöglichkeiten nicht geleistet werden können. So können z. B. die subjektiv so eindrucksvoll spürbaren peripherphysiologischen Veränderungen bei Emotionen nicht eineindeutig einem und nur einem bestimmten psychologischen Zustand, im Sinne einer einzigen Emotionsqualität oder einer Stimmung, zugeordnet werden, auch dann nicht, wenn man das Erregungsmuster konfigural im Sinne eines Mustervektors zu definieren versucht (Stemmler, Heldmann, Pauls & Scherer, 2001).

Ebenso sind Versuche gescheitert, bestimmte Gedächtnisrepräsentationen, z. B. solche für Gesichter, Wörter oder andere Kategorien, eineindeutig einem bestimmten Aktivitätsmuster in einem neuronalen Zellverband im Kortex zuzuordnen. Aktivierungsstudien haben vielmehr gezeigt, dass verschiedene psychologisch gegeneinander abgrenzbare Wissenskategorien, z. B. Gesichter, Objekte und Wörter, in der Regel mit stark überlappenden Aktivierungsmustern in identischen neuronalen Arealen einhergehen (Haxby et al., 2001; Khader, Burke, Bien, Ranganath & Rösler, 2005).

Bislang gilt für solche Zuordnungen also nicht $\psi_1 \equiv \phi_1$ (äquivalent), sondern eher $\psi_1 \sim \phi_1$ (korrespondiert mit) bzw. $\psi_2 \sim \phi_1$ und $\psi_3 \sim \phi_1$, usw., d. h., die psychologischen Gegebenheiten haben eine durch die physiologischen Messungen nicht erfassbare Eigenvarianz und umgekehrt gilt dies natürlich genauso, auch einzelne physiologische Maße bzw. Konfigurationen solcher Maße zeigen Varianz, zu der keine vergleichbare Varianz psychologischer Variablen erkennbar ist.

Dies kann zwei Ursachen haben: Erstens, unsere Mess- und Auswertungsmöglichkeiten sind derzeit noch so begrenzt, dass wir weder alle relevanten biologischen Gegebenheiten noch alle situativen und personenimmanenten Variablen in ihrer konfiguralen Ganzheit erfassen können. Dadurch muss die Übersetzung der Begriffe unvollständig bleiben. Zweitens, eine vollständige Übersetzung ist prinzipiell nicht möglich, zum einen, weil wir aufgrund der hohen Dimensionalität des Variablenraums und der Komplexität der darin möglichen Verknüpfungen nie alle relevanten Variablen erfassen können, und zum anderen, weil beim Übergang von einer niedrigeren zu einer höheren Beschreibungsebene immer neue, nicht aus den Elementareigenschaften erklärbare sog. emergente Systemeigenschaften entstehen.

35.2.2 Unvollständigkeit

Die eineindeutige Zuordnung eines psychologischen Zustandes (z. B. einer Emotion) zu physiologischen Erregungszuständen des Gesamtsystems (Gehirn + Peripherie) bedeutet, dass die Zustände *aller* beteiligten funktionalen Elemente erfasst werden müssten. Allein für das Gehirn würde dies bedeuten, dass die Erregungszustände aller 10^{12} Neuronen zum Zeitpunkt t in ihrer elektrischen und biochemischen Ausprägung bekannt sein müssten. Selbst wenn man davon ausgeht, dass in diesem komplexen System gewisse Invarianzen und Redundanzen vorliegen und möglicherweise nicht immer alle Elemente an einem bestimmten Zustand beteiligt sind, so erscheint dennoch eine vollständige Erfassung der physiologischen Korrelate eines psychologischen Zustandes mit den momentanen Mitteln der Hirnforschung ein nicht zu bewältigendes Problem.

Möglicherweise ist dies aufgrund der Komplexität des Systems und der dadurch gegebenen großen Zahl von Systemzuständen nie möglich. Denkbar ist, dass die Neurowissenschaften lediglich prinzipielle Erklärungen der Funktionsweise geben können, aber keine vollständige Beschreibung des Systems zu einem bestimmten Zeitpunkt. Für die Gesetze des Nervensystems könnten ähnliche Beschränkungen gelten wie für andere Gesetze der physikalischen Welt, d. h., es gibt eine makrophysikalische und eine mikrophysikalische Beschreibungs- und Theorieebene; zwischen diesen Ebenen sind prinzipielle, aber nie vollständige Übersetzungen im Sinne einer erschöpfenden Erfassung aller(!) an einem Makroprozess beteiligten Mikroprozesse möglich. Alles spricht z. B. dafür, dass Druck und Temperatur eines Gases in einem Gefäß mit bestimmtem Volumen durch die Molekularbewegungen determiniert sind, aber wir können natürlich nicht die Trajektorien *aller* Moleküle oder Atome in einem Gasgefäß vom Zeitpunkt t zum Zeitpunkt t+1 vollständig vorhersagen, geschweige denn alle dabei ablaufenden kernphysikalischen Prozesse erschöpfend beschreiben. Hier sind für die unterschiedlichen Beschreibungsebenen unterschiedliche Auflösungsgrade erforderlich und zwischen den Begriffen der verschiedenen Ebenen gibt es Korrespondenzen, aber keine erschöpfende Übertragbarkeit.

Ergänzend sei noch angemerkt, dass selbst mit der vollständigen Erfassung des Systemzustands aller Neuronen zum Zeitpunkt t keineswegs das gesamte Problem gelöst wäre. Um eine Vorhersage für den nächsten Zeitpunkt treffen zu können, und das sollte eine Theorie ja leisten, müsste man auch die Lerngeschichte des Systems nachvollziehen können. Denn wie sich ein bestimmter Erregungszustand im Nervensystem zu einem Zeitpunkt t stabilisieren und dann aufgrund externer Stimuli in einen anderen zum Zeitpunkt t+1 übergehen kann, ist nicht nur das Ergebnis des momentanen Zustandsvektors des Systems und des momentanen Reizangebots der Umwelt, vielmehr hängen die Übergangseigenschaften des Systems auch von der genetischen Prädisposition und der Lerngeschichte ab. Letztere bestimmen, welche Interaktionen zwischen den Neuronen existieren (und diese Verbindungen sind ein Vielfaches der Neuronenzahl, da jedes Neuron im Schnitt mit 10.000–20.000 anderen Neuronen interagiert, vgl. Nauta & Feirtag, 1986).

35.2.3 Emergenz von Eigenschaften und Beschreibungsebenen

»Das Ganze ist anders als die Summe seiner Teile«, diese schon von Platon, Aristoteles und anderen Philosophen vertretene These hat nicht zuletzt in der modernen Hirnforschung substanzielle empirische Bestätigungen gefunden. Ein wesentliches Charakteristikum neurowissenschaftlicher Forschung ist, dass Beobachtungen und theoretische Aussagen auf ganz unterschiedlichen Beschreibungsebenen möglich sind. Diese Beschreibungsebenen unterscheiden sich in ihrer räumlichen und zeitlichen Auflösung (☐ Abb. 35.1).

So lassen sich Aussagen über intrazelluläre Strukturen machen, deren räumliche Größenordnung im atomaren Bereich liegt (10^{-7} mm), z. B. über einzelne Proteine, deren Transkription aus dem genetischen Kode oder deren Aktivierung beim Lernen. Am anderen Ende der Skala stehen Aussagen über ganze Hirnteile, z. B. die eine oder die anderer Hirnhemisphäre, und deren Bedeutung für bestimmte Informationsverarbeitungsprozesse. Auf der Zeitachse sind Aussagen über kurzlebige Ereignisse, z. B. neuronale Spikes, im Bereich von Millisekunden möglich, ebenso wie Aussagen über Entwicklungsprozesse, z. B. die Ausdifferenzierung neuronaler Strukturen, die sich über Monate, möglicherweise Jahre erstrecken. Der physiologische Alterungsprozess, mit einer kontinuierlichen Veränderung der Struktur und der Funktion des Gehirns, erstreckt sich über die gesamte Lebensspanne. Vollständige Reduktion wäre dann möglich, wenn jeweils alle Eigenschaften der Strukturen der nächst höheren Ebene aus den Eigenschaften der Elemente der darunter liegenden Ebene vorhersagbar wären. Dies scheint ganz offensichtlich bislang nicht möglich zu sein, selbst wenn man sich auf den rein »physikalischen« neurobiologischen Bereich beschränkt, also ohne die Einbeziehung psychologischer Begriffe (Wimsatt, 1976).

Zum Beispiel lassen sich die Eigenschaften eines einzelnen Neurons mittlerweile nahezu erschöpfend beschreiben (z. B. Dudel, 2001). Sehr vereinfacht dargestellt, handelt es sich um einen nichtlinearen Signalwandler, der Erregungszustände auf der Eingangsseite integriert und beim Überschreiten einer Schwelle selbst wieder ein Signal erzeugt. Werden sehr viele solcher nichtlinear agierenden Elemente miteinander verknüpft, so wie es im ZNS der Fall ist, dann lassen sich die Systemzustände des Gesamtverbandes aber keineswegs unmittelbar, z. B. durch ein einfaches Gleichungssystem, vorhersagen (O'Reilly & Munakata, 2000). Das heißt, das Gesamtsystem entwickelt durch die Kombination der einzelnen Elemente eine Eigendynamik und damit neue, sog. synergetische Eigenschaften (Basar, Flohr, Haken & Mandell, 1983).

35.2.4 Komplementaritätsprinzip und nicht-reduktionistischer Physikalismus

Da ein vollständiger Reduktionismus aus den genannten Gründen vermutlich nie erreicht werden kann, verfolgt man in den Neurowissenschaften ein weniger restriktives Programm. Man akzeptiert, dass bestimmte Phänomene auf ganz unterschiedlichen Beschreibungs- und Analyseebenen erforscht und theoretisch verankert werden können. Zum Beispiel kann man physiologische Korrelate des Lernens auf unterschiedlichen Ebenen untersuchen (vgl. Kandel et al., 1996; Menzel, 2001):

☐ **Abb. 35.1.** Ebenen neurowissenschaftlicher Forschung; *MEG* Magnetenzephalographie, *EEG* Elektroenzephalographie, ERP evozierte ereigniskorrelierte Potenziale, *ECoG* Elektrokortikogramm, *LFP* lokale Feldpotenziale, *MUA* »multiple unit activity«, *fMRI* funktionelle Magnetresonanztomographie, *PET* Positronenemissionstomographie, *SPECT* Single-Photon-Emissions-Computertomographie, *CT* Computertomographie, *sMRI* strukturelle Magnetresonanztomographie

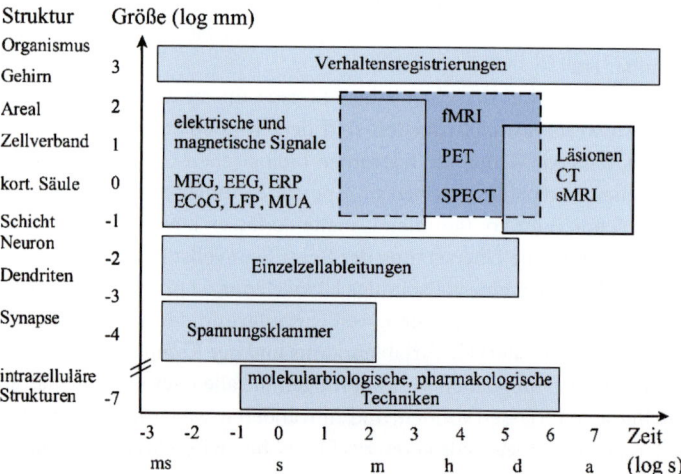

- **auf der molekularbiologischen Ebene** (Lernen führt zu Änderungen an Synapsen durch Aktivierung enzymatischer, metabotroper Rezeptoren),
- **auf der Ebene der einzelnen Zelle** (durch Lernen ändert sich das Antwortverhalten eines Neurons),
- **auf der Ebene von kleinen Zellverbänden** (Lernen löst Langzeitpotenzierung durch simultane Aktivierung interagierender Neurone im Hippocampus aus),
- **auf der Ebene der kortikalen Projektionsfelder** (beim motorischen Lernen vergrößern sich die motorischen Projektionsfelder der beteiligten Extremitäten),
- **auf der Ebene der Hirnstruktur** (bei Ausfall des Hippocampus resultiert eine mangelnde Konsolidierungsfähigkeit und eine anterograde Amnesie).

All diese Beobachtungen sind komplementär zueinander, d. h., man versucht nicht unmittelbar eine Übersetzung der Aussagen der einen Ebene in Aussagen der anderen Ebene, sondern man beschränkt sich zunächst auf ein in sich stimmiges theoretisches System für die Beobachtungen und Konstrukte einer Ebene allein. Bezüge zwischen den Ebenen werden nicht ausgeschlossen, d. h. man ist bemüht, Zusammenhänge zwischen den Beobachtungsebenen herzustellen. Diese werden aber nicht mit dem Ziel einer vollständigen Reduktion, sondern mit dem Ziel der Beschreibung korrelativer Korrespondenzen verfolgt (Wimsatt, 1976; Churchland, 1986).

Das **Komplementaritätsprinzip** ist aber nicht nur innerhalb der Physiologie und Neurobiologie forschungsleitend, wenn es um Korrespondenzen zwischen unterschiedlichen Beschreibungsebenen geht (vom Molekül bis zum gesamten Gehirn), sondern hat sich vielmehr auch für psychophysiologische Untersuchungen als fruchtbar erwiesen (Fahrenberg, 1979). So akzeptiert man z. B., dass es im Bereich der Emotionsforschung mehrere, nicht vollständig ineinander überführbare Beschreibungsebenen gibt (Sokolowski, 2002), u. a.

- die **physiologische Ebene** mit Änderungen im zentralen und im autonomen Nervensystem (inkl. organisch körperlicher Änderungen, z. B. Blutdruck, Peristaltik im Verdauungstrakt etc.),
- die **Verhaltensebene** mit Änderungen in objektiv beobachtbaren Indikatoren (z. B. Freezing, Einschränkung der selektiven Aufmerksamkeit, Veränderungen der Stimmqualität und der Mimik) und
- die **subjektive Erlebnisebene**, die über standardisierte Befragungstechniken bzw. über indirekte experimentelle Techniken zugänglich wird (z. B. Verzögerungen der Antwortlatenzen in Stroop-Situationen).

Man ist sich der Tatsache bewusst, dass man dem Gesamtphänomen eines emotionalen Zustandes nur gerecht wird, wenn man alle drei Beschreibungs- und Erklärungsebenen berücksichtigt, wobei durchaus auch Aussagen über schwache Kausalbeziehungen möglich und akzeptiert sind. Zum

Beispiel kann allein die willentliche Änderung der Mimik – eine peripherphysiologische und verhaltensrelevante Änderung – eine Auswirkung auf die subjektive Befindlichkeit haben (z. B. Flack, Laird & Cavallaro, 1999). Ebenso führt die Vorstellung bzw. intentionale Kontrolle einer bestimmten Emotion (Angst) zu Änderungen der zentralnervösen Physiologie – erkennbar z. B. im funktionellen Kernspinsignal, i. e. der Durchblutungsänderung bestimmter Hirnareale (Ochsner, Bunge, Gross & Gabrieli, 2002; Schaefer et al., 2002) – bzw. zu Änderungen der peripheren Physiologie (Miller, Patrick & Levenston, 2002).

Gleichzeitig vertritt man dabei in der Regel einen **nichtreduktionistischen Physikalismus**, d. h. man nimmt an, dass alle psychischen Phänomene, also insbesondere auch die der Introspektion zugänglichen, bewussten Zustände und Repräsentationen letztendlich eine physikalische Entsprechung haben. Es wird diesen psychischen Phänomenen also keine neue und eigenständige ontologische Qualität zugebilligt. Sie sind zwar derzeit nicht vollständig in die physikalische bzw. neurobiologische Begriffswelt übersetzbar – möglicherweise werden sie das auch niemals sein –, aber die Existenz dieser Phänomene verletzt nicht die physikalischen Gesetzmäßigkeiten, nach denen das System funktioniert. Um ihnen in ihrer Phänomenologie gerecht werden zu können, benutzt man lediglich eine zusätzliche, subjektive Beschreibungsebene. Zugleich bemüht man sich, korrelative Beziehungen zwischen den subjektiven, psychologischen Entitäten und den zeitlich parallel auftretenden physiologischen Gegebenheiten herzustellen.

Eine in diesem Zusammenhang immer noch zum Teil heftig geführte Debatte bezieht sich auf die Frage, ob psychische Zustände (Gedanken) auf die Physiologie kausal wirken können (z. B. im Sinne eines freien Willens). Diese Debatte ist nur dann nachvollziehbar, wenn man einen irgendwie gearteten ontologischen Dualismus akzeptiert, also annimmt, Gedanken seien aus einem anderen »Stoff« als die damit korrelierende Physiologie (»Gedanken sind immateriell, die Physiologie ist materiell«). Stellt man sich allerdings auf den Standpunkt des Physikalismus, dann ergibt sich das Problem nicht, denn dann haben auch die Gedanken eine klare physikalische Entsprechung, sie korrespondieren mit neuronalen Erregungsmustern in Zellverbänden. Auf dieser Ebene interagieren sie natürlich mit anderen physiologischen Prozessen, möglicherweise bis hin zu einer Beeinflussung des Immunsystems (Ader, 2001). Das heißt also, psychische Phänomene, bewusste Gedanken, Willensentscheidungen etc. sind Abbildungen der physikalischen Welt des Nervensystems in eine subjektive Beschreibungsebene. Zu erklären gilt es dann nicht, wie der Gedanke »ich will« das Nervensystem beeinflusst, sondern welche neuronalen Mechanismen und Verschaltungen gegeben sein müssen, damit sich Zustände im Nervensystem einstellen, die wir subjektiv als Entscheidungen erleben (Rösler, 2004; Schall, 2001). Wegner postuliert, mit vielen empirischen Beispielen unterlegt, dass die uns zugängliche bewusste »Willensentscheidung« lediglich eine kognitive Interpretation der nicht bewusst ablaufenden Prozesse ist (Wegner, 2002).

35.3   Perspektiven neurowissenschaftlicher Theorien in der Psychologie

Psychophysiologische Erklärungs- und Forschungsansätze lassen sich in unterschiedlicher Weise fassen. In allen Fällen geht es jedoch darum, die Varianz des psychologisch definierten Variablenbereichs mit der Varianz des physiologisch-anatomischen Variablenbereichs in Beziehung zu setzen. Ausgangspunkt sind zunächst immer Korrespondenzen zwischen diesen beiden Bereichen. Man sucht nach der Kovariation von psychologischen und physiologischen Gegebenheiten im Sinne des gleichzeitigen Auftretens oder der gleichsinnigen Änderung von Maßen. Die bloße Korrespondenz oder Kovariation impliziert noch keine kausale Beziehung. Es handelt sich zunächst nur um eine beschreibende Aussage. Kausale Ursache-Wirkungs-Beziehungen lassen sich erst formulieren, wenn durch systematische Manipulationen eindeutige funktionale Zusammenhänge beobachtet wurden. Solche kausalen Beziehungen sind in zwei Richtungen formulierbar: Zum einen kann man nach physiologisch-anatomischen Ursachen für psychische Phänomene suchen, zum anderen nach psychologischen Ursachen für physiologisch-anatomische Gegebenheiten.

35.3.1   Korrelative Beziehungen zwischen physiologisch-anatomischen und psychologischen Variablen

Die meisten neurowissenschaftlichen Aussagen in der Psychologie sind rein korrelativer Natur. Sie beschreiben psychobiologische Zusammenhänge zwischen psychologischen Zuständen, Merkmalen, Funktionen und Prozessen einerseits und physiologisch-anatomischen Gegebenheiten andererseits. Solche Korrespondenzen können in Bezug auf neuroanatomische Strukturen gesucht werden (Wo sind psychische Funktionen und Prozesse im Gehirn verortet?), in Bezug auf chronometrische Relationen (Lassen sich zeitliche Bezüge zwischen psychischen Prozessen in biologischen Indikatoren erkennen?) oder in Bezug auf funktional-physiologische Merkmale oder Prozesse. Solche physiologischen »Marker« wurden für eng umschriebene kognitive Prozesse berichtet [z. B. Marker für beachtete vs. nicht beachtete Information (s. Mangun & Hillyard, 1995) oder für korrekte und falsche Erinnerungen (s. Gonsalves & Paller, 2000)], für Persönlichkeitseigenschaften [z. B. Intelligenz (s. Sternberg & Kaufman, 1998) oder Temperament (s. Zuckerman, 1995)] und für pathologische Abweichungen [z. B. Depression (s. Porter, Gallagher, Watson & Young, 2004) oder Zwangsverhalten (s. Volkow & Fowler,

2000)]. Dabei kann es sich um einzelne physiologisch-anatomische Merkmale handeln (z. B. um die Vergrößerung bzw. Verkleinerung einer Hirnstruktur), um biochemische Parameter (z. B. Serotoninspiegel), um Parameter physiologischer Funktionen (z. B. Habituationsgeschwindigkeit der Hautleitänderung bei wiederholter Reizdarbietung) oder um multidimensionale Vektoren physiologischer Zustände oder Zustandsänderungen in komplexen Versuchsanordnungen (z. B. Muster peripherphysiologischer Aktivierungsindikatoren – Herzrate, Blutdruck, Atemfrequenz – bei emotionaler Belastung oder topographische Muster der elektrischen Hirnaktivität bei kognitiven Aufgaben).

Einer der Pioniere korrelativer, neurowissenschaftlicher Forschung in Deutschland war Hans Berger (▶ Kurzbiogra-

Hans Berger

Hans Berger wurde 1873 in Neuses bei Coburg in Thüringen geboren. Berger studierte zunächst an der Universität Jena für ein Semester Astronomie, ehe er zur Medizin wechselte. Nach der Promotion (1897) wurde er in Jena Assistent des Psychiaters Otto Ludwig Binswanger und damit auch Kollege von Korbinian Brodmann, der durch seine Kartierung der Hirnrinde aufgrund zytoarchitektonischer Untersuchungen bekannt geworden ist. Nach der Habilitation (1901) wurde Berger zunächst außerordentlicher Professor (1906), dann Oberarzt (1912) und schließlich Direktor (1919) an der psychiatrischen Klinik in Jena. In einem Zustand tiefer Depression beendete er 1941, drei Jahre nach seiner Emeritierung, sein Leben

Trotz der inzwischen verfügbaren anderen bildgebenden Verfahren, mit denen Hirnaktivität am gesunden Probanden räumlich hochaufgelöst sichtbar gemacht werden kann (PET, fMRT), hat das EEG als psychophysiologisches Biosignal nicht an Bedeutung verloren. Nach wie vor ist es die einzige Methode, mit der die elektrische Nervenaktivität unmittelbar und damit ohne zeitliche Verzögerung als Korrelat psychischer Vorgänge am gesunden Menschen, ohne invasiven Eingriff, registriert werden kann.

phie), der Entdecker des Elektroenzephalogramms (EEG; Berger, 1929; s. auch Rösler, 2005). Er war der erste, dem es gelang, elektrische Signale auch von der ungeöffneten Schädelkapsel gesunder Probanden zu erfassen. Berger beschäftigte sich fortan systematisch mit der Suche nach Korrelationen zwischen Maßen der objektiven Hirnaktivität und subjektiven psychischen Phänomenen. Dabei gelang es ihm u. a. eine veränderte Frequenzcharakteristik des EEG aufgrund einer Änderung des psychischen Zustandes der untersuchten Person nachzuweisen.

Neuroanatomische Beziehungen

Bemühungen, psychische Prozesse, Leistungen und Persönlichkeitseigenschaften neuroanatomisch zu verorten, haben eine lange Tradition. Erste systematische Aussagen ergaben sich aus der sorgfältigen Analyse von Schädigungen des Gehirns aufgrund von Schlaganfällen bzw. Verletzungen (▶ Kap. 44). So entwickelte man z. B. aus den bei Schlaganfallpatienten beobachteten Defiziten in der Sprachproduktion und -rezeption eine neuropsychologische Theorie der Sprache, die sog. Wernicke-Geschwind-Theorie (vgl. z. B. Kandel et al., 1996), in der bestimmte Schlüsselstrukturen für die sprachliche Informationsverarbeitung (z. B. grammatische Analyse im Broca-Areal) und bestimmte Übertragungswege von der einen zur anderen Struktur postuliert werden (z. B. Fasciculus arcuatus als Übertragungsweg für die im Wernicke-Areal extrahierte Wortbedeutung zum Broca-Areal).

Die systematische **Analyse von Läsionen** in Bezug auf funktionelle Defizite ist auch heute noch eine der wesentlichen Informationsquellen in der Klinischen Neuropsychologie (Farah & Feinberg, 2000; Kap. 44). Während man früher, als noch keine anatomischen Strukturbilder zu Lebzeiten der Patienten möglich waren, die funktionelle Defizitanalyse vor allen Dingen zur Diagnostik des wahrscheinlichen Ortes der zentralnervösen Schädigung nutzte (Luria, 1966), hat diese Untersuchungsrichtung heute kaum noch Bedeutung. Vielmehr geht es heute um die genaue Abgrenzung funktionaler Defizite und die Verortung von psychischen Funktionen und Prozessen. Dabei bemüht man sich mittlerweile um eine sehr genaue und objektive Kartierung der Läsionen mittels bildgebender Verfahren (Damasio & Damasio, 2000) und auf der anderen Seite um eine sorgfältige Diagnose spezifischer Funktionen mit Methoden der experimentellen Kognitionspsychologie (z. B. Stuss & Levine, 2002).

Die Verortung psychischer Funktionen ist auch das zentrale Ziel der meisten Untersuchungen, in denen man mit nichtinvasiven **Bildgebungsverfahren** entweder die Struktur oder die Stoffwechselaktivität des Gehirns erfasst und mit psychischen Variablen in Beziehung setzt. Gegenüber der traditionellen Läsionsanalyse haben diese Methoden, insbesondere die Technik der strukturellen und funktionellen Kernspintomographie (Magnetresonanztomographie, MRT), den Vorteil, dass damit in vivo und ohne

Schädigung auch bei Gesunden psychophysiologische und psychoanatomische Zusammenhänge untersucht werden können.

Strukturelle anatomische Analysen haben z. B. gezeigt, dass bestimmte professionelle Tätigkeiten mit einer selektiven Vergrößerung bestimmter kortikaler Areale einhergehen, z. B. das berühmte Beispiel der Taxifahrer in London, bei denen ein vergrößerter Hippocampus gemessen und mit den erhöhten Anforderungen zur räumlichen Orientierung in Verbindung gebracht wurde (Maguire et al., 2003) oder die vergrößerten Bereiche der Hörrinde im Temporallappen bei professionellen Musikern (Schlaug, Jäncke, Huang & Steinmetz, 1995).

Im Gegensatz zu strukturellen Messungen erfassen **funktionelle Kernspinmessungen** die regionale Durchblutungsänderung von Hirngewebe (die »Blood-oxygenation-level-dependent«-Änderungen, BOLD; Moonen & Bandettini, 2000; ▶ Kap. 3). Damit kann man die Hirnaktivität in eng umschriebenen Bereichen des ZNS bei kognitiven Leistungen beobachten. Eine psychophysiologische Zuordnung zwischen postuliertem kognitiven Prozess – z. B. der Wortgenerierung – und der Beteiligung einer bestimmten Hirnstruktur ist somit quasi online möglich. Bis zu einem gewissen Grade lässt sich dabei auch die Dynamik der Hirnaktivität erfassen, die mit der Beanspruchungscharakteristik kovariiert, also Anfangslatenz, Dauer und Amplitude der Durchblutungsänderung. Dadurch sind auch Aussagen über die zeitlichen Relationen der Aktivierungen in unterschiedlichen Hirnarealen möglich (Druzgal & D'Esposito, 2003). Sehr spezifische Zuordnungen ergeben sich dann, wenn man durch eine parametrische Variation des psychischen Prozesses eine ebenfalls monotone Variation der BOLD-Antwort in eng umschriebenen kortikalen Arealen auslösen kann. Zum Beispiel lässt sich zeigen, dass durch eine systematische Variation der im Gedächtnis zu aktivierenden Einträge bei einer räumlichen Erinnerungsaufgabe sehr eng umgrenzte Aktivierungen in Arealen des Parietalkortex auftreten, während bei einer gleichartigen Variation in einer Erinnerungsaufgabe für Gesichter andere parietale und zusätzlich links-frontale Areale monoton mit der Beanspruchung kovariieren. Dies spricht für eine räumliche Dissoziation der an der Speicherung der einen und der anderen Informationsart beteiligten neuronalen Zellverbände (Khader et al., 2005).

Die Mehrzahl der bislang mit diesen Methoden durchgeführten Untersuchungen geht von der Prämisse aus, dass sich psychische Funktionen in eng umgrenzten kortikalen und subkortikalen Arealen lokalisieren lassen. Ziel ist es, eine vollständige Kartierung des Gehirns für kognitive und andere psychische Funktionen zu erstellen. Gemäß dieser Prämisse erfolgt die Auswertung der BOLD-Signale. Mit geeigneten Analysetechniken sucht man jeweils nach den Orten maximaler Aktivierung. Möglicherweise ist dies aber nicht die angemessene Prämisse und Methode, um psychische Funktionen neuronalen Prozessen im Gehirn zuzuordnen. Schon Lashley (1950) hat darauf hingewiesen, dass psychische Konstrukte, wie z. B. das Engramm für gelernte Fertigkeiten, nicht eng umschriebenen Orten zugeordnet werden können, sondern dass sie eher als weit verteilte Erregungsmuster begriffen werden müssen: »Der Mechanismus, der [beim Lernen »Bedeutung« extrahiert und repräsentiert], muss in den dynamischen Beziehungen zwischen den Elementen des Nervensystems gesucht werden, nicht in den Details der strukturell[-anatomischen] Differenzierung« (Lashley, 1929, S. 176, Übers. v. Verf.).

Folgt man dieser Prämisse einer verteilten Repräsentation, so ist anzunehmen, dass bei unterschiedlichen psychischen Leistungen die gleichen kortikalen Areale und Zellverbände beteiligt sein können und dass sich bei verschiedenen Leistungen lediglich die Aktivierungskonfiguration, nicht aber der Ort des Aktivierungsmaximums unterscheidet. In der Tat konnten Haxby et al. (2001) zeigen, dass eine Aktivierung der Repräsentationen unterschiedlicher Kategorieexemplare (Gesichter, Schuhe, Häuser, …) in einem Gedächtnistest nicht zu unterschiedlich lokalisierten Aktivierungsmaxima in der BOLD-Antwort führt, sondern zu unterschiedlichen Aktivierungskonfigurationen. Die an den Konfigurationen beteiligten Hirngebiete und Neuronenpopulationen zeigten dabei eine nahezu vollständige Überlappung. Dies spricht für eine verteilte Repräsentation der Gedächtniseinträge.

Chronometrische Relationen

Die Messung der **Reaktionszeit** ist eine der wichtigsten Methoden der Kognitionspsychologie (Posner, 1978). Man beobachtet in Abhängigkeit von systematischen Manipulationen der Reizkonfiguration die Veränderungen der Antwortlatenzen in Entscheidungssituationen und folgert daraus, welche Teilprozesse an einer Verarbeitungssequenz beteiligt sind, wie diese miteinander interagieren (z. B. sequenziell oder parallel) und auf welche Abschnitte der Verarbeitung sich bestimmte Manipulationen auswirken. Reaktionszeiten sind allerdings »Omnibus«-Maße, d. h., in ihnen summieren sich die Zeiten *aller* an einer Verarbeitungssequenz beteiligten Prozesse. Eine nachträgliche Zerlegung in Teilzeiten, die dann unterschiedlichen Teilprozessen zugeordnet werden, kann nur ein hypothetisches Bild verschiedener Verarbeitungsstufen liefern. Wie theoretische Analysen gezeigt haben, sind entsprechende Reaktionszeitzerlegungen nicht eindeutig. So lassen sich an die gleichen Reaktionszeitdaten ganz unterschiedliche Modelle mit der gleichen Genauigkeit anpassen, z. B. sequenzielle und parallele Verarbeitungsmodelle (Vorberg & Ulrich, 1987).

Die für die Modellbildung verfügbaren Freiheitsgrade lassen sich einschränken, wenn man auf der Zeitstrecke zwischen Input und Output zusätzliche Punkte erfasst, die Beginn und Ende einzelner Verarbeitungsschritte markieren. Dies ist mit Hilfe des Elektroenzephalogramms und den über Signalanalysen daraus ableitbaren **ereigniskorre-**

lierten Hirnrindenpotenzialen (ERP) möglich. ERP sind systematische Änderungen der hirnelektrischen Aktivität, die externen sensorischen Ereignissen (Reizen) folgen oder beobachtbaren motorischen Ereignissen (Bewegungen) vorausgehen (Rugg & Coles, 1995; Rösler & Heil, 1998). Einige dieser Komponenten lassen sich mit relativ eng umschriebenen Funktionen der Informationsverarbeitung verknüpfen, und folglich können die Latenzen dieser Komponenten als zusätzliche Markierungen für eine chronometrische Analyse der Informationsverarbeitung genutzt werden, z. B. zur Charakterisierung des Beginns intendierter, aber dann nicht ausgeführter Handlungen (Coles, Smid, Scheffers & Otten, 1995; Miller & Hackley, 1992) oder zur Entscheidung der Frage, in welcher Reihenfolge phonologische und semantische Wortmerkmale im Gedächtnis beim lexikalischen Zugriff aktiviert werden (z. B. Van Turennout, Hagoort & Brown, 1998).

An anderen Komponenten des ERP kann man erkennen, welche Reize in einer Situation selektiv beachtet und weiterverarbeitet und welche durch das System von einer Weiterverarbeitung ausgeschlossen werden. Anhand der Dauer der sog. Verarbeitungsnegativität (N_d) kann z. B. erschlossen werden, in welcher Hierarchie und zu welchem Zeitpunkt Reize, die unterschiedliche Merkmalskombinationen aufweisen, von der weiteren Verarbeitung ausgesondert werden (Hansen & Hillyard, 1983).

Biologische »Marker« für psychologische Konstrukte

Auf allen Ebenen der psychologischen Forschung und in allen Teildisziplinen der Psychologie sucht man nach biologischen Markern für die jeweils im Fokus stehenden Konstrukte, so z. B. in der Psychopathologie nach eindeutigen diagnostischen Zeichen für bestimmte Krankheitsbilder (Depression, Schizophrenie), in der Persönlichkeitspsychologie nach objektiven Indikatoren von Leistungs- und Temperamentsunterschieden, in der Sozialpsychologie nach sprachfreien Indikatoren für Vorurteile, in der Klinischen Psychologie nach biologischen Maßen zur Diagnostik der Störung bzw. zur Erfassung des Therapieerfolges, in der Arbeitspsychologie nach biologischen Merkmalen der Beanspruchung und Erholung, in der Emotionspsychologie nach Merkmalen von Emotionsqualitäten und Intensitäten oder in der Kognitionspsychologie nach Indikatoren spezifischer Verarbeitungsprozesse. Die kritische Frage für all diese Bemühungen ist, ob solche Zuordnungen eindeutig sind, ob also der psychobiologische Zusammenhang spezifisch ist.

Nimmt man Objektivität und Reliabilität der Messungen als gegeben, dann bedarf es sehr umfangreicher Untersuchungen, um die funktionale Bedeutung eines bestimmten biologischen Zeichens einzugrenzen. In der Literatur findet man viele Berichte über diagnostisch signifikante Zeichen, z. B. für bestimmte psychopathologische Krankheitsbilder, die sich bei genauerer Analyse jedoch nicht als differenzialdiagnostisch spezifisch für eine bestimmte

Krankheit, sondern häufig nur als Indikator einer allgemeinen pathologischen Abweichung erwiesen haben (Rösler, 1983). Dennoch gibt es auch positive Befunde, Marker also, deren funktionale Bedeutung relativ eng umschrieben werden kann und die dann ihrerseits, quasi als Instrument, zur Untersuchung der damit korrelierenden Prozesse eingesetzt werden können.

Zum Beispiel bildet sich in einer Komponente des ereigniskorrelierten Potenzials, dem sog. N400-Effekt, ab, inwieweit ein gerade wahrgenommenes bedeutungshaltiges Zeichen (ein Wort, ein Bild, eine Zahl) mit den semantischen Erwartungen, die aus dem vorausgehenden Kontext folgen, übereinstimmt. In dem Effekt scheinen sich semantische Integrationsprozesse abzubilden, die umso ausgeprägter sind, je weniger eine wahrgenommene Bedeutungseinheit mit den bereits voraktivierten Gedächtniseinheiten in Einklang zu bringen ist, je stärker also Gedächtniseinträge zusätzlich aktiviert werden müssen (Rösler & Hahne, 1992). Andere ERP-Komponenten reflektieren dagegen, in welchem Ausmaß syntaktische Erwartungen aufgrund des aktuellen Reizangebots umstrukturiert werden müssen (Rösler, Pechmann, Streb, Röder & Hennighausen, 1998; Streb, Hennighausen & Rösler, 2004; auch ▶ Kap. 14).

35.3.2 Kausale Beziehungen

Neben den eben skizzierten, korrelativen psychophysiologischen Beziehungen gibt es auch Befunde, die eine kausale Beziehung zwischen den beiden Betrachtungsebenen zulassen.

Physiologisch-anatomische Ursachen psychologischer Varianz

Überzeugende Beispiele für diese Erklärungsrichtung findet man in der Wahrnehmungspsychologie. So lassen sich z. B. Phänomene des Farbsehens, etwa der Simultan- und Sukzessivkontrast oder farbige Nachbilder, durch die Verschaltungsphysiologie im Sehsystem erklären (▶ Kap. 6).

Ein anderes Beispiel für physiopsychologische Ursache-Wirkungs-Relationen sind kausale Aussagen zwischen physiologischen Veränderungen und psychopathologischen Störungsbildern, wie etwa bei der Dopamintheorie der Schizophrenie (▶ Kasten).

Vergleichbare Erklärungsszenarien sind für andere psychische und neuropsychologische Erkrankungsbilder verfügbar, z. B. die Monoamindefizittheorie der Depression oder die Dopamindefizittheorie der Parkinson-Erkrankung

---

Dopamintheorie der Schizophrenie

Schizophrenie äußert sich in einer Reihe von unterschiedlichen Symptomen, wie Halluzinationen, Wahnvorstellungen, inadäquaten Affektreaktionen, Bewegungslosigkeit (Katatonie). Die hohe Komorbidität bei genetisch nahen Verwandten – z. B. liegt die Konkordanzrate bei eineiigen Zwillingen um 45%, bei zweieiigen nur um 10% (Holzman & Matthysse, 1990) – spricht für eine starke biologische Verankerung. Durch systematische Untersuchungen konnte belegt werden, dass die Symptomatik ursächlich mit einem Defizit im Bereich der synaptischen Übertragung einhergeht (s. Byne, Kemegther, Jones, Harouthunian & Davis, 1999). Wesentlich waren dabei die Entdeckungen, dass bestimmte Pharmaka einerseits die schizophrene Symptomatik lindern können, und dass sie andererseits spezifisch in den Dopaminmechanismus des ZNS eingreifen. Zum Beispiel blockiert Clozapine, eine sehr potente antipsychotische Substanz, den D4-Rezeptor an dopaminergen Synapsen. Zugleich wurde in neuroanatomischen Post-mortem-Studien in verschiedenen Hirnstrukturen schizophrener Patienten eine größere Häufigkeit von D3- und D4-Dopaminrezeptoren gefunden. Man kann also zu Recht vermuten, dass eine schizophrene Symptomatik auftritt, »weil« ein bestimmter synaptischer Übertragungsmechanismus gestört ist. Allerdings ist durch diese Rekursion das psychopathologische Krankheitsbild nicht vollständig erklärt.

Dopaminüberschuss in einigen Hirnarealen kann als eine wesentliche Ursache der schizophrenen Symptomatik angesehen werden, aber durch den Verweis auf eine Dopaminrezeptoranomalie ist nicht erklärt, warum trotz erblicher Belastung die Symptomatik mehr oder weniger stark und manchmal auch gar nicht auftreten kann, warum sie sich schubweise z. B. nach starken Belastungen einstellt oder warum sie in unterschiedlichen Kulturen eine ganz unterschiedliche Ausgestaltung im Erleben und Verhalten der Patienten erfährt (Lopez & Guarnaccia, 2000). Auch ist unklar, warum Anomalien der Dopaminrezeptoren in verschiedenen Studien in unterschiedlichen Hirnstrukturen gefunden wurden, u. a. einerseits im Neostriatum, andererseits im Nucleus accumbens. Ursache hierfür könnte sein, dass die gleiche psychopathologische Symptomatik unterschiedliche physiologische Ursachen hat. Zum Beispiel ist es denkbar, dass an der Entstehung der Symptome weit verteilte neuronale Netzwerke beteiligt sind. Eine vergleichbare Verhaltensanomalie könnte dann auftreten, wenn an unterschiedlichen Schaltstellen in diesem Netzwerk eine Anomalie der synaptischen Übertragung vorliegt. Die psychologische Symptomatik hätte dann zwar eine vergleichbare physiologische Ursache auf der Ebene der beteiligten Transmittersysteme, nicht aber auf der Ebene der beteiligten Hirnstrukturen.

Bei der Dopaminrezeptoranomalie handelt es sich also sehr wahrscheinlich um eine Ursache der Schizophrenie, die aber für sich genommen noch nicht hinreichend die Entstehung und die biologischen Grundlagen der Krankheit erklärt.

(vgl. z. B. Charney, Nestler & Bunney, 1999; Carlson, 2001).

Psychologische Ursachen physiologisch-anatomischer Varianz

Die These, dass psychische Zustände und Prozesse eine physiologische Ursache haben, wird in der Regel als höchst plausibel akzeptiert und sie ist auch die leitende Prämisse aller reduktionistisch orientierten Forschungsprogramme. Die umgekehrte Perspektive, wonach psychologisch definierte Variablen oder Interventionen ursächlich auf physiologisch funktionale und anatomisch strukturelle Gegebenheiten wirken können, erscheint dagegen weniger plausibel, denn wie sollen Zustände, die eigentlich nur als Epiphänomene auf einer bestimmten Beschreibungsebene existieren, solche kausalen Wirkungen ausüben können? Unter der Prämisse des Komplementaritätsprinzips erscheint dies aber durchaus plausibel und nicht widersprüchlich. Danach muss jede Änderung einer psychologisch definierten Gegebenheit mit einer Änderung der physiologischen Entsprechungen einhergehen. Die Ursache-Wirkungs-Beziehungen zwischen Psychologie und Physiologie sind dann nicht im Sinne einer metaphysikalischen Interaktion zwischen zwei unterschiedlichen ontologischen Gegebenheiten zu verstehen. Vielmehr gilt, dass für Zustandsänderungen, die man auf der psychologischen Beschreibungsebene erfasst, auch Zustandsänderungen auf der physiologischen Ebene existieren müssen und dass diese als Ursachen für weitere Zustandsänderungen gelten können. Die überzeugendsten Belege für diese Überlegungen liefert die Lernpsychologie.

Lernen ist zunächst einmal ein psychologischer Begriff. Lernen besagt, dass sich Verhalten (und Erleben) aufgrund von Erfahrungen ändert, dass unter sonst gleichen Reizbedingungen ein Organismus anders agiert, weil er z. B. zu einem früheren Zeitpunkt bestimmte Konsequenzen erfahren hat (die er jetzt antizipieren kann, im Sinne des operanten Lernens) oder weil er den Zusammenhang zwischen bestimmten Reizkonfigurationen aufgrund von Bedeutungszuweisungen erkennen kann (im Sinne des bedeutungshaltigen Lernens von Kategorien, z. B. Erlernen eines neuen Alphabets, einer Fremdsprache etc.; ▶ Kap. 11). Mit neurowissenschaftlichen Methoden kann man inzwischen für viele der lernbedingten Verhaltensänderungen auch Änderungen in der Physiologie und Anatomie nachweisen.

Strukturell anatomische Korrelate bei bestimmten Berufsgruppen wurden schon erwähnt. Solche Unterschiede sind allerdings noch nicht zwingend als erfahrungsbedingt zu interpretieren, es könnte sich dabei auch um unterschiedliche Prädispositionen handeln: Jemand wird erfolgreicher Taxifahrer, weil er einen vergrößerten Hippocampus hat und damit eine bessere Ausgangsbasis für das Erlernen räumlicher Relationen. Um den Nachweis zu erbringen, dass Erfahrungen und Lernen unmittelbar zu physiologi-

schen und anatomischen Änderungen führen, bedarf es entsprechend angelegter Untersuchungen (▶ Kasten »Änderung der kortikalen Projektionsfelder durch Training«).

In zahlreichen Studien wurde untersucht, wie sich eine angereicherte Umwelt und die von ihr beförderten zusätzlichen Lernerfahrungen auf die Entwicklung des Nervensystems auswirken (Rosenzweig & Bennett, 1996; Greenough, Black & Wallace, 2002). Dabei konnten ausgeprägte strukturell-anatomische und funktionell-physiologische Veränderungen beobachtet werden, die systematisch mit dem Ausmaß der Erfahrungsbildung kovariieren, u. a. mit einer gesteigerten synaptischen Verknüpftheit bei gleichzeitiger Abnahme der absoluten Zahl von Neuronen im Bereich der Sehrinde bzw. im Bereich des Kleinhirns, eine Zunahme der kapillaren Vernetzung der Blutgefäße im Gehirn in Abhängigkeit von motorischem Training oder in neuester Zeit eine verstärkte Neurogenese im Bereich des Hippocampus, also eine gesteigerte Bildung neuer Nervenzellen durch Zellteilung (van Praag, Kempermann & Gage, 1999; Gould, Beylin, Tanapat, Reeves & Shors, 1999).

Systematische physiologische Veränderungen zeigen sich nicht nur in der Folge relativ einfacher und verhaltensnaher Lernbedingungen, also, wie eben erläutert, bei der erfahrungsabhängigen Entwicklung des ZNS oder bei einfachen klassischen Konditionierungsaufgaben (Kandel et al., 1996; Thompson & Krupa, 1994). Mit Hilfe der Bildgebungsverfahren können derartige Veränderungen z. B. auch nach verhaltenstherapeutischen Interventionen nachgewiesen werden.

Paquette et al. (2003) registrierten mittels Positronenemissionstomographie die Stoffwechselaktivität des Gehirns bei Phobikern, denen furchtauslösende und neutrale Bilder vor und nach einer kognitiven Verhaltenstherapie (▶ Kap. 43) gezeigt wurden. Während die furchtauslösenden Stimuli vor der kognitiven Verhaltenstherapie systematische Aktivierung im dorsolateralen präfrontalen Kortex auslösten, einem Areal, das auch aufgrund von Läsionsstudien mit der emotionalen Verarbeitung eng assoziiert werden kann, zeigte sich nach der erfolgreichen Therapie in diesem Areal keine vergleichbare Aktivierung mehr. Die psychotherapeutische Intervention, die mit rein psychologischen Methoden arbeitet – Vorstellungen und Gewöhnung an die furchtauslösenden Reize – führte also zu einer Veränderung der Hirnphysiologie und, verallgemeinert, zu eine Reorganisation neuronaler Verknüpfungen.

35.4   Neuronale Netzwerkmodelle

Eine besondere Klasse neurowissenschaftlich orientierter Theorien in der Psychologie sind sog. neuronale Netzwerkmodelle (»parallel-distributed-processing models«; vgl. Rumelhart & McClelland, 1988b). Der Ausgangspunkt ist die Überlegung, dass kognitive Leistungen zwar auf einer symbolischen Ebene beschrieben werden, dass diese Be-

Änderung der kortikalen Projektionsfelder durch Training

Braun et al. (2001) trainierten z. B. eine Gruppe von Probanden über mehrere Wochen mit einer einfachen taktilen Diskriminationsaufgabe. Die Probanden mussten entscheiden, ob zwei Punktmuster, die gleichzeitig am Daumen und am kleinen Finger der linken Hand appliziert wurden, in die gleiche Richtung oder in eine unterschiedliche Richtung wiesen. Am Anfang und am Ende des Trainings wurden mit sensorisch evozierten Potenzialen die sensorischen Projektionsfelder von Daumen und Zeigefinger im somatosensorischen Kortex eingegrenzt und in ihrer relativen Lage zueinander vermessen (◘ Abb. 34.2). Dabei zeigte sich, dass diese Projektionsfelder von Daumen und Zeigefinger vor dem Training für beide Hände gleichermaßen getrennt waren. Nach dem Wahrnehmungstraining an der einen Hand waren aber die dieser

Hand zugeordneten Projektionsfelder fast miteinander verschmolzen. Das heißt, durch die Erfahrung mit der Diskriminationsaufgabe, bei der zwei Finger immer gleichzeitig gereizt wurden, hat sich die funktionelle Topographie der somatosensorischen Rinde verändert.

Elbert, Pantev, Wienbruch, Rockstroh und Taub (1995) konnten zudem zeigen, dass bei professionellen Spielern von Saiteninstrumenten die räumliche Trennung der somatomotorischen Projektionsfelder der Spielfinger deutlicher ausgeprägt ist als bei Nichtmusikern und dass die Distanz dieser Projektionsfelder mit der Dauer des professionellen Trainings korreliert. Die Verhaltensvariable »Training« hat hier offensichtlich einen ursächlichen Einfluss auf die Ausgestaltung des Zentralnervensystems. Entsprechende Beispiele lassen sich für viele andere Bereiche nachweisen (vgl. Kaas, 1991; Merzenich, 1998).

Ort des Generators der ERP Aktivität von Daumen (D1) und kleinem Finger (D5)

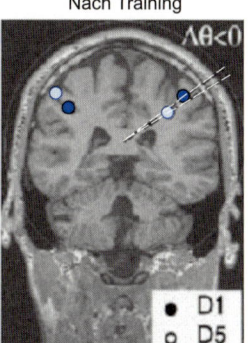

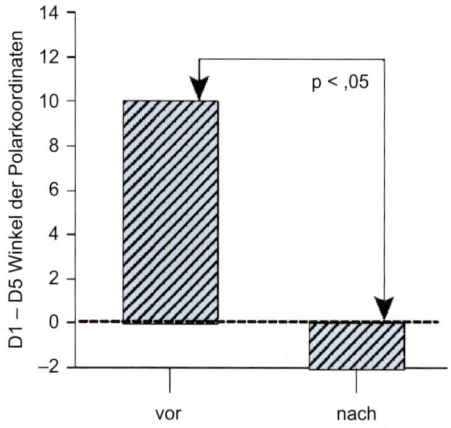

◘ **Abb. 35.2.** **a** Die aus den somatosensorischen ereigniskorrelierten Potenzialen geschätzte Lage der Generatoren vor und nach dem Training für die linke (trainierte) und die rechte (nicht trainierte) Hand. Die Dipole für die rechte Hand liegen in der linken (*L*), die für die linke Hand in der rechten Hemisphäre (*R*). Man erkennt, dass der Abstand zwischen den Dipolen von Daumen und kleinem Finger in der rechten Hemisphäre (also für die linke, trainierte Hand) vor dem Training deutlich größer ist als nach dem Training. **b** Balkendiagramm der mittleren Winkel der Polarkoordinaten vor und nach dem Training, i. e. der Abstand der Dipole auf der Kortexoberfläche

schreibungen aber keinesfalls der neuronalen Ebene entsprechen können. Symbole sind z. B. Wörter, grammatische Regeln, Zahlen, Vorstellungen, Produktionsanweisungen etc. Solche Symbole können nicht unmittelbar bestimmten Elementen des Nervensystems zugeordnet werden, vielmehr müssen symbolisch darstellbare Informationen im Nervensystem durch die Aktivitätsmuster von Neuronen repräsentiert sein. Sehr vereinfacht gesehen haben Neurone lediglich zwei Zustände (erregt und nicht erregt bzw. Aktionspotenzial vs. Ruhepotenzial) sowie eine Schwelle, ab der ein Wechsel vom nicht erregten zum erregten Zustand erfolgt. Neurone haben somit die Eigenschaft eines Signalwandlers. Sie sind nach bestimmten Regeln miteinander verschaltet und diese Verknüpfungen können durch Lernen

verändert werden, z. B. nach der Hebb'schen Lernregel (»Die gemeinsame Aktivierung zweier verknüpfter Neuronen stärkt deren Verknüpfung«). Lernen verändert dabei also die Schwelle, mit der ein Neuron durch ein anderes erregt werden kann. Das Problem ist somit, wie Information, die sich symbolisch fassen lässt, mit Hilfe dieser elementaren Bausteine, die nur zwei Zustände kodieren, repräsentiert werden kann. Wie kann z. B. die Lautgestalt oder die semantische Bedeutung eines Wortes subsymbolisch dargestellt werden?

Ein **einfaches neuronales Netzwerkmodell** besteht aus mindestens drei Schichten von Modellneuronen, die erregend und hemmend miteinander verknüpft sind. An der Eingangsschicht werden die symbolischen Reize in Form von Erregungsvektoren kodiert, d. h. jedem Symbol entspricht ein Vektor von Aktivitätswerten, mit denen die Neuronen der Eingangsschicht angeregt werden, im einfachsten Fall ist es ein Vektor mit Nullen (nicht erregt) und Einsen (erregt). An der Ausgangsschicht wird ein Vektor von Aktivitätswerten abgegriffen, der die Erregungswerte für jedes Ausgangsneuron enthält. Die Konfiguration dieses Vektors entspricht ebenfalls einem Symbol. Eingangs- und Ausgangsschicht sind über eine »versteckte« Zwischenschicht miteinander verknüpft. Man lässt nun zu, dass sich die Verknüpfungsstärke der Neuronen in Abhängigkeit von der gemeinsamen Aktivierung ändert.

Beispielsweise kann man einem solchen Netzwerk die phonetischen Sequenzen von regelhaften und nicht regelhaften englischen Verben der Grundform (Präsens) auf der Eingangsseite darbieten und anhand des Sollwertes der korrekten Vergangenheitsform auf der Ausgangsseite die Assoziation zwischen Grundform am Eingang und korrekter Vergangenheitsform am Ausgang lernen lassen. Nach einigen Lernzyklen produziert das Netzwerk für ein bestimmtes Verb die korrekte Vergangenheitsform. Bietet man dann ein neues Verb dar, das nicht zur Menge der Trainingsitems gehörte, so produziert das Netzwerk dennoch, ohne weiteres Training, die korrekte Vergangenheitsform. Die nicht explizit eingegebene Regel für die phonetische Transformation von einer Grundform in eine bestimmte Vergangenheitsform ist also in diesem Netzwerk gespeichert, und zwar so, dass sie generalisiert werden kann (Rumelhart & McClelland, 1988a). Dies ist bei den komplizierten phonetischen Regeln, die der Systematik der Vergangenheitsbildung unterliegen, keineswegs eine triviale Assoziation. Erstaunlich ist, dass die Regel als Regel nirgendwo direkt in dem Netzwerk zu finden ist, sondern dass sie durch die adjustierte Verknüpfungsstärke eines größeren Ensembles von künstlichen Neuronen repräsentiert wird. Weiterhin kann man beobachten, dass sogar ein unvollständig dargebotenes Verb korrekt erkannt und mit der korrekten Vergangenheitsform ergänzt wird. Schließlich lassen sich auch typische Fehler, die Kinder in der Sprachentwicklung machen, beim Training des Netzwerkes wiederfinden, z. B. eine Übergeneralisierung der regelmäßigen Verbform, solange das System noch nicht die korrekten Verknüpfungen vollständig gelernt hat.

Das System von elementaren Modellneuronen extrahiert also regelhafte, assoziative Verknüpfungen und es bildet dabei Invarianzen der Eingangs- und Ausgangsseite ab. Zugleich kann es von unvollständigen Eingangssignalen die vollständige Repräsentation erschließen und es kann auf neue Zuordnungen generalisieren. Dies sind Eigenschaften, die auch das menschliche Informationsverarbeitungssystem besitzt. Und ebenso wie im Nervensystem werden diese Eigenschaften in einem neuronalen Netzwerkmodell durch die Verschaltung subsymbolischer Elemente erzeugt.

Solche einfachen neuronalen Netzwerkmodelle sind auf den ersten Blick beeindruckend, sie sind aber nur be-

dingt eine brauchbare Analogie zum Nervensystem: Erstens bilden die verwendeten Modellneuronen nur eingeschränkt die Verhältnisse des Nervensystems ab. Zum einen ist es eine vermutlich unrealistische Vereinfachung, die Informationskodierung von Neuronen auf nur zwei Zustände zu reduzieren. Sehr wahrscheinlich sind die graduell abgestuften exzitatorischen und inhibitorischen postsynaptischen Signale für die Informationskodierung ebenso wichtig wie die Aktionspotenziale. Weiterhin sind neben den Nervenzellen auch Gliazellen an der Informationsübertragung und Repräsentation beteiligt, die überhaupt nicht mit Aktionspotenzialen, sondern nur mit langsamen Spannungsänderungen Einfluss auf die synaptische Übertragung nehmen (Kettenmann, 1996). Im Gehirn gibt es also nicht nur einen Typus von Schaltelementen mit einer einzigen Übertragungscharakteristik, sondern sehr unterschiedlich arbeitende Elemente (Nauta & Feirtag, 1986). Darüber hinaus ist die Menge der in einem solchen einfachen System realisierten Elemente vergleichsweise sehr gering. Selbst ein System mit einigen hunderttausend Modellneuronen ist weit von der Realität des Gehirns entfernt, in dem 10^{12} Neuronen und mindestens ebenso viele Astrogliazellen miteinander verknüpft sind, wobei jeweils einige tausend synaptische Kontakte zwischen einem Neuron und jeweils anderen Neuronen existieren. Schließlich entspricht ein Modell, das nur ein Verarbeitungsmodul repräsentiert, in dem also die Aktivität einer Eingangsschicht über einige versteckte Schichten in die Aktivität einer Ausgangsschicht transformiert wird, nicht dem hierarchisch parallelen Aufbau des Gehirns, in dem sehr viele Module funktional und anatomisch voneinander abgegrenzt werden können.

Diesen Einwänden begegnet man allerdings in neueren Modellen. In einigen Modellierungen werden z. B. physiologisch plausible und damit auch unterschiedliche Neurone als Bausteine verwendet (z. B. Eckhorn, Reitboeck, Arndt & Dicke, 1990). Weiterhin modelliert man aufgrund der inzwischen verfügbaren großen Rechnerkapazitäten auch Modelle, in denen mehrere Komponenten funktional getrennt und hierarchisch-parallel miteinander verschaltet sein können. Durch die Gestaltung der Eigenschaften der Modellneuronen in den einzelnen Modulen lassen sich dann unterschiedliche Eigenschaften des Gesamtsystems realisieren (z. B. O'Reilly & Munakata, 2000; ▶ Kasten »Complementary learning system model« als Beispiel für ein neuronales Netzwerkmodell).

Das Spektrum neuronaler Netzwerkmodelle umfasst mittlerweile sehr viele Funktionen biologischer Informationsverarbeitung (vgl. Arbib, 2003). Neben Modellen, die »höhere« kognitive Funktionen abzubilden versuchen, z. B. Langzeitgedächtnis, grammatische Analyse von Sätzen, exekutive Funktionen beim Aufmerksamkeits- und Aufgabenwechsel etc., gibt es auch Modelle, die auf elementarere Funktionen fokussieren, z. B. das Problem der Figur-Grund-Trennung im visuellen System, die objektbezogene Fixation und Nachführung der Augen oder die ele-

35

**»Complementary learning system model«
als Beispiel für ein neuronales Netzwerkmodell**

O'Reilly hat z. B. zusammen mit seinen Mitarbeitern ein Modell entwickelt (das CLS, »complementary learning system model«), in dem verschiedene Strukturen des Gedächtnisses nachgebildet werden; es umfasst ein Kortexmodul, ein Hippocampusmodul und ein Modul für den medialen Temporalkortex (also den entorhinalen, perirhinalen und parahippocampalen Kortex; s. z. B. Norman & O'Reilly, 2003). Die Elemente der Module haben verschiedene Lernraten: So sind die Hippocampusneurone so adjustiert, dass sie schnell lernen und dabei Details spezifischer Ereignisse in separaten Subpopulationen von Neuronen speichern. Dies garantiert eine schnelle Enkodierung bei gleichzeitiger Minimierung von Interferenz zwischen distinkten Repräsentationen. Das neokortikale

Modul hat dagegen eine langsame Lernrate, es speichert Information in Form überlappender Repräsentationen und extrahiert auf diese Weise allgemeine und generalisierbare Informationsstrukturen.

Das Modell bildet somit Eigenschaften ab, die in zahlreichen empirischen Untersuchungen für diese anatomischen Strukturen tatsächlich beobachtet wurden (Brown & Aggleton, 2001). Die Stärke eines solchen Modells zeigt sich darin, inwieweit es Verhaltenseffekte vorhersagen kann und wie sich diese Vorhersagen bei Schädigungen der Modellarchitektur verändern (z. B. Läsion des »Hippocampus«). So konnten am Modell nicht nur bereits bekannte Effekte beobachtet, sondern auch neue Effekte vorhergesagt werden, die dann in Experimenten überprüft wurden (O'Reilly & Norman, 2002).

mentare Kodierung von Informationen auf der Ebene der Retina.

35.5 Perspektiven

Es ist zu erwarten, dass die neurowissenschaftliche Theorienbildung im Sinne der Netzwerkmodellierung den Erkenntnisgewinn in den kommenden Jahren präzisieren und vorantreiben wird. Während in der Vergangenheit die wesentliche Tätigkeit der neurowissenschaftlichen Forschung zunächst in der Datensammlung und Beschreibung der strukturellen und funktionalen Gegebenheiten bestand, bieten die theoretischen Entwicklungen der letzten Jahre die Möglichkeit, den induktiv-deduktiven Zirkel der Forschung zu schließen, d. h., die Beobachtungen werden via Induktion in Modelle übersetzt, aus denen sich dann via Deduktion Vorhersagen für Entscheidungsexperimente ableiten lassen. Der Erfolg wird dabei nicht zuletzt davon abhängen, inwieweit Experten verschiedener neurowissenschaftlicher Disziplinen miteinander kooperieren und sich gegenseitig befruchten – Psychologen, Physiologen, Molekularbiologen, Neurobiologen, Physiker und Informatiker.

Literatur

Referenzliteratur

Carlson, N.R. (2001). *Physiology of Behavior* (7th ed.). Boston: Allyn & Bacon.
Churchland, P.S. (1986). *Neurophilosophy: toward a unified science of the mind-brain*. Cambridge, MA: MIT Press.
Harré, R. (2002). *Cognitive science – a philosophical introduction*. London: Sage.
Kolb, B. & Whishaw, I.Q. (2003). *Fundamentals of Human Neuropsychology* (5th ed.). New York: Freeman.

O'Reilly, R.C. & Munakata, Y. (2000). *Computational explorations in cognitive neuroscience*. Cambridge, MA: Bradford Book.
Rumelhart, D.E. & McClelland, J.L. (1988b). *Parallel distributed processing* (Vol. I and II). Cambridge, MA: MIT Press.

Zitierte Literatur

Ader, R. (2001). Psychoneuroimmunology. *Current Directions in Psychological Science, 10*, 94–98.
Arbib, M.A. (Ed.). (2003). *The handbook of brain theory and neural networks*. Cambridge, MA: Bradford Book.
Basar, E., Flohr, H., Haken, H. & Mandell, A.J. (1983). *Synergetics of the brain*. Berlin: Springer.
Berger, H. (1929). Über das Elektrenkephalogramm des Menschen: 1. Mitteilung. *Archiv Für Psychiatrie, 87*, 527-570.
Braun, C., Heinz, U., Schweizer, R., Wiech, K., Birbaumer, N. & Topka, H. (2001). Dynamic organization of the somatosensory cortex induced by motor activity. *Brain, 124* (Pt 11), 2259–2267.
Brown, M.W. & Aggleton, J.P. (2001). Recognition memory: What are the roles of the perirhinal cortex and the hippocampus? *Nature Reviews/Neuroscience, 2*, 51–61.
Byne, W., Kemegther, E., Jones, L., Harouthunian, V. & Davis, K.L. (1999). The neurochemistry of schizophrenia. In D.S. Charney, E.J. Nestler & B.S. Bunney (Eds.), *Neurobiology of mental illness* (pp. 236–245). New York: Oxford University Press.
Charney, D.S., Nestler, E.J. & Bunney, B.S. (Eds.). (1999). *Neurobiology of mental illness*. New York: Oxford University Press.
Churchland, P.S. & Sejnowski, T.J. (1991). Perspectives on cognitive neuroscience. In R.G. Lister & H.J. Weingartner (Eds.), *Perspectives on Cognitive Neuroscience* (pp. 3–23). New York: Oxford Press.
Coles, M.G.H., Smid, H.G.O.M., Scheffers, M.K. & Otten, L.J. (1995). Mental chronometry and the study of human information processing. In M.D. Rugg & M.G.H. Coles (Eds.), *Electrophysiology of mind: Event-related brain potentials and cognition* (Vol. 25, pp. 86–131). Oxford: Oxford University Press.
Damasio, H. & Damasio, A.R. (2000). The lesion method in cognitive neuroscience. In M.J. Farah & T.E. Feinberg (Eds.), *Patient-based approaches to cognitive neuroscience* (pp. 21–34). Cambridge, MA: MIT Press.
Druzgal, T.J. & D'Esposito, M. (2003). Dissecting contributions of prefrontal cortex and fusiform face area to face working memory. *Journal of Cognitive Neuroscience, 15* (6), 771–784.

Dudel, J. (2001). Erregungsbildung und -leitung im Nervensystem. In J. Dudel, R. Menzel & R.F. Schmidt (Hrsg.), *Neurowissenschaft* (S. 87–114). Berlin: Springer.

Eckhorn, R., Reitboeck, H.J., Arndt, M. & Dicke, P. (1990). Feature linking via synchronization among distributed assemblies: Simulations of results from cat visual cortex. *Neural Computation, 2*, 293–307.

Elbert, T., Pantev, C., Wienbruch, C., Rockstroh, B. & Taub, E. (1995). Increased cortical representation of the fingers of the left hand in string players. *Science, 270*, 305–307.

Fahrenberg, J. (1979). Das Komplementaritätsprinzip in der psychophysiologischen Forschung und psychosomatischen Medizin. *Zeitschrift für Klinische Psychologie und Psychotherapie, 27*, 151–167.

Farah, M. & Feinberg, T.E. (2000). *Patient based approaches to cognitive neuroscience.* Cambridge, MA: MIT Press.

Flack, W.F.Jr., Laird, J.D. & Cavallaro, L.A. (1999). Separate and combined effects of facial expressions and bodily postures on emotional feelings. *European Journal of Social Psychology, 29*, 203–217.

Gonsalves, B. & Paller, K.A. (2000). Brain potentials associated with recollective processing of spoken words. *Memory and Cognition, 28*, 321–330.

Gould, E., Beylin, A., Tanapat, P., Reeves, A. & Shors, T.J. (1999). Learning enhances adult neurogenesis in the hippocampal formation. *Nature-Neuroscience, 2* (3), 260–265.

Greenough, W.T., Black, J.E. & Wallace, C.S. (2002). Experience and brain development. In M.H. Johnson & Y. Munakata (Eds.), *Brain development and cognition: A reader* (2nd ed., pp. 186–216). Malden, MA: Blackwell.

Gu, Q. (2003). Contribution of acetylcholine to visual cortex plasticity. *Neurobiology of Learning and Memory, 80*, 291–301.

Hansen, J.C. & Hillyard, S.A. (1983). Selective attention to multidimensional auditory stimuli. *Journal of Experimental Psychology: Human Perception and Performance, 9*, 1–19.

Haxby, J.V., Gobbini, M.I., Furey, M.L., Ishai, A., Schouten, J.L. & Pietrini, P. (2001). Distributed and overlapping representations of faces and objects in ventral temporal cortex. *Science, 293*, 2425–2430.

Holzman, P.S. & Matthysse, S. (1990). The genetics of schizophrenia: a review. *Psychological Science, 1* (5), 279–286.

Kaas, J.H. (1991). Plasticity of sensory and motor maps in adult mammals. *Annual Review of Neuroscience, 14*, 137–167.

Kandel, E.R., Schwartz, J.H. & Jessell, T.M. (Eds.) (1996). *Neurowissenschaften – Eine Einführung.* Heidelberg: Spektrum Akademischer Verlag.

Kettenmann, H. (1996). Beyond the neuronal circuitry. *Trends in Neurosciences, 19*, 305–306.

Khader, P., Burke, M., Bien, S., Ranganath, C. & Rösler, F. (2005). Event-related fMRI reveals material-specific cortical activation patterns during associative long-term memory retrieval of spatial positions and faces. *Neuroimage, 27*, 805–816.

Lashley, K.D. (1950). In search of the engram. *Symposia of the Society for Experimental Biology, 4*, 454–482.

Lashley, K.S. (1929). *Brain mechanisms and intelligence.* Chicago, IL: The University of Chicago Press.

Lopez, S.R. & Guarnaccia, P.J. (2000). Cultural psychopathology: Uncovering the social world of mental illness. *Annual Review of Psychology, 51*, 571–598.

Luria, A.R. (1966). *Higher cortical functions in man.* London: Travistock.

MacCorquodale, K. & Meehl, P.E. (1948). On a distinction between hypothetical constructs and intervening variables. *Psychological Review, 55*, 95–107.

Maguire, E.A., Spiers, H.J., Good, C.D., Hartley, T., Frackowiak, R.S. & Burgess, N. (2003). Navigation expertise and the human hippocampus: a structural brain imaging analysis. *Hippocampus, 13* (2), 250–259.

Mangun, G.R. & Hillyard, S.A. (1995). Mechanisms and models of selective attention. In M.D. Rugg & M.G.H. Coles (Eds.), *Electrophysiology of mind: event-related brain potentials and cognition* (Vol. 25, pp. 40–85). Oxford: Oxford University Press.

Menzel, R. (2001). Neuronale Plastizität, Lernen und Gedächtnis. In J. Dudel, R. Menzel & R.F. Schmidt (Hrsg.), *Neurowissenschaft* (S. 487–526). Berlin: Springer.

Merzenich, M. (1998). Long-term change of mind. *Science, 282*, 1062–1063.

Miller, J. & Hackley, S.A. (1992). Electrophysiological evidence for temporal overlap among contingent mental processes. *Journal of Experimental Psychology: General, 121* (2), 195–209.

Miller, M.W., Patrick, C.J. & Levenston, G.K. (2002). Affective imagery and the startle response: probing mechanisms of modulation during pleasant scenes, personal experiences and discrete negative emotions. *Psychophysiology, 39*, 519–529.

Moonen, C.T.W. & Bandettini, P.A. (Eds.). (2000). *Functional MRI.* Berlin: Springer.

Nauta, W.J.H. & Feirtag, M. (1986). *Fundamental neuroanatomy.* New York: Freeman.

Norman, K.A. & O'Reilly, R.C. (2003). Modeling hippocampal and neocortical contributions to recognition memory: a complementary learning systems approach. *Psychological Review, 110* (4), 611–646.

O'Reilly, R.C. & Norman, K.A. (2002). Hippocampal and neocortical contributions to memory: advances in the complementary learning systems framework. *Trends in Cognitive Sciences, 6*, 505–510.

Ochsner, K.N., Bunge, S.A., Gross, J.J. & Gabrieli, J.D.E. (2002). Rethinking feelings: an fMRI study of the cognitive regulation of emotion. *Journal of Cognitive Neuroscience, 14* (8), 1215–1229.

Paquette, V., Levesque, J., Mensour, B., Leroux, J.M., Beaudoin, G., Bourgouin, P. & Beauregard, M.(2003). »Change the mind and you change the brain«: effects of cognitive-behavioral therapy on the neural correlates of spider phobia. *Neuroimage, 18*, 401–409.

Porter, R.J., Gallagher, P., Watson, S. & Young, A.H. (2004). Corticosteroid-serotonin interactions in depression: A review of the human evidence. *Psychopharmacology, 173* (1–2), 1–17.

Posner, M.I. (1978). *Chronometric explorations of mind.* Hillsdale, NJ: Erlbaum.

Rivadulla, C., Sharma, J. & Sur, M. (2001). Specific roles of NMDA and AMPA receptors in direction-selective and spatial phase-selective responses in visual cortex. *Journal of Neuroscience, 21* (5), 1710–9, 21, 1710–1719.

Rosenzweig, M.R. & Bennett, E.L. (1996). Psychobiology of plasticity: effects of training and experience on brain and behavior. *Behavioral-Brain-Research, 78* (1), 57–65.

Rösler, F. (1983). Hirnelektrische Indikatoren in der Diagnostik. In H.J. Groffmann & L. Michel (Hrsg.), *Verhaltensdiagnostik* (S. 336–433). Göttingen: Hogrefe.

Rösler, F. (2004). Einige Gedanken zum Problem der »Entscheidungsfindung« in Nervensystemen. In Berlin-Brandenburgische Akademie der Wissenschaften (Hrsg.), *Zur Freiheit des Willens* (S. 23–34). Berlin: Akademie Verlag.

Rösler, F. (2005). From single-channel recordings to brain-mapping devices – The impact of electroencephalography on experimental psychology. *History of Psychology, 8*, 95-117.

Rösler, F. & Hahne, A. (1992). Hirnelektrische Korrelate des Sprachverstehens: Zur psycholinguistischen Bedeutung der N400-Komponente im EEG. *Sprache und Kognition, 11*, 149–161.

Rösler, F. & Heil, M. (1998). Kognitive Psychophysiologie. In F. Rösler (Hrsg.), *Ergebnisse und Anwendungen der Psychophysiologie* (S. 165–224). Göttingen: Hogrefe.

Rösler, F., Pechmann, T., Streb, J., Röder, B. & Hennighausen, E. (1998). Parsing of sentences in a language with varying word order: word-by-word variations of processing demands are revealed by event-related brain potentials. *Journal of Memory and Language, 38*, 150–176.

Rugg, M.D. & Coles, M.G.H. (Eds.) (1995). *Electrophysiology of mind.* Oxford: Oxford University Press.

Rumelhart, D.E. & McClelland, J.L. (1988a). On learning the past tenses of english verbs. In J.L. McClelland & D.E. Rumelhart (Eds.), *Parallel Distributed Processing* (Vol. II, pp. 216–271). Cambridge, MA: MIT Press.

Schaefer, S.M., Jackson, D.C., Davidson, R.J., Aguirre, G. K., Kimberg, D.Y. & Thompson-Schill, S. L. (2002). Modulation of amygdalar activity by the conscious regulation of negative emotion. *Journal of Cognitive Neuroscience, 14*, 913–921.

Schall, J.D. (2001). Neural basis of deciding, choosing and acting. *Nature Reviews Neuroscience, 2*, 33–42.

Schlaug, G., Jäncke, L., Huang, Y. & Steinmetz, H. (1995). In vivo evidence of structural brain asymmetry in musicians. *Science, 267*, 699–701.

Sokolowski, K. (2002). Emotion. In J. Müsseler & W. Prinz (Hrsg.), *Allgemeine Psychologie* (S. 336–384). Heidelberg: Spektrum.

Stemmler, G., Heldmann, M., Pauls, C. A. & Scherer, T. (2001). Constraints for emotion specificity in fear and anger: The context counts. *Psychophysiology, 38*, 275–291.

Sternberg, R.J. & Kaufman, J. C. (1998). Human abilities. *Annual Review of Psychology, 49*, 479–502.

Streb, J., Hennighausen, E. & Rösler, F. (2004). Different anaphoric expressions are investigated by event-related brain potentials. *Journal of Psycholinguistic Research, 33* (3), 175–201.

Stuss, D.T. & Levine, B. (2002). Adult clinical neuropsychology: lessons from studies of the frontal lobes. *Annual Review of Psychology, 53* (1), 401–433.

Thompson, R.F. & Krupa, D.J. (1994). Organization of memory traces in the mammalian brain. *Annual Review of Neuroscience, 17*, 519–549.

van Praag, H., Kempermann, G. & Gage, F.H. (1999). Running increases cell proliferation and neurogenesis in the adult mouse dentate gyrus. *Nature Neuroscience, 2* (3), 266–270.

Van Turennout, M., Hagoort, P. & Brown, C.M. (1998). Brain activity during speaking: from syntax to phonology in 40 milliseconds. *Science, 280*, 572–574.

Volkow, N.D. & Fowler, J.S. (2000). Addiction, a disease of compulsion and drive: involvement of the orbitofrontal cortex. *Cerebral Cortex, 10* (3), 318–325.

Vorberg, D. & Ulrich, R. (1987). Random search with unequal search rates: serial and parallel generalizations of McGill's model. *Journal of Mathematical Psychology, 31*, 1–23.

Wegner, D.M. (2002). *The illusion of conscious will*. Cambridge, MA: MIT Press.

Wimsatt, W.C. (1976). Reductionism, levels of organization, and the mind-body problem. In G.G. Globus, G. Maxwell & J. Savodnik (Eds.), *Consciousness and the brain* (pp. 205–268). New York: Plenum Press.

Zuckerman, M. (1995). Good and bad humors: biochemical bases of personality and its disorders. *Psychological Science, 6*, 325–332.

36 Evolutionsbiologische Ansätze in der Psychologie

A. Chasiotis

Evolutionsbiologische Ansätze in der Psychologie sind wissenschaftshistorisch mit der an Charles Darwins Evolutionstheorie der natürlichen Selektion orientierten, »prähamiltonschen« klassischen Ethologie verbunden. Deshalb wird vor der Einführung des zentralen evolutionsbiologischen Grundkonzeptes der geschlechtlichen Selektion zunächst das der natürlichen Selektion vorgestellt. Danach wird die mit der Einführung der Konzeption der Gesamtfitness durch William Hamilton (1964) einsetzende Entwicklung der modernen evolutionsbiologischen Ansätze des nepotistischen und reziproken Altruismus (Trivers, 1971), des parentalen Investments (Trivers, 1972, 1974) und des Handicap-Prinzips (Zahavi, 1975) nachgezeichnet. Daran anschließend wird das Konzept der Anpassung kritisch beleuchtet, bevor evolutionspsychologische Befunde dieser Ansätze über die menschliche Lebensspanne hinweg aufgeführt werden. In diesem Rahmen werden auch verhaltensgenetische Methoden und Implikationen für das Menschenbild der modernen Evolutionsbiologie diskutiert.

36.1 Die natürliche Selektion

Die Evolutionstheorie basiert auf den Prinzipien der natürlichen und geschlechtlichen Selektion, die Charles Darwin in zwei bahnbrechenden Werken niedergelegt hat (1859, 1871). Ursprünglich ging Darwin (1859) bei der Formulierung seiner Evolutionstheorie davon aus, dass der formgebende Mechanismus im Evolutionsgeschehen die natürliche Selektion sei, welche die einzelnen, genetisch einzigartigen Varianten (Individuen) danach ausliest, wie erfolgreich sie sich fortpflanzen. Diese Schlussfolgerung basierte auf der Beobachtung, dass innerhalb einer Art eine individuelle **Vielfalt** der Erbeigenschaften besteht. Wenn einige Eigenschaften eher überlebens- und fortpflanzungsfähig sind, breiten sich diese erblichen Eigenschaften in der Population aus, sodass sich im Laufe der Zeit die Menge der erblichen Merkmale innerhalb einer Art verändert. Diesen Prozess nannte er natürliche **Selektion** durch differenzielle **Reproduktion**. Da praktisch alle erblichen Merkmale der menschlichen Anatomie, Physiologie, des Verhaltens und der Psychologie interindividuelle Unterschiede aufweisen, sind sie zugleich Selektionsdrücken ausgesetzt (▶ Kap. 4). Selektionsdrücke können andererseits auch erbbedingte Variabilität eliminieren, sodass diese Variabilität nicht mehr erkennbar ist (so haben alle gesunden Menschen zwei Beine, ▶ Abschn. 36.6.).

Zentrale Fragen der Evolutionsbiologie

Tinbergen (1963) hat vorgeschlagen, zwischen phylogenetischen, »ultimaten« Fragen (»Was wird von der Selektion begünstigt?«), ontogenetischen, »distalen« Fragen (»Wie entwickelt sich der Organismus?«) und aktualgenetischen, »proximaten« Fragen (»Wie funktioniert dieser Organismus?«) zu unterscheiden. Die Differenzierung von Fragen nach den unmittelbaren Ursachen, die herkömmlicherweise innerhalb der Psychologie erörtert werden (z. B. »Wie kommt dieses augenblickliche Verhalten zustande?«), und solchen nach den stammesgeschichtlichen Ursachen (z. B. »Welche stammesgeschichtliche Anpassung erfüllt dieses Verhalten?«; zur Unterscheidung s. Mayr, 1984) wurde zum zentralen Charakteristikum moderner evolutionärer Ansätze. Die Einbeziehung der Funktionslogik des Entstehens auch in proximaten, psychologischen Fragestellungen bietet eine völlig neue Perspektive auf das Fach. Dies geschieht entweder explizit unter der Annahme sozioökologischer Konstanten (Chisholm, 1999) oder unter der Annahme kontextsensitiver Anpassungen (Chasiotis, 1999).

In den 50er und 60er Jahren des letzten Jahrhunderts rückte eine neue Schnittstelle zwischen Biologie und Psychologie ins wissenschaftliche Interesse. Nach den Pionierleistungen von Konrad Lorenz (1903–1989), Karl von Frisch (1886–1982) und Nico Tinbergen (1907–1988) war es Irenäus Eibl-Eibesfeldt, der die Humanethologie begründete (Eibl-Eibesfeldt, 1989). Damit wurde das basale Verhaltensrepertoire des Menschen als evolvierte Anpassungsleistung definiert. Für die Entwicklungspsychologie wurde besonders der Ansatz von John Bowlby bedeutsam, der seine Bindungstheorie evolutionsbiologisch begründete, nämlich als evolviertes Verhaltenssystem, das der Arterhaltung dient (Bowlby, 1969). Diese ethologische Begründung betraf sowohl die Bedeutsamkeit der Bindungsbeziehung generell wie auch die der spezifischen bindungsrelevanten Verhaltensweisen (z. B. Nähesuchen). Mit der ethologischen Methode der (Langzeit-)Verhaltensbeobachtung und der Integration der Beobachtungen in Funktionskreise (Ethogramme) wurde eine völlig neue Herangehensweise an psychologische Phänomene möglich.

So wurden in der Entwicklungspsychologie komplementär zur komplexen Verhaltensorganisation der Säuglinge mit durch den Siegeszug der Videotechnik ermöglichten mikroanalytischen Analysemethoden universelle, als intuitives Elternprogramm bezeichnete elterliche Reaktionsneigungen im Umgang mit Säuglingen herausgearbeitet (Papoušek & Papoušek, 1987). Diese wurden als Bestandteile eines artspezifischen, kulturunabhängigen Anpassungssystems verstanden, welches komplementär zu den Verhaltensdispositionen und entwicklungsabhängigen Möglichkeiten und Beschränkungen des kommunikativen Repertoires von Säuglingen und Kleinkindern als integratives System evolviert sein soll. Sowohl die Bindungstheorie als auch der psychobiologische Ansatz des intuitiven Elternprogramms vertreten dabei eine kulturunabhängig gültige, normative Sichtweise auf die frühe Entwicklung, die aus der evolutionären Begründung der Schutz- und Überlebensfunktion abgeleitet wird. Die Vorzüge dieser klassischen (human-)ethologischen Ansätze für die Psychologie sind eher im methodischen Bereich der systematischen Verhaltensbeobachtung zu sehen (Keller, 1998, 2003). Problematisch an den evolutionären Ansätzen der Humanethologie und der Bindungstheorie ist nämlich deren Nähe zu den gruppenselektionistischen Annahmen der klassischen Ethologie und deren fehlende theoretische Weiterentwicklung.

Augenscheinlich **selbstloses Verhalten** stellte lange Zeit ein Grundproblem für die Erklärung der Evolution sozialen Verhaltens dar: Wie ist uneigennütziges Verhalten möglich angesichts eines immer währenden, auf Eigennutz bedachten interindividuellen Konkurrenzkampfs zur Vermehrung der eigenen Gene? Bereits Darwin (1859) hatte diesen Widerspruch erkannt, aber nicht lösen können. Erst im Jahr 1964 konnten William Hamilton und John Maynard Smith unabhängig voneinander theoretisch nachweisen, dass »altruistisches« Verhalten nur dann evolvieren kann, wenn für den Helfer die Kosten (K) seines scheinbar selbstlosen Verhaltens in Relation zum Verwandtschaftsgrad des Geholfenen (r) geringer ausfallen als der genetische Nutzen (N), den er davonträgt. Diese inzwischen im Tierreich empirisch eindeutig untermauerte sog. Hamilton'sche Ungleichung (K<rN) erklärt die Evolution uneigennützigen Verhaltens als Verwandtschaftsselektion (»inclusive fitness« oder Gesamtfitness, ▶ Kap. 4). Damit stellte Hamiltons und Maynard Smiths Ansatz die Evolution als genzentriertes Prinzip dar und löste die damals dominierenden gruppenselektionistischen Theorien ab, die arterhaltende Verhaltensneigungen zur Erklärung kooperativen Sozialverhaltens herangezogen hatten: Die Evolution selbstlosen Verhaltens gegenüber Nichtverwandten ist zwar nicht prinzipiell unmöglich, kann sich aber evolutionär nicht auf Dauer behaupten, d. h. selbstloses Verhalten ist evolutionär nicht stabil.

Im Allgemeinen hängt demnach das Ausmaß prosozialer Verhaltensweisen vom genetischen Verwandtschaftsgrad ab. Diese **Hamilton'sche Regel** findet allmählich auch Einzug in die Psychologie (Burnstein, Crandall & Kitayama, 1994). Komplementär zu dieser Argumentation folgerte der Evolutionsbiologe Robert Trivers (1974), dass nicht nur weiter entfernte Verwandte, sondern selbst Eltern ihren Kindern gegenüber sowie Geschwister untereinander nicht völlig selbstlos zu handeln bereit sind: Da bei sich sexuell fortpflanzenden Arten sowohl Eltern mit ihren Kindern als auch Geschwister nur die Hälfte der segregierenden, d. h. innerartlich variierenden, Gene gemeinsam haben, liegt hier der gemeinsame Nenner phänomenologisch sehr unterschiedlicher, aber evolutionsbiologisch prinzipiell unvermeidlicher innerfamiliärer Konflikte wie dem der Entwöhnung oder der Geschwisterrivalität.

36.2 Die geschlechtliche Selektion

Etwa ein Jahrzehnt nach der natürlichen Selektion postulierte Darwin einen zweiten selektiven Prozess, den der geschlechtlichen Selektion (Darwin, 1871). Inzwischen sind sich führende Evolutionsbiologen darin einig, dass die sexuelle Selektion für die darwinische Theorie der Evolution mindestens genauso wichtig (Voland & Grammer, 2002), wenn nicht sogar wichtiger als die natürliche Selektion ist (Miller, 2000). Die dem natürlichen Selektionsdruck unterliegenden Eigenschaften umfassen die eher das unmittelbare Überleben betreffenden Merkmale wie die Anpassungsfähigkeit an die begrenzenden Faktoren der ökologischen Nische mit ihrem charakteristischen Nahrungsangebot, Feinddruck und ihrem Vermögen, den Nachwuchs zu reproduktiv erfolgreichen Individuen heranwachsen zu lassen. Die geschlechtliche Selektion hingegen entstand aus dem Wettstreit um den Zugang zu Reproduktionspartnern. Sie betrifft alle Fähigkeiten eines Individuums, in Konkurrenz zu seinen gleichgeschlechtlichen Mitbewerbern/Mitbewerberinnen geeignete Geschlechtspartner/Geschlechtspartnerinnen zu finden, zu umwerben und für sich zu gewinnen und gegebenenfalls ihn oder sie auch nach der Paarung zur mehr oder weniger langfristigen Zusammenarbeit bei der Aufzucht der Nachkommen zu bewegen.

Geschlechtliche Selektion basiert auf zwei Prozessen (Chasiotis & Voland, 1998),

- dem **innergeschlechtlichen Wettbewerb** um den Zugang zu Geschlechtspartnern, in der Regel ein rein männlicher Konkurrenzkampf, und
- den **zwischengeschlechtlichen Auswahlprozessen** von Sexualpartnern, meist durch Frauen.

Weil die natürliche Selektion eher aus dem Wettstreit um das Überleben resultiert, bremst und begrenzt sie eher die Entwicklung eines sexuell selektierten Merkmals.

Erst die Arbeiten zur differenziellen parentalen Investition haben die evolutionären Grundlagen der geschlechtlichen Selektion verdeutlicht (Trivers, 1972). Als **parentale Investition** ist dabei jegliche elterliche Anstrengung in Bezug auf einzelne Nachkommen anzusehen, die die Gesamtfitness steigert und gleichzeitig alternative elterliche Investitionsmöglichkeiten (z. B. in andere Nachkommen) reduziert. Trivers (1972) führt aus, dass das (bei den Säugetieren weibliche) Geschlecht mit der höheren parentalen Investition zur limitierenden Ressource für das (bei den Säugetie-

ren männliche) Geschlecht mit dem niedrigeren elterlichen Aufwand wird, sodass beim prinzipiell weniger investierenden Geschlecht die innergeschlechtliche Konkurrenz um das durch seine höhere parentale Investition limitierende Geschlecht größer ist als beim »wertvolleren« Geschlecht.

In der psychologischen Geschlechtsunterschiedsforschung ist die parentale Investition vor allem deshalb interessant, weil sie den Akzent von Kompetenz- auf Performanzunterschiede verschiebt und eine schlüssige Erklärung für die motivationalen Ursachen der Verhaltensunterschiede zwischen den Geschlechtern bietet: Männer und Frauen unterscheiden sich voneinander eher nicht in dem, was sie tun können, sondern vor allem in dem, was sie tatsächlich tun (Chasiotis & Voland, 1998). So ist beim Menschen als Säugetier zu erwarten und empirisch weitestgehend kulturunabhängig feststellbar, dass Männer bei ihrer prinzipiell geringeren parentalen Investitionsleistung und höherer Reproduktionsvarianz eher als Frauen in Paarungsaufwand (»mating effort«) investieren (Buss, 2004).

36.3 Das Handicap-Prinzip

Als bedeutsamster Mechanismus der geschlechtlichen Selektion wird das Handicap-Prinzip (»good genes«) angesehen. Das Handicap-Prinzip (Zahavi, 1975) ist die elaborierteste Formulierung des »good genes«-Konzeptes und geht davon aus, dass viele scheinbar nutzlose bis ungünstige Merkmale gerade deshalb evolviert sind, weil ihre Kostenträchtigkeit die hohe Fitnessqualität ihrer Merkmalsträger signalisiert. Dieses lange Zeit als unplausibel kritisierte kontraintuitive Konzept erfuhr in den letzten Jahren eine eindrucksvolle Renaissance (Voland & Grammer, 2002). Sein hohes psychologisches Erklärungspotenzial kann an fünf Beispielen verdeutlicht werden (auch ▶ Abschn. 36.4):

Säuglingsschreien als kostenträchtiges Signal
Das entwicklungspsychologisch gut untersuchte Säuglingsschreien kann mit Hilfe des Handicap-Prinzips in einen neuen Bedeutungszusammenhang gestellt werden, wenn zum einen dessen enormer Energieaufwand als kostenträchtig, zum anderen dessen akustische Struktur als Indikator der phänotypischen Qualität des Säuglings angesehen wird. Empirische Belege dafür liefern klinische sowie kulturvergleichende Studien zum Säuglingsschreien, die darauf hinweisen, dass die elterliche Investitionsbereitschaft auch von der Qualität des Säuglingsschreiens abhängig sein kann (Furlow, 1997).

Moralisches Verhalten als Handicap
Der heuristische Wert des Handicap-Prinzips für die Psychologie lässt sich auch am Beispiel der Moral dokumentieren. Aus der Sicht der natürlichen Selektion ist phänotypisch selbstloses Verhalten als Ausdruck eines konditionalen Kooperationsverhaltens anzusehen, bei dem darauf

geachtet wird, Reziprozitätskontos ausgeglichen zu gestalten (Chasiotis, 1995). Laut Miller (2000) wird diese »Buchhalter-Moral« jedoch dem Spektrum selbstlosen, großherzigen Verhaltens des Menschen kaum gerecht. Im Kontext von Überlegungen zur sexuellen Selektion stellt moralisches Handeln ein kostspieliges Signal dar, das deshalb einen hohen Wert bei der Partnerwerbung hat und damit als kostenträchtiger Fitnessindikator gelten kann. Miller (2000) legt an zahlreichen Beispielen wie karitativen Tätigkeiten, Blutspenden und der menschlichen Neigung zur moralischen Selbstdarstellung eindrucksvoll nahe, dass die primären Beweggründe für Mitgefühl, Wohltätigkeit, Großzügigkeit und sexuelle Treue eher in der Partnerwerbung zu suchen sind als im Überlebenswert.

Religiösität als kostenträchtiges Engagement

Auch bei der Religiösität hebt die Sicht der natürlichen Selektion moralischer Systeme eher ihren manipulativen, individuellen Eigeninteressen dienenden Charakter hervor. Demnach wären religiöse Verhaltensdoktrinen deshalb notwendig, um einzelne Gruppenmitglieder dazu zu bringen, ihre individuellen Interessen den Gruppeninteressen unterzuordnen. Ein bedeutsamer Beitrag dieser Ansätze läge in der Einordnung charakteristischer Merkmale verschiedener religiöser Glaubenssysteme nach sozioökologischen Kontextkriterien. Die generelle Grundregel lautet dabei in etwa: Setze auf Quantität (d. h., investiere wenig in viele Nachkommen), wenn die Kontextbedingungen instabil sind, und auf Qualität (d. h., investiere viel in wenig Nachkommen), wenn die Zukunftsaussichten stabil sind. Diese sozioökologisch angepasste Fortpflanzungsregel schlägt sich demnach in religiösen Geboten wie dem Ausmaß des Pronatalismus, d. h. der religiös begründeten Gebärfreudigkeit, nieder. Neuere Überlegungen der evolutionären Anthropologie fassen religiöse Verhaltensweisen als kostspielige, weil schwer zu fälschende Handicap-Signale auf. Gleich, ob Religiösität danach als manipulatives oder kostspieliges Signal aufzufassen wäre, beiden evolutionären Ansätzen wäre letztlich das Postulat eines materiellen, »diesseitigen« Nutzens (zumindest eines Teils) der Gläubigen gemeinsam (Reynolds & Tanner, 1995).

Handicap und »fluctuating assymetry«

Auch das Konzept der »fluctuating assymetry« lässt sich durch das Handicap-Prinzip bzw. durch das der »good genes« beschreiben: Dieses Konzept beschreibt die möglicherweise durch die geschlechtliche Selektion entstandene adaptive Varianz in der morphologischen Achsensymmetrie des Menschen, d. h. das Ausmaß, in dem ein Individuum von der Achsensymmetrie seiner körperlichen Merkmale abweicht. Je achsensymmetrischer die Morphologie eines Organismus ist, desto widerstandsfähiger hat er sich in seiner Ontogenese bei der Herausbildung komplexer Körpermerkmale trotz eventuell schädlicher Mutationen und pathogenen Umwelteinflüssen gezeigt. Das Ausmaß

der Achsensymmetrie korreliert mit einer ganzen Reihe sowohl körperlicher und reproduktiver Merkmale wie Anzahl der Sexualpartner und Attraktivität als auch mit psychologischen Merkmalen wie allgemeine Intelligenz (Gangestad & Thornhill, 1997).

Sprachperformanz als Paarungsaufwand

Als letztes Beispiel kann schließlich die Sprache als Mechanismus der Partnerwerbung diskutiert werden. Vor dem Hintergrund der sexuellen Selektion ist die Sprache neben ihrer nepotistischen und reziproken Funktion des ehrlichen Informationsaustausches über sozial relevante Sachverhalte (Dunbar, 1996) auch als Resultat des Handicap-Prinzips interpretierbar, sodass sie als aufwändiges, kostenträchtiges Signalsystem zur Partnerwerbung aufgefasst werden kann. Da eloquentes Reden mit Bildung, Intelligenz und hohem Sozialstatus einhergeht, liegt es laut Miller (2000) nahe, auch das Sprachvermögen als schwer vorzutäuschenden, weil aufwändigen Fitnessindikator anzusehen.

36.4 Reziproker Altruismus, altruistische Bestrafung und Altruismus als Handicap

Der evolutionäre Ansatz, bei allen Kooperationsformen von genetisch eigennützigen Motiven auszugehen, wurde ebenfalls von Robert Trivers (1971) auf Altruismus unter Nichtverwandten erweitert, indem er neben dem nepotistischen den **reziproken Altruismus** postulierte. Der reziproke Altruismus basiert auf der Erwartung einer Gegenleistung für altruistische Handlungen zu einem späteren Zeitpunkt. Kooperatives Verhalten auch unter Nichtverwandten ist nach der evolutionären Logik dann zu erwarten, wenn die durch kooperatives Verhalten möglich werdenden komplexeren Sozialbeziehungen den einzelnen Gruppenmitgliedern individuelle Vorteile verschaffen.

Die größte Schwierigkeit des Konzeptes des reziproken Altruismus liegt darin, dass die spieltheoretische Umsetzung des reziproken Altruismus in Form des wiederholten Gefangenendilemmas (Axelrod & Hamilton, 1981) nur auf dyadische Interaktionen anwendbar ist und damit höchstens auf die sozialen Interaktionen kleiner und stabiler Gruppen, wie etwa Wildbeutergesellschaften, aber nicht auf komplexere Sozialstrukturen übertragbar ist. Ein weiteres Problem ist die möglicherweise fehlende Motivation zum Belohnungsaufschub (Chisholm, 1999): Wenn zukünftige Gegenleistungen des Interaktionspartners nicht sicher sein können, warum nicht betrügen? Im letzten Jahrzehnt wurden zwei neue Konzepte in die Diskussion eingeführt, die unser Verständnis menschlicher Kooperation voranbringen konnten, nämlich altruistische Bestrafung und Altruismus als kostenträchtiges Signal (Fehr & Fischbacher, 2003).

Starke Reziprozität ist spieltheoretisch die Kombination herkömmlicher kooperativer, d. h. belohnender, Verhaltensweisen (»altruistic rewarding«) mit der Bereitschaft, bei Vertrauensbrüchen Sanktionen zu erteilen (»altruistic punishment«). Als **altruistisches Belohnen** ist dabei der weltweit dokumentierbare vertrauensvolle Austausch von Gütern anzusehen. Ein wesentlicher Faktor zur Erhöhung der Kooperationswahrscheinlichkeit der Gruppenmitglieder ist die Möglichkeit, von einer dritten Partei bestraft zu werden. Diese Bereitschaft scheint in menschlichen Gesellschaften ein Schlüsselelement bei der Etablierung und Durchsetzung sozialer Normen zu sein.

Reputationsbildung kann zum einen durch indirekte Reziprozität erfolgen, indem am direkten sozialen Austausch nicht Beteiligte die eigene hohe Kooperationsbereitschaft mitbekommen und dadurch selbst die Zusammenarbeit suchen. Die zweite Möglichkeit liegt in der sozialen Statuserhöhung durch die Demonstration hoher Hilfs- und Kooperationsbereitschaft. Aus evolutionärer Perspektive kann diese Kooperationsvariante auch unter dem Handicap-Prinzip des kostenträchtigen Signals subsumiert werden (Zahavi, 1975, 1995). Dieser Mechanismus erklärt auf elegante Weise, warum wir oft kostspielige Signale zeigen, d. h. altruistisch handeln und damit Kosten eingehen, ohne auch nur indirekt Nutzen davonzutragen, mit der Annahme, dass bestimmte Individuen sich solche kostenträchtigen Verhaltensweisen wegen ihrer besseren genetischen Ausstattung (»good genes«) eher leisten können als andere.

Kooperatives Verhalten wird somit eher imitiert, wenn jeder kooperiert, weil dann die Strafenden keinerlei Kosten davontragen, da ja keiner bestraft werden muss. So könnten unter den humanspezifischen sozioökologischen Kontextbedingungen der kulturellen Transmission durch kumulative kulturelle Evolution (Tomasello, 1999) Normen und Institutionen durch altruistische Bestrafung durch Dritte aufrechterhalten und tradiert worden sein. Dabei ist die Gen-Kultur-Koevolution der Befähigung zur Bestrafung auf der einen und der metarepräsentationalen Fähigkeit (Theory of Mind), sich die mentalen Zustände der anderen Interaktionspartner vergegenwärtigen zu können, auf der anderen Seite denkbar (▶ Abschn. 36.7.1).

36.5 Evolutionspsychologie und rationale Entscheidungstheorie

In der Psychologie spielen Theorien zur Entscheidungsfindung eine wichtige Rolle. Dass praktisch alle psychologischen Entscheidungstheorien in Anlehnung an die Wirtschafts- und Sozialwissenschaften den bei einer evolutionären Betrachtungsweise menschlicher Entscheidungsfindung neu hinzukommenden reproduktiven Zweck nicht berücksichtigen, hat weit reichende Folgen. Die evolutionspsychologische Argumentation ist, dass viele der »Denk- oder Entscheidungsfehler« in der kognitiven Entscheidungstheorie möglicherweise deshalb als solche angesehen werden, weil das Problem stammesgeschichtlich neuartig bzw. ökologisch irrelevant ist oder weil die Zweckmäßigkeit dieser logischen »Denkfehler« noch nicht erkannt worden ist. Der »Entscheidungsbereich«, in dem dieser vermeintliche Fehler sich als rationale Entscheidung entpuppt, also einen Überlebens- bzw. reproduktiven Vorteil darstellt, wird durch eine evolutionspsychologische Forschungsstrategie eher gefunden, bei der die Definition des Anpassungsproblems der eigentlichen Untersuchung vorangeht (Barkow, Cosmides & Tooby, 1992; Chasiotis, 1999). Das inzwischen als klassisch anzusehende Beispiel dafür liefern die Untersuchungen von Leda Cosmides (1989; ▶ Kasten).

Zur evolutionären Rationalität logischer Denkfehler – die Studien von Leda Cosmides

Um die Vermutung zu überprüfen, dass unser kognitiver Apparat sich durch eine Sensibilität für Betrug im sozialen Austausch auszeichnet, wurden Probanden aufgefordert, herauszufinden, wann die einfache Regel »Wenn A, dann B« verletzt wird. Bei einer rein formalen Regel (»Wenn p, dann q«), aber auch bei einer nur beschreibenden Regel (»Wenn Anna Ende September in München ist, geht sie aufs Oktoberfest«), war die Quote richtiger Antworten (»p und nicht-q«) viel niedriger als bei Regeln, die »Sozialkontrakte« mit der Möglichkeit des Betrugs beinhalteten (»Wenn Anna ein Brötchen haben will, muss sie etwas dafür bezahlen«).

Der eigentliche Clou war jedoch, dass bei Umkehrung der »Sozialkontrakt«-Formulierung (»Wenn Anna etwas bezahlt, kann sie ein Brötchen haben«), die an der formallogischen Struktur der Aussage nichts ändert, schlechter erkannt wurde, dass auch dann ein Regelverstoß vorlag, wenn Anna nichts bekommt, obwohl sie etwas bezahlt hat. Es war den Probanden also wichtiger, dass Anna auch bezahlt, wenn sie etwas bekommt, als dass sie zahlt, ohne etwas zu bekommen.

In der Terminologie rationaler Kosten-Nutzen-Erwägungen: Menschen gehen lieber das Risiko ein, dass der andere ungerechtfertigte Kosten hat, als dass er einen ungerechtfertigten Nutzen davonträgt. In diesen brillant variierten Untersuchungssituationen sind die Versuchspersonen also eher bereit, logische »Denkfehler« einzugehen, als Betrüger unentdeckt zu lassen. So scheint die Evolution nicht nur in gewissen Grenzen logische »Denkfehler« zu tolerieren, sondern sie sogar unter Umständen zu fördern.

36.6 Verhaltensgenetik und Evolution oder: Was bedeutet genetisch determiniert?

Die auf Aristoteles zurückgehende Annahme einer Unabhängigkeit von Anlage und Umwelt hat durch ihre alltagspsychologische Plausibilität – hier das »Angeborene«, »Natürliche«, dort das »Erlernte«, »Kulturelle« – zu einer Reihe immer noch bestehender Missverständnisse zur Beziehung von Anlage und Umwelt beigetragen (Mayr, 1984). Diese Missverständnisse haben neben theoretischen auch methodische Konsequenzen, wenn z. B. in der Verhaltensgenetik eine additive Beziehung zwischen genetischer Anlage und außerorganismischen Umweltreizen angenommen wird (auch ▶ Kap. 4 und 25). Dabei ist die Wirkung des Genoms auf die Entwicklung und ihre Wechselwirkung mit der Umwelt wesentlich komplexer. So ist etwa der Erblichkeitskoeffizient gar kein Maß für die Vererbbarkeit von psychischen Merkmalen, sondern nur ein Maß für das stichprobenabhängige Verhältnis der Varianzanteile, die umwelt- oder genetisch bedingt sind. Und auch das zentrale Dogma der Molekulargenetik, dass es keine systematischen umweltbedingten Veränderungen der genetischen Information geben kann, wird oft derartig missverstanden, dass der Einfluss und die Aktivität der Gene auf die Individualentwicklung unveränderlich ist. Obwohl eine Reihe methodischer Fortschritte in den letzten Jahren zu verzeichnen ist, können die bestehenden verhaltensgenetischen Modelle dieser hier nur angedeuteten Komplexität des Zusammenwirkens von Genen und Umwelt jedoch kaum gerecht werden (Reiss, Neiderhiser, Hetherington & Plomin, 2001).

Besonders wichtig ist, dass die Verhaltensgenetik lediglich eine Methodologie zur Identifizierung genetischer Einflüsse darstellt, aber keine Theorie zur Adaptivität dieser potenziell genetisch bedingten psychischen Eigenschaften liefert. Deutlich wird die Notwendigkeit der Integration evolutionärer Ansätze mit der Verhaltensgenetik vor allem im Bereich der sog. »nicht geteilten« Umwelt. Die dem Begriff der »nicht geteilten Umwelt« zugrunde liegende Frage wurde in dem viel beachteten Artikel zur Entwicklungsgenetik von Plomin und Daniels (1987) bereits im Titel formuliert: »Warum sind Kinder aus der gleichen Familie so verschieden?« Ihrer Frage lag die Beobachtung zugrunde, dass ein wesentlicher Varianzanteil des Verhaltens nicht auf genetische Einflüsse, aber auch nicht auf gemeinsame Umweltbedingungen zurückzuführen ist. Diese Beobachtung wurde dadurch erklärt, dass das verbleibende Residual der Varianz auf Umweltfaktoren zurückzuführen sein müsste, die dem individuellen Kind eigen sind und von keinem anderen Familienmitglied geteilt werden. So gewinnen nach jahrzehntelanger Betonung der Relevanz »rein« genetischer Effekte in der Verhaltensgenetik zum Teil altbekannte, von der individuellen genetischen Ausstattung mediierte Sozialisationsfaktoren wie der individuelle Freundeskreis, die differenzielle Elternschaft und der Geburtsrang wieder an Bedeutung.

Wie lässt sich demnach das Verhältnis von Anlage und Umwelt präziser beschreiben? Norbert Bischof (1996) verwendet den vermeintlich paradoxen Begriff der »angeborenen Umwelt«, um deutlich zu machen, dass sich der Organismus in einem alles andere als beliebigen Sinn seine Umwelt gewissermaßen selbst definiert: So lässt sich die individuelle genetische Ausstattung (»Genotyp«) als die in seiner »angeborenen Umwelt« potenziell entstehende Ausprägung dieser genetischen Ausstattung (»Phänotyp«) bezeichnen. Die angeborene Umwelt sind die Umweltgegebenheiten, die in der Stammesgeschichte zu individuellen genetischen Merkmalen geführt haben, die wiederum eine optimale Anpassung ermöglichten. Der in diesem Kontext oft eingeführte Begriff des »environment of evolutionary adaptedness« (auch ▶ Kap. 4) ist insofern missverständlich, da dieser oft als die konkrete Anpassungsumwelt im Pleistozän aufgefasst wird. Richtig verstanden (Tooby & Cosmides, 1990, S. 386), ist der Begriff der Anpassungsumwelt als synonym mit Bischofs Begriff der »angeborenen Umwelt« aufzufassen.

Da es deshalb ebenso wenig reine genetische Effekte wie reine Umwelteffekte gibt, ist nur die »Umweltoffenheit« genetischer Programme überprüfbar und nicht die genetische Determiniertheit als solche. In der Evolution gibt es nichts anderes als eine Kovarianz von Genen und Umwelt, genauer gesagt gibt der Genotyp eine phänotypische Reaktionsnorm vor, die die epigenetische Landschaft möglicher Entwicklungspfade beschreibt. Es geht eigentlich um die durch die Umwelt mediierte Beziehung zwischen Genotyp und Phänotyp und nicht um die Beziehung zwischen Gen und Umwelt, weil genetische und Umweltkomponenten des Phänotyps wie ein endloses Möbius-Band ineinander verflochten und ununterscheidbar sind. Komplexe physische und psychische Eigenschaften sind als das Ergebnis epigenetischer Prozesse aufzufassen und die viel zitierte (Verhaltens- und Entwicklungs-)Plastizität des Menschen ist nichts anderes als das genetisch festgelegte adaptive Veränderungspotenzial bei Umweltveränderungen. Deshalb macht evolutionsbiologisch die Frage »Welche ontogenetischen Vorgänge sind genetisch bedingt und welche nicht?« keinen Sinn, sondern vielmehr muss die Frage gestellt werden: »Warum gibt es überhaupt eine aus epigenetischen Prozessen bestehende Ontogenese und nicht gleich den adulten Phänotyp?« (Pigliucci, 2001). Dieser Frage nach der Evolution von Lebensläufen werden wir uns nun zuwenden.

36.7 Die Evolution von Lebenslaufstrategien

Eine der wesentlichen Erkenntnisse der modernen Evolutionsbiologie besteht darin, dass nicht das fortpflanzungsfähige Individuum das evolutionäre »Endprodukt« ist. Weil der von der Geburt bis zum Tod in Kindheits-, Jugend-, Erwachsenen- und Altersentwicklung beschreibbare menschliche Lebenslauf als ein Ausdruck stammesgeschichtlich evolvierter »Lebenslaufstrategien« anzusehen ist, muss es stammesgeschichtliche Gründe dafür geben, dass die menschliche Individualentwicklung so verläuft, wie sic cs tut.

Die Theorie der Lebenslaufstrategie ist die evolutionäre Entwicklungstheorie der Lebensspanne. In ihr lassen sich individuelle »Entscheidungen« als lebensgeschichtliche Abgleichprobleme (»trade-offs«) von Fitnesskomponenten darstellen. Inzwischen wurden 45 solcher »trade-offs« identifiziert, von denen allgemein als der wichtigste der zwischen gegenwärtiger und zukünftiger Reproduktion betrachtet wird (Chisholm, 1999), d. h. die Entscheidung über den optimalen Zeitpunkt für den Beginn und den Verlauf des reproduktiven Verhaltens. Eine evolutionärc Psychologie beschäftigt sich demnach mit den genetischen und ökologischen Mechanismen, die die artspezifische Entwicklung sozialer und kognitiver Kompetenzen steuern, sowie mit den epigenetischen Prozessen, die diese Kompetenzen individuell für spezifische Umwelten formen. Im Folgenden werden einige Integrationsmöglichkeiten dieser Theorie der Lebenslaufstrategie für die Psychologie kursorisch aufgezeigt.

36.7.1 Kindheit

Unter der lebenslaufstrategischen Perspektive zeichnet sich der Mensch in seinem Fortpflanzungsverhalten, dessen wesentlicher Bestandteil neben der Partnerwahl das elterliche Pflegeverhalten ist, vor allem durch eine der niedrigsten Fortpflanzungsraten, durch die längste Schwangerschaft und durch die längste Kindheit unter den Primaten aus. Die extrem lange Kindheit der menschlichen Nachkommen machte ein unter Primaten zuvor ungekanntes Ausmaß elterlicher Fürsorge erforderlich. Diese lange Kindheitsphase wird in Zusammenhang mit der sozialen Komplexität des Gruppenlebens gebracht, das andererseits wiederum reproduktive Vorteile in der Ressourcenakquisition und Feindverteidigung mit sich brachte. Die reproduktionsstrategischen Vorteile des Gruppenlebens können nur dann genutzt werden, wenn die Vorbereitungszeit ausreichend lang ist. Die kindliche Pflegebedürftigkeit wird dabei als Voraussetzung gesehen, mit der der Mensch seine Nachkommen zu »besseren«, reproduktiv überdurchschnittlich erfolgreichen Erwachsenen großzuziehen in der Lage ist (▶ Kasten). Damit kommt dem elterlichen Verhalten eine zentrale Bedeutung für den reproduktiven Erfolg zu.

Zur reproduktionsstrategischen Relevanz früher Bindungsbeziehungen

Die reproduktionsstrategische Relevanz früher Bindungsbeziehungen lässt sich vor allem damit begründen, dass die Überlebensfunktion alleine nicht zur Selektion ausreicht. Nach dieser Auffassung übersetzen unterschiedliche Bindungsqualitäten (Bowlby, 1969) in den ersten Lebensjahren Informationen aus der ökologischen und sozialen Umwelt in reproduktive Strategien (Chisholm, 1999). Indirekte Indikatoren für die Annahme, dass der Kindheitskontext das menschliche reproduktive Verhalten prägt, liefern bevölkerungswissenschaftliche Daten, die

darauf hinweisen, dass ein demographischer Wandel dem Wandel kultureller Normen um etwa eine Generation vorauszugehen scheint (Birg, 1996; s. auch Voland, Dunbar, Engel & Stephan, 1997). Weil das aktuelle reproduktive Verhalten eher mit den Kontextbedingungen der Kindheit als mit den aktuellen kontextuellen Bedingungen zusammenhängt, legen die generativen Daten also eine intergenerationelle Kontinuität des reproduktiven Verhaltens und damit eine Überprüfung der Annahme einer sensitiven Periode in der Kindheit nahe (Chasiotis, 1999). Wie jedoch die vermittelnden Mechanismen aussehen, ist bisher noch weitgehend ungeklärt.

Etwa ab dem 4. Lebensjahr besteht die entwicklungspsychologisch zentrale Aufgabe im Erlernen angemessener Entscheidungen darüber, wann sich eher Kooperation und wann sich eher offen kompetitives Verhalten bis hin zur Täuschung lohnt: Die als »internales Arbeitsmodell« konzipierte Verinnerlichung innerfamiliärer, in der frühen Kindheit sich etablierender Beziehungsmuster lässt sich als verallgemeinertes Gegenseitigkeitsmodell über die Kooperationsbereitschaft der sozialen Interaktionspartner auffassen (Chasiotis, 1995, 1999). Je nach Qualität dieses Reziprozitätsmodells geht das Kind im Laufe der Jahre mit bestimmten Erwartungen an seine außerfamiliäre soziale Umwelt heran, wählt oder vermeidet aktiv Interaktionspartner in außerfamiliären Kontexten wie Kindergarten, Schule und Freundeskreis und wird durch diese selektiven Interaktionserfahrungen weiter geformt. Dieser Vorgang

der »Selbstsozialisation« bezeichnet die intra- und interindividuell unterschiedliche, aktive, selektive Wahrnehmung, Imitation und Teilnahme an bestimmten sozialen Interaktionen, die in Wechselbeziehung zur vorgefundenen sozialen Umwelt stehen. Die Befunde der Bindungsforschung weisen darauf hin, dass sicher gebundene Kinder später auch eher reziproke und befriedigende Freundschaften aufbauen (Grossmann et al., 2003), und lassen sich dabei als empirischer Beleg für die Übertragung der innerfamiliären Kooperationsbereitschaft auf Beziehungen außerhalb der Familie auffassen.

Als eine nächste integrative Entwicklungsaufgabe der frühen Kindheit kann die Erkundung von Ressourcen und Entwicklungsnischen durch Exploration und Spiel betrachtet werden. Die Psychologie des Lernens wird hier über das Beziehungslernen (Keller, 2003) ausgeweitet auf imitatives, instruiertes und kollaboratives Lernen (Tomasello, 1999). Eine Integration der frühen Entwicklungsaufgaben scheint mit der Entwicklung einer Metatheorie sozialer Kognitionen (Theory of Mind) als die vielleicht bedeutsamste soziale Kompetenz des Menschen zu erfolgen, d. h. die Fähigkeit zu erkennen, dass andere Menschen andere Vorstellungen und Bedürfnisse haben können als man selbst. Diese als **Theory of Mind** bezeichnete Fähigkeit spielt im sozialen Alltag eine zentrale Rolle, da sie es ermöglicht, das Verhalten anderer Personen besser verstehen und vorhersagen zu können (auch ▶ Kap. 26).

Der Fähigkeit dieser sozialen Metakognition scheint dabei wiederum evolutionär der Erwerb kognitiver und motivationaler Inhibitionsmechanismen vorangegangen zu sein (Bjorklund & Pellegrini, 2002). Im Kindesalter führen sie zu einer Verbesserung der kindlichen Fähigkeit, die Aufmerksamkeit selektiv auf wichtige Informationen richten zu können und sich nicht von irrelevanten Informationen beeinflussen zu lassen. In letzter Zeit ist der Frage nach dem Zusammenhang zwischen der Entwicklung von Theory of Mind und inhibitorischer Kontrolle vermehrt Beachtung geschenkt worden. Untersuchungen zur Frage nach der Beziehung zwischen inhibitorischer Kontrolle und Theory of Mind weisen dabei auf sehr hohe Korrelationen beider Fähigkeiten hin (Carlson & Moses, 2001).

Eine evolutionäre Rahmentheorie, die versucht, den Zusammenhang beider Fähigkeiten zu klären, geht davon aus, dass die Fähigkeit zur inhibitorischen Kontrolle nicht nur eine notwendige Bedingung für die Entwicklung der Theory of Mind darstellt, sondern für die gesamte (soziale) Intelligenzentwicklung. Die Ursprünge der inhibitorischen Kontrolle liegen ihrer Ansicht nach im sozialen Anpassungsdruck zu stärkerer Kooperation und Konkurrenz untereinander, dem unsere Vorfahren durch das Leben in zunehmend komplexeren sozialen Strukturen ausgesetzt waren. Als Folge ist zunächst die bereichsspezifische Fähigkeit der Emotionskontrolle evolviert, die es dem Einzelnen ermöglichte, sexuelle und aggressive Verhaltensimpulse zugunsten der sozialen Harmonie in der Gruppe, aber auch im eigenen Interesse unterdrücken zu können. Im Laufe der Phylogenese hat sich die Fähigkeit zur Inhibition dann zu einer zunehmend willentlich (d. h. neokortikal; ▶ Kap. 3) gesteuerten, bereichsübergreifenden Fähigkeit entwickelt, die ab einer gewissen Ausprägung die relativ schnelle Evolution einer Theory of Mind ermöglicht hat. Die postulierte phylogenetische Abfolge könnte dazu beitragen, die in der Primatologie bestehende Aporie zwischen Ergebnissen aus natürlichen Verhaltensbeobachtungen und Experimenten zur Theory of Mind höherer Primaten, einschließlich des Menschen, aufzulösen (Bjorklund & Pellegrini, 2002).

Die Auffassung der inhibitorischen Fähigkeiten als Steigbügel der Theory of Mind ist zwar empirisch noch nicht ausreichend gestützt, wird aber indirekt auch aus Untersuchungen zur Selbstregulation im Erwachsenenalter nahe gelegt (Chasiotis & Kießling, 2004). Die inhibitori-

schen Fähigkeiten und die sozialen Metakognitionsfähigkeiten wiederum verstärken sich rekursiv und ermöglichen die Ausbildung der im Tierreich einzigartigen, durch Zeitwahrnehmung und langfristige Planung gekennzeichneten exekutiven Handlungskontrolle des Menschen (Bischof-Köhler, 2000).

36.7.2 Adoleszenz oder: Was bedeutet Anpassung?

Der Zeitpunkt der Geschlechtsreife ist ein wesentlicher Knotenpunkt in der reproduktionsstrategischen Lebenslaufgeschichte. Dieser Zeitpunkt stellt einen Kompromiss dar in Bezug auf den Abgleich von reproduktiven »Entscheidungen« über Investitionen in körperliches Wachstum (Überleben) und sexuelle Ausreifung (Fortpflanzung) innerhalb einer endlichen Lebensspanne. Da das Einsetzen der Geschlechtsreife bei Mädchen durch die erste Monatsblutung (Menarche) viel einfacher feststellbar ist als bei Jungen durch den ersten Samenerguss (Spermarche), liegen wesentlich mehr Befunde zur Variabilität des Menarchenalters vor als über das Alter der Geschlechtsreife bei Jungen. Starke populationsabhängige Schwankungen im Menarchenalter werfen dabei die nahe liegende Frage auf, ob neben genetischen Faktoren nicht auch spezifische Sozialisationsbedingungen, die dem Eintreten der Pubertät vorangehen, Auswirkungen auf das Alter bei der Geschlechtsreife haben können. Insbesondere Kontextbedingungen der vorpubertären Kindheit werden dabei als differenzielle Einflussfaktoren identifiziert (Belsky, Steinberg & Draper, 1991). Der Nachweis einer Vererbung des Pubertätseintritts würde diese Annahme scheinbar widerlegen. In letzter Zeit hat es eine Reihe von Untersuchungen gegeben, die tatsächlich zu dem Schluss kamen, dass die körperliche Entwicklung eher auf Vererbung beruht, als dass sie eine Anpassung an die jeweiligen individuellen Kontextbedingungen in der Kindheit darstellt. Mit dem Nachweis der Vererbung wird also impliziert, dass keine Anpassung an die Kindheitsbedingungen vorliegt (Campbell & Udry, 1995). Derartige Schlussfolgerungen erweisen sich allerdings sowohl aus theoretischen als auch aus methodologischen Gründen als verfrüht. Bei näherer Betrachtung wird zudem deutlich, dass hier unklare Vorstellungen darüber bestehen, was unter genetischer Determinierung und was unter Anpassung zu verstehen ist:

Vererbte Eigenschaften sind Anpassungen an stammesgeschichtlich aufgetretene Umweltbedingungen. Das Alter beim Pubertätseintritt wird vererbt. Also stellt das Alter beim Pubertätseintritt eine Anpassung dar. Eine Anpassung kann per definitionem nur nachgewiesen werden, wenn die Umwelt, an die diese Eigenschaft angepasst sein soll, mit berücksichtigt wird. Aus diesem Grund kann gar nicht bewiesen werden, dass eine Eigenschaft wie der Pubertätseintritt keine Anpassung an vorpubertäre Umweltbedingungen darstellt, indem man nachweist, dass diese Eigenschaft vererbt wird. Ein Nachweis der Erblichkeit sexueller Ausreifung sagt somit so lange nichts über die Adaptivität dieser Ausreifung aus, solange die Umweltbedingungen der elterlichen Generation nicht mit berücksichtigt werden. So muss die sozioökonomische Situation der unterschiedlichen Geburtsjahrgänge (»Kohorten«) mit berücksichtigt werden, weil ebenso gut möglich ist, dass die Übereinstimmung zwischen Eltern- und Kindergeneration beim Pubertätseintritt auch aufgrund gleich gebliebener kontextueller Bedingungen aufgetreten sein könnte. Geschieht dies nicht, könnte es sein, dass hohe Erblichkeitswerte gar keine Hinweise auf eine fester »verdrahtete« genetische Determinierung darstellen, sondern auf eine intergenerationelle Kontextkontinuität hinweisen (Chasiotis, Scheffer, Restemeier & Keller, 1998; Chasiotis, Keller & Scheffer, 2003).

Empirische Belege im Humanbereich für diese evolutionsbiologische Argumentation liefert auch die verhaltensgenetische Längsschnittstudie zur Pubertätsentwicklung von Reiss et al. (2001). Das wesentliche Ergebnis dieser Studie zur Ermittlung nichtgeteilter Umwelteffekte ist, dass das soziale Umfeld eine Mediatorolle bei der Ontogenese genetischer Einflüsse spielt. Metaphorisch vergleichen Reiss et al. (2001) die innerfamiliären Interaktionsprozesse mit der komplexen Rolle der Ribonukleinsäure (RNA) in der Genetik, um zu verdeutlichen, dass die Wirkung genetischer Faktoren von vielfältigen sozialen Mechanismen abhängen. Während die Verhaltensgenetik sich ursprünglich von allzu »milieutheoretisch« angesehenen Annahmen zur Entwicklung abgrenzte, gelangt sie über den notwendigen Umweg ausgeklügelter verhaltensgenetischer Forschungsdesigns somit wieder dort an, von wo sie sich aus damals verständlichen, aber nicht mehr aufrechtzuerhaltenden Gründen entfernen wollte, nämlich bei der Wiederentdeckung der entwicklungspsychologischen Bedeutsamkeit der Elternschaft.

Die in dieser Studie deutlich gewordene epigenetische Komplexität führt zu verschiedenen Annahmen über die Natur der zugrunde liegenden Entwicklungsprozesse. So gelangen neuere verhaltensgenetische Untersuchungen auch zu evolutionspsychologischen Konzepten wie der »fluctuating asymmetry«, um nichtgeteilte Umweltvarianzanteile zu erklären (Turkheimer & Waldron, 2000). Diese Konvergenz der Forschung von evolutionspsychologischer und entwicklungsgenetischer Seite ist ein weiteres Beispiel für die heuristische Bedeutung einer adaptationistischen Perspektive auf die verhaltensgenetisch orientierte Psychologie.

Letztlich geht es wie bei allen biologischen und psychologischen Vorgängen also nicht um die Frage »Ist x genetisch bedingt?«, sondern um die Frage »An welche Umweltbedingungen ist x angepasst?« So sind auch beim Pubertätsalter zwei evolutionäre Anpassungsmechanismen unterscheidbar, die beide »genetisch bedingt« sind und sich

nur darin unterscheiden, auf welcher kausalen Ebene die genetische Determinierung erfolgt: Im Falle einer »festeren« Verdrahtung würden die Unterschiede im Alter bei der Geschlechtsreife auf genotypische, im Falle einer »umweltoffeneren« Verdrahtung auf phänotypische Unterschiede zurückzuführen sein, die gleichermaßen eine Anpassung darstellen. Kurz: Jede Anpassung an Umweltgegebenheiten ist unabhängig von der »Umweltoffenheit« ihrer kausalen Mechanismen genetisch determiniert.

36.7.3 Erwachsenenalter: Die Phase der Elternschaft

Das Erwachsenenalter ist evolutionsbiologisch durch die Reproduktionsphase gekennzeichnet, in der es um die Findung geeigneter Partner geht, mit denen gemeinsame Kinder großgezogen werden können. Der explikative Wert einer evolutionsbiologischen Perspektive auf das Erwachsenenalter liegt in der Kombination zweier zentraler Konzepte der natürlichen Selektion (parentales Investment und Nepotismus) mit dem zentralen Konzept der sexuellen Selektion (Partnerwerbung). Somit ist der Begriff, der die meisten mit dem Etikett »evolutionsbiologisch« versehenen Perspektiven in der menschlichen Entwicklung auf den Punkt bringt, ironischerweise mit der aus entwicklungspsychologischer, pädagogischer und soziologischer Sicht vielleicht einflussreichsten Umweltvariable identisch, nämlich Elternschaft. Aus evolutionärer Perspektive reicht zur Definition der Familie eine Mutter aus, die die Aufzucht mindestens eines Nachkommens vornimmt, wobei die Anwesenheit des männlichen Elternteils zweitrangig ist (Emlen, 1995). Häufig sind auch, vor allem bei Arten mit hohem parentalem Investment wie beim Menschen, genetisch eng mit der Mutter verwandte weibliche Individuen an der Aufzucht der Jungen beteiligt (Chasiotis & Voland, 1998). So lässt sich heute auch in Deutschland die zentrale Bedeutung der Lebensgemeinschaft von Müttern und Kindern daran ablesen, dass Familienumbildungsprozesse sich im Wesentlichen, d. h. in 80–90% der Fälle (Peukert, 1996), durch den Fortzug des leiblichen und den Zuzug eines Stiefvaters bemerkbar machen.

Paternale Investition: Elterlicher Aufwand oder Paarungsaufwand?

Geschlechtsunterschiede in den Partnerwahlpräferenzen spiegeln i. Allg. das unterschiedliche parentale Investment der Geschlechter wider: Kulturunabhängig bevorzugen Männer eher reproduktive Erfolgsmerkmale wie Attraktivität, Jugend und potenzielle Fruchtbarkeit, Frauen hingegen eher soziale Erfolgsmerkmale wie Ehrgeiz, Fleiß und gute finanzielle Aussichten (Buss, 2004). Dass geschlechts- und kulturunabhängig die Eigenschaft der Freundlichkeit von Männern und Frauen gleichermaßen am höchsten eingeschätzt wird, könnte nach Miller (2000) anhand des Handicap-Prinzips als Fitnessindikator guter Gene aufgefasst werden, da Freundlichkeit gegenüber Nichtverwandten ein kostspieliges Verhalten darstellen kann.

An der Diskussion zur Rolle der Väter lassen sich die Kontroversen zur Bedeutung natürlicher und sexueller Selektionsmechanismen in der evolutionären Entwicklungspsychologie besonders deutlich machen. Die Befürworter natürlicher Selektionsmechanismen wie MacDonald (1992) gehen davon aus, dass die für Säuger sehr hohe väterliche Investition beim Menschen durch die hohe Pflegebedürftigkeit der menschlichen Nachkommen notwendig geworden ist. Nach Miller (2000) hingegen spielt die väterliche Investition eher für die Partnerwerbung eine Rolle, weil evolutionär viele der potenziellen Partnerinnen schon Kinder hatten. Da demnach weibliche sexuelle Konkurrenz hauptsächlich sexuelle Konkurrenz zwischen Müttern ist, können sich besonders kinderliebe und fürsorgliche Männer als kinderliebe Stiefväter und potenzielle zukünftige Väter anbieten und dementsprechend von den Frauen präferiert werden, wobei deren direkter Beitrag zur Aufzucht der Kinder eher zweitrangig wäre. Gerade weil der mit Abstand bedeutsamste Risikofaktor für sexuelle und körperliche Misshandlungen vorpubertärer Kinder kulturunabhängig die fehlende genetische Verwandtschaft des Kindes zu seinen erwachsenen männlichen Erziehungsberechtigten darstellt (Daly & Wilson, 1988, 2001), können diese Befunde, dass Stiefvaterschaft aus Sicht der natürlichen Selektion ein Risiko für die leiblichen Kinder der Mutter darstellen kann, zumindest für eine Mitberücksichtigung der Partnerwerbungshypothese bei der Bedeutung des Vaters sprechen. Diese Perspektive, die eher freundliche und kinderliebe als dominante Charakterzüge beim Mann als primäres weibliches Präferenzmerkmal nahe legt, wird durch Befunde zur größeren Attraktivität kinderlieb eingeschätzter oder wirkender Männer gestützt (Buss, 2004).

Für die Bedeutung der sexuellen Selektion für die Bindungsmotivation junger männlicher Erwachsener sprechen indirekt auch Daten zur männlichen Gewaltbereitschaft, die etwa bei Tötungsdelikten und Straffälligkeit kulturunabhängig und historisch konstant um das Neunfache höher ist als die weibliche (Daly & Wilson, 1988). Evolutionspsychologisch ist von einer engen Verzahnung aggressiver und sexueller Motivation bei jungen Männern auszugehen. Die höhere Aggressionsbereitschaft vor allem junger Männer lässt sich auch am replizierten Zusammenhang zwischen der Heftigkeit der kriegerischen Auseinandersetzungen und dem Anteil 15- bis 29-jähriger Männer an der gesamten männlichen Bevölkerung eines Landes nachweisen (Mesquida & Wiener, 1999). Demgemäß ist für Daly und Wilson (1988) schlichtweg die »befriedende« Wirkung der Ehe(frau) Ursache für den starken Rückgang männlicher delinquenter Verhaltensweisen bis zum 30. Lebensjahr.

Eine Ableitung väterlichen Investments ausschließlich über eine der beiden Selektionsarten erscheint angesichts der empirischen Befunde jedoch eher unwahrscheinlich. Als Fazit ist demnach festzuhalten, dass, während Kooperation unter Frauen eher unproblematisch und die interkulturelle Regel ist, von paternaler Investition im Sinne der natürlichen Selektion nur bei geringen Kosten männlicherseits oder im Sinne des Handicap-Prinzips der geschlechtlichen Selektion als Paarungsaufwand ausgegangen werden kann (Bjorklund & Pellegrini, 2002).

Differenzielles Elternverhalten

Der von Trivers (1974) postulierte Eltern-Kind-Konflikt lässt sich teilweise an dem komplexen Muster interkultureller Lebensformen erkennen, bei dem die elterliche Bereitschaft zum Fürsorgeverhalten und die vom Kind erwartete elterliche Zuneigung nicht immer völlig übereinstimmen (MacDonald, 1992). Allerdings kann das elterliche Investment nicht nur zwischen verschiedenen, sondern auch innerhalb einer Familie unterschiedlich hoch sein und von der genetischen Verwandtschaft, vom Geschlecht, vom Alter und vom Geburtsrang des Kindes abhängen (Daly & Wilson, 1988; Sulloway, 1997; Voland, 2000; ◘ Abb. 36.1).

36.7.4 Höheres Erwachsenenalter und Alter

Nachdem im Erwachsenenalter die Entwicklungsaufgaben der Partnerwahl und der Sozialisation der Nachkommen, d. h. die Allokation der parentalen Investitionen bearbeitet wurden, stellt sich die Frage nach der evolutionären Begründung der postgenerativen Phase. In der Regel erfolgt das Aufziehen und die Betreuung der Kinder weltweit durch kooperative Netzwerke weiblicher Verwandter, von denen ein nicht unerheblicher Teil keine eigenen Kinder mehr bekommen kann, sich also in der postreproduktiven Phase befindet. Die Frage nach der evolutionären Begründung dieser weiblichen postgenerativen Phase ist immer noch nicht befriedigend beantwortet (Voland, Chasiotis & Schiefenhövel, 2005).

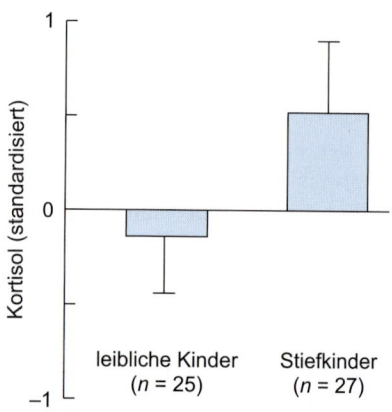

◘ **Abb. 36.1.** Durchschnittliche Kortisolkonzentrationen von leiblichen und Stiefkindern, die im selben Haushalt leben

Insgesamt machen menopausale Frauen heute 15% der Weltbevölkerung aus. Von diesen Frauen werden zwischen 75% (z. B. in den USA und Deutschland) und 90% (z. B. in Frankreich) Großmütter (Kohli & Künemund, 2000). Der adaptive Wert dieser postgenerativen Phase der Frauen wird in der Literatur durchaus unterschiedlich diskutiert. Die sog. »Großmutterhypothese«, die in der evolutionären Anthropologie (Williams, 1957) entwickelt wurde, geht davon aus, dass eine Frau – im Durchschnitt – einen höheren Reproduktionserfolg erzielen kann, wenn sie ab einem bestimmten Alter aufhört, eigene Kinder zu bekommen und sich stattdessen auf die Investition in die Enkelkinder konzentriert. Die Großmutterhypothese beruht auf der Annahme der Verwandtenselektion. Aufgrund der Hypothese der Vaterschaftsunsicherheit liegt es zudem näher, in die Nachkommen zu investieren, deren genetische Verwandtschaft unbestritten ist. Aus evolutionärer Sicht sollte daher die großmütterliche Investitionsbereitschaft in die Kinder der Töchter größer sein als in die Kinder der Söhne. Die generelle Gültigkeit solcher Annahmen wird allerdings durch die Berücksichtigung kontextueller und kultureller Parameter wie patrilokaler Lebensformen moderiert. Allerdings gibt es auch Untersuchungen, die die Großmutterhypothese nicht bestätigen (Voland & Beise, 2002). Solche Ergebnisse würden eher eine individuelle Selektionshypothese nahe legen, die in der Literatur als »Mutterhypothese« (»mothering hypothesis«) Eingang gefunden hat und von einer stammesgeschichtlich fixierten physiologischen Beschränkung des weiblichen Reproduktionspotenzials ausgeht, ohne der postgenerativen Lebensspanne einen adaptiven Wert zuzuweisen (Voland, Chasiotis & Schiefenhövel, 2005).

36.8 Ausblick: Über die menschliche Natur

Nach der Vorstellung der Grundzüge einer evolutionären Psychologie wäre eine eher aphoristische Antwort auf die Frage nach der Natur des Menschen: Die Natur des Menschen besteht in ihrer (phylo- und ontogenetischen) Entwicklung. Auf eine kurze Formel gebracht, wird die menschliche Natur somit ebenso sehr durch kooperative Brutpflege, vorpubertäre Kindheit, Adoleszenz und Großmutterschaft, extensive Kooperation unter Nichtverwandten, Nahrungsteilung, Theory of Mind, Schuld, Liebe und soziale Werte bestimmt wie durch ein großes Gehirn oder Zweibeinigkeit. Der Nutzen dieser ontogenetisch einzigartig langen vorpubertären Kindheit besteht somit in der langen Lernperiode, die eine Anpassung an komplexe Sozialsysteme durch Spiel, exekutive Kontrolle und Theory of Mind ermöglicht. Wie bereits diskutiert, liegt in diesem frühkindlichen Kontext einigen Autoren zufolge möglicherweise der ontogenetische Schlüssel zur Entstehung kultureller Vielfalt (auch ▶ Kap. 4 und 26).

Dass diese Vielfalt sozioökologisch eingebunden und damit biologisch funktional ist, konnte die darwinische Anthropologie und Psychologie eindrücklich in einer ganzen Reihe empirischer Befunde nachweisen: Sei es etwa bei dem Nachweis des Zusammenhangs zwischen weiblicher Promiskuität und dem Auftreten institutionalisierter Verhaltensregeln zur Förderung der Kinder der Schwester (»Avunkulat«), der Adaptivität des Tabus des Geschlechtsverkehrs nach der Geburt eines Kindes (»post-partum-tabu«) oder beim Nachweis der interindividuellen Korrelation zwischen kulturellem und reproduktivem Erfolg in traditionellen Gesellschaften (Betzig, Burgerhoff-Mulder & Turke, 1988). Eine in diesem Zusammenhang noch nicht ausreichend gewürdigte Folgerung dieses mehrfach replizierten Befundes eines stabilen Zusammenhangs zwischen sozialem und reproduktiven Erfolg in agrarischen, vorindustriellen und historischen Gesellschaften ist im Übrigen die, dass die Fitnessmaximierungsannahme beim Menschen nicht nur für Jäger-und-Sammler-Kulturen gilt, die also dem EEA im engeren (und somit falschen) Sinne entsprechen würden, sondern dass ihr Nachweis offensichtlich erst nach dem demographischen Übergang einer Gesellschaft problematisch wird. Dieser Übergang von hohen zu niedrigen Sterbe- und Geburtenraten einer Gesellschaft ist erst mit dem Aufkommen der Industrialisierung in Europa, also frühestens im 19. Jahrhundert zu beobachten.

Wenn jedoch unter der Frage nach der Natur des Menschen die Frage nach einer essenziellen Typologie des Menschen verstanden wird, ist dies genau genommen eine eher der Physik als der Evolutionsbiologie zuzuordnende Frage (Mayr, 1984). Was Darwin jedoch im Wirken der artenschaffenden Evolution erkannt hat, ist das »Populationsdenken«, d. h. die Art nicht als zu erhaltenden essenziellen Typus, sondern als variable Population zu betrachten. Damit postulierte er, die historisierte Einzigartigkeit der Individuen als Grundlage der Wissenschaft des Lebens zu betrachten. Dieses probabilistisch-statistische Weltbild macht die Anwendung einer essenzialistischen Typologie unmöglich und weist auch einer möglichen postmodernen Beliebigkeit in der Psychologie ihre Schranken auf.

Literatur

Referenzliteratur

Barkow, J., Cosmides, L. & Tooby, J. (1992). *The adapted mind. Evolutionary Psychology and the generation of culture.* New York: Oxford University Press.

Bischof, N. (1985). *Das Rätsel Ödipus. Die biologischen Wurzeln des Urkonfliktes von Intimität und Autonomie.* München: Piper.

Bischof, N. (1996). *Das Kraftfeld der Mythen. Signale aus der Zeit, in der wir die Welt erschaffen haben.* München: Piper.

Bjorklund, D.F. & Pellegrini, A.D. (2002). *The origins of human nature. Evolutionary developmental psychology.* Washington, DC: American Psychological Association.

Bowlby, J. (1969). *Attachment and Loss (Vol. 1 Attachment)*. New York: Basic Books.

Buss, D. (2004). *Evolutionäre Psychologie* (2. Aufl.). München: Pearson.

Chisholm, J.S. (1999). *Death, hope, and sex. Steps to an evolutionary ecology of mind and morality*. Cambridge: Cambridge University Press.

Daly, M. & Wilson, M. (1988*). Homicide*. New York: Aldine.

Keller, H. (Hrsg.). (1998). *Lehrbuch Entwicklungspsychologie*. Bern: Huber.

Keller, H., Poortinga, Y.H. & Schölmerich, A. (Eds.). (2002). *Between culture and biology*. Cambridge: Cambridge University Press.

Zitierte Literatur

Axelrod, R. & Hamilton, W.D. (1981). The evolution of cooperation. *Science, 211*, 1390–1396.

Belsky, J., Steinberg, L. & Draper, P. (1991). Childhood experience, interpersonal development, and reproductive strategy: An evolutionary theory of socialization. *Child Development, 62* (4), 682–685.

Betzig, L., Borgerhoff-Mulder, M. & Turke, P. (Eds.). (1988). *Human reproductive behavior. A Darwinian perspective*. Cambridge: Cambridge University Press.

Birg, H. (1996). *Die Weltbevölkerung. Dynamik und Gefahren*. München: Beck.

Bischof-Köhler, D. (2000). *Kinder auf Zeitreise*. Bern: Huber.

Burnstein, E., Crandall, C. & Kitayama, S. (1994). Some neo-darwinian decision rules for altruism: Weighing cues for inclusive fitness as a function of the biological importance of the decision. *Journal of Personality and Social Psychology, 67* (5), 773–789.

Campbell, B. & Udry, J. (1995). Stress and age at menarche of mothers and daughters. *Journal of Biosocial Science, 27*, 127–134.

Carlson, S.M. & Moses, L.J. (2001). Individual differences in inhibitory control and children's »theory of mind«. *Child Development, 72* (4), 1032–1053.

Chasiotis, A. (1995). Die Mystifikation der Homöostase. Das sozioemotionale Geneseitigkeitsempfinden als grundlegende psychische Dimension. *Gestalt Theory, 17(2)*, 88–129.

Chasiotis, A. (1999). *Kindheit und Lebenslauf. Untersuchungen zur evolutionären Psychologie der Lebensspanne*. Bern: Huber.

Chasiotis, A., Keller, H. & Scheffer, D. (2003). Birth order, age at menarche, and intergenerational context continuity: A comparison of female somatic development in West and East Germany. *North American Journal of Psychology, 5* (2), 153–170.

Chasiotis, A. & Kießling, F. (2004). Bleibt die Spezifität der Beziehung zwischen Theory of mind und inhibitorischer Kontrolle über die Lebensspanne bestehen? – Zum Zusammenhang mentalistischer und selbstregulatorischer Kompetenz im Erwachsenenalter. *Zeitschrift für Entwicklungspsychologie und Pädagogische Psychologie, 36* (2), 105–114.

Chasiotis, A., Scheffer, D., Restemeier, R. & Keller, H. (1998). Intergenerational context discontinuity affects the onset of puberty: A comparison of parent-child dyads in West and East Germany. *Human Nature, 9* (3), 321–339.

Chasiotis, A. & Voland, E. (1998). Geschlechtliche Selektion und Individualentwicklung. In H. Keller (Hrsg.), *Lehrbuch Entwicklungspsychologie* (S. 563–595). Bern: Huber.

Cosmides, L. (1989). The logic of social exchange: Has natural selection shaped how humans reason? Studies on the Wason Selection Task. *Cognition, 31*, 187–276.

Darwin, C. (1859). *On the origin of species by means of natural selection or the preservation of favoured races in the struggle for life*. London: Murray.

Darwin, C. (1871). *The descent of man and selection in relation to sex*. London: Murray.

Dunbar, R. (1996). *Grooming, gossip and the evolution of language*. London: Faber & Faber.

Emlen, S. (1995). An evolutionary theory of the family. *Proceedings of the National Academy of Science USA, 92*, 8092–8099.

Eibl-Eibesfeldt, I. (1989). *Human ethology*. New York: Aldine de Gruyter.

Flinn, U. & England, B. (1995). Childhood stress and familiy environment. *Current Anthropology 36*, 854–866.

Fehr, E. & Fischbacher, U. (2003). The nature of human altruism. *Nature, 425*, 785–791.

Furlow, F. (1997). Human neonatal cry quality as an honest signal for fitness. *Evolution and Human Behavior, 18,* 175–193.

Gangestad, S. & Thornhill, R. (1997). Human sexual selection and developmental stability. In J. Simpson & D. Kenrick (Eds.), *Evolutionary social psychology* (pp. 169–195). Mahwah, NJ: Erlbaum.

Grossmann, K., Grossmann, K., Kindler, H., Scheuerer-Englisch, H., Spangler, G., Stöcker, K, Suess, G. & Zimmermann, P. (2003). Die Bindungstheorie: Modell, entwicklungspsychologische Forschung und Ergebnisse. In H. Keller (Hrsg.), *Handbuch der Kleinkindforschung* (3. Aufl., S. 223–282). Bern: Huber.

Hamilton, W. (1964). The genetical evolution of social behavior (Vol. I + II). *Journal of Theoretical Biology, 7*, 1–52.

Keller, H. (Hrsg.) (2003). *Handbuch der Kleinkindforschung* (3. erw. und überarb. Aufl.). Bern: Huber.

Kohli, M. & Künemund, H. (Hrsg.). (2000). *Die zweite Lebenshälfte. Gesellschaftliche Lage und Partizipation im Spiegel des Alters-Survey*. Opladen: Leske & Budrich.

MacDonald, K.B. (1992). Warmth as a developmental construct: An evolutionary analysis. *Child Development, 63*, 753–773.

Maynard Smith, J. (1964). Group selection and kin selection. *Nature, 201*, 1145–1147.

Mayr, E. (1984). *Die Entwicklung der biologischen Gedankenwelt*. New York: Springer.

Mesquida, C. & Wiener, N. (1999). Male age composition and severity of conflicts. *Politics and the Life Sciences, 18* (2):113–117.

Miller, G. (2000). *The mating mind. How sexual choice shaped the evolution of human nature*. New York: Random House.

Papoušek, H. & Papoušek, M. (1987). Intuitive parenting: A dialectic counterpart to the infant's integrative competence. In J.D. Osofsky (Ed.), *Handbook of infant development* (2nd ed., pp. 669–720). New York: Wiley.

Peukert, R. (1996). *Familienformen im sozialen Wandel* (2. völlig überarbeitete und erweiterte Aufl.). Opladen: Leske & Budrich.

Pigliucci, M. (2001). *Phenotypic plasticity*. London: Johns Hopkins University Press.

Plomin, R. & Daniels, D. (1987). Why are children in the same family so different from one another? *Behavioral and Brain Sciences, 10*, 1–60.

Reiss, D., Neiderhiser, J., Hetherington, M. & Plomin, R. (2001). *The relationship code: Deciphering genetic and social patterns in adolescent development*. Cambridge, MA: Harvard University Press.

Reynolds, V. & Tanner, R. (1995). *The socioecology of religion*. New York: Oxford University Press.

Sulloway, F. (1997). *Der Rebell in der Familie, kreatives Denken und Geschichte*. Berlin: Siedler.

Tinbergen, N. (1963). On the aims and methods of ethology. *Zeitschrift für Tierpsychologie, 20*, 410–433.

Tooby, J. & Cosmides, L. (1990). The past explains the present: adaptations and the structure of ancestral environments. *Ethology and Sociobiology, 11*, 375–424.

Tomasello, M. (1999). *The cultural origins of human cognition*. Cambridge, MA: Harvard University Press.

Trivers, R.L. (1971). The evolution of reciprocal altruism. *Quarterly Review of Biology, 46*, 35–57.

Trivers, R.L. (1972). Parental investment and sexual selection. In B.G. Campbell (Ed.), *Sexual selection and the descent of man: 1871–1971* (pp. 136–179). Chicago: Aldine de Gruyter.

Trivers, R.L. (1974). Parent-offspring conflict. *American Zoologist 14*, 249–64.

Turkheimer, E. & Waldron, M. (2000). Nonshared environment: A theoretical, methodological, and quantitative review. *Psychological Bulletin, 126* (1), 78–108.

Voland, E. (2000). *Grundriss der Soziobiologie* (2. erw. Aufl.). Berlin: Spektrum.

Voland, E. & Beise, J. (2002). Opposite effects of maternal and paternal grandmothers on infant survival in historical Krummhörn. *Behavioral Ecology and Sociobiology, 52*, 435–443.

Voland, E. & Grammer, K. (2002). (Eds.) *Evolutionary aesthetics.* Berlin: Springer.

Voland, E., Dunbar, R., Engel, C. & Stephan, P. (1997). Population increase and sex biased parental investment in humans: Evidence from 18th and 19th century Germany. *Current Anthropology, 38* (1), 129–135.

Voland, E., Chasiotis, A. & Schiefenhövel, W. (Eds.). (2005). *Grandmotherhood – The evolutionary significance of the second half of female life.* New Jersey: Rutgers University Press.

Williams, G.C. (1957). Pleiotropy and natural selection, and the evolution of senescence. *Evolution, 11,* 398–411.

Zahavi, A. (1975). Mate selection: A selection for a handicap. *Journal of Theoretical Biology, 53,* 205–214.

Zahavi, A. (1995). Altruism as handicap – the limitations of kin selection and reciprocity. *Journal of Avian Biology, 26,* 1–3.

37 Mathematische Modellierung

A. Diederich

Was hat Mathematik mit Psychologie zu tun? Auf den ersten Blick vielleicht wenig oder gar nichts. Viele Psychologen kennen zwar mathematische Ausdrücke aus der Statistik und wenden die Erkenntnisse statistischer Modelle und deren Verfahren auf ihre Hypothesen an, z. B. wenn beobachtete Unterschiede zwischen Gruppen mit verschiedenen Aufgaben, Instruktionen oder Behandlungen auf Signifikanz geprüft werden sollen oder wenn ein korrelativer Zusammenhang zwischen Merkmalen vermutet wird (▶ Kap. 2). In der Regel kann man die Anwendung statistischer Verfahren jedoch nicht mit mathematischer Modellierung in der Psychologie gleichsetzen.

Mathematik wird hier verstanden als Wissenschaft, die Eigenschaften und Muster von Strukturen untersucht, die auf Aussagen und Sätzen beruhen. Sie beschäftigt sich u. a. damit, logisch wahre Aussagen aus einer Menge von Annahmen abzuleiten oder Strukturen zwischen bestimmten Größen oder Variablen zu entwickeln und zu verstehen (vgl. Luce, 1995). Daher kommt ihr in den Naturwissenschaften eine besondere Bedeutung zu, wann immer Gesetzmäßigkeiten in dem entsprechenden Gebiet aufgedeckt werden sollen. So auch in der Psychologie: Wir suchen Strukturen und Regelmäßigkeiten im Erleben und Verhalten des Menschen, um es beschreiben und vorhersagen zu können. Dass es psychologische Strukturen gibt, bezweifeln die wenigsten. Wie diese Strukturen am besten zu beschreiben sind, ist eine Frage der »richtigen« Operationalisierung: Welche Aspekte der Wirklichkeit sollen auf welche Weise in abstrakte Strukturen übersetzt werden?

37.1   Begriffsbestimmungen

Psychologische Phänomene, experimentelle Daten, Annahmen über nicht beobachtbare Verarbeitungsprozesse, Vorhersagen aus den Annahmen, Beziehungen und Verknüpfungen zwischen bestimmten Aspekten des Verhaltens, Zusammenhänge zwischen experimentellen Variablen und dergleichen werden in mathematische Objekte und Operationen abgebildet. Dieser Vorgang wird hier als **mathematische Modellierung** bezeichnet. Mathematische Modelle bringen Daten und Theorie zusammen, unterstützen die Analyse und Interpretation komplexer Daten, können zeigen, wo verschiedene theoretische Positionen gleich oder verschieden sind, und helfen, experimentelle Designs zu entwickeln, um zwischen verschiedenen Hypothesen unterscheiden zu können. Mathematische Modellierung in der Psychologie sollte sich an der Erforschung psychologischer Ideen und Probleme orientieren und die für das spezifische Problem adäquaten Methoden auswählen. Der zuweilen anzutreffende Versuch, einen bestimmten mathematischen Ansatz auszuwählen und dann auf möglichst viele, möglicherweise sehr verschiedene Phänomene anzu-wenden, erweist sich dagegen oft als wenig fruchtbar, da die mathematischen Strukturen den empirischen Systemen nicht aufgezwungen werden dürfen, sondern sich aus ihnen sachlogisch ergeben sollten. ▪ Abbildung 37.1 zeigt die In-teraktion zwischen psychologischen Phänomenen, Theorie, Modell und Vorhersagen:

Bestimmte Begebenheiten der Welt werden beschrieben und in einer **Theorie** zusammengefasst. Konzepte dieser Theorie werden mit Elementen und Relationen eines forma-len Systems identifiziert und somit in ein mathematisches Modell übersetzt. Die Umsetzung der Aspekte der Welt in eine Theorie erfordert einen gewissen Grad an Abstraktion, der beim Übergang von der Theorie zum Modell noch deut-licher wird. Wenn man bestimmte Aspekte einer Theorie betrachten und auf einen Ausschnitt der empirischen Gege-benheiten beschränken will, kann man dafür ein **Modell** entwickeln. Allerdings wird die Unterscheidung zwischen Modell und Theorie in der Sprache nicht strikt eingehalten und die Begriffe werden oft als Synonyme behandelt.

Aus der formalen Struktur des Modells werden **Vorher-sagen** abgeleitet, die sich allein aus den formalen Regeln ergeben und unabhängig von der Interpretation des Mo-dells sind. Das heißt, so lange die Regeln eingehalten wer-den, können die Vorhersagen nicht falsch sein, ungeachtet dessen, ob sie uns sinnvoll erscheinen. Im nächsten Schritt werden die Vorhersagen mit der Wirklichkeit, d. h. den Da-ten, verglichen. Für die Anpassung des Modells an die Da-ten gibt es verschiedene Algorithmen (z. B. Parameter-schätzmethoden), die den Abstand zwischen beobachteten Daten und vorhergesagten Werten minimieren, sowie Maße (z. B. Korrelationskoeffizienten; ▶ Kap. 2), die etwas über den Grad der Übereinstimmung aussagen. Dies ist ein Gebiet der Statistik und Methodenlehre und nicht der ma-thematischen Modellierung im eigentlichen Sinne. Aus dem Vergleich des Modells mit den Daten ergeben sich häu-fig Modifikationen der Theorie und des Modells und mit-unter Vorschläge für neue experimentelle Designs, die Da-ten liefern, die neue Aspekte des Modells testen können.

Den eigentlichen *Prozess* des Modellierens werden wir wei-ter unten an einem Beispiel erläutern.

Der Vorteil mathematischer Modellierung ist, dass man präzise Definitionen und klar formulierte Aussagen ma-chen muss. Sie zwingt den Forscher, die Annahmen des Modells explizit zu machen und testbare Vorhersagen her-zuleiten. Dies hilft oft, etwaige Widersprüche in der Theorie zu vermeiden. Selbst einfache mathematische Modelle be-schreiben die Daten häufig besser und sind informativer als ein statistischer Test einer verbal formulierten Hypothese. Das heißt nicht, dass die Umsetzung einer verbal formulier-ten Theorie in ein mathematisches Modell eine triviale Auf-gabe ist. Die empirischen Phänomene müssen quantitativ oder qualitativ genau erfasst und beschrieben werden, ein bestimmtes formales Modell muss ausgewählt und die Ver-bindung zwischen beiden muss hergestellt werden. Dies setzt ein umfangreiches Wissen des Modellierers über Mög-lichkeiten und Begrenzungen mathematischer Techniken und Methoden voraus, ein profundes Wissen über psycho-logische Theorien und die sie unterstützenden Daten sowie über experimentelle Designs und Techniken.

Abschließend sei noch bemerkt, dass kein Modell als »richtig« oder »wahr« bewiesen werden kann. Wie die Nullhypothese in der statistischen Hypothesenprüfung (▶ Kap. 2) kann ein Modell auf Grundlage der Daten zwar abgelehnt werden, eine Nichtablehnung bedeutet jedoch nicht, dass das Modell als (einzig) richtiges Abbild der Welt anzusehen ist.

37.2 Kurze Geschichte der mathematischen Modellierung in der Psychologie

Der deutsche Philosoph Johann Friedrich Herbart (1776–1841) war einer der ersten Gelehrten, der den Zusammen-hang zwischen Mathematik und Psychologie systematisier-te. In seiner Vorlesung »Über die Möglichkeit und Nothwen-digkeit, Mathematik auf Psychologie anzuwenden« (1822)

▪ **Abb. 37.1.** Interaktion zwischen psychologi-schen Phänomenen, Theorie, Modell und Vorher-sagen

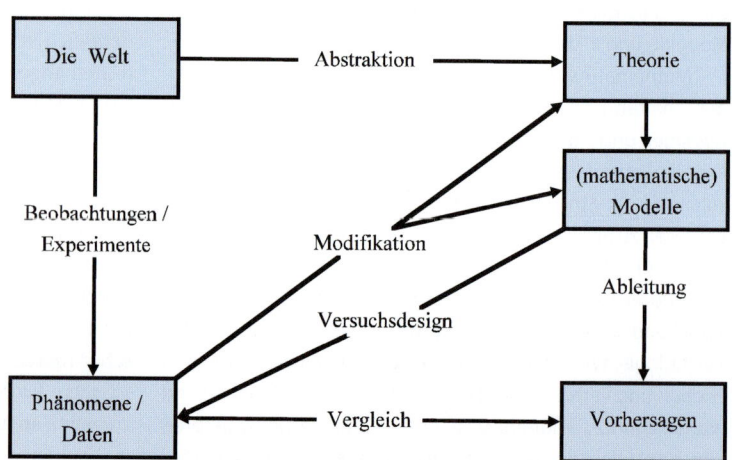

legt er beeindruckend die Verknüpfung dieser Disziplinen dar. Da »[a]lle Erfahrung … quantitativ bestimmt [ist]« (ebd., S. 106) »stärker, schwächer, klärer, dunkler; … schneller oder langsamer, … größer oder kleiner« (ebd., S. 98) und »[a]lle quantitativen Bestimmungen aber … in der Hand der Mathematik [sind]« (ebd., S. 106), die im Übrigen keinen Freiraum für reine Spekulation lässt, ergebe sich daraus die Notwendigkeit, die Mathematik auf die Psychologie anzuwenden.

Für Fechner (1860), Philosoph und Physiker, war es schon selbstverständlich, mathematische Beziehungen zwischen physikalisch messbaren Größen und psychologischen Empfindungen anzunehmen.

Arbeiten zur Intelligenzmessung (z. B. Spearman, 1904), zur Skalierung und Einstellungsmessung (z. B. Thurstone, 1927, 1928), zu Entscheidungskonflikten (z. B. Lewin, 1951) sowie zum Lernen (z. B. Hull, 1943) sind weitere frühe Beispiele mathematischer Modellierung psychologischer Phänomene. Ein wahrer Boom mathematischer Modellierung begann in den 1950er Jahren, ausgelöst durch eine Reihe von Publikationen, insbesondere durch Estes (1950) »Towards a Statistical Theory of Learning«, Hick (1952) »On the Rate of Gain of Information«, Tanner und Swets (1954) »A Decision-Theory of Visual Detection« und Luce und Raiffa (1957) »Games and Decision«. 1963/1964 erschien das dreibändige Werk »Handbook of Mathematical Psychology« von Luce, Bush und Galanter und 1964 das erste Heft der Zeitschrift »The Journal of Mathematical Psychology«. Mathematische Psychologie wurde zu einem feststehenden Ausdruck für eine bestimmte Richtung der Psychologie. 1966 wurde die Society for Mathematical Psychology in Stanford gegründet, 1971 das europäische Pendant, die European Mathematical Psychology Group (EMPG), in Paris. Sydow und Petzold (1982) führen die plötzliche Entwicklung der mathematischen Psychologie darauf zurück, dass während des Zweiten Weltkrieges viele Psychologen mit Mathematikern, Physikern und Ingenieuren interdisziplinär zusammenarbeiteten.

In den 1970er Jahren erschien eine Reihe Lehrbücher der mathematischen Psychologie (Coombs, Dawes & Tversky, 1970; Restle & Greeno, 1970; Laming, 1973; Sydow & Petzold, 1982) sowie der erste Band des dreiteiligen Werkes »Foundations of Measurement« von Krantz, Luce, Suppes und Tversky (1971), der sich im Wesentlichen mit den Grundlagen des Messens in der Psychologie beschäftigte. Robert Duncan Luce (▶ Kurzbiographie) ist einer der wichtigsten Vertreter der mathematischen Psychologie und hat das Gebiet maßgeblich beeinflusst.

Bis Anfang der 1970er Jahre dominierten die mathematischen Lerntheorien das Feld der mathematischen Psychologie. Das Interesse an ihnen begann zu erlahmen, als offensichtlich wurde, dass diese Modelle nur elementare Lernprozesse beschreiben konnten und die erhofften Anwendungen in der Wissensvermittlung (z. B. »programmiertes Lernen«) ausblieben. Heute finden mathematische Lern-

Robert Duncan Luce

Robert Duncan Luce wurde 1925 in Scranton, Pennsylvania, geboren. 1942 begann er sein Studium am Massachusetts Institute of Technology (Bachelor of Science in »Aeronautical Engineering« 1945) und promovierte dort 1950 in Mathematik. Geforscht und gelehrt hat er an Universitäten wie Columbia, Stanford, University of Pennsylvania, Princeton University, University of California (Irvine) und Harvard. Seit seiner Emeritierung arbeitet Luce heute wieder an der University of California (Irvine).

Inspiriert durch Wissenschaftler wie Noam Chomsky, George Miller und Paul Lazarsfeld verband Luce mathematisches Vorgehen mit sozialwissenschaftlichen Fragestellungen und machte sich dabei insbesondere um die mathematische Modellierung in der Psychologie verdient. Grundlegende Arbeiten im Bereich der Messtheorie und Skalierung (z. B. »conjoint measurement«; Luce &Tukey, 1964) und der Spiel- und Entscheidungstheorie, z. B. das »Luce choice model«, gehen auf ihn zurück. Er ist Autor bzw. Mitautor zahlreicher Standardwerke. Luce erhielt zahlreiche Auszeichnungen, u. a. die höchste nationale Auszeichnung für einen Wissenschaftler in den USA, die National Medal of Science (2003).

modelle wieder Interesse bei Wissenschaftlern, die sich mit Maschinenlernen und künstlicher Intelligenz beschäftigen (▶ Kap. 34), sowie in der experimentellen Ökonomie (Kagel & Roth, 1995), in der stochastische Lernmodelle eine Renaissance erleben. Ausgehend von den Fortschritten in den Computerwissenschaften entstanden in den 1970er Jahren Modelle, die sich der Struktur und Sprache der Programmierung bedienten und die für die Beschreibung komplexer Gedächtnis-, Denk- und Problemlösungsprozesse konzipiert waren. Es entstanden symbolorientierte, konnektionistische und Netzwerkmodelle (▶ Kap. 34). In den 1990er Jahren wurden neuronale Netzwerkmodelle populär (▶ Kap. 35). Das Interesse an mathematischer Modellierung ist bis heute insbesondere in der Wahrnehmungspsychologie sowie im großen Bereich der Entscheidungsforschung ungebrochen.

37.3 Schwerpunkte der mathematischen Modellierung

Schon die kurze geschichtliche Skizze hat gezeigt, dass mathematische Modelle in fast allen Bereichen der Psychologie Verwendung finden.

Wir werden uns auf die Darstellung des Modellierungsprozesses anhand zweier Beispiele beschränken, eines aus der Wahrnehmungs- und Gedächtnispsychologie und eines aus der Entscheidungstheorie. Weiter zu nennen sind folgende hier nur kurz beschriebene Bereiche:

37.3.1 Messtheorie und Skalierung

Ziel der Naturwissenschaft ist, beobachtbare Phänomene aus allgemein gültigen Gesetzen zu erklären und vorherzusagen. Diese Gesetze beinhalten quantitative Beziehungen zwischen einigen grundlegenden Größen des Gegenstandsbereiches. So lässt sich z. B. die Dichte eines Stoffes aus Masse und Volumen bestimmen. Um ein quantitatives Gesetz aufstellen zu können, müssen sich die relevanten Eigenschaften (Masse und Volumen) der Messobjekte in Zahlen ausdrücken lassen. Die Zuordnung von Zahlen zu den Objekten unter Einhaltung gewisser Regeln wird als **Messen** bezeichnet. In der Physik scheint es einfach: Länge, Gewicht, Temperatur sind leicht in Zahlen auszudrücken. Die Methoden, diese Zuordnungen zu bestimmen, haben sich über Jahrhunderte entwickelt.

In der Psychologie dagegen scheint Messen ungleich schwieriger zu sein. Die zu messenden Eigenschaften sind oft nicht klar definiert, der Messgegenstand kann sich durch die Messung selbst verändern. Die psychologische Messtheorie beschäftigt sich mit eben diesen Problemen der Messbarkeit. Ihr Ziel ist, den Messprozess mit logisch-mathematischen Mitteln zu analysieren, z. B. zu untersuchen, inwieweit die verschiedenen Messverfahren zu rechtfertigen sind und ob deren Ergebnisse generalisierbar sind. Dazu wird ein empirisches relationales System aufgestellt, z. B. können Politiker hinsichtlich ihrer sympathischen Ausstrahlung in eine Rangreihe gebracht werden. An diese Rangreihe sind bestimmte Bedingungen geknüpft (z. B. wenn A sympathischer als B ist und B sympathischer als C, dann sollte auch A sympathischer als C sein). Diese Bedingungen werden in einem System von Axiomen festgehalten. Die empirischen Relationen werden in ein numerisches relationales System überführt, d. h., wenn A sympathischer ist als B, dann werden die Sympathiewerte von A und B in Zahlen ausgedrückt, z. B. S(A) und S(B), und es muss gelten, dass S(A) > S(B). Im ► Abschn. 37.5.2 werden wir als ein Beispiel

ausführlich ein axiomatisches System zur Nutzenmessung vorstellen.

Folgende Fragen möchte die Messtheorie beantworten:

1. **Das Repräsentationsproblem:** Wie können Attribute gemessen werden? Was sind die Bedingungen, unter denen Messskalen gebildet werden können?
2. **Das Eindeutigkeitsproblem:** Wie eindeutig ist die Skala, die man mit dem Messverfahren erhalten hat?
3. **Das Skalierungsproblem:** Wie konstruiert man die numerische Skala? Wie werden Ordnungsurteile in Aussagen über Zahlen umgesetzt? Wie geht man mit Messfehlern um?

Ein gute Einführung gibt Roberts (1979); s. auch Krantz et al. (1971).

37.3.2 Psychophysik

Die Psychophysik ist der wohl älteste Ansatz in der mathematischen Psychologie, in dem Modellierung eng mit der Erhebung experimenteller Daten verknüpft ist.

Ziel der klassischen Psychophysik war die Herleitung einer funktionalen Beziehung zwischen dem physikalisch definierten Reiz und der durch ihn ausgelösten Empfindung (psychophysische Funktion; ► Kap. 6). Gustav Theodor Fechner (1860) ging von der Idee aus, dass gleich gut unterscheidbare Reize gleich großen Empfindungsunterschieden entsprechen müssten und dass diese Unterschiede aufaddiert werden können, um Empfindungsunterschiede zwischen physikalisch beliebig weit auseinander liegenden Reizen zu bestimmen. Damit kam er zu seinem Gesetz, das eine logarithmische psychophysische Beziehung postuliert, nach der die von einem Reiz ausgelöste Empfindungsstärke mit dem Logarithmus der Reizstärke wächst. Er prüfte diese Beziehung zwischen Reiz und Empfindung anhand der Daten zur Schwellenmessung von Ernst Heinrich Weber (1834).

Viele Variationen des Fechner'schen Ansatzes einschließlich alternativer Gesetze (z. B. Potenzgesetz nach Stevens, 1956) und mehrdimensionaler Erweiterungen (Dzhafarov & Colonius, 1999) folgten. Die Psychophysik ist heute ein aktiver Forschungsbereich, der zunehmend Anwendungen in anderen Disziplinen wie Neurowissenschaften, Physik und Informatik findet. Eine gute Einführung gibt Gescheider (1997).

37.3.3 Psychometrische Verfahren und Testtheorie

Psychometrische Ansätze und Testtheorie beschäftigen sich auch mit dem Messen psychischer Eigenschaften, verwenden aber hauptsächlich statistische Verfahren. Ihr Fokus ist nicht so sehr die Modellierung psychischer Prozesse, sondern die Entwicklung von Messinstrumenten, die eine Differenzierung verschiedener Personen oder Personengruppen erlauben. Diese Richtung der Psychologie hat sich zu einem eigenständigen Bereich entwickelt (▸ Kap. 39).

37.3.4 Entscheidungstheorien

Die Entscheidungstheorie befasst sich damit, wie Entscheidungen zwischen Wahlalternativen gefällt werden oder werden sollten. Die Wahlalternativen sind in der Regel Lotterien, in denen mit bestimmter Wahrscheinlichkeit Geldbeträge zu gewinnen oder zu verlieren sind, oder Alternativen, die durch mehrere Attribute gekennzeichnet sind. Formale Theorien in der Entscheidungsforschung werden nach verschiedenen Gesichtspunkten eingeteilt. Zum Beispiel:

Normative, präskriptive oder deskriptive Theorien

Normative Theorien basieren auf Axiomen, die theoretische Richtlinien vorgeben, wie eine Person sich idealerweise entscheiden sollte. Hierzu gehören die »Expected-utility«-Modelle, die wir weiter unten besprechen werden.

Präskriptive Theorien beinhalten Methoden und Algorithmen, die einer Person helfen, ihre Entscheidungen zu verbessern. Hierzu gehören die Verfahren aus der Entscheidungsanalyse (z. B. Clemen & Reilly, 2001; von Winterfeld & Edwards, 1986). Deskriptive Theorien beschreiben und erklären, wie Entscheidungen tatsächlich getroffen werden. Je ein normatives und ein deskriptives Modell werden wir im Beispiel in ▸ Abschn. 37.5.2 vorstellen.

Individuelle Entscheidungen und Entscheidungen in Gruppen

Theorien für individuelle Entscheidungen beziehen sich auf das Verhalten einer einzelnen Person, ungeachtet dessen, wie andere Personen entscheiden. In Gruppenentscheidungen werden soziale Interaktionen berücksichtigt (auch ▸ Kap. 29). Zum Beispiel befasst sich die Spieltheorie mit Gruppen, in denen die einzelnen Mitglieder ihre eigenen Interessen in einer gemeinsamen Unternehmung verfolgen. Sie ist ein formales Modell, um Konflikte und Konfliktlösungen zu verstehen, und kann entweder als normative oder deskriptive Theorie formuliert werden. Sie geht auf von Neumann und Morgenstern (1944) zurück. Eine Einführung, auch für Nichtökonomen, geben Dixit und Nalebuff (1995; s. auch Luce & Raiffa, 1957; Holler & Illing, 2003). Ein Überblick über weitere formale Modelle für Gruppenentscheidungen findet sich in Kleindorfer, Kuhnreuther und Schoemaker (1993).

Theorien für Entscheidungen unter Unwissenheit (»uncertainty«), Unsicherheit (»risk«) oder Sicherheit (»certainty«)

Der Grad der Unsicherheit bezieht sich hier auf das Ergebnis der Wahl, d. h. bei Unwissenheit ist nur bekannt, dass die möglichen Ergebnisse gemäß einer Wahrscheinlichkeitsverteilung eintreten, aber nicht, mit welcher. Unsicherheit dagegen spezifiziert die Wahrscheinlichkeitsverteilung. Sicherheit bedeutet, dass die Wahl ein bestimmtes Ergebnis nach sich zieht. In Modellen für Entscheidungen unter Sicherheit sind Alternativen definiert, die durch ein oder mehrere Attribute gekennzeichnet sind. Die Person sucht nach bestimmten Strategien oder Modellen die für sie beste Alternative aus, z. B. nach dem »Luce choice model« (Luce, 1959) oder der »elimination-by-aspect theory« (Tversky, 1972).

Algebraische und stochastische Theorien

Deterministische (auch: algebraische) Entscheidungstheorien nehmen an, dass die Wahl zwischen zwei Alternativen A und B durch eine binäre Präferenzrelation, bezeichnet mit ≻ (wird bevorzugt gegenüber), bestimmt ist. A wird gewählt, wenn A≻B (A wird bevorzugt gegenüber B) gilt, und B wird gewählt, wenn B≻A. In stochastischen Entscheidungstheorien werden für die Präferenzen nur bestimmte Wahrscheinlichkeiten angegeben, z. B., $P(A≻B)=0,7$ (Die Wahrscheinlichkeit, dass A gegenüber B bevorzugt wird, ist 0,7).

Werden den Alternativen Zufallsvariablen U_A, U_B zugeordnet, sodass z. B. $P(A≻B)=P(U_A>U_B)$ gilt, spricht man von Zufallsnutzen-Modellen (»random utility«; vgl. Colonius, 1984). Wenn man z. B. zwischen verschiedenen Automarken wählen soll, wird die momentane Attraktivität jeder Marke durch eine Zufallsvariable repräsentiert. Die Wahl erfolgt für diejenige Marke, deren Zufallsnutzenwert im Moment der Wahl die höchste Attraktivität angenommen hat.

Weitere Einteilungen der Modelle sind, ob es zwei oder mehr Wahlalternativen gibt, ob die Alternativen durch ein Attribut oder durch mehrere Attribute beschrieben werden, ob die Konsequenzen der Wahl sofort erfolgen oder in der Zukunft liegen, ob es eine oder mehrere Entscheidungen gibt usw. Eine sehr gute Übersicht individueller Entscheidungstheorien geben Jungermann, Pfister und Fischer (1998).

37.4 Beispiele mathematischer Modellierung in der Psychologie

Im ersten Beispiel werden wir anhand der Signalentdeckungstheorie zeigen, wie man verbal formulierte Annahmen und Vorhersagen in ein mathematisches Modell umsetzen kann, um Daten aus einem Ja/Nein-Experiment zu beschreiben. Dann werden wir zeigen, wie die dort entstandenen Ideen in einem stochastischen Prozess abgebildet werden können. Aus Platzgründen verzichten wir auf mathematische Details oder Ableitungen und werden nur die Teile beschreiben, die für die Demonstration der Vorgehensweise bei der mathematischen Modellierung unbedingt benötigt werden.

Im zweiten Beispiel beginnen wir mit der Expected-Utility-Theorie als Beispiel einer axiomatischen Modellierung und zeigen dann, wie dieses normative Modell in ein deskriptives verändert wurde, um der Wirklichkeit Rechnung zu tragen. Die Expected-Utility-Theorie ist ein Modell für individuelle, binäre Entscheidungen unter Unsicherheit.

37.4.1 Signalentdeckungstheorie und Sequenzialstichprobenmodelle für Diskriminationsaufgaben

Signalentdeckungstheorie

Eine Möglichkeit, diese Art der Daten (▶ Kasten) zu beschreiben und etwas über die Sensitivität – wie gut die Person diese beiden Reizkategorien unterscheiden kann – zu erfahren, sowie etwaige Antworttendenzen zu identifizieren, bietet die Signalentdeckungstheorie (Green & Swets, 1966; MacMillan & Creelman, 2004, sehr gut auch für Einsteiger). Ihre Stärke liegt vor allem darin, diese psychologischen Größen trennen und sie quantitativ erfassen zu können.

Die Signalentdeckungstheorie geht davon aus, dass die Person in dem Wiedererkennungsexperiment (▶ Kasten) die Fotos gemäß einer nicht beobachtbaren Dimension, die wir mit »Vertrautheit« bezeichnen wollen, beurteilt. Jede Darbietung eines Fotos produziert einen Vertrautheitswert auf dieser Dimension. Alte und neue Fotos erzeugen jeweils

bestimmte Vertrauenswerte, aber die Werte innerhalb jeder Kategorie sind nicht gleich, sondern variieren entlang der Dimension. Das gilt auch für die mehrmalige Darbietung desselben Fotos. Alte Fotos sollten tendenziell höhere Vertrautheitswerte erzielen als neue Fotos. Die Person weiß jedoch nicht, aus welcher Kategorie der erzeugte Vertrautheitswert stammt. Welche Antwort soll die Person geben? Es wird angenommen, dass es ein von der Person festgesetztes internes Kriterium gibt, das die Vertrautheitsdimension in zwei Teile teilt. Ist der erzeugte Vertrautheitswert größer als das Kriterium, antwortet die Person mit »ja« (das Foto war in der ersten Liste), ist der Wert kleiner als das Kriterium, antwortet sie mit »nein« (das Foto war nicht in der ersten Liste).

Die Lage des Kriteriums kann durch experimentelle Bedingungen beeinflusst werden, so etwa durch Variation der A-priori-Wahrscheinlichkeit der alten und neuen Fotos (Eine A-priori-Wahrscheinlichkeit bezieht sich auf die Wahrscheinlichkeit, mit der ein Reiz zu erwarten ist. Wenn dreimal so viele neue wie alte Fotos in der Darbietungsmenge sind, dann ist die A-priori-Wahrscheinlichkeit für ein neues Foto 0,75. Im Beispiel sind gleich viele neue und alte Fotos und somit ist die A-priori-Wahrscheinlichkeit 0,5.). Die Lage des Kriteriums wird zudem beeinflusst durch Instruktionen (z. B. »Es ist besonders wichtig, alle alten Fotos als solche zu erkennen«) oder durch sog. Auszahlungsmatrizen (»payoff-matrix«), die wir weiter unten besprechen. Sollten die erzeugten Vertrautheitswerte für neue und alte Fotos sehr ähnlich sein, ist zu erwarten, dass die Person die Bildkategorien nicht gut unterscheiden kann und ihre Sensitivität diesbezüglich gering ist.

Diese verbal formulierte Theorie einschließlich einer Vorhersage wird wie folgt in ein mathematisches Modell

---

Vorgehensweise in einem Ja/Nein-Experiment

Richter, Staatsanwälte, Polizisten vertrauen in hohem Maße auf Zeugenaussagen (dazu ausführlich ▶ Kap. 61). Um zu testen, wie gut wir tatsächlich zuvor gesehene Personen wiedererkennen, werden der Testperson Portraitfotos vorgelegt, die sie sich anschauen muss. Nach einiger Zeit soll geprüft werden, wie gut sie diese Personen wiedererkennen kann. Dazu wird ihr eine zweite Liste dargeboten, in der einige Fotos neu sind und einige aus der vorhergehenden Liste stammen. Ihre Aufgabe besteht darin, durch das Drücken entsprechender Tasten anzugeben, ob das dargebotene Foto in der ersten Liste war (»ja«) oder nicht (»nein«). Ihre Fähigkeit, Gesichter wiederzuerkennen, ist gut, wenn sie bei möglichst vielen alten Fotos »ja« angibt und bei möglichst vielen neuen »nein«. Nehmen wir an, dass 50 alte Fotos und 50 neue Fotos dargeboten werden. Ein mögliches empirisches Ergebnis lässt sich dann in Tabellenform einfach darstellen:

Antwort auf die Frage: »War das Foto in der ersten Liste?«

Foto	Ja	Nein	Anzahl der Trials
Alt	30 (Treffer)	20 (Verpasser)	50
Neu	10 (falscher Alarm)	40 (korrekte Zurückweisung)	50
			50

Die bedingten Häufigkeiten werden bezeichnet mit Treffer (»hit«) = h(»ja«|ALT); Verpasser (»misses«) = h(»nein«|ALT); falscher Alarm (»false alarm«) = h(»ja«|NEU); korrekte Zurückweisung (»correct rejection«) = h(»nein«|NEU). Da die Angaben redundant sind, werden traditionell nur die Häufigkeiten der Treffer und der falschen Alarme angegeben. Im Folgenden wird der Anteil der Treffer mit H bezeichnet und der Anteil der falschen Alarme mit FA.

umgesetzt. Zusätzlich soll ein Maß für die Sensitivität definiert sowie das von der Person festgesetzte interne Kriterium spezifiziert werden.

Die interne Dimension ist ein Kontinuum bestehend aus reellen Zahlen. Um die Schwankungen der Vertrautheitswerte abzubilden wird angenommen, dass Vertrautheit eine Zufallsvariable ist, eine für die alten Fotos und eine für die neuen. Die Verteilungen der Zufallsvariablen werden spezifiziert und zwar sind sie in der einfachsten Form der Signalentdeckungstheorie normalverteilt mit unterschiedlichen **Erwartungswerten** μ_i, aber gleicher **Varianz** σ^2 (▶ Kap. 2). Ein Entscheidungskriterium, eine Ja- oder Nein-Antwort zu geben, wird intern festgesetzt. ▫ Abbildung 37.2 fasst diese Ideen zusammen. Je nachdem, ob die Testperson die Fotos schlecht oder gut unterscheiden kann, überlappen sich die Verteilungen mehr oder weniger stark. Diese Annahmen sind nicht direkt beobachtbar, erlauben aber Vorhersagen zu machen, die mit den empirischen Daten zusammengebracht werden können.

Im nächsten Schritt wird ein Maß für die Sensitivität entwickelt – wie gut die Person die Bildkategorien unterscheiden kann. Ein gutes Maß sollte sowohl von H als auch von FA abhängen, und zwar so, dass die Sensitivität zunimmt, wenn entweder H zunimmt oder FA abnimmt. Wenn H und FA gleich gewichtet werden, dann ist, ganz allgemein, diese Bedingung erfüllt, wenn

Sensitivität = v[u(H) − u(FA)] ,

wobei v und u monotone reellwertige Funktionen sind.

In der Signalentdeckungstheorie wird d′ als Maß der Sensitivität definiert und ist, wie im Beispiel bei Gleichheit der Varianzen beider Verteilungen, die Differenz der Mittelwerte der beiden Verteilungen geteilt durch die Varianz,

d. h., $(\mu_{alt} - \mu_{neu})/\sigma^2$. Wie kann nun das d′ aus den Daten geschätzt werden? Seien H und FA Schätzer für Wahrscheinlichkeiten, dann entsprechen sie den Flächen der Verteilungen rechts vom Kriterium in ▫ Abb. 37.2. Sei $\sigma^2 = 1$ und setzen wir μ_{neu} willkürlich auf 0, lässt sich d′ schreiben als

$$d' = z(H) - z(FA) ,$$

wobei z die inverse Funktion der Standardnormalverteilungsfunktion ist, d. h., $\phi^{-1}(x) = z(x)$. Im Beispiel ist H = 0,6 und FA = 0,2, und somit z(0,6) = 0,253, z(0,2) = −0,842 und d′ = 0,253 − (−0,842)=1,095. Je größer d′, desto größer die Sensitivität, d. h., desto besser kann die Person zwischen alten und neuen Fotos unterscheiden. Wenn sie die beiden Bildkategorien nicht unterscheiden kann, ist H = FA und d′ =0. d′ < 0 wird nicht interpretiert. d′ ist ein invariantes Maß der Sensitivität und sollte nicht durch Bedingungen des Experimentes wie z. B. Auszahlungen (Punkte oder Geldbeträge, die man gewinnen oder verlieren kann) beeinflusst werden.

Nehmen wir an, dass es folgende Auszahlungsmatrizen in dem Experiment gibt.

Foto	Auszahlung I		Auszahlung II	
	Ja	Nein	Ja	Nein
Alt	5	−5	1	−1
Neu	−1	1	−5	5

In der Bedingung mit Auszahlungsmatrix I kann man annehmen, dass die Person geneigt sein wird, »ja« zu sagen, da die Belohnung für einen Treffer 5 Einheiten ist, es für einen falschen Alarm aber nur einen Strafpunkt gibt, während sie für eine Nein-Antwort nur einen Punkt für eine richtige Zurückweisung bekommt, aber −5 Punkte für ein

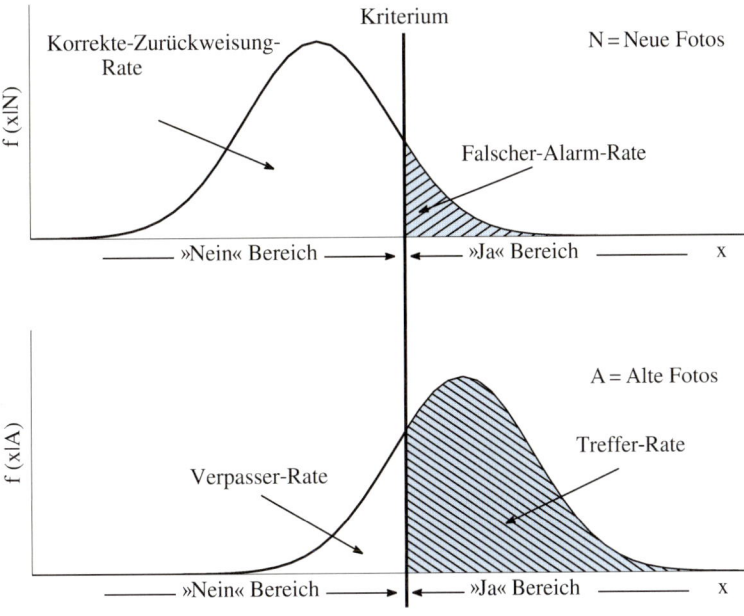

▫ **Abb. 37.2.** Theoretische Häufigkeitsverteilung »neuer« und »alter« Fotos. Die Lage des Kriteriums der Person bestimmt, ob sie bei einem Vertrautheitswert x mit »ja« oder mit »nein« antwortet

verpasstes altes Foto. In der Bedingung mit der Auszahlungsmatrix II sollte die Antworttendenz (Antwortbias) eher sein, »nein«, also nicht so oft »ja«, zu sagen. Nehmen wir an, dass unter Auszahlung I H = 0,8 ist und FA = 0,4, und unter Auszahlung II H = 0,4 ist und FA = 0,09. In beiden Fällen erhalten wir ein d′ von ungefähr 1,095, so wie in dem ursprünglichen Beispiel. Die Sensitivität ist – idealerweise – gleich geblieben, trotz unterschiedlicher experimenteller Bedingungen. Gemäß der Signalentdeckungstheorie hat sich die Lage der Verteilungen nicht verändert, wohl aber das Kriterium, wie in ◘ Abb. 37.3 veranschaulicht.

Der Antwortbias, d. h., die Tendenz der Person »ja« zu sagen, sollte, ähnlich wie bei dem Maß der Sensitivität, eine monotone Funktion sowohl von H als auch von FA sein, allerdings in beiden entweder zunehmen oder abnehmen. Diese Bedingung ist erfüllt, wenn

Antwortbias = v[u(H) + u(FA)] ,

wobei v und u wieder monotone Funktionen sind.

Ein Biasmaß, das diese Bedingung erfüllt, ist definiert als

c = −0,5 [z(H) + z(FA)] .

Wenn die beiden Fehlerarten, die in dem Experiment gemacht werden können, gleich sind, d. h. FA = Verpasserrate, dann ist c = 0 und es gibt keinen Antwortbias. Wenn FA größer ist als die Verpasserrate, dann ist c negativ und die Person hat die Tendenz, »ja« zu sagen«. Wenn schließlich FA kleiner ist als die Verpasserrate, dann ist c positiv und die Person hat die Tendenz »nein« zu sagen. In unserem Beispiel ist c = 0,295 für die Bedingung ohne Auszahlungsmatrix, c =−0,295 für Auszahlung I und c = 0,797 für Auszahlung II.

Dieser winzige Ausschnitt aus der Signalentdeckungstheorie zeigt, wie verbal formulierte Annahmen in mathematische Formeln übersetzt werden können und wie man quantitative Maße für psychologische Variablen (hier: Diskriminationsfähigkeit, Antworttendenzen) bestimmen kann. Die Signalentdeckungstheorie spielt in vielen Bereichen eine große Rolle: Zum Beispiel in der medizinischen Entscheidungsforschung, wenn die Güte eines diagnostischen Tests beurteilt werden soll oder die Fähigkeit angehender Radiologen, die Röntgenbilder entsprechend zu beurteilen; in der Gedächtnispsychologie, um die Wieder-

erkennungsfähigkeit festzustellen; in der Wahrnehmungspsychologie, wenn Wahrnehmungsschwellen gemessen werden; in der Arbeitspsychologie, wenn es um Fragen der Vigilanz geht.

Wir haben auf viele Details verzichtet, wie z. B. die Idee und Konstruktion der ROC-Kurve (»receiver-operating-characteristic«) oder auch Isosensitivitätskurve genannt; [das ist eine Kurve, auf der für jeden FA-Wert (Abszisse) der entsprechende H-Wert (Ordinate) mit gleichem d′ aufgetragen wird] sowie auf mathematische Herleitungen und Beweise (z. B. Green & Swets, 1966; MacMillan & Creelman, 2004; Wickens, 2002).

Entdeckungstheorien spielen eine große Rolle in vielen Bereichen der Psychologie, insbesondere in der Wahrnehmungspsychologie, zunehmend in der Neuropsychologie, in der Gedächtnispsychologie, in der Vigilanzforschung der Arbeits- und Organisationspsychologie, in der Entscheidungstheorie in der Medizin, um nur ein paar Gebiete zu nennen. Die Signalentdeckungstheorie ist eine Variante der Endeckungstheorie, eine andere basiert z. B. auf der Choice Theory von Luce (1963). Maße für Sensitivität und Antwortbias sind dort anders, aber analog zur Signalentdeckungstheorie, definiert.

Entdeckungstheorien werden nicht nur auf einfache Ja/Nein-Experimente angewendet, sondern auf eine Vielzahl experimenteller Paradigmen, wie Gleich/Verschieden-Designs, Forced-Choice-Designs mit zwei und mehr Antwortalternativen, auf Rating-Daten u. a. (vgl. z. B. MacMillan & Creelman, 2004). Auch beschränkt sie sich nicht auf Normalverteilungen mit gleicher Varianz oder auf nur eine einzige subjektive Entscheidungsdimension. Viele neuere kognitionspsychologische Theorien basieren auf den Grundannahmen der Entdeckungstheorie (für einen Überblick s. Maddox, 2002).

Kehren wir zu unserem Beispielexperiment zurück und nehmen an, dass nicht nur die entsprechende Antwort registriert wurde, sondern auch die Zeit von der Darbietung des Reizes bis zum Tastendruck. Zum Beispiel kann man die Reaktionszeit dazu heranziehen, etwas über interne Verarbeitungsmechanismen zu erfahren sowie über weitere Antwortstrategien der Person. Auch kann sie als Indikator für die Schwierigkeit der Aufgabe interpretiert werden (s. Luce,1986, für einen Überblick).

Die klassische Signalentdeckungstheorie macht keine Aussagen über Reaktionszeiten. Sequenzialstichproben-

◘ **Abb. 37.3.** Theoretische Häufigkeitsverteilung »neuer« und »alter« Fotos mit drei möglichen Kriterien. Bei Kriterium 1 ist die Person geneigt eher »ja« zu sagen, bei Kriterium 3 »nein«. Bei Kriterium 2 halten sich Ja- und Nein-Antworten die Waage (kein Antwortbias)

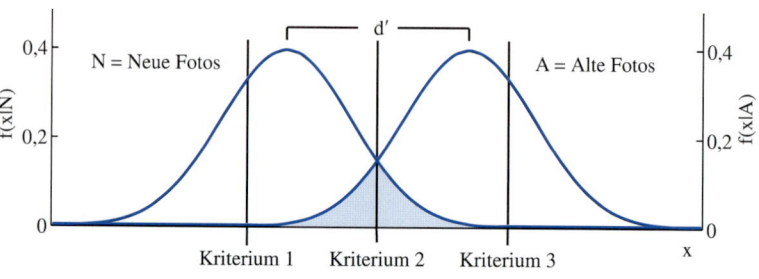

modelle (»sequential sampling model«) erweitern die Signalentdeckungstheorie dahingehend und setzen die Entscheidung einer Person mit der Reaktionszeit systematisch in Beziehung.

Sequenzialstichprobenmodelle

Sequenzialstichprobenmodelle für binäre Entscheidungen (in dem Beispiel »ja«/«nein«) nehmen an, dass der Entscheidungsprozess mit einem subjektiven Evidenzzustand beginnt, der entweder die eine Wahlmöglichkeit (z. B., die Ja-Antwort) oder die andere Wahlmöglichkeit (die Nein-Antwort) oder keine der beiden favorisiert, also neutral ist. Experimentelle Bedingungen wie die A-priori-Wahrscheinlichkeit der Reize oder Auszahlungsmatrizen können ihn beeinflussen.

Nehmen wir an, dass ein positiver Anfangszustand die Ja-Antwort favorisiert und ein negativer die Nein-Antwort. Sobald der Reiz (das Foto) präsentiert wird, wird ein interner Akkumulationsprozess aktiviert. Die Person sammelt sequenziell über die Zeit Information – in Wahrnehmungsexperimenten vom Reizdisplay – in unserem Bildwiedererkennungsexperiment vom Gedächtnis. Zu jedem Zeitpunkt kommt ein neuer kleiner Informationszuwachs hinzu, der entweder eher dafür spricht, dass es ein altes Foto war oder ein neues. Nehmen wir weiter an, dass ein positiver Zuwachs einer ist, der die Antwort »ja« (altes Foto) favorisiert und ein negativer Zuwachs die Antwort »nein« (kein altes Foto). Dieser Informationszuwachs für die eine oder andere Antwortmöglichkeit wird zu der bereits vorhandenen Information oder Evidenz addiert, sodass dieser interne Informationszustand kontinuierlich auf den neuesten Stand gebracht wird. Der Akkumulationsprozess stoppt und die entsprechende Antwort wird vorbereitet, sobald die akkumulierte Evidenz den für diese Antwort spezifischen Kriteriumswert erreicht. Welche Antwort nun gewählt wird, hängt davon ab, welches Kriterium zuerst erreicht wurde, das für die Ja-Antwort oder das für die Nein-Antwort. Der (nicht beobachtbare) Kriteriumswert wird nach der Theorie, wie in der Signalentdeckungstheorie, vor Darbietung des Reizes von der Person festgelegt. Er kann durch experimentelle Bedingungen wie Zeitdruck oder Versuchsinstruktionen beeinflusst werden.

Ähnlich wie für die Signalentdeckungstheorie werden wir nun dieses Modell in ein mathematisches übersetzen. Wir nehmen an, dass der sequenzielle Informationsakkumulationsprozess sich durch einen stochastischen Prozess, $\{X(t)\}$, beschreiben lässt. Ein stochastischer Prozess ist eine Familie von Zufallsvariablen $\{X(t), t \in T\}$. ($\in$ bedeutet »ist Element von«.) T kann abzählbar viele Elemente enthalten, z. B. $t \in N$, (t ist Element der natürlichen Zahlen N, zeitdiskreter Prozess) oder überabzählbar viele Elemente, z. B. $\{t \in R\}$, (t ist Element der reellen Zahlen, zeitstetiger Prozess).

Die Realisationsmenge $\{x(t_1), x(t_2), x(t_3) \ldots\}$ von X bildet den Zustandsraum des Prozesses. (z. B. Tuckwell, 1995, sehr gut auch für Einsteiger). Hier nehmen wir einen speziellen stochastischen Prozess an, einen sog. **Wiener Prozess** mit Drift und zwei absorbierenden Grenzen. Ein Wiener Prozess ist ein zeitstetiger stochastischer Prozess mit normalverteilten, unabhängigen Zuwächsen.

Der Prozess beginnt zum Zeitpunkt t = 0 mit einem anfänglichen Evidenzzustand X(0). Wie oben vereinbart, wird für X(0) > 0 die Ja-Antwort favorisiert, für X(0) < 0 die Nein-Antwort, und X(0) = 0 ist der neutrale Zustand. Den Informationszuwachs, der zu jedem Zeitpunkt gesammelt wird, bezeichnen wir mit V(t), und V(t) > 0 bedeutet einen Zuwachs, der die Ja-Antwort favorisiert, während V(t) < 0 ein Zuwachs zugunsten der Nein-Antwort ist. V(t) kann weiter spezifiziert werden, z. B. als Differenz der Evidenz für altes Foto, $V_A(t)$, und neues Foto, $V_N(t)$, zum Zeitpunkt t, d. h. $V(t) = V_A(t) - V_N(t)$. Evidenz wird in sehr kleinen Zeitintervallen gesammelt, zwischen t und $t + \tau$, wobei τ gegen null geht (diese Annahme ist nur wichtig, um den Prozess als in der Zeit stetigen Prozess beschreiben zu können) und wird akkumuliert, indem der momentane Informationszustand zum Zeitpunkt t und der neue Zuwachs zum Zeitpunkt $t + \tau$ addiert werden:

$$X(t + \tau) = X(t) + V(t + \tau).$$

V(t) ist normalverteilt mit Erwartungswert μt und Varianz $\sigma^2 t$.

Zwei weitere Funktionen sind hier von besonderem Interesse, einmal der Driftkoeffizient

$$\mu = \lim_{\tau \to 0} \frac{E[X(t + \tau) - X(t) \,|\, X(t) = x]}{\tau}$$

und der Diffusionskoeffizient

$$\sigma^2 = \lim_{\tau \to 0} \frac{E[(X(t + \tau) - X(t))^2 \,|\, X(t) = x]}{\tau}.$$

Mit beiden Koeffizienten ist der ganze Prozess bestimmt. Insbesondere der Driftkoeffizient spielt eine große Rolle in der Modellierung psychologischer Aufgaben. Er spiegelt die Tendenz wider, die eine Wahlmöglichkeit der anderen vorzuziehen. In unserem Beispiel reflektiert ein positiver Driftkoeffizient die Tendenz, »ja« zu sagen, und ein negativer Driftkoeffizient, »nein« zu sagen. Der Erwartungswert geteilt durch die Standardabweichung, $E[V(t)]/\sqrt{Var[V(t)]}$ ist ein Maß der Sensitivität und vergleichbar mit dem d' der Signalentdeckungstheorie. Der Diffusionskoeffizient spiegelt die Variabilität des Prozesses wider. Vergleichbar mit der Standardisierung der Normalverteilung, kann $\sigma^2 = 1$ gesetzt werden.

Der Akkumulationsprozess dauert so lange an, bis die aufsummierte Evidenz so groß ist, dass sie einen Schwellenwert überschreitet. Das heißt, der Prozess stoppt und eine Ja-Antwort wird initiiert, sobald X(t) größer ist als das Ja-Kriterium, θ_j (eine absorbierende Grenze des Wiener Prozesses, d. h. X(t) > $\theta_j = \theta$). Oder der Prozess stoppt und eine

Nein-Antwort wird initiiert, sobald X(t) kleiner ist als das Nein-Kriterium, θ_n (die andere Grenze des Wiener Prozesses, die wir ohne Verlust der allgemeinen Gültigkeit $\theta_n = -\theta$ setzen, also X(t) $< \theta_n = -\theta$). Welche Antwort gegeben wird, hängt davon ab, welche der beiden Grenzen zuerst erreicht wird. ☐ Abbildung 37.4 veranschaulicht diesen Prozess für Anfangszustände z : = X(0) = 0 (links), z : = X(0) > 0 (Mitte), z : = X(0) < 0 (rechts) und für eine positive Driftrate, d. h., $\mu > 0$, für die Reizkategorie »altes Foto«. Die Kurven nennt man **Trajektorien**, und sie verdeutlichen eine einzelne Realisation des stochastischen Prozesses, d. h. die Informationsakkumulation während eines Trials. Die Gerade repräsentiert die mittlere Drift, den Mittelwert aller möglichen Trajektorien.

Je größer der Driftkoeffizient μ ist, desto größer ist die Steigung der Geraden und desto eher ist der Prozess an der Grenze absorbiert. Für psychologische Aufgaben bedeutet dies, dass mit großem μ das Entscheidungskriterium eher erreicht wird, um eine Antwort zu initiieren. Was bestimmt die Größe von μ? In unserem Beispiel bestimmt die Diskriminierbarkeit der Fotos den Driftkoeffizient: gute Diskriminierbarkeit resultiert in einem großen Driftkoeffizienten, schlechte in einem kleinen. Für $\mu = 0$ liegt die Diskriminierbarkeit auf Zufallsniveau.

Die Wahrscheinlichkeit, dass der Prozess X(t) an der Grenze θ absorbiert wird, wird mit den relativen Häufigkeiten der Ja-Antworten, als Schätzer der Wahrscheinlichkeiten, verglichen. Ferner wird die mittlere Zeit, bis der Prozess an der Grenze θ absorbiert wird, mit der mittleren Reaktionszeit für Ja-Antworten verglichen. Entsprechendes gilt für Nein-Antworten. Für die Bestimmung dieser theoretischen Werte müssen die Modellparameter μ, θ und z aus den Daten geschätzt werden, wobei μ die Sensitivität reflektiert, $|\theta|$ das Entscheidungskriterium und z den A-priori-Bias.

Es gibt verschiedene Möglichkeiten, die Absorptionswahrscheinlichkeiten und die mittleren Absorptionszeiten (erste Austrittszeit oder »first passage time«) zu berechnen. Eine Möglichkeit, die sich auch gut auf Computern implementieren lässt, ist der Matrixansatz, in dem der stetige Prozess durch eine diskrete Markoff-Kette approximiert wird (s. Diederich & Busemeyer, 2003, einschließlich Kodes für Matlab-Programme).

Wie gut kann das Modell die Daten beschreiben? Für z ungleich Null sehr gut, doch für z gleich Null sagt das Modell für die richtigen und falschen Antworten dieselben Reaktionszeiten voraus. In Experimenten zeigt sich jedoch, dass in der Regel die häufiger gegebenen Antworten schneller sind als die weniger häufigen (für einen Überblick der Studien s. Luce, 1986; Townsend & Ashby, 1983). Laming (1968) und insbesondere Ratcliff (1978) schlagen dazu vor, das Modell dahingehend zu verändern, den Driftkoeffizienten selbst als Zufallsvariable aufzufassen. Die Annahme der Variabilität der Drift wird mit der Variabilität des Reizes begründet oder mit der Variabilität der Aufmerksamkeit von Trial zu Trial. Allerdings kann diese Variabilität von der Variabilität, die dem stochastischen Prozess selbst inhärent ist, nicht getrennt werden und kann letztlich nur mit dem besseren Fit des Modells an die Daten begründet werden. Eine weitere Möglichkeit ist, anstelle des Wiener Prozesses einen sog. Ornstein-Uhlenbeck-Prozess zu wählen. Dann ist die Drift nicht linear, sondern die Zuwächse werden mit der Zeit kleiner, und es wird eine Sättigung erreicht. Für das Beispiel bedeutet das, dass eine längere Darbietung der Bilder nicht einen ungebremsten linearen, sondern einen gedämpften Zuwachs an Information bedeutet.

Mit diesem Beispiel wird deutlich, dass der Prozess der Modellierung im engen Kontakt mit der Anpassung der Daten steht und das Modell verändert werden muss, wenn die Wirklichkeit nicht mit den Vorhersagen des Modells übereinstimmt. Außerdem können weitere Überlegungen angestellt werden. Zum Beispiel kann man fragen, ob sich der Effekt einer Auszahlungsmatrix wirklich im Startpunkt des Prozesses widerspiegelt oder vielleicht den Driftkoeffizienten direkt beeinflusst (z. B. Ashby, 1983; Ratcliff, 1981) oder ob es möglicherweise zwei Prozesse gibt, einen für die Verarbeitung der Auszahlungsmatrix und einen für den Reiz (Diederich & Busemeyer, 2005).

Traditionell werden Sequenzialstichprobenmodelle zur Erklärung von Reaktionszeiten und Genauigkeitsdaten (richtig/falsch) in Identifikations- und Diskriminationsexperimenten herangezogen, die binäre Wahlmöglichkeiten einbeziehen (z. B. Ashby, 1983; Edwards, 1965; Heath, 1981; Laming, 1968; Link & Heath, 1975; Pike, 1966; Ratcliff & Rouder, 1998; Stone, 1960; Van Zandt, Colonius & Proctor, 2000; Vickers, 1970; für einen Überblick s. Luce,

☐ **Abb. 37.4.** Trajektorien eines Wiener Prozesses mit positiver Drift und drei verschiedenen Anfangszuständen X(0) = z. X(t) = z + μt + σW(t), W(t) ist normalverteilt mit Mittelwert 0 und Varianz t

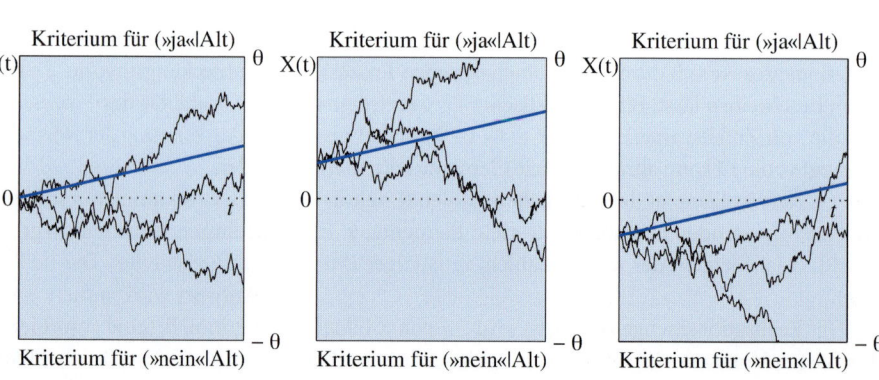

37

1986; Townsend & Ashby, 1983), aber auch um Gedächtnisabruf zu modellieren (Ratcliff, 1978). Sie werden auf Klassifikationsaufgaben angewandt (z. B. »general recognition theory«, Ashby, 2000; »exemplar-based random walk models of classification«, Nosofsky & Palmeri, 1997) und Entscheidungsaufgaben (z. B. »criterion dependent choice model«, Aschenbrenner, Albert & Schmalhofer, 1984 ; »decision field theory«, Busemeyer & Townsend, 1993; »multiattribute decision field model«, Diederich, 1997; Diederich & Busemeyer, 1999; »multialternative decision field theory«, Roe, Busemeyer & Townsend, 2001; Usher & McClelland, 2001). Schließlich werden sie angewandt, um Reaktionszeitmuster in Entdeckungsaufgaben in einfachen Reaktionszeitparadigmen zu erklären (z. B. Diederich, 1995; Pacut, 1980; Schwarz, 1994; Smith, 1995).

37.4.2 Modelle für individuelle Entscheidungen unter Unsicherheit

Expected-Utility-Theorie

Vorläufer der Expected-Utility-Theorien sind Erwartungswertmodelle, deren erste Entwicklungen sich bis in das 18. Jahrhundert zurückverfolgen lassen.

Das berühmteste Beispiel aus dieser Zeit ist das **St.-Petersburg-Paradox** von Daniel Bernoulli (1738), das zuerst von seinem Cousin Nicholas Bernoulli diskutiert wurde. Es geht um die Frage, wie viel eine Person dafür zu zahlen bereit ist, ein Spiel mit den folgenden Regeln spielen zu dürfen:

1. Eine faire Münze wird solange geworfen bis »Kopf« erscheint.
2. Wenn »Kopf« beim 1. Wurf erscheint, bekommt der Spieler 2 Geldeinheiten; wenn »Kopf« beim 2. Wurf zum ersten Mal erscheint, 4 Geldeinheiten, beim 3. Wurf 8 Einheiten, beim 4. Wurf 16 und so weiter.

Das Spiel ist paradox, da der Erwartungswert des Spiels, das ist die mittlere Auszahlung, die man erwarten kann, wenn das Spiel unendlich oft gespielt würde, unendlich ist, denn

$$EV(Spiel) = {}^1\!/_2 \times 2 + {}^1\!/_4 \times 4 + {}^1\!/_8 \times 8 + \ldots$$
$$+ ({}^1\!/_2)^k \times 2^k + \ldots = 1 + 1 + 1 + \ldots .$$

Niemand ist jedoch bereit, eine höhere Summe dafür zu bezahlen (nur etwa 2 Geldeinheiten). Daniel Bernoulli (1738) zeigte, dass der Wert des Spieles nicht linear mit dem Geldbetrag zunimmt, sondern mit der Größe des gewonnenen Betrages abnimmt, d. h., dass der Wert- oder Nutzenzuwachs mit zunehmendem Reichtum der Person kleiner wird. Der erwartete Nutzen des Spiels mit Ergebnissen x_1, $x_2, \ldots, x_n$, die mit Wahrscheinlichkeit $p_1, p_2, \ldots, p_n$ eintreten, ist $\sum_{i=1}^n p_i \times u(x_i)$, wobei $u(x_i)$ der Nutzen des i-ten Ergebnisses ist. Zum Beispiel für $u(x) = \sqrt{x}, x \geq 0$ ist die Bedingung erfüllt: Der Nutzen für x nimmt mit größer werdendem x ab. Es

wird die Alternative (oder das Spiel) gewählt, das den höchsten erwarteten Nutzen hat. Nutzen oder Utility ist relativ, hat keinen echten Nullpunkt und wird in willkürlichen Einheiten gemessen.

Von Neumann und Morgenstern (1947) entwickelten eine Theorie, die auf einer Menge von Axiomen über Präferenzen zwischen Glücksspielen (»gambles«) oder Lotterien beruht. Die Axiome werden als Maxime rationalen Verhaltens angesehen.

Die Axiome, die im Folgenden dargestellt werden, beziehen sich auf eine Menge von Ergebnissen oder Konsequenzen $C = \{c_1, c_2, \ldots, cn\}$ einer Wahl und Präferenz- oder Indifferenzrelationen zwischen ihnen, die mit $\succ$ bzw. $\sim$ symbolisiert werden. Die Ergebnisse treten mit Wahrscheinlichkeiten p, q ein. Eine Lotterie, in der man c_1 mit Wahrscheinlichkeit p und c_2 mit Wahrscheinlichkeit $(1 - p)$ erhalten kann, wird als (c_1, p, c_2) geschrieben.

Axiom der Vollständigkeit

Für die Wahl zwischen c_1 und c_2 wird entweder c_1 bevorzugt $(c_1 \succ c_2)$ oder c_2 wird bevorzugt $(c_2 \succ c_1)$ oder beide sind gleich attraktiv $(c_1 \sim c_2)$.

Das erste Axiom besagt, dass beide Konsequenzen verglichen werden können und dass entweder eine als z. B. »attraktiver« als die andere beurteilt wird oder beide gleich sind. Es schließt aus, dass die Person sagt, dass sie die Konsequenzen nicht vergleichen kann.

Axiom der Transitivität

Wenn $c_1 \succ c_2$ und $c_2 \succ c_3$, dann auch $c_1 \succ c_3$. Genauso, wenn $c_1 \sim c_2$ und $c_2 \sim c_3$, dann auch $c_1 \sim c_3$.

Wenn c_1 »attraktiver« ist als c_2 und c_2 »attraktiver« als c_3, dann sollte auch c_1 »attraktiver« als c_3 sein. Genauso, wenn c_1 »genauso attraktiv« ist wie c_2 und c_2 »genauso attraktiv« wie c_3, dann sollte auch c_1 »genauso attraktiv« wie c_3 sein.

Axiom der Kontinuität

Wenn gilt $c_1 \succ c_2 \succ c_3$, dann existiert eine Wahrscheinlichkeit p, $0 \leq p \leq 1$, sodass die Lotterie (c_1, p, c_3) genauso attraktiv ist wie die Konsequenz c_2, die sie mit Sicherheit (p = 1) bekommt, d. h. $(c_1, p, c_3) \sim c_2$.

Dieses Axiom besagt, dass Wahrscheinlichkeiten gefunden werden können, sodass eine Option, deren Konsequenzen mit diesen Wahrscheinlichkeiten eintreten, genauso attraktiv ist wie eine Option, deren Konsequenz man mit Sicherheit bekommt.

Axiom der Unabhängigkeit

Wenn Konsequenz c_1 und c_2 unter der Annahme, dass beide mit Sicherheit eintreten (p = 1) gleich attraktiv sind $(c_1 \sim c_2)$, dann ist die Lotterie (c_1, p, c_3) genauso attraktiv wie die Lotterie (c_2, p, c_3) für beliebige Werte von p und c_3.

Das bedeutet, die Konsequenz c_3 und die Wahrscheinlichkeit p sind irrelevant für die Wahl, vorausgesetzt $c_1 \sim c_2$.

Axiom der zusammengesetzten Lotterien

Eine zusammengesetzte Lotterie, das heißt eine, deren ursprünglichen Ergebnisse selbst Lotterien sind, ist genauso attraktiv wie eine einfache Lotterie, die man erhält, wenn man die Wahrscheinlichkeiten, die in der zusammengesetzten sind, multipliziert. Das heißt, $[(c_1, p, c_2), q, c_2] \sim (c_1, pq, c_2)$.

Theorem

Wenn die Präferenz- oder Indifferenzrelation $\succcurlyeq$ allen Axiomen genügt, dann gibt es eine reellwertige Utility Funktion u, die auf der Ergebnismenge C definiert ist, sodass gilt
1. $c_1 \succcurlyeq c_2$ genau dann, wenn $u(c_1) \geq u(c_2)$,
2. $u(c_1, p, c_2) = pu(x) + (1 - p)u(c_2)$.

Das Theorem garantiert, dass, wenn immer die Axiome nicht verletzt sind, es eine Utility-Funktion gibt, die die Präferenzordnung erhält und das Erwartungswertprinzip erfüllt: Die Utility einer Lotterie ist gleich dem erwarteten Nutzen ihrer Konsequenzen. Darüber hinaus ist die Utility-skala bis auf einen willkürlichen Nullpunkt und die Einheiten festgelegt. Eine Wahlalternative mit einer höheren erwarteten Utility wird einer mit einer geringeren erwarteten Utility immer vorgezogen. Die Form der Utility-Funktion wird als Indikator der Einstellung zur Unsicherheit interpretiert. Lineare Funktionen werden als Risikoneutralität der Person gedeutet, während eine konkave auf Risikoaversion schließen lässt und eine konvexe auf Risikobereitschaft.

Die Expected-Utility-Theorie ist nicht auf Optionen mit monetären Beträgen beschränkt, sondern kann auf alle Bereiche angewandt werden, in denen Präferenzen zwischen Wahlalternativen, deren Konsequenzen mit einer gewissen Wahrscheinlichkeit eintreten können, ermittelt werden sollen, wie z. B. medizinische Behandlungsmethoden, Wahl des Studiums, Standortwahl eines Therapiezentrums (z. B. von Winterfeld & Edwards, 1986).

Experimente involvieren traditionellerweise Geldbeträge. Sie haben jedoch gezeigt, dass jedes einzelne Axiom verletzt sein kann. So zeigte Tversky (1969), dass das Axiom der Transitivität nicht erfüllt war, wenn die Personen die Wahl zwischen Lotterien hatten, die sich minimal in Wahrscheinlichkeiten unterschieden. In dem Experiment gab es 5 Lotterien mit Werten A =(\$5,0,7/24,0), B = (\$4,75,8/24,0), C = (\$4,5,9/24,0), D = (\$4,25,10/24,0), E = (\$4,0,11/24,0). In paarweisen Vergleichen wählten die Personen $A \succ B$, $B \succ C, C \succ D, D \succ E$, aber dann $E \succ A$, eine Verletzung der Transitivität. Die strenge Version der Transitivität wurde darauf hin in eine schwächere verändert, die stochastische Transitivität.

Das aber wohl berühmteste Beispiel ist das **Allais-Paradox** (1953), das zeigt, dass das Unabhängigkeitsaxiom verletzt ist.

In einer ersten Situation stehen die Optionen A und B zur Auswahl, in der man mit bestimmten Wahrscheinlichkeiten p folgende Beträge gewinnen kann:

Option A: 1 Mio. € mit Sicherheit (p = 1)
Option B: 5 Mio. € mit p = 0,1
            1 Mio. € mit p = 0,89
            Nichts mit p = 0,01

In einer zweiten Situation kann man zwischen den Optionen C und D wählen mit Wahrscheinlichkeiten und Beträgen wie folgt:

Option C: 1 Mio. € mit p = 0,11
            Nichts mit p = 0,89
Option D: 5 Mio. € mit p = 0,10
            Nichts mit p = 0,90

Die meisten Personen bevorzugen A in der ersten Situation und D in der zweiten. Wenn man die Optionen jedoch als Lotterien darstellt, wird deutlich, dass das Unabhängigkeitsaxiom verletzt ist. Nehmen wir an, wir haben 100 nummerierte Tickets und eins wird zufällig gezogen. Dann lassen sich die vier Optionen wie folgt darstellen:

	Lotterieticketnummern (1–100)		
	1	2–11	12–100
Option A	1 Mio. €	1 Mio. €	1 Mio. €
Option B	0	5 Mio. €	1 Mio. €
Option C	1 Mio. €	1 Mio. €	0
Option D	0	5 Mio. €	0

Wenn A gegenüber B bevorzugt wird, dann sollte C gegenüber D bevorzugt werden, da die Präferenzordnung unabhängig vom Wert des gemeinsamen Ergebnisses in der letzten Spalte ist (Unabhängigkeitsaxiom). Aus Sicht der Expected-Utility-Theorie ergibt sich folgendes Bild (eine Einheit ist eine Million):

Eine Präferenz A gegenüber B impliziert
$$u(1€) > 0,1 \times u(5€) + 0,89 \times u(1€) + 0,01 \times u(0) \text{ oder}$$
$$0,11 \times u(1€) > 0,1 \times u(5€) + 0,01 \times u(0) \qquad (37.1)$$

Andererseits impliziert die zweite Situation eine Präferenz von D gegenüber C

$$0,1 \times u(5€) + 0,9 \times u(0) > 0,11 \times u(1€) + 0,89 \times u(0)$$
$$\text{oder } 0,1 \times u(5€) + 0,01 \times u(0) > 0,11 \times u(1€), \quad (37.2)$$

die im Widerspruch zur ersten Entscheidungssituation steht.

Diese und zahlreiche weitere Beispiele (z. B. Slovic, Lichtenstein, Fischhoff, 1988, für einen Überblick), in denen gezeigt wurde, dass sich Verhalten nicht mit der normativen Expected-Utility-Theorie beschreiben lässt, führten zu verschiedenen Modifikationen des Modells. Die wichtigste Weiterentwicklung ist die deskriptive »Prospect«-Theorie von Kahneman und Tversky (1979). Sie erklärt, wie und warum Entscheidungen oft von der normativen Expected-Utility-Theorie abweichen.

Prospect-Theorie

Ein Prospect $(x_1, p_1; x_2, p_2; \dots x_n, p_n)$ wird als Kontrakt definiert, in dem ein Ergebnis x_i mit Wahrscheinlichkeit p_i erzielt wird, also eine Option oder Lotterie. Die Wahrscheinlichkeiten sind gegeben und addieren sich zu 1, d. h. $p_1 + p_2 + \dots + p_n = 1$. Die Konsequenzen (Ergebnisse) x_i sind Geldbeträge.

Die Prospect-Theorie unterscheidet zwei Phasen im Entscheidungsprozess: eine erste Phase des Editierens, die aus einer vorläufigen Analyse der angebotenen Option (»prospect«) besteht und einer zweiten Phase der Evaluation, in der die editierten Optionen bewertet werden und die Option gewählt wird, die den höchsten Wert erzielt. Das Editieren besteht aus der Anwendung mehrerer Operationen, die die Konsequenzen und Wahrscheinlichkeiten der Optionen transformiert. Einige Operationen gelten für jede Option einzeln, andere Operationen gelten für zwei und mehr Optionen. Für das Weitere ist die Operation der Kodierung, die für jede einzelne Option gilt, wesentlich für die Darstellung hier. Für alle weiteren Operationen sei auf Kahneman und Tversky (1979) verwiesen.

Wenn die Person eine Option kodiert, nimmt sie die Konsequenzen als Gewinn und Verlust wahr und verrechnet diese nicht miteinander. Gewinn und Verlust werden relativ zu einem neutralen Referenzpunkt definiert. Die Lage des Referenzpunktes und somit die Kodierung der Konsequenzen als Gewinn oder Verlust kann durch die Formulierung der angebotenen Optionen und durch die Erwartungen der Person beeinflusst werden.

Nach der Editierungsphase evaluiert die Person jede der editierten Optionen und wählt die Option mit dem höchsten Wert. Der Gesamtwert der editierten Option, V, ergibt sich aus zwei Funktionen, π und υ.

Die Gewichtungsfunktion π assoziiert mit jeder Wahrscheinlichkeit p ein Entscheidungsgewicht $\pi(p)$ und spiegelt den Einfluss von p auf V wider.

- π ist eine wachsende Funktion von p mit $\pi(0) = 0$ und $\pi(1) = 1$.
- π ist kein Wahrscheinlichkeitsmaß, und es gilt in der Regel $\pi(p) + \pi(1 - p) < 1$ (»subcertainty«).
- $\pi(p) > p$ für kleine p, d. h. kleine Wahrscheinlichkeiten bekommen ein zu großes Gewicht.
- $\pi(p) < p$ für mittlere und hohe Wahrscheinlichkeiten, d. h., sie werden unterbewertet.
- Der Effekt der Überbewertung ist stärker als der der Unterbewertung.
- $\pi(pq)/\pi(p) < \pi(pqr)/\pi(pr)$ für alle $0 < p, q < 1$. Das heißt, für ein festes q ist das Verhältnis der Entscheidungsgewichte näher an 1, wenn die Wahrscheinlichkeiten niedrig sind als wenn sie hoch sind, z. B. $\pi(0,1)/\pi(0,2) > \pi(0,4)/\pi(0,8)$. Diese Eigenschaft wird mit Subproportionalität

bezeichnet und schränkt die Form von π beträchtlich ein.

Die Wertefunktion υ weist jeder Konsequenz x eine Zahl $\upsilon(x)$ zu, die den subjektiven Wert der Konsequenz widerspiegelt. Konsequenzen werden relativ zum Referenzpunkt definiert, der als Nullpunkt für die Werteskala dient.

- υ ist auf den Abweichungen vom Referenzpunkt definiert.
- υ ist in der Regel konkav oberhalb des Referenzpunktes, d. h., $\upsilon''(x) < 0$ für $x > 0$, und in der Regel konvex unterhalb des Referenzpunktes, $\upsilon''(x) > 0$ für $x < 0$.
- υ ist steiler für Verluste als für Gewinne.

Schließlich werden Optionen danach eingeteilt, welche numerischen Werte die Konsequenzen haben können. Es werden Optionen der Form $(x, p; y, q)$ betrachtet, in der höchstens zwei Konsequenzen nicht Null sind. Das heißt, man bekommt x mit Wahrscheinlichkeit p, y mit Wahrscheinlichkeit q und nichts mit Wahrscheinlichkeit $1 - p - q$, wobei $p + q \leq 1$.

Eine streng positive Option (»strictly positive prospect«) ist gegeben, wenn $x, y > 0$ und $p + q = 1$. Eine streng negative Option (»strictly negative prospect«) ist gegeben, wenn $x, y < 0$ und $p + q = 1$. Eine reguläre Option (»regular prospect«) ist weder streng positiv noch streng negativ und $p + q < 1$.

Wenn $(x, p; y, q)$ eine reguläre Option ist, d. h., entweder $p + q < 1$ oder $x \geq 0 \geq y$ oder $x \leq 0 \leq y$, dann ist

$$V(x, p; y, q) = \pi(p)\, \upsilon(x) + \pi(q)\, \upsilon(y),$$

wobei $\upsilon(0) = 0$, $\pi(0) = 0$ und $\pi(1) = 1$. Wie in der Expected-Utility-Theorie ist V auf den Optionen (prospects) definiert und υ auf den Konsequenzen. Anders als bei der Expected-Utility-Theorie erfüllt die Gleichung nicht das Prinzip der Erwartung. Die Werte der Funktionen υ und u sind gleich für sichere Optionen, d. h. $V(x, 1, 0) = V(x) = \upsilon(x) = u(x)$.

Die Bewertung der streng positiven und streng negativen Optionen erfordert eine andere Regel. In der Editierungsphase werden die Optionen in zwei Komponenten aufgeteilt (Diese Operation wird als Segregation bezeichnet):

1. in eine risikolose Komponente, d. h., das, was man mit Sicherheit bekommt oder verliert und
2. in eine riskante Komponente, d. h., die zusätzlichen Gewinne oder Verluste, die man mit einer gewissen Wahrscheinlichkeit bekommt.

Die Bewertung dieser Optionen ist dann wie folgt:

Wenn $(x, p; y, q)$ eine streng positive oder streng negative Option ist, d. h., wenn $p + q = 1$ und entweder $x > y > 0$ oder $x < y < 0$, dann ist

$$V(x, p; y, q) = \pi(p)\, \upsilon(x) + [1 - \pi(p)]\, \upsilon(y)$$
$$= \upsilon(y) + \pi(p)\, [\upsilon(x) - \upsilon(y)]$$

Das wesentliche Merkmal dieser Gleichung ist, dass die Gewichtungsfunktion auf die unsichere Komponente der Option angewandt ist, nicht aber auf die sichere.

Die Prospect-Theorie gibt für eine Fülle experimenteller Daten Erklärungen, zu denen die Expected-Utility-Theorie nicht in der Lage war (Kahneman & Tversky, 1979). Zum Beispiel kann das Allais-Paradox erklärt werden, indem anstelle der Wahrscheinlichkeiten die Funktion π die Konsequenzen gewichtet. Eine wesentliche Eigenschaft der π-Funktion ist, dass gilt $\pi(p) + \pi(1 - p) < 1$ (▶ oben), und diese Eigenschaft spielt in diesem und ähnlichen Bespielen eine Rolle. Setzen wir $u(0) = \upsilon(0) = 0$, dann ist in der Prospect-Theorie-Ungleichung 37.1

$$\upsilon(1€) > \pi(0,89) \times \upsilon(1€) + \pi(0,1) \times \upsilon(5€) \text{ oder}$$
$$[1 - \pi(0,89)] \times \upsilon(1€) > \pi(0,1) \times \upsilon(5€)$$

und Ungleichung 37.2

$$\pi(0,1) \times \upsilon(5€) > \pi(0,11) \times \upsilon(1€) .$$

Also ist

$$[1 - \pi(0,89)] > \pi(0,11) \text{ oder } \pi(0,89) + \pi(0,11) < 1 .$$

Wie die Expected-Utility-Theorie beruht die Prospect-Theorie auch auf Axiomen, jedoch in abgeschwächter Form (Kahneman & Tversky, 1979). Tversky und Kahneman (1992) entwickelten sie zur »Cumulative-Prospect-Theorie« weiter, in der Optionen mit mehr als zwei Optionen mit Konsequenzen ungleich Null betrachtet werden können.

Die Expected-Utility-Theorie hat viele Modifikationen erfahren. So wurde früh die subjektive Bewertung der Wahrscheinlichkeiten eingeführt, z. B. Savage (1954; »subjectively expected utility«), die aber formal keinen Unterschied zur Expected-Utility-Theorie macht, d. h., die Gesetze der Wahrscheinlichkeitsrechnung werden, anders als bei der Prospect-Theorie, eingehalten. Weiter wurde die Unabhängigkeit zwischen Beurteilung der Wahrscheinlichkeit und Bewertung der Konsequenzen aufgegeben (z.B. »rank-dependent utility«, Wakker, 1989; »rank- and sign-dependent utility«, Luce, 1991).

Die Expected-Utility-Theorie wurde vielerlei Kritik ausgesetzt und oft als überholt angesehen, da sie den empirischen Daten nicht Rechnung tragen kann. Nichtsdestoweniger war und ist sie Grundlage vieler, auch neuerer Entwicklungen in der Entscheidungsforschung (z. B. »decision field theory«, Busemeyer & Townsend, 1993).

37.5 Perspektiven

Forschung und auch ihre Anwendung findet heute im interdisziplinären Kontext statt. Wenn man an die Naturwissenschaften im engeren Sinne denkt oder an die Wirtschafts-

wissenschaften, dann setzen Kooperationen nicht zuletzt eine gemeinsame Sprache voraus. Formale Modelle helfen hier der Kommunikation. In der Psychologie gewinnt z. B. gerade die Psychophysik in Bereichen wie den Neurowissenschaften zunehmend an Bedeutung. Mitunter werden allerdings psychologische Vorgehensweisen und Methoden angewandt, ohne die Probleme und Erkenntnisse aus der langjährigen psychologischen Forschung zu kennen.

Die Entscheidungsforschung ist heute ohne psychologischen Input undenkbar. Dies gilt insbesondere in den USA. Einer der am häufigsten zitierten Artikel, »Prospect Theory: An Analysis of Decision under Risk« wurde von zwei Psychologen verfasst. Kahneman erhielt 2002 den Nobelpreis für Wirtschaft. Bedauerlicherweise konnte sein Kollege Amos Tversky diese Anerkennung für ihr mathematisches Modell nicht mehr miterleben, da er vorzeitig an einem Krebsleiden 1996 verstarb.

Literatur

Referenzliteratur

Diederich, A. & Busemeyer, J.R. (2003). Simple matrix methods for analyzing diffusion models of choice probability, choice response time and simple response time. *Journal of Mathematical Psychology, 47* (3), 304–322.

Gescheider, G.A. (1997). *Psychophysics: the fundamentals* (3rd ed.). London: Erlbaum.

Jungermann, H. Pfister, H.R. & Fischer, K. (1998). *Die Psychologie der Entscheidung.* Heidelberg: Spektrum.

Kahneman, D. & Tversky, A. (1979). Prospect theory: an analysis of decision under risk. *Econometrica, 47* (2), 263–291.

Kleindorfer, P.R. Kunreuther, H.C. & Schoemaker, P.J.H. (1993). *Decision science: an integrative perspective.* Cambridge: Cambridge University Press.

Luce, R.D. (1986). *Response times.* New York: Oxford University Press.

MacMillan, N.A. & Creelman, C.D. (2004). *Detection theory: a user's guide* (2nd ed.). Mahwah, NJ: Erlbaum.

Roberts, F.S. (1979) *Measurement theory with applications to decision making, utility and social sciences.* Reading, MA: Addison-Wesley.

Townsend, J.T. & Ashby, F.G. (1983). *Stochastic modeling of elementary psychological processes.* Cambridge: Cambridge University Press.

Zitierte Literatur

Allais, M. (1953). »Le comportement de l'homme rationnel devant le risque, critique des postulates et axiomes de l'école americaine«. *Econometrica, 21,* 503–546.

Aschenbrenner, K.M., Albert, D. & Schmalhofer, F. (1984). Stochastic choice heuristics. *Acta Psychologica, 56,* 153–166.

Ashby, F.G. (1983). A biased random walk model for two choice reaction times. *Journal of Mathematical Psychology, 27* (3), 277–297.

Ashby, F.G. (2000). A stochastic version of general recognition theory. *Journal of Mathematical Psychology, 44,* 310–329.

Bernoulli, D. (1738). Specimen theoriae novae de mensura sortis (Exposition on a new theory on the measurement of risk). *Comentarii Academiae Scientiarum Imperialis Petropolitanae, 5,* 175–192 (übersetzt von L. Sommer, *Econometrica, 1954, 22,* 23–36).

37

Busemeyer, J.R. & Townsend, J.T. (1993). Decision field theory: a dynamic-cognitive approach to decision making in an uncertain environment. *Psychological Review 100* (3), 432–459.

Clemen, R.T. & Reilly, T. (2001). *Making hard decisions with decision tools.* Pacific Grove, CA: Duxbury Press.

Colonius, H. (1984). *Stochastische Theorien individuellen Wahlverhaltens.* Berlin: Springer.

Coombs, C.H., Dawes, R.M. & Tversky, A. (1970). *Mathematical psychology.* New Jersey: Prentice Hall.

Diederich, A. (1995). Intersensory facilitation of reaction time: evaluation of counter and diffusion coactivation models. *Journal of Mathematical Psychology, 39* (2), 197–215.

Diederich, A. (1997). Dynamic stochastic models for decision making with time constraints. *Journal of Mathematical Psychology, 41* (3), 260–274.

Diederich, A. & Busemeyer, J.R. (1999). Conflict and the stochastic dominance principle of decision making. *Psychological Science, 10* (4), 353–359.

Diederich, A. & Busemeyer, J.R. (in press). Modeling the effects of payoff on response bias in a perceptual discrimination task: bound-change, drift-rate-change, or two-stage-processing hypothesis. *Perception & Psychophysics*

Dixit, A.K. & Nalebuff, B.J. (1995) *Spieltheorie für Einsteiger.* Stuttgart: Schäffer-Poeschel.

Dzhafarov, E.N. & Colonius, H. (1999). Fechnerian metrics in unidimensional and multidimensional stimulus spaces. *Psychonomic Bulletin and Review, 6*, 239–268.

Edwards, W. (1965). Optimal strategies for seeking information: models for statistics, choice reaction times, and human information processing. *Journal of Mathematical Psychology, 2*, 312–329.

Estes, W.K. (1950). Towards a statistical theory of learning. *Psychological Review 57*, 94–107.

Fechner, G.T. (1860). *Elemente der Psychophysik.* Leipzig: Breitkopf & Härtel.

Green, D.M & Swets, J.A. (1966). *Signal detection theory and psychophysics.* New York: Wiley.

Herbart, J.F. (1822/1890). Über die Möglichkeit und Nothwendigkeit, Mathematik auf Psychologie anzuwenden. In K. Kehrbach (Hrsg.), *Joh. Fr. Herbart's sämtliche Werke in chronologischer Reihenfolge* (5. Band). Langensalza: Hermann Beyer.

Hick, W.E. (1952). On the rate of gain of information. *Quarterly Journal of Experimental Psychology, 4*, 11–26.

Heath, R.A. (1981). A tandem random walk model for psychological discrimination. *British Journal of Mathematical and Statistical Psychology. 34*, 76–92.

Holler, M.J. & Illing, G. (2003). *Einführung in die Spieltheorie* (5. Aufl.). Berlin: Springer.

Hull, C.L. (1943). *Principles of behaviour.* New York: Appleton-Century-Crofts.

Kagel, J.H. & Roth, A.E. (Hrsg). (1995). *The handbook of experimental economics.* Princeton: Princeton University Press.

Krantz, D.H., Luce, R.D., Suppes, P. & Tversky, A. (1971). *Foundations of measurement: Vol. 1 Additive and polynomial representations.* New York: Academic Press.

Laming, D. (1968). *Information theory of choice reaction times.* New York: Academic Press.

Laming, D. (1973). *Mathematical psychology.* London: Academic Press.

Lewin, K. (1951). *Field theory in social science: selected theoretical papers.* New York: Harper.

Link, S.W. & Heath, RA. (1975). A sequential theory of psychological discrimination. *Psychometrika, 40*, 77–105.

Luce, R.D. & Raiffa, H. (1957). *Games and decisions: introduction and critical survey.* New York: Wiley.

Luce, R.D. (1959). *Individual choice behavior: a theoretical analysis.* New York: Wiley.

Luce, R. D. (1963). Detection and recognition. In R.D. Luce, R.R. Bush & E. Galanter (Eds.), *Handbook of mathematical psychology* (pp. 103–187). New York: Wiley.

Luce, R.D. (1991). Rank-and sign-dependent linear utility models for binary gambles. *Journal of Economic Theory, 53*, 75–100.

Luce, R.D. (1995). Four tensions concerning mathematical modeling in psychology. *Annual Review of Psychology, 46*, 1–46.

Luce, R.D. Bush, R.R. & Galanter, E. (Eds.) (1963/1964). *Handbook of mathematical psychology* (I–III). New York: Wiley

Luce, R.D., Krantz, D.H. Suppes, P., Tversky, A. (1990). *Foundations of measurement* (Vol. 3). San Diego, CA: Academic Press.

Luce, R.D. & Tukey, J.W. (1964). Simultaneous conjoint measurement: a new type of fundamental measurement. *Journal of Mathematical Psychology, 1*, 1–27.

Maddox W.T. (2002). Toward a unified theory of decision criterion learning in perceptual categorization. *Journal of the Experimental Analysis of Behavior, 78* (3), 567–595.

Nosofsky, R.M. & Palmeri, T.J. (1997). Comparing exemplar-retrieval and decision-bound models of speeded perceptual classification. *Perception and Psychophysics, 59*, 1027–1048.

Neumann, von, J. & Morgenstern, O. (1944/²1947). *The theory of games and economic behavior.* Princeton: Princeton University Press.

Pacut, A. (1980). Mathematical modeling of reaction latency: the structure of the model and its motivation. *Acta Neurobiologia Experimentalis, 40* (1), 199–215.

Pike, A. R. (1966). Stochastic models of choice behaviour: response probabilities and latencies of finite Markov chain systems. *British Journal of Mathematical and Statistical Psychology, 21*, 161–182.

Ratcliff, R. (1978). A theory of memory retrieval. *Psychological Review, 85*, 59–108.

Ratcliff, R. (1981). A theory of order relations in perceptual matching. *Psychological Review, 88*, 552–572.

Ratcliff, R. & Rouder, J.N. (1998). Modeling response times for two-choice decisions. *Psychological Science, 9*, 347–356.

Restle, F. & Greeno, J.G. (1970). *Introduction to mathematical psychology.* Reading, MA: Addison-Wesley.

Roe, R.M., Busemeyer, J. & Townsend, J.T. (2001). Multi-alternative decision field theory: a dynamic artificial neural network model of decision making. *Psychological Review, 108*, 370–392.

Savage, L.J. (1954). *The foundations of statistics.* New York: Wiley.

Schwarz, W. (1994). Diffusion, superposition, and the redundant-targets effect. *Journal of Mathematical Psychology, 38*, 504–520.

Slovic, P. Lichtenstein, S. & Fischhoff, B. (1988). Decision making. In R.C. Atkinson, R.J. Herrnstein, G. Lindzey & R.D. Luce (Eds.), *Stevens' handbook of experimental psychology: Vol. II Learning and cognition* (2nd ed., pp. 673–729). New York: Wiley.

Smith, P.L. (1995). Psychophysically principled models of visual simple reaction time. *Psychological Review, 102*, 567–591.

Spearman, C. (1904). »General intelligence« objectively determined and measured. *American Journal of Psychology, 15*, 201–293.

Stevens, S.S. (1956). The direct estimation of sensory magnitudes – loudness. *American Journal of Psychology, 69*, 1–25.

Stone, M. (1960). Models for choice-reaction time. *Psychometrika, 25*, 251–260.

Suppes, P., Krantz, D.H., Luce, R.D., Tversky, A. (1989) *Foundations of measurement* (Vol. 2). San Diego, CA: Academic Press.

Sydow, H. & Petzold, P. (1982). *Mathematische Psychologie: Mathematische Modellierung und Skalierung in der Psychologie.* Berlin: Springer.

Tanner W.P. & Swets J.A. (1954). A decision theory of visual detection. *Psychological Review, 61*, 401–409.

Thurstone, L.L. (1927). A law of comparative judgments. *Psychological Review, 34*, 273–286.

Thurstone, L.L. (1928). Attitudes can be measured. *The American Journal of Sociology, 33*, 529–554.

Tuckwell, H.C. (1995). *Elementary applications of probability theory* (2nd ed.). London: Chapman & Hall.

Tversky, A. (1969). Intransitivity of preferences. *Psychological Review, 76*, 31–48.

Tversky, A. (1972). Elimination by aspects: a theory of choice. *Psychological Review, 79* (4), 281–299.

Tversky, A. & Kahnemann, D. (1992). Advances in prospect theory: cumulative representation of uncertainty. *Journal of Risk and Uncertainty, 5*, 297–323.

Usher M. & McClelland, J.L. (2001). On the time course of perceptual choice: the leaky competing accumulator model. *Psychological Review, 108*, 550–592.

Van Zandt, T., Colonius, H. & Proctor, R.W. (2000). A comparison of two response time models applied to perceptual matching. *Psychonomic Bulletin and Review, 7* (2), 208–256.

Vickers, D. (1970). Evidence for an accumulator of psychophysical discrimination. *Ergonomics, 13*, 37–58.

Wakker, P. (1989). *Additive representations of preferences: a new foundation of decision analysis.* Dordrecht: Kluwer.

Weber, E.H. (1834). De *pulso, resorptione, auditu et tactu. Annotaiones anatomicae et physiologicae.* Leipzig: C.F. Koehler. [Dtsch.: ders. (1846). Tastsinn und Gemeingefühl. In R. Wagner (Hrsg.) Handwörterbuch der Physiologie mit Rücksicht auf physiologische Pathologie (Band 3, Abt. 2). Braunschweig: Vieweg.]

Wickens, T.D. (2002). *Elementary signal detection theory.* Oxford: Oxford University Press.

Winterfeld, D. von & Edwards, W. (1986). *Decision analysis and behavioral research.* New York: Cambridge University Press.

II Psychologie in der Praxis: Anwendungsfelder, Methoden und Befunde

Pädagogische Psychologie

Arbeits-, Betriebs- und Wirtschaftspsychologie

Weitere Anwendungsfelder

38 Psychologie als Beruf

C. Graf Hoyos

38.1 Historische Entwicklung

In neuerer Zeit mehrte sich die Zahl der Psychologen, die höhere Positionen in Politik und Gesellschaft übernommen haben; so wurde ein Psychologe Staatspräsident von Serbien (Boris Tadic), mehrere Bundes- oder Landesminister sind oder waren Psychologen, mehrere Psychologen sind oder waren Universitätsrektoren bzw. -präsidenten: Rudolf Cohen (Universität Konstanz), Stephan Hormuth (Universität Gießen), Peter Schwenkmezger (Universität Trier), Rainer Westermann (Greifswald), Margret Wintermantel (Universität Saarbrücken), Alf Zimmer (Universität Regensburg). Die Positionen, die hier eingenommen werden, sind aus nahe liegenden Gründen keine beruflichen Optionen, aber ihre Besetzung durch Psychologen zeigt doch eine Tendenz, auch für höhere Stellen die Qualifikation von Psychologen in Anspruch zu nehmen.

Die Berufstätigkeit von Psychologen als Psychologen hat freilich sehr viel bescheidener begonnen (▶ Kasten). Wenn wir ungefähr hundert Jahre zurückblicken, erkennen wir am besten, wie Psychologie zu einem Beruf geworden ist (Brüning, Frey, Stahlberg & Hoyos, 1988).

Psychologie als Beruf – die Anfänge

Der Psychiater Kraepelin versuchte seit dem Ende der 80er Jahre des 19. Jahrhunderts mit einfachen Untersuchungen (Kopfrechnen, Buchstaben zählen u. Ä.) Faktoren zu ermitteln, die die Arbeitsleistung beeinflussen. Willensanspannung, Ermüdung und Gewöhnung waren nach seiner Meinung solche Faktoren. 1902 veröffentlichte er Ergebnisse seiner Untersuchungen in dem Werk »Die Arbeitscurve«, einem der ersten Werke der Angewandten Psychologie (Kraepelin, 1902).

▼

In Frankreich beschäftigte sich Alfred Binet (1857–1911) mit individuellen Differenzen verschiedener Leistungen, insbesondere in Abhängigkeit vom Lebensalter (ausführlich ▶ Kap. 41). Hierbei interessierten ihn sowohl geistige Leistungen (Gedächtnis, Suggestibilität u. a.) als auch körperliche Leistungen (Handdruck, Zugkraft, Sprungkraft u. a.). Weiterhin verglich Binet begabte und unbegabte Schüler mit einer Testserie aus Gedächtnisaufgaben, Buchstabendurchstreichen, Übertragen von Ziffern, Sätzen und Zeichnungen sowie mit Aufgaben zur Unterscheidung taktiler Eindrücke. Diese »psychometrischen« Bemühungen mündeten in die bekannte Methode der Intelligenzprüfung des Binet-Simon-Tests.

Hugo Münsterberg (1863–1916) beschäftigte sich ebenfalls mit der Optimierung von Arbeitsbewegungen, mit Problemen der Monotonie und Ermüdung und den hieraus sich ergebenden Folgen. Der sehr bekannt gewordene Straßenbahnertest Münsterbergs von 1913 gilt als der Beginn der heutigen Verkehrspsychologie. Durch die

Auslese geeigneter Straßenbahnführer sollte mit diesem Verfahren versucht werden, den Gefahren des dichter werdenden Straßenverkehrs zu begegnen. Münsterberg fragte aber auch: Wie wird der Mensch durch das Führen eines Fahrzeugs beansprucht? Wie kann die Situation des Menschen im Straßenverkehr gefahrloser gestaltet werden? (Münsterberg, 1913)

Ein Einsatz von Psychologen in erheblicher Breite wird aus der Zeit des Ersten Weltkriegs berichtet: In den Vereinigten Staaten von Amerika hat die Notwendigkeit, sich beim Eintritt der USA in den Krieg im Jahre 1917 ein Bild von der Eignung der Soldaten zu machen, zur breiten Anwendung psychologischer Tests geführt: Beinahe 2 Mio. Soldaten wurden psychologischen Prüfungen unterzogen (Erdélyi, 1955).

Aus diesen wenigen Beispielen erkennt man bereits das Grundmuster der »Praktischen Psychologie«, wie man im Anschluss an Herrmann (1979) die Ausübung von Psychologie als Beruf auch nennen kann. In einem Bereich des gesellschaftlichen, wirtschaftlichen oder kulturellen Lebens entstehen Probleme, die, wie man vermutet, von Psychologen gelöst werden könnten. Es geht dabei immer um das Verhalten und Erleben von Menschen – Gegenstand der Psychologie bis heute –, das in einer Situation, bei einer Aufgabe von den handelnden Individuen »angefordert« wurde. Nicht ohne Grund traten schnell Arbeitstätigkeiten in das Zentrum der Betrachtung oder aber das »Kriegshandwerk«, das ebenfalls bestimmte Fähigkeiten und Fertigkeiten verlangte. Obwohl wahrscheinlich auch Vertreter anderer Fachrichtungen versucht haben, auf diese Fragen eine Antwort zu geben, konzentrierte sich die Nachfrage dann doch auf die Psychologen.

Nach den frühen Anfängen, für die wir Beispiele genannt haben, haben sich die beruflichen Perspektiven von Absolventen eines Psychologiestudiums auf spektakuläre Weise vervielfacht, was man im Nachkriegsdeutschland am Anstieg der Mitgliederzahlen des Berufsverbandes Deutscher Psychologinnen und Psychologen (BDP), der recht bald nach dem Ende des Zweiten Weltkriegs (1946) gegründet wurde (Lück, 2004), leicht ablesen kann (1962: 1485; 1972: 2000; 1980: 4696; 1990: 11.265;1998: 20.716; danach Rückgang um ein Drittel). Den Gründen für diese Expansion kann hier nicht im Einzelnen nachgegangen werden. Wichtig ist aber zu erkennen, wie zahlreiche Faktoren in diesem Prozess zusammengewirkt haben:

- Sicher und zuallererst: Die Qualifikation der Fachpsychologen hat kontinuierlich zugenommen.
- Die Öffentlichkeitsarbeit der Verbände hat zweifellos Wirkung gezeigt. So und natürlich auch auf informellen Wegen hat sich bei zahlreichen Fachvertretern, Verbänden, Unternehmen und Behörden – unter

denen die Arbeitsverwaltung als großer Arbeitgeber für Psychologen besonders hervorgehoben zu werden verdient – die Einsicht durchgesetzt, Probleme in ihren Wirkungsbereichen seien psychischen Ursprungs, bzw. dass sich Zielvorstellungen der Optimierung, Produktivität usw. nur erreichen lassen, wenn man das Erleben und Verhalten der beteiligten Menschen einbezieht.

- In den Wirtschaftswissenschaften setzt sich die Einsicht durch: Ohne eine sorgsame Pflege des »Humankapitals« kann die Wirtschaft in der Globalisierung aller wirtschaftlichen Prozesse kaum bestehen. Dies hat besonders der Psychologie im Personalwesen großen Auftrieb gegeben.
- Technischer Wandel betrifft immer auch Menschen: Ein prägnantes Beispiel ist sicher die Computerisierung aller Lebensbereiche, die die Sorge um benachteiligte Bevölkerungsgruppen mehrt, z. B. ältere Menschen.
- Bestimmte Themen haben einen enormen Zuwachs an Interesse erfahren, z. B. alle Aspekte von Gesundheit, nicht zuletzt durch die bedauerliche Zunahme psychischer Störungen.
- Schon sehr früh hat man die »psychologische Seite« des Verhaltens von Käufern erkannt und zum Nutzen des Handels auszuwerten versucht.

38.2   Nachfrage und Angebot

Nun können wir das genannte Grundmuster verfeinern und danach fragen, wer überhaupt den Dienst des Psychologen anfordert und was die Psychologie zu bieten hat.

38.2.1 Wer fordert an?

In ihrem Rückblick auf die Anfänge der Angewandten Psychologie haben Brüning et al. (1988) schon folgende Anwendungsgebiete der Psychologie genannt:

- Arbeits- und Betriebspsychologie,
- Verkehrspsychologie,
- Sportpsychologie und
- Wehrpsychologie.

38

Als eigenständige Disziplin hat sich bereits um die Wende vom 19. zum 20. Jahrhundert die Pädagogische Psychologie etabliert (Brugger, Rath & Wehner, 1986).

Aus dieser Aufzählung wird man unschwer verschiedene institutionelle Auftraggeber für Psychologen, aber auch Personen erkennen, die z. B. wissen wollten,

- ob Menschen für bestimmte Tätigkeiten geeignet sind;
- ob Beschäftigte ihre Arbeit besser einzeln oder in Gruppen verrichten sollten;
- welchen Beruf Jugendliche wählen sollen;
- welche Schulart oder Ausbildungsgänge bestimmten Personen empfohlen werden können;
- welche Werkzeuge, Umgebungsbedingungen und andere Umstände mehr der menschlichen Aktivität, hier besonders ihrer Arbeit in Handwerks- oder Industriebetrieben, dienlich bzw. hinderlich sind;
- ob Mitarbeiter, die mit Kunden umzugehen haben, in der Lage sind, deren Zufriedenheit zu mehren;
- ob Menschen in Entscheidungssituationen oder bei persönlichen Problemen Hilfe geleistet werden kann;
- ob Personen mit Gefahren eher vorsichtig oder unvorsichtig umgehen;
- ob es im Sinne von Personen oder Unternehmen liegt, Einstellungen, etwa im Sinne einer Vorliebe für »Marken«, zu beeinflussen.

Bei Institutionen, von denen hier die Rede ist, kann es sich – wie schon erwähnt – um Betriebe aller Art handeln, um Behörden, z. B. im Falle der Erteilung einer Fahrerlaubnis, um Architekten oder um Hersteller von Maschinen und Werkzeugen. Diese Institutionen werden sich an betrieblichen Bedingungen, gesetzlichen Vorgaben, Produktivitätserwägungen orientieren, aber auch an Humanisierungszielen, wenn sie eine personelle Entscheidung treffen (▶ Kap. 52). Auf der »anderen Seite« sehen wir eine große Zahl von Ratsuchenden und Patienten, die Hilfe in Problemlagen suchen, in denen sie sich befinden, seien dies Leiden offensichtlich psychischer Art oder seien es lebenswichtige Entscheidungen, z. B. der Berufswahl. Bei individuellen Entscheidungen orientiert sich der Psychologe an den Wünschen, Bedürfnissen und sonstigen persönlichen Voraussetzungen einer Person und bewertet den Erfolg seines Rates an dem weiteren Schicksal dieser Person.

38.2.2 Was hat die Psychologie zu bieten?

Zur Antwort auf die Frage, was die Psychologie zu bieten hat, kann auf den methodischen Grundkanon der Psychologie verwiesen werden: Psychologen wollen Verhalten beschreiben, erklären und verändern. Das gilt für die Grundlagendisziplinen, für die forschungsorientierte Angewandte Psychologie und für die Praktische Psychologie – Aufgabengebiete, die allerdings unterschiedliche Orientierungen haben

In diesen Unterscheidungen schwingt die traditionelle Annahme mit, die Angewandte Psychologie basierte auf den Erkenntnissen der Grundlagenforschung, die die Psychologinnen und Psychologen auf »praktische« Fälle anwenden. In der Tat wächst die Praktische Psychologie, die wir, wie gesagt, mit der Arbeit des Psychologen im Beruf identifizieren wollen, aus der Grundlagenforschung heraus. Die Annahme jedoch, Praktische Psychologie sei Anwendung von Grundlagenforschung, ist zu einfach, denn für viele praktische Fragen fehlt Grundlagenwissen und vorhandenes Wissen spezifiziert selten die Umstände, unter denen praktische Fragen beantwortet werden sollen. Daher besteht für die Angewandte Psychologie, wie Hoyos und Frey (1999) dargelegt haben und die Kapitel des Teils II dieses Handbuches verdeutlichen, ein expliziter eigener Forschungsauftrag. Die psychologiebezogenen, nicht forschenden Tätigkeiten (Herrmann, 1979) werden sich deshalb auf das Wissen der Grundlagenforschung und der Angewandten Forschung stützen.

Verhalten und Erleben beschreiben, erklären und verändern (Hockel, 1988, 1999; Hoyos, 1974). – Ein erster Aufgabenbereich des Psychologen ergibt sich aus der Notwendigkeit, gegebene Situationen zu analysieren und sich die für weitere Schritte erforderlichen Informationen zu beschaffen. Der Psychologe ist – mit anderen Worten – bei seinen beruflichen Aufgaben vordringlich mit der **Erhebung von Daten** befasst. Diese Tätigkeit bezog sich für lange Zeit fast ausschließlich auf Personen und prägte das Bild eines überwiegend psychodiagnostisch tätigen Psychologen. In der Tat ist auch heute noch die Untersuchung von Personen, die seinen Rat suchen oder z. B. auf ihre Fahrtauglichkeit hin untersucht werden sollen, eine wichtige und dominierende Aufgabe. Für diese Datenerhebung stellt die Wissenschaft ein reichhaltiges Arsenal von Verfahren zur Verfügung: psychologische Tests für die Leistungsmessung oder Skalen und Fragebögen für die Erfassung von Persönlichkeitsmerkmalen, ferner Beobachtungshilfsmittel und Registriereinrichtungen (▶ Kap. 39–41).

Zwar sind so Personen die häufigste Quelle einer Datenerhebung, jedoch mehren sich die Aufgaben, bei denen eine **Analyse der Umgebung** einer handelnden Person vorgenommen werden muss, für die Instrumente erst entwickelt werden mussten. Als Arbeitspsychologe muss der praktisch tätige Psychologe für Maßnahmen und Entscheidungen aller Art Arbeitsplätze auf ihre Anforderungen hin analysieren. Die dabei entwickelten Methoden werden aber auch vom Bildungsplaner auf die Entwicklung curricularer beruflicher Bildungsgänge angewandt oder für die Berufsanalyse und -klassifikation herangezogen. Zahlreiche berufliche Tätigkeiten, Lebenssituationen, wie das Leben in Ballungsräumen, gehen mit erheblichen Belastungen aller Art einher (Überblick z. B. bei Rudow, 2004). Der Psychologe muss in der Lage sein, die Belastungen zu identifizieren und ihre Wirkung auf den Menschen abzuschätzen. Die Umwelt des Einzelnen ist weitgehend eine soziale Umwelt. Interpersonale Beziehungen und Gruppenprozesse, Organisation, Sozialisation, Konflikte sind Bezeichnungen für Aspekte der sozialen Umwelt, die eigene methodische Ansprüche stellen.

Die Datenerhebung ist in weitem Umfang durch Rechtsvorschriften begrenzt und geprägt, z. B. durch Datenschutzgesetze, durch Auflagen zur Dokumentation von Erhebungen oder durch Vorschriften zum Schutz persönlicher Akten (z. B. durch Berufsordnungen; ▶ Kap. 1).

Datenerhebungen haben für sich genommen nur einen begrenzten Nutzen, wenn sie nicht auf Erklärungen durch Hypothesen, **Theorien** zurückgeführt werden.

- Die soeben erwähnten Belastungen – bei der Arbeit, in sozialen Berufen – lassen sich nur im Rahmen eines Belastungs-Beanspruchungs-Modells verstehen. Aus einem solchen Modell können auch Voraussagen auf mögliche Folgen abgeleitet werden.
- Um die Wahl von Aufgaben verschiedener Schwere durch Beschäftigte oder Schüler zu verstehen, wird man auf Theorien der Leistungsmotivation zurückgreifen.

Eine Theorie wird dann auch erlauben, gefundene Daten in logische und systematische Beziehungen zu bringen.

Nur ausnahmsweise bleibt der Psychologe bei der Erhebung und Erklärung bestimmter Daten stehen; sie müssen zu einer **Entscheidung** verarbeitet werden, die sich wiederum aus den Vorgaben des Auftraggebers ergeben, sei dies eine bestimmte Person oder eine Institution. Solche Entscheidungen kommen in der Arbeit eines Psychologen in großer Zahl vor, oder eben in so großer Zahl wie auch seine Tätigkeit vielseitig ist. In vielen Fällen kommt der Psychologe zu einer **Diagnose** über eine bestimmte psychische Störung, über eine Eignung, über die Qualität eines Informationssystems usw. (▶ Kap. 39–41). Solche Entscheidungen werden selten allein getroffen, sondern meist zusammen mit Personalleitern, Ärzten, Pädagogen usw. Der Psychologe wird kaum bei einer Diagnose stehen bleiben, sondern bestimmte Interventionen anbieten oder eine Maßnahme empfehlen, um die Verhältnisse zu ändern. Um diese Aufgaben des Psychologen zu beschreiben, dominiert gegenwärtig das Begriffspaar Verhaltensprävention und Verhältnisprävention (z. B. Frieling & Sonntag, 1999). Der Begriff »Prävention« bezeichnet das Grundanliegen der Psychologen, förderliche Bedingungen und notwendige Verhaltensweisen nach Möglichkeit vor dem Auftreten belastender oder sonst wie negativer Ereignisse einzurichten (▶ Kasten »Verhaltenspräventive und verhältnisorientierte Maßnahmen im Gesundheitssektor«).

Verhaltenspräventive und verhältnisorientierte Maßnahmen im Gesundheitssektor

Als verhaltenspräventive Maßnahmen im Gesundheitssektor nennen Frieling und Sonntag (1999):

- Stressmanagement,
- Kurse zur Veränderung gesundheitsschädlicher Verhaltensweisen,
- Qualifizierung,
- Schulung und
- Kompetenztraining.

Als verhältnisorientierte Maßnahmen führen diese Autoren folgende Möglichkeiten an:

- ergonomische Arbeitsgestaltung,
- Abbau belastender Umgebungsbedingungen,
- Pausengestaltung,
- Entlohnungssysteme,
- Erhöhung des Handlungs- und Kontrollspielraumes,
- Verbesserung des Kooperationsklimas und
- Einrichtung von Gesundheitszirkeln.

Es muss nicht besonders betont werden: Sowohl durch Verhaltensprävention als auch durch Verhältnisprävention soll Verhalten beeinflusst werden; man könnte sagen: direkt oder indirekt.

Die Berufstätigkeit von Psychologen ist vielleicht nicht genügend erkenntlich, wenn man nur ihre Grundfertigkeiten nennt; Psychologen bündeln ihre Bemühungen meistens in mehr oder weniger komplexen Projekten, wie z. B. Human Factors, Erziehung, Gesundheit (Zimbardo, 2004).

Neben diesen Aufgaben des aktiven Handelns mit und für bestimmte Personen und Personengruppen sollte man eine Aufgabe nennen, die die Psychologen erst zögernd erkannt und übernommen haben: »Give psychology away«; auf diese Botschaft G.A. Miller's aus dem Jahre 1969 (Miller, 1969) hat Zimbardo in seiner Presidential Address vor der American Psychological Association nachdrücklich hingewiesen (Zimbardo, 2004). Zimbardo betonte, als Miller sei-

ne Forderung erhob, sei es an der Zeit gewesen, aus dem mehr oder weniger für bestimmte Zirkel publizierenden Fachbereich herauszutreten und psychologische Erkenntnisse in eine Sprache zu übersetzen, die auch ein gewöhnlicher Bürger verstehen könnte. Kowal (2004) resümiert die 30-jährigen Bemühungen, Psychologie an allgemein bildenden Schulen zu lehren.

38.3   Neuere Anwendungen

Wie schon angedeutet, hat die Psychologie in ihren Anwendungen und in ihrer Praxis in den letzten Jahrzehnten gewaltig expandiert und zahlreiche Gebiete in Politik, Gesellschaft und Wirtschaft als Feld psychologischer Interventionen »entdeckt«.

Einen Überblick hierzu liefert dieser Band in den zahlreichen Kapiteln, die diesem Kapitel nachfolgen. Einen ähnlichen Überblick geben Hoyos und Frey (1999) für die Arbeits- und Organisationspsychologie, Frey, Rosenstiel und Hoyos (2005) für die Wirtschaftspsychologie sowie Frey und Hoyos (2005) für weitere Anwendungsgebiete in Gesellschaft, Kultur und Umwelt.

Man kann nicht jedes der genannten Gebiete auch als berufliches Betätigungsfeld für Psychologen betrachten, aber doch wohl für deren Mehrzahl. Wie kam es zu dieser Expansion? Die Gegenüberstellung von Angebot und Nachfrage gibt auf diese Frage nur eine vorläufige Antwort. In verschiedenen Leitdisziplinen hat es »Bewegungen« für ein Problemfeld gegeben, in denen die Psychologie geführt hat oder in denen sie »mitgeschwommen« ist. Ein sehr plastisches Beispiel ist die **Gesundheitspsychologie** (▶ Kap. 45), die – u. a. durch einen Paradigmenwechsel in der Gesundheitspolitik (z. B. die WHO-Definition von Gesundheit) und inspirierende wissenschaftliche Beiträge (z. B. Antonovsky, 1987) angetrieben – die Psychologen nachhaltig aktiviert hat. Diese Expansion wird auch sehr deutlich an den arbeits- und organisationspsychologischen Bemühungen um die Gesundheit von Beschäftigten (»Die gesunde Organisation«; Rudow, 2004; Stadler & Spieß, 2003). In diesem Feld kann man der Psychologie eine Leitfunktion zubilligen.

Auf den Gebieten **Personalwesen** und **Organisationsforschung** kann die Psychologie zweifellos eine traditionelle Rolle beanspruchen, andererseits gilt wohl: Die Psychologie »schwimmt« in diesen Disziplinen mit. Das bringt die praktisch tätigen Psychologen in scharfe Konkurrenz zu Soziologen, Kommunikationswissenschaftlern, Juristen, besonders aber zu Betriebswirten. Anders herum betrachtet kann diese Situation freilich auch als eine Chance für Interdisziplinarität gesehen werden.

Um noch ein drittes Feld zu nennen: **Ingenieurpsychologie** und im weiteren Sinne die Ergonomie. Selbstverständlich ist es ein Auftrag der wissenschaftlichen Psychologie, auch den technischen Fortschritt zu begleiten und dessen Implikationen und Folgen als Thema der Verhaltens- und Verhältnisprävention zu erkennen. Die Unternehmensleitungen werden durch technologische Entwicklungen umgetrieben, die man nicht anders als atemberaubend nennen kann. Nutzer aller Art, vom einfachen Mitarbeiter bis zum Vorstandsmitglied, können in »virtuellen Umgebungen« agieren. Die immer weiter reichenden Möglichkeiten der Datenfernübertragung tragen dazu bei, die zeitlichen und räumlichen Grenzen von Unternehmen unscharf werden zu lassen, ja, »Die grenzenlose Unternehmung« wird am Horizont sichtbar (Picot, Reichwald & Wigand, 1996): Mitarbeiter eines Unternehmens müssen nicht mehr an einem Ort versammelt sein; dank der Informations- und Kommunikations-(IuK-)Techniken kann ihr Arbeitsplatz »irgendwo« sein, in vielen Fällen »zu Hause«. Diese – zweifellos rasanten – Veränderungen werfen eine Fülle psychologischer Probleme auf, die unter dem Begriff der Telekooperation fokussieren. Telekooperation hat besondere sozialpolitische und damit auch sozialpsychologische Brisanz, wirft aber auch arbeits- und organisationspsychologische Fragen auf.

38.4 Hat es sich gelohnt?

Hat es sich gelohnt, den Beruf des Psychologen zu etablieren? Mit diese Frage hat sich Zimbardo (2004) in seiner schon erwähnten Presidential Address eingehend beschäftigt. »Kann die psychologische Forschung mit ihren Theorien und Methoden, mit ihrer Praxis erhebliche Veränderungen im Leben von Individuen, Gemeinschaften und Nationen herbeiführen? Haben Psychologen Schätze, auf die sie stolz sein können? Sind wir in der Lage, mehr und bessere Forschung zu betreiben, die wichtige und anwendbare Wirkungen in der realen Welt erzielt? Sind wir fähig, ›Psychologie wegzugeben‹ – vernünftig und gut zugänglich? Und schließlich: Haben wir gelernt, mit den Medien, mit technischen Experten, mit führenden Persönlichkeiten des öffentlichen Lebens, mit Medizinern und anderen Verhaltenswissenschaftlern zusammenzuarbeiten, um in den nächsten 10 Jahren noch mehr bedeutsame Veränderungen zu erreichen?« (ebd., S. 348, Übers. v. Verf.). Zimbardo hat diese Frage nachdrücklich bejaht, nachdem er zuvor eine Reihe von »Erfolgen« der Psychologie aufgeführt hat.

Wir könnten uns auf das Urteil eines so erfahrenen Sachkenners wie Zimbardo verlassen und sicher noch andere Zeugen finden, die ihm beipflichten. Die Arbeit der Psychologie methodisch zu evaluieren, zählt allerdings zu den aktuellen Forderungen an das Fach und die Fachvertreter (▶ Kasten »Beispielhafte Evaluationsprobleme psychologischer Arbeit«). Im konkreten Fall erweist sich dies als recht schwierig: Manche Fachvertreter begnügen sich daher notgedrungen mit der Feststellung, sie hätten mit diesem oder jenem Verfahren oder Vorgehen gute Erfahrungen gemacht.

Bei den im Kasten aufgeführten und bei vielen anderen Fällen ist zu bedenken: Oft handelt es sich um die kooperativen Anstrengungen mehrerer Fächer. Der Versuch, die Arbeit von Psychologen mit Bezug auf externe Kriterien zu evaluieren, ist eine notwendige Aufgabe, aber sicher lässt sich der **Erfolg psychologischer Arbeit** noch an anderen Kriterien ablesen:

- Die wachsende Zahl praktizierender Psychologen ist schon Beweis an sich.
- In zahlreichen Feldern ist die Psychologie institutionalisiert (Kliniken aller Art, Technische Überwachungsvereine, Bundeswehr).

Beispielhafte Evaluationsprobleme psychologischer Arbeit

Ein Trainer von Führungskräften wird gern berichten, er habe in seinen Seminaren breite Zustimmung gefunden, er hatte evtl. auch Gelegenheit, zu einem späteren Zeitpunkt umfangreiche Erinnerungen an seine Bemühungen erheben können. Zu ermitteln, wie sich das Training von Führungskräften auf deren Führungspraxis ausgewirkt hat, wird er selbst kaum noch Gelegenheit haben, und sollte er sie haben, würde er an methodischen Schwierigkeiten scheitern. Soll das fragliche Unternehmen in Anbetracht dieser Lage auf das Ausschreiben von Seminaren verzichten?

Die Zahl von Verkehrsunfällen und Arbeitsunfällen, besonders solcher mit tödlichem Ausgang, hat in der Bundesrepublik von Jahr zu Jahr abgenommen. Können sich die Verkehrspsychologen, die, man könnte sagen »flächendeckend«, für die Verkehrssicherheit arbeiten, oder Psychologen in Betrieben oder in entsprechenden Beratungsfirmen Verdienste an diesen offenkundigen Gewinnen an Sicherheit selbst zuschreiben? Das dürfte nahezu unmöglich sein, da Unfälle bekanntermaßen von zahlreichen Ursachen abhängen. In speziellen Studien aber gibt es durchaus Nachweise, wie psychologische Interventionen Unfallzahlen senken können (Elke, 2000).

»Psychische erste Hilfe« ist ein expandierendes Gebiet Angewandter und Praktischer Psychologie. Bringt das etwas? Die Promotoren dieses Arbeitsfeldes (Gasch & Lasogga, 2005; auch ▶ Kap. 48) sind davon überzeugt. Sie werden aber aus zahlreichen Gründen kaum Gelegenheit haben, ihre Vermutungen fundiert zu evaluieren.

— Psychologen weisen eine relativ günstige Bilanz in der Arbeitslosenstatistik auf (Bausch, 2001).
— Offenbar genießen Psychologen in der Öffentlichkeit einen guten Ruf (Schorr, 2003).

Der Leser wird im Übrigen viele Beispiele erfolgreicher Anwendungen von Psychologie in den nachfolgenden Kapiteln finden.

38.5 Berufliche Qualifizierung

Bis vor kurzem haben sich Interessenten am Beruf des Psychologen in Deutschland durch den Erwerb des akademischen Titels »Diplom-Psychologe« qualifiziert. Eine Prüfungsordnung für Psychologen wurde 1941 unter Federführung von Oswald Kroh erlassen – wie Traxel (2004) schreibt, im Sinne der Wehrmachtpsychologie, um den Zugang von Fachvertretern zu den Stellen für Eignungsprüfungen des Heeres, der Luftwaffe und der Marine in geordnete Bahnen zu lenken. Dagegen sieht Schorr (2003, S. 3) »die Notwendigkeit, die so genannte Laienanalyse, d. h. die Ausbildung zum ›behandelnden Psychologen‹ angemessen zu regeln« unter Berufung auf verschiedene Autoren als wesentlichen Grund für die Schaffung einer Diplomprüfungsordnung für Psychologen.

Wie dem auch sei, diese Prüfungsordnung hat die Auflösung der Wehrmachtspsychologie und andere Schwierigkeiten überlebt und wurde nach dem Zweiten Weltkrieg – zunächst noch mit einer Regelstudienzeit von 6 Semestern – von den Universitäten übernommen bzw. beibehalten. Der Aufbau des Studiums, in dem übrigens heute Frauen die Mehrheit der Studierenden bilden (Bausch, 2001), wurde allerdings in den Jahrzehnten nach dem Krieg durch verschiedene »Rahmenordnungen für die Diplom-Prüfung im Studiengang Psychologie« immer wieder modifiziert und unterschiedlich reglementiert.

Jetzt aber befindet sich das Studium der Psychologie in einem gewaltigen »Umbruch«: Die Universitäten führen – mehr oder weniger eifrig – Studiengänge in Psychologie ein, die mit dem akademischen Titel eines »Bachelor« oder eines »Master« abgeschlossen werden können, wobei wiederum verschiedene Modelle der Abfolge dieser Studiengänge erprobt werden (Krämer, 2004; auch ▶ Kap. 1). Andererseits bieten auch Fachhochschulen Studiengänge in Psychologie an (bisher wohl hauptsächlich in Wirtschaftspsychologie; Günther, 2005). »Zukünftig wird es für psychologisch Interessierte nicht einfacher werden, ein passendes Studienangebot zu finden. In den Hochschulen ist nach wie vor umstritten, ob die Abschaffung des Diplomstudiengangs in Psychologie sinnvoll ist und ob die Alternativen dazu die richtigen sind« (Krämer, 2004).

Selbstverständlich können Psychologen (i. Allg. Diplom-Psychologen) einen Doktorgrad erwerben. Nach neueren Erhebungen von Bausch (2001) täten dies aber nur knapp 10% der Diplom-Psychologen. Hoyos konnte 1964 noch feststellen, dass auf vier Diplomprüfungen in Psychologie eine Doktorprüfung kommt.

38.6 Ethische Grundsätze

Lindsay (1996) fordert definitiv: Die Praxis von Psychologen, sei dies nun der Umgang mit Klienten, akademische Lehre oder die Erziehung von Schülern und Studenten, muss von ethischen Grundsätzen geleitet sein. Während sich die Psychologen verschiedener, besonders klinischer Praxisfelder intensiv darum bemüht haben, für ihren Umgang mit Klienten ethische Grundsätze zu erarbeiten (American Psychological Association, 1992; Berufsverband Deutscher Psychologinnen und Psychologen, 1986; Lindsay, 1996; auch ▶ Kap. 1), hat für gestaltende Teildisziplinen der Praktischen Psychologie, z. B. für die Arbeitspsychologie, diese Diskussion erst begonnen (Hoyos, 1996, 1999).

38.6.1 Was können wir unter ethischen Grundsätzen verstehen?

Nach Küng (2002, S. 46) ist Ethik »die philosophische und theologische Lehre von den Werten und Normen, die unsere Entscheidungen und Handlungen leiten sollen.« Durch die umfänglichen Diskussionen, wie sich moralisches Handeln begründen lasse, zieht sich die Überzeugung, es könne heute nicht mehr darum gehen, ethische Grundsätze aus einem »existierenden obersten Wert« abzuleiten. So kommen Lenk und Maring (1996, S. 8) zu einem pluralistischen Ansatz – hier fokussiert auf Wirtschaftsethik: »Wirtschaftsethik ist … angewandte Ethik auf der Grundlage einer gemischten pluralistischen Ethik, welche die Maßstäbe des guten Handelns nicht aus einem einzigen Prinzip begründet, sondern verschiedene ethische Grundansätze wie Allgemeingültigkeit, Gleichberechtigung, Fairness, Gerechtigkeit, Anerkennung der Menschenwürde, Leistungsangemessenheit, soziale Partnerschaft und Solidarität sowie ein gewisses quasi-caritatives Wohlwollens- und Wohltuungsprinzip vereint.« Diesen großen und abstrakten Zielen sind Handlungen zuzuordnen, die zur Verwirklichung der Ziele beitragen. Meistens werden es ganze Handlungsbündel sein, die man z. B. zur Mehrung von Gerechtigkeit und Solidarität einsetzen müsste.

Einen Vorrang für das Handeln der Psychologen – und selbstverständlich auch für Vertreter anderer Disziplinen – genießt die **Würde der Person**. »Die Aufgabe des Psychologen ist es, das Wissen über den Menschen zu vermehren und seine Erkenntnisse und Fähigkeiten zum Wohl des einzelnen und der Gesellschaft einzusetzen. Er achtet Würde und Integrität des Individuums und setzt sich für die Erhaltung und den Schutz fundamentaler menschlicher Rechte ein. Der Beruf des Psychologen ist seiner Natur nach frei« (Berufsverband Deutscher Psychologinnen und Psychologen, 1986).

In der gestaltenden, wirtschaftlichen Anwendung der Psychologie wird seit langem im Bestreben um eine Humanisierung des Arbeitslebens »menschengerechte Arbeitsgestaltung« gefordert und angestrebt (Luczak, Volpert, Raeithel & Schwier, 1987). »Menschengerecht« bedeutet weithin, eine Arbeit funktionell an die Leistungsmöglichkeiten des Menschen anzupassen oder diese gar zu steigern und damit Vorteile für ein Betriebsziel zu erreichen. Mit dem Begriff »menschengerecht« rückt man aber die Gestaltung von Arbeit ersichtlich auch in den Bereich der Menschenrechte. Menschenrechte, insbesondere die »Würde der Person«, zu begründen und zu verankern, ist eine umfassende Aufgabe mit einer langen Geschichte, aber auch mit leidvollen Erfahrungen in der Gegenwart (Birke, 1994).

38.6.2 Wie lassen sich ethische Normen implementieren?

Dabei tut sich regelmäßig das folgende Dilemma auf (Homann, 1999): Einerseits handeln Menschen entsprechend ihren Interessen, die sich wieder in verschiedenen Nutzens- und hedonistischen Zielen manifestieren; andererseits wird von ihnen verlangt, bestimmte Normen zu beachten, die ihnen unter Berufung auf bestimmte »Lehren« nahe gebracht werden und die i. Allg. gewisse Verzichte auf Nutzen und Gewinne – zugunsten wessen? – verlangen, kurzum, altruistisch zu handeln. Meistens gilt es als verwerflich, Normen unbeachtet zu lassen und interessengeleitet zu agieren. Den ethischen Prinzipien Vorrang zu gewähren, gelingt i. Allg. nur wenigen »Heroen«. Homann (1997) argumentierte: Die alte, traditionelle Ethik folge einem Regelbefolgungsmodell, demzufolge die Menschen etablierten Regeln Folge zu leisten hätten. Der Akteur müsse im Handlungsvollzug Vorteilserwägungen gegenüber moralischen Forderungen zurückstellen. Dies könne nur auf individueller Ebene oder in kleinen Gruppen gelingen. Auf gesellschaftlicher Ebene könnten sich ethisch Denkende und Handelnde kaum durchsetzen. Deshalb müsse man, um dieses Dilemma zu lösen, ethisches Verhalten mit dem Vorteilsstreben des Menschen in Einklang bringen, kurzum, ihr Verhalten muss durch Anreize gesteuert werden. Menschen sollen in Freiheit und Interaktion mit anderen ein Regelwerk entwickeln und zur Norm erheben, d. h., die Handlungsbedingungen im Sinne von Anreizen sind die entscheidenden Stellgrößen (»Regeletablierungsmodell«; nach Homann, 1997). Ein solches Modell besticht angesichts der raschen Veränderungen von Gesellschaft und Wirtschaft, denen »alte« Ethiken kaum folgen könnten.

Die ethischen Kodizes von Berufsverbänden der Psychologen (z. B. Berufsverband Deutscher Psychologinnen und Psychologen, 1986; eine neuere Version der Berufsordnung findet sich im Internet unter http://www.bdp-verband.org) wollen über diese allgemeinen Prinzipien hinaus für zahlreiche Aspekte ihres Handelns Regeln vorgeben, die ethische Verantwortlichkeit sichern, so u. a. die Stellung zu Kollegen und Mitarbeitern, den Umgang mit Klienten und mit Daten, darunter auch die Schweigepflicht, Dokumentation von Befunden und die Werbung für die eigene Tätigkeit.

Literatur

Referenzliteratur

Bausch, M. (2001). Psychologinnen und Psychologen. In Bundesanstalt für Arbeit (Hrsg.), *Arbeitsmarktinformation 3/2001*. Bonn: Zentralstelle für Arbeitsvermittlung.

Berufsverband Deutscher Psychologen (1986). *Berufsordnung für Psychologinnen und Psychologen*. Bonn: Deutscher Psychologen Verlag.

Schorr, A. (Hrsg.). (2003). *Die Psychologie als Wissenschaft und als Profession*. Bern: Huber.

Zitierte Literatur

American Psychological Association (1992). Ethical principles for psychologists and code of conduct. *American Psychologist, 47*, 1597–1611.

Antonovsky, A. (1987). *Unraveling the mystery of health. How people manage stress and stay well*. San Francisco: Jossey-Bass.

Birke, A.M. (1994). Das Problem der Menschenrechte. In W. Odersky (Hrsg.), *Die Menschenrechte* (Schriften der Katholischen Akademie in Bayern, Bd. 151, S. 9–22). Düsseldorf: Patmos.

Brüning, B., Frey, D., Stahlberg, D. & Hoyos, C.Graf (1988). Notizen zu den Anfängen der Angewandten Psychologie. In D. Frey, C. Graf Hoyos & D. Stahlberg (Hrsg.), *Angewandte Psychologie. Ein Lehrbuch* (S. 2–21). München: Psychologie Verlags Union.

Brugger, B., Rath, M. & Wehner, E.G. (1986). Geschichte der Pädagogischen Psychologie. In B. Weidenmann, A, Krapp, M. Hofer, G.L. Huber & H. Mandl (Hrsg.), *Pädagogische Psychologie. Ein Lehrbuch* (S. 21–39). München: Psychologie Verlags Union.

Elke, G. (2000). *Management des Arbeitsschutzes*. Wiesbaden: Deutscher Universitäts-Verlag.

Erdélyi, M. (1955). *Einführung in die Wirtschafts- und Betriebspsychologie*. Göttingen: Hogrefe.

Frey, D. & Hoyos, C. Graf (Hrsg.). (2005). *Psychologie in Gesellschaft, Kultur und Umwelt*. Weinheim: Psychologie Verlags Union.

Frey, D., Rosenstiel, D. von & Hoyos, C. Graf (Hrsg.). (2005). *Wirtschaftspsychologie*. Weinheim: Psychologie Verlags Union.

Frieling, E. & Sonntag, Kh. (1999). *Lehrbuch Arbeitspsychologie* (2. Aufl.). Bern: Huber.

Gasch, B. & Lasogga, F. (2005). Notfallpsychologie. In D. Frey & C. Graf Hoyos (Hrsg.), *Psychologie in Gesellschaft, Kultur und Umwelt* (S. 193–200). Weinheim: Psychologie Verlags Union.

Günther, U. (2005). Studium der Wirtschaftspsychologie. In D. Frey, L. von Rosenstiel & C. Graf Hoyos (Hrsg.), *Wirtschaftspsychologie*. Weinheim: Psychologie Verlags Union.

Herrmann, T. (1979). *Psychologie als Problem*. Stuttgart: Klett.

Hockel, M. (1988). Das Berufsbild des Psychologen. In D. Frey, C. Graf Hoyos & D. Stahlberg (Hrsg.), *Angewandte Psychologie. Ein Lehrbuch* (S. 647–660). München: Psychologie Verlags Union.

Hockel, M. (1999). *Diplom-Psychologe/Diplompsychologin* (8. Aufl.; »Blätter zur Berufskunde« der Bundesanstalt für Arbeit). Bielefeld: Bertelsmann.

Homann, K. (1997). Die Bedeutung von Anreizen in der Ethik. In J.-P. Harpes & W. Kuhlmann (Hrsg.), *Zur Relevanz der Diskursethik in Wirtschaft und Politik* (S. 139–166). Münster: LIT-Verlag.

Homann, K. (1999). Die Relevanz der Ökonomik für die Implementation ethischer Zielsetzungen. In W. Korff (Hrsg.), *Handbuch der Wirtschaftsethik* (Band 1, S. 322–343). Gütersloh: Gütersloher Verlagshaus.

Homann, K. (2001). Marktwirtschaft und Ethik. Eine Neubestimmung ihres Verhältnisses. *Zur Debatte – Themen der Katholischen Akademie in Bayern, 31* (3), 1–3.

Hoyos, C. Graf (1964). *Denkschrift zur Lage der Psychologie*. Wiesbaden: Steiner.

Hoyos, C. Graf (1974). *Psychologe* (4. Aufl.; »Blätter zur Berufskunde« der Bundesanstalt für Arbeit). Bielefeld: Bertelsmann.

Hoyos, C. Graf (1996). Ethische Fragen der Arbeitswissenschaft. *Psychologische Beiträge, 38*, 164–185.

Hoyos, C. Graf (1999). Zur Ethik arbeits- und organisationspsychologischen Handelns. In C. Graf Hoyos & D. Frey (Hrsg.), *Arbeits- und Organisationspsychologie. Ein Lehrbuch* (S. 640–648). Weinheim: Psychologie Verlags Union.

Hoyos, C. Graf & Frey, D. (1999). Einführung. In C. Graf Hoyos & D. Frey (Hrsg.), *Arbeits- und Organisationspsychologie. Ein Lehrbuch* (S. 5–26). Weinheim: Psychologie Verlags Union.

Kowal, S. (2004). 30-jährige Geschichte der Psychologie, Sekundarstufe 2. *Report Psychologie, 29*, 366–370.

Krämer, M. (2004), Diplom, Bachelor oder Master – welche Studienabschluss führt in den Beruf? *Report Psychologie, 29*, 438–444.

Kraepelin, E. (1902). Die Arbeitscurve. *Wundt's Philosophische Studien, 18*, 459–507.

Küng, H. (2002). *Projekt Weltethos* (7. Aufl.). München: Piper.

Lenk, H. & Maring, M. (1996). Wirtschaftsethik – ein Widerspruch in sich selbst? In J. Becker, G. Bol, Th. Christ & J. Wallacher (Hrsg.), *Ethik in der Wirtschaft* (S. 1–22). Stuttgart: Kohlhammer.

Lindsay, G. (1996). Psychology as an ethical discipline and profession. *European Psychologist, 1*, 79–88.

Luczak, H., Volpert, W., Raeithel, A. & Schwier, W. (1987). *Arbeitswissenschaft. Kerndefinition – Gegenstandskatalog – Forschungsgebiete*. Eschborn: Rationalisierungs-Kuratorium der Deutschen Wirtschaft.

Lück, H.E. (2004). Die Wiederbegründung der Deutschen Gesellschaft für Psychologie nach dem Zweiten Weltkrieg. *Psychologische Rundschau, 55* (S 1), 33–41.

Miller, G.A. (1969). Psychology as a means of promoting human welfare. *American Psychologist, 24*, 1963–1075.

Münsterberg, H. (1913). *Psychologie und Wirtschaftsleben*. Leipzig: Barth.

Picot, A., Reichwald, R. & Wigand, R.T. (1996). *Die grenzenlose Unternehmung. Information, Organisation und Management*. Wiesbaden: Gabler.

Rudow, B. (2004). *Das gesunde Unternehmen. Gesundheitsmanagement, Arbeitsschutz und Personalpflege in Organisationen*. München: Oldenbourg.

Schorr, A. (2003). Die Psychologie als Wissenschaft und als Profession. In A. Schorr (Hrsg.), *Psychologie als Profession* (S. 1–56). Bern: Huber.

Stadler, P. & Spieß, E. (2003). *Psychosoziale Gefährdung am Arbeitsplatz* (Schriftenreihe der Bundesanstalt für Arbeitsschutz und Arbeitsmedizin, Fb 977). Bremerhaven: Wirtschaftsverlag NW.

Traxel, W. (2004). Zur Geschichte der Deutschen Gesellschaft für Psychologie im so genannten Dritten Reich. *Psychologische Rundschau, 55*, Supplementum 1, 21–32.

Zimbardo, P.G. (2004). Does psychology make a significant difference in our lives? *American Psychologist, 59*, 339–351.

38

39 Psychologische Diagnostik I: Methodische Grundlagen

K. Pawlik

39.1 Zur historischen Entwicklung der Psychodiagnostik

Psychologische Diagnostik (oder Psychodiagnostik) bezeichnet ein überwiegend anwendungsbezogenes Methodenfach der Psychologie mit dem Ziel, »interindividuelle Unterschiede im Verhalten und Erleben sowie intraindividuelle Merkmale und Veränderungen einschließlich ihrer jeweiligen Bedingungen so zu erfassen, dass hinlänglich präzise Vorhersagen künftigen Verhaltens und Erlebens sowie deren eventuelle Veränderungen in definierten Situationen möglich werden« (Amelang & Zielinski, 1997, S. 3). In der Grundlagenforschung sind psychodiagnostische Verfahren die methodische Voraussetzung für die Differentielle Psychologie und Persönlichkeitsforschung (Pawlik, 1996; ▶ Kap. 23, 24). Im Rahmen der Indikations- und Evaluationsdiagnostik kommt Methoden der Psychologischen Diagnostik eine Schlüsselstellung für sämtliche Verfahren zu, die auf psychologische Intervention gerichtet sind, also auf Maßnahmen zur Änderung von Verhalten oder Verhaltensbedingungen wie in der psychologischen Therapie. Die bekanntesten Beispiele für psychodiagnostische Untersuchungsverfahren sind psychologische Tests und Fragebogen.

In diesem Kapitel werden die Fragestellungen, unter denen Psychodiagnostik in der Praxis eingesetzt wird, und die typischen Entscheidungsschritte einer psychodiagnostischen Untersuchung behandelt, dann ausführlich methodische Grundlagen und ethisch-rechtliche Standards und schließlich, im Überblick, die hauptsächlichen psychodiagnostischen Erhebungstechniken und Datenquellen. In den anschließenden Kapiteln werden dann ausgewählte Verfahren für Erwachsene (▶ Kap. 40) und für Kinder und Jugendliche (▶ Kap. 42.1) im Einzelnen dargestellt.

Die Beobachtung, dass sich Menschen selbst unter gleichen oder gleichwertigen situativen Bedingungen in ihrem Verhalten sehr unterscheiden können, bestätigt sich tagtäglich, und die Einsicht, dass solche interindividuellen Unterschiede im Verhalten für das Miteinander kritisch werden können, dürfte zu den frühesten Erfahrungen zählen, die wir machen. So verwundert es nicht, dass es schon früh vorwissenschaftliche Versuche gab, menschliche Eigenschaften wie geistige Leistungsfähigkeit oder persönliche Zuverlässigkeit zu »prüfen« (Hofstätter, 1977).

»Menschenkenntnis« und Verhaltensbeurteilung im Alltag

Einschätzungen anderer im Alltag orientieren sich vielfach am Äußeren einer Person, an ihrer Mimik und Physiognomik, ihrem Auftreten und Aussehen. Immanuel Kant hat in seiner »Anthropologie« (Kant, 1800) diesen Zugang sogar als einzigen herausgekehrt. Nachdem er im ersten Teil des

39

Buches, der »Didaktik«, Antwort auf die Frage suchte, welche Eigenschaften den Menschen an sich auszeichnen, geht er dann im zweiten Teil, der »Charakteristik«, ausführlich der Frage nach, woran die Eigentümlichkeit jedes Einzelnen zu erkennen wäre. Dabei stellt Kant, wie schon vor ihm beispielsweise Lavater, ausführlich auf Physiognomik und auf Ausdrucksverhalten als Quellen von Menschenkenntnis ab.

Auch in der deutschen Fachpsychologie nahm die psychodiagnostische Interpretation von Ausdrucksverhalten bis zur Mitte des letzten Jahrhunderts eine bedeutende Stellung ein und sie hat sich bis heute, dann allerdings methodisch sehr verfeinert, als ein Zugang zum Studium individueller Unterschiede neben anderen gehalten. In Verhaltensbeurteilungen im Alltag sind freilich Eigentümlichkeiten der Person, Umstände der Situation und Wahrnehmungshaltungen auf der Seite des Beurteilers so untrennbar verquickt, dass auf ihrer Grundlage eine auswertbare Diagnostik meist ausgeschlossen ist. In der Hauptsache nahm die Entwicklung der heutigen Psychologischen Diagnostik auch aus diesem Grund einen sehr anderen Entwicklungsweg.

Vorläufer der heutigen Psychodiagnostik

Als Vorläufer der heutigen Psychodiagnostik gelten erste Testuntersuchungen, die Sir Francis Galton (1822–1911) in größerem Umfang in einem von ihm auf der International Health Exhibition 1844 in London eingerichteten anthropometrischen Laboratorium durchführen konnte: Testverfahren für Sinnesleistungen und Gedächtnis, Assoziationsversuche und Fragebogen (Galton, 1883). Unter Zugrundelegung der auf den Mathematiker Carl Friedrich Gauss (1777–1805) zurückgehenden sog. Normalverteilungsfunktion (▶ Kap. 2) entwickelte Galton zu den erhaltenen Messwertreihen sogar ein erstes mathematisches Verteilungsmodell individueller psychischer Unterschiede.

Im letzten Jahrzehnt des 19. Jahrhunderts wurden dann psychologische Testverfahren für die unterschiedlichsten Merkmalsbereiche entwickelt, maßgeblich auch angestoßen durch Arbeiten des amerikanischen Wundt-Schülers James McKeen Cattell (1860–1944). Es blieb jedoch dem französischen Pädagogen Alfred Binet (1857–1911) vorbehalten, als erster eine systematisch angelegte Psychodiag-

nostik intellektueller Fähigkeiten und breiterer Persönlichkeitsmerkmale einzuführen: Zusammen mit dem Arzt Théodore Simon (1873–1961) legte er 1905 eine Testreihe zur entwicklungspsychologischen Diagnostik von Kindern vor (Binet & Simon, 1905), die für viele spätere Testentwicklungen modellhaft werden sollte. Das Testsystem ging durch viele Überarbeitungen und Neuauflagen, die letzten deutschsprachigen noch aus den 1950er (»Binetarium« von I. Norden) bis 1970er Jahren (von J. Kramer) (s. Brickenkamp, 1997).

Um die gleiche Zeit stellte der englische Psychologe Charles Spearman (1863–1945) erstmals ein mathematisch-statistisches Modell interindividueller Unterschiede der Intelligenz vor, die sog. Generalfaktortheorie (Spearman, 1904; ▶ Kap. 23), in deren Rahmen er auch eine erste Zuverlässigkeitstheorie psychologischer Testverfahren konzipierte. Diese wurde in der Folge, vornehmlich in den USA (durch Gulliksen, Guilford und später Lord), zur **klassischen Testtheorie** weiter entwickelt und sollte über Jahrzehnte für die Konstruktion und Gütekontrolle psychologischer Tests und anderer psychodiagnostischer Verfahren zum wegweisenden Standard werden (Guilford, 1954; Kubinger & Jäger, 2003; Krauth, 1995; Lienert & Raatz, 1998; Lord & Novick, 1968).

Weitere Entwicklung und heutiger Stand

Auf dieser Grundlage kam es in der ersten Hälfte des 20. Jahrhunderts zu größeren Neuentwicklungen psychodiagnostischer Verfahren, zunächst wieder vornehmlich in den USA (mit anschließenden Überarbeitungen in anderen Sprachen, so auch im Deutschen; ▶ Kasten).

Daran schlossen sich intensive Weiterentwicklungen an, auch in Deutschland, vielfach in Gestalt integrierter Testsysteme (»Testbatterien«) und unter Einbeziehung weiterer diagnostischer Datenquellen (▶ Abschn. 39.8). So verfügt die Psychologie heute über ein umfangreiches Instrumentarium psychodiagnostischer Untersuchungsverfahren für unterschiedlichste Anwendungsfragestellungen (Brähler, Holling, Leutner & Petermann, 2002). Die zurzeit neueste Auflage des **Testkatalogs** der deutschen Testzentrale (2005) enthält allein über 750 deutschsprachige psychodiag-

---

Neuentwicklungen psychodiagnostischer Verfahren in der ersten Hälfte des 20. Jahrhunderts

- Verfahren zur mehrdimensionalen Intelligenzdiagnostik in Hinblick auf Teilkomponenten (»Faktoren«) der geistigen Leistungsfähigkeit: »Primary Mental Abilities« (PMA; Thurstone & Thurstone, 1947);
- Verfahren zur Messung von Temperaments- und anderen Persönlichkeitseigenschaften durch Fragebogen: »Minnesota Multiphasic Personality Inventory« (MMPI; Hathaway & McKinley, 1943) sowie »Guilford-Zimmermann Temperament Survey«; Guilford & Zim-

mermann, 1949; später auch durch objektive Tests: Cattells »Objective-Analytic Personality Test Battery« (s. Hundleby, Pawlik & Cattell, 1965, zu den Grundlagen);
- Verfahren zur Messung spezieller kognitiver Fähigkeiten: z. B. »Differential Aptitude Battery« (s. Cronbach, 1949), später auch
- Verfahren zur Objektivierung klinisch-psychologischer Diagnostik, wie in Folge in der »Inpatient Multidimensional Psychiatric Scale« (IMPS; Lorr, Klett & McNair, 1963).

nostische Untersuchungsverfahren; ähnlich differenziert ist der Entwicklungsstand in anderen Sprachräumen (Pawlik, 2000). Die wichtigsten Standardverfahren werden in den folgenden ▶ Kap. 40 und 41 dargestellt.

Auf psychometrischer Seite wurde die klassische Testtheorie um eine neue, ihr messtheoretisch überlegene sog. **probabilistische Theorie** psychologischer Diagnostik ergänzt, die heute vermehrt in der Konstruktion von Testverfahren Anwendung findet (Fischer, 1974; Kubinger & Jäger, 2003; Rost, 1996), nachdem diese mathematisch etwas aufwändigeren Verfahren nun auch für PC implementiert sind. Parallel dazu wurde auch die **rechnergestützte Vorgabe von Tests** (Computerdiagnostik; auch ▶ Abschn. 39.7) bis zur Auswertung und Befundintegration entwickelt, heute auch schon über Internet-basierte Testsysteme wie das Hogrefe-Testsystem (Haensgen, 2000) und das Wiener Testsystem (http://www.schuhfried.co.at).

Eine detailliertere Darstellung der Geschichte der Psychologischen Diagnostik würde Raum und Rahmen dieses Kapitels übersteigen. Der Leser findet dazu Näheres bis ca. 1980 in den vier Enzyklopädiebänden »Psychologische Diagnostik« (Groffmann & Michel, 1982/1983), für die Folgezeit auch bei Amelang und Zielinski (2002) und Fisseni (1997).

39.2 Zielsetzungen psychologischer Diagnostik

Eine psychodiagnostische Untersuchung kann mit dem Ziel der Beschreibung (deskriptive Diagnostik), der Vorhersage (prädiktive oder prognostische Diagnostik), der Erklärung (explikative oder explanatorische Diagnostik) oder als Grundlage für Entscheidungen (dezisionale Diagnostik) unternommen werden.

Deskriptive Diagnostik

Eher selten in der Praxis, häufiger in der Forschung, wird eine psychodiagnostische Untersuchung allein mit dem Ziel durchgeführt, den aktuellen oder habituellen Erlebnis- oder Verhaltensstatus einer Person deskriptiv zu erfassen, etwa zur Beschreibung der psychopathologischen Symptomatologie eines Patienten mit Zwangsstörungen oder zur Erstellung eines Persönlichkeitsgutachtens im Rahmen einer Längsschnitt-Entwicklungsstudie. Die Güte solcher deskriptiver Diagnostik bemisst sich im ersten Fall an ihrer inhaltlichen Veridikalität (Beschreibungsrichtigkeit), im zweiten an ihrer zeitgleichen (konkurrenten) Merkmalsgültigkeit (▶ Abschn. 39.5).

In der Regel stehen psychodiagnostische Untersuchungen in der Praxis jedoch unter einer (oder mehreren) der drei folgenden weiter gefassten Zielsetzungen:

Prognostische Diagnostik

In diesem Fall wird eine Untersuchung mit dem Ziel unternommen, Erleben oder Verhalten einer Person zu einem späteren Zeitpunkt (zeitliche Prognose) und/oder unter anderen situativen Bedingungen (situative Prognose) abzuschätzen (vorherzusagen).

Im ersten Fall kann z. B. gefragt sein, wie sich ein frühgeborenes Kind im Laufe seiner frühkindlichen Entwicklung in seinen kognitiven Leistungen weiterentwickeln wird. Ein Beispiel für den zweiten Fall wäre die eignungspsychologische Untersuchung eines Bewerbers um die Ausbildung zum Zivilflugzeugführer. Hier geht es dann um die Erfassung von Merkmalen, die eine möglichst gute Vorhersage gestatten, mit welchem Ergebnis die untersuchte Person die Ausbildung zum Piloten durchlaufen bzw. sich später als Pilot im praktischen Flugeinsatz bewähren wird.

Gütemaßstab unter dieser zweiten Zielsetzung ist die prognostische Gültigkeit des Untersuchungsergebnisses am späteren Kriterium (der weiteren Entwicklung des Kindes, des künftigen Ausbildungs- bzw. Berufserfolgs des Pilotenanwärters). Wie die Beispiele verdeutlichen, ist für die Planung solcher Untersuchungen psychologisches Verständnis der Kriteriumsbedingungen vonnöten, also hier der Entwicklung frühgeborener Kinder bzw. der Anforderungen in der Pilotenausbildung und im Pilotenberuf. Psychologische Diagnostik setzt dabei wesentlich mehr voraus als einfaches Anwenden und Auswerten von Tests. Wir kommen darauf in ▶ Abschn. 39.4 unter dem Stichwort der sog. psychodiagnostischen Inferenz zurück.

Explanatorische Diagnostik

Diese hat eine zur prognostischen Diagnostik entgegengesetzte Inferenz zum Ziel: den Schluss von einem Befund (Untersuchungsergebnis) auf ihm wahrscheinlich ursächlich zugrunde liegende bzw. zeitlich vorausgehende Bedingungen. So könnte die Fragestellung einer Untersuchung lauten: Ist die bei einem Kind festgestellte verminderte Aufmerksamkeitsleistung Folge einer frühkindlichen Hirnschädigung (und als solche unter Umständen neuropsychologisch behandlungsbedürftig) oder eher auf eine allgemeine psychische Entwicklungsverlangsamung (Retardierung) zurückzuführen, die sich mit der Zeit von selbst rückbildet?

Wie für die prognostische ist auch für die explanatorische Diagnostik fundierte Kenntnis (hier: der Neuropsychologie kindlicher Hirnschädigungen bzw. der gesunden Entwicklung von Aufmerksamkeitsleistungen) nötig; die mit den eingesetzten diagnostischen Verfahren gewonnenen Befunde sind erst aus dieser psychologischen Kompetenz explanatorisch auswertbar. Als Gütemaßstab explanatorischer Diagnostik dient in der Regel die Bestätigung der zur Erklärung genannten Vorausbedingungen (hier: der anamnestische Nachweis einer frühkindlichen Hirnschädigung) und/oder die Effektivität der danach eingeleiteten Intervention (Behandlung).

Dezisionale Diagnostik

Das Ergebnis der eignungspsychologischen Untersuchung des Bewerbers um Zulassung zur Pilotenausbildung liefert

Information für die Entscheidung, ob er in diese Ausbildung aufgenommen wird oder nicht (und für den Bewerber selbst, ob er die Zeit und Kosten der Ausbildung auf sich nehmen will). Oder: Im Fall des Kindes mit der Aufmerksamkeitsstörung kann die Erklärung »frühkindliche Hirnschädigung« Entscheidungsgrundlage für eine darauf abgestellte neuropsychologische Behandlung darstellen.

Psychodiagnostik unter prognostischer oder explanatorischer Heuristik hat in den meisten Fällen (zumindest auch) zum Ziel, Informationsgrundlagen für Entscheidungen zwischen alternativen Handlungs- oder Behandlungsfolgen zu gewinnen. Daher bemisst sich die Qualität der psychodiagnostischen Untersuchung außer an der Gültigkeit der Untersuchungsverfahren für die anstehende Fragestellung auch noch an der Angemessenheit der Entscheidungsregeln, nach denen der Untersuchungsbefund in eine Behandlungsentscheidung umgesetzt wird (auch ► Abschn. 39.5).

39.3 Bezugsmaßstäbe psychologischer Diagnostik

Um beim Beispiel des Kindes mit Verdacht auf frühkindliche Hirnschädigung zu bleiben: Die Feststellung, dass das Kind im Aufmerksamkeitstest »Linien verfolgen« für die gestellte Aufgabe 3 Minuten und 14 Sekunden benötigt hat, ist für sich genommen uninterpretierbar, weil ein Bezugsmaßstab (z. B. die Leistung des Kindes vor der vermeintlichen Hirnschädigung oder die Leistung anderer, nicht hirngeschädigter Kinder gleichen Alters) fehlt. Je nach Fragestellung lassen sich fünf alternative Bezugsmaßstäbe für psychologische Diagnostik unterscheiden:

Normative versus ipsative Diagnostik

Bei Anlegung eines (im statistischen Sinne!) normativen Bezugsmaßstabes wird ein Untersuchungsergebnis mit den Resultaten in einer geeigneten Bezugspopulation verglichen, in unserem Beispiel in einer repräsentativen Stichprobe gleichaltriger hirngesunder Kinder.

Eine Diagnostik heißt ipsativ, wenn die Untersuchungsergebnisse mit den Ergebnissen derselben Person in anderen Merkmalen (sog. Profilauswertung) als Bezugsmaßstab verglichen werden.

Status- versus Prozessdiagnostik

In einer Statusdiagnostik wird der psychodiagnostische Befund einer Person zu einem bestimmten Zeitpunkt ermittelt. Alle bisher genannten Beispiele fallen darunter. Dagegen spricht man von Prozessdiagnostik (Pawlik, 1982), wenn von derselben Person psychodiagnostische Ergebnisse zu verschiedenen Zeitpunkten, z. B. vor Beginn und nach Durchlaufen einer psychotherapeutischen Behandlung erhoben werden, um den Therapiefortschritt zu ermitteln.

Die klassische Testtheorie ist vornehmlich für Statusdiagnostik konzipiert; ihre Anwendung zur Veränderungsmessung im Rahmen einer Prozessdiagnostik wirft psychometrische Probleme auf (► Abschn. 39.5.6), die sich erst in der neueren probabilistischen Testtheorie so nicht mehr stellen.

Merkmalsdiagnostik versus kriterienorientierte Diagnostik

In dieser Gegenüberstellung wird der Begriff »Kriterium« in einem anderen Sinn als im Beispiel des Bewerbers um die Pilotenausbildung und in der klassischen Testtheorie (► Abschn. 39.5.6) verwandt. Versteht man dort unter Kriterium ein externes Maß für das, was ein diagnostisches Verfahren erfassen soll, wird in dieser Gegenüberstellung unter Kriterium eine Gesamtheit von Kenntnissen oder Verhaltensweisen verstanden, wie sie Ziel einer Unterrichtung oder einer Behandlung sein können. Kenntnis der Straßenverkehrsordnung und Fähigkeit zum Führen eines Fahrzeugs gemäß dieser Ordnung stellen ein solches Kriterium als Zielkatalog der Fahrschulausbildung dar.

Die meisten der heute verfügbaren psychodiagnostischen Verfahren wurden auf Grundlage der klassischen Testtheorie für Status-Merkmals-Diagnostik entwickelt. Kriterienorientierte Diagnostik verlangt besondere Methoden der Testkonstruktion und der Testgüteprüfung (Klauer, 1987). Eine wichtige Sonderform kriterienorientierter Diagnostik ist heute in der Klinischen Psychologie unter der Bezeichnung **Verhaltensdiagnostik** zur Planung psychologischer Therapie und über spezielle Interviewmethoden zur Diagnostik psychischer Störungen (mit Bezug auf diagnostische Manuale wie ICD, DSM; ► Kap. 40, 42, 43) Methode der Wahl. Und es steht zu erwarten, dass kriterienorientierte Diagnostik künftig vermehrt auch zur Diagnostik des Erfolgs psychotherapeutischer Behandlung eingesetzt werden wird.

Stichprobendiagnostik versus inventarisierende Diagnostik

Die meisten psychodiagnostischen Verfahren folgen einem Stichprobenansatz: In einem Intelligenztest wird eine Stichprobe von Aufgaben (sog. Items) eines Typs, z. B. zum Denken in Analogien (Fluss : Kanu = Straße : ?), vorgegeben. Diese Stichprobe soll eine repräsentative Auswahl der (endlichen oder unendlichen) Grundgesamtheit aller möglicher Aufgaben dieses Typs darstellen, sodass eine Verallgemeinerung vom Testergebnis einer Person in dieser Aufgabenstichprobe auf ihr Ergebnis in der Grundgesamtheit aller Aufgaben desselben Typs möglich wird. Für logische Analogieschlussaufgaben ist eine solche Eingrenzung der Itemgrundgesamtheit schwieriger als für einen kriterienorientierten Wissenstest (Beispiel: theoretische Fahrprüfung). Die Methoden zur psychologischen Testkonstruktion (Lienert & Raatz, 1998) stellen Verfahren zur Erstellung repräsentativer Itemstichproben bereit.

Ein anderer Bezugsmaßstab von Psychodiagnostik liegt vor, wenn nach der Inventarisierung einer Itemgrundgesamtheit als solcher gefragt ist. In der Angstdiagnostik eines Angstpatienten interessiert vor Einleitung einer Therapie nicht nur sein aktuelles Ängstlichkeitsniveau (merkmalsorientierte normative Stichprobendiagnostik), sondern auch eine möglichst lückenlose Erfassung *aller* bei diesem Patienten potenziell Angstreaktionen auslösenden Bedingungen (die dann in der Therapieplanung zu berücksichtigen sein werden). In diesem Fall liegt eine inventarisierende Diagnostik vor, für die das Stichprobendesign nicht mehr angemessen wäre (Pawlik, 1982).

Mess- versus Klassifikationsdiagnostik

Unter »Messen« wird hier (▶ Kap. 2) allgemein die Zuordnung von Zahlen zu Objekten der Beobachtung verstanden, und zwar derart, dass die Beziehungen zwischen den Zahlen den Beziehungen zwischen den Beobachtungsobjekten entsprechen und umgekehrt. Im einfachsten Fall einer Nominalskala dienen die Zahlen allein zur Benennung der Beobachtungsklassen, im Fall einer Rangreihen- oder Intervallskala geben sie auch die Größenreihung bzw. Größenintervalle zwischen den Beobachtungsobjekten entsprechend wieder (▶ Kap. 2). Echte, auf den absoluten Merkmalsnullpunkt bezogene Verhältnisskalen sind in der Psychodiagnostik kaum verfügbar, allenfalls in psychophysiologischen Verfahren.

Die klassische Testtheorie und der Großteil der auf ihr fußenden Psychodiagnostik ist in diesem Sinne Messdiagnostik (regelhaft auf Intervallskalenniveau). In der psychodiagnostischen Praxis ist dagegen unter Umständen nur nach einer Klassifikation gefragt, wie unsere Beispiele zeigten: Kann der Bewerber aufgrund seiner Eignung zur Pilotenausbildung zugelassen werden? Soll für das Kind mit schwacher Aufmerksamkeitsleistung eine neuropsychologische Behandlung empfohlen werden?

Dazu wurden spezielle Verfahren zur Umsetzung eines messdiagnostischen Befundes in Klassifikationen entwickelt (Bestimmung sog. kritischer Trennwerte in der Testwerteverteilung zur Klassifikation, etwa nach »ausbildungsgeeignet« – »weniger bis nicht ausbildungsgeeignet«; ▶ die zitierten Lehrbücher). Speziell in der Klinischen Psychologie hat sich als Alternative eine direkte Klassifikationsdiagnostik mit Bezug auf standardisierte Diagnosesysteme für psychische Störungen entwickelt (dazu ausführlich ▶ Kap. 42).

39.4 Prozessschema der Psychodiagnostik

Dass psychologische Diagnostik mehr ist als die Vorgabe und Auswertung von Tests, klang schon mehrfach an. In diesem Abschnitt soll der vernetzte Ablauf einer psychodiagnostischen Untersuchung in einem Prozessschema veranschaulicht werden (◘ Abb. 39.1).

Oft liegt der Anlass zu einer Untersuchung in einer wenig spezifizierten **Ausgangsfragestellung**. Sie kann im schulpsychologischen Bereich z. B. lauten: »Die 7-jährige Kerstin fällt im Unterricht durch hochgradige Unkonzentriertheit auf; woran liegt das?« Dann werden als erstes Hypothesen zur Umsetzung der Ausgangsfragestellung in **psychodiagnostische Untersuchungsfragestellungen** zu entwickeln sein. Zum Beispiel: Welche Funktionen der Aufmerksamkeit (distributive, konzentrative, aktivierende usw.) mögen betroffen sein, welche Ursachen kommen in Betracht? Als Nächstes sind diese Fragestellungen durch geeignete **Operationalisierungen** für die Untersuchung zu erschließen. Dazu würde man im Beispiel etwa zwischen aktivierungsabhängigen (sog. tonischen) und anforderungsabhängigen (sog. phasischen) Aufmerksamkeitsleistungen unterscheiden, dann zwischen verschiedenen Leistungsfunktionen der Aufmerksamkeit und auch mögliche Faktoren in Kerstins Entwicklung berücksichtigen. Erst auf Grundlage dieser Operationalisierungen wird es möglich, konkret Tests und andere psychodiagnostische Erhebungsverfahren für die Untersuchung von Kerstin auszuwählen, zur Erstellung der Anamnese (Vorgeschichte), zur Erfassung des elterlichen Erziehungsstils usw.

Daran schließt sich dann die **Durchführung der Untersuchung** und ihre Auswertung an. Mit ihrem Ergebnis, dem **Untersuchungsbefund**, ist die Psychodiagnostik aber noch nicht abgeschlossen. Im nächsten Schritt, der **psychodiagnostischen Inferenz und Interpretation**, ist eine Zusammenschau der Befunde zur Beantwortung der Untersuchungsfragestellung und in Hinblick auf die Ausgangsfragestellung gefordert. Dabei sind die Einzelbefunde auf ihre Konsistenz, auf ihre Gültigkeit hinsichtlich externer Kriterien, unter klassifikatorischen Gesichtspunkten und hinsichtlich anstehender Entscheidungs- und Behandlungsalternativen zu verarbeiten. Inferenz und Interpretation erfordern Kompetenz und Erfahrung auf einschlägigen Teilgebieten der Psychologie und Kenntnis der Befundliteratur zu den angewandten Untersuchungsverfahren. (Letztere kann in modernen Diagnosesystemen durch rechnergestützte Interpretationstechniken unterstützt werden, neuerdings auch über Internet-basierte Online-Auswertungshilfen.) Häufig steht abschließend eine Zusammenfassung der Untersuchung, ihrer Befunde und deren Interpretation in einem psychologischen **Gutachten** an.

Zu diesem Prozessschema sind zwei Punkte anzumerken: Wie die Pfeile in ◘ Abb. 39.1 verdeutlichen sollen, kann das Ergebnis nach jedem Abschnitt des Prozessschemas ein iteratives Zurückschreiten auf einen davor gelegenen Abschnitt und dessen Neubearbeitung im Licht eben dieses Ergebnisses erfordern. (In neuen rechnergestützten Diagnosealgorithmen sind solche Feedbackschleifen oft schon vorprogrammiert.) Nur in hochgradig rekurrenten (d. h. unter gleichen Bedingungen an vielen Personen wiederholten) Anwendungen von Psychodiagnostik, etwa in Berufseignungstestungen (▶ Kap. 53), in der militärpsychologischen Eignungsdiagnostik (▶ Kap. 62) oder in Auslesetestungen im Rahmen der Luft- und Raumfahrt (▶ Kap. 60)

39

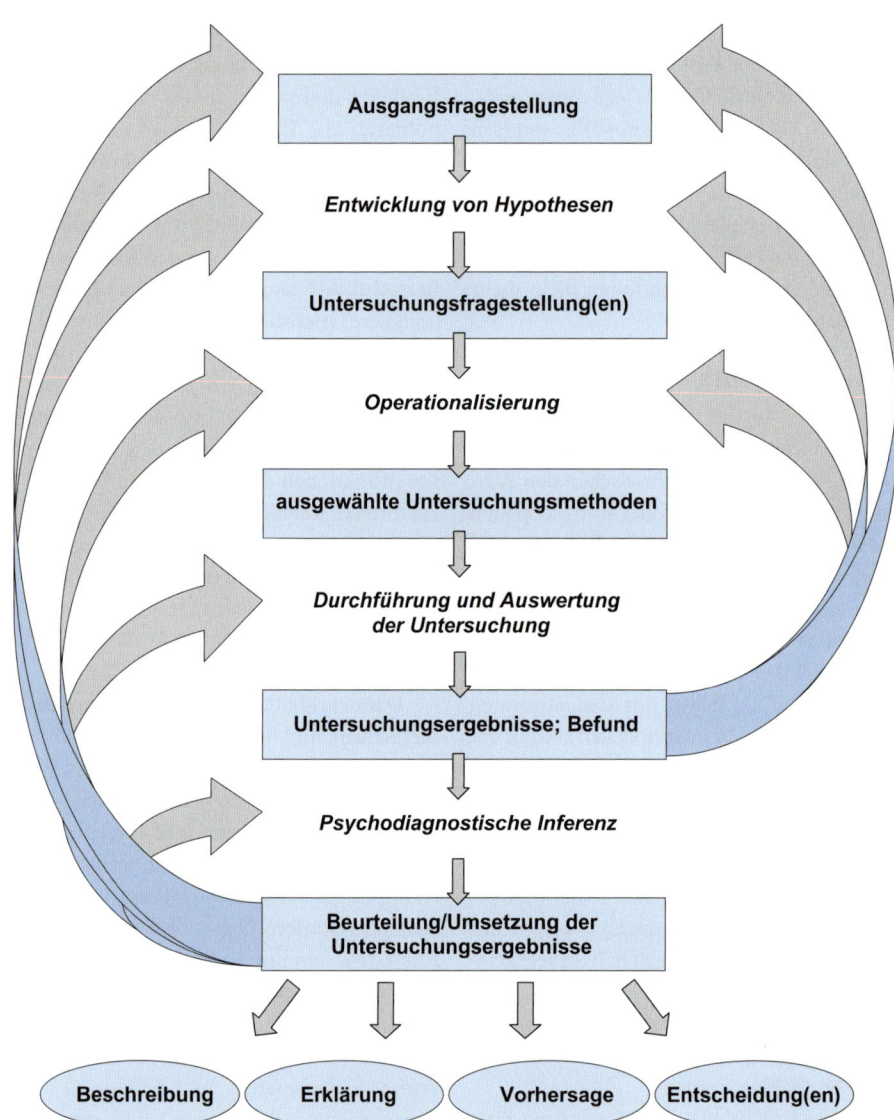

■ **Abb. 39.1.** Prozessschema einer psychodiagnostischen Untersuchung; *eckig gerahmt:* Ausgang, Zwischenstufen, Abschluss; *rund gerahmt:* Untersuchungsziele; *ungerahmt kursiv:* operative Schritte

kann bereits so hoch spezialisiertes Erfahrungswissen in die Anlage des diagnostischen Prozesses einfließen, dass solche Rückblenden im psychodiagnostischen Prozess im Regelfall selten sein werden. Dagegen stellen sie in der Einzelfalldiagnostik, vornehmlich im klinischen Bereich, eher die Regel dar.

Als Zweites wird deutlich, dass eine eigenverantwortliche Durchführung von Psychodiagnostik durch Personen ohne Vollausbildung in Psychologie *und* fundierte psychodiagnostische Anwendungserfahrung nicht verantwortbar ist. Während in der Vergangenheit über die Testzentrale des Berufsverbandes deutscher Psychologinnen und Psychologen (und entsprechend in anderen Staaten) Testverfahren nur an Personen ausgeliefert wurden, die zumindest ein abgeschlossenes Psychologiestudium nachweisen konnten, ist der Markt für psychodiagnostische Verfahren heute of-

fen: Von verschiedener Seite werden Ausbildungskurse (mit Abschlusszertifikat) in einzelnen Testverfahren angeboten, ohne dass der Teilnehmerkreis dabei auf ausgebildete Psychologen beschränkt bliebe. Die neue DIN 333430 zur betrieblichen Eignungsbeurteilung (▶ Abschn. 39.6.7) ist auch vor diesem Hintergrund als Fortschritt zu sehen. Während die Durchführung und normgeleitete Auswertung standardisierter Untersuchungsverfahren (nicht aber von Exploration!) durch angelernte Hilfskräfte in rekurrenten Diagnoseverfahren vertretbar ist, sollte psychologische Diagnostik in allen übrigen Anwendungen allein Personen mit Vollausbildung in Psychologie vorbehalten bleiben – im Interesse fachlicher Verantwortbarkeit und zum Schutz der Interessen der Untersuchten. Das setzt insbesondere neueren Online-Diagnostikangeboten im Internet berufsethische Grenzen (s. dazu Naglieri et al., 2004).

39.5 Psychometrische und testtheoretische Standards

In der psychologischen Diagnostik werden Daten zur Persönlichkeit von Menschen, ihren Fähigkeiten und Fertigkeiten, Neigungen und Temperamentseigenschaften ermittelt, die als solche dem verfassungsmäßig garantierten Schutz der Person unterliegen (▶ Kap. 1). Daher müssen die Verfahren auch hohen psychometrischen Gütestandards und der diagnostische Prozess insgesamt hohen berufsethischen und rechtlichen Standards genügen. Diese Standards werden in diesem und im folgenden Abschnitt behandelt. Zu den als bekannt vorausgesetzten statistischen Grundbegriffen (Mittelwert, Standardabweichung, Varianz, Korrelation, Kovarianz, Normalverteilung, z-Test, t-Test) wird auf ▶ Kap. 2 verwiesen.

39.5.1 Anwendungsobjektivität

Unter Anwendungsobjektivität versteht man den Grad, in dem ein Untersuchungsverfahren von der Person des Untersuchers und anderen in Hinblick auf die Untersuchungsfragestellung irrelevanten Umständen der Untersuchung unabhängig ist. Anwendungsobjektivität ist eine selbstverständliche Voraussetzung dafür, Untersuchungsergebnisse über die einzelne Untersuchungssituation hinaus verallgemeinern zu können. Dazu müssen die Untersuchungsbedingungen und insbesondere das Verhalten des Untersuchers selbst (in der Erklärung des Untersuchungsverfahrens, in seinem Verhalten gegenüber der untersuchten Person usw.) detailliert festgelegt sein. Verfahren, die diesem Anspruch genügen, heißen **standardisiert**. Offensichtlich sind Gruppentestungen und erst recht rechnergestützte Verfahren leichter zu standardisieren als Einzeltestungen oder die freie Exploration. In der Entwicklung von Untersuchungsverfahren läuft der Trend auch deshalb verstärkt in Richtung rechnergestützter Verfahren, besonders für rekurrente Untersuchungsdesigns.

39.5.2 Auswertungsobjektivität

Auswertungsobjektivität bezeichnet den Grad, in dem das Ergebnis der Auswertung eines Untersuchungsprotokolls von der Person des Auswerters unabhängig ist; sie kann an der Übereinstimmung der Auswertungsergebnisse mehrerer unabhängiger Auswerter derselben Protokolle bestimmt werden. Objektive Tests (▶ Abschn. 39.7) sind in der Regel auswertungsobjektiv, während Exploration oder sog. projektive Testverfahren ohne besondere Vorkehrungen erhebliche Probleme hinsichtlich der Auswertungsobjektivität stellen können.

39.5.3 Statistische Normierung

In der normorientierten Diagnostik sind Vergleichsergebnisse aus der Untersuchung einer repräsentativen Probandenstichprobe für die Bewertung eines individuellen Untersuchungsergebnisses unabdingbar.

Die Qualität einer Normierung (Eichung) bemisst sich zunächst an der anwendungsgerechten Abgrenzung (Definition), dann der Größe und der Repräsentativität dieser Normierungsstichprobe. Häufige Abgrenzungsmerkmale sind Alter, Geschlecht, Schul- und Berufsausbildung, Gesundheitsstand bzw. klinische Anamnese. In Normtabellen können als einfachste Normwerte sog. Abweichungswerte (Abweichung des Untersuchungsergebnisses vom Mittelwert in der Eichstichprobe, ausgedrückt in Einheiten der Standardabweichung in dieser Stichprobe) angegeben sein:

$$z = \frac{x - \bar{x}}{\sigma} \tag{39.1}$$

wenn x den Testwert einer untersuchten Person, $\bar{x}$ den Mittelwert und σ die Standardabweichung der Testwerte in der Eichstichprobe bezeichnet. (Um negative und Dezimalzahlen zu vermeiden, wird auch mit transformierten Werten Z = 10z + 100 gearbeitet, die dann den Mittelwert 100 und die Standardabweichung 10 besitzen.)

Andere Normwerte sind standardisierte (d. h. auf Standardnormalverteilung transformierte) Abweichungswerte T (Mittelwert: 50; Standardabweichung wie Z) oder Prozentrangwerte P, die den Prozentsatz der Personen in der Eichstichprobe angeben, die einen solchen oder einen numerisch niedrigeren Testwert erbrachten.

39.5.4 Differenzierfähigkeit

Als Differenzierfähigkeit wird der Grad bezeichnet, in dem ein Untersuchungsverfahren tatsächlich bestehende Unterschiede auch im Ergebnis ausweist. Dabei kann es sich um Unterschiede zwischen Personen handeln (interindividuelle Eigenschaftsdiagnostik), um Unterschiede im Ergebnis derselben Person zu verschiedenen Zeitpunkten oder unter verschiedenen Bedingungen (intraindividuelle Zustandsoder Veränderungsdiagnostik), dann aber auch um Unterschiede zwischen Gruppen von Personen (z. B. zwischen Personen nach Schlaganfall und Hirngesunden). Im letzten Fall geht die Differenzierfähigkeit begrifflich in die Validität über (▶ Abschn. 39.5.6.).

Eine notwendige Voraussetzung für die Differenzierfähigkeit eines Tests ist ein hinreichend abgestufter Streubereich möglicher Testwerte. In Leistungstests mit dichotomer Itemauswertung (1 für richtige, 0 für falsche Itemantwort) muss der (wie üblich durch Summation der Itemwerte gebildete) Testwert mit sinkender Itemzahl zwangsläufig zunehmend schlechter differenzieren. In diesem Fall ist eine größere Testlänge eine notwendige, wenn auch nicht hinreichende Voraussetzung für Differenzierfähigkeit. Eine ungleich feinere Abstufung möglicher Testwerte (und damit auch eine bessere Differenzierfähigkeit) liefern Zeitmaße der Testleistung (in chronometrischen Tests: Reaktionszeiten, Entscheidungszeiten, Bearbeitungszeiten usw.). Ihrer Ermittlung sind heute in rechnergestützten Tests so gut wie keine Grenzen gesetzt.

Anders als die vorigen drei Standards ist die Differenzierfähigkeit – abgesehen von den erläuterten unteren Grenzbedingungen – kein Gütemaßstab, der einem Verfahren an sich anhaftet, sondern kann für ein Verfahren je nach Fragestellung verschieden zu beurteilen sein. Sie muss daher je nach Fragestellung gesondert empirisch ermittelt werden.

39.5.5 Testfairness

Das neuere Gütekriterium der Testfairness wurde ursprünglich in den USA und mit Bezug auf die Testuntersuchung unterschiedlicher ethnischer Gruppen eingeführt. Es bezieht sich auf die symmetrische Vergleichbarkeit von Untersuchungsbedingungen. So ist beispielsweise ein Test in dem Maße für zwei Teilpopulationen A und B fair, als er für Angehörige von A (z. B. Frauen oder Landbewohner oder Afroamerikaner) die gleichen Bedingungen schafft und die gleiche Gültigkeit (▶ Abschn. 39.5.6) hat wie für Angehörige von B (z. B. Männer oder Stadtbewohner oder Kaukasier). Ein Verstoß gegen das Gebot von Testfairness kann schon vorliegen, wenn Testergebnisse von Probanden einer ethnischen Gruppe A nach den Normen einer anderen Gruppe B (oder auch nur nach den Normen einer hinsichtlich ethnischer Zusammensetzung nicht kontrollierten Eichstichprobe X) ausgewertet werden. Als mangelnde Testfairness wurde auch gewertet, wenn Items eines Tests in höherem Maße repräsentativ für die Lebensumwelt einer Gruppe A sind, aber Personen einer Gruppe B mit anderer Lebensumwelt nach ihrem Ergebnis in demselben Test klassifiziert werden.

Komplexere Varianten von Testfairness beziehen sich z. B. darauf, ob die für die Interpretation eines Untersuchungsergebnisses angelegten Richtlinien (z. B. Umsetzung von Testwerten in Klassifikationsdiagnostik) für verschiedene Personengruppen gleich gültig sind (Problem differenzieller Testtrennwerte) oder ein Test in verschiedenen Gruppen, z. B. für Männer und Frauen, unterschiedliche Kriteriumsgültigkeit besitzt (Problem differenzieller Validität). Unter Testfairness fällt aber auch, inwiefern die Testanweisung oder Itemformulierung für unterschiedliche Personengruppen gleich verständlich abgefasst ist. Auch die (sprachliche und kulturelle) Äquivalenz anderssprachiger Testübersetzungen und -bearbeitungen ist hier anzusprechen.

Testfairness kann nicht stillschweigend vorausgesetzt werden, sondern ist durch geeignete empirische Kontrolluntersuchung zu belegen. In einer Zeit fortschreitender Globalisierung und Internationalisierung wird der sorgfältigen Nachprüfung auf Testfairness noch weiter wachsende Bedeutung zukommen. Nicht zuletzt im mehrsprachigen und wachsend multikulturellen Europa ist Testfairness heute ein unerlässlicher Standard.

39.5.6 Klassische Testtheorie I: Reliabilität und interne Konsistenz

Reliabilität ist ein zentrales Gütekriterium für psychologische Erhebungsmethoden schlechthin, auch außerhalb der eigentlichen Psychodiagnostik. Um den Rahmen dieser einführenden Darstellung nicht zu sprengen, beschränken wir uns in der Erklärung der klassischen Testtheorie auf den einfachsten Fall eines Tests i, der aus k dichotom (nur mit 0 bzw. 1) ausgewerteten Items aufgebaut ist und in dem der Testwert x_{ij} einer Person j als Summe ihrer k Itemwerte im Test i gebildet wird.

Definition von Reliabilität und Standardmessfehler

Reliabilität bezeichnet die Zuverlässigkeit eines psychodiagnostischen Verfahrens unter folgenden Definitionen:

Die klassische Testtheorie definiert zu jedem beobachteten Testwert x_{ij} einen **wahren Wert** ξ_{ij} (sprich: xi ij) der Person j im Test i als den statistischen Erwartungswert E der zufälligen Veränderlichen x_{ij}:

$$\text{Definition 1: } \xi_{ij} \equiv E\,(x_{ij}) \tag{39.2}$$

vorausgesetzt, dass dieser Erwartungswert endlich ist für alle i, j. Man kann sich diesen Erwartungswert vereinfacht als den Mittelwert von x_{ij} aus unendlich oft wiederholten Testungen der Person j im Test i vorstellen.

Als zweite Definition wird in der klassischen Testtheorie die als **Messfehler** bezeichnete Zufallsvariable ε_{ij} (sprich: epsilon ij)

$$\text{Definition 2: } \varepsilon_{ij} \equiv x_{ij} - \xi_{ij} \tag{39.3}$$

eingeführt, die Abweichung des einzelnen beobachteten Testergebnisses x_{ij} von seinem wahren Wert ξ_{ij}.

Aus der Definition des Messfehlers als einer Zufallsvariablen folgt, dass sein Mittelwert 1.) in jedem Test i über alle Personen j ebenso wie 2.) für jede Person j über alle Tests i gleich Null sein muss. Als Zufallsvariable muss der Messfehler ε_{ij} außerdem in jedem Test i über die Personen j mit den wahren Werten ξ_{ij} unkorreliert sein, ebenso mit den Messfehlern und den wahren Werten in jedem anderen Test g. (Diese Folgerungen gelten streng genommen nur für Populationen mit gegen unendlich gehender Anzahl von Personen j.)

Diese Theorie legt ein Konzept von Messgenauigkeit zugrunde, das formal mit jenem identisch ist, das gemäß

ISO Norm 5725 auch für die Bestimmung von Messgenauigkeit in anderen Naturwissenschaften (Biologie, Chemie, Technik) Verwendung findet (International Standards Association, 1981). Die Theorie lässt offen, woher die zufällige Abweichung des beobachteten vom wahren Testwert herrührt: von ablenkenden Umgebungsbedingen, Unachtsamkeiten und Tagesform der getesteten Person, Missverständnis der Testinstruktion usw. Sie schränkt lediglich ein, dass es sich beim so definierten Messfehler um **unsystematische Fehlerquellen** handelt. Danach würde z. B. *nicht* unter diese Fehlerdefinition fallen, wenn Personen mit niedrigeren wahren Werten in einem Raumvorstellungstest die Testinstruktion eher missverstehen als Personen mit hohen wahren Werten – denn diese Art von Fehlergröße wäre bereits systematisch, nämlich mit dem wahren Wert korreliert.

Die beiden Definitionen (▶ Gl. 39.2 und 39.3) sind die einzigen Annahmen der klassischen Testtheorie, deren weitere Ableitungen allein aus diesen folgern. Eine erste solche Ableitung besagt, dass wegen der Nullkorrelation der Messfehler mit den wahren Werten nach der Umformung von ▶ Gl. 39.3 in

$$x_{ij} = \xi_{ij} + \varepsilon_{ij} \tag{39.3'}$$

für die Varianzen (quadrierten Standardabweichungen) der beobachteten, wahren und Fehlerwerte die einfache Additionsregel

$$\sigma_{x_i}^2 = \sigma_{\xi_i}^2 + \sigma_{\varepsilon_i}^2 \tag{39.4}$$

gelten muss. In Worten: Die Varianz der beobachteten Testwerte ist gleich der Summe aus der Varianz der wahren Werte und der Messfehler. Oder kürzer: Die beobachtete Testwertevarianz ist die Summe aus wahrer und Fehlervarianz. Da die Varianzen in ▶ Gl. 39.4 nur positive Werte annehmen können, kann die beobachtete Varianz nie kleiner als die wahre sein; infolge von Messfehlern wird also die beobachtete Testwertevarianz gegenüber der wahren Varianz erhöht. Hingegen ist der beobachtete Testmittelwert (in großen Personenstichproben) wegen ▶ Gl. 39.3 gleich dem Mittelwert der wahren Werte, also messfehlerfrei, da der Mittelwert der zufälligen Messfehler gegen Null gehen muss.

Auf dieser Grundlage wird in der klassischen Testtheorie die **Reliabilität** (Zuverlässigkeit) R_i eines Tests i als das Varianzverhältnis

$$\text{Definition: } R_i \equiv \frac{\sigma_{\xi_i}^2}{\sigma_{x_i}^2} \tag{39.5}$$

definiert. In Worten: Die Reliabilität eines Tests ist das Verhältnis seiner wahren zu seiner beobachteten Varianz. Nach dem letzten Satz des vorigen Absatzes kann diese nur Werte zwischen 0 und 1 annehmen. Anders ausgedrückt: Multipliziert mit 100 gibt die Reliabilität eines Tests an, wie viel Prozent seiner Varianz auf wahre Testwertevarianz (wahre

Unterschiede zwischen den Personen) zurückgehen. Und nach Umformung aus ▶ Gl. 39.4 und 39.5 folgt

$$\sigma_{\varepsilon_i} = \sigma_{x_i} \sqrt{1 - R_i} \tag{39.6}$$

In Worten: Die Standardabweichung der Messfehler ist gleich der Standardabweichung der beobachteten Testwerte mal der Wurzel aus der Differenz von der Reliabilität auf Eins. Die Standardabweichung (▶ Gl. 39.6) heißt **Standardmessfehler** des Tests i. Sie gibt die durchschnittliche Abweichung der beobachteten Testwerte von den ihnen zugehörigen wahren Werten in Testwerteinheiten an.

Das mit 100 multiplizierte Verhältnis des Standardmessfehlers zur beobachteten Testwertestreuung

$$\frac{\sigma_{\varepsilon_i}}{\sigma_{x_i}} = \frac{\sigma_{x_i}\sqrt{1 - R_i}}{\sigma_{x_i}} = \sqrt{1 - R_i} \tag{39.7}$$

gibt an, wie viel Prozent der beobachteten Testwerte-Standardabweichung auf Messfehler zurückgehen. Beträgt R_i z. B. 0,60, 0,70 oder 0,80, beläuft sich nach ▶ Gl. 39.7 der Standardmessfehler auf 63,24, 54,77 bzw. 44,72% der Testwertestreuung. Soll der Standardmessfehler nicht mehr als 50% der beobachteten Testwertestreuung ausmachen, muss R_i nach ▶ Gl. 39.7 mindestens 0,75 betragen. Daher rührt die Mindestregel, dass die Reliabilität eines psychodiagnostischen Verfahrens 0,75–0,80 nicht unterschreiten soll. Heute verfügbare psychologische Tests (▶ Kap. 40, 41) liegen in der Regel weit darüber.

Reliabilität und Testinterkorrelation

Wegen der Nullkorrelation der Messfehler *zwischen* verschiedenen Tests und mit den wahren Werten im selben oder einem anderen Test folgt aus ▶ Gl. 39.3, dass die im Zähler der Formel für die Korrelation zweier beliebiger Tests g und i stehende Kovarianz messfehlerfrei, nämlich

$$\text{cov}_{x_g x_i} = \text{cov}_{\xi_g \xi_i} \tag{39.8}$$

sein muss. (Die genannten Korrelationen der Messfehler können nur Null sein, wenn ihre im Zähler der Korrelationsformel stehenden anteiligen Kovarianzen selbst Null werden.) Im Nenner der Formel für die Korrelation zweier Tests g und i steht das geometrische Mittel der Varianzen von g und i. Wegen ▶ Gl. 39.4 muss dieser Nenner um die Fehlervarianzen größer ausfallen als das geometrische Mittel allein der wahren Varianzen $\sqrt{\sigma_{\xi_g}^2 \cdot \sigma_{\xi_i}^2}$ sodass die ermittelte Korrelation $r_{x_g x_i}$ der Tests g und i trotz ▶ Gl. 39.8 für nicht perfekt reliable Tests immer kleiner sein muss als die Korrelation ihrer wahren Werte (ihre »wahre Korrelation«):

$$r_{x_g x_i} < r_{\xi_g \xi_i} \text{, wenn } R_g < 1, R_i < 1. \tag{39.9}$$

Durch Messfehler wird die Varianz der beobachteten Testwerte vergrößert, ihre Korrelation mit anderen Tests jedoch gemindert. Aus den bisherigen Ableitungen lässt sich zu ▶ Gl. 39.9 zeigen, dass diese Minderung proportional der Wurzel aus dem Produkt (dem geometrischen Mittel) der beiden Reliabilitäten, nämlich

$$r_{x_g x_i} = r_{\xi_g \xi_i} \cdot \sqrt{R_g \cdot R_i} \qquad (39.10)$$

ist, sodass die Umformung

$$r_{\xi_g \xi_i} = r_{x_g x_i} \cdot \frac{1}{\sqrt{R_g \cdot R_i}} \qquad (39.11)$$

die Berechnung der Korrelation der wahren Werte zweier Tests aus Kenntnis ihrer beobachteten Korrelation und ihrer Relibilitäten erlaubt. Als Minderungskorrektur wird ▶ Gl. 39.11 verwendet, um abzuschätzen, wie hoch zwei Tests (oder ein Test und ein Kriterium) maximal korrelieren würden, wenn es gelänge, ihre Reliabilitäten auf Eins zu verbessern.

Bestimmung der Reliabilität: Parallele Tests

Die Definition der Testreliabilität in ▶ Gl. 39.5 kann nicht direkt zur Bestimmung von R_i genutzt werden, da die wahre Varianz im Nenner des Bruchs grundsätzlich unbekannt ist. Zur Lösung wird in der klassischen Testtheorie der Begriff **paralleler Tests** eingeführt:

Zwei Tests i und i' heißen parallel, wenn:
1. für jede Person j gilt, dass ihr wahrer Wert in i gleich ihrem wahren Wert in i' ist und
2. i und i' gleich großen Standardmessfehler aufweisen:

$$\xi_{ij} = \xi_{i'j}, \qquad (39.12)$$
$$\sigma_{\varepsilon i} = \sigma_{\varepsilon i'}, \quad \text{für parallele Tests i und i'.}$$

(Wegen ▶ Gl. 39.3′ wird dabei im Allgemeinen $x_{ij} \neq x_{i'j}$ sein.) Dann haben parallele Tests natürlich auch gleich große wahre Varianz und es folgt wegen ▶ Gl. 39.3′ und 39.4, dass parallele Tests (in großen Personenstichproben) auch gleichen beobachteten Testmittelwert, gleiche Testwertestreuung und auch gleiche Reliabilität haben müssen. (Auf spätere, weniger restriktive Definitionen von Paralleltests kann hier nicht eingegangen werden; s. dazu Lord & Novick, 1968.)

Da die Kovarianz einer Variablen mit sich selbst einfach ihre Varianz ist, ergibt sich wegen ▶ Gl. 39.8 für die Kovarianz paralleler Tests einfach

$$cov_{x_i x_{i'}} = cov_{\xi_i \xi_{i'}} = \sigma_{\xi i}^2 = \sigma_{\xi i'}^2. \qquad (39.13)$$

Der Nenner der Korrelationsformel reduziert sich wegen der Varianzengleichheit paralleler Tests auf $\sigma_{\xi i}^2$, sodass sich für die Korrelation zweier paralleler Tests i und i' ohne weitere Annahme die einfache Beziehung

$$r_{x_i x_{i'}} = \frac{\sigma_{\xi i}^2}{\sigma_{x i}^2} = R_i = R_{i'}. \qquad (39.14)$$

ergibt. In Worten: Die Korrelation zweier paralleler Tests ist gleich ihrer beider Reliabilität.

Damit reduziert sich die Bestimmung von R_i auf die Erstellung eines zu i parallelen Tests und die Berechnung beider Korrelation. Ist die Grundgesamtheit möglicher Testitems definierbar und anforderungshomogen, wie z. B. alle möglichen Rechenaufgaben desselben numerischen Typs (Beispiel: Addition von jeweils zwei 3-stelligen Zahlen), können aus dieser Grundgesamt **Zufallsstichproben von Aufgaben** (ohne Zurücklegen!) gezogen werden. Bei gleicher Aufgabenzahl (gleicher Testlänge) sollten die resultierenden Rechentests dann Paralleltests im obigen Sinn bilden.

Ist eine Definition der Itemgrundgesamtheit so (oder auch komplexer) nicht leistbar, können Paralleltests auf der Grundlage von **Itemanalysen** konstruiert werden, indem man Paare von Items gleicher Schwierigkeit (mit gleichen relativen Häufigkeiten von 0- bzw. 1-Antworten) und etwa gleicher Korrelation mit dem Gesamttestwert auswählt und nach dem Zufall jeweils ein Item eines Paares Test i, das andere Test i' zuweist (Lehrbücher der Diagnostik geben dazu detaillierte Anweisungen). Zur Prüfung der Reliabilität werden die beiden Parallelformen des Tests denselben Personen (in derselben Sitzung oder besser in balancierter Abfolge zu verschiedenen Zeitpunkten) vorgegeben; die Korrelation der beiden Testergebnisse (über die Personen) dient als Maß der Reliabilität (auch: **Äquivalenz).**

Ist ein Test grundsätzlich an denselben Personen wiederholbar, wird häufig die **Testwiederholungsmethode** (Retest-Methode) zur Bestimmung der Reliabilität angewandt. Dazu wird derselbe Test denselben Personen in geeignetem zeitlichen Abstand (z. B. nach 8 Wochen) ein zweites Mal vorgelegt. Maß der Reliabilität (hier: **Stabilität)** ist in diesem Fall die Korrelation der Ergebnisse der beiden Testvorgaben. Lehrbücher der Diagnostik diskutieren Grenzen dieser Stabilitätsprüfung zur Schätzung der Reliabilität (z. B. Erinnern von Testantworten aus der Ersttestung).

Zum Verständnis zweier weiterer Methoden ist die im folgenden Absatz erklärte Kenntnis der Beziehung zwischen Testreliabilität und Testlänge erforderlich.

Testlänge und Testreliabilität

Werden den k Items eines Tests i die k Items des gleich langen Paralleltests i' hinzugefügt, spricht man von einer parallelen Testverlängerung um den Faktor n = 2. (Der Test wurde parallel auf doppelte Länge verlängert.) Wir wollen $x_{i(n)j}$ mit den Testwert der Person j nach n-facher paralleler Verlängerung des Tests i bezeichnen und entsprechend mit $\sigma_{x_{i(n)}}^2$, $\sigma_{\xi_{i(n)}}^2$ und $\sigma_{\varepsilon_{i(n)}}^2$ die resultierenden Varianzen der beobachteten Testwerte, der wahren Testwerte bzw. der Messfehler nach n-facher paralleler Testverlängerung. Dann lässt sich ohne Zusatzannahme zeigen, dass für sie gilt:

$$\sigma_{x_{i(n)}}^2 = \sigma_{x_i}^2 \cdot [n + n \cdot (n-1)R_i], \qquad (39.15)$$

$$\sigma^2_{\xi_{i(n)}} = \sigma^2_{\xi_i} \cdot n^2 \qquad (39.16)$$

und

$$\sigma^2_{\varepsilon_{i(n)}} = \sigma^2_{\varepsilon_i} \cdot n^2 . \qquad (39.17)$$

In Worten: Die in den beobachteten Testwerten enthaltene wahre Varianz steigt mit dem Quadrat des Verlängerungsfaktors n, hingegen die Fehlervarianz nur mit dem einfachen Verlängerungsfaktor. Danach muss sich eine parallele Testverlängerung reliabilitätserhöhend auswirken, und tatsächlich erhalten wir aus ▶ Gl. 39.15 und 39.16 für die Reliabilität $R_{i(n)}$ nach n-facher paralleler Verlängerung des Tests i:

$$R_{i(n)} = \frac{n \cdot R_i}{1 + (n-1) \cdot R_i} \qquad (39.18)$$

bzw. für den Spezialfall der einfachen Längenverdoppelung, also n = 2 (sog. Spearman-Brown-Formel):

$$R_{(2)} = \frac{2 \cdot R_i}{1 + R_i} \qquad (39.18')$$

wenn R_i die Reliabilität des Tests vor Verlängerung (seine »Einheitsreliabilität«) bezeichnet. Danach kann die Reliabilität eines psychodiagnostischen Verfahrens durch parallele Verlängerung verbessert werden. Da zu vielen Tests Parallelformen vorliegen, wird dies auch in der Praxis angewandt. So würde nach ▶ Gl. 39.18' ein Test mit der Einheitsreliabilität 0,75 durch Hinzunahme der Parallelform bereits Gesamtergebnisse mit einer Reliabilität von 0,86 erbringen. Dieselben Formeln können aber auch für Werte n < 1 angewandt werden und geben dann Aufschluss über die Reliabilitätsminderung, die aus einer **Testverkürzung** resultieren würde. Danach würde ein Test mit einer Reliabilität von 0,80 in der Halbform (n = 0,50) nach ▶ Gl. 39.18 nur mehr Ergebnisse mit einer Reliabilität von 0,67 liefern.

Testinterne Bestimmung der Reliabilität

Die Beziehung zwischen Reliabilität und Testlänge machen sich zwei weitere Methoden der Reliabilitätsbestimmung zunutze. Nach der bereits auf Spearman zurückgehenden **Testhalbierungsmethode** werden die Items eines Tests *nach* Abschluss der Testungen nach dem Zufall auf zwei Halbformen aufgeteilt, z. B. in die Menge der Items mit geradzahliger und jener mit ungeradzahliger Itemnummer. Aus der Logik dieser Zufallsaufteilung sind die Halbformen als Paralleltests und ihre Korrelation als Maß für deren Reliabilität zu verstehen. Wird diese für R_i in die Spearman-Brown-Formel (▶ Gl. 39.18') eingesetzt, erhält man die aus der Halbformreliabilität hochgerechnete Reliabilität des Gesamttests. Sie wird nach der angewandten Methode der Itemaufteilung auch **Odd-Even-** oder **Testhalbierungrelia-bilität** genannt. Sie ist auf reine Geschwindigkeitstests nicht anwendbar.

Eine zweite, ebenfalls häufig zur Reliablitätsschätzung angewandte Methode nach Kuder und Richardson beruht auf einer Verallgemeinerung der Testhalbierungsmethode auf Itembasis. Man denke sich zwei Tests i und i', die auf Itembasis parallel sind, sodass bereits Items gleicher Itemnummer in i und i' die Parallelitätsdefinition erfüllen. Die Korrelation und damit Reliabilität der Tests i und i' lässt sich dann als Funktion der Korrelation paralleler und nicht paralleler Items aus i und i' darstellen. Stellen wir uns nun vor, die Items von i und i' wären in einem einzigen Test »durcheinandergewürfelt«, sodass wir nicht mehr zwischen parallelen und nicht parallelen Items unterscheiden können. Nimmt man die mittlere Korrelation zweier beliebiger Items als bestmögliche Schätzung der (jetzt nicht mehr herauslösbaren) mittleren Korrelation paralleler Items, so erhält man unter Verwendung von ▶ Gl. 39.18 die vielfach angewandte Kuder-Richardson-Formel KR-20 zur **Schätzung** der Reliabilität (daher der Doppelstrich über R_i):

$$\bar{\bar{R}}_i = \frac{k}{k-1} \cdot \left(1 - \frac{\sum_v s^2_{v_i}}{\sigma^2_{x_i}} \right), \qquad (39.19)$$

in der v die Items 1, 2 … k des Tests i und $s^2_{v_i} = p_{v_i} \cdot (1 - p_{v_i})$ die Varianz der Itemwerte (0, 1) in Item v bezeichnet (die sich für dichotome Items wie angegeben aus der relativen Häufigkeit p_{v_i} der mit 1 kodierten Antwort auf Item v errechnet). Die Summation $\sum$ läuft über die k Items v des Tests i.

Gleichung 39.19 gestattet es, die auch **interne Konsistenz** genannte Reliabilität eines Tests allein aus Kenntnis seiner Länge (Itemzahl), den relativen Item-Antworthäufigkeiten und der Testwertevarianz zu schätzen. Im Vergleich zur strengeren Äquivalenzbestimmung führt sie in der Regel allerdings zu einer Überschätzung der Zuverlässigkeit.

Eine Verallgemeinerung nach Cronbach wendet die Formel auch auf mehrstufige Antwortformate an und im Weiteren statt auf k Items eines Tests auf k Paralleltests einer Testdomäne, etwa einer Testbatterie, zur Bestimmung der Generalisierbarkeit (»generalizability«) von einem Einzeltest auf diese Domäne.

Reliabilität von Testwertesummen und -differenzen

In die Reliabilität der Ergebnissumme zweier Tests geht deren Korrelation mit ein. So lässt sich allein aus den Annahmen der klassischen Testtheorie ohne Zusatzannahme zeigen, dass sich die Reliabilität $R_{(g+i)}$ der **Testwertesumme** $x_{tj} = x_{gj} + x_{ij}$ einfach nach

$$R_{(g+i)} = \frac{r_{gi} + \bar{\bar{R}}}{1 + r_{gi}} . \qquad (39.20)$$

berechnet, wenn die Testwerte aus g und i wie üblich vor der Summation auf gleiche Standardabweichung transformiert wurden, r_{gi} die Korrelation der Testergebnisse aus g und i bezeichnet und $\bar{R}$ für den Mittelwert der Reliabilitäten R_g und R_i der beiden Tests vor der Summation steht. Durch Einsetzen von Beispielwerten in ▶ Gl. 39.20 kann man sich davon überzeugen, dass die Summation von Testergebnissen nie zu einem Reliabilitätsverlust führen kann, so lange die summierten Tests positiv korrelieren, und der Reliabilitätsgewinn aus der Summation umso höher ausfällt, je höher die beiden Tests korrelieren. Dies wird in der Praxis in verschiedenen Batterie-Testsystemen intensiv genutzt.

Anders liegen die Verhältnisse für **Testwertedifferenzen** $x_{dj} = x_{gj} - x_{ij}$. Unter der Voraussetzung und Schreibweise wie in ▶ Gl. 39.20 ergibt sich ohne Zusatzannahme für ihre Reliabilität $R_{(g-i)}$ der Ausdruck

$$R_{(g-i)} = \frac{\bar{R} - r_{gi}}{1 - r_{gi}}. \qquad (39.21)$$

Die Auswertung der Formel zeigt, dass die Reliabilität der Differenz positiv korrelierter Testwerte immer niedriger sein wird als die mittlere Ausgangsreliabilität $\bar{R}$ der in Differenz gesetzten Tests g und i selbst. Differenzbildung zieht also stets einen Reliabilitätsverlust nach sich, sofern die Tests nicht negativ korreliert sind.

Auch dieses Ergebnis ist für die Praxis wichtig: Danach sind Differenzbildungen zur Profilauswertung von (in aller Regel positiv interkorrelierten) Untertests einer Testbatterie immer weniger reliabel als die Einzeltests selbst. Und gleiches gilt für Differenzenbildung zur Veränderungsmessung im Rahmen der Prozessdiagnostik auf Basis der klassischen Testtheorie (▶ Abschn. 39.3.2).

Weitere Anwendungen

Testhandbücher, sog. Manuale, enthalten häufig auch Angaben zur Schätzung des Konfidenzintervalls (Vertrauensbereichs), innerhalb dessen der wahre Wert mit wählbarer statistischer Urteilssicherheit (gewöhnlich: 95% oder 97,5%) ober- und unterhalb eines ermittelten Testwerts zu erwarten ist. Entsprechende Konfidenzintervalle sollten zu Batterie-Testsystemen auch nach ▶ Gl. 39.21 für die Interpretierbarkeit von Profildifferenzen angegeben sein. Diesen Intervallberechnungen liegt dann, hinausgehend über die Axiomatik der klassischen Testtheorie, noch eine Annahme über die Dichtefunktion der Verteilung der Messfehler um den wahren Wert in ▶ Gl. 39.3' zugrunde, wobei fast durchweg die Normalverteilungsfunktion (mit dem Standardmessfehler als Standardabweichung) angenommen wird.

39.5.7 Klassische Testtheorie II: Validität

Mit Validität oder Gültigkeit wird der Grad bezeichnet, in dem ein psychodiagnostisches Verfahren tatsächlich das Merkmal (und möglichst nur dieses) erfasst, für dessen Untersuchung es eingesetzt wird. Während ein Test – abgese-

hen von unterschiedlichen Bestimmungsmethoden – eine und nur eine Reliabilität besitzt, kann seine Validität je nach Einsatzzweck verschieden sein (dazu auch ▶ Abschn. 39.2). Begrifflich wird zwischen vier Arten von Validität unterschieden: inhaltlicher oder Kontentvalidität, interner, externer und Konstruktvalidität.

Unter **Kontentvalidität** versteht man das Ausmaß an inhaltlicher Entsprechung zwischen einem Untersuchungsverfahren und dem Untersuchungsziel. Sie wird in der Regel über Beurteilungsverfahren geprüft und stellt für kriteriumsorientierte Tests (wie z. B. lernzielorientierte Prüfverfahren) häufig die angemessene Gültigkeitsprüfung dar. Im Falle anderer Untersuchungsverfahren sollte sie nie als Ersatz für empirisch bestimmte interne, externe oder Konstruktvalidität genommen werden.

Intern wird ein neues Untersuchungsverfahren an anderen, ihrerseits bereits gültigkeitsgeprüften Verfahren validiert. Die **interne Validität** des neuen Verfahren bemisst sich dann an seiner Korrelation mit bestehenden Verfahren gleicher diagnostischer Zielrichtung. So kann die interne Validität eines neuen Ängstlichkeitsfragebogen an seiner Korrelation mit bestehenden Angsttests abgeschätzt werden; auch anschließende faktorenanalytische Auswertungen zur internen Gültigkeit können angezeigt sein.

Unter prognostischer und Entscheidungsfragestellung ist in der Regel nach der **externen oder Kriteriumsvalidität** eines Untersuchungsverfahrens eben für das in Rede stehende Kriterium (Bewährung in der Pilotenausbildung, Erfolg einer eingeleiteten therapeutischen Behandlung usw.) gefragt. Abgesehen von der sog. Extremgruppenvalidierung (Vergleich der Testergebnisse zwischen Personen mit hohen und solchen mit niedrigen Werten im Kriterium), wird für eine Kriteriumsvalidierung üblicherweise die Korrelation zwischen den Testwerten der Personen der Validierungsstichprobe und ihren (zeitgleich oder zeitversetzt erhobenen) Werten im interessierenden Kriterium bestimmt. Bezeichnet x_{kj} den Wert einer Person in dem Kriterium k, das der Test i erfassen helfen soll, ist

$$r_{ik} \equiv r_{x_i x_k} \qquad (39.22)$$

die Validität des Tests i in Bezug auf das Kriterium k. Selbst wenn dieses selbst fehlerfrei erhoben worden wäre, erfährt die Validität r_{ik} zumindest durch die unvollkommene Testreliabilität R_i eine obere Begrenzung, für die nach ▶ Gl. 39.10 gelten muss:

$$r_{ik} \leq \sqrt{R_i}. \qquad (39.23)$$

In Worten: Die externe Validität eines Tests kann die Wurzel aus seiner Reliabilität nicht übersteigen. Ist auch das Kriterium nicht messfehlerfrei, mindert sich diese obere Schranke gemäß ▶ Gl. 39.10 weiter zu

$$r_{ik} \leq \sqrt{R_i \cdot R_k}. \qquad (39.24)$$

Die besprochene Reliabilitätserhöhung bzw. -minderung durch Bildung von Testwertesummen bzw. -differenzen ist darauf ebenfalls anwendbar.

Mit Methoden der Regressionsstatistik (▶ Kap. 2) kann aus Kenntnis der externen Validität eines Tests eine Schätzgleichung zur Schätzung des Kriteriumswerts einer Person aus ihrem Testwert erstellt werden. Für psychologisch komplexe Kriterien wird man in der Regel dann mehr als einen Test zur Kriteriumsabschätzung heranziehen. Dann bestimmt sich die externe Validität dieser Testbatterie über ihre multiple Korrelation mit dem Kriterium.

Für dasselbe Kriterium kann die Validität eines Tests für verschiedene Personen(gruppen) verschieden sein. Variablen, die diese Personen(gruppen) mit unterschiedlicher Testvalidität trennen, nennt man **Moderatoren**. Methoden der Moderatoranalyse (Erdfelder, Mausfeld, Meiser & Rudinger, 1996) gestatten es, solche differenzielle Validität auch unter dem Gesichtspunkt der Testfairness aufzudecken.

Validierungsmethoden für die Gültigkeitsprüfung in der klassifikatorischen Diagnostik

Besondere Validierungsmethoden sind für die Gültigkeitsprüfung in der klassifikatorischen Diagnostik entwickelt worden, angefangen von Vorläuferstudien wie von Taylor und Russell (1939) zur Effektivität beruflicher Eignungstestung bei unterschiedlicher Ausgangswahrscheinlichkeit von »Geeigneten« und »Ungeeigneten«, über ältere entscheidungstheoretische Testmodelle wie bei Brogden (1949) bis hin zur entscheidungstheoretischen Testtheorie nach Cronbach und Gleser (1965; s. dazu auch Tack, 1982). Für diese ist außer der Gültigkeit r_{ik} noch das Grundquotenverhältnis (»base rates«) im Klassifikationskriterium von Belang. In einem dichotomen Kriterium wie »für die Ausbildung geeignet vs. nicht geeignet« besteht dieses in den relativen Häufigkeiten p_{k+} und p_{k-} der beiden Kriteriumsklassen vor Berücksichtigung eines Tests als Auswahlkriterium. Damit der Einsatz des Tests nützlich ist, muss die Fehlerquote (relative Häufigkeit von Fehlklassifikationen) für die auf seiner Basis getroffenen Klassifikationen geringer sein als die kleinere der beiden Grundquoten. (Denn: Ist beispielsweise p_{k-} die kleinere der beiden Grundquoten und man würde alle Bewerber als kriteriumspositiv klassifizieren, wäre die relative Fehlerhäufigkeit notwendigerweise einfach gleich p_{k-}. So könnte allein die Strategie, durchwegs die Klassifikation mit der höheren Grundquote zu diagnostizieren, dem Test hinsichtlich Klassifikationsfehler bereits überlegen sein!) Die Verhältnisse werden komplizierter, wenn die möglichen Fehlklassifikationen

Person klassifiziert als **Kriterium +**, ist tatsächlich **Kriterium –**

Person klassifiziert als **Kriterium –**, ist tatsächlich **Kriterium +**

verschieden zu gewichten sind. So kann derselbe Test i für dasselbe Kriterium k in verschiedenen Anwendungen unterschiedlich nützlich sein, wenn sie sich in den Grundquotenverhältnissen oder in der Gewichtung dieser beiden Fehlerarten unterscheiden. Generell ist unter sonst gleichen Bedingungen ein Test derselben Validität offensichtlich umso nützlicher, je näher die Grundquoten am 50:50-Verhältnis liegen.

Als begriffliche oder **Konstruktvalidität** wird der Grad bezeichnet, in dem ein Test das infrage stehende Eigenschaftskonstrukt, z. B. Ängstlichkeit, und nur dieses (und nicht auch oder gar überwiegend beispielsweise Introversion) erfasst. Im einfachsten Fall wird man dazu im sog. »Multitrait-Multimethod«-Ansatz (Campbell & Fiske, 1959) seine Korrelation mit einem bereits gesicherten anderen Angsttest und einem ebenfalls gesicherten Introversionstest prüfen und erwarten, dass die erste Korrelation hoch (konvergente Konstruktvalididität) und die zweite niedrig ausfällt (diskriminante Konstruktvalidität). Anspruchsvoller ist eine Konstruktvalidierung, in der empirisch prüfbare Hypothesen aus der Theorie abgeleitet werden, in deren Rahmen das Konstrukt expliziert ist, das der Test erfassen soll. Das Ergebnis der Hypothesenprüfung wird dann zum Gradmesser der Konstruktvalidität des Tests, kann aber auch nach einer Revision der theoretischen Explikation des Konstrukts verlangen. Konstruktvalidierung ist insbesondere in der psychodiagnostischen Grundlagenforschung die Methode der Wahl.

39.5.8 Probabilistische Testtheorien

Die axiomatische Sparsamkeit der klassischen Testtheorie wird um den Preis ihrer Nichttestbarkeit erkauft: Die Theorie bietet keine Möglichkeit, die beiden begründenden Definitionen (▶ Gl. 39.2 und 39.3) auf ihre Angemessenheit für einen konkreten Test i zu überprüfen. Ein weiterer Mangel liegt in der nur relativen Skalierung der Personparameter ξ_{ij}, eben der wahren Werte. Sie sind nur auf Intervall-, statt auf Verhältnisskalenniveau (▶ Abschn. 39.3.5) definiert und nur in Relation zur Schwierigkeit eines Tests (d. h. letztlich: erst in Relation zu den Itemschwierigkeiten p_{vi}) interpretierbar. Hinzu kommen die beschriebenen Probleme in der Veränderungsmessung.

1960 schlug der dänische Pädagoge G. Rasch ein **probabilistisches Testmodell** vor (Rasch, 1960), das zusammen mit der Weiterentwicklung durch Birnbaum (1968; s. auch Fischer, 1974; Rost, 1996; Fischer & Molenaar, 1995) diesen Schwierigkeiten abhilft, freilich um den Preis einer deutlich anspruchsvolleren mathematischen Fundierung.

In der probabilistischen Testtheorie wird ξ_i als eine latente (nicht der direkten Beobachtung zugängliche) Variable (»latent trait«) verstanden, die über die Items des Tests i erfasst werden kann, wenn diese hinsichtlich ξ_i »homogen« sind, d. h. ihre Interkorrelationen allein aus interindividuellen Unterschieden in ξ_i erklärbar sind. Items, die diese Voraussetzung erfüllen, heißen »lokal stochastisch unabhängig«; ihre Interkorrelationen gehen gegen Null, wenn ξ_i konstant gehalten wird (anschaulich: auf verschiedenen Niveaus von ξ getrennt berechnet werden). In diesem Fall lassen sich die Itemschwierigkeiten p_{vi} (Itemparameter) und die Personparameter ξ_{ij} (Werte der Personen j in der latenten Variable i) wie in ◘ Abb. 39.2 auf derselben latenten Verhältnisskala ξ_i darstellen. Sie bildet die Wahrscheinlichkeit $p(x_{vj})$, dass Item v von Person j mit der als 1 verrechneten Antwortkategorie beantwortet wird, als monotone (ohne Richtungsänderung steigende) Funktion der Werte der Personen j in der latenten Variable ξ_i ab. Diese Funktion wird auch **Itemcharakteristik** (IC) genannt, die zugrunde liegende probabilistische Testtheorie daher auch **Item-Response-Theorie**. In ihr werden Itemschwierigkeiten und Personparameter voneinander getrennt und auf derselben Verhältnisskala messbar.

Als mathematische Funktion zur Darstellung der IC-Kurven werden in den probabilistischen Testmodellen in der Regel Spezialfälle der auf P.F. Verhulst zurückgehenden sog. logistischen Funktion (s. dazu Krauth, 1995) gewählt. In dem über das erste Modell von Rasch bereits hinausgehenden zweiparametrigen logistischen oder **2-PL-Modell nach Birnbaum** (1968) wird die IC-Kurve eines Items v durch eben zwei Parameter bestimmt: die Itemschwierigkeit π_{vi} (sprich: pi vi) hinsichtlich der latenten Variable ξ_i (Position des Medians der Kurve des Items v entlang der Abszisse) und die Steilheit der Kurve, die mit λ_{vi} (sprich: lambda vi) bezeichnet wird und als Diskriminations- oder Trennschärfeparameter zu verstehen ist (◘ Abb. 39.2). Je steiler eine IC-Kurve ansteigt, desto schärfer diskriminiert das Item hinsichtlich der zugrunde liegenden Variable. So weisen die Items 1, 2 und 3 in ◘ Abb. 39.2 ansteigende

Schwierigkeiten auf; Item 3 mit der steilsten IC-Kurve diskriminiert am besten, Item 2 am schlechtesten.

Das 2-PL-Birnbaum-Modell lässt sich in der Modellgleichung

$$p(x_{vj}) = \frac{e^{x_{vj} \cdot \lambda_v \cdot (\xi_{ij} - \pi_v)}}{1 + e^{\lambda_v \cdot (\xi_{ij} - \pi_v)}} , \qquad (39.25)$$

darstellen; in ihr bezeichnen

$p(x_{vj})$: Wahrscheinlichkeit, dass Person j auf Item v des Tests i die mit 1 bewertete Antwort gibt;

$e =$ 2,718…, Basis des natürlichen Logarithmus und der Exponentialfunktion.

Die Differenz $(\xi_{ij} - \pi_v)$ vergleicht den Wert der Person j in der latenten Variable i mit der Schwierigkeit des Items v hinsichtlich dieser Variablen. Nehmen wir als Beispiel eine latente Fähigkeitsvariable wie Rechenfertigkeit. Ist die Differenz positiv, ist Person j fähiger als Item v schwierig ist, wird dieses also wahrscheinlich richtig beantworten, und mit wachsender Differenz steigt diese Wahrscheinlichkeit (◘ Abb. 39.2). Ist die Differenz negativ, ist das Item schwieriger als die Person fähig ist und die Wahrscheinlichkeit einer richtigen Antwort nimmt mit wachsender negativer Differenz fortschreitend ab.

Diese Formulierungen illustrieren, dass in Tests, die nach einem probabilistischen Testmodell entwickelt sind, Item- und Personparameter voneinander unabhängig und auf derselben Verhältnisskala ausgedrückt werden können. Verschiedene probabilistische Testmodelle können sich in der mathematischen Funktion unterscheiden, die den IC-Kurven zugrunde gelegt wird, in der Zahl der modellierten Parameter, in der Zahl der Antwortkategorien pro Item, die im Modell darstellbar sind, oder auch in der Einbeziehung latenter Klassen von Personen mit klassenspezifischen Itemschwierigkeiten. Neben statistischen Tests zur Prüfung der Angemessenheit eines Modells stellen sie sog. Maximum-Likelihood-Methoden zur **Parameterschätzung** bereit (s. dazu die Darstellung bei Rost, 1966), so im Birnbaum-Modell (▶ Gl. 39.25) für die Parameter λ_v und π_v jedes Items v und den Parameter ξ_{ij} jeder Person j in der latenten Variable i. Zum Unterschied von der klassischen Testtheorie ist diese Schätzung von ξ_{ij} nun unabhängig von der Schwierigkeit und Trennschärfe der verwendeten Items (sog. spezifisch objektiv), wenn für einen Test Konformität mit dem probabilistischen Modell nachgewiesen ist.

Das Modell (▶ Gl. 39.25) und ◘ Abb. 39.2 lassen verstehen, dass ein Item dann am meisten Information zur Schätzung des latenten Parameters einer Person j einbringt, wenn seine Schwierigkeit π_v genau auf dem Merkmalsniveau von ξ_{ij} liegt (demzufolge die Klammerausdrücke in ▶ Gl. 39.25 Null werden), sodass

$$p(x_{vj}) = \frac{e^0}{1 + e^0} = \frac{1}{2} = 0,5 \qquad (39.25')$$

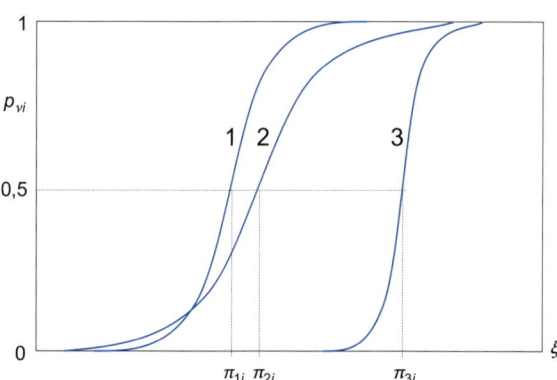

◘ **Abb. 39.2.** Itemcharakteristik-(IC-)Kurven im zweiparametrigen logistischen Modell nach Birnbaum

wird (da bekanntlich $n^0 = 1$). (Auch nach der klassischen Testtheorie ist die Streuung der Itemwerte für diese mittlere Itemschwierigkeit ein Maximum.) Daher lässt sich die **Informationsfunktion** eines Items v für den Parameterwert ξ_{ij} durch

$$I_v = \frac{e^{(\xi_{ij} - \pi_v)}}{(1 + e^{(\xi_{ij} - \pi_v)})^2}, \qquad (39.26)$$

und die Testgesamtinformation durch

$$I_i = \sum_{v=1}^{v=k} I_v \qquad (39.27)$$

darstellen. Diese wird in Tests, die nach einem probabilistischen Modell entwickelt wurden, zur Ermittlung eines Vertrauensbereichs (Konfidenzintervalls) für die Schätzung der Personparameter benutzt (s. Fischer, 1974) – analog zur Schätzung dieses Intervalls aus der Reliabilität nach der klassischen Testtheorie.

Die Möglichkeit der unabhängigen Schätzung von Item- und Personparametern begründet einen weiteren Vorzug dieser Testmodelle für die rechnergestützte Implementierung sog. **adaptiver Tests**. Darunter versteht man eine Testuntersuchung, in deren Verlauf nach jeder Itemantwort der untersuchten Person eine verbesserte neue Schätzung ihres Personparameters vorgenommen wird, sodass als nächstes Item eines mit einer Schwierigkeit π_v vorgegeben wird, die bereits möglichst nahe an dieser letzten Schätzung von ξ_{ij} liegt. Auf diese Weise wird offensichtlich ► Gl. 39.25′ jedes Mal angenähert, sodass schon mit sehr viel weniger Items eine hohe Gesamtinformation (► Gl. 39.27), also eine möglichst reliable Schätzung von ξ_{ij} im Einzelfall möglich wird.

Adaptives Testen sollte eine Methode der Wahl nicht nur unter Kostengesichtspunkten sein, sondern auch zum Vorteil des Probanden (geringere Belastung/Ermüdung; geringere Frustration wegen zu leichter oder zu schwerer Items).

39.6   Ethisch-rechtliche Standards

Die in ► Abschn. 1.1.3 dargestellten Standards gelten ausdrücklich auch für die psychologische Diagnostik, insbesondere der Hinweis auf die Geheimhaltungspflicht [in Deutschland gemäß § 203 des Strafgesetzbuches (StGB)].

Sie bedürfen einer zusätzlichen Differenzierung nach dem **Auftragsverhältnis**, auf dessen Grundlage eine psychodiagnostische Untersuchung durchgeführt wird. Der Proband ist selbst Auftraggeber, wenn die Untersuchung auf seinen Wunsch durchgeführt wird. Dann gelten die Standards gemäß ► Abschn. 1.1.3 ohne jegliche Einschränkung. Wird Psychodiagnostik im Rahmen eines Forschungsvorhabens durchgeführt, fungiert gewissermaßen der Leiter des Vorhabens als Auftraggeber. Auch in diesem Fall gelten dieselben Standards ohne Einschränkung, insbesondere auch der Grundsatz der informierten Zustimmung zur Untersuchung und zur späteren (anonymisierten!) Auswertung der Daten zu Forschungszwecken.

Eine Vielzahl psychodiagnostischer Untersuchungen erfolgt jedoch im Auftrag Dritter, so im Rahmen schulischer oder betrieblicher Auswahl- und Eignungstestungen. In diesem Fall gelten die Standards gemäß ► Abschn. 1.1.3 mit der Einschränkung, dass der Proband seine informierte Zustimmung erteilt hat, dass seine Untersuchungsergebnisse unter sonstiger Wahrung der Vertraulichkeit dem Auftraggeber zur Verfügung gestellt werden. Eine darüber hinausgehende Weitergabe ist selbstredend ausgeschlossen. Im Übrigen gelten für den Einsatz von Personalfragebögen und in Fragen der Personalauswahl im Rahmen von Betrieben zusätzliche Bestimmungen gemäß § 94 und 95 des Betriebsverfassungsgesetzes. Einzig in einem Fall kann nach geltender Rechtsauffassung in Untersuchungen im Auftrag Dritter vom Prinzip der Zustimmung abgewichen werden: wenn die Untersuchung, z. B. im Rahmen eines Strafverfahrens, von einem ordentlichen Gericht angeordnet wurde. Ob der Psychologe den bei Übernahme dieser Anordnung wirksam werdenden Auftrag annimmt, kann im Einzelfall schwierig abzuwägen sein.

Bedauerlicherweise sind Psychologen bis heute in einem wichtigen Spezialfall von den auch sie schützenden Bestimmungen der beruflichen Geheimhaltungspflicht ausgenommen: Nur bestimmte, in § 53 der Strafprozessordnung explizit aufgeführte Berufe (z. B. Ärzte, Rechtsanwälte, Geistliche, Apotheker) können sich auch auf ein **Zeugnisverweigerungsrecht** vor Gericht berufen, wenn ihnen im Zuge ihrer Berufsausübung möglicherweise strafwürdige Tatbestände bekannt werden. Psychologen steht dieses Recht bedauerlicherweise nicht zu, es sei denn, diese Tatbestände kommen ihnen in ihrer beruflichen Tätigkeit im Rahmen einer ärztlich geleiteten Institution zur Kenntnis.

Speziell für Anwendungen psychodiagnostischer Verfahren im Rahmen einer **betrieblichen Eignungsbeurteilung** ist in Deutschland in Zusammenarbeit mit der Deutschen Gesellschaft für Psychologie und dem Berufsverband deutscher Psychologinnen und Psychologen die DIN-Richtlinie 33430 erlassen worden, die Qualitätsstandards für die Planung und Durchführung solcher Untersuchungen und Kompetenzstandards für die Untersucher festlegt (Hornke & Winterfeld, 2003; Westhoff et al., 2004; auch ► Kap. 53).

39.7   Psychodiagnostische Datenquellen und Erhebungstechniken

Die psychodiagnostischen **Erhebungstechniken** umfassen nahezu die gesamte Breite an Verfahren zur psychologischen Datenerfassung; ► Kap. 2): Verfahren der Selbst- und

39

Fremdbeobachtung und -beurteilung, stationäre Verfahren (im Labor, in Kliniken und anderen Untersuchungsstellen) und ambulante Verfahren (im »Feld« einsetzbar, also im Lebensalltag, am Arbeitsplatz usw.), einfache Listen-, Fragebogen- und Testmethoden (sog. Papier-Bleistift-Verfahren) ebenso wie apparative Verfahren. Seit gut zwei Jahrzehnten werden auch psychodiagnostische Untersuchungen vielfach rechnergestützt durchgeführt.

Im einfachsten Fall wird dazu ein bisher in Papier-Bleistift-Version vorgegebener Test oder Fragebogen so auf dem PC implementiert, dass die Fragen oder Aufgaben auf dem Bildschirm dargeboten werden und der Proband über die Rechnertastatur oder ein spezielles Reaktionsmodul antwortet (oder auch direkt an einem berührungssensitiven Bildschirm). Dabei werden die Items noch wie bisher statisch präsentiert. In sog. dynamischen rechnergestützten Tests können zudem Items mit Veränderungen in der Zeit, so auch in Abhängigkeit vom Antwortverhalten des Probanden eingeführt werden. Damit eröffnen sich der Diagnostik z. B. neue Möglichkeiten auch der Verlaufsanalyse in der Untersuchung kognitiver Fähigkeiten. Die Computerdiagnostik bietet darüber hinaus besondere Möglichkeiten der chronometrischen (zeitmessenden) Psychodiagnostik, die in vielen Anwendungen, auch im klinischen Kontext, der einfachen dichotomen Auswertung von Testantworten (nach 0–1: richtig–falsch, Ja–Nein) weit überlegen ist.

☐ Tabelle 39.1 gibt einen Überblick über die zehn wichtigsten **Datenquellen** der psychologischen Diagnostik, unterschieden nach der erfassten Datenmodalität (mentale Repräsentation von Erleben und Verhalten; direkte Erfassung von Verhalten; psychophysiologische Datenerfassung). Außerdem ist angeführt, ob sich eine Datenquelle allein zur stationären Erfassung (im »Labor«) eignet oder auch unter Feldbedingungen erhebbar ist. Unter »Reaktionsobjektivität« sind die Datenquellen danach kodiert, ob in das Ergebnis Reaktionshaltungen des Probanden (bis hin zu willentlichen Verfälschungen) einfließen können.

Grundsätzlich sind im strengen Sinne nur psychophysiologische Daten nahezu völlig reaktionsobjektiv, da das Ergebnis selbst in objektiven Leistungstests zumindest in Richtung »Minderleistungssimulation« verfälscht werden kann.

Biographische und Aktuardaten schließen neben so geläufigen Angaben wie Geschlecht, Alter und Familienstand alle Daten zur Biographie, Schulbildung und Berufserfahrung einer Person ein, dokumentierte kritische Lebensereignisse, ggf. auch die Krankgeschichte (Anamnese). Der Modalität nach handelt es sich dabei um Verhaltensdaten (im weiteren Wortsinn) aus dem Lebensfeld der Person, die reaktionsobjektiv erfassbar sind.

Die zweite Datenquelle, **Verhaltensspuren**, bezieht sich auf physische Resultate von Verhalten, sei es in Form von künstlerischen und anderen Produktionen oder so alltäglichen »Verhaltensprodukten« wie dem Zustand eines Spielzimmers oder Arbeitsplatzes oder Spuren des eigenen Verhaltens im persönlichen Erscheinungsbild. Die Datenmodalität ist eindeutig behavioral, feldbezogen und in der Regel reaktionsobjektiv.

Verhaltensbeobachtung, im Feld oder stationär, für sich vorgenommen oder während der Durchführung einer Testung, kann in standardisierter Form einen »Königsweg« der Psychodiagnostik darstellen, kommt jedoch in typischen Testuntersuchungen vielfach zu kurz. Die Ausarbeitung von Verfahren zur Verhaltensbeobachtung erfordert viel an Vorarbeit und Beobachtertraining, auch zur Sicherung hinreichender Reaktionsobjektivität. Die Literatur (s. Pawlik & Buse, 1996) gibt dazu detaillierte Anweisungen, Beispiele für Stichprobenpläne zur Organisation von Verhaltensbeobachtung und Anwendungsbeispiele.

Anders als Verhaltensbeobachtung kann **Verhaltensbeurteilung** als Datenquelle für die Psychodiagnostik nicht nur auf aktuellem (eben wahrgenommenem), sondern auch auf vergangenem (erinnertem) Verhalten beruhen; dieses ist nach vorgegebenen Einstufungsskalen (Eigenschaftslis-

☐ **Tabelle 39.1.** Psychodiagnostische Datenquellen. (Mod. nach Pawlik, 2000; Erläuterung im Text)

Datenquelle		Datenmodalität			Erfassbare Varianz		Reaktions-objektivität
		Mentale Repräsentation	Verhalten	Psychophysiologie	Labor	Feld	
1	Biographische und Aktuardaten		*			*	+
2	Verhaltensspuren		*			*	+
3	Verhaltensbeobachtung		*		*	*	+/–
4	Verhaltensbeurteilung	*			*	*	+/–
5	Ausdrucksverhalten		*		*	*	+/–
6	Projektive Verfahren		*		*		–/+
7	Interview, Exploration	*	(*)		*		–
8	Fragebogen	*	(*)		*	(*)	–
9	Objektive Tests		*		*	*	+
10	Psychophysiologische Daten			*	*	*	+

* messbar, (*) bedingt messbar, + gegeben, – nicht gegeben

ten, Schätzskalen) zu beurteilen. Mehr noch als in der Verhaltensbeobachtung fließt dabei mentale Repräsentation von Verhalten ein. Über die Konstruktion solcher Skalen, typische Schätzfehler in ihrer Anwendung und geeignete Verfahren zum Beurteilertraining informiert die zitierte Lehrbuchliteratur.

Ausdrucksverhalten umfasst alle Äußerungen von Gefühl, Stimmung und Affekt in Stimme und Sprechweise, Mimik und Ganzkörpermotorik. Außerdem werden Verhaltensspuren wie die Handschrift dazu gezählt. Schon ältere Literatur belegt die geringe Reliabilität und psychodiagnostische Validität von (allein) darauf begründeten Persönlichkeitsbeurteilungen. In neuerer Zeit konnte die Kodierung von Ausdrucksverhalten in Studien mit Zeitraffer-Videoaufnahmen erfolgversprechend standardisiert werden.

In sog. **projektiven Verfahren** wird einer Person ein wenig strukturiertes Reizmaterial, z. B. in Form von Klecksbildern (Rorschach, 1921), mit der Bitte vorgelegt, dazu nach freiem Einfall Deutungen zu geben (▶ auch das TAT-Beispiel in ▶ Kap. 24). Die zugrunde liegende Hypothese, dass Personen in diesen Deutungen ihre – oftmals auch uneingestandenen – »tieferen« Motive, Ängste oder Lebenserwartungen kundtun würden, hat sich als solche empirisch nicht belegen lassen. Die Verfahren sind auch wenig reaktionsobjektiv, ohne besondere zusätzliche Vorkehrung wenig auswertungsobjektiv und in ihrer Gültigkeit vielfach eher materialspezifisch.

Neben der Verhaltensbeobachtung ist das **Interview**, die **Exploration**, der zweite traditionelle Königsweg der psychologischen Diagnostik. Die Lehrbuchliteratur weist auf, welche Vorkehrungen zur Standardisierung, in der Protokollierung und Auswertung von Interviewdaten zu beachten sind, soll die Reichhaltigkeit des Verfahrens nicht durch Schwächen aus seiner potenziellen Subjektivität aufgehoben werden.

Wegen ihrer hohen psychometrischen Qualität (hinsichtlich Anwendungs- und Auswertungsobjektivität, Reliabilität und vergleichsweise auch Validität) sind **Fragebogen** und **objektive Tests** (diese zusätzlich wegen ihrer Reaktionsobjektivität, jedenfalls im Leistungsbereich) heute die weitaus am häufigsten angewandten Verfahren der Psychodiagnostik Sie stellen auch einen echt innovativen Beitrag der Psychologie z. B. zur Psychopathologie und Psychiatrie dar, aber auch zur pädagogischen Leistungsbeurteilung und zur Eignungs- und Personalbeurteilung im Arbeitsleben. Hinsichtlich Reliabilität und Objektivität stehen sie dabei auf einer Stufe mit **psychophysiologischen Daten**, (▶ Kap. 3), die erst in neuerer Zeit auch für psychodiagnostische Fragestellungen etwa der Aktivierungs- und Angstdiagnostik, das vermehrt auch unter ambulanten Testbedingungen, mit herangezogen werden (Fahrenberg & Myrtek, 2001).

In den ▶ Kap. 40–42, 44, 51–53 sowie 59–62 werden ausgewählte Verfahren der psychologischen Diagnostik unter verschiedenen Fragestellungen im Einzelnen dargestellt.

Literatur

Referenzliteratur

Amelang, M. & Zielinski, W. (2002). *Psychologische Diagnostik und Intervention* (3. Aufl.). Heidelberg: Springer.

Brähler, E. Holling, H., Leutner, D. & Petermann, F. (Hrsg.). (2002). *Brickenkamp Handbuch psychologischer und pädagogischer Tests* (2 Bände, 3. Aufl.). Göttingen: Hogrefe.

Brickenkamp, R. (Hrsg.). (1997). *Handbuch psychologischer und pädagogischer Tests* (2. Aufl.). Göttingen: Hogrefe.

Fisseni, H.-J. (1997). *Lehrbuch der psychologischen Diagnostik* (2. Aufl.). Göttingen: Hogrefe.

Groffmann, K.-J. & Michel, L. (Hrsg.). (1982/1983). *Enzyklopädie der Psychologie: Serie Psychologische Diagnostik* (4 Bände). Göttingen: Hogrefe.

Guilford, J.P. (1954). *Psychometric methods* (2nd ed.). New York: Methuen.

Krauth, J. (1995). *Testkonstruktion und Testtheorie*. Weinheim: Beltz.

Lienert, G.A. & Raatz, U. (1998). *Testaufbau und Testkonstruktion* (6. Aufl.). Weinheim: Beltz.

Pawlik, K. (Hrsg.). (1996). *Enzyklopädie der Psychologie: Differentielle Psychologie und Persönlichkeitsforschung, Band 1 Grundlagen und Methoden der Differentiellen Psychologie*. Göttingen: Hogrefe.

Testzentrale (2005). *Testkatalog 2005/2006*. Göttingen: Hogrefe.

Zitierte Literatur

Binet, A. & Simon, Th. (1905). Méthodes nouvelles pour le diagnostique du niveau intellectuel des anormaux. *Année Psychologique, 11*, 191-244.

Birnbaum, A.S. (1968). Some latent trait models. In F.M. Lord & M.R. Novick (Eds.), *Statistical theories of mental test scores* (pp. 395–479). Reading, MA: Addison-Wesley.

Brogden, H.E. (1949). When testing pays off. *Personnel Psychology, 2*, 171–185.

Campbell, G.T. & Fiske, D.W. (1959). Convergent and discriminant validation by the multitrait-multimethod matrix. *Psychological Bulletin, 56*, 81–105.

Cronbach, L.J. (1949). *Essentials of psychological testing*. New York: Harper & Row.

Cronbach, L.J. & Gleser, G.C. (1965). *Psychological tests and personnel decisions* (2nd ed.). Urbana: University of Illinois Press.

Erdfelder, E., Mausfeld, R., Meiser, T. & Rudinger, G. (Hrsg.). (1996). *Handbuch Quantitative Methoden*. Weinheim: Psychologie Verlags Union.

Fahrenberg, J. & Myrtek, M. (Eds.). (2001). *Progress in ambulatory assessment*. Göttingen: Hogrefe & Huber.

Fischer, G. (1974). *Einführung in die Theorie psychologischer Tests*. Bern: Huber

Fischer, G. & Molenaar, I.W. (Eds.). (1995). *Rasch models: Foundations, recent developments, and applications*. New York: Springer.

Galton, F. (1883). *Inquiries into human faculty and ist development*. London: Methuen.

Guilford, J.P. & Zimmerman, W.S. (1949). *The Guilford-Zimmerman Temperament Survey: Manual of directions and norms*. Beverly Hills, CA: Sheridan Supply.

Haensgen, K.-D. (Hrsg.). (2000). *Hogrefe Testsystem*. Göttingen: Hogrefe.

Hathaway, S.R. & McKinley, J.C. (1943). *Manual for the Minnesota Multiphasic Personality Inventory*. New York: Psychological Corporation.

Hofstätter, P.R. (1977). *Persönlichkeitsforschung* (2. Aufl.). Stuttgart: Kröner.

Hornke, L.F. & Winterfeld, U. (Hrsg.). (2003). *Eignungsbeurteilungen auf dem Prüfstand: DIN 33430 zur Qualitätssicherung*. München: Elsevier.

39

Hundleby, J.D., Pawlik, K. & Cattell, R.B. (1965). *Personality factors in objective test devices*. San Diego, CA: Knapp.

International Standards Association (1981). *ISO Norm 5725: Precision of test methods*. Genf: International Standards Association.

Kant, I. (1800). *Anthropologie in pragmatischer Hinsicht* (2. Aufl.). Königsberg: Friedrich Nicolovius.

Klauer, K.J. (1987). *Kriteriumsorientierte Tests*. Göttingen: Hogrefe.

Kubinger, K.D. & Jäger, R.S. (Hrsg.). (2003). *Schlüsselbegriffe der Psychologischen Diagnostik*. Weinheim: Beltz.

Lord, F.M. & Novick, M.R. (Eds.). (1968). *Statistical theories of mental test scores*. Reading, MA: Addison-Wesley.

Lorr, M., Klett, C.J. & McNair, D.M. (1963). *Syndromes of psychosis*. London: Pergamon Press.

Naglieri, J.A., Drasgow, F., Schmit, M., Handler, L., Prifitera, A., Margolis, A. & Velasquez, R. (2004). Psychological testing on the internet: new problems, old issues. *American Psychologist, 59*, 150–162.

Pawlik, K. (1982). Modell- und Praxisdimensionen psychologischer Diagnostik. In K. Pawlik (Hrsg.), *Diagnose der Diagnostik* (2. Aufl., S. 13–43). Stuttgart: Klett.

Pawlik, K. (2000). Psychological assessment and testing. In K. Pawlik & M.R. Rosenzweig (Eds.), *The international handbook of psychology* (pp. 365–406). London: Sage.

Pawlik, K. & Buse, L. (1996). Verhaltensbeobachtung in Labor und Feld. In K. Pawlik (Hrsg.), *Enzyklopädie der Psychologie: Differentielle Psychologie und Persönlichkeitsforschung, Band 1 Grundlagen und Methoden der Differentiellen Psychologie* (S. 360–394). Göttingen: Hogrefe.

Rasch, G. (1960). *Probabilistic models for some intelligence and attainment tests*. Kopenhagen: The Danish Institute for Educational Research.

Rorschach, H. (1921). *Psychodiagnostik*. Bern: Bircher.

Rost, J. (1996). *Lehrbuch Testtheorie Testkonstruktion*. Bern: Huber.

Spearman, C. (1904). »General intellgence«, objectively determined and measured. *American Journal of Psychology, 15*, 201–293.

Tack, W.H. (1982). Diagnostik als Entscheidungshilfe. In K. Pawlik (Hrsg.), *Diagnose der Diagnostik* (2. Aufl., S. 103–130). Stuttgart: Klett.

Taylor, H.C. & Russell, J.T. (1939). The relationship of validity coefficients to the practical effectiveness of tests in selection: discussion and tables. *Journal of Applied Psychology, 23*, 565–585.

Thurstone, L.L. & Thurstone, T.G. (1947). *SRA Primary Mental Abilities*. Chicago: Science Research Associates.

Westhoff, K., Hellfritsch, L., Hornke, L.F., Kubinger K.D., Lang, F., Moosbrugger, H. Püschel, A. & Reimann, G. (Hrsg.). (2004). *Grundwissen für die berufsbezogene Eignungsbeurteilung nach DIN 33430*. Lengerich: Pabst Science.

40 Psychologische Diagnostik II: Erwachsenendiagnostik

L. Schmidt-Atzert

40.1 Diagnostische Fragestellungen und Strategien

Psychologische Diagnostik hat ein wenig mit Detektivarbeit gemeinsam. Bei Erwachsenen (wie auch bei Kindern) ist es keineswegs so, dass für jede Fragestellung ein passender »Test« bereitsteht. Vielmehr schließt Diagnostizieren das Finden der richtigen Unterfragen ein, die in der Regel den Einsatz verschiedener Verfahren nach sich ziehen (Stichwort Multimodalität; ► Kap. 39). Schließlich kommt es auch auf die richtige Verwertung der anfallenden Informationen an. Somit macht die Auswahl und sachgemäße Anwendung von Tests und anderen diagnostischen Verfahren nur einen Teil der Arbeit aus.

Der Prozess des Diagnostizierens beginnt mit einer Fragestellung, für die es wiederum einen konkreten Anlass gegeben hat. Das Diagnostizieren beginnt damit, aus dieser Fragestellung heraus psychologische Fragen abzuleiten. Diese sollen dann mit Hilfe geeigneter diagnostischer Verfahren beantwortet werden. Die Ergebnisse werden so integriert, zu einem Urteil zusammengeführt, dass eine Antwort auf die Fragestellung möglich ist.

Dieser Ablauf soll an einem Beispiel verdeutlicht werden. Der **Anlass** kann sein, dass einem Autofahrer der Führerschein entzogen worden ist und die Wiedererteilung der Fahrerlaubnis davon abhängig gemacht wird, dass der Fahrer wieder zum Führen eines Kraftfahrzeugs geeignet ist. An den Diagnostiker wird daher die **Frage** gerichtet, ob die Person über eine ausreichende Fahreignung verfügt. Das weitere Vorgehen richtet sich danach, warum Zweifel an der Fahreignung bestehen. Ist der Fahrer stark alkoholisiert gefahren, hat er durch extrem aggressives und verantwortungsloses Verhalten oder etwa durch große »Unachtsamkeit« einen schweren Unfall verursacht? Der Diagnostiker wird nun aufgrund seiner Erfahrungen und seines Fachwissens Hypothesen (**psychologische Fragen**) aufstellen. Beispielsweise könnte er im Fall der Unachtsamkeit vermuten, dass der Fahrer in seinem Reaktionsvermögen, seiner Sehleistung und/oder seiner Aufmerksamkeit beeinträchtigt war. Solche Beeinträchtigungen können vorübergehender Art sein. So können das Reaktionsvermögen und die Aufmerksamkeit durch bestimmte Medikamente vermindert worden sein. Es sind aber auch dauerhafte Beeinträchtigungen durch eine hirnorganische Störung oder bestimmte andere Erkrankungen denkbar. Meist ist es möglich, anhand von Akteninformationen die Erklärungsmöglichkeiten einzuschränken. Angenommen, vieles spricht für eine dauerhafte Beeinträchtigung des Reaktionsvermögens und/oder der Aufmerksamkeit. In diesem Fall würden geeignete **Testverfahren** eingesetzt, um die Reaktionsschnelligkeit und die Aufmerksamkeit zu messen. Ergänzend könnte ein **Interview** Informationen darüber liefern, ob auch bei anderen Gelegenheiten »Pannen« passiert sind, die auf ein vermindertes Reaktionsvermögen bzw. ein Aufmerksamkeitsdefizit zurückzuführen sein könnten. Eine **Verhaltensbeobachtung** bei der Testdurchführung und beim Interview kann weitere diagnostisch relevante Informationen liefern. In einem **Gutachten** würden die vorliegenden Ergebnisse im Hinblick auf die psychologischen Fragen interpretiert und die Fragestellung beantwortet.

Im Folgenden werden diagnostische Fragestellungen dargestellt, die sich bei erwachsenen Klienten ergeben. Vorrangig sollen die Zielsetzung (Was genau will ich herausfinden?) und die Vorgehensweise (Welche Verfahren kann ich hier einsetzen?) beschrieben werden. Ausführliche Darstellungen des diagnostischen Vorgehens finden sich in anderen Kapiteln, auf die an geeigneter Stelle verwiesen wird.

40.1.1 Klinische Diagnostik psychischer Störungen

Bei der Diagnostik psychischer Störungen lautet die wichtigste Frage, ob Beschwerden oder auffällige Verhaltensweisen einer Person als Ausdruck einer Krankheit zu werten sind. Meist soll darüber hinaus auch die Schwere der Störung bzw. Krankheit bestimmt und die Therapiebedürftigkeit geklärt werden. Manchmal soll der Fortschritt oder der Erfolg der Behandlung evaluiert werden: Hat sich eine Besserung eingestellt und wie groß ist der Fortschritt? Ist der Patient nun weitgehend störungsfrei?

Heute sind mit der ICD-10 und dem DSM-IV zwei gut ausgearbeitete Klassifikationssysteme für psychische Krankheiten verfügbar (▶ Kap. 42). Psychische Störungen werden darin benannt, mit Kodes versehen (in der ICD-10 steht z. B. F20.5 für »Schizophrenes Residuum«, also ein chronisches Stadium nach einer früheren schizophrenen Episode) und durch das Vorliegen von bestimmten diagnostischen Kriterien definiert. Um eine Diagnose zu stellen, prüft der Diagnostiker, ob die dort aufgeführten Kriterien vorliegen. Wie er die Informationen zu den Kriterien beschafft, ist für die Diagnose nicht grundsätzlich von Bedeutung. Wichtig ist aber, sich nicht auf eine Informationsquelle allein zu verlassen. Viele diagnostisch relevante Informationen können nur durch Befragung der Klienten gewonnen werden. Deshalb wurden sog. strukturierte und standardisierte klinische Interviews entwickelt (▶ Kap. 42).

Für die Behandlungsplanung reicht eine reine Klassifikation der Störung meist nicht aus. In Abhängigkeit von der Therapierichtung und den Besonderheiten des Klienten werden beispielsweise Informationen über dessen Persönlichkeit, seine Beziehung zum Partner und seine kognitive Leistungsfähigkeit benötigt. Dabei sind die Ausprägung von Merkmalen und die Häufigkeit oder Intensität von Verhaltensweisen von Interesse (»dimensionale« vs. »kategoriale« Diagnostik). Zur Erhebung dieser Informationen kommen etwa Persönlichkeitsfragebögen, projektive Tests,

ein Interview mit dem Partner und ein Intelligenztest in Frage.

40.1.2 Neuropsychologische Diagnostik

Das menschliche Gehirn kann durch vielfältige Einflüsse, von einer Neuroborreliose (bakterielle Erkrankung, ausgelöst durch Zeckenbiss) über den Verschluss von Blutgefäßen bis zur Gewalteinwirkung auf das Gehirn durch einen Unfall, geschädigt werden. Die dabei hervorgerufenen Ausfälle können unterschiedlich schwer sein und sehr unterschiedliche Funktions- oder Teilleistungsbereiche betreffen (▶ Kap. 44). Die neuropsychologische Diagnostik dient hauptsächlich dazu, diese Defizite zu entdecken, sie nach ihrer Art und Schwere zu beschreiben und passende Rehabilitationsmaßnahmen zu begründen.

Gegen Ende der Behandlung ergeben sich weitere Fragen: Kann der Patient wieder ganz oder teilweise zu seinen gewohnten Aktivitäten zurückkehren? Welche anderen Berufe kommen für ihn in Frage oder ist er berufsunfähig? Ist er geeignet, wieder ein Kraftfahrzeug zu führen? Für viele der Patienten bringt ihre Erkrankung gravierende Veränderungen in der Lebensführung mit sich. Deshalb kann im Rahmen der neuropsychologischen Diagnostik auch die Krankheitsbewältigung (▶ Kap. 44) und die emotionale Belastbarkeit des Patienten untersucht werden. Viele Fragen verlangen den Einsatz von Leistungstests. Ergänzend können Fragebogen (z. B. zur emotionalen Belastbarkeit), Interviews und Verhaltsbeobachtungen herangezogen werden.

Bei der Untersuchung von Patienten mit einer hirnorganischen Störung ist eine Reihe von Störfaktoren zu beachten, die zu einer Verzerrung der Ergebnisse führen können. Bestimmte Medikamente können beispielsweise die Testleistung beeinflussen. Die Patienten sind oft nicht stark belastbar und können schnell ermüden, was wiederum bei bestimmten Tests zu Minderleistungen führen kann. Eine besondere Herausforderung stellt die Beurteilung der unmittelbaren Auswirkungen eines Unfalls auf die Leistungsfähigkeit dar. Erstens muss man dazu die Leistungsfähigkeit vor dem Ereignis abschätzen. Zweitens kann der Patient ein finanzielles Interesse daran haben, als stark beeinträchtigt begutachtet zu werden. Der Diagnostiker wird also herausfinden müssen, ob schlechte Testergebnisse auf Simulation oder auf eine tatsächliche Beeinträchtigung zurückzuführen sind. In der Fachliteratur wurden brauchbare Methoden zur Entdeckung von Simulation beschrieben, die hier zur Anwendung kommen können.

40.1.3 Berufseignungsdiagnostik

Wenn die Berufseignung eines Menschen festgestellt werden soll, wird immer nach einer Passung gesucht, einer Passung zwischen Schlüssel und Schloss bzw. zwischen einer Person mit ganz bestimmten Merkmalen und einem Beruf bzw. einer konkreten Stelle mit wiederum ganz bestimmten Anforderungen.

Berufseignungsdiagnostik setzt an der **Person** an, wenn es um die Frage geht, für welchen Beruf oder welche Berufe jemand geeignet ist. Die Zielsetzung lautet **Platzierung**. Welcher Beruf passt am besten zu den Fähigkeiten und Fertigkeiten, aber auch den Bedürfnissen und Interessen der Person (▶ Kap. 53)?

Die Berufeignungsdiagnostik setzt am **Beruf** an, wenn eine Stelle zu besetzen ist und mehrere Bewerber zur Auswahl stehen. Für diese eine Stelle soll unter vielen Bewerbern der am besten Geeignete gesucht werden. Das Schloss ist vorhanden und es wird der passende Schlüssel gesucht. Die Anforderungen wurden meist zuvor mittels Anforderungsanalyse (▶ Kap. 53) ermittelt und es gilt nun festzustellen, wer im höchsten Maße über die geforderten Eignungsmerkmale verfügt. Das Ziel ist hier eine **Selektion**. Die Prinzipien und Methoden der Personalauswahl werden in ▶ Kap. 52 beschrieben.

Das Repertoire an Verfahren, mit denen man die Eignungsmerkmale messen kann, ist groß (▶ Kap. 53). Zur Messung von verschiedenen Aspekten der kognitiven Leistungsfähigkeit kommen überwiegend **Leistungstests** in Frage. Manchmal werden im Beruf Fertigkeiten verlangt, die man mit Hilfe einer **Arbeitsprobe** überprüfen kann. Beispielsweise könnte man bei der Auswahl von Sekretärinnen, die häufig Briefe nach Diktat schreiben müssen, eine Schreibprobe durchführen. Informationen über Persönlichkeitseigenschaften und Interessen können mit entsprechenden **Fragebögen** und **Interviews** (▶ Kap. 52) erhoben werden. Bei Selektionsentscheidungen ist zu bedenken, dass sich die Bewerber so darstellen können, wie es ihnen vorteilhaft erscheint. **Assessmentcenter** (▶ Kap. 52 und 53) werden gerne zur Erfassung von sozialen Fähigkeiten wie Durchsetzungsvermögen, Verhandlungsgeschick oder Einfühlungsvermögen eingesetzt.

40.1.4 Eignungsdiagnostik für das Studium

Einen Spezialfall von Eignungsdiagnostik stellt die Diagnostik der **Studierfähigkeit** bzw. die Feststellung der **Eig-** **nung für ein bestimmtes Studium** dar (▶ Kasten). Die Hochschulen in Deutschland sollen künftig einen Großteil ihrer Studierenden selbst auswählen, und es stellt sich die Frage, welches Vorgehen hier angemessen ist und ob die Eignung für ein Studium oder für einen akademischen Beruf festgestellt werden soll. In vielen Fällen kann jedoch ein bestimmtes Studium zu so vielen verschiedenen Berufen hinführen, dass eine Eignungsaussage für einen bestimmten Beruf völlig unangemessen wäre.

Der Erwerb von Wissen ist allen Studienfächern gemeinsam. Deshalb ist zu erwarten, dass ebenso wie bei anderen Ausbildungsgängen die kognitive Leistungsfähigkeit entscheidend ist. In den USA sind Studierfähigkeitstests gebräuchlich. Der bekannteste Test, der »Scholastic Aptitude Test« (SAT), geht sogar bis auf das Jahr 1926 zurück und wurde seitdem immer wieder überarbeitet und neu normiert. Der SAT besteht aus sprachlichen und mathematischen Aufgaben. Beispielsweise sind Antonyme (Gegensätze) zu vorgegebenen Wörtern zu suchen, Sätze zu ergänzen und Rechenaufgaben zu lösen. Mit einer Kombination von Noten in der High School und den SAT-Punkten kann die Studienleistung im College besser vorhergesagt werden als mit einem der beiden Kennwerte alleine (s. Gregory, 1992). Die Ergebnisse im SAT hängen sehr eng mit den Ergebnissen in Intelligenztests zusammen (Frey & Detterman, 2004).

In Deutschland wurde von 1986 bis 1998 zur Zulassung für die medizinischen Studiengänge ein eigens dafür entwickelter Eignungstest, der »Test für medizinische Studiengänge« (TMS), eingesetzt. Auch dieser Test weist große Ähnlichkeit mit klassischen Intelligenztests auf. Bei der Vorhersage von Studienerfolg wurden damit ähnlich gute Ergebnisse erzielt wie mit der Abiturnote. Eine kleine Verbesserung der Prognose konnte durch die Kombination von TMS und Abiturnote erzielt werden.

Je nach Studienfach können weitere spezifische Anforderungen wie technisches Verständnis, musikalische oder künstlerische Begabung hinzukommen. Zur Erhebung der hierzu relevanten diagnostischen Informationen kommen Testverfahren (etwa für technisches Verständnis) und Arbeitsproben (z. B. im musikalischen und künstlerischen Bereich) in Frage.

Praxisprobleme bei der Eignungsfeststellung für ein Studium

In der Praxis ist bei der Eignungsfeststellung mit besonderen Problemen zu rechnen. Da bestimmte Studienplätze sehr begehrt sind, ist mit gezielten Vorbereitungen auf die Eignungsuntersuchung zu rechnen. So wurden für den TMS kommerzielle Vorbereitungskurse angeboten. Einer Benachteiligung von nicht trainierten Bewerbern kann man entgegenwirken, indem allen Testteilnehmern im Vorfeld Testmaterialien mit Beispielaufgaben zur Verfü-

gung gestellt werden. Schwieriger oder gar unmöglich wird es sein, Interviews fälschungssicher zu machen. Anders als bei Tests ist es organisatorisch kaum möglich, alle Bewerber zeitgleich zu untersuchen. Deshalb besteht die Gefahr, dass schon innerhalb eines Untersuchungszeitraums Fragen weitergegeben werden. Es wird nicht gelingen, so viele verschiedene und auch gute Interviewfragen zu entwerfen, dass jeder Bewerber zumindest zum Großteil mit anderen Fragen konfrontiert wird.

40

Zur Vorhersage des Studienerfolgs sind auch Informationen über bestimmte Persönlichkeitsmerkmale (z. B. emotionale Stabilität, Leistungsmotivation) und Interessen relevant. Ein Ergebnis der internationalen Forschung ist, dass ein deutlicher Zusammenhang zwischen Leistungsmotivation und Studienerfolg besteht (Robbins et al., 2004). Fragebögen oder auch Interviews zur Erfassung von Persönlichkeitsmerkmalen, Motivation und Interessen können für **Beratungszwecke** sehr nützlich sein und eine Selbstselektion anregen. Zur Auswahl von Studierenden sind sie nicht geeignet, weil damit zu rechnen ist, dass die Bewerber ihre Angaben so verfälschen, dass sie die vermuteten Anforderungen erfüllen.

40.1.5 Rechtspsychologische Diagnostik

Eltern streiten im Scheidungsfall vor Gericht um das Sorgerecht für ihre Kinder, Straftäter beantragen, dass sie in die Freiheit entlassen werden, bevor sie ihre ganze Strafe verbüßt haben, und in einem Mordfall hat ein Richter Zweifel daran, dass der Täter schuldfähig ist. Dies sind Beispiele aus dem juristischen Bereich, bei denen oftmals psychologische Diagnostik dazu beitragen kann, eine gerechte Entscheidung zu treffen (▶ Kap. 61). Psychologische Gutachten werden zu derart unterschiedlichen Fragestellungen angefordert, dass sich notwendigerweise sehr unterschiedliche psychologische Fragen ergeben, auf die wiederum mit sehr verschiedenen Methoden Antworten gesucht werden. Exemplarisch soll auf die Glaubhaftigkeit von Zeugenaussagen eingegangen werden.

Wenn vor Gericht eine Zeugenaussage vorliegt, so kann mit Hilfe psychologischer Methoden beurteilt werden, ob die Aussage an sich glaubhaft ist und ob die Person des Zeugen als glaubwürdig gelten kann. Zur Beurteilung der Glaubwürdigkeit des **Zeugen** stellen sich mehrere Fragen: Ist die Person aufgrund ihres Urteilsvermögens grundsätzlich in der Lage, zu dem Sachverhalt eine gültige Aussage zu machen? Zweifel können durch eine niedrige Intelligenz, fehlenden Erfahrungshintergrund oder bestimmte psychische Störungen begründet sein. Liegen Motive für eine Falschaussage vor? Beispielsweise könnte ein Zeuge Rachegefühle gegenüber dem Beschuldigten haben, die in eine Falschaussage münden. Bei der Beurteilung der **Aussage** werden deren Entstehungsgeschichte sowie inhaltliche Merkmale untersucht. Darüber hinaus kann es aufschlussreich sein, ob die Erinnerungen möglicherweise durch eine suggestive Befragung verzerrt sein könnten. Die Aussage kann auch inhaltsanalytisch danach untersucht werden, ob bestimmte Glaubhaftigkeitskriterien (»Realkennzeichen«) vorliegen. Für eine glaubhafte Aussage sprechen beispielsweise Detailreichtum der Schilderungen, die Schilderungen von Komplikationen im Handlungsverlauf, von nebensächlichen Einzelheiten sowie von eigenen psychischen Vorgängen (▶ Abschn. 61.3.3).

Gutachter in der Rechtspsychologie müssen über spezielles juristisches Fachwissen verfügen. Anders als die meisten anderen Diagnostiker verwenden sie für ihre Arbeit sehr oft Informationen (aus Gerichtsakten), die sie nicht selbst erhoben haben. Eine besondere Herausforderung an die Diagnostik stellt in vielen Fällen das Erkennen von Verfälschungen dar.

40.1.6 Verkehrspsychologische Diagnostik

Für eine Begutachtung der Fahreignung nach einem Führerscheinentzug gibt es mehrere Gründe. In über der Hälfte der Fälle sind Eignungszweifel wegen einer Alkoholproblematik der Anlass (▶ Kap. 59). Nach § 13, Abs. 2 der Fahrerlaubnis-Verordnung (s. http://www.verkehrsportal.de/fev/fev.php) gilt, dass »ein medizinisch-psychologisches Gutachten beizubringen ist, wenn Anzeichen für Alkoholmissbrauch vorliegen, wiederholt Zuwiderhandlungen im Straßenverkehr unter Alkoholeinfluss begangen wurden, ein Fahrzeug im Straßenverkehr bei einer Blutalkoholkonzentration von 1,6 Promille [...] oder mehr geführt wurde, die Fahrerlaubnis aus einem dieser Gründe entzogen war oder zu klären ist, ob Alkoholmissbrauch nicht mehr besteht.« Zwei weitere große Anlassgruppen sind Verkehrsauffälligkeiten mit Drogen oder Medikamenten sowie »Verkehrsauffällige ohne Alkohol« (▶ Kap. 59). Hinter der letzten Kategorie verbergen sich Verkehrsteilnehmer, die aus unterschiedlichen Gründen einen zu hohen Punktestand (18 und mehr Punkte) im Zentralregister in Flensburg angesammelt haben.

Neben der generellen Fahreignung kann auch die Eignung zur Fahrgastbeförderung Untersuchungsgegenstand sein. Taxifahrer und Busfahrer benötigen eine spezielle Fahrerlaubnis, für deren Erteilung sie nachweisen müssen, dass sie über die nötige Belastbarkeit, Orientierungsleistung, Konzentrationsleistung, Aufmerksamkeitsleistung und Reaktionsfähigkeit verfügen.

Je nach Begutachtungsanlass werden unterschiedliche Aspekte der Fahreignung untersucht. Bei der Feststellung von Alkoholmissbrauch werden Informationen über Trink- und Verhaltensgewohnheiten sowie über Problembewusstsein, eingeleitete Therapiemaßnahmen etc. benötigt. Das diagnostische Interview ist dafür die geeignete Methode. Der Diagnostiker ist sich dabei bewusst, dass die Klienten bestrebt sind, einen guten Eindruck zu hinterlassen, um den Führerschein wieder zu erlangen. Die Fragen müssen daher so ausgewählt werden, dass diagnostisch relevante Fakten von beschönigenden Darstellungen unterschieden werden können. Die Betroffenen kommen meist nicht unvorbereitet zur Untersuchung. So raten etwa Rechtsanwälte im Internet (z. B. http://www.verkehrsportal.de/verkehrsrecht/mpu_05.php), dass man sich einsichtig zeigen und sich selbstkritisch geben soll.

Auch bei **Verstößen** gegen Verkehrsvorschriften (18 Punkte im Verkehrszentralregister) oder gegen Strafgesetze können Verhaltensgewohnheiten und die Einsicht in eigenes Verhalten eine große Rolle spielen. Damit kommt wieder das diagnostische Interview als Methode in Frage. Im Fall der **Fahrerlaubnis zur Fahrgastbeförderung** stehen eindeutig kognitive Leistungsmerkmale im Fokus, die mit entsprechenden psychologischen Leistungstests gemessen werden.

40.2 Diagnostische Verfahren

In diesem Abschnitt werden Tests und andere psychodiagnostische Verfahren beschrieben, die zur Beantwortung von psychodiagnostischen Fragen eingesetzt werden. Es handelt sich dabei sozusagen um die Werkzeuge, deren sich Diagnostiker bedienen, um Erkenntnisse zu gewinnen. Die psychodiagnostischen Verfahren werden nach dem Messgegenstand und dem methodischen Vorgehen in große Gruppen eingeteilt. Mit dem Begriff »Leistungstests« wird beispielsweise ausgedrückt, dass mit Hilfe von Tests (Methode) die Leistung (Messgegenstand) erfasst wird. Durch weitere Untergliederungen wird der Messgegenstand präziser gefasst. So wird etwa spezifiziert, auf welchen Bereich der Leistungsfähigkeit (Intelligenz, Konzentration etc.) die Verfahren zielen.

Jede Gruppe von Verfahren zeichnet sich durch bestimmte Stärken und Schwächen bzw. Grenzen aus, die bei der Wahl des Instrumentes beachtet werden. In der diagnostischen Praxis werden oft unterschiedliche Verfahrenstypen eingesetzt, um die jeweiligen Vorteile nutzen zu können. Dabei nimmt man sogar in Kauf, dass scheinbar widersprüchliche Ergebnisse anfallen. Die Widersprüche kann man fast immer aufklären, indem man die Stärken und Schwächen der eingesetzten Verfahren in Rechnung stellt. Innerhalb einer Gruppe spielen bei der Auswahl des »richtigen« (d. h. im konkreten Fall angemessenen) Verfahrens meist technische Merkmale (Gütekriterien; ▶ Kap. 39) die herausragende Rolle. Insgesamt sollte deutlich geworden sein, dass gerade die Auswahl der geeigneten Verfahren und die Interpretation der Ergebnisse hohe Ansprüche an die Kompetenz des Diagnostikers stellen. Die Durchführung und Auswertung kann in vielen Fällen von Gehilfen übernommen werden.

40.2.1 Leistungstests

Die psychische Leistungsfähigkeit eines Menschen kann in Teilbereiche untergliedert werden: Intelligenz, Aufmerksamkeit und Konzentration sowie eine Restkategorie.

Intelligenztests

Intelligenztests sind die bekanntesten und praktisch wie wissenschaftlich bedeutendsten Leistungstests. Tests zur Erfassung der Intelligenz wurden bereits Ende des 19. Jahr-

hunderts für den Schulbereich entwickelt (▶ Kap. 41). In den USA wurde während des Ersten Weltkriegs ein Intelligenztest für Erwachsene benötigt, um die Eignung von Rekruten zu beurteilen. Ein Team von Psychologen entwickelte in kurzer Zeit einen Gruppentest, der einfach auszuwerten war. Die »Army Alpha Examination« und die »Army Beta Examination« (s. Gregory, 1992) dienten bald als Vorbild für andere Tests. In den 1930er Jahren wurden Tests konstruiert, die explizit »kulturfair« sein sollten. Solche Verfahren wurden damals ebenso wie heute benötigt, um auch Menschen untersuchen zu können, die mit der Landessprache Schwierigkeiten haben oder Kulturtechniken wie das Rechnen (noch) nicht richtig beherrschen.

Die modernen Tests sind vor allem in technischer Hinsicht perfektioniert worden (Optimierung der Gütekriterien), zeichnen sich in der Regel durch ansprechende und zeitgemäße Testaufgaben aus und bieten aktuelle Vergleichsnormen. Viele Tests sind auch als Computerversion verfügbar. Anders als die frühen Tests können die modernen Verfahren meist sehr gut in Strukturmodellen der Intelligenz (▶ Kap. 23) »verortet« werden. Man weiß also aufgrund von Forschungsergebnissen ziemlich genau, welche Aspekte der Intelligenz sie erfassen.

In dem umfangreichsten deutschen Testkompendium (Brähler, Holling, Leutner & Petermann, 2002) sind insgesamt 57 Intelligenztests (für alle Altersbereiche) aufgeführt. Exemplarisch soll der »**Intelligenz-Struktur-Test 2000-R**« (I-S-T 2000-R; Amthauer, Brocke, Liepmann & Beauducel, 2003) näher vorgestellt werden. Dieser Test stellt eine Weiterentwicklung des in Deutschland bisher mit Abstand am häufigsten angewandten Intelligenztests, dem I-S-T-70, dar. Er besteht aus 12 Aufgabengruppen (Untertests), die in ▣ Tab. 40.1 aufgeführt sind. Der Test liegt in zwei Formen vor; Form B ist als Paralleltest zu Form A exakt gleich aufgebaut und misst die gleichen Fähigkeiten.

Aus Platzgründen können nur einige der Untertests näher beschrieben werden. Die Beispiele entstammen den Übungsaufgaben. Beim **Satzergänzen** ist jeweils ein Satz um ein fehlendes Wort zu ergänzen, wobei unter 5 Antwortmöglichkeiten auszuwählen ist. Beispiel: Das Gegenteil von Hoffnung ist …? (Trauer, Verzweiflung, Elend, Liebe oder Hass). Bei den **Rechenzeichen** sind in einer Rechenaufgabe anstelle der Fragezeichen die fehlenden Rechenzeichen einzutragen. Beispiel: 6 ? 2 ? 3 = 5. Die Aufgaben der **Figurenauswahl** bestehen aus 5 vorgegebenen geometrischen Figuren (z. B. Quadrat) und »zerschnittenen« Figuren. Zu jedem dieser Puzzles ist die passende Figur zu suchen. Bei der **figuralen Merkfähigkeit** werden 13 Figurenpaare, z. B. Stern–Kreis, für 1 min zum Lernen vorgegeben. In der Reproduktionsphase wird immer eine der beiden Figuren vorgegeben und die dazu passende ist unter 5 Alternativen zu suchen. Bei den Aufgaben zum **Wissen** handelt es sich um Fragen aus den Bereichen Geographie, Geschichte, Wirtschaft, Kunst, Kultur, Mathematik, Naturwissenschaften und Alltag mit jeweils 5 Antwortalternativen.

40

◘ Tabelle 40.1. Aufbau des »Intelligenz-Struktur-Tests 2000-R«

Untertest			Bereich	Items	Zeit [min]	Reliabilität
Grundmodul Schlussfolgerndes Denken: SE bis MA						**0,96**
Verbale Intelligenz: SE, AN, GE						**0,88**
	SE	Satzergänzen	V	20	6	0,69
	AN	Analogien	V	20	7	0,74
	GE	Gemeinsamkeiten	V	20	8	0,76
Numerische Intelligenz: RE, ZR, FA						**0,95**
	RE	Rechenaufgaben	N	20	10	0,84
	ZR	Zahlenreihen	N	20	10	0,91
	RZ	Rechenzeichen	N	20	10	0,86
Figurale Intelligenz: FA, WÜ, MA						**0,87**
	FA	Figurenauswahl	F	20	7	0,77
	WÜ	Würfelaufgaben	F	20	9	0,80
	MA	Matrizen	F	20	10	0,71
Merkfähigkeit (v, f)						**0,95**
	Mv	Merkfähigkeit verbal	M	10	1+2	0,94
	Mf	Merkfähigkeit figural	M	13	1+2	0,90
Erweiterungsmodul Wissen						**0,93**
	VW	Verbales Wissen	W	28		0,84
	NW	Numerisches Wissen	W	28		0,82
	FW	Figurales Wissen	W	28		0,83

Bearbeitungszeiten ohne Instruktionen und Übungsbeispiele; bei der Merkfähigkeit sind die Zeiten für Einprägen und Reproduktion aufgeführt. Im Erweiterungsmodul sind die verbalen, numerischen und figuralen Aufgaben gemischt und die Bearbeitungszeit gilt für alle Aufgaben zusammen. Reliabilitätsschätzungen für Form A, Cronbachs Alpha. *V* verbale, *N* numerische, *F* figurale Intelligenz, *M* Merkfähigkeit, *W* Wissen

Beispielsweise wird nach dem Autor eines bestimmten Buchs gefragt.

Die Leistungen in den einzelnen Untertests werden nach einem dem Test zugrunde liegenden Intelligenzmodell verrechnet. Von der Interpretation einzelner Untertestergebnisse raten die Autoren ab, da die Reliabilität (Messgenauigkeit) dafür meist zu gering ist (◘ Tab. 40.1). Erst durch das Zusammenfassen mehrerer Untertests, die sich auf den gleichen Intelligenzbereich beziehen, entstehen hinreichend reliable Kennwerte. Für die meisten Fragestellungen ist sicher das **schlussfolgernde Denken** der wichtigste Kennwert. Allerdings sind die Testleistungen bildungsabhängig. Durch eine spezielle Zusatzauswertung kann auch ein Kennwert für **schlussfolgerndes Denken** bzw. **fluide Intelligenz** bestimmt werden, der weitgehend frei von Bildungseinflüssen ist.

Der I-S-T 2000-R liefert, wenn er ganz durchgeführt wird, ferner Informationen über die sprachliche, rechnerische und figural-räumliche Intelligenz, das (überwiegend schulische) Wissen und die Merkfähigkeit. Jeder Intelligenzbereich wird dabei »breit« mit mehreren Untertests gemessen (◘ Tab. 40.1). Der Test ist für verschiedene Altersgruppen normiert. Als Belege für die Validität legen die Autoren u. a. Korrelationen mit verschiedenen anderen Intelligenztests und mit Schulnoten vor.

Man könnte angesichts dieser relativ großen Informationsausbeute vermuten, dass man mit dem I-S-T 2000-R alle diagnostischen Fragen beantworten kann. Wozu braucht man noch andere Intelligenztests und worin unterscheiden sich diese Tests vom I-S-T 2000-R? Im ► Kasten »Auswahlkriterien für einen bestimmten Intelligenztest« sind einige wichtige Gründe für die Auswahl eines Intelligenztests aufgeführt, die im Einzelfall zur Wahl eines anderen Tests als des I-S-T 2000-R führen können.

Manchmal findet sich kein passender Test und es ist Improvisation gefragt. Wenn die Testperson eine **sehr niedrige Intelligenz** hat, als geistig behindert gilt, wird sie mit den üblichen Intelligenztests für Erwachsene überfordert sein. Darüber hinaus differenzieren die Tests nicht im unteren Bereich, weil bei der Normierung meist keine niedrig begabten Personen (zumindest nicht in angemessenem Umfang) untersucht worden sind. In der Praxis behilft man sich dann gerne damit, einen für Kinder konstruierten Test vorzugeben. Man erhält zunächst wie üblich einen Testroh-

Auswahlkriterien für einen bestimmten Intelligenztest

- **Andere »Breite« der Intelligenzmessung**. In einigen Tests wird die Intelligenz zum Teil über andere Intelligenzkomponenten bestimmt und es liegt ihnen ein anderes Intelligenzmodell zugrunde.
- **Ökonomie**. Aus Ökonomiegründen sind manchmal kürzere Tests gefragt. Kürze wird meist mit einer niedrigeren Messgenauigkeit oder einer Beschränkung auf einen Intelligenzbereich bezahlt.
- **Bestimmte Intelligenzkomponente gesucht**. Manchmal ist nur ein bestimmter Intelligenzbereich von Interesse (z. B. die verbale Intelligenz oder die Wahrnehmungsgeschwindigkeit).
- **Intensive Interaktion zwischen Testleiter und Proband erwünscht**. Häufig ist eine enge Interaktion mit dem Probanden während der Testdurchführung von Vorteil. Die Aufgaben sollen einzeln im direkten Kontakt vorgegeben werden. Eine Einzeltestung kann aus motivationalen Gründen erwünscht sein oder zur Beobachtung des Arbeitsverhaltens und der Lösungsstrategien. Der »Hamburg-Wechsler-Intelligenztest« ist ein solches Einzeltest-Verfahren, und er wird von sehr vielen Psychologen in der Praxis eingesetzt (Steck, 1997).
- **Kulturfaire Tests**. Die Intelligenz kann auch mit Aufgaben gemessen werden, die fast keine Voraussetzungen an die Bildung und die Sprachbeherrschung der Testpersonen stellen. Für diesen Zweck werden gerne geometrische Figuren oder Symbole verwendet, die in einer bestimmten Relation zueinander stehen. Ein fehlendes Zeichen ist zu ergänzen.
- **Power statt Speed**. Bei der Bearbeitung von Intelligenztestaufgaben spielt meist die Schnelligkeit (Speed) eine große Rolle. Es wurden aber auch Tests entwickelt, in denen der Zeitdruck fast vollständig herausgenommen wurde (Power-Tests). Die Aufgaben werden gegen Testende so schwer, dass sie nur noch von sehr begabten Personen gelöst werden können.
- **Eignung für bestimmte Personengruppen**. Ein Intelligenztest kann für eine bestimmte Probandengruppe mehr oder weniger gut geeignet sein. Differenziert der Test eher im oberen oder eher im unteren Intelligenzbereich? Sind die Aufgaben für einen bestimmten Personenkreis, beispielsweise Manager, ansprechend?
- **Spezielle Validitätsbelege**. Tests werden zur Beantwortung einer spezifischen Fragestellung eingesetzt, beispielsweise zur Auswahl von Auszubildenden oder zur Prognose von Schulerfolg. Deshalb sind gute Validitätsbelege für den interessierenden Bereich wichtig.

Erfahrene Diagnostiker werden für den konkreten Fall unter den zahlreichen Tests den am besten geeigneten finden. Dazu müssen sie sich anhand von Testkompendien, Testmanualen, Testrezensionen und manchmal auch von einschlägigen Publikationen in Fachzeitschriften gut informieren.

wert (Anzahl richtiger Lösungen). Aus den Normtabellen lässt sich ersehen, für welche Altersgruppe dieser Wert als durchschnittlich gilt (einem IQ von 100 entspricht). Damit weiß man, welches »Intelligenzalter« die Testperson hat. Ein Intelligenzalter von 11 bedeutet beispielsweise, dass die Intelligenz der Person der eines durchschnittlich begabten 11-jährigen Kindes entspricht. Dieses Vorgehen ist nur als Notlösung anzusehen, weil Testaufgaben für Kinder nicht unbedingt zur Intelligenzmessung bei geistig behinderten Erwachsenen angemessen sind.

Aufmerksamkeits- und Konzentrationstests

Kognitive Leistungen sind immer an allgemeine Voraussetzungen gebunden, die mit **allgemeinen Leistungstests** gemessen werden. Diese erfassen meist Aufmerksamkeit und/oder Konzentrationsfähigkeit. Die Leistungen in diesen Tests müssen möglichst unabhängig von der Intelligenz der Testpersonen zustande kommen. Deshalb zeichnen sich die Testaufgaben dadurch aus, dass sie kognitiv wenig anspruchsvoll sind. Die Tests korrelieren nur schwach mit Intelligenztests. Von normalen Testpersonen könnten sie vollständig gelöst werden, wenn nur genug Zeit zur Verfügung steht. Allerdings ist die Bearbeitungszeit so knapp bemessen, dass selbst eine sehr leistungsfähige Testperson nicht alle Aufgaben bearbeiten kann und unter dem Zeitdruck auch Fehler macht.

Rechen- und Durchstreichtests, die heute gebräuchlichsten Testtypen, hatten Vorläufer gegen Ende des 19. Jahrhunderts (Bartenwerfer, 1983). ☐ Tabelle 40.2 zeigt zwei moderne Varianten solcher Tests. Beim »Aufmerksamkeits-Belastungstest d2« (Brickenkamp, 2002) werden 14 Zeilen mit ähnlich aussehenden Zeichen (die Buchstaben d und p mit Strichen darüber und darunter) vorgegeben und die Bearbeitungszeit beträgt 20 s pro Zeile. Es stehen insgesamt 4 min und 40 s zur Verfügung, um die 658 Zeichen zu bearbeiten. Der Test »d2« ist der von den meisten Psychologen angewandte Leistungstest (Steck, 1997). Der Revisionstest enthält 15 Zeilen mit je 44 Additionsaufgaben. Die Bearbeitungszeit für die insgesamt 660 Aufgaben beträgt 7 min und 30 s. Obwohl die beiden Tests sehr unterschiedlich aussehen, sprechen sie doch die gleiche Fähigkeit an. Erkennbar ist dies an dem relativ engen Zusammenhang zwischen den Leistungen in beiden Tests (die Korrelation beträgt in verschiedenen Untersuchungen etwa 0,60).

Für Aufmerksamkeits- und Konzentrationstests eröffnet der Computer Möglichkeiten, die mit Papier-und-Bleistift-Tests kaum realisierbar sind. Beispielsweise können

40

▫ Tabelle 40.2. Beispiele für Konzentrationstestaufgaben						
Testname	**Aufgabenbeispiel**					**Auftrag an Testperson**
»Test d2« (Brickenkamp, 2002)	d ″	p ′	″ p	′ d ′	d ′	′ d ″	Alle »d« mit insgesamt 2 Strichen durchstreichen
»Revisionstest« (Marschner, 1972)	3 5 — 7		2 6 — 8		4 1 — 5		Haken an richtige Aufgaben, falsche Aufgaben durchstreichen

zur Messung der **geteilten Aufmerksamkeit** akustische und optische Reize gleichzeitig dargeboten werden. Zur Messung der **Vigilanz** (Aufmerksamkeit für schwache und seltene Reize) steht etwa in der »Testbatterie zur Aufmerksamkeitsprüfung« (TAP; Zimmermann & Fimm, 1993) ein Test nach dem »Uhr-Prinzip« zur Verfügung: Viele Punkte bilden einen Kreis. Im Sekundentakt leuchtet immer der nächste Punkt auf, als würden auf diese Weise die Sekunden angezeigt. Gelegentlich springt der Punkt zwei Schritte weiter. Dies ist der kritische Reiz, auf den sofort mit einem Tastendruck zu reagieren ist.

Weitere Leistungstests

Einige Tests erfassen Fähigkeiten oder Fertigkeiten, die üblicherweise weder dem engeren Bereich der Intelligenz noch der allgemeinen Leistungsfähigkeit zugeordnet werden. Ohne Anspruch auf Vollständigkeit sind hier folgende Merkmalsbereiche zu nennen: Gedächtnis, Reaktionsschnelligkeit, Motorik und Verständnis bzw. Wissen.

Gedächtnistests kommen in einigen Intelligenztests als Untertests vor. Viele Testautoren betrachten die Merkfähigkeit als eine eigene Domäne und haben eigenständige Verfahren dafür entwickelt. Besonders im klinischen und neuropsychologischen Bereich sind solche Tests von Nutzen, um Gedächtnisstörungen zu quantifizieren. Es gibt jedoch nicht *die* Merkfähigkeit oder *das* Gedächtnis. Vielmehr müssen verschiedene Gedächtnisfunktionen (▶ Kap. 10) unterschieden werden. Dementsprechend gibt es Tests, die das kurzfristige Behalten, das Behalten von sprachlich kodierten Informationen oder etwa von räumlichen Positionen prüfen.

Tests zur Messung der **Reaktionsschnelligkeit** verwenden unterschiedlich komplexe Reize. Im einfachsten Fall erscheint auf dem Bildschirm in unregelmäßigen Abständen immer das gleiche Zeichen (z. B. ein Kreuz) und die Testperson soll so schnell wie möglich die Antworttaste drücken. Andere Tests verlangen, nur auf bestimmte Reize zu reagieren und andere unbeantwortet zu lassen. Die höchste Komplexitätsstufe wird erreicht, wenn einzelne Reize unterschiedlich zu beantworten sind. Der Prototyp einer komplexen Reaktionsanordnung ist der »Determinationstest« im Wiener Testsystem, der den treffenden Untertitel »Komplexer Mehrfach-Reiz-Reaktionstest« trägt (s. http://www.schuhfried.at/deu/wts/dt.htm). Die Probanden müssen auf Farbsignale und akustische Reize mit den richtigen Tasten reagieren.

Motoriktests können verschiedene Aspekte der Feinmotorik messen. Beispielsweise ist auf einer Metallplatte mit einem Stift ein labyrinthartiger schmaler Pfand nachzufahren. Das Gerät registriert nicht nur die Zeit, die zum Durchfahren benötigt wird, sondern auch jede Abweichung vom vorgezeichneten Pfad. Die »Motorische Leistungsserie« nach Schoppe und Hamster (s. http://www.schuhfried.at/deu/wts/dt.htm) enthält diese und weitere Aufgaben (z. B. Stifte in kleine Löcher einstecken).

Wissens- und Verständnistests wurden konstruiert, um für bestimmte Berufsbereiche das nötige Verständnis zu erfassen. Tests zum technischen Verständnis verlangen die Anwendung von physikalischem Wissen zur Lösung von einfachen Problemen. Für den kaufmännischen Bereich gibt es analog dazu einen Test, der die Lösung von Aufgaben unter Verwendung von kaufmännischem Wissen verlangt.

Pro und Kontra Leistungstests

Leistungstests zeichnen sich meist durch eine hoch standardisierte Testdurchführung und Auswertung aus. Den Aufgaben geht eine klare Anweisung voraus und die Bedingungen der Testdurchführung (Zeit pro Untertest, erlaubte Hilfsmittel etc.) sind genau festgelegt. Die Antworten können fast immer eindeutig als richtig oder falsch bewertet werden. Sind freie Antworten vorgesehen, gibt es klare Auswertungsrichtlinien und Beispiele für richtige und falsche Antworten. Bei computerbasierten Tests erkennt das Auswertungsprogramm die richtigen Antworten. Auf diese Weise wird die **Durchführungs- und Auswertungsobjektivität** (▶ Kap. 39) garantiert.

Die **Messgenauigkeit** (Reliabilität; ▶ Kap. 39) der meisten Leistungstests ist sehr hoch. Die Konsistenzkoeffizienten liegen meist deutlich über 0,90. Erreicht wird das durch die Verwendung hinreichend vieler Aufgaben, die zudem einander in den Anforderungen ähnlich sind. Die **Gültigkeit** (Validität; ▶ Kap. 39) von Leistungstests wird häufig über die Korrelation mit anderen Tests, die das gleiche

Merkmal messen sollen, bestimmt. Ein Konzentrationstest wird mit einem anderen korreliert, ein Intelligenztest mit einem zweiten. Die so ermittelten Validitätskoeffizienten liegen oft im Bereich um 0,60. Allerdings sind solche Werte nur beschränkt aussagekräftig. Erstens hängt die Höhe der Validität u. a. von der Ähnlichkeit der Tests ab. Zweitens bleibt die Frage, ob der andere Test denn selbst wirklich Intelligenz (oder Konzentration) erfasst, unbeantwortet im Raum stehen. Deshalb sind externe Validitätsnachweise wichtig, in denen Testleistungen mit verwandten Leistungen im wirklichen Leben in Beziehung gesetzt werden. Bei Intelligenztests stellen Schulleistungen, Ausbildungs- und Berufserfolg geeignete Kriterien dar. Die Forschungsergebnisse fallen für Intelligenztests insgesamt sehr positiv aus, wie große Metaanalysen zeigen (Schmidt & Hunter, 1998). Intelligenz korreliert mit Berufs- sowie Ausbildungserfolg durchschnittlich über 0,50. Auch für einzelne Intelligenztests, die im deutschen Sprachraum verwendet werden, liegen vergleichbar gute Belege für deren Validität vor (z. B. Schmidt-Atzert, Deter & Jaeckel, 2004).

Angesichts solch positiver Ergebnisse stellt sich die Frage, ob Leistungstests nicht auch **Nachteile** aufweisen und wo ihre Grenzen liegen. Erstens gelten die positiven Aussagen insbesondere über die Reliabilität und Validität nicht pauschal für alle Leistungstests. Die oben genannten Ergebnisse zeigen, welches Potenzial in diesen Tests steckt und dass einige oder auch viele psychometrisch gut konstruiert sind. Für manche Tests fehlen allerdings insbesondere Validitätsnachweise unter Verwendung von überzeugenden, praxisrelevanten Kriterien.

Zweitens ist bekannt, dass die Ergebnisse in Leistungstests die wahre Leistungsfähigkeit unter bestimmten Umständen sowohl über- als auch unterschätzen können. Eine Überschätzung der tatsächlichen Leistungsfähigkeit ist zu erwarten, wenn die Testperson sich gezielt auf den Test vorbereitet hat. Ein Training mit sehr ähnlichen Testaufgaben reicht dafür schon aus. In zahlreichen Untersuchungen wurde der Frage nachgegangen, wie stark sich die Testergebnisse durch Training verbessern lassen. In einer Metaanalyse (Kulik, Bangert-Drowns & Kulik, 1984) wurde eine mittlere Effektgröße errechnet, die umgerechnet 5 IQ-Punkten entspricht. Das ist ein eher kleiner Effekt, der dennoch ausschlaggebend sein kann, wenn jemand ohne Vorbereitung eine Einstellung knapp verfehlt hätte. Bewerber, die bereits bei mehreren Unternehmen zur Eignungsuntersuchung eingeladen worden sind, verfügen über besonders viel Testerfahrung; ihr Testergebnis wird dadurch stärker nach oben verfälscht werden.

Besonders große Übungsgewinne wurden für Konzentrationstests nachgewiesen (Westhoff & Dewald, 1990). Die Testleistung in einem Durchstreichtest stieg nach 10 Durchgängen von 358 auf 567 bearbeitete Zeichen an. Dies entspricht einer Steigerung um 38 IQ-Punkte! Ein durchschnittlicher Proband würde nach diesem Training als herausragend gut konzentrationsfähig gelten.

Eine Unterschätzung der wahren Leistungsfähigkeit kann durch erhöhte Testangst zustande kommen. Auch eine gesundheitliche Beeinträchtigung oder eine depressive Verstimmung können zu Leistungseinbußen führen. Unter bestimmten Umständen sind aber auch absichtliche Minderleistungen denkbar, etwa bei einem Rentenbegehren. Diese Problematik ist bekannt und es wurden Strategien entwickelt, Verfälschungen aufzudecken (Heubrock, 1995; Schmidt-Atzert, Bühner, Rischen & Warkentin, 2004).

40.2.2 Persönlichkeitsfragebögen

Persönlichkeitsfragebögen dienen dazu, einzelne oder auch mehrere Persönlichkeitsmerkmale (▶ Kap. 24) über die Beantwortung von Fragen zu erfassen. Sie stellen eine ökonomische Informationserhebungsmethode dar. Oftmals müssen die Testpersonen pro Persönlichkeitsmerkmal nur etwa zehn Fragen mit »trifft zu« oder »trifft nicht zu« beantworten. Ein Fragebogen zur Aggressivität könnte beispielsweise die Fragen enthalten »wenn mich jemand anrempelt, schlage ich auch schon einmal zu« und »Streitigkeiten gehe ich aus dem Weg«. Bei der ersten Aussage zählt die Zustimmung, bei der zweiten die Ablehnung als Indikator für Aggressivität. Der Auswerter liest nicht, welche Aussagen die Testperson bejaht hat und welche nicht. Er ermittelt vielmehr nach einem festen Auswertungsschema (Auswertungsschablone, Auswertungsprogramm), wie viele Fragen in Richtung Aggressivität beantwortet wurden. Die Punktzahl wird über Normtabellen in den sog. Standardwert umgewandelt. Dieser besagt, wie weit die Testperson über oder unter dem Durchschnitt der Vergleichsgruppe liegt.

Die Forschung zu den Dimensionen der Persönlichkeit (▶ Kap. 24) hat übereinstimmend Neurotizismus, Extraversion, Gewissenhaftigkeit, Verträglichkeit und Offenheit für Erfahrungen als Basisdimensionen (»**Big Five**«) erkannt. Daher könnte man meinen, dass ein einziger Fragebogen genügen sollte, um mit fünf Skalen alle wesentlichen Aspekte der Persönlichkeit zu erfassen. Tatsächlich gibt es aber Hunderte von Persönlichkeitsfragebögen. Wie ist das zu erklären? Erstens orientieren sich nicht alle Persönlichkeitsfragebögen am Big-Five-Modell der Persönlichkeit. Einige erfassen nur eine einzige Dimension, andere mehrere in unterschiedlichen Kombinationen. Zweitens werden die großen fünf Dimensionen in Unterbereiche gegliedert, für die es wiederum Fragebögen gibt. Beispielsweise stellt Geselligkeit eine von mehreren Teilkomponenten der Extraversion dar. Drittens zählen als Persönlichkeitsmerkmale im weiteren Sinn auch Merkmale wie Depressivität, Hypochondrie, Suizidneigung oder Suchtgefährdung. Fragebögen, die überwiegend solche Merkmale erfassen, werden auch **klinische Fragebögen** genannt. Viertens werden üblicherweise auch Fragebögen zur Erfassung von Einstellungen und Interessen zu den Persönlichkeitsfragebögen gezählt. Fünftens gibt es Fragebögen, die Merkmale erfassen sollen, die sich in das Big-Five-Modell nicht einordnen lassen und die so seltsame Namen wie Alexithymie (Unfähigkeit, eigene Gefühle wahrzunehmen) tragen und deren wissenschaftlicher Status zum Teil noch ungeklärt ist.

Das »Freiburger Persönlichkeitsinventar«

Befragungen von Psychologen zeigen, dass einige wenige Persönlichkeitsfragebögen in der diagnostischen Praxis eine herausragende Rolle spielen (Steck, 1997). Im deutschen Sprachraum ist das »**Freiburger Persönlichkeitsinventar**« (FPI und FPI-R; Fahrenberg, Hampel & Selg, 2001) das in der diagnostischen Praxis mit Abstand am häufigsten angewandte Persönlichkeitsverfahren. Das FPI-R besteht aus 137 Aussagen, bei denen »stimmt« oder »stimmt nicht« anzukreuzen ist. Jede der 10 Standardskalen (◘ Tab. 40.3) umfasst 12 Items. Extraversion und Emotionalität stellen Zusatzskalen dar, für die zum Teil auch Items aus den Standardskalen mit verwertet werden. Wenn man die Skalenbeschreibungen aufmerksam gelesen hat, lässt sich bei den

◘ **Tabelle 40.3.** Skalen des »Freiburger Persönlichkeitsinventars FPI-R«

Skala	Beschreibung[a]
Lebenszufriedenheit	Lebenszufrieden, gute Laune, zuversichtlich
Soziale Orientierung	Sozial verantwortlich, hilfsbereit, mitmenschlich
Leistungsorientierung	Leistungsorientiert, aktiv, ehrgeizig-konkurrierend
Gehemmtheit	Gehemmt, unsicher, kontaktscheu
Erregbarkeit	Erregbar, empfindlich, unbeherrscht
Aggressivität	Aggressives Verhalten, sich durchsetzend
Beanspruchung	Angespannt, überfordert, »im Stress«
Körperliche Beschwerden	Viele Beschwerden, psychosomatisch gestört
Gesundheitssorgen	Furcht vor Erkrankungen, gesundheitsbewusst
Offenheit	Zugeben kleiner Schwächen, unkonventionell
Extraversion	Gesellig, impulsiv, unternehmungslustig
Emotionalität	Emotional labil, empfindlich, ängstlich

[a] typische Eigenschaften von Personen mit hoher Merkmalsausprägung.

folgenden Itembeispielen leicht herausfinden, zu welcher Skala sie gehören: »Ich bin leicht beim Ehrgeiz zu packen«, »Ich habe häufig Kopfschmerzen«, »Ich gehe abends gerne aus«.

Die Reliabilität (Cronbachs Alpha) der Standardskalen liegt zwischen 0,73 und 0,83, die der beiden Zusatzskalen bei 0,81 beziehungsweise 0,82. Für Forschungszwecke ist das befriedigend. Für die Einzelfalldiagnostik folgt, dass die Werte eines Probanden deutlich über oder unter dem Durchschnitt liegen müssen, damit man mit hinreichender Sicherheit von einem erhöhten oder erniedrigten Wert sprechen kann. Die Validität ist insbesondere durch Korrelationen mit anderen Persönlichkeitsfragebögen belegt.

Das FPI-R findet in der Forschung sehr häufig Verwendung. In vielen Publikationen werden Korrelationen mit anderen Persönlichkeitsskalen oder Unterschiede zwischen bestimmten Personengruppen auf FPI-Skalen berichtet. Eine zusammenfassende Würdigung der vielen Befunde ist schwer möglich. In Testrezensionen wurde gegen das FPI-R vorgebracht, dass es atheoretisch entwickelt worden sei. Lediglich in den beiden Zusatzskalen würde eine Brücke zu den großen Persönlichkeitsdimensionen geschlagen. In der Praxis werden die Skalen jedoch für viele Fragestellungen, überwiegend im klinischen Bereich, als hoch relevant angesehen. Die hohe Akzeptanz des FPI-R in der Praxis kann man so interpretieren, dass es den Testautoren gelungen ist, eine für viele Zwecke sehr nützliche Auswahl an Skalen zur Verfügung zu stellen.

Welche mehrdimensionalen Persönlichkeitsinventare stehen neben dem FPI-R zur Auswahl? Beschränkt man sich auf neuere Verfahren mit guter Normierung, sind vor allem drei Verfahren zu nennen (► Kasten): das »NEO-Persönlichkeitsinventar« (NEO-PI-R), der »16-Persönlichkeitsfaktoren-Test« (16 PF-R) und das »Bochumer Inventar zur berufsbezogenen Persönlichkeitsbeschreibung« (BIP).

Das »Minnesota Multiphasic Personality Inventory«

Bei der Konstruktion von Persönlichkeitsfragebögen wird meist so vorgegangen, dass Aussagen formuliert werden, die das zu messende Merkmal betreffen. Beispielsweise lautet ein Item aus einer bekannten Fragebogenskala zur Gewissenhaftigkeit »Ich halte meine Sachen ordentlich und sauber«. Ein Nachteil dieses Ansatzes liegt darin, dass meist auch die Probanden erahnen, was mit einem Item gemessen wird. Eine interessante Alternative zu dieser Art von Fragebogenkonstruktion wurde bei dem weltweit wohl bekanntesten klinischen Fragebogen, dem »**Minnesota Multiphasic Personality Inventory**« (MMPI), angewandt.

Das MMPI wurde von Hathaway und McKinley in den USA entwickelt, um klinische Diagnosen zu stellen und erstmals 1942 publiziert. Heute liegt es in einer revidierten Form (MMPI-2) in vielen Sprachen vor (deutsch: Hathaway, McKinley & Engel, 2000). Die insgesamt 567 Items beziehen sich nicht nur auf bekannte psychopathologische

Weitere zentrale Persönlichkeitsinventare

NEO-Persönlichkeitsinventar. Das NEO-Persönlichkeitsinventar nach Costa und McCrae, revidierte Fassung (NEO-PI-R; Ostendorf & Angleitner, 2004) knüpft an den Big-Five-Ansatz an. Die 30 Skalen sollen mit insgesamt 240 Items die Teilfacetten von Neurotizismus, Extraversion, Offenheit für Erfahrung, Verträglichkeit und Gewissenhaftigkeit erfassen. Jeder große Persönlichkeitsbereich wird durch 6 Teilskalen näher beschrieben. Beispielsweise gehören zu Gewissenhaftigkeit die Facetten Kompetenz, Ordnungsliebe, Pflichtbewusstsein, Leistungsstreben, Selbstdisziplin und Besonnenheit. Damit besteht der Anspruch, die Persönlichkeit theoriebezogen und sehr differenziert zu erfassen. Werden die Items zu den 5 Globalskalen verrechnet, resultieren wegen der großen Itemzahl pro Skala hohe interne Konsistenzen (Cronbachs Alpha: 0,87–0,92); für die Facetten liegen sie dagegen im Durchschnitt nur bei 0,73 (0,53–0,85).

16-Persönlichkeitsfaktoren-Test. Der 16-Persönlichkeitsfaktoren-Test (16 PF-R) von Schneewind und Graf (1998) basiert auf einer ähnlichen Forschungstradition wie das NEO-PI-R, nämlich der faktorenanalytischen Forschung zur Struktur der Persönlichkeit. Eine weitere Gemeinsamkeit liegt darin, dass es sich um eine an deutsche Verhältnisse angepasste Version eines amerikanischen Fragebogens handelt. Der Fragebogen enthält 184 Items. Wie der Name sagt, werden mit dem Fragebogen 16 Persönlichkeitsdimensionen (Beispiele: Regelbewusstsein, soziale Kompetenz, Besorgtheit) erfasst. Diese können, ähnlich wie beim NEO-PI-R, zusätzlich zu 5 Globalskalen zusammengefasst werden, die Extraversion, Unabhängigkeit, Ängstlichkeit, Selbstkontrolle und Unnachgiebigkeit genannt werden. Deren interne Konsistenzen (Cronbachs Alpha) liegen zwischen 0,73 und 0,87 und fallen damit niedriger aus als die der Globalskalen des NEO-PI-R. Als Besonderheit ist zu erwähnen, dass durch Zusatzskalen verschiedene Antwortstile erfasst werden: Impression Management (Antworttendenz in Richtung sozialer Erwünschtheit), Akquieszenz (Tendenz zu zustimmenden Antworten) und Infrequenz (Tendenz zu Zufallsantworten).

Bochumer Inventar zur berufsbezogenen Persönlichkeitsbeschreibung. Beim Bochumer Inventar zur berufsbezogenen Persönlichkeitsbeschreibung BIP (Hossiep & Paschen, 1998) handelt es sich um eine eigenständige Entwicklung mit dem Anspruch, nicht die ganze menschliche Persönlichkeit zu beschreiben, sondern nur die Facetten, die für das Berufsleben relevant sind. Die 14 Skalen mit ihren insgesamt 210 Items lassen sich vier Bereichen zuordnen: berufliche Orientierung (z. B. Führungsmotivation), Arbeitsverhalten (z. B. Gewissenhaftigkeit), soziale Kompetenzen (z. B. Kontaktfähigkeit) und psychische Konstitution (z. B. Belastbarkeit), die jedoch nicht als übergeordnete Faktoren zu verstehen sind. Die internen Konsistenzen (Cronbachs Alpha) der Skalen liegen zwischen 0,75 (Gestaltungsmotivation) und 0,92 (Belastbarkeit).

Symptome (z. B. »Ich habe seltsame und fremdartige Gedanken«, »Manchmal bin ich von bösen Geistern besessen«), sondern auch auf den ganz normalen Lebensbereich (z. B. »Ich lese nicht jeden Tag alle Leitartikel in der Zeitung«, »Ich bin für strenge Anwendung der Gesetze«). Die Aussagen wurden von bestimmten Patientengruppen und von gesunden Kontrollpersonen bearbeitet. Auf diese Weise hat man herausgefunden, welche Items z. B. für depressive oder für hysterische Personen typisch sind. Die Depressionsskala umfasst die Aussagen, die überzufällig häufig von Depressiven mit »stimmt« bzw. mit »stimmt nicht« angekreuzt wurden.

Die Informationsausbeute ist beim MMPI-2 sehr groß. Die Person wird zunächst auf 10 sog. klinischen Basisskalen (z. B. Hypochondrie, Depression, Schizophrenie) beschrieben. Die internen Konsistenzen (Cronbachs Alpha) dieser Skalen sind trotz einer großen Itemzahl zum Teil relativ niedrig, weil nach dem beschriebenen Konstruktionsprinzip auch inhaltlich heterogene Items zu einer Skala zusammengefasst werden. Für die Hälfte der klinischen Basisskalen werden jedoch für beide Geschlechter Konsistenzkoeffizienten über 0,80 angegeben. Mehrere Validitätsskalen erlauben Aussagen über das Antwortverhalten. Die Lügenskala erfasst, ob man kleine Mängel und Fehler eingesteht oder versucht, ein perfektes Bild von sich zu erzeugen. Die Seltenheitsskala gibt an, wie viele ungewöhnliche (seltene) Antworten vorkamen. Der Wert kann bei bestimmten Störungen erhöht sein, weist aber auch auf mögliche Verfälschungen oder Auswertungsfehler hin. Die Korrekturskala soll die Offenheit bei der Fragenbeantwortung erfassen. Im Manual sind ca. 90 weitere Spezialskalen dokumentiert (z. B. Ich-Stärke), die für bestimmte Fragestellungen relevant sein können.

Eine weitere Besonderheit ist die Profilauswertung. Dazu werden die Werte der 10 Basisskalen simultan betrachtet, indem die Skalenwerte zu einem Profil verbunden werden. Der Profilauswertung liegt die Annahme zugrunde, dass einzelne Störungen nicht nur durch einen erhöhten Skalenwert gekennzeichnet sind (z. B. bei Depression hohe Depressionswerte), sondern dass typischerweise auch weitere Skalen erhöht sind. Die Profile können nach einem Kodierungssystem, das die drei höchsten Skalenwerte berücksichtigt, beschrieben werden.

Zum MMPI-2 liegen umfangreiche internationale Forschungsergebnisse vor. Die Meinungen der Experten gehen beim MMPI weit auseinander. Manche schätzen die große Informationsausbeute bei klinischen Fragestellungen, andere bemängeln den fehlenden Bezug zu den gängigen

Diagnosesystemen (▶ Abschn. 40.2.1). Auch die psychometrische Qualität wird kontrovers diskutiert. In den Umfrageergebnissen liegt das Verfahren weit oben (bei Steck, 1997, auf Platz 3 der Persönlichkeitstests).

Besonderheiten der Messung von Persönlichkeitsmerkmalen mit Fragebögen

Wenn man die Punktwerte in Persönlichkeitsfragebögen als Kennwert für ein Persönlichkeitsmerkmal interpretieren will, muss man mindestens zwei Voraussetzungen als erfüllt ansehen. Erstens muss die Testperson über die nötige Einsicht oder Selbstbeobachtungsfähigkeit verfügen. Nur dann kann sie gültige Aussagen über ihr Verhalten und ihr Erleben machen. Persönlichkeitsfragebögen stellen also auch Mindestanforderungen an die Intelligenz der Probanden. Zweitens muss die Testperson bereit sein, ehrliche Antworten zu geben. Die meisten Menschen erkennen sehr gut, ob sie mit einer bestimmten Antwort einen guten oder einen schlechten Eindruck machen. In verschiedenen Untersuchungen hat man freiwillige Testpersonen aufgefordert, einen guten oder auch einen schlechten Eindruck zu machen. Die Ergebnisse fielen dementsprechend aus. Auch wurde gezeigt, dass die Ergebnisse von der Untersuchungssituation abhängen. Damit ist der Einsatz von Persönlichkeitsfragebögen in Situationen, in denen die Betroffenen einen Grund haben, sich positiv oder auch negativ darzustellen, unangemessen. Einige Autoren argumentieren jedoch, dass Verfälschungen nicht unbedingt stören. Wenn sich jemand etwa in der Personalauswahl vorteilhaft beschreibt, so zeugt dies davon, dass er zumindest weiß, worauf es ankommt. So betrachtet kann etwa eine Neurotizismus-Skala ein valides Maß für den Berufserfolg sein, ohne dabei Neurotizismus zu messen!

Einige Persönlichkeitsfragebögen enthalten sog. **Lügenskalen**, mit denen man entdecken will, ob die Testperson ehrlich geantwortet hat. Wer viele Aussagen wie »manchmal möchte ich am liebsten fluchen« oder »ich habe schon einmal die Unwahrheit gesagt« verneint, erhält damit einen hohen Lügenwert und steht unter dem Verdacht, einen guten Eindruck erwecken zu wollen. Allerdings sind solche Skalen nicht unproblematisch. Es gibt sehr korrekte oder konventionelle Menschen, die aufrichtig von sich sagen können, dass sie solche Dinge nicht tun. Sie werden bei der Auswertung zu Unrecht als Lügner angesehen.

Objektive Persönlichkeitstests als Alternative

Eine Alternative zu Fragebögen stellen sog. **objektive Persönlichkeitstests** dar. Den Verfahren liegt die Annahme zugrunde, dass sich Menschen in Abhängigkeit von ihrer Persönlichkeit in einer Testsituation unterschiedlich verhalten. Kubinger und Ebenhöh (1996) haben die Testbatterie »Arbeitshaltungen« entwickelt, die Impulsivität, Anspruchsniveau, Frustrationstoleranz und Leistungsmotivation erfassen soll. In den drei Tests mit der Bezeichnung

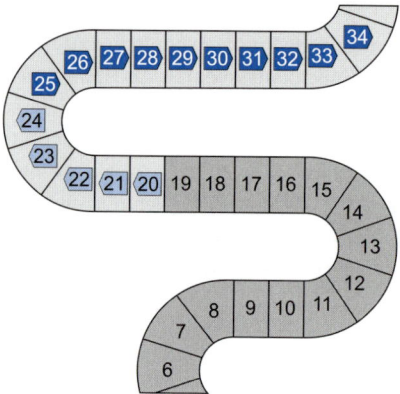

Abb. 40.1. Die Aufgabe im »Objektiven Leistungsmotivations Test« (OLMT). Der Proband hat hier bereits 19 Felder zurückgelegt; er muss nun noch 5-mal die linke, rote Taste drücken, dann die rechte, grüne etc.

»Flächengrößen vergleichen«, »Symbole kodieren« und »Figuren unterscheiden« sind jeweils einfache Aufgaben am Computer zu bearbeiten. Aus dem Arbeitsverhalten wird auf die vier Persönlichkeitsmerkmale geschlossen. Der »Objektive Leistungsmotivations Test« (OLMT; Schmidt-Atzert, 2004) verlangt ebenfalls die Bearbeitung einer kognitiv wenig anspruchsvollen Aufgabe am Bildschirm. Durch Drücken von zwei Tasten wird eine 100 Felder lange »Straße« auf dem Bildschirm abgefahren (▶ Abb. 40.1). Die Straße führt abwechselnd nach rechts und links, und durch Drücken der richtigen Taste (rot für links und grün für rechts) wird immer ein weiteres Feld zurückgelegt. Je mehr sich der Proband anstrengt, desto mehr Felder kann er in den 10 s pro Durchgang zurücklegen. Die Anzahl der zurückgelegten Felder wird als erster Indikator der Leistungsmotivation angesehen. Im zweiten und dritten Subtest wird erfasst, wie stark die Probanden sich durch persönliche Ziele bzw. durch Konkurrenz motivieren lassen. Außerdem wird das Anspruchsniveau des Probanden bestimmt. Die Kennwerte sind hoch reliabel (interne Konsistenz) und es liegen verschiedene Validitätsbelege in Form von moderaten Korrelationen mit anderen Leistungstestergebnissen und Schul- und Studienleistungen vor. Die Korrelationen mit Fragebogenmaßen zur Leistungsmotivation sind niedrig.

40.2.3 Projektive Verfahren

Viele projektive Verfahren verwenden mehrdeutiges Bildmaterial, auf das die Probanden mit einer interpretativen Antwort reagieren sollen. Eine Auslegung des Projektionsbegriffs besagt, dass sich die eigenen Interessen, Gewohnheiten, Zustände, Wünsche etc. auf die Wahrnehmung beziehungsweise Interpretation von mehrdeutigem Material auswirken (zum Projektionskonzept s. Lilienfeld, Wood & Garb, 2000).

Der »Rorschach-Test«

Der sog. »Tintenkleckstest« von Rorschach (▶ Kurzbiographie) ist selbst vielen Laien ein Begriff. Das mehrdeutige Material sind im »Rorschach-Test« zehn mittensymmetrische tintenklecksartige Bilder, davon die Hälfte in schwarzweiß, die übrigen unterschiedlich farbig. Sie werden vom Testleiter mit der Frage »Was könnte das sein?« vorgelegt. Der Testleiter protokolliert die Antworten wörtlich und hält die Antwortzeiten fest. Die Durchführung dauert etwa 45 min, die Auswertung dagegen etwa doppelt so lange, wenn sie gründlich gemacht wird. Um die Auswertung zu beherrschen, ist eine lange Ausbildung nötig; die Angaben schwanken zwischen 50 und 1000 Stunden.

Die einzelnen Antworten werden nach mehreren Kriterien beurteilt und signiert (d. h. in Kürzeln festgehalten). Eines dieser Kriterien ist der **Inhalt** der Deutung; Beispiele sind Mensch (M), Tier (T), Tierdetail (Td), Ornament (Orn); ein anderes die **Originalität** (z. B. V für eine Antwort, die häufig vorkommt). Beim **Erfassungsmodus** geht es um die Frage, ob das ganze Bild (Gesamtantwort G) oder Teile gedeutet wurden. Es wird untersucht, was die Antwort determiniert hat: die Form (F), die Bewegung (B) oder etwa die Farbe (Fb). Eines der Bilder wird oft als »Fledermaus« gedeutet. In diesem Fall wird G, F+, T, V signiert. Nachdem alle Antworten – ein Bild führt oft zu mehreren Deutungen – mit Signaturen versehen sind, erfolgt die Verrechnung. Dabei wird u. a. bestimmt, welcher Erfassungstyp dominiert, wie viel Prozent Formantworten und wie viele Tierantworten sind. Am Ende kann auch eine inhaltliche Analyse nach tiefenpsychologischer Betrachtung durchgeführt werden.

Der wissenschaftliche Stellenwert des »Rorschach-Tests« wird selbst unter Fachleuten kontrovers diskutiert. Dies liegt keineswegs daran, dass etwa nicht genug Forschungsergebnisse vorlägen. Die Forschungsergebnisse selbst sind sehr heterogen und man kann ein solches Verfahren nicht pauschal bewerten, sondern man muss in einzelne Anwendungsbereiche hineingehen. In einer umfassenden wissenschaftlichen Bewertung (Lilienfeld et al., 2000) wurden insbesondere die Forschungsergebnisse herangezogen, die auf einem in den USA gebräuchlichen, neueren Auswertungssystem (»Rorschach Comprehensive System« von Exner) zum »Rorschach-Test« basieren.

Fazit der Autoren ist, dass der »Rorschach-Test« vom psychometrischen Standpunkt aus problematisch ist und sein wissenschaftlicher Status nicht überzeugt. Einige Kennwerte sind zweifellos bei bestimmten Störungsbildern (Schizophrenie, Depression) erhöht und der Test ist somit grundsätzlich zu deren Diagnostik geeignet. Betrachtet man aber den Zuwachs an Prognosegüte, wenn bereits andere Verfahren wie der oben erwähnte MMPI eingesetzt worden sind, so ist das Ergebnis sehr ernüchternd. Nur wenige Indizes liefern zusätzliche Informationen und der Erkenntniszuwachs ist selbst in diesen Fällen sehr klein. Mit anderen Worten: Normalerweise erhält man die gewünsch-

Hermann Rorschach

Hermann Rorschach wurde 1884 in der Schweiz geboren. Rorschach studierte Medizin und verbrachte die meiste Zeit in Zürich, das damals ein weltbekanntes Zentrum der Psychiatrie war. Daher bestand ein Großteil der klinischen Ausbildung aus Psychiatrie. Der junge Student beschloss, Psychiater zu werden. Bei dem berühmten Psychiater Eugen Bleuler promovierte er 1912. Danach zog er mit seiner Frau nach Russland, kehrte aber nach 7 Monaten wieder in die Schweiz zurück und nahm eine Stelle an einer psychiatrischen Klinik in der Nähe von Bern an. Ende 1915 wurde er zweiter Direktor einer psychiatrischen Klinik in Herisau in der östlichen Schweiz, wo er bis zu seinem Tod 1922 tätig war. Er starb im Alter von 37 Jahren an einer Blinddarmentzündung. Ein Jahr zuvor hatte er den heute nach ihm benannten projektiven Test mit Tintenklecksbildern (»Rorschach-Test«) veröffentlicht (▶ Kasten).

te diagnostische Information genauso gut oder auch besser mit anderen Verfahren, die zudem wesentlich ökonomischer sind. Der Grund für 6 Mio. Testdurchführungen pro Jahr in den USA (Lilienfeld et. al., 2000) kann also nicht die Validität des Tests sein.

Andere projektive Verfahren

Der »Rorschach-Test« ist zwar der bekannteste, aber nicht der einzige projektive Test. Es gibt einige weitere Formdeuteverfahren, darunter auch Varianten des »Rorschach-Tests«. Eine zweite Gruppe wird als verbal-thematische Verfahren bezeichnet. Zu Bildern sollen Geschichten erzählt werden oder es sind Antworten dazu auszuwählen.

Das bekannteste Verfahren dieser Gruppe ist zweifellos der »**Thematische Apperzeptions-Test**« (TAT; Murray, 1991), der erstmals 1943 publiziert wurde und auch heute noch gerne angewandt wird (vgl. Steck, 1997; ▶ Kap. 24). Der Test soll Konflikte, Motive und Einflüsse, denen die Person ausgesetzt ist, aufdecken. Dem Probanden werden in der Originalversion 20 schwarz-weiße Bildtafeln, einschließlich einer leeren weißen, in fester Reihenfolge vorge-

Tintenklecksbilder

»Klecksographie« war früher ein verbreitetes Spiel, mit dem sich auch Hermann Rorschach gerne befasste, was ihm bei seinen Freunden den Spitznamen »Klecks« eintrug. Ein Blatt Papier wird in der Mitte zusammengefaltet. Dann tropft oder spritzt man Tinte auf die eine Innenseite und drückt das Papier zusammen, sodass die Tinte zu einem symmetrischen Bild verläuft. Was dabei herauskommt, bleibt dem Zufall überlassen. Tintenklecksbilder waren in der Wissenschaft bereits ein Thema, bevor Rorschach seinen Test veröffentlichte. Alfred Binet (1857–1911), der Erfinder des Intelligenztests, hatte zu Beginn des 20. Jahrhunderts mit Tintenklecksen zur Messung der Kreativität experimentiert. Eine 1917 veröffentlichte Doktorarbeit von Szyman Hens über einen Tintenklecktest, den er zusammen mit Eugen Bleuler entwickelt hatte, erweckte Rorschachs Interesse an den Tintenklecksen wieder. Ab 1918 arbeitete er mit einer von ihm entwickelten Serie von 40 Tintenklecksbildern, von denen er 15 besonders oft einsetzte. Er legte die Karten insgesamt 117 Nichtpatienten und 188 Schizophrenen mit der Frage vor: »Was könnte das sein?« Rorschach nahm an, dass die Betrachter angeregt werden, ihre Interpretationen und Emotionen in die vieldeutigen Tintenklecksbilder hinein zu projizieren. Erfahrene Auswerter sollten in der Lage sein, anhand der Antworten einen Einblick in die Persönlichkeit und die Impulse der Testperson zu bekommen.

Kollegen ermunterten Rorschach, den Test zu veröffentlichen. Er schickte ein Manuskript und die 15 Bilder an mehrere Verleger, die alle die Veröffentlichung ablehnten. Schließlich fand er in Bern einen Verleger, der sein Werk »Psychodiagnostik: Methodik und Ergebnisse eines wahrnehmungsdiagnostischen Experiments (Deutenlassen von Zufallsformen)« 1921 veröffentlichte. Allerdings musste Rorschach die Zahl der Bildtafeln auf zehn reduzieren. Die Abbildungsqualität der Bilder war unbefriedigend. Das Werk wurde kaum verkauft und der Bircher-Verlag ging bald nach der Publikation Bankrott. Hans Huber gründete 1927 in Bern einen Verlag und kaufte die Rechte von Bircher. Das Werk und der Test wurden ein großer Erfolg, auch in wirtschaftlicher Hinsicht. Die 10. Auflage der »Psychodiagnostik« erschien 1998. Auch heute werden noch die zehn Originalbilder verwendet, die mit der erhaltenen alten Ausrüstung hergestellt werden.

---

legt. Er soll zu jeder Tafel eine möglichst dramatische Geschichte erzählen. Die Geschichten werden protokolliert und anschließend inhaltsanalytisch ausgewertet. Ein einheitliches Vorgehen hat sich nicht etabliert und so bleibt es zum Teil auch der Fantasie des Auswerters überlassen, was er in den Geschichten sieht. Der TAT hat insbesondere in der Leistungsmotivationsforschung häufig Anwendung gefunden. Meist wurden dabei spezielle Varianten mit Bildern, die besonders das Leistungsmotiv anregen, verwendet (s. dazu Langens & Schüler, 2003). Die psychometrische Qualität des TAT ist umstritten. Entwisle (1972) kam nach Sichtung von vielen Ergebnissen zu dem Schluss, dass zumindest für die Leistungsmotivation die interne Konsistenz und die Retest-Reliabilität überwiegend im Bereich zwischen 0,30 und 0,40 liegen.

Zumindest die Reliabilitätsprobleme lassen sich durch die Entwicklung von standardisierten semiprojektiven Tests lösen, in denen die Antworten zu Bildern bereits vorgegeben sind und die Probanden nur noch das Zutreffende ankreuzen müssen. Im deutschen Sprachraum steht mit dem »**Multi-Motiv-Gitter**« (Schmalt, Sokolowski & Langens, 2000) ein Verfahren zur Messung von drei Motiven (Leistung, Macht, Anschluss) zur Verfügung, das als objektiv und hinreichend reliabel bezeichnet werden kann.

Eine dritte Gruppe stellen die zeichnerischen und die Gestaltungsverfahren dar. Die Testperson wird beispielsweise bei einem dieser Verfahren aufgefordert, einen Baum zu zeichnen. Dieser Test genügt übrigens wissenschaftlichen Standards definitiv nicht, weil der Autor keine Belege zur Reliabilität und Validität vorlegt und eine wissenschaftliche theoretische Fundierung dafür fehlt, dass sich psychische Merkmale in Baumzeichnungen niederschlagen sollen.

40.2.4 Interview und Verhaltensbeobachtung

Es gibt zwei psychodiagnostische Verfahren, auf die in der praktischen Psychodiagnostik fast nie verzichtet wird: das Interview und die Verhaltensbeobachtung. Dabei handelt es sich nicht um konkrete Einzelverfahren, sondern um Oberbegriffe für sehr unterschiedliche Varianten von Verfahren. Sie können im Rahmen einer diagnostischen Untersuchung fast randständig sein und mit wenig Aufwand durchgeführt werden; sie können aber auch so bedeutsam für die Beantwortung einer Fragestellung sein, dass sie sehr sorgfältig geplant, durchgeführt und ausgewertet werden.

Für das Interview gibt es viele Namen. Von einer **Anamnese** spricht man, wenn die Krankheitsgeschichte aufgenommen wird. Als **Exploration** bezeichnet man oft die gezielte Befragung zu einem Thema oder Sachverhalt. Beispielsweise kann die Situation am Arbeitsplatz exploriert (im Sinne von erkundet, erforscht) werden. Der Begriff **Einstellungsgespräch** wird manchmal für das Interview mit einem Bewerber verwendet. Gemeinsam ist allen Varianten des Interviews (oder sollte sein), dass die Fragen im Vorfeld wohl überlegt wurden und immer mit der Absicht verbunden sind, ganz bestimmte Informationen zu einem Sachverhalt zu bekommen. In der Fachliteratur (z. B. Westhoff & Kluck, 1998) wird deshalb empfohlen, vor der Durchführung einen Leitfaden zu erstellen, in dem die Fragen nach Themen geordnet und bereits ausformuliert vorliegen. Auch die Einleitung und der Abschluss sollten genau geplant werden. In der Praxis sind aber unterschiedliche Grade der Standardisierung üblich, von einer losen Sammlung von Themen bis hin zu einem Ablaufplan mit exakt ausgearbeiteten Fragen. Besonders im klinischen Bereich, in dem sich bestimmte Fragestellungen immer wieder ergeben, liegen ausgearbeitete Leitfäden vor, die man dann als strukturierte Interviews bezeichnet (▶ Abschn. 40.2.1 und ▶ Kasten). Die Fragen an den Klienten, der Ablauf der Befragung sowie die Beurteilungsrichtlinien für den Interviewer sind genau vorgeben. Die Interviewer müssen Fachleute sein (klinische Psychologen, Psychiater) und ein Training absolviert haben.

Beispiel für das Vorgehen in einem strukturierten klinischen Interview

Im »Strukturierten Klinischen Interview für DSM-IV« (SKID) dient ein kleiner Teil der Fragen dazu, das Vorliegen einer Depression (Major Depression) festzustellen. Eine Frage lautet: »Während der letzten 4 Wochen, gab es da eine Zeitspanne, in der Sie sich jeden Tag nahezu durchgängig niedergeschlagen oder traurig fühlten? (Können Sie das genauer beschreiben?)« Wenn ja: »Wie lange hielt dies insgesamt an? (Zwei Wochen lang?)«. Der Interviewer muss anhand der Antworten feststellen, ob eine depressive Verstimmung fast den ganzen Tag lang, fast täglich vorliegt. Mit der nächsten Frage soll festgestellt werden, ob ein »erheblicher Verlust an Interesse und Freude an allen oder fast allen Aktivitäten nahezu jeden Tag« vorliegt. Wie auch bei der ersten Frage kann das subjektive Ermessen des Klienten oder von anderen beobachtetes Verhalten als Informationsgrundlage dienen. Die Frage hierzu wird wieder wörtlich gestellt und lautet … »haben Sie das Interesse oder die Freude an fast allen Aktivitäten verloren, die Ihnen gewöhnlich Freude machten?« Wenn ja: »War dies fast jeden Tag der Fall? Wie lange hielt das an (Zwei Wochen lang?).«

Wenn depressive Verstimmung und/oder Verlust an Interesse oder Freude kriteriumsgemäß voll ausgeprägt sind, müssen noch mindestes 3 bzw. 4 von 7 weiteren Symptomen vorliegen, damit die Diagnose Major Depression gestellt werden kann. Alle Symptome müssen während des gleichen 2-wöchigen Zeitraums durchgängig bestanden haben. Für diese Symptome liegen ebenfalls ausformulierte Fragen sowie Bewertungskriterien vor.

Es folgen Fragen, die den Subtypus der Major-Depression-Episode bestimmen. Wenn aber eine der beiden ersten Fragen (depressive Verstimmung, Verlust an Interesse oder Freude) *keine* kriteriumsgemäße Ausprägung dieser Symptome erkennen lässt, wird das Vorliegen einer Major Depression ausgeschlossen. Der Interviewer wird angewiesen, eine ganze Reihe von Fragen zu überspringen und mit Frage 38 weiterzumachen. Mit dieser und den folgenden Fragen wird geprüft, ob *früher* eine Major-Depression-Episode vorgelegen hat. Der nächste Fragenkomplex bezieht sich auf Manie, und so wird weiter fortgefahren (Wittchen, Wunderlich, Gruschwitz & Zaudig, 1997).

Bei der Durchführung eines Interviews, besonders im klinischen und im forensischen Bereich, können verschiedene Probleme auftreten. Beispielsweise kann der Befragte Widerstand gegen die Befragung zu einem Sachverhalt zeigen, indem er vom Thema ablenkt, ungenaue Angaben macht, sich nicht erinnern will oder ganz schweigt. Erfahrene Interviewer verfügen über verschiedene Techniken, mit denen sie den Interviewten dazu bringen, trotz vielleicht verständlicher Abneigung, über das Thema zu sprechen. Manchmal hilft eine direkte Nachfrage, manchmal die Bitte um ein Beispiel und fast immer ist es nützlich, durch verbale und nonverbale Reaktionen (z. B. Nicken) Interesse zu bekunden und zum Weiterreden zu animieren. Es gibt Empfehlungen, mit welchen Fragen man für den Interviewten peinliche Themen wie Sexualität oder Drogenkonsum anspricht (s. Morrison, 1995).

Auch die **Verhaltensbeobachtung** (s. Westhoff et al., 2004, ▶ Kap. 2) kann unterschiedlich stark standardisiert durchgeführt werden; man spricht hier von unsystematischer (oder freier) und systematischer Verhaltensbeobachtung, wohl wissend, dass damit nur Endpunkte eines Kontinuums bezeichnet werden. Als unsystematisch wird eine Beobachtung bezeichnet, die jedem Menschen aus dem Alltag vertraut ist. Man sieht beispielsweise, wie sich zwei Kinder auf der Straße zanken und kann das Geschehen mehr oder weniger treffend beschreiben. Hier besteht kein Plan, auf was man achten will; was wichtig ist, ergibt sich aus der Situation. Bei einer systematischen Verhaltensbeobachtung wird dagegen vorab genau geplant, welche Ereignisse oder Verhaltensweisen beobachtet werden sollen. Der Beobachter hat meist eine Liste mit Verhaltensweisen erstellt (die definitorisch erläutert sein können) und trägt immer am Ende von vorher festgelegten Zeitintervallen (das können z. B. Abschnitte von 30 s sein) ein, ob das Verhalten vorkam oder nicht. Bei einer anderen Variante wird registriert, von wann bis wann die einzelnen Verhaltensweisen aufgetreten sind. Je nach Auftretenshäufigkeit und Art der Verhaltensweisen kann es unumgänglich sein, mit Videoaufnahmen zu arbeiten.

In der diagnostischen Praxis fehlt oft die Zeit für aufwändige Beobachtungen. Oft wird die untersuchte Person

40

nebenbei während der Testdurchführung oder beim Interview beobachtet. Da der Diagnostiker bereits durch das andere Verfahren in Anspruch genommen wird, kann er nur auf wenige Verhaltensweisen achten, die erfahrungsgemäß in solchen Untersuchungssituationen diagnostisch bedeutsam sind. Bei der Testdurchführung sind insbesondere das Instruktionsverständnis, die Mitarbeitsbereitschaft, die Anstrengung und Ausdauer sowie Schwierigkeiten von Interesse.

Eine ökonomische Variante der Verhaltensbeobachtung, die insbesondere im klinischen Bereich zur Anwendung kommt, ist die **Selbstbeobachtung**. Viele Verhaltensweisen sind einer Fremdbeobachtung durch den Diagnostiker nicht zugänglich, weil sie praktisch nur im Alltagsleben auftreten. Beispielsweise kann ein Patient seinen Zigarettenkonsum oder sein Essverhalten mit Hilfe eines Protokollbogens dokumentieren.

Bei bestimmten Fragestellungen wird eine aufwändige Verhaltensbeobachtung und/oder -beurteilung in einer meist sorgfältig ausgewählten Situation durchgeführt. Ein typisches Beispiel sind Assessmentcenter im Rahmen von Berufseignungsuntersuchungen (▶ Kap. 52 und ▶ Abschn. 53.8.6). In der Regel werden dabei mehrere trainierte Beobachter eingesetzt, die ihre Beobachtungen auch unter Verwendung von Ratingskalen festhalten. In diesem Fall spricht man von einer **Verhaltensbeurteilung**.

Eine »reine« Verhaltensbeobachtung ist nur in seltenen Fällen sinnvoll. Oft werden Interpretationen vorgenommen. So kann die »Anstrengung« einer Testperson nicht direkt beobachtet werden. Beobachtbar ist, dass sich die Person schnell das nächste Testformular greift, dass sie schnell ankreuzt (in beiden Fällen stellt »schnell« im Grunde auch schon eine Beurteilung dar), dass sie kaum im Raum herumschaut, manchmal seufzt. Daraus folgert der Beobachter, dass sich die Person angestrengt hat. Dies ist eigentlich eine **Verhaltensbeurteilung**. Im Gutachten wird am Ende vielleicht eine Interpretation des Verhaltens stehen, die exemplarisch durch konkrete Verhaltensweisen erläutert wird: »Bei der Testdurchführung wirkte Frau Müller sehr konzentriert und hoch motiviert. Nach der Instruktion fing sie ohne Nachfragen zügig mit der Testbearbeitung an. Mit fast hastigen Bewegungen blätterte sie die Testbögen um. Am Ende bemerkte sie, dass die Zeit sehr knapp gewesen sei und dass sie gerne noch mehr Aufgaben gelöst hätte.«

Die Verhaltensbeobachtung und besonders die Verhaltensbeurteilung sind anfällig für Beobachtungsfehler. Am bedeutsamsten ist wohl der sog. Halo-Effekt: Ein herausragendes Merkmal der Person »überstrahlt« in der Wahrnehmung andere Merkmale. Eine äußerlich sehr gepflegt wirkende Person wird leicht auch als höflich und zuverlässig beurteilt.

40.3 Psychologische Diagnostik unter der Lupe

40.3.1 Seriöse und unseriöse Verfahren

»Psychologische Tests« finden sich auch im Internet oder in populären Zeitschriften. So finden sich Angebote wie »Intelligenztest-Online – Wie hoch ist mein IQ?« oder »Meine sexuelle Orientierung«, bei denen außer der Anzahl der Fragen und der Bearbeitungszeit nur der Preis für eine Online-Durchführung und Auswertung angegeben ist. Wie kann ein psychologischer Laie beurteilen, ob ein solcher Test wissenschaftlichen Standards genügt? Die Antwort muss leider lauten: Er kann es nicht. Die Aufgaben oder Fragen können bei unwissenschaftlichen Tests die gleichen oder fast die gleichen sein wie bei wissenschaftlich anerkannten Verfahren. Aufdrucke wie »klinisch geprüft« sind kein Garantiezeichen. Anders als etwa bei Medikamenten gibt es keine Prüf- oder Zulassungsstelle. Die Bezeichnung »psychologischer Test« ist nicht geschützt und kann von jedermann verwendet werden. Die Zeitschrift »Finanztest« der Stiftung Warentest hat im November 2004 erstmals Online-Eignungstests unter die Lupe genommen (http://www.stiftung-warentest.de/unternehmen/presse/pressemitteilungen/1216832.html). Ihr Fazit lautete, dass keines der getesteten Angebote perfekt ist. Immerhin wurden 4 der 10 Verfahren mit »gut« bewertet.

Für die Bewertung eines Tests kommt dem wissenschaftlichen Beiwerk eine zentrale Bedeutung zu. Wissenschaftlich seriöse Verfahren werden vom Autor vor der Veröffentlichung geprüft und das Ergebnis der Prüfung wird im Testmanual dokumentiert. Geprüft wird, ob jede einzelne Aufgabe geeignet ist, das Merkmal zu messen, wie hoch die Messgenauigkeit ist und was dafür spricht, dass der Test das misst, was er messen soll (▶ Kap. 39 zu den Gütekriterien). Diese Informationen werden von Fachleuten herangezogen, wenn sie einen Test bewerten. Testrezensionen sind Bewertungen durch Experten, die in Fachzeitschriften publiziert werden. Sie sind für Fachleute geschrieben; für Laien sind sie meist schwer zu verstehen. Im Zweifelsfall sollte deshalb der Rat von Experten eingeholt werden.

40.3.2 Warum gibt es Fehldiagnosen?

Diagnostische Urteile werden von Menschen gebildet und Menschen machen manchmal Fehler. Das ist in der psychologischen Diagnostik genau so wie etwa in der Medizin. Zwei Hauptursachen von Fehlurteilen sind auszumachen. Die eine hat etwas mit der Erhebung von Informationen zu tun und die andere etwas mit deren Verarbeitung.

Bei der Erhebung besteht die Gefahr, dass die Aussagekraft eines einzelnen diagnostischen Verfahrens verkannt wird. Beispielsweise könnte man annehmen, dass ein Aufmerksamkeitstest geeignet ist, eine Aufmerksamkeitsstörung festzustellen. Das ist aber nicht immer zutreffend. Ein Test stellt zwar eine hoch standarisierte, aber doch nur eine sehr kurze und auch spezifische Verhaltensstichprobe dar. Wenn die Störung außerhalb dessen liegt, was der Test misst, kann sie damit nicht entdeckt werden. Wenn die Aufmerksamkeitsprobleme nur in unstrukturierten Situationen auftreten oder nur sehr selten (wie bei epileptischen Absencen), werden sie sich nicht in einer kurzen Testsituation mit klaren Anweisungen, was zu tun ist, zeigen. Ein anderes Beispiel sind Fragebögen. Sie können keine Informationen darüber liefern, wie ein Mensch wirklich ist, sondern nur darüber, wie er sich selbst sieht und beschreibt.

Wegen der begrenzten Aussagekraft einzelner Verfahren versucht ein erfahrener Diagnostiker immer, aus mehreren Quellen Informationen zusammenzuführen. Im Falle der Aufmerksamkeitsstörungen könnte er in einem Interview erfragen, wie sich die Störung äußert und bei welchen Gelegenheiten sie auftritt. Eine Verhaltensbeobachtung in kritischen Situationen kann notwendig sein.

Mit der Erhebung vieler Informationen besteht aber auch die Gefahr, dass Fehler bei der Kombination oder Verarbeitung geschehen. Eine einzelne Informationsquelle kann unangemessen stark gewichtet werden und Widersprüche zwischen zwei oder mehr Ergebnissen können falsch aufgelöst werden. Beispielsweise klagt ein Patient über Gedächtnisstörungen. In einem Gedächtnistest erzielt er durchschnittliche Ergebnisse. Für diesen Widerspruch kommen mehrere Erklärungen in Frage, die nur durch die Erhebung weiterer Informationen aufgeklärt werden können. Es ist denkbar, dass eine deutliche Verschlechterung der Gedächtnisleistung vorliegt, der Patient aber früher ein so gutes Gedächtnis hatte, dass er nun in den Durchschnittsbereich abgefallen ist. Er könnte auch an einer Depression leiden, bei der Gedächtnisstörungen vorkommen können. Bedingt durch Medikamentenwirkung oder einen phasischen Verlauf der Depression kann der Patient bei der Testdurchführung weitgehend beschwerdefrei gewesen sein.

40.3.3 Was zeichnet ein gutes Gutachten aus?

Richter, Versicherungsangestellte, Mitarbeiter von Krankenkassen und Behörden, Ärzte und viele andere Menschen ziehen immer wieder für ihre Entscheidungen und Maßnahmen psychologische Gutachten heran. Ist ein Gutachten gut, wenn sein Ergebnis ins bestehende Bild passt? Ein Gutachten gibt eine Antwort auf eine vom Auftraggeber gestellte Frage. Ob die Antwort dem Auftraggeber gefällt, kann natürlich kein Qualitätsmerkmal sein. Transparenz und Nachvollziehbarkeit sind die entscheidenden Qualitätsmerkmale (ausführlich Westhoff & Kluck, 2003).

Das Gutachten baut sich aus mehreren Teilen auf, die in einer sachlogischen Beziehung zueinander stehen. Aus der meist relativ allgemein formulierten Fragestellung werden Unterfragen (psychologische Fragen) abgeleitet. Diese Fragen müssen so formuliert sein, dass sie mit geeigneten Verfahren beantwortet werden können – ansonsten sind sie nutzlos. Im nächsten Schritt wird begründet, warum welche Verfahren eingesetzt wurden und die Verfahren werden beschrieben. Es folgt die Darstellung der Ergebnisse. Dabei muss immer erkennbar sein, mit welchem Verfahren sie gewonnen wurden. Die Einzelergebnisse müssen nun zueinander in Bezug gesetzt werden. Dazu werden sie im Befund genannten Teil des Gutachtens nach den Unterfragen geordnet diskutiert. Die (begrenzte) Aussagekraft einzelner Ergebnisse ist dabei zu berücksichtigen und Widersprüche werden als solche kenntlich gemacht und einer Lösung zugeführt. Am Ende wird in der Stellungnahme die Ausgangsfrage beantwortet. Jeder Schritt baut demzufolge auf dem vorherigen auf. Das Gutachten sollte so abgefasst sein, dass der Empfänger es verstehen und die Argumentation nachvollziehen kann.

40.3.4 Maßnahmen zur Qualitätssicherung

Die erste und wichtigste Maßnahme zur Sicherung der Qualität psychologischer Diagnostik ist eine gute Ausbildung an den Universitäten. Für verschiedene Berufsbereiche wurden Fortbildungen zum Fachpsychologen aufgebaut, die auch psychologische Diagnostik als Ausbildungsinhalte vorsehen. Einzelne Fachgruppen und Berufsverbände bieten darüber hinaus Fortbildungsangebote u. a. zu Fragen der psychologischen Diagnostik an. Für den Bereich der beruflichen Eignungsdiagnostik wurde auf Initiative des Berufsverbandes Deutscher Psychologinnen und Psychologen (BDP) und der Deutschen Gesellschaft für Psychologie (DGPs) die DIN 33430 eingeführt. In dieser Norm sind Standards für die Durchführung von beruflicher Eignungsdiagnostik festgelegt (s. Westhoff et al., 2004). In Zukunft können Anbieter entsprechender Dienstleistungen darauf verweisen, dass sie nach DIN 33430 vorgehen und damit einen hohen Standard einhalten. Voraussetzung dafür ist, dass sie selbst durch eine entsprechende Zertifizierung einen Eignungsnachweis erbringen.

Literatur

Referenzliteratur

Amelang, M. & Schmidt-Atzert, L. (2006). *Psychologische Diagnostik und Intervention* (4. vollständig überarbeitete Aufl.). Heidelberg: Springer.

Brähler, E., Holling, H., Leutner, D. & Petermann, F. (Hrsg.). (2002). *Brickenkamp Handbuch psychologischer und pädagogischer Tests* (3., vollständig überarbeitete und erweiterte Aufl.). Göttingen: Hogrefe.

Fisseni, H.-J. (2004). *Lehrbuch der psychologischen Diagnostik* (3., überarbeitete und erweiterte Aufl.). Göttingen: Hogrefe.

Kubinger, K.D. & Teichmann, H. (Hrsg.). (1997). *Psychologische Diagnostik und Intervention in Fallbeispielen*. Weinheim: Psychologie Verlags Union.

Wottawa, H. & Hossiep, R. (Hrsg.). (1997). *Anwendungsfelder psychologischer Diagnostik*. Göttingen: Hogrefe.

Zitierte Literatur

Amthauer, R., Brocke, B., Liepmann, D. & Beauducel, A. (2003). *I-S-T 2000 R: Intelligenz-Struktur-Test 2000-R*. Göttingen: Hogrefe.

Bartenwerfer, H. (1983). Allgemeine Leistungsdiagnostik. In K.-J. Groffmann & L. Michel (Hrsg.), *Enzyklopädie der Psychologie: Band B/II/2 Intelligenz- und Leistungsdiagnostik* (S. 482–512). Göttingen: Hogrefe.

Brähler, E., Holling, H., Leutner, D. & Petermann, F. (Hrsg.). (2002). *Brickenkamp Handbuch psychologischer und pädagogischer Tests* (3., vollständig überarbeitete und erweiterte Aufl.). Göttingen: Hogrefe.

Brickenkamp, R. (2002). *Test d2: Aufmerksamkeits-Belastungs-Test* (9., überarbeitete und neu normierte Aufl.). Göttingen: Hogrefe.

Entwisle, D.R. (1972). To dispel fantasies about fantasy-based measures of achievement motivation. *Psychological Bulletin, 77*, 377–391.

Fahrenberg, J., Hampel, R. & Selg, H. (2001). *FPI-R: Das Freiburger Persönlichkeitsinventar* (7., überarbeitete und neu normierte Aufl.). Göttingen: Hogrefe.

Frey, M.C. & Detterman, D.K. (2004). Scholastic assessment or g? The relationship between the scholastic assessment test and general cognitive ability. *Psychological Science, 15*, 373–378.

Gregory, R.J. (1992). *Psychological testing: History, principles, and applications*. Boston: Allyn & Bacon.

Hathaway, S., McKinley, J.C. & Engel, R.R. (2000). *Minnesota Multiphasic Personality Inventory 2 (MMPI-2)*. Bern: Huber.

Heubrock, D. (1995). Neuropsychologische Diagnostik bei Simulationsverdacht: Ein Überblick über Forschungsergebnisse und Untersuchungsmethoden. *Diagnostica, 41*, 303–321.

Hossiep, R. & Paschen, M. (1998). *Bochumer Inventar zur berufsbezogenen Persönlichkeitsbeschreibung (BIP)*. Göttingen: Hogrefe.

Kubinger, K.D. & Ebenhöh, J. (1996). *Arbeitshaltungen – Kurze Testbatterie: Anspruchsniveau, Frustrationstoleranz, Leistungsmotivation, Impulsivität/Reflexivität*. Frankfurt: Swets.

Kulik, J.A., Bangert-Drowns, R.L. & Kulik, C.L.C. (1984). Effectiveness of coaching for aptitude tests. *Psychological Bulletin, 95*, 179–188.

Langens, T.A. & Schüler, J. (2003). Die Messung des Leistungsmotivs mittels des Thematischen Auffassungstests. In J. Stiensmeier-Pelster & F. Rheinberg (Hrsg.), *Diagnostik von Motivation und Selbstkonzept* (S. 89–104). Göttingen: Hogrefe.

Lilienfeld, S.O., Wood, J.M. & Garb, H.N. (2000). The scientific status of projective techniques. *Psychological Science in the Public Interest, 1*, 27–66.

Marschner, G. (1972). *Revisions-Test (Rev.T.) nach Dr. Berthold Stender: Ein allgemeiner Leistungstest zur Untersuchung anhaltender Konzentration bei geistiger Tempoarbeit*. Göttingen: Hogrefe.

Morrison, J. (1995). *The first interview*. New York: Guilford.

Murray, H.A. (1991). *Thematic Apperception Test (TAT)* (3., überarbeitete Aufl.). Göttingen: Hogrefe.

Ostendorf, F. & Angleitner, A. (2004). NEO-PI-R: NEO-Persönlichkeitsinventar nach Costa und McCrae, revidierte Fassung. Göttingen: Hogrefe.

Robbins, S.B., Lauver, K., Le, H., Davis, D., Langley, R. & Carlstrom, A. (2004). Do psychosocial and study skill factors predict college outcomes? A meta-analysis. *Psychological Bulletin, 130*, 261–288.

Schmalt, H.D., Sokolowski, K. & Langens, T.A. (2000). *Das Multi-Motiv-Gitter für Anschluss, Leistung und Macht (MMG)*. Frankfurt: Swets.

Schmidt, F.L. & Hunter, J.E. (1998). The validity and utility of selection methods in personnel psychology. *Psychological Bulletin, 124*, 262–274.

Schmidt-Atzert, L. (2004). *Objektiver Leistungsmotivations Test OLMT*. Mödling: Schuhfried.

Schmidt-Atzert, L., Bühner, M., Rischen, S. & Warkentin, V. (2004). Erkennen von Simulation und Dissimulation im Test d2. *Diagnostica, 50*, 124–133.

Schmidt-Atzert, L., Deter, B. & Jaeckel, S. (2004). Prädiktion von Ausbildungserfolg: Allgemeine Intelligenz (g) oder spezifische kognitive Fähigkeiten? *Zeitschrift für Personalpsychologie, 3*, 147–158.

Schneewind, K.A. & Graf, J. (1998). *16 PF-R: 16-Persönlichkeits-Faktoren-Test Revidierte Fassung*. Göttingen: Hogrefe.

Steck, P. (1997). Psychologische Testverfahren in der Praxis: Ergebnisse einer Umfrage unter Testanwendern. *Diagnostica, 43*, 267–284.

Westhoff, K. & Dewald, D. (1990). Effekte der Übung in der Bearbeitung von Konzentrationstests. *Diagnostica, 36*, 1–15.

Westhoff, K., Hellfritsch, L., Hornke, L.F., Kubinger, K., Lang, F., Moosbrugger, H., Püschel, A. & Reimann, G. (2004). *Grundwissen für die berufsbezogene Eignungsbeurteilung nach DIN 33430*. Lengerich: Pabst.

Westhoff, K. & Kluck, M.L. (2003). *Psychologische Gutachten schreiben und beurteilen* (4. Aufl.). Berlin: Springer.

Wittchen, H.-U., Wunderlich, U., Gruschwitz, S. & Zaudig, M. (1997). *SKID-I Strukturiertes Klinisches Interview für DSM-IV, Achse I: Psychische Störungen. Interviewheft und Beurteilungsheft (deutschsprachige, erweiterte Bearbeitung der amerikanischen Originalversion des SCID-I)*. Göttingen: Hogrefe.

Zimmermann, P. & Fimm, B. (1993). *Testbatterie zur Aufmerksamkeitsprüfung (TAP)*. Würselen: Vera Fimm Psychologische Testsysteme.

41 Psychologische Diagnostik III: Kinder- und Jugendlichendiagnostik

U. Leiss, R. Fuiko, B. Reisel, E. Wurst

41.1 Historischer Überblick

Die Psychologische Diagnostik von Kindern und Jugendlichen wie auch die Diagnostik im Allgemeinen ist ein Teilbereich der Psychologie, der auf vielen Teildisziplinen der Psychologie – der Allgemeinen Psychologie, der Experimentellen Psychologie, der Differentiellen Psychologie, der Entwicklungspsychologie, der Sozialpsychologie und der Methodenlehre (Statistik und Testtheorie) – aufbaut. Sie ist durch einen hohen Grad an Komplexität gekennzeichnet, da sie im Dreieck zwischen Kind, Eltern und Diagnostiker erfolgt. Eine Besonderheit besteht auch darin, dass die Verhaltensweisen von Kindern im besonderen Maße variabel sind, da sie sich noch in Entwicklung befinden und die Sozialisationsbedingungen der Kinder unterschiedlich wirksam sind.

Die Anfänge der Psychologischen Diagnostik bei Kindern und Jugendlichen gehen auf praktische Fragestellungen aus der Psychiatrie und Schullaufbahnberatung unter vorrangig selektionsorientierter Perspektive zurück. Alfred Binet (► Kurzbiographie), der auch als Begründer der wissenschaftlichen Intelligenzforschung gilt, entwickelte gemeinsam mit Théodore Simon den ersten Intelligenztest – »L'échelle métrique de l'intelligence« – für Kinder zwischen 3 und 15 Jahren (Binet & Simon, 1905). Als Maß der Intelligenz wurde das **Intelligenzalter** (IA)

definiert. Dieses setzte sich aus der Altersstufe, bis zu der ein Kind alle Aufgaben gelöst hat, und der Anzahl zusätzlich gelöster Aufgaben höherer Altersstufen (mal 12, gebrochen durch die Anzahl der Aufgaben pro Altersstufe) zusammen. Zur Interpretation des Testergebnisses wurde die Differenz aus Lebensalter und Intelligenzalter verwendet.

In der Folge wurden im angloamerikanischen und deutschsprachigen Raum Verfahren entwickelt, die verschiedene Dimensionen der Entwicklung und einen allgemeinen Entwicklungsstand für unterschiedliche Altersgruppen abbilden konnten (Bühler & Hetzer, 1932; Gesell & Amatruda, 1947).

Bald wurde erkannt, dass das Intelligenzalter als Messwert einen gravierenden Nachteil hatte. So hat die Differenz zwischen Intelligenzalter und Lebensalter auf verschiedenen Altersstufen eine unterschiedliche Bedeutung. Während beispielsweise ein Intelligenzrückstand von 2 Jahren bei einem 12-Jährigen noch im normalen Verteilungsbereich dieser Altersstufe liegt, würde ein solcher Abstand bei einem 4-Jährigen auf ein extremes Intelligenzdefizit hinweisen. Wilhelm Stern (1911) schlug daher vor, einen Quotienten aus Intelligenzalter und Lebensalter zu bilden, den **Intelligenzquotienten** (IQ; ► Kap. 23):

$$IQ = (\text{Intelligenzalter}/\text{Lebensalter}) \times 100.$$

41

Alfred Binet

Alfred Binet wurde 1857 in Nizza geboren. Nach dem Studium der Rechtswissenschaften widmete er sich bald vermehrt naturwissenschaftlichen Fächern, vor allem der Psychophysiologie und der klinischen Psychiatrie. 1883 begann er seine Tätigkeit an der Klinik Salpetrière, wo er gemeinsam mit Jean Charcot das Phänomen der Hypnose studierte. 1894 erhielt Alfred Binet sein Doktorat der Naturwissenschaften und wurde zum Direktor des psychophysiologischen Labors in Paris ernannt. Es folgten zahlreiche Publikationen zu den Themen experimentelle Psychologie, Denken, Gedächtnis, Wahrnehmung und Charakter.

Durch die Geburt seiner Töchter wandte er sich vermehrt entwicklungspsychologischen und pädagogischen Themen zu. 1904 begann er gemeinsam mit Théodore Simon mit der Entwicklung eines diagnostischen Verfahrens zur Selektion geistig verzögerter Kinder, welches 1905 erstmals vorgestellt wurde. Die nächsten Jahre verbrachte Binet vor allem mit der Revision dieses Verfahrens. Binet verstarb 1911 in Paris. Seine Arbeiten zur Intelligenzmessung dienten als Grundlage weiterer wissenschaftlicher Untersuchungen im Bereich psychologischer Diagnostik.

Dadurch war eine gewisse Vergleichbarkeit auf verschiedenen Altersstufen gegeben, dies setzte jedoch einen linearen Anstieg der Leistung mit zunehmendem Alter voraus, sodass die Streuung des IQ auf allen Altersstufen gleich ist. Tatsächlich haben aber Studien gezeigt, dass die Standardabweichung eines so bestimmten IQ nicht alterskonstant ist.

David Wechsler (1939) brach mit dem Konzept des Intelligenzalters und normierte seinen Test für jede Altersstufe. Der Intelligenzquotient stellt seitdem nicht mehr einen Quotienten im eigentlichen Sinne, sondern ein Abweichungsmaß (**Abweichungs-IQ**) dar, das normalverteilt ist. Die individuelle Leistung wird als Differenz zum Mittelwert ausgedrückt und auf die Standardabweichung der Leistungswerte in einer Altersgruppe bezogen. Er entwickelte Intelligenztestverfahren vom Kindes- bis zum Erwachse-

nenalter, die in revidierter Form auch heute noch sehr weite Verbreitung haben.

Heute liegen eine ganze Reihe von Verfahren zur Entwicklungs- und Intelligenzdiagnostik vor. Neben Testbatterien, die verschiedene Aspekte der Entwicklung und der Intelligenz erfassen, werden Verfahren angeboten, die auf die Messung eines übergeordneten Generalfaktors abzielen. Da jedoch die Bestimmung eines Entwicklungsquotienten (EQ) oder Intelligenzquotienten (IQ) als Durchschnitt mehrerer Testleistungen sowohl inhaltlich als auch testtheoretisch kritisiert werden muss, wird heute vielfach auf die Möglichkeit der Profilinterpretation zugegriffen.

41.2 Allgemeine Aspekte zum diagnostischen Prozess

41.2.1 Einsatzbereiche psychologischer Diagnostik bei Kindern und Jugendlichen

Die psychologische Diagnostik im Kindes- und Jugendalter kommt vor allem im entwicklungspsychologischen, pädagogischen und klinischen Bereich zur Anwendung.

Entwicklungspsychologische Diagnostik hat die Beurteilung des Entwicklungsstandes eines Kindes, die Erstellung von Prognosen, die Erarbeitung von Maßnahmen bzw. die Empfehlungen und die Evaluation von Interventionsprogrammen zum Ziel.

Die Funktion pädagogisch-psychologischer Diagnostik besteht darin, mit Hilfe geeigneter Verfahren unter den möglichen pädagogischen Entscheidungen die richtige zu treffen. Dies umfasst Schullaufbahnentscheidungen und Berufswahlentscheidungen. Fragestellungen im Zusammenhang mit Interventionsbedarf sind Erziehungsprobleme, Hochbegabung, Teilleistungsstörungen und Verhaltensstörungen.

Im Bereich klinischer Diagnostik steht die Erfassung klinischer Störungsbilder und deren Klassifikation sowie die Erarbeitung geeigneter therapeutischer Maßnahmen im Vordergrund. Fragestellungen, die dabei zur Abklärung gelangen, können folgende Bereiche umfassen: Verhaltensauffälligkeiten, emotionale und affektive Störungen, tief greifende Entwicklungsstörungen, Entwicklungsverzögerungen und Behinderungen, Auffälligkeiten im Spiel, Lern- und Leistungsverhalten, psychosomatische Störungsbilder, chronische Erkrankungen mit psychosozialem Risiko, psychomotorische Auffälligkeiten.

41.2.2 Der diagnostische Prozess

Jede kinder- und jugendpsychologische Untersuchung dient dazu, eine Bestandsaufnahme von Belastungen und Ressourcen vorzunehmen. Dabei wird die Bedeutung von Problemen im Verhalten, von zum Ausdruck gelangten

Symptomen und von erlebten physischen und psychischen Beeinträchtigungen von Kindern oder Jugendlichen auf dem Hintergrund des jeweiligen sozialen Kontextes und der jeweiligen Lebens- und Entwicklungsgeschichte zu verstehen versucht.

Die psychologische Diagnostik ist dabei ein Puzzlestein in einer Reihe von mehreren interdisziplinären Diagnoseschritten, die alle gemeinsam in einem diagnostischen Prozess zu einer Abklärung und zu einem Verständnis der gestellten Frage führen sollen (auch ▶ Kap. 39).

Das Erstellen einer Diagnose ist somit ein zusammenfassender, gestaltender Akt, der immer mehr bedeutet als die Summe seiner Teile und erst sekundär der Zuordnung zu einer diagnostischen Kategorie dient.

Vorstellungsgrund und Fragestellung

Kinder werden zumeist wegen eines von der Umwelt problematisierten Verhaltens vorgestellt. Unabhängig vom präsentierten Störungsbild ist zunächst zu klären, wer mit welchem Anliegen an den Diagnostiker herantritt. – Wer will was von wem?

- Sind die Eltern beunruhigt oder klagt die Schule oder der Kindergarten über ein auffälliges Verhalten des Kindes?
- Fühlt sich das Kind selbst beeinträchtigt?
- Wo und wann, wie häufig und wie stark manifestiert sich das problematisierte Verhalten?
- Gibt es vorausgehende Auslöser oder belastende Lebensereignisse?
- Wie lange dauert die Symptomatik bereits an? Hat sie sich in ihrem Erscheinungsbild im Laufe der Zeit etwas verändert?
- Wünschen die behandelnden Ärzte Information über den intellektuellen bzw. persönlichen Entwicklungsstand oder eine Verlaufsdiagnostik?
- Verlangt eine Behörde, z. B. das Amt für Jugend und Familie, eine klinische Stellungnahme im Zusammenhang mit Obsorge-, Unterbringungs- und Besuchsrechtsregelungen?
- Mit welchen Zielvorstellungen wenden sich die oben genannten »Auftraggeber« an den Diagnostiker?

Anamnese und Exploration

Exploration bedeutet i. Allg. das Erkunden und Sammeln von Informationen und Stimmungen, während die Anamneseerhebung sich hauptsächlich auf das Erfragen der Kranken- bzw. Vorgeschichte bezieht. Dabei geht es vor allem um jene Bedingungen »die die Entwicklung der Persönlichkeit, ihre Differenzierung und Strukturierung hemmen, schützen oder stimulieren, also um Risikofaktoren, protektive oder entwicklungsförderliche Faktoren« (Teichmann, Meyer-Probst & Roether, 1991, S. 9).

Nach dem Konzept eines biopsychosozialen Ansatzes sind die in der ▶ Übersicht genannten zentralen Bereiche in der Anamnese zu berücksichtigen.

Zentrale Bereiche in der Anamnese
- Familien- und Sozialanamnese (somatisch und psychosozial),
- Schwangerschaft, Geburt und Perinatalanamnese,
- Kinderkrankheiten und frühere Erkrankungen,
- Entwicklung in den ersten Lebensjahren,
- Kindergarten- und Schulanamnese,
- belastende Lebensereignisse.

Zusätzlich können Fragen zur Anamnese von unterschiedlichen theoretischen Ausrichtungen geleitet sein, z. B. von Ansätzen psychoanalytischer, verhaltenstherapeutischer oder systemischer Psychotherapien.

Die Art der Anamneseerhebung kann nach Grad der Strukturiertheit und nach Methodik (schriftliche oder mündliche Befragung, Eigen- oder Fremdanamnese) unterschieden werden. Dazu können entweder strukturierte Anamnesefragebögen (z. B. »Anamnestischer Elternfragebogen«, Deegener, 1995) verwendet werden oder halbstrukturierte Interviewleitfäden, die einen thematischen Rahmen vorgeben und eine offene Gesprächsführung zulassen. Zur Hilfestellung bei der Einordnung in gebräuchliche Klassifikationssysteme (ICD-10, DSM-IV; ▶ Kap. 42) dienen folgende Instrumente: das »Strukturierte Klinische Interview für DSM-IV« (SKID-I/II; Wittchen, Zaudig & Fydrich, 1997) oder das »Diagnostik System für psychische Störungen im Kindes- und Jugendalter nach ICD-10 und DSM-IV« (DYS-IPS-KJM; Döpfner & Lehmkuhl, 1998) und das »Psychopathologische Befund-System für Kinder und Jugendliche« (CASCAP-D; Döpfner, Berner, Flechtner, Lehmkuhl & Steinhausen, 1999).

Verhaltensbeobachtung

Die Beobachtung des Kindes in Leistungs-, Spiel- und Alltagssituationen erbringt zusätzliche wertvolle diagnostische Information. Beobachtet und qualitativ beurteilt werden:
- die Arbeitshaltung (Leistungsmotivation, Ausdauer, Genauigkeit, Tempo, Selbstständigkeit, Aufmerksamkeit, Frustrationstoleranz, sprachliches Ausdrucksvermögen),
- die Stimmungslage (Grundstimmung, Antrieb, Wahrnehmung, Depressivität, Ängstlichkeit),
- das Kontakt- und Interaktionsverhalten (Beziehungsaufnahme, Distanzlosigkeit, Bezogenheit) und
- das Sozialverhalten (Aggressivität, sozialer Rückzug).

Eine Einschätzung durch wichtige Bezugspersonen des Kindes (Eltern, Lehrer, Erzieher) ergänzt die klinische Beobachtung. Sehr gut eingeführte und vielfach verwendete Verfahren hierfür sind der »Strengths and Difficulties Questionnaire« (SDQ; Goodman, 1997), die »Child Behavior Checklist« (CBCL; Achenbach 1991a) und die »Tea-

41

chers Report Form« (TRF; Achenbach, 1991b) sowie bei störungsspezifischer Diagnostik Fragebögen aus dem DYS-IPS-KJ (Döpfner & Lehmkuhl, 1998). Döpfner et al. (1998) bieten zudem eine Reihe von strukturierten Fragebögen zur Erfassung verhaltensrelevanter Aspekte.

41.2.3 Beratung und Befundung

Das Ziel des diagnostischen Prozesses soll eine Klärung derjenigen Umstände sein, die zu den Fragen, Schwierigkeiten oder Leidenszuständen des Kindes und seiner Umgebung geführt haben oder diese aufrecht erhalten und die zu einer Veränderung und damit Verbesserung der Lebensqualität beitragen können.

Sowohl das Kind als auch die Eltern suchen Verständnis und Unterstützung für einen weiteren entwicklungsförderlichen Weg und dürfen nicht mit Mängellisten, Vorwürfen oder diagnostischen Etiketten erdrückt werden. Das Aufnehmen und Verstehen der emotionalen Erlebnisqualitäten, die hinter den Worten der Klienten liegen, ihre Zweifel, Ängste, Hoffnungen wahrzunehmen und anzusprechen, schafft Erleichterung und eröffnet neue Perspektiven.

Die Diagnostik selbst kann damit bereits einen heilsamen Prozess einleiten, sofern der Diagnostiker dem Kind und seiner Familie vermitteln kann, dass er ihnen mit Respekt begegnet und ihre Probleme ernst nimmt, dass er die Eltern und das Kind für ihr eigenes Leben als kompetent erachtet und ihnen auch selbstregulierende Fähigkeiten und Kompetenzen zutraut (Herzka & Reukauf, 2002).

Daher ist neben der Diagnostik auch ein beratendes Gespräch unumgänglich, um die Wahrnehmungen des Diagnostikers mit jenen des Kindes und der Eltern abzugleichen und gemeinsam einen Lösungsweg zu suchen, der von den Betroffenen nachvollzogen und eingeschlagen werden kann.

Die schriftliche Zusammenfassung der Ergebnisse muss sich als Antwort auf die Fragestellung verstehen. In der Formulierung ist auf die Anliegen des Auftraggebers (in erster Linie die Eltern des Kindes) Rücksicht zu nehmen. Die Ergebnisse müssen verständlich dargestellt werden und die daraus abgeleiteten Empfehlungen nachvollziehbar sein.

Eine detailliertere Darstellung des diagnostischen Prozesses ist in ▶ Abschn. 39.4. zu finden.

41.3   Anwendungsbereiche der Kinder- und Jugendlichendiagnostik

Im Folgenden werden zu den einzelnen Bereichen der Kinder- und Jugendlichendiagnostik Definitionen, Ziele und häufig angewandte Verfahren dargestellt. Zusätzlich finden sich weitere und vor allem jeweils aktuelle Verfahren in den Testkatalogen und auf den Webseiten der Verlage Huber, Hogrefe und Swets & Zeitlinger (http://www.verlag.hans-

huber.com, http://www.testzentrale.de, http://www.hogrefe.at, http://www.swets.com).

41.3.1 Entwicklungsdiagnostik

Definition

Die Entwicklungsdiagnostik hat die wissenschaftlich fundierte Einschätzung motorischen, kognitiv-sprachlichen, emotionalen und sozialen Verhaltens von Kindern zum Ziel. Die Besonderheit der Entwicklungsdiagnostik besteht dabei darin, den aktuellen Entwicklungsstand eines Kindes innerhalb des altersabhängig verlaufenden Entwicklungsprozesses festzustellen (Markgraf-Stiksrund, 1998; ▶ Kap. 20). Traditionell lag der Schwerpunkt der Entwicklungsdiagnostik in der (frühen) Kindheit – übliche Verfahren waren Neugeborenenskalen, Baby- und Kleinkindertests –, heute beschäftigt sie sich vor allem mit der Altersgruppe der bis zu 6-Jährigen.

Ziele

Die wesentlichen Ziele der Entwicklungsdiagnostik sind:
- Feststellung des momentanen Entwicklungsstandes eines Kindes,
- Feststellung des Ausmaßes einer Störung und Aufdeckung von Kompensationsmöglichkeiten,
- Evaluierung von Interventionen durch Basis-, Verlaufs- und Abschlusserhebungen,
- Ausschluss und/oder Feststellung von Krankheit und Erhebung psychischer Indikatoren für den Entwicklungsverlauf eines Kindes

Testverfahren

Man kann allgemeine und spezielle Entwicklungstests unterscheiden. Unter **allgemeinen Entwicklungstests** versteht man Verfahren, die die Entwicklung eines Kindes auf mehreren Entwicklungs- und Funktionsebenen (motorischer Bereich, Sprache und kognitiver Bereich, Wahrnehmungsbereich, sozialer und emotionaler Bereich) gleichzeitig beschreiben. Diese Tests sind vor allem für das Säuglings- und Kleinkindalter entwickelt worden, da man davon ausgeht, dass eine isolierte Betrachtung einzelner Funktionsbereiche noch nicht so gut möglich ist. Sie erlauben sowohl eine zusammengefasste Aussage über den allgemeinen Entwicklungsstand eines Kindes als auch Aussagen zu den einzelnen Bereichen. Die bekanntesten und am weitesten verbreiteten Testverfahren sind in ◘ Tab. 41.1 dargestellt.

Spezielle Entwicklungstests hingegen zielen auf einen bestimmten (Problem-)Bereich ab. Dazu gehören Tests zur Diagnostik der allgemeinen kognitiven Entwicklung (z. B. »Kaufman Assessment Battery for Children«, K-ABC; Melchers & Preuss, 2001), Tests zur Sprachentwicklung (z. B. »Heidelberger Sprachentwicklungstest«, HSET; Grimm & Schöler, 1991), Motoriktests (z. B. »Motoriktest für Vier- bis

Name des Testverfahrens	Kurz-bezeichnung	Autoren	Alterseinsatz-bereich
Bayley Scales of Infant Development II	BSID-II	Bayley (1993)	1–42 Monate
Griffiths Entwicklungsskalen	GES	Griffiths (1954), dtsch. Version: Brandt (1983, 2001)	1–24 Monate
Denver Entwicklungsskalen II	Denver II	Frankenburg & Dodds (1992, 1996), dtsch. Version: Flehmig , Schloon, Uhde & Beruth (1973)	1–72 Monate
Wiener Entwicklungstest	WET	Kastner-Koller & Deiman (1998, 2002)	3–6 Jahre
Entwicklungstest 6 Monate – 6 Jahre	ET 6-6	Petermann & Stein (2000)	6 Monate – 6 Jahre

◻ **Tabelle 41.1.** Verbreitete Testverfahren zur Entwicklungsdiagnostik

Sechsjährige«, MOT; Zimmer & Volkamer, 1987), Tests zur Wahrnehmungsentwicklung (z. B. »DeGangi-Berk Test of Sensory Integration«, TSI; Berry & DeGangi, 1994), Tests zur sozialen Entwicklung und teilweise projektive Verfahren zur Darstellung der psychodynamischen Situation eines Kindes (z. B. »Familie in Tieren«; Brem-Gräser, 2001).

Kritische Betrachtung

Viele Entwicklungstests entspringen der Vorstellung, dass sich das Verhalten und Erleben eines Kindes im Laufe seiner Entwicklung zunehmend differenziert, was jedoch nur teilweise zutreffend ist. Uneinigkeit herrscht auch darüber, welche Indikatoren für die Entwicklung eines Kindes relevant sind. Während motorische, kognitive oder sprachliche Fähigkeiten in fast jedem Entwicklungstest überprüft werden, spielen andere Entwicklungsbereiche, wie Temperament, Kompetenzentwicklung, Selbstständigkeit, Emotionalität, soziale Interaktionen, noch eine untergeordnete Rolle. Gerade bei der Abklärung von Kompensationsmöglichkeiten oder therapeutischen Maßnahmen ist es jedoch zweckmäßig möglichst viele Funktionsbereiche zu erfassen.

Als Kriterium für eine normale Entwicklung wird zumeist auf eine Normierung nach der Häufigkeitsverteilung der Testergebnisse innerhalb der Altersgruppe zurückgegriffen. Damit wird allerdings stillschweigend vorausgesetzt, dass der Entwicklungsverlauf einer allgemeinen Gesetzmäßigkeit folgt. Abweichungen in Richtung eines verzögerten Auftretens oder Fehlens eines Merkmales wird mit Entwicklungsverzögerung gleichgesetzt. Interindividuellen Variationen in der Entwicklung eines Kindes, welche durchaus im Normbereich liegen können, wird erst in letzter Zeit Rechnung getragen. Auch gruppenspezifische Normen, wie z. B. für Kinder mit Down-Syndrom, liegen erst teilweise vor.

Das Erstellen von Prognosen für den weiteren Entwicklungsverlauf aufgrund von Testergebnissen aus den ersten Lebensjahren ist nur sehr eingeschränkt möglich, da diese von einer Vielzahl von Variablen, nicht nur von den individuellen psychischen Voraussetzungen abhängen (Brack & Adamietz, 1995). Bestenfalls kann für ein bestimmtes Merkmal über einen kurzen Zeitraum eine Prognose abge-

geben werden. Für Extremgruppen (schwer behinderte Kinder, besondere Krankheitsgruppen) sind die Vorhersagegültigkeiten besser.

41.3.2 Intelligenzdiagnostik

Definition

Trotz einer langen Forschungstradition auf diesem Gebiet gibt es keine allgemein akzeptierte Definition von Intelligenz. Aus der Vielfalt an, meist faktorenanalytisch begründeten, Intelligenztheorien (▶ Kap. 23) ist eine Vielzahl an Intelligenztests entstanden. Nach den Anfängen bei Alfred Binet (▶ Abschn. 41.1) begründete David Wechsler 1944 die Tradition des Individualtests und berief sich dabei auf die sog »g-Faktor-Theorie« von Spearman (1904) (▶ Kap. 23). Diese geht davon aus, dass bei der Lösung einer Problemaufgabe immer ein globaler Intelligenzfaktor, der g-Faktor, und je nach Art des Problems ein spezifischer Aufgabenfaktor beteiligt sind. Neben den Wechsler-Tests (▶ Abschn. 41.1) beziehen sich auch die sog. Matrizentests oder auch »kulturfairen« Tests auf einen g-Faktor der Intelligenz, im Sinne schlussfolgernden Denkens. Eine andere Gruppe von Intelligenztests bezieht sich dahingegen auf die Primärfaktorentheorie von Thurstone (1938), der sieben Primärfaktoren ermittelt hat, die für das Zustandekommen der Lösung von Denkaufgaben beteiligt sein sollen: »verbal comprehension«, »word fluency«, »number«, »space«, »memory«, »perceptual speed« und »reasoning«. Dabei versucht sich eine Gruppe von Verfahren in der Erfassung einzelner Primärfaktoren, die andere Gruppe von multifaktoriellen Intelligenztests bezieht sich auf alle Primärfaktoren. Neuere Entwicklungen und Trends der Intelligenzdiagnostik befassen sich u. a. mit Konzepten zur »dynamischen« Intelligenzmessung (Guthke & Wiedl, 1996) in Form von Lerntests.

Ziele

Im Kinder- und Jugendlichenbereich wird Intelligenzdiagnostik generell im Sinne einer **förderungsorientierten**

Diagnostik gesehen. Das bedeutet, dass das Ziel der Diagnostik nicht Selektion, sondern das Ableiten möglicher Fördermaßnahmen ist. Im Allgemeinen wird daher das Hauptaugenmerk auf die Profilinterpretation der Ergebnisse und dann erst auf die erhobenen Gesamtwerte gelegt. Es wird weiterhin davon ausgegangen, dass Ergebnisse revidierbar bzw. durch Förderung beeinflussbar sind.

Aufgaben der Intelligenzdiagnostik liegen primär in der Einschätzung der intellektuellen Fähigkeiten und Fertigkeiten eines Kindes/Jugendlichen und dienen der

- Erfassung einer etwaigen leistungsmäßigen Über- oder Unterforderung,
- Erfassung spezieller Fähigkeiten (z. B. Berufseignungsdiagnostik),
- Erfassung spezieller Förderbedürfnisse,
- Einschätzung leistungsmäßiger Ressourcen und Kompensationsmöglichkeiten und
- Evaluierung von Interventionen.

Testverfahren

Primär kommen im Bereich der Intelligenzdiagnostik bei Kindern- und Jugendlichen **Individualtests** zur Anwendung. Die im deutschen Sprachraum verbreitetsten Verfahren finden sich in ◘ Tab. 41.2.

Neben Individualtests gibt es auch Verfahren, die sowohl in Einzel-, als auch in **Gruppensituationen** angewandt werden können, allerdings können diese aufgrund der vorliegenden Normen größtenteils erst im Jugendlichenalter zum Einsatz kommen. Als Beispiele dafür sollen der »Intelligenz-Struktur-Test 2000 R« (IST 2000 R; Amthauer, Brocke, Liepmann & Beauducel, 2001; ab 15 Jahren) und der »Berliner-Intelligenzstruktur-Test, Form 4« (BIS-4; Jäger, Süß & Beauducel, 1997; ab 16 Jahren) genannt werden. Ist eine, zumindest hinsichtlich der Instruktion, **sprachfreie Diagnostik** erforderlich (gehörlose Kinder, fremdsprachige Kinder), so kann einerseits auf den »Snijders-Oomen Non-verbalen Intelligenztest« (SON-R 5½–17; Snijders, Tellegen & Laros, 1997; für 5;5–17-Jährige) bzw. den SON-R 2½–7 (Tellegen, Winkel & Laros, 1996; für 2;6 bis 7-jährige), andererseits auf Matrizentests, wie etwa die »Standard Progressive Matrices« (SPM; Heller, Kratzmeier & Lengfelder, 1998; ab 6 Jahren) zurückgegriffen werden.

Kritische Betrachtungen

Das Konzept des Intelligenzquotienten wird häufig hinterfragt, da durch die Bildung eines Gesamtwertes differenzialdiagnostische Information, die für die Behandlungskonzeption erforderlich ist, weitgehend verloren geht. Daher bietet sich auch die Interpretation des Leistungsprofils an, in einigen Verfahren (AID 2, K-ABC) sind alternative Modelle zu finden. Dem Untersucher muss bei der Interpretation von Intelligenzquotienten zudem bewusst sein, dass Intelligenzquotienten, die aus unterschiedlichen Testverfahren resultieren, nicht einfach gleichgesetzt werden können, da oftmals unterschiedliche Intelligenztheorien und Testkonzepte hinter den Werten stehen. Bei der mehrmaligen Untersuchung einer Person sollte daher, falls ein Vergleich der Ergebnisse relevant erscheint, das Testverfahren nicht gewechselt werden.

Hinterfragt werden sollten zudem immer die testtheoretische Fundierung bzw. die Gütekriterien eines Verfahrens, wobei insbesondere die Aktualität der Normierung von besonderer Wichtigkeit erscheint (▶ Kap. 40).

41.3.3 Neuropsychologische Diagnostik – Diagnostik von Teilleistungsschwächen

Definition

Die neuropsychologische Diagnostik (dazu auch ▶ Kap. 44) beschäftigt sich mit der wissenschaftlich fundierten, qualitativen und quantitativen Erfassung und objektiven Beschreibung aktueller kognitiver und affektiver Funktionsstörungen in Folge einer erworbenen Hirnschädigung oder Hirnfunktionsstörung anhand geeigneter psychologischer und spezieller neuropsychologischer Tests (vgl. Sturm, 2000). Es wird davon ausgegangen, dass organische Veränderungen, speziell im zentralen Nervensystem (z. B. Schädel-Hirn-Traumen), zu Veränderungen im psychischen Bereich (z. B. kognitiv, motorisch, affektiv) führen. Vor allem im Bereich der Kinderneuropsychologie muss es sich dabei allerdings um keine sichtbaren Hirnschädigungen handeln (z. B. ADHS, Lernstörung).

Der häufig gebrauchte Begriff der »Teilleistungsdiagnostik« kann definitionsgemäß im Bereich der neuropsychologischen Diagnostik angesiedelt werden, da es sich bei

◘ Tabelle 41.2. Im deutschen Sprachraum verbreitete (Individual-)Testverfahren zur Intelligenzdiagnostik im Kindes- und Jugendalter			
Name des Testverfahrens	**Kurzbezeichnung**	**Autoren**	**Alterseinsatzbereich [Jahre; Monate]**
Adaptives Intelligenzdiagnostikum 2	AID 2	Kubinger & Wurst (2000)	6;0– 5;11
Kaufmann Assessment Battery for Children	K-ABC	Dtsch. Version: Melchers & Preuß (2001)	2;5–12;5
Hamburg-Wechsler-Intelligenztest für Kinder III	HAWIK III	Tewes, Rossmann & Schallberger (2000)	6;0–16;11

Teilleistungsschwächen um »neuropsychologische Basisdefekte« oder »neuropsychologische Defizite« (vgl. z. B. Graichen, 1973; Remschmidt, 1987) handelt.

Ziele

Die Aufgaben der kinderneuropsychologischen Diagnostik liegen nach Heubrock und Petermann (2000) vor allem

- im Feststellen von Art und Ausmaß einer Hirnfunktionsstörung,
- in der differenzialdiagnostischen Beurteilung hirnorganischer und alltagsbezogener (funktioneller) Defizite,
- in der Beurteilung der individuellen Ressourcen und der Kompensationsfähigkeit,
- im Abschätzen des Therapiepotenzials sowie
- in der Beurteilung des Verlaufs neuropsychologischer Beeinträchtigungen.

Trotz der allgemeinen Verfügbarkeit moderner bildgebender Verfahren in der Medizin (z. B. zerebrale Computertomographie) hat die neuropsychologische Diagnostik nicht an Bedeutung verloren, da

- nicht alle neurologischen Erkrankungen durch bildgebende Verfahren zweifelsfrei nachweisbar sind,
- vergleichsweise leichtere neuropsychologische Beeinträchtigungen, die jedoch im Alltag gravierende Auswirkungen haben können, erkannt werden können,
- selbst sehr ähnliche Hirnschädigungen nicht zu gleichen Ausfällen oder psychischen Belastungen führen und
- durch ein differenziertes Leistungsprofil, das beeinträchtigte und erhaltene Teilleistungen zeigt, gute Ansatzpunkte für Behandlungskonzepte gefunden werden können.

In der ▶ Übersicht sind Indikationen für eine neuropsychologische Diagnostik im Kindes- und Jugendalter zusammenfassend dargestellt.

Indikationen für eine neuropsychologische Diagnostik im Kindes- und Jugendalter
- Genetische Syndrome (z. B. Prader-Willi-Syndrom, Neurofibromatose etc.)
- Stoffwechselstörungen
- Fehlbildungen des Zentralnervensystems
- Frühgeburt
- Epilepsien
- Schädel-Hirn-Traumen
- Neurologische Erkrankungen (Hirntumore, neuromuskuläre Erkrankungen etc.)
- Neurologische bzw. neuroradiologische Behandlungen
- Psychische Krankheiten (Autismus, Tourette-Syndrom, ADHS etc.)
- Lern- und (Teil-)Leistungsstörungen

Testverfahren

In der neuropsychologischen Diagnostik sollen folgenden Funktionsbereiche überprüft werden (vgl. Sturm, 2000):

- basale und höhere Wahrnehmungsleistungen,
- Niveau und Profil intellektueller Leistungen,
- sensomotorische Leistungen und motorische Planung, Aufmerksamkeitsfunktionen,
- Gedächtnisfunktionen,
- Sprache,
- räumlich-perzeptive, -kognitive und -konstruktive Funktionen,
- exekutive Funktionen (Problemlösen und Planen),
- Zahlenverarbeitung und Rechenleistung, bereichsspezifisches Wissen und berufsbedingte Fertigkeiten und
- Affektivität und Persönlichkeitseigenschaften.

Zur Überprüfung dieser vielfachen Aspekte kommen einerseits umfassende **Testbatterien** zum Einsatz (z. B. »Tübinger Luria-Christensen neuropsychologische Untersuchungsreihe für Kinder«, TÜKI, Deegener et al., 1997; für 5–16-Jährige; »Basisdiagnostik für umschriebene Entwicklungsstörungen im Vorschulalter«, BUEVA, Esser 2002; für 4- bis 5-Jährige), zum anderen wird versucht, die Funktionsstörungen mit Hilfe von auf den Einzelfall zugeschnittenen Zusammenstellungen von **Einzelverfahren** zu diagnostizieren (z. B. »Wisconsin Card Sorting Test-64«, WCST-64^{TM}, Kongs et al. 2000; für 6;5–89-Jährige). Im Bereich der Kinder- und Jugendlichendiagnostik gibt es zudem eine Vielzahl an Verfahren zur Diagnostik der kulturassoziierten Fertigkeiten Lesen, Schreiben und Rechnen (z. B. »Salzburger Lese-Rechtschreibtest«, SLRT, Landerl, Wimmer & Moser 1997; 1.–4. Schulstufe).

Neben diesen testpsychologischen Ansätzen ist häufig eine systematische Beobachtung auf Verhaltensebene notwendig, um basale neuropsychologische Funktionen beurteilen zu können. Das ist besonders dann der Fall, wenn ein Testverfahren aufgrund der Stärke der Beeinträchtigung oder aufgrund des (jungen) Alters eines Kindes nicht einsetzbar ist. Dazu stehen **standardisierte Beobachtungsbögen** (z. B. Ledl, 1994) zur Verfügung.

Eine vollständige Übersicht aktueller, wissenschaftlich fundierter neuropsychologischer Einzelverfahren geben z. B. Melchers und Lehmkuhl (2000) oder Hemminger et al. (2000) speziell für Verfahren zur Überprüfung der Fertigkeiten im Lesen, Rechtschreiben, Rechnen.

Kritische Betrachtungen

Neuropsychologische Diagnostik ist zumeist durch einen hohen Zeitaufwand gekennzeichnet und somit im klinischen Alltag nur begrenzt einsetzbar. Da neurologische Erkrankungen häufig erhöhte Ermüdbarkeit nach sich ziehen, sollte die Diagnostik daher nach Möglichkeit auf mehrere Termine aufgeteilt werden. Zudem muss für die Durchführung und insbesondere die Interpretation neuropsychologischer Testverfahren ein Untersucher vorausgesetzt werden, der neben Kenntnissen über psychologisch-diagnostisches Vorgehen über Grundkenntnisse der Neurologie, Psychiatrie, funktionellen Neuroanatomie und Psychopharmakologie verfügt.

Eine deutliche Einschränkung für die Praxis stellt in der kinderneuropsychologischen Diagnostik der Mangel an Verfahren für bestimmte Altersgruppen (z. B. Vorschulalter) dar, außerdem fehlt es zum Teil noch an hinreichenden Gütekriterien und aktuellen Normierungen.

41.3.4 Persönlichkeitsdiagnostik

Definition

Die Persönlichkeitsdiagnostik im Kindes- und Jugendalter stützt sich einerseits auf den Einsatz von Persönlichkeitsfragebogen. Diese sind »standardisierte Instrumente zur Erhebung von Selbst- oder Fremdberichtsdaten, aus denen unter Anwendung testtheoretisch begründeter Auswertungsprinzipien Testwerte abgeleitet werden, die als Indikatoren für den individuellen Ausprägungsgrad von Persönlichkeitseigenschaften dienen« (Becker, 2003).

Andererseits werden in der klinischen Praxis häufig projektive Verfahren angewendet. Dabei handelt es sich nicht um Messverfahren im engeren Sinn, sondern um Explorationshilfen. Der »Thesaurus of Psychological Index Terms« der APA (2001, S. 204) definiert projektive Verfahren wie folgt: »Einsatz von uneindeutigem oder unstrukturiertem Reizmaterial, das entwickelt wurde, um Reaktionen auszulösen, von denen angenommen wird, dass sie Einstellungen, Abwehrmechanismen oder Motivationen und die Persönlichkeitsstruktur eines Individuums aufzeigen« (dazu auch ▶ Kap. 40).

Ziele

Der Einsatz von Persönlichkeitsfragebogen kann dann als hilfreich angesehen werden, wenn damit spezifische Persönlichkeitsmerkmale genauer erfasst werden können, z. B. Ängstlichkeit, Aggressionsbereitschaft. Der Vorteil liegt in der einfachen Durchführung und der standardisierten Auswertung. Die Auswahl und ihr Einsatz hängen eng mit der Fragestellung zusammen. Da ein wesentliches Ziel der Persönlichkeitsdiagnostik bei Kindern und Jugendlichen darin liegt, einen Einblick in die emotionale Erlebniswelt und Verarbeitung zu erlangen, erfreuen sich projektive Verfahren großer Beliebtheit.

Der Begriff »Projektion« geht auf Sigmund Freud zurück. Das Kind bringt darin seine Probleme zum Ausdruck, die Empfindungen seiner selbst, seine Ängste, seine Art darauf zu reagieren und seine Abwehrmechanismen. Projektive Verfahren lassen sich zumeist vor dem Hintergrund eines psychodynamischen Entwicklungskonzeptes verstehen und interpretieren und bedürfen anamnestischer Kenntnisse über das Kind und seine Familie, um den im

Test zum Ausdruck gebrachten Inhalt mit der Lebens- und Gefühlswelt des Kindes in einen Bedeutungszusammenhang stellen zu können.

Testverfahren

Es wird zwischen Persönlichkeitsfragebögen und projektiven Testverfahren unterschieden. Letztere werden auch Persönlichkeitsentfaltungsverfahren genannt und lassen sich in drei Gruppen einteilen (Brickenkamp, 1997): zeichnerische und Gestaltungsverfahren (ab ca. 4 Jahren einsetzbar), verbal-thematische Verfahren und Form-Deute-Verfahren. ▫ Tabelle 41.3 listet einige häufig angewandte Verfahren auf.

Kritische Betrachtung

Nachteile des Einsatzes von Persönlichkeitsfragebogen in der Individualdiagnostik liegen im Verzicht auf persönlichen Kontakt zum Kind oder Jugendlichen, dessen Antworten auf die Fragen auch sozialer Erwünschtheit folgen (▶ Kap. 40) oder durch Sprachverständnisschwierigkeiten verfälscht werden können. Obwohl auch der Einsatz projektiver Verfahren wegen der nicht realisierbaren Gütekriterien (Objektivität, Reliabilität und Validität) und ihrer Anfälligkeit für Suggestionen bzw. nichtzulässiger Schlussfolgerungen durch ungeübte und theoretisch wenig fundierte Diagnostiker oftmals umstritten ist, wird ihnen in der Praxis ein wichtiger Stellenwert bei der Exploration und Generierung diagnostischer und interventionsbezogener Hypothesen eingeräumt. Herzka und Reukauf (2002) weisen darauf hin, dass projektive Verfahren ein wertvolles Vehikel der intersubjektiven Kommunikation zwischen Diagnostiker und Kind darstellen und darüber hinaus einen standardisierten Rahmen zur Beobachtung des Kindes bieten. Zur Beliebtheit projektiver Verfahren in der Kinderdiagnostik meinen Döpfner et al. (2000, S. 86): »Obwohl die Testparameter so ungenügend sind, gehören die projektiven Verfahren zu den am häufigsten in der Diagnostik angewandten. Dies mag auf den ersten Blick überraschen, verdeutlicht aber auch, dass der Praktiker neben ›objektiven‹ Angaben zur kognitiven Entwicklung und zu Verhaltensparametern, besonderen Wert auf Informationen legt, die durch solche Testverfahren nicht in ausreichendem Maße zur Verfügung gestellt werden.«

41.3.5 Familiendiagnostik

Definition

Die Familiendiagnostik beschäftigt sich nicht mit einer bestimmten Person, sondern bemüht sich um die Erhebung und Analyse sozialer Beziehungen in Systemen aus der Sicht der Betroffenen in standardisierter Form (Cierpka, 1988). Der Begriff der Familie bezieht sich dabei sowohl auf Kernfamilien mit Kindern und Jugendlichen, aber auch auf Alleinerziehende, Patchworkfamilien, Familien mit er-

Tab. 41.3. Verbreitete Persönlichkeitsfragebogen und projektive Verfahren in der Kinder- und Jugendlichendiagnostik

Name des Testverfahrens	Kurzbezeichnung	Autoren	Alterseinsatzbereich
Persönlichkeitsfragebogen			
Persönlichkeitsfragebogen für Kinder zwischen 9 und 14 Jahren	PFK 9-14	Seitz & Rausche (2004)	9–4 Jahre
Kinder-Angst-Test	KAT II	Thurner & Tewes (2000)	ab 9 Jahren
Erfassungsbogen für aggressives Verhalten in konkreten Situationen	EAS	Petermann & Petermann (2000)	9–12 Jahre
Projektive Testverfahren			
Zeichnerische und Gestaltungsverfahren			
Baumtest		Koch (1997)	ab ca. 4 Jahren
Menschzeichentest		Machover (1949); Abraham (1978)	ab ca. 4 Jahren
Familie in Tieren		Brem-Gräser (2001)	ab ca. 4 Jahren
Verzauberte Familie		Kos & Biermann (2002)	ab ca. 4 Jahren
Sceno – Test		von Staabs (1992)	ab ca. 4 Jahren
Color How You Feel Test (aus dem Children's Self-Report and Projective Inventory)		Ziffer & Shapiro (o. A.)	ab ca. 5 Jahren
Verbal-thematische Verfahren			
Childrens Apperception Test	CAT	Bellak, Bellak & Moos (1955)	3–10 Jahre
Thematic Apperception Test	TAT	Murray (1991)	ab 11 Jahren
Rosenzweig Picture Frustration Test	PFT	Duhm & Hansen (1957)	7–14 Jahre
Schwarzfußtest	SF	Corman (1995)	ab 6 Jahren
Form-Deute-Verfahren			
Rorschach-Form-Deute-Verfahren		Morgenthaler (1992)	ab 5 Jahren

wachsenen Kindern und Paare. Auch wenn in der Praxis nicht immer alle Betroffenen beteiligt sind, so werden immer Informationen auch über andere Personen erhoben, ihre Persönlichkeit wird eingeschätzt und die Beziehungen zu ihnen werden erfragt.

Ziele

Die Familiendiagnostik umfasst Fragestellungen, die zwischenmenschliches Verhalten betreffen. Es geht zumeist um Fragen, inwieweit eine Familie die erforderlichen Ressourcen und notwendigen Voraussetzungen für die Bewältigung verschiedener Probleme mitbringt. Dabei geht es um Fragen zu:

- Sorgerecht, Adoption oder Vormundschaft,
- Verhaltensauffälligkeiten von Kindern und Jugendlichen,
- Erfolgsprognosen bei Interventionen und
- Paarprobleme.

Testverfahren

In der Familiendiagnostik kann zwischen Verfahren, die sich ausschließlich auf die Paarebene beziehen, und jenen, die die Kinder miteinbeziehen, unterschieden werden. Die Erhebung erfolgt über:

- Persönlichkeitsfragebögen,
- projektive Verfahren und/oder
- Figurentechniken.

Persönlichkeitsfragebögen, wie z. B. die »Familienbögen« von Cierpka und Frevert (1994), beruhen auf der Systemtheorie und erfassen verschiedene Dimensionen der Familiendynamik, Zweierbeziehungen und Funktionen der einzelnen Familienmitglieder. Andererseits gibt es Fragebögen, die sich vor allem mit der Paarbeziehung beschäftigen. Die »Paardiagnostik mit dem Gießen-Test« (Brähler & Brähler 1993) oder der »Fragebogen zu Angebot und Nachfrage in Partnerschaften« (FAN; Atria, Bubla & Pfundner, 2002) sollen als Beispiele genannt werden.

Von den **projektiven Verfahren** kommen bei Kindern die »Verzauberte Familie« (Kos & Biermann, 2002) oder die »Familie in Tieren« (Brem-Gräser, 2001) zur Anwendung. Aus den Zeichnungen und Äußerungen werden Einstellungen im Zusammenhang mit den Familienbeziehungen exploriert.

Figurentechniken verdeutlichen mittels Figuren und/oder Klötzchen die Strukturen familiärer Beziehungsmuster, aber auch die Beziehung zwischen einem Problem und den familiären Interaktionen. Als Beispiel sei der »Familien-System-Test« (FAST; Gehring, 1998) genannt, bei dem die Kohäsion und die Hierarchie innerhalb einer Familie erfasst werden.

Kritische Betrachtung

Von Familiendiagnostik im eigentlichen psychologischen Sinne darf nur gesprochen werden, wenn diese den Gütekriterien psychologisch-diagnostischer Verfahren entspricht. Da Familiendiagnostik auch in anderen Bereichen als der Psychotherapie stattfindet, wo sie jedoch bereits einen Interventionscharakter hat, ist diese Unterscheidung wichtig.

Der Wert dieser Verfahren liegt darin, komplexe Zusammenhänge in einem Familiensystem durch die verschiedenen Perspektiven der einzelnen Familienmitglieder zu erkennen, zu verstehen und aufzuklären.

41.3.6 Interaktionsdiagnostik

Definition

Die Interaktionsdiagnostik stellt einen Teilbereich der Familiendiagnostik dar, die sich besonders auf die Interaktionen von Kindern im Säuglings- und Kleinkindalter mit ihren wichtigsten Bezugspersonen konzentriert. Da Beziehungserfahrungen in den ersten Lebensjahren basale Elemente für die spätere Entwicklung der Persönlichkeit eines Kindes, die Struktur seiner psychologischen Abwehrmechanismen wie auch seine spätere Beziehungsfähigkeit darstellen, ist in den letzten Jahren ein Trend zur Früherkennung von Interaktionsstörungen erkennbar.

Ziele

Bei Verdacht auf Interaktionsstörungen versucht die Interaktionsdiagnostik, diese zu erkennen und Verfestigungen zu vermeiden. Warnzeichen im kindlichen Verhalten sind abnorme Passivität, Kontaktvermeidung, Irritabilität, mangelnde Entwicklung, Ernährungs- und Schlafstörungen. Ein Mangel an entspannten Zwiegesprächen zu Zeiten kindlicher Interaktionsbereitschaft, Mangel an Responsivität, inadäquate Dosierung von Anregungen, Mangel an spielerischen Elementen sind als Warnzeichen im elterlichen Verhalten zu deuten.

Testverfahren

Interaktionsdiagnostika dienen dazu, relevante Interaktionsaspekte, die für das Gelingen oder Misslingen einer Interaktion verantwortlich sind, zu erheben. Dies sind vor allem die wechselseitige Bezogenheit, Responsivität, Emotion, Sprache und Körperkontakt zwischen Kind und Interaktionsperson. Hierzu liegen heute eine Reihe von speziellen Verfahren vor, die unterteilt werden können in:

- Verhaltensanalysen,
- Provokationstests und
- Fragebögen.

Verhaltensanalysen erfassen die Interaktion zwischen dem Säugling oder Kleinkind mit einer wichtigen Bezugsperson anhand von Verhaltenseinheiten in einer definierten Situation. Beispiele dafür sind die »Münchner klinische Kommunikations- und Interaktionsdiagnostik« (Papousek, 1998) und der »Care Index« von Crittenden (2000).

Provokationstests zielen darauf ab, ein bestimmtes Verhalten zu provozieren und zu kodieren. Der »Fremde Situations Test« (FST) nach Ainsworth, Blehar, Waters und Wall (1978) erfasst die Reaktionen von Kindern im Alter von 12–18 Monaten auf eine kurze Trennung von ihrer Mutter. Es handelt sich dabei um ein Beobachtungsverfahren mittels Videoeinsatz und Rating, anhand dessen vier verschiedene kindliche Beziehungsmuster unterschieden werden.

Fragebögen können wichtige Informationen über relevante Aspekte der Interaktion zwischen einem Kind und einer Bezugsperson liefern. Das »Zeanah-Interview« (Zeanah & Barton, 1989) versucht beispielsweise, im Rahmen eines strukturierten Interviews die gefühlsmäßige Vorstellung der Eltern zu ihrem Kind zu erheben.

Kritische Betrachtung

Einige Verfahren sind durch einen hohen Untersuchungsaufwand (Durchführung, Auswertung, Erfahrung) gekennzeichnet und somit im klinischen Alltag nur bedingt einsetzbar. Hinzu kommt, dass die Objektivität von Beobachtungsverfahren deren wesentlichstes Qualitätskriterium darstellt. Dies kann durch eine möglichst präzise Beschreibung und Abgrenzung von Verhaltenseinheiten, Konstruktion systematischer Verhaltensbeobachtungen, Überprüfung der Übereinstimmung verschiedener Beobachter geprüft werden; ein intensives Beobachtertraining trägt weiterhin dazu bei, Fehler zu minimieren (Huber, 1995).

41.4 Ausgewählte Beispiel-Fragestellung: Aufmerksamkeitsdefizit-/Hyperaktivitätsstörung

Im Folgenden wird anhand einer besonders häufigen Fragestellung des Kindes- und Jugendalters, der Aufmerksamkeitsdefizit-/Hyperaktivitätsstörung (ADHS), der diagnostische Prozess im Detail dargestellt.

Definition

Aufmerksamkeitsdefizit- und Hyperaktivitätsstörungen gehören zu den häufigsten Vorstellungsgründen, mit denen Eltern und ihre Kinder in Kliniken oder Beratungsstellen kommen und eine umfassende differenzialdiagnostische Abklärung benötigen. Prävalenzzahlen sind abhängig von den unterschiedlich angewandten Untersuchungsmethoden und Diagnosekriterien und liegen zwischen 2 und 10% aller Kinder im Alter von 4 bis 10 Jahren. Die verlässlichste Prävalenzschätzung basierend auf DSM-IV-Kriterien liegt bei 2–5% (Döpfner, Schürmann & Lehmkuhl, 1997).

Klinisches Bild

Nach ICD-10 sind hyperkinetische Störungen durch ein durchgehendes Muster von Unaufmerksamkeit, Überaktivität und Impulsivität gekennzeichnet, das in einem für den Entwicklungsstand des betroffenen Kindes abnormen Ausmaß situationsübergreifend auftritt.

Der Beginn dieser Symptome liegt bereits vor dem 7. Lebensjahr. Die Symptome müssen sehr ausgeprägt sein, die persönliche Entwicklung nachhaltig behindern, über mindestens 6 Monate hinweg anhalten, sich in unterschiedlichen Lebensbereichen (Kindergarten, Schule, Freizeit, zu Hause) manifestieren und deutlich stärker sein als bei Kindern gleichen Alters und gleichen Entwicklungsstandes. Betrachtet man die Kardinalsymptome Unaufmerksamkeit, Hyperaktivität und Impulsivität wird deutlich, dass die Beurteilung dieser Auffälligkeiten einer sozialen Bewertung unterliegen, wenn es darum geht festzustellen, ob sie einen Auffälligkeitsgrad aufweisen, der Störungswertigkeit besitzt, oder ob sie im Rahmen der Schwankungsbreite kindlicher Verhaltensweisen gewertet werden können (Döpfner et al., 1997).

In der folgenden ▶ Übersicht werden jeweils die Kernsymptome der Unaufmerksamkeit, der Hyperaktivität und der Impulsivität dargestellt.

Kernsymptome der Unaufmerksamkeit

- Schwierigkeiten, Einzelheiten zu beachten, Flüchtigkeitsfehler
- Mühe mit der Daueraufmerksamkeit
- Schwierigkeiten, zuzuhören
- Mühe, Anweisungen oder Aufgaben zu Ende zu bringen
- Schwierigkeiten bei der Organisation von Aufgaben bzw. Aktivitäten
- Mühe, sich länger geistig anzustrengen
- Häufiges Verlieren und Verlegen von Gegenständen
- Leichte Ablenkbarkeit durch äußere Reize
- Übermäßige Vergesslichkeit im Alltag
▼

Kernsymptome der Hyperaktivität

- Ständige Unruhe in Händen und Füßen
- Mühe, ruhig sitzen zu bleiben
- »Zappelphilipp« (bei Erwachsenen innere Unruhe)
- Schwierigkeiten, ruhig zu spielen
- »Innerlich wie von einem Motor angetrieben«

Kernsymptome der Impulsivität

- Übermäßiges Reden
- Antworten, bevor Frage vollständig gestellt wurde
- Schwierigkeiten, abzuwarten, bis man an der Reihe ist
- Störendes Verhalten gegenüber anderen

Klassifikation

Die ICD-10 unterschiedet zwischen einer »einfachen Aktivitäts- und Aufmerksamkeitsstörung« (F90.0) sowie einer »hyperkinetischen Störung des Sozialverhaltens« (F90.1), bei der sowohl die Kriterien für eine hyperkinetische Störung als auch für eine Störung des Sozialverhaltens erfüllt sind. Nach DSM-IV lassen sich Aufmerksamkeitsdefizit-/Hyperaktivitätsstörungen in zwei Subtypen unterteilen: vorherrschend unaufmerksamer Subtypus und vorherrschend hyperaktiv- impulsiver Subtypus, daneben kann ein gemischter Subtypus klassifiziert werden.

Multimodale Diagnostik

Die Diagnostik einer ADHS stellt eine hohe Herausforderung dar, da die Grundlage der Beurteilung vor allem in der Beobachtung und Bewertung durch den Untersucher liegt und es keinen spezifischen Test zur Erfassung dieser Störung gibt. Ein differenzialdiagnostisches Vorgehen muss gemäß aktuellem Forschungsstand folgende Teilschritte umfassen:

1. **Anamnese und Exploration**: Erhebung der persönlichen und familiären Lebensgeschichte, störungsspezifische Entwicklungsgeschichte.
2. **Störungsspezifische Diagnostik**: klinisches Interview der Eltern und des Kindes bzw. Jugendlichen sowie Einholung von Informationen vom Kindergarten bzw. von der Schule mittels standardisierter Fragebögen aus dem »Diagnostik-System für Psychische Störungen im Kindes- und Jugendalter« (DISYPS-KJ, Döpfner & Lehmkuhl 1998) in Form von standardisierten Fragebögen zur Fremdbeurteilung durch Eltern, Erzieher und/oder Lehrer bzw. zur Selbstbeurteilung für Kinder ab dem Alter von 11 Jahren.
3. **Verhaltensbeobachtung** des Kindes bzw. Jugendlichen während der Exploration bzw. psychologischen Testsituation (allerdings können ADHS-spezifische Symptome in hochstrukturierten Settings bei Eins-zu-eins-Zuwendung deutlich geringer bis unauffällig ausfallen).
4. **Klinisch-psychologische Diagnostik**: Eine orientierende Intelligenzdiagnostik wird bei allen Schulkindern

empfohlen, bei Vorschulkindern wird eine ausführliche Entwicklungsdiagnostik empfohlen. Außerdem: Diagnostik zur Erfassung der Aufmerksamkeits- bzw. Konzentrationsleistung und der exekutiven Funktionen (Planung, Arbeitsgedächtnis, Sprechflüssigkeit, selektive Aufmerksamkeit, kognitive Flexibilität); Teilleistungsdiagnostik zur Abklärung vorliegender Teilleistungsprobleme (Lese-, Rechtschreib-, Rechenleistung), Persönlichkeitsdiagnostik zur Abklärung emotionaler Probleme bzw. eventueller komorbider Störungen bzw. Ausschlussdiagnosen.

5. **Erhebung störungsrelevanter Rahmenbedingungen** durch Exploration der Eltern hinsichtlich abnormer psychosozialer Bedingungen und familiärer Ressourcen; Informationen vom Kindergarten bzw. von der Schule hinsichtlich der Integration des Kindes in die Gruppe sowie belastender Bedingungen bzw. unterstützender Ressourcen im Kindergarten bzw. in der Schule.

6. **Körperliche Untersuchung des Patienten:** orientierende internistische und neurologische Untersuchung.

Komorbidität und Ausschlussdiagnosen

Störungen mit oppositionellem Trotzverhalten oder Störungen des Sozialverhaltens, spezifische Lernstörungen, Angststörungen und entwicklungsbezogene Koordinationsstörungen sind die häufigsten Komorbiditäten, treten daher häufig gemeinsam mit ADHS auf. Seltener beobachtet man depressive Störungen und Tic-Störungen sowie autistische Störungen und Intelligenzminderung. Mehr als 85% der Patienten mit ADHS haben zumindest eine, ca. 60% haben mindestens zwei komorbide Störungen.

Schulische Überforderung oder Unterforderung können sich in einer ADHS-ähnlichen Symptomatik äußern, daher muss ein differenzialdiagnostisches Vorgehen folgende Störungen ausschließen: eine Sinnesbehinderung, eine Epilepsie, eine Stoffwechselstörung, eine Intelligenzminderung mit daraus resultierenden schulischen Überforderung sowie eine schulische Unterforderung im Rahmen einer Hochbegabung sowie das alleinige Vorliegen von Teilleistungsstörungen.

Beratung/Behandlung

Da das Vorliegen einer ADHS zumeist mit einer oder mehreren zusätzlichen Störungen aus dem Bereich expansiver Verhaltensstörung oder Angst- bzw. Affektstörung oder Teilleistungsstörungen einhergeht, sind weitere Funktionsbeeinträchtigungen im Bereich Selbstwert, Schullaufbahn und Sozialkontakte (Freunde und Familie) als sekundäre Folgen zu erwarten und ebenso dringend behandlungsbedürftig.

Die Behandlung erfordert meist ein multimodales Vorgehen, das Aufklärung und Beratung von Patient, Eltern und Lehrern sowie Pharmakotherapie, Verhaltenstherapie und unterstützende Familientherapie beinhaltet (Döpfner et al., 1998).

Literatur

Referenzliteratur

Brickenkamp, R. (1997). *Handbuch psychologischer und pädagogischer Test* (2. vollständig überarbeitete Aufl.). Göttingen: Hogrefe.

Deutsche Gesellschaft für Kinder- und Jugendpsychiatrie und Psychotherapie (Hrsg.). (2000). *Leitlinien zur Diagnostik und Therapie von psychischen Störungen im Säuglings-, Kindes- und Jugendalter.* Köln: Deutscher Ärzte Verlag.

Heubrock, D. & Petermann, F. (2000). *Lehrbuch der klinischen Kinderneuropsychologie. Grundlagen, Syndrome, Diagnostik und Intervention.* Göttingen: Hogrefe.

Knölker, U., Mattejat, F. & Schulte-Markwort, M. (2003). *Kinder- und Jugendpsychiatrie und -psychotherapie systematisch.* Bremen: UniMed.

Kubinger, K.D. (1996). *Einführung in die Psychologische Diagnostik* (2. Aufl.). Weinheim: Beltz PVU.

Kubinger, K.D. & Deegener, G. (2001). *Psychologische Anamnese bei Kindern und Jugendlichen.* Göttingen: Hogrefe.

Kubinger, K.D. & Jäger, R.S. (Hrsg.). (2003). *Schlüsselbegriffe der psychologischen Diagnostik.* Weinheim: Beltz PVU.

Remschmidt, H. & Schmidt, M.H. (Hrsg.). (1994). *Multiaxiales Klassifikationsschema für psychische Störungen des Kindes- und Jugendalters nach ICD-10 der WHO.* Bern: Huber.

Zitierte Literatur

Abraham. A. (1978). *Der Mensch-Test. Zeichentest von Machover.* München: Reinhardt.

Amthauer, T., Brocke, B., Liepmann, D. & Beauducel, A. (2001). *Intelligenz-Struktur-Test 2000 (IST 2000).* Göttingen: Hogrefe.

Achenbach, T.M. (1991a). *Manual for the Child Behavior Checklist/4–18 and 1991 Profile.* Burlington: University of Vermont, Department of Psychiatry.

Achenbach, T.M. (1991b). *Manual for the Teachers Report Form and 1991 Profile.* Burlington: University of Vermont, Department of Psychiatry.

Ainsworth, M.D.S., Blehar, M.C., Waters, E. & Wall, S. (1978). *Patterns of attachment: a study of the strange situation.* Hillsdale, NJ: Erlbaum.

American Psychological Association (2001). *Thesaurus of psychological index terms* (9th ed.). Washington, DC: American Psychological Association.

Atria, M., Bubla, E. & Pfundner, M. (2002). Paardiagnostik mit dem Fragebogen zu Angebot und Nachfrage in Partnerschaften (FAN). *Psychologie in Österreich, 22,* 56–59.

Bayley, N. (1993). *Bayley Scales of Infant Development* (2nd ed.). New York: Psychological Corporation.

Becker, P. (2003). Persönlichkeitsfragebogen. In K.D. Kubinger & R.S. Jäger (Hrsg.), *Schlüsselbegriffe der psychologischen Diagnostik* (S. 332–337). Weinheim: Beltz PVU.

Bellak, K., Bellak, S.S. & Moos, W. (1955). *Der Kinder-Apperzeptions-Test C.A.T.* Göttingen: Hogrefe

Berry, R.A. & DeGangi, G.A. (1994). *DeGangi-Berk test of Sensory Integration.* Los Angeles, CA: Western Psychological Services.

Binet, A. & Simon, T. (1905). Application des méthodes nouvelles ou diagnostic du niveau intellectuel chez des enfants normaux et anormaux d'hospice et d'école primaire. *L'Année psychologique, 11,* 245–336.

Brack, U.B. & Adamietz, S. (1995). Frühdiagnostik. In R.S. Jäger & F. Petermann. *Psychologische Diagnostik* (S. 551–563). Weinheim: Beltz.

Brähler, E. & Brähler, C. (Hrsg.). (1993). *Paardiagnostik mit dem Gießen-Test.* Bern: Huber.

Brandt, I. (1983). *Griffiths Entwicklungsskalen (GES). Zur Beurteilung der Entwicklung in den ersten beiden Lebensjahren.* Weinheim: Beltz.

Brandt, I. & Sticker, E.J. (2001). *Griffiths Entwicklungsskalen (GES). Zur Beurteilung der Entwicklung in den ersten beiden Lebensjahren* (2. überarbeitete und erweiterte Aufl.). Weinheim: Beltz.

Brem-Gräser, L. (2001). *Familie in Tieren* (8. Aufl.). München: Reinhardt.

Bühler, C. & Hetzer, H. (1932). *Kleinkindertests. Entwicklungstests für das erste bis sechste Lebensjahr.* Leipzig: Hirzel.

Cierpka, M. (Hrsg.). (1988). *Familiendiagnostik.* Berlin: Springer.

Cierpka, M. & Frevert, G. (1994). *Die Familienbögen.* Göttingen: Hogrefe.

Corman, L. (1995). *Der Schwarzfuß-Test* (3. Aufl.). Göttingen: Hogrefe.

Crittenden, P. (2000). *The organisation of attachment relationship.* Cambridge: University Press.

Deegener, G. (1995). *Anamnese und Biographie im Kindes- und Jugendalter.* Göttingen: Hogrefe.

Deegener, G., Dietel, B., Hamster, W., Koch, C., Matthaei, R., Nödl, H., Rückert, N., Stephani, U. & Wolf., E. (1997). *Tübinger Luria-Christensen neuropsychologische Untersuchungsreihe für Kinder* (2. Aufl.). Göttingen: Hogrefe.

Dinter-Jörg, M., Polowcyz, M., Herrle, J., Esser, G., Laucht, M. & Schmidt, M.H. (1997). Mannheimer Beobachtungsskalen zur Analyse der Mutter-Kind-Interaktion im Kleinkindalter. *Zeitschrift für Kinder- und Jugendpsychiatrie und Psychotherapie, 25* (4), 207–217.

Döpfner, M. & Lehmkuhl, G. (1998). *Diagnostik System für psychische Störungen im Kindes- und Jugendalter nach ICD 10 und DSMIV (DYSIPS-KJ).* Bern: Huber.

Döpfner, M., Berner, W., Flechtner, H., Lehmkuhl, G. & Steinhausen, H.-C. (1999). *Psychopathologisches Befund-System für Kinder und Jugendliche (CASCAP-D).* Göttingen: Hogrefe.

Döpfner, M., Lehmkuhl, G., Petermann, F. & Heubrock, D. (2000). *Leitfaden Kinder- und Jugendpsychotherapie: Band 2 Diagnostik psychischer Störungen im Kindes- und Jugendalter.* Göttingen: Hogrefe.

Döpfner, M., Schürmann, S. & Frölich, J. (1998). *Therapieprogramm für Kinder mit hyperkinetischem und oppositionellem Problemverhalten (THOP)* (2. korrigierte Aufl.). Weinheim: Psychologie Verlags Union.

Döpfner M., Schürmann S. & Lehmkuhl G. (1997). Hyperkinetische Störungen. In F. Petermann (Hrsg.), *Fallbuch der klinischen Kinderpsychologie* (S. 35–58). Göttingen: Hogrefe.

Duhm, E. & Hansen, J. (Hrsg.) (1957). *Der Rosenzweig P-F-Test (Form für Kinder).* Göttingen: Hogrefe.

Esser, G. (2002). *Basisdiagnostik für umschriebene Entwicklungsstörungen im Vorschulalter (BUEVA).* Göttingen: Beltz.

Fichter, M. & Quadflieg, N. (1999). *Strukturiertes Inventar für Anorektische und Bulimische Essstörungen nach DSM-IV und ICD-10 (SIAB).* Göttingen: Hogrefe.

Flehmig, I., Schloon, M., Uhde, J. & Beruth, H.V. (1973). *Denver Entwicklungsskalen. Testanweisung.* Hamburg: Hamburger Spastikerverein.

Flynn, J.R. (1987). Massive IQ gains in 14 nations – What IQ tests really measure. *Psychological Bulletin, 101,* 171–191.

Frankenburg, W.K. & Dodds, J.B. (1968). *The Denver Developmental Screening Test. Manual.* Denver: University of Colorado Press.

Frankenburg, W.K., Dodds, J. & Archer, P. et al. (1992). *The DENVER II Training Manual.* Denver, CO: Denver Development Materials.

Frankenburg, W.K., Dodds, J. & Archer, P. et al. (1992). *The DENVER II Technical Manual.* Denver, CO: Denver Development Materials.

Gehring, T.M. (1998). *Familiensystemtest (FAST).* Göttingen: Beltz Test Gesellschaft.

Gesell, A. & Amatruda, C. (1947). *Developmental diagnosis.* New York: Harper.

Goodman, R. (1997). The Strengths and Difficulties Questionnaire: A Research Note. *Journal of Child Psychology and Psychiatry, 38,* 581–586.

Graichen, J. (1973). Teilleistungsschwächen, dargestellt an Beispielen aus dem Bereich der Sprachbenutzung. *Zeitschrift für Kinder- und Jugendpsychiatrie, 1,* 113–143.

Griffiths, R. (1954). *The abilites of babies: a study in mental measurement.* New York: McGraw-Hill.

Grimm, H. & Schöler, H. (1978). *Heidelberger Sprachentwicklungstest. Handanweisung für die Auswertung und Interpretation.* Göttingen: Hogrefe.

Guthke, J. & Wiedl, K.H. (1996). *Dynamisches Testen.,* Göttingen: Hogrefe.

Heller, K.A., Kratzmeier, H. & Horn, H. (1998). *Standard Progressive Matrices SP. Matrizen-Test-Manual, Band 1* (2. Aufl.). Göttingen: Beltz.

Hemminger, U., Roth, E., Schneck, S., Jans, T. & Warnke, A. (2000). Testdiagnostische Verfahren zur Überprüfung der Fertigkeiten im Lesen, Rechtschreiben und Rechnen. Eine kritische Übersicht. *Zeitschrift für Kinder- und Jugendpsychiatrie und Psychotherapie, 28* (3), 188–201.

Herzka, H.S. & Reukauf, W. (2002). *Diagnostik bei Kindern – Kompelxität, Variabilität und Reduktion.* Referat am 3. Züricher Diagnostik Kongress, Zürich. Verfügbar unter: http://www.diagnostik-kongress.ch/herzka.pdf.

Huber, O. (1995). Beobachtung. In E. Roth (Hrsg.), *Sozialwissenschaftliche Methoden: Lehr- und Handbuch für Forschung und Praxis* (S. 126–145). München: Oldenburg.

Jäger, A.O., Süß, H.-M., Beauducel, A. (1997). *Berlinger Intelligenzstruktur-Test (Form 4; BIS-4).* Göttingen: Hogrefe.

Jung, C.G. (1915). *Diagnostische Assoziationsstudien.* Leipzig: Barth.

Kastner-Koller, U. & Deimann, P. (1998). *Der Wiener Entwicklungstest (WET).* Göttingen: Hogrefe.

Kastner-Koller, U. & Deimann, P. (2002). *Wiener Entwicklungstest – Ein Verfahren zur Erfassung des allgemeinen Entwicklungsstandes bei Kindern von 3 bis 6 Jahren – WET* (2. überarbeitete und neu normierte Aufl.). Göttingen: Hogrefe.

Koch, K. (1997) *Der Baumtest. Der Baumzeichenversuch als psychodiagnostisches Hilfsmittel* (10. Aufl.). Göttingen: Hogrefe.

Kos, M. & Biermann, G. (2002). *Die verzauberte Familie* (5. Aufl.). Göttingen: Hogrefe.

Kongs, S.K., Thompson, L.L., Iverson, G.L. & Heaton, R.K. (2000). *The Wisconsin Card Sorting Test.* Göttingen: Hogrefe.

Kubinger, K.D. & Wurst, E. (1985). *Adaptives Intelligenzdiagnostikum (AID).* Weinheim: Beltz.

Kubinger, K.D. & Wurst, E. (2000). *Adaptives Intelligenz Diagnostikum – Version 2.1 (AID 2).* Göttingen: Beltz.

Landerl, K., Wimmer, H. & Moser, E. (1997). *Salzburger Lese- und Rechtschreibtest: ein differentieller Test zur Diagnose von Lese- und Rechtschreibschwierigkeiten für die 1. bis 4. Schulstufe.* Bern: Huber.

Ledl, V. (1994). *Kinder beobachten und fördern. Eine Handreichung zur gezielten Beobachtung und Förderung von Kindern mit besonderen Lern- und Erziehungsbedürfnissen.* Wien: Verlag Jugend & Volk.

Landerl, K. & Klicpera, C. (2000). Lese- und Rechtschreibstörungen. In F. Petermann (Hrsg.), *Fallbuch der Klinischen Kinderpsychologie und -psychotherapie* (S. 189–203). Göttingen: Hogrefe.

Machover, K. (1949). *Personality projection in the drawings of the human figure.* Springfield, IL: Thomas.

Markgraf-Stiksrud, J. (1998). Entwicklungsdiagnostik. In H. Keller (Hrsg.), *Handbuch der Kleinkindforschung.* Bern: Huber.

Melchers, P. & Lehmkuhl, G. (2000). Neuropsychologische Diagnostik im Kindes- und Jugendalter. *Zeitschrift für Kinder- und Jugendpsychiatrie und Psychotherapie, 28* (3), 177–187.

Melchers, P. & Preuss, U. (2001). *K-ABC. Kaufman.Assessment-Battery for Children* (6. teilweise ergänzte Aufl.). Göttingen: Hogrefe.

Morgenthaler, W. (Hrsg.). (1992). *Rorschach-Psychodiagnostik* (11. Aufl.). Göttingen: Hogrefe.

Murray, H.A. (1991). *Thematic Apperception Test TAT* (3. überarbeitete Aufl.). Göttingen: Hogrefe.

Papoušek, M. (1996). Die intuitive elterliche Kompetenz in der vorsprachlichen Kommunikation als Ansatz zur Diagnostik von präverbalen Kommunikations- und Beziehungsstörungen. *Kindheit und Entwicklung, 5,* 160–167.

41

Petermann F. & Petermann, U. (2000). *Erfassungsbogen für aggressives Verhalten in konkreten Situationen – EAS* (4. überarbeitete und neu normierte Aufl.). Göttingen: Hogrefe.

Petermann, F. & Stein, I.A. (2000). *Entwicklungstest 6 Monate – 6 Jahre.* Göttingen: Hogrefe.

Remschmidt, H. (1987). Was sind Teilleistungsschwächen? *Monatsschrift Kinderheilkunde, 135,* S. 290–296.

Schulte-Körne, G., Deimel, W. & Remschmidt, H. (2001). Zur Diagnostik der Lese-Rechtschreibstörung. *Zeitschrift für Kinder- und Jugendpsychiatrie und Psychotherapie, 29* (2), 113–116.

Seitz, W. & Rausche, A. (2004). *Persönlichkeitsfragebogen für Kinder zwischen 9 und 14 Jahren – PFK 9-14* (4. überarbeitete und neu normierte Aufl.). Göttingen: Hogrefe.

Snijders, J.T., Tellegen, P.J. & Laros, J.A. (1997). *Snijders-Oomen Non-verbaler Intelligenztest SON-R 5 1/2–17* (2. korrigierte Aufl.). Groningen: Wolters-Norordhoff.

Spearman, C. (1904). »General intelligence« objectively determined and measured. *American Journal of Psychology, 15,* 201–293.

Stern, W. (1911). *Intelligenzproblem und Schule.* Leipzig: Teubner.

Strehlow, U. & Haffner, J. (2002). Definitionsmöglichkeiten und sich daraus ergebende Häufigkeit der umschriebenen Lese- und Rechtschreibstörung – theoretische Überlegungen und empirische Befunde an einer repräsentativen Stichprobe junger Erwachsener. *Zeitschrift für Kinder- und Jugendpsychotherapie, 30* (2), 113–126.

Sturm, W. (2000). Aufgaben und Strategien neuropsychologischer Diagnostik. In W. Sturm, M. Hermann & C.W. Wallesch (Hrsg.), *Lehrbuch der Klinischen Neuropsychologie* (S. 265–276). Lisse: Swets & Zeitlinger.

Teichmann, H., Meyer-Probst, B. & Roether, D. (1991). *Risikobewältigung in der lebenslangen psychischen Entwicklung.* Berlin: Verlag Gesundheit.

Tellegen, P.J., Winkel, M. & Wijnberg-Williams, B.J. (1996). *Snijders-Oomen Non-verbaler Intelligenztest SON-R 2 1/2–7.* Groningen: Wolters-Norordhoff.

Tewes, U., Rossmann, P. & Schallberger, U. (1999). *Hamburg-Wechsler-Intelligenztest für Kinder III - HAWIK-III* (3. Auflage). Bern: Huber.

Thurner, F. & Tewes, U. (2000). *Der Kinder-Angst-Test II -KAT-II.* Göttingen: Hogrefe.

Thurstone, L.L. (1938). *Primary and mental abilities.* Chicago: The University of Chicago Press.

Von Staabs, G. (1992). *Der Scenotest.* (Textband, 8. Aufl.). Göttingen: Hogrefe.

Wechsler, D. (1939). *The measurement of adult intelligence.* Baltimore: Williams & Wilkins.

Wittchen, H.U., Zaudig, M. & Fydrich, T. (1997). *Strukturiertes Klinisches Interview für DSM IV* (SKID-I/II). Göttingen: Hogrefe.

Zeanah, C.H. & Barton, M. (1989). Introduction: Internal representations and parent-infant relationship. *Infant Mental Health Journal, 10* (3), 135–141.

Ziffer, R.L. & Shapiro, L.E. (o. A.). *Children's Self-Report and Projective Inventory (CSRPI).* Circle Pines: AGS Publishing.

Zimmer, R. & Volkamer, M. (1987). *Motoriktest für vier- bis sechsjährige Kinder.* Göttingen: Hogrefe.

42 Klinische Psychologie I: Klassifikation, Epidemiologie und Prävention psychischer Störungen

R. Lieb

42.1 Klassifikation

Allgemein wird unter Klassifikation die Einteilung und Zuordnung von Merkmalen bzw. Phänomenen in ein nach Klassen aufgeteiltes System verstanden (Wittchen & Lachner, 1996). Dies bedeutet, dass Merkmale oder Phänomene nach festen Regeln aufgrund von Gemeinsamkeiten bzw. Ähnlichkeiten eingeteilt und zugeordnet werden. Die Klassifikation von psychischen Störungen hat zum Ziel, präzise zu definieren, welche psychopathologischen Merkmale in welcher Art und Weise für die Diagnose einer psychischen Störung vorliegen müssen und welche Diagnosen aufgrund von Gemeinsamkeiten einer übergeordneten Klasse zugeordnet werden können (Wittchen, 1993; Stieglitz, Freyberger & Mombour, 2002). Unter Klassifikation psychischer Störungen versteht man ebenfalls den Prozess der Erfassung bzw. Identifikation einer so präzisierten Diagnose, somit die Erfassung der genannten Merkmale sowie die adäquate Bestimmung der jeweiligen Diagnose bzw. die richtige Zuordnung zur Störungsklasse (Wittchen & Lachner, 1996).

42.1.1 Historische Aspekte

Das Bemühen, brauchbare Klassifikationssysteme für psychische Störungen zu entwickeln, hat eine lange Geschichte, deren Darstellung den verfügbaren Rahmen bei weitem sprengen würde. An dieser Stelle soll deshalb lediglich darauf hingewiesen werden, dass besonders dem Psychiater Emil Kraepelin (▶ Kurzbiographie) eine wegbereitende Bedeutung in der Klassifikation psychischer Störungen im 20. Jahrhundert zukommt. Emil Kraepelin gehörte zu den zentralen Repräsentanten der Psychiatrie an der Wende vom 19. zum 20. Jahrhundert, dessen Ziel es war, zu einem naturwissenschaftlichen Verständnis von psychischen Störungen zu kommen. Dies wollte Kraepelin über die Schaffung einer Nosologie (Krankheitslehre) durch die beschreibende Klassifikation der Krankheitserscheinungen sowie über die Zurückführung der Krankheitserscheinungen auf ihre körperliche Ursache erreichen. Im Zentrum seiner Arbeiten stand die genaue Beobachtung und Beschreibung der Krankheitsmanifestationen. Hierüber strebte er an, »Krankheitseinheiten« aufzustellen und in einem System zu vereinigen. Den Schwerpunkt legte er besonders auf Demenzen und psychotische Störungen. Die von ihm definierten Krankheitskategorien Demenz, »manisch-depres-

42

Emil Kraepelin

Emil Wilhelm Magnus Georg Kraepelin wurde 1856 in Mecklenburg geboren und begann 1874 sein Medizinstudium in Leipzig und Würzburg. 1878 erhielt er die Approbation als Arzt und arbeitete als Assistent an der Kreis-Irrenanstalt in München. Er habilitierte sich 1883 an der Medizinischen Fakultät in Leipzig und erstellte die erste Auflage seines Lehrbuchs: »Compendium der Psychiatrie«. Nach Professuren in Dorpat und Heidelberg wirkte Kraepelin als Professor für Psychiatrie und Direktor der Universitätsnervenklinik in München, wo er 1917 die »Deutsche Forschungsanstalt für Psychiatrie« (DFA) gründete. Kraepelin starb am 07.10.1926 in München.

Das Verdienst von Emil Kraepelin ist die Einteilung von psychischen Störungen (damals »Geisteskrankheiten«) nach deren psychopathologischem Erscheinungsbild und Verlauf (»Ausgang«). Auf ihn geht die heute noch angewandte Einteilung spezifischer psychopathologischer Syndrome in die »Dementia praecox« (heute Schizophrenie) und das »manisch-depressive Irresein« (heute bipolare Störungen) zurück.

sives Irresein« (heute affektive Störungen) und »Dementia praecox« (heute Schizophrenie) sind bis heute in der Klassifikation psychischer Störungen erhalten geblieben.

Weltweit sind für die Klassifikation psychischer Störungen heutzutage zwei Systeme von Bedeutung: das von der American Psychiatric Association (APA) herausgegebene »Diagnostic and Statistical Manual of Mental Disorders« (DSM) und die von der Weltgesundheitsorganisation (WHO) erstellte »International Classification of Diseases« (ICD). Während das DSM alleine die Klassifikation von psychischen Störungen beinhaltet, umfasst die ICD sämtliche beim Menschen vorkommenden Krankheiten. Psychische Störungen finden sich hier in einem ganz speziellen Kapitel, dem Kapitel V. Für dieses Kapitel der ICD-10 liegen unterschiedliche Versionen für unterschiedliche Anwendungsbereiche vor. So wurden etwa die sog. »klinisch-diagnostischen Leitlinien«

(WHO, 1991) für den klinischen Gebrauch entwickelt, während für Forschungszwecke speziell die präziseren ICD-10 Forschungskriterien (WHO, 1994a) konzipiert wurden. Die ICD-10 hat sich vor allem in Europa etabliert und wird vor allem in der klinischen Arbeit verwendet.

Sowohl das DSM als auch die ICD wurden in der Vergangenheit aufgrund des Zuwachses an wissenschaftlichen Erkenntnissen, aber auch aufgrund klinischer Erfahrungen mit den jeweilig gültigen Versionen mehrmals revidiert. Die derzeit gültigen Versionen sind das **DSM-IV-TR** (APA, 2000) sowie die **ICD-10**. In der geschichtlichen Entwicklung der beiden Systeme ist beim DSM vor allem der Übergang vom DSM-II zum DSM-III (d. h. von der 2. zur 3. Revision des DSM) und bei der ICD der Übergang von der ICD-9 zur ICD-10 (d. h. Übergang von der 9. zur 10. Revision der ICD-10) hervorzuheben. Sowohl beim DSM-III als auch bei der ICD-10 wurden tief greifende Veränderungen gegenüber den Vorläuferversionen vorgenommen, die bei beiden Systemen eine Verbesserung der Zuverlässigkeit der Diagnostik psychischer Störungen in der Forschung und in der praktischen Arbeit gewährleisten sollten.

42.1.2 Das Klassifikationssystem ICD der Weltgesundheitsorganisation

In Kapitel V der ICD-10 werden psychische und Verhaltensstörungen elf Hauptgruppen zugeordnet (◘ Tab. 42.1).

◘ Tabelle 42.1. Überblick über die diagnostischen Hauptgruppen der ICD-10

Kodierung	Kategorienbezeichnung
F0	Organische, einschließlich symptomatischer psychischer Störungen
F1	Psychische und Verhaltensstörungen durch psychotrope Substanzen
F2	Schizophrenie, schizotype und wahnhafte Störungen
F3	Affektive Störungen
F4	Neurotische, Belastungs- und somatoforme Störungen
F5	Verhaltensauffälligkeiten in Verbindung mit körperlichen Störungen und Faktoren
F6	Persönlichkeits- und Verhaltensstörungen
F7	Intelligenzminderung
F8	Entwicklungsstörungen
F9	Verhaltens- und emotionale Störungen mit Beginn in der Kindheit und Jugend
F99	Nicht näher bezeichnete psychische Störungen

und mit dem Buchstaben F gekennzeichnet. Die spezifischen Störungsgruppen werden numerisch kodiert (z. B. F0, F1 etc.), wobei mehrstellige Kodierungen eine präzisere Charakterisierung des spezifischen Störungsbildes erlauben. So bezeichnet etwa F3 die Gruppe der affektiven Störungen. F31 spezifiziert hierbei genauer die bipolare affektive Störung, und F31.0, dass gegenwärtig eine hypomanische Episode vorliegt.

Die WHO führte mit der ICD-10 die sog. »operationalisierte« Diagnostik ein. Dies bedeutet, dass im Gegensatz zu den Vorläuferversionen, welche lediglich Glossare enthielten, explizit definierte diagnostische Kriterien (Symptombeschreibung, Beschreibung des Verlaufs) und Verknüpfungsregeln vorgegeben werden. Diese müssen erfüllt sein, um die Diagnose einer entsprechenden Störung vergeben zu können. Die ICD-10 geht bei der Diagnose psychischer Störungen weitestgehend deskriptiv vor. Dies bedeutet, dass Diagnosen nicht, wie es bei früheren Versionen möglich war, aufgrund vermuteter theoretischer oder ätiologischer Annahmen getroffen werden. Die ICD-10 fordert zudem explizit dazu auf, mehr als eine psychische Störung zu diagnostizieren, wenn das klinische Bild dies erfordert. Dieses »Komorbiditätsprinzip« ist bei dieser Version der ICD insofern neu, als bei älteren Versionen die Diagnosen nach dem »hierarchischen« Prinzip gestellt wurden, was bedeutet, dass aufgrund von hierarchischen Regeln einer bestimmten Diagnose der Vorrang vor einer anderen gegeben wurde.

42.1.3 Das Klassifikationssystem DSM der American Psychiatric Association

Von amerikanischer Seite wurde bereits früh Kritik an der ICD (speziell der 6. Version) vor allem deshalb geübt, weil wichtige Störungsgruppen (z. B. Demenz) in der Klassifikation nicht enthalten waren. Besonders mit der Entwicklung des DSM-III im Jahre 1980 wurden hier grundlegende Neuerungen in der Klassifikation psychischer Störungen angestrebt, welche hauptsächlich das Ziel verfolgten, zuverlässigere Diagnosen zu ermöglichen. Anders als in früheren Versionen wurde besonders auf eine syndromorientierte und atheoretische Beschreibung der Störungsbilder Wert gelegt. Wie später dann auch in der ICD-10 wurde ab dieser Version im DSM die operationalisierte Diagnostik, d. h. die Vorgabe von exakten Definitionen von diagnostischen Kriterien sowie ihrer Verknüpfungen, eingeführt. Zudem wurden diagnostische Entscheidungsbäume sowie der multiaxiale Ansatz eingeführt. Diagnostische Entscheidungsbäume beinhalten die graphische Darstellung diagnostischer Entscheidungsalgorithmen, d. h. die diagnostischen Entscheidungen, die getroffen werden müssen, um eine spezifische Diagnose stellen zu können.

In den Folgeversionen, dem DSM-III-R (APA, 1987) sowie dem DSM-IV (APA, 1994), blieben die grundlegenden, mit dem DSM-III eingeführten Neuerungen und An-

Tabelle 42.2. Überblick über die diagnostischen Hauptgruppen des DSM-IV-TR

Kategorienbezeichnung
Störungen, die gewöhnlich zuerst im Kleinkindalter, in der Jugend oder Adoleszenz diagnostiziert werden
Delir, Demenz, amnestische und andere kognitive Störungen
Psychische Störungen aufgrund eines medizinischen Krankheitsfaktors
Störungen im Zusammenhang mit psychotropen Substanzen
Affektive Störungen
Angststörungen
Somatoforme Störungen
Vorgetäuschte Störungen
Dissoziative Störungen
Sexuelle und Geschlechtsidentitätsstörungen
Essstörungen
Schlafstörungen
Störungen durch Impulskontrolle, nicht andernorts klassifiziert
Anpassungsstörungen
Persönlichkeitsstörungen
Andere klinisch relevante Probleme
Zusätzliche Kodierungen

sätze in ihrem Grundgedanken bestehen und es wurden hauptsächlich Veränderungen in den diagnostischen Kriterien durchgeführt und weitere Störungsbilder aufgenommen. Analog zu ◘ Tab. 42.1 informiert ◘ Tab. 42.2 über die diagnostischen Hauptkategorien des aktuell gültigen DSM-IV-TR (APA, 2000), einer Textrevision des DSM-IV. Insgesamt betrachtet wird das DSM international häufiger als die ICD-10 in der Forschung eingesetzt.

Mit der Entwicklung des DSM-IV und der ICD-10 wurde eine Annäherung der beiden Klassifikationssysteme angestrebt, um deren Kompatibilität zu verbessern. So finden sich im DSM-IV (TR) neben den störungsspezifischen Kodierungsnummern jeweils die zugehörigen numerischen ICD-10-Kodierungen. Trotz dieser Bemühungen existieren jedoch nach wie vor beachtliche Unterschiede, so dass ein direkter Vergleich der spezifischen Diagnosen bis heute nicht unproblematisch durchgeführt werden kann.

42.1.4 Multiaxialer Ansatz

Um bei der Diagnostik nicht lediglich die klinische Symptomatik der betroffenen Person, sondern ebenfalls psychosoziale und medizinische Faktoren, die für das Verständnis der Störung bedeutsam sein könnten, zu berücksichtigen, verwendet sowohl die ICD-10 als auch das DSM-IV die sog. multiaxiale Diagnostik.

Im aktuell gültigen **DSM-IV** werden hierfür fünf Achsen zur Verfügung gestellt, auf welchen der Patient beurteilt werden soll. Achse I erfasst psychische Störungen und andere klinische Zustandsbilder mit Ausnahme der Persönlichkeits-, Intelligenz- und Entwicklungsstörungen, die ihrerseits auf Achse II verschlüsselt werden. Die Diagnose der eigentlichen psychopathologischen Auffälligkeiten erfolgt somit auf diesen beiden ersten Achsen. Die Trennung zwischen den beschriebenen Bereichen erfolgte, um zu gewährleisten, dass mögliche länger anhaltende Störungen bei einer Fokussierung auf die aktuell vorliegende Symptomatik nicht übersehen werden. Auf Achse III werden körperliche Probleme kodiert, während auf Achse IV psychosoziale und umgebungsbedingte Probleme berücksichtigt werden. Auf Achse V erfolgt eine Beurteilung des psychosozialen Funktionsniveaus der betroffenen Person im psychischen, sozialen und beruflichen Bereich.

Die aktuelle **ICD-10** erlaubt anders als das DSM-IV eine Beschreibung auf drei Achsen (WHO, 1994b; vgl. Stieglitz et al., 2002): Auf Achse I werden klinische Diagnosen kodiert, auf Achse II psychosoziale Funktionseinschränkungen und auf Achse III umgebungs- und situationsabhängige Ereignisse bzw. Probleme des Patienten in der Lebensführung. Auch hier soll die systematische Erfassung von Informationen auf mehreren Achsen verhindern, dass lediglich die klinische Symptomatik wahrgenommen wird. Die multiaxiale Beurteilung erlaubt, Zusammenhänge zwischen den einzelnen Aspekten zu berücksichtigen.

42.1.5 Diagnostische Instrumente in der klassifikatorischen Diagnostik

Beim Übergang vom DSM-II zum DSM-III und von der ICD-9 zur ICD-10 wurde vor allem ein zentraler Fortschritt in der Verbesserung der diagnostischen Zuverlässigkeit durch die Einführung expliziter diagnostischer Kriterien und Algorithmen erreicht. Wie einleitend definiert wurde, beinhaltet der Begriff klassifikatorische Diagnostik sämtliche Untersuchungs- und Entscheidungsprozesse, die im Rahmen der Erhebung des psychopathologischen Befundes und der Stellung bzw. Ableitung einer Diagnose auf der Basis eines Klassifikationssystems nötig sind. Um dieses Ziel zu erreichen, sind jedoch nicht alleine zuverlässige diagnostische Kriterien für die »Falldefinitionen« notwendig, sondern zudem diagnostische Instrumente, welche eine zuverlässige und valide Erfassung der vorgegebenen diagnostischen Merkmale, somit die »Fallidentifikation«, ermöglichen.

Mit der Einführung des DSM-III, somit der Operationalisierung von Diagnosen, kam es parallel zur Entwicklung von Instrumenten, die eine reliable und valide Erfas-

sung der in den Klassifikationssystemen vorgegebenen diagnostischen Kriterien sowie deren Verknüpfung zu Diagnosen erlauben. Als Instrumente der klassifikatorischen klinischen Diagnostik wurden speziell diagnostische Interviews (▶ Kap. 40) entwickelt. Diese Verfahren versuchen den Prozess der Informationssammlung zu systematisieren, indem für jedes Störungsbild der Wortlaut, Fragenreihenfolge sowie Antwort- und Beurteilungskategorien genau vorgegeben werden.

Um psychische Störungen mittels eines strukturierten oder standardisierten Verfahrens nach DSM-IV und ICD-10 erfassen zu können, stehen im deutschsprachigen Bereich derzeit das »Diagnostische Expertensystem für Psychische Störungen« (DIA-X; Wittchen & Pfister, 1997), das »Strukturierte Klinische Interview für DSM-IV« (SKID I und II; Wittchen, Wunderlich, Gruschwitz & Zaudig, 1997) oder das »Diagnostische Interview bei psychischen Störungen« (DIPS; Schneider & Margraf, 2006) zur Verfügung. Strukturierte und standardisierte diagnostische Interviews sind ökonomische und auch anwenderfreundliche diagnostische Hilfsmittel, mit deren Hilfe sowohl für Forschungs- als auch für Praxiszwecke eine zuverlässige Befunderhebung durchgeführt werden kann.

42.2 Die Hauptformen psychischer Störungen: Beschreibung und Ätiopathogenese

Schon der Überblick über die Hauptformen psychischer Störungen in ◘ Tab. 42.1 und 42.2 macht deutlich, dass hier eine Beschränkung auf diese Hauptformen schon deshalb geboten ist, da auch nur der Versuch, sämtliche derzeit beschriebenen Störungen (so finden sich etwa im DSM-IV insgesamt 395 Störungsbilder) einzubeziehen, den Rahmen dieses Kapitels bei weitem sprengen würde. Es sollen deshalb speziell die affektiven Störungen und die Angststörungen aufgegriffen werden, da diese zu den in der Bevölkerung am häufigsten vorkommenden Störungsbildern zählen. Die Schizophrenie ist eine im Gegensatz hierzu selten auftretende psychische Störung (etwa 1% der Bevölkerung ist irgendwann im Verlauf des Lebens betroffen). Sie wird jedoch ebenfalls im Rahmen dieses Kapitels vorgestellt, da ihr im Rahmen der Psychiatriegeschichte (vgl. die oben erwähnte Kraepelin'sche Einteilung) als auch in der aktuellen psychiatrischen Versorgung eine zentrale Rolle zukommt.

42.2.1 Angststörungen

Beschreibung

Als Angststörungen wird eine Gruppe von psychischen Störungen bezeichnet, die sich klinisch dadurch auszeichnet, dass bei ihnen ein Gefühl übermäßiger, intensiver und pathologischer Angst vorliegt, für welches es keine reale Bedrohung gibt. In der ICD-10 finden sie sich unter der Obergruppe F4 »neurotische, Belastungs- und somatoforme Störungen«, während sie im DSM-IV-TR unter der Gruppe der »Angststörungen« gefasst sind. Zu den typischen Symptomen von Angststörungen gehören Beklemmung, Furcht oder panische Angst, Herzklopfen, Konzentrationsschwierigkeiten und auch das Gefühl von Unwirklichkeit. Häufig treten ebenfalls Symptome auf, die das Herz und die Atmung betreffen, wie z. B. Herzklopfen oder Schwindel.

In den Klassifikationssystemen DSM-IV-TR und ICD-10 werden unterschiedliche Formen von Angststörungen angeführt, die sich vor allem bezüglich des angstauslösenden Reizes, der im Vordergrund stehenden Symptome und der subjektiven Erlebnisweisen unterscheiden. Als zentrale Formen von Angststörungen lassen sich die Panikstörung, Phobien, die generalisierte Angststörung, die posttraumatische Belastungsstörung und die Zwangsstörung nennen.

Bei der **generalisierten Angststörung** steht eine chronisch ausgeprägte und übermäßige Angst und Besorgnis bezüglich einer Reihe von alltäglichen Ereignissen und Problemen, wie z. B. Familie, Finanzen, Arbeit, im Vordergrund. Die folgende ▶ Übersicht zeigt die diagnostischen Kriterien der generalisierten Angststörung nach DSM-IV-TR. Um die Diagnose einer generalisierten Angststörung stellen zu können, muss eine Person die dort angeführten Merkmale bzw. Kriterien erfüllen. Aus der Tabelle geht hervor, dass im Rahmen der generalisierten Angststörung zusätzlich zur Angst eine Reihe von körperlichen Symptomen bei den Betroffenen vorliegen und die Angst deutliche Auswirkungen auf den Alltag der Betroffenen hat.

D. Angst und Sorgen sind nicht auf Merkmale einer psychischen Störung beschränkt, z. B. nicht darauf, eine Panikattacke zu erleiden

E. Angst, Sorgen oder körperliche Symptome verursachen in klinisch bedeutsamer Weise Leiden oder Beeinträchtigungen in sozialen, beruflichen oder anderen wichtigen Funktionsbereichen

F. Das Störungsbild geht nicht auf die direkte körperliche Wirkung einer Substanz oder eines medizinischen Krankheitsfaktors zurück und tritt nicht ausschließlich im Verlauf einer affektiven Störung, einer psychotischen Störung oder einer tiefgreifenden Entwicklungsstörung auf

---

Im Vordergrund der Panikstörung stehen hingegen sog. **Panikattacken** (▶ Übersicht). Bei Panikattacken tritt die Angst anders als bei der generalisierten Angststörung ganz plötzlich, attackenartig und in abgrenzbarer Form auf. Die Attacken erreichen in der Regel innerhalb von 10 Minuten ihren Höhepunkt und werden von einer Reihe von weiteren Symptomen (z. B. Herzklopfen, Erstickungsgefühle) begleitet. Panikattacken werden nach DSM-IV und ICD-10 nicht als eigenständige Angststörung gefasst, da sie auch bei anderen psychischen und körperlichen Störungen bzw. als Folge von Substanzkonsum vorkommen können.

Kriterien der generalisierten Angststörung nach DSM-IV-TR

A. Übermäßige Angst und Sorgen (Furchtsame Erwartungen) bezüglich mehrerer Ereignisse oder Tätigkeiten, die mindestens über 6 Monate hinweg an der Mehrzahl der Tage auftraten

B. Die Person hat Schwierigkeiten, die Sorgen zu kontrollieren

C. Angst und Sorgen sind mit mindestens 3 der folgenden 6 Symptome verbunden (wobei zumindest einige der Symptome in den vergangenen 6 Monaten an der Mehrzahl der Tage auftraten):
   1. Ruhelosigkeit
   2. Leichte Ermüdbarkeit
   3. Konzentrationsschwierigkeiten oder Leere im Kopf
   4. Reizbarkeit
   5. Muskelspannung
   6. Schlafstörungen (Ein- oder Durchschlafschwierigkeiten oder unruhiger, nicht erholsamer Schlaf)

▼

Kriterien der Panikattacke nach DSM-IV-TR
Eine klar abgegrenzte Episode intensiver Angst und Unbehagens, bei der mindestens 4 der folgenden Symptome abrupt auftreten und innerhalb von 10 Minuten einen Höhepunkt erreichen:
   1. Palpitationen, Herzklopfen
   2. Schwitzen
   3. Zittern oder Beben
   4. Gefühl der Kurzatmigkeit oder Atemnot
   5. Erstickungsgefühle
   6. Schmerzen, Beklemmungsgefühle in der Brust
   7. Übelkeit, Magen-Darm-Beschwerden
   8. Schwindel, Unsicherheit
   9. Derealisation
   10. Angst, Kontrolle zu verlieren oder verrückt zu werden
   11. Angst zu sterben
   12. Parästhesien
   13. Hitzewallungen, Kälteschauer

Erlebt eine Person unvorhersagbare wiederholte Panikattacken, die nicht im Rahmen einer anderen Erkrankung oder infolge des Konsums von Drogen auftreten, und führen diese Attacken zu Sorgen und Verhaltensänderungen, so liegt bei ihr eine **Panikstörung** vor (▶ Übersicht).

Kriterien der Panikstörung (mit/ohne Agoraphobie) nach DSM-IV-TR

A. Sowohl
1. wiederkehrende unerwartete Panikattacken wie auch
2. auf mindestens eine der Attacken folgte mindestens 1 Monat mit mindestens einem der nachfolgend genannten Symptome:
   a) anhaltende Besorgnis über das Auftreten weiterer Panikattacken
   b) Sorgen über die Bedeutung der Attacke oder ihrer Konsequenzen (z. B. die Kontrolle zu verlieren, einen Herzinfarkt zu erleiden, verrückt zu werden)
   c) deutliche Verhaltensänderung infolge der Attacken
B. Es liegt eine/keine Agoraphobie vor
C. Die Panikattacken gehen nicht auf die direkte körperliche Wirkung einer Substanz (z. B. Droge, Medikament) oder eines medizinischen Krankheitsfaktors (z. B. Hyperthyreose) zurück
D. Die Panikattacken werden nicht durch eine andere psychische Störung besser erklärt, wie z. B. soziale Phobie (Panikattacken nur bei Konfrontation mit gefürchteten sozialen Situationen), spezifische Phobie (Panikattacken nur bei Konfrontation mit spezifischer phobischer Situation), Zwangsstörung (Panikattacken nur bei Konfrontation mit Schmutz bei zwanghafter Angst vor Kontamination), posttraumatische Belastungsstörung (Panikattacken nur als Reaktion auf Reize, die mit einer schweren, belastenden Situation assoziiert sind) oder Störung mit Trennungsangst (Panikattacken als Reaktion auf die Abwesenheit von zu Hause oder von engen Angehörigen)

Phobien zeichnen sich primär durch intensive irrationale Ängste vor ganz speziellen Objekten oder Situationen aus. Von einer **spezifischen Phobie** (▶ Übersicht) wird gesprochen, wenn die Angst in einer umschriebenen Situation (z. B. Fahrstuhl) oder durch ein ganz spezielles Objekt (z. B. Spinne) ausgelöst wird. Diese Angst führt typischerweise dazu, dass die Betroffenen solche angstauslösenden Situationen vermeiden.

Kriterien der spezifischen Phobie nach DSM-IV-TR

A. Ausgeprägte und anhaltende Angst, die übertrieben oder unbegründet ist und die durch das Vorhandensein oder Erwartung eines spezifischen Objektes oder einer spezifischen Situation ausgelöst wird
▼

B. Die Konfrontation ruft fast immer die Angstreaktion hervor; Angst kann Erscheinungsbild einer Panikattacke annehmen
C. Die Person erkennt, dass die Angst unbegründet oder übertrieben ist
D. Die phobischen Situationen werden gemieden bzw. nur unter starker Angst ertragen
E. Das Vermeidungsverhalten und die Angst schränken deutlich die normale Lebensführung ein
F. Bei Personen unter 18 Jahren hält die Phobie mindestens 6 Monate an
G. Das Störungsbild geht nicht auf die direkte körperliche Wirkung einer Substanz oder eines medizinischen Krankheitsfaktors zurück und tritt nicht ausschließlich im Verlauf einer affektiven Störung, einer psychotischen Störung oder einer tiefgreifenden Entwicklungsstörung auf

Tritt die Angst speziell in sozialen oder leistungsbezogenen Situationen auf, in denen die Person von anderen Personen beobachtet und möglicherweise bewertet wird, so wird diese Form als **soziale Phobie** bezeichnet (▶ Übersicht). Auch hier vermeiden die Betroffenen typischerweise solche Situationen bzw. ertragen sie nur unter extrem starker Anspannung und Angst.

Kriterien der sozialen Phobie nach DSM-IV-TR

A. Ausgeprägte und anhaltende Angst vor einer/mehreren sozialen oder Leistungssituationen, in denen die Person mit unbekannten Personen konfrontiert ist oder von anderen Personen beurteilt wird
B. Die Konfrontation ruft fast immer die Angstreaktion hervor; Angst kann Erscheinungsbild einer situationsgebundenen Panikattacke annehmen
C. Die Person erkennt, dass die Angst unbegründet oder übertrieben ist
D. Die phobischen Situationen werden gemieden bzw. nur unter starker Angst ertragen
E. Das Vermeidungsverhalten und die Angst beeinträchtigt deutlich die normale Lebensführung
F. Bei Personen unter 18 Jahren hält die Phobie mindestens 6 Monate an
G. Angst/Vermeidung kann nicht besser durch eine andere psychische Störung erklärt werden und geht auch nicht auf die direkte Wirkung einer Substanz oder eines medizinischen Krankheitsfaktors zurück

Bei der **Agoraphobie** schließlich handelt es sich um die Angst an Orten zu sein, aus welchen beim Auftreten von Panikattacken oder auch panikartigen Symptomen nicht geflüchtet werden kann oder auch keine Hilfe erreichbar ist. Agoraphobe Situationen sind z. B. Reisen im Bus, Kaufhäuser oder in einer Menschenmenge zu sein.

Bei den **Zwangsstörungen** (▶ Übersicht) stehen Zwangsgedanken oder auch Zwangshandlungen im Vordergrund. Als Zwangsgedanken werden unkontrollierbare und störende Ideen, Bilder oder Impulse bezeichnet, die trotz der Versuche der betroffenen Person, sie zu unterdrücken, immer wieder auftreten oder beständig vorhanden sind (z. B. der Gedanke, jemanden umbringen zu müssen). Zwangshandlungen bezeichnen hingegen unkontrollierbare Handlungen, die in ritualisierter Form oder nach festgelegten Regeln von der Person wiederholt werden müssen (z. B. zwanghaftes Abzählen von Bodenkacheln). Bei der Zwangsstörung tritt die Angst auf, wenn die betroffene Person versucht, solche zwanghaften Gedanken oder Handlungen zu unterbinden. Wichtig ist, dass die Person die Unsinnigkeit ihrer Gedanken und Handlungen begreift und diese nicht als von außen eingegeben, wie z. B. bei den im Rahmen der Schizophrenie auftretenden Wahnvorstellungen (s. unten), wahrnimmt.

Kriterien für die Zwangsstörung nach DSM-IV-TR

A. Entweder Zwangsgedanken oder Zwangshandlungen liegen vor
   Zwangsgedanken definiert als:
   1. Wiederkehrende und anhaltende Gedanken, Impulse oder Vorstellungen, die zeitweise während der Störung als aufdringlich und unangemessen empfunden werden und ausgeprägte Angst und großes Unbehagen hervorrufen
   2. Die Gedanken, Impulse oder Vorstellungen sind nicht nur übertriebene Sorgen über reale Lebensprobleme
   3. Die Person versucht, diese Gedanken, Impulse oder Vorstellungen zu ignorieren oder zu unterdrücken oder sie mit Hilfe anderer Gedanken oder Tätigkeiten zu neutralisieren
   4. Die Person erkennt, dass die Gedanken, Impulse oder Vorstellungen ein Produkt des eigenen Geistes sind
   Zwangshandlungen definiert als:
   1. Wiederholte Verhaltensweisen oder gedankliche Handlungen, zu denen sich die Person als Reaktion auf einen Zwangsgedanken oder aufgrund von streng zu befolgenden Regeln gezwungen fühlt
   2. Die Verhaltensweisen oder gedanklichen Handlungen führen dazu, Unwohlsein zu verhindern oder zu reduzieren oder gefürchteten Ereignissen vorzubeugen; sie stehen jedoch in keinerlei realistischem Bezug zu dem, was sie zu neutra-

lisieren oder zu verhindern versuchen, oder sie sind deutlich übertrieben
B. Zu irgendeinem Zeitpunkt der Störung hat die Person erkannt, dass die Zwangsgedanken oder Zwangshandlungen übertrieben oder unbegründet sind
C. Die Zwangsgedanken und Zwangshandlungen verursachen erhebliche Belastung, sind zeitaufwändig oder beeinträchtigen deutlich den Alltag
D. Falls eine andere psychische Störung vorliegt, so ist der Inhalt der Zwangsgedanken nicht auf diese beschränkt (z. B. starke Beschäftigung mit Essen im Rahmen einer Essstörung)
E. Die Störung geht nicht auf direkte Wirkung einer Substanz oder eines medizinischen Krankheitsfaktors zurück

Schließlich stellt noch die **posttraumatische Belastungsstörung** eine besondere Form der Angststörung dar. Die posttraumatische Belastungsstörung zeichnet sich dadurch aus, dass nach dem Erleben oder Beobachten eines traumatischen Ereignisses dieses ständig wiedererlebt wird, und zwar in Form von wiederkehrenden und extrem belastenden Erinnerungen an das Ereignis, in belastenden Träumen oder auch über Handeln und Fühlen, als ob das Ereignis wiederkehren würde. Die Konfrontation mit Hinweisreizen auf das Ereignis kann dabei eine starke psychische Belastung und körperliche Reaktionen hervorrufen.

Ätiopathogenese

Zur Beantwortung der Frage, welche Faktoren daran beteiligt sind, dass eine Person eine Angststörung entwickelt, wurden biologische, lerntheoretische und kognitive Ansätze vorgeschlagen und empirisch untersucht. Inzwischen kann davon ausgegangen werden, dass es nicht einen einzigen Faktor gibt, der die Entwicklung von Angststörungen allein erklären kann. An der Entstehung, wie auch der späteren Aufrechterhaltung von Angststörungen, sind vielmehr viele unterschiedliche biologische und psychologische, interne und externe Faktoren beteiligt, denen je nach unterschiedlichem Stadium der Störungsentwicklung eine unterschiedliche Bedeutung zukommt. Im Folgenden werden biologische, lerntheoretische und kognitive Ansätze zur Erklärung von Angststörungen vorgestellt.

Biologische Ansätze

Bedeutung genetischer Faktoren. Nach Befunden aus Zwillings- und Adoptionsstudien kann geschlossen werden, dass eine genetische Prädisposition das Risiko für die Entwicklung einer Angststörung moderat erhöht (vgl. Hettema, Neale & Kendler, 2001). Während Zwillingsstudien eher darauf verweisen, dass eine allgemeine Prädisposition für Ängstlichkeit genetisch übertragen wird (vgl. Hudson &

Rapee, 2000), legen die Befunde aus Familienstudien eher eine spezifische genetische Transmission von Angststörungen nahe. Die Frage, welche spezifischen Genmutationen das Risiko für die Entwicklung von Angststörungen generell oder auch für spezifische Angststörungen beeinflussen, kann derzeit noch nicht zufriedenstellend beantwortet werden, da die vorgelegten genspezifischen Befunde bislang nicht repliziert werden konnten (vgl. zusammenfassend Merikangas et al., 2003; Merikangas & Low, 2005).

Bedeutung neurobiologischer Faktoren. Neurobiologische Erklärungsansätze zur Entstehung von Angststörungen fokussieren bestimmte neuroanatomische Regionen und Systeme, denen eine grundlegende Funktion in der Entstehung und Vermittlung von Angstreaktionen zugeschrieben wird (vgl. zusammenfassend hierzu Charney, 2003). Im Rahmen dieser Erklärungsansätze wird als biologische Ursache von Angststörungen u. a. eine Funktionsstörung in bestimmten Neurotransmittersystemen vermutet. Vor allem Dysfunktionen des serotonergen, noradrenergen sowie des sog. GABA-Systems (▶ Kasten »Angststö-

rungen und GABA«) werden als ursächliche Faktoren von Angststörungen diskutiert. Neurobiologische Annahmen wurden vor allem aus der Beobachtung abgeleitet, dass bestimmte pharmakologische Substanzen, die an diesen Systemen ansetzen, zu einer Reduktion der Angstproblematik führen. Ungeklärt ist allerdings bislang die Frage, inwiefern Besonderheiten in diesen Systemen zwischen verschiedenen Angststörungen differenzieren und inwiefern sie spezifisch sind, da diese Systeme vermutlich auch bei anderen psychischen Störungen, z. B. bei der Depression (▶ unten), eine Rolle spielen. Auch die Frage, ob neurobiologische Veränderungen Ursache oder Folge von Angststörungen darstellen, kann derzeit noch nicht abschließend beantwortet werden. Bezüglich hirnanatomischer Regionen wird bei Angststörungen vor allem eine Dysfunktion von Hirnregionen, welche für die Regulation von Aufmerksamkeit, Aktivierung und Angst zuständig sind, angenommen. Vor allem dem Hirnstamm (Locus coeruleus, Nuclei Raphe) sowie dem limbischen System (Amygdala, Hippocampus, Hypothalamus) und dessen Projektionen zur Hirnrinde wird eine Bedeutung zugemessen.

Angststörungen und GABA

Dass möglicherweise speziell dem GABA-System (GABA, die Abkürzung für Gamma-Aminobuttersäure, ist die wichtigste inhibitorische Transmittersubstanz im Zentralnervensystem) eine zentrale Rolle im Rahmen von Angststörungen zukommt, wird aus der Beobachtung der therapeutischen Wirkung von Benzodiazepinen in der Behandlung von Angststörungen abgeleitet. Benzo-

diazepine binden an der äußeren Oberfläche des GABA-A-Rezeptors, verstärken damit die hemmende Wirkung von GABA und wirken so angstreduzierend. Eine Störung im GABA-System lässt sich daher als Ursache für die Entstehung von Angststörungen vermuten. Eine solche Störung könnte sich dahingehend auswirken, dass Angst nicht mehr unter Kontrolle gebracht werden kann.

Lerntheoretische Ansätze

Lerntheoretische Ansätze gehen davon aus, dass Angststörungen gelernte Verhaltensweisen sind. Angstreaktionen werden je nach lerntheoretischer Auffassung über klassische Konditionierung, operante Konditionierung oder über Modelllernen erworben. Besonders die sog. **Zwei-Faktoren-Theorie** nach Mowrer (1960) war ein sehr einflussreicher theoretischer Ansatz, der bis heute noch die Grundlage für die Indikationsstellung entsprechender verhaltenstherapeutischer Vorgehensweisen darstellt. Dieses Modell der Entstehung und Aufrechterhaltung von Angststörungen basiert auf den Annahmen des klassischen und operanten Konditionierens. In einem ersten Schritt wird über Mechanismen der klassischen Konditionierung ein bis dahin neutraler Reiz über die Verbindung mit einem aversiven Reiz, etwa Angst und Unbehagen, zu einem konditionierten Reiz und löst in der Folge eine konditionierte Reaktion (Angst) aus. In einem zweiten Schritt entwickelt sich eine Vermeidungsreaktion nach dem Prinzip der operanten Konditionierung: Das Verhalten, welches zur Beendigung der konditionierten Reaktion führt, wird dadurch

(negativ) verstärkt, d. h. über die positive Konsequenz gelernt, und tritt in der Folge gehäuft bei Konfrontation mit dem konditionierten Reiz auf. Obwohl durch tierexperimentelle Studien bestätigt, erwies sich diese Theorie jedoch letztlich als nicht hinreichend zur Erklärung von klinischen Angststörungen (Phobien). So können sich weder alle phobischen Personen an entsprechende traumatische Situationen als Auslöser der Störung erinnern, noch konnten phobische Ängste konsistent experimentell beim Menschen konditioniert werden.

Eine weitere lerntheoretische Erklärung für Angststörungen bietet das sog. **Modelllernen**. Dieser Ansatz geht davon aus, dass Angstreaktionen durch die Beobachtung der Angstreaktionen bei anderen Menschen gelernt werden (sog. stellvertretendes Lernen). Obwohl in experimentellen Studien gezeigt werden konnte, dass Angstreaktionen tatsächlich durch Beobachtung erworben werden können, kann die Entwicklung klinischer Angststörungen nicht hinreichend gut durch Modelllernen erklärt werden. So beobachten etwa viele Menschen die Ängste von Mitmenschen, ohne selbst eine Angststörung zu entwickeln.

Kognitive Ansätze

Kognitive Lernmodelle stellen vor allem die Bedeutung von Kognitionen bei Angststörungen in den Vordergrund. Die Grundannahme besagt hier, dass speziell Prozesse der selektiven Wahrnehmung, der Filterung von Erfahrungen sowie spezifische Gedächtnis- und Informationsverarbeitungsmechanismen eine entscheidende ätiopathogenetische Rolle bei Angststörungen spielen. Beispielhaft für kognitive Ansätze sollen hier das Selbstdarstellungsmodell von Schlenker und Leary (1982) sowie das Modell der kognitiven Vulnerabilität von Beck und Emery (1985), beides kognitive Ansätze zur Erklärung der sozialen Phobie, vorgestellt werden.

Nach dem **Selbstdarstellungsmodell** von Schlenker und Leary (1982) entwickelt sich eine soziale Phobie aus der Erwartung bzw. dem Erleben sozialer Bewertung in wirklichen und vorgestellten Situationen in Verbindung mit der Motivation, einen gewünschten Eindruck zu machen, und der gleichzeitigen Wahrnehmung mangelnder Selbstwirksamkeit. Das **Modell der kognitiven Vulnerabilität** von Beck und Emery (1985) beinhaltet als zentrale Komponenten sog. kognitive Schemata. Kognitive Schemata meinen grundlegende kognitive Strukturen, mittels welcher eine Person wahrgenommene Objekte oder Ereignisse bezeichnet, einordnet und interpretiert. Über diese Schemata werden in bestimmten Situationen relevante Informationen abgerufen und die zentralen Aspekte ausgewählt. Mehrere derartige Schemata werden weiter in Verarbeitungsmodi zusammengefasst. Nach der Theorie von Beck und Emery nehmen Personen mit sozialer Phobie an, unkontrollierbaren internen und externen Gefahren ausgesetzt zu sein. Diese Annahme resultiert in Verunsicherung sowie mangelnder Selbstsicherheit, was dazu führt, dass die betroffene Person ihre Aufmerksamkeit auf eigene Schwächen oder auf Erlebnisse früheren Versagens lenkt. Sozial ängstliche Personen überschätzen somit permanent das Ausmaß der potenziellen Bedrohung. Kognitive Verzerrungen in Form von unlogischen und negativen Gedanken über soziale Situationen hinweg hindern die Person, die Bedrohung und eigene Selbstwirksamkeit richtig einzuschätzen. Ein besonderes Merkmal sozialer Phobie ist, dass die Furcht vor bestimmten Ereignissen, z. B. bei einem Gespräch rot zu werden und nichts zu sagen zu haben, im Sinne einer selbsterfüllenden Prophezeiung wirkt. Die Furcht bzw. die antizipierten negativen Erfahrungen halten ängstliche Personen außerdem von sozialen Interaktionen fern und verstärken damit die verzerrten Überzeugungen. Wie auch bei den lerntheoretischen Ansätzen sind kognitive Modelle bislang nur in einzelnen Komponenten experimentell überprüft. So können sie zwar gut soziale Unsicherheit erklären, weniger gut lässt sich jedoch aus ihnen entnehmen, warum Personen das klinische Vollbild einer sozialen Phobie entwickeln.

Auch für andere Angststörungen wurden kognitive Modelle vorgelegt, welche modellübergreifend die zentrale Rolle von Kognitionen in der Entwicklung der einzelnen Störungen betonen. Eine Übersicht hierzu findet sich in Margraf (2000). Wie oben angemerkt, muss davon ausgegangen werden, dass in die Entwicklung von Angststörungen sowohl biologische als auch psychologische Faktoren involviert sind. Speziell für die Panikstörung wurden in der Vergangenheit Modelle vorgelegt, die speziell auf physiologische und kognitive Faktoren als zentrale ätiopathogenetische Faktoren fokussieren (z. B. Ehlers & Margraf, 1989). Die zentrale Annahme dieser Modelle ist, dass Panikattacken durch eine positive Rückkopplung zwischen körperlichen Symptomen, deren Assoziation mit Gefahr und der hieraus resultierenden Angstreaktion entstehen. ◨ Abb. 42.1 beinhaltet eine graphische Darstellung des von Ehlers und Margraf (1989) vorgelegten Modells.

Ein Panikanfall beginnt nach dem psychophysiologischen Modell der Panikstörung in der Regel mit körperlichen oder psychischen Veränderungen (z. B. Herzklopfen, Schwindel, Gedankenrasen, Konzentrationsschwierigkeiten), welchen ganz unterschiedliche Ursachen zugrunde liegen können (Erregung, Koffein, Hitze). Nimmt nun die betreffende Person diese Veränderungen wahr und verbindet diese mit unmittelbarer massiver Gefahr und Bedrohung, so kommt es zu einer Angstreaktion. Diese Angst löst ihrerseits weitere körperliche und kognitive Reaktionen

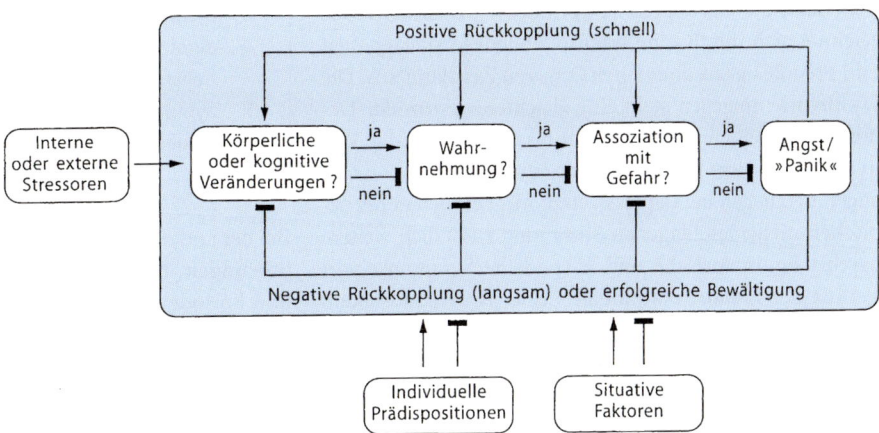

◨ **Abb. 42.1.** Das psychophysiologische Modell der Panikstörung nach Ehlers und Margraf

aus, welche, wenn sie wiederum wahrgenommen und mit Gefahr verbunden werden, zu einer weiteren Angststeigerung führen. Diese Rückkopplung zwischen Veränderungen, Wahrnehmung, Assoziation mit Gefahr und Angstreaktion kann mehrmals eintreten, sich aufschaukeln (*spitze Pfeile*) und schließlich in einen Panikanfall münden. Ehlers und Margraf (1989) bezeichnen diesen Aufschaukelungsprozess als »psychophysiologischen Teufelskreis«. Die positive Rückmeldung beginnt nicht bei einer Veränderung körperlicher Sensationen (z. B. Herzklopfen), sondern bei deren Wahrnehmung, die ihrerseits mit Gefahr assoziiert wird. An dieser Assoziation können sowohl interozeptive Konditionierungsprozesse wie auch bewusste Interpretationsvorgänge beteiligt sein. Obwohl das Modell recht plausibel erklären kann, wie sich ein Panikanfall hochschaukelt, so kann es keine Antwort darauf geben, warum eine Person überhaupt irgendwann einen Panikanfall entwickelt. Ob hier eine spezifische genetische Ausstattung von Bedeutung ist, kann noch nicht hinreichend sicher abgeleitet werden. Möglicherweise wird nur eine unspezifische Vulnerabilität weitergegeben, während die Ausformung des spezifischen Störungsbildes eher durch Umweltfaktoren und psychologische Mechanismen (z. B. Modelllernen) beeinflusst wird.

42.2.2 Affektive Störungen

Beschreibung

Anders als bei Angststörungen liegt bei den affektiven Störungen primär eine Störung des emotionalen Gleichgewichts und der emotionalen Reaktionen vor. Affektive Störungen finden sich sowohl im DSM-IV-TR als auch in der ICD-10 in einer gemeinsamen Störungsgruppe (◘ Tab. 42.1 und 42.2). Die beiden Hauptformen der affektiven Störungen sind die depressiven und die bipolaren Störungen. Bei Betroffenen mit einer **depressiven Störung** steht klinisch eine abnorm gedrückte, traurige und schwermütige Stimmung im Vordergrund. Depressive Störungen werden heute in zwei Störungsbilder unterteilt, die Major Depression und die Dysthymie. Im Zentrum der **Major Depression** steht dabei die sog. depressive Episode (▶ Übersicht). Diese zeichnet sich durch eine intensive Niedergeschlagenheit und Freudlosigkeit über einen längeren Zeitraum aus. Die **Dysthymie** hingegen stellt eine »leichtere« Form der Depression mit einem allerdings chronischen Verlauf dar. Wie in der ▶ Übersicht für die Episode einer Major Depression angeführt, liegen bei depressiven Störungen neben der typischen niedergeschlagenen Stimmung zusätzlich weitere psychische, motorische und körperliche Symptome vor: Verlust der Freude, emotionale Leere, Antriebslosigkeit, Reizbarkeit, Verlust der Fähigkeit, Freude zu empfinden, Druck auf der Brust, Schlafstörungen, Konzentrationsstörungen, motorische Hemmung oder Erregung, Appetit- oder Gewichtsverlust oder auch die Verminderung des se-

xuellen Interesses. Motivational verlieren die Betroffenen häufig ihr Interesse an vormals gern ausgeführten Tätigkeiten und ziehen sich häufig aus ihrer sozialen Umwelt zurück. Der Unterschied zur »normalen« Niedergeschlagenheit, die jeder aus dem Alltagsleben kennt, liegt in der Anzahl an Symptomen, ihrem Ausprägungsgrad und ihrer Dauer begründet.

Kriterien für die Episode einer Major Depression nach DSM-IV-TR

A. Mindestens 5 der folgenden Symptome bestehen während derselben Zwei-Wochen-Periode und stellen eine Änderung gegenüber der vorher bestehenden Leistungsfähigkeit dar; mindestens eines der Symptome ist entweder 1. depressive Verstimmung oder 2. Verlust an Interesse oder Freude:

1. Depressive Verstimmung an fast allen Tagen, für die meiste Zeit des Tages, vom Betroffenen selbst berichtet oder von anderen beobachtet
2. Deutlich vermindertes Interesse oder Freude an fast allen Aktivitäten, an fast allen Tagen, für die meiste Zeit des Tages
3. Deutlicher Gewichtsverlust ohne Diät oder Gewichtszunahme
4. Schlaflosigkeit oder vermehrter Schlaf
5. Psychomotorische Unruhe oder Verlangsamung an fast allen Tagen
6. Müdigkeit oder Energieverlust an fast allen Tagen
7. Gefühle von Wertlosigkeit oder übermäßige oder unangemessene Schuldgefühle
8. Verminderte Fähigkeit zu denken oder sich zu konzentrieren oder verringerte Entscheidungsfähigkeit
9. Wiederkehrende Gedanken an den Tod, Suizidvorstellungen oder Suizidpläne

B. Symptome erfüllen nicht Kriterien einer gemischten Episode

C. Symptome verursachen in klinisch bedeutsamer Weise Leiden und Beeinträchtigungen

D. Symptome gehen nicht auf die direkte Wirkung einer Substanz oder eines medizinischen Krankheitsfaktors zurück

E. Symptome können nicht besser durch einfache Trauer erklärt werden

---

Bei der anderen Form affektiver Störungen, den **bipolaren Störungen,** treten in der Regel Episoden der Depression und Episoden der Manie im Wechsel auf. Ist die manische Episode weniger stark ausgeprägt, wird auch von hypomaner Episode gesprochen. Die Betroffenen erleben in einer manischen Episode (▶ Übersicht) eine abnorm gehobene und euphorische Stimmung ohne hinreichenden Grund, häufig begleitet von einem Gefühl außergewöhnlicher Kräfte und Fähigkeiten. Die Kombination der euphorischen Stimmung mit dem Gefühl besonderer Fähigkeiten kann die betroffene Person zum Schmieden ungewöhnlicher Pläne und Taten veranlassen.

Kriterien für die Episode einer Manie nach DSM-IV-TR

A. Mindestens einwöchige, abgegrenzte Periode mit abnorm und anhaltend gehobener, expansiver oder reizbarer Stimmung

B. Während der Periode der Stimmungsveränderung bestehen mindestens 3 (bei reizbarer Verstimmung mindestens 4) der folgenden Symptome in einem deutlichen Ausmaß:
   1. Übersteigertes Selbstwertgefühl oder Größenideen
   2. Vermindertes Schlafbedürfnis
   3. Vermehrte Gesprächigkeit oder Rededrang
   4. Ideenflucht oder subjektives Gefühl des Gedankenrasens
   5. Erhöhte Ablenkbarkeit
   6. Gesteigerte Betriebsamkeit oder psychomotorische Unruhe
   7. Übermäßige Beschäftigung mit angenehmen Aktivitäten

C. Symptome erfüllen nicht Kriterien für eine gemischte Episode

D. Affektive Störung führt zu deutlichen Beeinträchtigungen der sozialen oder beruflichen Leistungsfähigkeit

E. Symptome gehen nicht auf direkte Wirkung einer Substanz oder eines medizinischen Krankheitsfaktors zurück

---

Ätiopathogenese

Wie auch bei den Angststörungen wurden bei den affektiven Störungen verschiedene Modelle zur Erklärung ihrer Entstehung vorgelegt. Analog zu den Angststörungen sollen auch hier Ansätze vorgestellt werden, die biologische Prozesse, Lernmechanismen und kognitive Prozesse in den Vordergrund ihrer Betrachtung stellen. Auch wenn in diesen Modellen auf spezifische Faktoren fokussiert wird, so ist auch bei affektiven Störungen heute davon auszugehen, dass sie durch eine Kombination von Faktoren hervorgerufen werden, die persönliche Lebenserfahrungen, Umweltbedingungen, neurobiologische und genetische Faktoren umfassen. Unklar ist bis heute, welche Bedeutung die einzelnen Faktoren in welcher Phase der individuellen Störungsentwicklung spielen. Anzunehmen ist jedoch, dass die einzelnen Faktoren (besonders genetische und neurobiologische) lediglich die Vulnerabilität für die Entstehung einer affektiven Störung erhöhen, sie aber alleine nicht erklären können.

Biologische Ansätze

Bedeutung genetischer Faktoren. Mittlerweile gibt es viele Belege dafür, dass genetische Faktoren eine Rolle bei der Entwicklung affektiver Störungen spielen. Diese kommen aus Zwillings-, Adoptions-, Familien- und High-Risk-Studien, die eine familiäre Häufung von affektiven Störungen aufzeigen konnten (Sullivan, Neale & Kendler, 2000; Lieb, Isensee, Höfler, Pfister & Wittchen, 2002). Zwillingsstudien z. B. erbrachten höhere Konkordanzraten bei monozygoten Zwillingen im Vergleich zu dizygoten Zwillingen, was auf eine teilweise genetische Verursachung hinweist. So wurden für die unipolare Depression Konkordanzraten bei monozygoten Zwillingen von 50% und für bipolare Störungen von 80% berichtet. Die unvollständigen Konkordanzraten zeigen allerdings auch, dass nichtgenetischen Faktoren ebenfalls eine Bedeutung in der Störungsentwicklung zukommt. Die Arbeitsgruppe um Avshalom Caspi am Kings College in London konnte in einer Bevölkerungsstudie eine Interaktion zwischen einem Polymorphismus in der Promotorregion des Serotonintransportergens (5-HTT) und dem Vorliegen von kritischen Lebensereignissen nachweisen (Caspi et al., 2003). Hier zeigte sich, dass Personen mit einer oder zwei Kopien des kurzen Allels des 5-HTT-Gens als Reaktion auf kritische Lebensereignisse eher eine Depression entwickeln als Personen mit zwei langen Allelen. Wie auch Angststörungen und andere psychische Störungen sind depressive Störungen genetisch komplexe Störungen, die nicht durch ein einzelnes Gen oder mehrere Gene übertragen werden. Die in Zukunft zu klärende Frage wird hier eher sein, welchen Beitrag spezifische Genmutationen in welchem Zusammenspiel mit welchen Umweltfaktoren leisten. Für bipolare Störungen konnten in Studien mit genetischen Markern mehrere Kandidatenregionen nachgewiesen und in Replikationsstudien bestätigt werden. Die Mehrzahl dieser Kopplungsbefunde bestätigt Modellvorstellungen einer polygenen Transmission (Maier, Schwab & Rietschel, 2000a).

Bedeutung neurobiologischer Faktoren. Auch bei affektiven Störungen scheinen neurobiologische Faktoren eine wichtige Rolle zu spielen. Schon die Tatsache, dass affektive Störungen durch Medikamente, die den Neurotransmitterhaushalt im Gehirn beeinflussen, gebessert werden können, spricht für eine Bedeutung neurobiologischer Mechanismen. Eine besondere Rolle scheint hier den beiden Neurotransmittern Noradrenalin und Serotonin zuzukommen. Vermutlich liegt bei der Depression ein zu niedriger Spiegel dieser beiden Neurotransmitter vor. Mit bipolaren Störungen wird hingegen eine zu hohe Noradrenalinaktivität, verbunden mit einem eher niedrigen Serotoninspiegel, in Verbindung gebracht. Welche biochemischen Mechanismen jedoch genau den affektiven Störungen zugrunde liegen, kann bis heute noch nicht zufriedenstellend beantwortet werden (vgl. zusammenfassend Davis, Charney, Coyle & Nemeroff, 2002). Auch neuroendokrinologische Faktoren wurden besonders bei der Depression postuliert und untersucht. Hier wurde vor allem die zentrale Bedeutung der Hypothalamus-Hypophysen-Nebennieren-Achse (HNNR) in den letzten Jahren herausgehoben. Klinischen und präklinischen Untersuchungen kann entnommen werden, dass

bei der Depression eine Fehlregulation der HNNR-Achse vorliegt (Holsboer, 1999, 1992). Die HNNR-Achse spielt besonders bei der Anpassung des Organismus an Stress eine wichtige Rolle (▶ Kasten »Die Hypothalamus-Hypophysen-Nebennieren-Achse«).

Die Hypothalamus-Hypophysen-Nebennieren-Achse

Stress ist ein Faktor, der vermutlich entscheidend an der Entstehung depressiver Störungen beteiligt ist. Besonders die Hypothalamus-Hypophysen-Nebennieren-(HNNR-)Achse ist von zentraler Bedeutung für die Anpassung und Bewältigung des Organismus bei Stress. Zu den Kontrollinstanzen, die die HNNR-Achse regulieren, gehören der Hypothalamus und die Hypophyse. Der Hypothalamus kontrolliert den Spiegel von Hormonen, der aus den

endokrinen Drüsen ausgeschieden wird. Wird nun unter Stress die Kortisolproduktion der Nebennierenrinde gesteigert, so überprüft der Hypothalamus die Kortisolkonzentration im Blut. Ist diese hoch genug, so sendet er über die Hypophyse das Signal an die Nebenniere zurück, welche in Folge die Kortisolausschüttung zurückfährt. Klinische Studien konnten mit ganz speziellen Methoden zeigen, dass Patienten mit einer Depression anscheinend eine Dysregulation in ihrem Kortisolregulationssystem aufweisen, da sie ihre Kortisolproduktion nicht adäquat einstellen.

Bezüglich hirnmorphologischer und -funktioneller Veränderungen konnten für affektive Störungen bislang noch keine stabilen Befunde vorgelegt werden. Auf neuropsychologischer Ebene konnten konsistent Störungen der Aufmerksamkeit, der Konzentration, des Gedächtnisses und des assoziativen Denkens bei depressiven Patienten aufgezeigt werden. Diese Störungen, die eng im Zusammenhang mit der gesteigerten Aktivität der HNNR-Achse zu sehen sind, bilden sich jedoch nach Remission der Depression wieder zurück.

Lerntheoretische Ansätze

Nach lerntheoretischen Ansätzen entwickeln Menschen depressive Störungen, wenn sie eine Verringerung an positiven Verstärkungen erfahren. So nimmt die **Verstärkerverlusttheorie** von Peter Lewinsohn (Lewinsohn, Antonuccio, Steinmetz & Teri, 1984) an, dass manche Menschen immer weniger Belohnungen (positive Verstärker) erfahren und deshalb ihren Aktionsradius einschränken. Je weniger aktiv die betroffene Person wird, umso weniger positive Verstärkung erfährt sie, bis dieser Teufelskreis in eine Depression mündet. Besonders wichtig scheinen soziale Verstärker zu sein. In einer Reihe von Untersuchungen überprüfte Lewinsohn seine Annahmen und konnte auch zeigen, dass depressive Personen tatsächlich weniger Verstärker erhielten als nicht depressive Menschen. Unklar ist jedoch, ob der Verlust von Verstärkern tatsächlich ursächlich an der Entwicklung depressiver Störungen beteiligt ist oder sich nicht vielmehr als eine Reaktion auf das Vorliegen der Störung entwickelt.

Kognitive Ansätze

Kognitive Theorien der Depression nehmen an, dass die Art und Weise, wie Menschen über sich selbst und über ihre Umwelt und ihr Leben denken, das Risiko für die Entwicklung einer Depression erhöhen kann. Im Zentrum kogniti-

ver Ansätze zur Entstehung von Depressionen stehen zwei Theorien: die kognitive Theorie von Aaron Beck (1967) und die Theorie der gelernten Hilflosigkeit von Martin Seligman (1975).

Die **kognitive Theorie** von Beck nimmt, wie bereits oben für Angststörungen ausgeführt, an, dass bestimmte Denkmuster Ursachen für die Entwicklung depressiver Störungen darstellen. Depressive Patienten zeigen häufig ein negatives Denken über das eigene Ich, die Welt und die Zukunft. Dieses negative Denkmuster, die sog. negativen Schemata, können bei einer Person dazu führen, dass Ereignisse auf eine negative Art und Weise betrachtet werden. Menschen mit einer Depression zeigen nach dieser Theorie drei depressive Arten kognitiver Verzerrungen: ein negatives Selbstkonzept, eine negative Sicht der aktuellen persönlichen Erfahrungen sowie eine negative Einschätzung der Zukunft (kognitive Triade). Dieses negative Denken interpretiert die Erfahrungen, die ein Mensch macht, in einer typischen Art und Weise und kann so die anderen charakteristischen Kennzeichen der Depression hervorrufen. So ist etwa ein Mensch, der nur mit dem schlechtesten Ausgang einer Situation rechnet, wenig motiviert, ein bestimmtes Ziel anzustreben.

Die **Theorie der erlernten Hilflosigkeit** von Seligman hingegen formuliert als zentrale Kognition der Depression, dass eine Person denkt, wenig oder auch gar keine persönliche Kontrolle über bedeutsame Lebensereignisse zu haben. Nach dieser Theorie ist zentral für die Entwicklung einer Depression, dass eine Person denkt, zukünftige Ereignisse nicht beeinflussen zu können. Seligman formulierte die Theorie aufgrund der Beobachtung von depressionsähnlichen Symptomen bei Hunden, die in bestimmten Situationen keine Kontrolle mehr über die Situation hatten. Seligman und seine Mitarbeiter setzen Hunde schmerzhaften, nicht vermeidbaren Schocks aus und gestalteten die Situation derart, dass die Hunde den Schocks nicht entkommen konnten. Die Hunde entwickelten in solchen Situationen als Symptome motivationale, emotionale und kognitive Defizite (die Symptome erlernter Hilflosigkeit). Nach Seligman befinden sich manche Menschen ebenfalls in einer Art Zustand erlernter Hilflosigkeit und denken, dass sie keine Kontrolle über bestimmte Situationen haben. Ob sich eine solche Haltung bei einem Menschen entwickelt, hängt damit zusammen, auf welche Ursachen Personen bestimmte Lebensereignisse zurückführen: auf innere vs. äußere, globale vs. spezifische oder stabile vs. instabile. Nach der Theorie der erlernten Hilflosigkeit wird angenommen, dass besonders Personen, die ein Scheitern auf innere, stabile und globale Ursachen zurückführen, anfällig für die Entwicklung einer Depression sind. In vielen Untersuchungen konnten Seligman und seine Kollegen empirisch nachweisen, dass solche depressionstypischen Symptome in Situationen erlernter Hilflosigkeit erzeugt werden können. Problematisch ist, dass die provozierten Symptome allerdings nicht mit klinischer Depression gleichzusetzen sind und viele der Beobachtungen im Tierexperiment gewonnen wurden.

42.2.3 Schizophrenie

Beschreibung

Bei der Schizophrenie handelt es sich um eine psychische Störung, die sich durch eine Vielfalt ganz unterschiedlicher Symptome auszeichnet. Auch die Schizophrenie wird in der ICD-10 und im DSM-IV – gemeinsam mit weiteren psychotischen Störungen – in einer eigenen Störungsobergruppe klassifiziert. Die folgende ▶ Übersicht führt auf, welche Merkmale nach dem DSM-IV für die Vergabe der Diagnose einer Schizophrenie vorliegen müssen.

> F. Geht eine tiefgreifende Entwicklungsstörung voraus, so wird die Diagnose nur gestellt, wenn mindestens 1 Monat lang gleichzeitig ausgeprägte Wahnphänomene oder Halluzinationen vorhanden sind

Wie die ▶ Übersicht zeigt, stellen inhaltliche (Wahnvorstellungen) und formale (Denkzerfahrenheit, Störung des Gedankenablaufes; ausgedrückt in einer desorganisierten Sprechweise) Denkstörungen, Wahrnehmungsstörungen (Halluzinationen), Störungen der Affektivität (Affektverflachung, inadäquater Affekt, Anhedonie, Willensschwäche) und Störungen der Psychomotorik (katatone Symptome: hypo- und hyperkinetische Auffälligkeiten) die wesentlichen Symptome der Schizophrenie dar. Ein weiteres, im Rahmen der Schizophrenie auftretendes Phänomen beinhaltet den Verlust der Einheit des Ichs (sog. Ich-Störungen).

In der Vergangenheit wurde immer wieder der Versuch unternommen, die Schizophrenie je nach der im Vordergrund stehenden Symptomatik in Subtypen einzuteilen. So schlug bereits Kraepelin die Subtypen paranoide, hebephrene und katatone Schizophrenie vor, eine Einteilung, die sich teilweise bis heute noch in den modernen Klassifikationssystemen wieder findet (▶ Übersicht). Beim **paranoiden Subtyp** stehen dabei komplexe und systematische Wahnvorstellungen oder auch Halluzinationen im Vordergrund, während sich der **hebephrene Subtyp** primär durch Affekt-, Denk- und Antriebsstörungen auszeichnet. Beim **katanonen Subtyp** charakterisieren Symptome wie motorische Unbeweglichkeit, übermäßige motorische Aktivität, Sprachstereotypien (Echopraxie, Echolalie) oder auch bizarre Willkürbewegungen (z. B. Haltungsstereotypien) das klinische Zustandsbild.

> #### Kriterien für Schizophrenie nach DSM-IV-TR
> A. Charakteristische Symptome: mindestens 2 der folgenden Symptome, jedes bestehend für einen erheblichen Teil einer Zeitspanne von 1 Monat:
>   1. Wahn
>   2. Halluzinationen
>   3. Desorganisierte Sprechweise
>   4. Grob desorganisiertes oder katatones Verhalten
>   5. Negative Symptome (z. B. flacher Affekt)
> B. Die Symptomatik ist mit sozialen/beruflichen Leistungseinbußen verbunden
> C. Die Symptome halten für mindestens 6 Monate an
> D. Die Symptome gehen nicht auf eine schizoaffektive oder affektive Störung zurück
> E. Die Symptome gehen nicht auf die direkte Wirkung einer Substanz oder eines medizinischen Krankheitsfaktors zurück
>
> ▼

> #### Diagnostische Kriterien für Schizophreniesubtypen nach DSM-IV-TR
> **Paranoider Typus:**
> A. Starke Beschäftigung mit einem oder mehreren Wahnphänomenen oder häufige akustische Halluzinationen
> B. Keines der folgenden Merkmale steht im Vordergrund: desorganisierte Sprechweise, desorganisiertes oder katatones Verhalten oder verflachter oder inadäquater Affekt
>
> **Desorganisierter Typus:**
> A. Starke Beschäftigung mit einem oder mehreren Wahnphänomenen oder häufige akustische Halluzinationen. Alle folgenden sind vorherrschend: desorganisierte Sprechweise, desorganisiertes Verhalten, verflachter oder inadäquater Affekt
>
> ▼

42

B. Kriterien für den katatonen Subtyp sind nicht erfüllt

Katatoner Typus:

Mindestens 2 der folgenden Kriterien sind erfüllt:

1. Motorische Unbeweglichkeit, die sich in Katalepsie oder Stupor zeigt
2. Übermäßige motorische Aktivität
3. Extremer Negativismus oder Mutismus
4. Merkwürdige Willkürbewegungen
5. Echolalie oder Echopraxie

Undifferenzierter Typus:

Ein Schizophrenietyp, bei dem Symptome vorliegen, die das Kriterium A für Schizophrenie erfüllen, ohne dass die Kriterien für den paranoiden, desorganisierten oder katatonen Typus erfüllt sind

Residualer Typus:

A. Fehlen von ausgeprägten Wahnphänomenen, Halluzinationen, desorganisierter Sprechweise und von grob desorganisiertem oder katatonem Verhalten
B. Fortbestehende Hinweise auf das Störungsbild, die sich im Vorhandensein von Negativsymptomen zeigen oder von 2 oder mehr Symptomen in abgemilderter Form, wie sie im Kriterium A für Schizophrenie aufgelistet sind

Eine weitere Bedeutung in Forschung und Praxis hatte ab Beginn der 1980er Jahre das sog. Positiv-negativ-Konzept zur Subtypisierung der Schizophrenie erlangt (Crow, 1980). Dieses Konzept teilt je nach Vorliegen von positiven (Phänomene, die bei Gesunden nicht vorhanden sind, wie z. B. Halluzinationen, Wahnvorstellungen) und negativen Symptomen (Fehlen von psychischen Funktionen, z. B. Affektverflachung, Anhedonie) schizophrene Krankheitsbilder in eine positive, negative oder gemischte Episode ein.

Ätiopathogenese

Auch bei der Schizophrenie wird heute angenommen, dass sie eine multifaktoriell bedingte Erkrankung ist, an deren Entstehung eine Vielzahl von biologischen und psychologischen bzw. psychosozialen Faktoren beteiligt ist. So erhöhen einzelne relevante Faktoren das Risiko, dass eine Person die Störung entwickelt, aber erst im Zusammenspiel mit anderen Faktoren entsteht dann das Störungsbild. Auch bei dieser Störung stellt das Diathese-Stress-Modell ein wertvolles Rahmenmodell dar, welches biologische und psychologische Modellvorstellungen integriert und anhand dessen Betroffenen das Zusammenspiel von Vulnerabilitätsfaktoren und möglichen Auslösefaktoren anschaulich vermittelt und plausibel Behandlungsansätze abgeleitet werden können.

Biologische Ansätze

Genetische Faktoren. Mittlerweile wurden viele Arbeiten vorgelegt, die darauf verweisen, dass genetische Faktoren an der Entwicklung einer Schizophrenie beteiligt sind. Familienstudien konnten zeigen, dass Verwandte von Schizophrenen ein erhöhtes Risiko haben, selbst eine Schizophrenie zu entwickeln. Auch Zwillings- und Adoptionsstudien, welche besser als Familienstudien zwischen Anlage- und Umwelteinflüssen unterscheiden können, sprechen konsistent für diese Annahme. In Zwillingsstudien zeigen sich etwa eindeutig höhere Konkordanzraten bei monozygoten als bei dizygoten Zwillingen. Wie auch bei den affektiven Störungen liegen die Konkordanzraten allerdings nicht bei 100%, was wiederum klar darauf hinweist, dass Gene allein die Schizophrenie nicht verursachen, sondern auch noch weitere Faktoren zur Krankheitsentwicklung hinzutreten müssen. Aus den Befunden von Zwillingsstudien kann zudem abgeleitet werden, dass möglicherweise die Negativsymptomatik eine stärkere genetische Komponente hat als die Positivsymptomatik. Auch aus den Befunden aus Adoptionsstudien kann eine genetische Mitverursachung der Schizophrenie überzeugend abgeleitet werden (vgl. zusammenfassend Maier, Schwab & Rietschel, 2000b). Zahlreiche Studien schlossen genetische Marker ein und versuchten, bestimmte Genorte zu ermitteln. Hier wurden vor allem Dopamin-D2-Rezeptorgene, Genorte auf Chromosom 11, 22, 6, in Kopplungs- und Assoziationsstudien untersucht. Trotz positiver Befunde, die aus diesen Studien für die einzelnen Genorte ermittelt werden konnten, ist die Befundlage bislang noch nicht hinreichend stabil, so dass noch keine abschließende Aussage bezüglich spezifischer Genorte möglich ist.

Biochemische Faktoren. Einer der am meisten untersuchten neurobiologischen Faktoren, die an der Entstehung der Schizophrenie beteiligt sein könnten, ist eine erhöhte Aktivität des Neurotransmitters Dopamin. Auch diese Annahme basiert auf der Beobachtung, dass bestimmte Medikamente erfolgreich schizophrene Symptome reduzieren können. Diese Medikamente produzieren auf der anderen Seite jedoch Symptome der Parkinson-Erkrankung. Da die Parkinson-Erkrankung teilweise durch eine verminderte Dopaminkonzentration in Teilsystemen des Gehirns verursacht wird, wird angenommen, dass die in der Schizophreniebehandlung eingesetzten Medikamente die Dopaminaktivität beeinflussen. Einige Studien haben allerdings gezeigt, dass die Annahme einer erhöhten Dopaminaktivität möglicherweise nicht generell bei allen schizophrenen Patienten gültig ist, da die Medikamente nicht bei allen Patienten gleich gut wirken. Trotz aller bislang vorgelegten Ergänzungen kann die Dopaminhypothese nicht als hinreichendes Erklärungsmodell anerkannt werden, da sie bestimmte Effekte, wie z. B. die Nichtübereinstimmung von klinischer und pharmakologischer Wirkung, nicht erklären kann.

Hirnstrukturelle und hirnfunktionelle Faktoren. Studien, die bildgebende Verfahren einsetzten, konnten zumindest bei einem Teil der Patienten mit Schizophrenie hirnstrukturelle und hirnfunktionelle Veränderungen aufzeigen. So wurden u. a. Ventrikelerweiterungen, Volumenminderungen in der grauen Substanz in limbischen Regionen des Temporallappens, Zellzahlminderungen in Hippocampus und Amygdala, eine Minderung der regionalen Hirndurchblutung im Frontallappen sowie eine Verringerung der Gesamtgröße des Gehirns beschrieben und schizophrenietypischen Symptomen zugeordnet. Auch der präfrontale Kortex scheint eine Rolle bei der Schizophrenie zu spielen, da Befunde vorgelegt wurden, die auf eine präfrontale Atrophie bei Schizophrenen verweisen. Insgesamt lassen die Befunde vermuten, dass möglicherweise der präfrontale Kortex und das limbische System in der Entwicklung der Schizophrenie eine Rolle spielen (vgl. hierzu Olbrich, Fritze, Lanczik & Vauth, 2002).

Virale Faktoren. Auch der Einfluss viraler Faktoren wird im Zusammenhang mit der Schizophrenieentwicklung diskutiert. Belege für diese Annahme wurden vor allem aus retrospektiven epidemiologischen Beobachtungen abgeleitet, die aufzeigen konnten, dass bei einer mütterlichen Exposition mit dem Grippevirus während des zweiten Schwangerschaftsdrittels (einer kritischen Periode der Gehirnreifung) die Kinder häufiger eine Schizophrenie entwickeln, als wenn eine solche Exposition im ersten oder letzten Drittel vorliegt. Allerdings wurden auch Studien vorgelegt, die diesen Zusammenhang nicht bestätigen konnten. Zudem konnte bislang der histologische Nachweis dieser Annahme nicht erbracht werden.

Sozialkommunikative Ansätze. Lange galt als ein prominenter Faktor in der Ätiologie der Schizophrenie eine gestörte familiäre Kommunikation. Besonders die Hypothese, dass möglicherweise gestörte elterliche Kommunikationsformen einen Risikofaktor für die Entwicklung der Schizophrenie darstellen, wurde lange diskutiert und empirisch nachzuweisen versucht. Bis heute kann allerdings nicht gesagt werden, ob die tatsächlich auch in Studien beobachtete gestörte familiäre Kommunikation ursächlich an der Schizophrenieentwicklung beteiligt ist oder diese nicht eher eine Reaktion auf ein schizophrenes Familienmitglied darstellt. Vorliegende Befunde weisen eher darauf hin, dass schwierige familiäre Interaktionen möglicherweise den Verlauf einer bestehenden Schizophrenie negativ beeinflussen.

42.3   Epidemiologie

42.3.1   Definition und Fragestellungen

Die Epidemiologie psychischer Störungen beschäftigt sich mit der Untersuchung epidemiologischer Fragestellungen auf dem Gebiet der psychischen Störungen. Nach einer De-

finition von Last (1995) kann Epidemiologie definiert werden als »die Untersuchung der Verteilung und der Determinanten von gesundheitsbezogenen Zuständen oder Ereignissen in umschriebenen Bevölkerungsgruppen sowie die Anwendung dieser Ergebnisse zur Steuerung von Gesundheitsproblemen« (ebd., S. 32–33). Schon in dieser Definition wird deutlich, dass sich die Epidemiologie nicht – wie leider häufig angenommen wird – auf die Untersuchung der Häufigkeit von Krankheiten in der Bevölkerung beschränkt, sondern sich ebenfalls mit der Frage beschäftigt, welche Faktoren an der Entstehung von Krankheiten beteiligt sind. Nach der »**klassischen**« **epidemiologischen Triade** resultieren Krankheiten aus einer Wechselbeziehung zwischen dem Wirt (dem Menschen selbst), der Umwelt sowie einem schädlichen Agens. Es wird angenommen, dass Krankheiten aus dem Wechselspiel bzw. der Interaktion von unterschiedlichen, diesen Bereichen zuzuordnenden Faktoren resultieren. Epidemiologische Forschung strebt an, das Zusammenspiel der vielfältigen, an der Entstehung von Erkrankungen beteiligten Faktoren zu untersuchen.

Die Epidemiologie kann in zwei Teildisziplinen, die **deskriptive** und die **analytische** Epidemiologie, eingeteilt werden. Die deskriptive Epidemiologie beschäftigt sich mit der Beschreibung der Verteilung von bestimmten Krankheitsphänomenen in speziellen Bevölkerungsgruppen, während sich die analytische Epidemiologie mit der Frage beschäftigt, welche Faktoren an der Entwicklung einer Erkrankung beteiligt sind. Hier werden primär Zusammenhänge zwischen bestimmten »Risikofaktoren« und der untersuchten Zielgröße (Krankheit, Störung) untersucht. Deskriptive und analytische Epidemiologie sind zwei sich ergänzende Forschungsdisziplinen: So können Ergebnisse der deskriptiven Epidemiologie unmittelbar zur Frage nach den Ursachen von Erkrankungen führen. Beispielsweise kann die Beobachtung, dass ein bestimmtes Krankheitsbild in einer Region häufiger vorkommt als in einer anderen Region, die Frage aufwerfen, welche Faktoren diese unterschiedliche Verteilung erklären können.

Als zentrale wichtige **Aufgabenbereiche epidemiologischer Forschung** auf dem Gebiet psychischer Störungen (vgl. hierzu Häfner, 1978; Wittchen & Perkonigg, 1996; Lieb, im Druck) lassen sich die folgenden 6 Punkte nennen:

1. Die Untersuchung der räumlichen und zeitlichen Verteilung von psychischen Störungen in der Bevölkerung
Dieser Bereich untersucht die Auftretenshäufigkeit von psychischen Störungen in verschiedenen Populationen. Wie häufig kommen bestimmte Störungsbilder in der interessierenden Population vor? Zeigen sich für unterschiedliche Populationen unterschiedliche Verteilungen? Wissen über das Ausmaß von Erkrankung in der Allgemeinbevölkerung ist vor allem bedeutsam für die Evaluation und Planung von Versorgungseinrichtungen und -maßnahmen (▶ Kasten »Der Bundesgesundheitssurvey 1998«)

42

Der Bundesgesundheitssurvey 1998

Zur Bestimmung der Häufigkeit speziell von psychischen Störungen in der erwachsenen Allgemeinbevölkerung in Deutschland wurde im Jahr 1998 der erste Bundesgesundheitssurvey (Wittchen, Müller, Pfister, Winter & Schmidtkunz, 1999; Jacobi et al., 2004) durchgeführt. In dieser groß angelegten epidemiologischen Untersuchung wurde in einer bevölkerungsrepräsentativen Stichprobe von 4181 Personen im Alter von 18–65 Jahren u. a. untersucht, wie häufig psychische Störungen in der Allgemeinbevölkerung vorkommen.

Nach einem initialen Screening mit dem Stammfragebogen des »Münchner Composite International Diagnostic Interview« (CID-S; Wittchen et al., 1999) wurden alle screeningpositiven (d. h. Personen, die im Fragebogen mindestens eine Frage bejahten) und 50% der screeningnegativen (d. h. Personen, die keine Frage bejahten) Teilnehmer von geschulten Interviewern mittels des »Münch-

ner Composite International Diagnostic Interview« (DIA-X/M-CIDI; Wittchen & Pfister, 1997) hinsichtlich einer breiten Palette von psychischen Störungen untersucht.

Als ein erstes wichtiges Ergebnis zeigte sich, dass psychische Störungen in der Allgemeinbevölkerung wesentlich häufiger vorkommen als in der Vergangenheit vielfach angenommen wurde. So erfüllte nahezu jeder Dritte (32%) der Befragten im Alter zwischen 18 und 65 Jahren in den 12 Monaten vor der Untersuchung die Kriterien für eine oder mehrere psychische Störungen (Wittchen & Jacobi, 2001; Jacobi et al., 2004). Neben somatoformen Störungen (11%) wurden hierbei unter den Angststörungen die phobischen Störungen (7,6%), unter den affektiven Störungen die Major Depression (8,3%) und unter den Substanzstörungen die alkoholbedingten Störungen (6,2%) als die häufigsten psychischen Störungen ermittelt (Wittchen & Jacobi, 2001).

2. Die Untersuchung des Bedarfes, der Inanspruchnahme und der Evaluation von Gesundheitsdiensten

Hier wird untersucht, ob in der Bevölkerung Versorgungsbedürfnisse vorhanden und ob diese durch die vorhandenen Gesundheitsdienste abgedeckt sind. Epidemiologische Untersuchungen über die Häufigkeit von speziellen Krankheiten stellen eine wesentliche Grundlage für eine gezielte Bedarfsplanung im Gesundheitswesen dar. Um Behandlungseinrichtungen bzw. -angebote adäquat zu erfassen, ist zusätzlich die Erfassung der im Rahmen des Gesundheitssystems versorgten Personen notwendig. Aufgrund der Differenz des tatsächlichen Bedarfs in der Allgemeinbevölkerung und der versorgten Personen kann ein möglicher Versorgungsfehlbedarf aufgedeckt werden (▶ Kasten »Die aktuelle Versorgungslage von Personen mit psychischen Störungen nach dem Bundesgesundheitssurvey 1998«).

Die aktuelle Versorgungslage von Personen mit psychischen Störungen nach dem Bundesgesundheitssurvey 1998

Basierend auf den Daten des Bundesgesundheitssurveys 1998 erarbeiteten Wittchen und Jacobi (2001) eine umfassende Abschätzung der aktuellen Versorgungslage von Personen mit psychischen Störungen in Deutschland. Sie kamen zu dem Ergebnis, dass lediglich etwa jeder drit-

te Betroffene (36%) im Jahr vor der Erhebung wegen einer psychischen Störung in Kontakt mit ambulanten oder stationären psychiatrischen bzw. psychotherapeutischen Diensten oder seinem Hausarzt war. Der Anteil von Betroffenen, der eine im weitesten Sinne adäquate Therapie nach wissenschaftlichen Kriterien erhielt, wurde auf etwa 10% geschätzt.

3. Die Untersuchung des »natürlichen« Verlaufs von psychischen Störungen hinsichtlich ihrer Erstmanifestation, ihrer Dauer, ihres Wiederauftretens, ihrer Komorbidität, ihrer Komplikationen und Beeinträchtigungen

Dieser Aufgabenbereich befasst sich mit der Untersuchung des »natürlichen« Verlaufs von psychischen Störungen: In welchem Alter treten sie typischerweise erstmalig auf? Wie lange dauern sie bei den Betroffenen an? Wie hoch ist die Wahrscheinlichkeit eines wiederholten Auftretens? Treten sie gemeinsam mit anderen psychischen Störungen auf (Komorbidität)? Mit welchen Beeinträchtigungen gehen sie einher? Die Untersuchung des »natürlichen« Verlaufs psychischer Störungen in der Allgemeinbevölkerung ist vor allem deshalb wichtig, weil hier nichtklinische Stichproben untersucht wer-

den. Klinische Stichproben erfassen vermutlich nur einen Ausschnitt der klinischen Symptomatik, so dass epidemiologische Studien eine Erweiterung unseres Wissens über das Spektrum potenzieller Manifestationsformen und Verlaufsaspekte unter natürlichen Auftretensbedingungen erlauben.

Im Rahmen dieses Aufgabenbereichs wird ebenfalls die Bedeutung der Komorbidität psychischer Störungen untersucht (▶ Kasten). **Komorbidität** bezeichnet das Auftreten bzw. die diagnostische Erfassung von mehr als einer Störung bei einer Person in einer definierten Zeitspanne. Arbeiten, die die Beziehung zwischen komorbiden Störungen über die Lebenszeit hinweg untersuchen, haben u. a. zum Ziel, ätiologische Implikationen der beobachteten Komorbiditätsmuster abzuleiten.

Zur Komorbidität psychischer Störungen

In epidemiologischen Studien konnte übereinstimmend festgestellt werden, dass psychische Störungen nur selten »alleine« auftreten. Betroffene mit einer psychischen Störung erfüllen häufig die diagnostischen Kriterien für eine oder auch mehr zusätzliche psychische Störungen – ein Phänomen, das in der Fachliteratur auch »Komorbidität« genannt wird. Im Bundesgesundheitssurvey 1998 wurde ermittelt, dass im Jahr vor der Untersuchung 62% der Betroffenen mit einer Angststörung, 61% der Betroffenen mit einer affektiven Störung und 45% der Betroffenen mit Substanzmissbrauch oder -abhängigkeit zusätzlich mindestens eine weitere psychische Störung aufwiesen (Jacobi et al., 2004). Das Vorliegen von komorbiden Störungen geht zudem häufig mit bemerkenswerten Beeinträchtigungen und erhöhtem Hilfesuchverhalten bei den Betroffenen einher.

4. Die Untersuchung von Risiko- und Kausalfaktoren, die an der Entstehung und auch der Ausformung des weiteren Verlaufs psychischer Störungen beteiligt sind: Epidemiologie als Risikofaktorenforschung

Ziel dieses Aufgabenbereichs ist die Identifikation von Faktoren welche (a) eine ätiologische Rolle in der Entstehung einer psychischen Störung spielen und/oder (b) die Ausformung des Störungsverlaufs beeinflussen. Die Suche nach solchen Einflussfaktoren erfolgt in der Epidemiologie über die Ermittlung von Faktoren, die das Risiko für eine definierte Zielgröße (z. B. eine bestimmte Krankheit) erhöhen (Kraemer et al., 1997; Kraemer, 2003). Dieser Suche werden Modellvorstellungen zugrunde gelegt, nach welchen an der Entwicklung psychischer Störungen eine Vielzahl unterschiedlicher Faktoren, sowohl biologischer, psychologischer als auch psychosozialer Art, in einem wechselseitigen Zusammenspiel beteiligt sind. Zu untersuchende Risikofaktoren beziehen die ganze Breite sowohl innerhalb (z. B. genetische Ausstattung, frühkindliche Auffälligkeiten) als auch außerhalb (z. B. soziales Milieu) der Person liegender Faktoren ein.

5. Die Entwicklung und Verbesserung diagnostischer Klassifikation und diagnostischer Erfassungsmethoden

Epidemiologische Untersuchungen in der Allgemeinbevölkerung haben wesentlich zur Verbesserung und Weiterentwicklung bestehender diagnostischer Klassifikationssysteme beigetragen (Wittchen & Perkonigg, 1996). Wie in ► Abschn. 42.1 ausgeführt wurde, werden seit Einführung des DSM-III und dann der ICD-10 psychische Störungen mittels operationaler Kriterien erfasst, wobei die vorgegebenen Kriterien und Verknüpfungen die wesentlichen definitorischen Bestandteile der sog. operationalisierten Diagnostik darstellen. Diese definitorischen Vorgaben sind jedoch nicht durchweg empirisch begründbar. Es konnten z. B. epidemiologische Studien nachweisen, dass in der Allgemeinbevölkerung häufig Störungsausprägungen vorkommen, welche nicht die diagnostischen Kriterien für eine spezifische Diagnose erfüllen, allerdings bei den Betroffenen mit starken Beeinträchtigungen verbunden sind. Als Beispiel kann hier die sog. »recurrent brief depressive disorder« genannt werden. Dieses Störungsbild zeichnet sich durch kurze depressive Episoden aus, welche nicht das obligatorische Zeitkriterium (DSM-IV und ICD-10) einer mindestens zweiwöchigen Dauer der klinischen Leitsymptome der Depression für die Diagnose einer Major Depression erfüllen. Der Züricher Psychiater Jules Angst konnte über epidemiologische Studien aufzeigen, dass dieses Störungsbild, welches nicht im DSM-IV und der ICD-10 als eigenständige diagnostische Kategorie angeboten wird, eine klinisch relevante Symptomatik darstellt, die relativ häufig in der Allgemeinbevölkerung vorkommt (Angst, 1994; Angst & Merikangas, 1997).

6. Entwicklung von Interventions- und Präventionsmaßnahmen

Kausalanalytischen Befunden aus epidemiologischen Studien kommt vor allem eine Bedeutung im Rahmen der Entwicklung von Präventionsmaßnahmen zu (Maßnahmen zur Vorbeugung von Krankheiten, ► Abschn. 42.3). Vor allem die Identifikation von Risikofaktoren spielt hier eine zentrale Rolle, da im Rahmen präventiver Überlegungen angenommen wird, dass über eine Modifikation von Risikofaktoren die Entwicklung einer Störung verhindert werden kann.

Zur Beantwortung epidemiologischer Fragestellungen können unterschiedliche **Studiendesigns** herangezogen werden. Als die wichtigsten Designs kommen klinische Studien, Allgemeinbevölkerungsstudien, Beobachtungsstudien, Querschnitts- und Längsschnittstudien zur Anwendung (weitere Ausführungen zu Studiendesigns finden sich in Rothman & Greenland, 1998, sowie Höfler, 2004).

Neben der Anwendung von adäquaten Studiendesigns sollte in epidemiologischen Studien ebenfalls eine zuverlässige Falldefinition und Fallidentifikation gewährleistet sein (Wittchen & Perkonigg, 1996). **Falldefinition** bezeichnet hier die Definition von diagnostizierbaren Störungsmerkmalen, die eine Person aufweisen muss, um als »Fall« identifiziert zu werden. Unter **Fallidentifikation** hingegen versteht man die Methode, die es ermöglicht, einen Fall als solchen zu identifizieren. Wie bereits in ► Abschn. 42.1 deutlich wurde, wurden bezüglich der Falldefinition große Fortschritte in den letzten Jahren durch die Entwicklung von DSM und ICD erreicht. Parallel dazu wurden diagnostische Instrumente (z. B. CIDI, vgl. oben) entwickelt, die eine methodisch befriedigende Fallidentifikation im klinischen Setting und in der Allgemeinbevölkerung ermöglichen.

42.3.2 Zentrale Maße der Krankheits-häufigkeit: Prävalenz und Inzidenz

Um zu beschreiben, wie häufig psychische Störungen in der Bevölkerung vorkommen, werden in der Epidemiologie zwei Konzepte unterschieden: die Prävalenz und die Inzidenz.

Die **Prävalenz** beschreibt den Anteil an Personen in einer definierten Risikopopulation, der zu einem festgelegten Zeitpunkt bzw. innerhalb einer bestimmten Zeitspanne die untersuchte Krankheit aufweist. Die Risikopopulation umfasst dabei alle Personen, die prinzipiell die Krankheit entwickeln können. Je nach definiertem Zeitintervall wird die **Punktprävalenz** (Anteil von Personen mit der Krankheit zu einem bestimmten Zeitpunkt) oder **Periodenprävalenz** (Anteil von Personen mit der Krankheit in einem bestimmten Zeitintervall, z. B. innerhalb eines Monats) erfasst. Die **Lebenszeitprävalenz** beschreibt den Anteil an Personen in der Risikopopulation, der bis zum Zeitpunkt der Erhebung irgendwann im Verlauf des Lebens die untersuchte Krankheit gezeigt hat. Bei der Prävalenz spielt es weder eine Rolle, ob sich die Krankheit bereits vor oder aber erst während des Untersuchungszeitraumes manifestiert hat, und auch nicht, ob sie zum Zeitpunkt der Untersuchung noch besteht. Jede Person wird gezählt, die die Krankheitskriterien (z. B. diagnostische Kriterien für eine psychische Störung) während des definierten Zeitintervalls erfüllt.

Die **Inzidenz** hingegen beschreibt den Anteil der Personen einer Risikopopulation, der die untersuchte Krankheit innerhalb eines bestimmten Zeitraumes (z. B. innerhalb der letzten 6 Monate) erstmalig aufweist. Die Inzidenz bezieht sich somit auf vormals gesunde Personen und stellt ein Maß für das Neuerkrankungsrisiko dar.

42.3.3 Epidemiologie als Risikofaktorenforschung

Wie oben angeführt, liegt ein wesentliches Ziel der Epidemiologie in der Identifikation von Faktoren, welchen in der Entwicklung von Krankheiten möglicherweise eine ursächliche Bedeutung zukommt. Es soll somit herausgefunden werden, ob bestimmte externe oder interne Faktoren das Risiko für eine bestimmte Zielgröße (spezifische Störung, Störungsverlauf) erhöhen. Solche Faktoren müssen logischerweise zeitlich vor der untersuchten Zielgröße vorliegen (vgl. ausführlich hierzu Kraemer et al., 1997). Ist nicht eindeutig feststellbar, ob solche Faktoren zeitlich vor der Zielgröße auftraten, sollte lediglich von Korrelaten gesprochen werden (Kraemer et al., 1997; Kraemer, 2003). Bei Korrelaten kann nicht ausgeschlossen werden, dass der untersuchte Faktor möglicherweise eine Konsequenz der Krankheit darstellt.

Nach Kraemer et al. (1997) darf allerdings erst von »kausalen« Risikofaktoren gesprochen werden, wenn ge-

zeigt werden konnte, dass bei einer erfolgten Veränderung der identifizierten Risikofaktoren (z. B. im Auftreten oder der Ausprägung) das Risiko für die nachfolgende Zielgröße nachweislich verändert wird (Kraemer et al., 1997). So konnte z. B. in epidemiologischen Studien gezeigt werden, dass Rauchen einen Risikofaktor für die Entwicklung einer Panikstörung darstellt (Isensee et al., 2003). Auf einen »kausalen« Risikofaktor könnte hier erst geschlossen werden, wenn gezeigt werden könnte, dass das Verhindern von Rauchen zu einer Senkung der Inzidenz von Panikstörungen und die Zunahme von Rauchern mit einem Anstieg der Inzidenz verbunden ist. Im Rahmen von kausalanalytischen Fragestellungen soll somit der Zusammenhang zwischen den möglichen Risikofaktoren (Expositionen) und der Zielgröße analysiert und quantifiziert werden. Zu diesem Zweck können unterschiedliche Maße, wie z. B. das absolute Risiko, das relative Risiko oder der Odds Ratio, herangezogen werden. Eine detaillierte Darstellung und Diskussion der in der Epidemiologie verwendeten Zusammenhangsmaße findet sich in Kreienbrock und Schach (1997) oder Höfler (2004).

42.3.4 Epidemiologie psychischer Störungen: ausgewählte Basisbefunde

Prävalenz

Seit der Vorlage der dritten Version des DSM (DSM-III, APA, 1980) wurden weltweit eine Reihe von Studien zur Erfassung des Ausmaßes von psychischen Störungen in der Allgemeinbevölkerung durchgeführt. Trotzdem lässt sich nur schwer eine Antwort auf die Frage geben, wie häufig psychische Störungen generell, also ungeachtet spezifischer Störungsformen, in der Bevölkerung vorkommen. Dies liegt zum großen Teil daran, dass über die verschiedenen Studien hinweg nicht durchweg dieselben Diagnosen einbezogen wurden und auch nicht durchgängig dieselben Falldefinitionen zugrunde gelegt wurden. Robins et al. (1991) kamen auf der Basis der Daten des in den USA zu Beginn der 1980er Jahre durchgeführten »Epidemiologic Catchment Area Program« (ECA) etwa zum Schluss, dass 32% der Erwachsenenbevölkerung irgendwann in ihrem Leben die diagnostischen Kriterien für eine oder mehrere der in der ECA untersuchten psychischen Störungen nach DSM-III erfüllen. Die Ergebnisse des ca. 10 Jahre später zu Beginn der 1990er Jahre ebenfalls in den USA durchgeführten »National Comorbidity Survey« (NCS) verweisen hingegen darauf, dass nahezu 50% der Allgemeinbevölkerung irgendwann in ihrem Leben (Lebenszeitprävalenz) an einer psychischen Störung, definiert nach DSM-IV, erkranken (Kessler et al., 1994). Diese doch erheblich höhere Schätzung kann zum großen Teil durch die teilweise modifizierten Falldefinitionen des DSM-III-R sowie den Einbezug von zusätzlichen Diagnosen (z. B. die generalisierte Angststörung) erklärt werden. In einer Übersichtsarbeit kommen

Tabelle 42.3. Lebenszeit-Prävalenzen von Substanz-, affektiven und Angststörungen in der Allgemeinbevölkerung nach DSM-III, DSM-III-R und DSM-IV

Studie (Land), Autor	Stichprobe [N]	Alter [Jahre]	Instrument	Affektive Störungen				Angststörungen					Substanzstörungen		
				Affektive Störung	Bipolare Störung	Major Depression	Dysthymie	Angststörung	Panik	Agoraphobie	Spezifische Phobie	Soziale Phobie	Substanzstörung	Alkohol	Illegale Drogen
DSM-III															
ECA (USA) Robins und Regier (1991)	1498	18–64	DIS	**8,3**	1,3	5,9	3,3	**14,6**	1,6	5,2	10,0	2,8	**16,7**	13,5 (5,6 M/ 7,9 A)	6,1 (2,6 M/ 3,5 A)
Christchurch (Neuseeland) Wells et al. (1989)	20291	18 +	DIS	**14,7**	0,7	12,6	6,4	**10,5**	2,2	8,1[a]	–	3,0	**21,0**	18,9	5,7
Seoul (Korea) Lee et al. (1990)	3134	18–65	DIS	**5,5**	0,4	3,3	2,4	**9,2**	1,1	2,1	5,4	0,5	**31,8**	21,7	0,9
MFS, München Wittchen et al. (1992)	483	25–64	DIS	**12,9**	0,2	9,0	4,0	**13,9**	2,4	5,7	6,7[b]	2,6	**13,5**	13,0	1,8
Zürich (Schweiz)[c] Angst et al. (1984)	591	19–30	SPIKE	**19,8**	7,5	12,2	2,8	**15,5**	2,7	4,5	11,8	5,3	–	3,2	10,9
DSM-III-R															
NCS (USA) Kessler et al. (1994)	8098	15–54	CIDI	**19,3**	1,6	17,1	6,4	**24,9**	3,5	5,3	11,3	13,3	**26,6**	23,5 (9,4 M/ 14,1 A)	11,9 (4,4 M/ 7,5 A)
NEMESIS (Niederlande) Bijl et al. (1998)	7076	18–64	CIDI	**19,0**	1,8	15,4	6,3	**19,3**	3,8	3,4	10,1	7,8	**18,7**	17,2 (11,7 M/ 5,5 A)	3,2 (1,5 M/ 1,8 A)
DSM-IV															
EDSP, München Wittchen et al. (1998)	3021	14–24	M-CIDI	**16,8**	1,8	11,8	3,0	**14,4**	1,6	2,6	2,3	3,5	**17,7**	15,9 (9,7 M/ 6,2 A)	4,9 (2,9 M/ 2,0 A)
GHS-MHS (Deutschland) Wittchen et al. (1999)	4181	18–65	M-CIDI	**18,6**	1,0	14,8	4,5	**14,5**	2,3	2,0[d]	7,6[d]	2,0[d]	**16,7**	15,5 (5,8 M/ 9,8 A)	2,3 (0,8 M/ 1,5 A)
Dresden-Studie Becker et al. (2000) (nur Frauen)	1538	18–25	F-DIPS	**12,8**	0,7	10,6	1,7	**27,2**	3,1	2,3	12,3	12,0	**1,9**	1,0 (0,5 M/ 0,5 A)	0,8 (0,3 M/ 0,5 A)

[a] Agoraphobie oder spezifische Phobie. [b] einschließlich soziale Phobie. [c] Prävalenzraten zitiert nach Merikangas et al. (1996). [d] 12-Monats-Prävalenzen.
M Missbrauch, A Abhängigkeit, ECA »Epidemiologic Catchment Area Program«, MFS Münchener Follow-up-Studie, NCS »National Comorbidity Survey«, NEMESIS »Netherlands Mental Health Survey and Incidence Study«, EDSP »Early Developmental Stages of Psychopathology Study« (bezogen auf die Basisuntersuchung), GHS-MHS »General Health Survey – Mental Health Supplement«, DIS »Diagnostic Interview Schedule«, CIDI »Composite International Diagnostic Interview«, F-DIPS »Diagnostisches Interview für Psychische Störungen« – Forschungsversion, M-CIDI Münchner Version der CIDI, SPIKE »Structured Psychopathological Interview and rating of the social consequences of psychic disturbances for epidemiology«

42

Wittchen und Perkonigg (1996) zu dem Schluss, dass unter Berücksichtigung aller Arten von psychischen Störungen in der Allgemeinbevölkerung eine Gesamt-Lebenszeitprävalenz von über 65% vermutet werden kann.

Zu den häufigsten auftretenden psychischen Störungen zählen die Angststörungen, Substanzstörungen und affektiven Störungen. ◘ Tabelle 42.3 nennt die Lebenszeitprävalenzraten, die in epidemiologischen Studien auf der Grundlage der Kriterien von DSM-III, DSM-III-R oder DSM-IV für diese Störungsformen ermittelt wurden.

Obwohl auch hier methodische Unterschiede einen direkten studienübergreifenden Vergleich der Befunde erschweren, so zeigt eine erste Inspektion der Lebenszeitprävalenzen der übergeordneten Störungsgruppen, dass Substanzstörungen, Angststörungen und affektive Störung recht häufig auftretende Phänomene in der Allgemeinbevölkerung darstellen und längst nicht als Randerscheinungen aufzufassen sind. Substanzbedingter Missbrauch und Abhängigkeit (Streubreite: 17,7–26,6%) kommen in der Allgemeinbevölkerung etwa gleich häufig vor wie Angststörungen (Streubreite: 9,2–24,9%). Die ermittelten Lebenszeitprävalenzen für affektive Störungen fallen zwar etwas niedriger aus (Streubreite: 5,5–19,8%), dennoch kommen auch diese bemerkenswert häufig in der Bevölkerung vor. Betrachtet man sich die Substanzstörungen genauer, so treten Missbrauchs- und Abhängigkeitssyndrome, die durch den Konsum von Alkohol bedingt sind, weitaus häufiger auf als Störungen, welche auf illegale Drogen zurückzuführ-

ren sind. Bei den affektiven Störungen dominiert ganz deutlich die Major Depression mit Lebenszeitprävalenzschätzungen bis zu 17%, während bipolare Störungen im Vergleich hierzu eher selten auftreten. Betrachtet man sich die Angststörungen, so dominiert hier die spezifische Phobie, gefolgt von der sozialen Phobie und der Agoraphobie.

Auch für andere Störungsformen wurden in Bevölkerungsstudien Prävalenzschätzungen ermittelt. So wurden für schizophrene Störungen Lebenszeitprävalenzen von ca. 0,1 bis 0,9%, für Essstörungen von ca. 0,5 bis 4% und für die Somatisierungsstörung von ca. 1% ermittelt (vgl. zusammenfassend hierzu Tsung & Tohen, 2002; Neumer, Lieb & Margraf, 1998).

Im Rahmen von epidemiologischen Studien konnte ebenfalls aufgezeigt werden, dass psychische Störungen auch bereits im Kindes- und Jugendalter häufig vorkommen. Ihle und Esser (2002) ermittelten in einer Übersichtsarbeit über den aktuellen Wissensstand zur Epidemiologie psychischer Störungen im Kindes- und Jugendalter über die von ihnen einbezogenen Studien einen Median der Gesamtprävalenz (hauptsächlich 6-Monats- und 12-Monats-Prävalenzen) von 18%. Auch in der Münchner »Early Developmental Stages of Psychopathology Study« (EDSP), deren Design beispielhaft im ► Kasten dargestellt wird, zeigte sich eine bemerkenswert hohe Gesamtprävalenz mit einer 12-Monats-Rate von 18% (Angst-, affektive, somatoforme und Essstörungen, ohne Substanzstörungen; Wittchen, Nelson & Lachner, 1998).

Beispiel für eine bevölkerungsbezogene epidemiologische Studie – die EDSP-Studie

Die »Early Developmental Stages of Psychopathology Study« (EDSP) ist eine am Max-Planck-Institut für Psychiatrie, München, durchgeführte prospektiv-longitudinale epidemiologische Verlaufsstudie. In dieser Studie wird seit 1995 in bislang drei Untersuchungswellen eine repräsentative Zufallsstichprobe von Jugendlichen und jungen Erwachsenen aus München und dem Münchner Umland untersucht.

Das **Ziel** der Studie besteht in der Bestimmung der Prävalenz, der Inzidenz, des Verlaufs, der Komorbidität und der Risikofaktoren einer breiten Palette von psychischen Störungen in frühen Entwicklungsstadien; ein Schwerpunkt liegt in der Untersuchung familiärer Risikofaktoren. Die EDSP-Studie beruht auf einer **repräsentativen Zufallsstichprobe** von 14- bis 24-jährigen Jugendlichen und jungen Erwachsenen der Münchner Stadt- und Landkreise, die Ende 1994 aus den Einwohnermelderegistern Münchens sowie der Städte und Gemeinden im Münchner Umland gezogen wurden. 14- bis 15-jährige Jugendliche wurden überproportional häufig in die Studie aufgenommen, um fokussiert frühe Stadien (z. B. Erst-

manifestation) und frühe Verläufe der Entwicklung psychischer Störungen untersuchen zu können.

Bei der 1995 durchgeführten **Basisuntersuchung** (T0) wurden 3021 Personen befragt (Ausschöpfungsrate: 71%). In der **ersten Follow-Up-Untersuchung** (T1; 1996/1997; im Mittel 20 Monate nach T0) wurde ausschließlich die jüngere Kohorte, d. h. die zum Zeitpunkt der Basisuntersuchung 14- bis 17-Jährigen, nachuntersucht (Ausschöpfungsrate = 88%). In der **zweiten Follow-Up-Untersuchung** (T2; 1998/1999; im Mittel 42 Monate nach T0) wurden wieder alle Probanden der Basisuntersuchung einbezogen, es konnten 2548 Probanden untersucht werden (Ausschöpfungsrate: 84%). Die **dritte Follow-Up-Untersuchung**, welche wiederum die gesamte Stichprobe umfasst, konnte im Jahr 2005 erfolgreich abgeschlossen werden.

Nahezu zeitgleich zur ersten Follow-Up-Untersuchung wurde 1997 eine **separate Elternuntersuchung** durchgeführt, in der die Eltern (primär die Mütter) von T1-Teilnehmern befragt wurden. Hier wurden Informationen zur familiären Psychopathologie, zu Schwangerschaftskomplikationen und zu frühkindlichen Auffälligkeiten der Indexprobanden erfasst.

▼

In allen Untersuchungen wurde zur **Fallidentifika-tion** eine auf die Forschungsziele abgestimmte compute-risierte Version des »Münchener-Composite International Diagnostic Interview« (M-CIDI, Wittchen & Pfister, 1997) eingesetzt. Das M-CIDI erlaubt die standardisierte und – über die Anwendung der computerisierten M-CIDI-DSM-IV-Auswertungsalgorithmen – weitestgehend vom Interviewer unabhängige (d. h. objektive) Erfassung von Symptomen, Syndromen und Diagnosen ausgewählter psychischer Störungen nach den diagnostischen Kriterien des DSM-IV. Zusätzlich können das Alter der erstmaligen Manifestation, die Dauer und der Verlauf der Syndrome, der klinische und psychosoziale Schweregrad sowie störungsbezogene Komplikationen erfasst werden. In jeder Untersuchungswelle war dem M-CIDI ein sog. »Listenheft« beigefügt, welches Symptomlisten und Erinnerungshilfen zur Unterstützung lebenszeitbezogener Erinnerungen und Gedächtnisprozesse sowie eine Reihe von Skalen und Fragebögen zur Erfassung ausgewählter psychologischer Konstrukte enthielt.

Ausführliche Übersichten über Methoden und Design der EDSP-Studie finden sich in Wittchen, Nelson und Lachner (1998) und Lieb, Isensee, von Sydow und Wittchen (2000a).

Auch bei **Kindern und Jugendlichen** stellen Angststörungen die am häufigsten auftretenden Störungsformen dar (nach Ihle & Esser, 2002, Streubreite: 3,2–19,6%). Bei den depressiven Störungen liegen die Periodenprävalenzschätzungen etwas niedriger, zwischen 0,4 und 18%. Nur wenig verlässliche Daten wurden bislang zur Verbreitung von Missbrauchs- und Abhängigkeitsstörungen bei Kindern und Jugendlichen vorgelegt. In der Münchner EDSP-Studie ergab sich für die Altersgruppe der 14- bis 17-Jährigen in der Basisuntersuchung, dass 2,2% lebenszeitbezogen die DSM-IV-Kriterien für Alkoholabhängigkeit, 0,5% die Kriterien für Cannabisabhängigkeit und 11,6% die Kriterien für Nikotinabhängigkeit erfüllen. Für Substanzmissbrauch wurden für diese Altersgruppe Lebenszeitprävalenzen von 5% für Alkoholmissbrauch und 1,6% für Cannabismissbrauch ermittelt (Lieb et al., 2000b).

Nach den Ergebnissen der amerikanischen ECA-Studie (Regier et al., 1988) scheint die Häufigkeit von psychischen Störungen im **hohen Alter** nicht zuzunehmen. In dieser Studie zeigten sich mit Ausnahme der schweren kognitiven Störung über die Störungen hinweg für die 65- bis 85-Jährigen die niedrigsten 1-Monats-Prävalenzraten. So erfüllten 12,3% der über 65-Jährigen im Jahr vor der Untersuchung die Kriterien für mindestens eine der erhobenen Diagnosen, wobei 5,5% auf die Angststörungen und 2,2% auf die affektiven Störungen entfielen. Alleine die schwere kognitive Beeinträchtigung trat in dieser Altersgruppe häufiger auf als in den jüngeren Altersgruppen. Zusammengefasst verweisen die Befunde auf ein eher selteneres Auftreten von nichtorganischen psychischen Störungen bei den über 65-Jährigen.

Alter bei Beginn der Störung und Komorbidität

Fragt man sich, in welchem Alter psychische Störungen erstmalig auftreten, so weisen die Befunde des »International Consortium of Psychiatric Epidemiology« (ICPE; Andrade et al., 2000) darauf hin, dass Angst-, affektive und Substanzstörungen in der Regel während der ersten drei Lebensdekaden erstmalig auftreten. Nach dieser Arbeit, in welcher auf der Basis einer Reihe von weltweit durchgeführten und methodisch vergleichbaren epidemiologischen Studien das Alter des erstmaligen Auftretens analysiert wurde, manifestieren sich Angststörungen in 50% der Fälle bis zum Alter von 15 Jahren (Streuung: 12–18 Jahre), Substanzstörungen in 50% der Fälle bis zum Alter von 21 Jahren (Streuung: 18–30 Jahre) und affektive Störungen in 50% der Fälle bis zum Alter von 26 Jahren (Streuung: 23–30 Jahre).

Besonders Angststörungen treten bemerkenswert häufig bereits vor dem 10. Lebensjahr auf (in etwa 20% der Fälle). Wird das Erstauftretensalter für spezifische Angststörungen bestimmt, so zeigt sich, dass Phobien (spezifische und soziale Phobie) recht früh, d. h. in der Kindheit oder im Jugendalter, erstmalig auftreten, während sich Panikstörungen und die generalisierte Angststörung in der Regel erst im späteren Lebensverlauf, ab der späten Pubertät oder aber dem frühen Erwachsenenalter erstmalig manifestieren (vgl. hierzu Lieb, Schreier & Müller, 2003). Affektive Störungen und Substanzstörungen zeigen im Vergleich zu den Angststörungen ein etwas späteres Erstauftretensalter: Diese Störungen beginnen sich merklich etwa ab dem 12. Lebensjahr zu manifestieren. Innerhalb der affektiven Störungen verweisen epidemiologische Befunde bislang auf ein früheres Erstmanifestationsalter von bipolaren Störungen im Vergleich zu depressiven Störungen. Bipolare Störungen scheinen sich vor allem in der Adoleszenz und im frühen Erwachsenenalter erstmalig zu zeigen, während sich depressive Störungen typischerweise in der 3. und 4. Lebensdekade manifestieren. Für die Schizophrenie konnte gezeigt werden, dass diese sich typischerweise im frühen Erwachsenenalter manifestiert, wobei Männer ein früheres Ersterkrankungsalter aufweisen als Frauen.

42.4   Prävention

42.4.1 Definition und Ziele von Prävention

Unter dem Begriff Prävention (Krankheitsverhütung) versteht man sämtliche Maßnahmen, die eine Verhinderung, Vorbeugung bzw. Verzögerung von gesundheitlichen Beeinträchtigungen oder Störungen anstreben. Häufig findet man in der Literatur die bekannte auf Caplan (1964) zurückzuführende Einteilung in primäre, sekundäre und tertiäre Präventionsmaßnahmen. Diese Einteilung orientiert sich daran, zu welchem Zeitpunkt im Krankheitsverlauf eine präventive Maßnahme ansetzt.

Caplan (1964) definiert als Ziel primärer Präventionsmaßnahmen die Senkung der Inzidenz, somit der Neuauftretensrate, psychischer Störungen in spezifischen Populationen. **Primäre Prävention** setzt somit an (noch) gesunden Personen an, bei welchen das Auftreten einer Erkrankung verhindert werden soll. Hier wird unmittelbar die Verknüpfung von Prävention und Epidemiologie deutlich. Soll die Inzidenz psychischer Störungen verhindert werden, so muss idealerweise an empirisch nachgewiesenen ätiologisch relevanten Risikofaktoren angesetzt werden, über deren Manipulation die Inzidenz, somit die Wahrscheinlichkeit des Neuauftretens von bestimmten Störungen, gesenkt werden soll. Erfolgreiche Präventionsmaßnahmen setzen damit Wissen über ätiologisch relevante bzw. über Risikofaktoren voraus.

Ein weiteres Ziel primärer Prävention besteht in dem Hinauszögern des Ersterkrankungsalters bestimmter Störungen. In der Literatur wird ebenfalls häufig die allgemeine Förderung der Gesundheit zu den primären Präventionsmaßnahmen gezählt.

Unter **sekundärer Prävention** fasst Caplan (1964) Maßnahmen zur Senkung der Prävalenzrate in definierten Populationen. Prävalenzsenkungen können etwa über die Anwendung von Methoden der frühzeitigen Erkennung bestimmter Störungsbilder und frühen Behandlungsmaßnahmen, die eine Chronifizierung des Krankheitsverlaufes verhindern sollen, erreicht werden. Auch Maßnahmen zur Verringerung des Rückfallrisikos sind der sekundären Prävention zuzuordnen (▶ Kasten »Rückfallprophylaxe psychischer Störungen«).

Unter den Begriff der **tertiären Prävention** werden schließlich Maßnahmen gefasst, welche die Reduktion von Folgeschäden und Beeinträchtigungen von Erkrankungen für die betroffenen Personen anzielen. Tertiärpräventive Maßnahmen umfassen vor allem rehabilitative Methoden.

Rückfallprophylaxe psychischer Störungen

Obwohl inzwischen effektive Methoden zur Behandlung psychischer Störungen zur Verfügung stehen, stellt störungsübergreifend nach wie vor die Möglichkeit eines Rückfalles nach der Behandlung ein besonderes Problem dar. In der sog. »Rückfallprophylaxe« werden sowohl die Betroffenen als auch teilweise deren Angehörige auf die Bewältigung von Situationen vorbereitet, in denen das

Risiko eines Rückfalles besteht. Anstatt einen Rückfall als ein Scheitern der Behandlung anzusehen, wird mit den Betroffenen vielmehr aktiv die Verhinderung und auch der Umgang mit Rückfällen vorbereitet. Historisch betrachtet wurde die Grundidee der Rückfallprävention bei der Behandlung von Abhängigkeitserkrankungen eingeführt (Marlatt & Gordon, 1985).

42.4.2 Spezifische versus unspezifische Prävention

In der Fachliteratur wird zudem häufig eine Einteilung von präventiven Maßnahmen in spezifische und unspezifische Maßnahmen getroffen (vgl. z. B. Perrez, 1998). Das Ziel

spezifischer Präventionsmaßnahmen liegt dabei in der Verhinderung spezifischer Erkrankungen. Dabei fallen Angebote zur Verhütung oder Verminderung spezifischer Störungen oder Erkrankungen in das Feld der spezifischen Prävention (▶ Kasten »Das Präventionsprogramm ›Student Bodies™‹«).

Das Präventionsprogramm »Student Bodies™«

Bei »Student Bodies™« handelt es sich um ein internetgestütztes Präventionsprogramm zur Reduktion von Risikofaktoren für gestörtes Essverhalten. Das Präventionsprogramm wurde vor ca. 10 Jahren an der Stanford University in den USA entwickelt und mittlerweile auch in Deutschland unter der Leitung von Corinna Jacobi zunächst an der Universität Trier adaptiert und bei Studentinnen mit Erfolg eingesetzt.

In »Student Bodies™« wird thematisiert, wie vorherrschende Schönheitsideale unserer Kultur aussehen, wie

Frauen beigebracht wird, mit ihrem Körper unzufrieden zu sein, und was die Studentinnen selbst tun können, um einen gesünderen Lebensstil zu entwickeln und beizubehalten. Schwerpunktmäßig werden Inhalte zu Körperzufriedenheit, gesundem Essverhalten, Ernährung, Essstörungen und gesunden Sportgewohnheiten vorgestellt und bearbeitet.

Das Training wird innerhalb von 8 Sitzungen online durchgeführt, erstreckt sich in der Regel über 8 Wochen und setzt sich aus den Bausteinen Wissensvermittlung, individuellen interaktiven Übungen und Selbstreflexion, z. B.

▼

in Form von Tagebuchprotokollen, zusammen. Zusätzlich haben die Teilnehmerinnen die Gelegenheit, sich innerhalb eines Diskussionsforums anonym auszutauschen und dort mit einer Moderatorin (Diplom-Psychologin) in Kontakt zu treten. Die Moderatorin versucht, den Gruppenzusammenhalt zu fördern, indem sie die wöchentlichen Kommentare der Teilnehmerinnen bündelt und kommentiert.

Die Ergebnisse einer ersten Evaluation sind vergleichbar mit denen der amerikanischen Originalstudien (Jacobi, Morris, Bronisch-Holtze, Winter, Winzelberg & Taylor, 2005). Mittlerweile liegt zusätzlich eine Version des Programms für die Prävention von Essstörungen für jüngere Mädchen bzw. Schülerinnen vor.

Unspezifische Präventionsmaßnahmen richten sich im Gegensatz hierzu auf ein breites Krankheitsspektrum. Hier orientiert man sich an krankheitsunspezifischen globalen Risikofaktoren, wie etwa Verfahren zur allgemeinen Stressprophylaxe oder der Förderung unspezifischer protektiver Faktoren (z. B. Verbesserung gesundheitsförderlicher Lebensbedingungen). Eine recht ähnliche Einteilung präventiver Maßnahmen wurde von Gordon (1983) vorgelegt. Hier werden universelle, selektive und indikative Präventionsmaßnahmen voneinander abgegrenzt. Universelle Präventionsmaßnahmen richten sich dabei ganz breit an die Allgemeinbevölkerung unabhängig von vorliegenden krankheitsspezifischen Risiken. Im Gegensatz hierzu wenden sich selektive Präventionsmaßnahmen an spezifische Risikopopulationen. Indikativ präventive Maßnahmen richten sich an Personen, welche bereits bestimmte Auffälligkeiten einer Erkrankung aufweisen, jedoch noch nicht das Vollbild entwickelt haben (z. B. blutdruckreduzierende Maßnahmen bei grenzwertig erhöhtem Blutdruck).

42.4.3 Spezifische Ebenen der Prävention

Weiterhin wird häufig eine Untergliederung danach vorgenommen, wo die Präventionsmaßnahmen konkret ansetzen (vgl. etwa Perez, 1998). Wie bereits angemerkt wurde, können Präventionsmaßnahmen einerseits populationsorientiert, d. h. für Personen aus der Allgemeinbevölkerung bestimmt, sein, oder sich andererseits auf bestimmte Zielgruppen, in der Regel Hochrisikopopulationen, beziehen. Zudem können präventive Maßnahmen in person- und system-/umweltorientierte Präventionsmaßnahmen eingeteilt werden. Personorientierte Verfahren (Verhaltensprävention) streben hierbei Veränderungen innerhalb einer Person an (z. B. Einstellung zum Drogenkonsum), während umweltorientierte Verfahren an den räumlichen, sozialen, ökologischen, gesetzlichen oder kulturellen Umweltbedingungen einer Person oder auch ganzer Populationen ansetzen (z. B. öffentlicher Zugang zu Drogen).

42.4.4 Ausgewählte präventive Maßnahmen: Beratung, Training, Aufklärung

Verschiedene präventive Maßnahmen unterscheiden sich sowohl hinsichtlich ihrer Zielsetzung als auch ihrer Vorgehensweise (Perez, 1998). Als spezifische präventive Methoden lassen sich nennen: Aufklärung, Beratung, Training, Informationsvermittlung wie auch Motivationsmaßnahmen. **Aufklärung** wird dann eingesetzt, wenn es gilt, Wissensdefizite zu beseitigen oder überhaupt erst für ein angemessenes Problembewusstsein zu sorgen. Außerdem kann hierdurch Motivation zu neuen Verhaltensveränderungen geschaffen werden. Derartige Maßnahmen sind dann besonders sinnvoll, wenn ein erhebliches Risiko für die Entwicklung einer Störung besteht und gleichzeitig das entsprechende Verhalten leicht zu beeinflussen ist. Jedoch stößt eine Aufklärung bei stabilem, veränderungsresistentem Verhalten oder auch bei Gruppen an ihre Grenzen. Eine **Beratung** setzt dagegen an der Verbesserung der Handlungsgrundlage durch Informationsvermittlung an. Sie wendet sich dabei nicht an anonyme Populationen, sondern an Ratsuchende und nutzt das persönliche Gespräch zur Verbesserung der Akzeptanz. Der Einsatz eines **Trainings** ist vor allem bei Risikoverhalten mit starkem Gewohnheitscharakter angezeigt, da hier eine ausschließliche Vermittlung relevanter Informationen keinesfalls ausreicht. Wichtiger ist hier, neue, adäquate Verhaltensweisen einzuüben und dabei auch die Umwelt mit einzubeziehen bzw. ggf. zu verändern.

42.4.5 Wissenschaftliche Evaluation von Präventionsmaßnahmen

Eine wissenschaftliche Evaluation der Maßnahmen kann an verschiedenen Schritten der Konzeption und Durchführung der Prävention ansetzen. Bereits in der Konzeptionsphase erfolgt im Rahmen einer **Planungs- bzw. Relevanzevaluation** beispielsweise mittels einer ausführlichen Literaturrecherche eine Bedarfssondierung zur Gewährleistung einer optimalen Effektivität und Angemessenheit der Maßnahmen. Die **Prozess- bzw. Progressevaluation** überprüft dagegen, ob die Maßnahmen tatsächlich wie geplant in die

Tat umgesetzt wurden und die vorgesehene Zielgruppe erreicht wurde. In der **Ergebnisevaluation** wird schließlich der Nutzen einer bestimmten Präventionsmaßnahme durch spezielle Ergebnisparameter wie die Effektgröße der Maßnahme, den Zeitraum bis zum Eintritt des Effekts und die Effektdauer und das Ausmaß der Verbreitung des Verfahrens in der Zielgruppe beurteilt (Schwartz, Walter, Robra & Schmidt, 1998).

Mit zu einer Leitidee der Prävention gehören die Prinzipien der Breitenwirksamkeit und der Gemeindenähe. Dies wurde in jüngerer Zeit vor allem in der sog. **Public Health-Forschung** umgesetzt. Präventive Maßnahmen wenden sich in der Regel an größere Personengruppen und weniger an Einzelpersonen. Die Legitimation präventiver Strategien ist an einen Effizienznachweis gebunden. Die Evaluation präventiver Maßnahmen sollte hierbei sowohl die beabsichtigten Wirkungen als auch möglicherweise nicht beabsichtigte Nebeneffekte erfassen. Als Erfolgskriterien können hierbei etwa die Verringerung von Risikofaktoren, die Senkung der Inzidenzraten bestimmter Krankheiten, die Verbesserung der Lebensqualität, das Hinauszögern des Erstmanifestationsalters, die Verlängerung der Lebenserwartung oder auch die Verringerung von Behandlungskosten gelten.

In einer im Jahr 2001 erschienen Veröffentlichung der National Advisory Mental Health Council Workgroup on Mental Disorders Prevention Research (NAMHC; 2001) wird vorgeschlagen, in das Forschungsgebiet der Prävention psychischer Störungen explizit das breite Spektrum biologischer, psychologischer und sozialer Risikofaktoren sowie die Prävention von Rückfällen, komorbiden Störungen, resultierenden Beeinträchtigungen und von Konsequenzen psychischer Störungen für Familienangehörige von Betroffenen mit einzubeziehen.

Literatur

Referenzliteratur

American Psychiatric Association (2000). *Diagnostic and Statistical Manual of Mental Disorders. Fourth Edition – Text Revision. DSM-IV-TR.* Washington, DC: American Psychiatric Association.

Beck, A.T. (1967). *Depression: Clinical, experimental and theoretical aspects.* New York: Harper & Row.

Davis, K.L., Charney, D., Coyle, J.T. & Nemeroff, C. (2002). *Neuropsychopharmacology. The fifth generation of progress.* Philadelphia: Lippincott.

Häfner, H. (1978). *Psychiatrische Epidemiologie.* Berlin: Springer.

Hettema, J.M. Neale, M.V. & Kendler, K.S. (2001). A review and meta-analysis of the genetic epidemiology on anxiety disorders. *American Journal of Psychiatry, 158,* 1568–1578.

Höfler, M. (2004). *Statistik in der Epidemiologie psychischer Störungen.* Berlin: Springer.

Jacobi, F., Wittchen, H.-U., Hölting, Ch., Höfler, M., Pfister, H., Müller, N. & Lieb, R. (2004). Prevalence, comorbidity and correlates of mental disorders in the general population: results from the German National Health Interview and Examination Survey (GHS). *Psychological Medicine, 34,* 1–15.

Kreienbrock, L. & Schach, S. (1997). *Epidemiologische Methoden* (2. durchgesehene und aktualisierte Aufl.). Stuttgart: Fischer.

Lieb, R., Isensee, B., von Sydow, K. & Wittchen, H.-U. (2000a). The Early Developmental Stages of Psychopathology Study (EDSP). A methodological update. *European Addiction Research, 6,* 170–182.

Maier, W., Schwab, S. & Rietschel, M. (2000a). Genetik affektiver Störungen. In H. Helmchen, F. Henn, Lauter & N. Sartorius (Hrsg.), *Psychiatrie der Gegenwart. Band 5. Schizophrenie und affektive Störungen* (4. Aufl., S. 373–407). Berlin: Springer.

Maier, W., Schwab, S.M., Rietschel (2000b). Genetik funktioneller psychischer Störungen. In H.-J. Möller, G. Laux & H.-P. Kapfhammer (Hrsg.), *Psychiatrie und Psychotherapie.* Berlin: Springer.

National Advisory Mental health Council (NAMHC) Workgroup on Mental Disorders Prevention Research (2001). Priorities for prevention research at NIMH. *Prevention & Treatment, 4,* 17.

Tsuang, M.T. & Tohen, M. (2002). *Textbook in psychiatric epidemiology* (2nd ed.). New York: Wiley.

Wittchen, H.-U. & Jacobi, F. (2001). Die Versorgungssituation psychischer Störungen in Deutschland. Eine klinisch-epidemiologische Abschätzung des Bundesgesundheitssurveys 1998. *Bundesgesundheitsblatt – Gesundheitsforschung – Gesundheitsschutz, 44,* 993–1000.

World Health Organization (1994a). *Internationale Klassifikation psychischer Störungen. ICD-10. Kapitel V. Forschungskriterien.* Bern: Huber.

Zitierte Literatur

American Psychiatric Association (1980). *Diagnostic and Statistical Manual of Mental Disorders. Third Edition. DSM-III.* Washington, DC: American Psychiatric Association.

American Psychiatric Association (1987). *Diagnostic and Statistical Manual of Mental Disorders. Third Edition. Revised. DSM-III-R.* Washington, DC: American Psychiatric Association.

American Psychiatric Association (1994). *Diagnostic and Statistical Manual of Mental Disorders. Fourth Edition. DSM-IV.* Washington, DC: American Psychiatric Association.

Andrade, L., Caraveo-Anduaga, J.J., Berglund, P., Bijl, R., Kessler, R.C., Demler, O., Walters, E., Kylyc, C., Offord, D., Üstün, T.B. & Wittchen, H.-U. (2000). Cross-sectional comparisons of the prevalences and correlates of mental disorders. *Bulletin of the World Health Organization, 78,* 413–428.

Angst, J. (1994). Recurrent brief depression. In H. Hippius & C.N. Stefanis (Eds.), *Research in mood disorders.* Göttingen: Hogrefe.

Angst, J., Dubler-Mikola, A. & Binder, J. (1984). The Zurich Study – A prospective epidemiological study of depressive, neurotic and psychosomatic syndromes. I. Problem, methodology. *European Archives of Psychiatry and Neurological Sciences, 234,* 13–20.

Angst, J. & Merikangas, K. (1997). The depressive spectrum: diagnostic classification and course. *Journal of Affective Disorders, 45,* 31–39.

Beck, A.T. (1967). *Depression. Clinical, experimental and theoretical aspects.* New York: Harper & Row.

Beck, A.T. & Emery, G. (1985). *Anxiety disorders and phobias: a cognitive perspective.* New York: Basic Books.

Becker, E.S., Türke, V., Neumer, S., Soeder, U., Krause, P. & Margraf, J. (2000). Incidence and prevalence rates of mental disorders in a community sample of young women: results for the »Dresden Study«. In R. Manz & W. Kirch (Eds.), *Public health research and practice: report for the Public Health Research Association Saxony* (Vol. 11, pp. 259–291). Regensburg: Roderer.

Bijl, R.V., Ravelli, A. & Zessen, G. van (1998). Prevalence of psychiatric disorder in the general population: results of the Netherlands Mental Health Survey and Incidence Study (NEMESIS). *Social Psychiatry and Psychiatric Epidemiology, 33,* 587–595.

Caplan, G. (1964). *Principles of preventive psychiatry.* New York: Basic Books.

Caspi, A., Sugden, K., Moffitt, T.E., Tayler, A., Craig, I.W., Harrington, H.L., McClay, J., Mill, J., Martin, J. Braithwaite. A. & Poulton, R. (2003). Influence of life stress on depression: moderation by a polymosphism in the 5-HTT gene. *Science, 301*, 386–389.

Charney, D.S. (2003). Neuroanatomical circuits modulating fear and anxiety behaviors. *Acta Psychiatrica Scandinavica, 108*, 38–50.

Crow, T.J. (1980). Molecular pathology of schizophrenia: more than one disease process? *British Medical Journal, 280*, 66–68.

Ehlers, A. & Margraf, J. (1989). The psychophysiological model of panic. In P.M.G. Emmelkamp, W., Everaerd, F. Kraaimaat & M. van Son (Eds.), *Fresh perspectives on anxiety disorders* (pp. 1–29). Amsterdam: Swets.

Gordon, R.S. (1983). An operational classification of disease prevention. *Public Health Reports, 98*, 107–109.

Holsboer, F. (1992). The hypothalamic-pituitary-adrenocortical system. In E.S. Paykel (Ed.), *Affective disorders*. Edinburgh: Churchill Livingstone.

Holsboer, F. (1999). The rationale for corticotropin-releasing hormone recepter (CRH-R) antagonists to treat depression and anxiety. *Psychiatry Research, 33*, 181–214.

Hudson, J.L. & Rapee, R.M. (2000). The origins of social phobia. *Behavior Modification, 24*, 102–129.

Ihle, W. & Esser, G. (2002). Epidemiologie psychischer Störungen im Kindes- und Jugendalter: Prävalenz, Verlauf, Komorbidität und Geschlechtsunterschiede. *Psychologische Rundschau, 53*, 159–169.

Isensee, B., Wittchen, H.-U., Stein, M.B., Höfler, M. & Lieb, R. (2003). Smoking and panic: findings from a prospective community study. *Archives of General Psychiatry, 60*, 692–700.

Jacobi, C., Morris, L., Bronisch-Holtze, J., Winter, J., Winzelberg, A. & Taylor, C.B. (2005). Reduktion von Risikofaktoren für gestörtes Essverhalten: Adaption und erste Ergebnisse eines internet-gestützten Präventionsprogramms. *Zeitschrift für Gesundheitspsychologie, 13*, (2), 92–101.

Kessler, R.C., McGonagle, K.A., Zhao, S., Nelson, C.B., Hughes, M., Eshleman, S., Wittchen, H.-U. & Kendler, K.S. (1994). Lifetime and 12-month prevalence of DSM-III-R psychiatric disorders in the United States: Results from the National Comorbidity Survey. *Archives of General Psychiatry, 51*, 8–19.

Kraemer, H.C. (2003). Current concepts of risk in psychiatric disorders. *Current Opinion in Psychiatry, 16*, 421–430.

Kraemer, H.C., Kazdin, A.E., Offord, D.R., Kessler, R.C., Jensen, P.S. & Kupfer, D.J. (1997). Coming to terms with terms of the risk. *Archives of General Psychiatry, 54*, 337–343.

Last, J.M. (Ed.). (1995). *A dictionary of epidemiology. Edited for the International Association of Epidemiology. Third Edition.* New York: Oxford University Press.

Lee, C.K., Kwak, Y.S., Yamamoto, J., Rhee, H., Kim, Y.S., Han, J.H.,Choi, J.O. & Lee, Y.H. (1990). Psychiatric epidemiology in Korea. Part I. Gender and age differences in Seoul. *Journal of Nervous and Mental Disease, 178*, 242–246.

Lewinsohn, P.M., Antonuccio, D.O., Steinmetz, J.L. & Teri, L. (1984). The coping with depression course. Eugene, OR: Castalia.

Lieb, R. (im Druck). Epidemiologie. In M. Perrez & U. Baumann (Hrsg.), *Lehrbuch Klinische Psychologie – Psychotherapie*. Bern: Huber.

Lieb, R., Schuster, P., Pfister, H., Fuetsch, M., Höfler, M., Isensee, B., Müller, N., Sonntag, H. & Wittchen, H.-U. (2000b). Epidemiologie des Konsums, Missbrauchs und der Abhängigkeit von legalen und illegalen Drogen bei Jugendlichen und jungen Erwachsenen: Die prospektiv-longitudinale Verlaufsstudie EDSP. *Sucht, 46*, 18–31.

Lieb, R., Schreier, A. & Müller, N. (2003). Epidemiologie von Angststörungen. *Psychotherapie in Psychiatrie, Psychotherapeutischer Medizin und Klinischer Psychologie, 8*, 86–103.

Lieb, R., Isensee, B., Höfler, M., Pfister, H. & Wittchen, H.-U. (2002). Parental major depression and the risk depression and other mental disorders in offspring: a prospective-longitudinal community study. *Archives of General Psychiatry, 59*, 365–374.

Margraf, J. (Hrsg.). (2000). *Lehrbuch der Verhaltenstherapie* (Band 2 Störungen-Glossar, 2. Aufl.). Berlin: Springer.

Margraf, J. & Schneider, S. (2000). Paniksyndrom und Agoraphobie. In J. Margraf (Hrsg.), *Lehrbuch der Verhaltenstherapie* (2. Aufl., Band 2, S. 1–27). Berlin: Springer.

Merikangas, K.R., Lieb, R., Wittchen, H.-U. & Avenevoli, S. (2003). Family and high risk studies of social phobia. *Acta Psychiatrica Scandinavica, 108*, 28–37.

Merikangas, K.R. & Low, N.C.P. (2005). Genetic epidemiology of anxiety disorders. In F. Holsboer & A. Ströhle (Eds.), *Handbook of experimental pharmacology. Anxiety and Anxiolytic Drugs* (pp. 163–179). Heidelberg: Springer

Marlatt, G.A. & Gordon, J.R. (Eds.). (1985). *Relapse and relapse prevention.* New York: Guilford.

Mowrer, O.H. (1960). *Learning theory and behavior.* New York: Wiley.

Neumer, S., Lieb, R. & Margraf, J. (1998). Epidemiologie somatoformer Störungen. In J. Margraf, S. Neumer & W. Rief (Hrsg.), *Somatoforme Störungen: Unterschiedliche Perspektiven, ein Phänomen?* (S. 37–51). Berlin: Springer.

Olbrich, H.M., Fritze, J., Lanczik, M.H. & Vauth, R. (2002). Schizophrenien und psychotische Störungen. In W. Gaebel (Hrsg.), *Diagnostik und Therapie psychischer Störungen* (S. 405–481). Stuttgart: Kohlhammer.

Perrez, M. (1998). Prävention und Gesundheitsforderung. In U. Baumann & M. Perrez (Hrsg.), *Lehrbuch Klinische Psychologie-Psychotherapie*. Bern: Huber.

Regier, D.A., Boyd, J.H., Burke, J.D., Rae, D.S., Myers, J.K., Kramer, M., Robins, L.N., George, L.K., Karno, M. & Locke, B.Z. (1988). One-month prevalence of mental disorders in the United States. *Archives of General Psychiatry, 45*, 977–986.

Robins, L.N., Locke, B.Z. & Regier, D.A. (1991). An overview of psychiatric disorders in America. In L.N. Robins & D.A. Regier (Eds.), *Psychiatric disorders in America: the Epidemiologic Catchment Area Study* (pp.328–366). New York: Free Press.

Robins, L.N. & Regier, D.A. (Eds.). (1991). *Psychiatric disorders in America: the Epidemiologic Catchment Area Study.* New York: Free Press.

Rothman, K.J. & Greenland, S. (1998). Causation and causal inference. In K.J. Rothman & S. Greenland (Eds.), *Modern epidemiology* (2nd ed., pp. 7–28). Philadelphia: Lippincott.

Schneider, S. & Margraf, J. (2006). *Diagnostisches Interview bei psychischen Störungen (DIPS)*. Berlin: Springer.

Schlenker, B.R. & Leary, M.R. (1982). Social anxiety and self-presentation: a conceptualization and model. *Psychological Bulletin, 92*, 641–669.

Schwartz, F.W., Walter, U., Robra, B.P. & Schmidt, T. (1998). Prävention. In F.W. Schwartz, B. Badura, J. Öeodö, R. Leidl, H. Raspe & J. Siegrist (Hrsg.), *Das Public Health Buch. Gesundheit und Gesundheitswesen* (S. 151–170). München: Urban & Schwarzenberg.

Seligman, M.E.P. (1975). *Helplessness: on depression, development, and death.* San Francisco: Freeman.

Stieglitz R.D., Freyberger H.J. & Mombour W. (2002). Klassifikation und diagnostischer Prozess. In H.-J. Freyberger, W. Schneider, R.D. Stieglitz (Hrsg.), *Psychiatrie, Psychotherapie, Psychosomatische Medizin. 11., vollständig erneuerte und erweiterte Auflage orientiert an der ICD-10* (S. 17–31). Basel: Karger.

Sullivan, P.F., Neale, M.C. & Kendler, KS. (2000). Genetic epidemiology of major depression: review and meta-analysis. *American Journal of Psychiatry, 157*, 1552–1562.

Wells, J.E., Bushnell, J.A., Hornblow, A.R. Joyce, P.R. & Oakley-Browne, M.A. (1989). Christchurch psychiatric epidemiology study: Part I methodology and lifetime prevalence for specific psychiatric disorders. *Australian and New Zealand Journal of Psychiatry, 23*, 315–326.

Wittchen, H.-U. (1993). Diagnostik psychischer Störungen. Von der Optimierung der Reliabilität zur Optimierung der Validität. In M. Berger, H.-J. Möller & H.-U. Wittchen (Hrsg.), *Psychiatrie als empirische Wissenschaft* (S. 17–39). München: Zuckschwerdt.

42

Wittchen, H.-U., Essau, C.A., Zerssen, D. von, Krieg, C.J. & Zaudig, M. (1992). Lifetime and six-month prevalence of mental disorders in the Munich Follow-up Study. *European Archives of Psychiatry and Clinical Neuroscience, 241,* 247–258.

Wittchen, H.-U., Höfler, M., Gander, F., Pfister, H., Storz, S., Üstün, B. & Müller, N. (1999). Screening for mental disorders: performance of the Composite International Diagnostic – Screener (CID-S). *International Journal of Methods in Psychiatric Research, 8,* 59–70.

Wittchen, H.-U. & Lachner, G. (1996). Klassifikation. In A. Ehlers & K. Hahlweg (Hrsg.), *Enzyklopädie der Psychologie: Themenbereich D Praxisgebiete, Band 1 Grundlagen der Klinischen Psychologie* (S. 3–67). Göttingen: Hogrefe.

Wittchen, H.-U., Müller, N., Pfister, H., Winter, S. & Schmidtkunz, B. (1999). Affektive, somatoforme und Angststörungen in Deutschland, Erste Ergebnisse des bundesweiten Zusatzsurveys »Psychische Störungen«. *Das Gesundheitswesen, 61,* 216–22.

Wittchen, H.-U., Nelson, C.B. & Lachner, G. (1998). Prevalence of mental disorders and psychosocial impairments in adolescents and young adults. *Psychological Medicine, 28,* 109–126.

Wittchen, H.-U. & Perkonigg, A. (1996). Epidemiologie psychischer Störungen. Grundlagen, Häufigkeit, Risikofaktoren und Konsequenzen. In A. Ehlers & K. Hahlweg (Hrsg.), *Enzyklopädie der Psychologie: Themenbereich D Praxisgebiete, Band 1 Grundlagen der Klinischen Psychologie* (S. 69–144). Göttingen: Hogrefe.

Wittchen, H.-U. & Pfister, H. (Hrsg.). (1997). *DIA-X-Interviews: Manual für Screening-Verfahren und Interview; Interviewheft Längsschnittuntersuchung (DIA-X-Lifetime); Ergänzungsheft (DIA-X-Lifetime); Interviewheft Querschnittuntersuchung (DIA-X-12 Monate); Ergänzungsheft (DIA-X-12 Monate); PC-Programm zur Durchführung des Interviews (Längs- und Querschnittuntersuchung); Auswertungsprogramm.* Frankfurt: Swets & Zeitlinger.

Wittchen, H.-U., Wunderlich, U., Gruschwitz, S. & Zaudig, M. (1997). *Strukturiertes Klinisches Interview für DSM-IV (SKID).* Göttingen: Hogrefe.

World Health Organization (1991). *Internationale Klassifikation psychischer Störungen. ICD-10. Kapitel V. Klinisch-diagnostische Leitlinien.* Bern: Huber.

World Health Organization (1994b). *Tenth revision of the International Classification of Diseases, chapter V (F): mental and behavioural disorders. Multiaxial Schema (MAS).* Geneva: WHO.

43 Klinische Psychologie II: Die psychologische Behandlung psychischer Störungen

B. Strauß

43.1 Definition von Psychotherapie

Zur Behandlung psychischer Störungen verfügt die Psychologie über ein breites Spektrum an Interventionen, die von psychoedukativen Maßnahmen, Patientenschulung, Beratung bis zur Psychotherapie reichen. Psychotherapie ist ein Oberbegriff für eine Fülle von Heilverfahren und -methoden zur gezielten Behandlung von psychischen bzw. psychosomatischen Störungen und steht im Mittelpunkt der nachfolgenden Ausführungen.

Es gibt viele Versuche, Psychotherapie zu definieren. Als psychologische Behandlung psychischer Störungen wurde sie von Strotzka (1975, S. 24) folgendermaßen spezifiziert:

»Ein bewusster und geplanter interaktioneller Prozess zur Beeinflussung von Verhaltensstörungen und Leidenszuständen,

die in einem Konsens (möglichst zwischen Patient, Therapeut und Bezugsgruppe) für behandlungsbedürftig gehalten werden,

mit psychologischen Mitteln (d. h. durch Kommunikation), meist verbal, aber auch nonverbal,

in Richtung auf ein definiertes, nach Möglichkeit gemeinsam erarbeitetes Ziel (Symptomminimalisierung und/oder Strukturänderung der Persönlichkeit, aber auch Prävention),

mittels lehrbarer Technik,

auf der Basis einer Theorie des normalen und pathologischen Verhaltens.

In der Regel ist dazu eine tragfähige emotionale Bindung notwendig.«

Spätere Definitionen heben zusätzlich hervor, dass Psychotherapieverfahren wissenschaftlich begründet, in der Regel empirisch geprüft sein und auf der Grundlage qualifizierter Diagnostik und Differenzialindikation durch professionelle Psychotherapeuten mit einer geprüften beruflichen Qualifikation eingesetzt werden sollten (Senf & Broda, 2005). Mittlerweile werden zwar mehr als 250 psychotherapeutische Einzelmethoden unterschieden, viele davon sind aber Derivate lange etablierter wissenschaftlicher Psychotherapieverfahren.

Einzelne psychotherapeutische Ansätze unterscheiden sich primär nach den zugrunde liegenden theoretischen Modellen oder formalen Veränderungstheorien und daraus abgeleiteten Interventionsstrategien und -techniken. Psychotherapien können ferner nach dem Behandlungssetting unterteilt werden, das z. B. durch eine spezifische Dauer (kurzzeitige Krisenintervention, Kurztherapie, Langzeittherapie) oder durch eine spezifische Anwendungsform (Einzel-, Paar-, Familien- oder Gruppenpsychotherapie; ambulante vs. stationäre vs. teilstationäre Psychotherapie) differenzierbar ist.

Alle psychotherapeutischen Methoden lassen sich auf fünf verschiedenen Ebenen betrachten, nämlich bezüglich

- therapeutischer Heuristiken und Theorien,
- therapeutischen Basisverhaltens,
- Interventionen und Einzeltechniken,
- Therapiestrategien sowie
- störungsspezifischer Therapieprogramme.

43.2 Entwicklung von Theorien und Methoden zur psychologischen Behandlung psychischer Störungen

Wie die meisten Heilmethoden hat auch die Psychotherapie Wurzeln, die bis in die Antike und weiter zurückreichen. »Vorläufer« psychotherapeutischer Methoden sind Heilungsrituale vorzeitlicher Medizinmänner, Heilerinnen und Schamanen, in denen beispielsweise Prinzipien der Suggestion (d. h. die gezielte Beeinflussung eines Individuums, etwas zu tun, zu denken oder zu fühlen) bedeutsam waren. Die heilende Kraft des Wortes lässt sich in vielen antiken Schriften finden. Die sokratischen Dialoge Platons beispielsweise können als Modell für einen klärungsorientierten psychotherapeutischen Dialog gesehen werden, auf das moderne Methoden wieder Bezug nehmen.

Die Geschichte der Psychotherapie im engeren Sinne beginnt erst im 19. Jahrhundert: Aufbauend auf verschiedenen Methoden der Suggestion und gefördert durch die Arbeiten von Franz Anton Mesmer (1734–1815) zum »animalischen Magnetismus« wurde in der zweiten Hälfte des 19. Jahrhunderts die Hypnose zu einem in der Medizin anerkannten Verfahren. Der Begriff wurde 1843 von James Braid (einem englischen Chirurgen) eingeführt. Die Methode der Hypnose, die auf der Herstellung einer Dissoziation und Verselbstständigung körperlicher und psychischer Systeme durch die hypnotischen Interventionen (Suggestion) beruht, verbreitete sich in verschiedenen europäischen Kliniken, von denen auch Sigmund Freud (1856–1939) einige besuchte (z. B. die Salpêtrière bei Paris, geleitet von J.-M. Charcot). Freud war das »Kupfer der direkten Suggestion« in der hypnotischen Methode nicht genug. In seiner klinischen Arbeit entwickelte Freud ab dem Ende des 19. Jahrhunderts die Methode der Psychoanalyse, die älteste der heute etablierten psychotherapeutischen Grundorientierungen. Aus der von Freud entwickelten »Urform« der Psychoanalyse haben sich mehrere Abwandlungen entwickelt (z. B. die analytische Psychologie Carl Gustav Jungs, die Individualpsychologie Alfred Adlers oder die von Binswanger begründete Daseinsanalyse), die zwar bezüglich einiger theoretischer Annahmen und Techniken abweichen, sich aber aus der Theorie Freuds herleiten.

Eine »Genealogie« der Psychotherapieverfahren findet sich in ▪ Abb. 43.1. Diese Genealogie deutet auf enge Bezüge der psychoanalytischen Verfahren zu Psychotherapie-

methoden aus der Tradition der Humanistischen Psychologie, unter denen die von Carl Rogers (1902–1987) entwickelte »klientenzentrierte Psychotherapie« (in Deutschland von Reinhard Tausch unter dem Namen »Gesprächspsychotherapie« populär gemacht) den Prototyp darstellt. Das Menschenbild der Humanistischen Psychologie ist das eines im Kern gesunden und schöpferischen Menschen, der nach innerem Wachstum und Selbstverwirklichung strebt (»fully functioning person«). In humanistischen Psychotherapien, zu denen neben der klientenzentrierten u. a. das Psychodrama, die Gestalttherapie, die Bioenergetik und die Transaktionsanalyse gerechnet werden, geht es primär darum, eine offenere, angstfreiere und egalitäre Beziehung zwischen den Menschen zu fördern.

In den frühen 50er Jahren des 20. Jahrhunderts entwickelte sich eine dritte Hauptrichtung der Psychotherapie, die sich primär an den Forschungsergebnissen der Allgemeinen Psychologie, speziell der Lernpsychologie orientierte und – wegen ihrer zunächst primär am beobachtbaren Verhalten orientierten Ausrichtung – als Verhaltenstherapie bezeichnet wurde. In den 1970er Jahren war im Zusammenhang mit der vermehrten Einbeziehung von Kognitionen in die Behandlungskonzeption und -durchführung von einer »kognitiven Wende« in der Verhaltenstherapie die Rede, die von da an die Bezeichnung »kognitive Verhaltenstherapie« oder »kognitiv-behaviorale Therapie« erhielt.

Die 70er und 80er Jahre des 20. Jahrhunderts waren durch eine Differenzierung und Diversifikation psychotherapeutischer Methoden gekennzeichnet, die zu der oben erwähnten Vielzahl an Psychotherapieformen geführt hat. Dies – wie Entwicklungen der Psychotherapie i. Allg. – ist vor dem Hintergrund soziokultureller Veränderungen verständlich. Eine zunehmende Individualisierung und Kultivierung der Subjektivität in der zweiten Hälfte des 20. Jahrhunderts, zumindest im westlichen Kulturraum, hat psychotherapeutische Behandlungen, die sich lange gegen einen naturwissenschaftlichen Mainstream in der Medizin zu behaupten hatten, salonfähiger gemacht und einen »Psychoboom« mitverursacht.

Mit der zunehmenden Anerkennung und Erweiterung psychotherapeutischer Methoden wurden gesetzliche Regelungen zur Sicherung von Qualitätsstandards in der Psychotherapie notwendig. Obwohl sie sich auf klinisch-psychologische Theorien und Befunde stützt, wurde die Psychotherapie ursprünglich als eine medizinische Behandlungsmethode aufgefasst. In der BRD wurde die (tiefenpsychologisch fundierte und analytische) Psychotherapie 1967 zu einer Pflichtleistung der gesetzlichen Krankenversicherung erklärt. Die Verhaltenstherapie wurde 1987 vollständig in den Leistungskatalog aufgenommen. 1972 wurden Diplom-Psychologen zwar als Behandler zugelassen, allerdings – im Rahmen eines Delegationsverfahrens – als »Heilhilfspersonen«, die den Ärzten untergeordnet waren. Erst 1998 wurde ein Psychotherapeutengesetz ver-

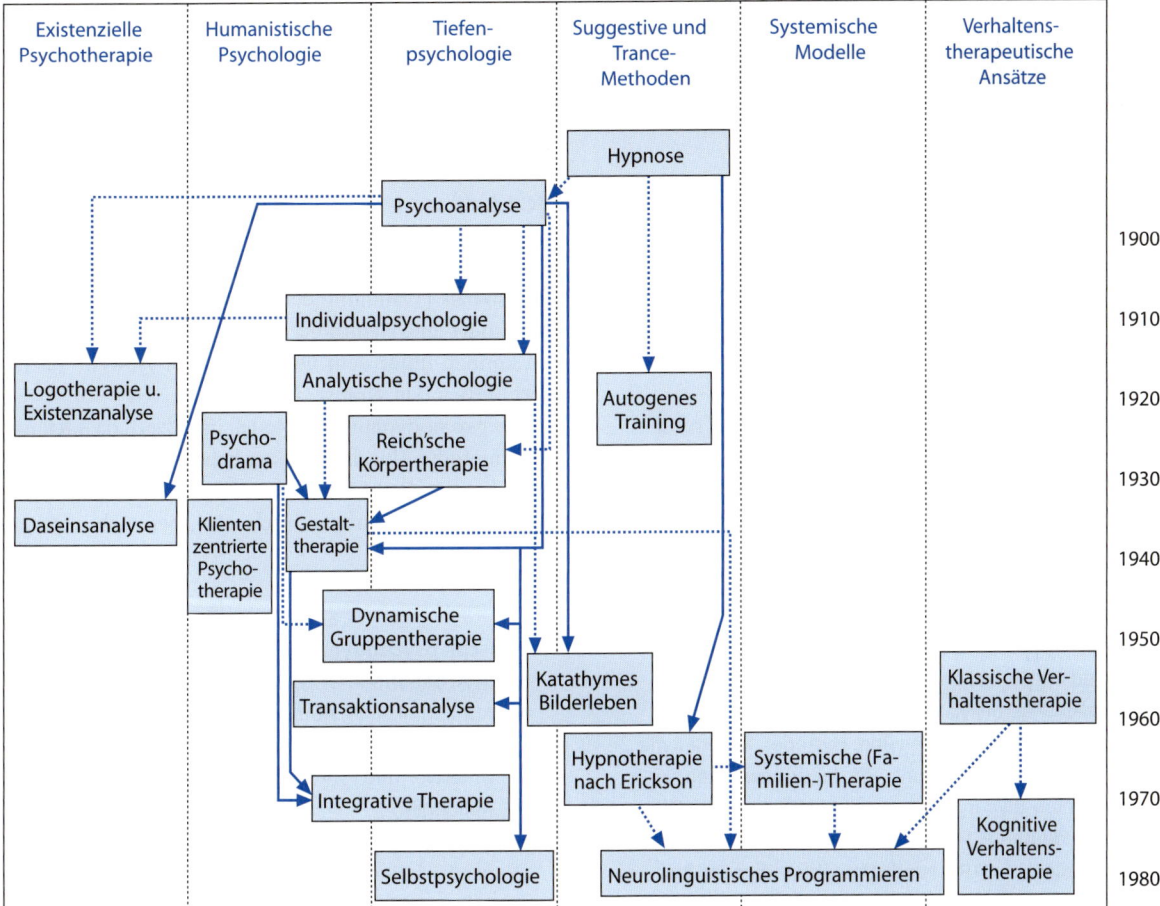

Abb. 43.1. Stammbaum der Psychotherapie und ihrer Schulen

abschiedet, das eine weitgehende Gleichberechtigung von Ärzten und Psychologen festlegt. Die Berechtigung zur Ausübung von Psychotherapie resultiert aus einer in der Regel methodenspezifischen mehrjährigen Ausbildung zum Psychologischen Psychotherapeuten bzw. im Rahmen der Facharztweiterbildung auf den Gebieten Psychiatrie und Psychotherapie, Kinder- und Jugendpsychiatrie und -psychotherapie bzw. Psychosomatische Medizin und Psychotherapie.

Seit In-Kraft-Treten des Psychotherapeutengesetzes in der Bundesrepublik Deutschland existiert ein wissenschaftlicher Beirat der Bundesärzte- und Bundespsychotherapeutenkammer, der darüber berät, welche psychotherapeutischen Methoden als wissenschaftlich fundiert anerkannt werden können. Bislang hat der Beirat neben der Verhaltenstherapie und der psychodynamischen Therapie die klientenzentrierte Gesprächspsychotherapie als wissenschaftlich gesichert anerkannt. Im Gegensatz zu anderen Ländern sind andere Verfahren, wie Hypnotherapie, Psychodrama, Gestalttherapie oder Transaktionsanalyse nicht als wissenschaftlich fundiert klassifiziert, wenngleich deren Konzepte und daraus abgeleitete Interventionsmethoden in der Praxis durchaus eine Rolle spielen.

43.2.1 Psychodynamische Psychotherapien

Psychodynamische Psychotherapieverfahren basieren auf einem psychodynamischen Modell von Gesundheit und Krankheit. Der Begriff »Psychodynamik« beschreibt das Zusammenspiel bewusster und unbewusster psychischer Vorgänge.

Ein wesentliches Verdienst Freuds war die Entdeckung, dass diese Prozesse überwiegend unbewusst ablaufen. Das Unbewusste wird hier als ein Bereich aufgefasst, welcher dem Bewussten nicht bekannt ist. In seinen Modellen der Persönlichkeit definierte Freud diesen Bereich als System, das aus verdrängten Inhalten besteht und von vorbewussten und bewussten Systemen abzugrenzen ist. Er postulierte das Prinzip der psychischen Determiniertheit menschlichen Erlebens und Verhaltens, welches beschreibt, dass alles, was wir tun, denken und fühlen immer eine Ursache oder ein Motiv hat, wobei uns diese in der Regel nicht bewusst sind.

»Die Annahme eines ubiquitären dynamischen Unbewussten besagt somit, dass sich Menschen beständig mit Erlebnisinhalten konfrontiert sehen, die sie in bewusster Weise nicht wahrnehmen möchten. Menschen versuchen

43

Sigmund Freud

Sigmund Freud wurde 1856 in Freiberg (Mähren) als Sohn eines jüdischen Kaufmanns geboren und lebte ab dem 4. Lebensjahr in Wien, wo er Medizin studierte und zunächst als Neurophysiologe und -pathologe arbeitete. Inspiriert durch einen Aufenthalt in Paris bei dem Hypnosespezialisten Charcot, beschäftigte sich Freud mit der Behandlung von Neurosen und veröffentlichte gemeinsam mit dem Allgemeinarzt Josef Breuer 1895 die »Studien über Hysterie«, in denen die grundlegende Auffassung von der unbewussten Natur der Neurosen dargelegt wurde. Mit Werken wie »Die Traumdeutung« (1900), »Die Psychopathologie des Alltagslebens« (1901) und »Drei Abhandlungen zur Sexualtheorie« (1905) erreichte Freud Bekanntheit und Ruhm und konnte die Psychoanalyse als eine Therapieschule etablieren und institutionalisieren (durch Gründung der Internationalen Psychoanalytischen Vereinigung). Sein Gesamtwerk umfasst mehr als 20 Bände mit theoretischen und klinischen Studien, aber auch Aufsätzen zur Kulturtheorie. Als Jude musste Freud 1937 nach der Annexion Österreichs Wien verlassen und nach London emigrieren, wo er 1939 an einer lange Jahre bestehenden Krebserkrankung verstarb.

prüfung) und des Über-Ich (internalisierte Gebote, Werte etc.) gegenübergestellt.

Der Konflikt entsteht durch eine Intention oder einen Impuls, der – in der Regel unbewusst – ein Affektsignal auslöst. Unterschiedliche Formen der Angst werden durch diesen Affekt signalisiert. Als Maßnahmen gegen diesen Affekt (und zur temporären Lösung des Konflikts) kommen Veränderungen der kognitiven Repräsentation der Intention oder des Impulses in Frage, Veränderungen des Affektsignals (Wandlung der Angst in einen erträglichen Affekt) oder eine Hemmung des Impulses. All diese Strategien können unter dem Oberbegriff der Abwehr subsumiert werden (vgl. Krause, 1997).

Das psychodynamische Modell impliziert, dass Krankheitssymptome Abwehrcharakter haben und der (naturgemäß suboptimalen) Lösung eines Konfliktes dienen. Diese Konflikte können intrapsychisch sein, aber auch interpersonal (► Übersicht).

Typische psychodynamische Konflikte (nach Arbeitskreis OPD, 2004)

- Abhängigkeit vs. Autonomie (Suche nach Beziehung vs. emotionale Unabhängigkeit)
- Unterwerfung vs. Kontrolle (Gehorsam vs. Sich-Auflehnen)
- Versorgung vs. Autarkie (Geborgenheit vs. Selbstgenügsamkeit/Anspruchslosigkeit)
- Selbstwertkonflikte (brüchiges, resigniertes Selbstwertgefühl vs. Überanstrengung zur Aufrechterhaltung einer Pseudoselbstsicherheit)
- Schuldkonflikte (Selbstvorwürfe vs. Egoismus)
- Ödipal-sexuelle Konflikte (Fehlen von Sexualität/Erotik vs. Übersexualisierung)
- Identitätskonflikte (Unsicherheit bezüglich Geschlechts-, Rollen-, religiöser oder kultureller Identität)

---

ständig, sich in unbewusster Weise vor dem bewussten Gewahrwerden dieser Erlebnisinhalte zu schützen, da sie bereits unbewusst befürchten, dass ein bewusstes Gewahrwerden dieser Erlebnisinhalte mit dem Verspüren von äußerst unangenehmen Gefühlen verbunden wäre« (Datler & Stephenson, 1999, S. 85).

Das auf der Psychoanalyse basierende **psychodynamische Krankheitsmodell** ist primär ein Konfliktmodell. Konflikte entstehen durch die Diskrepanz zwischen inneren Bedürfnissen (z. B. Wunsch nach Nähe) und Versagungen dieser Bedürfnisse (konstitutionell, gesellschaftlich). Eine Basis für das Konfliktmodell ist das Strukturkonzept der Persönlichkeit, das die Instanz des Es als Ort der Wünsche bzw. Triebe den Instanzen des Ich (Ort der Realitäts-

In der klassischen psychoanalytischen Neurosenlehre wurden bestimmte Störungen, wie z. B. Zwangs- oder Angststörungen (► Kap. 42) mit spezifischen Konflikten in Verbindung gebracht. Heute werden weitere Einflussfaktoren berücksichtigt. Traumatisierungen und andere Risikofaktoren eher struktureller und interpersonaler Natur begünstigen die Vulnerabilität für die Entwicklung von Symptomen.

Wenn ein seelisches (oder auch körperliches) Symptom einen unbewussten Versuch der Konfliktlösung darstellt, zieht die betroffene Person aus der Symptomatik einen subjektiven (allerdings ebenfalls unbewussten) Gewinn. In dem durch ein Symptom ausgedrückten Kompromiss ist oft eine Teilbefriedigung unbewusster Wünsche, die Reduktion von Angst, gleichzeitig aber auch ein Gehorsam gegenüber dem Gewissen (Über-Ich) enthalten. Dieses Phänomen bezeichnet man als primären Krankheitsgewinn.

Für die therapeutische Anwendung der psychodynamischen Modelle ist das Konzept der **Übertragung** von besonderer Bedeutung. Damit wird ein Interaktionsphänomen beschrieben, das genutzt werden kann, um unbewusste Prozesse zu erkennen. In der Regel versteht man unter Übertragung zum einen die unbewusste Wiederherstellung einer früheren Beziehung oder der damit verbundenen inneren Welt, welche zu verzerrten Wahrnehmungen und Fehlinterpretationen einer realen Beziehung (einschließlich der therapeutischen Beziehung) führt. Zum anderen ist Übertragung auch das Resultat von Externalisierungen und Projektionen (beispielsweise von Forderungen, bestimmten Charakterzügen, Wünschen und Erwartungen) auf das Gegenüber. Das Pendant zur Übertragung, die ebenfalls größtenteils unbewusste Reaktion auf dieselbe, bezeichnet man als Gegenübertragung.

Die Urform der psychodynamischen **Psychotherapieverfahren** ist die von Sigmund Freud entwickelte Psychoanalyse (oder psychoanalytische Kur), eine Methode zur Behandlung von Neurosen, bei der ein Patient (»Analysand«) in hoher Frequenz (bis zu 5-mal pro Woche) und mit einer Dauer von meist mehreren Jahren in einem spezifischen Setting (auf der Couch liegend, hinter welcher der Analytiker sitzt) behandelt wird. Die freien Assoziationen des Analysanden stellen das Material für den Behandlungsprozess dar, in dem Widerstände (das Festhalten an alten Vorstellungen und Wünschen) und Übertragungen (▶ oben) kontrolliert gedeutet und durchgearbeitet werden sollen. Die Durcharbeitung dient der Auflösung von Konflikten, der Einsicht und dem Aufbau alternativer Konfliktlösungsmöglichkeiten.

Von der Psychoanalyse abgeleitete psychodynamische Verfahren, denen die Fokussierung unbewusster Phänomene gemeinsam ist, unterscheiden sich von der klassischen »Kur« im Hinblick auf das Setting (Behandlung im Sitzen), die Behandlungsfrequenz (1- bis 2-mal pro Woche) und die Behandlungsdauer (bis zu 80 Stunden) sowie die Zielsetzung (fokale Therapie). In zeitlich begrenzten psychodynamischen (oder tiefenpsychologisch fundierten) Therapien wird meist ein zentraler (Beziehungs-)Konflikt fokussiert, während die psychoanalytische Kur eine umfassendere Änderung der Persönlichkeitsstruktur zum Ziel hat.

Im Laufe der Entwicklung der psychodynamischen Psychotherapie wurden unterschiedliche theoretische Schwerpunkte gesetzt, die auch die Interventionsmethoden maßgeblich beeinflusst haben. Standen zu Freuds Zeiten die intrapsychischen (Trieb-)Konflikte im Vordergrund, wurde der Fokus durch die Weiterentwicklung der Ich-Psychologie zunehmend auf die Entwicklungsdefizite von Patienten erweitert. Die Vertreter der Objektbeziehungs- (und Selbst-)psychologie in der Psychoanalyse haben schließlich die interpersonale Perspektive in der Behandlung erweitert. Entsprechend dem Fokus werden Übertragung und Gegenübertragung in der psychoanalytischen Behandlung auch unterschiedlich gehandhabt.

Wird beispielsweise primär auf den Triebkonflikt fokussiert, dann wird die Übertragung in erster Linie als Verzerrung auf der Basis unbewusster Phantasien, Projektionen und tatsächlich Erlebtem interpretiert. In einer eher Ich-psychologischen Orientierung würde Übertragung vor allem dahingehend betrachtet, welche Entwicklungsbedürfnisse in ihr zum Ausdruck kommen. Ein objektbeziehungspsychologisches Vorgehen würde Übertragung vorrangig als eine Möglichkeit der Information über die intersubjektive Beziehungsrealität interpretieren (vgl. Mertens, 2000).

Die wesentlichen Wirkprinzipien der psychodynamischen Therapien werden in der folgenden ▶ Übersicht zusammengefasst.

Wirkprinzipien psychodynamischer Therapie (nach Mertens, 2000)

- Einsicht und Bewusstwerden verdrängter Erfahrungen
- Erkennen und Durcharbeiten unbewusster Fantasien
- Anerkennung der eigenen und der Generationengrenzen
- Aussöhnung mit Neid, Wut und Rache
- Weiterentwicklung im Hinblick auf
  - Selbstregulation
  - Einfühlungsvermögen
  - Verantwortung
  - Affekttoleranz
  - Affektdifferenzierung
  - Ambivalenztoleranz
  - kognitive Differenzierung
- Neue Beziehungserfahrungen
- Einsichtsbildungen über
  - bisherige Rollenkonstellationen
  - bestimmte Reaktionen im Gegenüber
  - eigene Reaktionen gegenüber Objekten

Anders als insbesondere in der Verhaltenstherapie gibt es in der psychodynamischen Therapie bislang noch kaum störungsspezifische Behandlungsansätze, wie hier überhaupt die Symptomatik von sekundärer Bedeutung ist gegenüber Merkmalen der psychischen Struktur, der Natur von Konflikten und von Beziehungsmustern. Dementsprechend liegen bislang auch kaum Behandlungsmanuale auf der Basis psychodynamischer Theorien vor. Ausnahmen stellen die kurztherapeutischen Ansätze von Strupp und Binder (1994) sowie Luborsky (1989) dar, die Interventionsmethoden beschreiben, welche auf maladaptive Beziehungsmuster bzw. zentrale Beziehungskonflikte, deren Identifikation und Auflösung fokussieren sowie die übertragungsfokussierte Therapie der Borderline-Persönlichkeitsstörung (Clarkin, Yeomans & Kernberg, 2002).

Die wesentlichen Konzepte und Begriffe der psychoanalytischen Theorie sind beispielsweise bei Roudinesco und Plon (2004) unter Bezug auf Freuds Werke beschrieben. Eine Zusammenfassung der wissenschaftlichen Fundierung der Theorie gibt Krause (1997, 1998).

43.2.2 Humanistische Verfahren

Prototyp der humanistischen Verfahren ist die **klientenzentrierte Psychotherapie** (auch als Gesprächspsychotherapie oder personzentrierte Psychotherapie bezeichnet). Die Grundannahme der Theorie ist, dass der Mensch von Natur aus »sozial, vorwärts gerichtet, rational und realistisch« (Rogers, 1973) ist, motiviert durch eine angeborene Aktualisierungstendenz. Sie bezeichnet die allen Organismen innewohnende Tendenz, alle Möglichkeiten in Richtung auf Selbsterhaltung und Selbstentfaltung zu entwickeln und alle Erfahrungen organismisch zu bewerten, d. h. im Hinblick

Carl Rogers

Carl Rogers wurde 1902 in Oak Park im US-Bundesstaat Illinois geboren. Er studierte an der Universität Wisconsin Landwirtschaft und Theologie, ehe er in den Studiengang Klinische Psychologie an der Columbia University überwechselte und 1931 promoviert wurde. Im Jahr 1940 wurde Rogers Professor an der Universität Ohio und veröffentlichte dort (1942) sein erstes wichtiges Buch »Psychotherapy and Counselling«. 1945 wurde er an die Universität Chicago berufen und baute hier ein Beratungszentrum auf. 1951 erschien sein Hauptwerk »Client-Centered Therapy«, in dem er die Grundprinzipien seiner Theorie darlegte. Nach einem Aufenthalt an der Universität Wisconsin (ab 1957) wechselte er 1964 an die University of California San Diego. Bis zu seinem Tod im Jahr 1987 war er an einem privaten Institut in LaJolla klinisch tätig, wo er weiter unterrichtete und publizierte. Rogers Theorie wurde aus der klinischen Praxis entwickelt; er vertrat immer die Auffassung, dass Therapeuten von ihren Klienten lernen müssten.

darauf, ob sie für Entfaltung und Erhaltung oder für Behinderung und Bedrohung stehen. Zur humanen Selbstaktualisierung gehört die Entwicklung eines Selbstkonzepts und von positiver Selbstbeachtung. Als wahres Selbst gilt das Selbstkonzept, das in der Aktualisierungstendenz begründet ist und Erfahrungen organismisch bewertet. Die Entwicklung des wahren Selbst ist an die Bedingung unbedingt positiver empathischer Beachtung durch wichtige andere geknüpft. Wenn die Erfahrungen des Kindes nicht unbedingt positiv beachtet werden, kann es zur Internalisierung von Wertvorstellungen kommen. Das Individuum bewertet sich dann selbst nur in einigen Erfahrungen positiv und in anderen nicht, und es kann zur Abwehr (Verleugnung und Verzerrung) von Erfahrungen und zu Inkongruenz kommen. Von Inkongruenz wird im Rahmen der klientenzentrierten Psychotherapie dann gesprochen, wenn die Gesamtheit der Erfahrung nicht der im wahren Selbst repräsentierten Erfahrung entspricht: wenn Erfahrung abgewehrt wird, die Gesamtheit der Erfahrung also nicht mit der im Bewusstsein repräsentierten Erfahrung übereinstimmt, bzw. wenn die Bewertung von Erfahrung auf der Grundlage der internalisierten Bewertungsbedingungen nicht der organismischen Bewertung der Erfahrung entspricht.

In der Therapie wird darauf fokussiert, den Prozess der Selbstexploration des Klienten zu fördern. Rogers hat notwendige und hinreichende Bedingungen für den psychotherapeutischen Prozess formuliert. Aufseiten des Therapeuten sind das:
- Empathie; einfühlendes Verstehen (sich in das Erleben des Klienten einzufühlen, es empathisch wahrzunehmen),
- unbedingte Wertschätzung und
- Echtheit bzw. Kongruenz (Offenheit und Ehrlichkeit gegenüber dem Klienten auf der Grundlage der Möglichkeit, sich seiner gesamten Erfahrung im Kontakt mit dem Klienten bewusst zu werden).

Das »Versprechen« des klientzentrierten Psychotherapeuten auf der Basis der genannten Bedingungen kann wie folgt formuliert werden: »Ich, der Therapeut, will von dir und für dich nichts, als dich zu verstehen. Ich helfe dir bei deinen Bemühungen um dich selbst. Darüber hinaus verspreche ich dir nichts« (Biermann-Ratjen, Eckert & Schwartz, 1995, S. 33). In der Psychotherapie wird konsequent von den Erfahrungen und der inneren Welt des Klienten ausgegangen. Die primäre Aufgabe des Therapeuten ist die unbedingt wertschätzende empathische Erfassung der Erfahrung des Klienten, durch die eine Selbstexploration mit dem Ziel der Auflösung von Inkongruenzen gefördert werden soll.

43.2.3 Kognitive Verhaltenstherapie

Verhaltenstherapeutische und kognitiv-behaviorale Therapiemethoden basieren im Wesentlichen auf Erkenntnissen

Joseph Wolpe

Joseph Wolpe wurde 1915 in Johannesburg (Südafrika) geboren, wo er Medizin studierte. An der Universität Witwatersrand erwarb er den Doktortitel. Als Stabsarzt in der Südafrikanischen Armee wurde er mit dem Phänomen der »Kriegsneurosen« konfrontiert, das er zunächst medikamentös zu behandeln suchte. Diese Erfahrungen ließen Wolpe mit lernpsychologischen Experimenten zum Lernen und Verlernen von Angst beginnen. In Tierexperimenten konnte Wolpe das Prinzip der »reziproken Hemmung« beschreiben, das zum wesentlichen Bestandteil der Technik der »Systematischen Desensibilisierung« wurde. Auch das Selbstsicherheitstraining als verhaltenstherapeutische Technik wurde maßgeblich von Wolpe entwickelt, der 1969 in dem Buch »The Practice of Behavior Therapy« darlegte, wie eine humanistische therapeutische Haltung in Kombination mit wissenschaftlich abgesicherten Interventionen psychische Störungen heilen kann. Den Großteil seiner wissenschaftlichen Laufbahn verbrachte Wolpe in den USA (Virginia, Pennsylvania und Kalifornien) und lehrte bis kurz vor seinem Tod im Jahr 1997.

der experimentellen (Lern-)Psychologie. Franks und Wilson (1978, S. 11) haben die Verhaltenstherapie wie folgt definiert: »Die Verhaltenstherapie beinhaltet primär die Anwendung von Prinzipien, die in der Forschung der Experimental- und Sozialpsychologie entwickelt wurden; sie soll menschliches Leiden und die Einschränkung menschlicher Handlungsfähigkeit vermindern … Die Verhaltenstherapie beinhaltet Veränderungen der Umwelt und der sozialen Interaktion und weniger eine direkte Veränderung körperlicher Prozesse durch biologische Vorgänge. Das Ziel ist hauptsächlich die Ausbildung und Förderung von Fähigkeiten. Die Techniken ermöglichen eine verbesserte Selbstkontrolle.«

In ihren Anfängen hat die Verhaltenstherapie primär auf die Verbindung von (auslösenden) Reizen und darauf folgenden (motorischen) Reaktionen geachtet. Im Laufe

der Zeit wurden die Annahmen über die Modelle menschlichen Verhaltens zunehmend komplexer.

Das sog. **S-O-R-K-Modell** bildet die Basis für die Analyse problematischen Verhaltens:

- **S** bezeichnet die (externen, kognitiven und somatischen) Stimuli, die ein problematisches Verhalten auslösen.
- **O** steht für Organismus und damit für die Bestandteile des Selbstregulationssystems, zu dem körperliche Faktoren, aber auch überdauernde Attributionen, Erwartungen und Pläne gerechnet werden.
- **R** bezeichnet die Reaktionen auf Reize auf kognitiver, emotionaler, motorischer und physiologischer Ebene.
- **K** schließlich steht in dem Modell für die kurz- und langfristigen Konsequenzen (inklusive aufrechterhaltender Bedingungen).

Das Modell wurde mittlerweile um weitere dynamische Komponenten erweitert (z. B. verdeckte gedankliche Prozesse). Die Analyse des Problemverhaltens auf der Basis dieses Systems, die sog. funktionale Analyse, stellt eine der Grundkomponenten der Verhaltenstherapie dar und beschreibt sowohl die intrapsychische als auch die interpersonale Funktion von problematischem Verhalten. Diese Analyse hat zum Ziel, begleitende und nachfolgende Bedingungen eines problematischen Verhaltens zu identifizieren, die im therapeutischen Kontext Ansatzpunkte von Veränderungen werden können, z. B. die situativen Bedingungen, unter denen ein Alkoholiker beginnt, zu trinken, die positiven und negativen Konsequenzen seines Verhaltens, die somatischen Begleiterscheinungen etc.

In der modernen Verhaltenstherapie hat sich die Unterscheidung einer horizontalen und einer vertikalen Verhaltensanalyse eingebürgert.

- Unter der **horizontalen Verhaltensanalyse** wird die Untersuchung der zeitlich geordneten Sequenz von Reiz- und Reaktionsmerkmalen verstanden.
- Die **vertikale Analyse** oder Analyse von Schemata zielt darauf ab, die Motivationsstruktur, die hinter einem Verhalten steht, genauer zu verstehen und zu beschreiben. Die von Caspar (1996) beschriebene Plananalyse kann hierfür als Beispiel dienen. Dabei werden systematisch die Funktionen einzelner Verhaltensweisen als Mittel zur Erreichung bestimmter Ziele erforscht und hierarchisch geordnet.

Auf der Basis dieser funktionalen Analyse werden spezifische therapeutische Ziele vereinbart und mittels abgestimmter Techniken realisiert. Dieser Prozess ist am besten in einem auf Kanfer, Schmelzer und Reinecker (1996) zurückgehenden **7-Phasen-Modell therapeutischer Veränderung** zu demonstrieren, welches ◘ Abb. 43.2 wiedergibt. Dieses Modell beschreibt idealtypisch die wesentlichen Bausteine eines verhaltenstherapeutischen Prozesses, der im individuellen Fall variiert wird.

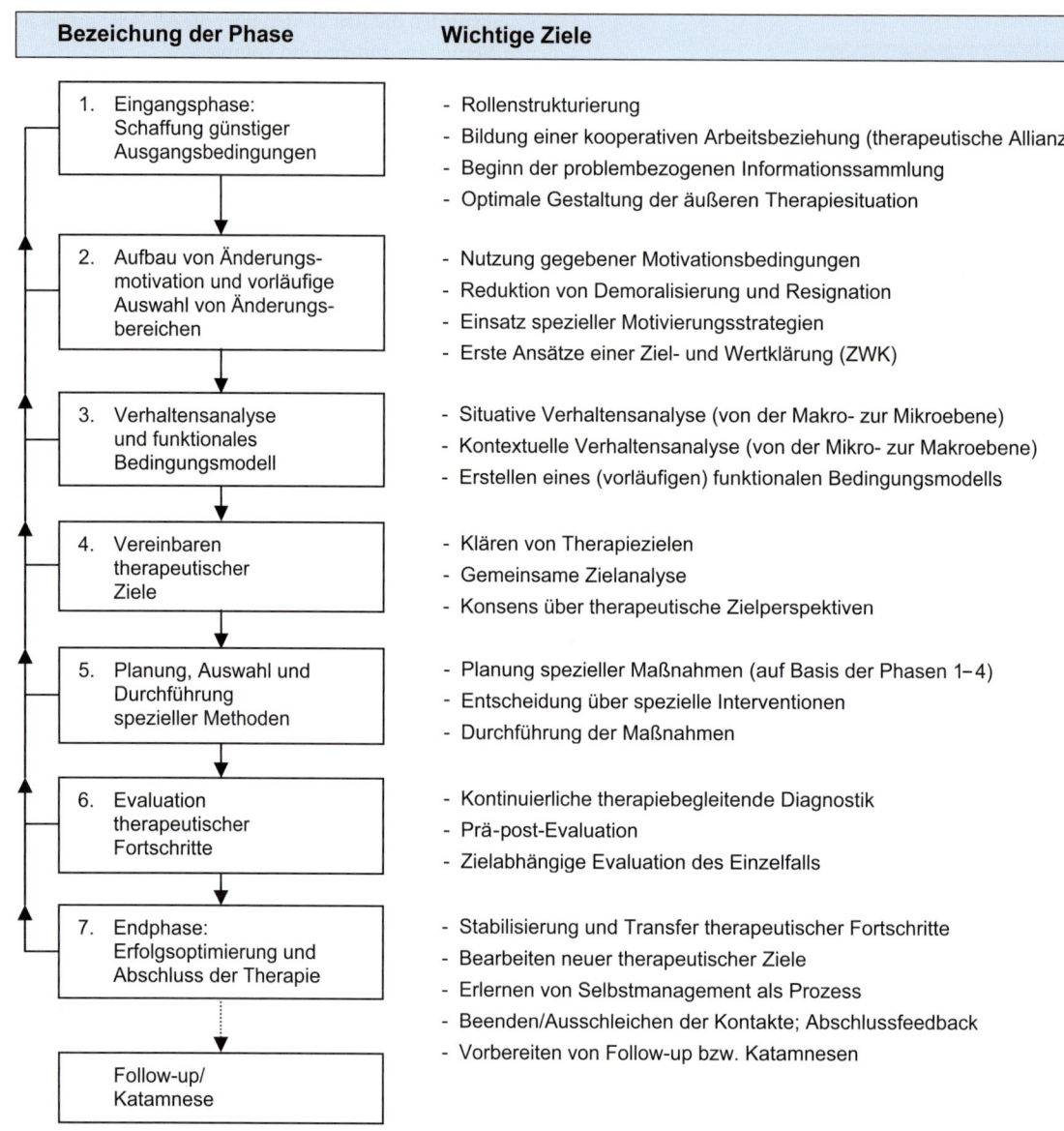

Bezeichung der Phase	Wichtige Ziele

1. Eingangsphase: Schaffung günstiger Ausgangsbedingungen
- Rollenstrukturierung
- Bildung einer kooperativen Arbeitsbeziehung (therapeutische Allianz)
- Beginn der problembezogenen Informationssammlung
- Optimale Gestaltung der äußeren Therapiesituation

2. Aufbau von Änderungsmotivation und vorläufige Auswahl von Änderungsbereichen
- Nutzung gegebener Motivationsbedingungen
- Reduktion von Demoralisierung und Resignation
- Einsatz spezieller Motivierungsstrategien
- Erste Ansätze einer Ziel- und Wertklärung (ZWK)

3. Verhaltensanalyse und funktionales Bedingungsmodell
- Situative Verhaltensanalyse (von der Makro- zur Mikroebene)
- Kontextuelle Verhaltensanalyse (von der Mikro- zur Makroebene)
- Erstellen eines (vorläufigen) funktionalen Bedingungsmodells

4. Vereinbaren therapeutischer Ziele
- Klären von Therapiezielen
- Gemeinsame Zielanalyse
- Konsens über therapeutische Zielperspektiven

5. Planung, Auswahl und Durchführung spezieller Methoden
- Planung spezieller Maßnahmen (auf Basis der Phasen 1–4)
- Entscheidung über spezielle Interventionen
- Durchführung der Maßnahmen

6. Evaluation therapeutischer Fortschritte
- Kontinuierliche therapiebegleitende Diagnostik
- Prä-post-Evaluation
- Zielabhängige Evaluation des Einzelfalls

7. Endphase: Erfolgsoptimierung und Abschluss der Therapie
- Stabilisierung und Transfer therapeutischer Fortschritte
- Bearbeiten neuer therapeutischer Ziele
- Erlernen von Selbstmanagement als Prozess
- Beenden/Ausschleichen der Kontakte; Abschlussfeedback
- Vorbereiten von Follow-up bzw. Katamnesen

Follow-up/ Katamnese

Abb. 43.2. Das 7-Phasen-Modell für den diagnostisch-therapeutischen Prozess

Interventionstechniken der kognitiv-behavioralen Therapie

Die kognitiv-behaviorale Therapie ist kein homogenes Behandlungskonzept, sie verfügt über eine Fülle unterschiedlicher Interventionstechniken, die sich nach den zugrunde liegenden (lerntheoretischen) Therapieprinzipien differenzieren lassen (Tab. 43.1).

Techniken der **Stimuluskontrolle** sind besonders wirksam bei der Behandlung von (spezifischen) Ängsten und Phobien (z. B. vor Höhe, engen Räumen, freien Plätzen, Tieren). Konfrontationsverfahren bringen eine betroffene Person mit den gefürchteten oder vermiedenen Reizbedingungen (entweder in der Phantasie oder real) in Kontakt. Das Verfahren setzt u. a. darauf, dass nach einem vorübergehenden Angstanstieg ein Rückgang der kognitiv-emotio-

nalen und physiologischen Erregung erfolgt und damit die Motivation wächst, angstauslösende Situationen aufzusuchen und nicht mehr zu vermeiden.

Operante Verfahren nutzen die Prinzipien des operanten Konditionierens. Bei der Behandlung von Essstörungen wie der Magersucht oder der Ess-Brechsucht (Bulimie) z. B. werden gezielt Verstärker (oder das Vorenthalten von Verstärkern) eingesetzt, um das Verhalten zu verändern. In stationären psychotherapeutischen Einrichtungen kann beispielsweise die Erlaubnis von Ausflügen, Kinogängen etc. verstärkende Wirkung auf Verhaltensänderungen haben.

Zu den Techniken, die auf dem Prinzip des **Modelllernens** basieren, gehören beispielsweise Selbstsicherheitstrainings, in denen unangenehme soziale Situationen (wie

Tabelle 43.1. Systematik der verhaltenstherapeutischen Interventionstechniken. (Nach Reinecker, 2003)

Therapieprinzip	Interventionstechniken
Stimuluskontrolle	Konfrontationsverfahren Systematische Desensibilisierung Graduierte vs. massierte Konfrontation Paradoxe Strategien Angstbewältigung
Operante Verfahren (Veränderung von Verhaltenskonsequenzen)	Verstärkungstechniken Löschung Bestrafungsverfahren
Modelllernen	Aufbau von Verhalten (Shaping) Erleichterung von Verhalten Diskriminationslernen
Selbstkontrolltechniken	Selbstbeobachtung Selbstverstärkung Kontingenzkontrolle und Kontaktmanagement Stimuluskontrolle
Kognitive Techniken	Verdeckte Konditionierung Kognitive Therapie Rational-emotive Therapie Selbstinstruktionstraining Problemlösetraining Attributionstraining

z. B. Reklamationen) im Rollenspiel »modellhaft« simuliert und nachgeahmt werden.

Verfahren, die primär auf die **Selbstkontrolle** abzielen, werden beispielsweise im Rahmen der Raucherentwöhnung oder zur Veränderung inadäquaten Ess-Verhaltens eingesetzt. Ziel ist es, über die genaue Selbstbeobachtung kontrollierbare Bedingungen zu identifizieren, unter denen ein unerwünschtes Verhalten auftritt, um dieses dann wiederum unter Einsatz von Stimuluskontroll- oder operanten Techniken eigenverantwortlich zu modifizieren.

Kognitive Techniken schließlich fokussieren auf die Modifikation von Gedanken. Ein prototypisches kognitives Verfahren ist die von Beck entwickelte kognitive Therapie der Depression, die darauf abzielt, die für Depressionen typische »kognitive Triade«, bestehend aus einer negativen Sicht der eigenen Person, der Umwelt und der Zukunft, zu modifizieren. Dazu werden Patienten beispielsweise motiviert, Gedanken zu verbalisieren, die Gedanken zu erwidern, sie mit der Realität zu vergleichen oder realistischere Erwartungen aufzubauen.

Speziell im Zusammenhang mit körperlichen Symptomen hat sich eine spezifische Richtung verhaltenstherapeutischer Verfahren (unter dem Oberbegriff der **Verhaltensmedizin** subsumiert) entwickelt, in denen die oben genannten Techniken eingesetzt werden, um physiologische Vorgänge zu beeinflussen.

Ein Standardverfahren der Verhaltensmedizin ist das sog. **Biofeedback**. Hierbei werden physiologische Prozesse (wie z. B. Anspannung bestimmter Muskeln, Herzrate, elektrische Aktivität des Gehirns, Atmung) kontinuierlich mittels technischer Apparaturen (▶ Kap. 3) gemessen und in Form akustischer oder visueller Signale zurückgemeldet. Über Prozesse des Diskriminationslernens (▶ Kap. 11) wird so ermöglicht, bestimmte Körperfunktionen willentlich zu beeinflussen. Diese Methode hat sich u. a. bei unterschiedlichen Schmerzzuständen (Spannungskopfschmerz, Rückenbeschwerden) oder Migräne bewährt. Biofeedback kann auch genutzt werden, um die Induktion von Entspannung zu fördern. Entspannungstechniken werden in verschiedenen Psychotherapien als adjuvante Techniken eingesetzt, so z. B. in der verhaltenstherapeutischen Behandlung von Ängsten. In diesem Kontext wird häufig das von Jacobson entwickelte Verfahren der progressiven Muskelentspannung angewandt (Wilke, 1996). Dieses Übungsprogramm zielt darauf ab, durch Anspannen und Lösen der Willkürmuskulatur einzelner Körperbereiche Empfindungsunterschiede zu erlernen und die Fähigkeit zu erreichen, einen entspannten Zustand willkürlich herzustellen. Eine weitere, häufig praktizierte Methode zur Entspannungsinduktion ist das autogene Training (Kraft, 1996).

Im Gegensatz zu den psychodynamischen und humanistischen Verfahren, beinhaltet die kognitive Verhaltenstherapie ein **störungsspezifisches Vorgehen**. Inzwischen liegen überwiegend manualisierte Therapieprogramme für ein breites Spektrum an psychischen Störungen vor, wie z. B. Abhängigkeit und Substanzmissbrauch, schizophrene Störungen, unipolare und bipolare affektive Störungen, Angst- und Zwangsstörungen, posttraumatische und akute Belastungsstörungen, somatoforme und dissoziative Störungen, Essstörungen und sexuelle Funktionsstörungen (vgl. Margraf, 2000 oder die Buchreihe »Fortschritte der Psychotherapie«, Hogrefe, Göttingen).

Exposition und Reaktionsverhinderung bei Phobien

Mittlerweile gelten die Exposition in vivo und die Reaktionsverhinderung als Behandlungsmethode der Wahl bei spezifischen Phobien (z. B. vor Tieren, Höhe, bestimmten Situationen). Exposition bedeutet dabei, dass eine betroffene Person dem angstauslösenden Reiz unmittelbar ausgesetzt wird; Reaktionsverhinderung bewirkt, dass Flucht und Vermeidung als mögliche (und übliche) Reaktion auf den Reiz verhindert werden. Die Exposition kann graduiert oder massiert erfolgen.

Ein Patient wird bei diesem Vorgehen – nach einer genauen Problemanalyse und Zielvereinbarung – dazu ermutigt, in der angstauslösenden Situation zu verbleiben, bis die erlebte Angst nachlässt und »verlernt« wird. Das lerntheoretische Prinzip der Löschung ist hierbei ebenso bedeutsam wie das Erlernen neuen Verhaltens (sich der Angstsituation aussetzen) sowie eine Veränderung von Repräsentationen

43

(kognitive Umbewertung). In der Regel ist es bei der Expositionsbehandlung wichtig, ein plausibles Erklärungsmodell für die Symptomatik zu erarbeiten, um die motivationale Basis für die überaus beanspruchenden Expositionen zu legen. In der angstauslösenden Situation werden die üblichen Flucht- und Vermeidungsreaktionen verhindert, indem der Patient an die Ursprungsvereinbarung erinnert und ermutigt wird, sich der Situation weiter auszusetzen. Als bedeutsam hat sich bei der Expositionsbehandlung die aktive Emotionsverarbeitung erwiesen.

Phasen der kognitiven Therapie bei Depressionen

Die kognitiv-behaviorale Behandlung der Depression setzt auf eine Veränderung des Verhaltens und des Denkens. Hautzinger (2004) definiert die folgenden sechs Therapiephasen bei der kognitiven Verhaltenstherapie der Depression.

- **Phase 1** fokussiert auf ein Erkennen und Benennen der zentralen Probleme des depressiven Patienten, den Aufbau einer therapeutischen Beziehung und von Akzeptanz. Im Wesentlichen kommen hier die Prinzipien der Verhaltensanalyse im oben beschriebenen Sinn zur Anwendung.
- In **Phase 2** werden das therapeutische Modell vermittelt und die Struktur und die Elemente der Therapie dargestellt.
- **Phase 3** umfasst einen Aufbau von Aktivitäten mittels genauer Wochenplanung und unter Anwendung operanter Verfahren. Nach Möglichkeit soll die Tagesstruktur umgewandelt und mit angenehmeren Aktivitäten angereichert werden. Wesentlicher Bestandteil der Phase ist die Identifikation möglicher Verstärker und deren Einbau in den Alltag.
- **Phase 4** dient der Bearbeitung kognitiver Muster und dysfunktionaler Informationsverarbeitungsstrategien. Hier soll gelernt werden, wie sich Gedanken auf Stimmungen auswirken (z. B. über die Protokollierung von auslösenden Reizen, Gefühlen und Gedanken) und wie Alternativgedanken aufgebaut werden können. Dazu werden spezifische Methoden eingesetzt, wie die Reattribuierung, kognitives Neubenennen, Rollentausch, Entkatastrophisieren etc.
- **Phase 5** zielt auf eine Verbesserung der sozialen, interpersonalen und Problemlösungskompetenzen. Hier werden In-vivo-Übungen angewandt (z. B. etwas durchsetzen, Gefühle äußern, Gespräche beginnen) und Verhalten über Feedback modifiziert.
- **Phase 6** schließlich hat zum Ziel, das Gelernte zu stabilisieren, Rückfälle durch Erkennen von Frühsymptomen oder Verschlechterungen zu verhindern und einen Transfer des Gelernten in den Alltag des Betroffenen zu sichern.

Die kognitive Therapie der Depression ist ein Paradebeispiel für die problemorientierte, strukturierte und spezifische Methodik, die für die kognitiv-behavioralen Behandlungen typisch ist. Die Therapie kann als Einzel- oder Gruppenbehandlung durchgeführt, durch die Vergabe antidepressiver Medikamente ergänzt werden. Sie dauert in der Regel zwischen 20 und 40 Sitzungen, die anfangs 2-mal, später einmal wöchentlich stattfinden (vgl. Hautzinger, 2004).

43.2.4 Weitere Behandlungsverfahren

Eine weitere, inzwischen verbreitete Behandlungsmethode ist die **systemische Therapie**, die aus einer Bewegung in den 1950er Jahren resultierte, Systeme, allen voran die Familie, als kommunikative Konstrukte zu betrachten. Die stark von der Kybernetik beeinflusste Methode zielt auf eine Betrachtung von Personen, die miteinander ein Problem haben (problemdeterminierte Systeme), und versucht, unter Nutzung vorhandener Ressourcen, Lösungen der Probleme herbeizuführen. Dazu dienen spezifische Frage- und Interventionstechniken, wie z. B. das zirkuläre Fragen, das Reframing (Neukonstruktion von Zusammenhängen), die Familienskulptur oder Familiengenogramme, mit denen familiäre Konstellationen verdeutlicht werden können (vgl. Schiepek, 1999).

In ◘ Tab. 43.2 wird der systemische Ansatz dem psychodynamischen, humanistischen und verhaltenstherapeutischen gegenübergestellt.

43.3   Evaluation von Psychotherapie

Die Entwicklung einer wissenschaftlichen Psychotherapieforschung lässt sich rückblickend in zwei Phasen einteilen. Beginnend mit der Veröffentlichung der Studien über Hysterie durch Freud und Breuer im Jahr 1895 stand zunächst der individuelle Prä-post-Vergleich (Vergleich des Zustands eines Patienten vor und nach der Therapie) als »Methode« im Mittelpunkt der Psychotherapieforschung. Erst die provokative Behauptung Hans-Jürgen Eysencks in den 1950er Jahren, die Effekte (psychoanalytischer) Therapie würden sich nicht wesentlich von der Spontanremission psychischer Störungen unterscheiden, setzte intensivere Bemühungen einer wissenschaftlichen Absicherung der Effekte von Psychotherapie in Gang. Diese waren dadurch gekennzeichnet, beispielsweise durch Wartelistenkontrollgruppen oder Placebostudien die Effekte der Psychotherapie in randomisiert-kontrollierten Studien (»efficacy studies« mit hoher interner Validität) oder im klinischen Feld (naturalistische Studien oder »effectiveness studies« mit hoher externer Validität) nachzuweisen und vergleichende Studien zu unterschiedlichen Formen der psychotherapeutischen Behandlung durchzuführen.

Eine Phase der Rechtfertigung psychotherapeutischer Effekte wurde zumindest vorläufig beendet durch die Veröffentlichung verschiedener Metaanalysen, durch welche die These Eysencks entkräftet und die allgemeine Wirk-

Tabelle 43.2. Wesentliche Merkmale der psychotherapeutischen Grundorientierungen. (Nach Baumann & Perrez, 1998)

	Psychodynamischer Ansatz	Verhaltensthera-peutischer Ansatz	Humanistischer Ansatz	Systemisch-kom-munikationstheo-retischer Ansatz
Ätiologiekonzept	Frühkindliche Trieb-konflikte Verdrängungsprozesse Internalisierte (maladap-tive) Beziehungsmuster Entwicklungsdefizite	Dysfunktionale Lernge-schichte Person-Umwelt-Interaktion	Inkongruenz von Erfah-rung (Real-Selbst) und Selbstkonzept (Ideal-Selbst)	Störungen als Folge und Ausdruck dysfunktionaler Kommunikations-strukturen
Therapieziele	Aufarbeitung von unbe-wussten Konflikten Erkennen unbewusster Motive (Einsicht) Identifikation, Aufhebung von Entwicklungs-defiziten	Wiederherstellung der Verhaltens- und Erlebens-kompetenz Veränderung der Selbst-sicht und der Selbstkont-rolle	Förderung der Selbst-aktualisierung »Fully functioning person« Reduktion von Inkongruenzen	Entwicklung konstruk-tiver Kommunikations-strukturen Aufdecken dysfunk-tionaler Kommunika-tionsmuster Reorganisation
Zeitperspektive	Verständnis der Gegen-wart aus der Vergangen-heit	Gegenwart	Gegenwart	Gegenwart
Interventions-techniken	Klarifikation Konfrontation Deutung Arbeiten mit Fantasien, mit Übertragung und Gegenübertragung Korrigierende Bezie-hungserfahrung	Üben, Verstärkungs-lernen, Habituation Modelllernen Kognitive Umstruk-turierung Psychophysiologische Methoden	Spiegelung Zeigen von Empathie Akzeptierung Dialog	Instruktion Deutung Spezifische Frage-techniken Rekonstruktion

samkeit von Psychotherapie eindrücklich belegt wurden. 1991 wurde von McNeilly und Howard ein Modell veröf-fentlicht, das den Eysenck'schen Nihilismus widerlegte. Die Autoren (□ Abb. 43.3) fanden eine negativ beschleunigte Kurve als Funktion für die Dosis und Wirkung von Psycho-therapie bei einer Reanalyse der kontrovers diskutierten Daten Eysencks und konnten zeigen, dass die Effekte nach 15 Sitzungen Psychotherapie dem Ergebnis einer Spontan-remission nach 2 Jahren entsprechen.

In der Folgezeit konzentrierte sich die Forschung mehr und mehr auf die differenzielle Psychotherapieeffizienzfor-schung, die sich auf die komplexe Frage richtet: »Welche Behandlungsmaßnahme durch wen zu welchem Zeitpunkt führt bei diesem Individuum mit diesem spezifischen Pro-blem unter welchen Bedingungen zu welchem Ergebnis und zu welchem Zeitpunkt?«

43.3.1 Metaanalysen zur Wirkung von Psychotherapie

Die Studie von Smith, Glass und Miller (1980) war die erste wichtige Metaanalyse auf dem Gebiet der Psychotherapiefor-schung. Die Analyse kam zu dem Ergebnis, dass die Effekt-größe (► Kap. 2) von Psychotherapie (im Vergleich zu Kont-

rollbedingungen) bei 0,85 liegt, was inhaltlich bedeutet, dass sich die durchschnittliche behandelte Person im Durch-schnitt aller Kriterienmaße am 80. Perzentil der Kriterien-verteilung der Kontrollgruppe befindet. Angesichts der Tat-sache, dass sich diese Metaanalyse auf 475 einzelne Studien stützte, kann dieser Befund als eindrucksvoller Beleg für die Wirksamkeit von Psychotherapie gesehen werden.

In den Folgejahren wurden weitere Metaanalysen durchgeführt, die sich auf begrenztere Fragestellungen be-zogen und nach dem Behandlungsmodell, -setting und ins-besondere den behandelten Störungen differenzierten. Die meisten spezifischen Metaanalysen liegen für depressive und Angststörungen vor. Lambert und Ogles (2004) fassen 19 Metaanalysen zur Depression und 29 Metaanalysen zur Angststörung zusammen.

Bezüglich der Depression zeigen die vorliegenden Stu-dien, dass die Psychotherapie den Kontrollbedingungen eindeutig überlegen ist. Die interessante Frage, wie die Ef-fekte der Psychotherapie im Vergleich zu den Effekten einer Psychopharmakotherapie zu bewerten sind, lässt sich auf der Basis bisheriger Studien so zusammenfassen, dass das Ergebnis offensichtlich abhängig ist von der Schwere der Störungen (► Kasten). Bei schwereren Störungen ist der Unterschied zwischen Psychotherapie und Pharmakothe-rapie deutlich geringer.

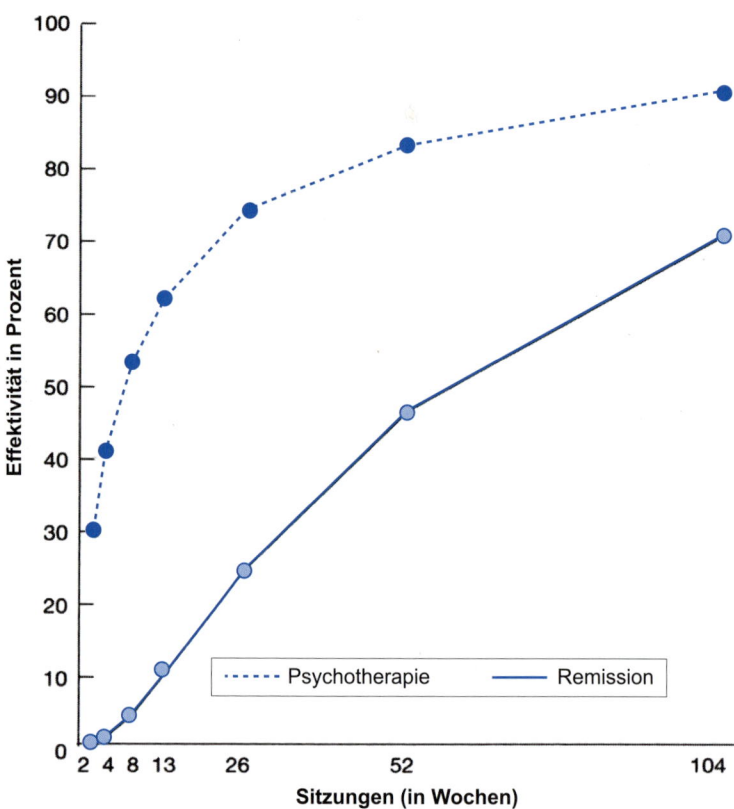

□ **Abb. 43.3.** Effektivität von Psychotherapie gegenüber spontaner Remission

Die Multicenterstudie des NIMH zur Psychotherapie depressiver Störungen

Eine der am meisten zitierten und bis heute intensiv analysierten Studien zur Psychotherapie depressiver Störungen ist das multizentrische Forschungsprojekt des National Institute of Mental Health (NIMH) in den USA, die NIMH Treatment of Depression Collaborative Study. In diesem Projekt wurde in drei Zentren die unterschiedlichen Wirkungen von Behandlungsmaßnahmen bei Patienten mit sorgfältig diagnostizierter Major Depression untersucht:

- kognitive Verhaltenstherapie,
- interpersonale Therapie,
- pharmakologische Imipramin-Behandlung mit psychiatrischer Begleitung und
- Placebobehandlung mit psychiatrischer Begleitung.

In jedem Zentrum wurden 80 randomisiert zugewiesene Patienten (20 pro Behandlungsbedingung) jeweils 16 Wochen behandelt. Die Effektivität wurde mittels diverser Selbst- und Fremdbeurteilungsmethoden am Ende der Behandlung und in 6-, 12- und 18-Monats-Katamnesen beurteilt.

Die Studie zeigte im Hinblick auf die allgemeine Effektivität zunächst, dass die Imipraminbehandlung den beiden psychotherapeutischen Maßnahmen und der Placebobedingung leicht überlegen war. Insgesamt waren die Behandlungseffekte allerdings nicht sehr dauerhaft, was mit dem typischen Verlauf der Major Depression zusammenhängen dürfte. Sekundäre Analysen zeigten, dass gerade bei schwer gestörten Patienten deutlichere Unterschiede nachweisbar waren und hier die Pharmakotherapie und die interpersonale Therapie besonders effektiv waren.

Die Daten der Studie wurden inzwischen unter vielerlei Gesichtspunkten analysiert. Unter anderem wurden Prädiktoren für den Erfolg der verschiedenen Interventionen bestimmt. Der Behandlungserfolg war allgemein beeinflusst durch den Grad der sozialen Anpassung, der kognitiven Dysfunktionen und die Erwartung einer Verbesserung (vgl. Elkin, 1994).

In der Psychotherapieforschung wird viel über die Bedeutung von **Placeboeffekten** diskutiert, die im Kontext von Psychotherapie sicher anders betrachtet werden müssen als in Medikamentenstudien. Es besteht Einigkeit darüber, dass unspezifische Faktoren, die man in Medikamentenstudien als Placeboeffekte bezeichnen würde, in der Psychotherapie eine zentrale Bedeutung haben und somit eine »aktive Rolle« spielen. Dennoch zeigt sich, dass spezifische Behandlungsmaßnahmen effektiver sind als »Placebobehandlungen«. Lipsey und Wilson (1993) kommen auf der Basis von 30 Studien zu dem Ergebnis, dass die Effektgröße für den Vergleich einer aktiven Behandlung mit keiner Behandlung bei 0,67, die Effektgröße für den Vergleich einer aktiven mit einer Placebobehandlung bei 0,48 liegt.

Ökonomische Aspekte werden auch im Bereich der Psychotherapie immer bedeutsamer. In der Bundesrepublik Deutschland gilt die Untersuchung von Dührssen und Jorswieck (1965) nach wie vor als ein wesentlicher Meilenstein, da in dieser Studie die Kosten-Nutzen-Relevanz der Psychotherapie eindeutig belegt werden konnte, indem die Autoren zeigten, dass Patienten, die sich einer psychotherapeutischen Behandlung unterzogen, deutlich weniger Medikamente brauchten, seltener krankgeschrieben und stationär behandelt wurden. Neuere Kosten-Nutzen-Studien belegen, dass Patienten nach einer Psychotherapie medizinische Angebote weniger nutzten, während Personen aus Kontrollgruppen hier eine deutliche Zunahme zu verzeichnen hatten.

Die Mehrzahl der bisher vorliegenden Metaanalysen beschränkte sich bei der Bestimmung von Effektgrößen auf den Vergleich vor und nach der Psychotherapie. Für verschiedene Störungsbilder konnte belegt werden, dass die Effekte in Katamnesen sich von denen nach der Therapie nur unwesentlich unterscheiden. Ebenfalls belegt ist, dass auch bei schweren Störungen, wie etwa der Borderline-Persönlichkeitsstörung, Therapieeffekte stabil bleiben. Ein Problem hierbei ist allerdings immer, dass in der Regel nur ein Teil der Patienten nachuntersucht werden kann, während die Personen aus Kontrollgruppen normalerweise katamnestisch gar nicht untersucht werden.

Ein weiterer metaanalytischer Befund zur **Stabilität psychotherapeutischer Veränderungen** zeigt, dass das Risiko für einen Rückfall insbesondere bei Vorliegen einer Persönlichkeitsstörung erhöht ist (Shea, Pilkonis & Beckham, 1990). In jüngster Zeit wurde systematisch nachgewiesen, dass spezielle Maßnahmen zur Stabilisierung von therapeutischen Veränderungen (beispielsweise »Booster«- oder Auffrischungssitzungen nach dem eigentlichen Therapieende) positive Effekte stabilisieren. In diesem Zusammenhang ist zu erwarten, dass der Einsatz des Internets und anderer moderner Technologien sinnvoll zu nutzen sein wird, um Patienten nach einer Psychotherapie kontinuierlich weiter zu betreuen.

Die Frage nach der notwendigen »Dosis« an Psychotherapie wurde in der Studie von Howard, Kopta, Krause und Orlinsky (1996) anhand der Daten von 2431 Patienten überprüft. Es zeigte sich, dass 14% der Patienten bereits vor der ersten regulären Sitzung bedeutsame Verbesserungen erreichen, nach der 8. Sitzung sind es 53%, nach der 26. Sitzung 75%, nach der 52.Sitzung 83%.

Um psychotherapeutische Veränderungen differenzierter abzubilden, wurde in der Psychotherapieforschung ein auf Jerome Frank basierendes **Phasenmodell psychotherapeutischer Veränderungen** vorgeschlagen und empirisch überprüft. ◘ Abbildung 43.4 verdeutlicht die Grundkonzeption des Modells und zeigt ein Beispiel für dessen empirische Absicherung.

Das Phasenmodell psychotherapeutischer Veränderungen geht davon aus, dass der Prozess der psychischen Restitution in umgekehrter Reihenfolge und mit umgekehrter Wirkung jene Phasen durchläuft, die bei der Entstehung psychischer Störungen relevant sind. Dies würde bedeuten, dass in Psychotherapien nach kürzerer Zeit – oft schon nach bzw. unmittelbar vor der ersten eigentlichen Sitzung – mit einer Verbesserung des allgemeinen Wohlbefindens zu rechnen ist, weil die betroffene Person wieder Hoffnung schöpfen kann, das Gefühl von Kontrolle besitzt und in einen Zustand der **Remoralisierung** gerät. Größerer psychotherapeutischer Aufwand ist nötig, damit sich an der Symptomatik etwas ändert (**Remediation** im Sinne des Modells). Schließlich bedarf es weiteren Aufwandes, um betroffene Psychotherapiepatienten zu **rehabilitieren**, womit gemeint ist, dass sich die Funktionsfähigkeit in unterschiedlichen relevanten Lebensbereichen (Partnerschaft, Familie, Beruf etc.) wiederherstellt. Empirische Belege für das Phasenmodell liegen mittlerweile vor (Lutz & Grawe, 2006).

Entwicklung von Psychopathologie

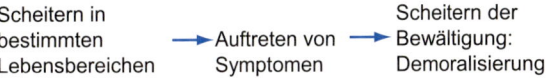

Therapeutische Veränderung

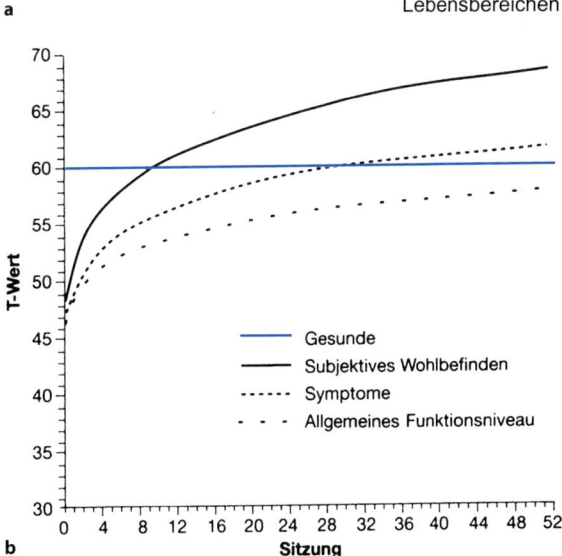

◘ **Abb. 43.4. a** Phasenmodell therapeutischer Veränderung; **b** Dosis-Wirkungs-Beziehungen für die Bereiche subjektives Wohlbefinden, Symptome und das allgemeine Funktionsniveau

43

Zur Wirksamkeit von Psychotherapie – die »Consumer-Reports«-Studie

Ein etwas anderer Ansatz zur Prüfung der Wirksamkeit von Psychotherapie unter natürlichen Bedingungen wird in der sog. »Consumer-Reports«-Studie (vgl. Seligman, 1995) deutlich. Die US-amerikanische Verbraucherzeitschrift »Consumer Reports« veröffentlichte 1994 einen Fragebogen für die Leser, in dem die Effekte von psychotherapeutischen und medikamentösen Behandlungen detailliert erfragt wurden. Von 180.000 Lesern beantworteten 7000 die Fragen, die sich auf die seelische Gesundheit bezogen. Mehr als die Hälfte davon nahm Hilfe wegen psychischer Probleme in Anspruch. Seligman (1995) fasst die Ergebnisse wie folgt zusammen:

- Behandelte Patienten berichten von positiven Effekten ihrer Behandlung.
- Längere Behandlungen erwiesen sich positiver als kürzere.

- Psychotherapie unterschied sich insgesamt nicht von Psychotherapie in Kombination mit Medikamenten.
- Psychologen, Psychiater und Sozialarbeiter waren der Übersicht zufolge ähnlich effektiv (und effektiver als Eheberater).
- Familienärzte erwiesen sich in Kurzzeitbehandlungen als gleich effektiv wie Spezialisten, in Langzeitbehandlungen aber als weniger effektiv.
- Personen, die Kontakt zu den Anonymen Alkoholikern hatten, berichteten insgesamt die höchsten Besserungsraten. Personen, die ihre Therapeuten sorgfältig auswählten und sich aktiv an der Behandlung beteiligten, erzielten die besten Ergebnisse.
- Unterschiedliche Behandlungsmodalitäten unterschieden sich nicht im Hinblick auf deren Effekte.
- Personen, deren Behandlung in irgendeiner Form durch die Krankenversicherung beeinflusst wurde (z. B. im Hinblick auf die Wahl des Therapeuten oder die Therapiedauer), berichteten von weniger Besserung.

Es gibt eine lange Tradition des **psychotherapeutischen Schulenwettstreits**, der sich naturgemäß auch in der Psychotherapieforschung widerspiegelt. Zahllose Studien der letzten Jahrzehnte haben den Versuch unternommen, die Überlegenheit entweder psychodynamischer oder humanistischer Therapien auf der einen Seite, verhaltenstherapeutischer oder kognitiver Therapien auf der anderen Seite nachzuweisen. Die vergleichende Psychotherapieforschung lässt sich rückblickend in verschiedene Phasen einteilen. Ältere Übersichten (z. B. Luborsky, Singer & Luborsky, 1975) kamen zu dem Schluss, dass die Effekte unterschiedlicher Behandlungsansätze relativ ähnlich sind, was mit dem Ausspruch des Dodo-Vogels in dem Kinderbuch »Alice im Wunderland«, »Everybody has won and all must have prizes«, resümiert wurde. In der aufkommenden Ära der Metaanalysen zeigte sich rasch, dass dieser Ausspruch in Frage zu stellen war, ergaben sich doch häufig Vorteile für kognitive und verhaltenstherapeutische Methoden, die auch bei der Kontrolle gewisser methodischer Artefakte erhalten blieben. Allerdings wurde dieser deutliche Unterschied nicht zuletzt damit interpretiert, dass in Studien zur Effektivität von Verhaltenstherapie häufig nur sehr wenig beeinträchtigte Patienten behandelt wurden und die Kriterien für den Therapieerfolg, bezogen auf den Behandlungsansatz, sehr spezifisch waren.

In den letzten Jahren wurde als weiterer Einflussfaktor die »Allegiance« (am besten zu übersetzen mit Modell- oder Theorietreue) des Untersuchers identifiziert. Luborsky et al. (1999) führten eine Reanalyse von 29 Vergleichsstudien durch, in deren Rahmen sie sowohl Kollegen der federführenden Forscher als auch diese Forscher selbst baten,

deren theoretische Orientierung einzuschätzen. Die verschiedenen Maße für die Allegiance korrelierten hoch mit den Effektgrößen der Vergleichsstudien.

In einer der wohl neuesten und – was die Auswahlkriterien anbelangt – strengsten Kriterien folgenden Metaanalyse konnte Wampold (2001) zeigen, dass sich unterschiedliche Behandlungen, die durch entsprechend ausgebildete Therapeuten durchgeführt wurden, in ihrer Effektivität nur unwesentlich unterschieden. Diese Aussage schließt allerdings nicht aus, dass bestimmte Verfahren bei bestimmten Störungen effektiver sind als andere. Viele Patienten jedoch verweigern – aus unterschiedlichen Gründen – eine Behandlung mit dem effektiveren Verfahren, z. B. lehnt ein phobischer Patient mit Höhenangst eine Exposition in vivo ab, weil er überzeugt ist, einen Herzinfarkt zu erleiden und zu sterben. Der Erfolg einer Psychotherapie ist also nicht allein vom Verfahren abhängig, sondern wird von weiteren Faktoren beeinflusst, die nachfolgend dargestellt werden sollen.

43.4 Wirkfaktoren von Psychotherapie

Im Zusammenhang mit der Wirksamkeit unterschiedlicher therapeutischer Verfahren wurde oft das erwähnte »Verdikt des Dodo« zitiert. Dieses soll beschreiben, dass trotz aller Unterschiedlichkeit im Hinblick auf die theoretischen Modelle, Krankheits- und Veränderungstheorien, Interventionen etc. alles in allem die wichtigsten Psychotherapieverfahren zu ähnlichen Effekten gelangen, ein Ergebnis, das auch als **Äquivalenzparadoxon** der Psychotherapie bezeichnet wurde.

In einer aktuellen Übersicht über Studien, die gezielt einzelne Komponenten von psychotherapeutischen Interventionen auf ihre Bedeutung prüften, fand Wampold (2001) in Studien aus insgesamt 18 Jahren, dass die Hinzunahme oder Entfernung von spezifischen Behandlungskomponenten die Effektivität der grundlegenden Therapie nicht wesentlich veränderte. Aus Metaanalysen lässt sich folgern, dass patientenbezogene Variablen (inklusive diagnostischer Ausgangsmerkmale) am stärksten mit dem Therapieergebnis assoziiert sind, gefolgt von der therapeutischen Beziehung, während der Einsatz spezifischer Interventionen letztlich weniger als 10% der Ergebnisvarianz erklärt. Die relativ geringen Unterschiede zwischen den Psychotherapieverfahren sprechen für die Existenz allgemeiner Wirkfaktoren in der Psychotherapie (▶ Übersicht).

Wirkfaktoren in der Psychotherapie

Als die wesentlichen Wirkfaktoren jeder wissenschaftlich fundierten Psychotherapie wurden z. B. gesehen:

- eine emotional involvierende, vertrauensvolle, uneigennützige helfende Beziehung;
- die therapeutischen Rahmenbedingungen und deren Einhaltung;
- der Aufbau von Erklärungskonzepten für die Probleme des Patienten;
- die Beeinflussung der Selbsteffizienz;
- der Versuch der Problemdefinition, -klärung und -umdefinition;
- die Suche nach neuen und konstruktiveren Problemlösungen sowie
- die Psychologisierung persönlichkeitsfremder Probleme.

Lambert und Ogles (2004) wählten kürzlich ein relativ globales Klassifikationsschema für die allgemeinen Wirkfaktoren. Sie unterscheiden

- »Support Factors« (wie Katharsis, Identifikation, positive Beziehung, Absicherung, Entspannung, Ent-Isolierung, Vertrauen, Struktur, therapeutische Allianz),
- »Learning Factors« (wie Ratschläge, affektive Erfahrungen, Assimilation problematischer Erfahrungen, kognitives Lernen, Feedback, Einsicht, Exploration, Änderung der Erwartungen) und
- »Action Factors« (wie Verhaltensregulierung, kognitive Bewältigung, das Eingehen von Risiken, Realitätsprüfung, Modelllernen, Erfahrung mit Erfolg, Durcharbeiten, Konfrontation mit Ängsten).

In dem in regelmäßigen Abständen erscheinenden »Handbook of Psychotherapy and Behavior Change« (zuletzt Lambert, 2004) werden die Befunde zu Prozess-Ergebnis-Zusammenhängen unterschiedlicher Therapieformen zu-

sammengefasst. In der 4. Auflage des Handbuchs (Bergin & Garfield, 1994) wurden bereits 2343 Einzelbefunde subsumiert und in ein konzeptionelles Rahmenmodell integriert, welches Orlinsky und Howard entwickelten, und das sie – um auf die allgemeine Gültigkeit hinzuweisen – als »Generic Model of Psychotherapy« bezeichnet haben (Abb. 43.5).

Das Modell integriert die vielen unterschiedlichen Variablen, deren Einfluss auf das Behandlungsergebnis bisher untersucht wurde, und unterscheidet drei große Gruppen (vgl. Orlinsky et al., 1994):

- **Inputvariablen:** alle Ausgangsmerkmale der Therapie, d. h. das Versorgungssystem und dessen gesellschaftlicher Kontext, der Behandlungsrahmen und Charakteristika der Patienten und der Therapeuten;
- **Prozessvariablen:** verschiedene formale technische, intra- und interpersonale, klinische und zeitliche Aspekte »der Therapie an sich«;
- **Outputvariablen:** kurz- oder langfristige Konsequenzen der Behandlung, die in einer komplexen Wechselwirkung stehen zu Aspekten der inneren und äußeren Situation des Patienten.

Auf der Basis des Modells lassen sich Prozessmerkmale ordnen, deren Bedeutung für ein positives Psychotherapieergebnis mit einiger Sicherheit nachgewiesen wurden.

Die **Bedeutung der Person des Therapeuten** für das Therapieergebnis ist nach den vorliegenden Befunden in der Forschung noch eine große Unbekannte. Der Übersicht von Lambert und Ogles (2003) zufolge gibt es einige historisch bedeutsame Untersuchungen dieser Thematik, in denen ein erster Zugang zum Einfluss der Therapeuten gesucht wurde und in denen gezeigt werden konnte, dass einige Therapeuten sehr positive Ergebnisse erzielten, andere wiederum eher negative, manchmal sogar deutliche Verschlechterungen herbeiführten.

In einer Re-Analyse der Daten des NIMH-Depressionsprojektes durch Blatt, Stanislow, Zuroff und Pilkonis (1996) konnte ebenfalls ein deutlicher Einfluss von Therapeutenvariablen nachgewiesen werden: Unterschiede zwischen Therapeuten waren unabhängig von der Art der Behandlung, dem Untersuchungszentrum und dem allgemeinen Erfahrungsniveau des Behandelnden. Es zeigte sich in dieser Studie u. a., dass effektivere Therapeuten ein eher psychologisches Ätiologiemodell der Depression bevorzugten.

Luborsky et al. (1985) beschrieben drei therapeutische Qualitäten, die am besten zwischen hilfreichen und weniger hilfreichen Therapeuten differenzierten, nämlich ein echtes Interesse des Therapeuten, den Patienten zu helfen, die »Reinheit« der angebotenen Behandlung und die Qualität der Beziehung.

Für den Einfluss von persönlichen und interpersonalen Kompetenzen des Therapeuten (im Gegensatz zu dessen Ausbildung und theoretischer Orientierung) sprechen auch

43

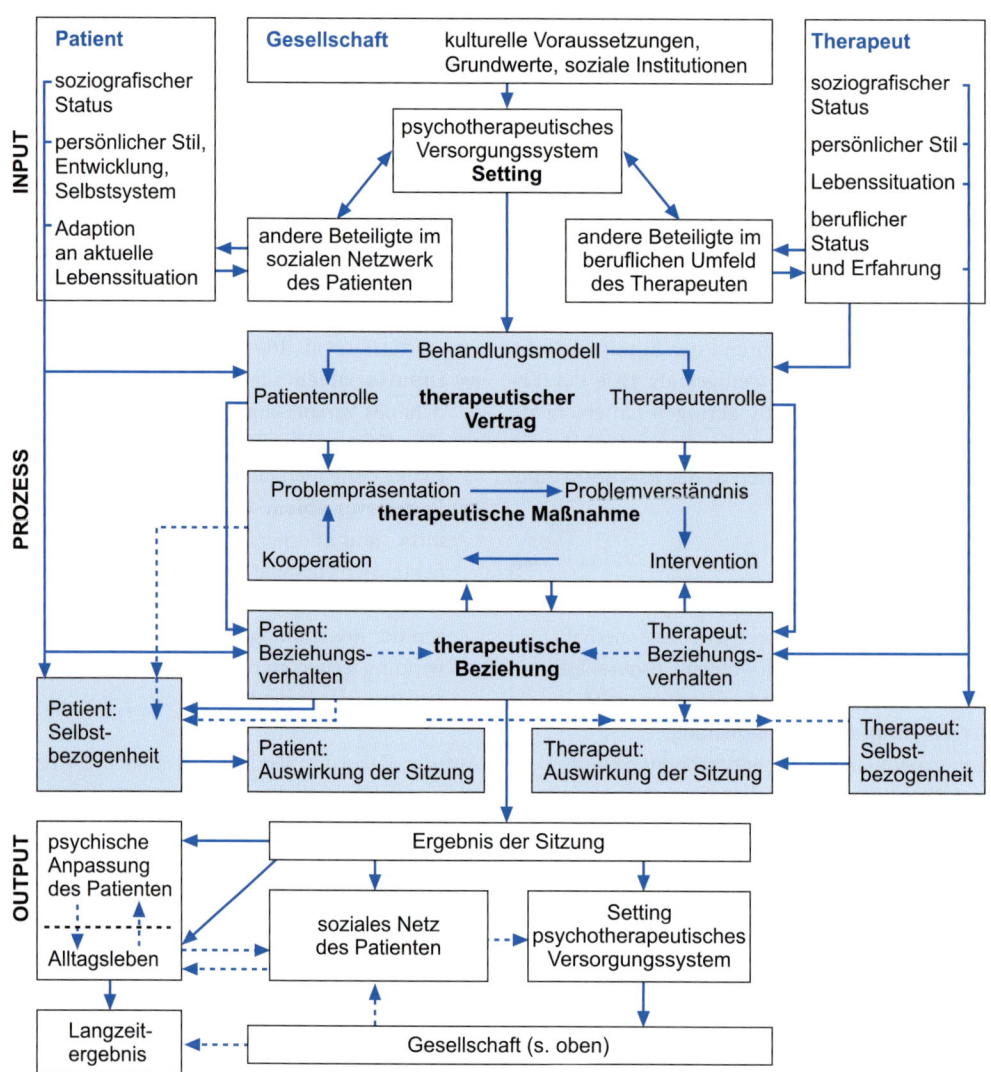

Abb. 43.5. Das »Generic Model of Psychotherapy«

die bislang vorliegenden Studien, die professionelle und paraprofessionelle Behandler miteinander vergleichen. Diese Studien gehen u. a. auf die klassische Untersuchung von Strupp (1960) an der Vanderbilt-Universität zurück, der die Effektivität professionell ausgebildeter Psychotherapeuten mit der Effektivität einer ausgewählten Gruppe von College-Professoren ohne therapeutische Ausbildung verglich und überraschenderweise herausfand, dass beide Gruppen sich in verschiedenen Ergebnismaßen (z. B. im subjektiven Wohlbefinden) nicht voneinander unterschieden. Auch wenn es einige Ausnahmen gibt, zeigen metaanalytische Studien der letzten Jahre wenig Evidenz für den Einfluss therapeutischer Erfahrung auf das Therapieergebnis. In einer der neuesten Metaanalysen zeichnete sich immerhin im Ansatz ab, dass eine psychotherapeutische Ausbildung von Vorteil ist: Ausgebildete Psychotherapeuten hatten geringere Abbruchraten und erzielten bessere Behandlungsergebnisse und höhere Patientenzufriedenheit.

Die Forschung zur Wirksamkeit von Psychotherapie gibt zusammengenommen deutliche Hinweise auf allgemeine Wirkfaktoren und die Bedeutung des Einflusses von Patienten- und Therapeutenvariablen, die wichtiger zu sein scheinen als die spezifische Methode der Interventionen. Dennoch haben sich in den letzten Jahren zunehmend störungsspezifische Ansätze durchgesetzt. Dieser Umstand ist aber nur scheinbar widersprüchlich: Betrachtet man beispielsweise das **Konzept der therapeutischen Allianz** (das Arbeitsverhältnis zwischen Klient und Therapeut) differenziert, dann zeigt sich, dass auch in diesem Konzept eine gewisse Störungsspezifität enthalten ist. Bordin (1976) hat das Konzept differenziert in die Übereinstimmung zwischen Therapeut und Patient bezüglich der Aufgaben (»tasks«) und Ziele (»goals«) sowie Bindungen (»bonds«). Insbesondere die Aufgaben und Ziele einer therapeutischen Allianz sind zum Teil eng mit der spezifischen Störung verknüpft.

Ein wesentliches Ziel bei der Behandlung definierter Störungen ist die Auflösung von sich selbst verstärkenden Mechanismen. Solche Mechanismen sind vielen Störungen gemeinsam und ihr Vorhandensein mag erklären, dass bestimmte störungsspezifische Therapien gerade bei solchen Störungen besonders effektiv erscheinen: Bei Angststörungen wird beispielsweise als Resultat eines Selbstverstärkungsmechanismus die Angst vor der Angst beschrieben, im Zusammenhang mit der Depression die sich selbst verstärkenden negativen Kognitionen.

In den theoretischen Überlegungen zu einer psychologischen Therapie vertritt Grawe (1998) die Auffassung, dass psychische Störungen im chaostheoretischen Sinne als Störungsattraktoren zu verstehen seien. Er meint, dass psychische Störungen qualitativ andersartige Zustände des psychischen Geschehens darstellten, die unter bestimmten Bedingungen oder »Kontrollparametern« entstehen. Die psychische Störung »versklave aber einen guten Teil des Seelenlebens und führe ein Eigenleben«, was der Autor als »funktionelle Autonomie« bezeichnet. Nach Grawe bestehen die Komponenten wirksamer Psychotherapie zum einen in einer Inkonsistenzreduktion durch Ressourcenaktivierung, in einer Destabilisierung von Störungsattraktoren durch problemspezifische Interventionen und in einer Inkonsistenzreduktion durch Veränderung motivationaler Schemata.

43.5 Qualitätssicherung in der Psychotherapie

Im psychotherapeutischen Versorgungssystem der Bundesrepublik Deutschland besteht die primäre Maßnahme zur Sicherung der Qualität von Psychotherapie zum einen darin, dass nur ausgebildete Psychotherapeuten (vgl. die Regelungen des Psychotherapeutengesetzes, Jerouschek, 2004) zugelassen werden, zum anderen sind die Personen, welche die gesetzlichen Kriterien erfüllen, dazu verpflichtet, psychotherapeutische Behandlungen gegenüber den Kostenträgern in Form von Anträgen zu begründen, die von Mitgliedern der psychotherapeutischen Gemeinschaft begutachtet werden.

Darüber hinaus erhielten weitere Aspekte der Qualitätssicherung seit den frühen 90er-Jahren innerhalb der Psychotherapie besondere Beachtung, die sich beispielsweise in der Entwicklung von Dokumentationssystemen zur routinemäßigen und standardisierten Erfassung von Patienten- und Behandlungsdaten mit dem Ziel, die Versorgung zu verbessern, niederschlug. Ein Beispiel hierfür ist die sog. Psy-BaDo (Heuft & Senf, 1998), eine modulare Dokumentation, die relevante Daten bei der Aufnahme einer Therapie und bei deren Beendigung erfassen soll.

Heute übliche Konzepte von Qualitätssicherung sind der Industrie entlehnt, wo Qualitätssicherung dazu dient, eine Mindestqualität von Produkten bzw. Dienstleistungen

zu gewährleisten. Auch im Gesundheitswesen hat sich die in der Industrie übliche Unterteilung in eine Struktur-, eine Prozess- und eine Ergebnisqualität etabliert (◘ Tab. 43.3), die sich auch im Hinblick auf psychotherapeutische Maßnahmen bewährt hat.

Strukturqualität wird innerhalb der Psychotherapie durch Standards für die Qualifikation und Weiterbildung psychotherapeutisch Tätiger sicher gestellt.

Die **Prozessqualität** von Psychotherapie kann durch Leitlinien oder Manuale gefördert werden. Die Inanspruchnahme von Supervision und institutionell verankerte Patientenbesprechungen sind weitere Maßnahmen zur Förderung der Prozessqualität.

Ergebnisqualität kann primär über die systematische Erfassung von Therapieeffekten und deren Vergleich mit Referenzgruppen überprüft werden. Qualitätszirkel, d. h. regelmäßig stattfindende Arbeitsgruppen, in denen über die Behandlungsqualität diskutiert wird, sind ein weiteres Instrument.

In den letzten Jahren haben sich verschiedene Modelle für ein systematisches Qualitätsmanagement in der Psychotherapie entwickelt (Übersicht bei Kordy & Gallas, 2006),

◘ Tabelle 43.3. Aspekte von Struktur-, Prozess- und Ergebnisqualität in der Psychotherapie. (Aus Kordy & Gallas, 2006)

Strukturqualität	Personelle Ausstattung (Anzahl an Fachpersonal, Stellenpläne) Qualifikation und Motivation der Mitarbeiter (Aus-/Fortbildungsstand, Fortbildungsangebote) Möglichkeiten zur externen und internen Supervision Spektrum der Therapieangebote, Therapiekonzepte Räumliche Ausstattung Technisch-apparative Ausstattung Organisations- und Kommunikationsstrukturen Finanzielle Mittel
Prozessqualität	Indikation von diagnostischen und therapeutischen Leistungen Sachgerechte Durchführung der Diagnostik und Therapie Übereinstimmung mit anerkannten Leitlinien Therapeutische Arbeitsbeziehung Dauer und Frequenz der therapeutischen Maßnahmen, Therapiedosis Güte der Dokumentation Verweildauer
Ergebnisqualität	Körperliches Befinden Psychische Gesundheit Soziale Kompetenz/ Beziehung zu anderen Menschen Bewusstseins- und Verhaltensänderungen Patientenzufriedenheit Lebensqualität Arbeitsfähigkeit Mitarbeiterzufriedenheit

z. B. das »Stuttgart-Heidelberger-Modell« der ergebnisorientierten Qualitätssicherung in der Psychotherapie, das ein computergestütztes System der Informationsgewinnung enthält (Fragebögen zu unterschiedlichen behandlungsrelevanten Bereichen, wie Symptomatik, interpersonale Probleme, soziale Kompetenz etc.). Die individuellen, kontinuierlich im Therapieverlauf erhobenen Informationen werden durch einen standardisierten Bewertungsalgorithmus (Vergleich individueller Daten mit Normen bzw. »Soll-Werten«) eingeschätzt und unmittelbar an die Behandler zurückgemeldet.

43.6 Neuere Entwicklungen

Wie in diesem Kapitel gezeigt, basiert die psychologische Behandlung psychischer Störungen auf einer Vielzahl von Teiltheorien, die sich in den einzelnen Therapieschulen im Laufe des letzten Jahrhunderts etabliert haben. Diese Schulen, meist begründet von mehr oder weniger charismatischen Forscherpersönlichkeiten, hatten eine wichtige Funktion bei der Etablierung der Psychotherapie als anerkanntem Heilverfahren bei psychischen Problemen und Störungen. Manche der Theorien sind bis heute nicht komplett wissenschaftlich begründet, sondern dienten primär der Entdeckung bzw. Beschreibung von Sachverhalten, was neue Sichtweisen klinischer Phänomene zur Folge hatte. Die Psychotherapieforschung hat maßgeblich dazu beigetragen, dass sich formale Veränderungstheorien auf der Basis empirischer Befunde entwickeln und zu allgemeinen psychologischen Theorien in Beziehung setzen lassen. Eine wesentliche Entwicklung der jüngsten Zeit sind Versuche, Psychotherapie allgemein-psychologisch bzw. in Relation zu anderen psychologischen Gebieten zu konzeptualisieren. Dies gilt sowohl für psychodynamische Ansätze (vgl. dazu Krause, 1997) wie auch andere Therapietheorien.

»Die den verschiedenen Therapieschulen zugrunde liegenden Theorien sollten … durch Theorien der ›zweiten Generation‹ mit einer größeren Erklärungskraft für die tatsächlich festgestellten Zusammenhänge zwischen bestimmten therapeutischen Vorgehensweisen und ihren Wirkungen ersetzt werden. Zur Entwicklung dieser Theorien der ›zweiten Generation‹ ist der Ergebnisstand der Prozess- und Wirksamkeitsforschung heranzuziehen« (Lutz & Grawe, 2006).

Grawe (1998) hat in einer umfassenden Monographie den Versuch unternommen, die Theorie einer »psychologischen Therapie« zu entwerfen, die sich auf Befunde der Allgemeinen, Sozial- und Entwicklungspsychologie stützt und versucht, die Schulengrenzen älterer Prägung zu überwinden. Damit wird wahrscheinlich auch dem Umstand Rechnung getragen, dass praktizierende Psychotherapeuten ohnehin »eklektisch« Interventionen und Erklärungstheorien aus den unterschiedlichsten Teiltheorien entlehnen. Um die im Einzelfall optimale Behandlungsstrategie

zu verwirklichen, lernen Psychotherapeuten »von vielen Meistern« (Orlinsky, 1994).

Die Versuche einer Integration therapeutischer Theorien auf der Basis empirischer Befunde ist eine wesentliche Entwicklung, die auch die Zukunft der Psychotherapie prägen wird. Eine weitere, damit in Verbindung stehende Tendenz ist der Versuch, Befunde der Neurobiologie und Befunde der Psychotherapieforschung zu integrieren. Die Möglichkeiten neurowissenschaftlicher Untersuchungen (beispielsweise mittels bildgebender Verfahren) eröffnen neue Horizonte für ein Verständnis psychotherapieinduzierter Veränderung und deren neuronaler Korrelate sowie – unter Umständen – eine gezielte Weiterentwicklung von Behandlungsmethoden. Noch sind die entsprechenden Befunde rar und bedingt aussagekräftig. Es ist aber davon auszugehen, dass sich auf diesem Gebiet in den kommenden Jahren viele neue Erkenntnisse über die psychologische Behandlung psychischer Störungen ergeben werden (vgl. Schiepek, 2003; Grawe, 2004).

Literatur

Referenzliteratur

Bergin, A.E. & Garfield, S.L. (Eds.). (1994). *Handbook of psychotherapy and behavior change* (4th ed.). New York: John Wiley & Sons.

Biermann Ratjen, E.M., Eckert, J. & Schwartz, H.J. (1995). *Gesprächspsychotherapie* (7. Aufl.). Stuttgart: Kohlhammer

Grawe, K. (1998). *Psychologische Therapie*. Göttingen: Hogrefe.

Grawe, K., (2004). *Neuropsychotherapie*. Göttingen: Hogrefe.

Krause, R. (1997). *Allgemeine psychoanalytische Krankheitslehre* (Band 1). Stuttgart: Kohlhammer.

Krause, R. (1998). *Allgemeine psychoanalytische Krankheitslehre* (Band 2). Stuttgart: Kohlhammer.

Lambert, M. (Hrsg.). (2004). *Bergin and Garfield's Handbook of Psychotherapy and Behavior Change* (5th ed., pp. 121–193). New York: Wiley.

Margraf, J. (Hrsg.). (2000). *Lehrbuch der Verhaltenstherapie* (Band 1 und 2). Heidelberg: Springer.

Perrez, M. & Baumann, U. (1998). *Lehrbuch Klinische Psychologie. Psychotherapie. Klassifikation, Diagnostik, Ätiologie, Intervention*. Bern: Huber.

Reinecker, H. (2003). *Lehrbuch klinische Psychologie und Psychotherapie. Modelle psychischer Störungen*. Göttingen: Hogrefe.

Senf, W. & Broda, M. (Hrsg.). (2005). *Praxis der Psychotherapie* (3. Aufl.). Stuttgart: Thieme.

Strauß, B., Caspar, F. & Hohagen, F. (Hrsg.). (2006). *Lehrbuch der Psychotherapie*. Göttingen: Hogrefe.

Zitierte Literatur

Arbeitskreis OPD (2004). *Operationalisierte psychodynamische Diagnostik. Grundlagen und Manual* (4. Aufl.). Bern: Huber.

Blatt, S.J., Sanislow, C.A., Zuroff, D.C. & Pilkonis, P.A. (1996). Characteristics of effective therapists: Further analysis of data from the National Institute of Mental Health Treatment of Depression collaborative research program. *Journal of Consulting and Clinical Psychology, 64*, 333–356.

Bordin, E.S. (1976). The generalizability of the psychoanalytic concept of the working alliance. *Psychotherapy: Theory, Research and Practice, 16*, 252–260.

Caspar, F. (1996). *Psychotherapeutische Problemanalyse*. Tübingen: DGVT.

Clarkin, J., Yeomans, F. & Kernberg, O. (2002). *Psychotherapie der Borderline Persönlichkeit*. Stuttgart: Schattauer.

Datler, W. & Stephenson, T. (1999). Tiefenpsychologische Ansätze. In A. Slunecko & G. Sonneck (Hrsg.), *Einführung in die Psychotherapie* (S. 80–144). Wien: Facultas.

Dührssen, A. & Jorswieck, E. (1965). Eine empirisch-statistische Untersuchung zur Leistungsfähigkeit psychoanalytischer Behandlung. *Nervenarzt, 36*: 166–169.

Elkin, I. (1994). The NIMH treatment of depression collaborative research program: where we began and where we are. In A.E. Bergin & S.L. Garfield (Eds.), *Handbook of Psychotherapy and behavior change* (4th ed., pp. 396–413). New York: Wiley.

Franks, C.M. & Wilson, G.T. (Eds.). (1978). *Annual review of behavior therapy*. New York: Bruner & Mazel.

Freud, S. & Breuer J. (1895). *Studien über Hysterie* (Gesammelte Werke, Band 1). Frankfurt: Fischer.

Hautzinger, M. (2004). Depressive und bipolar affektive Störungen. In E. Leibing, W. Hiller & S.K.D. Sulz (Hrsg.), *Lehrbuch der Psychotherapie – Verhaltenstherapie* (S. 217–230). München: CIP.

Heuft, G. & Senf, W. (1998). *Praxis der Qualitätssicherung in der Psychotherapie: Das Manual zur Psy-BaDo*. Stuttgart: Thieme.

Howard, K.I., Kopta, M., Krause, M.S. & Orlinsky, D.E. (1996). The dose effect relationship in psychotherapy. *American Psychologist, 41*, 159–164.

Jerouschek, G. (2004). *Kommentar zum Psychotherapeutengesetz*. München: Beck

Kanfer, F.H., Schmelzer, D. & Reinecker, H. (1996). *Selbstmanagementtherapie*. Berlin: Springer.

Kordy, H. & Gallas, Ch. (2006). Dokumentation und Qualitätssicherung in der Psychotherapie. In B. Strauß, F. Caspar & F. Hohagen (Hrsg.), *Lehrbuch der Psychotherapie*. Göttingen, Hogrefe.

Kraft, H. (1995). *Autogenes Training*. Stuttgart: Hippocrates.

Lambert, M.J. & Ogles, M. (2004). The efficacy and effectiveness of psychotherapy. In M. Lambert (Ed.), *Bergin and Garfield's handbook of psychotherapy and behavior change*. (5th ed., pp. 121–193). New York: Wiley.

Lipsey, M.W. & Wilson, D.B. (1993). The efficacy of psychological, educational, and behavioral treatment: confirmation from meta-analysis. *American Psychologist, 48*, 1181–1209.

Luborsky, L. (1989). *Analytische Psychotherapie*. Heidelberg: Springer.

Luborsky, L., Singer, J. & Luborsky, L. (1975). Comparative studies of psychotherapy. *Archives of General Psychiatry, 32*, 995–1008.

Luborsky, L., McCellan, A.T., Woody, G.E., O'Brien, C.P. & Auerbach, A. (1985). Therapists success and its determinants. *Archives of General Psychiatry, 42*, 331–347.

Luborsky, L., Diguer, L., Seligman, D.A., Rosenthal, R., Krause, E.D., Johnson, S., Halperin, G., Bishop, M., Berman, J.S. & Schweizer, E. (1999). The researcher's own therapy allegiances: a »wild card« in comparisons of treatment efficacy. *Clinical Psychology: Science and Practice, 6*, 45–68.

Lutz, W. & Grawe, K. (2006). Psychotherapieforschung: Grundlagen, Konzepte und neue Trends. In B. Strauß, F. Caspar & F. Hohagen (Hrsg.), *Lehrbuch der Psychotherapie*. Göttingen: Hogrefe.

McNeilly, C.L. & Howard, K.I. (1991). The effects of psychotherapy: a reevaluation based on dosage. *Psychotherapy Research, 1*, 74–78.

Mertens, W. (2000). Grundlagen psychoanalytischer Psychotherapie. In W. Senf & M. Broda (Hrsg.), *Praxis der Psychotherapie* (2. Aufl., S. 130–167). Stuttgart: Thieme.

Orlinsky, D. (1994). Learning from many masters. *Psychotherapeut, 39*, 2–9.

Orlinsky, D.E., Grawe, K. & Parks, B.K. (1994). Process and outcome in psychotherapy. In A.E. Bergin & S.L. Garfield (Eds.), *Handbook of psychotherapy and behavior change* (4th ed., pp. 270–376). New York: Wiley.

Orlinsky, D.E. & Howard, K.I. (1987) A generic model of psychotherapy. *Journal of Integrative and Eclectic Psychotherapy, 6*, 6–27.

Rogers, C. (1973). *Die Entwicklung der Persönlichkeit*. München: Kohlhammer.

Roudinesco, W. & Plon, M. (2004). *Wörterbuch der Psychoanalyse*. Wien: Springer.

Schiepek, G. (1999). *Systemische Therapie*. Göttingen: Vandenhoek & Ruprecht.

Schiepek, G. (Hrsg.). (2003). *Neurobiologie der Psychotherapie*. Stuttgart: Schattauer.

Shea MT, Pilkonis PA, Beckham E (1990). Personality disorders and treatment outcome. *American Journal of Psychiatry, 147*, 711–718.

Seligman, M.E.P. (1995). The effectiveness of psychotherapy: the Consumer Reports study. *American Psychologist, 51*, 965–974.

Slunecko, T. & Sonneck, G. (Hrsg.). (1999). *Einführung in die Psychotherapie*. Wien: Facultas.

Smith, M.L., Glass, G.V. & Miller, T.I. (1980). *The benefits of psychotherapy*. Baltimore: Johns Hopkins University Press.

Strauß, B. & Wittmann, W.W. (2005). *Psychotherapieforschung: Grundlagen und Ergebnisse*. In W. Senf & M. Broden (Hrsg.), Praxis der Psychotherapie (3. Auflage, S. 760–783). Stuttgart: Thieme.

Strotzka, H. (1975). *Psychotherapie: Grundlagen, Verfahren, Indikationen*. München: Urban & Schwarzenberg.

Strupp, H.H. (1960). *Psychotherapists in action*. New York: Grune & Stratton.

Strupp, H.H. & Binder, J.L. (1994). *Kurzpsychotherapie*. Stuttgart: Klett Cotta.

Wampold, B.E. (2001). *The great psychotherapy debate*. New Jersey: Lawrence Earlbaum.

Wilke, E. (1996). Entspannungsverfahren. In Ch. Reimer, J. Eckert, M. Hautzinger & E. Wilke (Hrsg.), *Lehrbuch der Psychotherapie* (S. 176–191). Heidelberg: Springer.

44 Klinische Psychologie III: Klinische Neuropsychologie

S. Bodenburg

44.1   Überblick und Forschungsbereiche

Die Wurzeln der klinischen Neuropsychologie reichen bis in die Mitte des 19. Jahrhunderts zurück. Der Beginn neuropsychologischer Forschung kann mit der Entdeckung zweier Sprachzentren im menschlichen Gehirn durch Broca (1861) und Wernicke (1874) markiert werden, die beide erstmals die Sprache als kognitive Funktion bestimmten Hirnregionen zuordneten (▶ Kap. 14). Im Ersten Weltkrieg erforschte der Mediziner Poppelreuter (1917), inwieweit sich das Verhalten der durch einen Kopftreffer hirnverletzten Soldaten änderte. Er entwickelte mit der Ausstellung von »Entschuldigungsscheinen«, die die Soldaten davon befreiten, höhere Dienstgrade zu grüßen, erste kompensatorische Behandlungsmaßnahmen für Hirnverletzte mit einer eingeschränkten Halbseitenaufmerksamkeit.

Dieser von Medizinern geleisteten Forschungsarbeit kann der durch Psychologen entwickelte »experimentell-psychologische« Bereich mit den Wahrnehmungstheorien der Gestaltpsychologie (z. B. Köhler, 1947; ▶ Kap. 1 und 6) gegenübergestellt werden, womit die interdisziplinäre Ausrichtung der Neuropsychologie bereits deutlich wird. Der experimentell-psychologische Bereich wurde später, in den 1950er Jahren, durch die Fächer Allgemeine Psychologie und Differentielle Psychologie fortentwickelt. Diese beschäftigten sich eingehend mit der Erforschung von Wahrnehmungsprozessen (taktil, akustisch, visuell), Gefühlen, Problemlöseprozessen, Lernen und Behalten sowie Intelligenzfunktionen ▶ Kap. 11, 12 und 23), allerdings ganz überwiegend bei gesunden Personen.

Die Veränderung der genannten Funktionen bei hirngeschädigten Kindern und Erwachsenen ist die Domäne der Neuropsychologie, die sich in zwei Disziplinen aufteilt:

— Die **klinische Neuropsychologie** befasst sich mit der Untersuchung und Behandlung psychischer Funktionen nach erworbenen Hirnschädigungen.
— Die **experimentelle Neuropsychologie** erforscht die Zusammenhänge von psychischen Funktionen und Hirnstrukturen mit den Untersuchungs- und Auswertungsmethoden der experimentellen Psychologie.

Genetisch bedingte Hirnschädigungen stehen bisher nicht im Fokus der klinischen und experimentellen Neuropsychologie.

Besondere Impulse für die international geprägte klinische und experimentelle neuropsychologische Forschung ergaben sich aus der vom damaligen US-Präsidenten George Bush am 17. Juli 1990 proklamierten »Dekade des Gehirns« in den Jahren 1990–2000. In diesem Zeitraum waren sehr deutliche Zugewinne im Wissensbestand zu verzeichnen, der sich international in inzwischen 21 wis-

44

senschaftlichen Zeitschriften niederschlägt. Aufgrund der Dynamik des Fachs setzt sich dieser Prozess weiterhin fort, derzeit ist die Erforschung der neuropsychologischen Grundlagen psychischer Störungen wie Depressionen und Ängste ein wichtiger Schwerpunkt (für eine Übersicht s. Lautenbacher & Gauggel, 2004).

Die organischen Erkrankungen, die erworbenen Hirnschädigungen zugrunde liegen, sind vielfältig und hinsichtlich Diagnostik und Behandlung den medizinischen Fächern Neurologie bzw. Nervenheilkunde zuzuordnen (Übersicht z. B. bei Poeck & Hacke, 1998). Am häufigsten sind dabei Schlaganfälle, Schädel-Hirn-Verletzungen und entzündliche Erkrankungen des Hirns.

44.2 Interventionsmethoden der klinischen Neuropsychologie

Basis aller therapeutischen Bemühungen zur Verbesserung kognitiver Funktionen nach erworbenen Hirnschädigungen ist die Annahme, dass das Gehirn auch im Erwachsenenalter veränderungsfähig ist. In einer Übersichtsarbeit, auf die an dieser Stelle nur verwiesen werden kann, fassten Stein, Brailowsky und Will (2000) mehrere dieser Veränderungsfähigkeit zugrunde liegende neurobiologische Mechanismen anschaulich zusammen.

Für den deutschen Sprachraum hat Gauggel (2003) überblicksartig die unterschiedlichen **Behandlungsansätze** der klinischen Neuropsychologie zusammengefasst. Danach lassen sich im Wesentlichen folgende drei Therapiesäulen in der klinischen Neuropsychologie unterscheiden. Es sind dies die

- Restitution,
- Kompensation und
- integrierten Verfahren.

Restitutorische Methoden, die die Wiederherstellung geschädigter kognitiver Funktionen anstreben, sind überwiegend am Beginn des Behandlungsprozesses angesiedelt und basieren auf der Annahme kortikaler Plastizität. In diesem Bereich werden zunehmend neue Technologien, wie virtuelle Realitäten und Telerehabilitation eingesetzt (Schultheis, 2003). **Verfahren der Kompensation**, die auf die Einbeziehung verbleibender kognitiver Störungen in die Alltagsbewältigung ausgerichtet sind, finden sich vornehmlich in späteren Phasen des Behandlungsprozesses und gründen auf der Annahme der auf Dauer limitierten kortikalen Plastizität. Kompensatorische Behandlungsansätze setzen seitens der Patienten eine Akzeptanz eines Status quo hinsichtlich der kognitiven Leistungsfähigkeit voraus. Es ist darauf hinzuweisen, dass der Einsatz der beiden Interventionsformen (Restitution vs. Kompensation) nicht nur vom Zeitpunkt der Behandlung abhängt, sondern auch von der Schwere der neuropsychologischen Störungen: Bei leichter bis mittlerer Störungsstärke wird in der Behandlung über-

wiegend auf Restitution, bei schweren Störungen überwiegend auf Kompensation zurückgegriffen (Wilson, 2000).

Beispiele für den restitutiven Behandlungsansatz
- Vergrößerung des Gesichtsfeldes durch Stimulation im Grenzbereich zwischen geschädigtem und unbeeinträchtigtem Gesichtsfeld
- Steigerung von Aufmerksamkeitsleistungen durch computergestützte Interventionen
- Verbesserung der Halbseitenaufmerksamkeit durch systematische Stimulation aus dem beeinträchtigten Halbfeld
- Verbesserung der visuell-räumlichen Wahrnehmung, z. B. der Winkelschätzung
- Verbesserung der Planung und Bewältigung von Routinehandlungen (alltäglicher oder beruflicher Natur) durch das »Einschleifen« dieser Tätigkeiten mit hoher Wiederholungsfrequenz

Beispiele für kompensatorische Behandlungsverfahren
- Erlernen vergrößerter Augenbewegungen zum Ausgleich eines beeinträchtigten Gesichtsfeldes
- Erlernen von sog. Mnemotechniken zur Optimierung der Lern- und Behaltensleistung, im Wesentlichen für Textinformationen
- Ausstattung mit Hilfsmitteln, z. B. elektronischen Impulsgebern, Paging-Systemen, Checklisten für häufig notwendige Handlungsroutinen, elektronischen Datenbanken, im Wesentlichen zur Verbesserung der Gedächtnisleistung und der exekutiven Funktionen
- Verbesserung des Störungswissens, z. B. im Bereich der Aufmerksamkeits- und Gedächtnisleistungen durch Aufklärung von Patienten und relevanten Bezugspersonen
- Veränderung der Umgebungsbedingungen durch die Anpassung des häuslichen und sozialen Umfeldes
- Angehörigen- und Patientenberatung zur Veränderung möglicherweise unangemessener Erwartungen an den Behandlungserfolg

---

Hinsichtlich der **integrierten Verfahren**, unter denen die Einbeziehung anderer Therapieformen (z. B. operante Verfahren, kognitive Techniken, Gesprächstechniken, Rollenspiel und Familientherapie) von Gauggel (2003) zusammengefasst werden, ist zu berücksichtigen, dass eine Adaptation der Verfahren an organisch bedingte Veränderungen von Verhalten und Erleben in den Bereichen Antrieb und Motivation, Aufmerksamkeit, Gedächtnis sowie Krankheitseinsicht und Störungswissen notwendig ist, aufseiten der Behandler eine Bereitschaft zur Modifikation der Erwartungen an den Therapieerfolg bestehen soll und dass das Organ, das den psychischen Anpassungsprozess leisten soll, geschädigt ist.

44.3 Interventionsbereiche der klinischen Neuropsychologie

Der Auftretenshäufigkeit folgend zielt die neuropsychologische Behandlung hauptsächlich auf die Verbesserung von Störungen in den Bereichen Aufmerksamkeit, Gedächtnis, visuelle Informationsverarbeitung, Planen und Handeln (sog. exekutive Funktionen), Halbseitenaufmerksamkeit und Krankheitsbewältigung ab. Auf die Natur einiger dieser Funktionsbereiche ist bereits in vorhergehenden Kapiteln ausführlich eingegangen worden (▶ Kap. 6, 9, 10 und 18), im Folgenden sollen besonders Krankheitsbilder beschrieben werden, die mit der Störung dieser Funktionen einhergehen. Die Behandlung gestörter Sprachfunktionen (Aphasieformen ▶ Kap. 14) liegt in der Regel in den Händen von Logopäden oder klinischen Linguisten, klinische Neuropsychologen sind hier schwerpunktmäßig mit der Untersuchung von möglicherweise gestörten Sprachfunktionen betraut.

Notwendiger Bestandteil der neuropsychologischen Behandlung ist die neuropsychologische Diagnostik. Sie dient der Feststellung von Art und Ausmaß krankheitswerter neuropsychologischer Störungen und ermöglicht die Bewertung des Verlaufs neuropsychologischer Behandlungsmaßnahmen. Sie ist ein wichtiges Kriterium für die Entscheidung zur Aufnahme und Beendigung einer Behandlung.

44.3.1 Aufmerksamkeit

Aufmerksamkeitsfunktionen bestimmen als grundlegende psychische Funktion des Gehirns jeden kognitiven Prozess mit. Dies spiegelt sich im Bereich der klinischen Neuropsychologie dadurch wider, dass Beeinträchtigungen der Aufmerksamkeitsfunktionen zu den häufigsten neuropsychologischen Störungen infolge erworbener Hirnschädigungen gehören: Bis zu 83% der Patienten mit diesem Krankheitsbild weisen Aufmerksamkeitsstörungen auf (Hütter, Kreitschmann-Andermahr & Gilsbach, 1998; Prosiegel 1988).

Wichtige Hirnstrukturen für die Aufmerksamkeitsfunktionen sind im Hirnstamm und Thalamus (aufsteigendes retikuläres System; ARAS) sowie in beiden Scheitel- und vorderen Stirnlappen des Gehirns lokalisiert (Prosiegel, Paulig, Böttger, Radau & Winkler, 2002).

Aufmerksamkeit wird nicht als einheitliches Ganzes angesehen (z. B. im Sinne von »Konzentration«). Das heute noch gültige **Drei-Komponenten-Modell** von Posner und Boies (1971) unterscheidet folgende Komponenten der Aufmerksamkeit (◘ Abb. 44.1): Reaktionsbereitschaft (»alertness«), Selektivität und zentrale Verarbeitungskapazität. Diese Komponenten lassen sich auch bei hirngeschä-

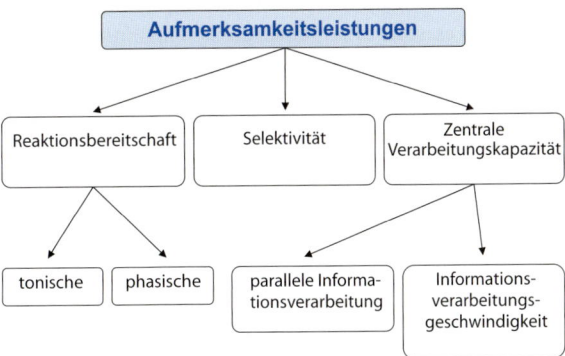

◘ **Abb. 44.1.** Komponenten der Aufmerksamkeit nach dem Modell von Posner und Boies

digten Patienten unterscheiden und können bei umgrenzten Schädigungsorten unabhängig voneinander beeinträchtigt oder ungeschädigt sein (vgl. Godefroy, Lhullier & Rousseaux, 1996). Aus der täglichen Beobachtung von Patienten sind weitere Begriffe zur Bezeichnung von Aufmerksamkeitsstörungen entstanden, z. B. Ablenkbarkeit, Ermüdbarkeit, Verlangsamung und mangelnde Konzentration. Diese umgangssprachlichen Begriffe lassen sich jedoch auf die im Drei-Komponenten-Modell von Posner und Boies identifizierten Grundstrukturen zurückführen und stellen somit keine eigenständigen Entitäten dar.

Hinsichtlich der im Modell beschriebenen **Reaktionsbereitschaft** lassen sich zwei weitere Untergruppen isolieren. Die tonische Reaktionsbereitschaft (im deutschen Sprachraum besser auch als Daueraufmerksamkeit oder Vigilanz bezeichnet) ermöglicht die längerfristige Aufrechterhaltung der Aufmerksamkeit, wie es z. B. bei der Radarbeobachtung oder bei der Qualitätskontrolle am Fließband notwendig ist. Die Fähigkeit zur Beschleunigung der Reaktionsschnelligkeit infolge eines Warntones, der dem eigentlichen Stimulus, auf den z. B. mit dem Drücken einer Taste reagiert werden soll, vorausgeht, wird als phasische Reaktionsbereitschaft bezeichnet. Hierbei gibt es ein optimales Intervall von etwa 500 ms, das zu besonderer Aktivierung und damit den schnellsten Reaktionszeiten führt. Unter alltäglichen Bedingungen können solche Warnreize beispielsweise das Blaulicht eines Einsatzfahrzeuges oder das Verkehrsschild »Achtung« sein, die zu einer Erhöhung der Reaktionsbereitschaft führen.

Der menschliche Organismus ist ständig einer großen Anzahl optischer, akustischer, olfaktorischer und taktiler Reize ausgesetzt. Um eine ökonomische Verarbeitung der Umweltreize zu ermöglichen, wird dabei die Menge der aufgenommenen und zu verarbeitenden Informationen auf zwei Ebenen reguliert, nämlich der automatischen und der bewussten Filterung (vgl. Shiffrin & Schneider, 1977). Gefiltert werden sowohl äußere (z. B. Fensterklappern) als auch körperinnere Reize (z. B. Hungergefühl). In dem Modell der Aufmerksamkeit wird dieser Filtermechanismus durch das Konstrukt der **Selektivität** repräsentiert. Diese ermöglicht es, solche Ereignisse, die sich im Sinne erhöhter Ablenkbarkeit störend auf die Bearbeitung einer Aufgabe auswirken könnten, zu unterdrücken.

Die **zentrale Verarbeitungskapazität** als dritte Komponente der Aufmerksamkeit beinhaltet die Fähigkeit, sich bewusst zwei oder mehreren Informationsquellen parallel zuwenden zu können, und die sog. Informationsverarbeitungsgeschwindigkeit. Notwendig für die parallele Informationsverarbeitung ist die Fähigkeit des Gehirns, Reize automatisch oder kontrolliert zu verarbeiten; die Ressourcen des Gehirns zur automatischen Informationsverarbeitung sind dabei wesentlich größer als die der bewussten parallelen Reizverarbeitung (Shiffrin & Schneider, 1977). Die Informationsverarbeitungsgeschwindigkeit, die als Maß für die Menge verarbeiteter Informationen in einer Zeiteinheit gilt, scheint eine Basisvariable kognitiver Prozesse zu sein, da sie in Beziehung zu Intelligenzmaßen steht (Oswald & Roth, 1984). Neuere Befunde deuten ergänzend darauf hin, dass dieser Zusammenhang in prägnanter Form nur bei Personen mit durchschnittlichem intellektuellem Leistungsvermögen besteht (Diaz-Asper, Schretlen & Pearlson, 2004).

Infolge erworbener Hirnschädigungen weisen Aufmerksamkeitsleistungen charakteristische Veränderungen auf. So führen Störungen der Reaktionsschnelligkeit und der Informationsverarbeitungsgeschwindigkeit zu vermehrter Ermüdbarkeit, einer Verlangsamung sowohl motorischer Vorgänge als auch von Denkvorgängen, es kommt zu schnellerer Überforderung bei der Aufnahme neuer Informationen oder bei der Bewältigung neuer Anforderungen. Eine beeinträchtigte selektive Aufmerksamkeit äußert sich in erhöhter Ablenkbarkeit durch Geräusche oder Ereignisse sowie durch eigene Gedanken, Gefühle und körperliche Reaktionen und damit in einer beeinträchtigten Fokussierung der Aufmerksamkeit auf eine zu bewältigende Aufgabe (z. B. Lesen eines Buches, Anfertigen von Hausarbeiten, Ausfüllen eines Überweisungstragers der Hausbank). Störungen der parallelen Informationsverarbeitung zeigen sich darin, dass Patienten nur eingeschränkt in der Lage sind, simultan mehrere Anforderungen gleichzeitig zu beachten. Wenn z. B. beim Autofahren gleichzeitig der Verkehr und die im Verkehrsradio durchgesagten Nachrichten registriert werden müssen, ist die parallele Verarbeitung zweier gleichwertiger Informationsquellen notwendig, von Patienten mit erworbener Hirnschädigung aber nicht immer leistbar; bei einer Störung der parallelen Informationsverarbeitung ist somit von einer Einschränkung der Fahrtauglichkeit auszugehen.

44.3.2 Gedächtnis

Für Patienten stehen Gedächtnisbeeinträchtigungen neben motorischen Einschränkungen bei der Beschwerdenschil-

derung häufig im Mittelpunkt der krankheitsbedingten Folgen. Eine mögliche Ursache für die besondere Wahrnehmung von Gedächtnisstörungen mag darin liegen, dass Beeinträchtigungen des Gedächtnisses als Anzeichen des (auch normalen) Alterns angesehen werden (vgl. Keefover, 1998) und daher im Gegensatz zu anderen kognitiven Beeinträchtigungen bereits im Bewusstsein der Patienten verankert sind. Gedächtnisbeeinträchtigungen können für den Fortgang der neuropsychologischen Rehabilitation ein erhebliches Problem darstellen, da es hierdurch zu einer Einschränkung der Wirksamkeit von Rehabilitationsmaßnahmen kommen kann indem verordnete Hilfsmittel nicht oder nur unzureichend genutzt werden. Wenn Patienten Anweisungen des Rehabilitationsteams wieder vergessen, können sie diese naturgemäß auch nicht umsetzen und so zur Verbesserung des Krankheitsbildes beitragen. Thöne-Otto und Markowitsch (2004) wiesen zusätzlich darauf hin, dass Gedächtnisstörungen zu deutlichen Persönlichkeitsveränderungen führen können und unterstreichen damit die Bedeutung der Gedächtnisfunktionen für den Rehabilitationsprozess.

Beeinträchtigungen des sprachlichen Gedächtnisses erfolgen im Wesentlichen nach Schädigungen des Hippocampus, der Mandelkerne und des unteren Vorderhirns sowie nach linksseitigen Schädigungen des Hinterhaupt- und Schläfenlappens (Prosiegel et al., 2002).

Das Gedächtnis wurde neuropsychologisch unter Verwendung verschiedener Ordnungssysteme erforscht. Während beispielsweise Schuri (1995) den Zugang über klinisch bedeutsame Diagnosebereiche wählte, gruppierten Hartje und Sturm (1997) sowie Thöne-Otto und Markowitsch (2004) die Störungen unterschiedlicher Gedächtniskomponenten nach verschieden lokalisierten Hirnschädigungen und Schädigungsursachen. Die kognitionspsychologisch orientierten Neuropsychologen Ellis und Young (1988) stellten dagegen die Komponenten des Gedächtnisses anhand von unterscheidbaren Funktionseinheiten dar, z. B. mit dem Modell der »3R« (▶ Kasten).

Näheres zu den Komponenten des unbeeinträchtigten Gedächtnisses wird ausführlich in ▶ Kap. 10 beschrieben.

Retrograde und anterograde Amnesie

Für die Beschreibung von Störungen des Langzeitgedächtnisses haben sich in der Neuropsychologie die Begriffe retrograde und anterograde Amnesie (Amnesie: Gedächtnisschwund, Erinnerungslosigkeit) durchgesetzt (◘ Abb. 44.2).

Als **retrograde Gedächtnisstörungen** werden diejenigen Amnesien bezeichnet, die das vor der Hirnschädigung erworbene Wissen mehr oder weniger stark zerstören. Der Verlust der vor der Hirnschädigung erworbenen Gedächtnisinhalte ist dabei charakteristischerweise umso größer, je näher der Erwerb der Gedächtnisinhalte dem Zeitpunkt der Hirnschädigung ist. So sind Patienten selbst mit schweren retrograden Amnesien durchaus in der Lage, detailliert aus ihrer Kindheit und Jugend zu berichten, während der

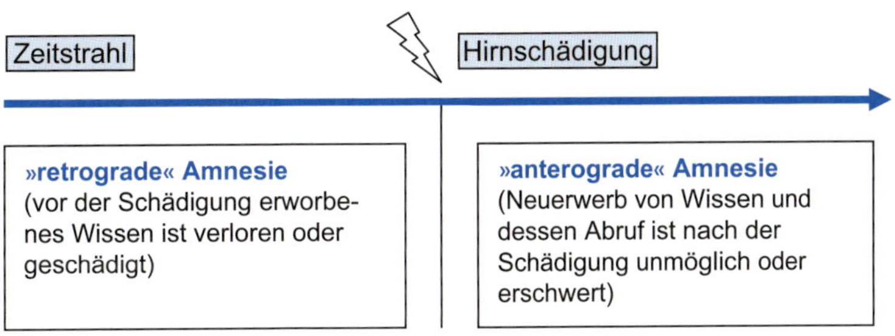

□ **Abb. 44.2.** Schematische Darstellung der zwei Amnesieformen »retrograd« und »anterograd« in Abhängigkeit vom Schädigungszeitpunkt

□ **Abb. 44.2.** Schematische Darstellung der zwei Amnesieformen »retrograd« und »anterograd« in Abhängigkeit vom Schädigungszeitpunkt

Funktionseinheiten des Gedächtnisses gemäß »3R«-Modell

Das Modell der »3R« (Ellis & Young, 1988) greift ein Bild Platons auf, in dem das Gedächtnis mit einer Vogelvoliere verglichen wird. Gedächtnisstörungen können dem Modell zufolge unabhängig von der Art der Störung (z. B. sprachliches oder nichtsprachliches Material) durch eine Beeinträchtigung der Aufnahme (»registration«), des Behaltens (»retention«) und des Abrufes (»retrieval«) entstehen. Störungen der **Aufnahme** werden entsprechend dem Platon'schen Modell so umschrieben, dass ein Vogel, bevor er in die Voliere hineingesetzt werden kann, wieder wegfliegt. Wenn ein Vogel in dem Käfig stirbt, kommt dies einer Störung des **Behaltens** von Informationen gleich. Schließlich könnten derart viele Vögel in der Voliere sein, dass ein einzelner Vogel nicht mehr auffindbar ist, was im Gedächtnismodell einer Störung des **Abrufens** von Informationen entspricht.

zuletzt ausgeübte Beruf unbekannt ist oder Gegebenheiten aus der unmittelbaren Zeitspanne vor dem Schädigungsereignis nicht mehr beschrieben werden können.

Anterograde Gedächtnisstörungen bezeichnen die beeinträchtigte Fähigkeit, seit dem Zeitpunkt der Hirnschädigung neues Wissen zu erwerben oder abzurufen. Durch anterograde Amnesien kann auch das sog. prospektive Gedächtnis in Mitleidenschaft gezogen sein. Dem prospektiven Gedächtnis kommt die Aufgabe zu, auf die Zukunft bezogene Inhalte (z. B. künftige Termine, Vereinbarungen, Handlungsabsichten usw.) zu speichern und zu einem bestimmten Zeitpunkt abrufbar zu halten. Anterograde Amnesien sind dadurch gekennzeichnet, dass entweder der Neuerwerb von Wissen und/oder dessen Abruf gestört ist. Die Beeinträchtigung des Gedächtnisses bei anterograden Amnesien betrifft aber nicht nur das Lernen, sondern auch das Wiedererkennen neu gelernter Informationen. Die britische Neuropsychologin Elizabeth K. Warrington stellte schon 1974 fest, dass Patienten in der Fähigkeit beeinträchtigt waren, jeweils fünfzig eingeprägte Gesichter und Wörter später wiederzuerkennen. In der Phase des Wiedererkennens wurden die gelernten Gesichter oder Wörter jeweils mit einem ähnlichen, vorher nicht gelernten Gesicht oder Wort kombiniert und die Patienten sollten angeben, welches davon sie sich in der Lernphase eingeprägt hatten.

Materialspezifische Beeinträchtigungen

Die anterograde Amnesie tritt selten in vollständiger Form auf. Viel häufiger sind sog. materialspezifische Beeinträchtigungen als leichtere Formen der anterograden Amnesie. **Materialspezifische Störungen** betreffen hauptsächlich

- die Lern- und Behaltensleistung für sprachliches Material,

- das Gesichter- und Namensgedächtnis und
- das topographische Gedächtnis.

Störungen der Lern- und Behaltensleistung für sprachliches Material können z. B. in einer Beeinträchtigung folgender alltäglicher Tätigkeiten zum Tragen kommen: Einprägen einer Einkaufsliste, Lernen eines Gedichts, Erwerb von prüfungsrelevantem Wissen (Schule, Berufsschule, Studium usw.), Merken von Anschriften, Rufnummern, E-Mail- und Internet-Adressen usw. Auch das Lernen und Behalten von **Gesichtern** sowie von **topographischen Gegebenheiten** kann gestört sein: So schildern Patienten mit einem beeinträchtigtem Gesichtergedächtnis, dass sie entfernte Bekannte, denen sie begegnen, nicht spontan wiedererkennen konnten. Ebenso können Patienten Schwierigkeiten haben, sich neue Gesichter (z. B. Stationspersonal, Mitpatienten, therapeutisches Team) einzuprägen. Beeinträchtigungen des topographischen Gedächtnisses können sich mindernd auf die Fähigkeit auswirken, sich Wege und Routen einzuprägen oder alte wiederzuerkennen (Katayama, Takahashi, Ogawara & Hattori, 1999; Milner, 1968).

Von der Störung des Gesichtergedächtnisses ist die sog. **Prosopagnosie** abzugrenzen, die die Schwierigkeit beschreibt, trotz korrekter Wahrnehmung aller einzelnen Gesichtszüge (z. B. Nase, Augen) vertraute Gesichter wiedererkennen zu können. Bodamer (1947), der die Bezeichnung Prosopagnosie prägte, postulierte, dass das physiognomische Erkennen eines Gesichtes beeinträchtigt sei.

Orientierungsstörungen

Besonders in der Frühphase der Rehabilitation, bei schweren Gedächtnisstörungen oder bei demenziellen Erkrankungen kann es zu einer gestörten Lern- und Behaltensleistung von Informationen über

- kalendarische Daten,
- örtlich-geographische und
- situative Zusammenhänge sowie
- Daten der eigenen Biographie

kommen (Schuri, 1995). Die Beeinträchtigung der Aufnahme und des Abrufs dieser basalen Informationen wird als **Störung der Orientierung** bezeichnet. Betroffene Patienten haben Schwierigkeiten, den Wochentag, das aktuelle Datum, ihren gegenwärtigen Aufenthaltsort, das Stockwerk des Gebäudes, in dem sie sich gerade befinden, die Ursache für den Klinikaufenthalt, die Namen von neuen Bezugspersonen usw. auf Nachfrage anzugeben. Während die personale Orientierung bei isolierten Gedächtnisstörungen in der Regel erhalten bleibt, sind die drei anderen Kategorien stärker betroffen.

44.3.3 Visuelle Informationsverarbeitung

Die visuelle Informationsverarbeitung kann in die basalen zerebralen Sehleistungen und höheren visuellen Funktionen unterteilt werden. Hirnforscher fanden heraus, dass etwa 24% der Patienten an Beeinträchtigungen der basalen zerebralen Sehleistungen und 10–20% an Beeinträchtigungen der höheren Funktionen leiden (z. B. Tate, Fenelon, Manning & Hunter, 1991).

Die **basalen zerebralen Sehleistungen** sind in der Regel nach Substanzschädigungen im Verlauf der Sehbahn im Gehirn und in den Hinterhauptlappen beider Hirnhälften beeinträchtigt. Die höheren visuellen Funktionen sind in den Scheitel- und Schläfenlappen beider Gehirnhälften repräsentiert (Prosiegel et al., 2002).

Die Störung basaler zerebraler Sehleistungen stellt für sich genommen noch keine neuropsychologische und damit psychische Störung dar. Erst die Folgen einer Störung der basalen zerebralen Sehleistungen sind auf der Verhaltens- und Erlebensebene abzubilden und fallen damit in das neuropsychologische Fachgebiet.

Basale zerebrale Sehleistungen

Sofern die Sehbahn oder die in die Verarbeitung visuell-sensorischer Informationen einbezogenen Hirnabschnitte – häufig durch Hirninfarkte – geschädigt sind, kann es zu folgenden Beeinträchtigungen kommen:

- Gesichtsfeldeinschränkungen,
- Störungen der Farb- und Formwahrnehmung (Umwelt erscheint farblos, Formen können nicht unterschieden werden),
- zerebrales Verschwommensehen (Konturen von Buchstaben, Abbildungen oder Gegenständen erscheinen dauerhaft oder nur nach visueller Belastung verschwommen),

- gestörte Hell-Dunkel-Gewöhnung (Blendungsgefühle bei normalem Tageslicht, vermehrter Beleuchtungsbedarf beim Lesen) sowie zu
- visuellen Reizerscheinungen und Illusionen (Lichtblitze, Farbflecken, Muster, Objekte, Szenen).

Von diesen haben hinsichtlich ihrer Alltagsauswirkungen zweifellos die **Gesichtsfeldeinschränkungen** in Diagnostik und Behandlung die größte Bedeutung. Beide Augen bilden jeweils eine linke und rechte Gesichtsfeldhälfte ab, die mit dem der jeweiligen Gesichtsfeldhälfte gegenüberliegenden primären Sehzentrum des Gehirns verbunden sind. Dadurch betrifft eine einseitige Schädigung der primären Sehrinde, die in etwa 94% der Fälle vorliegt (Zihl, 1988), in der Regel die Gesichtsfelder *beider* Augen mit entsprechenden Alltagsauswirkungen; diese sind umso gravierender, je geringer das verbleibende Restgesichtsfeld ist.

Patienten, die an einem halbseitigen Gesichtsfeldausfall leiden, schildern z. B. Schwierigkeiten beim Lesen (der Zeilenanfang innerhalb von Texten wird nicht gefunden, oder es treten grammatikalische Fehler oder falsche Wortergänzungen am Wortende auf). Es kann Probleme damit geben, Stadt- oder Schnellbahnpläne zu erfassen oder Orte darauf zu finden, und Patienten mit solchen Störungen stoßen mit der Schulter an, wenn sie durch Türrahmen gehen, werfen Geschirr im beeinträchtigten Gesichtsfeld um oder prallen mit Personen zusammen, die sich dort bewegen.

Höhere visuelle Funktionen

In Tierexperimenten und in Untersuchungen des Gehirnstoffwechsels beim Menschen wurde herausgefunden, dass die der primären und sekundären Sehrinde des Gehirns (Areae 17, 18 und 19) nachgeordneten Hirnstrukturen, die in die visuelle Informationsverarbeitung einbezogen sind, keine geschlossene Einheit darstellen. Neben verschiedenartigen Nervenzellenverbänden wurden auch unterschiedliche Komponenten der visuellen Informationsverarbeitung entdeckt. Unterschieden wurde zwischen der Analyse der räumlichen Beziehungen zwischen Objekten (**visuell-räumliche Fähigkeiten**) und der Wahrnehmung und Unterscheidung von Objekten (**Objektwahrnehmung**). Diese beiden funktionell unterschiedlichen Bereiche werden durch zwei neuronale Hauptinformationswege mit Informationen versorgt (vgl. Haxby, Grady, Ungerleider & Horwitz, 1991). Näheres zur Objektwahrnehmung ist bereits in ▶ Kap. 6 abgehandelt.

Die visuell-räumlichen Fähigkeiten lassen sich in die visuelle Raumwahrnehmung und die räumlich-konstruktiven Fähigkeiten untergliedern (Benton & Tranel, 1993). Die **visuelle Raumwahrnehmung** unterteilt sich wiederum in die Winkel-, Abstands- und Positionsschätzung sowie die visuellen Hauptraumachsen. Die Komplexität der zu bewältigenden Wahrnehmungsaufgaben beeinflusst dabei die Beteiligung der beiden Gehirnhälften: Je komplexer z. B.

eine Winkelschätzungsaufgabe ist, desto mehr ist die linke Gehirnhälfte in die Informationsverarbeitung einbezogen. Bei einfachen Aufgaben zur Winkelschätzung ist ganz überwiegend die rechte Gehirnhälfte bei der Aufgabenbewältigung aktiv (Mehta & Newcombe, 1996).

Patienten, deren visuelle Raumwahrnehmung beeinträchtigt ist, können Probleme mit dem Ablesen der Uhrzeit von Analoguhren haben, indem sie die Zeiger verwechseln oder die Stellung der Zeiger zueinander falsch deuten, es kommt zu Unsicherheiten beim Greifen von Gegenständen, beim Treppensteigen kann die Tiefe der Stufen nicht abgeschätzt werden, räumliche Beziehungen zwischen Objekten der Umgebung oder Personen können nicht erfasst werden und die Position des eigenen Körpers zu Objekten der Umgebung kann nicht richtig eingeschätzt werden. Weiterhin werden vertikale oder horizontale Konturen als verdreht wahrgenommen: So kann ein schief hängendes Bild nicht gerade gerückt werden oder beim Schreiben werden die Ränder des Papiers falsch eingeschätzt, sodass es zu einer wahrnehmungsbedingten Abweichung der Schreibrichtung kommt (Kerkhoff, 1988).

Räumlich-konstruktive Tätigkeiten erfordern das Zusammensetzen von Einzelteilen zu einer Ganzheit; sie enthalten daher ein organisierendes Element. Sie können neben dem Handeln im Raum, z. B. mit dem Einsatz von Hand- und Armbewegungen, auch in der Vorstellung als mentale Operationen (z. B. Drehung, Perspektivenwechsel) ablaufen (Benton & Tranel, 1993). Voraussetzung für räumlich-konstruktive Tätigkeiten ist eine korrekte Wahrnehmung der Ausrichtung, der Länge und der Lageverhältnisse von Objekten, mit denen operiert werden soll. Da räumlich-konstruktive Tätigkeiten als ersten Informationsverarbeitungsschritt somit die visuelle Raumwahrnehmung beinhalten, gehen sie in ihrer Komplexität über die visuelle Raumwahrnehmung hinaus. Darüber hinaus sind sie an der Schnittstelle zwischen visuellen Wahrnehmungsprozessen und motorischem Handeln im Raum angesiedelt. Beim Handeln im Raum sind neben der Wahrnehmung räumlicher Beziehungen auch die Verarbeitung der Informationen über die Muskel- und Skelettstellung des eigenen Körpers vonnöten (sog. kinästhetische Wahrnehmung, s. zusammenfassend z. B. Karnath, 1997). Krankheitsbedingte Störungen der räumlich-konstruktiven Fähigkeiten erschweren oder verhindern das Ankleiden, indem Kleidungsstücke verdreht angezogen werden, die selbstständige Körperpflege und eigenständiges Essen, das Zusammenlegen von Wäsche, Papier und Kleidung, beim Schreiben kann sich eine Abweichung der Zeilenrichtung nach rechts oben ergeben und die aktive Teilnahme am Straßenverkehr ist gefährdet (Sivak et al., 1984).

Von Beeinträchtigungen des Handelns im Raum oder mentaler Operationen ist die Störung der **sequenziellen Anordnung** von Einzelbewegungen zu Bewegungsfolgen bei erhaltener Beweglichkeit abzugrenzen; diese wird als Apraxie bezeichnet, wobei zwischen ideomotorischer und ideatorischer Apraxie unterschieden wird (vgl. Poeck & Hacke, 1998).

44.3.4 Exekutive Funktionen

Als Folge erworbener Hirnschädigungen können die problemorientierte Planung und Ausführung komplexer, nicht routinierter Handlungen gestört sein (dazu auch ▶ Kap. 18). Dieses als **dysexekutives Syndrom** bezeichnete neuropsychologische Krankheitsbild ist eine sog. Syndrombeschreibung, unter der verschiedene Störungsbilder zusammengefasst werden, die nicht notwendigerweise gemeinsam auftreten müssen.

Die diesen Fähigkeiten zugrunde liegenden exekutiven Funktionen sind im Wesentlichen in den vorderen Abschnitten des Stirnhirns lokalisiert. Die hinteren Anteile des Kleinhirns scheinen ebenfalls in die Repräsentation exekutiver Funktionen einbezogen zu sein (Prosiegel et al., 2002).

Auf die Komponenten exekutiver Funktionen wurde aus Sicht der Allgemeinen Psychologie bereits in ▶ Kap. 18 eingegangen. Die klinische Neuropsychologie unterscheidet zwischen folgenden Funktionsbereichen: Analyse der Umgebung, Konzeptentwicklung, Sequenzierung, Initiieren von Handlungen, Flexibilität, Beachten von Regeln sowie Ablenkbarkeit und Daueraufmerksamkeit.

Analyse der Umgebung

Die Analyse der Umgebungsbedingungen erfolgt, um angemessene Lösungsmöglichkeiten für ein beliebiges Problem zu sichten. Es zeigte sich, dass Patienten mit Störungen exekutiver Funktionen bizarre Erwartungen über mögliche Lösungsmöglichkeiten und deren Auswirkungen bilden und ihre Lösungshypothesen von gesunden Kontrollpersonen bei einer unbekannten Aufgabe grundsätzlich abweichen. Entwickeln diese Patienten Pläne, so besitzen diese häufig keine Realisierungsorientierung und/oder sind ohne zeitliche Zukunftsperspektive auf die Gegenwart bezogen. So werden entworfene Pläne von augenblicklichen Bedürfnissen und gerade verfügbaren Umgebungsreizen bestimmt (Burgess & Shallice, 1996; von Cramon, 1988). Dabei ist oft eine unzureichende Absuche der Umwelt nach Lösungshilfsmitteln zu beobachten, und Patienten haben Schwierigkeiten, mehrere Informationen zeitgleich zu nutzen.

Konzeptentwicklung

Die Beeinträchtigung der Konzeptentwicklung kann im Verlauf der Planung einer Handlung zu einem Mangel an Einfällen führen, die hierfür hilfreich wären (Brazzelli, Colombo, Dela Sala & Spinnler, 1994). Die Patienten neigen dazu, fremde Lösungsstrategien zu übernehmen oder vordergründig praktikable Lösungen zu akzeptieren, ohne zu überprüfen, ob diese für das eigene aktuelle Ziel adäquat sind. Treten Schwierigkeiten bei der Umsetzung der Konzepte auf, geben Patienten mit Störungen exekutiver Funktionen schnell auf (von Cramon, 1988). Sofern Pläne ausgearbeitet werden, geschieht dies zäh, unökonomisch, flüchtig oder schemenhaft, und die für das zu lösende Problem relevanten Ideen und Gedanken können nur schwer entwickelt werden oder die Pläne sind nur vage und wenig konkret formuliert.

Im Gegensatz zu dieser Einfallsarmut wurde aber auch beschrieben, dass Patienten mit dysexekutivem Syndrom eine Fülle von (Teil-)Plänen entwickeln, diese Pläne im Hinblick auf das zu erreichende Ziel aber nur lösungsunwichtige Fragmente darstellen (von Cramon, 1988).

Sequenzierung

Die Teilschritte eines Handlungsentwurfes müssen vor der Planausführung in eine sinnvolle zeitliche Reihung gebracht werden. Patienten mit einer Beeinträchtigung exekutiver Funktionen neigen dazu, notwendige Zwischenschritte zu vernachlässigen; wenn überhaupt Teilpläne entwickelt werden, fällt es den Patienten schwer, diese Teilpläne in einem Gesamtplan zu koordinieren (Shallice, 1982). Die unerwünschten Folgen möglicher Handlungsschritte können nicht erkannt oder vorausgesehen werden, und gedankliche Kontrollen über die Wirksamkeit oder Zielführung einzelner Teilschritte unterbleiben oder sind selten, wie auch die Folgen möglicher Entscheidungen nicht überprüft werden (Burgess & Shallice, 1996).

Initiieren von Handlungen

Nach der Planerstellung ist es erforderlich, dass die dem Plan entsprechenden Handlungen in Gang gesetzt werden. In einer illustrativen Kasuistik stellten die Neuropsychologen Eslinger und Damasio (1985) einen Patienten vor, der sich sehr genaue Vorstellungen über den Ablauf eines Abends mit Restaurantbesuch usw. machen konnte. Die Umsetzung seiner Pläne gelang ihm jedoch nicht; der Restaurantbesuch fand nicht statt, da er immer wieder mögliche Alternativen abwägte und keine davon in die Tat umsetzte.

Sofern das Anstoßen von Handlungen nicht vollständig beeinträchtigt ist, kann das Abarbeiten bestehender Lösungskonzepte verlangsamt oder eingeschränkt sein (Owen, Morris, Sahakian, Polkey & Robbins, 1996), was dazu führt, dass die Patienten in ihrem Antrieb vermindert wirken.

Flexibilität

Während der Ausführung der Teilschritte von Handlungsabläufen ist es erforderlich, sich von erledigten Handlungsschritten zu lösen und zum nächsten lösungsrelevanten Schritt überzugehen. Sofern der nächste Handlungsschritt in einem möglicherweise neuen Handlungskontext nicht mehr angemessen ist, muss die Handlung modifiziert werden. Hinsichtlich dieser Handlungsflexibilität wird in der klinischen Neuropsychologie zwischen zwei Komplexitätsebenen unterschieden: Die Ausführung von Einzelbewegungen oder umgrenzten Handlungen einerseits und von Handlungsabfolgen andererseits.

Die Unfähigkeit, die Wiederholung von Einzelbewegungen oder umgrenzten Handlungen zu stoppen, wird als **Perseveration** bezeichnet. Diese äußert sich darin, dass einfache Bewegungen wiederholt werden (motorische Perseverationen, siehe z. B. Annoni, Pegna, Michel, Estade & Landis, 1998) oder dass es zu einem Haftenbleiben an Gedankenabläufen kommt (gedankliche Perseverationen).

Die eingeschränkte Fähigkeit, einmal begonnene komplexe, nicht auf der Ebene von Einzelbewegungen ablaufende Handlungsroutinen oder -abläufe zu stoppen oder zu modifizieren hat zur Folge, dass das Verhaltensrepertoire der so betroffenen Patienten sehr eingeschränkt ist und nicht flexibel neuen oder andersartigen Problemstellungen angepasst werden kann. Diese Anpassung erfolgt bei Gesunden durch einen Rückkoppelungsprozess, bei dem ein Vergleich zwischen gerade erfolgender, aktueller Handlung und dem gefassten Plan vorgenommen wird und Abweichungen zwischen beiden im Hinblick auf die Zielerreichung korrigiert werden können, sofern diese gefährdet ist. Der automatisierte Abruf von Routinehandlungen ist auch bei Patienten mit einem dysexekutiven Syndrom regelmäßig unbeeinträchtigt (Karnath & Sturm, 1997), sodass die Störung nicht zutage tritt, wenn Patienten mit gewohnten Problemstellungen oder Handlungsanforderungen konfrontiert werden. Aufgrund des Mangels an Rückkoppelung ist jedoch die Analyse der Gründe für gescheiterte Handlungen eingeschränkt und ein Lernen aus Fehlern findet nicht statt, sodass auch das Lernen über Versuch und Irrtum nicht oder nur eingeschränkt möglich ist.

Beachten von Regeln

Verhalten soll grundsätzlich mit bestehenden Regeln oder Konventionen in Einklang gebracht werden. Bei Patienten mit Störungen exekutiver Funktionen sind Regelverstöße gehäuft zu beobachten, wenn sie mit einer neuen Situation konfrontiert werden. Verglichen mit gesunden Probanden kann das Verhalten der Patienten im Kontakt mit anderen Personen in ungewohnten Situationen deshalb den Anschein von Rücksichtslosigkeit haben (Matthes-von Cramon, von Cramon & Mai, 1994). Die Ursache wird darin gesehen, dass eigene Pläne nicht mit den Plänen anderer abgestimmt werden und dass moralische, ethische und rechtliche Aspekte bei der Planerstellung oder -ausführung vernachlässigt oder gar nicht beachtet werden.

Ablenkbarkeit und Daueraufmerksamkeit

Näheres zu der bei gestörten exekutiven Funktionen gehäuft auftretenden **Ablenkbarkeit** und eingeschränkten Daueraufmerksamkeit findet sich in ▶ Abschn. 44.3.1.

44.3.5 Halbseitenaufmerksamkeit

Neben dem dysexekutiven Syndrom sind die Merkmale einer gestörten Halbseitenaufmerksamkeit, die auch als

Neglektsyndrom bezeichnet werden, von besonderer klinischer Auffälligkeit, da es infolge eines Neglekts zu bizarren Wahrnehmungsverzerrungen der Umwelt und des eigenen Körpers kommen kann.

Eine gestörte Halbseitenaufmerksamkeit geht ganz überwiegend mit Schädigungen des Scheitellappens der rechten Gehirnhälfte einher, auch wenn die Symptome gelegentlich nach linkshirnigen Schädigungen zu beobachten sind (Prosiegel et al., 2002).

Störungen der Halbseitenaufmerksamkeit sind im Wesentlichen dadurch gekennzeichnet, dass Teile des eigenen Körpers und/oder Objekte der Umgebung, die in der der Hirnschädigung gegenüberliegenden Raumhälfte lokalisiert sind, nicht oder nur eingeschränkt beachtet werden können (◘ Abb. 44.3). Bei stark ausgeprägter Symptomatik scheint es für die Patienten so zu sein, als ob die im beeinträchtigten Halbfeld liegende Welt zu existieren aufhört (Mesulam, 1999).

Die Folgen für die Wahrnehmung und das Handeln der Patienten sind schwerwiegend, da ein Neglekt im Gegensatz zur Gesichtsfeldeinschränkung alle Sinnesmodalitäten (optisch, akustisch, taktil) in Mitleidenschaft ziehen kann. Dies hat u. a. zur Folge, dass ein Neglekt den Rehabilitationsverlauf von Patienten mit Schlaganfällen dauerhaft ungünstig beeinflussen kann (Kerkhoff, 2004).

Die Symptome des Neglekts lassen sich in drei Gruppen zusammenfassen. Die erste beinhaltet **Vernachlässigungsphänomene** in den verschiedenen Sinnesmodalitäten (optisch, akustisch, taktil), während die zweite Gruppe die **Repräsentation** des eigenen Körpers und der Umwelt umfasst. Der dritte Symptomkomplex umschreibt die Unfähigkeit, die eigene Krankheit (sog. **Anosognosie** bzw. »unawareness«) oder eigene Körperteile (sog. **Somatoparaphrenie**) wahrzunehmen (Paulig, Weber & Garbelotto, 2000).

Das Auftreten von Neglektsymptomen ist von der Anzahl der Umgebungsreize abhängig, sodass die Symptome bei komplexen Reizbedingungen (z. B. in der Hauptverkehrszeit auf einer Straßenkreuzung an einer vielbefahrenen Straße in einer Großstadt) wieder zutage treten können, obwohl bei Entlassung aus der stationären Rehabilitation bei grober Untersuchung keine Symptome mehr festgestellt werden konnten. Insofern ist gerade bei einem oberflächlich nicht mehr sichtbaren Krankheitsbild eine eingehende Untersuchung notwendig, wenn es um die mögliche Wiederaufnahme der Berufstätigkeit oder um die Fahrtauglichkeit geht (vgl. Lengenfelder & Himmelstein, 2003).

Vernachlässigungsphänomene

Eine Vernachlässigung im Bereich der optischen Modalität – sog. **visuelle Explorationsstörung** – zeigt sich nicht nur in einer Abnahme der Augenbewegungen in das betroffene Halbfeld, sondern die Augenbewegungen werden auch insgesamt unsystematischer, redundant und weniger zielgerichtet. Bei alltäglichen Verrichtungen können in Verbindung mit einer gestörten visuellen Exploration vielfältige Schwierigkeiten auftreten (Kerkhoff, 2004):

- Anstoßen an Hindernisse,
- Personen und Fahrzeuge werden übersehen,
- Orientierungsprobleme in Räumen, Gebäuden oder auf Plätzen,
- wenig erfolgreiche Suche nach Gegenständen auf Schreibtischen und Regalen (z. B. im Supermarkt),
- teilweise erhebliche Leseschwierigkeiten, indem der Anfang der nächsten Zeile nicht gefunden wird,
- Vernachlässigung der Hälfte einer Mahlzeit in der betroffenen Raumhälfte, indem nur die bewusst wahrgenommene Hälfte des Essens verzehrt wird,

◘ **Abb. 44.3.** Beispiel für die Auswirkungen einer visuellen Explorationsstörung bei der Suche nach dem Weg in einem Flur; Patient mit Schädigung der rechten Gehirnhälfte

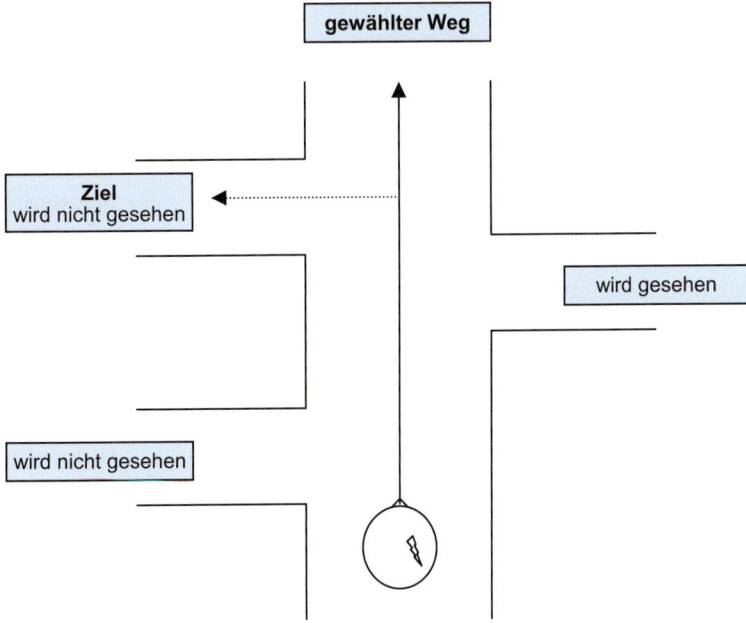

— Rechenfehler bei konventionellen schriftlichen Rechenaufgaben, da die weiter außen gelegenen Ziffern nicht wahrgenommen werden. So wird beispielsweise statt der Aufgabe »725 + 23« die Aufgabe »5 + 23« mit entsprechend falschem Ergebnis gerechnet.

Das **Nichtreagieren auf Ansprache** aus der betroffenen Seite der Hirnschädigung ist ein Ausdruck einer Vernachlässigung in der akustischen Modalität. In besonders schweren Fällen drehen die Patienten den Kopf vom Sprecher weg, da sie den akustischen Reiz als aus dem nicht betroffenen Halbfeld kommend einschätzen (sog. **akustische Allästhesie**, Säring, 1988). Dieses Krankheitsphänomen wird gelegentlich von Angehörigen oder nicht geschultem Personal als willentlich geäußerte Abneigung missdeutet.

Hinsichtlich der Vernachlässigung der betroffenen Raumhälfte in der taktilen Modalität wurde festgestellt (vgl. Karnath, 1997), dass Tastbewegungen der Hände in die betroffene Raumhälfte abnehmen oder ganz ausbleiben können, wenn die Patienten aufgefordert werden, bei Dunkelheit einen Gegenstand auf einem vor ihnen stehenden Tisch zu suchen.

Beeinträchtigung der Repräsentation von eigenem Körper und Umwelt

Die zweite Symptomgruppe des Neglekts umfasst die Beeinträchtigung der Repräsentation sowohl des umgebenden Raumes als auch des eigenen Körpers. Eine gestörte Repräsentation des umgebenden Raumes konnten die italienischen Neuropsychologen Bisiach und Luzzatti (1978) in einem inzwischen klassischen Experiment (▶ Kasten) eindrucksvoll darstellen.

Zur gestörten Repräsentation des umgebenden Raumes – ein Experiment

Bisiach und Luzzatti (1978) baten zwei Mailänder Patienten, den Platz vor dem Mailänder Dom zu beschreiben. Dabei sollten sich die Patienten zunächst vorstellen, dass sie gegenüber der Haupteingangstür des Domes stünden und auf diesen blickten. Die Beschreibungen der von den Patienten aus gesehenen rechten Domplatzseite waren differenziert und genau, die der linken Platzhälfte fehlten oder waren ungenau und detailarm. Um auszuschließen, dass es sich bei der starken Asymmetrie um ein Gedächtnisdefizit handelte, instruierten die Forscher die Patienten, sich vorzustellen, dass sie jetzt unter der Domtür stünden und auf die Stelle blickten, von der sie zuvor auf den Dom geblickt hatten. Daraufhin beschrieben die Patienten wieder detailliert die von ihnen aus gesehen rechte Hälfte des Platzes (ehemals links), die sie von dem anderen Blickwinkel aus wenig oder gar nicht beschrieben hatten.

Eine gestörte Repräsentation des eigenen Körpers äußert sich darin, dass Patienten bei der Körperpflege und beim Ankleiden nur die nicht betroffene Körperseite einbeziehen, indem sie z. B. nur die dort gelegenen Haare frisieren oder nur eine Gesichtshälfte rasieren. Darüber hinaus ist zu beobachten, dass die betroffenen Extremitäten, auch wenn sie nicht stark gelähmt sind, wenig oder gar nicht eingesetzt werden.

Unfähigkeit zur Wahrnehmung der eigenen Krankheit

Mit dem Begriff **Anosognosie** wird das Unvermögen bezeichnet, die eigene Person betreffende Krankheitszeichen wahrnehmen zu können. Als dritte Symptomgruppe des Neglekts ist eine Anosognosie dadurch charakterisiert, dass Patienten auf Fragen nach der Erkrankung inadäquat antworten. So führen sie ihre motorischen Defizite oder Lähmungen auf andere Ursachen als die der Hirnschädigung zurück, beispielsweise auf Müdigkeit oder einen Armbruch (Kerkhoff, 2004). Frommelt (1999) beschrieb, dass es nicht ungewöhnlich sei, wenn Patienten auf die Frage, warum sie in der Klinik seien, antworten würden: »Ich leide an Rü-

ckenschmerzen«. Neben solchen Antworten können Patienten auch ärgerlich oder abwehrend reagieren, wenn sie auf Krankheitssymptome angesprochen werden.

Eine Unterform der Anosognosie, die als **Somatoparaphrenie** bezeichnet wird und insbesondere in der Akutphase kurz nach einer Hirnschädigung auftritt, bezieht sich auf Fremdheitsgefühle bezüglich eigener Körperteile, meist auf den gelähmten Arm oder das Bein. Die Auswirkungen einer Somatoparaphrenie kann durch folgende Äußerung einer Patientin illustriert werden: »… als ich zu mir kam, habe ich den Arm so betrachtet und hatte das Gefühl, das ist gar nicht mein Arm, der gehört meiner Mutter, die sich an mir festhält. Ich habe lange Zeit gebraucht, bis ich durch etwa Abfühlen meinen eigenen Arm entlang, feststellte, dass das doch mein Arm war; das konnte ich fast nicht glauben …« (Technow & Bodenburg, 1994, S. 130).

Auch hier gingen Angehörige und nicht geschultes Personal fehl, wenn solche oder ähnliche Äußerungen als Ausdruck einer demenziellen oder psychiatrischen Erkrankung missdeutet würden.

44.3.6 Krankheitsbewältigung

Eine erworbene Hirnschädigung erfordert aufgrund der Schwere der Erkrankung die Anpassung an eine teilweise erheblich verminderte Selbstständigkeit sowie an körperliche und kognitive Einschränkungen. Darüber hinaus kann die psychische Bewältigung eines möglichen Arbeitsplatzverlustes, veränderter sozialer und Partnerbeziehungen sowie materieller Einschränkungen notwendig sein. Den Patienten *und* den Angehörigen fällt es schwer, die krankheitsbedingten Lebensveränderungen anzunehmen, Toleranz gegenüber eigenen Defiziten zu entwickeln und trotz chronischer Einschränkungen noch Zukunftsperspektiven zu entwickeln. Zu diesem psychischen Anpassungsprozess, der z. B. von Depressionen, Ängsten, Aggressivität und Reizbarkeit begleitet sein kann, können emotionale Veränderungen treten, die organisch durch die Hirnschädigung und nicht psychoreaktiv bedingt sind.

Klinisch-neuropsychologische Behandlungsansätze berücksichtigen im Gegensatz zu »klassischen« Psychotherapieverfahren (z. B. Psychoanalyse, Verhaltenstherapie) bei der Behandlung psychischer Störungen von Patienten mit erworbenen Hirnschädigungen, dass der von dem Patienten erhoffte Gesundungsprozess an biologische, physiologische und psychologische Grenzen stößt: Patienten haben schlechtere Voraussetzungen für den Anpassungsprozess, weil das Gehirn, das die Anpassung durch kognitive und emotionale Bewältigung leisten soll, geschädigt ist.

Auch für **Angehörige oder relevante Bezugspersonen** von Patienten mit erworbenen Hirnschädigungen kann aufgrund der Belastungen bei einem durchschnittlichen Pflegeaufwand von 37 Stunden wöchentlich die Gefahr bestehen, emotionale Schwierigkeiten oder psychische Störungen zu entwickeln (Hermans, Anten, Diederiks & Philipsen, 1998). Hermans et al. (1998) beschrieben Erschöpfungssymptome und mangelhafte Bewältigungsstrategien der Angehörigen. So meisterten Angehörige zwar die praktischen Probleme bei der Pflege der hirngeschädigten Patienten, zeigten aber erhebliche Schwierigkeiten bei der emotionalen Verarbeitung der veränderten Lebensbedingungen.

Gauggel, Konrad und Wietasch (1998) fanden in einer zusammenfassenden Übersicht eine Reihe psychischer Störungen, die gleichermaßen bei Patienten und Angehörigen bzw. relevanten Bezugspersonen auftreten können:

- depressive Episoden (F32, F33 gemäß der ICD-10-Klassifikation),
- Ängste (F40, F41),
- Anpassungsstörungen (F43.2).

Das folgende ▶ Fallbeispiel illustriert, wie sich eine **Angststörung** zunächst hemmend auf den Rehabilitationsprozess auswirkt.

Fallbeispiel

Verzögerte Genesung aufgrund einer Angststörung

Die 74-jährige Frau E.F., die im Moment ihres Schlaganfalls stürzt und erst nach einiger Zeit aus ihrer Wohnung gerettet werden kann, wird nach der Akutbehandlung in eine geriatrische Klinik verlegt. Obwohl in der neurologischen Untersuchung nur geringgradige Einschränkungen der Motorik festgestellt werden, ist ein Transfer vom Stuhl am Tisch in den Rollstuhl oder vom Bett in den Rollstuhl nur unter größter Kraftanstrengung der behandelnden Physiotherapeutin und bei erheblicher Gegenwehr der Patientin möglich. Zu selbstständigem Gehen ist sie gar nicht in der Lage. Der hinzugezogene Neuropsychologe stellt in einem strukturierten Interview eine phobische Störung fest, die aus dem Sturz im Moment der Hirnschädigung resultierte. In Zusammenarbeit mit der behandelnden Physiotherapeutin und der Patientin wird ein gestufter, an die verminderten Aufmerksamkeits- und Gedächtnisleistungen der Patientin angepasster verhaltenstherapeutisch orientierter Therapieplan entwickelt. Die tägliche physiotherapeutische Behandlung findet danach in Zusammenarbeit mit dem Neuropsychologen statt, der den gestuften Therapieplan umsetzt. Am Ende einer 10-tägigen Behandlung ist Frau E.F. in der Lage, alle Transfers selbstständig auszuführen und mit einem Gehwagen längere Wegstrecken allein zurückzulegen.

Richtungsweisend für die Erforschung von Anpassungsprozessen bei Patienten und Angehörigen mit schwerwiegenden Erkrankungen waren die Untersuchungen von Lazarus und Folkman (1984), deren **transaktionales Bewältigungsmodell** nicht nur die Grundlage für die meisten Diagnostikverfahren in diesem Bereich war, sondern sich auch als Fundament für die Gestaltung therapeutischer Interventionen durchgesetzt hat. In dem Modell wird die Bewältigung von Krankheit als Oberbegriff für kognitive, emotionale und verhaltensbezogene Reaktionen auf krankheitsbedingte Belastungen angesehen.

Der **Prozess einer erfolgreichen Krankheitsverarbeitung** wurde in drei Phasen unterteilt (z. B. Thun, 1988). In der akuten Phase der Krankheit (im Krankenhaus, zu Beginn der stationären Rehabilitationsbehandlung) nehmen die Patienten die Krankenrolle an. Gegen Ende der stationären Behandlung und zu Beginn der ambulanten Behandlungsphase überwiegen die Komponenten Aktivismus und Abwehr. Mangelnder Fortschritt wird hier häufig auf zu geringen Einsatz des Behandlungsteams, zu geringe Therapiefrequenz oder »falsche« Behandlungsmethoden zurückgeführt. Im Verlauf der auf längere Zeit angelegten niederfrequenten ambulanten Behandlung oder im Rahmen von wiederholten stationären Rehabilitationsmaßnahmen kann eine Realitätsanpassung stattfinden. Für den Anpassungsprozess selbst entwickeln Patienten passive oder aktive Bewältigungsstile, die für den einzelnen Patienten über die Zeit stabil und damit kaum Veränderungen unterworfen sind (Herrmann, 1996).

Eine Grundvoraussetzung für einen auf Dauer erfolgreichen Anpassungsprozess stellt die **korrekte Selbstwahrnehmung** dar, die ein **ausreichendes Störungsbewusstsein** beinhaltet (vgl. Fischer, Trexler & Gauggel, 2004). Die Wahrnehmung von Krankheitszeichen ist bei den Patienten jedoch häufig nicht adäquat, z. B. fanden sich erhebliche Diskrepanzen in der Einschätzung kognitiver Fähigkeiten durch die Patienten und die Angehörigen (günstige Einschätzung) einerseits und durch das Rehabilitationspersonal (ungünstigere Einschätzung) andererseits.

Bei der **Diagnostik** möglicher psychischer Störungen wird häufig auf gängige psychodiagnostische Verfahren zurückgegriffen. Dies stellt hinsichtlich der »gesunden« Angehörigen kein Problem dar, für die hirngeschädigten Patienten ist jedoch nur eine geringe Auswahl solcher Verfahren tatsächlich geeignet, da sie teilweise zu umfangreich oder zu komplex sind. In der **Behandlung** dieses Störungsfeldes bedient man sich in der Regel der weiter oben beschriebenen integrativen Verfahren (▶ Abschn. 44.2).

Literatur

Referenzliteratur

Bodenburg, S. (2001). *Einführung in die klinische Neuropsychologie.* Bern: Huber.

Cramon, D. v. & Zihl, J. (Hrsg.). (1988). *Neuropsychologische Rehabilitation.* Berlin: Springer.

Gauggel, S., Konrad, K. & Wietasch, A.-K. (1998). *Neuropsychologische Rehabilitation.* Weinheim: Beltz.

Hartje, W. & Poeck, K. (Hrsg.). (1997). *Klinische Neuropsychologie* (3. neubearbeitete Aufl.). Stuttgart: Thieme.

Karnath, H.-O. & Thier, P. (Hrsg.). (2003). *Neuropsychologie.* Berlin: Springer.

Lautenbacher, S. & Gauggel, S. (Hrsg.). (2004). *Neuropsychologie psychischer Störungen.* Berlin: Springer.

Poeck, K. & Hacke, W. (1998). *Neurologie.* Berlin: Springer.

Zitierte Literatur

Annoni, G. Pegna, A., Michel, C., Estade, M. & Landis, T. (1998). Motor perseverations: a function of the side and the site of a cerebral lesion. *European Neurology, 40,* 84–90.

Benton, A. & Tranel, D. (1993). Visuoperceptual, visuospatial, and visuoconstructive disorders. In K.M. Heilman & E. Valenstein (Eds.), *Clinical Neuropsychology* (3rd ed., pp. 165–213). New York: Oxford University Press.

Bisiach, E. & Luzzatti, C. (1978). Unilateral neglect and representational space. *Cortex, 14,* 129-133.

Bodamer, J. (1947). Die Prosop-Agnosie (Die Agnosie des Physiognomieerkennens). *Archiv für Psychiatrie und Zeitschrift für Neurologie, 179,* 6–54.

Brazzelli, M., Colombo, N., Dela Sala, S. & Spinnler, H. (1994). Spared and impaired cognitive abilities after bilateral frontal damage. *Cortex, 30,* 27–51.

Broca, P.P. (1861). Remarques sur le siège du language articulé survie d'une observation d'aphemié. *Bulletin Société Anatomie Paris, 36,* 330–357.

Burgess, P.W. & Shallice, T. (1996). Bizarre responses, rule detection and frontal lobe lesions. *Cortex, 32,* 241–259.

Cramon, D. von (1988). Planen und Handeln. In D. von Cramon & J. Zihl (Hrsg.), *Neuropsychologische Rehabilitation* (S. 248–263). Berlin: Springer.

Diaz-Asper, C.M., Schretlen, D.J. & Pearlson, G.D. (2004). How well does IQ predict neuropsychological test performance in normal adults? *Journal of the International Neuropsychological Society, 10,* 82–90.

Ellis, A.W. & Young, A.W. (1988). *Human cognitive neuropsychology.* Hove, NJ: Erlbaum.

Eslinger, P.J. & Damasio, A.R. (1985). Severe disturbance of higher cognition following bilateral frontal lobe ablation. *Neurology, 35,* 1731–1741.

Fischer, S. Trexler, L.E. & Gauggel, S. (2004). Awareness of activity limitations and prediction of performance in patients with brain injuries and orthopedic disorders. *Journal of the International Neuropsychological Society, 10,* 190–199.

Frommelt, P. (1999). Schlaganfallrehabilitation. In P. Frommelt & H. Grötzbach (Hrsg.), *Neurorehabilitation* (S. 389–418). Berlin: Blackwell.

Gauggel, S. (2003). Grundlagen der Neuropsychologischen Therapie: Neuropsychotherapie oder Hirnjogging? *Zeitschrift für Neuropsychologie, 14,* 217–246.

Godefroy, O., Lhullier, C. & Rousseaux, M. (1996). Non-spatial attention disorders in patients with frontal or posterior brain-damage. *Brain, 119,* 191–202.

Hartje, W. & Sturm, W. (1997). Amnesie. In W. Hartje & K. Poeck (Hrsg.), *Klinische Neuropsychologie* (3. neubearbeitete Aufl., S. 208–239). Stuttgart: Thieme.

Haxby, J.V., Grady, C.L., Ungerleider, L.G. & Horwitz, B. (1991). Mapping the functional neuroanatomy of the intact human brain with brain work imaging. *Neuropsychologia, 29,* 539–555.

Hermans, E., Anten, H.W., Diederiks, J.P. & Philipsen, H. (1998). Use of care by home-dwelling stroke patients during three years following hospital discharge. *Scandinavian Journal of Caring Sciences, 12,* 186–190.

Herrmann, M. (1996). Krankheitsverarbeitung bei zentral-neurologischen Erkrankungen: Bedingungen und Möglichkeiten. In W. Fries (Hrsg.), *Ambulante und teilstationäre Rehabilitation von Hirnverletzten* (S. 75–82). München: Zuckschwerdt.

Hütter, B.O., Kreitschmann-Andermahr, I. & Gilsbach J.M. (1998). Cognitive deficits in the acute stage after subarachnoid hemorrhage. *Neurosurgery, 43,* 1054–1065.

Karnath, H.-O. (1997). Spatial orientation and the representation of space with parietal lobe damage. *Philosophical Transactions of the Royal Society of London. Series B: Biological Sciences, 352,* 1411–1419.

Karnath, H.-O. & Sturm, W. (1997). Störung von Planungs- und Kontrollfunktionen. In W. Hartje & K. Poeck (Hrsg.), *Klinische Neuropsychologie* (3. neubearbeitete Aufl., S. 290–303). Stuttgart: Thieme.

Katayama, K., Takahashi, N., Ogawara, K. & Hattori, T. (1999). Pure topographical disorientation due to right posterior cingulate lesion. *Cortex, 35,* 279–282.

Keefover, R.W. (1998). Ageing and cognition. *Neurologic Clinics, 16,* 635–648.

Kerkhoff, G. (1988). Visuelle Raumwahrnehmung und Raumoperationen. In D. von Cramon & J. Zihl (Hrsg.), *Neuropsychologische Rehabilitation* (S. 197–214). Berlin: Springer.

Kerkhoff, G. (2004). *Neglect und assoziierte Störungen.* Göttingen: Hogrefe.

Köhler, W. (1947). *Gestalt psychology.* New York: Liverlight Publishing.

Lazarus, R.S. & Folkman, S. (1984). *Stress, appraisal, and coping.* New York: McGraw Hill.

Lengenfelder, J., Himmelstein, J. (2003). The neuropsychology of driving assessment. *Journal of the International Neuropsychological Society, 9, 235.*

Matthes-von Cramon, G., Cramon, D.Y. von & Mai, N. (1994). Verhaltenstherapie in der Neuropsychologischen Rehabilitation. In M. Zielke & J. Sturm (Hrsg.), *Handbuch stationäre Verhaltenstherapie* (S. 164–175). Weinheim: PVU.

Mesulam, M.M. (1999). Spatial attention and neglect: parietal, frontal and cingulate contributions to the mental representation and the attentional targeting of salient extrapersonal events. *Philosophical Transactions of the Royal Society of London, Series B: Biological Sciences, 354,* 1325–1346.

Metha, Z. & Newcombe, F. (1996). Dissociable contributions of the two cerebral hemispheres to judgements of line orientation. *Journal of the International Neuropsychological Society, 2,* 335–339.

Milner, B. (1968). Visual recognition and recall after right temporal-lobe excision in man. *Neuropsychologia, 6,* 191–209.

Oswald, W. & Roth, E. (1984). *Zahlenverbindungstest (ZVT).* Göttingen: Hogrefe.

Owen, A.M., Morris, R.G., Sahakian, B.J., Polkey, C.E. & Robbins, T.W. (1996). Double dissociations of memory and executive functions in working memory tasks following frontal lobe excisions, temporal excisions or amygdalo-hippocampectomy in man. *Brain, 119,* 1597–1615.

Paulig, M., Weber, M. & Garbelotto, S. (2000). Somatoparaphrenie – Eine Plusvariante der Anosognosie für Hemiplegie. *Nervenarzt, 71,* 123–129.

Poppelreuter, W. (1917). *Die psychischen Schädigungen durch Kopfschuss im Kriege 1914/1916 mit besonderer Berücksichtigung der pathologischen, pädagogischen, gewerblichen und sozialen Beziehungen, Bd. 1. Die Störungen der niederen und höheren Sehleistungen durch Verletzungen des Okzipitalhirns.* Leipzig: Voss.

Posner, M.I. & Boies, S.J. (1971). Components of attention. *Psychological Review, 78,* 391–408.

Prosiegel, M. (1988). Beschreibung der Patientenstichprobe einer neuropsychologischen Rehabilitationsklinik. In D. von Cramon & J. Zihl (Hrsg.), *Neuropsychologische Rehabilitation* (S. 386–398). Berlin: Springer.

Prosiegel, M., Paulig, M., Böttger, S., Radau, J. & Winkler, P.A. (2002). *Klinische Hirnanatomie.* München: Pflaum.

Säring, W. (1988). Neglect. In D. von Cramon & J. Zihl (Hrsg.), *Neuropsychologische Rehabilitation* (S. 182–196). Berlin: Springer.

Schultheis, M.T. (2003). New technologies in neuropsychological rehabilitation. *Journal of the International Neuropsychological Society, 9,* 154.

Schuri, U. (1995). Gedächtnis. In D.Y. von Cramon, N. Mai & W. Ziegler (Hrsg.), *Neuropsychologische Diagnostik* (S. 91–122). Weinheim: Chapman & Hall.

Shallice, T. (1982). Specific impairments of planning. *Philosophical Transactions of the Royal Society of London, Series B: Biological Sciences, 298,* 199–209.

Shiffrin, R.M. & Schneider, W. (1977). Controlled and automatic human information processing II. Perceptual learning, automatic attending and a general theory. *Psychological Review, 84,* 127–190.

Sivak, M. Hill, C.S., Henson, D.L., Butler, B.P., Silber S.M. & Olson P.L. (1984). Integration of visual information and motor output in reaching and grasping: the contributions of peripheral and central vision. *Neuropsychologia, 28,* 1095–1116.

Stein, D.G., Brailowsky, S. & Will, B. (2000). *Brain Repair. Das Selbstheilungspotential des Gehirns.* Stuttgart: Thieme.

Sturm, W., Herrmann, M. & Wallesch, C.-W. (Hrsg.). (2000). *Lehrbuch der Klinischen Neuropsychologie.* Lisse: Swets & Zeitlinger.

Tate, R.L., Fenelon, B., Manning, M.L. & Hunter, M. (1991). Patterns of neuropsychological impairment after severe blunt head injury. *The Journal of Nervous and Mental Disease, 179,* 117–126.

Technow, U. & Bodenburg, S. (1994). Neuropsychologische Rehabilitation. In R.M. Schütz & H.P. Meier-Baumgartner (Hrsg.), *Der Schlaganfallpatient* (S. 113–136). Bern: Huber.

Thöne-Otto, A. & Markowitsch, H.J. (2004). *Gedächtnisstörungen nach Hirnschäden.* Göttingen: Hogrefe.

Thun, T. (1988). Psychotherapie und Sozialtherapie. In D. v. Cramon & J. Zihl (Hrsg.), *Neuropsychologische Rehabilitation* (S. 83–131). Berlin: Springer.

Warrington E.K. (1974). Deficient recognition memory in organic amnesia. *Cortex, 10,* 289–291.

Wernicke, C. (1874). *Der aphasische Symptomenkomplex.* Breslau: Cohn & Weigert.

Wilson, B.A., (2000). Compensating for cognitive deficits following brain injury. *Neuropsychology Review, 10,* 233–243.

Zihl, J. (1988). Sehen. In D. von Cramon & J. Zihl (Hrsg.), *Neuropsychologische Rehabilitation* (S. 105–131). Berlin: Springer.

45 Gesundheitspsychologie

R. Schwarzer, B. Schüz, J.P. Ziegelmann

45.1 Themen der Gesundheits-psychologie

Die Gesundheitspsychologie befasst sich mit dem menschlichen Erleben und Verhalten angesichts gesundheitlicher Risiken und Beeinträchtigungen sowic mit der Optimierung von Gesundheit (im Sinne von Fitness oder Wellness). Gesundheitspsychologische Forschung fragt danach, wer krank wird (und warum), wer sich von einer Krankheit wieder gut erholt (und warum), und wie man Erkrankungen von vornherein verhütet. Im Unterschied zur Klinischen Psychologie, die sich mit seelischen Störungen und Verhaltensabweichungen befasst, richten sich die Fragestellungen der Gesundheitspsychologie vor allem auf körperliche Erkrankungen und Behinderungen sowie auf riskante oder präventive Verhaltensweisen. Die Gesundheitspsychologie ist eine noch junge, empirisch orientierte Disziplin und wird von einer biopsychosozialen Modellvorstellung geleitet. Dies bedeutet, dass in Abgrenzung zum biomedizinischen Modell den psychischen und sozialen Einflussgrößen sowie deren Wechselwirkungen auf Krankheit und Gesundheit besondere Beachtung geschenkt wird. Eng verwandt ist sie mit der Verhaltensmedizin, die ein interdisziplinäres Gebiet darstellt, während die Gesundheitspsychologie als ein Fach innerhalb der Psychologie aufgefasst wird.

> **Schwerpunkte der Gesundheitspsychologie**
> - Förderung und Erhaltung von Gesundheit
> - Verhütung und Behandlung von Krankheiten
> - Bestimmung von Risikoverhaltensweisen
> - Diagnose und Ursachenbestimmung von gesundheitlichen Störungen
> - Rehabilitation
> - Verbesserung des Systems gesundheitlicher Versorgung

Die Gesundheitspsychologie befasst sich vor allem mit der Analyse und Beeinflussung gesundheitsbezogener Verhaltensweisen des Menschen auf individueller und kollektiver Ebene sowie mit den psychosozialen Grundlagen von Krankheit und Krankheitsbewältigung.

45.2 Historischer Abriss

In den 1970er Jahren entstand eine Bewegung unter Psychologen verschiedener Richtungen, die sich gesundheitlichen Fragestellungen zuwandte. Diese Aktivität war gespeist von diversen Trends im Gesundheitswesen, wie z. B.

1. der Tatsache, dass immer weniger Menschen an den großen Infektionskrankheiten (z. B. Tuberkulose) erkrankten und immer mehr unter chronisch-degenerativen Erkrankungen litten, womit auch das menschliche Verhalten in den Vordergrund rückte,
2. der Erkenntnis, dass viele gesundheitliche Risikofaktoren (Rauchen, Bewegungsmangel, Fehlernährung, usw.) verhaltensbezogen sind,
3. der Kostenexplosion im Gesundheitswesen, die nach verhaltenswissenschaftlich fundierten Alternativen zur Apparatemedizin verlangt,
4. der Verlagerung der Blickrichtung von Lebensdauer zu Lebensqualität und
5. generell dem Wandel von einem biomedizinischen zu einem biopsychosozialen Paradigma.

Vor diesem Hintergrund kam es 1973 zur Gründung einer Task Force on Health Research der American Psychological Association (APA), die drei Jahre später ihren Bericht vorlegte. Sie empfahl, gesundheitlichen Fragestellungen mehr Aufmerksamkeit zu widmen, entsprechende Ausbildungsprogramme zu entwickeln und das Fach **Gesundheitspsychologie** zu institutionalisieren. Daraufhin wurde 1978 in der APA die Division 38 »Health Psychology« gegründet, mit Joseph Matarazzo als ihrem ersten Präsidenten. Heute hat diese amerikanische Fachgruppe mehr als 3000 Mitglieder. Der Lehrbuchklassiker von Shelley Taylor (▶ Kurzbiographie) hat die Verbreitung der Gesundheitspsychologie in den USA stark gefördert.

Gleichzeitig fand eine parallele Entwicklung hin zur **Verhaltensmedizin** statt, indem 1978 die Society of Behavioral Medicine gegründet wurde. Die Verhaltensmedizin verfolgte ungefähr dieselben Ziele wie die Gesundheitspsychologie, wurde aber von einem breiteren Kreis von Wissenschaftlern getragen und verstand sich als eine interdisziplinäre Einrichtung von Medizinern, Psychologen, Soziologen, Pädagogen u. a. Die inhaltliche und personelle Überlappung von Verhaltensmedizin und Gesundheitspsychologie ist beträchtlich. Die europäische Entwicklung folgte um 1986. Auch in Europa wurden Fachgesellschaften gegründet, so z. B. die Fachgruppe Gesundheitspsychologie innerhalb der Deutschen Gesellschaft für Psychologie im Jahre 1992.

Im Folgenden wollen wir beispielhaft auf einige zentrale Arbeitsgebiete der Gesundheitspsychologie näher eingehen.

45.3 Stress, Krankheit und Bewältigung

45.3.1 Stress

Wichtige Untersuchungsgegenstände der Gesundheitspsychologie sind Stress, Stressbewältigung und Krankheitsbewältigung. Letztere kann als besondere Form der Stressbewältigung angesehen werden (Hasenbring & Taubert, 2005; Schwarzer & Knoll, 2003). Die Gesundheitspsychologie

Shelley E. Taylor

Shelley Taylor wurde 1946 geboren. Sie promovierte 1972 in Yale und leitet seit 1979 das Gesundheitspsychologieprogramm an der University of California in Los Angeles. Neben angewandter Sozialpsychologie forscht und publiziert Shelley Taylor über das ganze Spektrum gesundheitspsychologischer Fragestellungen von Stress- und Krankheitsbewältigung über »Mindset«-Forschung bis zur Psychoneuroimmunologie. Ihr Lehrbuch »Health Psychology« ist längst zum Standardwerk geworden. Nach ihrer Promotion begann sie an der Harvard University ein Forschungsprogramm zu sozialer Kognition, in dem es insbesondere um die Auswirkungen salienter Stimuli auf Attributionen, Gedächtnis und interpersonale Wahrnehmung geht. Unter anderem gilt ihr Forschungsinteresse den psychischen Prozessen, die ein belastendes Ereignis ertragbar machen. Shelley Taylor beschäftigt sich derzeit mit Geschlechtsunterschieden in psychologischen und neuroendokrinologischen Reaktionen auf Stress.

versteht Stress als einen potenziell krankmachenden Prozess.

Richard S. Lazarus (▶ Kurzbiographie) gilt als der Vater der psychologischen Stressforschung. Als im Jahre 1966 sein klassisches Werk »Psychological Stress and the Coping Process« erschien, leitete es eine Wende ein. Zuvor war Stress vor allem Gegenstand der biologisch-psychologischen Forschung gewesen. Nun verlagerte sich der Akzent auf die kognitiven Einschätzungen (»appraisals«), die als Mediator zwischen kritischen Anforderungen und individuellen Bewältigungsbemühungen angesehen wurden. Nach Lazarus ist Stress ein transaktionaler Prozess zwischen Person und Umwelt, bei dem die Person vor dem Hintergrund eigener Ressourcen die Anforderungen der Umwelt einschätzt. Dies geschieht vor allem in den Kategorien Herausforderung, Bedrohung, Schaden/Verlust. Im Anschluss daran erfolgt die problemorientierte oder emotionsorientierte Bewältigung, die sich dann in verschiedenen Adaptationskriterien niederschlägt.

Kompetenzerwartungen (positive Kontrollillusionen) und Bedeutungsfindung können die Krankheitsbewältigung günstig beeinflussen.

Biologische Grundlagen der Stressreaktion

Biologische Stresstheorien konzipieren Stress als Reaktionsmuster und untersuchen die unmittelbaren neurophysiologischen Reaktionen auf belastende Reize aus der Umwelt. Das »allgemeine Adaptationssyndrom«, das auf Selye (1956) zurückgeht, nimmt drei Phasen einer Stressreaktion an:

- die Alarmreaktion, in der Ressourcen mobilisiert werden,
- der Widerstand gegen den Stressor und
- die Erschöpfungsphase nach der Stressreaktion.

Als Reaktion auf einen Stressor laufen zwei synchrone Prozesse ab. Im ersten wird vom Hypothalamus CRH (Kortikotropin-releasing-Hormon) ausgeschüttet. CRH regt die Hypophyse zur Freisetzung von ACTH (adrenokortikotropes Hormon) an (▶ Kap. 3 zu den anatomischen und physiologischen Grundlagen). Das ACTH wiederum veranlasst die Nebennierenrinde zur Ausschüttung von Glukokortikoiden und erhöht so den Blutzuckerspiegel. Im zweiten Prozess wird über das sympathische Nervensystem das Nebennierenmark aktiviert. Hier wird dann eine Mischung aus Noradrenalin und Adrenalin freigesetzt. Dies führt zur Erweiterung der Pupillen, Erhöhung des Muskeltonus und der Herzfrequenz (»Fight-or-flight«-Syndrom). Eine kurzfristige Stressreaktion erhöht die Reaktivität des Organismus und ermöglicht größere körperliche Leistung. Während sich kurzfristig keine Wirkungen auf das Immunsystem nachweisen lassen, kann länger dauernder und chronischer Stress pathophysiologisch zu einer Schwächung des Immunsystems führen (Cohen, Tyrrell & Smith, 1993) und über die erhöhte Kortisolfreigabe eine Reihe von gesundheitlichen Problemen auslösen (McEwen, 2000).

Psychologische Stresstheorien

Psychologische Stresstheorien sehen Stress als Resultat eines interaktiven Prozesses zwischen einer Person und ihrer Umwelt. Die transaktionale Stresstheorie (Lazarus, 1999) nimmt kognitive Bewertungsprozesse angesichts einer kritischen Situation an. In der Ereignisbewertung (»primary appraisal«) wird untersucht, ob eine Situation eine potenzielle Bedrohung darstellt. Die Bewältigungsmöglichkeiten des Individuums für diese Situation werden in der Ressourcenbewertung (»secondary appraisal«) mit den Anforderungen der Situation in Beziehung gesetzt. Schätzt nun eine Person eine Situation (z. B. eine Prüfung) als stressrelevant ein, und schätzt sie zugleich ihre eigenen Bewältigungsressourcen (die Vorbereitung auf die Prüfung) als unzureichend ein, entsteht Stress. Dieser wiederum kann als Schädigung/Verlust, als Bedrohung oder als Herausforderung empfunden werden.

Richard S. Lazarus

Richard S. Lazarus wurde 1922 geboren. 1948 promovierte er an der University of Pittsburgh. Die meiste Zeit seines Berufslebens (1959–1991) verbrachte er als Professor für Psychologie an der University of California, Berkeley. Dort führte er über Jahrzehnte hinweg das Berkeley Stress and Coping Project durch, unterstützt von seiner damaligen Assistentin Susan Folkman. Mit ihr veröffentlichte er 1984 das Buch »Stress, Appraisal and Coping«. In dem Werk »Emotion and Adaptation« (1991) begann er seinen transaktionalen kognitionspsychologischen Denkansatz auf den ganzen Bereich der Emotionen auszuweiten. Heute dient seine Stresstheorie als Leitidee für die psychologische Stressforschung überhaupt. Lazarus starb im Jahr 2002.

Man kann Stress als belastenden **Stimulus** definieren, der aus der Umwelt wirkt, oder als ein bestimmtes **Reaktionsmuster** eines Organismus. In **interaktionistischen** Konzepten wird die Auseinandersetzung des Individuums mit seiner Umwelt thematisiert. Wenn eine Person eine Situation als schwer zu kontrollieren einschätzt und gleichzeitig bei sich selbst zu wenige Ressourcen wahrnimmt, um die Situation erfolgreich zu bewältigen, befindet sie sich im Stress (Lazarus, 1999). Stress kann Ursache oder Wirkung belastender Ereignisse sein. So kann Stress beispielsweise die Reaktion auf eine Krankheit darstellen oder die Anfälligkeit für Krankheiten erhöhen (s. Cohen, Tyrell & Smith, 1993).

Shelley Taylor hat die psychischen Prozesse, die ein belastendes Ereignis ertragbar machen, genauer untersucht. Dazu gehören Strategien wie der soziale Abwärtsvergleich (»Verglichen mit anderen Patienten, die an derselben Krankheit wie ich leiden, geht es mir noch ganz gut«) und vor allem positive Illusionen bezüglich einer Erkrankung oder eines belastenden Ereignisses. Taylor argumentiert, dass es dem Wohlbefinden von Patienten mit chronischen Erkrankungen nicht immer zuträglich ist, wenn sie ihren Gesundheitszustand realistisch einschätzen. Optimismus,

Nach der **Ressourcentheorie** Hobfolls (1989) sind Personen bemüht, ihre Ressourcen (definiert als Personen, Dinge oder Verhältnisse, die zum Erreichen von Zielen wichtig sind) beizubehalten und zu vermehren. Stress entsteht, wenn Ressourcen verloren gehen oder wenn die Gefahr eines Verlustes wahrgenommen wird. Auch wenn ein erwarteter Ressourcengewinn nach Anstrengung ausbleibt, entsteht Stress.

Das **Konzept der kritischen Lebensereignisse** geht davon aus, dass verschiedene wichtige Ereignisse im Leben eine Anpassungsreaktion erfordern, so z. B. Heirat, der Tod eines Angehörigen oder der Verlust des Arbeitsplatzes. In der »Social Readjustment Rating Scale« von Holmes und Rahe (1967) wurde davon ausgegangen, dass jede Lebensveränderung relevant und potenziell belastend ist. Neuere Konzeptionen berücksichtigen über die Veränderung der Lebensumwelt hinaus eine Reihe von psychologischen Variablen wie Kontrollierbarkeit, Erwünschtheit oder Kosten der Bewältigung, die eine Stressreaktion befördern können (Schwarzer & Schulz, 2003). Neben einschneidenden Veränderungen kann aber auch die Vielzahl kleinerer täglicher Anforderungssituationen (»daily hassles«; DeLongis, Folkman & Lazarus, 1988) Stress auslösen.

Beispiel: Stress am Arbeitsplatz

Stress am Arbeitsplatz entsteht durch die Auseinandersetzung mit den beruflichen Anforderungen. Während frühere industrielle und landwirtschaftliche Arbeitsplätze eher physische Anforderungen an den Arbeitnehmer stellten, kommt im heute dominierenden Dienstleistungssektor die psychomentale Beanspruchung hinzu. Viele Unternehmen stehen im Rationalisierungszwang und erhöhen die Lern- und Anpassungsanforderungen an ihre Arbeitnehmer. Zudem werden immer mehr Stellen nur befristet besetzt oder an Scheinselbstständige vergeben. Während industrielle Arbeitsplätze eher über physikalische oder chemische Einwirkungen gesundheitliche Probleme verursachten, gewinnen im Dienstleistungsbereich Stresserfahrungen an Bedeutung (Siegrist, 2005).

Stress kann entstehen, wenn eine Person ein starkes Missverhältnis zwischen ihren Fähigkeiten und Bedürfnissen und den Anforderungen und Ressourcen eines Arbeitsplatzes feststellt, wenn ein Arbeitsplatz hohe psychische oder physische Anforderungen stellt und der Arbeitnehmer gleichzeitig nur geringe Kontrollierbarkeit wahrnimmt oder wenn ausgeprägter und hoher Anstrengung keine angemessene Gratifikation folgt. Oft liegen am Arbeitsplatz aber mehrere dieser Bedingungen vor, interagieren miteinander und verursachen so eine Mehrfachbelastung des Arbeitnehmers.

Episodischer und chronischer Stress

Episodischer Stress liegt vor, wenn häufig wechselnde Anforderungen an eine Person gestellt werden, chronischer Stress, wenn diese mit Routine und immer gleich bleiben-

der Umgebung verbunden sind. Stress wird auch chronisch, wenn Episoden lang andauern oder häufig wiederkehren und das Alltagsleben einer Person über einen längeren Zeitraum bestimmen. Er kann sich in Arbeitsüberlastung, Erfolgsdruck, mangelnder Arbeitszufriedenheit, Überforderung bei der Arbeit, Mangel an sozialer Anerkennung, sozialen Spannungen, sozialer Isolation und chronischer Besorgnis manifestieren. Damit können akute Beschwerden und längerfristige gesundheitliche Beeinträchtigungen einhergehen. Ob sich diese Indikatoren aber in chronischem Stress und einem schlechteren Gesundheitszustand niederschlagen, hängt von persönlichen Ressourcen und von Persönlichkeitsdimensionen wie Neurotizismus ab (Becker, Schulz & Schlotz, 2004).

45.3.2 Stress und Krankheit

Stress kann sowohl Ursache als auch Folge einer Krankheit sein. In einer Reihe von Experimenten konnte beispielsweise nachgewiesen werden, dass Personen, die erhöhtem Stress im Sinne kritischer Lebensereignisse ausgesetzt waren, anfälliger für Infektionen sind (Cohen et al., 1993 ▶ Kasten). Ein Zusammenhang zwischen Stress und dem Risiko für Myokardinfarkte wird postuliert, weil beispielsweise wiederholter stressbedingter Anstieg des Blutdrucks und die Unfähigkeit, nach einer Stressreaktion den Blutdruck wieder auf den Ruhewert abzusenken, die Arteriosklerose fördern kann (McEwen, 2000).

Stress kann aber auch die Folge einer Krankheit sein. Verletzungen und Operationen können Stress erzeugen, oder die Diagnose und der Verlauf einer Krankheit wie z. B. Krebs können Stressreaktionen hervorrufen (Andersen, Kiecolt-Glaser & Glaser, 1994).

45.3.3 Bewältigung von Stress und Krankheit

Nach der transaktionalen Stresstheorie von Lazarus (1999) kommt es immer dann zu Bewältigung (Coping), wenn eine Diskrepanz zwischen den Anforderungen einer Situation und den eigenen Kapazitäten wahrgenommen wird und zudem eine automatisierte Reaktion nicht ausreicht. Bewältigung wird dabei als bewusstes und zielgerichtetes Verhalten verstanden und lässt sich so vom psychoanalytischen Konzept der Abwehrmechanismen abgrenzen.

In Anlehnung an Lazarus und Folkman (1984) kann zwischen **emotionszentriertem** und **problemzentriertem Bewältigungsverhalten** unterschieden werden. Emotionszentriertes (oder akkommodatives) Bewältigungsverhalten umfasst Versuche, unangenehme Emotionen (z. B. Angst oder Verzweiflung) zu regulieren. Dies kann durch kognitive Strategien wie Sinnsuche, positive Umdeutung, aber auch Verleugnung oder Gedankenvermeidung geschehen. Problemzentrierte (oder assimilative) Bewältigungsweisen

Stress und Anfälligkeit für Infektionskrankheiten – ein Experiment

Um zu überprüfen, ob erhöhter Stress mit einer erhöhten Infektionsanfälligkeit einhergeht, setzten Cohen, Tyrrell und Smith (1993) gesunde Versuchspersonen, die stationär in einer Klinik für Erkältungskrankheiten untergebracht worden waren, entweder einem von fünf Erkältungsviren oder einem Placebo aus, nachdem sie psychologischen Stress erhoben hatten. Die Dosis wurde dabei an die Anzahl von Viren angepasst, die normalerweise bei einer Tröpfcheninfektion zu erwarten wäre. Stress wurde über die Anzahl belastender Lebensereignisse, über wahrgenommenen Stress und über negativen Affekt operationalisiert. Und tatsächlich gingen höhere Werte auf den Stressskalen mit der Entwicklung einer Erkältung einher. Dieser Effekt blieb auch stabil, nachdem verschiedene Kontrollvariablen wie Alter, Gesundheitsverhalten, Allergien oder frühere Infektionen berücksichtigt wurden.

Allerdings differenzieren Cohen et al. zwischen einer Infektion und der Ausbildung von Symptomen. Fast alle Patienten, die ein Virus verabreicht bekamen, entwickelten eine Infektion im Sinne einer erhöhten Anzahl von Viren im Blut. Die Symptome einer Erkältung wie erhöhte Temperatur und vermehrte Sekretion von Nasenschleim traten allerdings nicht bei allen Infizierten auf. Über 86% der Patienten mit hohem wahrgenommenem Stress und negativem Affekt waren infiziert, während nur 78% der Patienten mit niedrigeren Werten erhöhte Virenkonzentrationen aufwiesen. Die Ausbildung von Erkältungssymptomen war dagegen in der Gruppe der Patienten mit einer höheren Anzahl belastender Lebensereignisse stärker ausgeprägt. Die Autoren führen das darauf zurück, dass Infektionsraten mit der Vermehrung der Viren, das Entwickeln von Symptomen aber mit einer entzündlichen Immunreaktion und der Freisetzung von Hormonen wie Histamin zusammenhängt. Dieser differenzielle Zusammenhang von Stress und einer veränderten Immunfunktion kann über das autonome Nervensystem, die Aktivität von Hormonen, die im Zusammenhang mit negativen Affekten freigesetzt werden, und über stressbedingte Veränderungen im Gesundheitsverhalten wie vermehrtes Rauchen oder Alkoholkonsum vermittelt werden.

---

umfassen Versuche, die belastende Situation selbst zu beseitigen oder zu vermindern. Auch dies kann kognitiv oder auf der Handlungsebene stattfinden. Ein Patient, der einen dunklen Fleck auf der Haut entdeckt hat, könnte beispielsweise zum Arzt gehen, um festzustellen, ob es sich dabei um ein Melanom handelt, oder versuchen die Bedeutung herunterzuspielen.

Als Ergänzung zu diesen Bewältigungsstilen schlagen Schwarzer und Knoll (2003) vor, zwischen reaktivem, antizipatorischem, präventivem und proaktivem Coping zu unterscheiden. Unter **reaktivem Coping** werden Versuche verstanden, mit bereits eingetretenen Ereignissen umzugehen und sie beispielsweise umzudefinieren oder Sinn darin zu suchen. **Antizipatorisches Coping** beschreibt den Versuch, mit einer unmittelbar bevorstehenden Bedrohung wie z. B. einem Zahnarztbesuch umzugehen. Bei **präventivem Coping** ist der Zeithorizont weiter gefasst, und es ist nicht sicher, ob das bedrohende Ereignis, dem vorgebeugt werden soll (z. B. der mögliche Verlust des Arbeitsplatzes), wirklich eintreten wird. Auch **proaktives Coping** richtet sich auf eine fernere Zukunft, beschreibt aber weniger Risikomanagement, als den Versuch durch gute Pläne Gelegenheit für Wachstum und Erfolg zu schaffen.

Um interindividuelle Unterschiede im Bewältigungsverhalten zu erklären, können auch verschiedene differenziellpsychologische Konstrukte wie dispositioneller Optimismus (Scheier et al., 1989), optimistischer und pessimistischer Attributionsstil (Peterson & Park, 1998), seelische Gesundheit (Becker, 2000), Kohärenzsinn (Antonovsky, 1987) oder allgemeine Selbstwirksamkeitserwartung (Schwarzer & Jerusalem, 1995) herangezogen werden. So hat sich beispielsweise gezeigt, dass sich selbstwirksame Personen generell besser nach Operationen erholen (Ewart, 1992) und besser in der Lage sind, Schmerzen zu ertragen, als weniger selbstwirksame. Wer optimistisch an seine Genesung glaubt, von seinen eigenen Kompetenzen überzeugt ist und Pläne schmiedet, wird sich erfolgreicher an seine neuen Lebensumstände anpassen können (Bandura, 1997).

Beispiel: Bewältigungsstrategien bei Operationen

Viele Menschen erleben Operationen als sehr belastend. Das kann daran liegen, dass sich die Operationssituation vom Patienten nur eingeschränkt kontrollieren und schlecht voraussagen lässt, kann aber auch mit früheren Operationserfahrungen zusammenhängen. Vor einer Operation empfinden Patienten oft Angst (Slangen, Krohne, Stellrecht & Kleemann, 1993). Die Erholung nach einer Operation wird maßgeblich durch Bewältigungsverhalten und Persönlichkeitseigenschaften wie Selbstwirksamkeit beeinflusst. Patienten, die mehr akkomodative Bewältigungsstrategien anwenden, berichten postoperativ geringeres Wohlbefinden als Patienten, die nach sozialer Unterstützung suchen. Auch Persönlichkeitseigenschaften wie Optimismus und Selbstwirksamkeit nahe stehender Personen können die Bewältigung von Operationsstress (Schröder & Schwarzer, 2001) über soziale Unterstützung und das Wohlbefinden der Patienten nachhaltig beeinflussen.

Verschiedene Interventionsansätze werden diskutiert, um Patienten bei der Bewältigung einer Operation zu helfen. Johnston und Vögele (1993) konnten in einer Metaanalyse nachweisen, dass so unterschiedliche Interventionen wie die Vermittlung genauer prozeduraler und sensorischer Informationen (d. h. die Patienten werden vor der Operation darüber informiert, was mit ihnen geschehen wird und welche Schmerzen zu erwarten sind), Entspannungstechniken, Kontrollverfahren wie Atemtechniken bei Eingriffen mit Lokalanästhesie oder Modelllernen positive Auswirkungen auf das subjektive Befinden der Patienten und auf objektive Kriterien wie die Schmerzmedikation haben.

Beispiel: Krankheitsbewältigung bei Krebs

Krankheitsbewältigung wird als eine besondere Form der Stressbewältigung aufgefasst (Hasenbring & Taubert, 2005). Bei der Bewältigung einer körperlichen Erkrankung stellt die Diagnose bereits eine erste Bewältigungsaufgabe dar. Vom Umgang mit der Diagnose wird auch die spätere Bewältigung der Krankheit mitbestimmt. Nach Perrez und Michel (2005) hängt der Umgang mit einer Diagnose maßgeblich davon ab, wie gut sich die Krankheit medizinisch kontrollieren lässt, wie transparent die Diagnose ist, wie lange die Krankheit dauern wird und wie schwerwiegend der Patient selbst die Diagnose einschätzt. Bei guter Prognose und hoher medizinischer Kontrollierbarkeit einer Krankheit, wie beispielsweise einer äußerlichen Verletzung oder einer Infektionskrankheit, stellt die Bewältigung der Diagnose ein kleineres Problem dar als bei Krankheiten mit unsicherer Prognose und unklarer Kontrollierbarkeit wie bei den meisten Krebsdiagnosen.

Während bei Krankheiten mit guter Prognose und hoher Kontrollierbarkeit problemzentriertes Coping für einen günstigen Krankheitsverlauf und höhere Lebensqualität wichtig ist, kommen bei Krankheiten mit ungünstiger Prognose und unklarer Kontrollierbarkeit eher emotionszentrierte Copingmodalitäten in Frage. Schon die Diagnose einer Krebserkrankung kann ein kritisches Lebensereignis darstellen. Auch wenn eine diagnostizierte Krebserkrankung nicht zwangsläufig den nahen Tod bedeuten muss und die Prognose bei einigen Krebsarten günstig ist, nehmen Patienten oft eine sehr hohe Bedrohung wahr, beschäftigen sich mit der Endlichkeit des eigenen Lebens und können Kontrollverlust erleben. Dazu kommt bei vielen Patienten die Angst vor Schmerzen und körperlichen Beeinträchtigungen durch therapeutische Maßnahmen wie Chemo- und Radiotherapien oder Operationen. Krebspatienten haben ein großes Risiko, eine klinische Depression und kognitive Beeinträchtigungen zu entwickeln. Die Belastung einer Krebserkrankung trifft auch nicht nur den Patienten. Das ganze soziale Umfeld ist betroffen, sei es durch Hilfe- und Pflegebedürftigkeit der Patienten oder durch Beziehungsstörungen (Hasenbring & Taubert, 2005).

Im Verlauf der Erkrankung können emotionszentrierte Bewältigungsweisen wie der Vergleich mit anderen Patienten, denen es noch schlechter zu gehen scheint (sozialer Abwärtsvergleich), intraindividuelle Vergleiche, der Versuch der Sinnfindung und die Neubewertung und Neusetzung von persönlichen Lebenszielen auftreten. Wichtige problemzentrierte Bewältigungsweisen umfassen die Suche nach Informationen, die Teilnahme an Vor- und Nachsorgeuntersuchungen und die Bereitschaft, den Anordnungen und Empfehlungen der Ärzte auch zu folgen.

Vermeidende Formen der Krankheitsbewältigung wie Ablenkung, Verleugnung oder Wunschdenken, sind eher ungünstig für die spätere emotionale Anpassung und Lebensqualität der Patienten. Soziale Unterstützung der Patienten durch Familie oder Bekannte stellt ebenfalls eine wichtige Ressource für die Bewältigung der Erkrankung dar.

Soziale Unterstützung

Üblicherweise wird zwischen sozialer Integration als quantitativ-strukturellem Aspekt und sozialer Unterstützung als qualitativ-funktionalem Aspekt sozialer Interaktion (dazu auch ▶ Kap. 29) im Zusammenhang mit einer Krankheit unterschieden. Während soziale Integration den Grad beschreibt, zu dem ein Individuum in ein soziales Netzwerk eingebettet ist, wird unter sozialer Unterstützung die Interaktion zwischen Personen verstanden, mittels derer ein Problemzustand bei einer der Personen behoben oder verbessert werden soll (Knoll & Schwarzer, 2005). Soziale Unterstützung kann weiter in emotionale (z. B. Trost spenden), instrumentelle (z. B. Hilfe im Alltag) und informationelle (z. B. guter Rat) Aspekte aufgegliedert werden. Weil es durchaus Differenzen zwischen Unterstützungsversuchen und der Wahrnehmung von Unterstützung geben kann, ist die Betrachtung von sozialer Unterstützung sowohl auf Geber- als auch auf Nehmerseite interessant. Ein Partner könnte z. B. versuchen, Probleme anzugehen und zu lösen, ohne dass der andere Partner dies wahrnimmt. Solche konzeptuellen Differenzierungen können beispielsweise mit den »Berliner Social Support Skalen« (BSSS; Schulz & Schwarzer, 2003) erfasst werden.

Wenn Geschlecht und Alter betrachtet werden, treten individuelle Unterschiede auf. Während Männer, die in festen Partnerschaften leben, mehr soziale Unterstützung von ihren Partnerinnen erhalten, profitieren Frauen weniger von ihren Partnern als von ihren sozialen Netzwerken, die gewöhnlich umfangreicher und enger gestrickt sind als bei Männern. Im Alter nimmt zwar die Anzahl der sozialen Beziehungen ab, oft beschränken sich alte Menschen aber auf den Erhalt von wenigen engen Beziehungen, die ein Höchstmaß an positiver Interaktion erwarten lassen.

Das Konzept des **dyadischen Coping** berücksichtigt die reziproken und interdependenten Prozesse, die bei der Bewältigung einer Krankheit in Paarbeziehungen auftreten. Bodenmann (2000) trennt zwischen gemeinsamem Coping (Probleme werden gemeinsam gelöst), supportivem Coping (praktische Ratschläge, emotionale Unterstützung) und delegiertem Coping (Partner übernimmt Aufgaben und Pflichten des Patienten). Diese Formen dyadischen Copings können problem- oder emotionszentriert und positiv oder negativ ausfallen. Wenn einem Partner schlechte Nachrichten vorenthalten werden, um ihn zu schützen, spricht man von »protective buffering«. In mehreren Studien konnte gezeigt werden, dass eine gute Übereinstimmung und Koordination der Copingstrategien der Partner positiv mit der Beziehungsqualität, mit weniger Belastung des gesunden und einer besseren Anpassung des kranken Partners einhergeht. Für die Funktion der Partnerschaft ist eine hohe Kongruenz bei emotionszentrierten und Komplementarität bei problemzentrierten Copingstrategien wichtig (Überblick bei Bodenmann, 2000).

45.3.4 Verbesserung der Lebensqualität

Mit der Wendung von einem biomedizinischen hin zu einem biopsychosozialen Krankheitsmodell gewinnen neben den klassischen Kriterien der Morbidität und Mortalität zunehmend die subjektiv wahrgenommenen Auswirkungen auf das Befinden, die Funktionsfähigkeit und die sozialen Beziehungen von Patienten für die Evaluation von therapeutischen Interventionen an Bedeutung (gesundheitsbezogene Lebensqualität). Dies schlägt sich auch in der Gesundheitsdefinition der WHO (1997) nieder, die Gesundheit nicht nur als das Freisein von Krankheit, sondern als Zustand umfassenden körperlichen, geistigen und sozialen Wohlbefindens definiert.

Lebensqualität lässt sich intraindividuell als Diskrepanz zwischen den persönlichen Zielen und deren empfundener Realität, interindividuell auf einer endlichen Anzahl von Dimensionen oder indirekt über die Präferenzmessung verschiedener gesundheitsrelevanter Szenarien messen (Böhmer & Ravens-Sieberer, 2005). Übergreifend scheinen Aspekte des körperlichen Wohlbefindens, sozialer Integration und psychischen Wohlbefindens wichtig zu sein. Obwohl es nach wie vor keine allgemeine Definition des Konstruktes gibt, steht bereits eine Vielzahl von standardisierten Verfahren zur Erfassung von gesundheitsbezogener Lebensqualität zur Verfügung, die außer zur Therapieevaluation auch oft als Kriterium für Qualitätssicherung von Versorgungsinstitutionen herangezogen werden.

Psychosoziale Interventionen können auf die Phase der Primärerkrankung und auf die späteren Phasen einer Erkrankung abzielen. Verhaltenstherapeutische Maßnahmen wie progressive Muskelrelaxation, systematische Desensibilisierung, Hypnose und Biofeedback (▶ Kap. 43) können zu einer signifikanten Abnahme von behandlungsbedingten Nebenwirkungen wie z. B. Übelkeit bei einer Chemotherapie führen. Psychoedukative Programme haben sich in einer Vielzahl von kontrollierten Studien im Hinblick auf die Lebensqualität von Krebspatienten als wirksam erwiesen (Fawzy, Fawzy, Arndt & Pasnau, 1995) und konnten depressive Symptomatik und Überlebenszeit günstig beeinflussen. Auch für die Bewältigung koronarer Herzerkrankungen

konnte ein positiver Effekt von Stressmanagement und Entspannungstraining auf die langfristige Überlebenszeit, Rezidivhäufigkeit und die Reduktion von Blutdruck und Serumcholesterin beobachtet werden (Dusseldorp, van Elderen, Maes, Meulmann & Kraaij, 1999).

45.4 Gesundheitsverhalten

45.4.1 Zusammenhang zwischen Gesundheit und Risikoverhalten

Gesundheitsverhaltensweisen sind Handlungen, die für Gesunderhaltung, Gesundheitswiederherstellung und Gesundheitsverbesserung relevant sind (vgl. Ziegelmann, 2002). Zu den gesundheitsförderlichen Verhaltensweisen zählen z. B. regelmäßige körperliche Aktivität, ausgewogene Ernährung und das Anlegen von Sicherheitsgurten, wohingegen unter gesundheitsschädigende Verhaltensweisen (Risikoverhalten) z. B. Alkohol-, Tabak- und Drogenkonsum fallen. Nach Keller (2002) erhöht Rauchen beispielsweise die Wahrscheinlichkeit des Auftretens von Herz-Kreislauf-Erkrankungen, Krebserkrankungen, Arterienverkalkung und Durchblutungsstörungen und trägt somit maßgeblich zu den drei häufigsten Todesursachen in Deutschland bei (Herz-Kreislauf-Erkrankungen, Krebs und Schlaganfall).

Zur Prävention von chronischen Krankheiten, wie z. B. Herz-Kreislauf-Erkrankungen oder Krebs, wird eine gesunde Ernährung empfohlen. In westlichen Gesellschaften wird zudem Übergewicht mehr und mehr zu einem Gesundheitsproblem, das aber durch gesunde Ernährung und körperliche Aktivität günstig beeinflusst werden kann. Regelmäßige körperliche Aktivität steht sowohl im Zusammenhang mit der Lebenserwartung als auch mit dem selteneren Auftreten von Herz-Kreislauf-Erkrankungen, Krebs, Osteoporose und Diabetes (auch ▶ Kap. 57).

Aus epidemiologischen Studien weiß man, dass die Hälfte aller Todesfälle sich auf ungesundes Verhalten zurückführen lässt (Michael, 1982). Schätzungen zufolge lassen sich 30% aller Krebssterbefälle auf Tabakkonsum zurückführen sowie weitere 35% auf Ernährung (Doll & Peto, 1981).

Daher ist es von Interesse, einerseits Bedingungen für Risiko- und Gesundheitsverhalten zu identifizieren und andererseits ein solches Verhalten vorherzusagen. Ein besonderes Problem bei Gesundheitsverhaltensweisen ist die mangelnde Compliance (Adhärenz). Allgemein wird **Compliance** definiert als Ausführung von Verhaltensweisen, die aufgrund eines Gebots, einer Vorschrift, Empfehlung oder Vereinbarung als richtungsweisend vorgegeben sind (Schwarzer & Luszczynska, 2005). Der neuere Begriff **Adhärenz** soll das Verhältnis zwischen Arzt und Patient als gleichberechtigte Partner widerspiegeln, welche aufgrund eines gemeinsamen Diskurses zu einer Entscheidung über die Ausführung bestimmter Verhaltensweisen kommen. Dieses Problem zeigt sich z. B. auf dem Gebiet der körperlichen Aktivität.

Die Centers for Disease Control and Prevention und das American College of Sports Medicine empfehlen derzeit mindestens an drei, besser jedoch an allen Tagen der Woche eine halbe Stunde körperlich aktiv zu sein, wobei Atmung und Puls sich steigern sollten und man ins Schwitzen kommen sollte (Pate, Pratt & Blair, 1995). Nach Mensink (2003) kommen in Deutschland lediglich 13% der Bevölkerung dieser Empfehlung nach. Darüber hinaus sind nur 57% der Deutschen der Ansicht, dass sie mehr körperliche Aktivität brauchen (Mensink, 2003). Bei denen, die dennoch mit körperlichen Aktivitätsprogrammen beginnen, sind hohe Abbrecherzahlen zu beklagen, was meist auf mangelnde Selbstregulation zurückzuführen ist. Betrachtet man die Determinanten für die Ausübung von Gesundheitsverhalten, so kommt psychologischen Einflussgrößen ein besonderer Stellenwert zu, nicht zuletzt weil sich diese im Gegensatz zu strukturellen oder biologischen Determinanten relativ leicht beeinflussen lassen. Solche Interventionen können darauf gerichtet sein, dass Menschen die Absicht bilden, ein Gesundheitsverhalten auszuüben, oder sie können darauf gerichtet sein, die Initiierung und Aufrechterhaltung dieses Verhaltens zu unterstützen. Um die Änderung von schwierigen Verhaltensweisen erklären und durch Interventionen beeinflussen zu können, bedarf es theoretischer Modelle, in denen die relevanten Einflussgrößen und Wirkmechanismen abgebildet werden.

45.4.2 Theorien und Modelle des Gesundheitsverhaltens

Zur Erklärung und Beeinflussung von Gesundheitsverhaltensweisen wurden in den letzten Jahrzehnten Gesundheitsverhaltensmodelle entwickelt, die man in kontinuierliche Prädiktionsmodelle und dynamische Stufenmodelle gliedern kann (Sniehotta & Schwarzer, 2003). **Kontinuierliche Modelle** gehen von der Annahme aus, dass sich Menschen auf einem bestimmten Punkt eines Kontinuums von Verhaltenswahrscheinlichkeit ansiedeln lassen, der sich durch bestimmte Variablen vorhersagen lässt. Dagegen postulieren dynamische **Stufenmodelle** qualitativ unterschiedliche Phasen, die während der Gesundheitsverhaltensänderung durchlaufen werden. Stufenmodelle legen dementsprechend Interventionen nahe, die genau auf diejenige Personen maßgeschneidert sind, die sich gerade auf einer bestimmten Stufe der Verhaltensänderung befinden. An kontinuierliche Modelle angelehnte Interventionen hingegen versuchen, bei allen Personen die gleichen Einflussgrößen zu verbessern, um sie auf dem Verhaltenskontinuum weiterzubewegen. Als Vertreter der kontinuierlichen Modelle gelten die folgenden: das »health belief model« (Becker, 1974), die Theorie des geplanten Verhaltens

(»theory of planned behavior«; Ajzen, 1985), die Theorie der Schutzmotivation (»protection motivation theory«; Rogers, 1983) und die sozial-kognitive Theorie von Bandura (1997). Zur Gruppe der Stufenmodelle gehören das transtheoretische Modell der Verhaltensänderung (Prochaska & DiClemente, 1983), das »precaution adoption process model« (Weinstein & Sandman, 1992) sowie das sozial-kognitive Prozessmodell gesundheitlichen Handelns (»health action process approach«; Schwarzer, 1992). Im Folgenden soll nun eine Auswahl dieser Modelle vorgestellt werden.

Die Theorie des geplanten Verhaltens

Die Theorie des geplanten Verhaltens (Ajzen, 1985) ist eine Erweiterung der Theorie des überlegten Handelns (▶ Kap. 17), welche mit der Voraussetzung angetreten war, dass das Verhalten auch tatsächlich unter willentlicher Kontrolle sein muss. Je mehr aber geeignete Gelegenheiten und Ressourcen fehlen, desto mehr entzieht sich das beabsichtigte Verhalten der willentlichen Kontrolle. Dies wird durch die Theorie des geplanten Verhaltens berücksichtigt, indem sie die Kontrollierbarkeit (»perceived behavioral control«) als gleichberechtigte Einflussgröße neben die Einstellung und die subjektive Norm platziert. Genau wie diese beiden ist auch die Kontrollierbarkeit von kognitiven Antezedentien bestimmt, nämlich von Überzeugungen hinsichtlich von Ressourcen und Gelegenheiten (»control beliefs«). Die drei Determinanten Einstellung, subjektive Norm und Kontrollierbarkeit beeinflussen die Intention, und diese wiederum beeinflusst das Verhalten. Das Modell sieht vor, dass die Kontrollierbarkeit auch einen direkten Einfluss auf das Verhalten ausüben soll – in Ergänzung des bestehenden indirekten Einflusses, der über die Intention führt. Darüber hinaus wird auch eine Wechselwirkung zwischen Intention und Verhaltenskontrolle auf das Verhalten angenommen: Die Vorhersagekraft der Intention steigt, je stärker die Verhaltenskontrolle ist. Dies wird damit begründet, dass eine Intention nur dann zum Verhalten führen kann, wenn gleichzeitig Verhaltenskontrolle vorliegt. Allerdings wurde diese Interaktion in nur wenigen Studien untersucht und fand bisher nicht viel empirische Unterstützung (vgl. Ajzen, 1985, 2002).

Die sozial-kognitive Theorie von Bandura

Die sozial-kognitive Theorie (Bandura, 1997; Kurzbiographie ▶ Kap. 13), die aus Banduras sozialer Lerntheorie hervorgegangen ist, wird in ▢ Abb. 45.1 schematisch dargestellt. Zentrale Annahme ist, dass die Selbstwirksamkeitserwartung neben einem direkten auch einen indirekten Einfluss auf das Verhalten ausüben soll, der über die Intentionen – auch Ziele genannt – oder über die Ergebniserwartungen führt. Die Handlungsergebniserwartungen werden in körperliche, soziale und selbstbewertende unterteilt. Damit wird verdeutlicht, dass soziale normative Überzeugungen, wie sie in der Theorie des geplanten Verhaltens spezifiziert werden, nichts anderes sind als Handlungsergebniserwar-

Abb. 45.1. Skizze zur sozial-kognitiven Theorie von Bandura

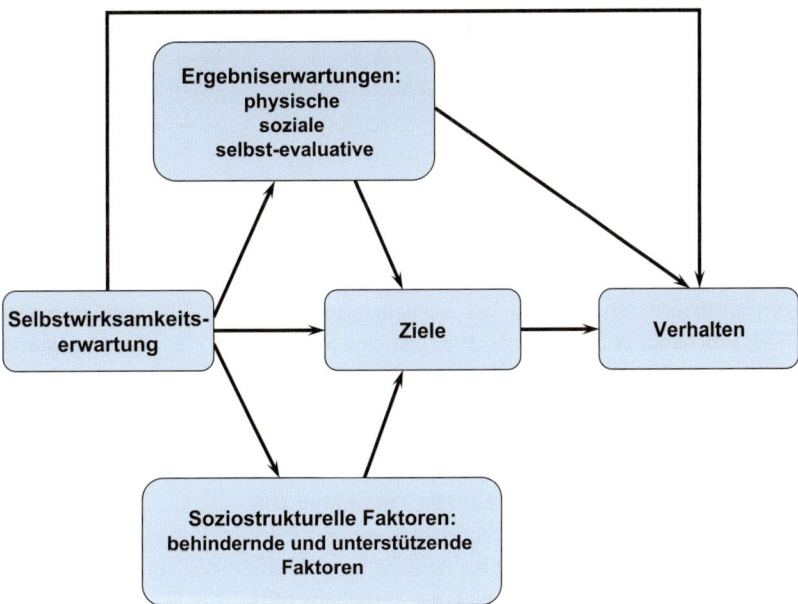

tungen (z. B. »Wenn ich regelmäßig körperlich aktiv bin, dann ist mein Arzt zufrieden mit mir«). Ebenso nimmt Bandura an, dass sich Einstellungen unter die Handlungsergebniserwartungen subsumieren lassen.

Um dem Problem zu begegnen, dass es oft trotz guter Verhaltensintentionen zu Schwierigkeiten in der Durchführung des Verhaltens kommt und dadurch eine Lücke zwischen Intentionen und Verhalten auftritt, beschreibt

Bandura diverse Mechanismen, die hier eine Rolle spielen. Beispielsweise können durch Interventionen Selbstwirksamkeitserwartungen und Handlungsergebniserwartungen gestärkt sowie handlungsrelevantes Wissen vermittelt werden. Dies soll durch das im ► Kasten »Theoriegeleitete Intervention anhand der sozial-kognitiven Theorie von Bandura« dargestellte Anwendungsbeispiel verdeutlicht werden.

Theoriegeleitete Intervention anhand der sozial-kognitiven Theorie von Bandura

Die National Institute of Mental Health Multisite HIV Prevention Trial Group (2001) hat eine auf der sozial-kognitiven Theorie basierende Intervention durchgeführt, deren Ziel es war, sexuelle Risikoverhaltensweisen durch die Beeinflussung sozial-kognitiver Prädiktoren zu reduzieren. Folgende sozial-kognitive Prädiktoren wurden erfasst: Die »Safer-Sex«-Selbstwirksamkeit bezog sich auf die subjektive Gewissheit, schwierige soziale Situationen der Kondombenutzung zu bewältigen und dabei entweder die Kondome zu benutzen oder die Situation zu verlassen. Handlungsergebniserwartungen wurden für die drei von Bandura (1997) postulierten Bereiche erfragt: z. B. »Kondome verderben die Stimmung« (physisch); »Mein Partner würde ausrasten, wenn ich von ihm verlangen würde, Kondome zu benutzen« (sozial); »Ich würde mich verantwortungsbewusster fühlen, wenn wir Kondome gebrauchen würden« (selbstbewertend).

Die Zielgruppe bestand aus Frauen und Männern, welche in den letzten 90 Tagen ungeschützten Ge-

schlechtsverkehr hatten und zumindest ein HIV-Risikokriterium erfüllten (z. B. ungeschützter Geschlechtsverkehr mit wechselnden Partnern). Die Teilnehmer wurden randomisiert einer Experimental- und einer Kontrollgruppe zugewiesen und vor der Intervention sowie 3, 6 und 12 Monate nach der Intervention befragt. Die Kontrollgruppe wurde eine Stunde zu dem Themenbereich HIV geschult. In der Experimentalgruppe gab es sieben Sitzungen, in denen in Anlehnung an die sozial-kognitive Theorie Wissen zum Thema vermittelt wurde sowie Safer-Sex-spezifische Handlungsergebniserwartungen und Selbstwirksamkeitserwartungen gestärkt werden sollten. Zu allen Messzeitpunkten wurden Daten zum Sexualverhalten erfasst. Sozialkognitive Variablen wurden 3 Monate nach der Intervention erfasst.

Die Intervention führte zu einer höheren Ausprägung der sozial-kognitiven Prädiktoren 3 Monate nach der Intervention sowie zu einem höheren Anteil an Safer-Sex-Verhalten in der Experimentalgruppe im Vergleich zur Kontrollgruppe zu allen Follow-up-Untersuchungen. So zeigten nach 3 Monaten 42% der Experimentalgruppenteilnehmer

▼

Safer-Sex-Verhalten (Kontrollgruppe 27%), nach 6 Monaten waren es 44% (Kontrollgruppe 33%) und nach 12 Monaten 43% (Kontrollgruppe 34%). Mediatoranalysen zeigten, dass die Wirksamkeit der Intervention zu einem Teil über die manipulierten sozial-kognitiven Variablen vermittelt war. Somit stützen diese experimentellen Ergebnisse die Annahmen der sozial-kognitiven Theorie.

Das transtheoretische Modell der Verhaltensänderung

Das transtheoretische Modell der Verhaltensänderung (TTM; Prochaska & DiClemente, 1983) ist eine Synthese verschiedener therapeutischer Ansätze und wurde das am häufigsten angewendete Stufenmodell. Man unterscheidet sechs diskrete, qualitativ unterschiedliche Stufen voneinander (▶ Übersicht), wobei die sechste Stufe selten Eingang in empirische Studien findet. Die Zuordnung von Personen zu den einzelnen Stufen erfolgt anhand ihrer motivationalen Ausgangslage, ihrer Absicht für zukünftiges Verhalten sowie ihres vergangenen Verhaltens mittels bestimmter Zuordnungsregeln (Stufenalgorithmen). Unterschieden werden Präkontemplation, Kontemplation, Vorbereitung, Handlung, Aufrechterhaltung und Termination (dazu auch ▶ Abschn. 46.5.2).

wird ein Zeitraum von bis zu 5 Jahren für dieses Stadium angenommen.
6. **Termination:** Das Verhalten wurde während dieser 5 Jahre erfolgreich geändert. Es besteht eine hohe Selbstwirksamkeit, und es wird keinerlei Versuchung mehr wahrgenommen, in das alte Risikoverhalten zurückzufallen.

Weitere Konstrukte des TTM sind neben den sechs Stufen die Prozesse der Verhaltensänderung, die Selbstwirksamkeitserwartung, die Entscheidungsbalance aus positiven und negativen Handlungsergebniserwartungen für das Gesundheitsverhalten sowie die Versuchung. Die im TTM beschriebenen Prozesse der Verhaltensänderung beeinflussen den Wechsel von einer Stufe zur nächsten. Sie können in zwei Kategorien eingeteilt werden: die kognitiv-affektiven Prozesse (z. B. Bewusstseinserhöhung; Neubewertung der eigenen Person) und die verhaltensorientierten Prozesse (z. B. Kontingenzmanagement; Gegenkonditionierung).

Aufgrund des TTM werden z. B. folgende Maßnahmen zur Verbesserung der körperlichen Aktivität vorgeschlagen (vgl. Marcus & Forsyth, 2003): Zunächst müsste man eine geeignete Zielgruppe definieren, z. B. solche Arbeitnehmer, die sich auf den inaktiven Stufen befinden. Man misst den Stand der Motivation und anderer psychologischer Merkmale und appliziert dann maßgeschneidertes Material für jede Untergruppe. Für Personen ohne Intention könnten ein Programm zur Risikoselbsteinschätzung eingesetzt oder positive Anreize für den sozialen Aspekt von Sport betont werden. Diejenigen, die ohnehin schon motiviert sind, sollten sich wohldosierte Ziele setzen, Wann-, Wo-, Wie-Pläne und Bewältigungspläne (was tun, wenn etwas dazwischenkommt) entwickeln.

Hauptkritikpunkt an dem TTM ist die Willkürlichkeit der Stufeneinteilung auf der Basis zeitlicher Kriterien. Günstiger wäre die Verwendung psychologischer Kriterien zur Zuordnung von Personen zu Stufen. Während es von den Vertretern der Kontinuumsmodelle Arbeiten gibt, welche zum Schluss kommen, dass sich die Annahme von Stufen nicht empirisch bestätigen lässt (z. B. Sutton, 2000), gelang der Gruppe um Neil Weinstein mit experimentellen Methoden der Nachweis qualitativer Unterschiede zwischen Individuen auf zwei verschiedenen Stufen (z. B. Weinstein, Lyon, Sandman & Cuite, 1998).

> **Stufen des transtheoretischen Modells der Verhaltensänderung (Prochaska & DiClemente, 1983)**
> 1. **Präkontemplation:** Es wird nicht darüber nachgedacht, das Verhalten in den nächsten 6 Monaten zu verändern. Es besteht noch kein Problembewusstsein, und es wird keine Veranlassung zur Verhaltensänderung gesehen.
> 2. **Kontemplation:** Es wird über eine Verhaltensänderung innerhalb der nächsten 6 Monate, aber nicht innerhalb des nächsten Monats, nachgedacht. Es kommt zu einem Abwägen der positiven und der negativen Handlungsergebniserwartungen.
> 3. **Vorbereitung:** Es besteht die Intention, im nächsten Monat das Verhalten zu verändern, und es wurde schon ein Versuch innerhalb des vergangenen Jahres unternommen.
> 4. **Handlung:** Das Verhalten wird gerade aktiv verändert, und zwar mindestens seit 1 Tag und längstens seit 6 Monaten. Es wurde ein bestimmtes Kriterium der Verhaltensänderung erreicht, und es werden Anstrengungen unternommen, dieses Verhalten auch beizubehalten.
> 5. **Aufrechterhaltung:** Das Verhalten wird seit 6 Monaten erfolgreich geändert. Kennzeichnend für dieses Stadium sind die Stabilisierung der Verhaltensänderung sowie das Vermeiden von Rückfällen. Es
> ▼

Das sozial-kognitive Prozessmodell gesundheitlichen Handelns

Das sozial-kognitive Prozessmodell des Gesundheitsverhaltens (Health Action Process Approach, HAPA; Schwarzer, 1992) unterscheidet zwei Phasen: in der ersten (motivationalen) Phase findet der Prozess der Zielsetzung statt und in der zweiten (volitionalen) Phase erfolgt die Umsetzung dieser Ziele in Verhalten (◘ Abb. 45.2). In der motivationalen Phase wirken drei Einflussgrößen auf die Zielsetzung hin: die Risikowahrnehmung, Handlungsergebniserwartungen und die Selbstwirksamkeitserwartung. Bei der Risikowahrnehmung handelt es sich um eine subjektive Einschätzung des Schweregrads von Erkrankungen sowie der eigenen Verwundbarkeit (»Wie hoch schätzen Sie die Wahrscheinlichkeit ein, dass Sie irgendwann einmal eine schwere Erkrankung bekommen werden?«). Handlungsergebniserwartungen reflektieren den Zusammenhang zwischen dem Gesundheitsverhalten und den positiven oder negativen Auswirkungen dieses Verhaltens (»Wenn ich regelmäßig körperlich aktiv bin, dann tue ich etwas Gutes für meine Gesundheit«). Die dritte Einflussgröße, die Selbstwirksamkeitserwartung, ist die Überzeugung, eine schwierige Anforderung (wie z. B. die regelmäßige Ausübung von körperlicher Aktivität) aufgrund eigener Kompetenz erfolgreich bewältigen zu können (»Ich bin mir sicher, dass ich wieder körperlich aktiv werden kann, auch wenn ich mich nach einer Krankheit erstmal kraftlos fühle«). Die Selbstwirksamkeitserwartung ist nicht nur bei der Zielsetzung zentral, sondern spielt auch später bei der Planung und Ausübung des Verhaltens eine wichtige Rolle. Nachdem man sich das Ziel gesetzt hat, körperlich aktiv zu werden, sind weitere Schritte notwendig, damit dieses Verhalten aufgenommen und dauerhaft aufrechterhalten wird.

Für die Umsetzung von Zielen in Verhalten ist es erforderlich, das jeweilige Verhalten genau zu organisieren. Aus zahlreichen Studien ist bekannt, dass man die Zielerreichung durch Formulierung von Handlungsplänen günstig beeinflussen kann (Gollwitzer, 1999; Leventhal, Singer & Jones, 1965). Dabei werden bestimmte Situationen mit dem gewünschten Verhalten verknüpft (z. B. »Immer wenn ich abends nach Hause komme, mache ich Gymnastik«). Es wird davon ausgegangen, dass diese Handlungspläne die Kontrolle des Handelns von der Person weg an die Umwelt abgeben, d. h. die Ausübung des Verhaltens verläuft weitgehend automatisch. Diese Planungen können in zwei Aspekte unterteilt werden: Handlungsplanung und Bewältigungsplanung (oder »barrierenbezogene Strategieplanung«). Bei der sog. Handlungsplanung wird festgelegt, wann, wo und wie die Handlung ausgeübt wird, während bei der Bewältigungsplanung genau spezifiziert wird, wie man angesichts bestimmter Hindernisse trotzdem aktiv werden kann oder weiterhin aktiv bleibt, was die gedankliche Vorstellung von Hochrisikosituationen und eigenen Copingressourcen impliziert (Sniehotta, Schwarzer, Scholz & Schüz, 2005; Ziegelmann, Lippke & Schwarzer, im Druck).

Bei der Gestaltung und Bewertung von Interventionsprogrammen sind die Erkenntnisse der Gesundheitspsychologie von großem Nutzen. Will man effektiv und ökonomisch vorgehen, so muss man zunächst feststellen, in welcher psychischen Phase der Änderungsmotivation sich die Adressaten für ein solches Programm befinden. Wer sich z. B. noch nie darüber Gedanken gemacht hat, das Rauchen aufzugeben, muss ganz anders angesprochen werden als jemand, der es schon mehrfach vergeblich versucht hat. Gleichzeitig müssen die verfügbaren personalen und sozialen Ressourcen ins Kalkül gezogen werden. Es gibt moderne Konzepte dazu, wie ein solches **maßgeschneidertes Programm** aussehen kann. Der Mangel vieler Förderungsansätze liegt darin, dass keine umfassende Prozesstheorie zugrunde liegt und keine methodisch anspruchsvolle Evaluation stattfindet, die auch die Analyse von differenziellen Effekten und von Nebenwirkungen einschließt.

45.5   Ausblick

Die Gesundheitspsychologie leistet maßgebliche Beiträge zum Verständnis von Stress, Krankheit und Verhalten. Wir wissen heute sehr viel über die Verhaltensbedingtheit von Erkrankungen und über die psychischen und sozialen

◘ **Abb. 45.2.** Das sozial-kognitive Prozessmodell gesundheitlichen Handelns

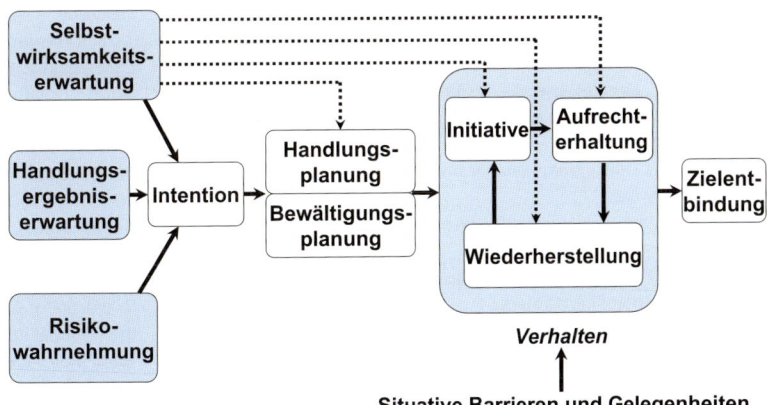

Faktoren, die den Krankheitsverlauf und die Genesung mitbestimmen. Die biopsychosoziale Modellvorstellung hat sich bewährt. Die Gesundheitspsychologie profitiert von ihrer soliden Grundlagenorientierung, welche stärker ausgeprägt ist als bei anderen Anwendungsfächern. Sie ist gekennzeichnet von theoretischer Stringenz kombiniert mit dem Nachweis empirischer Evidenz, womit sie eine besondere Rolle innerhalb der Public-Health-Szene einnimmt.

Der Primärprävention von Erkrankungen kommt hohe Bedeutung zu. Dies gilt nicht nur mit dem Ziel der Vermeidung von individuellem Leid, sondern auch im Hinblick auf die volkswirtschaftliche Seite des Problems. Die Gesellschaft kann sich auf Dauer keine technisch und personell aufwändige kurative Medizin für alle Bürger leisten. Nur durch Vorbeugung lässt sich dem Problem einer immer älter werdenden Bevölkerung, die von Multimorbidität gekennzeichnet ist, entgegentreten. Die Gesundheitspsychologie verfügt über tragfähige Konzepte, mit denen man solche **primärpräventiven Gesundheitsprogramme** entwickeln kann.

Literatur

Referenzliteratur

Jerusalem, M. & Weber, H. (Hrsg.). (2003). *Psychologische Gesundheitsförderung, Diagnostik und Prävention*. Göttingen: Hogrefe.
Ogden, J. (2004). *Health psychology: A textbook* (2nd ed.). Buckingham, England: Open University Press.
Taylor, S.E. (1999). *Health psychology* (4th ed.). New York: McGraw-Hill.
Schwarzer, R. (2004). *Psychologie des Gesundheitsverhaltens. Eine Einführung in die Gesundheitspsychologie* (3. neubearb. Aufl.). Göttingen: Hogrefe.
Schwarzer, R., Jerusalem, M. & Weber, H. (Hrsg.). (2002). *Gesundheitspsychologie von A bis Z*. Göttingen: Hogrefe.

Zitierte Literatur

Ajzen, I. (1985). From intentions to actions: A theory of planned behavior. In J. Kuhl & J. Beckmann (Eds.), *Action control: From cognition to behavior* (pp. 11–39). Seattle, WA: Hogrefe & Huber.
Ajzen, I. (2002). Perceived behavioral control, self-efficacy, locus of control, and the theory of planned behavior. *Journal of Applied Social Psychology, 32* (4), 665–683.
Andersen, B.L., Kiecolt-Glaser, J.K. & Glaser, R. (1994). A biobehavioral model of cancer stress and disease course. *American Psychologist, 49*, 389–404.
Antonovsky, A. (1987). *Unraveling the mystery of health*. San Francisco, CA: Jossey-Bass.
Bandura, A. (1997). *Self-efficacy: The exercise of control*. New York: Freeman.
Becker, M.H. (Ed.). (1974). *The health belief model and personal health behavior*. Thorofare, NJ: Slack.
Becker, P. (2000). Die "Big Two" Seelische Gesundheit und Verhaltenskontrolle: zwei orthogonale Superfaktoren höherer Ordnung? *Zeitschrift für Differentielle und Diagnostische Psychologie, 21*, 113–124.

Becker, P., Schulz, P. & Schlotz, W. (2004). Persönlichkeit, chronischer Stress und körperliche Gesundheit. *Zeitschrift für Gesundheitspsychologie, 12*, 11–23.
Bodenmann, G. (2000). *Stress und Coping bei Paaren*. Göttingen: Hogrefe.
Böhmer, S. & Ravens-Sieberer, U. (2005). Das Konzept der Lebensqualität in der gesundheitspsychologischen Forschung. In R. Schwarzer (Hrsg.), *Enzyklopädie der Psychologie: Gesundheitspsychologie* (S. 369–386). Göttingen: Hogrefe.
Cohen, S., Tyrrell, D.A. & Smith, A.P. (1993). Negative life events, perceived stress, negative affect and susceptibility to the common cold. *Journal of Personality and Social Psychology, 64*, 131–140.
DeLongis, A., Folkman, S. & Lazarus, R.S. (1988). The impact of daily stress on health and mood: Psychological and social resources as mediators. *Journal of Personality and Social Psychology, 54*, 486–495.
Doll, R. & Peto, R. (1981). *The causes of cancer*. New York: Oxford University Press.
Dusseldorp, E., van Elderen, T., Maes, S., Meulmann, J. & Kraaij, V. (1999). A meta-analysis of psychoeducational programs for coronary heart disease patients. *Health Psychology, 18*, 506–519.
Ewart, C.K. (1992). The role of physical self-efficacy in recovery from heart attack. In R. Schwarzer (Ed.), *Self-efficacy: Thought control of action* (pp. 287–304). Washington, DC: Hemisphere.
Fawzy, F.I., Fawzy, N.W., Arndt, L.A. & Pasnau, R.O. (1995). Critical review of psychosocial interventions in cancer care. *Archives of General Psychiatry, 52*, 100–113.
Gollwitzer, P. (1999). Implementation intentions. Strong effects of simple plans. *American Psychologist, 54*, 493–503.
Hasenbring, M. & Taubert, S. (2005). Psychosoziale Aspekte der Krebserkrankung. In R. Schwarzer (Hrsg.), *Enzyklopädie der Psychologie: Gesundheitspsychologie* (S. 351–367). Göttingen: Hogrefe.
Hobfoll, S.E. (1989). Conservation of resources. *American Psychologist, 4* (3), 513–524.
Holmes, T.H. & Rahe, R.H. (1967). The social readjustment rating scale. *Journal of Psychosomatic Research, 11*, 213–218.
Johnston, M. & Vögele, C. (1993). Benefits of psychological preparation for surgery: A meta-analysis. *Annals of Behavioral Medicine, 15*, 245–256.
Keller, S. (2002). Rauchen. In R. Schwarzer, M. Jerusalem & H. Weber (Hrsg.), *Gesundheitspsychologie von A bis Z* (S. 432–435). Göttingen: Hogrefe.
Knoll, N. & Schwarzer, R. (2005). Soziale Unterstützung. In R. Schwarzer (Hrsg.), *Enzyklopädie der Psychologie: Gesundheitspsychologie* (S. 333–349). Göttingen: Hogrefe.
Lazarus, R.S. (1999). *Stress and emotion: A new synthesis*. New York: Springer.
Lazarus, R.S. & Folkman, S. (1984). *Stress, appraisal and coping*. New York: Springer.
Leventhal, H., Singer, R. & Jones, S. (1965). Effects of fear and specificity of recommendation upon attitudes and behavior. *Journal of Personality and Social Psychology, 2*, 20–29.
Marcus, B. & Forsyth, L. (2003). *Motivating people to be physically active*. Champaign, IL: Human Kinetics.
McEwen, B.S. (2000). Allostasis and allostatic load. In G. Fink (Ed.), *Encyclopedia of Stress* (Vol. 1, pp. 145–150). San Diego, CA: Academic Press.
Mensink, G. (2003). *Bundes-Gesundheitssurvey: Körperliche Aktivität. Aktive Freizeitgestaltung in Deutschland. Beiträge zur Gesundheitsberichterstattung*. Berlin: Robert-Koch-Institut.
Michael, J.M. (1982). The second revolution in health: health promotion and its environmental base. *American Psychologist, 37*, 936–941.
National Institute of Mental Health Multisite HIV Prevention Trial Group (2001). Social-Cognitive Theory Mediators of Behavior Change in the National Institute of Mental Health Multisite HIV Prevention Trial. *Health Psychology, 20*, 369–376.
Pate, R.R., Pratt, M. & Blair, S.N. (1995). Physical activity and public health: A recommendation from the Centers for Disease Control and Pre-

vention and the American College of Sports Medicine. *Journal of the American Medical Association, 273,* 402–407.

Perrez, M. & Michel, G. (2005). Verarbeitung somatischer Krankheiten. In R. Schwarzer (Hrsg.), *Enzyklopädie der Psychologie: Gesundheitspsychologie* (S. 283–301). Göttingen: Hogrefe.

Peterson, C. & Park, C. (1998). Learned helplessness and explanatory style. In D.F. Barone, M. Hersen & V.B. Van Hasselt (Eds.), *Advanced personality* (pp. 287–310). New York: Plenum Press.

Prochaska, J.O. & DiClemente, C.C. (1983). Stages and processes of self-change of smoking: Toward an integrative model of change. *Journal of Consulting and Clinical Psychology, 51,* 390–395.

Rogers, R.W. (1983). Cognitive and physiological processes in fear appeals and attitude change: A revised theory of protection motivation. In J.R. Cacioppo & R.E. Petty (Eds.), *Social psychology: A sourcebook* (pp. 153–176). New York: Guilford.

Scheier, M.F., Matthews, K.A., Owens, J.F., Magovern, G.J.Sr., Lefebre, R.C., Abbott, R.A. & Carver, C.S. (1989). Dispositional optimism and recovery from coronary artery bypass surgery: The beneficial effects on physical and psychological well-being. *Journal of Personality and Social Psychology, 57,* 1024–1040.

Schröder, K.E.E. & Schwarzer, R. (2001). Do partners personality resources add to the prediction of patients' coping and quality of life? *Psychology and Health, 16,* 139–159.

Schulz, U. & Schwarzer, R. (2003). Soziale Unterstützung bei der Krankheitsbewältigung: Die Berliner Social Support Skalen (BSSS). *Diagnostica, 49,* 73–82.

Schwarzer, R. (1992). Self-efficacy in the adoption and maintenance of health behaviors: Theoretical approaches and a new model. In R. Schwarzer (Ed.), *Self-efficacy: Thought control of action* (pp. 217–243). Washington, DC: Hemisphere.

Schwarzer, R. & Jerusalem, M. (1995). Generalized Self-Efficacy scale. In J. Weinman, S. Wright & M. Johnston (Eds.), *Measures in health psychology: A user's portfolio. Causal and control beliefs* (pp. 35–37). Windsor: Nfer-Nelson.

Schwarzer, R. & Knoll, N. (2003). Positive coping: Mastering demands and searching for meaning. In S.J. Lopez & C.R. Snyder (Eds.), *Positive psychological assessment: A handbook of models and measures* (pp. 393–409). Washington, DC: American Psychological Association.

Schwarzer, R. & Luszczynska, A. (2005). Compliance als universelles Problem des Gesundheitsverhaltens. In R. Schwarzer (Hrsg.), *Enzyklopädie der Psychologie: Gesundheitspsychologie* (S. 585–601). Göttingen: Hogrefe.

Schwarzer, R. & Schulz, U. (2003). Stressful life events. In I.B. Weiner, A.M. Nezu, M. Nezu & P.A. Geller (Eds.), *Handbook of psychology, Vol. 9 Health psychology* (pp. 27–49). New York: Wiley.

Selye, H. (1956). *The stress of life.* New York: McGraw-Hill.

Siegrist, J. (2005). Stress am Arbeitsplatz. In R. Schwarzer (Hrsg.), *Enzyklopädie der Psychologie: Gesundheitspsychologie* (S. 304–318). Göttingen: Hogrefe.

Slangen, K., Krohne, H.W., Stellrecht, S. & Kleemann, P.P. (1993). Dimensionen perioperativer Belastung und ihre Auswirkungen auf intra- und postoperative Anpassung von Chirurgiepatienten. *Zeitschrift für Gesundheitspsychologie, 1,* 123–142.

Sniehotta, F.F. & Schwarzer, R. (2003). Modellierung der Gesundheitsverhaltensänderung. In M. Jerusalem & H. Weber (Hrsg.), *Psychologische Gesundheitsförderung* (S. 677–694). Göttingen: Hogrefe.

Sniehotta, F.F., Schwarzer, R., Scholz, U. & Schüz, B. (2005). Action plans and coping plans for long-term lifestyle change: Theory and assessment. *European Journal of Social Psychology, 35,* 565–576.

Sutton, S. (2000). Interpreting cross-sectional data on stages of change. *Psychology and Health, 15,* 163–171.

Weinstein, N.D. & Sandman, P.M. (1992). A model of the precaution adoption process: Evidence from home radon testing. *Health Psychology, 11,* 170–180.

Weinstein, N.D., Lyon, J.E., Sandman, P.M. & Cuite, C.L. (1998). Experimental evidence for stage of health behavior change: The precaution adoption process model applied to home radon testing. *Health Psychology, 17,* 445–453.

World Health Organization (WHO) (1997). *WHOQOL: Measuring quality of life.* Genf: WHO.

Ziegelmann, J.P. (2002). Gesundheits- und Risikoverhalten. In R. Schwarzer, M. Jerusalem & H. Weber (Hrsg.), *Gesundheitspsychologie von A bis Z* (S. 152–155). Göttingen: Hogrefe.

Ziegelmann, J.P., Lippke, S. & Schwarzer, R. (in press). Adoption and maintenance of physical activity: Planning interventions in young, middle-aged, and older adults. *Psychology and Health.*

46 Rehabilitationspsychologie

U. Koch, A. Mehnert, J. Bengel

46.1 Behinderung und chronische Krankheit

46.1.1 Definition und Merkmale

Menschen mit Behinderungen und chronischen Erkrankungen sind mit besonderen psychischen Anforderungen und psychosozialen Belastungen konfrontiert, denen ein gesundheitliches Versorgungs- und soziales Sicherungssystem Rechnung tragen muss. Der Begriff **Behinderung** wird und wurde nicht einheitlich verwendet, sondern Behinderungen und Behinderte wurden – geprägt durch die kulturellen und sozialrechtlichen Entwicklungen und die verschiedenen Konzeptionen im Verständnis von Erkrankungen, Behinderungen und deren Ursachen – mit unterschiedlichen Bezeichnungen versehen (Brackhane, 1988; Seidler, 1988).

So wurden Menschen mit körperlichen Behinderungen Ende des 19. und Anfang des 20. Jahrhunderts (seinerzeit wertfrei verstanden) als »Krüppel« bezeichnet. In den 1930er Jahren nannte man Menschen mit körperlichen und – hinzukommend – geistigen Behinderungen »Gebrechliche«, während nach dem Zweiten Weltkrieg der Akzent auf dem Begriff »Kriegsbeschädigte« lag. In den 1980er Jahren erfolgte schließlich eine Ausweitung des Begriffs der Behinderung auf seelische Beeinträchtigungen, Lernbehinderungen, Suchtkrankheiten und Persönlichkeitsstörungen, der sowohl angeborene als auch erworbene Behinderungen umfasst.

Nach einer Definition von Bintig (1980) wird unter Behinderung die Situation eines Menschen mit einer schweren, relativ lang dauernden, jedoch grundsätzlich rehabilitationsfähigen körperlichen, sinnesbezogenen, geistigen oder psychischen Schädigung verstanden. Diese führt zu subjektiven und/oder objektiven Lebenserschwernissen, die abweichendes Verhalten zur Folge haben können. Zentrale Elemente dieser und anderer Definitionen sind die Aufteilung in körperliche, geistige und seelische Beeinträchtigungen sowie die Betonung der Schädigung als Ausgangspunkt und der sozialen Konsequenzen der Behinderung (s. auch Borchert, 2000; Cloerkes, 2001).

Als **chronische Erkrankungen** wird eine große Gruppe von Erkrankungen mit unterschiedlicher Ätiologie, Pathogenese, Symptomatik und Prognose bezeichnet. Dazu gehören im Wesentlichen Krankheitsbilder aus dem Bereich der muskuloskelettalen Erkrankungen, der Herz-Kreislauf-Erkrankungen, der Stoffwechselerkrankungen, der Krebserkrankungen oder der neurologischen Erkrankungen. Den chronischen Krankheitsbildern ist gemeinsam, dass sie langfristig bestehen, häufig progredient bzw. mit phasenhaften Verschlimmerungen verlaufen und dass eine Restitutio ad integrum, also eine völlige Wiederherstellung der normalen Funktionen, meist nicht erreicht werden kann. In der Regel muss bei diesen Erkrankungen von einer multifaktoriellen Ätiologie ausgegangen werden. Eine genetische Disposition kann dabei ebenso eine wichtige Rolle spielen wie Lebensumstände, Risikoverhalten und Lebensstil. Charakteristische Belastungen chronisch kranker oder behinderter Menschen sind die häufig langfristige Abhängigkeit von medizinischen wie sozialen Versorgungseinrichtungen, die Gefährdung der Berufs- und Erwerbstätigkeit, weiterhin Einschränkungen der Lebensqualität, der Aktivitäten des täglichen Lebens und unter Umständen auch der Selbstversorgung und der Autonomie. Die Auswirkungen chronischer Erkrankungen und Behinderungen beziehen sich häufig auch auf das familiäre und soziale Umfeld.

Eine Unterscheidung von Behinderung und chronischer Erkrankung ist nur partiell möglich, vielmehr beinhalten beide Begriffe eine Reihe gemeinsamer Merkmale und ergänzen sich (▶ Übersicht).

Gemeinsame Charakteristika von Behinderungen und chronischen Erkrankungen
- Fehlen einer kausalen medizinischen Therapie
- Begrenztheit einer vollständigen Heilung
- Minderung der Leistungsfähigkeit mit Auswirkungen auf die Arbeits- und Erwerbsfähigkeit
- Normabweichung
- Auffälligkeit und Gefahr der Diskriminierung
- Besondere Anforderungen an Familie und Selbstversorgung
- Bedrohung der Lebensperspektive und der sozialen Integration

---

46.1.2 Gesellschaftliche Situation der Betroffenen

Die gesellschaftlichen Rahmenbedingungen tragen entscheidend zur Wahrnehmung von Behinderung und chronischer Krankheit sowie den Integrationschancen Behinderter und chronisch Kranker bei. So werden vor allem soziale Barrieren in Form von Vorurteilen und Tendenzen zur Vermeidung von Kontakten von chronisch kranken oder behinderten Menschen als »behindernd« erlebt. Erschwernisse der Teilhabe und Partizipation zeigen sich aber auch in objektiven Bedingungen des Alltags wie Zugangsbarrieren in privaten wie öffentlichen Gebäuden oder bei Verkehrsmitteln.

Die gesellschaftliche Dimension der Behinderung findet ihren Niederschlag auch in der jeweiligen Sozialpolitik und Gesetzgebung eines Landes. Bereits in den 1960er Jahren galt als Maßstab einer sozialen Politik, konsequent und kontinuierlich bessere Lebensbedingungen zu schaffen, damit Menschen mit Behinderungen ihr Leben »so normal wie möglich« oder auch »so gut wie möglich« leben und gestalten können. Das Verständnis von Behinderung und von dem, was als »normal« angesehen wird, ist jedoch abhängig von den Wertvorstellungen in einer Gesellschaft und dem sich vollziehenden Wertewandel. »Normalität« bezeichnet somit stets die gegenwärtigen gesellschaftlichen Normen, die im Alltag und im Umgang miteinander zum Tragen kommen. Das Miteinander ist dabei auch durch Einstellungen (Vorurteile, Stigmatisierungen) geprägt, die aufgrund gesellschaftlich determinierter Zuschreibungs- oder Etikettierungsprozesse entstehen (vgl. Goffman, 1967).

So zeigen Untersuchungen zur Einstellung von Nichtbehinderten gegenüber Behinderten, dass diese im Wesentlichen von der Art der Behinderung, dem Schweregrad, der Auffälligkeit (Sichtbarkeit, ästhetische Beeinträchtigung, funktionale Beeinträchtigung von kommunikativen Fähigkeiten), von Persönlichkeitsmerkmalen sowie dem Kontakt (Enge und Intensität des Kontaktes, Statusgleichheit, Freiwilligkeit) bestimmt werden (Tröster, 1990; Cloerkes, 2001). Vorurteile gegenüber Behinderten und chronisch Kranken sind entsprechend dieser Untersuchungen weitgehend unabhängig vom Bildungsstand der Befragten.

Für behinderte und chronisch kranke Menschen gestaltet sich der Aufbau der eigenen Identität und der eigenen Rolle in der Gesellschaft als schwierig, da eine Behinderung oder chronische Krankheit fast immer mit einer eingeschränkten Teilhabe an sozialen Beziehungen und mit »Andersartigkeit« im Alltag verbunden ist. So ist ein körperbehinderter Arbeitnehmer insofern »anders«, als für ihn besondere Regeln (z. B. Arbeitszeiten, Kündigungsschutz) gelten. Ob eine Behinderung eine Benachteiligung im Lebensalltag und im Umgang mit anderen darstellt, wird primär aus den Reaktionen der Mitmenschen erfahren. Diese interpersonellen Wege zur Bewältigung der Behinderung und chronischen Krankheit werden auch unter dem Begriff der sozialen Unterstützung subsumiert. Bezug genommen wird dabei vor allem auf die primären sozialen Netzwerke (Partner, Familie, Verwandte, Freunde, Nachbarn). Bei **sozialen Unterstützungsprozessen** lassen sich unterschiedliche Wirkprinzipien unterscheiden (Mühlum & Oppl, 1992):
- die emotionale Unterstützung und Zuwendung,
- die Weitergabe von Informationen,
- die Aufrechterhaltung der sozialen Identität,
- der Aufbau neuer Kontakte sowie
- die weitgehende Erhaltung der Selbstverantwortung, der Privatsphäre und der Unabhängigkeit.

46.2 Die Internationale Klassifikation von Funktionsfähigkeit, Behinderung und Gesundheit (ICF) der WHO

Seit Anfang der 1980er Jahre bemüht sich die Weltgesundheitsorganisation (WHO) um eine kulturübergreifende Definition von Behinderungen und chronischen Erkrankungen durch die Etablierung eines **Krankheitsfolgenmodells.** Im Rahmen der zunächst entwickelten »International Classification of Impairments, Disabilities, and Handicaps« (ICIDH; WHO 1980; 1993) wurden als drei zentrale Dimensionen von Behinderung der Gesundheitsschaden (organische Schädigung; Impairment), die Funktionseinschränkung (Fähigkeitsstörung; Disability) und die Benachteiligung (Beeinträchtigung; Handicap) unterschieden. Die Weiterentwicklungen der ICIDH standen unter der Zielperspektive, negative Konnotationen der Begriffe zu vermeiden und den Fokus der Verantwortung auch auf das Umfeld zu lenken.

Nach der »International Classification of Functioning and Disability« (ICIDH-2; WHO, 1997; Schuntermann, 1998; WHO, 2000,) gilt aktuell die »International Classification of Functioning, Disability, and Health« (ICF), in ihrer deutschen Übersetzung als »Internationale Klassifikation von Funktionsfähigkeit, Behinderung und Gesundheit« bezeichnet (Deutsches Institut für Medizinische Dokumentation und Information, 2002; Schuntermann, 2004). Sie differenziert zwischen den Dimensionen:

- **Schädigung von Körperfunktionen und Strukturen** (»body structure«, z. B. geistig/seelische Funktionen, neuromuskuloskelettale und bewegungsbezogene Funktionen),
- **Aktivität** (»activity«, z. B. Aktivitäten des Lernens und der Wissensanwendung, Aktivitäten der Kommunikation) und
- **Partizipation** (»participation«, z. B. Teilhabe an sozialen Beziehungen, an Erwerbsarbeit und Beschäftigung).

Negative Umstände in den letzten beiden Dimensionen werden mit »activity limitations« und »participation restrictions« beschrieben. Die jeweiligen Ursachen der Entstehung der Störungen sind dabei nicht von Bedeutung. Die ICF dient also der Beschreibung des funktionalen Gesundheitszustandes, der Behinderung, der sozialen Beeinträchtigung und der relevanten Umgebungsfaktoren einer Person. Im Krankheitsfall und insbesondere bei chronischen Erkrankungen und Behinderungen sind in der Regel (wenn auch nicht notwendigerweise) alle drei Behinderungsdimensionen betroffen: Der (primären) Schädigung folgen die (sekundären) Aktivitätsbegrenzungen und die (tertiäre) Einschränkung der Möglichkeiten, am sozialen und gesellschaftlichen Leben teilzuhaben (◘ Abb. 46.1).

Neu in das Modell integriert wurden **Kontextfaktoren**, die den Lebenshintergrund eines Menschen mit abbilden

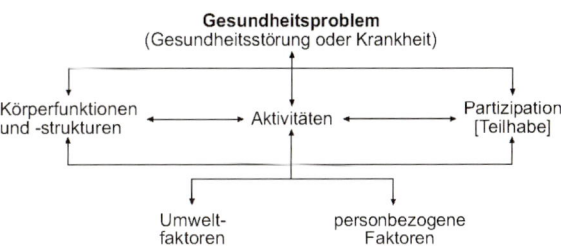

◘ **Abb. 46.1.** Komponenten der »International Classification of Functioning and Disability« (ICF)

sollen. Nach der ICF wird Behinderung damit als das Ergebnis einer Wechselwirkung zwischen dem Gesundheitsproblem und den Kontextfaktoren, d. h. den umweltbezogenen Faktoren (z. B. Einstellungen und Vorurteile der Gesellschaft, Vorhandensein von behindertengerechten Einrichtungen) und den persönlichen Faktoren (z. B. Geschlecht, Alter, Lebensstil, Ressourcen, Bewältigungsstrategien), betrachtet. Persönliche Faktoren unterscheiden sich von den umweltbezogenen Faktoren darin, dass sie sich primär im persönlichen Erleben der Behinderung auswirken. Zwischen den umweltbezogenen und den persönlichen Faktoren besteht wie zwischen allen Dimensionen eine dynamische Wechselwirkung: Veränderungen auf einem Faktor können zu weiteren Veränderungen desselben oder eines anderen Faktors führen.

Als Beispiel, in dem die drei Behinderungsdimensionen deutlich werden, ließe sich folgende Situation vorstellen: Ein LKW-Fahrer verletzt infolge eines Verkehrsunfalls seinen Fuß so schwer, dass dieser amputiert werden muss. Dieser körperliche Schaden führt dazu, dass er die Funktionen, die erforderlich sind, um einen LKW zu fahren, nicht mehr ausführen kann. Da ein Berufswechsel nötig ist oder Erwerbsunfähigkeit droht, sind soziale Beeinträchtigungen im persönlichen, familiären und sozialen Bereich zu erwarten.

Eine vergleichbare Schädigung kann zudem bei zwei Personen sehr unterschiedliche Auswirkungen auf der Ebene der Aktivitäten und der Ebene der Partizipation haben. Das Ausmaß bzw. die Schwere der Erkrankung (der Schädigung) ist dabei nicht notwendigerweise ein Indikator für den Schweregrad der Behinderung. Die Schwere der Krankheit betrifft z. B. die Ausbreitung des Krankheitserregers bzw. das Ausmaß der organischen Schädigung. Das Ausmaß der Behinderung bezieht sich hingegen auf die subjektiv erlebten Störungen der gesundheitlichen Integrität, der persönlichen Aktivität und der Partizipation in der Gesellschaft. Auch hierfür ein Beispiel: Eine Person, die einen Schlaganfall erlitten hat (Funktionsschädigung), leidet seitdem an Seheinschränkungen und Gedächtnisverlust. Da sie auf dem Land wohnt und auf ihr Auto angewiesen ist, bedeutet das Fahrverbot für sie, dass sie nicht mehr selbstständig unterwegs sein kann (Beeinträchtigung der Aktivität). Eine andere Person mit dem gleichen Vorfall hingegen ist nicht auf das Auto als Verkehrsmittel angewiesen und erlebt keine Beeinträchtigungen in ihren Aktivitäten. Aufgrund der Gedächtnisprobleme traut sie sich aber immer seltener, mit Freunden etwas zu unternehmen (Beeinträchtigung der Partizipation).

Mit der deutschen Übersetzung der ICF steht erstmals ein internationales Klassifikationssystem zur Verfügung, das es erlaubt, die zentralen Dimensionen der funktionalen Gesundheit (Körperfunktionen und Strukturen, Aktivität, Partizipation) umfassend und differenziert zu beschreiben. Es stellt keinen Ersatz, sondern eine Ergänzung zur »Internationalen Klassifikation der Krankheiten« (ICD) dar. Die ICF befindet sich derzeit in einer dynamischen Entwicklung und die Mitgliedstaaten der WHO sind aufgefordert, die ICF in der Forschung und Gesundheitsberichterstattung zu verwenden. Die ICF muss hinsichtlich ihrer Verwendbarkeit in spezifischen klinischen Anwendungsbereichen geprüft und adaptiert werden. Bevor sie im klinischen Alltag und in internationalen Vergleichsstudien eingesetzt werden kann, müssen u. a. eindeutig operationalisierte Definitionen der einzelnen Kategorien und die entsprechenden Erhebungsinstrumente entwickelt werden (s. auch DIMDI, 2002).

Eine Möglichkeit der Umsetzung der ICF für die rehabilitative Medizin stellen sog. »ICF Core Sets« dar. Ein Core Set enthält ICF-Kategorien für die Beschreibung und Klassifikation der Funktion, Behinderung und Gesundheit. Ein krankheitsspezifisches Core Set wird als Sammlung der für eine bestimmte Gesundheitsstörung bedeutsamen ICF-Kategorien bezeichnet. Eine Münchner Arbeitsgruppe um G. Stucki (Klinik und Poliklinik für Physikalische Medizin und Rehabilitation, Ludwig-Maximilians-Universität München) arbeitet an entsprechenden Entwicklungen und fokussiert dabei zur Zeit vor allem auf die Entwicklung von ICF Core Sets für muskuloskelettale Erkrankungen (u. a. Rückenschmerz, Osteoporose), kardiovaskuläre und weitere internistische Erkrankungen (u. a. ischämische Herzkrankheiten, Diabetes mellitus) und chronische Schmerzsyndrome sowie psychische und neurologische Störungen (u. a. Schmerzstörungen, Depressive Störung, Schlaganfall). Nach einer expertengestützten Konsenserstellung der krankheitsspezifischen Core Sets ist die Entwicklung entsprechender Erhebungsinstrumente vorgesehen.

46.3 Psychosoziale Belastungen und Bewältigungsprozesse am Beispiel von Krebspatienten

Die psychosozialen Belastungen, mit denen Menschen mit Behinderungen und chronischen Erkrankungen konfrontiert sind, können als Stressoren verstanden werden, die unterschiedliche Reaktionen bei den Betroffenen auslösen. Die Stressoren werden je nach Art der Schädigung, nach Schweregrad, Intensität, Dauer, Antizipationszeit, Lebensbedrohung und Kontrollierbarkeit als unterschiedlich belastend erlebt. Aus diesen Belastungen und Einschränkungen ergeben sich zahlreiche Folgeprobleme und Belastungsreaktionen, die die psychische Befindlichkeit und gesundheitsbezogene Lebensqualität der Patienten erheblich beeinträchtigen können und in den letzten Jahren vor allem bezogen auf chronische Erkrankungen ein vorrangiger Gegenstand der medizinpsychologischen Forschung geworden sind.

Dabei ist das Spektrum der somatischen und psychosozialen Belastungen, die nachfolgend näher am Beispiel von Krebserkrankungen erläutert werden, zum Teil diagnosenübergreifend, zum Teil von der Art der Behinderung bzw. der Erkrankung und den spezifischen medizinischen Therapien abhängig (Koch & Weis, 1998).

Zu den **somatischen Belastungen**, die primär durch die Krebserkrankung selbst und die (Neben-)Wirkungen von Operationen und weiteren medizinischen Behandlungen verursacht werden, zählen vor allem Funktionseinschränkungen wie z. B. Einschränkungen der Schulter-Arm-Beweglichkeit, Störungen des Immunsystems, der Lungenfunktionen, der Stimm- und Sprechfunktionen, der Sexualfunktionen und Kontinenz oder Passagestörungen mit Auswirkungen auf die Ernährung. Weiterhin stellen Symptome wie Übelkeit, Schlaflosigkeit, krebsspezifische Fatigue, d. h. anhaltende Erschöpfung, ebenso wie anhaltende Schmerzen häufige und äußerst belastende Symptome bei Krebspatienten dar.

Zu den **psychischen Belastungen** gehören ein insgesamt gestörtes emotionales Gleichgewicht, insbesondere Ängste und hier vor allem Ängste vor dem Wiederauftreten oder Fortschreiten der Erkrankung (Progredienzangst), Gefühle von Hilf- und Hoffnungslosigkeit, Depressionen, Probleme durch ein verändertes Körperschema und Selbstkonzept sowie Selbstwert- und Identitätsprobleme. Im terminalen Krankheitsstadium können zunehmend Suizidgedanken auftreten. Die Ursachen für psychische Probleme und Belastungen sind multikausal, häufig aber mitbedingt durch die Lebensbedrohlichkeit der Erkrankung und die Ungewissheit über den Krankheitsverlauf sowie durch Autonomie- und Kontrollverlust. Die Erfahrung einer lebensbedrohlichen Erkrankung kann auch zu einer Auseinandersetzung mit existenziellen Fragen wie der Frage nach der Sinnhaftigkeit und der Bedeutung des eigenen Lebens, Fragen nach Gerechtigkeit und Würde oder Fragen nach eigenen Zielen und Wünschen führen.

Belastungen in familiären und sozialen Beziehungen ergeben sich aus einer Verunsicherung hinsichtlich sozialer Rollen und Aufgaben, wie das Aufgeben sozialer Funktionen oder neue soziale Abhängigkeiten wie beispielsweise auch eine längerfristige Abhängigkeit von medizinischen Versorgungseinrichtungen. Berichtet werden weiterhin Kommunikationsprobleme im familiären Bereich aber auch mit professionellen Behandlern sowie Verunsicherungen und Probleme in der Partnerschaft (z. B. fehlende Intimität und veränderte Sexualität) oder im Freundeskreis.

Im **beruflichen und sozialen Bereich bestehen Belastungen** in einer Einschränkung der Teilhabe am gesellschaftlichen und sozialen Leben. Dies ist meist bedingt durch Veränderungen der beruflichen Situation (z. B. Verlust des Arbeitsplatzes, finanzielle Probleme oder Probleme der beruflichen Wiedereingliederung) und durch eine Verunsicherung im Umgang mit eigenen neuen sozialen Rollen.

Epidemiologische Untersuchungen weisen bei Tumorpatienten wie auch bei anderen chronischen Erkrankungen auf erhebliche Beeinträchtigungen des Befindens hin und zeigen für verschiedene psychische Störungen Prävalenzraten zwischen 0–50% in Abhängigkeit von der Tumorart, dem Stadium der Erkrankung und den angewandten medizinischen Behandlungsmethoden, dem Zeitpunkt und der Art des Assessments sowie den zugrunde gelegten diagnostischen Kriterien bzw. Cut-off-Wertebereichen (van't Spijker, Trijsburg & Duivenvoorden, 1997; Noyes, Holt & Massie, 1998; Sellick u. Crooks, 1999; Mehnert, 2005). Die am häufigsten untersuchten Störungsbilder sind affektive, Angst- und Anpassungsstörungen. Dabei ist festzuhalten, dass es sich nicht bei allen psychischen Auffälligkeiten, die im Laufe einer Krebserkrankung auftreten können, um vollständig ausgeprägte und/oder behandlungsbedürftige Störungsbilder handelt. So verfügt die Mehrzahl der Patienten über ausreichende psychosoziale Ressourcen, um die krankheits- und krankheitsfolgebedingten Belastungen zu bewältigen. Psychische Symptome können Zeichen einer mehr oder weniger krankheitsunabhängigen psychischen oder existenziellen Krise sein. Es kann sich aber auch um Symptome einer (prämorbid) bestehenden Störung handeln, deren Symptome sich durch die körperliche Erkrankung verschlimmern, um eine reaktive Störung (z. B. Anpassungsstörung) oder um eine Störung aufgrund einer organischen Ursache (z. B. inadäquat behandelte Schmerzen) (Kerrihard, Breitbart, Dent & Strout, 1999; Massie & Payne 2000).

Eine Übersichtsarbeit von Aschenbrenner, Härter, Reuter und Bengel (2003) über **Prädiktoren** für psychische Beeinträchtigungen bei Krebspatienten zeigt nur für einige wenige Faktoren einen Einfluss. Diese sind ein fortgeschrittenes Krankheitsstadium, eine geringe körperliche Funktionsfähigkeit und Schmerzen, ein jüngeres Erkrankungsalter, weibliches Geschlecht sowie das Vorhandensein psychischer Erkrankungen in der Vorgeschichte. Als einen präventiven Faktor fanden die Autoren wie auch viele andere empirische Studien ein bestehendes Netz sozialer Unterstützung.

Krankheitsverarbeitung (Coping; dazu auch ▶ Kap. 45) wird, ausgehend von der transaktionalen Stresstheorie (Lazarus & Folkman, 1984, 1987; Folkman, 1997), als individuelles Bemühen definiert, bereits bestehende oder zu erwartende krankheitsspezifische Belastungen intrapsychisch, d. h. kognitiv und emotional, und/oder durch problemorientiertes Handeln zu reduzieren, auszugleichen oder zu verarbeiten (Heim, 1988; 1998; vgl. Beutel, 1988). Als adaptive Bewältigungsstrategien, d. h. Strategien, die zu einer Verringerung der psychischen Belastung und zur Erhal-

tung oder Verbesserung der gesundheitsbezogenen Lebensqualität der Betroffenen beitragen, haben sich ein aktiver Umgang mit der Situation, die Wahrnehmung von und die Fähigkeit zur Mobilisierung familiärer und sozialer Ressourcen, weiterhin die Analyse bestehender Probleme, die Schaffung von emotionaler Entlastung durch Ausdruck von Gefühlen, ein Akzeptieren der gegenwärtigen Situation sowie eine kämpferische Haltung (»fighting spirit«) erwiesen. Demgegenüber führen ein passiver und resignativer Umgang mit der Krankheitssituation, Selbstbeschuldigung und soziale Isolation zu Gefühlen von Hilf- und Hoffnungslosigkeit, Depressivität, einer höheren psychischen Belastung und einer geringeren gesundheitsbezogenen Lebensqualität insgesamt (Heim, 1988; 1998). Bei der Bewertung verschiedener Bewältigungsstile ist die Tatsache zu berücksichtigen, dass ihre Adaptivität in Abhängigkeit vom Krankheitsstadium zu sehen ist (vgl. auch Filipp & Aymanns, 1996).

Die Verarbeitungsprozesse werden neben behinderungs- und krankheitsübergreifenden Stressoren aber auch durch individuelle Merkmale einer Person beeinflusst (z. B. soziodemographische Merkmale, Persönlichkeitsstruktur, Krankheits- oder Gesundheitstheorie, Vorerfahrungen mit Krankheit). Auch das psychosoziale und das institutionelle bzw. professionelle Umfeld spielen eine entscheidende Rolle in der Krankheitsverarbeitung. Kritisch ist das Konzept der Krankheitsverarbeitung allerdings aufgrund der hohen Konfundierung einzelner Krankheitsverarbeitungsstile und dem erwarteten Outcome, d. h. der psychischen Befindlichkeit und der Lebensqualität, sowie bezüglich des Standes der Operationalisierung zu diskutieren.

46.4 Ziele und System der Rehabilitation

In den letzten Jahrzehnten ist in den Industrienationen eine deutliche Zunahme chronischer Krankheiten zu verzeichnen (Schwartz, 2002). Wesentliche Einflussfaktoren für diese Entwicklung sind die veränderte Alterszusammensetzung der Bevölkerung, Veränderungen der Arbeitsbedingungen und Fortschritte in der akutmedizinischen Versorgung. Mit dem Krankheitsspektrum haben sich in den vergangenen Jahrzehnten auch die Anforderungen an die medizinische Versorgung erheblich verändert und die Bedeutung der Rehabilitation wurde deutlich verstärkt (Bengel & Koch, 2000). Rehabilitation zielt auf die Beseitigung oder Verringerung der Folgen einer chronischen Erkrankung, einer Behinderung oder eines spezifischen akuten Ereignisses (z. B. Unfall). Gegenstand sind dabei alle drei Ebenen der funktionalen Gesundheit, nämlich Reduktion der Schädigung von Körperfunktionen und Strukturen sowie Aufrechterhaltung, Wiederherstellung oder Förderung der Aktivität und der Partizipation.

Rehabilitation dient somit der Vorbeugung einer drohenden Behinderung oder der Vermeidung der Verschlimmerung einer bestehenden gesundheitlichen Schädigung. Sie soll Menschen mit (beginnenden) chronischen Krankheiten und Behinderungen dazu verhelfen, die Erkrankung und ihre Folgen zu bewältigen sowie möglichst weitgehend und selbstständig am normalen Leben in Familie, Beruf und Gesellschaft teilzunehmen. Für den Fall, dass eine vollständige Rehabilitation nicht zu erreichen ist, sollen die Auswirkungen der Behinderung auf die genannten Lebensbereiche auf ein Minimum reduziert werden. Insofern zielt die Rehabilitation auf die Linderung der Beschwerden, die Stabilisierung des aktuellen Zustandes, die Verlangsamung der Progression, die Vermeidung von Maladaptation, die Rezidivprophylaxe und Schadensbegrenzung, auf den Erwerb kompensatorischer Leistungen mit und ohne technische Hilfen sowie auf die funktionsgünstige Gestaltung der persönlichen Umwelt.

Länderspezifische Unterschiede der Rehabilitationssysteme

Die Rehabilitationssysteme unterscheiden sich trotz dieser gemeinsamen Zielsetzung in den einzelnen Ländern zum Teil erheblich. Unterschiede finden sich im Hinblick auf die Bereitstellung von Rehabilitationsleistungen, die Zugangsmöglichkeiten und die Finanzierungsmöglichkeiten bzw. die Aufwendungen für die Rehabilitation (vgl. Hohmann, 1998). In Deutschland werden rehabilitative Leistungen im Rahmen eines gegliederten Systems angeboten. Wesentliche Kostenträger sind die Gesetzliche Rentenversicherung, die Gesetzlichen Krankenkassen, die Gesetzliche Unfallversicherung und die Bundesagentur für Arbeit. Rehabilitation umfasst medizinische, schulisch-pädagogische, berufliche, soziale und psychologische Formen und Leistungen (Bundesarbeitsgemeinschaft für Rehabilitation, 1994; Bundesversicherungsanstalt für Angestellte, 2000).

Die **medizinische Rehabilitation** umfasst die Wiederherstellung der Erwerbsfähigkeit, der Aktivitäten und der Partizipation. Die Rehabilitationsbehandlung erfolgt u. a. durch Ärzte und Psychologen sowie durch auf die rehabilitative Behandlung spezialisierte Berufsgruppen. Hier sind insbesondere die Physiotherapie (Krankengymnastik), die Ergotherapie (Beratung und Training im Umgang mit Funktionsstörungen, insbesondere Training in Aktivitäten des täglichen Lebens) und die Logopädie (Behandlung von Sprach-, Sprech-, Stimm- und Schluckstörungen) zu nennen. Weitere wichtige rehabilitative Maßnahmen beziehen sich u. a. auf die Verordnung von Arznei- und Verbandsmitteln, die Ausbildung im Gebrauch von Körperersatzstücken, Patientenschulung und Veränderung von Risikoverhaltensweisen.

Zur **beruflichen und schulischen** Rehabilitation gehören verschiedene Maßnahmen zur Förderung der Arbeitsaufnahme und der beruflichen Anpassung. Dazu zählen Ausbildung, Fortbildung, Umschulung oder auch Arbeitsförderung im Trainingsbereich einer Werkstatt für Behinderte. Weiterhin zählen die Ermöglichung eines (höheren) Schulabschlusses und die schulische Ausbildung von behinderten Kindern in speziellen Schulen (Sonderschulen) dazu. Berufliche Rehabilitationsleistungen finden in der Regel wohnortnah statt, können in besonderen Fällen aber auch stationär durchgeführt werden. Dies ist z. B. dann der Fall, wenn zur Durchführung der erforderlichen Diagnostik und der Arbeitsfindungsmaßnahmen bei Jugendlichen eine Unterbringung außerhalb des eigenen oder elterlichen Haushalts indiziert ist. Bei der beruflichen Rehabilitation geht es allerdings nicht immer um den Erwerb von Kompetenzen für eine neue berufliche Tätigkeit. Oft sind die Voraussetzungen für die berufliche Reintegration von chronisch Kranken und Behinderten am ehesten gegeben, wenn es gelingt, durch Anpassungshilfen (z. B. konkrete Veränderungen am Arbeitsplatz) den Betroffenen die Fortführung ihrer bisherigen Tätigkeit zu ermöglichen.

Leistungen zur **sozialen Rehabilitation** sind z. B. Gelder zur Ausbildungsförderung und Arbeitsförderung oder Eingliederungshilfen für Behinderte in besonderen Lebenslagen. Aber auch im Zusammenhang mit den medizinischen oder schul- bzw. berufsfördernden Grundleistungen werden finanzielle Barleistungen (Krankengeld, Übergangsgeld) gewährt oder Reisekosten und Zuschüsse für Haushaltshilfen übernommen.

Die wichtigsten **Zielgruppen der medizinischen Rehabilitation** sind Menschen mit chronisch körperlichen Erkrankungen, Körper- und Sinnesbehinderungen, psychischen Erkrankungen, geistigen Behinderungen und Drogen- und Alkoholabhängigkeiten (Bundesarbeitsgemeinschaft für Rehabilitation, 1994). Die häufigsten Indikationen für Rehabilitationsmaßnahmen in Deutschland sind bei Männern Erkrankungen des Stütz- und Bewegungsapparates, Herz-Kreislauf-Erkrankungen sowie psychische Erkrankungen einschließlich Suchterkrankungen. Bei Frauen sind Erkrankungen des Stütz- und Bewegungsapparates, psychische Erkrankungen und Tumorerkrankungen die häufigsten Indikationen.

Wichtige Grundsätze der Gestaltung von Rehabilitationsmaßnahmen sind ein biopsychosoziales Verständnis von Krankheit und Behinderung, die Frühzeitigkeit der Einleitung von Rehabilitationsmaßnahmen und die Sicherstellung der Kontinuität der rehabilitativen Behandlung, die Individualität der Rehabilitationsplanung, die Wohnortnähe, die Orientierung am Normalitätsprinzip und die Hilfe zur Selbsthilfe (vgl. Bundesarbeitsgemeinschaft für Rehabilitation, 2001). Rehabilitationsleistungen können stationär, teilstationär oder ambulant sowie durch Nachsorgeangebote erbracht werden. In Abhängigkeit von der Behinderung werden dabei unterschiedliche Angebotsschwerpunkte gesetzt.

46.5 Psychologische Rehabilitation

Aus dem ICF-Modell ist abzuleiten, dass die Gestaltung rehabilitativer Maßnahmen auf der körperlichen, psychischen und sozialen Ebene erfolgen muss. Die psychologische oder psychosoziale Rehabilitation ist somit integraler Bestandteil jeder umfassenden Rehabilitation und kann als Querschnittaufgabe, zu der alle Berufsgruppen beitragen, verstanden werden (Delbrück & Haupt, 1998). Die Rehabilitationspsychologie baut dabei auf Ergebnissen und Strategien der Klinischen Psychologie, der Neuropsychologie, der Psychiatrie, der Psychosomatik, der Gesundheitspsychologie, der Verhaltensmedizin und der Arbeits- und Organisationspsychologie auf.

46.5.1 Psychologische Diagnostik in der Rehabilitation

Zentraler Gegenstand der psychologischen Diagnostik in der Rehabilitation ist die Feststellung der psychosozialen Belastungen, der psychischen und psychosomatischen Symptome und Störungen, des Krankheitsverhaltens und der Bewältigungsstrategien sowie die Leistungs- und Funktionsfähigkeit im Alltag und im Beruf. Darüber hinaus werden das subjektive Wohlbefinden, die Lebensqualität, Risikofaktoren, individuelle und soziale Schutzfaktoren wie die Verfügbarkeit sozialer Ressourcen und die Rehabilitationsmotivation erfasst. Die psychologische Diagnostik bestimmt neben der Art der Belastung den Schweregrad, den Zeitpunkt des Auftretens und den Verlauf bzw. die Chronizität der Belastungen. Dabei ist es wichtig, psychische und psychosoziale Belastungen unter Nutzung anerkannter Diagnosesysteme wie DSM oder ICD (▶ Kap. 42) von psychischen Störungen abzugrenzen.

Der psychologischen Diagnostik in der Rehabilitation stehen mit Exploration und Interview, Beobachtung, Fragebogen und Testverfahren die üblichen klinisch-psychologischen Assessmentmethoden zur Verfügung. Inzwischen sind zusätzlich eine Reihe von **rehabilitationsspezifischen Diagnoseinstrumenten** verfügbar (s. Biefang, Potthoff & Schliehe, 1999). Als zurzeit besonders häufig in der Rehabilitation eingesetzte psychologische Verfahren sind zu nennen für den Bereich der subjektiven Gesundheit: die »Indikatoren des Reha-Status« (IRES) (Gerdes & Jäckel, 1995) und der »Fragebogen zum Gesundheitszustand« (SF-36; Bullinger & Kirchberger, 1998); für den Bereich der Krankheitsverarbeitung: der »Freiburger Fragebogen zur Krankheitsverarbeitung« (FKV; Muthny, 1989) und die »Trierer Skalen zur Krankheitsverarbeitung« (TSK;

Klauer & Filipp, 1993); für den Bereich der Ressourcen und Schutzfaktoren: der »Fragebogen zur sozialen Unterstützung« (F-SozU; Sommer & Fydrich 1989; Fydrich, Sommer & Brähler, im Druck) und für den Bereich der Psychischen Störungen: die »Hospital Anxiety and Depression Scale« (HADS-D; Hermann, Buss & Snaith, 1995) und die »Symptom Checklist« (SCL; Franke, 2002). Bei der Anwendung von nicht originär für die Rehabilitation entwickelten psychologischen diagnostischen Verfahren sind eventuelle Erfordernisse einer Anpassung der Testaufgaben, der Durchführungsmodalitäten und der Vergleichsnormen zu berücksichtigen.

46.5.2 Indikation, Motivation und Behandlungsbereitschaft

Die **Indikation** zu psychologischen Maßnahmen orientiert sich am jeweiligen Ausmaß der psychosozialen Belastung, der individuellen, familiären und beruflichen Lebenssituation, der Phase der Krankheitsbewältigung sowie der Motivation und Behandlungsbereitschaft. Das Vorliegen einer psychischen Störung ist grundsätzlich eine Indikation für eine psychotherapeutische und ggf. psychopharmakologische Versorgung. Psychologische Interventionen im Rahmen der Rehabilitation sind aber nicht nur bei Patienten mit einer vollständig ausgeprägten psychischen Störung, sondern unter Umständen auch bei Selbstwertproblemen, Partnerschafts- oder familiären Problemen angezeigt. Weiterhin können krankheits- und behinderungsbezogene psychologische Interventionen wie z. B. Maßnahmen der Patientenschulung und/oder Gesundheitsförderung indiziert sein. Die Veranlassung von psychologischen Maßnahmen in der Rehabilitation ist aber nicht nur abhängig von der Situation des Rehabilitanden, sondern oft auch von der Verfügbarkeit entsprechender Versorgungsangebote. Neben der Eingangsdiagnostik ist darüber hinaus auch im Verlauf bzw. zum Ende der Rehabilitation eine psychologische Diagnostik sicherzustellen, um den Erfolg der Interventionen kontrollieren und eine Zuweisung zu weiteren Nachsorgemaßnahmen vornehmen zu können.

Grundvoraussetzung für den Erfolg jeder psychologischen Intervention ist eine ausreichende **Motivation** der Rehabilitanden. Die Motivation zur Rehabilitation umfasst Aspekte wie Leidensdruck, Hoffnung auf ein gutes Behandlungsergebnis, Einstellung zu und Wissen über die Rehabilitation, Bereitschaft zur aktiven Mitarbeit und Umstellung des Lebensstils sowie Gesundheits- und Krankheitskonzepte (Hafen, Bengel, Jastrebow & Nübling, 2000). Die psychosoziale Therapiemotivation oder Psychotherapiemotivation bezieht sich dagegen spezifisch auf psychosoziale und psychologische Aspekte wie z. B. Leidensdruck aufgrund der psychischen Belastungen, Wunsch nach Selbstreflexion, Krankheitskonzepte und Hoffnung auf Behandlungserfolg durch eine Psychotherapie. Bei einem Teil der Rehabilitanden mit chronisch körperlichen Erkrankungen findet sich ein somatisch orientiertes Krankheitskonzept und eine passive, an medikamentöser Therapie orientierte Behandlungserwartung. Bei diesen Rehabilitanden bedarf es besonderer Bemühungen, sie zur Teilnahme und Mitarbeit an psychologischen Maßnahmen zu motivieren. In diesem Kontext ist das transtheoretische Modell der Behandlungs- oder Veränderungsbereitschaft von Prochaska und DiClemente (1992) von besonderem Interesse (▶ Kasten).

Das transtheoretische Modell der Behandlungs- oder Veränderungsbereitschaft

Prochaska und DiClemente (1992) beschreiben in ihrem Modell Verhaltensänderungen bei gesundheitlichen Risikoverhaltensweisen und Problembereichen als einen Prozess, der aus fünf Stadien besteht: Im 1. Stadium besteht bei einer Person noch keine Bereitschaft, die problematische Gewohnheit aufzugeben. Im 2. Stadium des Bewusstwerdens setzt sich die Person ernsthaft mit dem Gedanken einer Verhaltensänderung auseinander, die im folgenden 3. Stadium konkret vorbereitet wird. Die eigentliche Verhaltensänderung erfolgt dann im 4. Stadium, dem Stadium der Umsetzung. Im Stadium der Aufrechterhaltung, dem 5. Stadium, müssen Strategien entwickelt werden, um die Verhaltensänderung langfristig zu stabilisieren (dazu ausführlicher ▶ Abschn. 45.4.2).

Der Übergang von einem Stadium zum nächsten kann durch psychologische Maßnahmen gefördert und unterstützt werden. Dementsprechend müssen die Interventionen auf das jeweilige Stadium abgestimmt und angepasst werden.

Dieses Modell deutet an, dass nicht nur die Motivation des Rehabilitanden entscheidend ist, sondern dass auch geprüft werden muss, ob eine Passung zwischen der Situation der Rehabilitanden und den angebotenen Maßnahmen besteht.

46.5.3 Psychologische Interventionen in der Rehabilitation

Die psychologischen Angebote in der Rehabilitation können nach folgenden Kriterien differenziert werden:
1. **Zielgruppe** (Patient, Partner, Angehörige, soziales Umfeld),
2. **Anlass** (u. a. Krankheitsbewältigung, Krankheitsverhalten, Partnerschaft, psychische Störungen, Rollenprobleme, berufliche Integration),
3. **Art der Intervention** (Beratung, Psychotherapie, Patientenschulung, Gesundheitsförderung),
4. **Zeitpunkt** (vor Rehabilitationsbeginn, zu Beginn und im Verlauf der Maßnahme, in der Nachsorge),
5. **Intensität** (einmalig, mehrmalig; Therapiedosis und Zeitdauer) und
6. **Setting** (Einzel-, Gruppenangebote).

Die Abgrenzung der einzelnen psychologischen Interventionen, die in der Rehabilitation eine Rolle spielen, gelingt nur bedingt, da sie sich inhaltlich und methodisch überschneiden. Sie können jedoch heuristisch und für die Praxis hilfreich in psychologische Beratung und Psychotherapie sowie in Gesundheitsförderung, Psychoedukation und Patientenschulung eingeteilt werden.

Psychologische Beratung ist neben der Psychotherapie eine Methode zur problembezogenen Versorgung von Rehabilitanden und ist bei allen Problemen im Rahmen der Anpassung an die Krankheit oder die Behinderung indiziert. Eine psychologische Beratung kann sowohl auf Initiative des Patienten, auf der Basis eines Eingangsscreenings als auch auf Anregung von anderen Mitbehandlern initiiert werden. Typische Anlässe für eine psychologische Beratung sind Probleme der Krankheitsbewältigung, der Partnerschaft, in der Familie und im sozialen Umfeld. Zu den weiteren Anlässen zählen psychische Krisen im Verlauf der Rehabilitation, geringe Reha-Motivation und Non-Compliance (fehlende Kooperationsbereitschaft des Patienten), hinderliche bzw. problematische Krankheitskonzepte und bestehende Ängste vor therapeutischen Maßnahmen. Die psychologische Beratung ist meist supportiv ausgerichtet und besteht aus einem oder mehreren Kontakten. Die Einbeziehung von Partnern, Angehörigen und anderen im Kontext der Beratung wichtigen Personen kann darüber hinaus sinnvoll sein.

Eine **Psychotherapie** (▶ Kap. 43) ist vor allem bei psychischen Störungen von Rehabilitanden indiziert. Die Realisierung einer psychotherapeutischen Behandlung im Rahmen einer stationären oder ambulanten Rehabilitation hängt in erheblichem Ausmaß vom indikativen Schwerpunkt der Institution ab. Für die somatischen Indikationen (z. B. muskuloskelettale und kardiovaskuläre Erkrankungen) zeigen neuere Untersuchungen, dass etwa ein Drittel der Rehabilitanden komorbide psychische Störungen aufweist (vgl. Härter et al. 2000, 2002). Auch weisen einzelne Interventionsstudien darauf hin, dass mit zeitlich begrenzten Interventionsprogrammen (3–6 Sitzungen) in der stationären Rehabilitation bei Patienten mit Angststörungen und depressiven Störungen erste Effekte bewirkt werden (Perski et al., 1999). Trotz des erheblichen psychotherapeutischen Interventionsbedarfs kann dieser im Großteil der Rehabilitationsfachkliniken für körperliche Erkrankungen nicht realisiert werden, weil hier die zeitlichen Rahmenbedingungen und die verfügbaren Behandlungskapazitäten für eine systematische psychotherapeutische Behandlung nicht gegeben sind. Hinzu kommt, dass der medizinisch-somatischen Therapie von ärztlicher Seite häufig Vorrang eingeräumt wird und dass die psychotherapeutische Behandlungsmotivation eines Teils der psychotherapeutisch behandlungsbedürftigen Rehabilitanden begrenzt ist. Deshalb verfolgen psychologische Dienste hier meist eher die Zielsetzung, während der Rehabilitationsmaßnahme bei Patienten mit komorbiden psychischen Störungen die Motivation für eine ambulante, unter Umständen längerfristige Psychotherapie in der Nachsorgephase aufzubauen.

Ganz anders stellt sich die Situation in den Rehabilitationsfachkliniken für psychisch und psychosomatisch Erkrankte sowie für Patienten mit Abhängigkeitserkrankungen dar. Die psychosomatische Rehabilitation steht für einen spezifischen Angebotstyp der medizinischen Rehabilitation, bei dem im Rahmen eines ganzheitlichen Rehabilitationskonzepts psychotherapeutischen Angeboten (Einzel- und Gruppentherapie) ein besonderer Stellenwert zukommt. Ihre wesentlichen Zielgruppen sind in erster Linie Rehabilitanden mit depressiven Störungen, Belastungs- und Anpassungsstörungen, Angststörungen, somatoformen Störungen, psychosomatischen Störungen und körperlichen Störungen, bei denen psychische Faktoren eine wesentliche Rolle spielen. Die ebenfalls überwiegend stationär durchgeführten suchtrehabilitativen Maßnahmen (»Entwöhnungsbehandlung«) setzen eine Entzugsbehandlung voraus. Das wesentliche Behandlungsziel der Entwöhnungsbehandlung ist das Erreichen einer dauerhaften Abstinenz. Daneben stehen als weitere wichtige rehabilitative Ziele emotionale Stabilität, Förderung der familiären und sozialen Reintegration sowie Wiederherstellung und Erhalt der Arbeitsfähigkeit.

46.5.4 Gesundheitsförderung, Patientenschulung und Psychoedukation

Gesundheitsförderung, Patientenschulung und Psychoedukation haben das Ziel, die Lebensqualität der Patienten zu verbessern, indem durch Information und Aufklärung über die Erkrankung, deren Ursachen, Folgeprobleme und ihre Behandlungsmöglichkeiten gesundheitsbezogene Risikoverhaltensweisen reduziert, Kompetenzen zur Krankheitsbewältigung vermittelt sowie individuelle und soziale Schutzfaktoren gestärkt werden (vgl. Petermann, 1997). Gesundheitsförderung basiert auf den Grundsätzen der Ottawa-Charta der WHO. Es sollen die sozialen, ökologischen, strukturellen und individuellen Voraussetzungen für einen gesundheitsförderlichen Lebensstil geschaffen werden (WHO, 1986).

Diesem Verständnis liegt ein mehrdimensionaler, positiver Gesundheitsbegriff zugrunde: Gesundheit wird nicht als Zustand, sondern als ein Prozess verstanden, der sich im Zusammenspiel eines aktiv handelnden, selbstbestimmten Menschen und seiner sozialen Umwelt entwickelt. Maßnahmen zur Patientenschulung und Gesundheitsförderung basieren in der Regel auf manualartig ausgearbeiteten Schulungs- und Therapieprogrammen, die typische Beschwerden und Probleme chronischer Erkrankungen behandeln

(z. B. Asthma, Diabetes, Neurodermitis). Patientenschulung und Psychoedukation umfassen Themenbereiche, die spezifisch sind für eine bestimmte Erkrankung, und solche, die allgemeine Probleme chronischer Krankheiten betreffen. Neben der Aufklärung und Wissensvermittlung sind zentrale Komponenten der Patientenschulung die Erarbeitung eines Krankheits- und Veränderungsmodells, Sensibilisierung der Körperwahrnehmung, Vermittlung von Selbstmanagementkompetenzen, Maßnahmen zur Rückfallprophylaxe, Aufbau einer gesundheitsförderlichen Lebensweise oder Erwerb sozialer Kompetenzen und Mobilisierung sozialer Unterstützung (Bengel & Herwig, 2003).

46.6 Interdisziplinarität und Rehabilitationsteam

Chronische Erkrankungen und Behinderungen erfordern in der Regel eine Versorgung, die über die medizinische Behandlung hinausgeht und eine Vielzahl an therapeutischen Ansätzen kombiniert (Delbrück & Haupt, 1998; Gerdes & Weis, 2000). Insofern ist eine umfassende Rehabilitation einer interdisziplinären Diagnostik und Therapie verpflichtet, in der somatische, funktionelle, berufliche und psychosoziale Maßnahmen verknüpft und in einen individuellen Rehabilitationsplan integriert werden. Das Rehabilitationsteam mit medizinisch-therapeutischen, pflegerisch-versorgenden, technisch-handwerklichen, psychosozialen und pädagogischen Aufgabenstellungen umfasst vor allem Vertreter der Medizin, Psychologie, Physiotherapie, Ergotherapie, Sozialarbeit, Pflege und Pädagogik. Teamgröße und Teamzusammensetzung variieren in Abhängigkeit von der zu behandelnden Patientengruppe und vom Behandlungskonzept bzw. der Ausstattung der Rehabilitationseinrichtung.

Da Interdisziplinarität als wesentliches Qualitätsmerkmal der Rehabilitation gilt, muss die Fähigkeit zur Kooperation zwischen den verschiedenen Fachdisziplinen bereits in der Ausbildung eingeübt werden. Findet keine ausreichende Kooperation zwischen den verschiedenen Disziplinen statt, so kann es zu Brüchen im Behandlungsablauf und zu einer Beeinträchtigung des Behandlungserfolgs kommen. Zudem besteht die Gefahr, dass unterschiedliche Erwartungen und Vorstellungen an die Rehabilitanden herangetragen werden. Dies kann zu einer Verunsicherung führen, was sich auf die Wirksamkeit der einzelnen Behandlungselemente und die der Rehabilitationsbehandlung insgesamt auswirken kann (Feuerstein, 1993).

Im Kontext der Teamarbeit und der psychologischen Rehabilitation als Querschnittaufgabe übernehmen die psychologischen Fachkräfte auch organisationsbezogene Aufgaben. So kommt den Psychologen in der Rehabilitation auch die Funktion der Supervision sowie der psychologischen Aus- und Weiterbildung zu, da psychologische Kompetenzen von allen Berufsgruppen in der Rehabilitation benötigt werden, z. B. Informationen über Krankheitsverarbeitung, über psychosoziale Probleme bei bestimmten Erkrankungen und über Therapeut-Patient-Beziehungen (Broda & Muthny, 1990). Neben kognitiven Inhalten spielen handlungsbezogene Lernziele sowie die Möglichkeit der Selbsterfahrung eine große Rolle. Im Teamtraining und in der Supervision der anderen Berufsgruppen werden Interaktionsprobleme mit Patienten und Fragen der Gesprächsführung behandelt.

46.7   Rehabilitationsforschung

Die Rehabilitation basiert auf den Erkenntnissen und Forschungsbefunden der einzelnen Disziplinen (z. B. Onkologie, Kardiologie, Neurologie) und den Erkenntnissen der Rehabilitationsforschung. Eine solche disziplinübergreifende, allgemeine Wissenschaft der Rehabilitation steht jedoch erst am Anfang ihrer Entwicklung (Bengel & Koch, 2000). Wichtige und vorrangige Themenbereiche dieser Forschung sind Entstehungszusammenhänge, Verlauf und Prognose von chronischen Krankheiten, Behinderungen und ihren Folgen, rehabilitationsdiagnostische Verfahren sowie die Weiterentwicklung und die Evaluation von Rehabilitationsmaßnahmen. Zu den Aufgaben der Gesundheitssystemforschung zählen die Einbettung der Rehabilitation in das jeweilige System der Gesundheitsversorgung, die Klärung von Bedarf und Bedürftigkeit, die Klärung des Zugangs zu den Maßnahmen der Rehabilitation (Erreichbarkeit von rehabilitativen Versorgungsangeboten) und die ökonomische Evaluation der rehabilitativen Versorgung.

In der Rehabilitationsforschung hat die Ergebnisforschung eine besondere Bedeutung. Wichtige Kriterien zur

---

> **Kriterien zur Beurteilung des Erfolgs einer rehabilitativen Maßnahme**
> — Medizinische Indikatoren (z. B. Diagnose, Krankheitsdauer, Schweregrad, Komorbidität, Prognose, Funktionskapazität)
> — Sozialmedizinische Indikatoren (z. B. Leistungsfähigkeit im Erwerbsleben, Leistungsbild, soziale Folgen)
> — Sozialepidemiologische Indikatoren (z. B. soziale Integration, Rückkehr zur Arbeit, Eingliederungserhalt)
> — Versicherungsrechtliche Indikatoren (z. B. Erwerbsfähigkeit, Grad der Behinderung, Invalidität)
> — Subjektive Indikatoren und Lebensqualität (z. B. Wohlbefinden, Patientenzufriedenheit, Beschwerden, Angst, Depressivität, Fähigkeiten und Techniken zur Bewältigung der Belastungen)
> — Gesundheitsökonomische Indikatoren (z. B. Behandlungskosten, Arbeitsausfallzeiten)

Beurteilung des Erfolgs einer rehabilitativen Maßnahme (Bullinger & Kohlmann, 1997) sind in der ▶ Übersicht aufgelistet.

Bei der Operationalisierung und der Messung der Indikatoren wird zwischen generischen und spezifischen Messinstrumenten unterschieden (Guyatt, Jaeschke, Fenny & Patrick, 1996). Während die spezifischen Instrumente krankheits-, störungs- oder populationsbezogen eingesetzt werden, erfassen generische Verfahren unabhängig vom Krankheitsstatus der Patienten bspw. die globale Gesundheit, Alltagsaktivitäten oder intervenierende Variablen (z. B. Krankheitsverarbeitung).

Die Erfolgsmessung sieht sich den genannten, sehr heterogenen Kriterien und Zielen gegenüber und steht vor der Frage, auf Basis welcher Indikatoren entschieden werden soll, ob die Ziele einer Maßnahme erreicht wurden. Dabei kann die umfassende Bewertung eines Rehabilitationsprogramms nur dann adäquat erfolgen, wenn die verschiedenen Interessengruppen (Patienten, Personal, Träger, Institution, Experten) sich über die Behandlungsziele einig sind.

Wichtig ist auch die Berücksichtigung der Abhängigkeit der Ergebnisse der rehabilitativen Behandlung von der zeitlichen Distanz zur Maßnahme. Dies kommt in der Wahl des Zeitpunkts der Outcome-Messungen (Katamnesen, Follow-ups) zum Ausdruck. Je nach Diagnose und Therapieziel kann der Erfolg kurzfristig (am Ende der Rehabilitationsmaßnahme: z. B. verbessertes Wohlbefinden, Reduktion des Zigarettenkonsums, Senkung des Serumcholesterins), mittelfristig (innerhalb eines Jahres: z. B. Rückkehr zur Arbeit, Rückfallfreiheit bei Alkoholabusus) oder erst langfristig (nach mehreren Jahren: z. B. Rezidivfreiheit, Arbeitsfähigkeit) erhoben werden. Deshalb ist es unumgänglich, die realisierbaren Therapieziele im Voraus zu bestimmen und den Grad der Zielerreichung zu dem Zeitpunkt zu messen, zu dem der Effekt der Maßnahme sich ausgewirkt haben kann und relevant ist. Kontrollierte und randomisierte Interventionsstudien stellen dabei auch in der Rehabilitationsforschung die bestmögliche Forschungsmethode dar, die allerdings vor allem aufgrund rechtlicher und ethischer Vorbehalte in Deutschland oft nicht realisierbar ist. Quasi-experimentelle oder naturalistische Designs kommen deshalb in erster Linie im Sinne kumulativer Evidenz als Alternative in Betracht (Faller, Haaf, Löschmann, Maurischat & Schulz, 2000).

46.8   Ausblick

Angesichts der Bevölkerungsentwicklung und der damit einhergehenden Veränderung des Krankheitsspektrums und aufgrund der Fortschritte in der Medizin wird die Bedeutung der Rehabilitation weiter wachsen. In Deutschland gibt es seit langem ein im internationalen Vergleich sehr gut ausgebautes und differenziertes System der Rehabilitation, das allerdings weiter optimiert werden kann. Dies beinhaltet Veränderungen der medizinischen Versorgung wie eine engere Verzahnung von Prävention, Akutmedizin und Rehabilitation. Weiterhin sind wohnortnahe, ambulante und teilstationäre Rehabilitationsmaßnahmen auszubauen und die Rehabilitationsmaßnahmen insgesamt flexibler zu gestalten. Rehabilitative Behandlungen sollten sich besser als bisher an der Lebensumwelt von Menschen mit Behinderungen und chronischen Erkrankungen und an den Auswirkungen der Krankheitsfolgen im Alltag orientieren. Die Integration von Menschen mit Behinderungen und chronischen Erkrankungen in die Gesellschaft zeigt sich in der Partizipation und in der Verwirklichung ihrer Bedürfnisse.

Literatur

Referenzliteratur

Bengel, J. & Koch, U. (Hrsg.). (2000). *Grundlagen der Rehabilitationswissenschaften*. Berlin: Springer.

Delbrück, H. & Haupt, E. (Hrsg.). (1998). *Rehabilitationsmedizin: ambulant, teilstationär, stationär* (2. Aufl., S. 2–17). München: Urban & Schwarzenberg.

Koch, U., Lucius-Hoene G. & Stegie, R. (Hrsg.). (1988). *Handbuch der Rehabilitationspsychologie* (S. 3–19). Berlin: Springer.

Zitierte Literatur

Aschenbrenner, A., Härter, M., Reuter, K. & Bengel, J. (2003). Prädiktoren für psychische Beeinträchtigungen und Störungen bei Patienten mit Tumorerkrankungen – Ein systematischer Überblick empirischer Studien. *Zeitschrift für Medizinische Psychologie, 12*, 15–28.

Bengel, J. & Koch, U. (Hrsg.). (2000). *Grundlagen der Rehabilitationswissenschaften*. Berlin: Springer.

Bengel, J. & Herwig, J. (2003). Gesundheitsförderung in der Rehabilitation. In M. Jerusalem & H. Weber (Hrsg.), *Psychologische Gesundheitsförderung – Diagnostik und Prävention*. Göttingen: Hogrefe.

Beutel, M. (1988). *Bewältigungsprozesse bei chronischen Erkrankungen*. Weinheim: Edition Medizin VCH.

Biefang, S., Potthoff, P. & Schliehe, F. (1999). *Assessmentverfahren für die Rehabilitation*. Göttingen: Hogrefe.

Bintig, A. (1980). *Wer ist behindert? Problematisierung der Begriffe und Definition von Behinderung in Verwaltung, Wissenschaft und Forschung*. Berlin: Bundesinstitut für Berufsbildung.

Borchert, J. (Hrsg.). (2000). *Handbuch der Sonderpädagogischen Psychologie*. Göttingen: Hogrefe.

Brackhane, R. (1988). Terminologische Vorbemerkungen und Begriffsklärungen. In U. Koch, G. Lucius-Hoene & R. Stegie (Hrsg.), *Handbuch der Rehabilitationspsychologie* (S. 20–34). Berlin: Springer.

Broda, M. & Muthny, F.A. (Hrsg.). (1990). *Umgang mit chronisch Kranken*. Stuttgart: Thieme.

Bullinger, M. & Kirchberger, I. (1998). *SF-36 Fragebogen zum Gesundheitszustand – Handanweisung*. Göttingen: Hogrefe.

Bullinger, M. & Kohlmann, T. (1997). Outcome-Evaluation in der Rehabilitation: Eine Studie zur projektübergreifenden Standardisierung und Analyse von Prognose- und Outcome-Kriterien. In Norddeutscher Verbund Rehabilitationsforschung (Hrsg.), *Optimierung der Rehabilitation: Bedarfsermittlung und Effektivitätssicherung* (S. 17–26). Lübeck: Universität, Institut für Sozialmedizin.

Bundesarbeitsgemeinschaft für Rehabilitation (BAR) (Hrsg.). (1994). *Rehabilitation Behinderter* (2. Aufl.). Köln: Deutscher Ärzte-Verlag.

Bundesarbeitsgemeinschaft für Rehabilitation (BAR) (Hrsg.). (2001). *Rehabilitation Behinderter* (3. Aufl.). Köln: Deutscher Ärzte-Verlag.

Bundesversicherungsanstalt für Angestellte (BfA) (Hrsg.). (2000). *Klassifikation therapeutischer Leistungen in der stationären medizinischen Rehabilitation* (4. Aufl.). Berlin: Selbstverlag.

Cloerkes, G. (2001). *Die Soziologie der Behinderten. Eine Einführung* (2. Aufl.). Heidelberg: Winter.

Delbrück, E. & Haupt, E. (Hrsg.). (1998). *Rehabilitationsmedizin: ambulant, teilstationär, stationär* (2. Aufl.). München: Urban & Schwarzenberg.

Deutsches Institut für medizinische Dokumentation und Information (DIMDI) (2002). *Internationale Klassifikation der Funktionsfähigkeit, Behinderung und Gesundheit. Entwurf zu Korrekturzwecken*. Verfügbar unter: ftp://ftp.dimdi.de/pub/klassi/icfkorr.pdf [24.9.2002].

Faller, H., Haaf, H.G., Löschmann, C., Maurischat, C. & Schulz, H. (2000). Hinweise zur Anwendbarkeit experimenteller und nicht-experimenteller Studienpläne in der Rehabilitationsforschung. In J. Bengel & U. Koch (Hrsg.), *Grundlagen der Rehabilitationswissenschaften* (S. 271–286). Heidelberg: Springer.

Feuerstein, G. (1993). Systemintegration und Versorgungsqualität. In B. Badura (Hrsg.), *System Krankenhaus: Arbeit, Technik und Patientenorientierung* (S. 41–67). Weinheim: Juventa.

Filipp, S.-H. & Aymanns, P. (1996). Bewältigungsstrategien (Coping). In T. von Uexküll (Hrsg.), *Psychosomatische Medizin* (5. Aufl.). München: Urban & Schwarzenberg.

Folkman, S. (1997). Positive psychological states and coping with severe stress. *Social Science and Medicine, 45*, 1207–1221.

Franke, G.H. (2002). SCL-90-R. *Die Symptom-Checkliste von Derogatis – Deutsche Version – Manual* (2. Aufl.). Göttingen: Beltz Test.

Fydrich, T., Sommer, G. & Brähler, E. (im Druck). *Fragebogen zur Sozialen Unterstützung (F-SozU)*. Göttingen: Hogrefe.

Gerdes, N. & Jäckel, W.H. (1995). Der IRES-Fragebogen für Klinik und Forschung. *Die Rehabilitation, 34*, XIII–XXIV.

Gerdes, N. & Weis, J. (2000). Zur Theorie der Rehabilitation. In J. Bengel & U. Koch (Hrsg.), *Grundlagen der Rehabilitationswissenschaften* (S. 41–68). Berlin: Springer.

Goffman, E. (1967). *Stigma. Über Techniken der Bewältigung beschädigter Identität*. Frankfurt: Suhrkamp.

Guyatt, G.H., Jaeschke, R., Feeny, D.H. & Patrick, D.L. (1996). Measurement in clinical trials: Choosing the right approach. In B. Spilker (Ed.), *Quality of life and pharmacoeconomics in clinical trials* (pp. 41–48). Philadelphia: Lippincott-Raven.

Hafen, K., Bengel, J., Jastrebow, J. & Nübling, R. (2000). Konzept und Dimensionen der Reha-Motivation. *Prävention und Rehabilitation, 12*, 1–10.

Härter, M., Reuter, K., Schretzmann, B., Hasenburg, A., Aschenbrenner, A. & Weis, J. (2000). Komorbide psychische Störungen bei Krebspatienten in der stationären Akutbehandlung und medizinischen Rehabilitation. *Die Rehabilitation, 6*, 317–323.

Härter, M., Reuter, K., Weisser, B., Schretzmann, B., Aschenbrenner, A. & Bengel, J. (2002). A descriptive study of psychiatric disorders and psycho-social burden in rehabilitation patients with muscoloskeletal diseases – results of an epidemiological survey. *Archives of Physical Medicine and Rehabilitation, 83*, 461–468.

Heim, E. (1988). Coping und Adaptivität: Gibt es ein geeignetes oder ungeeignetes Coping? *Psychotherapie Psychosomatik Medizinische Psychologie, 38*, 8–18.

Heim, E. (1998). Coping – Erkenntnisstand der 90er Jahre. *Psychotherapie Psychosomatik Medizinische Psychologie, 48*, 321–337.

Hermann, C., Buss, U. & Snaith, R.P. (1995). *HADS-D: Hospital Anxiety and Depression Scale – Deutsche Version. Ein Fragebogen zur Erfassung von Angst und Depressivität in der somatischen Medizin*. Bern: Huber.

Hohmann, J. (1998). *Gesundheits-, Sozial- und Rehabilitationssysteme in Europa*. Bern: Huber.

Klauer, T. & Filipp, S.-H. (1993). *Trierer Skalen zur Krankheitsbewältigung.* Göttingen: Hogrefe.

Kerrihard, T., Breitbart, W., Dent, K,. Strout, D. (1999). Anxiety in patients with cancer and human immunodeficiency virus. *Seminars in Clinical Neuropsychiatry, 4,* 114–132.

Koch, U. & Weis, J. (Hrsg.). (1998). *Krankheitsbewältigung bei Krebs und Möglichkeiten der Unterstützung.* Stuttgart: Schattauer

Lazarus, R.S. & Folkman, S. (1984). *Stress, appraisal, and coping.* New York: Springer.

Lazarus, R.S. & Folkman, S. (1987). Transactional theory and research on emotions and coping. *European Journal of Personality, 1,* 141–170.

Massie, M.J. & Payne, D.K. (2000). Depression and anxiety. In A.M. Berger, R.K. Portenoy, D.E. Weissman (Eds.), *Principles and practice of supportive oncology* (pp. 575–592). Philadelphia: Lippincott-Raven

Mehnert, A. (2005). Akute und Posttraumatische Belastungsstörungen bei Patientinnen mit Brustkrebs. Prävalenz und Risikofaktoren. In F.A. Muthny & F. Mann (Hrsg.), *Medizinische Psychologie* (Band 15). Hamburg: LIT.

Mühlum, A. & Oppl, H. (Hrsg.). (1992). *Handbuch der Rehabilitation.* Neuwied: Luchterhand.

Muthny, F.A. (1989). *Freiburger Fragebogen zur Krankheitsverarbeitung: Manual.* Weinheim: Beltz Test.

Noyes, R., Holt, C.S., Massie & M.J. (1998). Anxiety disorders. In J.C. Holland (Ed.), *Psycho-oncology* (pp. 548–563). New York: Oxford University Press.

Perski, A., Osuchowski, K., Andersson, L., Sanden, A., Feleke, E. & Anderson, G. (1999). Intensive rehabilitation of emotionally distressed patients after coronary by-pass grafting. *Journal of Internal Medicine, 246,* 253–263.

Petermann, F. (Hrsg.). (1997). *Patientenschulung und Patientenberatung. Ein Lehrbuch.* Göttingen: Hogrefe.

Prochaska, J. & DiClemente, C. (1992). Stages of change in the modification of problem behaviors. In M. Hersen, R. Eisler & P. Miller (Eds.), *Progress in behavior modification* (pp. 184–218). Newsbury Park, CA: Sage.

Schuntermann, M.F. (1998). Die revidierte Fassung der Internationalen Klassifikation der Impairments, Disabilities und Handicaps (ICIDH-2). In H. Delbrück & E. Haupt (Hrsg.), *Rehabilitationsmedizin: ambulant, teilstationär, stationär* (2. Aufl., S. 2–17). München: Urban & Schwarzenberg.

Schuntermann, M.F. (2004). *Einführung in die Internationale Klassifikation der Funktionsfähigkeit, Behinderung und Gesundheit (ICF) der Weltgesundheitsorganisation (WHO) unter besonderer Berücksichtigung der sozialmedizinischen Begutachtung und Rehabilitation, ein Grundkurs.* Verfügbar unter: http://www.vdr.de [11.06.2004].

Schwartz FW. (2002). Rahmenbedingungen und Herausforderungen. Die Medizinische Rehabilitation im Wandel unseres Gesundheitswesens. *Forum für Gesundheitspolitik, 8,* 1–5.

Seidler, E. (1988). Historische Elemente des Umgangs mit Behinderung. In U. Koch, G. Lucius-Hoene & R. Stegie (Hrsg.), *Handbuch der Rehabilitationspsychologie* (S. 3–19). Berlin: Springer.

Sellick, S.M. & Crooks, D.L. (1999). Depression and cancer: an appraisal of the literature for prevalence, detection, and practice guideline development for psychological interventions. *Psycho-Oncology, 8,* 315–333.

Sommer, G. & Fydrich, T. (1991). Entwicklung und Überprüfung eines Fragebogens zur sozialen Unterstützung (F-SOZU). *Diagnostica, 37* (2), 160–178.

Tröster, H. (1990). *Einstellungen und Verhalten gegenüber Behinderten. Konzepte, Ergebnisse und Perspektiven sozialpsychologischer Forschung.* Bern: Huber.

van't Spijker, A., Trijsburg, R.W., Duivenvoorden, H.J. (1997). Psychological sequelae of cancer diagnosis: a meta-analytical review of 58 studies after 1980. *Psychosomatic Medicine, 59,* 280–293.

World Health Organization (WHO) (1980). *International Classification of Impairments, Disabilities, and Handicaps.* Genf: WHO.

World Health Organization (WHO) (1986). *Ottawa-Charta for Health Promotion.* Ottawa: World Health Organization.

World Health Organization (WHO) (1993). *International Classification of Impairments, Disabilities, and Handicaps.* Geneva: WHO.

World Health Organization (WHO) (1997). ICIDH-2: *International Classification of Impairments, Activities, and Participation. A Manual of Dimensions and Functioning. Beta-1 draft for field trial.* Geneva: WHO..

World Health Organization (WHO) (2000). *International Classification of Functioning, Disability, and Health. Final Draft, Full Version.* Geneva: WHO.

46

47 Gerontopsychologie

W.-D. Oswald, H.-J. Kaiser

47.1 Gegenstand und Aufgaben der Gerontopsychologie

Gerontopsychologie heißt, wörtlich übersetzt, Psychologie des höheren Lebensalters. Das legt den Gedanken nahe, dass Gerontopsychologie ein Teilgebiet der Entwicklungspsychologie ist. So aber versteht sich die moderne Gerontopsychologie längst nicht mehr. Sie ist kein Fach, das sich exklusiv auf das höhere Lebensalter bezieht, wenngleich das Leben im höheren Lebensalter verständlicherweise thematischer Schwerpunkt ist. Mit Gerontopsychologie bezeichnet man eine Psychologie der gesamten Lebensspanne unter der Perspektive des Alterns. Allerdings beschäftigt sie sich auch nicht ausschließlich mit Entwicklungsvorgängen, sondern auch mit Zuständen, Verhältnissen, Bedingungen des Lebens im Verlauf des Älterwerdens.

Die Notwendigkeit, eine Psychologie der gesamten Lebensspanne unter der Perspektive des Alterns zu betreiben, ergibt sich aus der Faszination ihres Gegenstandes und der Tatsache seiner Widerspenstigkeit. Damit ist gemeint, dass den Menschen zu allen Zeiten ihr Altwerden ein Problem gewesen ist, zu dem sie sich kritisch – positiv oder negativ – gestellt haben. Die zwiespältig-kritische Position der Menschen zum Prozess des Alterns kommt in dem Bonmot zum Ausdruck, dass zwar jeder alt *werden,* aber nicht alt *sein* möchte. Dass Altern und Altsein den Menschen immer

schon ein Problem gewesen ist, können wir mit großer Berechtigung vermuten, denn zu auffällig sind die über die Jahrhunderte, sogar Jahrtausende zu verfolgenden Versuche der Menschen, dem Alternsprozess mit seinen Konsequenzen zu entgehen.

In unserer Zeit hat das Thema Altern eine besondere Brisanz erlangt, denn noch nie in der Geschichte der Menschheit hat es so viele alte und sehr alte Menschen gegeben wie heute – zumindest in den Industriegesellschaften. Weitere Umschichtungen im Altersaufbau der Gesellschaft sind zu erwarten.

Bereits im Jahre 2000 betrug der Anteil der Menschen über 65 Jahre in Deutschland etwa 17%, und er wird bis zum Jahre 2050 noch einmal deutlich steigen – eine Konstanz der zugrunde liegenden Bedingungen vorausgesetzt. In seiner 10. koordinierten Bevölkerungsvorausschätzung erwartet das Statistische Bundesamt für das Jahr 2050, dass 100 Personen im erwerbsfähigen Alter zwischen 20 und 64 Jahren rechnerisch 56,4 Menschen gegenüber stehen werden, die 65 Jahre alt oder älter sind (Statistisches Bundesamt, 2004). Voraussetzung für dieses Szenario ist die Annahme einer relativ geringen Zuwanderung Jüngerer nach Deutschland. Jedenfalls gilt: »Zum ersten Mal in der Menschheitsgeschichte hat sich in Westeuropa das zahlenmäßige Verhältnis der jungen und der alten Generation verkehrt: Es gibt mehr Alte als Kinder« (Brauchbar & Heer,

1995, S. 35). Die Gründe für diese Entwicklung liegen in der gestiegenen Lebenserwartung der Neugeborenen einerseits, hauptsächlich aber in der gesunkenen Geburtenrate andererseits, zwei Prozesse, die sich in ihrer Auswirkung auf die sog. Alterspyramide gegenseitig verstärken.

Die beschriebenen Veränderungen haben dazu geführt, dass über alte Menschen heute als »Alterslast« einer Gesellschaft gesprochen wird. Der steigende Anteil alter Menschen wird als Problem wahrgenommen. Dass die Gerontopsychologie in dieser Situation zu einer psychologischen Disziplin mit einem großen Zukunftspotenzial geworden ist, ablesbar an der Anzahl gerontologischer Institute, Lehrstühle und Forschergruppen, ist nicht verwunderlich.

Die Aufgabe einer Psychologie des Alterns besteht darin, sich den Fragen zu stellen, die sich dem Einzelnen und der Gemeinschaft aus der unausweichlichen Tatsache des Älterwerdens ergeben. Das sind zu einem gewissen Teil »Neugierfragen« einer Grundlagenwissenschaft: Wann – beispielsweise – ist der Mensch alt? Was verändert sich im Alternsprozess, was bleibt konstant? Wie erleben Menschen ihren Alternsprozess? Können sie das Alternsgeschehen selbst beeinflussen? Darüber hinaus gibt es auch »Problemlösefragen« einer anwendungsbezogenen Wissenschaft: Gibt es besondere Probleme im menschlichen Leben, die mit dem Altern zusammenhängen? Wie kann man diese besonderen Probleme am besten beschreiben? Wie kann man deren Entstehungszusammenhänge aufklären? Was kann man tun, um sie zu minimieren?

Wenn in der Literatur die Erkenntnisinteressen der Gerontopsychologie ausdrücklich angesprochen werden, wird die Anwendungsorientierung als Interesse an Intervention (an Eingriffen in Zustände oder Entwicklungen) vollends deutlich. So werden als Ziele gerontopsychologischer Forschung bei Oswald (1983) beispielsweise die in folgender ▶ Übersicht aufgezählten Punkte angegeben:

Ziele gerontopsychologischer Forschung
- Untersuchung der Leistungsfähigkeit und Beanspruchbarkeit älterer Menschen
- Beantwortung der Frage nach der richtigen Wahl des Pensionierungszeitpunktes
- Gestaltung einer altersgerechten Umwelt
- Suche nach therapeutischen Möglichkeiten zur Beeinflussung des Alternsprozesses

---

Die Gerontopsychologie ist Teil eines multi- und interdisziplinären Forschungszusammenhanges (s. Thomae, 1968), der in seiner Gesamtheit als »Gerontologie« bezeichnet wird (s. zusammenfassend hierzu Wahl & Heyl, 2004).

47.2 Zur Geschichte der psychologischen Alternsforschung

Der Gerontopsychologie wie der Gerontologie insgesamt wird eine lange Tradition, aber eine erst kurze Geschichte zugeschrieben. Die Tatsache, dass – wie beschrieben – den Menschen ihr Altern immer schon ein Problem gewesen ist, lässt sich bereits in frühen Überlieferungen der Menschheit erkennen. Die klassischen griechischen und römischen Philosophen etwa haben eine ganze Reihe bemerkenswerter Äußerungen über das Alter und das Altwerden hinterlassen, etwa Plato, Aristoteles, Epikur, Cicero oder Seneca. Diese thematisieren, was auch heute, in der modernen Gerontopsychologie, noch nicht als erledigt gelten kann, beispielsweise die Gegenüberstellung negativer und positiver Erfahrungen mit der Entwicklung der Persönlichkeit im höheren Lebensalter.

Die Geschichte einer sich selbst als gerontopsychologisch verstehenden und organisierenden empirischen Wissenschaft wurde von Birren bereits 1961 beschrieben. Birren (1961) gliedert seine Darstellung der Historie in eine Frühphase, den Beginn systematischer Alternsforschung und eine Expansionsphase. Neuere historische Abrisse greifen diese Gliederung auf (Thomae, 1984; insbesondere Lehr, 2003).

Birren (1961) legt den Beginn systematischer Alternsforschung in die Zeit nach dem Ersten Weltkrieg, allerdings spricht Thomae (1984) erst von einer »eigentlichen« Gerontopsychologie im Zusammenhang mit der Forschung nach dem Zweiten Weltkrieg. Die europäische Alternsforschung bis 1940 arbeitete auch relativ wenig methodisch elaboriert. Psychologische Erkenntnisse in dieser Zeit wurden vor allem von Psychiatern gewonnen, z. B. beschrieb Gruhle (1938) in »Das seelische Altern« eine Schwerfälligkeit der Umstellung, die Verschlechterung des Gedächtnisses und einen gewissen Eigensinn als charakteristisch für Menschen im höheren Lebensalter. Das subjektive Alterserleben wurde von Giese (1928) untersucht; wichtig auch der Beitrag von Charlotte Bühler (1959) »Der menschliche Lebenslauf als psychologisches Problem«; man könnte dies als einen Ansatz der »life span developmental psychology« verstehen. Nicht vergessen werden sollten die Bemühungen von Brackens (1939), eine psychologische Alternsforschung in Deutschland zu begründen; seine Themenschwerpunkte waren: Veränderung der geistigen Leistungsfähigkeit und Wandlungen der menschlichen Persönlichkeit im mittleren und höheren Alter.

In Deutschland fand ein systematischer Einbezug der Psychologie in die Gerontologie erst mit der Konstituierung der Deutschen Gesellschaft für Alternsforschung (bzw. später »für Gerontologie«, seit 1990 »für Gerontologie und Geriatrie«) 1967 in Nürnberg durch René Schubert statt; eine Sektion »Soziologie und Psychologie« wurde gegründet. Seitdem hat eine stürmische Fortentwicklung stattgefunden. Mittlerweile gibt es eine Reihe von gerontologischen und gerontopsychologischen Organisationen, sodass 2002 sogar ein Dachverband der gerontologischen und geriatrischen Fachgesellschaften Deutschlands (DVGG) gegründet werden konnte. Institutsgründungen (z. B. Institut für Gerontologie der Universität Heidelberg, Institut für Psychogerontologie der Universität Erlangen-Nürnberg, Institut für Soziale Gerontologie der Universität Gesamthochschule Kassel) haben der Gerontopsychologie eine breitere und festere institutionelle Basis gegeben. Eigene Fachzeitschriften verbreiten die Ergebnisse der modernen gerontopsychologischen Forschung in Deutschland (z. B. »Zeitschrift für Gerontopsychologie und -psychiatrie«, »Zeitschrift für Gerontologie und Geriatrie«). Gerontopsychologie ist ein wesentlicher Teil der universitären Ausbildung gerontologischen Fachpersonals für Forschung und Lehre, Verwaltung und Dienste in der offenen und geschlossenen Altenhilfe.

47.3 Modelle und Theorien in der Gerontopsychologie

Lehrbücher der Entwicklungspsychologie haben bis in die 70er Jahre hinein die Entwicklung des Menschen mit dem Eintritt in das Erwachsenenalter enden lassen. So haben Generationen von Psychologen die menschliche Entwicklung hauptsächlich als Entwicklung im Kindes- und Jugendalter kennen gelernt. Aber selbstverständlich ist die Entwicklung der menschlichen Person damit nicht abgeschlossen. Entwicklung ist ein lebenslanger Prozess der Veränderung (▶ Kap. 20) und das »Altern« beginnt spätestens mit der Geburt. Bei der Entwicklung, die wir Altern nennen, geht es nicht um flüchtige, isolierte Ereignisse der Veränderung, sondern um Abfolgen von Veränderungen, eine Veränderungsreihe, die quasi eine »Gestalt« bildet, welche einerseits eine leicht fassliche Beschreibung bedeutet, andererseits aber auch nach Erklärungen verlangt.

47.3.1 Wissenschaftliche Konzepte des Alternsprozesses

Defizit- versus Kompetenzmodell

Die Figur oder Gestalt des Alterns ist den meisten Menschen scheinbar geläufig: Das mittlere Lebensalter stellt einen Höhepunkt der Entwicklung dar, die danach von Defiziten, Verlusten, Abbau gekennzeichnet ist. Die Darstellung der »Lebenstreppe« gibt dieser Vorstellung metaphorischen Ausdruck (◘ Abb. 47.1).

Lange Zeit stand auch die wissenschaftliche Erforschung des Alterns unter der Annahme, dass Altern im Wesentlichen ein Abbauprozess sei. Der Grund dafür ist in der Tatsache zu sehen, dass bis in die 60er Jahre hinein biologische und medizinische Forschungen im Vordergrund der Alternswissenschaften standen. Wenn wir Altern vor allem als Vorgang von Veränderungen in der Körpersphäre ansehen, dann allerdings fallen eher ungünstig zu beurteilende Entwicklungsprozesse ins Auge. Erst mit Erstarken der psychologisch und auch soziologisch orientierten Alternsforschung konnte nachgewiesen werden, dass die Unterstellung einer bloß defizitären Entwicklung eine ganz andere Realität des Alterns übersieht.

Die Forschungsergebnisse gerade der Gerontopsychologie lassen uns keine andere Wahl, als der Defizitannahme (auch als »Defizitmodell« oder »Defektmodell« angesprochen) das **Kompetenzmodell** des Alterns entgegenzusetzen. Dieses Modell besagt nichts anderes, als dass die Realität des Alterns – trotz Abbauerscheinungen und Verlusten – durch ein erhebliches Ausmaß an verbleibenden Kompetenzen gekennzeichnet ist. Die motorische Beweglichkeit mag nachlassen, nicht aber das Interesse an der Umwelt; vielleicht verschlechtert sich das Gedächtnis, nicht aber die Fähigkeit zum rationalen Urteil usw. Der Alternsvorgang ist nicht nur multidimensional, sondern auch »multidirektional«.

Auch in Fällen eines »pathologischen« Alterns müssen wir bedenken, dass jene Einschränkungen, die uns auffallen, keineswegs die ganze Person betreffen! Es gibt immer

◘ **Abb. 47.1.** Allegorische Darstellung der Lebensalter

auch »Kräfte des Alters« (so ein Buchtitel von Rosenmayr, 1990), mit denen wir rechnen und auf die wir auch in schwierigen Lebenslagen bauen können. Die Erforschung der Potenziale im Alter ist deswegen eine der hervortretenden Zielsetzungen der neueren Gerontopsychologie. Kruse (1989) hat eine ganze Reihe von Kompetenzen des Alters aufzeigen können, die den alten Menschen ein selbstbestimmtes Leben ermöglichen.

Altern als optimierbarer Anpassungsprozess

Man kann sich die Entwicklungsfähigkeit im höheren Lebensalter mithilfe der Annahme begreiflich machen, dass im Lebensalltag jeweils nur ein Teil der dem Menschen gegebenen Kapazität zur erfolgreichen Bewältigung alltäglicher, lebenspraktischer Probleme mobilisiert werden muss. Daraus folgt, dass unter erhöhten Belastungen und Anforderungen noch eine gewisse Reserve zur Verfügung steht, auf die zurückgegriffen werden kann und auch wird.

Der Begriff der **Reservekapazität** bezeichnet ein dem alten Menschen verbleibendes, noch unausgeschöpftes Reservoir an Möglichkeiten und Kräften, auf das Interventions- und Rehabilitationsbemühungen aufbauen können. Entwicklung ist auch im Alter noch beeinflussbar und formbar, man spricht von »Plastizität«.

Plastizität als eines der wesentlichen gerontologischen Basiskonzepte wird von Singer und Lindenberger (2000, S. 39) so expliziert: »Plastizität bezieht sich auf die Eigenschaft von Organismen, über die gesamte Lebensspanne hinweg weitgehend modifizierbar und formbar zu sein (plastisch). Diese Fähigkeit zur Veränderbarkeit ermöglicht es, adaptiv auf neue und wechselnde Anforderungen der Umwelt zu reagieren.«

So gesehen ist der Alternsprozess durchaus optimierbar, weil er kein eindimensionaler und nur in eine Richtung verlaufender Prozess ist. In einigen Bereichen der alternden Person mögen sich Defizite und Verluste einstellen, in anderen dagegen aber keineswegs. Die Möglichkeiten und Kräfte des Alters müssen aber *geübte* Möglichkeiten und Kräfte sein. Fähigkeiten, die vernachlässigt werden, verkümmern; gefördert werden sie durch Gebrauch. »Wer rastet, der rostet« – ein altes Sprichwort, aber ein zutreffendes.

Disengagement versus Aktivitätstheorie

Die bedeutendste Kontroverse in der psychologischen Alternsforschung überhaupt betrifft zwei alternative, einander ausschließende Annahmen über die Bedingungen eines zufriedenen Lebens im Alter, wobei von beiden das Altern grundsätzlich als soziales Schicksal modelliert wird. In der noch jungen Geschichte der Gerontopsychologie spielt der Streit zwischen den Vertretern der »Disengagementtheorie« und der »Aktivitätstheorie« eine herausragende Rolle für die Identitätsbildung der Alternsforscher. Da die Kontroverse – gemessen am Stand der Ergebnisse empirischer Forschung – längst als entschieden gelten kann, sei sie nur in den wichtigsten Grundzügen angesprochen:

Cumming und Henry haben 1961 die These vertreten, dass im höheren Lebensalter, insbesondere in der Phase des Ruhestandes, ein sozialer Rückzug, ein »Disengagement« stattfindet. Das sei eine der Lebenszufriedenheit dienliche, sinnvolle Reaktion auf die Veränderungen und von den alternden Menschen durchaus intendiert. Havighurst (1963) dagegen hat die Abnahme der Häufigkeit sozialer Kontakte im Alter als ein von der Umwelt, vor allem von den Regeln der sozialen Gemeinschaft, erzwungenes einschränkendes Verhalten interpretiert, das mit einer verminderten Lebenszufriedenheit einherginge. Das ist der Kern seiner Aktivitätstheorie.

Die weitaus meisten Forschungsergebnisse im Umkreis der Kontroverse zwischen Disengagement- und Aktivitätstheorie stützen die Folgerungen aus der von Cumming und Henry (1961) veröffentlichten Disengagement-Studie nicht. Der Dissens zeigt vor allem, dass eine *differenzielle* Gerontopsychologie sinnvoll ist.

»Kognitive« Alternstheorie

Viele Formen und Prozesse des Alterns lassen sich nicht ausschließlich anhand objektiver, d. h. einem Beobachter direkt zugänglicher, Sachverhalte erklären, sondern nur mit Hilfe der Annahme subjektiver Gegebenheiten wie Gedanken, Gefühle, Meinungen, Wertsetzungen, Überzeugungen, Sinnzuschreibungen usw. der alternden Person. Wir wissen beispielsweise aus einer Vielzahl von empirischen Untersuchungen, dass aktives oder passives Verhalten, Stimmungslagen, Anregbarkeit oder Interessen im höheren Lebensalter nicht so sehr von der objektiven (aufgrund von medizinischen Untersuchungen definierten) Gesundheitslage abhängen, sondern von der subjektiven Einschätzung der eigenen Gesundheit (welche mit der objektivierbaren nur gering korreliert).

Die generelle Bedeutung der subjektiven Interpretation einer Situation für das Verhalten hat Thomae (1971) veranlasst, auch für die Erklärung von Alternsprozessen eine »kognitive« Theorie zu formulieren. Danach wird das Verhalten nicht von der objektiven Situation, sondern von der **subjektiven Repräsentation** der Situation bei der handelnden Person bestimmt (Postulat I). Maßgeblich für die Entwicklung von Lebenszufriedenheit im Alter sind vor allem Bedingungen, wie sie in in der folgenden Weise umrissen werden: Entscheidend sei, dass »die kognitive Repräsentation der Situation durch die dominanten Bedürfnisse und Anliegen einer Person bestimmt wird«, und »dass das Individuum ständig bestrebt sei, einen Gleichgewichtszustand zwischen seinen motivationalen und kognitiven Systemen zu halten« (ebd., S. 172).

Entscheidend für die Lebenszufriedenheit im Alter ist also nicht nur die Qualität der »äußeren« Lebenssituation, sondern auch der Umgang des alten Menschen mit dieser seiner Situation. Das ist ein wichtiger Hinweis beispielsweise für therapeutische Interventionen.

47.3.2 Methodische Zugänge zu psychologischen Alternsprozessen

Verständlicherweise finden wir in der Gerontopsychologie keine grundsätzlich anderen Methoden der Erkenntnisgewinnung als in anderen Teilbereichen der Psychologie auch. Befragung, Test und Experiment sind hier wie dort die üblichen methodischen Wege. Aber es gibt doch einige Besonderheiten, die die psychologische Forschung mit alten Menschen als Forschungspartner auszeichnen.

Die Forschung hat Probleme, die Forderung nach Repräsentativität zu erfüllen. Zur **Rekrutierung** von Versuchspersonen (Forschungspartnern) kann man sich an Alten- und Pflegeheime wenden, oder man geht den Weg über Anzeigenkampagnen oder anderen Einsatz von Massenmedien. Gewinnt man dort die eher leistungsschwachen, kranken und beeinträchtigten alten Menschen, melden sich hier dann die besonders aktiven, interessierten, aufgeschlossenen.

Gesetzt den Fall, diese Rekrutierungsprobleme wären gelöst, stellten sich doch weitere methodische Probleme. Viele vorhandene Forschungsinstrumente, etwa Fragebögen oder Tests, sind nicht ohne weiteres in Untersuchungen mit alten Menschen verwendbar, sei es, dass Normen zur Interpretation der Ergebnisse für die höheren Altersgruppen nicht verfügbar sind, sei es, dass das Untersuchungsmaterial den Möglichkeiten und Bedürfnissen der älteren Forschungspartner nicht angepasst ist. Die Schaffung **altersangemessener Forschungsmethoden** ist deshalb eine der methodischen Herausforderungen der Gerontopsychologie. Als herausragendes Beispiel für die Lösung des Problems kann das »Nürnberger-Alters-Inventar« (NAI; Oswald & Fleischmann, 1993) genannt werden, eine Sammlung psychometrischer Testverfahren und Skalen zur Fremd- und Selbstbeurteilung, mit deren Hilfe die Entwicklung der Leistungsfähigkeit und des Gedächtnisses erforschbar und die Beurteilung von Lebenszufriedenheit und Aspekten der Selbstständigkeit im Alter objektivierbar werden.

Die Gerontopsychologie, sofern sie sich als eine Psychologie der Lebensspanne versteht, setzt sich u. a. die Beschreibung und Erklärung von Entwicklungsverläufen zum Ziel. Aus der Entwicklungspsychologie sind die Strategien der Quer- und der Längsschnittstudie bekannt, die diesem Forschungsziel dienen sollen. **Querschnitt- und Längsschnittstudien** haben jeweils ihre eigenen Vor- und Nachteile. Die Querschnittmethode produziert mitunter »methodische Artefakte«, indem Kohortendifferenzen als Entwicklungsverläufe erscheinen. Die Längsschnittmethode, die den Schwierigkeiten der Querschnittuntersuchungen abhelfen könnte, ist im Rahmen einer Psychologie der Lebensspanne naturgemäß eine sehr zeitaufwändige und damit kostenträchtige Untersuchungsmethode. Und auch sie kann Verzerrungen produzieren: durch wiederholte Untersuchung mit denselben Testverfahren, durch fortschreiten-

den Ausfall der weniger gesunden Untersuchungsteilnehmer usw. (▶ Kap. 23).

Da Altern eine lebenslange Entwicklung bedeutet, können besonders **biographische Methoden** Aufschluss über unterschiedliche Formen der Entwicklung und ihre Entstehungszusammenhänge geben. Ein Beispiel hierfür ist die Beschreibung von individuell unterschiedlichen »Daseinstechniken«, die in unterschiedlichen Formen der Auseinandersetzung mit altersspezifischen Belastungssituationen Ausdruck finden (s. etwa Thomae, 1988, 1992).

Bereits die Alltagserfahrung kann die Einsicht formulieren, dass Altern zu einem großen Teil qualitative Veränderung bedeutet. Erkennen lässt sich dieses Faktum recht gut an den sich wandelnden, im höheren Lebensalter verbleibenden oder neu entwickelten Handlungsmöglichkeiten alter Menschen in ihrem sozialen Lebensraum, d. h. an ihrer (sozialen) Kompetenz. Wenn Altern, wie wir gesehen haben, u. a. als ein psychologischer Anpassungsprozess an die sich verändernden Lebensumstände begriffen wird, dann ist es nur konsequent, diesen Anpassungsprozess auf dieser Ebene, der Ebene des Handelns, zu untersuchen. Kaiser (1989) hat gezeigt, dass dafür eine Umorientierung des methodischen Vorgehens erforderlich ist, nämlich der Einbezug der untersuchten alten Menschen in den Forschungszusammenhang in einer Weise, dass aus einer Befragung oder einem Forschungsinterview ein **Forschungsdialog** wird. Ein differenzierter Vorschlag zur theoretischen Konzeption und forschungspraktischen Methodik der dialogischen Erzeugung von Erkenntnissen über Handlungs- und Lebensorientierungen alternder Menschen im biographischen Kontext wurde vorgelegt (Kaiser, 1989).

47.3.3 Längsschnittstudien des Alterns in Deutschland

Längsschnittstudien sind insofern »echte« Entwicklungs- und damit Alternsstudien, als die an ihnen teilnehmenden Menschen über einen längeren Zeitraum ihres Lebens von einem (in der Regel interdisziplinär zusammengesetzten) Forscherteam begleitet und wiederholt mit einer Reihe unterschiedlicher Methoden untersucht werden, sodass die im Lebensverlauf sich ergebenden Veränderungen erfasst werden können. Die Gerontopsychologie kann mittlerweile auf etliche große Längsschnittstudien zurückblicken, die zu dem heute gültigen Bild des alternden Menschen beigetragen haben. Exemplarisch seien genannt: die amerikanischen Studien der Universitäten in Baltimore, Seattle oder der Duke-Universität in Durham (Costa & McCrae, 1993; Schaie, 1993; Busse, 1993), die schwedische BETULA-Studie, die sich besonders mit dem alternden Gedächtnis beschäftigte (vgl. Nilsson et al., 2002), für Deutschland ferner die »Bonner Gerontologische Längsschnittstudie« (BOLSA), die »Interdisziplinäre Längsschnittstudie des Erwachsenenalters« (ILSE), die »Berliner Altersstudie«

(BASE) und die interventionsorientierte Studie »Bedingungen der Erhaltung und Förderung von Selbstständigkeit im höheren Lebensalter« (SimA).

Die »Bonner Gerontologische Längsschnittstudie«

Die »Bonner Gerontologische Längsschnittstudie« (BOLSA) stand in der Tradition der großen amerikanischen Studien, vor allem der »Berkeley Growth Study«, und teilte mit dieser das allgemeine Interesse am Verlauf der Entwicklung von Persönlichkeit und Fähigkeiten im höheren Erwachsenenalter, wandte sich aber ebenso dem Alltagsleben der Studienteilnehmer zu, ihrem alltäglichen Erleben und der Bewältigung alltäglicher Aufgaben und Belastungen. 1965 mit ursprünglich 222 Männern und Frauen begonnen, wurde sie in sieben Untersuchungswellen bis 1980 weitergeführt. Die Auswertung der Studie gab u. a. den entscheidenden Anstoß hin zur Entwicklung einer differenziellen Gerontopsychologie, oder – wie Lehr (1982) es ausdrückte – einer Psychologie der Alterns*formen* statt der Alters*normen*. Die sehr vielfältigen und differenzierten Ergebnisse dieser Studie lassen sich nicht in wenigen Sätzen zusammenfassen. Es sei darum vor allem auf die Veröffentlichungen von Lehr und Thomae (1987) und Lehr (2003) hingewiesen.

Die »Interdisziplinäre Längsschnittstudie des Erwachsenenalters«

Die »Interdisziplinäre Längsschnittstudie des Erwachsenenalters« (ILSE) ist eine multizentrische Studie, die gleichzeitig in Leipzig, Rostock, Bonn, Erlangen-Nürnberg und Heidelberg durchgeführt wurde (aus finanziellen Gründe wurden leider die Zentren in Bonn und Nürnberg nicht mehr weitergeführt). Das Ziel der Studie wird von Schmitt und Martin (2003) in der Untersuchung »individueller, gesellschaftlicher und materieller Bedingungen für ein gesundes, selbst bestimmtes und von Lebenszufriedenheit geprägtes Altern« gesehen (ebd., S. 205). Auch über die ILSE-Studie wurde mittlerweile eine Fülle von Publikationen über einzelne Aspekte der Fragestellung vorgelegt (Martin, Ettrich, Lehr, Roether, Martin & Fischer-Cyrulies, 2000).

Die »Berliner Altersstudie«

Wie alle großen deutschen Längsschnittstudien war auch die »Berliner Altersstudie« (BASE) als interdisziplinäre Studie angelegt. Als theoretische Basis der Studie wurden vier Konzepte angegeben: Das Konzept des differenziellen Alterns (also entsprechend eines zentralen Ergebnisses der BOLSA), der Kontinuität vs. Diskontinuität der Entwicklung, der Plastizität und Reservekapazität (d. h. der generellen Formbarkeit und Veränderbarkeit im Alter sowie ihrer Weite oder Begrenztheit) und das Konzept des systemischen Charakters des Alterns, welches die Einbettung des alternden Menschen in Systeme berücksichtigt. Ergebnisse der Studie werden zusammenfassend u. a. von Smith und

Delius (2003) dargestellt (s. vor allem aber die Ausführungen zu BASE in ▶ Kap. 21).

Bedingungen der Erhaltung und Förderung von Selbstständigkeit im höheren Lebensalter – die SimA-Studie

Exemplarisch für die deutschen Längsschnittstudien soll die »SimA-Studie« etwas näher beschrieben werden, da aus ihr sehr konkrete, praktische Konsequenzen für Interventionen in den Alternsprozess gezogen werden können.

Seit 1991 wird am Institut für Psychogerontologie der Universität Erlangen-Nürnberg eine Population von 375 ursprünglich gesunden und selbstständig lebenden Personen im Alter ab 75 Jahren beobachtet, um spezifische Frühindikatoren und Risikofaktoren für demenzielle Erkrankungen zu identifizieren und zugleich die langfristigen Auswirkungen spezifischer Aktivierungs- und Trainingsmaßnahmen zu überprüfen.

Das Projekt bearbeitete und bearbeitet drei unterschiedliche Aufgaben: Zunächst ging es darum, drei verschiedene Trainingsprogramme zu entwickeln, ein Kompetenz-, ein Gedächtnis- und ein Psychomotoriktraining. Anschließend wurden im Rahmen einer Interventionsstudie die kurz- und langfristigen Effekte einzelner Trainingsprogramme und Kombinationen von Trainings überprüft, und zwar in einem Treatmentgruppen-Kontrollgruppen-Design. Zum Abschluss der Studie wurden die möglichen Risikofaktoren für den Verlust von Selbstständigkeit im höheren Lebensalter untersucht. Es wurde auch gefragt, welche Risikofaktoren im Zusammenhang standen mit der Entwicklung von demenziellen Erkrankungen. Schließlich wurden die Daten nach Hinweisen auf bestimmte Mortalitätsrisiken der Studienteilnehmern hin analysiert.

Die Ergebnisse der Studie wurden wie folgt zusammengefasst (Oswald, Rupprecht & Hagen, 2001, S. 8ff.): »Gegenüber den Teilnehmern in der Kontrollgruppe verbesserten Teilnehmer des kombinierten Gedächtnis- und Psychomotoriktrainings ihren **kognitiven Status** über den Gesamtzeitraum bedeutsam. Nur die Teilnehmer dieses Kombinationstrainings wiesen von der ersten bis zur letzten Nachfolgeuntersuchung kontinuierlich eine wesentlich höhere kognitive Leistung als die Teilnehmer der Kontrollgruppe auf. In keiner der übrigen Treatmentgruppen wurden derartig große langfristige Trainingseffekte festgestellt. Auch bei dem **Gesundheitsstatus** ließ sich erkennen, dass nur Teilnehmer des kombinierten Gedächtnis- und Psychomotoriktrainings über den Gesamtzeitraum bedeutsame Verbesserungen gegenüber der Kontrollgruppe erreichten. Solche Unterschiede bestanden zwischen keiner der übrigen Trainingsgruppen und der Kontrollgruppe. … [Die] Teilnehmer des kombinierten Gedächtnis- und Psychomotoriktrainings [erreichten] eine signifikant höhere Selbstständigkeit als die Teilnehmer in der Kontrollgruppe. Nur bei der Selbstständigkeit ließen sich auch in der Kompetenz- und Psychomotorikgruppe, jedoch in keiner der drei einfachen Trainingsgruppen, ähnlich ausgeprägte Unterschiede zur Kontrollgruppe beobachten.«

Die erzielten Trainingsgewinne, insbesondere bei der kognitiven Leistungsfähigkeit, konnten auch fünf Jahre nach Studienbeginn noch nachgewiesen werden (Oswald, Hagen, Rupprecht & Gunzelmann, 2002). Damit bestätigte das Projekt die Überzeugung, dass zur Erhaltung der Selbstständigkeit im Alter die Kombination von körperlichen *und* geistigen Aktivitäten sinnvoll und zielführend ist. Es konnte auch belegt werden, dass die Kombination der im SimA-Projekt entwickelten Psychomotorik-, Kompetenz- und Gedächtnistrainings geeignet ist, die Entwicklung demenzieller Erkrankungen zu verzögern. Damit ist ein entscheidender Fortschritt im Bereich der interventionsorientierten Gerontopsychologie gelungen.

In ihrem grundlagenwissenschaftlichen Teil konnte die SimA-Studie etliche Risikofaktoren für die Entwicklung von Unselbstständigkeit im Alter ermitteln: Schlaganfälle, Bluthochdruck, wenig sportliche Betätigung, subjektive Einschätzung als »alt«, geringe Alltagskompetenz.

47.4 Ausgewählte Ergebnisse der psychologischen Alternsforschung

47.4.1 Zur Leistungsfähigkeit im Alter

Aus der Kontroverse um das »neue Bild des Alters«, aber auch aus der Auseinandersetzung zwischen Aktivitäts- und Disengagement-Theoretikern können wir zumindest lernen, dass wissenschaftliche Forschung selbst zuweilen die Verbreitung von Vorurteilen besorgt. Das gilt sicher für die Frühzeit gerontologischer Forschung bis in die 1960er Jahre hinein und vor allem in Bezug auf einen Teil jener Vorstellungen, die sich auf die Entwicklung der **Leistungsfähigkeit** im Alter beziehen.

Bekannt ist, dass mit dem Nachlassen mancher Sinnesleistungen (vor allem Sehen und Gehör) Verluste in der Reaktionsfähigkeit und dem Bewältigen mehrerer Aufgaben zur gleichen Zeit (»multitasking«) einhergehen. Es erhöht sich die Wahrscheinlichkeit zu erkranken, insbesondere unter mehreren Erkrankungen gleichzeitig zu leiden (Multimorbidität). Das hatte ja auch die Berliner Altersstudie bestätigt. Möglichkeiten und Grenzen der Entwicklung im höheren Lebensalter müssen gleichermaßen gesehen und beachtet werden.

Für alle Befunde in diesem Bereich (wie in praktisch allen anderen auch) gilt allerdings, dass die interindividuelle Variation (Streubreite der Ergebnisse) sehr hoch ist. Innerhalb der Altersgruppen sind die Unterschiede zwischen den Individuen größer als zwischen den Altersgruppen.

Intellektuelle Fähigkeiten

Die aufgrund von Querschnittuntersuchungen aufgestellten Behauptungen über ein generelles Nachlassen geistiger Fähigkeiten (Intelligenz; gemessen mit Intelligenztests) schon ab etwa dem 30. Lebensjahr haben sich als nicht zutreffend erwiesen. Die Ergebnisse stellten sich, wie oben bereits erwähnt, als Konsequenz der verwendeten querschnittlichen Untersuchungsmethodik heraus. Wiedergegeben werden also eher Kohortenunterschiede als reale Entwicklungsverläufe.

Längsschnittlich betrachtet kommt es im Verlauf des Alternsprozesses weniger zu einem generellen Abfall der Intelligenzleistungen, sondern eher zu einem qualitativen Umbau der Intelligenzstruktur, zu einer Verschiebung von stärker »fluiden« zu mehr »kristallisierten« Intelligenzanteilen (Horn & Cattell, 1966; hierzu im Einzelnen ▶ Kap. 21).

Es besteht mittlerweile Einigkeit unter den Gerontopsychologen, dass wir mit einer allgemeinen Verschlechterung geschwindigkeitsabhängiger Leistungen im Prozess des Alterns zu rechnen haben, zugleich aber auch darauf bauen können, dass auch ältere und alte Menschen noch Erfahrungen hinzugewinnen und diesbezüglich an »Intelligenz« zulegen können (Oswald, 1998). Aufgrund der Zunahme an Lebenserfahrung gelingen Älteren häufig weit bessere Leistungen als Jüngeren bei Aufgaben, die ein abgewogenes, viele Aspekte eines Problems bedenkendes Urteil verlangen. Die Untersuchung einer »Altersweisheit« in diesem Verständnis und hinsichtlich weiterer Facetten ist ein recht modernes Feld der empirischen psychologischen Alternsforschung geworden.

Die dramatischste Veränderung der Intelligenz im höheren Lebensalter ergibt sich als Folge sog. demenzieller Prozesse. Unter Demenzen versteht man pathologische, nicht reversible und fortschreitende Minderungen der höheren psychischen Funktionen (vor allem im Alter auftretend), die nicht durch Vergiftungen (z. B. durch Arzneimittel), Tumore, Infektionen und andere prinzipiell behandelbare Ursachen, etwa zu geringe Trinkmengen, erklärt werden können. Wie im gesunden Alternsprozess kommt es auch bei Demenzen, meistens vom Alzheimer-Typ, zu einer Minderung vor allem der fluiden Intelligenzfunktionen, jedoch in wesentlich stärkerem Ausmaß und erheblich rapider (Oswald, 1998). Betroffen ist besonders das Arbeitsgedächtnis sowie das episodische Gedächtnis. In späten Stadien dieser Erkrankung verliert der Patient seine Orientierungsfähigkeit, auch weitgehend seine Sprache und seine Identität. Selbst nahe Angehörige können nicht mehr erkannt werden.

Gedächtnis

Alternswissenschaftlich gut bestätigt ist die alltägliche Beobachtung, die häufig als erstes und wichtigstes Anzeichen des »Altwerdens« gedeutet wird, nämlich das Nachlassen des Gedächtnisses. Fortschritte bei der Aufklärung dieser Problematik sind gerade hier von der Ausformulierung von Theorien abhängig. Von herausragender Bedeutung scheint diesbezüglich der sog. »Information-processing«-Ansatz (Lindsay & Norman, 1977) und das »Mehrspeichermodell«

des Gedächtnisses zu sein (vgl. Fleischmann, 1989; Marko-witsch, 1996; auch ▶ Kap. 10).

Die empirischen Ergebnisse von Untersuchungen mit alten Menschen auf Basis der Vorstellungen des Mehrspeichermodells zeigen, dass die meisten Langzeitspeicher (episodisch, semantisch, prozedural, »priming«) bis auf das episodische Langzeitgedächtnis bei nicht pathologischem Altern *nicht* an Kapazität verlieren. Allerdings fällt Älteren häufig die Aufmerksamkeit (sensorisches Gedächtnis) sowie die Enkodierung von Informationen schwer, und sie zeigen eine Verlangsamung der Informationsverarbeitung. Auch ist der Abruf gespeicherter Informationen erschwert, da keine oder nur sehr unzureichende Einträge im episodischen Gedächtnis (»Tagebuch«) erfolgen, was auch Folge der erschwerten Enkodierung ist.

Folgt man der Darstellung der Gedächtnisprozesse im Rahmen des Mehrspeichermodells, ergeben sich daraus Eingriffsmöglichkeiten zur Verbesserung des alternden Gedächtnisses. Man kann beispielsweise Methoden einer effizienteren Aufnahme und Verarbeitung von Informationen ersinnen, oder solche, die eine Hilfestellung bei der Einspeicherung geben, oder sich um eine Optimierung der Strategien des Abrufens der gespeicherten Informationen bemühen.

Genau hierzu und auf Basis der modernen Gedächtnistheorien liegen mittlerweile auch differenzierte Programme vor, wie das SimA-Programm (Oswald & Rödel, 1995). Es besteht jedenfalls kein Zweifel mehr, dass Gedächtnistrainings tatsächlich den negativen Begleiterscheinungen des Alterns entgegenwirken können.

47.4.2 Persönlichkeitsentwicklung

Eine besonders große Bedeutung für die Beschreibung der Persönlichkeitsentwicklung im Alter hat die entwicklungspsychologische Stadientheorie Eriksons (1966) erlangt. Nach Erikson entwickelt sich die Person im Lebenslauf durch die Bewältigung von Aufgabensituationen, die für verschiedene Lebensstadien spezifisch sind. Bei der Bewältigung neuer Anforderungen gerät die Person in Konflikt mit bisher vertrauten Bewältigungsformen, neue Orientierungen müssen gefunden werden. Das sind Zeiten, in denen »das Individuum besonders empfindsam oder auch verletzlich gegenüber bestimmten Entwicklungsthematiken ist« (Whitbourne & Weinstock, 1982, S. 135). Das Durchleben dieser Entwicklungsabschnitte ist ein krisenhaftes Geschehen, an dessen Ende die gelungene oder auch misslungene Neuorientierung der Person steht. Das hohe Lebensalter nun stellt der Person die Aufgabe, das bisher gelebte Leben zu bilanzieren; gelingt es ihr, die Ereignisse und Entscheidungen ihres Lebens in einen akzeptablen Sinnzusammenhang zu integrieren, endet diese Krise mit dem Übergang in einen Zustand stabiler »Ich-Integrität«, andernfalls mit »Verzweiflung«.

Die Theorie Eriksons beschreibt die Entwicklung im Alter als diskontinuierlichen Prozess, als Veränderung. Neben den Veränderungen, die das Altern mit sich bringt, sind aber ebenso auch Konstanzen oder Kontinuität zu beobachten, ein Thema, das z. B. Atchley (1989) behandelt hat. Tatsächlich haben sich Persönlichkeitsstrukturen als über Jahrzehnte hinweg sehr stabil herausgestellt (Costa & McCrae, 1988, s. Weinert, 1994). Lebensstile, Formen des Erlebens, Fähigkeiten, Fertigkeiten und Interessen, zum Teil auch das Selbstbild, kurz: die Persönlichkeitsstruktur insgesamt, verändern sich im höheren Lebensalter weit weniger, als es der jüngere Mensch vermuten würde.

Gegen weit verbreitete Überzeugungen spricht auch der Befund, dass Menschen im höheren Alter noch über eine recht hohe Zufriedenheit mit dem eigenen Leben und der eigenen Person verfügen. Auf der psychischen Ebene fühlen sie sich erstaunlich wohl, auch wenn körperliche Beschwerden eingetreten sind und sich die körperliche Befindlichkeit entsprechend verschlechtert – eigentlich ein merkwürdiger, paradoxer Befund.

Altern und soziale Beziehungen

Im Laufe des Lebens nehmen üblicherweise soziale Beziehungen an Zahl und Intensität zunächst zu. Ausbildung, Familiengründung und vor allem Berufstätigkeit stellen den Hintergrund für diese quantitativen Veränderungen dar. Weil aber das Alter beispielsweise ein Ausscheiden aus dem Erwerbsleben mit sich bringt, ist zu erwarten, dass die Zahl der Sozialkontakte mit weiter steigendem Alter zurückgeht. Die Ergebnisse einschlägiger empirischer Untersuchungen sprechen allerdings nicht dafür, dass deswegen Isolation und Vereinsamung ein generelles Schicksal alter Menschen ist. In ihrem Überblick über den Forschungsstand kommen Minnemann und Lehr (1994) zu dem Schluss, »dass die Mehrzahl der älteren Menschen sozial integriert ist und über ein tragfähiges soziales Netzwerk verfügt« (ebd., S. VI 20). Das liegt zum Teil auch daran, dass heutigen alten Menschen genügend materielle Mittel zur Verfügung stehen, um aktiv an der Erhaltung ihres sozialen Netzwerkes zu arbeiten (Stosberg, 1997; 2002). Was die Familienbeziehungen alter Menschen angeht, so stellte sich bereits in den 60er Jahren heraus, dass das Zusammenleben mit den Kindern keineswegs ein sehnlicher Wunsch alter Menschen ist. Intimität mit den Kindern stellt sich danach eher durch einen gewissen räumlichen Abstand ein. Zwar nimmt die Quantität der Kontakte ab, die Qualität aber durchaus zu (Tartler, 1961; Rosenmayr & Köckeis, 1965). An diesem Befund hat sich in den vergangenen 40 Jahren wenig geändert; die Ergebnisse wurden vielmehr immer wieder bestätigt, z. B. auch in der ILSE-Studie (▶ oben).

Alte Menschen haben in der Familie meist noch eine wertvolle Funktion. Sie sind nicht nur Ratgeber für die jüngeren Generationen, sondern diesen vielfach auch eine materielle Stütze. Umgekehrt sind die Hilfeleistungen der Kinder in den Fällen, in denen die alt gewordenen Eltern hilfebedürftig geworden sind, enorm in qualitativer und quantitativer Hinsicht. Alt und Jung leben also überwiegend in einer funktionierenden Austauschbeziehung.

Allerdings sind die Familienstrukturen im Wandel begriffen. Die Abnahme der Geburtenhäufigkeit bei gleichzeitig zunehmenden Vier- oder gar Fünf-Generationen-Familien machen die Familien »schlanker«, erhöhte Scheidungsziffern und die immer häufigere Entscheidung zu einem »Single-Dasein« verringern die Familienbande. Die älteren Menschen der Zukunft sollten sich vermehrt darauf einstellen, sich ihr soziales Netzwerk selbst schaffen zu müssen; Freundesbeziehungen werden an Gewicht zunehmen.

Auf der Ebene der gesellschaftlich organisierten Sozialbeziehungen werden ältere Menschen derzeit vor allem als »Alterslast« diskutiert, das weitere Funktionieren des Generationenvertrages wird in Frage gestellt. Vor etlichen Jahren hat Gronemeyer (1989) mit seinen Thesen zu einem möglichen zukünftigen »Krieg der Generationen« Aufsehen erregt. Die gesellschaftlichen Entwicklungen der letzten Jahrzehnte hätten ein Ungleichgewicht der Chancen zwischen den Generationen mit sich gebracht; Ältere stünden in vielem besser da als Jüngere. Die Jüngeren würden in absehbarer Zukunft nicht mehr bereit sein, unnütze Esser zu unterhalten, die ihnen vor allem eine zerstörte Natur und enorme soziale Probleme als Erbe hinterlassen hätten. Die Diskussion ist noch längst nicht beendet, wie Schirrmachers »Methusalem-Komplott« (Schirrmacher, 2004) zeigt.

Altern und Mobilität

Unser aller alltäglicher Lebensvollzug ist auf Mobilität gegründet, der Bewegung im (öffentlichen) Raum. Die Versorgung mit Lebensmitteln und Gütern, die Ausführung einer Berufstätigkeit, die Wahrnehmung sozialer Kontakte und kultureller Veranstaltungen und die Nutzung freier Zeit sind in hohem Maße davon abhängig, sich in einem näheren und ferneren Umfeld bewegen zu können. Das gilt ganz besonders auch für alte Menschen. Mobilität im Alter ist eine Bedingung für Selbstständigkeit und damit wiederum ein Aspekt der Lebensqualität.

Eine quantitative Analyse der außerhäuslichen Mobilität älterer Menschen zeigt die Bevorzugung der Verkehrsteilnahme als Fußgänger. Gerade von älteren Menschen wird auch der öffentliche Personennahverkehr genutzt. Fahrten mit dem Fahrrad fallen deutlich weniger ins Gewicht. Dass größere regionale Unterschiede wegen des engen Zusammenhangs zwischen ökologischer Infrastruktur und Mobilitätserfordernissen und -chancen bestehen, versteht sich von selbst (Mollenkopf & Flaschenträger, 1997).

Das eigene Auto erfreut sich auch bei Älteren großer Beliebtheit, es ist ein Garant für flexible, individuell gestaltete Mobilität und gerade bei Bewegungseinschränkungen und nachlassenden Körperkräften eine wertvolle Stütze bei der Erledigung der täglichen Versorgungswege. In den alten und neuen Bundesländern ist das Maß der Verfügbarkeit eines eigenen Autos noch deutlich unterschiedlich, aber die Unterschiede werden sich verwischen; schon bald werden etwa drei Viertel der älteren Ehepaare ein eigenes Auto nutzen können. Die Frauen werden gegenüber den Männern bei Führerschein- und Autobesitz stark aufholen. Der Anteil der aktiven Autofahrer über 60 Jahre an der Gesamtheit aller Autofahrer beträgt gegenwärtig bereits etwa 25% – mit steigender Tendenz (s. Scenario bei Hartenstein, 1995).

Die Mobilitätskennziffern lassen eine allgemeine Schlussfolgerung zu: Ältere Menschen sind in der Regel noch sehr mobil, aber mit steigendem Alter verringert sich die außerhäusliche Mobilität, gleich ob motorisiert oder nicht. Nachlassende Kräfte und Fähigkeiten, fehlende finanzielle Mittel und subjektive Faktoren wie Angst und Unsicherheitsgefühle sind maßgeblich für die Mobilitätsreduktion. Wegen der hohen – auch volkswirtschaftlichen – Bedeutung der Selbstständigkeit ist dies allerdings nicht unbedingt positiv zu werten.

Bei älteren Menschen sind Einbußen von Sinnesleistungen zu beklagen. Die Sehschärfe nimmt ab, insbesondere nachts, wobei gerade dieses nicht effektiv zu korrigieren ist. Das gilt auch für die steigende Blendempfindlichkeit bei Dunkelheit. Die Reaktionszeit wird länger, die Konzentrationsfähigkeit geringer. Das Mehrfachhandeln (verschiedene Dinge gleichzeitig tun, ▶ oben) wird schwieriger, und die Fähigkeit zur Orientierung in komplexen Situationen lässt nach.

Wegen ihrer höheren Verletzungsanfälligkeit (Vulnerabilität) sind Ältere als Fußgänger am meisten gefährdet. Etwa 50% aller getöteten Fußgänger sind 60 Jahre alt und älter. Unfallrisiko und Todesrisiko sind gegenüber der Allgemeinheit deutlich erhöht. Überrepräsentiert sind Ältere übrigens auch bei Fahrradunfällen mit schwerwiegenden Folgen.

Die Unfallbelastung älterer Kraftfahrer wird in der Öffentlichkeit dagegen meist überschätzt. Zwar steigt das Unfallrisiko – relativiert an der Fahrleistung – ab etwa 70–75 Jahre an, erreicht aber auch dann nur etwa ein Fünftel des Niveaus der jugendlichen Fahrer zwischen 18 und 25 Jahren. Durch die höhere Vulnerabilität des alternden Körpers sind ältere Autofahrer oder Beifahrer bei objektiv gleich schweren Unfällen dennoch deutlich stärker gefährdet: Verletzungen, die ein jüngerer leicht überstehen könnte, können bei älteren tödlich wirken. Autofahren ist auch im höheren Lebensalter noch mit einem vertretbaren Risiko möglich, wenn der eigene Gesundheits- und Leistungsstand kritisch und realistisch beobachtet und das Verhalten darauf eingestellt wird. Unter Umständen ist es sinnvoll, dass sich der ältere Autofahrer von kompetenten Dritten hinsichtlich seiner Fahreignung beraten lässt (zum Thema des Autofahrens im Alter s. näher: Kaiser & Oswald, 1999, 2000).

47.5 Gerontopsychologie im Rahmen gerontologischer Intervention

In den vorangegangenen Abschnitten wurde versucht, die Gerontopsychologie als ein grundlagenwissenschaftliches Fach darzustellen, das keineswegs nur allgemeinen und »abstrakten« Erkenntnisinteressen folgt, sondern auf Lebenspraxis gerichtet ist und (methodische) Denktraditionen der Psychologie übernimmt. Die Nutzung wissenschaftlicher Erkenntnisse für die Lebenspraxis nennt man gemeinhin Anwendung; die Aufgaben, die durch die Anwendung gerontopsychologischer wie überhaupt gerontologischer Erkenntnisse gelöst werden sollen, wurden mittlerweile unter den Begriffen der »Gero-Intervention« oder der »Interventionsgerontologie« (s. Lehr, 1979) zu einem eigenständigen Betätigungsfeld von Gerontologen, zu Aufgaben einer angewandten Gerontologie respektive Gerontopsychologie.

Der Begriff Intervention bezieht sich auf vielfältige Formen der Problembewältigung, z. B. auf Korrektur, Erziehung, Dienstleistung, Prävention, Therapie/Behandlung, Training usw., auf unterschiedliche disziplinäre Zusammenhänge: medizinische, psychologische, pädagogische; Intervention kann außerdem unter divergierenden Ansatzpunkten betrachtet werden: kognitiv, intellektuell, sozial usw.

Intervention bezeichnet immer einen Handlungszusammenhang, der bestimmte Zielsetzungen, Planungsprozesse, die Ausführung bestimmter zielgerichteter und zieladäquater Tätigkeiten und eine dem Handeln zugrunde liegende Wissensbasis umfasst. Was die Ziele des Interventionshandelns in der Gerontologie angeht, hat Baltes (1978) vier Aufgabenbereiche unterschieden (▶ Übersicht).

> **Aufgabenbereiche der Interventionsgerontologie**
> 1. Optimierung der Entwicklung (durch »enrichment«, d. h. Anreicherung der Entwicklungsbedingungen)
> 2. Prävention krankhafter Störungen und des Altersabbaues
> 3. Korrektur eingetretener Schäden
> 4. Rehabilitation

Als eine Art »Oberziel« finden wir regelmäßig die Angabe einer sog. »Lebenszufriedenheit«, welche auf »subjektiver« Ebene, und eines »erfolgreichen Alterns«, welches eher auf »objektiver« Ebene festzustellen ist. Lebenszufriedenheit wie erfolgreiches Altern sind als gemeinsame Oberziele aller Interventionsziele und zugleich als Kriterien für den Erfolg der Eingriffsbemühungen anzusehen.

Intervention impliziert im Bereich der Gerontopsychologie, dass ein wissenschaftlich Geschulter durch geplantes, auf wissenschaftlichen Erkenntnissen beruhendes eingreifendes Handeln wünschenswerte Ziele erreicht, die sich im Verhalten und Erleben alter Menschen und/oder in seiner Umwelt manifestieren.

Die Herausforderung (»challenge«), als die Labouvie (1973) den Aufbau einer Interventionsgerontologie damals bezeichnet hat, ist jedenfalls in der Psychologie angenommen worden. Bereits 1979 konnte Lehr einen Sammelband mit den wichtigsten Themen und Ansatzpunkten für eine Interventionsgerontologie in Deutsch vorlegen. Darin definiert sie die Interventionsgerontologie »als das Insgesamt an Bemühungen, bei psychophysischem Wohlbefinden ein hohes Lebensalter zu erreichen« (ebd., S. 1). Den von Baltes (1978) vorgestellten Interventionsaufgaben fügte sie den Aspekt des »Managements von Problemsituationen« hinzu, dem Zurechtkommen mit aktuellen und ggf. irreversiblen Problemen.

In der Darstellung der »Angewandten Gerontologie« von Wahl und Tesch-Römer (2000) finden sich einige Interventionsfelder, die in der Hauptsache Arbeitsfelder von Gerontopsychologen sind, etwa die kognitiven Interventionsansätze, die Psychotherapie mit alten Menschen, freizeit- und sportorientierte Interventionen oder Trainings der psychomotorischen Funktionen.

Psychogerontologische Intervention dient nicht allein dem Wohlbefinden älterer Menschen bei möglichst guter physischer und psychischer Gesundheit, sie wird zuneh-

> **Ziele einzelner Interventionsansätze**
> - Kognitive Interventionsansätze, die vor allem Intelligenz- und Gedächtnistrainings umfassen, sollen die geistige Leistungsfähigkeit aufrechterhalten oder verbessern und dadurch der Selbstständigkeit der Lebensführung dienen (Fleischmann, 1993; Oswald & Rödel, 1995; Oswald et al., 2002).
> - Verschiedene Formen von Psychotherapien, die sich speziell an alte Menschen wenden, sind gegen die bei ihnen häufig anzutreffenden psychischen Störungen wie Ängste und Depressionen gerichtet (Pinquardt, 2000, S. 109).
> - Freizeit- und Sportangebote wirken präventiv gegen körperlichen Abbau und demenzielle Symptomatik, zumal dann, wenn sie kognitive *und* körperliche Trainings umfassen. Durch sportliche Aktivitäten im Alter sollen vor allem das Kreislaufsystem und die Muskulatur gestärkt werden. Sport im höheren Lebensalter stellt eine gute Osteoporoseprophylaxe dar (Meusel, 1999).
> - Von Psychomotoriktrainings erwartet man, dass sie älteren Menschen helfen, Bewegungsfähigkeit, Koordination und Gleichgewichtssinn des Körpers aufrechtzuerhalten; darüber hinaus haben sie eine wichtige Funktion zur Stabilisierung von geistiger Leistungsfähigkeit und Psyche (Freiberger & Hagen, 2001; Oswald, 2004).

mend auch ein Faktor bei der Aufrechterhaltung und Ausgestaltung der Sozialsysteme in den Industriegesellschaften. Das zeigt das Beispiel der Demenzerkrankungen und die mit ihnen einhergehende Pflegebedürftigkeit. Da die Prävalenz (Verbreitung in der Bevölkerung) von Demenzerkrankungen mit dem Alter wächst, hat sich mit dem kontinuierlich steigenden Anteil älterer Menschen auch die absolute Zahl pflegebedürftiger sowie dementer Patienten erhöht. In Deutschland waren Ende 2001 ca. 2 Mio. Menschen pflegebedürftig im Sinne des Pflegeversicherungsgesetzes (SGB II), davon zwei Drittel über 75 Jahre alt (Statistisches Bundesamt, 2003), und man geht davon aus, dass zwischen 770.000 und 1,1 Mio. Menschen unter organisch bedingten Hirnleistungsstörungen leiden. Die senile Demenz vom Alzheimer-Typ stellt dabei mit ca. 70% die häufigste Ursache dar. Die Verhältnisse in den anderen europäischen Ländern sind ähnlich.

Deswegen ist es so bedeutsam, wenn gezeigt werden kann, dass auch pathologische Entwicklungsverläufe durch die Kombination von körperlichem und geistigem Training beeinflusst werden können, wie es beispielsweise im SimA-Projekt (▶ oben) gezeigt werden konnte. Die Entstehung von demenziellen Erkrankungen kann beispielsweise zeitlich verzögert werden; schwerwiegende Erkrankungen können auf die letzten Lebensjahre und -monate konzentriert werden (Kompressionshypothese).

Gerontopsychologen können also ein Wissen erarbeiten, das geeignet ist, die Lebensumfelder und Institutionen, die die Menschen in ihrem Lebenslauf begleiten, so zu gestalten, dass entweder die Entstehung von Problemen eingeschränkt wird und/oder die Menschen (von klein auf) eine gewisse »Lebenskunst« erlernen. Sie würden dann die Fähigkeit entwickeln, ihr Leben – und damit ihr Altern – in vielen Aspekten in die eigenen Hände zu nehmen.

Literatur

Referenzliteratur

Kaiser, H.J. (1997). Gerontopsychologie. In W. Kempf, J. Straub & H. Werbik (Hrsg.), *Psychologie – Eine Einführung. Grundlagen, Methoden, Perspektiven* (S. 472–495). München: dtv.

Lehr, U.M. (2003). *Psychologie des Alterns* (10. Aufl.). Wiebelsheim: Quelle & Meyer.

Niederfranke, A., Naegele, G. & Frahm, E. (Hrsg.). (1999). *Funkkolleg Altern.* (2 Bände). Opladen: Westdeutscher Verlag.

Oswald, W.D. & Fleischmann, U.M. (1983). *Gerontopsychologie – Psychologie des alten Menschen.* Stuttgart: Kohlhammer.

Oswald, W.D., Lehr, U.M., Sieber, C. & Kornhuber, J. (Hrsg.). (2005). Gerontologie. *Medizinische, psychologische und sozialwissenschaftliche Grundbegriffe* (3., vollständig überarbeitete Aufl.). Stuttgart: Kohlhammer.

Wahl, H.-W. & Heyl, V. (2004). *Gerontologie – Einführung und Geschichte.* Stuttgart: Kohlhammer.

Zitierte Literatur

Atchley, R.C. (1989). Continuity theory of normal aging. *Gerontologist, 29,* 183–190.

Baltes P.B. (1978). *Intervention in life span development and aging: a preliminary catalogue of issues and concepts.* Vortrag auf dem Kongress "Interventionsgerontologie", Heidelberg.

Birren, J.E. (1961). A brief history of the psychology of aging. *The Gerontologist, 1,* 69–77.

Bracken, H. von (1939). Die Altersveränderungen der geistigen Leistungsfähigkeit und der seelischen Innenwelt. *Zeitschrift für Alternsforschung, 1,* 256–266.

Brauchbar, M. & Heer, H. (1995). *Zukunft Alter. Herausforderung und Chance.* Reinbek: Rowohlt.

Bühler, Ch. (1959). *Der menschliche Lebenslauf als psychologisches Problem* (2. Aufl.). Göttingen: Hogrefe.

Busse, E.W. (1993). Duke University Longitudinal Studies of Aging. *Zeitschrift für Gerontologie, 26,* 123–128.

Costa, P.T. Jr. & McCrae, R.R. (1988). Personality in adulthood: a six-year longitudinal study of self-reports and spouse ratings on the NEO Personality Inventory. *Journal of Personality and Social Psychology, 54,* 853–863.

Costa, P.T. Jr. & McCrae, R.R. (1993). Psychological research in the Baltimore Longitudinal Study of Aging. *Zeitschrift für Gerontologie, 26,* 138–141.

Cumming, E. & Henry, W.E. (Eds.). (1961). *Growing old: the process of disengagement.* New York: Basic Books.

Erikson, E.H. (1966). *Identität und Lebenszyklus.* Frankfurt am Main: Suhrkamp.

Fleischmann, U.M. (1989). *Gedächtnis und Alter.* Bern: Huber.

Fleischmann, U.M. (1993). Kognitives Training im höheren Lebensalter unter besonderer Berücksichtigung von Gedächtnisleistungen. In K.J. Klauer (Hrsg.), *Kognitives Training* (S. 343–360). Göttingen: Hogrefe.

Freiberger, E. & Hagen, B. (2001). Zusammenhang von Alter, kognitiven Leistungen und Bewegungskoordination. *Zeitschrift für Gerontopsychologie und -psychiatrie, 14* (29), 87–100.

Giese, F. (1928). *Erlebnisformen des Alterns.* Halle/Saale: Marhold.

Gronemeyer, R. (1989). *Die Entfernung vom Wolfsrudel.* Düsseldorf: Claassen.

Gruhle, H. (1938). Das seelische Altern. *Zeitschrift für Alternsforschung, 1,* 89–95.

Hall, S. (1922). *Senescence – the last half of life.* New York: Appleton.

Hartenstein, W. (1995). Das »Älterwerden« der Autofahrer-Population: Größenordnungen, Fahrgewohnheiten, Einstellungen, Auswirkungen. In J. Lindlacher (Hrsg.), *Ältere Menschen im Straßenverkehr. Bericht über das 9. Symposium Verkehrsmedizin des ADAC* (S. 16–24). München: ADAC-Verlag.

Havighurst, R.J. (1963). Successful aging. In C. Tibbits & W. Donahue (Eds.), *Processes of aging* (pp. 229–320). New York: Williams.

Horn, J.L. & Cattell, R.B. (1966). Refinement and test of the theory of fluid and crystallized intelligence. *Journal of Educational Psychology, 57,* 53–270.

Kaiser, H.J. (1989). *Handlungs- und Lebensorientierungen alter Menschen.* Bern: Huber.

Kaiser, H.J. & Oswald, W.D. (Hrsg.). (1999). *Altern und Autofahren.* Bern: Huber.

Kaiser, H.J. & Oswald, W.D. (2000). Autofahren im Alter – eine Literaturanalyse. *Zeitschrift für Gerontopsychologie und -psychiatrie, 13,* 3/4, 131–170

Kruse, A. (1989). Psychologie des Alters. In K.P. Kisker, H. Lauter, C. Müller & E. Strömgren (Hrsg.), *Psychiatrie der Gegenwart. Band 8 Alterspsychiatrie* (S. 3–53). Berlin: Springer.

Labouvie, G. (1973). Implications of geropsychological theories for intervention: the challenge for the seventies. *The Gerontologist, 13,* 10–14.

Lehr, U.M. (Hrsg.). (1979). *Interventionsgerontologie*. München: Steinkopff.

Lehr, U.M. (1982). Alternsformen statt Altersnormen: Psychologische und soziale Prozesse des Alternsprozesses. *Zeitschrift für Vormundschaftswesen, 37*, 3, 81–100.

Lehr, U.M. (2003). *Psychologie des Alterns* (10. Aufl.). Wiebelsheim: Quelle & Meyer.

Lehr, U.M. & Thomae, H. (Hrsg.). (1987). *Formen seelischen Alterns. Ergebnisse der Bonner Gerontologischen Längsschnittstudie (BOLSA)*. Stuttgart: Enke.

Lehrl, S. & Fischer, B. (1991). *Gehirn-Jogging. Ein Kurzüberblick*. Ebersberg: Gesellschaft für Gehirntraining.

Lindsay, P.H. & Norman, D.A. (1977). *Human information processing: an introduction to psychology*. New York: Academic Press.

Markowitsch, H.J. (1997). Neuropsychologie des Gedächtnisses. In H. Först, (Hrsg.), *Lehrbuch der Gerontopsychiatrie* (S. 71–83). Stuttgart: Enke.

Martin, P., Ettrich, K.U., Lehr, U., Roether, D., Martin, M. & Fischer-Cyrulies, A. (Hrsg.). (2000). *Aspekte der Entwicklung im mittleren und höheren Lebensalter: Ergebnisse der Interdisziplinären Längsschnittstudie des Erwachsenenalters (ILSE)*. Darmstadt: Steinkopff.

Meusel, H. (1999). *Sport für Ältere. Bewegung, Sportarten, Training*. Stuttgart: Schattauer.

Minnemann, E. & Lehr, U.M. (1994). Der ältere Mensch in Familie und Gesellschaft. In E. Olbrich, K. Sames & A. Schramm (Hrsg.), *Kompendium der Gerontologie. Interdisziplinäres Handbuch für Forschung, Klinik und Praxis* (Band 2). Erlangen: Ecomed.

Mollenkopf, H. & Flaschenträger, P. (1997). Mobilität im Alter. In H. Reents (Hrsg.), *Handbuch der Gerontotechnik 12/97* (Kap. III-4.6.2). Landsberg: ecomed.

Nilsson, L.-G., Adolfsson, R., Bäckman, L., Cruts, M, Edvardsson, H., Nyberg, L. & van Broeckhoven, C. (2002). Memory development in adulthood and old age: the Betula prospective cohort study. In P. Graf & N. Ohta (Eds.), *Lifespan development of human memory* (pp. 185–204). Philadelphia: MIT Press.

Oswald, W.D. (1983). Gerontopsychologie – Gegenstand, Perspektiven und Probleme. In W.D. Oswald & U.M. Fleischmann (Hrsg.), *Gerontopsychologie – Psychologie des alten Menschen* (S. 13–22). Stuttgart: Kohlhammer.

Oswald, W.D. (1998). Intelligenzentwicklung. In E. Roth (Hrsg.), *Intelligenz* (S. 79–100). Stuttgart: Kohlhammer.

Oswald, W.D. (2004). Kognitive und körperliche Aktivität – Ein Weg zur Erhaltung von Selbstständigkeit und zur Verzögerung dementieller Prozesse. *Zeitschrift für Gerontopsychologie und -psychiatrie , 17* (3), 147–159.

Oswald, W.D. & Fleischmann, U.M. (1993). *Nürnberger-Alters-Inventar*. Göttingen: Testzentrale des BDP, Universität Erlangen-Nürnberg.

Oswald, W.D., Hagen, B., Rupprecht, R. & Gunzelmann, Th. (2002). Bedingungen der Erhaltung und Förderung von Selbstständigkeit im höheren Lebensalter (SIMA). Teil XVII: Zusammenfassende Darstellung der langfristigen Trainingseffekte. *Zeitschrift für Gerontopsychologie und -psychiatrie, 15* (1), 13–31.

Oswald, W.D. & Rödel, G. (Hrsg.). (1995). *Das SIMA-Projekt: Gedächtnistraining. Ein Programm für Seniorengruppen*. Göttingen: Hogrefe.

Oswald, W.D., Rupprecht, R. & Hagen, B. (2001). *Bedingungen der Erhaltung und Förderung von Selbstständigkeit im höheren Lebensalter (SIMA) – SIMA in Stichworten*. Erlangen: Universität Erlangen-Nürnberg, Institut für Psychogerontologie.

Pinquardt, M. (2000). Ergebnisse der Psychotherapieforschung. In H.-W. Wahl & C. Tesch-Römer (Hrsg.), *Angewandte Gerontologie in Schlüsselbegriffen* (S. 109–113). Stuttgart: Kohlhammer.

Rosenmayr, L. (1990). *Die Kräfte des Alters*. Wien: Edition Atelier.

Rosenmayr, L. & Köckeis, E. (1965). *Umwelt und Familie alter Menschen*. Neuwied: Luchterhand.

Schaie, K.W. (1993). The Seattle Longitudinal Study: a thirty-five-year inquiry of adult intellectual development. *Zeitschrift für Gerontologie, 26*, 129–137.

Schirrmacher, F. (2004). *Das Methusalem-Komplott*. München: Blessing.

Schmitt, M. & Martin, M. (2003). Die Interdisziplinäre Längsschnittstudie des Erwachsenenalters (ILSE) über die Bedingungen gesunden und zufriedenen Älterwerdens. In F. Karl (Hrsg.), *Sozial- und verhaltenswissenschaftliche Gerontologie. Alter und Altern als gesellschaftliches Problem und individuelles Thema* (S. 205–223). Weinheim: Juventa.

Singer, T. & Lindenberger, U. (2000). Plastizität. In H.-W. Wahl & C. Tesch-Römer (Hrsg.), *Angewandte Gerontologie in Schlüsselbegriffen* (S. 39–43). Stuttgart: Kohlhammer.

Smith, J. & Delius, J. (2003). Die längsschnittlichen Erhebungen der Berliner Altersstudie (BASE). Design, Stichproben und Schwerpunkte 1990–2002. In F. Karl (Hrsg.), *Sozial- und verhaltenswissenschaftliche Gerontologie. Alter und Altern als gesellschaftliches Problem und individuelles Thema* (S. 225–249). Weinheim: Juventa.

Statistisches Bundesamt (2004). *10. koordinierte Bevölkerungsvorausschätzung des Statistischen Bundesamtes*. Verfügbar unter: www.inwis.de/htm/start/Texte/koordinierte.htm. [4.8.2004].

Statistisches Bundesamt (2003). *2. Bericht: Pflegestatistik 2001*. Verfügbar unter: www.destatis.de/download/d/solei/pflstat02.pdf. [4.8.2004].

Stosberg, M. (1997). Soziale Netzwerke: Familie, Nachbarschaft und soziale Unterstützung im Alter. In K. Mertens (Hrsg.), *Aktivierungs-Programme für Senioren* (S. 20–31). Dortmund: Verlag Modernes Lesen.

Stosberg, M. (2002). »Netzwerken« – Ein Weg zur Kompetenz im Alter. In H.J. Kaiser (Hrsg.), *Autonomie und Kompetenz – Aspekte einer gerontologischen Herausforderung* (S. 213–222). Münster: LIT.

Tartler, R. (1961). *Das Alter in der modernen Gesellschaft*. Stuttgart: Enke.

Thomae, H. (1968). Interdisziplinäre Gemeinschaftsarbeit in der Gerontologie. *Zeitschrift für Gerontologie, 1*, 273–274.

Thomae, H. (1971). Die Bedeutung einer kognitiven Persönlichkeitstheorie für eine Theorie des Alterns. *Zeitschrift für Gerontologie, 4*, 8–18.

Thomae, H. (1984). Gerontopsychologie. In W.D. Oswald, W.M. Herrmann, S. Kanowski, U.M. Lehr & H. Thomae (Hrsg.), *Gerontologie* (S. 169–175). Stuttgart: Kohlhammer.

Thomae, H. (1988). *Das Individuum und seine Welt* (2., völlig neu bearbeitete Aufl.). Göttingen: Verlag für Psychologie.

Thomae, H. (1992). Eine psychologische Theorie der Anpassung an das Alter. In H.J. Kaiser (Hrsg.). *Der ältere Mensch – wie er denkt und handelt* (S. 63–87). Bern: Huber.

Wahl, H.-W. & Heyl, V. (2004). *Gerontologie – Einführung und Geschichte*. Stuttgart: Kohlhammer.

Wahl, H.-W. & Tesch-Römer, C. (Hrsg.). (2000). *Angewandte Gerontologie in Schlüsselbegriffen*. Stuttgart: Kohlhammer.

Weinert, F.E. (1994). Altern in psychologischer Perspektive. In P.B. Baltes, J. Mittelstraß & U.M. Staudinger (Hrsg.), *Alter und Altern· Ein interdisziplinärer Studientext zur Gerontologie* (S. 180–203). Berlin: de Gruyter.

Whitbourne, S.K. & Weinstock, C.S. (1982). *Die mittlere Lebensspanne. Entwicklungspsychologie des Erwachsenenalters*. München: Urban & Schwarzenberg.

48 Notfallpsychologie

G. Gschwend

48.1   Grundlagen

Psychologische Notfallsituationen sind bedrohliche und überwältigende Ereignisse, die mit dem Erleben von Angst und Hilflosigkeit einhergehen. Diese entsprechen i. Allg. den Stressorkriterien einer traumatischen Situation, indem sie ein » belastendes Ereignis oder eine Situation außergewöhnlicher Bedrohung« darstellen (ICD-10) bzw. Ereignisse sind, die »tatsächlichen oder drohenden Tod oder ernsthafte Verletzung oder eine Gefahr der körperlichen Unversehrtheit ... beinhalten« (DSM-IV; ▶ Kap. 42 zu ICD und DSM).

Die Wahrscheinlichkeit, im Leben eine solche Situation zu erleben, ist recht hoch und variiert je nach Studie zwischen 50 und 80%. Dabei gibt es ein breites Spektrum möglicher Situationen zwischen individuellen Ereignissen, von denen Einzelne betroffen sind (Arbeitsunfall, körperliche Gewalt), über Ereignisse mit mehreren Betroffenen (Unfälle, Geiselnahmen) bis hin zu Großschadensereignissen (Flugzeug- oder Zugunglücke) und Naturkatastrophen. Üblicherweise reagieren Menschen in solch extremen und überfordernden Situationen zunächst mit charakteristischen somatischen und psychischen Belastungsfolgereaktionen, von denen sich viele Betroffene, bei entsprechender sozialer Unterstützung, recht schnell erholen können. Bei anderen, ca. einem Viertel der Betroffenen, verfestigen sich die kurzfristigen Belastungsreaktionen und Folgeerscheinungen nach einem solchen Ereignis infolge prä-, peri- oder posttraumatischer Risikofaktoren zu psychischen Störungen mit Krankheitswert, die psychotherapeutisch behandelt werden müssen.

Der Einsatz der Notfallpsychologie bezieht sich auf akute und kurzfristige Folgen überwältigender Ereignisse und dient dem Krisenmanagement und der psychischen Stabilisierung der Betroffenen. Jedoch können die Ziele und Interventionen der Notfallpsychologie auch in solchen Lebenssituationen zur Anwendung kommen, die nicht einer traumatischen Situation im engeren Sinn entsprechen, aber doch einschneidende Lebenskrisen sind (z. B. Mobbing, Scheidung).

Wissenschaftliche Grundlagen der Notfallpsychologie wie auch der Traumapsychotherapie sind die theoretischen Erkenntnisse der Psychotraumatologie, der Lehre der (kurz-, mittel- und langfristigen) psychischen und psychosomatischen Traumafolgen. »Der Ausdruck Traumatologie (von trauma = Wunde, Verletzung) ist von der Chirurgie her bekannt. Ähnlich befasst sich die *Psycho*-Traumatologie mit *seelischen* Verletzungen (von psyche = die Seele, der Atem), mit den Heilungs- und Behandlungsmöglichkeiten oder mit der Frage, wie sich seelisch verletzende Ereignisse und Lebensumstände vermeiden lassen« (Fischer, 2001, S. 22).

Eine traumatische Erfahrung wirkt auf den Menschen in seiner leibseelischen Ganzheit ein. Folgereaktionen und Folgestörungen auf traumatische Erfahrungen sind immer biopsychosozialer Natur und das körperliche Geschehen stets ein wichtiger Aspekt im Rahmen psychologischer und psychotherapeutischer Behandlungen. So sind für Theoriebildung und Praxis auch die Erkenntnisse und Forschungsbeiträge der somatischen Medizin relevant, ebenso können z. B. juristische (zivil- und strafrechtliche Auseinandersetzungen) und Versicherungsfragen eine Rolle spielen, weswegen die Notfallpsychologie einen interdisziplinären und vernetzten Behandlungsansatz erfordert.

48.1.1 Geschichte

Wissenschaftliche Aufmerksamkeit bezüglich der psychischen und psychosomatischen Folgen von Notfall- bzw. traumatischen Ereignissen, erste psychotraumatologische Erkenntnisse und damit auch theoretische und praktische Grundlagen der Notfallpsychologie entwickelten sich im Zusammenhang mit Kriegen, Folter und Verfolgung, mit Katastrophen und zwischenmenschlicher, insbesondere sexueller und innerfamiliärer Gewalt (Herman, 1993; Fischer, 1998; Hausmann, 2003).

In der zweiten Hälfte des 19. Jahrhunderts wurden erstmals »nervöse« Folgeerscheinungen mit einem Katastrophenerlebnis in Zusammenhang gebracht. Die Eisenbahn kam auf, es gab häufig Unglücke, und der Londoner Chirurg J.E. Erichson prägte für die beobachteten Folgereaktionen den Begriff des »railway spine«. Dabei wurden die auftretenden kognitiven und psychosomatischen Symptome nach Unglücken als rein mechanische Folgen einer körperlichen Erschütterung oder Verletzung erklärt. 1889 prägte der Neurologe Hermann Oppenheim den Begriff der »traumatischen Neurose« im Sinne von durch Schreck und Angst ausgelöster organischer Veränderungen.

Beobachtungen im Ersten Weltkrieg, nach denen Soldaten auch ohne unmittelbare körperliche Gewaltanwendung Symptome zeigten wie z. B. Zittern, Lähmungen, Apathie oder unkontrollierte Affekte, wurden entweder ignoriert oder den Betroffenen wurde vorgeworfen, sie seien »Drückeberger« oder Simulanten. Andererseits gab es die Auffassung, das Leiden sei durch das Trauma nur offensichtlich oder manifest geworden. Eigentlich sei bei den Betroffenen eine zugrunde liegende konstitutionelle Schwäche vorhanden, hereditäre Merkmale oder Persönlichkeitseigenschaften, die prädisponierend seien. Leider bestimmte diese Sichtweise lange auch den Tenor von Untersuchungen der Schäden, die Überlebende des Holocaust erlitten hatten. 1941 postulierte der amerikanische Psychiater Abram Kardiner in seinem Buch »The Traumatic Neuroses of War« eine sowohl organische als auch psychologische Grundlage posttraumatischer Folgen und prägte den Begriff der »Physioneurose«. Infolge des Vietnamkrieges schließlich konn-

ten die psychischen, somatischen und sozialen Auffälligkeiten der Kriegsheimkehrer nicht ignoriert werden und erforderten eine entsprechende Betreuung.

Ein anderer Zugang zu psychotraumatologischen Erkenntnissen war die Auseinandersetzung mit den psychischen Folgen sexueller Gewalt. Der Anatom und Neuropathologe Jean-Martin Charcot identifizierte erstmals sexuelle Traumatisierung und Missbrauch in der Kindheit als eine mögliche Ursache des hysterischen Krankheitsbildes. Seine Schüler, Pierre Janet und Sigmund Freud, führten die Arbeit fort, den Zusammenhang zwischen sexueller Traumatisierung und psychischer Störung zu untersuchen, und Janet entwickelte das Erklärungskonzept der Dissoziation als Reaktion auf psychisch überwältigende Erfahrungen. Leider gerieten seine Erkenntnisse in Vergessenheit, bis er als Vorläufer der modernen Psychotraumatologie wiederentdeckt wurde. Sigmund Freud hingegen distanzierte sich von der Einsicht in die verursachende Rolle real erfahrener Traumatisierung und verlegte die Ursache der psychischen Störungen einseitig in die intrapsychische Realität. Erst ab Mitte der 70er Jahre, unter dem Einfluss der amerikanischen Frauenbewegung, erfuhr das Thema des sexuellen Missbrauchs und seiner psychologischen Auswirkungen auch in der wissenschaftlichen Forschung eine deutlich erhöhte Aufmerksamkeit.

48.1.2 Gegenstand und Arbeitsfelder

Gegenstand der Notfallpsychologie sind akute Belastungsreaktionen und kurzfristige psychische Folgestörungen nach Extremereignissen und eine darauf ausgerichtete psychologische Soforthilfe Betroffener in Form spezifischer Unterstützungsmaßnahmen und Interventionen. Dies geschieht unmittelbar nach individuellen, Einzelne betreffenden Ereignissen wie auch nach kollektiven, viele Menschen betreffenden Katastrophen. Insbesondere Großschadensereignisse und Katastrophen bedingen die Einbettung notfallpsychologischer Maßnahmen in ein übergreifendes Konzept einer integrierten Betreuung in Not- und Katastrophenfällen in Vernetzung und Zusammenarbeit mit z. B. der Polizei, Feuerwehr, Notarztzentralen, Notfallsanität. Aber auch in Einzelfällen ist eine integrierte Form der Betreuung, eine Zusammenarbeit mit anderen Helfern, z. B. Ärzten, Juristen, Institutionen, in vielen Fällen notwendig.

Die Betroffenen, die notfallpsychologisch betreut werden, sind in erster Linie die Primärbetroffenen, die unmittelbaren Opfer des Ereignisses, dann aber auch mittelbar und sekundär Betroffene wie die Angehörigen der Opfer oder auch Zeugen des Ereignisses, und vor allem auch die Einsatzkräfte und Helfer, die ebenfalls mit schweren Belastungssituationen und -reaktionen umgehen müssen. Praktisch machen, laut einer Statistik des Netzwerkes Psychologie (2003), den weitaus größten Teil der Notfallereignisse

Verkehrsunfälle aus, gefolgt von Straftaten, während nur ca. 1% von Notfallbetroffenen in Großschadensereignisse verwickelt sind.

Maßnahmen zur psychologischen Akutbetreuung sind heute i. Allg. Bestandteil der Wehrpsychologie, auch bei Katastrophen und Großschadensereignissen, sodass die psychologische Betreuung Betroffener bei kollektiven Ereignissen weitgehend gewährleistet ist. Hingegen ist sie in individuellen Fällen, z. B. bei Verbrechensopfern, bislang nur vereinzelt institutionalisiert.

48.2 Die psychische Situation Betroffener

Notfallsituationen sind durch eine Vielzahl innerer und äußerer Belastungsfaktoren gekennzeichnet. Die Betroffenen sind einer für sie völlig neuen Situation ausgeliefert, für die ihnen keine etablierten Bewältigungsstrategien zur Verfügung stehen. Die normalen Reaktionen und Handlungen auf (existenzielle) Bedrohungen, Kampf- oder Fluchtversuche bzw. jede Möglichkeit, wirksam zu handeln, sind verunmöglicht. Ebenso wenig mag Kontrolle über körperliche und psychische Reaktionen bestehen, was zu Verunsicherung und Scham führt. Die Opfer können nicht mehr über sich selbst verfügen, sie verspüren Schmerz(en), sie erleben Gefühle von Macht- und Hilflosigkeit, von Angst, und sie sind extremen Wahrnehmungsreizen ausgesetzt, indem sie z. B. mit eigenen Verletzungen, anderen Verletzten, Zerstörung, Chaos und Tod konfrontiert sind. Stress- und Notfallreaktionen darauf sind i. Allg. charakteristische psychophysiologische Reaktionsmuster, die akut vorherrschen: Zittern, Schweißausbrüche, Herzrasen, Angst, Erschütterung, Orientierungslosigkeit, das Gefühl von Hilflosigkeit und Angst, ein generell erhöhtes Erregungsniveau; Symptome, wie sie im DSM-IV und in der ICD-10 als akute Belastungsreaktionen beschrieben sind.

Die je individuellen Möglichkeiten jedoch, das Geschehene ertragen und bewältigen zu können, haben einen engen Zusammenhang zu persönlichen biographischen Erfahrungen des Betroffenen, zu seinen seelischen Ressourcen, zu seiner Persönlichkeitsstruktur und zu seinen aktuellen Ressourcen. Ebenso stehen Art, Schwere und Dauer der Extremsituation in Verbindung mit den umfassenden und längerfristigen Folgen und Konsequenzen des Ereignisses (Fischer, 1998; Gschwend, 2004).

48.2.1 Erstreaktionen und Kurzzeitfolgen

Äußere Ausnahmezustände bewirken, ob akut oder längerfristig, körperliche, emotionale und kognitive Ausnahmezustände. Auf der Verhaltensebene finden wir unter den unmittelbaren Reaktionen auf Extremereignisse eine große Spannbreite verschiedenster Phänomene. Es gibt erregte,

agitierte Ausdrucksformen wie Weinen, Schreien, lautes Klagen, es ist aber auch reizbares, verbal, aber auch körperlich aggressives Verhalten zu beobachten. Dann kommen aber auch ganz gegenteilige Phänomene vor wie Apathie und innerer Rückzug – die Betroffenen wirken erstarrt, teilnahmslos, emotional betäubt. Auch Ruhe und gelassenes Verhalten sind anzutreffen, was aber nicht bedeutet, dass wirklich Gelassenheit besteht – heftige psychische Notfallreaktionen können noch verzögert, Tage und Wochen nach dem Ereignis, eintreten. Unmittelbar unter dem Einfluss des Ereignisses wird ein Ausnahmezustand ausgelöst, wobei sämtliche psychophysiologischen und psychobiologischen Stress- und Notfallmechanismen aktiviert werden (Fischer, 1998; Gschwend, 2004).

Stresshormone werden freigesetzt, die Aufmerksamkeit ist eingeschränkt und zentriert auf die Quelle der Gefahr, die Wahrnehmungseindrücke sind fragmentiert, die rechte (instinktiv-emotionale, sprachfreie) Hirnhälfte funktioniert dominant und bestimmt Erleben und Reaktionen der Betroffenen. Die linke (kognitiv-rationale) dagegen ist in ihrer Aktivität eingeschränkt, die Erfahrung ist nicht sprachlich und analytisch (er)fassbar und einzuordnen, sie ist körperlich, kognitiv und emotional überwältigend und (zunächst) innerlich nicht handhabbar. Entsprechend herrscht im Zustand des psychischen Schocks ein Zustand kognitiv-emotionaler Verwirrung und Desorientierung vor. Die Betroffenen können »nicht wahrhaben«, »nicht glauben«, was geschehen ist. Es treten Phänomene der Derealisation auf (»Unwirklichkeit« der Situation, das Geschehen »wie von außen« wahrnehmen, »wie in einem Film«) sowie solche der Depersonalisation (sich nicht im Körper spüren, »neben sich stehen«, »funktionieren wie ein Roboter«). Die Betroffenen sind verstört und emotional aufgewühlt oder sie sind wie von jedem emotionalen Erleben abgetrennt und spüren gar keine Gefühle. All diese Reaktionen sind normale und übliche Notfallreaktionen auf derart extreme Ereignisse. Sie treten i. Allg. sofort bis wenige Stunden nach dem Ereignis auf und dauern einige Tage an.

Besteht kein unmittelbarer Einfluss der Notfallsituation mehr und hat ein gewisser äußerer, zeitlicher und innerlicher Abstand von der traumatischen Erfahrung eingesetzt, beginnt der Prozess einer inneren Konfrontation und Auseinandersetzung mit dem Geschehenen, es erfolgen Bewältigungsversuche, die im normalen Fall zu einem inneren Abschluss der Notfallsituation führen. Abhängig von der Persönlichkeitsstruktur und biographischen wie auch aktuellen protektiven Faktoren und Ressourcen der Betroffenen kommt es im ungestörten Bewältigungs- und Verarbeitungsprozess nach ca. 2–4 Wochen zu einer Phase der Erholung und ein Interesse am normalen Leben, an Gegenwart und Zukunft, erwacht wieder, das Leben geht weiter.

Aber viele Betroffene erholen sich auch nicht so schnell wieder von der Erfahrung. Die Symptome bestehen unvermindert weiter, Intrusionen, in denen sich Erinnerungen an das Ereignis immer wieder unwillkürlich aufdrängen bzw.

Bilder oder »der Film« des Geschehens wiedererlebt werden, dissoziative Phänomene, Angst- und Bedrohungsgefühle. Potenzielle Auslösereize müssen vermieden werden. Die Betroffenen sind angespannt, schreckhaft, sie leiden weiterhin unter Konzentrations- und Schlafstörungen. Das Ereignis kann nicht abgeschlossen werden, die Eindrücke bleiben nicht ertrag- und handhabbar, aber ein Durchbruch der Erfahrung wird in der Folge vermieden, indem diese verdrängt und abgespalten wird, was wiederum zu verschiedenen Störungsbildern und Langzeitfolgen führen kann (Herman, 1993; Fischer, 1998; Gschwend, 2004).

48.2.2 Störungsbilder und Langzeitfolgen

Ist ein innerlicher Abschluss der Situation bzw. eine Assimilation und Integration des Geschehens nicht möglich, kommt es zu einer Schein-Anpassung, indem die Betroffenen mit der Erfahrung leben lernen, ohne sich mit ihr auseinander zu setzen und ohne sie als abgeschlossen zu erkennen und zu empfinden. Sie verhindern aber den Durchbruch der traumatischen Erfahrung, z. B. indem sie aktiv Vermeidungs- und Vorsichtsmaßnahmen ergreifen, um nicht »daran« erinnert zu werden, sie stürzen sich in Aktivismus und versuchen permanent, sich durch Beschäftigungen »abzulenken«, sie ziehen sich sozial zurück oder setzen andere untaugliche Bewältigungsstrategien wie z. B. Substanzmissbrauch (Alkohol, Drogen, Medikamente) ein.

Vermeidung und Abspaltung ist aber nicht Verarbeitung, und so kann es längerfristig zu einer Chronifizierung von Symptomen und charakteristischen Störungsbildern und Langzeitfolgen unbewältigter Extremerfahrungen kommen. Vorübergehende schwere Stressreaktionen werden sowohl in der ICD-10 als auch im DSM-IV beschrieben. Die **akute Belastungsreaktion** gemäß ICD-10 ist eine vorübergehende Störung von beträchtlichem Schweregrad als Reaktion auf eine außergewöhnliche körperliche oder seelische Belastung, wobei die Symptome innerhalb von Stunden oder wenigen Tagen abklingen. Belastungssymptome sind dabei z. B. Anspannung, Unruhe oder Reizbarkeit, dissoziative Phänomene der Derealisation und Depersonalisation (▸ oben), Einengung der Aufmerksamkeit, Desorientierung, Verzweiflung usw. – Reaktionen, die wir auch schon als »gewöhnliche« Notfallreaktionen kennen gelernt haben. Im DSM-IV sind in der Definition der akuten Belastungsstörung das intrusive Erleben, in dem das Erlebte sich unwillkürlich und überwältigend in Form von Bildern oder Erinnerungen wieder aufdrängt, Vermeidungsreaktionen und Symptome der Angst und Übererregung beschrieben. Auch die beschriebenen Notfallreaktionen sind Ausdrucksformen von Überwältigung bzw. intrusivem Erleben, von Vermeidung, von Übererregung, von Dissoziation, die je nach Voraussetzungen in das Syndrom einer posttraumatischen Belastungsstörung übergehen können, in dem die Symptome chronifiziert sind.

Andere bekannte Folgestörungen nach schwerer Traumatisierung, vor allem in wiederholten oder andauernden Fällen und bei zwischenmenschlicher Gewalt, sind auch Krankheitsbilder wie z. B. Depression, Substanzmissbrauch und Somatisierungsstörungen.

48.3   Praxis der Notfallpsychologie

Die praktische notfallpsychologische Arbeit besteht in einer ressourcen- und bewältigungsorientierten psychischen und psychologischen Unterstützung von unmittelbar und mittelbar Betroffenen während und kurz nach Notfällen bzw. traumatischen Ereignissen. Der notfallpsychologische Interventionskatalog umfasst eine Palette verschiedener Maßnahmen von Formen einfacher zwischenmenschlicher Unterstützung über die psychosoziale Betreuung bis hin zum Einsatz spezifischer professioneller Interventionen und Techniken. Notfallpsychologische Arbeit hat sowohl einen präventiven, vorbeugenden als auch einen kurativen, behandelnden Aspekt, indem einerseits der Entstehung psychischer Störungen bzw. Krankheiten infolge einer Traumatisierung entgegengewirkt werden soll, zum anderen aber, vor allem in der zweiten Phase des Interventionsprozesses, auch psychische Symptome bzw. Belastungsreaktionen aktiv und gezielt behandelt werden sollen.

48.3.1 Aufgaben und Ziele

Notfallpsychologische Maßnahmen können in zwei, auch zeitlich verschiedene Stufen oder Ebenen der Intervention unterteilt werden, nämlich in die psychologische Erste Hilfe unmittelbar in der Notfallsituation selbst und in die Phase der speziellen psychologischen und ggf. psychotherapeutischen Maßnahmen in der Einwirkungszeit kurz danach.

Psychologische Erste Hilfe
Diese beginnt sofort, häufig noch am Ort des Geschehens, wenige Stunden nach dem Ereignis bis 1–2 Tage danach, wobei noch alle Betroffenen einbezogen sind. Das Ziel der psychologischen Ersten Hilfe besteht in einer unmittelbaren Angst- und Stressreduktion, das Gefühl realer äußerer Sicherheit wie auch das Erleben von Handlungsfähigkeit, Kontrolle und Autonomie soll von den Betroffenen möglichst schnell wiedererlangt werden können.

Entgleisungen psychischer Reaktionen sollen verhindert werden. Dabei werden die Notfallpsychologen in ihrer Arbeit von ausgebildeten Laienhelfern, Angehörigen verschiedener Berufsgruppen, die für Notfallereignisse und die psychische Betreuung Betroffener ausgebildet wurden, unterstützt. Sie vermitteln Sicherheit, Beistand, Information, soziale Unterstützung und übernehmen Teile der psychosozialen Betreuung. Spezielle Aufgaben und Interventionen, vor allem die Betreuung psychisch speziell auffälliger Personen sowie ggf. das Zusammenstellen und Leiten psychologischer Gruppen im Fall von Katastrophen und Großschadensereignissen, sind Aufgaben professioneller Notfallpsychologen. Diese verfügen über ein abgeschlossenes Psychologiestudium und haben sich in Klinischer Psychologie, Gesundheitspsychologie und Psychotraumatologie weitergebildet.

Psychische Stabilisierung und Krisenintervention

Einige Tage bis wenige (2–4) Wochen später ist ein gewisser zeitlicher und in der Regel auch innerer Abstand zum Ereignis eingetreten, und ein Prozess der Erholung, aber auch der inneren Auseinandersetzung mit dem Geschehenen setzt ein, denn erst mit einem gewissen Abstand wird den Betroffenen deutlich, was eigentlich geschehen ist, und auch die Konsequenzen für das weitere Leben werden ihnen bewusst. Es ist dies eine Phase der »Krise«, die einen Scheideweg zwischen einer gelingenden oder missglückenden Bewältigung und Verarbeitung des Geschehenen markiert.

Für viele Betroffene ist zu diesem Zeitpunkt noch psychologische Begleitung in diesem Prozess der Erholung und der Stabilisierung nützlich, um schneller wieder Boden unter die Füße zu bekommen und mit dem Notfallerleben innerlich abschließen zu können. Sie werden darin unterstützt, möglichst schnell verbleibende oder gerade erst auftretende Angst- und Stressreaktionen in den Griff zu bekommen und die Kontrolle über ihr Erleben und Verhalten wiederzugewinnen, wobei dieses Ziel kurzfristig (ca. 3–5 Gespräche) erreichbar sein sollte. Diese Gespräche sind nicht von einer spezifischen oder einheitlichen Methode geprägt, wichtig ist, eine dem Zustand des Betroffenen angemessene Balance zwischen einfühlsamem, auf das Erleben des Opfers eingehendem und aktivem, strukturierendem Gesprächsverhalten zu wahren (Gschwend, 2004). Häufig werden auch verhaltenstherapeutische oder imaginative Techniken des Angst- und Stressmanagements eingesetzt. Ziel ist es, dass der psychische Stabilisierungsprozess, die Förderung von Heilungskräften gezielt angeregt bzw. unterstützt und Entgleisungen und Blockaden des Erholungs- und Verarbeitungsverlaufes erkannt und verhindert werden.

Bei anderen Betroffenen gelingt dies nicht, jedes Zeichen von Erholung bleibt aus. Die Belastungssymptome halten unvermindert an oder es kommen sogar neue Symptome hinzu. Die Bewältigung gelingt nicht oder erscheint von vornherein (kurzfristig) aussichtslos. Stabilisierungsmaßnahmen alleine reichen nicht aus und eine weiterführende psychologische Behandlung bzw. Traumapsychotherapie ist angezeigt.

48.3.2 Notfallpsychologische Interventionen

Notfallpsychologische Interventionen sind stets an Ressourcen und an der Gegenwart und deren Bewältigung orientiert, sowohl in der Phase der psychologischen Akuthilfe als auch in der Phase der Stabilisierung und Krisenintervention.

Psychologische Akuthilfe

Die Betroffenen stehen noch unter dem unmittelbaren Einfluss des Ereignisses. Sie sind aufgewühlt, orientierungslos, können das Geschehene nicht fassen, fühlen sich hilflos und ohnmächtig. Es gilt, möglichst rasch ein Gefühl der Sicherheit und der »Wiederermächtigung« herstellen zu können. Durch **Information**, über das äußere Geschehen sowie über die psychischen Reaktionen nach Extremereignissen, wird Orientierung, ein erster Überblick und eine psychische »Ankunft« in der Gegenwart erleichtert. Die Normalität der verschiedenen körperlichen, kognitiven und emotionalen Reaktionen wird betont. **Ressourcen**, äußere und innere, persönliche, die dem Betroffenen bisher halfen, Krisen zu überstehen, werden angesprochen und aktiviert. Eine besonders wichtige Rolle spielt dabei das soziale Netzwerk, Familie und Freunde, die jetzt und in der nachfolgenden Erholungs- und Verarbeitungszeit unterstützend wirken. Auch sie werden über die psychischen Folgen nach Notfallereignissen informiert.

Zur möglichst raschen Reduktion akuter Symptome können ggf. schon jetzt einfache Notfalltechniken der **Beruhigung und Distanzierung** bei Einzelnen eingesetzt werden, wie über den Atem, z. B. indem die Betroffenen sich vorstellen, Sicherheit einzuatmen und Angst auszuatmen oder in ihrer Vorstellung eine für sie mit Heilung verbundene Farbe, auch in einen schmerzenden Körperteil, einzuatmen.

Es erfolgt eine erste Einschätzung des psychischen Zustandes einzelner Betroffener. Hinweise auf psychische Störungen werden beachtet und weitergemeldet bzw. die Betroffenen zur geeigneten Betreuung weitergeleitet. Empfehlungen werden gegeben (z. B. Bewegung tut i. Allg. gut, Wandern und Laufen in der Natur, über das Erlebte und seine Gefühle sprechen usw.). Weitere Maßnahmen werden besprochen und eingeleitet. Ist ggf. (auch) sozialarbeiterische, juristische, seelsorgerische Unterstützung nötig? Ist eine psychologische oder psychotherapeutische Weiterbetreuung angezeigt oder erwünscht? Die Möglichkeit, weitere psychologische Stabilisierungsmaßnahmen in Anspruch zu nehmen, sollte allen Betroffenen des Ereignisses offen stehen.

Psychische Stabilisierung und Krisenintervention

Kurz nach dem Ereignis sind die Interventionen auf eine rasche Reduktion der (verbleibenden) Symptome und auf die Förderung und Bewältigung des Erholungsprozesses bzw. der Bewältigung des aktuellen Ereignisses im »Hier und Jetzt« ausgerichtet. Die natürlichen Prozesse der Erholung und Bewältigung werden erleichtert bzw. beschleunigt, eine rasche psychische Stabilisierung gefördert, die Betroffenen dabei unterstützt, ihre Welt »danach« neu zu ordnen bzw. Anschluss an das normale Leben zu finden. Dies geschieht durch verschiedene Maßnahmen der psychischen Stabilisierung (▶ Übersicht).

Maßnahmen der psychischen Stabilisierung

- **Information** über psychische Folgen von Traumatisierung; Stärkung der Hoffnung auf Normalität
- **Stärkung von Ressourcen**, einerseits der äußeren durch Aktivierung sozialer Netzwerke, andererseits Aktivierung eigener Ressourcen, z. B. durch imaginative Techniken; Förderung hilfreicher individueller Verarbeitungsprozesse und -möglichkeiten; Einsatz spezifischer Interventionen und Techniken (Atem, Körper, imaginative Verfahren) zu **Beruhigung und Distanzierung**, um (anhaltende) Angst- und Stressreaktionen zu reduzieren bzw. aufzuheben und möglichen Folgestörungen vorzubeugen
- **Einleitung einer individuellen psychotherapeutischen Behandlung** bei entsprechenden Hinweisen zur Indikation

48.3.3 Debriefing

Als Methode der akuten Intervention nach Notfällen bzw. traumatischen Situationen im Fall von Gruppen- wie auch Einzelereignissen hat sich das sog. **Debriefing** international etabliert. Dabei handelt es sich um ein 7-stufiges Verfahren, das eine kontrollierte rationale und emotionale Auseinandersetzung mit dem Ereignis und dessen Be- und Verarbeitung wie auch die Prävention psychischer Folgestörungen zum Ziel hat (▶ Kasten).

Das psychologische Debriefing (»critical incident stress debriefing«; CISD) wurde in den 1980er Jahren in den USA von Mitchell und Dyregrof entwickelt (Mitchell & Dyregrof, 1993). Traumatische Ereignisse werden in Form strukturierter Gruppengespräche bearbeitet, wobei angestrebt wird, eine Reduktion von Häufigkeit, Intensität und Dauer der Stressbelastungssymptome und die Möglichkeit eines inneren Abschlusses des Notfallerlebens zu erreichen. Das Debriefing kann aber auch in der Einzelbehandlung Betroffener eingesetzt werden. Es sollte erst nach einer gewissen Zeit der körperlichen Regeneration und der psychischen Stabilisierung, auf jeden Fall nach Ende der Akutphase und nicht früher als 3 Tage nach dem Ereignis stattfinden.

Ein klassisches Debriefing umfasst verschiedene Stufen der Konfrontation mit der traumatischen Erfahrung und beinhaltet eine aufeinander folgende detaillierte Rekonstruktion des Geschehens auf faktischer, kognitiver und emotionaler Ebene (Perren, 2001; Hausmann, 2003).

Debriefing – ein Fallbeispiel

Ein Architektenteam von sechs Mitarbeitern hatte, wie üblich, eine monatliche Teamsitzung. In der Pause verließ Frau K., eine 42-jährige Mitarbeiterin, den Sitzungsraum und kehrte nicht wieder zurück. Die Kollegen fuhren zunächst mit ihrer Besprechung fort, waren jedoch zunehmend irritiert und begannen nach ca. einer halben Stunde ihre Kollegin in dem weitläufigen Gebäude zu suchen. Eine der Frauen fand diese dann schließlich in einer Toilettenkabine tot vor. Wie sich später herausstellte, war der Tod aufgrund eines unerkannten Herzleidens eingetreten. Die Mitglieder des Teams waren sehr betroffen von dem Ereignis und zeigten in der Folge charakteristische, zum Teil recht starke Belastungsreaktionen und waren auch unsicher im Umgang mit dem Geschehen und ihren Reaktionen darauf.

Ein Debriefing-Treffen unter professioneller Leitung fand eine Woche nach dem Ereignis im damaligen Sitzungsraum statt. Struktur und Rahmen des Debriefing sollten den Teilnehmern Halt geben und es ermöglichen, auftretende Erinnerungen zuzulassen und mitzuteilen. Sie wurden einführend über den Zweck des Debriefing und das Vorgehen informiert. Dann wurde das Geschehen an diesem Abend von den Teilnehmern gemeinsam chronologisch und detailliert auf der faktischen Ebene rekonstruiert von dem Moment an, bevor sie anfingen, Frau K. zu vermissen, bis zu dem Moment, wo jeder wieder zu Hause war. Anschließend wurden Gedanken und Überzeugungen, die während des Ereignisses auftauchten, formuliert und mitgeteilt.

Die Emotionsphase, die gezielte Konfrontation mit belastenden Gefühlen, wurde vermieden, um Verstärkungen oder Reaktivierungen von Belastungsreaktionen vorzubeugen. Der Fokus lag auf einer gemeinsamen Auseinandersetzung und Bewältigung des Ereignisses sowie der Aktivierung von Gruppenressourcen und Selbsthilfeinitiativen. Die Teilnehmer wurden über verschiedene Belastungsreaktionen und mögliche kognitiv-emotionale Folgen solcher Erfahrungen informiert und auf mögliche Bewältigungsstrategien hingewiesen. Vor der Phase des Wiedereintritts, der Rückkehr in die aktuelle Realität und den Fragen einer etwaigen individuellen Weiterbetreuung, nahmen die Teilnehmer noch als Gruppe und je persönlich von der Verstorbenen Abschied, indem sie z. B. einige Worte der persönlichen Erinnerung sprachen oder eine Abschiedsgabe an ihrem Platz niederlegten.

Ein Telefonat einige Tage nach dem Debriefing bestätigte eine positive Wirkung auf die Teilnehmer. Ein Teilnehmer hatte den Wunsch nach einer weiteren (kurzfristigen) individuellen psychologischen Unterstützung; bei einer Teilnehmerin war aufgrund der unvermindert anhaltenden Symptomatik sowie anderer Faktoren eine weiterführende psychologisch-psychotherapeutische Behandlung angezeigt und erwünscht.

Mittlerweile zeigen Forschungsresultate (Fischer, 1998) jedoch, dass insbesondere die emotionale Konfrontation, die Fokussierung auf die während des Ereignisses erlebten Gefühle, durchaus nicht immer zu einer erhofften und erwarteten Entlastung führte, sondern dass der Zustand der Betroffenen sich teilweise sogar erheblich verschlechterte und psychische Belastungssymptome reaktiviert bzw. verstärkt wurden. Es scheint, dass das Debriefing, zu früh eingesetzt, überfordert bzw. auf ungünstige Art mit natürlichen Selbstheilungsprozessen interferiert. So ist es in seiner klassischen, vollständigen Form akut nicht uneingeschränkt zu empfehlen, und es wird heute kurz nach traumatischen Ereignissen auch eher auf eine emotionsgeladene Aufarbeitung des Geschehenen verzichtet und eine Beschränkung auf die sachliche Ebene, auf Information, auf Austausch von Tatsachen und auf praktische Hilfe vorgenommen.

Literatur

Referenzliteratur

Fischer, G. (2001). Neue *Wege nach dem Trauma*. Konstanz: Vesalius.

Gschwend, G. (2004.). *Notfallpsychologie und Trauma-Akuttherapie* (2. Aufl). Bern: Huber.

Hausmann, C. (2003). *Handbuch Notfallpsychologie und Traumabewältigung*. Wien: Facultas.

Perren, G. (2001). *Debriefing – Erste Hilfe durch das Wort*. Bern: Haupt.

Zitierte Literatur

Fischer, G. & Riedesser, P. (1998). *Lehrbuch der Psychotraumatologie*. München: Reinhardt.

Gschwend, G. (2004). *Trauma-Psychotherapie*. Bern: Huber.

Herman, J.L. (1993). *Die Narben der Gewalt*. München: Kindler.

Kardiner, A. (1941). *The traumatic neuroses of war*. New York: Paul B. Hoeber.

Mitchell, J.T. & Dyregrov, A. (1993). Traumatic stress in disaster workers and emergency personell: Prevention and intervention. In J.P. Wilson & B. Raphael (Eds.), *International handbook of traumatic stress syndromes* (pp. 905–914). New York: Plenum Press.

Netzwerk Psychologie AG (1993). *Notfallpsychologie*. Verfügbar unter: www.netzwerk-psychologie.net [Juni 2004].

49 Erziehungs- und Schulpsychologie

E. Stern, A. Felbrich

49.1 Schule als Vermittlerin zwischen Kultur und Individuum

Seit mindestens 40.000 Jahren wird die Erde von Menschen bevölkert, deren Gehirne den unsrigen entsprechen. Wenn es gelänge, aus Überresten eines Steinzeitmenschen ein Lebewesen zu klonen, so dürfte dieses in Aussehen und Verhalten nicht wesentlich von gegenwärtig lebenden Menschen abweichen. Verglichen mit der Dauer seiner biologischen Existenz sind die kulturellen Hinterlassenschaften des Menschen dagegen recht jung. Logographische Schriften gibt es seit etwa 5000 Jahren, und die ersten mathematischen Symbole lassen sich auf etwa 1000 v. Chr. zurückdatieren. Archimedes, der das Konzept der Dichte entwickelte, und Pythagoras, auf den die Geometrie zurückgeführt werden kann, lebten vor etwas mehr als 2000 Jahren. Jahrhunderte lang behalf man sich in unseren Breiten bei der Quantifizierung mit dem wenig flexiblen römischen Zahlensystem, in dem weder eine Null noch ein Stellensystem vorgesehen sind. Erst vor 800 Jahren wurde das arabische Zahlensystem in Europa gebräuchlich und regte hier – z. B. bei Adam Riese – die Entwicklung neuer Rechenarten an. Vor etwa 400 Jahren wurde im Umkreis von Descartes und Leibnitz die lineare Algebra begründet. Newtons Gesetze der Mechanik, welche die Erklärung physikalischer Vorgänge revolutionierten, wurden vor 300 Jahren formuliert.

Vor einem halben Jahrhundert wurden die biochemischen Gesetzmäßigkeiten der Vererbung entdeckt und ermöglichten in den folgenden Jahrzehnten die Entschlüsselung des Genoms von Organismen.

Die angesprochenen Meilensteine der kulturellen Entwicklung sind Teil des schulischen Curriculums. Es wird erwartet, dass normal begabte junge Menschen in wenigen Jahren Kompetenzen erwerben und wissenschaftliche Erklärungen verstehen, deren Erarbeitung die Menschheit unter maßgeblicher Beteiligung Hochbegabter Jahrhunderte oder Jahrtausende gekostet hat.

Die Schul- und Erziehungspsychologie beschäftigt sich mit der Frage, welche individuellen Voraussetzungen aufseiten der Schüler und welche institutionellen Voraussetzungen aufseiten der Schul- und Erziehungssysteme die erwähnten geistigen Sprünge erlauben. Dabei ist der Blick jedoch häufiger auf die Misserfolge als auf die Erfolge des Lernens gerichtet. Warum tun sich manche Kinder so schwer mit dem Erwerb der Schriftsprache, während andere Lesen und Schreiben ganz nebenbei lernen? Warum scheitern Schüler, die die Grundrechenarten perfekt beherrschen, wenn sie sie beim Lösen von Textaufgaben anwenden sollen? Warum verlassen sich viele Menschen trotz eines Physikunterrichtes, in dem wissenschaftliche Konzepte wie Dichte und Kraft behandelt wurden, auf ihre Alltagserklärungen? Auch wenn Newtons Gesetze der Mechanik ausgiebig besprochen wurden, wird die Frage, warum ein geworfener Ball seine Bewegung nicht geradlinig fortsetzt, sondern auf den Boden fällt, nicht selten mit dem Satz beantwortet: »Weil er den Schwung, den man ihm gegeben hat, verbraucht hat.«

Der erfolgreiche Schulbesuch stellt aber nicht nur eine Herausforderung für die geistige Leistungsfähigkeit dar, sondern greift auch in die emotionale und motivationale Entwicklung eines Menschen ein. Schulisches Lernen setzt die Fähigkeit zum Belohnungsaufschub voraus. Sechsjährige Kinder müssen ihren spontanen Kommunikations- und Bewegungsdrang zügeln, um Buchstaben zu lernen, die es ihnen später einmal erlauben sollen, interessante Dinge zu lesen. Man muss englische Vokabeln pauken, ohne dass man erlebt hat, wie schön es ist, sich in einem fremden Land mit den Bewohnern unterhalten zu können. Durch das gemeinsame Lernen mit anderen Kindern werden eigene Stärken und Schwächen verdeutlicht, und Letzteres kann so frustrierend sein, dass die Lust am Lernen verloren geht, bevor sie richtig eingesetzt hat.

Schule ist eine von Menschen geschaffene Einrichtung, an die ganz bestimmte Ziele und Erwartungen geknüpft sind. Unter welchen Voraussetzungen diese Erwartungen erfüllt werden und wann es zu Zielkonflikten kommen kann, sind genuin psychologische Fragen und daher seit längerem Gegenstand der Forschung. Mindestens genauso interessant sind jedoch aus psychologischer Sicht die Auswirkungen des Schulbesuchs auf die Persönlichkeitsentwicklung von Menschen.

49.1.1 Gute Lehrer wissen, wie Schüler lernen: der Beitrag der Psychologie zur Gestaltung von Lernumwelten

In der schulischen Praxis beschäftigen sich Psychologen vorwiegend mit besonders ausgeprägten Problemen des Lernens. Wird ein Schüler verhaltensauffällig oder treten massive Fälle von Lese-Rechtschreib-Schwäche auf, ist der schulpsychologische Dienst gefordert. Erst allmählich wird realisiert, dass die Psychologie ihren Beitrag nicht erst dann leisten sollte, wenn »das Kind in den Brunnen gefallen« ist, sondern bereits für den »Normalfall« des Lernens wissenschaftliches Rüstzeug bereitstellen kann. Auch wenn nur wenige Psychologen auf eigene professionelle Lehrerfahrungen mit Kindern zurückblicken können, so hat ihr Fachgebiet doch Wissen hervorgebracht, welches Lehrern bei der Gestaltung des Unterrichtes und der Reflexion ihrer Lehrerfahrung nützen kann.

Man weiß inzwischen, dass man gute Lehrer vor allem an ihrer Fähigkeit zur Beurteilung von Lernprozessen erkennt (dazu: Staub, 2001). Gute Lehrer wissen, wie Schüler lernen. Sie wissen, welche Missverständnisse beim Verstehen bestimmter Zusammenhänge auftreten können, weil Menschen neue Information immer an bestehendes Wissen anknüpfen – selbst wenn dieses nicht passt. Gute Lehrer können aus den Fehlern ihrer Schüler Rückschlüsse auf das zugrunde liegende Wissen ziehen. Kommt der Fehler zustande, weil bestimmte Routinen noch nicht ausreichend automatisiert sind, oder haben die Schüler Überzeugungen, die im Widerspruch zu der gängigen Lehrmeinung stehen? In beiden Fällen muss ein Lehrer mit Übungsangeboten reagieren, aber natürlich mit unterschiedlichen.

Gute Lehrer verfügen über ein großes Repertoire an Hilfestellungen, die sie in Abhängigkeit von den Problemen der Schüler einsetzen können. Für diese Art von professionellem Lehrerwissen wurde von dem kalifornischen Lernforscher Lee Shulman der Begriff »fachspezifisches pädagogisches Wissen« eingeführt. Mit diesem Begriff soll betont werden, dass Lehrer nicht nur das von ihnen unterrichtete Fachgebiet beherrschen und über allgemeines pädagogisches Wissen über Lehr-Lern-Prozesse verfügen müssen, sondern auch die Schwierigkeiten der Schüler beim Erwerb bestimmter Inhalte kennen sollten (▶ Kasten »Beispiele für fachspezifisches pädagogisches Wissen von Lehrern«).

Beispiele für fachspezifisches pädagogisches Wissen von Lehrern

Lehrer, die Schulanfängern Lesen und Schreiben beibringen, müssen wissen, welche Lautkombinationen leicht und welche schwer in Buchstabenkombinationen abzubilden sind. Im Grundschulunterricht der Mathematik muss man wissen, dass die Schwierigkeiten beim Lösen von Textaufgaben von der Art der Formulierung abhängen, und dass mit der Vorgabe von nicht zu einfach formulierten Textaufgaben ein tiefer gehendes mathematisches Verständnis gefördert werden kann. Wenn man als Grundschullehrer mit den Kindern Wiegen und Messen behandelt, sollte man wissen, dass die intuitive Gewichtsvorstellung der Kinder vom subjektiven Gewichtsempfinden abhängt (Carey & Gelman, 1991). Sie sagen, dass ein einzelnes Reiskorn für einen Menschen kein Gewicht hat, für eine Ameise hingegen schon. Ältere Schüler haben – wie weiter oben schon angesprochen – feste Überzeugungen und Erklärungen (ein geworfener Gegenstand fällt zu Boden, weil der Schwung, den man ihm gegeben hat, verbraucht ist). Sollen Schüler proportionale Konzepte wie Geschwindigkeit oder Stückpreis aus dem Graphen einer linearen Funktion ableiten, so konzentrieren sie sich zunächst eher auf die Länge der Geraden statt auf ihre Steigung. Lehrer, die entweder gar nicht oder aber abschätzig auf das mehr oder weniger adäquate Vorwissen ihrer Schüler eingehen, werden auch bei sehr gut vorbereitetem Unterricht scheitern (Koerber, 2003).

Bei der Vielfalt der Inhalte und den großen interindividuellen Unterschieden zwischen den Schülern wäre es ein Ausdruck von Unprofessionalität, von Lehrern zu erwarten, dass sie selbst herausfinden, mit welchen Voraussetzungen und welchem Vorwissen ihre Schüler in den Unterricht kommen. Das wäre, wie wenn man von jedem Arzt erwartete, dass er alle Behandlungstechniken und Medikamente selbst erfindet. Der schulische Alltag bietet den Lehrern nur selten Gelegenheit, das Wissen der Schüler im Detail zu erforschen. In psychologischen Studien hingegen, die nicht direkt auf eine Verbesserung der schulischen Lerngelegenheiten ausgerichtet waren, konnte manches über die Vorstellungen und das Wissen von Schülern herausgefunden werden, was bei der Gestaltung erfolgreicher Lerngelegenheiten Berücksichtigung fand.

Wenn sich Psychologen, die selbst nicht über Unterrichtserfahrung verfügen, mit Fragen der schulischen Erziehung beschäftigen, dann geschieht dies in der Regel nicht mit dem Anspruch, den Lehrern zu zeigen, wie man richtig unterrichtet. Auch in der Medizin erhebt der Anatom, zumal wenn er nur an Leichen arbeitet, nicht den Anspruch, besser operieren zu können als der Chirurg. Aber wenn es um die Entwicklung neuer Operationstechniken geht, wird sich der Chirurg natürlich auf das in der Anatomie entwickelte Wissen stützen. In diesem Sinne kann auch die Psychologie Wissen zur Verfügung stellen, das bei der Auswahl der Lerninhalte und der Gestaltung schulischer Lernumgebungen genutzt werden sollte. Manches von diesem Wissen ist eher allgemeiner Natur und kann deshalb breit eingesetzt werden. Anderes – wie an den bereits genannten Beispielen demonstriert – kann beim Unterrichten ganz bestimmter Inhalte Berücksichtigung finden.

Die Hinwendung der Psychologie zum »Normalfall« des schulischen Lernens brachte eine stärkere interdisziplinäre Ausrichtung mit sich. Inzwischen arbeiten Fachdidaktiker, Pädagogen und Psychologen gemeinsam an Fragestellungen zum schulischen Lernen. Diese Form der Kooperation wird als Lehr-Lern-Forschung bezeichnet, und dieser Begriff wird inzwischen auch zur Bezeichnung von Professuren und Forschungsinstitutionen herangezogen.

49.1.2 Forschungsdesigns in der Lehr-Lern-Forschung

Ziel der Lehr-Lern-Forschung ist es herauszufinden, unter welchen Bedingungen schulisches Lernen erleichtert oder erschwert wird. Dazu gehören Merkmale der Lernumgebung (Schule, Unterricht, Lehrerpersönlichkeit, Lernmaterial), der Schüler (Intelligenz, Motivation, Vorwissen) und der außerschulischen Umwelt (Elternhaus, Peer Group). Dabei bedient sich die Lehr-Lern-Forschung sowohl experimenteller als auch korrelativer Methoden.

Experimentelle Designs

Experimentelle Designs mit abhängigen wie unabhängigen Gruppen (▶ Kap. 2) kommen zum Einsatz, wenn bestimmte Aspekte der Lernumgebung systematisch variiert werden. Möchte man herausfinden, was bestimmte Aufgaben leicht bzw. schwer macht, arbeitet man häufig mit abhängigen Gruppen, d. h., alle Versuchsteilnehmer erhalten die gleichen Aufgaben, jedoch in ausbalancierter Reihenfolge, um sicherzustellen, dass eine Aufgabe nicht deshalb besonders schwer ist, weil sie an erster Stelle stand, oder besonders leicht, weil sie zuletzt präsentiert wurde. Mit Hilfe eines solchen Designs konnte beispielsweise gezeigt werden, dass sich Aufgaben mit vergleichbarer formaler Struktur massiv in ihrer Schwierigkeit unterscheiden können, und zwar in Abhängigkeit von der beschriebenen Situation. So lösen über 80% der Zweitklässler die Aufgabe: »Zuerst hatte Peter 8 Murmeln. Dann verlor er 3 Murmeln. Wie viele Murmeln hat Peter jetzt?«, während die Aufgabe: »Peter hat 8 Murmeln. Er hat 3 Murmeln mehr als Hans. Wie viele Murmeln hat Hans?« von weniger als 20% derselben Schüler gelöst wird. Auch bei älteren Schülern finden sich ähnliche Diskrepanzen bei Aufgaben der entsprechenden Schwierigkeitsstufe (Multiplikations- und Divisionsaufgaben bei Viertklässlern, Algebraaufgaben am Ende der Sekundarstufe; mehr dazu Stern, 1997).

Vorgehensweise experimenteller Trainingsstudien

Ein zentrales Anliegen der Lehr-Lern-Forschung ist es, die Effekte unterschiedlicher Lernumgebungen miteinander zu vergleichen. Man spricht in diesem Zusammenhang auch von experimentellen Trainingsstudien. Machen Schüler einen größeren Lernfortschritt, wenn sie eine Gesetzmäßigkeit selbst entdecken oder wenn der Lehrer eine entsprechende Erklärung vorgibt? Ist der Einsatz computergesteuerter Lernumgebungen von Nutzen? Sollte man Schüler im Fremdsprachen- oder Mathematikunterricht zuerst Fakten üben lassen und anschließend am Verständnis arbeiten, oder sollte man in umgekehrter Reihenfolge vorgehen? Solche Fragen erfordern ein experimentelles Trainingsdesign.

Sind positive oder negative Transfereffekte zu erwarten, d. h., ist zu erwarten, dass das Bearbeiten einer Aufgabe Auswirkungen auf das Bearbeiten der folgenden Aufgaben hat, arbeitet man mit unabhängigen Gruppen. Eventuelle Unterschiede in den Ausgangsleistungen werden über Vortests kontrolliert, und die verschiedenen Gruppen werden hinsichtlich ihres Zugewinns vom Vortest zum Nachtest verglichen.

Ein einfaches, aber bei näherem Hinsehen wenig aussagekräftiges Vorgehen ist der Vergleich mit einer unbehandelten Kontrollgruppe, bei dem eine Gruppe von Schülern eine spezielle Lerneinheit erhält, während andere Schüler nach einer konventionellen Methode unterrichtet werden. Aus einer eventuellen Überlegenheit der Lerngruppe im

Vergleich zur Kontrollgruppe kann man keine wissenschaftlich interessanten Schlüsse ziehen. Man kann bestenfalls sagen, dass mit der Lerneinheit Effekte erzielt wurden, nicht aber, auf welche Aspekte der Lerneinheit die gewünschten Effekte zurückzuführen sind (Hasselhorn & Hager, 1998). Aussagekräftiger sind Vergleiche zwischen unterschiedlichen Lernbedingungen, die aus Theorien der Lern- und Kognitionspsychologie abgeleitet wurden. So können Lernforscher vor der Frage stehen, ob bestimmte kostspielige und aufwändige Elemente einer Lerneinheit wirklich den erwünschten Nutzen haben. Beispielsweise wurden große Hoffnungen auf computeranimierte Lern umgebungen gesetzt, deren Erstellung recht teuer ist. Inzwischen zeigen beispielsweise Studien zu multimedialen Lernumgebungen, dass die Erwartungen, die in die Computeranimationen gesetzt wurden, überzogen waren. Häufig fielen die Leistungen in Lernumgebungen mit bewegten Bildern sogar schlechter aus als in Lernumgebungen mit statischen Bildern (Tversky, im Druck). Die Autorin erklärt dies mit der beim Menschen suboptimal ausgeprägten Fähigkeit zur Wahrnehmung und Erinnerung von Bewegungen.

Probleme experimenteller Trainingsstudien

So verlockend die Möglichkeit zur Durchführung experimenteller Trainingsstudien auf den ersten Blick klingt, so vielfältig sind auf den zweiten Blick die Probleme, die mit diesem Vorgehen verbunden sind. Experimentelles Vorgehen im strengen Sinne ist nur selten zu realisieren. Vergleicht man zwei Lerneinheiten miteinander, so unterscheiden sich diese selten nur in der einen Dimension, die man variieren möchte. Vielmehr gehen mit der Variation dieser Dimension weitere Variationen einher, sodass es zur **Konfundierung von Variablen** kommt. Möchte man multimediale Lernumgebungen mit animierten und statischen Bildern vergleichen, wird man bald erkennen, dass sich nicht immer die gleichen Bilder verwenden lassen. Würde man es wider besseres Wissen dennoch tun, würde man eine der beiden Lernbedingungen benachteiligen und könnte deshalb nicht auf eine prinzipielle Überlegenheit der anderen Bedingung schließen. Die angemessenere Vorgehensweise in der experimentellen Lernforschung ist deshalb, die Lernzeit in allen Bedingungen konstant zu halten und darüber hinaus jede der getesteten Lernumgebungen auf der Grundlage lernpsychologischer Theorien optimal zu gestalten. Wenn es beispielsweise sinnvoll scheint, bei bewegten Bildern andere Farben zu verwenden als bei statischen Bildern, so sollte man dies tun, auch wenn man dann natürlich die Unterschiede zwischen den Gruppen nicht allein auf einer Dimension interpretieren darf.

Gegen die strengen Regeln des Experimentierens wird auch verstoßen, wenn die **Zuordnung der Versuchsteilnehmer** zu den Bedingungen nicht nach dem Zufall erfolgen kann, sondern sich aus der Sachlogik ergibt. Diese kann so trivial sein, dass die dahinter stehende Problematik übersehen wird und zu weit reichenden Fehlinterpretationen

führt. Möchte man Effekte des Geschlechts der Lehrer auf den Lernerfolg und die Motivation der Schüler erfassen, so kann man die Lehrer ja nicht nach dem Zufall einem Geschlecht zuordnen. Vielmehr muss man in Kauf nehmen, dass das Geschlecht auch mit anderen Variablen wie Körpergröße oder Kleidung konfundiert ist. Man hat also kein experimentelles, sondern ein quasi-experimentelles Design realisiert, weil man eine bereits im Forschungsfeld vorgefundene, nicht beeinflussbare Variation betrachtet. Dies ist auch der Fall, wenn man unterschiedliche Lernbedingungen in verschiedenen Schulklassen realisiert. Selbst wenn die Zuordnung der Klassen zu den Versuchsbedingungen nach dem Zufall erfolgt, so erfolgt doch die Zuordnung der Versuchspersonen zu den Bedingungen nicht nach dem Zufall, sondern nach der Klassenzugehörigkeit. Die gemeinsamen Erlebnisse in der jeweiligen Klasse können den Lernerfolg der Schüler beeinflussen, vielleicht sogar stärker als die im experimentellen Treatment hergestellte Lernbedingung.

Diesem Problem der Konfundierung begegnet man mit konservativen Methoden der Datenanalyse, z. B. der hierarchischen linearen Modellierung (HLM; Bryk & Raudenbusch, 1992). Vereinfacht gesprochen wird bei diesen Analysen sichergestellt, dass Lerneffekte tatsächlich auf das Treatment und nicht auf Besonderheiten bestimmter Schulklassen zurückzuführen sind. Mehrebenenanalysen erlauben es zudem, den Einfluss von Merkmalen auf Schülerebene (z. B. Geschlecht, Intelligenz) sowie auf Klassenebene (Lehrervariablen, Klassengröße, mittlere Leistungsstärke der Klasse) auf die abhängige Variable (z. B. Leistungszuwachs) zu erfassen.

Zentrale Ergebnisse der experimentellen Unterrichtsforschung

Seit es dank der Computer möglich ist, komplexe Datensätze in Sekundenschnelle zu analysieren, wurden sehr viele größere Unterrichtsstudien durchgeführt, in denen zahlreiche Vorurteile über schulisches Lernen korrigiert werden konnten (Zusammenfassung bei Helmke, 2003). Dazu gehört beispielsweise die Auffassung, wonach die Verringerung der Klassenstärke eine effiziente Methode zur Verbesserung der Schülerleistungen ist. Für diese Annahme gibt es jedoch keine empirische Evidenz, d. h., es findet sich kein Zusammenhang zwischen **Klassengröße und Lernfortschritt**. Erklärt wird dieses Ergebnis damit, dass in der Schule vorwiegend Unterrichtsmethoden eingesetzt werden, bei denen die Vorteile einer kleineren Klasse nicht zum Tragen kommen.

Als ein weiteres zentrales Ergebnis der Unterrichtsforschung bleibt festzuhalten, dass die Suche nach der einzig angemessenen **Unterrichtsform** nicht sinnvoll ist. Frontalunterricht ist nicht per se besser oder schlechter als Gruppenunterricht oder offener Unterricht. Die größeren Lernerfolge sind vielmehr in Klassen zu beobachten, in denen eine Vielfalt verschiedener Lernmethoden angeboten und

Franz E. Weinert

Franz E. Weinert wurde 1930 in Komotau (heute Chomutov, Tschechische Republik) geboren. Nach dem Krieg wurde er zunächst als Lehrer ausgebildet und arbeitete in diesem Beruf, während er parallel dazu Psychologie studierte und eine wissenschaftliche Laufbahn einschlug. Nach Professuren für Pädagogische Psychologie und Entwicklungspsychologie an den Universitäten Bamberg und Heidelberg wurde er zum Gründungsdirektor des Max-Planck-Instituts für Psychologische Forschung in München berufen. Er starb 2001 in München.

Franz Weinert prägte im ausgehenden 20. Jahrhundert die deutsche Forschung zum schulischen Lernen wie kaum ein Zweiter. Neben vielen anderen wissenschaftlichen Verdiensten sind ihm entscheidende Beiträge zur Bedeutung des Wissens für die geistige Entwicklung zu verdanken.

Je breiter das Angebot an Hilfestellungen ist, die ein Lehrer geben kann, umso größer wird auch der Lernerfolg in seiner Klasse sein. Unterricht, der auf selbst organisiertes Lernen abzielt, kann nur erfolgreich sein, wenn die Lernenden Strukturen vorfinden, innerhalb derer sie sich orientieren können (Weinert & Helmke, 1997).

Längsschnittstudien

Die Krönung der Lehr-Lern-Forschung stellen zweifellos Längsschnittstudien dar, die es erlauben, die Stabilität und Variabilität interindivdueller Unterschiede in Abhängigkeit von schulischen und außerschulischen Einflussfaktoren zu verfolgen. Am Max-Planck-Institut für psychologische Forschung in München wurden unter Leitung von Franz E. Weinert (▶ Kurzbiographie) die Studien LOGIK und SCHOLASTIK initiiert. ◻ Abbildung 49.1 gibt das Design der Studien wieder. In kurzen Abständen wurden Intelligenztests, Leistungstests in unterschiedlichen Funktions- und Leistungsbereichen (Gedächtnis, Metakognition, Mathematik, Schriftspracherwerb) sowie Fragebögen zu Persönlichkeitsmerkmalen und motivationalen Variablen vorgegeben. Befragungen von Personen aus dem sozialen Umfeld (Eltern, Freunde) sowie die Erfassung von schulischen Einflussfaktoren runden das Bild ab. Bei Weinert und Schneider (1999), Weinert und Helmke (1997), Weinert (1998) sowie Schneider und Knopf (2003) sind die Befunde zusammengefasst, auf die teilweise noch eingegangen wird.

49.2 Intelligent strukturiertes Wissen als der Schlüssel zum Können

Schule soll auf die noch unbekannten Anforderungen des späteren Lebens vorbereiten, weshalb die Auswahl schulischer Lerninhalte eine besondere Herausforderung für alle Beteiligten darstellt. Was hilft es dem späteren Verfasser von Gebrauchsanweisungen für Haushaltsgeräte, wenn er im Deutschunterricht Gedichte interpretiert hat? Was hilft es, wenn man in der Schule Französisch gelernt hat, im spä-

an die Inhalte angepasst wird. Guter Unterricht ist auf vielfältige, aber nicht auf beliebige Weise zu realisieren. Die größte Herausforderung für gute Lehrer besteht darin, einerseits der Tatsache Rechnung zu tragen, dass Lernen stets ein aktiver Konstruktionsprozess ist, bei dem die Lernenden ihr bestehendes Wissen auf der Grundlage eingehender Informationen aktiv verändern, und andererseits im rechten Moment Hilfestellungen anzubieten.

◻ **Abb. 49.1.** Das Design der Münchener Längsschnittstudien

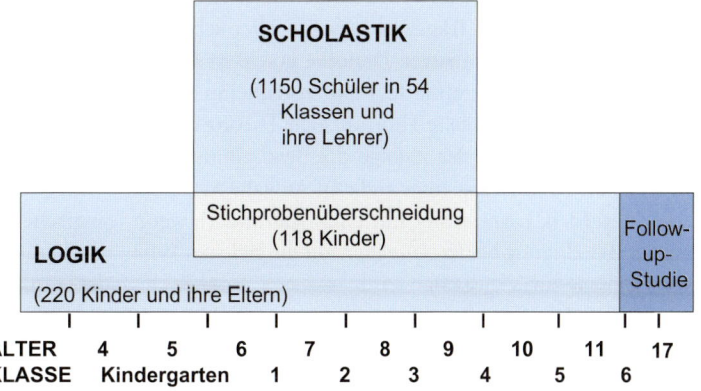

teren Leben aber ein attraktives Angebot aus Spanien erhält? Sollte man nicht, statt seine Zeit mit dem Erwerb von Wissen zu verbringen, das später doch nicht gebraucht wird, lieber Lernen lernen und seinen Geist unspezifisch trainieren, sodass er auf die unterschiedlichsten Anforderungen eingestellt ist? Die formale Bildungstheorie, welche insbesondere zur Begründung unseres höheren Bildungssystems herangezogen wurde, basiert tatsächlich auf derartigen Annahmen (Weinert & Schrader, 1997).

Vom altsprachlichen Unterricht wurde beispielsweise ein unspezifisches Training des Geistes erwartet, und in der Mathematik wurden angewandte Aspekte bewusst ausgeblendet. Die Forschung zum Lerntransfer zeigt jedoch, dass nicht unspezifische kognitive Mechanismen wie z. B. Abstraktionsfähigkeit, sondern bereichsspezifisches Wissen die Grundlage menschlicher Kognition ist. Der bloße Umstand, dass zwei Aufgaben in struktureller Hinsicht übereinstimmen, reicht nämlich für sich genommen noch nicht aus, um zu garantieren, dass eine Person, die die eine Aufgabe lösen kann, auch imstande ist, die andere Aufgabe zu bewältigen: Aufgaben aus unterschiedlichen Inhaltsgebieten können sich trotz isomorpher Struktur deutlich in ihrer Schwierigkeit unterscheiden. Im vorangegangenen Abschnitt wurde dies am Beispiel mathematischer Textaufgaben bereits demonstriert. Auch für Aufgaben zum Problemlösen und zum schlussfolgernden Denken ergeben sich ähnliche Befunde (▶ Kap. 15).

49.2.1 Die Theorie der gemeinsamen Wissenselemente

Bereits vor mehr als hundert Jahren hat Edward Thorndike (▶ Kurzbiographie) die Theorie der gemeinsamen Wissenselemente als Gegenpol zur Theorie der formalen Bildung aufgestellt und nach empirischer Evidenz gesucht.

Zusammen mit Woodworth veröffentlichte Thorndike bereits 1901 ein entscheidendes Experiment zu den Grundlagen des Lerntransfers: Zunächst wurden Versuchsteilnehmer darin trainiert, den Flächeninhalt von Dreiecken unterschiedlicher Größen zu schätzen. Nachdem sich deutliche Kompetenzzuwächse zeigten, wurde die Schätzung der Fläche von bisher nicht verwendeten geometrischen Formen wie Kreisen und Trapezen verlangt. Hier schnitten Versuchsteilnehmer, die zuvor Dreiecke geschätzt hatten, nicht besser ab als untrainierte Versuchsteilnehmer. Aus diesem Ergebnis entwickelte Thorndike die Theorie der gemeinsamen Elemente, der zufolge die Bearbeitung einer Aufgabe die Bearbeitung einer anderen Aufgabe nur dann erleichtert (d. h. Lerntransfer nur dann stattfindet), wenn bei der Bewältigung beider Aufgaben auf die gleichen Wissenselemente zurückgegriffen wird.

Auch andere Experimente zeigen, dass es zur Übertragung bekannter Lösungsstrategien auf neue Inhaltsbereiche nur dann kommt, wenn bei der Transferaufgabe die glei-

Edward L. Thorndike

Edward L. Thorndike wurde 1874 in Williamsburg, Massachusetts, geboren. Er beschäftigte sich zunächst wie auch andere US-amerikanische Psychologen seiner Zeit mit dem Lernen durch Belohnung bei Ratten. Früher als andere Kollegen wagte er sich an die Erforschung komplexer Lernprozesse beim Menschen heran und forschte zu Fragen des schulischen Lernens. Am Teacher College der Columbia University in New York bildete er Lehrer aus. Thorndike erkannte, dass man entgegen den Annahmen der formalen Bildungstheorien den menschlichen Geist nicht unspezifisch trainieren kann, sondern dass bereichsspezifisches Wissen der Schlüssel zum Können ist. Inzwischen wurden auf der Grundlage seiner Theorie der gemeinsamen Wissenselemente neuere kognitionswissenschaftliche Theorien des Wissenstransfers entwickelt. Thorndike starb 1949 in Montrose, New York.

chen Wissenselemente genutzt werden können wie bei den Aufgaben, mit denen diese Strategien eingeübt wurden. Es gehört mittlerweile zu den am häufigsten replizierten Befunden in der kognitiven Psychologie, dass der Lerntransfer ausbleibt, wenn diese Übereinstimmung der Wissenselemente fehlt. Da das für den Lerntransfer erforderliche Wissen spezifisch auf die Anforderungssituation zugeschnitten ist, spricht man in diesem Zusammenhang auch von der Situiertheit der Kognition (Detterman & Sternberg 1993).

Ungeachtet dieser empirischen Befunde beeinflusst die Idee der formalen Bildung, die auf der Vorstellung vom unspezifischen Lerntransfer beruht, weiterhin unsere Schulkultur. Manchen Schulfächern wie z. B. dem Lateinunterricht wird noch immer eine unspezifische Verbesserung des logischen Denkens und der allgemeinen Lernfähigkeit nachgesagt, obwohl Edward Thorndike bereits 1901 keinerlei Transfereffekte dieses Faches auf die Leistung in anderen Schulfächern finden konnte. Einhundert Jahre später konnten Haag und Stern (2000, 2003) dies mit neueren Methoden der Statistik an deutschen Schülern zeigen. In Einklang mit der Theorie der gemeinsamen Wissenselemente zeigten sich bei diesen Arbeiten positive und negative Transfereffekte in einigen sprachlichen Leistungsbereichen.

49.2.2 Neuere Transfertheorien

Die Theorie der gemeinsamen Wissenselemente erlaubte eine ganz neue Sicht auf Lernprozesse, wurde aber nach der viel zitierten kognitiven Wende (▶ Kap. 34) zunächst nicht weiterentwickelt. Universelle Mechanismen, wie sie beispielsweise in Piagets Theorie angenommen werden, standen zunächst im Mittelpunkt. Seitdem jedoch die Bedeutung des bereichsspezifischen Wissens für geistige Leistungen erkannt wurde, stellt sich die Frage nach den Grundlagen des Transfers neu. Die inzwischen entwickelten kognitiven Architekturen zur Repräsentation von deklarativem und prozeduralem Wissen erlauben eine Präzisierung dessen, was Thorndike unter Wissenselementen verstand. So haben Singley und Anderson (1985) auf der Grundlage von Produktionsregeln Transferprozesse modelliert und konnten ihre Annahmen in einer Untersuchung zum Umgang mit Computereditoren validieren. Greeno, Smith und Moore (1993) hingegen konzentrieren sich auf die Bedeutung von Symbolsystemen als Werkzeuge für das Verstehen. Sprache, mathematische Symbole und Bilder können zur Konstruktion mentaler Modelle genutzt werden, auf deren Grundlage geistige Anforderungssituationen bewältigt werden. Unterliegt der Gebrauch mentaler Werkzeuge bei zwei Aufgaben den gleichen Prinzipien (in diesem Zusammenhang werden die Begriffe »affordances« und »constraints«, also Möglichkeiten und Einschränkungen, gebraucht), kommt es zum Transfer von einer Aufgabe auf eine andere (mehr dazu: Stern, 2001).

Im Einklang mit den neueren Transfertheorien stehen auch die gescheiterten Versuche, die allgemeine Lern- und Denkfähigkeit zu trainieren. So wurde in Israel ein Programm entwickelt, das die Lernfähigkeit von Einwandererkindern mit bildungsfernem Hintergrund verbessern sollte. Trainiert wurden Aufgaben, die Intelligenztests ähnelten. Zwar konnte die Intelligenztestleistung verbessert werden, aber das Trainingsprogramm blieb ohne Einfluss auf die Schulleistung. Auch andere Trainings dieser Art brachten nicht den gewünschten Erfolg (dazu: Perkins & Salomon, 1989). Inzwischen wissen wir, dass lediglich sehr leistungsschwache Kinder von allgemeinen Trainings profitieren, da ihnen oft die einfachsten Lernstrategien fehlen.

49.2.3 Wie kann flexibel einsetzbares Wissen erworben werden?

Wissen erwirbt man weder durch das Abschreiben von Formeln und klugen Merksätzen noch durch das mechanische Üben von Aufgaben nach dem gleichen Schema. Intelligent wird Wissen erst durch seine Anwendung in unterschiedlichen Kontexten. Benötigt werden dazu Lerngelegenheiten, in denen nicht nur das auf die Bewältigung einer bestimmten Anforderung zugeschnittene Wissen abzurufen ist, sondern bereits verfügbares Wissen umstrukturiert und an die neue Anforderung angepasst werden muss. Auf diese Weise wird Wissen vielfältig vernetzt und kann bei Bedarf zunehmend schneller und flexibler aktiviert werden (▶ Kasten).

Wem es beispielsweise gelingt, einen komplexen kausalen Sachverhalt in einem Inhaltsgebiet eloquent darzustellen, der kann bei der Beschreibung von vergleichbaren Zusammenhängen in anderen Gebieten auf bestimmte Redewendungen zurückgreifen und hat damit einen Startvorteil. Als Ergebnis einer häufigen und intensiven Auseinandersetzung mit schriftlichem Material in bestimmten Inhaltsbereichen kann sich Strategiewissen zum Lesen von Texten entwickeln, das bei der Einarbeitung in neue Gebiete Vorteile bringt. Dazu bedarf es nicht eines direkten Strategietrainings, sondern einer Vielzahl von Texten unter den verschiedensten Aufgabenstellungen (Palincsar & Brown, 1986).

Ein Beispiel für den Erwerb flexibel einsetzbaren Wissens

Symbolsysteme dienen nicht nur der Kommunikation von Wissen, sondern bilden darüber hinaus die Grundlage für die Konstruktion von neuen Inhalten. So ist beispielsweise das physikalische Konzept der Dichte daran gebunden, dass man die Beziehung zwischen Masse und Volumen mit Hilfe mathematischer Werkzeuge modellieren kann. Dieselben mathematischen Symbole können genutzt werden, um Geschwindigkeiten oder Stückpreise zu modellieren. Diesen Größen ist gemeinsam, dass sie sich durch die Steigung des Graphen einer linearen Funktion in einem Koordinatensystem darstellen lassen. Hat man verstanden, dass die Steigung des Graphen einer linearen Funktion als die Rate der Veränderung der auf der y-Achse abgetragenen Variablen in Abhängigkeit von der auf der x-Achse abgetragenen Variablen interpretiert werden kann, dann ist man auch in der Lage, diese Form der graphisch-visuellen Veranschaulichung zur Strukturierung neuer Inhalte heranzuziehen.

Ein zentrales Lernziel im Mathematikunterricht sollte daher darin bestehen, zum flexiblen Umgang mit diesen Repräsentationswerkzeugen zu befähigen. Im deutschen Unterricht werden jedoch lineare Funktionen zu spät, zu abstrakt und zu kurz eingeführt, sodass die Schüler deren Potenzial als Denkwerkzeuge nicht wirklich kennenlernen. Werden Schülern hingegen Aufgaben gestellt, bei denen Konzepte wie Dichte oder Geschwindigkeit mit Hilfe von Graphen dargestellt wer-

▼

den müssen, werden sie fast zwangsläufig zum Nachdenken über bestimmte Aspekte angeregt, etwa über die inhaltliche Bedeutung des Achsenabschnitts eines Graphen. Für »Geschwindigkeit« lassen sich Situationen denken, in denen der Graph nicht im Nullpunkt beginnt, für das Konzept »Dichte« hingegen nicht: Masse und Volumen bedingen einander. Auf diese Weise wird Wissen über die Materie konstruiert, das im Physikunterricht von Nutzen sein kann (Stern, Aprea & Ebner, 2003).

49.3 Entwicklung unter institutioneller Perspektive: Anforderungen an die Erziehung in einer Wissensgesellschaft

In allen Gesellschaften geht man selbstverständlich davon aus, dass die Integration von Kindern in die bestehende Gesellschaft systematische Erziehungsarbeit voraussetzt. Große Unterschiede gibt es jedoch hinsichtlich der Frage, welche Kompetenzen als vorrangig erachtet werden. In einigen traditionellen afrikanischen Kulturen beginnt man bereits im Säuglingsalter mit einem körperlichen Training, mit dem Ergebnis, dass die Kinder sehr viel früher laufen und Lasten tragen können als bei uns. In westlichen Gesellschaften wird der Gewöhnung an einen regelmäßigen Tagesablauf (nachts durchschlafen!) mehr Bedeutung beigemessen als in Kulturen, in denen Kinder in Großfamilien betreut werden. Große Unsicherheit herrscht gegenwärtig nicht nur in Deutschland hinsichtlich der Frage der optimalen Förderung der geistigen Kompetenzen im Kindesalter. Wie sehen biologische Reifungs- und Entwicklungsprogramme aus, und darf, kann und soll man in sie eingreifen?

Die geistige Entwicklung im Kindesalter gibt noch immer viele Rätsel auf, und dementsprechend herrscht bei der Frage der Lernkapazität im Kindesalter nicht selten große Unsicherheit. Über lange Jahre prägte die Vorstellung von der defizitären geistigen Leistungsfähigkeit der Kinder unsere Vor- und Grundschulerziehung. In der Tradition des bekannten Entwicklungspsychologen Jean Piaget wurde angenommen, dass sich Kinder und Erwachsene in der Art ihres Denkens und Lernens grundlegend voneinander unterscheiden (mehr dazu ▶ Kap. 21). Man ging davon aus, dass Säuglinge noch kein Gedächtnis haben, dass Vorschulkinder in ihren geistigen Operationen noch ganz unflexibel sind, und dass Grundschulkinder noch nicht abstrakt denken können. Erst wenn sich derartige Voraussetzungen entwickelt haben, so dachte man, können Kinder von anspruchsvollen Lernumgebungen profitieren. Aus der Entwicklungspsychologie wissen wir inzwischen, dass dies so nicht zutrifft (dazu Sodian, 2002).

Während über Jahrzehnte die geistigen Kompetenzen von Grundschulkindern unterschätzt wurden, hat sich – insbesondere angeregt durch Ergebnisse der Hirnforschung – in den letzten Jahren die Einstellung zum Lernen im Kindesalter grundlegend gewandelt. Inzwischen befürchtet man, Entwicklungsfenster zu verpassen, wenn Kindern nicht rechtzeitig Lernangebote gemacht werden. Gestützt wird diese Befürchtung von Befunden, die zeigen, dass sich in den ersten beiden Lebensjahren eines Kindes die Verbindungen zwischen den Nervenzellen im Gehirn in höherem Maße verdichten, als dies im späteren Leben der Fall ist. Zu beachten ist jedoch, dass die Zunahme der Synapsendichte (▶ Kap. 3) zwar die Voraussetzung für viele Lernprozesse darstellt, nicht aber mit dem Lernvorgang selbst zu verwechseln ist. Hohe Synapsendichte ist kein Indikator für geistige Kompetenz, und der Abbau von Synapsenverbindungen, der in manchen Hirnregionen bereits am Ende des 1. Lebensjahres einsetzt, stellt keine Bedrohung der geistigen Kapazität dar. Bei Bruer (2002) wird ausgeführt, dass sich aus den Ergebnissen zur Hirnentwicklung in den ersten drei Lebensjahren keinesfalls die immer häufiger und hektischer hervorgebrachte Forderung nach Frühförderung rechtfertigen lässt.

Obwohl die aus Piagets Theorie und der Hirnforschung abgeleiteten Schlussfolgerungen genau entgegengesetzte Konsequenzen hinsichtlich einer Frühförderung haben, ähneln sich beide Ansätze in einem Aspekt: Beide nehmen an, dass die allgemeine Lernfähigkeit des Kindes zentral gesteuert ist. Genau diese Annahme aber muss in Frage gestellt werden. In sehr vielen Untersuchungen zeigte sich nämlich, dass die geistige Entwicklung je nach Inhaltsgebiet und Art der Anforderung einen ganz unterschiedlichen Verlauf nehmen kann. Neben qualitativen und quantitativen Defiziten im bereichsspezifischen Wissen zeigen sich bei Kindern aber auch Defizite in der Fähigkeit, längerfristig und planvoll zu denken und zu handeln, sowie eine Unfähigkeit, mehrere Ziele gleichzeitig im Auge zu behalten. Dies lässt sich mit Defiziten in der Entwicklung des Arbeitsgedächtnisses erklären (Näheres dazu ▶ Kap. 18). Dafür spricht auch, dass sich im Frontalhirn, welches maßgeblich an der Steuerung der Aktivitäten des Arbeitsgedächtnisses beteiligt ist, bis zur Pubertät starke Veränderungen vollziehen. Altersbedingte Defizite in der Nutzung des Arbeitsgedächtnisses halten Kinder jedoch keineswegs vom Lernen ab. Auf Gebieten, auf denen die Kinder bereits eine fundierte Wissensbasis aufgebaut haben – z. B. beim Memory-Spiel –, ist ihre Gedächtnisleistung der von Erwachsenen überlegen. Auch Kinder, die begeisterte Schachspieler sind, weisen auf diesem Gebiet eine bessere Gedächtnisleistung auf als Erwachsene mit weniger Erfahrung. Kinder können sich also durchaus schon in anspruchsvolle Inhaltsgebiete einarbeiten, aber solche Lernprozesse werden durch Einschränkungen im Arbeitsspeicher verlangsamt und erschwert. Entscheidend für die Entwicklung aber bleibt das Lernen, wie Franz E. Weinert (2001, S. 85) betont: »Unabhängig von den unterschiedlichen Fähigkeiten und Talenten der Schüler muss alles gelernt werden, was später gewusst und gekonnt wird. Lernen ist der mächtigste Mechanismus der kognitiven Entwicklung. Das gilt uneingeschränkt sowohl für hoch begabte Kinder als auch für schwächer begabte Schüler. In vielen Fällen ist dabei didaktische Unterstützung notwendig und wirksam. Noch so gut gemeinte motivationspsychologische oder sozialpädagogische Maßnahmen können für den eigentlichen Lernakt kein Ersatz, sondern nur eine oft sehr wirksame Voraussetzung sein.«

49.3.1 Die Förderung geistiger Vorläuferfähigkeiten

Manches lernen Menschen ganz mühelos, weil die Natur sie darauf vorbereitet hat. Dazu gehören Laufen, Sprechen oder Muster Erkennen. Man spricht in diesem Zusammenhang auch von privilegiertem Lernen. Diese Form des Lernens ist an das Lebensalter gebunden: Wenn die Zeit gekommen ist, nutzen Kinder die von der Umgebung bereitgestellten Reize und Möglichkeiten, um nach einem weitgehend intern gesteuerten Plan zu lernen. Das darüber hinausgehende, nichtprivilegierte Lernen hingegen ist mühsam und fehleranfällig, da intuitives und tradiertes analytisches Wissen häufig im Widerspruch zueinander stehen. Die Konstruktion von kulturell tradiertem Begriffswissen erfordert Zeit und gelingt nur, wenn Kinder gezielt an die Bewältigung bestimmter Anforderungen herangeführt werden. Komplexe Kompetenzen, wie z. B. Lesen, Schreiben oder das Modellieren von Ereignissen mit Hilfe mathematischer Werkzeuge, müssen in Teilschritte zerlegt werden, sodass die Kinder diese zunächst einzeln üben können, um sie dann später zusammenzufügen.

Auch das Verstehen von wissenschaftlichen Zusammenhängen und Erklärungen setzt vorbereitendes Lernen in Teilschritten voraus. Kinder sollten dabei gezielt an überraschende Erfahrungen und Situationen herangeführt und bei der Erarbeitung von Erklärungen unterstützt werden, die sie mit ihren eigenen Worten ausdrücken können. Auf diese Weise konstruieren Kinder anschlussfähiges Wissen, auf das sie später im Sekundarstufenunterricht zurückgreifen können. Bezüglich des naturwissenschaftlichen Denkens sollten Kinder unerwartete, ihren Intuitionen widersprechende Erfahrungen im Umgang mit der belebten und der unbelebten Umwelt machen und sich für diese Ereignisse durch gezielte Unterstützung Erklärungen erarbeiten, die einerseits dem Erfahrungshorizont der Kinder entsprechen, und auf die andererseits in einem Unterricht, der auf formale Erklärungen abzielt, aufgebaut werden kann. Am Beispiel eines Unterrichtes zum Schwimmen und Sinken von Objekten im Wasser wird diese Vorstellung bei Möller, Jonen, Hardy und Stern (2002) ausführlich behandelt. Ausgiebig wurden Möglichkeiten erforscht, Vorläuferfähigkeiten des Schriftspracherwerbs zu trainieren. Hier erwies sich die phonologische Bewusstheit als eine ganz entscheidende Komponente. Auch der Schriftspracherwerb und das Lernen aus Texten erfordern den sukzessiven Aufbau von komplexen Kompetenzen aus Teilkompetenzen (Mayer, 2004).

49.3.2 Die Förderung einer optimalen Motivationsentwicklung

Warum lesen manche Schüler einen Text so lange, bis sie ihn verstanden haben, während andere bereits nach dem ersten Durchgang das Handtuch schmeißen? Warum entwickeln manche Schüler Interesse an einem Fach, während andere das Interesse an allem verlieren, was mit schulischem Lernen zu tun hat? Das Leistungsmotiv einer Person wird bestimmt durch die Hoffnung auf Erfolg und die Angst vor Misserfolg. Vom Selbstbild eines Kindes hängt entscheidend ab, wie es auf Erfolge und Misserfolge reagiert. Wenn manche Kinder an einer Aufgabe scheitern, dann zeigen sie typische **Hilflosigkeitsreaktionen**. Sie fühlen sich blamiert, machen sich und/oder anderen Vorwürfe und wenden sich von der Aufgabe ab. Im Gegensatz dazu erleben andere Kinder das Scheitern als Herausforderung. Sie bewerten sich nicht negativ, sondern sind handlungsorientiert und zeigen vermehrte Anstrengung, die auch in der Suche nach neuen Lösungswegen zum Ausdruck kommen kann. Solche Unterschiede sind schon bei 4- bis 5-jährigen Kindern zu beobachten. Viele Kinder haben die entsprechenden Verhaltensmuster bereits entwickelt, ehe sie in die Schule kommen. Spätestens aber durch das gemeinsame Lernen mit anderen Kindern in einer Klasse ermöglicht die Schule soziale Vergleiche und Leistungsrückmeldungen.

Wie kommt es zu solchen Unterschieden in der **Leistungsmotivation**? Warum streben manche Kinder nach Erfolg, während andere lediglich versuchen, Misserfolge zu vermeiden? Nach Cain und Dweck (1995) spielen subjektive Theorien über Persönlichkeit eine entscheidende Rolle. Insbesondere die Vorstellung von Intelligenz und Begabung scheint entscheidend zu sein. Wenn Kinder denken, dass Intelligenz und Begabung stabile Persönlichkeitsmerkmale sind, dann erklären sie damit auch ihre Leistung, statt sich vermehrt anzustrengen. Kinder hingegen, die sich eher auf die Aufgabe statt auf sich selbst konzentrieren, also handlungsorientiert sind, glauben, dass sie sich mehr anstrengen müssen.

Untersuchungen mit jüngeren Kindern zeigen eindrucksvoll, dass die Form der **Attribution** von Erfolg und Misserfolg durch die Art der Rückmeldung beeinflusst wird. Gut gemeinte positive Reaktionen auf eine Leistung des Kindes (z. B. »Du hast schön vorgelesen, weil du ein schlaues Kind bist«) können sich negativ auf die zukünftige Lernhaltung auswirken. Wenn Erfolg internal stabil mit Persönlichkeitsmerkmalen erklärt wird, dann werden auch zukünftige Misserfolge auf diese Weise attribuiert. Dies ist anders, wenn in der Rückmeldung die Anstrengung hervorgehoben wird, indem man z. B. sagt »Du hast so schön vorgelesen, weil du so oft geübt hast« (▶ Kasten).

Intrinsische und extrinsische Leistungsmotivation
Geläufig ist die Unterscheidung zwischen intrinsischer und extrinsischer Leistungsmotivation. Im ersteren Fall wird eine Tätigkeit um ihrer selbst willen ausgeübt, während man im zweiten Fall externer Kontrolle (Belohnung, Bestrafung) unterliegt. Die Vorstellung, wonach intrinsische Motivation grundsätzlich als wertvoller zu betrachten ist als extrinsische Motivation, ist allerdings zu kurz gegriffen. In der Schule sollen Kinder zwar auch ihre Interessen und ihre Stärken kennen lernen, aber Schule hätte ihr Ziel verfehlt, wenn Schüler nur bereit wären, das zu lernen, was ihnen Spaß macht.

Nach Deci und Ryan (1985) geht eine günstige Motivationsentwicklung mit dem Gefühl der Selbstbestimmung und dem Streben nach Autonomie gegenüber direkten Belohnungs- und Bestrafungssystemen einher. Es geht vor allen Dingen darum, seine als subjektiv bedeutsam wahrgenommenen und im Selbstkonzept verankerten Ziele zu verfolgen. Um dies zu erreichen, begibt man sich auch zeitweise unter externe Kontrolle, wenn dies als nötig erachtet wird.

Was bedeutet dies für die Schule? Der Lernstoff sollte auf möglichst vielfältige und abwechslungsreiche Weise angeboten werden, sodass jeder Schüler die Möglichkeit erhält, ihn mit seinen im Selbstbild verankerten Zielen zu verknüpfen. Schüler, die zunächst kein Interesse am Lernstoff hatten, werden bereit sein, sich auf diesen einzulassen, weil sie sich in ihrem Streben nach Selbstbestimmung und Autonomie bestätigt fühlen.

49.4 Interindividuelle Unterschiede in den Lernvoraussetzungen

Schüler mit vergleichbarem familiärem Hintergrund, die die gleiche Schule besucht haben, können sich dennoch erheblich in ihren Lernerfolgen unterscheiden, und diese Unterschiede sind teilweise genetisch bedingt. Vor allem für das Persönlichkeitsmerkmal Intelligenz konnten in Zwillings- und Adoptionsstudien starke genetische Einflüsse nachgewiesen werden (dazu ausführlich ▶ Kap. 25). Der Umgang mit interindividuellen Unterschieden der geistigen und motivationalen Eingangsvoraussetzungen stellt eine besondere Herausforderung für die Gestaltung des Schulsystems und des Unterrichtes dar. Diese Herausforderung wird auch nicht dadurch geringer, dass die interindividuellen Unterschiede einer Normalverteilung folgen, was bedeutet, dass die Mehrheit der Schüler eine mittlere Ausprägung aufweist, während die Extreme seltener besetzt sind (mehr dazu ▶ Kap. 23).

49.4.1 Intelligenz und Begabung

Dies ist z. B. der Fall bei der **Intelligenz**. Mit Hilfe von Intelligenztests lassen sich bei Menschen Unterschiede ihres geistigen Potenzials abbilden, die über Zeit und Situationen hinweg konsistent sind. In Übereinstimmung mit internationalen Studien ergaben auch die Münchener Längsschnittstudien LOGIK und SCHOLASTIK, dass bereits bei Kindern unter 10 Jahren die zeitliche Stabilität des Intelligenzquotienten recht hoch ist; später ist er dann nahezu stabil. Der Intelligenzquotient sagt den Lernerfolg in unterschiedlichen Gebieten vorher. Es gibt also zweifellos stabile Unterschiede zwischen den Menschen, was ihr allgemeines geistiges Potenzial angeht, auch wenn noch weitgehend ungeklärt ist, wie diese Unterschiede im Gehirn angelegt sind.

Geklärt ist hingegen, dass der Anteil der Intelligenzunterschiede, der auf die Gene zurückzuführen ist, umso höher ist, je größer die Chancengerechtigkeit in einer Gesellschaft ist. Das ist mindestens auf den zweiten Blick plausibel: Wenn Menschen keine Chance zur Entfaltung ihrer Potenziale erhalten, lässt sich Versagen nicht auf die Gene zurückführen. Wenn umgekehrt zwei Menschen die gleichen Chancen hatten, sich aber unterschiedlich entfalten, müssen die Ursachen für ihre Unterschiede bei ihnen selbst – z. B. bei ihren Genen – und nicht in der Umwelt gesucht werden.

Interindividuelle Unterschiede in den Lernvoraussetzungen lassen sich aber nicht allein auf der Grundlage eines allgemeinen Intelligenzfaktors erklären. Auch wenn vor dem Hintergrund des gegenwärtigen Forschungsstandes der allgemeinen Intelligenz bei der Beschreibung interindividueller Unterschiede eine besondere Bedeutung zukommt, so ist doch unbestritten, dass diese Dimension zur Beschreibung interindividueller Unterschiede nicht ausreicht. Spezifische Begabungsunterschiede in räumlich-visuellen, verbalen und numerischen Fähigkeiten lassen sich überzeugend nachweisen und bilden zusammen mit der allgemeinen Intelligenz ein **Begabungsprofil**, welches die Nutzung schulischer und anderer Lerngelegenheiten steuert. Unterschiedliche Leistungsprofile insbesondere im sprachlichen und mathematisch-naturwissenschaftlichen Bereich lassen sich zum Teil, aber nicht ausschließlich auf unterschiedliche Begabungsprofile zurückführen. In welchem Maß die schlechteren durchschnittlichen Leistungen von Schülerinnen in Mathematik und den Naturwissenschaften auf eine geringere räumlich-visuelle Begabung zurückzuführen sind, wird noch immer kontrovers diskutiert (Geary, Saults, Liu & Hoard, 2000).

49.4.2 Zum Umgang mit Unterschieden in der Schule: Differenzierungsmöglichkeiten aus psychologischer Sicht

Die großen Unterschiede der geistigen Eingangsvoraussetzungen stellen natürlich eine besondere Herausforderung für die Gestaltung von Lerngelegenheiten dar und wecken den Wunsch nach Separierung. In diesem Fall geht man davon aus, dass alle Lernenden davon profitieren, wenn in Abhängigkeit von den Eingangsvoraussetzungen unterschiedliche Angebote gemacht werden. Tatsächlich kann die Trennung von Lernenden auf der Grundlage der Eingangsvoraussetzungen sinnvoll sein, insbesondere wenn es darum geht, in einem kurzen Zeitraum eng umrissene Fähigkeiten zu verbessern. Beim Skikurs auch die Fortgeschrittenen auf den Idiotenhügel zu schicken, ist Zeitverschwendung. Umgekehrt ist es unverantwortlicher Leichtsinn, Anfänger an einem steilen Berg üben zu lassen. Auch bei Sprachkursen macht es wenig Sinn, Anfängern und Fortgeschrittenen die gleichen Übungen aufzugeben.

Für die Schule stellen sich die mit einer Differenzierung einhergehenden Probleme ungleich komplizierter dar. Hier geht es ja nicht darum, auf der Grundlage bereits bestehender spezifischer Kompetenzunterschiede zu differenzieren, sondern auf der Grundlage des angenommenen Lernpotenzials. Auch wenn keiner der Schüler vor Beginn des Unterrichts Englisch kann, geht man davon aus, dass sich ihre Lerngeschwindigkeit in Abhängigkeit von ihren Lernvoraussetzungen (z. B. Intelligenz) unterscheidet.

Mit der Frage nach dem adäquaten Umgang mit interindividuellen Unterschieden hat sich auch die Psychologie befasst. Lernen Schüler mit günstigen und weniger günstigen Ausgangsvoraussetzungen auf unterschiedliche Weise und sollten deshalb unterschiedlichen Lerngelegenheiten zugewiesen werden? Lange Zeit ging man von sog. »Aptitude-Treatment«-Interaktionen aus, denen zufolge Schüler mit schwächeren Eingangsvoraussetzungen eher von einem gut strukturierten Unterricht profitieren, während sich Schüler mit günstigeren Eingangsvoraussetzungen besser in einem weniger durchgeplanten Unterricht entfalten können. Tatsächlich ließen sich solche Interaktionen nur sehr selten nachweisen, und in neueren Unterrichtsstudien kommt man eher zu dem Schluss, dass ein gut strukturierter Unterricht, der die Möglichkeit für verständnisorientierte Eigenaktivitäten lässt, allen Schülern nützt. Inzwischen liegen Untersuchungen zum Lernverlauf in mehreren Inhaltsgebieten vor. Diese sprechen nicht für prinzipiell unterschiedliche Lernverläufe, sondern zeigen eher, dass leistungsstärkere und leistungsschwächere Schüler vergleichbare Abfolgen von Kompetenzstufen zeigen und auch ähnliche Fehler machen (Siegler, 2000). Dies ist eher vereinbar mit der Annahme, dass Schüler mit unterschiedlichen Eingangsvoraussetzungen von ähnlichen Lerngelegenheiten profitieren, wenn auch vielleicht zu unterschiedlichen Zeitpunkten und mit unterschiedlichem Zeitbedarf.

Interindividuellen Unterschieden in den kognitiven Eingangsvoraussetzungen wird man offensichtlich nicht durch die Bereitstellung ganz unterschiedlicher Lerngelegenheiten gerecht, sondern indem man schwächeren Schülern mehr Zeit und Gelegenheit zur Wiederholung gibt. Computergesteuerte Lernumgebungen bieten eine gute Möglichkeit zur Differenzierung (Mayer, 2001).

49.5 Qualitätskontrolle in Schulen durch Leistungsmessung: die Entwicklung von Standards als wissenschaftliche Herausforderung

In vielen Ländern ist es schon lange üblich, in den Schulen regelmäßig landesweite Leistungsmessungen durchzuführen. Auch hat es für viele Länder eine lange Tradition, an internationalen Vergleichsstudien wie TIMSS (»Third International Mathematics and Science Study«) und PISA (»Program for International Student Assessment«) teilzunehmen. In Deutschland blieb diese Form der Qualitätskontrolle lange Zeit ungenutzt. Man vertraute auf die bürokratische Kontrolle durch die Schulaufsicht. Als in anderen Ländern die Teilnahme an internationalen Vergleichsstudien längst ein selbstverständlicher Bestandteil der Schulpolitik war, wurde in Deutschland daraus ein Forschungsgegenstand. Alle größeren Studien wie TIMSS, IGLU (»Internationale Grundschul-Lese-Untersuchung«) und PISA wurden im Auftrag der Kultusministerkonferenz von empirisch arbeitenden Pädagogen und Psychologen geleitet und veröffentlicht. Die kurze, aber heftige Geschichte der Leistungsmessung an deutschen Schulen kann in einem von Franz Weinert kurz vor seinem Tod 2001 herausgegebenen Buch »Leistungsmessung in Schulen« nachgelesen werden.

Nach der Veröffentlichung der beiden PISA-Studien (PISA-Konsortium, 2001, 2004) konnte in Deutschland inzwischen Konsens über die Notwendigkeit von Leistungsmessungen in Schulen erzielt werden. Die Entwicklung von Bildungsstandards und deren Erfassung ist zu einer zentralen Aufgabe der Lehr-Lern-Forschung geworden, und die in der psychologischen Diagnostik entwickelten testtheoretischen Überlegungen finden hier ihre ausgiebige Anwendung.

Bei der Entwicklung von Schulleistungstests stehen Fragen der Validität im Mittelpunkt (▶ Kap. 39 zu einschlägigen Grundbegriffen). Soll erfasst werden, in welchem Maß Schüler das beherrschen, was sie im Schulunterricht auf der Grundlage der vorliegenden Curricula gelernt haben, werden sog. curricular valide Tests eingesetzt. Während die internationale Vergleichsstudie TIMSS, die in der Grundschule, der Sekundarstufe sowie vor dem Universitätseintritt durchgeführt wurde, noch eine Anlehnung an den Schulstoff anstrebte, wählte man bei PISA bewusst einen anderen Ansatz: Hier sollte die Fähigkeit zur Anwendung des in der Schule erworbenen Wissens in neuen Kontexten erfasst werden. Man spricht in diesem Zusammenhang von der Messung von Kompetenzen. Dieser Begriff entspricht im Wesentlichen dem weiter oben erläuterten intelligenten Wissen. Es geht darum, neue Anforderungen auf der Grundlage des bestehenden Wissens zu bewältigen, was nur gelingen kann, wenn dieses flexibel und gut organisiert gespeichert ist. Kompetenzstufen werden unabhängig von den Aufgaben formuliert. So wurde bei PISA die naturwissenschaftliche Kompetenz in fünf Stufen erfasst (▶ Übersicht).

Stufen der Erfassung naturwissenschaftlicher Kompetenz in der PISA-Studie

1. Naturwissenschaftliche Fragestellungen erkennen
2. Belege und Nachweise identifizieren, die in einer naturwissenschaftlichen Untersuchung benötigt werden
3. Aus Befunden Schlussfolgerungen ziehen
4. Gültige Schlussfolgerungen kommunizieren
5. Verständnis naturwissenschaftlicher Konzepte während des naturwissenschaftlichen Argumentierens und Arbeitens beweisen

---

Auch für Mathematik wurden vergleichbare Kompetenzstufen entwickelt. Die unterste Stufe ist dabei durch die Fähigkeit gekennzeichnet, mathematischen Darstellungen Information zu entnehmen, während in der obersten Stufe innermathematisches Argumentieren in neuen Situationen erwartet wird.

Während sich die curriculare Validität von Tests über Korrelationen mit Schulnoten prüfen lässt, ist die Überprüfung der Validität von Tests, die den Anspruch erheben, Kompetenzen zu erfassen, ungleich komplizierter. Woher weiß man, dass die Aufgaben eines Tests kein willkürliches Sammelsurium von Knobelaufgaben sind, sondern die vorgesehenen Kompetenzstufen für das Textverständnis, die Mathematik oder die Naturwissenschaften wirklich erfassen? Hier kann man auf das methodische und theoretische Gerüst der Item-Response-Theorie zurückgreifen (▶ Kap. 39). Mit Hilfe von Homogenitätsprüfungen wird darauf geachtet, dass die Aufgaben die gemeinten Kompetenzen möglichst eindimensional, aber auf verschiedenen Schwierigkeitsstufen messen. Davon kann man ausgehen, wenn die Skalierung der Aufgaben in verschiedenen Untergruppen – z. B. in unterschiedlichen Ländern – zu vergleichbaren Resultaten kommt.

Für das deutsche Schulsystem war bisher charakteristisch, dass Lehrer aufgrund der vielen Vorschriften und überfrachteten Lehrpläne einerseits wenig Raum zur Umsetzung kreativer und neuer Ideen von Unterricht hatten und sich andererseits keinen Erfolgskontrollen unterziehen mussten. Spätestens seit PISA weiß man, dass ein Schulsystem nur erfolgreich sein kann, wenn es genau umgekehrt verfährt: Lehrer müssen die Möglichkeit haben, vor dem Hintergrund wissenschaftlicher Erkenntnisse eigenverantwortlichen Unterricht durchzuführen, und andererseits muss es regelmäßige externe Erfolgskontrollen geben, um zu überprüfen, ob die erwünschten Kompetenzen wirklich erworben werden.

In den Medien gleicht die Berichterstattung über internationale Vergleichsstudien zur Schulleistung manchmal der Darstellung der Olympischen Spiele. Aus wissenschaftlicher Sicht sind internationale Vergleichsstudien aber nur ergiebig, wenn zusätzliche Informationen über die Ursachen von Leistungsunterschieden zur Verfügung stehen. In diesem Zusammenhang kommt der **vergleichenden Unterrichtsforschung** eine besondere Bedeutung zu. Auch wenn die gute Mathematikleistung in den ostasiatischen Ländern teilweise mit außerschulischen Randbedingungen erklärt werden kann, so ist doch die Bedeutung des Unterrichtes unumstritten. Dies wurde in der aufwendig angelegten TIMSS-Unterrichtsstudie deutlich, in der das Vorgehen US-amerikanischer, deutscher und japanischer Lehrer verglichen wurde. Der japanische Unterricht zeichnete sich durch ein problemorientiertes Vorgehen aus. Die Schüler wurden aufgefordert, zunächst selbst Lösungswege zu finden, anschließend wurden Fehler diskutiert und erst dann wurden ihnen effiziente Wege aufgezeigt. Im amerikanischen und im deutschen Unterricht hingegen standen nicht Probleme, sondern Algorithmen im Mittelpunkt. Problemorientierter Unterricht, wie er in den ostasiatischen Ländern üblich ist, setzt die fachspezifische diagnostische Kompetenz der Lehrer voraus. Problemorientierter Unterricht ist erfolgreich, wenn die vorgegebenen Aufgaben einen mittleren Schwierigkeitsgrad haben. Eine an wissenspsychologischen Konstrukten orientierte Aufgaben- und Fehleranalyse hat sich als hilfreich erwiesen.

Literatur

Referenzliteratur

Goswami, U. (2001). *So denken Kinder*. Huber: Bern.

Krapp, A. & Weidenmann, B. (Hrsg.). (2001). *Pädagogische Psychologie* (4. überarbeitete Aufl.). Weinheim: Beltz PVU.

Rost, D. (2005). *Handwörterbuch Pädagogische Psychologie*. Weinheim: Beltz.

Stern, E. & Hardy, I. (2004). Differentielle Psychologie des Lernens in Schule und Ausbildung. In K. Pawlik (Hrsg.), *Enzyklopädie der Psychologie: Differentielle Psychologie: Theorien und Anwendungen* (S. 573–618). Göttingen: Hogrefe.

Zitierte Literatur

Bruer, J.T. (2002). *Der Mythos der ersten drei Jahre. Warum wir lebenslang lernen*. Weinheim: Beltz.

Bryk, A.S. & Raudenbush, S W. (1992). *Hierarchical linear models: application and data analysis methods*. Newbury Park, CA: Sage.

Carey, S. & Gelman, R. (Eds.). (1991). *The epigenesis of mind: essays on biology and cognition*. Hillsdale, NJ: Erlbaum.

Cain, K.M. & Dweck, C.S. (1995). The relation between motivational patterns and achievement cognitions through the elementary school years. *Merrill-Palmer-Quarterly, 41*, 25–52.

Deci, E.L. & Ryan, R.M. (1985). *Intrinsic motivation and self-determination in human behavior*. New York: Plenum Press.

Detterman, D.K. & Sternberg, R.J. (Eds.). (1993). *Transfer on trial: intelligence, cognition, and instruction*. Norwood, NJ: Ablex.

Geary, D.C., Saults, S.J., Liu, F. & Hoard, M.K. (2000). Sex differences in spatial cognition, computational fluency, and arithmetical reasoning. *Journal of Experimental Child Psychology, 77*, 337–353.

Greeno, J.G., Smith, D.R. & Moore, J.L. (1993). Transfer of situated learning. In D.K. Detterman & R.J. Sternberg (Eds.), *Transfer on trial: intelligence, cognition, and instruction* (pp. 99–167). Norwood, NJ: Ablex.

Greeno, J.G., Collins, A.M. & Resnick, L.B. (1996). Cognition and learning. In D.C. Berliner & R.C. Calfee (Eds.), *Handbook of educational psychology* (pp. 15–46). Stanford, CA: Stanford University.

Haag, L. & Stern, E. (2000). Non scholae sed vitae discimus. Auf der Suche nach globalen und spezifischen Transfereffekten des Lateinunterrichts. *Zeitschrift für Pädagogische Psychologie, 14*, 146–157.

Haag, L. & Stern, E. (2003). In search of the benefits of learning Latin. *Journal of Educational Psychology, 95* (1), 174–178.

Hasselhorn, M. & Hager, W. (1998). Kognitive Trainings auf dem Prüfstand: Welche Komponenten charakterisieren erfolgreiche Fördermaßnahmen? In M. Beck (Hrsg.*), Evaluation als Maßnahme der Qualitätssicherung: Pädagogisch-psychologische Interventionen auf dem Prüfstand* (S. 85–98). Tübingen: DGVT-Verlag.

Helmke, A. (2003). *Unterrichtsqualität erfassen, bewerten, verbessern*. Seelze: Kallmeyersche Verlagsbuchhandlung.

Koerber, S. (2003). *Visualisierung als Werkzeug im Mathematik-Unterricht. Der Einfluss externer Repräsentationsformen auf proportionales Denken im Grundschulalter*. Hamburg: Verlag Dr. Kovac.

Mayer, R.E. (2001). *Multimedia learning*. New York: Cambridge University Press.

Mayer, R.E. (2004). Teaching of subject matter. *Annual Review of Psychology, 55*.

Möller, K., Jonen, A., Hardy, I. & Stern, E. (2002). Die Förderung von naturwissenschaftlichem Verständnis bei Grundschulkindern durch Strukturierung der Lernumgebung. In M. Prenzel & J. Doll (Eds.), *Bildungsqualität von Schule: Schulische und außerschulische Bedingungen mathematischer, naturwissenschaftlicher und überfachlicher Kompetenzen* (S. 176–191). Weinheim: Beltz.

PISA-Konsortium (2001). *PISA 2000*. Opladen: Leske und Buderich.

PISA-Konsortium (2004). *PISA 2001*. Münster: Waxmann.

Palincsar, A.S. & Brown, A. (1986). Interactive teaching to promote independent learning from text. *Reading Teacher, 39*, 771–777.

Perkins, D.S. & Salomon, G. (1989). Are cognitive skills context bound? *Educational Researcher, 18*, 16–25.

Shulman, L.S. (1987). Knowledge and teaching: foundations of the new reform. *Harvard Educational Review, 57* (1), 1–21.

Siegler, R.S. (2000). The rebirth of children's learning. *Child Development, 71*, 26–35.

Singley, M.K. & Anderson, J.R. (1985). The transfer of text-editing skill. *International Journal of Man-Machine Studies, 22*, 403–423.

Schneider, W. & Knopf, M. (2003). *Entwicklung, Lehren und Lernen: Zum Gedenken an Franz Emanuel Weinert*. Göttingen: Hogrefe.

Sodian, B. (2002). Entwicklung begrifflichen Wissens. In R. Oerter & L. Montada (Hrsg.), *Entwicklungspsychologie*. Weinheim: Beltz.

Staub, F.C. (2001). Fachspezifisch-pädagogisches Coaching: Theoriebezogene Unterrichtsentwicklung zur Förderung von Unterrichtsexpertise. *Beiträge zur Lehrerbildung, 19* (2), 175–198.

Stern, E. (1997). Mathematik. In F.E. Weinert (Hrsg.), *Enzyklopädie der Psychologie: Psychologie in Schule und Unterricht* (Band 3, S. 397–426). Göttingen: Hogrefe.

Stern, E. (2001). Intelligenz, Wissen, Transfer und der Umgang mit Zeichensystemen. In E. Stern & J. Guthke (Hrsg.), *Perspektiven der Intelligenzforschung* (S. 163–204). Lengerich: Pabst.

Stern, E., Aprea, C. & Ebner, H.G. (2003). Improving cross-content transfer in text processing by means of active graphical representation. *Learning and Instruction, 13* (2), 191–203.

Thorndike, E.L. & Woodworth, R.S. (1901). The influence of improvement in one mental function upon the efficiency of other functions. *Psychological Review, 8* (4), 246–261.

Tversky, B. (im Druck). Functional significance of visuospatial representations. In P. Shahand & A. Miyake (Eds.), *Handbook of higher-level visuospatial thinking*. Cambridge: Cambridge University Press.

Weinert, F.E. (Hrsg.). (1998). *Entwicklung im Kindesalter – Bericht über eine Längsschnittstudie*. Weinheim: Psychologie Verlags Union.

Weinert, F.E. (2001). *Leistungsmessung in Schulen*. Weinheim: Beltz.

Weinert, F.E. & Helmke, A. (Hrsg.). (1997). *Entwicklung im Grundschulalter*. Weinheim: Beltz PVU.

Weinert, F.E. & Schneider, W. (1999). *Individual development from 3–12: findings from the Munich Longitudinal Study*. Cambridge: Cambridge University Press.

Weinert, F.E. & Schrader, F.-W. (1997). Lernen lernen als psychologisches Problem. In F.E. Weinert & H. Mandl (Hrsg.), *Enzyklopädie der Psychologie: Pädagogische Psychologie, Band 4 Psychologie der Erwachsenenbildung* (S. 295–335). Göttingen: Hogrefe.

50 Pädagogische Psychologie des Erwachsenenalters

N. Spörer, J.C. Brunstein

50.1 Aufgaben und Ziele

Während sich die Pädagogische Psychologie traditionell mit dem Lernen von Kindern und Jugendlichen befasst, hat sie sich in den letzten Jahren auch stärker dem Lernen von Erwachsenen zugewandt (Prenzel, Mandl & Reinmann-Rothmeier, 1997). Dies geschah vor dem Hintergrund, dass **lebenslanges Lernen** zu einem Bedürfnis des Einzelnen, aber auch zu einer gesellschaftlichen Notwendigkeit geworden ist. Im beruflichen Bereich ist es unabdingbar geworden, sich durch stetige Weiterbildung neue Qualifikationen anzueignen. Nur so lassen sich die wechselnden Anforderungen meistern, die aus immer kürzer werdenden Innovationszyklen resultieren. Technische Innovationen, die früher im Wechsel einer Generation stattfanden, vollziehen sich heute gleich mehrfach innerhalb einer einzigen Generation. Der damit verbundene »Aufbruch in eine lernende Gesellschaft« hat weitreichende Konsequenzen für die Lernbereitschaft Erwachsener und für die Ausgestaltung von Berufsbiographien (BMBF, 2001). Deshalb stellt neben der Entwicklung, Implementierung und Evaluation kooperativer und selbst gesteuerter Lernformen die Gestaltung netzbasierter Lernumgebungen ein wichtiges Thema der Pädagogischen Psychologie des Erwachsenenalters dar, um dessen Erforschung sich insbesondere Heinz Mandl (▶ Kurzbiographie) verdient gemacht hat.

Um ein Leben lang lernen zu können, müssen förderliche Lernumfelder geschaffen werden. Zugangsbarrieren zur Weiterbildung müssen abgebaut, bildungsferne Gruppen an Lernangebote herangeführt werden. Eine Pädagogische Psychologie des Erwachsenenalters hat die Aufgabe, pädagogische Konzepte für die Aus- und Weiterbildung zu entwickeln, sie zu überprüfen und stetig zu verbessern. Dazu muss sie Antworten auf folgende Fragen finden (vgl. McCombs, 1991):

- Wie kann die Motivation zu lebenslangem Lernen gefördert und aufrechterhalten werden?
- Welche Kompetenzen benötigen Erwachsene, um effektiv lernen zu können?
- Wie sollten Lernumgebungen gestaltet werden, damit sie den spezifischen Bedürfnissen Erwachsener gerecht werden?

Schulisches Lernen vollzieht sich vor dem Hintergrund der allgemeinen Schulpflicht. Eigens dafür ausgebildete Lehrer erfüllen die Aufgabe, die Allgemeinbildung und die Persönlichkeitsentwicklung von Schülern zu fördern. Lernen im Erwachsenenalter gestaltet sich anders (Prenzel et al., 1997). Nach dem Erwerb schulischer Bildungsabschlüsse können junge Erwachsene interessengeleitet einen Ausbildungsberuf erlernen oder ein Studienfach wählen. Die dabei erworbenen Qualifikationen müssen später erneuert und ausge-

Heinz Mandl

Heinz Mandl wurde 1937 in München geboren. Nach der Promotion 1975 in Psychologie, Erziehungswissenschaft und Soziologie an der Universität München wurde er auf den Lehrstuhl für Erziehungswissenschaft und Pädagogische Psychologie der Universität Tübingen berufen. Seit 1990 ist er als Ordinarius an der Universität München tätig und lehrt dort Empirische Pädagogik und Pädagogische Psychologie.

Mandls Arbeitsschwerpunkte liegen in der Erforschung von Lern- und Lehrprozessen in der Aus- und Weiterbildung. Heinz Mandl ist Mitinitiator von DFG-Schwerpunktprogrammen und Forschergruppen zur Wissenspsychologie, zu Lehr-Lern-Prozessen in der kaufmännischen Erstausbildung und zur netzbasierten Wissenskommunikation in Gruppen. Im Bereich der angewandten Forschung hat er mit zahlreichen Unternehmen zusammengearbeitet und pädagogisch-psychologische Lernkonzepte in Weiterbildungsprogrammen umgesetzt.

50

weitet werden. Lernen im Erwachsenenalter setzt daher ein hohes Maß an Eigeninitiative und persönlicher Lern- und Veränderungsbereitschaft voraus.

Lernen im Erwachsenenalter kann in drei Bereiche gegliedert werden (◘ Abb. 50.1):

1. nicht institutionalisiertes Lernen;
2. Lernen in der beruflichen Erst- und Weiterbildung;
3. Lernen im Rahmen der allgemeinen Erwachsenenbildung.

Das **nicht institutionalisierte Lernen** lässt sich weiter in autodidaktisches und implizites Lernen unterteilen. Dem autodidaktischen Lernen liegt eine explizite Lernabsicht zu Grunde. Die Bestimmung des Lernziels, die Organisation des Lernprozesses und die Koordination des Lernens mit anderen, teils auch konkurrierenden Tätigkeiten liegen in der individuellen Verantwortung des Einzelnen. Demgegenüber erfolgt implizites Lernen eher beiläufig und stellt

das Nebenprodukt einer Problembearbeitung dar (Oerter, 2000).

Im Mittelpunkt des institutionalisierten Lernens stehen die berufliche **Aus- und Weiterbildung**. Das Ziel besteht darin, berufsrelevante Qualifikationen zu erwerben und die zugehörigen Kompetenzen kontinuierlich auszubauen. Hierbei sind fachspezifische von fachübergreifenden Kompetenzen zu unterscheiden. Letztere werden auch als »Schlüsselqualifikationen« bezeichnet. Neben kognitiven Kompetenzen (Problemlösefähigkeiten) fallen darunter soziale Fertigkeiten (Teamfähigkeit) und selbstbezogene Einstellungen (Lernbereitschaft).

Die allgemeine **Erwachsenenbildung** umfasst berufliche, politische und kulturelle Bildungsangebote. Sie soll die Entwicklung von Interessen, Fähigkeiten und Kompetenzen im Erwachsenenalter unterstützen. Erwachsenenbildung ist dem Ziel verpflichtet, soziale Benachteiligungen im Zugang zu Bildungsangeboten auszugleichen. Diese Aufgabenstellung spiegelt sich im Begriff der »Volkshochschule« wider.

50.2   Lernen im Erwachsenenalter

Die Verlängerung des Lernens über die Schul- und Ausbildungszeit hinaus wirft Fragen nach dem Lern- und Leistungspotenzial junger und älterer Erwachsener auf. Entwicklungspsychologische Ansätze betonen die Mehrdimensionalität kognitiver Veränderungsprozesse im Lebenslauf. Lebenslanges Lernen vollzieht sich im Spannungsfeld physiologischer und psychologischer Veränderungen: Altersbedingten Verlusten in einigen Leistungsbereichen stehen erfahrungsbedingte Zugewinne in anderen Bereichen gegenüber.

50.2.1 Kognitive Leistung und Leistungsfähigkeit

Die Aufrechterhaltung der geistigen Leistungsfähigkeit bildet eine wichtige Voraussetzung für lebenslanges Lernen. In diesem Zusammenhang werden vor allem Veränderungen in der **fluiden** und in der **kristallinen** Intelligenz untersucht (Horn & Cattell, 1966). Fluide Intelligenz bezieht sich auf die Fähigkeit, neuartige Probleme zu lösen, ohne dabei auf besonderes Wissen zurückzugreifen. Kristalline Intelligenz beruht hingegen auf dem Erwerb von Wissen und auf Lebenserfahrung (dazu näher ▶ Kap. 23). Beispiele dafür sind der Gebrauch der Sprache, der Erwerb kommunikativer Fertigkeiten und die Aneignung beruflichen Wissens und Könnens. Beide Komponenten der Intelligenz entwickeln sich unterschiedlich: Während die fluide Intelligenz ab dem 60. Lebensjahr eher altersbedingten physiologischen Abbauprozessen unterworfen ist, kann die kristalline Intelligenz bis ins hohe Alter hinein aufrechterhalten und erweitert werden. Während es älteren Mitarbeitern auf-

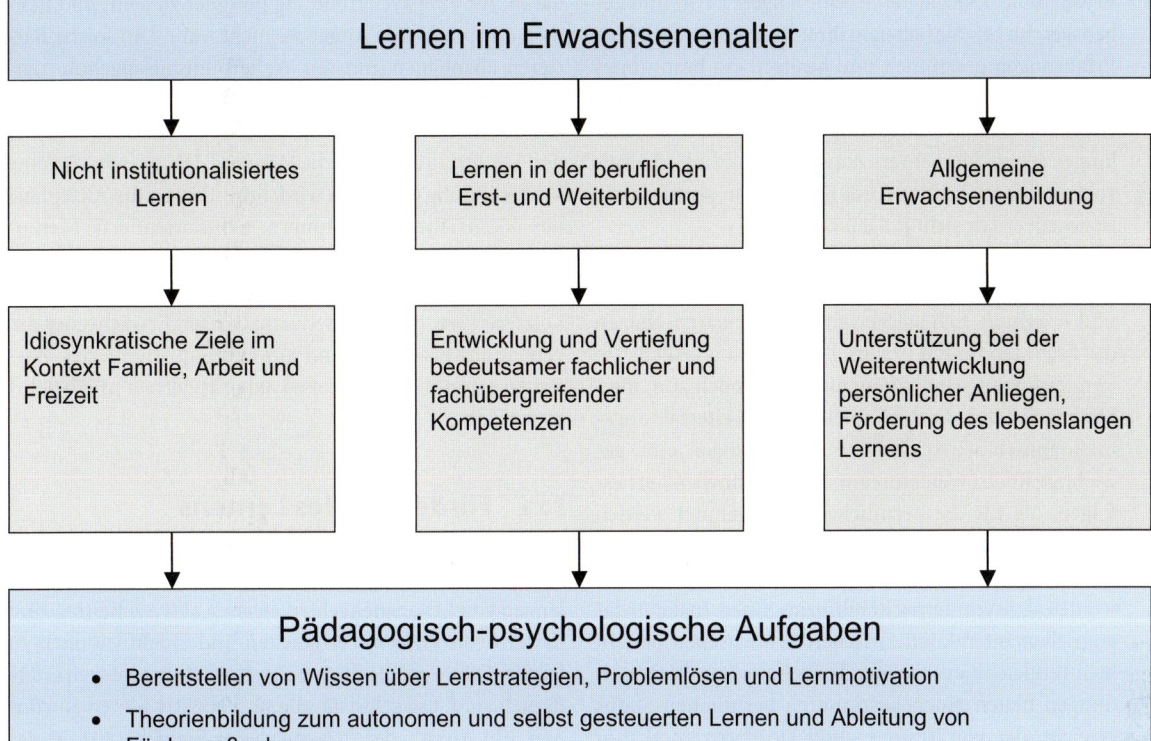

Lernen im Erwachsenenalter

| Nicht institutionalisiertes Lernen | Lernen in der beruflichen Erst- und Weiterbildung | Allgemeine Erwachsenenbildung |

| Idiosynkratische Ziele im Kontext Familie, Arbeit und Freizeit | Entwicklung und Vertiefung bedeutsamer fachlicher und fachübergreifender Kompetenzen | Unterstützung bei der Weiterentwicklung persönlicher Anliegen, Förderung des lebenslangen Lernens |

Pädagogisch-psychologische Aufgaben

- Bereitstellen von Wissen über Lernstrategien, Problemlösen und Lernmotivation
- Theorienbildung zum autonomen und selbst gesteuerten Lernen und Ableitung von Fördermaßnahmen
- Gestaltung von Lernressourcen (Texte, Medien, Lernmaterialien)

Abb. 50.1. Lernen im Erwachsenenalter

grund ihrer Lebenserfahrung besser gelingen mag, ihnen vertraute Probleme zu lösen, kann ihnen die Aneignung neuen Wissens Schwierigkeiten bereiten. Diese Veränderungen verlaufen jedoch hochgradig individuell und fallen weniger dramatisch als vermutet aus. Durch die Schulung kognitiver Funktionen können altersbedingte Einbußen in der geistigen Leistungsfähigkeit, wenn auch nicht vollständig kompensiert, so doch deutlich verringert werden (Kliegl, Smith & Baltes, 1989).

Lernen im Erwachsenenalter findet im Kontext der Auseinandersetzung mit Anforderungen in vielfältigsten Lebensbereichen statt (z. B. im Beruf, in der Familie und in der Freizeit). Als Folge dieser Auseinandersetzung wird das Wissen zunehmend differenzierter (Baltes & Baltes, 1992). Zahlreiche Lernerfahrungen, die in unterschiedlichsten Kontexten gemacht werden, begünstigen die Ausbildung effektiver Handlungsstrategien und eines realitätsangemessenen Urteilsvermögens. Durch Lernprozesse, die sich auf realitätsnahe und in diesem Sinn »authentische« Aufgaben beziehen, können altersbedingte Beeinträchtigungen, etwa beim Faktenlernen oder bei bestimmten Gedächtnisleistungen, ausgeglichen werden.

Darüber hinaus sind folgende Faktoren für das Lernen Erwachsener relevant (Kruse & Rudinger, 1997):

1. die Strukturiertheit des Lernmaterials;
2. die Vertrautheit mit der Aufgabenstellung;
3. die verfügbare Lernzeit und
4. Unsicherheit und Ängstlichkeit gegenüber neuen Anforderungen.

Berufliche Weiterbildungen müssen an die Lernvoraussetzungen Erwachsener angepasst und auf ihre Bedürfnisse abgestimmt werden (Simons, 1992b). Kognitive und metakognitive Strategien (▶ Abschn. 50.3.1) erleichtern die Planung und Regulierung des Lernprozesses und ermöglichen es zudem, das zu bearbeitende Lernmaterial zu strukturieren. Durch Teamwork und Gruppenarbeit (▶ Abschn. 50.3.2) können Unsicherheiten abgebaut und eigene Lebenserfahrungen in den sozialen Austausch mit anderen eingebracht werden (Hiemstra, 1992). Auf diese beiden Themenbereiche wird später noch genauer einzugehen sein.

50.2.2 Bildungsmotivation und Interesse

Lerngruppen mit Erwachsenen, wie sie bei innerbetrieblichen Qualifizierungen oder beim Besuch von Volkshochschulkursen gebildet werden, besitzen eine besondere Struktur (Prenzel et al., 1997). Vergleicht man die pädagogische Interaktion in der Weiterbildung mit tradierten Formen der Lehrer-Schüler-Interaktion in der Schule, so fallen gleich mehrere Unterschiede auf:

1. Erwachsene besitzen bereits eine längere Lern- und Lebensgeschichte. Sie haben in ihrer Biographie vielfältige Erfahrungen gesammelt und besitzen ein bestimmtes Repertoire an Handlungs-, Denk- und Lernstrategien. Aufgrund früherer Erfahrungen haben sie Voreinstellungen gegenüber Lehrern entwickelt, die ihr Verhältnis zu Ausbildern, Trainern und Dozenten in positiver wie in negativer Hinsicht prägen können.

2. Lernen im Erwachsenenalter folgt zumeist einem konkreten Anlass, ist thematisch und zeitlich eng umgrenzt und orientiert sich stärker am unmittelbaren Nutzen des Erlernten für das praktische Handeln im Alltag. Im Vergleich zum schulischen, mehr aber noch zum interessengeleiteten Lernen spielen bei Weiterbildungsmaßnahmen wirtschaftliche Überlegungen eine gewichtige Rolle (Weidenmann, 1997). Schnellen Lernerfolgen, die für die berufliche Praxis genutzt werden können, kommt ein hoher Stellenwert zu.

3. Interaktionsprozesse zwischen Schülern und Lehrern werden als asymmetrisch wahrgenommen. In der pädagogischen Interaktion zwischen Erwachsenen besteht kein vergleichbares Gefälle. Teilnehmer von Weiterbildungen haben einen bestimmten beruflichen Status erreicht, der von Trainern und Dozenten anerkannt werden sollte.

Aus diesen Besonderheiten resultieren spezifische Merkmale der Lernmotivation von Erwachsenen. Nach Kruse und Rudinger (1997) zählen dazu Freiwilligkeit, Eigenmotivation, Autonomie und persönliche Lebenserfahrung. Aktuelle Studien bestätigen diese Charakterisierung aber nur zum Teil. In einer repräsentativen Untersuchung des Bundesministeriums für Bildung und Forschung (BMBF, 2004) gaben 54% der befragten Mitarbeiter von Unternehmen an, dass sie innerhalb des letzten Jahres an einer beruflichen Weiterbildung teilgenommen hatten. Die Teilnahmequote war hoch und über verschiedene Bildungsniveaus hinweg gleichmäßig verteilt. Teilnehmer aus bildungsfernen Schichten gaben jedoch häufiger an, dass die Weiterbildung unmittelbar eine berufliche Gratifikation nach sich zog oder Vorbedingung für eine Zuwendung war. Die Gründe und Motive, an Maßnahmen der beruflichen Weiterbildung teilzunehmen, können sehr unterschiedlich sein. Freiwilligkeit und Eigenmotivation können nicht immer als selbstverständlich gegeben vorausgesetzt werden.

Der Zugang zum lebenslangen Lernen sollte allen Erwachsenen offen stehen. Weiterbildung kann gerade bei Personen angezeigt sein, welche die zugehörigen Angebote von sich aus kaum in Anspruch nehmen. Die Motivationsbarrieren, die dies verhindern, können vielfältiger Natur sein. Unkenntnis gehört ebenso dazu wie mangelnde Vertrautheit mit Bildungsmöglichkeiten. Darüber hinaus wirken sich negative Lernerfahrungen und ungünstige Lernvoraussetzungen nachteilig auf die Lern- und Bildungsbereitschaft aus. Die betreffenden Personen zweifeln dann

daran, für eine Weiterbildung geeignet zu sein, und nehmen entsprechende Angebote nicht wahr. Um solche Barrieren abzubauen, müssen Weiterbildungsangebote zielgruppenorientiert geplant und durchgeführt werden. Nicht nur die Inhalte, auch die didaktischen Methoden, der Ort der Veranstaltung und die Art und Weise, wie für eine Weiterbildung geworben wird, beeinflussen die Akzeptanz bei potenziellen Teilnehmern. Schulorientierte Methoden wirken sich eher motivationshemmend, team- und projektorientierte Ansätze eher motivationsfördernd aus. Letztere sprechen das Bedürfnis vieler Erwachsener an, verständnisbezogenes und anwendungsorientiertes Wissen zu erwerben, statt bloße Fakten zu lernen und belehrt zu werden.

50.3 Förderung des Lernens

Erfolgreiche Bildungslebensläufe und Berufskarrieren verlangen von Lernenden, einen eigenen aktiven Beitrag zum Erwerb von Wissen, Fertigkeiten und Qualifikationen zu leisten. Dies wirft die Frage auf, welche Kompetenzen erforderlich sind, um selbstständig und effektiv lernen zu können. Ein Ansatz, der sich mit dieser Frage befasst, ist das **selbst gesteuerte Lernen**. Nach Weinert (1982) werden unter diesem Begriff Lernformen zusammengefasst, bei denen der Handelnde die wesentlichen Entscheidungen, ob, was, wann, wie und woraufhin er lernt, gravierend und folgenreich beeinflussen kann. Diese Definition betont die vielfältigen Handlungsspielräume, die sich beim selbst gesteuerten Lernen eröffnen und diese Art des Lernens von fremd gesteuertem Lernen, bei dem die Gestaltung des Lernprozesses maßgeblich durch andere Personen bestimmt wird, unterscheidet (Schiefele & Pekrun, 1996). Handlungsspielräume sind für sich allein aber noch keine hinreichende Bedingung für effektives Lernen. Vielmehr kommt es darauf an, Fertigkeiten zu erwerben, die es ermöglichen, bestehende Spielräume für den Erwerb neuen Wissens zu nutzen.

Modelle des selbst gesteuerten Lernens betrachten neben kognitiven Fertigkeiten auch motivationale Merkmale, wie Interesse und Selbstvertrauen, als wichtige Voraussetzungen des Lernerfolgs (Garcia & Pintrich, 1994; Perry & Drummond, 2002; Schunk, 1994). Selbst gesteuertes Lernen erfordert zudem, dass die lernende Person den Fortgang ihres Lernprozesses selbst überwacht und Lernfortschritte angemessen bewerten kann (Simons, 1992a). Selbst gesteuertes Lernen umfasst somit drei zentrale Funktionsbereiche:

1. **kognitive Komponenten**, die neben konzeptuellem (Fachwissen) und prozeduralem (Fertigkeiten) Wissen auch das Wissen über aufgabenspezifische Lern- und Denkstrategien umfassen;

2. **motivationale Komponenten**, die der Initiierung und Aufrechterhaltung von Lernaktivitäten dienen; und

3. **metakognitive Komponenten**, die neben dem Wissen über eigene Stärken und Schwächen auch Fragen der Planung und Überwachung des eigenen Lernverhaltens betreffen.

Einzelne Elemente des selbst gesteuerten Lernens integrieren alle drei Funktionsbereiche (Brunstein & Spörer, 2001). Die Formulierung eines Lernziels umfasst beispielsweise kognitive (die Repräsentation des angestrebten Fertigkeitsniveaus), motivationale (Anreize, die mit der Beherrschung der betreffenden Fertigkeit verbunden werden) und metakognitive Anteile (Prozesse der Planung und Bewertung von Lernhandlungen, die dem Erwerb der betreffenden Fähigkeit dienen).

Selbst gesteuert zu lernen, bedeutet zuallererst: Auf der Grundlage selbst gesetzter Ziele eine oder mehrere Strategien auszuwählen, um eine Aufgabe effektiver als bisher bearbeiten zu können. Zimmerman (1989, 1998) kennzeichnet strategisches Lernen durch sechs Merkmale, die sich in der Form von Leitfragen verdeutlichen lassen (◘ Tab. 50.1).

Selbst gesteuert Lernende stellen sich zuerst die Frage nach dem **Warum** des Lernens. Sie setzen sich selbst anspruchsvolle Ziele und sind davon überzeugt, ihre Vorhaben und Pläne auch erreichen zu können. Des Weiteren besitzen sie genaue Kenntnisse über das **Wie** des Lernens. Sie verfügen über ein umfangreiches Repertoire aufgabenspezifischer und bereichsübergreifender Strategien. Zudem verfügen sie über Kenntnisse, wann eine Strategie am besten einzusetzen ist. Auch das **Wann** und **Wo** des Lernens wird von ihnen genau bedacht. Sie planen exakt ihre Zeit zum Lernen und gestalten Lernumgebungen so, dass alle erforderlichen Ressourcen (z. B. Lernmaterialien und Informationsquellen) verfügbar sind und konzentriertes Arbeiten möglich ist. Darüber hinaus registrieren sie genau, **was** sie bereits gelernt haben. Sie beobachten ihre Lernfortschritte, bewerten ihre Ergebnisse und korrigieren ggf. ihr methodisches Vorgehen. Schließlich ist auch die Frage – **Mit wem** lerne ich? – für selbst gesteuert Lernende relevant. Sie nutzen andere Menschen als soziale Ressource (z. B. als Informationsquelle), die ihnen bei der Verbesserung ihres eigenen Lernens hilft.

50.3.1 Direkte Förderung des lebenslangen Lernens durch Strategietraining

Inzwischen liegt eine beachtliche Anzahl von Programmen vor, mit denen selbst gesteuertes Lernen bei Schülern, Studierenden und Berufstätigen gefördert werden kann (Greif & Kurtz, 1996; Schreiber, 1998; Weinstein, Husman & Dierking, 2000). Zimmerman (1998) hat ein Trainingsmodell entwickelt, das sich aus vier kreisförmig verbundenen Teilschritten zusammensetzt (◘ Abb. 50.2; ► Kasten):

Selbstreflexion und Selbstbewertung nehmen in Zimmermans Modell einen hohen Stellenwert ein. Sie bilden die Voraussetzung dafür, dass ein Lernprozess selbstständig gesteuert und optimiert werden kann. Ein weiteres wichtiges Merkmal ist das Lernen am Modell. Selbst gesteuertes Lernen wird als höchste Stufe eines Entwicklungsprozesses betrachtet, der mit der Beobachtung eines Experten beginnt, sich in der Nachahmung der beobachteten Handlungen, einschließlich der ihnen zu Grunde liegenden Gedan-

---

◘ **Tabelle 50.1.** Dimensionen erfolgreicher Selbststeuerung

Leitfrage	Merkmal der Selbststeuerung	Prozesse der Selbststeuerung
Warum?	Selbst bestimmt	Eigene Ziele setzen
Wie?	Planvoll	Aufgabe analysieren und dazu passende Strategie auswählen und anwenden
Wann?	Effizient	Zeit einteilen
Was?	Reflektierend	Lernfortschritte beobachten und bewerten
Wo?	Organisierend	Lernumgebung gestalten
Mit wem?	Sozial vernetzt	Soziale Ressourcen nutzen

◘ **Abb. 50.2.** Selbstgesteuertes Lernen als zyklischer Prozess

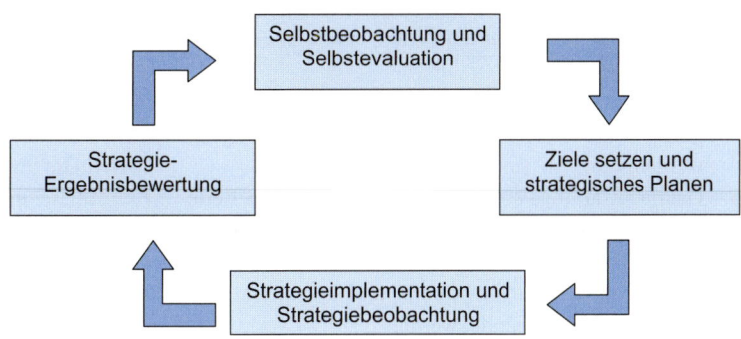

Das Trainingsmodell von Zimmerman (1998) zum selbst gesteuerten Lernen

- Zimmermans Training beginnt mit der reflektierenden Analyse des eigenen Lernens. **Selbstbeobachtung** und **Selbstbewertung** dienen der realistischen Einschätzung des Lernverhaltens (z. B. der investierten Zeit) und seiner Ergebnisse in einem bestimmten Aufgabenbereich. Gerade leistungsschwache Teilnehmer haben oft nur vage Vorstellungen davon, worin die Defizite ihres Lernens bestehen und welchen Nutzen sie aus der Verbesserung ihres methodischen Vorgehens ziehen können. Die Ergebnisse dieser Reflexionsphase werden in Protokollen und Diagrammen fixiert.
- Die zweite Trainingskomponente, **Ziele setzen** und **Planen,** beinhaltet, dass die Teilnehmer die Aufgabenstellung analysieren, sich eigene Ziele setzen und dazu passende Bearbeitungsstrategien auswählen. Die Ziele sollten konkret und eindeutig überprüfbar sein. Dies schließt die Fixierung des angestrebten Leistungsniveaus mit ein. Verfügt eine Person über keine geeignete Strategie, so kommt es zunächst darauf an, dass ihr eine neue (oder effizientere) Lernstrategie vermittelt wird.
- Im dritten Schritt (**Strategieimplementierung** und **Strategiebeobachtung)** wird die gewählte Strategie auf eine konkrete Aufgabe angewendet. Der Schwerpunkt der Beobachtung liegt auf der korrekten Ausführung der Strategie in all ihren Teilschritten. Es wird kontinuierlich überprüft, ob die gewählte Vorgehensweise korrekt umgesetzt wird.
- Der vierte Schritt besteht in der **Bewertung des Ergebnisses der Strategieanwendung**. Hierzu wird das Resultat des Lernprozesses registriert und mit dem eigenen Lernziel verglichen. Fällt das Ergebnis unbefriedigend aus, so werden die ausgewählten Strategien verfeinert, durch andere Strategien ergänzt oder ggf. auch ganz ersetzt. Selbst ein Erfolg beendet diesen Lernprozess nicht, sondern bildet nur den Ausgangspunkt dafür, dass sich die Trainingsteilnehmer anspruchsvollere oder gänzlich neue Ziele setzen.

ken, fortsetzt und in die selbstständige und zunehmend automatisierte Anwendung des neu erworbenen Wissens einmündet. Lernstrategien werden als »kognitive Werkzeuge« betrachtet, die es neu zu erwerben, einzuüben und bei unterschiedlichsten Aufgaben zu erproben gilt. Die Trainer fungieren als Experten, die nicht nur über fachliches Wissen verfügen, sondern auch didaktisch in der Lage sind, das selbstständige Lernen der Teilnehmer zu fördern.

Wie dies im Einzelnen geschehen kann, verdeutlicht ein als »**Cognitive Apprenticeship**« bezeichnetes Lehr-Lern-Modell, das – ursprünglich von der Handwerksausbildung inspiriert – auf das Erlernen kognitiver Fertigkeiten ausgedehnt wurde (Collins, Brown & Newman, 1989). Dabei werden folgende Vorgehensweisen betont:

1. Die Teilnehmer sollten über die Nützlichkeit der zu vermittelnden Strategie vorab informiert werden.
2. Der Trainer modelliert die Lösung einer Aufgabe und erläutert dabei schrittweise alle handlungsleitenden Gedanken, die seinem Vorgehen zugrunde liegen.
3. Die Teilnehmer lernen, ihr eigenes Lösungsverhalten durch verbale Selbstanweisungen anzuleiten, die sie zunächst vom Trainer übernehmen, später aber individuell ausgestalten.
4. Die Anwendung der Strategie sollte bei vielfältigen Aufgaben und in unterschiedlichsten Kontexten eingeübt werden.
5. Gruppentrainings sollten genutzt werden, um Reflexionen über unterschiedliche Lösungswege anzuregen.
6. Die Unterstützung durch den Experten, der die Teilnehmer zunächst anleitet, berät und korrigiert, sollte schrittweise ausgeblendet werden.

Am Ende sollen die Teilnehmer die betreffende Strategie selbstständig anwenden können. Das letztgenannte Prinzip verdeutlicht, dass der Übergang vom fremdgesteuerten zum selbst gesteuerten Lernen als kontinuierlicher Prozess aufzufassen ist (Brunstein & Spörer, 2001).

Die Wirksamkeit und Nützlichkeit von Strategietrainings, welche diese Prinzipien befolgen, konnte umfassend belegt werden (Friedrich & Mandl, 1997; Mandl & Friedrich, 1992). Dabei sind aber auch differenzielle Effekte zu beobachten. Teilnehmer mit günstigen Lernvoraussetzungen profitieren von der Vermittlung neuer Strategien deutlich stärker als Personen, die über weniger günstige Lernvoraussetzungen verfügen (weil sie z. B. Defizite in basalen Fertigkeiten besitzen). Daher müssen Strategietrainings individualisiert und auf die Lernvoraussetzungen der Teilnehmer abgestimmt werden. Dies gilt für den Schwierigkeitsgrad der Aufgaben ebenso wie für die Dauer der Übungen, den Umfang der Hilfestellungen sowie für die Art und das Niveau der trainierten Fertigkeiten.

50.3.2 Indirekte Förderung durch die Gestaltung von Lernumgebungen

Problemorientiertes Lernen

Lernen im Erwachsenenalter erfüllt die Funktion, neue Kenntnisse und Fertigkeiten zu erwerben, bestehende Handlungskompetenzen zu erweitern und Zusammenhänge zwischen unterschiedlichen Wissensgebieten herzustellen. Letztlich soll das, was gelernt wird, in realistischen Situationen erfolgreich angewendet werden können. Lern-

◘ Tabelle 50.2. Leitlinien für problemorientiertes Lernen

Leitlinie	Realisierung im Reformstudiengang Medizin
1. **Authentizität**: Lernen anhand realistischer Probleme	Bearbeitung von Fallbeispielen: Orientierung an häufigen und dringlichen Problemen Frühzeitiger Patientenkontakt
2. **Komplexität**: Lernen in multiplen Kontexten und unter multiplen Perspektiven	Verzahnung von Grundlagen- und Anwendungsfächern (Aufhebung der Trennung von vorklinischem und klinischem Studienabschnitt) Förderung interdisziplinären Handelns und Denkens durch fächerübergreifenden Unterricht, z. B. Betrachtung der Atmung unter anatomischer und biochemischer Perspektive Berücksichtigung gesellschaftlicher, ethischer und ökonomischer Aspekte in den Seminaren Neue Prüfungsform: fakultätsinterne Semesterprüfungen statt Physikum und 1. Teil des Staatsexamens
3. **Kooperation**: Lernen in der Gruppe	Lernen in einsemestrig festgelegten Kleingruppen Realisierung gemeinsamer Lernziele
4. **Unterstützung**: Lernen mit instruktionaler Begleitung	Kombination von Lernsettings mit unterschiedlichen Unterstützungsgraden: Vorlesung, Seminar, Übung, Gruppenarbeit

umgebungen müssen daher so gestaltet werden, dass ihr Alltagsbezug und ihre Nützlichkeit deutlich werden. Diesem Anspruch versucht eine Lernform zu genügen, die als **problemorientiertes Lernen** bezeichnet wird (Lowyck & Elen, 1991). Hierbei arbeiten Lernende an Aufgaben, die für ein bestimmtes Tätigkeitsfeld authentisch sind, und die wegen ihrer Konkretheit und Komplexität Interesse wecken (Reinmann-Rothmeier & Mandl, 2001). Gelernt wird zumeist im Team.

Problemorientiertes Lernen beruht auf einer Synthese von **instruktionszentrierten** mit **konstruktionsorientierten** Ansätzen des Wissenserwerbs (Blumenfeld, Marx, Patrick, Krajcik & Soloway, 1997; Cognition and Technology Group at Vanderbilt, 1997). Mit instruktionszentriert ist gemeint, dass der lehrende Experte zunächst eine anwei-

sende, später dann aber nur noch unterstützende Funktion übernimmt. Er erklärt die Aufgabenstellung, leitet die Bearbeitung an, berät die Gruppenmitglieder bei Schwierigkeiten und erteilt Rückmeldungen zu Lernfortschritten. Konstruktionsorientiert meint hingegen, dass die Lernenden zu aktiven Gestaltern ihrer Lernsituation werden. Sie erwerben Wissen durch Eigenaktivität und durch den sozialen Austausch mit anderen Teammitgliedern. Zudem muss die Lernumgebung so gestaltet werden, dass Konstruktionsleistungen angeregt und der Transfer des Gelernten auf realistische Situationen vorgebahnt wird (Resnick, 1987). Reinmann-Rothmeier und Mandl (2001) haben hierfür Leitlinien formuliert, die in ◘ Tab. 50.2 aufgeführt und am Beispiel des Reformstudiengangs der Charité Universitätsmedizin Berlin (▶ Kasten) erläutert werden.

Der Reformstudiengang der Charité Universitätsmedizin Berlin

Der Reformstudiengang, der seit dem Wintersemester 1999/2000 parallel zum Regelstudiengang angeboten wird, zeichnet sich durch fächerübergreifenden Unterricht und fallbasiertes Lernen aus. Die Studierenden werden schon früh mit der praktischen Arbeit eines Arztes vertraut gemacht. Die Unterteilung in die Studienabschnitte »Vorklinikum« und »Klinikum« wurde aufgehoben. Das Ziel des Studiengangs besteht darin, die Praxisferne der Ausbildung zu überwinden. Zudem sollen die Studierenden Fertigkeiten (Denk- und Lernstrategien) erwerben, mit deren Hilfe sie sich fachliche Kenntnisse selbstständig aneignen können. Das Studium ist in Themenblöcke gegliedert, deren Bearbeitung 2–7 Wochen in Anspruch nimmt.

▼

Die Studierenden arbeiten in Kleingruppen, die von einem oder mehreren Dozenten angeleitet werden. Zu Beginn wird ein Fallbeispiel präsentiert (z. B. ein Bericht über einen Patienten mit Atemnot), das dann in der Gruppe bearbeitet und durch Selbststudium vertieft wird. Zuerst werden Verständnisfragen geklärt. Danach werden erste Lösungsansätze gesammelt und gemeinsam diskutiert. Anschließend verständigt sich die Gruppe auf Lernziele, die es zu erreichen gilt. In den nächsten Tagen beschäftigen sich die Gruppenmitglieder damit, die Lerninhalte zu erarbeiten und ihr Wissen miteinander auszutauschen. Da die Behandlung eines Patienten Wissen aus unterschiedlichen Teildisziplinen erfordert, ist die Fallarbeit fachübergreifend organisiert. Dazu gehört, dass sich Dozenten unterschiedlicher Spezialisierungen abwechselnd an der Bearbeitung des Falls beteiligen. Die Gruppenarbeit endet mit der Bewertung der Lernfortschritte und mit der Reflexion der Zusammenarbeit in der Gruppe.

Beim problemorientierten Lernen geht es um die Frage, wie eine Problemlösung »am konkreten Fall« erarbeitet wird. Die wissenschaftlichen und klinischen Grundlagen der Medizin werden in Seminaren und Vorlesungen vermittelt. In Übungen zur Diagnostik und Therapie werden anwendungsbezogene Fertigkeiten geschult. Außerdem finden wöchentliche Seminare zu den Grundlagen ärztlichen Denkens und Handelns statt. Übungen zu Methoden des wissenschaftlichen Arbeitens und zur Interaktion zwischen Arzt und Patient runden das Studienangebot ab.

Problemorientiertes Lernen hat sich im Bereich des Schulunterrichts ebenso bewährt (Brown, Collins & Duguid, 1989; Collins et al., 1989) wie im Bereich der beruflichen und universitären Ausbildung. In Untersuchungen zur kaufmännischen Berufsausbildung fand Renkl (1996), dass die Kombination lehrerzentrierter Formen der Wissensvermittlung mit konstruktionsorientierten Formen der Wissensanwendung (Lernen an Beispielen) zu besonders guten Lernergebnissen führt. Im universitären Bereich findet problemorientiertes Lernen hohe Akzeptanz bei Studierenden (Reinmann-Rothmeier & Mandl, 2001).

Allerdings darf nicht übersehen werden, dass sich Studierende, die sich für diese Form des Lernens begeistern, von Beginn an von Studierenden unterscheiden, die traditionelle Formen des Lernens bevorzugen: Kiessling, Schubert, Scheffner und Burger (2003) befragten 150 Erstsemester des Reformstudiengangs Medizin zu den Motiven ihres Studiums und verglichen ihre Angaben mit denen von Studierenden des Regelstudiengangs. Das Bedürfnis nach einer praxisorientierten Ausbildung, der Wunsch nach individueller Förderung und das Bestreben, auch eigene Schwerpunkte im Studium setzen zu können, waren bei Studierenden des Reformstudiengangs stärker ausgeprägt als bei Studierenden des Regelstudiengangs. Zudem gaben Studierende des Reformstudiengangs häufiger an, dass sie Medizin erneut als Studienfach wählen würden. Über einen Abbruch ihres Studiums dachten sie vergleichsweise seltener nach.

Kooperatives Lernen

Jüngere Schüler bauen beim Lernen auf die Hilfe von Erwachsenen. Lehrer und Eltern erklären den Lernstoff und prüfen, ob das Gelernte auch korrekt reproduziert werden kann. Bei Jugendlichen gewinnt das Lernen mit Gleichaltrigen an Bedeutung. Jugendliche lernen häufig in Dyaden oder in Kleingruppen. Auch im Studium und in der Aus- und Weiterbildung werden Prozesse des Wissenserwerbs vom sozialen Austausch zwischen Auszubildenden, Studierenden und Kursteilnehmern geprägt.

Kooperatives Lernen bedeutet, dass Lernende eine Aufgabe in der Gruppe bearbeiten, dass sie ihr Wissen miteinander verbinden, sich bei der Bewältigung der Aufgabe unterstützen, und dass sie sich gemeinschaftlich um ein Lernergebnis bemühen, das vorzeigenswert ist (Slavin, 1990). Wie jede andere Form des Lernens, so kann auch kooperatives Lernen mehr oder weniger erfolgreich sein. Daher ist es wichtig, kritische Faktoren zu identifizieren, die für die Effektivität des Lernens im Team ausschlaggebend sind.

Nach Slavin (1991) müssen mindestens zwei Bedingungen erfüllt sein, damit kooperatives Lernen die Leistung nicht nur der Gruppe, sondern auch jedes ihrer Mitglieder verbessern kann. Zum einen muss die Gruppe ein Ziel besitzen, das nur gemeinsam erreicht werden kann. Die Gruppenmitglieder müssen also aufeinander angewiesen sein (Prinzip der positiven Interdependenz). Zum anderen müssen alle Mitglieder in gleichberechtigter Weise etwas zum Gruppenerfolg beitragen können (Prinzip der Chancengleichheit). Dies ist dann der Fall, wenn bei der Bewertung der Gruppenleistung die Leistung jedes einzelnen Mitglieds berücksichtigt wird.

Die folgenden Methoden des kooperativen Lernens lassen sich unterscheiden (vgl. Slavin, 1991):

Student Teams-Achievement Divisions (STAD). Die Gruppen werden so zusammengesetzt, dass sie sowohl leistungsstärkere als auch leistungsschwächere Mitglieder umfassen. Die Gruppenmitglieder hören zunächst einen Lehrervortrag zu einem bestimmten Aufgabengebiet. Im Anschluss daran bearbeiten sie Übungsaufgaben. Sie diskutieren die Aufgabenstellung, beseitigen Unklarheiten, bearbeiten Aufgabenblätter und überprüfen ihren Lernfortschritt. Die Lernergebnisse werden individuell überprüft. Dabei ist jedes Mitglied auf sich allein gestellt. Zur Sicherung der Chancengleichheit wird die aktuelle Leistung mit der früheren Leistung jedes einzelnen Teammitglieds verglichen. Gruppenbelohnungen werden danach vergeben, wie sehr sich die Gruppenmitglieder in ihren persönlichen Leistungen verbessert haben.

Teams-Games-Tournament (TGT). Diese Methode gleicht STAD bis auf einen Punkt: Die Leistungsüberprüfung findet im Rahmen kleiner Turniere (z. B. einem Wissensquiz) statt, die zwischen den Mitgliedern unterschiedlicher Lernteams ausgetragen werden. Anders als die Lerngruppen, die heterogen zusammengesetzt sind, treffen in den Turniergruppen Schüler mit vergleichbaren Leistungsniveaus aufeinander. Dort konkurrieren sie um die besten Antworten und versuchen, möglichst viele Punkte für ihre Lerngruppe zu gewinnen.

Jigsaw. Bei dieser auch als Gruppenpuzzle bezeichneten Methode steht die Arbeit mit Texten im Vordergrund. Jedes

Teammitglied erhält einen anderen Text. Zum Thema »Lernmethoden« können z. B. Texte zum selbst gesteuerten Lernen, zum problemorientierten Lernen und zum kooperativen Lernen gelesen werden. Hieraus soll eine Präsentation über neue Lerntheorien entwickelt werden. In Expertengruppen treffen diejenigen Teilnehmer zusammen, die den gleichen Text gelesen haben. Dort werden die Hauptideen des Textes zusammengefasst und offene Fragen diskutiert. Danach kehren die Teilnehmer in ihre Ursprungsgruppen zurück und unterweisen sich gegenseitig.

Die Effektivität kooperativer Lernmethoden wurde in den letzten Jahren intensiv evaluiert. In der Regel wird kooperatives Lernen mit individuellem Lernen oder mit konkurrenzorientiertem Lernen verglichen (Johnson & Johnson, 1989; Slavin, 1991). Die Ergebnisse zeigen, dass nur dann, wenn die Prinzipien der positiven Interdependenz und der Chancengleichheit beachtet werden, Teamarbeit zu einer Verbesserung von Lernresultaten führt. Unter dieser Voraussetzung fördert es die Lernmotivation und wirkt sich förderlich auf die Entwicklung prosozialer Verhaltensweisen und Einstellungen aus (Johnson, Johnson & Stanne, 2004; Thousand, Villa & Nevin, 1994).

Der Schwerpunkt der Forschung zum kooperativen Lernen liegt in der Schule. Zunehmend wird kooperatives Lernen aber auch als Lehr-Lern-Methode im Kontext der universitären und beruflichen Ausbildung untersucht (Johnson et al., 2004). Gerade im Hochschulbereich werden immer wieder Probleme bei der Anwendung kooperativer Lernmethoden beobachtet. Renkl, Gruber und Mandl (1997) berichteten, dass Studierende die Arbeit im Team häufig als konfliktreich erleben, sie daher als wenig effektiv bewerten und lieber allein als gemeinsam mit anderen Studierenden lernen würden. Um solchen Problemen zu begegnen, müssen folgende Aspekte beachtet werden (vgl. Reinmann-Rothmeier & Mandl, 2001):

1. Das Ergebnis der Gruppenarbeit (z. B. ein Forschungsbericht oder die Präsentation einer Produktidee) muss für alle Teilnehmer relevant sein. Verfügen die Teilnehmer über wenig Erfahrung mit Teamwork, so sollten zunächst kommunikative Fertigkeiten geschult, teambildende Prozesse angebahnt und Interaktionsregeln festgelegt werden. Die Reflexion des Gruppenprozesses sollte integraler Bestandteil der Teamarbeit sein und in konkrete Vereinbarungen zur Verbesserung der Zusammenarbeit einmünden (Johnson & Johnson, 1994).

2. Die Lernaufgabe muss so strukturiert sein, dass sie sich nur arbeitsteilig bewältigen lässt. Jedes Gruppenmitglied muss für einen bestimmten Beitrag verantwortlich sein. Kooperative Aufgabenstrukturen setzen hinreichend komplexe Problemstellungen voraus. Zudem erfordern sie genaue Abstimmungen zwischen den Mitgliedern des Teams. Die Bearbeitung von Teilaufgaben sollte voraussetzungsfrei und autonom erfolgen können (sonst müssen einige Teammitglieder auf die Fertigstellung anderer Teilaufgaben warten, bevor sie mit ihrer eigenen Teilaufgabe beginnen können).

3. Kooperative Formen des Lernens erfordern ein unterstützendes Klima, für das auch Hochschullehrer, Ausbilder und Vorgesetzte verantwortlich sind. Die Zusammenarbeit in Gruppen sollte als selbstverständlicher Bestandteil der Lernkultur einer Einrichtung betrachtet und entsprechend gewürdigt werden. Abschlusspräsentationen bieten die Möglichkeit, die Ergebnisse der Gruppenarbeit einem größeren Publikum vorzustellen.

Kooperatives Lernen stellt an Dozenten hohe Anforderungen: Sie müssen die Aufgabenstellung formulieren, den zeitlichen Rahmen der Teamarbeit abstecken, geeignete Lernmaterialien zugänglich machen und Gruppenprozesse moderieren, v.a. wenn dabei Konflikte auftreten. Sofern diese Bedingungen erfüllt werden, kann kooperatives Lernen zu einer anspruchsvollen, abwechslungsreichen und wirksamen Form des Lernens werden. ◘ Abbildung 50.3 verdeutlicht die dabei intendierten Effekte.

Eine sehr effektive Form des Lernens und Arbeitens im Team stellt das **partizipative Produktivitätsmanagement** (PPM) dar (Pritchard, Kleinbeck & Schmidt, 1993). Es handelt sich dabei um ein hoch strukturiertes, mehrstufiges

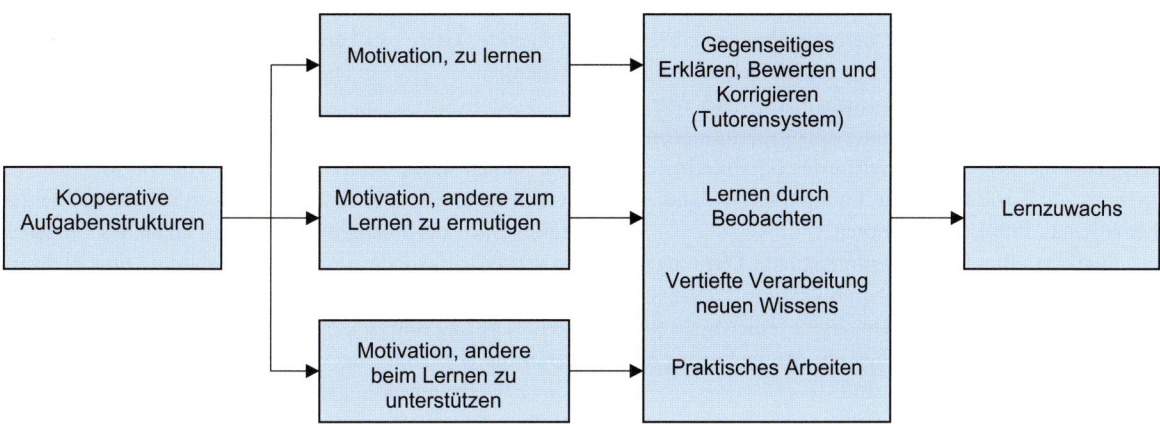

◘ **Abb. 50.3.** Effekte kooperativen Lernens

Kooperatives Lernen in der beruflichen Weiterbildung

In der betrieblichen Weiterbildung stellen **Qualitätszirkel** eine weit verbreitete Form des kooperativen Lernens und Arbeitens dar. In Arbeitskreisen besprechen 5–10 gleichberechtigte Mitglieder arbeitsbezogene Probleme aus ihrem gemeinsamen Tätigkeitsfeld. Die Aufgabe besteht darin, Probleme zu analysieren und Lösungen dafür zu finden. Es können z. B. Vorschläge zur Verbesserung von Arbeitsabläufen, zur Steigerung der Produktqualität, zur Erhöhung der Mitarbeiterqualifikation und zur Förderung des Arbeitsklimas unterbreitet werden. In einem fachlichen Diskurs sollen die Mitglieder von- und miteinander lernen und dabei auch Interesse an neuen Aufgabenstellungen entwickeln. Arbeiten und Lernen bilden eine Einheit. Bisher liegen nur wenige Studien zur Effektivität von Qualitätszirkeln vor. Die Ergebnisse zeigen, dass Qualitätszirkel die Zusammenarbeit im Team verbessern und die Arbeitszufriedenheit der Mitarbeiter erhöhen können (Bungard, 1992). Es können aber auch Probleme auftreten. Nicht immer gelingt es, die vereinbarten Vorschläge rasch und reibungslos in den Arbeitsprozess zu integrieren. Eine gewichtige Rolle spielt dabei auch die Einstellung der Vorgesetzten (Reinmann-Rothmeier & Mandl, 2001).

Verfahren zur Messung und Verbesserung der Produktivität in Arbeitsgruppen. Zu Beginn werden Merkmale der Effektivität des Teams erfasst, gemeinsame Produktivitätsziele definiert und prüfbare Kriterien der Zielerreichung identifiziert. Dies geschieht primär im Arbeitsteam, stets aber unter Abstimmung mit der nächst höheren Managementebene. In einem zweiten Schritt wird ein Rückmeldebericht erstellt, der es dem Team ermöglicht, Ursachen für Schwachstellen zu ermitteln (z. B. hohe Reklamationsraten in einer Reparaturabteilung), Verbesserungsmöglichkeiten zu eruieren und gemeinsame Maßnahmen zu vereinbaren. Auch wenn dies hier nur kurz beschrieben wird, liefert PPM ein präzises und transparentes System zur Messung der Produktivität in Organisationen. Die positive Wirkung des Feedbackprozesses ist umfassend belegt (Pritchard & Großmann, 1999). Dadurch dass die Mitarbeiter an allen Phasen der Produktivitätsanalyse mitwirken und für die Produktivitätssteigerung selbst verantwortlich sind, wird ihre Arbeitsmotivation gesteigert, was sich z. B. günstig auf Fehlzeiten auswirkt. Zusätzliche Anreize, wie Gratifikationen und Teamwettbewerb, können die Effektivität dieses Verfahrens weiter erhöhen (Pritchard, Jones, Roth, Stuebing & Ekeberg, 1988).

Computerunterstützte Lernumgebungen

Neben problemorientiertem und kooperativem Lernen eröffnen computerunterstützte Lernumgebungen eine wichtige Möglichkeit, um das Lernen im Erwachsenenalter zu fördern. Im Rahmen der beruflichen Aus- und Weiterbildung werden an computerunterstützte Lernumgebungen Qualitätskriterien angelegt, welche den Besonderheiten des Lernens von Erwachsenen Rechnung tragen (Mandl, Gruber & Renkl, 1997). Dazu gehören:

1. **Realitätsnähe**: Computerunterstützte Lernumgebungen sollten einen erkennbaren Bezug zur Lebens- und Arbeitswelt aufweisen. Erwachsene lernen nicht zuletzt, um Kenntnisse zu erwerben, die für die Lösung beruflicher Aufgaben nützlich sind.
2. **Problemorientierung**: Computergestütztes Lernen sollte neben Basiskenntnissen auch Fertigkeiten bei der Lösung komplexer Aufgaben vermitteln: zum einen, weil solche Aufgaben alltagsnah und realistisch sind, zum anderen, weil sie Neugier und Interesse wecken. Vor allem aber sollen sie Prozesse des Problemlösens anregen – von der Definition des Problems, über die Ermittlung alternativer Lösungswege, bis hin zur Bewertung der Lösungsergebnisse.
3. **Interaktivität**: Für Erwachsene eignen sich besonders Lernformen, die mit Selbstverantwortung und vielfältigen sozialen Aktivitäten verbunden sind. Lernprogramme bilden nur einen von vielen Bestandteilen interaktiver Lernumgebungen. Dazu gehören ebenso die Kommunikation mit virtuellen Experten, Tutoren und Kollegen sowie die Einbettung der Aufgabe in einen kooperativen Lernkontext.
4. **Instruktionale Unterstützung**: Computerunterstütze Lernumgebungen sollten differenzierte Rückmeldungen zum Lernfortschritt und gezielte Hilfestellungen bei Schwierigkeiten anbieten können. Der Lernende sollte im Prozess der Wissensaneignung weder eingeschränkt noch überfordert werden. Lernsoftware wird danach beurteilt, ob die Abfolge der Lerneinheiten und die Art der Unterstützung flexibel sind, sodass sie an das bestehende Kenntnisniveau angepasst werden können.

Folgende Arten von Lernprogrammen lassen sich unterscheiden:

Übungsprogramme

Sie dienen dazu, Gelerntes durch »drill and practice« zu verfestigen. Die Übungsaufgaben werden aneinandergereiht. Nach der Bearbeitung wird ein einfaches Feedback erteilt (»richtig« oder »falsch«). Besteht das Lernziel darin, sich einfache Fertigkeiten anzueignen (z. B. Vokabeln des Business-Englisch zu lernen), so bieten solche Übungsprogramme durchaus angemessene Lernmöglichkeiten. Für den Erwerb anwendungsorientierten Wissens, das in realistischen Situationen genutzt werden kann (z. B. einer Geschäftsbesprechung, die in einer Fremdsprache geführt wird), sind sie jedoch nur sehr bedingt geeignet (Mandl et al., 1997).

Tutorielle Programme

Sie sind anspruchsvoller gestaltet. Sie zeichnen sich durch Vielfalt und Abwechslung in der Darbietung des Lernmaterials aus (Lajoie & Lesgold, 1990; Renkl & Atkinson, 2002). Mit Hilfe der Software werden Aufgaben nicht nur präsentiert, sondern auch erklärt. Tutorielle Programme integrieren Funktionen der Instruktion und geben gezielte Hilfestellungen bei der Lösung von Aufgaben. Mit Hilfe von Text, Bild, Ton und Animation werden die Lerninhalte variationsreich (multimedial) dargestellt. Beispiele und Analogien fördern das Verständnis, Gliederungen und Zusammenfassungen erleichtern den Überblick. Mit tutoriellen Lernprogrammen können Aufgaben unterschiedlicher Schwierigkeit bearbeitet werden. Die Rückmeldungen sind differenziert und informieren bei fehlerhaften Lösungen über Verbesserungsmöglichkeiten. Neuere Tutorials regen außerdem die Selbstreflexion an. Nach der Bearbeitung einer Aufgabe werden die Lösungsschritte noch einmal rekapituliert und kommentiert. Einige Programme bieten die Möglichkeit, das eigene Vorgehen mit dem eines Experten zu vergleichen (Lajoie & Lesgold, 1992). In der Erwachsenenbildung wird diese Art der Lernsoftware als Ergänzung oder gar als Alternative zur betriebsinternen Seminararbeit eingesetzt. Die Lernzeit kann dann individuell gestaltet werden. Entsprechend hoch sind die Anforderungen, die an die Selbstorganisation des Lernenden gestellt werden.

Intelligente tutorielle Systeme

Sie gehen noch einen Schritt weiter (Sedlmeier & Wettler, 1998). Diese Art der Lernsoftware ist in der Lage, das Antwortverhalten des Lernenden mit bekannten Lösungsansätzen und verbreiteten Fehlern bei einem bestimmten Aufgabentyp zu vergleichen. Auf diese Weise entwickelt das Programm eine Repräsentation des Wissensstands des Lernenden. Ähnlich einem diagnostisch geschulten Lehrer, bietet der intelligente Tutor Hilfen an, die auf die Kenntnisse, Fehler und Defizite des Lernenden abgestimmt sind, und wählt Aufgaben so aus, dass sie optimale Lernfortschritte ermöglichen. Programme, welche diese Funktionen integrieren, werden als »intelligent« bezeichnet, weil sie sich ein genaues Bild vom Wissen und Denken des Programmanwenders verschaffen können. Im pädagogischen Bereich werden intelligente Tutoren bislang aber nur bei relativ einfachen Aufgaben mit eindeutigem Lösungsweg eingesetzt (z. B. für das Erlernen von Rechenwegen).

Simulationsprogramme

Sie modellieren komplexe Arbeitsumwelten. Sie zeichnen sich durch Realitätsnähe, Problemorientierung und Interaktivität aus. Die zu bearbeitenden Probleme besitzen hohe Komplexität und offerieren vielfältige Handlungsoptionen. Die Lernenden können experimentieren (Was passiert, wenn…?), das Problem wiederholt bearbeiten und dabei unterschiedliche Lösungsstrategien ausprobieren. In der Lernforschung werden zwei Varianten unterschieden. **Planspiele** werden vor allem in der betrieblichen Erstausbildung eingesetzt. Der Lernende übernimmt zumeist eine Stabsfunktion (z. B. als Unternehmer oder Bürgermeister), trifft strategische Entscheidungen (z. B. über Kapitalinvestitionen) und baut Schritt für Schritt ein komplexes System auf (z. B. ein gedeihendes Unternehmen oder eine aufblühende Stadt). Durch Planspiele wird ein Realitätsausschnitt simuliert, in dem strategisches Handeln geplant, mehrfach revidiert und gefahrenfrei ausgeführt werden kann. **Fallbasierte Lernprogramme** orientieren sich dagegen an einem spezifischen Problem, für das es eine Lösung zu finden gilt. Diese Art der Lernsoftware wird vor allem in der Medizinerausbildung eingesetzt (z. B. zur Schulung diagnostischer Fähigkeiten). Die Studierenden erhalten einen Fallbericht, erproben diagnostische Vorgehensweisen, schlagen Behandlungsmethoden vor und überprüfen deren Wirksamkeit. Gleichzeitig werden ihnen fachliche Informationen zugänglich gemacht, die sie im Hinblick auf den zu bearbeitenden Fall strukturieren und aufbereiten müssen (Gräsel & Mandl, 1993).

Interaktive Lernumgebungen

Sie kombinieren zumeist die vorgestellten Programme. Neben Tutorials und Simulationen bieten sie Lernenden umfangreiche Datenbanken an, die in der Form von Hypertexten organisiert sind (d. h. als Wissensnetzwerke, durch die ein Anwender navigiert und die er ggf. durch eigene Einträge ergänzen kann). Das Ziel besteht darin, Aufgaben und Situationen, wie sie z. B. in der Praxis eines Unternehmens auftreten, möglichst authentisch und realitätsgerecht abzubilden. Durch die Nutzung des Internets ergeben sich weitere Lernmöglichkeiten. In **Teletutorials** tauschen sich Lernende computergestützt mit Experten aus. In **virtuellen Seminaren** kommunizieren Gruppen über gemeinsame Aufgaben, ohne dass sich die Teilnehmer von Angesicht zu Angesicht gegenüber stehen. Dies kann allerdings auch Schwierigkeiten mit sich bringen (Weidenmann, 2001): Aufgrund der reduzierten sozialen Präsenz ist die Gruppe schwer zu koordinieren. Die Vielfalt der Informationen kann verwirrend und überfordernd wirken. Gerade hier ist es wichtig, die Aufgabenstellung klar zu strukturieren und technische Anwendungsprobleme vorab zu klären.

Im Hinblick auf die oben genannten Kriterien – Realitätsnähe, Problemorientierung, Interaktivität und instruktionale Unterstützung – bieten Simulationsprogramme und interaktive Lernumgebungen aber eine gute Möglichkeit, Gefahren des trägen Wissens entgegenzuwirken. Der Lernzuwachs ist am größten, wenn die Teilnehmer von Trainern und Experten begleitet werden, und wenn sie sich in Teams gemeinschaftlich mit der Aufgabenstellung auseinandersetzen können (Gräsel & Mandl, 1993; Mandl et al., 1997).

50.4　Resümee

Durch den raschen Wandel der Arbeitswelt wird die Halbwertszeit allgemein gültigen Wissens immer weiter verkürzt. Lebenslanges Lernen muss zu einem selbstverständlichen Bestandteil der Erwerbsbiographie werden (Schnabel, 2001). Neben nicht institutionalisierten Formen des Lernens sowie traditionellen Formen der Erwachsenenbildung gewinnen Maßnahmen der beruflichen Weiterbildung zunehmend an Bedeutung. Schnelle Veränderungen in beruflichen Aufgaben, Arbeitsabläufen und Technologien stellen hohe Anforderungen an die Flexibilität und Lernbereitschaft Erwachsener. Motivationale Barrieren können sich hier gravierender auswirken als altersbedingte Veränderungen der kognitiven Leistungsfähigkeit. Eine wichtige Aufgabe der Pädagogischen Psychologie des Erwachsenenalters besteht darin, neben Wissen und Fertigkeiten auch die Motivation für kontinuierliches Lernen zu fördern. Programme zur Vermittlung von Lern- und Denkstrategien sowie zur Förderung selbst gesteuerten Lernens versuchen, diesem Anspruch gerecht zu werden. Maßnahmen der beruflichen Weiterbildung müssen zudem zielgruppenorientiert gestaltet werden und sollten einen klaren Bezug zu den Berufsaufgaben und Lebenserfahrungen erwachsener Menschen aufweisen. Neben kooperativen und problembasierten Formen des Lernens kommt der Nutzung neuer Lernmedien dabei eine entscheidende Bedeutung zu.

Literatur

Referenzliteratur

Greif, S. & Kurtz, H.J. (1996). *Handbuch Selbstorganisiertes Lernen*. Göttingen: Verlag für Angewandte Psychologie.
Sharan, S. (Ed.). (1994). *Handbook of cooperative learning methods*. Westport, CT: Greenwood Press.
Weinert, F.E. & Mandl, H. (Hrsg.). (1997). *Enzyklopädie der Psychologie: Themenbereich D, Serie I, Band 4 Psychologie der Erwachsenenbildung*. Göttingen: Hogrefe.

Zitierte Literatur

Baltes, P.B. & Baltes, M.M. (1992). Psychological perspectives on successful aging: The model of selective optimization with compensation. In P.B. Baltes & M.M. Baltes (Eds.), *Successful aging* (pp. 1–34). New York: Cambridge University Press.
Blumenfeld, P.C., Marx, R.W., Patrick, H., Krajcik, J.S. & Soloway, E. (1997). Teaching for understanding. In B.J. Biddle, T.L. Good & I.F. Goodson (Eds.), *International handbook of teachers and teaching* (Vol. II, pp. 819–878). Dodrecht: Kluwer.
Brown, J.S., Collins, A. & Duguid, P. (1989). Situated cognition and the culture of learning. *Educational Researcher, 18*, 32–42.
Brunstein, J.C. & Spörer, N. (2001). Selbstgesteuertes Lernen. In D.H. Rost (Hrsg.), *Handwörterbuch Pädagogische Psychologie* (2. Aufl., S. 622–629). Weinheim: Beltz PVU.
Bundesministeriums für Bildung und Forschung (BMBF) (2001). *Aktionsprogramm »Lebensbegleitendes Lernen für alle«*. Berlin

Bundesministerium für Bildung und Forschung (BMBF) (2004). *Soziale und regionale Differenzierung von Weiterbildungsverhalten und Weiterbildungsinteressen*. Ergebnisbericht. Berlin
Bungard, W. (Hrsg.). (1992). *Qualitätszirkel in der Arbeitswelt. Ziele, Erfahrungen, Probleme*. Göttingen: Verlag für Angewandte Psychologie.
Cognition and Technology Group at Vanderbilt (1997). *The Jasper project: Lessons in curriculum, instruction, assessment, and professional development*. Hillsdale, NJ: Erlbaum.
Collins, A., Brown, J.S. & Newmann, S.E. (1989). Cognitive apprenticeship: Teaching the craft of reading, writing, and mathematics. In L.B. Resnick (Ed.), *Knowing, learning, and instruction: Essays in honor of Robert Glaser* (pp. 453–494). Hillsdale, NJ: Erlbaum.
Friedrich, H.F. & Mandl, H. (1997). Analyse und Förderung selbstgesteuerten Lernens. In F.E. Weinert & H. Mandl (Hrsg.), *Enzyklopädie der Psychologie: Themenbereich D, Serie I, Band 4 Psychologie der Erwachsenenbildung* (S. 238–293). Göttingen: Hogrefe.
Garcia, T. & Pintrich, P.R. (1994). Regulating motivation and cognition in the classroom: The role of self-schemas and self-regulatory strategies. In D.H. Schunk & B.J. Zimmerman (Eds.), *Self-regulation of learning and performance* (pp. 127–153). Hillsdale, NJ: Erlbaum.
Gräsel, C. & Mandl, H. (1993). Förderung des Erwerbs diagnostischer Strategien in fallbasierten Lernumgebungen. *Unterrichtswissenschaft, 21*, 355–369.
Greif, S. & Kurtz, H.J. (1996). *Handbuch Selbstorganisiertes Lernen*. Göttingen: Verlag für Angewandte Psychologie.
Hiemstra, R. (1992). Ageing and learning: An agenda for the future. In A.C. Tuijnman & M. van der Kamp (Eds.), *Learning across the lifespan: theories, research, policies* (pp. 53–70). Oxford: Pergamon Press.
Horn, J.L. & Cattell, R.B. (1966). Age differences in primary mental ability factors. *Journal of Gerontology, 21*, 210–220.
Johnson, D.W. & Johnson, R.T. (1989). *Cooperation and competition: theory and research*. Edina, MN: Interaction Books.
Johnson, D.W. & Johnson, R.T. (1994). Learning together. In S. Sharan (Ed.), *Handbook of cooperative learning methods* (pp. 51–65). Westport, CT: Greenwood.
Johnson, D.W., Johnson, R.T. & Stanne, M.B. (2004). *Cooperative learning methods: a meta-analysis*. Verfügbar unter: http://www.co-operation.org [20.7.2005].
Kiessling, C., Schubert, B, Scheffner, D. & Burger, W. (2003). Schulbildung, Lebensumstände und Studienmotive von Studierenden des Regel- und des Reformstudiengangs an der Charité. *Deutsche Medizinische Wochenschrift, 128*, 135–140.
Kliegl, R., Smith, J. & Baltes, P.B. (1989). Testing the limits and the study of adult age differences in cognitive plasticity of a mnemonic training. *Developmental Psychology, 25*, 247–256.
Kruse, A. & Rudinger, G. (1997). Lernen und Leisten im Erwachsenenalter. In F.E. Weinert & H. Mandl (Hrsg.), *Enzyklopädie der Psychologie, Themenbereich D, Serie I, Band 4: Psychologie der Erwachsenenbildung* (S. 45–85). Göttingen: Hogrefe.
Lajoie, S.P. & Lesgold, A.M. (1990). Apprenticeship training in the workplace: computer coached practice environment as a new form of apprenticeship. *Machine-Mediated Learning, 3*, 7–28.
Lajoie, S.P. & Lesgold, A.M. (1992). Dynamic assessment of proficiency for solving procedural knowledge tasks. *Educational Psychologist, 27*, 365–384.
Lowyck, J. & Elen, J. (1991). Wandel in der theoretischen Fundierung des Instruktionsdesigns. *Unterrichtswissenschaft, 19*, 218–237.
Mandl, H. & Friedrich, H.F. (1992). *Lern- und Denkstrategien – Analyse und Intervention*. Göttingen: Hogrefe.
Mandl, H., Gruber, H. & Renkl, A. (1997). Lernen und Lehren mit dem Computer. In F.E. Weinert & H. Mandl (Hrsg.), *Enzyklopädie der Psychologie, Themenbereich D, Serie I, Band 4: Psychologie der Erwachsenenbildung* (S. 437–467). Göttingen: Hogrefe.
McCombs, B. (1991). Motivation and lifelong learning. *Educational Psychologist, 26*, 117–127.

Oerter, R. (2000). Lernen en passant – implizites Lernen. *Unterrichtswissenschaft, 28,* 194–256.

Perry, N.E. & Drummond, L. (2002). Helping young students become self-regulated researchers and writers. *The Reading Teacher, 56,* 298–310.

Prenzel, M., Mandl, H. & Reinmann-Rothmeier, G. (1997). Ziele und Aufgaben der Erwachsenenbildung. In F.E. Weinert & H. Mandl (Hrsg.), *Enzyklopädie der Psychologie, Themenbereich D, Serie I, Band 4: Psychologie der Erwachsenenbildung* (S. 1-44). Göttingen: Hogrefe.

Pritchard, R.D. & Großmann, H. (1999). Messung und Verbesserung organisationaler Produktivität: Das Partizipative Produktivitätsmanagement (PPM). In H. Holling, F. Lammers & R.D. Pritchard (Hrsg.), *Effektivität durch Partizipatives Produktivitätsmanagement* (S. 1–43). Göttingen: Verlag für Angewandte Psychologie.

Pritchard, R.D., Jones, S.D., Roth, P.L., Stuebing, K.K. & Ekeberg, S.E. (1988). Effects of group feedback, goal setting, and incentives on organizational productivity. *Journal of Applied Psychology, 73,* 337–358.

Pritchard, R.D., Kleinbeck, U. & Schmidt, K.-H. (1993). *Das Managementsystem PPM: durch Mitarbeiterbeteiligung zu höherer Produktivität.* München: Beck.

Reinmann-Rothmeier, G. & Mandl, H. (2001). Unterrichten und Lernumgebungen gestalten. In A. Krapp & B. Weidenmann (Hrsg.), *Pädagogische Psychologie* (S. 601–646). Weinheim: Beltz.

Renkl, A. (1996). Träges Wissen: Wenn Erlerntes nicht genutzt wird. *Psychologische Rundschau, 47,* 78–92.

Renkl, A. & Atkinson, R.K. (2002). Learning from examples: fostering self-explanations in computer-based learning environments. *Interactive Learning Environments, 10,* 105–119.

Renkl, A., Gruber, H. & Mandl, H. (1996). Kooperatives problemorientiertes Lernen in der Hochschule. In J. Lompscher & H. Mandl (Hrsg.), *Lehr- und Lernprobleme im Studium* (S. 131–147). Bern: Huber.

Resnick, L.B. (1987). Learning in school and out. *Educational Researcher, 16,* 13–20.

Schiefele, U. & Pekrun, R. (1996). Psychologische Modelle des fremdgesteuerten und selbstgesteuerten Lernens. In E. Weinert (Hrsg.), *Enzyklopädie der Psychologie. Themenbereich D, Serie I, Band 2: Psychologie des Lernens und der Instruktion* (S. 249–278). Göttingen: Hogrefe.

Schnabel, K. (2001). Psychologie der Lernumwelt. In A. Krapp & B. Weidenmann (Hrsg.), *Pädagogische Psychologie* (S. 467–511). Weinheim: Beltz.

Schreiber, B. (1998). *Selbstreguliertes Lernen.* München: Waxmann.

Schunk, D.H. (1994). *Self-regulation of self-efficacy and attributions in academic setting.* In D.H. Schunk & B.J. Zimmerman (Eds.), *Self-regulation of learning and performance* (pp. 75–99). Hillsdale, NJ: Erlbaum.

Sedlmeier, P. & Wettler, M. (1998). Was sollte ein Tutorsystem »wissen«? *Zeitschrift für Pädagogische Psychologie, 12,* 219–235.

Simons, P.R.-J. (1992a). Lernen selbstständig zu lernen – ein Rahmenmodell. In H. Mandl & H.F. Friedrich (Hrsg.), *Lern- und Denkstrategien: Analyse und Intervention* (S. 251–264). Göttingen: Hogrefe.

Simons, P.R.-J. (1992b). Theories and principles of learning to learn. In A.C. Tuijnman & M. van der Kamp (Eds.), *Learning across the lifespan: Theories, Research, Policies* (pp. 159–171). Oxford: Pergamon Press.

Slavin, R.E. (1990). *Cooperative learning: theory, research, and practice.* Englewood Cliffs, NJ: Prentice Hall.

Slavin, R.E. (1991). Synthesis of research on cooperative learning. *Educational Leadership, 48,* 71–82.

Slavin, R.E. (1996). Research on cooperative learning and achievement: What we know, what we need to know. *Contemporary Educational Psychology, 21,* 43–69.

Thousand, J., Villa, A. & Nevin, A. (Eds.). (1994). *Creativity and collaborative learning.* Baltimore: Brookes Press.

Weidenmann, B. (1997). Medien in der Erwachsenenbildung. In F.E. Weinert & H. Mandl (Hrsg.), *Enzyklopädie der Psychologie, Themenbereich D, Serie I, Band 4: Psychologie der Erwachsenenbildung* (S. 405–436). Göttingen: Hogrefe.

Weidenmann, B. (2001). Lernen mit Medien. In A. Krapp & B. Weidenmann (Hrsg.), *Pädagogische Psychologie* (S. 415–465). Weinheim: Beltz.

Weinert, F.E. (1982). Selbstgesteuertes Lernen als Voraussetzung, Methode und Ziel des Unterrichts. *Unterrichtswissenschaft, 2,* 99–110.

Weinstein, C.E., Husman, J. & Dierking, D.R. (2000). Self-regulation interventions with a focus on learning strategies. In M. Boekarts, P.R. Pintrich & M. Zeidner (Eds.), *Handbook of self-regulation* (pp. 728–747). San Diego, CA: Academic Press.

Zimmerman, B.J. (1989). A social-cognitive view of self-regulated academic learning. *Journal of Educational Psychology, 81,* 329–339.

Zimmerman, B.J. (1998). Academic studying and the development of personal skill: a self-regulatory perspective. *Educational Psychologist, 33,* 73–86.

51 Arbeits- und Ingenieurpsychologie

K.-P. Timpe, E. Frieling

51.1   Historische Vorbemerkungen

Die Entwicklung der Arbeitspsychologie ist eng mit der Entwicklung des »scientific management« durch F.W. Taylor (1856–1915) gegen Ende des 19. Jahrhunderts verknüpft. Im Zentrum seiner Arbeiten stand die Rationalisierung und Ökonomisierung der Handarbeit durch Ausschließen »überflüssiger Bewegungen« und die Minimierung von Bewegungszeiten mittels sog. Zeit- und Bewegungsstudien. Methodologische Hauptkritikpunkte dieser Entwicklungsetappe, heute als **Taylorismus** bezeichnet, sind u. a. die mehrdeutige Dekomposition von Handlungen und die Trennung von Hand- und Kopfarbeit.

Diese Entwicklungsphase wurde abgelöst von der **Psychotechnik**, einem Teilgebiet der älteren, praktischen Psychologie, das arbeitsphysiologische, experimental-psychologische und betriebswissenschaftliche Betrachtungsweisen integriert und als Anwendung der Psychologie auf alle Lebensbereiche gedacht wird. Die Anfänge der Psychotechnik gehen auf Hugo Münsterberg (▶ Kurzbiographie) zurück, der die Psychotechnik bereits 1913 als praktische Anwendung der Psychologie im Dienste von Kulturaufgaben definierte und den Begriff »industrielle Psychotechnik« verwendete (weitere Vertreter der industriellen Psychotechnik sind u. a. W. Moede, O. Lipman, F. Giese oder H. Rupp). Zu Beginn der 20er Jahre entwickelten sich rasch zwei Hauptrichtungen der Psychotechnik:

- die Subjektpsychotechnik (mit dem Gegenstand der Anlernung, Schulung und Berufskunde sowie Eignungsprüfungen) und
- die Objektpsychotechnik (Arbeitsstudien, Bedienmittelgestaltung sowie Arbeitsplatz- und Umgebungsgestaltung als Untersuchungsfeld).

Für beide Entwicklungslinien setzte sich Anfang der 30er Jahre der bereits verwendete Begriff **Arbeitspsychologie** durch. Im Mittelpunkt sowohl akademischer als auch betriebspraktischer Arbeiten stand die Entwicklung von Teamarbeit und sozialer Motivation als entscheidende leistungsfördernde Faktoren.

Aufgrund der technischen bzw. technologischen und der gesellschaftlichen Entwicklungen während des Zweiten Weltkrieges, besonders aber danach, vollzog sich ein qualitativer Wandel der Anforderungen an den Menschen im Arbeitsprozess und der betrieblichen Organisationsstrukturen der Erwerbsarbeit. Überwachungs-, Kontroll-, Steuerungs- oder Planungsaufgaben bestimmten in zunehmendem Maß das Handeln im Team oder des Einzelnen. Damit standen u. a. vor allem kognitive Funktionen wie Wahrnehmung, Urteilsvermögen, Wissensverarbeitung im Vordergrund der Arbeitstätigkeiten in allen Branchen der Indus-

Hugo Münsterberg

Hugo Münsterberg wurde 1863 in Danzig geboren und starb 1916 in Cambridge, USA. Er studierte Medizin, Philosophie und Psychologie in Genf, Leipzig und Heidelberg. 1892 wurde er nach Harvard berufen, kehrte 1895 nach Freiburg zurück, um schließlich 1897 endgültig auf den Lehrstuhl für experimentelle Psychologie an der Harvard-Universität zu wechseln. Seit 1910 war er Austauschprofessor an der Universität Berlin. Er hielt die erste Vorlesung über Wirtschaftspsychologie in Deutschland. Wichtige Werke sind »Psychologie und Wirtschaftsleben« (1912) und »Grundsätze der Psychotechnik« (1914).

trie, dem Verkehrswesen oder im Dienstleistungsbereich. Um diese neuen Technologien und Systeme im Prozess der Technikgestaltung angemessen berücksichtigen zu können, erarbeiteten Ingenieure, Psychologen, Physiologen und Sozial- und Wirtschaftswissenschaftler gemeinsame Prinzipien für die optimale Auslegung technischer Systeme, die den Menschen einschließen (soziotechnische Systeme).

Als äußerer Rahmen dieser Zusammenarbeit bildete sich in den USA Ende der 1940er Jahre neben der Arbeitspsychologie eine neue Disziplin heraus, die **Ingenieurpsychologie**. Während von der Arbeitspsychologie der Fabrikbetrieb (und weitere Wirtschafts- und Dienstleistungsbereiche) als soziotechnisches System begriffen wird, stand in der Anfangsphase der Ingenieurpsychologie bis ca. 1960 die Entwicklung von Prinzipien für die Gestaltung von Displays und Bedienelementen im Mittelpunkt der Systemgestaltung. Dies änderte sich jedoch aufgrund der schnellen Entwicklung der Informations- und Kommunikationstechnologien. Bereits Ende der 60er Jahre wurden immer mehr Anteile der geistigen Arbeit des Menschen automatisiert und neue Fragen der Funktionsverteilung zwischen Mensch und Maschine mussten beantwortet werden. Dies führte weg von der ingenieurpsychologischen »Skalen- und Knopfgestaltung« der frühen 50er Jahre hin zur Mensch-

Maschine-Interaktionsgestaltung, wie sie in ▶ Abschn. 51.2 beschrieben ist. Gegenwärtig und zukünftig werden die Anforderungen an die Systemgestaltung in breitem Maß von den neuen Technologien Computerisierung, Automatisierung sowie Wissens- und Informationsverarbeitung getrieben.

Das neue Fachgebiet Ingenieurpsychologie ist eng verknüpft mit Arbeitsgebieten wie »**Human Factors**« oder »**Human Factors Engineering**« (USA), »**Ergonomics**« (England), Ergonomie, Arbeitswissenschaften (Deutschland), kognitive Ergonomie u. a. Es ist jedoch aufgrund seiner im Kern psychologischen Gegenstandsbestimmung und Methodologie von diesen Sachgebieten klar abzugrenzen und eng mit der Arbeitspsychologie verbunden.

51.2 Gegenstandsbestimmung

Die Arbeitspsychologie in ihrer gegenwärtigen Gestalt ist eine Querschnittdisziplin der Psychologie, deren Gegenstand von Hacker (1998) als psychische Regulation der Arbeitstätigkeiten einer Persönlichkeit im Zusammenhang ihrer Bedingungen und Auswirkungen gefasst wird. Wie in der industriellen Psychotechnik bereits vorgedacht, bildet die Analyse, Bewertung und Gestaltung der Wechselwirkung zwischen psychischen Leistungsvoraussetzungen und den Arbeitsbedingungen das Wirkungsfeld der Arbeitspsychologie.

51.2.1 Arbeitspsychologie

Die Arbeitspsychologie berücksichtigt die wissenschaftlichen Erkenntnisse der Allgemeinen Psychologie und der Angewandten Psychologie und entwickelt Methoden, die für die **Analyse, Bewertung und Gestaltung menschlicher Arbeit** von Bedeutung sind. Arbeitspsychologisches Handeln in Forschung und Anwendung ist bestimmten Humankriterien verpflichtet. Nach diesen sollten Arbeitstätigkeiten ausführbar, schädigungslos, belastungsarm und persönlichkeitsförderlich sein. Sie sollten darüber hinaus den Beschäftigten zum Lernen anregen, ihn zu eigenständigem Handeln motivieren und einen wirtschaftlichen und gesellschaftlichen Beitrag leisten. Arbeitspsychologisch gut gestaltete Arbeitstätigkeiten differenzieren nicht zwischen dem Geschlecht, dem Alter, der Körpergröße oder der Körperkraft. Sie schädigen nicht die physische und psychische Gesundheit der Beschäftigten und tragen dazu bei, arbeitsbedingte Frühverrentungen zu vermeiden.

Um diese Zielsetzungen zu erreichen, muss sich die Arbeitspsychologie mit der Person, ihren Fähigkeiten, Kenntnissen, Kompetenzen, ihren Motivationen und Einstellungen, ihrem Empfinden und ihrem Verhalten in spezifischen Arbeitssituationen wissenschaftlich auseinandersetzen. Darüber hinaus hat sie sich mit den sozialen Beziehungen zwischen den Beschäftigten, mit den äußeren Arbeitsbedingungen (z. B. Lärm, Klima, Licht, Farbe, Vibration, Schadstoffe etc.), mit den eingesetzten Arbeitsmitteln, Werkzeugen und technischen Anlagen und mit den Prozessen (z. B. Produktentstehungs-, Dienstleistungs- oder Geschäftsprozesse), in die die Arbeitstätigkeit einer Person eingebunden ist, zu befassen. Diese Prozessorientierung in der Arbeitspsychologie befindet sich erst in den Anfängen, ist aber notwendig, da das Management im Interesse der Wettbewerbsfähigkeit der eigenen Organisation an der Produkt- und Prozessoptimierung ein wesentliches Interesse hat und weniger daran, den Arbeitsplatz einer bestimmten Person zu optimieren.

Ohne eine inhaltliche Auseinandersetzung mit den organisatorischen, technischen, sozialen und gesetzlichen Rahmenbedingungen der Arbeitstätigkeit ist eine arbeitspsychologisch fundierte Arbeitsanalyse und -gestaltung nicht möglich.

Neben der Arbeitsanalyse und -gestaltung setzt sich die Arbeitspsychologie mit **eignungsdiagnostischen Fragestellungen** (Subjektpsychotechnik bei Münsterberg) auseinander, um die Auswahl und Platzierung von Mitarbeitern unter dem Gesichtspunkt des optimalen Personaleinsatzes zu betreiben (vgl. hierzu DIN 33430; auch ▶ Kap. 39 und 53).

Ein wichtiges Arbeitsfeld ist neben der Auswahl und Platzierung neuer Mitarbeiter die **Personalentwicklung**. Im Wesentlichen geht es dabei um die Kompetenzentwicklung der Beschäftigten durch verschiedene Trainings- und Qualifizierungsmaßnahmen (Sonntag, 1999), die während und außerhalb der Arbeit durchgeführt werden. Schließlich sei darauf hingewiesen, dass die Arbeitsplatz- und Arbeitsablaufgestaltung zum Kernanliegen der Arbeitspsychologie zählt, um Lernen im Prozess der Arbeitstätigkeit auslösen und fördern zu können (Ulich, 1999; Baitsch, 1998; Frieling, 1999).

Da die wissenschaftliche Auseinandersetzung mit Arbeitstätigkeiten in einem gesellschaftspolitisch geregelten Bereich stattfindet, ist die Einbindung der Betroffenen, deren Repräsentanten (Betriebs-/Personalrat) und der Vorgesetzten/des Managements bei arbeitspsychologischer Analyse und Gestaltung in der betrieblichen Praxis unerlässlich.

51.2.2 Ingenieurpsychologie

Die Ingenieurpsychologie verkörpert – in Abgrenzung von und Kooperation mit der Arbeitspsychologie – eine psychologische Teildisziplin, die – wie oben beschrieben – aufgrund der technischen Entwicklungen nach dem Zweiten Weltkrieg die qualitativ neuen Anforderungen an den Menschen speziell für Verkehrs- und Maschinensysteme sowie die Prozesstechnik zum Gegenstand hat. Ihre Aufgabe ist die Optimierung des Informationsaustausches und seiner Bedingungen in einem **Mensch-Maschine-System** (MMS)

durch Planung, Analyse, Entwurf und Evaluation (Klix, 1966; Timpe, Jürgensohn & Kolrep, 2002). Der Begriff Mensch-Maschine-Systeme referiert hierbei auf eine zweckmäßige Abstraktion des zielgerichteten Zusammenwirkens von Personen mit technischen Systemen zur Erfüllung eines fremd oder selbst gestellten Auftrages. Mit einer solchen Abstraktion sollen die relevanten Merkmale mannigfacher Varianten des zielgerichteten Informationsaustausches zwischen Mensch und Maschine in den unterschiedlichen Situationen erfasst werden.

Dabei wird das Ziel verfolgt, die Auslegung der technischen Systemkomponenten *und* der Arbeitsaufgaben so zu gestalten, dass, entsprechende Qualifikation vorausgesetzt, kompetenzerhaltende bzw. -fördernde, motivierende und beanspruchungsgerechte Arbeitstätigkeiten in verlässlich funktionierenden Systemen ermöglicht werden. Weitere Systemkriterien wie Wirtschaftlichkeit, Zuverlässigkeit, Umweltverträglichkeit oder auch »gutes Design« bestimmen den Entwurf von Mensch-Maschine-Systemen mit, sind von der Psychologie aber wenig gestaltbar. Effektiv können diese Kriterien nur verfolgt werden, wenn technische Lösungen bereits in den frühen Phasen einer Systementwicklung mit den menschlichen Leistungsvoraussetzungen und Arbeitsanforderungen abgestimmt werden.

Die allgemeine Struktur eines MMS (◘ Abb. 51.1) ist die eines rückgekoppelten Systems, in dem ein Mitarbeiter bzw. Team entsprechend seiner organisationalen Verankerung, seiner Zielstellung, des Auftrages und der wahrgenommenen Rückmeldungen über Umgebung und Prozesszustand Entscheidungen fällt und das technische System steuert. Die Eingaben erfolgen entweder über entsprechende Bedieneinheiten oder durch Sprache, Muskelaktivitäten o. Ä.

Sind die Orte dieser Eingaben bzw. die Standorte der Maschinen räumlich getrennt, spricht man von verteilten Mensch-Maschine-Systemen (z. B. Telediagnose). Hierbei wirken mehrere Personen und mehrere Maschinen im oben genannten Sinne an unterschiedlichen Orten zusammen, um eine gemeinsame Zielstellung zu erreichen. Teilaufgaben, Verantwortung, Entscheidungen und Wissen sind auf verschiedene menschliche Akteure in unterschiedlichen Hierarchieebenen verteilt, sodass sich das klassische Problem der Aufgabenzuordnung (Funktionsverteilung) neu stellt.

Wesentliche Komponenten des technischen Gebildes »Maschine« im Mensch-Maschine-System sind Anzeige- und Bedieneinheiten, automatisierte Teileinheiten und rechnerunterstützte Hilfesysteme (z. B. Assistenz- oder Diagnosesysteme) sowie der zu steuernde technologische Prozess. Häufig sind Anzeige- und Bedienkomponenten in einer einheitlichen Bauform zusammengefasst, z. B. in Leitwarten, Cockpits für Fahr- und Flugzeuge, Kommandobrücken, Kontrollräumen, Steuerpulten, Bedientafeln, Bildschirmen u. Ä.

Zusammengefasst umfassen die Aufgabenbereiche sowohl der Arbeits- als auch der Ingenieurpsychologie im

Abb. 51.1. Grobstruktur eines Mensch-Maschine-Systems

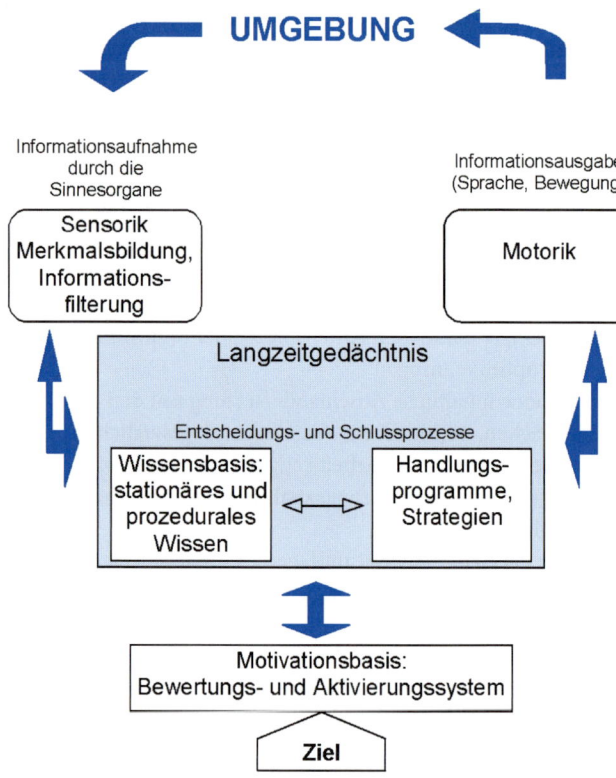

Kern die Funktionsverteilung und Gestaltung der Nahtstelle zwischen Mensch und Maschine, die Arbeitsumgebungsgestaltung sowie die Personal- und Kompetenzentwicklung. Bevor darauf im Einzelnen eingegangen wird, müssen die Prozesse der menschlichen Informationsverarbeitung bei Arbeitstätigkeiten skizziert und die Methoden zur Analyse, Bewertung und Gestaltung von Mensch-Maschine-Systemen vorgestellt werden.

51.3 Menschliche Informationsverarbeitung

Eine sehr umfassende Konzeption der menschlichen Informationsverarbeitung bei der Interaktion zwischen Mensch und Technik wurde von Klix (1971) vorgeschlagen und in zahlreichen weiterführenden Arbeiten ausdifferenziert: Alle Mitteilungen und Handlungen des Menschen sind Resultat seiner Informationsverarbeitung. Dafür stehen ihm im Wesentlichen die Signale aus der Umgebung und das im Gedächtnis gespeicherte Wissen zur Verfügung. Zusätzlich spielen die im Genotyp einer Person angelegten Möglichkeiten und Grenzen eine nicht zu unterschätzende Rolle (▶ Kap. 25). Die Wissensbasis wird aus dem stationären und dem prozeduralen Wissen (i. Allg. dem Erfahrungswissen) gebildet. Wie in ◘ Abb. 51.1 gezeigt, werden die Informationen wahrgenommen, dekodiert und im Gedächtnis mit den gespeicherten Informationen verglichen. Das Ergebnis dieses Vergleichs kann unterschiedlich sein, z. B. eine Wiedererkennung oder eine Bedeutungserfassung beinhalten, es kann aber auch Denkprozesse im weiteren Sinne auslösen, als deren Resultate Verhaltensentscheidungen gefällt werden. Diese sind dann als motorische Aktivität erkennbar (beispielsweise in Form von Eingriffen in den Prozess oder sprachlichen Mitteilungen an andere).

Bei der Handlungsausführung werden, ausgehend von den globalen Zielsetzungen eines Operators, Teilziele gebildet, realisiert und hinsichtlich der Zielerreichung kontrolliert. Dabei können verschiedene Stufen bzw. Ebenen der Informationsverarbeitung abgegrenzt werden. Einer der bekanntesten Ebenenansätze stammt von Hacker (1998). Er unterscheidet zwischen sensumotorischer Ebene, perzeptiv-begrifflicher und intellektueller Ebene.

Entscheidend für die Ausführung einer Handlung ist die Beteiligung und das Zusammenwirken aller Ebenen bzw. Stufen. Dieses Zusammenwirken kann auch derart erfolgen, dass Aufgaben der übergeordneten Ebene auf die nächst niedrigere »delegiert« werden können. Damit ist etwas sehr zweckmäßiges verwirklicht, nämlich die übergeordnete Ebene wird von »Routinen« entlastet und frei für die Bewältigung neuer Aufgaben.

Diese skizzierten Überlegungen waren für die theoretische Fundierung der Arbeits- und Ingenieurpsychologie sehr wichtig, haben aber die Ingenieurwissenschaften bisher nur wenig beeinflusst. So ist verständlich, dass der Ansatz (des Ingenieurs) Rasmussen (1983) heute neben den psychologischen Ebenenmodellen in den Ingenieurwissenschaften dominiert (▶ Kasten).

Weitere Ebenen- bzw. Prozessmodelle wurden von Klix (1971) oder Wickens und Hollands (2000) erarbeitet. Letztendlich muss aber festgestellt werden, dass es *das* Modell der Informationsverarbeitung nicht gibt, vielmehr kommt es darauf an, die allgemein bekannten Gesetzmäßigkeiten der menschlichen Informationsverarbeitung bei einer angestrebten MMS-Modellierung anforderungsgerecht zu berücksichtigen. Beispiele für derartige Bestrebungen sowie Anwendungen und die hierbei erreichten Fortschritte verkörpern die sog. Fahrermodelle (Jürgensohn, 2001).

Untrennbar verbunden mit dem Prozess der menschlichen Informationsverarbeitung bei der Tätigkeit sind in allen Arbeitsfeldern der Arbeits- und Ingenieurpsychologie Beanspruchungs- und Belastungsprozesse (▶ Kasten). Sie äußern sich in verschiedenen Parameterbereichen und sind vor allem physiologisch, erlebens- und leistungsbezogen sowie biochemisch nachweisbar.

Die Beziehungen zwischen Beanspruchungen und Belastungen sind durch ein hochvernetztes Feedback gekennzeichnet, welches durch individuelle Dispositionen, die Arbeitsbedingungen und die Bewertung der Arbeitssituation bezüglich der Zielerreichung geprägt ist. Eine »lineare« Zuordnung von Belastungen zu Beanspruchungen ist also nicht möglich, insbesondere die Auswirkungen der Kombination unterschiedlicher Belastungsarten zu Mehrfachbelastungen sind bisher erst in Teilbereichen bekannt (Hacker & Richter, 1980). Vertieft wurden und werden diese Sachverhalte mit einer langen Forschungstradition in der Arbeitspsychologie untersucht. Insbesondere die kurz- wie langfristigen Auswirkungen psychischer Beanspruchungen auf die Operateure stehen heute im Mittelpunkt theoretischer wie praxisbezogener Analysen im Rahmen der Arbeitsgestaltung. Dabei ist zwischen positiven und negativen Beanspruchungsfolgen zu unterscheiden.

Positive Beanspruchungsfolgen, wie z. B. Lernen oder Erfahrungsbildung in der Arbeitstätigkeit, bilden ein wichtiges Kriterium für die Arbeitsgestaltung, das möglichst umfassend zu erfüllen ist. Dagegen können beim Auftreten von Fehlbeanspruchungen, wie z. B. Über- oder Unterforderungen, unterschiedliche Arten **negativer Folgen** vorkommen. Diese führen bei kurzzeitigem Einwirken zu aktuellen Beeinträchtigungen (z. B. Ermüdung, Monotonie, Sättigung oder Stress), die wiederum Ursache von Handlungsfehlern sein können (ca. 20% aller Autounfälle im Straßenverkehr werden auf Ermüdung zurückgeführt!). Wirken sie jedoch langfristig ein, sind auch allgemeine psychosomatische Beschwerden oder Erkrankungen möglich (Herz-Kreislauf-Beschwerden, Magenprobleme; s. hierzu ausführlich Ilmarinen & Tempel, 2002). Vor diesem Hintergrund müssen sowohl die kurzfristig wie langfristig negativen Beanspruchungsfolgen unbedingt vermieden werden. Der Bestimmung der Beanspruchung kommt gegenwärtig in allen Industrie-, Wirtschafts- und Dienstleistungsfeldern unter besonderer Berücksichtigung der zunehmenden Arbeitszeitverlängerung eine hohe Bedeutung zu.

Rasmussens Informationsverarbeitungsmodell

Das Modell soll ein breites Spektrum von Aktivitäten abdecken, die von der normalen Verhaltenskontrolle bis zur Behebung von Störfällen reichen. Rasmussen (1983, S. 258ff.) unterscheidet drei Ebenen:

Fertigkeitsbasiertes Verhalten (»skill based behavior«) bezeichnet sensumotorische Leistungen während Handlungen oder Handlungsfolgen, die, nachdem gestartet, ohne bewusste Kontrolle ausgeführt werden.

Auf der nächst höheren Ebene, dem regelbasierten Verhalten (»rule based«), werden Sequenzen solcher Bewegungen auf Grundlage gespeicherter Regeln zusammengesetzt. Die Grenze zwischen fertigkeits- und regelbasiertem Verhalten ist nicht scharf, letztendlich macht Rasmussen den Unterschied aber an dem Maß der Bewusstheit des Verhaltens fest: Regelbasiertes Verhalten ist zumeist auf explizites Wissen gegründet und die entsprechenden Regeln können von der Person benannt werden.

Während unbekannter Situationen, für die keine Regeln existieren, müssen höhere Ebenen der Verhaltenskontrolle aktiviert werden. Wissensbasiertes Verhalten (»knowledge based«) beschreibt zielorientiertes Verhalten, das sich auf eine Analyse der Umgebung und der generellen Ziele der Person gründet.

Beanspruchung und Belastung

Die Begriffe Beanspruchung und Belastung sind sowohl in der Umgangs- wie auch in der Wissenschaftssprache mehrdeutig. Über die Vielzahl möglicher, begründeter Auslegungen dieses Begriffspaares mit Bezug auf unterschiedliche Disziplinen und ethymologische Aspekte informiert Schönpflug (1987). Eine pragmatische, aber klare inhaltliche Trennung findet sich im internationalen Normenwerk (EN ISO 10075-1:2000):

- **Psychische Beanspruchung** bezeichnet die unmittelbare (nicht die langfristige) Auswirkung der psychischen Belastung im Individuum in Abhängigkeit von seinen jeweiligen überdauernden und augenblicklichen Voraussetzungen, einschließlich der individuellen Bewältigungsstrategien.
- **Psychische Belastung** umfasst die Gesamtheit aller erfassbaren Einflüsse, die von außen auf den Menschen zukommen und psychisch auf ihn einwirken.

51.4 **Methoden**

Die in der Arbeits- und Ingenieurpsychologie eingesetzten Methoden, Verfahren und Instrumente beruhen im Wesentlichen auf der

- Beobachtung und Befragung von Personen in ihrem Umfeld (Betrieb/Unternehmen), in einem Mensch-Maschine-System (Pilotin–Flugzeug, Anlagenfahrer–Leitwarte, Instandhalterin–Werkzeugmaschine) oder in einer Laborsituation, in der ein Proband mit einem technischen System bzw. anderen Personen interagiert,
- Erfassung physiologischer Parameter, wie z. B. der Pulsfrequenz, der Augenbewegungen oder des Hautwiderstandes sowie der
- Messung von Verhaltens- bzw. Leistungsdaten bei ausgewählten Tätigkeiten, z. B. Lenkbewegungen während der Fahrzeugführung oder erreichte Punktzahlen bei sog. »Doppelaufgaben«.

Die einzelnen Methoden, Verfahren und Instrumente werden in der Forschung und Entwicklung meist in kombinierter Form eingesetzt, um komplexe Problem- und Fragestellungen beantworten zu können. Aus Gründen der Übersichtlichkeit werden die einzelnen Methoden und Instrumente nach der Erhebungsart und nicht nach einzelnen Fragestellungen gegliedert.

51.4.1 Befragungsmethoden

Wie aus ◘ Abb. 51.2 ersichtlich, kann man die Befragungsmethoden in qualitative und quantitative einteilen, nach dem Medium (mündlich/schriftlich), der sozialen Dimension (Einzel- vs. Gruppenbefragung) und nach dem Grad der Standardisierung.

Schriftliche Befragungen werden in standardisierter Form (d. h., die einzelnen Fragen sind vorgegeben, ebenso deren Antwortmöglichkeiten) eingesetzt, um die Arbeitszufriedenheit, die Einstellungen zur Arbeit, zu den Kollegen, den Vorgesetzten, zu den Aufgaben und Verantwortlichkeiten, den Arbeitsbedingungen etc. möglichst aller Beschäftigten eines Unternehmens oder eines Betriebes, einer Sparte oder Abteilung zu erfassen. Diese Form der Mitarbeiterbefragung ist Bestandteil der Auditierung verschiedener Qualitätsmanagementsysteme wie z. B. DIN/ISO/EN 9000/2000 (Deutsche/Internationale/Europäische Norm), VDA 6.1 (Verband der Deutschen Automobilindustrie), QS 9000 oder TS 16949 (Qualitätsstandards; s. hierzu Pfeifer, 2001). Sie trägt dazu bei, aus den Befragungsergebnissen Hinweise zur Verbesserung der Arbeitsbedingungen zu erhalten. Der Vergleich zwischen einzelnen Abteilungen, Betriebsbereichen eines Betriebes oder zwischen verschiedenen Werken eines Unternehmens dient als Benchmark, um zu erkennen, in welchem Unternehmens-

bereich Verbesserungen erforderlich sind oder nicht (Borg, 1995).

Die Standardisierung der Mitarbeiterbefragung (in der Regel ein Fragebogen mit 40–120 Fragen) ist eine Grundvoraussetzung, um Daten vergleichbar auswerten zu können. In der Arbeits- und Ingenieurpsychologie gibt es eine Vielzahl von standardisierten schriftlichen Befragungsinstrumenten, für die Bezugswerte (Normen) vorliegen (z. B. Borg,1995; von Rosenstiel & Bögel, 1997). Mit diesen Instrumenten sollen vor allem Aussagen zur Arbeitszufriedenheit, Ermüdung, Akzeptanz oder Gebrauchstauglichkeit sowie zum Stress gewonnen werden.

Eine in der Arbeits- und Ingenieurpsychologie weit verbreitete Sonderform der schriftlichen Befragung ist die **Selbstaufschreibung,** bei der der Beschäftigte nach einem vorgegebenen Raster von Teiltätigkeiten die Zeiten einträgt, die er für die Erledigung der einzelnen Teilaufgaben (z. B. Maschine bedienen, Reparaturen durchführen, Störungen diagnostizieren etc.) benötigt. Durch diese Form der Datenerhebung können Zeitbudgetanalysen durchgeführt werden. Sie dienen der Abschätzung von spezifischen Arbeitsbelastungen.

Zunehmend häufiger werden schriftliche **Befragungen per E-Mail** durchgeführt. Dieses Medium garantiert zwar die unmittelbare Auswertung der elektronisch gespeicherten Daten, schränkt aber das Antwortverhalten der Befragten ein. Die geringe Übersicht über den gesamten Fragebogen und die erschwerten Ausfüllprozeduren führen – ebenso wie Befürchtungen gegenüber einem eingeschränkten Datenschutz – zu einer höheren Verweigerungsquote.

Die in ◘ Abb. 51.2 aufgeführten halbstandardisierten schriftlichen Befragungsformen werden genutzt, wenn dem Befragten die Möglichkeit zur eigenen Stellungnahme gegeben werden soll. Erfahrungsgemäß werden bei Mitarbeiterbefragungen nach jedem Abschnitt (z. B. Zufriedenheit mit dem Vorgesetzten oder Einstellung zur Gruppenarbeit) ein paar Zeilen zur Verfügung gestellt, in denen die Befragten Eintragungen vornehmen können. Diese Möglichkeit wird jedoch in den wenigsten Fällen genutzt.

Bei den **mündlichen Befragungen** dominieren in der Arbeits- und Ingenieurpsychologie die halbstandardisierten Befragungsformen, bei denen der Interviewer Fragen in einer standardisierten Reihenfolge vorgibt und die Beschäftigten dazu ihre Kommentare abgeben. Diese Form der Datengewinnung wird genutzt, um Untersuchungshypothesen zu generieren bzw. standardisierte Fragebogen zu entwickeln.

Eine Sonderform der Befragung ist **die Methode des lauten Denkens** (»verbal reports« oder »thinking aloud method«), bei der die Befragten gebeten werden, während einer Aufgabenausführung laut darüber zu reden, was sie jetzt gerade tun bzw. warum sie das, was sie tun, jetzt tun. Diese Form der Befragung wird im Rahmen der kognitiven Aufgabenanalyse eingesetzt. Eine andere, für die

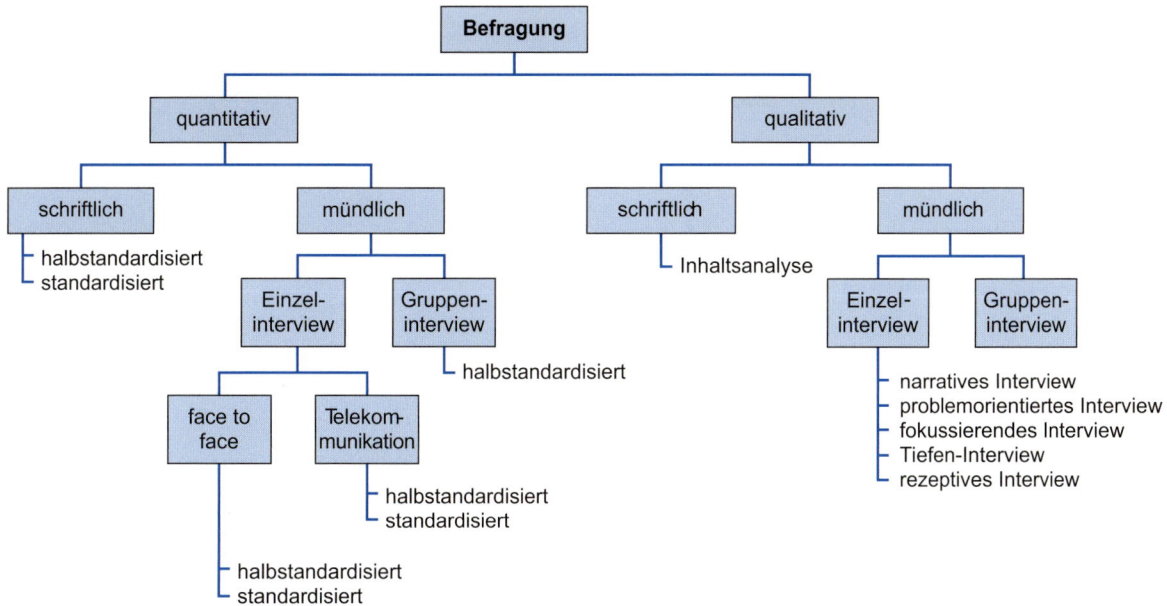

Abb. 51.2. Einteilung der Befragungsmethoden/-formen

Arbeits- und Ingenieurpsychologie wichtige Sonderform der Befragung ist die von Flanagan (1954) entwickelte »**Critical Incident Technique**« (CIT), bei der Vorgesetzte danach befragt werden, welches Verhalten der ihnen unterstellten Mitarbeiter zu einem besonderen kritischen Ereignis, einem Beinaheunfall oder einem Unfall geführt hat. Diese Methode wird eingesetzt, um aus der Analyse der kritischen Ereignisse Qualifizierungsmaßnahmen abzuleiten.

Unstandardisierte, qualitative mündliche Befragungen im Einzel- bzw. Gruppengespräch nutzt man, um bestimmte Themenbereiche (z. B. Arbeitsprobleme in der Gruppe, Ursachen für Produkt- und Prozessfehler) transparent zu machen und Problemlösungen zu erarbeiten (s. hierzu Lamnek, 1988, 1989).

51.4.2 Beobachtungsmethoden

Die Beobachtung von Tätigkeiten hat in der Arbeits- und Ingenieurpsychologie eine lange Tradition. Am Beispiel der Endkontrolle von Stahlkugeln für Fahrradkugellager zeigte F. W. Taylor zu Beginn des letzten Jahrhunderts auf, welches Rationalisierungspotenzial in der Beobachtung von Tätigkeiten steckt, weil man überflüssige Teilhandlungen entdeckt oder schlecht gestaltete Arbeitsabläufe, Arbeitsmittel oder Werkzeuge, die den Arbeitsvollzug beeinträchtigen.

In der Arbeits- und Ingenieurpsychologie richtet sich die Beobachtung auf den Handlungsvollzug, dem ein subjektiver Sinn wie eine objektive soziale Bedeutung zukommt. Zum Beobachten gehört notwendigerweise das Verständnis der mit der Tätigkeit verbundenen konkreten Zielsetzung und die zutreffende Interpretation des subjektiven Sinns. Eine sinnvolle Beobachtung wird erleichtert, wenn man die Regeln kennt, nach denen sich die Handlung vollzieht. Daher wird meist eine Befragung mit der Beobachtung gekoppelt, um den Sinn der Handlung zu verstehen.

Wie aus Abb. 51.3 ersichtlich, kann die Beobachtung in drei unterschiedliche Fallklassen unterteilt werden. In den ersten beiden wird zwischen wissenschaftlicher und Alltagsbeobachtung unterschieden, aber auch zwischen qualitativer und quantitativer.

Im **Fall 1** geht es um die direkte Beobachtung; d. h., der wissenschaftliche Beobachter ist in die Beobachtungssituation eingebunden, oder er nimmt nicht an dieser teil, sondern befindet sich z. B. hinter einer Einwegscheibe im Labor oder in größerer räumlicher Distanz. In der Regel dominiert die teilnehmende Beobachtung, wobei Beobachtungskategorien (z. B. Stehen, Sitzen, Montieren, Greifen, Gehen, Reden, Zeichnen, Schreiben, Maschinenbedienen etc.) verwendet werden, und der Beobachter die Häufigkeit bzw. die Zeitdauer der einzelnen Beobachtungskategorie systematisch dokumentiert. Bei der teilnehmenden Beobachtung ist die Anzahl der Beobachtungskategorien begrenzt, da in der Regel nicht mehr als 10 Kategorien gleichzeitig berücksichtigt werden können.

Im **Fall 2** wird die zu beobachtende Situation mittels Videotechnik registriert und anschließend nach verschiedenen Kategorien ausgewertet. In diesem Fall kann die Anzahl der Auswertekategorien höher sein, da durch die Registriertechnik eine wiederholte Analyse möglich ist.

Im **Fall 3** erfolgt die Beobachtung indirekt durch die Registrierung der »Maschinenbedienung« mittels des in die Maschine integrierten Rechners (»Log-file«-Analyse). Diese Art der Datenerfassung hat den Vorteil, dass alle genutz-

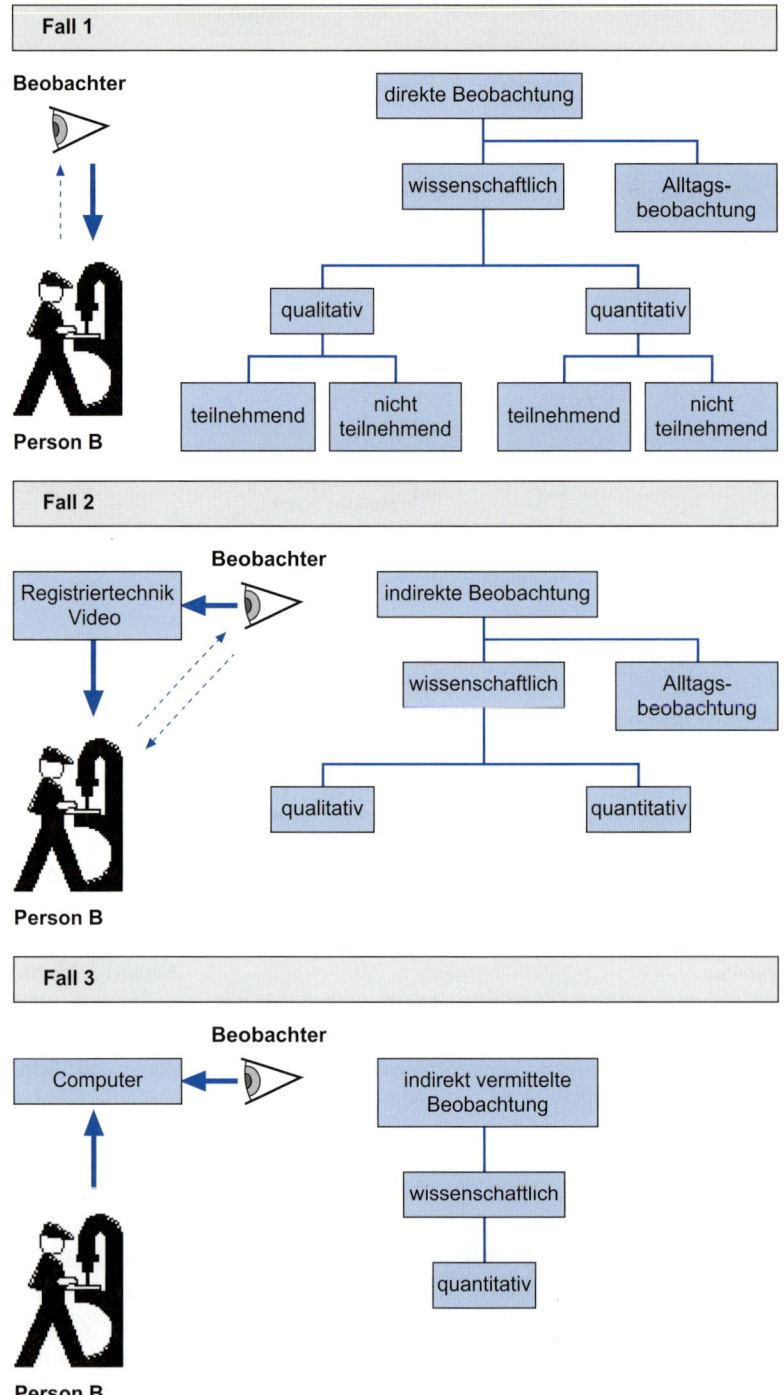

Abb. 51.3. Formen der Beobachtung

51

ten Bedienfunktionen bei einem Mensch-Maschine System zeitgenau dokumentiert werden. Diese Methode wird in Kombination mit Videoaufzeichnungen eingesetzt, um Software in Verbindung mit der Erledigung von typischen Arbeitsaufgaben hinsichtlich der Gebrauchstauglichkeit zu testen.

Bei arbeitspsychologisch und ingenieurpsychologisch motivierten Untersuchungen werden die drei Beobachtungsarten in unterschiedlicher Kombination eingesetzt.

Aus Datenschutzgründen ist die Durchführung von »Log-file«-Analysen oft schwierig, da personenbezogene Leistungsdaten (z. B. individuelle Lernkurven, Fehlbedienungen, Korrekturen, Aktivitäten pro Zeiteinheit) erhoben werden können. Diese Methode bietet aber für die Testung der Gebrauchstauglichkeit, der Nutzerfreundlichkeit oder der Aufgabenangemessenheit von Softwareprogrammen in Verbindung mit konkreten Aufgabendurchführungen die besten Voraussetzungen.

51.4.3 Kombinierte Methoden (Arbeits- und Tätigkeitsanalysen)

Arbeits- und Tätigkeitsanalysen beruhen im Wesentlichen auf einer Kombination von Beobachtungs- und Befragungsmethoden und sind die Voraussetzung für eine systematische Gestaltung humaner und wirtschaftlich effizienter Tätigkeiten. In Form von (halb-)standardisierten Beobachtungsinterviews werden die Stelleninhaber bei ihrer Arbeit beobachtet und zu ihrer Arbeitstätigkeit befragt. Je nach Orientierung des einzelnen Verfahrens können aus der Analyse Gestaltungshinweise entnommen werden. Arbeitsplatzspezifische Befragungs- und Beobachtungsmethoden (z. B. Checklisten zu Bildschirmarbeit oder zur Bedienung von Stanzen und Pressen) erleichtern die Ableitung von Gestaltungsmaßnahmen, sind aber für Vergleiche zwischen unterschiedlichen Tätigkeiten nicht geeignet.

51.4.4 Physiologische und physikalisch-chemische Methoden

Zur Ermittlung der Beanspruchung werden neben den Befragungsmethoden meist unblutige physiologische Messungen (Herzschlagfrequenz, Blutdruck, elektrodermale Aktivität, Muskelaktivität, Flimmerverschmelzungsfrequenz, Körpertemperatur etc.; s. zu den verschiedenen Verfahren Luczak, 1998) durchgeführt. Die moderne Messtechnik erlaubt es, diese Messungen ohne größere Beeinträchtigungen während der normalen Arbeit durchzuführen.

Die physikalischen Messmethoden zur Erfassung der Lärm-, Klima-, Temperatur-, Schwingungs- oder Beleuchtungsbelastung dienen dazu, die äußeren Umgebungsbedingungen zu bestimmen, um sie mit den erfassten Beanspruchungen in Verbindung bringen zu können.

Chemische Analysemethoden werden eingesetzt, um die vielfältigen Schadstoffe in Form von Stäuben, Rauchen, Gasen oder Dämpfen am Arbeitsplatz zu bestimmen. (Konietzko & Dupuis, 1989).

51.4.5 Vorgehensweisen bei der Systemgestaltung

Ein wesentliches Ziel der arbeits- und ingenieurwissenschaftlichen Methoden besteht darin, unter humanen Arbeitsbedingungen effiziente Geschäfts- und Produktionsprozesse zu entwickeln und hierzu entsprechende Vorgehensweisen zur Verfügung zu stellen. Ein Beispiel dafür ist das Konzept der parallel-iterativen Systementwicklung (◘ Abb. 51.4).

Diese Methodik basiert auf einem systemtechnischen Ansatz und sieht eine Kombination der ingenieurwissenschaftlichen mit der psychologischen Vorgehensweise einschließlich der Einbeziehung späterer Nutzer vor:

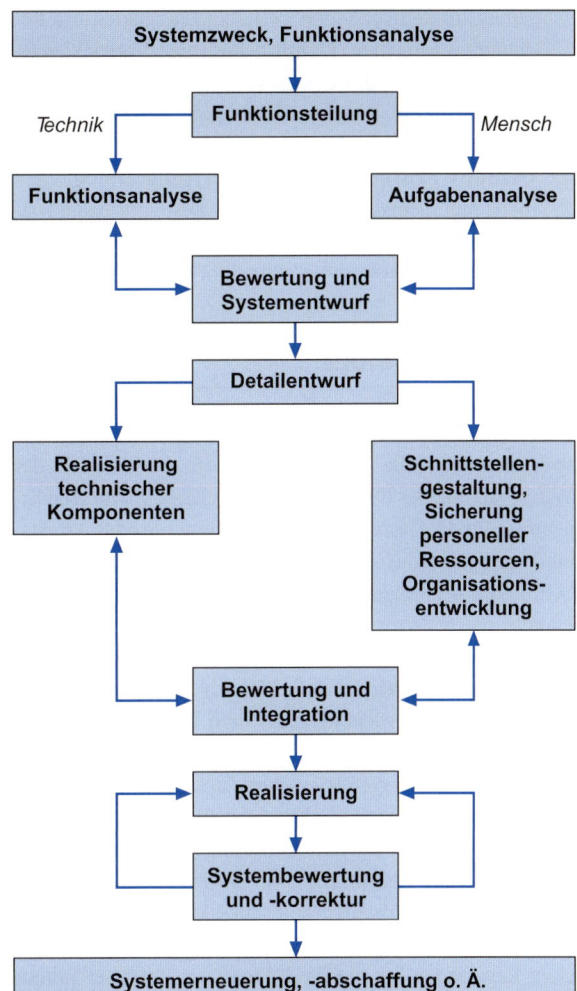

◘ **Abb. 51.4.** Parallel-iterativer Entwicklungsprozess (in Anlehnung an EN ISO 13407)

1. **Aufgabenanalyse** (einschließlich ihrer technischen und organisationalen Rahmenbedingungen) für die möglichst vollständige und realitätsnahe Festlegung der Arbeitsanforderungen bereits in den frühen Phasen des Entwurfs eines Produktionsprozesses. Damit werden die Grundlagen für die Gestaltung der Arbeitsabläufe und -aufgaben nach technischen, ökonomischen und sozialen Kriterien geschaffen.

2. **Parallel-iterative Abstimmung:** Ausgehend vom Systemzweck kommt es darauf an, (technische) Funktionen und (personale) Aufgaben in allen Phasen der Systementwicklung bewertend aufeinander abzustimmen. Bewertungskriterien sind neben hoher Wirtschaftlichkeit vor allem hohe Systemverlässlichkeit, Kompetenzförderung, gute Bedienbarkeit, optimumnahe Beanspruchung, angemessene Gebrauchstauglichkeit und hohe Umweltverträglichkeit.

3. **Einbeziehung der späteren Operateure** (oder Kunden etc.) von Beginn an in die Gestaltung der Arbeitsabläufe und Bediensysteme, um möglichst früh ein gemein-

sames Problemverstehen zwischen Entwickler und Bediener zu erreichen. Damit bekommen Entwickler einen Einblick in das Systemverständnis der Benutzer, und es wird ein schärferes Problembewusstsein für die Gestaltungsanliegen erzeugt.

4. **Usability-Prüfungen und Prototyping** ermöglichen nicht nur rechtzeitige und damit kostengünstige Systemkorrekturen, sondern tragen auch zum besseren Verstehen der Systemfunktionalität bei.

51.5   Arbeitsfelder

Die Arbeitsfelder der Arbeits- und Ingenieurpsychologie erstrecken sich auf alle Tätigkeitsbereiche in der Industrie, der Wirtschaft und des Dienstleistungsbereiches. Zahlreiche Ergebnisse für die Gestaltung konkreter Systeme oder Arbeitsbedingungen sowie für die Entwicklung der für eine Tätigkeit benötigten Leistungsvoraussetzungen liegen in Form von Handbüchern, Normen und speziellen Publikationen vor. Leitend für die Gestaltung konkreter Arbeitsbedingungen, Qualifizierungsbereiche und Mensch-Maschine-Systeme sind die Rahmenfestlegungen auf dem Niveau von Richtlinien, Empfehlungen und Normen. Diese können hier nicht näherungsweise angeführt werden und sind der Spezialliteratur zu entnehmen. Zu beachten sind neben den zahlreichen ISO- und DIN-Bestimmungen in Deutschland vor allen die VDI-Richtlinie 3780 (Technikbewertung), die DIN ISO 9241 (Bildschirmarbeitsplätze), Teilbereiche der DIN EN ISO 9000 (Qualitätsmanagement) sowie die rechtlichen Regelungen für die Produkthaftung. Darüber hinaus werden in der DIN 33430 – Anforderungen an Verfahren und deren Einsatz bei berufsbezogenen Eignungsbeurteilungen – die aus arbeitspsychologisch-eignungsdiagnostischer Sicht erforderlichen Prozessschritte zur Abwicklung geeigneter Auswahlprozeduren dargestellt (s. hierzu Pfeifer, 2001).

Nachfolgend sollen einige Arbeitsfelder aus der Sicht der Anwendung psychologischer Erkenntnisse skizziert werden, ihre Systematik ist an den Aufgabenbereichen »vor Ort« orientiert.

51.5.1 Arbeitsumgebung

Zur Arbeitsumgebung gehören die umbauten Räume (Fabrik-, Büro-, Labor- oder Sonderräume, wie z. B. Operationssäle, Warten in Kernkraftanlagen, Bohrinseln etc.) und die damit verbundenen Umgebungsbedingungen (Beleuchtung, Farbe, Trockentemperatur, Windgeschwindigkeit, Luftfeuchte, Schadstoffe, Lärm oder Vibration), die das Verhalten von Menschen während ihrer Arbeit beeinflussen. Hinzu kommt der ästhetische Gesamteindruck, den das Arbeitsumfeld vermittelt und der einen Einfluss auf das psychische Wohlbefinden des einzelnen Beschäftigten hat. Die arbeits- und ingenieurpsychologisch orientierte Gestaltung

hat die Wechselwirkungen zwischen Aufgabenausführung, Arbeitsbedingungen und Beanspruchungserleben zu berücksichtigen. Die Raumgröße, die Auslegung der technischen Einrichtungen und Anlagen und das Layout der Maschinen, Anlagen oder die Aufstellung der Möbel sind so zu gestalten, dass die jeweilige Arbeitsaufgabe ohne vermeidbare Belastungen durchgeführt werden kann. Vermeidbar sind Belastungen, die sich durch unzureichende ergonomische Gestaltungen ergeben, z. B. durch eine für die Erledigung der Arbeitsaufgabe mangelhafte Beleuchtung oder durch Lärmemissionen bei nicht gekapselten Maschinen bzw. durch Wärmebelastungen infolge unzureichend abgeschirmter thermischer Prozesse (vgl. Schmidtke, 1993).

51.5.2 Arbeitsplatz- und Arbeitsmittelgestaltung

Mit der zunehmenden EDV-technischen Durchdringung aller Arbeitsbereiche (z. B. in Konstruktion, Produktion, Logistik, Dienstleistung, medizinischer Versorgung oder Lehre und Forschung) rückt die Gestaltung der Mensch-Rechner-Interaktion in den Fokus der arbeits- und ingenieurpsychologischen Betrachtung. An zwei Bereichen soll dies im Folgenden verdeutlicht werden.

Entwicklung von Unterstützungs- (Assistenz-)Systemen

Ein Unterstützungssystem ist ein informationsverarbeitendes technisches Gebilde, das die Aufgabenerfüllung eines Operators (bzw. eines anderen technischen Systems) dadurch fördert, dass es bestimmte, für die Zielerreichung notwendige Teilaufgaben innerhalb seiner Gesamtaufgabe übernimmt und/oder ausführt. Synonym für Unterstützungssysteme werden Begriffe wie Hilfesystem oder Assistenzsystem verwendet.

Die technisch realisierten Unterstützungssysteme dienen dazu, Ziele wie Umweltverträglichkeit, Effektivität, Verlässlichkeit, Kompetenzförderung, Qualität und Leistung mit zugeordneten Teilzielen wie z. B. geringe Kosten, hohe Anlagenverfügbarkeit, umfassende Wissensorganisation, wirksamer Personaleinsatz usw. unter Beachtung der Präferenzen unterschiedlicher Zielträger (Nutzer, Betreibergesellschaft oder Organisation usw.) optimal und effizient zu verwirklichen. Das geschieht dadurch, dass der Operator speziell dort Hilfe erhalten kann, wo potenziell Begrenzungen in seinen Ressourcen bei der Informationsaufnahme, -verarbeitung und -ausgabe im Verlauf der Aufgabenerfüllung auftreten können (◘ Tab. 51.1).

Die Mitarbeit von Psychologen bei der Gestaltung von Assistenzsystemen ist in den Entwicklungsabteilungen großer Unternehmen heute fast selbstverständlich. Insbesondere für die Kraftfahrzeug- und Schiffsführung sowie die Luftfahrt werden solche Entwicklungen intensiv vorangetrieben (◘ Tab. 51.2).

◨ Tabelle 51.1. Beispiele für Unterstützungsmöglichkeiten psychischer Prozesse

Funktion	Beispiele
Wahrnehmung	Prediktoranzeigen, aufgabenbezogene Informationsdarstellung, multimodale bzw. ökologische Schnittstellen
(Senso-)Motorik	Kraftverstärkung
Problemlösen (Arbeitsgedächtnis, Langzeitgedächtnis)	Automatisierte Inferenzen, Hinweise auf Inkonsistenzen, wissensbasierte Systeme, Auralisation bzw. Visualisierung von Information, Checklisten, Ablage von Faktenwissen, adaptierbare Informationsdarbietung, Glossar, Lexikon, Fallsammlung
Entscheiden	Zielstrukturierung, Alternativenbewertung, Gewichtung
Aktivierung	Optische, akustische oder haptische Signale (Mehrfachkodierung)

◨ Tabelle 51.2. Beispiele für branchenspezifische Assistenzsysteme

	Ziele	Beispiele
Straßenverkehr	Sicherheit, minimaler Kraftstoffverbrauch	Antischlupfregelung, Warnsysteme, Navigation, haptische Rückmeldungen, GPS (»global positioning system«), ACC (»adaptive cruise control«)
Schienenverkehr	Hohe Leistung, hohe Effizienz, hohe Sicherheit, geringe Betriebskosten, gute Interoperabilität	Längsführung, Manövrieren, automatische Fahrtablaufplanung
Luftverkehr	Hohe Verlässlichkeit, Produktivitätserhöhung, Entlastung von Routine	FMS (»flight management systems«)
Produktions-technik	Hohe Wirtschaftlichkeit, maximale Verfügbarkeit, optimaler Materialeinsatz	Diagnosesysteme, Entscheidungshilfesystem

Gestaltung der Mensch-Rechner-Interaktion

Die Nutzung der Informations- und Kommunikationstechnologien charakterisiert heute nahezu jeden Arbeitsplatz. In diesen Mensch-Rechner-Systemen sind vier Komponenten mit ihren Verknüpfungen zu betrachten: Benutzer, Aufgabe, Rechner und Organisation. Im Prinzip ist jeder dieser Bereiche einem Prozess von »Analysieren–Gestalten–Beurteilen« zu unterwerfen. Für die Durchführung der Gestaltung wird dieser Prozess in teilweise weiter aufgeschlüsselte Phasen eingeteilt. Solche Vorgehensmodelle mit dem Prinzip »vom Groben zum Detail« finden sich in der Systemtechnik, in der Konstruktionsmethodik wie in der Informatik. Gegenwärtig wird mit zahlreichen unterschiedlichen »Modellen« gearbeitet, besonders das V-Modell, das Spiral-Modell oder das parallel-iterative Modell (▶ oben) werden im Entwicklungsprozess genutzt. Kern dieser Konzepte ist eine bevorzugte Gestaltungsrichtung dahingehend, dass zunächst die Aufgabenverteilung zwischen den Arbeitspersonen erfolgen soll (**Mensch-Mensch-Aufgabenverteilung**). Damit wird der jeweilige Arbeitsinhalt festgelegt. Der nächste Schritt ist die **Gestaltung der Arbeitsabläufe** durch eine Festlegung der räumlichen und zeitlichen Bearbeitungsabfolge. Anschließend geschieht die **Aufgabenverteilung zwischen Mensch und Rechner**. Auf diesen Gestaltungsebenen des organisatorischen Bereiches sind vor allem allgemeine arbeitsgestalterische Kriterien

wie Anforderungsvielfalt, Ganzheitlichkeit, Kooperationsförderlichkeit etc. zu beachten (Koch, Reiterer & Tjoa, 1991).

Bei der Gestaltung der **Software** und mithin der eigentlichen Oberflächengestaltung werden zunächst die zur Verfügung gestellten Bearbeitungsfunktionen und Datenstrukturen festgelegt. Es folgt die Gestaltung der Interaktionsformen und des Interaktionsablaufs sowie die Informationsaus- und -eingabe.

Für die **Hardware-Gestaltung** ist der Spielraum am geringsten. Hier werden Festlegungen bezüglich Arbeitsplatz und -umgebung getroffen. Auch wenn die Gestaltungsrichtung vornehmlich »top down« erfolgt, so sind natürlich Randbedingungen, wie Arbeitsumgebungsfaktoren (Licht, Lärm, Klima etc.), zur Verfügung stehende Arbeitsmittel (Tastatur, Bildschirm etc.) und Anpassmittel (Stuhl, Tisch etc.), bereits in frühen Phasen des Systementwurfs zu berücksichtigen.

Ansätze zur Aufstellung von Gestaltungs- und Beurteilungskriterien speziell für die Mensch-Rechner-Interaktion sind zahlreich vorhanden. Zu berücksichtigen ist, dass all diese Ansätze, Gestaltungskriterien zu formulieren, nicht als »Kochrezept« für eine Nahtstellengestaltung ausreichen und nicht dafür gedacht sind. Dafür könnten eher die »Styleguides« der Software-Entwicklungsfirmen herhalten. Allerdings ist gerade auch deren Anwendung kritisch zu überprüfen, da dort enthaltene Gestaltungsvorschläge zunächst und vorwiegend dem Kriterium »Einheitlichkeit« (der Firmensoftware) Rechnung tragen.

Beispiele für Kriterienkataloge sind die empirisch ermittelten DIN/ISO-Kriterien, entsprechende VDI-Richtlinien sowie die anwendungsgerecht aufbereiteten INRA-Kriterien (Hüttner, Wandke & Rätz, 1995).

Darüber hinaus ist die Systemevaluation integraler Gestaltungsbestandteil psychologischen Vorgehens. Aber auch losgelöst vom Gestaltungsprozess gibt es Anlässe zur Evaluation wie Marktvergleich und Auswahlprüfungen, Eignungsprüfungen für spezielle Anforderungen oder Normkonformitäts- und Qualitätsprüfungen.

Es liegt auf der Hand, dass mit diesen umrissenen Arbeitsfeldern wesentliche psychologische Kompetenzen verknüpft sind. Sie bestimmen die theoretische Arbeit mit und werden von zahlreichen Spezialisten im Anwendungsbereich wahrgenommen. Die zu diesen Arbeitsfeldern exemplarisch zu nennenden Übersichtswerke belegen deutlich die praktische Relevanz und Einsatzbreite dieser psychologischen Arbeit (Heinsen & Vogt, 2003).

51.5.3 Arbeitsorganisation

Die raum-zeitliche Gestaltung der Arbeitsprozesse (Ablauforganisation) und deren Hierarchisierung (Aufbauorganisation) beeinflusst im Wesentlichen die Arbeitsbedingungen der Beschäftigten. Die Arbeits- und Ingenieurpsychologie befasst sich daher seit ihrer Entstehung mit Problemen der Arbeitszeit (Dauer, Schichtsysteme; vgl. hierzu Knauth, 1989) und der Organisation der Arbeitsabläufe bzw. -prozesse. Die von ihr bearbeiteten Themen wie Arbeitsstrukturierung, Gruppenarbeit, Segmentierung von Produktionsprozessen, Fließfertigung, Taktzeitenlänge, Fehlermanagement etc. haben zum Ziel, die Auswirkungen (Belastungen) arbeitsorganisatorischer Maßnahmen auf den Beschäftigten (Beanspruchungen) abzuschätzen und Gestaltungsempfehlungen abzuleiten, um effiziente, beanspruchungsoptimierte Arbeitsprozesse zu generieren (Ulich, 1999). In Verbindung mit organisatorischen Fragen stellt sich das Problem der Entlohnungsformen. Arbeitspsychologisch ist hier von Interesse, wie sich variable Entgeltanteile (Prämien in Verbindung mit Zielvereinbarungen oder Leistungsvorgaben) bei unterschiedlichen Arbeitsformen (Gruppen- bzw. Teamarbeit, Einzelarbeit, befristete Beschäftigung) auf das Leistungsverhalten der Mitarbeiter auswirken (Pritchart, Kleinbeck & Schmidt, 1993).

51.5.4 Personal- und Kompetenzentwicklung

Gegenstand personaler Förderung und Kompetenzentwicklung ist menschliches Verhalten und dessen Veränderbarkeit. Wissen, Fertigkeiten, Fähigkeiten, Motivationen,

Emotionen und Einstellungen unterliegen Veränderungen, die durch gezielte arbeitsorganisatorische Maßnahmen (Lernen im Prozess der Arbeit; Baitsch, 1998) und Trainings beeinflusst werden können. Hierfür bewährt hat sich ein an betrieblichen Belangen orientiertes Phasenmodell mit den fünf Phasen: Analyse des Entwicklungsbedarfs, Projektierungsphase, Gestaltungsphase, Realisierungsphase und Evaluationsphase (vgl. hierzu Sonntag, 1999). Zu weiteren Einzelheiten sei auf ▶ Kap. 52 verwiesen.

51.5.5 Fehlermanagement

Fehler, die Menschen in ihrer Tätigkeit unterlaufen, sind seit langem untersuchte Sachverhalte. Insbesondere aus der Psychotechnik und der kognitiven Psychologie liegen Analysen vor, die für die Unfallforschung und Sicherheitstechnik von herausragender Bedeutung sind (Hoyos & Zimolong, 1990). Standen zu Beginn der praktischen Arbeit individuelle Verhaltensweisen und Personeneigenschaften (z. B. »Unfallneigung«, Gefahrenkognition, Risikoakzeptanz), die zu Unfällen führten, im Mittelpunkt des psychologischen Interesses, so wird heute dem Systemversagen größte Aufmerksamkeit geschenkt. Unerwünschte Ereignisse, Fehlhandlungen, Störungen oder »Beinahe-Unfälle« werden in einem multikausalen Beziehungsgeflecht analysiert und der prospektiven Systemgestaltung zugrunde gelegt (Wilpert & Qvale, 1993; Giesa & Timpe, 2002). Dabei werden in der praktischen Arbeit zwei verschiedene Herangehensweisen unterschieden.

Ursachenbezogene Herangehensweisen sind theoriegeleitet (exemplarisch ◘ Tab. 51.3), **häufigkeitsbezogene** (auch: verrichtungsbezogene) Fehlerklassifikationen integrieren zahlreiche, willkürliche Kategorien von Fehlern, deren Vermeidung durch die probabilistische Modellierung und Bewertung ermöglicht werden soll.

◘ **Tabelle 51.3.** Fehlerarten. (Nach Zimolong, 1990)

Fehlerart	Fehlerauslösende Bedingung
Handlungsfehler	Zeitliche Nähe und Häufigkeit in der vorangegangenen Nutzung (Stereotypisierung) Vertauschungen oder Auslassungen
Verwechslungs- oder Beschreibungsfehler	Einstellung Verfügbarkeit Übervereinfachung
Begrenzte Rationalität und Irrtümer	Selektivität in Daten und Fakten Begrenzungen des Arbeitsgedächtnisses Unvollständige Entscheidungsregeln und falsches Wissen

Solche verrichtungsorientierten Konzepte spielen u. a. in der Qualitätsplanung und -sicherung eine Rolle und werden analog der Berechnung der technischen Zuverlässigkeit erstellt (s. Giesa & Timpe, 2002). Von besonderem Interesse ist die Wirkung organisationaler Bedingungen, also letztlich sozialer Faktoren, und ihr Einfluss auf die Systemsicherheit. Die praktischen Konsequenzen dieser Überlegungen liegen auf der Hand und weisen auf die Bedeutung organisatorischer Maßnahmen zur Verlässlichkeit von Mensch-Maschine-Systemen hin. Beispielsweise dürfte dem »Crew-Coordination«-Konzept der Lufthansa ein ähnlicher Gedanke zugrunde liegen (▶ Abschn. 60.2).

Schwerpunkte der praktischen, psychologischen Arbeit sind die Anforderungsermittlung (Eignung), die Gestaltung von Warnsystemen und Informationsmitteln, die Erhöhung der Motivation Beschäftigter zu sicherheitsrelevantem Verhalten sowie sicherheitsfördernde Arbeitsgestaltung.

Um Produktfehler im Herstellungsprozess zu reduzieren, müssen die Handlungsfehler und ihre Ursachen systematisch untersucht werden. Diese sie bedingenden menschlichen Fehlhandlungen können zu einem Großteil auf unzureichende ergonomische Gestaltung der Arbeitsbedingungen zurückgeführt werden, daher muss bei der Fehleranalyse großer Wert auf die Arbeitsgestaltung gelegt werden (Algedri & Frieling, 2001).

51.6   Entwicklungstendenzen

Die in den nächsten Jahren zu erwartende Ausweitung der Nutzung wissenschaftlich-technischer Entwicklungen auf alle Lebenssphären der Bevölkerung wird nachhaltig zu qualitativen Veränderungen des Gegenstandsbereiches »Arbeit« führen und die Rolle des Menschen im Umgang mit der Technik sowohl im Maschinen- und Verkehrswesen als auch im Dienstleistungssektor oder der Freizeit und weiteren Untersuchungsfeldern der Arbeits- und Ingenieurpsychologie erhöhen. Es ist davon auszugehen, dass diese weit reichenden Veränderungen in den Arbeits- und Lebensverhältnissen zu einer Reduzierung industrieller körperlicher Arbeit und zu einer Erhöhung dialogischer Arbeit in vernetzten Arbeitssystemen und im Dienstleistungsbereich führen werden. Das muss sich auch in den Aufgabenstellungen der Arbeits- und Ingenieurpsychologie widerspiegeln. So werden die Konsequenzen im Wandel der Arbeit hinsichtlich solcher Bereiche wie Freizeit, Dienstleistungen innerhalb und außerhalb von Unternehmen oder Kunden- und Servicezentralen zukünftig stärker zu berücksichtigen sein. Durch die zu beobachtenden Veränderungen in der Arbeitswelt ergeben sich für die Arbeits- und Ingenieurpsychologie neue Themenfelder wie altersdifferenzierende Arbeitssystemgestaltung, Erhalt der Arbeits- und Beschäftigungsfähigkeit, Entwicklung von Methoden und Instrumenten zur Belastungs- und Beanspruchungs-

ermittlung, Entwicklung und Modifikation von Planungsinstrumenten, Gestaltung multimodaler Benutzungsoberflächen, Kulturabhängigkeiten im Entwicklungsprozess von Mensch-Maschine-Systemen oder die Entwicklung interdisziplinärer Zusammenarbeit.

Bereits heute stellt die Arbeits- und Ingenieurpsychologie mehr gestaltungswirksam aufgearbeitetes Wissen bereit, als zur Zeit genutzt wird. Dies wird hier abschließend nachdrücklich erwähnt, um auf die Notwendigkeit zur verstärkten Umsetzung psychologischer Erkenntnisse in der Gesellschaft hinzuweisen. Diese Nutzung der gewonnenen Ergebnisse und Erfahrungen ist vor allem unter dem Aspekt der Ausbildung und Systemgestaltung für die auf Exporte angewiesene deutsche Wirtschaft von Gewinn.

Literatur

Referenzliteratur

Kleinbeck, U. & Rutenfranz, J. (Hrsg.). (1989). *Enzyklopädie der Psychologie: Band D/III/1 Arbeitspsychologie*. Göttingen: Hogrefe.
Wickens, C. & Hollands, J. (2000). *Engineering psychology and human performances*. Upper Saddle River, NJ: Prentice Hall.
Zimolong, B. & Konradt, U. (Hrsg.). (2005). *Enzyklopädie der Psychologie: Band D/III/2 Ingenieurpsychologie*. Göttingen: Hogrefe.

Zitierte Literatur

Algedri, J. & Frieling, E. (2001). *Human-FMEA: Menschliche Handlungsfehler erkennen und vermeiden*. München: Hanser.
Baitsch, C. (1999). Lernen im Prozess der Arbeit – zum Stand der internationalen Forschung. In Arbeitsgemeinschaft QUEM (Hrsg.), *Kompetenzentwicklung '98* (S. 269–337). Münster: Waxmann.
Balzert, H. (1998). *Lehrbuch der Software-Technik*. Heidelberg: Spektrum.
Borg, I. (1995). *Mitarbeiterbefragungen. Strategisches Auftau- und Einbindungsmanagement, Schriftenreihe Wirtschaftspsychologie*. Göttingen: Verlag für Angewandte Psychologie.
Dorsch, F. (1963). *Geschichte und Probleme der Angewandten Psychologie*. Bern: Huber.
Flanagan, I.C. (1954). The critical incident technique. *Psychological Bulletin, 51*, 327–358.
Frieling, E. (1999). Unternehmensflexibilität und Kompetenzentwicklung. In Arbeitsgemeinschaft QUEM (Hrsg.), *Kompetenzentwicklung* (S. 147–212). Münster: Waxmann.
Frieling, E. & Sonntag, K. (1999). *Lehrbuch Arbeitspsychologie* (2. Aufl.). Bern: Huber.
Giesa, H.G. & Timpe, K.P. (2002). Technisches Versagen und menschliche Zuverlässigkeit. In K.P. Timpe, T. Jürgensohn & H. Kolrep (Hrsg.), *Mensch-Maschine-Systemtechnik* (S. 63–106). Düsseldorf: Symposion Publishing.
Hacker, W. (1998). *Allgemeine Arbeitspsychologie. Psychische Regulation von Arbeitstätigkeiten*. Bern: Huber.
Hacker, W. & Richter, P. (1980). *Spezielle Arbeits- und Ingenieurpsychologie. Band 2 Psychische Fehlbeanspruchung*. Berlin: Deutscher Verlag der Wissenschaften.
Heinsen, S. & Vogt, P. (2003). *Usability praktisch umsetzen*. München: Hanser.
Hoyos, C. Graf & Zimolong, B. (1988). *Occupational safety and accident prevention*. Amsterdam: Elsevier.

Hoyos, C. Graf & Zimolong, B. (Hrsg.). (1990). *Enzyklopädie der Psychologie: Band D/III/2 Ingenieurpsychologie* (2. Aufl.). Göttingen: Hogrefe.

Hüttner, J., Wandtke, H. & Rätz, A. (1995). *Benutzerfreundliche Software. Psychologisches Wissen für die ergonomische Schnittstellengestaltung.* Berlin: Paschke.

Ilmarinen, J. & Tempel, J. (2002). *Arbeitsfähigkeit 2010. Was können wir tun, damit Sie gesund bleiben?* Hamburg: VSA.

Jürgensohn, T. (2001). Nichtformale Konstrukte in quantitativen Fahrermodellen. In T. Jürgensohn & K.P. Timpe (Hrsg.), *Kraftfahrzeugführung* (S. 95–118). Berlin: Springer.

Jürgensohn, T. & Timpe, K.P. (Hrsg.). (2001). *Kraftfahrzeugführung.* Berlin: Springer.

Klix, F. (1966). Beziehungen zwischen Experimentalpsychologie und Entwicklungsrichtungen der Volkswirtschaft – zur psychologischen Grundlegung der Ingenieurpsychologie. In F. Klix, J. Siebenbrodt & K.P. Timpe (Hrsg.), *Ingenieurpsychologie und Volkswirtschaft* (S. 9–34). Berlin: Deutscher Verlag der Wissenschaften.

Klix, F. (1971). *Information und Verhalten.* Bern: Huber.

Knauth, P. (1989). Belastung durch Schichtarbeit. In J. Konietzko & H. Dupius (Hrsg.), *Handbuch der Arbeitsmedizin, Arbeitsphysiologie, Arbeitspathologie, Prävention* (S. 1–7). Landsberg: Ecomed.

Koch, M., Reiterer, H. & Tjoa, A.M. (1991). *Software-Ergonomie.* Wien: Springer.

Konietzko, J. & Dupuis, H. (Hrsg.). (1989ff.). *Handbuch der Arbeitsmedizin, Arbeitsphysiologie, Arbeitspathologie, Prävention.* Landsberg: Ecomed.

Lamnek, S. (1988/1989). *Qualitative Sozialforschung* (Band 1 und 2). München: Psychologie Verlagsunion.

Luczak, H. (1998). *Arbeitswissenschaft* (2. Aufl.). Berlin: Springer.

Oviatt, S. (1999). Ten myths of multimodal interaction. *Communications of the ACM, 42* (11), 74–81.

Pfeifer, T.(2001). *Qualitätsmanagement. Strategien- Methoden- Techniken* (3. überarbeitete Aufl.). München: Hanser.

Pritchard, R., Kleinbeck, U. & Schmidt, K.H. (1993). *Das Managementsystem PPM. Durch Mitarbeiterbeteiligung zu höherer Produktivität.* München: Beck.

Rasmussen, J. (1983). Skills, rules, and knowledge; signals, signs, and symbols, and other distinctions in human performance models. *IEEE Transactions on Systems, Man, and Cybernetics, SMC 13,* 257–266.

Reason, J. (1994). *Menschliches Versagen.* Heidelberg: Spektrum.

Röse, K. (2002). *Methodik zur Gestaltung interkultureller Mensch-Maschine-Systeme in der Produktionstechnik* (Fortschritt-Bericht pak, Nr. 5). Kaiserslautern: Universität.

Rosenstiel, L. von & Bögel, R. (1997). Die Entwicklung eines Instruments zur Mitarbeiterbefragung. In W. Bungard & I. Jöns (Hrsg.), *Mitarbeiterbefragung* (S. 84–96). Weinheim: Beltz.

Schmidtke, H. (1993). *Lehrbuch der Ergonomie* (3. Aufl.). München: Hanser.

Schönpflug, W. (1987). Beanspruchung und Belastung bei der Arbeit – Konzepte und Theorien. In U. Kleinbeck & J. Rutenfranz (Hrsg.), *Enzyklopädie der Psychologie: Band D/III/1 Arbeitspsychologie.* Göttingen: Hogrefe.

Sonntag, K. (Hrsg.). (1999). *Personalentwicklung in Organisationen. Psychologische Grundlagen, Methoden, Strategien.* Göttingen: Hogrefe.

Taylor, F.W. (1919). *Die Grundsätze wissenschaftlicher Betriebsführung.* München: Oldenbourg (Original erschienen 1911: The principles of scientific management).

Timpe, K.P., Giesa, H.G. & Seifert, K. (2004). *Encyclopedia of applied psychology: Vol. 1 Engineering psychology.* Amsterdam: Elsevier.

Timpe. K.P., Jürgensohn. T. & Kolrep. H. (Hrsg.). (2002). *Mensch-Maschine-Systemtechnik.* Düsseldorf: Symposion Publishing.

Ulich. E. (1999). *Arbeitspsychologie.* Stuttgart: Schäffer-Poeschel.

Wickens, C. & Hollands, J. (2000). *Engineering psychology and human performances.* Upper Saddle River, NJ: Prentice Hall.

Willumeit, H.P. & Kolrep, H. (1998). *Wohin führen Assistenzsysteme?* Sinzheim: Pro Universitate.

Wilpert, B. & Qvale, T (Hrsg.). (1993). *Reliability and safety in hazard work systems.* Mahwah, NJ: Erlbaum.

Zimolong, B. (1990). Fehler und Zuverlässigkeit. In C. Graf Hoyos & B. Zimolong (Hrsg.), *Enzyklopädie der Psychologie: Band D/III/2 Ingenieurpsychologie.* Göttingen: Hogrefe.

52 Personal- und Organisationspsychologie

C.H. Antoni

52.1 Gegenstand und Entwicklung der Personal- und Organisationspsychologie

Wie kann ein Unternehmen die geeigneten Mitarbeiter gewinnen und langfristig binden? Wie kann das Potenzial der Mitarbeiter optimal entwickelt und eingesetzt werden? Wie kann die Zusammenarbeit der Mitarbeiter gefördert werden, um die Ziele des Unternehmens und die Ziele der Mitarbeiter zu erreichen? Wie muss ein Unternehmen aufgebaut und wie müssen seine Prozesse gestaltet sein, um die Kooperation und den Wettbewerb mit anderen Unternehmen am Markt erfolgreich zu gestalten und sein langfristiges Überleben zu sichern? Mit diesen und anderen anwendungsbezogenen Fragen beschäftigt sich die Personal- und Organisationspsychologie. Sie ist Teil der Arbeits-, Personal- und Organisationspsychologie, die sich mit dem menschlichen Verhalten bei der Arbeit in oder in Verbindung mit Organisationen und dessen Ursachen und Folgen beschäftigt. Bedingungen des Verhaltens in Organisationen und seine Folgen sollen beschrieben, Wirkungsprozesse erklärt und deren Ergebnisse vorhergesagt und nicht zuletzt durch geeignete Maßnahmen beeinflusst werden.

Die Organisationspsychologie fokussiert dabei auf die Analyse des Erlebens und Verhaltens von Menschen im Kontext von Organisationen und deren Umwelt. Besondere Beachtung finden Interaktionsprozesse zwischen Personen und Gruppen und ihre Zusammenhänge mit Merkmalen der Organisationen und ihrer Umwelt (Schuler, 2004). Die Personalpsychologie beschäftigt sich primär mit dem Individuum und differenzialpsychologischen Aspekten in Organisationen (Schuler, 2001). In Abgrenzung zur Personal- und Organisationspsychologie konzentriert sich die Arbeitspsychologie (▶ Kap. 51) auf Aspekte der Arbeitsaufgabe, der Arbeitsbedingungen, des Arbeitshandelns, deren Wechselwirkungen und Folgen (Frieling & Sonntag, 1999; Ulich, 2001). Die Themenbereiche der Arbeits-, Personal- und Organisationspsychologie überlappen sich vielfältig und weisen komplexe Wechselbeziehungen auf. Im Folgenden werden zunächst Schwerpunkte personalpsychologischer Forschung und Anwendung dargestellt, bevor auf Fragestellungen der Organisationspsychologie eingegangen wird.

52.2 Personalpsychologie

Die Personalpsychologie betrachtet das Erleben und Verhalten von Menschen als gegenwärtige, künftige oder ehemalige Mitglieder einer Organisation. Ihre Fragestellungen lassen sich an unterschiedlichen Entwicklungsphasen der Personalressourcen eines Unternehmens verdeutlichen.

Um für ein Unternehmen die geeigneten Mitarbeiter langfristig zu gewinnen, müssen zunächst potenziell geeignete Personen für das Unternehmen interessiert werden, die sich dann auf freie Stellen bewerben. Aus dem Kreis der Bewerber gilt es dann, die für die jeweiligen Stellen und das Unternehmen geeigneten Kandidaten auszuwählen und zum Eintritt in das Unternehmen zu bewegen. Neu gewonnene Mitarbeiter gilt es in das Unternehmen und ihre Aufgaben einzuführen und sie auch über die Zeitdauer ihrer Beschäftigung zu fördern, um ihren Verbleib im Unternehmen zu sichern. Wollen oder müssen Mitarbeiter aus dem Unternehmen ausscheiden, können sie auch darin unterstützt werden. Die Bereiche der Personalpsychologie, die sich mit entsprechenden Fragestellungen befassen, sind das Personalmarketing, die Personalauswahl und die Personalentwicklung.

52.2.1 Personalmarketing

Die dauerhafte Gewinnung von geeigneten Mitarbeitern ist die Aufgabe des Personalmarketings. Angesichts des sich zurzeit in Deutschland abzeichnenden demographischen Wandels und des damit kleiner werdenden Anteils der erwerbsfähigen Bevölkerung und insbesondere jüngerer Personen ist absehbar, dass sich trotz der gegenwärtig hohen Arbeitslosenquote das Angebot an Arbeitskräften auf dem Arbeitsmarkt auch relativ zur Nachfrage verknappen wird. Dies wird den Konkurrenzkampf der Unternehmen um die talentiertesten Bewerber verschärfen und damit die Bedeutung des Personalmarketings künftig weiter erhöhen. Dies gilt insbesondere für Unternehmen, die einen hohen Personalbedarf haben, sei es aufgrund ihres dynamischen Wachstums oder aufgrund ihrer hohen Personalfluktuation, oder die als wenig attraktiver Arbeitgeber gelten, sei es aufgrund ihres schlechten Images, eines unattraktiven Standorts, schlechter Arbeitsbedingungen oder unattraktiver Anreizsysteme. Ein weiterer Einflussfaktor für den Stellenwert des Personalmarketings ist der Anteil geeigneter potenzieller Bewerber. Je weniger geeignete potenzielle Bewerber vorhanden sind, desto größere Bedeutung hat natürlich die Gewinnung dieser kostbaren Personalressource. Zwar denkt man beim Personalmarketing in erster Linie an die Gewinnung externer Bewerber, doch liegt ein weiterer Aufgabenbereich auch in der Gewinnung interner Bewerber, beispielsweise für Auslandseinsätze. Auch die nachhaltige Bindung des Personals an das Unternehmen, um eine unerwünscht hohe Fluktuationsquote zu vermeiden, wird bisweilen zum Aufgabenbereich des Personalmarketings gerechnet (Moser & Schmook, 2001).

Um Personal langfristig zu gewinnen, können drei unterschiedliche **Strategien** des Personalmarketings unterschieden werden. Die bekanntesten sind sicherlich die Ansprache externer oder interner Bewerber, etwa durch Anzeigen, direkte Ansprache (das sog. »headhunting«) oder die Teilnahme an Bewerbermessen im Hochschulbereich. Weiterhin kann versucht werden, den Kreis der potenziellen Bewerber zu vergrößern, indem etwa die Ansprache international erfolgt oder die Kriterien für die Suche potenzieller Bewerber verbreitert werden, z. B. allgemeines Leistungspotenzial anstelle spezifischer Fachkenntnisse. Schließlich kann versucht werden die Attraktivität eines Unternehmens beispielsweise durch attraktive Anreizsysteme wie gute Karrierechancen, interessante Tätigkeiten, eine Bezahlung über dem Marktdurchschnitt, Firmenwagen, durch besondere betriebliche Sozialleistungen, wie gute Alters- und Versicherungsleistungen oder Kinderbetreuung, und durch flexible und familienfreundliche Arbeitszeitmodelle zu steigern.

52.2.2 Personalauswahl

In Anlehnung an Schuler (2001) werden vier Typen für die Auswahl unternehmensinterner oder externer Bewerber entsprechend der ihnen zugrunde liegenden Diagnosemethoden und Validierungslogik unterschieden:

1. **Konstruktorientierte Verfahren**: Damit sind psychologische Testverfahren angesprochen, die auf die Erfassung von Konstrukten ausgelegt sind und sich daher insbesondere auch in der Konstruktvalidierung bewähren müssen.
2. **Simulationsorientierte Verfahren**: Hierbei handelt es sich um Arbeitsproben, die möglichst repräsentative Arbeitsanforderungen abzubilden suchen und sich daher vor allem inhaltsanalytisch bewähren müssen.
3. **Biographieorientierte Verfahren**: Sie schließen aus Merkmalen der Biographie der Bewerber auf deren Eignung und müssen sich daher insbesondere einer kriterienorientierten Validierung unterziehen.
4. **Kombiverfahren**: Sie integrieren konstrukt-, simulations- und biographieorientierte Verfahren und versuchen durch eine geschickte Kombination einzelner Diagnoseverfahren die Güte der Personalauswahl zu optimieren. Daher kommt hier der Frage, welchen zusätzlichen Erkenntnisgewinn und Nutzen jedes weitere Verfahren liefert (inkrementelle Validität), eine besondere Bedeutung zu.

Diese Unterscheidung ermöglicht eine idealtypische Kategorisierung und eine Akzentuierung der Aspekte, die bei einer Überprüfung der Gütekriterien der Verfahren in erster Linie zu beachten sind. Kombinationen unterschiedlicher Diagnoseverfahren sind natürlich auch innerhalb konstrukt-, simulations- und biographieorientierter Verfahrenstypen, beispielsweise zu Testbatterien, möglich. Es stellt sich dann die Frage, welchen Zuwachs an inkrementeller Validität ein weiteres Verfahren liefert.

52

Konstruktorientierte Verfahren

Bei den konstruktorientierten Verfahren lassen sich allgemeine und spezielle Fähigkeits- und Persönlichkeitstests von Motivations- und Interessenstests unterscheiden. Mit den allgemeinen Fähigkeitstests sind vor allem Intelligenztests angesprochen. Neben diesen allgemeinen Fähigkeitstests gibt es eine Vielzahl von Verfahren zur Erfassung spezifischer kognitiver Fähigkeiten, wie z. B. Wissenstests oder Aufmerksamkeits- und Konzentrationstests. Sie werden in Deutschland, im Unterschied zu anderen europäischen Ländern, vergleichsweise selten zur Personalauswahl herangezogen. Am häufigsten werden Leistungs- und Intelligenztests noch zur Auswahl Auszubildender eingesetzt, während sie bei der Auswahl von Trainees oder Führungskräften kaum Verwendung finden. Noch seltener kommen in Deutschland Persönlichkeitstests in Auswahlverfahren zum Einsatz. Allerdings wurden auch erst in den letzten Jahren Verfahren speziell für den beruflichen Bereich entwickelt.

Über die Ursachen für die geringe Einsatzhäufigkeit von Testverfahren in deutschen Unternehmen kann nur spekuliert werden. Es mag sein, dass die Entscheider in deutschen Unternehmen ein geringeres Vertrauen in die Aussagekraft von Testverfahren als ihre Kollegen etwa in Großbritannien oder Spanien haben, sei es aufgrund einer generellen Skepsis gegenüber psychologischen Tests oder weil sie eher glauben, dass deren Ergebnisse etwa bei Leistungstests durch Training oder bei Persönlichkeitstests durch erwünschtes Antwortverhalten manipulierbar sind oder durch andere Faktoren wie etwa den sozialen Status der Bewerber oder deren Hautfarbe beeinflusst werden. Letzteres ist etwa in den USA ein intensiv diskutiertes Problem.

Simulationsorientierte Verfahren

Mit simulationsorientierten Verfahren sollen, wie der Name bereits sagt, wichtige berufliche Aufgaben in der Auswahlsituation simuliert werden, um aus den Ergebnissen Rückschlüsse auf die berufliche Eignung ziehen zu können. Damit soll aus der möglichst unmittelbaren Abbildung des geforderten beruflichen Verhaltens in der Arbeitsprobe auf das künftige Arbeitsverhalten geschlossen werden. Dem Vorteil der Realitätsnähe stehen zwei zentrale Probleme gegenüber: Zum einen muss die Arbeitsprobe repräsentative berufliche Anforderungen auch tatsächlich abbilden und zum anderen stellt sich die Frage, inwieweit durch die Arbeitsprobe auf künftiges typisches Verhalten geschlossen werden kann, da die Bewerber in der Auswahlsituation vermutlich ihre maximale Leistung zeigen werden.

Da Arbeitsproben die beruflichen Anforderungen möglichst unmittelbar widerspiegeln sollen, lassen sich manuelle Tätigkeiten, wie diktierte Texte tippen, relativ einfach in Arbeitsproben abbilden, dagegen ist dies für komplexere Fach- oder Führungstätigkeiten wesentlich schwieriger und aufwändiger. Typische Verfahren, die für Führungstätigkeiten eingesetzt werden, sind z. B. Postkorbübungen, Präsentationen, Rollenspiele oder Gruppendiskussionen. In Postkorbübungen werden administrative Tätigkeiten einer Fach- oder Führungskraft ohne direkte Interaktion simuliert. Den Probanden werden dabei schriftliche Unterlagen, wie z. B. Briefe, Notizen oder Rundschreiben zur Bearbeitung vorgegeben, wie sie sich in einem typischen Postfach bzw. Postkorb einer Führungskraft finden lassen. Diese Verfahren können in einem Assessmentcenter (▶ unten) kombiniert und mehreren Bewerbern zugleich vorgegeben werden, deren Verhalten von mehreren Beurteilern eingeschätzt wird. Da in Assessmentcentern häufig noch weitere Verfahrenstypen zum Einsatz kommen, werden sie den Kombiverfahren zugeordnet.

Komplexere Anforderungen wie die Leitung einer Firma können mit Hilfe von computergestützten Simulationen abgebildet werden. Diese werden inzwischen aber auch häufig zur Bearbeitung von Postkörben oder virtuellen Rollenspielen eingesetzt, bei denen Problemstellungen in Szenarien beschrieben werden, zu denen dann Lösungen auszuwählen oder zu entwickeln sind.

Biographieorientierte Verfahren

Das Grundprinzip biographieorientierter Verfahren ist es, aus vergangenem auf künftiges Verhalten zu schließen. Dieses Prinzip findet beispielsweise Anwendung, wenn Bewerbungsunterlagen gesichtet oder Referenzen eingeholt werden. Auch bei Einstellungsgesprächen geht es häufig um Fragen zur Berufsbiographie und zum allgemeinen Werdegang der Bewerber, weshalb sie dieser Kategorie zugerechnet werden können, auch wenn sich prinzipiell fast jedes Diagnoseverfahren in ein Auswahlinterview integrieren lässt. Neben diesen mehr oder weniger strukturierten Verfahren gibt es biographische Fragebogen, deren explizites Ziel es ist, anhand des vergangenen Verhaltens künftiges berufliches Verhalten vorherzusagen. Werden deren Fragen lediglich dadurch gewonnen, dass analysiert wird, wie sich erfolgreiche und nicht erfolgreiche Stelleninhaber unterscheiden, ergibt sich zwar eine gute Kriteriumsvalidität der einzelnen Fragen, aber es ist unklar, inwieweit dieser Zusammenhang auf andere Stichproben oder Situationen übertragbar ist, da eine inhaltliche bzw. theoretische Begründung fehlt. Entsprechend gibt es Versuche, biographische Fragebogen stärker ausgehend von Arbeitsanforderungen oder psychologischen Konstrukten zu entwickeln (Schuler, 1998).

Kombiverfahren

Die bekanntesten Kombiverfahren sind das Assessmentcenter und das multimodale Interview. Im Mittelpunkt des Assessmentcenters stehen zwar simulationsorientierte Verfahren, doch werden sie häufig mit Tests und Interviews kombiniert. Grundprinzip des **Assessmentcenters** ist es, dass eine Gruppe von Bewerbern von einer Gruppe von Beurteilern anhand mehrerer Diagnoseverfahren bezüglich mehrerer Anforderungen beurteilt wird. Auf diese Weise ist ein direkter Vergleich der Bewerber und ihres Verhaltens bei den verschiedenen Arbeitsproben möglich, zu dem ggf. auch weitere Ergebnisse von Testverfahren und Interviews herangezogen werden können. Das Beurteilerteam sollte sich vor allem aus vorab geschulten betrieblichen Führungskräften zusammensetzen, die möglichst durch einen fachkundigen Psychologen unterstützt werden sollten. Auf diese Weise kann das Wissen der Führungskräfte um die betrieblichen Anforderungen unmittelbar in den Beurteilungsprozess eingebracht und ihre Führungsverantwortung für das Personal von Beginn an gestärkt und sinnvoll durch die eignungsdiagnostische Fachkompetenz von Psychologen ergänzt werden. Da insbesondere bei höheren Führungskräften nicht immer die Bereitschaft und die Möglichkeit bestehen, sich in einer Bewerbergruppe offen um eine Stelle zu bewerben, werden die Methoden des Assessmentcenters auch für einzelne Bewerber im Rahmen eines Einzel-Assessments eingesetzt (Kleinmann, 1997).

Assessmentcenter sind zeitaufwändig und teuer, daher werden oft einfachere und preiswertere Kombinationen von Auswahlverfahren gewählt. Am häufigsten dürften in Auswahlverfahren nach wie vor Bewerbungsunterlagen und Referenzen kombiniert mit Interviews zum Einsatz kommen. Frei geführte Interviews sind jedoch für die Beurteilung von Bewerbern schlecht geeignet. Durch die Definition und Einhaltung eines standardisierten Interviewablaufs und die Integration unterschiedlicher diagnostischer Verfahren wie biographischer und situativer Fragen zu erfolgskritischen beruflichen Situationen kann die Beurteilungsqualität solcher multimodalen Interviews erheblich verbessert werden (Schuler, 1998).

52.2.3 Personalentwicklung

Alle Maßnahmen zur systematischen Förderung der beruflichen Qualifikation der Beschäftigten, zur Veränderung beruflicher Kompetenz (Aus- und Weiterbildung) oder beruflicher Anforderungen (qualifizierende Arbeitsgestaltung) sowie zur Planung und Steuerung dieser Verfahren

können als Personalentwicklung (PE) beschrieben werden.

Analyse des Entwicklungsbedarfs

Zur Planung von Maßnahmen der Personalentwicklung ist eine Analyse des Entwicklungsbedarfs erforderlich. Sie vergleicht die heutigen und ggf. künftig erwarteten Stellenanforderungen oder Zielvorstellungen des Personals, d. h. das Sollprofil, mit den Fähigkeiten des Personals, das auf dieser Stelle eingesetzt werden soll (◘ Abb. 52.1). Zur Ermittlung des Sollprofils können Informationen aus unterschiedlichen Quellen herangezogen werden. Aus einer Analyse der Umwelt der Organisation können die Anforderungen abgeleitet werden, die von relevanten Anspruchsgruppen, wie z. B. Kunden und Kapitaleignern, an das Unternehmen gestellt und ggf. sich abzeichnende Veränderungen im Anforderungsprofil ermittelt werden. Diese können dann genutzt werden, um Konsequenzen für die jeweiligen Stellen im Unternehmen, beispielsweise für die Unternehmensleitung oder den Vertrieb, abzuleiten. Weitere Informationen können aus einer Analyse von Daten und Dokumenten, wie z. B. Unternehmens- und Führungsleitlinien auf Unternehmensebene gewonnen werden. Spezifischere Informationen ergeben sich aus Aufgabenanalysen, zu denen standardisierte Verfahren der Arbeitsanalyse, wie der Fragebogen zur Arbeitsanalyse (Frieling & Hoyos, 1978) oder weniger standardisierte Verfahren, wie Expertenbefragungen zu den Bedingungen und Merkmalen erfolgskritischen Verhaltens, sowie Beobachtungen von Stelleninhabern herangezogen werden können.

Erwartungen der Mitarbeiter bezüglich Personalentwicklungsmaßnahmen können auch in Mitarbeitergesprächen oder durch systematische Befragungen erfasst und bei der Festlegung des Sollprofils berücksichtigt werden.

Das Sollprofil der Fähigkeiten und Anforderungen wird mit dem Istprofil der Fähigkeiten der Mitarbeiter verglichen. Die Fähigkeiten der Mitarbeiter können durch eine Vielzahl von Methoden erfasst werden. Das Spektrum reicht von standardisierten Leistungsbeurteilungen, Mitarbeitergesprächen, Coaching, Mentoring, Interviews, Frage-

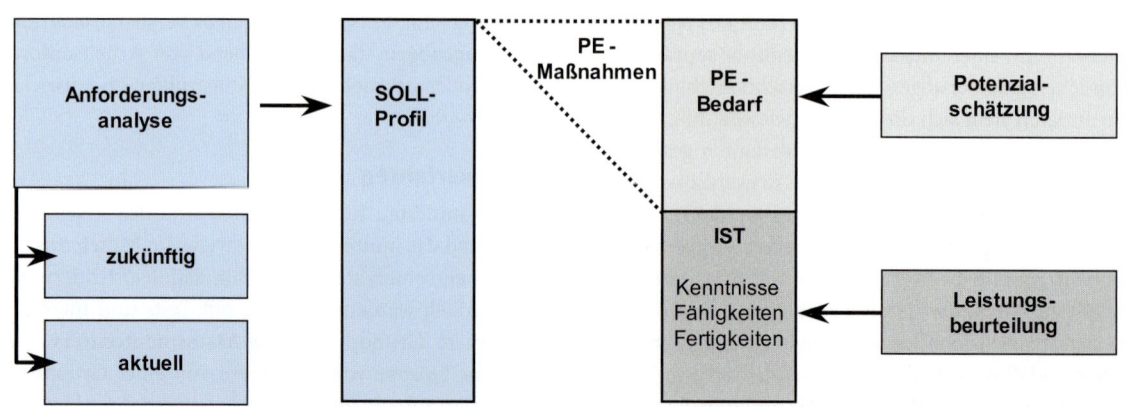

◘ **Abb. 52.1.** Personalentwicklung (*PE*) als systematische Förderung beruflicher Qualifikationen

Neuere Ansätze der Personalentwicklung

Coaching. Dabei handelt es sich um die persönliche Beratung von einzelnen Mitarbeitern oder Gruppen bei der Bewältigung von Problemen oder neuen und schwierigen Situationen durch einen Vorgesetzten oder einen internen oder externen Berater, um deren Fähigkeiten zur erfolgreichen Aufgabenbewältigung und Problemlösung zu entwickeln und deren Selbstvertrauen zu fördern.

Mentoring. Hier steht die längerfristig und auf die Entwicklung der Persönlichkeit eines jüngeren Mitarbeiters (des Protegés) angelegte Beratung durch einen erfahrenen Vorgesetzten oder Kollegen (Mentor) im Vordergrund, der als positives Modell fungiert.

360-Grad-Feedback. Eine Person erhält systematisches Feedback von ihrem Vorgesetzten, ihren Kollegen, Mitarbeitern und Kunden. Grundidee ist, dass jede dieser vier Gruppen spezifische Informationen über die Zusammenarbeit mit der Person rückmelden kann und sich aus diesen unterschiedlichen Perspektiven ein zusätzlicher Informationsgewinn ergibt.

bogenverfahren bis zu einem systematischen 360-Grad-Feedback (▶ Kasten). Insbesondere Leistungsbeurteilungen und Mitarbeitergespräche oder das Coaching von Beschäftigten unterstreichen und stärken die Aufgabe der Personalentwicklung als zentrale Führungsfunktion, wenn sie von den Führungskräften im Unternehmen durchgeführt werden.

Personalentwicklungsmaßnahmen

Es gibt eine Vielfalt von Personalentwicklungsmaßnahmen (Hofmann & Regnet, 2003), die danach unterschieden werden können, inwieweit sie in die Arbeit integriert sind (z. B. qualifikationsförderliche Arbeitsgestaltung oder externe Seminare), an welche Zielgruppen sie sich wenden (z. B. Führungskräfte oder Mitarbeiter), welche Interaktionsform sie wählen (z. B. Frontalunterricht oder Gruppenaufgaben), welche Arten von Inhalten thematisiert werden (z. B. Fach- oder Methodenwissen), welche Lehrmethoden zum Einsatz kommen (z. B. Lehrgespräche oder Fallstudien) und auf welche Phase der Beschäftigung (Einstieg, Beförderung, Ausstieg) sie fokussieren.

Seit einigen Jahren kann insbesondere bei der Vermittlung von Fachwissen ein deutlicher Trend zum verstärkten Einsatz computerunterstützter Lehrmethoden und des E-Learnings festgestellt werden. Insbesondere Großunternehmen nutzen ihr Intranet, um ganze Seminare online anzubieten oder durch Diskussionsforen zu ergänzen. Die dynamische Entwicklung des Arbeitsmarkts erfordert vom Einzelnen ein lebenslanges Lernen und seitens des Unternehmens, insbesondere angesichts der demographischen Entwicklung, das Angebot von Personalentwicklungsmaßnahmen für alle Altersgruppen über die gesamte Zeit der Beschäftigung.

Personalentwicklungsmaßnahmen müssen beim Einstieg in das Unternehmen ansetzen, damit neue Mitarbeiter angemessen ausgebildet und gut eingeführt werden. Entsprechende Programme können sich auf Betriebsbesichtigungen beschränken oder mehrmonatige Traineeprogramme umfassen, bei denen die Teilnehmer mehrere Arbeitsbereiche kennenlernen, Seminare angeboten bekommen und von einem Paten oder Mentor unterstützt werden.

Nach der Einstiegsphase gilt es die Beschäftigten kontinuierlich weiterzuentwickeln, um sie fachlich auf dem Laufenden zu halten oder sie in ihrer Karriere zu fördern. Insbesondere Nachwuchsführungsprogramme sind in vielen größeren Unternehmen etabliert und sollen den Führungsnachwuchs sichern und auf seine Aufgaben vorbereiten. Im Zuge der Internationalisierung der Wirtschaft sind Programme für Fachkräfte und den Führungsnachwuchs zunehmend international angelegt, um sie weltweit zu rekrutieren und auf den internationalen Einsatz vorzubereiten.

Konsequenzen der Arbeits- bzw. Erwerbslosigkeit

Arbeitslosigkeit bzw. genauer Erwerbslosigkeit, d. h. wenn Menschen ihren Job verlieren und keine neue Erwerbsarbeit finden, führt in der Regel nicht nur zu finanziellen Problemen, sondern auch zu gravierenden psychosozialen und gesundheitlichen Folgen. Zunächst stehen vielleicht die finanziellen Einbußen im Vordergrund, aber auch die mit der Arbeit verbundenen Herausforderungen, Gefühle der Befriedigung und soziale Kontakte mit Kunden, Kollegen und Vorgesetzten gehen verloren, ebenso wie die damit verbundene Wertschätzung und der soziale Status. Insbesondere länger andauernde Erwerbslosigkeit führt dazu, dass familiäre Spannung und soziale Isolation wachsen, Menschen ihre Zeit- und Zielstrukturen verlieren, sich nutz- und wertlos fühlen und depressiv werden können; sogar eine um 20 bis 30% höhere Sterblichkeitsrate Erwerbsloser wird berichtet (Schmook, 2001; Semmer & Udris, 2004). Inwieweit diese negativen Auswirkungen eintreten, hängt auch davon ab, wie die eigene Arbeitssituation von den Betroffenen zuvor empfunden wurde, welche Erwartungen sie haben, wieder einen Job zu finden, wie sie sich nach dem Verlust des Arbeitsplatzes verhalten, welche Aufgaben sie übernehmen, welches soziale Umfeld sie haben und mit welchen Erwartungen sie konfrontiert und wie sie unterstützt werden.

Zu den Aufgaben der Personalentwicklung gehört auch die Vorbereitung der Mitarbeiter auf den Austritt aus dem Unternehmen, sei es, wenn es um den Eintritt in ein anderes Unternehmen, in die Selbstständigkeit, in den Ruhestand oder gar in die Arbeits- bzw. Erwerbslosigkeit geht (▶ Kasten). Ein Unternehmen kann in einer solchen Situation den betroffenen Mitarbeiter darin beraten und unterstützen (Outplacement-Beratung), eine neue Arbeit zu finden, oder ihn auf die Selbstständigkeit oder auf den (vorgezogenen) Ruhestand vorbereiten. Selbst für den Fall, dass Mitarbeiter keine neue Arbeitsstelle finden, kann eine Beratung hilfreiche Strategien zur Stellensuche und zum Umgang mit Erwerbslosigkeit vermitteln.

Psychologen können zur Entwicklung, Umsetzung und Weiterentwicklung von Personalentwicklungsmaßnahmen wertvolle Beiträge leisten: Sie können die betriebsspezifischen Anforderungen durch Arbeits- und Anforderungsanalysen ermitteln und die Fähigkeiten und Interessen der Mitarbeiter diagnostizieren und aus dem Vergleich dieser Analyseergebnisse maßgeschneiderte Personalentwicklungsmaßnahmen konzipieren sowie deren Wirksamkeit durch passende Evaluationsdesigns prüfen und optimieren. Mit Letzterem ist nicht nur eine abschließende Bewertung der Maßnahme (summative Evaluation), sondern insbesondere auch eine den Umsetzungsprozess begleitende und diesen optimierende (formative) Evaluation angesprochen.

52.3   Organisationspsychologie

Die Organisationspsychologie beschäftigt sich mit den Interaktionsprozessen zwischen Personen und Gruppen, mit organisationalen Prozessen sowie Fragen der Beziehung zwischen einer Organisation und ihrer Umwelt. Im Folgenden sollen insbesondere die Themenfelder Gruppenarbeit, Führung und Organisationsentwicklung näher dargestellt werden.

52.3.1 Gruppen in Organisationen

Team- oder Gruppenarbeit (die Konzepte werden gleichbedeutend verwandt) ist eine Form der Arbeitsorganisation, bei der mehrere Personen über eine gewisse Zeit, nach gewissen Regeln und Normen, eine aus mehreren Teilaufgaben bestehende gemeinsame Arbeitsaufgabe bearbeiten, um gemeinsame Ziele zu erreichen, dabei unmittelbar zusammenarbeiten und sich als Team begreifen. Demnach führt nicht jede formale Zuordnung von Stellen zu einem Vorgesetzten zu Teamarbeit. Vielmehr muss von einem Team bzw. einer Gruppe eine gemeinsame Aufgabe übernommen werden, um von Teamarbeit sprechen zu können.

Formen der Gruppenarbeit

Arbeitsgruppen in Organisationen können danach unterschieden werden, inwieweit sie in die reguläre Arbeitsorganisation integriert sind und kontinuierlich zusammenarbeiten (Antoni, 1990). Temporäre Arbeitsgruppen wie Qualitätszirkel und Projektteams sind nicht in die reguläre Arbeitsorganisation integriert (◘ Abb. 52.2). **Qualitätszirkel** sind kleine Gruppen von Mitarbeitern, primär der unteren Hierarchieebene, die sich regelmäßig freiwillig treffen, um selbst gewählte Probleme aus ihrem Arbeitsbereich zu lösen, meist etwa alle 2–4 Wochen für jeweils 1–2 Stunden. Sie können lediglich Verbesserungsvorschläge erarbeiten und besitzen selbst keine Entscheidungsbefugnis. **Projektgruppen** erarbeiten Lösungen für neuartige, einmalige komplexe Problemstellungen, die meist mehrere Funktionsbereiche betreffen. Dazu werden Mitarbeiter und Führungskräfte aufgrund ihrer Fachkompetenz aus verschiedenen Funktionsbereichen ausgewählt.

Kontinuierliche, in die reguläre Arbeitsorganisation integrierte Formen der Gruppenarbeit wie klassische Arbeitsgruppen, Fertigungsteams und teilautonome Arbeitsgruppen sind mit der Erstellung eines (Teil-)Produktes oder einer Dienstleistung beauftragt. Sie unterscheiden sich jedoch

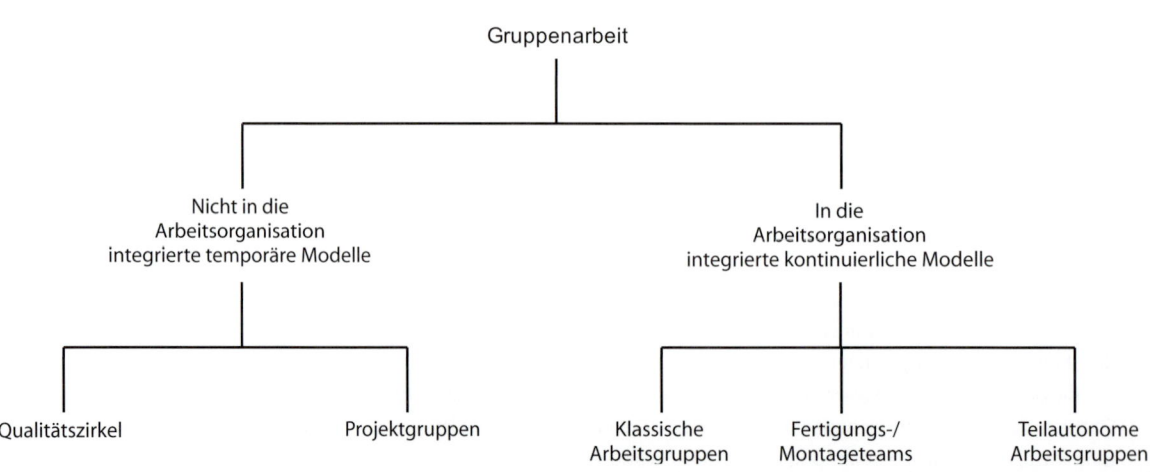

◘ **Abb. 52.2.** Formen der Gruppenarbeit

nach Art und Umfang ihrer direkten und indirekten Aufgaben, Entscheidungsbefugnisse und Kooperationsanforderungen, d. h. nach ihrem (zunehmenden) Handlungsspielraum.

Klassische Arbeitsgruppen führen eine gemeinsame Arbeitsaufgabe stark funktions- und arbeitsteilig durch und werden von einem Vorgesetzten geleitet, der sie steuert und kontrolliert.

In **Fertigungs- bzw. Montageteams** wurden in Anbetracht des Erfolgs japanischer Produktionssysteme, insbesondere von Toyota, in den letzten Jahren zunehmend indirekte Aufgaben integriert, wie beispielsweise die Qualitätskontrolle und kleinere Wartungsarbeiten, aber die kurzzyklische Arbeitsteilung und die hierarchische Steuerung und Kontrolle wurde beibehalten.

Wird einer Arbeitsgruppe die Erstellung eines kompletten (Teil-)Produktes oder einer Dienstleistung mehr oder weniger eigenverantwortlich übertragen, spricht man von teilautonomen, selbstregulierenden oder **selbststeuernden Arbeitsgruppen.** Bei ihnen wird durch Arbeitserweiterung, Arbeitsbereicherung und Arbeitswechsel der kollektive Handlungsspielraum der Gruppe vergrößert, um kleine, flexible, sich selbst steuernde Regelkreise zu schaffen. Die Selbstregulation der Gruppe kann sich z. B. auf die interne Arbeitsverteilung, die Planung der Arbeitszeiten oder die Feinsteuerung von Fertigungsaufträgen beziehen. Zur kollektiven Koordination und Planung dienen Gruppensitzungen, die ein (gewählter) Gruppensprecher moderiert, der die interne und externe Koordination der Gruppe unterstützt und Ansprechpartner für Vorgesetzte und gruppenexterne Stellen ist. Nur in dem Maße, in dem die Gruppen voneinander unabhängig sind, können sie sich selbst regulieren. Dies lässt sich leichter verwirklichen, wenn

— der Arbeitsumfang einer Gruppe ein komplettes (Teil-) Produkt oder eine Dienstleistung (ganzheitliche Aufgabe) oder den kompletten Produktions- bzw. Dienstleistungsprozess umfasst (prozessorientierte Organisationsgestaltung);
— indirekte Abteilungen, aber auch Führungskräfte eine Dienstleisterrolle übernehmen;
— eine flache Führungsstruktur besteht;
— durch Delegation und Zielvereinbarung geführt wird.

Teilautonome Arbeitsgruppen finden sich zwar überwiegend im Produktionsbereich, es gibt sie aber auch in Dienstleistungsbereichen, z. B. Verwaltungsinseln oder Kundenteams zur Auftragsabwicklung oder Entwicklungsteams (Antoni, Eyer & Kutscher, 1996).

Modelle und Einflussgrößen der Effektivität von Gruppen

Viele Fallstudien berichten positive ökonomische und soziale Auswirkungen von Gruppenarbeit, allerdings finden sich auch uneinheitliche Befunde, insbesondere in methodisch anspruchsvolleren Untersuchungen (Antoni, 1996).

Die inkonsistenten Ergebnisse können auf eine Vielzahl von Einflussgrößen zurückzuführen sein, etwa auf unterschiedliche Ausgangssituationen bezüglich des Rationalisierungspotenzials oder auf unterschiedliche Gruppenmodelle. Dies verdeutlicht die Notwendigkeit, empirisch bestätigte Wirkungsmodelle zu erarbeiten, die Einflussgrößen der Gruppeneffektivität spezifizieren und damit differenzierende Aussagen erlauben.

In der Literatur finden sich viele Ansätze zur Gruppeneffektivität, die vorwiegend einem Input-Prozess-Output-Modell folgen und von Hackman (1987) in einem normativen Modell der Effektivität von Gruppenarbeit zusammengefasst wurden. Danach wird die Effektivität (d. h. der Output) einer Gruppe im Wesentlichen beeinflusst von den Prozessvariablen Anstrengungsbereitschaft, Wissen und Fertigkeiten der Gruppenmitglieder sowie ihren Strategien bei der Aufgabenbearbeitung. Inputgrößen sind das Design und der organisationale Kontext der Gruppen sowie Synergieeffekte (◘ Abb. 52.3).

Kriterien der Gruppeneffektivität

Inwieweit eine Gruppe als effektiv beurteilt wird, hängt von der Perspektive des Beurteilers ab und von den Kriterien, die er dafür heranzieht. Typische Beurteilergruppen sind das Management, interne und externe Kunden, der Betriebsrat und die Gruppenmitglieder selbst. Klassische Bewertungskriterien aus Sicht des Managements sind die Kosten, mit denen Produkte oder Dienstleistungen erstellt werden, die Zeit, die dafür benötigt wird, und die Qualität der Produkte und Dienstleistungen. Bei der Festlegung der jeweiligen Zielgrößen einer Gruppe müssen die Wechselwirkungen mit anderen Einheiten beachtet werden, um eine positive Beziehung zwischen Gruppen- und organisationaler Effektivität sicherzustellen. Als weitere Kriterien der Gruppeneffektivität können auch Einstellungen, wie die Zufriedenheit der Gruppenmitglieder, die Bereitschaft in der Gruppe weiterhin mitzuarbeiten, Beanspruchungs- und Verhaltensindikatoren, wie Fluktuation oder Abwesenheit, herangezogen werden.

Gruppendesign

Zum Gruppendesign gehören die Aufgaben, Ziele und Regeln sowie die personelle Zusammensetzung der Gruppe. Ganzheitliche Arbeitsgestaltung führt zu größer wahrgenommenen Handlungsspielräumen bei der eigenen (individuellen) Arbeit und steigert dadurch auch die Arbeitszufriedenheit (Griffin, Patterson & West, 2001). Dadurch lassen sich auch wachsende Arbeitsanforderungen besser bewältigen.

Die personelle Zusammensetzung der Gruppe, beispielsweise bezüglich fachlicher Qualifikation, Meinungsvielfalt, Geschlecht, Rasse, Alter, Funktion oder Nationalität, gewinnt aufgrund der Internationalisierung der Unternehmen wachsende Bedeutung (»diversity management«). Wie sie die Gruppeneffektivität beeinflusst, ist von der Art

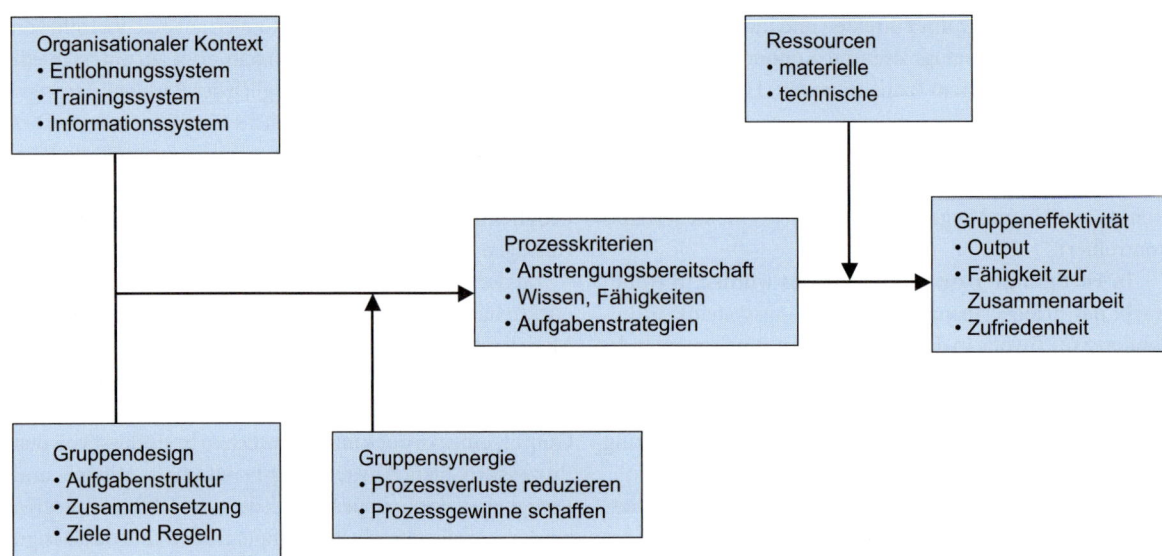

Abb. 52.3. Einflussgrößen der Gruppeneffektivität

der Arbeitsaufgabe und den herangezogenen Bewertungskriterien abhängig (Jackson, 1996). So scheinen bei Entscheidungsaufgaben die Leistungen heterogener Gruppen besser als die homogener Gruppen zu sein. Zudem scheinen abweichende Minderheitenmeinungen bei partizipativer Entscheidungsfindung Teaminnovationen zu fördern. Allerdings kann sich die Heterogenität negativ auf andere Kriterien wie die Gruppenkohäsion, Kommunikation oder Fluktuation auswirken. Für interkulturelle Gruppen konnte ferner eine kurvilineare Beziehung zwischen Teamheterogenität und Gruppenleistung gezeigt werden.

Kontext
Zu den Kontextfaktoren gehören das Belohnungs-, Informations- und Trainingssystem sowie die materiellen und technischen Ressourcen der Gruppe. In vielen Fällen dürfte die Gruppenleistung stärker von der Art der Fertigungstechnik oder der Qualität externer Zulieferer abhängig sein als von Merkmalen der Gruppe. Diese Aspekte werden in soziotechnischen Ansätzen stärker betont, die die Gruppeneffektivität durch die Passung zwischen dem sozialen und technischen System und durch die Anpassungsfähigkeit der Gruppe an interne Systemschwankungen und gruppen- und organisationsexterne Umweltveränderungen beeinflusst sehen. Damit wird die Aufmerksamkeit auch auf die Relation von Gruppen- und Organisationszielen und damit auf den Zusammenhang der Effektivität von Teams und der Gesamtorganisation gelenkt, der von psychologischen Ansätzen häufig vernachlässigt wird.

Synergieeffekte durch Gruppenprozesse
In Gruppen kann es zu Prozessgewinnen und -verlusten kommen. Prozessverluste treten verstärkt bei wachsender Gruppengröße und schlecht definierten Aufgaben auf. Bei-

spielsweise »soziales Faulenzen«, wenn ein Gruppenmitglied unbewusst weniger leistet als es leisten könnte, oder »Trittbrettfahrer-Effekte«, wenn man glaubt, dass die Leistung anderer bereits zur Erreichung des Gruppenziels genügt. Darüber hinaus können Trittbrettfahrer dazu führen, dass Leistungsträger nicht länger die »Dummen sein wollen« (»Gimpel-« oder »Sucker-Effekte«) und auch in ihrer Leistung nachlassen. Vergleichsweise wenig untersucht wurden mögliche Prozessgewinne, etwa wenn Stärkere die Leistung schwächerer Teammitglieder kompensieren wollen, etwa weil ihnen der Teamerfolg sehr wichtig ist (»social compensation«), oder wenn schwächere Teammitglieder ihre Arbeitsleistung als unverzichtbar für den Gruppenerfolg ansehen (»indispensability effects«).

Die Qualität der Interaktionsprozesse in Gruppen wird durch die mentalen Modelle der Gruppenmitglieder und durch das Teamklima beeinflusst.

Mentale Modelle
Mentale Modelle sind kognitive Repräsentationen der realen Welt. In welchem Umfang sie in einem Team geteilt werden müssen, um wirkungsvoll zusammenarbeiten zu können, bzw. welche Inhalte dabei besonders relevant sind und wie sie entwickelt werden, wird intensiv erforscht. Bezogen auf Teamarbeit sind relevante Inhalte die Arbeitsaufgabe, die Gruppenmitglieder, die Arbeitsbeziehungen und Rollen, die technischen Ressourcen, die Arbeitssituation oder Überzeugungen über die Gültigkeit und Zuverlässigkeit dieses Wissens (Tschan & Semmer, 2001). Effektive gemeinsame Planung im Team fördert die Entwicklung geteilter mentaler Modelle, erlaubt effiziente Kommunikationsstrategien unter hoher Arbeitsbelastung und führt zu besserer Leistung (Stout, Cannon-Bowers, Salas & Milanovich, 1999). Geteilte mentale Modelle über den Umgang mit

52

Misserfolge bei der Arbeit können auch durch Coaching, Anweisungen und die Gestaltung des Arbeitskontextes beeinflusst werden und sind leistungsrelevant, eine Mediatorrolle mentaler Modelle in diesem Variablenset wurde jedoch nicht bestätigt.

Teamklima

Untersuchungen belegen auch die Bedeutung des Teamklimas für die Effektivität und die Innovationsfähigkeit von Teams (vgl. West, 1990). Ein innovatives Teamklima kann wiederum durch Aufgaben mit hohen Innovationsanforderungen und kleine Gruppengrößen gefördert werden.

Team-, Betriebs- und Organisationsklima versus Arbeitszufriedenheit

Unter Team-, Betriebs- und Organisationsklima versteht man die mehr oder weniger sozial geteilte Wahrnehmung eines Teams, Betriebs oder einer Organisation durch die jeweiligen Mitglieder. Welche Organisationseinheit betrachtet wird und welche ihrer Merkmale beurteilt werden, hängt vom jeweiligen Erkenntnisinteresse ab. Beim »Teamklima-Inventar« (Brodbeck & Maier, 2001) soll beispielsweise das Innovationsklima in Arbeitsgruppen anhand von vier Dimensionen erfasst werden. So wird gefragt, wie klar den Teammitgliedern die Teamziele sind, inwieweit sie diese wertschätzen, teilen und glauben, sie erreichen zu können (Vision); inwieweit sie sich um hohe Leistungen und Qualität bei der Zielerreichung bemühen und ihre Arbeitsprozesse reflektieren (Aufgabenorientierung); inwieweit sie sich sicher fühlen, ihre Ideen in der Gruppe zu äußern (partizipative Sicherheit); inwieweit sie bereit sind, Innovationen umzusetzen und zu unterstützen (Unterstützung für Innovation).

In der Forschung bestehen unterschiedliche Auffassungen darüber, ob die befragten Personen in ihrer Wahrnehmung weitgehend übereinstimmen müssen, d. h., eine sozial geteilte Wahrnehmung besteht, um von einem Klima sprechen zu können, oder ob es genügt, individuelle Wahrnehmungen als kognitive Repräsentationen der Arbeitssituation zu erfassen.

Im Unterschied zum Klimakonzept, das Organisationsmerkmale aus der Perspektive der Mitglieder zu beschreiben sucht, fokussiert das Konstrukt der Arbeitszufriedenheit auf die Bewertung der Zufriedenheit mit der Arbeit insgesamt oder mit einzelnen Facetten der Arbeit, wie der Arbeitstätigkeit, der Arbeitsbedingungen, der Kollegen, Vorgesetzten oder des Entgelts.

Einführung und Entwicklung der Gruppen

Die Einführung von Teamarbeit darf sich nicht auf strukturelle und technische Veränderungen beschränken, sondern erfordert einen Personal- und Organisationsentwicklungsprozesses, in dem ein betriebsspezifisches Konzept entwickelt wird. Damit steigt die Wahrscheinlichkeit, dass die Beteiligten dieses Konzept akzeptieren, sie angemessen vorbereitet sind, Verantwortung übernehmen und Eigeninitiative ergreifen, und dass sich die Teamarbeit erfolgreich in die Gesamtorganisation integriert (Antoni, 2000; Frei, Hugentobler, Alioth, Duell & Ruch, 1993). Dabei sollten die folgenden vier Prinzipien beachtet werden:

1. **Heuristisches und partizipatives Vorgehen**, d. h., keine Patentrezepte von Beratern vorgeben, sondern ausgehend von einer Analyse der Ausgangssituation (vgl. soziotechnische Systemanalyse in ▶ Abschn. 52.3.3) die Gruppenarbeit partizipativ in einer Top-down-Strategie mit den betroffenen Führungskräften und Mitarbeitern entwickeln und umsetzen. In einem Lenkungsteam sollten Management und Betriebsrat lediglich Spielregeln und Rahmenbedingungen festlegen. Externe oder interne psychologisch geschulte Prozessberater sollten den Beteiligten helfen, Konflikte und Probleme eigenverantwortlich zu lösen.
2. **Frühzeitige Information und Qualifizierung** aller betroffenen Teammitglieder, Führungskräfte und Mitarbeiter indirekter Bereiche im Sinne des Prinzips »Betroffene zu Beteiligten machen«. Die Qualifizierungs-

maßnahmen sollten auf die neuen fachlichen, methodischen und sozialen Anforderungen ausgerichtet sein und ein projektbegleitendes und von den Betroffenen selbst verantwortetes und selbst gesteuertes Lernen ermöglichen, das durch Einzel- und Teamcoaching unterstützt wird, insbesondere sollte die Kompetenz der Führungskräfte zur Mitgestaltung des Einführungsprozesses und zur Entwicklung und Unterstützung der Gruppen gefördert werden.
3. **Schaffung struktureller Voraussetzungen**, wie die Einrichtung eines Lenkungsteams, das den Auftrag erteilt, Spielregeln und Rahmenbedingungen definiert und den Projektfortschritt kontrolliert, die Etablierung eines Projektteams und eines Projektleiters mit entsprechenden Ressourcen und ggf. weiteren Subteams zur Planung und Umsetzung der Teamarbeit. Es empfiehlt sich, den Betriebsrat auf allen Ebenen zu beteiligen und zur aktiven Mitgestaltung zu ermutigen. In den Projektteams sollten die jeweiligen Vorgesetzten und Vertreter der Mitarbeiter sowie der tangierten indirekten Funktionen, wie z. B. die Qualitätssicherung oder die Instandhaltung, vertreten sein.
4. **Entwicklung günstiger Rahmenbedingungen**, wie einer zielorientierten und partizipativen Führung im gesamten Management und einer Unternehmenskultur, die die Selbstregulation fördert und unterstützt. Da die Kultur eines Betriebs wesentlich durch dessen Inhaber oder Leiter geprägt wird, kommt seinem Verhalten eine

besondere Bedeutung bzw. Modellwirkung zu. Betrachtet man bekannte betriebliche Fallbeispiele selbstregulierender Gruppenarbeit (Antoni et al., 1996), erweist sich der verantwortliche Betriebsleiter oder Geschäftsführer oft als charismatischer Führer (▶ Abschn. 52.3.2), dem es gelingt, seine Mitarbeiter für seine Vision einer selbstregulierten Gruppenarbeit in einem flexiblen Unternehmen zu begeistern. Darüber hinaus kann Teamarbeit durch die Gestaltung der Planungs-, Arbeitszeit-

und Entgeltsysteme gefördert oder behindert werden. Die Selbstregulation des Teams lässt sich durch einfache dezentrale Planungssysteme unterstützen. Anforderungsgerechte Selbstregulation kann weiterhin durch flexible Arbeitszeitsysteme mit Jahresarbeitszeitbudgets gefördert, erfolgreiche Kooperation durch gruppenorientierte Leistungsprämien oder erfolgsabhängige Bonussysteme belohnt werden (▶ Kasten).

Wahrnehmung und motivationale Wirkungen von Entgeltsystemen

Entgelt ist ein zentraler Anreiz, um in einem Unternehmen zu arbeiten. Wesentliche Funktionen von Entgeltsystemen aus Sicht des Unternehmens sind

- die Mitarbeiter für ein Unternehmen zu gewinnen,
- sie zu einer hohen Leistung zu motivieren und
- sie ans Unternehmen zu binden bzw. umgekehrt ihr Ausscheiden aus dem Unternehmen zu fördern.

Die Wirkung von Entgeltsystemen hängt von einer Reihe von Faktoren ab (DeMatteo, Eby & Sundstrom, 1998; Lawler, 1971, 1995):

- wie konsistent das Belohnungssystem ist, in das Entgeltsysteme eingebunden sind (gegenläufige Effekte anderer materieller bzw. immaterieller Anreize vermindern die Wirkung)
- wie gut Entgeltsysteme zu den Zielen und Strategien des Unternehmens passen (z. B. Leistungsorientierung als Unternehmensziel, wird nicht gefördert durch altersabhängige oder bedürfnisorientierte Bezahlung, etwa nach Familienstand)
- wie gut Entgeltsysteme zur Arbeitsorganisation und zu den Arbeitsaufgaben passen (bei Teamarbeit und interdependenten Arbeitsaufgaben führen interdependente Belohnungen, wie Gruppenprämien, zu besseren Gruppenleistungen, während individuelle Prämien diese mindern)
- wie gut Entgeltsysteme zur Kultur des Unternehmens passen (in einer individualistischen Kultur fördert eine

stärkere Entgeltdifferenzierung zwischen Personen oder Teams die Wirkung)
- wie gut Entgeltsysteme zu den Erwartungen der Mitarbeiter passen, d. h. inwieweit sie die Verfahren der Entgeltfestlegung als gerecht empfinden (prozedurale Gerechtigkeit: die Regeln und Kriterien gelten für alle gleichermaßen, werden unparteiisch angewandt und sind mit den Werten des Unternehmens vereinbar, die zugrunde liegenden Daten stimmen, Meinungen der Betroffenen werden gehört, unangebrachte Entscheidungen können korrigiert werden) und inwieweit sie die Verteilung des Entgelts als gerecht erachten (distributive Gerechtigkeit: faires Entgelt im Vergleich zum eigenen Einsatz, seien es Erfahrungen, Anstrengungen, Leistungen etc., die eingebracht werden, und zu den Arbeitsanforderungen und im Verhältnis zu anderen Personen) (Leventhal, 1980).

Um unterschiedlichen Aspekten gerecht zu werden, können verschiedene Entgeltkomponenten kombiniert werden, ohne dass darunter jedoch die Transparenz und Verständlichkeit des Systems leiden darf. Beispielsweise kann bei interdependenten Gruppenaufgaben und Teamarbeit ein individuelles Grundentgelt, das sich an den Aufgabenanforderungen oder der Kompetenz der Mitarbeiter orientiert, mit einer variablen Gruppenprämie kombiniert werden, die vom Gruppenergebnis abhängig ist und für alle gleich ausbezahlt wird, und einer individuellen Leistungsprämie aufgrund einer vom Vorgesetzten oder der Gruppe durchgeführten Leistungsbeurteilung.

Das hier vorgeschlagene Vorgehen soll Reibungsverluste in und zwischen Abteilungen und Bereichen vermeiden und eine anforderungs- und problemgerechte Ausgestaltung von Strukturen und Abläufen ermöglichen.

Nachhaltig erfolgreiche Teamarbeit verlangt von Mitarbeitern und Führungskräften einen kontinuierlichen Lern- und Entwicklungsprozess. Die Einführung von Gruppenarbeit macht Führungskräfte nicht überflüssig, sondern erfordert gerade im Einführungsprozess ihre Führungskraft, um diesen erfolgreich zu gestalten.

52.3.2 Führung

Das Verhalten von Mitarbeitern in einer Organisation wird durch vielfältige Faktoren beeinflusst (◘ Abb. 52.4). Alle Formen zielbezogener Einflussnahme auf Verhalten, um die Ziele und Arbeitsaufgaben der jeweiligen Person, Einheit und Organisation zu erfüllen, können als Formen der Führung verstanden werden. In erster Linie mag man an Führungskräfte denken, die ihren Mitarbeitern Aufträge erteilen, die Einhaltung von Arbeitsvorschriften und die erreichten Arbeitsergebnisse kontrollieren. Dies ist der

◘ Abb. 52.4. Einflussgrößen des individuellen Verhaltens in Organisationen

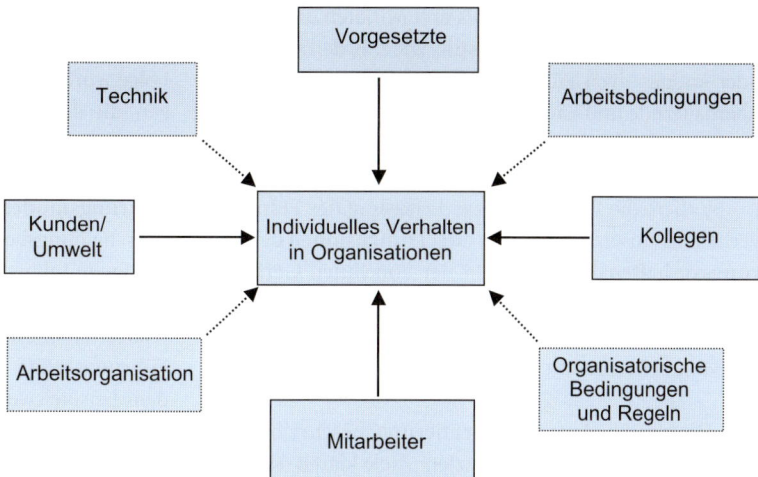

klassische Fall von Personalführung. Durch ihren Arbeitsvertrag haben sich Mitarbeiter zur Ausführung bestimmter Arten von Aufgaben in einem meist festgelegten zeitlichen Umfang und zur Einhaltung betrieblicher Regelungen verpflichtet, die ihnen vom Arbeitgeber und seinen Weisungsbeauftragten, d. h. seinen Führungskräften, mitgeteilt werden. Dafür erhalten sie ein Entgelt und ggf. noch weitere vertraglich festgelegte Gegenleistungen, wie eine betriebliche Altersrente oder einen Firmenwagen. Neben dem juristischen und wirtschaftlichen Aspekt dieses Vertrags- und Austauschverhältnisses gibt es jedoch auch eine psychologische Betrachtungsperspektive. Bezogen auf den Arbeitsvertrag sind in psychologischer Hinsicht die wechselseitigen expliziten und impliziten Erwartungen und wahrgenommenen Verpflichtungen interessant, die als psychologischer Kontrakt das Verhalten beeinflussen. In Hinblick auf die Interaktion zwischen Führungskräften und Mitarbeitern interessiert, wie diese Einflussnahme erfolgt.

Die Analyse der Interaktionsprozesse in Unternehmen zeigt, dass Macht und Einfluss ungleich verteilt sind und nicht immer der formalen und juristisch festgelegten Weisungsbefugnis entsprechen. Im Sinne des oben beschriebenen Führungsverständnisses wäre es also verkürzt, wenn man Führung nur als Einflussnahme des Vorgesetzten auf das Mitarbeiterverhalten begreifen würde. Vielmehr können Mitarbeiter auch Vorgesetzte (Führung von unten) und sich gegenseitig absichtlich und zielgerichtet beeinflussen (laterale Führung) sowie ihr eigenes Verhalten verändern (Selbstführung oder Selbststeuerung), um ihre Arbeitsaufgaben und die Ziele ihrer Organisation bzw. ihres Bereichs zu erfüllen. Die oben angesprochene Lenkung des Mitarbeiterverhaltens durch arbeitsvertragliche und betriebliche Regelungen weist darüber hinaus auf die Bedeutung apersonaler Führungsformen hin. Neben betrieblichen Regelungen, Vorschriften und Arbeitsstandards zielt eine Vielzahl von Maßnahmen des Personalmanagements auf eine zielgerichtete Verhaltensbeeinflussung, etwa im Rahmen der Personalauswahl und -entwicklung oder Gestaltung

von Anreiz- und Belohnungssystemen. Ähnliches gilt für Entscheidungen der Unternehmensführung bezüglich der Bereitstellung von Ressourcen und der Art der Aufgaben-, Organisations- und Technikgestaltung.

Der wesentliche Nachteil eines solch breit gefassten Konzepts verteilter Führung ist jedoch, dass eine Abgrenzung des Begriffs schwer fällt. Im Prinzip lassen sich alle Strukturen und Prozesse in einer Organisation aus der Führungsperspektive analysieren. Im Folgenden soll daher der Aspekt personaler Führung näher betrachtet werden.

Personale Führung

Die Forschung zur personalen Führung beschäftigt sich im Wesentlichen mit zwei Fragebereichen:

1. Welche Merkmale unterscheiden Führungspersonen und Geführte bzw. erfolgreiche und nicht erfolgreiche Führungspersonen?
2. Wie führt man erfolgreich?

Von Beginn an stellte sich die Führungsforschung die Frage, welche Eigenschaften oder Kompetenzen Führungspersonen und Geführte bzw. erfolgreiche und nicht erfolgreiche Führungspersonen unterscheiden. Personalistische Führungsansätze versuchen diese Frage vor allem durch die Analyse von Tests, von biographischen Daten oder durch Fallstudien zu beantworten. Es zeigte sich jedoch, dass Eigenschaften, wie Intelligenz oder Selbstvertrauen, oder Kompetenzen für den Führungserfolg, wie soziale Kontakte herstellen und halten zu können, weniger notwendige oder hinreichende Bedingungen sind als vielmehr förderliche Faktoren, die die Wahrscheinlichkeit erhöhen, dass sich jemand zur Führungsperson entwickelt und erfolgreich führt.

Die Frage, wie man erfolgreich führt, lenkte die Aufmerksamkeit der Forschung auf die Analyse des Führungsverhaltens. Über Tagebuchstudien und Beobachtungen wurden die Tätigkeiten von Führungskräften untersucht. Es stellte sich heraus, dass Führungskräfte die meiste Zeit damit verbringen, mit anderen zu kommunizieren, und die einzelnen Tätigkeiten selten länger als drei Minuten dauern. Ferner wurde versucht, **Führungsstile**, wie z. B. den autoritären oder kooperativen Führungsstil, als idealtypische, zeitlich überdauernde und häufig einsetzende Verhaltensmuster zu charakterisieren sowie grundlegende Dimensionen realen Führungsverhaltens zu identifizieren.

Studien, die Fragebogen zur Erfassung des Führungsverhaltens einsetzten, ergaben zwei **Dimensionen des Führungsverhaltens** aus der Sicht der von ihnen Geführten (Fleishman, 1973):

- Aufgabenorientierung (»initiating structure«) und
- Mitarbeiterorientierung (»consideration«).

Die Dimension Aufgabenorientierung beschreibt dabei Verhaltensweisen des Vorgesetzten: Ziele klären, sich darum kümmern, ob Aufgaben erledigt werden, Mitarbeiter zur Leistung anspornen. Der Faktor Mitarbeiterorientierung beschreibt, inwieweit sich ein Vorgesetzter um seine Mitarbeiter kümmert, sie wertschätzt, offen und zugänglich ist. Beide Dimensionen erfassen somit eine Vielzahl von Aspekten, die sich in Abhängigkeit von der Hierarchiestufe der Befragten bei Faktoranalysen auch in einer größeren Zahl von Dimensionen niederschlagen. Die nur mäßige Korrelation zwischen den Selbsteinschätzungen von Führungskräften und Fremdeinschätzungen durch die von ihnen Geführten mag jedoch nicht nur die unterschiedliche Urteilsdifferenzierung widerspiegeln, sondern dürfte insbesondere darauf zurückzuführen sein, dass ein Vorgesetzter nicht jeden Mitarbeiter gleich behandelt und umgekehrt, und jeder Mitarbeiter das jeweilige Vorgesetztenverhalten auch anders wahrnimmt. Vergleicht man Selbst- und Fremdbeurteilungen von Führungskräften, wie dies etwa bei der 360-Grad-Beurteilung geschieht, gilt es insbesondere den letztgenannten Aspekt zu beachten, dass Wahrnehmungen von Verhaltensweisen verglichen werden, die nicht nur durch das Vorgesetztenverhalten, sondern auch durch Merkmale des Beurteilers beeinflusst werden (Nachreiner, 1978).

In der jüngeren Forschung entwickelte sich eine neue Betrachtungsperspektive des Führungsverhaltens: Es wurde analysiert, inwieweit Führungspersonen in der Lage sind, Mitarbeiter als **transformationale Führer** durch ihr Charisma, durch Inspiration, individuelle Hinwendung und intellektuelle Stimulierung zu außergewöhnlichen Leistungen zu motivieren, oder ob sie als **transaktionale Führer** die Leistung und Gefolgschaft ihrer Mitarbeiter durch das Prinzip Leistung durch Gegenleistung erreichen. Es zeigte sich, dass transformationales Führungsverhalten einen zusätzlichen Beitrag zur Erklärung von Führungserfolg leistet, der über das hinausgeht, was durch Mitarbeiter- und Aufgabenorientierung erklärt werden kann, während dies für transaktionale Verhaltensweisen nicht zutrifft (Bass, 1999).

Diese Forschungsansätze zum Führungsverhalten wurden vor allem dahin gehend kritisiert, dass sie Dispositio-

nen, Kompetenzen und Verhalten der Geführten sowie situative Rahmenbedingungen nicht berücksichtigen. In der Folge wurden verschiedene Führungstheorien vorgeschlagen, die durch eine Klassifikation situativer Bedingungen aufzuzeigen versuchten, in welcher Situation man wie führen sollte, um erfolgreich zu sein. Eines dieser **situativen Führungsmodelle** ist das empirisch recht gut bewährte Entscheidungsbaummodell (Vroom & Jago, 1988), das auf die Frage fokussiert, wann man eher autoritär oder eher partizipativ bzw. durch Delegation führen sollte, um erfolgreich zu sein. Um hierauf eine Antwort zu erhalten, müssen Führungskräfte einen Fragenalgorithmus bearbeiten, bei dem beispielsweise gefragt wird, ob die Qualität der Entscheidung bedeutsam ist, ob die Führungskraft über genügend Informationen verfügt, ob es wichtig ist, dass die Betroffenen die Entscheidung akzeptieren, ob sie sie auch bei einer Alleinentscheidung des Vorgesetzten akzeptieren und ob aus der Entscheidung Konflikte resultieren können. Die in dem Modell unterstellte Programmierbarkeit der Führungsentscheidung vereinfacht die Realität jedoch sehr stark. Andere situative Ansätze vermochten ihren theoretischen Anspruch, erfolgreiches Führungsverhalten nach Situationsmerkmalen zu differenzieren, weit weniger oder gar nicht empirisch zu belegen (Vroom, 2000).

Die angesprochenen Konzepte der Partizipation und Delegation sollen im Folgenden noch einmal aufgegriffen werden, da sie sich auch aus der Perspektive apersonaler Führung und der Selbstführung der Mitarbeiter betrachten lassen.

Partizipation und Delegation

Partizipation und Delegation sind zentrale Konzepte der Arbeits- und Organisationspsychologie: Neben der Analyse der Voraussetzungen und Auswirkungen partizipativer bzw. delegativer Führung gelten sie als wesentliche Prinzipien qualifizierender (Frei et al., 1993) und motivierender Arbeitsgestaltung (Hackman & Oldham, 1980) und der Organisationsentwicklung (Porras & Robertson, 1992). In diesen Forschungsfeldern finden sich vielfältige Verbindungen zu verwandten Konzepten wie Autonomie, Handlungsspielraum, Kontrolle oder Selbstregulation. Unter **Delegation** wird die Übertragung von Zuständigkeiten, Leistungen, Befugnissen und Entscheidungskompetenzen verstanden, unter **Partizipation** die Teilhabe, Teilnahme oder Beteiligung an Problemlösungs- und Entscheidungsprozessen (Leana, 1987).

Die Beteiligung von Mitarbeitern an Problemlösungen und Entscheidungen kann aufgrund kognitiver und motivationaler Prozesse sowohl zu größerer Leistung, z. B. höherer Produktivität, Entscheidungs- und Produktqualität, als auch zu höherer Arbeitsmoral, Arbeitszufriedenheit und zu weniger Fluktuation, Abwesenheit und Konflikten führen (Locke & Schweiger, 1979; Wegge, 2004). Aus kognitiver Perspektive führt Partizipation zu Leistungssteigerungen, weil sich der Informationsfluss von unten nach oben verbessert, das Wissen der Mitarbeiter besser genutzt wird und sich deren Problem- bzw. Arbeitsverständnis erhöht, d. h. sie kennen Ziele, Arbeitsmethoden und die Hintergründe von Entscheidungen genauer. Sie können dadurch vor allem bei komplexen Aufgaben angemessenere Bearbeitungsstrategien und Handlungsschemata entwickeln, die es ihnen erlauben, frühzeitig (antizipativ) und adäquat auf unerwartete Störungen oder veränderte Rahmenbedingungen zu reagieren, ohne ständig Rücksprache mit dem Vorgesetzten nehmen zu müssen. Damit sind auch wesentliche Voraussetzungen der »Selbstführung« und für die effektive Delegation von Aufgaben mit Planungs-, Entscheidungs- und Kontrollkompetenzen gegeben.

Durch motivationale Wirkungsmechanismen können positive Arbeitseinstellungen, Emotionen und Leistungssteigerungen aufgrund der Beteiligung von Mitarbeitern an Problemlösungen und Entscheidungen erklärt werden. Positive Arbeitseinstellungen, wie eine hohe Arbeitszufriedenheit, Arbeitsmoral und Vertrauen in den Vorgesetzten, sowie Emotionen, wie etwa Stolz auf das eigene Team, entstehen, wenn die Beteiligung von Mitarbeitern deren Bedürfnisse nach Einfluss und Kontrolle unmittelbar befriedigt. Wahrgenommene Kontrolle fördert wiederum die Akzeptanz von Entscheidungen und Zielen und damit letztlich die Leistung. So führen partizipative Zielvereinbarungen zu einer größeren Zielbindung und diese wiederum zu einer höheren Leistung als Zielvorgaben. Durch die Einbeziehung der Mitarbeiter werden auch die Ziele, die damit verbundenen Anreize und Wege, wie sie erreicht werden können, klarer. Dadurch erhöht sich für Mitarbeiter die Wahrscheinlichkeit wertgeschätzte Handlungsergebnisse zu erreichen, was ihre Motivation und Leistung steigert.

Als wesentliche Voraussetzungen für leistungssteigernde Effekte einer Mitarbeiterbeteiligung können, neben der Mitarbeiterqualifikation, deren Bereitschaft zur Verantwortungsübernahme und die Partizipations- bzw. Delegationsbereitschaft von Führungskräften angeführt werden. Damit stellt sich die Frage, wie solche und andere Veränderungen in Organisationen erfolgreich umgesetzt werden können. Im folgenden Abschnitt soll auf diese Fragen näher eingegangen werden.

52.3.3 Organisationsdiagnose und Organisationsentwicklung

Unternehmen mussten sich schon immer an wechselnde Umgebungsbedingungen anpassen. Aufgrund der immer schneller werdenden technologischen Entwicklung und des zunehmenden internationalen Wettbewerbs verschärft sich die Notwendigkeit von Veränderungen jedoch deutlich. Dies führt dazu, dass auch die Nachfrage nach Organisationsentwicklungsmaßnahmen und »change management« steigt.

Unter **Organisationsentwicklung** oder Change Management werden absichtliche Maßnahmen zur Veränderung von Organisationen verstanden, um bestimmte Ziele zu erreichen. Change Management und Organisationsentwicklung werden definiert als die Anwendung von geplanten verhaltenswissenschaftlich basierten Interventionen, um die Effektivität von Organisationen zu verbessern (Porras & Robertson, 1992). Die Effektivität von Organisationen wird dabei im Sinne eines Interessengruppenansatzes verstanden, d. h., die Ziele der verschiedenen Interessengruppen innerhalb und außerhalb einer Organisation müssen erfüllt werden. Die wichtigsten Interessengruppen sind die Eigentümer, Kapitalgeber, Kunden und Mitarbeiter eines Unternehmens.

Trotz der zunehmenden Notwendigkeit organisationaler Veränderungen scheinen diese häufig nicht erfolgreich zu verlaufen. Einschlägige Übersichtsarbeiten berichten, dass weniger als 40% der Veränderungsprojekte erfolgreich verlaufen (Porras & Robertson, 1992). Dies wirft die Frage auf, was die Ursachen für das Scheitern dieser Vorhaben sind. Sind die Maßnahmen zur Lösung der spezifischen Probleme oder zur Erreichung der angestrebten Ziele ungeeignet? Werden sie nicht angemessen umgesetzt? Werden wichtige Rahmenbedingungen nicht beachtet? Werden die Veränderungen nicht ausreichend stabilisiert und gehen dadurch wieder verloren? Ein wichtiger Erfolgsfaktor von Veränderungsmaßnahmen ist die angemessene Definition der Ausgangssituation, d. h. die Organisationsdiagnose, die im Folgenden näher dargestellt wird.

Organisationsdiagnose

Eine **Organisationsdiagnose** ist die systematische Untersuchung des Gesamtzustandes einer Organisation, um Probleme und mögliche Lösungsansätze aufzuzeigen.

Organisationsdiagnose und -entwicklung sind eng miteinander verwoben. Zum Beispiel kann bereits die Durchführung einer Befragung in einer Organisation als Intervention verstanden werden, da sie die Aufmerksamkeit der Befragten auf die Frageninhalte lenkt, Reflexionsprozesse auslöst und zu verändertem Verhalten führen kann. Eine der bekanntesten Interventionstechniken, die Survey-Feedback-Methode, nutzt diesen engen Zusammenhang, indem sie die Phasen Befragung, Rückmeldung der Ergebnisse und Maßnahmenplanung systematisch verschränkt (☐ Abb. 52.5).

In einer Organisationsdiagnose werden jedoch nicht nur Befragungen eingesetzt, sondern Umfang und Methoden sollten entsprechend der Zielsetzung ausgewählt werden. Aufgrund der komplexen Zusammenhänge in Organisationen empfiehlt sich jedoch in der Regel eine umfassendere Analyse, um diese Zusammenhänge angemessen analysieren zu können.

Hierfür kann das Vorgehen der soziotechnischen Systemanalyse oder ihre Weiterentwicklung in der Mensch-Technik-Organisations-(MTO-)Analyse genutzt werden (Ulich, 2001).

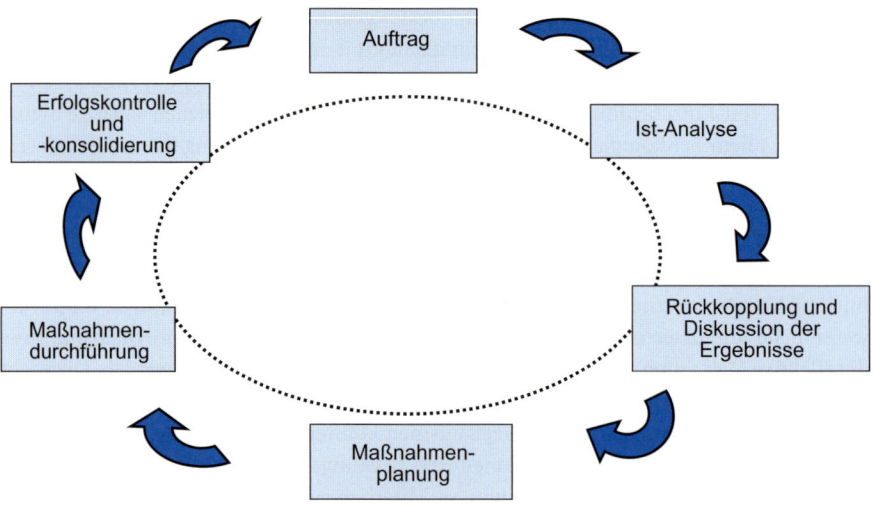

Abb. 52.5. Die Survey-Feedback-Methode

Soziotechnische Systemanalyse

Die soziotechnische Systemanalyse besteht aus neun Schritten (Ulich, 2001):

1. **Grobanalyse**: Überblick über die wichtigsten Merkmale des Unternehmens und seiner Umwelt. Organisationsziele, -struktur, Layout, Input, Produktionsprozesse, Output und Hauptprobleme sind zu skizzieren.
2. **Arbeitsablaufanalyse**: Es sind die wichtigsten Arbeitsabläufe und Prozesse im Unternehmen zu identifizieren, da sie für die Effektivität von zentraler Bedeutung sind.
3. **Schwachstellenanalyse**: Technische Schwankungen und Störungen im Produktionsprozess und deren Ursachen sowie bisherige Problemlösungsversuche sind zu analysieren.
4. **Analyse des sozialen Systems**: Probleme in der Organisationsstruktur, der horizontalen und vertikalen Zusammenarbeit und Kommunikation der Beschäftigten sowie deren Qualifikationen, Einstellungen und Erwartungen werden analysiert. Wechsel-

wirkungen zwischen technischem und sozialem System sind dabei zu beachten.
5. **Rollenwahrnehmung der Mitarbeiter** findet vertiefte Beachtung, da sie für die Effektivität des sozialen Systems von zentraler Bedeutung ist.

Ferner wird der **Einfluss »externer« Systeme** auf das Produktionssystem analysiert.

6. **Instandhaltungssystem**: Hier wird nach Problemen gesucht, die sich aus der Organisation und Durchführung von Wartungs- und Instandhaltungsaufgaben ergeben.
7. **Zulieferer- und Abnehmersystem**: Problemanalyse des gesamten Logistikprozesses vom Zulieferer bis zum Kunden.
8. **Unternehmenspolitik und -planung**: Auswirkungen der Unternehmensziele und -strategie auf das soziotechnische System.
9. **Partizipative Erarbeitung von Gestaltungsvorschlägen** zur Lösung der identifizierten Probleme.

Organisationsentwicklung – Prozesstheorien

Bei der Organisationsentwicklung unterscheiden Porras und Robertson (1992) zwischen Prozess- und Implementationstheorien. Prozesstheorien versuchen Ursachen und Wirkungsprozesse von organisationalen Veränderungen zu erklären, d. h. welche Faktoren Veränderungen verursachen, welche Variablen die Wirkungen vermitteln oder moderieren.

Um organisationale Veränderungen zu erklären, entwickeln Porras und Robertson (1992) ein Rahmenmodell, dessen Kernannahme ist, dass nachhaltige Veränderungen in Organisationen ein verändertes Verhalten der Organisationsmitglieder voraussetzen. Um individuelles Verhalten verändern zu können, muss man jedoch zunächst die individuellen Kognitionen der Mitarbeiter verändern, die deren

Verhalten steuern. Dahinter steht die Überlegung, dass Organisationsmitglieder ihre Umwelt wahrnehmen und Überzeugungen entwickeln, welches Verhalten von ihnen erwartet und belohnt wird. Diese Überzeugungen und ihre Bedürfnisse, Einstellungen und Ziele beeinflussen dann ihr Handeln. Ähnliche Überlegungen, was den zentralen Stellenwert von Kognitionen bzw. subjektiven Theorien über organisationale Arbeits- und Veränderungsprozesse für Lern- und Veränderungsprozesse in Organisationen anbelangt, finden sich auch in Theorien organisationalen Lernens. Diese Ansätze vermuten darüber hinaus, dass nachhaltige Veränderungen in Organisationen eine Veränderung der gemeinsam geteilten Kognitionen und grundlegenden Werte und Überzeugungen und damit der Organisationskultur voraussetzen (Argyris & Schön, 1978).

Organisationskultur ist das Muster der Grundannahmen, die eine bestimmte Gruppe erfunden, entdeckt oder entwickelt hat, indem sie gelernt hat, ihre Probleme externer Anpassung und interner Integration zu bewältigen. Diese Grundannahmen müssen sich so weit bewährt haben, dass sie als gültig betrachtet werden können, und deshalb neuen Mitgliedern als richtige Haltung gelehrt werden sollen, mit der sie im Hinblick auf die genannten Probleme wahrnehmen, denken und fühlen sollen (Schein, 1985).

Unabhängige Variablen in Prozessmodellen sind die Organisationsentwicklungsmaßnahmen, die bei den Interventionstheorien näher dargestellt werden. Abhängige Variablen in Prozessmodellen der Organisationsentwicklung sind verschiedene Auswirkungen auf individueller, wie z. B. Arbeitszufriedenheit oder Bindung an die Organisation, oder organisationaler Ebene, wie z. B. Produktivität oder Qualität.

Als vermittelnde Wirkungsvariablen können die Motivation der Organisationsmitglieder, ihr sozialer Einfluss und Merkmale der Person oder Lernprozesse angesehen werden. Zum Teil werden diese Variablen auch als Moderatoren betrachtet, d. h. je nachdem welche Ausprägung sie haben, kann mit mehr oder weniger erfolgreichen Veränderungen gerechnet werden. Wichtige moderierende Variablen sind die Art der Informationsgewinnung und -weitergabe, also beispielsweise inwieweit die in der Organisationsdiagnose gewonnenen Daten als zutreffend und relevant angesehen wurden, oder inwieweit die Betroffenen an der Datenerhebung und Diskussion beteiligt waren. Ferner inwieweit die Organisationsmitglieder bereit sind, sich auf Veränderungen einzulassen, was davon abhängt, inwieweit sie sich dazu in der Lage sehen, die Veränderungen erfolgreich zu gestalten, diese Veränderungen als notwendig ansehen und sie auch wünschen, und welche Anreize für eine Veränderung sie wahrnehmen. Weiter sind soziale Einflussfaktoren bedeutsam, beispielsweise wie sicher sich die Organisationsmitglieder fühlen, wie sie unterstützt werden, wie sich das Management verhält, wie es kommuniziert und die Mitarbeiter überzeugt.

Zur Beschreibung des Veränderungsprozesses kann das Phasenmodell von Lewin (1951) herangezogen werden, das drei Phasen der Veränderung unterscheidet: eine Auftau-, eine Veränderungs- und eine Stabilisierungsphase. Um in der Auftauphase Veränderungsbereitschaft zu erzeugen, müssen die Mitarbeiter überzeugt werden, dass eine Veränderung notwendig ist, es muss ihnen klar gemacht werden, welche Veränderungen von ihnen erwartet werden und welche Folgen dies für sie hat. Veränderungen können durch Gruppendruck und durch die Verstärkung der gewünschten Verhaltensweisen erreicht werden. Um diese neuen Überzeugungen und Verhaltensweisen zu stabilisieren, müssen ein gemeinsamer Wertekonsens erreicht und unterstützende Strukturen geschaffen werden.

Organisationsdiagnose und -entwicklung am Beispiel der Flexibilisierung einer Blechteilefertigung

Ausgangssituation bzw. Auftrag. Der Leiter einer Blechteilefertigung, die als interner Zulieferer für die Montage von Bussen fungiert, erhält von der Werkleitung den Auftrag die Wettbewerbsfähigkeit seines Bereichs zu verbessern. Technische Investitionen scheiden aus finanziellen Gründen aus. Die Arbeitsorganisation soll durch die Einführung von Gruppenarbeit verbessert werden. Mit den Mitarbeitern wird als Ziel vereinbart, Prozesse zu verbessern und nicht die Vorgabezeiten zu reduzieren. Ein Wissenschaftlerteam wird mit der Prozessbegleitung und Evaluation beauftragt.

Schaffung von Projektstrukturen. Ein Projektteam, geleitet vom Leiter des Bereichs, wird gebildet, in dem alle Hierarchieebenen, Betriebsrat, Weiterbildung, die Arbeitswirtschaft und das Wissenschaftlerteam vertreten sind. Fachabteilungen werden nach Bedarf eingeladen.

Organisationsdiagnose. Die Führungskräfte und die zuständigen Fachabteilungen analysieren den wirtschaftlichen Leistungsstand des Bereichs (z. B. Produktivität, Schnittstellen im Logistikprozess, Durchlaufzeiten, Nacharbeit). Die Mitarbeiter sammeln in Kleingruppen Stärken und Probleme ihrer Produktion. Ihre Erwartungen an das Projekt werden vom Wissenschaftlerteam in Interviews erfasst und im Projektteam und Kleingruppen den Mitarbeitern präsentiert; auf dieser Grundlage werden Prioritäten gesetzt, Ziele und Verantwortliche vereinbart.

Maßnahmenentwicklung und Umsetzung. Im Projektteam und verschiedenen Subteams werden Problemlösungen entwickelt. Beispiele: Gruppenbildung und Integration indirekter Aufgaben (z. B. Arbeitseinteilung, Selbstprüfung, werkstattbasierte Konstruktion); partizipative Neugestaltung des Arbeitsbewertungs- und Entgeltsystems; Klärung der Erwartungen und Rollen von Mitarbeitern, Gruppensprechern, Meistern, Bereichsleitung und Fachabteilungen im Rahmen von Workshops; Durchführung von Schulungen zu fachlichen Kompetenzen (z. B. Maschinenbedienung zur Einsatzflexibilisierung, Selbstprüfung, werkstattbasierte Konstruktion) und methodischen und sozialen Kompetenzen (Gruppensprecher- und Führungskräfteschulung).

Kontrolle. Der Projektfortschritt wird durch das Projektteam kontrolliert. Die Beurteilung des Projekts durch die Beteiligten wird vom Wissenschaftlerteam durch Interviews und Fragebogen sowie teilnehmende Beobachtung erfasst. Die Ergebnisse werden der Werkleitung als Auftraggeber, dem Betriebsrat und allen Projektbeteiligten berichtet und zur Reflexion und Optimierung des Umsetzungsprozesses genutzt.

Organisationsentwicklung – Implementierungsansätze

Implementationstheorien beschäftigen sich damit, welche Strategien, Prozeduren und Techniken eingesetzt werden sollten, um erfolgreiche Veränderungen zu bewirken. Interventionen, um Veränderungen in Organisationen zu bewirken, werden häufig danach unterschieden, ob sie primär technisch-strukturelle oder human-prozessurale Aspekte betonen (French & Bell, 1999). Beispielsweise sind technisch-strukturelle Interventionen Veränderungen der Organisationsstruktur, der Arbeitsgestaltung, des Fabrik-Layouts oder des Informations- oder Belohnungssystems, wie sie etwa im Zusammenhang mit Modellen der Gruppenarbeit oben dargestellt wurden.

Beispiele für human-prozessurale Interventionen sind alle Arten der Personalauswahl und -entwicklung. Sie können danach differenziert werden, ob sie eher auf individuelle Kompetenzen und Verhaltensweisen fokussieren, wie z. B. klassische Führungstrainings, oder ob sie eher auf die Veränderung der sozialen Beziehungen in oder zwischen Teams zielen, wie z. B. Teamentwicklungsmaßnahmen.

Allgemeine Ablaufmodelle dieser Interventionen sehen meist fünf idealtypische Schritte vor:

1. Kontaktaufnahme, Auftragsklärung und Beauftragung;
2. Organisationsdiagnose und Formulierung eines Idealmodells;
3. Entscheidung über spezifische Maßnahmen und deren Planung;
4. Umsetzung der Maßnahmen;
5. Evaluation der Maßnahmen und Stabilisierung der Veränderung.

Je nachdem, wo Organisationsentwicklungsmaßnahmen ansetzen, werden unterschiedliche Strategien unterschieden. Am bekanntesten sind die Top-down-, Bottom-up- und die bipolare Strategie. Bei der **Top-down-Strategie** beginnt man mit den Maßnahmen bei der Unternehmensleitung, da dort die entscheidenden Machtträger in einer Organisation sind, ihre Unterstützung für Veränderungen notwendig ist und ihr Verhalten als Modell und Vorbild für die Mitarbeiter dienen kann. Diese Strategie birgt jedoch die Gefahr, dass sich die Mitarbeiter nicht beteiligt fühlen, misstrauisch sind und sich dann auch nicht am Prozess beteiligen.

Die **Bottom-up-Strategie** wählt daher die umgekehrte Vorgehensweise und setzt an der Basis an, um deren Erwartungen, Wünsche und Vorschläge aufzugreifen nach dem Motto, dort, wo die Probleme auftreten, sollen sie von den Betroffenen auch selbst gelöst werden. Dies setzt jedoch voraus, dass die Führung bereit ist, Macht abzugeben oder sich zumindest von Maßnahmen überzeugen zu lassen, und die Mitarbeiter ihre Vorschläge auch überzeugend vorbringen können.

Die **bipolare Strategie** versucht die Vorteile der Top-down- und Bottom-up-Strategie zu verbinden und zeitgleich Maßnahmen bei der Unternehmensleitung und an der Basis zu initiieren. Da in diesem Fall die mittlere Führungsebene gewissermaßen in die Zange genommen wird, könnte sich hier Widerstand formieren.

Die ideale Strategie scheint es damit nicht zu geben, sondern vielmehr muss man sich in einer konkreten Situation für die in dieser Situation vermutlich angemessenste Vorgehensweise entscheiden. Um die Risiken einer Veränderungsmaßnahme zu begrenzen, bietet es sich an, sofern möglich, Veränderungsprojekte zunächst auf bestimmte Organisationseinheiten zu begrenzen, um die Maßnahmen und ihre Auswirkungen zu erproben, und dann schrittweise weitere Bereiche einzubeziehen.

Als wichtige Erfolgsfaktoren für erfolgreiche Organisationsentwicklungsprojekte zeigen sich in den vorliegenden Studien (Porras & Robertson, 1992) durchgängig:
- die Beteiligung der Mitarbeiter am Veränderungsprozess,
- der Wunsch nach Veränderungen und entsprechende Einstellungen, wie die Bereitschaft von bestehenden Regeln abzuweichen und Risiken einzugehen, sowie
- ein Klima hohen Vertrauens.

Zur nachhaltigen Implementierung organisationaler Veränderungen empfiehlt es sich, ausgehend von einer sorgfältigen Organisationsdiagnose, mit den Betroffenen Vorgehensweisen und Maßnahmen zu entwickeln, in Pilotprojekten zu erproben und schrittweise in weiteren Unternehmensbereichen umzusetzen. Die Verantwortung für die Entwicklung und Umsetzung der inhaltlichen Problemlösung liegt damit bei den Betroffenen und nicht beim Berater. Dessen Aufgabe als (psychologischer) Prozessberater ist es, im Unterschied zu einer inhaltlichen Expertenberatung, primär Hilfe zur Selbsthilfe zu leisten und die Kompetenzen der Beteiligten zu entwickeln, den Veränderungsprozess eigenverantwortlich und erfolgreich zu gestalten.

Literatur

Referenzliteratur

Frieling, E. & Sonntag, K. (1999). *Arbeitspsychologie*. Bern: Huber.
Gebert, D. & Rosenstiel, L. von (1996). *Organisationspsychologie*. Stuttgart: Kohlhammer.
Hacker, W. (1998). *Allgemeine Arbeitspsychologie: Psychische Regulation von Arbeitstätigkeiten*. Bern: Huber.
Schuler, H. (2001). *Lehrbuch der Personalpsychologie*. Göttingen: Hogrefe.
Schuler, H. (2004). *Lehrbuch Organisationspsychologie*. Bern: Huber.
Ulich, E. (2001). *Arbeitspsychologie*. Stuttgart: Schäffer-Poeschel.
Weinert, A. (1998). *Organisationspsychologie*. Weinheim: Beltz Psychologie Verlags Union.

Zitierte Literatur

Antoni, C.H. (1990). *Qualitätszirkel als Modell partizipativer Gruppenarbeit. Analyse der Möglichkeiten und Grenzen aus der Sicht betroffener Mitarbeiter*. Bern: Huber.

Antoni, C.H. (1996). *Teilautonome Arbeitsgruppen. Ein Königsweg zu mehr Produktivität und einer menschengerechten Arbeit?* Weinheim: Psychologie Verlags Union.

Antoni, C.H. (2000). *Teamarbeit gestalten. Grundlagen, Analysen, Lösungen.* Weinheim: Beltz.

Antoni, C.H., Eyer, E. & Kutscher, J. (1996). *Das flexible Unternehmen. Arbeitszeit, Gruppenarbeit, Entgeltsysteme.* Wiesbaden: Gabler.

Argyris, C. & Schön, D. (1978). *Organizational learnings: a theory of action perspective.* Reading, MA: Addison Wesley.

Bass, B.M. (1999). Two decades of research and development in transformational leadership. *European Journal of Work and Organizational Psychology, 8,* 9–32.

Brodbeck, F. & Maier, G.W. (2001). Das Teamklima-Inventar (TKI) für Innovation in Gruppen: Psychometrische Überprüfung an einer deutschen Stichprobe. *Zeitschrift für Arbeits- und Organisationspsychologie, 45,* 59–73.

DeMatteo, J.-S., Eby, L.T. & Sundstrom, E. (1998). Team-based rewards: current empirical evidence and directions for future research. In B.M. Staw, L.L. Cummings et al. (Eds.), *Research in organizational behavior* (Vol. 20, pp. 141–183). Greenwich, CT: Jai Press.

Fleishman, E.A. (1973). Twenty years of consideration and structure. In E.A. Fleishman & J.G. Hunt (Eds.), *Current developments in the study of leadership* (pp. 1–37). Carbondale: Southern Illinois University Press.

Frei, F., Hugentobler, M., Alioth, A., Duell, W. & Ruch, L. (1993). *Die kompetente Organisation: Qualifizierende Arbeitsgestaltung – die europäische Alternative.* Stuttgart: Schäffer-Poeschel.

French, W.L. & Bell, T.H. (1999). *Organizational development: behavioral science interventions for organizational improvements* (6th ed.). Englewood Cliffs, NJ: Prentice Hall.

Frieling, E. & Hoyos, C. Graf (1978). *Fragebogen zur Arbeitsanalyse (FAA): Deutsche Bearbeitung des Positions Analysis Questionnaire (PAQ).* Bern: Huber.

Griffin, M.A., Patterson, M.G. & West, M.A. (2001). Job satisfaction and teamwork: the role of supervisor support. *Journal of Organizational Behavior, 22,* 537–550.

Hackman, J.R. (1987). The design of work teams. In J.W. Lorsch (Ed.), *Handbook of organizational behavior* (pp. 315–342). Englewood Cliffs, NJ: Prentice Hall.

Hackman, J.R. & Oldham, G.R. (1980). *Work redesign.* Reading, MA: Addison Wesley.

Hofmann, L.M. & Regnet, E. (2003). *Innovative Weiterbildungskonzepte.* Göttingen: Hogrefe.

Jackson, S.E. (1996). The consequences of diversity in multi-disciplinary teams. In M.A. West (Ed.), *Work group psychology* (pp. 53–76). Chichester: Wiley.

Kleinmann, M. (1997). *Assessment Center: Stand der Forschung – Konsequenzen für die Praxis.* Göttingen: Hogrefe.

Lawler, E.E. (1971). *Pay and organizational effectiveness: a psychological view.* New York: McGraw-Hill.

Lawler, E.E. (1995). The new pay: a strategic approach. *Compensation and Benefits Review, 27,* 5–14.

Leana, C.R. (1987). Power relinquishment versus power sharing: theoretical clarification and empirical comparison of delegation and participation. *Journal of Applied Psychology, 72,* 228–233.

Leventhal, G.S. (1980). What should be done with equity theory? New approaches to the study of fairness in social relationships. In K.J. Gergen, M.S. Greenberg & R.H. Willis (Eds.), *Social exchange: advances in theory and research* (pp. 312–316). New York: Plenum Press.

Lewin, K. (1951). *Field theory in social science.* New York: Harper.

Locke, E.A. & Schweiger, D.M. (1979). Participation in decision-making: one more look. In B.M. Staw (Ed.), *Research in organizational behavior* (Vol. I, pp. 265–339). Greenwich: JAI Press.

Moser, K. & Schmook, R. (2001). Personalmarketing. In H. Schuler (Hrsg.), *Lehrbuch der Personalpsychologie* (S. 63–91). Göttingen: Hogrefe.

Nachreiner, F. (1978). *Die Messung des Führungsverhaltens: zur Validität von Fragebogen zur Beschreibung des Vorgesetztenverhaltens.* Bern: Huber.

Porras, J.I. & Robertson, P.J. (1992). Organizational development: theory, practice, and research. In M.D. Dunnette & L.M. Hough (Eds.), *Handbook of industrial and organizational psychology* (2nd ed., Vol. 3, pp. 719–822). Palo Alto: Consulting Psychologists Press.

Schein, E.H. (1985). *Organizational culture and leadership: a dynamic view.* San Francisco: Jossey Bass.

Schmook, R. (2001). Ausgliederung aus dem Berufsleben. In H. Schuler (Hrsg.), *Lehrbuch der Personalpsychologie* (S. 590–616). Göttingen: Hogrefe.

Schuler, H. (1998). *Psychologische Personalauswahl* (2. Aufl.). Göttingen: Hogrefe.

Semmer, N. & Udris, I. (2004). Bedeutung und Wirkung von Arbeit. In H. Schuler (Hrsg.), *Lehrbuch Organisationspsychologie* (S. 157–195). Bern: Huber.

Stout, R.J., Cannon-Bowers, J.A., Salas, E. & Milanovich, D.M. (1999). Planning, shared mental models, and coordinated performance: an empirical link is established. *Human Factors, 40,* 61–71.

Tschan, F. & Semmer, N. (2001). Wenn alle dasselbe denken: Geteilte Mentale Modelle und Leistung in der Teamarbeit. In R. Fisch, D. Beck & B. Englich (Hrsg.), *Projektgruppen in Organisationen: Praktische Erfahrungen und Erträge der Forschung* (S. 217–235). Göttingen: Hogrefe.

Ulich, E. (2001). *Arbeitspsychologie.* Stuttgart: Poeschel.

Vroom, V.H. (2000). Leadership and the decision-making process. *Organizational Dynamics, 28,* 82–94.

Vroom, V.H. & Jago, A.G. (1988). *The new leadership: managing participation in organizations.* Englewood Cliffs, NJ: Prentice Hall.

West, M.A. (1990). The social psychology of innovation in groups. In M.A. West & J.L. Farr (Eds.), *Innovation and creativity at work* (pp. 309–333). Chichester: Wiley.

Wegge, J. (2004). *Führung von Arbeitsgruppen.* Göttingen: Hogrefe.

53 Berufspsychologie und Berufseignungs-diagnostik

D. Klinck, R. Hilke

53.1 Skizzierung des Gegenstands-bereiches

Die Berufspsychologie (»vocational psychology«) fokussiert und erforscht zum einen die berufliche Entwicklung des Individuums unter dem Aspekt der Lebensspanne und zum anderen die Berufe aus psychologischer Sicht.

Obwohl ihr Gegenstandsbereich klar umrissen ist, wird die Berufspsychologie unterschiedlich eingeordnet. Sie wird einerseits als Spezialdisziplin angesehen und andererseits als Arbeitsgebiet der Arbeits- und Organisationspsychologie. Den größten »Überschneidungsbereich« hat sie mit der Personalpsychologie (»personnel psychology«; dazu ► Kap. 52), als deren Teilgebiet sie deshalb auch aufgefasst wird. Wie Schuler (2001) betont, konzentriert sich die Personalpsychologie auf die Betrachtung des Individuums in seinen Verhaltens-, Befindens-, Leistungs- und Entwicklungszusammenhängen, insbesondere in dessen Funktion als Mitarbeiter eines Unternehmens oder einer Verwaltungsorganisation. Die Berufspsychologie befasst sich demgegenüber mit dem Individuum auch außerhalb von Unternehmen und Verwaltungen, soweit Bezüge zur Arbeitswelt

bzw. zur Welt des Berufs gegeben sind. So fokussiert sie insbesondere die Wechselwirkungen zwischen Lebens- und Arbeitswelt des Individuums.

Die Berufspsychologie stellt bei ihrer Betrachtung der beruflichen Entwicklung die lebenslange individuelle Entwicklung in, für und durch die berufliche Arbeitstätigkeit in den Mittelpunkt. Mit Fragen der Vorbereitung auf die Berufstätigkeit, den Beruf, mit der Berufswahl und dem Eintritt in die Erwerbstätigkeit beschäftigt sie sich ebenso wie mit Fragen der beruflichen Weiterentwicklung, der Berufslaufbahn, mit erzwungenen Berufswechseln, seien sie arbeitsmarktbedingt oder aus Gründen der beruflichen Rehabilitation notwendig. Auch der Wechsel zwischen Beruf und Erwerbslosigkeit oder in den Ruhestand ist Forschungsgebiet der Berufspsychologie. Sie befasst sich dabei auch mit der subjektiven Bedeutung, die die Berufstätigkeit für das Individuum hat, den Werthaltungen und Einstellungen gegenüber Berufen und ihren Veränderungen in der Zeit bei gleichzeitiger Berücksichtigung interindividueller Unterschiede.

Die Beschäftigung mit den Berufen aus psychologischer Perspektive geschieht vor allem zu dem Zweck, die psychologisch bedeutsamen Aspekte von Anforderungen und Befriedigungsangeboten von Berufen sowie ihren Veränderungen im Zuge von Änderungen der Arbeits- und Berufswelt in Erfahrung zu bringen. Die entsprechenden Wissensbestände bilden die Grundlage der Berufseignungsdiagnostik. Die Berufseignungsdiagnostik benötigt zudem ein Wissen darüber, welche Charakteristika Personen aufweisen, die bevorzugt in bestimmten Berufen anzutreffen sind, wie sie in diese Berufe gekommen sind (Selbstselektion, Fremdselektion, Prägung) und aufgrund welcher Merkmale sie in den Berufen zufrieden und erfolgreich sind.

Wir beschäftigen uns nachfolgend schwerpunktmäßig mit der Berufseignungsdiagnostik, die sich auf die Wissensbestände der Berufspsychologie stützt und diese mit Hilfe der Verfahren der Berufseignungsdiagnostik in praktische Empfehlungen umsetzt. In der Bundesrepublik Deutschland beziehen sich diese Empfehlungen auf etwa 800 Berufe. Davon sind rund 400 sog. Ausbildungsberufe, rund 200 Berufe, zu denen man an Berufsfachschulen oder im öffentlichen Dienst ausgebildet wird, rund 100 berufsqualifizierende Studiengänge an Hochschulen und rund 100 Berufe ohne gesetzlich geregelten oder überhaupt ohne geregelten Ausbildungsgang. Da ein besonderer Nutzen der Berufseignungsdiagnostik in der Unterstützung von Berufswahl- und Berufslaufbahnentscheidungen zu sehen ist, wird zunächst ein kurzer Überblick zu Theorien der Berufswahl gegeben.

53.2 Wesentliche Theorien der Berufswahl

Es gibt nicht *die* Berufswahltheorie, die den komplexen Prozess der Berufswahl insgesamt schlüssig modellieren könnte, sondern eine Reihe unterschiedlicher Ansätze, die verschiedene Aspekte der Berufswahl fokussieren und zum Teil von verschiedenen Grundannahmen ausgehen.

53.2.1 Matching-Ansätze

Diesen Ansätzen liegt die Annahme zugrunde, dass eine Passung zwischen den Fähigkeiten der Person und den Anforderungen des Berufs sowie zwischen den Interessen bzw. Bedürfnissen der Person und den Befriedigungsmöglichkeiten des Berufs entscheidend für den Berufserfolg und die berufliche Zufriedenheit ist. Deshalb versuchen Personen im Berufswahlprozess den hinsichtlich beider Aspekte »passenden« Beruf zu finden. Dass die Höhe des kognitiven Fähigkeitsniveaus in Relation zum Anforderungsniveau des Berufs ganz entscheidend für die berufliche Leistungshöhe in allen Berufsbereichen ist, konnten die in jüngerer Zeit durchgeführten Metaanalysen zur Prognose des Berufserfolgs (z. B. Schmidt & Hunter, 1998) zeigen. Im Bereich

Passung der Interessen der Person zu den Befriedigungsmöglichkeiten des Berufs ist das bekannteste Modell das von Holland. Aufbauend auf diesem Modell sind eine Reihe von Berufsinteresseninventaren entwickelt worden (z. B. Holland et al., 1994; Jörin, Stoll, Bergmann & Eder, 2004). Dass die Passung zwischen Interessenstruktur der Person und Befriedigungsmöglichkeiten des Berufs die Berufswahl sowie die Berufszufriedenheit beeinflusst, konnte häufig gezeigt werden.

Ein Einwand, der gegen das Matching-Modell vorgebracht wird, ist die Statik dieses Schlüssel-Schloss-Modells, das die Dynamik der Veränderung von Person und Beruf nicht berücksichtigt.

53.2.2 Entwicklungstheoretische Ansätze

Entwicklungstheoretische Ansätze wie der von Super (1980) betonen das Prozesshafte der Berufswahl. Berufswahl ist danach keine punktuelle Entscheidung, sondern ein langwieriger psychosozialer alters- und reifungsabhängiger Entwicklungsprozess, der verschiedene Stadien durchläuft und dabei immer konkreter und realitätsbezogener wird. In jeder Entwicklungsphase sind bestimmte berufswahlbezogene Entwicklungsaufgaben zu bewältigen. Für die Berufsberatung impliziert dieser theoretische Ansatz zum einen, dass berufliche Beratung sich über einen längeren Zeitraum – mit unterschiedlichen Fokussierungen und Aufgabenstellungen – erstrecken muss, und zum anderen, dass man in Anbetracht der langjährigen Entwicklungsgeschichte beruflicher Einstellungen und Selbstkonzepte von einer nur begrenzten Wirksamkeit einer einzelnen beraterischen Intervention ausgehen muss.

53.2.3 Lerntheoretische Ansätze

Im Rahmen dieser Ansätze (z. B. von Krumboltz & Thoresen, 1976) wird die Berufswahl als Lernprozess betrachtet. Die aus der Lerntheorie bekannten Konzepte des Lernens wie Modelllernen oder instrumentelles Lernen werden auf den Gegenstandsbereich der Berufswahl angewandt (z. B. Präferenz für einen Beruf, den ein Freund gewählt hat, als Ergebnis von Modelllernen oder Herausbildung eines beruflichen Anspruchsniveaus durch positive Verstärkung der Eltern von entsprechenden Äußerungen und Verhaltensweisen). Der lerntheoretische Ansatz ist insofern praxisrelevant, als er Hinweise dafür gibt, wie erwünschte Verhaltensweisen bzw. Lernprozesse bei der Berufswahl systematisch aufgebaut und gefördert werden können (z. B. positive Verstärkung von berufswahlvorbereitenden Verhaltensweisen wie dem systematischen Sichinformieren über verschiedene Berufe).

53

53.2.4 Entscheidungstheoretische Ansätze

Diese konzeptualisieren die Berufswahl als Entscheidungssituation, in der das Individuum zwischen konkreten Alternativen auswählen muss. Wichtige Elemente bei Entscheidungen sind der Wert (Ausmaß an wahrgenommenem Nutzen), der mit den jeweiligen Handlungsalternativen und seinen Konsequenzen verbunden ist, und die subjektiv eingeschätzte Wahrscheinlichkeit, dass die gewählte Handlungsalternative auch tatsächlich zu den erwünschten Konsequenzen führt. So können die beruflichen Alternativen nach den verschiedensten Merkmalen hinsichtlich ihres erwarteten Nutzens bewertet werden. Die Alternative mit dem größten Gesamtnutzen sollte am ehesten präferiert werden. Für die Praxis sind diese Ansätze insofern nützlich, als sie aufzeigen, wie der Berufswahlprozess durch strukturierende und systematisierende Hilfsmittel an Rationalität gewinnen kann.

53.2.5 Neuere Ansätze

Von diesen sollen zwei herausgegriffen werden.

Das wertebasierte Modell der Berufs- und Karrierewahl

Brown (1995) rückt das individuelle, durch Interaktion mit anderen Menschen entwickelte Wertesystem der Person als eine berufswahlentscheidende Determinante in das Zentrum der Betrachtung und betont die Bedeutung hoch priorisierter Werte für die Berufswahlentscheidung. Für die Berufsberatung bedeutet dies die Forderung, den gesamten Lebenskontext einschließlich des Wertesystems der Person in die berufliche Beratung einzubeziehen.

Die »sozial-kognitive Perspektive« der beruflichen Interessen, Berufswahl und beruflichen Leistung

Gemäß Lent, Brown und Hackett (1994) bilden Personen besonders für diejenigen beruflichen Aktivitäten Interesse aus, bei denen sie sich kompetent fühlen (hohe Selbstwirksamkeitserwartung), und für die sie positiv bewertete Ergebnisse erwarten. Eine Belohnung dieser Aktivitäten führt zu höherer Selbstwirksamkeit und höheren Interessen. Die Interessen wiederum beeinflussen die Berufswahl. Die Leistungshöhe soll nach diesem Modell auch – neben den Fähigkeiten – von der aufgebauten Selbstwirksamkeitserwartung, die das Leistungsverhalten (Anstrengung) beeinflusst, abhängig sein. Dieses Modell zeigt Ansatzpunkte, wie man berufliche Interessen fördern kann, und weist darauf hin, dass Selbstwirksamkeitserwartungen in der beruflichen Beratung thematisiert werden sollten.

53.3 Eignung und Berufseignungsdiagnostik

53.3.1 Zum Eignungsbegriff

Die psychologische Berufseignungsdiagnostik hat sich vom Eignungsbegriff der traditionellen arbeits- und betriebspsychologischen Diagnostik gelöst, in der Eignung primär als Entsprechung zwischen den Anforderungen der Tätigkeit, des Berufs, und den Fähigkeiten, Fertigkeiten und Kenntnissen der Person gesehen wurde (Eckardt, 1979). Der traditionelle Eignungsbegriff ist immer noch sehr verbreitet, auch der Gesetzgeber verwendet beispielsweise im Sozialgesetzbuch III noch einen an diesem Verständnis ausgerichteten Eignungsbegriff. In der heutigen Berufseignungsdiagnostik versteht man unter Eignung sowohl den Aspekt »Eignung der Person für den Beruf« als auch den Aspekt »Eignung des Berufs für die Person« und berücksichtigt u. a. Bedürfnisse, Werthaltungen, Lebensziele und berufliche Interessen der Person. In Anlehnung an die von Eckardt und Schuler (1992) vorgeschlagene Definition kann eine Person dann für einen Beruf, eine berufliche Tätigkeit oder berufliche Position als geeignet bezeichnet werden, wenn

- die Person über die Merkmale verfügt, die Voraussetzung für die jeweils geforderte **berufliche Leistungshöhe** sind, und
- der Beruf, die berufliche Tätigkeit oder die berufliche Position die Merkmale aufweist, die Voraussetzung für die **berufliche Zufriedenheit** der Person sind.

Die Hauptzielkriterien berufliche Leistungshöhe und berufliche Zufriedenheit sind als idealisierte Begriffe zu verstehen. Durch das Wort »Haupt-« wird zum Ausdruck gebracht, dass der Eignungsbegriff für weitere Kriterien offen ist. Aus der Sicht des Arbeitgebers sind dies z. B. Altersaufbau und Bildungsschichtung der Beschäftigten, aus der Sicht der Person dagegen z. B. Erhalt der Gesundheit und berufliche Weiterentwicklung. Dem Kriterium berufliche Leistungshöhe wurde und wird in der Forschung als auch in der praktischen Anwendung sehr viel mehr Aufmerksamkeit zuteil als dem Kriterium berufliche Zufriedenheit. Beide Kriterien sind aber nicht ganz unabhängig voneinander: Bei starker Überforderung wird letztlich auch die Zufriedenheit leiden, selbst wenn der Beruf grundsätzlich viele Befriedigungsmöglichkeiten bieten würde. Ist das berufliche Befriedigungsangebot zu gering für eine Person, kann sich dies negativ auf die Leistung auswirken, auch wenn bei dieser Person grundsätzlich die erforderliche Leistungsfähigkeit gegeben ist.

Eignung darf nun nicht als »statisches Passen« von Person und Beruf begriffen werden, es ist vielmehr ein transaktionales Verhältnis, also ein wechselseitiges Sichbeeinflussen von Person und Umwelt, das Veränderungsvorgänge sowohl aufseiten der Person als auch aufseiten der Umwelt beinhaltet (vgl. Eckardt & Schuler, 1992).

Eine Eignungsaussage beinhaltet eine gedankliche Vorwegnahme einer möglichen Interaktion von Person und Beruf und damit eine sich zeitlich mehr oder weniger weit erstreckende Prognose. Die Prognose stützt sich in der Regel auf zwei Arten von Personmerkmalen: Merkmale, die die Person in entsprechender Ausprägung schon aufweist und die relativ stabil sind, sowie Merkmale, die sich regelhaft und damit vorhersagbar verändern. In der Berufspsychologie wird primär mit einem Stabilitätsbegriff gearbeitet, der durch das Ausmaß, in dem Individuen ihre relative Position innerhalb einer bestimmten Gruppe über einen Zeitraum hinweg behalten, operationalisiert ist (vgl. Schmidt & Hunter, 1998). In entsprechender Weise werden stabile Merkmale der Berufe und vorhersehbare Veränderungen beruflicher Umwelten bei der Erstellung der Prognosen berücksichtigt.

Auch wenn sich die Anforderungen in den Berufen ändern, hat dies nicht notwendigerweise zur Folge, dass die Personen in den relevanten Merkmalen höhere Ausprägungsgrade aufweisen müssen, um in den entsprechenden Berufen erfolgreich zu sein. Was in diesem Zusammenhang aber zu wenig beachtet wird, ist die Tatsache, dass sich die Berufe, insbesondere die Ausbildungsberufe, in ihren Anforderungen stark unterscheiden, obwohl sie als formale schulische Bildungsvoraussetzung alle den Hauptschulabschluss haben.

Das berufliche Bildungssystem in der Bundesrepublik Deutschland ist so gestaltet, dass eine Person in der Regel nur dann in einem Beruf tätig sein kann, wenn sie eine entsprechende Ausbildung durchlaufen hat. Aus diesem Grund darf sich die Beurteilung der beruflichen Eignung nicht nur auf die berufliche Tätigkeit beziehen, sie muss immer auch die Eignung für die jeweilige Ausbildung einbeziehen. Besonders bedeutsam sind die Unterschiede in den Anforderungen der Ausbildung und den Anforderungen der späteren Berufstätigkeit in einer Reihe von akademischen Berufen.

53.3.2 Funktionen der Berufseignungsdiagnostik

In Anlehnung an Pawlik (1976) lassen sich primäre und sekundäre Funktionen der Berufseignungsdiagnostik unterscheiden, je nachdem, ob durch Eignungsbeurteilungen Zuordnungs- oder Veränderungsentscheidungen gestützt werden. Unter dem Gesichtspunkt der Zuordnung haben wir es mit zwei Arten von Entscheidungssituationen zu tun. Die eine ist dadurch gekennzeichnet, dass eine Person sich aus einer Reihe von Arbeitsplätzen oder Berufen für einen bestimmten von ihnen entscheiden will bzw. muss (**individuelle berufliche Entscheidungen**). In der anderen Situation ist ausgehend von einem Beruf oder einer bestimmten Art von Arbeitsplatz die Entscheidung für eine Person oder für mehrere Personen aus einer Reihe von Personen zu treffen. Da solche Auswahlentscheidungen vornehmlich von Betrieben, Verwaltungen und Institutionen getroffen werden, spricht man hier von **institutionellen Auswahlentscheidungen**. Im ersten Fall werden Eignungsbeurteilungen als berufswahl- und berufslaufbahnunterstützend bezeichnet und im zweiten Fall als auswahlunterstützend.

Es hängt von den Zielsetzungen ab, die in der jeweiligen Entscheidungssituation verfolgt werden, in welchem Ausmaß bei der Eignungsbeurteilung die Hauptzielkriterien berufliche Zufriedenheit und berufliche Leistungshöhe und andere Kriterien Berücksichtigung finden. In erster Linie am Grad der Erreichung des Kriteriums berufliche Leistungshöhe orientiert, wird zwischen Mindest- und Maximaleignung unterschieden. Die berufliche Beratung, von welchen Institutionen sie auch durchgeführt wird, benötigt die Einschätzung der Mindesteignung einer Person für einen Beruf, ein Berufsfeld oder einen Berufsbereich, da nur auf diesem Wege die unterschiedlichen Grade der Eignung für verschiedene Berufe bestimmbar sind. Von Maximaleignung wird im Zusammenhang mit der Bestenauslese gesprochen, wie sie Betriebe und Verwaltungen durchführen. Diese beachten bei ihrer Personalauswahl sehr häufig nur das Kriterium der beruflichen Leistungshöhe und erhöhen dadurch das Risiko von Fehlentscheidungen.

Unter dem Gesichtspunkt der Veränderung kann die psychologische Berufseignungsdiagnostik Entscheidungen in Situationen stützen, in denen es entweder um Veränderungen beruflicher Situationen einschließlich Ausbildungssituationen geht oder um Veränderungen berufsrelevanter Merkmale von Personen. Es handelt sich dabei um Entscheidungssituationen, in denen es angesichts übergeordneter Zielsetzungen oder bestimmter Rahmenbedingungen wünschenswert erscheint, an der Realisierung einer bestimmten Zuordnung von Person und Beruf zunächst festzuhalten, obwohl die im ersten Schritt vorgenommene Beurteilung zum Ergebnis hat, dass Eignung nicht gegeben ist. Statt eine andere Wahl zu treffen, gilt es dann zu prüfen, ob nicht durch entsprechende Maßnahmen »Eignung hergestellt« werden könnte (sekundäre Funktion der Berufseignungsdiagnostik).

Für Veränderungen gibt es zwei Ansatzpunkte: Man verändert die Anforderungen oder Bedingungen des Berufsausbildungsganges (so besteht beispielsweise im Rahmen des Berufsbildungsgesetzes und der Handwerksordnung die Möglichkeit, für behinderte Jugendliche und Erwachsene Abweichungen von der Ausbildungsordnung zuzulassen oder besondere Ausbildungsregelungen zu treffen) bzw. der beruflichen Tätigkeit, oder man versucht, vor der Einmündung in die berufliche Laufbahn oder berufsbegleitend, eignungsrelevante Merkmale von Personen zu verändern (beispielsweise durch Teilnahme an einer Maßnahme für noch nicht berufsreife Jugendliche). Die berufliche Eingliederung benachteiligter Jugendlicher und behinderter Jugendlicher und Erwachsener ist eine gesamtgesellschaftliche Aufgabe. Für Betriebe ergibt sich vor allem dann die Notwendigkeit, über Veränderungen des Arbeits- oder Ausbildungsplatzes oder eines Ausbildungsganges nachzudenken, wenn unter den gegebenen Bedingungen nicht mehr genügend geeignete Bewerber gefunden werden. Im Rahmen der Personalentwicklung setzt der Betrieb mit seinen Veränderungsbemühungen bei den Mitarbeitern an, um sie für andere oder Aufgaben mit höheren Anforderungen zu qualifizieren.

Der sinnvolle Einsatz berufseignungsdiagnostischer Methoden bei der auswahlunterstützenden Eignungsbeurteilung ist an die Voraussetzung gebunden (vgl. Maukisch, 1980), dass zwischen den Personen Merkmalsunterschiede bestehen, die für die Prognose der beruflichen Leistungshöhe oder Zufriedenheit von Bedeutung sind, und dass sich diese Unterschiede nicht oder nur mit einem Aufwand ausgleichen lassen, der unter übergeordneten Gesichtspunkten nicht vertretbar erscheint. Bei der berufswahl- und berufslaufbahnunterstützenden Berufseignungsdiagnostik, die die Wahl zwischen verschiedenen Berufswegen erleichtern will, ist insofern eine vergleichbare Situation gegeben, als auch zwischen den in Frage stehenden Berufen Merkmalsunterschiede bestehen müssen. Wenn sich ein Jugendlicher zwischen Berufen zu entscheiden beabsichtigt, die sowohl hinsichtlich der Anforderungen als auch hinsichtlich der Befriedigungsangebote nahezu identisch sind, wird sich seine Entscheidung zwangsläufig auf andere Kriterien als psychologische Eignungsmerkmale stützen müssen.

53.3.3 Eignungsmerkmale als besondere, die Berufslaufbahn bestimmende Personmerkmale

Es lassen sich fünf Gruppen berufslaufbahnbestimmender Personmerkmale unterscheiden (vgl. Hilke & Hustedt, 1992):
- demographische Merkmale,
- soziologische Merkmale,
- bildungsbiographische Merkmale,
- psychologische Merkmale und
- medizinische Merkmale.

Geschlecht, Lebensalter und Familienstand beispielsweise sind **demographische Merkmale**, bei der wirtschaftlichen Familiensituation und der familiären Bildungsatmosphäre handelt es sich um **soziologische Merkmale**. Merkmale dieser beiden Gruppen haben zwar Einfluss auf die Berufslaufbahn, Eignungsmerkmale sind sie nicht, auch wenn sie manchmal in ungerechtfertigter Weise mit diesen gleich gesetzt werden. Anzuführen sind hier beispielsweise Alter, Geschlecht und Religionszugehörigkeit, die im Zusammenhang mit dem Diskriminierungsverbot von Arbeitnehmern diskutiert werden.

Eignungsmerkmale umfassen nur die drei letzten Gruppen. Die **bildungsbiographischen** Merkmale lassen sich in allgemein bildende und berufliche Bildungsabschlüsse (Erstausbildung, Weiterbildung) einerseits sowie in die Kenntnisse und Fertigkeiten (Kompetenzen) andererseits unterteilen, die in den entsprechenden Ausbildungen vermittelt werden. Die Benotung von Leistungen bringt schon zum Ausdruck, wie unterschiedlich die Kenntnisse und Fertigkeiten sein können, die mit Absolvierung von Ausbildungen faktisch vorhanden sind. Da auch von den Noten auf das Vorhandensein bestimmter Kenntnisse und Fertigkeiten nicht eindeutig geschlossen werden kann – auch wenn die Noten zur Vorhersage beruflicher Leistungen verwendet werden können –, müssen für viele eignungsdiagnostische Fragestellungen schulische und berufliche Kenntnisse und Fertigkeiten direkt beurteilt werden. Sie zählen damit zu den Eignungsmerkmalen, nicht aber die formalen Bildungsabschlüsse an sich.

Die Gruppe der **psychologischen Merkmale** umfasst einerseits die psychologischen Eignungsmerkmale, die eng an den traditionellen Eignungsbegriff mit der ausschließlichen Orientierung an dem Hauptzielkriterium berufliche Leistungshöhe gebunden sind, und andererseits Personmerkmale, die zu berücksichtigen sind, wenn bei der Eignungsbeurteilung auch das Hauptzielkriterium berufliche Zufriedenheit einbezogen wird. Beispiele für die zuletzt genannten Personmerkmale sind Bedürfnisse, Werthaltungen, Lebensziele, Neigungen und Interessen. Bei der ersten Gruppe von Personmerkmalen stehen selbstverständlich die Fähigkeiten im Vordergrund. Zwar zählt die allgemeine Intelligenz (mit den je nach Intelligenzmodell unterschiedenen Einzelfaktoren) zu den wichtigsten Determinanten der Leistungshöhe, wichtig ist aber auch die tätigkeitsfeldspezifische Leistungsmotivation. Unterschätzt werden u. a. häufig psychische Belastbarkeit und Temperamentsmerkmale. Im »BERUFEnet« der Bundesagentur für Arbeit (www.arbeitsagentur.de) werden als psychologische Personmerkmale etwa 40 Fähigkeiten und etwa 30 Persönlichkeitsmerkmale und Merkmale des Arbeitsverhaltens unterschieden, deren Einfluss auf die berufliche Leistungshöhe nachgewiesen ist.

Zur Gruppe der **medizinischen Merkmale** gehören z. B. neurovegetative Belastbarkeit, Gesundheitszustand und Körperkraft.

53.3.4 Grundsituationen berufseignungsdiagnostischer Beurteilungen

Bei berufseignungsdiagnostischen Beurteilungen lassen sich zwei Grundsituationen identifizieren, die sich in ihren Anforderungen an die zu leistende Prognose unterscheiden. In der ersten Situation beruht die Prognose auf einer Äquivalenzrelation nach folgendem Muster: Die für eine Tätigkeit bzw. einen Arbeitsplatz notwendigen beruflichen Kompetenzen (Kenntnisse, Fertigkeiten und Verhaltensbereitschaften) sowie ihre Ausprägungsgrade sind verhaltensnah beschreibbar. Vom zukünftigen Stelleninhaber werden genau diese beruflichen Kompetenzen als vorhanden gefordert. In dieser Situation besteht die Möglichkeit, die berufseignungsdiagnostischen Beurteilungen auf Arbeitsproben im weitesten Sinne zu stützen. Eine solche einfache Äquivalenzbeziehung zwischen zu erhebendem Verhalten und dem Kriteriumsverhalten ist jedoch in vielen Fällen nicht gegeben oder nicht ausreichend herstellbar.

Immer wenn es um die Vorhersage beruflicher Kompetenzen geht, die zum Zeitpunkt der Beurteilung noch nicht vorhanden sind und auch noch nicht vorhanden sein können (z. B. Eignung für eine Berufsausbildung kurz vor Abschluss einer allgemein bildenden Schule, Eignung für ein Studium, Eignung für eine berufliche Position, in der neue berufliche Kompetenzen erworben werden müssen), oder um berufliches Verhalten, zu dem man nicht einfach Verhaltensstichproben herstellen kann, muss man zwangsläufig die Vorstellung einer direkten Symmetrie zwischen gemessenem und vorherzusagendem Verhalten aufgeben. In diesem Fall muss man für die Prognose auf allgemeinere Fähigkeiten und Persönlichkeitsmerkmale zurückgreifen, von denen man aufgrund empirischer Evidenz annehmen kann, dass sie den Erwerb der geforderten beruflichen Kompetenzen beeinflussen. Berufliche Kompetenzen sind dabei ein Produkt verschiedener zugrunde liegender Fähigkeiten, Persönlichkeitsmerkmale und Merkmale des Arbeitsverhaltens sowie der Bereitschaft, sich die Kompetenzen anzueignen. Um hier zu einer adäquaten Prognose zu kommen, werden umfangreiche berufseignungsdiagnostische Wissensbestände benötigt.

53.3.5 Ansätze zur Bestimmung von Anforderungen und Befriedigungsangeboten (Arbeits- und Anforderungsanalysen)

Es können drei Methoden unterschieden werden, Anforderungen und Befriedigungsangebote von Berufen bzw. Arbeitsplätzen zu bestimmen (Schuler, 1996; Eckardt & Schuler, 1992), wobei verschiedene Informationsquellen genutzt werden wie z. B. Beobachtung, schriftliche und mündliche Befragung (von Stelleninhabern, Vorgesetzten etc.), Dokumentenanalyse. Der Terminus »Befriedigungsangebote« betont in diesem Zusammenhang, dass Berufe nicht nur Anforderungen stellen, sondern auch Bedürfnisse (z. B. nach Affiliation, Erfolg, Kommunikation, Macht, Geld) und berufliche Interessen befriedigen.

Erfahrungsgeleitet-intuitive Methode

Durch eingehende Beschäftigung mit verschiedensten Aspekten des Berufs/Arbeitsplatzes wie den darin auszuübenden Tätigkeiten, den verwendeten Werkzeugen und Materialien, den Kontextbedingungen, der Ausbildung etc. entsteht ein Bild der Anforderungen und Befriedigungsan-

gebote des Berufs/Arbeitsplatzes sowie eine damit korrespondierende Einschätzung der auf Personseite erforderlichen Fähigkeiten, Fertigkeiten, berufsbezogenen Kompetenzen usw. Diese Methode erfordert umfangreiche Kenntnis beider Seiten des eignungsdiagnostischen Prozesses – der Merkmale der Berufe und der Merkmale der Person.

Arbeitsplatzanalytisch-empirische Methode

Das klassische Vorgehen besteht darin, die beruflichen Tätigkeiten anhand einzelner konkreter Arbeitsplätze durch standardisierte Vorgehensweisen in unterschiedlichem Ausmaß detailliert zu beschreiben. Ein bekanntes Beispiel für ein sehr detailliertes Arbeitsanalyseverfahren ist der »Position Analysis Questionnaire« (PAQ; Kurzbeschreibung bei Sanchez & Levine, 2002; ▶ Kasten), der auch in einer deutschen Version existiert (Fragebogen zur Arbeitsanalyse, FAA; Frieling & Hoyos, 1978).

> #### Der »Position Analysis Questionnaire« (PAQ)
> Der PAQ besteht aus rund 200 Items, die sechs Bereiche erfassen: Informationsaufnahme, mentale Prozesse, Arbeitsausführung, Art der Arbeitsbeziehungen, Kontextbedingungen, sonstige Merkmale. Zu diesen Items sollen Experten auf verschiedenen Antwortskalen (z. B. Auftretenshäufigkeit, Wichtigkeit, zeitliche Bedeutung) Einschätzungen abgeben. Eine zentrale computergestützte Auswertung erzeugt ein standardisiertes Jobprofil, das zudem den Brückenschlag auf die Personseite enthält, indem geschätzte durchschnittliche Testergebnisse von Arbeitsplatzinhabern in verschiedenen standardisierten psychologischen Testverfahren angegeben werden.

Insgesamt gesehen fokussieren die klassischen Arbeitsanalyseverfahren zu wenig die Dynamik interpersonalen Verhaltens am Arbeitsplatz (Sanchez & Levine, 2002), das in Anbetracht der Zunahme interdependenter und in Teamarbeit ausgeführter Arbeitsprozesse in modernen Organisationen an Bedeutung gewonnen hat. Arbeitsprozessmodellierung stellt die Prozessabläufe auch über verschiedene Teams hinweg zusammenhängend dar und kann daher die traditionellen Arbeitsplatzbeschreibungen ergänzen. Ein damit z. T. in Zusammenhang stehender Trend ist das steigende Interesse an Persönlichkeitsfaktoren, die schwer bis gar nicht durch Training modifizierbar sind und deshalb besondere Relevanz bei der Personalauswahl besitzen. Beispielsweise wurde vor diesem Hintergrund ein Arbeitsanalyseverfahren entwickelt, das als Grundstruktur das Fünf-Faktoren-Modell der Persönlichkeit (▶ Kap. 24) hat. Die Ergebnisse der Metaanalysen (z. B. Ones & Viswesvaran, 2001; Schmidt & Hunter, 1998) zu Berufserfolg haben die grundsätzliche Erforderlichkeit von jeweils spezifischen, detaillierten Anforderungsanalysen etwas relativiert. Zudem sind die beruflichen Tätigkeiten weit weniger statisch als früher, sind häufigeren Änderungen unterworfen. Insgesamt kann man deshalb den derzeitigen Trend bei Anforderungsanalysen wie folgt beschreiben: »Es überrascht nicht, dass sich der Fokus der Arbeitsanalyse hinbewegt zu generalisierten arbeitsbezogenen Aktivitäten und breiten Dimensionen, die auf ein weiteres Spektrum an Arbeitsplätzen anwendbar sind, während er sich abwendet von aufgabenbasierten Beschreibungen, die hohe Spezifität für eine begrenzte Gruppe von Arbeitsplätzen aufweisen« (Sanchez & Levine, 2002, S. 86, Übers. v. Verfasser).

Eine weitere, weniger standardisierte Methode zur Erfassung beruflicher Anforderungen ist die der kritischen Ereignisse (»Critical Incident Technique«; Flanagan, 1954). Dabei werden erfolgskritische berufliche Situationen einschließlich des Verhaltens der Beteiligten beschrieben: Die Schilderung muss konkret sein, sich auf beobachtbares Verhalten beziehen, und auch den Situationskontext und die Konsequenzen der Handlungssequenz einbeziehen. Aus solchen Schilderungen von Verhalten, in dem sich erfolgreiche von nicht erfolgreichen Berufsvertretern unterscheiden, können situative Fragen, wie sie z. B. in (halb-)strukturierten Interviews Verwendung finden, abgeleitet werden. In solchen erhält der Bewerber eine Situationsschilderung eines für die Position, die Tätigkeit oder den Beruf typischen, erfolgskritischen Ereignisses und muss angeben, wie er sich in einer solchen Situation verhalten würde.

Personbezogen-empirische Methode

Bei dieser Methode beschreibt man nicht Anforderungsmerkmale der Arbeit, Tätigkeit oder des Berufs, sondern erfasst Merkmale der in diesem Beruf Tätigen und leitet daraus ab, welche Ausprägungen der Merkmale für die Bewältigung der Anforderungen erforderlich sind.

Dieses Vorgehen ist selbstverständlich nur bei Merkmalen angemessen, die sich nicht durch die berufliche Tätigkeit stark verändern. Von Kenntnissen und Fertigkeiten wird gegenüber Fähigkeiten angenommen, dass sie in angebbaren Zeiträumen aufgebaut oder verändert werden, die man im Voraus angeben kann. Fertigkeiten und Kenntnisse erwirbt oder hat man in genau abgrenzbaren Gebieten. Fähigkeiten und Persönlichkeitsmerkmale zeichnen sich demgegenüber dadurch aus, dass sie zur Bewältigung einer Vielzahl von recht unterschiedlichen Situationen vonnöten sind. Aus diesem Grund stehen bei dieser Methode insbesondere Fähigkeiten, Persönlichkeitsmerkmale und Fertigkeiten und Kenntnisse, die früh im Laufe des Lebens erworben werden und/oder längeres Training voraussetzen, im Mittelpunkt. Vergleiche zwischen besonders erfolgreichen und wenig erfolgreichen Berufsvertretern (Extremgruppenvergleiche) oder die Merkmalserfassung bei zufriedenen und erfolgreichen Berufsvertretern sind Herangehensweisen, die der Kategorie personbezogen-empirische Methode zuzuordnen sind.

53.4 Psychologische Methoden der Berufseignungsdiagnostik

Nachdem sich der letzte Abschnitt den Vorgehensweisen zur Erfassung der Seite der beruflichen Anforderungen und Befriedigungsmöglichkeiten gewidmet hat, soll nun der Brückenschlag zur Erfassung der Merkmale auf Personseite erfolgen, indem auf einige Methoden ein kurzer Blick geworfen wird. Die Analyse der schriftlichen Bewerbungsunterlagen wird dabei nicht näher ausgeführt, da es sich um kein spezifisch psychologisches eignungsdiagnostisches Verfahren handelt.

53.4.1 Biographische Fragebogen

Mit biographischen Fragebogen werden bei allen Bewerbern jene biographischen Daten erhoben, für die in einer Bewährungsstudie gezeigt werden konnte, dass sich die beruflich erfolgreichen Bewerber von den nicht erfolgreichen Bewerbern in ihnen unterscheiden. Es handelt sich in der Regel um Daten über zurückliegende Lebensereignisse oder vergangenes Verhalten, deren Richtigkeit im Prinzip nachprüfbar ist. Aus diesem Grund werden diese Fragebogen von Bewerbern zumeist zuverlässiger beantwortet als Persönlichkeits- oder Interessentests.

Verwendung fanden biographische Fragebogen bisher bei der Auswahl von Mitarbeitern für die verschiedensten Tätigkeiten und Positionen. Seit langem werden sie im Versicherungsbereich und in verschiedenen Branchen bei der Auswahl von Außendienstmitarbeitern eingesetzt. Da sich die Unternehmen zum Teil darin unterscheiden, welche Menschen in ihnen erfolgreich sind, müssen die Fragebogen oft unternehmensbezogen konstruiert werden.

Mit biographischen Fragebogen lässt sich der Berufserfolg in Abhängigkeit von der Art des Erfolgskriteriums und der Zielgruppe unterschiedlich gut voraussagen. Insgesamt gesehen liefern biographische Fragebogen Prognosen von mittlerer Güte.

53.4.2 Auswahlgespräche

Das Auswahlgespräch, das auch als Vorstellungs- oder Einstellungsgespräch oder Interview bezeichnet wird, ist die verbreitetste Methode der Personalauswahl. Auswahlgespräche finden in der Regel bei jeder Personalauswahl statt und werden von den Bewerbern sehr gut akzeptiert. Die Form der Durchführung reicht vom völlig freien bis zum vollständig strukturierten Gespräch mit standardisierten Abläufen und Fragestellungen. Eine systematisch anforderungsbezogene Konstruktion des Interviews mit biographiebezogenen Fragen und Verwendung der »Critical-Incident-Technik« sowie der Einsatz verhaltensverankerter Beurteilungsskalen während des Interviews verbessert die methodische Qualität von Auswahlgesprächen. Empirisch hat sich das strukturierte Auswahlgespräch als dem unstrukturierten in der prognostischen Validität überlegen erwiesen.

53.4.3 Psychologische Testverfahren

Bei den im Rahmen der Berufseignungsdiagnostik zum Einsatz kommenden psychologischen Testverfahren lassen sich drei Gruppen bilden:
1. Leistungstests,
2. Persönlichkeitstests und
3. Einstellungs-, Motivations- und Interessentests.

In der Gruppe der **Leistungstests** finden sich Tests zur Erfassung des allgemeinen intellektuellen Leistungsvermögens, Tests zur Erfassung spezifischer kognitiver Fähigkeiten wie z. B. Gedächtnisleistungen, Wahrnehmungsgenauigkeit, Wahrnehmungsgeschwindigkeit, Facetten der Raumvorstellung. Zudem gehören hierzu Tests zur Erfassung von Aufmerksamkeit und Konzentration, Tests zur Erfassung von sensorischen und motorischen Leistungen und sonstige Leistungstests. Die Spanne reicht bei Letzteren von Tests zur Erfassung von Kulturtechniken bis zu Tests zur Erfassung des mechanisch-technischen Verständnisses.

Die **Persönlichkeitstests** lassen sich als allgemeine und spezifische charakterisieren. Allgemeine Persönlichkeitstests nehmen für sich in Anspruch, ein Bild der Gesamtpersönlichkeit zu liefern, während spezifische Verfahren einzelne Aspekte der Persönlichkeit erfassen.

Tests zur Erfassung des allgemeinen intellektuellen Leistungsvermögens erlauben für sich genommen nach den bisher gewonnenen Erkenntnissen die besten Prognosen. Sie eignen sich insbesondere auch für Beurteilungssituationen, in denen man die zukünftigen Anforderungen eines Arbeitsplatzes, einer beruflichen Tätigkeit nicht kennt. Sie erlauben eine Einschätzung der »Lernfähigkeit«, d. h. der Fähigkeit, sich in einer neuen beruflichen Situation das Wissen anzueignen, das für die Bewältigung dieser Situation benötigt wird (Schmidt & Hunter, 1998).

In Abhängigkeit von den Anforderungen von Berufen lassen sich noch bessere Voraussagen durch die **Kombination** verschiedener Testverfahren oder von Testverfahren mit anderen Methoden erreichen. Persönlichkeitstests, allgemeine wie spezifische, erlauben für sich genommen bei weitem keine so guten Prognosen wie Leistungstests, sie können aber die Prognose nicht unerheblich verbessern, wenn sie zusammen mit Leistungstests eingesetzt werden.

Einstellungs-, Motivations- und Interessentests, die alleine verwendet keine guten Prognosen erlauben, werden häufig auch nicht unmittelbar zu dem Zweck eingesetzt, gute berufliche Voraussagen zu machen. So dienen beispielsweise Interessentests in der berufswahl- und berufs-

laufbahnunterstützenden Eignungsbeurteilung dazu, Interessen in der beruflichen Beratung in Hinblick auf ihre »Tragfähigkeit« für berufliche Entscheidungen in der Beratung thematisieren zu können. Dabei geht es auch darum zu beurteilen, wie generell oder spezifisch die beruflichen Interessen einer Person sind. Bei Bewerbern möchte man in der Regel zusätzliche einstellungsrelevante Informationen erhalten.

53.4.4 Arbeitsproben

Arbeitsproben unterscheiden sich von Testverfahren hauptsächlich darin, dass von dem Verhalten bei der Bewältigung der Arbeitsprobe direkt auf das zukünftige berufsbezogene Verhalten geschlossen wird, ohne den »Umweg« über den Schluss auf Personmerkmale (wie Fähigkeiten, Persönlichkeit) zu gehen. Arbeitsproben sollen also eine Stichprobe berufstypischen Arbeitsverhaltens darstellen. Beispiele: Die Bewerberinnen um einen Sekretärinnenposten müssen diktierte Briefe so schnell und fehlerfrei wie möglich tippen; Bewerber um eine Stelle als Fliesenleger müssen einen Teil eines Bads »probefliesen«; im Rahmen eines Berufungsverfahrens zu einer Professur müssen die Bewerber Probevorlesungen halten usw. Auch Assessmentcenter-Elemente wie Präsentationen zu einem Thema, Postkorbübungen und Planspiele gehören im weiteren Sinne in diese Kategorie.

Arbeitsproben – sofern sie inhaltsvalide sind – weisen gute prognostische Validitäten auf (s. z. B. Schmidt & Hunter, 1998), haben aber den Nachteil, dass sie nur dann einsetzbar sind, wenn es um die Auswahl von Bewerbern geht, die das geforderte berufliche Verhalten bereits verfügbar haben, und es um die Beurteilung des Grades der Kompetenz geht. Die Akzeptanz von Arbeitsproben bei Bewerbern ist in der Regel groß, da der Zusammenhang zur beruflichen Tätigkeit direkt erkennbar ist.

53.4.5 Assessmentcenter

Charakteristisch für Assessmentcenter (AC) ist, dass sie eine Zusammenstellung unterschiedlicher eignungsdiagnostischer Methoden repräsentieren, und dass mehrere Bewerber und mehrere Beurteiler am Gesamtprozess beteiligt sind. *Das* Assessmentcenter als Methode gibt es also nicht. Häufig verwendete Einzelelemente sind: Gruppendiskussionen, Rollenspiele, Präsentationen, Aufgabensimulationen (z. B. Postkorbaufgabe), Fallszenarien (als komplexe Arbeitsproben), Interviews, psychologische Testverfahren im Leistungs- und Persönlichkeitsbereich. Assessmentcenter werden sowohl für die Auswahl externer Bewerber (z. B. Führungskräftenachwuchs, Trainees) als auch im Rahmen der Personalentwicklung zur Potenzialbeurteilung eingesetzt. Die Beurteiler haben die Aufgabe, die Teilnehmer anhand vorgegebener Skalen in den verschiedenen Übungen einzustufen. Die prognostische Validität der Assessmentcenter streut aufgrund der großen Heterogenität der Vorgehensweisen sehr stark. Sorgfältig konstruierte Assessmentcenter erreichen, insbesondere, wenn sie psychologische Fähigkeitstests beinhalten, gute bis zufrieden stellende Validitäten; der mit ihrer Durchführung verbundene Aufwand ist allerdings auch sehr hoch.

53.5 Methodisch-statistische Ansätze im Bereich der Berufseignungsdiagnostik

Im Rahmen der Berufseignungsdiagnostik werden verschiedene methodische Ansätze angewandt, um Wissen über die prognostische Bedeutung verschiedener Personmerkmale und eignungsdiagnostischer Verfahren zu kumulieren, und um Anhaltspunkte zur Festlegung von Cut-Off-Werten für die individuelle diagnostische Entscheidung zu erhalten. Drei Ansätze sollen kurz skizziert werden.

53.5.1 Prognostische Validität von eignungsdiagnostischen Verfahren im Hinblick auf Berufserfolg

Die kritische Frage, die sich bei der Verwendung verschiedener eignungsdiagnostischer Verfahren stellt, ist die nach der Güte der Vorhersage des jeweiligen Kriteriums (z. B. berufliche Leistungshöhe). Deshalb konzentriert sich die Forschung im Bereich Berufseignungsdiagnostik sehr stark auf die Ermittlung von Korrelationen als Maß für die Stärke des Zusammenhangs zwischen Prädiktor – z. B. Ergebnisse aus Testverfahren, Fragebogen, Interview, Assessmentcenter – und Kriterium, also Berufsleistung, die typischerweise über die Beurteilungen der Vorgesetzten, zum Teil aber auch über »harte« Daten wie Umsatz oder Gehalt operationalisiert wird.

Gemessene Korrelationskoeffizienten unterschätzen in der Regel die Höhe der »wahren« Zusammenhänge zwischen Prädiktor und Kriterium. Eine Quelle dieser Unterschätzung ist die mangelnde Zuverlässigkeit (Reliabilität) der Messung der Prädiktoren und Kriterien (was sich auch daran zeigt, dass verschiedene Kriterien wie Beurteilungen von Vorgesetzten und Gehalt in der Regel untereinander nur in mittlerer Höhe korreliert sind). Der Zusammenhang von Kriterium und Prädiktor wird auch aufgrund der Varianzeinschränkung des Prädiktors unterschätzt. So wird man beispielsweise zwischen der Intelligenz von Astrophysikern und ihrem Berufserfolg nur geringe Korrelationen finden können, da praktisch alle Astrophysiker eine hohe Intelligenz haben.

53.5.2 Metaanalysen zur Validitätsgeneralisierung von Befunden zur prognostischen Validität eignungsdiagnostischer Methoden

Die Metaanalyse ist ein Verfahren, das es erlaubt, Ergebnisse aus einer Vielzahl von Einzelstudien statistisch zusammenzufassen, Korrekturen für korrelationsmindernde Faktoren (Varianzeinschränkung des Prädiktors der untersuchten Stichprobe gegenüber der Varianz der Bewerberpopulation, mangelnde Reliabilität von Prädiktor und Kriterium) durchzuführen und dabei die Problematik einzelner Signifikanztests zu vermeiden (dazu näher ▶ Kap. 2). Sie brachte für den Kenntnisstand der 70er Jahre eine Reihe überraschender Ergebnisse. So wurde z. B. die Interpretation widerlegt, dass die Unterschiede in den prognostischen Validitäten derselben oder ähnlicher Testinstrumente zwischen verschiedenen Stichproben auf Unterschiede zwischen Arbeitsplätzen und andere differenzielle Effekte zurückzuführen seien und deshalb Validitätsuntersuchungen immer nur für die jeweilige Anwendungssituation Geltung beanspruchen könnten (Theorie der situationalen Spezifität).

Es konnte nachgewiesen werden, dass die Unterschiede zwischen den einzelnen Untersuchungen größtenteils auf Methodenartefakte – insbesondere die geringen Stichprobengrößen – zurückzuführen sind (Schmidt & Hunter, 1998). So hat die Metaanalyse die Berufseignungsdiagnostik einen entscheidenden Schritt vorangebracht (▶ Kasten).

Metaanalytische Ergebnisse der Berufseignungsdiagnostik

Inzwischen sind für den Bereich der Berufseignungsdiagnostik »wahre Validitäten« der verschiedensten Konstrukte (wie z. B. allgemeine Intelligenz, Persönlichkeitsmerkmale, berufsrelevante Verhaltensmerkmale, z. B. Integrität) und eignungsdiagnostischen Methoden wie strukturiertes Interview, Arbeitsproben usw. im Rahmen von Metaanalysen untersucht worden (z. B. Schmidt & Hunter, 1998; Ones & Viswesvaran, 2001). »Wahre Validitäten« (»true validities«, z. B. Schmidt & Hunter, 1998) sind im Gegensatz zu den beobachteten Validitäten um die mangelnde Reliabilität des Kriteriums, also der Messung des Berufserfolgs, und um die Varianzeinschränkung des Prädiktors bereinigt. Tests zur Erfassung der allgemeinen Intelligenz nehmen im Rahmen der Metaanalysen unter allen eignungsdiagnostischen Instrumenten eine Sonderstellung ein: Es zeigte sich, dass die Erfassung allgemeiner Intelli-

▼

genz von allen Instrumenten, die sowohl für Berufsanfänger als auch für Berufserfahrene angewandt werden können, über die höchste Validität (Vorhersagegüte beruflicher Leistung) verfügt.

Arbeitsproben, Integritätstests, Tests zur Erfassung von Gewissenhaftigkeit oder strukturierte Interviews stellen zum Teil ebenfalls brauchbare Prädiktoren dar und können die Vorhersage gegenüber dem einzelnen Prädiktor »allgemeine Intelligenz« verbessern (Schmidt & Hunter, 1998).

Ones und Viswesvaran (2001) untersuchten metaanalytisch neben den Skalen zur Messung der Persönlichkeitsmerkmale Extraversion, Neurotizismus, Verträglichkeit, Gewissenhaftigkeit und Offenheit für Erfahrungen (»Big Five«) auch die Prognosekraft von Skalen zur Erfassung von Integrität, Gewaltneigung, Stresstoleranz und Kundenorientierung auf der Grundlage einer Fülle von an unterschiedlichsten Stichproben durchgeführten Einzelstudien mit dem Ergebnis, dass diese Skalen ebenfalls gute Prädiktoren für Berufserfolg darstellen, obwohl sie für andere Zwecke (Vorhersage spezifischen beruflichen Verhaltens wie z. B. Ehrlichkeit) konstruiert worden waren.

53.5.3 Ermittlung berufsbezogener Normen

Durch die metaanalytischen Befunde wurde der Einsatz psychologischer Verfahren in der Personalauswahl und Berufseignungsdiagnostik wissenschaftlich noch stärker abgesichert (Unterstützung in der Frage, welche Variablen bzw. Merkmale im Rahmen des Auswahl- bzw. Beratungsprozesses erfasst werden sollen). Aber Validitätsangaben reichen in der konkreten Entscheidungssituation (Personalauswahl, berufliche Beratung) nicht aus, da sie keine Auskunft zur **Höhe der Merkmalsausprägungen** geben, die für die erfolgreiche Berufsausübung erforderlich ist.

Ein möglicher Weg, die Eignungsanforderungen (im Sinne des erforderlichen **Ausprägungsgrads** von Merkmalen) für eine Berufstätigkeit zu ermitteln, besteht in der Berechnung von berufs(bereichs)spezifischen Normen. Für welche Merkmale das sinnvoll ist, ergibt sich in der Regel aus Validitätsuntersuchungen. Die Bereitstellung von berufsspezifischen Normen für die berufserfolgsrelevanten Merkmale erlaubt empirisch gestützte Entscheidungen für kritische Werte, an denen man die Eignungsbeurteilung orientiert.

Das Grundprinzip besteht dabei darin, dass die Testwerte des Probanden mit denen von Berufsangehörigen verglichen werden. Bewirbt sich ein Jugendlicher z. B. um einen Ausbildungsplatz als Bürokaufmann, so kann man seine Testwerte vergleichen mit denen von Jugendlichen, die diese Ausbildung erfolgreich abgeschlossen haben und mit der Berufstätigkeit zufrieden sind.

Berufsspezifische Normen können sowohl im Kontext von Personalauswahl als auch im Kontext beruflicher Beratung genutzt werden. Ein Beispiel für die praktische Verwendung von berufsspezifischen Normen ist der Berufswahltest (BWT) der Bundesagentur für Arbeit (Klinck, 2002).

Literatur

Referenzliteratur

Carroll, J.B. (1993). *Human cognitive abilities. A survey of factor-analytic studies.* Cambridge: Cambridge University Press.
Holland, J.L. (1997). *Making vocational choices. A theory of vocational personalities and work environments* (3rd ed.). Englewood Cliffs, NJ: Prentice-Hall.
Kleinmann, M. & Strauß, B. (1998). Potentialfeststellung und Personalentwicklung. In W. Sarges (Hrsg.), *Schriftenreihe Psychologie für das Personalmanagement.* Göttingen: Verlag für Angewandte Psychologie.
Schuler, H. (1996). *Psychologische Personalauswahl.* Göttingen: Hogrefe.
Schuler, H. (Hrsg.). (2001). *Lehrbuch der Personalpsychologie.* Göttingen: Hogrefe.

Zitierte Literatur

Brown, D. (1995). A values-based model for facilitating career transitions. *Career Development Quarterly, 44,* 4–11.
Eckardt, H.H. (1979). Der Begriff der Eignung in psychologischer Sicht. *Mitteilung aus der Arbeitsmarkt- und Berufsforschung, 12,* 51–57.
Eckardt, H.H. & Schuler, H. (1992). Berufseignungsdiagnostik. In R. Jäger (Hrsg.), *Lehrbuch der Psychologischen Diagnostik* (S. 451–467). Weinheim: Psychologie Verlags Union.
Flanagan, J. (1954). The critical incident technique. *Psychological Bulletin, 51,* 327–358.
Frieling, E. & Hoyos, Graf C. (1978). *Fragebogen zur Arbeitsplatzanalyse (FAA).* Bern: Huber.
Hilke, R. & Hustedt, H. (1992). Eignung für Ausbildung und Beruf. In Bundesanstalt für Arbeit (Hrsg.), *Handbuch zur Berufswahlvorbereitung* (S. 106–127). Mannheim: Medialog.
Holland, J.L., Fritzsche, B.A. & Powell, A.B. (1994). *The Self-directed Search (SDS). Technical manual.* Odessa: PAR.
Jörin, S., Stoll, F., Bergmann, C. & Eder, F. (2004). *Explorix – das Werkzeug zur Berufswahl- und Laufbahnplanung. Manual.* Bern: Huber.
Klinck, D. (2002). Plädoyer für die Verwendung berufsbezogener Normen im Kontext der Berufseignungsdiagnostik. *Berufsbildung, 56,* 9–12.
Krumboltz, J.D. & Thoresen, C.E. (1976). *Counseling methods.* New York: Pergamon Press.

53

Lent, R.W., Brown, S.D. & Hackett, G. (1994). Toward a unifying social cognitive theory of career and academic interest, choice and performance. *Journal of Vocational Behavior, 45,* 79–122.

Maukisch, H. (1980). Eignungsdiagnostik. In C. Graf Hoyos, W. Kroeber-Riel, L. von Rosenstiel & B. Strümpel (Hrsg.), *Grundbegriffe der Wirtschaftspsychologie. Gesamtwirtschaft – Markt – Organisation – Arbeit* (S. 258–269). München: Koesel.

Ones, D.S. & Viswesvaran, C. (2001). Integrity tests and other criterion-focused occupational personality scales (COPS) used in personnel selection. *International Journal of Selection and Assessment, 9,* 31–39.

Pawlik, K. (1976). Modell- und Praxisdimensionen psychologischer Diagnostik. In K. Pawlik (Hrsg.), *Diagnose der Diagnostik. Beiträge zur Diskussion der psychologischen Diagnostik in der Verhaltensmodifikation* (S. 13–43). Stuttgart: Klett.

Sanchez, J. & Levine, E. (2002). The analysis of work in the 20th and 21st centuries. In N. Anderson, D. Ones, H. Sinangil & C. Viswesvaran (Eds.), *Handbook of industrial, work and organizational psychology* (pp. 71–89). London: Sage.

Schmidt, F.L. & Hunter, J.E. (1998). The validity and utility of selection methods in personnel psychology: practical and theoretical implications of 85 years of research findings. *Psychological Bulletin, 124,* 262–274.

Schuler, H. (1996). *Psychologische Personalauswahl.* Göttingen: Hogrefe.

Schuler, H. (2001). Gegenstandsbereich und Aufgaben der Personalpsychologie. In H. Schuler (Hrsg.), *Lehrbuch der Personalpsychologie* (S. 3–13). Göttingen: Hogrefe.

Super, D.E. (1980). A life-span, life-space approach to career development. *Journal of Vocational Behavior, 13,* 282–290.

54 Wirtschafts-, Markt- und Konsumpsychologie

E. Kirchler, K. Meier-Pesti

54.1 Geschichte der Wirtschafts-psychologie

Wirtschaftspsychologie, Markt- und Konsumpsychologie, die menschliches Erleben und Verhalten im Kontext der Ökonomie untersuchen, umfassen ein breites Themenspektrum: Erforscht wird, wie Wissen über wirtschaftliche Abläufe und Zusammenhänge erworben wird, und welche Vorstellungen Laien über wirtschaftliche Phänomene haben. Weiter sind Märkte von zentraler Bedeutung: Konsumgütermärkte, auf welchen Güter von Produzenten beworben und von Konsumenten gekauft werden; Arbeitsmärkte, auf welchen Unternehmer Arbeit nachfragen und Arbeitnehmer zu entsprechenden Bedingungen ihre Arbeitskraft anbieten; Finanzmärkte (z. B. die Bedeutung des Geldes und Börsengeschäfte); die Steuermoral. Schließlich sind makroökonomische Überlegungen zum Wirtschaftswachstum, Wohlstand und Wohlbefinden von besonderer Brisanz (Kirchler, 2003; Kirchler & Hölzl, 2003).

Die Geburt der Ökonomie – der Wissenschaft des Marktes, des Angebotes von Gütern und der Nachfrage danach – wird mit dem Erscheinen von Adam Smiths (1776) »Wealth of Nations« datiert. Wenngleich der Markt im Mittelpunkt des wissenschaftlichen Interesses stand und damit das Aggregat menschlicher Handlungen, war doch klar, dass letztlich Individuen und Gruppen Güter anbieten und kaufen. Aber zu jener Zeit gab es keine wissenschaftliche Psychologie, die Ökonomen die Gesetzmäßigkeiten menschlichen Erlebens und Verhaltens gelehrt hätte.

Gegen Ende des 19. Jahrhunderts mehrten sich die Stimmen gegen die klassische Ökonomie, die in ihren formalen Modellen den Menschen vergisst. Veblen (1899), der sich mit dem Verhalten der »feinen Leute« beschäftigte, fand, dass manche Güter, entgegen den Postulaten der Ökonomie, dann besonders nachgefragt werden, wenn ihr Preis steigt. Mitchell (1914) prognostizierte vor einem Jahrhundert einen bedeutsamen Einstellungswandel unter den Ökonomen, ein Erwachen des Interesses für die Psychologie. Clark (1918) meinte, Ökonomen könnten zwar die Psychologie ignorieren, aber nicht »den Menschen«. Ökonomen, die sich von den formalen Modellvorstellungen lösten und psychologische Variablen berücksichtigten, wie Normen und Status, Affiliation und Vertrauen, extrinsische und intrinsische Motivation, erhielten von der Psychologie wenig Unterstützung. Psychologische Konzepte in der Ökonomie wurden als laienhaft abgetan.

Tarde (1902) machte in Frankreich mit seiner Arbeit »La Psychologie Économique« auf die Notwendigkeit aufmerksam, wirtschaftliches Handeln aus der Sicht der Psychologie zu analysieren. Im deutschsprachigen Raum wird Münsterberg (1912) die Initiatorrolle zugeschrieben. Er betonte die Notwendigkeit einer engen Kooperation zwischen Psychologie und Wirtschaftswissenschaften und begann Studien zur Psychotechnik, zur Monotonie im Arbeitsleben, zur Personalauswahl und zur experimentellen Werbewirkungsforschung. Dann aber verlieren sich die Spuren einer beginnenden Wirtschaftspsychologie im Schatten der Entwicklungen der Arbeits- und Organisationspsychologie.

Etwa Mitte des vergangenen Jahrhunderts begannen Katona, Schmölders und Strümpel eine Psychologie gesamtwirtschaftlicher Prozesse zu schreiben. Katona (1951, 1975) plädierte für die Psychologie in der Ökonomie. Gemeinsam mit Strümpel kritisierte er das in der Wirtschaftstheorie zur damaligen Zeit implizite Modell, wonach sich gesamtwirtschaftliche Größen gegenseitig determinieren. »Die Sparquote wird als abhängig vom Gesamteinkommen, das Preisniveau als Funktion der Geldmenge, die Höhe der Nachfrage als vom Preis determiniert betrachtet. Der handelnde Mensch im Zentrum dieser Dynamik wird als anonyme, ›black box‹ ausgeblendet« (Strümpel & Katona, 1983, S. 225).

Wo die Kritik der Psychologie an den klassischen ökonomischen Grundsätzen unter den Ökonomen Gehör findet, und wo ökonomische Überlegungen die Psychologie prägen, hat sich ein interdisziplinäres Fach etabliert, das als Ökonomische Psychologie bezeichnet wird. Die Ökonomische Psychologie ist bestrebt, wirtschaftliches Verhalten in Abhängigkeit von persönlichen Dispositionen und der jeweils gegebenen Situation zu erklären. Die International Association for Research in Economic Psychology (IAREP), die seit 1981 das »Journal of Economic Psychology« betreut, schlägt Brücken zwischen Psychologie und Ökonomie. In den USA arbeiten zwei verwandte Vereinigungen, die Society for the Advancement of Behavioral Economics (SABE), und die Society for the Advancement of Socio-Economics (SASE) daran, psychologische und soziologische Konzepte in ökonomische Überlegungen einzubauen (s. »Journal of Socio-Economics und Socio-Economic Review«). Die Ökonomische Psychologie wird in einer Reihe von Einführungswerken dargestellt (z. B. Antonides, 1991; Ferrari & Romano, 1999; Kirchler, 2003; Lea, Tarpy & Webley, 1987; van Raaij, van Veldhoven & Wärneryd, 1988; Wiswede, 2000). Übersichten über aktuelle Themen der Ökonomischen Psychologie bieten Earl und Kemp (1999) und Kirchler und Hölzl (2003). Schließlich fassen Fehr und Schwarz (2002) und Frey (2001) eine Reihe von Beiträgen aus der Ökonomie zusammen, die zeigen, wie sich beide Disziplinen befruchten.

54.2   Entscheidungen: Rationalität und Psycho-Logik

Unter der Metapher des »homo oeconomicus« konzentriert sich die Ökonomie darauf, Handlungen zur Befriedigung menschlicher Bedürfnisse im Kontext knapper Ressourcen zu studieren. Entscheidungen spielen eine zentrale Rolle.

54.2.1   Axiome der Rationalität

Die Beschäftigung mit Entscheidungen hat zur Formulierung von Grundannahmen geführt, nach denen Alternativen ausgewählt und optimale Entscheidungen getroffen werden. Unter sparsamem Einsatz von Mitteln soll ein möglichst großer Erfolg erzielt werden. Das Ziel, rational im Sinne der Ökonomie zu handeln, konfrontiert Entscheidungsträger mit einem Optimierungsproblem. Unter der Annahme, menschliches Optimierungsverhalten gehorche den Regeln der Logik, werden einige wenige Axiome formuliert, die rationalem Verhalten zugrunde liegen (Gravelle & Rees, 1981):

- **Vollständigkeit:** Um aus einem Bündel von Alternativen die bevorzugte auswählen zu können, müssen die Charakteristika der verschiedenen Alternativen bekannt sein. Diese müssen bewertet und alle verfügbar erscheinenden Alternativen miteinander verglichen werden. Entsprechend der Annahme der Vollständigkeit besteht die Fähigkeit, Alternativen in eine Präferenzordnung zu bringen, die den eigenen Zielen entspricht. Entscheidungsträger müssen in der Lage sein, Relationen zwischen allen Alternativen herzustellen, wonach eine Alternative a entweder besser oder gleich gut ist wie Alternative b ($a \geq b$), oder b genauso gut oder besser als a ($a \leq b$) ist, oder Entscheidungsträger gegenüber a und b indifferent sind ($a \sim b$).
- **Transitivität:** Weiter wird angenommen, dass konsistente Ordnungen geschaffen und Präferenzen nicht beliebig geändert werden. Wenn ein Konsument etwa der Meinung ist, Alternative a sei besser oder gleich gut wie Alternative b, welche wiederum besser als oder gleich gut wie Alternative c sei, dann muss auch gelten, dass a besser oder gleich gut ist wie c (wenn $a \geq b$ und $b \geq c$, dann $a \geq c$).
- **Reflexivität:** Jedes Alternativenbündel ist gleich gut wie es selbst ($a \sim a$). Diese Annahme erscheint trivial, ist aber notwendig, um sicherzustellen, dass es durch die Gleichbewertung der Alternativen zu konsistenten Wahlentscheidungen kommt.
- **Nichtsättigung:** Dies bedeutet, dass Entscheidungsträger grundsätzlich immer von einem Gut mehr bevorzugen als weniger.
- **Stetigkeit:** Besagt, dass es möglich ist, den Entgang einer bestimmten Menge des Gutes a durch eine bestimmte Menge des Gutes b zu kompensieren.
- **Konvexität:** Schließlich wird angenommen, dass Entscheidungsträger dann, wenn sie von einem Gut a eine geringe und von b eine große Menge besitzen, nur dann gegenüber dem Entzug eines Teiles von a indifferent sind, wenn sie eine verhältnismäßig große Menge b zusätzlich erhalten. Dieses Axiom entspricht dem Sättigungsgesetz, wonach der relative Nutzenzuwachs einer Mengeneinheit eines Gutes mit Zunahme des Gutes abnimmt.

Auf der Basis dieser Annahmen wurde in der Ökonomie ein kompliziertes System von Aussagen entwickelt, das menschliches Verhalten unter sich ändernden Bedingungen prognostiziert. Entsprechend den Grundannahmen der neoklassischen Theorie ist jene Alternative, welche wirtschaftende Individuen aus einem Set von Alternativen auswählen, die am meisten präferierte und somit die optimale Alternative.

54.2.2 Begrenzte Rationalität und Heuristiken

Worin der größte Nutzen für den Einzelnen liegt und wie sich die Präferenzordnung gestaltet, bleibt fraglich. Darüber trifft die neoklassische Ökonomie unter dem Schlagwort der Konsumentensouveränität keine Aussagen. Obwohl die Ökonomie wesentliche psychologische Entscheidungsaspekte, wie Entscheidungsmotive und -inhalte, aus der Analyse ausklammert und sich auf den Bereich der formalen, ausschließlich auf Endergebnisse gerichteten Entscheidungsprozesse konzentriert, konnte in psychologischen Studien gezeigt werden, dass die etablierten Modelle der Ökonomie häufig zu kurz greifen. So kritisierte Simon (1955) die Vorstellung, dass Wirtschaftssubjekte über unbegrenzte Informationsverarbeitungskapazitäten verfügen. Um der Realität einigermaßen gerecht zu werden, schlug er vor, von einem Konzept begrenzter Rationalität (»bounded rationality«) auszugehen; ein Vorschlag, der mit dem Nobelpreis gewürdigt wurde (s. dazu Leahey, 2003). Der Einzelne kann nur Teile der Realität – und diese auch nur zeitlich beschränkt – aufnehmen, behalten und in Entscheidungen berücksichtigen. Anstatt der Maximierung des Nutzens begnügen sich Mensch mit einer zufriedenstellenden Lösung, die dem Anspruchsniveau entspricht. Weder können alle möglichen Alternativen erkannt, noch kann zwischen minimal voneinander abweichenden Möglichkeiten unterschieden werden.

Die Erkenntnisse Simons und die in der Folge zahlreiche weitere Kritik am Rationalmodell (vgl. z. B. Frey, 1999; Todd & Gigerenzer, 2003), wonach die beschränkte menschliche Verarbeitungskapazität, Zeit- und Motivationsmängel sowie unvollständige Informationen Entscheidungen entsprechend der Theorie des »homo oeconomicus« allenfalls in Ausnahmefällen zulassen, wirft die Frage nach der Dynamik von Entscheidungen im Wirtschaftsalltag auf. Eine Antwort darauf liefern die Studien zu Entscheidungsheuristiken.

Zimbardo (1995, S. 371) versteht unter **Heuristiken** »kognitive Eilverfahren, die bei der Reduzierung des Bereichs möglicher Antworten oder Problemlösungen nützlich sind, indem sie Faustregeln als Strategien anwenden«. Als Pioniere auf dem Forschungsgebiet der Entscheidungsheuristiken gelten Kahneman und Tversky (▶ Kurzbiographien; zur Kooperation der Forscher s. Kahneman, 2003),

Daniel Kahneman

Daniel Kahneman wurde 1934 in Tel Aviv, Israel, geboren. Zwanzig Jahre später, 1954, erhielt er seinen Bachelor-of-arts in Psychologie und Mathematik an der Hebrew University Jerusalem und 1961 wurde er zum Doktor für Psychologie an der University of California at Berkeley promoviert. Seit 1993 ist er Professor für Psychologie an der Princeton University und Professor of Public Affairs an der Woodrow Wilson School.

Daniel Kahneman wurde 2002 – gemeinsam mit Vernon Smith, Professor für Wirtschaft und Recht an der George Mason University – mit dem Nobelpreis für Wirtschaftswissenschaften ausgezeichnet. Zusammen mit Amos Tversky – zum Zeitpunkt der Preisverleihung bereits verstorben, aber vom Preiskomitee anerkennend erwähnt – gelang es Daniel Kahneman, Erkenntnisse der psychologischen Urteils- und Entscheidungsforschung in die Ökonomie zu integrieren. Die Studien über Entscheidungen unter Unsicherheit zeigen, dass sich Menschen Heuristiken bedienen, die von fundamentalen Gesetzen der Wahrscheinlichkeitslehre abweichen, und dass Entscheidungen ökonomischen Vorhersagen widersprechen. In der Prospekttheorie wurden empirisch gewonnene Erkenntnisse systematisch zusammengefasst.

die eindrucksvolle Studien zu Repräsentativitäts-, Verfügbarkeits- und Ankerheuristiken konzipierten (Kahneman, Slovic & Tversky, 1982). Unter Repräsentativitätsheuristiken werden Entscheidungen aufgrund des geschätzten Grades der Übereinstimmung zwischen einer Stichprobe und einer Grundgesamtheit verstanden. Entsprechend der Verfügbarkeitsheuristik (Tversky & Kahneman, 1973) basieren Urteile auf besonders auffälligen Informationsinhalten. Die Ankerheuristik besagt, dass sich Personen bei der Beurteilung von Sachverhalten oder in der Entscheidungsfindung an einem mehr oder minder relevanten Ausgangswert orientieren.

Amos Tversky

Amos Tversky wurde 1937 in Israel geboren. 1964 gra-
duierte er zum Doktor der Psychologie an der University of Michigan. Er lehrte dann an der Hebrew University in Jerusalem und an der Harvard Universität. Bis zu
seinem Tod im Jahr 1996 war Tversky Professor für Ver-
haltenswissenschaften am Psychologischen Institut der
Stanford-Universität.

Anerkennung weit über den eigenen Fachbereich
hinaus fanden seine Arbeiten zu Heuristiken, Urteilsfeh-
lern und Entscheidungen.

54.2.3 Prospekttheorie

Unter dem Einfluss der Erkenntnisse über Heuristiken und
sog. »Framing-Effekte« haben Kahneman und Tversky
1979 eine der meist zitierten Alternativen zur Erklärung des
Entscheidungsverhaltens in der traditionellen Ökonomie
entwickelt – die Prospekttheorie. Die 1992 zur »cumulative
prospect theory« weiterentwickelte Theorie (Tversky &
Kahneman, 1992) trifft vor allem Aussagen über Entscheidungen unter Unsicherheit und unterscheidet zwischen
zwei Phasen des Entscheidungsprozesses: eine Phase der
Aufbereitung von Informationen (Editierphase) und eine
darauf folgende Phase der Bewertung (Evaluationsphase).
Wahrscheinlichkeiten werden in der zweiten Phase zu psychologischen Entscheidungsgewichten transformiert und
der subjektive Wert der jeweiligen Alternative wird bestimmt. Hieraus entsteht die sog. Wertefunktion. Diese geht
von einem subjektiv gewählten Bezugspunkt aus und
verläuft für Gewinne und Verluste unterschiedlich. Wie
◘ Abb. 54.1 zeigt, trifft die Wertefunktion folgende wesentliche Aussagen:

1. Gewinne und Verluste werden ausgehend von einem
   Referenzpunkt definiert;
2. der Wert von Gewinnen und Verlusten steigt nicht linear, sondern nimmt ab;
3. Verluste wiegen subjektiv stärker als Gewinne, wonach
   Verlustreparation und Gewinnsicherung wahrscheinlich werden.

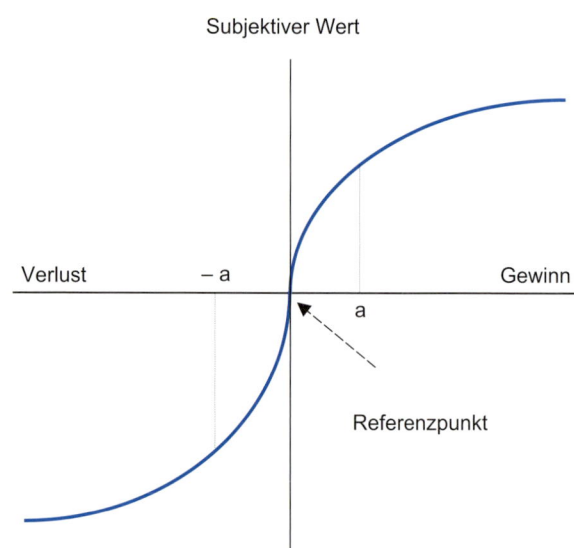

◘ **Abb. 54.1.** Wertfunktion der Prospekttheorie

Die Annahme, Verluste würden stärker wiegen als Gewinne, findet in jüngst berichteten neuropsychologischen
Studien Unterstützung (► Kasten).

In Zusammenhang mit der Prospekttheorie ergeben
sich neben der Relevanz der Art der Problemdarstellung
(Framing-Effekte) wesentliche Ableitungen. So besagt etwa
der Besitzeffekt (Thaler, 1980), dass sich die Bewertung eines Gutes durch den Besitz ändert, und es somit zu inkonsistenten Entscheidungen mit Verletzung des Axioms der
Transitivität kommt. In Analogie dazu konnte auch der sog.
»Sunk-cost«-Effekt nachgewiesen werden (Thaler, 1980),
der besagt, dass bereits getätigte Investitionen in Entscheidungen berücksichtigt werden und dadurch häufig »gutes
Geld schlechtem nachgeworfen wird«.

Neben der Prospekttheorie wurde unter anderen die
»Regret«-Theorie als Entscheidungsmodell – unabhängig
voneinander von Bell (1982) und Loomes und Sugden
(1982) – entwickelt. Entsprechend der Regret-Theorie bedauern wir unsere Entscheidungen, wenn wir bemerken,
dass das Ergebnis bei einer anderen Wahl besser gewesen
wäre, und freuen uns, wenn wir finden, dass eine andere
Wahl zu einem schlechteren Ergebnis geführt hätte. Diese
Gefühle werden antizipiert, fallweise überbewertet und
fließen in aktuelle Entscheidungen ein, wodurch es zu einer Verletzung nahezu aller Rationalitätsaxiome kommen
kann.

54.3   Angebot und Konsum

Auf Käufermärkten, wo ein vielfältiges Angebot von oft
kaum voneinander unterscheidbaren Gütern angepriesen
wird, dominieren die Konsumenten. Produzenten sind bestrebt, ihre Produkte und Dienstleistungen so zu vermark-
ten, dass neben dem Grundnutzen ein Zusatznutzen lockt,

54

Hirnphysiologische Korrelate von Gewinn- und Verlusterfahrungen

Gehring und Willoughby (2002) registrierten hirnphysiologische Prozesse 265 ms nach der Information über ein Gewinn- oder Verlustergebnis und fanden im Fall einer Verlustmitteilung eine höhere Amplitude eines wahrscheinlich im Mediofrontalbereich des Großhirns entspringenden negativen Erwartungspotenzials. Zwölf Personen konnten zwischen den Zahlen 5 und 25 wählen und unmittelbar nachher wurde ihnen mitgeteilt, ob die gewählte Zahl einen Gewinn oder Verlust, je nach Wahl von 5 oder 25 Cents, bedeutet. Im Fall eines Verlustes waren die elektrophysiologischen Reaktionen intensiver als im Fall eines Gewinnes. Dieses Ergebnis hatte auch

dann Bestand, wenn beispielsweise die Zahl 5 gewählt wurde, der entsprechende Betrag vom Spielgeld der Teilnehmer abgezogen wurde, und nicht die Zahl 25, die einen größeren Verlust bedeutet hätte und deshalb die inkorrekte Wahl gewesen wäre. Umgekehrt war im Fall einer Gewinnmeldung die Amplitude kleiner, auch dann, wenn 5 gewählt wurde, aber 25 den größeren Gewinn bedeutet hätte, also die inkorrekte Wahl getroffen wurde. Die Autoren argumentieren, dass das negative Ergebnis zum intensiveren elektrophysiologischen Korrelat führt und nicht die korrekte oder inkorrekte Wahl. Weiter wird in der Studie belegt, dass Verlustergebnisse unmittelbar zu riskanteren Entscheidungen führten, also zur Wahl der höheren Zahl (◨ Abb. 54.2).

◨ **Abb. 54.2.** Mediofrontale Negativität nach der Rückmeldung über die Richtigkeit einer Wahl (richtig vs. falsch) und Richtung des Ergebnisses (Gewinn vs. Verlust). Die *durchgezogenen Linien* beziehen sich auf richtige Wahlen (d. h., die Wahl der Zahl 5 anstelle der 25 und damit einhergehendem Verlust von 5 Cents anstelle von 25 Cents bei Verlustmeldung und der Zahl 25 anstelle von 5 bei Gewinnmeldung), die *punktierten Linien* auf falsche Wahlen. Die *blauen Linien* repräsentieren elektrophysiologische Reaktionen nach einem Verlust, die *grauen* nach einem Gewinn. Die elektroenzephalographische Messung begann 100 ms vor der Verlust- oder Gewinnmeldung und endete 500 ms später. Die höhere Amplitude im Verlustfalle tritt 200–300 ms nach der Rückmeldung auf

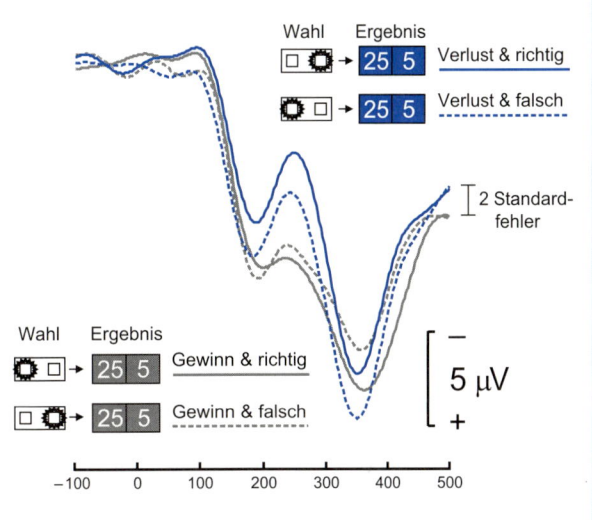

der die Einmaligkeit der Güter ausmachen soll. Die Absatzpolitik nimmt deshalb in Betrieben einen zentralen Stellenwert ein. Um Absatzpolitik effizient zu gestalten, ist die Kenntnis der Bedürfnisse potenzieller Kunden unerlässlich, sodass das Design der Güter, Imagekampagnen, Preisgestaltung und die Wahl der Vertriebswege sowie Werbung und Verkaufsschulungen danach ausgerichtet werden können.

54.3.1 Marketingmix

Zu den Hauptaufgaben der Absatzpolitik bzw. des Marketings eines Unternehmens gehören traditionellerweise die Produkt-, Preis-, Distributions- und Kommunikationspolitik. Die **Produktpolitik** bezieht sich auf Maßnahmen, welche die Gestaltung der Produkte betreffen, die Produktidee, Design und Verpackung. Weiter sind Entscheidungen über den Zeitpunkt der Markteinführung und der Entfernung eines Produktes aus dem Markt zu treffen

und Fragen zum Image zu stellen. Die **Preispolitik** betrifft Maßnahmen, die im Zusammenhang mit Zahlungsströmen für erbrachte Leistungen stehen. Beispielsweise werden Hersteller-Händler-Beziehungen, Überlegungen zu Listenpreisen, Lieferkonditionen etc. angeführt. Aus psychologischer Perspektive stellen sich Fragen zur Preisgestaltung, zur Wirkung von gebrochenen Preisen, zur Illusion der Preis-Qualitäts-Relation und zur Wahrnehmung der Variation von Preisen und vor allem auch Fragen zur Zahlungsart, in bar, mittels Kreditkarten oder über elektronische Verbuchung. Die **Distributionspolitik** bezieht sich auf Absatzwege, auf Entscheidungen über die Absatzmittler, die in die Verteilung der Güter eingeschaltet werden (z. B. Großhandel, Einzelhandel, Versandhandel, Reisende, Handelsvertreter) und auf die Platzierung von Produkten im Geschäft. Die **Kommunikationspolitik** umfasst schließlich jene Maßnahmen, welche die Werbung im klassischen Sinn betreffen. Es stellen sich Fragen zur Wirkung von Werbung auf involvierte bzw. wenig interessierte Konsumenten, zur Wirkung von Emotionen und Sachinhalten in der Werbung und zur Frequenz von Werbeeinschaltungen. Auch der persönliche Verkauf und Verkaufstaktiken, sowie die Öffentlichkeitsarbeit werden zur Kommunikationspolitik gezählt (Kirchler, 2003; Kotler, Armstrong, Saunders & Wong, 2003).

Zu einem erfolgreichen Marketingmix gehören nicht nur Maßnahmen, die Produkt, Preis, Distribution und Kommunikation über ein Gut betreffen, sondern auch die Pflege der Beziehung mit den Kunden, das **Beziehungsmarketing**. Die Zufriedenheit mit dem gekauften Gut muss garantiert werden, um die Loyalität gegenüber dem Unternehmen zu sichern. Erfolgreiche Marketingstrategien zur Kundenpflege sind möglich, wenn Wünsche von potenziellen Käufern und deren Entscheidungsdynamik bekannt sind. Deshalb wird im Folgenden vor allem auf Wünsche und Entscheidungen eingegangen und aufgrund des eng gesetzten Rahmens in diesem Beitrag eine detaillierte Erörterung der Produkt-, Preis-, Distributions- und Kommunikationspolitik ausgespart.

54.3.2 Kaufentscheidungen

Bis in die 1970er Jahre dominierte die Annahme, dass Ausgaben auf einem überlegten Entscheidungsprozess basieren und allenfalls billige und täglich benötigte Güter spontan oder gewohnheitsmäßig gekauft werden.

Rationale Konsumenten streben danach, bei gegebenen Kosten ihren Nutzen zu maximieren, und bei gegebenem Nutzen ihre Kosten zu minimieren. Der Preis von Gütern wird zur Steuergröße des Marktgeschehens: Fällt der Preis, steigt die Nachfrage, und bei steigenden Preisen werden Käufe reduziert. Ob tatsächlich Angebot und Nachfrage sensibel auf Preisänderungen reagieren und der inverse Zusammenhang zwischen Preis und Nachfrage generell gilt, hat bereits Veblen (1899) bezweifelt, als er den Snob-Effekt beschrieb. Danach werden manche Güter dann besonders nachgefragt, wenn der Preis eklatant hoch ist, und Ansprüche dann nicht mehr erfüllt, wenn der Preis von Luxusgütern zu sehr fällt. Weiter haben Konsumenten generell dürftiges Wissen über Preise. Anstatt exakt Preise zu erinnern, wissen sie ungefähr was ein Gut kostet, reagieren entsprechend dem Assimilations-Kontrast-Effekt (Sherif & Hovland, 1961) auf geringe Änderungen nicht und plötzlich auf etwas größere Änderungen besonders stark (El-Sehity, Kirchler & Brandstätter, 2005).

In betriebswirtschaftlich orientierten Lehrbüchern werden Kaufentscheidungen meist als klar strukturierter Entscheidungsprozess beschrieben, der mit einer Phase der Wunschgenerierung beginnt, über die Informationssammlung und Bewertung der Alternativen zum Kauf an sich in eine Nachentscheidungsphase mündet (z. B. Kotler et al., 2003; Solomon, Bamossy & Askegaard, 2001). Der Beginn von Kaufentscheidungsprozessen wird mit der Aktivierung eines Bedarfes, mit einem Bedürfnis oder einer Begierde

nach einem Gut festgesetzt. Nach Belk, Ger und Askegaard (2003) ist ein Bedarf dann gegeben, wenn ein Mangel erlebt wird, wie beispielsweise Hunger. Bedürfnisse sind kognitiv definiert als Ausdruck einer persönlichen Präferenz, verbunden mit Konsumwünschen. Als Begierden bezeichnen die Autoren leidenschaftliche Sehnsüchte, die nach Belk et al. (2003) mit der sozialen Bedeutung von Gütern verbunden sind.

Nach der Aktivierung eines Kaufwunsches werden – laut normativem Modell – Informationen über Alternativen gesammelt. Dabei ist zu berücksichtigen, welche Eigenschaften und Funktionen von Gütern gewertet werden. Dittmar (1992) schreibt Gütern instrumentelle, hedonistische und selbstergänzende Funktionen zu. Die instrumentelle Funktion bezieht sich auf Eigenschaften eines Gutes, die üblicherweise den Grundnutzen darstellen. Nahrungsmittel dienen dazu, den Hunger zu stillen, ein Auto dient der Fortbewegung und Kleider schützen vor Kälte. Hedonistische Funktion erfüllen Güter, wenn sie beim Konsum oder Gebrauch Emotionen auslösen, wie Freude, Stolz und Macht. Durch den Besitz von Gütern, den spezifischen Konsum und den assoziierten Symbolgehalt kann das Selbstbild ergänzt und aufgewertet werden. Beispielsweise kann der Besitz von Accessoires, wie Schmuck und Uhren, die Individualität der Träger unterstreichen, deren Zugehörigkeit zu einer besonderen sozialen Gruppe anzeigen und gleichzeitig zwischen der eigenen und anderen Gruppen differenzieren. Besonders offen zur Schau gestellte Produkte, die Art der in Anspruch genommenen Dienstleistungen und der Konsumstil färben auf das Selbstbild und Image von Konsumenten ab. Objekte der Begierde formen nach Belk et al. (2003) die eigene Identität mit und sind Symbolträger in sozialen Beziehungen. In Wohlstandsgesellschaften, wo die Befriedigung von Grundbedürfnissen gesichert ist, kommt vor allem der hedonistischen und selbstwertergänzenden Funktion von Gütern hohe Bedeutung zu. Belk et al. (2003) untersuchten Sehnsüchte von Konsumenten anhand von Collage-Techniken. Zwei Collagen einer türkischen Frau und eines türkischen Mannes, zeigen recht anschaulich deren Sehnsüchte (◘ Abb. 54.3a und b).

Normativen Entscheidungsmodellen entsprechend sollten Konsumenten danach streben, alle relevanten Informationen über Güteralternativen einzuholen. Fraglich ist, worauf sich die Präferenz bei der Wahl bezieht, auf die momentane Freude, die Freude mit dem Gut in der Zukunft oder gar auf den Verlauf über die Zeit. Kahneman, Wakker und Sarin (1997) weisen darauf hin, dass zwischen dem Nutzen, der im Augenblick der Entscheidung antizipiert wird, und dem erlebten Nutzen beim Konsum differenziert werden muss, und dass es kaum gelingt, Entscheidungen nach dem Nutzen über die Zeit entsprechend zu fällen. Empirische Studien belegen, dass Konsumenten glauben, mehr zu wissen als sie tatsächlich wissen (Alba & Hutchinson, 2000), und dass zu viele Informationen überlasten und die Entscheidungsqualität eher gefährden als optimieren (Kel-

◘ Abb. 54.3a,b. Collagen über Konsumsehnsüchte einer türkischen Frau (**a**) und eines türkischen Mannes (**b**)

ler & Staelin, 1987). Informationsüberflutung entsteht dabei seltener durch die Anzahl vorhandener Alternativen, als durch die Undifferenziertheit der Eigenschaften der verfügbaren Möglichkeiten (Lurie, 2004). Die Komplexität von Entscheidungen, die dadurch zustande kommt, Zeitmangel und fehlende Motivation führen dazu, dass Informationen ausgeblendet und Heuristiken angewandt werden, die manchmal zu fehlerhafter Auswahl führen. Zusätzliche irrelevante Information über Alternativen führen dazu, dass relevante Aspekte weniger gewichtet werden (»Dilution«-Effekt; Meyvis & Janiszewski, 2002). Suboptimal können Entscheidungen auch dann sein, wenn Konsumenten »mentale Konten« über Ausgabenbereiche führen, wenn sie bestimmte Budgetanteile für Lebensmittel, für die Wohnung, für Kleider, Freizeitaktivitäten etc. vorsehen und registrieren, wie hoch der Kontostand gegen Monatsende ist. Allzu leicht fällt es, Ausgaben – auch wenig sinnvolle – zu tätigen, wenn auf dem »mentalen Konto« noch ein ansehnlicher Betrag liegt. Sinnvolle Käufe werden eher vermieden, wenn das budgetierte Geld auf dem entsprechenden »mentalen Konto« bereits ausgegeben wurde (Heath & Soll, 1996).

Im Widerspruch zur Rationaltheorie steht auch ein differenzialpsychologischer Befund. Schwartz et al. (2002) trennen Personen je nach Entscheidungsverhalten in »maximizer« und »satisficer«. Während Maximizer den Anspruch erheben, möglichst viele Alternativen zu kennen, entscheiden sich Satisficer für die erste zufrieden stellende Option. Obwohl Maximizer mehr Alternativen und Informationen berücksichtigen, sind sie häufig mit ihrer Entscheidung unzufriedener und bedauern den Verzicht auf die gewählten Alternativen eher als Satisficer. Ähnliche Ergebnisse berichten Carmon, Wertenbroch und Zeelenberg (2003): Die intensive Auseinandersetzung mit Wahlalternativen führt dazu, dass sich Konsumenten vorstellen, bereits im Besitz dieser Alternative zu sein, und die Entscheidung für eine und gegen alle anderen Alternativen wird als Verlust erlebt.

Sollte die Wahl der optimalen Alternative gelingen, verhalten sich Konsumenten in Folge oft inkonsistent und wählen einmal die präferierte, dann eine andere und später vielleicht wieder die ehemals präferierte Alternative. Auf der Suche nach Abwechslung kaufen sie besonders dann, wenn es um Güter mit hedonistischen Werten geht, in sequenziellen Entscheidungen auch andere Alternativen (McAlister & Pessemier, 1982). Die Freude an der Abwechslung und Sättigungseffekte werden zur Erklärung herangezogen. Allerdings konnten Ratner, Kahn und Kahneman (1999) nachweisen, dass zum Zeitpunkt der Wahl des weniger präferierten Gutes der persönliche Nutzen dieses Gutes hinter dem der beliebtesten Alternative rangiert. Konsumenten verzichteten auf ihre erste Wahl, nicht weil sie bereits gesättigt wären und die Präferenzordnung geändert hätten, sondern weil sie eine abwechslungsreiche Sequenz im Nachhinein positiver bewerteten, als eine monotone Abfolge.

54.3.3 Dynamik von Kaufentscheidungen

In Kaufentscheidungen wird häufig nicht strikt rational vorgegangen. Begrenzte Rationalität kann dazu führen, dass Präferenzen nicht vor, sondern während des Entscheidungsprozesses konstruiert werden (Bettman, Luce & Payne, 1998); abhängig von der Entscheidungskomplexität werden Entscheidungen »abgekürzt« (Prelec, 1991); oder anstelle detaillierter Analysen wird »automatisch« entschieden und im Nachhinein rationalisiert (Bargh, 2002; Bargh & Chartrand, 1999). Bekanntlich suchen Konsumenten nach dem Kauf aktiv mehr Informationen als vorher; wohl um ihr Handeln im Rückblick zu rechtfertigen (Kirchler, 2003; Kotler et al., 2003).

Ob Kaufentscheidungsprozesse nach linear aufeinander folgenden Phasen verlaufen, ist fraglich. Kirchler, Rodler, Hölzl und Meier (2001) untersuchten Entscheidungsprozesse im privaten Haushalt mittels Tagebüchern und stellten fest, dass nicht nur die logische Abfolge der Äußerung eines Wunsches, der Informationsbeschaffung, der Auswahl, des Kaufes und der Nachentscheidungsphase kaum eingehalten wird, sondern manchmal während des Entscheidungsprozesses das Ziel aus den Augen verloren und eine andere als die intendierte Entscheidung realisiert wird (▶ Kasten).

In Tagebuchstudien wurde auch festgestellt, dass Konsumentenentscheidungen nicht als isolierte Ereignisse betrachtet werden können, sondern eingebettet in eine Vielzahl von Aktivitäten ablaufen und von vergangenen Ereignissen abhängen. Beispielsweise wurde festgestellt, dass im privaten Haushalt nicht nur der Partner Einfluss hat, dessen relative Kompetenz und Interesse hoch sind, sondern sich der eher durchsetzt, der in den vergangenen Entscheidungen wenig Sagen hatte.

54.3.4 Glücksspiele

»Sich auf ein Spiel einzulassen«, bedeutet ein Risiko eingehen. Aus wissenschaftlicher Perspektive wird von Glücksspielen gesprochen, wenn ein finanzieller Austausch zwischen Gewinnern und Verlierern auf zukünftigen, nicht exakt vorhersehbaren Ereignissen basiert (Herman, 1976; Lea, Tarpy & Webley, 1987; Lewis, Webley & Furnham, 1995). Bisher wurde vorrangig exzessives Glücksspielverhalten untersucht. Etwa 1% der Spieler werden als Suchtspieler bezeichnet (Dickerson, 1984). Die meisten erleben Glücksspiel als hedonistische Freizeitaktivität (Loroz, 2004).

Glücksspielverhalten kann aus unterschiedlichen Blickwinkeln analysiert werden. Nach ökonomischen Theorien dient das Glücksspiel der Nutzenmaximierung. Dieser Ansatz wurde stark kritisiert (Lewis, Webley & Furnham, 1995), da langfristig die Kosten des Glücksspiels den Nutzen übersteigen und somit Glücksspiele nicht rational erklärbar sind, es sei denn, der erwartete Gewinn ist nicht nur

Auf der Suche nach einem Geburtstagsgeschenk – zur Dynamik von Kaufentscheidungen

Aus den Kaufentscheidungstagebüchern von 40 Paaren (nach Kirchler et al., 2001):

Peter und Maria, 43 bzw. 36 Jahre alt, sind seit 17 Jahren miteinander verheiratet und haben einen 15-jährigen Sohn. Peter arbeitet bei den Bundesbahnen und Maria ist in einer Rechtsanwaltskanzlei beschäftigt. Gemeinsam beraten sie über ein Geburtstagsgeschenk für ihren Sohn. Sie haben eine einfache Entscheidung zu treffen, die allerdings im Laufe der Zeit zu Meinungsverschiedenheiten führt und letztlich zu einem Ziel, das nicht intendiert war. Das eigentliche Ziel, ein Geburtstagsgeschenk, wird nicht realisiert: An einem Sonntag im Sommer verbringen Peter und Maria etwa 4 Stunden miteinander und etwa 1 Stunde lang sprechen sie über die Hausarbeit und Peters Besuch einer Modelleisenbahnausstellung. Ganz besonders verärgert ist Maria, weil Peter ohne auf ihre Meinung zu hören, etwa 170 Euro für eine Modelleisenbahn ausgegeben hat, die für seine Sammlung ist, anstatt das geplante Geschenk im Wert von etwa 70 Euro für ihren Sohn zu kaufen.

Wie kam es zum Kauf und dem nachträglichen Konflikt? Maria vermerkte in ihrem Tagebuch, sie hätte sich mit Peter gestritten, weil er eine Modelleisenbahn für sich gekauft hat, anstatt – wie besprochen – ein Geburtstagsgeschenk für den Sohn. Tatsächlich finden sich in den Eintragungen des Paares zu früheren Zeiten Hinweise auf Diskussionen über eine Modelleisenbahn als Geschenk. Die Diskussion begann an einem Feiertag im August und bezog sich auf die Frage nach einem Geburtstagsgeschenk. Geplant wurde der Kauf einiger Teile einer Modelleisenbahn. Die Ausgaben sollten aber 70 Euro nicht überschreiten. Aus einer weiteren Tagebucheintragung geht hervor, dass Peter und Maria über alltägliche Themen sprachen und am Mittagstisch gemeinsam mit den Kindern den Kauf einer Modelleisenbahn für Peters Sammlung für wenig Geld diskutierten. In einem weiteren Eintrag wurde wieder das Geburtstagsgeschenk erwähnt, Meinungsverschiedenheiten wurden ausgetauscht und dann wurde zu anderen Themen übergegangen. Über einige Tage fanden sich weder in Marias noch in Peters Tagebuch Eintragungen über das Geschenk für den Sohn. Die Angelegenheit mit der Modelleisenbahn – die einmal als passendes und nicht zu teures Geschenk überlegt worden war – wurde aber später durch eine autonome Entscheidung Peters beendet: Er machte sich selbst ein Geschenk und das Geburtstagsgeschenk für den Sohn war erst zu besorgen.

---

finanzieller Art, sondern auch Emotionen zählen dazu (Kanto, Rosenqvist & Suvas, 1992).

Psychologische Theorien beziehen sich vorrangig auf Persönlichkeitsaspekte, wie nicht überwundene Konflikte in der Entwicklung (Ödipuskonflikt; Freud, 1928/1961), die fehlende Fähigkeit, Belohnungen aufzuschieben (Rachlin, 1989), die Illusion von Kontrolle (Langer, 1975; Oldman, 1974) sowie auf Lerntheorien und auf kognitive Theorien zum Entscheidungsverhalten. Während Belege für ein spezifisches Persönlichkeitsprofil von exzessiven Spielern fehlen (Lea, Tarpy & Webley, 1987), lassen sich die Mechanismen der operanten Konditionierung plausibel auf das Verhalten in Glücksspielen übertragen. Wenn beim Spiel gewonnen wird, steigt die Häufigkeit des Spielverhaltens. Dabei wirken besonders hohe, nicht kontinuierliche Gewinne. Amsel (1967) schreibt, ein unerwarteter Gewinn wirkt doppelt, da er einen finanziellen Verstärker darstellt und die erlebte Frustration vergangener Verluste überwinden hilft. Weiter determinieren nach der »reinforcement history hypothesis« (Greenberg & Weiner, 1966) die vergangenen Erfahrungen die Wahl der Risikohöhe. Sowohl Gewinne als auch Verluste erhöhen die Risikosuche, während ein Ausgleich aus Gewinnen und Verlusten zu Risikovermeidung führt. Gewinner glauben an eine Fortsetzung ihrer Glückssträhne, während Verlierer versuchen, ihre Verluste zu reparieren.

54.4 Sparverhalten und Verschuldung

»Geiz ist geil«, verkünden die Imageträger im TV. Wer sich nicht dafür einsetzt, für sein Geld das Maximum an Gütern zu erhalten, ist »blöd«. Schnäppchenjäger sind »in«. Konsum ist gewünscht, aber auch Sparen ist angesagt. Sparen bedeutet den Verzicht auf unmittelbaren Konsum und damit Belohnungsaufschub. Wie schwierig es ist, auf die momentane Gratifikation zu verzichten, auch wenn langfristig eine höhere Belohnung winkt, hat beispielsweise Herrnstein (Rachlin & Laibson, 1997) in seinem Konzept myopischen Verhaltens gezeigt, wonach sich Menschen leicht durch kurzfristige Belohnungen verführen lassen und in Zukunft liegende Belohnungen enorm diskontieren. Trotzdem wird gespart, laut Medienberichten erheblich, vor allem in Zeiten wirtschaftlicher und politischer Unsicherheit.

Finanzielle Entscheidungen im privaten Haushalt betreffen das Geld-, Vermögens- und Anlagemanagement, Ausgaben und Sparen (Ferber, 1973). In Mehrpersonenhaushalten wird zwar häufig über Geld gesprochen, meist aber über Ausgaben und selten über Sparen.

54.4.1 Motive des Sparens

Zum Sparverhalten liegen Arbeiten von Katona (1965) und Schmölders (1966) vor. In neuerer Zeit wurde an der Universität Tilburg, Niederlande, ein groß angelegtes Forschungsprojekt durchgeführt, das sich auf Sparverhalten (Wärneryd, 1999) und Sparen und Verschuldung (Webley, 1994; Webley, Burgoyne, Lea & Young, 2001) bezieht. Vorwiegend wird diskutiert, wie über den Lebenszyklus angespart und entspart wird, und wie private Haushalte Spar- und Anlageentscheidungen treffen. Euwals, Eymann und Börsch-Supan (2004) analysierten beispielsweise Determinanten des Sparens für die letzten Phasen im Lebenszyklus und fanden, dass vorwiegend das Vermögen des Haushaltes, die Meinung des Ehemannes über Sparnotwendigkeiten und die Tatsache, dass auch die Ehefrau eine bezahlte Arbeit verrichtet, für Sparentscheidungen relevant sind.

Warum sparen Leute? Wiswede (2000; s. auch Wärneryd, 1999) nennt unterschiedliche Sparformen, ziele und -motive. Er unterscheidet zwischen kontraaktuellem, also vertraglich festgelegtem, und diskretionärem, also frei nach verfügbarer Geldmenge ausgerichtetem Sparen. Sparen kann der Vorsorge dienen, vor allem der Altersvorsorge, oder für Notzeiten, verursacht durch Krankheit oder Arbeitslosigkeit, gedacht sein. Sparziele können konkret vorgestellte Konsumziele sein (z. B. Auto, Reise), oder es wird für eine Wohnung gespart. Konsumziele können auch vage sein, sodass gespart wird, um sich spätere Konsumwünsche erfüllen zu können. Die Sparmotive, die Wiswede (2000) anführt, sind vorwiegend Sicherheitsmotive, wobei in Wohlfahrtsstaaten weniger eine grundlegende Existenzabsicherung notwendig erscheint, als der Wunsch besteht, den Lebensstandard zu erhalten. Weitere Sparmotive sind das Bedürfnis nach Kontrolle über die eigene Lebenssituation und Autonomie, Leistungsstreben, mit dem Ziel, möglichst hohe Erträge zu erzielen, und Prestigemotive, wobei angenommen wird, dass ein geschickter Umgang mit Geld und Reichtum Anerkennung und Ansehen sichern. Neben diesen Motiven scheinen intrinsische Motive, Sparen um des Sparen willens, und altruistische Motive, wie Vorsorge für Partner und Kinder, zu bestehen. Allerdings meint Wiswede (2000), dass die letzten zwei Motive heute seltener sind als in der Vergangenheit. Eine Umfrage in Österreich, die am 30. März 2004 in der »Die Presse« berichtet wurde, gibt ihm Recht: »Opa und Oma werden Hedonisten«; 68% der über 50-Jährigen geben ihr Geld lieber für sich selbst aus, als dass sie für ihre Erben sparen wollten.

54.4.2 Kredit, Verschuldung und Überschuldung

Sparen scheint die Kehrseite von Ausgeben zu sein. Auch die Aufnahme von Krediten wird häufig als Gegenteil von Sparen bezeichnet. Dabei ist die Kreditaufnahme, zumin-

dest wenn es um Investitionsgüter geht, wie die Anschaffung von Wohnraum, volkswirtschaftlich betrachtet durchaus sinnvoll. Allerdings bergen Kredite in einer auf Hedonismus und unmittelbare Bedürfnisbefriedigung ausgerichteten Gesellschaft auch Gefahren der Verschuldung.

Mit dem Wandel von Werten und der »Tendenz zur Hedonisierung« (Wiswede, 2000) steigt die Bereitschaft, Kredite in Anspruch zu nehmen. Engel, Blackwell und Miniard (1993) berichten amerikanische Statistiken, wonach 82% der Bevölkerung meinen, es sei in Ordnung, Geld zu borgen, wenn ein Auto angeschafft wird oder Arztkosten beglichen werden müssen; 79% sind für die Aufnahme eines Kredites, um die Ausbildung zu finanzieren; 19% finden es nicht weiter bedenklich, Hobbys über einen Kredit zu finanzieren, und 5% sind der Meinung, auch Schmuck und Pelze könnten vorerst von der »Bank bezahlt« werden. Vor allem Jugendliche stehen der Aufnahme von Krediten bei Neuanschaffungen relativ positiv gegenüber. Gemittelt über verschiedene Ausgabenbereiche (z. B. Autos, Hobbys, Urlaub, Schmuck) meinen 57% der unter 25-Jährigen, es sei in Ordnung, einen Kredit aufzunehmen. Der Prozentsatz positiver Einstellungen nimmt mit zunehmendem Alter ständig ab und sinkt, ausgehend von über 50% in der Gruppe der 25- bis 34-Jährigen, auf 35% bei den über 65 Jahre alten Personen.

Die Aufnahme von Krediten, Käufe über Kreditkarten und Leasing bedeuten Schulden. Laut Schönbauer (1990) ist in Österreich jeder dritte Haushalt verschuldet. Verschuldung bedeutet nicht mehr, als dass Kredite zurückgezahlt werden müssen und die Rückzahlung im Rahmen der Möglichkeiten des Haushaltes gehalten ist. Mit Überschuldung wird hingegen die dramatische Lage bezeichnet, in der die Rückzahlung nicht mehr möglich ist. Schönbauer verzeichnet in den 1990er Jahren eine Verdoppelung der Überschuldung und einen erhöhten Bedarf an strategischer Beratung seitens der Schuldnerberatungsstellen (s. Schwarze, 1999).

Warum fällt es Konsumenten schwer, trotz steigenden Wohlstandes und steigender Einkommen mit ihrem Gehalt auszukommen? In einer Studie von Lea, Webley und Levine (1993), in welcher Personen ohne Schulden, solche mit geringen Schulden und ernsthaft verschuldete Personen teilnahmen, konnte festgestellt werden, dass die persönliche Verschuldung vor allem mit der finanziellen Armut der Betroffenen korreliert. Personen mit geringem Einkommen stecken eher in tiefen Schulden als Angehörige der besser verdienenden Schichten. Als Verschuldungsgründe werden Armut und seltener unverantwortliche Ausgaben, leichtsinnige Budgetierung des Einkommens und andere internale, persönliche Ursachen angeführt. Livingstone und Lunt (1992) untersuchten Unterschiede zwischen Personen ohne Kreditschulden und solchen mit Rückzahlungslasten und fanden, dass Jugendliche, Personen mit positiven Einstellungen zur Kreditaufnahme und solche, die Konsumation als belohnend erleben, eher verschuldet sind als ältere Personen. Die Höhe der Schulden hängt von finanziellen, soziodemographischen und psychologischen Variablen, vor allem aber von der Höhe des Einkommens der Schuldner ab.

Die Anschaffung von Wohnraum, eines Autos, die Finanzierung von Aus- und Weiterbildung wird dann, wenn das Eigenkapital nicht reicht, über Bankkredite zu lukrativen Konditionen leicht gemacht. Die Einschätzung der Bonität von Kunden mag zwar ein komplexer Entscheidungsprozess sein mit der Intention, nicht nur die Vorteile des eigenen Institutes zu optimieren, sondern auch die Möglichkeiten von Kunden zu respektieren. Aber erfassen die geforderten Informationen auch längerfristige Entwicklungen in privaten Haushalten? Werden neben ökonomischen auch psychologische Variablen, Bedürfnisse und der erlebte Nutzen von Anschaffungen, genügend berücksichtigt und vor allem deren Änderungen im Laufe der Zeit antizipiert?

54.4.3 Kreditnahme und Folgen

Ein Paar, das von einer Eigentumswohnung träumt, könnte endlich das Wohnobjekt gefunden haben, welches seinen Ansprüchen genügt. Wenn der Preis die Eigenmittel übersteigt und um einiges über den budgetierten Ausgaben liegt, dann könnte die verkaufspsychologisch klug angebotene Finanzierung über einen Bankkredit die ursprünglichen Bedenken leicht ausräumen und die Freude am Objekt die im Rückblick angesagt erscheinende Vorsicht überdecken. Wer findet, was er angestrengt gesucht hat, freut sich. Die Freude oder der subjektive Nutzen am Wohnobjekt mag anfangs groß sein. Die Rückzahlungsraten für den notwendigen Kredit mögen unmittelbar vor dem Kauf problemlos erscheinen. Allerdings ist anzunehmen, dass früher oder später die Eigentumswohnung zur Selbstverständlichkeit wird und die anfängliche Freude sinkt. In einer Konsumgesellschaft, die predigt, den »Tag zu leben«, dürften bald die Wünsche nach neuen Gütern, die das Leben lebenswert machen, wachsen. Die Rückzahlungsraten, die einen manchmal erheblichen Einkommensanteil binden, werden zunehmend lästiger erlebt. Um aus der Enge der eigenen Möglichkeiten auszubrechen, ist die Aufnahme weiterer Finanzmittel notwendig. Wenn der Wunsch nach neuen Gütern wächst, kann dann, wenn die eigenen Mittel knapp sind, die Bereitschaft zu riskanter weiterer Kreditaufnahme zunehmen. Die Verschuldungsfalle droht, wenn die Freude an einem Objekt im Laufe der Zeit sinkt, der Druck der Rückzahlungsraten steigt und der Wunsch nach Neuem zunimmt.

Ein Blick zurück in die Zeit der Wohnungsanschaffung lehrt, dass die Freude oder der subjektive Nutzen am Wohnungseigentum über die Zeit ungenügend diskontiert wurde und die Unlust oder die Kosten der Rückzahlungsraten über die Zeit zu gering eingeschätzt wurden. Theoretische und empirische Belege für eine ungenügende Diskontierung kommen von Kahneman et al. (1997), die zwischen dem antizipierten und tatsächlich erlebten Nutzen unterscheiden. Loewenstein, O'Donoghue und Rabin (2003) zeigen, dass Menschen zu sehr überzeugt sind, dass die aktuellen Präferenzen ihren zukünftigen Wünschen entsprechen. Besonders interessant erscheinen die Überlegungen von Coombs und Avrunin (1977) und Hastie und Dawes (2001), die argumentieren, dass gute Aspekte einer Alternative sättigen, aber unangenehme eskalieren. Wenn zu Beginn der subjektiv antizipierte Nutzen der Wohnung weit über den erlebten antizipierten Kosten der Rückzahlungsraten lag, so könnte sich längerfristig die Relation umkehren, sodass die subjektive Last der Rückzahlungsraten die Freude am Eigentum übertrifft. Es ist unwahrscheinlich, dass Kreditverkäufer die subjektive Diskontierung von Nutzen und Kosten berücksichtigen können und wollen, und es ist gleichsam unwahrscheinlich, dass sich Konsumenten, die von der aktuellen Lust am gewünschten Objekt geblendet sind und die Kosten der Rückzahlungsraten in die Zukunft hinausschieben, von der Möglichkeit sofort zu genießen und später zu bezahlen, abhalten lassen.

Literatur

Referenzliteratur

Kirchler, E. (2003). *Wirtschaftspsychologie* (3. Aufl.). Göttingen: Hogrefe.

Lea, S.E.G., Tarpy, R.M. & Webley, P. (1987). *The individual in the economy: a survey of economic psychology*. Cambridge: Cambridge University Press.

Solomon, M., Bamossy, G. & Askegaard, S. (2001). *Konsumentenverhalten. Der europäische Markt*. München: Pearson Studium.

Wärneryd, K.-E. (1999). *The psychology of saving. a study on economic psychology*. Cheltenham: Edgar Elgar.

Zitierte Literatur

Alba, J.W. & Hutchinson, J.W. (2000). Knowledge calibration: what consumers know and what they think they know. *Journal of Consumer Research, 27*, 123–156.

Amsel, A. (1967). Partial reinforcement effects on vigor and persistence. In K.W. Spence & J.T. Spence (Eds.), *The psychology of learning and motivation* (pp. 2–65). New York: Academic Press.

Antonides, G. (1991). *Psychology in economics and business*. Dordrecht: Kluwer.

Bargh, J.A. & Chartrand, T.L. (1999). The unbearable automaticity of being. *American Psychologist, 54*, 462–479.

Bargh, J.A. (2002). Losing consciousness: automatic influences on consumer judgment, behavior, and motivation. *Journal of Consumer Research, 29*, 280–285.

Belk, R.W., Ger, G. & Askegaard, S. (2003). The fire of desire: a multisided inquiry into consumer passion. *Journal of Consumer Research, 30*, 326–351.

Bell, D.E. (1982). Regret in decision making under uncertainty. *Operations Research, 30*, 961–981.

Bettman, J.R., Luce, M.F. & Payne, J.W. (1998). Constructive consumer choice processes. *Journal of Consumer Research, 25* (3), 187–217.

Carmon, Z., Wertenbroch, K. & Zeelenberg, M. (2003). Option attachment: when deliberating makes choosing feel like loosing. *Journal of Consumer Research, 30*, 15–29.

Clark, J.M. (1918). Economics and modern psychology. *The Journal of Political Economy, 26,* 1–30.

Coombs, C.H. & Avrunin, G.S. (1977). Single-peaked functions and the theory of preference. *Psychological Review, 84,* 216–230.

Dickerson, M.G. (1984). *Compulsive gamblers.* London: Longman.

Dittmar, H. (1992). *The social psychology of material possessions: to have is to be.* Hertfordshire: Harvester Wheatsheaf.

Earl, P. & Kemp, S. (Eds.). (1999). *The Elgar companion to consumer research and economic psychology.* Cheltenham: Edward Elgar.

El-Sehity, T., Kirchler, E. & Brandstätter, E. (2005). Preiswahrnehmung. In D. Frey, L. von Rosenstiel & C. Graf Hoyos (Hrsg.), *Wirtschaftspsychologie* (S. 291–294). Weinheim: Beltz.

Engel, J.F., Blackwell, R.D. & Miniard, P.W. (1993). *Consumer behavior.* Fort Worth: Dryden Press.

Euwals, R., Eymann, A. & Börsch-Supan, A. (2004). Who determines household savings for old age? Evidence from Dutch panel data. *Journal of Economic Psychology, 25,* 195–211.

Fehr, E. & Schwarz, G. (Hrsg.). (2002). *Psychologische Grundlagen der Ökonomie.* Zürich: Verlag Neue Zürcher Zeitung.

Ferber, R. (1973). Familiy decision making and economic behavior. In E. Sheldon (Ed.), *Familiy economic behavior* (pp. 29–61). Philadelphia: Lippincott.

Ferrari, L. & Romano, D.F. (1999). *Mente e Denaro. Introduzione alla psicologia economica.* Milano: Raffaello Cortina.

Freud, S. (1928/1961). Dostoevsky and parricide. In J. Strachey (Ed.), *The standard edition of the complete psychological works of Freud* (Vol. 21). London: Hogarth.

Frey, B. (1999). *Economics as a science of human behavior: towards a new social science paradigm* (2nd extended ed.). Boston: Kluwer.

Frey, B. (Ed.). (2001). *Inspiring economics.* Cheltenham: Edward Elgar.

Gehring, W.J. & Willoughby, A.R. (2002). The medial frontal cortex and rapid processing of monetary gains and losses. *Science, 295,* 2279–2282.

Gravelle, H. & Rees, R. (1981). *Microeconomics.* London: Longman.

Greenberg, M.E. & Weiner, B. (1966). Effects of reinforcement theory upon risk-taking behavior. *Journal of Experimental Psychology, 71,* 587–592.

Hastie, R. & Dawes, R.M. (2001). *Rational choice in an uncertain world. The psychology of judgment and decisions making.* Thousand Oaks: Sage.

Heath, C. & Soll, J.B. (1996). Mental budgeting and consumer decisions. *Journal of Consumer Research, 23,* 40–52.

Herman, R.D. (1976). *Gamblers and gambling.* Lexington, MA: Heath.

Kahneman, D. (2003). Experiences of collaborative research. *American Psychologist, 58,* 723–730.

Kahneman, D. & Tversky, A. (1979). Prospect theory: an analysis of decision under risk. *Econometrica, 47,* 263–291.

Kahneman, D., Slovic, P. & Tversky, A. (1982). *Judgement under uncertainty: heuristics and biases.* New York: Cambridge University Press.

Kahneman, D., Wakker, P.P. & Sarin, R. (1997). Back to Bentham? Explorations of experience utility. *Quarterly Journal of Economics, 112,* 375–405.

Kanto, A.J., Rosenqvist, G. & Suvas, A. (1992). On utility estimation of racetrack betters. *Journal of Economic Psychology, 13,* 491–498.

Katona, G. (1951). *Psychological analysis of economic behavior.* New York: Elsevier.

Katona, G. (1965). *Private pensions and individual saving.* Ann Arbor: University of Michigan Press.

Katona, G. (1975). *Psychological economics.* New York: Elsevier.

Keller, K.L. & Staelin, R. (1987). Effects of quality and quantity of information on decision effectiveness. *Journal of Consumer Research, 14,* 200–213.

Kirchler, E. (2003). *Wirtschaftspsychologie* (3. Aufl.). Göttingen: Hogrefe.

Kirchler, E. & Hölzl, E. (2003). Economic psychology. *International Review of Industrial and Organizational Psychology, 18,* 29–80.

Kirchler, E., Rodler, C., Hölzl, E. & Meier, K. (2001). *Conflict and decision making in the close relationships.* Hove: Psychology Press.

Kotler, P., Armstrong, G., Saunders, J. & Wong, V. (2003). *Grundlagen des Marketing* (3. Aufl.). München: Pearson Studium.

Langer, E.J. (1975). The illusion of control. *Journal of Personality and Social Psychology, 32,* 311–328.

Lea, S.E.G., Tarpy, R.M. & Webley, P. (1987). *The individual in the economy: a survey of economic psychology.* Cambridge: Cambridge University Press.

Lea, S.E.G., Webley, P. & Levine, R.M. (1993). The economic psychology of consumer debt. *Journal of Economic Psychology, 14,* 85–119.

Leahey, T.H. (2003). Herbert A. Simon. Nobel Prize in economic sciences, 1978. *American Psychologist, 58,* 753–755.

Lewis, A., Webley, P. & Furnham, A. (1995). *The new economic mind. The social psychology of economic behaviour.* New York: Harvester Wheatsheaf.

Livingstone, S.M. & Lunt, P.K. (1992). Predicting personal debt and debt repayment: psychological, social and economic determinants. *Journal of Economic Psychology, 13,* 111–134.

Loewenstein, G., O'Donoghue T. & Rabin, M. (2003). Projection bias in predicting future utility. *The Quarterly Journal of Economics, 118,* 1209–1248.

Loomes, G. & Sugden, R. (1982). Regret theory: an alternative theory of rational choice under uncertainty. *Economic Journal, 92,* 805–824.

Loroz, P.S. (2004). Golden-age gambling: psychological benefits and self-concept dynamics in aging consumers' consumption experiences. *Psychology and Marketing, 21* (5), 323–349.

Lurie, N.H. (2004). Decision making in information-rich environments: the role of information structure. *Journal of Consumer Research, 30,* 473–486.

McAlister, L. & Pessemier, E. (1982). Variety seeking behavior: an interdisciplinary review. *Journal of Consumer Research, 9,* 311–322.

Meyvis, T. & Janiszewski, C. (2002). Consumers's beliefs about product benefits: the effect of obviously irrelevant product information. *Journal of Consumer Research, 28,* 618–635.

Mitchell, W.C. (1914). Human behavior and economics: a survey of recent literature. *The Quarterly Journal of Economics, 29,* 1–47.

Münsterberg, H. (1912). *Psychologie und Wirtschaftsleben. Ein Beitrag zur angewandten Experimentalpsychologie.* Leipzig: Barth.

Oldman, D.J. (1974). Chance and skill: a study of Roulette. *Sociology, 8,* 407–426.

Prelec, D. (1991). Values and principles: some limitations on traditional economic analysis. In A. Etzioni & P.R. Lawrence (Eds.), *Socioeconomics: Toward a New Synthesis.* New York: Sharpe.

Rachlin, H. & Laibson, D.I. (Eds.). (1997). *Herrnstein, R.J. The matching law. Papers in psychology and economics.* New York: Russell Sage Foundation.

Rachlin, H. (1989). *Judgement, decision, and choice.* New York: Freeman.

Ratner, R.K., Kahn B.E. & Kahneman, D. (1999). Choosing less-preferred experiences for the sake of variety. *Journal of Consumer Research, 26,* 1–15.

Schmölders, G. (1966). *Psychologie des Geldes.* Reinbek: Rowohlt.

Schönbauer, U. (1990). Konsumentenkredite, zwischen Wunderwelt und Offenbarungseid. In Institut für Gesellschaftspolitik (Hrsg.), *Privatverschuldung in Österreich.* Wien: Institut für Gesellschaftspolitik.

Schwartz, B., Ward, A., Monterosso, J., Lyubomirsky, S., White, K. & Lehman D. R. (2002). Maximizing versus satisficing: happiness is a matter of choice. *Journal of Personality and Social Psychology, 83* (5), 1178–1197.

Schwarze, U. (1999). *Schuldnerkrisen: Institutionelle Problembearbeitung zwischen Sozialberatung und Finanzmanagement. Ergebnisse einer empirischen Analyse zu Wegen aus Armut und privater Überschuldung* (Arbeitspapier Nr. 55 Sonderforschungsbereich 186 der Universität Bremen). Bremen: Universität.

54

Sherif, M. & Hovland, C.I. (1961). *Social judgement*. New Haven: Yale Press.

Simon, H.A. (1955). A behavioral model of raional choice. *Quarterly Journal of Economics, 69*, 99–118.

Smith, A. (1776/1970). *The wealth of nations*. Harmondsworth: Penguin.

Solomon, M., Bamossy, G. & Askegaard, S. (2001). *Konsumentenverhalten. Der europäische Markt*. München: Pearson Studium.

Strümpel, B. & Katona, G. (1983). Psychologie gesamtwirtschaftlicher Prozesse. In M. Irle & W. Sussmann (Hrsg.), *Handbuch der Psychologie. Marktpsychologie*. Göttingen: Hogrefe.

Tarde, G. (1902). *La psychologie économique*. Paris: Alcan.

Thaler, R.H. (1980). Toward a positive theory of consumer choice. *Journal of Economic Behavior and Organization, 1*, 39–60.

Todd, P.M. & Gigerenzer, G. (2003). Bounding rationality to the world. *Journal of Economic Psychology, 24*, 143–165.

Tversky, A. & Kahneman, D. (1973). Availability: a heuristic for judging frequency and probability. *Cognitive Psychology, 5* (2), 207–232.

Tversky, A. & Kahneman, D. (1981). The framing of decisions and psychology of choice. *Science, 211*, 453–458.

Tversky, A. & Kahneman, D. (1992). Advances in prospect theory: cumulative representation of uncertainty. *Journal of Risk and Uncertainty, 5*, 297–323.

Van Raaij, W.F., van Veldhoven, G.M. & Wärneryd, K.-E. (Eds.). (1988). *Handbook of economic psychology*. Dordrecht: Kluwer.

Veblen, T. (1899). *The theory of the leisure class*. New York: MacMillan.

Wärneryd, K.-E. (1999). *The psychology of saving. A study on economic psychology*. Cheltenham: Edgar Elgar.

Webley, P. (1994). *The role of economic and psychological factors in consumer debt* (VSB-CentER Savings Project. Report 21). Tilburg University: Center for Economic Research.

Webley, P., Burgoyne, C.B., Lea, S.E.G. & Young, B.M. (2001). *The economic psychology of everyday life*. Hove: Psychology Press.

Wiswede, G. (2000). *Einführung in die Wirtschaftspsychologie*. München: UTB.

Zimbardo, P.G. (1995). *Psychologie*. Berlin: Springer.

55 Medien- und Kommunikationspsychologie

F.W. Hesse, S. Schwan

55.1 Medien: Instrumente der Kommunikation

Es gibt kaum einen Bereich des heutigen Lebens, der nicht von den Medien geprägt ist – seien es die Massenmedien (wie Fernsehen, Rundfunk und Zeitungen) oder Medien zur Unterstützung der persönlichen, individuellen Kommunikation (beispielsweise Telefon, Brief oder E-Mail). So kann es sein, dass während der Lektüre dieser Zeilen das Telefon klingelt, das Radio läuft oder man die Lektüre unterbricht, um zusätzlich im Internet zu recherchieren, und so ganz selbstverständlich die verschiedensten Medien nutzt.

Der immense Einfluss, den die Medien auf unser Leben haben, lässt sich auch kulturhistorisch am Übergang von schriftlosen zu schriftlichen Kulturen zeigen: So kann in engem Zusammenhang damit beispielsweise die Entstehung von Rechtssystemen und einem Vertragswesen gesehen werden – durch die schriftliche Fixierung der Inhalte konnten alle Beteiligten immer wieder nachlesen, was vor geraumer Zeit vereinbart wurde. Dieser Übergang von der mündlichen zur schriftlichen Kultur löste geradezu eine intellektuelle Revolution aus, wie beispielsweise Walter Ong (1982) zeigen konnte. Dafür gibt es drei Ursachen:

1. **Erweiterung des Adressatenkreises:** Durch die schriftliche Fixierung, die Permanenz, ist die jeweils mitgeteilte Information nicht auf diejenigen beschränkt, die in der aktuellen Situation anwesend sind; es ist möglich, sowohl zeitliche als auch räumliche Distanzen zu überbrücken und so einen wesentlich größeren Adressatenkreis zu erreichen. Dadurch kann die Information eine viel höhere »Wirksamkeit« entfalten.

2. **Wissensakkumulation:** Letztlich kommt es durch die Speicherung und Übertragung von Informationen mittels Medien zu einer Wissensakkumulation: Es sammelt sich im Lauf der Zeit ein immer umfangreicheres, kulturell verfügbares Wissen an.

3. **Wiederholte Inspizierbarkeit, Verfeinerbarkeit:** Informationen, Ideen und Wissen können zudem immer wieder neu inspiziert und im Zuge dessen auch verfeinert werden. Eine Person entwickelt eine Idee und publiziert sie, diese Idee wird von anderen aufgegriffen, kritisiert, überarbeitet und erneut zur Diskussion gestellt. Ideen werden durch Medien also nicht nur unter die Leute gebracht, sondern in einen Zyklus der Veränderung, Verbesserung und Diversifizierung eingespeist.

Durch die Verbreitung und die stetige (Weiter-)Entwicklung der Medien hat sich unser Kommunikationsverhalten entscheidend verändert. Medien beeinflussen auch unsere Wahrnehmung, unser Denken und unsere Gefühle. Die

Aufgabe der Medienpsychologie ist es, die psychischen Zustände und Vorgänge sowohl auf der Medienproduzenten- wie auch auf der Mediennutzerseite zu erforschen, zu beschreiben und zu erklären. Dazu werden Ansätze anderer psychologischer Disziplinen aufgegriffen, aber auch eigene spezifische Modelle der Mediennutzung, -wirkung und -produktion entwickelt. Obwohl diese Disziplin im Vergleich zu anderen psychologischen Teilgebieten noch recht jung ist, konnte sich die Medienpsychologie bereits als eigenständiger Zweig der Psychologie – mit eigenen Zeitschriften, Lehrbüchern und Kongressen – etablieren.

55.1.1 Was sind Medien?

Um Medienpsychologie betreiben zu können, muss man sich zunächst darüber verständigen, was unter dem Begriff »Medien« zu verstehen ist. Was also haben die verschiedenen Medien gemeinsam, was ist das entscheidende Charakteristikum, um die Bezeichnung »Medium« zu rechtfertigen?

Medien spielen grundsätzlich dann eine Rolle, wenn es darum geht, zwischen Personen Zeichen – also Informationen – zu übertragen; mit anderen Worten: Medien sind Mittel bzw. Instrumente der Kommunikation. Man könnte auch sagen, dass Medien das materielle Substrat der Kommunikation darstellen. Diesen Substratbegriff kann man nun sehr weit fassen. Bereits die Luft, die sich zwischen zwei Gesprächspartnern befindet, ist in diesem Sinn ein Kommunikationsmedium, das Schall und Licht von einem Menschen zum anderen überträgt.

Die typische Mediendefinition aber ist enger gefasst: Von einem Medium wird dann gesprochen, wenn sich die Informationsübertragung bestimmter Techniken oder Materialien bedient. Das können ganz einfache Materialien sein, z. B. Stift und Notizzettel oder Kreide und Tafel, aber auch komplizierte, aufeinander abgestimmte technische Systeme wie beispielsweise bei dem Zusammenspiel von Software, Computer und Netzwerk in der computergestützten Kommunikation.

Die unterschiedlichen Medien funktionieren natürlich nicht alle gleich; jedes Medium hat seine Spezifika, durch die es sich von den anderen abgrenzt. Man kann diese Besonderheiten als Beschränkungen beschreiben, denen die jeweilige Informationsübertragung unterworfen ist:
- Ein **Bild** beispielsweise ist statisch und kann weder Bewegung abbilden noch Geräusche übermitteln.
- Ein **Film** bildet zwar Bewegung und Geräusche ab, kann aber ohne die entsprechenden technischen Vorrichtungen nicht betrachtet werden.
- Den Text in einem **Buch** kann man nach dem Druck nicht mehr verändern.
- Eine **Schiefertafel** erlaubt zwar permanente Änderungen der Aufzeichnungen, ist aber sehr unhandlich und erlaubt keine Vervielfältigung der Inhalte.

Jedes Medium hat also im Hinblick auf eine bestimmte Kommunikationsabsicht seine besonderen Stärken und Schwächen und setzt jeweils unterschiedliche Kompetenzen bei Produktion und Rezeption voraus.

55.1.2 Massenkommunikation und Individualkommunikation

Eine weitere wichtige Unterscheidung betrifft das jeweilige Verhältnis zwischen dem Sender einer Information und deren Adressaten. Hierbei lassen sich zwei Grundformen unterscheiden:
- **Massenmedien**, bei denen der Informationsfluss von einem Sender zu vielen Empfängern läuft, die selbst keine oder nur sehr eingeschränkte Möglichkeiten haben, kommunikativ auf den Sender Einfluss zu nehmen. Beispiele sind Bücher, Zeitungen und Zeitschriften, das Fernsehen oder der Rundfunk.
- **Medien der Individualkommunikation**, bei denen der Informationsfluss in beide Richtungen läuft. Beispiele sind das Telefon, Briefe, E-Mail, eine Videokonferenz oder ein Chatroom.

Die Anzahl der potenziellen Empfänger ist bei Massenmedien selbstverständlich um ein Vielfaches höher als bei Medien der Individualkommunikation – beispielsweise erreicht man mit einer Fernsehsendung wesentlich mehr Personen als über das Telefon. Hinzu kommt, dass bei der Individualkommunikation die Empfänger typischerweise persönlich bekannt oder zumindest für den Sender identifizierbar sind. Man kann die Adressaten persönlich benennen und kennt bestimmte individuelle Eigenschaften der Angesprochenen (und sei es nur der Name oder das Gesicht). Massenkommunikation dagegen richtet sich an eine abstrakte Empfängergruppe.

Da Individualkommunikation nicht unidirektional vom Verfasser der Medienbotschaft zum Empfänger, sondern bidirektional verläuft, sind alle Teilnehmer der Kommunikation außerdem zugleich Sender und Empfänger. Die Beteiligten benötigen also nicht nur Kompetenzen zum Verstehen von Zeichen, sondern auch für deren Produktion – sie müssen Botschaften nicht nur lesen, sondern auch schreiben können.

Der Prototyp der Individualkommunikation ist die medienfreie Kommunikation von Angesicht zu Angesicht, die Face-to-Face-Kommunikation. Eine solche **Face-to-Face-Kommunikation** lässt sich definieren als »Prozess, bei dem zwei oder mehr koorientierte und wechselseitig kontingent interagierende Akteure auf der Basis ähnlicher Situations- und Zeichendefinitionen einander Informationen mit Hilfe systematisch kovariierender verbaler und nonverbaler Kommunikationsmodi mit dem Ziel vermitteln, der (die) Interaktionspartner möge(n) das Gemeinte verstehen und das Gewollte tun« (Winterhoff-Spurk, 2004, S. 11).

55

Kernpunkt ist also der enge wechselseitige Bezug der Kommunikationsbeteiligten; er betrifft

- die gegenseitige Aufmerksamkeit (Koorientierung),
- das zugrunde liegende Wissen (ähnliche Situationsdefinition),
- den eigentlichen Informationsaustausch (kontingente Interaktion) und
- die Folgen (gegenseitiges Verstehen und Einflussnahme).

Diese Kriterien gelten auch für die medial vermittelte Individualkommunikation; wie aber versteht man die in den Massenmedien präsentierten Inhalte, und wie versteht man sich gegenseitig, wenn man medienvermittelt kommuniziert? In welchen Situationen entscheiden sich Menschen dafür, bestimmte Medien zu nutzen – und warum? Wie sollten Medien gestaltet sein, um dieses Verstehen zu gewährleisten und zu verbessern? Wie verändert sich die Kommunikation, wenn sie nicht von Angesicht zu Angesicht, sondern über ein Medium vermittelt abläuft? Wie ist hier der Kommunikationsverlauf organisiert, welche Probleme treten auf, und wie können sie gelöst werden? Und schließlich: Welche langfristigen psychologischen Wirkungen können Medien entfalten?

Diese Fragen werden im Rahmen dieses Beitrags aufgeworfen und – natürlich nicht erschöpfend – anhand verschiedener Theorien und Befunde der Medienpsychologie, der Sozialpsychologie und der Psycholinguistik diskutiert.

55.2   Medien verstehen

In unserer Kultur wird ein Großteil des Wissens nicht in unmittelbarer Erfahrung erworben, sondern durch die Medien vermittelt. Was der durchschnittliche Bürger etwa über den Irak-Krieg oder den Treibhauseffekt weiß, hat er weitgehend Zeitungen, dem Fernsehen oder dem Internet entnommen. Diese Medien können Informationen personen-, raum- und zeitunabhängig verfügbar machen und sind deshalb eine universelle Informationsquelle. Die Medien spielen also für unser Wissen eine zentrale Rolle; Medieninhalte, die man »zur Kenntnis genommen« hat, werden jedoch nicht automatisch mental auch so verarbeitet, dass man sie behält, also überdauernd in die eigene Wissensstruktur integriert. Man muss die Medieninhalte dazu nicht nur verstehen *können*, man muss sie auch verstehen *wollen* – Verstehen ist demnach nicht nur eine Frage der Kompetenz, sondern auch der Motivation. Zumindest bei den Massenmedien kann man diese Bereitschaft, sich mit den dargebotenen Inhalten auseinanderzusetzen, allein schon aufgrund der unüberschaubaren Flut an Informationen nicht immer voraussetzen.

Zudem wird der Aufwand, der zur Verarbeitung medial präsentierter Informationen aufgebracht werden muss, oft nicht richtig eingeschätzt – vor allem bei audiovisuellen

Medien. Im Zuge der Informationsverarbeitung werden Medieninhalten kognitive Verarbeitungsressourcen zugewiesen; werden diese Ressourcen überschritten, dann ist das Arbeitsgedächtnis überlastet, sodass der Medieninhalt gar nicht oder nur fehlerhaft verarbeitet werden kann.

Schon damit etwas **behalten** wird, sind also grundlegende, durchaus komplexe kognitive Prozesse der Verarbeitung und Interpretation erforderlich:

- Es muss eine angemessene Aufmerksamkeit gewährleistet sein, die – am Beispiel des Fernsehens – eine Verteilung kognitiver Ressourcen auf den visuellen und den auditiven Sinneskanal beinhaltet.
- Der Medieninhalt muss enkodiert und in bestehende Wissensbestände integriert werden.

Im Gegensatz zum einfachen Behalten ist **Verstehen** ein weit komplexerer Vorgang; wann z. B. hat man eine Kriminalgeschichte »verstanden«? Wenn man den Tathergang rekonstruiert, den Täter gefunden, seine Motive erkannt und begriffen hat, wie ihm der Kommissar auf die Spur gekommen ist? In der Verstehensforschung werden solche Repräsentationen als Situationsmodelle beschrieben (Zwaan, Langston & Graesser, 1995). Bei Sachthemen spricht man von mentalen Modellen. Wenn ein Kind aufgrund eines Beitrag in der »Sendung mit der Maus« verstanden hat, wie ein Kaffeeautomat funktioniert, dann hat es dafür ein mentales Modell entwickelt. Die angemessene Interpretation von Medieninhalten erfordert somit eine Reihe weitergehender Kompetenzen, die erst im Verlauf einer entsprechenden Mediensozialisation erworben werden.

Welche Rolle die Motivation dabei spielt, lässt sich leicht zeigen. Würde man eine Stichprobe von Fernsehzuschauern mit dem Befund konfrontieren, dass im Schnitt nur ein Viertel der Nachrichtenbeiträge im Fernsehen behalten werden, wären sie vermutlich nicht sonderlich überrascht: Sie würden darauf verweisen, dass in den Nachrichten eben viele uninteressante Beiträge gezeigt werden, und wären wohl eher über psychologische Studien verwundert, in denen Nachrichtensendungen wie eine Art Prüfungsstoff behandelt werden, den der Zuschauer möglichst genau wiedergeben können soll. Das Nichtbehalten von Informationen ist also nicht unbedingt ein kognitives Defizit, sondern kann vielmehr als Zeichen eines rationalen Umgangs mit den Medien aufgefasst werden, denn die Informationsflut, mit der wir konfrontiert werden, zwingt zu einer Auswahl.

Neben dem Medieninhalt ist auch das Medium selbst Gegenstand motivationsbezogener Unterschiede. Rezipienten gehen nicht nur selektiv mit den Medieninhalten um, sondern widmen auch denjenigen Medien, denen sie Beachtung schenken, ein unterschiedliches Maß an kognitiven Ressourcen (▶ Kasten).

Das einflussreichste Modell dazu wurde von Salomon (1984) vorgelegt. Salomon geht davon aus, dass das Behalten und Verstehen eines Medieninhalts davon abhängt, wie

Zur Behaltensleistung bei Nachrichtensendungen

In empirischen Studien konnten eine Reihe von Variablen identifiziert werden, die für die Behaltensleistung bei Nachrichtenmeldungen eine große Rolle spielen – und die im Wesentlichen den Umstand widerspiegeln, dass Nachrichtenmeldungen offensichtlich vor der Beachtung und Verarbeitung einer Relevanzbeurteilung unterzogen werden:

Am wichtigsten ist das **persönliche Interesse** an dem Thema. Wer sich beispielsweise besonders für Kunst interessiert, wird genauer hinsehen und besser behalten, wenn über einen Kunstraub berichtet wird. Ebenfalls eine große Rolle spielt die **persönliche Betroffenheit**. Wer an der Universität arbeitet, wird sich an einen Bericht über Gehaltserhöhungen im öffentlichen Dienst besser erinnern, als wenn es um eine Lohnerhöhung in der Metallverarbeitung geht. Auch die **subjektive Wichtigkeit** des Themas ist von Bedeutung. Einer Krise, die möglicherweise zu einem überregionalen Krieg führt, wird man mehr Beachtung schenken als einem regional begrenzten, geographisch weit entfernten Bürgerkrieg.

---

dieser Inhalt kognitiv elaboriert wird. Unter Elaboration sind sinngebende kognitive Verarbeitungsschritte zu verstehen, beispielsweise das Bilden von Assoziationen, die Verknüpfung mit bestehenden Wissenselementen, das Ableiten von Inferenzen und Hypothesen usw. – also all das, was zu einem aktiv-konstruktiven Umgang mit der Information gehört. Durch diese Schritte wird eine Integration der Informationen in bereits existierende kognitive Strukturen ermöglicht, das Behalten verbessert und ein Abruf aus dem Gedächtnis erleichtert. Salomon bezeichnet die Gesamtheit dieser kognitiven Elaborationen als Ausmaß des kognitiven Verstehensaufwands, der betrieben wird (»amount of invested mental effort«). Salomon konnte zeigen, dass der kognitive Verstehensaufwand abhängig ist vom jeweiligen Medium, das für den Wissenserwerb genutzt wird, bzw. von den subjektiven Vorstellungen über dieses Medium. Dazu wurden Kinder befragt, wie leicht man einerseits mit Texten, andererseits mit Fernsehsendungen lernen könne. Der Fachbegriff dafür lautet »perceived self efficacy«. Die Kinder ließ man dann mit entsprechend inhaltlich parallelisierten Materialien lernen, befragte sie nach ihrem Verstehensaufwand und erhob schließlich ihr Wissen mit einem Wissenstest. Festgestellt wurde dabei Folgendes: Zum einen waren die Kinder der Meinung, dass man mit einer Fernsehsendung leichter lernen kann als mit Texten, weiterhin haben sie nach eigener Einschätzung (subjektiv) beim Fernsehen weniger Verarbeitungsaufwand betrieben – und schließlich haben sie entsprechend dem geringeren Verarbeitungsaufwand beim Fernsehfilm weniger gelernt.

Einige Medien scheinen also in bestimmten Situationen angenehmer zu sein, während andere Medien vielleicht effektiver sind. In welchen Situationen aber entscheiden sich Rezipienten für bestimmte Medien – und warum?

55.3 Die Wahl des Mediums

Sowohl bei Massenmedien, aber auch bei Medien der Individualkommunikation steht den Nutzern eine breite Palette von Auswahlmöglichkeiten zur Verfügung, um sich zu informieren, zu unterhalten oder zu lernen.

55.3.1 Nutzungsstrategien für Medien der Massenkommunikation

Ein bestimmtes Medium in einer bestimmten Situation zu nutzen (oder nicht zu nutzen) ist eine ganz persönliche Entscheidung. Davon geht zumindest der sog. **Uses-and-Gratifications-Ansatz** aus, der bereits in den 50er Jahren entwickelt wurde, sich aber auch in neuesten medienpsychologischen Publikationen findet.

Der Kerngedanke lautet, dass sich Rezipienten gegenüber den Medien zweckrational verhalten, Medien also in aktiver, zielgerichteter Weise nutzen. Diese Annahme stellte in den 50er Jahren eine kleine Revolution dar, denn bis dahin wurde vorwiegend angenommen, der Rezipient – also etwa ein Fernsehzuschauer – sei ein passiver, reaktiver Konsument, mehr oder weniger hilflos den Medienbotschaften ausgesetzt.

Grundlage der Zuschaueraktivitäten bilden demnach die spezifischen Bedürfnisse der Rezipienten; Mediennutzung wird also als eine Form der Bedürfnisbefriedigung gesehen. Ob eine Person ein bestimmtes Medienangebot nutzt – ob sie etwa abends den Fernseher einschaltet und eine bestimmte Sendung ansieht – wird durch eine Nutzenkalkulation gesteuert: durch die subjektive Wahrscheinlichkeit, dass und in welchem Ausmaß das Medienangebot – diese spezielle Fernsehsendung – ein aktuelles Bedürfnis befriedigen wird, beispielsweise nach Information, nach Unterhaltung oder nach Ablenkung.

Diese Abschätzung der Bedürfnisbefriedigung erfolgt in Relation zu verschiedenen Befriedigungsalternativen und den mit ihnen verbundenen Nutzen und Kosten – so könnte die beschriebene Person einen Kneipenbesuch mit Bekannten einem Fernsehabend vorziehen. Ist die Entscheidung gefallen, ein Medienangebot zu nutzen, kann zwischen verschiedenen institutionalisierten Massenmedien, etwa Fernsehen, Radio, Zeitungen, Zeitschriften, in neuerer Zeit auch Internet oder Computersoftware, ausgewählt werden. Gleichzeitig kann sich der Rezipient für ein Genre innerhalb des Mediums entscheiden: Möchte er einen Spielfilm, eine Quizshow oder die Abendnachrichten sehen? Möchte er im Internet einen Shop, eine Informationsseite, einen Chatroom, eine Suchmaschine oder ein Unterhaltungsangebot besuchen?

So einleuchtend der Uses-and-Gratifications-Ansatz auf den ersten Blick erscheint, es lassen sich doch Kritikpunkte formulieren, von denen hier nur die wichtigsten genannt werden sollen. Wird die Mediennutzung auf die Bedürfnisse der Rezipienten zurückgeführt, besteht die Gefahr der zirkulären Argumentation, etwa: »Die Person sieht sich häufig ›soap operas‹ an, weil sie sich unterhalten möchte. Dass sie das Bedürfnis nach Unterhaltung hat, erkennt man daran, dass sie sich so viele ›soaps‹ ansieht.« Kritisiert wird auch, die Nutzer seien als zu aktiv und zweckrational konzipiert.

55.3.2 Nutzungsstrategien für Medien der Individualkommunikation

In der Forschung zur Nutzung von Medien der Individualkommunikation dominiert ein Ansatz, der in gewissem Sinn ein Pendant zum Uses-and-Gratifications-Ansatz darstellt und ebenfalls auf dem Konzept einer rationalen Medienwahl beruht. Er geht davon aus, dass die Medienwahl bei der Individualkommunikation durch eine Art Kosten-Nutzen-Abwägung beeinflusst wird in Hinblick auf die Passung der verschiedenen Medien für die anstehende Kommunikationsaufgabe. Es wird deshalb häufig von Modellen des »task medium fit« gesprochen. Der Kerngedanke ist, dass es eine spezifische Passung zwischen Kommunikationsaufgabe und Medientyp gibt, und dass Mediennutzer unter den ihnen verfügbaren Medien dasjenige auswählen, das diese Passung maximiert.

In der oben genannten Definition von Winterhoff-Spurk (2004) ist wechselseitige Koorientierung ein wesentliches Charakteristikum jeder Kommunikation. Bereits Short, Williams und Christie, die in den 70er Jahren für den Betreiber des britischen Telefonnetzes empirische Untersuchungen durchführten, formulierten in ihrem Buch von 1976 einen ähnlichen Gedanken, sprechen aber von »social presence«. Sie meinen damit die jeweilige Salienz des Kommunikationspartners als individuelle Person, also das subjektive Gefühl, es mit einem persönlichen Gegenüber zu tun zu haben.

Verschiedene Medien unterscheiden sich erheblich darin, wie stark beim Kommunizieren subjektiv dieses Gefühl der **sozialen Präsenz** entsteht und welche Ausdrucksformen sie in welcher Qualität ermöglichen. Am reichhaltigsten ist die unmittelbare Face-to-Face-Kommunikation; hier stehen praktisch alle genannten Ausdrucksformen zur Verfügung. Mit einigen Einschränkungen gilt dies noch für audiovisuelle technische Medien wie Bildtelefon oder Videokonferenz, doch besteht hier die räumliche Trennung der Kommunikationsbeteiligten. Bei rein auditiven Medien wie dem Telefon fallen bereits alle nonverbal-visuellen Aspekte weg, und noch stärker eingeschränkt ist schließlich die

Textkommunikation – beispielsweise Brief oder E-Mail –, denn hier fehlen auch die prosodischen Anteile.

Aus der Sicht von Short, Williams und Christie (1976) lassen sich also die verschiedenen Kommunikationsmedien in eine klare Rangreihe ihrer sozialen Präsenz bringen, mit Face-to face-Kommunikation am oberen und Textkommunikation am unteren Ende der Skala. Diese hierarchische Anordnung bedeutet jedoch nicht, dass nach dem Motto »je mehr, desto besser« immer das reichhaltigste Medium eingesetzt werden sollte. Die Autoren nehmen an, dass nicht nur die Medien eine unterschiedliche soziale Präsenz bewirken, sondern dass sich auch Kommunikationsaufgaben darin unterscheiden, wie viel soziale Präsenz sie erfordern. Für unterschiedliche Aufgaben sind dementsprechend verschiedene Medien geeignet.

Kommunikationsformen, bei denen sozioemotionale Aspekte eine wichtige Rolle spielen, erfordern ein hohes Maß an sozialer Präsenz – beispielsweise das persönliche Kennenlernen oder das Lösen zwischenmenschlicher Konflikte. Dagegen erfordern Kommunikationsformen, bei denen stärker der reine Informationsaustausch im Vordergrund steht, ein niedriges Maß an sozialer Präsenz, beispielsweise das Einholen einer einfachen Faktenauskunft.

Die Weiterentwicklung dieses Modells durch Daft und Lengel (1986) ist sowohl hinsichtlich der Medieneigenschaften als auch in Hinblick auf die Kommunikationsanforderungen stärker differenziert: Statt von »social presence« wird von »media richness«, also **kommunikativer Reichhaltigkeit** des Mediums gesprochen. Für Daft und Lengel sind es vor allem vier Medieneigenschaften, die über die Reichhaltigkeit eines Mediums entscheiden:
- die Anzahl der Kommunikationskanäle, die ein Medium zur Verfügung stellt,
- die Möglichkeit eines unmittelbaren Feedbacks,
- das Ausmaß der Personalisierung (der Grad, in dem die Kommunikationsbeteiligten als Individuen identifizierbar sind oder anonym bleiben) und
- die Sprachvariabilität, die das Medium zulässt.

Es hat sich immer wieder gezeigt, dass Lerngruppen synchrone Kommunikationsmedien (z. B. Chat) bevorzugt zur Verbesserung des sozialen Klimas in der Gruppe nutzen, während asynchrone Medien (z. B. E-Mail und Computerkonferenzen) vor allem für die Bearbeitung des eigentlichen Lehrstoffs gewählt wurden. Diese Befunde decken sich noch mit den Annahmen des Social-Presence-Ansatzes. Analysen des konkreten Nutzungsverhaltens bei computerbasierter Individualkommunikation – insbesondere in Internet-Newsgroups, einem aus der Sicht der sozialen Präsenz und der kommunikativen Reichhaltigkeit extrem »verarmten« Medium – weisen jedoch darauf hin, dass das Nutzungsspektrum solcher textbasierter Medien viel breiter ist als ursprünglich angenommen. In solchen Newsgroups und Chatrooms werden bisweilen intimste Themen artikuliert, die man eigentlich in der Face-to-Face-Kommunikation unter guten Bekannten erwarten würde.

Verschiedene Informations- und Kommunikationsmedien werden demnach gezielt zu bestimmten Anlässen und zu unterschiedlichen Zwecken eingesetzt. Wie aber sollte ein Medium gestaltet sein, um den Bedürfnissen der Rezipienten zu entsprechen?

55.4 Medien gestalten

Wie die Informationsdarbietung in einem Medium gestaltet wird, hängt davon ab, welche Konzeption von Mediennutzung und -verstehen zugrunde gelegt wird. Einige Modelle legen eine eher klassische, an Massenmedien orientierte Auffassung vom **Prozess der Medienrezeption** zugrunde:

- In einem ersten Schritt wird eine Informationspräsentation (z. B. Fernsehsendung, Buch oder CD ROM) entwickelt, also nach bestimmten mediendidaktischen Prinzipien in ihren Inhalten und in ihrer räumlichen und zeitlichen Organisation geplant und anschließend entsprechend produziert.
- Die fertige Präsentation wird an die potenziellen Rezipienten verteilt, also im Fernsehen ausgestrahlt, als Buch in die Buchhandlungen gebracht oder als CD-ROM verkauft.
- Die Rezipienten (Zuschauer, Leser, Hörer etc.) »starten« dann schließlich diese Informationspräsentation, verfolgen sie in der darin vorgegebenen Weise und verarbeiten sie kognitiv.

In Reinform wird von dieser »klassischen« Form der Medienrezeption im Kino ausgegangen. Für computergestützte Medien ist dieses Modell jedoch zu einfach, denn die neuen Medien eröffnen den Rezipienten Handlungsmöglichkeiten, die die mediale Informationspräsentation selbst betreffen, beispielsweise über eine interaktive Nutzung des Mediums. In diesem Bereich existieren zwei stark unterschiedliche Auffassungen (man könnte fast von »Schulen« sprechen): die Position des »instructional design« auf der einen Seite und der Konstruktivismus als Gegenposition.

Die Theorien und Konzepte des **Instructional Design**, vertreten beispielsweise von Richard Mayer (2001), sind einem weitgehend nichtinteraktiven Medienbegriff verhaftet. Die Bürde der Mediengestaltung, d. h. Entscheidungen über Inhalte, Darstellungsform und Ablauf einer Medienpräsentation, liegen bei dem Entwickler(-team), hier als Autor bezeichnet. Die Rezipienten haben anschließend lediglich die Aufgabe, diese Medieninhalte kognitiv zu verarbeiten – auf die Form der Präsentation können und sollen sie keinen Einfluss nehmen.

Die Richtung des Instructional Design geht davon aus, dass es für jeden Lehrstoff jeweils eine optimale und wissenschaftlich begründbare Art und Weise der Vermittlung

gibt, die vorab benannt und festgelegt werden kann. Die Gestaltung einer Informationspräsentation gilt als ein deterministischer Vorgang auf der Grundlage zahlreicher komplexer Gestaltungsregeln.

In den letzten Jahren hat jedoch eine zweite Konzeptualisierung des Lernprozesses Verbreitung gefunden: Der **Konstruktivismus** hatte erhebliche Auswirkungen auf die Vorstellungen darüber, wie Informationspräsentationen gestaltet werden sollten. Insbesondere das Konzept der Interaktivität wurde auf eine neue Art und Weise wieder diskutiert. In der folgenden ▸ Übersicht werden die zentralen Annahmen des Konstruktivismus dargestellt.

Zentrale Annahmen des Konstruktivismus
- Lernen ist ein aktiv-konstruktiver Prozess. Die Wissensvermittlung sollte so organisiert sein, dass die Lernenden
  a) sich eigene Ziele setzen können,
  b) versuchen, Probleme zu definieren und dann zu lösen, und
  c) ihren Lernprozess selbst steuern.
- Die Wissensstrukturen, die auf diese Weise gebildet werden, sind komplex, dynamisch, kontext-sensitiv und interdependent.
- Die Lernenden betreten eine Lernsituation nicht einfach als Tabula rasa, sie verfügen bereits über Vorwissen und Vorannahmen – und über lernhinderliche Fehlkonzeptionen.
- Auch die Sinnhaftigkeit des Lernmaterials spielt beim Lernen eine wichtige Rolle. Der Lehrstoff sollte deshalb den Inhalt möglichst authentisch und alltagsnah vermitteln.
- Der Wissenserwerb ist dann besonders effektiv, wenn die Lernenden das Wissen nicht nur generieren – also als Struktur im Kopf aufbauen –, sondern auch dazu gezwungen sind, es zu artikulieren und damit zu explizieren.

Lernen wird also vor allem als selbst gesteuerter und aktiver Prozess aufgefasst, der von spezifischen Bedingungen abhängt, die der Autor einer Medienpräsentation nicht im Voraus bestimmen kann (wie Motivation und Vorwissen der Lernenden). Deshalb muss die Initiative hinsichtlich der Form und der Reihenfolge des präsentierten Materials auf die einzelnen Lernenden verlagert werden. Es ist nicht die Aufgabe des Autors, die Informationspräsentation für die Lernenden zurechtzuschneiden – das müssen die Lernenden selbst tun. Der Autor selbst muss lediglich genügend Stoff in geeigneter Form zur Verfügung stellen, damit dieses Zurechtschneiden gelingen kann.

Eine praktische Umsetzung dieser Überlegungen sind sog. **explorative Lernumgebungen**. Es wird ein Gegenstandsbereich ausgewählt, der vermittelt werden soll – sei es die Geschichte der Französischen Revolution oder die physikalischen Bewegungsgesetze –, und dazu ein reichhaltiges Informationsuniversum geschaffen, das sich der Lernende selbst gesteuert erschließen kann.

Es werden also möglichst vielfältige Materialien, Präsentationsformen und Sichtweisen des Gegenstandsbereichs zusammengestellt und miteinander verknüpft. Kriterium für die Beurteilung einer solchen Lehrstoffpräsentation ist nicht, ob der Lernvorgang optimal spezifiziert ist, sondern gerade umgekehrt, ob sich das Lernmaterial durch eine hohe Variabilität auszeichnet, den Lernenden ein hohes Maß an Handlungsfreiheit eröffnet und ein selbst kontrolliertes Vorgehen ermöglicht.

Die Verfechter dieses Ansatzes führen eine Reihe von Argumenten dafür ins Feld, warum solche explorativen Lernumgebungen herkömmlichen Formen der Informationsvermittlung überlegen sind. Auf den Punkt gebracht werden diese Argumente in der »cognitive flexibility theory« von Rand J. Spiro und Jihn-Chang Jehng (1990; ▶ Kasten).

Die Theorie der kognitiven Flexibilität

Spiro und Jehng (1990) gehen von folgenden Annahmen aus:

Der Zwang zur aktiven Erarbeitung und Auseinandersetzung mit dem Inhalt führt zu einer stärkeren Elaboration und damit zu besserem Behalten und tieferem Verstehen.

Lernende sind in solchen Lernumgebungen besser in der Lage, den Lernvorgang an ihre persönlichen, individuellen Voraussetzungen anzupassen, sowohl im Hinblick auf ihr Vorwissen als auch auf ihre spezifischen inhaltlichen Interessen und ihre Lernmotivation.

Solche Lernumgebungen können – in Anlehnung an eine Metapher von Ludwig Wittgenstein – als Landschaften aufgefasst werden, die man mehrfach auf unterschiedlichsten Wegen durchqueren kann. Dieses »criss-crossing« der Lernumgebung führe zu einer Flexibilisierung des erworbenen Wissens, da ein und derselbe Sachverhalt mit ganz unterschiedlichen anderen Themen verknüpft, sozusagen dekontextualisiert wird, je nachdem, auf welchem Weg man ihm begegnet.

Stärker am Instructional Design orientierte Kritiker argumentieren, die erhöhte kognitive Aktivität, die bei solchen Lernmedien sicher gegeben ist, dürfe nicht einfach mit Elaboration und Wissenserwerb gleichgesetzt werden. Es werde vielmehr ein Großteil der Aktivität (zwangsläufig) darauf verwendet, überhaupt mit einer solchen Lernumgebung umzugehen, sie bedienen zu können und innerhalb des Programms dorthin zu navigieren, wohin man möchte. Solche kognitiven Zusatzbelastungen gingen nicht unbedingt einher mit einer stärkeren Auseinandersetzung mit dem eigentlichen Lerninhalt.

Bei den hier besprochenen Lernumgebungen handelt es sich primär um Medien zum individuellen Lernen, die darauf zugeschnitten sind, dass eine Person allein am Computer sitzt und sich die dort präsentierten Inhalte erarbeitet. Selbstverständlich kann computerbasiertes Lernen und Arbeiten jedoch auch in Gruppen stattfinden.

55.5   Medienbasierte Kommunikation

Sowohl die Sozialpsychologie als auch die Psycholinguistik haben sich mit der Frage auseinandergesetzt, durch welche Besonderheiten sich computervermittelte Kommunikation auszeichnet, und welchen Einfluss das auf Prozesse des Arbeitens und Lernens hat.

Die **Sozialpsychologie** untersucht in erster Linie Fragen der interpersonalen Eindrucksbildung und der damit zusammenhängenden Prozesse in Gruppen. Dieser Forschungszweig kann auf eine lange Tradition der Theoriebildung zurückblicken; die Modelle, die hier entwickelt wurden, besitzen einen sehr breiten Gültigkeits- und Anwendungsbereich. Sie müssen allerdings auch in ihrer historischen Entwicklung – zum Teil parallel zur Entwicklung der entsprechenden Technik – gesehen werden.

Eher an der **Psycholinguistik** orientierte Modelle beschäftigen sich mit der Frage, wie der mediale Kommunikationsverlauf zwischen den Beteiligten organisiert ist, welche Probleme auftreten und wie man unter solchen Bedingungen überhaupt zu einem gegenseitigen Verständnis kommen kann.

55.5.1 Theorie- und Forschungsansätze der Sozialpsychologie

Der Reduced-Social-Cues-Ansatz

Das komplexeste Medienwirkungsmodell der Sozialpsychologie wurde von Sarah Kiesler und ihren Mitarbeitern (Kiesler, Siegel & McGuire, 1984) entwickelt und bezieht sich vornehmlich auf die computergestützte, textbasierte Kommunikation (»computer mediated communication«). Kiesler nimmt an, dass sich computerbasierte Textkommunikation durch ein Fehlen bzw. durch eine Reduzierung sozialer und kontextueller Hinweisreize auszeichnet. Man bezeichnet das Modell deshalb auch als »Reduced-Social-Cues«-Ansatz.

Wichtige soziale Indikatoren in Kommunikationssituationen sind vor allem Hinweise auf Status, Macht oder Führungspositionen. Fehlen solche Indikatoren, verringern sich dem Modell zufolge die normativen Einflüsse von Statushöheren und Gruppenführern, und auch Statusniedrige fassen eher den Mut, etwas zur Kommunikation beizutragen. Reduzierte soziale Hinweisreize sollten somit eine gleicher verteilte, egalitärere Kommunikation zwischen den Teilnehmenden bewirken.

Fehlende nonverbale Hinweisreize führen laut Kiesler jedoch auch zu Schwierigkeiten in der Kommunikation, denn man erhält weniger Feedback, wie die eigenen Aussagen bei dem Gesprächspartner angekommen sind. Diese Kommunikationsschwierigkeiten verursachen häufig Missverständnisse, was wiederum eine Art »Enthemmung«, eine geringere Wirksamkeit sozialer Normen hervorruft. Dieser Prozess wird zudem noch dadurch gefördert, dass es sich um eine Kommunikationssituation handelt, die nach Kiesler **Deindividuation** fördert, eine reduzierte Selbstregulation und eine verringerte Selbstbewusstheit. Durch die Kommunikationsbedingungen wird eine Person nicht nur selbst »deindividuiert«, sie nimmt auch die anderen Beteiligten weniger als individuelle Personen wahr, weshalb von **Depersonalisierung** gesprochen wird (konzeptuell bestehen enge Beziehungen zum Konzept der verringerten sozialen Präsenz).

Die genannten Einflüsse kulminieren letztlich in zwei Verhaltenstendenzen in Gruppen, die computergestützt textbasiert miteinander kommunizieren:

1. Es wird eine Tendenz zu stärker dereguliertem und antinormativem Verhalten konstatiert; solche wechselseitigen Beschimpfungen und verbalen Aggressionen werden auch als »flaming« bezeichnet.
2. Damit zusammenhängend wird ein Austausch extremer Argumente in computergestützten, textbasierten Diskussionen festgestellt. Die Gruppenmitglieder vertreten nach einer solchen Gruppendiskussion ihre bereits vorab bezogene Position in noch ausgeprägterem Maße; ein Phänomen, das als Gruppenpolarisation bzw. »risky shift« bekannt wurde.

Kieslers sozialpsychologischer Modellklassiker macht eine ganze Reihe von Punkten deutlich. Zum einen integriert dieses Modell eine Vielzahl unterschiedlicher empirischer Befunde zur computervermittelten Kommunikation, die in den 70er und 80er Jahren gewonnen wurden. Es verdeutlicht zugleich die generelle Sichtweise von computervermittelter Kommunikation als problembehaftet und prinzipiell defizitär im Vergleich zu Face-to-Face-Kommunikation. Kieslers Auflistung der Eigenschaften computervermittelter Kommunikation liest sich beinahe wie ein Gruselkabinett der Kommunikationsforschung: Deindividuierung, Depersonalisierung, antinormatives Verhalten, Koordinationsprobleme. Das mag teilweise an den damals verfügbaren technischen Möglichkeiten gelegen haben; die damalige Software und auch die Kommunikationsnetze würde man heute als extrem spartanisch und unhandlich empfinden im Vergleich beispielsweise zu den komfortablen E-Mail-Programmen, die heute zur Verfügung stehen.

Spezifizierung durch das SIDE-Modell

Der nächste Schritt in dieser Theoriebildung kam von Russel Spears und Martin Lea, später in Zusammenarbeit mit Tom Postmes (Spears, Lea & Postmes, 2001), die das SIDE-Modell (als Akronym für »social identity deindividuation«) entwickelten.

Ihr Ansatzpunkt war vor allem die Frage, welcher Art die sozialen Hinweisreize (»cues«) sind, die bei computervermittelter Kommunikation reduziert sind. Dabei greifen sie zurück auf die klassische sozialpsychologische Unterscheidung zwischen der personalen Identität (sozusagen den Idiosynkrasien) einer Person und ihrer sozialen Identität, der Zugehörigkeit zu bestimmten sozialen Gruppen. Die personale Identität betont die individuelle Einmaligkeit, die Unterschiede zu anderen Mitgliedern der eigenen Gruppe, während die soziale Identität die Gemeinsamkeiten mit den anderen Gruppenmitgliedern akzentuiert.

Spears und Lea (1992) sind – wie Kiesler – der Ansicht, dass bei computervermittelter Kommunikation nur wenig Information über die **personale Identität** der Kommunikationspartner übermittelt wird: Man weiß nicht, wie sie genau aussehen, man kann ihr unmittelbares nonverbales Verhalten nicht erkennen, sieht also beispielsweise nicht, wie sie mimisch und gestisch auf bestimmte Äußerungen reagieren.

Spears und Lea gehen aber davon aus, dass häufig recht genaue Informationen über die **soziale Identität** der Kommunikationspartner vorliegen. Als Beispiel kann hier eine moderierte Mailingliste dienen: Ein Mitglied bei »H-SozundKult«, einer Diskussionsliste für Sozial- und Kulturgeschichte, muss sich für seine Aufnahme bewerben und seine Forschungsgebiete angegeben haben, um überhaupt zugelassen zu werden. Liest nun jemand einen Beitrag aus dieser Liste, weiß er schon einiges über die soziale Identität des Absenders: Er oder sie ist Akademiker/in und gehört im weitesten Sinne zur Sozial- und Kulturwissenschaft – meist kann man sogar die Heimatuniversität aus der E-Mail-Adresse erschließen. Da kaum Informationen über die persönliche Identität vorliegen, gewinnt diese auf die soziale Identität bezogene Information möglicherweise einen weit höheren Stellenwert als in der Face-to-Face-Kommunikation.

Laut Spears und Lea (1992) kommt es zusätzlich auf das **aktuelle Selbstkonzept** an, mit dem eine Person in eine computervermittelte Kommunikationssituation eintritt, ob ihr in der gegebenen Situation eher die eigene personale oder eher die soziale Identität wichtig, salient ist. Es ist also von Bedeutung, ob sie sich in dieser Kommunikation eher als Mitglied der Gruppe oder als von der Gruppe verschiedenes Individuum empfindet. Die Informationen über die anderen Gruppenmitglieder beschränken sich vorwiegend auf deren soziale Identität; ist für die Person selbst aktuell ihre soziale Identität salient, wird sich diese Tatsache noch verstärken, schließlich nimmt sie auch bei den anderen genau diese auf die soziale Identität bezogenen Informationen wahr. Ist für die Person jedoch aktuell ihre personale Identität salient, wird sich auch dieses Gefühl verstärken, da sie die hervorgehobene soziale Identität der anderen Gruppenmitglieder stärker als Kontrast zu sich selbst empfindet. Computervermittelte Kommunikation hat aus dieser Sicht demnach schlicht die Eigenschaft, bestehende Verhaltenstendenzen zu verstärken.

Kritik am Reduced-Social-Cues-Ansatzes

Verschiedene Autoren haben die Annahmen des Reduced-Social-Cues-Ansatzes kritisiert. Insbesondere Walther (1996) hat sich kritisch mit der Annahme auseinandergesetzt, dass das Fehlen sozialer Hinweisreize zu einer stärker aufgabenorientierten und weniger sozioemotional orientierten Kommunikation führe. Die Logik hinter dieser Annahme ist, dass sozioemotionale Aspekte primär über die nonverbalen Kanäle transportiert werden, die aber bei textbasierter, computergestützter Kommunikation entfallen. Was übrig bleibt, wäre dann eine stark rationale, an der gegenwärtigen Aufgabe orientierte Form der Kommunikation. Das kann unter bestimmten Umständen, etwa im betrieblichen Kontext, sogar intendiert sein – da Medien, bei denen die Gesprächspartner sich auf die eigentliche Aufgabe konzentrieren und nicht von sozioemotionalen Aspekten ihrer Beziehung abgelenkt werden, die Rationalität und Effizienz der Aufgabenbearbeitung fördern könnten. Ältere Studien erbringen tatsächlich Belege für eine solche Auffassung; Walther hinterfragt jedoch, ob diese Befunde tatsächlich bedeuten, textbasierte, computergestützte Kommunikation sei notwendigerweise, sozusagen technik-immanent für die Kommunikation sozioemotionaler Aspekte ungeeignet. Er zeigt in seinen Arbeiten auf, dass neben einer unpersönlichen, nicht nur eine persönliche, sondern gar eine Form der **hyperpersönlichen Kommunikation** existiert (z. B. Internetfreundschaften) und markiert damit eine Rekonzeptualisierung der bisherigen Sicht von computervermittelter Kommunikation.

Der Trend geht inzwischen weg von einem doch stark vereinfachenden Mediendeterminismus, wie er dem Reduced-Social-Cues-Ansatz von Kiesler eigen war, hin zu einer stärker interaktionistischen Sichtweise. Beim Reduced-Social-Cues-Ansatz werden Medieneigenschaften sozusagen deterministisch bestimmte Medienwirkungen zugeschrieben, denen die Beteiligten mehr oder weniger hilflos ausgeliefert sein sollen – wer mit computervermittelter Kommunikation kommuniziere, könne gar nicht anders, als stärker aufgabenorientiert zu argumentieren. Das SIDE-Modell und Walthers Annahmen eröffnen eine differenziertere Sichtweise. Nach deren Verständnis hängen die Medienwirkungen ab von einer Reihe von **Moderatorvariablen**, beispielsweise der Salienz der Gruppenidentität, der Zeitbeschränkung und der Antizipation zukünftiger Interaktionen. Zudem wird den Rezipienten die Fähigkeit zugesprochen, sich an das Medium zu adaptieren und Kompensationsmechanismen für bestimmte medienbedingte Defizite zu entwickeln.

Damit ändert sich auch der generelle Stellenwert von computervermittelter gegenüber Face-to-Face-Kommunikation: Computervermittelte Kommunikation weist Möglichkeiten auf, die Face-to-Face-Kommunikation nicht bietet. Unter Umständen kann es sogar vorteilhafter sein, computervermittelt statt von Angesicht zu Angesicht zu kommunizieren.

Besonderheiten computervermittelter Kommunikation

Eine noch radikalere Sichtweise dieser Richtung wird beispielsweise von Turkle (1995) vertreten. Man kann bei computervermittelter Kommunikation – zumindest in öffentlichen Foren des Internets oder virtuellen Realitäten – vergleichsweise **konsequenzenlos kommunizieren**. Was man in einem Chatroom mit einer anderen Person austauscht, die räumlich weit entfernt ist, und mit der man in keinem unmittelbaren realweltlichen Kontakt steht, hat für die »wirkliche Welt« erst einmal keine Implikationen; zudem kann man das eigene Kommunikationsverhalten sehr stark kontrollieren. Da der Gesprächspartner keine Möglichkeit hat, die gegebenen Informationen zu überprüfen, kann man bestimmte Eigenschaften sogar regelrecht vortäuschen; ein Mann kann sich als Frau ausgeben, oder ein Schüchterner einen Draufgänger spielen. Turkle schließt daraus, dass netzbasierte Kommunikation eine risiko- und konsequenzenlose Spielwiese eröffnet, in der man verschiedene Identitäten und Verhaltensweisen ausprobieren kann. Diese Form des sozialen Lernens, sozusagen des spielerischen Ausprobierens von Rollen und Identitäten, ist eine Besonderheit der netzbasierten Kommunikation, für das es in der Face-to-Face-Kommunikation kein Pendant gibt.

55.5.2 Theorie- und Forschungsansätze der Psycholinguistik

Mit der medienvermittelten Individualkommunikation hat sich nicht nur die Sozialpsychologie befasst, sondern auch die Psycholinguistik (dazu auch ▶ Kap. 14). Gemeinsam ist beiden Disziplinen, dass ihre Theorien und Modelle ursprünglich für die natürliche, nicht medienbasierte Face-to-Face-Kommunikation entwickelt wurden; nun sind beide vor die Aufgabe gestellt, das Kommunikationsmedium als zusätzliche Einflussvariable in diese Modelle zu integrieren.

Unterschiedlich ist dagegen der Gegenstand ihrer Theoriebildung. Die psycholinguistischen Ansätze befassen sich vor allem mit zwei Fragen:

1. Gelingt es den Kommunikationsbeteiligten, in einem gegebenen Medium einen geregelten Verlauf der Kommunikation zu gewährleisten? Und wenn ja, mit welchen Mechanismen?
2. Gelingt es den Beteiligten, sich gegenseitig zu verstehen? Und wenn ja, welche Prinzipien der Verständnissicherung liegen dem zugrunde?

Merkmale der Face-to-Face-Kommunikation

Ein wesentliches Kennzeichen jeder Face-to-Face-Kommunikation ist die klare Rollenverteilung, die zu den meisten Zeitpunkten des Gesprächsverlaufs zwischen den Beteiligten herrscht. Typischerweise hat zu einem gegebenen Zeitpunkt eine bestimmte Person die Sprecherrolle inne, hat also das Recht, eine Äußerung von sich zu geben; zu diesem Zeitpunkt sind die anderen Beteiligten in der Hörerrolle.

Die Unterscheidung zwischen Sprecher- und Hörerrolle ist nicht identisch mit den Begriffspaaren »aktiv versus passiv« oder »senden und empfangen«. Die Person in der Rolle des Hörers übernimmt vielmehr einen sehr aktiven Part, indem sie nämlich dem Sprecher mit vielfältigen Signalen vermittelt,

- ob sie mitbekommen hat, dass der Sprecher etwas gesagt hat,
- ob sie verstanden hat, was der Sprecher gesagt hat, und
- ob sie damit einverstanden ist, was gesagt wurde.

Der Hörer bedient sich seines gesamten **nonverbalen Instrumentariums** – Körper- und Kopforientierung, Blickkontakt, Mimik (z. B. Lächeln), Kopfnicken und Stimme (z. B. zustimmendes Grunzen). In entsprechenden psycholinguistischen Modellen wird dies als »Back-channeling«-Verhalten bezeichnet.

Die **Rollenverteilung** variiert über den Gesprächsverlauf. Zu einem Zeitpunkt spricht Person A; die Gesprächspartner B, C und D hören zu. Anschließend wechseln die Rollen: Person C spricht, während A, B und D zuhören. Kritisch für den Gesprächsverlauf sind genau diese Übergänge bzw. Rollenwechsel, die möglichst reibungslos verlaufen sollten, um den Unterhaltungsfluss nicht zu beeinträchtigen. Bei textbasierter asynchroner Kommunikation, beispielsweise in E-Mails, Newsgroups oder Mailinglisten, existiert diese Trennung von Sprecher- und Hörerrolle nicht. Alle Beteiligten können zu jedem Zeitpunkt sowohl schreiben als auch lesen; zudem können hier multiple Themen behandelt werden.

Zwei weitere charakteristische Eigenschaften kommen hinzu: die mitunter große **zeitliche Distanz** zwischen den einzelnen Beiträgen (ein E-Mail-Dialog kann sich über Tage oder Wochen hinziehen) sowie deren **Permanenz** (die Äußerungen bleiben erhalten). So kann ein Kommunikationspartner eine E-Mail erhalten, die sich auf eine Nachricht vor einigen Tagen bezieht; nun muss er eine entsprechende Zuordnung vornehmen und die damals kommunizierten Inhalte kognitiv rekonstruieren. Zudem bestehen komplexe E-Mail-Konferenzen aus Clustern zusammenhängender Äußerungen, die für einzelne Beteiligte schnell verwirrend und unübersichtlich werden können.

Es wäre jedoch falsch, aufgrund solcher Schwierigkeiten die asynchron textbasierte Kommunikation als prinzipiell defizitär gegenüber Face-to-Face-Gesprächen auf-

zufassen. Gerade die E-Mail-Kommunikation und ihre Derivate weisen, was die Steuerung des Kommunikationsverlaufs anbelangt, gegenüber Face-to-Face-Kommunikation eine Reihe von Vorteilen auf.

- Dies betrifft zum einen die Freiheitsgrade, die sowohl Sender als auch Empfänger in Hinblick auf den Kommunikationszeitpunkt haben. Die Gesprächspartner müssen sich nicht zeitlich koppeln, also zum selben Zeitpunkt miteinander kommunizieren; sie können den Kommunikationsvorgang flexibel in ihren Tagesablauf einpassen, sowohl was das Schreiben als auch was das Lesen anbelangt.
- E-Mails zeichnen sich auf der Senderseite durch »revisability« und auf der Empfängerseite durch »reviewability« aus: Man kann sich beim Verfassen hinreichend Zeit lassen, seine Argumente also elaborieren, und kann das Geschriebene korrigieren, bevor man die Mitteilung endgültig abschickt – Möglichkeiten, die bei der Face-to-Face-Kommunikation nicht gegeben sind. Auch auf der Rezipientenseite besteht kein Zeitdruck; zudem kann die Mitteilung beliebig oft zu einem späteren Zeitpunkt wieder geöffnet und noch einmal gelesen werden.

Die Rolle des gemeinsamen Wissenshintergrundes

Aufbauend auf den Überlegungen, wie ein kohärenter und reibungsloser Informationsaustausch prozessual gewährleistet wird, kann man die Frage stellen, ob man sich mit verschiedenen Medien unterschiedlich gut versteht bzw. welche Anstrengungen die Kommunikationsbeteiligten jeweils unternehmen müssen, um gegenseitiges Verstehen zu gewährleisten.

Zu dieser Frage hat Clark (1996) eine grundlegende und umfassende Theorie entwickelt. Kommunizieren bedeutet für Clark, anderen Personen etwas mitzuteilen, das für sie neu, also informativ ist: Wüsste der Gesprächspartner bereits, was sein Gegenüber ihm sagen möchte, erübrigte sich die Kommunikation. Diese neue Information kann jedoch immer nur vor dem Hintergrund des bereits existierenden Wissens verstanden werden. Die Mitteilung darf deshalb nur bis zu einem gewissen Grad »neu« sein, sonst würde sie nicht verstanden. Erfolgreiche Kommunikation im Sinne des Verstehens setzt voraus, dass die Kommunikationspartner eine wechselseitige Vorstellung von dem Wissenshintergrund ihres Gegenübers besitzen, von dem aus sie eine gemeinsame Wissensgrundlage definieren, die sie dann sukzessive erweitern. Clark bezeichnet diesen gemeinsamen Wissenshintergrund als »common ground« und den Prozess, ihn zu bestimmen, zu aktualisieren und sukzessive zu erweitern, als »grounding«. Im folgenden ▶ Kasten werden die drei wesentlichen Strategien dargestellt, die es Interaktionspartnern ermöglichen im Gespräch einen Common Ground zu definieren.

Hinweise zur Feststellung eines Common Ground in Interaktionssituationen

1. Personale Gemeinsamkeiten (»community membership«). Während bei der Face-to-Face-Kommunikation häufig Personen zusammenkommen, weil sie sich in räumlicher Nähe zueinander befinden, zeichnen sich Internetforen dadurch aus, dass sie die Bildung ortsunabhängiger Interessengemeinschaften ermöglichen. Allein die Tatsache, dass die Gesprächspartner sich an Foren von »Gleichgesinnten« beteiligen, bestimmt einen gemeinsamen Wissenshintergrund – sei es die Programmierung in JAVA oder die Soap Opera »Gute Zeiten – Schlechte Zeiten«. In dieser Hinsicht können netzbasierte Kommunikationsforen der Face-to-Face-Kommunikation überlegen sein.

2. Gemeinsame Situation (»physical copresence«). Diejenigen Objekte oder Sachverhalte, von denen man weiß, dass sie sich sowohl im eigenen als auch im Blickfeld des Gesprächspartners befinden, kann man als gemeinsame Wissensgrundlage voraussetzen. Bei Telekommunikationsmedien kann man nur begrenzt Einblick in die Situation der anderen Person gewinnen. Bei textbasierter Kommunikation stehen nur diejenigen Informationen zur Situation des Gesprächspartners zur Verfügung, die explizit mitgeteilt werden. Bei asynchroner Kommunikation schließlich bricht das Konzept der gemeinsamen Situation nicht nur in räumlicher, sondern auch in zeitlicher Hinsicht zusammen. Doch auch hier hat sich die Palette der verfügbaren Medien angepasst, indem Formen entwickelt wurden, die für die Teilnehmenden eine gemeinsame Situation schaffen: Diese gemeinsame Situation befindet sich sozusagen virtuell im Rechner, und alle Beteiligten verfügen über ausreichende Informationen, um sie als gemeinsamen Wissenshintergrund nutzen zu können. Das bekannteste Beispiel sind virtuelle Realitäten, in die man als Avatar eintritt, und die neben den Kommunikationspartnern auch mit anderen Objekten bevölkert sind, über die man sich unterhalten kann. Eine weitere Spielart sind Softwarewerkzeuge, die es Personengruppen erlauben, gemeinsam an einem Produkt zu arbeiten. Mit Hilfe von »shared whiteboards« (elektronischen Tafeln) kann ein räumlich verteiltes Team beispielsweise gemeinsam einen Bauplan bearbeiten.

3. Bisheriger Gesprächsverlauf (»linguistic copresence«). Alles, was bisher in dem Gespräch gesagt wurde, kann von den Kommunikationspartnern als bekannt vorausgesetzt werden. Die Anwendbarkeit dieser Strategie wird ebenfalls von den Eigenschaften des jeweiligen Mediums beeinflusst. Hier spielen Fragen der Permanenz und der Synchronität bzw. Asynchronität eine Rolle. Durch die Permanenz der Äußerungen, wie sie bei schriftlicher Kommunikation gegeben ist, wird die bisherige Unterhaltung dokumentiert und verliert dadurch ihre Flüchtigkeit, sodass stets Bezug auf den Gesprächsverlauf genommen werden kann. Permanenz kann jedoch bei asynchroner Kommunikation auch zu dem entgegengesetzten Effekt führen: Weiß eine Person, dass ihre Äußerungen zu einem bestimmten Thema schriftlich vorliegen, wird sie annehmen, dass die Gesprächspartner den betreffenden Text gelesen haben, und somit den Inhalt als bekannt voraussetzen. Selbst wenn aber die anderen diese Ausführungen tatsächlich gelesen haben, kann die Lektüre bereits Stunden oder Tage her und der Inhalt vergessen sein. Gerade bei asynchron textbasierter Kommunikation besteht also die Gefahr der Illusion eines Common Ground.

55.6 Langfristige Medienwirkungen

Auch nachdem der Computer oder der Fernseher ausgeschaltet wurde, entfaltet ein Teil der Medieninhalte eine nachhaltige Wirkung beim Rezipienten, vor allem wenn bestimmte Medienangebote regelmäßig genutzt werden. Und genau diese langfristigen Wirkungen sind auch die Themen, die in der öffentlichen – meist medienkritischen – Diskussion im Vordergrund stehen. Hier kann die Medienpsychologie mit ihren Theorien und empirischen Befunden dazu beitragen, plakative und stark vereinfachende Standpunkte (»Medien machen dumm, aggressiv und einsam«) durch eine differenziertere Betrachtungsweise zu ersetzen.

Was ihre längerfristigen **intellektuell-kognitiven Wirkungen** anbelangt, stellen Medien eine der wichtigsten Informationsquellen in unserer Gesellschaft dar, und es besteht deshalb ein enger Zusammenhang zwischen dem Lesen von Tageszeitungen und dem Kenntnisstand über aktuelle gesellschaftliche und politische Entwicklungen. Allerdings ist der Einfluss der Massenmedien auf das Wissen nicht uniform (Unz & Schwab, 2004). Denn erstens ist dieser Wissenszuwachs immer selektiv, da er sich auf solche Themen bezieht, die in den Medien Beachtung finden. Medien können aus der Vielfalt der möglichen Ereignisse, die in der Welt passieren, natürlich immer nur einen kleinen Ausschnitt auswählen und darüber berichten. Nach der sog. »Agenda-setting«-Theorie konstruieren Medien dadurch eine Art Themenuniversum, das für das Publikum als dringlich dargestellt wird, und das seinerseits wieder die Themengewichtung und Themenwahrnehmung bei den Rezipienten beeinflusst.

Zweitens sind die Medien in ihrer Darstellung der Wirklichkeit nicht neutral. Vielmehr gibt es eine Vielzahl von systematischen Unterschieden zwischen den »realen Verhältnissen« in der sozialen Welt und ihrer Portraitierung in den Medien. Beispielsweise wird die Wahrscheinlichkeit von Gewalttaten in fiktionalen Fernsehsendungen wesentlich höher dargestellt, als sie tatsächlich ist. Insbesondere für Vielseher hat das den Effekt, dass sie eine verzerrte, an den Verhältnissen im Fernsehen orientierte Sicht der Wirklichkeit entwickeln, indem sie beispielsweise die Gefahr, einem Gewaltverbrechen zum Opfer zu fallen, im Vergleich zu Wenigsehern deutlich überschätzen.

Drittens hat sich im Rahmen der sog. Wissenskluft-Hypothese gezeigt, dass Massenmedien trotz ihrer weiten Verbreitung quer durch alle sozialen Schichten nicht notwendigerweise zu einer Demokratisierung und Homogenisierung der Wissensverteilung in der Bevölkerung beitragen, sondern unter Umständen personale Wissensunterschiede sogar verstärken können. Beispielsweise werden Fernsehnachrichten besonders gut von formal besser gebildeten, intelligenteren Personen erinnert, die ein hohes Vorwissen und ein hohes Themeninteresse aufweisen, und die über das Gesehene anschließend sprechen oder nachdenken.

Auch was die längerfristigen **Medienwirkungen im affektiv-sozialen Bereich** anbelangt, zeichnet die medienpsychologische Wirkungsforschung mittlerweile ein differenziertes Bild. Dies gilt insbesondere für den Beitrag von Medien für das Entstehen sozial unerwünschter, beispielsweise aggressiver Verhaltensweisen. In der empirischen Forschung ist man hier bereits seit längerem von einfachen, unikausalen Modellen abgekommen. Statt dessen ergibt sich aus der Vielzahl von Studien ein sehr differenziertes, multikausales Bild, bei dem erst das Zusammentreffen einer Reihe von Wirkfaktoren – Persönlichkeitsdisposition des Rezipienten, unmittelbares soziales Umfeld – mit einem erhöhten Konsum einschlägiger Gewaltinhalte zu entsprechenden Verhaltensweisen führt, die sich dann in einem selbst verstärkenden Zyklus weiter verfestigen können. Zudem zeigen Inhaltsanalysen des Fernsehprogramms entgegen der öffentlichen Diskussion immer wieder, dass generell mehr prosoziales als antisoziales Verhalten gezeigt wird. Man denke an die typische Vorabendserie, bei der sich zwar alle möglichen Probleme von Familien- und Berufsproblemen über Scheidungen bis zur Drogensucht finden, aber solche Konflikte im Verlauf der Episode meist erfolgreich und sozial kompetent gelöst werden. Metaanalytische Studien zeigen, dass der Einfluss der Massenmedien auf das prosoziale Verhalten deutlich höher einzuschätzen ist als auf das antisoziale Verhalten.

Schließlich lässt sich auch ein Einfluss der Medien auf Quantität und Qualität der **sozialen Beziehungen** nachweisen. In kulturkritischen Mediendiskussionen wird häufig davon ausgegangen, dass Massenmedien ihren Rezipienten unkomplizierte Scheinbeziehungen, sog. parasoziale Beziehungen anbieten, und dass diese zunehmend echte zwischenmenschliche Beziehungen verdrängen. Allerdings: Sieht man einmal von der Gruppe von sozial iso-

lierten älteren Menschen ab, findet sich keine negative korrelative Beziehung zwischen Anzahl und Intensität von realen und parasozialen Beziehungen, d. h. parasoziale Beziehungen scheinen reale Beziehungen nicht zu ersetzen, sondern eher zu ergänzen. In diesem Sinne hat in den letzten Jahren auch eine Umbewertung der parasozialen Beziehungen stattgefunden, nämlich weniger als eine Art Sozialersatz, sondern eher als eine Instanz, die unterschiedlichste soziale Rollen und Identitäten zur Beobachtung und zum Modelllernen anbietet. Auch die neuen Formen der Individualkommunikation – von E-Mail und Newsgroups bis zum Handy – haben die Art und Weise, in der zwischenmenschliche Beziehungen geknüpft und gepflegt werden, nachhaltig verändert. Neue soziale Kontakte werden nicht mehr vorwiegend durch geographische Nähe gebildet, sondern in stärkerem Umfang durch übereinstimmende Interessen und Einstellungen, beispielsweise in Chatrooms oder themenorientierten Mailinglisten.

Literatur

Referenzliteratur

Döring, N. (2003). *Sozialpsychologie des Internet. Die Bedeutung des Internet für Kommunikationsprozesse, Identitäten, soziale Beziehungen und Gruppen* (2. Aufl.). Göttingen: Hogrefe.
Hesse, F.W. & Schwan, S. (2002). Internet-based teleteaching. In W. Krank, J.F. Leonhard, H.W. Ludwig & E. Straßner (Hrsg.), *Medienwissenschaft. Ein Handbuch zur Entwicklung der Medien und Kommunikationsformen* (S. 2597–2610). Berlin: de Gruyter.
Issing, L.J. & Klimsa, P. (Hrsg.). (2002). *Information und Lernen mit Multimedia und Internet* (3. Aufl.). Weinheim: Beltz/PVU.
Mangold, R., Vorderer, P. & Bente, G. (Hrsg.). (2004). *Lehrbuch der Medienpsychologie*. Göttingen: Hogrefe.

Zitierte Literatur

Anderson, C.A. & Dill, K.E. (2000). Video games and aggressive thoughts, feelings and behavior in the laboratory and in life. *Journal of Personality and Social Psychology, 78(4)*, 772–790.
Clark, H.H. (1996). *Using language*. Cambridge, MA: Cambridge University Press.
Daft, R.L. & Lengel, R.H. (1986). Organizational information requirements, media richness and structural design. *Management Science, 32* (5), 554–571.
Kiesler, S., Siegel, J. & McGuire, T.W. (1984). Social psychological aspects of computer-mediated interaction. *American Psychologist, 39* (10), 1123–1134.
Mayer, R.E. (2001). *Multimedia learning*. Cambridge, MA: Cambridge University Press.
Ong, W.J. (1982). *Orality and literacy. The technologizing of the world*. London: Routledge.
Salomon, G. (1984). Television is »easy« and print is »tough«: The differential investment of mental effort in learning as a function of perceptions and attribution. *Journal of Educational Psychology, 76*, 647–658.
Schramm, H. & Hasebrink, U. (2004). Fernsehnutzung und Fernsehwirkung. In R. Mangold, Vorderer, P. & Bente, G. (Hrsg.), *Lehrbuch der Medienpsychologie* (S. 465–492). Göttingen: Hogrefe.

Short, J., Williams, E. & Christie, B. (1976). *The social psychology of tele-communications*. London: Wiley.

Spears, R., Lea, M. & Postmes, T. (2001). Social psychological theories of computer-mediated communication: Social pain or social gain? In W.P. Robinson & H. Giles (Eds.), *New handbook of language and social psychology* (pp. 601–623). Chichester: Wiley.

Spiro, R.J. & Jehng, J.C. (1990) Cognitive flexibility, random access instruction, and hypertext: Theory and technology for non-linear and multidimensional traversal of complex subject matter. In D. Nix & R.J. Spiro (Eds.), *Cognition, education, and multimedia: Exploring ideas in high technology* (pp. 163–205). Hillsdale, NJ: Erlbaum.

Turkle, S. (1995). *Life on the screen: identity in the age of the internet*. New York: Simon & Schuster.

Unz, D. & Schwab, F. (2004). Nachrichten. In R. Mangold, P. Vorderer & G. Bente (Hrsg.), *Lehrbuch der Medienpsychologie* (S. 493–525). Göttingen: Hogrefe.

Walther, J.B. (1996). Computer-mediated communication: impersonal, interpersonal, and hyperpersonal interaction. *Communication Research, 23*, 3–43.

Winterhoff-Spurk, P. (2004). *Medienpsychologie. Eine Einführung* (2. Aufl.). Stuttgart: Kohlhammer.

Zwaan, R.A., Langston, M.C. & Graesser, A.C. (1995). The construction of situation models in narrative comprehension: an event-indexing model. *Psychological Science, 6*, 292–297.

56 Politische Psychologie

U. Wagner, J. Stellmacher

56.1 Gegenstandsbereich

Die Politische Psychologie verbindet die Psychologie und die Politikwissenschaft (Deutsch & Kinnvall, 2002). Politische Psychologie versucht, politische Prozesse und Strukturen sowie politisches Denken, Fühlen und Handeln mit psychologischen Theorien zu erklären und mit psychologischen Methoden zu überprüfen. Damit stellt sich die Frage der angemessenen Analyseeinheit und Erklärungsebene (MacKuen, 2002). Wir befassen uns hier mit Individuen, ihren politischen Überzeugungen, relevanten emotionalen Prozessen und Verhaltensweisen. Das heißt nicht, den Kontext dieses Verhaltens auszublenden: Individuen denken, fühlen und handeln politisch in ihrem sozialen Kontext, der durch Sozialisationsagenten, Bezugsgruppen, Medien usw. konstituiert wird (Tetlock, 1998).

Übersichtsdarstellungen zur Politischen Psychologie (z. B. McGuire, 1993; Cottam, Dietz-Uhler, Mastors & Preston, 2004) unterscheiden vier historische Phasen der Disziplin:

- **ab 1940:** Beschäftigung mit der politischen Persönlichkeit; im Blickpunkt standen dabei sowohl politische Mandatsträger als auch der gewöhnliche Staatsbürger; durchgeführt wurden Einzelfallstudien zur politischen Persönlichkeit des Normalbürgers, aber auch Umfragen;

- **ab 1960:** Analyse von Wahlverhalten und politischen Einstellungen, vornehmlich auf der Basis der Ergebnisse von repräsentativen Umfragen;
- **ab 1980:** Beschäftigung mit den Inhalten und der Verarbeitung von politischen Kognitionen; methodischer Schwerpunkt ist das Experiment;
- **ab 1990:** Intergruppenprozesse und ihr Einfluss auf politisches Handeln; bevorzugte Methoden sind das Experiment, aber auch Umfragen.

Die genannten Themen wurden natürlich über die Anfangszeiträume hinaus weitergeführt oder wieder aufgegriffen. Wir werden uns hier ebenfalls an den genannten Schwerpunkten orientieren, dabei aber auch auf neuere Forschung konzentrieren.

56.2 Politische Persönlichkeit

Theoretische Grundlage der frühen Beschäftigung mit der politischen Persönlichkeit war die Psychoanalyse (z. B. Lasswell, 1930; Adorno, Frenkel-Brunswik, Levinson & Sanford, 1950), später rückten stärker lerntheoretisch fundierte Konzepte in den Vordergrund (z. B. Barber, 1972; Altemeyer, 1988).

56.2.1 Personenmerkmale politischer Führungspersonen

Nur selten gelingt es, politische Verantwortungsträger direkt mit psychologischen Messinstrumenten zu befragen. Daher muss auf eher indirekte Verfahren zurückgegriffen werden, wie die Inhaltsanalyse von schriftlichen oder gesprochenen Äußerungen von Politikern (z. B. Tetlock, 1993). Hermann (1983) hat dazu eine standardisierte Methode entwickelt, den »Personality-Assessment-at-a-Distance«-Ansatz (PAD), der es erlaubt, die Politikerpersönlichkeit nach acht Dimensionen zu beschreiben. Eine andere Methode ist die »psychobiographische« Rekonstruktion der individuellen Entwicklung einer politischen Führungsperson aufgrund ihrer Biographie (George & George, 1998; Winter, 2003a).

Ein Pionier **psychoanalytisch orientierter Forschung** über politische Führungspersonen war Lasswell (1930). Er ging davon aus, dass das Verhalten von politischen Führungspersonen durch Psychopathologien mitbestimmt sei. Mit Hilfe psychobiographischer Methoden untersuchte er an anonymisierten Beispielen die unbewussten Konflikte, die dem politischen Handeln von Führungspersonen zugrunde liegen könnten. In der Folgezeit wurden eine Reihe weiterer psychoanalytischer Psychobiographien von bekannten politischen Führungspersonen veröffentlicht wie zu Woodrow Wilson (amerikanischer Präsident von 1913 bis 1921; George & George, 1964) oder Martin Luther (Erikson, 1958).

Barber (1972) wählte einen nicht psychoanalytisch orientierten Zugang zur Beschreibung der Persönlichkeit von politischen Führungspersonen. Er suchte nach Mustern in der Entwicklung und in der politischen Karriere von US-amerikanischen Präsidenten, die für ihr späteres Verhalten im Amt prägend gewesen sein könnten. Nach seiner Auffassung sind drei **Persönlichkeitskomponenten** von besonderer Bedeutung:

1. Der **Führungsstil** beschreibt die Art und Weise, wie ein Präsident seine politischen Rollen ausfüllt.
2. Die **politische Weltsicht** beinhaltet die zentralen politischen Einstellungen, moralischen Grundsätze und subjektiven Sichtweisen dazu, wie die Welt funktioniert (vgl. dazu auch Walkers, 1990, Analyse operationaler Codes).
3. Der **Charakter** schließlich bezieht sich auf persönliche Lebenseinstellungen.

Insbesondere mit Bezug auf die letzte Komponente entwickelte Barber (1972) aus den beiden dichotomisierten Dimensionen Aktivität vs. Passivität (Wie viel Energie wird in die Tätigkeiten als Präsident investiert?) und Positivität vs. Negativität (Welcher persönliche Gewinn oder Verlust wird aus der politischen Tätigkeit abgeleitet?) eine Typologie für US-amerikanische Präsidenten.

Die Politische Psychologie untersucht unter dem Etikett Persönlichkeit neben Persönlichkeitsvariablen verschiede-

ne weitere verwandte Konstrukte wie **Einstellungen, Werte, Motive, Ziele und kognitive Stile** (vgl. z. B. Winter, 1987, 2003b). Laux und Schütz (1996, vgl. auch Schütz, 2001) haben die Selbstdarstellungsstrategien amerikanischer und deutscher Politiker analysiert, Abele (1989) die selbstdarstellerischen Kommentierungen von Verlierern und Gewinnern der Bundestagswahl 1987 (vgl. auch McGraw, 2004). Zu den Merkmalen, die insbesondere das außenpolitische Verhalten von politischen Führungspersonen steuern, gehören deren Images oder Vorstellungen von fremden Ländern (Sommer, 2004; Cottam et al., 2004), wie z. B. naive Vorstellungen über das ökonomische Potenzial eines Landes oder seinen Entwicklungsstand.

Politische Führungspersonen greifen in der Regel auf Beratungsgremien zurück. Damit werden **Kleingruppenprozesse** und davon ausgelöste Entscheidungsanomalien bedeutsam, wie das Phänomen des Risikoschubs in Gruppen (dazu ▶ Kap. 29) bzw. der Gruppenpolarisation (vgl. Myers & Lamm, 1976): Gruppen entscheiden nach Diskussionen häufig riskanter oder extremer als dies nach dem Durchschnitt der in der Gruppe vertretenen Einzelmeinungen zu erwarten ist. Janis (1972, 1982) hat anhand der Rekonstruktion von politischen Entscheidungen, wie der Entscheidung der Kennedy-Administration zur Unterstützung einer Invasionstruppe in das kommunistische Kuba 1964, gezeigt, dass solche politischen Gruppenentscheidungen desaströs ausfallen können. Preston und 't Hart (1999) beschreiben den Einfluss bürokratischer Strukturen auf politische Entscheidungen des US-Präsidenten Lyndon Johnson im Zusammenhang mit dem Vietnamkrieg. Situationsmerkmale, die die Wahrscheinlichkeit des Auftretens von Groupthink erhöhen, sind Entscheidungsdruck, hohe Gruppenkohäsion, Abschottung der Entscheidungsgruppe von wichtigen kritischen Informationen und ein direktiver Führungsstil der Gruppenleitung (vgl. auch das Gesamtheft 2–3 von »Organizational Behavior and Human Decision Processes«, 1998; 't Hart, Stern & Sundelius, 1997; ▶ Kasten).

56.2.2 Persönlichkeitsmerkmale der Bevölkerung

Von besonderer Bedeutung im Zusammenhang mit Persönlichkeitseigenschaften und -strukturen von Personen in der allgemeinen Bevölkerung sind die Studien zur autoritären Persönlichkeit von Adorno, Frenkel-Brunswik, Levinson und Sanford (1950). Die psychologische Autoritarismusforschung hatte sich aus der Frage entwickelt, wie der Nationalsozialismus entstehen konnte. Adorno et al. (1950) kombinieren in ihrer Theorie Psychoanalyse und marxistische Gesellschaftsvorstellungen. Die **autoritäre Persönlichkeit** wird als historisch bestimmter Sozialtyps mit neun Dimensionen charakterisiert. Sie ist das Ergebnis der Herrschaftsordnung und der Beschäftigungsverhältnisse des frühen 20. Jahrhunderts, die sich in spezifischen Fami-

Möglichkeiten der Optimierung von Gruppenentscheidungen

In der Literatur (z. B. Frey & Schulz-Hardt, 2001) werden verschiedene **strukturelle Faktoren** benannt, die suboptimale Gruppenentscheidungen verbessern. Dazu gehören die Zusammenstellung von möglichst meinungsheterogenen Gruppen, die Etablierung von Regeln und Normen, die die Äußerung abweichender Überzeugungen erleichtern, institutionalisierte Aufgabenzuweisungen, wie die Zuweisung der Rolle eines Advocatus diaboli, sowie die Sanktionierung suboptimaler Entscheidungen.

Hermann und Preston (1994) und Cottam et al. (2004, 102 ff.) nennen **Personenmerkmale** von politischen Führungspersonen, die helfen, Entscheidungen in von ihnen beeinflussten Gruppen zu optimieren: ihr Involvement im politischen Gestaltungsprozess, Toleranz für Konflikte, Führungsmotivation, Informationsmanagement, Konfliktlösungsstrategien, die Neigung der Führungsperson zu direkten Eingriffen in das operationale Geschäft, ein proaktiver im Gegensatz zu einem reaktiven Stil der Politikgestaltung und ihr Vertrauen in die politische Bürokratie.

lienkonstellationen mit einer lieblosen, harten und inkonsistenten Erziehung niederschlagen. Da der daraus resultierende Hass gegen den Vater nicht gegen diesen selbst gerichtet werden kann, wird er nach außen gewendet. Außerdem wird der Vater idealisiert, diese Idealisierung wird später auf gesellschaftliche Autoritäten übertragen.

Im Vordergrund der aktuellen Autoritarismusforschung stehen lern- und kognitionspsychologische Erklärungsansätze. **Autoritarismusneigung** wird als Personenmerkmal betrachtet, das in jeder Lebensphase durch Lernerfahrungen verstärkt oder zurückgedrängt werden kann (vgl. Altemeyer, 1981, 1988; Oesterreich, 1996). Eine hoch autoritäre Person ist besonders anfällig für die Beeinflussung durch Autoritäten (autoritäre Unterwürfigkeit), sie ist bereit, Werte und Normen von Autoritäten unhinterfragt zu übernehmen (Konventionalismus) sowie Aggressionen gegenüber Personen oder Gruppen auszuüben, die gegen diese Konventionen verstoßen (autoritäre Aggression).

Ein hohes Maß an Autoritarismusneigung geht mit einer konservativen politischen Orientierung einher (Adorno et al., 1950; Altemeyer, 1996), ein Befund, der lange für wissenschaftliche Kontroversen gesorgt hat. Kritiker merken an, dass Autoritarismus nicht nur bei politisch extrem Rechten, sondern auch bei Linksextremen zu finden sei, beispielsweise unter Kommunisten (vgl. Shils, 1954). Rokeach (1960) hat deshalb versucht, das Konstrukt Autoritarismusneigung zu differenzieren. Er unterscheidet die Form des Denkens (»open mindedness« vs. »closed mindedness«) und die Präferenz für bestimmte Denkinhalte oder Einstellungsmuster, die sich auf einem Rechts-links-Spektrum anordnen lassen. Er vermutete, dass »closed mindedness« bei politisch rechts- und linksextremen Personen häufiger auftrete als in der politischen Mitte, und konnte dies an einer kleinen Stichprobe von englischen Studierenden verschiedener politischer Orientierungen zeigen.

Im Gegensatz zu Rokeachs Vermutung zeigen russische studentische und nichtstudentische Personen, die im kommunistischen Regime der ehemaligen Sowjetunion sozialisiert worden sind, ein geringeres Maß an Autoritarismusneigung als US-amerikanische Vergleichsstichproben (vgl.

McFarland, Ageyev & Abalakina, 1993). Altemeyer (1996) kommt nach Durchsicht des verfügbaren empirischen Materials zu dem Schluss, dass Autoritarismusneigung eher mit einer rechten als mit einer linken politischen Orientierung verbunden ist (vgl. auch Stone & Smith, 1993).

Hoch autoritäre Personen nehmen die Welt als bedrohlich wahr (vgl. Altemeyer, 1988) und reagieren darauf mit verstärkten Loyalitätsforderungen an die eigene Gruppe (Duckitt, 1989; Stellmacher, 2004). Wagner, Zick und van Dick (2002) zeigen in einer experimentellen Untersuchung, dass stärker autoritäre Personen Meinungsbeeinflussungen in stärkerem Maße nachgeben als weniger autoritäre Befragte, hoch autoritäre also vermutlich auch von politischer Propaganda eher erreichbar sind. Hoch autoritäre Menschen neigen außerdem dazu, auf Bedrohung mit Abwertung, Ausgrenzung und Attackierung von relevanten Fremdgruppen zu antworten (vgl. Feldman, 2003; Stellmacher & Petzel, 2005). Entsprechend finden sich durchgängig mittlere bis starke Zusammenhänge zwischen Autoritarismusneigung und Vorurteilen gegenüber ethnischen Minderheiten, Homosexuellen, Juden und Frauen (Heitmeyer & Heider, 2002; Stellmacher, 2004).

In der neueren Forschung wird die Theorie der **sozialen Dominanzorientierung** (vgl. Sidanius & Pratto, 1999) als alternatives oder ergänzendes Konzept zu Autoritarismus diskutiert. Die Theorie der sozialen Dominanzorientierung beschäftigt sich mit der Frage, wie Gesellschaften Unterdrückung und Diskriminierung legitimieren. Soziale Dominanzorientierung beschreibt die Neigung von Personen, Hierarchien in sozialen Gruppenbeziehungen zu akzeptieren und zu befürworten. Autoritarismusneigung und soziale Dominanzorientierung erfassen aber nicht dasselbe, zusammen erklären sie in einzelnen Studien mehr als 50% der Varianz von Vorurteilen gegenüber verschiedenen Gruppen (Altemeyer, 1998; Heyder, in Vorb.).

56.3   Politische Einstellungen und Wahlverhalten

Ausgangspunkt der Erforschung politischer Einstellungen (zum Überblick über die US-amerikanische Forschung s. Kinder, 1998) waren die 1960 und 1964 von Campbell, Converse, Miller und Stokes vorgelegten Bände zum »American Voter«. Die Studien bezogen sich auf repräsentative Umfragen der University of Michigan, Ann Arbor, sie wurden deshalb auch als das Michigan-Modell oder die Michigan-Studie bekannt. Das Inter-University Consortium for Political and Social Research (ICPSR) an der University of Michigan sammelt seit 1962 solche sozialwissenschaftlichen Daten und stellt diese der Öffentlichkeit zur Reanalyse zur Verfügung. Campbell et al. (1960, 1964) und später insbesondere Converse (1964) interessierte die Frage, ob die Befragten Einstellungsmuster vertreten, die sich zu einem konsistenten politischen Weltbild von eher liberaler oder konservativer Orientierung zusammenfügen. Die Untersuchungsbefunde sprechen nicht dafür: Nur 2,5–12% der Befragten zeigten solche konsistenten Einstellungs- und Verhaltensmuster (Converse, 1964), fast 90% hatten keine klare politische Position (vgl. auch Stromberg & Boehnke, 1997). Außerdem sind die politischen Überzeugungen der Mehrheit der Bürger eher instabil.

Nach Überzeugung der Michigan-Schule lässt sich Wahlverhalten aus Langzeitfaktoren und kurzzeitigen Einflüssen vorhersagen (Converse, 1966). Zu den wesentlichen Langzeitfaktoren gehören die Identifikation mit einer Partei (Campbell et al., 1960; Bartels, 2000). Angenommen wird, dass diese das Ergebnis eines langfristigen familiären Sozialisationsprozesses ist (Sears & Levy, 2004). Zu den kurzzeitig wirksamen Einflussfaktoren gehören aktuelle politische Themen (zu Medieneinflüssen vgl. Schenk, 1987; Kinder, 2003) und deren Behandlung durch Parteien und Kandidaten sowie Persönlichkeitsmerkmale der Kandidaten. Klassisch wurde dabei davon ausgegangen, dass Wahlentscheidungen rationale Entscheidungen sind, d. h. von Eigeninteressen geleitet werden: Wähler sollten die Partei und den Kandidaten wählen, die ihre persönlichen materiellen Interessen am besten vertreten. Empirisch lässt sich diese Annahme jedoch nicht durchgängig stützen (Citrin & Green, 1990). Kosten-Nutzen-Kalkulationen spielen bei politischen Entscheidungen aber dennoch eine Rolle, wenn nämlich die Interessen wichtiger Bezugsgruppen berührt werden (Converse, 1964; Kinder, 1998).

56.4   Politische Kognitionen und politische Entscheidungen

Die Analyse der Verarbeitung und Speicherung politischer Informationen wird stark von zwei antagonistischen Modellen beeinflusst (Lavine, 2002). Zum einen vertritt Zaller (1992) ein Gedächtnismodell (»memory-based model«), wonach politische Informationen weitgehend unbearbeitet im Langzeitgedächtnis in Form assoziativer Netzwerke gespeichert werden (vgl. auch Taber, 2004). Erst wenn eine politische Entscheidung erforderlich ist, werden diese Gedächtnisinhalte abgerufen und zusammengefügt. Welche Wissenselemente dabei zusammengefügt werden, hängt von deren Verfügbarkeit ab, die situativ durch spezifische Themensetzungen und dispositionell durch allgemeine politische Interessensfelder beeinflusst wird.

Zaller und Feldman (1992) leiten aus diesem Modell der Verarbeitung politischer Informationen eine Grundsatzkritik an der Umfrageforschung ab: Wenn die Menschen in Umfragen zu einer Entscheidung gezwungen werden, würden sie so etwas wie einen Mittelwert aus ihren Gedächtnisinhalten bilden, der aber durch die situative Aktivierung einzelner Gedächtnisinhalte, etwa durch den Kontext der Einzelfragen, stark verzerrt sei. Vor dem Hintergrund solcher Kritik wurde verstärkt auf experimentelle Untersuchungsmethoden gesetzt. In jüngster Zeit zeichnet sich der Einsatz kombinierter Methoden aus Umfragen und experimentellen Manipulationen (Sniderman & Grob, 1996) sowie nonreaktiven Messungen ab (vgl. das Sonderheft der »Political Psychology«, 2000, 21, 1).

Zum anderen hat Lodge (1995) ein Modell zur Verarbeitung neuer Informationen über politische Kandidaten entwickelt, das zuweilen als Konkurrenzmodell zu Zallers Gedächtnistheorie angesehen wird. Danach werden Informationen im Arbeitsgedächtnis sofort – sozusagen online – in den Gesamteindruck über den Kandidaten eingebaut, Einzelinformationen gehen dabei weitgehend verloren. Das bedeutet auch, dass die Bewertung von politischen Akteuren vom kognitiven Informationsgehalt gelöst wird, es bleiben generelle Gefühle der Zuneigung oder Ablehnung, ohne dass diese noch mit spezifischen Ereignissen begründet werden können. Die in politischen Diskussionen übliche Frage nach der rationalen Begründung von politischen Bewertungen ist vor dem Hintergrund dieses Modells wenig sinnvoll. Kinder (1998) schlägt vor, beide Modelle zusammenzuführen und interindividuell und intraindividuell themenspezifisch variierende Formen der Informationsverarbeitung anzunehmen.

Die Verarbeitung politischer Informationen und ihr Abruf aus dem Langzeitgedächtnis unterliegt **systematischen Verzerrungen**, insbesondere bei Überlastungen des informationsverarbeitenden Systems (Lau, 2004). Unterschiedliche Heuristiken (Strack & Deutsch, 2002) sind daher von Bedeutung. Nach der Verfügbarkeitsheuristik (Jervis, 1993) und der damit erklärbaren »Peak-End«-Regel wird die Bewertung politischer Akteure und deren Handlungen rückblickend in besonderem Maße von herausstechenden (»peaks«) und unmittelbar zurückliegenden Ereignissen (»ends«) beeinflusst. Auch emotionale Prozesse führen zu Urteilsverzerrungen. Marcus und MacKuen (1993) haben auf der Basis von Umfrageergebnissen zu Präsidentschaftswahlen in den USA dokumentiert, dass für die

Bewertung politischer Ereignisse und Kandidaten zwei Emotionen von Bedeutung sind (vgl. auch Marcus, Neuman & MacKuen, 2000): Enthusiasmus und Furcht. Enthusiasmus begünstigt eine positive Wahlentscheidung, Furcht die weitere Informationssuche. Wähler gründen ihre Wahlentscheidung oft nur auf die wenigen Merkmale, in denen die konkurrierenden Kandidaten für ein politisches Amt direkt miteinander vergleichbar sind, und ignorieren dabei wesentlich wichtigere ideographische Informationen, die einzelne Kandidaten im Besonderen ausweisen (Jervis, 1993; Popkin, 1993).

56.5 Intergruppenprozesse

56.5.1 Die Theorie der sozialen Identität

Tajfel, Billig, Bundy und Flament (1971) haben in ihren klassischen sog. »Minimal-Group«-Experimenten gezeigt, wie leicht feindselige Intergruppenprozesse ausgelöst werden können (auch ▶ Kap. 29). Sie teilten ihre Versuchspersonen zunächst nach einem artifiziellen Kriterium, beispielsweise nach vorgeblichen künstlerischen Präferenzen, in zwei Gruppen ein. Im zweiten Schritt wurden die Versuchspersonen aufgefordert, kleinere Geldbeträge an zwei Personen zu verteilen, von denen sie nur wussten, dass eine dieser beiden Personen Mitglied der gleichen »Gruppe« war wie sie selbst, und die andere Person Mitglied der anderen Gruppe. Die Ergebnisse zeigen eine systematische Verzerrung in den Geldzuweisungen zugunsten der Mitglieder der eigenen Gruppe. Spätere Untersuchungen demonstrieren dasselbe Muster der Bevorzugung der eigenen Gruppe, wenn die abhängige Variable als Einstellungs- oder Sympathieurteil erfasst wird (Diehl, 1990).

Tajfel und Turner (1979) erklären die in den Minimal-Group-Untersuchungen demonstrierte Eigengruppenbevorzugung mit der Theorie der sozialen Identität. Die Theorie besteht in ihrem psychologischen Kern aus drei Annahmen (Wagner & Zick, 1990):

1. Menschen wollen eine positive Selbsteinschätzung erhalten oder herstellen.
2. Menschen leiten einen Teil ihrer Selbsteinschätzung, ihre soziale Identität, aus ihren Gruppenzugehörigkeiten und den Bewertungen dieser Gruppen ab.
3. Die Bewertung einer Gruppe ergibt sich aus dem Vergleich dieser Gruppe mit relevanten anderen Gruppen.

Menschen sind also bestrebt, Gruppen, denen sie sich zurechnen, positiv von anderen Gruppen abzusetzen, um so eine Gefährdung ihrer sozialen Identität zu vermeiden oder ihre Selbstwertschätzung zu verbessern. Voraussetzungen für diesen Prozess sind, dass die Person sich mit der sozialen Kategorie identifiziert, und dass die jeweils relevante soziale Kategorie in der Urteilssituation von Bedeutung, d. h. salient ist (Brown, 2000; Turner & Reynolds, 2001). Personen sind bemüht, Gefährdungen ihrer sozialen Identität zu kompensieren. Dies ist nach der Theorie der sozialen Identität aber nur möglich, wenn sie Alternativen zur gegebenen Statusrelation wahrnehmen, d. h. wenn sie die Statusrelation zur Fremdgruppe als illegitim oder instabil ansehen. Welche Reaktion auf eine Gefährdung der sozialen Identität gezeigt wird, hängt davon ab, ob die Gruppengrenzen als permeabel wahrgenommen werden. Sind diese durchlässig, versuchen die Mitglieder unterlegener Gruppen individuell in eine überlegene Gruppe aufzusteigen. Bei undurchlässigen Gruppengrenzen hingegen wird sozialer Wandel erforderlich, d. h. die Gruppenmitglieder versuchen, den Status der Gruppe insgesamt zu stabilisieren bzw. zu verbessern.

Schon in den 50er Jahren des letzten Jahrhunderts hatte Sherif mit seinen Ferienlageruntersuchungen gezeigt, dass Gruppenmitglieder Feindseligkeiten gegeneinander entwickeln und einander diskriminieren, wenn sie glauben, dass die Gruppen antagonistische materielle Ziele verfolgen (Sherif & Sherif, 1969). Sherif erklärte seine Ergebnisse mit der sog. »Realistic-Group-Conflict«-Theorie, die besagt, dass die Auseinandersetzung von zwei Gruppen um materielle Ziele zu gegenseitigen Feindseligkeiten führt (Brown, Maras, Masser, Vivian & Hewstone, 2001). Tajfel und Turner (1979) lieferten eine Erklärung für das Phänomen: Die Auseinandersetzung um materielle Ziele erhöht die Salienz der jeweiligen Gruppenmitgliedschaften, und damit steigt die gegenseitige Ablehnung.

Turner, Hogg, Oakes, Reicher und Wetherel (1987) haben die Überlegungen der Theorie der sozialen Identität auf Intragruppenprozesse erweitert. Nach ihrer **Selbstkategorisierungstheorie** werden Gruppen kohärenter, die gegenseitige Attraktion der Gruppenmitglieder nimmt zu, und Gruppen können zunehmenden Einfluss auf ihre Mitglieder ausüben, je stärker die jeweiligen Gruppen für die Beteiligten salient, d. h. in der Situation bedeutsam für ihr Denken, Fühlen und Verhalten sind. Die Stärke der Salienz wiederum wird u. a. durch Intergruppenkonflikte beeinflusst (Wagner & Ward, 1993).

56.5.2 Internationale Konflikte

Die Theorie der sozialen Identität hat ein wesentliches Anwendungsfeld in der Erklärung von ethnischen Vorurteilen und Konflikten (Wagner, van Dick & Zick, 2001). Die Theorie der sozialen Identität erlaubt aber auch die Beschreibung innen- und außenpolitischer Auseinandersetzungen als Ergebnisse von Identifikationsprozessen. Ethnische Identifikationen können die Entstehung von Bürgerkriegen erklären, wenn in einem Land verschiedene ethnische Gruppen zusammenleben und die Identifikation mit den ethnischen Gruppen stärker ist als mit dem staatlichen Gebilde. Das Beispiel des ehemaligen Jugoslawien und seiner Teilrepubliken macht deutlich, welches Konfliktpotenzial starke ethnische Identifikationen bieten. Offene internationale Auseinandersetzungen können entstehen, wenn von mindestens einer Konfliktpartei eine Chance auf einen für die eigenen Interessen positiven Ausgang wahrgenommen wird.

Internationale Konflikte verlaufen aber nicht allein entlang rationaler, auf materielle Ressourcen bezogener Kos-

ten-Nutzen-Analysen: Für Menschen mit einer starken nationalen Identifikation geht es nicht nur darum, die Ressourcen für die eigene Gruppe zu maximieren, sondern sie verfolgen auch das Ziel, die eigene nationale Identität zu stabilisieren und anzuheben, und die eigene nationale Gruppe von fremden positiv abzusetzen. Der Ressourcenkonflikt wird zum Identitätskonflikt. Identitätskonflikte lassen, anders als Ressourcenkonflikte, in der Regel keine »Win-win«-Lösungen zu, bei denen die Konfliktparteien mit für beide zufrieden stellenden Ergebnissen zumindest den offenen Konflikt beilegen. Identitätskonflikte beinhalten die Gefahr der Eskalation, bei der es dann nur noch darauf ankommt, der Gegenseite zu schaden, selbst wenn das mit eigenen Verlusten einhergeht (Wagner, 2004).

Kriege werden von Staaten betrieben, sie sind auf Dauer aber nur zu führen, wenn die Bevölkerung dem zustimmt. Damit stellt sich die Frage, wer die Akteure sind, mit denen die Politische Psychologie des Krieges sich befasst. Nationalismus ist ein wesentlicher Moderator für kriegerische Auseinandersetzungen, sowohl der Nationalismus der politischen Führung wie jener der breiten Bevölkerung. Hitler war extremer Nationalist, gleichzeitig teilten viele Bürgerinnen und Bürger der Weimarer Republik diese Überzeugung. Nationalismus spielt darüber hinaus eine wesentliche Rolle bei der Verbreitung politischer Ideologien und Feindbilder durch politische Propaganda. Cottam et al. (2004) beschreiben den Verlauf verschiedener Kriege und zeigen, wie diese durch politische Propaganda angeheizt werden. Nationalisten sind durch Propaganda besonders leicht zu beeinflussen, sie sprechen auf Symbole an, die für die ethnische oder nationale Gruppe prototypisch sind. Wagner (1994; van Knippenberg, 1999; Wagner, Zick & van Dick, 2002) hat in einer Serie von experimentellen Studien demonstriert, dass persuasive Nachrichten besonders dann akzeptiert werden, wenn der Sender der Nachricht auf eine gemeinsame Gruppenmitgliedschaft mit den Rezipienten hinweisen kann. Die Überzeugungswirkung solcher Propaganda ist besonders groß, wenn der Redner in der Rede den Konflikt mit der fremden nationalen Outgroup salient machen kann. Die sog. Sportpalastrede von Goebbels, Reichspropagandaminister, am 18. Februar 1943, in der er zum »totalen Krieg« aufruft, ist ein Beispiel für eine solche Form propagandistischer Beeinflussung. Anzunehmen ist, dass Propagandareden dieser Art von nationalistischen Rezipienten besonders gut akzeptiert werden.

Konflikte zwischen Gruppen tendieren zu positiven Selbstverstärkungen: Mit der Steigerung des Konflikts mit der fremden Gruppe wird die eigene Gruppe zunehmend wichtiger, was die Heftigkeit der Reaktion auf die feindliche Gruppe wiederum erhöht (Staub, 2004). Wagner und Ward (1993) zeigen, wie mit einer Zunahme des Konflikts zwischen Gruppen die Sympathie für die eigene Gruppe und die Meinungsübereinstimmung in der Ingroup steigen. Stellmacher, van Dick und Wagner (2002) demonstrieren, dass in konflikthaften Situationen die Bereitschaft zur Umsetzung von Ingroup-Normen zunimmt, und dass dies durch die konfliktbedingte Zunahme der Identifikation mit der eigenen Gruppe erklärt werden kann. Mobilisierende Kriegsvorbereitungen fallen offensichtlich auf einen psychologisch fruchtbaren Boden.

56.5.3 Politische Extremisten und Folterknechte

Versuche, besondere Persönlichkeitsprofile für politische Terroristen zu zeichnen, sind wenig erfolgreich (Crenshaw, 2000; Ross, 1994; Ruby, 2002). Psychologisch sind ideologische Motive und Identifikationsprozesse vermutlich eher von Bedeutung (Skitka & Mullen, 2002). Zwei Formen von Gruppenidentifikation sind zum Verständnis terroristischer Gewalt wichtig: Die Identifikation mit einem nationalen, ethnischen oder religiösen Kollektiv, dem die Täter unterstellen, dass seine Mitglieder die Taten im Grunde unterstützen, und die Identifikation mit einer unmittelbaren gewalttätigen Kleingruppe. Bindungen an extremistische Gruppen werden zudem oft noch durch rituelle Aufnahmeprozeduren untermauert, deren erfolgreiche Bewältigung die Attraktivität der Gruppe erhöht (Aronson & Mills, 1959; Moreland & Levine, 1989). Im Fall von gewalttätigen Gruppen kann das bedeuten, dass Neumitglieder sich aktiv an Gewalttaten beteiligt haben müssen, bevor sie eine Vollmitgliedschaft erreichen können.

Wenn die Teilnahme an gewalttätigen Aktionen nicht freiwillig erfolgt, so scheinen Menschen doch erstaunlich leicht dazu zu veranlassen zu sein, wie Milgram (1974) demonstriert hat. Die Teilnehmer seiner Untersuchungen wurden allein durch die Anweisung des Versuchsleiters dazu gebracht, andere Untersuchungsteilnehmer mit Elektroschocks zu traktieren (vgl. auch Blass, 2000; zur Kritik an den Experimenten vgl. Miller, 1995). Elms und Milgram (1966) zeigen, dass insbesondere hoch autoritäre Versuchsteilnehmer den Aufforderungen des Versuchsleiters folgen. Berichte über systematische Folterungen machen deutlich, dass die Bereitschaft von potenziellen Folterknechten zur Teilnahme daran durch die Bürokratisierung und Aufteilung der Prozedur erhöht wird (Crelinsten & Schmid, 1993). Sabini und Silver (1993) beschreiben dies für die Abläufe in deutschen Konzentrationslagern zur Zeit des Nationalsozialismus.

Auch interne gruppendynamische Prozesse tragen zur Eskalation von Gewalt gegen schwache Mitglieder fremder Gruppen bei. Zimbardo, Haney, Banks und Jaffe (1973; auch Zimbardo, Maslach & Haney, 2000) haben in ihrem berühmten simulierten Stanford-Gefängnis gezeigt, wie schnell und leicht Studierende der Stanford-Universität dazu gebracht werden konnten, die Rolle von Gefängniswärtern zu übernehmen und mit hoher Brutalität zu füllen. Dehumanisierung der Opfer rechtfertigt die eigene Brutalität, so dass die Taten schließlich aus eigenem Antrieb vorangetrieben werden (Bandura, 2004). Beispiele dafür sind die Fernsehaufnahmen von US-amerikanischen Soldaten im Irak, die offensichtlich mit Vergnügen ihre Gefangenen quälten. Insbesondere Gruppen, die relativ isoliert und wenig kontrolliert agieren, unterliegen solchen Prozessen. Aus der Perspektive der Selbstkategorisierungstheorie entwickeln die Gruppen neue prototypische Normen – oft in vermeintlicher Übereinstimmung mit einer nationalen oder politischen Mehrheit –, die das Quälen von Mitgliedern fremder Gruppen erstrebenswert erscheinen lassen und zur Anerkennung durch die anderen Ingroup-Mitglieder führen (Haslam & Reicher, 2003; Reicher, Spears & Postmes, 1995).

56.5.4 Bearbeitung von Intergruppenkonflikten

Die Carnegie-Stiftung New York (Carnegie Commission, 1997) hat vier Maßnahmen beschrieben, die zur Prävention gewalttätiger Konflikte wichtig sind:
1. die Etablierung eines Frühwarnsystems, das auf aufkommende Konfliktfelder verweist,
2. präventive Diplomatie,
3. die Androhung und Durchsetzung von ökonomischen Sanktionen und – wenn nötig –
4. friedenserhaltende und friedensstiftende Militär- und Polizeieinsätze.

Bei gewalttätigen und kriegerischen Auseinandersetzungen wird den jeweiligen Fremdgruppen mit Angst und Misstrauen begegnet, nahezu jede Handlung der Gegenseite wird vor dem Hintergrund solcher Feindbilder als – subtile – Aggressionshandlung interpretiert. Die gegenseitigen Kommentierungen politischer Entscheidungen auf israelischer und palästinensischer Seite sind Beispiele. Als außenpolitisch sichtbare Maßnahme zur Deeskalation schlägt Osgood (1962, 1986) in solchen Fällen vor, mit graduellen Konzessionen dem Opponenten gegenüber die eigenen friedlichen Absichten deutlich zu machen (vgl. auch Meyer, 2004). Hilfreich sind hier auch Vermittlungen durch Dritte, um auch auf politischer Führungsebene ein Verständnis für die Interpretationsperspektive der anderen Seite zu ermöglichen (vgl. auch Stangor, Sechrist & Jost, 2001). Je stärker die Auseinandersetzungen durch nationale Identifikationsprozesse geprägt sind, umso mehr ist dabei darauf zu achten, den politischen Führern die Möglichkeit zu geben, mit ihren konzessiven Entscheidungen ihr Gesicht und das Image der Nation zu wahren, die sie vertreten.

Die politische Befriedung von Bürgerkriegen und Kriegen zwischen Staaten ist nicht gleichzusetzen mit der Beseitigung von Konfliktursachen, Feindbildern, Angst und Hass aufseiten der beteiligten Bevölkerung. Wenn Bürgerkriege und Kriege im Wesentlichen dadurch vorangetrieben werden, dass eine **Eigen-/Fremdgruppen-Kategori-**

sierung für die Beteiligten salient gemacht wird, liegt auch der Schlüssel zur Reduktion von Intergruppenkonflikten in dieser Kategorisierung. Über die Wege zur Reduktion von auf Kategorisierung beruhenden Konflikten gibt es unterschiedliche Vorstellungen. Brewer und Miller (1984) vertreten die Auffassung, dass Kategorisierungsprozesse zurückgedrängt werden sollten zugunsten von Selbstdefinitionen nach der persönlichen Identität. Sherif und Sherif (1969) und Gaertner, Dovidio, Anastasio, Bachevan und Rusts (1993) hingegen wollen die Kategorisierung nach vormaliger Eigen- und Fremdgruppe durch eine gemeinsame **übergeordnete Kategorisierung** ersetzen, in die die Mitglieder der vormals unterschiedlichen Gruppen gemeinsam eingehen. Hewstone und Brown (1986) weisen darauf hin, dass zumindest für eine Übergangsphase bei der Schaffung einer gemeinsamen übergeordneten Kategorie auch die vormaligen Gruppenmitgliedschaften erhalten bleiben sollten, wenn auch mit geringerer subjektiver Bedeutung.

Praktische Wege zur Umsetzung der beschriebenen De- oder Rekategorisierung sind die Präsentation entsprechender Informationen über Gemeinsamkeiten und gemeinsame Interessen der beteiligten Gruppen und der Abbau von gegenseitigen Feindbildern. Der Neutralität von Peace Corps und Polizei kommt hierbei eine besondere Rolle zu. Cottam et al. (2004) machen verschiedene Vorschläge, wie sog. Peacebuilder nach ethnischen Kriegen solche Maßnahmen gestalten können. Als besonders effektiv haben sich, neben Informationskampagnen, Intergruppenkontakte erwiesen (Pettigrew & Tropp, 2000). Werden diese, beispielsweise in gemeinsamen Unterrichtsprogrammen, gezielt eingesetzt, können gegenseitige Angst und Misstrauen reduziert und Feindbilder durch gegenteilige Erfahrungen abgebaut werden (Slavin, 1999; ▶ Kasten).

Nach Kriegen und Bürgerkriegen werden die Täter mehr und mehr vor internationale und nationale Gerichte gebracht und abgeurteilt. Eine eher opferorientierte Perspektive verfolgen Wahrheits- und Wiedergutmachungskommissionen, in denen die Täter dazu veranlasst werden sollen – oft verknüpft mit der Möglichkeit einer Amnestie –, die Ereignisse zu schildern und aufzuklären (Wessels, 2004). Beispiele hierfür finden sich in Südafrika, Chile und Argentinien. Auch zur Bearbeitung der Stasi-Verfolgung in der ehemaligen DDR wurden solche Verfahren eingesetzt, ähnliches gilt für Täter-Opfer-Begegnungen bei Jugendgewalttaten (Dölling, Hartmann & Traulsen, 2002).

Konfliktworkshops – die interaktive Problemlösungsmethode

Die interaktive Problemlösungsmethode wurde von Kelman (vgl. Kelman, 1998) zum ersten Mal 1971 in einem sog. Problemlösungsworkshop im israelisch-palästinensischen Konflikt eingesetzt. Die Workshops sind inoffizielle Treffen – initiiert durch eine unparteiische dritte Gruppe – zwischen politisch einflussreichen Personen, die aber nicht als offizielle Repräsentanten der Konfliktgruppen agieren. Im israelisch-palästinensischen Konflikt waren dies Parlamentarier, führende Mitglieder politischer Parteien und Bewegungen, ehemalige Militäroffiziere, Journalisten und Schriftsteller, die sich auf den Mittleren Osten spezialisiert hatten. An einem Workshop nehmen üblicherweise von jeder Konfliktpartei 3–6 Personen teil. Ein typischer Workshop besteht aus einem Vorbereitungstreffen, getrennt für beide Konfliktparteien, mit einer Dauer von 4–5 Stunden, und einem gemeinsamen Treffen über 2½ Tage. In dem Vorbereitungstreffen werden das Vorgehen und die Regeln des gemeinsamen Workshops festgelegt. Ein wichtiger Grundsatz ist vollständige Vertraulichkeit und Verschwiegenheit über das, was auf dem Workshop geschieht. Im gemeinsamen Treffen der Konfliktparteien werden zunächst die Lebensumstände, Perspektiven und Belange der fremden Gruppe nachvollzogen. Dann werden Ideen dazu entwickelt, wie der Konflikt so reduziert oder gelöst werden kann, dass dabei die Bedürfnisse und Ängste beider Konfliktparteien Beachtung finden. Anschließend werden die Beschränkungen und Zwänge thematisiert, die einer für alle gewinnbringenden Lösung entgegenstehen, und es werden Ideen entwickelt, wie solche Hindernisse zu überwinden sind.

Problemlösungsworkshops verfolgen zwei Ziele. Sie sollen zunächst individuelle Veränderungen bei den Teilnehmern bewirken, wie eine differenziertere Sicht auf die fremde Konfliktpartei, ein besseres Verständnis für die Konfliktdynamik, neue Ideen zu Konfliktlösungsmöglichkeiten sowie die Motivierung zur Überwindung von Barrieren, die einer gemeinsamen Konfliktlösung im Wege stehen. Zum Zweiten soll damit auch die Wahrscheinlichkeit für strukturelle Veränderungen auf der Makroebene erhöht werden, indem nämlich die neuen Einsichten und Ideen in aktuelle politische Debatten und Entscheidungsprozesse einfließen (Kelman, 1997).

Die Beschreibung der Konfliktworkshops gibt an dieser Stelle die Gelegenheit, im Besonderen auf ihren Initiator, Herbert C. Kelman, aufmerksam zu machen. Er hat sich nicht nur durch herausragende Arbeiten in der Politischen Psychologie einen Namen gemacht, sondern ist auch dafür bekannt, dass er mit großem Engagement seine Erkenntnisse zur praktischen Konfliktlösung in realen internationalen Konfliktsituationen umgesetzt hat (eine ausführliche Biographie ist zu finden bei Kelman, 2004).

Literatur

Referenzliteratur

Cottam, M., Dietz-Uhler, B., Mastors, E.M. & Preston, T. (2004). *Introduction to political psychology*. Mahwah, NJ: Erlbaum.

Jost, J.T. (2004). *Political psychology: key readings*. New York: Psychology Press.

Kinder, D.R. (2003). Communication and politics in the age of information. In D.O. Sears, L. Huddy & R. Jervis (Eds.), *Oxford handbook of political psychology* (pp. 357–393). Oxford: Oxford University Press.

Zitierte Literatur

Abele, A. (1989). Wir haben gewonnen. Zur Kommentierung von Ergebnissen der Bundestagswahl 1987 durch betroffene Politiker. *Zeitschrift für Sozialpsychologie, 20*, 38–56.

Adorno, T., Frenkel-Brunswik, E., Levinson, D. & Sanford, P. (1950). *The authoritarian personality*. New York: Harper.

Altemeyer, B. (1981). *Right-wing authoritarianism*. Winnipeg, Canada: University of Manitoba Press.

Altemeyer, B. (1988). *Enemies of freedom: understanding right-wing authoritarianism*. San Francisco: Jossey-Bass.

Altemeyer, B. (1996). *The authoritarian specter*. Cambridge: Harvard University Press.

Altemeyer, B. (1998). The other »authoritarian personality«. In M.P. Zanna (Ed.), *Advances in experimental social psychology* (Vol. 30, pp. 47–92). San Diego, CA: Academic Press.

Aronson, E. & Mills, J. (1959). Effect of severity of initiation on liking for a group. *Journal of Abnormal and Social Psychology, 59*, 177–181.

Bandura, A. (2004). The role of selective moral disengagement in terrorism and counterterrorism. In F.M. Moggaddam & A.J. Marsella (Eds.), *Understanding terrorism* (pp. 121–150). Washington, DC: American Psychological Association.

Barber, J.D. (1972). *The presidential character: predicting performance in the White House*. Englewood Cliffs, NJ: Prentice Hall.

Bartels, L. (2000). Partisanship and voting behavior, 1952–1996. *American Journal of Political Science, 44*, 35–50.

Blass, T. (2000). *Obedience to authority. Current perspective on the Milgram paradigm*. Mahwah, NJ: Erlbaum.

Brewer, M.B. & Miller, N. (1984). Beyond the contact hypothesis: Theoretical perspectives on desegregation. In N. Miller & M. Brewer (Eds.), *Groups in contact: the psychology of desegregation*. New York: Academic Press.

Brown, R. (2000). Social identity theory: past achievements, current problems and future challenges. *European Journal of Social Psychology, 30*, 745–778.

Brown, R., Maras, P., Masser, B., Vivian, J. & Hewstone, M. (2001). Life on the ocean wave: testing some intergroup hypotheses in a naturalistic setting. *Group Processes and Intergroup Relations, 4*, 81–97.

Campbell, A., Converse, P., Miller, W. & Stokes, D. (1960). *The American voter*. New York: Wiley.

Campbell, A., Converse, P., Miller, W. & Stokes, D. (1964). *The American voter: an abridgement*. New York: Wiley.

Carnegie Commission on Preventing Deadly Conflict (1997). *Preventing deadly conflict: final report*. New York: Carnegie Corporation of New York.

Citrin, J. & Green, D. (1990). The self-interest motive in American public opinion. *Research in Micropolitics, 3*, 1–28.

Converse, P.E. (1964). The nature of belief systems in mass publics. In D. Apter (Ed.), *Ideology and its discontents*. New York: Free Press.

Converse, P.E. (1966). The concept of a normal vote. In A. Campbell, P.E. Converse, W.E. Miller & D.E. Stoke (Eds.), *Elections and the political order* (pp. 96–124). New York: Wiley.

Crelinsten, R.D. & Schmid, A.P. (1993). *The politics of pain. Torturers and their masters*. Leiden: COMT.

Crenshaw, M. (2000). The psychology of terrorism: an agenda for the 21st century. *Political Psychology, 21*, 405–420.

Deutsch, M. & Kinnvall, C. (2002). What is political psychology? In K.R. Monroe (Ed.), *Political psychology* (pp. 15–42). Mahwah, NJ: Erlbaum.

Diehl, M. (1990). The minimal group paradigm: theoretical explanations and empirical findings. In W. Stroebe & M. Hewstone (Eds.), *European review of social psychology, Vol. 1* (pp. 263–292). Chichester: Wiley.

Dölling, D., Hartmann, A. & Traulsen, M. (2002). Legalbewährung nach Täter-Opfer-Ausgleich im Jugendstrafrecht. *Monatsschrift für Kriminologie und Strafrecht, 85*, 185–193

Duckitt, J. (1989). Authoritarianism and group identification: a new view of an old construct. *Political Psychology, 10*, 63–84.

Elms, A.C. & Milgram, S. (1966). Personality characteristics associated with obedience and defiance toward authoritative command. *Journal of Experimental Research in Personality, 2*, 282–289.

Erikson, E.H. (1958). *Young man Luther*. New York: Norton.

Feldman, S. (2003). Enforcing social conformity: a theory of authoritarianism. *Political Psychology, 24*, 41–74.

Frey, D. & Schulz-Hardt, S. (2001). Confirmation bias in group information seeking and its implication for decision making in administration, business and politics. In F. Butera & G. Mugny (Eds.), *Social influence in social reality* (pp. 53–73). Seattle: Hogrefe.

Gaertner, S., Dovidio, J.F., Anastasio, P.A., Bachevan, B.A. & Rust, M.C. (1993). The common ingroup identity model: recategorization and the reduction of intergroup bias. In W. Stroebe & M. Hewstone (Eds.), *European review of social psychology, Vol. 4* (pp. 1–26). Chichester: Wiley.

George, A.L. & George, J.L. (1964). *Woodrow Wilson and Colonel House: a personality study*. New York: Dover.

George, A.L. & George, J.L. (1998). *Presidential personality and performance*. Boulder, CO: Westview.

Haslam, S.A. & Reicher, S. (2003). Beyond Stanford: questioning a role based explanation of tyranny. *Dialogue, 18*, 22–25.

Hermann, M.G. (1983). *Handbook for assessing personal characteristics and foreign policy orientations of political leaders*. Columbus, OH: Mershon Center Occasional Papers.

Hermann, M.G. & Preston, T. (1994). Presidents, advisers, and foreign policy: the effect of leadership style on executive arrangements. *Political Psychology, 15*, 75–96.

Heitmeyer, W. & Heyder, A. (2002). Autoritäre Haltungen. In W. Heitmeyer (Hrsg.), *Deutsche Zustände* (Folge 1, S. 59–70). Frankfurt am Main: Suhrkamp.

Hewstone, M. & Brown, R.J. (1986). Contact is not enough: an intergroup perspective on the contact hypothesis. In M. Hewstone & R. Brown (Eds.), *Contact and conflict in intergroup encounters* (pp. 1–44). Oxford: Blackwell.

Heyder, A. (in Vorb.). *Social dominance orientation and authoritarianism as predictors for prejudice in Germany*.

Janis, I.L. (1972). *Victims of groupthink*. Boston, MA: Houghton Mifflin.

Janis, I.L. (1982). *Groupthink: psychological studies of political decisions and fiascoes*. Boston, MA: Houghton Mifflin.

Jervis, R. (1993). The drunkard's search. In S. Iyengar & W.J. McGuire (Eds.), *Explorations in political psychology* (pp. 338–360). Durham, NC: Duce University Press.

Kelman, H.C. (1997). Group processes in the resolution of international conflicts: experiences from the Israeli-Palestinian case. *American Psychologist, 52* (3), 212–220.

Kelman, H.C. (1998). Social-psychological contributions to peacemaking and peacebuilding in the Middle East. *Applied Psychology: An International Review, 47* (1), 5–28.

Kelman, H.C. (2004). Continuity and change: my life as a social psychologist. In A.C. Eagly (Ed.), *The social psychology of group identity and social conflict: theory, application and practice* (pp. 233–296). Washington, DC: American Psychological Association.

Kinder, D.R. (1998). Opinion and action in the realm of politics. In D.T. Gilbert, S.T. Fiske & G. Lindzey (Eds.), *The handbook of social psychology* (Vol. 2, pp. 778–867). Boston, MA: McGraw-Hill.

Kinder, D.R. & Sears, D.O. (1981). Prejudice and politics: symbolic racism versus racial threats to good life. *Journal of Personality and Social Psychology, 40*, 414–431.

Lasswell, H.D. (1930). *Psychopathology and politics*. Chicago: The University of Chicago Press.

Lau, R.R. (2004). Models of decision making. In D.O. Sears, L. Huddy & R. Jervis (Eds.), *Oxford handbook of political psychology* (pp. 19–59). Oxford: Oxford University Press.

Laux, L. & Schütz, A (1996). *Wir, die gut sind. Die Selbstdarstellung von Politikern zwischen Glorifizierung und Glaubwürdigkeit*. München: DTV.

Lavine, H. (2002). On-line versus memory-based process models of political evaluation. In K.R. Monroe (Ed.), *Political psychology* (pp. 225–247). Mahwah, NJ: Erlbaum.

Lodge, M. (1995). Towards a procedural model of candidate evaluation. In M. Lodge & K.M. McGraw (Eds.), *Political judgement: structure and process* (pp. 11–140). Ann Arbor: University of Michigan Press.

MacKuen, M. (2002). Political psychology and the micro-macro gap in politics. In J.H. Kuklinski (Ed.), *Thinking about political psychology* (pp. 306–338). Cambridge: Cambridge University Press.

Marcus, G.E. & MacKuen, M. (1993). Anxiety, enthusiasm, and the vote: the emotional underpinnings of learning and involvement during presidential campaigns. *American Political Science Review, 87*, 672–685.

Marcus, G.E., Neuman, W.R. & MacKuen, M. (2000). *Affective intelligence and political judgment*. Chicago, IL: The University of Chicago Press.

McFarland, S., Ageyev, V.S. & Abalakina, M. (1993). The authoritarian personality in the USA and the U.S.S.R.: Comparative Studies. In W.F. Stone, G. Lederer & R. Christie (Eds.), *Strength and weakness. The authoritarian personality today* (pp. 199–225). New York: Springer.

McGraw, K.M. (2004). Political impressions. In D.O. Sears, L. Huddy & R. Jervis (Eds.), *Oxford handbook of political psychology* (pp. 394–432). Oxford: Oxford University Press.

McGuire, W.J. (1993). The poly-psy relationship: three phases of a long affair. In S. Iyengar & W.J. McGuire (Eds.), *Explorations in political psychology* (pp. 9–35). Durham, NC: Duke University Press.

Meyer, B. (2004). Spannungsreduktion und Vertrauensbildung. In G. Sommer & A. Fuchs (Hrsg.), *Krieg und Frieden* (S. 452–465). Weinheim: Beltz.

Milgram, S. (1974). *Obedience to authority*. New York: Harper & Row.

Miller, A.G. (1995). Constructions of the obedience experiments. A focus upon domains of relevance. *Journal of Social Issues, 51*, 33–53.

Moreland, R.L. & Levine, J.M. (1989). Newcomers and oldtimers in small groups. In P.B. Paulus (Ed.), *Psychology of group influence* (pp. 143–186). Hillsdale, NJ: Erlbaum.

Myers, D.G. & Lamm, H. (1976). The group polarization phenomenon. *Psychological Bulletin, 83*, 602–627.

Oesterreich, D. (1996). *Flucht in die Sicherheit. Zur Theorie des Autoritarismus und der autoritären Reaktion*. Opladen: Leske & Budrich.

Osgood, C.S. (1962). *An alternative to war and surrender*. Urbana, Il: University of Illinois Press.

Osgood, C.S. (1986). Graduated and reciprocated initiatives in tension reduction. In R.K. White (Ed.), *Psychology and the prevention of nuclear war* (pp. 194–203). New York: New York University Press.

Pettigrew, T. & Meertens, R. (1995). Subtle and blatant prejudice in western Europe. *European Journal of Social Psychology, 25*, 57–76.

Pettigrew, T.F. & Tropp, L.R. (2000). Does intergroup contact reduce prejudice? Recent meta-analytic findings. In S. Oskamp (Ed.), *Reducing prejudice and discrimination* (pp. 93–114). Mahwah, NJ: Erlbaum.

Popkin, S.L. (1993). Decision making in presidential primaries. In S. Iyengar & W.J. McGuire (Eds.), *Explorations in political psychology. Duke studies in political psychology* (pp. 361–379). Durham, NC: Duke University Press.

Preston, T. & 't Hart, P. (1999). Understanding and evaluating bureaucratic politics: the nexus between political leaders and advisory systems. *Political Psychology, 20*, 49–98.

Reicher, S.D., Spears, R. & Postmes, T. (1995). A social identity model of deindividuation phenomena. In W. Stroebe & M. Hewstone (Eds.), *European review of social psychology* (Vol. 6, pp. 161–198). Chichester: Wiley.

Rokeach, M. (1960). *The open and closed mind*. New York: Basic Books.

Ross, J. (1994). The psychological causes of oppositional political terrorism: toward an integration of findings. *International Journal of Group Tensions, 24*, 157–185.

Ruby, C.L. (2002). Are terrorists mentally deranged? *Analyses of Social Issues and Public Policy, 2*, 15–26.

Sabini, J.P. & Silver, M. (1993). Destroying the innocent with a clear conscience: a sociopsychology of the Holocaust. In N. Kressel (Ed.), *Political psychology: Classic and contemporary readings* (pp. 192–217). New York: Paragon House.

Schenk, M. (1987). *Medienwirkungsforschung*. Tübingen: Mohr.

Schütz, A. (2001). Self-presentation of political leaders in Germany: the case of Helmut Kohl. In O. Feldman & L.O. Valenty (Eds.), *Profiling political leaders: cross-cultural studies of personality and political behavior* (pp. 217–232). Westport, CT: Praeger.

Schuman, H., Steeh, C., Bobo, L. & Krysan, M. (1997). Racial attitudes in America: trends and interpretations. Cambridge, MA: Harvard University Press.

Sears, D.O. & Levy, S. (2004). Childhood and adult political development. In D.O. Sears, L. Huddy & R. Jervis (Eds.), *Oxford handbook of political psychology* (pp. 60–109). Oxford: Oxford University Press.

Sherif, M. & Sherif, C. (1969). *Social psychology*. New York: Harper & Row.

Shils, E.A. (1954). Authoritarianism: ›Right‹ and ›Left‹. In R. Christie & M. Jahoda (Eds.), *Studies in the scope and method of ›The Authoritarian Personality‹* (pp. 24–49). Glencoe, IL: Free Press.

Sidanius, J. & Pratto, F. (1999). *Social dominance: an intergroup theory of social hierarchy and oppression*. New York: Cambridge University Press.

Skitka, L.J. & Mullen, E. (2002). The dark side of moral conviction. *Analyses of Social Issues and Public Policy, 2*, 35–41.

Slavin, R.E. (1999). Improving intergroup relations: lessons learned from cooperative learning programs. *Journal of Social Issues, 55*, 647–663.

Sniderman, P. & Grob, D.B. (1996). Innovations in experimental design in attitude surveys. *Annual Review of Sociology, 22*, 377–399

Sniderman, P. & Piazza, T. (1993). *The scar of race*. Cambridge, MA: Harvard University Press.

Sniderman, P. & Tetlock, P. (1986a). Symbolic racism: problems of motive attribution in political analysis. *Journal of Social Issues, 42*, 129–150.

Sniderman, P. & Tetlock, P. (1986b). Reflections on American racism. *Journal of Social Issues, 42*, 173–187.

Sommer, G. (2004). Feindbilder. In G. Sommer & A. Fuchs (Hrsg.), *Krieg und Frieden* (S. 303–316). Weinheim: Beltz.

Stangor, C., Sechrist, G.B. & Jost, J.T. (2001). Changing racial beliefs by providing consensus information. *Personality and Social Psychology Bulletin, 27*, 486–495.

Staub, E. (2004). Understanding and responding to group violence: Genocide, mass killing, and terrorism. In F.M. Moghaddam & A.J. Marsella (Eds.), *Understanding terrorism* (pp. 151–168). Washington, DC: American Psychological Association.

Stellmacher, J. (2004). *Autoritarismus als Gruppenphänomen. Zur situationsabhängigen Aktivierung autoritärer Prädispositionen*. Marburg: Tectum.

56

Stellmacher, J. & Petzel, T. (2005). Authoritarianism as group phenomenon. *Political Psychology, 26*, 245–274.

Stellmacher, J., van Dick, R. & Wagner, U. (2002). The importance of group identification on task performance. *Paper presented at the 13th General European Association of Experimental Social Psychology Meeting, San Sebastian, June 26–29.*

Stone, W.F. & Smith, L.D. (1993). Authoritarianism: left and right. In W.F. Stone, G. Lederer & R. Christie (Eds.), *Strength and weakness. The authoritarian personality today* (pp. 144–156). New York: Springer.

Strack, F. & Deutsch, R. (2002). Urteilsheuristiken. In D. Frey & M. Irle (Hrsg.), *Theorien der Sozialpsychologie* (Band 3, S. 352–384). Bern: Huber.

Stromberg, C. & Boehnke, K. (1997). Parteipräferenz in Deutschland – Welchen Einfluss haben individuelle Werthaltungen? *Zeitschrift für Politische Psychologie, 5*, 5–20.

Taber, C.S. (2004). Information processing and public opinion. In D.O. Sears, L. Huddy & R. Jevis (Eds.), *Handbook of political psychology* (pp. 433–476). Oxford: Oxford University Press.

Tajfel, H., Billig, M.G., Bundy, R.P. & Flament, C. (1971). Social categorisation and intergroup behavior. *European Journal of Social Psychology, 1*, 149–178.

Tajfel, H. & Turner, J.C. (1979). An integrative theory of intergroup conflict. In W.G. Austin & S. Worchel (Eds.), *The social psychology of intergroup relations* (pp. 33–47). Monterey, CA: Brooks/Cole.

Tetlock, P.E. (1993). Cognitive structural analysis of political rhetoric: Methodological and theoretical issues. In S. Iyengar & W.J. McGuire (Eds.), *Explorations in political psychology. Duke studies in political psychology* (pp. 380–405). Durham, NC: Duke University Press.

Tetlock, P.E. (1998). Social psychology and world politics. In G. Gilbert, S. Fiske & G. Lindzey (Eds.), *The handbook of social psychology* (Vol. 2, pp. 868–912). New York: Oxford University Press.

't Hart, P., Stern, E.K. & Sundelius, B. (1997) *Beyond groupthink: political group dynamics and foreign policy-making.* Ann Arbor, MI: University of Michigan Press.

Turner, J.C., Hogg, M.A., Oakes, P.J., Reicher, S.D. & Wetherel, M.S. (1987). *Rediscovering the social group: a self-categorization theory.* Cambridge, MA: Basil Blackwell.

Turner, J.C. & Reynolds, K.J. (2001). The social identity perspective in intergoup relations: theories, themes and controversies. In R. Brown & S. Gaertner (Eds.), *Blackwell handbook of social psychology. Intergroup processes* (pp. 133–152). Oxford: Blackwell.

Turner M.E. & Pratkanis A.R. (Eds.). (1998). *Organizational Behavior and Human Decision Processes*, 73, 2–3 (special issue)

van Knippenberg, D. (1999). Social identity and persuasion: Reconsidering the role of group membership. In D. Abrams & M.A. Hogg (Eds.), *Social identity and social cognition* (pp. 315–331). Oxford: Blackwell.

Walker, S.G. (1990). The evolution of operational code analysis. *Political Psychology, 11*, 403–418.

Wagner, U. (1994). *Eine sozialpsychologische Analyse von Intergruppenbeziehungen.* Göttingen: Hogrefe.

Wagner, U. (2004). Konfliktforschung und Friedenssicherung. In D. Frey & C. Graf Hoyos (Hrsg.), *Psychologie in Gesellschaft, Kultur und Umwelt. Handbuch* (S. 55–60). Weinheim: Beltz PVU.

Wagner, U., van Dick, R. & Zick, A. (2001). Sozialpsychologische Analysen und Erklärungen von Fremdenfeindlichkeit in Deutschland. *Zeitschrift für Sozialpsychologie, 32*, 59–79.

Wagner, U. & Ward, P.L. (1993). Variation of out-group presence and evaluation of the in-group. *British Journal of Social Psychology, 32*, 241–251.

Wagner, U. & Zick, A. (1990). Psychologie der Intergruppenbeziehungen: Der ›Social Identity Approach‹. *Gruppendynamik, 21*, 319–330.

Wagner, U., Zick, A. & van Dick, R. (2002). Die Möglichkeiten interpersonaler und massenmedialer Beeinflussung von Vorurteilen. In K. Boehnke, D. Fuß & J. Hagen (Hrsg.), *Jugendgewalt und Rechtsextremismus* (S. 225–237). Weinheim: Juventa.

Wessels, M. (2004). Wiederaufbau und Versöhnung nach Konflikten. In G. Sommer & A. Fuchs (Hrsg.), *Krieg und Frieden* (S. 522–540). Weinheim: Beltz.

Winter, D.G. (1987). Leader appeal, leader performance, and the motive profiles of leaders and followers: a study of American presidents and elections. *Journal of Personality and Social Psychology, 52*, 196–202.

Winter, D.G. (2003a). Assessing leaders' personalities: a historic survey of academic research studies. In J.D. Post (Ed.), *The psychological assessment of political leaders* (pp. 11–38). Ann Arbor: University of Michigan Press.

Winter, D.G. (2003b). Personality and political behavior. In D.O. Sears, L. Huddy & R. Jervis (Eds.), *Oxford handbook of political psychology* (pp. 110–145). Oxford: Oxford University Press.

Zaller, J. (1992). *The nature and origins of mass opinions.* Cambridge: Cambridge University Press.

Zaller, J. & Feldman, S. (1992). A simple theory of survey response: answering questions means revealing preferences. *American Journal of Political Science, 36*, 579–618.

Zimbardo, P.G., Haney, C., Banks, W.C. & Jaffe, D. (1973). The mind is a formidable jailer: a Pirandelian prison. *New York Times Magazin, April 8*, 38–60.

Zimbardo, P.G., Maslach, C. & Haney, C. (2000). Reflections on the Stanford Prison experiment: genesis, transformations, consequences. In T. Blass (Ed.), *Obedience to authority. Current perspectives on the Milgram paradigm* (pp. 193–237). Mahwah, NJ: Erlbaum.

57 Sportpsychologie

D. Alfermann, O. Stoll

57.1 Begriff, Aufgaben, Anwendungsfelder

Im Jahre 2004 feierte die Psychologie den 125. Jahrestag der Gründung des experimentalpsychologischen Laboratoriums von Wilhelm Wundt an der Universität Leipzig (▶ Kap. 1), die Deutsche Gesellschaft für Psychologie ihren 100. Geburtstag, und die Arbeitsgemeinschaft für Sportpsychologie (asp) in Deutschland ihren 35. Gründungstag. Schon diese Jahreszahlen zeigen, dass die Sportpsychologie zu den jüngeren Fächern der Psychologie gehört. Wie in vielen anderen Ländern auch erlebte die Sportpsychologie als Wissenschafts- und Anwendungsdisziplin in den 1960er Jahren in Deutschland ihren sichtbaren Aufschwung. Die Anfänge sportpsychologischer Forschung reichen allerdings weiter zurück.

Bereits 1920 wurde von Robert Werner Schulte an der Deutschen Hochschule für Leibesübungen (DHfL) in Berlin ein sportpsychologisches Laboratorium aufgebaut, das nach dessen Tod von Hans Sippel fortgeführt wurde. Beider Arbeit war stark empirisch diagnostisch und experimentell orientiert und stand in der Tradition der Wundt'schen Psychologie. Ein bedeutender Pionier der deutschen Sportpsychologie war Karl Feige (▶ Kurzbiographie), der Mitbegründer und erste Präsident der asp.

Nach dem Zweiten Weltkrieg waren die Olympischen Spiele 1972 in München, der Kampf der politischen Blöcke und die Bildungsexpansion in den 1970er Jahren ein starker Anreiz, sportpsychologische Forschung und Lehre in Deutschland an Universitäten sowie in der sportpsychologischen Praxis des Leistungssports zu etablieren (zur weiteren historischen Entwicklung s. Nitsch, Gabler & Singer, 2000).

Sportpsychologie befasst sich mit Verhalten und Erleben im Rahmen sportlicher Aktivität. Sie ist darauf gerichtet, dieses Verhalten und Erleben zu beschreiben, zu erklären, zu beeinflussen, und das gewonnene Wissen praktisch anzuwenden (Alfermann & Stoll, 2005). Sportpsychologische Kenntnisse und ihre Anwendung werden dabei unter zwei Hauptfragestellungen untersucht: Zum einen geht es darum, den Einfluss psychologischer Faktoren auf Sport und Bewegung zu untersuchen, um ein besseres Verständnis für psychologische Voraussetzungen von Sport und Bewegung zu gewinnen. Es geht somit um psychische **Prozesse im Sport** (Nitsch et al., 2000). Zum zweiten untersucht Sportpsychologie den Einfluss von Sport und Bewegung auf psychische Prozesse. Wieweit wird also durch sportliche Aktivität die individuelle Entwicklung, die Gesundheit und das Wohlbefinden beeinflusst? Hier geht es somit um **Effekte durch Sport** bzw. um Sport als Mittel psychologischer Intervention (Nitsch et al., 2000).

Karl Feige

Karl Feige wurde 1905 in Berlin geboren. Er studierte Psychologie, Philosophie, Pädagogik und Musikwissenschaft in Berlin und Rostock, erhielt 1931 das Diplom zum Turn- und Sportlehrer und promovierte 1934 zum Dr. phil. an der Universität Rostock. Nach Stationen in Greifswald und Jena wirkte er ab 1947 bis zu seinem Tod im Jahr 1992 an der Universität Kiel.

Karl Feige war einer der maßgeblichen Initiatoren der Sportpsychologie in Deutschland. Bereits in seiner Dissertation 1934 beschäftigte er sich mit einer sportpsychologischen Fragestellung, nämlich den »Präzisionsleistungen menschlicher Motorik« und prägte damit maßgeblich die Thematik psychologischer Bewegungsforschung. Auch in seinem weiteren wissenschaftlichen Wirken war die Verbindung von Psychologie und Sportpädagogik bzw. Leibesübungen charakteristisch, wobei ihm ein Bezug zur Anwendung in der Sportpraxis wesentlich war. Seine Untersuchungen zur Leistungsentwicklung von Spitzensportlern und Spitzenläufern einschließlich der psychologischen Determinanten und Konsequenzen bildeten eine wesentliche Grundlage für Empfehlungen zum langfristigen Leistungsaufbau im Spitzensport und zur Verhinderung des vorzeitigen Drop-outs.

Sportpsychologische Forschung ist zweifellos die Grundlage für die Beantwortung sportpsychologischer Fragen, denn Forschung liefert das Wissen für die Lehre und für die Praxis. Sportpsychologische Lehre findet in verschiedene Ausbildungscurricula Eingang, in erster Linie in universitären Studiengängen. Aber auch in der Schule (z. B. im Leistungskurs Sport), in der Übungsleiter- und Trainerausbildung, in Weiterbildungskursen sowie in anderen Ausbildungen wird Sportpsychologie unterrichtet bzw. gelehrt. Sportpsychologische Praxis findet vorrangig im Leistungssport statt. Dies ist aber nicht das einzige Anwendungsfeld, wenn auch nach wie vor das wichtigste. Sportpsychologische Praxis kann ebenfalls im Gesundheitssport

(Prävention und Rehabilitation), im Freizeitsport und im Schulsport stattfinden.

Wie aus der eingangs formulierten Definition deutlich wird, hat die Sportpsychologie enge Verbindungen zur Psychologie, zur Sportwissenschaft und zur Sportpraxis. Dieser »triadische Bezug« (Nitsch et al., 2000) ist allgemeiner Konsens in der nationalen und internationalen Wissenschaftsgemeinschaft. Sportpsychologie behandelt Fragestellungen aus psychologischer Sicht, hat dabei aber zugleich Sport und Bewegung (Sportwissenschaft) als Gegenstand und ebenso als Ziel von Interventionen (Sportpraxis). Sportpsychologie muss somit nicht nur die beiden Wissenschaftsdisziplinen, sondern auch die Anforderungen der Sportpraxis in ihre Forschung und Anwendung integrieren. Bei der Anwendung sportpsychologischer Erkenntnisse in der Sportpraxis liefern wissenschaftliche Erkenntnisse die Grundlage.

Im Folgenden werden wir exemplarisch auf zwei zentrale Anwendungsfelder der heutigen Sportpsychologie eingehen, nämlich auf Ansätze im Leistungssport sowie auf Erkenntnisse und Interventionsmöglichkeiten im Gesundheitssport.

57.2 Sport und Wettkampf: Strategien zur Leistungsoptimierung im Sport

Sportpsychologische Intervention zur Optimierung der sportlichen Leistung ist ein Anwendungs- und Forschungsfeld der Sportpsychologie. Sportpsychologische Trainingsverfahren werden dabei vor allen Dingen in folgenden Bereichen eingesetzt:

- kognitive Fähigkeiten (Aufmerksamkeitsregulation, Er- und Umlernen von Technik und Taktik),
- Emotionsregulation (Stressbewältigung, Ärgerkontrolle, Angstabbau, Burnout-Prävention),
- Motivationsförderung (Zielsetzung, Kausalattribution und Willenstraining) sowie
- im sozialpsychologischen Bereich (Trainer-Athleten-Interaktion, Teambuilding).

In der Bundesrepublik Deutschland arbeiten derzeit vergleichsweise wenige angewandte Sportpsychologen im Leistungssport. Dies hängt zum Teil mit einer Stigmatisierung des Begriffs »Psychologie« (Psychologie = Psychiatrie = psychisch krank) im Bereich der Leistungsoptimierung zusammen. Darüber hinaus bemüht sich die asp erst seit kurzem im Bereich der Aus- und Weiterbildung für im Leistungssport tätige Sportpsychologen qualitätssichernde Maßnahmen zu entwickeln. So bietet die asp in Kooperation mit dem Berufsverband Deutscher Psychologinnen und Psychologen (BDP) Fortbildungen in Sportpsychologie für die Studienabschlüsse in Psychologie und Sportwissenschaft an. Für das Bundesinstitut für Sportwissenschaft (BISp) sind diese und adäquate Fortbildungen Grundvorausetzung für das Qualitätssiegel »Experte/Expertin in Sportpsychologie«. In der 120-stündigen Fortbildung (zuzüglich eines Praktikums) erfahren die Absolventen themenspezifisches Wissen und erlernen sportpsychologische Diagnostik und sportpsychologische Trainingstechniken.

Exemplarisch werden im Folgenden einige der genannten Punkte etwas näher beleuchtet.

57.2.1 Visualisierung und mentales Training zur Verbesserung der Bewegungsregulation

Der Begriff der Visualisierung, so wie er in diesem Kontext verwendet wird, soll als psychischer Prozess verstanden werden und somit als eine bestimmte Technik im Gegensatz zu mentalem Training, das eine systematische Trainingsform darstellt. In der Psychologie wird Visualisierung als kognitiver Prozess beschrieben, quasi als »Sprache des Gehirns«. Daraus wird deutlich, dass Visualisierungsprozesse einen zentralen Punkt in den Kognitionswissenschaften darstellen. So, wie der Begriff hier verwendet wird, bedeutet es, dass Gefühle, Sinneswahrnehmungen und Emotionen wiedererschaffen werden können, welche diese Bilder begleiten. Visualisierung stellt somit die geistige Rekonstruktion einer Erfahrung, eines Erlebnisses dar. Besonders interessant scheint dabei zu sein, dass man die Bedingungen eines Wettkampfs im Geist viel genauer simulieren kann als mit physischem Training (vgl. Loehr, 1991). So kann geistig ein Wettkampf gegen immer wieder denselben Gegner oder Gegnerin bestritten, Besonderheiten von taktischen Maßnahmen eingeübt und eine Vielzahl von Bewegungen fortwährend trainiert werden.

Farrah (1984) differenziert den Begriff »Vorstellung« und bietet die Möglichkeit, den Vorstellungsprozess in verschiedene Komponenten zu unterteilen. Die Generierung der Vorstellung führt auf der Grundlage gespeicherter Informationen zu einem subjektiven Vorstellungsbild im visuellen Arbeitsgedächtnis. Zur Erzeugung bzw. Beibehaltung der Vorstellung bilden »Chunking«-Prozesse eine wesentliche Voraussetzung (▶ Kap. 10 und 15). Bewegungen sind also offenbar im Gedächtnis gespeichert. Vorstellung und Ausführung laufen dabei auf der Basis derselben Gedächtnisstrukturen ab. Nicht nur die motorische Aktivität optimiert also diese Erinnerungseinträge, sondern auch die mentale Simulation einer Bewegung. Intensives Vorstellen von Bewegungsabläufen löst feinste motorische Impulse (sog. Efferenzimpulse) aus, die den realen, tatsächlichen Bewegungsausführungen ähneln (vgl. Igel, 2000; Singer & Munzert, 2000). Daher können Bewegungen auch ohne eine reale Ausführung trainiert werden.

Der Erfolg des mentalen Übens mit Visualisierung wird vor allem durch zwei Faktoren beeinflusst: die Bewegungserfahrung der Übenden und die Art bzw. Komplexität der Bewegungsaufgabe. Gerade Bewegungen mit hohen kogni-

tiven Anforderungen scheinen mental effektiver trainiert werden zu können als Bewegungsaufgaben mit niedrigem kognitiven Anteil, z. B. Gewichtheben (Feltz & Landers, 1983).

57.2.2 Entspannungsverfahren und Emotionsregulation

Entspannte Zustände bilden die Grundlage für eine verbesserte Informationsaufnahme und -verarbeitung (kognitive Leistungsfähigkeit). Entspannte Zustände lassen bedrohliche Situationen in einem weniger bedrohlichen Licht erscheinen und darüber hinaus vermitteln erfolgreich angewandte Entspannungsverfahren Kontrollerlebnisse. Ganz nebenbei reduzieren entspannte Zustände auch physiologische Stresserscheinungen (z. B. Herzrasen, Zittern) und vermitteln Wohlbefinden. Diese positiven Auswirkungen lindern nicht nur Beschwerden im psychosomatischen Bereich, sondern bilden auch die Voraussetzung für eine Veränderung von nicht erwünschten persönlichen Einstellungen oder für einen Lernprozess, der fast allen kognitiv orientierten, psychologischen Interventionen zugrunde liegt; ganz egal, ob es sich dabei um den Aufbau von Motivation und Willensstärke oder um die Bewältigung von Angst und Stress handelt. In Kombination mit anderen psychologischen Trainingsverfahren sind Entspannungsverfahren die »Katalysatoren« für Einstellungs- und Verhaltensveränderungen. Die bekanntesten Entspannungsverfahren, die auch im Sport genutzt werden, sind die **progressive Muskelrelaxation** und das **autogene Training** (▶ Kap. 43). Beide Verfahren dienen im Bereich des Sports dazu, einen optimalen psychovegetativen Zustand gezielt und aktiv herbeizuführen. Dies fördert die motorische Leistungsfähigkeit und dient der Regulation bzw. Verminderung negativer Emotionen wie Angst oder Ärger, die sich störend auf kognitive und auf motorische Prozesse, insbesondere die Bewegungsausführung, auswirken.

57.2.3 Verfahren zur Verbesserung der Motivation

Gerade im anstrengenden und zeitaufwändigen Trainingsprozess im Leistungssport kann es immer wieder zu Motivationsverlusten kommen. Dieser kann das Ergebnis eines Erschöpfungssyndroms sein. Motivationsverlust kann jedoch auch ein Ergebnis falscher Zielsetzungsstrategien sein. Das gesamte Handeln eines Sportlers ist auf den sportlichen Erfolg ausgerichtet. Wird dieser nicht erreicht, fehlt die positive Bekräftigung für weiteres Handeln. Hier kann ein adäquater Zielsetzungsprozess hilfreich sein. Das Prinzip der Zielsetzung basiert darauf, dass angestrebte Ziele als Herausforderung angesehen werden, realistisch sind und eine gewisse positive Spannung erzeugen können. Wer keine angemessene Zielsetzung hat, wird entweder über- oder unterfordert. Eine Metaanalyse von Kyllo und Landers (1995) weist den positiven Einfluss von konkreter, systematischer und angemessener Zielsetzung auf die Verbesserung von Leistungen im Leistungs- und Freizeitbereich nach.

Zwar gilt die richtige und adäquate Zielsetzung als die entscheidende Technik zur Motivierung, aber hinzu kommen sollten außerdem ein günstiges Attributionsmuster und die Fähigkeit, sich im Großen und Ganzen mehr über Erfolge freuen als über Misserfolge ärgern zu können. Für eine positive Motivation und die Stärkung von Erfolgszuversicht ist es somit langfristig unerlässlich, neben der richtigen Zielsetzung auch ein günstiges Attributionsmuster zu entwickeln, das gute Leistungen auf internal stabile Ursachen, insbesondere Fähigkeit, und Misserfolge auf variable Ursachen (insbesondere mangelnde Anstrengung) zurückführt (▶ Kap. 17). Eine angemessene Zielsetzung (Kyllo & Landers, 1995), hohe Leistungsmotivation und ein günstiges Attributionsmuster (Gabler, 2002) sind langfristig wesentliche Komponenten sportlicher und leistungssportlicher Betätigung.

57.2.4 Teambuilding

Teambuilding-Interventionen für Sportspielmannschaften wurden bislang nur vereinzelt entwickelt. Ein Problem vorliegender Konzeptionen von Teambuilding-Interventionen besteht darin, dass ihre Ziele so vielfältig sind, dass diese kaum mit einem einzigen Teambuilding-Ansatz zu realisieren sind. So definieren z. B. Brawley und Paskevich (1997) Teambuilding als eine Methode, die Gruppen helfen soll, deren Effektivität zu erhöhen, die Bedürfnisse der Gruppenteilnehmer zu befriedigen und die Arbeitsbedingungen zu verbessern. Im sportpsychologischen Ansatz geht es vornehmlich darum, die Mannschaftsleistung zu verbessern (also die Effektivität zu erhöhen), indem die aufgabenbezogenen und sozialen Kognitionen der Spieler, bezogen auf die Gruppe, optimiert werden sollen. Bisher vorliegende Studien nutzten überwiegend Ansätze, um Mannschaftsziele zu entwickeln und zu präzisieren, die Rolle einzelner Spieler festzulegen, die Kommunikation und die Spielerbeziehungen innerhalb der Mannschaft zu optimieren, Verantwortlichkeiten festzulegen sowie Rollenkonformität und -akzeptanz zu erhöhen (Carron & Hausenblas, 1998). Die in sportpsychologischen Settings durchgeführten Interventionen fokussieren überwiegend auf die Bereiche der mannschaftsbezogenen (kollektiven) Zielsetzung, um in diesem Zusammenhang Rollenzuschreibungen und -akzeptanz zu verbessern (▶ Übersicht).

Interventionsformen beim Teambuilding

Die beiden folgenden Interventionsformen sollten miteinander verküpft werden:

1. **Zielsetzung und Performance Profiling:**
   Ziel dieser Interventionsform ist es, eine positive Veränderung der aufgabenbezogenen Mannschaftsattraktivität zu erreichen, die offensichtlich eine notwendige Voraussetzung für eine hohe Mannschaftsleistung ist. Inhalte dieser Intervention orientieren sich hauptsächlich an den Prinzipien eines individuellen Zielsetzungstrainings (▶ Abschn. 57.2.3), das auf gruppenspezifische Bedürfnisse modifiziert wird. Ziel des Performance Profiling (z. B. bei Butler & Hardy, 1992) ist die Herausarbeitung individueller Stärken und Schwächen für die Mannschaftsleistung in Form von kleinen Brainstorming-Gruppen. Dabei werden die jeweils betroffenen Mannschaftsmitglieder in Kleingruppen aufgeteilt. Der Trainer und der jeweils betroffene Spieler schätzen dann unabhängig voneinander die relative Wichtigkeit der Fähigkeiten des Spielers sowie seine Qualitäten und den aktuellen Status ein. Daran im Anschluss wird von beiden eine Liste mit Optimierungsmöglichkeiten erarbeitet, wobei hierarchisch nach Wichtigkeit vorgegangen wird. Abschließend formulieren alle Betroffenen individuelle und Mannschaftsziele.

2. **Klärung von Rollen und Stärkung der sozialen Kohäsion:**
   Während einer gesamten Halbsaison wird die Rollenkonformität und Verantwortlichkeit der einzelnen Spieler erhöht, indem der Trainer jedem Spieler nach jedem Spiel Rückmeldungen auf einer individuellen und einer Mannschaftsebene zukommen lässt. Darüber hinaus soll die soziale Kohäsion erhöht werden, indem im Training besonders mannschaftsfördernde Spielformen ausgewählt werden. Außerdem sollen im Trainingszeitraum mindestens zwei nicht sportbezogene Veranstaltungen im Team organisiert und durchgeführt werden.

57.3   Sport und Gesundheit

Die Wirkungen sportlicher Aktivität hängen von Regelmäßigkeit, Dauer und Intensität ab. Generell kann dabei zwischen kurz- und langfristigen Effekten unterschieden werden. Kurzfristige Effekte einer einmaligen sportlichen Aktivität bestehen in Wirkungen auf das aktuelle Wohlbefinden und in Stimmungsveränderungen, z. B. eine verminderte Zustandsangst und erhöhte positive Stimmung, die vorübergehend sind und unterschiedlich lange andauern können (bis zu 4 Stunden nach Petruzzello, Landers, Hatfield, Kubitz, Landers & Salazar, 1991). Langfristige Effekte, die sich in einer Verminderung von Trait-Angst, Depression, Stressreaktivität und in einer Verbesserung von Wohlbefinden und Selbstkonzept äußern, lassen sich bereits nach 3-monatiger, regelmäßiger sportlicher Aktivität feststellen. Die vorliegenden Studien basieren allerdings vorwiegend auf Ausdauertraining und hierbei insbesondere Jogging (zsf. Biddle, Fox & Boutcher, 2000).

Das American College of Sports Medicine (1998) empfiehlt etwa 30 Minuten aerobe Ausdaueraktivität moderater Intensität an jedem Tag, wobei hier nicht nur sportliche Aktivität, sondern Bewegungsaktivität allgemein (z. B. Treppensteigen, Fahrradfahren, Gartenarbeit) gemeint ist (auch ▶ Kap. 45). Biologische Anpassungserscheinungen sind dann nach etwa 15–20 Wochen Training zu erwarten. Geht es um sportliche Aktivität im engeren Sinne, so empfehlen andere Autoren, wie etwa Weinberg und Gould (2003), 3-mal wöchentlich mindestens 20 Minuten regelmäßige Aktivität mit moderater Belastung, oder, wie Wagner und Brehm (im Druck), den Zusatzverbrauch von 1000 kcal pro Woche, was etwa 2 Stunden intensiver sportlicher Aktivität entspricht. Diese Empfehlungen werden allerdings immer unter dem Gesichtspunkt einer Verbesserung der *physischen* Gesundheit ausgesprochen, insbesondere der Erhöhung kardiovaskulärer Fitness.

Psychologische Effekte durch Sport scheinen hingegen weniger durch die Häufigkeit von Sport pro Woche, als mehr durch die Regelmäßigkeit (mindestens einmal wöchentlich) und Länge eines Programms (mindestens 3 Monate) beeinflusst zu werden. In kontrollierten Feldexperimenten zu den Auswirkungen von regelmäßiger sportlicher Aktivität zeigt sich, dass langfristige Effekte auf psychische Gesundheit nach einem mindestens 3-monatigen Training zuverlässig nachgewiesen werden können, wobei es relativ unerheblich zu sein scheint, welche Inhalte des sportlichen Trainings (z. B. Ausdauersport oder Tanz, Gymnastik) gewählt werden (Weinberg & Gould, 2003). So konnten Craft und Landers (1998) eine erhebliche Reduktion von Depressivität unabhängig von Inhalt und Intensität der Belastung nachweisen, vorausgesetzt das sportliche Training dauerte mindestens etwa 3 Monate und wurde regelmäßig mindestens einmal wöchentlich durchgeführt.

Solche Ergebnisse unterstützen die Annahme, dass psychische Effekte durch Sport nicht allein durch biologische Anpassungsvorgänge vermittelt werden (wie z. B. einer verbesserten kardiovaskulären Fitness), sondern vermutlich von weiteren Einflussgrößen abhängen, wie z. B. eine verbesserte motorische Kompetenz und soziale Zuwendung durch die Teilnehmer und Lehrperson eines Sportprogramms.

57.3.1 Kurzfristige gesundheitliche Effekte

Studien zu kurzfristigen Effekten sportlicher Aktivität auf die Stimmung erbringen übereinstimmende Befunde. Für eine Mehrheit der Personen verbessern sich die positiven Stimmungen, wie z. B. gute Laune und Aktiviertheit, während sich die negativen, wie etwa Ärger oder Deprimiertheit, deutlich reduzieren. Allerdings tritt dieser Effekt in erster Linie bei ausdauerbetontem und nicht wettkampforientiertem Sport ein (Alfermann & Stoll, 1996). So ist etwa Jogging, Walking, Radfahren oder Skilanglauf eine gute Möglichkeit, berufs- oder alltagsbedingte Anspannung zu reduzieren und positive Stimmung zu erzeugen. Das Ergebnismuster wird von Abele und Brehm (1993) als »Äquilibrationseffekt« bezeichnet und spiegelt damit die Wiederherstellung eines emotionalen Gleichgewichts wider. Bei Wettkämpfen und bei eher anaeroben Aktivitäten, z. B. in Spielsportarten wie Tennis, gibt es dagegen einen »Disäquilibrationseffekt«: Unabhängig vom Ergebnis wird ein emotionaler Spannungsbogen von Anspannung zu Entspannung durchlaufen und hinzu treten ergebnisabhängige Emotionen (Brehm, 1998).

Reviews und Metaanalysen zeigen aber auch, dass bestimmte Personengruppen von der positiven Wirkung von (vorwiegend aerobem Ausdauer-)Sport, wie z. B. Jogging, auf Stimmung und aktuelles Wohlbefinden mehr profitieren als andere. So profitieren Personen mit eher negativer Ausgangsstimmung, nach einer individuell moderaten Belastung, mit einer intrinsischen, an der Meisterung der Aufgabe orientierten Motivation sowie in einem aufgabenorientierten, wettbewerbsfreien Klima stärker von sportlicher Aktivität als Personen mit von vornherein positiver Ausgangsstimmung, nach hoher Belastung und in einem wettbewerbsorientierten Kontext (Brehm, 1998; Biddle, 2000).

Welche **Erklärungsansätze** werden für die kurzfristigen Effekte von Sport auf Stimmung und aktuelles Wohlbefinden herangezogen? Generell kann zwischen physiologischen und psychologischen Ansätzen (sowie einer Mischung beider) unterschieden werden (Schlicht, 1994; Schwenkmezger, 2001). Physiologische Ansätze gehen von einer Parallelität von physischer Belastung und psychischen Effekten aus, die aber oft nicht gegeben ist. Verantwortlich für die kurzfristigen Effekte sollen durch die sportliche Belastung ausgelöste physiologische und biochemische Prozesse sein. So werden beispielsweise eine Erhöhung der Kerntemperatur (Thermoregulationshypothese) oder eine Ausschüttung von Neurotransmittern (Norepinephrin; ▶ Kap. 3) als Ursache vermutet (Biddle, 2000; Schwenkmezger, 2001).

Psychologische Erklärungsansätze machen insbesondere die Ablenkung von Alltagssorgen und Stress sowie die erfahrenen Effekte auf Kompetenz und Fähigkeiten zur Meisterung von Aufgaben verantwortlich. Eindeutige Belege finden sich bisher für keinen der Ansätze. Vermutlich ist eine Kombination beider – also physiologischer wie psychologischer – Erklärungsmechanismen erforderlich. Die zuvor aufgezeigten interindividuellen Unterschiede in den Effekten von Sport verweisen jedenfalls darauf, dass unterschiedliche Erklärungsansätze für unterschiedliche Zielgruppen zutreffen könnten.

57.3.2 Langfristige gesundheitliche Effekte

Ähnlich wie die kurzfristigen Effekte sind inzwischen auch eine Reihe von langfristigen Effekten von sportlicher Aktivität auf die psychische Gesundheit gut belegt. Es darf allerdings nicht verschwiegen werden, dass – möglicherweise aus forschungsmethodischen Gründen – mehrheitlich ausdauerorientierter Sport untersucht wurde, und dass die Effekte eher niedrig, aber konsistent ausfallen. In einer Reihe von Reviews und Metaanalysen (Biddle, Fox & Boutcher, 2000; Biddle & Mutrie, 2001; Leith, 1994; Schwenkmezger, 2001; Wagner & Brehm, im Druck), werden eine Verringerung von Stress, Angst, Depression und Stressvulnerabilität sowie eine Verbesserung des physischen Selbstkonzepts festgestellt.

In drei kontrollierten Feldexperimenten mit Versuchsgruppen (ausdauerorientierter oder spielorientierter Sport) und Kontrollgruppen (Wartegruppen oder Entspannungsverfahren) wurden die langfristigen Auswirkungen von Sport (3–6 Monate) auf Selbstkonzept und Wohlbefinden (Trait-Angst; psychosomatische Beschwerden) von Erwachsenen des mittleren (Alfermann & Stoll, 2000) und des höheren Lebensalters (Stoll & Alfermann, 2002) untersucht. Die Ergebnisse verweisen auf eine Verbesserung des physischen Selbstkonzepts und eine Verringerung psychosomatischer Beschwerden durch sportliche Aktivität in den Sportgruppen.

Auch lässt sich ein bedeutsamer Zusammenhang von Sport und kognitiver Leistungsfähigkeit nachweisen. In einer Metaanalyse von 134 Studien zeigen Etnier, Salazar, Landers, Petruzzello, Han und Nowell (1997), dass regelmäßiges sportliches Training einen kleinen, aber signifikanten Einfluss auf kognitive Leistungen hat, wobei die stärksten Effekte in der Altersgruppe der 45- bis 60-Jährigen auftreten. Boutcher (2000) sieht durch regelmäßigen Sport eine Verbesserung kognitiver Funktionen bei Erwachsenen des höheren Lebensalters nachgewiesen.

Wie können die langfristigen Wirkungen von sportlicher Aktivität auf psychische Gesundheit erklärt werden? Neben den bereits erwähnten **Erklärungsansätzen** wird bei langfristigen Effekten zusätzlich auf eine Verbesserung der Selbstwirksamkeit, also der wahrgenommenen Kompetenz verwiesen. Über eine verbesserte subjektive Kompetenzerwartung sollen Stressresistenz, Wohlbefinden und insgesamt das Selbstkonzept positiv beeinflusst werden.

57.3.3 Interventionsansätze und Strategien zur Förderung der Bindung an Sport

Ein großes gesundheitliches Problem in Industrienationen ist der Bewegungsmangel. Die Mehrheit der erwachsenen Bevölkerung (ca. 85%) und zunehmend auch der Jugendlichen erfüllt nicht die in ▶ Abschn. 57.3 genannten Minimalforderungen von wöchentlich 2 Stunden regelmäßiger sportlicher Aktivität. Eine große Aufgabe sportpsychologischer Intervention besteht daher darin, Bewegungsprogramme so zu entwickeln, dass sie mehr Menschen zum Sporttreiben und zu einer langfristigen Bindung an Sport motiviert. Zu Beginn sind es häufig die Barriereerwartungen (zu anstrengend, keine Zeit, zu teuer), die ein Sporttreiben verhindern. Es ist daher wichtig, in Interventionsprogrammen solche wahrgenommenen Barrieren zu verringern und die positiven Erwartungen an Sport zu wecken und zu stärken. Grundlage von Interventionsansätzen sind dabei Modelle des Gesundheitsverhaltens, die in Kap. 45 vorgestellt werden. Insgesamt gesehen, scheinen (neben organisatorischen und räumlichen Gegebenheiten) die in der folgenden ▶ Übersicht aufgeführten psychologischen Determinanten von besonderer Wichtigkeit für die Sportpartizipation und die Bleibemotivation zu sein (Fuchs, 1997; Wagner, 2000).

Determinanten der Sportpartizipation und Bleibemotivation

1. Die sportbezogene **Selbstwirksamkeit**, die sich in der Überzeugung äußert, kompetent und motiviert genug zu sein, um im Prinzip sportliche Aktivität zu schaffen (Beispiel: »Ich bin mir sicher, eine geplante Sportaktivität auch dann noch ausführen zu können, wenn ich müde bin«, vgl. Fuchs, 1997, S. 197).
2. Die sportbezogenen **Konsequenzerwartungen**, und hier insbesondere die Kosten-Nutzen-Bilanz. Werden die wahrgenommenen Barrieren stärker gewichtet als die wahrgenommenen positiven Konsequenzen, dann wird eine Sportteilnahme unwahrscheinlicher. Je geringer die Barrieren und je höher die positiven Konsequenzen gewichtet werden, desto wahrscheinlicher wird eine Sportpartizipation.
3. Die **soziale Unterstützung** zum Sporttreiben, einschließlich der Verhaltensvorbilder in der sozialen Umgebung.
4. Die **Bindung** an die Sportgruppe und die **Zufriedenheit** mit Gruppe und Lehrperson.

Die Motivation zur Teilnahme am Sport ist nicht ein gegebener Zustand, sondern ein sich verändernder Prozess, in dem z. B. am Beginn durchaus Gesundheitsziele stehen können, dann aber im weiteren Verlauf Ziele wie Geselligkeit oder Meisterung einer Aufgabe in den Vordergrund treten. Zudem sind gerade situative Anreize, die durch die Gruppe, die Leitung und die Gestaltung des Sportprogramms gegeben werden, besonders wirksame Determinanten der Bleibemotivation (Wagner, 2000). Für eine stärkere Verbreitung regelmäßiger sportlicher Aktivität in der Bevölkerung erscheinen sowohl eine Reduktion von Barrieren zum Sporttreiben (bewegungsfreundliches Umfeld, niedrig-schwellige Angebote) wie auch eine hohe psychologische Qualität der Sportangebote wesentlich, die durch soziale Unterstützung innerhalb wie außerhalb der Sportgruppe gesteigert werden kann.

Literatur

Referenzliteratur

Alfermann, D. & Stoll, O. (2005). *Sportpsychologie. Ein Lehrbuch in 12 Lektionen*. Aachen: Meyer & Meyer.

Fuchs, R. (1997). *Psychologie und körperliche Bewegung*. Göttingen: Hogrefe.

Gabler, H., Nitsch, J.R. & Singer, R. (2000). *Einführung in die Sportpsychologie. Teil 1 Grundthemen* (3. Aufl.). Schorndorf: Hofmann.

Gabler, H., Nitsch, J.R. & Singer, R. (Hrsg.). (2001). *Einführung in die Sportpsychologie: Teil 2 Anwendungsfelder* (2. Aufl.). Schorndorf: Hofmann.

Weinberg, R. & Gould, D. (2003). *Foundations of sport and exercise psychology* (3rd ed.). Champaign, IL: Human Kinetics.

Zitierte Literatur

Abele, A. & Brehm, W. (1993). Moods and effects of exercise versus sport games: findings and implications for well-being and health. *International Review of Health Psychology, 2*, 53–80.

Alfermann, D. & Stoll, O. (1996). Befindlichkeitsveränderungen nach sportlicher Aktivität. *Sportwissenschaft, 26*, 406–424.

Alfermann, D. & Stoll, O. (2000). Effects of physical exercise on self-concept and well-being. *International Journal of Sport Psychology, 31*, 47–65.

American College of Sports Medicine (1998). The recommended quantity and quality of exercise for developing and maintaining cardiorespiratory and muscular fitness and flexibility in healthy adults. *Medicine and Science in Sports and Exercise, 30*, 975–991.

Biddle, S.J.H. (2000). Emotion, mood and physical activity. In S.J.H. Biddle, K.R. Fox & S.H. Boutcher (Eds.), *Physical activity and psychological well-being* (pp. 63–87). London: Routledge.

Biddle, S.J.H., Fox, K.R. & Boutcher, S.H. (Eds.). (2000). *Physical activity and psychological well-being*. London: Routledge

Biddle, S.J.H. & Mutrie, N. (2001). *Psychology of physical activity. Determinants, well-being and interventions*. London: Routledge.

Boutcher, S.H. (2000). Cognitive performance, fitness, and ageing. In S.J.H. Biddle, K.R. Fox & S.H. Boutcher (Eds.), *Physical activity and psychological well-being* (pp. 118–129). London: Routledge.

Brawley, L.R. & Paskevich, D.M. (1997). Conducting team building research in the context of sport and exercise. *Journal of Applied Sport Psychology, 9*, 11–40.

Brehm, W. (1998). Sportliche Aktivität und psychische Gesundheit. In K. Bös & W. Brehm (Hrsg.), *Gesundheitssport. Ein Handbuch* (S. 33–43). Schorndorf: Hofmann

Butler, R.J. & Hardy, L. (1992). The performance profile: theory and application. *The Sport Psychologist, 6*, 253–264.

Carron, A.V. & Hausenblas, H.A. (1998). *Group dynamics in sport* (2nd ed.). Morgantown, WV: Fitness Information Technology.

Craft, L.L. & Landers, D.M. (1998). The effect of exercise on clinical depression and depression resulting from mental illness: a meta-analysis. *Journal of Sport and Exercise Psychology, 20*, 339–357.

Etnier, J.L., Salazar, W., Landers, D.M., Petruzzello, S.J., Han, M. & Nowell, P. (1997). The influence of physical fitness and exercise upon cognitive functioning: a meta-analysis. *Journal of Sport and Exercise Psychology, 19*, 249–277.

Farrah, M. (1984). The neurological basis of mental imagery: a componential analysis. *Cognition, 18*, 245–272.

Feltz, D.L. & Landers, D.M. (1983). The effects of mental practice on motor skill learning and performance: a meta-analysis. *Journal of Sport Psychology, 5*, 25–57.

Gabler, H. (2002). *Motive im Sport*. Schorndorf: Hofmann.

Igel, C.G. (2000). *Mentales Training. Zur Wirkung pro- und retrospektiver Vorstellungsprozesse auf das Bewegungslernen*. Unveröffentlichte Dissertation. Saarbrücken: Universität des Saarlandes.

Kyllo, L.B. & Landers, D.M. (1995). Goal setting in sport and exercise: a research synthesis to resolve the controversy. *Journal of Sport and Exercise Psychology, 17*, 117–137.

Leith, L.M. (1994). *Foundations of exercise and mental health*. Morgantown, WV: Fitness Information Technology.

Loehr, J.E. (1991). *Persönliche Bestform durch Mental-Training für Sport, Beruf und Ausbildung* (2. Aufl.). München: BLV.

Nitsch, J.R., Gabler, H. & Singer, R. (2000). Sportpsychologie – ein Überblick. In H. Gabler, J.R. Nitsch & R. Singer (Hrsg.), *Einführung in die Sportpsychologie: Teil 1 Grundthemen* (3. Aufl., S. 11–42). Schorndorf: Hofmann.

Petruzzello, S.J., Landers, D.M., Hatfield, B.D., Kubitz, K.A. & Salazar, W. (1991). A meta-analysis on the anxiety-reducing effects of acute and chronic exercise. Outcomes and mechanisms. *Sports Medicine, 11*, 143–182,

Schlicht, W. (1994). *Sport und Primärprävention*. Göttingen: Hogrefe.

Schwenkmezger, P. (2001). Psychologische Aspekte des Gesundheitssports. In H. Gabler, J.R. Nitsch & R. Singer (Hrsg.), *Einführung in die Sportpsychologie: Teil 2 Anwendungsfelder* (2. Aufl., S. 237–262). Schorndorf: Hofmann.

Singer, R. & Munzert, J. (2000). Psychologische Aspekte des Lernens. In H. Gabler, J.R. Nitsch & R. Singer (Hrsg.), *Einführung in die Sportpsychologie: Teil 1 Grundthemen* (3. Aufl., S. 247–288). Schorndorf: Hofmann.

Stoll, O. & Alfermann, D. (2002). Effects of physical exercise on resources evaluation, body self-concept and well-being among older adults. *Anxiety, Stress and Coping, 15*, 311–319.

Wagner, P. (2000). *Aussteigen oder Dabeibleiben? Determinanten der Aufrechterhaltung sportlicher Aktivität in gesundheitsorientierten Sportprogrammen*. Darmstadt: Wissenschaftliche Buchgesellschaft.

Wagner, P. & Brehm, W. (in Druck). Körperlich-sportliche Aktivität und Gesundheit. In J. Beckmann & M. Kellmann (Hrsg.), *Enzyklopädie der Psychologie: Serie V Sportpsychologie, Band 2 Anwendungsfelder der Sportpsychologie*. Göttingen: Hogrefe.

58 Umweltpsychologie

E.-D. Lantermann, V. Linneweber

58.1 Gegenstand und Forschungs-strategien

58.1.1 Mensch-Umwelt-Wechselwirkung

Die Umweltpsychologie ist bemüht, mit den ihr eigenen Konstrukten, Modellen, Methoden, Perspektiven und Theorien Antworten auf die Frage nach den Beziehungen von Individuen und Gruppen zu ihren Umwelten und hinsichtlich ihres umweltbezogenen Verhaltens zu geben. Sie beschäftigt sich allgemein mit der Beschreibung, Erklärung und Optimierung von Mensch-Umwelt-Wechselwirkungen, wobei die von ihr in den Blick genommene »Umwelt« in der Regel nicht als bloße Konstellation von Einzelreizen, sondern als ein komplexes, mehrdimensionales Konstrukt verstanden wird, das im Prinzip alles umfasst, »was uns umgibt« (Bechtel, 1977). Seit Hellpach (1924) wird dabei eine Differenzierung in soziale, kulturelle und natürliche Umwelten vorgenommen, die auch die verschiedenen Forschungsschwerpunkte der Umweltpsychologie voneinander abzuheben verhilft. So nutzen die Autoren eines Lehrbuches der Umweltpsychologie (Hellbrück & Fischer, 1999) diese Umweltdifferenzierung als Leitfaden für die Strukturierung ihres umfassenden Überblicks über diese Disziplin. In der Umweltpsychologie treten demnach, wenn von »Umwelt« die Rede ist, an die Stelle von bloß »formal« bestimmten Umwelten, »Situationen«, »Reizkonstellationen« – wie wir sie hinlänglich aus der Psychologie kennen – komplexe Umwelten, deren Struktur und Dynamik von ihren physischen, sozialen, historischen und kulturell präformierten Merkmalen her begriffen und konzipiert werden, und die in ihrer Komplexität den Raum und Zielhorizont menschlichen Verhaltens und Erlebens aufspannen.

Die Bevorzugung von komplexen Lebensräumen ließ auch das »Labor« und die mit diesem artifiziellen Ort verbundene experimentelle Herangehensweise und Analysemethoden in den Hintergrund treten. Stattdessen wurden in den vergangenen Jahren immer ausgefeiltere Methoden der systematischen Verhaltensregistrierung im Feld entwickelt (Buse & Pawlik, 1996; Fritsche & Linneweber, 2005), Simulations- und Modellierungsverfahren an die besonderen Themenstellungen der Umweltpsychologie adaptiert (Nerb, 2000; Ernst, 2001; Jager, van Asselt, Rotmans, Vlek & Costerman Boodt, 1997) oder um qualitative Methoden für die Beschreibung spezifischer Mensch-Umwelt-Beziehungen erweitert (Hofinger, 2001). Auch wurden immer raffiniertere Verfahren der Intervention in die Dynamik von Mensch-Umwelt-Wechselwirkungen und zu deren Effektkontrolle entworfen (Mosler & Gutscher, 1996; Matthies & Krömker, 2000). Stehen transaktionale Prozesse der Mensch-Umwelt-Wechselwirkung, also die wechselseitige Beeinflussung zwischen beiden über einen längeren

58

Zeitraum im Vordergrund des Interesses, werden diese gleichfalls in der Regel nicht im Labor herzustellen versucht, sondern in der Alltagswelt der Akteure aufgesucht, möglichst exakt beschrieben und über Zeitreihenanalysen rekonstruiert (so bei Hänze & Lantermann, 1999).

Mit der Betonung des Wechselwirkungscharakters der Beziehungen zwischen Mensch und Umwelt wird zum Ausdruck gebracht, dass das Individuum in diesem Prozess zugleich als »Opfer« und »Täter« konzipiert wird (Kruse, 1995). »Zwischen Abhängigkeit von seiner Umwelt einerseits und Einflussnahme auf seine Umwelt andererseits ist er [der Mensch] Gestalter und gleichzeitig Opfer seines Schicksals« schreiben in diesem Zusammenhang Hellbrück und Fischer (1999, S. 26). Den gleichen Sachverhalt formulieren bereits Ittelson, Proshansky, Rivlin und Winkel (1974) so: »Offensichtlich ist der Mensch kein passives Produkt seiner Umgebung, sondern ein zielgerichteter Organismus, der auf seine Umgebung gestaltend eingreift und in Folge von ihr beeinflusst wird. Indem er seine Umwelt verändert, verändert er sich selbst.« (Ittelson et al., 1974, S. 5.; Übers. v. Verf.).

58.1.2 Eigenständige Konzepte, Rekurse und Einflüsse auf andere Teildisziplinen der Psychologie

Die Umweltpsychologie hat in ihrer Geschichte eine begrenzte Zahl von transaktionalen Konstrukten, Theorien und Konzepten hervorgebracht, die auf eine systematische Beschreibung und Erklärung des **raumbezogenen** Verhaltens abzielen. Zu nennen wäre etwa das »Behavior-Setting«-Konzept von Barker, das im deutschsprachigen Raum vor allem dank der Aktivitäten von Gerhard Kaminski manche Erweiterungen erfahren hat (Kaminski, 1986), das Konzept des »persönlichen Raums« (Katz, 1937), das zu einer Fülle von empirischen Studien geführt hat (Aiello, 1987), das der »Territorialität«, das von Altman (1990) weiterentwickelt und präzisiert wurde, das »Crowding«-Konzept (Stockols & Altman, 1987) oder das Konzept der »Privatheit« (Kruse, 1980). Bei allen Unterschieden zwischen diesen Theorien und Konzepten ist diesen gemeinsam, dass in ihnen die mehr oder weniger stabilen, regelhaften wechselseitigen Beziehungen zwischen menschlichem Verhalten einerseits und ihren materiellen und sozialen Umwelten andererseits auf *einen* – transaktionalen – »Begriff gebracht« werden.

Fragt man danach, inwieweit wissenschaftliche Theorien und Befunde, die jenseits der Umweltpsychologie entwickelt worden sind, von dieser aufgenommen und weiterentwickelt worden sind, dann sind zunächst solche Ansätze anzuführen, die in der Psychologie selbst entwickelt wurden. Hier ist ein Autor zu nennen, ohne dessen Arbeiten auch die heutige Umweltpsychologie kaum vorstellbar wäre: Es ist Kurt Lewin, der mit seinem feldtheoretischen Ansatz entscheidende Impulse gesetzt hat (Lewin, 1951, 1982;

▶ Kurzbiographie). Kurz umrissen geht der **feldtheoretische Ansatz** davon aus, dass menschliches Erleben und Verhalten von »Feldkräften« abhängig ist, welche das Individuum umgeben. So erlebt ein Kind am Strand die Brandung als anziehend und abstoßend zugleich. Sein Verhalten (Annäherung oder Meidung) resultiert aus dem Verhältnis der Größe der Feldkräfte oder Vektoren zueinander. Es wird sich so der Brandung so weit annähern, bis sich die Kräfte in einem Gleichgewicht halten. Tritt eine Person in das Feld, die dem Kind zusätzliche Sicherheit gibt, dann stellt diese Person eine zusätzliche Feldkraft (Vektor) dar, welche eine weitere Annäherung bewirkt. In ihrer der Physik (elektrische oder magnetische Felder) nahen Modellvorstellung erlaubt es die Feldtheorie grundsätzlich, Zu-

Kurt Lewin

Kurt Lewin wurde 1890 in Mogilno, der damaligen preußischen Provinz Posen, geboren. 1909 nahm er das Medizinstudium in Freiburg auf, wechselte nach München und schließlich 1910 nach Berlin, wo er Philosophie und später Psychologie studierte und 1916 promovierte. Ab 1921 war er Privatdozent, ab 1927 außerordentlicher Professor für Philosophie und Psychologie in Berlin. Nach einer Gastprofessur an der Stanford University (1932) erkannte Lewin die Perspektivlosigkeit für ihn als Juden und Professor im Deutschland des Nationalsozialismus und emigrierte 1933 in die USA. Von 1935 bis 1944 war er Professor an der Iowa State University. Mit der Etablierung des Research Center For Group Dynamics am Massachusetts Institute of Technology (1944) verfügte Lewin über ein eigenes Forschungszentrum für Gruppendynamik. Kurt Lewin starb 1947 in Newtonville, USA.

Lewins Einfluss auf die Umweltpsychologie kann kaum unterschätzt werden. Die von ihm formulierte Feldtheorie verknüpft personale und Umweltfaktoren in ein ganzheitliches Verhaltensmodell. Sein Konzept des »Lebensraums« stellt eines der ersten und das wohl einflussreichste Mensch-Umwelt-Wechselwirkungsmodell dar, das zu einer wichtigen Grundlage für spätere umweltpsychologische Analysen wurde.

sammenhänge zwischen Individuen und ihren »Umfeldern« zu fassen. Von Umfeldern zu Umgebungen ist es dann nur ein relativ kleiner Schritt.

Expliziter wurde Lewin als Wegbereiter der heutigen Umweltpsychologie in seinen Arbeiten zur »psychologischen Ökologie« (Lewin, 1943, 1944) prägend. Hier hat er auch Impulse aus der **Gestalttheorie** und der **Systemtheorie** aufgegriffen. Die Gestalttheorie hatte sich als Reaktion auf den als reduktionistisch kritisierten Ansatz des Behaviorismus (Betrachtung von Reiz-Reaktions-Verknüpfungen) entwickelt. Sie ist in ihren zentralen Aussagen wie »das Ganze ist mehr als die Summe seiner Teile« oder der Annahme, dass Menschen den Komponenten in ihrer Umgebung eine »gute Gestalt« zu geben versuchen, charakterisiert. Ausgehend von seinen feldtheoretischen Überlegungen entwickelte Lewin in der »psychologischen Ökologie« einen ersten Ansatz, der heute als maßgebliche Entstehungsbedingung der Umweltpsychologie bzw. der Ökologischen Psychologie bewertet wird.

Die gegenwärtige Umweltpsychologie ist jedoch weniger durch eine konsequente Weiterentwicklung solcher theoretisch verankerten, genuin umweltpsychologischen Konzepte gekennzeichnet. Lässt man die Forschung der vergangenen Jahre Revue passieren, dann fällt auf, dass die umweltpsychologischen Forschungsinteressen und -ziele oftmals aus dem Bemühen heraus formuliert werden, substanzielle Beiträge zur Lösung gesellschaftlicher Probleme beizusteuern. Zum Gelingen dieses Unternehmens greifen Umweltpsychologen häufig auf Ansätze und Theorien aus anderen psychologischen Teildisziplinen zurück, die am ehesten auf diese Problemlage »passen«. In diesem Prozess einer problemorientierten Forschung entstehen dann durchaus Erweiterungen und Integrationen von psychologischen Theorien in umfassendere Konzepte der Mensch-Umwelt-Beziehung, die wiederum nutzbar gemacht werden können von denjenigen psychologischen Disziplinen, in denen die verschiedenen Theorien ursprünglich entstanden waren.

Erwähnt seien als prominente Beispiele für diese Tendenz eines Rückgriffs auf Theorien aus anderen Teildisziplinen der Psychologie die Normaktivierungstheorie von Schwartz (1977), die Eingang fand in Forschungen zum umweltschützenden Handeln (Hunecke, 2000; Matthies, Blöbaum, Hunecke & Höger, 2000), die Theorie des geplanten Handelns von Ajzen (1991), die in zahlreichen Untersuchungen z. B. zum Mobilitätsverhalten genutzt wird (Bamberg, 1996), oder die Theorie des moralischen Urteils von Kohlberg, die u. a. von Breit und Eckensberger (1998) und Kals, Schumacher und Montada (1999) im Rahmen ihrer umweltpsychologischen Forschungen genutzt und fortentwickelt wurde.

Weitgehend unabhängig von den bislang erwähnten Ansätzen und Perspektiven konnte sich in den vergangenen Jahrzehnten innerhalb der Umweltpsychologie gleichzeitig eine eher »Reiz«-bezogene Forschungsprogrammatik etab-lieren, die anstelle von komplexen Umwelten gerade auf Analysen von isolierten Umweltaspekten in ihren Auswirkungen auf menschliches Verhalten und Erleben konzentriert ist, und dies nicht selten unter Laborbedingungen. Einen guten Überblick über diese umweltpsychologische Forschungstradition und deren Befunde leistet das erwähnte Lehrbuch der Umweltpsychologie von Hellbrück und Fischer (s. auch Bechtel, 1997; Cassidy, 1997; Gardner & Stern, 1996; Homburg & Matthies, 1998). Hier stehen materielle Umwelteinflüsse auf den Menschen im Vordergrund. Umweltqualitäten wie Klima, Wetter, Schall und Lärm, Schadstoffe in Luft und Nahrung, Wärme, Hitze und Kälte, Gerüche oder elektromagnetische Strahlungen werden in ihren Auswirkungen auf die Gesundheit, auf kognitive, emotionale und soziale Prozesse untersucht und bewertet.

Diese weite Bereiche umweltpsychologischer Forschung charakterisierende Problemorientiertheit führte in den vergangenen Jahren auch zu einer deutlichen Zunahme von interdisziplinär angelegten Forschungsprojekten, in denen Umweltpsychologen gemeinsam mit Wissenschaftlern anderer Disziplinen an der Bearbeitung gesellschaftlich relevanter Problemlagen beteiligt sind.

Mit diesen Ausführungen sind wesentliche Besonderheiten der Umweltpsychologie umschrieben, welche die überwiegende Zahl der Forschungsansätze in dieser Disziplin kennzeichnen (▶ Übersicht).

Besonderheiten der Umweltpsychologie

- Hinwendung zu »vorhandenen«, nicht eigens für die Zwecke der Untersuchung hergestellten Umwelten und damit eine Thematisierung von Umwelten »im Feld«
- Untersuchung von Umwelten, die in ihrer Komplexität und Vielschichtigkeit belassen bleiben, seien es Gebäude, Wohnungen, ganze Stadtquartiere, Organisationen, Plätze, Bildungsinstitutionen oder Landschaften
- Konzeption eines umweltabhängigen und zugleich seine Umwelt aktiv gestaltenden Individuums und damit die Hervorhebung des transaktionalen Charakters der Mensch-Umwelt-Beziehung
- Bevorzugung von Verfahren jenseits der Laborlogik
- Problemorientiertheit
- Einbettung in interdisziplinäre Forschungskontexte
- Hinwendung zu spezifischen Umweltfaktoren und deren Einwirkungen auf Verhalten und Erleben von Individuen (als eine spezifische Variante umweltpsychologischer Forschung)

58.2 Vorläufer und Varianten diesseits und jenseits der Umweltpsychologie

58.2.1 Analysen von Bedingungen für Erleben und Verhalten

Schon frühzeitig begann die wissenschaftliche Psychologie, den Einfluss externer Faktoren auf menschliches Erleben und Verhalten zu analysieren. Auf der Umgebungsseite studierte man **physikalische Einflüsse** wie Lärm, Temperatur und **soziale Einflüsse** wie räumliche Dichte auf Aspekte menschlichen Verhaltens und Erlebens, Leistungs- und Konzentrationsfähigkeit, Emotionen, Stimmungen und Affekte oder komplexe soziale Verhaltensweisen wie Aggression.

So wurde beispielsweise versucht, den Einfluss von Hitze auf Aggression zu bestimmen (Baron, 1977), um damit das Auftreten aggressiver Auseinandersetzungen in bestimmten Situationen zu erklären. Baron nahm an, dass lange, heiße Sommer die Entstehung von Gewalt (z. B. Rassenunruhen) begünstigen. In der Regel fanden die Studien von Umgebungsbedingungen im Forschungslabor statt. Dort konnten in der Tat einige Effekte nachgewiesen werden. Diese in Laborversuchen gefundenen Ergebnisse ließen sich jedoch nur bedingt auf Alltagssituationen übertragen. Diese sind nur selten durch besondere Ausprägungen einzelner Bedingungen gekennzeichnet. Stattdessen verändern sich die situationskennzeichnenden Merkmale in der Regel miteinander.

Zudem wirken externe Faktoren auf menschliches Erleben und Verhalten nicht unmittelbar, sondern vermittelt über kognitive Prozesse der Interpretation und Beurteilung. Die Erforschung von Umweltstressoren hat dies mittlerweile erkannt und entwickelt zunehmend detaillliertes Wissen über das Zusammenwirken externer und interner Faktoren.

58.2.2 Menschliche Entwicklung als umweltbezogenes Lernen (Umwelt als Entwicklungsrahmen)

Weitere Ansätze und Theorien, die auf die Umweltpsychologie einen erheblichen Einfluss genommen haben, finden sich in der Entwicklungspsychologie. Insbesondere die Beiträge von Bronfenbrenner (1977), Wohlwill (1980) oder in jüngster Zeit von Silbereisen und Noak (in Vorb.) sind hier zu erwähnen. Aber auch Roger Barker, einer der Wegbereiter der Umweltpsychologie, hat in seinen frühen Arbeiten dafür plädiert, menschliche Entwicklung stärker in ihren Bezügen zu den materiellen und sozialen Kontexten zu sehen (Barker & Wright, 1949). In seiner vielbeachteten Arbeit »One Boy's Day« (Barker & Wright, 1951) und seinen Studien der »Midwest Field-Station« (Barker & Wright,

1955) zeigt er, wie Alltagsverhalten von Kindern und Jugendlichen mit raum-zeitlichen Gegebenheiten zusammenhängt. Aber auch die herkömmliche Entwicklungspsychologie (und auch die Pädagogik) verweisen in vergleichenden Studien darauf, dass der »Entwicklungsrahmen« entscheidenden Einfluss auf die Persönlichkeitsentwicklung hat.

Basierend auf der grundsätzlichen Einschätzung, dass die Umweltabhängigkeit der kindlichen Entwicklung kaum überschätzt werden kann, lassen sich gegenwärtig zwei wesentliche Forschungsbereiche im Überschneidungsbereich von Umwelt- und Entwicklungspsychologie identifizieren: Arbeiten zur »kindgerechten« Umwelt (Wohn-, Lern-, Freizeitumwelt, Verkehrsräume) und Arbeiten zum Umweltlernen (mit deutlichen Bezügen zur Umweltpädagogik).

Nicht zuletzt angesichts zahlreicher Umweltprobleme wird zunehmend die Bedeutung umweltpädagogischer Maßnahmen erkannt, und es werden dazu die psychologischen Grundlagen erarbeitet.

58.2.3 Gestaltete Umwelt und Verhalten

Selbstverständlich sind nicht nur Heranwachsende, sondern auch Erwachsene wesentlichen Umwelteinflüssen ausgesetzt. Insbesondere in den USA und den skandinavischen Ländern wurde der Einfluss der gestalteten Umwelt zum sozialwissenschaftlichen und auch zum psychologischen Forschungsgegenstand (Bailey, Brand & Taylor, 1961).

Vielversprechende, Architektur und Sozialwissenschaften verbindende Ansätze liegen zum »sozialen« oder »partizipatorischen« Design vor (Sanoff, 1974, 1978, 1988; Sommer, 1983). Hier wird angestrebt, künftige Nutzer (bei Neuplanungen) oder Betroffene von Umgestaltungs- und Sanierungsvorhaben so rechtzeitig in die Planung einzubeziehen, dass deren »Nutzerwissen« gewinnbringend eingesetzt werden kann (Linneweber, 1993). Neben Ansätzen zur »user needs analysis« liegen auch Vorschläge zu einer Art Erfolgskontrolle umweltgestalterischer Maßnahmen (»post occupancy evaluation«) vor. Dies würde helfen, spätere Planungsfehler dadurch zu vermeiden, dass frühere Erfahrungen systematisch aufbereitet werden. Bedauerlicherweise hat sich eine derartige sozialwissenschaftliche Begleitung umweltgestalterischer Maßnahmen bei uns noch nicht etabliert, insbesondere aufgrund mangelnder Einplanung finanzieller Mittel für diesen Zweck.

58.2.4 Psychologie der Dinge und Kulturpsychologie

Am Rand der Umweltpsychologie liegen Arbeiten über spezifische Zusammenhänge zwischen Mensch und Umwelt vor, welche sich nicht als explizit umweltpsychologisch verstehen, jedoch ebenfalls Mensch-Umwelt-Bezüge betreffen. In letzter Zeit wird zunehmend die »Psychologie der Dinge« (Csikszentmihalyi & Rochberg-Halton, 1981; Dittmar, 1992) reflektiert und erkannt, dass die Bedeutung des Besitzes und des Nutzens von »Dingen« weit über ihr Funktionieren hinausgeht. Dies betrifft insbesondere auch identitätsstiftende oder das Selbst ergänzende Aspekte (Wicklund & Gollwitzer, 1985) von Alltagsgegenständen.

Auch die seit langem etablierte **kulturvergleichende Forschung** (▶ Kap. 30) widmet sich der Analyse und Erklärung der Bezüge menschlichen Erlebens und Verhaltens zu den jeweiligen kontextuellen Gegebenheiten (auch ▶ Kap. 5). Obwohl selbstverständlich das, was unter Kultur verstanden wird, über den Umweltbegriff in seiner typischen Verwendung hinausgeht, sind unterschiedliche Kulturen oftmals auch durch verschiedene Umweltbedingungen gekennzeichnet. Es liegt also nahe, kulturvergleichende Forschung zu Fragen der Umweltwahrnehmung, -bewertung und -nutzung anzustellen. Kulturvergleichende Aspekte gewinnen zusätzliche Bedeutung, wenn im Rahmen von Diskussionen über globale Umweltveränderungen (▶ unten) sowohl besondere Betroffenheiten als auch Verantwortlichkeiten bilanziert werden. Einen aufschlussreichen Versuch, kulturelle, soziale und umweltpsychologische Aspekte von Umwelt in ein umfassendes Modell umweltbezogenen Handelns zu integrieren, hat Krömker (2004) vorgelegt.

58.2.5 Impulse für die Umweltpsychologie aus benachbarten Sozialwissenschaften

Selbstverständlich beschränken sich die Impulse, welche zur Entstehung der Umweltpsychologie geführt haben, nicht auf den Bereich der Psychologie. Wesentlich hat auch die – bereits in den 20er Jahren des letzten Jahrhunderts entstandene – **Stadtsoziologie** dazu beigetragen, dass sich Psychologen mit der Umwelt befassen (Park, Burgess & McKenzie, 1924).

Während sich die **Umweltsoziologie** bemüht, ausgehend von den umweltrelevanten gesellschaftlichen Rahmenbedingungen, das Funktionieren sozialer Systeme zu erklären, setzt die Umweltpsychologie bei den einzelnen Akteuren an. Nicht selten ist es eine Verkopplung dieser Perspektiven, die zur Problemerhellung beiträgt.

Eine Besonderheit innerhalb der klassischen Wissenschaften stellen die **Sozialökologie** und die **Humanökologie** dar. Analog zur Ökologie als Ansatz, das Zusammenleben verschiedener Tier- und Pflanzengemeinschaften zu erforschen und damit die Sicht der Biologie zu ergänzen, haben Sozialwissenschaftler sich zur Aufgabe gemacht, soziale Systeme in ihrer Dynamik zu studieren. Dabei wurden bewusst zu den aus der Ökologie importierten Strukturprinzipien (Systemprinzip, Offenheit, Kreislaufprinzip, Wechselwirkung, Rückkopplung, räumlich-zeitliche Dis-

tanz zwischen Ursachen und Folgen oder funktionelle Integration) Pendants für soziale Systeme formuliert (Lecher, 1997).

In der Geographie sind mit der **Humangeographie** bzw. **Verhaltensgeographie** Ansätze zu finden, die insbesondere raumbezogenes, aber auch in weiterem Sinne umweltbezogenes Verhalten thematisieren. Dies betrifft sowohl die Ressourcen- und Landnutzung als auch die Entwicklung von räumlichen Strukturen (z. B. Verkehrssysteme) mit Umweltrelevanz. In der Humangeographie bzw. Verhaltensgeographie stehen somit – ebenso wie in der Umweltpsychologie – umweltbezogene menschliche Aktivitäten im Mittelpunkt, allerdings stellt sich weniger die Frage, welche intraindividuellen Triebkräfte (Bedürfnisse, Normen, Werte) zur Entstehung von Strukturen beitragen.

Schließlich sind Impulse aus der **Ergonomie** (▶ Kap. 51) zu nennen, welche in die Umweltpsychologie eingeflossen sind. Insbesondere in Arbeiten zu Arbeitsumwelten, aber auch im Wohnbereich (Gestaltung von Geräten, Design von Küchen etc.) finden sich Konzepte aus der Ergonomie.

58.3 Schwerpunkte umweltpsychologischer Forschung

Mit einem Überblick über konkrete Forschungsthemen soll die Darstellung der Umweltpsychologie fortgesetzt werden. Diese Zusammenstellung kann aus Platzgründen nicht auf Vollständigkeit angelegt sein. Der Leser sei hier verwiesen auf zusammenfassende Darstellungen (Kruse, Graumann & Lantermann, 1990; Lantermann & Linneweber, in Vorb.; Linneweber & Lantermann, in Vorb.) bzw. Berichte über umweltpsychologiche Forschungsprogramme (Minister für Umwelt und Verkehr Baden-Württemberg et al., 2002; Pawlik & Stapf, 1992).

Wenn man zunächst die Reichweite der Themen bestimmen will und die Nähe zum Einzelindividuum berücksichtigt, dann umfassen die Themen das gesamte Kontinuum von proximal, also das einzelne Individuum unmittelbar betreffend (z. B. Lärmwirkungsforschung), bis distal, also relativ weit weg vom Einzelindividuum (z. B. globale Umweltveränderungen) (◘ Abb. 58.1). Während Ersteres unmittelbar plausibel ist (die Psychologie ist schließlich »zuständig« für Einzelindividuen), mag Letzteres erstaunen. Bedenkt man aber, dass letztlich Menschen als Verur-

proximal ----------------- distal
Individuum/Person ----------------- (Welt-)Gesellschaft
Mensch als Akteur ----------------- Mensch als Betroffener

◘ **Abb. 58.1.** Dimensionen für Mensch-Umwelt-Wechselwirkungen

58

sacher und Betroffene im Zusammenhang mit globalem Wandel interessieren (Wissenschaftlicher Beirat der Bundesregierung Globale Umweltveränderungen, 1993), dann ist es keineswegs verwunderlich, wenn Human- und Sozialwissenschaften einschließlich der Psychologie globale Umweltveränderungen als Herausforderung begreifen (Krömker, 2004; Kruse, 1995; Lantermann & Schmitz, 1994; Linneweber, 1997; Pawlik, 1991).

Eine weitere, damit zusammenhängende Dimension lässt sich in Abhängigkeit davon identifizieren, ob eher Einzelindividuen, Gruppen, größere Einheiten, Nationen, Kulturen, Generationen oder – wie im Zusammenhang mit globalen Umweltveränderungen – die gesamte Menschheit betroffen sind.

Schließlich ist von zentraler Bedeutung, in welcher Stellung der Mensch in Ursache-Wirkungs-Zusammenhängen positioniert wird. Tritt er eher als Betroffener in das Zentrum der Aufmerksamkeit (dies ist die ältere Perspektive), oder wird er in Modellzusammenhängen als Akteur positioniert? Es dürfte plausibel sein, dass beide Zuweisungen möglich sind. Damit sind allerdings keine festen Positionszuweisungen verbunden, sondern die Vorstellung, dass in Wechselwirkungszusammenhängen die Akteure durchaus beide Positionen einnehmen können.

58.3.1 Spezifische Umwelten

Die bereits erwähnten Beziehungen zur Ergonomie bedingen ein besonderes Interesse der Umweltpsychologie an **Arbeitsumwelten**. Die Gestaltung von Arbeitsplätzen, insbesondere Büros und Bildschirmarbeitsplätzen, sind auch deshalb gern gewählte Forschungsgegenstände, weil sich hier Modifikationen relativ leicht einführen lassen (z. B. Katzev, 1992). Auch sind quasi-experimentelle Designs möglich, um beispielsweise Großraumbüros mit konventionellen Büroräumen zu vergleichen. Im »environmental simulation lab« an der University of California at Irvine wurden in den 1980er Jahren Untersuchungen durchgeführt, in denen Bürofachkräfte exakt diejenigen Tätigkeiten im Labor ausführten, die sie im »echten« Büroalltag auch durchführen. Die Gestaltung der Büroumwelt wurde dabei systematisch verändert. Für normale Arbeitsumwelten konnten wertvolle Erkenntnisse gewonnen werden. In letzter Zeit sind durch die Ökoaudit-Verordnung, einem EU-weiten System für Umweltmanagement und Umweltbetriebsprüfung für Unternehmen, weitere neue Arbeitszusammenhänge für umweltpsychologische Vorhaben entstanden (Bauer, Antoni & Sittauer, 2002).

Wohnumwelten sind ein mittlerweile klassischer Gegenstand der Umweltpsychologie; möglicherweise sogar der umfangreichste. Die Beschäftigung mit Wohnen reicht dabei von mikroskaligen (Zimmer, Wohnung) über mesoskalige (Haus, Straße, Viertel) zu makroskaligen (Stadt, Region) Analysen. Dabei interessieren die Privatheit (Kruse,

1980) sowie Fragen der Bindung an das Zuhause (Fuhrer & Kaiser, 1992) oder unser Bedürfnis nach persönlichen Gegenständen (Csikszentmihalyi & Rochberg-Halton, 1981; Dittmar, 1992). Umweltpsychologische Arbeiten zum Wohnen analysieren auch Zusammenhänge zwischen kindlicher Entwicklung und Wohnumwelten. Dass Kinder mit zunehmendem Alter ihren Aktionsradius ausdehnen, hat Forscher veranlasst, danach zu fragen, wie »adäquate« Umwelten beschaffen sein müssen, damit diejenigen Entwicklungspotenziale optimal gefördert werden, die in dieser Tendenz deutlich werden. Insbesondere wurden die Mobilitätsbedürfnisse von Kindern untersucht; umfangreich sind auch die Arbeiten zu Wohnbedürfnissen und Wohnzufriedenheit (Flade, 1987).

Studien, welche den in Wohngebieten stattfindenden Straßenverkehr thematisieren, grenzen an den Forschungsbereich »öffentliche Umwelten« an, soweit diese Arbeiten besiedelte Gebiete (Stadt, Stadtviertel, Dorf) betreffen. Neben urbanen Umwelten werden auch »Wilderness«-Erfahrungen erforscht, um beispielsweise ihre stressreduzierende Wirkung im Vergleich zu städtischen Umwelten zu analysieren (Ulrich, Simons, Losito, Fiorito et al., 1991).

Lernumwelten (Schulen, Universitäten, Museen) sind ebenso Forschungsgegenstand wie **spezielle Umwelten für bestimmte Zwecke** (Krankenhäuser, gerontologische Einrichtungen). In letztgenannten wurde schon früh das Konzept der »Mensch-Umwelt-Passung« (»fit«) elaboriert (Kahana, 1975; Kahana, Liang & Felton, 1980; Lantermann, 1976). So wurde für gerontologische Einrichtungen erarbeitet, wie diese zu gestalten sind, um den Bedürfnissen älterer Menschen zu entsprechen, ohne zugleich die Notwendigkeit zu vernachlässigen, dass die Bewohner auch im höheren Lebensalter aktiv bleiben. So sollten beispielsweise mobilitätserleichternde Einrichtungen (Fahrstühle) zwar verfügbar sein, jedoch sinnvollerweise so platziert werden, dass es nahe liegend ist, auf ihre ständige Nutzung zu verzichten.

58.3.2 Spezifische Handlungsfelder

Umweltbewusstsein und umweltbezogenes Handeln

Von besonderer Bedeutung für die Lösung aktueller Umweltprobleme sind Arbeiten zum Zusammenhang von Umweltbewusstsein und Umweltverhalten. Nicht selten wird von Umweltverbänden und Umweltpolitikern gefordert, durch Kampagnen das Umweltbewusstsein zu schärfen. Implizit wird damit angenommen, dass Einstellungsänderungen Verhaltensänderungen bewirken bzw. Erstere die Voraussetzung für Letztere sind. Detaillierte Analysen zeigen allerdings, dass, wie in anderen Handlungsbereichen seit langem bekannt, auch für die Art und Weise der »Umweltnutzung« diese Zusammenhänge eher schwach ausge-

Ergebnisse der Umweltkognitionsforschung

Ein Teil dessen, was mit Umweltbewusstsein bezeichnet wird, meint die Art und Weise, wie wir Umwelten wahrnehmen und bewerten, und was wir über sie bzw. unsere Wechselwirkungen mit ihnen wissen. Die Umweltkognitionsforschung, die dies untersucht, bemüht sich ebenfalls darum, Aufschluss über Möglichkeiten umweltbezogener Verhaltensänderungen zu gewinnen. Teilweise überraschen die Resultate empirischer Arbeiten und lassen A-priori-Annahmen fraglich werden. So mag es – ähnlich wie in der Umweltbewusstseinsforschung – plausibel erscheinen, dass Personen, die mehr über Umweltwirkungen menschlicher Aktivitäten wissen, sich auch umweltgerechter verhalten. Zumindest im Bereich umweltrelevanter Aktivitäten in Privathaushalten ist dies offensichtlich nicht so. Männer wissen mehr, Frauen verhalten sich hingegen umweltgerechter (Schahn & Holzer, 1990). Dieses Ergebnis deutet darauf hin, dass Verhaltensänderungen offenbar (auch) über andere Wege als die der »Bewusstseins-« oder Wissensbeeinflussung möglich sind.

prägt sind (de Haan, 1995; Fuhrer, 1995; Fuhrer & Wölfing, 1997; Kessel & Tischler, 1984; Kley & Fietkau, 1979; Langeheine & Lehmann, 1986; Schahn & Holzer, 1989; Urban, 1986, 1991; ▶ Kasten).

Ökologische Dilemmata

Ebenfalls bedingt durch die zunehmende gesellschaftliche Diskussion über Umweltprobleme hat sich in der Psychologie und benachbarten Disziplinen (insbesondere der Soziologie) in letzter Zeit eine Diskussion über spezifische Merkmale gemeinsam genutzter Umwelt-Ressourcen entwickelt. Umwelt wird als »commons« (ins Deutsche gewöhnlich mit Allmende – im Sinne eines gemeinsam genutzten Gutes – übersetzt) begriffen, und die Sozialwissenschaften sind gefordert, »commons«-bezogene Aktivitäten von Akteuren in sozialen Systemen zu erklären (Berkes, Feeny, McCay & Acheson, 1989; Edney, 1980; Grzelak, 1994; Hardin, 1968; Linneweber, 1995, 1999; McCay & Acheson, 1987; Meyer, 1995; Pawlik & d'Ydewalle, 1996; Spada & Opwis, 1985; Thompson & Stoutemyer, 1991). Wesentliches Merkmal der Commons ist die Tatsache, dass der einzelne Akteur von seiner Nutzung dann besonders profitiert, wenn konkurrierende Nutzer sich zurückhalten, und dass Commons (z. B. Fischbestände, Verkehrsraum) bei intensiver Nutzung durch eine Vielzahl von Akteuren entweder vollständig erschöpfen oder sich nur langsam regenerieren. Wenn beispielsweise in zunehmend verstopften Ballungsräumen möglichst viele Menschen öffentliche Verkehrsmittel nutzen, profitiert davon der Individualverkehr. Wenn sich Nationen in den Fangquoten der Hochseefischerei beschränken, profitieren insbesondere diejenigen, die dies nicht tun.

Zahlreiche aktuelle Umweltprobleme sind allerdings nur dann zu lösen, wenn ein nicht exploitatives (nicht ausbeutendes) Verhalten der Akteure gegenüber den Commons vorherrscht. Die sozialwissenschaftlichen Analysen versuchen zu erklären, unter welchen Bedingungen es dazu kommt. Dies macht auch formale Lösungen, wie sie beispielsweise in Studien im Rahmen des Prisoners-Dilemma-Modells erarbeitet wurden, interessant (Soroos, 1994).

Umweltgerechtigkeit

Dass die **Ressourcennutzung** ein hochrelevanter Forschungsgegenstand ist, dürfte bereits deutlich geworden sein. In letzter Zeit werden unter sozialpsychologischer Perspektive Überlegungen angestellt, wie »Umweltgerechtigkeit« zu erreichen ist (Linneweber & Kals, 1999). Dabei ist eine Bezugnahme auf unterschiedliche Bedeutungen von »Gerechtigkeit« durchaus intendiert: Umweltgerecht ist einerseits als »umweltadäquat« (im Sinne von Umweltschutz) zu verstehen, andererseits stellen sich im Fall von Ressourcen (oder Umweltbelastungen), deren Zugangs- und Nutzungsmöglichkeiten zwischen unterschiedlichen Akteuren ungleich verteilt sind, Gerechtigkeitsprobleme im sozialen Sinn. Letzteres reicht von individuellen Akteuren über mittlere Einheiten bis hin zu Nationen, Kulturen und Generationen.

Umwelt und Gesundheit

In welchem Maß, unter welchen Bedingungen und auf welchen Wegen Umwelten spezifischer Qualitäten auf die psychische und physische Gesundheit ihrer Nutzer einwirken, ist in den vergangenen Jahren, nicht selten in enger Kooperation mit der Medizin und Biologie, zu einem wichtigen Forschungsfeld der Umweltpsychologie geworden (zum Überblick s. Ittner, Kals & Müller, in Vorb.; Kals, 1998). Dabei dominieren in der Forschung jedoch Analysen von negativen Auswirkungen verschiedener Umweltbedingungen auf die menschliche Gesundheit. So werden der Einfluss unterschiedlicher Nachbarschaftsqualität auf das Wohlbefinden (z. B. Fischer, 1995) oder die vielfältigen Einflussfaktoren von Stadt- und Landschaftsgestaltungen, Architektur oder Wohnraumgestaltung (vgl. z. B. Fischer, 1995a; Flade, 1987; Fuhrer & Marx, 1998; Linneweber, 1993) auf die menschliche Gesundheit untersucht. Als ubiquitärer Störfaktor genießt Lärm einen besonderen Stellenwert. Seine negativen Auswirkungen – schon ab geringen Dosen – auf die menschliche Gesundheit und das Wohlbefinden sind mittlerweile sehr gut belegt (Hellbrück & Fischer, 1999).

Den größten Raum innerhalb dieses Themenkomplexes nehmen aber anthropogen verursachte Belastungen der natürlichen Umwelt ein. Beeinträchtigungen der menschlichen Gesundheit durch Verschmutzungen von Luft, Boden und Wasser (sowie deren Rückstände in Nahrung, Textilien, Baustoffen etc.) stehen seit Jahren im Mittelpunkt wissenschaftlicher Studien (vgl. z. B. Homburg & Matthies, 1998; Kals, 1998; Preuss, 1995).

Umwelterziehung

Ebenfalls mit der Zielsetzung, Möglichkeiten der Beeinflussung umweltbezogenen Verhaltens zu erarbeiten, befassen sich Pädagogik und Psychologie mit der Umwelterziehung. Zunehmend werden hier Konzepte nicht nur für Heranwachsende in industrialisierten Regionen, sondern auch für Schwellen- und Drittweltländer erarbeitet. So ließ beispielsweise die UNEP (United Nations Environmental Program) in Kenia einen Fernsehspot ausstrahlen, in dem verschiedene Umweltprobleme dargestellt werden und immer wieder der gleiche Slogan eingeblendet wird: »whatever you do – it matters«. Angesichts der mittlerweile großen Verbreitung von Fernsehgeräten in Schwellen- und Drittweltländern ist dies sicherlich ein Weg, zumindest in Grundzügen die Menschen zu einem zurückhaltenden Umgang mit Umweltressourcen zu veranlassen.

Umweltschutzverhalten

Abschließend sollen einige Erklärungen und Ansätze von Umweltschutzverhalten vorgestellt werden. Unterschieden werden solche Ansätze, die sich primär mit dem **Verhalten** befassen, von solchen, die auf Veränderungen von **Kognitionen** abzielen.

Dass **(finanziellen) Anreizen** eine deutliche verhaltensbeeinflussende Wirkung zukommt, machen umweltrelevante Maßnahmen aus der jüngeren Vergangenheit deutlich. So wurden erfolgreich steuerliche Anreize zur Einführung von Katalysatoren gesetzt, »Semestertickets« eingeführt, Subventionen für Energie sparende Maßnahmen (Wärmedämmung, Solarkollektoren, Installation energieeffizienter Heizsysteme) offeriert. Andererseits wird die fortgesetzte Nutzung umweltkritischer Systeme (ältere Fahrzeuge ohne Katalysator und mit hohen Verbrauchswerten) mit hohen Steuern »bestraft«. Die Maßnahmen basieren auf Alltagswissen und Ergebnissen der psychologischen Grundlagenforschung (Lerntheorien). Im Umweltbereich hat sich gezeigt, dass finanzielle Anreize sehr wirksam sind. Allerdings schaffen sie zugleich ein Problem: Durch sie bewirkte Verhaltensänderungen sind nicht sonderlich überdauernd, wenn die Anreize wegfallen (Frey, Stahlberg & Wortmann, 1990); auch wird damit noch keine »transsituative Konsistenz« hergestellt, d. h., die durch Belohnungen (oder Bestrafungen) bewirkten Verhaltensänderungen werden nicht ohne Weiteres in andere Situationen übertragen.

Auch die Wirkung von **Rückmeldungen** konnte eindrucksvoll nachgewiesen werden (Van Houwelingen & Van Raaij, 1989). Wenn Personen über den umweltschonenden Effekt ihrer Entscheidungen (z. B. Energieeffizienz eines neuen Gerätes) oder ihres Verhaltens (z. B. Energie sparen-

de Fahrweise) informiert werden, erhöht sich die Auftretenswahrscheinlichkeit dieses Verhaltens bzw. die Wiederholung von Kaufentscheidungen (Frey, Stahlberg & Wortmann, 1990). Von besonderer Bedeutsamkeit ist dabei die Unmittelbarkeit der Rückmeldung. So wäre es beispielsweise erheblich wirksamer, kontinuierliche Verbrauchsrückmeldungen für Strom, Gas, Wasser etc.) in Privathaushalten zu etablieren als nur im Rahmen der jährlichen Rechnung.

Die Fähigkeit des Menschen, sein eigenes Tun und dessen Wirkung zu reflektieren, legt es nahe, dass auch in Studien zum umweltbezogenen Verhalten die Wirksamkeit des »Wegs über die Kognition« analysiert wurde. **Normen und Werte,** von der Lebensstilforschung (Reusswig, 1994; Lantermann & Schuster, 2003) auch in den Merkmalen ihrer Verbreitung (»soziale Diffusion«) analysiert, beeinflussen selbstverständlich umweltrelevante Entscheidungen und umweltbezogenes Verhalten (vom persönlichen Bereich bis zur Entscheidung eines Unternehmens, »Ökoprodukte« herzustellen).

Neue **Informationen** führen offensichtlich keineswegs quasi »automatisch« zu Verhaltensänderungen. Aus Arbeiten zur menschlichen Informationsverarbeitung, insbesondere Studien zur Verarbeitung sozialer Informationen, ist bekannt, dass Informationen höchst selektiv und voreingenommen wahrgenommen, bewertet und gespeichert werden. Die Wirkung **furchterregender Appelle** etwa ist sehr begrenzt. Furcht- oder Angstzustände können zwar kurzfristig aktiviert werden, sie haben aber kaum nachhaltige Wirkung auf Verhaltensänderungen. Wirksamer ist es, die bei Nichtübereinstimmung zwischen verschiedenen Verhaltensweisen oder zwischen Einstellung und Verhalten resultierende »kognitive Dissonanz« zu nutzen. Festinger (1957) stellte eine Theorie vor, welche die unangenehmen Spannungszustände erklären sollte, die widersprüchliche Informationen, Beobachtungen oder Bewertungen auslösen: Menschen bemühen sich unter solchen Umständen um »Dissonanzreduktion«, beispielsweise durch Neubewertung von Informationen, Suche nach neuen Aspekten etc. Sinnvoll eingesetzt, können auch die aus der Dissonanztheorie resultierenden Annahmen für die Etablierung umweltschützender Aktivitäten genutzt werden. Eine Erfolgsbedingung ist, dass umweltrelevante Informationen zuverlässig, weder unter- noch übertrieben erscheinen, und dass die Dissonanz zu umweltkritischem Verhalten evident wird.

Da umweltbezogenes Handeln für Menschen **selbstwertrelevant** ist, können auch damit verbundene Aspekte genutzt werden. So haben – nach außen sichtbare – Umweltschutzaktivitäten (z. B. Solarkollektoren oder »Öko-Autos«) für bestimmte gesellschaftliche Gruppen einen Prestigewert, dessen Nutzung nur vordergründig unangemessen ist. Dem außenwirksamen Bekenntnis zum Umweltschutz durch Solarkollektoren könnten weitere Aktivitäten (z. B. Nutzung des Fahrrades für kürzere Strecken) folgen, da sie konsistent sind. Andererseits ist allerdings zu bedenken, dass Umweltschutz in einem Lebensbereich auch zur Rechtfertigung umweltkritischen Verhaltens in anderen Bereichen führen kann.

Wirksam ist auch die Strategie der **Selbstverpflichtung**. Es konnte gezeigt werden, dass allein die Tatsache einer (öffentlichen) Selbstverpflichtung zum Umweltschutz die Bereitschaft zu dementsprechendem Verhalten steigert (Mosler, 1993).

58.4   Entwicklungsperspektiven

58.4.1   Stärkere Tendenz zur Theorieintegration

Es ist wahrscheinlich, dass die Umweltpsychologie sich in höherem Maß als bislang mit entwicklungspsychologischen Theorien und Methoden auseinandersetzen wird, etwa durch eine stärkere Einbeziehung biopsychosozialer Entwicklungsmodelle für Analysen transaktionaler Prozesse im Vergleich zu altersspezifischen Umwelten. Gleichfalls ist eine noch engere Kooperation zwischen Sozial- und Umweltpsychologen vorauszusehen – so in der Entwicklung von günstigen Strategien zur Etablierung umweltschonenden Handelns (Linneweber & Kals, 1999), in der Fortschreibung von Konfliktlösungsstrategien beim Umgang mit knappen Umweltressourcen (Mosler, Gutscher & Artho, 1996) oder in der Erforschung des Zusammenhanges zwischen sozialer und räumlicher Identität (Bonnes & Secchiaroli, 1995; Linneweber, Hartmuth & Fritsche, 2003). Auch werden Erkenntnisse und Modelle der Motivations- und Emotionspsychologie häufiger als bislang genutzt werden, um Raumpräferenzen, ästhetische Urteile über Landschaften, Häuser, Parks und Plätze oder für die Aufhellung relevanter intrapsychischer Prozesse für die Blockierung oder Bahnung umweltschonender Handlungen vorherzusagen und zu begründen (Döring-Seipel, in Vorb.). Im Kontext der Umwelterziehung und -bildung wird sich gleichfalls eine noch engere Zusammenarbeit zwischen der Pädagogischen Psychologie und der Umweltpsychologie einstellen, wenn es etwa um die Planung von optimalen Lernkontexten und Kommunikationsstrategien im Umweltschutzbereich geht (Bolscho & Michelsen, 1999).

Allgemein ist zu vermuten, dass die Umweltpsychologie zukünftig wegen ihrer vorherrschenden Problemorientiertheit wesentlich zur Integration der unterschiedlichen Fachdisziplinen in gemeinsame, das Verhalten und Erleben von Individuen in und gegenüber ihren Umwelten thematisierende Forschungsprogramme beitragen und für ihre eigene Theorie- und Methodenfundierung nutzen wird. Die künftige Umweltpsychologie wird also stärker theorieorientiert sein (s. auch Sundstrom, Bell, Bushby & Asmus, 1996) und aus diesem Grund in noch stärkerem Maß konkrete Fallstudien durchführen, da die Entwicklung von integrativen Theorien der Mensch-Umwelt-Beziehungen nicht im All-

gemeinen vorangetrieben werden kann, sondern nur in der Analyse von klar umgrenzbaren Problemfeldern und Handlungsbereichen, die für spezifische Untergruppen von Individuen in ihren jeweiligen konkreten Umwelten charakteristisch sind.

58.4.2   Gesellschaftlicher Wandel als Motor für neue Forschungsprioritäten

Die rasch fortschreitende ökonomische und informationelle Globalisierung erfordert neuartige Steuerungs- und Gestaltungsstrategien auf internationaler, nationaler, regionaler und lokaler Ebene, für welche die gesellschaftlichen Akteure nur unzureichend vorbereitet zu sein scheinen. Auch die Umweltpsychologie wird sich im Rahmen ihrer Möglichkeiten, so kann erwartet werden, mehr als bisher dieser globalen Herausforderung stellen. Dies könnte darüber geschehen, dass sie z. B. die Erkenntnisse der Psychologie des komplexen Problemlösens (▶ Kap. 15) in ihren Wissensfundus über die Transaktionsprozesse zwischen Mensch und Umwelt integriert, um darüber einen Beitrag zur Entwicklung von (kontextabhängigen) Entscheidungs- und Interventionsstrategien zu leisten, die einen nachhaltigen Umgang mit der knappen Ressource Natur versprechen.

Die offensichtlich mit der globalen Veränderung der Bio- und Sozialsphäre einhergehende Häufung von Umweltkatastrophen stellt gleichfalls ein künftig wohl stärker beachtetes Betätigungsfeld der Umweltpsychologie dar. Wurde in den vergangenen Jahren noch der Fokus auf technische Systeme gelegt, findet heute in den entsprechenden Organisationen und Forschungsprogrammen eine deutliche Schwerpunktverlagerung auf Analysen katastrophenbezogener Funktionsweisen von sozialen Systemen statt, so etwa im »Deutschen Komitee für Katastrophenvorsorge« (http://www.dkkv.org).

Vor dem Hintergrund der prognostizierten, weltweit ähnlich verlaufenden demographischen Entwicklung wird sich die umweltpsychologische Forschung in noch stärkerem Maß mit den spezifischen Anforderungen an und den Kompetenzen von Menschen unterschiedlichen Alters in ihren Interaktionen mit den alterstypischen Umwelten beschäftigen. Hier ist sie in besonderem Maß auf entwicklungspsychologische Theorien und Befunde angewiesen, etwa dann, wenn es um optimale Gestaltungen von »Altenwohnungen«, von Wegenetzen oder altersgerechten Verkehrsmitteln oder auch um Stressbewältigungsmöglichkeiten alter Menschen im Umgang mit ihren Umwelten geht.

Wenn, wie allgemein unterstellt, die Gesundheitsindustrie im 21. Jahrhundert zum wesentlichen ökonomischen Motor werden sollte, wird diese gesellschaftlich bedeutsame Entwicklung ihren Widerhall auch in der umweltpsychologischen Forschung finden. »Umwelt und Gesundheit« wird mit hoher Wahrscheinlichkeit zu einem der zentralen Prob-

58

lembereiche umweltpsychologischer Aktivitäten im kommenden Jahrzehnt werden, einem Forschungsfeld, auf das diese Disziplin recht gut vorbereitet zu sein scheint.

Ebenso werden Fragen der Mobilität wegen der damit verbundenen Frage nach einer langfristigen Sicherung der natürlichen Lebensgrundlagen noch stärker in den Vordergrund umweltpsychologischer Forschung rücken als bisher.

58.4.3 Interdisziplinarität der Forschung

Derartige gesellschaftlich bedeutsame Problemlagen können nicht von der Umweltpsychologie allein, sondern nur im Verbund mit anderen Wissenschaften bearbeitet werden. In den vergangenen Jahren wurde eine größere Zahl nationaler und internationaler, interdisziplinär ausgerichteter Umweltforschungsprogramme im Rahmen der Global-Change-Forschung mit zum Teil erheblichen Fördermitteln aufgelegt, in denen in wachsendem Umfang auch die Umweltpsychologie involviert ist, so das International Human Dimensions Programme on Global Environmental Change (IHDP), das Man-and-the-Biosphere Program (MAB) der Unesco (http://www.unesco.org/mab) mit seinen Nationalkommittees (http://www.unesco.de/c_arbeitsgebiete/mab.htm) und schließlich das UNEP (United National Environmental Program) mit Sitz in Nairobi (http://www.unep.org).

Eingefordert werden dabei insbesondere Modellierungen individueller und sozialer Systeme im Austausch mit ihrer materiellen Umgebung, deren Dynamik von den beteiligten Naturwissenschaften beschrieben und modelliert wird. Zusätzlich wird gerade von der Psychologie erwartet, dass sie Methoden und Verfahren des Problem- und Konfliktmanagements entwickelt und in konkreten Fallstudien auch überprüft und für die Entwicklung und Akzeptanz einer veränderten regionalen Umweltpolitik nutzbar macht.

Literatur

Referenzliteratur

de Haan, G., Lantermann, E.-D., Linneweber, V. & Reusswig, F. (Hrsg.). (2001). *Typenbildung in der sozialwissenschaftlichen Umweltforschung*. Opladen: Leske & Budrich.

Fuhrer, U. & Wölfing, S. (1977). *Von den sozialen Grundlagen des Umweltbewusstseins zum verantwortlichen Umwelthandeln*. Bern: Huber.

Hellbrück, J. & Fischer, M. (1999). *Umweltpsychologie. Ein Lehrbuch*. Göttingen: Hogrefe.

Homburg, A. & Matthies, E. (Hrsg.). (1998). *Umweltpsychologie. Umweltkrise, Gesellschaft und Individuum*. Weinheim: Juventa.

Lantermann, E.-D. & Linneweber, V. (Hrsg.). (in Vorb.). *Enzyklopädie der Psychologie: Themenbereich C Theorie und Forschung, Serie IX Umweltpsychologie, Band 1 Grundlagen, Paradigmen und Methoden der Umweltpsychologie*. Göttingen: Hogrefe.

Linneweber, V. & Kals, E. (Hrsg.) (1999). *Umweltgerechtes Handeln. Barrieren und Brücken*. Berlin: Springer.

Linneweber, V. & Lantermann, E.-D. (Hrsg.). (in Vorb.). *Enzyklopädie der Psychologie: Themenbereich C Theorie und Forschung, Serie IX Umweltpsychologie, Band 2 Spezifische Umwelten und umweltbezogenes Handeln*. Göttingen: Hogrefe.

Zitierte Literatur

Aiello, J.R. (1987). Human spatial behavior. In D. Stockols & I. Altman (Eds.), *Handbook of environmental psychology* (pp. 389–504). New York: Wiley.

Ajzen, I. (1991). The theory of planned behavior. Some unresolved issues. *Organizational Behavior and Human Decision Processes, 50,* 179–211.

Altman, I. (1990). Toward a transactional perspective: a personal journey. In I. Altman & K. Christensen (Eds.), *Environment and behavior studies: emergence of intellectual traditions,* 11 (pp. 225–255). New York: Plenum Press.

Bailey, R., Brand, C. & Taylor, C.W. (1961). *Architectural psychology and psychiatry: an exploratory national research conference.* Salt Lake City: University of Utah

Bamberg, S. (1996). Habitualisierte PKW-Nutzung: Integration des Konstrukts »Habit« in die Theorie des geplanten Verhaltens. *Zeitschrift für Sozialpsychologie, 27,* 295–310.

Barker, R.G. & Wright, H.F. (1949). Psychological ecology and the problem of psychosocial development. *Child Development, 20,* 131–143.

Barker, R.G. & Wright, H.F. (1951). *One boy's day.* New York: Harper & Row.

Barker, R.G. & Wright, H.F. (1955). *Midwest and its children. The psychological ecology of an American town.* New York: Harper & Row.

Baron, R.A. (1977). Environmental and situational determinants of aggression. In R.A. Baron (Ed.), *Human aggression* (pp. 125–289). New York: Plenum Press.

Bauer, C., Antoni, C.-H. & Sittauer, H. (2002). Ressourcen und Barrieren umweltgerechten Handelns in regionalen Handwerks- und industriellen Kleinbetrieben. Bericht über eine qualitative Interviewstudie. In P. Müller, S. Rumpf & H. Monheim (Hrsg.), *Umwelt und Region – Aus der Werkstatt des Sonderforschungsbereichs 522* (S. 361–370). Trier: Selbstverlag.

Bechtel, R.B. (1977). *Environment and behavior: an introduction.* London: Sage

Berkes, F., Feeny, D., McCay, B.J. & Acheson, J.M. (1989). The benefits of the commons. *Nature, 34,* 91–93.

Bolscho, D. & Michelsen, G. (Hrsg.). (1999), *Methoden der Umweltbildungsforschung.* Opladen: Leske & Budrich.

Bonnes, M. & Secchiaroli, G. (1995). *Environmental psychology: a psychosocial introduction.* London: Sage.

Breit, H. & Eckensberger, L.H. (1998). Moral, Alltag und Umwelt. In D.H. Gerhard & K. Udo (Hrsg.), *Umweltbildung und Umweltbewusstsein. Forschungsperspektiven im Kontext nachhaltiger Entwicklung* (S. 69–89). Opladen: Leske & Budrich.

Bronfenbrenner, U. (1977a). Lewinian space and ecological substance. *Journal of Social Issues, 33* (4), 199–212.

Buse, L. & Pawlik, K. (1996). Konsistenz, Kohärenz und Situationsspezifität individueller Unterschiede. In K. Pawlik (Hrsg.), *Enzyklopädie der Psychologie: Serie 8, Band 1 Grundlagen und Methoden der Differentiellen Psychologie* (S. 269–300). Göttingen: Hogrefe.

Cassidy, T. (1997). *Environmental psychology. Behavior and experience in context.* East Sussex: Psychology Press.

Csikszentmihalyi, M. & Rochberg-Halton, E. (1981). *The meaning of things: domestic symbols and the self.* Cambridge: Cambridge University Press.

de Haan, G. (1995). Umweltbewusstsein. In M. Jänicke, H.J. Bolle & A. Carius (Hrsg.), *Umwelt Global: Veränderungen, Probleme, Lösungsansätze* (S. 197–211). Berlin: Springer.

Dittmar, H. (1992). *The social psychology of material possessions.* Brighton: Harvester Wheatsheaf.

Döring-Seipel, E. (in Vorb.). Emotion und Umwelt. In E.-D. Lantermann & V. Linneweber (Hrsg.), *Enzyklopädie der Psychologie, Band C/IX Grundlagen, Paradigmen und Methoden der Umweltpsychologie.* Göttingen: Hogrefe.

Edney, J.J. (1980). The commons problem: Alternative perspectives. *American Psychologist, 35* (2), 131–150.

Ernst, A.M. (2001). *Informationsdilemmata bei der Nutzung natürlicher Ressourcen.* Weinheim: PVU.

Festinger, L. (1957). *A theory of cognitive dissonance.* Stanford, CA: Stanford University Press.

Fischer, M. (1995). Umwelt- und Gesundheitspsychologie: Ein humanwissenschaftlicher Beitrag zur Bewältigung der ökologischen Krise. In A. Keul (Hrsg.), *Wohlbefinden in der Stadt* (S. 22–42). Weinheim: Beltz.

Flade, A. (1987). *Wohnen psychologisch betrachtet.* Bern: Huber.

Frey, D., Stahlberg, D. & Wortmann, K. (1990). Energieverbrauch und Energiesparen. In L. Kruse, C.F. Graumann & E.-D. Lantermann (Hrsg.), *Ökologische Psychologie. Ein Handbuch in Schlüsselbegriffen* (S. 680–690). München: Psychologie Verlags Union.

Fritsche, I. & Linneweber, V. (2005). Nonreactive methods in psychological research. In M. Eid & E. Diener (Eds.), *Handbook of multimethod measurement in psychology.* Washington, DC: American Psychological Association (APA).

Fuhrer, U. (1995). Sozialpsychologisch fundierter Theorierahmen für eine Umweltbewusstseinsforschung. *Psychologische Rundschau, 46,* 93–103.

Fuhrer, U. & Kaiser, F.G. (1992). Bindung an das Zuhause: Die emotionalen Ursachen. *Zeitschrift für Sozialpsychologie, 23,* 105–118.

Fuhrer, U. & Marx, A. (1998). Gebaute Umwelt als kultivierbarer und gesundheitsförderlicher Lebensraum für Kinder? In E. Kals (Hrsg.), *Umwelt und Gesundheit* (S. 199–213). Weinheim: Beltz.

Fuhrer, U. & Wölfing, S. (1997). *Von den sozialen Grundlagen des Umweltbewusstseins zum verantwortlichen Umwelthandeln.* Bern: Huber.

Gardner, G.T. & Stern, P.C. (1996). *Environmental problems and human behavior.* Boston: Allyn & Bacon.

Grzelak, J. (1994). *An individual and the commons.* Paper presented at the E.A.E.S.P.-small group meeting on social interaction and interdependence; Amsterdam, The Netherlands, April 28 - May 1.

Hänze, M. & Lantermann, E.-D. (1999). Familiäre, soziale und materielle Ressourcen bei Aussiedlern. In R.K. Silbereisen, E.-D. Lantermann & E. Schmitt-Rodermund (Hrsg.), *Aussiedler in Deutschland. Akkulturation von Persönlichkeit und Verhalten* (S. 143–162). Opladen: Leske & Budrich.

Hardin, G.J. (1968). The tragedy of the commons. *Science, 162,* 1243–1248.

Hellbrück, J. & Fischer, M. (1999). *Umweltpsychologie. Ein Lehrbuch.* Göttingen: Hogrefe.

Hellpach, W. (1924). Psychologie der Umwelt. In E. Aderhalden (Hrsg.), *Handbuch der biologischen Arbeitsmethode. Abt. VI Methoden der experimentellen Psychologie.* Berlin: Urban & Schwarzenberg.

Hofinger, G. (2001). *Denken über Umwelt und Natur.* Weinheim: Beltz.

Homburg, A. & Matthies, E. (1998). *Umweltpsychologie. Umweltkrise, Gesellschaft und Individuum.* München: Juventa.

Van Houwelingen, J.H. & Van Raaij, W.F. (1989). The effect of goal setting and daily electronic feedback on in home energy use. *Journal of Consumer Research, 16,* 98–105.

Hunecke, M. (2000). *Ökologische Verantwortung, Lebensstile und Umweltverhalten.* Heidelberg: Asanger.

Ittelson, W.H., Proshansky, H.M., Rivlin, L.G. & Winkel, G.H. (1974). *An introduction to environmental psychology.* New York: Holt, Rinehart & Winston

Ittner, H. Kals, E. & Müller, M. (in Vorb.). Umwelt- und Gesundheitspsychologie – zwei Seiten einer Medaille? In E.-D. Lantermann & V. Linneweber (Hrsg.), *Enzyklopädie der Psychologie: Band C/IX/1 Grundlagen, Paradigmen und Methoden der Umweltpsychologie.* Göttingen: Hogrefe.

Jager, W., van Asselt, M.B.A., Rotmans, J., Vlek, C.A.J. & Costerman Boodt, P. (1997). *Consumer behavior. A modelling perspective in the context of integrated assessment of global change.* RIVM Report No. 461502017.

Kahana, E. (1975). A congruence model of person-environment interaction. In P.G. Windley, T.O. Byerts & F.G. Ernst (Eds.), *Theory development in environment and aging* (pp. 181–214). Washington, DC: Gerontological Society.

Kahana, E., Liang, J. & Felton, B.J. (1980). Alternative models of person-environment fit. *Journal of Gerontology, 35,* 584–595.

Kals, E. (Hrsg.). (1998). *Umwelt und Gesundheit. Die Verbindung ökologischer und gesundheitlicher Ansätze.* Weinheim: PVU.

Kals, E., Schumacher, D. & Montada, L. (1999). Emotional affinity toward nature as a motivational basis to protect nature. *Environment and Behavior, 31,* 178–202.

Kaminski, G. (Hrsg.). (1986). *Ordnung und Variabilität im Alltagsgeschehen.* Göttingen: Hogrefe.

Katz, P. (1937). *Animals and men.* New York: Longmans & Green.

Katzev, R. (1992). The impact of energy-efficient office lighting strategies on employee satisfaction and productivity. *Environment and Behavior, 24,* 759–778.

Kessel, H. & Tischler, W. (1984). *Umweltbewusstsein. Ökologische Wertvorstellungen in westlichen Industrienationen.* Berlin: Sigma.

Kley, J. & Fietkau, H.J. (1979). Verhaltenswirksame Variablen des Umweltbewusstseins. *Psychologie und Praxis, 23,* 13–22.

Krömker, D. (2004). *Naturbilder, Klimaschutz und Kultur.* Weinheim: Beltz PVU.

Kruse, L. (1980). *Privatheit als Problem und Gegenstand der Psychologie.* Bern: Huber.

Kruse, L. (1995). Globale Umweltveränderungen: Eine Herausforderung für die Psychologie. *Psychologische Rundschau, 46,* 81–92.

Kruse, L., Graumann, C.F. & Lantermann, E.-D. (Hrsg.). (1990). *Ökologische Psychologie – ein Handbuch in Schlüsselbegriffen.* München: PVU.

Langeheine, R. & Lehmann, J. (1986). Ein neuer Blick auf die soziale Basis des Umweltbewusstseins. *Zeitschrift für Soziologie, 15,* 378–384.

Lantermann, E.-D. (1976). Eine Theorie der Umweltkompetenz. Architektonische und soziale Implikationen für eine Altenheimplanung. *Zeitschrift für Gerontologie, 9,* 443–453.

Lantermann, E.-D. & Schmitz, B. (1994). Psychische Ressourcen und Strategien im Umgang mit globalen Umweltveränderungen. *Naturwissenschaften, 81,* 521–527.

Lantermann, E.-D & Schuster, K. (2003). Natur als Bühne – Lebensstile, Naturschutz und Kommunikation. In D. Cansier, E. Dworog & S. Kirsch (Hrsg.), *Herausforderung Umwelt – Wissenschaftliche Zielkonzeptionen und ihre Umsetzung* (S. 263–286). Marburg: Metropolis.

Lecher, T. (1997). *Die Umweltkrise im Alltagsdenken.* Weinheim: Psychologie Verlags Union.

Lewin, K. (1943). Psychologische Ökologie. In K. Lewin (Hrsg.), *Feldtheorie in den Sozialwissenschaften* (S. 206–222). Bern: Huber.

Lewin, K. (1944). Constructs in psychology and psychological ecology. *University of Iowa Studies in Child Welfare, 20,* 3–29.

Lewin, K. (1951). *Field theory in social sciences.* New York: Harper.

Lewin, K. (1982). Feldtheorie. In C.F. Graumann (Hrsg.), *Kurt Lewin Werkausgabe* (Band 4). Bern: Huber.

Linneweber, V. (1993). Wer sind die Experten? »User needs analysis« (UNA), »post occupancy evaluation« (POE) und Städtebau aus sozial- und umweltpsychologischer Perspektive. In H.J. Harloff (Hrsg.), *Psychologie des Wohnungs- und Siedlungsbaus: Psychologie im Dienste von Architektur und Stadtplanung* (S. 75–85). Göttingen, Stuttgart: Verlag für Angewandte Psychologie.

Linneweber, V. (1995). Evaluating the use of global commons: lessons from research on social judgment. In A. Katama (Ed.), *Equity and social considerations related to climate change* (pp. 75–83). Nairobi (Kenya): ICIPE Science Press.

Linneweber, V. (1997). Psychologische und gesellschaftliche Dimensionen globaler Klimaänderungen. In K.H. Erdmann (Hrsg.), *Internationaler Naturschutz* (S. 117–143). Berlin: Springer.

Linneweber, V. (1999). Biases in allocating obligations for climate protection: implications from social judgement research in psychology. In F. Tóth (Ed.), *Fair weather: equity concerns in climate change* (pp. 112–132). London: Earthscan.

Linneweber, V., Hartmuth, G. & Fritsche, I. (2003). Representations of the local environment as threatened by global climate change: towards a contextualized analysis of environmental identity in a coastal area. In S. Clayton & S. Opotow (Eds.), *Identity and the natural environment* (pp. 227–245). Cambridge, MA: MIT Press.

Linneweber, V. & Kals, E. (Hrsg.). (1999). *Umweltgerechtes Handeln. Barrieren und Brücken.* Berlin: Springer.

Linneweber, V. & Lantermann, E.-D. (Hrsg.). (in Vorb.). *Enzyklopädie der Psychologie: Themenbereich C Theorie und Forschung, Serie IX Umweltpsychologie, Band 2 Spezifische Umwelten und umweltbezogenes Handeln.* Göttingen: Hogrefe.

Matthies, E. & Krömker, D. (2000). Participatory planning – a heuristic for adjusting interventions to the context. *Journal of Environmental Psychology, 20,* 65–74.

Matthies, E., Blöbaum, A. Hunecke, M. & Höger, R. (2000). The interaction of ecological norm orientation and external factors in the domain of travel mode choice behavior. *International Journal of Psychology, 35,* 294–295.

McCay, B.J. & Acheson, J.M. (1987). *The question of the commons: the culture and ecology of communal resources.* Tuscon: University of Arizona Press.

Meyer, A. (1995). The unequal use of the global commons. In A. Katama (Ed.), *Equity and social considerations related to climate change* (pp. 183–197). Nairobi (Kenya): ICIPE Science Press.

Minister für Umwelt und Verkehr Baden-Württemberg, Matthies, E., Hoffmann, C., Frey, D., Müller, U., Krüger, F. et al. (2002). Schwerpunktthema: Sozialwissenschaftliche Umweltforschung trifft auf die Praxis (Mit 11 Einzelbeiträgen). *Umweltpsychologie, 6* (1), 78–150.

Mosler, H.-J. (1993). *Die Wirkung von Öffentlichkeit einer Selbstverpflichtung zu umweltgerechtem Handeln.* Vortrag auf der 4. Tagung der Fachgruppe Sozialpsychologie in der Deutschen Gesellschaft für Psychologie, Bern.

Mosler, H.-J. & Gutscher, H. (1996). Kooperation durch Selbstverpflichtung im Allmende-Dilemma. *Kölner Zeitschrift für Soziologie und Sozialpsychologie, Sonderheft, 36,* 308–323.

Mosler, H.-J., Gutscher, H. & Artho, J. (1996). Kollektive Veränderungen zu umweltverantwortlichem Handeln. In R. Kaufmann-Hayoz & A. Di Giulio (Hrsg.), *Umweltproblem Mensch? Humanwissenschaftliche Zugänge zu umweltverantwortlichem Handeln.* Bern: Haupt.

Nerb, J. (2000). *Die Bewertung von Umweltschäden. Kognitive und emotionale Folgen von Medienmeldungen.* Bern: Huber.

Park, R.E., Burgess, E.W. & McKenzie, R.D. (1924). *The city.* Chicago, IL: University of Chicago Press.

Pawlik, K. (1991). The psychology of global environmental change: some basic data and an agenda for cooperative international research. *International Journal of Psychology, 26,* 547–563.

Pawlik, K. & d'Ydewalle, G. (1996). Psychology and the global commons: perspectives of international psychology. *American Psychologist, 51,* 488–495.

Pawlik, K. & Stapf, K.H. (Hrsg.). (1992). Umwelt und Verhalten: Perspektiven und Ergebnisse ökopsychologischer Forschung. Bern: Huber.

Preuss, S. (1995). *Ökopsychosomatik: Umweltbelastungen und psychovegetative Beschwerden.* Heidelberg: Asanger.

Reusswig, F. (1994). *Lebensstile und Ökologie. Gesellschaftliche Pluralisierung und alltagsökologische Entwicklung unter besonderer Berück-*

sichtigung des Energiebereichs. Frankfurt am Main: Verlag für Interkulturelle Kommunikation.

Sanoff, H. (1974). Integrating human needs in environmental design. *CRC Crit. Rev. Environ. Control, 4,* 507–534.

Sanoff, H. (1978). *Designing with community participation.* Stroudsburg, PA: Dowden, Hutchinson & Ross.

Sanoff, H. (1988). Participatory design in focus. *Architecture and Behavior, 4,* 27–42.

Schahn, J. & Holzer, E. (1989). *Untersuchungen zum individuellen Umweltbewusstsein.* Bericht aus dem Psychologischen Institut der Universität Heidelberg Nr. 62.

Schahn, J. & Holzer, E. (1990). Studies of individual environmental concern: the role of knowledge, gender, and background variables. *Environment and Behavior, 22,* 767–786.

Schwartz, S.H. (1977). Normative influences on altruism. In L. Berkowitz (Ed.), *Advances in experimental social psychology* (Vol. 10, pp. 221–279). New York: Academic Press.

Silbereisen, R.K. & Noack, P. (in Vorb.). Kontexte und Entwicklung. In W. Schneider & F. Wilkening (Hrsg.), *Enzyklopädie der Psychologie: Serie V Entwicklungspsychologie, Band 1 Theorien, Modelle und Methoden der Entwicklungspsychologie.* Göttingen: Hogrefe.

Sommer, R. (1983). *Social design. Creating buildings with people in mind.* Englewood Cliffs, NJ: Prentice-Hall.

Soroos, M.S. (1994). Global change, environmental security, and the prisoner's dilemma. *Journal of Peace Research, 31,* 317–332.

Spada, H. & Opwis, K. (1985). Ökologisches Handeln im Konflikt: Die Allmende Klemme. In P. Day, U. Fuhrer & U. Laucken (Hrsg.), *Umwelt und Handeln* (S. 63–85). Tübingen: Attempto.

Stockols, D. & Altman, I. (Hrsg.). (1987). *Handbook of environmental psychology.* New York: Wiley.

Sundstrom, E., Bell, P.A., Bushby, P.L. & Asmus, C. (1996). Environmental psychology 1989–1994. *Annual Review of Psychology, 47,* 485–512.

Thompson, S.C. & Stoutemyer, K. (1991). Water use as a commons dilemma: The effects of education that focuses on long-term consequences and individual action. *Environment and Behavior, 23,* 314–333.

Ulrich, R.S., Simons, R.F., Losito, B.D. & Fiorito, E. (1991). Stress recovery during exposure to natural and urban environments. *Journal of Environmental Psychology, 11,* 201–230.

Urban, D. (1986). Was ist Umweltbewusstsein? Exploration eines mehrdimensionalen Einstellungskonstruktes. *Zeitschrift für Soziologie, 15,* 363–377.

Urban, D. (1991). Die kognitive Struktur von Umweltbewusstsein. Ein kausalanalytischer Modelltest. *Zeitschrift für Sozialpsychologie, 22,* 166–180.

Wicklund, R.A. & Gollwitzer, P.M. (1985). Symbolische Selbstergänzung. In D. Frey & M. Irle (Hrsg.), *Theorien der Sozialpsychologie* (S. 31–55). Stuttgart: Huber.

Wissenschaftlicher Beirat der Bundesregierung Globale Umweltveränderungen (WBGU) (1993). *Welt im Wandel: Grundstruktur globaler Mensch-Umwelt-Beziehungen.* Bonn: Economica.

Wohlwill, J.F. (1980). The confluence of environmental and developmental psychology: signpost to an ecology of development? *Human Development, 23* (5), 354–358.

59 Verkehrspsychologie

G. Kroj, H. Holte

59.1 Gegenstand der Verkehrs- psychologie

Mobilität ist eine wesentliche Voraussetzung für die Leistungsstärke einer Gesellschaft. Mobilsein bedeutet für den Einzelnen die Chance, erfolgreich und zufrieden am gesellschaftlichen Leben teilnehmen zu können, ob als Berufstätiger, als Konsument von Produkten oder als Freizeitkonsument. Vor allem das Auto eröffnet vielen erst die Möglichkeit, in wichtigen Lebensbereichen konkurrenzfähig zu sein und damit die eigene Existenz zu sichern sowie Wohlstand und Wohlergehen zu erlangen. Darüber hinaus liefert es freie, individuelle und schier unbegrenzte Mobilität, verleiht seinen Besitzern Status, gewährt ihnen eine komfortable Privatsphäre, liefert ihnen den Spaß an der Geschwindigkeit und stellt die Bewältigung alltäglicher Aufgaben und Pflichten sicher. Andererseits finden sich in einer Gesellschaft, in der das Automobil als Fortbewegungsmittel einen derart hohen Stellenwert einnimmt, auch Gruppen, die unter der Existenz des Automobils leiden, sei es, dass sie sich als Fußgänger oder Radfahrer bedroht fühlen, oder sei es, dass sie sich vom Lärm und den Abgasen belästigt und in ihrer Gesundheit beeinträchtigt fühlen (Holte, 2000).

Die Verkehrspsychologie hat es sich zur Aufgabe gemacht, die Voraussetzungen für eine sichere, nachhaltige und zufriedene Mobilität auch jenseits des automobilen Verkehrs zu ergründen. Aus den Erkenntnissen verkehrspsychologischer Forschung sollen gezielt Maßnahmen zur Verbesserung des Mobilitätsangebots, zum Schutz der Umwelt und zur Erhöhung der Verkehrssicherheit abgeleitet, entwickelt und umgesetzt werden.

Die Fahrereignung ist eine wichtige Voraussetzung zum sicheren Führen eines Kraftfahrzeugs. Mit dem Erwerb des Führerscheins gilt sie als vorhanden. Eine Reihe von Umständen kann diese Fahreignung infrage stellen, z. B. bei Drogenabhängigkeit oder wiederholt auftretenden schweren Verkehrsdelikten. Udo Undeutsch (▶ Kurzbiographie), der als Nestor der deutschen Verkehrspsychologie gilt, hat durch zahlreiche wissenschaftliche Arbeiten auf dem Gebiet der Fahrereignungsdiagnostik wichtige Impulse gesetzt (Kroj & Spoerer, 1987). Als einer der ersten deutschen Hochschullehrer für Psychologie, der sich mit verkehrspsychologischen Fragestellungen befasste, erkannte Undeutsch frühzeitig die Herausforderung, die die heraufziehende Vollmotorisierung in Deutschland in den 50er Jahren des vergangenen Jahrhunderts mit sich brachte. Indem er theoretische Konzepte aus der angewandten Psychologie (Giese, 1925) auf die Verkehrspsychologie übertrug und zu einem systemanalytischen Ansatz ausbaute, bewies er Weitblick und schuf bereits in den 60er Jahren tragfähige Grundlagen für die Diskussion über eine empirisch fundierte interdisziplinäre Verkehrssicherheitsarbeit mit ande-

Udo Undeutsch

Udo Undeutsch wurde 1917 in Weimar geboren und studierte an der Universität Jena Psychologie. 1940 promovierte er dort zum Dr. rer. nat. und erwarb 1942 das Diplom in Psychologie. Von 1954 bis zu seiner Emeritierung im Jahr 1987 leitete er als Direktor das Psychologische Institut I der Universität Köln. Von 1963 bis 1998 war er Leiter der Obergutachterstelle des Landes Nordrhein-Westfalen zur Beurteilung der Kraftfahreignung.

Udo Undeutsch hat in fünf Jahrzehnten seines wissenschaftlichen Schaffens den Ruf der Kölner Verkehrspsychologie begründet. Zahlreiche Veröffentlichungen und Vorträge auf diesem Gebiet dokumentieren seinen maßgeblichen Einfluss auf die Entwicklung dieses Forschungsgebietes.

ren Fachdisziplinen wie z. B. mit den Ingenieurwissenschaften und mit der Verkehrsjurisprudenz (Undeutsch, 1963; Kroj & Schneider, 1977). Schon früh erkannte Undeutsch die Grenzen des eignungsdiagnostischen Beitrags für die gesamte Verkehrssicherheitsarbeit und warnte vor einer damals weit verbreiteten überschwänglichen Überschätzung seiner Möglichkeiten und Effekte.

59.2   Erklärung und Prognose des Verkehrsverhaltens

Sicherheit und Risiko beim Autofahren entstehen aus einer Wechselbeziehung zwischen der Person und ihrer Verkehrsumgebung. Verändert sich eine der drei Komponenten des Systems Fahrer–Fahrzeug–Straße, können Veränderungen der beiden anderen die Folge sein. Diese wechselseitigen Einflüsse in einem Verkehrssystem lassen ein komplexes Wirkungsgefüge entstehen, in das auch die jeweiligen gesellschaftlichen und kulturellen Rahmenbedingungen (Normen, Werte, Politik, Gesetze, Bevölkerungsentwicklung) als wichtige Stellgrößen eingehen (Nagayama, 1989).

Dieses Wirkungsgefüge zu verstehen, es zu modellieren, zu prüfen und schließlich im Rahmen konkreter Verkehrssicherheitsarbeit zur Anwendung zu bringen, sind fundamentale Aufgaben der Verkehrspsychologie.

59.2.1 Theorien und theoretische Konzepte

Eine allgemein gültige Theorie des Verkehrsverhaltens liegt bislang nicht vor. Vielmehr wird das Autofahren in den unterschiedlichen theoretischen Ansätzen aus unterschiedlichen Perspektiven betrachtet. Neben systemtheoretischen und handlungstheoretischen Erklärungsansätzen sowie den Modellen der Informationsverarbeitung dominieren in der verkehrspsychologischen Forschung vor allem motivationale Ansätze (Huguenin & Rumar, 2001). Darin wird die verhaltenssteuernde Kraft des subjektiven Risikos hervorgehoben, also die Wirkung der persönlichen Einschätzung von der Sicherheit bzw. der Gefährlichkeit einer Verkehrssituation auf das eigene Fahrverhalten (Wilde, 1982; Näätänen & Summala, 1976; Klebelsberg, 1977).

Nach der Risikohomöostasetheorie von Wilde (1982) wird das Autofahren durch zwei unterschiedliche Risikokennwerte gesteuert:

1. eine über Verkehrssituationen hinweg relativ stabile **Risikoakzeptanz** und
2. das in einer konkreten Situation **wahrgenommene Risiko**.

Empfindet ein Autofahrer ein geringeres Risiko, als er grundsätzlich bereit ist einzugehen (Risikoakzeptanz), wird er sich nach dieser Theorie automatisch so verhalten, dass sich sein aktuelles Risikoempfinden dem grundsätzlich akzeptierten höheren Risiko angleicht. Er fährt z. B. riskanter, indem er die Abstände oder die Zeitlücken verkürzt. Die von Wilde angenommene Änderungsresistenz der generellen Risikoakzeptanz ist nicht haltbar, da sich die jahrzehntelange Verkehrssicherheitsarbeit nachhaltig und positiv auf die Einstellung der Verkehrsteilnehmer gegenüber Risiken und damit auf die Risikoakzeptanz im Straßenverkehr ausgewirkt hat. Zwar besitzt Wildes Theorie einen hohen Plausibilitätsgrad, jedoch der wissenschaftliche Nachweis ihrer Gültigkeit ist fast unmöglich. Für viele Experten gilt sie als eine – im Popper'schen Sinne – nicht widerlegbare Theorie. Nach Pfafferott und Huguenin (1991) ist eine negative Verhaltensanpassung durch Risikohomöostase erst dann wahrscheinlich, wenn Autofahrer den Sicherheitsgewinn beim Fahren spüren, z. B. bei einer verbesserten Straßenlage. Die Autoren empfehlen daher, schon bei der Konzeption von Sicherheitsmaßnahmen möglichen kontraproduktiven Effekten entgegenzuwirken.

59.2.2 Einflussfaktoren auf Verkehrssicherheit und Mobilität

Individuelles Verkehrsverhalten ist eingebettet in einen gesamtgesellschaftlichen Kontext und unterliegt den damit verbundenen vielfältigen Einflüssen. Dazu zählen Einflüsse, die bedingt sind durch die gesellschaftliche Entwicklung, die gesamtpolitische und speziell die verkehrspolitische Situation, technologische Entwicklungen, die Verbesserung der medizinischen Versorgung, die wirtschaftliche Entwicklung, Veränderungen in der Verkehrsumwelt, die Präsenz der Medien sowie diejenigen Einflüsse, die vom Verkehrsteilnehmer selbst ausgehen. Zwischen all diesen Einflussbereichen bestehen wechselseitige Abhängigkeiten. Verkehrspolitische Entscheidungen können nicht losgelöst von gesellschaftlichen, ökonomischen, technologischen und medialen Gegebenheiten betrachtet werden, und sie haben Auswirkungen u. a. auf die Akzeptanz beim Verkehrsteilnehmer, bei den Verkehrsorganisationen und bei den Umsetzerverbänden (Kroj, 1992).

Die vielfältigen Merkmale des Verkehrsteilnehmers, die ein nicht angemessenes Geschwindigkeits-, Abstands- und Kreuzungsverhalten begünstigen, lassen sich den folgenden fünf Hauptgruppen zuordnen:

- Fehleinschätzung der Fahrkompetenz und der Verkehrssituation,
- Beeinträchtigung der Fahrtüchtigkeit durch Alkohol, Drogen, Medikamente, Müdigkeit, Krankheit und Befindlichkeiten,
- Überlastung bei der Informationsverarbeitung, z. B. durch Zeit- oder Entscheidungsdruck und Stress,
- Ablenkungen im Fahrzeuginnenraum (z. B. Handynutzung) und außerhalb des Fahrzeugs,
- mangelnde Erfahrungen durch nicht ausreichende Fahrpraxis.

59.2.3 Methoden

Verhalten und Erleben von Verkehrsteilnehmern können diagnostiziert, prognostiziert und ggf. gezielt durch Maßnahmen verändert werden. Dementsprechend werden sowohl in der Forschung als auch in der Praxis die angewendeten Verfahren den drei Kategorien Diagnose, Prognose und Maßnahmen zugeordnet (◘ Tab. 59.1). Im Unterschied zur Diagnose, die verkehrsrelevante Merkmale erfasst, bedient sich die Prognose derjenigen Methoden, mit denen Zusammenhänge bzw. Effekte identifiziert werden. Die dadurch gewonnenen Erkenntnisse dienen der Entwicklung und Implementierung von Maßnahmen zur Verbesserung der Verkehrssicherheit und der Mobilität.

Häufig sind verkehrspsychologische Fragen derart komplex, dass sie fachgerecht nur unter integrativem Einsatz vielfältiger Methoden (wie z. B. Feldforschung, Beobachtung, Befragung, Experiment) angegangen werden können.

Gute Beispiele hierfür sind die im Auftrag der Bundesanstalt für Straßenwesen (BASt) durchgeführten Untersuchungen zu Aggressionen im Straßenverkehr (Maag et al., 2003) sowie die Untersuchungen zu verkehrsbezogenen Einstellungen und zum Geschwindigkeitsverhalten (Holte, 1994).

59.3 Fahrereignung und Fahrtüchtigkeit

Im deutschsprachigen Raum hat sich seit mehr als 50 Jahren der verkehrspsychologische Umgang mit Fragen der Fahrereignung und Fahrtüchtigkeit als ein Schwerpunkt in Forschung und Praxis herausgebildet. In der Verkehrsverwaltung, im Verkehrsrecht und ebenso in der Verkehrspsychologie wird zwischen Fahrereignung und Fahrtüchtigkeit unterschieden. Während Fahrereignung eine generelle, von der Situation unabhängige Befähigung zum Führen eines Kraftfahrzeugs bezeichnet, bedeutet Fahrtüchtigkeit die Fähigkeit, ein Fahrzeug in einer ganz konkreten Fahrsituation sicher führen zu können. Diese Fähigkeit kann z. B. durch die Einnahme von Drogen beträchtlich eingeschränkt sein.

59.3.1 Diagnose der Fahrereignung

Berechtigte Zweifel an der Fahrereignung werden von den Fahrerlaubnisbehörden geäußert, wenn sich Autofahrer im Straßenverkehr auffällig verhalten. Auffällig verhalten sich u. a. diejenigen, die mit einer Blutalkoholkonzentration von 0,5 Promille und mehr ein Kraftfahrzeug führen. Auffällig sind auch diejenigen, für die 18 und mehr Punkte im Zentralregister in Flensburg verbucht sind, oder diejenigen, die Anlass zu sonstigem Zweifel an der Fahrereignung geben, z. B. bei psychiatrischen Auffälligkeiten. In all diesen Fällen wird in der Regel eine amtlich angeordnete Überprüfung der Fahrereignung durchgeführt.

Im Prozess der Begutachtung der Fahrereignung stellen die **Begutachtungsleitlinien** eine wichtige Entscheidungsgrundlage dar (Schubert, Schneider, Eisenmenger & Stephan, 2002; Schubert & Mattern, 2004). In diesen Leitlinien sind allgemein anerkannte, wissenschaftliche Grundsätze festgelegt, die aus der interdisziplinären Zusammenarbeit von Ärzten und Psychologen entwickelt wurden. Sie basieren auf den medizinischen und psychologischen Erkenntnissen und Erfahrungen, die für die Beurteilung der Fahrereignung relevant sind (Lewrenz, 2000). Ausführliche Darstellungen und Diskussionen zu den Themen Gutachten und Beurteilungskriterien finden sich bei Winkler (1986), Kroj (1995), Lewrenz (2000), Schubert et al. (2002) und Schubert und Mattern (2004).

MPU-Untersuchungsanlässe

Im Jahr 2003 wurden 110.776 auffällige Autofahrer einer medizinisch-psychologischen Untersuchung (MPU) unter-

◘ Tabelle 59.1. Methoden der Verkehrspsychologie in Forschung und Praxis

Methoden	Forschung	Praxis
Diagnose	**Befragungen** Einstellungen, Fahrmotive, Fahrgewohnheiten, Lebensstile etc. **Beobachtungen** Verkehrsbeobachtungen, begleitende Fahrbeobachtungen, Verkehrskonflikttechnik, Feldforschung **Physiologische Messungen** z. B. EEG, EKG, Lidschlagreflex, Blutdruck **Unfallanalysen** Analyse von Unfalldatenbanken: Unfallhäufigkeiten, -risiko, -ursachen, Unfallfolgen, Verletzungsschwere etc. **Systemanalysen** Fahrzeugbestand, Verkehrssicherheit, -dichte, -fluss, -klima, -umwelt, -regelung, -politik, -teilnahme	**Medizinisch-psychologische Untersuchung (MPU)** Diagnose der Fahrereignung **Physiologische Messungen** Messung der Fahrtüchtigkeit, z. B. durch Blutalkoholtest, Drogentests, Tests zur Erfassung der Müdigkeit **Fahrprobe** Diagnose der Fahrereignung **Neuropsychologische Verfahren** Diagnose kognitiver Beeinträchtigungen **Paper-Pencil-Verfahren** Erfassung von Personencharakteristika (z. B. »Sensation Seeking«) **Unfallanalysen** in Zusammenarbeit mit der Polizei
Prognose	**Experimente im Labor oder im Feld** z. B. Einfluss der Fahrbahnmarkierung auf das Sicherheitsempfinden **Fahrsimulationen** z. B. Einfluss von Ablenkungen auf das Spurhalten **Verkehrssimulationen** z. B. Auswirkungen des Abstandsverhalten auf den Verkehrsfluss **Unfallanalysen** durch Analyse von Unfalldatenbanken	**Erfahrungen aus der Praxis** Expertengespräche Fallanalysen Fallberichte
Maß-nahmen	**Evaluationsstudien** zur Wirksamkeit von Maßnahmen: z. B. Auswirkungen der Helmtragepflicht auf den Anteil von Kopfverletzungen bei verunglückten Radfahrern	**Persuasive Kommunikation** mittels Filmen, Plakaten, Musik etc. **Personale Kommunikation** z. B. durch Moderatoren bei Verkehrssicherheitsveranstaltungen **Therapie** z. B. zur Behandlung von Prüfungs- oder Fahrängsten bzw. zur Rehabilitation auffälliger Kraftfahrer

zogen. Der größte Teil der Gutachten wurde wegen Alkoholauffälligkeiten veranlasst (57%). Darunter waren 39% erstmalig auffällig, 18% wiederholt auffällig. Es folgen die Untersuchungsanlässe »Drogen und Medikamente« mit 13% und »Verkehrsauffällige ohne Alkohol« mit 11%. Körperliche und/oder geistige Mängel machen 1% der Anlässe aus, insgesamt 9% werden als übrige Anlässe eingestuft (Knoche, 2004).

Nachschulungsprogramme (Driver-Improvement-Programme)

Im Jahr 2003 wurden 45% der Begutachteten als geeignet und 40% als ungeeignet zum Führen eines Kraftfahrzeugs eingestuft. Insgesamt 15% der Begutachteten wurden als »nachschulungsfähig« beurteilt (Knoche, 2004). Wird der betroffene Autofahrer als nachschulungsfähig eingestuft, kann dieser durch eine erfolgreiche Teilnahme an den entsprechenden Kursen die Fahrereignung wiedererlangen. Kurse zur Wiederherstellung der Kraftfahrereignung werden für bestimmte Anlassgruppen nach § 70 der Fahrer-

laubnisverordnung (FeV) amtlich anerkannt. Solche Kurse sind in den sog. Driver-Improvement-Programmen seit 20 Jahren in mehreren europäischen Ländern realisiert und werden vorwiegend von speziell ausgebildeten Psychologen durchgeführt (Spoerer, Ruby & Hess, 1987; Kroj & Dienes, 2001; Panosch, 2002). Die Inhalte dieser Programme variieren je nach den gesetzlichen Grundlagen und den organisatorischen Rahmenbedingungen eines Landes und sind für ganz bestimmte Zielgruppen (z. B. alkoholauffällige Kraftfahrer oder Kraftfahrer mit einer Drogenproblematik) konzipiert.

Studien zum Effizienznachweis verkehrspsychologischer Nachschulungskurse liegen vor (Winkler, Jacobshagen & Nickel, 1988; Jacobshagen, 1997). Als Wegbereiter der deutschen Nachschulungskurse für auffällig gewordene Kraftfahrer Ende der 60er Jahre gelten Edgar Spoerer und Werner Winkler (▸ Kurzbiographie; Winkler, 1986).

Werner Winkler

Werner Winkler wurde 1924 in Schönwald geboren. Nach dem Studium an der Universität Tübingen erwarb er dort 1951 das Diplom in Psychologie und promovierte 1952 zum Dr. phil. Von 1955 bis 1989 leitete er das Medizinisch-Psychologische Institut beim TÜV Hannover.

Werner Winkler zählt zu den führenden Mitbegründern der deutschen Verkehrspsychologie nach dem Zweiten Weltkrieg. Als Vorsitzender der Sektion Verkehrspsychologie im BDP von 1959 bis 1981 gestaltete Winkler maßgeblich die Entwicklung der verkehrspsychologischen Praxis und Forschung mit. Zahlreiche einschlägige Publikationen dokumentieren seine wichtige Rolle in der Verkehrspsychologie allgemein und in der Einrichtung von Nachschulungskursen im Besonderen.

59.3.2 Qualitätssicherung der Begutachtung und der Driver-Improvement-Maßnahmen

Seit 1998 prüft die Akkreditierungsstelle Fahrerlaubniswesen der Bundesanstalt für Straßenwesen (BASt) gemäß § 6 Straßenverkehrsordnung (StVG) und §§ 66, 69, 70 und 72 Fahrerlaubnisverordnung (FeV) Träger von Begutachtungsstellen für Fahrereignung, von Fahrerlaubnisprüfstellen sowie von Stellen, die Kurse zur Wiederherstellung der Kraftfahreignung durchführen, daraufhin, ob sie die für die Qualitätssicherung erforderlichen Voraussetzungen erfüllen, und ob sie ihre Tätigkeiten fachgerecht durchführen sowie nachhaltig und kontinuierlich für deren Verbesserung sorgen. Hierzu erstellt die BASt Begutachtungs- und Prüfberichte. Auf deren Basis wird dann über die Akkreditierung entschieden, die ihrerseits die Grundlage für die amtliche Anerkennung vorgenannter Maßnahmeträger bildet (Heinrich, 2004; ▶ Übersicht).

> **Ablauf einer Akkreditierung durch die BASt**
>
> Die Akkreditierung eines Trägers von Begutachtungsstellen für Fahrereignung (BfF) durch die Bundesanstalt für Straßenwesen (BASt) erfolgt in sieben Schritten (Heinrich, 2004):
>
> 1. Der Träger reicht mit dem Antrag auf Akkreditierung die erforderlichen Unterlagen ein.
> 2. Überprüfung der Unterlagen (»Stimmen die dokumentierten Verfahrensregeln mit den Anforderungen überein?«).
> 3. Begutachtung vor Ort (»Stimmt das tatsächliche Vorgehen mit den dokumentierten Verfahrensregeln überein?«).
> 4. Anfertigung eines Begutachtungsberichts, der dem Akkreditierungsausschuss der BASt zur Beratung vorgelegt wird.
> 5. Bei Entscheidung für eine Akkreditierung erfolgt die Aushändigung einer Akkreditierungsurkunde, die der Träger in den Bundesländern vorlegt, in denen er die Begutachtungstätigkeit durchführen möchte. Deren Geltungszeitraum beträgt 5 Jahre.
> 6. Regelmäßige Überprüfung der einzelnen Begutachtungsstellen, deren Resultate in Begutachtungsberichten festgehalten werden.
> 7. Eine erneute Akkreditierung ist nach Ablauf des Geltungszeitraums erforderlich.

59.4 Ziel- und Risikogruppen

Ein zentrales Ziel der verkehrspsychologischen Forschung ist es, aus der heterogenen Gesamtgruppe der Verkehrsteilnehmer Subgruppen zu identifizieren, für die ein erhöhtes Unfallrisiko oder bestimmte Mobilitätsprobleme charakteristisch sind. Dieses spezifische Wissen ermöglicht die Entwicklung zielgruppenspezifischer Verkehrssicherheitsmaßnahmen, deren Erfolgsaussicht weitaus größer ist als breit angelegte Kampagnen nach dem Gießkannenprinzip. Zu den wichtigsten Zielgruppen gehören Kinder (Limbourg, Flade & Schönharting, 2000), junge Fahrer (Schulze, 1999; Kroj & Schulze, 2003), ältere Menschen (Jansen et al., 2001; Schlag & Megel, 2002; Holte & Albrecht, 2004), Motorradfahrer (Assing, 2002) und Lkw-Fahrer (Ellinghaus & Steinbrecher, 2002). Sorgenkinder der Verkehrssicherheitsforschung sind vor allem junge Leute, die häufig zu schnell, zu riskant, zu aggressiv, übermüdet oder unter Alkohol- und Drogeneinfluss Auto oder Motorrad fahren. Aufgrund der geringen Fahrerfahrungen besteht insbesondere für Fahranfänger unter den Jugendlichen ein erhöhtes Unfallrisiko (Wilmes-Lenz, 2002).

59

59.5 Aufgabengebiete der Verkehrspsychologie

Die Aufgaben in der Verkehrspsychologie umfassen Tätigkeiten in den Bereichen Forschung, Diagnose, Beratung, Intervention und Therapie. In Ergänzung zu der folgenden ▶ Übersicht von Risser (2001) ist die Beratungstätigkeit in Industrie und Wirtschaft, bei den Umsetzerverbänden, in der Bau- und Verkehrsverwaltung, der Rechtsprechung, der Verkehrspädagogik und in den Führungsgremien der Polizei hervorzuheben. Außerdem wird in Zukunft auch die Beratung von Ärzten an Bedeutung zunehmen, wenn es um die Aufklärung älterer Verkehrsteilnehmer über krankheitsbedingte oder durch Medikamente bedingte Unfallrisiken geht (Bundesanstalt für Straßenwesen, 2004). Zu erwähnen sind auch der psychologische Beitrag in der Fahrausbildung und in der Fahrlehrer- und Polizeiausbildung sowie therapeutische Maßnahmen im Falle posttraumatischer Belastungsstörungen als Folgen eines Unfalls.

Verkehrspsychologische Bereiche (nach Risser, 2001)

- Diagnostik in allen Transportbereichen
- Driver Improvement, Rehabilitation von Fahrern
- Verkehrserziehung aller Gruppen von Verkehrsteilnehmern
- Ergonomie
- Kampagnen, Öffentlichkeitsarbeit und Marketing zur Verkehrssicherheit
- Planung und Bewertung von Fahrzeugen und Infrastruktur
- Mitarbeit bei Gesetzen
- »Train-the-Trainer«-Programme
- Beratung von Verkehrsexperten und Politikern
- Lehre und Forschung an Universitäten
- Bereitstellung von Verkehrsexperten
- Verkehrssicherheitsexpertisen (z. B. nach Unfällen)
- Entwicklung von Maßnahmen (Verkehrssicherheit, Mobilitätsmanagement etc.)
- Bewertung von Maßnahmen

Verkehrspsychologische Forschung ist zu einem großen Teil eine auf Umsetzung ausgerichtete Forschung. Forschungsergebnisse umzusetzen bedeutet, dem gesellschaftlichen Bedarf an der Festlegung von Normen, Standards, Gesetzen und Regeln nachzukommen. Diese Umsetzung ist häufig mit einer heftigen Gegenwehr unterschiedlicher Interessensgruppen verbunden, die entweder eine Umsetzung ablehnen oder versuchen, sie aus bestimmten Gründen zu verzögern. Die Umsetzung verkehrspsychologischer Erkenntnisse bedarf der realistischen Einschätzung für Umsetzungszeiträume ebenso wie eines sensiblen Gespürs für

das politische und gesellschaftliche Kräftespiel und für Stimmungslagen in der Bevölkerung.

59.6 Ausbildung zum Verkehrspsychologen

Die Verkehrspsychologie hat sich mit einer Ausnahme als eigenständiges Fach noch nicht an den deutschen Hochschulen etabliert. In der Fakultät für Verkehrswissenschaften an der TU Dresden wurde 1994 eine Professur für Verkehrspsychologie eingerichtet. An vielen anderen Universitäten und Hochschulen wird seit Jahrzehnten verkehrspsychologischer Lehrstoff im Rahmen der Angewandten Psychologie angeboten. Eine universitäre prä- und postgraduale Ausbildung zum Verkehrspsychologen gibt es bislang nicht. Der Berufsverband Deutscher Psychologinnen und Psychologen (BDP) bietet einen Postgraduiertenlehrgang zur Qualifizierung für die beiden Bereiche Diagnostik und »Driver Improvement« an. Viele Psychologen jedoch erwerben ihre verkehrspsychologische Expertise in der praktischen Arbeit und durch die Mitarbeit in Projekten (Risser, 2001).

In ◘ Tab. 59.2 sind die Lehrpläne aus Österreich, der Schweiz und aus Deutschland zusammengestellt.

59.7 Alte Pfade, neue Wege: Aufgaben für die Zukunft

Das erklärte Ziel, den Umweltschutz, die Verkehrssicherheit und die Mobilitätsmöglichkeiten nachhaltig zu verbessern, kann nur gelingen, wenn Entscheidungen und die daraus resultierenden Handlungen durch systemisches Denken geleitet werden. Das setzt die Kenntnis aller relevanten Bedingungen voraus, deren Einflussstärke und Richtung sowie deren spezifische Wechselwirkungen. Das setzt aber auch die Kenntnis von der Veränderbarkeit und der Stabilität der gegebenen Umstände voraus. Mit den vielfältigen Veränderungen in der Verkehrsumwelt setzt auch ein Wandel der Anforderungen für alle Verkehrsteilnehmergruppen ein, der sich sowohl günstig als auch ungünstig auf Mobilität, Umwelt und Verkehrssicherheit sowie auf die Zufriedenheit der Menschen auswirken kann. Auch ein Wandel gesellschaftlicher Normen und Werte schlägt sich im Sicherheitsdenken und im Verhalten der Bürger nieder. Ebenso erzeugt ein Wandel politischer Prioritäten entweder mehr oder weniger Sicherheitsbewusstsein im Land und lässt mehr oder weniger finanzielle Mittel in die Verkehrssicherheitsarbeit fließen.

Die moderne Verkehrspsychologie ist durch folgende fünf Eigenschaften charakterisierbar.

- Sie ist **intradisziplinär**, weil sie ihre Grundlagen und Anregungen aus den verschiedensten Teilbereichen der Psychologie bezieht. Einer davon ist die Neuropsychologie, die zunehmend an Bedeutung gewinnt. Funk-

Tabelle 59.2. Lehrpläne aus Österreich (A), Schweiz (CH) und Deutschland (D). (Nach Risser, 2001)

Gebiete	A	CH	D
Hauptteil			
Geschichte und Hauptthemen der Verkehrspsychologie	✓	✓	✓
Grundlagen menschlichen Verhaltens (Wahrnehmung, Einstellung, Motive)	✓	✓	✓
Modelle und Theorien des Verhaltens im Verkehr	✓	✓	✓
Mobilitätsverhalten und Transportsysteme	✓	✓	✓
Grundlagen der Fahrdiagnostik	✓	✓	✓
Grundlagen der Intervention und Rehabilitation	✓	✓	✓
Qualitätsmanagement	✓	✓	✓
Der gesetzliche Rahmen	✓	✓	✓
Spezieller Teil			
Verkehrspsychologie und Infrastruktur	✓	✓	✓
Pädagogische Verkehrspsychologie	✓	✓	✓
Altersgruppen und Geschlecht	✓	✓	✓
Spezifische Fahrerdiagnostik	✓	✓	✓
Klinische Verkehrspsychologie	✓	✓	✓
Beratung in den Bereichen Mobilität und Reiseplanung	✓	✓	✓
Verkehrspsychologie und Fahrzeugdesign		✓	✓
Sozialpsychologie des Verkehrsverhaltens	✓		
Soziale Aspekte des Verkehrs und des Transports	✓		
Organisation der Verkehrs- und Transportpsychologiearbeit			
Ethische Aspekte			✓
Praxis			
Gewisser Anteil praktischer und Forschungsarbeit unter Supervision	✓	✓	✓
Weitere professionelle Ausbildung (Kongresse, Workshops etc.)	✓	✓	✓
Nachweis über Supervision und andere Fort- und Weiterbildungsaktivitäten	✓	✓	✓

tionsstörungen im Gehirn können die Fahrereignung in erheblichem Maße beeinflussen, sei es durch Krankheiten, durch die Einnahme von Drogen oder durch Alkoholkonsum.

- Sie ist **interdisziplinär**, weil sie zur Lösung aktueller und zukünftiger Aufgaben mit anderen Fachdisziplinen zusammenarbeiten muss. Ihre Kooperationspartner sind Ingenieure, Juristen, Politiker, Designer, Kommunikationswissenschaftler, Marketingexperten, Sozialwissenschaftler, Pädagogen, Polizisten, Versicherungsexperten, Verwaltungsangestellte, Unternehmensberater oder Mediziner.
- Sie ist **anwendungsorientiert**, weil sie mit der Aufgabe konkreter, gesellschaftlich relevanter Aufgaben betraut ist, deren Lösungen sich auf den Verkehrsteilnehmer auswirken, sei es mittelbar durch Gesetze, Standards, Normierungen und Regelungen oder unmittelbar durch Sicherheitskampagnen, Schulungs- und Ausbildungsmaßnahmen, Maßnahmen der Überwachung, der Verkehrserziehung oder durch Therapien.
- Sie ist **europäisch**, weil die Entwicklung technischer, organisatorischer und planerischer Anforderungen und die sich daraus ergebenden juristischen Probleme sowie eine fortschreitende Umstrukturierung der Bevölkerung in den meisten europäischen Ländern einen ähnlichen Verlauf nehmen wird. Darüber hinaus wächst Europa durch die Öffnung der Grenzen immer mehr zusammen. Harmonisierungsbestrebungen in der Gesetzgebung sind die Folge dieses Prozesses.
- Sie ist **global**, wenn man an die Entwicklungen des Umweltschutzes, der Verkehrssicherheit und der Mobilität in den nichtindustriellen Ländern denkt, in denen die Motorisierung erst am Anfang steht. Hier sind die europäischen Staaten aufgerufen, ihr Wissen und ihre Erfahrungen diesen Ländern zur Verfügung zu stellen, damit der Nutzen und der Schaden dieser Entwicklung für Mensch und Umwelt möglichst ausbalanciert werden.

In Zukunft sollten Verkehrspsychologen mit ihrem theoretischen und methodischen Rüstzeug bereit sein, sich aktiv auf die unterschiedlichen Fragestellungen einzulassen, deren Lösung zur Verbesserung von Umwelt, Verkehrssicherheit und Mobilität beitragen kann. Dazu gehört auch eine ständige Beobachtung und kritische Analyse des gesellschaftlichen und politischen Umfeldes. Verkehrspsychologische Tätigkeiten sind immer eingebunden in eine übergeordnete Verkehrs- und Sicherheitspolitik. Visionen können die Leitbilder einer solchen Politik sein. Nicht zuletzt die vom Psychologen Kåre Rumar mitentwickelte »Vision Zero« steht z. B. in der Schweiz und Schweden für die Idealforderung nach einem unfallfreien Straßenverkehr und bereichert derzeit zahlreiche verkehrspolitische Diskussionen über die Gestaltung eines humaneren Straßenverkehrs auf nationaler und internationaler Ebene (Rumar, 1989).

Literatur

Referenzliteratur

Barjonet, P.-E. (Ed.). (2001). *Traffic psychology today*. Boston: Kluwer Academic.

Groeger, J.A. (2000). *Understanding driving: applying cognitive psychology to a complex everyday task*. Hove, East Sussex: Psychology Press.

Holte, H. (1994). *Kenngrößen subjektiver Sicherheitsbewertung* (Berichte der Bundesanstalt für Straßenwesen, Mensch und Sicherheit, M33). Bremerhaven: Wirtschaftsverlag NW.

Klebelsberg, D. (1982). *Verkehrspsychologie*. Berlin: Springer.

Kroj, G. (1995). *Psychologisches Gutachten Kraftfahreignung*. Bonn: Deutscher Psychologen Verlag.

Krüger, H.-P. (Hrsg.). (in Vorb.). *Enzyklopädie der Psychologie: Verkehrspsychologie* (Band 1 und 2). Göttingen: Hogrefe.

International Conference on Traffic and Transport Psychology. (2000). *Proceedings of the ICTTP 2000*, Bern, 4.–7. September 2000.

Tränkle, U. (Hrsg.). (1994). *Autofahren im Alter. Mensch-Fahrzeug-Umwelt* (Band 30). Köln: Verlag TÜV Rheinland.

Zitierte Literatur

Assing, K. (2002). *Schwerpunkte des Unfallgeschehens von Motorradfahrern*. Berichte der Bundesanstalt für Straßenwesen. Mensch und Sicherheit, M137. Bremerhaven: Wirtschaftsverlag NW.

Bundesanstalt für Straßenwesen (2004). *Verkehrssicherheitsberatung älterer Verkehrsteilnehmer durch Ärzte*. Laufendes Forschungsprojekt FE 82.112.

Ellinghaus, D. & Steinbrecher, J. (2002). *LKW im Straßenverkehr – eine Untersuchung über die Beziehungen zwischen LKW- und PKW-Fahrern*. Uniroyal-Verkehrsuntersuchung 27, Köln/Hannover.

Giese, F. (1925). *Theorie der Psychotechnik. Grundzüge der praktischen Psychologie I* (Die Wissenschaft, Bd. 73). Braunschweig: Vieweg.

Heinrich, H.C. (2004). Fünf Jahre Akkreditierungsstelle Fahrerlaubniswesen. *Zeitschrift für Verkehrssicherheit, 1*, 21–27.

Holte, H. & Albrecht, M. (2004). *Verkehrsteilnahme und -erleben im Straßenverkehr bei Krankheit und Medikamenteneinnahme. Ergebnisse der Zielgruppenbefragung FRAME*. Berichte der Bundesanstalt für Straßenwesen. Mensch und Sicherheit, M162. Bremerhaven: Wirtschaftsverlag NW.

Holte, H. (2000). *Rasende Liebe. Warum wir aufs Auto so abfahren (und was wir dabei bedenken sollten)*. Stuttgart: Hirzel.

Huguenin, R.D. & Rumar, K. (2001). Models in traffic psychology. In P.-E. Barjonet (Ed.), *Traffic psychology today* (pp. 31–59). Boston: Kluwer.

Jacobshagen, W. (1997). Nachschulungskurse für alkoholauffällige Fahranfänger (NAFA) – Kompromiss, Wirksamkeit und Akzeptanz. Köln: Verlag TÜV Rheinland

Jansen, E., Holte, H., Jung, C., Kahmann, V., Moritz, K., Rietz, C. & Rudinger, G. (2001). *Ältere Menschen im künftigen Sicherheitssystem Straße/Fahrzeug/Mensch*. Berichte der Bundesanstalt für Straßenwesen, Mensch und Sicherheit, M134. Bremerhaven: Wirtschaftsverlag NW.

Knoche, A. (2004). Begutachtung der Fahreignung – Jahresstatistik 2003. *Zeitschrift für Verkehrssicherheit, 4*, 205–207.

Kroj, G. (1992). *Perspektiven der Unfallforschung und Sicherheitsarbeit – Straßenverkehr*. München: Heinrich Vogel.

Kroj, G. & Dienes, E. (2001). Driver Improvement. In Barjonet, P.-E. (Ed.). *Traffic psychology today* (pp. 165–179). Boston: Kluwer.

Kroj, G. & Schneider, W. (Hrsg.). (1977). *Psychologische Impulse für die Verkehrssicherheit. Beiträge von Udo Undeutsch. Zu seinem 60. Geburtstag.* (Mensch–Fahrzeug–Umwelt, 5). Köln: Verlag TÜV Rheinland

Kroj, G. & Schulze, H. (2002). *Das Unfallrisiko junger Fahrer und Fahrerinnen – Ursachen und Lösungsperspektiven*. Zweite internationale Konferenz »Junge Fahrer & Fahrerinnen«. Berichte der Bundesanstalt für Straßenwesen, Mensch und Sicherheit, M143. Bremerhaven: Wirtschaftsverlag NW.

Kroj, G. & Spoerer, E. (1987). *Wege der Verkehrspsychologie. Festschrift zum 70. Geburtstag von Udo Undeutsch.* (Faktor Mensch im Verkehr, 36). Braunschweig: Rot-Gelb-Grün.

Lewrenz, H. (2000). *Begutachtungsleitlinien zur Kraftfahrereignung*. Berichte der Bundesanstalt für Straßenwesen. Mensch und Sicherheit, M115. Bremerhaven: Wirtschaftsverlag NW.

Limbourg, M., Flade, A. & Schönharting, J. (2000). *Mobilität im Kindes- und Jugendalter*. Opladen: Leske & Budrich.

Maag, C., Krüger, H.-P., Breuer, K., Benmimoun, A., Neunzig, D. & Ehmanns, D. (2003). *Aggressionen im Straßenverkehr*. Berichte der Bundesanstalt für Straßenwesen. Mensch und Sicherheit, M151. Bremerhaven: Wirtschaftsverlag NW.

Näätänen, R. & Summala, H. (1976). *Road user behavior and traffic accidents*. Amsterdam: North-Holland.

Nagayama, Y. (1989). International comparison of traffic behavior and perceptions of traffic. *IATSS Research, 13*, 61–69.

Panosch, E. (Hrsg.). (2002). *Driver Improvement*. Wien: Kuratorium für Schutz und Sicherheit.

Pfafferott, I. & Huguenin, R.D. (1991). Adaptation nach Einführung von Sicherheitsmaßnahmen – Ergebnisse und Schlussfolgerungen aus einer OECD-Studie. *Zeitschrift für Verkehrssicherheit, 37*, 71–83.

Risser, R. (2001). Einige Bereiche der Verkehrspsychologie zum Jahrtausendwechsel. *Zeitschrift für Verkehrssicherheit, 47*, 103–115.

Rumar, K. (1989). *The role of human behavior: psychological aspects. Road safety, first and foremost a matter of responsibility*. International Seminar, Hamburg 1988, pp. 11–37.

Schlag, B. & Megel, K. (Hrsg.). (2002). *Mobilität und gesellschaftliche Partizipation im Alter* (Schriftenreihe des Bundesministeriums für Familie, Senioren, Frauen und Jugend, Band 230). Stuttgart: Kohlhammer.

Schubert, W., Schneider, W., Eisenmenger, M. & Stephan, E. (2002). *Begutachtungsleitlinien zur Kraftfahreignung. Kommentar*. Bonn: Kirschbaum.

Schubert, W. & Mattern, R. (2004). Urteilsbildung in der medizinisch-psychologischen Fahreignungsdiagnostik – Beurteilungskriterien. *Zeitschrift für Verkehrssicherheit, 2*, 89–96.

Schulze, H. (1999). *Lebensstil, Freizeitstil und Verkehrsverhalten 18–34-jähriger Verkehrsteilnehmer*. Berichte der Bundesanstalt für Straßenwesen, Mensch und Sicherheit, M103. Bremerhaven: Wirtschaftsverlag NW.

Spoerer, E., Ruby, M. & Hess, E. (1987). *Nachschulung und Rehabilitation verkehrsauffälliger Kraftfahrer.* (Faktor Mensch im Verkehr, 35). Braunschweig: Rot-Gelb-Grün.

Undeutsch, U. (1963). Die Auffassungsfähigkeit für Verkehrszeichen. *Zeitschrift für Verkehrssicherheit, 3-4*, 212–225.

Wilde, G.J.S. (1982). Critical issues in risk homeostasis theory. *Risk Analysis, 4*, 249–257.

Wilmes-Lenz, G. (2002). *Internationale Erfahrungen mit neuen Ansätzen zur Absenkung des Unfallrisikos junger Fahrer und Fahrerinnen*. Berichte der Bundesanstalt für Straßenwesen, Mensch und Sicherheit, M144. Bremerhaven: Wirtschaftsverlag NW.

Winkler, W. (1986). Aktuelle Fragen der verkehrspsychologischen Fahrereignungsbegutachtung. *Zeitschrift für Verkehrssicherheit, 32*, 163–167.

Winkler, W., Jacobshagen, W. & Nickel, W. (1988). *Wirksamkeit von Kursen für wiederholt alkoholauffällige Kraftfahrer.* (Unfall- und Sicherheitsforschung, Heft 64). Bremerhaven: Wirtschaftsverlag NW.

60 Luft- und Raumfahrtpsychologie

D. Manzey

60.1 Fragestellungen der Luft- und Raumfahrtpsychologie

Bei der Luft- und Raumfahrtpsychologie handelt es sich um zwei Anwendungsfelder der Psychologie, die zwar eine Reihe von Gemeinsamkeiten aufweisen, daneben aber auch mit sehr unterschiedlichen Fragestellungen verbunden sind. Die Gemeinsamkeiten ergeben sich in erster Linie aus der gemeinsamen Beschäftigung mit Problemen des Fliegens. Sowohl bei der Luft- als auch der Raumfahrt benutzt der Mensch technische Systeme, um die Erdoberfläche für einen begrenzten Zeitraum zu verlassen und sich im Medium Luft bzw. auf einer Erdumlaufbahn fortzubewegen. Damit verbunden sind vielfältige Anforderungen, die zum einen mit der Bedienung komplexer Technik und zum anderen mit komplett neuen Belastungen zusammenhängen, denen der Mensch auf der Erde normalerweise nicht ausgesetzt ist (z. B. ungewohnte Beschleunigungskräfte). Darüber hinaus stellen sich in beiden Bereichen auch hohe Anforderungen an die Kommunikation und Kooperation. Das betrifft sowohl die Zusammenarbeit innerhalb einer Flugzeug- bzw. Raumschiffbesatzung als auch die Zusammenarbeit zwischen räumlich getrennten Teams, die an der Durchführung einer Flugaufgabe bzw. Raumfahrtmission beteiligt sind (Piloten und Fluglotsen bzw. Astronauten und Bodenpersonal).

Daneben gibt es aber auch charakteristische Unterschiede zwischen den Zielen und Rahmenbedingungen der Luft- und Raumfahrt, die sich in entsprechend unterschiedlichen psychologischen Fragestellungen widerspiegeln.

Primäres Ziel der **Luftfahrt** ist es, Personen und Güter möglichst schnell und sicher zwischen zwei Orten durch die Luft zu transportieren. Insofern stehen in diesem Bereich Fragen des operativen Flugbetriebs und der Gewährleistung der Sicherheit im Vordergrund. Die zentralen psychologischen Fragestellungen, die in diesem Bereich untersucht werden, konzentrieren sich vor allem darauf, wie das Zusammenwirken von Menschen und Technik bei der Bedienung und Steuerung eines Flugzeuges optimiert werden kann. Zentrale Arbeitsbereiche beziehen sich z. B. auf die Untersuchung der kognitiven Anforderungen bei der Flugführung, auf die Auswahl und das Training von Piloten und Fluglotsen sowie auf eine möglichst menschengerechte Gestaltung der jeweils eingesetzten technischen Systeme, mit dem allgemeinen Ziel, die Verlässlichkeit der Mensch-Maschine-Interaktion in der Luftfahrt zu erhöhen.

Wenngleich ähnliche Fragen auch in Bezug auf die **Raumfahrt** Relevanz besitzen, so steht hier aus psychologischer Perspektive doch ein anderer Aspekt im Vordergrund. Raumfahrtmissionen sind Expeditionen in eine für den Menschen neue Umwelt. Im Unterschied zur Luftfahrt stellen die in der Raumfahrt verwendeten technischen Systeme

(Raumtransporter und -stationen) nicht nur eine Arbeits-, sondern auch eine Lebensumgebung dar, in der sich die Astronauten für einige Tage bis zu Monaten aufhalten und die sie nur mit aufwendigen Schutzmaßnahmen (Raumanzügen) für wenige Stunden verlassen können. Damit verbunden sind vielfältige physische und psychische Belastungen. Diese hängen zum einen mit der fehlenden Gravitationskraft in einem um die Erde kreisenden Raumschiff zusammen, die Auswirkungen auf zahlreiche physiologische und psychologische Prozesse hat, zum anderen aber auch mit den Anforderungen des Arbeitens und Zusammenlebens auf engstem Raum innerhalb eines hermetisch abgeschlossenen technischen Systems. Entsprechend werden die wesentlichen raumfahrtpsychologischen Fragestellungen auch nicht von Problemen der Technikgestaltung und Mensch-Maschine-Interaktion bestimmt. Vielmehr steht in diesem Bereich die Frage im Vordergrund, wie sich die extremen Umwelt-, Lebens- und Arbeitsbedingungen im Weltraum auf die psychologische Leistungsfähigkeit, das Empfinden und die Interaktion innerhalb von Astronautenbesatzungen auswirken und welche Schlussfolgerungen sich daraus für die Auswahl, das Training und die Unterstützung von Astronauten bei ihren Missionen ziehen lassen.

60.2   Luftfahrtpsychologie

Treibende Kraft für die Beschäftigung mit psychologischen Problemen der Luftfahrt war die bereits zur Zeit des Ersten Weltkriegs immer wieder gemachte Beobachtung, dass viele Flugunfälle weniger mit dem Versagen technischer Systeme zusammenhängen, als vielmehr mit menschlichen Fehlern bei der Bedienung dieser Systeme (»Pilotenfehlern«). Dabei bezogen sich die ersten Arbeiten in diesem Bereich auf die Untersuchung möglicher Eignungsmerkmale von Piloten, und es wurden erste standardisierte Verfahren für eine entsprechende Berufseignungsdiagnostik entwickelt (Steininger, 1982). Erweitert wurde diese Forschungsperspektive durch amerikanische und englische Forschungsarbeiten in den 1940er und 1950er Jahren. Dabei ging es nicht mehr allein um die Identifikation psychologischer Eignungsmerkmale von Piloten, sondern um eine grundsätzliche Beschäftigung mit den psychologischen Anforderungen der Flugführung und den verschiedenen Belastungen, denen Piloten ausgesetzt sind. Zudem wurden zunehmend auch Probleme einer für den Menschen ungünstigen Gestaltung der technischen Systeme im Flugzeugcockpit als eine mögliche Ursache für Pilotenfehler erkannt.

Daraus entwickelte sich ein neues Arbeitsgebiet der Luftfahrtpsychologie, in dem Psychologen und Ingenieure begannen, nach Konzepten für eine möglichst menschengerechte (»ergonomische«) Cockpitgestaltung zu suchen (Geratewohl, 1954). Diese unterschiedlichen Perspektiven

– die Anpassung des Menschen an die spezifischen Anforderungen der Flugführung bzw. die Anpassung der Flugzeugtechnik an die besonderen Fähigkeiten des Menschen – prägen die Aufgabengebiete der Luftfahrtpsychologie noch heute.

Die folgende Darstellung gibt einen kurz gefassten Überblick über die Konzepte und Methoden der heutigen Luftfahrtpsychologie. Dabei bleibt der Überblick auf Probleme der Cockpitarbeit beschränkt, die traditionell in der Luftfahrtpsychologie die zentrale Rolle spielen. Darstellungen luftfahrtpsychologischer Ansätze und Befunde zu anderen Akteuren der Luftfahrt (z. B. Fluglotsen, Passagiere) findet man bei Bor (2003) und Isaac und Ruitenberg (1999).

60.2.1 Psychologische Anforderungen bei der Flugführung

Das Aufgabenfeld eines Piloten in einem modernen Flugzeugcockpit lässt sich in Form einer Hierarchie von vier Teilaufgaben beschreiben (Wickens, 2003b):
- Fliegen (d. h. Kontrolle von Fluglage, Geschwindigkeit, Höhe und Kurs),
- Navigieren (d. h. Bestimmung des jeweiligen Standortes und des Weges zum Zielort),
- Kommunizieren (d. h. Informationsaustausch mit anderen Besatzungsmitgliedern, Passagieren und der Flugsicherung) und
- Administrieren (d. h. Bedienung der verschiedenen technischen Systeme und Bordcomputer).

Jede dieser Teilaufgaben stellt spezifische Anforderungen an kognitive und psychomotorische Prozesse, die im Rahmen der Luftfahrtpsychologie untersucht werden. Dazu gehören vor allem Prozesse der manuellen Regelung, der Wahrnehmung und der räumlichen Orientierung, die für die Elementaraufgaben des Fliegens und Navigierens von zentraler Bedeutung sind. Darüber hinaus erfordert die Bewältigung der vier Teilaufgaben aber auch eine effektive zeitliche Koordination und oft müssen auch mehrere Aufgabenanforderungen gleichzeitig bewältigt werden (z. B. Fliegen und Kommunizieren). Folgerichtig bilden daher Untersuchungen der Probleme bei der Koordination und gleichzeitigen Bearbeitung mehrerer Aufgaben und den damit verbundenen Anforderungen an eine effektive Aufmerksamkeitsverteilung und Prioritätensetzung ein klassisches Forschungsfeld der Luftfahrtpsychologie (Wickens, 2003b). Zwei Konzepte, die in diesem Zusammenhang, auch über die Luftfahrtpsychologie hinaus, eine besondere Bedeutung erlangt haben, sind die Konzepte der mentalen Beanspruchung und des Situationsbewusstseins (Vidulich, 2003).

Unter **mentaler Beanspruchung** (»mental workload«) versteht man das Ausmaß, in dem das Informationsverarbeitungssystem eines Piloten bei der Erfüllung der verschiedenen Aufgaben ausgelastet ist. Leitend ist hier die Vorstellung, dass das menschliche Informationsverarbeitungssystem nur über eine begrenzte Menge von Verarbeitungsressourcen verfügt, die jeweils in Abhängigkeit von der Schwierigkeit und der Art der zu erfüllenden Aufgaben in unterschiedlichem Maß beansprucht werden, und um die verschiedene gleichzeitig zu bearbeitende Aufgaben konkurrieren (Vidulich, 2003). Zur Erfassung der mentalen Beanspruchung werden unterschiedliche Methoden eingesetzt. Dazu gehören subjektive Maße (z. B. Einschätzskalen), physiologische Maße (z. B. Herzratenvariabilität) oder auch spezifische Leistungsmaße (z. B. Bearbeitung einer Nebenaufgabe) (Meshkati, Hancock, Rahimi & Dawes, 1995).

Mit dem Konzept des **Situationsbewusstseins** (»situation awareness«) wird die Anforderung an Piloten beschrieben, sich aufgrund der ihnen zur Verfügung stehenden Informationen jederzeit ein angemessenes Bild von der jeweiligen Flugsituation zu machen, in der sie sich befinden, um daraus notwendige Handlungsschritte ableiten zu können. Endsley (1995) unterscheidet drei Aspekte, die ein gutes Situationsbewusstsein kennzeichnen:

1. die Wahrnehmung aller verfügbaren und für eine angemessene Situationseinschätzung relevanten Informationen (z. B. vermittelt durch Instrumentenanzeigen, Außensicht, Sprechfunk),
2. die richtige Interpretation der wahrgenommenen Informationen und darauf aufbauend
3. eine richtige Antizipation der zukünftigen dynamischen Entwicklung der Situation.

Forschungsarbeiten in diesen Bereichen beschäftigen sich vor allem mit den grundlegenden Problemen beim Aufbau und Erhalt eines angemessenen Situationsbewusstseins und möglicher Erfassungsmethoden (Endsley & Garland, 2000).

Mit der zunehmenden Fokussierung auf die kommerzielle Verkehrsfliegerei sind zudem Anforderungen an eine effektive Zusammenarbeit innerhalb einer Flugzeugbesatzung und zwischen Cockpit und Flugsicherung in den letzten 20 Jahren immer mehr ins Blickfeld der Luftfahrtpsychologie gerückt. Dies umso mehr als zahlreiche Unfallberichte und -statistiken belegen, dass Koordinations- und Kommunikationsprobleme einen nicht unerheblichen Anteil an dem Zustandekommen von kritischen Ereignissen bzw. Unfällen in der Luftfahrt haben (Foushee & Helmreich, 1988). Das in diesem Zusammenhang entwickelte Konzept einer effektiven Teamarbeit innerhalb einer Flugzeugbesatzung wird als **Crew Resource Management** bezeichnet und dient insbesondere als Grundlage für spezielle Trainingsmaßnahmen im Luftfahrtbereich (Helmreich, Merritt & Wilhelm, 1999; ▶ auch Abschnitt 60.2.3.).

60.2.2 Psychologische Aspekte der Cockpitgestaltung und Cockpitautomation

Ein zentrales Ziel der Cockpitgestaltung liegt darin, die Piloten durch eine geeignete Instrumentierung und Automatisierung bei ihrer Arbeit so zu unterstützen, dass die mentale Beanspruchung und das Situationsbewusstsein optimiert werden. Psychologische Aspekte, die es dabei zu berücksichtigen gilt, beziehen sich auf die Gestaltung und Anordnung von Anzeigen sowie auf verschiedene Probleme, die aus der zunehmenden Automatisierung im Cockpit resultieren (Lorenz, 2004; Parasuraman & Byrne, 2003; Wickens, 2003a).

Wichtige Prinzipien der Anzeigengestaltung im Flugzeugcockpit zielen auf die Aufgabenangemessenheit und die Erwartungskonformität der Informationsdarstellung ab. Die **Aufgabenangemessenheit** bezieht sich dabei in erster Linie darauf, wie gut die Menge und Art der dargestellten bzw. verfügbaren Information die verschiedenen Teilaufgaben der Flugführung unterstützt. Die **Erwartungskonformität** bezieht sich darauf, wie gut die Anzeigengestaltung bzw. -anordnung dem »mentalen Modell« entspricht, das der Pilot von den angezeigten Prozessen und Systemzusammenhängen hat. Je besser diese Entsprechung ist, umso »kompatibler« sind die Anzeigen und umso leichter fällt es, die relevante Information richtig wahrzunehmen und zu verstehen (z. B. Proximitäts-Kompatibilitäts-Prinzip: Dort, wo Informationen integriert oder verglichen werden müssen, um einen Systemzustand zu beurteilen, sollten die entsprechenden Anzeigen in räumlicher Nähe zueinander angeordnet sein; Wickens, 2003a). Insbesondere die Nutzung von Bildschirmen und leistungsstarken Bordcomputern hat dabei die Möglichkeiten der Informationsdarstellung in modernen Flugzeugcockpits enorm erweitert, dabei allerdings auch neue wahrnehmungs- und kognitionspsychologische Probleme geschaffen (▶ Kasten »Beispiele und Probleme innovativer Anzeigenkonzepte im Flugzeugcockpit«).

Grundsätzlicherer Natur sind die psychologischen Fragen, die sich im Zusammenhang mit der Automatisierung in der Luftfahrt stellen. Blieb diese Entwicklung mit Einführung des Autopiloten zunächst auf eine Automatisierung der Teilaufgabe »Fliegen« beschränkt, so wird inzwischen das gesamte Aufgabenspektrum des Piloten durch mehr oder weniger stark automatisierte Systeme unterstützt (Billings, 1997). Psychologische Probleme stellen sich dabei vor allem im Hinblick auf die Nutzung dieser Systeme und ihrer Auswirkung auf die Beanspruchung und das Situationsbewusstsein der Piloten.

Parasuraman und Riley (1997) unterscheiden zwischen einer angemessenen (»use«), einer fehlerhaften (»misuse«), einer mangelnden (»disuse«) und einer missbräuchlichen Nutzung (»abuse«) automatisierter Systeme. Eine fehlerhafte Nutzung liegt z. B. dann vor, wenn der Pilot die »Entscheidungen« und Aktionen der Automatik im Vertrauen

60

Beispiele und Probleme innovativer Anzeigen-konzepte im Flugzeugcockpit

Ein Beispiel für innovative Informationsdarstellung zur Unterstützung der fliegerischen und navigatorischen Auf-gaben des Piloten liefern komplexe 3-D-Flugführungsan-zeigen, bei denen der Flugweg auf einem Bildschirm als virtueller Tunnel und die auf der Basis aktueller Flugzeug-steuerungs- und Triebwerksparameter vorausberechnete Lage des eigenen Flugzeuges in räumlicher Relation dazu dargestellt wird. Ein wesentliches Ziel dieser sog. Tunnel-Prädiktor-Displays liegt darin, den Piloten bei der Flugfüh-rung von einer aufwändigen kognitiven Integration vieler verschiedener Parameter (z. B. Höhe, Geschwindigkeit, Kurs, Lage) zu entlasten, indem diese bereits integriert dargestellt werden, und so den Aufbau eines angemesse-nen Situationsbewusstseins bezogen auf den Kurs und die Lage des Flugzeuges im Raum zu gewährleisten. Kriti-ker solcher Displays warnen allerdings davor, dass die kognitiven Fertigkeiten des Instrumentenflugs bei einem plötzlichen Ausfall derartiger Tunnelanzeigen verloren gegangen sein könnten und dann genau das Gegenteil, d. h. ein Verlust des Situationsbewusstseins, entsteht.

Ein anderes Beispiel innovativer Anzeigenkonzepte sind die sog. »Head-up«-Displays (HUD), bei denen flug-führungsrelevante Instrumentenanzeigen auf eine vor der Windschutzscheibe angebrachten transparenten Scheibe eingespiegelt werden, um auf diese Weise notwendige Blickwechsel von den Instrumenten nach draußen und um-gekehrt zu minimieren. Die mit derartig komplexen Anzei-gen verbundenen Probleme liegen vor allem in einer Darstellung zu vieler Informationen auf kleinem Raum (»clutter«), als auch in möglichen Kontrast- und räumlichen Verdeckungseffekten, die erhöhte Anforderungen an die Aufmerksamkeitsfokussierung stellen und eine angemes-sene Informationsaufnahme und -verarbeitung erschweren können. Zum anderen haben mehrere Untersuchungen im Simulator übereinstimmend festgestellt, dass Piloten Infor-mationen aus der Außensicht und dem HUD nicht wirklich gleichzeitig aufnehmen. So erkennen Piloten z. B. im simu-lierten Endanflug ein plötzliches Hindernis auf der Lande-bahn später als mit traditioneller Instrumentierung, obwohl sie die Flugführungsinformationen auf einem HUD erhalten und die Sicht scheinbar ununterbrochen nach außen ge-richtet scheint (Problem der Aufmerksamkeitsfixierung; Wickens & Long, 1995).

Einen guten Überblick über weitere Beispiele innova-tiver Anzeigenkonzepte in modernen Flugzeugcockpits und die damit verbundenen Probleme und Gestaltungs-prinzipien findet man bei Wickens (2003a).

---

auf ihre Zuverlässigkeit unkritisch akzeptiert und die von ihm geforderte Überwachungsfunktion nur noch unzurei-chend wahrnimmt. Das Gegenstück dazu ist eine mangeln-de Nutzung automatisierter Systeme, zu der es dann kommt, wenn die Piloten ihren eigenen Wahrnehmungen, Fähig-keiten und Fertigkeiten mehr vertrauen als der Automatik. Wie verschiedene Unfallberichte belegen, können beide Faktoren in der Luftfahrt zu fatalen Folgen führen (Lorenz, 2004; Parasuraman & Byrne, 2003).

Zudem sind mit einer zunehmenden Automatisierung oft auch negative Auswirkungen auf das Situationsbewusst-sein oder Fertigkeitsverluste verbunden, die die vermeintli-che Entlastung der Piloten durch die Automatik wieder relativieren. Probleme des Situationsbewusstseins treten z. B. dann auf, wenn Piloten aufgrund mangelnden System-verständnisses oder eines mangelhaften Systemdesigns (z. B. fehlender Rückmeldung) die Aktionen der Automatik nicht mehr nachvollziehen und so auch ihre Überwa-chungs- und Kontrollfunktion nicht mehr angemessen wahrnehmen können (Parasuraman & Byrne, 2003). Schließlich lassen sich auch Beispiele dafür finden, dass eine Automatisierung keinesfalls immer zu erwünschten Reduktionen der mentalen Beanspruchung von Piloten führt, sondern, im Gegenteil, durch die damit verbundenen Anforderungen an die Bedienung und Überwachung der automatischen Systeme neue Beanspruchungsmomente schafft (Parasuraman & Riley, 1997).

Vor diesem Hintergrund besteht ein wesentliches Ar-beitsfeld der Luftfahrtpsychologie darin, die Auswirkungen der Automatisierung auf das Verhalten und die Leistung von Piloten im Flugzeugcockpit zu untersuchen und Kon-zepte für eine möglichst »menschenzentrierte« Automati-sierung zu entwickeln, durch die die Zusammenarbeit zwi-schen Mensch und Maschine im Cockpit im Hinblick auf ihre Verlässlichkeit optimiert werden kann. Einen guten Überblick über diese Ansätze findet man bei Billings (1997) und Lorenz (2004).

60.2.3 Auswahl und Training von Cockpitpersonal

Die Untersuchung von psychologischen Eignungsmerkma-len und eine darauf basierende Pilotenauswahl bilden tra-ditionell das Hauptarbeitsgebiet der Luftfahrtpsychologie. Das Ziel ist es, über eine Erfassung relevanter Leistungs- und Persönlichkeitsmerkmale diejenigen Kandidaten zu identifizieren, die mit ihren persönlichen Begabungen und Voraussetzungen den spezifischen Anforderungen der Flugführung am besten entsprechen.

Im Mittelpunkt der Eignungsdiagnostik steht dabei in der Regel die Erfassung verschiedener **Leistungsmerkmale**, von denen empirisch belegt ist, dass sie für die Cockpit-arbeit relevant sind. Dazu gehören vor allem verschiedene kognitive und psychomotorische Fähigkeiten (z. B. Gedächtnis, Wahrnehmung, Raumorientierung, mechanisches Verständnis, Mehrfacharbeit, Bewegungskoordination, Reaktionszeit). Die Vorhersagevalidität eines solchen Ansatzes, d. h., inwiefern es damit gelingt, den Ausbildungs- oder Berufserfolg vorherzusagen, ist durch zahlreiche Untersuchungen aus dem Bereich der Militärfliegerei, aber auch der kommerziellen Luftfahrt inzwischen gut belegt (Carretta & Ree, 2003; Hörmann, 1998). Genauere Analysen zeigen, dass die Vorhersagekraft verschiedener kognitiver Leistungsmaße dabei im Wesentlichen auf einen allen diesen Merkmalen zugrunde liegenden Faktor der allgemeinen Intelligenz (g-Faktor) zurückgeht (Carretta & Ree, 2003). Olea und Ree (1994) berichten eine mittlere Korrelation dieses Faktors mit verschiedenen Kriterien der fliegerischen Leistung von r = 0,31. Carretta und Ree (2003) sehen daher in einer Erfassung des allgemeinen Intelligenzniveaus in Kombination mit der Erfassung psychomotorischer Fähigkeiten eine wesentliche Grundlage für die psychologische Pilotenauswahl.

Insbesondere im Bereich der zivilen, aber zunehmend auch der militärischen Luftfahrt wird darüber hinaus der Erfassung verschiedener Persönlichkeitsmerkmale und interpersoneller Kompetenzen eine hohe Bedeutung zugemessen (Hörmann, 1998; Maschke, 2004). Dies vor allem vor dem Hintergrund der Erkenntnis, dass der Arbeitsplatz des Piloten nicht mehr allein von den rein fliegerischen Anforderungen geprägt ist, sondern auch in hohem Maß Anforderungen an Teamarbeit, Koordinationsleistungen und Sicherheitsbewusstsein stellt.

Persönlichkeitsmerkmale, denen in Bezug auf die Pilotenauswahl eine Vorhersagbarkeit zugeschrieben werden kann, sind Selbstvertrauen, emotionale Stabilität, Extraversion und Gewissenhaftigkeit (Carretta & Ree, 2003; Hörmann, 1998). Allerdings sind die diesbezüglich über mehrere Studien ermittelten durchschnittlichen Vorhersagevaliditäten relativ gering (r = 0,10–0,13; Hörmann, 1998). Chidester, Helmreich, Gregorich und Geis (1991) beschreiben die ideale Pilotenpersönlichkeit als eine Kombination aus instrumentellen Eigenschaften wie Leistungsmotivation und Selbstvertrauen und expressiven Eigenschaften, die auf den Umgang mit anderen bezogen sind (z. B. hohe soziale Orientierung, hohes Einfühlungsvermögen). Zu den Methoden, die eingesetzt werden, um diese Persönlichkeitsaspekte zu erfassen, gehören vor allem Persönlichkeitsfragebogen (Hörmann, 1998; Maschke, 2004). Darüber hinaus werden zur Erfassung relevanter Management- und Teamarbeitskompetenzen verhaltensorientierte Methoden im Rahmen von Assessmentcenter-Verfahren eingesetzt (Höft & Pecena, 2004).

Neben dem klassischen Bereich der Pilotenauswahl haben in den letzten 20 Jahren auch spezifische psychologische **Trainingsmaßnahmen** für Flugzeugbesatzungen an Bedeutung gewonnen. Diese Maßnahmen werden als Crew-Resource-Management-(CRM-)Trainings bezeich-

net und sind inzwischen als fester Aus- und Weiterbildungsbestandteil in den Lizenzierungsbestimmungen für Verkehrspiloten verankert (Helmreich, Merritt & Wilhelm, 1999). Das Ziel dieser Trainingsmaßnahmen liegt in einer Verbesserung der allgemeinen Handlungskompetenzen, der sozialen Kompetenzen und der sicherheitsrelevanten Einstellungen der Besatzungsmitglieder im Hinblick auf eine bessere Teamarbeit und eine effektivere Nutzung der zur Verfügung stehenden Personal- und Systemressourcen, insbesondere bei der Bewältigung kritischer Flugsituationen (»threat and error management«; Helmreich et al., 1999). Zu den typischen Trainingsinhalten zählen dabei Bereiche wie Kommunikation, Kooperation, Führung, Entscheidungsfindung, Beanspruchungsmanagement und Situationsbewusstsein. Eine Analyse der bisher vorliegenden Evaluationsstudien belegt, dass CRM-Trainings nicht nur von den Piloten als nützlich angesehen werden, sondern tatsächlich auch zu den angestrebten Einstellungs- und Verhaltensänderungen führen (Salas, Burke, Bowers & Wilson, 2001).

60.3 Raumfahrtpsychologie

Im Unterschied zur Luftfahrtpsychologie haben psychologische Forschungsansätze im Raumfahrtbereich erst seit den 1980er Jahren an Bedeutung gewonnen. Im Mittelpunkt des Erkenntnisinteresses steht die Untersuchung der Auswirkungen der extremen Lebens- und Arbeitsbedingungen bei Raumfahrtmissionen auf das Verhalten und Erleben des Menschen.

Dabei spielen zwei Aspekte eine Rolle. Der erste Aspekt betrifft die Auswirkungen der spezifischen Umweltbedingungen im Weltraum. Diese sind vor allem gekennzeichnet durch den Wegfall der Gravitationskraft (»Mikrogravitation«), der subjektiv als ein Zustand der Schwerelosigkeit erlebt wird und aus der Aufhebung von Erdanziehungskraft und Zentrifugalkraft in einem um die Erde kreisenden Raumschiff resultiert. Mit diesem Wegfall einer wichtigen Naturkonstanten, die die Evolution des Menschen auf der Erde wesentlich mitgeprägt hat, sind erhebliche Belastungen für den menschlichen Organismus und komplexe (neuro)physiologische Anpassungsprozesse verbunden (Clement, 2003).

Die Bedingungen während einer Raumfahrtmission sind zudem aber auch durch das Leben und Arbeiten in einem hermetisch abgeschlossenen technischen System (Raumtransporter oder -station) geprägt. Es ist gekennzeichnet durch ein permanentes Eingeschlossensein (»confinement«) innerhalb eines mehr oder weniger beengten Raumes und damit einhergehend einem eingeschränkten Bewegungsfreiraum, einer dauerhaften Abhängigkeit von lebenserhaltenden Systemen, einem reduzierten Wohn- und Hygienekomfort, einer fast völlig fehlenden Privatsphäre und stark eingeschränkten Sozialkontakten, bei gleichzeitiger Isolation vom gewohnten sozialen Netz (Familie, Freunde).

Im Rahmen der Raumfahrtpsychologie werden die Auswirkungen dieser raumfahrttypischen Belastungen auf die kognitive und psychomotorische Leistungsfähigkeit, die psychische Befindlichkeit und die sozialen Prozesse innerhalb von Astronautencrews untersucht. Darüber hinaus beschäftigen sich Psychologen in diesem Bereich mit Maßnahmen der Selektion und des Trainings von Astronauten sowie geeigneten psychologischen Unterstützungsmaßnahmen während einer Raumfahrtmission.

60.3.1 Kognitive und psychomotorische Leistungsfähigkeit von Astronauten

Einen wichtigen psychologischen Forschungsansatz, mit dem die Auswirkungen der Weltraumbedingungen auf kognitive und psychomotorische Leistungsfunktionen untersucht werden, stellen sog. Leistungsmonitoring-Untersuchungen dar. Dabei werden elementare perzeptive, kognitive und psychomotorische Funktionen während einer Raumfahrtmission wiederholt mittels geeigneter Leistungstests untersucht und die Ergebnisse mit Referenzdaten verglichen, die vor dem Flug auf der Erde erhoben wurden (Manzey, 2000).

Bisher vorliegende Untersuchungen zu diesem Bereich zeigen ein recht konsistentes Bild. Während die Leistungen bei elementaren kognitiven Anforderungen (z. B. Gedächtniszugriff, logisches Denken, räumliches Vorstellungsvermögen) während einer Raumfahrtmission weitgehend konstant bleiben, zeigen sich insbesondere bei Kurzzeitmissionen und während der ersten 2–4 Wochen einer Langzeitmission deutliche Beeinträchtigungen im psychomotorischen Bereich (z. B. Beeinträchtigungen der Geschwindigkeit bzw. Genauigkeit zielgerichteter Bewegungen) und bei komplexen Aufmerksamkeitsleistungen (z. B. der simultanen Bearbeitung mehrerer Aufgaben; Manzey, 2000; Manzey & Lorenz, 1998). Inwieweit bei diesen vorübergehenden Beeinträchtigungen die Anpassung an die Mikrogravitation eine Rolle spielt, ist bisher nicht eindeutig geklärt. Zusammenhänge mit subjektiven Beanspruchungs- und Müdigkeitsdaten lassen aber vermuten, dass nur psychomotorische Leistungseinbußen während der ersten Tage einer Raumfahrtmission mit mikrogravitationsbedingten Effekten zusammenhängen. Die im weiteren Missionsverlauf auftretenden Leistungsbeeinträchtigungen sowie die Aufmerksamkeitsprobleme spiegeln dagegen vor allem unspezifische Beanspruchungswirkungen in Folge der hohen Arbeitsbelastung und allgemeiner Probleme der Anpassung an die Lebensbedingungen in einem Weltraumhabitat wider (Kanas & Manzey, 2003; Manzey, 2000).

60.3.2 Individuelle Befindlichkeit von Astronauten

Zu den wichtigsten Belastungsfaktoren, die die psychische Stabilität von Astronauten bei Langzeitmissionen gefährden, gehören **Confinement**, die Monotonie der Umgebungsbedingungen sowie die **Isolation** vom gewohnten sozialen Netz (Familie, Freunde). Basierend auf Befunden und Erfahrungen von russischen Langzeitmissionen lassen sich unter diesen Bedingungen verschiedene Phasen des psychischen Zustandes unterscheiden (Gushin, Kholin & Ivanovsky, 1993). Eine besonders kritische Phase beginnt danach etwa zur Mitte einer 5- bis 6-monatigen Mission, wenn einerseits die primäre Adaptation erfolgreich bewältigt wurde, die neuen Eindrücke verarbeitet worden sind und sich an Bord eine Alltagsroutine einstellt, andererseits aber noch ein großer Teil der Mission zu bewältigen ist. In dieser Phase verstärkt sich die Wirkung der genannten Belastungsfaktoren und es kann sich ein manifestes Syndrom entwickeln, das als Asthenie bezeichnet wird. Es ist gekennzeichnet durch einen massiven Motivations- und Interessensverlust, zunehmende Passivität, Erschöpfung, Schlafstörungen, depressive Reaktionen und eine erhöhte Reizbarkeit (Kanas, Salnitskiy, Grund, Weiss, Gushin et al., 2001).

60.3.3 Interaktions- und Kooperationsprozesse bei Raumfahrtmissionen

Insbesondere bei Langzeitmissionen können die extremen Lebens- und Arbeitsbedingungen im Weltraum auch zu Störungen der sozialen Interaktion und Kooperation von Astronauten führen (Kanas et al., 2001). Diese äußern sich u. a. in einer Zunahme interpersoneller Spannungen, einer Verstärkung eigentlich unbedeutender Konflikte, einer Bildung von Koalitionen und Cliquen oder auch einer Isolierung einzelner Crewmitglieder. Im Extremfall kann es dabei bis zu einem kompletten Zusammenbruch des Crewzusammenhalts kommen (Sandal, Vaernes & Ursin, 1995). Die wesentlichen Faktoren, die zu diesen Effekten beitragen, liegen in einer mangelnden psychologischen Kompatibilität der Crewmitglieder, einer mangelnden Führung, einer unklaren Rollenstruktur innerhalb der Crew, fehlenden privaten Rückzugsmöglichkeiten und einem Fehlen gemeinsamer Ziele (Kanas & Manzey, 2003).

Darüber hinaus lässt sich häufig eine Zunahme von Konflikten zwischen der Crew und dem Personal der Kontrollstation beobachten, die die für eine erfolgreiche Mission notwendige Kooperation zwischen Astronauten und Bodenpersonal nachhaltig beeinträchtigen (Kanas et al., 2001). Diese Konflikte werden zum einen als Ausdruck einer zunehmenden Autonomie von Astronautencrews gedeutet, die mit der Einschätzung mangelnder Kompetenz Außenstehender und Gefühlen fehlenden Verständnisses und mangelnder Anerkennung einhergehen. Zum anderen könnte sich darin aber auch ein Sündenbockeffekt widerspiegeln, bei dem die interpersonellen Spannungen, die sich innerhalb einer Astonautencrew aufbauen, aber nicht in offenen Konflikten ausgetragen werden können, bewusst oder unbewusst auf Dritte verlagert werden (»displacement«; Kanas et al., 2001).

60.3.4 Auswahl, Training und Missions-unterstützung von Astronauten

Konzepte der Auswahl, des Trainings und der Missionsunterstützung von Astronauten sind vor allem in Hinblick auf Langzeitmissionen entwickelt worden (Manzey, Schiewe & Fassbender, 1995). Bezüglich der psychologischen Auswahl lassen sich dabei zwei Aspekte unterscheiden. Der erste bezieht sich – ganz ähnlich den Ansätzen im Luftfahrtbereich – auf eine grundsätzliche Eignungsdiagnostik bei Bewerbern für eine Astronautenausbildung, die sicherstellen soll, dass die zukünftigen Astronauten über eine hinreichende Motivation und Leistungsfähigkeit sowie Persönlichkeitseigenschaften und interpersonelle Fertigkeiten verfügen, die benötigt werden, um die geschilderten Belastungen einer Langzeitmission und das Zusammenleben mit Anderen auf engem Raum über lange Zeiträume hinweg erfolgreich bewältigen zu können (Santy, 1994). Der zweite Aspekt bezieht sich auf die Zusammenstellung psychologisch zueinander passender (»kompatibler«) Crewmitglieder, die

insbesondere in Hinblick auf zukünftige Missionen zu Mond und Mars wegen deren langer Dauer von großer Bedeutung sein wird. Allerdings sind die diesbezüglich verfügbaren psychologischen Konzepte noch sehr unscharf und in der Regel nur unzureichend empirisch validiert (Kanas & Manzey, 2003).

Spezifische psychologische Trainingsansätze für Astronauten sind erst in jüngerer Zeit entwickelt worden. Sie sollen vor allem auf die besonderen psychosozialen Anforderungen bei einer Langzeitmission vorbereiten und umfassen Seminare, Workshops und Outdoor-Trainingsaktivitäten zu den Bereichen Selbstmanagement, Teamwork, Führung und – im Hinblick auf internationale Besatzungen – interkulturelle Differenzen. Zudem spielen auch aus der Luftfahrt adaptierte Ansätze spezieller CRM-Trainings eine Rolle (Kanas & Manzey, 2003).

Als dritter Komponente kommt schließlich missionsbegleitenden Unterstützungsmaßnahmen für Astronauten traditionell eine große Bedeutung zu. Wesentliches Ziel dieser Maßnahmen ist es, mögliche negative Auswirkungen eines Langzeitaufenthaltes im Weltraum auf die psychische Befindlichkeit von Astronauten auf ein Minimum zu reduzieren bzw. ganz zu verhindern. Erste Ansätze dazu wurden in Zusammenhang mit den ersten russischen Langzeitmissionen in den Weltraum entwickelt (Kanas, 1991) und bis heute immer weitergeführt (▶ Kasten »Psychologische Unterstützung von Astronauten bei Missionen zur internationalen Raumstation«).

Psychologische Unterstützung von Astronauten bei Missionen zur internationalen Raumstation

Für derzeit stattfindende Missionen zur internationalen Raumstation umfassen die missionsbegleitenden Unterstützungsmaßnahmen die folgenden Elemente: wöchentliche private audiovisuelle Kontakte mit Freunden und Familienangehörigen, private Paket- und Briefsendungen mit den regelmäßigen Versorgungstransporten, regelmäßige Versorgungen mit Nachrichten von der Erde in der Muttersprache, Bereitstellung von Unterhaltungsprogrammen (Video, Musik), Unterstützung von selbst gewählten Freizeitaktivitäten (z. B. Computerspiele, Keyboard), Überwachung des psychischen Zustandes mit geeigneten diagnostischen Methoden (z. B. Befindlichkeitsfragebogen, Erfassung der kognitiven Leistungsfähigkeit mittels standardisierter Aufgaben) sowie vierzehntägig stattfindende »psychologische Konferenzen« mit einem Mitglied der psychologischen Unterstützungsgruppe am Boden (Kanas & Manzey, 2003). Indem auf diese Weise ein möglichst enger Kontakt zu den Astronauten im Weltraum aufrechterhalten und sinnvolle Freizeitaktivitäten ermöglicht und unterstützt werden, soll insbesondere möglichen beeinträchtigenden Effekten in Zusammenhang mit Gefühlen der Monotonie, Langeweile und Isolation sowie einem zunehmenden Autonomieerleben der Astronauten vorgebeugt werden.

Literatur

Referenzliteratur

Goeters, K.-M. (Ed.). (2004). *Aviation psychology: practice and research*. Aldershot: Ashgate.

Kanas, N. & Manzey, D. (2003). *Space psychology and psychiatry*. Dordrecht: Kluwer Academic.

Tsang, P.S. & Vidulich, M.A. (Eds.). (2003). *Principles and practice of aviation psychology*. Mahwah, NJ: Erlbaum.

Zitierte Literatur

Bor, R. (2003). *Passenger behavior*. Aldershot: Ashgate.

Billings, C.E. (1997). *Aviation automation. The search for a human-centred approach*. Mahwah, NJ: Erlbaum.

Caretta, T.R. & Ree, M.J. (2003). Pilot selection methods. In P.S. Tsang & M.A. Vidulich (Eds.), *Principles and practice of aviation psychology* (pp. 357–433). Mahwah, NJ: Erlbaum.

Chidester, T.R., Helmreich, R.L., Gregorich, S.E. & Geis, C.E. (1991). Pilot personality and crew coordination: implications for training and selection. *International Journal of Aviation Psychology, 1*, 25–44.

Clement, G. (2003). *Fundamentals of space medicine*. Dordrecht: Kluwer.

Endsley, M.R. (1995). *Toward a theory of situation awareness in dynamic systems. Human Factors, 37*, 32–64.

Endsley, M.R. & Garland, D.J. (2000). *Situation awareness analysis and measurement*. Mahwah, NJ: Erlbaum.

Foushee & Helmreich (1988). Group interaction and flight crew performance. In E.L. Wiener & D.C. Nagel (Eds.), *Human factors in aviation* (pp. 189–227). San Diego: Academic Press.

Gerathewohl, S.J. (1954). *Die Psychologie des Menschen im Flugzeug*. München: Barth.

Gushin, V.I., Kholin, S.F. & Ivanovsky, V.R. (1993). Soviet psychophysiological investigations of simulated isolation: some results and prospects. In S.L. Bonting (Ed.), *Advances of space biology and medicine* (Vol. 3). Greenwich: JAI Press.

Helmreich, R.L., Merritt, A.C. & Wilhelm, J.A. (1999). The evolution of crew resource management training in commercial aviation. *International Journal of Aviation Psychology, 9*, 19–32.

Höft, S. & Pecena, Y. (2004). Behavior-oriented evaluation of aircrew personnel. In K.-M. Goeters (Ed.), *Aviation psychology: practice and research*. Aldershot: Ashgate.

Hörmann, H.-J. (1998). Selection of civilian aviation pilots. In K.-M. Goeters (Ed.), *Aviation psychology: a science and a profession*. Aldershot: Ashgate.

Isaac, A.R. & Ruitenberg, B. (1999). *Air traffic control. Human performance factors*. Aldershot: Ashgate.

Kanas, N. (1991). Psychological support of cosmonauts. *Aviation, Space and Environmental Medicine, 62*, 353–355.

Kanas, N. & Manzey, D. (2003). *Space psychology and psychiatry*. Dordrecht: Kluwer.

Kanas, N., Salnitskiy, V., Grund, E.M., Weiss, D.S., Gushin, V., Bostrom, A., Kozerenko, O., Sled, A. & Marmar, C.R. (2001). Psychosocial issues in space: results from Shuttle/Mir. *Gravitational and Space Biology Bulletin, 14*, 35–45.

Lorenz, B. (2004). Human-centred automation: research and design issues. In K.-M. Goeters (Ed.), *Aviation psychology: practice and research*. Aldershot: Ashgate.

Manzey, D. (2000). Monitoring of mental performance during spaceflight. *Aviation, Space and Environmental Medicine, 71*, A69–A75.

Manzey, D. & Lorenz, B. (1998). Mental performance during short-term and long-term spaceflight. *Brain Research Reviews, 28*, 215–221.

Manzey, D., Schiewe, A. & Fassbender, C. (1995). Psychological countermeasures for prolonged extended manned spaceflights. *Acta Astronautica, 35*, 339–361.

Maschke, P. (2004). Personality evaluation of applicants in aviation. In K.-M. Goeters (Ed.), *Aviation psychology: practice and research*. Aldershot: Ashgate.

Meshkati, N., Hancock, P., Rahimi, M. & Dawes, S.M. (1995). Techniques in mental workload assessment. In J.R. Wilson & E.N. Corlett (Eds.), *Evaluation of human work* (2nd ed.). London: Taylor & Francis.

Olea, M.M. & Ree, M.J. (1994). Predicting pilot and navigator criteria: not much more than g. *Journal of Applied Psychology, 79*, 845–851.

Parasuraman, R. & Byrne, E.A. (2003). Automation and human performance in aviation. In P.S. Tsang & M.A. Vidulich (Eds.), *Principles and practice of aviation psychology* (pp. 311–356). Mahwah, NJ: Erlbaum.

Parasuraman, R. & Riley, V. (1997). Humans and automation: use, disuse, misure, abuse. *Human Factors, 39*, 230–253.

Salas, E., Burke, C.S., Bowers, C.A. & Wilson, K.A. (2001). Team training in the skies. Does Crew Resource Management (CRM) training work? *Human Factors, 43*, 641–674.

Sandal, G., Vaernes, R. & Ursin, H. (1995). Interpersonal relations during simulated space missions. *Aviation, Space and Environmental Medicine, 66*, 617–624.

Santy, P.A. (1994). *Choosing the right stuff: the psychological selection of astronauts and cosmonauts*. Westport: Praeger.

Steininger, K. (1982). Luftfahrtpsychologie in Deutschland. *Psychologische Rundschau, 23*, 265–288.

Vidulich, M.A. (2003). Mental workload and situation awareness: essential concepts for aviation psychology practice. In P.S. Tsang & M.A. Vidulich (Eds.), *Principles and practice of aviation psychology* (pp. 115–146). Mahwah, NJ: Erlbaum.

Wickens, C.D. (2003a). Aviation displays. In P.S. Tsang & M.A. Vidulich (Eds.), *Principles and practice of aviation psychology* (pp. 147–200). Mahwah, NJ: Erlbaum.

Wickens, C.D. (2003b). Pilot actions and tasks: selections, execution and control. In P.S. Tsang & M.A. Vidulich (Eds.), *Principles and practice of aviation psychology* (pp. 239–263). Mahwah, NJ: Erlbaum.

Wickens, C.D. & Long, J. (1995). Object vs. space-based model of visual attention: implications for the design of head-up displays. *Journal of Experimental Psychology: Applied, 1*, 179–193.

61 Rechtspsychologie

T. Bliesener, G. Köhnken

61.1 Historische Entwicklung

Gegenstand der Rechtspsychologie ist die Anwendung psychologischer Theorien, Methoden und Erkenntnisse auf Fragestellungen, die sich aus der Gestaltung und Anwendung des Rechts ergeben. Die Rechtspsychologie ist eines der ältesten und traditionsreichsten Fächer der Angewandten Psychologie. Bereits zu Beginn des 20. Jahrhunderts wurden systematische psychologische Untersuchungen u. a. zur Zeugenleistung und zur Glaubwürdigkeit von Zeugenaussagen durchgeführt (s. Lösel & Bender, 1993; Undeutsch, 1967).

Dabei ist die Bezeichnung »Rechtspsychologie« noch relativ neu. In der älteren deutschen Literatur wurde lange der Begriff »Gerichtspsychologie« (z. B. Blau & Müller-Luckmann, 1962) und später die Bezeichnung »Forensische Psychologie« (z. B. Undeutsch, 1967; Wegener, 1981) verwendet (von lat. »in foro« = in der Öffentlichkeit; »forum« = Marktplatz, Forum, da in früheren Zeiten Gerichtsverfahren, Urteilsverkündungen, aber auch der Vollzug der Strafe öffentlich und meist auf dem Marktplatz durchgeführt wurden). Diese Begrifflichkeit kennzeichnet durchaus treffend den Schwerpunkt der damaligen Rechtspsychologie in der Erstellung von Gerichtsgutachten, überwiegend zur Schuldfähigkeit von Straftätern sowie zur Zuverlässigkeit und Glaubhaftigkeit von Zeugenaussagen.

Die Bezeichnung »Kriminalpsychologie« für den traditionell zweiten wichtigen Bereich der Rechtspsychologie wurde bereits in den 1930er Jahren von William Stern eingeführt (Fabian, 2002). Gegenstand der Kriminalpsychologie ist die Erklärung, Prognose, Prävention von sowie die Intervention bei kriminellem und abweichendem Verhalten (Lösel & Bender, 1993). Erst in den 1980er Jahren hat sich in Deutschland, ausgehend von dem im angelsächsischen Sprachraum schon länger gebräuchlichen Begriff »psychology and law«, die Bezeichnung »Rechtspsychologie« als Oberbegriff für alle Anwendungen der Psychologie auf die Gestaltung und Anwendung des Rechts etabliert.

Bei der modernen Rechtspsychologie handelt es sich um eine problem- und anwendungsorientierte Wissenschaft, welche Erkenntnisse aller psychologischen Grundlagendisziplinen berücksichtigt (Allgemeine Psychologie, Biologische Psychologie, Differentielle Psychologie, Entwicklungspsychologie, Sozialpsychologie und Methodenlehre). Die Rechtspsychologie hat darüber hinaus große Überschneidungsbereiche zur Psychodiagnostik, zur Klinischen Psychologie und teilweise auch zur Organisationspsychologie. Rechtspsychologie ist zudem nur als interdisziplinäres Fach denkbar. So sind Kenntnisse des materiellen Rechts sowie des Verfahrensrechts unverzichtbar. Weiterhin gibt es zahlreiche Verbindungen zur Kriminologie, der

61

Kriminalistik, der Allgemeinen und Forensischen Psychiatrie und Sexualmedizin, der Rechts- und Kriminalsoziologie sowie der Sozialpädagogik.

Die Rechtspsychologie hat in den letzten drei Jahrzehnten sowohl in der Anwendung als auch in der Forschung eine außerordentlich dynamische Entwicklung genommen. Ursprünglich im Wesentlichen auf die Bereiche der forensischen Begutachtung und Intervention bei Straftätern konzentriert, hat sich die rechtspsychologische Forschung und Praxis einer Vielzahl weiterer Themen und Anwendungsfelder zugewandt. Die fortschreitende Entwicklung der Rechtspsychologie zeigt sich auch in der Gründung zahlreicher nationaler und internationaler Fachgesellschaften und der Etablierung bedeutender Fachzeitschriften (z. B. »Law and Human Behavior«; »Psychology, Crime and Law«; »Legal and Criminological Psychology«; »Psychology, Public Policy and the Law«; »Praxis der Rechtspsychologie«).

Diese Entwicklung der Wissenschaft geht einher mit einer verstärkten Nachfrage nach rechtspsychologischem Fachwissen in der Praxis. Psychologen finden sich heute in nahezu jeder Justizvollzugsanstalt, oft auch in leitender Funktion. Jedes Bundesland hat einen polizeipsychologischen Dienst. Die Nachfrage nach forensischen Gutachten hat nicht nur aufgrund der expliziten Forderung in der neuen Gesetzgebung stetig zugenommen. Etwa 5% der praktisch tätigen Psychologen in Deutschland haben ihren Arbeitsschwerpunkt im Bereich der Rechtspsychologie (Kury, 1995). Ein weit größerer Anteil ist gelegentlich z. B. als forensischer Sachverständiger beschäftigt. Die Zahl der zertifizierten Rechtspsychologen steigt stetig.

61.2 Forschungs- und Anwendungsbereiche der Rechtspsychologie

Die außerordentlich dynamische Entwicklung der rechtspsychologischen Forschung hat im Lauf der letzten beiden Jahrzehnte zu einer starken Diversifizierung des Faches geführt. Die traditionelle Einteilung der Rechtspsychologie in Forensische Psychologie (die im Wesentlichen die Erstellung von Gerichtsgutachten umfasst) einerseits und der Kriminalpsychologie (im Wesentlichen die Erklärung, Prognose, Prävention und Rehabilitation kriminellen Verhaltens) andererseits wird dieser Diversifizierung nicht mehr gerecht. Einige Anwendungsbereiche lassen sich zudem nicht mehr hinreichend eindeutig nur einem dieser beiden Bereiche zuordnen (z. B. Prognosegutachten oder Psychodiagnostik im Rahmen sozialtherapeutischer Interventionen).

Es hat in der jüngeren Vergangenheit mehrfach Versuche gegeben, eine neue Systematik der Rechtspsychologie zu etablieren (z. B. die Einteilung in Psychologie *im* Recht, Psychologie *und* Recht sowie Psychologie *des* Rechts, vgl. z. B. Lösel & Bender, 1993). Dabei wurden Forensische Begutachtung, Kriminalpsychologie und Vollzugspsychologie dem Bereich »Psychologie *im* Recht«, psychologische Grundannahmen des Rechtssystems dem Bereich »Psychologie *und* Recht« und Verhaltensmodifikationen durch das Recht sowie Verhalten und Einstellungen als bedingende Faktoren für das Recht dem Bereich »Psychologie *des* Rechts« zugeordnet. Lösel und Bender (1993) haben in ihrer Systematik einer »umfassenden Rechtspsychologie« die folgenden drei Dimensionen unterschieden:

1. Erklärung, Prognose und Intervention,
2. Annahmen und Bedingungen von Rechtsnormen, Verhalten gegenüber Rechtsnormen und Anwendung von Rechtsnormen im Rechtssystem und
3. verschiedene Rechtsgebiete wie u. a. Strafrecht, Zivilrecht, Familienrecht usw.

Letztlich sind diese Bemühungen angesichts der großen Dynamik der Forschung, der zunehmenden Diversifizierung der Anwendungsbereiche und der teilweise erheblichen Überlappungen der Fragestellungen unbefriedigend geblieben.

Folgende ▶ Übersicht gibt einen Überblick über die gegenwärtig wichtigsten Forschungs- und Anwendungsfelder der Rechtspsychologie.

Forschungs- und Anwendungsbereiche der Rechtspsychologie

- Psychodiagnostische Begutachtung
- Erklärung kriminellen Verhaltens
- Prävention
- Resozialisierung
- Polizeipsychologie
- Psychologie der Gerichtsverhandlung bzw. der außergerichtlichen Konfliktregelung
- Psychologische Aspekte der Viktimologie

In den hier aufgeführten Anwendungsbereichen steht i. Allg. – der Tradition der Psychologie entsprechend – das einzelne Individuum im Vordergrund. Es gibt allerdings auch einige, zum Teil noch recht neue Entwicklungen, die den Fokus gleichsam auf eine »Globalsteuerung« menschlichen Verhaltens legen. Gesetze, Rechtsprechung, das Handeln von Institutionen usw. beeinflussen menschliches Verhalten. Teilweise werden bestimmte Verhaltensänderungen explizit angestrebt (wenn z. B. Investitionsentscheidungen durch Steuervergünstigungen gefördert werden sollen). Die angestrebten Ziele können aber auch durch ein Gesetz selbst oder durch dessen konkrete Anwendung konterkariert werden. In den USA hat sich zu den hiermit zusammenhängenden Fragestellungen ein noch junger Forschungszweig unter der Bezeichnung »therapeutic jurisprudence« entwickelt, der in Deutschland bisher noch kaum rezipiert worden ist (Hora & Schma, 1998). Aus Platzgründen kann darauf im Folgenden nicht eingegangen werden.

61.3 Psychodiagnostische Begutachtung

Während die traditionelle forensische Begutachtung – wie der Name schon sagt – Gerichtsgutachten beinhaltet, haben sich die Begutachtungsanlässe in der jüngeren Vergangenheit erheblich ausgeweitet und umfassen auch außergerichtlich veranlasste Begutachtungen (◘ Abb. 61.1). Der Begriff »forensische Begutachtung« wird deshalb durch die weiter gefasste Bezeichnung »psychodiagnostische Begutachtung in der Rechtspsychologie« ersetzt. Angesichts der Vielfältigkeit psychodiagnostischer Begutachtungsfragestellungen in der Rechtspsychologie können im Folgenden nur einige Bereiche exemplarisch dargestellt werden. Für weitergehende Darstellungen wird auf Lempp, Schütze und Köhnken (2003), Steller und Volbert (1997) sowie auf Venzlaff und Foerster (2004) verwiesen, zu Grundlagen der Psychologischen Diagnostik außerdem auf die ▶ Kap. 39 und 40.

61.3.1 Psychodiagnostische Begutachtung im Zivilrecht

Sorgerecht

Im Bereich des Zivilrechts werden vor allem zur Regelung der elterlichen Sorge bei Trennung und Scheidung sowie zur Regelung des Umgangs eines Kindes mit seinen Eltern psychologische Gutachten eingeholt. Die elterliche Sorge wird in den §§ 1626–1698b BGB behandelt, wobei für psychologische Sachverständige vor allem § 1671 (Getrenntleben bei gemeinsamer elterlicher Sorge) und § 1687 (Entscheidungsrecht bei gemeinsamer elterlicher Sorge getrennt lebender Eltern) von Bedeutung sind. Nach dem Kindschaftsrechtsreformgesetz von 1998 bleibt gemäß § 1671 Abs. 1 BGB die gemeinsame elterliche Sorge bei Trennung und Scheidung bestehen, es sei denn, dass beide Elternteile übereinstimmend oder ein Elternteil beantragen, dass das Familiengericht die elterliche Sorge einem der Elternteile allein überträgt. Dies gilt auch für Eltern, die nie miteinander verheiratet waren (zu den rechtlichen Grundlagen s. Salgo, 2003).

Bei der Entscheidung über das Sorgerecht werden die Bindungen der Kinder an ihre Elternteile, die Bindungstoleranz der Eltern (d. h. ihre Fähigkeit, den Kontakt des Kindes auch zum anderen Elternteil zuzulassen), der direkt (durch verbale Äußerungen) oder indirekt (z. B. in geeigneten psychologischen Testverfahren) vom Kind zum Ausdruck gebrachte Wunsch, die Erziehungsfähigkeit der Eltern (Steinmetz & Lewand, 2004), der Förderungsgrundsatz (das materielle, emotionale oder intellektuelle Potenzial der Elternteile, die Entwicklung des Kindes zu fördern), die Kontinuität, die faktischen Lebensverhältnisse sowie die Interessen der Beteiligten berücksichtigt (Hommers, 2004; Klosinski, 2003a,b; Salzgeber, 2001).

Schadenersatzpflicht

Bei der Beurteilung der Schadenersatzpflicht (Deliktfähigkeit) wird untersucht, ob ein Schädiger aufgrund bestimmter Umstände von der nach § 823 BGB grundsätzlich bestehenden Pflicht zum Ersatz des entstandenen Schadens befreit ist. Nach § 828 Abs. 1 BGB sind Kinder vor Vollendung des 7. Lebensjahres für einen von ihnen angerichteten Schaden grundsätzlich nicht schadenersatzpflichtig. Vom vollendeten 7. bis zum vollendeten 18. Lebensjahr ist eine Person für einen von ihr angerichteten Schaden nur dann »nicht verantwortlich, wenn sie bei der Begehung der schädigenden Handlung nicht die zur Erkenntnis der Verantwortlichkeit erforderliche Einsicht hat« (§ 828 Abs. 2 BGB). Ob dies der Fall ist, wird ggf. durch eine entwicklungspsychologische Begutachtung festgestellt. Nach Hommers (2003) muss eine solche Begutachtung direkt auf den Probanden, direkt auf die Tat und direkt auf die oben angeführten Beurteilungskriterien bezogen sein, um der in § 828 Abs. 2 BGB ausdrücklich erwähnten Tatbezogenheit der Begutachtung zu entsprechen.

61.3.2 Psychodiagnostische Begutachtung im Sozial- und Verwaltungsrecht

Feststellung einer Behinderung

Psychologische Begutachtungen zu sozial- und verwaltungsrechtlichen Fragestellungen sind im Vergleich zu anderen Begutachtungsanlässen seltener. Teilweise handelt es sich dabei um psychodiagnostische Zusatzgutachten im Rahmen der **Feststellung einer Behinderung** im Sinne des § 2 Abs. 1 des Sozialgesetzbuches (SGB) IX (Fegert, 2003; Günter, 2004). Danach sind Menschen behindert, »wenn ihre körperlichen Funktionen, geistigen Fähigkeiten oder seelische Gesundheit mit hoher Wahrscheinlichkeit länger als sechs Monate von dem für das Lebensalter typischen Zustand abweicht und daher ihre Teilhabe am Leben in der Gesellschaft beeinträchtigt ist.« Das Vorliegen einer Behinderung kann Ansprüche auf Rehabilitationsmaßnahmen und Eingliederungshilfen begründen. Ist das Vorliegen einer Behinderung oder deren Ausmaß strittig, kann der Rehabilitationsträger gemäß § 14 Abs. 5 SGB IX einen Sachverständigen bestellen, der »eine umfassende sozialmedizinische, bei Bedarf auch psychologische Begutachtung« vornimmt.

Opferentschädigung

Nach dem Opferentschädigungsgesetz (OEG) können Personen, die **Opfer einer Gewalttat** geworden sind und dadurch eine gesundheitliche Schädigung erlitten haben, eine Entschädigung nach dem Bundesversorgungsgesetz (BVG) erhalten. Nach der Rechtsprechung des Bundessozialgerichtes können nicht nur körperliche, sondern auch psychische Schädigungen einen Anspruch auf Leistungen nach dem BVG begründen. Psychodiagnostische Gutachten

61

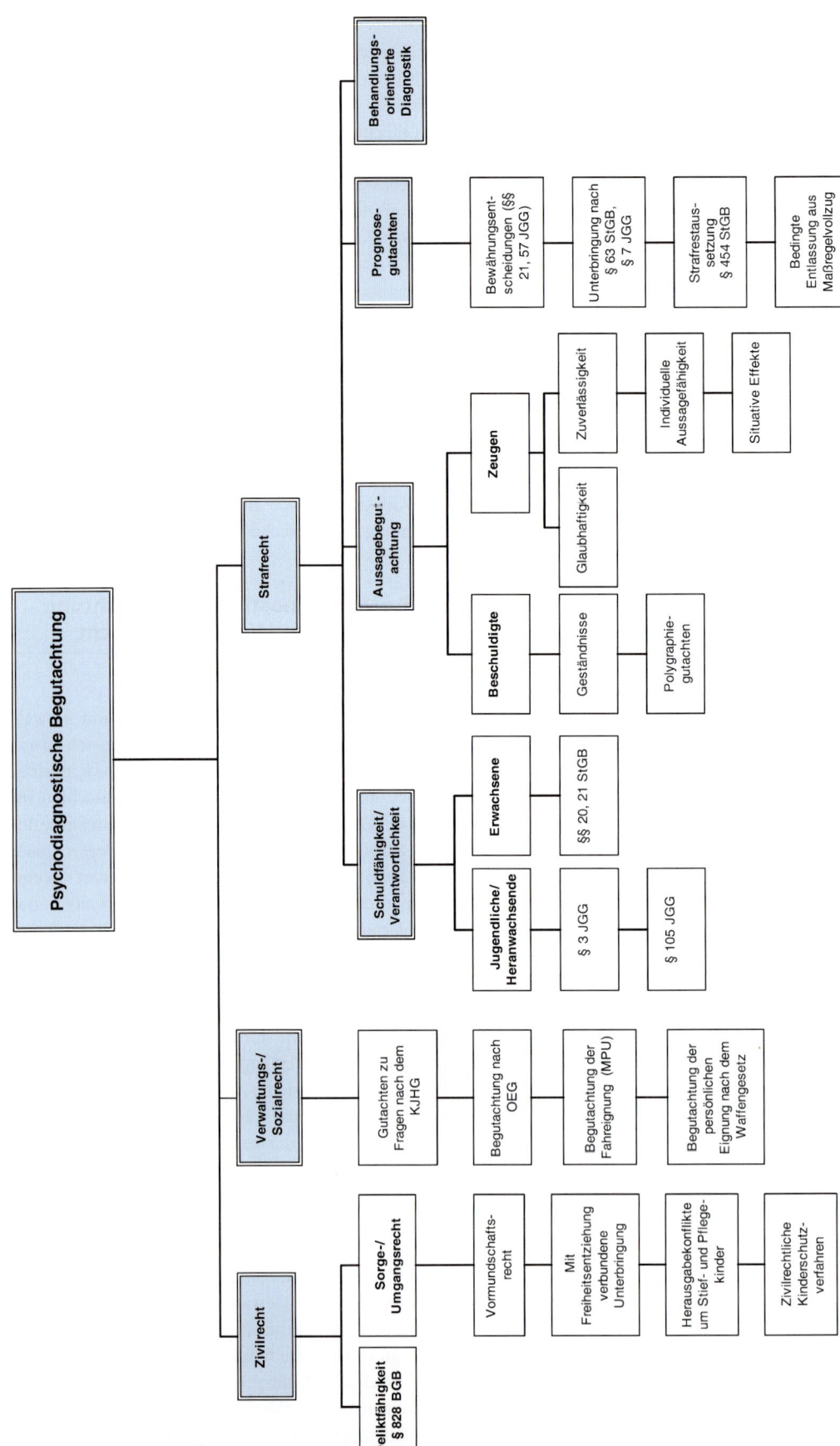

□ **Abb. 61.1.** Begutachtungsbereiche in der Rechtspsychologie. *KJHG* Kinder- und Jugendhilfegesetz; *MPU* medizinisch-psychologische Untersuchung; *JGG* Jugendgerichtsgesetz; *OEG* Opferentschädigungsgesetz; *StGB* Strafgesetzbuch

(oder Zusatzgutachten im Rahmen einer fachärztlichen Begutachtung) können als klinische Diagnostik zum Vorliegen bzw. zur Intensität spezifischer psychischer Störungen wie etwa einer akuten Belastungsreaktion oder einer posttraumatischen Belastungsstörung Stellung nehmen. Gelegentlich werden aber auch aussagepsychologische Gutachten eingeholt. Dies kann z. B. der Fall sein, wenn eine lange zurückliegende Straftat wegen Verjährung strafrechtlich nicht mehr verfolgt werden kann, gleichwohl aber eine Entschädigung nach dem OEG beantragt wird. Da in diesen Fällen nicht auf Beweisfeststellungen eines Gerichtes zurückgegriffen werden kann, kann sich das Erfordernis der Feststellung der Glaubhaftigkeit der Behauptungen des Antragstellers ergeben.

Erlaubnis des Umgangs mit einer Waffe

Ein noch neuer Begutachtungsanlass hat sich aus der Neufassung des Waffengesetzes (WaffG) vom 1.4.2003 in Verbindung mit der Allgemeinen Waffengesetz-Verordnung (AWaffV) vom 23.10.2003 ergeben. Vor dem Hintergrund des Amoklaufs in Erfurt wurde in § 4 WaffG die »persönliche Eignung« als Voraussetzung zur Erlaubnis des Umgangs mit einer Waffe bestimmt. § 6 WaffG definiert Anhaltspunkte, die Zweifel an der persönlichen Eignung begründen (u. a. wenn »Tatsachen die Annahme rechtfertigen«, dass jemand »auf Grund in der Person liegender Umstände mit Waffen oder Munition nicht vorsichtig oder sachgemäß umgehen oder diese Gegenstände nicht sorgfältig verwahren« kann oder dass die »konkrete Gefahr einer Fremd- oder Selbstgefährdung besteht«). Sofern Bedenken gegen die persönliche Eignung bestehen, »hat die zuständige Behörde dem Betroffenen auf seine Kosten die Vorlage eines amts- oder fachärztlichen oder fachpsychologischen Zeugnisses über die geistige oder körperliche Eignung aufzugeben.« Weitergehende Erläuterungen hierzu finden sich bei König und Papsthart (2004).

Bisher gibt es noch kaum Erfahrungen mit der Begutachtung der persönlichen Eignung im Sinne des WaffG. Empirische Befunde zu möglichen Komponenten der persönlichen Eignung im Sinne des WaffG und der Art ihrer diagnostischen Erfassung liegen ebenfalls noch nicht vor. Neuser (2004) führt einige Untersuchungsbereiche auf, die für die Begutachtung relevant sein können. Hierzu gehören u. a. allgemeine Persönlichkeitsmerkmale, evtl. relevante somatopsychische Vorerkrankungen, das soziale Umfeld des Antragstellers, der generelle Umgang mit Regeln und Normen sowie deren Internalisierung und der generelle psychische Entwicklungsstand.

Begutachtung der Fahreignung

Die Begutachtung der Fahreignung von Kraftfahrern (medizinisch-psychologische Untersuchung, MPU; s. z. B. Wittkowski & Seitz, 2004) ist ebenfalls eine psychodiagnostische Begutachtung in der Rechtspsychologie. Dieser quantitativ und ökonomisch sehr bedeutsame Anwen-

dungsbereich hat sich jedoch als eigenständige Teildisziplin innerhalb der Angewandten Psychologie entwickelt und wird daher selten als Bestandteil der Rechtspsychologie wahrgenommen. In diesem Buch wird die Begutachtung der Fahreignung in ▶ Kap. 59 behandelt.

61.3.3 Psychodiagnostische Begutachtung im Strafrecht

Im Bereich des Strafrechts werden vor allem die Schuldfähigkeit bzw. Verantwortlichkeit von Straftätern, die Zuverlässigkeit und Glaubhaftigkeit der Aussagen von Zeugen und Tatverdächtigen und die Prognose bei verurteilten Straftätern begutachtet.

Schuldfähigkeit bzw. Verantwortlichkeit

Das geltende Strafrecht ist ein Schuldstrafrecht, d. h. die Bestrafung eines Täters setzt den Nachweis individueller Schuld voraus. Schuld liegt im strafrechtlichen Sinne nur dann vor, wenn das rechtswidrige Handeln auf den (freien) Willen des Täters zurückgeht. Nach § 19 des Strafgesetzbuches (StGB) sind Kinder bis zum vollendeten 14. Lebensjahr immer schuldunfähig. Sie können daher nicht nach dem Strafgesetzbuch bestraft werden. Für die Altersgruppe vom vollendeten 14. bis zum noch nicht vollendeten 18. Lebensjahr gilt gemäß § 3 des Jugendgerichtsgesetzes (JGG) eine bedingte strafrechtliche Verantwortlichkeit. Hier muss zunächst für jede einzelne Tat die für die Verantwortlichkeit erforderliche Reife individuell nachgewiesen werden. Vom vollendeten 18. Lebensjahr an wird generell von der Schuldfähigkeit ausgegangen, sodass hierzu keine gesonderte Feststellung mehr getroffen werden muss. Unter bestimmten Bedingungen kann ein Heranwachsender (vollendetes 18. bis 21. Lebensjahr) aber gemäß § 105 JGG nach dem Jugendstrafrecht behandelt werden.

Vor dem Hintergrund dieser Rechtslage ergeben sich Begutachtungsanlässe aus § 3 JGG zur Feststellung der Verantwortlichkeit jugendlicher Straftäter, aus § 105 JGG, der regelt, unter welchen Bedingungen auf einen heranwachsenden Angeklagten Jugendstrafrecht und nicht Erwachsenenstrafrecht anzuwenden ist, sowie aus §§ 20, 21 StGB, in denen die Schuldunfähigkeit bzw. verminderte Schuldfähigkeit aufgrund einer »Störung der Geistestätigkeit« geregelt sind. Nach § 3 JGG wird geprüft, ob ein Jugendlicher »zur Zeit der Tat nach seiner sittlichen und geistigen Entwicklung reif genug war, das Unrecht der Tat einzusehen und nach dieser Einsicht zu handeln« (Schütze & Schmitz, 2003; Wegener, 1981).

Bei erwachsenen Straftätern geht das Gesetz grundsätzlich von deren voller Schuldfähigkeit aus. Nur wenn bestimmte, in § 20 StGB genannte »Störungen der Geistestätigkeit« vorliegen, und wenn aufgrund einer der dort genannten Störungen die Einsichts- oder die Handlungsfähigkeit zum Zeitpunkt der Tat nicht gegeben war, ist der

61

Täter schuldunfähig. Bei diesen Störungen handelt es sich um »krankhafte seelische Störungen« (z. B. Psychosen, Anfallskrankheiten), »Schwachsinn« (geistige Behinderung), »tief greifende Bewusstseinsstörung« (psychischer Ausnahmezustand einer ansonsten gesunden Person, hochgradiger Affekt) sowie um »schwere andere seelische Abartigkeiten« (z. B. schwere Persönlichkeitsstörungen, Psychopathien). In der rechtspsychologischen Literatur haben vor allem die »tief greifende Bewusstseinsstörung« (Greuel, 1997) sowie die »schwere andere seelische Abartigkeit« eine besondere Bedeutung erlangt (Scholz & Schmidt, 2003).

Während die Begutachtung von Zeugenaussagen und auch die familienrechtliche Begutachtung Domänen der Rechtspsychologie sind, ergehen Gutachtenaufträge zur Beurteilung der strafrechtlichen Verantwortlichkeit häufig an Kinder- und Jugendpsychiater sowie an forensische Psychiater.

Zeugen- und Beschuldigtenaussagen

Bei der Beurteilung der Glaubhaftigkeit einer Aussage steht die Frage im Vordergrund, ob ein Zeuge absichtlich einen Sachverhalt ganz oder teilweise verfälscht darstellt. In Kombination mit der Glaubhaftigkeitsbeurteilung, gelegentlich aber auch gesondert wird die Aussagefähigkeit untersucht, also die kognitiven Voraussetzungen für eine korrekte Wahrnehmung, Speicherung und Reproduktion der Wahrnehmungen. Hinzu kommt die situativ bedingte Irrtumsanfälligkeit z. B. als Folge von Stress, äußeren Wahrnehmungsbedingungen u. Ä.

Als Methode der Wahl für die Beurteilung der Glaubhaftigkeit von Zeugenaussagen gilt die inhaltliche Analyse der Aussage nach bestimmten Qualitätsmerkmalen, den sog. Realkennzeichen (Steller & Köhnken, 1989). Dabei wird eine (Falsch-)Aussage als das Resultat einer kognitiven Leistung betrachtet und angenommen, dass die Schilderung von nicht erlebten Ereignissen eine schwierigere Aufgabe darstellt als ein Erinnerungsbericht. Zudem muss ein falsch aussagender Zeuge sich als eine glaubwürdige Person darstellen, was seine Aufgabe noch schwieriger macht (Köhnken, im Druck; Steller & Volbert, 2004). Eine erlebnisbegründete Aussage sollte deshalb inhaltliche Qualitäten enthalten, die in erfundenen Aussagen mit geringerer Wahrscheinlichkeit auftreten. Eine inzwischen stattliche Zahl empirischer Untersuchungen mit verschiedenen Materialien und unterschiedlichen Stichproben hat diese als »Undeutsch-Hypothese« bezeichnete Vermutung bestätigt (im Überblick z. B. Vrij, im Druck).

Eine sehr ähnliche Fragestellung liegt vor, wenn ein Beschuldigter zunächst ein Geständnis ablegt und dies später widerruft. Auch bei einer solchen Konstellation kann daher mit Hilfe der Realkennzeichenanalyse untersucht werden, ob es sich um eine konfabulierte oder um eine erlebnisbegründete Aussage handelt. Die psychophysiologische Begutachtung von Tatverdächtigen (Polygraphie oder »Lügendetektion«) spielt im deutschen Rechtsbereich keine

Rolle, nachdem der Bundesgerichtshof 1998 erneut entschieden hat, dass es sich hierbei um ein unzulässiges Beweismittel handelt (BGH 1 StR 156/98; zur Polygraphie s. auch Steller & Dahle, 1999; Fiedler, 1999; Undeutsch & Klein, 1999).

Eine Aussage kann nicht nur absichtlich verfälscht sein, sondern auch Irrtümern, Wahrnehmungsverzerrungen, Erinnerungsverlusten, suggestiven Beeinflussungen usw. unterliegen. In einem aussagepsychologischen Gutachten wird deshalb oft auch zu prüfen sein, ob derartige Einflüsse vorhanden waren und wie sie sich ggf. auf die Aussage ausgewirkt haben könnten (zu gedächtnispsychologischen Aspekten der Zeugenaussage ▶ Kap. 10; zu Suggestion Ceci & Bruck, 1993; Köhnken, 2003; Volbert, 1999; zum Problem sog. »verdrängter Erinnerungen« z. B. Loftus & Pickrell, 1995).

Rückfall- und Gefährlichkeitsprognose

Justiz und Strafvollzug benötigen bei ihrer Arbeit Vorhersagen des zukünftigen Verhaltens. So verlangt der Gesetzgeber beispielsweise bei der Aussetzung des Strafrestes oder der Gewährung von Vollzugslockerungen bei Gewalt- und Sexualstraftätern die Einholung eines Sachverständigengutachtens (Gesetz zur Bekämpfung von Sexualdelikten und anderen gefährlichen Straftaten vom 26.1.1998; Endres, 2000). Auch die Polizei benötigt ähnliche Prognosen in konkreten Bedrohungssituationen, etwa bei erpresserischem Menschenraub, wenn der oder die Täter hinreichend bekannt sind.

Derartige Prognosen haben wegen der Einschränkungen der persönlichen Freiheit einerseits und des möglicherweise erheblichen Leids und Schadens eventueller Opfer erhebliche Konsequenzen. Dabei erstrecken sie sich teilweise über einen Zeitraum von vielen Jahren. Fehler sind dabei nie auszuschließen. Dennoch müssen typische Fehler wie die Überbewertung der Anpassung an den Vollzugsalltag oder eines (scheinbaren) Therapieerfolges vermieden werden. Selbstverständlich ist auch, dass derartige Prognosen einschlägige Kenntnisse der Vollzugsrealitäten und der therapeutischen Grenzen und Möglichkeiten verlangen.

Ergänzend zu dem klassischen Vorgehen der forensischen Begutachtung (Hinrichs, 2003) sind in den letzten Jahren auf der Grundlage der vorliegenden theoretischen Ansätze und einschlägigen empirischen Befunde (Cottle, Lee & Heilbrun, 2001) verschiedene Verfahren entwickelt worden, um die individuelle Rückfallgefahr einer straffälligen Person einzuschätzen. Dazu gehören beispielsweise das »Historical Clinical Risk Assessment« (HCR-20; Dernevik, 1998) oder die »Psychopathy Checklist Revisited« (PCL-R; Hare, 1998). Auch für Sexualstraftäter wurden standardisierte Instrumente zur Risikodiagnose entworfen (z. B. »Static-99«; Hanson & Thornton, 2000). Diese Verfahren erheben systematisch demographische Informationen, Merkmale der delinquenten Vorgeschichte und der Tatbegehung, familiäre und soziale Faktoren sowie Merkmale der schulischen und beruflichen Bildung und verdichten sie zu einem Risikoindex. Untersuchungen zur prognostischen Validität dieser Verfahren zeigen teilweise sehr ermutigende Ergebnisse (z. B. Barnoski, 2002; Dahle 2001). Bislang sind allerdings die meisten dieser Verfahren allein risikoorientiert, erst in jüngster Zeit werden auch günstige (sog. protektive) Faktoren z. B. die Bindung an prosoziale Personen (Lehrer, normkonforme Freunde etc.) oder die Empathiefähigkeit (Erkennen des Leids des Opfers) bei der Gefährlichkeitsprognose stärker berücksichtigt (De Vogel, de Ruiter & Bouman, 2003; Dittmann, 2003).

61.4 Erklärung kriminellen Verhaltens

Ein Kernthema der Rechtspsychologie ist die Entwicklung und Prüfung von Erklärungsmodellen kriminellen (oder allgemeiner antisozialen) Verhaltens. Diese Modelle liefern wichtige Grundlagen für kriminalpräventive und resozialisierende Maßnahmen oder individuelle Verhaltensprognosen.

Klassische psychologische Theorien, basierend auf persönlichkeitstheoretischen, psychoanalytischen, biopsychologischen, behavioral-lerntheoretischen Ansätzen, sozial-kognitiven Lerntheorien oder Handlungs- und Entscheidungsmodellen, machen in der Regel einzelne Faktoren oder Mechanismen für die Entwicklung kriminellen und antisozialen Verhaltens verantwortlich (Bliesener, 2003). Einige vorliegende prospektive Längsschnittstudien zu den Entwicklungsbedingungen von Kindern und Jugendlichen machen jedoch deutlich, dass es vielfältige Faktoren, Mechanismen und Prozesse gibt, die die Entstehung antisozialen Verhaltens begünstigen. In der Regel sind diese psychologischen, sozialen und auch biologischen Bedingungen weder hinreichend noch notwendig und werden deshalb als Risikofaktoren bezeichnet. Es zeigt sich aber, dass die Kumulation bzw. Wechselwirkung verschiedener **Risikofaktoren** die Auftretenswahrscheinlichkeit antisozialen Verhalten erheblich erhöht (z. B. Armut, Verwahrlosung, Substanzenmissbrauch etc.; Bartley, Power, Blame, Smith & Shipley, 1994; Hooper, Burchinal, Roberts, Zeisel & Neebe, 1998; vgl. auch Lösel & Bender, 1997).

Häufungen von Risikofaktoren sind gerade für das sog. »Multi-Problemmilieu« kennzeichnend, sind aber nicht darauf beschränkt. Risikofaktoren lassen sich in allen Altersabschnitten finden. Bereits pränatal wirken z. B. eine Drogen- und Alkoholabhängigkeit oder Fehl- bzw. Unterernährung der Mutter sowie toxische Einflüsse auf das Ungeborene risikoerhöhend (auch ▶ Kap. 19). Perinatale Risikofaktoren für die spätere Entwicklung antisozialen Verhaltens sind ein geringes Geburtsgewicht oder eine Sauerstoffunterversorgung während der Geburt (Brennan, Grekin & Mednick, 1999). In der Kindheit können vorliegende Risiken u. a. durch unzureichende Erziehungskompetenzen und problematische Erziehungspraktiken der Eltern ver-

stärkt werden (Patterson & Yoerger, 1993). Dies gilt insbesondere, wenn das Kind ein »schwieriges Temperament« aufweist, d. h., besonders aktiv, erkundungslustig und stimulationsbedürftig ist, eine geringe Impulskontrolle hat und viel Aufmerksamkeit verlangt (Moffitt, 1990). Als problematisch erweisen sich auch spezifische Wahrnehmungs- und Interpretationsmuster des Kindes bei der Verarbeitung sozialer Informationen, im Sinne einer vorschnellen und unangemessenen Zuschreibung aggressiv-feindseliger Motive und Absichten der Sozialpartner (Crick & Dodge, 1994; Lösel & Bliesener, 1999). Kognitive Kompetenzen korrespondieren nur schwach bis mäßig mit antisozialem Verhalten (Moffit & Silva, 1998; Rutter, Giller & Hagell, 1998), intellektuelle Defizite und Störungen der Aufmerksamkeit begünstigen jedoch Schulverweigerung und Schulversagen, was wiederum die Anbindung an deviante Peergruppen fördern kann (Wilmers & Greve, 2002).

Auch innerfamiliäre Konflikte ebenso wie fehlende Anerkennung und Zuwendung in der Familie fördern bei Jugendlichen den frühen Anschluss an Peergroups (Noack, 2002). Problembelastete Jugendliche schließen sich dabei häufig Gruppen an, die ähnliche Interessen und Einstellungen auch gegenüber antisozialem Verhalten haben und dadurch dieses Verhalten verstärken (Cairns & Cairns, 1991). Die Peergroup bevorzugt Situationen, in denen sie der Kontrolle von Erwachsenen entzogen ist, und sucht Szenen mit besonderen »Angebotsstrukturen«, die auch kriminelles Verhalten begünstigen (Dishion et al., 1999). Der Einfluss der Peers in Verbindung mit dem besonderen Stimulierungsbedürfnis der Jugendlichen bestimmt zudem nicht unwesentlich den Konsum gewalthaltiger Medien (Videos, Kinoangebote, PC-Spiele; vgl. Johnson, Cohen, Smailes, Kaasen & Brook, 2002), durch den wiederum abweichende Verhaltensmuster bekräftigt und stabilisiert werden können. Die Bindung an schulische und berufliche Werte ist in derartigen Gruppen dagegen meist gering, wodurch sich die Tendenz erhöht, Leistungssituationen zu meiden (z. B. durch Schulschwänzen, Fernbleiben vom Ausbildungsplatz etc.).

Dass vorliegende Entwicklungsrisiken nicht in jedem Falle zur Ausbildung devianten Verhaltens führen, kann teilweise auch auf die neutralisierende Wirkung sog. **Schutzfaktoren** zurückgeführt werden. Diese Schutz- oder protektiven Faktoren lassen sich ebenfalls in verschiedenen Bereichen der biopsychosozialen Entwicklung finden. Zu den Schutzfaktoren der Person zählen ein sog. »einfaches Temperament« des Kindes (d. h. regelmäßiger Schlaf-Wach-Rhythmus, geringe Irritierbarkeit, nicht übermäßige Aktivität, positive Stimmungslage), das die Eltern-Kind-Interaktion erleichtert (Werner & Smith, 1982), soziale Kompetenzen wie Empathie, emotionale Ausdrucksfähigkeit und die Fähigkeit zur Lösung sozialer Probleme, eine mindestens mittlere intellektuelle Begabung (Radke-Yarrow & Brown, 1993), positive selbstwertbezogene Kognitionen und eine internale Kontrollüberzeugung. Im Bereich des sozialen Umfeldes haben sich die emotionale Bindung an eine stabile Bezugsperson (Wyman, Cowen, Work & Parker, 1991), ein ausreichendes Maß an sozialer Unterstützung (Bliesener, 1991) sowie ein emotional warmes und gleichzeitig an gemeinsamen Normen orientiertes Erziehungsverhalten (Baumrind, 1991) als wirksame Schutzfaktoren zur Neutralisierung von Risiken erwiesen.

Derartige Modelle der Risiko- und Schutzfaktoren haben sich bisher recht gut bewährt, die Entwicklung eines persistent antisozialen Lebensstils vorherzusagen (z. B. Lösel & Bliesener, 2003), sie liefern ebenso die theoretisch-empirische Basis für unterschiedliche Erfolg versprechende Maßnahmen zur Prävention und Intervention (Egeland, Pianta & Ogawa, 1996; Farrington, 2003, 2004). Schließlich geben sie auch wertvolle Hinweise für die Entwicklung von behandlungsorientierten Diagnoseinstrumenten oder Verfahren zur Risiko- und Gefährlichkeitsprognose.

61.5   Kriminalprävention

Das Angebot an kriminalpräventiven Programmen ist kaum überschaubar. So weist bereits die Datenbank des Bundeskriminalamtes (Infopool Prävention; http://www.bka.de) für die Stichworte Aggression/Gewalt 350 Projekte auf. Zur **Systematisierung kriminalpräventiver Maßnahmen** sind verschiedene Vorschläge gemacht worden. Es wird unterschieden:

1. ob sich die Maßnahme an die Täter antisozialen Verhaltens oder deren Opfer richtet,
2. in welchem institutionellen Setting die Maßnahme angelegt ist (z. B. in der Familie, Schule, Gemeinde, am Arbeitsplatz oder bei der Polizei; Sherman et al., 1998; Bannenberg & Rösner, 2003),
3. welcher Grundkonzeption sie folgt (z. B. Reduktion von Kriminalitätsängsten, Stärkung der kommunalen Identität, Reduktion von Gelegenheitsstrukturen; Ostendorf, 2004),
4. in welcher Phase der Entwicklung des abweichenden Verhaltens die Maßnahme ansetzt: primäre Prävention durch Reduktion der Risiken des antisozialen Verhaltens, sekundäre Prävention als Verhinderung oder Verkürzung der Manifestation einer Verhaltensauffälligkeit oder Viktimisierung durch Früherkennung und Frühbehandlung, tertiäre Prävention durch Rückfalleindämmung und Reduktion von Folgeschäden (Caplan, 1964) und
5. ob die Maßnahme alle Personen ansprechen soll (universelle oder Generalprävention) oder für besonders gefährdete oder bereits auffällige Personen konzipiert ist (gezielte oder Spezialprävention).

Beim Vergleich dieser Systematisierungsversuche zeigen sich einige Überlappungen, zudem werden die Unterscheidungsdimensionen vielfach kombiniert. Sinnvollerweise lassen sich die vorliegenden Programme nach den drei Dimensionen Täter- versus Opferorientierung, Selektivitätsgrad der Maßnahme und institutionelle Einbettung gruppieren. Dabei bleibt aber zu berücksichtigen, dass manche Programme mehrere Kategorien füllen (z. B. sich an Täter und Opfer richten oder in mehrere Institutionen bzw. Settings (z. B. Schule und Familie; Tremblay, LeMarquand & Vitaro, 1999) eingebettet sind.

Opferorientierte psychologische Präventionsprogramme umfassen die Vermittlung spezifischer Kompetenzen zur Vermeidung von Viktimisierungen, Programme zur Unterstützung von Opfern der Gewalt in der Familie, in der Schule oder am Arbeitsplatz, ebenso Maßnahmen des Opferschutzes im Strafprozess (▶ Abschn. 61.8.5) oder auch die psychotherapeutische Behandlung von Gewaltopfern.

Täterorientierte Programme beinhalten beispielsweise Aufklärungsmaßnahmen über Folgen des Alkoholkonsums bei Schwangeren (Abel, 1998), aber auch Trainings zur Stärkung der Erziehungskompetenz (Hahlweg et al., 2001; Patterson, Raid & Dishion, 1992) oder zur Förderung der sozialen Kompetenz und Konfliktlösefähigkeit von Kindern (z. B. Frey, Hirschstein & Guzzo, 2000). Selektive Präventionsprogramme sind z. B. zur Vermeidung des Schulversagens von Kindern aus unteren Bildungs- und Einkommensschichten (Weikart & Schweinhart, 1997) oder für Kinder mit hyperaktivem und/oder oppositionellem Verhalten (z. B. Döpfner, Schürmann & Fröhlich, 1997) entwickelt worden.

Psychologisches Know-how wird in jüngerer Zeit zunehmend auch bei der Evaluation von präventiven Maßnahmen der Jugendhilfe, Medienerziehung, polizeilichen oder kommunalen Arbeit verlangt. Wenngleich sich hier in vielen Bereichen die Idee einer obligatorischen Effizienzkontrolle noch nicht überall durchgesetzt zu haben scheint.

61.6   Resozialisierung

Unmittelbar nach Beginn des Vollzuges der Freiheitsstrafe, der die Aufgabe hat, den Gefangenen zu befähigen, »künftig in sozialer Verantwortung ein Leben ohne Straftaten zu führen« (§ 2 StVollzG), verlangt der Gesetzgeber die »Erforschung der Persönlichkeit und der Lebensverhältnisse des Gefangenen« (§ 6 StVollzG). Diese Behandlungsuntersuchung dient u. a. der Planung von und Zuweisung zu Weiterbildungsmaßnahmen, insbesondere aber auch speziellen Hilfs- und Behandlungsmaßnahmen im Vollzug.

61.6.1 Behandlungsorientierte Diagnose bei Straftätern

Eine erfolgreiche Behandlung setzt eine sorgfältige Diagnose voraus. Dabei sollte die Diagnose behandlungsorientiert sein, die vorhandenen Risiken und Defizite identifizieren und eine Klassifikation der Probanden erlauben, um die Zuweisung zu vorhandenen Maßnahmen und Behandlungsprogrammen zu optimieren. Gemäß dem Risikoprinzip soll eine Behandlung im Strafvollzug zudem nur dann erfolgen, wenn eine bedeutsame Rückfallwahrscheinlichkeit gegeben ist. Weiterhin ist zu beachten, dass eine gut gemeinte Behandlungsmaßnahme durchaus kontraindiziert sein kann, wenn sie lediglich Defizite behebt, die für die zukünftige Begehung von Straftaten nicht oder kaum relevant sind (vgl. Ogloff & Davis, 2004).

Andrews, Bonta und Hoge (1990) haben diesbezüglich ein Risiko-Bedürfnis-Ansprechbarkeits-Modell formuliert. Demnach müssen folgende Merkmale erhoben und diagnostiziert werden:

1. die vorhandenen, für das antisoziale Verhalten relevanten Risiken,
2. die individuellen Behandlungsbedürfnisse des Straftäters (z. B. Drogenkonsum, geringe Problemlösekompetenz) und
3. seine Ansprechbarkeit, im Sinne der Erfüllung von Voraussetzungen für spezifische Behandlungsmaßnahmen (z. B. Lesekompetenz, sprachliche Ausdrucksfähigkeit).

Bisher sind allerdings nur wenige standardisierte Verfahren entwickelt worden, die eine derartige behandlungsorientierte Diagnose ermöglichen (Bliesener, 2003). Im englischsprachigen Raum hat sich z. B. das »Level of Service Inventory« (LSI-R; Andrews & Bonta, 1995; Simourd & Malcolm, 1998) gut bewährt. Das LSI erfasst neben demographischen Informationen Merkmale der delinquenten Vorgeschichte und der Tatbegehung, Daten zur schulischen und beruflichen Bildung vor allem aktuelle familiäre und soziale Faktoren, Freizeitverhalten und Substanzengebrauch, dispositionelle Merkmale, Einstellungen und Orientierungen, die Ansatzpunkte für eine Behandlung aufzeigen (Endres, 2000).

Eine verwandte Fragestellung betrifft die Prognose bei jugendlichen Straftätern. Hier stellt sich spätestens nach der ersten strafrechtlich relevanten Auffälligkeit eines Jugendlichen die Frage der angemessenen Reaktion, um eine Manifestation des kriminellen Verhaltens zu verhindern. Leider liegen bislang keine handhabbaren Instrumente vor, die es erlauben, frühzeitig, zuverlässig und ökonomisch solche Kinder und Jugendliche hinreichend zuverlässig zu erkennen, die ein dauerhaft antisoziales Verhalten entwickeln (vgl. Loeber, 2002).

61.6.2 Straftäterbehandlung

Nach einer kurzen Phase euphorischer Überschätzungen der Möglichkeiten moderner Behandlungsmethoden für Straftäter in den 1970er Jahren (Lösel, 1995), in der frühere negative Befunde zur Behandlungswirksamkeit (z. B. Bai-

ley, 1966) kaum berücksichtigt wurden, setzte sich infolge erneuter ernüchternder Evaluationsergebnisse ein weiter Pessimismus und die These »nothing works« durch (Lösel & Bender, 1997). Eine sorgfältige Betrachtung insbesondere in einigen umfangreichen systematischen Befundintegrationen in den 1980er und 1990er Jahren im angloamerikanischen Raum (z. B. Andrews, Zwinger, Hoge, Bonta, Gendreau & Cullen, 1990), aber auch in Kontinentaleuropa (Lösel et al., 1987) ließ jedoch ein moderat positives Bild entstehen. Recht konsistent wurde eine substanzielle Reduktion der Rückfälligkeit von 10–12% bei Straftätern festgestellt, die einem speziellen therapeutischen oder erzieherischen Programm unterzogen worden waren (Lösel, 1995, 1998; McGuire & Priestley, 1995).

Differenzierte Analysen zeigen allerdings auch deutliche Unterschiede zwischen verschiedenen Behandlungsformen (Lipsey & Wilson, 1998). So werden z. B. für rein punitiv-abschreckende Maßnahmen, die nicht auch auf die Vermittlung psychosozialer Kompetenzen abzielen, sogar rückfallerhöhende Wirkungen berichtet (Lipsey, 1992). Schwach strukturierte therapeutische Angebote und therapeutische Gemeinschaften, nicht direktive Beratungen und Maßnahmen mit eher unspezifischer Fallarbeit zeigen überwiegend unterdurchschnittliche Effekte. In der Straftäterbehandlung bewährt haben sich dagegen kognitiv-behaviorale Programme, spezifische Trainings zur Vermittlung kognitiver und sozialer Fertigkeiten und multimodale Programme, bei denen auf verschiedenen Ebenen angesetzt wird und die dort Beteiligten an der Behandlung teilhaben, z. B. in der Therapie, am Ausbildungs- oder Arbeitsplatz, in der Wohngruppe oder im sozialen Empfangsraum (z. B. Eltern, Partner) nach der Haft (Lipsey, Chapman & Landenberger, 2001).

Diese Maßnahmen zeigen dann die besten Effekte, wenn sie

1. an den Defiziten der Straftäter ansetzen, die nachweislich das Risiko für den Rückfall erhöhen (kriminogene Faktoren),
2. in ihrer Intensität auf den Grad der individuellen Gefährdung abgestimmt werden und
3. bei der Vermittlung die Lernstile und Lernvoraussetzungen der Straftäter berücksichtigen, z. B. durch eine stärker handlungsorientierte und strukturierte Vermittlung konkreter Fertigkeiten (Andrews, Bonta & Hoge, 1990).

61.7   Polizeipsychologie

Die Polizeipsychologie ist (jedenfalls in Deutschland) in der empirischen Forschung im Vergleich zu anderen Bereichen der Rechtspsychologie, aber auch im Vergleich zur Bedeutung dieses Gebietes in den angelsächsischen Ländern stark vernachlässigt worden. Dabei umfasst die Polizeipsychologie zahlreiche sehr unterschiedliche Teilgebiete (◗ Abb. 61.2).

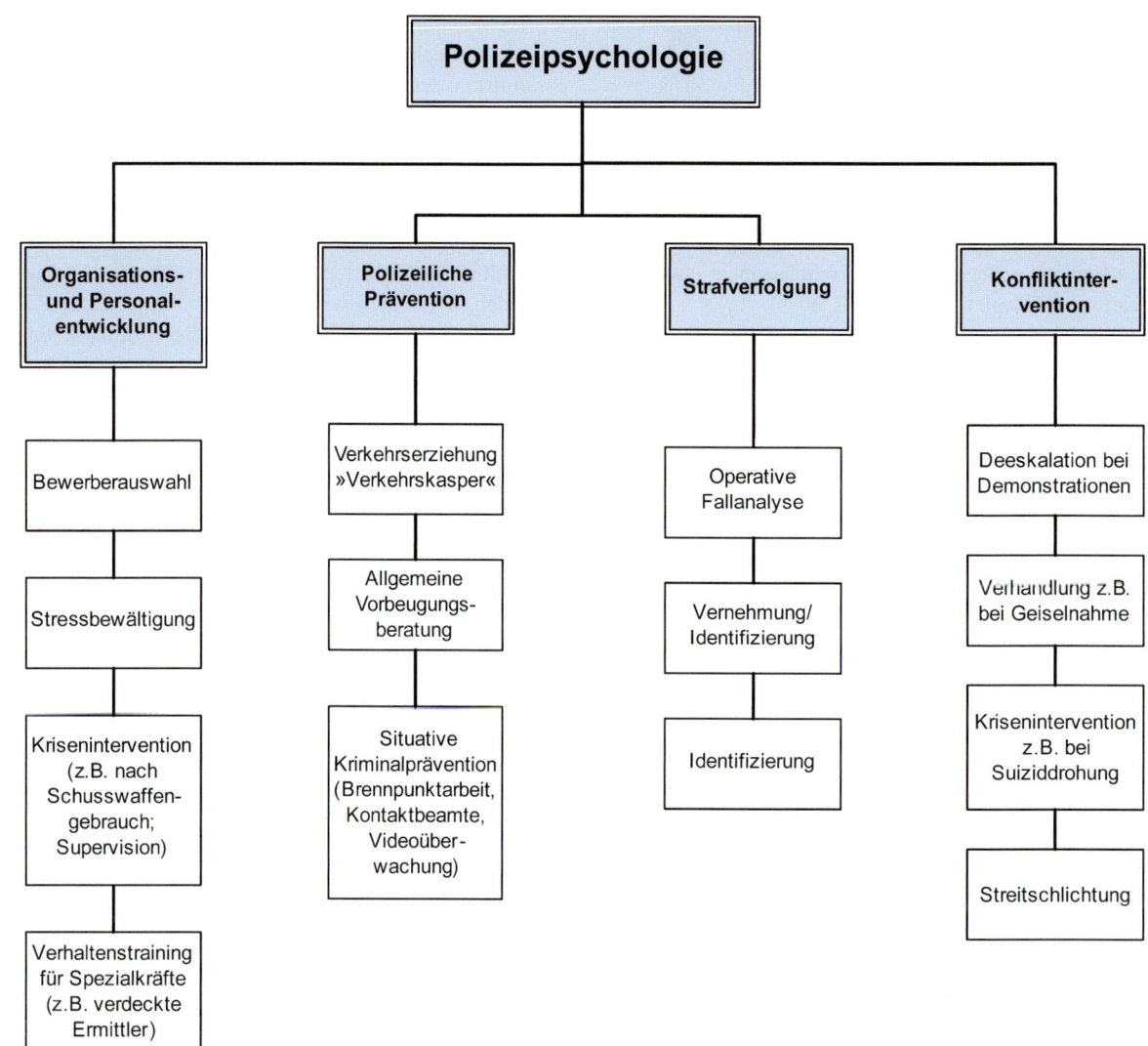

Abb. 61.2. Forschungs- und Anwendungsbereiche der Polizeipsychologie

61.7.1 Organisations- und Personal- entwicklung

Die Polizei ist eine große Organisation, die sich in verschiedenen Aspekten von anderen Organisationen (z. B. Wirtschaftsunternehmen) unterscheidet (u. a. Größe, Aufgabenbereich, Machtbefugnisse, Verhalten in Grenzsituationen). Dennoch lassen sich viele Erkenntnisse aus der allgemeinen Organisationspsychologie (► Kap. 52) auf die Polizei anwenden (Ainsworth, 1995, 2000; Füllgrabe, 1999). Hierzu gehört z. B. die Auswahl von Bewerbern für den Polizeidienst (Lösel & Mai, 1988; Petersen, 2002). Dabei ist zu berücksichtigen, dass der Polizeidienst möglicherweise eine besondere Affinität auf Personen mit speziellen Persönlichkeitsstrukturen ausübt, welche sich nicht immer mit den Anforderungen an Polizeibeamte vertragen (Bull, 1984). Diese Affinität für bestimmte Persönlichkeiten in Verbin-

dung mit den mit der polizeilichen Tätigkeit verbundenen besonderen Belastungen kann zu einem »Einstellungsbündel« führen, welche das Denken und Handeln von Polizeibeamten beeinflusst. Wootton und Brown (2000) haben dieses Einstellungsmuster als »canteen culture« und »cop culture« bezeichnet. Es beinhaltet u. a. Merkmale wie Zynismus, Konservatismus, Pessimismus, Pragmatismus, Gruppensolidarität und Misstrauen.

Polizeiliche Tätigkeit ist oftmals konfliktträchtig und durch vielfältige Stressbedingungen gekennzeichnet (Karlsson & Christianson, 1999). Dies zeigt sich auch im Alltag polizeilichen Handelns, etwa bei Demonstrationen und Großveranstaltungen, Geiselnahmen, in Gefahrensituationen oder bei der Schlichtung von Familienstreitigkeiten. Polizeibeamte sind einerseits zahlreichen Gefahren ausgesetzt (z. B. Blau, 1994), andererseits können eigene Maßnahmen wie etwa der Schusswaffengebrauch erheblich belastend sein (Barton, Vrij & Bull, 2000). Der Vermittlung von Techniken und Fertigkeiten zur Stressvermeidung und Stressbewältigung kommt daher eine besondere Bedeutung zu (Holling, 1999).

Neben der Gefahrenabwehr und der Verfolgung von Straftaten als den klassischen Bereichen polizeilicher Tätigkeit wurden zunehmend auch Maßnahmen zur Prävention entwickelt und in der Praxis eingesetzt. Im Vordergrund stehen dabei vielfach Strategien der Einstellungsänderung und Verhaltensmodifikation. Hierzu gehören z. B. spezifische Informationsveranstaltungen zur Sicherung von Wohnungen und zur Vermeidung von Taschendiebstählen und anderen Delikten, aber auch Maßnahmen zur Verkehrserziehung bei Kindern mit dem sog. Verkehrskasper, Veranstaltungen zur Aufklärung über Alkohol im Straßenverkehr (Jessen, 2002) sowie Bemühungen zur Verbesserung des Ansehens der Polizei bei Kindern und Jugendlichen durch Verwendung sog. Sympathiefiguren. Empirische Evaluationen der Effizienz derartiger Maßnahmen gibt es bisher allerdings kaum.

61.7.2 Vernehmung von Zeugen und Beschuldigten

Im Rahmen der Strafverfolgungsaufgaben der Polizei ist vor allem die Vernehmungspsychologie und in diesem Zusammenhang auch die **Identifizierung von Tatverdächtigen** durch Augenzeugen Gegenstand psychologischer Forschung. Während die Bedeutung sachgerechter Vernehmungstechniken zunehmend erkannt worden ist, wird die Problematik des Wiedererkennens von Tatverdächtigen durch Augenzeugen nach wie vor stark unterschätzt. Dabei wird die besondere Problematik dieses Beweismittels in der deutschen und internationalen Literatur bereits seit vielen Jahren diskutiert (z. B. Peters, 1972; Rattner, 1988). Rattner (1988) ist in einer Analyse von insgesamt 205 Justizirrtümern zu dem Ergebnis gekommen, dass Falschidentifizierungen mit einem Anteil von 52% die mit Abstand häufigste Ursache für die Verurteilung Unschuldiger bilden. Geradezu dramatisch sind die Ergebnisse einer Reanalyse von Fällen verurteilter Strafgefangener in den USA. Dort wurden, sofern noch geeignetes Material vorhanden war, nachträgliche DNA-Analysen durchgeführt. Aus den bisher vorliegenden Ergebnissen geht hervor, dass von mehr als 100 fälschlicherweise verurteilten Personen über 75% durch einen oder mehrere Augenzeugen als angebliche Täter identifiziert worden waren (Wells & Olson, 2003). Dabei könnten zahlreiche Fehler bei der Identifizierung von Tatverdächtigen vermieden werden, denn als Resultat einer sehr intensiven Forschung sind inzwischen zahlreiche potenzielle Fehlerquellen bekannt, die zu falschen Identifizierungen führen können (im Überblick z. B. Köhnken & Sporer, 1990; Sporer, Köhnken & Malpass, 1996; Wells & Olson, 2003).

Die **Vernehmung von Zeugen und Beschuldigten** ist unter quantitativen Gesichtspunkten eine der Haupttätigkeiten von Polizeibeamten. Nach einer Untersuchung von Herren (1976) verbringen sie etwa 70–80% ihrer Dienstzeit mit der Befragung von Personen. Fisher und Geiselman (1992) berichten Ergebnisse einer Untersuchung der amerikanischen Rand Corporation, wonach die Vollständigkeit und Genauigkeit von Zeugenaussagen die wesentliche Determinante für die Aufklärung einer Straftat ist. Der Untersuchung von Fehlerquellen im Interview, der Suggestivität und Möglichkeiten der Verbesserung von Vernehmungstechniken wurde deshalb in der Forschung besondere Aufmerksamkeit gewidmet (z. B. Eisen, Quas & Goodman, 2002), wobei insbesondere das sog. »Kognitive Interview« eine größere Bedeutung erlangt hat (Fisher & Geiselman, 1992; Köhnken, Milne, Bull & Memon, 1999). Hierbei werden verschiedene Erinnerungshilfen (Zurückversetzen in den Wahrnehmungskontext) und kommunikationspsychologische Techniken eingesetzt, um möglichst viele verlässliche Informationen zu erhalten. Nach einer Metaanalyse von Köhnken et al. (1999) kann mit dieser Interviewtechnik im Vergleich zu einem guten Standardinterview die Informationsmenge um durchschnittlich ein Drittel gesteigert werden, während die Anzahl falscher Details in erheblich geringerem Maße zunimmt.

Zeugenaussagen können durch suggestive Befragungen bis zur völligen Unbrauchbarkeit als Beweismittel verfälscht werden. Zur Vermeidung suggestiver Beeinflussungen reicht es meistens nicht aus, lediglich auf die Gefahr von Suggestivfragen hinzuweisen und die Notwendigkeit ihrer Vermeidung zu betonen. Es kommt vielmehr darauf an, einseitige Hypothesenbildungen und die Verfestigung von ungeprüften Überzeugungen zu vermeiden (konfirmatorisches Hypothesentesten; Schulz-Hardt & Köhnken, 2000).

61.7.3 Psychologische Konzepte der Strafverfolgung

Ein relativ neues Betätigungsfeld der Rechtspsychologie ist die psychologische **Rekonstruktion eines Tathergangs** und die **Erstellung eines Täterprofils** bei ungeklärten Tötungs-, sexuellen Gewalt-, Erpressungs- und Entführungsdelikten (Operative Fallanalyse, daneben finden sich außer dem populären Begriff des Täter-Profilings auch die Bezeichnungen Tatort- oder Tathergangsanalyse; Canter & Alison, 2000). Zunächst in den USA durch das FBI entwickelt (z. B. Douglas, Burgess, Burgess & Ressler, 1992), entstanden in Europa bald eigenständige Verfahren, die sich stärker auf statistisch ermittelte Zusammenhänge als auf »klinische Urteilsbildung« stützen (Ainsworth, 2001; Canter & Alison, 2000). Basierend auf dem kriminalistischen Konzept des Modus operandi wird versucht, von wiederholten Übereinstimmungen in äußeren Tatmerkmalen (z. B. Merkmalen des Opfers und des Tatorts, evtl. Verletzungsmustern, dem erkennbaren Planungsgrad der Tat, der Tötungsart etc.) auf spezifische Motive, psychische Auffälligkeiten, Gewohnheiten u. Ä. des Täters zu schließen und damit Hinweise für die Ermittlung zu liefern (Holmes & Holmes, 1996; Föhl, 2001). Dabei stützt sich die psychologisch-kriminalistische Analyse zum einen auf verschiedene fallanalytische Verfahren zum Tatverhalten und zu den Entscheidungen, die diesem Verhalten vorausgingen. So wird versucht zu rekonstruieren, was sich wie und in welcher Reihenfolge zugetragen hat, um beispielsweise den Planungsgrad der Tat abzuschätzen. Von besonderer Bedeutung sind dabei Verhaltensstile, die sich über mehrere Taten hinweg nachweisen lassen und Hinweise auf die Persönlichkeitsstruktur des Täters liefern, aber auch Handlungsalternativen, die der Täter ausgelassen oder verworfen hat. Zum anderen liefern empirisch gewonnene Datenbanken wichtige Grundlagen für Zusammenführung von Tat-Tat- und Tat-Täter-Zusammenhängen (Dern, 2000).

61.8   Psychologie der Gerichtsverhandlung und außergerichtlichen Konfliktregelung

Im Vergleich zu anderen Anwendungsbereichen der Rechtspsychologie haben die Gerichtsverhandlung als dynamischer Prozess, als Interaktion zwischen den Verfahrensbeteiligten und als Verfahren der Konfliktlösung sowie die Urteilsbildung bei den beteiligten Berufs- und Laienrichtern in der deutschen rechtspsychologische Forschung sehr viel weniger Aufmerksamkeit gefunden. ◘ Abbildung 61.3 gibt einen Überblick über diesen Bereich der Rechtspsychologie.

61.8.1 Richterliche Urteilsbildung

Richter fällen nicht nur ein Urteil am Ende der Hauptverhandlung (bezüglich der Strafzumessung), sie urteilen auch im Vorfeld der Hauptuntersuchung (z. B. ob Untersuchungshaft anzuordnen ist, ob lediglich ein Strafbefehl erteilt werden soll), während der Hauptverhandlung (z. B.

über Beweisanträge) und nach der Hauptverhandlung (z. B. über eine Strafrestaussetzung oder Aussetzung zur Bewährung). All diese Entscheidungen unterliegen ähnlichen psychologischen Prozessen, sie werden unter Bedingungen der Unsicherheit und zumeist unter Rückgriff auf alltagspsychologisches Wissen vorgenommen (Oswald, 1997). Insbesondere im angloamerikanischen und angelsächsischen Bereich wird daneben auch intensiv das Urteilsverhalten von Laienrichtern (z. B. Schöffen oder Geschworenen) analysiert (Bliesener, im Druck). In den deutschsprachigen Ländern werden dagegen stärker die richterliche Strafzumessung und die Beurteilung der Glaubwürdigkeit von Zeugenaussagen durch Richter und Laien untersucht.

Bezüglich der richterlichen Strafzumessung haben frühere Studien beispielsweise Hinweise auf die sehr problematische Berücksichtigung extralegaler Faktoren wie Rasse, soziale Schicht oder Geschlecht gegeben. Jüngere Studien konnten recht konsistent zeigen, dass vorwiegend die Deliktschwere die Strafzumessung bestimmt und vermeintliche Diskriminierungen im Wesentlichen auf Unterschiede in der Vorstrafenbelastung zurückgeführt werden können (Oswald, 1997).

Arbeiten zur Verarbeitung unterschiedlicher Informationen haben z. B. gezeigt, dass Richter, die aufgrund belastender Informationen aus der Strafakte eine ausgeprägte Schuldüberzeugung entwickelt hatten, die aus der Hauptverhandlung stammenden entlastenden Informationen anders gewichten und eher zum Schuldschluss kamen als Richter, denen die entlastenden Informationen vorab in der Strafakte und die belastenden Informationen anschließend in der Hauptverhandlung präsentiert worden waren (Schünemann & Bandilla, 1989).

61.8.2 Mediation

Eine ständig zunehmende Zahl zivilrechtlicher Klagen und Strafverfahren hat die Gerichte an die Grenzen ihrer Kapazität geführt. Die Folge sind oft unerträglich lange Verfahrensdauern, die von den Betroffenen teilweise als Rechtsverweigerung wahrgenommen werden. Angesichts dieser

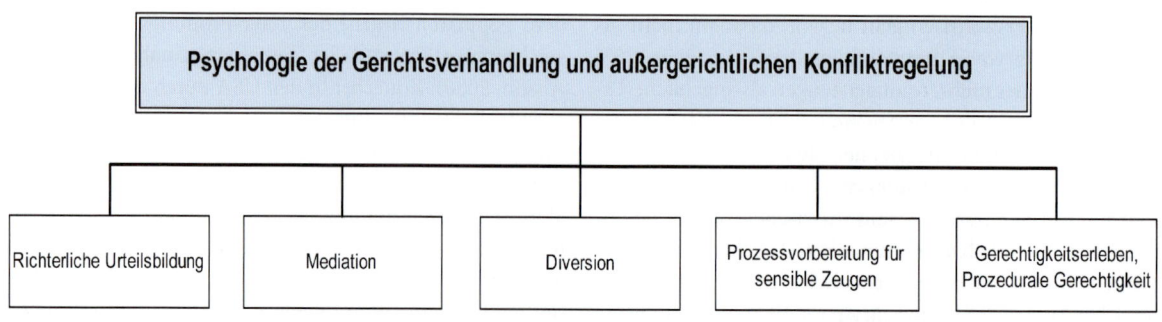

◘ **Abb. 61.3.** Anwendungsbereiche der Psychologie bei Gerichtsverhandlungen und außergerichtlichen Konfliktregelungen

Situation haben verschiedene Formen außergerichtlicher Konfliktregelungen seit etwa zwei Jahrzehnten auch in Deutschland zunehmend Interesse und Akzeptanz gefunden. Eines der wichtigsten Verfahren außergerichtlicher Konfliktregelung ist die Mediation, der Versuch, eine Konfliktlösung unter Mithilfe von sog. Mediatoren oder Konfliktvermittlern zu finden. Die Teilnahme an einer Mediation ist freiwillig. Beschränkte sich die Mediation zunächst auf die außergerichtliche Regelung von Umwelt-, Familien- und Scheidungskonflikten sowie auf die Bearbeitung von Nachbarschaftsstreitigkeiten, so sind später auch Anwendungen im Strafrecht (Täter-Opfer-Ausgleich) hinzugekommen. Sowohl im Kinder- und Jugendhilfegesetz (KJHG) als auch im Kindschaftsrechtsreformgesetz von 1997 sind inzwischen außergerichtliche Konfliktberatungen als Pflichtangebote der Jugendhilfe vorgeschrieben. Im Strafrecht wurde der Täter-Opfer-Ausgleich bereits 1990 im JGG für Jugendliche und 1994 im StGB für Erwachsene und seit 2000 auch in der StPO als eine Option eingeführt. Sie ermöglicht dem Gericht, das Bemühen des Täters um einen Ausgleich mit dem Opfer seiner Straftat mit einer Strafmilderung oder der Einstellung des Verfahrens zu honorieren (Proksch, 2000).

Als Täter-Opfer-Ausgleich (TOA) wird das Angebot an Täter und Opfer bezeichnet, im Rahmen eines Mediationsverfahrens den in der Straftat zum Ausdruck gekommenen Konflikt samt seiner Folgeschäden mit Hilfe eines Vermittlers außergerichtlich zu lösen (Wandrey, 2000). In der Praxis wird der TOA zumeist durch Sozialarbeiter bzw. Sozialpädagogen durchgeführt.

Wenn man sich vergegenwärtigt, dass Mediation und TOA in erheblichem Maße auf psychologische Modelle der Konfliktanalyse und -bewältigung sowie der Kommunikation und Interaktion zurückgreifen, ist es erstaunlich, dass dieser Bereich weitgehend Juristen und Sozialpädagogen überlassen wurde. Genuin psychologische Forschung ist bislang in diesem Bereich außerordentlich selten anzutreffen (▶ Kasten).

Effekte des Täter-Opfer-Ausgleichs
Der Täter-Opfer-Ausgleich hat sowohl in den USA als auch in Europa eine große Verbreitung gefunden. Umbreit (2001) berichtet von mehr als 300 TOA-Programmen in den USA und mehr als 1000 in Europa. Nugent, Williams und Umbreit (2004) haben in einer Metaanalyse die Effekte des TOA auf die Rückfälligkeit bei mehr als 9300 jugendlichen und heranwachsenden Straftätern untersucht. Trotz der angesichts verschiedener methodischer Probleme gebotenen Vorsicht deuten die Ergebnisse dieser Metaanalyse darauf hin, dass Teilnehmer an einer TOA-Maßnahme eine bis zu 30% geringere Wahrscheinlichkeit eines Rückfalls haben als konventionell behandelte Täter.

61.8.3 Diversion

Delinquentes Verhalten ist zu einem erheblichen Anteil ein passageres Phänomen im Verlauf der Sozialisation. »Jugendkriminalität ist in der Tat überwiegend entwicklungsbedingt, steht im Zusammenhang mit den Problemen Jugendlicher, mit der Pubertät, mit dem Selbstständigwerden, mit der Herauslösung aus dem Elternhaus, mit der Verführbarkeit durch eine aggressive Werbung und Tatgelegenheiten, mit der Beeinflussung durch die Clique. … Jugendkriminalität ist ubiquitär, d. h. überall verbreitet, und hat entwicklungsbedingt Normalitätscharakter« (Ostendorf, 2000, S. 9). Formale strafjustizielle Reaktionen auf Jugenddelinquenz bergen angesichts dieser Situation die Gefahr, dass sich delinquentes Verhalten bei Jugendlichen und Heranwachsenden durch Stigmatisierungseffekte sowie negative Folgen des Strafvollzugs verfestigt (z. B. Lamnek, 2001). Zur Vermeidung derartige ungünstiger Entwicklungen wurden bereits in den 1930er Jahren in den USA und seit einiger Zeit verstärkt auch in Deutschland unter dem Begriff »Diversion« (von lat. »divertere« = vorbeileiten) verschiedene »außerjustizielle« Reaktionen auf Jugenddelinquenz diskutiert (z. B. Eisenberg, 2000; ▶ Kasten S. 880).

Als Diversionsmöglichkeit besteht auf der Ebene der Staatsanwaltschaft, also noch vor Eröffnung eines förmlichen Gerichtsverfahrens, gemäß § 45 JGG die Option der Einstellung des Verfahrens mit Eintrag in das Erziehungsregister. Die Staatsanwaltschaft kann ferner von einer Verfolgung absehen, wenn eine erzieherische Maßnahme bereits eingeleitet oder durchgeführt worden ist oder der Jugendliche sich um einen Ausgleich mit dem Verletzten bemüht hat (Täter-Opfer-Ausgleich). Sind außerjustiziell keine »erzieherischen Maßnahmen« durchgeführt oder als spezialpräventiv für nicht ausreichend erachtet worden, kann die Staatsanwaltschaft gemäß § 45 Abs. 3 JGG die Erteilung einer Ermahnung, von Weisungen oder von Auflagen durch den Jugendrichter anregen. Auch noch nach Anklageerhebung kann das Verfahren gemäß § 47 JGG durch das Gericht eingestellt werden.

61.8.4 Prozedurale Gerechtigkeit

Wesentliche Aufgaben der Rechtsprechung sind die Konfliktlösung und die Wahrung des Rechtsfriedens. Die Erreichung dieser Ziele hängt in starkem Maß davon ab, inwieweit die beteiligten Personen das Verfahren selbst sowie das erzielte Resultat als gerecht empfinden. Die subjektiv empfundene Gerechtigkeit oder Fairness eines Prozessergebnisses wird als »distributive Gerechtigkeit« bezeichnet, während die wahrgenommene Fairness des Verfahrens, das zu einer Entscheidung führt, als »prozedurale Gerechtigkeit« bezeichnet wird (Bierhoff, 1992; Folger & Greenberg, 1985). Tyler und Folger (1980) haben gezeigt, dass beide Arten der wahrgenommenen Gerechtigkeit die Zufriedenheit mit dem

Polizeidiversion

In einigen Bundesländern (z. B. Schleswig-Holstein, Berlin, Niedersachsen) wurde zusätzlich die Möglichkeit einer sog. Polizeidiversion geschaffen. In Schleswig-Holstein kann die Polizei z. B. anlässlich der Vernehmung zur Normverdeutlichung und Unterstützung der erzieherischen Wirkungen des Ermittlungsverfahrens ein erzieherisches Gespräch führen. Ferner hat sie die Befugnis, eine Wiedergutmachung (z. B. sofortige Entschuldigung beim Verletzten, sofortige Schadenswiedergutmachung) anzuregen, da eine solche die Abschlussentscheidung der Staatsanwaltschaft positiv beeinflussen kann. Hält sie im Rahmen ihres Ermessensspielraums weitere Maßnahmen für entbehrlich, teilt sie dies unter gleichzeitiger Übersendung der Akten der Staatsanwaltschaft mit und schlägt eine Einstellung gemäß § 45 Abs. 1 vor. Anderenfalls wird eine im Hinblick auf den § 45 Abs. 2 angemessene Maßnahme vorgeschlagen. Wird diesem Vorschlag zugestimmt, schlägt die Polizei nach erfolgreicher Durchführung der Maßnahme(n) die Einstellung nach § 45 Abs. 2 vor. Empirische Befunde zu den Auswirkungen derartiger Maßnahmen auf die weitere Entwicklung der betroffenen Jugendlichen liegen bisher nicht vor.

Ergebnis unabhängig voneinander beeinflussen. Auch wenn das Ergebnis einer Entscheidung ungünstig für eine Person ist (sie also »den Prozess verloren hat«), kann sie gleichwohl mit dem Resultat zufrieden sein, wenn sie das Verfahren der Entscheidungsfindung als fair empfunden hat.

Nach Leventhal (1980) kann die prozedurale Gerechtigkeit u. a. beeinflusst werden durch

- Konsistenz (Gleichbehandlung aller Personen bei Entscheidungen),
- Unvoreingenommenheit (keine persönlichen Interessen der Autorität, z. B. des Richters),
- Genauigkeit (Ausschöpfung aller relevanten Informationsquellen),
- Korrigierbarkeit (Berufungs- oder Einspruchsrecht),
- Repräsentativität (Berücksichtigung der Interessen aller Parteien) und
- ethische Rechtfertigung (Übereinstimmung mit gültigen moralischen Standards).

Thibaut und Walker (1975) haben darüber hinaus die (subjektiv wahrgenommene) Kontrolle über den Prozess und über die Entscheidung als Determinanten der prozeduralen Gerechtigkeit identifiziert.

Die prozedurale Gerechtigkeit kann sich auf die Akzeptanz und Befolgung eines Gerichtsurteils auswirken. Dies ist insbesondere dann von Bedeutung, wenn die angestrebte Wirkung wesentlich von der (langfristigen) Kooperationsbereitschaft der Beteiligten abhängt, wie es etwa bei Sorge- und Umgangsrechtsentscheidungen der Fall ist (Godt & Köhnken, 2005). Kitzmann und Emery (1993) nehmen an, dass die prozedurale Gerechtigkeit dabei umso wichtiger ist, je ausgeprägter der Konflikt zwischen den beiden Elternteilen ist.

61.8.5 Prozessvorbereitung für sensible Zeugen

Eine Aussage vor Gericht bedeutet für viele Zeugen eine erhebliche Belastung. Dies gilt insbesondere (aber nicht nur) dann, wenn die Zeugen Kinder sind, und wenn sie über emotional belastende, intime und möglicherweise traumatisierende Erlebnisse aussagen müssen. Dies ist häufig bei Opfern von Sexualdelikten der Fall (z. B. Volbert & Busse, 1995). Belastungen resultieren z. B. aus der Begegnung mit dem Angeklagten, dem subjektiv erlebten Kontrollverlust in der Gerichtsverhandlung und der manchmal langen Wartezeit von der Anzeigeerstattung bis zur Verhandlung. Diese Belastungen sind nicht nur für den unmittelbar betroffenen Zeugen ungünstig, sie können auch zu einer Verringerung der Anzeigebereitschaft in der Bevölkerung führen. Ferner kann infolge der emotionalen Belastung die Qualität der Informationsverarbeitung beeinträchtigt werden, was sich negativ auf die Verwendbarkeit der Zeugenaussage auswirken kann.

Die geltende Strafprozessordnung (StPO) sowie das Gerichtsverfassungsgesetz (GVG) sehen verschiedene Maßnahmen zur Verringerung des Belastungserlebens vor. So kann z. B. die Öffentlichkeit ausgeschlossen und der Angeklagte während der Vernehmung eines Zeugen aus dem Gerichtssaal entfernt werden. Als Ergänzung zu diesen Maßnahmen wurden in den letzten Jahren zunehmend Programme zur Vorbereitung sensibler Zeugen auf Gerichtsverhandlungen entwickelt und zum Teil auch empirisch evaluiert (Köhnken, 2003b). Hierbei zeigte sich, dass psychologische Gerichtsvorbereitungsprogramme nicht nur das subjektive Belastungserleben der Zeugen verringern, sie führen auch zu qualitativ besseren Zeugenaussagen (Dannenberg, Höfer, Köhnken & Reutemann, 1997).

61.9 Psychologische Aspekte der Viktimologie

Die rechtspsychologische Opferforschung untersucht u. a., wie das eigene Risiko, Opfer einer Straftat zu werden, in verschiedenen Bevölkerungsgruppen erlebt wird (Bilsky, Pfeiffer & Wetzels, 1993). Hier zeigt sich beispielsweise, dass ältere Personen das Risiko vergleichsweise hoch einschätzen, obwohl sie objektiv – auch aufgrund eigener

Schutzmaßnahmen – weniger gefährdet sind (Greve, 2000). Regelmäßige Umfragen, regionale Vergleiche und Analysen bei unterschiedlichen Personengruppen (Kury, Chouaf & Obergfell-Fuchs, 2002) geben Hinweise auf Ursachen und Bedingungen der Kriminalitätsfurcht. Weitere Fragestellungen der Opferforschung sind, ob sich die Opfer von Gewalt und Kriminalität durch besondere Dispositionen oder Verhaltensmuster auszeichnen (z. B. Bliesener & Lösel, 2001), welche Rolle das Opfer bei der Verbrechensentstehung spielt oder wodurch die Entscheidung eines Opfers beeinflusst wird, eine Straftat anzuzeigen (Schwind et al., 2001). Daran angelehnt sind auch Forschungen zur Unterlassung von Hilfeleistungen bei Gewaltopfern durch Dritte (Schwind et al., 1998).

Ein weiterer Bereich betrifft die Opfer von Misshandlungen und sexuellem Missbrauch. Zum einen wird hier versucht, spezifische Risiken für Missbrauch und Misshandlung aufzudecken und Instrumente der Prävention und Früherkennung zu entwickeln. Zum anderen werden Erkenntnisse der Opferforschung auch direkt in Betreuungs- und Behandlungskonzepte für Misshandlungs- und Missbrauchsopfer umgesetzt und in der Praxis entsprechende Programme angeboten (Bange, 2002).

Weitere rechtspsychologische Forschungsthemen sind außerdem die psychologischen Prozesse der Gerichtsverhandlung und der Prozessbeteiligten (Bliesener, im Druck), die Analyse der richterlichen Urteilsbildung und Strafzumessung, der Einfluss unterschiedlicher Prozessmodelle und der rechtlichen Sozialisation sowie Fragen des angemessenen zivilrechtlichen Schadensausgleichs und der Steuerehrlichkeit (Bierbrauer & Gottwald, 1987; Carson & Bull, 1995).

61.10 Zukunft der Rechtspsychologie

Die Vielfalt rechtspsychologischer Fragestellungen und Anwendungsfelder macht eine Prognose der weiteren Entwicklung und zukünftiger Schwerpunkte schwierig. Dennoch lassen sich einige Entwicklungstrends erkennen: Rechtspsychologie ist anwendungsorientiert. Gesellschaftliche Veränderungen, technologische Entwicklungen bringen auch neue Phänomene im Bereich des delinquenten Verhaltens (z. B. Zuwandererkriminalität, Computerkriminalität). Der Umgang mit diesen Phänomenen erfordert eine intensive interdisziplinäre Zusammenarbeit sowohl mit den klassischen Nachbardisziplinen wie den Rechtswissenschaften und der Medizin als auch anderen Fächern wie der Ethnologie, Informatik oder Linguistik.

Der internationale Vergleich verschiedener Rechtssysteme und der daraus resultierenden kriminalpolitischen Erfahrungen liefert wichtige Hinweise für die Lösung zahlreicher rechtspsychologischer Probleme, wenngleich jeweils nationale Besonderheiten zu berücksichtigen sind. Diese Vergleiche erfordern eine intensive internationale Zusammenarbeit über die nationalen und rechtskulturellen Grenzen hinweg.

Die klassischen Ansätze zu den Bedingungen und Korrelaten delinquent-kriminellen Verhaltens wurden in den letzten Jahren durch eine stärkere Betrachtung individueller Merkmalskonstellationen von Risiko- und Schutzfaktoren ergänzt. Obwohl dieser Ansatz bereits bedeutsame Beiträge zur Varianzaufklärung liefern konnte, ist noch wenig über die individuell wirksamen Mechanismen und Prozesse sowie die Stabilitäten und Wechselwirkungen der verschiedenen Risiko- und Schutzfaktoren bekannt.

Im Vergleich zur Breite und Fülle an Maßnahmen auf fast allen Ebenen der Diagnostik, Prävention und Intervention fehlt es vielfach noch an klaren theoretischen Orientierungen und systematischen Evaluationen (Ostendorf, 2004). Hier ist zu berücksichtigen, dass gerade die Evaluation streng theoriebasierter Innovationen einen harten Test der Theorie ermöglicht und dazu beiträgt, die theoretischen Grundlagen zu verfeinern und die Maßnahmen zu optimieren.

Die erhebliche Bedeutung der Rechtspsychologie in der Berufspraxis sowie in der nationalen und internationalen Forschung steht in starkem Kontrast zu der nach wie vor unzureichenden Verankerung dieses Faches an den psychologischen Instituten deutscher Universitäten. Es gibt nach wie vor keine Professur für Rechtspsychologie und auch keine Etablierung der Rechtspsychologie neben den »klassischen« Anwendungsfächern Pädagogische, Klinische und Arbeits- und Organisationspsychologie. Rechtspsychologie wird in Deutschland in Forschung und Lehre von Personen vertreten, die eigentlich für andere Fächer zuständig sind (z. B. Klinische oder Pädagogische Psychologie, Persönlichkeitspsychologie und Psychologische Diagnostik). Eine Änderung dieser unbefriedigenden Situation wird möglicherweise mit der Umstellung des Diplomabschlusses auf Bachelor- und Masterabschlüsse eintreten. Dadurch wäre erstmals die Einrichtung eines Masterstudiengangs »Rechtspsychologie« und damit die Verankerung des Faches in der universitären Ausbildung möglich.

Literatur

Referenzliteratur

Carson, D. & Bull, R. (1995). Psychology in legal contexts: idealism and realism. In R. Bull & D. Carson (Eds.), *Handbook of Psychology in Legal Contexts* (pp. 3–11). New York: Wiley.

Lempp, R. Schütze, G. & Köhnken, G. (Hrsg.). (2003). *Forensische Psychiatrie und Psychologie des Kindes- und Jugendalters* (2. Aufl.). Darmstadt: Steinkopff.

Lösel, F & Bliesener, T. (2003): *Aggression, Gewalt und Delinquenz unter Jugendlichen – Untersuchungen von kognitiven und sozialen Bedingungen*. Neuwied: Luchterhand.

Steller, M. & Volbert, R. (Hrsg.). (1997). *Psychologie im Strafverfahren*. Bern: Huber.

Zitierte Literatur

Abel, E.L. (1998). Prevention of alcohol abuse-related birth effects. *Alcohol and Alcoholism, 33,* 411–416.

Ainsworth, P.B. (1995). Psychological testing and police recruit selection: difficulties and dilemmas. In G. Davies, S. Lloyd-Bostock, M. McMurran & C. Wilson (Eds.), *Psychology, law, and criminal justice* (pp. 579–584). Berlin: de Gruyter.

Ainsworth, P.B. (2000). Psychology and police investigation. In J. McGuire, T. Mason & A. O'Kane (Eds.), *Behavior, crime and legal processes* (pp. 39–66). Chichester: Wiley.

Ainsworth, P.B. (2001). *Offender profiling and crime analysis.* Cullompton: Willan.

Andrews, D.A. & Bonta, J.L. (1995). *The level of service inventory-revised.* Toronto: Multi-Health Systems

Andrews, D.A., Bonta, J. & Hoge, R.D. (1990). Classification for effective rehabilitation: rediscovering psychology. *Criminal Justice and Behavior, 17,* 19–52.

Andrews, D.A., Zwinger, I., Hoge, R.D., Bonta, J., Gendreau, P. & Cullen, F.T. (1990). Does correctional treatment work? A clinically-relevant and psychologically informed meta-analysis. *Criminology, 28,* 369–404.

Bailey, W.C. (1966). Correctional outcome: an evaluation of 100 reports. *Journal of Criminal Law, Criminology and Police Science, 57,* 153–160.

Bange, D. (2002). Intervention – die »Regeln der Kunst« In: D. Bange & W. Körner (Hrsg.), *Handwörterbuch Sexueller Missbrauch* (S. 216–244). Göttingen: Hogrefe.

Bannenberg, B. & Rössner, D. (2003). Preventing Crime: What works, what doesn't, what's promising? Der »Sherman-Report« und seine Bedeutung für die deutsche Kriminalprävention. *Zeitschrift für Jugendkriminalität und Jugendhilfe, 2,* 111–119.

Barnoski, R. (2002). Monitoring vital signs: integrating a standardized assessment into Washington State's juvenile justice system. In R.R. Corrado, R. Roesch, S.D. Hart & J.K. Gierowski (Eds.), *Multi-problem violent youth* (pp. 219–231). Amsterdam: IOS Press.

Bartley, M., Power, C., Blame, D., Smith, G.D. & Shipley, M. (1994). Birth weight and later socioeconomic disadvantage: evidence from the 1958 British Cohort Study. *British Medical Journal, 309,* 1475–1478.

Barton, J., Vrij, A. & Bull, R. (2000a). High speed driving: police use of lethal force during simulated incidents. *Legal and Criminological Psychology, 5,* 107–121.

Barton, J., Vrij, A. & Bull, R. (2000b). The influence of field dependence on excitation transfer by police officers during armed confrontation. In A. Czederecka, T. Jaskiewicz-Obdzinska & J. Woijcikiewicz (Eds.), *Forensic psychology and law: traditional questions and new ideas* (pp. 282–286). Krakau: Institute of Forensic Research Publishers.

Baumrind, D. (1991). The influence of parenting style on adolescent competence and substance use. *Journal of Early Adolescence, 11,* 56–95.

Bierbrauer, G. & Gottwald, W. (1987). Psychologie und Recht – Brückenschlag zwischen Fakten und Fiktion. In J. Schultz-Gambard (Hrsg.), *Angewandte Sozialpsychologie* (S. 91–119). München: PVU.

Bierhoff, H.W. (1992). Prozedurale Gerechtigkeit: Das Wie und Warum der Fairness. *Zeitschrift für Sozialpsychologie, 23,* 163–178.

Bilsky, W., Pfeiffer, C. & Wetzels, P. (1993). Feelings of personal safety, fear of crime and violence and the experience of victimization amongst elderly people. In W. Bilsky, C. Pfeiffer & P. Wetzels (Eds.), *Fear of crime and criminal victimization* (pp. 245–267). Stuttgart: Enke.

Blau, T.H. (1994). *Psychological services for law enforcement.* New York: Wiley.

Blau, G. & Müller-Luckmann, E. (1962). *Gerichtliche Psychologie: Aufgabe und Stellung des Psychologen in der Rechtspflege.* Neuwied: Luchterhand.

Bliesener, T. (1991). Soziale Unterstützung im Jugendalter: Konstruktion und Validierung eines Instruments zu ihrer Erfassung. *Psychologische Beiträge, 33,* 434–462.

Bliesener, T. (2003). Jugenddelinquenz. Risikofaktoren, Prävention, Intervention und Prognose. Praxis *der Rechtspsychologie, Sonderheft Jugenddelinquenz, 13,* 174–191.

Bliesener, T. (in press). Lay judges in the German criminal court: social-psychological aspects of the German criminal justice system. In M.F. Kaplan & A.M. Martin (Eds.), *Psychology and world jury systems.* London: Taylor & Francis.

Bliesener, T. & Lösel, F. (2001). Social information processing in bullies, victims, and competent adolescents. In G.B. Traverso and L. Bagnoli (Eds.), *Psychology and law in a changing world. New trends in theory, practice and practice* (pp. 65–81). London: Routledge.

Brennan, P.A., Grekin, E.R. & Mednick, S.A. (1999). Maternal smoking during pregnancy and adult male criminal outcomes. *Archives of General Psychiatry, 56,* 215–219.

Bull, R. (1984). Psychology's contribution to policing. In D.J. Muller, D.E. Blackman & A.J. Chapman (Eds.), *Psychology and law* (pp. 409–423). Chichester: Wiley.

Cairns, R.B. & Cairns, B.D. (1991). Social cognition and social networks: a developmental perspective. In D.J. Pepler & K.H. Rubin (Eds.), *The development and treatment of childhood aggression* (pp. 249–276). Hillsdale, NJ: Erlbaum.

Canter, D.V. & Alison, L.J. (2000). *Profiling rape and murder.* Aldershot: Ashgate.

Caplan, G. (1964). *Principles of preventive psychiatry.* New York: Basic Books.

Catalano, R.F., Arthur, M.W., Hawkins, J.D., Berglund, L. & Olson, J.L. (1998). Comprehensive community- and school-based interventions to prevent antisocial behavior. In R. Loeber & D.P. Farrington (Eds.), *Serious and violent juvenile offenders* (pp. 248–283). Thousand Oaks: Sage

Ceci, S.J. & Buck, M. (1993). Suggestibility of the child witness: a historical review and synthesis. *Psychological Bulletin, 113,* 403–439.

Cottle, C.C.; Lee, R.J. & Heilbrun, K. (2001). The prediction of criminal recidivism in juveniles: a meta-analysis. *Criminal Justice and Behavior, 28,* 367–394.

Crick, N.R. & Dodge, K.A. (1994). A review and reformulation of social information-processing mechanisms in children's social adjustment. *Psychological Bulletin, 115,* 74–101.

Dahle, K.P. (2001). *Zur prognostischen Validität des HCR-20 und des LSI-R bei deutschen Strafgefangenen.* Bericht zur 9. Arbeitsgruppe der Fachgruppe Rechtspsychologie in der DGPs, Münster.

Dannenberg, U., Höfer, E., Köhnken, G. & Reutemann, M. (1997). *Abschlussbericht zum Modellprojekt »Zeugenbegleitung für Kinder«.* Kiel: Institut für Psychologie.

Dern, H. (2000). Operative Fallanalysen bei Tötungsdelikten. *Kriminalistik, 8,* 533–541.

Dernevik, M. (1998). Preliminary findings on reliability and validity of the Historical-Clinical-Risk Assessment in a forensic psychiatric setting. *Psychology, Crime and Law, 4,* 127–137.

De Vogel, V., de Ruiter, C. & Bouman, Y. (2003). *Risk assessment and beyond: the construction of a checklist of protective factors for violent behavior.* Paper presented on the International, Interdisciplinary Conference 2003, Psychology & Law in Edinburgh.

Dishion, T.J., McCord, J. & Poulin, F. (1999). When interventions harm – peer groups and problem behavior. *American Psychologist, 54,* 755–764.

Dittmann, V. (2003). Was kann die Kriminalprognose heute leisten? In F. Häßler, E. Rebernig, K. Schnoor, D. Schläfke & J.M. Fegert (Hrsg.), *Forensische Kinder-, Jugend- und Erwachsenenpsychiatrie* (S. 173–187). Stuttgart: Schattauer.

Dölling, D. (1998). *Täter-Opfer-Ausgleich. Bestandsaufnahme und Perspektiven.* Bonn: Forum Verlag.

Döpfner, M., Schürmann, S. & Fröhlich, J. (1997). *Therapieprogramm für Kinder mit hyperkinetischem und oppositionellem Problemverhalten – THOP.* Weinheim: Beltz PVU.

Douglas, J.E., Burgess, A.W., Burgess, A.G. & Ressler, R.K. (1992). *Crime classification manual*. New York: Lexington.

Eisen, M., Quas, J.A. & Goodman, G.S. (Eds.). (2002). *Memory and suggestibility in the forensic interview*. Mahwah, NJ: Erlbaum.

Eisenberg, U. (2000). *Kriminologie, Jugendstrafrecht, Strafvollzug. Fälle und Lösungen zu Grundproblemen*. München: Franz Vahlen.

Egeland, B., Pianta, R. & Ogawa, J. (1996). Early behavior problems: pathways to mental disorders in adolescence. *Development and Psychopathology, 8*, 735–749.

Endres, J. (2000). Die Kriminalprognose im Strafvollzug: Grundlagen, Methoden und Probleme der Vorhersage von Straftaten. *Zeitschrift für Strafvollzug und Straffälligenhilfe, 49*, 67–83.

Fabian, Th. (2002). Zum Stand der Rechtspsychologie in Deutschland. In T. Fabian (Hrsg.), *Praxisfelder der Rechtspsychologie* (Bd. 1, S. 22–40). Münster: LIT.

Farrington, D.P. (2003). Developmental and life-course criminology: key theoretical and empirical issues – The 2002 Sutherland award address. *Criminology, 41*, 221–255.

Farrington, D.P. (2004). Criminological psychology in the twenty-first century. *Criminal Behavior and Mental Health, 14*, 152–166.

Fegert, J. Gutachten im Sozialrecht (insbesondere KJHG). In R. Lempp, G. Schütze & G. Köhnken (Hrsg.), *Forensische Psychiatrie und Psychologie des Kindes- und Jugendalters* (S. 103–123). Darmstadt: Steinkopff.

Fiedler, K. (1999). Gutachterliche Stellungnahme zur wissenschaftlichen Grundlage der Lügendetektion mit Hilfe so genannter Polygraphentests. *Praxis der Rechtspsychologie, 9*, 5–44.

Fisher, R.P. & Geiselman, R.E. (1992). *Memory-enhancing techniques for investigative interviewing*. Springfield, IL: Thomas.

Föhl, M. (2001). Methoden der Täterprofilerstellung. *Polizei und Wissenschaft, 4*, 35–44.

Folger, R. & Greenberg, J. (1985). Procedural justice: an interpretative analysis of personnel systems. *Research in Personnel and Human Ressource Management, 3*, 141–183.

Frey, K.S., Hirschstein, M.K. & Guzzo, B.A. (2000). Second step: preventing aggression by promoting social competence. *Journal of Emotional and Behavioral Disorders, 8*, 102–122.

Füllgrabe, U. (1999). Survivability: Überlebensfaktoren in gefährlichen Situationen – Zur Psychologie der Eigensicherung. *Praxis der Rechtspsychologie, 9* (1), 28–52.

Godt, S. & Köhnken, G. (2005). Der Einfluss prozeduraler Gerechtigkeit auf die Akzeptanz sorgerechtlicher Entscheidungen. In T. Fabian & S. Nowara (Hrsg.), *Neue Wege und Konzepte in der Rechtspsychologie*. Münster: Lit Verlag.

Greuel, L. (1997). Schuldfähigkeitsbegutachtung. In M. Steller & R. Volbert (Hrsg.), *Psychologie im Strafverfahren* (S. 105–118). Bern: Huber

Greve, W. (2000). Furcht vor Kriminalität im Alter. *Zeitschrift für Entwicklungspsychologie und Pädagogische Psychologie, 32*, 123–133.

Günter, M. (2004). Begutachtung bei Beeinträchtigung der geistigen Fähigkeiten im Kindes- Jugend- und Erwachsenenalter. In U. Venzlaff & K. Foerster (Hrsg.), *Psychiatrische Begutachtung* (4. Aufl.). München: Urban & Fischer.

Hahlweg, K., Kuschel, A., Miller, Y., Lübcke, A., Köppe, E. & Sanders, M.R. (2001). Prävention kindlicher Verhaltensstörungen: Triple P – ein mehrstufiges Programm zu positiver Erziehung. In S. Walper & R. Pekrun (Hrsg.), *Familie und Entwicklung. Aktuelle Perspektiven der Familienpsychologie* (S. 405–423). Göttingen: Hogrefe.

Hanson, R.K. & Thornton, D. (2000). Improving risk assessments for sex offenders: a comparison of three actuarial scales. *Law and Human Behavior, 24*, 119–136.

Hare, R.D. (1998). The Hare PCL-R: Some issues concerning its use and misuse. *Legal and Criminological Psychology, 3*, 99–119.

Herren, R. (1976). Das Vernehmungsprotokoll (The interview protocol). *Kriminalistik, 7*, 313–317.

Hinrichs, G. (2003). Gutachten zur Prognose. In R. Lempp, G. Schütze & G. Köhnken (Hrsg.), *Forensische Psychiatrie und Psychologie des Kindes- und Jugendalters* (S. 439–445). Darmstadt: Steinkopff.

Holling, H. (1999). Evaluation eines komplexen Fortbildungsprogramms zur Steigerung der beruflichen Kompetenz. In H. Holling & G. Gediga (Hrsg.), *Evaluationsforschung* (S. 1–35). Göttingen: Hogrefe.

Holmes, R.M. & Holmes, S.T. (1996). *Profiling violent crimes. An investigative tool*. London: Sage.

Hommers, W. (2004). Kindeswohl. *Praxis der Rechtspsychologie, 14*, 277–285.

Hooper, S.R., Burchinal, M.R., Roberts, J.E., Zeisel, S. & Neebe, E.C. (1998). Social and family risk factors for infant development at one year: an application of the cumulative risk model. *Journal of Applied Developmental Psychology, 19*, 85–96.

Hora, P.F. & Schma, W.G. (1998). Therapeutic jurisprudence. *Judicature, 82*, 8–12.

Jessen, C. (2002). *Alkohol am Steuer – Evaluation eines Präventionsprojektes*. Universität Kiel: Unveröffentlichte Diplomarbeit.

Johnson, J.G., Cohen, P., Smailes, E.M., Kasen, S. & Brook, J.S. (2002). Television viewing and aggressive behavior during adolescence and adulthood. *Science, 295*, 2468–2471.

Karlsson, I. & Christianson, S.-A. (1999). *Memory for traumatic events amongst police personnel*. Vortrag auf der International Conference of Psychology and the Law, Dublin.

Kitzman, K.M. & Emery, R.E. (1993). Procedural justice and parents' satisfaction in a field study of child custody dispute resolution. *Law and Human Behavior 17*, 553–567.

Klosinski, G. (2003a). Sorgerechtsverfahren. In R. Lempp, G. Schütze & G. Köhnken (Hrsg.), *Forensische Psychiatrie und Psychologie des Kindes- und Jugendalters* (S. 47–59). Darmstadt: Steinkopff.

Klosinski, G. (2003b). Gutachten im umgangsrechtlichen Verfahren. In R. Lempp, G. Schütze & G. Köhnken (Hrsg.), *Forensische Psychiatrie und Psychologie des Kindes- und Jugendalters* (S. 60–71). Darmstadt: Steinkopff.

Köhnken, G. (2003a). Suggestion und Suggestibilität. In R. Lempp, G. Schütze & G. Köhnken (Hrsg.), *Forensische Psychiatrie und Psychologie des Kindes- und Jugendalters* (S. 368–378). Darmstadt: Steinkopff.

Köhnken, G. (2003b). Der Schutz kindlicher Zeugen vor Gericht. In R. Lempp, G. Schütze & G. Köhnken (Hrsg.), *Forensische Psychiatrie und Psychologie des Kindes- und Jugendalters* (S. 390–400). Darmstadt: Steinkopff.

Köhnken, G. (im Druck). Glaubwürdigkeitsbegutachtung. In G. Widmaier (Hrsg.), *Münchner Anwaltshandbuch Strafverteidigung*. München: Beck.

Köhnken, G., Milne, R., Bull, R. & Memon, A. (1999). The cognitive interview: a meta-analysis. *Psychology, Crime and Law, 5*, 3–27.

Köhnken, G. & Sporer, S.L. (Hrsg.). (1990). *Identifizierung von Tatverdächtigen durch Augenzeugen*. Stuttgart: Verlag für Angewandte Psychologie.

König, A.-V. & Papsthart, C. (2004). *Das neue Waffenrecht – Leitfaden*. Baden-Baden: Nomos.

Kury, H. (1995). Law and psychology in Europe: current status and future perspectives. In S. Redondo, V. Garrido, J. Perez & R. Barberet (Eds.), *Advances in psychology and law. International perspectives* (pp. 3–25). Berlin: de Gruyter.

Kury, H., Chouaf, S. & Obergfell-Fuchs, J. (2002). Sexuelle Viktimisierung an Frauen. Ergebnisse einer Opferstudie. *Kriminalistik, 56*, 241-247.

Lamnek, S. (2001). *Theorien abweichenden Verhaltens*. München: Fink.

Leventhal, G.S. (1980). What should be done with equity theory? New approaches to the study of fairness in social relationships. In: K.J. Gergen, M.S. Greenberg & R.H. Willis (Eds.), *Social exchange* (pp. 27–55). New York: Plenum Press.

Lipsey, M.W. (1992). The effect of treatment on juvenile delinquents: Results from meta-analysis. In F. Lösel, D. Bender & T. Bliesener (Eds.), *Psychology and law: International perspectives* (pp. 131–143). Berlin: de Gruyter.

Lipsey, M.W., Chapman, G. & Landenberger, N.A. (2001). Cognitive-behavioral programs for offenders. *The Annals of the American Academy of Political and Social Science, 578,* 144–157.

Lipsey, M.W. & Wilson, D.B. (1998). Effective intervention for serious juvenile offenders: A synthesis of research. In R. Loeber & D.P. Farrington (Eds.), *Serious and violent juvenile offenders: risk factors and successful interventions* (pp. 313–345). Thousand Oaks, CA: Sage.

Loeber, R. (2002). Schwere und gewalttätige Jugendkriminalität. Umfang, Ursachen und Interventionen – Eine Zusammenfassung. In DJI, Arbeitsstelle Kinder- und Jugendkriminalitätsprävention (Hrsg.), *Nachbarn lernen voneinander: Modelle gegen Jugenddelinquenz in den Niederlanden und Deutschland* (S. 140–148). München: Deutsches Jugendinstitut e.V.

Lösel, F. (1995). The efficacy of correctional treatment: A review and synthesis of meta-evaluations. In J. McGuire (Ed.), *What works: Reducing reoffending – Guidelines from research and practice* (pp. 79–111). Chichester: Wiley.

Lösel, F. (1998). Evaluation der Straftäterbehandlung: Was wir wissen und noch erforschen müssen. In R. Müller-Isberner & S.G. Cabeza (Hrsg.), *Forensische Psychiatrie – Schuldfähigkeit, Kriminaltherapie, Kriminalprognose* (S. 29–50). Godesberg: Forum.

Lösel, F. & Bender, D. (1993). Rechtspsychologie. In A. Schorr (Hrsg.), *Handwörterbuch der Angewandten Psychologie* (S. 590–598). Bonn: Deutscher Psychologen Verlag.

Lösel, F. & Bender, D. (1997). Antisoziales Verhalten von Kindern und Jugendlichen. *Psycho. Zeitschrift für Psychiatrie, Neurologie, Psychotherapie, 23,* 22–25.

Lösel, F. & Bliesener, T. (1999). School bullying in Germany. In P.K. Smith, Y. Morita, J. Junger-Tas, D. Olweus, R. Catalano & P. Slee (Eds.), *The nature of school bullying: a cross-national perspective* (pp. 224–249). London: Routledge.

Lösel, F., Köferl, P. & Weber, F. (1987). *Meta-Evaluation der Sozialtherapie.* Stuttgart: Enke.

Lösel, F. & Mai, K. (1988). Polizei. In D. Frey, C. Graf Hoyos & D. Stahlberg (Hrsg.), *Angewandte Psychologie* (S. 363–385). München: PVU.

Loftus, E. & Pickrell, J.E. (1995). The formation of false memories. *Psychiatric Annals, 25,* 720–725.

McGuire, J. & Priestley, P. (1995). Reviewing ›what works‹: past, present and furure. In McGuire, J. (Ed.), *What works: Reducing reoffending* (pp. 3–34). Chichester: Wiley.

Moffitt, T.E. (1990). Juvenile delinquency and attention-deficit disorder: developmental trajectories from age three to fifteen. *Child Development, 61,* 893–910.

Moffitt, T.E. & Silva, P.A. (1988). IQ and delinquency: a direct test of differential detection hypothesis. *Journal of Abnormal Psychology, 97,* 330–333.

Neuser, Y. (2004). Aktuelle Grundlagen der waffenrechtlichen Eignungsdiagnostik. *Praxis der Rechtspsychologie, 14,* 428–444.

Noack, P. (2002). Familie und Peers. In M. Hofer, E. Wild & P. Noack (Hrsg.), *Lehrbuch Familienbeziehungen* (2. Aufl., S. 143–167). Göttingen: Hogrefe.

Nugent, W.R., Williams, M. & Umbreit, M.S. (2004). Participation in victim-offender mediation and the prevalence of subsequent delinquent behavior: a meta-analysis. *Research on Social Work Practice, 14,* 408–416.

Ogloff, J.R.P. & Davis, M.R. (2004). Advances in offender assessment and rehabilitation: Contributions of the risk-needs responsivity approach. *Psychology, Crime and Law, 10,* 229–242.

Ostendorf, H. (2001). Das *Jugendstrafverfahren. Eine Einführung in die Praxis.* Köln: Heymanns.

Ostendorf, H. (2004). Effizienzkontrolle von Kriminalprävention. In H. Ostendorf (Hrsg.), *Effizienz von Kriminalprävention – Erfahrungen im Ostseeraum* (S. 59–75). Lübeck: Schmidt-Römhild.

Oswald, M. (1997). Richterliche Urteilsbildung. In M. Steller & R. Volbert (Hrsg.), *Psychologie im Strafverfahren* (S. 248–265). Bern: Huber.

Patterson, G.R., Raid, J.B. & Dishion, T.J. (1992). *Antisocial boys.* Eugene, OR: Castilia.

Patterson, G.R. & Yoerger, K. (1993). Developmental models for delinquent behavior. In S. Hodgins (Ed.), *Mental disorder and crime* (pp. 140–172). Newbury Park, CA: Sage.

Peters, K. (1972). *Fehlerquellen im Strafprozess* (Band 2). Karlsruhe: C.F. Müller.

Petersen, R. (2002). *Biographie orientierte Personalauswahl im Kontext angewandter Eignungsdiagnostik.* Unveröffentlichte Dissertation, Universität Kiel.

Proksch, R. (2000). Außergerichtliche Konfliktregelung: Entwicklungen, Tendenzen und Perspektiven aus juristischer Sicht. *Praxis der Rechtspsychologie, 10,* 5–31.

Radke-Yarrow, M. & Brown, E. (1993). Resilience and vulnerability in children of multiple-risk families. *Development and Psychopathology, 5,* 581–592.

Rattner, A. (1988). Convicted but innocent: wrongful conviction and the criminal justice system. *Law and Human Behavior, 12,* 283–293.

Rutter, M., Giller, H. & Hagell, A. (1998). *Antisocial behavior by young people.* Cambridge: Cambridge University Press.

Salgo, L. (2003). Rechtliche Grundlagen (BGB). In R. Lempp, G. Schütze & G. Köhnken (Hrsg.), *Forensische Psychiatrie und Psychologie des Kindes- und Jugendalters* (S. 23–46). Darmstadt: Steinkopff.

Salzgeber, J. (2001). *Familienrechtliche Gutachten. Rechtliche Vorgaben und sachverständiges Vorgehen.* München: Beck.

Scholz, O.B. & Schmidt, A.F. (2003). *Schuldfähigkeit bei schwerer anderer seelischer Abartigkeit.* Stuttgart: Kohlhammer

Schulz-Hardt, S. & Köhnken, G. (2000). Wie ein Verdacht sich selbst bestätigen kann: Konfirmatorisches Hypothesentesten als Ursache von Falschbeschuldigungen wegen sexuellen Kindesmissbrauchs. *Praxis der Rechtspsychologie. 10,* 60–86.

Schwind, H.D., Fetchenhauer, D., Ahlborn, W., Weiß, R. (2001). *Kriminalitätsphänomene im Langzeitvergleich am Beispiel einer Großstadt. Bochum 1975–1986–1998.* Wiesbaden: Bundeskriminalamt.

Schwind, H.D., Roitsch, K., Gielen, B. & Gretenkord, M. (1998). *Alle gaffen … keiner hilft. Unterlassene Hilfeleistungen bei Unfällen und Straftaten.* Heidelberg: Hüthig.

Schünemann, B. & Bandilla, W. (1989). Perseverance in courtroom decisions. In H. Wegener, F. Lösel & J. Haisch (Eds.), *Criminal behavior and the justice system – Psychological perspectives* (pp. 181–192). New York: Springer.

Schütze, G. & Schmitz, G. (2003). Strafrechtliche Verantwortlichkeit, Strafreife und schädliche Neigungen. In R. Lempp, G. Schütze & G. Köhnken (Hrsg.), *Forensische Psychiatrie und Psychologie des Kindes- und Jugendalters* (S. 147–155). Darmstadt: Steinkopff.

Sherman, L.W., Gottfredson, D., MacKenzie, D., Eck, J., Reuter, P. & Bushway, S. (Eds.). (1998). *Preventing crime: What works, what doesn't, what's promising.* College Park, MD: University of Maryland.

Simourd, D.J. & Malcolm, P.B. (1998). Reliability and validity of the Level of Service Inventory – Revised among federally incarcerated sex offenders. *Journal of Interpersonal Violence, 13,* 261–274.

Sporer, S.L., Köhnken, G. & Malpass, R. (1996). Introduction: 200 years of mistaken identifikation. In S.L. Sporer, R.S. Malpass & G. Köhnken (Eds.), *Psychological issues in eyewitness identification.* Mahwah, NJ: Erlbaum.

Steinmetz, M. & Lewand, M. (2004). Zur Diagnostik der Erziehungsfähigkeit im Rahmen familienrechtlicher Begutachtung. *Praxis der Rechtspsychologie, 14,* 286–303.

Steller, M. & Dahle, K.-P. (1999). Grundlagen, Methoden und Anwendungsprobleme der psychophysiologischen Aussage- bzw. Täterschaftsbeurteilung (»Polygraphie«, »Lügendetektion«). *Praxis der Rechtspsychologie, 9,* 127–204.

Steller, M. & Köhnken, G. (1989). Statement analysis: credibility assessment of children's testimonies in sexual abuse cases. In D.C. Raskin (Ed.), *Psychological methods in criminal investigation and evidence* (pp. 217–245). New York: Springer.

Steller, M. & Volbert, R. (2004). Die Begutachtung der Glaubhaftigkeit. In U. Venzlaff & K. Foerster (Hrsg.), *Psychiatrische Begutachtung* (S. 693–728). München: Elsevier.

Thibaut, J. & Walker, L. (1975). *Procedural justice*. Hillsdale, NJ: Erlbaum.

Tremblay, R.E., LeMarquand, D. & Vitaro, F. (1999). The prevention of oppositional defiant disorder and conduct disorder. In H.C. Quay & Hogan (Eds.), *Handbook of disruptive behavior disorders* (pp. 525–555). New York: Plenum Press.

Tyler, T.R. & Folger, R. (1980). Distributional and procedural aspects of satisfaction with citizen-police encounters. *Basic and Applied Social Psychology, 1*, 281–292.

Umbreit, M. (2001). *The handbook of victim offender mediation*. San Francisco, CA: Jossey-Bass.

Undeutsch, U. (1967). Beurteilung der Glaubhaftigkeit von Aussagen. In U. Undeutsch (Hrsg.), *Handbuch der Psychologie: Vol. 11 Forensische Psychologie*. Göttingen: Hogrefe.

Undeutsch, U. & Klein, G. (1999). Wissenschaftliches Gutachten zum Beweiswert psychophysiologischer Untersuchungen. *Praxis der Rechtspsychologie, 9*, 45–126.

Venzlaff, U. & Foerster, K. (2004). *Psychiatrische Begutachtung*. München: Elsevier.

Volbert, R. (1999). Determinanten der Aussagesuggestibilität bei Kindern. *Experimentelle und Klinische Hypnose, 15*, 55–78.

Volbert, R. & Busse, D. (1995). Belastungen von Kindern in Strafverfahren wegen sexuellen Missbrauchs. In L. Salgo & C. Weber (Hrsg.), *Vom Umgang der Justiz mit Minderjährigen. Kinder und Jugendliche im familien- und vormundschaftsgerichtlichen Verfahren* (S. 73–93). Neuwied: Luchterhand.

Vrij, A. (im Druck). Criteria-Based Content Analysis: a qualitative review of the first 37 studies. *Psychology, Public Policy and the Law*.

Wandrey, M. (2000). Licht und Schatten des Täter-Opfer-Ausgleichs. Zu den Auswirkungen unterschiedlicher Rahmenbedingungen, Zielvorstellungen und Vorgehensweisen auf die Qualität der Mediation im Strafrecht. *Praxis der Rechtspsychologie, 10*, 61–79.

Wegener, H. (1981). *Einführung in die Forensische Psychologie*. Darmstadt: Wissenschaftliche Buchgesellschaft.

Weikart, D.P. & Schweinhart, L.J. (1997). High/Scope Perry Preschool Program. In G.W. Albee & T.P. Gullotta (Eds), *Primary prevention work* (pp. 146–166). Thousand Oaks: Sage.

Wells, G.L. & Olson, E.A. (2003). Eyewitness testimony. *Annual Review of Psychology, 54*, 277–295

Wells, G.L. (1993). What do we know about eyewitness identification? *American Psychologist, 48*, 553–571.

Werner, E.E. & Smith, R.S. (1982). *Vulnerable but invincible*. New York: McGraw-Hill.

Wilmers, N. & Greve, W. (2002). Schwänzen als Problem. Psychologische Perspektiven zu den Bedingungen und Konsequenzen von Schulabsentismus. *Report Psychologie, 27*, 404–413.

Wittkowski, J. & Seitz, W. (2004). *Praxis der verkehrspsychologischen Eignungsbegutachtung*. Stuttgart: Kohlhammer.

Wootton, I. & Brown, J. (2000). Balancing occupational and personal identities: the experience of lesbian and gay police officers. *Newsletter of the BPS Lesbian and Gay Psychology Section, 4*, 6–13.

Wyman, P.A., Cowen, E.L., Work, W.C. & Parker, G.R. (1991). Developmental and family milieu correlates of resilience in urban children who have experienced major life stress. *American Journal of Community Psychology, 19*, 405–426.

62 Militärpsychologie

H.-D. Hansen, A. Melter

62.1 Rahmenbedingungen der Psychologie in der Bundeswehr

Das Ende des Kalten Krieges und die katastrophalen Entwicklungen der zurückliegenden Jahre (Terroranschläge und Kriege) haben auch in Deutschland zu einer völligen Umorientierung im sicherheitspolitischen Denken und Handeln geführt. Aufgrund der sich ständig mehrenden Konfliktpotenziale umfasst der erweiterte Sicherheitsbegriff heute nicht nur militärische Aspekte, sondern auch politische, wirtschaftliche und ökologische. Die geänderte sicherheitspolitische Strategie hat Auswirkungen auf den Auftrag der Bundeswehr. Im Mittelpunkt der Aufgaben der Bundeswehr stehen schon jetzt die internationale Konfliktverhütung, Krisenbewältigung sowie der Kampf gegen den internationalen Terrorismus. Deutsche Soldaten beteiligen sich seit Jahren an multinationalen Einsätzen in Krisenregionen und tragen zur Stabilisierung der politischen Verhältnisse vor Ort bei.

Die neuen Kernaufgaben und der Umbau der Streitkräfte in eine »Einsatzarmee« wirken sich in allen Bereichen der Bundeswehr aus. Dies trifft nicht nur auf die Beschaffung von moderner Ausrüstung und Bewaffnung, sondern auch auf Personalgewinnung und Ausbildung zu. Zur anforderungsgerechten Durchführung der neuen Aufgaben wird hoch qualifiziertes und hoch motiviertes Personal benötigt, das neben Mobilitätsbereitschaft, interkultureller Kompetenz, Fremdsprachen- und informationstechnischen Kenntnissen auch über Führungskompetenz unter den Rahmenbedingungen der vernetzten Operationsführung verfügen muss. Diesen Anforderungen muss die Bundeswehr angesichts knapper Haushaltsmittel und sinkender Geburtsraten gerecht werden.

62.2 Militärpsychologie in Deutschland

Der Begriff »Militärpsychologie« (»military psychology«) ist im angelsächsischen und romanischen Sprachgebrauch üblich. In Deutschland ist aus historischen Gründen der Begriff »Wehrpsychologie« eingeführt. Psychologen arbeiteten bereits für die Reichswehr in den 20er Jahren und in der Wehrmacht in den 30er Jahren des letzten Jahrhunderts.

Militärpsychologie wird in der Bundeswehr durch den Psychologischen Dienst der Bundeswehr (PsychDstBw) wahrgenommen. Sein Auftrag ist die Versorgung der Streitkräfte und der Wehrverwaltung mit psychologischen Dienstleistungen. Aktuell sind 175 Psychologinnen und Psychologen – überwiegend im Beamtenstatus – sowie 350 psychologische Fachkräfte im Angestelltenstatus in den Aufgabenfeldern Truppenpsychologie, Klinische Psychologie, Personalpsychologie, psychologische Ergonomie und

62

Organisationspsychologie im Psychologischen Dienst der Bundeswehr tätig.

Der Psychologische Dienst der Bundeswehr ist in allen Organisationsbereichen der Bundeswehr (Heer, Luftwaffe, Marine, Streitkräftebereich, Sanitätsdienst, Rüstungsbereich, Wehrverwaltung) als eigenständiger Fachbereich vertreten. Die Militärpsychologie unterliegt den gleichen Rechtsvorschriften, Beschaffungs- und Controlling-Prozeduren wie die übrigen Bereiche der Bundeswehr. Da die Aufgaben der Militärpsychologie auch besonders schutzbedürftige Persönlichkeitsrechte der Klientel einschließen, sind die Psychologen der Bundeswehr im Rahmen ihrer Berufsausübung besonders verpflichtet, auf die Wahrung verfassungsmäßiger Grundrechte – insbesondere der Würde des Menschen, seiner körperlichen Unversehrtheit und der informellen Selbstbestimmung – hinzuwirken. Psychologisches Personal in der Bundeswehr unterliegt der gesetzlichen Schweigepflicht gemäß § 203 StGB und den ethischen Richtlinien der Deutschen Gesellschaft für Psychologie und des Berufsverbandes Deutscher Psychologinnen und Psychologen.

Die Aufgaben der Militärpsychologie liegen traditionell in der Personalführung, indem sie sich an Auswahl, Platzierung und Entwicklung des Personals beteiligt. Sie untersucht Organisation und Individuum in ihren Wechselwirkungen auf Berufszufriedenheit, Motivation und Belastbarkeit der Soldaten, ihrer Führer und der Familienangehörigen. Schließlich muss die Militärpsychologie die Qualität der eigenen psychologischen Dienstleistungen steuern und weiterentwickeln (⬥ Tab. 62.1).

Die Militärpsychologie in anderen deutschsprachigen Staaten hat abhängig von den dortigen Streitkräftestrukturen andere Schwerpunkte. Im Rahmen der NATO, anderer Organisationen sowie zwischenstaatlicher Kooperationsabkommen gibt es eine internationale Zusammenarbeit der Militärpsychologie auf wissenschaftlichem Gebiet zur Fortbildung und zum Erfahrungsaustausch.

62.3 Truppenpsychologie

Unter Truppenpsychologie wird die Anwendung wissenschaftlicher Erkenntnisse und Methoden der Angewandten und der Klinischen Psychologie bei der Vorbereitung, Begleitung und Nachbereitung von Einsätzen der Bundeswehr verstanden. Psychologen der Bundeswehr, die fachlich und militärisch zu Truppenpsychologen ausgebildet wurden, haben den Auftrag, das militärische Personal und deren Angehörige psychologisch zu betreuen, bei Auswahl und Ausbildung mitzuwirken und die militärischen Führer in Fragen der Menschenführung und der angewandten Ergonomie zu beraten.

62.3.1 Truppenpsychologische Aufgabenbereiche

Die truppenpsychologischen Dienstleistungen werden bei den Aufgabenbereichen Einsatzvorbereitung, Einsatzbegleitung, Einsatznachbereitung, psychologische Krisenintervention und Familienbetreuung eingebracht. Diese Be-

⬥ **Tabelle 62.1.** Aufgabenbereiche und Aufgabenfelder der Militärpsychologie

Felder / Bereiche	Diagnostik und Prognostik	Beratung und Intervention	Unterricht und Training	Qualitätsmanagement
Truppenpsychologie	Auswahl der Truppenpsychologen, Fachbearbeiter, Peers (Helfer in Belastungssituationen), militärischen Spezialisten	Beratung und Intervention vor, im und nach dem Einsatz, Krisenintervention, Coaching	Ausbildung des helfenden Personals; Training von Kompetenzen der Führer und Teams	Erfahrungsgestützte Optimierung der Methodik, Informationsversorgung, Bereitschaftsdienst
Psychologische Ergonomie	Leistungsdiagnose unter Arbeits- und Umweltbedingung	Prüfung und Beratung bei Entwicklung, Bewertung und Beschaffung	Fortbildung von Ärzten, Ingenieuren, Offizieren	Erfahrungsgestützte Optimierung der Methodik
Klinische Psychologie	Klinische Diagnose und Prognose	Empfehlungen, Gutachten, Psychotherapie	Ausbildung des helfenden Personals	Informationsversorgung, Erfolgskontrollen, Unterstützung im Bereich der Informationstechnologie
Personalpsychologie	Eignungsprüfungen, computerassistiertes Testen, Assessmentcenter	Entscheidungen, Empfehlungen, Gutachten, Coaching	Ausbildung des Assistenzpersonals, Interview- und Assessmentcentertraining	Pflege und Änderung der CAT-Programme, Testnormen, Bewährungskontrollen, Anforderungsanalysen
Organisationspsychologie	Befragungen der Soldaten	Leitungsebene, Coaching	Training von Kompetenzen der Führer und Teams	Entwicklung und Evaluation der Instrumente

◨ Abb. 62.1. Truppenpsychologin im Einsatz in Afghanistan

reiche sind auch Inhalte der truppenpsychologischen Aus- und Fortbildung, und zwar mit den Schwerpunkten Stressmanagement, militärisches Handeln unter Belastung und Einsatzbedingungen, Umgang mit Verwundung, Geiselnahme und Tod, Ausbilden von Helfern in Belastungssituationen, Prävention von posttraumatischen Belastungs-

störungen, Individualberatung und Psychotherapie, Training interkultureller Kompetenz und Führungsberatung (Glücksmann, 1999; ◨ Abb. 62.1; ▶ Kasten).

Einsatzbegleitung umfasst psychologische Beiträge während des Einsatzes, um die psychische Stabilität und die Einsatzfähigkeit der Soldaten zu erhalten oder wiederherzustellen, bzw. um nach einer ereignisbezogenen, psychologischen Lagefeststellung die militärischen Führer zu beraten. **Einsatznachbereitung** bezieht sich auf psychologische Beiträge zur Bewältigung von Einsatzerlebnissen und Einsatzbelastungen einschließlich der Unterstützung bei der Wiedereingliederung der Soldaten in das familiäre und dienstliche Umfeld. Im Rahmen der **Familienbetreuung** trägt die Truppenpsychologie zur Beratung und Unterstützung von Angehörigen und Bezugspersonen bei, die durch einen bevorstehenden, laufenden oder abgeschlossenen Einsatz eines Soldaten belastet sind, einschließlich der psychologischen Betreuung von Angehörigen nach Verwundung, Geiselnahme oder Tod des Soldaten.

Auch international gibt es derartige psychologische Programme z. B. der amerikanischen oder der israelischen Streitkräfte aufgrund von Erfahrungen aus den Kriegen und Katastrophen des letzten Jahrhunderts und der jüngs-

---

Fallbeispiel für den Einsatz von Truppenpsychologen

Die deutschen Soldaten waren auf dem Weg in die Heimat, als sie angegriffen wurden. In einem Konvoi aus zwei Bussen, begleitet von zwei Sicherungsfahrzeugen, eines vorneweg, eines am Schluss der Kolonne, fuhren Soldaten des deutschen ISAF-Kontingentes (International Security Assistance Force) am 7. Juni 2003 zum Flughafen Kabul. Plötzlich versuchte sich ein Taxi in den Konvoi zu drängen. Als dies misslang, zündete der Fahrer den Sprengstoff in seinem Wagen auf Höhe des Busses. Die Wucht der Explosion schleuderte das tonnenschwere Fahrzeug von der Straße. Die schreckliche Bilanz: Vier Soldaten sterben, 29 werden zum Teil schwer verletzt. Am 10. Juni trafen die vier Todesopfer auf dem militärischen Teil des Flughafens Köln/Bonn ein, wo die Trauerfeier im Anschluss an die öffentliche Zeremonie stattfand.

Zum Zeitpunkt des Anschlags fand gerade der Wechsel in der Einsatzbegleitung statt, sodass sich zwei Truppenpsychologen vor Ort befanden. Die psychologische Betreuung in der Verwundetensammelstelle fing die ersten emotionalen Reaktionen der betroffenen Soldaten auf und stärkte das in der Schockphase verloren gegangene Gefühl persönlicher Sicherheit. Die Anteilnahme und Hilfe durch die Kameraden wurde einbezogen und an die betroffenen Soldaten herangebracht. Diese psychologische Erstversorgung vor Ort erstreckte sich bis zum Transport der Verletzten nach Deutschland. Während des Fluges erfolgte die Begleitung der mitfliegenden Soldaten durch einen vor Ort befindlichen Truppenpsychologen.

Am Flughafen Köln/Bonn betreuten fünf psychologische Kriseninterventionsteams die Angehörigen vor und während der Trauerfeier. Es zeichnete sich die Notwendigkeit einer Begleitung der Hinterbliebenen während des Trauerprozesses ab. Diese Begleitung steht seit dem Anschlag den Angehörigen bei Bedarf zur Verfügung und wird durch Psychologen der Bundeswehr geleistet.

An den drei Standorten der Stammeinheiten der verletzten und getöteten Soldaten organisierte die Truppenpsychologie Nachsorge- und Betreuungsmaßnahmen für 180 betroffene Soldaten und 30 Angehörige in 13 Gruppenveranstaltungen: Information und Aufklärung über den potenziellen Verlauf der Verarbeitung des Ereignisses, Gelegenheiten, die Erlebnisse in der Gruppe auszutauschen, den eigenen Informationsstand zu vervollständigen, eigene Emotionen zu artikulieren und bei Bedarf Einzelgespräche zu suchen. In Gesprächsrunden kamen später die vom Attentat verletzten Soldaten mit ihren Frauen bzw. Freundinnen zusammen, um aufbauend auf die psychologische Versorgung in den Bundeswehrkrankenhäusern über den natürlichen Verlauf der Traumaverarbeitung aufzuklären, Verständnis und Kommunikation zwischen ihnen zu fördern und um über Schwierigkeiten und Unterstützungsangebote bei der Traumaverarbeitung zu informieren. Den Soldaten wurde angeboten, am Screening zur Eingrenzung des psychotraumatologischen Risikos teilzunehmen. Maßnahmen, die sich aus dem Screening ergaben, wurden dann mit dem Soldaten und dem zuständigen Arzt abgestimmt (Völker & Wothe, 2003).

ten Vergangenheit. Psychologische Kriseninterventions-maßnahmen werden nach besonders belastenden Ereignissen (Unfälle, Katastrophen, Terroranschläge) eingeleitet, um akute Belastungsreaktionen zu erkennen und posttraumatischen Belastungsstörungen vorzubeugen.

62.3.2 Psychologische Krisenintervention

Im Rahmen der psychologischen Krisenintervention in der Bundeswehr wird der »Kölner Risiko Index« (KRI-Bw; Bering et al., 2002) als wissenschaftlich begründetes und evaluiertes Messinstrument zur Risikoeinschätzung im Hinblick auf die Entwicklung einer posttraumatischen Belastungsstörung nach einem belastenden Ereignis eingesetzt. Dieses Instrument wurde an die Besonderheiten militärischer Einsätze angepasst und langjährig erprobt und validiert. Aus den mit Hilfe des KRI-Bw ermittelten individuellen Risikoprofilen lassen sich personenbezogene Interventionsmaßnahmen ableiten.

Der KRI-Bw besteht aus einem Interviewleitfaden mit Auswertungsvorschrift für den Einsatz vor Ort und die Anwendung im Krankenhaus sowie alternativ aus einem Screening-Fragebogen zur Selbstbearbeitung durch die Betroffenen z. B. im Rahmen von Rückkehrerseminaren. Der Validierungsteil des Instruments umfasst bewährte Fragebögen zur Absicherung der Diagnose: »Posttraumatic Symptom Scale 10 Items« (PTSS-10), »Impact of Event Scale Revised« (IES-R), »Peritraumatic Dissociative Experiences Questionnaire« (PDEQ), »Symptom Check List« (SCL-90-R) und die Kriterien der posttraumatischen Belastungsstörung nach DSM-IV (Bering et al., 2002; Bering, Schedlich, Zurek & Fischer, 2003).

Die Notwendigkeit truppenpsychologischer Maßnahmen ist von teilweise unvorhersehbaren außen- und sicherheitspolitischen Entwicklungen abhängig. Unfälle und Katastrophen im Inland, für die ein Bundeswehreinsatz erforderlich sein kann, sind überhaupt nicht kalkulierbar. Daher wird ein Großteil der truppenpsychologischen Aufgaben anlassbezogen von allen geeigneten und abkömmlichen Psychologen in Haupt- bzw. Nebenfunktion übernommen. Dies dient überwiegend der Prävention.

62.4 Psychologische Ergonomie

In der psychologischen Ergonomie geht es ebenfalls um Prävention. Psychologen arbeiten hier mit bei der Entwicklung und Beschaffung von militärischem Material, um das Zusammenwirken von Mensch, Maschine und Umgebung so aufeinander abzustimmen, dass das System bestmöglich wirksam wird und eine Über- oder Unterforderung oder sonstige Schädigung des Personals vermieden wird (Dahms, Beorges & von Restorff, 1996).

62.5 Klinische Psychologie

In der Klinischen Psychologie werden hingegen Soldaten mit psychischen oder psychosomatischen Erkrankungen untersucht und behandelt. Die in diesem Arbeitsfeld tätigen Psychologen arbeiten mit dem medizinischen Personal in den Bundeswehrkrankenhäusern und medizinischen Instituten zusammen. Das Handlungsfeld reicht von der ambulanten Befunderstellung und Intervention bis hin zur stationären Aufnahme und Therapie (Barre & Biesold, 2002, 2003). Bildet man die Summe über die präventiv und klinisch tätigen Psychologen in der Bundeswehr, so kommt man im Jahr 2004 auf 40 Hauptamtliche und 75 in Nebenfunktion. Dies zeigt, welches Gewicht Prävention und Intervention bereits haben, bei steigender Tendenz in der Zukunft.

62.6 Personalpsychologie

Die meisten Psychologen der Bundeswehr arbeiten hauptamtlich im traditionellen Bereich der Personalgewinnung und Personalentwicklung. Die psychologischen Eignungsuntersuchungen und Eignungsfeststellungen haben das Ziel, für die zur Ableistung des Grundwehrdienstes heranstehenden jungen Männer – es gibt keine Wehrpflicht für Frauen – eine eignungs- und bedarfsgerechte militärische Verwendung bzw. für Bewerber des freiwilligen Dienstes in der Bundeswehr eine ihrer Eignung und Neigung entsprechende Laufbahn und Verwendung zu finden (Müller, 2003; http://www.bundeswehr-karriere.de). Psychologen setzen unterstützt durch psychologisch geschultes Assistenzpersonal und militärische Beurteiler in den Eignungsfeststellungen wissenschaftlich begründete und evaluierte Verfahren der psychologischen Eignungsdiagnostik ein. Das Spektrum reicht vom Interview über Gruppensituationsverfahren bis zu psychologischen Leistungstests (Schuler, 2001; ▶ Kasten).

Der Psychologische Dienst der Bundeswehr wendet seit Ende der 80er Jahre das computerassistierte Testen (CAT) an (Wildgrube, 1990; Rauch, Weber & Wildgrube, 1993) und seit Ende der 90er Jahre das adaptive Testen von Basisfähigkeiten der Intelligenz (Hornke, 1995; Storm, 1999). Heute gibt es CAT auch in englischer, französischer und italienischer Sprache, eingesetzt u. a. von den Psychologischen Diensten in der Bundesagentur für Arbeit, im Deutschen Zentrum für Luft- und Raumfahrt und in der Schweizer Armee (http://www.cat-4.de; Melter & Wildgrube, 2004).

Einsatzorte für Personalpsychologen in der Bundeswehr sind die Kreiswehrersatzämter, die Zentren für Nachwuchsgewinnung, die Offizierbewerberprüfzentrale, die medizinischen Institute von Luftwaffe und Marine und die Wehrbereichsverwaltungen, überall dort, wo Eignungsprüfungen für Berufseinsteiger und Laufbahnwechsler stattfinden, bzw. in Einrichtungen der Bundeswehr, bei denen

Spezialpersonal wie Militärpiloten, Flugsicherungspersonal, Taucher etc. ausgewählt wird. Für die Eignungsprüfungen, die im Rahmen der Personalpsychologie durchgeführt oder begleitet werden, gibt es zentral erarbeitete, wissenschaftlich begründete Methoden und Evaluationen: Anforderungsprofile, Anwendungsvorschriften für Assessmentcenterverfahren und Bewährungskontrollen (Steyer, Partchev & Kröhne, 2000; Krex, 2003).

Aufgaben des Psychologischen Dienstes der Bundeswehr bei der Personalauslese und -platzierung

Die Konzeption des Psychologischen Dienstes der Bundeswehr für die Personalauslese und -platzierung ist einerseits eine Marketingstrategie für die personalpsychologische Dienstleistung und andererseits die Anleitung für die Qualitätssicherung der Eignungsprüfungen mit psychologischer Expertise in der Bundeswehr (Melter, 2004). Als erstes sind die Anforderungen der Laufbahnen, Verwendungen oder Berufsausbildungen zu analysieren, um die richtigen Eignungsmerkmale abzuleiten und zu operationalisieren. Das geschieht als zweites durch die Konstruktion neuer oder durch die Auswahl vorhandener Prädiktoren. Dann sind drittens für die Laufbahnen, Verwendungen oder Berufsausbildungen die Kriterien neu zu definieren oder unter den vorhandenen auszuwählen, an denen sich der Erfolg der ausgewählten bzw. platzierten Probanden und die Bewährung der Prädiktoren messen lässt. Viertens sind genügend Ressourcen an Zeit, Personal und Technik vorzuhalten, um die Validität dieser psychologischen Diagnostik fachgerecht und ausgefächert nach Konstrukt- und Vorhersagevalidität zu analysieren. Fünftens ist dem Auftraggeber die Effizienz der personalpsychologischen Dienstleistungen in einer quantitativen Nutzenanalyse nachzuweisen. Und schließlich sind praktische Empfehlungen für die Entwicklung, das Training und andere Personalmaßnahmen systematisch herzuleiten und die Effekte regelmäßig zu kontrollieren. Diese Konzeption wird dem Auftraggeber als Gesamtpaket – von der Anforderungsanalyse bis zum Training – angeboten.

62.6.1 Allgemeine Auswahlverfahren

Die Modernisierung der psychologischen Eignungsdiagnostik in der Bundeswehr hat neue personalpsychologische Verfahren in Folge des raschen informations- und computertechnischen Wandels entstehen lassen (Melter et al., 2002; Kubinger et al., 2002; Steyer et al., 2003; Irvine, 2003; Kastner et al., 2004). Die neuen Verfahren standardisieren und strukturieren diejenigen Anteile der Eignungsprüfungen, die bisher ausschließlich durch unspezifische Beurteilungsverfahren bewertet werden. Für den Einsatz in den Eignungsprüfungen werden Interviewer speziell trainiert, um eignungsrelevante Informationen fachgerecht zu erheben, zu verifizieren und zu Entscheidungen zu verarbeiten (Strobel & Westhoff, 2002).

Neue Werkzeuge der Personalpsychologie sind Expertensysteme zur computergestützten Platzierung der Wehrpflichtigen in die passenden militärischen Verwendungen sowie bei der Zuweisung der Probanden zu psychologischen Testbatterien und den abschließenden Empfehlungen für Laufbahnen, Verwendungen, Berufsausbildungen oder Studienfachrichtungen. Diese Expertensysteme setzen die Sammlung von Expertenwissen und dessen Umsetzung in einen Satz eindeutiger und fachlich abgesicherter diagnostischer Regeln voraus.

Durch die Umsetzung in Computersoftware werden das Untersuchungspersonal erheblich entlastet und die diagnostischen Vorschläge zuverlässig generiert. Die Computerunterstützung stärkt die psychologische Expertise in diesen Prozessen, indem sie Informationen kumuliert, schnell, präzise, wiederholbar und an definierten Orten verfügbar macht und Kriterien für Empfehlungen und Entscheidungen bereitstellt. Sie ermöglicht auch eine leichtere Evaluation der psychologischen Verfahren.

Die deutsche Wehrpsychologie hatte von Beginn an die Validität ihrer Methodik an Ort und Stelle überprüft und in Arbeitsberichten dokumentiert. Heutzutage sind zentral Überprüfungen der Testgütekriterien, auch der Konstrukt- und Vorhersagevalidität (Krex, 2003) durchzuführen. Die Evaluationen zeigen häufig Ergebnisse bei den Vorhersagevaliditätskoeffizienten, die den Wissenschaftler nicht zufrieden stellen und mehr Investitionen in standardisierte und präzise Verfahren für die Messung der Kriteriumsvariablen nahe legen.

62.6.2 Auswahl von Spezialpersonal

Die Auswahl von Spezialpersonal – seien es Militärpiloten oder militärisches Flugsicherungspersonal – greift neben üblichen eignungsdiagnostischen Verfahren auf innovative Arbeitsproben zurück, die computergestützt durchgeführt und ausgewertet werden. Die Probanden werden realitätsnahen Situationen aus dem verwendungsbezogenen Anforderungsspektrum ausgesetzt (Garland, Wise & Hopkin, 1999). Zur Gerätefamilie der dabei eingesetzten Simulatoren gehört zum Beispiel der »Instruments Coordination Analyzer 90« (ICA 90). Weitere Simulatoren sind die »Fliegerpsychologischen Selektionssysteme für Flächenflugzeuge« (FPS 80; ◘ Abb. 62.2) und für Hubschrauber (FPS H), auf denen die fliegerischen Lernproben für fliegendes Personal durchgeführt werden. Ein simulationsgestütztes Ver-

62

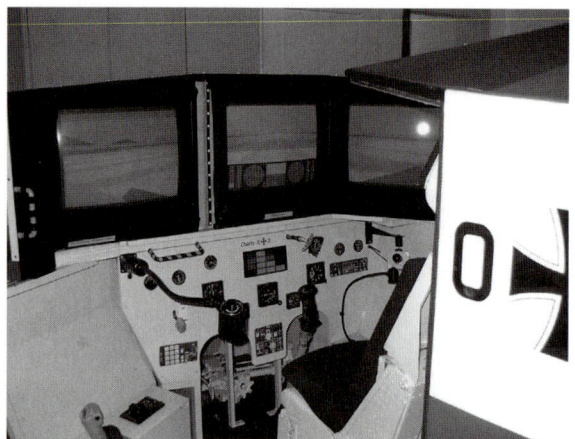

□ **Abb. 62.2.** »Fliegerpsychologisches Selektionssystem für Flächen-flugzeuge« (FPS 80) beim Flugmedizinischen Institut der Luftwaffe, Fürstenfeldbruck

fahren für die Auswahl der Bewerber für den militärischen Flugverkehrskontroll- und Einsatzführungsdienst (QuA-FE) simuliert die Zuweisung von Flugbewegungen, Kurs, Flughöhe, Geschwindigkeit und die Steuerung der Flugbewegungen zu den Flugzielen via Radarschirm. Auch auf diesem Anwendungsgebiet des »air traffic controlling« gibt es internationale Zusammenarbeit und wissenschaftliche Erkenntnisse der Militärpsychologie (Garland et al., 1999).

Auf der Basis der Anforderungsprofile für die Spezialistenverwendungen und der dazugehörigen Ausbildungen werden die simulationsgestützten Eignungsfeststellungsverfahren in den Arbeitsproben auf Fähigkeitsmessungen reduziert – das sind die empirisch nachgewiesen bedeutsamsten Scores unter Hunderten, die jeder Datenvektor eines Probanden enthält. Eine routinemäßige Langzeiterfolgskontrolle auf Datenbankbasis gestattet regelmäßige Überprüfungen der Qualität des eingesteuerten und ausgebildeten Spezialpersonals und der Vorhersagevaliditäten der traditionellen und neuen Prädiktoren auf den einzelnen Stufen der mehrphasigen Auswahl für die jeweils definierten Kriterien der Eignung und Leistung während und nach der militärischen Spezialausbildung (Häcker, Boucsein & Bulheller, 2004). Dieses in sich geschlossene und in der Bundeswehr sehr erfolgreiche diagnostische System zur Auswahl von fliegendem Personal (http://www.flugmedizin.de; Hansen, 1986), das trotz der Varianzeinschränkungen eine sehr gute Vorhersagevalidität (Validitätskoeffizient um 0,40) besitzt, ist die Blaupause für die Komplettierung der übrigen diagnostischen Systeme vor dem Hintergrund der Konzeption für Personalauswahl und Personalplatzierung.

62.6.3 Evaluationen psychologischer Verfahren

Eine Frage des internen Qualitätsmanagements im Psychologischen Dienst der Bundeswehr ist die Qualitätssicherung der psychologischen Verfahren durch Evaluationen (Melter, 2004). Die Notwendigkeit für dieses Vorgehen ergibt sich auch aus der DIN 33430 für berufsbezogene Eignungsbeurteilungen. Der Fokus ist also stark auf die Methoden der Eignungsdiagnostik ausgerichtet. Die externe Checkliste von Hornke und Kersting mit Prüffragen für eine der DIN 33430 entsprechende Eignungsbeurteilung (Hornke & Winterfeld, 2004) sowie eine interne Checkliste mit Prüffragen für die psychometrische Qualität der psychologischen Tests im computerassistierten Testen (CAT) sind Kontroll- und Dokumentationsverfahren, um spezifische Schwachstellen aufzuspüren und durch Neukonstruktion, Zukauf oder Organisationsänderungen zu beheben. Für diesen Zweck hat der Psychologische Dienst der Bundeswehr unterhalb der Leitungsebene des Ministeriums, aber an zentraler Stelle, im Streitkräfteamt in Bonn ein Servicecenter für die Pflege und Änderung der Verfahren eingerichtet, in dem die psychologischen Grundlagen mit moderner wissenschaftlicher Software und Informationstechnik für Truppen-, Personal- und Organisationspsychologie erarbeitet werden. Anforderungsanalysen, Bewährungskontrollen und Testanalysen zur Kontrolle der Testnormen und der psychometrischen Qualitätskriterien von psychologischen Testverfahren wie Schwierigkeit, Trennschärfe, Objektivität, Reliabilität, Validität und Akzeptanz bei den Probanden werden in regelmäßigen Abständen oder anlassbezogen durchgeführt. Auch in den anderen (deutschsprachigen) Staaten in Europa, die Militärpsychologen einsetzen, sind neue Schwerpunkte bei Computerunterstützung und Qualitätssicherung entstanden.

Der Psychologische Dienst der Bundeswehr hat jüngst die Entwicklung eines ganzheitlichen Qualitätsmanagementsystems nach DIN EN ISO 9001 eingeleitet (Zimolong, 2001; Zimolong, Elke & Franz, 2004). Diese international gültige Norm gilt in 130 Ländern als anerkanntes System in Wirtschaft, Verwaltung und Militär für den Nachweis, Qualität sachgerecht organisieren zu können. Ziele sind moderne Informationsversorgungs-, Bewertungs- und Optimierungsverfahren für die psychologischen Dienstleistungen in der Bundeswehr.

62.7 Organisationspsychologie

Zu den ständigen Aufgaben militärischen Führungspersonals gehört die sensible Beobachtung der »inneren Lage« der Bundeswehr und das fortwährende Bemühen um ihre Stabilisierung und Verbesserung. Stichworte sind Macht und Verantwortung beim Führen, Loyalität und Grenzen des Gehorsams, Dienen und Verdienen, Motivation und Konfrontation, Mut und Menschenführung (Blaschke, Gramm & Sixt, 1986). In der Sprache der Organisationspsychologie geht es um die Diagnose und Entwicklung der Organisation Bundeswehr.

62.7.1 Allgemeine Befragungen zur inneren Lage der Bundeswehr

In den 90er Jahren hat der Führungsstab der Streitkräfte ein organisationspsychologisches Instrument regelmäßiger, manchmal auch anlassbezogener Befragungen der Soldaten etabliert. Damit leistet die Militärpsychologie einen Beitrag zur Feststellung der inneren Lage der Bundeswehr. Mit jeweils spezifischen Befragungsinstrumenten werden aus der Bundeswehr ausscheidende Soldaten, Berufssoldaten, Soldaten mit Einsatzerfahrung im Ausland oder bestimmte Personengruppen (zum Beispiel Führungspersonal) befragt, um Unterschiede und Entwicklungen in definierten Bereichen festzustellen. Dazu gehören z. B.:

- Dienstzufriedenheit und Dienstklima,
- Betreuung, Organisation und Ausbildung,
- Auswirkungen von Wehrdienst oder Dienstzeit,
- Frauen in den Streitkräften, Bundeswehr und Gesellschaft, Beruf und Familie,
- Innere Führung, Personalführung und Dienstbetrieb, Infrastruktur und Haushalt,
- Vorerfahrungen, Vorbereitung und Ausbildung, Rahmenbedingungen im Einsatz, spezielle Erfahrungen, Bewertung des Einsatzes.

Die Organisationspsychologie wertet die Ergebnisse der Befragungen aus und berichtet sie regelmäßig dem Bundesministerium der Verteidigung (Küssner, Knacke, Rausch & Mentges, 1990). Sie schlägt Problemlösungen vor, bietet Führungsberatung an und gibt Empfehlungen für die Führungsentwicklung. Die Ergebnisse der regelmäßigen organisationspsychologischen Befragungen sind inzwischen Bestandteil des Qualitätsmanagements in der Bundeswehr (http://www.bundeswehr.de).

62.7.2 Mitarbeiterbewertung

Alle Mitarbeiter im Psychologischen Dienst müssen die Anforderungen und Erwartungen ihrer Kunden kennen und erfüllen. Nicht nur objektive Leistungen, sondern auch die vom Kunden subjektiv wahrgenommenen Vorteile in der angebotenen Qualität entscheiden über den Erfolg der Militärpsychologie als Dienstleister in der Bundeswehr. Die hauptsächlichen psychologischen Dienstleistungen sind Kernprozesse mit ihren Abläufen und beteiligten Personen mit Kerndaten zu Tätigkeiten, Entscheidungen, Dokumentation, materiellen Produkten, Dienstleistern und Kunden. Für alle Bereiche des Psychologischen Dienstes sind diese Kernprozesse mit Diagrammen und Datenblättern beschrieben und Selbstbewertungen durchgeführt. Dies bezieht sich auf die

- Ressourcen in den Bereichen Information, Kommunikation und Personal,
- Dienstleistungserstellung bezüglich Verantwortung, Aktivitäten, Zusammenarbeit und Kunden,
- Messung, Analyse und Verbesserung der Kundenzufriedenheit und der Qualität des Prozesses und der Produkte,
- Verantwortung der Leitung bezogen auf Qualitätsziele, Planung, Kommunikation und Management.

62.8 Ausblick

Die eingangs beschriebenen neuen Aufgaben und der organisatorische Umbau der Bundeswehr haben auch erhebliche Auswirkungen auf die Militärpsychologie. Die stark angestiegene unmittelbare Unterstützung der Truppe im Zusammenhang mit Einsätzen sowie bei Unfällen und Katastrophen führt zu einer Schwerpunktverschiebung weg von den »klassischen« Aufgaben der Militärpsychologie im Bereich der Eignungsdiagnostik hin zum Aufgabenfeld der Truppenpsychologie. Dies drückt sich nicht nur in organisatorischen Veränderungen, sondern auch in der größeren Verantwortung und in der wachsenden Aufgabenlast des psychologischen Personals aus. Der Psychologische Dienst der Bundeswehr versucht den neuen Anforderungen durch eine breit angelegte Aus- und Fortbildung sowie durch einen gezielten Verwendungsaufbau der Psychologen gerecht zu werden.

Literatur

Referenzliteratur

Blaschke, P.H., Gramm, R. & Sixt, W. (Hrsg.). (1986). *De officio – Zu den ethischen Herausforderungen des Offizierberufs* (3. Aufl.). Hannover: Lutherisches Verlagshaus.

Garland, D.J., Wise, J.A. & Hopkin, V.D. (1999). *Handbook of aviation human factors*. Mahwah, NJ: Erlbaum.

Hornke, L.F. & Winterfeld, U. (Hrsg.). (2004). *Eignungsbeurteilungen auf dem Prüfstand: DIN 33430 zur Qualitätssicherung*. Heidelberg: Spektrum.

Puzicha, K. Hansen, H.-D. & Weber, W. (Hrsg.). (2001). *Psychologie für Einsatz und Notfall – internationale truppenpsychologische Erfahrungen mit Auslandseinsätzen, Unglücksfällen, Katastrophen*. Bonn: Bernard & Graefe.

Schuler, H. (Hrsg.). (2001). *Lehrbuch der Personalpsychologie*. Göttingen: Hogrefe.

Zitierte Literatur

Barre, K. & Biesold, K.-H. (2002). Therapie einsatzbedingter psychischer Störungen bei Soldaten der Bundeswehr. *Zeitschrift für Wehrmedizin und Wehrpharmazie, 26* (1), 34–40.

Barre, K. & Biesold, K.-H. (2003). Du bist normal, die Situation ist es nicht. *Report Psychologie, 1,* 7–9.

Bering, R., Schedlich, C., Zurek, G. Grittner, G., Kohler, M. & Kimmel, E. (2002). *Prävention und Behandlung von Psychotraumen – Manual zum Kölner Risiko Index Bundeswehrversion.* Köln: Institut für Klinische Psychologie und Psychotherapie im Kooperation mit dem Deutschen Institut für Psychotraumatologie.

Bering, R., Schedlich, C., Zurek, G. & Fischer, G. (2003). Zielgruppenorientierte Intervention. *Untersuchungen des Psychologischen Dienstes der Bundeswehr, 38,* 9–131.

Dahms, P., Beorges, W. & Restorff, W. von (1996). Die kognitive Leistungsfähigkeit unter ABC-Schutzkleidung im Verlauf eines 28-stündigen Langzeiteinsatzes. *Untersuchungen des Psychologischen Dienstes der Bundeswehr, 31,* 157–186.

Glücksmann, C. (1999). *Aus- und Fortbildungskonzept Truppenpsychologie.* (Arbeitsberichte Psychologischer Dienst der Bundeswehr, 1/1999). Bonn: Bundesministerium der Verteidigung.

Häcker, H., Boucsein, W. & Bullheller, S. (2004). *Weiterentwicklung der flugpsychologischen Basisdiagnostik – Untersuchung zur prädiktiven Validität.* Wuppertal: Bergische Universität Wuppertal.

Hansen, H.-D. (1986). *Anforderungsgerechte Auswahl von fliegendem Personal.* Unveröffentlichte Dissertation. Wien: Universität.

Hornke, L.F. (1995). Stand der Technik des computerunterstützten adaptiven Testens. *Untersuchungen des Psychologischen Dienstes der Bundeswehr, 28/30* (2), 9–36.

Irvine, S.H. (2003). Screening conscripts in Germany using multiple forms of item-generative computer-delivered tests. *Untersuchungen des Psychologischen Dienstes der Bundeswehr, 38,* 161–210.

Kastner, M., Adolph, L. & Kolzarek, B. (2004). *Fragebögen für die Persönlichkeitsmerkmale, Studieninteressen und Berufsinteressen von Offizierbewerbern und Offizierbewerberinnen der Bundeswehr.* Dortmund: Universität.

Krex, L. (2003). Führungskräfteauswahl in den deutschen Streitkräften – Evaluation des Assessment Centers der Offizierbewerberprüfzentrale. Diplomarbeit im Fach Psychologie. Bonn: Rheinische Friedrich-Wilhelm-Universität.

Kubinger, K.D., Schrott, A., Ortner, M.T., Ziegler, A., Litzenberger, M. & Radinger, R. (2002). Entwicklung objektiver Persönlichkeitstests zu den Eignungsmerkmalen Belastbarkeit und Entscheidungsverhalten. *Untersuchungen des Psychologischen Dienstes der Bundeswehr, 36/37,* 9–82.

Küssner, H.-J., Knacke, W., Rausch, K. & Mentges, W. (1990). *Befragung ausscheidender Soldaten 1989/90 die innere Lage der Bundeswehr.* Bonn: Streitkräfteamt.

Melter, A. (2004). Qualitätssicherung im Psychologischen Dienst der Bundeswehr. In L. Hornke & U. Winterfeld (Hrsg.), *Eignungsbeurteilungen auf dem Prüfstand – DIN 33430 zur Qualitätssicherung.* Heidelberg: Spektrum.

Melter, A., Hamann, I., Kutschke, T. & Storm, E.G. (2002). Modernisierung der Eignungsdiagnostik im Psychologischen Dienst der Bundeswehr – Ergebnisse und Perspektiven. *Zeitschrift für Personalpsychologie, 1,* 35–41.

Melter, A. & Wildgrube, W. (2004). Computer-Assistiertes Testen in der 4. Generation. In W. Sarges & H. Wottawa (Hrsg.), *Handbuch wirtschaftspsychologischer Testverfahren* (2. Aufl.). Lengerich: Pabst.

Müller, U. (2003). *Personalwirtschaft in der Bundeswehr – Bilanz und Reformansätze am Beispiel der Offiziere.* Wiesbaden: Deutscher Universitätsverlag.

Rauch, M., Weber, W. & Wildgrube, W. (1993). Computergestützte Testdiagnostik im Psychologischen Dienst der Bundeswehr. *Zeitschrift für Arbeits- und Organisationspsychologie, 37,* 142–145.

Steyer, R., Partchev, I., Menz, S. & Seiß, K. (2000). Die Anwendung von Multitrait-Multimethod Modellen in der Assessment-Center-Diagnostik der Bundeswehr. *Untersuchungen des Psychologischen Dienstes der Bundeswehr, 35,* 95–139.

Steyer, R., Partchev, I. & Kröhne, U. (2003). Die Abhängigkeit der Itemparameter von den Darbietungszeiten im computerisierten adaptiven Testen. *Untersuchungen des Psychologischen Dienstes der Bundeswehr, 38,* 133–160.

Storm, E.G. (1999). Adaptive (leistungsabhängige) Testverfahren – Hintergründe, Testökonomie und Akzeptanz. In J.U. Schmidt & K. Gütschow (Hrsg.), *Vom Papier zum Bildschirm – Computergestützte Prüfungsformen* (Berichte zur beruflichen Bildung, Heft 229). Berlin: Bundesinstitut für Berufsbildung.

Strobel, A., Westhoff, K. (2002). Das Diagnoseinstrument zur Erfassung von Interviewerkompetenz in der Personalauswahl (DIPA) – Grundlagen und Konstruktion. *Untersuchungen des Psychologischen Dienstes der Bundeswehr, 36/37,* 83–132.

Thomas, A., Layes, G. & Kammhuber, S. (1998). Sensibilisierungs- und Orientierungstraining für die kulturallgemeine und die kulturspezifische Vorbereitung von Soldaten auf internationale Einsätze. *Untersuchungen des Psychologischen Dienstes der Bundeswehr, 33,* 9–289.

Thomas, A. & Lulay, G. (1999). Evaluation interkultureller Trainings zur Vorbereitung von Bundeswehrsoldaten auf internationale Einsätze. *Untersuchungen des Psychologischen Dienstes der Bundeswehr, 34,* 10–139.

Völker, B. & Wothe, K. (2003). Psychologische Betreuung und Nachsorge – psychologische Krisenintervention in der Bundeswehr. *Zeitschrift für Wehrmedizin und Wehrpharmazie, 27* (3), 62–63.

Wildgrube, W. (1990). Computergestützte Diagnostik in einer Großorganisation. *Diagnostica, 2,* 127–147.

Marberg, J. (2003). Afghanistan – Attentat auf deutsche Soldaten. *Y. Magazin der Bundeswehr, 7,* 28–29.

Zimolong, B. (Hrsg.). (2001). *Management des Arbeits- und Gesundheitsschutzes – die erfolgreichen Strategien der Unternehmen.* Wiesbaden: Gabler.

Zimolong, B., Elke, G. & Franz, M. (2004). *Entwicklung, Erprobung und Evaluation eines wehrpsychologischen Qualitätsmanagementsystems.* Bochum: Ruhr-Universität.

63 Kunst- und Musikpsychologie

H. Leder, O. Vitouch

63.1 Annäherung an die Ästhetik

Aus Sicht der Psychologie sind Kunst und Musik spezifisch menschliche Verhaltens- und Erlebensweisen. Ihre Sonderstellung gründet darin, dass eine einfache Erklärung für ihr Auftreten bislang aussteht. Kunst und Musik sind zentrale Themen für Spekulationen zu der Frage, warum sich Kultur entwickelt hat. Dabei steht in neueren, evolutionspsychologischen Ansätzen die Frage nach ihrem Nutzen im Mittelpunkt (Ramachandran & Hirstein, 1999), während in kognitionspsychologischen Ansätzen die Besonderheiten der involvierten Verarbeitungsprozesse betrachtet werden (Leder, Belke, Oeberst & Augustin, 2004; Zeki, 1999).

Fragestellungen zur Anmutung und Schönheit standen schon bei den Gründervätern der modernen Psychologie hoch im Kurs. Fechner und Wundt haben in ihren Laboratorien auch Fragen der empirischen Ästhetik bearbeitet. Zu ihrer Zeit bot sich das von philosophischen Überlegungen geprägte Thema als Bestätigungs- und Bewährungsfeld unserer noch jungen empirischen Disziplin an. In seiner »Vorschule der Ästhetik« unterschied Fechner (1876) eine stimulusabhängige, sozusagen »Bottom-up«-Grundlage ästhetischer Urteile von einer wissens- und denkabhängigen »Top-down«-Beeinflussung. Er erkannte auch, dass erstere der empirischen Forschung leichter zugänglich war. Er selbst demonstrierte die Überprüfung einfacher Gesetzmä-

ßigkeiten mit Methoden der Psychophysik und führte z. B. Untersuchungen zur Schönheitsanmutung von Rechtecken durch, die das Prinzip des »goldenen Schnitts« als Proportionsgesetz prüften. Ein solches Herangehen an das ästhetische Erleben kennzeichnet noch heute eine Vielzahl psychologischer Beiträge, in denen – ganz einer naturwissenschaftlich-analytischen Tradition verbunden – einzelne Merkmale isoliert werden, um ihren Einfluss auf das Verhalten zu untersuchen. Im Fechner'schen Sinn ist die Kunstpsychologie somit hauptsächlich eine »Ästhetik von unten« geblieben, der er konzeptuell eine »Ästhetik von oben« gegenüberstellt.

Heute gewinnt der Forschungsbereich der Ästhetik zunehmend an Interesse. Einerseits stellt er eine Schnittstelle zwischen Kognition und Emotion dar; andererseits nimmt er Anwendungsbezug auf vielfältige Lebensbereiche: Design und Ästhetisierung der Umwelt, Attraktivität von Gesichtern und Körpern, Schönheitsideale, Wohlbefinden, Unterhaltungskultur und -industrie, Multimediagestaltung, Stellenwert von Musik und Kunst in Gesellschaft und Alltag und so fort. Dieses Kapitel hat zum Ziel, einen Überblick über den »state of the art« in zwei etablierten Forschungsbereichen, der Psychologie der (Bildenden) Kunst und der Musikpsychologie, zu vermitteln. Verwandte Bereiche, wie Literatur- oder Architekturpsychologie, kommen aus Platz- und Spezialisierungsgründen nicht zur Sprache.

63.2 Kunstpsychologie

63.2.1 Gegenstandsbereich

Historisch betrachtet konzentriert sich die Kunstpsychologie auf die ästhetische Erfahrung, ihre Bedingungen aufseiten des Objekts (oder Stimulus), seltener auf jene aufseiten des Rezipienten (Furnham & Walker, 2001) und noch seltener auf die Bedingungen der Produktion (Cupchik & Laszlo, 1992). Die Komplexität des Gegenstandes hat dazu geführt, dass die Forschung besonders häufig auf Grundelemente wie z. B. Symmetrien, Proportionen, Farben oder visuelle Elemente zurückgreift. Folglich existiert einiges psychologische Wissen über die Elemente und Bedingungen ästhetischer Erfahrung aufgrund verschiedener Basisdimensionen. Zugleich wurden schon früh die systematischen Schwierigkeiten einer darüber hinausgehenden empirischen Erforschung offenbar.

63.2.2 Historischer Überblick

Die experimentelle Ästhetik hat einen in Teilen mit der Geschichte der Psychologie vergleichbaren Prozess durchlaufen. Auch wenn Fechners Befunde zur Präferenz des goldenen Schnitts heute eher kritisch gesehen werden, ist das empirische Forschungsprinzip, potenzielle Einflussvariablen zu isolieren und die Messung auf die Empfindung zu konzentrieren, ein maßgebliches Merkmal empirischer Ansätze geblieben. Im 20. Jahrhundert folgten Phasen wie die des Behaviorismus (▶ Kap. 11), in denen Ästhetik und Kunst nur wenig Forschungsinteresse fanden. Eine eher ganzheitliche psychologische Ästhetik fand sich in einer Renaissance der Gestaltpsychologie (▶ Kap. 6), die das Prinzip der »guten Gestalt« postulierte, wonach die Eingängigkeit des Reizes seine Interpretation begründet. Arnheim (1954) hat vielfältige Ansätze zum Verstehen visueller Kunst geliefert. Generell sollen Gestaltgesetze beschreiben, welche Merkmale einer komplexen Bildordnung zur Wahrnehmung einer guten Gestalt führen, wobei die Güte auch die ästhetische Qualität bestimmt.

Die psychobiologischen Ansätze zu Beginn der 70er Jahre des letzten Jahrhunderts brachten auch neue Ansätze zum Kunsterleben hervor. Daniel Berlyne (1974; ▶ Kurzbiographie) präsentierte ein umfangreiches Forschungsprogramm zum ästhetischen Urteil, in dem Aktivierungsfunktionen, motivationale Aspekte sowie bestimmte Stimuluseigenschaften eine wesentliche Rolle spielen. Zentral ist die optimistische Idee, dass man über das Anregungspotenzial eines Reizes seinen hedonischen Wert bestimmen könne – das Ausmaß, in dem die Beschäftigung mit dem Reiz gefällt. Berlyne unterschied drei Typen von Variablen, die dieses Anregungspotenzial bestimmen würden: psychophysische, ökologische und kollative. Erstere sind die formalen Stimuluseigenschaften und ihre ästhetische Wirkung (welche

Farbe, welche Form ist gefällig?), die in engem Zusammenhang mit den gestaltpsychologischen Erkenntnissen stehen. Anders als die Gestaltpsychologen betont Berlyne aber auch die Aktivierungssituation des Betrachters. Der Anregungsgehalt einer bestimmten Stimuluskomplexität ist z. B. von den zuvor gesehenen Reizen abhängig (Berlyne, 1970). Die ökologischen Variablen entsprechen den gelernten Bedeutungen. Die kollativen Merkmale beschreiben psychologische Merkmale höherer Ordnung, wie Inkongruenz, Komplexität oder Unsicherheit, die nur für jeden Betrachter (und Reiz) gesondert ermittelt werden können.

Berlyne (1974) untersuchte, in welchem Maß z. B. die Komplexität eines Reizmusters darauf Einfluss nimmt, wie gut das Reizmuster dem Betrachter gefällt. In seinen Experimenten verwendete er auch echte Kunstwerke. Seine zentrale Annahme eines Zusammenhangs zwischen Gefallen und Anregungspotenzial, der einer invertierten U-Kurve entsprechen sollte, fand allerdings nur zum Teil Bestätigung. Die empirische Befundlage fasst Hekkert (1995) folgendermaßen zusammen: »Berlynes Modell lässt sich hauptsächlich auf die formalen, kollativen und psychophysiologischen Merkmale anwenden … der bestimmende

Daniel E. Berlyne

Daniel Berlyne wurde 1924 in Salford, England, geboren. Er studierte Sprachen und Psychologie im englischen Cambridge und promovierte 1953 in Yale. Seine zentrale Rolle in der empirischen Ästhetik spielte er im kanadischen Toronto, wo er »Aesthetics and Psychobiology« (1971) und »Studies in the New Experimental Aesthetics« (1974) veröffentlichte. Seiner Überzeugung nach liegt die Aufgabe der psychologischen Ästhetik in der Sammlung von Daten und Fakten über Präferenzen, Kunstgefallen und ästhetische Urteile, da nur diese geeignet sind, den hermeneutischen Methoden der philosophischen Ästhetik und den Kunstwissenschaften eine objektive Theorie zur Seite zu stellen. Damit steht er in der Tradition Fechners und dessen zweiseitiger Ästhetik »von unten« und »von oben«. Berlyne starb 1976 in Toronto.

Einfluss dieser Faktoren auf ästhetische Präferenzen reduziert sich erheblich, wenn ökologische Stimulusmerkmale
ins Spiel kommen« (ebd., S. 30, Übers. v. Verf.).

63.2.3 Kognitive Verarbeitung und ästhetisches Erleben

In der Zeit nach Berlyne hat sich die Forschung vermehrt
auf die Rolle von **Kognitionen** bei der Kunstbetrachtung
gerichtet. Martindale (1984) betont, dass jedes Kunstwerk
neben den kollativen Stimuluseigenschaften wie Komplexität oder Struktur eine Bedeutungsebene aufspannt, welche
die Effekte dieser ersten Ebene vollständig überdecken
kann. Im ästhetischen Erleben von Kunst finden sich starke
interindividuelle Unterschiede, die zwar die Bedeutsamkeit
der ökologischen Variablen unterstreichen, eine empirische
Untersuchung allerdings erschweren.

Kreitler und Kreitler (1972) verknüpfen kognitive mit
psychoanalytischen Elementen. Demnach ist ästhetisches
Erlebnis eine Art Lustzustand. Als wichtiges Prinzip zum
»erfolgreichen, positiven« Kunsterleben führen sie die »kognitive Orientierung« ein: höhere kognitive Verarbeitung,
die der Erkennung der Bedeutung eines Kunstwerks dient.
Die Kombination von Inhalt und Form macht die Spannung bei der Beschäftigung mit Kunst aus. Dabei postuliert
dieser Ansatz, dass die zeitlichen Verläufe verschiedener
Analysen beim Betrachten eines Werks dessen Anmutung
beeinflussen. Empirische Befunde, die diese Konzeption
stützen, stammen z. B. von Bachmann und Vipper (1983),
die demonstrierten, dass schon nach kurzer Darbietungs-
zeit sowohl Stil- als auch Bedeutungsaspekte die Verarbeitung beeinflussen.

Nur wenige Ansätze betrachten die Rolle kognitiver
Verarbeitung beim ästhetischen Erleben selbst. In der Kognitionspsychologie bilden meist bekannte Prinzipien aus
anderen Bereichen der Wahrnehmungs- und Denkpsychologie den Ausgangspunkt. Dabei wird das ästhetische Erleben in Bestandteile zerlegt, die einer empirischen Überprüfung zugänglich sind. Zumeist werden einfache Gefallens-
(Wie gut gefällt Ihnen das Objekt?) oder Präferenzurteile
(Welches der gezeigten Objekte gefällt Ihnen am besten?)
erfasst. Nur wenige Studien untersuchen tatsächlich ästhetischen Genuss, der eine starke emotionale Komponente
beinhaltet.

Hinsichtlich der kollativen Variablen wurden besonders die **Prototypikalität** und die **Vertrautheit** untersucht.
Bevorzugt werden prototypische Farben (Martindale &
Moore, 1988), aber auch prototypische Gesichter (Etcoff,
2000) und eher prototypische kubistische Kunstwerke
(Hekkert, 1995). Im Sinne der noch generelleren »Mere-exposure«-Hypothese, der zufolge Vertrautheit das Gefallen
determiniert, wurde gezeigt, dass Präferenzurteile allein
schon durch vorherige Darbietung des Reizes gesteigert
werden können (Zajonc, 1968). Jedoch zeigte Bornsteins

(1989) Metaanalyse, dass bei Gemälden und Zeichnungen
nur sehr geringe und inkonsistente »Mere-exposure«-Ef-
fekte auftreten. Dieser Befund stellt die Allgemeingültigkeit
der »Vertrautheit-schafft-Gefallen«-Hypothese gerade für
den Gegenstandsbereich der empirischen Ästhetik in Frage.
Während die Untersuchung impressionistischer Kunstwerke solche Zusammenhänge zeigte (Cutting, 2003), legen es
die Merkmale moderner Kunst, die oft konzeptuell und abstrakt ist, nahe, Unterschiede in Kunstwissen und den entsprechenden kognitiven Verarbeitungsstrategien zur Erklärung der inkonsistenten Befunde heranzuziehen (Leder,
2001).

Ramachandran und Hirstein (1999) postulieren acht
Prinzipien, die in der Kunst häufig als Gestaltungsmittel
eingesetzt werden und das ästhetische Empfinden beeinflussen sollen. Dabei handelt es sich u. a. um Kontrast, Isolierung, Gruppierung, Balance und Symmetrie – Prinzipien, die sich schon bei Berlyne finden, denen hier aber eine
neurophysiologische Wirkungsweise zugeschrieben wird.
Ähnlich argumentiert Zeki (1999), der meint, dass Kunst
deswegen psychologisch so interessant sei, weil die Eigenschaften eines Kunstwerks optimal an bestimmte Verarbei-
tungsstrukturen des Gehirns angepasst wären.

Einen **integrativeren Ansatz** verfolgen Leder et al.
(2004), wenn sie den Prozess des ästhetischen Erlebens von
Malerei in eine Stufenfolge kognitiver Verarbeitungsprozesse zerlegen (◨ Abb. 63.1). Sie postulieren, dass ästhetisches Erleben kognitive und affektive Erlebnisformen
miteinander verbindet, die durch die folgenden Verarbeitungsstufen moduliert werden: Wahrnehmung, implizite Gedächtnisverknüpfung (z. B. Vertrautheit oder Prototypikalität), Erkennen, Verstehen und Bewerten. Dieser
Ansatz erweitert die rein visuelle Verarbeitung des Reizes
um eine Verstehensebene, die jeweils auf kunstspezifisches
Wissen zurückgreift (s. Cupchik & Laszlo, 1992). So wird
erklärlich, warum besonders die Ästhetik moderner Kunst
das ästhetische Erleben als Empfindung auch ohne »Schönheit« erlaubt. Neben einfachen Präferenzen wird in diesem Stufenmodell auch die viel stärkere Emotion des Ge-
nusses berücksichtigt. Dabei geht die Auffassung der Wirkung eines Kunstwerks weg von einem Schönheitsurteil
und hin zu kognitiv ausgelöstem und explizit erfassbarem
Interesse. Erfolgreiche Verarbeitung führt zu einem befriedigenden Zustand, der eine positive Evaluation des Stimulus zur Folge hat. Vermutlich handelt es sich beim ästhetischen Erleben um einen zweistufigen Prozess: Während
moderate Präferenz mit kollativen Merkmalen, wie beispielsweise der Prototypikalität, assoziiert ist, führt erst die
Bewältigung kognitiver Inkongruenz zu starken ästhetischen Erlebnissen in Form von Kunstgenuss (Mandler,
1982).

Obwohl also lange Zeit die Rolle von Stimulusvariablen
die psychologische Forschung im Rahmen ästhetischer Fragestellungen dominierte, und es schien, als würden nicht zu
komplexe, kontrastreiche, eher symmetrische, nicht zu far-

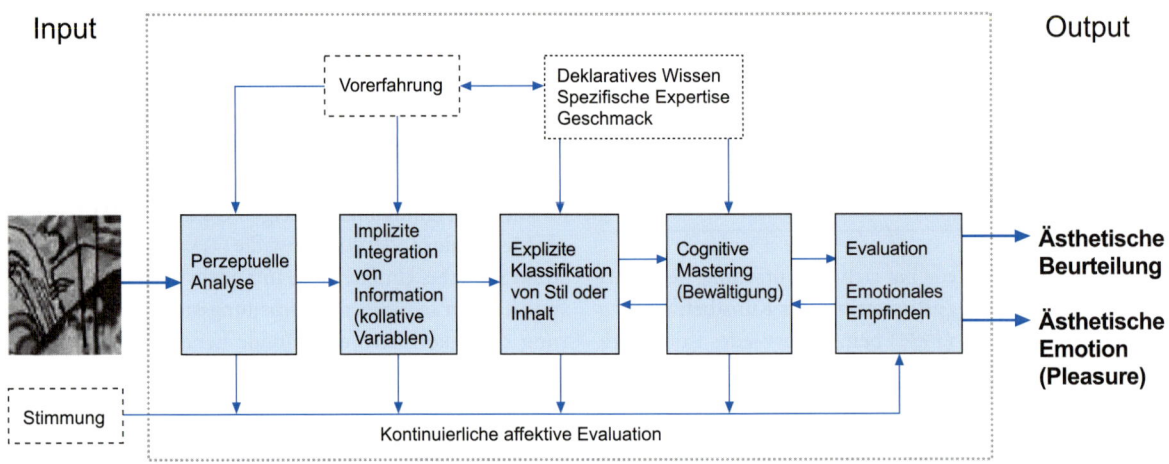

Abb. 63.1. Vereinfachte Version eines Stufenmodells ästhetischen Erlebens

bige, aber vertraute und prototypische Kunstwerke bevorzugt, finden sich in neuerer Zeit zunehmend Ansätze, die sich dem Erlebens- und Emotionsaspekt ästhetischer Erfahrungen widmen. Dabei wird der Bereich der Wahrnehmungspsychologie um Ansätze aus der Emotions- und Denkpsychologie erweitert. Eine theoretisch umfassende Beschreibung psychologischer Wirkmechanismen, die das Spezifische des Kunsterlebens erklärt und insbesondere den Merkmalen der Gegenwartskunst Rechnung trägt, steht jedoch noch aus.

63.3   Musikpsychologie

63.3.1 Historischer Überblick und Themenbereiche

Die Musikpsychologie hat sich spätestens in den letzten 20 Jahren zu einer eigenständigen, international präsenten Teildisziplin entwickelt. Das betrifft sowohl die Grundlagenaspekte des Faches (z. B. Psychoakustik, Wahrnehmungsforschung, Kognitive Musikpsychologie) als auch die vielfältigen Anwendungsbereiche, etwa in der Instrumentalpädagogik und der Mediengestaltung. Die Entwicklung der Musik- und der Kunstpsychologie verlief dabei trotz zeitweilig paralleler perspektivischer und methodischer Trends faktisch separat: Die beiden augenscheinlich verwandten Teildisziplinen werden kaum je in Personalunion betrieben; die Musikpsychologie unterhält eigene Zeitschriften – z. B. »Music Perception«, »Psychology of Music«, »Musicae Scientiae« und das »Journal of the Acoustical Society of America« – und tagt auf eigenen Konferenzen. Musikpsychologie versteht sich dabei seit jeher als gegenstandsgemäß transdisziplinäres Unterfangen, das Beiträge aus Musikwissenschaft, Akustik, Neurowissenschaften, Biologie, Linguistik, Informatik, Philosophie und Pädagogik mit einschließt.

Wie die Kunstpsychologie blickt die Musikpsychologie auf eine lange Tradition zurück. Neben dem Universalgelehrten Hermann von Helmholtz (1821–1894) eignet sich insbesondere der Psychologe, Philosoph und Musikwissenschaftler Carl Stumpf (▶ Kurzbiographie) als Gründerfigur der modernen Musikpsychologie. Die Ähnlichkeiten zu dem oft auf seine experimentalpsychologische Vaterschaft reduzierten Wilhelm Wundt (1832–1920), der indes für höhere geistige Vorgänge – wie »Sprache, Sitte und Kunst« – den geisteswissenschaftlichen Zugang für unentbehrlich hielt, sind trotz methodischer Differenzen bestehend. So trat schon Stumpf als Mahner gegenüber einer gänzlich physikalisierten, Bereiche wie jenen der Ästhetik notorisch ausklammernden Musikpsychologie auf (▶ Abschn. 63.3.3): »Man kann von einem deutschen Professor der Philosophie selbst im letzten Drittel des 19. Jahrhunderts nicht verlangen, dass er immerfort nur mit Pfeiffen, Zungen und Gabeln umgehe. Auch wenn ihn das Bedürfnis nicht triebe, würden schon die Vorlesungen ihn beständig mahnen, die Breite und Höhe der Wissenschaft im Auge zu behalten« (Stumpf, 1890, S. V).

Das Themenspektrum der modernen Musikpsychologie ist breit gefächert. Das liegt daran, dass sie nicht nur als »Psychologie der Musik«, sondern als »Psychologie am Gegenstand der Musik« betrieben wird – also nicht nur spezielle Erkenntnisse über Musik, sondern allgemeine Erkenntnisse über die psychische Architektur des Menschen gewinnen will. Daher verfügt sie auch nicht über eine »einheitliche Methode«: Allein schon innerhalb der Psychologie sind die allermeisten Teildisziplinen, von Allgemeiner über Biologische, Differentielle, Entwicklungs-, Sozial-, Klinische Psychologie und so fort, in der Lage, zu einer gemeinsamen Musikpsychologie beizutragen. Eine hervorgehobene Rolle kommt allenfalls der Kognitiven Psychologie als dem in der musikpsychologischen Grundlagenforschung dominierenden Paradigma zu. Als nahe liegende, aber nicht immer zweckmäßige Bifurkation dient oft die basale Tren-

Carl Stumpf

Carl Stumpf, geboren 1848 im bayerischen Wiesent-
heid, promovierte 1868 in Göttingen und war Professor
in Würzburg (1873–79), Prag (1879–84), Halle (1884–
89), München (1889–94) und Berlin (1894–1921), wo er
1900 das Psychologische Institut gründete. Obwohl
Vorreiter einer von der Philosophie emanzipierten, eigenständigen experimentellen Psychologie, lag Carl
Stumpf zugleich auch die phänomenologische Psychologie am Herzen. Zu seinen Schülern zählten der Musik-
psychologe und Frühbehaviorist Max Meyer ebenso
wie Edmund Husserl, Robert Musil oder die großen
Gestaltpsychologen Wertheimer, Koffka und Köhler.
Neben akustischen und musikethnologischen Arbeiten
legte er mit seiner Tonpsychologie (Stumpf, 1883,
1890), einer frühen Psychoakustik, einen gewichtigen
musikpsychologischen Grundstein. Carl Stumpf starb
1936 in Berlin.

nung in Musikwahrnehmung (»Music Perception«) und
Musikproduktion (»Music Performance«), die zugleich die
Breite des Gegenstandes verdeutlicht.

Die thematische Spannweite umfasst, ebenso wie in der
Kunstpsychologie, Ansätze »von unten« und »von oben«.
Sie reicht, um nur einige Beispiele zu geben, auf der Wahrnehmungsseite von basalen psychoakustischen Themen
wie Gestalthören (»auditory scene analysis«), auditiver
Maskierung oder Konsonanz- und Tonalitätsempfinden
(z. B. Tillmann, Bharucha & Bigand, 2000) über das absolute Gehör (Vitouch, 2005a), Musikgedächtnis (Sloboda,
1985) und Musikimagination (Reisberg, 1992; Zatorre, Halpern, Perry, Meyer & Evans, 1996) bis zur wirkungsvollen
Gestaltung von Filmmusik (Vitouch, 2001). Auf der Perfor-
manzseite reicht das Spektrum vom musikalischen Exper-
tiseerwerb (Vitouch, 2005b) über diverse instrumentalpsy-
chologische Themen, wie Vom-Blatt-Spiel (Lehmann,
2005) oder expressives Timing (Repp, 1995), bis zu musikalischer Kreativität, Improvisation und Komposition (z. B.

Simonton, 1997; Sloboda, 1985) – Letzteres z. B. auch im
Rahmen der künstlichen Intelligenz, die musikalische In-
terpretations-, Begleit- und Improvisationsprogramme kre-
iert. Aktuelle Herausgeberwerke bieten einen Überblick
über grundlegende (Deutsch, 1999; Stoffer & Oerter, 2005)
und anwendungsorientierte (Oerter & Stoffer, 2005) musik-
psychologische Forschung.

63.3.2 Evolutionäre Ursprünge der Musik

Aus evolutionärer Sicht ist eines höchst befremdlich: Warum beschäftigen wir uns so sehr mit einer augenscheinlich so sinnlosen Sache wie Musik? Die Frage nach dem
adaptiven Wert von Musikalität in der menschlichen Stammesgeschichte machte schon Charles Darwin zu schaffen:
»Da weder das Vergnügen noch das Vermögen der Produktion musikalischer Noten Fähigkeiten sind, die dem
Menschen bezüglich seiner täglichen Lebensgewohnhei-
ten das Geringste nützen, müssen sie zum Rätselhaftesten
gezählt werden, womit er ausgestattet ist« (Darwin, 1871,
S. 878, Übers. v. Verf.). Darwin favorisierte schließlich eine
Erklärung im Rahmen der sexuellen Selektion: Salopp gesagt bekommt der bessere Sänger die attraktiveren Sexual-
partnerinnen. Ähnlich die Erklärung Freuds (1908), der
sich mit der heutigen Evolutionspsychologie hinsichtlich
der bestimmenden Kraft des Sexus recht einig gewesen
wäre: Künstlerisches Schaffen speist sich aus sexueller
Triebenergie; alle musischen (wie auch wissenschaftlichen
oder sonst wie arbeitsamen) Betätigungen sind nichts
anderes als Verschiebungen sexueller Kräfte, die er »Sub-
limierung« tauft.

Die Frage nach dem ultimativen Ursprung von Musik
ist im Zug der Naissance der Evolutionspsychologie wieder
in den Vordergrund getreten. Aktuell gibt es dazu etwa
ein Dutzend rivalisierender (wenn auch nicht wechselseitig
exklusiver) Theorien, die zumeist auf **natürlicher Selektion** (Überlebensvorteil durch musikalische Aktivität) aufbauen: von Stärkung des sozialen Zusammenhalts über
motorische Koordination, Konfliktreduktion und »harmlo-
sem Zeitvertreib« bis zur intensivierten Mutter-Kind-Bin-
dung (s. Huron, 2001; Vitouch, im Druck; Wallin, Merker
& Brown, 2000). Hinzu kommt die Theorie der **sexuellen
Selektion** (Vorteil bei der Partnerwerbung) als plausibelste
und zugleich umstrittenste adaptationistische Theorie
menschlicher Musikalität.

Alternativen Ansätzen zufolge handelt es sich bei Musik
nicht um eine biologische Adaptation, sondern um eine
Exaptation – um kognitive Fähigkeiten (z. B. Klanganaly-
se), die ursprünglich für andere Zwecke evolviert waren,
aber nun in weiterentwickelter, von ihrem initialen Usus
entkoppelter Weise genutzt werden. Musik hätte damit vergleichbare Ursprünge wie etwa das Schachspiel: Sie erfüllt
keinen unmittelbaren biologischen Zweck, sondern wäre
zunehmend verfeinerter Luxus auf Basis grundlegender Ei-

genschaften unseres auditiven Systems. Tatsächlich scheint kunstfertigste Musik, etwa eine Beethoven'sche Klaviersonate, ein Streichquartett Ligetis oder eine Trioaufnahme David Murrays, nur als Exaptation erklärlich. Inwiefern gerade das exaptive Moment das Spezifische an der Spezies Mensch ausmacht, und inwieweit Musik und Kunst Paradebeispiele dafür sind, bleibt umstritten.

Unumstritten ist, dass Musik eine Sonderstellung in unserem Alltag einnimmt. Zdrahal-Urbanek und Vitouch (2003) konnten zeigen, dass Anfänge bekannter Musikstücke manchmal innerhalb von Sekundenbruchteilen erkannt werden. Eine 2003 durchgeführte »Jugendradar«-Umfrage (http://www.jugendradar.at, N = 1549) ergab, dass »Musikhören« die vorrangige Freizeitaktivität Jugendlicher und junger Erwachsener darstellt und damit Radiohören (!), Fernsehen, Mobiltelefonie und das Internet auf die Plätze verweist. Mit Fragen von Musikgeschmack, Hörgewohnheiten und Akkulturation sowie mit Aspekten der Popkultur und Musikszene von den Beatles bis heute hat sich die Sozialpsychologie der Musik ausführlich auseinander gesetzt (z. B. Hargreaves & North, 1997).

63.3.3 Musikerleben: Geist, Gefühl und Gehirn

Obwohl Psychologie gemeinhin als »Wissenschaft vom Erleben und Verhalten« apostrophiert wird, ist leidlich bekannt, dass sie mit dem **Erleben** und dessen (objektiver und naturwissenschaftlich abgesicherter) Erforschung stets ihre liebe Mühe hatte, ja es zeitweilig ganz aus ihrem Gegenstandsbereich zu tilgen trachtete. Ähnliches gilt für die Musikpsychologie. Überspitzt gesagt verfügen wir auf wissenschaftlicher Ebene immer noch über mehr Ton-, Klang- und Akkordpsychologie als über eine echte Musikpsychologie, die dem Alltagsverständnis nach vor allem eines erfassen und erklären sollte: die besonderen **Gefühle**, die das Hören von Musik auslösen kann. Denn dafür, soviel sollte außer Frage stehen, konsumieren wir schließlich Musik: für das emotionale Erleben, das sie in uns hervorruft; für den einzigartigen, verbal kaum fassbaren ästhetischen Genuss.

Ein Grund für die paradoxe Ignoranz der Erforschung musikinduzierter Gefühle liegt darin, dass die vom Behaviorismus gänzlich verbannte Kategorie »Emotion« auch vom musikpsychologischen Hauptparadigma, der Kognitionsforschung, nur am Rande inkludiert wird. Diesbezüglich durchläuft die Psychologie jedoch gerade eine »emotionale Wende«, die sich u. a. in der Gründung neuer Zeitschriften und Buchreihen manifestiert. Ein musikpsychologisches Produkt dieser »affective sciences« ist der Band von Juslin und Sloboda (2001).

Bereits 1991 hatte John Sloboda mit einem couragierten Versuch zur quantitativen Erfassung intensiven Musikerlebens aufhorchen lassen. Sein Konzept der musikinduzier-

ten »chills and thrills« fußt auf den subjektiven körperlichen Begleiterscheinungen, die für das Erleben »musikalischer Höhepunkte« typisch sind: z. B. Gänsehaut, Kalt-den-Rücken-Hinunterlaufen (»chills«), Herzklopfen, Frosch-im-Hals, Weinen oder Lachen. Neben der Häufigkeit dieser Reaktionen erhob Sloboda in einer Umfrage bei Orchestermusikern, an welchen Stellen ihrer Lieblingswerke sie dergleichen immer wieder erleben, möglichst in Form taktgenauer Angaben. Auf Basis intersubjektiver Übereinstimmungen identifizierte er schließlich zehn typische Strukturmerkmale klimaktischer Musikmomente. Es ist demnach kein Zufall, dass vielen Hörern noch vor dem vierten Melodieton von Mahlers »Adagietto« konkordant das Herz still steht.

Slobodas Arbeit fand bald auch neurowissenschaftliche Resonanz. Panksepp (1995) führte die Chills hypothetisch auf eine zentralnervöse Beteiligung der Opioidachse – genau genommen den Entzug der Endorphine vom Rezeptor (▶ Kap. 3) – zurück. Auch einer der Pioniere der modernen Neurowissenschaften der Musik, Robert Zatorre (▶ Kurzbiographie), hat das Chills-Phänomen aufgegriffen. In einer

Robert J. Zatorre

Robert J. Zatorre wurde 1955 in Buenos Aires geboren. Als langjähriger Professor für Neurologie an der kanadischen McGill-Universität steht er in der Tradition früherer neurowissenschaftlicher Größen des »Montreal Neurological Institute«, wie Wilder Penfield oder Donald O. Hebb. Zatorres Beiträge zur Schnittstelle von Neurowissenschaften, Neurologie und Kognitionspsychologie sind dem Verständnis auditiver, tonaler und musikalischer Verarbeitungsprozesse gewidmet. Er hat den Boom der kognitiven Neurowissenschaften – befördert durch die Verfügbarkeit funktioneller Bildgebungsverfahren und die »decade of the brain« der 1990er – frühzeitig für die Musikforschung umgesetzt und wurde zum Vorreiter der »cognitive neurosciences of music«. Seine Arbeiten reichen vom musikalischen Vorstellungsvermögen bis zum emotionalen Musikerleben.

fMRT-Studie nutzten Blood und Zatorre (2001) von den Versuchsteilnehmern selbst gewählte, intensive Erlebenseindrücke hervorrufende Musik. Als Korrelat der »thrill experience« ergaben sich spezifische Aktivitätsänderungen in emotional, motivational und verstärkungsrelevanten Gehirnarealen, u. a. dem ventralen Striatum, dem zentralen Höhlengrau, der Amygdala, dem orbitofrontalen Kortex und dem ventromedialen Präfrontalkortex (▶ Kap. 3). Ein ähnliches Netzwerk hatte sich im Zusammenhang mit positiven Stimuli wie sexueller Aktivität, Nahrungsaufnahme, Kokainrausch oder Schokoladenkonsum aktiv gezeigt. Auf einen einprägsamen Nenner gebracht lässt sich folgern, dass Sex, Drugs and Rock'n'Roll vergleichbare Hirnregionen aktivieren.

63.4   Ausblick

Wie muss eine Theorie der Kunstproduktion und des Kunsterlebens beschaffen sein, die die ästhetischen Bedürfnisse des Menschen vollständig begreifbar macht? Wir wissen heute, dass eine umfassende Theorie den evolutionären, neuronalen, kognitiven und emotionalen Aspekten der Kunst gleichermaßen gerecht werden muss. Künftige Entwicklungen werden uns daher in Richtung zunehmend integrierter »cognitive and affective (neuro-)sciences of music and the arts« führen.

Literatur

Referenzliteratur

Allesch, C. (1987). *Geschichte der psychologischen Ästhetik.* Göttingen: Hogrefe.

Berlyne, D.E. (1974). *Studies in the new experimental aesthetics.* New York: Wiley.

Deutsch, D. (Ed.). (1999). *The psychology of music* (2nd ed.). San Diego, CA: Academic Press.

Juslin, P.N. & Sloboda, J.A. (Eds.). (2001). *Music and emotion.* Oxford: Oxford University Press.

Oerter, R. & Stoffer, T.H. (Hrsg.). (2005). *Enzyklopädie der Psychologie: Band D/VII/2 Spezielle Musikpsychologie.* Göttingen: Hogrefe.

Solso, R. (1996). *Cognition and the visual arts.* Cambridge, MA: MIT Press.

Stoffer, T.H. & Oerter, R. (Hrsg.). (2005). *Enzyklopädie der Psychologie: Band D/VII/1 Allgemeine Musikpsychologie.* Göttingen: Hogrefe.

Zitierte Literatur

Arnheim, R. (1954). *Art and visual perception.* Berkeley, CA: University of California Press.

Bachman, T. & Vipper, K. (1983). Perceptual rating of paintings from different artistic styles as a function of semantic differential scales and exposure time. *Archiv für Psychologie, 135,* 149–161.

Berlyne, D.E. (1970). Novelty, complexity and hedonic value. *Perception and Psychophysics, 8,* 279–286.

Berlyne, D.E. (1971). *Aesthetics and psychobiology.* New York: McGraw-Hill.

Blood, A.J. & Zatorre, R.J. (2001). Intensely pleasurable responses to music correlate with activity in brain regions implicated in reward and emotion. *Proceedings of the National Academy of Sciences (USA), 98,* 11818–11823.

Bornstein, R.F. (1989). Exposure and affect: overview and meta-analysis of research, 1968–1987. *Psychological Bulletin, 106,* 265–289.

Cupchik, G. & Laszlo, J. (1992). *Emerging visions of the aesthetic process.* New York: Cambridge University Press.

Cutting, J.E. (2003). Gustave Caillebotte, French Impressionism, and mere exposure. *Psychonomic Bulletin and Review, 10,* 319–343.

Darwin, C.R. (1871). *The descent of man, and selection in relation to sex* (2 Vols.). London: Murray.

Etcoff, N. (2000). *Survival of the prettiest: the science of beauty.* New York: Anchor Books.

Fechner, G.T. (1876). *Vorschule der Ästhetik.* Hildesheim: Olms.

Freud, S. (1908). Die »kulturelle« Sexualmoral und die moderne Nervosität. *Sexual-Probleme, 4,* 107–129.

Furnham, A. & Walker, J. (2001). Personality and judgements of abstract, pop art, and representational paintings. *European Journal of Personality, 15,* 57–72.

Hargreaves, D.J. & North, D.J. (Eds.) (1997). *The social psychology of music.* Oxford: Oxford University Press.

Hekkert, P. (1995). *Artful judgements.* Delft: Unpublished doctoral thesis, TU Delft.

Huron, D. (2001). Is music an evolutionary adaptation? In R.J. Zatorre & I. Peretz (Eds.), *The biological foundations of music* (pp. 43–61). New York: The New York Academy of Sciences.

Kreitler, H. & Kreitler, S. (1972). *Psychology of the arts.* Durham, NC: Duke University Press.

Leder, H. (2001). Determinants of preference. When do we like what we know? *Empirical Studies of the Arts, 19,* 201–211.

Leder, H., Belke, B., Oeberst, A. & Augustin, D. (2004). A model of aesthetic appreciation and aesthetic judgments. *British Journal of Psychology, 95,* 489–508.

Lehmann, A.C. (2005). Vomblattspiel und Notenlesen. In T.H. Stoffer & R. Oerter (Hrsg.), *Enzyklopädie der Psychologie: Band D/VII/1 Allgemeine Musikpsychologie* (S. 877–912). Göttingen: Hogrefe.

Martindale, C. (1984). The pleasures of thought: a theory of cognitive hedonics. *The Journal of Mind and Behavior, 5,* 49–80.

Martindale, C. & Moore, K. (1988). Priming, prototypicality, and preference. *Journal of Experimental Psychology: Human Perception and Performance, 14,* 661–670.

Mandler, G. (1982). The structure of value: accounting for taste. In M.S. Clark & S.T. Fiske (Eds.), *Affect and cognition: the 17th Annual Carnegie Symposium on Cognition* (pp. 3–36). Hillsdale, NJ: Erlbaum.

Panksepp, J. (1995). The emotional sources of »chills« induced by music. *Music Perception, 13,* 171–207.

Ramachandran, V.S. & Hirstein, W. (1999). The science of art. *Journal of Consciousness Studies, 6,* 15–51.

Reisberg, D. (Ed.) (1992). *Auditory imagery.* Hillsdale, NJ: Erlbaum.

Repp, B.H. (1995). Expressive timing in Schumann's »Träumerei«: an analysis of performances by graduate student pianists. *Journal of the Acoustical Society of America, 98,* 2413–2427.

Simonton, D.K. (1997). Products, persons, and periods: historiometric analyses of compositional creativity. In D.J. Hargreaves & A.C. North (Eds.), *The social psychology of music* (pp. 107–122). Oxford: Oxford University Press.

Sloboda, J.A. (1985). *The musical mind: the cognitive psychology of music.* Oxford: Oxford University Press.

Sloboda, J.A. (1991). Music structure and emotional response: some empirical findings. *Psychology of Music, 19,* 110–120.

Stumpf, C. (1883/1890). *Tonpsychologie* (2 Bände). Leipzig: Hirzel.

Tillmann, B., Bharucha, J.J. & Bigand, E. (2000). Implicit learning of tonality: a self-organizing approach. *Psychological Review, 107,* 885–913.

Vitouch, O. (2001). When your ear sets the stage: musical context effects in film perception. *Psychology of Music, 29,* 70–83.

Vitouch, O. (2005a). Absolutes Gehör. In T.H. Stoffer & R. Oerter (Hrsg.), *Enzyklopädie der Psychologie: Band D/VII/1 Allgemeine Musikpsychologie* (S. 717–766). Göttingen: Hogrefe.

Vitouch, O. (2005b). Erwerb musikalischer Expertise. In T.H. Stoffer & R. Oerter (Hrsg.), *Enzyklopädie der Psychologie: Band D/VII/1 Allgemeine Musikpsychologie* (S. 657–715). Göttingen: Hogrefe.

Vitouch, O. (in press). The musical mind: neural tuning and the aesthetic experience. In P.B. Baltes, P. Reuter-Lorenz & F. Rösler (Eds.), *Lifespan development and the brain: the perspective of biocultural co-constructivism.* New York: Cambridge University Press.

Wallin, N.L., Merker, B. & Brown, S. (Eds.). (2000). *The origins of music.* Cambridge, MA: MIT Press.

Zajonc, R.B. (1968). Attitudinal effects of mere exposure. *Journal of Personality and Social Psychology, Monograph Supplement, 9,* 1–27.

Zatorre, R.J., Halpern, A.R., Perry, D.W., Meyer, E. & Evans, A.C. (1996). Hearing in the mind's ear: a PET investigation of musical imagery and perception. *Journal of Cognitive Neuroscience, 8,* 29–46.

Zdrahal-Urbanek, J. & Vitouch, O. (2003). Recognize the tune? A study on rapid recognition of classical music. In R. Kopiez, A. C. Lehmann, I. Wolther & C. Wolf (Eds.), *Proceedings of the 5th Triennial ESCOM Conference* (CD-ROM, S. 257–260). Hannover: Hochschule für Musik und Theater.

Zeki, S. (1999). *Inner vision.* Oxford: Oxford University Press.

64 Religionspsychologie

S. Murken, S. Namini

64.1 Fachsystematische und historische Einordnung

Die Religionspsychologie will religiöses Erleben und Verhalten beschreiben und deren Entstehung und Auswirkungen erklären. Dabei nutzt sie die methodischen und theoretischen Konzepte und Erkenntnisse aus anderen Bereichen der Psychologie. Da die psychologische Erforschung religiöser Phänomene eine genaue Kenntnis des Gegenstandes voraussetzt, wird Religionspsychologie häufig interdisziplinär in Zusammenarbeit mit Religionswissenschaft und Theologie betrieben. Kooperationen sind allerdings manchmal nicht unproblematisch, da Psychologie und Theologie unterschiedliche implizite und explizite Menschenbilder und Annahmen über die Natur der Wirklichkeit vertreten. Ein Grundprinzip religionspsychologischer Arbeit ist daher das 1903 durch den Schweizer Théodore Flournoy aufgestellte Prinzip vom Ausschluss der Transzendenz, das Ausklammern der Wahrheitsfrage in Bezug auf religiöse Inhalte. So fragen Psychologen nicht, ob Gott existiert, sondern wie die Vorstellung von Gott Einzelne und/oder Gruppen in ihrem Denken, Fühlen und Handeln beeinflusst. Diese notwendige Selbstbeschränkung darf jedoch nicht mit einer reduktionistischen Perspektive verwechselt werden.

Der Beginn der Religionspsychologie ist eng mit den allgemeinen Anfängen der Psychologie als eigenständiger empirischer Wissenschaft verknüpft. In den USA beschäftigten sich mit G. Stanley Hall, Edwin D. Starbuck, James H. Leuba und William James (▶ Kurzbiographie) Ende des 19. Jahrhunderts die Gründungsväter der amerikanischen Psychologie auch mit religionspsychologischen Fragestellungen. Diese frühen amerikanischen Arbeiten zu Konversionserlebnissen, religiöser Entwicklung, religiösen Erfahrungen etc. prägten auch die deutsche Religionspsychologie dieser Zeit. So untersuchte Wilhelm Wundt religiöse Phänomene im Rahmen seiner Völkerpsychologie und die Vertreter der sog. Dorpater Schule (Karl Girgensohn u. a.) erforschten mit der Methode der experimentellen Introspektion die psychischen Komponenten religiöser Erfahrung. Aus ihrem Kreis ging 1914 die mit Unterbrechungen bis heute existierende Zeitschrift »Archiv für Religionspsychologie« hervor. Einen viel beachteten phänomenologischen Ansatz verfolgten die Religionswissenschaftler Rudolf Otto und Friedrich Heiler mit ihren Studien zum Heiligen bzw. zum Gebet.

Mit der Entstehung der Psychoanalyse entwickelte sich – unabhängig von der akademischen Psychologie – eine tiefenpsychologische Religionspsychologie, in deren Zentrum die Bedeutung unbewusster Prozesse für religiöse Phänomene steht. Während Sigmund Freud eine religionskritische Haltung vertrat und die Religion als »universelle Zwangsneurose« und »Illusion« bezeichnete, sah Carl Gus-

William James

William James wurde 1842 in New York geboren. Er studierte in Harvard Naturwissenschaften und Medizin sowie Physiologie und Psychologie in Deutschland (1867/68), wo er u. a. durch Wilhelm Wundt und Gustav T. Fechner beeinflusst wurde. James ist einer der Mitbegründer des philosophischen Pragmatismus und führte die Psychologie als empirische Wissenschaft an amerikanischen Universitäten ein. Von 1872 bis 1907 lehrte er in Harvard, wo er 1875 das erste psychologische Laboratorium gründete.

Sein Hauptwerk »Principles of Psychology« erschien 1890 in zwei Bänden. 1901/02 hielt James in Edinburgh eine Vorlesung über religiöse Erfahrung, die »Gifford Lectures«, die 1902 als »The Varieties of Religious Experience« (»Die Vielfalt religiöser Erfahrung«) veröffentlicht wurden. Mit diesem Werk schuf er *den* Klassiker der Religionspsychologie und damit zugleich ein erstes psychologisches Beispiel für den deskriptiven Zugang zu religiösen Phänomenen. James reiches wissenschaftliches Schaffen wurde immer wieder von physischen und psychischen Leidensphasen begleitet und unterbrochen. Er starb 1910 in Chocorua, New Hampshire.

Hjalmar Sundén

Hjalmar Sundén wurde 1908 in Eksjö/Småland (Schweden) geboren. Er studierte Religionsgeschichte in Stockholm und Theologie in Uppsala und wurde 1933 zum Pfarrer ordiniert. 1959 wurde sein Hauptwerk »Religionen och Rollerna« (»Die Religion und die Rollen«; dtsch. 1966) veröffentlicht, woraufhin er 1960 mit Lehraufträgen für Religionspsychologie (Universität Stockholm) sowie Religionsgeschichte und Religionspsychologie (Theologisches Institut Stockholm) betraut wurde. 1964 wurde er Dozent für Religionsgeschichte mit Religionspsychologie in Uppsala, wo ihm das schwedische Parlament 1967 eine persönliche Professur für Religionspsychologie einrichtete, die er bis zu seiner Emeritierung 1975 innehatte. 1969 wurde Sundén Vizepräsident der Internationalen Gesellschaft für Religionspsychologie, zu deren Ehrenvorsitzenden er 1984 gewählt wurde. 1993 starb er in Ersta. Sundén ist einer der Pioniere der europäischen Religionspsychologie. Insbesondere seine Arbeiten zur Rollentheorie hatten auch über Skandinavien hinaus einen bedeutenden Einfluss auf das Fach.

tav Jung die individuelle Religiosität in den Archetypen des kollektiven Unbewussten verwurzelt und damit als zentral für gelingende menschliche Entwicklung (s. Rattner, 1990).

Sowohl in Europa als auch in den USA verlor die Religionspsychologie ab den 30er Jahren des 20. Jahrhunderts rapide an Bedeutung und erst in den 60er Jahren ist mit der »kognitiven Wende« in der Psychologie – insbesondere in den USA – wieder ein zunehmendes Interesse an religionspsychologischen Fragen zu beobachten. Für Europa prägend ist die Arbeit von Hjalmar Sundén (▸ Kurzbiographie), dem bereits 1967 an der Universität von Uppsala ein Lehrstuhl für Religionspsychologie eingerichtet wurde. In den USA umfasst die Sektion »Psychology of Religion« der American Psychological Association heute etwa 2400 Mitglieder.

In Deutschland hat die Religionspsychologie ihre frühe Bedeutung nicht mehr wiedererlangt. Im Gegensatz zu anderen europäischen Ländern (z. B. Italien, Belgien, Holland, Schweiz, Schweden) gibt es in Deutschland keinen Lehrstuhl für Religionspsychologie. Das Thema wird an deutschen psychologischen Fachbereichen kaum bearbeitet.

64.2   Der Gegenstand der Religionspsychologie

64.2.1 Was ist Religion? Relevanz und Verbreitung

Will man den Gegenstand der Religionspsychologie, »Religion(en)« bzw. »Religiosität«, näher definieren, so zeigt sich schnell, dass dies kein einfaches Unterfangen ist.

Substanzielle Definitionen (z. B. Religion ist der Glaube an Gott) ermöglichen zwar eine hohe Identifizierbarkeit des Gegenstandes, allerdings um den Preis, dass ähnliche Phänomene, die die Definition nicht erfüllen, nicht erfasst werden. Funktionale Definitionen (z. B. Religion ist das, was dem Leben eines Menschen Sinn gibt) erlauben es zwar, eine Vielzahl von Phänomenen einzubeziehen, allerdings mit der Gefahr, im komparatistischen Nebel das Spezifische des Gegenstandes aus den Augen zu verlieren, etwa wenn Fußballbegeisterung als Religion konzeptualisiert wird.

Nach Waardenburg (1986), dem wir hier folgen, sollten für die Definition von Religion drei Merkmale erfüllt sein:

1. Die Vorstellung von einer Wirklichkeit, die über die sinnlich erfahrbare Welt hinausgeht und dazu führt, dass
2. Erfahrungen vom Einzelnen und seiner Kultur in Bezug auf diese religiöse Wirklichkeit gedeutet werden.
3. Moralische Bestimmungen, Regeln und Gesetze, die den Kosmos, die Gesellschaft und das Verhalten des Einzelnen betreffen, sind in ihrem Absolutheitsanspruch durch eine höhere Instanz gerechtfertigt.

Zentral ist also das Vorliegen eines Transzendenzbezuges, wobei sehr unterschiedlich sein kann, wie dieser im Einzelnen aussieht und erlebt wird. Während sich der Begriff **Religion** in der Regel auf den gemeinschaftlichen, institutionalisierten Aspekt des Religiösen bezieht, bezeichnen wir mit **Religiosität** die individuelle persönliche Ausgestaltung, mit der sich die Religionspsychologie vornehmlich befasst. Der eher unscharfe Begriff der **Spiritualität**, der eine individuelle, oft ekklektizistische Form von Religiosität ohne normativen Charakter bezeichnet, kann als eine Variante von Religiosität verstanden werden.

Die von Religionssoziologen im 20. Jahrhundert immer wieder geäußerte Erwartung einer zunehmenden Säkularisierung der Gesellschaft hat sich nicht bestätigt. Zwar sinkt die Bedeutung der Kirchen stetig, jedoch wird diese ersetzt durch private Formen von Glauben und Religiosität. Aufgrund eines damit einhergehenden Mangels an allgemeiner religiöser Verbindlichkeit ist der Einzelne heutzutage gefor-dert, sich eine eigene religiöse Identität aufzubauen, wobei er sich einem breiten Angebot religiöser Lehren und Gemeinschaften gegenübersieht. Synkretistische Formen oder Patchwork-Religiositäten, in denen verschiedene religiöse und auch esoterische Traditionen zusammenfließen, nehmen ebenso zu wie religiöse Bindungen auf Zeit. Dabei werden neuere Formen der Religiosität häufig mit traditioneller Kirchenzugehörigkeit verknüpft. Die religiöse Zugehörigkeit ist in Deutschland jedoch nach wie vor sehr homogen. Nur ca. 7% der Bevölkerung gehören einer anderen Gemeinschaft als der evangelischen oder katholischen Kirche an (Tab. 64.1).

64.2.2 Wie kann man Religiosität erfassen?

Damit die individuelle Religiosität empirisch untersucht werden kann, muss sie möglichst genau erfasst bzw. »gemessen« werden. Aufgrund der Komplexität des Phänomens verwundert es nicht, dass die Debatte darüber, was entscheidende Merkmale von Religiosität seien und wie man sie erfassen könne, so alt ist wie die Religionspsychologie selbst. Im Lauf der Jahrzehnte ist eine Vielzahl von Skalen und theoretischen Ansätzen zur Erfassung von Religiosität entstanden (Hill & Hood, 1999), was zur Schwierigkeit beiträgt, Ergebnisse systematisch zusammenzufassen und zu vergleichen.

Einigkeit herrscht heute darüber, dass Religion und Religiosität zwar weltweite Phänomene sind, dass sich die spezifischen Ausprägungen der verschiedenen Religionen jedoch so stark unterscheiden, dass wohl kaum alle Formen von Religiosität mit einem einzigen Messinstrument erfasst werden können. Auch wird die eindimensionale Gleichsetzung von Religiosität mit z. B. der Häufigkeit des Gottesdienstbesuches oder dem Grad der Zustimmung zu kirchlichen Lehren, wie sie in früheren Arbeiten häufig zu finden ist, dem Konstrukt nicht gerecht. Die Befundlage zeigt, dass Religiosität mehrdimensional erfasst werden muss. Ein einflussreiches Modell dazu ist der Ansatz von Charles Y. Glock

 Tabelle 64.1. Religionsgemeinschaften und Mitgliederzahlen in Deutschland. (Nach Statistisches Bundesamt, 2004; Religionswissenschaftlicher Medien- und Informationsdienst, 2005)

Konfession/Gemeinschaft	Mitglieder	% der Bevölkerung	% derjenigen, die einer religiösen Gemeinschaft angehören
Katholische Kirche	26,656 Mio.	32,33	45,28
Evangelische Kirche	26,454 Mio	32,09	44,93
Islam	3,200 Mio.	3,88	5,44
Orthodoxe und orientalische Kirchen	940.000	1,14	1,60
Judentum	93.000	0,11	0,16
Buddhismus	150.000	0,18	0,25
Hinduismus	90.000	0,11	0,15
Sonstige (ca. 80–100 Gruppierungen)	1,290 Mio.	1,57	2,19
Gesamt	**58,873 Mio.**	**71,41**	**100,00**
Ohne religiöse Zugehörigkeit	23,567 Mio.	28,59	

(1969), der auf theoretischer Ebene die fünf Dimensionen Ritual, Ideologie, Erfahrung, Konsequenzen und Wissen postulierte. Eine weitere, für die Forschungsgeschichte wichtige Unterscheidung ist die von Gordon W. Allport (Allport & Ross, 1967; ▶ Kurzbiographie in Kap. 24) vorgenommene Differenzierung zwischen intrinsischer und extrinsischer Religiosität, die – aufgrund der dazu vorgelegten Skala – die psychologische Religionsforschung, insbesondere in den USA, über Jahrzehnte geprägt hat.

In jüngster Zeit hat Huber (2003) die Kritik an bisher vorliegenden Messinstrumenten aufgenommen und mit seiner Rekonstruktion der Ansätze von Allport und Glock ein Modell und Instrument zur Messung von abrahamitischer Religiosität (Christentum, Judentum, Islam) vorgelegt. Er versteht die Religiosität einer Person als Funktion von Zentralität oder Bedeutsamkeit des Glaubenssystems und spezifischen religiösen Inhalten. Während die Zentralität das Ausmaß angibt, in dem Religiosität verhaltensbestimmend ist, charakterisiert der jeweils spezifische religiöse Inhalt die Richtung dieses Einflusses. Beide Komponenten müssen dementsprechend getrennt erhoben und aufeinander bezogen werden.

Neben derartigen quantitativen Ansätzen zur Erfassung von Religiosität ist die wohl wichtigste (wenn auch bei weitem nicht einzige) qualitative Datenerhebungsmethode das Interview in seinen verschiedenen Formen. Dieses wird beispielsweise eingesetzt, um die biographische Einbettung von Religiosität und religiöser Erfahrung zu verstehen.

64.3 Die Vielfalt religions-psychologischer Themen

Welches sind die Themen, mit denen sich die Religionspsychologie beschäftigt? Ganz allgemein lassen sich fast alle Untersuchungen und Fragestellungen aus folgenden Grundfragen ableiten:

- Warum ist ein Mensch religiös?
- Welche Glaubensinhalte und -praktiken charakterisieren die individuelle Religiosität?
- Welche Konsequenzen hat die Religiosität für die Gedanken, die Gefühle und das Verhalten?
- Welche Beziehungen und Wechselwirkungen bestehen zwischen der Religiosität des Einzelnen und seiner religiösen oder nichtreligiösen Umwelt?
- Wie entwickelt sich Religiosität?

Die Fragen, denen die Religionspsychologie nachgeht, sind somit vielfältig und müssen in den theoretischen Kontext der jeweils zuständigen psychologischen Teildisziplin (z. B. Differentielle Psychologie, Entwicklungspsychologie, Sozialpsychologie) eingebettet werden. Religion kann dabei sowohl als abhängige als auch als unabhängige Variable Gegenstand von Untersuchungen sein. Als unabhängige Variable dient Religiosität dazu, andere Merkmale vorherzu-

sagen, als abhängige Variable ist es die Religiosität selbst, die durch ein anderes Merkmal beeinflusst wird (z. B. durch die Geburt eines Kindes).

Bei entsprechender Zuschreibung können Menschen grundsätzlich alle Gedanken, Gefühle und Handlungen als religiös beschreiben und erleben. Religiosität kann in diesem Sinn als ein Referenzsystem verstanden werden, das in Abhängigkeit von Stärke und Inhalten des Glaubenssystems unterschiedlich aktiviert wird.

Aufgrund der großen Bandbreite relevanter Fragestellungen und Studien werden im Folgenden exemplarisch nur einige wichtige Forschungsrichtungen und Inhalte vorgestellt. Weitere wichtige Themen, die hier nicht behandelt werden können, sind z. B. die Psychologie der religiösen Erfahrung, insbesondere auch der Mystik, der Zusammenhang zwischen Religiosität und Einstellungen, Hilfeverhalten oder Vorurteilen, religiöse Gruppen, Religiosität und Sterben bzw. Tod.

64.3.1 Religion und Gesundheit

Die aus psychologischer Sicht relevante Frage, wie Religion wirkt und ob sie für den Einzelnen und seine Lebensgestaltung hilfreich oder hinderlich ist, hat ihren Niederschlag im Forschungsgebiet »Religion und Gesundheit bzw. Krankheit« gefunden und in den vergangenen Jahrzehnten einen Großteil der (vor allem amerikanischen) religionspsychologischen Forschung in Einzelstudien und Metaanalysen bestimmt. Es hat sich dabei gezeigt, dass die häufig gestellte Frage, ob Religion gesund oder krank macht, so zu einfach gestellt ist. Pargament (2002, S. 178, Übers. v. Verf.) präzisiert die Frage daher wie folgt: »Wie hilfreich oder schädlich sind spezifische Formen religiösen Ausdrucks für spezifische Personen, die mit spezifischen Situationen in spezifischen sozialen Kontexten umgehen, gemessen an spezifischen Kriterien der Nützlichkeit oder Schädlichkeit?« Einfache Korrelationsstudien können derart komplexe Zusammenhänge nicht aufklären. Es zeigt sich nämlich, dass verschiedene Formen von Religiosität unterschiedliche Zusammenhänge zu diversen Maßen der psychischen Gesundheit aufweisen.

Aus dieser Differenzierung entwickelte sich die religionspsychologische Coping-Forschung (Pargament, 1997), die – in Anlehnung an das Coping-Modell von Lazarus und Folkmann (▶ Kap. 45) – die Bedeutung von Religiosität im Bewältigungsgeschehen untersucht. Empirische Studien (überwiegend aus den USA) zeigen, dass Religiosität eine wichtige Rolle bei der Bewältigung von akuten Krisensituationen und belastenden Lebensereignissen wie z. B. schweren Erkrankungen oder dem Tod eines Kindes zukommen kann. Es kann allerdings nicht davon ausgegangen werden, dass religiöse Coping-Strategien per se gut und funktional sind; sie müssen immer der Person und der Situation angemessen sein.

Aus psychologischer Sicht muss der mögliche Zusammenhang zwischen Religiosität und Gesundheit theoretisch konzeptualisiert werden. Eigene Auswertungen bisheriger Studien (Murken, 1998; Schowalter & Murken, 2003) gehen davon aus, dass mindestens sechs Mechanismen postuliert werden können, die den Zusammenhang zwischen Religion und Gesundheit bzw. Krankheit erklären. Dies sind

1. die verhaltensregulierende Funktion der Religion,
2. die durch Religion vermittelte soziale Kohäsion und Unterstützung,
3. die selbstwertregulierende Spiegelung des religiösen Menschen in der Beziehung zu Gott und zur religiösen Gemeinschaft,
4. die religiöse Vermittlung von Sinn und Kohärenz,
5. die Möglichkeit, hoch belastende Situationen durch Religion besser zu bewältigen, und
6. die Vermittlung von alternativen Werten.

Die angeführten Mechanismen können jedoch nicht nur Erklärungen für positive Zusammenhänge von Religiosität und Gesundheit, sondern in der Umkehrung auch Hinweise auf negative und hemmende Aspekte von Religiosität liefern.

Auf problematische Aspekte von Religiosität wies bereits 1955 der Mediziner Eberhard Schätzing hin. Mit dem Begriff der »ekklesiogenen Neurose« drückte er aus, dass eine sehr rigide, durch Strafangst bestimmte, sexual- und körperfeindliche religiöse Erziehung zu neurotischen Strukturen führen könne. Ursache und Wirkung sind jedoch bei religiös gefärbten Störungen nicht immer klar zu unterscheiden. Individuelle, bereits vorhandene Konflikte können in den Bereich von Religion und Glaube verschoben werden, ohne dass es sich dabei um eine religiös verursachte Problematik handelt. Dennoch können religiös gefärbte Konflikte überaus belastend sein.

Die American Psychiatric Association hat daher 1994 in ihr Klassifikationssystem psychischer Störungen, DSM-IV, die Kategorie »religiöses oder spirituelles Problem« aufgenommen: »Diese Kategorie kann verwendet werden, wenn im Vordergrund der klinischen Aufmerksamkeit ein religiöses oder spirituelles Problem steht. Beispiele sind belastende Erfahrungen, die den Verlust oder das Infragestellen von Glaubensvorstellungen nach sich ziehen, Probleme im Zusammenhang mit der Konvertierung zu einem anderen Glauben oder das Infragestellen spiritueller Werte, auch unabhängig von einer organisierten Kirche oder religiösen Institution« (Saß, Wittchen & Zaudig, 1996, S. 772). Die Aufnahme dieser Kategorie ist auch Ausdruck davon, dass die Relevanz von Religiosität für Psychotherapie zunehmend anerkannt und berücksichtigt wird.

64.3.2 Konversion

Kaum ein Thema hat die Religionspsychologie so intensiv beschäftigt wie religiöse Bekehrung oder Konversion, worunter ganz allgemein die Veränderung des Glaubenssystems eines Menschen verstanden wird. Konversion kann plötzlich oder graduell erfolgen, das gesamte Überzeugungssystem betreffen oder nur Teile davon, den Beitritt zu oder Wechsel einer Gemeinschaft beinhalten und in unterschiedlichem Maß mit Veränderungen der persönlichen Beziehungen, des Lebensstils und des Selbstkonzeptes einhergehen. Die Religionspsychologie erforscht die verschiedenen Stadien einer Konversion: die (vorausgehenden) Motive, den eigentlichen Prozess der Konversion und die resultierenden Konsequenzen. Auch der Prozess des Ausstiegs aus einer Religionsgemeinschaft, die sog. Dekonversion, sowie der »Abfall« vom Glauben sind Themen der Konversionsforschung.

Bereits 1902 schrieb William James in seinem Klassiker »Die Vielfalt religiöser Erfahrung«: »Bekehrung, Wiedergeburt, Gnadenempfang, religiöse Erfahrung, Erlangung von Gewissheit: dies sind verschiedene Ausdrücke zur Bezeichnung des schrittweisen oder plötzlichen Prozesses, durch den ein bisher gespaltenes und sich schlecht, unterlegen und unglücklich fühlendes Selbst seine Ganzheit erlangt und sich jetzt, stärker gestützt auf religiöse Wirklichkeiten, gut, überlegen und glücklich fühlt« (James, 1902/1997, S. 209). Pargament (1997) versteht Konversion dementsprechend als eine Form religiösen Copings, und aus psychoanalytischer Sicht werden Bekehrungen in der Regel als Versuche interpretiert, überdauernde, unbewusste innerpsychische Konflikte zu lösen.

Obschon eine Reihe von Studien zeigt, dass bei vielen Konvertiten im Vorfeld psychosoziale Belastungen, Lebenskrisen und emotionale Probleme vorliegen, die bis in die Kindheit oder Jugend zurückreichen können (Ullman, 1989), sind die Motive für eine Konversion doch vielfältiger als nur der Versuch der Lebensbewältigung. Der Wunsch nach Zugehörigkeit und sozialer Integration ist ebenso wie die Suche nach religiöser Orientierung – oder allgemeiner nach Sinn – ein gut belegtes Motiv. Die frühere Annahme, dass es sich bei Bekehrungen typischerweise um ein Adoleszenzphänomen handelt, konnte nicht bestätigt werden. Auch konnten bislang keine Persönlichkeitsmerkmale gefunden werden, die eine Konversion pauschal begünstigen. Erste empirische Ergebnisse deuten vielmehr an, dass die spezifische Passung von individueller Persönlichkeit und Biographie und religiösem Angebot einer Gemeinschaft für eine Konversion und deren Verlauf bedeutsam sind (Deutscher Bundestag, 1998). Während das traditionelle Paradigma der Konversionsforschung dem Bekehrten eine eher passive Rolle zuwies (ihm widerfuhr die Konversion), betonen neuere Theorien die aktive Beteiligung der Konvertiten.

64.3.3 Religion und Entwicklung

Phänomene wie Konversion und Dekonversion zeigen, dass Religiosität nichts Statisches ist. Individuelle Religiosität, ihre Bedeutung sowie Glaubensinhalte und auch -praktiken verändern sich im Verlauf des Lebens. Die Gottesvorstellungen jüngerer Kinder sind (zumindest im christlichen Kulturkreis) in der Regel anthropomorph. Erst im Lauf der Zeit bilden sich symbolische Konzepte wie z. B. Licht oder Liebe aus. In der Adoleszenz wird die Religiosität insgesamt abstrakter und komplexer sowie häufig auch kritischer hinterfragt. Dies gilt als eine wichtige Phase für die religiöse Entwicklung. Der Psychoanalytiker Erik H. Erikson hat in seinem Entwicklungsmodell die Adoleszenz als das zentrale Stadium für die Identitätsfindung, auch in religiöser Hinsicht, herausgestellt. Im Erwachsenenalter wird die Religiosität als relativ stabil angenommen, allerdings ist dieser große Altersabschnitt bislang kaum differenziert untersucht worden. Kontroverse Befunde liegen zu der Frage vor, ob die Religiosität im Alter zunimmt. Gut belegt im Hinblick auf das Alter ist jedoch die positive Bedeutung von Religiosität, die bei älteren Menschen in der Regel mit weniger Angst vor dem Sterben, geringerer Depression und besserer psychosozialer Anpassung einhergeht (z. B. Idler, 1994).

Unter den Modellen zur religiösen Entwicklung dominieren seit Beginn der 1980er Jahre die Stufenmodelle des amerikanischen Theologen Fowler und der Schweizer Pädagogen Oser und Gmünder die Diskussion (vgl. Billmann-Mahecha, 2003). Beide Modelle wurden auf empirischer Grundlage entwickelt, haben die gesamte Lebensspanne im Blick und sind vor allem in der Religionspädagogik rezipiert worden. Sie ermöglichen eine bessere Berücksichtigung altersspezifischer Denkstrukturen, dürfen aber nicht zu normativ verstanden werden, da sich in der Praxis zum Teil erhebliche interindividuelle Unterschiede zeigen und insbesondere bei Erwachsenen Elemente verschiedener Stufen gefunden werden. Auch ist es fraglich, ob die religiöse Entwicklung so sequenziell und invariant verläuft, wie von den Modellen postuliert wird.

Wie aber entstehen überhaupt religiöse Vorstellungen und Religiosität? Grom (1992, S. 19) stellt fest: »Der Glaube an etwas Übermenschliches fällt nicht vom Himmel ins Menschenherz, sondern wird von der Umgebung gelernt

und zeitlebens von ihren Einflüssen geprägt.« Der starke Einfluss, den Sozialisation und kulturelle Faktoren auf die Religiosität des Menschen haben, zeigt sich anschaulich in den Unterschieden zwischen West- und Ostdeutschland (◘ Tab. 64.2).

Welche Faktoren im Einzelnen bestimmte religiöse Entwicklungsverläufe bedingen, ist allerdings noch nicht vollständig aufgeklärt. Gut belegt scheint die Bedeutung früher Einflüsse für die Entwicklung der individuellen Religiosität. Die ersten Grundlagen werden in der Regel in der Ursprungsfamilie gelegt. In den letzten Jahren zeigte eine Reihe von Studien, die sich an psychoanalytischen Objektbeziehungstheorien (s. Murken, 1998) orientieren, die Bedeutung früher Beziehungserfahrungen des Kindes für dessen spätere Beziehungserfahrungen und -verhalten auch in Bezug auf seine religiösen (Gottes-)Beziehungen bis ins Erwachsenenalter hinein. Im Verlauf des Lebens entwickelt sich die Religiosität allerdings unter dem Einfluss von Selbstwahrnehmung, Freunden, Schule, Glaubensgemeinschaft, Medien etc. weiter.

64.3.4 Biologische Ansätze

Zunehmende Erfolge bei der Lokalisation neuroanatomischer Korrelate psychologischer Phänomene haben in den letzten Jahren auch das Phänomen Religion in den Blickpunkt der Neurowissenschaftler gebracht. Die Neuropsychologie des Religiösen bzw. »Neurotheologie« versucht neurobiologische Grundlagen der Religiosität nachzuweisen. Newberg und Kollegen untersuchten beispielsweise die religiöse Erfahrung bei Praktikern der tibetischen Meditation und bei Franziskaner-Nonnen im Rahmen von Meditation und Gebet. Bildgebende Verfahren zeigten, dass das Einheitsgefühl mit dem Universum bzw. mit Christus oder Gott meist mit einem deutlichen Rückgang der Durchblutung im oberen Scheitellappen einherging, der Hirnregion, die für die räumliche Orientierung und die Unterscheidung des eigenen Körpers von der Außenwelt zuständig ist (vgl.

◘ **Tabelle 64.2.** Gottesglaube und Gebetshäufigkeit in West- und Ostdeutschland. (Nach ALLBUS, 2002)

	% der Westdeutschen	% der Ostdeutschen
Gottesglaube (Frage: »Welche der folgenden Aussagen kommt Ihren Überzeugungen am nächsten?«)		
Es gibt einen persönlichen Gott.	28,3	11,5
Es gibt irgendein höheres Wesen oder eine geistige Macht.	38,1	16,5
Ich weiß nicht richtig, was ich glauben soll.	14,8	15,5
Ich glaube nicht, dass es einen persönlichen Gott, irgendein höheres Wesen oder eine geistige Macht gibt.	18,8	56,5
Gebetshäufigkeit		
Täglich	21,8	8,1
Mindestens einmal in der Woche	16,6	2,7
Ein- bis dreimal im Monat	6,7	2,7
Mehrmals im Jahr oder seltener	29,2	17,1
Nie	25,8	66,4

Newberg, D'Aquili & Rause, 2003). Persinger (1987) postuliert aufgrund seiner Forschung, dass religiöse Erfahrung durch epileptische Mikroanfälle ausgelöst wird. Bereits in der Antike wurde die Epilepsie als die »heilige Krankheit« bezeichnet; in vielen Kulturen wird sie noch heute als dämonische Besessenheit interpretiert.

Der Nachweis, dass auch religiöse Erfahrungen und Kognitionen an neurophysiologische Grundlagen gebunden sind, überrascht zunächst nicht, kann jedoch hilfreich für das Verständnis religiöser Vorstellungen und Erfahrungen infolge chronischer Gehirnerkrankungen und somatischer Prozesse sein. Andere biologisch orientierte Forschungsbereiche sind u. a. die Drogenforschung, die psychophysiologischen Forschungen zur Meditation und psychoneuroimmunologische Ansätze zur Erforschung des Zusammenhangs zwischen Religiosität und Gesundheit. Aus soziobiologischer Sicht bezeichnet Wilson (1978) Religion als »one of the universals of social behavior« und weist Religiosität mit Blick auf die Evolution eine adaptive Funktion für das menschliche Überleben zu.

Insgesamt muss festgestellt werden, dass das Verständnis biologischer Grundlagen religiöser Phänomene noch sehr begrenzt ist und die Nützlichkeit derartiger Forschung äußerst kontrovers diskutiert wird.

64.4   Ausblick

Islamischer und christlicher Fundamentalismus, Esoterik, Glaube an die Wiedergeburt, neue religiöse Bewegungen oder alternativ-spirituelle Heilpraktiken zeugen von der Aktualität und Relevanz persönlicher (religiöser) Glaubenssysteme. Vor diesem Hintergrund erscheint die Religionspsychologie, die das religiöse Erleben und Verhalten von Menschen untersucht, aktueller und wichtiger als jemals zuvor.

Betrachtet man jedoch ihre Stellung innerhalb der wissenschaftlichen Landschaft und spezieller innerhalb der Psychologie als Fach, so ergibt sich leider ein ganz anderes Bild. Die Religionspsychologie ist in Deutschland ein kleines Randgebiet, dem es an Mitteln und Infrastruktur fehlt, und das innerhalb der akademischen Psychologie praktisch nicht existiert. Es bleibt zu hoffen, dass es gelingt, auch eine deutsche Religionspsychologie zu etablieren, denn wie Baumeister (2002, S. 165, Übers. v. Verf.) feststellt: »Wie Fernsehen, Geld, Sexualität und Aggression ist Religion ein wichtiger Bestandteil des Lebens und die Psychologie kann für sich keine Vollständigkeit beanspruchen, so lange sie Religion nicht in gleicher Weise wie diese anderen Phänomene in ihr Verständnis einbezieht.«

Literatur

Referenzliteratur

Grom, B. (1992). *Religionspsychologie*. München: Kösel.

Hemminger, H. (2003). *Grundwissen Religionspsychologie. Ein Handbuch für Studium und Praxis*. Freiburg: Herder.

Henning, C., Murken, S. & Nestler, E. (Hrsg.). (2003). *Einführung in die Religionspsychologie*. Paderborn: Schöningh.

Nielsen, M.E. (1994–2004). *Psychology of religion pages*. Verfügbar unter: http://www.psywww.com/psyrelig [18.10.2004].

Paloutzian, R.F. (1996). *Invitation to the psychology of religion* (2nd ed.). Boston: Allyn & Bacon.

Shafranske, E.P. (1996). *Religion and the clinical practice of psychology*. Washington, DC: American Psychological Association.

Spilka, B., Hood, R.W., Jr., Hunsberger, B. & Gorsuch, R. (2003). *The psychology of religion: an empirical approach* (3rd ed.). New York: Guilford Press.

Wulff, D.M. (1997). *Psychology of religion. Classic and contemporary* (2nd ed.). New York: Wiley.

Zwingmann, C. & Moosbrugger, H. (Hrsg.). (2004). *Religiosität: Messverfahren und Studien zu Gesundheit und Lebensbewältigung. Neue Beiträge zur Religionspsychologie*. Münster: Waxmann.

Zitierte Literatur

ALLBUS (2002). *Allgemeine Bevölkerungsumfrage der Sozialwissenschaften*. Köln: Zentralarchiv für Empirische Sozialforschung.

Allport, G.W. & Ross, J.M. (1967). Personal religious orientation and prejudice. *Journal of Personality and Social Psychology, 5*, 432–443.

Baumeister, R.F. (2002). Religion and psychology: introduction to the special issue. *Psychological Inquiry, 13*, 165–167.

Billmann-Mahecha, E. (2003). Entwicklung von Moralität und Religiosität. In C. Henning, S. Murken & E. Nestler (Hrsg.), *Einführung in die Religionspsychologie* (S. 118–137). Paderborn: Schöningh.

Deutscher Bundestag Enquete-Kommission »Sogenannte Sekten und Psychogruppen« (Hrsg.). (1998). *Neue religiöse und ideologische Gemeinschaften und Psychogruppen. Forschungsprojekte und Gutachten der Enquete-Kommission »Sogenannte Sekten und Psychogruppen«*. Hamm: Hoheneck.

Glock, C.Y. (1969). Über die Dimensionen der Religiosität. In J. Matthes (Hrsg.), *Kirche und Gesellschaft. Einführung in die Religionssoziologie II* (S. 150–168). Reinbek: Rowohlt.

Hill, P.C. & Hood, R.W., Jr. (Eds.). (1999). *Measures of religiosity*. Birmingham, AL: Religious Education Press.

Huber, S. (2003). *Zentralität und Inhalt. Ein neues multidimensionales Messmodell der Religiosität*. Opladen: Leske & Budrich.

Idler, E.L. (1994). *Cohesiveness and coherence: religion and the health of the elderly*. New York: Garland.

James, W. (1902/1997). *Die Vielfalt religiöser Erfahrung: Eine Studie über die menschliche Natur*. Frankfurt am Main: Insel.

Murken, S. (1998). *Gottesbeziehung und psychische Gesundheit. Die Entwicklung eines Modells und seine empirische Überprüfung*. Münster: Waxmann.

Newberg, A., D'Aquili, E. & Rause, V. (2003). *Der gedachte Gott. Wie Glaube im Gehirn entsteht* (2. Aufl.). München: Piper.

Pargament, K.I. (1997). *The psychology of religion and coping. Theory, research, practice*. New York: Guilford Press.

Pargament, K.I. (2002). The bitter and the sweet: an evaluation of the costs and benefits of religiousness. *Psychological Inquiry, 13*, 168–181.

Persinger, M.A. (1987). *Neuropsychological bases of God beliefs*. New York: Praeger.

Religionswissenschaftlicher Medien- und Informationsdienst e.V. (RE-MID) (2005). *Religionen in Deutschland: Mitgliederzahlen.* Verfügbar unter: http://www.remid.de/remid_info_zahlen.htm [30.01.2005].

Rattner, J. (1990). *Tiefenpsychologie und Religion.* Frankfurt am Main: Ullstein.

Saß, H., Wittchen, H.-U. & Zaudig, M. (1996). *Diagnostisches und Statistisches Manual Psychischer Störungen DSM-IV* (dtsch. Bearb.). Göttingen: Hogrefe.

Schätzing, E. (1955). Die ekklesiogenen Neurosen. *Wege zum Menschen, 7,* 97-108.

Schowalter, M. & Murken, S. (2003). Religion und psychische Gesundheit – Empirische Zusammenhänge komplexer Konstrukte. In C. Henning, S. Murken & E. Nestler (Hrsg.), *Einführung in die Religionspsychologie* (S. 138–162). Paderborn: Schöningh.

Statistisches Bundesamt (2004). *Bevölkerung nach Altersgruppen, Familienstand und Religionszugehörigkeit* (Zahlen für 2001). Verfügbar unter: http://www.destatis.de/basis/d/bevoe/bevoetab5.htm [10.08.2004].

Sundén, H. (1959/1966). *Die Religion und die Rollen: Eine psychologische Untersuchung der Frömmigkeit.* Berlin: Töpelmann.

Ullman, C. (1989). *The transformed self: the psychology of religious conversion.* New York: Plenum Press.

Waardenburg, J. (1986). *Religionen und Religion. Systematische Einführung in die Religionswissenschaft.* Berlin: de Gruyter.

Wilson, E.O. (1978). *On human nature.* Cambridge, MA: Harvard University Press.

65 Internationale Psychologie

K. Pawlik

65.1 Stellenwert und Ziele der Internationalisierung von Wissenschaft

Internationalisierung von Wissenschaft meint die Entwicklung, Umsetzung und Anwendung von Wissenschaft hinausreichend über nationale und regionale Grenzen. In den letzten 10–20 Jahren wurden die Voraussetzungen dafür so förderlich wie nie zuvor: durch die Öffnung staatlicher Grenzen (z. B. in Europa), durch neue politische Kommunikations- und Reisefreiheiten und die noch vor 50 Jahren unvorstellbaren technischen Fortschritte in Telekommunikation (Telefon, Telefax, E-Mail und Internet) und Reiseverkehr (in Dichte, Geschwindigkeit und Preis). Dies hat aber nicht nur (wie in Europa) zu einem Mehr an Gleichheit, sondern weltweit auch zu neuen Ungleichheiten in Ressourcen, Kompetenzen und Chancen geführt. Auch aus diesem Grund kommt der Internationalisierung von Wissenschaft heute mehr Bedeutung denn je zu.

Wenn man nach den Funktionen von wissenschaftlicher Internationalisierung fragt, ist zwischen Mitteln und Zielen zu unterscheiden. Zu den Mitteln zählen vertraute Maßnahmen wie internationaler Austausch von Studierenden und Wissenschaftlern, internationale Fachkonferenzen und Kongresse, internationale wissenschaftliche Forschungs- und Publikationsvorhaben, internationale wissenschaftliche Fachgesellschaften und Berufsverbände.

Bei den Zielen sind allgemeine von fachspezifischen abzuheben. Allgemein vermag Internationalisierung in der Wissenschaft, wie auch im Sport und in den Künsten, zur vielzitierten Völkerverständigung beizutragen, zur erlebten und praktizierten Gemeinsamkeit zwischen Staaten, Regionen und Kulturen, und zur Stiftung von Identität in einer auf Gemeinsamkeit gestützten internationalen wissenschaftlichen Gemeinschaft (»international scientific community«). Dass dies auch in Zeiten politischer Abgrenzung sehr wirksam sein konnte, ist in der Psychologie etwa am Beispiel der guten Zusammenarbeit zwischen Wissenschaftlern in Osteuropa, Mitteleuropa und Nordamerika zur Zeit des Kalten Krieges belegt (s. dazu Duijker & Jacobson, 1966, oder Rosenzweig, Holtzman, Sabourin & Bélanger, 2000, zur Vorbereitung des 18. Internationalen Kongresses für Psychologie 1966 in Moskau).

Hinzu kommen für das Fach spezifische Ziele der internationalen Kooperation in Ausbildung, Forschung, Beruf und Ressourcenteilhabe (diese meist im Rahmen internationaler Programme zum sog. »capacity building«), dann aber auch die Reflexion des Verhältnisses zwischen globaler und indigener Psychologie (Lunt & Poortinga, 1996; Gergen, Gulerce, Lock & Misra, 1996; Mays, Rubin, Savourin & Walker, 1996; Pawlik & d'Ydewalle, 1996). Und als neue Herausforderung, auch auf Berufsseite, sind psychologische

Aufgabenstellungen in der internationalen Diplomatie und Politikberatung zu sehen.

Bevor diese Zielsetzungen im Einzelnen behandelt werden, soll eine Besonderheit der Psychologie angesprochen werden, die auch international ins Gewicht fällt: Als Wissenschaft und als Beruf, in der Forschung und in der Berufsausübung, ist Psychologie essenziell darauf angewiesen, dass in einer Gesellschaft individuelle und kollektive Freiheit des Denkens und der Rede gewährleistet sind. Die Geschichte des Faches belegt schmerzlich bis tragisch, wie die Psychologie in Deutschland und Österreich unter der Gewaltherrschaft der Nationalsozialisten, in der ehemaligen Sowjetunion unter Stalin oder zur Zeit der spät-maoistischen Kulturrevolution in China daniederging (s. Beiträge in Pawlik & Rosenzweig, 1994, und dort referenzierte Literatur). In Deutschland dauerte es vom Kriegsende 1945 an mindestens eineinhalb Jahrzehnte, bis die Forschung in Psychologie wissenschaftlich wieder Anschluss an den internationalen Stand im Fach finden konnte.

Wie damals in Deutschland und Österreich wird auch künftig Hilfe der internationalen Fachwelt beim Aufbau des Faches in einem Land oder einer Region von unschätzbarem Wert sein, und dies noch aus einem neu erwachsenden Grund: Mit dem Fortschritt in Technologie und Wissenschaft wird die Spanne zwischen Industrienationen, Schwellenländern und Entwicklungsländern auch in Ausbildungs- und Forschungsressourcen stetig größer statt kleiner, wie Dokumentationen des Wirtschafts- und Sozialrats der Vereinten Nationen belegen (http://www.un.org/esa). Das gilt auch und gerade für den Zugang zu elektronischer Kommunikation und zu internetbasierten Informationsquellen, die heute für Ausbildung und Forschung eine Schlüsselressource darstellen. Im Vergleich von Industrie- und Entwicklungsländern wird von einer wachsenden »digital divide« gesprochen, gleichsam einer Wasserscheide in der Verfügbarkeit digitaler Informationsquellen. Hieraus erwachsen dem internationalen Wissenschaftsaustausch zusätzliche Aufgaben und Verantwortung.

65.2 Internationale Kooperation in der Psychologie

65.2.1 Geschichte der Internationalen Psychologie

Internationale Zusammenarbeit kann in der Psychologie auf eine beeindruckend lange Geschichte zurückblicken. So fand ein erster internationale Psychologiekongress (unter der Bezeichnung »1. Internationaler Kongress für Physiologische Psychologie«) bereits 1889 unter dem Vorsitz von Théodule A. Ribot in Paris statt (Rosenzweig et al., 2000), das ist noch 15 Jahre bevor in Deutschland 1904 erstmals eine wissenschaftliche Fachgesellschaft (damals für experimentelle Psychologie) gegründet wurde. Auf diesem Kongress wurde bereits ein internationales Komitee gegründet, das die Weiterführung solcher Kongresse und internationaler Zusammenarbeit in der Psychologie für die Zukunft sichern sollte.

Rosenzweig et al. (2000) zeichnen die wechselvolle Geschichte der folgenden Internationalen Kongresse für Psychologie, unterbrochen durch die beiden Weltkriege, detailliert nach. Sie wurden zunächst nur in Europa ausgerichtet, dann 1929 erstmals auch in den USA (Yale-Universität), 1972 erstmals auch in Asien (Japan) und 1988 zum ersten Mal auch auf der Südhalbkugel (Sydney, Australien). Der zurzeit letzte Kongress fand 2004 als 28. in Beijing (Peking, Volksrepublik China) statt; dem seit 1972 vierjährigen Rhythmus des Kongresses folgend sind die nächsten für 2008 in Berlin und für 2012 in Kapstadt (Südafrikanische Republik) geplant. Heute ist in diesen Kongressen eine tatsächlich weltweite Internationalität des Faches erreicht. Mit zuletzt 6000 und mehr Teilnehmern zählen die Internationalen Kongresse für Psychologie auch längst zu den großen wissenschaftlichen Weltkongressen.

In Nachfolge des für die Kontinuität der Kongresse eingerichteten internationalen Komitees wurde 1951, nun mit breiterem Aufgabenrahmen und auch auf Empfehlung der Unesco (United Nations Educational, Scientific and Cultural Organization, ▶ Abschn. 65.2.2), auf dem 13. Internationalen Kongress für Psychologie in Stockholm die International Union of Scientific Psychology (seit 1965: International Union of Psychological Science, IUPsyS) gegründet. Sie ist bis heute die bei weitem größte internationale wissenschaftliche Dachorganisation der Psychologie und in dieser Funktion Träger vieler internationaler Kooperationen im Fach (▶ Abschn. 65.2.1). Bereits 30 Jahre zuvor war 1920, ebenfalls in Europa, die International Association of Applied Psychology (IAAP) gegründet worden (Carpintero & Herrero, 2002), die heute wie zehn weitere internationale Gesellschaften der Psychologie mit der IUPsyS affiliiert ist und eng kooperiert (▶ Abschn. 65.2.2).

65.2.2 Die globale Wissenschaftsorganisation der Psychologie heute

In den meisten Wissenschaften wird die internationale Wissenschaftskooperation von Fachgesellschaften auf regionaler oder globaler Ebene getragen. In der Psychologie sind diese sämtlich als sog. »Internationale Nicht-Regierungsorganisation« (»international non-governmental organization«, INGO) konstituiert, d. h. allein privatrechtlich und nicht staatlich eingerichtet. Unter ihnen ist die IUPsyS die einzige weltweite mit korporativer Mitgliedschaft: Ihre Mitglieder sind nicht einzelne Psychologen, sondern die nationalen wissenschaftlichen Fachgesellschaften (in einigen Staaten: Fachkomitees der nationalen Akademie der Wissenschaften), so in Deutschland die Föderation deutscher Psychologenvereinigungen. Mit zurzeit (Anfang

2005) 72 solcher nationalen IUPsyS-Mitglieder, die über 350 Mio. Psychologen aller Kontinente vertreten, verfügt die Psychologie – auch im Vergleich zu anderen Wissenschaften – über eine sehr repräsentative weltweite Fachorganisation.

Neben der Schirmherrschaft über die Internationalen Psychologiekongresse nimmt die IUPsyS viele zusätzliche internationale Aufgaben in und für Psychologie wahr (▶ Übersicht; s. auch die IUPsyS-Internetsite http://www.iupsys.org)

Aufgabenbereiche der IUPsyS

1. Förderung des Austausches und der Zusammenarbeit zwischen den nationalen Mitgliedern, auch auf regionaler Ebene (hier insbesondere: Naher Osten–Nordafrika, Afrika südlich der Sahara, Ostasien–Pazifikraum, Lateinamerika). Dazu führt die IUPsyS z. B. seit 1995, zusammen mit der IAAP und der International Association of Cross-Cultural Psychology (IACCP), in zweijährigem Abstand zwischen den Weltkongressen psychologische Regionalkongresse zur Förderung der Psychologie auf regionaler Ebene durch, auch zum Aufbau neuer regionaler Kooperationen.

2. Vertretung der Psychologie in den weitweiten multidisziplinären Wissenschaftsorganisationen ISSC (International Social Science Council; Platt, 2002; Kosinski & Pawlik, 2003) und ICSU (International Council for Science; Greenaway, 1996) der Sozial- bzw. Naturwissenschaften und Schirmherrschaft für die Beteiligung der Psychologie an deren Forschungsvorhaben (▶ Abschn. 65.3.3). Nur zwei weitere Wissenschaften, die Geographie (International Geographical Union) und die Anthropologie (International Union of Anthropological and Ethnological Sciences) teilen sich mit der Psychologie diese besondere Rolle von »Brückenfächern«, die – jede selbst Sozial- und Naturwissenschaft (▶ Abschn. 1.3) – beiden Wissenschaftsorganisationen angehören.

3. Vertretung des Faches Psychologie gegenüber Einrichtungen der Vereinten Nationen, namentlich dem Generalsekretariat und dem Wirtschafts- und Sozialrat in New York, der Unesco in Paris und der Weltgesundheitsorganisation (World Health Organisation; WHO) in Genf. Auch daraus sind internationale Forschungskooperationen unter Beteiligung der Psychologie erwachsen (▶ Abschn. 65.3.3).

4. Internationale wissenschaftliche Publikationstätigkeit: Herausgabe des »International Journal of Psychology«, von Kompendien und Monographien, internationalen psychologischen Nachschlagewerken (»International Directory of Psychology«, zuletzt d'Ydewalle, 1993; heute ausführlicher als CD-Datei IUPsyS Global Resource, zuletzt Overmeier & Overmeier, 2004).

5. Internationale Ressourcenförderung in Psychologie, namentlich für Entwicklungsländer, z. B. durch Veranstaltung von Ausbildungsseminaren in Forschungsmethoden (für Nachwuchswissenschaftler) als Satellitenkonferenzen zu den Internationalen Kongressen für Psychologie.

6. Eigenständige internationale Forschungsvorhaben unter IUPsyS-Koordination (zur professionellen Ethik, zur Gesundheitspsychologie, zur Kognitionswissenschaft u. a.; Overmeier & Overmeier, 2004).

7. Aktivitäten mit dem Ziel, psychologische Kompetenz international zu drängenden Problemlösungen einzubringen (bei interethnischen Konflikten, in der notfallpsychologischen Katastrophenbewältigung wie nach der Tsunami-Katastrophe zu Weihnachten 2004 in Süd- und Südostasien u. a.; ▶ Abschn. 65.4).

Neben der das Fach in seiner vollen Breite umgreifenden IUPsyS gibt es viele fachlich oder regional spezialisierte internationale Fachgesellschaften, darunter die elf, mit denen die IUPsyS durch Affiliierung förmlich verbunden ist. Diese sind sämtlich in individueller Mitgliedschaft organisiert. Die mit Abstand älteste und größte ist die bereits genannte IAAP, die in ebenfalls vierjährigem Rhythmus und alternierend mit der IUPsyS die Internationalen Kongresse für Angewandte Psychologie organisiert, heute in eine Vielzahl von Fachgruppen (»divisions«) gegliedert ist und die internationale Förderung der Psychologie in ihren Anwendungsbereichen und Berufsfeldern zum Ziel hat. Weitere größere, mit der IUPsyS affiliierte Assoziationen sind die schon erwähnte IACCP, dann die Sociedad Interamericana di Psicologia (SIP), die European Association of Experimental Social Psychologists (EAESP), die International Society for the Study of Behavioral Development (ISSBD) und das International Council of Psychologists (ICP), die sämtlich ebenfalls Konferenzen durchführen und internationale psychologische Projekte befördern. Fragen der internationalen Qualitätssicherung, Standardisierung und Vergleichbarkeit von psychodiagnostischen Verfahren (▶ Kap. 39) bearbeitet die mit der IUPsyS eng zusammen arbeitende International Test Commission (ITC).

65.2.3 Kooperation auf europäischer Ebene

Die IUPsyS unterhält eine »liaison« genannte Kooperation mit der European Federation of Psychologists' Associations

(EFPA), dem regionalen Zusammenschluss von zurzeit 31 nationalen europäischen Fachgesellschaften für Psychologie mit zusammen etwa 150.000 in Europa tätigen Psychologen. Die EFPA veranstaltet seit 1989 in zweijährigem Abstand die Europäischen Kongresse für Psychologie, unterhält internationale Arbeitsgruppen (»working groups«, »task forces«) für unterschiedlichste Themenbereiche, entwickelt ein Europäisches Psychologiediplom (▶ Abschn. 1.5), vertritt die Psychologie bei der Europäischen Kommission in Brüssel und hat seit 2003 formalen Teilnehmerstatus (»participatory status«) für Psychologie beim Europarat (Scheldemann, 2004). Eine weitere wichtige Aufgabe besteht in der Vertretung des Faches Psychologie gegenüber der Europäischen Kommission und den Behörden der Europäischen Union, namentlich dem Generaldirektorat XII für Forschung und Entwicklung. Wachsende Bedeutung für europäische Verbundforschung auch in der Psychologie gewinnt die European Science Foundation, eine gemeinsame Einrichtung nationaler staatlicher Forschungsinstitutionen in Europa.

Zudem gibt es allein in Europa über ein Dutzend internationale Vereinigungen für psychologische Teilfächer (wie: European Association for Research in Learning and Instruction, European Association for Personality Psychology, European Association for Psychological Assessment, European Association of Work and Organizational Psychology, European Brain and Behavior Society, European Society of Cognitive Psychology, European Society for Developmental Psychology).

Schon dieser, noch immer erst ausschnittsweise Überblick verdeutlicht das breite Spektrum internationaler Aktivitäten in der Psychologie. Diese fördern auch interessante nationale Unterschiede z. B. in der **Statistik psychologischer Berufstätigkeit** zutage (Tikkanen, 2003). Während im europäischen Mittel etwa 50% der psychologisch Berufstätigen als Klinische oder Gesundheitspsychologen tätig sind, schwanken die nationalen Prozentsätze zwischen 13% (Kroatien, Estland) und 70–80% (Griechenland, Großbritannien, Österreich, Norwegen). In Pädagogischer und Entwicklungspsychologie (europäischer Durchschnitt: 20%) streuen die nationalen Prozentsätze zwischen 0–3% (Italien, Griechenland) und 40–64% (Island, Lettland), in Arbeits- und Organisationspsychologie (europäischer Durchschnitt: 15%) zwischen 6% (Griechenland, Irland, Türkei) und 30–35% (Estland, Litauen). Leider sind die Vergleiche in der an vierter Stelle ausgewerteten Kategorie (Lehre, Forschung, Führungs- und Planungspositionen; europäischer Durchschnitt: 15%) wegen der erheblichen Unschärfe dieser Kategorienbildung nicht interpretierbar. Insgesamt verdeutlichen die Ergebnisse aber, dass zwischen verschiedenen Ländern offensichtlich erhebliche Variabilität im beruflichen Erscheinungsbild und Aufgabenrahmen der Psychologie besteht.

65.3 Internationale Psychologie in der Forschung

65.3.1 Kulturelle Einbindung und indigene Psychologie

Hier knüpft Internationale Psychologie eng an die Kultur- und Kulturvergleichende Psychologie (▶ Kap. 5, 30) und an das in ▶ Kap. 1 erläuterte Konzept indigener Vorverständnisse zur Natur des Menschen, seinem Erleben und Verhalten an. Eingebunden in die Begriffswelt einer Einzelsprache, werden solche Vorverständnisse innerhalb einer Sprachgemeinschaft selten hinterfragt, als gleichsam »selbstverständlich« generalisiert und als solche z. B. erst erkennbar, wenn man sich bei ihrer Übersetzung in eine andere Sprache vor Probleme gestellt sieht. Pawlik und d'Ydewalle (1996) geben als ein Beispiel den psychoanalytischen Begriff »Trieb« bei Freud, der sich mit dem englischen »drive« (etwa bei McDougall, 1923) nicht zur Deckung bringen lässt und für die englische Freud-Ausgabe von Strachey (1966) dann wenig passend mit »instinct« übersetzt wurde. Ähnlich kultureingebunden sind auch andere in der Psychologie zur Begriffsbezeichnung verwendete Ausdrücke wie Intelligenz, das Selbst oder Familie. Jing (2000) gibt aufschlussreiche Beispiele, wie psychologische Begriffsbildung aus der westlichen Tradition, dem Buddhismus in Indien und dem Konfuzianismus in China unterschiedlich indigen präformiert ist. Hier eröffnet sich für sprach- und kulturvergleichende Forschung die Möglichkeit (und die Aufgabe), kulturell unterschiedliche Hintergrundverständnisse in psychologischen Beschreibungs- und Erklärungsbegriffen herauszuarbeiten, ohne deren Kenntnis die Vorstellung einer universellen, über Sprach- und Kulturgrenzen hinausgehend Geltung beanspruchenden Wissenschaft vom Mentalen, vom Erleben und Verhalten schwerlich kulturfair zu halten ist. Von besonderer Signifikanz sind dabei Begriffe (wie im obigen Beispiel), für die sich in einer anderen Sprachgemeinschaft keine Äquivalenz finden lässt.

Einer solcherart internationalen psychologischen Forschung kommt aber noch eine zweite Funktion zu: die Prüfung auf mögliche (oder auch nötige) Einbindung indigener Vorstellungen in die psychologische Forschung und Theoriebildung selbst. Unter dem Stichwort »Indigenisierung der Psychologie« (»indigenization of psychology«) haben psychologische Wissenschaftler namentlich aus Asien, Lateinamerika und Afrika Anstoß gegeben, die Psychologie aus ihrer vorherrschenden Bindung an eine westlich-abendländische Heuristik (und heute oftmals englischsprachige Terminologie) etwas zu lösen und zu öffnen für außereuropäische (und außeramerikanische!) Wertvorstellungen, Lebensumstände und Prioritäten (Sinha, 1981; Sinha & Kao, 1988; Diaz-Guerrero, 1977; dazu auch ▶ Kap. 5 in diesem Band und Beiträge in Pawlik & Rosenzweig, 1994). Noch steht offen, zu welchen empirischen Ergebnissen dieser Anstoß, hinausreichend über kulturvergleichende Forschung, letztlich führen mag; sicherlich wird er aber zu einer vertieften Reflexion psychologischer Begriffs- und Theoriebildung beitragen.

65.3.2 Erweiterung des heuristischen Maßstabs

Die in der psychologischen Forschung (wie auch Berufspraxis) typische Heuristik (Form der Fragestellung) nimmt ihren Ausgang vom Individuum, vom Einzelnen und seinem Erleben und Verhalten (auch ▶ Abschn. 1.3). Nicht wenige Sozialfragen aber, zu denen heute auch Beiträge aus der Psychologie erwartet werden, verlangen dagegen, in der Forschung über den mit dieser Heuristik einhergehenden fachtypischen Maßstab in Beobachtung, Begriffs- und Theoriebildung hinauszugehen: ihn auf das Handeln und die Interaktion von Individuen in größeren sozialen Verbänden (makrosoziale Dimension), über größere Zeithorizonte (historische Dimension), ja selbst größere räumliche Entfernungen (geographische Dimension) auszudehnen. Gleichzeitig ist erhöhte Bereitschaft und Fähigkeit zur Zusammenarbeit mit anderen Wissenschaften und im internationalen Rahmen nachgefragt.

Die Erforschung multikultureller Lebensbedingungen in europäischen Großstädten von Heute, von großräumigen Migrationen (wie der lange vorhergesagten und heute bereits angelaufenen Bevölkerungsbewegung von Afrika nach Europa) oder der Ursachen und Moderation interethnischer Konflikte wie in Zentralafrika, Südasien oder Südosteuropa sind Beispiele für solche Fragestellungen. So unzweifelhaft in jedem Fall individual- und sozialpsychologische Faktoren mit kulturellen, ökonomischen, oft auch politischen und historischen in Wechselwirkung stehen, so offenkundig ist die Konsequenz, dass dafür auf psychologischer Seite der angesprochene heuristische Maßstab der Erweiterung bedarf, der Ausweitung von Erhebungsmethoden auf sozial, geographisch und zeitlich erheblich größere Erhebungseinheiten. Dies gilt schon heute für die Beteiligung der Psychologie an internationalen multidisziplinären Großforschungsprogrammen, zu denen im folgenden Abschnitt einige Beispiele gegeben werden.

65.3.3 Regionale und globale internationale Forschung

Als regional werden internationale Forschungsvorhaben in engerem geographischen oder geopolitischen Verbund (z. B. Europäische Union oder Europa insgesamt) bezeichnet, als global solche, die über zwei oder mehr Kontinente angelegt sind.

Als neuere Beispiele für international **regionale Vorhaben** können in Europa Forschungen auf dem Gebiet der Psychogerontologie (Fernández-Ballesteros & Caprara, 2003; auch ▶ Kap. 47) oder das im Rahmen des Leonardo-da-Vinci-Programms von der Europäischen Union geförderte Projekt zu einer gemeinsamen Rahmenkonzeption für die Psychologieausbildung in Europa (Lunt, 2002a; s. auch Lunt 2002b) dienen. Internationale Forschung auf **globaler Ebene** lässt sich nach der Organisationsform und Trägerschaft klassifizieren. Aus der großen Zahl bestehender Programme seien zwei Gruppen herausgegriffen: solche in Trägerschaft von Internationalen Nicht-Regierungsorganisationen (INGO) und solche in Trägerschaft von Organisationen der Vereinten Nationen.

Vorhaben in INGO-Trägerschaft

Unter der Trägerschaft der IUPsyS laufen bzw. liefen Vorhaben:

- mit Unterstützung des ISSC zur wissenschaftlichen Infrastruktur im südlichen Afrika, zur Gesundheitspsychologie (Healthnet), zur Familienpsychologie (s. zu diesen in Overmeier & Overmeier, 2004) und zu »Perception and Assessment of Global Environmental Change« (»Wahrnehmung und Beurteilung globalen Umweltwandels«, PAGEC; dazu bereits Pawlik, 1991);
- mit Unterstützung von ICSU zur Kognitionsforschung, zur experimentellen Neuropsychologie (s. dazu in Overmeier & Overmeier, 2004) und, in Fortsetzung von PAGEC und nun mit Förderung von ICSU, zu psychologischen Faktoren umweltgerechteren Umgangs mit Wasser (als Trink- wie als Brauchwasser).

Die genannten **IUPsyS-Vorhaben zum globalen Klima- und Umweltwandel** stehen auch in Beziehung zu dem Forschungsprogramm IHDP (International Human Dimensions Programme on Global Environmental Change; http://www.ihdp.org), an dessen Einrichtung (unter dem Dach von ISSC und ICSU) in den 1990er Jahren die IUPsyS zusammen mit anderen internationalen Wissenschaftsunionen maßgeblich mitwirkte. Gegenstand des Programms ist das Studium menschlicher Faktoren des globalen Klimawandels, also des ab Mitte des letzten Jahrhunderts weltweit zu beobachtenden beschleunigten Anstiegs der mittleren Jahrestemperatur der erdnahen Luftschichten (Hansen & Lebedeff, 1987). An dieser »globalen Erwärmung« (»global warming«) kann heute wissenschaftlich kein Zweifel bestehen (Wissenschaftlicher Beirat Globale Umweltveränderungen, 2003; International Geosphere-Biosphere Program, 1989, und http://www.igbp.net), wenn auch ihre Ursachen mannigfach sein und in komplexer Wechselwirkung stehen dürften. Einer der Ursachenfaktoren liegt in ansteigenden Emissionen von Kohlendioxid (CO_2) und anderen sog. Treibhausgasen (nicht nur, aber zu einem erheblichen Teil aus der Verbrennung fossiler Brennstoffe), die in höheren Schichten der Erdatmosphäre lange Bestandzeit haben und die von der Erdoberfläche reflektierte Sonnenwärme auf diese zurückstrahlen. Quellen der CO_2-Emission sind neben anderen die industrielle Produktion, Energiegewinnung aus fossilen Brennstoffen, Verbrennungsmotoren (in Kraftfahrzeugen) und alle Feuerstellen (von der landwirtschaftlichen Brandrodung bis zur Raumheizung). Die Wärmeabstrahlung *von* der Erdoberfläche (damit in Folge auch die Rückstrahlung *auf* sie) hängt auch von der Erdoberflächenbeschaffenheit ab; so reflektieren z. B. versandete Landstriche stärker als bewaldete, sodass fortschreitende Desertifikation den Prozess weiter beschleunigt.

Diese Erkenntnisse waren der Anlass, von anthropogenen (im menschlichen Verhalten gelegenen) Ursachen der globalen Erwärmung zu sprechen. Darunter fallen nicht nur Komfortansprüche, sondern schon allein die wachsende Weltbevölkerung und ihr steigender Bedarf an Nahrung, Energie und Lebensraum. Gleichzeitig ist die Menschheit auch selbst von Auswirkungen der globalen Erwärmung betroffen; schwindende landwirtschaftlich nutzbare Flächen, erhöhtes Risiko von Naturkatastrophen wie Wirbelstürmen und Überflutungen (infolge erhöhter Tempcraturkontraste) oder erweiterte Verbreitungsgebiete für tropische Erkrankungen sind nur einige Beispiele.

Das sozialwissenschaftliche Forschungsprogramm IHDP hat neben anthropogenen Ursachen auch solche menschbezogenen Folgen des globalen Klimawandels zum Gegenstand. Es hat zurzeit fünf Kernprojekte (»core projects«):

- Globaler Umweltwandel und menschliche Sicherheit;
- Institutionelle Dimensionen des Globalen Umweltwandels;
- Industrieller Umbau (»transformation«);
- Land-Ozean-Wechselwirkungen in der Küstenzone;
- Wandel in der Landnutzung und Landbedeckung.

Zusammen mit ICSU und anderen Einrichtungen werden zusätzlich drei Verbundprojekte (»joint projects«) betreut:
- Globaler Umweltwandel und Nahrungssysteme;
- Globales Kohlenstoffprojekt;
- Globales Wassersystem-Projekt.

IHDP ist ein im vollen Wortsinn internationales multidisziplinäres Langzeit- und Großforschungsvorhaben. Sein Sekretariat befindet sich in Bonn (mit namhafter deutscher Unterstützung), die Sekretariate der fünf internationalen Kernprojekte (in obiger Reihenfolge) in Kanada, USA, zwei in den Niederlanden und in Belgien. Die Kernprojekte selbst haben weltweit gestreut regionale und lokale Teilprojekte. Mehrere Kernprojekte und das Programm insgesamt involvieren in vielfacher Weise auch psychologische Fragen und Methoden (s. dazu bei Moser & Uzzell, 2004) und Vorhaben der IUPsyS (▶ oben).

Weitere internationale Forschung unter der Trägerschaft des ISSC, die Psychologie mit involviert, ist in einem zu IHDP parallel organisierten Programm Comparative Research on Poverty (CROP; Vergleichende Forschung zur Armut; http://www.crop.org) sowie in zwei neueren Initia

tiven zum weltweiten gesellschaftlichen Wandel (International Global Social Change Program, IGSC) und zu interethnischen Konflikten (Research on Ethnic Conflicts: Approaches to Peace, RECAP) organisiert (Information unter ISSC-Internetsite).

Vorhaben in UN-Trägerschaft

Unter dem Dach der Vereinten Nationen läuft eine Vielzahl von Forschungsaktivitäten, so auch in den Sozialwissenschaften. Zu einer auch nur überblicksweisen Darstellung ist kurz auf die Organisationsstruktur der UN zurückzugreifen [zu Einzelheiten s. die jährlich erscheinenden UN-Jahrbücher (UN yearbooks: http://unp.un.org), die UN-Internetsite (http://www.un.org) und ◘ Abb. 65.1].

Die Organisationsstruktur am UN-Hauptsitz in New York umfasst neben Vollversammlung und Sicherheitsrat als weitere wichtige Einrichtungen die Hauptverwaltung des Sekretariats (unter Leitung des Generalsekretärs) und den Wirtschafts- und Sozialrat (Economic and Social Council, ECOSOC). Beiden sind für Forschungs- und Entwicklungsaufgaben wichtige Departments und Specialized Agencies an die Seite gestellt. Dem Sekretariat ist das große Department of Economic and Social Affairs (DESA) mit Arbeitsschwerpunkt in Wirtschafts- und Sozialentwicklung angegliedert, das zugleich Forschungsaufgaben für ECOSOC wahrnimmt. Arbeitsbereiche sind wie in ECOSOC u. a. der Welt-Sozialbericht, Armutsbekämpfung, Jugendentwicklung, das höhere Alter und Behinderungen.

Von den Special Agencies in direkter Zusammenarbeit mit ECOSOC sind in Hinblick auf wissenschaftliche Aktivitäten, zu denen auch Bezug seitens der Psychologie besteht, vier zu nennen:
- ILO (International Labor Organization; Internationale Arbeitsorganisation),
- Unesco (United Nations Educational, Scientific and Cultural Organization; Bildungs-, Wissenschafts- und Kulturorganisation der Vereinten Nationen),
- WHO (World Health Organization; Weltgesundheitsorganisation) und die
- Weltbankgruppe, in deren Aufgabenrahmen auch breite sozialwissenschaftliche Forschungsaktivität fällt.

Auf die IUPsyS-WHO-Kooperation wurde bereits hingewiesen, und wir wollen uns im Weiteren auf Aktivitäten mit Unesco beschränken. Diese (http://portal.unesco.org) – mit dem Gründungsjahr 1945 eine der ältesten UN-Einrichtungen – ist in fünf Sektoren (Bildung, Naturwissenschaften, Sozialwissenschaften, Kultur, Kommunikation und Information) gegliedert, von denen jede Internationale Nicht-Regierungsorganisationen (INGO) in ihre Forschungs- und Entwicklungsaktivitäten einbezieht, so auch die Psychologie. Ein Beispiel ist das internationale »Man and the Biosphere«-Programm (kurz: MAB-Programm) in den Naturwissenschaften, das schon früh auch umweltbezogenes menschliches Verhalten mitberücksichtigte. Ein neueres

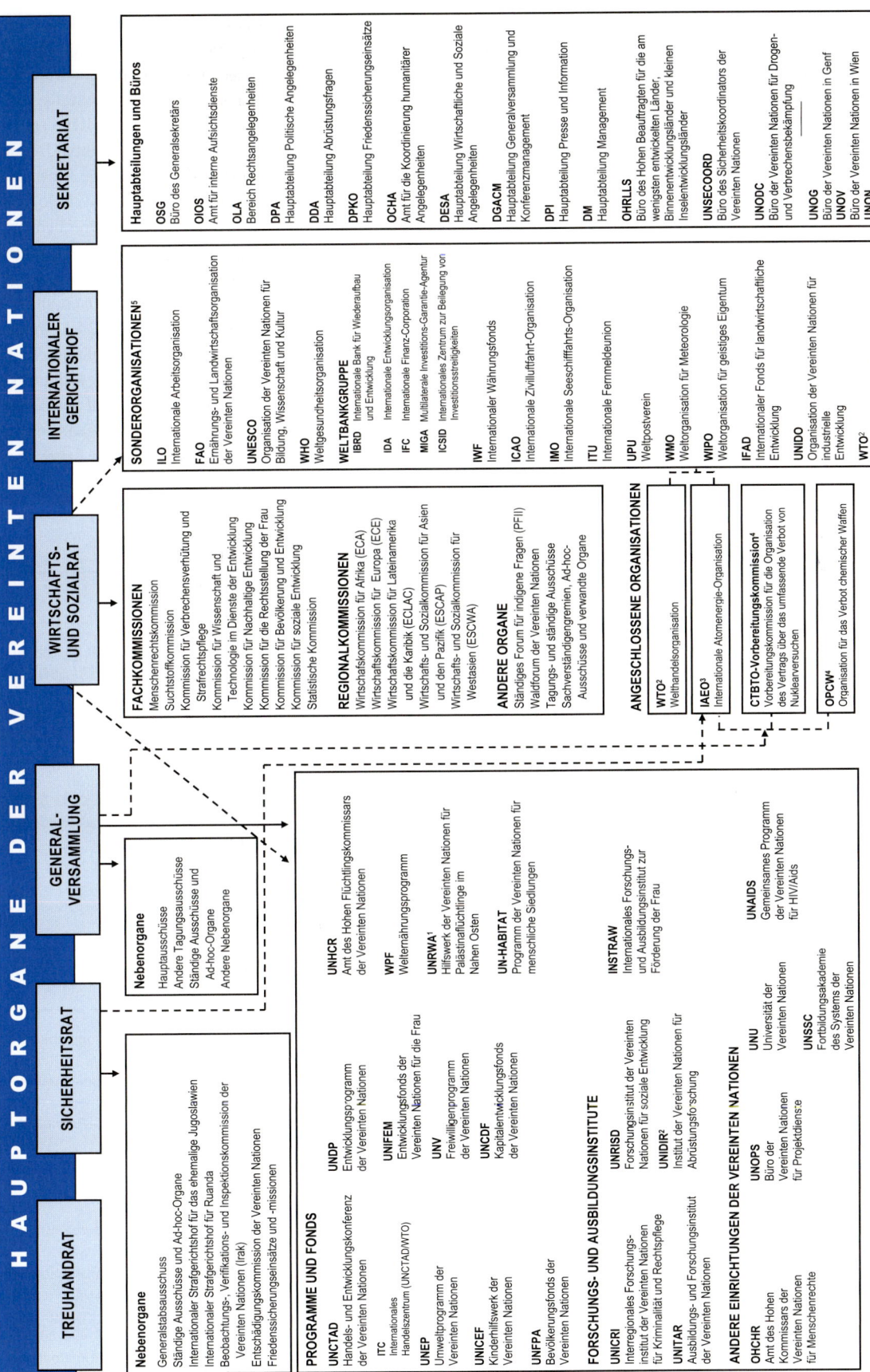

Abb. 65.1. Das System der Vereinten Nationen. (Verfügbar unter http://www.un.org)

Programm ist MOST (Management of Social Transformation; http://www.unesco.org/most) mit dem Ziel der Förderung von internationaler vergleichender Forschung in den Sozialwissenschaften. Dabei liegt das Schwergewicht auf größeren Langzeitforschungsprojekten und auf der Entwicklung »nachhaltigen Austausches zwischen Forschern und gesellschaftlichen Entscheidungsträgern«. Projekte im Rahmen des MOST-Programms haben z. B. das Studium multikultureller und multiethnischer Lebensräume zum Gegenstand, soziale und ökologische Transformationen in Großstädten (zusammen mit dem MAB-Programm), das Zusammenwirken lokaler und regionaler Mechanismen im Rahmen der Globalisierung und Maßnahmen zur Verbesserung sozialwissenschaftlicher Ressourcen in Entwicklungsländern.

Es wird für die Entwicklung der Psychologie insbesondere in ihren Anwendungsfeldern wichtig werden, weiter und verstärkt an solchen internationalen Forschungsaktivitäten aktiv Anteil zu nehmen.

65.4 Internationale Psychologie als Berufsfeld

Bereits der Überblick in ▶ Abschn. 65.3.3 verdeutlicht, dass sich in diesen Forschungsaktivitäten und erst recht in den internationalen Problemen, auf die sie gerichtet sind, auch ein psychologisches Berufsfeld zu eröffnen beginnt. Vermehrt wurde in neuerer Zeit appelliert, in die Vorbeugung und Bewältigung internationale Konflikte, namentlich solcher zwischen unterschiedlichen ethnischen Gruppen, frühzeitig auch psychologische Kompetenz einzubringen (dazu auch ▶ Kap. 56). Solche steht dafür nicht nur aus Grundlagenfächern (wie Differentieller, Kulturvergleichender und Sozialpsychologie, Motivations- und Emotionspsychologie) bereit, sondern auch aus unmittelbar einschlägiger psychologischer Forschungsliteratur (z. B. Deutsch, 1994; Jervis, 1976; Montville, 1991). Gestützt auf eigene Felderfahrung gibt Wessels (2000) eine einprägsame Literaturübersicht zu psychologischen Faktoren in der Bereitschaft zu Krieg und Gewalt und in der Konfliktbewältigung. Und auf dem 27. Internationalen Kongress für Psychologie im selben Jahr in Stockholm fand mit Beteiligung des schwedischen Außenministeriums erstmals ein ergebnisreiches Symposium zu Psychologie in der Diplomatie statt, dessen Beiträge (Abstracts in: »International Journal of Psychology«, 35, Issue 3–4) ebenfalls Internationale Psychologie als Beruf herausstellen.

Das Aufgabenfeld reicht aber noch weiter. Neben den aufgeführten ECOSOC-Arbeitsfeldern ist Psychologie auch z. B. in den Aktivitäten anderer UN-Institutionen relevant. Dazu zählen vorrangig der United Nations Children's Fund (bekannt unter der geläufigen Abkürzung UNICEF), das Umweltprogramm (United Nations Environment Programme, UNEP) und das Entwicklungsprogramm der Vereinten Nationen (United Nations Development Programme, UNDP), außerdem das UN-Forschungsinstitut für soziale Entwicklung (United Nations Research Institute for Social Development, UNRISD) und die ebenfalls ausschließlich in der Forschung tätige Universität der Vereinten Nationen in Tokyo (United Nations University, UNU).

Seit den 1990er Jahren haben die IUPsyS, die Amerikanische Psychologenvereinigung (American Psychological Association, APA) und ISSC engere Zusammenarbeit mit UN-Einrichtungen, namentlich ECOSOC und WHO, aufgenommen. Sehr enge Kooperation bestand schon lange davor mit Unesco. Auf gleichgerichtete Initiativen auf regionaler Ebene, so etwa in Europa durch die EFPA, wurde bereits verwiesen. Es steht zu erwarten, dass daraus auch neue Impulse für die Internationale Psychologie als Berufsfeld erwachsen werden, und das nicht allein auf der Ebene internationaler Diplomatie, sondern auch und ganz besonders auf der »grass-root«-Ebene menschlicher Lebensbedingungen vor Ort.

Literatur

Referenzliteratur

Jing, Q. (2000). International psychology. In K. Pawlik & M.R. Rosenzweig (Eds.), *The international handbook of psychology* (pp. 570–584). London: Sage.
Overmeier, J.B. & Overmeier, J.A. (Eds.). (2004). *Psychology: IUPsyS global resource.* (CD). Hove: Psychology Press.
Pawlik, K. & Rosenzweig, M.R. (Eds.). (2000). *The international handbook of psychology.* London: Sage.
Rosenzweig, M.R., Holtzman, W.H., Sabourin, M. & Bélanger, D. (2000). *History of the International Union of Psychological Science (IUPsyS).* Hove: Psychology Press.
Sexton, V.S. & Hogan, J. (Hrsg.). (1992). *International psychology: views from around the world* (2nd ed.). Lincoln: University of Nebraska Press.
Stevens, M.J. & Wedding, D. (Eds.). (2004). *Handbook of international psychology.* New York: Brunner-Routledge.

Zitierte Literatur

Carpintero, H. & Herrero, F. (2002). Early applied psychology: the early days of the IAAP. *European Psychologist, 7,* 39–52.
Deutsch, M. (1994). Constructive conflict resolution: principles, training, and research. *Journal of Social Issues, 50,* 13–32.
Diaz-Guerrero, R. (1977). A Mexican psychology. *American Psychologist, 32,* 934–944.
Duijker, H.C.J. & Jacobson, E.H. (Eds.). (1996). *International directory of psychologists* (2nd ed.). Assen, Niederlande: Royal Vangorcum – Prakke & Prakke.
d'Ydewalle, G. (Ed.).(1993). *The IUPsyS Directory: major research institutes and departments of psychology.* Hove: Erlbaum.
Fernández-Ballesteros, R. & Caprara, M. (Eds.). (2003). Psychology of aging in Europe (special Issue). *European Psychologist, 8,* 129–207.
Gergen, K.J., Gulerce, A., Lock, A. & Misra, G. (1996). Psychological science in cultural context. *American Psychologist, 51,* 496–503.
Greenaway, F. (1996). *Science international. A history of the International Council of Scientific Unions.* Cambridge: Cambridge University Press.

Hansen J. & Lebedeff, S. (1987). Global trends of measured surface air temperatures. *Journal of Geophysical Research, 92*, 345–372.

International Geosphere-Biosphere Program (1989), *A report from the first meeting of the Scientific Advisory Council of the IGBP*. Stockholm: IGBP Secretariat.

Jervis, R. (1976). *Perception and misperception in international politics*. Princeton: Princeton University Press.

Kosinski, L. & Pawlik K. (Eds.). (2003). *Social science at the crossroads*. Paris: International Social Science Council.

Lunt, I. (2002a). A common framework for the training of psychologists in Europe. *European Psychologist, 7*, 180–191.

Lunt, I. (Ed.). (2002b). Education and training for psychologists in Europe (special Issue). *European Psychologist, 7*, 167–224.

Lunt, I. & Poortinga, Y.H. (1996). Internationalizing psychology: the case of Europe. *American Psychologist, 51*, 504–508.

McDougall, W. (1923). *Outline of psychology*. New York: Scribner.

Mays, V.M., Rubin, J., Sabourin, M. & Walker, L. (1996). Moving toward a global psychology. *American Psychologist, 51*, 485–487.

Montville, J.V. (Ed.). (1991). *Conflict and peacemaking in multiethnic societies*. Lexington: Lexington Books.

Moser, G. & Uzzell, D. (Eds.). (2004). *Psychology and the challenge of global environmental change*. IHDP Update 04/2004. Bonn: IHDP Secretariat.

Pawlik, K. (Ed.). (1991). *Perception and assessment of global environmental conditions and change. (Pagec): Report 1*. Barcelona: Human Dimensions of Global Environmental Change Program Secretariat.

Pawlik, K. & d'Ydewalle, G. (1996). Psychology and the global commons: perspectives of international psychology. *American Psychologist, 51*, 488–495.

Pawlik, K. & Rosenzweig, M.R. (Eds.). (1994). The origins and development of psychology: Some national and regional perspectives (special Issue). *International Journal of Psychology, 9*, 665–756.

Platt, J. (2002). *Fifty years of the International Social Science Council*. Paris: International Social Science Council.

Scheldeman, L. (2004). Europe within psychologists' scope. *European Psychologist, 9*, 184–187.

Sinha, D. (1981). Non-Western perspectives in psychology: Why, what and whither? *Journal of Indian Psychology, 3*, 1–9.

Sinha, D. & Kao, H.S.R. (Eds.).(1988). *Social values and development. Asian perspectives*. Delhi: Sage.

Strachey, J. (1966). General preface, dedication and notes on some technical terms. In J. Strachey (Ed.), *The standard edition of the complete psychological works of Sigmund Freud* (Vol. 1, pp. xiii–xxiv). London: Hogarth.

Tikkanen, T. (2003). Status, recent developments, and future prospects for psychologists in Europe. *European Psychologist, 8*, 289–291.

Wissenschaftlicher Beirat Globale Umweltveränderungen (2004). *Welt im Wandel – Energiewende zur Nachhaltigkeit*. Berlin: Springer.

Wessels, M.G. (2000). Contributions of psychology to peace and nonviolent conflict resolution. In K. Pawlik & M.R. Rosenzweig (Eds.), *The international handbook of psychology* (pp. 526–533). London: Sage.

Namenverzeichnis*

Sachverzeichnis

A

E

G

H

J

K

L

O

P

Q

R

S

T

U

W

X

Quellenverzeichnis

Seite	Abb.-Nr.	Quellenangabe
9		Mit freundlicher Genehmigung des Kunsthistorischen Museums Wien.
10		Mit freundlicher Genehmigung von Prof. Dr. R. Kluwe, Wilhelm Wundt-Gesellschaft für psychologische Grundlagenforschung.
25		Mit freundlicher Genehmigung des Gustav-A.-Lienert-Archivs.
38-53	3.1-3.9	Aus Pritzel, M., Brand, M. & Markowitsch, H. J. (2003). Gehirn und Verhalten. Ein Grundkurs der physiologischen Psychologie. Heidelberg: Elsevier GmbH, Spektrum Akademischer Verlag. Mit freundlicher Genehmigung des Verlags.
62		© 1997 State Historical Society of Wisconsin.
65		Trotz intensiver Recherche konnte kein Rechteinhaber ausfindig gemacht werden.
67	4.1	Nach Cosmides, L., Tooby, J. & Barkow, J. H. (1992). Evolutionary psychology and conceptual integration. In J. H. Barkow, L. Cosmides & J. Tooby (Eds.), The adapted mind – Evolutionary psychology and the generation of culture (pp. 3 –15). New York: Oxford University Press.
67	4.2	Aus Voland, E. & Beise, J. (2004). Schwiegermütter und Totgeburten – Eine evolutionspsychologische Analyse von Kirchenbuchdaten aus der ostfriesischen Krummhörn des 18. und 19. Jahrhunderts. Zeitschrift für Sozialpsychologie, 35, 171–184. Mit freundlicher Genehmigung des Hans Huber Verlags.
76		Trotz intensiver Recherche konnte kein Rechteinhaber ausfindig gemacht werden.
77		Trotz intensiver Recherche konnte kein Rechteinhaber ausfindig gemacht werden.
78		Trotz intensiver Recherche konnte kein Rechteinhaber ausfindig gemacht werden.
90		Aus Lück, H. E. & Miller, R. (Hrsg.). (1999). Illustrierte Geschichte der Psychologie (2. Aufl., S. 32). München/Weinheim: Psychologie Verlags Union.
92	6.1	Abgewandelt nach Goldstein, E. B. (2002). Sensation and Perception. Wadsworth: ITPS Thomson Learning.
94	6.2	Nach Goldstein, E. B. (2002). Sensation and Perception. Wadsworth: ITPS Thomson Learning.
95	6.3	Nach Goldstein, E. B. (2002). Sensation and Perception. Wadsworth: ITPS Thomson Learning.
96		Aus Lück, H. E. & Miller, R. (Hrsg.). (1999). Illustrierte Geschichte der Psychologie (2. Aufl., S. 68). München/Weinheim: Psychologie Verlags Union.
97		Mit freundlicher Genehmigung von T. Wiesel.
98	6.5	Aus Goldstein, E. B. (2002). Sensation and Perception. Wadsworth: ITPS Thomson Learning.
98	6.6	Aus Goldstein, E. B. (2002). Sensation and Perception. Wadsworth: ITPS Thomson Learning.
100		Trotz intensiver Recherche konnte kein Rechteinhaber ausfindig gemacht werden.
111	7.1	Aus Klinke, R. (1985). Physiologie des Hörens. In R. F. Schmidt (Hrsg.), Grundriss der Sinnesphysiologie (5. Auflage, S. 245). Heidelberg, Berlin, New York: Springer.
112	7.2	Aus Schmidt, R. F., Thews, F. & Lang, G. (2000). Physiologie des Menschen (28. Aufl., Abb. 15-18, S. 273). Heidelberg, Berlin, New York: Springer.
112	7.3	Aus Evans, E. F. (1983). Pathophysiology of the peripheral hearing mechanism. In M. E. Lutman & M. P. Haggard (Eds.), Hearing science and hearing disorders (pp. 61-80). London: Academic Press. Mit freundlicher Genehmigung der Elsevier GmbH.
114	7.4	Aus Schmidt, R. F. & Thews, F. (1977). Physiologie des Menschen (18. Aufl., S. 272). Heidelberg, Berlin, New York: Springer.
119	7.5	Wir danken Dr. Volker Hohmann aus der Arbeitsgruppe Medizinische Physik der Universität Oldenburg für die Herstellung dieser Spektrogramme.
119	7.6	Nach Liberman, A. M., Cooper, F. S., Shankweiler, D. P. & Studdert-Kennedy, M. (1967). Perception of the speech code. Psychological Review, 74, 431–461.
124-129	8.1-8.4	Aus Schmidt, R. F., Lang, F. & Thews, G. (2005). Physiologie des Menschen. Heidelberg, Berlin, New York: Springer.
132		Mit freundlicher Genehmigung von A. Treisman.
133	9.1	Nach Posner, M. I. (1980). Orienting of attention. Quarterly Journal of Experimental Psychology, 32 (1), 3–25.

Seite	Abb.-Nr.	Quellenangabe
134	9.2	Aus O'Craven, K. M., Downing, P. E. & Kanwisher, N. (1999). fMRI evidence for objects as the units of attentional selection. Nature, 401 (6753), 584–587.
136		Mit freundlicher Genehmigung von S. A. Hillyard.
141	9.4	Mod. nach Hötting, K., Rösler, F. & Röder, B. (2003). Crossmodal and intermodal attention modulate event-related brain potentials to tactile and auditory stimuli. Experimental Brain Research, 148 (1), 26–37.
146		Trotz intensiver Recherche konnte kein Rechteinhaber ausfindig gemacht werden.
146	10.1	Nach Atkinson, R. C. & Shiffrin, R. M. (1968). Human memory: A proposed system and its control processes. In K. W. Spence & J. T. Spence (Eds.), The psychology of learning and motivation: Advances in research and theory (pp. 89–195). New York: Academic Press.
149		Mit freundlicher Genehmigung von A. D. Baddeley.
149	10.2	Nach Baddeley, A. D. (1986). Working memory. Oxford: Oxford University Press.
155	10.3	Nach McClelland, J. L., McNaughton, B. L. & O'Reilly, R. C. (1995). Why there are complementary learning systems in the hippocampus and neocortex: insights from the successes and failures of connectionist models of learning and memory. Psychological Review, 102, 419–457.
158		Mit freundlicher Genehmigung von E. Loftus.
171		© B. F. Skinner Foundation
180	12.1	Nach Bryan, W. L. & Harter, N. (1899). Studies on the telegraphic language. The acquisition of a hierarchy of habits. Psychological Review, 6, 345–375.
182	12.2	Nach Trowbridge, M. H. & Cason, H. (1932). An experimental study of Thorndike's theory of learning. Journal of General Psychology, 7, 245–258.
183	12.3	Nach Crossman, E. R. F. W. (1959). A theory of the acquisition of speed-skill. Ergonomics, 2, 153–166.
184	12.4a	Nach Fleishman, E. A. & Rich, S. (1963). Role of kinesthetic and spatial-visual abilities in perceptual-motor learning. Journal of Experimental Psychology, 66, 6–11.
184	12.4b	Nach Ackerman, P. L. & Cianciolo, A. T. (2000). Cognitive, perceptual-speed, and psychomotor determinants of individual differences during skill acquisition. Journal of Experimental Psychology: Applied, 6, 259–290.
186	12.5	Nach Mané, A. & Donchin, E. (1989). The space fortress game. Acta Psychologica, 71, 17–22.
186	12.6	Nach Logie, R., Baddeley, A. D., Mané, A., Donchin, E. & Sheptak, R. (1989). Working memory in the acquisition of complex cognitive skills. Acta Psychologica, 71, 53–87.
189	12.7	Nach Curran, T. & Keele, S. W. (1993). Attentional and nonattentional forms of sequence learning. Journal of Experimental Psychology: Learning, Memory, and Cognition, 19, 189–202.
191	12.8	Nach Pew, R. W. (1966). Acquisition of hierarchical control over the temporal organization of skill. Journal of Experimental Psychology, 71, 764–771.
199		Mit freundlicher Genehmigung von A. Bandura.
201	13.1	Nach Bandura, A. (1986). Social foundations of thought and action: a social cognitive theory. Englewood Cliffs, NJ: Prentice-Hall (p. 52).
202	13.2	Nach Bandura, A. (1997). Self-efficacy: The exercise of control. New York: Freeman (p. 22)
203		Mit freundlicher Genehmigung von W. Mischel und D. E. Hoppe.
204	13.3	Nach Mischel, W. & Shoda, Y. (1995). A cognitive-affective system theory of personality: reconceptualizing situations, dispositions, dynamics, and invariance in personality structure. Psychological Review, 102, 246–268 (p. 254).
210		Mit freundlicher Genehmigung von N. Chomsky.
234		Trotz intensiver Recherche konnte kein Rechteinhaber ausfindig gemacht werden.
253	18.1	Mod. nach Gazzaniga, M., Ivry, R. & Mangun, R. (2002). Cognitive neuroscience. The biology of the mind (2nd ed.). New York: Norton.
254	18.2	Mod. nach Kolb, B. N. & Wishaw, I. Q. (2001). An introduction to brain and behaviour. New York: Worth.
278		Trotz intensiver Recherche konnte kein Rechteinhaber ausfindig gemacht werden.
279		Mit freundlicher Genehmigung von P. Baltes, MPI Berlin.
281	20.1	Mod. nach Lang, F. R., Görlitz, D. & Seiwert, M. (1992). Altersposition und Beurteilungsperspektive als Faktoren laienpsychologischer Urteile über Entwicklung. Zeitschrift für Entwicklungspsychologie und Pädagogische Psychologie, 14, 298–316.

Seite	Abb.-Nr.	Quellenangabe
294		© 2006 Jean Piaget Society, http://www.piaget.org.
307	22.1	Aus Meltzoff, A. N. (1999). Born to learn: What infants learn from watching us. In N. A. Fox, L. A. Leavitt & J. G. Warhol (Eds.), The role of early experience in infant development. Skillman, NJ: Pediatric Institute Publication. Mit freundlicher Genehmigung von A. Meltzoff und E. Ferorelli.
312	22.4	Nach Dunphy (1963; zit. nach Cole, M. & Cole, S. R. (1996). The development of children (3rd ed.). New York: Freeman.)
230		Trotz intensiver Recherche konnte kein Rechteinhaber ausfindig gemacht werden.
321		Trotz intensiver Recherche konnte kein Rechteinhaber ausfindig gemacht werden.
322	23.1	Aus Amelang, M. & Bartussek, D. (2001). Differentielle Psychologie und Persönlichkeitsforschung. Stuttgart: Kohlhammer (S. 301). Mit freundlicher Genehmigung des Verlags.
323	23.2	© 1997 Hogrefe Verlag, Göttingen. Aus Jäger, A. O., Süß, H.-M. & Beauducel, A. (1997). Berliner Intelligenzstruktur-Test. Göttingen: Hogrefe. Mit freundlicher Genehmigung des Verlags.
326		Trotz intensiver Recherche konnte kein Rechteinhaber ausfindig gemacht werden.
331	23.4	Aus Csikszentmihalyi, M. & Wolfe, R. (2002). New conceptions and research approaches to creativity: implications of a systems perspective for creativity in education. In K. A. Heller, F. J. Mönks, R. J. Sternberg & R. F. Subotnik (Eds.), International handbook of talent and giftedness (pp. 81–93). Oxford, UK: Elsevier Science
339		Trotz intensiver Recherche konnte kein Rechteinhaber ausfindig gemacht werden.
340		Trotz intensiver Recherche konnte kein Rechteinhaber ausfindig gemacht werden.
342		Trotz intensiver Recherche konnte kein Rechteinhaber ausfindig gemacht werden.
342	24.1	Aus Amelang, M. & Bartussek, D. (2001). Differentielle Psychologie und Persönlichkeitsforschung. Stuttgart: Kohlhammer (S. 301). Mit freundlicher Genehmigung des Verlags.
343	24.2	Nach Asendorpf, J. B. (2004). Psychologie der Persönlichkeit (3. Aufl.). Heidelberg, Berlin, New York: Springer (S. 172).
349	24.3	Aus Lück, H. E. & Miller, R. (Hrsg.). (1993). Illustrierte Geschichte der Psychologie. Berlin: Quintessenz (S. 314). Mit freundlicher Genehmigung des Verlags.
370		Trotz intensiver Recherche konnte kein Rechteinhaber ausfindig gemacht werden.
372	26.1	Nach Visalberghi, E. & Limongelli, L. (1994). Lack of comprehension of cause-effect relations in tool-using capuchin monkeys (Cebus apella). Journal of Comparative Psychology, 108, 15–22.
376	26.3	Nach Manser, M. (1999). Response of foraging group members to sentinel calls in suricates, Suricata suricatta. Proceedings of the Royal Society of London, Series B Biological Sciences, 266, 1013–1019.
378	26.4	Nach Pepperberg, I. M. (1999). The Alex studies. Cambridge, MA: Harvard University Press.
379	26.5	Nach Slocombe, K. & Zuberbühler, K. (2005). Agonistic screams in wild chimpanzees vary as a function of social role. Journal of Comparative Psychology, 119, 67–77.
380	26.6	Nach Bergman, T. J., Beehner, J. C., Cheney, D. L. & Seyfarth, R. M. (2003). Hierarchical classification by rank and kinship in baboons. Science, 302, 1234–1236.
399		Trotz intensiver Recherche konnte kein Rechteinhaber ausfindig gemacht werden.
403	28.1	Nach Latané, B. & Rodin, J. (1969). A lady in distress. Inhibiting effects of friends and strangers on bystander intervention. Journal of Experimental Social Psychology, 5, 189–202.
406		Mit freundlicher Genehmigung von C. D. Batson.
426		www.eaesp.org. Mit freundlicher Genehmigung der EAESP.
435	30.1	Nach Vogel, C. & Eckensberger, L. (1988). Arten und Kulturen – Der vergleichende Ansatz. In K. Immelmann, K. R. Scherer, C. Vogel & P. Schmook (Hrsg.), Psychobiologie (S. 563-606). Stuttgart: Gustav Fischer/Psychologie Verlags Union.
461	31.1	Aus Lenk, H. (2004). Bewusstsein als Schemainterpretation. Paderborn: Mentis (S. 352). Mit freundlicher Genehmigung des mentis Verlags.
466		Trotz intensiver Recherche konnte kein Rechteinhaber ausfindig gemacht werden.
468		Mit freundlicher Genehmigung von W. K. Estes.
493		Trotz intensiver Recherche konnte kein Rechteinhaber ausfindig gemacht werden.
494		Trotz intensiver Recherche konnte kein Rechteinhaber ausfindig gemacht werden.
499		Trotz intensiver Recherche konnte kein Rechteinhaber ausfindig gemacht werden.
510		Trotz intensiver Recherche konnte kein Rechteinhaber ausfindig gemacht werden.

Seite	Abb.-Nr.	Quellenangabe
515	35.2	Aus Braun, C., Schweizer, R., Elbert, T., Birbaumer, N. & Taub, E. (2000). Differential activation in somatosensory cortex for different discrimination tasks. Journal of Neuroscience, 20 (1), 446-450. © 2000 by the Society for Neuroscience.
530	36.1	Aus Flinn, U. & England, B. (1995). Childhood stress and familiy environment. Current Anthropology, 36, 854–866.
537		Mit freundlicher Genehmigung von R. D. Luce.
568	39.1	Mod. nach Pawlik, K. (2000). Psychological assessment and testing. In K. Pawlik & M. R. Rosenzweig (Eds.), The international handbook of psychology (pp. 365–406). London: SAGE.
576	39.2	Nach Birnbaum, A. S. (1968). Some latent trait models. In F. M. Lord & M. R. Novick (Eds.), Statistical theories of mental test scores (pp. 395–479). Reading, MA: Addison-Wesley.
593		© Institut H. Ellenberger, Paris
600		Trotz intensiver Recherche konnte kein Rechteinhaber ausfindig gemacht werden.
614		Mit freundlicher Genehmigung des Historischen Archivs des Max-Planck-Instituts für Psychiatrie, München.
621	42.1	Nach Ehlers, A. & Margraf, J. (1989). The psychophysiological model of panic. In P. M. G. Emmelkamp, W., Everaerd, F. Kraaimaat & M. van Son (Eds.), Fresh perspectives on anxiety disorders (pp. 1–29). Amsterdam: Swets.
617–626		Mit freundlicher Genehmigung des Hogrefe-Verlags, Göttingen. © 2003, Saß, H., Wittchen, H.-U., Zaudig, M. & Houben, I., Diagnostisches und Statistisches Manual Psychischer Störungen - Textrevision- DSM-IV-TR, Göttingen, Hogrefe.
641	43.1	Modifiziert nach Stumm, G. (1999). Geschichte, Paradigmen und Methoden der Psychotherapie. In T. Slunecko & G. Sonneck (Hrsg.), Einführung in die Psychotherapie. Wien: Facultas/UTB, S. 48 (modifiziert nach dem Original in: Stumm, G. & Wirth, B. (Hrsg.), Psychotherapie: Schulen und Methoden. Eine Orientierungshilfe für Theorie und Praxis. Wien: Falter, S. 20). Mit freundlicher Genehmigung des Falter-Verlags, Wien und des Facultas-Verlags, Wien.
642		© Sigmund Freud Copyrights, London.
644		Mit freundlicher Genehmigung von N. Rogers.
645		Trotz intensiver Recherche konnte kein Rechteinhaber ausfindig gemacht werden.
646	43.2	Nach Kanfer, F. H., Schmelzer, D. & Reinecker, H. (1996). Selbstmanagementtherapie. Heidelberg, Berlin, New York: Springer.
650	43.2	Nach McNeilly, C. L. & Howard, K. I. (1991). The effects of psychotherapy: a reevaluation based on dosage. Psychotherapy Research, 1, 74–78.
654	43.5	Nach Orlinsky, D. E. & Howard, K. I. (1987) A generic model of psychotherapy. Journal of Integrative and Eclectic Psychotherapy, 6, 6–27
661	44.1	Aus Bodenburg, S. (2001). Einführung in die klinische Neuropsychologie. Bern: Huber. Abdruck mit freundlicher Genehmigung des Huber-Verlags
663	44.2	Aus Bodenburg, S. (2001). Einführung in die klinische Neuropsychologie. Bern: Huber. Abdruck mit freundlicher Genehmigung des Huber-Verlags
667	44.3	Nach Bodenburg, S. (2001). Einführung in die klinische Neuropsychologie. Bern: Huber.
674		Mit freundlicher Genehmigung von S. E. Taylor.
675		Trotz intensiver Recherche konnte kein Rechteinhaber ausfindig gemacht werden.
683	45.2	Nach Schwarzer, R. (1992). Self-efficacy in the adoption and maintenance of health behaviors: Theoretical approaches and a new model. In R. Schwarzer (Ed.), Self-efficacy: Thought control of action (pp. 217–243). Washington, DC: Hemisphere.
723		Max-Planck-Gesellschaft, Presseinformation. Mit freundlicher Genehmigung.
724		Trotz intensiver Recherche konnte kein Rechteinhaber ausfindig gemacht werden.
734		Mit freundlicher Genehmigung von H. Mandl.
737	50.2	Nach Zimmerman, B. J. (1998). Academic studying and the development of personal skill: A self-regulatory perspective. Educational Psychologist, 33, 73-86.
741	50.3	Nach Slavin, R. E. (1996). Research on cooperative learning and achievement: What we know, what we need to know. Contemporary Educational Psychology, 21, 43–69.
755	51.4	In Anlehnung an EN ISO 13407.

Seite	Abb.-Nr.	Quellenangabe
768	52.3	Nach Hackman, J. R. (1987). The design of work teams. In J. W. Lorsch (Ed.), Handbook of organizational behavior (pp. 315–342). Englewood Cliffs, NJ: Prentice-Hall.
793		Mit freundlicher Genehmigung von D. Kahnemann.
794		Ed Souza / Stanford News Service
794	54.1	Nach Kahneman, D. & Tversky, A. (1979). Prospect theory: an analysis of decision under risk. Econometrica, 47, 263–291.
795	54.2	Reprinted with permission from Gehring, W. J. & Willoughby, A. R. (2002). The medial frontal cortex and rapid processing of monetary gains and losses. Science, 295, 2279–2282. © 2006, AAAS
797	54.3	Aus Belk, R. W., Ger, G. & Askegaard, S. (2003). The fire of desire: a multisided inquiry into consumer passion. Journal of Consumer Research, 30, 326–351. Mit freundlicher Genehmigung von R. Belk.
832		Trotz intensiver Recherche konnte kein Rechteinhaber ausfindig gemacht werden.
840		Trotz intensiver Recherche konnte kein Rechteinhaber ausfindig gemacht werden.
852		Mit freundlicher Genehmigung des TÜV-Verlags.
855		Mit freundlicher Genehmigung des TÜV-Verlags.
898	63.1	Nach Leder, H., Belke, B., Oeberst, A. & Augustin, D. (2004). A model of aesthetic appreciation and aesthetic judgments. British Journal of Psychology, 95, 489–508.
899		Trotz intensiver Recherche konnte kein Rechteinhaber ausfindig gemacht werden.
900		Mit freundlicher Genehmigung von R. J. Zatorre.
904		Mit freundlicher Genehmigung des Harvard University Archives, Cambridge, MA.
904		Mit freundlicher Genehmigung von H. Sundén.
917	65.1	Verfügbar unter http://www.un.org.